| 제10판 |

형법총론

Strafrecht Allgemeiner Teil

김성돈

박영사

제10판 머리말

『총론』 제9판에 이어 제10판을 준비하는 과정을 거치면서 나는 진정한 의미에서의 육체노동자가 되었다. 이보다 더 오랫동안 엉덩이를 의자에 붙이고 부지런히 손가락을 움직여 노트북의 자판을 두드려 댄 적이 없었다. 그러나 여전히 미흡하다. 하나도 제대로 아는 게 없다는 말은 빈말이 아니다. 거칠게 마무리 수순을 밟고만 수많은 쟁점들이 미해결된 상태로 머릿속을 맴돈다. 미구입 독자들에게는 제9판을 구입해 주지 않은 것에 대해 오히려 감사한 마음과 환각적 부채감이 교차한다.

돌아보니 제9판에서 품었던 욕심과 부렸던 만용의 증거들은 차고 넘쳤다. 그 증거를 없애고 자책감을 줄이려고 애써 보았다. 작은 단어들에서부터 복잡한 서술에 이르기까지 교체와 생략, 그리고 삭제와 첨가의 작업을 반복적으로 진행했다. 여기저기 숨었다가 복병처럼 나타나는 비문과 오탈자는 차라리 약과였다. 독자들에게 이 자리를 빌려 진심으로 사과한다.

모든 것이 절망적인 것만은 아니었다. 형법학에 대해 체계적으로 접근을 가능케 하였다는 감사 메일, 내가 강조한 범죄체계론의 중요성과 현대적 의미, 그리고 후성법학적 법 발견 방법 등에 대해 관심을 보이며 보내 준 격려 메일도 있었다. 덕분에 올해 2월부터 시작된 개정 작업을, 지난해보다 심하다는 7월의 폭염 속에서도 마무리할 수 있었다. 애초에 개정 작업은 방만한 서술에 대한 과감한 삭제 및 압축을 도모하려고 시작되었다.

그러나 앞서 말했듯이 9판에 남겨진 유책적 증거들을 줄이는 일에 집중하다 보니 그 계획은 다음으로 미룰 수밖에 없게 되었다. 그럼에도 일정 부분 나아진 부분도 있다고 감히 말하고 싶다. 구성요건론에서는 주의규범과 형법규범을 준별하면서 과실본질론을 좀 더 명쾌하게 설명하려고 하였고, 인과관계 및 객관적 귀속 이론에 관한 설명 부분을 더 가다듬었다.

위법성론에서 위법성 기초이론은 새로 쓴 거나 다름없다. 이 뿐만 아니라 대법원이 사회상규 조항을 통해 발전시킨 – 형법학계는 이루지 못한 – 한국적 위법성 도그마틱을 정리하면서 위법성 이론을 법이란 무엇인가라는 법철학적 차원의 물음과 더 긴밀하게 연계시켜 가며 위법성 판단 기준을 이론화하려는 시도를 하였다.

책임론에서는 불법행위를 한 행위자에 대한 형사책임을 지우기 위해 추가되는 책임비난의 실질적 근거가 무엇인가라는 물음을 책임 판단의 기준론으로 바꾸면서 형법적 개념에 대한 규범적 접근법을 좀 더 선명하게 드러내려고 노력하였다. 최근 재심 판결에서 무죄가 확정되면서 '내 유죄 판결을 더 이상 교과서에서 판례로 인용되지 않게 해 달라'는 납북어부들의 목소리에 반향하여 60/70년대 이들에 대한 간첩죄 유죄 판결의 근거가 된 '자초된 강요행위' 법리의 문제성을 제9판에서보다 더 정확하게 지적하려고 하였다.

가장 고민이 많았고 체계적으로 정리하는 데 난항을 겪었던 형벌이론과 관련해서는 적어도 내가 따르는 형벌이론을 지지하는 이유에 관해, 그리고 모름지기 형벌이론은 범죄이론과 무관한 독립적인 이론이 되어서는 안 된다는 생각을 보다 선명하게 드러내 보이고자 했다. 이러한 노력들은 종교적 차원의 믿음이 아니라 과학적 차원의 의심에 기반한 형법학을 하고 있다는 학자로서의 정체성을 확인하려는 과정이었다.

거듭되는 판에서 종래의 입장을 바꾼 것은 제10판에서도 예외가 아니었다. 과실범의 공동정범 성립 가능성에 대해 오래전부터 부정설을 유지했으나 제10판부터는 긍정설로 바꾼다. 현실적 필요성을 반영하지 않은 무조건적 반대보다는 긍정하는 법리를 보다 정교하게 가다듬어 남용 가능성을 줄이는 편이 법 발견 방법으로 견지해야 한다는 생각 때문이다.

특히 입장 변화의 직접적 계기는 대법원이 '가습기 살균제 사건'에서 종래 행위공동설의 입장을 보완하는 차원에서 각 가담자에게 '의사의 연락' 외에도 '주의의무에 대한 공동의 인식'을 요구한 점 때문이었다. 후성법학적 법 발견 방법학에 따른다면, 대법원의 태도를 단순한 형사 '정책'으로만 치부할 수는 없다고 여겼다. 물론 대법원의 입장에 대한 의심이 전적으로 제거된 것은 아니다. 60여 년간 과실범의 공동정범을 높은 허들 없이 손쉽게 인정해 오던 대법원이 유독 가습기 살균제 사건의 피고인들(기업 경영자들)에게만 면죄부를 주는 맞춤형 법리를 선보인 것에 그치지 않기를 바랄 뿐이다. 이러한 점에서 보면 판례 법리에 대한 형법학의 의심의 눈은 보다 매서워져야 하고, 그 감시망은 더욱 촘촘해져야 할 것으로 보인다.

세상만사가 늘상 그렇듯, 늙으면 언제고 교체되는 인력으로 취급되기 마련이겠지만, 그날이 올 때까지는 더 가다듬고 정리하는 작업을 계속해 갈 것이다. 학문적으로 중요한 것이 독자들에게도 중요한 것임을 알리고, 진짜로 중한 것과 중하게 보이기만 하는 것을 가려 나갈 것이다. 늙은 박수 무당 '문수'가 30여 년간의 노력으로 유지한 장수할멈의 영능(靈能)이 20대 신예 무당 '신애기'에게 넘어간 것을 알게 된 후, "자신을 넘어서는 현실을 부둥켜 안고서" 그러나 "자신의 참됨을 자기 기준에 근거하여 인정"하면서, 그리고 "예속되었다가 비로소 눈을 뜨고 세계와 대결하고자 열정을 불사르는 장면이 주는 경이로움"[1]을 보여주었듯이…

2025년 한여름

저자

---

1) 성해나 작가의 단편소설 『혼모노』에 대한 성현아 작가의 해설에서 인용임(『2024년 제15회 젊은작가상 수상작품집』, 문학동네(2024), 291~293면).

초판 머리말

형법은 매우 추상적이고 간결한 공식만을 가지고 우리에게 범죄의 요건에 관한 정보를 제공해 주고 있다. 아무리 중대한 범죄행위도 '~한 자(者)'라는 하나의 주어문으로 이루어져 있을 뿐이다. 이 간결한 범죄공식에 정당한 내용을 채워 넣기 위해서 우리는 형법을 공부한다. 하지만 이 일이 그렇게 쉽지만은 않다. 형법개념에 대한 다양하고 복잡한 해석 때문이다. 형법적 개념을 둘러싼 해석논쟁을 보면 언어유희라는 생각마저 들 수가 있다. 그러나 독일의 법철학자 라드부르흐(Gustav Radbruch)의 말처럼, 형사판결문은 종이 위가 아니라 사람의 살갗 위에 쓰인다.

형법은 범죄인에게 살갗이 파이는 고통을 만들어내는 칼날이기도 하지만 그러한 고통 자체를 원천적으로 막아주는 방패이기도 한다(부록 '형법공부, 무엇을 어떻게 할 것인가' 참조). 형법총론의 주된 내용은 형법총칙 규정의 범죄성립요소들에 대한 충실한 해석론을 담고 있다. 형법총칙 규정에 대한 해석론적 지식은 부당한 형법적용에 의해 국가형벌권이 자의적으로 행사되는 것을 막기 위한 방패로 활용될 기초지식에 해당한다.

흔히들 다가오는 로스쿨의 시대에는 법학공부의 내용이나 방법이 판이하고 달리질 것이라고 추축을 한다. 신설될 일부 교과목이나 절차법 영역에서는 그러한 추측이 현실이 될지 몰라도 실체법 과목에서는 사정이 다르다. 우리나라의 로스쿨이 어떤 모습으로 정착되어 갈지에 대해서는 어느 누구도 정확하게 예측하기 어려운 것이 사실이다. 하지만 한 가지 분명한 것은 로스쿨이 일차적으로 법률의 '실용'지식을 배우고 익히는 학습장이지 '실무'를 수습하는 연수원은 아니라는 점이다. 따라서 적어도 형법학은 장차 그 교과목 명칭이 어떻게 바뀌든지간에 형법총칙 및 형법각칙 규정의 해석과 적용문제를 중심자리에 두어야 할 것이라는 사실에는 변함이 없을 것이다.

오늘날 형법교과서는 학문이 무르익은 노학자의 형법학적 자식의 결정판으로 인식되기보다는 형법학을 공부하는 학생들에 대한 서비스 제공용으로 여겨지는 경향이 농후하다. 이러한 차원에서 천학비재한 저자도 이미 2006년도에 형법총론(현암사)을 출간한 바 있다. '용기를 내여 스스로의 이성을 사용하여(사페레 아우데Sapere Aude!) 자신의 생각을 세우라'는 모토를 실행에 옮기려고 했던 그 책은 그 해 문화관광부 우수학술도서로 선정됨으로서 낙약의 지가(紙價)만 올린다는 불명예는 면하였다.

하지만 돌이켜 보면 저자의 형법총론은 불완전하기 짝이 없는 것이었음을 고백하지 않을 수 없다. 군더더기가 많았고 중언부언도 없지 않았으며. 무엇보다도 의욕만 앞서 번잡한 설명이 많았다. 이에 저자는 기성의 많은 교과서들이 보여준 '절제와 압축'의 미덕을 본받기 위해 과감한 손질을 가했다. 이러한 작업에 덧붙여 2006년도와 2007년도의 중요판례를 정리해 넣었다. 이 일에 도움을 준 성균관대학교 법과대학 재학생 이주언과 이용재, 그리고 대학원 박사과정에서 형사법을 전공하고 있는 강지명에게 고마운 마음을 전한다. 다이어트를 감행해 더욱 날씬해진 형법총론에 훌륭한 의상을 걸쳐준 성균관대학교 출판부의 식구들과 윤지현 씨에게도 깊이 감사드린다.

2008년 1월 저자

차례

제 1 부　형법의 의의, 한계, 적용

제 1 편　형법과 형법의 한계원칙

제 1 장　형법의 의의와 과제

제 2 장 형법의 헌법적 한계원칙

제 3 장 형법의 인적 적용범위

제 2 부 범죄와 범죄론의 기초지식

제 1 편 범죄분류와 범죄체계론

제 1 장 범죄와 범죄분류

제 3 장 범죄체계론과 법발견 방법학의 발전

제 2 편 범죄의 기본요소

제 1 장 행위개념과 행위이론

제 2 장 행위의 주체와 법인의 범죄능력

제 3 편 일반적 범죄성립요건 Ⅰ: 구성요건론

제 1 장 구성요건에 관한 기초이론

제 2 장 객관적 구성요건요소

제 3 장 인과관계와 결과귀속이론

제 4 장 고의범의 (주관적) 구성요건요소

제 5 장 과실범의 성립요건

제 6 장 결과적 가중범의 성립요건

제 7 장 부작위범의 성립요건

제 4 편 일반적 범죄성립요건 II: 위법성론

제 1 장 위법성의 기초이론

제 2 장 형법의 위법성조각사유와 위법성 판단 기준

제 3 장 형법의 개별 위법성조각사유들

제 5 편 일반적 범죄성립요건 Ⅲ: 책임론

제 1 장 책임의 기초이론

제 2 장 형법의 책임조각사유와 책임판단의 기준

제 3 장 형법의 개별 책임조각사유

제 6 편 미수범론

제 1 장 미수범의 기초이론

제 2 장 미수범의 일반적 성립요건

제 3 장 불능(미수)범

제 4 장 중지미수범

제 5 장 예 비 죄

제 7 편 가담형태론

제 1 장 가담형태 기초이론

제 2 장 정범형태와 성립요건

제 3 장 공범형태와 성립요건

제 3 부 죄수론과 경합론

제 1 장 죄 수 론

제2장 경 합 론

제 4 부 형사제재론

제 1 편 형사제재체계 개관과 전망

제 1 장 형법과 이원주의 형사제재체계

제 2 장 형사제재체계와 형사정책 동향

제 2 편 형벌론

제 1 장 형법의 정당화와 형벌이론

제 2 장 한국 형법의 형벌과 형벌 종류

제 3 장 형의 양정

제 4 장 누 범

제 5 장 형의 유예제도

제 6 장 형의 집행

제 7 장 형의 시효와 소멸

제 3 편 보안처분론

제 1 장 보안처분 일반론

제 2 장 현행법상의 보안처분제도

주요 참고문헌·인용표시

참고문헌

• 국내문헌

1. 형법총론 교과서

김성천/김형준	형법총론(제3판), 동현출판사, 2005	(김성천/김형준)
김일수/서보학	새로 쓴 형법총론(제10판), 박영사, 2004	(김일수/서보학)
남흥우	형법총론, 박영사, 1980	(남흥우)
박상기	형법총론(제6판), 박영사, 2004	(박상기)
배종대	형법총론(제7판), 홍문사, 2004	(배종대)
손동권	형법총론(제2전정판), 율곡출판사, 2005	(손동권)
신동운	형법총론, 법문사, 2001	(신동운)
안동준	형법총론, 학현사, 1998	(안동준)
오영근	형법총론(보정판), 박영사, 2005	(오영근)
유기천	형법학(총론강의), 일조각, 1980	(유기천)
이상돈	형법강의, 법문사, 2010	(이상돈)
이용식	형법총론, 박영사, 2018	(이용식)
이정원	형법총론(제3판), 법지사, 2004	(이정원)
이주원	형법총론(제2판), 박영사, 2023	(이주원)
이재상/장영민/강동범	형법총론(제11판), 박영사, 2022	(이재상/장영민/강동범)
이형국/김혜경	형법총론(제7판), 법문사, 2023	(이형국/김혜경)
임 웅	형법총론(제3정판), 법문사, 2010	(임웅)
정성근	형법총론(신판), 법지사, 1998	(정성근)
정성근/박광민	형법총론(제2판), 삼지원, 2005	(정성근/박광민)
정성근/정준섭	형법강의총론(제3판), 박영사, 2022	(정성근/정준섭)
정영석	형법총론(제5전정판), 법문사, 1984	(정영석)

정영일	형법총론, 박영사, 2005	(정영일)
차용석	형법총론강의, 고시연구사, 1988	(차용석)
황산덕	형법총론(제7전정판), 법문사, 1983	(황산덕)
홍영기	형법, 총론과 각론, 박영사, 2022	(홍영기)

2. 기 타

김종원(편집대표)	주석 형법총칙(上), 한국사법행정학회, 1988	(필자/김종원(편집대표), 주석형법총칙(上))
김종원(편집대표)	주석 형법총칙(下), 한국사법행정학회, 1990	(필자/김종원(편집대표), 주석형법총칙(下))
김종원교수 화갑기념	김종원교수화갑기념논문집, 논문집간행위원회 법문사, 1991	(필자, 김종원화갑 기념논문집)
心耕정성근교수 화갑기념논문집 간행위원회	공범론과 형사법의 제문제 상권 (心耕정성근교수화갑기념논문집), 삼영사, 1997	(필자, 心耕정성근교수 화갑기념논문집(상))
성균관대학교 법학연구소	성균관법학 창간호~제17권 제3호, 성균관대학교 출판부, 1987~2005	(필자, 성균관법학)
신동운/허일태 편저	효당 엄상섭 형법논집, 서울대학교 출판부, 2003	(신동운/허일태)
하인쯔 찌프 (김영환, 허일태, 박상기 공동번역)	형사정책, 한국형사정책연구원, 1993	(하인쯔 찌프)
한국비교형사 법학회편	비교형사법연구, 세종출판사	(필자, 비교형사법 연구)
한국형사법학회편	형사법연구, 법원사	(필자, 형사법연구)
한국형사정책학회	형사정책, 창간호~제17권 제2호, 1986~2005	(필자, 형사정책)
東巖이형국교수화갑 기념논문집간행 위원회	현대형사법의 쟁점과 과제 (東巖이형국교수화갑기념논문집), 법문사, 1998	(필자, 東巖이형국교 수화갑기념논문집)
형사판례연구회편	형사판례연구	(필자, 형사판례연구)
志松이재상교수화갑	형사판례의 연구 I	(필자, 志松

기념논문집간행위원회 (I)	(志松이재상교수화갑기념논문집), 박영사, 2003	이재상교수화갑기념논문집

• 외국문헌

1. 교과서

Jakobs, Günther: Strafrecht, Allgemeiner Teil, 2. Aufl., 1991. ⇒ (Jakobs)

Jescheck, Hans-Heinrich/Weigend, Thomas: Lehrbuch des Strafrechts, Allgemeiner Teil, 5. Aufl., 1991. ⇒ (Jescheck/Weigend)

Kindhäuser, Urs : Strafrecht, Allgemeiner Teil, 2.Aufl, 2006. ⇒ (Kindhäuser)

Kühl, Kristian: Strafrecht, Allgemeiner Teil, 1994. ⇒ (Kühl)

Maurach, Reinhart/Zipf, Heinz: Strafrecht, Allgemeiner Teil, Teilband 1, 8. Aufl., 1992. ⇒ (Maurach/Zipf, AT, Bd. 1)

Maurach, Reinhart/Gössel, Karl Heinz/Zipf, Heinz: Strafrecht, Allgemeiner Teil, Teilband 2, 7. Aufl., 1989. ⇒ (Maurach/Gössel/Zipf, AT, Bd. 2)

Otto, Harro: Grundkurs Strafrecht, Allgemeine Strafrechtslehre, 6. Aufl., 2000.

Roxin, Claus: Strafrecht, Allgemeiner Tel, Band 1, 1992. ⇒ (Roxin)

Schmidhäuser, Eberhard: Strafrecht, Allgemeiner Teil, 2. Aufl., 1984. ⇒ (Schmidhäuser)

Seelmann, Kurt: Strafrecht, Allgemeiner Teil, 3. Aufl., 2007. ⇒ (Seelmann),

Stratenwerth, Günter: Strafrecht, Allgemeiner Teil 1, 3 Aufl., 1981. ⇒ (Stratenwerth)

Welzel, Hans: Das Deutsche Strafrecht, 11. Aufl., 1969. ⇒ (Welzel)

Wessels, Johannes/Beulke, Werner: Strafrecht, Allgemeiner Teil, 31. Aufl., 2001. ⇒ (Wessels/Beulke)

2. 주석서

Jähnke, Burkhard/Laufhütte, Heinrich Wilhelm/Odersky, Walter: Strafgesetzbuch, Leipziger Kommentar, 11. Aufl., ⇒ (Verfassername, LK)

Jescheck, Hans-Heinrich/Ruß, Wolfgang/Willms, Günther: Strafgesetzbuch, Leipziger Kommentar, 10. Aufl., ⇒ (Verfassername, LK^{10})

Lackner, Karl/Kühl, Kristian: Strafgesetzbuch, Kommentar, 25. Aufl., 2004. ⇒ (Lackner/Kühl)

Rudolphi, Hans−Joachim/Horn, Eckhard/Samson, Erich: Systematischer Kommentar zum Strafgesetzbuch, 5. Aufl., 1991. ⇒ (Verfassername, SK)

Schönke, Adolf/Schröder, Horst/Lenckner, Theodor − Cramer, Peter− Eser, Albin−Stree, Walter/Heine, Günter−Perron, Walter−Sternberg−Lieben, Detlev: Strafgesetzbuch, Kommentar, 26. Aufl., 211. ⇒ (Sch/Sch−verfassername)

약어표

Anh. = Anhang

Aufl. = Auflage

Bd. = Band

BGH = Bundesgerichtshof

BGHSt = Entscheidungen des Bundesgerichtshofes in Strafsachen(zitiert nach Band und Seite)

BverfGE = Entscheidungen des Bundesverfassungsgerichts(zitiert nach Band und Seite)

f. = folgende

ff. = fortfolgende

FS = Festschrift

GA = Goltdammer's Archiv für Strafrecht(zitiert nach Jahr und Seite)

JuS = Juristische Schulung(zitiert nach Jahr und Seite)

JZ = Juristenzeitung(zitiert nach Jahr und Seite)

MDR = Manatsschrift für deutsches Recht(zitiert nach Jahr und Seite)

NJW = Neue Juristische Wochenschrift(zitiert nach Jahr und Seite)

NStZ = Neue Zeitschrift für Strafrecht(zitiert nach Jahr und Seite)

OGH = Österrechischer Oberster Gerichtshof

ÖJZ = Österreichische Juristen－Zeitung(zitiert nach Jahr und Seite)

OLG = Oberlandesgericht

Rdn. = Randnummer

RGSt = Entscheidungen des Reichsgerichts in Strafsachen(zitiert nach Band und Seite)

S. = Seite

ZStW = Zeitschrift für die gesamte Strafrechtswissenschaft(zitiert nach Band, Jahr und Seite)

가폭법 = 가정폭력범죄의 처벌 등에 관한 특례법

성폭법 = 성폭력범죄의 처벌 등에 관한 특례법
아청법 = 아동·청소년의 성보호에 관한 법률
성충동약물치료법 = 성폭력범죄자의 성충동 약물치료에 관한 법률
전자장치부착법 = 특정범죄자에 대한 보호관찰 및 전자장치부착 등에 관한 법률
중대재해처벌법 = 중대재해 처벌 등에 관한 법률
통비법 = 통신비밀보호법
특가법 = 특정범죄 가중처벌 등에 관한 법률
특강법 = 특정강력범죄의 처벌에 관한 특례법
특경법 = 특정경제범죄 가중처벌 등에 관한 법률
폭처법 = 폭력행위 등 처벌에 관한 법률
형집행법 = 형의 집행 및 수용자의 처우에 관한 법률

제1부

형법의 의의, 한계, 적용

제1편

형법과 형법의 한계원칙

제 1 장 형법의 의의와 과제 §1

제 1 절 형법의 개념

Ⅰ. 범죄와 형벌의 관계

1. 형법과 범죄법

(1) 형법: 형벌에 중점을 둔 명칭

형법은 '범죄'와 '형벌'을 규정하고 있는 법규범의 총체이다. 바꾸어 말하면 형법은 어떤 요소가 범죄의 요소이며 범죄에 대한 법효과로 어떤 형벌을 얼마만큼 부과할 수 있는지를 규정하고 있는 법규범을 말한다. '범죄'보다는 '형벌'에 초점을 맞춘 명칭인 '형법'이라는 용어는 오랜 역사성을 가지고 있다. 조선시대 국가법전인 경국대전의 '형전(刑典)', 대한제국 시대 1905년 서구식 근대형법전의 편찬방식으로 공표된 '형법대전(刑法大全)이 그 예이다. 1

1953년 제정되어 지금까지 시행되고 있는 대한민국 '형법'(刑法), 1912년 조선형사령을 통해 식민지 조선에 의용되었던 일본 제국형법(일본신형법), 그리고 양국 형법의 모태 역할을 한 것으로 평가되는 1871년 제정된 독일제국 형법전도 형벌에 무게중심을 둔 형법률('Straf'gesetz) 또는 형법('Straf'recht)이라는 명칭을 사용했다. 19세기 유럽 대륙법계의 형법학 이래 오늘날까지 형법의 '아르키메데스 점' 중의 하나로 인정되고 있는 '죄형법정주의'(법률 없이 범죄없고, 범죄없이 '형벌'없다)에서도 범죄와 형벌의 논리필연적 관계를 내포한 형법이라는 명칭의 역사성과 고유성을 드러내 준다. 2

(2) 범죄법: 범죄에 중점을 둔 명칭

다른 한편 영미에서는 '형벌'에 중점을 두는 '형'법('penal' law)보다는 범죄에 중점을 두는 '범죄'법('criminal' law)이라는 명칭이 선호되고 있다. '범죄'법이라는 명칭은 형벌보다는 그 형벌 부과 대상인 '범죄'에 초점이 맞추어져 있다. 19세기 중반이후부터 영국과 미국은 사회의 급격한 변화에 따른 다양하고 새로운 위험원에 대한 효과적인 대응을 위해 전통적인 범죄의 요건에 비해 완화된 요건을 요구하는 '엄격책임 범죄(Strict Liability offense)'를 인정해 왔다. 이에 따르면 행위자의 범죄의사(mens rea)를 묻지 않고 일정한 행위에 의하여 결과가 발생하기만 하면 그에 대한 형사책임을 지울 수 있게 된다. 3

결과에 대한 행위자의 의사(고의)나 심리적 관계(과실)를 '범죄'의 요건으로 요구하지 않는 영미법상의 엄격책임의 법리는 이미 19세기부터 법인(기업)에게도 형사책임을 인정할 4

수 있는 활로가 되었다. 이러한 점에서 보면, 형벌부과의 대상을 '범죄'법이라는 형식 속에 담는 영미식 명명법이 영미법체계에 기초된 실용주의적 철학과도 맞아 떨어지는 측면도 엿보인다. 이 뿐만 아니라 '형'법이라는 용어 대신에 '범죄'법이라는 용어를 사용하면 '범죄'에 대한 예방적 형사정책적 효과를 담보해 줄 수 있는 '형벌' 이외의 다른 새로운 제재수단들도 널리 활용할 수 있는 교두보가 그 명칭에서부터 확보될 수 있다.

2. 형법체계의 내부 변화

(1) 이원주의적 형사제재체계: 형벌 vs 보안처분

5 현행 형법률은 범죄에 대한 법효과로서 '형벌'만을 규정하고 있지만, 형법률 외의 다른 법률에서는 형벌을 대체하거나 형벌을 보충하는 형사제재 수단, 즉 '보안처분'도 법효과로 규정되어 있다. 보안처분은 19세기 말 유럽에서 정치적으로 보수적인 '자유주의' 이데올로기가 기초된 응보형법의 '사회적' 무용성을 극복하고자 했던 진보적인 '사회적' 법치국가 이념에 기초하여 고안되어, 20세기초 유럽각국의 형법에 새로운 제재수단으로 편입되었다. 당시 사회의 급격한 변화에 따라 생겨난 범죄현상들(소년범죄, 상습누범 등) 관찰한 형사입법자들은 불법에 대해 '책임'이 있는 행위자에게만 부과되는 '형벌'만으로는 범죄예방효과를 기대하는데 한계가 있고, 따라서 형벌을 대체하거나 보충하는 새로운 형사제재 수단을 도입해야 할 필요성을 인정하였기 때문이었다.

6 형벌이 이미 행해진 과거의 범죄에 대해 '책임'을 묻는 차원의 대응수단인 반면, 보안처분은 행위자의 장래의 '재범의 위험성' 제거를 위해 부과되는 형벌대체적 또는 형벌보충적 차원의 예방수단으로 '고안'된 형사제재수단이다. 보안처분이 한국 형법과 접점을 가지게 된 것은 1972년 유신헌법에 보안처분이 등장한 이후부터라고 할 수 있다.[1] 1975년 최초의 보안처분이 (구)사회안전법에 행정처분의 일종으로 도입되었고, 1980년 (구)사회보호법을 통해 사법처분으로 도입된 몇 가지 보안처분은 일정한 부침을 겪어오다가, 21세기 부터는 현재 각종 법률에 신종 보안처분들이 대거 들어와 있어 보안처분 르네상스라고도 불리고 있으며 실무에서도 그 활용빈도가 지속적 증가추세에 있다.[2] 범죄에 대한 대응수단으로 형벌 외에 보안처분을 인정하는 이른바 '이원주의 형사제재체계'가 확립된 점을 염두에 두더라도 형벌이 형법의 유일한 수단이 아닌 점은 부정하기 어렵다.

(2) 회복적 정의 실현을 지향하는 형법의 제3원: 피해회복 명령

7 다른 한편, 19세기 말에 정립된 근대적 형법체계하에서 형벌권에 관한 독점적 지위를 국가에게 부여하는 것을 내용으로 하는 국가 공(公)형벌제도는 형법 컨셉에서 범죄피해자의 존재 의의와 역할을 전적으로 배제하는 결과를 가져왔다. 이 점은 형벌부과의 대상이

---

1) 보안처분의 역사 및 형사정책적 의의에 관해서는 제4부 '형사제재론'에서 다룬다.

2) 보안처분의 종류로는 정신적 장애가 인정되는 책임무능력자에게 형벌을 대신하여 부가되는 '치료감호'(「치료감호등에 관한 법률」), 특정범죄 또는 성폭력범죄자에게 형벌 보충적으로 부과할 수 있는 '위치추적전자장치 명령'(「전자장치부착등에 관한 법률」) 등이 대표적 예이다. 특히 치료감호법에는 한정책임능력자, 중독자, 정신성적 장애인 등 '책임'이 인정되는 행위자도 보안처분인 치료감호 부과대상으로 규정되어 있다.

되는 범죄에 대한 정의에서 드러난다. 즉 범죄란 '구체적 피해자의 인격 또는 그 피해자 개인의 권리나 이익을 공격하는 행위'로 정의되지 않고, '평화로운 공존질서를 위해 유지하고 보호해야 할 이익과 가치인 법익에 대한 공격' 또는 '국가의 공적 질서로 체계화된 규범에 대한 위반'으로 정의하게 되었기 때문이다. 이로써 구체적 피해자가 입은 피해에 대한 배상(손해전보)은 가해자와 피해자의 사적 관계를 다루는 민법적 대응차원의 일이고, 공적 질서에 속한 법익에 대한 공격 또는 규범위반적 행위인 범죄자에 대한 형벌부과는 질서의 수호자인 국가와 범죄자간의 공적 관계를 다루는 형법적 대응차원의 일로 정리되었다.

이런 방식으로 사법(민법)과 공법(형법)을 기능적으로 분화시킨 근대 법체계는 범죄자와 피해자간의 '피의 보복'이라는 악순환의 사슬을 끊게 만든 순기능적 측면(이를 '피해자의 중립화'라고 부른다)도 가져왔지만, 무시못할 역기능도 초래하였다. 범죄로 인해 직접 피해를 입은 범죄 피해자가 범죄에 대한 형법적 대응의 '주변부'로 내몰리게 되었기 때문이다. 피해자를 대신하여 국가가 공적 질서의 이름으로 부과되는 형벌은 '범죄자'에 대한 비난에 처벌 및 그에 따라 추상적 법익보호에만 초점을 맞추게 되고, 따라서 구체적인 '피해자'의 이익과 필요의 충족 및 피해자와 범죄자간의 갈등관계 해소 등 차원의 일은 더 이상 형법의 과제 및 형사사법의 소관사항이 아니게 되었다. 8

20세기 중반 이후부터 형사정책적 진동추가 그 반대방향으로 옮겨가기 시작하였다. 범죄로 인해 잃어버린 자인 '범죄피해자'에게로 전환된 형사정책적 기조는 영미에서는 1970년대부터, 유럽에서는 1980/90년대에 걸쳐 본격화되었다. 이 시기는 특히 '가부장적 남성우위적 사회에 반기를 든 여성주의 운동, 사회에 만연한 불의와 불평등을 제거하는 등 적극적 사회정책을 통해 사회적 약자를 보호하려는 사회운동, 저하된 형사사법기관에 대한 신뢰의 제고, 범죄에 대한 형벌 부과는 세상의 해악의 총량만 증가시킨다는 관점에서 형성되기 시작한 형폐지주의 운동'이 전개되는 동시에 '형법과 민법의 기능적 분화가 잘못된 발전방향일 수도 있다는 반성적 고찰, 범죄학 및 피해자학 분야에서 요구된 시각의 전환' 등 다양한 사고와 정책적 제안이 전방위적으로 등장하던 시기로 특징지워진다. 그동안 형사사법시스템의 주변부에 밀려나 있었던 범죄피해자를 중심부로 복위시키려는 형사정책적 움직임은 21세기가 시작된 후에도 전세계적으로 포착되고 있다. 9

범죄피해자의 지위격상을 요구하는 형사정책적 움직임과 맞물려 형사사법의 지향점을 '응보적 정의(retributive justice)'보다는 '회복적 정의(restorative justice)'로 옮기려는 이론들 및 그에 기초한 실천적 운동이 급부상하였다. 그동안 가시적인 성과도 생겼다. 범죄에 대한 새로운 대응방안으로서 개발된 '회복적 사법' 프로그램들이 각국의 법제도 속에 연착륙하였고,[3] 그 중에서 특히 형사제재분야에서 회복적 정의실현 차원에서 영미권에서는 1980년대 초반 '피해배상' 명령(compensation order, restitution order)을 독자적 형선고의 형식으로 – 인정해 왔고, 독일에서는 특히 90년대 이후 – 범죄피해자에 대한 '원상회복' 명령(Wiedergutmachung)을 – 형벌과 연계된 비독자적 제재수단으로 – 법제화하였다. 범죄피해자에 대한 피 10

3) 한국 법제에 도입된 회복적 사법 프로그램으로는 「범죄피해자보호법」의 형사조정제도(2004), 「소년법」의 화해권고제도(2007)가 대표적이다.

해회복을 국가가 직접 범죄자에게 강제하여 범죄자가 이행하는 금전적 급부가 피해자에게 돌아가게 하는 새로운 제재수단을 형법체계 속에 도입하게 되면 형벌 중심의 형법체계하에서의 '국가 vs 범죄자'라는 2자적 대립구도가 '국가 vs 범죄자 vs 범죄피해자'라는 3자적 대립구도로 바뀌는 등 중대한 변화가 만들어질 수 있다. 한국에서도 2011년 형법개정법률안(정부안)에는 '피해회복명령'을 집행유예 등의 조건부 부담으로 부과할 있도록 하는 규정 신설이 들어 있었으나,[4] 국회회기 만료로 성사되지 못했다.[5]

3. 다양한 제재와 형법의 현대적 위상

(1) 형식과 내용의 불일치

11 이원주의 형사제재체계 하에서 형벌은 보안처분 때문에 이미 범죄에 대한 '유일한' 대응수단으로서의 지위를 상실하였다. 피해자 우호적 형사정책적 기조가 더욱 공고하게 되면 형벌의 입지는 더욱 좁아질 수 있다. 예컨대 '피해회복명령'이라는 제재수단이 도입되면 응보적 정의 실현을 위한 수단인 형벌과 달리 회복적 정의 실현 차원에서 사회적으로 중요한 기능을 할 것이 예상된다. 이러한 관점에서 보면 형벌에 초점을 맞춘 형법이라는 고전적 명칭은 그 법률의 형식(이름)과 실질(내용)의 일치, 즉 명실상부함을 잃게 될 수도 있다.

12 범죄에 대한 대응수단으로서 '형벌'을 유일한 수단으로 삼으려는 일원주의적 사고는 형벌이 가진 의미와 특성 때문에 사회적으로 비난되어야 할 행위들과 행위주체에 대해 형사책임을 인정하는 일에 지나친 경직성을 보일 수 있다. 형벌만능주의 법문화를 조성케할 수도 있다. 그러나 범죄에 대한 대응수단으로서의 '형벌'의 유일무이성을 포기하면, 행위자의 특성이나 행위의 불법내용에 부합하는 합리적 대처를 가능케 하는 다양한 제재수단을 고안할 수 있는 열린 자세를 취할 수 있게 된다.[6]

(2) 형법의 기능분화와 재통합 경향

13 근대 이후 법체계의 기능적 분화가 이루어진 이래, 오늘날 다양한 법영역별로 각기 다른 제재수단을 가지고 있지만, 법영역별 엄격한 구획성을 유지함으로 인해 오히려 그 분화가 역기능적으로 작동하는 측면도 있다. 무릇 '제재'가 규범위반에 대한 커뮤니케이션적 차

---

4) 피해회복명령을 위시한 치료명령, 전자감독명령 등과 같은 새로운 형사제재수단을 형사제재 목록에 넣을 것인지에 관해서는 형사제재론(제4부)에서 다룬다.

5) 미국에서는 1925년 The Federal Probation Act에서 연방판사가 배상명령을 보호관찰의 조건으로 붙일 수 있게 하였다는 점을 감안하면 한국에서 이 제도의 도입은 100년이나 지체되고 있다고 말할 수 있다. 한국에서도 1981년 「소송촉진 등에 관한 특례법」에서 형사재판 또는 가정보호사건에서 일정한 요건이 충족될 경우 피고인에게 유죄판결을 하면서 피해자가 범죄로 인해 입은 물적 피해, 치료비, 위자료 등을 원고에게 배상하도록 하는 이른바 배상명령제도가 도입되었지만, 이 배상명령은 형사제재의 종류로 자리매김될 수 있는 성격의 것으로 보기 어렵다.

6) 이러한 측면에서 보면 소년범죄 발생률이 높아지는 현상에 대한 형사정책적 방안 중에 촉법소년의 연령을 낮추자는 일각(특히 정치권)의 주장은 소년범죄의 95%가 강력범죄 아닌 생계형 범죄이고 소년법은 10세 이상부터 형벌 아닌 다양한 '보호처분'(소년원 송치도 포함)을 둠으로써 소년범죄에 대한 형벌적 대응의 한계를 보완하려는 합리적 형사정책적 컨셉의 장점을 포기한, '형벌'에 우위성을 두는 생각 내지 형벌만능적 사고의 발로라고 할 수 있다.

원의 '의미'있는 대응이 되기 위해서는 그 제재의 실질적 내용도 제재부과 대상 행위의 특성이나 원인에 대한 규명을 전제로 하여 가해자와 피해자간의 갈등을 해소하거나 및 감소시키기에 적합성을 가지도록 설계하는 것이 이상적이다. 이에 따르면 전통적인 수단인 형벌로 대응하기에 부적합한 행위에 대해서는 과감한 비범죄화가 요구되고, 형벌을 대체하거나 보충하는 새로운 형사제재 수단 또는 종래 형벌로 대응되지 않았던 행위들에 대해서도 책임을 물을 수 있는 제재수단, 예컨대 형법적 제재수단인 형벌과 민법적 제재수단인 손해배상의 중간적 성격의 제재수단 등 법질서 전체적 관점에서 볼 때 제재체계 전반에 걸친 개혁이 요구된다.

특히 미국의 징벌적 손해배상(punitive damage)은 중간적 성격의 제재로 손꼽을 수 있다. 징벌적 손해배상은 민사적 손해배상이 단순한 손해의 '전보'에 그치는 것과는 달리 피해자가 입은 손해액을 훨씬 상회하는 고액의 배상금을 물게 함으로써 일정한 손해를 야기할 수 있는 장래의 가해행위를 예방적으로 억제하는 데 목표를 두고 있다. 한국의 법체계에도 미국식 징벌적 손해배상제도가 변형된 형태이긴 하지만, 이러한 중간법적 성격의 제재가 이미 도입되어 있다.[7] 징벌적 손해배상제도를 형법적 형벌이냐, 민사적 손해배상이냐 아니면 제3의 형식인 '준형사적 재제(quasi-criminal)'이냐를 논하기보다는 그러한 제재부과를 위한 '요건'을 보다 섬세하게 정비할 것이 급선무로 보인다.[8] 14

법체계내에서 이러한 중간적 성격의 제재의 도입필요성이 커지고 있음을 보면 근대 이후 가속화된 민법과 형법의 기능적 분화 및 민사책임과 형사책임의 엄격한 분리가 반드시 그리고 항상 타당한 순방향의 발전인 것만은 아니라는 성찰의 기회를 제공하기도 한다. 앞서 언급한 피해배상명령 내지 원상회복명령 및 행정법상의 제재로 자리매김되어 있는 '과태료' 또는 '과징금'과 벌금형과의 관계를 보더라도 마찬가지이다. 제재체계에 대한 개혁적 정비에서 형벌과 형벌이외의 제재수단들의 형식적 분류가 능사는 아니다. 제재 부과 대상 행위에 대해 요구되는 요건의 정비, 즉 각 법영역별 '불법'의 질적 요건의 차이를 정밀하게 정비하는 것이 관건이다. 15

(3) 형법의 고유성에 대한 인식 변화

형법은 전통적으로 국가가 사용하는 가장 날카로운 폭력적 수단인 형벌을 수단으로 하기 때문에 다른 법률형식으로는 대응할 수 없는 경우 '최후수단'(ultima ratio)으로 투입되어야 하는 사회통제수단으로 여겨져 왔다. 그러나 오늘날 법공동체에서 형법은 더 이상 보충적으로만 투입되어야 할 '법'영역으로 이해하지 않는다. 사회질서를 유지하고 다양한 법익 16

---

7) 최초의 징벌적 손해배상제도는 2013.5.28. 일부개정된 「하도급거래 공정화에 관한 법률」에서 도입된 이래, 「제조물책임법」, 「가맹사업거래의 공정화에 관한 법률」, 「기간제 및 단시간근로자 보호 등에 관한 법률 등 다수의 법률에서 이 제도가 도입되어 있다. 물론 한국법제하에서 이 제재는 제재와 행위의 불법성간에 비례관계를 유지해야 할 헌법원칙 때문에 이 제재를 손해액의 3배를 피해자에게 배상하게 하는 제도로 변용되어 있다.

8) 이에 관해서는 김성돈, "징벌적 손해배상제도의 법이론적 문제점과 그 극복방안", 성균관법학 제25권 제4호(2013), 281면.

을 보호하기 위해 투입되어야 할 각기 다른 제재수단을 가진 법영역과 나란히 문제의 행위를 사회윤리적으로 비난하는 제재수단을 가지고 나름의 고유한 기능을 수행하는 법영역 중의 일부 정도로 생각하는 경향성이 농후하다.

17 형벌이외의 다양한 새로운 제재수단들이 투입되고 있는 현실을 총체적으로 평가하면, '형'법이라는 고전적 명칭의 사용이 법률의 형식과 내용을 일치시킬 수 없게 만드는 변화가 한국 형법에서도 장차 도래할 것임이 예측된다. 형법이라는 명칭은 그대로 이지만, 형법이라는 형식의 법률로써 규율되는 행위와 행위주체들은 사회의 변화에 따라 다변화되어 왔기 때문이다.

18 형법이라는 명칭을 그대로 둔 상태에서 형법이라는 법률 속에서 전개되고 있는 변화는 세 가지로 요약할 수 있다. 첫째, 형벌외의 다른 형사제재수단(다양한 보안처분의 종류들)이 형벌을 대체하거나 형벌을 보충하고 있고, 또 피해회복명령과 같이 회복적 정의 실현을 위한 새로운 제재수단의 도입까지 예상된다. 둘째, 형법이라는 법률을 통해 규율되어야 할 행위들 및 그와 관련된 형사책임의 귀속 주체들도 지속적으로 확장되고 있다. 조직화된 단체인 '법인'의 행위주체성도 인정되어 기업 등에 대해서도 형사책임이 인정되고 있고, 근대 이후 형벌권에 대한 독점권을 누려왔던 국가(공법인)의 행위도 국가폭력에 해당할 경우 형법에 의해 규율될 가능성, 더 나아가 장차 다양한 법익공격적 사건에 연루될 비인간 주체(특히 AI)들도 형법에 의해 규율될 필요성이 점점 커지고 있다. 셋째, 오늘날 형법은 국가법질서 내지 추상적 법익을 보호하는 공법체계 속에서 잠재적 범죄자로부터 잠재적 피해자의 법익을 보호하는 데 초점을 맞춘 자유주의적 법치국가 이념에만 기여하는 것이 아니라, 구체적 개별적 피해자 보호를 위한 적극적 배려와 급부를 지향하는 사회적 법치국가 이념의 실현에 기여할 것에 대한 기대도 커지고 있다.

19 이러한 변화를 담아내는 법률명칭을 '형법'으로 부를 것인가 '범죄법'으로 부를 것인지는 본질적인 문제가 아니다. 형식적 명칭이 무엇이든 그 실질적 내용에 사회의 변화와 시대적 요청을 담아내는 유연한 사고를 가지는 것이 중요하다. 후술하듯이 객관적으로 고정된 실체로 존재하는 것이 아니라 구체적인 사례와 접촉되면서 비로소 발견되는 '법'(법리) 또는 그러한 법(법리)들에 공통되는 속성을 가진 보편적 법개념이 다양한 사례와의 관계맺음을 통해 가소성을 가지듯이(구체적 사례와의 관계에서 발견되는 법 및 보편적 법개념에 관해서는 §8 제2절 및 §20 제2절 참조), 형'법' 속에 담길 내용과 그 '형'법의 속성도 그러하기 때문이다.

Ⅱ. 형법이라는 명칭의 사용례

1. 형식적 의미의 형법과 실질적 의미의 형법

20 1953년 9월 18일 제정된 '형법'이라는 명칭이 붙여진 법률을 '형식적 의미의 형법'(또는 협의의 형법)으로 부른다. 그러나 '형법'은 법전에 형법이라는 명칭이 붙여진 법률만을 일컫는 것이 아니다. 일정한 행위유형에 대해 형법 제41조[9]에 규정된 형벌이 부과되어 있는

9) 형법 제41조는 형벌의 종류로서 사형, 징역, 금고, 자격상실, 자격정지, 벌금, 구류, 과료, 몰수 등 9가지를

한, 그 법률 명칭과 상관없이 모두 형법이라고 말할 수 있다. 이를 '실질적 의미의 형법'(또는 광의의 형법)이라고 한다. 실질적 의미의 형법은 그 종류별로 특별형법 내지 형사특별법, 행정형법과 같은 부수형법 등 다양한 별칭으로 불려지기도 한다.

(1) 형법과 형사특별법

범죄와 형벌에 관한 형벌법규들을 단행 법률 속에 포함하고 있는 이른바 형사특별법으로는 폭력행위 등 처벌에 관한 법률(폭처법), 특정범죄 가중처벌 등에 관한 법률(특가법), 특정강력범죄의 처벌에 관한 법률(특강법), 특정경제범죄 가중 처벌 등에 관한 법률(특경법), 성폭력범죄의 처벌 등에 관한 특례법(성폭법) 등이 있다. 이러한 법률들은 형법에 규정되어 있는 기본적 범죄행위들의 행위태양을 변형시키거나 범죄이익액수를 차등화하여 형벌을 가중하고, 경우에 따라 그러한 범죄 및 범죄자에 대한 절차상의 특칙을 규정하고 있다. 기본법에 해당하는 형법전을 바꾸는 일이 전체 체계를 건드리는 어려운 작업이므로 상대적으로 제개정이 용이한 형사특별법을 만드는 방법으로 사회변화와 범죄에 대한 시민의 법의식의 변화에 부응하는 입법방식이 한국 형법의 특징 중의 하나로 되어 있다. 21

(2) 행정형법 등 부수형법

실질적 의미로는 '형법'에 해당하지만 행정관청이 부과하는 의무이행을 확보하기 위한 수단으로서 일정한 의무위반적 행위들에 대해 행정법적 제재인 '행정질서벌'이 아닌 '형벌'을 부과하는 경우도 있다. 이와 같이 형벌부과의 대상이 되는 행정상의 의무위반적 행위를 규율하는 법률을 일컬어 '행정형법'으로 부른다. 행정형법은 허가나 명령 등 행정청의 행정행위에 따라 가벌성여부가 달라지므로 '형사처벌의 행정종속성'이라는 특징을 가지고 있다. 하지만 행정형법이라는 용어는 실제로 형벌부과의 대상으로 되어 있는 행위들의 성격을 왜곡시켜 형법의 적용대상이 아닌 행정법의 적용대상으로 오해할 빌미를 제공할 수도 있다. 형벌부과의 대상이 되는 행위는 실질적으로 범죄이고 실질적 의미의 형법영역에 들어오는 행위로써 행정형법 속의 행위들도 형법총칙의 규정이 그대로 적용되어야 하는 '범죄'임을 분명히 하고 또 그 중의 상당부분은 비범죄화(비형벌화)를 향한 형사정책적 결단의 대상임을 자각하기 위해서는 이러한 용어들은 가급적 사용하지 않는 것이 바람직하다. 이는 '조세형법', '의료형법' 또는 '환경형법' 등과 같은 용어 사용에 대해서도 마찬가지이다.[10] 행정영역, 조세영역, 의료영역 또는 환경영역 등 특별한 전문영역에서 일정한 행위를 금지하여 형벌부과의 대상으로 삼고 있는 법률의 규정들을 '부수형법'이라고 부르기도 한다. 22

규정하고 있다. 행정상의 의무위반행위에 대해 부과되는 '과태료'는 형벌이 아니라 행정질서벌에 해당하고, 도로교통법상 범칙행위에 대해 부과되는 '범칙금'도 형벌이 아니다. 범칙금에 관해서는 제4부 형사제재론에서 설명한다.

10) 경범죄처벌법, 도로교통법, 환경범죄의 단속에 관한 특별조치법, 의료법, 조세법, 건축법 등에도 형벌을 부과하고 있는 규정들이 포함되어 있는데, 이러한 형벌법규들을 '부수형법'이라고 부르기도 한다.

(3) 형법 '총칙' 규정의 존재의의

23 법률 '구성요건'의 형식과 내용을 기준으로 삼을 때, 형식적 의미의 형법과 실질적 의미의 형법은 특별히 구별할 실익이 없다. 어느 것이건 모두 범죄와 그 법효과인 형벌을 규정하고 있기 때문이다. 그러나 형법 '총칙' 규정의 존재 의의 및 그 적용범위에 초점을 맞추면, 형식적 의미의 형법과 실질적 의미의 형법을 구별해야 할 중대한 실익이 있다. 형법이라는 단일하고 고유한 명칭을 가진 법률인 형식적 의미의 형법('형법전'이라고도 부른다)의 '총칙'편에 규정된 일반적 범죄성립요건과 그 효과인 형벌에 관한 규정은 '각칙'편에 규정된 범죄 종류에 대해서 뿐만 아니라 각종 형사특별법을 포함하는 실질적 의미의 형법에 규정된 '모든' 범죄종류들에 대해서도 공통적으로 적용되기 때문이다.[11]

24 따라서 형사특별법이나 부수형법인 행정형법이나 의료법의 범죄가 성립하기 위해서는 총칙상의 일반적 범죄성립요건에 관한 규정이 적용되어야 한다(이 때문에 예컨대 통신비밀보호법상 금지되는 타인 간의 대화를 녹음한 경우에도 변호인은 형법 제20조에 규정된 정당행위의 요건에 근거하여 그 행위의 위법성조각을 주장할 수 있다). 그러나 실질적 의미의 형법 중에는 총칙규정의 적용이 원천적으로 배제되고, 그 법률이 요구하는 독자적 범죄성립요건이나 형벌에 관한 특례규정이 우선 적용되어야 할 경우가 있다. 대표적으로는 500여 개의 법률 속에 들어 있는 '양벌규정'을 예로 들 수 있다. 실질적 의미의 형법의 독자적 범죄성립요건이 형벌에 관한 특례규정이 총칙규정의 적용을 배제할 수 있는 효력을 일반법과 특별법의 관계에서의 법적용원칙에 따른 것이지만, 형법총칙 제8조는 이에 관한 명문의 규정을 별도로 두고 있다. "본법 총칙은 타 법령에 정한 죄에 적용한다. 단, 타 법령에 특별한 규정이 있는 때에는 예외로 한다"는 규정이 그것이다. 여기서 말하는 '본 법'은 형식적 의미의 형법이고, '타 법령'은 실질적 의미의 형법을 말한다.

2. 실체형법과 절차형법

(1) 형사실체법과 형사절차법의 의의

25 형법전상 형법이나 특별형법 또는 부수형법에서 형벌이 부과되어 있는 행위는 '범죄'이다. 범죄사건이 발생한 경우 수사기관이 사건을 수사하고 검사가 법원에 행위자에 대한 형벌청구권을 행사(공소제기)함으로써 본격적인 법원절차가 시작된다. 법원은 형사재판에서 인정된 사실에 대해 적용될 형'법'을 발견하여 적용하는데, 이 경우 사실에 대해 적용될 형법은 행위자의 행위를 범죄로 만드는 가벌성의 요건들과 그 법효과로서 행위자에게 부과될 형벌의 범위에 관해 규정하고 있는데, 이러한 의미의 형법을 '실체형법'이라고 한다.

26 이와는 달리 '절차형법'은 실체형법의 가벌성의 요건과 형벌에 관한 법규범인 실체형법을 실현하기 위한 형사절차에 관한 규범으로서 형사절차법 또는 형사소송법을 가리킨다. 형사절차에서는 실체형법을 출발점 삼아 수사기관의 사실규명적 차원의 수사활동, 소추기관의 공소제기, 및 법원의 공개된 재판(공판)을 통해 이루어지는 사실인정 및 그 인정

---

11) 이러한 점에서 보면 형식적 의미의 형법과 실질적 의미의 형법과의 관계에서 전자적 의미의 형법은 고유명사로, 후자적 의미의 형법은 보통명사로 사용되고 있다고 말할 수도 있다.

된 사실과 가벌성의 요건간의 일치여부가 판단(포섭적용)되어 유무죄가 최종적으로 결정된다. 절차형법은 수사단계에서 법원에 의해 유무죄판결이 내려는 일련의 절차진행 동안 수사기관, 소추기관 그리고 법원에게 허용되어 있는 일과 금지되어 있는 일이 무엇인지에 관해 규정하고 있다.

(2) 실체형법과 절차형법의 관계

절차형법은 실체형법과 밀접하게 연계되어 적용된다. 형사절차의 개시 여부는 물론이고 그 절차진행의 최종 목표도 실체형법이다. 어떤 행위자의 행위에 대해 형사절차를 개시할 것인지의 여부를 정하는 기준도 실체형법이고, 형사재판에서 유무죄 판결을 결정하는 기준도 실체형법이며 행위자에게 적용될 형벌의 종류나 형벌의 양을 결정하는 기준도 실체형법이다. 이러한 관점에서 보면 실체형법은 절차형법 적용의 작동 기반이자 절차형법의 적용 결과물의 토대이다. 절차형법(형사소송법)을 '형법실현법'이라고 말할 때 그 실현될 '형법'은 실체형법을 말한다. 절차형법은 실체형법과 독립적으로 존재하는 법영역이지만 기능적으로는 실체형법에 종속적이다. 절차형법은 실체형법이 범죄화하고 있는 범위 내에서만 작동하고, 절차형법에서 규명될 사실은 실체형법의 범죄성립요건에 포섭될 모든 역사적 차원의 '과거 사실'이기 때문이다. 27

실체형법은 형벌로 금지되거나 요구되는 행위를 규율하고 있으므로 행위규범적 성격을 가지지만, 절차형법은 재판규범적 성격을 가진다. 절차형법은 행위자의 행위가 실체형법의 가벌성의 요건을 충족시키는지를 확인하는 과정에서 사실규명을 위해 국가의 형사사법기관에게 부여된 권한과 그에 맞서는 행위자에게 부여된 방어권 및 절차적 기본권에 관해 규정하고 있기 때문이다. 실체형법의 수범자는 일반시민이지만, 절차형법의 수범자는 국가의 형사사법기관(경찰, 검찰, 법원 등)이다. 28

3. 협의의 형법과 광의의 형법

형식적 의미의 형법에 해당하는 형법전을 협의의 형법이라고 부르고, 형법전을 포함하여 형사절차법에 해당하는 형사소송법 그리고 형벌집행영역을 규율하는 '형의 집행 및 수용자의 처우에 관한 법률'까지를 아울러 광의의 형법이라고 부른다. 그러나 협의의 형법과 광의의 형법이라는 용어는 어느 범위까지를 형법이라는 범주 속에 넣을 수 있는가 하는 분류적 차원의 문제일 뿐 내용적으로 각 법률들은 전적으로 다른 차원의 문제를 규율한다. 29

제2절 한국 형법의 역사

Ⅰ. 중국법 영향시대

1. 고대국가시대

30 형법은 국가의 통치와 사회질서유지를 위한 필요불가결한 수단이다. 따라서 형법은 동서양을 막론하고 모든 법 가운데 가장 긴 역사를 가진 법이라고 할 수 있다. 문헌상 우리나라 최초의 형법은 고조선시대의 8조금법이라고 할 수 있지만, 삼국시대[12]부터 고려시대까지 우리나라의 형사법제의 전범(典範)이 되었던 것은 중국의 당률이었다. 당률은 중국민족의 전통과 중국문화를 배경으로 하고 있는 중국의 법이었기 때문에 당시 우리 민족에 대해서도 규범력을 가지기 위해서는 우리의 실정에 맞는 보완규정을 필요로 했을 것으로 추측된다.

2. 조선시대의 경국대전

31 조선시대에 우리나라에 적용된 형법은 기본적으로 중국의 대명률이었다. 하지만 조선건국 후 약 90여 년간 각종 법전이나 교지 등을 정리하여 1469년 우리나라 최초의 통일성문법전으로 경국대전이 만들어졌다. 이후 경국대전은 대명률과 함께 1905년 형법대전이 제정, 공포될 때까지 430여 년간 조선의 국전(國典)역할을 해 왔다. 경국대전에 등재되지 못한 중요한 법령들과 그때그때 발생하는 문제에 대한 처결원칙을 알려주는 정령(政令) 등 새로운 시행법령 등도 경국대전의 제5권 형전과 함께 형법의 주요 법원(法源)의 역할을 해 왔다.[13]

32 조선시대의 형법은 동일한 범죄에 대해서도 사회적 계층과 신분에 따라 형벌을 달리하는 신분형법이었고, 형벌집행에도 연좌제 및 고문이 인정되었다. 특히 조선시대 형법은 오늘날의 형법과 같이 개인의 자유와 권리를 보장하는 기능을 수행하는 보장법이 아니라 일종의 통치수단으로서 기존의 질서와 전통사회의 가치를 보호하는 보호법적 성격이 강하였다.

3. 과도기의 형법대전(刑法大全)시대

33 1894년 갑오경장 후에 신정의 유서가 반포됨으로써 사회적으로 상민과 양반의 계층을

---

12) 고대국가체제를 갖춘 삼국시대에도 고구려, 백제, 신라시대에는 율령을 반포했다는 기록이 있어서 성문의 형법이 있었던 것으로 추측되지만 그 내용은 전해지지 않고 있다.

13) 조지만, 『조선시대 형사법으로서의 《대명률》과 국전』, 서울대학교 법학박사학위논문, 2006, 8면.

없애는 동시에 노예가 해방되었고 특히 형법에서 연좌제가 폐지되었으며, 육형·유형·참형 등도 폐지되었다. 이와 같은 잠정적 조치들을 전폭적인 개혁입법에 담은 것은 1905년 5월 29일 반포된 형법대전이었다.

형법대전은 조선에 적용되었던 경국대전의 육전체제(六典體制)를 탈피하여 단일 형법전 체제를 만들어 형전에서 분리시켰다. 형법대전은 대명률(大明律)을 의용하였던 경국대전의 형전과는 달리, 법의 적용범위, 범죄의 종류, 구성요건, 형벌의 종류 등을 규정하는 등 근대적인 형식을 채택하였다. 34

그러나 근대적 재판제도의 도입을 위해 행정권에서 사법권을 독립시킨 재판소구성법(1895년 3월 25일 법률 제1호)이 만들어진 이후에도 재판제도가 단번에 근대화되지 못했던 것처럼, 1905년 제정된 형법대전도 형법의 근대화 차원에서 만들어졌으나 형법의 전근대적 색채를 전적으로 청산하지는 못했다. 신분에 따른 차등취급도 유지되었고 법률명확성원칙에 반하는 불응위율(不應爲律)의 규정과 오늘날의 유추와 유사한 인율비부(引律比附) 제도를 존속시키고 있었을 뿐 아니라 형벌의 종류로 '태형'도 유지하고 있었기 때문이었다. 35

1907년 6월에 반포된 「민사·형사의 소송에 관한 건」에 의하여 재래의 잔혹한 고문방식을 금지하는 등 획기적인 개혁이 단행됨에 따라 형법대전의 내용 중 형사절차와 행형에 관한 부분이 개정되기도 했지만, 1910년 한일병합 때문에 더 이상 발전되지는 못하였다. 36

1905년 을사늑약으로 외교권을 이양받은 일본제국은 대한제국의 국권을 제외한 나머지의 모든 정치적 권력을 강탈했는데, 그 중에 특히 1909년 7월 12일 대한제국과 사이에 기유각서(己酉覺書: 대한제국 사법 및 감옥사무 위탁에 관한 각서)를 통해 대한제국의 사법권과 감옥사무(교도행정)에 관한 업무가 일본에게 넘어갔고, 대한제국 순종 황제의 실권이 대한제국 조선 주재 일본 통감부 통감에 의해 전격 박탈되었다. 이때부터 일본은 한국민을 마음대로 처벌하고 통제할 수 있는 권한을 가지게 되었다. 37

1910년 8월 29일 대한제국의 국권까지 박탈한 한일병탄 늑약 이후 일제는 총독의 명령인 제령(制令) 제1호로 「조선에서의 법령의 효력에 관한 건」을 공포하여, 강점 직후에 대한제국 법령도 그 효력을 유지하였지만, 식민지 조선에 적용된 법령의 유형은 1910년 「조선에 시행해야 할 법령에 관한 건」(칙령 제324호)에 따라 정해졌다. 즉 원칙적으로 조선에서 법률을 요하는 사항은 제령(制令)으로 규정되고 일본 본국의 법률은 시행하지 않는 것으로 했지만, 예외적으로 일본 법률의 전부 혹은 일부가 조선에 시행할 필요가 있을 경우에는 칙령(勅令)으로 정하도록 하였다. 38

이에 따라 조선에서는 이원적 형사사법체제가 유지되었다. 즉 속인주의를 원칙으로 하여, 조선인 형사사건에는 대한제국에서 제정한 형법대전을 비롯하여 신문지법(1907.7.24. 법률 제5호)·보안법(1907.7.27. 법률 제2호)·출판법(1909.2.23. 법률 제6호) 등이 적용되었고, 조선에 거주하는 일본인 형사사건에는 일본 본국의 형법 및 조선에 거주하는 일본인의 단속을 목적으로 통감부에서 제정한 신문지규칙(1908.4.30. 통감부령 제12호)·보안규칙(1906.4.16. 통감부령 제10호)·출판규칙(1910.5.28. 통감부령 제20호)이 적용되었다. 이원적 형사사법체제를 뒤로 하고 식민지 조선의 형사사법제도의 새 판을 짠 것은 1912년 4월 1일 발포 39

된 조선형사령이 시행되면서부터였다.

Ⅱ. 일본법 및 독일법의 영향시대 – 유럽법의 계수

1. 일본형법 의용(依用)시대

40 「조선형사령」에 따라 식민지 조선에 형법·형법시행법·형사소송법 등 일본 본국의 형사 법률들이 의용되었다. 조선형사령은 「형법대전」의 폐지를 선언함으로써 식민지 조선인은 형식적으로는 재조(在朝) 일본인과 형사사건에서 동일한 법령의 적용을 받게 되었지만, 조선인에 의해 범해진 몇몇 범죄에 대해서는 형법대전을 적용한다는 단서조항 때문에 여전히 차별이 유지되었다. 이 뿐만 아니라 조선형사령은 신문지법·보안법·출판법 등의 폐지를 별도로 규정하지 않았기 때문에 대한제국 당시 제정된 식민지 특례법도 여전히 존속하였다.

41 특히 「조선형사령」에 따라 우리나라에 적용된 실체형법인 일본형법은 1871년에 제정된 독일제국형법전을 모델로 삼아 만든 일본신형법이었다. 1907년(명치 40년)에 제정·공포된 일본(신)형법은 천황제국가체제를 강화하기 위한 국가권위주의, 국가절대주의 및 형벌적극주의의 특징을 가지고 있었다. 우리나라에 의용된 일본신형법은 해방 이후는 물론이고,[14] 대한민국 정부수립 이후 형법이 제정되어 시행되기 시작한 1953년 10월 3일 이전까지 그 효력을 발휘하였다. 이 때문에 천황제국가체제를 강화하기 위한 국가권위주의, 국가절대주의 및 형벌적극주의의 특징을 가진 채 우리나라에 그대로 적용되었다. 당시 일본의 국내사조에 따라 국가주의적 요청에 부응하는 형법이론을 전개한 일본학자들의 형법사상이 2차대전 후 한국형법학이 형성되는 초창기 일부 한국 학자에게 여과 없이 전수된 것도 이러한 배경 때문이었다. 특히 일제는 1925년, 천황제나 사유재산제를 부정하는 운동을 단속하는 것을 목적으로 「치안유지법」을 제정하여 칙령에 의해 조선, 타이완, 사할린에서도 이 법을 시행하였다. 조선총독부 및 사법부는 치안유지법 제1조의 '국체의 변혁'이라는 요건을 1940년대 들어오면서부터 '조선의 독립운동에 대한 탄압으로 악용하였다.[15]

2. 한국 형법의 제정과 정체성

42 한국의 현행 형법은 1953년 9월 18일 제정·공포(법률 제293호)된 법률이다.[16] 현행형법은 개인주의와 자유주의를 바탕으로 한 오늘날의 헌법이념에 비추어 본다면 시대에 뒤떨어진 것이라고 할 수 있다.[17] 국가주의적 사고를 근본으로 하여 전시체제에 대응하기 위한 치안유지적 성격이 농후한 규정[18]들과 가족주의와 유교적 전통윤리적 색채를 강하게

---

14) 해방 후 미군정 당국이 군정법령 제21호로 한국인을 차별대우했던 법령만을 폐지하고 그 외에는 그대로 일제시대의 법령을 존치시켰기 때문이다.

15) 1943년 윤동주도 치안유지법 위반으로 체포된 후 후쿠오카 형무소에서 사망하였다.

16) 현행형법의 제정과정에 대해서는 신동운, "제정형법의 성립경위", 형사법연구 제20호(2003), 9면 이하.

17) 형법제정에 주도적 역할을 한 엄상섭 의원 스스로도 "우리 형법의 편찬에 있어서는 특히 형법의 민주화에 관한 노력을 하였다고 할 수 없다"고 자인하고 있다(엄상섭, "우리 형법전에 나타난 형법민주화의 조항," 효당엄상섭형법논집(신동운/허일태 편저), 서울대학교출판부, 2003, 73면).

풍기고 있는 규정[19]들이 산재해 있기 때문이다. 우리 형법이 이와 같은 특징을 가지게 된 것은 일본개정형법가안(假案)의 영향 때문이라고 평가할 수 있다.

1940년에 발표된 일본의 개정형법가안은 당시의 「일본신형법」이 일본고유의 도덕 및 미풍양속에 적합하지 않으며 범죄예방에 효과적이지 않다는 판단하에 만들어진 것이었다. 특히 개정형법가안을 기초한 일본의 형법학자들(牧野英一, 小野淸一郎 등)은 나찌의 독일국가사회주의체제를 수용하기 위한 논거로서 개인주의·자유주의로부터 절대주의·전체주의적 국가체제로의 이행을 세계적 추세로 간주하면서 국가주의와 가족주의적 태도 및 범죄에 대한 형벌적극주의라는 형사정책관을 개정형법가안에 반영하였다. 일본의 군국주의가 절정에 달하였을 당시에 발표된 일본 개정형법가안을 우리나라 제정형법의 모델로 삼았다는 사실에 대해 일부 반론[20]을 제외하고는 긍정적인 측면보다는 부정적인 측면이 많다고 평가하는 견해[21]가 지배적이다. 한편 독일형법의 영향을 받은 일본형법을 계수한 우리나라의 형법의 계수사 때문에 우리나라의 형법학이 오늘날까지도 독일과 일본 형법학의 영향권 하에 있는 상황을 빗대어 '사고도구는 독일식, 용어 그 자체는 일본식'이라는 평가가 이루어지고 있다.[22] 43

Ⅲ. 한국 형법의 특성과 형법개정의 역사

1. 한국 형법의 특성

1970년대 이후 급속하게 전개된 도시화와 산업화 및 그에 따른 전통문화와 가치관의 변화, 그리고 거기에 수반된 범죄현상의 변화 때문에 형법의 대응방법이나 수단도 바뀌야 할 필요가 생겼다. 이러한 필요성에 부응하기 위해 입법자는 기본법인 형법을 개정하는 대신, 형사특별법을 제·개정함으로써 사회현실 및 시민들의 법의식의 변화상을 반영하는 방식을 취해 왔다.[23] 이러한 방식이 오랫동안 지속되고 당연시되어 왔기에 한국의 법문화로 고착되어가고 있는 측면도 있고, 범죄에 대한 강력한 처벌을 통해 사회불안을 해소하고자 하는 시민들의 반응에 즉자적으로 대응함으로써 피해자의 만족감이나 사회불안적 요소를 일시 무마시키는 효과가 있음도 부인하기 어렵다. 그러나 다른 한편 특별법이 일반법에 비해 우선적으로 적용되기 때문에 기본법인 형법의 규범력을 상대적으로 약화시키는 결과를 초 44

18) 전시체제를 전제로 하여 전시군수계약불이행죄나 전시공수계약불이행죄 등을 범죄종류로 규정한 것은 물론이고, 내란죄나 외환죄 등과 같은 국가적 법익을 보호하기 위한 형벌법규를 개인적 법익을 보호하는 형벌법규의 앞부분에 배열하고 있다는 점을 그 단적인 예로 들 수 있다.

19) 존속에 대한 죄를 가중처벌하는 규정, 간통죄를 처벌하는 규정이 그 예이다. 혼인빙자간음죄는 2009년 헌법재판소의 위헌결정(헌법재판소 2009.11.26. 2008헌바58, 2009헌바191(병합)) 이후, 2013.6.19. 형법전에서 삭제되었다.

20) 허일태, "엄상섭 선생의 형법사상과 형법이론", 효당엄상섭형법논집(서울대학교출판부), 2003, 258~259면.

21) 김기춘, "한국형법의 개정방향, 개정형법의 제논점", 형사법개정자료(Ⅲ), 48면; 오영근, §2/41; 차용석, "한국형법 및 형법학의 정체성을 찾아서", 형사법연구 제18호(2002), 4면.

22) 김종원, "형법 제정 50주년과 한국형법학의 과제", 형사법연구 제20호(2003), 2면.

23) 1975년 3월 25일 최초의 형법개정에서 형법 제104조의2(국가모독 등에 관한 죄)가 신설된 적은 있었다. 이 규정은 해외의 반체제인사의 체제비판을 막는 수단으로 만들어졌지만 1988년 12월 31일 다시 삭제되었다.

래하였다. 특히 형사특별법의 잦은 제·개정, 그 중에 형법전의 법정형을 상향조정하는 변형구성요건들은 중형주의(또는 강벌주의)가 범죄투쟁에 효과적이라는 잘못된 믿음을 확산시켰고, 이로써 중형주의는 한국 형법의 특징 중의 하나로 자리매김되고 있다.

2. 형법전 전면개정을 위한 법무부의 시도와 실패

45 그동안 형법전의 전면개정을 위한 시도가 없었던 것은 아니었다. 형법이 제정된 지 30여 년이 경과된 후 1985년 법무부는 제정형법이 그동안의 사회변화에 제대로 대응하지 못하고 있고, 즉흥적으로 임시변통된 형사특별법이 난무하는 현실을 타개하기 위해 대대적인 형법개정 작업에 착수하였다. 1992년 형법학자들이 대거 참석한 8여 년 동안의 작업 끝에 만들어진 형법개정법률안(이하 92년 형법개정안)이 국회에 제출되었다가, 국회회기 만료로 자동폐기되기 직전에 컴퓨터범죄와 인질범죄 등 신종범죄 구성요건 신설, 보호관찰제도의 도입, 벌금형의 현실화 등 시급한 일부내용만 형법중개정법률안(1995년부터 시행)으로 구사회생되는 데 그쳤다. 1996년에는 형법 총칙부분을 1992년의 형법개정법률안의 총칙으로 대체하는 내용의 형법개정법률안이 국회에 제출되었으나 역시 통과되지 못하였다.

46 그 이후 전면개정을 위한 요구는 더욱 증폭되었다. 2002년 사법개혁이라는 대의 하에 사법개혁위원회에서 건의한 '형벌체계의 합리적 재정립'이라는 요구에 부응하기 위해 법무부는 형사실체법정비위원회를 구성하여, 형사제재의 운용과 관련한 불합리한 실무를 제거하는 것을 내용으로 하는 구체적이고 현실적인 개정시안을 마련하기도 했다. 그러나 이 시안은 당시 형사소송법 전면개정이라는 현안에 밀려 빛을 보지 못했다.

47 2007년 6월 법무부는 더 이상 미룰 수 없는 형법의 전면개정이라는 시대적 요청에 부응하기 위해 형사법개정특별분과위원회(이하 '형사법개정특위'라 한다)를 출범시켰다. 법무부는 형사법개정특위를 3개 분과소위원회로 구성하여 그동안 학계·실무계에서 꾸준히 개정의 필요성이 제기된 과제들을 심의하였다. 법무부는 총칙분야의 과제와 관련해서는 92년 정부안을 마련할 때의 심의 과제, 사법개혁추진위원회의 위임 과제, 15대 국회 이후 제출된 개정 법률안 등을 중심으로 총 54개의 과제를 정리하여 이를 형사법개정특위의 제1분과소위원회에서 심의하도록 하였다.

48 2010년 8월 25일 법무부는 약 3년 반 동안에 형사법개정특위의 심의를 거쳐 마련한 총칙 개정시안을 가지고 공청회를 개최하여 개정시안에 대한 학계와 시민사회의 의견을 청취한 후, 2010년 10월 11일 형사법개정특위 제12차 전체회의를 통해 총칙편 법률안(이하 '2011년 개정안'이라 한다)을 확정지었다. 이와 별도로 법무부는 형사법개정특위 산하에 법정형정비위원회를 두어 형법전 전반에 걸쳐 비현실적인 법정형을 체계적으로 조정하는 작업

을 별도로 병행해나갔다. 다른 한편 형사법개정특위 제2소위와 제3소위에서는 형법각칙개정시안을 준비하고 개별 쟁점들을 다시 전체회의에서 다루어가는 방식을 거치면서 형법각칙개정법률시안의 성안을 눈앞에 두고 있었다. 그러던 중 2010년 4월 국회가 기습적으로 유기징역의 상한을 15년에서 30년으로, 가중 시 25년에서 50년으로 올리는 형법개정을 통과시키는 일이 발생했다. 이러한 갑작스러운 상황변화 때문에 법무부는 법정형의 손질까지 완료된 형법각칙 개정법률시안이 국회를 통과할 가능성이 전무하다는 판단하에, 2011년 3월 25일 총칙개정만 내용으로 하는 형법일부개정법률안을 마련하여 국회에 제출하였다. 하지만 이 역시 18대 국회의원 임기만료로 자동폐기되고 말았다.

3. 형법전의 부분적 개정 현황

형법전에 대한 전면개정을 위한 노력이 무위에 그치는 동안에도 형법은 사회변화와 시대적 요구를 반영하는 차원의 부분개정이 다수 있었다. 2012.12.18. 모든 성범죄에 대해 친고죄제도를 폐지하고, 혼인빙자간음죄 삭제, 그리고 성범죄의 객체를 여성에서 사람을 확대하는 동시에 유사강간죄 등의 신설, 2020.12.8. 형법전의 법률용어 중에 일본식 표현이나 어려운 한자어 등을 국민의 눈높이에 맞춰 알기 쉬운 우리말로 변경하고 법률문장의 내용을 정확히 전달할 수 있도록 어순 구조를 재배열하는 등의 개정(2021.12.9. 시행), 2023.8.8. 영아살해죄와 영아유기죄를 폐지하는 개정, 2025.2.27. 공중협박죄 신설, 2025.3.20. 공공장소흉기소지죄 신설 등이 대표적인 예이다.[24] 49

제 3 절 형법의 과제

Ⅰ. 형법의 보호적 과제

1. 법익보호과제

(1) 법익보호의 정신적 토대

형법의 과제가 법익보호에 있다는 점은 18세기 계몽주의와 19세기 자연과학적 실증주의에 기초한 자유주의 이념에 의해 그 사상적 기초가 마련된 이래 오늘날까지 형법이론학과 형사실무에서 당연시되고 있다. '법익'(Rechtsgut)은 평화로운 공존질서를 유지하기 위해 법을 통해 보호해야 할 가치 또는 이익으로 정의된다. 이는 구체적인 피해자 개인이나 전체로서의 사회에 야기된 부정적 피해를 긍정적 가치 내지 이익으로 추상화하여 전도시킨 50

24) 자세한 내용은 『총론』 제9판 참조.

개념이다. 예컨대 '사람의 신체의 완전성'이라는 법익은 폭행이나 상해행위로 야기된 피해자가 입은 신체에 대한 손상을 전도시켜 보호해야 할 이익으로 추상화한 개념이다. 부분적으로 범죄화되어 있는 '성희롱'의 경우 '성적 자기결정권'이 보호법익이다.[25)]

51 법익에는 생명, 신체의 완전성, 자유, 명예, 재산 등과 같은 개인적 차원의 법익 뿐 아니라 개인적 법익보호를 위한 전제조건으로서 사회의 안전, 국가의 안전보장, 사법과 같은 국가의 기능체계와 같은 사회적 차원 및 국가적 차원의 법익도 포함된다.

52 형법적 법익이론은 보호될 '법익'이 존재하지 않으면 국가형벌권의 발동이 제한되어야 한다고 함으로써 입법자를 통제하여 형법의 팽창을 막아왔다. 법익은 오늘날에도 형사입법자로 하여금 종교적 계율, 도덕적 가치나 예의범절 또는 사회 내에서 여전히 유통되고 있는 비과학적 금기 등에 반하는 행위에 대해 형벌을 부과하는 형법률을 만들 수 없게 하는 척도로 작동하고 있다. 형법의 법익보호과제는 어떤 행위를 범죄로 만들어 처벌하려면 그 행위가 이러한 역사적 이해에 기초하여 정확하게 규정될 수 있는 법익을 침해하거나 침해할 위험이 있는 것임을 논증해야 할 부담으로 작용한다. 이러한 시각에서 법익개념의 '체계비판적 기능'이 강조되어왔다.

53 그러나 실제로 형사처벌의 대상이 되고 있는 행위들 가운데 그 공격대상으로서 '법익'을 밝혀낼 수 없는 경우가 적지 않다(경범죄처벌법상의 다양한 행위들 참조). 도박금지를 통해 보호하려는 법익을 '건전한 국민경제'로 설명하지만 이렇게 고도의 추상적 개념을 형벌로써 보호되어야 법익의 범주에 포함할 수 있는지도 의문이다. '지속적인 성가심'이나 '참을 수 없는 불쾌감' 유발 등 같이 구체화되기 어려운 모호한 법익이 여전히 의미있게 인정되고 있는 것도 법익이론이 가진 문제점을 노정시키지만, 이보다 더 큰 문제도 있다. 어떤 수준의 추상성을 통해서든지 일정하게 개념화할 수 있고, 그것을 발판으로 삼아 어떤 행위를 형사처벌하는 형사입법이 가능하다고 한다면, 법익개념이 그동안 담당해 온다고 여겨져 온 형법의 자의적 팽창을 막는 역할(체계비판적 기능)은 더 이상 기대될 수 없기 때문이다.

(2) '예방적' 법익보호

54 형법은 법익을 침해하거나 위태화 하는 일정한 행위에 대해 이중적인 방법으로 두 가지 기능 내지 과제를 동시에 수행한다. 하나는 법익을 공격한 과거의 불법행위에 대해 사후적으로 형벌을 부과하는 방법이고, 다른 하나는 법익을 공격하는 행위에 대해 형벌을 예고함으로써 장래의 범죄행위를 사전적으로 억제하는 방법이다. 전자를 '억압적' 법익보호라고 부를 수 있다면, 다른 하나는 '예방적' 법익보호라고 말할 수 있다.[26)]

---

25) 종래 성희롱은 민사적 불법행위로 손해배상의 대상으로만 취급되어 왔지만, 최근 입법자는 「아동복지법」에서 아동에 대한 성희롱에 국한하여 이를 형사처벌의 대상으로 범죄화하였다. 물론 형법학의 시각에서 볼 때 범죄화가 정당화되기 위해서는 그 행위의 반가치성을 평가하는 실질적인 기준인 '법익' 하나만 결정적인 기준이 되는 것이다. 법익을 공격하는 행위가 누가 보아도 그 행위에 해당할 만하다고 예측가능한 명백한 언어로 기술되어야 하는 등 일정한 '형식적' 요건을 충족해야 한다. 이에 관해서는 '죄형법정주의' 참조.

26) 형벌이 과거지향적 응보가 아니라 미래지향적으로 특별예방 또는 일반예방의 추구에 있다는 형벌이론적 차원에서 등장하는 '예방'은 '예방적 법익보호'를 형법의 과제로 설정할 경우의 예방과는 다른 차원을 가진다.

형법이 수행하고 있는 예방적 법익보호과제는 결국 형법적 법익의 목록을 확장할 뿐만 아니라 법익보호에 만전을 기한다는 차원에서 법익침해가 발생하기 전 단계에서도 형벌투입을 통해 법익을 보호하려는 의도에 따라 형사입법자를 형법의 범죄구성요건을 침해범 형식이 아니라 위험범 형식으로 만들어 그 예방적 기능을 수행하려고 한다. 이 때문에 예방적 법익보호과제는 가벌성의 범위확장 내지 형법의 팽창현상을 부추길 우려가 생긴다. 55

(3) '보충적' 법익보호=사회유해성

사회적으로 유지될 필요가 있는 것으로 승인된 가치 내지 이익은 형법 이외의 다른 법영역인 민법이나 행정법 등에 의해서도 보호될 수 있다. 이러한 맥락에서 보면, 법익보호과제가 형법의 고유과제인지에 대해서도 의문이 있을 수 있다. 형법이론학에서는 이 때문에 형벌로 금지되는 행위가 되려면 법익침해적 요소 뿐 아니라 추가적으로 '사회유해성'을 가질 것을 요구하기도 한다. 간통죄를 금지함으로써 보호되는 법익(결혼제도)도 있지만 간통이 사회에 대해 일정한 유해성을 가지지 않는 한 민법의 손해배상을 통해 보호되는 수준으로 법체계가 변화를 보인 것도 이러한 맥락에서 이해될 수 있다. 56

이로부터 형법을 형법 이외의 다른 사회통제수단으로는 목적달성이 불가능한 경우에만 형법이 투입되어야 한다는 최후수단(ultima ratio)원칙 내지 보충성의 원칙이 형법이론학에서 일찍부터 주장되었다. 형법의 법익보호과제를 '보충적' 법익보호과제라고 부르는 것도 이 때문이다. 57

그러나 오늘날 법익은 근대형법의 기반이 마련될 당시 중요하게 담당했던 가벌성 제한기능을 더 이상 수행하지 못하고, 오히려 가벌성을 적극적으로 근거지우는 매개적 기능을 하고 있다는 점이 관찰된다. 입법자가 헌법적 가치에 위배되지 않는 일정한 목적을 내세우기만 하면 손쉽게 새로운 범죄구성요건을 만들 수 있기 때문이다. 이러한 점 때문에 형법학에서 법익이론 내지 법익원칙에 대한 긍정 일변도의 태도는 사라진 지 오래다. 한편으로는 보편적 법익개념 대신 인격적(개인적) 법익 개념을 중심으로 법익이론을 재구성하려는 노력도 전개되고 있다. 이러한 노력과는 다른 차원에서 법익이론에 대해 형사입법을 정당화하는 이론으로서의 역할에 더 이상 기대를 걸지 않는 움직임도 있다. 이러한 움직임은 법익개념의 현행형법의 해석 기준으로서의 역할에 무게중심을 두면서, '법익보호원칙'이 형사입법단계에 수행하였던 입법자 통제역할을 오늘날 헌법의 '비례성원칙'에게 물려주어야 한다는 논지를 전개하고 있다.[27] 58

(4) 비례성원칙에 의한 형법의 사후통제

1) 비범죄화와 신종범죄화 형법적으로 보호되는 어떤 법익에 대한 입법자의 가치판단은 영구불변의 것도 아니다. 한국 형법은 기본적으로 1950년대의 사회환경 속에서 내려 59

형벌목적이론에서 말하는 '예방'은 범죄자에게 부과되는 '형벌'의 현실 근거 또는 형벌의 정당화 근거의 문제이고, 법익보호과제의 '예방'적 수행은 사회통제의 한 부분 영역으로서 '형법'이 자기목적이 아니라 사회에 유용한 일정한 외부효과를 추구해야 한다는 차원의 형법의 정당화모델에 관한 문제이기 때문이다. 예방목적적 형벌이론에 관해서는 제4부 §37 형벌이론에서 자세하게 다룬다.

27) 이에 관해서는 김성돈, "전통적 법익이론과 체계비판적 법익개념의 한계", 법학논총 제35집 제2호(2015), 전남대학교 법학연구소, 25면 이하.

진 가치결단에 따라 일정한 법익을 보호하고 있는데, 그로부터 반세기가 지난 오늘날 새롭게 보호할 가치 있는 법익과 더 이상 형법을 통해 보호할 필요가 없는 법익이 있는지는 사회상태의 변화에 따라 상시적으로 재평가되고 있다. 형법을 통해 더 이상 보호할 가치가 없거나 필요가 없게 된 법익들에 대한 공격적 행위(대마흡입행위, 풍속을 해하는 일정한 행위 등)는 '비범죄화'하여 형법의 영역에서 추방해야 할 것이고, 형법을 통해 새롭게 보호할 가치 있는 것으로 대두된 법익들에 대한 공격 행위(개인정보침해 행위, 환경오염 행위, 인종차별 행위 등)는 이를 '범죄화'하여 형법의 영역 속에 편입시켜야 하기 때문이다. 비범죄화 및 신종범죄화는 형사정책학의 과제이지만, 입법자가 범죄화와 비범죄화에 관한 정책적 결단을 내림에 있어 범죄의 본질적 요소를 구성하는 요소가 무엇인지는 형법이론학의 해묵은–그러나 여전히 미완의–숙제이기도 하다.

60 2) 법익원칙과 비례성원칙 종래 형법학에서는 형벌법규의 내용적 한계와 관련해서는 '보호법익 없으면 범죄 없다'는 차원에서 '법익개념의 형법비판적 기능이 강조되어 왔다. 그러나 오늘날 신종범죄화 과정에서 등장하는 보호법익은 앞서 살펴보았듯이 형벌권을 적극적으로 근거지워 형법의 팽창에 일조함으로서 19세기 이래 그에 대해 기대된 비판적 기능을 상실하고 있음은 주지의 사실이다. 이러한 상황에서 형사입법에 대한 사후통제를 수행하는 헌법재판소가 혼인빙자간음죄와 간통죄, 자기낙태죄 및 업무상동의낙태죄등에 대해 위헌 또는 헌법불합치 결정을 내림에 있서 의미있게 사용한 척도는 법익이론 내지 법익보호원칙이 아니라 헌법의 비례성원칙임이 확인되고 있다.

2. 사회윤리적으로 가치 있는 '행위'의 보호

(1) 결과반가치와 행위반가치

61 형법은 법익침해라는 '결과'의 반가치성 그 자체에 기초를 두고 과거 회고적으로만 반응하지 않는다. 법익을 존중하라는 사회의 요구를 무시하여 평화로운 공동생활에 필수적인 신뢰의 기반을 흔드는 인간의 태도 내지 '행위' 그 자체의 반가치성 대해서도 형벌로 반응한다.

62 이와 같이 형법의 관심대상이 법익을 침해하거나 공격대상을 위태롭게 하는 '행위' 그 자체가 가지는 반가치적 측면(행위반가치)에 있음을 강조하게 되면 형법의 과제 중 법익보호는 부차적인 과제로 밀려나게 되고, 형법의 주된 과제는 '사회윤리적으로 가치 있는 행위'의 보호라고 하게 된다. 형법의 과제에 대한 이러한 태도는 독일의 형법학자인 벨첼(Hans Welzel)의 다음과 같은 언명에 적절하게 표현되어 있다. "구체적인 개개의 법익보호보다 더 본질적인 것은 법의 태도에 나타난 가치 있는 행위(Aktwerte rechtlicher Gesinnung)의 실제적 타당성을 보장하는 과제이다. 그 이유는 법의 태도에 나타난 가치 있는 행위는 국가와 사회를 유지시키는 가장 견고한 기초이기 때문이다."[28]

(2) 적극적 일반예방이론과 '규범의 타당성 유지' 기능

형법의 과제로 사회윤리적 행위 가치의 보호를 중심자리에 두게 되면 시민들에게 사회윤리적 판단을 형성하게 하여 지속적으로 규범을 준수하는 태도를 가지도록 하는 것을 형법 내지 형벌의 목적으로 삼게 된다. 이와 관련하여 적극적 일반예방이론(이에 관해서는 제4부 형벌이론 참조)은 범죄가 규범에 대한 부정(질문)이고 형벌은 그에 대한 부정(응답)이라고 하면서 범죄자에 대한 형벌부과를 통해 규범에 충실한 시민으로 하여금 규범준수에의 학습기회를 제공함으로써 규범의식을 내면화 내지 규범의 안정화를 도모하려고 한다. 63

이와 같이 규범의 의미, 규범을 부정하는 행위의 의미, 그리고 규범의 의미를 확인하는 형벌의 의미가 커뮤니케이션적으로 작동하는 일련의 과정에서 법익이 설자리는 없다는 관점에서 보면 형법(형벌)의 과제는 법익보호가 아니라 '규범의 타당성의 유지'에 있다고 보게 된다. 64

이와 같이 적극적 일반예방이론에 기초한 형법이론을 전개하는 야콥스는 형법적 법익은 만약 그것이 규범에 대한 은유(메타포)로 이해되지 않는다면, 어떤 의미도 보여주지 않는다고 한다. 그에 의하면 신들이 살고 있는 성스러운 산위에서의 정적(靜寂)이라도 그것을 보호하는 것이 '사회의 구조'에 속할 경우에는 그것을 법익으로 이해될 수 있는 것이기 때문에, 법익보호냐 규범보호냐 하는 문제는 미리 정해져 있는 것이 아니라 정치적 요소를 내포하고 있다고 한다. 이 뿐만 아니라 어떤 인에게 귀속되는 법익의 손상에 대한 대응이 공적 차원의 과제라는 점은 법익 그체에 대한 공격이 아니라 '규범'이라는 제도 뿐 아니라 규범이 그 일부이기도 한 제도에 대한 공격이 문제되고 있음을 말한다. 즉 예컨대 절도의 경우 진정한 의미에서의 공적인 공격은 재산권에 대한 공격이 아니라 절도금지, 소유권 질서, 그리고 사회의 규범적 구조에 대한 공격이라는 것이다. 더 나아가 야콥스는 제도들에 대한 공격이 행해져 그 제도들이 타당성 측면에서 위태로워질 수 있지만, 이를 법익침해로 이해될 수는 없다고 한다. 왜냐하면 (제도들의) 올바른 '작동'이 없이는 어떤 법익도 존재하지 않을 것이기 때문이라고 한다. 예를 들면, 기능하고 있는 사법(司法)은 법익이라고 할 수 있지만 법을 왜곡하는 판사는 기껏해야 사법의 기능이라는 법익에 대한 신뢰를 손상시키고 있는 것이지 법익자체를 손상하지는 않는다는 것이다.[29) 65

3. 형법의 사회보호적 과제

형법은 사회 내의 평화로운 공동생활을 보호하려는 과제를 수행하기 위해 탄생한 사회통제 수단이다.[30) 인간이 만인에 대한 만인의 투쟁상태에 빠지지 않고 상호 신뢰 속에서 평화로운 공동생활을 영위하기 위해서는 사회질서와 법질서가 전제되어 있어야 한다. 특히 법질서는 타당한 모든 규범의 일반적인 구속력을 법으로 보장하면서 법위반행위에 대해 여러 가지 대응수단을 가지고 대응하는바, 형법은 그 중에 가장 날카로운 수단인 형벌을 통해 법질서의 불가침성을 방어한다. 이와 같이 형법이 사회의 안전과 질서를 유지하는 66

28) Welzel, Das Deutsche Strafrecht. Eine systematische Darstellung, 11. Aufl., 1969. S. 3.
29) 자세한 내용은 Jakobs, Das System der strafrechtlichen Zurechnung, 2012, S. 22의 각주 29 참조.
30) Jescheck/Weigend, §1/1.

과제를 수행하지 않으면 시민들은 자력구제수단을 동원하게 되는 무질서 상태에 빠질 위험에 처하게 된다. 이러한 맥락에서 보면 형법이 형벌을 통해 억압적 과제와 예방적 과제를 수행하는 것은 '개인'보호보다는 '사회'보호에 복무하기 위한 것이라고 할 수 있다.

67 형법을 통해 사회를 보호하려는 과제를 수행하는 차원에서 형법모델을 설계하려는 시도는 개인에 대한 응보차원의 형벌을 대체하는 보안처분 등 다양한 교육 처분을 범죄에 대한 투쟁수단으로 삼으려고 했던 19세기 이탈리아의 실증주의(근대학파) 형법이론으로 나타났고, 구 소련 형법도 이러한 컨셉에 기초하고 있었다. 그러나 이러한 컨셉은 헌법상 요구되는 법치국가원칙을 준수해야 하는 형법모델로 수용되기 어렵다. 범죄를 정형화된 금지행위를 규정하고 있는 규범위반적 행위로 보지 않고 사회에 대한 위험성의 징후를 보이는 행위자의 특성으로 이해하기 때문이다. 법치국가형법의 근간은 '행위자'형법이 아니라 '행위'형법이고, 행위형법은 책임응보 사상에 기초되어 있다(이에 관해서는 § 36 형벌의 정당화와 형벌이론 참조).

Ⅱ. 형법의 보장적 과제

1. 형법의 자유보장적 과제

68 형법의 자유보장적 과제란 형법이 그 자체 남용의 속성을 가진 국가형벌권으로서의 한계를 명확하게 설정하여 자의적인 국가형벌권의 행사로부터 시민의 '자유'를 보장하는 역할을 수행하는 것을 말한다. 이는 형법이 존재하는 것 자체만으로 국가형벌권이 외적으로 한계를 가지는 것, 즉 형법 없이는 (자유를 제한하는) 국가형벌권이 작동할 수 없음을 의미한다. 전통적으로 형법을 '범죄자의 마그나카르트타'라고 하는 것도 이러한 의미맥락에서 인정해 왔다.[31]

69 그러나 역사적으로 볼 때 국가의 형벌권은 응보수단으로든 예방수단으로든 언제나 그때 그때의 사회나 국가에 유용한 효과를 발휘하기 위해 투입되는 과정에서 일정한 과잉성을 본질적 속성처럼 보여 왔고, 이러한 형법의 속성은 오늘날에도 변함없이 유지되고 있는 것이 현실이다. 무엇보다도 가벌성을 제한하기 위한 이론적 기능을 수행할 것이 기대되었던 법익보호원칙은 형벌투입을 막는 '형법제한적 기능'을 하기 보다는 형법투입의 문호를 열어주는 '형법팽창적 기능'에 최적화되고 있는 경향성을 보이고 있다. 더구나 가벌성 인정의 핵심적 요소인 법익은 점점 추상화되고 있고, 법익의 종류도 점점 많아지면서 이러한 경향성을 더욱 폭넓게 그리고 가속화시켜왔다. 사회의 제도들 및 기능체계들이 형벌로 보호해야 할 법익목록 속에 들어오고 있고, 동물의 생명권이나 복지권 등에 대한 공격행위도 형사처벌의 대상이 되고 있는 것이 그 예이다.

70 오늘날 위험사회 내지 안전사회가 표방됨에 따라 형법의 예방적 기능에 대한 기대가 더 커지고 있고, 예방목적을 위해서는 법익침해의 전단계에서부터 형법을 투입해야 할 현실적 필요성이 다양한 분야에서 강

---

31) 오늘날 형법은 범죄자의 '마그나 카르타'라기보다는 시민의 자유제한법으로 그 모습을 강하게 드러내고 있다. 이 때문에 오늘날 범죄자의 마그나 카르타는 형법이 아니라 오히려 헌법(또는 헌법적 법치국가원칙)에 붙여 마땅한 타이틀로 보인다. 이에 관해서는 바로 다음 항목인 '형법과 헌법의 관계' 참조.

조되고 있다. 이러한 현실적 요구에 부합하기 위해서는 표면상 법익을 가벌성의 근거로 등장시켜야 한다. 이러한 맥락에서 보면 현대 형법은 자유보장법이 아니라 추상적인 법익을 보호하기 위해 시민들의 자유(기본권)를 제한하는 자유제한법(법익보호법)으로서의 속성을 더 키워가고 있는 것처럼 보인다.

2. 형법과 헌법의 관계: 법익보호법 vs 자유보장법

자유민주주의 이념을 기초로 하고 있는 '헌법국가'에서 적극적으로 자유보장 과제를 수행하는 법규범은 형법이라기보다는 오히려 헌법이다. 헌법 제37조 제2항에 따르면 국가는 법익보호 및 사회의 질서유지를 위해서 법률(형법)을 통해 시민의 기본권(자유)을 제한할 수 있지만, 그 법률(형법)을 통한 기본권(자유)제한도 필요한 한도 내의 것이어야 한다는 헌법적 한계를 지켜야 함을 선언하고 있다. 법익을 보호하기 위해 형벌을 수단으로 자유를 제한하는 것을 내용으로 하는 형법이 헌법적으로 정당화되려면 헌법의 통제를 받아야 하는 것도 이 때문이다. 국가형벌권 발동의 한계선을 그어주는 헌법적 법치국가 원칙들을 준수하는 형법만이 헌법적으로 정당화될 수 있는 것이다. 이와 같은 헌법적 법치국가 원칙들은 형사입법자 뿐만 아니라 형법적용자도 구속한다. 71

형법은 기본적으로 형벌을 수단으로 시민의 자유를 제한하는 법률이지만, 형법을 통한 자유제한에 한계를 긋는 지침을 제공하는 것은 '헌법'이다. 이러한 관점에서 보면 헌법 그 중에 특히 헌법적 법치국가원칙이 시민의 자유를 위한 대헌장('마그나카르타')이라고 할 수 있다.[32] 헌법재판소는 형법이 헌법적으로 정당화될 수 있는지를 사후적으로 심사하는 헌법적 척도로서 인간의 존엄과 가치, 평등원칙, 죄형법정주의원칙, 입법목적의 정당성, 비례성원칙, 책임주의원칙 등을 사용하고 있다. 72

Ⅲ. 자유보장적 과제와 법익보호적 과제의 관계

1. 법익보호와 자유보장의 대립적 측면

형법의 자유보장과제와 법익보호과제는 길항관계에 있다. '법익'을 공격하는 행위를 형벌로 금지하게 되면 잠재적 피해자의 법익이 보호되지만, 그 금지로 인해 잠재적 범죄자의 행위의 자유가 제한되는 폭이 그만큼 넓어지고, 반대로 자유보장에 충실하여 금지의 범위를 축소하면 할수록 법익보호의 입지가 그만큼 줄어들기 때문이다. 73

잠재적 '피해자' 보호 또는 사회의 규범적 질서유지를 위해서는 형법의 법익보호과제가 소홀히 되어서는 안 된다. 그러나 헌법의 실질적 법치국가원칙이나 기본권보장의 헌법정신에 초점을 맞추면 잠재적 '범죄자'의 기본권 제한에 한계를 설정하지 않으면 안 된다. 특 74

---

32) 이에 관해서는 김성돈, "형법의 과제, 형법의 한계, 그리고 리바이어던형법", 형사법연구 제28권 제4호(2016), 4면 이하.

히 형법을 한계지우는 헌법적 원칙이나 그러한 헌법의 원칙들이 구체화된 형사소송법의 원칙들은 법익 보호 과제보다는 자유보장 과제에 방향이 맞춰져 왔다.

75 그러나 최근에는 범죄 피해자학의 연구 성과 및 범죄피해자를 무시하는 형사사법은 국민의 신뢰를 받을 수 없다는 자각 하에 형법의 무대에서 잊혀진 인물인 범죄피해자의 이익과 권리를 재조명하려는 이른바 '피해자 우호적 형사정책'적 경향성이 중요하게 부상하였다. 이와 관련하여 범죄에 대한 새로운 대응 패러다임으로서 '회복적 정의'(Restorative Justice)가 각광을 받고 있음은 앞서 설명하였다. 이러한 시각에서 보면, 범죄자의 자유보장과 피해자의 현실적 이익의 보호 사이에 균형을 맞추는 차원의 균형사법(balencing justice)을 지향점으로 삼아야 하는 것이 시대적 과제로 부각되고 있고, 형사입법이나 형사정책 또는 형법해석과 적용이 모두 이를 목표점으로 삼아 작동할 것이 요구되고 있다.

76 물론 회복적 정의 패러다임의 절차적 측면에서의 실천프로그램인 '피해자-가해자 조정'이나 회복적 정의를 형사제재 단계에서 구현하는 방안인 피해회복명령(원상회복명령 또는 사회봉사명령) 등과 같은 제재수단들은 '구체적'인 피해자나 사회공동체의 현실적인 이익을 보호하는데 초점을 맞추고 있다. 이 때문에 이러한 새로운 실천 프로그램들을 추상적 차원의 법익을 보호하기 위해 투입되는 국가의 공적 형벌제도로 운용되고 있는 형사사법의 프레임 안으로 어떻게 통합해 넣을 수 있는지에 관한 지속적인 연구가 필요하다.

2. 보호적 과제와 보장적 과제의 조화

77 형법의 수단인 형벌이 개인의 삶에 대해 미치는 영향력이 심각하고 중대하기 때문에 형법의 해석과 적용에 있어서 형법의 과제들 간의 우열관계를 염두에 두지 않을 수 없다. 형법을 해석·적용함에 있어서 자유보장적 과제를 앞세우면 개별형법 규정을 행위자에게 유리하게 해석하게 되고, 법익보호과제 내지 사회보호과제를 우선하면 행위자에게 불리한 해석을 하게 된다. 예컨대 견인료의 납부를 요구하는 교통관리직원을 승용차 앞 범퍼부분으로 들이받아 폭행한 사건의 경우 법익보호나 사회보호를 앞세워 행위자(운전자)에게 불리하게 단순폭행죄가 아니라 특수폭행죄의 규정을 적용하려면 형법 제260조의 위험한 물건의 '휴대'라는 개념을 '널리 이용하여'라고 폭넓게 해석한다.[33] 반면에 형법의 자유보장적 기능을 앞세워 해석하면 '휴대'란 '몸에 지니는 것'이라는 의미로 제한해석되어 행위자에게 특수폭행죄의 성립을 인정할 수 없고 단순폭행죄의 성립만 인정할 수 있다.

78 따라서 형법규정의 여러 가지 개념을 해석함에 있어서 자유보장과 법익보호라는 두 가지 과제는 다음과 같이 고려하여야 한다. 자유보장과제는 궁극적으로 피고인의 인권침해의 소지를 줄이기 위해 국가형벌권을 제한적으로 행사하고 절차적으로 적정절차를 유지하는 데 무게중심을 두게 된다. 반면에 법익보호라는

33) 대법원 1977.5.30. 97도597.

관점은 질서의 유지, 사회의 안정을 지향하는 데 동원될 수 있는 논리이다. 어느 편을 우선할 것인가는 국가 형벌권에 대한 해석자의 철학과 세계관에 따라 달라질 것이고, 그 사회의 정치적 상황 및 시민의식에 따라 상대적으로 양자 간의 긴장관계의 강도가 다르게 나타날 수 있다. 자유보장과 법익보호의 균형지점을 형법 적용이나 형사입법의 최종 종착지로 삼으려면 '현명한 제한이 우리를 자유롭게 한다(Wise restraints make us free)'[34)]라는 격언을 나침반으로 삼을 수 있을 것이다.

34) 이 격언은 미국연방대법원 대법관 케네디(Anthony M. Kennedy)가 1987년 제9순회법관회의의 개회사에서 사용하였고, 2019.2.25. 미 법무부차관 로젠스타인(Rod Rosenstein)의 연설에서 인용되었다.

§2

제 2 장 형법의 헌법적 한계원칙

1 국가형벌권의 행사는 법익보호를 위해 국민에 대해 행사할 수 있는 가운데 가장 날카로운 최후수단이므로 형식적인 측면에서는 물론이고 내용적 측면에서도 일정한 한계 내지 제한이 가해져야 한다. 형법의 형식적인 한계를 긋는 것은 죄형법정주의원칙이고, 형법을 실질적·내용적으로 제한하는 것은 비례성원칙이다. 이 두 가지 원칙은 형법이론학 내부에서 나오는 형법학의 자기통제 원칙이 아니라, 형법의 외부인 헌법에 그 근거를 두고 있는 타자통제 원칙이다.

제 1 절 형법의 형식적 한계원칙: 죄형법정주의

Ⅰ. 죄형법정주의의 의의와 연혁

1. 죄형법정주의의 의의

2 죄형법정주의란 어떤 행위가 범죄로 되고 그 범죄를 어떻게 처벌할 것인가가 행위자의 행위 이전에 미리 성문의 법률로서 규정되어 있어야 한다는 원칙을 말한다. 이 원칙은 근대형법의 기본원리로서 오늘날 국가가 형벌이라는 수단을 가지고 범죄에 대응함에 있어 형벌권의 남용과 과잉을 막기 위한 가장 기본적인 조건으로 인정되고 있다.

3 '법률 없으면 범죄 없고, 형벌 없다(nullum crimen, nulla poena sine lege)'는 말로 표현되어 온 이 원칙은 가벌성 자체뿐 아니라 형벌의 종류와 정도도 범죄행위 이전에 미리 성문화된 법률에 확정되어 있어야 함을 뜻하기 때문에 일반적 법치국가원리와 마찬가지로 국가형벌권의 발동근거인 동시에 형벌권의 한계선을 그어주는 역할을 해왔다.

2. 죄형법정주의의 사상적 배경 및 연혁

4 죄형법정주의는 절대국가시대에 자행되었던 형벌권의 자의적 행사 및 남용을 방지하여 개인의 자유와 권리를 보장하려는 이념적 출발점을 가지고 있다. 따라서 개인의 자유와 권리라는 이념의 신장에 토대가 되었던 계몽주의 내지 인권사상이 죄형법정주의의 사상적 배경이라고 할 수 있다.

5 역사적으로 보면 절대왕권에 도전하는 시민계급의 부상과 함께 시민권의 절차적 보장의 효시가 된 1215년 영국의 대헌장(마그나 카르타)을 위시하여 1628년의 권리청원, 1638년

의 권리장전, 1776년 미국의 버지니아 권리선언 등에서 오늘날 죄형법정주의의 맹아가 싹터 나왔다.[35)]

1787년의 미국헌법, 1789년 프랑스 인권선언, 1794년의 프로이센의 일반란트법 등에서는 형사소급입법금지원칙이나 유추금지 등과 같이 오늘날 죄형법정주의원칙의 내용을 이루는 원칙들이 직접 성문화되었고, 1810년의 나폴레옹형법에는 죄형법정주의가 최초로 형법전에 규정되었다. 6

이외에도 1871년의 독일제국형법전, 1910년의 바이마르헌법, 1948년의 세계인권선언 등에서도 죄형법정주의원칙이 천명되었으며, 오늘날 대부분의 자유민주주의국가에서는 죄형법정주의에 관한 직접·간접의 규정을 두고 있다.[36)] 7

Ⅱ. 죄형법정주의의 이론적 근거·법적 근거

1. 이론적 근거

사적 복수를 철폐하는 국가 공형벌제도 하에서 형벌권이 자의적으로 행사되지 않도록 하기 위해서는 형벌부과의 요건(범죄) 뿐 아니라 그에 대해 부과되는 법효과(형벌)의 종류 및 양을 미리 성문화된 규정을 통해 예고하는 방식(죄형법정주의)을 취하는 것이 최선의 방식으로 여겨졌다. 이에 따라 국가의 형벌권의 행사는 입법부가 만든 형법의 반경 내에서만 가능하게 되고 구체적인 범죄행위에 대해 형벌권이 행사될 경우 사후통제의 수단으로서 다시 사법부의 심사를 받게 하였다. 죄형법정주의는 국가의 입법작용, 행정작용, 그리고 사법작용이 각기 분리되어 있을 때, 즉 삼권분립하에서 가장 잘 작동되는 원리로 여겨졌기 때문이다. 이러한 차원에서 보면 '삼권분립원칙'이 죄형법정주의의 이론적 뒷받침이 되었다고 할 수 있다. 뿐만 아니라 예측가능한 형벌예고방식의 이론적 토대마련에 결정적인 기여를 한 것은 포이에르바흐의 '심리강제설'이었다. 규범수범자의 심리에 영향을 미쳐 범죄예방의 효과를 달성하려면 형벌의 부과조건과 적절한 형벌의 양을 미리 예고해야 했기 때문이었다. 8

2. 법적 근거

죄형법정주의 법적 근거는 일차적으로 헌법이다. 헌법 제12조 제1항은 "누구든지 … 법 9

35) "모든 자연인은 그와 동등한 신분을 가지는 자의 적법한 재판이나 국가의 법률에 의하지 아니하고는 체포·구금 그리고 기타의 법적 보호가 박탈되지 않으며 추방되지 않고 폭력이 가해지거나 구금되지 않는다"라는 대헌장 제39조는 소송절차적인 측면에서 시민권을 보장해주고 있다. 이 때문에 영국의 대헌장은 국가의 공권력으로부터 시민권을 보장하는 실체법적 의의를 가지는 것이 아니라고 보는 견해들(김일수/서보학, 58면; 배종대, §11/1; 이재상/장영민/강동범, §2/34)도 있다.

36) 반면에 1926년의 소련형법 제16조는 "공산주의혁명의 목적상 사회에 위험한 행위는 실정법을 떠나서 처벌할 수 있다"라고 규정하고 있었고, 1935년 나찌독일형법 제2조는 "건전한 국민감정에 반하는 행위는 법률이 없어도 벌할 수 있다"라고 규정하고 있었다.

률과 적법한 절차에 의하지 아니하고는 처벌·보안처분 또는 강제노역을 받지 아니한다"라고 선언하고 있다. "범죄의 성립과 처벌은 행위시의 법률에 의한다"라고 규정한 형법 제1조 제1항은 행위시법주의를 형법의 시간적 적용을 위한 원칙으로 삼고 있지만, 넓은 의미에서 보면 형벌불소급금지원칙을 확인하고 있으므로 죄형법정주의의 한 내용을 규정하고 있다고 볼 수도 있다.[37)]

Ⅲ. 죄형법정주의의 실천적 의의

1. 입법자와 법적용자에 대한 헌법적 요청

10 헌법상의 원칙인 죄형법정주의를 충족시키지 못하는 법률이 위헌결정을 받으면 무효인 법률이 된다. 이 때문에 입법자는 입법과정에서부터 죄형법정주의에 반하지 않는 형법을 만들어야 하고, 형법적용자(법관)도 적용될 형법이 죄형법정주의에 위배될 소지가 있는 것인가를 면밀히 심사하여야 한다.

2. 국가형벌권에 대한 통제요건의 요구

11 형법의 적용에 대해 모든 시민들이 예측할 수 있고 거기에 대해 신뢰할 수 있도록 하기 위해서는 단순히 범죄와 형벌을 법률에 규정하는 것만으로는 부족하다. 형법의 남용과 오용을 방지하기 위해 범죄와 형벌을 담고 있는 법률의 모습 및 내용이 구체적으로 어떠해야 하는가에 대해 오늘날 광범위하게 합의된 내용이 있다. 그것은 형법이라는 법률에 대해 요구되는 조건들, 즉 이하에서 설명하는 죄형법정주의의 구체적인 내용들이다.

Ⅳ. 죄형법정주의 이념을 실현하는 구체적 내용

12 죄형법정주의의 슬로건인 '법률 없으면 범죄 없고, 형벌 없다'는 범죄와 형벌이 반드시 법률의 형식을 통해 규정되어야 한다는 점을 표현하고 있는 공식에 불과하다. 국민의 자유와 권리를 보장할 의무가 있는 국가가 국민의 자유와 권리를 제한할 수 있는 유일한 방식은 '법률'이다. 이 처럼 법률유보원칙 내지 형식적 의미의 법치국가원칙에 따르면 국민의 자유와 권리를 제한하는 법률이 형벌을 수단으로 삼고 있는 형법률이 되기 위해서는 그 법률이 법치국가원칙의 중심기둥인 법적 안정성과 신뢰보호원칙을 준수할 것이 요구된다. 국가형벌권의

37) 이 규정이 형법의 시간적 범위에 관한 규정에 불과할 뿐 죄형법정주의를 직접 선언한 것은 아니라는 견해(강구진, "죄형법정주의와 적정절차의 원칙", 고시연구(1983.5), 26면)도 있지만, 이 규정의 핵심은 죄형법정주의의 이념과 직접적으로 결부될 수 있기 때문에 죄형법정주의의 원칙을 선언하고 있는 것이라고 말할 수 있다(이재상/장영민/강동범, §2/2).

실현이 예측가능성을 담보할 수 있어야 하기 때문이다. 이러한 맥락에서 성문법률주의, 명확성의 원칙, 유추금지원칙, 소급금지원칙이라는 네 가지 원칙은 형식적 법치국가를 실현하기 위해 형벌권 실현을 위한 형법법률에 대해 요구되는 헌법적 원칙들이다.

종래 국내의 형법교과서는 예외없이 죄형법정주의의 하위원칙으로 적정성의 원칙(과잉금지원칙)까지 추가하여 다섯 가지로 설명하여 왔다. 하지만 적정성의 원칙은 형법의 형식적 한계에 관한 원칙이라기 보다는 실질적 법치국가원칙을 실현하기 위해 형법의 실질내용을 규율하는 비례성원칙의 다른 이름이다. 이 때문에 이 원칙을 죄형법정주의 원칙의 하나로 분류하는 것은 적절한 분류법이 아니다. 이에 관해서는 후술한다. 13

1. 성문법률주의

(1) 의의

범죄와 형벌은 성문의 법률의 형식으로 규정되어 있어야 한다는 원칙을 말한다. 여기서 말하는 법률은 원칙적으로 국회가 제정한 형식적 의미의 법률을 가리키며,[38] 따라서 범죄와 형벌을 명령·규칙 등에 규정하거나 관습법을 처벌근거로 하는 것은 원칙적으로 죄형법정주의에 반한다. 이 원칙의 근거가 되는 것은 국민의 대표기관인 국회의 입법절차에 따라 형벌법규가 제정되어야 한다는 대의민주주의 사상이다. 형사입법자는 오직 국민의 대표기관인 국회이므로 이를 '의회입법주의'라고 부르기도 한다. 14

(2) 위임입법의 예외적 허용

헌법은 일정한 경우에 예외적으로 법률 이외의 명령이나 규칙에 의해서도 범죄와 형벌을 규정하는 것을 허용한다(헌법 제75조). "사회현상의 복잡다기화와 국회의 전문적·기술적 능력의 한계 및 시간적 적응능력의 한계로 인하여 형사처벌에 관련된 모든 법규를 예외없이 형식적 의미의 법률에 의하여 규정한다는 것은 사실상 불가능할 뿐만 아니라 실제에 적합하지도 아니하기 때문"이다.[39] 따라서 법률의 하위법규에 범죄와 형벌에 관해 규정할 것을 위임할 수 있으려면 "특히 긴급한 필요가 있거나 미리 법률로써 자세히 정할 수 없는 부득이한 사정이 있는 경우에 한하여"야 한다.[40] 15

(3) 위임입법의 허용요건

위임입법이 죄형법정주의에 위배되지 않기 위해서는 범죄를 구성하는 요건 뿐 아니라 법효과인 형벌도 일정한 요건을 갖추어야 한다. 16

判 대법원이 인정하는 위임입법의 허용요건은 첫째, 법률의 하위법규가 구성요건을 규정하고 있는 경우에는 "처벌대상인 행위가 어떠한 것인지 예측할 수 있을 정도로 구체적으로 정해야" 한다. 둘째, 하위법 17

38) 대법원 2003.11.14. 2003도3600.
39) 대법원 2003.11.14. 2003도3600.
40) 대법원 2000.10.27. 2000도1007.

규가 형벌에 대해 규정하는 경우에는 "형벌의 종류 및 그 상한과 폭을 명확히 규정"해야 한다.[41] 따라서 하위법규들이 모법보다 형사처벌의 대상을 확장하거나 형벌을 강화하는 것은 허용되지 않는다.[42]

다른 한편 대법원은 모법에 직접 위임하는 규정을 두지 아니한 경우에도 두 가지 경우 중 하나에 해당하는 경우에는 '모법의 규율범위를 벗어난 것으로 볼 수 없다'고 하면서 위임입법의 가능성을 확장하고 있다. 하나는, "법률의 시행령이나 시행규칙의 내용이 모법의 입법 취지와 관련 조항 전체를 유기적·체계적으로 살펴보아 모법의 해석상 가능한 것을 명시한 것에 지나지 아니한 경우"이고, 다른 하나는 "모법 조항의 취지에 근거하여 이를 구체화하기 위한 것인 경우"[43] 모법에 위임규정이 없는 경우이다.

(4) 포괄위임입법금지원칙

18 그러나 포괄위임입법은 죄형법정주의에 위반하는 것이므로 금지되어야 한다. 포괄위임입법이란 처벌법규의 구성요건부분에 관한 기본사항에 관하여 보다 구체적인 기준이나 범위를 정함이 없이 그 내용을 모두 하위법령에 포괄적으로 위임하는 경우를 말한다.[44] 포괄위임입법은 그 규범수범자로 하여금 준수하여야 할 사항의 내용이나 범위를 구체적으로 예측할 수 없게 하고, 나아가 헌법이 예방하고자 하는 행정부의 자의적인 행정입법을 초래할 수 있기 때문이다.

19 **例 허용되는 위임입법 판결례:** ① (구) 식품위생법 제7조 제1항 소정의 식품 또는 식품첨가물을 보건복지부장관(위 법률개정후부터는 식품의약품안전청장)으로 하여금 고시하도록 한 것(대법원 2002.11.26. 2002도2998), ② 게임산업진흥에 관한 법률 제32조 제1항 제7호가 '환전, 환전알선, 재매입 영업행위를 금지하는 게임머니 및 이와 유사한 것'을 대통령령으로 정하도록 위임하고 있는 것(대법원 2009.4.23. 2008도11017), ③ 허가없이 골재채취를 한 경우를 형사처벌하는 골재채취법의 형벌법규가 이미 존재하는 상태에서 허가의 절차 등을 그 시행령에 위임하여 두었다면 아직 시행령이 제정되지 않은 경우에도 허가 없이 골재채취를 한 행위 그 자체를 처벌하는 것(대법원 1993.10.26. 93도2290) 등.

20 **例 금지되는 위임입법 판결례:** ① 총포·도검·화약류등단속법이 총포의 범위만을 시행령에 위임하였음에도 불구하고 시행령이 총의 부품까지 총포에 속하는 것으로 규정한 경우(대법원 1999.2.11. 98도2816 전원합의체), ② (구) 근로기준법(1997.3.13 개정 이전) 제30조 단서의 "특별한 사정이 있는 경우에는 당사자의 합의에 의하여 기일을 연장할 수 있다"는 규정이 있음에도 같은 법 시행령 제12조에서 이를 3개월 이내로 제한한 경우(대법원 1989.8.8. 88도1161), ③ 감독기관의 승인사항을 시행령에 위임함이 없이 시행령에서 비로소 승인을 규정한 경우(대법원 2003.10.20. 2002모402 전원합의체), ④ 벌칙규정이면서도 형벌만을 규정하고 범죄의 구성요건의 설정은 완전히 각령에 백지위임하고 있는 것이나 다름없는 경우(헌법재판소 1991.7.8. 91헌가4) 등.

(5) 관습형법금지의 원칙 및 예외

21 성문의 법률이 아닌 관습법에 의해 어떤 행위를 범죄로 평가하고 거기에 대해 형벌을 부과하는 것은 성문법률주의라는 죄형법정주의 원칙에 반한다. 따라서 관습법에 의한 형벌법규의 신설이나 형의 가중은 허용될 수 없다.

---

41) 대법원 2000.10.27. 2000도1007.
42) 대법원 1992.2.11. 98도2816.
43) 대법원 2014.8.20. 2012두19526.
44) 헌법재판소 2000.7.20. 99헌가15.

그러나 죄형법정주의의 이념에 비추어보면 행위자에게 유리한 관습법은 인정될 수 있다는 22
것이 일반적이다. 다만 이 경우에도 관습법 적용이 허용되기 위해서는 객관적으로 관행이 계속 반복된 것이어야 하고, 그 관행에 대해 일반인이 주관적으로 법적 확신을 가지게 된 것이라는 요건을 갖추어야 할뿐 아니라 헌법을 최상위 규범으로 하는 전체법질서에 반하지 않아 정당성과 합리성도 구비하여야 한다.[45] 이러한 요건을 구비하는 관습법은 형법의 규정(제20조의 사회상규나 제184조의 수리권 등)의 개념을 해석함에 기준이 될 수 있다.

2. 명확성원칙

(1) 의의

명확성원칙이란 법률이 처벌하고자 하는 행위가 무엇이며 그에 대한 형벌이 어떠한 것 23
인지를 누구나 예견할 수 있고, 그에 따라 자신의 행위를 결정할 수 있도록 구성요건을 명확하게 규정하는 것을 의미한다.[46]

그러나 일반적으로 법규는 그 규정의 문언상 표현력의 한계가 있을 뿐 아니라 그 성질 24
상 어느 정도의 추상성을 가지는 것이 불가피하기 때문에 정서적 판단을 요하는 규범적 개념을 사용하지 않을 수 없다.[47] 이러한 관점에서 보면 명확성 원칙은 기본적으로 최대한이 아닌 최소한의 명확성을 요구한다.[48]

(2) 판단기준과 판단주체

형벌법규가 어느 정도 명확하여야 하는지는 언어가 가진 속성상 일률적으로 판단되기 25
어렵다.

判 헌법재판소와 대법원은 법률조항이 "법관의 보충적인 해석을 통하여 그 규범내용이 확정될 수 있는 26
한" 명확성원칙에 반하지 않는다고 하고,[49] 이 경우 "각 구성요건의 특수성과 그러한 법적 규제의 원인이 된 여건이나 처벌의 정도, 다른 법률조항과의 연관성"[50] 및 "건전한 상식 및 통상적인 법감정"[51]을 고려할 것을 요구한다. 이 뿐만 아니라 "처벌법규의 입법목적이나 그 전체적 내용, 구조 등을 살펴보아 사물의 변별능력을 제대로 갖춘 일반인의 이해와 판단으로서 그의 구성요건요소에 해당하는 행위유형을 정형화하거나

---

45) 대법원 2005.7.21. 2002다1178 전원합의체. "관습법이란 사회의 거듭된 관행으로 생성한 사회생활규범이 사회의 법적 확신과 인식에 의하여 법적 규범으로 승인·강행되기에 이른 것을 말하고, 그러한 관습법은 법원(法源)으로서 법령에 저촉되지 아니하는 한 법칙으로서의 효력이 있는 것이고, 또 사회의 거듭된 관행으로 생성한 어떤 사회생활규범이 법적 규범으로 승인되기에 이르렀다고 하기 위하여는 헌법을 최상위 규범으로 하는 전체 법질서에 반하지 아니하는 것으로서 정당성과 합리성이 있다고 인정될 수 있는 것이어야 하고, 그렇지 아니한 사회생활규범은 비록 그것이 사회의 거듭된 관행으로 생성된 것이라고 할지라도 이를 법적 규범으로 삼아 관습법으로서의 효력을 인정할 수 없다."

46) 대법원 2006.5.11. 2006도920.

47) 대법원 1995.6.16. 94도2413 참조.

48) 헌법재판소 2005.12.22. 2004헌바45.

49) 헌법재판소 2002.2.28. 99헌가8.

50) 헌법재판소 1997.3.27. 95헌가17; 대법원 2000.11.16. 98도3665 전원합의체.

51) 대법원 2000.1.27. 2000도1007.

합리적인 해석기준을 찾을 수 있는" 경우에는 명확성원칙에 반하지 않는다고 한다.[52)]

명확성 여부에 대한 판단이 누구를 기준으로 삼을 것인지는 명확해야 할 형법의 수범자가 누구인지에 달려있다. 헌법재판소는 형벌법규의 명확성 여부를 판단함에 있어 기준이 되는 척도인은 법관이 아니라 통상의 판단능력을 가진 일반 시민이라고 한다.[53)]

27 명확성원칙을 준수해야 하는 자는 일차적으로 법률을 만드는 입법자이지만, 법적용자인 법관도 명확성 원칙과 무관하지 않다. 법적용자는 법률규정의 해석을 통해 그 규범의 내용을 구체화하여야 하는 이른바 법선언자 인데, 법관이 법률을 해석한 결과물인 해석공식은 구체적 사건에 적용하기 위해 발견된 '법'으로서 그 내용이 분명하게 구체화되어 있지 않으면 적용범위가 불명확하게 되고 그 결과 사안에 대한 포섭여부가 법관의 자의에 맡겨지기 때문이다.[54)] 명확성원칙에 위배되면 명확하지 않은 법적 개념을 포함하는 당해 형벌법규는 위헌무효가 된다. 그러나 대법원이 최종적으로 선언한 법(해석공식)이 명확하지 않거나, 추상적이거나 모호한 수준에 머물러 그 적용범위가 구체화되지 않는 경우에는 현실적으로 통제할 방법이 없다. 헌법재판소법이 재판소원을 인정하고 있지 않기 때문이다.

(3) 적용대상

1) 범죄성립요건과 명확성원칙

28 범죄구성요건이 명확성을 갖추어야 하는 이유는 형법이 가지는 의사결정규범으로서의 성격상 누구든지 당해 법률조항이 처벌하고자 하는 행위가 무엇인지를 예견할 수 있어야 하고 그에 따라 자신의 행위를 결정할 수 있어야 하기 때문이다.[55)]

29 **判** 명확성원칙은 범죄의 적극적 요소를 규정하고 있는 범죄구성요건에 대해서 뿐만 아니라 소극적으로 범죄성립을 부정하는 요소를 담고 있는 위법성조각사유 및 책임조각사유에 대해서도 적용된다. 이러한 규정들은 그러한 조각사유에 해당하지 않는 경우 결국 범죄성립을 인정하게 하는 기능을 하기 때문이다.[56)] 특히 앞서 언급했듯이 명확성원칙은 입법자 뿐만 아니라 법관에 대해서도 해석의 구체화 요구라는 이름으로 요구된다. 이러한 맥락에서 대법원은 위법성조각사유나 책임조각사유에 대해서도 유추나 불리한 확장해석을 죄형법정주의에 반하는 것으로 본다.[57)]

30 **例 명확성원칙 위반 긍정 판결례:** ① (구) 아동복지법 제18조 제11호의 "아동의 덕성을 심히 해할 우려가 있는 도서"(헌법재판소 2002. 2.28. 99헌가8), ② 외국환관리규정 제6-15조의4 제2호 (나)목 소정의 "도박 기타 범죄 등 선량한 풍속 및 사회질서에 반하는 행위"(대법원 1998.6.18. 97도2231 전원합의체), ③ (구) 가정의례에 관한 법률 제4조의 "가정의례의

52) 대법원 2001.11.13. 2001도3531.

53) 헌법재판소 1997.9.25. 96헌가16. "범죄의 구성요건이 추상적 또는 모호한 개념으로 이루어지거나, 그 적용범위가 너무 광범위하고 포괄적이어서 불명확하게 되어 통상의 판단능력을 가진 국민이 법률에 의하여 금지된 행위가 무엇인가를 알 수 없는 경우에 명확성의 원칙에 위배된다."

54) 법관에게 '해석의 구체화'로서 요구되는 명확성원칙이 죄형법정주의의 현대적 의의 중의 하나라는 점에 관해서는 김성돈, "죄형법정주의와 그의 적들", 형사법연구 제34권 제2호(2022), 40면 이하.

55) 대법원 2003.11.14. 2003도3600 참조.

56) 헌법재판소 2001.6.28. 99헌바31 참조.

57) 대법원 1997.3.20. 96도1167.

참뜻"에 비추어 "합리적인 범위 안"(헌법재판소 1998.10.15. 98헌마168), ④ 경범죄처벌법 제3조 제1항 제33호의 알몸을 "지나치게 내놓거나 가려야 할 곳을 내놓아 다른 사람에게 부끄러운 느낌이나 불쾌감을 준 사람"(헌법재판소 2016.11.24.2016헌가3.), ⑤ 출판사 및 인쇄소의 등록에 관한 법률 제5조의2 제5호에서 "저속"(헌법재판소 1998.4.30. 95헌가16), ⑥ 공익을 해할 목적의 허위통신을 금지하는 (구) 전기통신사업법 제47조 제1항의 "공익"개념(헌법재판소 2010.12.28. 2008헌바157) 등.

例 명확성원칙 위반 부정 판결례: ① 형법 제243조, 제244조의 "음란"개념(대법원 1995.6.16. 94도2413), ② 도로교통법 31
제20조 제2호의 "도로의 구부러진 곳"(헌법재판소 2000.2.24. 99헌가4), ③ (구) 집회 및 시위에 관한 법률 제3조 제1항 제4호의 "현저히 사회적 불안을 야기시킬 우려가 있는 집회 또는 시위"개념(대법원 1986.10.28. 86도1764), ④ 청소년보호법 제26조의2 제8호가 "풍기를 문란하게 하는 영업행위를 하거나 그를 목적으로 장소를 제공하는 행위"를 처벌하는 것(대법원 2003.12.26. 2003도5980), ⑤ 문화재보호법 제2조 제1항 제2호 중 "유형의 문화적 소산으로서 역사상 또는 예술상 가치가 큰 것과 이에 준하는 고고자료"라는 부분(헌법재판소 2000.6.29. 98헌바67), ⑥ 형법 제129조 내지 제132조의 적용에 있어서 "지방공사와 지방공단의 임원 및 직원을 공무원으로 본다"고 규정한 것(대법원 2001.1.19. 99도5753), ⑦ 군형법 제92조가 "기타 추행"을 처벌한다고 규정한 것(헌법재판소 2002.6.27. 2001헌바70) 등.

2) 형벌과 명확성원칙(절대적 부정기형금지)

① 원칙(선고형으로서 절대적 정기형) 명확성원칙은 범죄를 기술하는 구성요건상의 개념 32
에 대해서뿐 아니라 그에 대한 효과인 형벌에 대해서도 적용되어야 한다.[58] 형법은 형법각칙 규정에서 법정형을 부과하는 방법으로서 절대적으로 어떤 액수나 기간을 정하지 않고, 액수의 범위(상한액과 하한액) 내지 기간의 범위(장기와 단기)를 정하여 규정하고 있다. 그러나 판사가 유죄판결을 내릴 때에는 상대적인 부정기형이 아니라 형법에 규정되어 있는 법정형을 기준으로 하여 그 범위 내에서 가중 내지 감경사유를 적용한 후에 최종적으로 선고형을 내리게 된다. 따라서 법정형의 경우에는 상대적 부정기형으로 규정되어 있지만, '선고형'의 경우에는 '절대적 정기형'이 되어야 하는 것이 원칙이다.

判 대법원은 (구) 부정선거관련자처벌법 제5조 제4항처럼 "동법 제5조 제1항의 예비·음모는 이를 처벌 33
한다"고만 규정하고 있을 뿐이고 그 형에 관하여 따로 규정하고 있지 아니한 경우에는 법정형에 절대적 부정기형을 두고 있으므로 죄형법정주의의 명확성원칙에 반한다고 한다.[59]

② 예외(소년에 대한 선고형으로서의 상대적 부정기형) 소년은 인격이 성숙하는 과정에 있 34
는 자이기 때문에 그의 범죄에 상응한 형벌을 미리 결정할 수는 없고, 개선·교화상황에 따라 석방시기를 결정하게 하는 것이 특별예방목적에 부합한다. 따라서 소년법 제60조 제1항은 절대적 정기형원칙에 대한 예외를 인정[60]하여 선고형의 경우에도 그 기간의 범위를 정해서 선고하도록 되어 있다.[61] 예컨대 절도죄를 범한 소년에게 징역형을 선고할 경우에는

58) 국가보안법 제13조에서 제7조 제5항, 제1항의 위반행위에 대해 "그 죄에 정한 법정형의 최고를 사형으로 한다"고 규정한 것은 명확성원칙에 반한다(헌법재판소 2002.11.28. 2002헌가5).

59) 대법원 1977.6.28. 77도251.

60) 소년법 제60조 제1항: 소년이 법정형 장기 2년 이상의 유기형에 해당하는 죄를 범한 때에는 그 형의 범위 안에서 장기와 단기를 정하여 선고한다. 다만, 장기는 10년, 단기는 5년을 초과하지 못한다.

61) 대법원 2008.10.23. 2008도8090. "개정 소년법은 제2조에서 '소년'의 정의를 '20세 미만'에서 '19세 미만'으로 개정하였고, 이는 같은 법 부칙 제2조에 따라 위 법 시행당시 심리중에 있는 형사사건에 관하여도 적용된다.

법관은 반드시 ‘단기 2년, 장기 3년’ 등과 같은 형식의 부정기형을 선고해야 하고, 징역 1년, 징역 3년 등과 같은 정기형을 선고해서는 안 된다.[62] 물론 형의 집행유예나 선고유예시에는 소년에 대해서도 상대적 부정기형은 인정되지 아니한다(소년법 제60조 제3항).

3) 보안처분과 명확성원칙

35 명확성원칙은 형벌뿐 아니라 보안처분에 대해서도 적용되어야 한다. 보안처분의 종류 중 보호감호와 관련해서는 종래 ‘보호감호시설에의 수용은 보호의 필요성이 있을 때까지로 한다’는 사회보호법 제7조 제3항을 개정하여 “7년을 초과할 수 없다”고 기간의 상한을 정한 적이 있었다. 그러나 보호감호제도는 이중처벌의 시비에 휘말려 2005년 8월 4일 사회보호법폐지법률이 제정·공포되어 보안처분의 목록에서 삭제되었다. 치료감호와 관련해서도 종래의 사회보호법에서는 “치료가 끝날 때까지”((구) 사회보호법 제9조 제2항의 규정)[63]로 되어 있어 절대적 부정기처분을 규정하고 있었으나 사회보호법이 폐지되면서 대체입법으로 마련된 치료감호법에 의하면 15년을 초과할 수 없도록 규정함으로써 논란의 소지를 없앴다.

3. 유추금지원칙

(1) 유추와 유추금지의 의의

36 1) 유추의 의의 　유추는 문제되는 사실관계에 적용할 법률이 존재하지 않을 경우에 그 문제되는 사실관계와 가장 유사한 사실관계에 적용되는 법률규정을 찾아내어 그 법률규정을 적용하는 경우를 말한다.[64] 유추는 법률의 흠결을 메우기 위한 보완작업이므로 법해석 내지 법획득(또는 법발견)이라기보다는 법관에 의한 법창조의 의미를 가진다.[65]

37 2) 유추와 해석의 구별 　해석은 일반적이고 추상적인 법률규정을 개별적인 구체적 사실관계(사안)에 적용할 경우 그 규정의 의미내용을 구체화하는 작업을 말한다.[66] 엄밀한

제1심은 피고인을 구 소년법(2007.12.21. 법률 제8722호로 개정되기 전의 것) 제2조에 의한 소년으로 인정하여 구 소년법 제60조 제1항에 의하여 부정기형을 선고하였고, 그 항소심 계속중 개정 소년법이 시행되었는데 항소심판결 선고일에 피고인이 이미 19세에 달하여 개정 소년법상 소년에 해당하지 않게 되었다면, 항소심법원은 피고인에 대하여 정기형을 선고하여야 한다.”

62) 이러한 규정이 헌법상 평등의 원칙에 위반된다는 주장에 대해서도 대법원은 “반사회성 있는 소년에 대하여 형사처분에 관한 특별조치를 행함으로써 소년의 건전한 육성을 기하기 위한 소년법의 입법목적(소년법 제1조 참조)을 달성하기 위한 것으로 보여지고, 소년법 제60조 제2항에서 소년의 경우 상당하다고 인정되는 때에는 그 형을 감경할 수 있도록 규정하고 있는 점에 비추어 보아도 위 규정이 소년을 성인보다 차별대우함으로써 헌법 제11조에서 천명하고 있는 평등의 원칙에 위반된다고는 할 수 없다”고 한다(대법원 2002.2.8. 2001도6515).

63) (구) 사회보호법 제9조 제2항: 치료감호시설에의 수용은 피치료감호자가 감호의 필요가 없을 정도로 치유되어 사회보호위원회의 치료감호의 종료결정을 받거나 가종료결정을 받을 때까지로 한다.

64) 유추는 문제되는 사실관계와 어떤 법률규정에 당연히 적용될 사실관계의 유사성의 비교를 통해 결론을 추론하는 과정, 즉 유사성의 비교추론 내지 유비추론의 축약어이다.

65) 유추는 법해석의 한 방법이 아니므로, 일반적으로 사용하는 “유추해석금지”라는 표현보다는 “유추적용금지”라는 표현이 더 정확하다(김일수/서보학, 71면; 손동권, §3/22).

66) 해석의 첫 단추는 법률규정의 문언의 의미내용을 엄격하게 밝히는 작업이다(문리적 해석). 문리적 해석이

의미에서 보면 해석과 유추는 서로 다르다. 해석은 법률규정이나 그 속의 추상적인 법적 개념을 적용될 사실관계를 포섭할 수 있을 정도로 구체화하는 작업인 반면, 유추는 법률규정을 구체화하는 해석작업을 하더라도 당해 법률규정에 적용되기 어려운 경우에도 '사실관계의 유사성'만을 근거로 삼아 그 법률규정을 적용하는 경우이므로 해석의 영역 바깥에 있는 법적용 방법을 의미한다. 이처럼 유추와 해석은 개념상 그리고 방법론상 서로 구별되는 것이지만, 양자의 한계를 명확하게 확정짓기 곤란한 영역이 있다. 특히 '허용되는 확장해석'과 '금지되는 유추'의 구별이 문제되는 영역이다. 이에 대해서는 후술한다.

3) 형법상 유추금지의 의의와 유추허용의 한계 어떤 행위자의 행위에 적용될 법률규 38
정이 마련되어 있지 않은 경우 유추적용의 방법을 사용하게 되면 형벌권의 행사가 자의적으로 될 위험이 있다. 그 행위가 원래 어떤 특정 규정에 적용될 것이 당연히 예상되는 행위와 유사성이 있다는 이유만으로 유추적용을 허용하면 행위시점 이전에 형사처벌의 대상을 사전적으로 정해놓을 것을 요구하는 죄형법정주의의 울타리를 손쉽게 넘어갈 수 있다. 더 나아가 형벌법규가 아무리 법률명확성의 원칙을 지키더라도 당해 사안에 적용되지 말아야 할 형벌법규가 적용된다면 명확성원칙도 무의미해 질 수 있다.

判 이러한 이유 때문에 형법이론학은 물론이고 대법원도 행위자에게 불리한 유추는 절대적으로 불허하 39
고 있다.[67] 그러나 유추의 오용을 봉쇄하여 국가형벌권으로부터 개인의 자유를 최대한 보장하려면 행위자에게 유리한 경우에도 유추를 무조건 허용할 수도 없다. 대법원도 이러한 취지에서 행위자에게 유리한 경우에도 유추를 무조건 허용할 것이 아니라 유추를 하지 않으면, "그 결과가 현저히 형평과 정의에 반하거나 심각한 불합리가 초래되는 경우"로 제한하고 있다.[68]

4) 유추금지의 적용범위 유추금지는 원칙적으로 소송법상의 규정에 대해서는 적용 40
이 없고, 범죄와 그 법적 효과를 규정하는 형벌법규의 모든 요소에 대하여 적용된다.

判 대법원도 유추금지원칙이 형법총칙의 위법성조각사유와 책임조각사유 및 각칙상의 범죄구성요건, 41
소추조건, 인적처벌조각사유와 객관적 처벌조건, 형면제사유, 더 나아가 형벌과 보안처분에 대해서도 적용된다고 한다.[69] 대법원은 또 형벌법규의 적용대상이 행정법규가 규정한 사항을 내용으로 하고 있는 경우에

일차적으로 이루어지면 그것을 토대로 다시 그 규정의 연혁(역사적 해석), 법률 내에서의 의미관련성(체계적 해석), 그리고 마지막으로 법률의 목적(목적론적 해석)을 고려하여 문언의 의미내용을 구체화한다. 특히 목적론적 해석을 할 경우에는 당해 형법규정의 특수성을 고려한다.

67) 대법원 1992.10.13. 92도1428 전원합의체.

68) 대법원 2004.1.11. 2004도4049. "형벌법규의 해석에 있어서 유추해석이나 확장해석도 피고인에게 유리한 경우에는 가능한 것이나, 문리를 넘어서는 이러한 해석은 그렇게 해석하지 아니하면 그 결과가 현저히 형평과 정의에 반하거나 심각한 불합리가 초래되는 경우에 한하여야 할 것이고, 그렇지 아니하는 한 입법자가 그 나름대로의 근거와 합리성을 가지고 입법한 경우에는 입법자의 재량을 존중하여야 하는 것이다."

69) 대법원 1997.3.20. 96도1167 전원합의체. "유추해석금지의 원칙은 모든 형벌법규의 구성요건과 가벌성에 관한 규정에 준용되는데, 위법성 및 책임의 조각사유나 소추조건 또는 처벌조각사유인 형면제 사유에 관하여 그 범위를 제한적으로 유추적용하게 되면 행위자의 가벌성의 범위는 확대되어 행위자에게 불리하게 되는바, 이는 가능한 문언의 의미를 넘어 범죄구성요건을 유추적용하는 것과 같은 결과가 초래되므로 죄형법정주의의 파생원칙인 유추해석금지의 원칙에 위반하여 허용될 수 없다."

도 유추금지원칙이 적용된다고 한다.[70)]

(2) 허용되는 해석과 금지되는 유추의 구별

42 1) 확장해석의 허용여부 형법규정의 해석을 문리적 해석으로만 국한시킨다면 형법이 사회의 변화에 맞추어 나갈 수 없게 되는 경우가 허다하게 생길 수 있다. 이러한 경우 역사적 해석, 체계적 해석, 또는 목적론적 해석을 동원하면 다양한 사례들에 대해 형법 규정들을 적용할 수 있게 된다. 문제는 이로써 형법 규정의 문리적 의미내용을 어느 정도 확장해석할 수 있을지에 있다. 이와 같은 차원의 확장해석을 무한히 허용하게 되면 해석의 한계를 벗어나 결과적으로 유추와 구별되지 않을 경우가 있기 때문이다. 예컨대 주거의 사실상의 평온이라는 법익을 보호하려는 목적에서 스토커가 한밤중에 반복적으로 전화를 하여 상대방을 괴롭히는 경우에도 형법 제319조 제1항의 주거침입죄의 '침입'에 해당하는 것으로 해석할 수 있는지가 문제될 수 있다(목적론적 해석).

43 ① '허용'되는 확장해석과 '금지'되는 확장해석 불구별론 법률해석상 허용되는 확장해석이란 있을 수 없고 일체의 확장해석이 금지되어야 한다는 견해[71)]가 있다. 이 견해는 심지어 대법원도 확장해석을 원칙적으로 금지하고 있다고 평가하고 있다. 특히 이 견해는 대법원이 군형법 제74조 소정의 군용물분실죄에서 말하는 분실 개념을 '의사에 의하지 아니하고 물건의 소지를 상실'하는 경우로 해석한 후에 상대방에게 속아서 물건을 건네준 경우와 같이 하자 있는 의사에 기한 물건의 소지를 상실한 경우까지도 '확장해석'하거나 '유추해석'할 수는 없다고 하는 판시[72)] 또는 "문언의 가능한 의미를 벗어나 피고인에게 불리한 방향으로 해석하는 것은 죄형법정주의의 내용인 확장해석금지에 따라 허용되지 아니한다"고 하는 판시[73)] 대목에 초점을 맞추고 있다. 그러나 확장해석과 유추를 동의어로 보는 출발점에 서고 있는 듯한 이 견해는 대법원의 위 판례 취지를 오해하고 있는 듯하다.

44 ② 판례의 입장(문언의 가능한 의미를 기준으로 삼는 구별론) 대법원은 모든 '확장해석'을 유추와 동일시하고 있는 것이 아니다. '피고인에게 불리한 지나친 확장해석'[74)]만을 '금지되는 확장해석'으로 취급하여 이를 유추와 동일시하고 있다. 이러한 전제하에서 보면 결정적인 구별은 오히려 '허용되는 확장해석'과 '금지되는 확장해석(즉 유추)'을 판단하는 기준이다.

45 判 대법원은 "문언의 가능한 의미"를 양자를 구별하는 기준으로 삼으면서,[75)] 문언의 가능한 의미를 법

---

70) 대법원 2011.7.14. 2009도7777.
71) 이재상/장영민/강동범, §2/33.
72) 대법원 1999.7.9. 98도1719.
73) 대법원 2017.12.21. 2015도8335 전원합의체.
74) 대법원 2011.7.14. 2009도7777. "형벌법규의 해석은 엄격하여야 하고 명문규정의 의미를 피고인에게 불리한 방향으로 지나치게 확장 해석하거나 유추 해석하는 것은 죄형법정주의의 원칙에 어긋나는 것으로서 허용되지 않(는다)."
75) 대법원 2017.12.7. 2017도1012; 2018.10.25. 2016도11429 등: "형벌법규는 문언에 따라 엄격하게 해석·적용하여야 하고 피고인에게 불리한 방향으로 지나치게 확장해석하거나 유추해석하여서는 안 된다. 그러나

률문언의 '통상적인 의미'라고 풀이한다.[76] 이에 따르면 문언의 가능한 의미내용 안의 해석이면 '허용되는 (확장)해석'이고 그것을 벗어나면 '금지되는 확장해석(즉 유추)'이 된다.

46 **例 유추를 인정한 판결례:** ① 형법 제229조, 제228조 제1항의 "공정증서원본"에 공정증서의 정본을 포함시키는 경우(대법원 2002.3.26. 2001도6503), ② 도로교통법의 "무면허운전"에 연습운전면허를 받은 사람의 운전을 포함시키는 경우(대법원 2001.4.10. 2000도5540), ③ (구) 아동복지법 제18조 제5호의 "아동에게 음행을 시키는 행위"에 행위자 자신이 직접 그 아동의 음행의 상대방이 되는 것까지를 포함하는 경우(대법원 2000.4.25. 2000도223), ④ (구) 특정범죄자에 대한 위치추적 전자장치 부착 등에 관한 법률 제5조 제1항 제3호에서 부착명령청구 요건으로 정한 '성폭력범죄를 2회 이상 범하여(유죄의 확정판결을 받은 경우를 포함한다)'에 소년법에 의한 보호처분을 받은 전력이 포함된다고 보는 경우(대법원 2012.3.2. 2011도15057), ⑤ 여성으로 성전환한 자를 강간죄의 객체인 부녀에 포함시킨 경우(대법원 1996.6.11. 96도791), ⑥ 반의사불벌죄인 (구) 청소년의 성보호에 관한 법률 제16조의 적용상 피해자인 청소년에게 의사능력이 있음에도 그 청소년의 처벌희망 의사표시의 철회에 법정대리인의 동의가 필요하다고 보는 경우(대법원 2009.11.19. 2009도6058), ⑦ 주점의 종업원이 자신이 제공하는 술을 청소년도 같이 마실 것이라는 점을 예상하면서 그와 동행한 청소년이 아닌 자에게 술을 판매한 경우를 청소년보호법 제51조 제8호, 제26조 제1항 소정의 "청소년에 대한 술 판매금지규정 위반행위"에 해당된다고 보는 경우(대법원 2001.7.13. 2001도1844), ⑧ 군형법 제64조 제1항의 상관면전모욕죄의 구성요건에 전화를 통하여 통화한 경우를 포함시키는 경우(대법원 2002.12.2. 2002도2539), ⑨ 형법 제347조의2 컴퓨터사용사기죄의 객체인 "재산상의 이익"에 '재물'을 포함시키는 경우(대법원 2003.5.13. 2003도1178), ⑩ 의료기관의 개설자격이 있는 의료인이 다른 의료인 또는 의료기관을 개설할 자격이 있는 자의 명의를 빌려 의료기관을 개설한 경우를 의료법 제30조 제2항 본문의 "의료기관을 개설할 자격이 없는 자가 의료기관을 개설하는 경우"에 포함시키는 경우(대법원 2004.9.24. 2004도3875), ⑪ 상대방에게 전화를 하여 상대방의 전화기의 벨이 울리도록 한 경우를 정보통신망 이용촉진 및 정보보호 등에 관한 법률 제65조 제1항 제3호의 "정보통신망을 통하여 공포심이나 불안감을 유발하는 음향을 반복적으로 상대방에게 도달하게 한다는 것"에 포함시키는 경우(대법원 2005.2.25. 2004도7615), ⑫ (구) 대기환경보전법상의 "모페드형"에 '50cc 미만의 경량 오토바이'를 포함시키는 경우(대법원 2007.6.29. 2006도4582), ⑬ (구) 예금자보호법 제21조의2 제7항의 "조사권"에 '자료제출요구권'이나 '출석요구권'을 포함시키는 경우(대법원 2007.6.1. 2006도1813), ⑭ 대한민국국민이 아닌 사람이 외국에 거주하다가 그곳을 떠나 반국가단체의 지배하에 있는 지역으로 들어가는 행위를 국가보안법 제6조 제1항, 제2항의 "탈출"개념에 포함시키는 경우(대법원 2008.4.17, 2004도4889 전원합의체), ⑮ 도로교통법 제43조의 "운전면허를 받지 아니하고"라는 문언의 의미에 '운전면허는 받았으나 그 후 운전면허의 효력이 정지된 경우를 당연히 포함되는 것으로 해석한 경우(대법원 2011.8.25. 2011도7725), ⑯ 카페 등의 이름으로 개설된 사적 인터넷 게시공간의 운용자가 그 공간에 게시된 타인의 글을 삭제할 권한이 있는데도 이를 삭제하지 않고 그대로 둔 경우를 국가보안법 제7조 제5항에서 규정한 기타 표현물의 "소지"개념에 포함시킨 경우(대법원 2012.1.27. 2010도8336) 등.

형벌법규를 해석할 때에도 가능한 문언의 의미 내에서 해당 규정의 입법 취지와 목적 등을 고려한 법률체계적 연관성에 따라 그 문언의 논리적 의미를 분명히 밝히는 체계적·논리적 해석 방법은 그 규정의 본질적 내용에 가장 접근한 해석을 하기 위한 것으로 죄형법정주의의 원칙에 부합한다."

76) 대법원 2018.3.15. 2017도21656. "성폭력범죄의 처벌 등에 관한 특례법(이하 '성폭력처벌법'이라고 한다) 제14조 제1항, 제2항, 제3항에 의하면, 성폭력처벌법 제14조 제1항의 촬영의 대상은 '성적 욕망 또는 수치심을 유발할 수 있는 다른 사람의 신체'라고 보아야 함이 문언상 명백하므로 위 규정의 처벌 대상은 '다른 사람의 신체 그 자체'를 카메라 등 기계장치를 이용해서 '직접' 촬영하는 경우에 한정된다고 보는 것이 타당하므로, 다른 사람의 신체 이미지가 담긴 영상도 위 조항의 '다른 사람의 신체'에 포함된다고 해석하는 것은 법률문언의 통상적인 의미를 벗어나는 것이어서 죄형법정주의 원칙상 허용될 수 없고, 성폭력처벌법 제14조 제2항 및 제3항의 촬영물은 '다른 사람'을 촬영대상자로 하여 그 신체를 촬영한 촬영물을 뜻하는 것임이 문언상 명백하므로, 자의에 의해 스스로 자신의 신체를 촬영한 촬영물까지 위 조항에서 정한 촬영물에 포함시키는 것은 문언의 통상적인 의미를 벗어난 해석이다." 이 판결 이후 성폭력처벌법의 해당조항들이 개정되었다.

47 **例 유추가 아니라고 한 판결례:** ① 형법 제170조 제2항에서 말하는 "자기의 소유에 속하는 제166조 또는 제167조에 기재한 물건"을 '자기의 소유에 속하는 제166조에 기재한 물건 또는 자기의 소유에 속하든, 타인의 소유에 속하든 불문하고 제167조에 기재한 물건'을 의미하는 것이라고 해석하는 경우(대법원 1994.12.20. 94모32), ② (구) 형법 제347조의2 규정의 "부정한 명령을 입력하는 행위"에 권한 없는 자에 의한 명령입력행위를 포함시키는 해석을 한 경우(대법원 2003.1.10. 2002도2363), ③ 비변호사인 경찰관, 법원·검찰의 직원 등이 변호사에게 소송사건의 대리를 알선하고 그 대가로 금품을 받은 행위를 (구) 변호사법 제90조 제2항 후단 소정의 "알선"에 해당한다고 해석하는 경우(대법원 2000.6.15. 98도3697 전원합의체), ④ 음란물 영상의 토렌트 파일을 웹사이트 등에 게시하여 불특정 또는 다수인에게 무상으로 다운로드 받게 하는 행위 또는 그 토렌트 파일을 이용하여 별다른 제한 없이 해당 음란물 영상에 바로 접할 수 있는 상태를 실제로 조성한 행위가 정보통신방법상의 "음란한 영상을 배포하거나 공공연하게 전시"한다는 구성요건에 해당한다고 본 경우(대법원 2019.7.25. 2019도5238) ⑤ 불특정 다수의 선거인들을 매수하여 지지표를 확보하는 등의 부정한 선거운동에 사용하도록 하기 위한 후보자의 배우자와 선거사무원 사이의 현금수수를 공직선거법 제112조 제1항 소정의 "기부행위"에 해당한다고 해석하는 경우(대법원 2002.2.21. 2001도2819 전원합의체), ⑥ 렉카 회사가 무전기를 이용하여 한국도로공사의 상황실과 순찰차 간의 무선전화통화를 청취한 경우를 통신비밀보호법상의 "감청"에 해당한다고 해석하는 경우(대법원 2003.11.13. 2001도6213), ⑦ 청소년의 이성혼숙을 금지하는 청소년보호법 제26조의2 제8호를 남녀 쌍방이 청소년일 경우는 물론 남녀 중 일방이 청소년인 경우에도 적용하는 경우(대법원 2003.12.26. 2003도5980), ⑧ 정보통신망 이용촉진 및 정보보호 등에 관한 법률 제49조 및 제62조 제6호의 "타인"에 이미 사망한 자를 포함하는 경우(대법원 2007.6.14. 2007도2162), ⑨ 미성년자의제강간·강제추행죄를 규정한 형법 제305조에 규정한 형법 제297조와 제298조의 "예에 의한다"는 의미를 미성년자의제강간·강제추행죄의 처벌에 있어 그 법정형뿐만 아니라 미수범에 관하여도 강간죄와 강제추행죄의 예에 따른다는 취지로 해석하는 경우(대법원 2006.3.15. 2006도9453) 등.

48 ③ 평가 '문언의 가능한 의미' 내지 '문언의 통상적인 의미'라는 기준을 실제로 아무런 기능을 하지 못하는 공백기준이라고 평가하는 입장[77]도 있다. 그러나 '문언의 가능한 의미'를 '일상생활에서의 의미 내지 일상생활에서 통상 관용적으로 사용되는 용례를 기준으로 삼을 때의 의미'로 새긴다면, 허용과 금지의 경계선을 일정부분 그을 수도 있다. 예컨대 자동차를 운전하여 상대방을 향하여 돌진하는 행위를 한 사례에서 특수폭행죄의 요건인 "위험한 물건"이라는 개념의 '일상생활에서의 의미'에 따르면 자동차도 그 속에 포함시키는 해석이 얼마든지 허용될 수 있기 때문이다.[78]

49 **判** 그럼에도 불구하고 대법원이 자동차를 운전해 가는 행위를 위험한 물건의 "휴대"에 해당한다고 본 대법원의 해석태도[79]는 일상언어적 의미를 기준으로 하더라도 납득되기 어렵다. 휴대의 일상언어적 의미는 몸에 지니거나 소지하는 것을 의미하지만, 대법원은 '휴대'를 '널리 이용하여'라고 해석하고 있기 때문이다. 이 때문에 대법원이 자동차 '운전행위'를 자동차 '휴대행위'로 포섭한 것은 휴대개념에 대한 금지되는 확장해석 내지 유추에 기초한 결론으로 평가할 수밖에 없다. 물론 대법원은 자동차가 아닌 다른 위험한 물건의 경우 '휴대'여부는 언제나 '몸에 지니거나 소지함'이라는 해석으로 돌아오고 있다.

---

77) 배종대, §12/79.

78) 특히 위험한 물건을 해석함에 있어 대법원의 해석공식, 즉 '제조목적이 무엇인지를 불문하고 그 사용방법에 따르면 사회통념상 생명·신체에 위해를 가할 수 있는 물건'으로 보는 용법유보적 해석공식은 보호법익의 관점이 포함되어 있어도 문언의 가능한 의미를 넘어서지 않는 허용된 확장해석의 전형적 예로 보인다.

79) 대법원 1997.5.30. 97도597.

문제는 허용되는 확장해석과 금지되는 유추의 경계선을 긋는 '문언의 가능한 의미'를 어떻게 찾아내야 하는지에 있다. 이 문제는 법이론에서 개념적으로 '법발견'(법발전; 해석)과 '법창조'(법형성: 입법)로 분화되어 논의되고 있는 법학방법론에서의 난제 중의 난제이다. 50

2) '문언의 가능한 의미'와 법학방법론에서의 법발견학 '문언의 가능한 의미'를 법률문언의 '통상적인 의미'로 새기는 대법원의 태도는 언어철학에서 '언어의 의미는 그 사용에 있다'(비트겐쉬타인)고 하는 '일상언어학파'(내지 화용론)의 입장과 궤를 같이 한다. 특히 언어의 사용맥락이나 문장의 문맥에 따라 달라진다는 일상언어학파에 따르면 언어의 의미가 철저하게 문법적 규칙에 종속적으로 정해진다는 '언어논리이론'에 비해 사례에 적용할 법률문언의 탄력성을 높일 수 있다. 51

일상언어학파의 입장과 언어논리이론을 절충하여 – 로버트 브랜덤(Robert Brandom)의 – '규범적 화용론'을 따르는 견해[80]도 있다. 이 입장은 특히 '문언의 가능한 의미'를 해석의 '종착지'로 보는 일상언어학파의 무규범성을 제한하는 차원에서 언어가 가진 구조적 규범성을 가지고 화용론적 해석에 일정한 제약을 가하면서 '문언의 가능한 의미'를 해석의 '출발점'으로 삼아야 한다고 한다.[81] 언어적 규범성이 도외시되고 해석자의 주관적 결단에 기초한 법률해석은 결국 해석이 아니라 일종의 법창조라고 한다.[82] 그러나 규범적 화용론을 따르는 입장에서도 언어적 규범성을 이해함에 있어서 여전히 견해 차이가 있으므로 이에 따라 문언의 가능한 의미가 해석의 출발점인지 해석의 종착점으로 볼 것인지에 대한 태도에서도 차이가 생길 수 있다.[83] 52

判 대법원은 많은 경우 구체적 사례의 특수성을 고려하는 차원에서 내놓은 해석공식이 문언의 가능한 의미의 한계를 벗어나지 않는다고 자평함으로써 이를 해석의 출발점으로 삼고 있지만, 실제로는 구체화한 언어의 의미내용을 해석의 종착점으로 삼고 있는 것과 다를 바 없어 보인다. 53

학문적 법률해석론이나 법학방법론에서 언어철학분야에서의 이론들을 실제로 응용할 수 있는 영역은 매우 제한적이므로 이를 과대평가하는 것도 금물이다. '문언의 가능한 의미'는 형사실무나 형법이론학에서 이른바 '문리적 해석'의 대상이 되는 법률용어의 경우에 국한하여 문제되기 때문이다. 54

判 특히 대법원은 죄형법정주의원칙을 엄격히 준수해야 할 형법해석의 경우 문리적 해석을 기본으로 하고, 확장해석으로 귀결되기 쉬운 체계론적 해석이나 목적론적 해석은 "문언 자체가 비교적 명확한 경우" 55

---

80) 김기영, "법률해석과 규범적 화용론," 안암법학 제43호(2014), 715면; 윤재왕, "권력분립과 언어 – 명확성원칙, 의미론 그리고 규범적 화용론", 강원법학 제44호(2015).

81) 언어철학적 접근은 아니지만 문언의 가능한 의미를 해석의 출발점으로 삼는 견해가 형법이론학에서도 다수의 입장이다. 예를 들어, 류전철, "법해석학의 방법과 형법," 전남대 법률행정논총 제17집(1997), 363면.

82) 김기영, "법률해석의 언어철학적 한계," 독어학 제32집, 25면.

83) 언어의 규범성을 엄격하게 이해하는 클라트(Matthieas Klatt)의 입장과 구조화 법론을 주창한 뮐러(Friedrich Müller)학파의 크리스텐젠/소콜로프스키(Ralph Christensen/Michael Sokolowski)의 입장이 있다.

에는 사용을 불허하는 것을 해석 지침의 하나로 설시하고 있다.[84] 그러나 문언 자체가 비교적 명확한 경우가 언제인지도 상대적인 것이고, 어떤 경우도 엄격한 문리적 해석만이 죄형법정주의를 담보하는 해석방법으로 단언하는 태도는 수용하기 어렵다. 실제로 대법원이 법률해석을 포함하는 차원의 '법발견'을 할 경우, 문리적 해석 뿐 아니라 체계적 해석, 역사적 해석, 그리고 목적론적 해석 방법도 널리 활용하고 있고, 고전적 해석 방법 외에도 다양한 논증 방법에 의해 법을 발견하는 경우도 많기 때문이다.[85]

56 이러한 관점에서 보면 해석의 출발점은 '문언'이지만, 구체적 사례에 적용될 문언의 가능한 의미 규명은 위와 같은 다양한 해석방법을 동원하여 해석의 종착점에서 밝혀질 문제로 보인다. 요컨대 문언은 해석의 형식적 한계[86]가 아니라 근거지울 수 있는 의미형성은 유추가 아니라 '해석'으로 보아야 한다.[87] 문언의 가능한 의미는 해석의 결과에 따라 다르게 정해지는 것이고 해석은 일정부분 의미 형성력을 가지는 것임을 인정하지 않을 수 없기 때문이다. 특히 문언의 가능한 '의미'가 객관적으로 선재하는 것이 아니라면, 의미확장의 한계를 형식적 기준으로 인정하더라도 그 한계선을 다시 해석을 통해서 통제하라는 말은 '패러독스'에 불과하다. 자신이 복종하고, 자신을 평가(측정)하는 한계선을 스스로 그어야 하는 것은 모순이기 때문이다.

57 이러한 모순을 해소하면서 의미형성을 근거지우기 위해서는 '절차'속에서 형성된 의미를 텍스트 속에 재진입시키는 방법뿐이다. 여기서 말하는 절차는 법률문언의 의미에 관해 당사자들 간에 다툼이 이루어지는 절차를 말한다. 이러한 다툼의 절차 속에서 어떤 의미가 새롭게 만들어지고 그 의미가 다시 문언 속으로 들어가면, 이 의미는 가능한 의미의 한계선안의 내부가 된다. 이러한 한계선은 텍스트에 포함되어 있는 언어의 규범성만을 가지고는 담보되기 어렵다. 오히려 텍스트는 외부의 실재를 통해 끊임없이 구성적으로 의미화해야 하는 것이므로 결국 해석을 통해 의미가 생산된다고 말할 수밖에 없다. 이러한 관점에서 보면 문언의 의미는 절차 속에서 언어와 세계(실재)가 함께 구성(co-konstruktion)되는 것이라고 말할 수 있다. 이러한 해석학적 방법은 법학방법론에서 말하는 '연역적-귀납적 혼합적 법발견 방법'과 맥락을 같이 한다(이에 관해서는 §8 제3절 Ⅲ. 참조).

84) 대법원 2017.12.21. 2015도8335 전원합의체. "법률을 해석할 때 입법 취지와 목적, 제·개정 연혁, 법질서 전체와의 조화, 다른 법령과의 관계 등을 고려하는 체계적·논리적 해석 방법을 사용할 수 있으나, 문언 자체가 비교적 명확한 개념으로 구성되어 있다면 원칙적으로 이러한 해석 방법은 활용할 필요가 없거나 제한될 수밖에 없다."

85) 형법적 개념을 제한적으로 해석하여 피고인에 대한 형사처벌의 결론을 도출해야 할 필요가 있는 문리해석만이 죄형법정주의를 담보하는 해석방법이라고 단정하는 대법원의 판시대목은 죄형법정주의를 선취된 결론을 정당화하기 위한 레토릭으로 사용하고 있는 듯한 오해를 불러일으킨다. 이에 관해서는 김성돈, "죄형법정주의와 그의 적들", 형사법연구 제34권 제2호(2022), 40면 이하.

86) 김영환, "형법해석의 한계-허용된 해석과 금지된 유추와의 관계," 형사판례연구(4), 1996.

87) 이상돈, "형법해석의 한계-김영환 교수와 신동운 교수의 법학방법론에 대한 비판", 『법률해석의 한계』, 2000.

(3) 목적론적 축소해석의 허용 여부

1) 목적론적 축소해석의 의의 목적론적 축소해석이란 법률규정에서 사용되고 있는 문언의 의미를 그 입법자의 의사나 법률의 목적을 고려하여 일상생활에서 사용되는 관용적인 의미보다 축소시켜 이해하는 방법이다. 유추가 '유사성'을 근거로 해서 해당법규범의 적용범위를 확대하려고 하는 방법인 반면 목적론적 축소해석은 '차별성'을 기준으로 해서 예외적 사례를 해당 법규범의 적용대상에서 배제시키려는 방법이라는 점에서 유추와 반대의 구조를 가지고 있다.[88] 형의 임의적 감경을 인정하는 '자수'를 범죄사실을 수사기관에 자백한 경우로 해석하지 않고, 수사기관에 의해 범행이 발각되기 전에 자진출두하여 범죄사실을 자백한 경우로 제한적으로 해석하는 태도가 목적론적 축소해석의 전형적 사례에 해당한다. 58

2) 목적론적 축소해석과 유추의 관계 형법상의 자수개념을 수사기관에 의해 범행이 발각되기 전에 자진출두하여 범죄사실을 자백한 경우로 축소하는 태도를 어떻게 자리매김할 것인지에 대해서 그리고 목적론적 축소해석을 허용할 것인지에 대해 대법원 전원합의체 판결에서도 견해가 갈렸다. 59

① 판례의 태도 대법원 다수의견은 형법상의 자수개념을 '범행발각 전'으로 해석하는 것을 단순한 '목적론적 축소해석'이 아니라 '유추해석'이라고 한다.[89] 60

判 대법원이 목적론적 축소해석과 유추의 관계를 이렇게 표현하고 있음은 오해의 소지가 있다. 형법상 유추는 금지되는 것이지만, 목적론적 축소해석은 허용되는 것으로 보는 듯하기 때문이다. 대법원의 소수의견도 목적론적 축소해석을 허용하는 것으로 보는 점에는 다수의견과 다를 바 없다. 즉 소수의견은 자수개념을 범행발각 전으로 한정시키는 해석을 금지되는 유추해석으로 자리매김하지 않고, 입법의 취지를 살리는 목적론적 축소해석이라고 보면서 이러한 목적론적 축소해석은 그것을 통해 처벌의 범위가 확대되는 경우에도 허용되는 해석으로 보고 있다. 61

② 평가 대법원의 다수의견이 목적론적 축소해석을 결론적으로 허용하지 않았다는 점에서는 타당한 태도이지만, 이를 유추해석으로 자리매김함으로써 목적론적 축소해석과 유추와의 차이점을 정확하게 포착하지 못하고 있는 점[90]에는 동의하기 어렵다. 다른 한편 62

---

88) 김영환, "법의 흠결과 목적론적 축소해석", 志松이재상교수화갑기념논문집(I), 84면.

89) 대법원 1997.3.20. 96도1167 전원합의체 판결 다수의견. "형법 제52조나 국가보안법 제16조 제1호에서도 공직선거법 제262조와 같이 모두 '범행발각 전'이라는 제한 문언없이 "자수"라는 단어를 사용하고 있는데, 형법 제52조나 국가보안법 제16조 제1호의 "자수"에는 범행이 발각되고 지명수배된 후의 자진출두도 포함되는 것으로 판례가 해석하고 있으므로 이것이 "자수"라는 단어의 관용적 용례라고 할 것인바, 공직선거법 제262조의 "자수"를 '범행발각 전에 자수한 경우'로 한정하는 풀이는 "자수"라는 단어가 통상 관용적으로 사용되는 용례에서 갖는 개념 이외에 '범행발각 전'이라는 또 다른 개념을 추가하는 것으로 결국은 '언어의 가능한 의미'를 넘어 공직선거법 제262조의 "자수"의 범위를 그 문언보다 제한함으로써 공직선거법 제230조 제1항 등의 처벌범위를 실정법 이상으로 확대한 것이 되고, 따라서 이는 단순한 목적론적 축소해석에 그치는 것이 아니라, 형면제 사유에 대한 제한적 유추를 통하여 처벌범위를 실정법 이상으로 확대한 것으로서 죄형법정주의의 파생원칙인 유추해석금지의 원칙에 위반된다."

대법원의 소수의견은 목적론적 축소해석을 ‒ 유추해석으로 분류하지 않고 축소해석이라고 분류하긴 하였지만 ‒ 그러한 축소해석을 허용하는 듯한 태도를 취하고 있는 점에서는 부당하다. 가벌성의 범위를 확대시키는 결론으로 귀결되는 목적론적 축소해석은 유추와 마찬가지로 허용될 수 없다고 보아야 하기 때문이다.

(4) 헌법합치적 해석과 헌법을 고려한 체계적 해석(기본권 정향적 해석)

63 헌법합치적 해석 방법과 함께 헌법상의 '기본권에 정향된 해석 방법'이 실체형법영역에서 중요하게 등장하고 있다. 이러한 해석방법이 법은 하나의 체계라는 관점에서 볼 때 형법을 통제하는 헌법적 관점을 해석의 지침으로 삼기 때문에 그 분류상 체계적 해석의 일종으로 범주화할 수 있다. 헌법적 관점에서의 체계적 해석은 헌법의 구체화법이라는 절차형법(형사소송법)의 영역에서는 일찍부터 헌법적 형사소송법이라는 슬로건과 함께 중요한 해석방법으로 인정되어왔지만, 국가행위의 최고의 개입강도가 있는 영역인 실체형법에서도 헌법이 보장하는 기본권 정향적 해석 방법의 일환으로 그 중요성이 점차 커지고 있다.

64 좁은 의미의 '헌법합치적 해석'[91]은 통상적으로 죄형법정주의 원칙에 위반되지 않는 해석과 동일한 맥락에서 요구되는 해석방법인 반면, 헌법을 고려한 체계적인 해석이라는 의미에서의 넓은 의미의 '기본권 정향적 해석'[92]은 형벌법규를 위헌무효로 만드는 효력까지 가지지는 않지만, 형법의 구성요건의 적용범위를 좁히는 해석태도에 기여한다. 형법의 구성요건적 행위들은 많은 경우 헌법이 보장하는 기본권 제한을 내용으로 하고 있는 한, 기본권 제한이 필요한 한도내에서 이루어지도록 하기 위해서는 잠재적 피해자를 위한 법익보호를 위해 잠재적 범죄자의 기본권 제한이 과잉이 되지 않도록 하는 해석론이 필요하다. 기본권 정향적 해석방법과 관련하여 헌법재판소는 어떤 형벌법규에 대한 '단순위헌' 결정 형식 외에도 그 적용범위를 일정하게 제한하는 해석태도를 취하지 않는 한 위헌이라는 '한정합헌'의 결정형식을 취한다.

65 判 대법원이 기본권 정향적 해석방법에 취한 대표적인 경우로는 형법각칙의 업무방해죄의 '위력'개념에 대한 해석 및 병역법의 병역기피죄의 '정당한 사유'에 대한 해석이다. 전자는 노동자의 집단적 노무거부를 무조건 위력개념에 포함시키는 해석은 헌법의 단체행동권을 과도하게 제한하는 해석이라는 점을 고려한 결과이고, 후자는 양심에 따른 병역거부에 대해 '정당한 사유'를 부정하게 되면 헌법의 양심의 자유와 종교의 자유에 대한 과도한 제한이 되는 것임을 고려한 결과이다.

90) 장영민, "유추금지와 목적론적 축소해석", 형사판례연구(7), 1999, 13면.
91) 헌법합치적 해석에 관해서는 Müller/Christensen, Juristische Methodik, Band Ⅰ, 9. Aufl., Rn. 100ff.
92) 기본권 정향적 해석에 관해서는 Hans Kudlich, Grundrechtsorientierte Auslegung im Strafrecht JZ 2003, 127ff.

4. 소급금지원칙

(1) 의의 및 취지

소급금지원칙이란 행위 당시 처벌법규가 존재하지 않음에도 불구하고 사후입법을 제정하는 것은 물론(소급입법금지), 법관이 법을 적용함에 있어 법률시행 이전의 행위에까지 행위자에게 불리하게 소급하여 적용하는 것을 금지한다는 원칙(소급적용금지)을 말한다. 형법 제1조 제1항은 특히 "범죄의 성립과 처벌은 행위시의 법률에 의한다"고 규정함으로써 소급금지원칙을 선언하고 있다. 66

형법의 소급금지원칙은 국가형벌권의 발동에 대한 국민의 예측가능성과 신뢰의 보호 및 법적 안정성을 보장을 그 이론적 근거로 삼고 있다. 67

(2) 실체형법과 소급금지원칙

소급금지원칙은 형벌법규에 제시된 가벌성에 관한 모든 조건에 대해 적용된다. 따라서 이 원칙은 그것이 실체법적인 범죄와 형벌에 관한 것인 한 위법성조각사유의 소급적인 폐지나 제한, 객관적 처벌조건이나 인적 처벌조각사유 등을 소급적으로 행위자에게 불리하게 변경하는 것, 형벌의 부수효과 기타 자격상실 또는 자격정지, 몰수, 선고유예 또는 집행유예의 조건 등을 행위자에게 불리하게 소급변경하는 것에 대해서도 적용된다.[93] 그러나 소급금지원칙은 사후입법에 의한 법률의 소급효를 금지하는 것이므로 예컨대 소년인 때에 범죄를 범한 자가 재판 중에 성인이 되면 통상의 형을 과하는 법률을 제정하는 것은 사후입법에 해당하지 않는다. 68

(3) 소송법규정에 대한 소급금지원칙의 적용 여부

절차법적 규정이 범죄의 가벌성과 직접 관계되는 경우, 예컨대 친고죄가 비친고죄로 바뀌거나 공소시효가 연장 또는 폐지되는 경우에는 소급금지원칙이 적용되지 않는지에 대해서 견해가 대립하고 있다. 69

1) 판례의 태도

① 원칙 헌법재판소와 대법원은 부진정소급입법의 경우와 진정소급입법의 경우를 다르게 취급한다. 소급입법은 우선 진정소급입법(새로운 입법으로 이미 종료된 사실관계 또는 법률관계에 작용케 하는 경우)과 부진정소급입법(새로운 입법으로 현재 진행중인 사실관계 또는 법률관계에만 작용케 하는 경우)을 말한다. 70

判 부진정소급입법은 소급효를 요구하는 공익상의 사유와 신뢰보호의 요청 사이의 교량과정에서 신뢰보호의 관점을 우선하여 허용하지 않는 경우를 제외하고는 원칙적으로 허용하지만, 진정소급입법은 기존의 법에 의하여 형성되어 이미 굳어진 개인의 법적 지위를 사후입법을 통하여 박탈하는 것 등을 내용으로 71

93) 김일수/서보학, 61면.

하기 때문에 원칙적으로 허용되지 아니한다고 한다.[94)]

72 ② 예외 그러나 헌법재판소와 대법원은 예외적으로 진정소급입법도 허용된다는 태도를 보이고 있다. 즉 "형벌불소급의 원칙은 '행위의 가벌성', 즉 형사소추가 '언제부터 어떠한 조건하에서' 가능한가의 문제에 관한 것이고, '얼마동안' 가능한가의 문제에 관한 것이 아니므로 공소시효를 정지시키는 법률이 형벌불소급의 원칙에 언제나 위배되는 것으로 단정할 수 없다"고 한다.[95)]

73 判 헌법재판소와 대법원이 인정하고 있는 '진정소급금지원칙의 예외사유'로는 "일반적으로 국민이 소급입법을 예상할 수 있었거나 법적 상태가 불확실하고 혼란스러워 보호할 만한 신뢰이익이 적은 경우와 소급입법에 의한 당사자의 손실이 없거나 아주 경미한 경우 그리고 신뢰보호의 요청에 우선하는 심히 중대한 공익상의 사유가 소급입법을 정당화하는 경우 등"[96)]이다.[97)]

2) 학설의 태도

74 ① 전면적 소급효 긍정설 이러한 실무의 태도에 동조하는 견해이다.[98)] 이 견해는 특히 소급금지원칙이 보호하는 신뢰나 예측가능성은 '범죄의 성립과 처벌' 그 자체, 즉 어떤 행위의 가벌성(처벌 여부 및 처벌 정도)에 관련된 것이어야 하는데, 공소시효는 '가벌성'에 관계된 것이 아니라 '소추가능성'에 관계된 것에 불과하다고 한다. 이에 따르면 행위자가 얼마나 지나면 소추되지 않는가는 죄형법정주의나 법치국가원리와는 무관하고 공소시효기간

94) 헌법재판소 1999.7.22. 97헌바76, 98헌바50·51·52·54·55(병합); 1997.6.26. 96헌바94; 대법원 1997.4.17. 96도3376.

95) 헌법재판소 1996.2.16. 96헌가2, 96헌바7, 96헌바13(병합).

96) 헌법재판소 1997.7.22. 97헌바76, 98헌바50·51·52·54·55(병합). "소급입법은 새로운 입법으로 이미 종료된 사실관계 또는 법률관계에 작용케 하는 진정소급입법과 현재 진행중인 사실관계 또는 법률관계에 작용케 하는 부진정소급입법으로 나눌 수 있는바, 부진정소급입법은 원칙적으로 허용되지만 소급효를 요구하는 공익상의 사유와 신뢰보호의 요청 사이의 교량과정에서 신뢰보호의 관점이 입법자의 형성권에 제한을 가하게 되는 데 반하여, 기존의 법에 의하여 형성되어 이미 굳어진 개인의 법적 지위를 사후입법을 통하여 박탈하는 것 등을 내용으로 하는 진정소급입법은 개인의 신뢰보호와 법적 안정성을 내용으로 하는 법치국가원리에 의하여 특단의 사정이 없는 한 헌법적으로 허용되지 아니하는 것이 원칙이고, 다만 일반적으로 국민이 소급입법을 예상할 수 있었거나 법적 상태가 불확실하고 혼란스러워 보호할 만한 신뢰이익이 적은 경우와 소급입법에 의한 당사자의 손실이 없거나 아주 경미한 경우 그리고 신뢰보호의 요청에 우선하는 심히 중대한 공익상의 사유가 소급입법을 정당화하는 경우 등에는 예외적으로 진정소급입법이 허용된다."

97) 대법원 1997.4.17. 96도3376 전원합의체 판결의 다수의견은 "5·18민주화운동 등에 관한 특별법 제2조는 그 제1항에서 그 적용대상을 "1979년 12월 12일과 1980년 5월 18일을 전후하여 발생한 헌정질서파괴범죄의 공소시효 등에 관한 특례법 제2조의 헌정질서파괴범죄"라고 특정하고 있으므로, 그에 해당하는 범죄는 5·18민주화운동 등에 관한 특별법의 시행 당시 이미 형사소송법 제249조에 의한 공소시효가 완성되었는지 여부에 관계없이 모두 그 적용대상이 됨이 명백하다고 할 것인데, 위 법률조항에 대하여는 헌법재판소가 1996.2.26. 96헌가2, 96헌바7, 96헌바13 사건에서 위 법률조항이 헌법에 위반되지 아니한다는 합헌결정(즉 '법률제정 당시 공소시효가 완성되지 아니한 부진정소급효는 물론 이미 공소시효가 완성된 진정소급효의 경우에도 소급금지원칙에 반하지 않는다'는 결정: 필자 주)을 하였으므로, 위 법률조항의 적용범위에 속하는 범죄에 대하여는 이를 그대로 적용할 수밖에 없다"(대법원 1997.4.17. 96도3376)고 하여 부진정소급은 물론 예외적으로 진정소급도 허용될 수 있음을 인정하고 있다.

98) 임웅, 22면.

은 행위자의 기대와 관계없이 법에 의해서 정해진다고 한다. 따라서 일정한 기간이 지나면 소추되지 않는다는 범죄인의 신뢰는 마치 범행이 발각되지 않을 것이라는 신뢰와 마찬가지로 보호할 필요가 없기 때문에 사후입법에 의하여 공소시효기간을 연장하는 것은 원칙적으로 소급효금지원칙에 반하지 않는다고 한다.

② 전면적 소급효 부정설 판례의 태도에 대해 정면으로 반대하는 견해이다.[99] 이에 따르면 절차법적 규정이라고 하더라도 범죄의 가벌성과 관계된 경우에는 진정소급입법은 물론이고 부진정소급입법도 원칙적으로 금지되어야 한다고 한다. 75

③ 부분적 소급효 긍정설 진정소급입법은 금지되어야 하지만 부진정소급입법은 예외적으로 허용될 수 있다고 하는 견해이다(다수설). 이 견해는 부진정소급입법이 예외적으로 허용될 수 있는 경우를 신법이 제정될 때까지 범죄행위가 계속되고 있는 경우라고 한다. 76

3) 결론

절차법적 규정은 어떤 행위의 실체내용과 관련하여 범죄인정 및 불인정을 직접 선언하는 규정이 아니므로 원칙적으로 소급금지원칙의 적용대상이 되지 않는다고 보는 것이 타당하다. 그러므로 행위 당시에 그 행위를 처벌하는 형벌법규가 존재한 이상 절차법적 규정이 변경되어 형벌청구권의 행사기간이 연장되거나 형벌청구권의 행사제한사유가 없어지더라도 행위자는 여전히 그 형벌법규에 의해 처벌되어야 한다(부진정소급입법의 소급효인정). 77

하지만 진정소급입법의 경우는 구체적인 사건에 관한 한 절차법적 규정의 사후변경이 실체법상의 범죄구성요건의 신설과 동일한 효과를 가져오는 것이므로 허용될 수 없다고 해야 할 것이다(진정소급입법의 소급효부정). 따라서 이미 공소시효가 완성되었거나 고소기간이 도과한 후에는 이미 처벌되지 않은 상태가 확정되어 그에 대한 신뢰의 이익을 보호해야 하고 법적 안정성을 보장해 주어야 하기 때문에 공소시효 기간이나 고소기간을 사후적으로 연장하거나 폐지하는 입법은 위헌무효가 된다. 78

判 그러나 어떤 법리나 법원칙도 항구불변의 것으로 유지될 수 없다는 점에서 진정소급입법금지원칙도 절대적인 원칙은 아니다. 특수한 사안(12·12 및 5·18 사건)의 경우 법적 안정성보다 실질적 '정의'의 회복을 위해 진정소급입법도 인정하고 있는 헌법재판소나 대법원의 태도에는 어떤 법리나 법원칙도 항구불변의 것으로 유지될 수 없다는 점에서 구체적 사례의 특수성에 따라 법의 가소성적 성격이 예증되고 있다고 말할 수 있다(이에 관해서는 §8 제3절 Ⅱ. 후성법학과 후성적 법발견 방법 개요 참조). 그러나 헌법재판소가 예외사유로 인정한 내용이 '헌정사상 단 한 번, 법치국가원칙에 대한 단 한 번의 예외'로 자리매김할 만큼 그 근거지움이 탄탄하고 수긍할 수 있는지에 대해서는 의문이 있다. 특히 법적 안정성의 기초가 되는 신뢰보호의 이익을 개인의 '사익'으로 치부하여 이를 형사소추의 이익인 '공익'과 대치시키는 태도는 수긍하기 어렵다. 신뢰보호이익은 법치국가원칙을 지탱하는 헌법제도적 차원을 가지기 때문이다. 79

99) 오영근, §3/38.

(4) 보안처분과 소급금지원칙

1) 보안처분의 종류

80 보안처분이란 형벌을 대체하거나 형벌을 보충하는 형벌 이외의 형사제재수단으로서 종래 우리나라는 보호감호, 치료감호, 보호관찰 등을 대표적인 보안처분의 종류로 인정하여 왔다. 보호감호란 상습성 등으로 인하여 재범의 위험성이 있다고 인정되는 피감호자를 일정한 감호시설 내에 수용함으로써 신체의 자유를 박탈하는 처분이고((구) 사회보호법 제5조), 보호관찰은 피관찰자의 신체의 자유를 박탈하지 않으면서도 일정한 기간 동안 보호관찰관의 지도, 감독 또는 원호를 받도록 하는 처분이다.[100] 최근에는 신상정보공개제도, 성충동약물치료제도, 위치추적전자장치부착명령조건부 보호관찰 등과 같은 신종 보안처분이 등장하여 이러한 보안처분에 대해서 형벌과 마찬가지로 소급금지원칙이 적용되는지가 문제되고 있다.

2) 학설의 태도

81 ① 적용긍정설 보안처분도 형사제재이고 자유제한의 정도에 있어서 형벌과 같거나(보호감호) 유사(보호관찰)하므로 보호감호의 경우뿐 아니라 보호관찰의 경우에도 소급금지원칙이 적용되어야 한다는 견해이다(다수설).

82 ② 적용부정설 보안처분에 대해서는 종류를 불문하고 소급금지원칙이 적용되지 않는다는 견해이다. 보안처분은 과거의 불법에 대한 책임에 기초하고 있는 제재가 아니라 장래의 위험성으로부터 행위자를 보호하고 사회를 방위하기 위한 합목적적인 조치이므로 어떤 조치가 합목적적인가는 행위 이전에 규정되어 있을 필요가 없고 판결 시에 결정되면 족하다는 것을 그 이유로 한다.

83 ③ 개별화설 보안처분의 종류에 따라 소급금지원칙의 적용 여부를 다르게 파악하는 견해이다. 이에 의하면 보안처분은 범주가 넓고 그 모습이 다양한 이상 각각의 경우에 맞게 소급금지원칙의 적용이 상당한지 여부를 판단하여야 한다고 한다. 따라서 보호감호와 같이 자유형적 성격이 강한 보안처분은 소급금지원칙이 적용되어야 하고, 자유형적 성격을 가지고 있다고 보기 어려운 보호관찰에 대하여는 소급금지원칙은 적용되지 않아야 한다고 한다.[101]

84 **3) 판례의 태도**(개별화설) 대법원은 보안처분에 대해 형벌의 경우와 동일하게 소급금지를 원칙을 적용하지 않는다.[102] 그 대신에 문제되는 보안처분이 자유박탈 또는 자유제

---

100) (구) 사회보호법상의 보호감호나 보호관찰이 보안처분에 해당하는 것이라는 점에는 의문이 없었다. 그러나 형법 제62조의2 제1항 등에서 집행유예의 경우에 명할 수 있도록 하고 있는 보호관찰 등이 보안처분에 해당하는가는 견해의 대립이 있다. 이에 관해서는 제4부 형사제재론에서 다루기로 한다.

101) 이재홍, "보호관찰과 형벌불소급의 원칙", 형사판례연구(7), 1999, 30면; 손동권, §3/47; 이형국/김혜경, 48면.

102) 대법원 1988.11.16. 88도60. "일반적으로 보안처분은 반사회적 위험성을 가진 자에 대하여 사회방위와 교화를 목적으로 격리수용하는 예방적 처분이라는 점에서 범죄행위를 한 자에 대하여 응보를 주된 목적으로 그 책임을 추궁하는 사후적 처분인 형벌과 구별되어 그 본질을 달리하는 것으로서 형벌에 관한 죄형법정주의나 일사부재리 또는 법률불소급의 원칙은 보안처분에 '그대로'(필자에 의해 강조됨) 적용되지 않는다."

한을 내용으로 하는지를 기준으로 삼아 보안처분 종류별로 개별적으로 소급금지원칙 적용 여부를 판단한다.

判 대법원은 자유박탈을 전제로 하지 않는 보호관찰의 경우에는 소급금지원칙의 적용을 부정하는 태도[103]를 취하였고, 다만 자유를 박탈하는 (구) 사회보호법상의 보호감호의 경우에는 예외적으로 소급금지원칙을 적용해야 한다는 태도를 취해 왔으며,[104] 「가정폭력범죄의 처벌등에 관한 특례법」상의 사회봉사명령의 경우는 여가시간을 박탈하여 실제적으로 신체적 자유를 제한한다는 점(준-형벌성)을 근거로 함아 소급금지원칙의 적용대상이 된다고 하고 있다.[105] 85

치료감호가 소급금지원칙의 적용대상이 되는지에 관한 대법원의 태도표명은 아직 없지만, 앞의 대법원 법리에 따르면 장차 소급금지원칙의 적용대상이 된다는 결론을 내릴 것으로 예상된다. 소급금지원칙의 적용 여부를 시설 내에서의 자유박탈 및 사회 내에서의 자유제한 등 실질적 기준을 가지고 판단하는 것이 대법원의 태도라면 치료감호제도 역시 과거의 보호감호제도와 마찬가지로 시설 내에서의 자유박탈이 전제되기 때문이다. 86

判 대법원은 신상정보공개명령제도는 응보 등을 목적으로 그 책임을 추궁하는 사후적 처분인 형벌과 구별되어 그 본질을 달리하는 것이라는 이유에서[106]소급금지원칙의 적용대상이 아니라고 하였다. 위치추적전자장치부착명령의 경우에는 대법원은 이것이 형벌과는 본질을 달리하는 보안처분임을 이유를 내세워,[107] 그리고 헌법재판소는 형벌과 구별되는 비형벌적 보안처분임을 이유로[108] 소급금지원칙의 적용대상이 되지 않는다고 한다. 같은 이유에서 헌법재판소는 디엔에이신원확인정보의 수집·이용도 소급금지원칙의 적용대상에서 배제하였다.[109] 87

---

103) 대법원 1997.6.13. 97도703. "위 조항(형법 제62조의2 제1항: 필자 주)에서 말하는 보호관찰은 형벌이 아니라 보안처분의 성격을 갖는 것으로서, 과거의 불법에 대한 책임에 기초하고 있는 제재가 아니라 장래의 위험성으로부터 행위자를 보호하고 사회를 방위하기 위한 합목적적인 조치이므로, 그에 관하여 반드시 행위 이전에 규정되어 있어야 하는 것은 아니며, 재판시의 규정에 의하여 보호관찰을 받을 것을 명할 수 있다고 보아야 할 것이고, 이와 같은 해석이 형벌불소급의 원칙 내지 죄형법정주의에 위배되는 것이라고 볼 수 없다." 대법원은 형법상의 보호관찰을 보안처분의 일종으로 전제하고 있지만 이를 보안처분으로 보지 않는다고 하더라도 소급금지원칙의 적용대상이 되어야 할 것으로 생각된다.

104) 대법원 1987.2.24. 86감도286; 헌법재판소 1989.7.14. 88헌가5·89헌가44.

105) 대법원 2008.7.24. 2008어4. "가정폭력범죄의 처벌 등에 관한 특례법이 정한 보호처분 중의 하나인 사회봉사명령은 가정폭력범죄를 범한 자에 대하여 환경의 조정과 성행의 교정을 목적으로 하는 것으로서 형벌 그 자체가 아니라 보안처분의 성격을 가지는 것이 사실이다. 그러나 한편으로 이는 가정폭력범죄행위에 대하여 형사처벌 대신 부과되는 것으로서, 가정폭력범죄를 범한 자에게 의무적 노동을 부과하고 여가시간을 박탈하여 실질적으로는 신체적 자유를 제한하게 되므로, 이에 대하여는 원칙적으로 형벌불소급의 원칙에 따라 행위시법을 적용함이 상당하다."

106) 대법원 2011.3.24. 2010도14393, 2010전도120.

107) 대법원 2010.12.22. 2010도11996.

108) 헌법재판소 2012.12.27. 2010헌가82, 2011헌바393(병합). "전자장치 부착명령은 전통적 의미의 형벌이 아닐 뿐 아니라, 성폭력범죄자의 성행교정과 재범방지를 도모하고 국민을 성폭력범죄로부터 보호한다고 하는 공익을 목적으로 하며, 의무적 노동의 부과나 여가시간의 박탈을 내용으로 하지 않고 전자장치의 부착을 통해 피부착자의 행동 자체를 통제하는 것도 아니라는 점에서 처벌적인 효과를 나타낸다고 보기 어렵다. … 그러므로 이 사건 부착명령은 형벌과 구별되는 비형벌적 보안처분으로서 소급효금지원칙이 적용되지 아니한다."

109) 헌법재판소 2014.8.28. 2011헌마28·106·141·156·326, 2013헌마215·360(병합).

88 **4) 결론** 형법 제1조 제1항과 헌법 제13조 제1항이 행위시의 법률에 의한 '처벌'이라고 규정하고 있음을 근거로 소급금지원칙을 원칙적으로 '형벌'불소급의 의미로 제한해서 이해하는 것이 실무의 태도인 것으로 보인다. 하지만 죄형법정주의가 형사제재로서 '형벌'만 존재하였을 당시에 정립된 연혁을 가지고 있고 시민의 자유영역을 국가의 부당한 강제적 개입으로부터 확보하려는 것이 죄형법정주의의 헌법적 이념이라는 차원에서 보면 형벌이 아니라 보안처분도 국가의 강제적 개입을 내용으로 하는 한 소급금지원칙의 적용대상에서 배제되어서는 안 된다. 죄형법정주의를 천명하고 있는 우리 헌법 제12조 제1항은 "누구든지 법률과 적법절차에 의하지 아니하고는 처벌, 보안처분 … 을 받지 아니한다"라고 규정하여 형벌과 보안처분을 동열에 두어 다 같이 실질적 법치국가원칙의 우산 아래 넣고 있기 때문이다.

89 이러한 점에서 보면 보안처분 가운데 보호관찰도 자유박탈을 내용으로 하지 않지만 자유가 어느 정도 제한되는 불이익처분이기 때문에 이는 피보호관찰자에 대한 국가공권력의 개입이라고 할 수 있다. 따라서 보안처분은 그것이 형벌적 성격의 보안처분이든 비형벌적 보안처분이든 그 종류에 상관없이 모두 소급금지원칙의 적용대상이 되어야 마땅하다.[110]

(5) 피고인에게 불리한 판례변경과 소급금지원칙

90 헌법 제13조 제1항이나 형법 제1조 제1항에 의해 소급효가 금지되고 있는 것은 '법률'이다. 그런데 피고인에게 불리하게 변경된 판례도 이 경우 법률에 포함되는지가 문제된다. 즉 행위 당시의 판례에 의하면 처벌 또는 가중처벌되지 않았으나 그 이후에 판례변경을 통해 처벌되거나 가중처벌되는 것으로 바뀐 경우 변경된 판례가 변경 전의 행위에 대해 소급적용될 수 있는지가 문제된다.

1) 학설의 태도

91 **① 소급효 긍정설** 소급효금지원칙은 사후입법에 의한 법률의 소급효를 금지하는 것을 의미하는 것이므로 소급효금지원칙을 사후적 판례변경의 경우에 대해서까지 확대적용할 수 없다는 견해이다.[111]

92 다만 이 견해는 판례변경으로 인한 피고인의 불이익문제를 ① 형법 제16조의 위법성의 착오에 관한 규정을 유추함으로써 해결하고자 하는 입장[112]과 ② 형법 제16조의 적용을 반대하는 입장[113]으로 나뉜다.

110) 실무가 보안처분을 소급금지원칙의 대상에서 원칙적으로 배제하는 이론적 근거 및 그에 대한 비판으로는 김성돈, "보안처분과 소급금지원칙," 형사법연구 제24권 제4호(2013) 참조.

111) 김일수/서보학, 66면; 손동권, §3/44; 오영근, §3/43; 이재상/장영민/강동범, §2/21; 임웅, 24면.

112) 김일수/서보학, 65면; 안동준, 19면; 천진호, "피고인에게 불리한 판례의 변경과 소급효금지원칙", 志松이재상교수화갑기념논문집(I), 19면 이하; 허일태, "피고인에게 불리한 판례의 변경과 소급효금지원칙", 형사판례연구(9), 2001, 142면.

113) 정영일, "피고인에게 불리한 판례변경과 형법 제1조 제1항", 志松이재상교수화갑기념논문집(I), 9면.

② 제한적 소급효 긍정설 불리하게 변경된 판례의 소급효를 원칙적으로 긍정하면서도 소급효가 금지되어야 할 경우도 있다는 견해이다.[114] 이에 따르면 판례의 변경이 객관적 상황의 변화에 따른 법률 안에서의 법발견 내지 법해석활동에 불과한 경우에는 소급이 허용되지만, 법률보충적 내지 법창조적 활동을 통해 법적 견해를 변경시킨 경우에는 소급이 금지된다고 한다. 93

③ 소급효 부정설 판례는 법령의 규정에 대한 유권적 해석을 통하여 법의 내용을 확정함으로써 사실상의 구속력을 가지고 있고, 국민들에게 규범의 형태로 인식되기 때문에 이러한 국민의 신뢰보호 및 법적 안정성을 위해서 행위 당시의 판례보다 행위자에게 불리한 판결을 할 수 없다는 견해이다.[115] 다만 이 견해 가운데에는 판례를 변경하여 피고인에게 불리하게 될 때에는 그 판례의 효력은 당해 사건의 피고인에 대해서는 미치지 않고, 그 후의 사건에 대해서만 적용되도록 하고 당해 사건의 피고인에게는 종전판례에 따라 법을 적용해야 한다고 하는 입장도 있다.[116] 94

2) 판례의 태도(소급효 긍정설)

判 대법원은 피고인에게 불리하게 변경된 판례의 소급효를 인정하는 태도를 취한다. "형사처벌의 근거가 되는 것은 법률이지 판례가 아니고, 형법 조항에 관한 판례의 변경은 그 법률조항의 내용을 확인하는 것에 지나지 아니하여 이로써 그 법률조항 자체가 변경된 것이라고 볼 수는 없음"을 근거로 한다.[117] 95

대법원이 불리하게 변경된 판례의 소급효를 긍정하는 태도는 다수의 판결에서 일관되게 유지되고 있지만, 소수의견은 판례가 사실상의 규범력을 가지고 있음을 근거로 자의적 판례변경이 법치국가원칙의 신뢰보호에 장애를 초래할 여지가 있다는 반박론이 전개되고 있다. 소수의견의 신중론은 법률과 법, 판례의 해석 법리 등의 관계와 관한 유익한 정보를 제공하고 있어 일독을 권한다. 특히 대법원은 부부간의 강간죄성립을 부정하는 입장을 40여 년간 유지해 오다가 2013년 부부간의 강간죄성립을 인정하는 입장으로 판례변경[118]을 하였다. 96

3) 결론

① 원칙적 소급효 긍정 변경된 판례의 소급효를 부정하여 소급금지원칙의 일관된 적용을 요구하기에는 극복하기 어려운 실정법상의 장애물이 존재한다. 헌법 제13조 제1항이나 형법 제1조 제1항도 '법률'규정 또는 '법률'변경을 통한 소급효를 금지하고 있기 때문이다.[119] 법률만이 법적용자(법관)에 대해 구속력을 가지고 있는 대륙법계하에서는 상급법원 97

114) 배종대, §12/22; 이형국/김혜경, 53면.
115) 신동운, 33면; 정성근/정준섭, 16면.
116) Wihelm Knittel, Zum Problem der Rückwirkung bei einer Änderung der Rechtsprechung, 1965, S. 30ff.
117) 대법원 1999.9.17. 97도3349.
118) 대법원 2013.5.16. 2012도14788 전원합의체.
119) 이 때문에 대법원은 판결 뿐 아니라 "양형기준"도 법률이 아니므로 그것이 만들어져 발효되기 전에 공소가 제기된 범죄에 대하여 "그 양형기준을 참고하여 형을 양정하였다고 하더라도 소급효금지원칙에 위반되지 않는다"고 한다(대법원 2009.12.10. 2009도11448도 참조).

의 판례는 하급법원에 대해서만 기속력을 가질 뿐이므로 영미법계에서와 같은 선판례구속력을 인정할 수 없고, 따라서 판례의 변경은 입법작용과 성격을 달리하기 때문에 판례에 법원성도 인정할 수 없다.[120] 뿐만 아니라 법치국가원칙의 근간을 이루는 한 요소인 신뢰보호는 모든 국가권력작용에 대해 개인을 동일한 정도로 보호한다고 보기도 어렵다. 그 기능별 특성을 고려할 때 사법과 행정에 비해 입법에 대한 신뢰의 보호가 보다 두텁게 요구되고 있다고 할 수 있기 때문이다.

98 이와 같이 국가권력영역별 '신뢰보호의 상대성테제'를 출발점으로 삼는다면, 법원이 하는 법률의 해석행위(사법작용)는–법률구속성원칙을 고수하면서–사회의 변화에 접촉하여 시간적으로 진화하는 법률의 모습을 드러내는 행위로서 그것은 법률 속에 혹은 법률과 사례의 관계 속에서 가변적으로 존재하는 '법'의 발견일 뿐 법의 '창조'가 아니다. 이러한 관점에서 보면 법률에 대한 법원의 해석(판결)은 원칙적으로 신뢰보호가 약화되어 소급금지원칙의 적용밖에 있다고 평가할 수 있다.[121] 이 때문에 피고인에게 불리하게 변경된 판결은 당해 사건에 대해 드러낸 법률 자신의 변화된 모습으로서 원칙적으로 판결시점 이전의 사건에 대해 소급적으로–따라서 당해 사건에 대해서도–적용될 수밖에 없다.

99 ② 소급효가 부정될 수 있는 예외적 전제조건 하지만 법률의 개념이 추상적이거나 일반조항과 같이 법원의 가치충전적 해석을 거쳐서야 비로소 확정될 수 있는 경우에는 법원의 판결이 입법작용과 유사한 기능을 하는 경우가 있다. 이러한 경우는 법원의 판결을 통해 표현된 법적 견해가 '사실상의 구속력'을 가지므로 이에 대한 시민의 신뢰보호가 필요할 수 있다. 물론 이 경우에도 변경된 판결(사법)에 요구되는 신뢰보호의 수준은 '법률'(입법)에 대해 요구되는 수준이라고 말하기는 어렵다. 변경된 판결이 헌법적 요청에 부합하는 수준의 신뢰보호의 대상이 되기 위해서는 그 변경된 판결이 '예견가능한 범위 밖의 법발견'이어야 한다. 법치국가적 요청 하에서 신뢰보호는 예측가능성 내지 예견가능성을 보장해 주어야 하기 때문이다. 물론 이 경우에도 판례변경판결에 대해 헌법상의 '소급금지원칙'의 적용이 되기 위해서는 최소한 다음과 같은 두 가지 전제조건이 충족되어야 한다.

100 첫째, 변경전의 판례가 지속적으로 확립된 판례이어야 한다. 종전 판례가 지속적이고 확립된 판례가 아니라면 신뢰보호의 대상조차 될 수 없으므로 얼마든지 변경가능하다. 시간의 변화에 대한 법의 대응을 가능하게 하기 위해서이다. 둘째, 지속되고 확립된 판례라도 변경될 수 있지만 그 변경이 충분히 근거지워져서 자의적인 변경이 아니라는 평가를 받을 수 있어야 한다. 만약 판례변경이 자의적인 변경이라고 한다면, 이를 '사법적 불법'이라고 할 수 있으므로 이론적으로 이에 대한 당사자의 권리구제책이 마련되어야 한다.

---

120) 법원조직법 제8조도 이러한 맥락에서 "상급법원의 재판에서의 판단은 해당 사건에 관하여 하급심(下級審)을 기속(羈束)한다"고 규정하고 있기 때문에 대법원의 판결은 장래의 사건에 대해서 대법원을 기속(자박)하지 않는다.

121) 이에 관해서는 김성돈, "판례의 의의와 '판례변경판례'의 소급효, 형사법연구 제27권 제4호(2017), 한국형사법학회, 87면 이하 참조.

③ 금지착오규정 유추적용설의 문제점 변경된 판례의 소급효를 긍정할 때 생기는 가벌성의 확대문제를 해결하기 위해 금지착오(위법성의 착오)의 규정을 유추하려는 견해[122]도 다음과 같은 이유에서 한국 형법의 해석상 수용되기 어렵다. 첫째, 판례는 형법 제16조의 '법령'에 포함시킬 수 없다. 둘째, 행위자가 종래의 판례에 따라 행위할 당시 그 행위가 죄가 되지 않았기 때문에 '죄가 되지 아니한 것으로 오인'한 적도 없다. 셋째, '기존의 판례에 의하여 자기행위가 허용되는 것으로 신뢰한 경우'와 '자기행위가 원칙적으로 죄가 되지만 허용하는 특별한 법령에 의하여 죄가 되지 아니한 것으로 오인한 경우'(형법 제16조의 적용범위)는 유사사례도 될 수 없다. 넷째, 금지착오해결방안은 규범자체의 효력이 인정되는 전제하에서 행위자의 행위에 대한 범죄성립여부를 심사하는 책임심사단계에서 비로소 활용될 수 있는 방안이지만, 판례변경의 문제는 규범에 대한 해석 내지 판결의 구속성의 문제가 전제된 규범자체의 효력의 문제이므로 책임판단보다 앞선 심사단계의 문제이기 때문이다. 101

(6) 신법적용을 배제하는 경과규정의 소급효

(구) 형법에 비해 가볍게 하는 형법개정이 이루어질 경우 행위자는 원칙적으로 형법 제1조 제2항에 따라 유리한 신법의 적용을 받게 된다. 그러나 신법의 부칙에 경과규정[123]을 두어 '구법시의 행위는 구법을 적용한다'고 규정하게 되면, 재판시의 법률(신법)이 아니라 행위시의 법률(구법)이 추급해서 효력을 가지게 된다. 이러한 경과규정은 행위자에게 유리한 경우 신법의 소급적용이 허용된다는 태도 내지 형법 제1조 제2항과의 충돌이 문제될 수 있다. 102

判 대법원은 이러한 경과규정이 형벌불소급의 원칙에 위배되지 않는다고 한다.[124] 우리 형법 제8조에서 형법총칙은 다른 법령에 정한 죄에 적용하지만, 그 다른 법령에 특별한 규정이 있는 때에는 예외로 한다는 규정이 있으므로 구법의 적용을 배제하는 신법의 경과규정은 허용된다고 보는 대법원의 태도가 타당하다. 103

제 2 절 형법의 실질적 한계: 비례성원칙

I. 비례성원칙의 의의와 형법의 정당화 근거

1. 비례성원칙의 의의

일반적으로 비례성원칙은 국가가 공익목적을 달성하기 위해 공권력을 수단으로 삼을 104

---

122) 특히 독일의 헌법재판소는 '행위시점에 그 행위가 종전까지의 확립된 판례에 의해 불가벌로 인정되었고 이 판례의 변경이 예견가능하지 않았다면 회피불가능한 금지착오가 된다'고 한다.

123) 예컨대 「(구) 향정신성의약품관리법」(법률 제5485호)의 부칙 제4조: 동 법시행 전의 행위에 대한 벌칙의 적용은 종전의 규정에 의한다.

124) 대법원 1999.7.9. 99도1695.

경우 그 공권력의 행사에 대한 제한원리를 말한다. 헌법상의 비례성원칙은 법률을 통한 기본권제한에 대한 제한원리로서 그 법률이 형벌법규인 경우에도 당연히 적용된다. 이 때문에 형사입법의 영역에서는 형사입법권의 과도함을 제한한다는 의미에서 과잉금지원칙이라고도 하고, 일정한 행위를 국가가 형벌로 다스리는 것이 적정한지를 심사하는 차원에서 적정성의 원칙으로 불리어지기도 한다.

105 죄형법정주의가 형벌법규의 형식적 요건에 관한 헌법적 지침이고 책임원칙이 형벌법규의 실체요건에 관한 헌법적 지침인 것과는 달리, 비례성원칙은 어떤 행위가 가벌성의 대상이 될 수 있는가를 심사함에 있어 형벌법규의 실질적 내용을 제한하는 헌법적 지침이다.

2. 형법의 헌법적 정당화의 기초와 헌법적 근거

106 헌법은 헌법 제10조 제1항 및 제37조 제1항의 국가의 기본권보호의무와 헌법 제37조 제2항 전단의 일반조항형식을 통해 형사입법을 할 경우에도 입법자에게 기본권제한을 위한 입법형성의 자유를 주고 있다. 하지만 헌법 제37조 제2항 후단에서 법률 (및 더 나아가 형벌법규를 통한) 기본권제한을 "필요한 경우"에 한할 것을 요구함으로써 형사입법자에게 분명한 한계선을 제시하고 있다. 여기서 '필요한 경우'를 입법목적달성을 위한 수단의 적합성, 필요성, 균형성이 있는 경우로 해석하는 바 이를 '비례성원칙'이라고 한다.

107 이 때문에 기본권을 제한하는 것을 내용으로 하는 형벌법규도 헌법적으로 정당화되려면 헌법 제37조 후단이 요구하는 비례성원칙을 준수해야 한다. 비례성원칙은 국가가 형벌법규의 규범수범자의 기본권을 제한함에 있어서 그 제한의 '한계'가 되는 것이므로 이 한계원칙을 충족시켜야 그 형벌법규의 내용이 헌법적으로 정당화될 수 있다. 헌법 제37조 제2항 후단의 비례성원칙은 헌법 제12조의 죄형법정주의가 형벌법규의 형식면에 대한 한계원칙인 것과는 달리 형벌법규의 내용면에 대한 한계원칙으로 기능하는 것이다.

3. 비례성원칙과 죄형법정주의의 관계

108 비례성원칙은 형법의 실질적 내용적 정당화를 통제하기 위한 헌법적 기초로서의 그 중요성에도 불구하고 그동안 형법교과서에서 일체 취급되지 않았다. 형법이론학에서 형벌법규의 내용을 통제하는 기능을 담당하는 것으로 설명되어 온 것은 적정성원칙이었다. 특히 적정성원칙은 범죄에 대해 부과되는 법정형이 불법 및 책임의 양과 비례관계를 유지할 것을 요구하는 차원에서 '과잉금지원칙'으로 불리워지기도 했다. 헌법재판소도 과잉금지원칙과 비례성원칙을 동의어로 사용하고 있다.

109 형벌법규의 '과잉금지원칙'은 형벌의 양적 측면을 규율하는 제재규범에 대한 통제원칙으로만 인정되는 것이 아니라 금지의 범위 내지 잠재적 범죄자의 자유제한의 한계를 설정하는 행위규범에 대한 통제원칙이기도 하다. 아래에서 확인되듯이 헌법재판소는 형벌의

과잉뿐만 아니라 형법적 금지행위의 지나친 확장을 막기 위해서도 과잉금지원칙 내지 비례성원칙을 적용하고 있다.

이러한 관점에서 보면 적정성(과잉금지)원칙을 죄형법정주의원칙의 하위 카테고리로 분류하는 것은 형벌법규의 형식면에서 뿐만 아니라 내용면에서도 헌법적 요구에 부합되도록 요구하는 이 원칙의 의의와 위상에 걸맞지 않은 잘못된 범주화이다. 죄형법정주의가 형벌법규의 외적·형식적 측면을 문제삼는 것이라는 점에서 형식적 법치국가원리의 구체화인 것과는 달리, 비례성원칙은 형벌법규의 내용적 측면을 제한하는 실질적 법치국가원칙의 반영이라는 점에서 양자는 차별화되어야 하기 때문이다. 110

뿐만 아니라 지금까지 형법이론에서는 '형벌은 책임주의에 의해 통제받고 보안처분은 비례성원칙에 의해 통제받는다'는 이분법적 사고에 사로잡혀 비례성원칙은 형법이론학에서 보안처분 영역에서 기능하는 것으로 그 잠재력을 축소해왔다. 그러나 헌법적 관점에서 보면 형벌부과를 위해서는 책임이 필요하고, 보안처분은 책임 없이도 부과될 수 있지만, 비례성원칙은 형벌과 보안처분에 공통되는 상위의 제한원리로 작동되어야 한다. 더 나아가 비례성원칙은 형법이라는 법률에 국한하지 않고 국민의 자유와 권리를 제한하는 모든 법률의 한계선을 긋는 국가공권력행사의 일반적 통제원리(헌법 제37조 제2항 참조)이다. 111

위와 같은 이유에서 이 책은 그동안 죄형법정주의의 하위원칙의 하나로 분류되었던 적정성(과잉금지)원칙이 마땅히 있어야 할 자리를 찾아주고, 형법의 외적·형식적 한계원칙으로서 기능하는 죄형법정주의의 기능과 대비되는 비례성원칙의 형법(이론학)적 중요성을 부각시키기 위해 헌법교과서에만 있던 비례성원칙을 형법교과서도 형법의 '실질적 한계원칙'이라는 목차 하에서 별도로 설명한다.[125] 112

Ⅱ. 비례성원칙의 실천적 의의

1. 형사입법자를 구속하는 지침

비례성원칙이 형벌법규의 헌법적 정당화요건 가운데 하나라면 비례성원칙은 형사입법자가 하는 범죄화의 결단을 제한할 수 있는 지침, 즉 형법을 제한할 수 있는 기준으로서의 역할을 한다. 이러한 맥락에서 헌법재판소도 입법자의 자유는 비례성원칙에 의해 구속될 수 있다고 분명히 말하고 있다.[126] 물론 헌법재판소는 많은 결정에서 비례성원칙이라는 이 113

---

125) 비례성의 원칙이 죄형법정주의에 흡수되면 이 원칙의 본래적 의미가 위축되고 이론발전도 저해됨을 지적하면서도 여전히 죄형법정주의에서 적정성 원칙을 언급하고 있는 형법교과서로는 김일수/서보학, 제12판, 2014, 55면; 죄형법정주의의 내용은 "법률유보원칙, 법률의 명확성 원칙, 소급입법금지"로 구체화된다고 하면서 비례성 원칙을 죄형법정주의의 하부원칙으로 분류하고 있지 않은 헌법교과서로는 한수웅, 헌법학(초판), 법문사, 2011, 272면 이하 참조.

126) 헌법재판소 2004.12.16. 2003헌가12. "어떤 행위를 범죄로 규정하고 어떠한 형벌을 과할 것인가 하는데 대한 입법자의 입법형성권이 무제한으로 인정될 수는 없다. 즉, 법정형의 종류와 범위를 정할 때는 형벌의 위협으로부터 인간의 존엄과 가치를 존중하고 보호하여야 한다는 헌법 제10조의 요구에 따라야 하고, 헌법

름하에 법정형의 종류와 범위가 불법과 책임의 양을 초과해서는 안 된다는 차원에서 사실상 책임주의원칙의 관철을 요구하고 있지만, 그 전체적 맥락에서 보면 "어떤 행위를 범죄로 규정"하는 경우에도 입법형성권이 무제한 인정될 수 없고 이 경우 적용되어야 할 제한원리 중의 하나가 헌법 제37조 제2항이 정하는 비례성 원칙임을 인정하고 있다. 2009년 11월 혼인빙자간음죄에 대한 위헌결정 및 2015년 2월 간통죄에 대한 위헌결정도 비례성원칙을 적용하여 형법을 제한한 대표적인 예에 해당한다.

2. 형법적용자에 대한 헌법적 해석지침

114 비례성원칙이 형벌법규의 정당화에 대해 가지고 있는 이러한 위상은 형사입법 뿐 아니라 형법적용 분야에서도 그대로 타당하다. 헌법은 제37조 제2항 후단에서 국가안전보장, 질서유지, 공공복리를 위한 입법목적으로 형벌법규를 만들 경우 수범자의 기본권을 과도하게 제한하지 않도록 하기 위해서 비례성원칙을 준수할 것을 요구하고 있으므로, 그러한 형벌법규를 만들 경우 뿐 아니라 이미 만들어진 당해 형벌법규를 해석·적용할 경우에도 당해 형벌법규를 통해 제한되는 기본권의 종류와 무게를 고려하여 입법목적의 달성을 위해 필요한 한도내에서의 기본권 제한만 이루어질 수 있도록 해야 하는 것이다. 예컨대 표현의 자유라는 기본권을 제한하는 명예훼손죄를 적용할 경우 그러한 표현의 자유에 대한 제한을 최소화하기 위해서는 제310조의 위법성조각사유의 요건을 넓게 해석하는 것이 비례성원칙을 고려한 형벌법규의 해석인 것이다. 이와 같이 비례성원칙은 법적용자에게도 헌법합치적 형법적용을 촉구하는 기능을 한다.

Ⅲ. 비례성원칙의 내용

115 비례성원칙은 일반적인 금지규정과 형벌법규에 대해 공통되는 심사기준으로 인정되고 있다. 뿐만 아니라 헌법재판소는—물론 헌법소원의 청구내용에 따른 것이긴 하지만—비례성심사를 죄형법정주의(특히 명확성원칙)나 평등원칙에의 위배여부에 대한 심사와 동시에 진행하면서, 형벌법규의 경우에는 일반적인 금지규정과는 달리 행위규범과 제재규범을 별도로 심사하고 후자에 대한 심사기준을 더욱 강화하고 있다. 이 때문에 위헌결정 가운데 형법 및 특별형법상의 제재규범의 법정형이 과잉금지원칙에 위배된다는 취지의 결정이 주종을 이루고 행위규범의 측면에서 가벌성의 범위가 제한된 사례는 오히려 드문 편이다. 형벌법규의 실질적 내용을 심사하는 비례성원칙은 수단의 적합성심사, 필요성심사, 균형성

제37조 제2항이 규정하고 있는 과잉입법금지의 정신에 따라 형벌개별화 원칙이 적용될 수 있는 범위의 법정형을 설정하여 실질적 법치국가의 원리를 구현하도록 하여야 하며, 형벌이 죄질과 책임에 상응하도록 적절한 비례성을 지켜야 한다."

(좁은 의미의 비례성)심사를 그 내용으로 한다.

1. 적합성심사

116 수단의 적합성심사는 당해 형벌법규를 통해 달성하고자 하는 입법목적(법익보호)의 달성을 위해 형벌법규라는 수단이 적합한지를 심사한다. 헌법재판소는 형벌의 일반예방적 효과를 전제로 삼고 있기 때문에 당해 형벌법규가 입법목적(법익보호)의 달성에 적합한 수단임을 인정하는 데 아무런 장애를 받지 않는다. 이 때문에 적합성은 필요성의 전단계로서의 형식적인 의미만 가진다고 비판되고 있다.[127]

2. 필요성(최소침해성)심사

117 필요성 심사에서는 형벌외적인 수단을 통해서는 입법목적을 달성할 수 없는지를 심사한다. 이와 같은 차원의 필요성심사는 입법목적의 달성을 위해 형벌법규가 수범자의 기본권을 최소한으로 제한할 것을 요구하는 것이므로 최소침해성심사라고 부르기도 한다. 헌법재판소의 원칙적인 입장은 구체적인 사안의 개별성과 특수성을 고려할 수 있는 가능성을 일체 배제하는 법률규정이 최소침해에 반하는 것이라는 입장을 취한다.[128] 하지만 실제로는 입법목적을 달성하기 위해 적어도 현저하고 불공정한 수단의 선택은 피하라는 요구에 그치고 있다. 이에 따르면 기본권을 제한하는 어떠한 수단이든 현저하고 불공정한 수단만 피하기만 하면 상관없다는 결론에 이른다.[129]

118 형벌의 특수성과 관련하여 형벌 위하라는 수단이 최소침해를 요하는지를 적극적으로 심사하지도 않는다. 다른 법영역의 제재수단의 효과와 비교할 수도 있지만 실제로 그러한 비교는 하지 않고 입법자의 형성의 자유에 속한다는 식으로 문제를 해결하고 있을 뿐이므로 적합성심사와 마찬가지로 형식적인 심사에 그치고 있다.

3. 균형성심사

119 균형성심사는 형벌법규를 통해 제한당하는 기본권과 입법목적(보호되는 법익)간의 비교를 통하는 방법이다(법익균형성). 이에 따르면 형벌법규가 헌법적으로 정당화되려면 제한되는 기본권의 비중이 크면 클수록 입법목적(보호법익)의 비중 내지 중요성도 커져야 한다. 하지만 헌법재판소는 보호되는 법익을 언제나 '공익'으로 제한되는 기본권을 '사익'으로 보아 공익 대 사익의 비교형량에서 거의 자동적으로 보호법익에 우위를 인정하는 경향이 많다.[130]

---

127) 배종대, 형사정책, 홍문사, 2000, 80면.
128) 헌법재판소 1995.2.23. 93헌가7; 2000.6.1. 99헌가11·12(병합).
129) 헌법재판소 1996.4.25. 92헌바47.

120 하지만 제재규범과 관련해서는 헌법재판소의 균형성심사가 어느 정도 실질적으로 작동한다(형벌균형성). 헌법재판소가 균형성심사에서 책임이 형벌을 제한한다는 차원의 책임원칙을 함께 적용하고 있기 때문이다. 즉 헌법재판소는 책임원칙을 법치국가의 내재원리로서 헌법 10조에서 도출되는 헌법적 지위를 부여하면서, 책임의 존재 및 책임의 정도에 따라 형종이나 형량이 결정될 수 있다는 태도를 보이고 있는 것이다. 이에 따르면 책임은 불법의 크기에 의해 결정되고 불법은 결과불법의 측면에서 법익과 관련되기 때문에 결국 법익서열화 내지 법익침해의 방법 내지 강도에 따라 형벌의 양을 결정하게 된다.

121 判 헌법재판소는 그동안 적지 않은 형벌법규에 대해 과잉금지원칙에 위배됨을 이유로 위헌결정을 내렸다(아래 결정례 참조). 하지만 헌법재판소가 책임원칙을 균형성심사에 고려한다면 이를 양형책임의 측면에서만 고려할 것이 아니라 형벌근거책임의 측면에서도 보다 적극적으로 고려할 필요가 있다. 이를 통해 형법의 최후수단성을 확보하는 결론을 얻을 수 있기 때문이다. 즉 책임의 근거가 되는 불법의 양이 경미한 경우 책임의 무게와 보호법익의 중요성 간의 균형성결여를 이유로 형벌부과 자체를 부정하는 결론을 나갈 수 있기 때문이다. 이러한 적극적인 심사가 가능함에도 불구하고 입법자의 입법재량을 운운하면서 형벌법규를 제한할 가능성을 외면한 채 정면대결을 피한다. 예컨대 헌법재판소는 역사, 문화 시대상황, 국민일반의 가치관 내지 법감정, 그리고 범죄예방을 위한 형사정책적 측면을 고려해야 한다는 식으로 형벌법규가 가지는 무게를 분산시키고 있는 것이다.[131]

4. 목적의 정당성

122 헌법재판소는 형벌법규가 비례성원칙에 위배되는지를 심사함에 있어서 수단의 적합성, 필요성, 균형성 외에 '목적의 정당성' 여부도 판단한다. 이 경우 목적의 정당성은 형벌법규를 통해 추구하는 입법목적을 의미하는데, 이러한 차원의 입법목적(ratio legis)은 객관적 목적론적 해석의 기준이 되는 보호법익의 원천이 된다.

123 하지만 입법자가 어떤 입법목적을 추구할 것인지는 원칙적으로 입법자의 형성의 자유에 속하는 것으로 보기 때문에 지금까지 헌법재판소에서 입법목적의 정당성이 부정된 예는 드물다. 이 때문에 형사입법자는 자유민주적 기본질서를 파괴할 목적으로 만드는 법률과 같이 명백하게 헌법질서에 반하는 입법목적을 내세우지 않는 한 어떤 법익이라도 당해 형벌법규의 보호법익의 목록에 추가될 수 있다. 이와 같이 보호법익이 입법자의 형법구상을 제한하여 형벌법규를 필터링하는 역할을 하는 경우란 그 보호하고자 하는 바가 명백히 헌법질서에 반하는 경우에 그칠 뿐이다. 이러한 맥락에서 보더라도 헌법국가에서 입법자

130) 전통적으로 법익개념의 형법제한적 기능을 인정하는 태도가 형법적 법익이론에서 대세를 이루어왔다. 하지만 현실적으로 법익개념은 비례성원칙의 적용상 적합성심사에서는 형벌법규의 입법목적으로서, 균형성심사에서는 형벌법규를 통해 제한되는 기본권과의 비교형량의 대상으로서 등장한다. 이러한 점에서 보면 법익개념은 형벌법규를 소극적으로 제한하는 역할을 하기 보다는 형벌법규를 적극적으로 근거지우는 기능을 하고 있다고 보지 않을 수 없다.

131) 헌법재판소 1992.4.28. 90헌바24; 1999.5.27. 98헌바26.

의 입법형성권을 제한함으로써 형법을 제한하는 것은 입법목적 내지 형법의 법익개념이 아니라 헌법의 비례성원칙이라고 하지 아니할 수 없다.

判 2009년 11월 헌법재판소는 혼인빙자간음죄가 "남녀평등의 사회를 지향하고 실현해야 할 국가의 헌 124
법적 의무(헌법 제36조 제1항)에 반하는 것이자, 여성을 유아시(幼兒視)함으로써 여성을 보호한다는 미명 아래 사실상 국가 스스로가 여성의 성적자기결정권을 부인하는 것" 등을 근거로 삼아 이례적으로 입법목적의 정당성을 부정하였다. 이 죄를 통해 보호하고자 하는 여성의 성적자기결정권이 "여성의 존엄과 가치"라는 헌법질서에 역행하기 때문(헌법재판소 2009.11.26. 2008헌바58)이라는 것이다. 그러나 헌법재판소는 혼인빙자간음죄의 입법목적의 정당성을 부정하는 것과 동시에, 수단의 적합성, 필요성(피해의 최소성), 균형성도 부정함으로써 혼인빙자간음죄가 비례성원칙에도 위배되는 것임을 분명히 하였다.

例 비례성원칙에 위배 결정례: ① 과실로 사람을 치상하게 한 자가 구호행위를 하지 아니하고 도주하 125
거나 고의로 유기함으로써 치사의 결과에 이르게 한 경우 살인죄와 비교하여 그 법정형을 더 무겁게 정하고 있는 특정범죄가중처벌 등에 관한 법률 제5조의3 제2항 제1호(도주차량운전자의 가중처벌)(헌법재판소 1992.4.28. 90헌바24), ② 살인죄보다 하한이 무거운 군용물절도죄(총포·탄약 또는 폭발물의 경우에는 사형, 무기 또는 10년 이하의 징역)의 경우(헌법재판소 1992.10.31. 92헌바42), ③ 피고인의 소환불응에 대하여 전재산몰수를 규정한 (구) 반국가행위자의 처벌에 관한 특별조치법 제8조의 경우(헌법재판소 1996.1.25. 95헌가5), ④ 야간에 행해지고 흉기 기타 위험한 물건을 휴대하였다는 사정만으로 일률적으로 5년 이상의 유기징역형에 처하도록 규정한 폭처법 제3조 제2항(헌법재판소 2004.12.16. 2003헌가12), ⑤ 상관살해의 유일한 법정형으로 사형을 규정하고 있는 군형법 제53조 제1항(헌법재판소 2007.11.29. 2006헌가13) 등이 있다. 수단의 적합성과 필요성 또는 법익균형성심사를 통해 과잉금지원칙에 위배된다고 결정을 내린 경우로는 ① 남성의 성적자기결정권 및 사생활의 비밀과 자유를 과잉제한하는 것으로 본 혼인빙자간음죄의 규정(헌법재판소 2009.11.26. 2008헌바58 등), ② 국민의 성적 자기결정권 및 사생활의 비밀과 자유를 침해하는 것으로서 헌법에 위반된다고 한 간통죄의 규정(헌법재판소 2015.2.26. 2009헌바17 등), ③ "필요한 최소한의 정도를 넘어 임신한 여성의 자기결정권을 제한하고 있어 침해의 최소성을 갖추지 못하였고, 태아의 생명 보호라는 공익에 대하여만 일방적이고 절대적인 우위를 부여함으로써 법익균형성의 원칙도 위반하였으므로, 과잉금지원칙을 위반하여 임신한 여성의 자기결정권을 침해"하는 것으로 헌법불합치 판정을 받는 자기낙태죄 규정과 업무상 동의낙태죄 규정(헌법재판소 2019.4.11. 2017헌바127), ④ 성폭력범죄의 처벌 등에 관한 특례법 제3조 제1항 중 '형법 제319조 제1항(주거침입)의 죄를 범한 사람이 같은 법 제298조(강제추행), 제299조(준강제추행)의 죄를 범한 경우 무기징역 또는 7년 이상의 징역에 처한다는 부분(헌법재판소 2023.2.23. 2021헌가9 등) 등.

例 비례성원칙에 불위배 결정례: ① 살인죄의 법정형의 하한보다 높게 규정된 형법 제337조 강도상해 126
죄의 법정형(무기 또는 7년 이상의 징역)의 하한(헌법재판소 1997.8.21. 93헌바60), ② 상해죄나 중상해죄보다 법정형을 무겁게 규정된 특가법 제5조의3 제1항 제2호(치상 후 도주차량운전자 가중처벌)(헌법재판소 1998.3.26. 97헌가83), ③ 흉기 기타 위험한 물건을 휴대하여 재물손괴의 죄를 범한 자에게 1년 이상의 징역에 처하도록 한 폭처법 제3조 제1항, 제2조 제1항 제1조(대법원 2009.10.29. 2009도10340), ④ 성폭력범죄자에 대한 전자감시제도는 보안처분이기 때문에 '전자장치부착명령의 선고는 특정범죄사건의 양형에 유리하게 선고되어서는 안 된다'는 법규정(대법원 2009.9.10. 2009도6061.) 등.

제2편

형법의 적용범위

제 1 장　형법의 시간적 적용범위

§3

Ⅰ. 행위시법주의와 소급금지원칙

제1조 (범죄의 성립과 처벌) ① 범죄의 성립과 처벌은 행위 시의 법률에 따른다.

형법의 시간적 적용범위는 원칙적으로 시행 시부터 폐지 시까지이다. 그런데 행위 시와 재판 시에 형법이 변경되어 범죄의 성부가 달라지거나 형의 경중이 있는 경우 행위시법(구법)과 재판시법(신법) 중 어느 법을 적용할 것인지가 문제된다. 1

이에 관하여 형법은 제1조 제1항에서 "범죄의 성립과 처벌은 행위 시의 법률에 의한다"고 규정하여 소급금지원칙과 행위시법주의의 원칙을 채택하고 있다. 따라서 행위 시에 그 행위를 범죄로 보아 처벌하는 법률이 존재하지 않음에도 불구하고 사후에 그러한 법률이 만들어져서 그 법률을 근거로 재판하여 처벌하면 신법(재판시법)의 소급효를 인정하는 것이 되어 죄형법정주의의 소급금지원칙에 위배된다.[1] 2

여기서 "행위시"란 '범죄(실행)행위의 종료 시'[2]를 의미한다. 따라서 구법 시행 시에 행위가 종료되었으나 결과(법익침해 또는 위태화)가 신법 시행 시에 발생한 경우에는 원칙적으로 구법이 행위시법이지만, 범죄행위가 신구법에 걸쳐 행하여진 경우에는 신법 시행 시에 종료된 것이므로 신법이 행위시법으로 적용된다.[3] 1995년의 개정형법 부칙 제3조도 "1개의 행위가 이 법 시행 전후에 걸쳐 이루어진 경우에는 이 법 시행 이후에 행한 것으로 본다"는 것으로 되어 있다.[4] 3

행위 시의 '법률'은 유효한 형식적 의미의 법률을 의미한다. 따라서 그 법률의 하위법규(시행령)가 아직 제정되지 않은 상태에서 이루어진 행위에 대해서도 당해 법률에서 범죄행 4

1) 대법원 2016.1.28. 2015도15669. "포괄일죄에 관한 기존 처벌법규에 대하여 그 표현이나 형량과 관련한 개정을 하는 경우가 아니라 애초에 죄가 되지 아니하던 행위를 구성요건의 신설로 포괄일죄의 처벌대상으로 삼는 경우에는 신설된 포괄일죄 처벌법규가 시행되기 이전의 행위에 대하여는 신설된 법규를 적용하여 처벌할 수 없다(형법 제1조 제1항). 이는 신설된 처벌법규가 상습범을 처벌하는 구성요건인 경우에도 마찬가지라고 할 것이므로, 구성요건이 신설된 상습강제추행죄가 시행되기 이전의 범행은 상습강제추행죄로는 처벌할 수 없고 행위시법에 기초하여 강제추행죄로 처벌할 수 있을 뿐이며, 이 경우 그 소추요건도 상습강제추행죄에 관한 것이 아니라 강제추행죄에 관한 것이 구비되어야 한다."

2) 대법원 1994.5.11. 94도563.

3) 대법원 2009.9.10. 2009도5075. "개정된 방문판매 등에 관한 법률 제23조 제2항이 시행된 이후에도 포괄일죄인 위 법률위반 범행이 계속되는 경우 그 범죄실행 종료시의 법이라고 할 수 있는 신법을 적용하여 포괄일죄로 처단하여야 한다."

4) (구) 형법(95년 개정 전) 부칙 제4조는 "1개의 죄가 본법시행 전후에 걸쳐서 행하여진 때에는 본법시행 전에 범한 것으로 간주한다"고 규정하고 있었기 때문에 실행행위 종료시의 법을 적용한다는 제1조 제1항과 일견 모순관계에 있어서 문제가 되었지만 개정형법에 의해 그 문제는 해소되었다.

위가 될 구성요건을 명시하고 있는 한 당해 법률이 적용된다.[5)]

Ⅱ. 행위시법주의의 예외

> 제1조 (범죄의 성립과 처벌) ② 범죄 후 법률이 변경되어 그 행위가 범죄를 구성하지 아니하게 되거나 형이 구법보다 가벼워진 경우에는 신법에 따른다.

1. 형법의 태도(행위자에게 유리한 소급효 허용)

5 소급금지원칙이 언제나 절대적인 것은 아니다. 행위자에게 유리한 소급형법은 언제나 가능할 수 있다. 이 때문에 형의 경중에 변화가 있는 때에는 행위자에게 유리하도록 경한 신법을 소급적용할 수 있게 하는 것은 죄형법정주의와 무관한 일이 된다. 이에 따라 형법 제1조 제2항은 "범죄 후 법률의 변경에 의하여 그 행위가 범죄를 구성하지 아니하거나 형이 구법보다 가벼워진 경우에는 신법에 의한다"라고 규정하고, 제3항은 "재판확정 후 법률의 변경에 의하여 그 행위가 범죄를 구성하지 아니하는 때에는 형의 집행을 면제한다"고 규정하고 있다.

6 형법 제2항의 태도를 '재판시법주의의 표명'[6)]으로 이해하기 보다는 '행위시법주의의 예외'으로 이해하는 것이 그 입법취지에 부합된다. 재판시법보다 행위시법과 재판시법의 사이의 중간시법이 더 가벼운 형으로 규정될 경우라면 그 중간시법을 적용하는 것이 행위자에게 더 유리하기 때문이다.

7 判 대법원도 이러한 취지에서 '행위시와 재판시 사이에 수차 법령의 변경이 있는 경우에는 … 그 각각의 형의 경중을 비교하여 그 중에 가장 경한 법규정을 적용하여야 한다'고 한다.[7)]

2. 형법 제1조 제2항의 해석

(1) 적용요건 및 적용범위

8 **1) 범죄 후의 의미** "범죄 후"란 실행행위 종료 후를 의미하며 여기에는 결과발생을 포함하지 않지만 형법 제1조 제3항과의 관계상 재판확정 전을 의미한다. 범죄라는 개념에 결과발생을 포함시키지 않는 이유는 행위자에게 유리한 신법의 적용범위를 넓히기 위해서

---

5) 대법원 1994.11.8. 94도2340. "법률이 제정·공포될 경우에는 특례규정이 없는 한 모든 국민에게 당연히 그 효력이 미치고 그 법률에 따른 시행령이 있어야만 효력이 있는 것은 아니며 골재채취법 제22조 제1항이 시행령에 위임한 내용은 허가의 절차·방법 등에 관한 것에 불과하고 범죄구성요건의 일부를 위임한 것이 아니므로, 골재채취법 시행 이후 피고인들이 허가없이 골재를 채취하였다면 비록 행위 당시 시행령이 제정되지 아니하였다고 하더라도 골재채취법위반죄에 해당한다고 아니할 수 없다."

6) 임웅, 50면.

7) 대법원 1968.12.17. 68도1324.

이다.

判 대법원도 실행행위 계속 중에 법률의 변경이 있어서 형이 가볍게 된 경우에도 실행행위 종료시의 법, 즉 경한 신법을 적용해야 한다고 한다.[8) 9

2) 법률의 변경 여기서 "법률의 변경"이 법률의 개정뿐 아니라 법률의 폐지도 포함하는 것으로 해석하는 것이 일반적이다. 10

구성요건의 수권 또는 위임을 받은 이른바 보충규범(명령, 규칙, 조례, 고시 등)의 변경도 그러한 보충규범이 형벌법규와 결합하여 법령을 보충하는 기능을 하는 것이므로 법률의 변경에 해당한다. 이에 따르면 행위 시의 법률에 따르면 범죄를 구성하였지만, 행위 후 그 법률이나 보충규범의 변경으로 범죄를 구성하지 않게 되는 경우에는 형법 제1조 제2항에 따라 항상 신법이 적용되어 문제의 행위가 처벌대상에서 제외되는지에 대해서는 견해가 일치하지 않는다. 11

判 특히 대법원은 법률의 변경을 원칙적으로 범죄의 성립과 처벌에 관하여 규정한 형벌법규 자체 또는 그로부터 수권 내지 위임을 받은 법령의 변경에 따라 범죄를 구성하지 아니하게 되거나 형이 가벼워진 경우에도 법률의 변경에 해당한다고 하면서도, 형벌법규 또는 그로부터 수권 또는 위임이 없는 법령이 변경된 경우에는 "해당법규의 가벌성에 관한 형사법적 관점의 변화를 전제로 한 법령의 변경"이 있는 경우에만 제1조 제2항의 적용대상이 된다고 하며, 더 나아가 유효기간이 미리 정해진 이른바 한시법이 유효기간이 만료되어 폐지된 경우에는 법률의 변경으로 보지도 않는다.[9)(자세한 내용은 '한시법의 추급효 문제'와 관련하여 후술한다). 12

3) 범죄를 구성하지 아니하거나 형이 구법보다 가벼워진 경우 "범죄를 구성하지 않는 경우"란 형벌법규 자체의 폐지, 정당화사유·면책사유·형사책임연령 등 총칙규정의 변경에 의한 가벌성 폐지, 구성요건의 변경, 위헌결정[10) 등으로 그 행위가 불가벌로 된 경우를 포함한다. 13

"형이 구법보다 가벼워진 경우"란 가벼워진 형으로 법률이 변경된 경우를 의미하는 것으로, 신법의 형은 구법보다 가벼워야 한다. 따라서 법률의 변경이 있더라도 형의 경중에 변화가 없을 때에는 구법을 적용하여야 한다.[11) 14

형의 경중 비교는 원칙적으로 법정형을 기준으로 할 것이고 처단형이나 선고형에 의할 것이 아니다. 법정형의 경중을 비교할 경우 법정형 중 병과형 또는 선택형이 있을 때에는 15

8) 대법원 2008.12.11. 2008도4376. "범죄 후 법률의 개정에 의하여 법정형이 가벼워진 경우에는 형법 제1조 제2항에 의하여 당해 범죄사실에 적용될 가벼운 법정형(신법의 법정형)이 공소시효기간의 기준이 된다."

9) 대법원 2022.12.22. 2020도16420 전원합의체.

10) 대법원 1992.5.8. 91도2825. "위헌결정으로 인하여 형벌에 관한 법률 또는 법률조항이 소급하여 그 효력을 상실한 경우에는 당해 법조를 적용하여 기소한 피고사건이 범죄로 되지 아니한 때에 해당한다고 할 것이고, 범죄 후의 법령의 개폐로 형이 폐지되었을 때에 해당한다거나, 혹은 공소장에 기재된 사실이 진실하다 하더라도 범죄가 될 만한 사실이 포함되지 아니한 때에 해당한다고는 할 수 없다."

11) 대법원 1960.11.13. 4293형상445.

이 중 가장 중한 형을 기준으로 하여 다른 형과 경중을 정하는 것이 원칙이다.[12] 또한 법률상의 가중·감경사유가 있는 경우에는 가중 또는 감경을 한 후에 비교한다.[13] 형의 종류와 기간이 동일한 경우에도 신법에 경한 선택형의 가능성이 있으면[14] 선택형이 경한 쪽이 가벼운 형에 해당하고,[15] 임의적 감면·감경보다 필요적 감면·감경 쪽이 가벼운 형에 해당한다.[16]

(2) 형법 제1조 제2항의 효과

1) 범죄를 구성하지 않는 경우

16 ① 원칙 공소제기가 있는 경우에는 형사소송법 제326조 제4호에 따라 '면소의 판결'을 하여야 한다.

17 ② 예외 범죄 후 법률의 변경으로 형이 폐지된 경우가 아니라 당해 법률에 대한 헌법재판소의 위헌결정으로 인해 그 법률의 효력이 상실된 경우에는 형법 제1조 제2항의 '범죄 후 법령의 개폐로 인하여 범죄를 구성하지 아니하는 때'에 해당하지 않는다. 헌법재판소의 위헌결정이 있는 경우 형벌에 관한 조항부분은 소급하여 그 효력을 상실(헌법재판소법 제47조 제3항)하기 때문이다. 따라서 이러한 경우에는 처음부터 '범죄로 되지 아니한 때'에 해당한다. 그러므로 위 법조를 적용하여 기소한 공소사실에 대해서는 '무죄'를 선고해야 하며, '면소판결'을 선고해서는 안 된다.[17]

18 2) 형이 구법보다 가벼워진 경우 형법 제1조 제2항 및 제8조에 의하면 범죄 후 법률의 변경에 의하여 형이 구법보다 가벼워진 경우에는 신법을 소급적용하여 경한 형을 적용한다. 그러나 이러한 경우에도 신법에 경과규정을 두어 이러한 신법의 적용을 배제하는 것도 허용된다.[18]

19 범죄 후 여러 차례 법률이 변경된 경우에는 그 중 형이 가장 가벼운 법률을 적용한다.

---

12) 대법원 1983.11.8. 83도2499; 1992.11.13. 92도2194. "행위시법인 (구) 변호사법(1982.12.31 개정 전의 법률) 제54조에 규정된 형은 징역 3년이고 재판시법인 현행 변호사법 제78조에 규정된 형은 5년 이하의 징역 또는 1천만원 이하의 벌금으로서 신법에서는 벌금형의 선택이 가능하다 하더라도 법정형의 경중은 병과형 또는 선택형 중 가장 중한 형을 기준으로 하여 다른 형과 경중을 정하는 것이므로 행위시법인 구법의 형이 더 경하다."

13) 대법원 1960.9.6. 60도296.

14) 대법원 1996.7.26. 96도1158. "1995.12.29. 법률 제5057호로 개정되어 1996.7.1.부터 시행되는 형법 제231조, 제234조에 의하면 (구) 형법의 같은 조항의 법정형이 "5년 이하의 징역"이었던 것이 "5년 이하의 징역 또는 1천만원 이하의 벌금"이 되어 벌금형이 추가됨으로써 원심판결 후에 형이 가볍게 변경되었음이 분명하므로, 원심판결 중 사문서위조 및 동행사죄에 관한 부분은 그대로 유지될 수 없다."

15) 대법원 1954.10.16. 4287형상43.

16) 대법원 1981.4.14. 80도3089.

17) 대법원 1999.12.24. 99도3003. "헌법재판소의 위헌결정으로 인하여 형벌에 관한 법률 또는 법률조항이 소급하여 그 효력을 상실한 경우에는 당해 법조를 적용하여 기소한 피고사건은 범죄로 되지 아니하는 때에 해당하므로, 결국 이 부분 공소사실은 무죄라 할 것이다."

18) 대법원 1999.12.24. 99도3003.

즉 행위시법과 재판시법 사이에 형의 변경이 수차례 있는 경우 중간시법의 형이 행위시법이나 재판시법보다 가벼운 경우에는 중간시법을 적용해야 한다. 다만 행위자에게 유리하게 변경된 중간시법이 그 시행 전에 다시 개정된 경우에는 중간시법은 적용될 여지가 없다.[19]

3. 한시법의 추급효 문제와 형법 제1조 제2항의 적용범위

(1) 한시법의 추급효의 의의

일반적으로 한시법이란 미리 유효기간을 정해놓은 법률을 말한다(협의의 한시법).[20] 유효기간을 미리 정해놓은 법률의 경우 그 유효기간이 종료되면 규율할 법률이 없어지기 때문에 유효기간 종료에 직면하여 법률위반사건이 폭증하게 된다. 이를 방지하기 위해서는 한시법이 폐지된 후에도 유효기간 중의 행위에 대해 한시법을 적용할 필요성이 생긴다(이를 한시법의 '추급효'[21]라고 한다). 20

종래 '한시법의 추급효' 문제는 한시법의 유효기간중의 위반행위에 대하여 유효기간이 지난 후에도 구법인 한시법을 적용하여 행위자를 처벌할 수 있는가의 문제로 다루어져 왔다. 문헌상으로는 한시법의 추급효를 인정한 것인지의 문제를 둘러싸고 '추급효긍정설'과 '추급효부정설' 그리고 '동기설(판례)'이 대립하여 왔다. 21

(2) 형법 제1조 제2항의 적용범위

형법은 한시법의 효력에 관하여 독일형법 제2조 제4항[22]과 같은 명문의 규정을 두고 있지 않다. 따라서 한시법의 추급효 문제는 한시법이라는 독립된 법소재에 관련된 문제가 아니라 '법률의 폐지'가 있는 경우 법적용에 관한 형법 제1조 제2항의 '법률의 변경'에 관한 해석문제로 취급되어야 한다.[23] 22

---

19) 대법원 1994.1.14. 93도2579. "1992.12.8. 법률 제4530호로 개정되어(시행일은 1993.3.1.) 개정 전의 법률이 처벌대상으로 삼았던 "사위 기타 부정한 방법으로 위 법에 의하여 건설, 공급되는 주택을 공급받거나 공급받게 하는" 행위를 처벌대상에서 제외하였으나, 위 개정법률은 시행되기 전인 1993.2.24. 법률 제4540호로 다시 개정되어(시행일은 1993.3.1.) "사위 기타 부정한 방법으로 위 법에 의하여 건설, 공급되는 주택을 공급받거나 공급받게 하는" 행위를 다시 처벌대상에 포함시켰으므로 피고인이 부정한 방법으로 주택을 공급받았다는 범죄사실은 범죄 후 법령이 변경된 경우에 해당된다고 볼 수 없다."

20) 이에 반하여 한시법을 유효기간이 명시되어 있지 않지만 법령의 내용과 목적에 비추어 볼 때 일시적 사정에 대응하기 위한 것이기 때문에 유효기간이 사실상 제한되는 법령(임시법: 광의의 한시법)으로 이해하는 견해(이재상/장영민/강동범, §3/19)도 있다.

21) 추급효라는 말은 소급효와 대비되는 말이다. 소급효란 행위 당시의 구법이 아니라 재판시의 신법이 거꾸로 거슬러 올라가서 적용될 경우에 사용되는 말이지만 추급효란 재판시에는 폐지되고 없는 행위 당시의 구법을 되살려내어 적용할 경우에 사용되는 말이라는 점에서 차이가 있다.

22) "일정한 기간내에서만 타당한 법률은 그 기간 동안에 행해진 행위에 대해 그 법률의 효력이 종결된 후에도 적용되어야 한다. 단, 법률에 다른 규정이 있는 경우에는 그러하지 아니하다."

23) 협의의 한시법은 법령의 개폐가 아니라 법률의 기간만료로 인한 효력상실(소멸)에 해당하므로 법률의 변경이 아니며 따라서 형법의 시간적 적용범위의 문제로 보지 않는 견해로는 이형국/김혜경, 67~68면.

23 이와 관련하여 법률이 폐지된 '모든' 경우 그 법률의 폐지가 형법 제1조 제2항의 '법률의 변경'에 해당하므로 행위시법의 추급효를 부정하여 행위자를 처벌하지 말아야 하는가(한시법포함설) 아니면 한시법의 특성을 고려할 때 형법 제1조 제2항의 '법률의 변경'에 포함될 수 없다고 보아 그 한도 내에서 행위시법의 추급효를 인정하여 행위자를 처벌해야 하는가(한시법배제설)하는지가 문제될 수 있다. 후술할 대법원의 태도(종래: 동기설/현재: 3분설)도 이러한 맥락 속에서 표방된 것이었다.

24 즉 형법 제1조 제2항의 해석과 관련한 대법원 법리는 한시법이라는 특수한 법소재에 맞춤형 이론이 아니라 한시법을 포함한 모든 '법률의 폐지 내지 변경'이 문제되는 경우 형법 제1조 제1항에 따라 행위시법을 적용할 것인지 아니면 형법 제1조 제2항에 따라 행위시법의 예외를 인정할 것인지에 관한 기준을 제시하려는 법리로 이해할 수 있다.

1) 학설의 태도

25 ① 한시법 배제설(한시법 추급효 긍정설) 한시법일 경우에는 행위시법을 적용하여 행위자가 위반행위를 한 당시의 형벌법규를 그대로 재판 당시에 추급하여 적용하자는 견해이다.[24] 이에 따르면 한시법이 아닌 경우에는 법률폐지가 어떤 입법자의 동기에서 이루어졌든 상관없이 행위시법은 적용될 수 없고, 형법 제1조 제2항의 적용을 받아야 한다고 한다. 행위자에게 유리한 결론을 내리지 않으려는 이 견해는 추급효 인정근거를 첫째, 유효기간이 경과되었다 할지라도 경과 전의 범행은 여전히 비난할 가치가 있고, 둘째, 유효기간의 종료가 가까워지면 위반행위가 속출하여도 이를 처벌할 수 없게 되어 법의 실효성을 유지할 수 없음은 물론, 심히 불공평한 결과를 초래한다는 점에서 찾는다.

26 ② 한시법 포함설(한시법 추급효 부정설) 행위 당시에 존재했던 법률의 폐지로 인해 행위자의 행위가 범죄를 구성하지 않게 되었으면 법률의 폐지가 무엇 때문에 되었든 상관없이, 그리고 그 법률이 한시법이었는지도 고려할 것 없이 무조건 형법 제1조 제2항의 법률의 변경사례에 포섭되어 행위자의 가벌성을 인정할 수 없다는 견해이다(다수설). 이에 따르면 한시법의 추급효는 당연히 인정할 수 없게 된다. 이 견해는 특히 형법 제1조 제2항이 신법주의를 규정하고 있음에도 불구하고 구법(특히 한시법)의 추급효를 인정하게 되면 형법 제1조 제2항의 입법취지에 반할 뿐 아니라 정책적인 합목적성을 이유로 가벌성을 확장하게 될 위험을 초래한다고 비판한다.

27 ③ 광의의 한시법 배제설(제한적 추급효 긍정설) 형법 제1조 제2항에서 규정하는 '법률의 변경으로 형이 폐지되었을 때'를 가벌성이 소멸된 경우로 해석하고 가벌성이 소멸된 경우를 그 행위에 대한 사회윤리적 평가의 변화가 있을 경우로 국한시키는 견해이다.[25] 이에

24) 유기천, 37면(한시법은 유효기간을 미리 정해놓은 법률뿐 아니라 일시적 사정에 대처하기 위한 임시법도 포함하는 개념으로 이해함); 정영석, 65면.

25) 이재상/장영민/강동범, §3/19.

따르면 유효기간의 사전명시여부와 무관하게 '일시적 사정'에 의해 제정된 법률(즉 광의의 한시법)은 형법 제1조 제2항의 적용대상에 포함되지 않고 그 법률의 추급효가 인정된다.[26]

2) 판례의 태도(3분설)

① 종래의 태도(동기설) 대법원은 종래 입법자가 법률을 변경하게 된 동기에 초점을 맞 28
추어 법률의 변경이 과거의 형벌법규가 부당하다는 반성적 고려, 즉 '법적 견해의 변경' 내지 '법률이념의 변화'에 의해 법률이 변경된 경우에는 변경전 형벌법규에 대한 위반행위의 가벌성이 소멸되므로 처벌할 수 없고(추급효 부정), 단순한 일시적 사정의 변화나 사실관계의 변화 때문에 법률이 변경된 때에는 변경전 위반행위의 가벌성이 소멸되지 않는다(추급효 긍정)는 태도를 취했다.[27]

② 변경된 판례(3분설) 그러나 종래의 판례법리는 학계의 많은 비판을 받고,[28] 2022년 29
12월 전원합의체 판결을 통해 폐기되는 동시에 한시법의 경우 추급효를 무조건적으로 긍정하는 등 다음과 같이 변경되었다.

判 대법원은 법령변경이 있을 경우 제1조 제2항의 적용여부를 변경된 법령을 유형별로 구분하는 전제 30
하에서 다음과 같이 판단하고 있다. 첫째, 문제의 범죄사실을 규율하는 형벌법규 자체의 변경인 경우 또는 그 형벌법규 자체로부터 수권 내지 위임을 받은 법령이 개정된 경우에는 (형사법적 관점의 변화가 근거가 되었는지 판단할 필요없이) 제1조 제2항이 적용된다(추급효 부정). 둘째, 해당 형벌법규 자체 또는 그로부터 수권 내지 위임을 받은 법령이 아닌 다른 법령 또는 보충규범이 변경된 경우에는 (해당 형벌법규에 따른 범죄의 성립 및 처벌과 직접적으로 관련된 '형사법적 관점의 변화를 주된 근거로 하는 법령변경이라는 조건하에서만) 제1조 제2항이 적용된다(추급효 긍정). 셋째, 한시법이 유효기간이 경과하여 그 효력이 상실된 경우는 (형사법적 관점의 변화인지와 무관하게) 제1조 제2항의 법률의 변경에 해당하지 않는다(추급효 긍정).

例 이에 따라 대법원은 전동킥보드를 '자동차 등'에 포함시키고 있었던 구 도로교통법이 개정되어 '자 31
전거 등'에 포함되고, 그에 따라 전동킥보드 음주운전행위에 대한 처벌이 구법에 비해 가벼워진 경우, 도로교통법의 개정은 범죄구성요건을 규정한 형벌법규 자체의 개정의 결과이므로, 형법 제1조 제2항에 따라 신법이 적용된다고 하였다(대법원 2022.12.22. 2020도16420 전원합의체). 그러나 대법원은 법무사인 피고인이 개인파산·회생사건 관련 법률사무를 위임받아 취급하여 변호사법(제109조 제1호) 위반으로 기소된 후, 그 후(2020.2.4) '개인의 파산사건 및 개인회생사건 신청의 대리'가 법무사의 업무로 추가하는 법무사법(제2조 제1항 제6호)의 개정이 이루어진 경우, 법무사법은 형벌법규인 변호사법의 수권 내지 위임을 받은 법령이 아니므로 법무사법의 개정이 형사법적 관점의 변화를 주된 근거로 하는 법령의 변경이 아니라는 이유로 법무사법의 개정은 제1조 제2항의 '법률의 변경'에 해당하지 않는다고 판단하였다(대법원 2023.2.23. 2022도4610).

3) 결론

개정 또는 폐지된 법률이 한시법이든 한시법이 아니든 더 나아가 변경된 법령이 형사법 32

---

26) 따라서 유효기간의 명시가 있는 협의의 한시법은 당연히 '일시적 사정'에 의해 제정된 법률이기 때문에 추급효가 인정된다는 결론이 내려진다.

27) 대법원 1994.12.9. 94도221; 1985.3.22. 87도2678; 1985.5.28. 81도1045.

28) 비판의 내용에 관해서는 이승호, "형법의 시간적 적용범위에 관한 동기설의 문제점", 형사판례연구(6), 1998, 24면; 김성돈, "죄형법정주의와 그의 적들," 형사법연구 제34권 제2호(2022, 여름), 64면 이하 참조.

적 관점의 변화를 전제로 한 것이든 상관없이 과거의 법률은 더 이상 행위자를 처벌하는 규범으로서의 추급효를 부정하는 것이 타당하다. 그 이유는 다음과 같다.

33 ① 구법의 추급효를 인정하는 태도는 형법 제1조 제2항의 적용범위를 제한하기 위해 '법률의 변경'이라는 개념에 대한 목적론적 축소해석을 통해 결과적으로 가벌성을 확장하고 있다.[29] ② 한시법뿐만 아니라 모든 법률의 폐지와 개정에도 불구하고 행위시에 처벌규정이 있었으므로 예외없이 추급효를 인정해야 한다는 해석태도는 형법 제1조가 규정하는 '행위시법을 적용하되(제1항) 법률의 변경으로 행위자에게 유리하게 형이 변경된 경우에는 신법을 적용하라(제2항)'는 입법자의 명시적인 결단에 반한다. ③ 법률의 변경을 범죄의 성립 및 처벌과 직접적으로 관련된 '형사법적 관점의 변화'를 주된 근거로 하는 경우로 제한하는 태도는 동기설의 경우와 마찬가지로 여전히 법관의 '종합적 판단'[30] 방식에 따르기 때문에 법적 안정성이 담보되기 어렵고, '법률'의 변경이 있을 경우 제한이나 조건없이 유리한 신법을 적용하도록 되어 있는 문언의 의미를 목적론적으로 축소 해석하는 태도로서 유추가 될 수 있다. ④ '형사법적 관점의 변화를 전제로 한 법령의 변경'만을 법률의 변경으로 보는 태도는 법은 하나의 작동하는 '전체적 체계'(one working whole)라는 관점에서 볼 때 법영역간의 상호작용적 측면을 간과하고 있다. ⑤ 한시법의 경우 법의 목적과 실효성 및 형사정책적 목적을 달성하기 위해서는 도를 넘어서는 해석보다는 법률의 유효기간이 경과한 후에도 추급효를 인정한다는 명시적인 규정[31]을 두는 등 입법적 해결방안이 바람직하다.

Ⅲ. 형의 집행에 관한 특칙

> 제1조 (범죄의 성립과 처벌) ③ 재판이 확정된 후 법률이 변경되어 그 행위가 범죄를 구성하지 아니하게 된 경우에는 형의 집행을 면제한다.

1. 적용요건

34 "재판확정 후"란 통상의 불복절차에 의하여 판결의 효력을 다툴 수 없는 상태를 의미한다. "범죄 후", "법률의 변경", "범죄를 구성하지 아니하는 때"의 의미는 형법 제1조 제2항의 경우와 동일하다.

35 일정한 형벌법규가 폐지됨과 동시에 이에 대신하여 다른 형벌법규가 제정되어 구성요

29) 장영민, "한시법의 효력", 형사판례연구(1), 1993, 5면.

30) 대법원은 문제된 법령의 변경이 형사법적 관점의 변화가 주된 근거인지를 판단함에 있어 "해당 형벌법규에 따른 범죄 성립의 요건과 구조, 형벌법규와 변경된 법령과의 관계, 법령 변경의 내용·경위·보호목적·입법 취지 등을 종합적으로 고려"하여야 한다고 한다(대법원 2022.12.22. 2020도16420 전원합의체).

31) 독일형법 제2조 제4항은 "일정한 기간 동안 효력이 있는 법률은 그 법률이 실효된 경우에도 그 효력이 있는 기간 중에 행해진 행위에 대하여 적용한다. 다만 법률이 달리 규정하고 있는 때에는 그러하지 아니하다"고 규정하고 있다.

건이 존속하고 있는 경우 형벌법규가 폐지되면서 폐지 전의 행위를 인수하여 처벌할 수 있다는 규정을 두면 종래의 형벌법규가 폐지된 경우에 해당하지 않는다.

2. 효과

재판확정 후 법률의 변경에 의하여 범죄를 구성하지 아니한 때에는 신법을 소급적용하여 '형집행을 면제'한다. 그러나 재판확정 후 법률의 변경에 의하여 형이 구법보다 '경하게 된' 때에는 형법상 명문의 규정이 없다. 이러한 경우에는 '재판확정 후'는 '범죄 후'에도 포함될 수 있음을 근거로 제1조 제2항을 유추적용할 수도 있겠지만, '범죄 후'보다 '재판확정 후'가 특별한 상황에 해당하므로 구법을 적용하여 확정된 형을 그대로 집행한다고 할 수밖에 없을 것이다. 36

Ⅳ. 백지형법과 보충규범의 변경·폐지

1. 백지형법의 의의

백지형법이란 형벌의 전제가 되는 구성요건의 전부 또는 일부를 다른 법률이나 명령 또는 고시에 수권 또는 위임하여 공백을 남겨두는 형벌법규를 말한다. 예컨대 형법 제112조의 중립명령위반죄나 행정법규 가운데 대부분의 경제통제법령이 여기에 해당한다. 백지형법의 공백을 보충하는 규정은 두 가지로 구별될 수 있다. 해당 형벌법규에 의한 수권 또는 위임에 근거한 보충규범이 있고, 해당 형벌법규에 의해 수권이나 위임을 받지 않았지만 사실상 해당 형벌을 보충하는 기능을 하는 보충규범이 있다. 37

백지형법의 경우 기본이 되는 형벌법규 그 자체는 변경이 없고 수권 또는 위임받은 법령 또는 보충규범만 변경되거나 폐지되는 경우에도 형법 제1조 제2항의 '법률의 변경'에 해당할 수 있는지가 문제된다. 38

2. 보충규범의 개폐와 법률의 변경

1) **소극설** 백지형법에서 보충규범의 개폐는 형벌의 전제조건인 구성요건의 내용(행정처분)의 변경에 불과하고 형법규정의 실효가 아니므로 제1조 제2항의 법률의 변경에 해당하지 않는다는 견해이다.[32] 이에 의하면 위반행위자는 제1조 제1항의 행위시법으로 처벌되어야 한다고 한다. 39

2) **적극설** 법률의 변경은 구성요건과 분리해서 논할 수 없는 것이므로 구성요건의 내용변경인 보충규범의 개폐도 당연히 제1조 제2항의 법률의 변경에 해당한다는 견해이다 40

32) 황산덕, 34~35면.

(다수설). 이에 의하면 범죄 후 보충규범이 개폐된 사정이 있는 경우에도 제1조 제2항의 적용을 받아 면소판결을 받게 된다.

41 3) 절충설 보충규범의 개폐가 구성요건 자체를 정하는 법규의 개폐에 해당하는 경우와 단순히 구성요건에 해당하는 사실관계의 변경에 해당하는 경우를 구별하여, 전자의 경우에만 법률의 변경에 해당하고 후자의 경우에는 법률의 변경이 아니라는 견해이다.[33]

42 4) 판례의 태도 종래 대법원은 보충규범의 변경이 있는 경우 법률의 변경여부에 대해 명시적인 태도 표명이 없었으나, 앞의 2022년 12월 판결을 통해 다음과 같은 태도를 확실히 하고 있다.

43 判 보충규범이 해당 형벌법규로 부터 수권 내지 위임을 받은 법령인 경우에는 해당 형벌법규에 따른 범죄의 성립 및 처벌과 직접적으로 관련된 형사법적 관점의 변화를 주된 근거로 하는지와 무관하게 언제나 형법 제1조 제2항이 적용된다. 하지만 수권 또는 위임이 없이 단순히 보충규범의 역할을 하는 차원의 보충규범의 변경은 그 변경이 형사법적 관점의 변화를 주된 근거로 하는 것으로 평가될 경우에만 형법 제1조 제2항의 적용대상이 된다.[34]

44 5) 결론 형법 제1조 제2항의 법률의 변경에서 말하는 법률은 총체적 법률상태 내지 전체로서의 법률을 의미한다.[35] 따라서 가벌성의 존부와 정도에 관계된 보충규범의 개폐 역시 법률의 변경에 해당한다고 보는 적극설의 견해가 타당하다.

45 대법원의 태도와 같이 그 보충규범의 종류별로 그 변경된 근거를 형사법적 관점의 변화에 따른 것인지에 관한 추가적인 판단을 요한다면, 이는 '법'을 분절된 파편으로 바라보는 법이해에 기초하고 있으므로 '법'을 전체로서의 하나의 작동'체계'로 보는 필자의 법이해에 따르면 수용하기 어렵다.

---

33) 강구진, "형법의 시간적 적용범위에 관한 고찰", 권문택교수화갑기념논문집, 1980, 16면.
34) 대법원 2022.12.22. 2020도16420 전원합의체.
35) 이재상/장영민/강동범, §3/24.

제 2 장 형법의 장소적 적용범위 §4

Ⅰ. 형법의 장소적 적용범위와 국제형법의 원칙

1. 형법의 장소적 적용범위

형법의 장소적 적용범위란 형법의 효력이 미치는 지역적 범위를 말한다. 대한민국 국민이 대한민국 영역 내에서 대한민국 국민을 피해자로 하는 범죄를 범한 경우에 대한민국의 형법의 효력이 미치는 지역적 범위와 관련해서는 아무런 문제가 생기지 않는다. 그러나 대한민국 국민이 대한민국 영역 내에서 외국인을 살해한 경우에는 우리 형법뿐만 아니라 외국의 형법도 적용될 여지가 생긴다. 이와 같이 어떤 범죄사실이 외국의 형법적용과 관련성을 가지는 경우 우리 형법의 적용범위를 정하는 원칙에 관한 규정들을 '국제형법'이라고 부른다. 1

넓은 의미의 국제형법은 국제법의 내용으로 다루어지고 있는 형사재판권, 외국형사판결의 효력, 국제형사사법공조, 반인도적 범죄 등 특정범죄에 대응하기 위해 다수의 국가간의 조약체결을 통한 통일적인 형벌법규를 포함하여 세계형사법정을 전제로 하는 형사국제법(세계형법)도 포괄한다. 그러나 이하에서는 국제형법을 협의의 국제형법, 즉 외국과 일정한 관련성을 가지는 범죄에 대한 국내형법의 적용범위와 관련하여 국제법의 원리를 통해 제한적으로 적용되는 국내형법의 원리, 즉 형벌적용법이라는 의미로만 사용하기로 한다. 2

2. 국제형법의 원칙

국제형법을 규율하는 원칙들은 여러 가지 토대를 가지고 있는데, 크게 '국가의 자기보호'라는 토대와 '국가들의 연대성(국제협력)'이라는 토대로 나눌 수 있다. 전자에 기초하고 있는 국제형법의 원리는 속지주의, 보호주의, 소극적 속인주의 등이고, 후자에 기초하고 있는 국제형법의 원리는 (제한적) 적극적 속인주의, 세계주의, 대리처벌주의 등이라고 할 수 있다.[36] 3

한국 형법이 채택하고 있는 국제형법의 원칙은 속지주의와 (절대적) 적극적 속인주의를 원칙으로 하면서,[37] 보충적으로 보호주의, 즉 국가보호주의 및 국민보호주의(소극적 속인주의)를 채택하고 있다(형법 제2조~제6조). 세계주의는 약취유인죄와 인신매매죄의 경우에 한하여 채택 4

36) Oehler, Internationales Strafrecht, 2. Aufl., 1983, S. 130f.

37) 대법원 1986.6.24. 86도403. "재판권의 장소적 효력에 관하여 형법 제2조는 (중략) 속지주의를 채택하고 있는 한편 같은 법 제3조에 (중략) 속인주의도 아울러 채택하고 있다."

되어 있지만(형법 제296조의2), 대리처벌주의에 관한 규정은 아직 두고 있지 않다.

Ⅱ. 속지주의

> 제2조(국내범) 본 법은 대학민국영역내에서 죄를 범한 내국인과 외국인에게 적용한다.
>
> 제4조(국외에 있는 내국선박 등에서 외국인이 범한 죄) 본 법은 대한민국영외에 있는 대한민국의 선박 또는 항공기내에서 죄를 범한 외국인에게 적용한다.

5 형법 제2조는 국제형법의 원리로서 속지주의를 선언하고 있다. 속지주의란 자국의 영역 내에서 행하여진 범죄에 대하여는 범인의 국적 여하를 불문하고 자국의 형법을 적용하는 원칙을 말한다. 이 원칙은 주권평등의 원칙상 모든 나라가 국제형법의 제1원리로 채택하고 있는 원칙이다.

1. 대한민국의 영역

6 대한민국의 영역이란 대한민국의 주권이 미치는 영토, 영해 및 영공을 말한다. 대한민국의 영역의 범위와 관련하여 해석상 다음과 같은 문제가 제기될 수 있다.

(1) 북한의 대한민국 영토성

7 헌법 제3조가 영토의 범위를 "한반도와 그 부속도서"로 하고 있기 때문에 북한에도 우리 형법이 적용되는지가 문제된다. ① 북한지역은 대한민국의 영토에 포함되지만 대한민국의 통치권이 현실적으로 행사되는 지역이 아니므로 외국에 준하여 취급해야 한다는 견해,[38] ② 재판권뿐 아니라 형법의 적용 자체가 불가능하다는 견해,[39] ③ 헌법이 정하고 있는 영토주권의 범위에 따라 북한도 당연히 대한민국의 영역 내에 속하고 따라서 북한지역에도 형법이 적용되는 것이라고 보는 견해(다수설) 등이 대립한다.

8 判 대법원은 북한도 우리 영토의 일부이므로 당연히 형법의 적용대상 지역이지만 단지 재판권이 미치지 못할 뿐이라고 하거나,[40] 더욱 분명하게 '캐나다 국적을 가진 외국인이라도 북한의 지령을 받고 국내에 잠입하여 활동하던 중 그 목적수행을 위해 서울김포공항에서 대한항공편으로 중국북경으로 출국한 후 다시 평양으로 들어간 경우'에도 형법 제2조, 제4조에 의하여 대한민국의 형벌법규가 적용되어야 한다고 한다.[41] 하지만 외국에 소재한 대한민국영사관내부는 물론이고,[42] 베를린주재 북한이익대표부는 우리영토의 일부가 아니라고 한다.[43]

---

38) 박상기, 39면.
39) 김일수/서보학, 54면; 배종대, §21/2.
40) 대법원 1957.9.20. 4290형상228.
41) 대법원 1997.11.20. 97도2021 전원합의체.
42) 대법원 2006.9.22. 2006도5010.
43) 대법원 2008.4.17. 2004도4899.

생각건대 형벌적용법이 형사관할권에 관한 규정이고 형사관할권은 현실적인 형벌권행사의 가능성을 말하는 것이 아니라 범행의 장소와 관련하여 일정한 행위가 '법이론적'으로 형법적 평가의 대상이 될 수 있는 것인지를 의미하는 것으로 보아야 한다.[44] 그러나 국제사회가 북한을 독립된 주권국가로 인정하고 있고 북한영토에 대해서는 헌법의 실효성도 미치지 않고 있기 때문에 '현실적으로' 북한을 대한민국의 영토로 포함시키기는 어렵다.[45] 9

(2) 외교공간의 대한민국 영토성

국내에 있는 외교공관 등을 대한민국의 영토에 포함되지만 대한민국의 재판관할권이 여기에까지 미치는지가 문제된다. 이와 관련하여 종래 외교공관 등을 치외법권으로 인정해왔지만, 치외법권이란 과거 제국주의시대에 강대국들의 약소국 침략을 위한 방편으로 인정되었던 개념일 뿐이다. 오늘날 국제법이론에서는 '관할권 면제'(immunities)라는 개념이 사용되고 있다. 이에 따르면 재판관할권이 면제되는 외교공관이라고 하더라도 그것은 파견국인 외국의 영토의 연장이 아니라 어디까지나 내국의 영토이므로 속지주의가 적용될 수 있지만, 외교목적의 수행을 위해 필요한 범위 내에서 외교사절 등에 대한 특권이나 면제가 인정될 수는 있다. 10

判 대법원은 대한민국 내에 있는 미국문화원 내에서 내국인의 범죄에 대해 형법 제2조인 속지주의를 적용하지 않고 제3조의 적극적 속인주의에 따라 대한민국의 형법을 적용함으로써 미문화원의 치외법권지역성 여부에 대한 평가를 피해가고 있다.[46] 반대로 대법원은 중국 북경에 소재한 대한민국 영사관 내부[47] 또는 독일 베를린 주재 북한 대표부는 대한민국영토가 아니라는 태도를 취함[48]으로써 간접적으로 외교공간의 치외법권성을 부정하고 있다. 11

(3) 영해·영공의 범위

영해는 기선으로부터 측정하여 그 외측 12해리의 선까지에 이르는 수역을 말한다(영해 및 접속수역법 제1조). 다만 대통령령(영해 및 접속수역법 시행령)이 정하는 바에 따라 일정 수역에 있어서는 12해리 내에서 영해의 범위를 따로 정할 수 있게 하고 있으므로 이에 따라 대한해협 12

44) 김성규, "형법의 장소적 적용범위", 형사법연구 제18호(2002), 189면.

45) 우리 헌법상의 영토조항은 1948년 헌법제정 당시에 한반도에서 유일한 합법정부가 대한민국뿐임을 강조하기 위해 생긴 것이다. 따라서 이에 의하면 북한은 반국가단체가 불법적으로 점령하고 있는 미수복지역이 된다. 그러나 1972년 7·4 남북공동성명 이후 유엔 동시가입, 남북기본합의서 체결, 6·15 선언 등 일련의 과정은 사실상 북한을 국가로 승인한 것이나 다름없다고 할 수 있다. 뿐만 아니라 헌법의 평화통일조항 역시 북한을 하나의 국가로 인정하는 것임을 전제로 한다. 따라서 입법론적으로는 헌법상 영토조항을 삭제하는 것이 바람직하다.

46) 대법원 1986.6.24. 86도403. "국제협정이나 관행에 의하여 대한민국 내에 있는 미국문화원이 치외법권지역이고 그곳을 미국영토의 연장으로 본다 하더라도 그곳에서 죄를 범한 대한민국 국민에 대하여 우리 법원에 먼저 공소가 제기되고 미국이 자국의 재판권을 주장하지 않고 있는 이상 속인주의를 함께 채택하고 있는 우리나라의 재판권은 동인들에게도 당연히 미친다 할 것이며 미국문화원 측이 동인들에 대한 처벌을 바라지 않았다고 하여 그 재판권이 배제되는 것도 아니다."

47) 대법원 2006.9.22. 2006도5010.

48) 대법원 2008.4.17. 2004도4889.

은 3해리 선까지가 영해로 되어 있다.

13 영공에 관해서는 현재로선 제한이 없지만 우주개발을 위한 국제적 조정에 기하여 국제적인 제약이 있을 것으로 예상된다.

(4) 대한민국 영역 외에 속지주의가 미치는 영역(기국주의)

14 형법 제4조는 이른바 기국주의를 통해 속지주의의 적용범위를 넓히고 있다. 기국주의(旗國主義)란 국외를 운항중인 자국의 선박 또는 항공기 내에서 행한 범죄에 대하여 자국형법을 적용한다는 원칙을 말한다. 기국주의를 확인하고 있는 제4조에 따르면 대한민국 영토 밖이지만 대한민국의 선박 안에서 죄를 범한 외국인에게도 대한민국 형법이 적용된다.

1 그러나 대한민국 내의 항구에 정박중인 외국선박 안에서 외국인 선원이 우리나라 사람을 살해한 경우에 외국선박 안이라도 우리나라 항구에 정박중인 선박인 이상 속지주의에 의하여 우리 형법에 의하여 처벌된다. 마찬가지로 외국 항공기라도 우리나라 공항에 착륙해 있는 이상 속지주의를 적용해야 한다. 항공기에 우주선이 포함되는지 문제될 수 있지만 우주선을 추가하는 개정이 필요하다.

2. 범죄지의 결정("죄를 범한"의 의미)

15 형법 제2조 및 제3조에서 "죄를 범한"이라는 문언의 의미와 관련하여 ① 구성요건적 행위가 행하여진 곳을 범죄지로 보는 행위설, ② 구성요건적 결과가 발생한 곳을 범죄지로 보는 결과설 및 ③ 양자를 모두 범죄지로 보는 편재설 등이 있다. 범죄개념은 구성요건적 행위 뿐 아니라 구성요건적 결과도 포함하는 것이므로 편재설이 타당하다. 편재설은 특히 결과의 발생지를 고려하지 않는 행위설의 결함과 거동범 및 미수범의 경우를 고려하지 않는 결과설의 결함도 보완할 수 있다.

16 **判 대법원도 행위지와 결과발생지를 모두 범죄지로 보는 편재설의 태도[49]를 취하면서,[50] 공동정범의 경우에는 구성요건적 행위 이전단계에서 공동모의를 한 공모지도 범죄지로 보고 있다.[51]**

17 이와 같은 대법원의 취지에 따르면 교사범 또는 방조범과 같은 공범의 경우에는 정범의 실행행위만이 범죄지의 결정기준이 되는 것이 아니라 교사 또는 방조라는 공범행위의 장소 내지 공범결과의 발생지도 범죄지가 될 수 있다.[52] 그러나 단순히 예비행위만 있는

---

49) 대법원 2000.4.21. 99도3403. "외국인이 대한민국 공무원에게 알선한다는 명목으로 금품을 수수하는 행위가 대한민국 영역 내에서 이루어진 이상, 비록 금품수수의 명목이 된 알선행위를 하는 장소가 대한민국 영역 외라 하더라도 대한민국 영역 내에서 죄를 범한 것이라고 하여야 할 것이다."

50) 대륙법계에 속하는 국가들은 일반적으로 편재설에 기초하여 구성요건적 행위가 행하여진 장소, 결과가 발생한 장소 및 인과과정에 영향을 미치는 장소 모두를 각각 범죄지로 본다. 따라서 각각의 요소와 관련되어 있는 모든 국가가 각각 자국의 형법을 적용할 수 있다. 이에 대해 영미법계에 속하는 국가에서는 현실적으로 결과가 발생한 국가의 형법이 우선적으로 적용된다는 입장을 취하고 있다.

51) 대법원 1998.11.27. 98도2734.

52) 박상기, 38면; 신동운, 45면.

경우에는 미수의 경우처럼 결과발생의 위험이 생겼다고 할 수 없기 때문에 그 예비행위의 장소를 범죄지로 확장할 수는 없을 것으로 보인다. 그러나 예비죄의 예비행위가 있으면 범죄지가 된다.

한편 최근 인터넷의 보급과 함께 세계가 사실상 국경 없는 상태가 형성되고 있기 때문에 편재설을 일관되게 관철하면 전 세계가 국내범죄지로 되어 형벌적용이 지나치게 확대될 수 있다.[53] 예컨대 외설물의 상영 등이 범죄로 되어 있지 않은 나라에서 인터넷상에 그러한 외설물을 게재하면 그것이 상영되는 다른 국가가 그러한 행위를 범죄화하고 있는 경우 모든 관련 국가의 형법이 적용되게 된다. 따라서 편재설에 따른 과도한 형벌권의 확대를 방지하기 위해 행위지법과 결과발생지법이 모두 가벌성을 인정하는 경우에만 자국형법을 적용한다는 이른바 '쌍방가벌성의 원칙'을 채택하는 것이 바람직할 것이다. 18

Ⅲ. 속인주의(적극적 속인주의)

> 제3조(내국인의 국외범) 본 법은 대한민국 영역외에서 죄를 범한 내국인에게 적용한다.

1. 속인주의의 의의와 종류

(1) 속인주의의 의의

속인주의란 자국민의 범죄에 대하여는 범죄지 여하를 불문하고 자국형법을 적용하는 원칙을 말한다. 속인주의를 규정한 형법 제3조에서 말하는 "내국인"이 되려면 '범행 당시'에 대한민국의 국적을 가져야 한다.[54] 19

判 대법원은 북한 주민도 내국인으로 보고, 북한이탈주민이 북한지역에서 범한 범죄도 한국 형법을 적용하고 있다.[55] 20

(2) 적극적 속인주의와 소극적 속인주의

속인주의를 자국형법의 적용기준에 관하여 국적을 기준으로 삼는 원리라고 이해할 때 속인주의를 다시 두 갈래로 분류할 수 있다. 하나는 자국민이 범죄의 주체로서 범죄행위자 21

---

53) 김성규, 앞의 논문, 196~197면.

54) 대법원 1996.11.12. 96누1221.

55) 대법원 2009.1.30. 2008도10831. "북한이탈주민의 보호 및 정착지원에 관한 법률은 북한에 주소·직계가족·배우자·직장 등을 두고 있는 자로서 북한을 벗어난 후 외국의 국적을 취득하지 아니한 '북한이탈주민'을 그 적용대상으로 규정하고 있다. 위 법률의 입법 목적 및 그와 같은 입법 목적을 달성하기 위하여 마련된 관련 규정의 내용에 비추어 볼 때, 북한을 벗어난 후 외국의 국적을 취득한 자뿐만 아니라 북한을 벗어나기 전에 이미 외국 국적을 취득하고 북한을 벗어난 후 그 외국 국적을 그대로 보유하고 있는 자는 이 법의 적용대상인 '북한이탈주민'에 해당하지 않는다"(북한 이탈 전에 중국 국적을 취득한 피고인이 이를 숨긴 채 지원금을 수령한 사안에서, 북한이탈주민의 보호 및 정착지원에 관한 법률 위반죄의 성립을 인정한 사례).

인 경우에 범죄지 여하를 불문하고 자국형법을 적용한다는 의미의 속인주의('적극적 속인주의')이고, 다른 하나는 자국민이 범죄의 객체로서 범죄피해자인 경우에 범죄지 여하를 불문하고 자국형법을 적용한다는 의미의 속인주의('소극적 속인주의')이다. 제3조의 속인주의는 적극적 속인주의를 말하는 것이지만, 소극적 속인주의는 형법 제6조의 보호주의의 내용에 해당한다.

2. 속지주의와의 관계

22 적극적 속인주의를 국제형법의 원리로 인정하지 않는다면 외국에서 죄를 범한 내국인이 외국의 행위지법상 범죄가 되지 않을 경우 국내법에 따라 처벌할 수 없게 된다. 왜냐하면 행위자는 행위지법에 의해 처벌되지 않을 뿐 아니라 범죄지가 외국이기 때문에 행위자에게 내국법상의 속지주의도 적용될 수 없기 때문이다.

(1) 절대적 적극적 속인주의

23 형법은 적극적 속인주의를 속지주의와 함께 국제형법의 대등한 원칙으로 인정하면서[56] 범행지의 가벌성 여부와는 상관없이 언제나 내국형법을 적용할 수 있도록 하고 있다. 이와 같은 의미의 적극적 속인주의를 '절대적 적극적 속인주의'라고 부를 수 있고 형법 제3조의 속인주의도 절대적 적극적 속인주의를 채택하고 있다.

24 判 대법원도 형법 제3조를 절대적 적극적 속인주의에 관한 규정으로 보고 있다. "필리핀에서의 카지노 출입이 허용되어 있다 하여도, 형법 제3조에 따라 피고인에게 우리나라 형법이 당연히 적용된다 할 것"이라고 하고 있고,[57] "도박죄를 처벌하지 않는 외국 카지노에서의 도박이라는 사정만으로 그 위법성이 조각된다고 할 수 없으므로 … 미국의 네바다 주에 있는 미라지 호텔 카지노에서 도박하였다는 공소사실에 대해 유죄를 인정한 것도 정당하다"고 판시하고 있기 때문이다.[58]

(2) 제한적 적극적 속인주의

25 반면에 적극적 속인주의를 속지주의의 예외로서 인정하면서 행위지법에 의해서도 가벌성이 인정될 것을 전제로 하여(이른바 쌍방가벌성의 원칙) 내국인의 국외범에 대해 내국형법을 적용하는 원칙을 '제한적 적극적 속인주의'라고 부른다.

(3) 절대적 적극적 속인주의를 제한할 필요성(입법론)

26 절대적 적극적 속인주의는 1940년 나찌형법이 국외에 체류하면서 나찌체재에 저항하는 독일인을 빈틈없이 처벌하기 위해 도입한 입법태도였다.[59] 절대적 적극적 속인주의는 한

---

56) 백형구/김종원(편집대표), 주석 형법총칙(上), 76면.

57) 대법원 2001.9.25. 99도3337

58) 대법원 2004.4.23. 2002도2518.

59) 그러나 이와 관련하여 세계에서 유래가 없는 권위주의적 국가주의사상의 발로로 혹평을 받은 후 독일은 형법개정을 통해 쌍방가벌성을 원칙으로 하는 제한적·적극적 속인주의로 전환하였다. 일본형법도 일정한 범죄종류(주로 중한 범죄)를 특정하여 그러한 범죄에 대해서만 국외에서의 가벌성 여하와 상관없이 일본형법을 적용하는 이른바 열거주의를 취하고 있어서 적극적 속인주의를 제한하고 있다.

국 형법을 '위성형법'으로 만들 우려가 있다. 왜냐하면 행위자가 대한민국 국민인 한, 그가 세계 어느 곳에 있든지 심지어 무인도나 대기권 밖에 있더라도 위성처럼 감시하여 그가 형법의 명령과 금지에 위반한 경우에는 속인주의에 따라 형사처벌하게 되기 때문이다. 따라서 우리나라 형법 제3조의 적용범위를 제한하는 해석론을 통해서나 쌍방가벌성의 원칙을 제3조에 도입하는 입법론을 통해서 우리 형법 제3조가 가지고 있는 국수주의적인 모습은 재고되어야 할 필요가 있다.[60)]

Ⅳ. 보호주의

> 제5조(외국인의 국외범) 본 법은 대학민국 영역외에서 다음에 기재한 죄를 범한 외국인에게 적용한다. 1. 내란의 죄 2. 외환의 죄 3. 국기에 관한 죄 4. 통화에 관한 죄 5. 유가증권, 우표와 인지에 관한 죄 6 문서에 관한 죄 중 제225조 내지 제230조 7. 인장에 관한 죄 중 제238조
>
> 제6조(대한민국과 대한민국 국민에 대한 국외범) 본법은 대한민국 영역 외에서 대한민국 또는 대한민국 국민에 대하여 전조에 기재한 이외의 죄를 범한 외국인에게 적용한다. 단 행위지의 법률에 의하여 범죄를 구성하지 아니하거나 소추 또는 형의 집행을 면제할 경우에는 예외로 한다.

1. 보호주의의 의의

27 보호주의란 범죄인의 국적 및 범죄지 여하를 불문하고 자국 또는 자국민에 대한 법익침해가 있는 때에는 자국형법의 적용을 인정하는 원칙을 말한다. 보호주의는 다시 '국가보호주의'와 '국민보호주의'로 대별할 수 있다. 국가보호주의란 자국 내지 국가적 법익의 보호에 초점을 맞추어 자국의 형법을 적용하는 원칙을 말하고, 국민보호주의는 자국형법의 적용에 관하여 피해자가 자국민인 경우에 자국의 형법을 적용하는 원칙을 말한다('소극적 속인주의').[61)]

---

60) 형법 제3조의 문제점 및 적극적 속인주의에 관한 입법례에 관해서는 김성돈, "형법 제3조와 속인주의의 재음미", 형사판례의 제문제(5), 형사실무연구회편, 2005, 3면 이하. 형법 제3조가 제한적 적극적 속인주의로 전환하기 전이라도 행위지법에 의하면 범죄가 되지 않는 행위를 기소유예처분하는 방안으로 대처해 갈 수 있다.

61) 소극적 속인주의는 자국형법의 적용을 위해 '피해자'의 국적(자국민)을 기준으로 삼는다는 점에서 속인주의의 한 형태로 볼 수도 있지만 근본적으로는 보호주의의 일종으로 보아야 한다. 속인주의란 범죄의 피해자가 아니라 '행위자'가 자국민일 경우에 범죄지 여하를 불문하고 자국의 형법을 적용하는 원칙을 말하기 때문이다(적극적 속인주의). 따라서 소극적 속인주의를 '외국에서 자국 또는 자국민의 법익을 해하는 자국민의 범죄에 대해서만 자국형법을 적용하는 원칙'으로 이해하는 입장(임웅, 61면)은 외국인이 자국민의 법익을 해하는 경우를 제외하고 있는 분류법으로서 동의하기 어렵다.

2. 국가보호주의

28 국가보호주의는 형법 제5조와 제6조의 전단('대한민국에 대하여 죄를 범한 외국인' 부분)에 규정되어 있다. 국가보호주의에 관한 규정이므로 사문서위조죄나 사인위조죄는 대상범죄에서 제외되어 있다.

3. 국민보호주의(소극적 속인주의)

29 제6조의 후단은 '대한민국 국민이 피해자인 경우' 외국인의 국외범에 대해 대한민국 형법을 적용하는 것으로 되어 있어 국민보호주의(소극적 속인주의)를 명시적으로 규정하고 있다. 제5조에 기재된 범죄들이 범해진 경우에도 대한민국 국민이 피해자가 되면 외국인의 국외범도 대한민국 형법을 적용할 수 있는지가 문제된다. 제5조가 적용되든 제6조가 적용되든 대한민국 형법이 적용되는 데에는 차이가 없으나 제6조 단서의 적용범위에서는 차이가 생긴다.

30 제6조 단서는 행위지법에 의해 범죄를 구성하지 아니하거나 소추 또는 형의 집행이 면제되는 경우에는 대한민국 형법을 적용할 수 없도록 하는[62] 이른바 '쌍방가벌성의 원칙'을 선언하고 있는데, 이 원칙은 "제5조에 기재한 죄 이외의 죄"를 범한 외국인에게만 적용되기 때문에 '제5조의 죄'의 경우에는 대한민국 국민이 피해자가 되는 경우(예, 외국인의 국외범이 통화위조죄를 범하여 대한민국 국민이 피해자가 된 경우)에는 쌍방가벌성의 원칙이 적용되지 않는다고 해석해야 한다.

31 제5조와 제6조의 체계적 해석상 제5조에 기재한 죄 이외의 죄에 대한 외국인의 국외범은 '모든 경우' 제6조가 적용되어 대한민국 형법이 적용되어야 하는지가 문제된다.

32 判 대법원은 제6조의 적용대상을 제한하여 '대한민국 또는 대한민국 국민에 대하여 죄를 범한 때'를 '대한민국 또는 대한민국 국민의 법익이 직접적으로 침해되는 결과를 야기하는 죄를 범한 경우'로 제한하고 있다.[63] 이에 따라 대법원은 외국인이 국외에서 대한민국 국민을 기망하여 그 투자금을 수령하여 사기죄를 구성하는 경우는 제6조의 적용대상이 된다고 하면서도, 사기죄의 마찬가지로 제5조에 기재된 죄에서는 제외되어 있는 사인위조죄[64]나 사문서위조죄[65] 또는 위조사문서행사죄[66]의 경우에는 제6조의 적용대

---

62) 대법원 2011.8.25. 2011도6507.

63) 대법원 2011.8.25. 2011도6507. "형법 제5조, 제6조의 각 규정에 의하면, 외국인이 외국에서 죄를 범한 경우에는 형법 제5조 제1호 내지 제7호에 열거된 죄를 범한 때와 형법 제5조 제1호 내지 제7호에 열거된 죄 이외에 대한민국 또는 대한민국 국민에 대하여 죄를 범한 때에만 대한민국 형법이 적용되어 우리나라에 재판권이 있게 되고, 여기서 '대한민국 또는 대한민국 국민에 대하여 죄를 범한 때'란 대한민국 또는 대한민국 국민의 법익이 직접적으로 침해되는 결과를 야기하는 죄를 범한 경우를 의미한다."

64) 대법원 2002.11.26. 2002도4929. "형법 제239조 제1항의 사인위조죄私印僞造罪는 형법 제6조의 대한민국 또는 대한민국 국민에 대하여 범한 죄에 해당하지 아니하므로 중국국적자가 중국에서 대한민국 국적 주식회사의 인장을 위조한 경우에는 외국인의 국외범으로서 그에 대하여 재판권이 없다."

65) 대법원 2006.9.22. 2006도5010. "형법의 적용에 관하여 같은 법 제2조는 대한민국 영역 내에서 죄를 범한 내

상에서 제외시키고 있다. 특히 대한민국 '주식회사'의 인장이 위조된 사건의 경우 사인위조죄를 제6조의 적용대상에서 제외시키는 대법원의 태도에는 특히 대한민국 '법인'은 대한민국 '국민'이 아니라는 해석에 기초한 것으로 이해될 수 있다.

그러나 위 대법원 법리는 형법 제6조 적용에 불합리한 제한을 가하는 소극적 태도로서 재고되어야 한다. 형법 제6조는 문언상 국민 보호주의의 대상범죄를 '제5조에 기재한 죄 이외의 범죄'로 확장하고 있다. 그 대상범죄가 개인적 '법익'에 대한 범죄로 제한되어 있지도 않고 또 그 법익이 직접 침해될 것을 요하고 있지 않고 있다. 법익이 개인적 법익인가 국가적 법익인가는 형식적 분류의 문제일 뿐이다. 국가적 법익이나 사회적 법익을 공격하는 범죄가 범해지더라도 그 범죄의 구체적 피해자가 대한민국 국민이 되는 경우라면 대한민국 형법을 적용할 수 있다고 하는 것이 국제화시대의 자국민 보호를 위해 국가가 나아갈 길이다. 외국인의 국외범에 대한 과도한 형사처벌이나 한국의 재판관할권은 제6조의 적용배제를 통해서 제한하는 것이 아니라 쌍방가벌성의 원칙을 통해서 제한하는 것이 입법자의 의도이다. 33

Ⅴ. 세계주의 및 대리처벌주의

1. 세계주의

> 제209조의2(세계주의) 제287조부터 제292조까지 및 제294조는 대한민국 영역밖에서 죄를 범한 외국인에게 적용한다.

세계주의는 인류공통의 이익을 해하는 범죄에 관하여 범인의 국적과 피해자 또는 범죄지를 불문하고, 자국의 형법을 적용하는 국제형법의 원리이다. 세계주의에 따르면 국제범죄의 규제에 관한 세계(법)적 관할권이 각국에 인정된다.[67] 34

형법총칙에는 세계주의를 국제형법의 원리로 인정하는 명문의 규정은 없지만, 형법 제5조 제4호와 제207조 제3항을 체계적으로 해석하면 세계주의가 일부 표방되어 있다고 보는 35

국인과 외국인에게 적용한다고 규정하고 있으며, 같은 법 제6조 본문은 대한민국 영역 외에서 대한민국 또는 대한민국 국민에 대하여 같은 법 제5조에 기재한 이외의 죄를 범한 외국인에게 적용한다고 규정하고 있는바, 중국 북경시에 소재한 대한민국 영사관 내부는 여전히 중국의 영토에 속할 뿐 이를 대한민국의 영토로서 그 영역에 해당한다고 볼 수 없을 뿐 아니라, 사문서위조죄가 형법 제6조의 대한민국 또는 대한민국 국민에 대하여 범한 죄에 해당하지 아니함은 명백하다."

66) 대법원 2011.8.25. 2011도6507. "캐나다 시민권자인 피고인이 캐나다에서 위조사문서를 행사하였다는 내용으로 기소된 사안에서, 형법 제234조의 위조사문서행사죄는 형법 제5조 제1호 내지 제7호에 열거된 죄에 해당하지 않고, 위조사문서행사를 형법 제6조의 대한민국 또는 대한민국 국민의 법익을 직접적으로 침해하는 행위라고 볼 수도 없으므로 피고인의 행위에 대하여는 우리나라에 재판권이 없는데도, 위 행위가 외국인의 국외범으로서 우리나라에 재판권이 있다고 보아 유죄를 인정한 원심판결에 재판권 인정에 관한 법리오해의 위법이 있다고 한 사례."

67) 김성규, 앞의 논문, 201면.

견해가 있다.[68] 하지만 제5조의 제4호나 제5호에 규정된 범죄들도 형법 제6조와의 관련상 (대한민국 또는) 대한민국 국민에 대하여 죄를 범한 경우에 국한된다고 해석해야 하므로 보호주의의 범주 내에 있는 것으로 이해하는 것이 타당하다.

36 判 대법원은 외국인이 국외에서 납치한 민간항공기를 우리나라에 착륙시킨 사건에 대해 원칙적인 재판관할권은 항공기등록지국에 있지만, 착륙국인 우리나라에도 경합적으로 재판관할권이 있다고 판시한다. 이는 항공기운항안전법 제3조, '항공기 내에서 죄를 범한 범죄 및 기타 행위에 관한 협약'(도쿄협약) 제1조, 제3조, 제4조, '항공기의 불법납치 억제를 위한 협약'(헤이그협약) 제1조, 제3조, 제4조, 제7조의 각 규정들을 매개로 삼아 조약은 국내법과 동일한 효력을 가진다고 규정한 헌법 제6조 제1항에 근거하여 세계주의적 요청에 대처한 것으로 볼 수 있다.[69]

37 2013.4.5. 형법일부개정을 통해 우리나라가 2000년 서명한 「인신매매방지의정서」의 인신매매에 관한 국제적 기준에 따르기 위한 이행입법의 일환으로 형법각칙의 약취, 유인의 죄와 인신매매의 죄에 대해 세계주의에 관한 규정을 신설하였다. 세계주의의 적용범위에 시사점을 주는 다양한 국제협약의 취지에 부응하기 위해서는 각칙조항에 세계주의가 도입된 것을 모범으로 삼아 세계주의를 총칙조항에 명문화하여야 할 것이다.[70]

2. 대리처벌주의

38 대리처벌주의는 형법에 채택되어 있지 않은 국제형법의 원리로서 어떤 범죄가 실질적으로는 외국과 보다 밀접한 관련이 있음에도 사실상 또는 법률상의 이유에 의하여 범인의 인도가 불가능한 경우 범인이 체류하고 있는 국가가 그 외국에 대신하여 자국형법을 적용하고 처벌할 수 있다는 것을 내용으로 한다.[71]

39 대리처벌주의는 '인도하지 않는 경우에는 처벌하라'는 자연법원리에서 유래하고 그로티우스(Hugo Grotius)에 의해 확립되었다. 범죄의 소추와 관련한 국제적 연대성을 근거로 하고, 그 적용대상도 특정한 법익을 침해하는 범죄에 국한되어야 한다는 점에서 세계주의와 그 이론적 근거 및 적용원리가 유사한 것이라고 할 수 있다. 하지만 세계주의는 당해 행위가 행위지법에 의해서도 가벌성이 인정되는가를 문제삼지 않는 원칙임에 반하여 대리처벌주의는 이른바 쌍방가벌성의 원칙이 적용된다는 점에서 차이가 있다.

---

68) 이 견해에 따르면 행사할 목적으로 외국에서 외국통화를 위조한 외국인에게 대한민국 형법을 적용할 수 있다고 한다(유기천, 34면; 임웅, 62면; 이외에 간접적으로 세계주의의 정신을 반영하고 있다는 견해로 신동운, 46면).

69) 대법원 1984.5.22. 84도39.

70) 2011년 정부발의 형법(총칙)일부개정법률안에서도 세계주의에 관한 규정을 명문화하였다. 이에 관해서는 법무부, 형법(총칙)일부개정법률안 제안이유서, 2011, 21~22면 참조.

71) 대리처벌주의를 채택하고 있는 입법례로는 독일형법 제7조 제2항 제2호 및 오스트리아형법 제65조 제1항 등이 있다.

Ⅵ. 외국에서 받은 형집행의 효력

제7조(외국에서 집행된 형의 산입) 죄를 지어 외국에서 형의 전부 또는 일부가 집행된 사람에 대해서는 그 집행된 형의 전부 또는 일부를 선고하는 형에 산입한다.

형법에서 채택하고 있는 국제형법의 원리를 적용하면 외국에서 그 국가의 국제형법의 원리에 의해 처벌된 우리나라 국민에 대해서도 다시 대한민국 형법이 적용되어 처벌될 수 있다. 종래 형법은 이 경우 범죄자의 이중처벌의 부담을 줄이기 위해서 '범죄에 의하여 외국에서 형의 전부 또는 일부의 집행을 받은 자에 대하여는 형을 감경 또는 면제할 수 있다'(형법 제7조)는 규정을 두어 대응해왔다.[72) 40

이러한 구 형법 제7조의 태도가 헌법 제13조 제1항 후단[73)의 이중처벌금지원칙[74)에 반할 소지가 있고, 국제적인 차원에서도 일사부재리원칙을 인정하는 것이 바람직하다는 견해도 있었지만, 이중처벌금지의 원칙은 국내적인 구속성을 가지는 데에 불과하다는 견해가 다수를 이루고 있었다. 41

그러나 헌법재판소는 형의 임의적 산입을 규정한 구 형법 제7조가 '모든 기본권 보장의 전제조건인 신체의 자유를 과도하게 제한할 가능성이 있다'는 이유로 헌법불합치결정[75)을 내림에 따라, 2016.12.20. 필요적 산입으로 형법개정이 이루어졌다. 이에 따르면 예를 들어 도쿄에서 일본인 乙을 살인한 한국인 甲이 일본에서 15년의 징역형을 선고받고 10년간 교도소에 복역하다가 한국으로 송환되어 한국 형법의 속인주의에 의거하여 형사법정에서 10년형을 선고받은 경우, 일본에서 집행된 10년의 형이 모두 산입되므로 법원은 형의 집행을 면제해야 한다. 42

외국법원에 구속기소되었다가 무죄판결을 받은 경우 구속(미결구금)기간이 제7조에 의한 필요적 산입대상이 되는지가 문제된다. 43

判 대법원은 무죄판결 받기까지의 미결구금된 기간은 제7조의 산입대상이 되지 않는다는 태도를 취하고 있다. "외국에서 형의 전부 또는 일부가 집행된 사람"은 '외국법원의 유죄판결에 의하여 자유형이나 벌금형 등 형의 전부 또는 일부가 실제로 집행된 사람'을 말하는 것으로 해석되어야 함을 이유로 한다.[76) 44

---

72) 대법원 1979.4.10. 78도831. "형법 제7조는 외국에서 형의 전부 또는 일부의 집행을 받은 자에 대하여 법원의 재량으로 형을 감경 또는 면제할 수 있다는 것이므로 외국에서 형의 집행을 받은 자에 대하여 형을 선고한 것을 위법하다고 할 수 없다."

73) "모든 국민이 … 동일한 범죄에 대하여 거듭 처벌받지 아니한다."

74) 이중처벌의 금지는 법치국가의 핵심을 이루는 법적 안정성 및 신뢰의 보호에 바탕을 둔 일사부재리의 원칙이 특별히 국가의 형벌권을 기속하는 원리로서 기능하는 경우에 사용되는 개념이다(허영, 한국헌법론(제4판), 박영사, 2004, 344면).

75) 헌법재판소 2015.5.28. 2013헌바129.

76) 대법원 2017.8.24. 2017도5977 전원합의체.

45 그러나 외국에서의 신체의 자유에 대한 제한의 과도함을 제약하기 취지에서 마련된 필요적 산입규정의 입법취지에 따르면 유무죄와 무관하게 미결구금된 경우에도 실제로 자유박탈이 있었으므로 자유형이 집행된 경우와 유사성을 인정하여 제7조를 유추적용할 수 있는 것으로 보는 것이 타당하다.

제3장 형법의 인적 적용범위 §5

Ⅰ. 국내법상의 특례

형법은 속인주의에 의해 모든 대한민국 국민에게 적용되고, 속지주의나 보호주의에 의해 외국인에게도 적용된다. 속인주의의 예외로서 대한민국 국민 가운데 대통령과 국회의원이 범한 일정한 범죄에 대해 형법이 적용되지 않는다고 하는 견해[77]가 있다. 그러나 헌법 제84조("대통령은 내란 또는 외환의 죄를 범한 경우를 제외하고는 재직 중 형사상의 소추를 받지 아니한다")와 헌법 제45조("국회의원은 국회에서 직무상 행한 발언과 표결에 관하여 국회 외에서 책임을 지지 아니한다")는 대통령과 국회의원에 대해 형법이 예외적으로 적용되지 않는다는 뜻이 아니라 원칙적으로 형법이 적용되지만 소추조건의 결여 또는 인적처벌조각사유에 의해 처벌되지 않는다고 해야 한다.[78] 자세한 내용은 §9 참조. 1

Ⅱ. 국제법상의 특례

외국인 가운데 외국원수·외교관에게는 치외법권을 인정하여 우리 형법이 적용되지 않는다고 하는 견해[79]가 있다. 그러나 이들에 대해서도 우리 형법은 적용되지만 국제법상의 면책특권(privileges)에 의거하여 형사처벌되지 않을 뿐이라고 해야 한다(인적 처벌조각사유).[80] 2

마찬가지로 한미 SOFA(Status of Forces of Agreement)[81]에 의해 '공무집행 중'에 있는 미군의 범죄에 대해서도 우리 형법의 적용이 배제되는 것은 아니다. 오히려 우리 형법은 적용되지만 형사관할권만 배제될 수 있을 뿐이라고 해야 한다. 왜냐하면 위 협정은 형법의 적용범위를 정하는 것을 내용으로 하는 것이 아니라 일정한 경우 형사관할권의 행사주체를 미국으로 할 것인가 대한민국으로 할 것인가를 정하는 것을 내용으로 하기 때문이다. 3

---

77) 이재상/장영민/강동범, §4/38.

78) 오영근, §4/30.

79) 김일수/서보학, 56면; 이재상/장영민/강동범, §4/39.

80) 오영근, §4/30; 임웅, 64면.

81) 1967년 2월 9일 발효된 대한민국과 아메리카 합중국간의 상호방위조약 제4조에 의한 시설과 구역 및 대한민국에서의 합중국 군대의 지위에 관한 협정(Agreement under Article Ⅳ of the Mutual defence Treaty between the Republic of Korea and the United States of America, Regarding Facilities and Areas and the States of United Armed Forces in the Republic of Korea: 한·미주둔군지위협정)의 약칭이다. 1991년 2월 1일 1차 개정된 후, 1992년 10월 발생한 '윤금이 사건'을 계기로 2001년 4월 2일 2차 개정되어 중요범죄 12개를 대상으로 한 피의자의 신병 인도시기를 '재판종결 후'에서 '기소시점'으로 앞당겼고, 특히 살인강간을 비롯한 흉악범에 대해서는 '체포시점'으로 앞당겼다.

4 따라서 미군이 공무집행 중 범죄행위를 저지른 때에도 위 협정에 의해 형사관할권을 우리나라가 행사할 수 있는 경우도 있다. 물론 위 협정에 의하더라도 공무집행과 관계없이 행한 범죄와 미군의 가족에 대하여는 우리나라 형법이 적용될 뿐 아니라 형사관할권도 우리나라가 행사할 수 있다. 뿐만 아니라 미군의 군속 중 통상적으로 대한민국에 거주하고 있는 자는 위 협정(제22조 제4항)이 적용되는 군속의 개념에서 배제되므로, 그에 대해서는 우리나라가 형사재판권을 행사할 수 있다.[82]

82) 대법원 2006.5.11. 2005도798.

제2부

범죄와 범죄론의 기초지식

제1편

범죄분류와 범죄체계론

형법이론학은 형법에 규정된 가벌성의 전제조건들을 분석하고 그 의미를 밝히는 학문적 작업을 수행하는 과정에서 '범죄'에 관한 정의, 즉 범죄는 '구성요건에 해당하고 위법하고, 책임있는 행위'라는 정의를 내렸다. 그리고 이 정의 속에 등장하는 세 가지 도그마틱적 개념(구성요건해당성, 위법성, 책임)을 활용하여 형법에 규정된 '모든' 범죄종류들에 공통적으로 요구되는 '일반적 범죄성립요건'을 만들어냈다.

제1편에서는 형법에 규정된 '범죄'(형식적 범죄개념)를 출발점으로 삼아 형법의 다양한 범죄들(특히 각칙의 구성요건)을 분류해 보고(제1장), 이들 범죄종류들 모두에 공통되는 '일반적' 범죄성립요건을 체계화하는 이론들(범죄체계론)의 역사적 발전과정과 현재의 논의상황들을 살펴본 후(제2장), 구체적인 사례에서 행위자의 행위가 일반적 범죄성립요건을 충족시키는지를 심사하는 실무작업에서 범죄체계론이 어떤 실천적 의의를 가지는지를 법학방법론 내지 법발견 방법학의 관점에서 논구한다(제3장). 추가적으로 범죄성립요건을 모두 갖춘 행위자의 행위에 대해 최종적으로 형벌을 부과하기 위해 형법이 별도로 규정하고 있는 '처벌조건'과 '소추조건'에 관해 개관(제4장)한다.

제 1 장 범죄와 범죄분류 §6

제 1 절 범죄의 의의

Ⅰ. 적용차원의 범죄와 입법차원의 범죄

1. 형식적 범죄개념과 실질적 범죄개념

(1) 형식적 의미의 범죄

형법이 형벌로써 금지하고 있는 행위들을 일컬어 '범죄'라고 한다면, 형식적으로 범죄란 '법률에 형벌이라는 법효과가 부과되어 있는 행위'라고 정의될 수 있다. '형법(률)에서 이미 형벌이 부과되어 있는 행위'를 '형식적 의미의 범죄'라고 한다.[1] 형법은 형벌부과의 대상 행위를 중심으로 삼아 범죄를 구성하는 법적 '요건'을 규정하고 있다. 1

(2) 실질적 의미의 범죄

형법적용자는 '이미' 법률에 형벌부과의 대상(범죄)로 규정되어 있는 형식적 의미의 범죄 개념을 출발점으로 삼아 구체적인 사례에서 행위자의 행위가 그 범죄를 구성하는 요소들을 충족하는지를 판단한다. 반면에 형사입법자는 '아직' 형법이 범죄로 처벌하고 있지 않는 행위를 장차 형사처벌의 대상목록에 넣을 것인지에 대해 관심을 가진다. 형법(률)에 아직 범죄화되어 있지는 않지만 사회적 유해성의 관점에서 볼 때 또는 법익을 침해하거나 침해할 위험이 있는 행위라는 관점에서 볼 때 장차 형사처벌할 필요성이 인정되는 행위를 '실질적 의미의 범죄' 내지 '형사정책적 의미의 범죄'라고 한다.[2] 2

2. 범죄화(형벌과) 과정과 형법학의 과제

(1) 범죄화(형벌화) 과정

형사입법자가 어떤 실질적인 기준에 따라 문제되는 행위에 대해 형벌을 부과하려는 형사정책적 결단을 내려 '범죄화'할 것인지는 다양한 과정을 거친다. 먼저 어떤 행위로 인해 구체적인 피해자가 계속 늘어나고 그 피해의 반경이 넓어진다. 그 뒤로는 시민들이 그 행위로 인해 잠재적인 피해에 대한 두려움과 불안을 느끼게 되고, 이로써 문제의 행위에 대 3

---

1) 더 정확하게 말하면 형법률에 규정되어 있는 형벌부과요건(가벌성의 전제조건＝범죄성립요건)의 총합을 '형식적 의미의 범죄'라고 한다.

2) 가장 넓은 의미의 범죄개념은 사회일탈적 행위까지를 포함하는데, 이를 '사회학적 의미의 범죄'라고 하기도 한다.

한 국가형벌권의 개입을 통해 장래의 피해를 예방하라는 시민들의 요구가 비등한다. 입법자는 이러한 시민의 요구에 부응하여 문제의 행위의 사회유해성과 처벌할 필요성 및 처벌의 당위성을 확인한다. 마지막으로 문제의 행위에 대해 형벌이라는 수단을 투입시키는 입법적 결단을 내림으로써 법률적으로 (형식적 의미의) 범죄화 작업이 종결된다.

(2) 형법학의 두 가지 과제

4 역사적 관점에서 보면 오늘날 이렇게 진행되는 형벌화 및 범죄화 과정의 배경에는 입법자의 과잉을 차단하여 정당한 형법모델을 설계하도록 하는 형법학의 역할이 있어 왔다. 형사처벌 범위의 무제한적 확장을 막기 위해 형법학은 크게 두 가지 물음을 가지고 이러한 역할을 수행해 왔다. 하나는 국가가 왜(why) 무엇을 근거로 형벌을 부과할 수 있는가 하는 차원의 형벌의 목적에 물음이고, 다른 하나는 국가가 형벌로 대응해야 할 행위는 어떤(what) 행위인가 라는 차원의 처벌대상에 관한 물음이다.

5 '왜 처벌하는가'라는 물음은 국가가 일정한 행위에 대해 형벌을 부과는 목적이 무엇인가 라는 차원에서 형벌의 정당화 근거를 찾는 '형벌이론'으로 전개되어왔다(이에 관해서는 제4부 제2편의 형벌론에서 다룬다). '어떤 행위에 대해 형벌을 부과할 것인가'라는 물음하에서는 두 가지 다른 차원의 문제영역이 취급된다. 하나는 일정한 행위에 대해 이미 형법에 규정된 가벌성의 전제조건을 통일된 '범죄'개념으로 구조화하는 해석론(도그마틱) 차원의 문제영역이고, 다른 하나는 입법자가 일정한 행위에 대해 형벌을 부과하려는 결단을 내릴 때 반드시 고려해야 실질적 내용을 찾는 형사'입법정책'적 차원의 문제영역이다. 전자의 문제에서는 범죄의 성립요건을 어떻게 파악하여 체계화할 것인지에 관한 '범죄에 관한 이론'으로 나타나고(제2부 범죄론의 주된 고찰대상이다), 후자의 문제에서는 범죄를 구성하는 실질적 내용이 무엇인지를 둘러싼 '범죄의 본질' 내지 '위법성의 실질' 파악에서의 입장 차이로 나타난다.

Ⅱ. 범죄의 실질적 내용과 범죄의 본질론

1. 형사입법과 범죄의 실질적 내용

(1) 법익침해설과 '법익보호원칙'

6 법익침해설은 아직 범죄가 아닌 행위를 범죄화하는 형벌법규를 만들 때 '법익침해'를 범죄의 실질적 내용으로 삼아야 한다는 입장이다. 오늘날 형법이론학에서 이견없이 받아들여지고 있는 이 입장은 18세기의 계몽주의 사상이라고 할 수 있다. 그 이전시기에는 범죄가 자연의 이치나 신의 명령에 대한 거역, 왕권신수설에 입각한 군주의 명령불복종, 또는 추상적 도덕규범에 대한 위반 등으로 이해되었다. 그러나 계몽주의 사상은 이성적인 인간

의 자유와 권리를 중심에 두면서 사회생활에서의 개인의 이익침해 또는 주관적 권리 침해가 없는 경우에도 작동하는 형벌권의 행사를 국가형벌권의 자의 또는 남용으로 평가하려는 시각을 형성하였다.

18세기 계몽주의 사상은 19세기 자연과학적 실증주의에 바탕을 둔 학문적 사고와 결합하면서 불법 또는 범죄의 본질을 파악하는 일에도 사고의 변화를 가져왔다. 이에 따라 국가의 형벌권이 발동되려면 권리주체의 소유와 재산에 대한 침해가 있어야 하고 형법에 대해서는 개인의 주관적 권리를 보호해야 하는 '보호법'의 역할이 기대되었다. 당시 유럽에서 정치적인 신진세력으로 급부상한 부르주아 시민계급은 절대군주의 권력남용과 법관의 자의를 방지하기 위해 형벌권의 발동근거를 형식적 의미의 법률로 규정할 것을 요구하였고, 이러한 요구에서 형벌권의 발동근거의 실질내용이 바로 권리침해라고 보았기 때문이다.[3] 7

1834년 독일의 비른바움(Birnbaum)에 의해 추상적인 주관적 권리(Recht)가 보다 현실적인 대상을 표현하는 굿'(Guts)'이라는 용어('재'財 내지 '익'益으로 번역)로 대체된 후, 19세기말 리츠트(Franz von Liszt)와 빈딩(Karl Binding) 등에 의해 '법익'(Rechtsgut) 개념으로 정착되었다. '법적으로 보호된, 추상적 사회질서의 가치' 또는 '헌법의 사회윤리적 가치질서'이자 '공동체적 삶의 기본적 가치들'로 정의되는 법익 개념은 20세기 다양하게 발전과정을 거쳐오면서 형사입법단계에서 형법의 팽창에 한계선을 설정하였다. 오늘날 이를 법익개념의 체계비판적 기능이라고 한다. 8

법익은 어떤 행위를 단순한 도덕적으로 비난받을 만한 행위의 차원을 넘어 개인과 사회에 대해 실질적으로 유해성을 끼치는 차원의 행위만 구성요건에 금지되는 행위로 포착할 수 있게 해 준다. '법익'이 범죄화와 비범죄화를 판단하기 위한 실질적 척도로 인정되고 있음을 법익보호원칙이라고 말한다. 이에 따르면 입법자가 어떤 행위를 형벌수단을 통해 금지하려고 할 때, 그로써 보호될 '법익'을 제시하지 못하고, 종교적 신념 또는 도덕률이나 사회의 미풍양속 또는 예의범절을 근거로 내세우는 것은 법익보호원칙에 반한다. 9

입법자가 '법익'이라는 실질적 기준을 사용하여 그 법익을 보호하기 위해 법익을 공격하거나 법익을 침해하는 어떤 행위를 형벌로 금지하는 형벌법규를 만들면 그로써 그 행위는 (형식적 의미의) 범죄가 된다. 이 때문에 범죄와 형벌을 규정하고 있는 모든 형벌법규의 이면에 형벌로 보호될 '법익'이 기초되어 있다고 본다: '행위객체없는 범죄는 있지만 법익없는 범죄는 없다.' 10

입법자에 의해 형사입법의 영역에 들어온 법익을 명료하게 개념화하고 체계화하는 것은 해석자(법적용자)이다. 형법적 보호법익은 명시적으로 입법화되어 있지 않기 때문에 해 11

3) 이러한 점에서 국가가 형벌권의 발동근거 및 형벌을 사전에 예고해 두어야 형벌위하의 효과를 거둘 수 있다고 주장한 포이에르바흐(Paul Johann Anselm von Feuerbach, 1775~1883)를 오늘날 독일 근대형법의 기초자라고 한다(Theo Mayer-Maly, Rechtswissenschaft, 5. Aufl., Oldenbourg, 1991, S. 192).

석자가 형법각칙 규정들의 체계나 각칙 구성요건의 의미규명을 통해 그리고 형사특별법의 벌칙조항의 경우 형법각칙 규정과의 관련성 등을 조사하여 밝혀내야 할 경우도 있다. 특히 특별한 보호'대상'(행위객체)에 대한 공격행위 또는 의료영역이나 과학기술영역 등의 특정 행위들에 대한 범죄화가 이루어질 경우 해당 벌칙조항 구성요건의 보호법익은 당해 형사특별법의 목적조항(제1조)에서 찾아볼 수 있다. 이렇게 밝혀진 법익은 해당 구성요건을 해석할 경우 (목적론적) 해석의 기준으로 동원되기도 한다. 구성요건 요소(개념)들의 해석론에서 법익 및 법익에 대한 위험 또는 당해 형법규범(금지규범)의 보호목적 등은 해석 기준으로 활용되기도 한다.

(2) 규범위반설과 '규범이론'

12 규범위반설은 범죄를 실질적으로 근거지우는 본질적 요소를 규범위반으로 보는 입장이다. 이 입장은 만약 형법률을 만들때 형벌부과를 직접적으로 법익의 불가침성위에 기초지우려고 한다면 논리적으로 법익침해 또는 위태화를 야기하는 모든 행위를 절대적으로 형벌부과의 대상으로 삼아야 할 것인데, 법률구성요건들이 실제로 그렇게 되어 있지 않다고 한다. 예컨대 타인의 재산에 대한 모든 침해를 형벌로 위협하는 일반화된 구성요건은 존재하지 않고, 절도, 횡령, 강도, 손괴 등에 대해서만 형벌을 부과하는 개별 구성요건들만 선별되어 있다는 것이다. 규범위반설은 형법률의 구성요건들을 이와 같이 제한 내지 선별할 수 있게 하는 것이 바로 '규범'이라고 한다.[4)]

13 이러한 내용의 규범위반설은 19세기 빈딩의 규범이론에 기초를 두고 있다.[5)] 빈딩의 규범이론의 출발점은 규범(Norm)과 형벌법규(Strafgesetz: 형법률)의 구분이다. 빈딩에 의하면 행위자가 위반하거나 침해하는 것은 형벌법규가 아니라 형벌법규에 선재되어 있는 규범이고, 행위자는 형벌법규에 합치되는 행위를 하는 것으로 설명한다. 규범은 – 형벌법규와 같이 – 이미 일어난 어떤 특정사건 및 그에 접속된 법효과로서의 형벌에 관한 것이 아니라, 외부세계를 부정적으로 변경하거나 일정한 행위를 하지 말하는 금지 또는 요구의 명령체계라고 한다.[6)] 빈딩의 규범위반설의 기원은 영국의 오스틴과 밴덤으로 대표되는 '명령설'로 거슬러 올라간다. 빈딩은 규범이 형벌법규속에 들어가 있기도 하지만, 형법적인 성격만을 가지는 것이 아니라 공법적인 성격을 가진 독자적인 법문(Rechtssatz)이라고 하였다.

14 규범과 형벌법규의 구별외에도 Delikt(범죄적 불법)와 Verbrechen(형법적 범죄)의 구분 및 행태규범과 제재규범의 구별을 전체 컨셉으로 삼는 빈딩의 규범이론[7)]은 동시대 형법학에서 특히 행태규범의 수범자론

---

4) Maurach/Zipf, AT 1, §19 Ⅱ/27.

5) 이른바 빈딩의 규범이론에 관한 자세한 설명은 교과서에서 다루기에 적합하지 않다. 빈딩의 규범이론을 오늘날의 관점에서 포괄적으로 다루고 있는 문헌은 Armin Kaufmann, Lebendiges und Totes in Bindings Normentheorie, 1954 참조.

6) 후술하듯이 금지와 요구로서의 규범(행태규범)은 수범자가 그러한 의무를 이행할 수 있는 '가능'을 전제로 한다고 할 때, 그 수범자를 행위자 개인으로 볼 것인지 아니면 '사회일반인', 즉 이성을 가진 평균적 척도인으로 볼 것인지에 따라 '주관적 위법성이론'과 '객관적 위법성이론'이 갈라진다(위법성 이론 참조).

7) 빈딩의 규범이론에 관한 설명 및 그 영향에 따른 형법이론학의 미래 전망 및 과제에 관해서는 신동일, "규범과 형법률 – 카알 빈딩의 이론을 중심으로", 형사법연구 제12권(1999), 196면 이하 참조.

에 기초한 주관적 위법성이론의 주장으로 전개되었고, 오늘날에도 범죄(및 범죄체계)에 대한 독자적인 이론으로 그 맥을 이어오고 있고, 현대 형법의 객관적 귀속이론이나 착오이론, 형벌이론을 위시하여 고의 또는 과실 등 형법학 영역을 넘어 일반적 법이론에까지 영향을 미치고 있다(이에 관해서는 후술).

오늘날 형법은 사회적으로 보호할 필요가 있는 '모든' 이익들 내지 가치들(법익)의 침해 또는 위태화 또는 그러한 경향성이 있는 행위들을 범죄화하여 이에 대해 형벌을 부과하고 있는 것이 아니다. 이 점은 입법적 차원의 범죄화 과정에서 법익이라는 기준 이외의 다른 기준, 즉 '규범'에 의한 선별절차가 실제로 진행되었음의 반증이라고 할 수 있다. 이 뿐만 아니라 형법해석 및 적용의 관점에서 보더라도 형법률의 구성요건에 선재되어 있는 외적인 규범의 존재를 원용하지 않고는 형법적 불법을 확정하는 일이 불가능하다는 점을 인정하지 않을 수 없고, 오늘날 범죄의 본질이 법익침해에 있다는 다수 견해들도 이 점을 암묵리에 인정하고 있다. 15

생각건대 범죄의 본질이 '규범'위반에 있다는 점은 범죄의 실질이 법익침해에 있다는 점과 대등한 차원에서 범죄에 관한 진실을 담고 있다. 따라서 범죄는 규범위반과 법익침해의 변증법적 종합으로 이해되어야 한다. 그러나 법익과는 달리 '규범'의 실질을 규명해내는 것은 입법단계에서나 사법단계에서 난해한 일이다. 16

이 때문인지는 몰라도 실증주의적 법익론에 치중한 리스트도 그의 제국형법 초판에서 빈딩의 규범이론에 동조하여 범죄(Straftat)의 요건으로 위법성 외에 추가적으로 행위의 '규범위반성'을 명시적으로 요구하였지만,[8] 그 이후부터는 규범위반성이라는 부분을 삭제하였다. 당시 규범이론에 비판하였던 이들도 특히 실질적 위법성이론에 입각하여 위법성 개념을 단순히 규범위반성으로 대체할 수 없었기 때문에 행위의 규범위반성을 '범죄'행위의 척도로 요구하는 입장을 취하지 않았다. 하지만 빈딩이 규범위반성을 범죄의 요소로 요구하였던 것은 위법성 또는 불법개념이 구체적이지 않다는 인식에서 출발하여 범죄를 구체화하는 일에 관심을 기울였기 때문인데, 그 이후 벨링은 범죄개념을 구체화하려는 빈딩의 관심사를 '범죄유형'으로서의 '구성요건'에서 찾으려고 하였다. 이에 관해서는 후술할 범죄체계론의 발전 참조. 17

그럼에도 형식적 의미의 범죄가 외형상 법익관점에서 만들어지더라도 형벌법규의 해석론을 전개하면서 행위의 불법을 최종적으로 확정하기 위해서는 위반된 '규범'의 실질까지 규명해 내야 한다. 형벌법규(형법률)적 시각에서 판단된 구성요건해당성 판단 이후 진행될 위법성 판단에서 법률이 말하고 있는 바 또는 법률의 행간속에 들어가 있는 '규범'을 포착하여 '법'을 발견해야 하는 것은 법적용자의 과제이다. 법과 규범의 관계에 관해서는 위법성이론에서 다시 다룬다. 18

8) v. Listz, Das deutsche Reichsstrafrecht, 1881.

2. 상대적 범죄이해와 입법자의 과제

(1) 상대적 범죄개념

19 법적으로 보호할 필요가 있는 가치 내지 이익(즉 법익)이 있으면 – 최소한 그것이 헌법적 가치에 반하지만 않는다면 – 그것을 보호하기 위해 입법자는 어떤 행위라도 형벌로써 금지하여 범죄화할 수 있는가? 원칙적으로는 그렇다. 형사입법의 위헌성여부를 사후적으로 통제하는 헌법재판소가 범죄와 형벌에 관한 입법적 결단을 입법자의 재량사항으로 보고 있기 때문이다.[9)]

20 물론 헌법재판소가 위 결정문에서 초점을 맞추고 있는 것은 무엇을 범죄로 할 것인가라는 문제가 아니라 형법에 규정된 범죄에 대해 어떠한 형벌을 부과할 것인가라는 문제, 즉 형벌에 관한 입법정책의 문제이다. 그러나 '형벌화' 정책은 '범죄화' 정책과 동전의 앞뒤와 같은 관계에 있음을 부인하기 어렵다.

21 이러한 관점에서 위 결정문의 취지를 다음과 같이 범죄에 관한 입법정책의 문제로 변형해 볼 수도 있다. 즉 범죄란 ① 시대와 장소를 초월하여 절대적으로 정해지는 것이 아닌, 그 사회의 역사·문화 혹은 정치적 상황에 따라 상대적으로 달라지는 것이고, ② 자연법적으로 존재하는 도덕질서(받아들여야 할 가치질서와 인간의 공동생활을 지배하는 당위명제)에 위배되는 행위를 범죄로 파악하는 사고방식[10)]과는 일정한 거리를 두어야 한다. 독일 형법에서 범죄화되어 형사처벌의 대상이 되고 있는 '근친상간'행위가 한국 형법에서는 범죄로 규정되어 있지 않고, 네덜란드 등 다수 국가에서는 허용되는 '대마초흡연행위'가 한국에서는 형벌로 금지되어 있는 것도 이 때문이다. 이 뿐만 아니라 동물권에 대한 일반시민의 법의식과 사회적 관심사가 동물보호법의 보호대상을 확장하여 2012년 이전에는 단순한 '물건'으로만 취급되었던 동물('고통을 느낄 수 있는 신경체계가 발달한 척추동물')도 생명과 복지라는 법익 주체로서 그 지위가 격상되어 심지어 자기 소유의 동물에 대한 일정한 행위(살해, 학대 등)들까지도 형벌로 금지되는 범죄로 되었다.

22 이처럼 현행 형법에서 형벌부과의 대상이 되고 있는 형식적 의미의 범죄는 '법익', 질서유지를 위해 국가가 시민들에게 부여한 각종 '의무', 사회에 유해함, 국민의 '가치의식'이나 '법감정' 및 그 나라의 역사와 문화 등과 같은 사회규범적 요소들이 실질적인 변수로 작용된 결과물이다. 이러한 점에서 형식적 의미의 범죄에도 빈딩적 의미의 '규범'이 침전되어 있다고 말할 수 있고, 이 때문에 규범위반으로서의 범죄를 규명함에 있어서는 다시 형법률에 선재하는 또는 그 행간 속에 들어가 있는 '법규범'을 발견해야 할 과제가 부여되는 것이다.

---

9) 헌법재판소 1995.4.20. 91헌바11. "어떤 행위를 범죄로 규정하고 이에 대하여 어떠한 형벌을 과할 것인가 하는 문제는 원칙적으로 입법자가 우리의 역사와 문화, 입법 당시의 시대적 상황과 국민일반의 가치관 내지 법감정, 범죄의 실태와 죄질 및 보호법익 그리고 범죄예방효과 등을 종합적으로 고려하여 결정하여야 할 국가의 입법정책에 관한 사항으로서 광범위한 입법재량 내지 형성의 자유가 인정되어야 할 분야이다."

10) BGHSt 6, 52.

(2) 형사입법자의 과제

23 어떤 행위를 형벌로 금지하여 형법률의 '범죄'로 만드는데 '실질적'으로 영향을 미치는 요소들은 여러 가지이다. 이 중에 근대 형법의 발전과정에서 가장 중심적이고 결정적인 역할을 한 두 가지 요소가 '법익'과 '규범'이었음은 앞서 언급하였다. 법익과 규범의 관점에서 볼 때 형사입법은 앞서 '범죄화(형벌화)' 과정에 관한 스케치에서 설명하였듯이 어떤 이익의 사회적 가치를 승인하여 이를 법익으로 자리매김하는 일과 그 법익보호를 위해 형벌을 부과하는 일 사이에는 '법적 과정'을 거친다.

24 이러한 법적 과정의 현실과 그것의 정당화 작업, 즉 민주적인 정당성을 가진 형법률을 만듦에 있어 승인된 법익 및 형벌효과 사이에 입법자에 의해 구상된 내용을 밀어넣어 형법규범을 만드는 일은 고난도의 이론과 정책적 결단이 요구되는 문제이다. 그 중에 핵심 사항은 규범적 척도인인 사회 일반인의 시각에서 문화적 확신과 법적 확신이 있어야 어떤 이익을 법익으로 개념화할 수 있다. 이 뿐만 아니라 입법자는 그러한 법익을 침해하거나 위태하거나 또는 그러한 경향이 있는 모습들을 범주화하여 이를 응축시킴으로써 구성요건적 '행위'로 개념화한다. 여기에서 법익 공격적 행위의 양태를 고려하여 결과범, 거동범, 침해범 또는 위험범 형식의 구성요건을 유형화한다.

25 현행 형법에서 법익을 공격하는 행위목록에 포함되어 있는 일부 행위에 대해 국민의 가치의식이나 법감정이 변하여 더 이상 형벌로서 금지하지 않기로 하는 입법정책적 결단을 내릴 수도 있다. 특히 이러한 입법적 결단과정에서 형법의 최후수단성원칙이나 형법의 헌법적 한계원칙(특히 죄형법정주의나 비례성원칙)등을 척도로 삼는다. 이 일에 학문으로서의 형사정책학과 형법이론학의 역할이 결정적이라는 점에 관해서는 앞서 살펴본 바와 같다.[11)]

Ⅲ. 형식적 범죄개념, 형법이론학, 그리고 형사실무

1. 출발점으로서의 형식적 범죄개념

26 형법이론학은 이미 입법자에 의해 (범죄와 형벌에 관한 법규범의 총체인) 형법률 속에 구성요건의 형식으로 그 요건이 정형화되어 있는 '범죄'(형식적 의미의 범죄)를 출발점으로 삼아 그 범죄를 구성하는 개별요소들의 의미를 밝히고 체계적으로 분류하고 정돈한다. 이러한 차원의 형법이론학의 과제는 형식적 법률규정에 명문화되어 있는 범죄와 그 구성요소들을 탈피하여 수행될 수 없다. 이 때문에 일종의 형식적 의미의 범죄개념은 형법이론학에게 일종의 전제이기 때문에 그 전제에 대해 근본적으로 의문을 제기하는 철학과 같은 역할로 나

11) 형사입법영역에서의 형법이론학의 역할에 관해서는 §8/105 이하 참조.

아가는 것은 금물이다. 형식적 의미의 범죄개념을 창조하는 입법자의 영역을 넘보는 일이기 때문이다. 법률상의 형식적 의미의 범죄개념을 출발점으로 삼는 형법이론학은 종교적 경전의 교의(Dogma)를 밝히는 교의학에 비유될 수 있고, 따라서 형법이론학의 이와 같은 작업을－후술하듯이－형법'도그마틱'(Dogmatik)이라고도 한다.

27 구체적 사례를 대상으로 삼아 행위자의 행위가 형법률이 요구하는 가벌성의 전제조건(범죄성립요건)을 갖추었는지를 판단하는 형사실무도 이러한 의미의 도그마틱을 수행하는 점에서는 형법이론학과 다를 바 없다. 문제는 형법률에 규정된 범죄의 형식적인 요건은 구체적 사례에 일 대 일로 기계적으로 대입할 수 있는 수준으로 규정되어 있지 않는다는 점에 있다. 형법과 형사특별법의 벌칙조항에 규정되어 있는 범죄의 형식적 요건들은 어떤 메카니즘과 방법에 따라 구체적 사례에 적용되는가? 이 메카니즘과 방법을 이해하기 위해서는 먼저 '법학 방법론 일반'에 관한 이해가 선행되어야 한다. '형법'적용도 이와 마찬가지이기 때문이다.

2. 법발견과 범죄에 관한 법(리)의 발견

(1) '법'학 방법론 일반과 '법(리)' 발견 방법학

28 '법률'은 추상적이고 일반적인 언어로 되어 있기 때문에 구체적인 사례－특히 항상 새롭게 변화된 사건에 대해－적용되기 위해서는 일정한 해석수단 또는 논증방법을 통해 구체적 사례에 적용될 수 있는 수준의 구체화를 위해 그 의미가 밝혀져야 한다. 법학자들은 구체적 사건과 상관없이－경우에 따라 가상의 사례를 가지고－법률규정들의 의미내용을 해석하여 이를 '법이론(학설)'으로 체계화하는 작업에 치중하는 반면, 법관들은 실제 발생한 사례의 해결을 목표로 삼아 그에 적용될 법률규정을 해석하면서 '법'리를 만드는 일에 치중한다. 그러나 학문에서든 실무에서든 주체의 정신활동을 통해 구체적 사례에 적용할 수 있는 '법'(이론들, 법리들)을 발견하는 작업은 객관적 진실(진리)를 탐구하려는 '학문적 방법'으로 수행해야 한다는 점에서는 차이가 없다.

29 이러한 관점에서 보면－이론법학이든 실무법학이든－법'학'의 일차적 과제는 법적 결정에 이르기 위해 법률(lex)에 대해 학문적 방법으로 접근하여 사리에 적합한 '법'(ius)을 발견하는 일에 있다.[12] 이론법학이 실무법학에 비해 한걸음 더 나아가는 부분이 있다면, 발견된 '법'을 체계화된 법적 지식으로 정돈하고, 그 법적 지식이 발전된 이론적 배경까지 규명

12) 법이론에서는 이를 법획득(Rechtgewinnung) 또는 법발견(Rechtsfindung)이라고 한다. 법획득이 직관적인 표현이기는 하지만 이 책에서는 일반화되어 있는 법발견이라는 용어를 사용하기로 한다. 법적 지식을 배우고 익히는 일을 '법률'공부라고 하지 않고 법'학'공부라고 일컬어지고 있는 것도 따지고 보면 발견된 '법'(또는 법리) 자체가 '법률'을 대상으로 삼은 '학문적' 활동의 결과물이기 때문이다. 법학이론과 법실무가 별개의 것이 아니라는 점에 관해서는 후술한다.

하며, 특히 실무법학에서 발견된 법(또는 법리)를 체계성/논리일관성/개념의 명확성(엄정성) 등의 관점에서 비판하거나 대안적 법(또는 법이론)을 제안하는 일이다.

(2) 형법영역에서의 범죄에 관한 법발견 방법학

법률을 해석하거나 다양한 논증방법을 통해 '법'(법리)을 발견하고, 그 법에 관한 체계화된 지식을 만들어가는 과정은 형법률의 경우도 마찬가지이다. 형법률에 규정된 가벌성의 전제조건들에 관한 개별 규정들(그리고 그 속의 법적 개념)들을 해석함으로써 형식적으로 규정된 범죄의 요건에 관한 체계화된 법적 지식이 생산되어 나온다. 그러나 이러한 형법적 지식은 고정되어 있지 않고 또한 구체적 사례와 독립하여 사전에 고정되어 있는 불변의 지식으로 취급되어서는 안 된다. 30

형사판결문이나 형법교과서 또는 형법주해서 등에 가벌성의 전제조건들에 관한 형법규정의 해석을 통해 그 개별 요소(개념)들에 관한 지식이 체계적으로 정리되어 있긴 하다. 하지만 이러한 형법적 지식도 새로운 사례에 대해서는 이미 과거의 지식에 불과한 경우가 많고, 이 때문에 새로운 사례에 적용될 범죄 구성요소에 관한 '법'(예컨대 살인죄의 '고의에 관한 법')은 기존의 법적 지식과 형법률의 해석과 논증을 통해 다시 발견되어야 할 경우가 많다. 이러한 관점에서 보면, 형식적 의미의 범죄개념에서 출발하더라도 구체적 사례에 적용될 경우 범죄의 개별 요소(개념)들은 해당 사안의 사실관계에 따라 다르게 해석되어 실질적으로 재구성되는 가변성을 가진다. 31

형벌로써 금지되는 '행위'(범죄)를 개별적인 구성요건 속에 정형화된 형식으로 공식화해 두었지만 그 공식화된 범죄의 요건이 구체적인 사례에 적용될 경우, 가변적일 수 있음은 형법 구성요건의 규정에서 사용된 언어가 외부세계를 기술적으로 모사하고 있는 '모사체'가 아니라 다양한 사태를 포섭할 수 있는 '의미체'로 이루어져 있고, 특히 그 사용된 언어가 불확정적인 언어로 되어 있거나 심지어 고도의 추상적 불확정 개념이 사용되도록 입법화되어 있는 사정에 기인한 탓이 크다. 이러한 사정 때문에 실제로 구체적 사례에서 행위자의 행위가 형법규정에 규정된 범죄의 성립요건에 해당하는지에 대한 판단이 법률의 형식적인 틀을 넘어서 어느 정도 '실질적'으로 이루어지고, 이 과정에서 법률규정의 규범적 의미를 의미론적으로 평가하는 일을 필연적으로 거치게 된다. 이 점은 특히 – 후술하듯이 – 구성요건해당성 판단은 객관적 귀속이론에 따르고, 위법성 판단은 '실질적 위법성'이론에 의거하며, 책임판단은 규범적 책임이론에 따르는 것이 현재 이론과 실무의 공통된 '도그마틱'으로 자리잡고 있음에서 알 수 있다. 32

형식적 범죄개념이 입법상 법률언어의 불확정성 내지 추상성 때문에 규범적 평가의 필요성이 요구되고, 따라서 해석과정에서 '실질적'으로 재구성되어야 할 경우가 있어도, 형법이론학이나 형사실무가 형식적 의미의 범죄개념을 출발점으로 삼아야 한다는 점에는 변함이 없다. 이는 헌법적 요구인 '죄형법정주의' 때문이다. 보다 큰 틀에서 말하면 형법의 영역에서도 구체적 사례와 관련하여 발견될 '범죄에 관한' 법(또는 법리)이 헌법적 명령인 '법률구속성의 원칙'에 따라야 하기 때문이다.[13] 그러나 여기서 말하는 형식적 '법률'을 구체적 사례에 적용할 경우 실질적으로 '법(또는 법리)'으로 (재)발견해 나가는 일이 (형)법학과 형사 33

실무가 매진해야 할 학문적 작업이다.[14)]

3. 유사(사이비) 형식적 범죄개념과 사회주의 국가 형법체계

34 외형상으로는 형식적 범죄개념을 출발점으로 삼는 것 같지만, 실은 유사(사이비) 형식적 범죄개념을 가지고 있는 형법체계도 있다. 범죄에 관한 포괄적 공식을 만들어 이를 형법규정에 범죄에 관한 법률적 정의 규정을 두는 형법체계가 그러하다. 주로 사회주의 국가의 형법이 이러한 형법체계를 취한다. 예컨대 북한 형법 제10조는 "범죄는 국가주권과 사회주의제도, 법질서를 고의 또는 과실로 침해한 형벌을 줄 정도의 위험한 행위"로 정의내리고 있다.[15)] 이 개념정의 속에도 고의 또는 과실이 범죄의 요건으로 특정되어 있긴 하다. 하지만 그 '국가주권, 사회주의제도, 법질서' 등 추상적인 개념 때문에 고의 또는 과실행위 중에 어떤 행위가 '형벌을 부과할 정도로 위험한 행위'인지를 확정하기 어렵다.

35 따라서 이러한 형법체계에서는 범죄의 요건이 위 추상적 개념표지에 따라 무한히 확장하게 되어 결국 실질적 의미의 범죄개념에서 출발하는 것과 다를 바 없게 된다. 범죄를 이렇게 정의하는 방식은 실질적 범죄개념이 법률에 명문화되어 있는 것임에 불과하므로 가벌성의 요건이 법률에 형식적으로 그리고 명확하게 정형화되어 있을 것을 요구하는 죄형법정주의를 형해화시킨다. 특히 어떤 특정 '이념'이나 '목적'을 지향점으로 삼는 사회체계 내에서 그 이념과 목적 가치에 배치되는 반사회적 위험성 여부에 근거하여 가벌성 여부를 판단한다면, 형법을 국가테러 수단으로 만들 수도 있다.[16)] 형벌부과 여부가 형식적 '법적 근거'에 기초하지 않고 권력자의 실질적 정책적 결단에 따라 자의적으로 결정될 수 있기 때문이다.

---

13) 헌법 제103조: 법관은 헌법과 법률에 의거하여 양심에 따라 심판하여야 한다.

14) 이러한 법발견 방법학을 '후성법학'이라고 부를 수 있다는 점에 관해서는 §8/40 이하 참조.

15) 중국형법 제13조, 베트남형법 제8조, 러시아형법 제14조도 이와 유사한 규정을 두고 있다(법무부, 북한형법 주석(2014), 73면 이하).

16) 행위의 위험성을 가벌성의 요건으로 삼게 되면 필연적으로 행위의 정형성 확보와 거리가 멀어지게 되어 죄형법정주의와 불화상태에 빠지기 마련이다. 이 때문에 20세기 초 유럽국가에서 위험성에 기초한 형법초안들(특히 이탈리아의 페리 형법초안, 구소비에트 형법개정안 등)이 모두 좌초되었다는 점에 관해서는 §36 참조.

제 2 절 (형식적 의미의) '범죄' 분류

Ⅰ. 각칙 규정의 범죄분류의 기준

법률 규정속에 가벌성의 전제조건들을 정형화하게 되면 범죄종류별로 범죄의 형식적 요건이 다르게 정의된다. 이와 같은 방식으로 규정된 범죄의 요소들은 형법전의 '각칙'규정과 형사특별법의 수많은 '벌칙조항'에 죄명별〔예, 살인죄, 과실치사죄, 절도죄, 강도죄, 강도치사상죄, 운전자폭행등죄, 의료법위반(무면허의료)죄 등〕로 다르게 규정되어 있다. 36

1. 형법각칙의 편제

개별 범죄의 요건을 정형화하고 있는 형법각칙(제87조~제372조)은 형벌로써 보호하려는 법익을 기준으로 삼아 편제되어 있다. 이에 따라 각칙은 범죄를 국가적 법익에 대한 죄(국가의 존립에 관한 죄, 직무에 관한 죄 등), 사회적 법익에 대한 죄(문서에 관한 죄, 방화와 실화에 관한 죄 등), 개인적 법익에 대한 죄(생명에 관한 죄, 신체에 관한 죄, 명예에 관한 죄, 자유에 관한 죄, 재산에 관한 죄 등)로 분류하여 규정하고 있다. 이와 같은 법익에 따른 분류는 각 개별요소들의 의미를 구체화하는 해석작업에서 보호법익이 목적론적 해석의 기준이 된다는 점에서 그 분류의 실익이 있다. 37

2. 각칙구성요건에 따른 범죄분류

각칙에 규정된 구성요건이 일정한 결과발생을 요하는지에 따라 또는 각칙의 구성요건에서 보호되는 법익의 보호정도에 따라서도 범죄종류가 '유형화'될 수 있다. 자세한 내용과 분류실익에 관해서는 『각론』 제1편 '형법각론의 총론' 부분 참조. 38

(1) 결과를 기준으로 한 분류: 결과범과 거동범

결과범은 일정한 '결과'의 발생을 구성요건적 행위와 구별되는 별개의 구성요건적 요소로 규정하고 있는 범죄이고, 거동범은 결과발생을 요하지 않고 구성요건적 행위만으로 성립하는 범죄이다. 39

결과범은 구성요건적 결과와 보호법익의 현실적 침해로 나타나는 경우를 기본형식으로 삼고 있는 범죄종류들을 일컫는다(결과범이자 침해범. 예, 살인죄). 그러나 결과범 중에서는 법익의 현실적 침해가 아닌 침해의 위험성을 구성요건 요소로 요구되어 있는 범죄종류도 있고(결과범이자 구체적 위험범. 예, 중상해죄). 보호법익과 별개의 독립된 구성요건적 결과를 요구하고 있는 범죄종류도 있다(결과범이자 추상적 위험범. 예, 현주건조물방화죄). 40

거동범의 기본형식은 추상적 위험범(예, 폭행죄)으로 만들어져 있다. 그러나 형법에는 추 41

상적 위험범으로 분류되면서도 미수가 처벌되는 범죄종류(예, 협박죄)도 있어서 이를 단순 거동범으로 분류하기 어렵다. 이러한 범죄종류의 경우는 실제로 기수범과 미수범의 구별이 요구되므로 거동범으로 분류될 것인지 결과범으로 분류될 것인지가 문제될 수 있기 때문이다.

42 모든 결과범의 경우는 구성요건적 행위와 구성요건적 결과간의 인과관계(형법 제17조)가 당해 구성요건의 충족을 위해 요구되고(기수범), 결과가 발생하였더라도 인과관계가 부정되면 미수범으로 처벌될 가능성만 인정된다.

(2) 법익의 보호정도에 따른 분류: 침해범과 위험범

43 침해범은 구성요건이 실현되기 위해서는 당해 구성요건에서 보호되는 법익이 현실적으로 침해될 것을 요하는 범죄종류들의 총칭이고, 위험범은 구성요건 실현을 위해 현실적인 법익침해를 요구되지 않는 범죄종류들을 일컫는다.

44 침해범의 구성요건에는 법익의 현실적 침해가 구성요건적 결과로 규정되어 있는 경우가 일반적이다(침해범이자 결과범의 형식). 이러한 침해범 형식의 경우에는 결과발생 여부에 따라 기수범과 미수범으로 구분된다. 하지만 형법은 침해범의 형식으로 규정되어 있으면서도 미수처벌 규정 자체가 없는 범죄종류도 있다(예, 기술적수단이용 비밀침해죄).

45 위험범에 해당하는 구성요건은 법익의 현실적 침해 이전단계에서 그 구성요건이 충족된다. 위험범은 다시 보호법익의 정도에 따라 구체적 위험범과 추상적 위험범으로 구분될 수 있다. 전자는 법익침해의 '위험'이 현실적으로 구체화될 것을 요구되지만, 후자는 법익에 대한 '위험'이 외부적으로 구체화될 필요도 없이 당해 구성요건이 실현되어 그 성립이 인정되는 범죄종류들이다. 추상적 위험범은 이 때문에 위험이 입법자의 동기 속에만 있는 범죄로 설명되기도 한다.

46 구체적 위험범의 경우에는 법익침해의 위험발생이 구성요건적 결과로 기술되어 있고(예, 중상해죄의 생명에 대한 위험발생), 추상적 위험범의 경우는 법익이 침해할 위험이 발생할 것까지는 요구되지 않고 구성요건적 행위 그 자체만으로 구성요건이 충족된다. 앞서 언급했듯이 추상적 위험범이 기본적으로 거동범의 형식으로 만들어져 있는 것도 이 때문이다. 그러나 형법전에는 추상적 위험범 형식으로 규정되어 있으면서도 예외적으로 당해 법익과는 무관한 별도의 결과발생을 요구하고 있는 구성요건들도 있다(예, 현주건조물방화죄). 이러한 범죄종류는 추상적 위험범이자 결과범으로 분류된다. 추상적 위험범의 다양한 유형화에 관해서는 『각론』 §1 참조.

(3) 일반범, 신분범 그리고 자수범

47 '일반범'은 누구나 행위주체가 될 수 있는 범죄종류를 일컫는 명칭이고, '신분범'은 일정한 신분을 가진 자만이 행위주체가 되는 범죄를 지칭하며, '자수범'은 행위자 스스로 구성

요건의 실행행위를 하여야 그 범죄의 정범이 될 수 있는 범죄를 말한다.

범죄를 일반범·신분범·자수범으로 구별해야 할 실익은 한 개의 범죄에 2명 이상이 가담하였을 경우 정범과 공범이라는 가담형태를 결정하는 기준이 다르다는 점에 있다. 일반범의 경우는 정범과 공범여부가 행위지배 인정 여부에 따라 결정되고, 신분범의 경우에는 행위지배라는 구별표지가 뒤로 물러나고 행위주체가 '신분자'라야 하는 정범이 될 수 있고, '비신분자'는 신분범의 공범이 될 수 있을 뿐이다. 물론 형법 제33조(공범과 신분)는 특별히 비신분자도 공동'정범'이 될 수 있다고 규정하고 있다. 자수범과 비자수범은 간접정범의 형식으로 범해질 수 있느냐가 일응의 (소극적) 구별기준이 될 수 있다. 이에 관한 자세한 내용은 §30 제2절 Ⅲ. 참조. 48

(4) 즉시범, 계속범 그리고 상태범

각칙구성요건은 범죄의 기수 이후 일정한 시간적 계속성을 요하느냐에 따라 즉시범, 계속범, 또는 상태범으로 분류될 수 있다. 자세한 내용과 분류실익은 『각론』 제1편 '형법각론의 총론' 참조. 49

(5) 임의적 가담범과 필요적 가담범

각칙구성요건 중에는 한 사람이 실현할 것을 예상하여 규정하고 있는 구성요건도 있고, 처음부터 2인 이상에 의해 실현될 것을 예정해 둔 구성요건도 있다. 전자에 해당하는 구성요건은 한 사람에 의해 실현될 수도 있지만, 두 사람 이상이 해당 구성요건의 실현에 가담할 수도 있어서 이를 '임의적 가담범'이라고 부를 수 있다. 반면에 후자에 해당하는 구성요건은 강학상 '필요적 가담범'(=필요적 공범)으로 불려진다. 50

임의적 가담범에 속하는 구성요건이 두 사람 이상의 가담으로 실현되는 경우에는 각 관여자의 가담형태에 따라 정범(공동정범, 간접정범 등)에 해당하는지 또는 공범(교사범, 방조범)에 해당하는지가 쟁점이 된다. 반면에 후자에 해당하는 구성요건의 경우 그 실현에 관여한 2인 이상의 내부 가담자는 모두 당해 구성요건의 '행위자'이자 정범이 되기 때문에 가담형태의 문제, 즉 공범과 정범의 구별문제가 제기되지 않는다. 따라서 이러한 각칙 구성요건에 관여한 내부가담자에게는 처음부터 총칙의 임의적 공범규정이 적용되지 않는다. 51

각칙 구성요건 중 집단범과 대향범의 경우 이를 필요적 가담범 형식의 구성요건으로 분류하는 데에는 이견이 없지만, 합동범의 경우도 필요적 가담범으로 분류될 수 있는지에 관해서는 해석상 견해가 갈린다. 임의적 가담범과 필요적 가담범의 분류 실익에 관해서는 『총론』의 필요적 공범론 및 『각론』 제1편 '형법각론의 총론' 참조. 52

判 필요적 가담범으로 분류되는 대향범에 포함되는 구성요건의 종류와 관련해서는 최근 대법원 판례가 – 전원합의체를 통한 것은 아니지만 – 대향범 개념에 대한 정의를 내림으로써 임의적 공범규정의 적용범위에 관한 종래 입장에도 변화를 가져올 가능성을 열어두고 있다.[17] 53

Ⅱ. 총칙 규정의 기준에 따른 범죄의 유형화

54 총칙은 행위자의 주관적 태도를 기준으로 삼아 행위를 고의(제13조)행위와 과실(제14조)행위로 구별하고 있고,[18] 행위의 외부적 모습(객관적 요소)에 관해서는 작위와 부작위(제18조)로 대별하고 있다.[19] 이와 같이 고의·과실 그리고 작위·부작위라는 두 가지 기준의 조합에 따라 각칙의 범죄종류들(및 형사특별법의 벌칙조항 속의 범죄종류들)은 다음과 같이 유형화될 수 있다. 『총론』에서는 각칙상의 구체적인 범죄종류별 죄명을 언급하는 대신에 아래의 범죄유형별 명칭을 주로 사용한다. 유형화의 실익은 유형별로 범죄의 '구성요건' 요소가 달라질 뿐 아니라 유형별로 공통되는 범죄의 요건을 요구하고 있다는 점에 있다.

1. 작위범과 부작위범

55 범죄종류에는 행위주체의 능동적인 행위가 구성요건적 행위로 되어 있는 범죄도 있고 행위자가 일정한 행위로 나아가지 않는 것을 구성요건적 행위로 요구하는 범죄도 있다. "사람을 살해하는 자"(형법 제250조 제1항)라는 살인죄 규정은 적극적인 살해행위가, "타인의 주거에서 퇴거요구를 받고 응하지 아니한 자"(동법 제319조 2항)라는 퇴거불응죄의 규정은 소극적인 퇴거불응이 범죄구성요건의 행위로 되어 있다. 이렇게 행위의 외부적 모습이 능동적·적극적인 행위로 나타나는 범죄종류들을 '작위범'이라고 하고, 행위의 외부적 모습이 소극적인 부작위로 나타나는 범죄종류들을 '부작위범'이라고 한다.

56 부작위범 가운데에는 퇴거불응죄와 같이 구성요건에 처음부터 부작위를 구성요건적 행위로 예정하고 있는 경우(진정부작위범)도 있고, 살인죄와 같이 원래 작위를 구성요건적 행위로 예정해 두었으나 사망의 결과를 방지해야 할 법적 의무 있는 자가 적극적인 구조행위를 부작위함으로써, 사망의 결과를 야기할 수 있는 경우(부진정부작위범)도 있다.

2. 고의범, 과실범, 그리고 결과적 가중범

57 범죄종류는 행위의 외적인 모습 뿐 아니라 내적(심리적)인 상태에 따라서도 달라진다. 예컨대 살인죄와 같이 행위자가 자신이 하고 있는 행위 또는 결과 등을 인식하고 더 나아가 의욕까지 하고서 행위하는 경우를 예정해 둔 경우도 있고, 과실치사죄와 같이 행위자가 사망의 결과에 대해 인식하지 못한 경우에도 처벌한다는 규정도 있다. 전자의 경우를 '고의범'이라고 부르고 후자의 경우를 '과실범'이라고 한다.

---

17) 자세한 내용은 §30/39 이하 참조.

18) 형법은 행위자의 내적 태도로서 고의와 과실 외의 제3의 심리적 태도(예, 영미법의 무모함recklessness)는 인정하고 있지 않지만, 고의와 과실의 조합을 하나의 구성요건 속에 통합시켜 놓은 특수한 범죄유형(결과적 가중범)은 인정하고 있다.

19) 형법은 행위의 외부성을 기준으로 삼을 때 작위와 부작위의 제3의 행위양태를 인정하고 있지 않다.

뿐만 아니라 형법에는 일정한 결과를 발생시키려고 행위했지만 예상외로 다른 중요한 결과가 발생한 경우를 유형화하여 행위자에게 더 중한 형벌을 부과하고 있는 범죄종류들도 있다. 예컨대 사람에게 상해를 가하려는 고의를 가지고 칼로 찔렀으나 칼에 찔린 피해자가 피를 너무 많이 흘려 사망한 경우가 이에 해당한다. 이와 같이 고의와 과실(또는 고의와 고의)이 결합될 때 성립하는 범죄를 '결과적 가중범'이라고 한다. 58

3. 기수범과 미수범

행위자가 행위, 결과 등을 인식 및 의욕할 것까지 요구하는 고의범의 경우 행위자가 의도한 결과가 발생하지 않아도 일정한 요건을 갖추면 이를 범죄로 처벌하는 규정이 있다. 결과가 발생한 경우에 처벌하는 경우를 '기수범'이라고 부르고, 결과가 발생하지 않은 경우 혹은 행위와 결과 간에 형법상의 인과관계가 없어도 처벌하는 경우를 '미수범'이라고 부른다. 59

그러나 고의가 인정되지 않고 과실만 인정되는 경우에는 반드시 결과발생이 있어야 과실범으로 처벌될 수 있다. 순전히 이론적으로만 생각해보면 행위자에게 주의태만(과실)이 있었어도 다행스럽게 아무런 결과가 발생하지 않는 경우도 있다. 따라서 과실미수를 미수범으로 처벌하는 것도 이론적으로 가능하다. 그러나 과실미수를 처벌하는 규정은 우리나라 형법각칙규정에 존재하지 않는다. 따라서 '과실미수'는 범죄가 될 수 없다. 60

4. 단독범과 가담범

대부분의 범죄종류는 한 사람에 의해 실현될 것을 예정하고 있다. 그러나 형법총칙에는 한 사람의 범죄에 대해 다른 사람이 가담하는 경우에도 그 가담형태별로 별도의 처벌규정을 마련해 놓고 있다. 전자를 '단독범'이라고 하고, 후자를 '가담형태'라고 부른다. 가담형태는 다시 정범형태(직접정범, 동시범, 공동정범, 간접정범)로 가담하는 경우와 공범형태(교사범, 방조범)로 가담하는 경우로 나뉜다. 각칙의 개별적 범죄종류들을 총칙의 규정을 기준으로 하여 유형화한 총론식 범죄유형을 도표화하면 아래와 같다. 61

(1) 단독범죄의 범죄유형(고의와 과실의 조합인 결과적 가중범 유형은 아래 표에 표시되어 있지 않음)

62

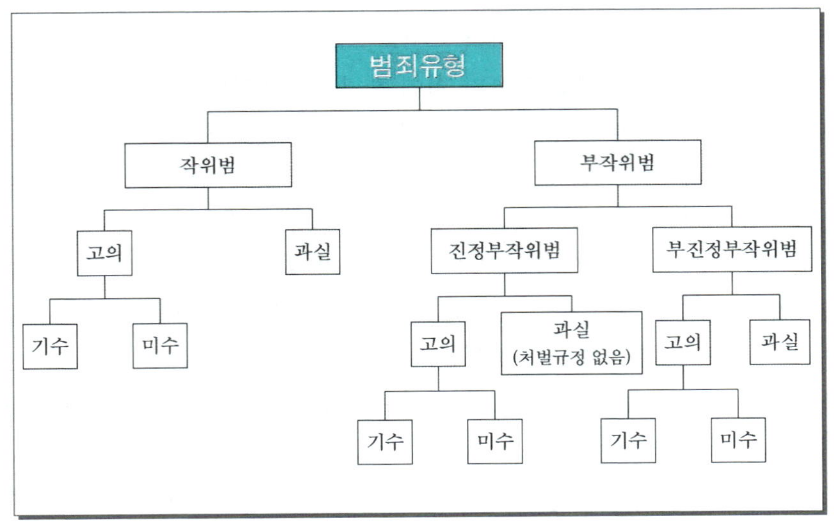

(2) 가담형태별 범죄유형

63 제7편 제1장 가담형태론 기초이론 참조

제2장 일반적 범죄성립요건과 범죄체계론

제1절 형법과 일반적 범죄성립요건

Ⅰ. 범죄성립요건과 범죄개념

1. 가벌성의 전제조건들에 관한 분석과 종합

1 형사사건에서 행위자에게 형벌을 부과하기 위해서는 그 행위자의 행위가 형법에 규정된 범죄의 요건(=가벌성의 전제조건들)을 충족시키는지를 판단해야 한다. 이 판단을 위해서는 추상적인 언어로 되어 있는 규정(및 그 규정속의 법적 개념)의 의미내용을 구체화하는 해석작업을 해야 하고, 각 규정들의 개별 요소(개념)들 간의 상호관계를 규명해야 하며, 경우에 따라 누락되어 있는 가벌성의 전제조건들까지도 찾아내어 보완해야 한다. 범죄라는 '전체'를 이루는 '부분'적 개별 요소들을 분석적으로 이해하는 학문적 인식작업의 최종목표는 모든 학문분야에서 그러하듯이 각 부분들을 하나로 통합할 수 있는 통일된 범죄공식을 만드는 일이다.

2 범죄에 관한 이 공식이 탄생된 이론적 배경과 발전(제2장 제2절) 및 이 공식의 쓰임새(제3장 제5절) 등을 살펴보기 전에 먼저 형법률의 가벌성의 전제조건들이 어떤 편제방식에 따라 규정되어 있는지를 개관해 본다.

2. 형법총칙규정의 체계적 이해와 일반적 범죄성립요건

(1) 가벌성의 전제조건에 관한 총칙규정의 규율 현황

3 형법전의 총칙편 제2장에서는 '범죄의 성립과 형의 감면'이라는 제목하에 형법각칙 또는 형사특별법(이하 '각칙규정들'이라 한다)에 규정된 다양한 범죄종류들의 성립을 위해 공통적으로 요구되는 가벌성의 전제조건들이 규정되어 있다. 예를 들면 고의(제13조)나 과실(제14조)에 관한 규정은 고의범 유형 또는 과실범 유형에 해당하는 각칙이나 형사특별법의 범죄종류에 대해서는 고의 또는 과실이 공통적인 가벌성의 전제조건이고, 인과관계(제17조)에 관한 규정은 행위와 결과간의 인과관계가 결과발생을 요건으로 규정하고 있는 모든 범죄종류에 공통적으로 요구되는 가벌성의 전제조건이다.

4 그러나 유형별로 공통된 가벌성의 전제조건들을 규정하고 있는 총칙 규정들은 범죄의 각 하위요소들의 본질적 내용에 관한 정의규정도 아니고, 그 규정들 속의 개념들이 일반성 및

추상성을 띠고 있어 개별 사건에 직접 적용될 수 있을 정도로 구체화되어 있는 수준도 아니며, 범죄의 하위요소들을 '완결적'으로 규정하고 있지도 않다. 이 뿐만 아니라 각칙규정들과 어떻게 조합(결합)될 수 있는지에 대한 연결고리에 관한 규정도 없고, 통일된 범죄공식에 들어맞는 체계성도 갖추고 있지도 않다. 특히 총칙규정은 행위자가 행위할 당시 인식한 바(사실 또는 규범)와 실제로 전개된 바(사실 또는 규범)가 일치하지 않는 경우에 대해 사실의 착오(구성요건적 착오: 제13조, 제15조 제1항)와 법률의 착오(위법성의 착오: 제16조)로 나누어 규율하고 있지만, 사실적 요소와 규범적 요소의 경계선에 있는 이른바 위법성조각사유의 객관적 전제사실에 관한 착오사례를 규율할 수 있는 규정은 존재하지 않아 그 해결이 전적으로 학설과 판례에 맡겨져 있다.

5 더 나아가 '벌하지 않는다'는 술어로 이루어진 다수의 총칙규정들은 범죄성립을 부정(배제)하는 사유들과 관계되어 있음을 직관적으로 알 수 있기는 하지만, 이러한 사유들이 후술할 일반적 범죄성립요건 중 어느 요건을 충족하지 못하여 벌하지 않게 되는지에 대해서는 말하고 있지 않다.

(2) 형법이론학의 과제와 일반적 범죄성립요건

6 이 때문에 형법이론학과 형사실무는 형법총칙 제2장의 규정들을 체계적으로 분석하여 이를 형법각칙의 개별 범죄구성요건요소들과 결합될 수 있도록 재편하는 한편, 범죄의 구성분자로서 이론상 요구되지만 명문의 규정이 없는 경우 형법이론을 통해 그 결함을 메우는 등 모든 범죄의 종류(현상)들에 공통적으로 적용할 수 있는 범죄에 관한 일반 이론을 발전시켜야 한다.

7 이를 위해서는 관찰 대상 내지 연구 대상들의 다양성과 복잡성을 감축하는 차원에서 환원주의를 표방하는 모든 학문 분야에서의 방법론과 같이 형법학도 형법률에 규정된 수많은 범죄종류들과 다종다양한 범죄현상들을 분석하여 입법자에 의해 구상된 범죄컨셉이 무엇인지를 밝히려는 노력을 기울여야 하고, 각칙 및 총칙에 규정되어 있는 범죄의 개별적인 요소들을 분류하여 유형화하는 수준을 넘어서는, 일반적으로 타당한 법칙에 상응할 정도로 모든 범죄종류(범죄현상)에 공통된 통일적인 범죄개념을 만들어야 한다.

8 그러나 한국의 형법학과 형사실무는 6.25 전쟁 직후 1953년 제정된 한국의 실정 형법(률)을 대상으로 한 이러한 학문적 작업을 할 시간적 여력도 없었고, 그에 따른 형법이론적 성과물을 독자적으로 내놓을 만한 여건도 갖추지 못했다. 이 때문에 일찍부터 한국의 형법이론학과 형사실무는 독일형법이론학의 성과물인 통일적인 범죄 개념 내지 범죄공식을 – 일본 형법이론과 실무를 매개삼아 – 그대로 수입하여 그대로 활용할 수밖에 없었다.

9 한국 형법이론학과 형사실무가 출발점으로 삼은 통일적인 범죄개념, 즉 범죄성립 여부를 판단하기 위해 사용한 가벌성의 전제조건에 관한 공식은 다음과 같다: 범죄는 '구성요건에 해당하고 위법하고 책임있는 행위'이다. 이 범죄 공식속에 등장하는 세 가지 개념은

형법각칙 및 형사특별법에 규정된 모든 범죄종류들의 범죄 성립을 위해 요구되는 수 많은 개별 요소들을 통합하는 상위개념에 해당한다. 따라서 위 범죄개념 내지 범죄공식에서 범죄를 지칭하는 세 가지 요건을 '일반적' 범죄성립요건이라고 한다.

3. 독일산 범죄개념과 일반적 범죄성립요건

그러나 범죄의 일반적 성립요건인 구성요건, 위법성, 책임이라는 세 가지 개념은 한국 10
의 형식적 의미의 형법(총칙과 각칙)은 물론이고 실질적 의미의 형법(형사특별법 등) 어디에도 등장하지 않는다. 더구나 이 세 가지 개념은 한국 형법규정들에 대한 해석과정에서 독자적으로 생성된 도그마틱적 개념도 아니고 대명률이나 경국대전 등 전통시대의 형법률의 용례등을 계승하여 발전시킨 개념도 아니다. 독일형법률에 규정된 가벌성의 전제조건들을 독일의 형법학자들이 오랫동안 분석과 종합하는 등 이론적 논구를 통해 발전시킨 개념들이다.

특히 독일형법전의 총칙규정에는 '행위'(제15조, 제16조, 제17조, 제20조)개념외에도, '구성요건'(제13조, 11
제9조), '위법'한 행위(제11조 제1항 제5호, 제34조) 또는 '책임'(제17조, 제20조, 제35조)이라는 용어가 명시적으로 사용되고 있지만, 한국 형법률에는 '행위'개념 외에 일반적 범죄성립요건을 구성하는 다른 개념적 표지들(구성요건, 위법, 책임 등)은 사용되고 있지 않다.

독일 형법이론학이 독일형법을 대상으로 삼아 학문적 작업의 결과물로 생산해 낸 범죄 12
개념 내지 범죄에 관한 공식을 한국의 형법이론학과 형사실무가 그대로 활용하는 것은 필연적인 일인가? 독일산 범죄에 관한 위 개념공식 내지 일반적 범죄성립요건이 가벌성의 전제조건에 관해 다른 법률규정을 가진 법질서에서도 사용될 수 있는 범용적인 것인가?[20] 한국 형법학이나 형사실무에서는 위 물음이 불문에 붙여진 채,[21] 독일산 범죄공식에 들어 있는 세 가지 도그마틱적 개념들이 100퍼센트 차용되고 있다.[22] 이 뿐만 아니라 독일형법학이 자랑하는 범죄개념에 관한 정밀 도그마틱 및 범죄의 개념요소들에 대한 체계적 이해를 포함한 범죄에 관한 '일반' 이론까지도 독일형법학의 자장 범위에서 벗어나지 못하고 있다.[23]

---

20) 후술하듯이 범죄에 관한 다른 이론을 가지고 있는 국가들도 많다.
21) "할머니의 깊은 손맛을 그대로 구현할 수 없기에 그저 레시피를 따라하는 것과 같다"(홍영기, §6/13)는 비유가 이 물음에 대한 답으로 대신되고 있기는 하지만, 이 비유가 적절한 비유인지는 의문이다.
22) 한국 형법의 자주성과 독자성을 구호로 삼은 교과서 저자들이 있었지만, 독일산 범죄정의 내지 범죄공식에서 사용한 세 가지 개념은 그대로 사용하고 있다.
23) 물론 형법각칙 및 형사특별법에 규정된 개별 범죄종류들의 구성요건요소들 및 그에 대한 해석론까지 한국 형법이론학과 형사실무가 독일 형법이론학의 영향권하에 있다는 것은 아니다.

Ⅱ. 한국 형법의 가벌성의 전제조건들과 독일 형법도그마틱의 재활용

13 가벌성의 전제조건에 관한 형법률의 규정이 동일하지 않다면, 그 형법규정의 해석을 기초로 삼는 범죄에 관한 이론도 달라지기 마련이다. 범죄 성립요건에 관한 형법도그마틱은 그 전제로부터 벗어날 수는 없는 이론화 작업이기 때문이다. 이러한 차원에서 보면 독일산 범죄개념 내지 일반적 범죄성립요건의 공식을 그대로 사용하고 있는 한국형법이론과 형사실무의 현실이 납득될 수 있으려면 범죄컨셉의 기초가 될 수 있는 가벌성의 전제조건에 관한 총칙의 규정이 독일형법의 규정들과 유사성을 가지고 있어야 할 것이다. 따라서 이하에서는 독일산 범죄개념 내지 범죄공식 공유를 위한 최소한의 전제가 충족되었다는 점을 확인하는 차원에서—역산의 방법으로나마—독일에서 수입된 세 가지 상위개념을 가지고 한국 형법의 가벌성의 전제조건들을 체계화해 봄으로써 독일형법학이 만든 범죄공식의 한국적 사용에 대한 정당화를 시도해 본다.

1. 독일형법학의 범죄개념을 활용한 한국 형법총칙규정의 재배치

14 형법전은 가벌성의 전제조건들을 총칙규정과 각칙규정에 '분할'방식으로 규정하고 있다. 먼저 총칙의 "죄의 성립과 형의 감면"이라는 표제하의 규정들은 크게 세 개의 그룹으로 구분할 수 있다.

(1) 구성요건의 요소들에 관한 규정

15 첫째 그룹에 속하는 규정들(제13조, 제14조, 제15조, 제17조, 제18조)은 각칙의 범죄구성요건을 고의범/과실범/결과적 가중범, 결과범/거동범, 작위범/부작위범등으로 분류하는 기준들에 관한 규정들이다. 이와 같은 각칙의 범죄구성요건들 유형화시키는 기준에 관한 총칙의 규정들도 범죄의 요소들 중 일부 요소들에 관한 규정들로 이해할 수 있다. 이에 따르면 범죄를 구성하는 요소 즉, 범죄의 구성요건' 요소는 아래 두 가지 각기 다른 특징을 가진 요소들의 결합체로 파악할 수 있다. 하나는 범죄를 유형적으로 분류하는 총칙의 요소들(유형별로 공통된 요소)이고, 다른 하나는 각 범죄의 개별적 요소를 담고 있는 각칙의 요소들이다. 범죄의 유형별 공통요소를 담고 있는 총칙의 요소는 독일식 개념에 따르면 구성요건의 '일반적' 요소로서의 지위를 부여할 수 있다. 이러한 일반적 구성요건요소를 특히 '불법구성요건' 또는 '협의의 구성요건'이라고 부르기도 한다.

(2) 위법성을 조각시키는 규정들

16 두 번째 그룹의 규정들(제20조, 제21조 제1항, 제22조 제1항, 제23조, 제24조)은 행위자의 행위가 형법총칙 및 각칙의 구성요건의 요소들을 모두 충족하더라도 이 규정들에 기술되어 있는 특별한 예외사유에 해당하면—"벌하지 않는다"고 규정함으로써—가벌성을 부정하는 규정들이다. 이러한 규정들은 앞의 첫 번째 그룹에 속하는 규정들, 즉 형법률이 요구하는 구성요건 요소들에 관한 규정

들에 의해 평가된 행위의 부정적 가치판단을 긍정적 가치판단으로 변환시킬 수 있는 법질서 전체의 관점을 고려한 규정들이다. 문제되는 행위가 부분인 형법을 넘어서 전체로서의 '법'질서의 위반성을 판단하기 위한 규정들로서 독일식 범죄공식에 따르면 구성요건에 해당하는 행위의 '위법성'을 조각시키는 규정들로 이해할 수 있다.

(3) 책임을 조각시키는 규정들

세 번째 그룹에 해당하는 규정들(제9조, 제10조 제1항, 제12조, 제16조, 제21조 제3항, 제22조 제3항)은 행위자의 행위가 위법성조각사유 17
에 해당하지 않아 위법성이 인정되더라도—"벌하지 않는다"고 규정함으로써—종국적으로 가벌성을 배제할 수 있게 하는 규정들이다. 이러한 규정들은 행위자의 위법한 행위가 수행되는 비정상적 행위사정뿐만 아니라 위법한 행위로 나아간 행위자의 비정상적 정신상태에서 행위하거나 그 위법한 행위가 비정상적 상황에서 이루어진 경우에는 행위자가 자기 행위의 위법성을 인식할 수 없거나 위법한 행위 대신에 적법한 행위로 자신의 행위를 통제해나갈 수 있는 가능성이 없는 경우라면 그 행위자에게 형사책임을 물을 수 없다는 생각에 기초되어 있다고 이해할 수 있다. 이러한 관점에서 보면 위 규정들은 독일산 범죄성립요건의 공식에 따르면 행위자의 위법한 행위에 대한 비난가능성 여부를 판단하는 범죄성립요건의 마지막 요건인 '책임'을 조각시키는 근거규정이라고 자리매김할 수 있다.

(4) 범죄성립을 위한 '일반적' 요건

총칙규정에서 위법성을 조각시키는 규정들과 책임을 조각시키는 규정들은 범죄개념 내 18
지 일반적 범죄성립요건에 관한 공식과의 관계에서 어떤 의미를 가지는가? 이 규정들은 행위자의 행위가 구성요건의 각 유형별로 공통된 총칙의 '일반' 요소들과 각칙규정들의 개별화된 '특별' 요소들로 이루어진 구성요건의 하위요소들을 모두 충족시켜도 그 행위의 범죄성립을 부정할 수 있는 근거규정이라고 설명할 수 있다. 총칙 편에 분할되어 있는 '구성요건'의 하위요소들은 각칙의 개별화된 특별 요소들과는 달리 각칙의 범죄구성요건들을 분류하는 기능을 하기 때문에 그 유형화된 범죄구성요건들에 공통된 하위요소들이다. 그러나 위법성과 책임을 조각시키는 근거규정인 위 총칙의 규정들은 각칙 구성요건의 유형별 구성요건(고의범/과실범/작위범/부작위범)을 넘어서서 원칙적으로 모든 각칙 구성요건의 충족을 위해 요구되는 공통된 하위요소들에 관한 규정이라고 할 수 있다. 이에 따르면 위 세 가지 그룹의 총칙 규정들이 가진 범죄성립을 위해 요구되는 공통적 하위요소로서의 '동질성'을 고려하면 총칙 제1절의 규정들은 '일반적' 범죄성립요건으로서 구성요건해당성, 위법성, 책임의 하위요소들에 관한 규정이라고 할 수 있다.

총칙 제1절의 규정들을 이렇게 체계화하면, 총칙 제2절에 규정된 미수범에 관한 규정들 19
(제25조, 제26조, 제27조)도 미수를 처벌하는 각칙 구성요건과 그 미수범 구성요건에 공통적으로 요구되는

요소들에 관한 규정들이라고 할 수 있다. 이 때문에 위 규정들은 각칙에 기수범 형식으로 규정된 구성요건을 미수범 형식의 구성요건으로 수정하는 역할을 한다. 마찬가지로 제3절에 규정된 (광의의) 공범에 관한 규정들(제30조, 제31조 제1항, 제32조 제1항, 제34조 제1항)도 단독범의 형식으로 규정된 각칙 구성요건(필요적 공범 형식으로 규정된 구성요건 제외) 실현에 가담자가 있을 경우, 해당되는 각칙 구성요건을 공범형식의 구성요건으로 수정하는 의미차원을 가진다. 이러한 맥락에서 보면 총칙 제2절의 규정들은 미수범 및 (광의의) 공범이라는 수정된 구성요건들에 공통된 요소들에 관한 규정들이라고 할 수 있다.

20 일반적 범죄성립요건인 위 세 가지 상위개념을 가지고 한국 형법의 총칙규정을 재배치하면 다음과 같다.

21

구 성 요 건	고의·작위 기수(제13조, 제15조 제1항, 제17조), 고의·작위 미수(제13조, 제15조 제1항, 제25조~제27조), 고의·부작위 기수(제13조, 제15조 제1항, 제17조, 제18조), 고의·부작위 미수(제13조, 제15조 제1항, 제18조, 제25조~제27조), 과실·작위(제14조, 제17조), 과실·부작위(제14조, 제17조, 제18조), 결과적 가중범(제15조 제2항), 공동정범(제30조), 간접정범(제34조), 교사범(제31조), 종범(제32조)
위법성 조각사유	정당행위(제20조), 정당방위(제21조 제1항, 제2항), 긴급피난(제22조 제1항, 제2항), 자구행위(제23조), 피해자의승낙(제24조)
책 임 조각사유	형사미성년자(제9조), 책임무능력자(제10조 제1항), 강요된 행위(제12조), 법률의 착오(제16조), 일정한 상황하에서의 정당방위(제21조 제3항), 일정한 상황하에서의 긴급피난(제22조 제3항)

2. 범죄체계와 범죄성립요건 심사방법

(1) 심사도식과 심사순서

22 한국 형법 총칙에 규정된 가벌성의 전제조건들을 이렇게 도식화할 수 있다면, '범죄'의 일반적 성립요건으로서 독일형법을 대상으로 삼아 발전되고 고안된 세 가지 상위개념은 한국의 형법이론학과 형사실무에서도 행위자의 행위가 범죄를 성립시키는지 심사하기 위한 최외곽 프레임으로도 활용될 수 있음이 확인된 셈이 된다. 이 프레임은 심사자가 그 프레임속의 개별 하위요소들의 충족여부를 차례로 순서에 따라 심사할 경우 '사고도식'(스키마, schema)의 역할을 한다. 이에 따르면 범죄성립요건 속에 배치되어 있는 하위요소들의 충족여부를 심사할 경우 그 하위요소들을 구성요건, 위법성, 책임 중 어느 하나에 속하도록 체계적으로 분류한 뒤, 구성요건해당성여부 판단→위법성 판단→책임 판단의 순서대로 심사해 나간다. 구체적인 사례에서 행위자의 행위가 구성요건해당성, 위법성, 책임의 각 하위요소들을 충족시키는지에 대한 심사는 다음과 같은 순서로 진행한다.

23 1) 구성요건해당성심사 ① 행위자의 행위가 해당될 '형법각칙(또는 형사특별법)'의 범죄종류를 찾아내야 한다. 심사의 첫 단추는 사례 속에서 그 성립여부가 문제되는 죄명별

범죄구성요건의 탐색이다(특별법상의 구성요건의 충족이 문제되면 일반법인 형법각칙의 구성요건보다 먼저 심사한다). ② 이와 함께 죄명별로 그 충족여부가 심사될 범죄구성요건이 총칙규정을 기준으로 삼아 분류된 범죄의 유형(작위범·부작위범, 고의범·과실범·결과적 가중범, 기수범·미수범, 정범·공범 등)중 어느 유형에 해당하는지를 동시에 스크린한다. 이 단계에서 심사자는 각칙 구성요건 요소와 유형별로 요구되는 총칙 구성요건 요소를 머릿속에서 결합시켜 완전체로서의 구성요건 요소를 상정해야 한다. ③ 이를 기초로 행위자의 행위가 각칙과 총칙에 규정된 범죄의 구성요건 요소들(하위요소들)을 모두 충족시키면 행위자의 행위의 구성요건 '해당성'이 인정되어 다음 심사단계로 넘어가게 되고, 만약 구성요건 요소들 중 어느 하나가 충족되지 못하는 것으로 판단되면, 구성요건 '해당성'이 탈락되어 당해 범죄는 성립하지 않아 범죄성립요건 심사가 종결되거나, 다른 범죄유형의 구성요건 해당성 심사(예, 결과가 발생하지 않거나 행위와 결과간의 인과관계가 부정되면 존속살해죄의 기수범 심사에서 존속살해죄의 미수범 심사로, 또는 고의가 부정되면, 살인죄에서 과실치사죄의 과실심사로)로 전환된다.

2) 위법성 심사 ① 구성요건해당성이 인정되는 행위에 대해 총칙에 규정된 위법성조각사유의 충족여부를 심사한다. ② 이 심사에서 행위자의 행위가 위법성조각사유 중 어느 하나(예, 정당방위)의 요건을 모두 충족시키면 위법성이 조각되어 범죄가 성립하지 않으므로 범죄성립요건 심사는 종결된다. ③ 특히 명예훼손죄의 경우에는 각칙(제310조)에 규정된 특별 위법성조각사유의 충족여부도 심사해야 한다. 24

3) 책임심사 ① 위법성 판단과 마찬가지로 형법에 규정된 책임조각사유 중 어느 하나를 충족하는지가 심사된다. ② 이 심사에서 행위자의 행위가 위 요건들에 모두 포섭되는 것으로 판단되면 책임이 조각되어 범죄성립이 부정되고, 위 요건들에 포섭되지 않는 것으로 판단되면 책임이 인정되어 행위자에게는 범죄(~죄)의 성립이 인정된다. ③ 특히 범인은닉도피죄, 증거인멸죄등의 경우에는 형법각칙(제155조 제5항)의 특별 책임조각사유의 충족여부에 대한 심사도 진행해야 한다. 25

(2) 범죄성립요건의 체계화와 범죄체계론

범죄유형 중 '고의·작위·기수범'을 예로 들면 범죄성립요건의 최상층부에 있는 구성요건해당성(A), 위법성(B), 그리고 책임(C)이라는 세 가지 상위개념은 다시 각 개념들의 하위요소들(a1, b1, c1)로 구성되어있고, 그 하위요소들은 각기 다시 세부 요소들(aa1, bb1, cc1)로 이루어져 있어 형식상 아래와 같이 개념 피라미드[24]의 모습을 띤다. 26

---

24) 물론 여기서 사용된 '피라미드'라는 용어는 개념들의 외적 관계를 형상화한 표현일 뿐이고, 상하위 개념들이 서로 독립적·수직적 위계의 표현은 아니다. 이 뿐만 아니라 개념의 상하위도 형식적일 뿐이고 실제로는 상호작용을 통하여 서로 영향을 미치면서 범죄성립요건에 변화를 가져다준다. 특히 위 피라미드 구조는 구체적 사례와 무관한, 독립적인 범죄성립요건의 체계로 고정되어 있는 것도 아니다. 이에 관해서는 후술할 '법

27 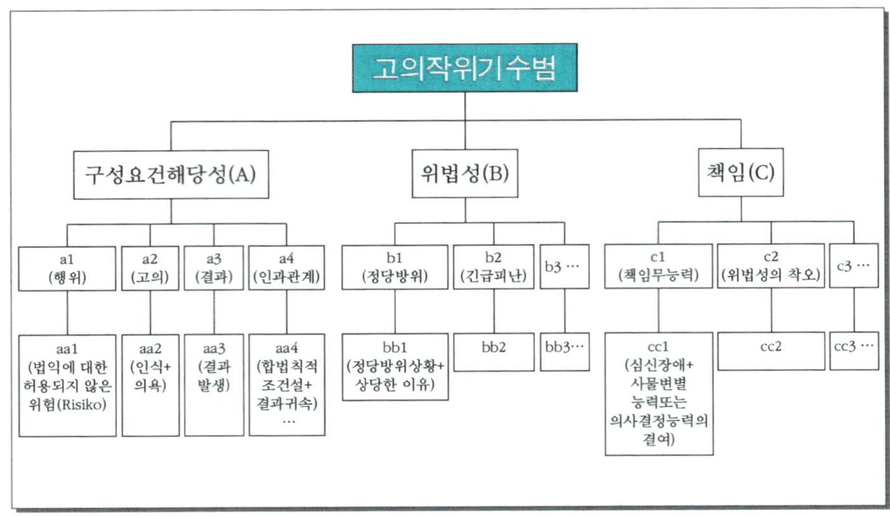

28 독일형법이론학에서와 마찬가지로 한국형법이론학에서도 범죄를 이루는 각 하위요소(법적 개념)들에 대해 학자들마다 접근 방법이 다르고 해석 결론도 일치되어 있지 않다. 하위요소들에 대한 해석차이는 범죄의 내부구조를 서로 다르게 파악하는 각기 다른 범죄체계를 구축하게 만들었다. 각 범죄체계들의 외부구조(외적 프레임)는 구성요건해당성, 위법성, 그리고 책임 이라는 공통된 도그마틱적 상위 개념들로 이루어져 있지만, 그 내부구조는 이들 세 가지 상위 개념에 포함될 하위요소들을 달리하거나 하위요소들에 대한 이해를 달리함에 따라 차이가 생기기 때문이다. 각기 다른 범죄체계를 구축하는 이론들은 행위자의 행위가 범죄성립이 인정될 경우 그에 예정되어 있는 형벌을 부과하려는 최종 목적을 달성하는 일과 관련하여 제각기 타당한 목적합리성 내지 정당성을 내세우며 오랫동안 체계경쟁을 해오고 있다. 형법이론학에서는 이를 범죄체계에 관한 논쟁, 압축해서, '범죄체계론'이라고 부른다.

29 구체적 사례에서 범죄성립요건 심사에서는 무게중심이 행위자의 행위가 하위요소들을 충족하고 있는지의 문제에 실려 있고, 최상위 개념인 구성요건해당성, 위법성, 책임은 심사자의 머릿속에서 각 하위요소들을 심사하기 위한 심사도식(스키마)의 역할을 하는데 그친다. 하지만 하위요소들에 대한 접근방법 내지 해석의 차이는 범죄체계의 각 상위개념을 둘러싼 형법이론의 발전에도 영향을 미쳤고, 거꾸로 각 상위개념과 관련한 형법이론의 발전이 하위요소(개념)들에 대한 해석에도 영향을 미치기도 했다. 구성요건이론, 위법성이론, 그리고 책임이론의 발전이 구체적 사례의 해결과 전적으로 무관하게 순수 이론적인 관심사항이기만 한 것은 아닌 것이다. 이에 관해서는 후술한다.

학 방법론과 현대적 법발견 방법' 참조.

제2절 일반적 범죄성립요건과 범죄체계론의 발전(☆)

형법이 규정한 가벌성의 전제조건들로부터 오늘날 일반적 범죄성립요건에 관한 이론이 정립되어 온 과정들과 배경들을 추적하고 그 이론들의 발자취를 모두 상술하는 것은 그 소재 및 쟁점의 방대함을 고려하면 교과서에서 감당할 차원의 일이 아니다. 이를 위해서는 서구식 법학의 시작점으로 평가되고 있는 고전주의 시대 로마법까지 거슬러 올라가 그 로마법이 독일 보통법과 어떻게 접목되어 19세기 법전 편찬의 시대에 특히 1871년 독일제국형법으로 귀결되었는지까지 고구해야 하기 때문이다. 이하에서는 독일형법이론학에서 범죄에 관한 이론의 발전과정에 대한 겉모습만 개관하는데 그친다. 30

Ⅰ. 일반적 범죄성립요건과 '고전적 귀속이론'

1. 귀속의 의의와 고전적 귀속이론

독일 형법학에서 범죄에 관한 이론학이 19세기 말 벨링의 구성요건에 관한 이론에 힘입어 일반적 범죄성립요건에 관한 고전적 이론을 정립한 것은 19세기 말에서 20세기 초의 일이었다. 범죄에 관한 고전적 이론의 정립시기에 가장 가까운 과거 시점에서 그 이론에 영향을 미친 것은 17, 18세기의 독일에서 전개된 귀속이론이라고 할 수 있다. 31

'귀속'이라는 말은 다양한 맥락에서 다양한 의미로 사용되지만, 형법이론학에서는 일반적으로 어떤 행위를 한 행위자에게 자신의 행위에 대해 책임을 지게 한다는 의미로 사용된다. 이러한 의미에서 보면, 형법이 행위자에게 형사책임을 귀속시키기 위해 규정하고 있는 가벌성의 전제조건, 즉 범죄의 성립요건과 관련한 이론도 큰 틀에서 보면 '형법적' 귀속이론의 관심사와 다르지 않다고 말할 수 있다.[25] 32

17, 18세기 형법적 귀속이론은 유럽에서 법학과 철학의 경계선에 있었던 '윤리학'에서 발전되었다. 윤리학은 철학의 한 분과학으로서 도덕규범을 다루지만 오늘날 형법학을 실천윤리학의 한 분과로 분류하기도 한다. 이러한 '윤리학'이 행위를 한 행위자에게 자신의 행위에 대해 책임을 지우는 조건의 정립, 즉 귀속론을 전개한 것은 당연한 일이었다.[26] 물론 당시 귀속이론 역시 인간의 이성이나 33

25) Werner Hardwig, Die Zurechnung. Ein Zentralproblem des Strafrechts, 1957에서는 일반적 귀속이론을 "형법체계의 맹아"로 부른 이래, '일반적 귀속이론'이라는 부제가 붙은 형법총론 교과서(Güther Jakobs, Strafrecht, Allgemeiner Teil – Die Grundlagen und die Zurechnungslehre (Lehrbuch), Berlin/New York 1. Aufl., 1983, 2. Aufl., 1991; 이상돈, 형법강의, 법문사, 2010)가 등장하기도 했다.

26) 오늘날 문제의 행위를 행위자의 책임으로 돌리기 위해서는 예를 들면 행위자의 착오에 기한 행위, 그 행위를 정당화되거나 면책할 수 있는 조건들, 결과는 발생하지 않았지만 단순히 시도하기만 행위의 의미, 주의를 기울이지 않은 태만함 또는 부작위의 의미, 다수가 관여된 경우의 책임소재 등 다양한 주제들이 쟁점화될 수 있는데, 이러한 주제들은 윤리학이나 도덕적 차원에서의 귀속이론의 관심사이기도 했기 때문이다.

자유의사에 관한 이론과 그 한계에 관한 이론들을 발전시킨 고대 아리스토텔레스 철학과 토마스 아퀴나스로 대표되는 중세 신학에 기초한 근세의 인본주의와 계몽주의 사상 등을 배경으로 하여 전개되었다.

34 귀속이론을 최초로 보편적 법학의 기초로 만들어 그의 주저 자연법론(De Jure Naturae et Gentium Libri Octo)에 발전시켰던 것은 독일의 자연법학자 푸펜도르프(Samuel pufendorf)였다. 푸펜도르프는 '자연적 존재'와 구별되는 '도덕적 존재'에 관한 이론으로부터 귀속(imputatio)개념의 독창적 의미를 밝힘으로써 귀속개념을 근대 법학과 특히 형법학에서 매우 유용한 중심개념으로 만든 것으로 평가된다. 이로써 중요한 문제영역들을 귀속이라는 일정한 관점에서 그 자체 완결되게 관찰하고 연구할 수 있게 되었다고 한다. 특히 귀속이라는 개념을 통해 형법학이 가벌성의 일반적 조건들을 형법의 총칙 규정들에 규정하도록 길을 열어주었고, 총칙규정의 구조 속에서 개개의 개념들이 내적인 연관성을 가질 수 있게 만들었다고 한다.[27)]

2. 귀속의 두 단계와 고전적 범죄이론

35 푸펜도르프 시대 형법적 귀속이론은 두 단계의 귀속(imputatio facti, imputatio iuris)과 그 중간에 위치하고 있었던 규칙의 적용단계(applicatio iuris ad factum)로 특징지어진다. 첫 단계 귀속에서는 어떤 인간이 어떤 행위를 '의사'를 가지고 수행하였을 것을 조건으로 하여 그 행위를 행위자의 행위로 귀속시킨다. 이 때문에 오늘날 imputatio facti를 '사실의 귀속' 또는 '행위귀속'으로 번역하거나 이해한다. 그 다음 중간 단계에서는 행위자에게 귀속된 행위가 규칙에 의해 측정(평가)된다. 즉 이 단계에서는 귀속된 행위가 규칙에 대한 위반, 즉 법적으로 금지된 행위인지를 묻는다. 마지막 귀속단계에서는 법적으로 금지되어 있는 것으로 판단된 (법위반적) 행위를 그 행위를 한 행위자에게 귀속시킬 수 있는가를 묻는다. 이 단계에서는 예컨대 행위자가 자신의 행위가 법적으로 금지되어 있음을 알고 있었거나 알 수 있었던 경우 또는 심리적으로 강요된 행위에 의해 어쩔 수 없이 그러한 행위를 한 경우에는 문제의 행위를 행위자의 책임으로 귀속시키지 않는다. 이 때문에 오늘날 imputatio iuris를 '법적 귀속' 또는 '책임귀속'으로도 번역하거나 이해한다.[28)]

36 고전적 귀속이론은 1871년 독일형법전에 규정된 가벌성의 전제조건들을 가지고 범죄에 관한 고전적 이론이 만들어지면서 고전적 범죄개념을 구성하는 세 가지 도그마틱적 개념으로 계승·발전되었다. 그 대응관계가 정확한 것은 아니지만 1단계 행위귀속과 중간단계인 규칙의 적용단계는 고전적 범죄체계하에서 불법개념으로, 2단계의 책임귀속은 고전적 범죄체계하에서의 책임개념으로 발전되었다고 평가된다.[29)] 범죄에 관한 형법이론의 전형을 만들어낸 19세기 말의 범죄이론이 구축한 '고전

27) Hardwig, S. 35. 이에 관한 엇갈린 평가들은 김성돈, "객관적 귀속이론과 구성요건에 해당하는 행위의 실체요건", 형사법연구 제34권 제3호(2022), 40면 이하.

28) 로마법의 원칙인 법률의 부지는 용서되지 아니한다. 또는 강요된 행위는 책임귀속을 배제한다는 법리 등이 2단계인 책임귀속과 관련되었다.

29) 고전적 귀속이론의 '귀속'개념이 1970년대에 등장한 '객관적 귀속이론'과 어떤 관련성이 있는지는 구성요건

적 범죄체계'가 어떤 변화를 거쳐 오늘날에 이르고 있는지를 시간적 순서에 따라 개관해 보면 다음과 같다.

Ⅱ. 범죄체계론의 발전: 독일형법학의 이론적 전개 개요

1. 고전적 범죄체계

고전적 범죄체계는 19세기 말에서 20세기에로의 전환기에 독일에서 고전적 범죄개념을 범죄에 관한 주류적 이론으로 자리 잡게 만든 리스트(Franz von Liszt)와 벨링(Ernst von Beling)의 영향력에 의해 구축된 범죄체계를 말한다. 당시 파악된 범죄개념을 오늘날의 관점에서 볼 때 '고전'이 되도록 만든 배경에는 두 가지 정신사적 운동(의 특징적 표지)이 있었다. 37

하나는 법치국가를 향한 '자유주의'의 요구이고, 다른 하나는 법학에서의 실증주의의 요구였다. 38 법치국가원칙은-형법적 맥락에서-법관의 활동을 예측가능하게 하고 사후검증이 가능하도록 만드는 분명한 도그마틱적 체계를 요구하였다. 실증주의는 그러한 체계를-자연과학과 같이-감각적으로 인지가능하고, 생물학적으로나 물리학적으로 기술가능한 사실들의 토대위에서만 기초할 것을 요구하였다. 이 두 가지 요구를 배경으로 삼아 만들어진 범죄컨셉이 바로 범죄란 '구성요건에 해당(tatbestandsmässige)하고 위법하고(rechtswidrige) 책임있는(schuldhafte) 행위(Handlung)'라는 정의이다.

이처럼 범죄를 형식적으로 정의내리는 데 사용된 네 개의 개념 중 중심이 되었던 것은 행위개념이고, 시기적으로 볼 때 가장 늦게 범죄의 구성분자로 자리잡게 된 것은 '구성요건' 개념이다. 39

고전적 범죄체계하에서 '행위'라는 개념은 - 실증주의의 영향하에서-순수 자연주의적으로, 즉 "유의적인" 신체행태, 다시 말해 일반적인 의미의 의사를 수반하는 신체행태(작위 또는 부작위)로 이해되었다. 이 때문에 그 행위에 대한 가치관계적 판단은 전적으로 배제되어야 했다. 각칙의 구성요건들도 일정한 외부적 진행경과를 단순히 기술적으로, 가치중립적으로 유형화(Vertypung)한 것으로 이해되었다. 40

그러나 당시 독일에서 저명했던 리스트의 교과서[30]에서도 '구성요건' 개념이 독자적 범죄표지로서 전면에 등장하지는 못했다. 예컨대 1896년 판에서 리스트는 "범죄는 사법적 불법행위와 같이 불 41

론에서 후술한다.

30) Das deutsche Reichsstrafrecht, 1881. 제2판부터는 교과서의 제목이 Lehrbuch des deutschen Strafrechts로 바뀌었고, 1932년부터(제26판)는 쉬미트(Eberhard Schmidt)를 공저자로 하여 제32판까지 발간되었다. 리스트는 예링의 이익법학에 영향을 받아 1882년 형법에 있어서 목적사상을 강조하면서 형벌이론 뿐 아니라 범죄이론에서도 사회학적 방법론에 기초하여 독자적인 범죄체계를 구축하였다. 특히 그의 법익이론은 법익이 규범에 의해서 비로소 만들어지는 것으로 보지 않고, 사회 속에 존재하는 생활이익으로서의 '이익'이 법규범을 통해서 보호되는 것으로 파악하였다. 리스트는 특히 이러한 법익이론을 위법성(범죄)의 실질적 기초로 강조함으로써 빈딩의 형식적 규범이론을 강력하게 반대하는 등 고전적 범최체계를 넘어 신고전적 범죄체계와도 많은 부분 접점을 이루고 있다.

법으로서, 위법한 행위, 즉 법질서의 요구와 금지라는 국가 규범에 대한 위반"으로 정의하였다. 리스트도 구성요건이라는 개념을 사용하긴 했지만, 이 개념을 오늘날의 시각에서 볼 때 일반화된 추상적 차원의 불법 유형이라는 의미로 사용한 것은 아니었다. 오히려 리스트는 구성요건 개념이 범죄의 '사실적' 측면(Sachverhalt)과 관계되는 것으로 이해하고 있었다. 그에 의하면 "불법을 확정할 수 있으려면 법질서에 의해 법적 효과와 결합되어 있는 구성요건들을 조사해야 하는데, 이 경우 구성요건들은 "일반적으로 그리고 예외없이 법적으로 중요한 사실, 즉 감각적으로 인지가능한 외부세계의 변화들을 의미한다"고 하고 있었기 때문이다.[31)]

42 범죄를 '위법하고 책임있는 행위'로 체계화한 리스트의 범죄체계에 '구성요건에 해당하는'을 추가해 넣은 것은 전적으로 벨링의 공적이었다.[32)] 당시 벨링은 행위자의 행위가 형법'각칙'에 규정된 어떤 구성요건과 일치되면 구성요건해당성이 인정된다고 하였다.[33)] 이로써 리스트/벨링체계로 명명된 고전적 범죄체계가 탄생한 것이고, 오늘날에도 유지되고 있는 범죄에 대한 정의, 즉 범죄는 구성요건에 해당하고, 위법하고, 책임있는 행위라는 공식의 완성을 벨링의 공적으로 평가하고 있는 것도 이 때문이다.[34)]

43 고전적 범죄체계하에서는 위법성은 순수 형식적으로 기술된 ("형")법률에 대한 위반으로 이해되었다. 이에 따르면 구성요건해당성은 그 행위의 위법성을 징표(추정)하는 것으로 이해되었다. 여기서 징표(추정)는 법률에 규정된 어떤 정당화사유가 개입하기만 하면 반박될 수 있는 것(즉 추정이 깨어지는 것)으로 파악되었다.

44 마지막으로 책임개념은 행위하는 행위자의 정신적이고 심리적인 내적 생활에 관계되는 그 행위(Tat)의 모든 요소들의 종합으로 이해되었다(이른바 심리적 책임개념). 책임에는 책임의 전제조건으로서의 그 행위자의 귀속능력, 책임의 형식으로서의 고의 또는 과실이 포함되었고, 특히 당시 독일형법전은 긴급피난을 책임배제사유의 하나로 인정하고 있었다.[35)]

45 고전적 범죄체계의 특징 중 하나는 범죄체계의 하위요소들이 불법과 책임으로 분명하게 양분화되어 있었다는 점이다. 불법을 구성요건에 해당하고 위법성이 인정되는 행위라고 할 때, 범죄의 모

31) Liszt, Lehrbuch deutschen Strafrechts, 1896, S. 102.

32) Grundzüge des Strafrechts, 1899; Die Lehre vom Verbrechen, 1906.

33) 물론 벨링은 구성요건 개념에 관한 초기의 입장을 변경하였다. 범죄성립요건의 하나인 구성요건을 범죄유형과 구별하는 차원에서 각칙 구성요건으로 이해하지 않고 범죄의 '지도형상'(Leitbild)으로 이해하였다. 이에 관해서는 구성요건론에서 후술한다.

34) 1932년 리스트/쉬미트의 교과서 제26판에서는 벨링의 구성요건 이론에 영향을 받아 구성요건이라는 말이 다양한 맥락에서 서로 다른 의미로 사용되고 있는 점을 상론하고 있었다. 특히 구체적 사태 또는 생활과정 등을 지칭하는 '사실로서의 구성요건'과 어떤 형법규정의 구성분자인 법학적-기술적 의미에서의 구성요건, 즉 '법률적으로 추상화되어 있는 구성요건'이 개념적으로 엄격하게 구분되기 시작하였다. 그리고 범죄적 '행위'의 요건으로서 구성요건해당성을 위법성과 결합시키면서 구성요건해당성이 "각칙"의 구성요건들 중의 하나에 속한다는 것으로 설명하였다.

35) 한국형법전에서 긴급피난을 위법성조각사유로 규정하고 있고, 독일의 긴급상태와 유사한 독자적인 책임조각사유로서 강요된 행위에 관한 규정이 있다.

든 객관적 측면(자연주의적 행위, 객관적이고 가치중립적인 구성요건, 객관적이고 형식적 위법성)은 '불법'의 요소로, 범죄의 모든 주관적 측면(행위자의 귀속능력=책임능력, 행위자의 고의 또는 과실)은 '책임'의 요소로 구분되었다.[36)]

2. 신고전적 범죄체계

형법에 기초되어 있는 개념들을 자연과학적 또는 존재론적 관점에서만 파악했던 고전적 범죄체계는 19세기 말 이른바 빈델반트(Wilhelm Windelband)·리케르트(Heinrich Rickert)·라스크(Emil Lask) 등으로 대표되는 서남독일학파의 신칸트주의의 영향을 받아 1930년까지 몇 가지 변화를 겪게 되었다.[37)] 고전적 범죄개념이론의 배경이 되었던 실증주의 때문에 단순한 사변(관념)의 영역에 있는 것으로 치부되어 형법에서 배척되었던 '목적'과 '가치'적 요소가 범죄개념을 구성하는 이론에서 중요하게 고려되기 시작한 것이다. 신칸트주의는 당위(법규범)가 존재(사실)로부터 나온다는 존재론적 사고를 극복하고 당위와 존재의 방법이원주의에 기초하여 형법의 개념들을 가치관계적 이해하려는 시도를 적극적으로 전개하게 했기 때문이었다. 46

'목적' 및 '가치판단'과 무관하게 몰가치적으로 객관적으로만 파악하려고 하였던 범죄개념을 가치관계적 목적론적으로 파악함으로써 고전적 범죄체계를 내부적으로 변화시킨 것으로 평가할 수 있는 범죄이론은 메츠거(Edmund Meztger)의 범죄체계에서 분명하게 드러났다.[38)] 이러한 범죄체계는 후대에-특히 예쉑(Hans Heinrich Jescheck)에 의해-'신고전주의'로 명명되었다.[39)] 신고전주의 범죄이론은 고전적 범죄체계를 구성하였던 위 네 가지 개념(행위, 구성요건, 위법성, 책임) 모두에 대해 다음과 같은 유의미한 결론들을 만들어냈다. 47

첫째, 자연주의적 행위 개념은 인간의 행태라는 토포스에 의해 대체되었다. 심지어 자연주의적 행위개념을 범죄구조에서 독자적 요소로 인정하기를 전적으로 포기할 것을 주장하는 입장도 있었다. 신고전주의적 사고의 기초를 마련한 도나(Graf zu Dohna)는 행위를 '유의적 신체거동'이 아니라 '객관화된 의사'로 이해하였다.[40)] 리스트의 제자 쉬미트(Eberhard Schmidt)는 행위개념을 스승과 같이 순수 자연주의적 몰가치적으로 파악하지 않고, "법적으로 평가된 행위"[41)]라는 관점에서 파악함으로써 오늘날의 분류방식에 따르면 인과적 '사회적 행위이론'을 취한 것으로 평가되기도 한다. 48

둘째, 구성요건도 더 이상 외부세계에서 일어나는 일의 가치중립적 기술로 이해되지 않고, 가치관계적 법익들을 보호하는 기능적 측면에서 파악되었다. 예컨대 절도죄의 구성요건인 타인의 재물을 해석함에 있어 '타인성'은 형법외의 다른 법규범인 민법의 소유권 관념이 개입해 들어온다는 점이 49

---

36) Maurach/Zipf, Strafrecht Allgemeiner Teil, Bd.1, 8. Aufl., §14 I /13.
37) Roxin, AT, Bd.1, §7 Ⅲ 18
38) Metzger, Strafrecht, 1. Aufl., 1931.
39) Jescheck/Weigend, §22 II 1.
40) Liszt/Schmidt, Lehrbuch, Bd.1, S. 144. Fn1 재인용.
41) Liszt/Schmidt, Lehrbuch, Bd.1, S. 146.

인정되었다(규범적 구성요건요소의 발견). 더 나아가, 주관적 표지가 구성요건의 객관적 부분에 부가됨으로써 비로소 이익침해(법익침해)를 특징지우는 주관적 표지를 책임의 요소로 소속시키는 것은 잘못이라는 주장도 전개되었다. 예컨대 절도죄의 구성요건요소인 '절취'는 물건에 대한 단순한 '객관적 취거'가 아니라 '영득의사를 가진 취거'라는 의미로 이해해야 한다고 주장되었다(초과주관적 구성요건요소의 발견).

50 셋째, 신고전주의 범죄이론은 구성요건을 형식적-가치중립적인 것에서 규범적인 것으로 이해하였을 뿐만 아니라 위법성도 단순한 형식적인 규범위반으로서가 아니라 실질적인 법익(이익) 침해로 파악하기 시작하였다. 동 시대의 많은 학자들(특히 메츠거, 도나, 자우어Wilhelm Sauer, 마이어Max Ernst Mayer 등)이 실질적 위법성이론을 전개하였다.[42]

51 넷째, 전통적인 심리학적 책임개념은 규범적 책임개념으로 발전되어갔다. 규범적 책임개념은 심리학적 측면인 고의와 과실과 분리되는 규범적 내용을 규범위반적 "의사형성의 비난가능성"에서 얻었다.[43] 이로써 책임개념의 개별요소들은 행위자에 대한 '비난가능성'이라는 핵심어를 연결고리로 삼게 되었고, 매우 제한적인 예외사례로 제한되었지만, 규범합치적 행태의 기대불가능성이 책임판단에서 고려되기 시작하였다.

52 범죄에 관한 목적론적 '가치관계적' 이론에 기초하여 내부구조가 일부 변경된 신고전적 범죄체계하에서도 '객관적 불법'과 '주관적 책임'이라는 고전적 이분법은 그대로 유지되었다. 고의와 과실은 여전히 책임의 요소였고, 불법영득의사라는 주관적 요소만 예외적으로 구성요건요소로 인정되었기 때문이다. 그러나 고전적 범죄체계의 이러한 내부구조의 변경을 고려하면 신고전적 범죄체계하에서는 객관(불법)과 주관(책임)의 구분보다는 '실질적 사회유해성'(불법)과 '행위자에 대한 비난가능성'(책임)이라는 구분이 작동하고 있다고도 평가된다.[44]

3. 목적적 범죄체계

53 형법학이 정치체제(정권)에 봉사할 수 있음을 보여줬던 독일 민족사회주의(나찌) 시대가 끝난 후, 독일 형법이론학에서 고전적, 신고전적 범죄이론과 전적으로 다른 차원에서 범죄의 내부구조를 근본적으로 변경시킨 새로운 범죄이론이 등장하였다. 1930년대 이후부터 그 이론적 토대가 만들어지면서 1960년까지 지배적인 범죄이론으로서의 입지를 굳혔던 이 새로운 범죄이론도 그 시대의 철학과 사조를 배경으로 하고 있었음은 앞의 두 범죄이론과 마찬가지였다.

54 범죄에 대한 새로운 컨셉을 전개하는 데 영향을 준 것은 헤겔(Georg Wilhelm Friedrich Hegel)의

---

42) 구성요건해당성도 그 법적 공준들(Rechtspostulate)을 실질적 위법성이라는 일반적 표지로부터 도출한 입장으로는 Sauer, Zur Grundlegung des Rechts und zur Umgrenzung des strafrechtslichen Tatbestandes, ZStW 36(1915), S. 468. 신고전주의자 메츠거의 실질적 위법성이론은 유추를 허용한 나찌시대의 형법의 이론적 기초를 제공하였다(Mezger, Die materielle Rechtswidrigkeit im kommmenden Strafrecht, ZStW 55(1936), S. 1ff.).

43) Reinhard Frank, Über den Aufbau des Schuldbegriffs, 1907.

44) Roxin, AT, Bd.1, §7 Ⅲ 14.

철학, 훗설(Edmund Husserl)의 심리학적 현상학과 하르트만(Nicolai Hartmann)의 존재론이었다. 이에 따르면 인간 존재는 인류학적으로 미리 주어진(선재된) 일정한 구조법칙에 복종한다고 하였다. 그러한 '사물논리적 구조'에 따르려면 형법도그마틱도 인적－윤리적으로 방향을 맞추어 그 토대를 형성하는 것이 마땅하다고 주장되었다.[45)]

형법적 개념의 사물논리적 구조를 포착함으로써 새로운 범죄컨셉을 만드는 데 결정적인 이론적 기초를 제공한 것은 범죄의 중심개념인 '행위'의 사물논리적 구조를 규명하고자 했던 벨첼(Hans Welzel)의 목적적 행위이론이었다. 초창기 벨첼은 당시의 훗설의 의미지향성 개념에 영향을 받아 행위의 본질적 구조를 이끄는 요소를 "의도성(Intentionalität)"이라는 개념으로 표현하였다. 그러나 벨첼은 1939년 의도성 개념을 목적성(Finalität)으로 바꾸면서 목적적 행위개념에 기초한 목적적 범죄체계의 기틀을 마련하였다.[46)] 벨첼은 특히 하르트만의 윤리학의 관점에서 "가장 좁고 가장 엄밀한 의미의 행위는 인간의 목적활동성"[47)]이라고 하면서, "목적적으로 지배결정된", 즉 일정한 목표에 방향 맞춰진 행위는 모든 행위에 본질적인 사물논리적 구조를 가지고 있는 개념으로 이해하였다. 55

벨첼은 행위개념을 기초로 삼아 자연주의적 인과적 사슬에만 집착하는 인과적 행위개념과 대치하면서 인과적 행위개념위에 구축되었던 (신)고전적 범죄이론을 대체하는 목적적 범죄이론을 하나하나 만들어갔다.[48)] 벨첼은 목적성을 구성요건실현을 위한 고의개념과 동일시하면서 "고의는 책임에 속하는 것이 아니라 행위에 속한다"[49)]고 하는 동시에 고전적 범죄체계에서 책임에서 비로소 구분되는 것으로 보았던 "고의범과 과실범은 이미 불법구성요건에서 구분된다"[50)]고 보았다. 56

벨첼은 위법성 판단에서도 (신)고전적 범죄이론에서와는 달리 '결과'(반가치적)측면과 함께 '행위'(반가치적) 측면도 고려하는 이원적 입장을 취했다. 즉 "위법성 개념은 순수 사태반가치 또는 행위반가치를 나타내기도 하고, 행위반가치를 다시 사태반가치와 결합되거나 그러한 사태반가치 없이(순수 행위반가치로서만) 나타냄으로써 매우 다양한 내용을 가질 수 있다"[51)]고 보았다. 57

특히 벨첼은 책임도 오직 평가적 요소로만 구성되는 순수한 규범적 (평가적) 책임개념으로 파악하였다. 종래 책임요소로 파악되었던 고의를 구성요건요소로 위치변동시키면서 고의개념에 포함되었던 위법성의 인식도 심리학적 요소이므로 이를 책임의 요소가 아니라 비난가능성의 이유로만 파악하였다. 이 점은 벨첼이 "책임비난의 중심적 대상은 불법한 행위로 나아가는 것으로 자신의 의사를 형성한 특별한 종류의 가치결단"이라고 한 표현에서 알 수 있다.[52)] 58

이와 같은 범죄에 관한 이론들을 집약함으로써 구축된 목적적 범죄체계가 종전의 범죄체계와 결 59

45) Freund, in Münchener Kommentar, vor §§13/10.
46) Welzel, Studeien zum System des Strafrchts, ZStW 58(1939), S. 491ff.
47) Welzel, 앞의 논문, S. 502.
48) Welzel, Das Deutsche Strafrecht. 1. Aufl., 1947; 11. Aufl., 1969.
49) Welzel, 앞의 논문, S. 505.
50) Welzel, 앞의 논문, S. 519.
51) Welzel, 앞의 논문, S. 523.
52) Welzel, 앞의 논문, S. 531.

정적으로 차이를 보인 점은 '고의'의 범죄체계상의 지위 변동이었다. 벨첼이 행위개념의 사물논리적 구조로 인정되었던 목적성을 형법적 고의와 동일하게 취급한 결과 고전적 범죄체계하에서 책임의 요소였던 고의가 (책임영역에 그대로 남아 있었던 위법성의 인식과 개념적으로 분리되면서) 구성요건의 요소로 파악되었기 때문이다.

60 형법학에서 코페르니쿠스적 전환이라고까지 불리우고 있는 고의의 지위변동에 따라 형법의 착오론과 공범론에서 중요한 두 가지 변화가 동반되었다. 착오론에서는 형법상 착오가 사실의 착오와 법률의 착오로 구분되지 않고 구성요건 착오와 금지착오로 구분되었고, 공범론에서는 특히 정범의 행위가 고의행위일 것이 요구되었다.[53] 이 두 가지 주장은 1975년 만들어진 독일신형법에 반영되었다(제16조, 제178조, 제26조, 제27조).[54]

61 범죄개념을 목적적 가치관계적으로 이해하려는 시도를 시작하였던 신고전주의적 범죄이론이 고전적 범죄체계의 체계내부에 일부 균열을 일으킨 데 그쳤던 것과는 달리 목적적 행위이론은 범죄체계의 전체를 목적적 가치관계적 체계로 전면 개조하였다. 이 때문에 한국형법이론학에서 범죄체계가 행위이론의 논리적 산물이라는 평가[55]를 하기도 한다. 그러나 뒤에서 살펴보겠지만, 행위이론이 범죄체계에 영향을 끼친 것은 고전적 범죄체계와 목적적 범죄체계의 디폴트 모델에 대해서만이고, 오늘날 범죄개념의 내부구조에 행위이론이 미치는 영향력은 퇴색되어 결정적인 의미를 가지지 않는다. 이러한 점은 특히 1960년대 이후 행위개념에 대한 형법 이론의 방향전환 및 그와 시기를 같이하여 형성되기 시작한 새로운 범죄체계가 특정 행위이론과 무관한 것이라는 점에서도 알 수 있다.

62 특히 오늘날 ① 고의의 구성요건 분류기능에 기초하여 고의를 구성요건 요소로 보는 시각, ② 실질적 불법개념에서 행위반가치적 요소와 결과반가치적 요소를 동가치하게 모두 고려하는 이원적 불법이론, ③ 책임개념의 본질적 요소를 책임비난의 평가적 측면에 있다고 하는 규범적 책임이론, ④ 구성요건착오와 금지착오의 구분, ⑤ 행위지배원칙에 따른 공범이론의 새로운 정립[56] 등 범죄개념을 종전과 달리 파악하게 되면서 생겨난 새로운 인식 및 발전된 형법이론들은 목적적 행위이론의 논리필연적 산물로 평가될 수 없는 것들이라고 할 수 있다.[57] 이 책도 행위개념에 관한 한 목적적 행위이론을 취하지는 않지만, '범죄'이론에서 목적적 행위이론에 의해 발전된 위의 형법이론적 성과들은 전적으로 수용한다.

---

53) 이러한 주장은 다음과 같은 벨첼의 이론을 기초로 하였다. "목적적 정범성은 목적적으로 행위하는 자의 가장 포괄적인 형식이다"(앞의 논문, S. 539). "고의 구성요건과 과실 구성요건에 공통된 정범개념은 불가능하다. …정범과 공범의 구별은 오직 목적적 구성요건들에 대해서만 가능하고 이 경우에만 필요하다"(Welzel, 앞의 논문, S. 540).

54) 행위개념에 관한 한 목적적 행위이론을 따르지 않으면서도 범죄체계에 관한 한 목적적 범죄체계의 이론적 성과를 수용하여 한국 형법의 제13조(고의)와 제16조(법률의 착오), 그리고 제31조(교사범)와 제32조(방조범)를 이해하는 입장도 다수 생겨났다.

55) 이상돈, 형법강의, 제1판이 대표적이다.

56) 목적적 행위이론은 정범과 공범을 구별하는 기준으로서 종래 인과적 사고에 기초한 확장적 정범개념의 문제점을 극복하기 위해 등장한 주관설을 밀어내고 (목적적) 행위지배를 구별표지로 삼아야 한다는 주장을 함으로써 행위지배설을 통설적 태도로 만드는데 기여한 것으로 평가되기 때문이다.

57) 독일에서 목적적 행위이론을 따르는 입장으로는 마우라하, 쉬트라텐베르트 정도이고, 찌프는 마우라하와의 공저 교과서에서 사회적 행위개념에 가까운 입장을 취한다(Maurach/Zipf, Lehrbuch, Teilband 1, 1977, S. 223).

4. 합일태적 범죄체계

(1) 새로운 범죄체계의 등장 배경

1) 목적적 행위이론에 대한 비판　인과적 행위이론과 마찬가지로 목적적 행위이론도 행위이론과 범죄체계 구축간의 논리필연적 관계를 인정하였지만, 목적적 행위이론에 대한 비판이 활기를 띠기 시작하면서 행위이론과 범죄체계간에 논리필연적 관계가 없다는 시각이 형성되기 시작하였다. 그 시작은 1954년 튀빙겐에서 개최된 독일 형법학자 학술회의에서 갈라스(Wilhelm Gallas)에 의해 본격화되었다. 갈라스는 목적적으로 이해된 행위개념을 상위개념으로 삼아 고의행위와 과실행위를 설명할 수 없다고 보았다.[58] 고의와 동일시된 목적성은 과실행위의 상위개념이 될 수 없다는 것이었다. 63

2) 행위개념에 대한 접근 '방법'의 변화　목적적 행위이론에 대한 비판은 목적성을 존재론적으로 선재되어 있는 것으로 변경불가능한 행위구조로 파악했던 목적주의자들의 행위개념에 대한 접근방법에 대한 비판과 맞닿아 있다. 방법적인 시각에서 볼 때 목적적 행위이론은 19세기 말 자연과학적 사고의 영향 아래에서 자연주의적 인과적 행위이론을 중심자리에 두고 범죄를 체계화하였던 고전적 범죄이론의 그것과 다르지 않았기 때문이었다. 64

심리학과 윤리학의 행위이론을 기초로 삼았던 목적적 행위이론의 방법론에 대한 반대 시각은 특히 록신(Claus Roxin)에 의해 전개되었다.[59] 록신은 인과과정의 지배조종을 요소로 하는 목적적 행위의 존재론적 근거지움에 반대하여 "법현상들에는 인과적 요소들의 조종으로는 파악될 수 없는 사회적 의미내용들이 들어가 있다"는 점을 강조하였다.[60] 록신은 결론적으로 "목적적 행위이론이 목적적 구성요건이론으로 변화되어 가야 하듯이, 존재론적 목적성 개념은 '법적－사회적' 목적성 개념에 의해 대체되어야"할 것이라고 하였다.[61] 65

3) 행위이론 논의상황 변화　목적적 행위이론에 대한 비판론이 거세짐에 따라 행위이론과 범죄이론에 관한 논의에 중대한 변화가 생겼다. 행위개념을 구성하는 본질적 요소를 탐구하는 '방법'에 대한 회의론적 시각이 형성되었고, 이에 연계되어 어떤 형법적 개념에 대한 존재론적 차원의 '본질'(실체)을 추구하는 전통적 철학적 방법보다는 그 개념이 현실적으로 다른 개념이나 대상과의 관계 속에서 수행할 것으로 기대되는 '기능'에 눈을 돌리게 되었다. 형법적 개념에 대한 기능적 접근법은 행위개념을 둘러싼 논의 상황에 새로운 분위기를 만들었다. 즉 행위개념이 비행위를 형법적 평가의 66

---

58) Gallas, Zum gegenwärtigen Stand der Lehre vom Verbrechen, ZStW 67(1955), S. 1 ff. S. 7.
59) 록신은 이 뿐만 아니라 자연과학적 인과적 사고에 기초한 인과관계 개념도 규범주의적 접근방법에 따른 객관적 귀속이론으로 전개함으로써 객관적 구성요건 영역에서 개념의 규범적 이해에 결정적인 역할을 하였다.
60) Roxin, Zur Kritik der finalen Handlungslehre, ZStw 74 (1962), S. 525. 록신에 대한 벨첼의 반론으로는 Welzel, Vom Bleibenden und vom Vergänglichen in der Strafrechtswissenschaft, Grünhut－Erinnerungsgabe, 1965, S. 173 ff.
61) Roxin, 앞의 논문, S. 549.

대상에서 배제해내는 '소극적인 기능'만 충족시키는 것으로 만족하려는 분위기가 조성되었다.[62)]

67 이러한 분위 기속에서 일반적 행위기념으로 전(前) 구성요건적인 행위개념을 출발점으로 삼았던 종래의 행위이론과는 달리 '구성요건해당적 행위'를 출발점으로 삼으려는 새로운 차원의 행위이론이 등장하였다. 형법적 고찰의 대상인 '행위'의 요건으로 사회적 의미 내지 사회적 중요성을 요구하였던 이른바 '사회적 행위이론'에 대해 "정확하게 보면 구성요건해당적 행위에 관련되어 있다"[63)]는 평가가 내려진 것도 이러한 분위기의 반영이라고 할 수 있다.

68 4) 고의 개념에 대한 기능주의적 접근 행위개념을 '기능적' 관점에서 바라보는 새로운 범죄이론들은 범죄체계를 형성함에 있어서 다른 체계요소(개념)도 그 개념의 존재론적 구조보다는 기능적 목적론적 관점에 따라 접근하려고 하였다. 예컨대 고의를 구성요건요소로 인정하는 태도를 목적적 행위이론과 같이 고의의 목적적 성격에서 근거지우는 것이 아니라, "그때그때의 범죄유형의 의미"로부터 나오는 것이라고 함으로써,[64)] 고의의 범죄체계적 지위를 '구성요건의 범죄분류적 기능'에서 근거지우려고 하였다.

69 특히 갈라스는 불법구성요건 내에서의 고의의 지위를 옹호하는 규범적인 이유로 규범의 명령적 성격 및 보호된 법익객체에 대한 보다 큰 위험성이라는 관점을 추가하면서 고의행위가 과실 및 우연에 비해 더 큰 위험성을 가진 행위로 파악하였다. 다른 한편 갈라스는 법적인 금지는 구성요건단계에서는 고의와 인식있는 과실을 동일하게 기술하고 있지만, 인식있는 과실과 미필적 고의의 구별의 의의가 책임영역에 있는 것으로 파악함으로써 고의가 책임심사에서도 의미있는 '기능'을 수행하도록 하는 길을 열었다.[65)]

70 5) 고의의 이중적 기능에 기초한 새로운 범죄이론의 등장 이와 같이 고의의 이중적 기능(체계적 지위)이 인정되면, 구성요건이 불법유형일 뿐 아니라 동시에 책임유형이 되고,[66)] 이 책임유형은 범죄유형에 특징적인 책임표지, 즉 "행위에서 분명하게 드러난 법적으로 비인된 심정적 태도(rechtlich mißbilligte Gesinnung)"를 책임비난의 대상으로 삼을 수 있게 된다.[67)] 특히 이러한 이론을 전개한 갈라스는 고의의 이중적 지위 인정의 실익을 '위법성조각사유의 객관적 전제사실의 착오사례' 해결에서 찾았다. 그에 의하면 이 착오사례에서 행위자의 행위는 행위고의(행위반가치)를 가지고 시작되었지만, 이러한 고의행위는 행위자의 착오가 개입되었기 때문에 행위자의 책임내용과 일치하지 않는다고 한다. 즉 구성요건적 고의는 착오로 인해 행위자의 의사형성에 나타난 심정반가치, 즉 심정적 태도의 결손(Gesinnungsmako)을 표현하지 못하기 때문이라는 것이다.[68)] 여기서 갈라스는 행위

---

62) Gallas, 앞의 논문, S. 15.
63) Gallas, 앞의 논문, S. 14.
64) Gallas, 앞의 논문, S. 32.
65) Gallas, 앞의 논문, S. 43.
66) 갈라스는 구성요건을 각각의 범죄유형이 정형화된 것으로 보기 때문에 이러한 유형에 속하지 않은 요소(정당화사유)를 구성요건 안에 포함할 수 없다고 하면서 소극적 구성요건표지이론도 거부하였다(앞의 논문, S. 27).
67) Gallas, 앞의 논문, S. 45.

반가치와 심정반가치의 관계를 추정관계로 파악한다. 즉 고의로 행해진 행위의 행위반가치와 함께 통상적으로 심정반가치도 주어져 있다고 할 수 있지만, 행위자가 고의적 행위수행을 하였지만 비난할 수 없는 사정이 있는 경우(예, 위법성조각사유의 전제사실의 착오)에는 심정반가치가 결여되므로 그 추정관계는 깨어진다고 한다.[69]

(2) (신)고전적 범죄체계와 목적적 범죄체계의 종합체계

갈라스에 의해 주장된 새로운 이론에 따르면 불법과 책임의 구별도 '불법은 행위반가치, 책임은 심정적 태도 반가치'로 단순화 될 수 있다. 이러한 이론은 기본적으로 예쉑,[70] 베셀스(Johaness Wessels),[71] 복켈만(Paul Bockelmann),[72] 블라이(Hermann Blei)[73] 등에 의해 수용되면서 독일에서 다수를 점하는 범죄이론이 되었다. 이러한 범죄이론은 벨첼의 목적적 행위이론을 '행위이론'으로서는 거부하지만, 목적적 행위이론이 범죄컨셉의 구상에 가져다 준 새로운 인식들을 전폭적으로 수용함으로써 새로운 범죄컨셉을 구축하게 했다. 새로운 범죄컨셉은 '목적적 범죄체계'를 기본으로 하면서도, 이 범죄체계와 고의를 과실과 함께 책임형식 내지 책임조건을 인정한 '(신)고전적 범죄체계'를 결합하고 있다는 점에서 '합일태적 범죄체계'로 불리고 있다. 71

72

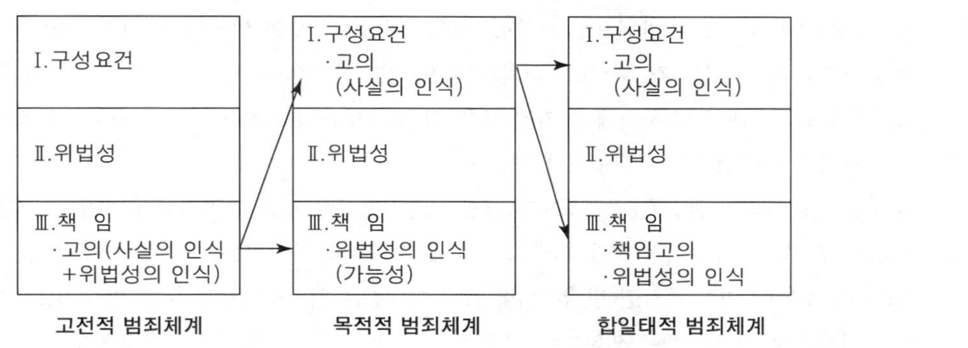

고전적·목적적·합일태적 범죄체계와 고의의 체계적 지위

5. 그 밖의 범죄체계들과 그 이론적 기초

1950년대 중반 이후 독일에서 전개된 범죄이론은 이것이 전부는 아니다. 고의개념의 기능적 차원에서 고의가 구성요건영역에서는 불법을 유형화하는 기능과 동시에 책임영역에서 행위자의 심정반 73

68) Gallas, 앞의 논문, S. 46.
69) Gallas, 앞의 논문, S. 45.
70) Jescheck, Lehrbuch des Strafrechts, 3. Aufl., 1978, S. 17.
71) Wessels, Strafrecht, Allgemeiner Teil, 10. Aufl., 1980.
72) Bockelmann, Strafrecht, Allgemeiner Teil, 3. Aufl., 1979.
73) Blei, Strafredht I. Allgemeiner Teil, 17. Aufl., 1977.

가치를 표현하는 기능을 하는 것으로 본 갈라스와는 달리 고의의 이중적 기능을 인정하는 일에서 한 걸음 더 나아가 고의개념 자체를 두 개로 분리하는 이론도 등장하였다.

74 이러한 독창적인 주장을 한 쉬미트호이저(Eberhard Schmidhäuser)는 분리된 두 개의 고의의 의욕적 요소와 지적 요소를 구분하여 이를 각기 구성요건요소와 책임요소에 배치하였다. 그에 의하면 고의개념의 지적 표지는 고의성으로서 책임의 요소인 반면, 의도(Absicht)라는 의미에서의 의사는 "불법의 목표"로서 불법구성요건의 중핵을 형성하는 요소로 파악하였다.[74] 그의 목적론적 체계의 특징은 고의행위와 과실행위를 불법구성요건에서부터 구별되는 것이 아니라 책임구성요건에서 비로소 구별하는 점이다.[75] 이 뿐만 아니라 쉬미트호이저는 구성요건과 정당화도 전통적인 체계론과 다르게 전자는 "법익충돌"로, 후자를 "의무충돌"로 구별하는 태도를 취하면서, "불법구성요건에서는 어떤 법익침해의 반가치가 포착되는 반면, 정당화사정에서는 어떤 이익존중(Gutsbeachtung)의 가치가 포착되는 것이라고 하고 이익존중(배려)에 대한 가치충만함은 '법익'침해에 대한 가치침해에 앞선다"고 하였다.[76]

75 쉬미트호이저의 범죄체계는 이 때문에 합일태적 범죄체계의 경우에 비해 더 분명하게 신고전적 범죄체계와 목적적 범죄체계가 종합되고 있는 측면이 엿보인다. 합일태적 범죄체계는 (신)고전적 범죄체계와 같이 고의를 일반적으로 책임형식(또는 책임조건)으로 인정하기 보다는 위법성조각사유의 전제사실의 착오사례의 경우에만 고의의 이중적 지위(이중적 기능)을 의미하는데 그쳤지만, 쉬미트호이저의 범죄체계는 다른 내용을 가진 두 개의 고의개념을 인정하는 전제하에서 책임고의를 일반적인 책임요소로 인정하기 때문이다.

76 책임과 구분되지 않는 불법구성요건 개념을 중심으로 새로운 범죄개념을 주장하는 입장도 있다. 불법구성요건으로서의 구성요건을 범죄의 총체적 표지를 가리키는 개념으로 이해하는 레쉬(Heiko Harmut Lesch)에 의해 주장된 범죄컨셉이다. 구성요건을 책임구성요건 또는 범죄구성요건과 동일하게 이해하는 이 범죄컨셉에 의하면 불법구성요건으로서의 구성요건은 책임구성요건 또는 범죄구성요건과 동일하고 범죄의 총체적 표지를 가리키는 개념이 된다.[77] 이 입장은 특히 구성요건을 객관적 불법구성요건과 주관적 불법구성요건으로 구분하면서 불법구성요건이 책임과의 관계에서 독자성을 가지는 종래의 이해방식을 잘못된 것으로 주장한다.[78]

77 그 착안점에서 이미 규범이론의 주창자인 빈딩에게서도 발견될 수 있는 이러한 범죄개념은 오늘날 '커뮤니케이션적 범죄개념'이라는 이름으로 그 지지기반을 확보해 가고 있다. 범죄는 권리로서의 법의 부정, 또는 규범에 대한 위반 또는 규범을 위태롭게 함이고, 형벌은 그에 대한 응답으로서 규범의 타당성을 실증적으로 이해하는 입장(Jakobs, Bloy, Feijoo Sanches, Freudn, Frisch, Haas, Koehler,

74) Schmidhäuser, Strafrecht, AT, 2. Aufl., 1975, S. 178, 203f.
75) Schmidhäuser, AT, S. 204.
76) Schmidhäuser, AT, S. 282.
77) Lesch, Der Verbrechensbegriff－Grundlinien einer funktionalen Revision, 1999, S. 175 f., 205f. 등.
78) Lesch, Der Verbrechensbegriff, S. 275, 280.

Murmann, Pawlik, Timm 등)이다. 이 입장은 특히 규범이론의 착안점을 받아들여 '책임없는 불법' 개념을 부정하고 그로써 범죄를 하나의 통일된 단위로 통합하고 있다.

이러한 범죄이론들과는 차원을 달리하여 범죄성립요건의 하위요소(개념)들을 파악함에 있어 그 내용에도 중대한 변화를 초래할 잠재력을 가진 범죄이론도 등장하였다. 록신과 야콥스로 대표되는 이 이론은—후술하듯이—범죄성립요건 중 특히 책임심사에서 예방적 형벌목적적 관점들을 고려할 수 있는 이론적 기초를 놓았다. 이 뿐만 아니라 이 이론은 기능적 목적합리적인 관점에서 범죄체계를 구축함으로써 장차 책임 심사 외에도 위법성 심사나 구성요건해당성 심사와 같은 일반적 범죄성립요건의 모든 심사 단계에서도 범죄체계와 형사정책간의 가교를 놓으려는 시도를 하는 등 형법적 개념에 대한 방법론의 전환을 예고하였다. 78

6. 소결

독일 형법이론학에서 목적합리적 내지 기능적 범죄체계로 불리워지면서 등장하고 있는 다양한 범죄이론들에 대해서는 단일한 명칭을 붙이기도 어렵고, 주류적 흐름이 무엇인지도 쉽게 포착되지 않는다. 이 가운데 합일태적 범죄체계가 다수의 형법학자들에 의해 수용되었다. 이 점은 독일 뿐 아니라 한국에서도 유사하다. 독일과 한국에서의 합일태적 범죄체계의 지지기반의 확산은 영향력있는 교과서 저자들의 역할이 컸다는 점에서 공통된다. 독일에서는 갈라스의 기능주의적 관점에 기초한 고의의 이중적 지위에 관한 이론은 학문영역과 수험영역에서 표준적 교과서로 널리 알려진 두 교과서의 저자인 예쉑과 베셀스에 의해서도 수용되었고, 특히 범죄체계를 구축함에 있어 기능적 목적합리적인 관점을 강조한 록신의 교과서도 기본적으로 이러한 계열에 가세하였다. 79

한국에서의 사정도 크게 다르지 않다. 종래 일본 형법이론학을 거쳐 수입되던 독일 형법이론학이 1980년대 중반 무렵부터 독일 직수입이 이루어질 무렵부터 위 독일에서의 이론적 내용이 한국에서 영향력 있는 형법교과서(이재상, 이형국, 김일수)를 통해 집중적으로 소개됨으로써 1950년대 중반 무렵 갈라스에 의해 주장된 범죄컨셉이 한국의 형법학자들의 집중적 지지를 받게 되었던 것이다. 80

오늘날 독일의 형법도그마틱(및 여기서 발전된 개념들)과 범죄의 요소들에 관한 이론(범죄체계론) 및 이들 사이에 존재하는 논리적 관련성에 관한 이론의 영향력은 지대하다. 영국과 미국, 프랑스, 및 사회주의 국가를 제외한 다른 유럽국가(특히 스위스, 오스트리아), 스페인, 라틴아메리카, 동아시아의 법문화(일본, 한국, 중국)의 형법학에 대한 독일 형법도그마틱의 영향력은 '도그마틱 연맹'이라는 말이 나돌 정도이다. 그러나 독일 형법도그마틱에 의해 발전된 범죄에 관한 이론은 세계의 다른 국가에서도 널리 활용될 정도의 '범용성'을 가지고 있는 것은 아니다. 최근 로마조약의 형법 및 유럽연합의 형법 영역에서 독일형법의 영향력은 가장자리에 머물러 있는 측면도 있다. 이 점은 특히 범죄의 성립요건 내지 범죄개념에 대한 정의 속에 위 세 가지 도그마틱적 개념이 존재하지 않는 커먼로 국가들에서의 범죄컨셉의 영향력 때문이다. 이하에서는 독일 형법이론학과 전적으로 무관하게 전개되 81

고 있는 독자적인 범죄개념 내지 범죄이론을 몇 가지 살펴보자.

Ⅲ. 각국의 범죄개념에 관한 이론들

1. 프랑스 형법학에서의 범죄개념

82 프랑스는 1789년 혁명이전에는 이성법적인 인식에 기초하여 모든 범죄행위(infraction)는 원칙적으로 객관적(=외부적) 요소와 주관적(=내부적) 요소를 포함한다는 사고가 전개되었다. 실질적(물리적) 요소(élément matériel)와 도덕적 요소(élément moral)에 그 기원을 두고 있는 이러한 이분법적 구분에 더하여 수십 년 후 이른바 법률적 요소(élément légal)가 전면에 등장함으로써 고전적 3분법적 범죄구분이 정립되었다. 3요소로 이루어진 범죄개념은 현재까지의 프랑스 범죄이론을 지배하는 범죄체계로 인정되고 있다. 물론 여기에 반대하는 이론도 여전히 존재한다.

83 프랑스의 지배적인 범죄이론인 범죄 3요소론에 따르면 범죄의 법률적 요소는 형벌법규 그 자체이다. 이 요소의 필요성은 헌법적 지위를 가지고 있는 법률주의원칙=죄형법정주의원칙(principe de la légalité des délits des peines)으로부터 도출되고 있다. 형법의 각칙규범은 범죄의 통합적 구성부분으로 이해되지만, (일부 학자들이 주장하듯이) 그 범죄의 외부적인 선결조건으로 이해되지는 않는다. 이와는 달리 행위자의 실제적인 잘못된 행태는 외부적 차원인 실질적 요소(예, 행위수행방식, 수행기간, 행위결과)와 행위자의 내부적 태도인 주관적 요소(고의 또는 과실)로 분류된다.

84 이러한 점에서 보면 프랑스의 범죄이론도 고전적 범죄이론 또는 오늘날 잘 알려진 범죄의 객관적 요소와 주관적 요소의 이분법과 유사한 측면을 보여주고 있다. 그러나 프랑스의 범죄이론은 독일 컨셉과는 달리 위법성과 책임이 범죄의 요소로 구성되어 있지 않다. 정당화사유들은-우세한 견해에 의하면-법률적 요소를 배제하는 사유들로 이해되고 있어 소극적 구성요건표지이론과 유사한 것으로 보인다. 책임은 범죄론의 영역이 아닌 형사책임의 인정(responsabilité pénale)이라는 독자적인 카테고리로 분류되고 있다. 이러한 이유에서 프랑스 형법이론학에서는 우리나라나 독일에서와 같은 불법과 책임의 관계에 관한 논의가 전개되고 있지 않다. 프랑스 형법학자들은 독일형법이론에서와 같이 범죄에 관한 완결된 이론구조 내지 폐쇄적 체계를 구축하려고 애쓰는 대신에 실용주의적 입장을 견지하고 있는 것으로 평가되고 있다.[79)]

2. 영미식 범죄개념

85 영미국가들에서도 범죄에 관한 독일식 컨셉과 다른 범죄개념이 통용되고 있다. 18세기 영국 커먼로에 뿌리를 두고 있는 영미국가에서는 범죄를 외부적 요소(actus reus, Guilty Act)와 내부적 요소(mens rea, Intent)로 구분하는 이분법적 범죄개념이 지금까지 고수되고 있다. 이 두 가지 요소가 일

79) Georg Freund, in Münchener Kommentar StGB, Vor §§ 13/118-120 참조.

치하면, 범죄(crime/offence)의 적극적인 전제조건들이 충족되는 것으로 인정된다. 이러한 범죄의 적극적 전제조건들에 대치하여 소극적인 요소들로서 이른바 방어사유 내지 항변사유(defences)들이 존재한다. 이러한 차원의 사유들은-독일식 용어에 따르면-불법과 책임의 배제사유들, 즉 위법성조각사유와 책임조각사유에 상응한다.

영미에서는 이러한 차원의 항변사유가 형사재판에서 인정되면, 범죄자의 형사책임(criminal liability)을 면하게 되지만, 영미형법에서는 위법성과 책임이라는 이론적 개념들은 존재하지도 않고 인정될 필요도 없으므로 독일에서와는 달리 위법성조각사유와 책임조각사유가 법적으로나 도그마틱적으로 의미있게 구분되고 있지는 않다. 영미국가에서의 범죄개념과 관련하여 언급할 가치있는 특징점으로 보이는 것은 불법성(unlawfulness)에 대한 판단이 '행위자'에게 사전에(ex ante) 나타나는 그대로의 사실을 기초로 하여 내려진다는 점이다. 학자들은 이를 주관적 접근방법(subjective approach)으로 부르고 있다.[80] 86

범죄를 적극적 요소와 소극적 요소로 분류하는 영미국가에서의 범죄컨셉은 형사소송에 맞춤형이라고 말할 수도 있다. 왜냐하면 소추자는 범죄(offence)의 적극적 요소를 입증할 사실적 기초를 법정에 내놓고 이를 증명할 뿐이지만, 반대로 항변사유들(defences)을 타당하게 만들고 이러한 사유들에 대한-부분적이기는 하지만-입증부담까지 지는 것은 피고인이기 때문이다. 이 때문에 실체형법과 절차형법(형사소송법)의 관계라는 더 큰 시각에서 볼 때, 범죄개념에 대한 영미식 이해는 그 자체로 양자의 통일성 있는 조화, 특히 실체법과 소송법의 실용주의로 종합되고 있다고 평가되기도 한다.[81] 87

3. 사회주의 국가체제와 관계된 범죄개념

범죄에 관한 이론에서 흥미로운 독자적 착안점의 하나는 최근 폴란드와 러시아 등의 형법학에서 보여지고 있다. 이들 국가들은 사회주의적 법체계를 극복한 후에 새로운 방향전환을 모색하는 특별한 상황에 처해 있다. 특히 폴란드 형법은 원래 독일의 고전적 범죄체계에 기초하고 있었다가, 구소련의 영향을 받아 '행위의 사회적인 위험성'을 범죄를 구성하는 독자적이고 새로운 요소로 받아들였다. 이로써 1998년의 폴란드 신형법전(Kokdeks karny)에서 이와 유사한 요소로서 행위의 '사회유해성' 개념을 인정하였다.[82] 88

'사회유해성'이라는 척도는 중국에서의 범죄개념에서도 발견된다. 물론 중국형법의 범죄구성요건에 포착되어 있거나 포착되어 있는 것으로 보이는 모든 행태가 사회유해적인 것으로 판단되지는 않는다. 사회유해성이 인정되기 위해서는 오히려 판단되어야 할 그 행태가 사회를 위해 특별히 의미있는 보호대상에 대한 침해를 할 것을 요건으로 하여 가벌성이 인정될 수 있다. 이러한 이해에 따르면 사회유해성이라는 요소는 가벌적 행태를 판단함에 있어 교정장치로 기능할 수 있고, 적어도 부분적 89

80) Freund, in Münchener Kommentar StGB, Vor §§ 13/121 참조.
81) Freund, in: Münchener Kommentar StGB, Vor §§ 13/122 참조.
82) Freund, in: Münchener Kommentar StGB, Vor §§ 13/123 참조.

으로는 특별히 과단성 있는 형벌이라는 수단을 사용하기에 충분히 중요하지 않는 사례들을 필터링하는 일에도 기여하는 긍정적 측면이 있다. 이렇게 되면 예컨대 경미범죄의 가벌성이라는 실체법적 차원의 문제를 해결할 길이 열리게 된다. 물론 이러한 노력들이 실제로 중국형사실무에서 그대로 관철되고 있는 것은 아니다. 이 뿐만 아니라 형법도그마틱적으로도 가벌성 제한을 위한 이러한 사고를 관철하기 위한 이론적 작업이 만족스럽게 전개되고 있는 것은 아니라고 한다.

90 중국의 형법학도 범죄를 주체, 보호객체, 일정한 객관적 행위표지들, 그리고 일정한 주관적 행위표지들(고의 또는 과실)의 복합적 형상임을 인정하고 있다. 그러나 이러한 네 가지 요소들은 범죄의 일반적인 척도들이라고 할 수는 없고, 범죄의 실질적인 분류 내지 체계적 분류라는 학문적 의미차원도 결여되어 있다. 그러나 학문적 수준에 대한 평가를 별론으로 하면, 중국의 형법이론은 일방적으로 독일형법학에 종속되어 있지 않고 독자적인 컨셉을 발전시키려는 노력을 경주하고 있는 것으로 평가된다.[83)]

Ⅳ. 한국 형법이론과 형사실무에서의 범죄체계론

1. 형법이론학의 태도

91 한국 형법학에서의 범죄체계론은—앞서 살펴본 세 가지 도그마틱적 개념 차용의 연장선상에서—독일형법학에서 전개되어 온 범죄체계 논쟁의 그림자 논쟁이라고 할 수 있다. 앞서 언급했듯이 한국의 형법이론학이나 형사실무에서 통용되고 있는 일반적 범죄성립요건은 한국 형법 규정의 가벌성을 전제조건들을 기초로 한국에서 자생적으로 만들어진 것이 아니다. 범죄개념 또는 범죄이론을 다루고 있는 모든 국내 문헌들은 독일형법이론학이—리스트/벨링체계 이후—독일형법에 규정된 가벌성의 전제조건들에 대한 도그마틱에서 정의 내린 범죄개념 속에 등장하는 세 개의 상위개념을 중심으로 구축한 범죄체계(고전적, 신고전적, 목적적, 합일태적 범죄체계) 중 어느 하나를 선택한 후, 이를 프레임으로 삼아 한국 형법에 규정된 가벌성의 전제조건들(즉 각 체계의 하위요소들)을 그 프레임 속에 배치해 넣는 방식을 취하고 있다.

92 형법총론 교과서 저자들에 제한해서 살펴보면, 1960년대까지는 (신)고전적 범죄체계를 기반으로 한 교과서(정영석, 유기천 등)가 주류를 형성해 오다가 목적적 행위이론이 소개됨과 동시에 목적적 범죄체계에 입각한 교과서(황산덕)가 등장하였다. 80년대 중반 이후 범죄체계론과 연계된 행위개념을 둘러싼 논쟁이 일시 불붙었지만, 90년대부터 독일에서의 6, 70년대 형성된 기류가 재현된 듯 행위이론의 실천적 유용성에 대한 반성론이 전개되었고, 2000년대부터는 신고전적 범죄체계를 취하는 입장(차용석, 배종대), 목적적 행위이론을 취하지는 않지만 목적적 범죄체계를 취하는 입장(정성근, 오영근, 손동권 등), 독일 록신의 범죄이론을 수용하는 입장(손해목, 김일수), 합일태적 범죄체계를 취하는 입장(이재상, 이형국, 김일수, 신동운, 임

83) Freund, in: Münchener Kommentar StGB, Vor §§ 13/124 참조.

웅 등) 등이 병존하고 있다. 로스쿨 제도 도입 후, 고의의 이중적 지위를 인정하는 태도가 실무적 처리에 한계가 있다는 점을 인정하는 견해가 많아짐에 따라 문헌상 합일태적 범죄체계에 대한 지지 기반의 확장세가 멈추었고, 최근까지 '위법성조각사유의 전제사실의 착오'사례를 해결함에 있어 법효과전환책임설을 취하는 입장(합일태적 범죄체계)과 엄격책임설(목적적 범죄체계)을 취하는 입장이 호각세를 보이고 있다. 한국 형법에 고유한 범죄컨셉을 개발하여 독자적 범죄체계를 구축하려는 시도는 없거나 일부 있었지만 미완에 그쳤다.[84]

그러나 범죄의 외부 체계를 구축함에 있어 독일과 동일한 개념 프레임을 사용하고 있다고 해서, 그 내부 체계까지 독일 형법이론학의 그것과 동일하게 설계되어 있는 것은 결코 아니다. 세부적으로 보면 한국 형법의 가벌성의 전제조건들이 독일형법의 그것들과 차이가 있기 때문이다. 이 때문에 한국과 독일의 형법이론학은 범죄체계의 외부구조는 동일한 모습을 띠고 있지만, 그 내부 구조를 이루는 하위요소들의 경우에는 상당한 차이가 있다. 특히 각칙규정들의 차이는 구성요건해당성 판단에서 다루어야 할 개별 법소재들과 쟁점들의 상이성을 반영하고 위법성조각사유와 책임조각사유에 관한 총칙규정의 차이는 위법성 판단과 책임판단에서 사용하는 판단기준의 차이를 만들고 있다. 93

2. 대법원의 입장

대법원도 형법이론학과 동일하게 독일에서 만들어진 범죄의 외부 체계에 관한 한 구성요건해당성, 위법성, 책임이라는 개념 카테고리를 그대로 사용하고 있다.[85] 그러나 각 체계 개념의 하위요소들(예, 고의 또는 과실)을 어떻게 배치할 것인지에 관한 한, 대법원의 명시적 입장 표명은 없다. 이 때문에 대법원이 어떤 범죄체계를 취하고 있는지는 단언하기 어렵다. 그러나 대법원이 드물게나마 어떤 특정 요소에 관해서는 범죄체계의 어느 체계요소의 하위요소로 분류할 것인지에 관해 명시적인 태도표명을 하고 있는 경우도 있다. 94

判 대법원은 예컨대 병역법 제88조의 병역법위반죄의 구성요건에서의 "정당한 사유"는 위법성조각사유도 아니고 책임조각사유도 아니라 '구성요건해당성배제사유'로 해석해야 한다고 밝히고 있고,[86] '구 근로기준법 제35조 제3호는 같은 법 제26조 본문 및 제110조 제1호에 규정된 근로기준법 위반죄의 '구성요건해당성배제사유'를 규정한 것이라고 판단하고 있으며,[87] 사회상규조항(형법 제20조)에서 처벌대상에서 배제되는 것으로 규정된 '사회상규에 위배되지 않는 않는 행위'는 문언상 구성요건에 해당하는 행위라도 '위법성'을 조각하는 경우에 해당함을 밝히고 있다.[88] 기대불가능성을 초법규적 책임조각사유로 인정하고 있기 때문에 기대가능성을 책임을 구성하는 요소로 파악하고 있음을 알 수 있다. 친족간의 기부 등을 정치자금법위반죄 95

84) 한국 형법에 고유한 범죄체계를 만들려는 미완의 시도로는 김종원, "범죄론의 체계구성에 관한 소고", 『형사법학의 현대적 과제』, 동산 손해목 박사 화갑기념논문집(1993), 31면 이하.

85) 대법원 2021.1.21. 2018도5475. "법률상 감경사유는 구성요건해당성, 위법성, 책임 등 범죄의 성립요건과 관련이 있거나 불법의 정도나 보호법익의 침해 정도 등과 관련 있는 사유들이 대부분이다."

86) 대법원 2018.11.1. 2016도10912 전원합의체.

87) 대법원 2022.2.11. 2020도68.

88) 대법원 1983.2.8. 82도357.

(제45조 제1항)의 적용대상에서 배제하는 단서조항에 따르면 친족간의 기부행위는 범죄의 구성요건해당성이 조각되는 경우가 아니라 '책임'이 조각되는 것임을 분명히 하고 있고,[89] 상관의 위법한 명령에 복종한 행위도 '책임조각사유'에 해당하는지의 문제로 취급하고 있다.[90] 대법원은 다수의 판결에서 '사회적 상당성의 원리'를 범죄성립요건의 심사에서 적극 활용하고 있지만, 이를 구성요건해당성 배제사유로 보는지 위법성조각사유로 보는지는 분명하게 밝히고 있진 않다. 부작위범의 경우 개별적 (사실상의) 작위가능성이라는 요소와 관련해서는 적법행위에 대한 기대가능성이 없는 경우라고 판시하면서 이를 책임조각사유로 인정하는 판결[91]도 있다(개별적인 하위요소들의 경우 체계적 지위에 관한 대법원의 입장은 구성요건론 위법성론, 책임론, 미수범론, 그리고 가담형태론 참조).

96 대법원이 어떤 범죄체계를 취하는지는 범죄체계의 내부구조에 영향을 미치는 결정적인 하위요소에 관한 형법규정(개념)들을 어떻게 해석하고 있는지를 가늠자로 삼아 추론할 수도 있다. 통상 어떤 범죄체계를 취하는지는 '고의'나 '위법성의 인식'의 체계적 지위 또는 착오사례의 경우 적용법조가 단적인 근거가 될 수 있다. 물론 이에 관한 대법원 판례를 보더라도 대법원이 기본적으로 어떤 범죄체계를 취하는지를 알기는 쉽지 않지만, 최근 판례 중에는 대법원이 어떤 범죄체계에 입각해있는지를 가늠케 하는 것들도 있다.

97 判 종래 대법원 판시 중에는 엄격고의설인지 제한고의설(고전적 또는 신고전적 범죄체계)인지 또는 책임설(목적적 범죄체계 등)인지에 관해 상반된 평가가 가능한 경우도 있었다. 예컨대 '위법성의 인식이 없으면 범의(고의)를 조각한다'는 판시[92]내용(엄격고의설의 취지)이나, '위법성의 인식이 없더라도 고의가 없다고 할 수 없다' [93]는 판시내용(제한고의설의 취지)을 보면 대법원도 위법성의 인식을 고의와 결부시키고 있음을 부정할 수 없다. 이러한 점을 감안하면 대법원의 태도가 고의를 책임요소로 배치시키는 (신)고전적 범죄체계에 입각하고 있는 것이라고 평가할 수도 있다. 다른 한편 대법원은 오랫동안 착오사례 중 '위법성조각사유의 전제사실의 착오'의 법효과로서 고의조각이나 책임조각을 인정하지 않고, '위법성조각'을 인정해왔다. 이 점을 보면 대법원의 태도가 합일태적 범죄체계에 입각해 있지도 않고, 고의와 위법성의 인식의 관계에 관해 엄격책임설을 취하지도 않았다고 말할 수 있다.[94] 그러나 대법원은 최근 위법성조각사유의 전제사실의 착오의 경우 "자기 행위가 죄가 되지 아니하는 것으로 오인하는데 정당한 이유" 유무를 판단하여 유무죄의 결론을 내릴 수 있음을 판시함[95]으로써 대법원이 엄격책임설 및 목적적 범죄체계에 입각하고 있다고 평가할 여지가 생겼다(§ 24 제2절 Ⅲ. 참조). 이 뿐만 아니라 대법원은 공무집행방해죄의 '직무집행의 적법성'요건을 구성요건요소로 보는지 위법성요소로 보는지에 관해서도 지금까지 입장표명이 없었다가, 최근 적법한 공무를 위법한 공무로 오인하고 공무집행을 방해한 사례에 대해 대법원은 행위자의 오인을 "직무집행 적법성에 대한 주관적인 법적 평가가 잘못되었을 여지가 있을 뿐"이라고 함으로써 구성요건요소설을 취하는 듯한 판결[96]을 내렸다. 대법원은 행위자의 오인을 규범적 구성요건요소에 관한 '포섭의 착오'(위

89) 대법원 2007.11.29. 2007도7062.
90) 대법원 1980.5.20. 80도306.
91) 대법원 2001.2.23. 2001도204.
92) 대법원 1974.11.12. 74도2676; 1988.12.13. 88도184.
93) 대법원 1987.4.14. 87도160.
94) 이에 관해서는 책임론의 '위법성의 착오' 부분 참조.
95) 대법원 2023.11.2. 2023도10768.
96) 대법원 2024.7.25. 2023도16951(대법원은 이 판결에서 "피고인의 오인에 정당한 이유가 있는지를 구체적으로 판단하지 않은 채 이 사건 공소사실을 무죄로 판단한 제1심판결을 그대로 유지한 원심의 판단에는 위법성

법성착오사례의 일종)로 파악하였기 때문이다. 또한 대법원이 이 판결에서 행위자의 오인을 제16조의 적용 문제로 보고 있음에서 대법원이 엄격책임설의 입장(목적적 범죄체계)을 취한 것이라는 추론도 가능하다(『각론』 공무집행방해죄 참조).

3. 결론

(1) 체계적 범죄컨셉 vs 실용적 범죄컨셉

독일형법이론학에서 병행수입한 3단계 범죄체계 심사도식을 한국의 형법이론이나 형사 98
실무에서 그대로 사용하는 일은 '선택'의 문제일 뿐 '필수'의 문제는 아니다. 주지하다시피 영미권, 프랑스, 또는 사회주의 국가 등의 형사법정에서 나름의 간단하고 실용적인 범죄이론이 별다른 문제없이 작동되고 있다. 필자는 이러한 시각에서 미국식 로스쿨 법학교육 체제가 도입된 시기에 맞추어, 학문적인 방법론에 입각한 것은 아니지만, '교육을 통한 법조인 양성'이라는 로스쿨의 법학교육 목표를 더 수월하게 달성하려는 교수법상의 관심에서 새로운 길을 모색해 보았다. 예비법률가들의 부담을 덜어주려면 리스트/벨링 이래 굳건히 유지되어 온 독일식 3단계 범죄체계를 둘러싼 복잡한 이론들과 사변적 논의보다는 법실무에서 중요하게 활용할 수 있는 '적용관련적 법적 지식'(즉, 가벌성의 전제조건들의 개별요소(개념)들에 대한 밀도있는 법적 지식)을 매개하는 일에 무게중심을 두는 것이 바람직하다고 여겼기 때문이었다. 예컨대 범죄를 구성하는 어떤 하위요소(특히 고의나 과실)의 범죄체계상 지위 등과 같은 체계완성도에 집착하면 자칫 체계 지상주의에 빠져 정작 그 체계학의 손가락이 가리키는 목표지점(형법규정이 적용될 범죄의 현상학)을 간과할 수도 있다는 우려도 교수법상 다른 길을 모색해 보려는 고민을 하게 만들었다.

이러한 고민은 영미식 범죄컨셉을 독일식 범죄컨셉의 대안으로 삼을 가능성을 타진하 99
게 만들었다. 영미식 범죄컨셉은 범죄의 구성요소를 객관적 행위(actus reus)와 주관적 의사(mens rea)로 대별하고, 형법에 규정된 가벌성배제사유를 항변사유(Defense)로 삼아 형사책임여부를 결정한다. 이러한 범죄컨셉은 한국의 전통법시대의 사고방식과도 유사성이 발견될 수 있다. 조선시대에는 현행 형법에 규정된 가벌성 배제사유(위법성조각사유와 책임조각사유)를 범죄를 면하게 해주는 면죄(免罪)사유로 보았기 때문이다. 영미식 범죄컨셉을 출발점으로 삼으면, 입법자가 범죄성립을 위해 법률에 규정한 가벌성의 전제조건들(총칙에 규정된 공통요소들+각칙규정의 개별적 요소들), 즉 형사처벌의 법적 근거인 법률상의 구성요건을 중심자리에 두면 범죄성립여부에 대한 심사가 비교적 간단해질 수 있다. 구체적 사례에서 행위자의 행위가 적극적으로 충족될 것이 요구하는 법률상의 구성요건을 모두 충족하면 법률상의 '범죄'를 구성하는 범죄구성요건의 심사는 끝나기 때문이다.

조각사유의 전제사실에 대한 착오, 형법 제16조의 '정당한 이유'에 관한 법리를 오해하여 판결에 영향을 미친 잘못이 있다."라고 판시하였다).

100 이러한 실용주의적 생각을 강화하게 된 데에는 특히 독일 형법의 총칙과 각칙규정에는 명시적으로 구성요건, 위법 또는 책임이라는 용어가 드물지 않게 등장하는 반면, 한국 형법의 규정에는 이 세 가지 용어 중 어느 것도 사용되고 있지 않다는 규범현실에서 차이가 있는 바, 한국 형법의 해석론에서 독일형법이론에서 도출된 개념들에 대한 맹목적 추종에서 탈피하면, 특히 위법성이론과 책임이론에 관한 난해한 설명을 건너뛸 수 있는 편리함이 있다는 생각도 작용하였다. 그 밖에 형사입법에 대한 헌법적 통제 및 헌법합치적 형법해석의 관점 등의 고려라는 다른 이유도 있었다.[97]

(2) 체계적 범죄컨셉을 포기해서는 안 될 이유

101 그러나 고민이 거듭될수록 영미식 범죄컨셉만 가지고는 애초에 의도했던 실용성과 간편성 확보라는 목표가 현실화되기 어렵다는 생각이 커지게 되었다. 특히 위법성조각사유와 책임조각사유에 관한 규정의 해석을 위해서도 위법성개념과 책임개념에 대한 최소한의 기본지식과 이론적 배경 그리고 정당화와 면책의 기본원리에 관한 기초가 요구된다는 점, 세 가지 도그마틱적 체계 개념으로부터 도출되는 불법판단 기준과 책임판단 기준에 대한 이해가 부족하면 사안의 구체적 타당성에 부합하는 정당하고도 객관적 법 발견에 이를 수 없다는 점이 자각되었다.

102 이 뿐만 아니라 범죄에 관한 실용적 컨셉에서 출발하여 범죄를 구성요건해당성만으로 개념정의하면, 논리적 일관성 유지를 위해 공범이론에서 제한종속형식설을 포기하고 최소종속형식설을 취할 수밖에 없는 점도 부담이 되었다. 과거보다 더 선명성을 띠면서 독일식 3단계 범죄체계를 전제로 하여 구체적 사례해결을 위한 이론구성을 하고 있는 대법원의 움직임도 포착되었다. 특히 대법원이 생산하는 법리에 나타난 정밀성과 치밀성은 실무도 법학교육제도의 변화에 보조를 맞추어 도그마틱적 범죄체계를 탈피하고 실용주의 노선을 한층 강화할 것으로 여겼던 필자의 예측이 잘못된 것임을 보여주었다.

103 判 최근 대법원 형사판결문에 등장하는 법리들을 자세히 분석해 보면, 대법원이 구체적 사례의 타당성을 좇아 법리를 형성하는 데 치중하기 때문에 체계 일관성은 뒷전으로 여긴다는 종래의 평가가 타당하지 않음을 알 수 있다. 지난 20여 년간 대법원은 구체적 사례를 해결함에 있어 다른 사건에서의 법리와 정밀한 비교를 하는 등 논리적 일관성을 저버리지 않으려는 노력을 기울임으로써 범죄성립의 하위 요소들(특히 각칙 구성요건의 개별 요소들)에 대한 섬세한 법리를 생산해 내고 있다(『각론』의 '주거침입죄'와 '배임죄' 참조). 이 뿐만 아니라 대법원은 – '재판부'마다 다르긴 하지만 – 범죄체계론적 사고를 유지하려는 노력을 가시적으로 보여주기도 했다. '세월호 사건'에 대한 판결에서는 부작위범에 관한 구체적 법리를 교과서 수준 이상으로 정리하고 있고, '양심적 병역거부사건'과 관련해서는 특정 구성요건의 표지("정당한 사유")가 구성요건해당성배제사유임을 명시적으로 밝히기도 했다. 특히 대법원은 형법이론 영역 중 범죄체계에 관한 기본지식의 학습정도를 측정할 수 있는 리트머스 시험지라고 할 수 있는 특정 쟁점(위법성조각사유의 전제사실의 착오문제)에 관한 사례(복싱클럽사건)에 대해 최근 체계적 사고를 중시하지 않았던 종래의 태도에

97) 자세한 내용은 『총론』 제9판, § 7/102 이하 참조.

서 진일보한 판결[98]을 내리고 있다(이에 관해서는 § 23 제2절 Ⅲ. 참조). 체계적 사고의 중요성을 간과하고 있지 않은 대법원의 법리들 및 전원합의체 판결들의 다수 견해, 반대견해, 각각의 보충견해들 간에 첨예한 이론적 대립 등은 법학교육 현장에서의 수요자 요구에 영합하는 차원에서 정밀한 이론교육보다는 시험대비용 지식들의 전달에 급급한 교육현장의 분위기와는 판이하게 다른 것임을 보여주고 있다.

영미식 범죄컨셉에 눈을 돌렸던 필자의 시선을 다시 독일식 범죄컨셉으로 복귀하게 만든 보다 결정적인 이유가 있다. 영미식 범죄컨셉이 형사소송에서 피고인을 불리하게 하는 소송실무의 이론적 근거로 제공될 수도 있다는 점 때문이다. 영미식 당사자주의 형사소송구조 하에서 피고인의 항변사유는 그 입증부담을 전적으로 피고인이 지게 된다. 반면에 독일식 직권주의적 형사소송구조 하에서는 범죄사실 자체에 대한 증명책임이 일차적으로 소추자인 검사에게 있다. 104

영미의 형사재판에서는 위법성조각사유와 책임조각사유 주장이 피고인 측의 항변사유이므로 피고인이 입증책임을 지게 되겠지만, 독일 또는 한국의 형사재판에서는 그러한 사유들의 부존재에 대한 입증책임이 원칙적으로 소추자인 검사에게 인정되어야 한다. 따라서 피고인은 그러한 사유들이 존재할 수 있음을 주장하거나 소명하기만 하면 되고, 종국적 판단은 법관에게 맡겨져 있다. 105

영미법체계하에서는 소송법 우위 사고 때문에 진실발견에 관한 한, 형사소송법적 관점이 실체형법에 적용될 사실들의 범위가 소송절차에서 조율될 가능성이 열려있지만, 대륙법체계하에서는 실체형법적 관점이 형사소송에 영향을 미치므로 소송절차에서 입증될 사실은 실체형법상 범죄구성요건에 종속적일 수밖에 없는 측면이 있다. 이 때문에 영미식 범죄컨셉이 가져다주는 실체형법적 측면에서의 이론적 간편함을 섣불리 수용하게 되면 그 간편함이 오히려 절차법적으로 피고인에게 불리하게 작용할 수도 있다. 106

이처럼 '범죄'컨셉과 관련된 형법이론적 차원의 문제는 단순히 교수법상의 편의성과 수월성을 넘어서는 중요한 문제지평을 가진다. 범죄개념에 관한 형법이론은 형사소송의 구조에 기초한 실체형법과 절차형법의 관계에 관한 숙고, 모든 범죄종류에 공통되는 일반적인 실체요소에 관한 객관성을 추구하는 체계학으로서의 법학이 가지는 학문적 이상(理想), 더 나아가 법질서의 한 '부분'에 불과한 형법적 관점 이외에도 전체로서의 법적 관점에서 추구되는 보편타당한 법개념의 추구 등 다양한 차원이 복잡하게 얽혀있는 문제이다. 형법학의 과제를 일반적 귀속원칙들의 철학적 전개 및 형벌폭력에 대한 지적 통제에서 찾는다면, 헌법적으로 수용할 수 있는 정당화원칙들로부터 모순없는 가벌성의 전제조건들의 도출 및 체계적 정서를 필요불가결한 일로 보게 될 뿐 아니라 그에 관한 학문적인 논쟁도 없어서는 안될 일이 될 것이다. 형법의 범죄성립요건에 관한 한 엄밀한 체계학을 포기하는 것은 법치주의의 포기 내지 훼손으로 귀결될 수도 있기 때문 107

98) 대법원의 이 판결(대법원 2023.11.2. 2003도10768)은 위법성조각사유의 전제사실의 착오 사례에 대한 검사의 '기소유예'처분에 관한 헌법재판소의 결정(헌법재판소 2010.10.28. 2008헌바629) 이후 13년 만에 나온 판결이다. 헌법재판소는 당시 검사가 범죄성립요건에 관한 체계적 지식에 기초한 학설 및 법리에 따라 심사하였더라면 범죄불성립의 여지가 있음을 지적함으로써 법률가양성교육에서의 '이론' 부재가 시민의 행복추구권과 평등권의 침해로 이를 수 있음에 대한 묵시적 경고 차원의 결정을 내렸다.

이다.[99)]

108 특히 범죄개념을 이론화함에 있어 3단계 범죄체계를 취하는 장점이 두드러지게 나타나는 부분은 범죄성립요건의 충족 여부를 심사할 때 위'법'성 판단의 독자적인 존재의의를 인정하는 점에 있다. 적법과 불법을 구별하는 일에 준거로 등장해야 할 '법'은 전체로서의 '법'질서로 이해되어야 하는 것이지, 전체의 부분에 불과한 '형법'만(그리고 형법의 범죄구성요건만)을 기준으로 삼는 것은 범죄개념에 대한 균형잡힌 이해가 아닐 수 있기 때문이다. 이에 필자는 영미식 범죄컨셉에 입각하여 범죄성립요건을 설명하였던 종래의 시도를 포기하고, 『총론』 제9판부터는 독일식 범죄컨셉에 기초한 3단계범죄체계에 입각하여 각 범죄성립요건들을 설명하기로 한다.

99) 물론 범죄체계에 관한 논의는 형식적이고 논리적인 차원에서만 전개되어서는 안 된다. 실질적 형사정책적 논의, 법률 개념에 대한 법학방법론에 기초한 해석작업, 그리고 일관성을 결여한 형사 사법에 대한 비판적 분석 등 목적론적 가치론적 관점에서 보충되어야 한다. 이 점에 관해서는 후술한다.

제 3 장 범죄체계론과 법발견 방법학의 발전 §8

범죄체계론은 학문이론에서 방법론적 환원주의를 관철시켜 하나의 통일된 범죄개념을 정의내리고 그 개념속의 하위(개념)요소들을 서로 다른 시각에서 체계화하려는 시도들의 이론적 각축장이다. 범죄체계론이 체계화라는 측면에서 형법이론학의 학문성 수준을 높여 온 점은 분명하다. 그러나 범죄의 개별요소들의 체계적 분류가 '한 방의 가구를 다른 방으로 옮겨놓은 일'과 같은 형식적 차원의 변화만 초래하는 것은 아니다. 형식적 차원의 체계화에 영향을 미친 실질적 차원의 변화가 있다. 1

이러한 변화를 한마디로 요약하면, '형법적 개념에 대한 접근 방법의 변화'라고 말할 수 있다. 이러한 변화는 구체적인 사례의 행위자 행위가 범죄성립요건을 충족하였는지를 판단하는 일에 있어 '방법적인 전환'을 수반한다. 이하에서는 먼저 범죄성립요건의 하위요소들 내지 형법적 개념에 대한 접근방법에서의 변화가 실용도그마틱적 차원에서 가지고 있는 함의가 무엇인지를 간파하고(제1절), 다음으로 개념에 대한 접근방법의 전환이 법학방법론 일반 및 법발견 방법학에서의 방법적 변화와 어떤 관련성이 있는지를 관찰한다(제2절). 마지막으로 변화된 법발견 방법학이 범죄체계의 하위요소(개념)들을 해석하여 종국적으로 구체적인 사례에서 행위자의 행위가 형법의 범죄성립요건의 충족여부를 판단하는 일에도 동일한 원리로 작동하는 것임을 확인한다(제3절). 2

제 1 절 형법적 개념에 대한 접근'방법'의 변화

Ⅰ. 범죄체계론의 발전과 범죄의 하위 요소들

1. 존재론적 범죄체계 → 목적론적 범죄체계

앞서 살펴보았듯이 형법이론학에서의 범죄체계는 고전적 범죄체계(19세기말－20세기초) → 신고전적 범죄체계(1930년대) → 목적적 범죄체계(1930년대－1950년대) → 합일태적 범죄체계(1960/70년대－현재)로 발전되어 왔다. 그러나 이러한 발전에 대해 형법이론학은 범죄성립요건의 하위요소(개념)들의 체계적 지위 변화(예, 고의가 책임요소에서 구성요건요소로 바뀜)에만 주목해서는 안 된다. 이러한 변화보다 더 중요하게 초점을 맞추어야 할 점이 있다. 범죄성립요건의 하위요소(개념)들에 대한 이해방식의 변화, 즉 각 하위요소(개념)들을 자연주의적 존재론적 차원에서 이해하는 방식에서 가치론적 목적론적 차원에서 이해하는 방식으로 변화된 점이다. 전자의 방식에 따라 각 하위요소(개념)들을 범주화한 범죄체계는 '존재론적 범 3

죄체계'로, 후자의 방식에 따른 범죄체계는 '목적론적 범죄체계'로 불려지고 있다.

4 존재론적 범죄체계로 분류될 수 있는 범죄체계로는 자연과학적 인과적 사고에 기초하여 범죄의 하위요소들을 분류한 고전적 범죄체계가 대표적이고, 신고전적 범죄체계, 목적적 행위이론에 기반하지 않은 목적적 범죄체계, 합일태적 범죄체계 등은 목적론적 범죄체계로 분류될 수 있다. 형벌목적적 관점 외에 다양한 평가적 관점을 범죄성립요건의 하위요소(개념)들에 영향을 미칠 수 있음을 강조한 범죄컨셉도 목적론적 범죄체계를 구축하려는 시도로 분류될 수 있다. 이에 따르면 범죄체계는 '존재론적 범죄체계→목적론적 범죄체계'로 발전되어 온 것이라고 말할 수 있다. 이러한 발전을 추동시킨 것이 바로 범죄의 하위요소(개념)들에 대한 접근방법의 변화라고 할 수 있다.

2. 범죄의 하위(개념)요소들에 대한 접근방법의 변화

5 형법이론학에서는 범죄체계의 하위요소(개념)들에 대한 접근방법의 변화는 일찍이 1930년대의 신고전적 범죄체계하에서도 이루어졌고(특히 규범적 구성요건요소의 발견), 1950년대 형법적 개념에 대한 기능주의적 관점을 '행위'개념 및 '고의'개념에 투입시키려는 갈라스의 범죄컨셉 및 그에 따른 합일태적 범죄체계의 구축 등도 이러한 접근방법의 변화에 따른 것이었다. 범죄개념 내지 범죄컨셉에서의 가치 내지 목적적 관점을 투입하여 형법적 개념을 이해하려는 시도가 더욱 노골적으로 전개된 것은 범죄성립요건 중 하나인 '책임'을 형벌목적인 예방'목적'으로 채색하려는 시도, 범죄성립요건의 하나인 '책임'개념을 예방이라는 목적을 실질적 기준으로 삼아 이해하려는 시도에서 였다. 이러한 시도는 책임이론에서의 난제인 의사자유를 책임비난의 실질적 근거로 인정할 수 없다는 주장에서 촉발되었지만, 범죄성립요건의 문제(책임)와 형벌효과의 문제(형벌목적적 관점)를 철저하게 분리독립된 것으로 보아온 전통적인 형법이론학의 '도그마'에 대한 공격으로 그 전선이 확장되었다.

Ⅱ. '범죄'와 '형벌'의 관계에 관한 전통적 '도그마'와 그 균열

1. 전통적 도그마

(1) 분리·독립성 도그마

6 19세기 말 이래 독일 입법자에 의해 구상된 범죄컨셉을 체계화하여 하나의 통일된 범죄개념을 구축하려고 했던 범죄에 관한 다양한 이론들의 공통된 관심사는－17, 18세기의 귀속이론의 관심사에 연계되어－어떤 '실체적 전제조건'하에서 사회윤리적 비난의 표현인 '형벌'이 부과되는가라는 물음에 답하는 일이었다.

7 이 물음에 답하는 과정에서 형법이론학은 앞서 살펴보았듯이 형벌부과를 위한 실체적

요건으로서 일반적 범죄성립요건인 구성요건해당성, 위법성, 책임이라는 세 개의 도그마틱적 개념을 만들어 냈고, 이를 외부프레임으로 삼아 범죄성립요건의 하위요소들을 체계적으로 분류하여 3단계 범죄체계를 구축하였다. 이에 따르면 '효과'로서 형벌은 그 요건인 범죄성립요건이 충족되는 것을 전제로 해서만 부과될 수 있는 것으로 인정되었다. 이에 따라 형사실무에서도 범죄성립요건의 충족여부에 관한 문제와 어떤 형벌을 어느 정도로 부과하는지 그리고 이 경우 어떤 형벌효과를 기대할 것인지, 특히 어떤 사회적 효과가 발생하고 기대되는지의 문제는 전적으로 별개 독립적인 것으로 취급해왔다. 요컨대 학계와 실무에서는 범죄성립의 문제와 형벌부과의 문제는 각각 고유한 방법과 원칙에 따라 답해야 하는 것으로 여겨왔다.

(2) 독립성 도그마의 이념적 배경

이와 같이 요건의 문제와 효과의 문제를 분리·독립적인 것으로 파악했던 사고방식은 국가형벌권의 자의적 행사로부터 시민의 자유보장이라는 형법의 '마그나 카르타'적 기능의 저하를 막으려는 이념적 배경을 가지고 있었다. 어떤 행위가 '범죄'성립요건에 해당하는지를 심사함에 있어 그 하위요소(개념)들에 관한 형법규정을 해석·적용하는 작업에서 형사정책적 필요성에 기초한 형벌목적적 관점을 고려하게 되면 범죄성립 여부를 판단하는 '법'적 결정의 문제가 '정책'적 필요에 의해 좌지우지되고 말기 때문이다. 이에 따르면, 예컨대 범죄의 주관적 구성요건 요소에 속하는 '고의'에 관한 규정을 해석하거나 재판 실무에서 행위자의 고의 인정여부에 대한 법적 결정을 내릴 경우 행위자를 처벌할 필요성이나 장래의 범죄를 예방할 목적등을 고려하는 일과 철저히 거리를 둘 것이 요구되었다. 이 점은 형법각칙상 요구되는 개별 구성요건요소의 충족 여부를 검토함에 있어서도 예외가 아니었다. 8

'요건으로서의 범죄'성립의 문제와 형벌목적적 관점이 개입하는 '효과로서의 형벌'부과를 엄격하게 분리시켜 서로 독립적인 문제로 취급해야 한다는 사고방식은 형법이론학에서 일체의 예외가 허용되지 않는 깨뜨릴 수 없는 '도그마'가 되었다. '형법은 형사정책이 뛰어넘을 수 없는 울타리'(리스트)라는 말도 이러한 도그마의 다른 표현이다. 9

2. 전통적 도그마의 균열 시도(☆)

(1) 록신의 책임이론

1970년대 초반 독일형법이론학에서 범죄(요건)와 형벌(효과)의 관계에 관한 전통적 도그마에 균열을 내려는 시도가 생겨났다. 먼저 망치를 든 것은 록신이었다. 록신은 『형사정책과 형법체계』, 제1판과 제2판(1970, 1973)에서 범죄이론을 구성함에 있어서도 "형사정책과 형법간의 체계적 통일성"을 만들어내기 위해 실현하기 새로운 범죄체계를 구축하려는 복안을 제시하였다.[100] 물론 록신이 구상한 새로운 범죄체계는 범죄성립요건의 전체 체계가 10

아니라 마지막 체계요소인 '책임'에 국한된 것이었다. 록신은 "책임은 형사정책적으로 형벌목적에 의해 특징지워진다"[101]고 하는 동시에 책임(Schuld)과 답책성(Verantwortlichkeit)은 "형법적 체계 카테고리들"로서 형벌목적이론에서 도출되어져야 한다고 주장하였다.[102]

11 그러나 범죄이론을 구축함에 있어 형법과 형사정책을 단일한 하나의 체계요소(특히 책임)에서 다루고자 했던 록신은 자신의 최초 구상을 끝까지 밀어붙이지 못했다. 전통적 형법이론이 '책임'이라는 형법적 개념에 대해 부여되었던 '형벌제한기능'을 포기할 수 없었기 때문이다.

12 그 결과 록신은 예방목적적 관점을 고려하기 위한 자신의 최초의 구상을 전통적인 책임(Schuld) 요소가 아닌 답책성이라는 제4의 카테고리 속에서 실현하는 데 그치고 말았다. 그러면서도 록신은 책임비난을 실질적으로 근거지우는 기준에 관한 한, 전통적 책임이론과 다른 기준을 내세웠다. 즉 록신은 형이상학적 의사자유를 책임판단의 기준으로 삼는 대신에 '행위의 자유'를 전제로 삼은 "규범적 감응가능성" 내지 "규범에 의한 동기설정가능성"이라는 기준을 책임판단의 기준으로 삼았다.[103]

(2) 야콥스의 책임이론

13 록신과는 달리 야콥스는 범죄성립요건의 하나인 책임개념 자체에 망치를 내리쳤고, 범죄이론적으로도 최초의 구상을 관철시켰다. 야콥스는 『책임과 예방』(1976)이라는 소책자에서 양자의 관계를 "목적이 책임을 채색한다"고 하면서, 맹목적 형법이 아니라 질서유지라는 목적에 이바지하는 책임형법은 책임개념이 그러한 목적에 따라 규정되는 때에야 비로소 그 존재 의의를 가질 수 있다고 보았다.[104] "책임은 일반예방을 통해 … 근거지워지고 이러한 일반예방에 의해 측정된다"고 주장한 야콥스는 "책임은 적극적 일반예방목적의 파생물"이라는 유명한 슬로건을 만들어내었다.[105] 이로써 야콥스는 록신과는 달리 오로지 적극적 일반예방목적에 의하여 그 내용이 규정된 책임은 형벌을 '근거'지우기도 하고 '제한'하기도 한다고 한다. 이에 따르면 적어도 책임이라는 체계요소에 관한 한 범죄성립요건과 형벌목적의 분리 '독립성'이라는 전통적 도그마는 깨어지고, 책임의 예방적 형벌목적 '종속성'이 인정된다.

14 책임개념의 예방목적 종속성을 인정하려는 야콥스의 이론컨셉은－그의 교과서 제1판(1983)과 제2판(1991)에서 약간의 차이를 보이고는 있지만－기본적으로 일반 귀속이론에 기초를 두고,[106] 모든 형법적 개념들을 규범주의적 접근방법에 따라 새롭게 이해[107]하려고 하였다. 야콥스는 형벌뿐 아니

---

100) Roxin, Kriminalpolitik und Strafrechtssystem, 2. Aufl. 1973, S. 11.
101) Roxin, 앞의 책, S. 33.
102) Roxin, "'Schuld' und 'Verantwortlichkeit'" als strafrechtliche Systemkategorien, in: Grundfragen der gesamten Strafrechtswissenschaft, 1974.
103) Roxin, Zur jüngsten Diskussion über Schuld, Prävention und Verantwortlichkeit im Strafrecht, FS für Bockelmann, 1979, S. 297f.
104) Jakobs, 앞의 논문, S. 7.
105) Jakobs, 앞의 논문, S. 32.
106) 특히 야콥스는 일반적 범죄성립요건에 관한 이론을 전체를 '일반 귀속'이론이라고 부른다.
107) 총론 교과서 제1판의 서문에서 야콥스는 "학문의 대상들은 골동품과 같이 그 기원이나 연대에 따라 취급되어야 하는 것이 아니라 그 생산력에 따라 취급되어야 한다"고 하였다(Jakobs, Strafrecht AT, 1. Aufl. 1983.

라 범죄행위도 전체적 통합적 관점에서 그 의미론을 밝히려고 시도하였다.[108] 야콥스는 특히 규범주의적 시각에서 형법적 개념의 사회 기능적 관점을 중요시하였다. 이 때문에 야콥스는 형법적 개념에 대한 이해를 외부적으로 관찰가능한 차원에서 객관적으로 주어진 바(경험)와 무관한 사회적 의미론으로 대체하였다. 2012년 야콥스는 그의 단행본 『형법적 귀속의 체계(System der strafrechtlichen Zurechnung)』[109]에서 자신의 귀속이론의 지향점이 "총체적 귀속구성요건"을 형성하는 데 있다고 하면서 범죄체계에 관한 전통적인 규칙들을 비판하는 동시에 형법적 개념들을 '새롭게 설명'하고 있다.

(3) 새로운 시도들에 대한 평가

'범죄체계와 형벌목적 독립성 유지'라는 전통적 범죄이론과 정반대의 입장에서 범죄이론을 전개하면서 "모든 것의 파괴자"인 야콥스는 "목적과 가치에 관련된 목적론적 체계(teleologisches System)를 구축"함에 있어 형벌개념을 "형법체계내의 확고한 아르키메데스의 점"으로 인정하고 있다.[110] 15

다른 한편 규범에 의한 "동기설정가능성"이라는 기준을 책임판단의 기준으로 삼음으로써 책임판단에서 규범적 관점을 보충해 넣으려는 록신의 온건한 이론구상도 넓은 의미에서의 책임판단에 사회적 유용성/유해성 등 형사정책적 목적 관점을 고려해 넣으려는 시도로서 범죄체계를 '목적론적'으로 구축하는 계열에 포함될 수 있다. 이 뿐만 아니라 양형단계에서 책임범위이론에 따를 때 책임의 한계 내에서 예방적 관점을 고려함으로써 형벌근거책임과 양형책임의 경우 국가형벌권의 한계가 서로 다르게 작동하면서 상호제한할 수 있다는 록신의 이론구상은 책임판단에서 책임(또는 책임원칙)의 형벌제한적 기능과 합리적 형사정책적 관점을 조화롭게 결합하려는 시도로 평가할 수도 있다. 16

록신과 야콥스가 책임개념에 대해 물들인 예방적 형벌목적은 책임 이외의 다른 개념들(행위 개념, 인과관계 개념 등)파악함에 있어도 목적론적 내지 가치론적 관점을 개입시키는 계기를 더욱 부채질하였다. 특히 객관적 귀속이론(록신) 및 일반적 귀속이론(야콥스)은 범죄성립요건(형법체계)과 형벌목적(형사정책)의 분리독립성 도그마가 – 형법의 현실적 기능을 위해서 – 더 이상 의미있게 작동하기 어렵다는 평가를 할 수 있을 정도이다. 17

Ⅲ. 책임 개념 및 형법적 개념에 대한 접근방법의 변화

1. 예방적 책임이론의 도전과 전통적 책임이론의 응전

1970년대부터 시작된 '책임'의 '예방'목적 종속성 인정이냐 양자의 독립성 유지냐를 둘러싼 논쟁에서 독립성을 인정하는 전통적 도그마가 한때 수세에 몰리기도 했다. 이는 특 18

---

1. Aufl, S. 15).

108) 야콥스는 범죄행위의 전체적 의미론적 차원에서 볼 때 불법과 책임의 개념적 구분도 부적절하다고 하였지만, 교수법상으로는 두 가지 귀속단계, 즉 불법으로의 귀속과 책임에로의 귀속의 구분은 필요한 것으로 보고 이를 유지하고 있다(Jakobs, AT, 2. Aufl. 1991, §6/2 ff).

109) 이 책의 번역본 근간 예정.

110) Schünemann, Neue Bibild des Strafrechtssystem, – Zugleich Rezension von Günther Jakobs, System der strafrechtlichen Zurechnung, 2012, ZStW 126(2014), S. 1 – 26

히 전통적 책임이론의 책임개념의 아킬레스근인 '의사자유'의 존재증명에 대한 공격에 기인한다.[111)]

19 이러한 공격은 이미 19세기 말에서 20세기 초반 무렵 과학주의와 실증주의로 무장한 일군의 형법이론가들(근대학파)에 의해 이루어진 적이 있다. 이들은 18세기 계몽주의사상에서 그 기초가 마련된 형이상학적 의사자유의 존재를 부정하면서 전통적 형법이론(고전학파)과 학파논쟁을 전개하였다. 근대학파는 특히 전통적 형법이론의 중심개념인 '책임'과 그 책임에 상응한 형벌을 표방한 응보적 형벌이론의 토대를 무너뜨리기 위해 다양한 개혁적 주장을 하였다(학파논쟁 및 근대학파의 개혁이론에 관해서는 제4부 제2편 형벌이론 참조).

20 1970년대에 시작한 예방적 책임이론도 19세기 근대학파 형법이론의 주장처럼 사회적 유용성을 도모하는 차원에서 형법의 합리화를 지향점으로 삼았지만, 근대학파의 주장과 많은 점에서 차이를 보인다. 특히 형법적 개념에 대한 접근 방법에서 결정적으로 차이가 있다. 앞서 언급했듯이 1970년대 예방적 책임이론은 형법적 개념에 대한 자연주의적 접근법보다는 규범적 평가적 접근법에 따르면서도 형법을 법치국가적 테두리 밖에서 작동하지 않도록 유념하여 책임개념(및 책임원칙)을 그대로 유지하면서 책임비난의 실질적 근거로서 규범적 감응가능성(록신)이나 규범의 타당성 유지 필요성(야콥스)에 초점을 맞추어 책임 개념의 '사회적 기능'에 강조점을 두었다.

21 그러나 전통적 형법이론의 도그마는 두 번의 도전을 받으면서도 여전히 공고하게 유지되고 있다. 특히 전통적 책임이론은 그 사이에 19세기 근대학파 및 70년대 예방적 책임이론의 비판을 받으면서 변신과 발전을 거듭했다. 가장 변화는 책임의 본질이 행위에 대한 행위자의 심리적 관계에 있는 것(심리적 책임개념)이 아니라 비난가능성이라는 규범적 평가에 있는 것(규범적 책임개념)임을 수용한 점이다. '의사결정의 자유'의 존부의 문제에서도 불가지론자들이 늘어감에 따라 '의사'의 자유가 아니라 '행위'의 자유로 초점을 이동하여 책임비난의 여부를 판단함에 있어 행위자가 '달리 행위할 수 있었는가'(즉 타행위가능성)를 책임판단의 기준으로 삼는 태도가 지배적으로 되었다.

22 그럼에도 불구하고 책임 판단에서 '요건과 효과의 분리독립 도그마'는 이미 상당부분 깨어지고 있고, 장차 그 깨어짐의 범위는 더욱 확대될 것으로 보인다. 형법적 개념들에 대한 자연주의적 존재론적 접근을 탈피하고 규범적 평가적 접근방법이 이루어지면, 필연적으로 다른 관점들이 범죄성립 여부에 대한 평가에 고려되어야 하기 때문이다.

23 判 이 점은 특히 한국의 대법원 판결에서도 현실화되고 있다. 대법원은 책임의 유무 판단에서도 형벌목적적 관점(또는 그 외 다른 관점들도)을 고려할 수 있다고 판시[112)]하고 있을 뿐만 아니라, 위법성 판단에서

111) 자세한 내용은 책임론의 책임이론 및 형사제재론의 형벌이론 참조.

112) 대법원 1995.2.24. 94도3163; 1996.5.10. 96도638; 2018.9.13. 2018도7658 등. "심신장애의 유무는 법원이 형벌제도의 목적 등에 비추어 판단하여야 할 법률문제로서 그 판단에 전문감정인의 정신감정결과가 중요한 참고자료가 되기는 하나, 법원이 반드시 그 의견에 구속되는 것은 아니고, 그러한 감정결과뿐만 아니라 범행

도 처벌의 필요성이나 무가치성 등을 고려하는 판시[113]도 있으며, 구성요건의 대부분의 하위 요소들은 이미 오래전부터 규범적 평가적 방법에 따른 개념접근이 이루어져 오고 있기 때문이다. 고의인정 여부도 자연과학적 차원의 심리학적 인식 여부만을 토대로 하지 않고 형사정책적 관점을 개입시켜 규범적 평가의 대상으로 삼은 지 오래이다. 이 점은 인과관계 개념과 관련해서도 자연주의적 경험과학적 차원의 사실 확인에 근거한 접근방법을 넘어서 보충적으로 규범적 평가적 접근방법을 다각도로 활용하고 있음에도 나타나고 있고, 특히 과실인정 요건 중 주의의무위반의 정도와 관련해서 평균인의 주의정도를 표준으로 하고 있는 대법원의 태도도 결국은 '요건'의 문제와 '효과'의 문제가 필연적으로 결합되는 것임을 암묵지로서 전제하고 있음을 말해주고 있다(이에 관해서는 각 개념요소들에 대한 판례법리에 대한 의미평가 부분 참조). 뒤에서 살펴보겠지만, 구체적 사례에서 법관이 발견하게 '법'은 처음부터 결정되어 있는 것이 아니라 그 법적 결정의 사회적 효과가 고려되는 속성을 가지고 있고, 특히 범죄성립여부에 대한 결정의 경우 사회일반의 요구나 감정적 정서적 태도에 영향을 받지 않을 수 없는 측면이 있음도 '요건'의 해석문제와 '효과'의 문제가 진정하게 분리독립된 것일 수 없음을 말해준다. 생각건대 이러한 사고는 판결문에 명시적으로 드러나 있지 않더라도 법적 결정을 내리는 법관에게 당연사고적으로 수반되는 성질의 것으로 여겨진다.[114]

2. 책임개념에 대한 접근법의 변화와 그 형법도그마틱적 의의

통시적인 관점에서 볼 때 형법적 개념에 대한 규범적 평가적 접근법이 1970년대 초반 책임이라는 개념에서 특히 부각된 것은 우연이 아니다. 20세기 전반기만 해도 19세기 말 실증주의의 기초가 되었던 자연과학적 사고를 배경으로 한 인과적 사고가 형법의 모든 개념들에 대해 지배적이었다. 그러나 자연과학적 인과적 사고방식은 1930년대 신칸트학파에 의해 도전을 받기 시작하였다가 결정적으로 1970년 대 초반, 위험개념과 규범의 보호목적이라는 컨셉을 기초로 한 객관적 귀속이론의 대두에 의해 그 기반의 견고함에 균열이 일어났다. 24

1970년대는 또한 형법적 행위개념에 대한 접근법에서의 변화, 즉 1960년대 행위개념에 대한 자연주의적 존재론적 접근방법의 무용성을 자각하고 행위개념의 한계적 기능에 만족하고 법적·구성요건에 해당하는 행위개념에서 출발하려는 변화상을 등에 업고 있었던 시기였다. 이러한 변화의 기류는 형법이론학의 주사위는 '행위'론에서 '불법'론에 던져졌다는 25

의 경위, 수단, 범행 전후의 피고인의 행동 등 기록에 나타난 여러 자료 등을 종합하여 독자적으로 심신장애의 유무를 판단하여야 한다."

113) 대법원 1983.2.8. 82도357. "형법 제20조가 사회상규에 위배되지 아니하는 행위는 처벌하지 아니한다고 규정한 것은 (중략) 어떤 법규정이 처벌대상으로 하는 행위가 사회발전에 따라 일반적으로 전혀 위법하지 않다고 인식되고 그 처벌이 무가치할 뿐 아니라 사회정의에 배반된다고 생각될 정도에 이를 경우나, 자유민주주의 사회의 목적가치에 비추어 이를 실현하기 위해 사회적 상당성이 있는 수단으로서 행해졌다는 평가가 가능한 경우에 한하여 이를 사회상규에 위배되지 아니한다고 할 것(이다)."

114) 대법원 2022.12.22. 2020도16420 전원합의체 판결 중 '별개의견' 중 다음의 판시부분 참조. "형사법의 가장 중요하고 근본적인 기능과 역할은 범죄를 처벌하고 예방함으로써 사회공동체의 질서를 유지하고 구성원들의 생명, 신체, 자유, 재산 등 법익을 보호하는 것이다. 따라서 형사법에 관한 해석론을 전개할 때에도 이러한 형사법의 근본적인 기능과 목적을 소홀히 여겨서는 안 된다. 가벌적 행위를 범하여 처벌을 받아야 할 자에 대해서는 이에 상응한 처벌이 이루어지고, 무고한 자에 대해서는 처벌이 이루어지지 않도록 하여야 한다. 이는 사회적 공동생활의 질서를 유지하기 위한 형사법의 해석론이 견지하여야 할 가장 기본적인 태도이다."

록신의 언명에서 압축적으로 요약되었다.

26 책임개념의 기능화를 전면적으로 도모하고자 했던 야콥스의 방법적 전환은 더 극적이다. 1950년대와 60년대까지 '목적성'을 행위개념의－불변의－존재론적 구조로 파악하였을 뿐만 아니라 책임비난의 근거를 비결정주의적 의사자유에서 찾았던 벨첼(Hans Welzel)의 제자였던 야콥스는 70년대에 와서 형법상 책임개념에 남아 있던 형이상학적 존재론적 사고를 탈피하면서 규범주의적 시각을 철저하게 전개하였다. 1983년 독일형법학계에서 많은 주목을 끌은 형법총론 교과서 초반에서 야콥스는 자신의 스승 벨첼이 고수하였던 형법적 개념에 대한 형이상학적 존재론적(형이상학적) 접근법으로부터 벗어나 형법의 모든 개념에 대해 규범적－평가적으로 접근하는 시도를 함으로써 형법학 방법론에 관한 한, 자신의 스승과 정반대의 길을 걷기 시작했다.[115] 물론 야콥스도 처음부터 수미일관되게 이러한 길을 걸었던 것은 아니었다. 예컨대 교과서 초판에서 야콥스는 행위개념을 기술적, 존재론적인 시각에서 "개별적으로 회피가능한 불회피(individuell vermeidbare Erfolgsverursachung)"로 정의내렸다. 순수 규범적 시각에서 행위개념에 대해 정의 내린 것은 그로부터 1년 후의 일이었다: "규범의 타당성에 끼친 손상에 대해 자신이 책임을 지는 위치에 놓이게 됨(Sich－schuldhaft－zuständig－Machen für einen Normgeltungsschaden)".[116]

27 규범적 평가적 접근방법은 형법이론학에서 뿐만 아니라 '법학 방법론' 일반에서 점점 확산되었다. 독일의 민법학자 바그너(Gerhard Wagner)는 오늘날 독일 민법학에서 지배적인 법학 방법론을 "평가법학(Wertungsjurisprudenz)"이라고 부르고 있다.[117] 평가법학은 19세기 이익법학과 연결점을 가지고 있으면서도 그 핵심에서는 변화된 조건하에서 체계법학과 원칙법학의 새로운 형식을 계속 써 내려가고 있다고 한다. 1970년대 이후 법학방법론에 관한 문헌을 대표하는 저작물의 저자인 라렌츠(Karl Larenz)에 의하면 현대 법학에서 입법자에 의해 내려진 결단보다는 법률의 규범적 지침들이 판례와 법학을 통해 얻을 수 있는 특징적 내용들로 전면에 등장한다고 한다. 이로써 현행법을 "법이념"의 지평에서 해석하고 이론화하는 일종의 객관적 해석이론으로 귀결된다고 한다.[118]

28 형법체계 전체, 즉 일반적 범죄성립요건의 관점에서 보면 예방적 책임이론에 의해 전면에 드러나게 된 형법적 개념에 대한 접근 방법적 측면의 '전환'(methodological turn)은 책임개념에 대한 이해의 변화를 가져온 것만은 아니다. 국가형벌권의 정당성을 근거를 허구에서 찾을 것이 아니라 사회에 유용한 목적에서 찾으려는 현실적인 문제의식이 형벌부과의 마지막 전제조건인 책임개념에서 먼저 집약적으로 표면화된 것일 뿐이다. 이러한 차원의

115) 야콥스는 형법의 범죄성립요건(즉 범죄개념) 전체를 '귀속'의 관점에서 재구축하려는 이론적 작업을 전개하고 있는 총론 교과서 제1판 서문에서 야콥스는 '주체, 행위, 인과관계 등 모든 형법적 개념의 (재)규범화'를 강렬한 어조로 선언하고 있다.

116) Jakobs, Der strafrechtliche Handlungsbegriff, 1992, S. 44.

117) Gerhard Wagner, Zivilrechtswissenschaft heute－Zwischen Orakeldeutung und Maschinenraum, in: Rechtswissenschaft als Beruf, Horst Dreier(Hrsg.), 2018, S. 87.

118) K. Larenz/C.－ W. Canaris, Methodenlehre der Rechtswissenschaft, 3. Aufl. 1995, S. 137ff, 302.

방법적 전환은 범죄성립요건 중 다른 요건의 하위 요소(개념)들에 대해서도 이미 진행되었거나 지금도 여전히 진행 중이다(§8/54 이하 참조).

법률 해석(=법발견) 방법에 관한 한, 앞서 개관한 형법적 개념에 대한 접근 방법의 전환 29
(규범적 평가적 접근법)은 법학방법론에서 '법' 발견 방법의 발전적 변화(19세기 기계론적 개념법학에서 사용한 연역추론적 삼단논법→연역적 –귀납적 혼합적 법발견 방법)과 맥락을 같이하는 것으로 평가할 수 있다.[119] 특히 범죄성립요건의 하위요소들에 대한 해석론에 형벌목적적 관점(형사정책적 관점) 및 그 밖에 다른 목적론적 가치관계적 관점들이 고려될 수 있는지 또 있다면 어느 정도로 고려될 수 있는지의 문제는 법이해 및 법발견 방법의 문제와 직접적으로 맞닿아 있는 것으로 보인다.

제2절 법학방법론과 법발견 방법학의 발전

전통적으로 '법학 방법론'은 개별 법영역에서 다루어온 것이 아니라 넓은 의미의 법학 30
(Rechtswissenschaft)의 하위 분과학에 속하는 기초법학(법이론 또는 법철학)의 관심주제로 취급되어왔다.[120] 개별 법영역 중 형법을 대상으로 삼는 하위분과학인 형법학의 세부 분과인 형법이론학도 '범죄'개념에 관한 이론 내지 범죄체계론에서 범죄의 하위요소들의 의미를 밝히는 과정에서 기초법학에서 발전되어온 '법' 발견 '방법학'의 변화와 무관할 수 없다.[121]

그러나 이 책에서 법학방법론 일반을 취급할 수는 없다. 이 때문에 이하에서는 '법'을 이 31
해함에 있어 대비되는 두 가지 패러다임을 간략하게 살펴보면서 '법'발견 방법 일반에 관한 필자의 입장 및 이 입장을 '형법'이라는 개별 법영역에서의 법 발견, 즉 범죄성립요건의 하위요소(개념)들을 해석적용하는 일에도 그대로 활용할 수 있음을 예증해 보기로 한다.

이하에서 형법적 개념에 대한 접근방법의 변화 문제를 법학방법론의 문제 및 법발견 방법의 문제 및 특 32
히 '법이란 무엇인가(법이해)'라는 물음과 연계시키는 이유는 이 물음이 법조인양성을 위한 법학교육의 기

---

119) 법이론에서 널리 수용되고 있는 현대적 법발견 방법인 '연역적–귀납적 혼합적 법발견 방법'에 관해서는 김성돈, "법이해, 법발견방법 그리고 직권남용죄", 형사법연구 제33권 제4호(2021), 112면 이하 참조.

120) 법학 방법은 단순히 법률해석론만을 내용으로 하는 것이 아니다. 구체적 사례에 대한 법적 결정을 내림에 있어도 동원되는 논증방법까지 포함한 법 발견(획득) 방법까지 및 이러한 방법에 따라 수행되는 법에 대한 지식의 정돈 및 체계화 작업인 법도그마틱도 아우르는 넓은 의미로 사용된다. 법학 방법은 법학의 학문성을 담보해주는 결정적인 전제조건이다. 따라서 학문공동체에서 널리 승인된 '방법'에 따라 법을 발견하도록 하는 것은 법실무의 법적 결정에 대해 비판적 검증가능성을 담보해준다. 이 뿐 아니라 법학 방법은 학문적 방법으로 발견된 법의 객관적 정당성을 확보하는 동시에 법관의 법률구속성이라는 헌법적 요구에 부응하게 함으로써 실질적 의미의 법치주의에 기여한다. 법관의 법률구속성에 관한 헌법규정에서 법관의 '양심'(=직업적 양심)도 결국 학문적 '방법'의 엄격한 준수를 지칭하는 것으로 이해할 수도 있다.

121) 독일 「법관양성법」은 법학 방법론 또는 법이론을 국가시험의 필수과목으로 인정하고 있어 한국의 법학교육 현실과 상당한 차이가 있다.

초가 되어야 한다는 필자의 소신 때문이다. 누구나 동의하듯이 법학교육은 미리 내려놓은 결론을 정당화하기 위해 법률에 대한 기계적 해석을 통하거나 기존의 이론들과 법리들을 짜맞추기 등의 방법을 익히는 이른바 '법기술' 교육이 되어서는 안 된다. 비판적 성찰을 통해 법률 속에서 법에 관한 진리(진실)에 접근하여 정당한 법(법리)을 발견하도록 하는 학문적 방법에 입각한 법학교육이 되어야 한다. 형법교육의 경우도 예외가 될 수 없다. '형법률'에 규정된 범죄의 하위요소(법적 개념)들을 대상으로 삼아 형'법'이론 내지 '법'리를 발견해 왔던 '방법'은 형법이론학과 형사실무에서 때로는 명시지(明示知)로 때로는 암묵지(暗默知)의 모습으로 전승되어 왔다. 이 방법을 거울로 삼아 장차 새로운 사례에 대해 적용할 수 있는 형법이론 내지 법리를 발견할 수 있는 '방법'까지도 교육되어야 할 것이다.[122)]

Ⅰ. '법'이해 및 '법학' 패러다임의 변화

1. 법을 이해하는 두 가지 패러다임

33 실정법률을 법원(法源)으로 하는 대륙법계 국가에서든 법관법을 법원으로 하는 영미법계 국가에서든 법관 또는 법학자가 해석이나 논증 등 다양한 방법을 통해 사례에 적용될 '법'(내지 법리)을 발견함에 있어 공통적으로 부딪히는 질문이 있다. 엄격하게 법적 시각을 고수하여 수순한 법적인 요소들속에서만 '법'을 발견해야 하는가, 아니면 법 외적 환경, 특히 사회·정치·경제적 관점 등 다양한 비(非)법적인 요소들을 고려하여 특히 구체적 사례의 특수성에 부합하는 '법'을 발견해야 하는가 하는 물음이 그것이다.

34 이와 같이 법 발견적 차원에서 제기되는 두 가지 서로 다른 물음은 '법'에 대한 서로 다른 이해로 귀결될 수도 있고, 거꾸로 법에 대한 이해가 차이가 법 발견 방법의 차이를 가져올 수도 있다. 어느 것이 먼저인지를 확언하기는 어렵다. 해당 국가의 역사, 문화, 정치와 법체계 등 사회의 다양한 구성원리가 오랫동안 지속되면서 법이해와 법발견 방법이 서로 영향을 주고받으면서 복잡하게 얽혀있기 때문이다.

35 법발견 방법의 차이가 법이해의 차이에 기원하는 것이라는 전제에서 생각해 보면 다음과 같이 말할 수 있다. '법'을 사회내 다른 규범체계 및 정치, 경제, 종교, 도덕 등 다양한 사회적 체계와 분리 독립적인 존재로 이해(=폐쇄적 법이해)할 경우에는 전자의 방법에 따를 것이다(연역적 법발견 방법). 반면에 법을 사회를 구성하는 다양한 요소의 부분 요소로 파악하면서 사회 내 다른 규범체계나 다양한 사회적 체계(법외적 요소들)와 서로 영향을 주고받을 수밖에 없는 존재로 이해(=개방적 법이해)할 경우에는 처음부터 순수 법적인 것이란 존재할 수 없고 따라서 법적 결정을 내리기 위해서는 구체적 사례별로 다양한 법외적 관점들을 수용

---

122) 한국 「고등교육법」도 "대학은 인격을 도야(陶冶)하고, 국가와 인류사회의 발전에 필요한 심오한 학술이론과 그 응용방법을 가르치고 연구하며, 국가와 인류사회에 이바지함을 목적으로 한다"는 제28조(목적)에서 학술이론과 응용'방법'의 교육과 연구를 대학의 존재이유로 규정하고 있고, 대법원도 "학문의 연구는 기존의 사상(思想) 및 가치(價値)에 대하여 의문을 제기하고 비판을 가함으로써 이를 개선하거나 새로운 것을 창조하려는 노력"이라고 하면서 기존의 지식에 대한 개선과 새로움을 창출을 요건으로 하고 있다(대법원 1982.5.25. 82도716). 이에 따르면 법기술자적 실무가상(想) 학문적 실무가상(想) 사이에 존재하는 차별성을 분명하게 알 수 있다.

하는 후자의 방법(귀납적 법발견 방법)에 따를 것이다.

법이론적으로나 법실무에서 구체적 사례에 적용할 객관적이고도 정당한 '법'이 무엇인가라는 물음에 답하기 위해 상정해 본 두 가지 법이해(폐쇄적 법이해 vs 개방적 법이해)는 다음과 같이 서로 다른 사고방식에 기초되어 있다고 말할 수 있다. 전자의 법이해에서 말하는 법이란 불변의 '원칙'(내지 사물의 본성을 내재한 항구적 그 무엇)으로 사례에 적용되기 이전부터 본질적 실체개념으로 객관적으로 존재한다는 사고 방식이고, 후자의 법이해에서 말하는 '법'은 '법관의 아침식사 메뉴'라는 말(제롬 프랑크)처럼 법관의 법적 결정은 다양한 고려 요소들에 의해 가변적으로 정해지는 것으로 보는 사고방식이다. 36

커먼로 법체계하에서는 이 두 가지 '법이해 또는 법 발견에서의 사고방식'은 과거 존재하였던 두 개의 법학 패러다임을 각각 대변한다. 전자는 19세기말 독일에서 지배적이었던 개념법학 내지 '형식주의적 법학 패러다임'이라고 할 수 있고, 후자는 1920~1930년대 미국에서 강력하게 등장하였던 '현실주의적 법학 패러다임'이라고 할 수 있다. 이 두 가지 법학 패러다임을 대륙법체계하에서의 그것에 매칭시키면 전자는 19세기 개념법학에 상응하고, 후자는 그에 대한 반동으로 등장하였던 자유법학운동이나 이익법학 등에 상응한다. 37

2. 양 극단 패러다임의 수렴

물론 오늘날 다양한 법질서 속에서 두 개의 극단적 법이해 내지 그에 기초한 법학 패러다임은 존재하지 않는다. 독일에서는 일찍이 개념 법학적 패러다임에 반기를 든 자유법학 및 이익법학의 비판 및 그 비판의 착안점들을 일부 수용함으로써—앞서 민법학에서 바그너에 의해 사용되고, 라렌츠 등에 의해 정립된 바에 따르면—이른바 '평가법학'에 따른 법이해 및 법발견 방법이 주류를 차지하고 있다. 38

마찬가지로 미국에서도 1930년대 경제대공황을 극복하는 차원에서 입안되었던 다수의 개혁적 법률들이 형식주의적 법학 패러다임에 경도된 보수적 성향의 연방대법원에 의해 위헌결정을 받게 된 것에 대한 반작용으로 법현실주의적 법발견 방법의 강력한 도전이 있었고, 법현실주의 사조는 그 이후 비판법학 운동이나 학제적 법발견 방법 등 다양한 법학 사조와도 연계되었다. 하지만 오늘날 미국에서도 주류적 법발견 방법은 형식주의적(규칙주의적) 법학 패러다임에 따른 법이론과 법원칙들에 근간을 두면서도 법현실주의적 패러다임의 착안점들을 수용하는 이른바 '실용주의적' 법발견 방법이라고 평가된다.[123] 39

---

123) 미국의 법적 사고모델에 관한 분석과 평가에 관해서는 리처드 포스너(백계문/박종현 옮김), 「법관은 어떻게 사고하는가」, 한울아카데미, 2016. 참조.

Ⅱ. 후성법학과 후성적 법발견 방법 개요

1. 후성법학의 의의

40 서로 수렴해가는 경향성을 보이고 있는 두 개의 극단적 법학 패러다임의 중간지점에 있는 다양한 절충적 패러다임 중 어떤 변형형태가 '정상' 패러다임의 지위를 차지하고 있는지를 가늠하거나 결론내리기는 어렵다. 그러나 오늘날 법발견 방법의 기초로서 법학자들이나 법실무가들이 일치하여 인정하고 있는 점이 있다. 구체적 사례에 적용하기 위해 해석이나 논증 또는 분석적 추론 등 다양한 방법을 통해 발견된 '법'은 그 적용될 '사례(사건, 사실)'와 무관하게 그리고 법적 결정을 내리는 법적용자(또는 해석자)의 주관에 영향을 받지 않고 사전에 미리 존재하는 '객관적 실재'(또는 실체)가 아니라는 점이 그것이다.

41 이러한 '법' 이해는 법관법 국가인 영미에서는 물론이고 대륙법국가인 독일에서도 널리 수용되고 있다. 어느 법체계에서든 법이란 객관적으로 미리 주어져 존재하는 어떤 것이 아니라 구체적 사례와 접촉하면서 비로소 구성적으로 '되어'가는 어떤 것으로 이해되고 있는 것이다. 물론 그 구성의 '정도'와 '한계'에 관해서는 두 체계 간에 일정한 차이가 존재하긴 한다. 이러한 차이는 두 체계에 기초되어 있는 각기 다른 법문화 및 정치 등과 불가분적으로 연관되어 있다.

42 특히 결정적인 차이를 만들어내고 있는 것은 법관에게 '법률구속성의 원칙'이 헌법상 요구되고 있는가 하는 점이다. 커먼로 국가에서는 법관의 법률구속성이라는 헌법적 요구가 없어 법관에 의해 발견되는 법(법발견)과 법창조(법형성)의 경계설정이 크게 문제되지 않는다. 반면에 대륙법계 국가에서는 – 한국에서도 마찬가지로 – 법관의 법률구속성의 원칙 때문에 법관에 의해 발견된 법(법해석)과 법창조(법형성)의 경계설정이 엄격하게 요구된다.[124] 물론 대륙법계 국가에서도 법률언어 자체가 가지는 추상성 때문에 그리고 법률텍스트의 언어적 속성상 닫힌 구조가 아니라 열린 구조 하에서 이루어지는 해석작용 때문에 법률구속성의 원칙의 완화가 불가피하다. "불확정개념, 규범적 개념, 재량조항, 일반조항"[125] 등의 경우 법률해석상 법관의 주관적 평가가 필연적으로 따르기 때문에 허용되는 확장해석과 금지되는 유추의 구별은 여전히 해결이 불가능한 난제로 남아 있다.

43 법학방법론의 차원에서 말하면, 오늘날 구체적 사례에 대해 적용될 '법'은 형식논리적 또는 연역추론적 방법만에 의해서도 귀납적인 방법만에 의해서도 발견되는 것이 아니라는 점에 광범위한 공감대가 이루어져 있다. '법'은 오히려 연역적–귀납적 혼합방법에 따라 발견된다는 것이 오늘날의 법발견 방법학에서 지배적인 입장이다. 이와 같은 현대적 법 발견 방법학에 따르면 법은 사전적으로 '결정'되어 있는 것이 아니라 사실과 접촉하면서 법외적 요소나 외부적 관점에 영향을 받으면서 사후적으로 '구성'되어가는 것이다.[126] 이와 같이

---

124) 법학패러다임과 법발견에 관해서는 김성돈, "대법원의 위법성 판단 '기준'과 '방식' 그리고 '법'학 패러다임", 형사법연구 제34권 제4호(2022), 74면 이하 참조.

125) Karl Engisch, Einführung in das Juristisches Denken, 2010, S. 180.

불변이 '법'이 객관적으로 존재하는 것이 아니라 법 외적 요소와 의 상호작용 속에서 사후적으로 '되어'가는 것이라는 '법' 발견 방법을 '후성법학'(epi-jurisprudence)적 법발견이라고 부를 수 있다.

필자는 후성법학이라는 용어를 최근 생물학에서 급부상하고 있는 후성유전학(Epigenetics)이라는 명칭에서 차용하였다. 생물학에서 인간을 포함한 생물의 유전자는 어떤 환경에 노출되는지에 따라 그 발현되는 모습이 달라지고 이에 따라 결국 유전자 변형이 이루어진다는 증거들이 발견되면서 종래의 유전자 결정론 vs. 환경결정론 또는 본성(nature) vs. 양육(nuture)이라는 양극단의 대립을 지양하는 차원에서 후성유전학이라는 학파가 유력하게 등장하였다. 후성유전학의 후성이라는 말의 어원인 epi는 '~위에' '~ 넘어서'를 뜻하는 그리스어이다. 44

2. 후성법학의 법발견 방법학

45 후성법학적 관점에서 볼 때 오늘날 법이해를 둘러싼 두 가지 극단적 패러다임의 대립도 유전자결정론과 환경결정론의 대립과 마찬가지로 지양되어야 한다. 현실의 법정에서 나날이 선언되어 축적되고 있는 판례속의 '법'을 보면 법은 객관적으로 미리 존재하는 것이 아니라 사례와 사회현실 등 법을 둘러싼 외부의 다양한 요소에 의해 영향을 받아 사후적으로 구성되는 것임을 인정하지 않을 수 없기 때문이다. 이에 따르면 법은 '선천'적으로 결정되어 영구불변적으로 존재하는 것이 아니라 법외부의 요소들과 상호작용하면서 '후성'적으로 발현을 달리함에 따라 가소성을 가진 존재로 보는 것이 법에 관한 '사실(진실)'에 가깝다.

46 법 발견 방법론적 관점에서 보면, 법은 사전에 객관적으로 존재하는(is, sein)하는 고정된 '실체'가 아니다. 법은 구체적 사례(예, 운전자 A가 자신이 운전하는 차량을 돌발적으로 앞지르기한 B의 차량을 전속력으로 추격하면서 B의 차량과 좌우간격을 좁히다가 B 차량앞에서 급정거한 사례)와 접촉함으로써 비로소 '되어가는'(being, werden) 가변적인 '구성물'이다. 법이 구성되는 과정은 다음과 같이 요약할 수 있다. ① 먼저 구체적 '사례'를 '법률'(법률텍스트, 1차텍스트: 특수협박죄)의 관점에서 조명함으로써 사례의 법률적 의미 차원을 규명한다. 이 과정에서 구체적 사례는 법적 쟁점과 사례가 복합적으로 압축된 '사안'(예, 도로상에서 보복운전을 감행함으로써 위험한 물건을 휴대한 협박여부가 문제된 사안)으로 공식화된다. ② 다음으로 일상적 용어로만 표현된 구체적 사례가 법률적 쟁점으로 재구성된 '사안'을 매개로 삼아 '법률'의 의미를 찾는 법률의 해석작업이 이루어지게 된다. 이 단계에서 '사안'의 본질과 해석될 '법률'의 본질이 서로 비교된다(엥기쉬가 이 비교를 양자의 시선의 상호왕래로 표현한 점은 널리 알려져 있다). ③ 마지막으로 이러한 비교를 통해 양자 사이에 동가치성(내지 동치성)이 인정되는 지점에서 법률의 의미를 구체화하는 해석작업을-필요한 경우 요구되는 '논증'작업을-거

126) Arthur Kaufmann, Über die Wissenschaftlichkeit der Rechtswissenschaft – Ansätz zu einer Kovergenztheorie der Wahrheit, in: ARSP. Vol. 72, No.4(1986), S. 431.

쳐 구체적 '사례'에 적용할 '법'(또는 법리, 또는 법규범, 법텍스트, 2차텍스트: 보복운전에 동원된 자동차는 위험한 물건이 되고 자동차를 보복운전에 이용하는 행위는 위험한 물건의 '휴대'에 해당한다)이 구성적으로 발견된다. 이와 같이 구체적 사례를 접촉한 법률이 몇 단계를 거쳐 '법'(또는 법리, 법이론)으로 재구성된 후 이 '법'(또는 법리, 법이론)이 마침내 구체적 사례에 대해 포섭의 방법으로 적용되는 것이다.

3. 후성법학에서의 '법' 개념

47 이러한 '법' 발견 방법에 따르면 종래 이미 다른 사례와의 관계맺음에서 발견되었던 '법'도 새로운 구체적 사례와 조응하게 될 때면 이미 과거지사의 '법'이 된다. 이 때문에 과거 사례와의 관계속에서 발견된 '법'은 새로운 사례와의 관계맺음을 통해 그 본질적 내용은 변경되지 않은 채, 다른 구체적 사례에 '동조'(同調)되는 방식으로 재구성될 경우도 있다. 물론 해석되어 발견된 법(또는 법리) 중에는 거의 공식화될 수준으로 고정되어 다른 사례에 대해 지속적으로 동일성을 유지하면서 반복적으로 적용되는 차원의 것들도 존재한다.[127] 하지만 이러한 법리도 판례변경을 통해 변화될 가능성을 가지고 있다.[128] 따라서 원칙적으로 말하면, 실증적으로 존재하는 '법률'(영미법에서는 '선판례')이 최초의 사례 내지 그 사례의 의미공식인 '사안'과 접촉하면서 새롭게 구성된 것이 '법'이고, 과거의 다른 사례 내지 사안과의 접촉을 통해 구성적으로 발견된 그 '법'은 새로운 사례를 조명한 법률에 의해 공식화된 사안과 접촉하면서 다시 가공되어 재구성적으로 변화되는 것을 본질적 속성으로 한다.[129]

48 이와 같은 법의 구성 및 재구성 과정은 입법자에 의해 '법률' 자체의 변경이 이루어지기 전까지 끊임없이 반복된다. 이 과정에서 '법률'의 언어는 고정되어 있지만 사례와 접촉하여 발견된 '법'의 언어는 사례의 변경에 따라 끊임없이 변화된다. 이러한 관점에서 보면 법의 모습(shape of law)은 미리 고정되어 있는 표지들이 그때그때 짜맞추어지는 '레고블록,'[130] 고정된 바둑판이나 격자모양이 아니라 사례의 사실관계의 특수성에 따라 끊임없이 변화되면서 직조되는 그물망 패턴이다.

49 구체적 사례의 변화에 따라 가변성을 가진 법은 그때그때 발견되는 법의 배후에 존재하는 어떤 본질(이데아)적 요소를 가지고 있지 않다(보편적 법개념의 본질적 요소와 명목적 법개념에 관해서는 § 20 참조). 법은 학습, 경험 환경이 변화함에 따라 변화하는 뇌와 같이 '가소성'(plasticity)을 가지고 있다.[131] 가소성(可

---

127) 이러한 '법리'는 구체적인 언어보다는 추상적 언어를 사용하여 공식화되어 있는 경우가 많다.

128) 최근 강제추행죄의 폭행·협박의 정도에 관한 판례법리가 70여년 만에 최협의설에서 협의설로 바뀌었다.

129) 이와 같이 발견되는 '법'(법리)는 형사실무에서 총칙의 개념보다는 각칙의 개념들에 대한 해석에서 더욱 빈번하게 일어난다. 『각론』 제9판부터는 구체적 사례에 따라 판례 '법리'가 미세하게 달라지는 측면들을 추적하여 판례의 흐름 및 발전을 포착하고 기술하는 일에 중점을 두고 있다.

130) 이상돈, 형법강의, 제1판, §6/34에서는 구성요건 표지들을 "블록쌓기 시스템"의 체계로 비유되고 있다.

塑性)을 가진 법은 예외를 인정하지 않는 절대적 법원칙이나 고정된 법리로 존재하지 않는다. 법은 사회내에서 대립하고 충돌하는 이해관계의 조정으로 개념화될 수 있기 때문에 법으로 지칭되는 말 바깥에 혹은 그 배후에 객관적인 실체 요소를 가지지 않는다. 법학자나 법실무가가 이러한 법의 속성을 받아들이지 않고 법을 불변의 초월성을 가진 고정된 실체로서의 법이 존재하는 것인양 말한다면 법학을 법신학(神學)으로 전락시키게 된다.

법 외부에 존재하면서 '법'의 구성(즉 법발견이든 입법이든)에 영향을 미치는 결정적 요소 50
는 구체적 사례이지만, 사례를 통해 구성되는 법은－루만에 의하면－그 외부환경에 구조적으로 열려있으면서도 작동적으로는 폐쇄적인 "자기생산적 사회적 체계(autopoietische soziale System)"이다. 이렇게 구체적 사례마다 다르게 발견되는 '법'(＝법리)들은 큰 틀에서 볼 때 '작동하는 하나의 전체(one working whole)'로서 법의 코스모스를 이룬다.

4. 후성적 법의 외부적 조건과 입법

후성법학적 발견되는 '법'에 영향을 미치는 외부적 조건은 후성유전학에서 유전자 발현 51
의 조건들처럼 다양하다. 법이 적용될 사례속의 사실과 사태가 기본적인 조건이다. 사실과 사태로 이루어진 사례(또는 사건)는 법률텍스트의 시각에서 읽혀져서 의미단락으로 구성되어 '사안'으로 만들어지는데, 이 '사안'은 다시 발견될 '법'을 둘러싸고 있는 다양한 외부적 조건들의 관점과 접촉하면서 그 의미가 해석된다. 사회적 집단무의식, 사안의 사회적 의미, 사회구성원인 시민들의 가치관점들, 법감정 등 다양한 사회적 조건들[132] 뿐 아니라 법발견 주체인 법관 또는 법학자의 주관적 태도 등이 발견될 법에 영향을 미칠 중요한 외부적 조건들이다. 사안도 해석되고 법률도 해석되어 양자가 본질적인 면에서 근사치로 만나는 지점이 당해 사례에 적용될 '법'으로 발견되는 것이다.

후성유전학에 따르면 환경에 의해 발현형태가 달라지는 유전자는 그 변화를 유전체에 52
기입하여 '유전'된다고 한다. 후성법학적으로 발견된 법(또는 법리)이 유사 사안에 대해 반복적으로 적용되면 입법자의 입법에 의해 법률로 규범화되어 법적 안정성을 확보하면서 법의 '연속성'을 유지한다.[133] 법률텍스트의 의미와 규율대상이 된 현실단면의 의미(사안)가 공－구성(Ko－Konstitution)적으로 공진화한다.

---

131) 가소성이라는 용어는 오늘날 뇌과학에서 널리 인정되고 있는 '뇌'의 가소성에서 빌려온 용어이다.

132) 구체적 사례에서 발견되는 법(법의 규범적 측면)이 이러한 법 외적 요소들(사실적 측면)을 고려하기 때문에 거꾸로 규범적인 것이 사실적 힘을 가지게 되는데 기여할 수 있다고 말할 수 있다. 법의 사회적 타당성은 그 자체 강제될 수 없는 윤리적 도덕적인 것의 승인에도 달려있다. 규범적인 것의 사실적인 힘을 근거지우는 요소들로 독일의 헌법학자 뵈켄푀르데(Böckenförde)는 특히 "사회에서 살아있는 일상적인 윤리적－도덕적 생활실천, 확립된 관습, 주어진 충성심, 특히 법공동체의 법의식과 양심"을 언급하고 있다. 법사회학, 형사정책, 사회철학에서는 법에 있어서 이러한 사실적 요소들을 중요성이 강조되는 것도 이 때문이라고 한다(이에 관해서는 Michael Pawlik, Person, Subjekt, Bürger－Zur Legitimation von Strafe, 2004, S. 36 참조).

133) 법의 이념 중 '정의'는 법의 '심장'으로, '법적 안정성'은 법의 '디엔에이(DNA)'로 비유할 수 있다.

제 3 절 법발견 방법과 범죄체계의 하위요소(개념)들의 해석

Ⅰ. 법발견 방법의 변화와 범죄성립요건의 하위요소(개념)들

1. 자연주의적 존재론적 접근법에서 규범적 평가적 접근법으로 발전

53 이 책에서 이름 붙인 후성법학적 법발견 방법(=연역적-귀납적 혼합적 법발견 방법)에 따르면 순수 '법적인 것' 또는 법의 '본질적인 것'이란 존재하지 않는다. 구체적 사례와 접촉한 법률은 그 발견 과정에서 법외적 요소들 내지 법외적 관점들이 고려되어 법적인 요소들(법이념 또는 법원칙들)과의 상호작용을 통해 사례에 적용될 '법'규범으로 변환되기 때문이다. 형법이 규정하고 있는 범죄성립요건의 심사에서도 마찬가지이다. 형법률에 규정된 범죄성립요건의 하위요소(개념)들을 구체적 사례와 접촉시켜 해석할 경우 그 요소(개념)들에 대한 규범적 평가적 접근법은 필수적이다. 그동안 이루어진 형법적 개념에 대한 접근방법의 변화를 되짚어 보면 다음과 같다.

54 (1) 1960년대 등장한 사회적 행위이론은 행위의 자연주의적 이해 및 존재론적 구조를 밝히는 차원에서 등장하였던 인과적 행위이론이나 목적적 행위이론과는 달리 당위론적 규범적 시각을 통해 형법의 부작위 행위나 과실행위를 행위개념에 포함할 수 있었다.[134] 특히 사회적 행위이론의 주장자 가운데 전(前) 구성요건적 행위개념을 포기하고 구성요건에 해당하는 행위개념에서 출발하려는 태도가 등장하였고 앞서 살펴보았듯이 '합일태적 범죄체계'의 옹호자 중 다수가 법적 구성요건적 차원의 행위개념에서 출발하였던 것도 형법적 개념에 대한 규범적 평가적 접근방법이 그 배경이 되었다.

(2) 구성요건영역에서는 이보다 앞선 1930년대부터 개념의 규범화가 시작되었다. 신고전적 범죄체계론자들은 고전적 범죄체계론자들에 의해 철저하게 가치 무관계한 요소로 구성되어야 할 것으로 파악되었던 구성요건의 몇몇 하위요소들(재물개념, 음란개념)을 가치관계적 규범적 개념으로 이해하였다. 특히 구성요건의 하위요소였던 인과관계는 고전적 범죄체계 하에서부터 굳건하게 자연주의적 의미의 인과성 개념에 토대를 두고 있었다. 자연과학적 사고에 기초를 두었던 인과관계 개념은 1970년대 초반 책임과 예방의 관계를 새롭게 바라본 예방적 책임이론이 부상했던 것과 동일한 시기에 그리고 동일한 방법론적 시각을 가진 형법학자(특히 록신)에 의해 급부상한 '객관적 귀속이론'에 의해 규범적 차원의 개념으로 보충되었다.

(3) 책임개념의 변화는 늦었지만 가장 논쟁적이었다. 1970년대 초반 등장한 예방적 책임이론이 책임의 인정 및 그 정도 판단에 형벌목적적 관점을 고려해야 한다는 주장은 형법이론학 영역에서 법발견 방법론의 전환을 가시화하는 데 결정적인 역할을 하였다. 특히 형법영역에서 적극적 일반예방이라는 형벌목적이론을 통해 '책임'개념의 형벌목적 '종속성'을 관철시킨 기능적 책임이론은 법학방법론의 영역에서 법의 해석 내지 법발견 작업에서 발견될 법속에 '법'적인 요소 외에 법'외'적인 다른 사회적 요소들을 포함시켜 넣어야 한다는 점을 일관되게 관철시키려고 하였다. 기능적 책임이론은 책임개념 뿐 아니라 다른 형법적 개념들까지 그 개념의 사회기능적 관점에서 파악하도록 기능주의적 사고를 유포시키는 데 영향을 미쳤다.

---

134) 한국의 대법원은 부작위는 존재론적으로 무(無)에 지나지 않지만 규범적으로 해야 할 바를 하지 않는 것으로 이해하는 점에서 인과적 행위개념이 아니라 행위개념에 대한 규범주의적-평가적 접근방법을 출발점으로 삼는 사회적 행위개념에 따르고 있다고 볼 수 있다.

이와 같이 법적 개념에 대한 규범적 평가적 방법에로의 방법론적 전환에 내포된 법발견 방법학의 전환이 형법적 개념에 대해서도 그대로 타당하다면, 객관적 존재자로서의 법(이론 내지 법리)을 발견하는 것이 아니라 사례와의 관계맺음에서 구성되어 가는 법을 발견하는 방법론에 따르는 '후성법학적 법발견 방법'은 범죄성립요건의 모든 하위요소(개념)들의 해석론에도 관철되어야 할 것으로 보인다. 55

2. 21세기 형법이론과 형사실무의 과제

형법의 핵심적 개념들에 대한 해석론에서 70년대 이후 전개되기 시작한 방법론적 전환이 범죄성립요건의 모든 하위요소(개념)들에 대한 해석론에서도 '규범적' 평가적 접근방법의 관철로 이어진다면, 형법적 개념들에 대한 종래의 분류도 변화되어야 한다. 모든 구성요건요소(개념)들에 대해 규범적 평가적 접근방법이 타당해야 한다면, 구성요건요소들 중 오감의 인지작용만으로 이해할 수 있는 이른바 '기술적 구성요건 요소'란 더 이상 인정되지 않고, 모든 구성요건요소는 '규범적 구성요건요소'로 파악되어야 할 것이다. 특히 구성요건요소에 대한 접근방법의 변화는 형법상 고의이론에도 영향을 미쳐 행위자의 고의 인정여부를 심리학적 차원의 사실확인의 문제로만 파악하는 것이 아니라 규범적 평가적 차원에서 접근하는 '주관적 귀속'이론으로 발전되고 있다. 이 점은 형사실무에서도 이미 오래 전부터 인정되어 오고 있다(자세한 내용은 고의론 참조). 과실이나 부작위 영역에서도 이미 규범적 평가적 접근방법이 대세가 된지 오래다. 56

이러한 관점에서 보면 21세기 형법이론학은 형법적 개념에 대한 해석론에서 여전히 청산되고 있지 못하고 있는 개념에 대한 자연주의적 존재론적 접근법이나 19세기적 기계론적 개념법학적 해석태도를 벗어나 규범적 평가적 방법으로의 전환을 도모해야 한다. 57

判 그러나 후술하듯이 한국의 주류 형법이론학은 물론 형사실무도 위법성 판단에서나 책임판단에서는 규범적 평가적 방법의 사용보다는 형이상학적 존재론적 방법에서 전적으로 탈피하지 못하고 있다. 위법성 판단은 사전에 확정되어 있지도 않고 사후적으로 검증되기도 어려운 법질서의 정신, 그 배후에 있는 사회통념이나 사회윤리, 또는 국민일반의 건전한 도의감 등을 위법성조각사유들의 해석의 준거로 삼고 있다. 책임판단에서는 형이상학적 관념물로 가정된 의사자유에 기초한 타행위가능성이라는 '명목상'의 평가기준으로 삼아 책임조각사유를 해석하고 있다. 이러한 해석태도에 대해서는 두 가지 점에서 의문이 있다. 첫째, 형사실무가 개념의 해석과정에서 동원하고 있는 기준들의 면모를 보면 구체적 사례와 무관하게 초월적 이데아로서 본질적 실체, 내지 객관적 법규범이 존재하는 것임을 전제하는 극단적 형식주의적 법학패러다임에 입각해 있는 것이 아닌가 하는 의문이 든다. 둘째, 형사실무가 표면상 구체적인 사례에 부합하는 정당한 '법'을 발견한다는 명목 하에 실제로는 더 이상 구체화될 수 없는 추상적/관념적 개념적 표지를 법적 결정의 기준으로 활용하는 한, 그 법적 결정을 더 이상 검증 불가능한 이른바 종교적 차원의 일로 만들고 있다는 의문이 든다(자세한 내용은 § 20 참조). 58

이 때문에 형법이론학은 판결문의 행간 속까지 철저하게 파헤쳐서 형사실무에서 실제로 59

구체적인 사례에 대한 범죄성립요건을 심사할 경우 그 하위요소들에 대한 법적 결정을 내림에 있어 어떤 '현실적인' 기준(목적론적 해석의 기준들, 형벌목적, 사회적 평균인의 입장에서 요구되는 기대수준)에 입각하고 있는지를 파악해야 한다. 그리고 실무가 어떤 법발견 방법에 따르고 있는지 그리고 그를 통해 발견된 '법'속으로 어떤 법외적 요소들을 유입시키고 있는지를 관찰하면서 이를 비판적 분석의 대상으로 삼아야 한다.

60 후성법학적 발발견 법이해에 따르면 범죄성립요건의 모든 하위요소들은 미리 완결된 상태로 결정되어 있는 어떤 것이 아니라 구체적 사례와 조응하면서 그때그때 재구성되는 어떤 것이다. 이 과정에서 발견되는 '법'은 법이라는 말로 지칭되는 그 말(언어적 개념) 바깥에 객관적 실체로 존재하는 것이 아니다. 법은 오히려 언어의 형식으로 존재하는 '추상적 법률'과 접촉하는 사회적 삶의 실제에 해당하는 '구체적 사례'와의 '관계'맺음을 통해 (재)구성된다. 이 때문에 형사실무는 법적 결정에 대한 형법이론학의 비판적 분석이 가능할 수 있도록 양자의 관계를 판결문을 통해 확실하게 표현해야 한다. 즉 법률에 기초되어 있는 이념 내지 법원칙들이나 법익과 같은 목적가치들이 구체적 사례가 가지고 있는 사회적 의미 차원과 얼마나 동치성(상응성)을 보이는지를 판결문에 나타나도록 해야 한다.

Ⅱ. 범죄체계와 내적체계의 중층구조

1. 이 책의 범죄체계

61 범죄성립요건의 하위요소(개념)들을 체계화함에 있어 가치관계적 목적론적 관점을 가지고 범죄의 하위요소(개념)들에 대한 규범적 평가적 접근법(해석태도)을 유지하면, 일반적 범죄성립요건은 다음과 같은 체계화될 수 있다.

62 첫째, 범죄의 하위요소들을 자연주의적 존재론적 방법으로 파악하지 않고 목적론적 가치관계적 관점에서 파악하면 고전적 범죄체계 뿐만 아니라 신고전적 범죄체계도 따르지 않는다. 신고전적 범죄체계도 몇 가지 특별한 하위요소(개념)들만 목적론적 가치관계적으로 파악할 뿐 기본적으로는 자연주의적 존재론적 접근법에 따라 개념을 파악하고 이를 체계적으로 분류하는 고전적 범죄체계의 분류방식을 그대로 유지하기 때문이다.

63 둘째, 목적적 행위이론에 기초한 목적적 범죄체계도 수용하지 않는다. 이 체계가 행위의 사물논리적 구조라고 내세우는 '목적성'에 절대적 의존하여 범죄의 내부적 구조를 체계화하고 있는 한, 형법적 개념에 대한 존재론적 시각에서 벗어나지 못하고 있기 때문이다. 이 뿐만 아니라 목적적 행위이론은 행위의 본질적 요소인 목적성을 고의개념과 동일시함으로써 고의범과 과실범의 구성요건에 공통된 전(前) 구성요건적 차원의 행위속성을 부정하게 되는 이론적 결함을 가지고 있기 때문이다.

셋째, 그럼에도 불구하고 이 책은 고의를 구성요건요소로 분류하고 불법의 실질적 내용을 결과반가치적 측면과 행위반가치적 측면을 모두 포함시키며 순수하게 평가적 요소로만 구성되어 있는 것으로 책임개념을 이해하는 목적적 범죄체계의 기본적 출발점을 따른다. 특히 이 책이 고의를 주관적 구성요건요소로 분류하는 것은 고의를 통해 구성요건이 범죄를 개별화하는 역할을 최적화할 수 있다는 의미의 '기능적' 관점을 포기할 수 없기 때문이다. 64

넷째, 고의의 이중적 지위를 인정하지 않기 때문에 합일태적 범죄체계도 거부한다. 합일태적 범죄체계의 이른바 '책임고의'에서 행위에 대한 행위자의 심리적 태도인 주관적 요소를 책임요소로 파악하였던 고전적 범죄체계의 잔재가 엿보인다는 점은 별론으로 하더라도, 구성요건적 고의에 의해 행위자의 행위가 고의범인지 과실범인지가 구별되었음에도 불구하고 책임단계에서 다시 책임'고의'의 부존재가 있을 경우 행위자에게 과실책임으로 전환하는 결론의 법적 근거가 부재하다는 결함은 치유되기 어렵다. 무엇보다도 책임요소인 심정반가치적 요소도 결국은 행위자의 '행위'에서 드러나는 것이라면 그것은 입법자에 의해 반가치판단을 받아 구성요건에 정형화된 '불법'의 요소일 뿐 독자적인 '책임'의 요소로 분류할 근거도 없다.[135] 65

다섯째, 규범적 관점에서 과실범의 불법구조를 고의범의 불법구조와 일치시키기 위해 과실의 이중적 지위도 인정하지 않는다. 종래 과실의 이중적 지위설은 과실을 객관적 측면(일반적 평균인의 주의정도를 기준으로 한 객관적 주의의무의 위반)과 주관적 측면(행위자의 주의능력을 기초로 한 주관적 주의의무의 위반 또는 행위자의 예견가능성)으로 구분하면서 객관적 과실은 구성요건 요소로 인정하고, 주관적 과실은 책임요소로 파악한다. 그러나 객관적 과실 측면은 법익에 대한 위험의 예견의무와 회피조치의무의 위반 여부를 규범적 척도인의 관점에서 평가하는 것이므로 과실의 본질적 요소가 아니라 과실인정을 위한 한 요소로 파악될 뿐이다. 따라서 이 책은 과실의 주관적 측면을 과실의 본질로 파악하여 이를 과실범의 책임요소가 아니라 과실범의 주관적 구성요건 요소로 인정한다(자세한 내용은 과실범의 기초이론 참조). 66

여섯째, 이 책은 형법적 행위개념을 '구성요건'에 해당하는 행위로만 이해하지 않고, 전(前) 구성요건적으로도 파악해야 할 필요성과 당위성이 있음을 인정한다. 행위가 '범죄'를 구성하는 법적인 요건(범죄성립요건)을 결합해주는 근본요소로서 기능하기 위해서는 체계적으로(논리적으로) 구성요건해당성 판단 이전 단계에서 그 판단의 대상으로 존재하고 있어야 할 필요가 있기 때문이다. 행위와 비행위를 범죄성립요건의 심사 이전 단계에서 배제하는 '한계적 기능'은 형법 해석자에게만 유의미한 기능이 아니라 입법자에게도 유의미하다. 물론 전(前) 구성요건적 행위개념을 인정한다고 해서 행위개념에 대해서만 자연주의적 존재 67

---

135) 특히 심정반가치 개념을 책임고의개념에 접속시키는 합일태적 범죄체계가 유일하게 실천력을 발휘하는 영역인 '착오사례'의 경우 고의의 이중적 지위를 인정하지 않고서도 합리적 해결이 가능한 이론적 근거를 제시할 수 있으므로 범죄체계론에서 고의의 이중적 지위를 인정할 필연적인 이유도 없다.

론적 접근법을 남겨두겠다는 취지는 아니다. 자연인과 같이 심리학적 의식을 가지고 행위하지 않는 법인의 독자적인 행위능력을 인정하기 위해서는 형법적 행위개념에 대해서도 규범적 평가적 접근법은 여전히 요구되기 때문이다(규범적 평가적 차원에서 이해되어야 할 법인의 '행위'에 관해서는 법인이론 참조).

68 일곱째, 이 책은 고전적 범죄체계 하에서 확립된 범죄의 하위요소들에 대한 이분법적 분류(범죄의 외부적 객관적 요소는 불법의 하위요소로/주관적 내부적 요소는 책임의 하위요소로 단순 분류)를 존재론적 차원의 평면적 분류라는 이유에서 거부한다. 그 대신에 범죄의 하위요소들의 내적 체계를 '평가의 대상'과 '대상에 대한 평가'로 대별한다. 평가대상은 확인되어야 할 사실(사태)이고, 대상에 대한 평가는 규범적 차원의 기준을 통해 이루어지는데, 각 단계별 '귀속' 판단이 여기에 해당한다.[136] 평가대상도 형법은 모두 법률 속에 형법적 개념으로 표현되어 있기 때문에 그 개념은 다시 규범적으로 평가되어야 한다.

2. 범죄의 내적 체계의 중층구조

69 범죄체계를 목적'론'적으로 구축하면, 각 체계요소의 하위요소들은 입체적 중층 구조 속에서 다음과 같이 재분류될 수 있다.

70 가장 기본적으로 사실적 요소로 이루어진 '평가대상'과 규범적 가치관계적 '평가 그 자체'로 이분화된다. 평가대상인 사실적 요소에는 객관적 사실뿐 아니라 주관적 사실도 포함되고, 평가대상에 대한 평가 그 자체는 각 체계 단계에서 그 체계 개념이 가진 고유한 평가기준이 사용된다.

71 **判** 범죄성립요건 그 자체 뿐 아니라 각 성립요건의 하위요소(개념)들을 해석할 경우에도 평가 그 자체가 문제될 경우 통설·판례의 입장은 다음과 같은 그 평가 기준을 사용한다. 즉 구성요건해당성 판단에서는 '형식적 법률' 및 그 법률구성요건 속에서 보호된 '법익'을, 위법성 판단에서는 '전체로서의 법질서', 마지막으로 책임판단에서는 '일반적 평균인'의 타행위가능성을 평가기준으로 삼는다. 물론 형법이론학의 발전에 따라 이러한 각 평가기준을 다르게 설정하려는 시도가 있지만, 이에 관해서는 구성요건론, 위법성론, 책임론에서 후술한다.

72 객관적 요소든 주관적 요소든 평가 그 자체는 언제나 '객관적' 판단이다. 여기서 말하는 객관성은 평가주체가 견지해야 할 객관성을 의미한다. 이러한 분류체계에 따르면 행위자가 특별히 개인적으로 인식한 주관적 사정도 '구성요건'의 '객관적' 귀속 평가의 대상이 될 수 있다. 주관적 사정이라도 평가 그 자체는 객관적으로 이루어지기 때문이다. 범죄체계의

---

136) 예컨대 자연과학적 사실적으로 확인된 인과관계에 대해서는 위험창출과 위험실현이라는 객관적 귀속판단이 보충적으로 필요하고, 구성요건적 사실에 대한 주관적 인식 또는 불인식에 대해서는 고의 귀속을 위한 다양한 기준이 요구된다. 어느 단계에서의 귀속이든, 고전적 귀속이론의 존재의의가 행위자에게 인정되는 형사책임을 제한하는데 있었지만, 실무상 오히려 가벌성을 확장하는 귀속척도가 등장하디고 한다. 이 책은 가벌성 확장에 기여하는 대법원의 귀속법리를 체계적으로 자리매김하는 동시에 그 문제점도 지적하기 위한 보완적 해석법리를 모색하는 일을 중요한 과제로 삼는다.

내적 체계를 재분류한 내용을 요약하면 아래 표와 같다.

	구성요건해당성 73	
평가대상	1. 객관적 구성요건 요소 1.1. 각칙의 객관적 구성요건적 사실들 (주체, 구성요건적 행위, 결과 등) 1.2. 행위와 결과간의 인과과정(결과범의 경우) 1.3. 부작위(부작위범의 경우) 1.4. 기본범죄행위+중한 결과의 발생 1.5. 피해자의 양해 (각칙의 일부 구성요건의 경우)	2. 주관적 구성요건 요소 2.1. 고의: 구성요건 실현에 대한 인식 및 의욕 2.2. 과실: 구성요건적 결과에 대한 인식 또는 인식가능성 2.3. 중한 결과에 대한 예견가능성 (결과적 가중범의 경우)
대상에 대한 평가 (기준: "법률구성요건" 또는 "보호법익")	1.1. ➜ 행위귀속 판단(※사회적 상당성): 법익에 대한 허용된 위험(risk)+위험(Gefahr)의 창출 1.2. ➜ 결과귀속 판단: 규범의 보호목적 관련성(※객관적 예견가능성)+의무위반관련성 1.3. ➜ 작위불법과의 동가치성(사실상의 작위가능성+보증의무 있는 자의 부작위+작위와의 상응성)	2.1. ➜ 고의귀속의 기준들(※ 객관적 예견가능성, ※ 법정적 부합 등) 2.2. ➜ 규범적 척도인의 위험에 대한 예견가능성(※ 일반적 평균인의 주의정도를 기준으로 한 객관적 주의의무의 위반)+행위자의 주의능력을 기준으로 한 위험에 대한 주의의무위반 및 결과발생에 대한 행위자의 예견가능성 2.3. ➜ 규범적 척도인의 예견가능성
	위법성	
평가대상	1. 객관적 정당화 상황 1.1. 정당방위상황(자기 또는 타인의 법익에 대한 현재의 부당한 침해) 1.2. 긴급피난상황(자기 또는 타인의 법익에 대한 현재의 위난) 1.3. 자구행위상황(법정절차에 의한 청구권의 실행곤란 또는 실행불능) 1.4. 피해자의 승낙(유효한 승낙) 1.5. 정당행위상황(법령에 의한 행위+업무로 인한 행위+긴급성, 보충성)	2. 주관적 정당화 요소 2.1. 정당화사정에 대한 인식 2.2. 정당화 의사 (방위의사, 피난의사 등)
대상에 대한 평가 (상위기준: "전체로서의 객관적 법질서")	1.1 ➜ 상당한 이유(=사회통념, 사회윤리)－수단의 적합성/최소침해) 1.2. ➜ 상당한 이유(사회윤리)－보충성/균형성/수단의 적절성) 1.3. ➜ 상당한 이유(=사회통념) 1.4. ➜ 사회상규(=사회윤리) 1.5. ➜ 사회상규(목적의 정당성/수단의 사회적 상당성/균형성)	
	책임	
평가대상	1. 행위자의 비정상적 정신상태(심신장애) 2. 위법성의 불인식 3. 행위 사정의 비정상성(적법행위에 대한 기대불가능성이 인정되는 사정들) 3.1. 강요된 행위상황 3.2. 과잉방위, 과잉피난이 야간 기타 불안스러운 상황에서 공포 등에 기인하여 행해진 경우 3.3. 그 밖에 기대불가능성이 인정되는 사정들	
대상에 대한 평가 (상위 기준: 타행위가능성 vs 규범의 타당성유지)	1. ➜ 불법인식능력 또는 행위통제능력의 결여 유무 2. ➜ 정당한 이유 3. ➜ 적법행위에 대한 기대가능성	

Ⅲ. 범죄성립여부 심사방법의 변화

1. 전통적 방법하에서의 범죄성립여부 심사 방법

74 19세기 말 법학방법론에서 일반적으로 통용되었던 연역추론적 삼단논법에 따르면 행위자 행위의 범죄성립여부에 대한 심사는 다음과 같이 이루어졌다. ① 먼저, 구체적 사례와 무관하게 추상적 형법률 속에 규정된 가벌성의 전제조건들을 구체화하는 해석론을 통해 도출된 개념공식(학설 또는 법리)을 확정한다. ② 다음으로 확정된 개념공식을 행위자의 행태가 그 개념에 포섭되는지를 확인하여 범죄성립여부에 대한 최종 결정이 내려진다.

75 이러한 심사방법은 추상적인 형벌법규의 내용을 구체화하는 작업인 해석방법을 통한 개념확정단계에서 구체적 사례의 특수성이나 사례에 대한 사회적 관점 등이 개입할 여지가 차단된다. 이 때문에 이러한 심사방법은 앞에서 기계론적 개념법학적 방법 내지 형식주의적, 도그마틱적 법학 패러다임하에서의 법발견 방법에 따르는 것이므로 구체적 사례에 부합한 법적 결정이라고 보기 어렵다.

2. 후성법학적 방법하에서의 범죄성립여부 심사방법

76 이와는 달리 현대 법학방법론하에서 관철되고 있고－실무에서도 채택되고 있는－연역적－귀납적 혼합적 법발견 방법 내지 이 책에서 요약한 후성법학적 법발견 방법에 따르면 추상적 형법률 속의 가벌성의 전제조건들을 구체화하는 해석단계에서부터 구체적 사례의 특수성을 고려하여 개념을 확정한다. 이러한 법발견 방법에 기초한 범죄성립여부에 대한 심사단계를 분설하면 다음과 같다. ① 먼저 행위자의 행태를 묘사하는 사실관계(구체적 사례)를 형식적 형법률텍스트와 먼저 접촉시킨다. 즉 일상적 용어로 묘사된 사실관계를 형법률의 관련 조항의 시각에서 조명한다. ② 이로써 그 구체적 사실관계를 문제된 구성요건의 유형으로 포착하여 사례를 '사안(事案)'으로 변형시킨다. 여기서 사안이란 단순히 사실관계의 시간적 진행경과를 말하는 구체적 사례와는 달리 그 사례의 법적 사회적 의미를 반영하여 재판과정에서 쟁점사항의 수준으로까지 정리된 사례요약을 말한다. ③ 다음으로 구체적 사례의 규범적 의미를 규명하여 쟁점화된 '사안'을 구체적 사례가 적용될 형법률의 조항 또는 그 조항에서 특히 해석을 요하는 개념과 비교하면서 법률을 해석한다. 이 해석과정에서 적용될 사안의 규범적 의미와 사안에 대한 사회적 의미를 가지고 문제된 형법규정의 문언을 평가하고, 다시 그 형법규정의 기초가 된 법원칙이나 객관적 정신(보호법익이나 형사처벌을 하게 된 목적론적 배경) 등을 기준으로 삼는 동시에 사회의 변화나 시민들의 법감정 등 외적 조건들의 변화를 고려하면서 사안과 문제의 형법규정(또는 개념)을 비교한다. ④ 이러한 방법의 비교를 통해 사안을 형법규정에 적응(동화: Assimiliation)시키는 동시에 형

법규정을 사안에 적응(동화)시킨다. 이와 같이 법률과 사안을 상호교차시키기를 통해 적용될 형법률을 구체적 사례에 부합하는 '법'(법적 규범 또는 법리)을 획득한다(법 발견). 이 단계에서 획득 내지 발견된 '법'은 범죄성립요건의 하위요소 중 하나에 해당하는 것이므로 ⑤ 이 발견된 법(법규범)을 사실관계에 적용함으로써 행위자 행위의 범죄성립요건 충족여부를 검토한다(아래 그림에서 왼쪽은 19세기 말 이래 범죄성립요건 심사에서 사용된 방법인 연역추론적 삼단논법을 요약한 것이고, 오른쪽은 오늘날 범죄성립요건 심사에서 사용되는 방법인 연역적－귀납적 혼합방법을 요약한 것이다).

3. 후성법학적 법발견 방법에 따른 범죄성립요건 심사의 의의

위와 같은 심사방법에 따르면 형법적 '범죄'개념은 다양한 소재와 기준에 따라 평가적으로 구성(즉 구체적 사례에 부합하는 범죄성립요건의 재구성)된다. 즉 범죄성립요건의 하위요소들을 규정한 형법규정 및 그 규정 속의 법적 개념들의 해석작업 및 논증과정에서 보호법익, 사안의 사회적 의미와 본질, 법적용자의 주관적 태도 그리고 형벌목적적 관점 등 다양한 외적 요소들이 평가에 개입한다. 77

이러한 심사방법은 법학 방법론 일반에서 말하는 연역적-귀납적 혼합적 법발견 방법에 기초된 법이해 내지 법학 패러다임(즉 독일의 평가적 법학 패러다임, 미국의 실용주의적 법학 패러다임. 이 책에서 말하는 후성법학적 법이해)의 반영이다. 이에 따르면 '법'은 법률 속에 '미리' 존재하는 것이 아니라 법률이 적용될 사실관계 및 그 사실관계를 법률적으로 조명하여 유형화한 사안과 접촉하는 과정에서 사후적으로 법으로 발견하는 것처럼, 범죄의 성립요건도 구체적 사례와 무관하게 미리 결정되어 있는 것이 아니라 구체적 사례와의 접촉을 통해 사후적으로 재구성되어야 한다. 형법률은 변함없이 그대로 있는데 범죄성립요건에 관한 판례의 법리가 가변적인 것은 이 때문이다. 78

형법의 적용은 형법률 속에서 먼저 확정되어 존재하는 가벌성의 전제조건을 기계적으로 확인한 후 이것과 행위자의 행태와의 일치여부를 판단하는 단순 작업이 아니다. 반대로 구체적 사례속의 행위자의 행태를 출발점으로 삼아 이를 형법률의 관점에서 조명하여 '사안'으로 공식화한 후, 이 사안의 본질적 측면과 법률속의 가벌성 요건의 본질적 측면을 평가적으로 비교하면서 사후적으로 범죄성립요건의 하위요소들을 해석적으로 (재)구성하는 고도의 정신작용을 수반하는 복잡한 작업이다.[137] 79

---

137) 따라서 범죄체계를 "마치 덧셈, 뺄셈을 처음 배울 때 보았던, 숫자를 위로 넣어 아래로 통과시키면 답이 나오는 '어둠상자'와 같다, 사안을 넣으면 법적 결과를 얻도록 만들어둔 형식이며, 바로 그 정도 의의에 그친다"고 평가하는 진술(홍영기, §6/24)은 범죄성립요건을 사전에 고정되어 있는 형식으로 보고, 구체적 사례가 연역추론적 삼단논법에 따라 해결될 수 있다고 보는 전통적 방법론에 따라 범죄체계를 이해하는 태도의 표명인 것으로 보인다.

80

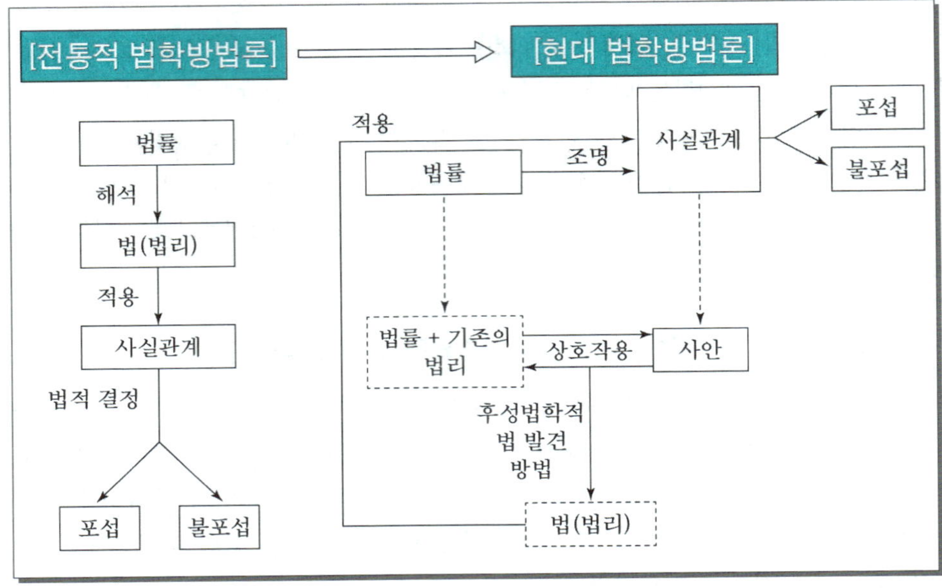

제 4 절 범죄체계론의 현대적 의의

Ⅰ. 형법이론학과 형사실무의 공통의 관심사

1. 형사실무에 심사도식을 제공한 이론학의 기여와 현실적 심사대상

81 범죄는 '구성요건에 해당하고 위법하고 책임있는 행위'라는 정의는 구체적인 형사사건에서 법익을 공격하는 다양한 현상형태들의 공통분모들을 이론가들이 사고실험을 통해 개념적으로 범주화하여 이를 공식화한 개념정의가 아니다. 입법자가 법익공격적 행위들 중 형사처벌되어야 할 행위를 다양한 관점과 기준(외부적 기준 및 내부 심리적 기준 등)을 가지고 해체하여 이를 총칙과 각칙 구성요건에 분할하여 규정한 형법률의 가벌성의 전제조건들을 대상으로 삼은 개념정의이다. 이러한 관점에서 보면 형식적 의미의 모든 범죄종류들에 공통적으로 요구되는 범죄에 관한 위 정의는 '실정화된 형법률'을 기초로 한 '적용 관련적 도그마틱'에 따른 개념정의인 것이지 순수 이론적 고안물이 아니다.

82 더구나 실제로 어떤 사태 내지 사건속의 행위자의 행위가 '범죄'를 성립시켜 형법에 범죄에 대한 법효과로 예정하고 있는 형벌을 부과할 수 있는지를 심사하는 일도 '일반적' 범죄성립요건인 세 가지 상위개념을 가지고 진행하지 않는다. 앞서 언급했듯이 세 가지 상위

개념은 심사를 논리적 순서로 진행하기 위한 심사도식(스키마)을 구성할 뿐이다. 범죄성립요건의 심사에서 결정적인 것은 오히려 각 상위개념 아래 체계적으로 배치되어 있는 하위요소(개념)들의 충족 여부이다. 이러한 하위요소(개념)들의 충족 여부는 결국 각 하위요소들을 규정하고 있는 형법규정에 대한 '해석'을 통해 이루어진다. 범죄성립요건의 심사는 결국 '가벌성의 전제조건을 규정하고 있는 형법규정의 해석과 적용 문제'인 것이다.

2. 도그마틱적 상위 개념의 역할

물론 그 적용이 문제되는 형법규정들을 해석할 경우 구성요건, 위법성, 책임이라는 상위개념은 아무런 역할을 하지 않는 것은 아니다. '체계 전체'의 '일 부분'인 하위요소(개념)들의 해석 및 의미파악에 준거기준으로 다시 등장시켜야 할 경우가 있기 때문이다. 83

구성요건 요소들을 해석할 경우에는 보호법익에 대한 위험의 창출(예, 각칙 구성요건에 해당하는 각 행위개념을 해석할 경우) 및 보호법익에 대한 위험실현(예, 행위와 결과간의 인과적 관련성을 해석할 경우)이라는 기준이 중요한 역할을 한다. 이 점을 제대로 파악하기 위해서는 현대 형법이론에서 구성요건이 어떤 기능을 하는지에 대한 이해가 선행되어 있어야 한다(§13 제2절 참조). 84

위법성조각사유를 해석할 경우에도 위법성 판단에서 무엇이 평가의 대상인지, 그 대상에 대한 평가를 위해 어떤 기준이 사용되어야 하는지 더 나아가 구성요건 판단과 구별되는 위법성 판단의 독자적 의의를 인정하기 위해서는 위법성이론 및 범죄에 관한 체계적 지식이 있어야 한다. 특히 위법성조각사유에 공통된 판단기준인 '상당한 이유'나 '사회상규'라는 개념의 해석론에서 그러하다(§ 20, 21 참조). 85

책임조각사유에 관한 규정을 해석할 경우도 마찬가지이다. 책임판단의 실질적 기준과 관련하여 전통적 책임이론이 가지고 있는 문제점뿐만 아니라 새로운 책임이론이 가지고 있는 맹점에 관한 기본적 지식이 요구된다. 책임조각사유의 개별 요소(개념)들에 대한 해석 결론에 따라 결국 책임의 유무가 결정되는 것이므로 '책임' 판단의 기준이 언제나 살아 움직인다. 특히 책임조각사유의 하나인 위법성의 착오에 '정당한 이유'유무에 대한 해석에서도 '책임'개념과 책임판단의 기준이 중요한 의미를 가진다(§23 참조). 86

判 대법원은 이미 오래전부터 명시적이든 묵시적이든 특히 위법성조각사유의 해석론에서 실질적 위법성이론에 입각하여 사회상규 개념 및 그로부터 파생된 다양한 규범적 기준들을 행위자 행위의 위법성여부를 판단하기 위한 기준으로 사용하고 있고, 책임판단에서는 전통적 책임이론이 제공한 책임판단의 기준(타행위가능성) 뿐 아니라 예방적 책임이론이 제공하는 실질적 기준(형벌제도의 목적)도 책임판단에 투입하고 있다. 이에 따르면 범죄에 관한 이론 및 범죄체계에 관한 기초지식이 형사실무에서 구체적 사례의 해결에 무익한 순수 사변적인 관념적 지식이라는 생각은 적용관련적 형법이론(도그마틱)의 실용적 측면을 간과한 생각이다. 따라서 일반적 범죄성립요건의 중심축인 도그마틱적 상위개념과 그와 관련된 범죄체계론 내지 87

'범죄에 관한 이론'은 '이론을 위한 이론'이 아니라 구체적 사례에 적용될 범죄의 성립요건에 관한 '법'의 발견이라는 실용적 형법지식(법리)의 생산에 기여한다.

Ⅱ. 형법도그마틱의 과제

1. 형법도그마틱(형법이론학)의 의의

88 형법의 가벌성의 전제조건들을 기초로 삼아 범죄에 관한 통일된 이론을 정립하고 범죄의 개별적 구성분자들의 체계적 지위를 정서함으로써 완벽한 범죄체계를 구축하는 일은 형법학의 가장 기본적이고 본질적인 목표이다. 형법도그마틱은 이러한 목표달성을 통해 형사실무의 안정적이고 일관된 형법적용에 기여한다. 그러나 형법도그마틱은 형법이론학의 전유물이 아니다. 법적용주체인 법원이 형법률의 해석을 통해 구체적 사례에 적용할 법이론들(판례 법리)을 만들어가는 일도 형법적용을 위한 '형법도그마틱'이다.

89 형법도그마틱은 구체적 사례에 적용될 '법'-그것을 법이론들이라고 부르든 아니면 법리들이라고 부르든-의 발견에 기여하는 것이므로 이론을 위한 이론이 아니라 실무에 기여하는 '실용도그마틱' 또는 '적용관련적 법학'으로 자리매김되어야 한다. 형법이론학이 만든 형법도그마틱의 업적 중 최고의 업적은 형법규정들을 분석하고 종합하여 일반적 범죄성립요건을 만들고 이를 체계화하여 구체적 사례에서 행위자의 행위의 범죄성립여부를 심사하기 위한 '심사도식'으로 만든 것이라고 할 수 있다.

2. 실용적 형법도그마틱의 기능과 역할

90 형법이론학의 실용도그마틱은 일차적으로 형사실무에 의해 만들어진 판례법리를 분석하고 분류하여 형법적 지식의 저장고 속에 체계적으로 저장하는 역할을 해야 한다. 이 뿐만 아니라 판례의 법리들을 비판하면서도 보완하기도 해야 하고, 경우에 따라 대안적 이론도 제시해야 한다. 이러한 과제들 수행함에 있어서 형법이론학이 나침반으로 삼을 수 있는 것은 범죄에 관한 개념지도인 범죄체계 및 범죄개념에 관한 기초이론이다. 범죄의 요소들을 해체하여 총칙과 각칙에 분할하여 규정하고 있는 입법형식 속에서 범죄의 요소들을 규정한 규정들을 재결합시키는 연결고리를 개념화(구성요건, 위법성, 책임)하고 이 상위개념 아래에 범죄의 하위요소(개념)들을 체계적으로 재배치하고 있다. 비유하자면, 아무런 경계선이 없이 연속되어 있는 땅덩어리를 구획시켜 놓은 지면위의 '지도'를 그려 놓은 것과 같다. 지도가 실제의 삶에 길잡이로 쓸모가 있듯이 범죄의 개념적 지도는 형사책임의 인정 여부를 판단함에 있어 형법 규정을 해석하여 적용하는 일에 길잡이로 소용된다.

91 물론 일반적 범죄성립요건을 이루는 세 가지 상위개념에 대한 이해, 각 개념들의 상호관계, 그리고 각 개념들의 하위요소들에 관해 형법이론학은 오랫동안 다양한 논의를 거쳐

오면서도 '범죄에 관한 통일되고 단일한 하나의 이론'을 만들어내지는 못했다. 이 점은 앞서 설명했듯이 특히 범죄체계 논쟁에서 각기 다른 범죄체계의 구축으로 나타났다.

어떤 범죄체계를 취하는지에 따라 각 체계개념의 하위요소를 규정하고 있는 형법규정의 해석내용에 차이를 가져올 수도 있고,[138] 범죄성립요건에 관한 형법규정의 미비점을 보완할 형법이론(법리)도 어떤 범죄체계에 따르는지에 따라 다르게 제안할 수도 있다. 형법규정을 해석하고 경우에 따라 결함을 바로 잡거나 규정의 미비를 보완하는 이론을 내놓을 경우, '올바른 하나의 해석' 또는 '유일한 이론'은 존재하지 않는다. '가능한' 해석과 '가능한' 다양한 이론들이 병존하면서 경합하면서 선택되기를 기다릴 뿐이다. 92

최종적으로 법을 선언하는 대법원은 헌법이 부여한 권위와 권한을 가지고 다수의 가능한 법이론들 중 하나를 선택할 수도 있고, 스스로 법리를 만들어낼 수도 있다. 대법원에서는 전원합의체를 통해 논쟁을 벌이는 과정에서 다수결에 의해 어느 하나의 해석태도가 법정견해로 선택될 수도 있고,[139] 그 선택된 법리가 다시 다른 사례에 대해 적용될 경우 전원합의체를 통해 바뀌기도 한다. 형법이론학은 최종적으로 선택된 법리까지도 사실적 측면의 진리 탐구(객관적 법의 발견)와 가치적 측면의 정의추구라는 차원에서 비판의 대상으로 삼아야 한다. (형)법이론은 다른 영역(철학, 윤리학 등)의 이론과는 달리 그 법적 결정의 효력이 미치지는 당사자에 대해서 뿐만 아니라 규범수범자 모두에 대해 현실적·잠재적 차원의 실천적 의의를 가지기 때문이다. 형사판결문은 특히 종이 위에 쓰여지는 것이 아니라 사람의 살갗 위에 쓰여진다(구스타프 라드부르흐)는 경구가 주는 의미는 분명하다. 형법이론은 언어유희가 아닐 뿐 아니라 이론을 위한 이론은 더더욱 아니다. 93

이 때문에 형법이론학은 특히 대법원이 범죄성립요건의 각 하위요소들에 관한 형법규정을 어떤 범죄체계에 입각하여 해석하고 있는지에도 관심을 기울임으로써 체계일관성을 통한 법적 안정성이라는 법이념을 실현하고 있는지를 감시해야 한다. 특히 범죄성립요건의 하위요소(개념)들에 대한 해석 문제를 엄격한 법적용의 문제 내지 순수 요건의 문제 차원을 유지하고 있는지 아니면 요건의 문제와 효과의 문제에 관한 분리독립성 도그마를 벗어나 형사정책적 관점 등 형법외적 요소를 범죄성립의 문제에 얼마나 고려하고 있는지도 관찰하여 그 법적 결정의 정당성 문제를 비판적 성찰의 대상으로 삼아야 한다. 94

判 범죄체계를 목적론적 관점에서 구축해야 한다는 오늘날의 범죄이론의 관점에서 볼 때 범죄의 각 하위요소들을 목적 및 가치관계적으로 충전시켜야 요구를 실무가 얼마나 반영하고 있는지에 관심을 기울여 95

138) 예컨대 이 책에서처럼 범죄성립요건의 하나로 분류하지 않는 '객관적 처벌조건'을 만약 구성요건의 요소로 파악하게 되면, 그 조건 대한 형법의 법리구성에서 매우 이례적인 결론이 도출된다. 즉 행위자의 고의 인정을 위해서도 이 조건의 인식을 요하게 되고, 그 불충족은 미수가 되고, 그 범죄에 대해 공범도 성립할 수 없고, 정당방위도 인정할 수 없다고 하게 된다. 그러나 앞서 언급했듯이 범죄를 '행위'로 파악하는 전통적 범죄컨셉에 따르면 객관적 처벌조건은 행위불법과 아무런 관련성이 없고 행위자에 대한 형벌부과 여부에만 영향을 미치는 요소로 이해되어야 한다.

139) 새로운 사례에 대한 형법적용과정에서 총칙상의 개념보다는 각칙상의 개념에 대한 형법도그마틱에 대한 수요가 월등히 크다. 특히 대법원은 최근 10여 년간 주거침입죄의 침입개념, 배임죄의 타인의 사무처리자 개념 등에 대한 해석론에 일대 지각변동을 가져오는 등, 가능한 이론 또는 가능한 해석에 대한 선택에서 많은 변화를 보여주고 있다(『각론』 주거침입죄, 배임죄 등 참조).

야 한다. 대법원은 위법성조각사유의 해석과 적용을 통한 위법성 판단에서도 법외적 요소인 '처벌의 필요성' 또는 '사회정의'라는 관점을 개입시키고 있고, 책임조각사유를 해석적용하면서 책임판단을 할 경우에도 '형벌제도의 목적'적 관점도 고려에 넣고 있다는 점에 관해서는 앞서 언급하였다.

96 형법이론학은 이러한 변화된 실용도그마틱의 면모를 보여주고 있는 대법원의 법적 결정이 가지는 의의를 평가함이 없이 이론적 공회전을 반복하는 태도를 취해서는 안 된다. 대법원의 형법적용을 범죄성립요건에 관한 '범죄'이론학적 시각에서 자리매김하면서 그 공과를 평가함으로써 장래의 정당한 법적 결정을 향도해 나갈 책무를 수행해야 한다. 특히 형법이론학은 형법적용이 예상되는 새로운 사례유형들을 사고실험을 통해 먼저 개발할 수도 있어야 하고, 이 경우 새로운 사안에 대해 구체적으로 타당한 형법적용을 도모해야 할 형사실무와 목표를 공유하면서 형법규정의 해석 및 논증작업을 통해 범죄개념의 내적 체계를 정비해 나가야 한다.

97 법적 결정이 구체적 사례의 사실관계의 특수성에 부합해야 하고, 이 과정에서 법발견 주체인 법관의 주관이 개입하는 것이 피할 수 없는 일임을 인정한다면, 발견된 '법'의 객관성을 담보할 최적의 방법은 학문성의 전제조건을 충족시키는 정교한 이론을 일관성있게 적용하는 일 외에는 없음도 자각하고 실무가 이러한 법적용을 하는지 감시하고 비판하는 일을 게을리하지 말아야 한다.

98 형사실무가 자의적인 법적용 또는 오류적 법적용을 하고 있다는 불신과 오해를 막기 위한 최선의 방책은 그에 동원된 법리와 논리전개가 통일성, 일관성, 그리고 체계성을 유지하고 있음을 지속적으로 보여주는 것이기 때문이다. 범죄체계론에 대한 이해와 지식이 이 점을 보장해 줄 수 있다.

Ⅲ. 형사실무에 기여하는 범죄체계론

1. 범죄성립여부 판단을 위한 심사도식으로 활용

99 범죄체계에 관한 형법이론은 행위자의 행위에 대해 형벌을 부과하기 위한 전제조건들을 규정하고 있는 형법의 해석과 적용에 기여하며 실무의 범죄성립요건심사에 법적 안정성을 담보해 준다. "법해석의 목표는 어디까지나 법적 안정성을 저해하지 않는 범위내에서 구체적 타당성을 찾는 데 두어야 한다"[140]는 판시내용처럼 법적 안정성이 먼저라면, 그 법적 안정성을 위해서는 일관성이 유지되어야 하고, 일관성을 위해서는 체계성이 다시 요구된다. 특히 형사판결의 법적 근거에 대한 투명성에 대한 요구가 커감에 따라 대법원도 범죄체계에 관한 일관성을 유지해야 할 학문적 기대에 더 자주 더 많이 부응해야 할 것으로 보인다.

140) 대법원 2009.4.23. 2006다81035.

하지만 종래 (대)법원의 일부 판결문을 보면 형법이 위법성 판단의 기준으로 규정하고 있는 '상당한 이유'와 책임판단의 기준으로 규정하고 있는 '정당한 이유' 조차도 범주적으로 정확하게 구별하지 않고 서로 교환가능한 용어로 사용될 정도로 범죄체계에 관한 이해가 정착되지 못했던 점도 관찰된다. 그럼에도 최근의 대법원은 착오사례에 대한 판결들(위전착 사례, 포섭의 착오사례 등)이나 과실범이론 및 부작범이론 또는 가담형태론 등 형법의 전분야에 걸쳐 체계적 사고가 가져다주는 실천적 차원의 장점에 관해 낙관론을 펼칠 수 있는 많은 계기를 마련해 주고 있다. 100

2. 합목적성과 사고의 경제성, 평등한 법적용

범죄체계는 어떤 행위에 대해 형벌을 부과할 것인지를 목표로 삼아 만들어진 것이기 때문에 형법의 과제를 실현할 목적 합리성의 추구에 이바지 한다(합목적성). 범죄성립요건의 심사를 도식에 따라 체계적으로 하면, 불필요한 수고를 덜 수 있다(사고의 경제성). 구성요건요소로 분류된 요소가 충족되지 않는 것으로 확인되면, 위법성요소와 책임요소에 대한 심사는 더 이상 필요 없기 때문이다. 범죄체계는 형법적용에서의 자의성을 배제하여 법 앞의 평등원칙을 실현하게 한다(평등한 법적용). 누구에게나 정해진 심사순서에 따라 체크리스트에 목록화된 심사항목들을 하나하나 심사하게 함으로써 적용자의 자의적 판단을 막아주기 때문이다. 101

3. 형법적 지식의 저장고

범죄성립요건의 체계적 분류는 형법적 지식, 특히 가벌성의 실체적 전제조건들에 대한 해석을 통해 생겨난 법적 지식을 누적시켜 두었다가 변형된 사례나 새로운 사례에 대해 적재적소에 사용할 수 있도록 해 준다(지식의 저장고). 문제되는 하위요소들마다 어디에 속하고 어떤 요소들을 언제 심사해야 할 것인지를 반복해야 하는 수고를 덜어주기 때문이다. 102

4. 개념의 재구성 및 보완적 법리의 구성

범죄성립요건에 관한 체계화된 지식 및 그에 관한 배경적 지식은 형사실무에서 그동안 취급되지 않은 새로운 사례의 범죄성립요건을 심사함에 있어－앞서 설명하였던 후성법학적 법발견 방법에 의거하여－하위요소들에 관한 형법규정을 해석하고 사안에 적합한 '법(법리)'의 발견을 가능하게 함으로써, 구체적으로 타당한 형법적용을 도모하게 해준다(개념의 재구성 및 보완적 법리의 고안). 예컨대 형법이론학은 물론이고 대법원도 부작위범에서 행위자의 부작위가 작위의무 있는 자의 부작위라고 하더라도 '사실상의(개별적) 작위가능성'이 없으면 부작위범의 성립을 부정한다. 형법에 명시적으로 규정되어 있지 않은 이 요건을 부작위범의 성립요건의 하나로 요구하는 '법리'를 이해하기 위해서는 행위개념과 부작위개념 및 행위반가치와 결과반가치의 중층구조를 요하는 불법구성요건 개념에 대한 개념적 이해 또 103

는 더 나아가 기대불가능성에 관한 책임이론에 대한 기초지식이 선행되어 있어야 한다.

104 체계적 범죄이론은 구체적인 사례에서 범죄성립요건의 충족여부를 심사도식의 순서에 따라 검토하라는 형식적인 차원의 의의만 가지는 것이 아니다. 어떤 범죄체계를 취하는지가 구체적인 사례해결에서 가벌성 판단의 결과에 아무런 영향을 미치지 않는다고 단언[141]할 수도 없다. 범죄체계가 행위자의 형사책임인정 여부에 실제로 영향을 미치는 경우도 적지 않다. 2단계범죄체계에 따르는 경우와 3단계 범죄체계에 따르는 경우 행위자의 가벌성 판단이 달라질 수 있다. 예컨대 구성요건해당성부터 부정되는 행위에 대해 법익침해로 대응한 행위자는 긴급피난규정은 적용될 수 있지만 정당방위에 관한 규정은 적용될 수 없고, 구성요건해당성이 부정되는 행위에 가담한 제3자는 협의의 공범성립이 불가능하지만, 간접정범성립은 가능할 수 있다. 고의가 부정되는 사례에 대해 위법성까지는 인정하고 책임조각만 인정하는 (신)고전적 범죄체계에 따르면 행위자에게 보안처분의 부과가 가능하지만, 구성요건해당성부터 부정하는 목적적/합일태적 범죄체계에 따르면 보안처분도 부과할 수 없다. 주관적 정당화요소의 결여사례의 경우에도 어떤 범죄체계를 취하는지에 따라 가벌성 판단이 달라진다. 가장 극명하게는 위법성조각사유의 전제사실의 착오사례의 경우이다. 이 사례에 대해 체계적 사고를 전개하지 못하고 기소유예처분을 내린 검찰에 대해 헌법재판소가 일침을 놓은 적이 있다. 대법원이 최근 체계문제를 소홀하게 취급하지 않는 판결을 다수 내놓고 있음은 실무의 법적 결정에 자의성을 추방하려는 노력의 일환으로 평가된다.

Ⅳ. 형사입법에서의 유용성

1. 형사입법자를 위한 지도이자 나침반

105 범죄에 관한 형법이론은 형사입법을 할 경우에도 입법자가 방향을 잃지 않도록 해 주는 나침반 역할을 할 수 있다. 형법이 체계정합성을 가지고 연속성을 유지할 수 있도록 해주기 때문이다. 특히 모든 범죄에 공통적으로 적용할 수 있는 "~행위는 벌하지 않는다"는 술어를 가진 조건을 총칙규정에 새롭게 만들 경우 즉 행위의 불법성을 적극적으로 구성하는 요소(정형화된 불법구성요건요소)를 입법화하거나, 범죄성립을 배제하기 위한 예외적 상황들을 정당화사유(위법성조각사유)로 입법화하거나, 또는 행위자에게 형사책임을 물을 수 없는 특수한 정신적 이상이나 부수상황 때문에 비난가능성이 부정되는 사유들(책임조각사유)을 입법화할 경우, 범죄성립요건의 체계 개념들의 이론 및 그 이론적 배경에 관한 지식이 필요하다. 이러한 체계적 지식이 없으면 입법자의 가치결단을 법률형식에 담을 경우 전문용어사용의 일관성과 맥락성을 유지하기 어렵게 된다.

2. 형사입법의 체계정합성 유지

106 범죄성립요건에 관한 체계화된 지식은 사회적으로 유해성을 가진 어떤 행위에 대한 범죄화 여부에 관한 형사정책적 결단을 내려 이를 형법각칙이나 특별법상의 구성요건을 만

141) 예컨대 이주원, 형법총론, 제2판, 2023, 60면.

들 경우에도 구성요건 프레임의 내부요소를 세우는데 지주가 될 수 있다. 예컨대 헌법재판소의 헌법불합치 결정을 받은 낙태죄 구성요건을 개정하여 이를 헌법합치적으로 재탄생시킬 경우 낙태시기, 낙태주체 등을 고려한 '일정한' 낙태행위를 형면제사유로 만들 것인지 아니면 위법성조각사유 또는 책임조각사유로 만들 것인지 아니면 구성요건적 불법의 목록 속에 애시당초 포함시키지 않을 것인지에 대한 입법적 결단을 내려 이를 각칙의 규정형식 속에 반영하려면 범죄체계에 관한 이론을 염두에 두어야 한다. 물론 이러한 차원의 정밀한 체계분류를 입법자가 사전에 하지 않고 학문과 실무에 맡겨두는 입법방식을 취할 수도 있다. 그러나 이러한 경우조차도 해석의 여지가 생길 수 있도록 하기 위해서도 체계정합성을 담보해주는 최소한의 내용과 형식을 갖추려면 범죄에 관한 기초이론이 필수적이다.

Ⅴ. 형법이론학과 법학교육

1. 형사실무에서 창조적 법리 주장을 위한 토대

범죄성립요건에 관한 체계화된 지식은 행위자의 범죄성립을 주장하거나(검사의 입장), 그 주장이 가진 문제점과 결함을 주장하거나 다른 보완적 또는 대안적 이론의 적용을 주장하거나(변호인) 또는 검찰과 피고인 측의 주장들을 종합하여 행위자의 범죄성립여부에 대한 최종적 법적 결정을 내리는 단계(법원)에서 필수적으로 요구되는 기초지식이다. 이 때문에 예비법률가들이 범죄의 컨셉을 체계론의 관점에서 공부하는 일은 장차 형사실무에서의 직업적 과제를 수행할 수 있는 능력을 함양하기 위한 필수코스이고, 범죄개념의 체계적 이해 정도는 예비법률가들의 법실무능력 테스트에 활용되는 가장 기본적인 소재이기도 한다. 107

예비법률가들이 일차적 학습대상인 법률, 그 중에 특히 형법총칙의 규정들은 범죄를 구성하는 모든 하위 요소들이 규정되어 있지 않은 흠결상태에 놓여 있다. 규정되어 있는 하위 요소들도 실무에서 용이하게 검토할 수 있도록 체계화되어 규정되어 있지도 않다. 이 때문에 그 하위요소들의 구체적 내용규정은 형법학과 형사실무의 해석론에 위임되어 있는 경우가 많다. 따라서 예비법률가들이 형법의 적용에 요구되는 체계화된 기초지식을 갖추려면 모든 범죄종류(내지 범죄현상)를 묘사하는 상위개념이자 실정법을 기반으로 한 도그마틱적 개념의 하위요소들의 내용을 해석하면서 보정되거나 보완되어야 할 결함 및 흠결적 요소들에 대한 이론들을 체계적으로 공부해야 한다. 108

범죄의 외적 체계(외부프레임)에 관한 지식은 예비법률가들로 하여금 형법전을 체계적으로 이해하여 나름대로 재편성할 수 있게 하는 보조수단의 역할도 하고 장차 형사실무에서 행위자의 행위가 형벌부과를 위한 전제조건들을 충족하였는지를 법적으로 검토해야 할 경우 유용한 심사도식으로 활용할 수 있다. 그러나 보다 중요한 지식은 범죄에 대한 내적 체 109

계에 관한 지식이다. 내적 체계를 이루는 하위요소(개념)들을 규정하고 있는 개개의 형법규정들 및 그 규정들 속의 법적 개념들이 중요하고 이 개념들에 대해 대법원과 학설이 각각 어떤 해석공식을 내놓고 있는지를 습득해야 한다.

110 형법상 범죄의 하위요소(개념)들로 이루어진 내적 체계는 외적 체계와는 달리 '형식적' 체계가 아니다. 그 하위요소(개념)들을 규정한 형법규범이 구체적 사례와의 상호작용을 통해 해석되는 과정에서, 경우에 따라 법원칙들을 통해 논증의 방법으로 그 구체적 의미가 밝혀지면 마침내 사례에 적용될 수 있을 모습으로 '발견'되는 (형)'법'의 '실질적' 체계이다.

2. (형)법전문가가 되는 길

111 예비 법률가들이 형법이론학과 형사실무가 현행의 형법률에 대해 내놓은 법적 개념에 대한 해석과 보충 내지 대안적 해석 및 현행 형법률에서 미비된 범죄성립요건에 관한 보완적 이론 내지 법리들은 교과서나 판례집에 정리되어 있어서 단순 암기를 통해 기본지식을 습득할 수 있다. 이러한 법에 관한 기본지식들은 모두가 기존의 형사사례와 형법률이 접촉하면서 발견된 '법'에 관한 지식들이다. 그리고 이러한 법(리)적 지식은 기본적인 응용능력만 있으면, 유사한 사례들에 대해 계속 반복적으로 적용될 수도 있다.

112 그러나 이러한 기존의 법(리)적 지식들은 새로운 유형의 사례들의 경우 행위자 행위의 범죄성립요건 심사에서는 그대로 적용되기 어려운 경우가 있다. 이러한 경우 개념에 대한 규범적 평가적 방법의 접근방법을 통해 현행 형법률의 형법적 개념을 재구성하거나, 후성법학적 법발견 방법에 따라 사안의 구체적 특수성에 적합한 보완적 법리를 만들어 낼 수 있으려면 새로운 지식을 창출해 낼 수 있는 수준(예, 대법원처럼 병역기피죄의 '정당한 사유' 개념에 관한 해석 및 이 요소를 구성요건해당성배제사유로 자리매김하거나, 공모관계의 이탈 또는 공범의 이탈 요건을 법리화하는 수준)의 문제해결능력을 겸비하여야 한다.

113 물론 이러한 고차원의 문제해결 능력까지 교육하는 일을 로스쿨에서의 현재 커리큘럼으로는 감당하기 어렵다. 이 때문에 변호사시험의 사례문제에서는 기존의 법적지식이나 법리로 해결해야 할 사례로 기본적 법지식 및 응용능력을 평가하는 데 그칠 뿐이다. 그럼에도 불구하고 장차 변호자격을 취득한 후 직업법조인이 되었을 경우 그 직역과 상관없이 새로운 사례를 직면하여 기존에 형성되어 있지 않는 법리를 만들어 형법적용여부에 대한 자신의 견해를 표출해야 할 과제수행을 피해가기 어렵다. 단조롭게 반복되는 일상의 사건들을 경험하고 해결한 경력이 쌓인다고 해서 이러한 과제를 수행할 능력이 저절로 생기는 것은 아니다. 경력자와 전문가는 다르다. 형법률의 체계적 이해 및 그에 터잡은 범죄성립요건에 관한 이론 및 그 이론적 배경에 관한 선행된 법적 지식, 그리고 종국적으로 법이란 무엇인가는 차원의 법이해, 그리고 법은 어떻게 발견되는가라는 법발견 방법에 관한 통찰능력을 갖추어야만 – '법기술자'도 아니고 '법률'전문가도 아닌 – '법'전문가라고 불릴 수 있다.

Ⅵ. 범죄체계에 기초한 형법적 지식 활용례 미리 보기

구체적 사례속의 행위자의 행위가 범죄성립요건을 충족시키는지는 형법규정의 기계론적 적용이 아니다. 사례의 사실관계로부터 범죄성립요건 중 어느 하위요소들의 충족 또는 불충족으로 귀결될 수 있는지에 따라 달라지고, 이는 다시 사례의 사실관계 속에서 어떤 하위요소들을 쟁점으로 삼을 것인지에 대한 변호인의 소송전략과 형법적 지식의 차이가 종속변수로 작용한다. 종국적으로는 법원이 그 하위요소들을 규정한 형법규정을 어떻게 해석하는지에 따라 결론이 달라진다.[142] 이러한 역동적 과정을 다음의 실제사례를 예로 들어 미리 보기를 해 보자. 114

사례(통비법위반 사건): 갑은 신문기자로서 ○○법인 재단이사장인 A와 휴대폰의 통화녹음버튼을 사용하여 통화내용을 녹음하면서 통화를 하다가 A가 자신의 사무실로 들어서는 B, C의 방문을 받고 갑과의 통화를 종료하고, B, C와의 대화를 새로 시작하였다, 그런데 A은 그 당시 자신의 휴대폰의 통화종료버튼을 제대로 누르지 않은 상태로 휴대폰을 탁자위에 내려놓고 B, C와 대화를 이어가고 있었다. 갑은 자신의 휴대폰과 A의 휴대폰이 연결 상태가 유지되어 있는 것을 발견하고 자신의 휴대폰에 있는 통화녹음 기능을 끄지 않고, 1시간 가량 A, B, C간의 대화내용을 녹음하고 이를 청취하였다. 갑은 「통신비밀보호법」 위반죄[143]로 기소되었다(대법원 2016.5.12. 2013도15616 참조). 115

위 사례에서 갑에게 적용될 각칙 구성요건은 없고, '타인 간' 비밀대화의 '녹음 및 청취'라는 통비법의 구성요건[144]이 문제된다. 범죄체계론적 관점에서 범죄성립요건의 충족여부는 다음과 같이 심사된다. 116

1. 구성요건해당성 판단

이 단계에서는 판단자의 머릿속에서 결합된 각칙(특별법)의 개별 구성요건 요소와 총칙의 유형별 구성요건 요소들에 대한 심사가 이루어진다. 여기서 먼저 문제되는 쟁점은 갑의 녹음청취가 총칙상 작위에 의한 것인가 부작위에 의한 것인가 하는 점이다(이 쟁점의 의의와 작위와 부작위 판별 기준에 관한 학설 및 판례의 태도에 관해서는 부작위범의 기초이론에서 다룬다). 실제로 검사는 갑의 행위가 작위임을 전제로 기소하였고, 이에 대해 갑은 타인 간 117

142) 예, 위 사례에서 갑의 행위가 작위인지 부작위인지, 만약 부작위라면 작위의무 있는 자의 부작위인지(제18조의 해석문제), 갑의 행위가 정당행위로 인정되기 위한 전제조건들 충족하는지(제20조의 해석문제), 그리고 갑의 행위가 정당한 이유있는 위법성의 착오에 해당하는지(제16조의 해석문제) 더 나아가 갑의 행위가 적법행위에 대한 기대가능성이 인정되는지(비난가능성의 실질적 기준에 관한 법리 적용문제) 등.

143) 「통신비밀보호법」 제3조 ① 누구든지 이 법과 형사소송법 또는 군사법원법의 규정에 의하지 아니하고는 우편물의 검열·전기통신의 감청 또는 통신사실확인자료의 제공을 하거나 공개되지 아니한 타인 간의 대화를 녹음 또는 청취하지 못한다.

144) 통상 로스쿨에서의 형사사례연습이나 변호사시험의 사례형 문제에서는 형법각칙의 '범죄'성립여부를 심사하도록 하지만, 실제 형사재판에서는 특별법상의 '범죄'성립여부가 문제되는 경우가 더 많다. 위 통비법 제3조에 따르면 갑이 애초에 A와 통화를 하면서 녹음버튼을 눌러 녹음한 것은 자신과의 대화를 녹음한 것일 뿐, '타인 간' 대화를 녹음한 것이 아니므로 형사처벌의 대상이 아니다.

대화의 녹음과 청취는 적극적 작위가 아니라 소극적 부작위에 그친다고 주장하였다. 만약 갑의 행위가 작위가 아니라 부작위라고 판단된다면, 고의에 의한 부진정부작위범의 구성요건 요소로서 갑에게 작위의무, 즉 진행 중인 녹음을 중단하기 위해 적극적으로 종료버튼을 누르고 그 대화내용을 청취하지 말아야 할 작위의무가 있는지를 다시 판단해야 한다(이에 관해서는 부작위범의 보증인적 지위 및 그 작위의무의 발생근거론에서 다룬다).

118 判 1심법원은 갑이 도청을 위한 고의적·의도적 행위 없이 우연한 계기로 들려오는 타인 간 대화를 들은 것이므로 그 대화의 녹음과 청취는 부작위에 의하여 이루진 것으로 판단하였다. 부작위의 경우 작위와 동가치한 불법이 되기 위해서는 문제의 부작위가 작의의무 있는 자의 부작위여야 한다는 요건이 요구된다. 1심법원은 갑에게는 통화버튼을 종료해야 할 의무가 없다고 함으로써 갑의 행위가 부진정부작위범의 구성요건해당성부터 탈락되어 무죄판결을 내렸다. 반면에 2심법원과 대법원은 갑의 행위가 작위라고 판단하여 갑에게 작위의무가 인정될 수 있는지에 관한 심사로까지는 나아가지도 않았다.

119 행위자의 행위가 작위인가 부작위인가는 견해에 따라 결론이 달라지고, 특히 부작위로 인정될 경우에는 부작위자에게 작위의무를 이행할 법적인 의무가 있는지가 쟁점사항으로 부각되고, 현재 작위의무의 발생근거와 관련해서는 학설과 판례가 입장을 달리한다. 특히 위 사례에서는 갑의 행위가 부작위로 인정될 경우 판례의 태도와 같이 작위의무가 법령, 계약, 선행행위 뿐 아니라 사회상규나 조리 또는 신의성실의 원칙에서도 발생한다는 법리를 수용하더라도 갑에게 작위의무가 인정될 것인지는 다툼의 여지가 많다.

2. 위법성 판단

120 만약 갑에게 통비법위반죄의 (작위범 또는 부작위범의) 구성요건해당성이 인정된다고 하더라도, 종료되지 않은 휴대폰을 통해 들려오는 타인 간 대화내용을 녹음 청취하게 된 갑의 행위는 위법성조각사유에 해당할 수 있다. 갑이 신문기자로서 자신이 청취한 대화내용이 재단법인 문제라는 중대한 공적 관심사안을 취재하기 위한 동기에서 비롯된 것임에 근거하여 자신의 금지되는 행위가 총칙의 위법성조각사유 중 어느 하나를 충족시켰다고 주장할 수 있기 때문이다. 위 사례에서 문제될 수 있는 위법성조각사유로는 형법 제20조의 '사회상규에 위배되지 아니하는 행위'라는 포괄적 위법성조각사유이다.

121 判 대법원은 행위자의 행위가 사회상규 불위배행위(=정당행위)인지를 판단함에 있어 그 성격을 달리하는 두 가지 법리를 선별적으로 사용하고 있다. 하나는 행위자의 행위가 구성요건에 해당하는 행위라도 '목적의 정당성, 방법의 상당성, 법익균형성, 긴급성, 보충성의 요건을 갖추면 정당행위가 된다는 (구체화된) 법리'이고, 다른 하나는 '행위자의 행위가 법률 구성요건에 해당하는 행위라도 법질서 전체의 정신이나 그 배후에 있는 사회윤리 또는 사회통념에 비추어 볼 때 그 행위를 처벌할 필요가 없거나 처벌하는 것이 오히려 사회정의에 반하는 경우' 위법성이 조각된다는 (추상적 차원에 머물러 있는) 법리이다(이 법리의 자세한 내용은 위법성론에서 다룬다). 2심법원과 대법원은 이 두 가지 법리 중 첫 번째 법리에 따라 갑의 행위가 정당화될 수 없다는 결론을 내렸다.

제20조의 정당행위가 문제되는 경우와 마찬가지로 제21조의 정당방위나 제22조의 긴급피난 등 다른 위법성조각사유의 충족여부가 문제되는 경우 위법성 판단은 그 심사 기준이 '고도의 추상성'을 가지고 있는 특징이 있다. 특히 '상당한 이유'라는 규범적 표지 또는 '사회상규' 조항의 '사회상규' 개념이 그러하다. 이 때문에 대법원 스스로도 위법성 판단방법은 구체적 사정을 고려한 '합목적적'판단이라고 하면서 이 판단이 순수하게 법적 요건의 기계적 대입의 결과가 아님을 인정하고 있다. 사실관계의 특수성과 법관의 주관적 판단이 높은 정도로 개입할 여지가 있기 때문이다. 위법성 판단의 최상위 기준인 '법질서 전체의 관점' 내지 '일반적으로 타당한 법'이 무엇인지를 둘러싼 논의가 계속될 필요가 있는 영역이다. 122

3. 책임 판단

갑의 행위가 위법성조각사유의 어느 것도 충족하지 못하여 위법성이 인정된다고 결론 내리더라도 마지막으로 책임요건이 충족되어야 범죄성립이 인정된다. 갑이 주장할 수 있는 책임조각사유로는 총칙 제16조에 규정된 위법성의 착오가 있다. 갑은 이 규정에 의거하여 자신이 금지된 대화내용을 녹음 또는 청취하게 된 것이 공적 관심사를 취재하는 차원에서 기자로서 허용된 행위인 것으로 오인하였다는 주장을 할 수 있다. 특히 갑이 실제로 이러한 오인을 하였더라도 갑에게 책임조각이 인정되려면 갑의 오인이 '정당한 이유' 있는 오인일 것이 요구된다. '정당한 이유' 유무의 판단과 관련하여 학설과 판례는 다양한 이론들을 개진하고 있다(이에 관해서는 위법성의 착오론에서 다룬다). 123

나아가 이 판단에서 정당한 이유가 부정되더라도 사례의 특성상 갑이 주장할 수 있는 책임조각사유가 한 가지 더 있다. 형법총칙과 형법각칙에는 규정되어 있지 않지만, 학설과 판례가 인정하는 초법규적 책임조각사유로서 기대불가능성에 근거한 책임조각사유가 그것이다. 기대불가능성 판단에서는 위법성까지 인정된 행위자의 행위에 대한 책임비난을 근거지우기 위해 행위자가 처해있던 상황에서 통비법위반행위로 나아가지 않고 적법한 행위, 즉 통화를 종료할 것을 기대할 수 있는지 여부를 판단해야 한다. 124

判 기대(불)가능성 판단이 판단과 관련하여 대법원은 규범적 척도인으로서 '사회적 평균인'의 관점(즉 위 사례에서는 갑의 관점이 아니라 일반 기자의 관점)에서 적법행위의 기대가능성 여부를 판단한다. 2심법원과 대법원은 갑의 행위가 적법행위에 대한 기대가능성이 인정된다고 함으로써 책임조각을 부정함으로써 최종적으로 통비법 위반죄의 성립을 인정하였다. 125

4. 보론

형법이론학의 해석태도와 대법원의 해석태도는 같은 경우보다는 다른 경우가 더 많다. 양자가 동일한 법리에 기초하고 있는 경우에도 그 충족여부가 '평가'에 따라 달라질 수도 있다. 현실의 재판에서 피고인의 변호인은 범죄성립을 어렵게 하거나 부정하는 해석법리 126

를 선택하여 주장하겠지만, 검사는 범죄성립을 인정하는 해석법리를 선택적으로 앞세워 피고인의 유죄를 주장한다. 하급심 법원은 대법원이 다른 사건에서 도출한 판례법리를 구속력있는 법규범과 같이 적용하면서 판결을 내리는 것이 통상적이지만, 때로는 기존의 판례법리와 다른 법리에 입각하여 피고인의 유무죄 판단을 내리기도 한다.

127 물론 검사든 변호인이든 구체적 사례에서 표면상 보여지는 '사태'에만 시각을 고정해서는 범죄성립요건의 하위요소들과 관련한 다양한 쟁점들을 추출하여 이를 형사재판에서 주장을 하기가 어렵다. 범죄성립요건의 하위요소들에 관해 오랫동안 집적된 이론들(학설)과 판례의 법리들에 대한 체계화된 선행지식까지 갖추고 있어야 한다. 이러한 능력을 갖추고 있어야 변호인은 피고인에게 유리한 법적 쟁점을 근거지울 수 있는 사실을 주장하여 규명할 수 있고, 검사는 반대논거를 주장하면서 그 논거에 대한 입증책임을 다할 수 있기 때문이다(아는 만큼 보인다!).

128 형사재판에 관여하는 법률가들이 범죄성립요건에 관한 기존의 법적 지식만 가지고 새로운 사례에 대해 적용될 객관적이고 정당한 '법' 발견을 할 수 없는 경우가 많다. 정당한 법 발견을 위해서는 사례의 특수한 사정을 고려하여 새로운 쟁점을 만들어낼 능력, 그에 따라 관련 규정들을 기존 판례 법리와 다르게 재해석하거나 기존의 이론들을 보완할 수 있는 능력, 기존의 법리를 분석하고 부족한 부분을 보충하거나 문제있는 부분을 비판할 능력 등을 갖추고 있어야 한다. 무엇보다도 후성법학적 법발견 방법학에 기초하여 범죄성립 여부를 심사하는 방법도 체득하고 있어야 한다(이에 관해서는 앞에서 대비한 전통적 법학방법론과 현대법학방법론 참조).

129 이러한 전문적 능력을 키우려면 형법의 기존법리들의 의미나 법리들이 형법체계의 '전체' 중에 어디에 있는 '부분' 요소인지에 관한 좌표를 정확하게 파악할 것이 전제되어야 하고, 형법규정속의 개념들에 대한 배경적 지식까지 갖추고 있어야 한다(부분에 대한 비판은 전체에 대한 조망으로부터 나온다!). 예컨대 위 사례의 해결에서 등장하는 제16조의 '정당한 이유'라는 개념과 제21조 등의 '상당한 이유'라는 개념은 이 개념들이 체계적으로 어디에 자리매김되어 있는지를 알고 있어야만 그 체계요소를 이끄는 지도원칙에 따라 각기 다르게 해석할 수 있다. 구성요건해당성, 위법성, 책임 개념들에 대한 이해가 그 하위요소들의 규정 및 그 규정 속의 하위개념들에 대한 해석론에도 영향을 미치기 때문이다.

제 4 장 범죄의 처벌조건과 소추조건 §9

제 1 절 형벌부과의 필요조건과 필요충분조건

행위자의 행위가 범죄성립요건을 충족시켰다고 해서 그 행위자에게 곧바로 형벌을 부 1
과하는 것은 아니다. 형법은 국가 형벌권의 발동을 위해 범죄성립요건 외에 범죄의 처벌조건과 소추조건까지 갖추어야 할 것을 요구하고 있기 때문이다. 이에 따르면 범죄성립요건은 형벌부과를 위한 필요조건이지만, 형벌부과를 위한 필요충분조건은 아니다. 형벌부과를 위해서는 범죄의 처벌조건과 소추조건까지 갖추어야 한다.

범죄의 처벌조건이란 일단 성립한 범죄에 대한 처벌, 즉 형벌부과의 가능성만을 좌우하 2
는 '실체법상의 요건'이고, 범죄의 소추조건이란 범죄의 성립 및 처벌조건과는 별도로 요구되는 '소송법상의 요건'을 말한다.

제 2 절 범죄의 처벌조건과 소추조건

Ⅰ. 범죄의 처벌조건

1. 의의

범죄의 처벌조건은 일단 성립된 범죄의 가벌성만을 좌우하는 요건을 말한다. 범죄성립 3
요건이 범죄의 요건인 이상 직접 '행위와 관련된 요건'인 반면에, 처벌조건은 범죄에 대해 국가의 형벌권을 미치게 할 수 있는 형식적인 요건으로서 '행위 외적인 요건'이다. 처벌조건이 충족되지 않으면 범죄성립요건을 모두 갖추어도 행위자를 처벌할 수 없다.

2. 처벌조건의 종류

(1) 객관적 처벌조건

객관적 처벌조건이란 범죄성립요건을 갖춘 행위에 대해 형벌권이 행사될 수 있기 위해 4
갖추어야 할 객관적 외부적 사실을 말한다. 대부분의 범죄구성요건에는 이러한 조건이 없지만, 예컨대 사전수뢰죄의 경우에는 행위자가 '공무원 또는 중재인이 된 사실'(형법 제129조 제2항), 채무자 회생 및 파산관련 범죄의 경우에는 '채무자에 대한 회생절차개시의 결정 확정' 또는

'파산선고의 확정'(채무자회생 및 파산에 관한 법률 제643조, 제650조 등) 등 객관적 처벌조건이 규정되어 있다.

5 객관적 처벌조건도 각칙의 범죄구성요건에 명시되어 있는 이상, 그 범죄체계적 지위를 구성요건의 (부속적) 요소의 하나라고 하면서 "불법의 성립을 좌우하는 조건"으로 이해하는 견해[145]가 있다. 그러나 범죄는 '행위'이고 범죄기술인 구성요건 요소는 행위의 불법성을 가진 것이어야 하는데, 사전수뢰죄의 경우 행위자가 수뢰 후 '공무원 또는 중재인이 된 사실' 또는 파산관련 범죄의 경우 '파산선고의 확정' 등은 '행위'도 아니고 그 자체 반가치성도 없으므로 내용적으로 뿐 아니라 형식적으로도 범죄성립요건의 하나로서의 '구성요건'의 하위 요소로 분류할 수는 없다.

(2) 인적 처벌조각사유

6 인적 처벌조각사유란 범죄성립은 인정되지만 행위자의 특수한 신분관계로 인하여 형벌권이 발생하지 않는 경우를 말한다. 국회의원이 면책특권의 요건을 갖춘 경우 국회의원의 신분도 인적처벌조각사유에 해당한다(헌법 제45조).

7 **判** 일정한 재산범죄의 경우 행위자의 행위가 구성요건에 해당하고 위법성 및 책임이 인정되어 그 성립이 인정되더라도 행위자와 피해자 등과 직계혈족·배우자·동거친족 등의 신분관계가 있으면 행위자의 처벌이 면제되는 형법의 친족상도례(동법 제344조)가 적용되는 경우가 이에 해당한다. 하지만 이 규정은 2024.6.27. 헌법재판소에서 헌법불합치결정을 받아 2025.12.31.을 시한으로 입법자가 개정할 때까지 위 법률조항의 적용을 중지되어 있는 상태이다.

8 형법은 내란예비·음모를 한 자가 자수한 경우나 중지미수에서 자의로 범행을 중지한 자에 대해서 형을 감경 또는 면제하도록 하고 있는데(동법 제90조 제1항, 제26조), 이러한 경우 형의 면제를 받게 되는 자수자 또는 중지자의 신분도 인적처벌조각사유에 해당한다고 보는 견해[146]가 있다. 그러나 이러한 경우는 자수자나 중지자가 특수한 신분적 지위에 있는 것도 아니고 형의 면제를 받는 것도 자수나 중지가 법률상의 형면제사유이기 때문이라고 할 수 있을 뿐이므로 이를 처벌조건으로 보는 것은 타당하지 않다.

Ⅱ. 범죄의 소추조건

1. 의의

9 소추조건이란 범죄가 성립하고 처벌조건이 충족되었다고 하더라도 그 범죄에 대해 공소제기를 하기 위해 필요한 소송법상의 조건을 말한다. 소송조건이라고 하기도 한다. 소추조건에 관한 내용은 원래 형사소송법에서 다룰 사항이지만, 소추조건 가운데 친고죄의 '고

---

145) 이상돈, 형법강의, 제1판, §13. 특히 이 견해는 객관적 처벌조건을 구성요건의 요소이므로 그 조건에 대한 인식은 고의의 내용이 된다고 하는데, 이러한 체계적 분류에 따르면 파산선고가 확정된 사실에 대해 '사후고의'를 인정하게 되므로 수용하기 어렵다.

146) 오영근, §5/37; 이재상/장영민/강동범, §5/12.

소'와 반의사불벌죄의 '피해자의 의사'는 형법전에서 규정하고 있기 때문에 그 법적 성격 및 효과를 간략하게 언급하기로 한다.

2. 소추조건의 종류

(1) 친고죄의 고소

친고죄란 범죄사실의 공개 및 국가의 개입이 피해자의 명예를 실추시킬 우려가 있는 경 10
우 국가형벌권의 발동을 피해자의 의사에 맡겨두기 위해 피해자 등 고소권자의 고소를 국가형벌권의 발동조건으로 만들어 둔 범죄를 말한다. 친고죄에 해당하는 범죄종류는 형법에 " ~죄는 고소가 있어야 논한다" 또는 " ~죄는 고소가 있어야 공소를 제기할 수 있다"라고 규정하고 있다. 다만 국가형벌권의 발동을 언제까지나 개인에게 맡겨둘 수는 없기 때문에 고소기간을 6개월로 정하여 두고 있다(형소법 제230조).

친고죄에 해당하는 범죄로는 사자명예훼손죄(동법 제308조), 모욕죄(동법 제311조), 비밀침해죄(동법 제316조), 11
업무상비밀누설죄(동법 제317조) 등이 있다. 종래 강간죄(동법 제297조) 등 성폭력범죄들도 피해자 개인의 명예 보호 등을 고려하여 친고죄로 인정되어 왔다. 하지만 잇따른 성폭력범죄사건의 사회적 파장이 커지게 되자, 이러한 범죄종류들이 더 이상 당사간의 사적 영역의 문제에 국한된 것이 아니라 공적 차원의 문제라는 시각의 변화가 생기게 되었다. 이에 따라 2012.12. 형법개정을 통해 2013.6.부터 성폭력범죄 관련 범죄들은 모두 비친고죄로 변경되었다.

(2) 반의사불벌죄의 처벌의사표시

반의사불벌죄란 피해자의 명시한 의사에 반하여 공소를 제기할 수 없는 범죄를 말한다. 12
반의사불벌죄는 행위자와 피해자 간의 과거관계가 형벌권의 행사로 인해 단절되는 것을 방지하거나 피해자에 대한 법익침해가 경미하여 국가형벌권의 발동이 절대적으로 필요하지 않은 경우 당사자 간의 갈등을 일차적으로 사적(私的) 해결에 맡겨두고 있는 범죄를 말한다. 반의사불벌죄에 해당하는 범죄종류에 대해서는 형법규정에 " ~죄는 피해자의 명시한 의사에 반하여 공소를 제기할 수 없다"고 규정하고 있다.

반의사불벌죄에 해당하는 범죄로는 폭행죄(형법 제260조 제1항), 존속폭행죄(동법 제260조 제2항), 외국원수에 대한 13
폭행 등 죄(동법 제107조), 외국사절에 대한 폭행 등 죄(동법 제108조), 외국의 국기·국장모독죄(동법 제109조), 협박죄(동법 제283조 제1항), 존속협박죄(동법 제283조 제2항), 명예훼손죄(동법 제307조), 출판물 등에 의한 명예훼손죄(형법 제309조), 과실치상죄(동법 제266조) 등이 있다.

(3) 친고죄와 반의사불벌죄의 차이

친고죄의 경우 피해자 등 고소권자의 고소가 없으면 범죄사실이 확인되었다고 하더라도 14
검사는 공소제기조차 할 수 없다. 이에 반해 반의사불벌죄의 경우는 친고죄의 경우와는 달리 피해자 등 고소권자의 고소가 없더라도 일단 공소제기를 할 수는 있다. 그러나 공소제기

후 제1심 판결 선고 전에 피해자가 불처벌의 의사표시를 하거나 종전의 처벌의사표시를 철회하는 경우 국가형벌권의 개입을 중단해야 한다. 바로 이점 때문에 친고죄를 고소가 있을 때까지 공소를 제기할 수 없다는 의미에서 '정지조건부 범죄'라고 하고, 반의사불벌죄를 불처벌의 의사가 명시적으로 드러난 때에는 공소제기가 부적법하게 되어 처벌할 수 없게 된다는 점에서 '해제조건부 범죄'라고 부르기도 한다.

(4) 행정관청의 고발

15 행정상의 의무위반행위나 경제분야의 질서위반행위가 특별법상 형벌부과의 대상으로 되어 있을 경우, 사건의 기술성·전문성을 반영하여 당해 행정관청의 고발을 소추조건으로 규정하고 있는 경우가 있다. 예컨대 공정거래법에는 공정거래법위반행위에 대해 공소제기를 하려면 공정거래위원장의 고발이 있어야 한다고 규정하고 있고(독점규제 및 공정거래에 관한 법률 제71조), 관세법에는 관세법위반행위에 대해 공소제기를 하려면 관세청장 또는 세관장의 고발이 있어야 한다고 규정하고 있으며(제284조 제1항), 조세범처벌법에는 조세범에 대해 국세청장, 지방국세청장 또는 세무서장의 고발이 있어야 한다고 규정(제6조)하고 있는데, 이 경우 해당 행정관청의 기관장의 고발은 친고죄의 고소와 같은 의미를 가진다.

(5) 대통령의 불소추특권

16 대통령은 내란 또는 외환의 죄를 범한 경우를 제외하고는 재직 중 형사상의 소추를 받지 않는다(헌법 제84조). 대통령의 불소추특권은 재직 기간동안 인정되는 것이므로, 만약 대통령이 재직전에 범한 죄에 대해 재직 중 기소가 이루어지면 "재판권이 없는 때"에 해당하여 공소기각의 판결이 내려지게 된다(형사소송법 제327조 제1호). 이 뿐만 아니라 대통령의 불소추특권은 국가의 소추권 행사의 법률상 장애사유에 해당하므로 대통령의 재직 중에는 공소시효의 진행도 정지된다.[147)]

17 불소추특권만 규정하고 있기 때문에 현직 대통령을 수사할 수 있는지 또는 재직전 범죄혐의로 기소된 경우에 재판절차의 진행이 가능한지가 문제될 수 있다. 재판절차의 진행여부에 관해서는 "소추"개념 및 불소추특권을 인정한 '헌법정신'을 어떻게 이해할지에 따라 다르게 판단될 수 있다. 일반적으로 '소추'란 공소제기만을 의미하는 것이 아니라 공소제기 및 그 이후 재판이 진행되는 동안에 공소를 유지 내지 공소의 '수행'까지 포함되는 것으로 이해된다. 형사소송법도 소추를 공소제기외에 공소수행도 포함하는 것으로 규정하고 있고(형사소송법 제246조), 형사재판 내지 형벌권의 청구는 공소제기라는 별도의 용어를 사용(형사소송법 제247조)하고 있기 때문이다.

18 이에 따르면 재직 중 소추되지 않는다는 헌법규정은 다음과 같이 해석될 수 있다. 즉 "소추"가 공소제기와 공소의 수행인 재판진행도 포함하는 개념인 이상 대통령에 대한 공

147) 헌법재판소 1995.1.20. 94헌마246.

소제기는 물론이고 공소제기를 위한 수사도 불허되는 것으로 해석될 수 있다. 여기까지는 이견이 없을 것으로 보인다. 그러나 이미 공소제기되어 재판 진행 중인 사례의 경우 위 헌법규정이 적용될 수 있을지에 관해서는 해석이 갈릴 수 있다.

“소추”개념에 공소의 수행, 즉 재판진행까지 포함하는 개념인 이상 소추된 이후의 재판 19
진행도 중단되어야 하는 것으로 해석될 수도 있다. 이러한 해석은 “소추”라는 개념을 공소제기되거나 재판을 받지 아니한다는 단축된 복합개념으로 이해하는 시각을 기반으로 삼아, 대통령의 특수한 직책의 원활한 수행을 보장하고, 그 권위를 확보하여 국가의 체면과 위신을 유지하여야 할 현실적 필요성에 근거한다. 반면에 “소추”라는 개념을 단축된 복합개념으로 이해하지 않고, 공소제기되어 재판을 받지 아니한다는 연속적 개념으로 이해하면, 이미 공소가 제기된 경우에는 공소의 ‘수행,’ 즉 재판진행까지 중단되는 것은 아니라고 해석할 수도 있다. 이러한 해석은 헌법이 행정부의 수반이자 국민의 직접선거에 의해 선출된 대통령에게 불소추 특권을 부여한 것은 신분적 지위에 근거한 특권에 근거한 것이 아니라(신분에 근거한 차별금지는 근대법의 핵심적 특징이자 헌법적 명령이다!)점과 조화가능한 해석일 수 있다.

일반 국민과는 달리 대통령이라는 특수한 신분자에게 부여한 불소추특권의 범위 문제 20
는 소추의 실정법적 의미를 고려하는 동시에 특히 대통령에 불소추특권을 인정한 헌법정신 및 법치주의와 민주주의의 관계 등 중요한 쟁점들에 대한 종합적 판단에 따라 답변되어야 할 문제로 보인다.

제 3 절 범죄성립요건과의 실무상 구별실익

범죄의 처벌조건 및 소추조건을 범죄성립요건과 별도로 구별해야 하는 이유는 범죄성 21
립요건이 충족되었지만 처벌조건 및 소추조건이 갖추어지지 않은 경우에는 재판의 종류나 형사보상청구권의 유무가 달라지며 그 법효과에 있어서도 몇 가지 차이가 있기 때문이다.

Ⅰ. 재판의 종류

범죄의 성립요건이 구비되면 원칙적으로 유죄판결(형사소송법 제323조)을 하게 되고 범죄성립요건이 22
충족되지 못하면 무죄판결(동법 제325조)을 하게 된다. 그러나 범죄성립요건이 구비된 경우라도 처벌조건이 결여되거나 소추조건이 결여된 경우에는 유죄판결이 내려지지 않는다. 처벌조건이 결여되면 형면제의 판결이 내려지고(동법 제322조), 소추조건이 결여되면 공소기각 등 형식재판을 하여야 한다(동법 제327조).

23 判 대법원은 인적처벌조각사유에 해당하는 국회의원의 면책특권에 속하는 행위에 대해 공소가 제기된 경우 '형면제' 판결 대신에 '공소기각' 판결을 내리고 있다.[148)]

Ⅱ. 형사보상청구권의 유무

24 피고인이 공소제기되어 형사재판을 받았으나 무죄판결을 받게 되면 형사재판에 연루되어 억울하게 시간을 소모했고 금전상의 불이익을 입었으며 기타 사회적으로 불이익을 당하였기 때문에, 피고인은 국가에 대하여 형사보상청구권을 행사할 수 있다(헌법 제28조; 형사보상법 제1조). 범죄성립요건이 결여되었을 경우에는 피고인은 무죄판결을 받고 형사보상청구권을 행사할 수 있지만,[149)] 범죄는 성립하였으나 처벌조건 또는 소추조건을 결한 경우에는 원칙적으로 형사보상을 청구할 수 없다.

Ⅲ. 법효과상의 차이

25 처벌조건이나 소추조건만을 결한 경우는 실체법상의 범죄성립요건은 충족시키고 있으므로 그 행위자의 행위불법이나 책임은 제거되지 않는다. 따라서 처벌조건이나 소추조건을 충족시키지 못한 행위라도 불법행위인 점은 다를 바가 없으므로 그 행위에 대해 정당방위도 가능하다. 뿐만 아니라 처벌조건이나 소추조건을 충족시키지 못하여 처벌되지 않는 행위에 가담한 자를 교사범 또는 방조범으로 처벌하는 것도 가능하다.

26 더 나아가 처벌조건이나 소추조건은 객관적으로 존재하기만 하면 되는 것이므로 행위자가 스스로 그러한 처벌조건이나 소추조건이 결여되어 있는 것으로 오인하고 있는 경우에도 행위자의 그러한 오인은 행위자의 고의인정이나 위법성의 인식에 영향을 미치지 않아 구성요건적 착오로 고의가 조각되거나 위법성의 착오로 책임이 조각되지 않는다.

---

148) "국회의원의 면책특권에 속하는 행위에 대하여는 공소를 제기할 수 없으며 이에 반하여 공소가 제기된 것은 결국 공소권이 없음에도 공소가 제기된 것이 되어 형사소송법 제327조 제2호의 '공소제기의 절차가 법률의 규정에 위반하여 무효인 때'에 해당되므로 공소를 기각하여야 한다"(대법원 1992.9.22. 91도3317).

149) 피고인이 억울하게 구금 등을 당한 경우 형사보상 및 명예회복에 관한 법률 제1조 이하에 따른 형사보상을 청구할 수 있고, 무죄판결을 받았지만 구금을 당함이 없었던 경우에는 형사소송법 제194조의2에 따른 비용보상을 청구할 수 있다.

제2편

범죄의 기본요소

범죄란 '구성요건에 해당하고 위법하고 책임 있는 행위'라는 정의에 의하면 범죄는 일차적으로 '행위'이고, 행위가 아닌 것은 범죄가 되지 않는다.

제2편에서는 형법각칙에 규정된 '구성요건에 해당하는 행위'(예, 살해행위, 절취행위 등)와 구별되는 일반적 행위개념, 즉 살해행위와 절취행위 등 개별 구성요건적 행위들에 공통되는 '전前 구성요건적 행위' 개념의 의의 및 다양한 행위 이론행위들을 살펴본 후(제1장), 비인간 존재인 '법인'도 형법(이론)상 요구되는 '행위'개념의 요건을 충족시켜 범죄의 주체가 될 수 있는지, 자연인만을 행위의 주제로 삼고 있는 형법률 이외의 수 많은 개별 법률들에서 이미 '법인'을 형사처벌의 대상으로 하고 있는 이른바 '양벌'규정에 대한 해석론을 전개한다(제2장).

제 1 장 행위개념과 행위이론 §10

제 1 절 형법상의 행위개념의 체계적 지위

Ⅰ. 형법의 규정과 행위개념의 의의

형법 총칙 제1장 제1조의 범죄의 성립과 처벌은 '행위'시의 법률에 의한다고 하고 있고, 범죄의 성립과 형의 감면이라는 표제하의 규정들(제9조~제34조)에서 범죄는 모두 '행위'로 기술되어 있다. 그러나 형법은 '행위'가 무엇인지에 대해 개념정의는 하고 있지 않다. 이 때문에 행위는 어떤 요소로 구성되어 있는지는 범죄의 성립요건을 규정하고 있는 규정들 속의 '행위'에 대한 해석론에 맡겨져 있다. 1

Ⅱ. 행위개념의 체계상의 지위

1. '전(前) 구성요건적' 행위개념 부정설

형법에서 행위를 평가하는 일은 법률상의 구성요건을 토대로 하여 이루어지므로 구성요건과 독립된 전구성요건적 행위를 논하는 것은 무의미하다는 견해가 있다.[1] 이 견해는 앞서 살펴본 바와 같이 독일형법이론학에서 1950년대부터 조성되기 시작한 분위기, 즉 일반적 행위개념의 본질을 둘러싼 이론적 논쟁이 행위자의 행위가 범죄성립요건을 충족시키는지에 관한 판단에서 실익이 없는 무익한 논쟁으로 취급했던 분위기속에서 등장하였다. 이러한 분위기는 특히 형법적 개념의 기능적 측면에 기초하여 범죄에 관한 이론을 전개한 결과 사회적 행위개념의 인정, 고의의 이중적 지위 부여, 합일태적 범죄체계의 구축으로 연결되었다는 점에 관해서도 앞서 설명하였다. 2

전(前) 구성요건적 행위개념을 부정하는 견해는 실정형법의 '구성요건적 실행행위'만 형법상 의미있는 행위개념으로 파악한다. 구성요건에 해당하는 행위만 행위개념으로 파악하면 작위는 작위범의 구성요건적 행위이고 부작위는 부작위범의 구성요건적 행위이므로, 작위와 부작위에 공통되는 상위개념인 유(類)개념으로서의 행위개념도 인정할 필요가 없게 된다. 3

---

1) 박상기, 69면; 오영근, §7/4.

2. '전(前) 구성요건적' 행위개념 긍정설

4 법률상의 구성요건에 해당하는 행위를 형법상 범죄성립요건 심사의 출발점으로 삼는 삼을 것을 주장하는 견해와는 달리, 구성요건해당성, 위법성, 책임 판단을 하려면 그 판단 이전에 판단대상인 대상인 '행위'의 존부가 확인되어야 하므로 이러한 행위는 구성요건적 행위와는 구별되어야 한다고 보는 견해이다.[2] 독일형법이론학에서 고전적 범죄체계와 목적적 범죄체계의 형성에 기여한 행위이론(인과적 행위이론과 목적적 행위이론)에 의해 강조된 범죄에 관한 이론으로서, 방법론적으로 형법적 개념에 대한 순수 기능적 차원의 접근보다는 존재론적 차원의 접근에 따르는 견해이다. 따라서 이 견해에 의하면 구성요건을 중심으로 규범적 평가를 하기 이전에 실재하는 행위개념의 내용이 확정되어 있을 것을 요구하므로 일반적 행위개념의 본질적 내용을 둘러싼 논쟁이 의미 있는 것이 된다.

3. 결론

5 규범적 평가에 선행하여 행위가 실재하여야 하고, 그 행위의 내용요소가 사전에 확정될 수 있어야 그 행위의 법률상 범죄를 구성하는 요소의 충족 여부에 대한 평가가 가능해진다. 따라서 논리적으로 보면 전(前) 구성요건적 행위개념을 인정하는 견해가 타당하다. 가벌성의 기본요소로서 다수의 형법총칙 규정들에서 등장하는 '행위'(예, 형법 제1조 제1항, 형법 제12조에서 제18조 등)가 각칙상의 구성요건 요소(특히 구성요건적 행위) 등 범죄성립요건을 충족시켜야 그 행위가 범죄를 구성한다는 점도 '행위'가 구성요건의 부분 요소로 파악될 것이 아님을 말해준다.

6 전(前) 구성요건적 행위개념을 인정한다고 하더라도 그 행위를 자연주의적 존재론적 관점에서 이해하는 태도를 수용해야 하는 것은 아니다. 비인간 존재(법인)의 행위도 규범적 귀속(평가)의 관점에서 '행위성'을 인정할 필요가 있기 때문이다. 후술하듯이(§ 11), 자연인과 같이 심리학적 의식을 가지고 있지 않은 법인에 대해서는 개념에 대한 자연주의적 존재론적 이해에 따르면 행위성이 부정되어야 하겠지만, 사회적으로 실재하는 법인의 기능작용이라도 일정한 귀속조건을 갖춘 것으로 평가될 수 있으면 자연인의 행위를 매개로 삼아 사회적으로 의미있는 독자적 행위를 할 수 있는 것으로 평가할 수 있다.

7 형법상의 행위개념을 법률상의 '구성요건에 해당하는 행위'로만 이해한다면, 가벌성의 대상 및 가벌성 인정 여부가 전적으로 입법자의 자의에 맡겨져 버릴 우려가 생긴다. 말이나 소의 움직임에 대해 형사처벌하는 형벌법규를 만들 수 없음은 이 때문이다. 이러한 이유 때문에 인과적 행위이론이나 목적적 행위이론을 수용하지 않더라도 오늘날 행위를 전(前) 구성요건적으로 실재하는 개념으로 이해하는 태도에 대해 광범위한 공감대가 형성되고 있다. 형법상의 행위개념이 전(前) 구성요건적인 개념이 되기 위해서는 범죄성립요건과

---

2) 신동운, 69면; 이재상/장영민/강동범, §6/12; 이형국/김혜경, 97면; 정성근/정준섭, 65면.

의 관계에서 다음의 세 가지 기능을 수행할 것이 요구된다.

Ⅲ. 형법상 행위개념의 기능

1. 결합요소로서의 기능

형법상 범죄를 구성요건에 해당하고 위법하고 책임 있는 행위라는 범죄개념의 정의 속에 등장하는 행위는 논리적으로 구성요건, 위법성 및 책임이라는 체계요소 중 하나의 부분요소가 되어서는 안 된다. 그래야만 이 세 가지 요소를 결합하는 상위요소로서 기능할 수 있기 때문이다. 이와 같이 범죄성립요건 중 어느 하나에 속하지 않고 중립성을 지키는 개념인 행위가 범죄체계의 각 요소를 서로 연결하여 결합시켜야 하는데, 이를 행위개념의 '결합요소로서의 기능 내지 체계요소로서의 기능'이라고 한다. 8

2. 근본요소로서의 기능

범죄는 고의행위뿐 아니라 과실행위도 포함하고 작위뿐 아니라 부작위도 포함한다. 따라서 행위는 고의·과실 또는 작위·부작위에 공통되는 상위개념이 되어야 하는데 이를 행위개념의 '근본요소로서의 기능 내지 분류기능'이라고 한다. 9

3. 한계요소로서의 기능

구성요건에 선재하는 행위개념이 규범적 평가 이전에 존재론적으로 확정되어 그러한 행위개념의 속성을 갖추지 못하면 구성요건해당성 여부를 심사할 필요도 없다. 이와 같이 존재론적으로 확정된 행위개념을 통해 형법상의 평가의 대상을 축소시키는 기능을 행위개념의 '한계요소로서의 기능'이라고 한다. 10

제 2 절 형법상 행위개념에 관한 이론들

형법이론학에서 행위개념에 대한 이론적 고찰은 인간의 단순한 '내심의 생각'을 가벌성의 대상에서 배제하려는 노력에서 시작되었다. 행위란 인간의 삶 속에 존재하는 가시적인 어떤 한 단면으로서, 19세기 후반부터 시작된 노력의 결과 그동안 다음과 같은 행위이론이 등장하였다. 11

Ⅰ. 인과적 행위이론

1. 행위개념

12 형법적으로 중요한 행위를 "의사가 수반된 행태가 야기한 외부세계의 변화"로 정의하는 입장이다.[3] 여기서 '의사'는 의사내용과 무관한 '의식'이 있는 상태(유의성)을 의미하고, '외부세계의 변화'는 신체의 움직임(거동성)'을 의미한다.

13 이러한 행위개념을 '인과적'이라고 하는 이유는 '의식'이 '외계의 변화'에 자연과학적 차원의 '원인(야기자)'이 되었다는 의미의 인과성을 충족할 것을 요구하기 때문이다.[4] 이에 따르면 행위의 본질적 내용요소는 '유의성'과 '거동성' 및 '인과성'이라고 하게 된다.

14 인과적 행위이론은 '유의성'을 행위자의 의사내용, 즉 의욕한 내용 및 의욕의 방향으로 이해하지 않는다. 따라서 인과적 행위이론에서는 특히 행위자의 의사가 어느 구성요건실현을 지향하는가 하는 점은 행위자의 외부적으로 관찰될 수 없는 주관적 요소로서 '행위'의 요소가 아니라 범죄성립요건 중 '책임'의 요소로 파악한다.

2. 평가 및 비판

15 인과적 행위이론은 행위자의 심리적 측면인 '의식'까지도 자연과학적 관찰의 대상이 된다고 생각한 19세기의 과학적 실증주의적 사고를 기반으로 하고 있었다. 자연과학적 차원의 인과적 사고에 기초하여 행위개념을 분석한 이 행위이론은 제1차 세계대전 이전까지 독일에서 주류적 행위이론이었고, 오늘날 범죄개념에 대한 가장 고전적인 태도로 분류되고 있는 벨링, 리스트 등에 의해 주장된 행위이론이었다.

16 그러나 이 이론은 오늘날 다음과 같은 문제점이 있는 것으로 지적되고 있다. ① 의사내용을 문제삼지 않는다면 인간의 행위를 인과적인 자연현상과 같이 평가할 우려가 있다. ② 의사내용을 문제삼지 않으면 미수행위에 대한 형법적 평가가 곤란해진다. 예컨대 칼을 휘둘렀으나 빗나간 경우 상해미수가 되는가 살인미수가 되는가를 판단할 수가 없다. ③ 행위개념의 요소로 거동성을 요구하면 부작위를 행위개념에서 제외시키게 되어 행위개념의 근본기능을 수행할 수 없게 된다. ④ 인과적 사고를 철저히 하면 당해 행위를 야기한 원인행위를 무한히 소급해 갈 수 있어서(예컨대 살인자를 출산한 행위) 행위개념의 한계기능을 수행하기 어렵게 된다.

---

3) v. Liszt, §28; Radbruch, Der Handlungsbegriff in seiner Bedeutung für das Strafrechtssystem. 1904.

4) 물론 이러한 의미의 인과관계는 구성요건에 해당하는 행위와 '구성요건적 결과'간의 (자연과학적 차원의) '인과관계'와는 구별된다. 인과적 행위이론에 따르면 '구성요건적 결과'와 그 이 전 단계인 '단순한 신체의 거동성(외부세계의 변화)'이 구분되기 때문이다.

Ⅱ. 목적적 행위이론

1. 행위개념

목적적 행위이론은 의사의 내용을 고려하지 않는 인과적 행위이론과는 달리 '의사의 내용' 내지 '의사방향'을 지칭하는 '목적성'을 행위개념의 본질적 구성요소로 인정하는 견해이다. 즉 이 입장에서는 의사의 내용(방향)이 행위의 본질적 요소를 이루기 때문에 '행위목적을 미리 생각한 의미에서의 의사'가 행위의 중추를 이룬다고 한다. 이 행위개념의 대표적 주장자인 벨첼(Hans Welzel)에 의하면 "인간은 그의 인과적 지식을 기초로 하여 자기의 활동으로 인하여 일어날 수 있는 결과를 일정한 범위 내에서 예견하여 목표를 설정하고, 이 목표달성을 향하여 자신의 활동을 계획적으로 조종할 수 있다"[5]고 한다. 이에 따르면 인간의 행위는 목적활동의 수행이며, 이것이 외부의 인과과정을 목적적으로 지배·결정한다고 한다. 17

1930년대 초반에 주장되어 제2차 세계대전 후에 정비된 이 행위이론은 인과적 행위이론과는 달리 고의행위의 경우 의사내용을 행위의 요소로 삼았다. 따라서 이 행위이론은 고의가 행위의 내부적·주관적 요소이지만 체계상 책임요소가 아니라 구성요건요소가 되어야 한다고 함으로써 범죄를 바라보는 고전적인 시각에 근본적인 변화를 만들어 냈다. 18

2. 평가 및 비판

목적적 행위이론의 주창자인 벨첼은 순수 자연주의적 행위개념을 떠나 행위의 '의미'를 중요하게 포착하였지만, 행위자의 독자적 '의미지향성'을 강조하였을 뿐, 행위의 사회적 의미내용에 대해 포커스를 맞추지는 못했다.[6] 이 때문에 벨첼도 형법적 개념에 대한 접근 방법에서 존재론적 접근방법을 고수하였을 뿐 '규범적 평가적 접근'법에는 미치지 못한 것으로 평가될 수 있다. 19

목적적 행위이론은 ① 목적성을 행위의 본질적 요소로 파악하고 이를 '고의'와 동일시함으로써 고의와 과실의 상위개념으로서의 행위개념을 인정하지 못한 결과 행위개념의 근본요소로서의 기능 수행에 실패했다. ② 목적적 행위개념은 '인식 없는 과실행위'를 설명하는데 적합하지 못한 것으로 평가받고 있다. 예컨대 핸드브레이크를 당겨놓지 않고 하차함으로써 차량이 움직임으로써 타인에게 상해가 발생한 경우 형법적 평가의 초점은 하차하기 전에 핸드브레이크를 당겨놓지 않으면 차가 움직일 수도 있음을 염두에 두지 못한 주의태만이지, 어떤 특정 목적을 위해 하차하였다는 점에 있는 것이 아니므로 과실행위의 경우 20

5) Welzel, S. 3.
6) Jakobs, System der strafrechtlichen Zurechnung, 2012. S. 20.

목적성에 대한 평가가 무의미해진다.

21 이러한 문제점 때문에 벨첼은 "과실에서 행위요소는 현실적－목적적 관련성에서가 아니라 "가능적－목적적 관련성에서만 존재한다"는 반론을 제기하기도 했다.[7] 그러나 '가능성'이란 그 행위에 대한 규범적 요구를 통해 사고적으로만(생각속에서만) 생겨나는 것일 뿐 그것이 목적적 행위이론의 본래적 토대인 목적적 행태의 존재구조에 속하지 못한다는 문제점은 해소되지 않고 있다.

Ⅲ. 사회적 행위이론

1. 행위개념

22 사회적 행위이론은 형법상의 행위를 "인간의 의사에 의해 지배되거나 지배가능한, 사회적으로 중요한 행태", 혹은 보다 압축적으로 "사회적으로 중요한 인간의 행태"라고 정의한다. 사회적 중요성 내지 사회적 의미 차원에 초점을 맞춘 사회적 행위개념은 인과적 행위개념이나 목적적 행위개념에서와 같이 행위를 구성하는 본질적 요소(유의성 또는 목적성)를 존재론적 차원에서 탐구하여 행위개념을 얻으려고 하지 않고, 행위의 사회적 의미평가에 초점을 맞추고 있는 점에서 다른 행위론과는 다른 차원을 가진다. 우리나라에서 사회적 행위이론의 주장자들은 ① 사회적 중요성이라는 요소 및 의사적 요소를 제거하여 '공동생활관계에 영향을 미치는 인간의 외부적 태도(신체의 동動·정靜)'라고 하는 견해[8]와 ② 목적적 의사를 중심으로 삼아 사회적 중요성을 추가하는 견해[9]로 나뉘어진다.

2. 평가 및 비판

23 존재론적 방법과 규범적 방법의 절충이라는 평가[10]를 받고 있는 사회적 행위이론은 독일의 형법학자 쉬미트(Eberhard Schmidt)가 주장한 이래 오늘날 많은 지지를 받고 있다. 특히 행위의 요소로 사회적 중요성을 고려하게 되면 과실행위 뿐 아니라 부작위의 행위성도 용이하게 인정할 수 있어서 근본요소로서의 기능수행에 적합하다는 장점을 가진다.

24 그러나 사회적 행위론에 대해서는 다음과 같은 비판이 있다. ① 부작위범에서 부작위의 사회적 중요성 여부에 대한 판단은 일정한 불법구성요건과 독립되어서는 이루어질 수 없

7) Welzel, S. 559.

8) 차용석, 233면. 특히 이 견해가 사회적 의미 내지 중요성이라는 표지가 규범적 평가 내지 주관적 평가와 연결되면 전 구성요건적 행위개념의 본질을 상실케 될 수 있음을 우려한다. 반면에 '공동생활관계'라는 표현은 법의 존재기초가 되는 사실상의 개념이기 때문에 이 표현으로 사회적 중요성이라는 의미내용을 살릴 수 있다고 한다. 의사적 요소를 행위개념에서 제거하고 신체의 동·정이라고 표현한 이유는 부작위와 작위를 통일시키기 위해서라고 한다.

9) 대표적으로 정성근/정준섭, 68면; 이형국/김혜경, 106면.

10) 이재상/장영민/강동범, §6/17.

기 때문에 구성요건적 행위개념과는 독립된 전(前) 구성요건적 행위개념이 될 수 없다. ② 사회적 중요성 내지 사회적 의미를 행위개념의 핵심요소로 삼으려면 그 행위에 대한 가치평가가 내려져야 하는데, 이는 결국 구성요건적 불법판단을 의미하므로 이렇게 되면 행위의 결합요소로서의 기능을 수행하지 못하는 약점을 가지게 된다. ③ 사회적 중요성이 인정되면 행위성이 인정되므로 법인의 활동, 절대폭력에 의한 행동, 단순한 반사작용 등도 결과적·사회적으로 중요한 효과를 가져오는 이상 행위로 보아야 하기 때문에 행위개념의 한계요소로서의 기능을 수행하기가 어렵게 된다.

Ⅳ. 그 밖의 행위이론(인격적 행위론, 소극적 행위론)

그 밖에 형법이론학에서 행위를 '행위자 인격의 객관적 발현'으로 파악하는 인격적 행위론[11] 및 '회피가능한 불회피(즉 회피할 수 있었는데도 회피하지 않은 행위)' 내지 '회피가능한 결과야기'라고 하는 소극적 행위론[12]이 등장하였다. 25

그러나 인격적 행위론에서 말하는 인격이란 널리 인간의 특징으로 파악되는 것이므로 행위의 본질적 요소로 파악할 특별한 이유가 없다. 결국 '인간의 행동이 행위'라고 하는 것처럼 아무것도 말해주는 바가 없고 인격적 장애(결함)가 있는 자의 행위 또는 인격적 성숙되지 못한 형사미성년자의 행위도 책임의 유무와 정도에 영향을 줄 수는 있지만 행위 측면에 관한 한 여전히 형법상 중요한 행위로 인정하는 형법의 태도와 조화될 수 없다. 26

소극적 행위이론에서 행위를 '회피가능한 불회피'라고 정의하는 것은 부작위를 행위의 기본범주로 파악하는 데서 출발하고 있는 태도라고 평가할 수 있다. 그러나 이 행위이론에서 말하는 불회피 내지 회피가능성 등은 법적 구성요건에서 발생하는 회피의무를 전제로 할 때 비로소 의미를 가지는 것이기 때문에 전(前) 구성요건적 행위개념을 설정하려는 노력에서 이탈하고 있다는 비판을 받을 수 있다. 27

Ⅴ. 판례의 태도

대법원이 어떤 행위개념을 출발점으로 삼고 있는지에 관해 명시적으로 밝히고 있지는 않다. 그러나 대법원은 부작위의 '행위성'을 인정함에 있어 사회적 행위이론을 취한 것으로 평가될 수 있는 판시를 하고 있다. 28

判 대법원은 부작위를 법적 의미에서 작위와 함께 행위의 기본형태를 이룬(다)"고 하면서 부작위를 "법 29

---

11) 김일수, 한국형법 I (총론 상), 299면.

12) Ralf. D. Herzberg, Die Unterlassung im Strafrecht und das Garantenprinzip, 1972; Hans-Joachim Behrendt, Die Unterlassung im Strafrecht, 1979.

적 기대라는 규범적 가치판단 요소에 의하여 사회적 중요성을 가지는 사람의 행태"로 정의한다.[13)]

30 특히 대법원이 부작위를 자연적 의미 내지 존재론적 차원에서만 아무것도 하지 않은 '무(無)'에 해당하기 때문에 작위와 함께 행위의 요소로 볼 수 없다고 판시한 대목을 보면, 부작위개념을 위시한 형법적 개념에 대한 자연주의적 존재론적 접근보다는 규범적 평가적 접근 방법에 따르고 있는 것으로 평가될 수 있다.

Ⅵ. 결론

1. 사회적 중요성과 법적 중요성의 구별

31 사회적 행위개념에서 말하는 '사회적 중요성'과 그 사회적 중요성에 대한 '법적 평가'는 서로 다른 내용이다. 법적 평가가 사회적 평가에 영향을 받을 수는 있지만 사회적으로 중요한 모든 평가가 법적으로 의미 있는 평가는 아니기 때문이다. 따라서 사회적 중요성을 행위의 요소로 포착하는 사회적 행위개념이 전(前) 구성요건적 행위개념이 될 수 없다고 하거나 법적인 구성요건적 평가와 다르지 않기 때문에 결합요소로서의 기능을 수행하지 못한다는 비판은 "사회적=법적"이라는 등식관계를 전제한 태도에서 가하고 있는 비판에 불과하다.[14)]

32 사회적으로 중요한 효과를 가져오는 인간의 행위인 이상 무엇이든지 행위성이 인정되기 때문에 행위개념의 한계요소로서의 기능을 수행하기 어렵다는 비판도 적절한 비판이라고 할 수 없다. 실제로 사회적 행위개념을 '인간의 의사에 의해 지배되거나 지배가능한 사회적으로 중요한 행태'로 정의하는 이상 인간의 의사성 내지 유의성이 결여되어 있는 법인의 활동, 절대적 폭력에 의한 행위, 반사작용으로 인한 행위 등이 행위개념에서 배제될 수 있기 때문이다.

2. 사회적 행위이론의 장점과 한계

33 사회적 행위개념에 따르면 인간행위의 목적구조를 출발점으로 삼으면서도(의사에 의한 지배) 행위자의 행태가 외부세계에 미치는 영향력(사회적으로 중요한 행태) 있는 행태도 형법상 행위로 인정할 수 있다. 이에 따르면 의사에 기하지 않으면서도 중요한 사회적 효과를

---

13) 대법원 2015.11.12. 2015도6809. "자연적 의미에서의 부작위는 거동성이 있는 작위와 본질적으로 구별되는 무(無)에 지나지 아니하지만, 위 규정에서 말하는 부작위는 법적 기대라는 규범적 가치판단 요소에 의하여 사회적 중요성을 가지는 사람의 행태가 되어 법적 의미에서 작위와 함께 행위의 기본 형태를 이루게 되므로, 특정한 행위를 하지 아니하는 부작위가 형법적으로 부작위로서의 의미를 가지기 위해서는, 보호법익의 주체에게 해당 구성요건적 결과발생의 위험이 있는 상황에서 행위자가 구성요건의 실현을 회피하기 위하여 요구되는 행위를 현실적·물리적으로 행할 수 있었음에도 하지 아니하였다고 평가될 수 있어야 한다."

14) 손동권, §6/19.

낳는 사례들을 형법적 평가에서 배제해냄으로써 행위개념의 한계요소로서의 기능을 수행할 수 있게 된다. 다만, 사회적 행위이론에 따를 경우 현행 형법의 행위(고의행위 또는 과실행위) 개념을 해석함에 있어 심리학적 의식이 없는 법인은 여전히 '행위성'요건을 충족할 수 없어 법인에 대한 형벌부과의 전제조건이나 기본요소를 충족할 수 없게 되는 문제점이 있다. 그러나 형사특별법등 500여 개 이상의 형법률 속의 수많은 범죄행위들과 관련해서는 '법인'도 양벌규정을 플랫폼으로 삼아 형사처벌의 대상이 되고 있는 것이 규범현실이다. 따라서 사회적 행위이론을 넘어서 행위개념을 평가적으로 재구성하여 법인(뿐만 아니라 장차 AI와 같은 비인간 존재)의 행위성도 인정할 수 있는 발전된 행위이론을 전개할 필요가 있다(이에 관해서는 §11/19 이하 참조).

제 3 절 행위개념에 대한 접근 방법의 변화와 실천적 의의

Ⅰ. 규범적·평가적 접근방법의 약진

행위개념에 관한 논쟁은 서로 다른 사상적·철학적 배경을 가지고 형법학에서 매우 격렬하게 진행되었다. 그러나 1960년대 이후부터 독일에서 이에 관한 논쟁이 서서히 식어가자 우리나라에서도 행위개념을 둘러싼 논쟁이 그 치열함에 비해 별반 실익이 없는 논쟁이라는 자각이 생겨났다.[15] 이에 따라 70년대부터는 형법학의 관심사를 행위론에서 구성요건론으로 전환해야 한다는 주장이 객관적 귀속이론을 등장시켰고, 특히 범죄개념을 존재론적인 시각에서 체계화하려는 태도보다는 실용주의적·형사정책적 관점을 고려하여 목적론적으로 체계화하려는 이른바 목적론적 범죄체계를 구축하면서 형법체계와 형사정책을 가교시키려는 이론이 책임론을 중심으로 등장한 것도 이러한 분위기를 배경으로 한 것이었다(앞의 목적론적 범죄체계와 형법학 방법론의 전환 참조). 34

다른 한편 행위론에서는 사회적 행위이론이 행위개념을 이해함에 있어 방법론적 전환을 가져오면서 실용주의적 관점을 고려할 수 있는 길을 열어준 것으로 평가할 수 있다. 종래 인과적 행위이론과 목적적 행위이론이 행위의 개념요소(행위 개념의 내용적·본질적 구조)가 무엇인가를 존재론적으로 탐색하였던 반면에, 사회적 행위이론과 같이 행위의 의미(행위의 사회적 의미)에 초점을 맞추면 행위의 개념내용도 평가적으로 재구성될 수 있는 가능성이 열리게 되기 때문이다.[16] 특히 형법적 개념에 대한 접근 방법에 관한 한 전2자는 인 35

15) 이에 관해서는 특히 배종대, §38/11.

16) 김종원, "형법에 있어서 행위개념", 고시연구, 1995.12, 113면에 의하면 형법상의 행위개념을 둘러싼 논의는 각기 다른 층위를 가지고 있는 것으로 본다. 하나는 형법적 고찰대상으로서 인간행위의 구조를 논의하는 측

간의 심리학적인 의식(유의성/목적성)의 존부에 초점을 맞추어 행위개념을 이해하고 있는 반면(자연주의적 존재론적 접근방법), 후자는 사회적 중요성에 초점을 맞추어 행위개념을 이해하고 있는 점(규범적 평가적 접근방법)에서 차이를 보인다.

Ⅱ. 행위와 비행위의 구별

36 형법상의 행위개념을 둘러싼 철학적 논쟁이 생산력 없는 소모적인 논쟁에 불과한 것이라는 반성은 행위개념의 실천적 의의 내지 기능에 눈을 돌리게 만들었다. 특히 행위개념의 해석 및 적용단계에서 가벌성 제한을 위해서는, 근본요소로서의 기능이나 결합요소로서의 기능보다는 한계요소로서의 기능이 더 중요한 것으로 취급되었다. 이에 따라 구체적 사례에서 행위가 아닌 것을 사전에 가려내는 한계(배제)적 기능 수행을 위해서는 형법상 행위성이 인정되기 위한 최소한의 요소가 무엇인지를 밝혀내어 이러한 요소들을 가지고 행위·비행위를 구별하는 척도로 삼는 일이 주된 관심사가 되었다.

1. 형법상의 행위의 최소한의 조건

37 인과적 행위개념에 의하든 목적적 행위개념에 의하든 혹은 사회적 행위개념에 의하든 혹은 전 구성요건적 행위개념부인론의 입장에서도 형법상의 행위가 되려면 최소한 다음의 조건을 구비하여야 한다고 한다.

(1) 인간의 행위

38 원칙적으로 인간의 행위만이 형법상 행위가 된다. 따라서 단순한 자연현상이나 화학적·물리적 과정 및 동물의 행태는 행위에 해당하지 않는다. 그러나 예컨대 개가 사람을 문 경우 개의 주인이 그것을 부추긴 경우와 같이 동물의 행태라도 인간의 사주에 의한 것이면 인간의 행위로 보아야 한다.

39 법인도 인간과 같은 심리학적 차원의 '의식'이 없으므로 행위할 수 없다는 것이 현행 형법상 행위에 대한 주류적 해석태도이다(법인의 범죄능력 부정설). 물론 법인의 범죄능력을 긍정하는 입장에서는 법인도 행위할 수 있는 존재로 파악한다. 하지만 이러한 입장도 법인의 행위능력을 근거지우기 위한 독자적인 행위이론을 내세우고 있지는 않다. 법인이 사회 내에 실재하는 존재이긴 하지만, 법인은 직접 스스로 행위할 수 없고, 법인의 대표와 같은 기관이나 구성원의 행위를 매개로 삼아 사회적 기능을 하는 것으로 이해되고 있다.

면이고, 다른 하나는 형법적 규율대상이 될 수 있는 인간의 행위를 논의하는 측면인데, 전자에서는 목적적 행위개념이 타당하고, 후자에서는 사회적 행위개념이 타당하다고 한다. 그러면서도 이 견해는 인간행위의 모든 양태를 포섭할 수 있는 통일적 행위개념으로서 행위개념을 "예견가능한 결과를 야기하는 지배가능한 인간행위"로 정의하고 있다.

(2) 외부적인 행위

인간의 내면에서 일어나는 일은 그것만으로 행위가 될 수 없다. 따라서 생각, 목적, 소원 등은 형법상의 행위에 해당하지 않는다. 일차적으로 능동적인 '작위'가 외부적인 행위로 나타날 수 있다. 그런데 여기서 주의할 것은 외부적인 행위란 신체적인 거동에 국한되는 것은 아니라는 점이다. 요구되는 일정한 작위를 하지 않아 소극적인 태도로 나타나는 '부작위'도 형법상의 의미를 가질 때 의사가 외부로 발현된 외부적 행위에 해당한다. 결론적으로 형법상 외부적 행위에는 작위와 부작위가 있다. 작위와 부작위를 어떻게 구별할 수 있는지에 대해서는 뒤에서 다시 설명한다. 40

(3) 의사에 의해 지배된 행위

아무리 인간에 의한 외부성이 있는 동작이 있어도 그것이 그의 의사에 기한 것이 아니라면 형법상 '행위'가 될 수 없다. 여기서 '의사'란 심리학적인 '의식'이 있는 상태만을 의미하고, '의사의 내용' 내지 '목적성'은 행위개념의 본질적 내용일 필요는 없다. 41

2. 형법상 비행위의 대표적인 예

① 인간의 ② 의사에 의해 지배된 ③ 외부적 행위라는 세 가지 요소를 갖추지 못한 경우 형법상의 행위가 아니다. 42

(1) 완전한 무의식 상태에서 전개된 일

인간의 정신적인 조종작용이 전혀 없는 행위는 형법상 행위가 아니다. 깊은 수면 중의 행위, 고열상태에서 몸을 움직이는 동작, 기절 혹은 완전한 마비증세를 일으킨 경우의 신체의 동작, 최면상태에서 이루어진 동작[17] 등과 같은 경우가 그 예에 해당한다. 43

술에 만취한 상태의 행위를 형법상 행위로 볼 수 있는지는 만취자가 만취상태에서 행위를 할 당시 균형잡힌 활동과정을 인식할 능력 또는 행위통제(조종)능력이 있는지에 달려있다. 술에 만취하여 실신하는 등 의식을 완전히 잃어버리는 이른바 패싱아웃(passing out) 상태는 행위성이 부정된다. 하지만 음주로 인해 필름이 끊기는 상태를 일컫는 이른바 알코올 블랙아웃(blackout) 상태는 행위성이 부정되지는 않지만 술취한 정도에 따라 행위통제능력에 저하를 가져오므로 그 능력의 저하 정도에 따라 책임무능력자 또는 한정책임능력자로 인정될 가능성은 있다.[18] 44

자신의 행위를 기억해내지 못하는 몽유병환자의 행위에 대해 형법상 행위성이 인정되는지는 여전히 논란거리가 되고 있다. 이러한 문제들은 형법학 이외에 신경의학이나 심층심리학 등 인접과학에서의 연구결과에 지대한 영향을 받는다.[19] 45

17) 미국 모범형법전(1962), §2.01(2)에서는 최면중의 동작은 행위가 아니라고 한다.
18) 이에 관해서는 김성돈, "성범죄와 블랙아웃", 대법원 제136차 형사실무연구회(2019.11.18) 발표문 참조.
19) 일본 하급심 판결 중에는 "반사 운동이나 몽유병은 행위가 아니므로 불가벌"이라고 한 예가 있다(大阪地判

(2) 절대적 폭력(vis absoluta)에 의하여 강제된 경우

46 제3자의 타격으로 인해 넘어지면서 유리창을 파손한 경우, 손목을 잡힌 채 문서에 서명한 경우 등은 '절대적 폭력'에 의한 행위로서 형법상 행위가 아니다. 왜냐하면 그러한 경우에는 반대조종의 가능성도 없이 타인의 행위에 의하여 기계적으로 움직인 것에 불과하기 때문이다.

47 그러나 이와는 달리 폭력 등으로 강요당하여 행위했다고 하더라도 상대방에게 심리적 압박을 받아 행위한 경우(심리적 폭력; 상대적 폭력)에는 의사가 있는 경우이므로 형법상 행위성이 인정된다. 예컨대 가족을 인질로 잡힌 자가 은행강도를 강요받고 은행을 습격한 행위는 의사에 기한 행위가 된다.[20] 이러한 경우 강요된 자는 비록 의사결정에서 자유롭지 못했지만, 일정한 의미의 의사(유의성)를 가지고 있기 때문이다.

(3) 의식작용 없는 반사적 동작

48 행위자의 의식이 매개되지 않고 외부적 자극에 따라 바로 신체동작으로 나아간 반사적 동작은 형법상 행위라고 할 수 없다. 검사자가 피검자의 무릎반사를 측정하다가 피검자가 반사작용으로 움직인 발에 채인 경우, 전기충격으로 몸을 꿈틀거리다가 다른 사람을 때린 경우, 운전 중에 벌레에게 쏘여 순간적인 통증으로 인해 눈을 감아 사고를 낸 경우 등이 여기에 해당한다.

49 흥분 내지 즉각적 반응에 따른 행위 등은 그 진행속도상 행위를 억제할 가능성이 없는 경우이지만, 의식적 작용이 개입하므로 반사적 동작과는 구별되어야 한다. 예컨대 자동차를 운전하던 도중 눈앞에 날아온 곤충 때문에 재빨리 방어동작을 취하다가 앞차와 충돌한 경우는 반사적 동작이 아니라 의식적 작용에 기한 즉각적 반응으로서 형법상 행위로 인정된다.[21] 이때의 방어동작은 너무 빨리 행해졌기 때문에 하지 말아야 한다는 생각조차 할 여유가 없었지만 여전히 의사는 존재한다고 할 수 있기 때문이다. 마찬가지로 운전자가 운전도중 갑자기 도로 위에 뛰어든 동물을 피하려다가 가드레일을 들이받게 되어 운전석 옆의 동승자를 죽게 한 경우에도 형법상의 행위성을 인정할 수 있을 것이다.[22]

(4) 자동화된 행위

50 운전시 클러치를 밟거나 기어를 변속하는 행위 등과 같이 무심코 이루어지는 '자동화된 행위(automatic behavior)'에 대해 형법상의 행위성을 인정할 수 있을 것인지가 문제된다. 자동화된 행위의 경우에는 계속적인 반복동작으로 인해 무의식 상태인 것 같아 보이는 측면이 있다. 하지만 자동화된 행위의 경우도 의식적 반대조종이 가능하다는 점에서 보면 반사

昭和 37. 7. 24. 下刑4卷78号 696貢).

20) 물론 이러한 행위는 강도죄의 구성요건에 해당하고 위법성이 인정되더라도 강요된 행위(형법 제12조)로 인정되어 책임이 조각될 수 있는 행위이다. 이에 관해서는 책임론에서 설명한다.

21) OLG Hamm NJW 1975, 657.

22) Kühl, §2/8.

운동과 차이가 있으므로 형법상 행위성을 인정해야 할 것이다.

자동화된 행위와 '자동증(automatism)'은 개념적으로 구별된다. 일시적으로 의식이 없는 상태에서의 신체동작을 일컫는 자동증은 혼수상태의 반사와는 달리 운동계 협응이 유지되기는 하지만 지향성 없는 (무의식적)행위이므로 형법상 행위성이 부정된다. 51

Ⅲ. 범죄성립요건 심사에서의 행위성 요건의 심사

1. 형사사건과 행위성의 문제

형사재판에서 행위자의 어떤 행위가 형법상 '행위'인가 아닌가가 쟁점으로 부각된 경우는 아직까지 없었다. 그러나 구성요건해당성 심사로 나아가기 전 행위성 여부가 쟁점이 될 수 있는 사례가 드물긴 하지만 있을 수 있다. 예컨대 자동차 운전자가 갑자기 날아들어 온 벌의 침에 쏘이는 순간 핸들조작을 잘못하여 마주 오는 차와 부딪쳐 상대방 차량의 운전자에게 상해를 입힌 경우, 벌의 침에 물려 본능적으로 움직이다가 핸들조작을 잘못한 행위자의 움직임을 과연 형법상 '행위'라고 보아, 이를 출발점으로 삼아 범죄성립요건의 충족 여부를 심사해나갈 수 있는지가 문제된다. 52

통상적으로 이러한 사례에 대해서는 '벌'의 존재가 형법적 심사에서 어떤 의미를 가지는지가 전면에 부각되지 않고, 운전자에게 인정될 수 있는 다른 의무위반적 요소(전방주시의무위반, 제한속도위반, 안전거리 미확보 등)를 문제삼아 업무상 과실치상죄의 성립여부가 문제될 뿐이다. 그러나 변호인이 행위개념에 대한 정확한 지식을 숙지하고 있다면, 블랙박스 영상 등을 증거로 삼아 벌의 개입상황을 입증하면서, 벌의 침이 야기하는 고통이라는 순수한 심리학적 자극에 대해 기계적인 신체동작으로 나타난 반사작용임을 근거로 삼아 형법상 행위성부터 부정할 수 있을 것이다. 행위개념의 한계적 기능이 형사실무에서 얼마나 잘 작동할 수 있는지는 변호인의 형법이론적 지식의 수준에 달려 있다. 53

2. 행위성 판단의 시점

행위성 여부가 쟁점이 되더라도 실제 사례에서 행위자의 행위에 대해 형법상의 행위성이 부정되는 경우는 제한적이다. 행위성여부의 판단시점이 결과가 발생하기 이전 단계, 즉 행위성을 부정의 근거가 되는 사유가 만들어지는 시점으로 앞당겨갈 수 있기 때문이다. 예컨대 수면 중에 몸부림을 쳐서 바로 옆의 유아를 몸으로 사망케 한 경우, 결과발생시를 기준으로 삼으면 의식이 없는 움직임으로서 기한 행위성이 부정될 수 있다. 54

하지만 이러한 경우 형법상 행위성이 부정된다고 해서 곧바로 형법상 범죄성립요건에 대한 심사절차를 종료할 것은 아니다. 시간적으로 그 행위(형법상으로는 비행위) 이전시점까 55

지 형법적 평가의 대상으로 삼아야 하기 때문이다. 범죄성립요건에 대한 심사의 연결점은 '수면 중의 행위'가 아니라 수면 전 단계에서의 행위, 즉 잠버릇이 나빠서 아이를 해칠 수 있는 결과를 예견하면서도 다른 결과회피조치를 취하지 않은 채 잠자리에 든 '주의(의무)위반적 행위'로 보아야 한다. 과실범이론은 이러한 문제상황을 인수과실의 문제로 해결한다.

Ⅳ. 행위개념을 둘러싼 논쟁이 범죄체계론에 미친 영향

56 행위자의 '의사내용'(특히 고의)을 행위개념에 포함시킬 것인지의 여부는 구성요건, 위법성 그리고 책임이라는 세 가지 범죄성립요건이 다르게 구조화될 수 있다. 특히 인과적 행위론과 목적적 행위론의 입장은 의사내용을 행위의 요소로 인정하는지 여부와 관련하여 범죄의 내부구조(체계)를 다르게 파악하게 하는 계기를 제공하였다.

1. 인과적 행위론과 고전적 범죄체계

57 인과적 행위이론자들은 구성요건이 범죄의 외적(객관적) 측면만을 기술하고 있는 것으로 이해하였다. 위법성도 구성요건과 마찬가지로 오로지 객관적인 척도에 의하여 확정되는 것으로 파악하였다. 행위자의 주관적(심리적) 측면은 책임에서 비로소 고려하고, 주관적 측면 중 특히 고의와 과실을 책임의 형식이자 책임을 이루는 요소로 파악하였다. 따라서 인과적 행위이론은 범죄의 객관적 요소를 불법요소로 분류하고 주관적 요소는 책임요소로 분류하는 '고전적 범죄체계'를 정립하였다.

2. 목적적 행위론과 목적적 범죄체계

58 고전적 범죄체계에 대한 근본적인 변화는 목적적 행위이론에서 비롯되었다. 목적적 행위이론은 목적성(고의행위의 경우 고의)을 '행위'의 본질적 요소라고 주장하였다. 이를 전제로 구성요건은 불법'행위'유형이고, 고의는 '행위'의 본질적 요소이므로 체계적으로 고의는 당연히 구성요건요소가 되는 것이라고 하였다. 오랫동안 책임의 요소로 파악되었던 고의가 목적적 행위이론에 의해 구성요건요소로 파악되는 일대전환을 가져오게 되었는데, 이를 근간으로 '목적적 범죄체계'가 구축되었다.

3. 사회적 행위론과 합일태적 범죄체계

59 행위이론이 서로 다른 범죄체계를 구축하는데 영향을 미친 것은 사실이다. 그러나 이러한 영향력은 인과적 행위이론과 목적적 행위이론에 대해서만 타당하다. 사회적 행위이론의 주장자들 중에도 ① 고의를 구성요건요소로 인정하는 견해[23]도 있지만, ② 여전히 책임요소로 인정하는 견해[24]도 있으며, ③ 구성요건요소이면서 동시에 책임요소로 파악함으로

써 고의의 이중적 지위(기능)를 인정하는 견해[25]도 있기 때문이다. 오늘날 행위이론과 범죄체계론의 논리 필연적 연관성은 인정되기 어렵다.

Ⅴ. 형법적 행위이론이 해석론 및 입법론에 미치는 영향(☆)

형법이론학에서 전(前) 구성요건적 행위개념을 둘러싼 논쟁은 실익없는 공론(空論)은 아니다. 자연주의적 존재론적인 관점에서만 형법적 개념에 접근하던 19세기적 방법론을 넘어서 가치관계적 평가적으로 접근하고 있는 현대적 방법론은 행위개념에 대해서도 예외없이 타당해야 한다면, 행위이론은 해석론과 입법론에서 여전히 중요하게 취급되어야 한다. 60

1. 법인의 행위성을 둘러싼 해석론과 입법론

근대 이후 법학은 자연인 이외의 비인간 존재인 '법인'을 법인격을 부여하고, 헌법상－일정한 종류의－기본권 주체로 인정하는 전제하에서 사법상 법인의 불법행위책임 뿐 아니라 형법상－양벌규정을 통해－법인에게 형사책임도 인정하고 있다. '동일한' 하나의 법인이 형법전의 범죄행위와 관련해서는 범죄능력이 부정되어 형사책임을 지지 않지만 형법전 외의 형사특별법상의 다양한 범죄행위와 관련해서는 형사책임이 인정되고 있는 현행법 체계는 체계 정합성을 잃고 있을 뿐 아니라, 법인에 대한 형벌부과를 위한 법적 요건에 대한 해석론적 차원에서 볼 때 모순 없이 설명하기 어렵다. 61

동일한 법인이 어떤 범죄는 '행위'할 수 없지만, 어떤 범죄는 행위할 수 있는 모순을 제거하려면 어떤 경우에도 행위할 수 없다고 하든가 아니면 어떤 경우에도 행위할 수 있다고 해야 한다. 가치관계적 평가적 관점에서 행위개념을 파악함으로써 자연주의적 '심리학적 의식' 등을 전제하지 않는 행위개념의 구성적 요소를 발견하는 등 새로운 '행위'이론을 발전시켜야 할 과제는 입법론적 과제이기만 할 뿐 아니라 해석론적 과제이기도 하다.[26] 62

2. 4차산업혁명 시대의 행위이론과 해석론 및 입법론의 과제

법인의 행위주체성 문제는 이미 19세기부터 형법이론학에서 논구의 대상이 되어왔지만, 최근 4차산업혁명의 시대가 열리면서 AI 등 비인간 존재에게 행위주체성을 인정할 수 있는지가 새로운 논제로 각광을 받고 있다. 예를 들면 자동화가 5단계 수준이 되는 (운전자 없는) 완전 자율자동차가 야기한 사고에 대해서 자율자동차를 독립된 행위주체로 인정할 것인지가 문제되고 있을 뿐만 아니라 메타버스상의 아바타가 상대방 아바타에 대해 성범죄를 범할 경우 그 성범죄가 아바타 배후에 있는 인 63

23) 정성근/정준섭, 98면.
24) 차용석, 299면.
25) 김일수/서보학, 122면; 이용식, 57면; 이재상/장영민/강동범, §12/14; 이형국/김혜경, 165면; 임웅, 122면.
26) 루만의 체계이론적 관점에서 행위개념을 재구성하려는 시도에 관해서는 김성돈, 『기업처벌과 미래의 형법』, 성균관대학교 출판부. 2015년 참조.

간 주체가 아닌, 아바타 자체를 독립된 행위주체로 인정할 수 있는지도 문제되고 있다. 이러한 문제는 인공지능 기술을 이용한 다양한 비인간 존재(안드로이드형 로봇, 드론, 챗봇 등)를 넘어 최근 '생성형 AI' 또는 인간과 비인간 결합체인 '하이브리드' 등에 대해서도 타당하다.

64 이러한 차원의 논의에서 전(前) 구성요건적 행위개념을 긍정하면서도 자연주의적 존재론적 차원의 행위개념을 고수한다면, 심리학적으로 인간과 같은 의식이 없는 비인간 존재(non-human)는 어떤 경우에도 행위주체로 인정되기 어렵다. 그렇다고 해서 전(前) 구성요건적 행위개념을 부정하는 태도를 취하여 비인간 존재에 대해 행위주체성을 인정한 쉬운 길을 택할 수는 없다. 전 구성요건적 행위개념을 부정하면, 오로지 형사정책적 필요성에만 근거하여 인간 아닌 존재(단위)를 아무런 걸림돌 없이 행위주체성을 인정할 수 있는 입법적 결단을 내릴 수 있기 때문이다.

65 비인간 존재의 경우에도 '사회적 실재'[27]에 기초한 범죄화라는 입법적 결단이 내려지려면, 전(前) 구성요건적 행위개념을 취하는 전제하에서 규범적 평가적 접근방법에 따라야 한다. 이에 따르면 비인간 존재의 행위개념을 구성하는 새로운 요소들을 찾아내어 이를 행위개념으로 재구성하려는 이론적 작업을 거쳐야 하고, 그 결과 얻어진 내용을 척도로 삼아 형사책임을 근거지운다면, 입법자의 자의가 통제될 수 있다. 오늘날 형법학의 외곽인 정치적인 영역에서 노동조합이나 환경단체 등과 같은 비인간 존재도 '목소리(voice)'와 '저항(resistance)'이라는 두 가지 요소를 통해 행위주체성을 인정받을 수 있다는 사회이론도 등장하고 있다. 형법이론학이 자연주의적 존재론적 접근법에 기초를 둔 전통적인 행위이론을 극복하려면 브뤼노 라투어의 '행위자 연결망 이론(actor-network-theory: ANT)'[28] 등 사회이론에도 주목해야 할 필요가 있다. 요컨대 현대 사회나 미래 사회에서 현행 형법의 해석을 통해서나 형사입법을 통해서 다양한 비인간 존재를 새로운 행위주체를 인정하려면 '행위이론'의 강을 건너야 한다. 이 때문에 행위이론 무용론은 받아들일 수 없다.

---

27) 이러한 실재는 존재론적인 차원에서와 같이 인간의 감각적 차원의 인식으로 확인될 수 있다는 의미의 실체를 의미하지 않고 사회기능적 차원의 실재도 포함한다.
28) 이에 관한 입문적 내용으로는 브루노 라투르 외 지음(홍성욱 엮음), 『인간·사물·동맹』, 2010 참조.

제 2 장 행위의 주체와 법인의 범죄능력 §11

제 1 절 현행법 체계하에서의 법인의 범죄능력

1 현행법체계에서 법인의 형사책임 인정여부는 이원적으로 취급되고 있다고 말할 수 있다. 형법총칙의 규정을 적용받는 '실질적 의미의 형법'의 해석상 범죄를 구성요건에 해당하고 위법하고 책임 있는 '행위'라고 정의하고, 행위를 인간의 의사에 기한 외부적인 행위로 해석하면, 범죄행위의 주체도 당연히 자연인이어야 하는데 반해, 500여 개의 특별법에서는 -이른바 '양벌규정'의 적용을 통해-일정한 범죄행위에 대해 자연인 이외에 '법인'에게도 형사책임을 인정하고 있기 때문이다.

2 이 때문에 해석론에서는 물론이고 입법론에서도 법인의 형사책임 문제와 관련하여 '형법전 체계'와 '양벌규정 체계'를 조화시키는 방안은 난제 중의 난제에 해당한다. 전통적으로 법인의 형사책임 문제는 법인의 '범죄능력'의 문제로 다루어져 왔다.

I. '형법전 체계'하에서의 법인의 범죄능력의 의의

1. 범죄능력과 형법의 범죄성립요건

3 범죄'능력'은 형법이 요구하는 범죄성립요건을 충족할 수 있는 '가능성'을 말한다. 즉 범죄능력은 범죄성립요건 충족 '가능성'을 전제로 하는 개념이다. 형법상 범죄가 성립되기 위해서는 ① 전(前) 구성요건적 행위성이 인정되고, 그 행위가 ② 구성요건에 해당하고 ③ 위법성이 인정되고 ④ 책임이 인정되어야 한다. 범죄성립요건에 관한 이러한 형법도그마틱에 따르면 어떤 주체라도 범죄'능력'이 인정되기 위해서는 '행위'능력(가능성)과 '책임'질 수 있는 능력(가능성)을 갖출 것이 요구된다.

4 행위능력이 인정되려면 앞서 행위론에서 살펴보았듯이 당대에 통용되고 있는 행위이론에 따를 때, 심리학적 차원의 의식을 가진 존재가 그 의식에서 나오는 외부성을 가진 일정한 행태를 하여야 한다. 책임능력이 인정되려면 행위주체가 자신의 행위의 규범위반성을 인식하고 불법행위 대신 적법한 행위를 선택할 수 있었음에도 불법행위로 나아간 점을 근거로 삼아 책임비난을 할 수 있어야 한다. 이 두 가지 요건, 즉 행위능력과 책임능력을 갖추지 못하면 범죄능력이 부정된다.

2. 법인의 범죄성립요건 충족가능성과 범죄능력

5 그러나 자연인의 조직화된 단체인 법인은 어떤 행위이론에 따르더라도 위와 같은 의미의 행위성의 최소한의 요건(인간의 의사에 기한 외부성)을 충족할 수 없다. 이에 따르면 법인은 '행위'할 수 있는 가능성이 없고, 따라서 법인에게는 행위'능력'이 없다.

6 이 뿐만 아니라 법인은 인간과 같이 심리학적인 차원의 의식을 전제로 하는 의사의 자유가 없으므로 형법이 요구하는 책임능력의 전제조건(행위의 규범위반성을 인식할 능력과 그에 따라 자신의 행위를 통제할 능력)을 충족시킬 수 없으므로 자신에 행위에 대해 '책임'을 질 수 있는 책임'능력'도 없다.

7 이와 같이 행위능력도 없고 책임능력도 없는 법인은 형법의 해석상 요구되는 범죄성립요건을 충족할 수 있는 가능성이 없다. 따라서 형법전체계하에서 범죄능력은 14세 이상의 자연인 행위자에게만 있고 이러한 행위자만 범죄주체가 될 수 있다고 보는 것에 이견이 없을 듯하다.

Ⅱ. 법인의 범죄능력 여부에 관한 논의상황

8 그럼에도 형법이론적으로는 법인의 범죄능력을 인정하는 견해도 있고 부정하는 견해도 있다. 이러한 견해 대립은 특히 법인을 형벌부과 대상으로 명시적으로 인정하고 있는 양벌규정의 태도와 형법의 태도를 조화롭게 해석하려는 차원에서 더욱 분화되어 왔다.

1. 학설의 태도

(1) 법인의 범죄능력 부정설

9 법인의 범죄능력을 부정하는 견해[29]는 ① 법인은 의사활동을 할 수 있는 정신과 육체가 없기 때문에 행위능력이 없고, ② 법인을 처벌하면 범죄와 관계없는 구성원까지 처벌하는 것이 되어 근대형법의 기본원칙인 개인책임원칙과 자기책임원칙에 반하는 결과가 되며, ③ 법인은 법과 불법을 판단하여 불법을 회피할 수 있는 의사의 자유를 전제로 한 책임능력이 없으므로 이를 전제로 한 책임비난을 가할 수 없고, ④ 법인은 법률의 규정에 좇아 정관으로 정한 목적범위 내에서 권리와 의무의 주체가 되는데(민법 제34조) 범죄는 법인의 목적에 들어가 있지도 않으며, ⑤ 형법상 사형과 자유형은 법인에 대해 집행할 수도 없고, ⑥ 형벌 이외의 수단으로서 법인에 대한 형사정책적 효과를 달성할 수 있는데도 법인의 범죄주체성을 인정하는 것은 형법의 최후수단성에 반한다는 등의 근거를 제시하고 있다.

---

29) 박상기, 71면; 배종대, §46/26; 손동권, §8/12-13; 이재상/장영민/강동범, §7/10-13; 이형국/김혜경, 105면.

(2) 법인의 범죄능력 긍정설

법인의 범죄능력을 긍정하는 견해[30]는 법인의 사회적 활동이 증가함에 따라 법인의 반사회적 활동도 많아지고 있는 현실에 비추어 법인의 범죄에 대해 적절한 형사정책적 대응을 하기 위해 법인의 범죄능력을 인정해야 할 필요성이 있다고 한다. 이 견해는 특히 ① 법인본질론과 관련하여 법인실재설에 따르면 법인의 범죄능력을 인정할 수 있고, ② 법인은 기관을 통하여 의사를 형성하지만 그 의사는 구성원인 개인의 의사와는 다른 법인의 고유한 의사이므로 법인에게도 의사능력과 행위능력이 있는 것이며, ③ 법인의 기관에 의한 행위라도 그것은 동시에 법인의 행위라는 양면성을 가지므로 법인을 처벌해도 이중처벌이 되는 것도 아니고, ④ 책임을 형벌적응능력이라고 해석하면 법인에게도 책임능력이 있다고 할 수 있으며, ⑤ 법인이 사회적 존재로서 활동하는 행위는 법인의 목적범위 내에 있는 것이므로 법인도 범죄행위를 할 수 있고, ⑥ 형벌 가운데 재산형과 자격형은 법인에게도 유효한 형벌이 될 수 있으며, ⑦ 자연인에 대한 생명형과 자유형에 상응하는 형벌로서 법인의 해산과 영업정지를 생각할 수 있다고 한다. 10

(3) 부분적 긍정설

1) 형사범·행정범의 구별을 전제로 하는 견해 형사범에 대해서는 법인의 범죄능력을 부정하면서, 행정범에 대해서는 법인의 범죄능력을 긍정하는 견해[31]이다. 행정범의 경우에 법인의 범죄능력을 인정할 수 있는 것은 행정범이 윤리적 색채가 약한 반면 합목적적·기술적 색채가 강하다는 특수성을 지니기 때문이라고 한다. 11

2) 양벌규정의 경우에만 긍정하는 견해 형법전의 범죄와 관련해서는 법인의 범죄능력이 부정되지만, 자연인과 법인을 함께 처벌하는 양벌규정이라는 '특별규정'에서 법인도 처벌의 대상으로 삼는 위반행위와 관련해서는 법인도 범죄능력을 가진다고 보는 견해[32]이다. 이 견해는 특히 형법 제8조에 따라 '다른 법령에 특별한 규정'이 있는 경우에는 그 다른 법령이 예외적으로 적용될 수 있으므로 예외법인 양벌규정에서는 법인의 범죄능력이 인정된다고 본다. 12

2. 판례의 태도

대법원은 법인의 범죄능력을 부인한다. 아래 판결에서 자연인만 (배임죄의) 범죄주체로 인정하고 있기 때문이다. 13

判 "형법 제355조 제2항의 배임죄에 있어서 타인의 사무를 처리할 의무의 주체가 법인이 되는 경우라도 법인은 다만 사법상의 의무주체가 될 뿐 범죄능력이 없는 것이며 그 타인의 사무는 법인을 대표하는 자 14

30) 김일수/서보학, 137면; 정성근/정준섭, 56면.
31) 유기천, 108면; 임웅, 81면.
32) 신동운, 97면; 오영근, §9/13.

연인인 대표기관의 의사결정에 따른 대표행위에 의하여 실현될 수밖에 없어 그 대표기관은 마땅히 법인이 타인에 대하여 부담하고 있는 의무내용 대로 사무를 처리할 임무가 있다 할 것이므로 법인이 처리할 의무를 지는 타인의 사무에 관하여는 법인이 배임죄의 주체가 될 수 없고 그 법인을 대표하여 사무를 처리하는 자연인인 대표기관이 바로 타인의 사무를 처리하는 자 즉 배임죄의 주체가 된다."[33]

15 위 판시에서 대법원은 법인의 범죄능력을 부정한다고 하면서도 형사처벌의 공백을 메우기 위한 심산에서 '사법상 의무있는 자'와 '타인의 사무처리자'를 분리하는 논리를 전개하고 있다. 즉 형법상 배임죄의 주체는 '타인의 사무를 처리할 의무있는 자'이지만, 그 의무자가 법인일 경우에는 예외적으로 사법상 의무있는 자가 아닌 법인을 대표하는 자연인인 대표기관이 배임죄의 주체가 된다고 하고 있는 것이다.

16 그러나 법인의 대표기관은 법인에 대해서만 '타인의 사무처리자'(신분주체)일 뿐, 배임죄의 피해 상대방에 대한 사무처리자(신분)는 여전히 법인이다. 신분범죄인 배임죄에 가담한 비신분자(대표기관)에게 배임죄의 성립을 인정하려면 양자 사이에 공범관계를 인정하는 전제하에서 형법 제33조의 적용을 통하든지 입법론적으로 독일형법 제14조와 같은 대리인 책임규정을 두어야 한다. 그렇지 않다면 적어도 배임죄의 경우에도 자연인 행위자와 법인을 모두 처벌할 수 있는 규범적 전제조건을 해석론을 통해서나 규명해내든가 입법적으로 마련해야 할 것으로 보인다.

3. 소결

17 법인의 범죄능력을 긍정하는 견해는 사법영역에서 발전된 법인실재설의 입장을 출발점으로 삼고 있을 뿐, 행위 또는 책임개념을 새롭게 구상하는 전제하에서 법인의 '행위'능력이나 '책임'능력을 근거지우고 있지는 않다. 특히 책임을 형벌적응능력으로 보는 태도는 범죄능력과 수형능력을 별개의 차원으로 분리할 수 없다는 차원에서 보면 수용하기 어렵다.[34] 만약 어떤 자가 범죄능력이 없는 자라면 행위능력 뿐 아니라 책임능력도 없는 자일텐데, 책임능력 없는 자에 대해서 '수형능력'만 인정하여 형벌을 부과하면 '책임 없이 형벌 없다'는 차원의 헌법상 책임원칙에 반하는 결과가 되고 말기 때문이다.

18 행정범의 경우에 한하여 법인이 범죄능력을 가진다는 견해 또는 양벌규정을 경유하여 특정한 위반행위에 국한하여 법인도 범죄능력을 가진다는 견해도 한계가 있다. 법률이 법인에 대한 형사책임을 인정하고 있음을 근거로 삼아 곧바로 법인의 행위능력과 책임능력을 인정하는 결론으로 귀결될 수는 없기 때문이다. 자연인 위반행위자가 어떤 범죄구성요건적 행위를 하느냐에 따라 법인을 능력자로 취급하기도 하고 무능력자로 취급하기도 태도도 이른바 이중적 법인본질론에 근거한 모순적 태도로서 수용하기 어렵다.

---

33) 대법원 1984.10.10. 82도2595 전원합의체.

34) 배종대, §46/3.

생각건대 자연인의 의식과 인식을 전제로 해서 행위개념이나 책임개념을 해석하는 전통적 형법이론에 따르는 한 법인에게 행위능력이나 책임능력을 긍정하는 것은 불가능한 일이다. 개념에 대한 자연주의적 존재론적 접근태도를 취하면 자연인과 법인은 본질적으로 다른 존재이기 때문이다. 이 때문에 현행법체계에서 법인의 범죄능력의 문제는 긍정설을 취하든 부정설을 취하든 가벌성의 전제조건을 자연인에 맞춰놓고 있는 형법의 태도와 '법인'에게도 가벌성을 인정하고 있는 양벌규정의 컨셉을 어떻게 조화시킬 것인지의 문제로 귀결된다. 19

Ⅲ. 형법전 체계와 양벌규정 체계의 조화

1. 이원 체계의 병존 방안

법인의 형사책임 인정여부와 관련하여 형법전 체계와 양벌규정의 체계가 각기 다른 입장을 취하고 있음은 법질서의 통일성(하나의 작동체계로서의 '법')의 관점에서 볼 때 치명적인 결함이다. 이러한 결함상태를 치유하여 양 체계의 조화로운 병존을 가능케 하는 방안으로는 세 가지를 생각해 볼 수 있다. 20

첫 번째 방안은 종래의 행위개념과 책임개념을 출발점으로 삼아 형법체계에서든 양벌규정체계에서든 법인은 자연인과 같은 동일한 의미로 행위능력을 가지지 못하는 존재임을 인정한다. 그러나 현행의 양벌규정에서 이미 행위 법인에게 형벌을 부과하고 있는 점을 고려하여 법인에게 타당할 행위개념을 자연인에게 타당한 행위개념과 다른 의미로 이해함으로써 법인에게 독자적 행위능력을 인정하는 방안이다. 21

두 번째 방안은 법인에게 형벌을 부과하기 위해 양벌규정 자체의 해석을 통해 법인에게 행위능력을 인정할 수 있는 독자적 행위개념(및 책임개념)을 구상하는 방법이다. 이 방법에 따르면 법인에게 타당한 독자적 행위개념은 자연인에게도 타당해야 하므로 통일된 행위개념(및 책임개념)이 만들어지는 셈이 된다. 이 때문에 이 방안에 따르면 양벌규정 체계와 형법 체계도 차별성이 없어지고, 따라서 법인은 형법전의 범죄행위와 관련해서도 자연인과 동일한 의미로 범죄능력(내지 범죄주체성)을 인정받을 수 있게 된다. 22

제3의 방안은 법인에게 형사책임을 지우기 위해 현행 형법이 요구하는 (자연인 맞춤형) 범죄성립요건을 초월하여 법인에게 고유한 (맞춤형) 범죄성립요건을 새롭게 개발하는 방법이다. 이 방안이 가능하다면, 자연인 인간이 행위주체가 되는 '자연인 형법'과 법인이 행위 주체가 되는 '법인 형법'이라는 명실상부한 이원적 형법체계가 만들어지게 될 것이다.[35] 23

형법이론학에서 법인 등 비인간 행위주체의 행위성을 개념적으로 정의내리고 있는 행위이론은 아직 없다. 자연인 뿐 아니라 법인도 행위주체로 포함할 수 있는 확장된 행위이론이 만들어져 행위개념이 재구성된다고 하더라도 법적용자가 이를 수용할 것 같지도 않다. 이 때문에 두 번째 방안은 실현가능성이 없다. 세 번째 방안도 두 개의 형법을 만들어야 하므로 24

---

35) 인간 주체를 전제로 한 형법체계와 병존하게 될 법인형법체계라는 구상은 법인이외의 다른 비인간(non-human)이 행위주체가 되는 형법(예, AI 형법 등)을 추가적으로 만드는 입법구상의 실마리를 열어 줄 수도 있다.

입법기술상의 난점을 극복하기 어렵다.

25 첫 번째 방안이 이미 오랫동안 작동되어 온 양벌규정체계를 인정하면서도 형법체계와도 모순도 피할 수 있는 가장 현실성이 있는 방안으로 보인다. 자연인의 행위와 법인의 행위에 공통된 통일적 행위개념이 아니라 법인에게 타당한 독자적 행위개념을 인정하는 방안이기 때문이다.

26 判 대법원과 헌법재판소도 기본적으로 법인은 자연인을 매개로 해서만 행위하고 있다고 단정하면서도,[36] 법인에게도 독자적 행위능력을 인정할 듯한 태세를 보여주고 있다. 이 점은 두 사법기관의 법정견해의 다음과 같은 판결내용에서 엿볼 수 있다. 즉 "법인 대표자의 법규위반 '행위'에 대한 법인의 책임은 '법인 자신'의 법규위반 '행위'로 평가될 수 있는 행위에 대한 법인의 직접 책임"이라는 판시부분이다. 이와 동시에 두 사법기관이 "법인의 의사결정구조 및 행위구조"[37]라는 표현까지 사용하고 있음도 법인의 독자적 행위주체성을 염두에 두고 있음을 시사한다.

2. 양벌규정 속의 법인의 행위능력: 형법적 개념에 대한 규범적 평가적 접근방법

27 자연인의 행위와 차별화되는 법인의 독자적 행위성을 인정하는 방안은 양벌규정이 자연인의 행위를 매개로 삼는 귀속컨셉에 기초된 입법모델에 기초되어 있음을 착안점으로 삼는다. 이에 따르면 양벌규정에서 '지시된' 위반행위와 관련하여 일정한 요건하에 법인에게 형벌을 부과하고 있는 요건을 법인의 행위를 인정하기 위한 '귀속'조건으로 이해할 수 있게 된다.

28 양벌규정의 귀속규범적 성격에 터잡아 법인의 독자적 행위능력 및 행위주체성을 인정할 수 있음을 체계와 환계(환경)의 구조적 연계에 관한 체계이론의 설명방식으로 변형하면 다음과 같이 말할 수 있다: 의식체계인 '자연인'과 사회적 커뮤니케이션 체계인 '법인'이 서로 연계되어 사회적 역할을 수행하는 점에 포착하여 법인의 행위의 작동방식을 법인의 구성원의 행위가 법인의 행위로 연계되고, 법인의 행위는 다시 그 구성원의 행위로 연계된다. 이에 따르면 법인의 '행위'는 구성원의 행위가 귀속되는 지점이 된다.

29 법인의 행위를 귀속지점으로서 이해하는 것은 행위개념에 대한 자연적(존재론적) 차원에서의 이해가 아니라 규범적 평가의 결과물로 이해되는 것임을 말해준다. 그러나 규범적 평가적으로 구성되는 법인의 '행위'(커뮤니케이션)는 순수 규범적 평가의 산물만은 아니다. 사회적으로 실재하는 법인이 의식체계인 자연인의 직접적 행위와 연계되어 작동하는, 역동적으로 창발되는 행위이다. 귀속지점으로서 사회적으로 '독자적 의미의 행위'를 하는 행위능력자(조직 행위자 내지 단체 행위자)로서의 법인의 행위주체성을 이렇게 근거지우게 되면, 법인은 자연인과 독립적으로 그리고 자연인과 같이 외부세계와 직접적인 접촉의 방식으로 행위하지 않

36) 헌법재판소 2013.6.27. 2012헌바371.
37) 헌법재판소 2010.7.29. 2009헌가25; 대법원 2010.9.30. 2009도3876.

는 존재로서 파악된다.

법인의 행위를 이렇게 파악하는 이 책의 입장은 기에르케(Otto von Gierke: 1841~1921)의 법인실재설에 입각하여 법인의 범죄능력을 긍정하고 있는 종래의 입장(즉 법인을 피와 살을 가진 단체인으로 파악하여, 법인을 구성원 개인의 의사와는 달리 자신의 의사에 기초하여 행위하는 존재로 파악하는 입장)과도 다르다. 그렇다고 해서 사비니(Friedrich Karl von Savigny: 1779~1861)의 법인의제설과 같이 법인(단체)을 순수 허구적 존재로 보는 입장을 취하는 것도 아니다. 이 책은 법인은 허구이면서도 동시에 실재하는 '단체인'으로 본다. 이 단체인은 그 단체의 구성원의 총합만도 아니고 그 구성원으로부터 분리된 유기체로서의 집단 그 자체도 아니다. 법인을 구성원의 총합만을 이해하면 방법론적 개인주의에 빠져 법인의 독자적 행위성을 인정할 수 없게 되고, 법인을 독립된 유기체로서의 집단 그 자체로 이해하면 전체주의 내지 집단주의적 사고에 따라 법인내의 개인의 역할을 무시하게 되기 때문이다. 30

이 책이 법인의 독자적 행위성을 근거지우는 방법으로서 전체주의와 개인주의를 모두 극복한 방법으로 평가되는 루만의 작동적 구성주의적 방법에 따르는 것도 바로 이 때문이다.[38] 이에 따르면 단체인(법인)의 행위는 구성원 개인의 행위와 단체인의 행위가 귀속메카니즘을 통해 순환적으로 결합되어 있고, 이러한 순환적 결합 속에서 그 구성원 개인의 행위가 사회적 체계로서의 법인(조직화된 단체)의 행위로 귀속된다고 말할 수 있다. 결국 법인의 독자적 행위는 사회적 실재성과 집단 구속성에 영향을 미치는 것은 그 법인의 커뮤니케이션적 '자기기술'이고, 법인의 독자적 행위능력은 '자기기술' 능력인 것이다. 31

양벌규정에 근거하여 특정한 위반행위에 대해서는 법인의 독자적 행위능력도 인정되고 그에 더하여 귀속컨셉에 따라 법인의 형사책임을 인정할 수 있다고 한다면, 법인은 형법의 범죄행위와 관련해서는 여전히 형사책임을 인정할 수 있는 길이 열리게 된다. 하지만 현행 형법에는 양벌규정과 같은 형식의 귀속규범적 총칙규정이 존재하지 않는다. 최근 양벌규정에 의해 처벌되는 위반행위의 면면들을 보면 형법전의 고전적 범죄행위와의 경계선이 점점 흐려지고 있음을 알 수 있다. 예컨대 다양한 이름의 법률속의 양벌규정에는 아동학대나 금품 수수 등과 같은 전통적 범죄행위도 법인 처벌로 연계되는 위반행위로 지시되어 있다. 이러한 성격의 양벌규정이 늘어가고 있음은 형법 체계속에 양벌규정의 규범컨셉이 들어와서 법인에게도 형법의 범죄행위능력이 인정될 수 있도록 해야 하는 이유를 말해준다.[39] 양벌규정의 규범컨셉과 형법이 따로 작동하고 있는 가장 대표적인 사례는 외국공무원에 대한 뇌물공여에 대한 현행법의 대응사례이다. 외국공무원에 대한 뇌물공여행위에 대해서는 법인을 처벌하는 양벌규정은 존재하는 반면, 국내 공무원에 대한 뇌물공여행위에 대해서는 법인처벌이 불가능한 문제적 규범상태는 입법적으로 해소되어야 한다.[40] 32

38) 이에 관해서는 김성돈, 『기업처벌과 미래의 형법』, 성균관대학교 출판부, 2017, 249면 이하.

39) 법인(기업)에게 행위능력과 책임능력을 인정하는 전제하에서 귀속규범의 형식으로 법인(기업)처벌을 위한 형벌법규를 형법전의 총칙규정에 편입시키는 방안에 관해서는 김성돈, "기업처벌법규의 형법전 편입방안-기업처벌법의 규범적 컨셉-", 형사법연구 제32권 제4호(2020), 5면 이하.

40) 「국제상거래에 있어서 외국공무원에 대한 뇌물방지법」 제4조(양벌규정) 참조.

제 2 절 양벌규정체계하에서의 법인의 형사책임인정 요건

> 제○조(양벌규정) 법인의 대표자, 법인 또는 개인의 대리인 사용인 기타 종업원이 그 법인 또는 개인의 업무에 관하여 ○○조의 위반행위를 한 때에는 행위자를 벌하는 외에 그 법인 또는 개인에 대하여도 각 해당 조항의 벌금형에 과한다. 다만 법인 또는 개인이 행위자의 위반행위를 방지하기 위하여 해당 업무에 관하여 상당한 주의와 감독을 게을리하지 아니한 때에는 그러하지 아니하다

> 제8조(총칙의 적용) 본법 총칙은 타법령에 정한 죄에 적용한다. 단, 그 법령에 특별한 규정이 있는 때에는 예외로 한다.

Ⅰ. 양벌규정의 귀속규범적 컨셉

1. 양벌규정의 의의

33 양벌규정이란 형벌법규를 직접 위반한 자연인(행위자)을 처벌할 뿐만 아니라 그 자연인과 일정한 관계를 맺고 있는 '법인'도 함께 처벌하는 형식의 규정을 말한다. 구체적으로 말하면 법인의 대표자나 대리인, 사용인 기타 종업원이 그 법인의 업무에 관하여 일정한 위반행위를 한 것을 전제로 삼아 직접적인 자연인 위반행위자를 벌하는 외에 '법인'에 대해서도 형벌을 과하는 특별법상의 규정을 지칭한다.

34 양벌규정에서 위반행위를 한 행위자는 법인 내 차지하는 역할 및 지위에 따라 두 가지로 분류되고 있다. 하나는 법인의 '대표자'이고, 다른 하나는 법인의 '대리인, 사용인 기타 종업원'(이하 기타 종업원 등이라 한다)이다. 또 양벌규정은 위반행위를 한 행위자가 대표자인 경우와는 달리, 기타 종업원 등인 경우 위반행위를 한 경우에는 개인 영업주에 대해서도 법인 영업주에 대한 형벌부과요건과 동일한 요건 하에서 그 개인 영업주에게 형사책임을 인정하고 있다. 이와 같이 자연인 행위자에 비해 완화된 형사책임인정 요건을 부과하고 있는 양벌규정이 조직화된 단체인 '법인' 영업주만 아니라 행위능력과 책임능력을 가진 개인 영업주까지 수범자로 인정하고 있음은 형법이론적으로 문제가 있을 뿐만 아니라 헌법의 평등원칙에 위반될 소지도 있다. 이에 관해서는 § 11/82 이하 참조.

2. 형법 제8조와 양벌규정의 관계

35 범죄능력 없는 법인에게 형사처벌의 요건을 규정하고 있는 양벌규정은 형법 제8조에서 형법총칙이 적용되는 다른 법령(형사특별법)의 범죄가 아니라 그 다른 법령 속에 있지만 예외적으로 총칙규정이 적용되지 않는 "특별한 규정"에 해당한다. 이 특별규정인 양벌규정이 적용되면, 형사책임이 인정되는 법인에게 총칙의 일반적 범죄성립요건이 적용되지 않는다. 따라서 법인은 '행위'능력과 '책임'능력이 없어도 양벌규정이 요구하는 별도의 요건을 충족

시키면 형벌이 부과될 수 있다.

법인에게 형벌부과 요건을 규정하고 있는 양벌규정은 그 위반행위들과 관련하여 법인의 형사책임을 인정하기 위한 일종의 플랫폼 규정의 역할을 한다. 형법전의 범죄행위에 적용되는 총칙규정이 자연인 행위자의 행위의 형사책임을 인정하기 위한 '범죄성립요건'에 관한 규정이듯이, 형법전 외의 타법령의 벌칙조항 속의 특정 위반행위에 적용되는 양벌규정은 '법인'에게 형사책임을 인정하기 위한 '특별한 요건'에 관한 규정이다. 36

3. 양벌규정의 귀속규범적 성격

(1) 귀속컨셉으로서의 양벌규정

법인을 처벌하기 위한 특별 요건을 설정하고 있는 양벌규정은 자연인 '행위'의 외적 행태(작위 또는 부작위)와 심리적 측면(고의 또는 과실)을 규율하는 행위규범적 성격을 가지고 있지 못하다. 양벌규정은 그 수범자인 법인이 자연인과 같은 내용의 '행위'를 할 수 없음을 전제로 하고 있기 때문이다. 즉 양벌규정은 직접적으로 행위를 할 수 없는 법인에게 형사책임을 지우기 위해 자연인의 위반행위를 매개로 법인도 일정한 형벌부과요건을 충족시킬 것을 요구하고 있을 뿐이다. 37

이와 같이 법인을 겨냥한 형벌부과요건은 형법전에서의 자연인을 겨냥한 형벌부과요건과 같이 '행위'를 전제로 한 '행위'규범 형식이 아니다. 자연인 인간의 행위 및 그 결과를 법인의 것으로 '귀속'시키는 것을 내용으로 하는 '귀속'규범 형식이라고 이해해야 한다. 양벌규정이 귀속컨셉에 기초하고 있는 것으로 이해하면 법인을 겨냥한 형벌부과요건들은 행위능력이 있어 직접적으로 행위를 한 행위주체에게 요구하는 것과 같은 차원의 '범죄성립요건'이 아니라 자연인 행위주체의 행위를 매개로 삼아 결국 법인에게 형사책임을 귀속시키려는 차원의 요건들이기 때문에 '귀속조건'으로 명명할 수 있다.[41] 38

형법이론상 '귀속'은 다양한 맥락에서 사용된다. 가장 일반적인 의미의 귀속은 어떤 행위를 한 행위자에게 형사책임을 지운다는 의미로 사용된다. 이에 따르면 형법의 모든 범죄성립요건에 관한 해석론을 귀속론이라고 부를 수 있다. 하지만 '귀속'이라는 용어는 법학과 철학의 경계지점에서 발전된 고전적 귀속이론으로부터 승계된 '귀속'의 차원을 넘어 다양한 맥락에서 사용된다. 여기서 말하는 귀속은 타자의 것을 어떤 책임주체에게 떠 넘김(zuschreiben) 내지 할당(attribution)이라는 의미로 사용한다. 39

(2) 공범규정 형식과의 비교

양벌규정이 귀속컨셉에 기초되어 있다고 평가할 때의 귀속은 형법총칙상 임의적 공범규정의 내용과 유사한 구조를 가진 것으로 이해할 수 있다. 공범규정(형법 제30조, 제31조, 제32조, 제34조)은 스스로 구성요건적 실행행위를 하지 않았음에도 불구하고 타인의 실행행위에 매개되어 또는 타인 40

41) 이러한 관점에서 이 책은 법인에게 요구되는 가벌성의 전제조건을 자연인에 대해 요구되는 범죄성립요건과의 '상응성'을 유지하려는 차원에서 필자가 종래 전개하였던 해석태도를 변경한다.

의 행위를 통하여 자신이 행위를 한 것으로 평가되어 일정한 형사책임을 인정하는 구조를 가지고 있는데, 양벌규정도 직접 행위를 수행한 자연인의 행위가 매개되어 법인에게 형사책임을 인정하는 구조를 취하고 있기 때문이다.

41 그러나 이러한 양벌규정의 귀속컨셉이 협의의 공범규정(형법 제31조와 제32조)의 해석상 도출되는 '공범종속의 형식'과 반드시 일치하는 것은 아니다. 임의적 공범규정들에서 실행행위자의 행위를 귀속받는 공범자들은 모두 '행위능력'이 인정되는 자연인을 전제로 하지만, 양벌규정 속의 '법인'은 자연인과 같은 의미차원의 행위능력자가 아니기 때문이다. 하지만 앞서 확인했듯이 귀속컨셉에 따르면 법인은 자연인과 같이 심리학적 의식을 전제한 '행위'(자연주의적 존재론적 접근법에서 파악된 행위개념)를 할 수는 없지만 작동적 구성주의적 방법에 따라 파악된 의미대로 라면 법인에게도 행위능력이 인정될 수 있다. 즉 조직내 구성원 개인의 행위와 순환적으로 결합되는 차원의 규범적 의미론적 차원의 '행위'(규범적 평가적 접근법에서 파악된 행위개념)는 할 수 있는 것이다.

Ⅱ. 양벌규정의 유형과 처벌근거론

1. 다양한 유형의 양벌규정의 표준화 작업

42 종래 양벌규정은 법인내 구성원의 위반행위에 대해서 위반 행위자와 함께 무조건 법인(사용인)까지 처벌하는 형식 등 다양한 형식을 취하고 있었다. 2007년 헌법재판소는 종업원의 위반행위 외에 추가적인 처벌근거 없이 '개인' 영업주를 처벌하고 있는 양벌규정이 헌법상의 책임원칙에 반하는 것임을 이유로 위헌결정을 내렸다.[42] 그 이후 헌법재판소는 '법인' 영업주에 대해서도 위와 같은 취지의 결정을 내림으로써 입법자가 법인처벌을 위해서 양벌규정 속에 법인에 대한 독자적인 처벌근거를 마련해야 할 계기를 만들었다.[43]

43 이에 따라 입법자는 모든 양벌규정 속에 법인에 대한 추가적·독자적 처벌근거를 요구하는 방향으로 양벌규정의 입법형식과 내용에 대한 대대적인 개정작업을 단행했다. 그 결과 법인에 대한 독자적인 처벌근거가 양벌규정의 단서조항에 다음과 같이 규정하는 방향으로 표준화되었다: "다만, 법인이 그 위반행위를 방지하기 위하여 해당 업무에 관하여 상

42) 헌법재판소 2007.11.29. 2005헌가10 전원재판부. "이 사건 법률조항이 종업원의 업무 관련 무면허의료행위가 있으면 이에 대해 영업주가 비난받을 만한 행위가 있었는지 여부와는 관계없이 자동적으로 영업주도 처벌하도록 규정하고 있고, 그 문언상 명백한 의미와 달리 "종업원의 범죄행위에 대해 영업주의 선임감독상의 과실(기타 영업주의 귀책사유)이 인정되는 경우"라는 요건을 추가하여 해석하는 것은 문리해석의 범위를 넘어서는 것으로서 허용될 수 없으므로, 결국 위 법률조항은 다른 사람의 범죄에 대해 그 책임 유무를 묻지 않고 형벌을 부과함으로써, 법정형에 나아가 판단할 것 없이, 형사법의 기본원리인 '책임없는 자에게 형벌을 부과할 수 없다'는 책임주의에 반한다.

43) 헌법재판소 2010.7.29. 2009헌가18.

당한 주의와 감독을 게을리하지 아니한 때에는 그러하지 아니하다."

2. 법인의 처벌근거에 관한 종래의 논의의 퇴색과 새로운 해석론

2007년 이후 양벌규정들에 대한 개정으로 법인의 독자적 처벌요건이 명시적으로 규정 44
됨에 따라 종래 다양한 유형의 양벌규정을 대상으로 삼아 전개되었던 법인처벌의 근거에 관한 해석론에도 새로운 전기가 생겼다. 즉 법인의 범죄능력 인정여부에 대한 입장 차이 및 양벌규정의 형식 및 내용상의 차이를 반영하여 전개되었던 학설[44] 및 판례[45]의 해석론은 의미가 없어지거나 퇴색되었다.

(1) 학설의 태도

표준화된 현행 양벌규정의 단서조항의 '법인의 상당한 주의 또는 감독의무위반'(이하 '의 45
무위반')이 법인의 처벌근거를 명문화한 것이라는 점에 대해서는 이견이 없다. 그 의무위반의 구체적 내용과 관련해서는 여전히 견해가 대립한다. 즉 이를 과실추정설을 규정한 것에 불과하다고 보는 견해, 과실책임설을 명문으로 도입한 것이라고 보아 법인의 '과실'불법에 대해 과실범의 성립을 인정하는 견해, 과실책임설을 인정하면서도 법인의 고의를 전제로 한 고의범 성립까지도 인정할 수 있다고 보는 견해, 고의책임을 포함시키기 위해 부작위감독책임설의 입장을 취하는 견해 등이 대립한다.

그러나 다양한 학설들이 전개되고 있지만, 법인의 의무위반을 과실로 보든 고의로 보든 46
도대체 행위능력이 부정되는 법인이 어떻게 고의 또는 과실행위를 할 수 있는 것인지 그 입법배경이나 이론적 근거에 관한 적극적으로 규명은 이루어지고 있지 않다.

(2) 판례의 태도

判 대법원과 헌법재판소는 위반행위의 자연인 주체가 누구이냐에 따라 양벌규정의 법인의 처벌근거에 47
관한 해석을 다르게 하고 있다. ① 먼저 위반행위의 자연인이 법인의 대표자인 경우(이하 '대표자등위반행위사례유형')는 – 이미 2007년 이전부터 – 법인은 그 기관인 대표자의 행위에 대해 직접 책임을 지는 것이고 따라서 대표자의 법인 업무관련적 요건만 충족되면, 단서조항의 요건인 법인의 의무위반을 별도로 요구하지 않고 법인에게 형사책임을 지울 수 있다고 해석한다.[46] ② 반면에 위반행위의 자연인이 종업원등인 경우(이하 '종업원등위반행위사례유형'), 법인 처벌을 위해서는 종업원등의 업무관련적 위반행위 외에 추가적으로 법인도 독자적 잘못(즉 단서조항의 요건인 법인의 의무위반)을 범할 것이 요구된다고 한다.

특히 대법원은 법인의 독자적 잘못인 법인의 '의무위반'을 법인의 '과실'로 이해하고 있는 것 같다.[47] 이 48

44) 무과실책임설(전가책임설), 과실책임설(감독과실책임설), 부작위감독책임설, 부작위감독책임·행위책임이원설 등이 대립하고 있었다.

45) 양벌규정의 유형 내지 규정내용에 충실하여 무과실책임설에 입각한 판결, 과실추정설 또는 과실책임설에 입각한 판결 등이 병존하고 있었다.

46) 대법원 2010.9.30. 2009도3876; 헌법재판소 2010.7.29. 2009헌가25.

47) 대법원 2018.7.12. 2015도464. "형벌의 자기책임원칙에 비추어 볼 때 산업기술의 유출방지 및 보호에 관한 법률 제38조의 양벌규정은 법인이 사용인 등에 의하여 위반행위가 발생한 그 업무와 관련하여 상당한 주의 또

뿐만 아니라 대법원은 법인의 형사처벌의 근거를 과실로 이해한다고 해서 법인에게 인정할 형사책임이 과실책임에 국한시키는 것도 아니다. 자연인 위반행위자(대표자이든 종업원 등이든)의 위반행위가 고의범인 경우 그 고의적 업무관련적 위반행위를 법인에게 귀속시키면 법인에게도 고의책임을 지우고 있기 때문이다.

(3) 결론

49 **1) 학설과 판례의 문제점과 한계** 2007년 이후 개정된 양벌규정에 의하면 무과실책임설이 설 땅은 전적으로 사라졌다고 할 수는 없다. 특히 판례의 입장과 같이 대표자 위반행위 사례(본문 조항의 해석론)와 관련해서는 여전히 무과실책임으로 인정할 여지가 있기 때문이다.

50 종업원등위반행위 사례(단서조항의 해석론)의 경우 법인에게 독자적 처벌근거를 명시적으로 규정하고 있는 단서조항을 과실추정설로 해석할 여지는 제거되었다. 명문의 규정없이 거증책임을 피고인인 법인에게 전환할 수 없는 이상 과실을 추정하는 태도는 '의심스러울 때에는 피고인의 이익으로'라는 원칙에 반하기 때문이다. 다른 한편 부작위감독책임설도 양벌규정의 법인처벌을 근거지우는 설명으로 한계가 있다. 단서조항의 '상당한 주의와 감독을 게을리 함'을 진정부작위범의 구성요건 형식으로 국한할 이유도 없기 때문이다.

51 判 법인의 독자적 잘못을 법인의 '과실책임'으로 해석하는 판례와 학설의 입장 역시 치명적 결함을 가지고 있어서 수용하기 어렵다. 동일한 법인이 형법전의 범죄행위와 결부될 때에는 행위능력 및 책임능력이 없어서 범죄능력이 없다고 하면서, 양벌규정의 위반행위와 결부될 때에는 (과실 및 고의) 행위능력이 있다고 이해할 수는 없기 때문이다. 동일한 법인에 대해 어떤 경우에는 행위능력을 인정하다가 어떤 경우에는 행위능력이 없다고 하는 것은 모순이기 때문이다. 이러한 모순을 제거하기 위한 방안은 '행위'개념에 대해 자연주의적 심리학적 차원의 접근을 넘어서서 규범적 평가적 접근을 하는 방법이다.

52 범죄성립요건의 주관적 구성요건요소인 과실이나 고의가 인정되기 위해서는 그 상위개념인 형법상 '행위'성이 인정되어야 한다. 물론 여기서 말하는 행위가 전(前) 구성요건적 의미의 행위이건 구성요건해당성이 인정되는 행위이건 문제되지 않는다. 그럼에도 무릇 '행위'로서의 '과실'행위 또는 '고의'행위가 인정되려면 구성요건에 해당하는 사실의 인식 또는 인식가능성, 또는 의욕이 인정되어야 하는데 이러한 요건은 모두 심리학적인 의미의 '의식'을 가진 주체만 충족할 수 있다. 그러나 이러한 전제하에서 형법전의 범죄행위와 결부될 때에는 법인에게 행위능력 및 책임능력이 없어서 '범죄능력'이 없다고 하면서, 예외적으로 양벌규정의 위반행위와 결부될 때에는 법인에게 과실 및 고의를 운운하는 것은 심각한 오해를 불러일으킬 수 있다. 어떤 규범위반과 관련하든지 '법인'은 동일한 법인이기 때문이다.

는 관리감독 의무를 게을리한 때에 한하여 적용된다. 이러한 양벌규정에 따라 법인은 위반행위가 발생한 그 업무와 관련하여 법인이 상당한 주의 또는 관리·감독 의무를 게을리한 '과실'로 인하여 처벌된다"(같은 취지: 대법원 2010.4.15. 2009도9624; 2010.12.9. 2010도12069 등).

2) 양벌규정 속의 법인의 행위에 대한 규범적 평가적 접근법 법인도 과실행위를 할 수 있다고 말하지 않고 양벌규정의 단서조항의 존재를 의미있게 만들려면 양벌규정의 문언들을 어떻게 해석해야 하는가? 양벌규정에서 법인의 처벌근거를 규정한 단서조항을 자연인을 겨냥한-의식을 전제로 하는 '행위'능력자인 자연인이 충족시키는-'범죄성립요건'과 동일한 차원으로 이해하지 않는 태도를 출발점으로 삼아야 한다. 양벌규정이 고의 또는 과실과 같은 일반적 범죄성립요건에 관한 총칙의 적용을 배제하는 특별규정으로서의 의의를 가진다는 시각에서 본다면, 법인에게 자연인과 같은 의미차원의 과실 또는 고의를 인정할 수 있다는 식으로 단서조항을 해석하는 오류를 범해서는 안 된다. 53

이러한 오류로부터 벗어나기 위해서는 행위능력 없는 법인을 겨냥하여 만든 법인의 독자적 처벌근거에 관한 단서규정에서 법인의 과실 또는 고의를 도출해내는 해석태도와 결별해야 한다. 이를 위해서는 법인의 '행위'를 행위능력 있는 자연인이 직접적으로 수행하는 행위, 즉 심리학적 차원의 의식이 수반된 '행위'로 이해하는 태도로부터 벗어나야 한다. 그 대신에 형법의 다른 모든 개념들의 경우와 같이 법인의 '행위'도 규범적 평가적 차원에서 접근해야 한다. 54

규범적 관점에서 보면, 법인의 행위는 자연인의 행위를 매개로 삼아 자연인의 행위가 귀속되는 '귀속'지점으로 이해될 수 있다. 이러한 이해에 따르면 법인도 자연인의 법인의 업무관련적 행위를 매개로 하여 귀속적 방법으로 법인의 독자적 '행위'를 하는 행위주체가 될 수 있게 된다. 즉 법인도-자연인의 행위를 매개로 한다는 점에서 간접적이긴 하지만-귀속의 방법으로 독자적 행위를 할 수 있고, 따라서 법인을 겨냥한 '상당한 주의와 감독을 게을리함'이라는 처벌근거는 법인의 범죄성립요건의 차원에서 해석할 것이 아니라 법인에게 형사책임을 귀속시키는 '귀속조건'으로 취급할 수 있게 된다. 55

비인간 존재에게 형사책임을 귀속시키는 귀속조건을 설정하는 것은 원칙적으로 입법자의 형성의 자유영역에 속한다. 그러나 아무리 귀속컨셉을 활용한다고 해서 입법자가 모든 비인간 존재에 대해 조건없이 형사책임을 인정할 수는 없다. 이 책에서 '귀속조건'으로 자리매김하고 있는 법인의 형사처벌요건을 규범화한 입법방식은 형법의 공범 관련 규정에서도 채택되고 있음은 앞서 살펴보았다. 특히 형법에서 귀속은 아무리 규범주의적 시각에 따르더라도 무제한적으로 허용될 수는 없다. 예컨대 인간의 행위를 동물의 행위로 귀속시킬 수는 없다. 행위귀속이 가능한 귀속지점으로 인정되려면 규범적인 관점에서 '행위'주체성이 인정될 수 있는 것으로 평가되어야 한다. 자연인이 일정한 목적에 의해 조직화된 단체인 '법인'은 자연인의 단순한 총합을 넘는 독자적 사회적 실체를 가진 기능체이면서도 그 조직 속의 자연인을 매개로 하여 작동되는 사회적 구성물이다. 이러한 관점에서 보면 법인의 행위는 법인의 기능을 수행하는 자연인의 행위를 매개로 삼아 그 자연인 개개인의 목적과는 다른 법인의 목적을 수행하는 일정한 독자적 '행위'를 수행하는 사회적 행위주체라고 평가할 수 있다. 여기서 말하는 평가적 행위 개념에 심리학적 존재론적 차원의 의식은 요구되지 않는다. 56

3) 양벌규정의 귀속컨셉과 귀속조건 자연인을 수범자로 하는 형법이 '행위'에 대한 57
반가치 판단('심리학적 의식을 가진 행위주체의 행위가 구성요건에 해당하고 위법하고 책임있는 행위일 것)을 전제로 삼아 형벌을 부과하는 규범형식('범죄성립요건'+'형벌')으로 되어 있는 것과는 달리, 법인을 수범자로 하는 양벌규정은 자연인의 행위를 매개로 삼아 그 행위를 법인에게 귀속시키는 방식으로 형벌을 부과하는 규범형식('귀속조건+형벌')으로 만들어져 있다.

58 양벌규정의 형식을 행위규범이 아니라 귀속규범으로 이해하는 태도를 전제로 하면 양벌규정을 통해 법인에게 고의책임 또는 과실책임을 지울 수 있다는 의미도 법인이 직접 고의 또는 과실행위를 직접 할 수 있는 것으로 오해해서는 안 된다. 사회적 체계의 일종으로 공식적으로 조직화된 단체인 법인은 심리체계인 자연인의 경우와 같이 고의 또는 과실행위에 대해 요구되는 '의식'을 가질 수 없기 때문이다.

59 양벌규정이 '일정한 행위의 금지와 요구'에 관한 규정이 아니라 직접적으로 행위를 수행하지 않은 법인에게 형사책임을 귀속시킬 수 있는 '귀속조건'으로 이해하는 관점에서 보면, 양벌규정의 단서조항 속의 법인의 '상당한 주의나 감독의무를 게을리함'을 법인의 '과실'로 이해하는 태도를 취해서는 안 된다. 법인은 어떤 경우에도 인간과 같이 고의행위 또는 과실행위를 스스로 수행할 수 없기 때문이다. 단서조항의 위 요건은 오히려 법인에게 형사책임을 귀속시킴에 있어 요구되는 법인의 잘못을 언어적 표현의 한계 때문에 – 자연인의 불법적 행위태도를 표현할 때 사용되는 '게을리함'이라는 언어를 차용함으로서 – '은유적'으로 표현하고 있는 것으로 이해해야 한다. 이러한 이해에 따르면 양벌규정의 귀속컨셉적 관점에서 말하면 단서조항의 '상당한 주의 또는 감독의무의 게을리함'은 법인에게 자연인의 고의행위 또는 과실행위를 법인에게 형사책임을 귀속시킬 수 있는 특별한 '귀속조건'의 하나로 파악해야 한다.

Ⅲ. 양벌규정의 해석과 법인에 대한 형벌부과요건(귀속조건)

60 법인처벌의 근거를 규정하고 있는 양벌규정이 귀속컨셉에 기초하고 있는 것이라면 양벌규정에 대한 해석론의 초점은 '귀속'조건에 맞추어져야 한다. 그 문장구조의 난해성 때문에 개선될 필요가 있는 양벌규정 형식에 따르면, 대표자가 위반행위를 하는 경우(양벌규정의 본문적용: 이하 '대표자위반행위 사례유형'이라 한다)와 종업원 등이 위반행위를 하는 경우(단서적용: 이하 '종업원등위반행위 사례유형'이라 한다)로 구분되어 각기 다른 귀속조건을 설정하고 있다고 분석된다. 두 가지 사례유형의 경우 귀속조건은 위반행위를 한 자연인(대표자, 또는 종업원등)에게 요구되는 조건(귀속조건 1)과 법인에게 요구되는 조건(귀속조건 2)으로 대별될 수 있다.

1. 본문적용사례: 대표자위반행위 사례유형

(1) 귀속조건 1: 자연인 위반행위와 관련한 요건

61 1) 대표자의 범위 위반행위를 한 법인의 '대표자'는 그 명칭 여하를 불문하고 당해 법인을 실질적으로 경영하면서 사실상 대표하고 있는 자를 의미한다.[48] 이와 같은 요건을

48) 대법원 1997.6.13. 96도1703.

충족시키는 한 그 직위 여하, 또는 대표자로 등기되었는지 여부를 불문한다.[49)]

2) 업무관련성 법인에게 형사책임이 귀속되기 위해서는 대표자의 위반행위가 법인의 '업무관련성'을 가지고 있어야 한다. 이 경우 업무관련성이 없으면 대표자의 위반행위가 법인에게 귀속될 수 없다. 위반행위의 업무관련성이 인정되기 위해서는 외부적(객관적으로) 법인의 업무관련적 행위가 존재하는 것만으로 충분하지 않고, 행위자가 내부적(주관적)으로도 법인의 업무를 위해 행위한다는 의사가 인정되어야 한다.[50)] 62

3) 대표자의 위반행위의 범죄성립 대표자의 위반행위가 법인에게 귀속되어 법인의 형사책임이 인정되기 위해서는 대표자의 위반행위가 범죄성립요건의 구성요건해당성, 위법성, 책임이라는 세 가지 범죄성립요건을 모두 갖추어야 한다. 대표자는 행위능력을 갖춘 자연인이므로 그 위반행위를 규정한 법률구성요건(벌칙조항)이 형법총칙의 적용을 배제하지 않기 때문이다. 63

(2) 귀속조건 2: 법인에 대한 요건

양벌규정의 본문조항은 대표자의 위반행위 관련한 요건 외에 법인에 대해 추가적으로 아무런 독자적인 요건을 요구하고 있지 않다. 이 점은 단서조항의 적용되는 종업원등위반행위사례유형의 경우 '종업원 등의 위반행위를 방지하기 위해 상당한 주의와 감독'을 게을리함이라는 법인의 독자적 잘못을 추가적으로 요구하고 있는 점과 중대한 차이가 있다. 64

(3) 본문의 입법적 이론적 배경

대표자위반행위사례유형의 경우 법인의 형사책임을 인정하기 위한 귀속조건(형벌부과요건)으로 대표자의 업무관련적 위반행위가 그 자체 범죄성립요건만 충족시키면 있으면 법인에게 독자적 잘못(단서조항의 요건)을 요구하고 있지 않는 것으로 해석할 수 있는 배경에는 양벌규정의 본문이 이른바 '동일시이론(Doctrine of Identification)'이 기초되어 있다고 할 수 있다. 법인의 기관의 행위는 법인의 행위로 의제된다는 귀속컨셉이 기초되어 있는 것으로 이해할 수도 있다. 65

'동일시 이론'에 의하면 법인의 대표자는 법인의 의사를 형성하고 대내외적으로 법인을 대표하는 것임을 근거로 삼아 대표자의 행위가 곧 법인의 행위가 된다. 이 이론에 기초하면 대표자의 불법뿐 아니라 책임까지도 법인에게 귀속된다. 66

하지만 형사책임에 있어서 행위귀속을 전제로 한 불법귀속은 가능하지만(공범종속형식 중 제한종속형식 참조), 책임귀속까지 인정할 수 있는지가 문제된다. 대법원과 헌법재판소는 이러한 경우 법인의 책임은 67

49) 대법원 2011.4.28. 2008다15438. "구체적인 사안에서 이러한 사람에 해당하는지는 법인과의 관계에서 그 지위와 역할, 법인의 사무 집행 절차와 방법, 대내적·대외적 명칭을 비롯하여 법인 내부자와 거래 상대방에게 법인의 대표행위로 인식되는지 여부, 공부상 대표자와의 관계 및 공부상 대표자가 법인의 사무를 집행하는지 여부 등 제반 사정을 종합적으로 고려하여 판단하여야 한다. 그리고 이러한 법리는 주택조합과 같은 비법인 사단에도 마찬가지로 적용된다."

50) 대법원 1997.2.14. 96도2699; 2006.6.15. 2004도1639.

법인의 '직접책임(=자기책임)'이라고 하면서 법인에게 독자적 잘못을 요구하지 않는 것으로 해석하더라도 책임원칙에 반하지 않는다는 태도[51]로 일관하고 있다.[52] 생각건대 '귀속'컨셉의 전제하에서 보면 매개자인 대표자의 행위를 법인에게 귀속시킬 경우 법인과 대표자 사이의 내적인 연결고리를 자연적으로 관찰하지 않고 그 연결고리를 '규범적' 평가적 관점에서 볼 때 양 주체의 행위간에 연결고리를 인정할 수 있다. 따라서 책임귀속까지 인정하더라도 반드시 책임원칙에 위배된다고는 할 수 없을 것으로 보인다.

2. 단서적용사례: 종업원등위반행위 사례유형

(1) 귀속조건1: 위반행위자에 대한 요건

68 1) 종업원 등의 범위 법인의 '대리인'은 독립적인 관계에서 위임을 받은 대리인이 아니라 예컨대 상사지배인과 같이 종업원의 신분을 가지고 있는 자를 의미[53]한다.[54] 법인의 '사용인'에는 법인과 정식 고용계약이 체결되어 근무하는 자뿐만 아니라 그 법인의 업무를 직접 또는 간접으로 수행하면서 법인의 통제·감독 하에 있는 자도 포함된다.[55] '기타 종업원'은 영업주의 사업경영 과정에 있어서 직접 또는 간접으로 영업주의 감독통제 아래 그 사업에 종사하는 자를 일컫는다.[56] 영업주 스스로 고용한 자가 아니고 타인의 고용인으로서 타인으로부터 보수를 받고 있다 하더라도 객관적 외형상으로 영업주의 업무를 처리하고 영업주의 종업원을 통하여 간접적으로 감독통제를 받는 자라면 종업원에 포함된다.[57] 영업주의 피용자가 자기의 업무보조자로서 사용하고 있는 자도 종업원이 된다.

69 **例 종업원 등에 관한 판례:** ① '건설기계 대여업을 공동경영하기로 하여 연명으로 신고하고 그 중 1인을 대표자로 한 경우 그와 같은 연명신고를 위한 관리계약을 체결하였다는 사유만으로 그 대표자와 구성원

---

51) 대법원 2010.9.30. 2009도3876. "법인은 기관을 통하여 행위하므로 법인이 대표자를 선임한 이상 그의 행위로 인한 법률효과는 법인에게 귀속되어야 하고, 법인 대표자의 범죄행위에 대하여는 법인 자신이 책임을 져야 하는바, 법인 대표자의 법규위반행위에 대한 법인의 책임은 법인 자신의 법규위반행위로 평가될 수 있는 행위에 대한 법인의 직접책임으로서, 대표자의 고의에 의한 위반행위에 대하여는 법인 자신의 고의에 의한 책임을, 대표자의 과실에 의한 위반행위에 대하여는 법인 자신의 과실에 의한 책임을 지는 것이다(헌법재판소 2010.7.29. 2009헌가25 참조)."

52) 다수의견에 반대하여 책임원칙에 반한다는 주장내용에 관해서는 헌법재판소 2011.10.25. 2010헌바307 반대의견 참조. "다수의견에서는 대표자의 범죄행위를 법인의 범죄행위로 간주하고 있으나, (중략) 대표자의 행위를 법인의 행위와 동일시한다면 이는 오히려 피해자인 법인에게 불법행위책임을 묻는 부당한 결과를 낳게 된다. 또한 대표자 개인의 고의에 의한 불법행위에 대하여 법인 자신의 고의에 의한 책임을 지우는 것은, 고의범죄에 대한 법인의 범죄능력을 당연히 인정하는 것이 된다. 결국 이 사건 법률조항 중 대표자 관련 부분은 비난받을 만한 행위를 하였는지 여부를 묻지 않고 무조건 다른 사람의 범죄행위를 이유로 처벌하는 것으로서 형벌에 관한 책임주의에 반한다."

53) 김우진, "행정형벌법규와 양벌규정", 형사판례연구(6), 1998, 392면.

54) 따라서 예컨대 "법 제93조, 제92조 제9호에 의하여 처벌대상이 되는 대리인은 영업주인 자동차 대여사업자의 업무를 위하여 한다는 의사를 가지고 자동차 대여사업자를 대리 또는 대행하여 자동차 대여계약을 체결하는 행위를 한 자를 말하므로, 여행업자가 자신의 영업을 위하여 자동차 대여계약을 중개 또는 알선함에 그친 경우에는 이에 해당한다고 볼 수 없다"(대법원 2014.6.12. 2012도15084).

55) 대법원 2006.2.24. 2003도4966; 2009.4.23. 2008도1192.

56) 대법원 1993.5.14. 93도344.

57) 대법원 1987.11.10. 87도1213.

사이에 당연히 도로법상 양벌규정이 적용되는 법인과 대리인·사용인 기타의 종업원 관계에 있다고 할 수는 없다'고 한다(대법원 2001.6.15. 2001도1339). 반면에 대법원은 ② 'A중기회사의 대표이사인 甲이 자신소유의 중기에 대해서 A법인과는 무관한 乙에게 일체의 관리를 위임했는바, 乙이 건설기계관리법 소정의 위반행위를 한 경우, 건설기계관리법위반죄로 처벌할 수 있는 자는 직접 행위자인 乙과 乙을 고용한 업무주인 중기소유자 甲일 뿐 甲을 사용인으로 하는 A법인은 양벌규정을 이유로 처벌될 수 없다. 직접행위자인 乙은 A법인의 종업원이 아니기 때문이다'(대법원 2000.5.26. 99도1257). ③ '지입차주가 고용한 운전자가 과적운행으로 구 도로법을 위반한 경우, 지입차주는 구 도로법 제86조에 정한 '대리인·사용인 기타의 종업원'의 지위에 있을 뿐이고 지입차량의 소유자이자 대외적인 경제주체는 지입회사이므로, 지입회사가 구 도로법상 사용자로서의 형사책임을 부담한다'(대법원 2009.9.24. 2009도5302).

2) 업무관련성 법인에게 형사책임이 귀속되기 위해서는 종업원등의 위반행위가 법인의 '업무관련성'을 가지고 있어야 한다. 위반행위의 업무관련성이 인정되기 위해서는 외부적(객관적으로) 법인의 업무관련적 행위가 존재하는 것만으로 충분하지 않고, 행위자가 내부적(주관적)으로도 법인의 업무를 위해 행위한다는 의사가 인정되어야 한다는 점에 관해서는 대표자 위반행위의 경우와 동일하다. 70

3) 위반행위의 범죄성립요건의 충족 여부 종업원 등의 위반행위가 형법적으로 어느 정도의 질적 요건을 갖추어야 할 것인지와 관련하여 해석상 논란이 될 수 있다. 이에 관해서는 학설상 정면으로 다루어지고 있지 않다. 대표자위반행위사례유형의 경우와 마찬가지로 종업원등은 행위능력 있는 자연인이므로 그 위반행위에 대해서는 총칙적용이 배제되지 않고 따라서 범죄성립요건을 모두 충족된다고 해석해야 할 것처럼 보인다. 그러나 양벌규정은 단서조항에서 종업원 등이 위반행위를 한 경우는 법인을 처벌하기 위해 법인에 대해 독자적인 처벌요건을 요구하고 있다. 따라서 귀속의 법리상 종업원등 자연인 위반행위자의 위반행위가 범죄성립요건을 모두 충족시킬 필요가 없고 적어도 위법성까지 인정되면 족한 것으로 해석하는 것이 타당하다(이 점에 관해서는 양벌규정의 '규범적 성격' 부분 참조). 71

判 대법원도 일찍부터 양벌규정의 해석상 법인(또는 개인영업주)처벌을 위해 반드시 종업원이 구성요건해당성까지도 인정될 필요가 없다는 입장을 표명했다.[58] 하지만 이러한 대법원의 입장은 종업원 등의 위반행위의 범죄성립요건 중 위법성조각사유나 책임조각사유 등과 같은 일반적 범죄성립요건의 충족 여부가 쟁점이 된 사례에서 나온 입장 표명은 아닌 것으로 보인다. 오히려 양벌규정을 포함하고 있는 법률속의 벌칙조항의 입법상 흠결 치유라는 전혀 다른 차원의 쟁점을 해결하는 과정에서 표명된 입장이다. 즉 양벌규정을 포함하고 있는 법률속에 '벌칙조항'에서 그 위반행위의 주체가 업무주 등 일정한 신분을 요하는 것으로 못박고 있는 경우, 자연인 위반행위자인 종업원이 그러한 신분적 지위가 없어 처벌되지 않는 문제가 생긴다(즉 주체적 지위요건의 결격으로 구성요건해당성 탈락!). 이러한 처벌의 흠결을 메우기 위해 대법원은 '양벌규정'의 존재의의 내지 입법취지를 확장하는 우회적 방법으로 그 돌파구를 찾고 있다. 이에 따라 대법원은 72

58) 대법원 1987.11.10. 87도1213. "양벌규정에 의한 영업주의 처벌은 금지위반행위자인 종업원의 처벌에 종속하는 것이 아니라 독립하여 그 자신의 종업원에 대한 선임감독상의 과실로 인하여 처벌되는 것이므로 영업주의 위 과실책임을 묻는 경우 금지위반행위자인 종업원에게 구성요건상의 자격이 없다고 하더라도 영업주의 범죄성립에는 아무런 지장이 없다."

벌칙조항상 범죄성립요건을 충족할 수 없는 직접적 실행행위자 처벌 근거를 양벌규정 속에 있는 "행위자를 벌하는 외에"라는 문구에서 찾는다. 이러한 방식으로 실행행위를 직접한 자연인 행위자 처벌을 근거지운 후 그에 따라 다시 '법인'의 형사책임까지 인정하고 있는 것이다(이에 관해서는 양벌규정의 수범자 확대기능 참조).

(2) 귀속조건2: 법인에 대한 요건

73 종업원등위반행위사례유형의 경우는 단서조항에서 요구되는 요건인 '법인의 상당한 주의와 감독의무위반'이라는 요건이 충족되어야 한다는 점에서는 앞서 살펴보았다. 이 단서조항에서 요구하는 법인의 독자적 처벌요건은 법인에게 형사책임을 귀속조건에 불과한 것으로 해석하는 관점에서 볼 때 이 귀속조건을 행위능력 없는 법인의 고의나 과실로 이해할 수는 없다는 점도 앞서 살펴보았다.

74 判 대법원은 이 요건의 해석에서 법인이 "과실로 인하여 처벌"된다고 하고 있을 뿐 아니라 다수의 사례에서 이 요건을 해석적용함에 있어 언제나 이른바 '종합적 판단'에 따르고 있어 그 결론을 예측하기 어렵다.[59] 대법원이 내세우고 있는 종합판단의 기준들은 '자연인의 위반행위와 관련된 기준'들과 '법인 자체의 잘못과 관련된 기준'으로 대별될 수 있다. 전자와 관련한 기준들은 위반행위를 규정한 벌칙조항의 객관적 요소(입법취지, 법익침해의 정도, 위반행위의 구체적 모습. 피해 또는 결과의 정도)가 주를 이루고 있고 '법인의 과실과의 관련성을 찾아보기 어렵다. 법인 자체의 잘못(내지 과실)과 관련된 요소로서 '감독가능성, 지휘·감독관계, 위반행위방지를 위해 실제 행한 조치' 등을 제시하고 있다. 이 중에 준법감시제도(compliance program)[60]와 관련되는 마지막 요건을 제외하고는 실제로 '법인'이 행하는 조치들이 아니고, 법인의 실무를 담당하는 기관이나 의사결정에 관여하는 경영책임자의 업무와 관련된 요소들이다.

75 이러한 관점에서 보면 단서조항의 주체를 차라리 '법인'으로 하기 보다는 대표자 또는 경영책임자로 바꾸는 입법론적 해결방안이 더욱 현실적일 수 있다. 그 종업원 등의 법인업무와 관련한 위반행위를 방지하는데 상당한 주의와 감독의 현실적 주체를 대표자나 경영책임자로 바꾸면, 이 주체의 주의와 감독의무위반을 근거로 삼으면 앞서 언급한 동일시이론에 따라 이들의 행위를 법인의 행위로 귀속시킬 수 있기 때문이다.

(3) 단서조항의 입법적 이론적 배경

76 단서조항에서 법인의 형사책임을 귀속하기 위한 귀속조건(형벌부과요건)으로 종업원등의 업무관련적 위반행위 외에 법인에게 독자적 잘못을 요구하고 있는 태도의 배경에는 '독자적 조직책임이론(Die Lehre von der orginäre Organisationsverschulden)'이 기초되어 있는 것으로

---

59) 대법원 2010.4.15. 2009도9624. "구체적 사안에서 (지입회사인) 법인이 상당한 주의 또는 관리감독 의무를 게을리하였는지 여부는 당해 위반행위와 관련된 모든 사정, 즉 당해 법률의 입법취지, 처벌조항 위반으로 예상되는 법익 침해의 정도, 그 위반행위에 관하여 양벌규정을 마련한 취지는 물론 위반행위의 구체적인 모습, 그로 인하여 야기된 실제 피해 결과와 피해의 정도, 법인의 영업 규모 및 행위자에 대한 감독가능성 또는 구체적인 지휘감독 관계, 법인이 위반행위 방지를 위하여 실제 행한 조치 등을 종합하여 판단하여야 한다."

60) 최근 논란되고 있는 법인내 준법감시제도(compliance program)와 양벌규정의 단서조항의 관계에 관해서는 김성돈, "기업형법과 양벌규정의 도그마틱 : 양벌규정상의 법인에 대한 형벌부과 요건을 중심으로", 형사정책연구 제27권 제2호(2016), 156면 이하.

평가될 수 있다. 독자적 조직책임이론은 종래의 사용자책임이론과는 달리 종업원의 잘못 외에 조직체인 법인에게도 독자적인 잘못이 있을 것을 근거로 해서만 형사책임을 질 것을 요구하는 이론이다. 양벌규정에 대해 '책임주의원칙'과 조화를 이루게 된 것이라는 평가가 가능하게 된 것도 이 이론에 기초하여 법인의 독자적 처벌근거를 단서조항에 규정하게 된 것 때문이라고 할 수 있다. 그러나 이 이론에 따르더라도 자연인에게만 인정되는 '책임'능력을 법인에게도 인정할 수 있는지, 만약 없다면 법인에 대해 형벌을 부과하는 양벌규정이 '책임 없으면 형벌 없다는 의미의 책임원칙'과는 어떻게 조화될 수 있는지는 여전히 논란이 될 수 있다.

2007년 이후 개정된 양벌규정의 법인처벌근거(특히 단서조항)에 대해 헌법재판소와 대법원, 그리고 학자들은 양벌규정과 책임원칙과의 불화가 해소된 것으로 평가하고 있다. 그러나 자세히 살펴보면 법인에게 독자적 처벌근거를 규정하고 있더라도 형벌근거책임을 전제로 하는 – 인간의 존엄성에 기초한 – 책임주의와의 부조화를 해소하는 것이 아니라, 타인의 잘못을 근거로 하지 않고 스스로 잘못을 한 자에 대해서만 형사책임을 인정한다는 의미의 – 법치국가원칙에서 도출되는 – 책임원칙(자기책임원칙)과 부합하는 수준에 불과하다.[61] 무엇보다도 귀속컨셉에 따라 행위능력의 문제는 해결할 수는 있지만, 책임비난을 '법과 불법에 관한 통찰능력을 가지고 자유로운 행위선택을 할 수 있음'을 출발점으로 삼고 있는 전통적 책임개념의 관점에서 볼 때 법인에게 이러한 의미의 '책임'을 근거지우기 어렵기 때문이다. 독자적 조직책임이론이 타당하려면 행위개념 뿐 아니라 책임 개념도 전통적 개념에 전제되어 있는 형이상학적 '인간상'을 벗어나서 규범적인 관점에서 재구성할 것이 요구된다. 다른 한편 헌법상 인간의 존엄성에서 도출되는 차원의 책임주의원칙과의 조화문제를 전적으로 해소시키지 못하고 있다고 평가하는 태도 중 일부는 법인에 대한 법효과로서 책임을 전제로 하는 형벌보다는 책임 없이도 부과될 수 있는 보안처분이나 행정질서벌인 과태료가 타당하다는 태도를 견지하기도 한다. 법인에 대해 '형벌'을 부과하는 방안이 벌칙조항의 실효성 확보나 법인에 의한 사회적 폐해를 예방하는데 반드시 효과적이지만은 않다는 비판도 있다. 이러한 비효율성은 예컨대 형벌은 일신전속적이므로 양벌규정에 의해 처벌될 회사가 합병된 경우에는 합병회사에 대해서는 형사책임을 지울 수 없게 된다는 점에서도 드러난다. 대법원도 같은 태도이다. 이에 관해서는 후술한다. 77

3. 법인의 형사책임과 귀속조건 요약

자연인의 위반행위를 매개로 삼아 법인의 형사책임을 귀속하고 있는 양벌규정의 귀속컨셉은, 자연인의 업무관련적 위반행위와 법인 자체의 독자적 잘못을 별개의 귀속조건으로 인정하고 있다. 이와 같이 법인의 형사책임을 귀속컨셉으로 규범화할 수밖에 없는 이유는 법인이 행위도 할 수 없고, 책임질 수 있는 능력도 없는 법인의 본질 때문이다. 아래의 표는 법인의 형사책임을 인정하기 위한 귀속조건과 그 귀속을 위한 이론적 배경이다. 78

---

61) 책임원칙의 두 가지 측면과 양벌규정과의 관계에 관해서는 김성돈, "양벌규정과 책임주의원칙의 재조명", 형사법연구 제27권 제3호(2015), 123면 이하.

79

대표자 위반행위 사례유형	대표자등에게 요구되는 요건	법인(기업)에게 요구되는 요건	배경이론
귀속조건	ⓐ 위반행위가 기업의 업무관련성을 가질 것 ⓑ 위반행위의 범죄성립요건 충족(이견없음)	×	동일시 이론 (또는 법인실재설)

종업원 위반행위 사례유형	종업원 등에게 요구되는 요건	법인(기업)에게 요구되는 요건	배경이론
귀속조건	ⓐ 위반행위가 기업의 업무관련성을 가질 것 ⓑ 위반행위의 범죄성립요건 충족(해석상 논란)	ⓒ 기업이 위반행위를 방지할 상당한 주의와 감독을 게을리 하지 아니할 것(해석상 논란)	독자적 조직책임이론

80 위 도표에 따르면 ① 대표자 등이 위반행위를 한 경우에는 ⓐ와 ⓑ(대표자 등의 위반행위에 관련된 요건)라는 귀속조건을 충족시키면 법인에게 형사책임이 귀속되고, ② 종업원 등이 위반행위를 한 경우에는 ⓐ와 ⓑ(종업원등의 위반행위와 관련된 요건) 외에도 ⓒ(법인 자체에 대해 요구되는 요건)라는 귀속조건을 충족시켜야 법인에게 형사책임이 귀속된다.

Ⅳ. 양벌규정의 귀속컨셉과 법적 성격(☆)

1. 종속적 귀속컨셉(종속모델)

81 양벌규정의 해석상 대표자위반행위사례유형의 경우 대표자의 위반행위가 범죄성립요건(구성요건해당성/위법성/책임)을 모두 충족시켜야 법인에게 형사책임이 귀속적으로 인정된다. 이 점은 법인의 형사책임이 위반행위의 범죄성립요건에 전적으로 '종속'되는 것임을 의미한다. 이 점을 정범과 공범간의 관계에 빗대어 말하면 양벌규정의 본문은 '극단종속형식적' 귀속컨셉에 기초하고 있다고 말할 수 있다.

82 다른 한편 종업원등위반행위사례유형의 경우－견해가 대립하거나 분명하지 않지만－법인에게 책임귀속이 인정되려면 위반행위가 적어도 범죄성립요건 가운데 위법성까지는 인정되어야 할 것이 요구된다. 이 점을 정범과 공범간의 관계에 빗대어 말하면 양벌규정의 단서조항은 '제한종속형식적' 귀속컨셉에 기초하고 있다고 말할 수 있다.

83 어느 경우든 자연인의 위반행위가 일정한 실체요건을 충족시켜야만 거기에 종속하여 법인의 형사책임을 귀속시킬 수 있음에는 차이가 없다. 요컨대 양벌규정은 종속적 귀속컨셉을 기초로 하는 특수한 규범형식이라고 말할 수 있다. 법인처벌을 위한 입법모델을 구분하는 분류법에 따르면 양벌규정은 자연인의 위반행위와 무관하게 법인의 독자적 잘못에만 기초하여 법인의 형사책임을 인정하는 것이 아니므로 '독립모델'에 입각한 것이 아니라 '종속모델'에 따라 입법화된 것이라고 볼 수 있다.

2. 법적 성격

(1) 귀속 규범적 성격 vs. 구성요건창설 규범적 성격

이와 같은 관점에서 보면, 그 규정의 형식상 '대표자등의 위반행위를 전제로 하는 부분'(본문)이 84
든, '종업원등의 위반행위를 전제로 하는 부분'(단서)이든 자연인의 위반행위가 법인에게 종속적으로 귀속되는 점에서는 공통되고, 귀속의 틀 안에서 종속의 정도만 위반행위의 주체별로 달라지는 것으로 이해하게 된다(양벌규정의 귀속규범적 성격).

반면에－대법원과 일부 학설의 태도와 같이－만약 단서조항의 '법인의 상당한 주의와 감독의무위 85
반'을 '과실'로 이해한다면, 양벌규정은 단서와 본문의 경우 각기 다른 법적 성격을 가진 것으로 이해하게 된다. 즉 단서조항을 자연인 위반행위의 불법내용과 독립된 법인의 독자적 불법에 관한 규정으로 이해하는 전제하에서 보면－종업원등이 고의불법을 범하였더라도－법인에게는 과실불법만 인정된다. 이에 따르면 '종업원등의 위반행위를 전제로 하는 부분'인 단서조항은 '구성요건창설 규범적 성격'을 가지게 되고, '대표자등의 위반행위를 전제로 하는 부분'인 본문만 귀속규범적 성격을 유지하게 된다.

그러나 앞서 살펴보았듯이 양벌규정상의 '상당한 주의 또는 감독의무위반'을 법인의 과실로 해석 86
할 수는 없다. 이 뿐만 아니라 단서조항의 적용상 법인에 대한 형사책임을 과실범으로 파악한다면, 고의범에 해당하는 종업원의 위반행위의 법정형과 법인에 대한 법정형을 동일하게 규정하고 있는 양벌규정의 태도와도 조화롭게 설명하기 어렵다. 이 때문에 오히려 양벌규정은 법인처벌을 종업원의 위반행위의 불법에 종속시키면서도 여기에 법인 자신의 독자적 잘못을 추가하여 법인의 형사책임을 귀속시키는 것으로 이해해야 한다. 이에 따르면 양벌규정은－대표자가 위반행위를 한 경우 뿐 아니라－종업원등이 위반행위를 한 경우에도 자연인의 위반행위의 불법을 법인의 불법으로 귀속시키는 귀속규범으로 이해해야 할 것이다.[62)]

(2) 양벌규정의 법적 성격의 형법도그마틱적 의의

양벌규정의 법적 성격은 순수 이론적 차원의 관심사일 뿐 아니라 양벌규정의 해석과 적용에 중대 87
한 의의가 있다. 2007년 헌법재판소의 결정이후 양벌규정의 법적 성격 규명이 중대한 쟁점으로 떠오르고 있지만, 형법이론학에서는 이에 관한 문제제기조차 없다.

1) 귀속 규범적 성격설　　양벌규정의 성격을 귀속규범적 성격을 가진 것으로 파악하면 법인의 88
형사책임인정을 위한 실체법적 요건과 절차법적 요건이 모두 자연인의 위반행위를 기준으로 결정된다. 법인이 범한 불법이 자연인의 위반행위의 불법과 구성요건적으로 동일한 것이기 때문이다.

이에 따르면 자연인의 위반행위에 대한 공소시효가 법인에 대해 인정될 공소시효가 되고, 자연인 89

---

62) 단, 대표자위반행위사례유형과 종업원등위반행위사례유형의 경우가 다 같이 종속모델에 입각하고 있으면서도 그 종속의 '정도'를 각각 달리하고 있듯이, 양자가 모두 귀속규범으로서의 양벌규정 속에 규율되고 있지만 그 귀속범위가 각각 다르다. 전자의 경우는 책임귀속까지 인정되고 후자의 경우는 불법귀속만 인정된다.

에 대한 위반행위가 친고죄에 해당하면, 법인에 대해 적용될 구성요건도 친고죄에 해당하게 되어 전자에 대한 고소가 있으면 후자에 대한 고소는 별도로 제기되지 않아도 무방하다. 기수시기도 자연인의 위반행위가 기수이냐 미수이냐가 결정된다. 무엇보다도 법인에 대해 적용될 법정형도 자연인의 위반행위의 법정형과 동일한 것이 된다. 이는 양벌규정의 입법모델상 종속모델과 결부될 수 있고, 철저하게 개인형법의 도그마틱을 기초로 법인처벌을 인정하는 태도의 반영이라고 할 수 있다.

90 2) 구성요건창설 규범적 성격설 양벌규정을 구성요건창설규범으로 파악하면 법인의 형사책임을 인정하기 위한 실체법적 요건과 절차법적 요건은 양벌규정이 자체적으로 규정하고 있는 법인에 대한 처벌근거를 기준으로 결정된다. 위반행위의 불법과 법인의 불법이 구성요건적으로 일치하지 않기 때문이고, 자연인의 위반행위는 법인처벌을 위한 단순한 결과 또는 객관적 처벌조건에 불과하기 때문이다.

91 이에 따르면 기수와 미수의 구별, 공소시효기간, 친고죄여부 등을 자연인의 위반행위를 기준으로 삼는 것이 아니라 양벌규정을 통해 새롭게 만들어져 법인에 대해 적용될 새로운 구성요건을 기준으로 삼게 된다. 특히 양벌규정상의 법인에 대한 추가적 처벌근거를 과실로 보게 되면—종업원등위반행위사례유형의 경우—종업원의 위반행위가 고의범이라고 하더라도 법인에 대해 과실범의 형사책임을 지우게 된다는 결론이 되고, 이에 따르면 양벌규정은 법인에 대해 적용될 '과실범'의 구성요건을 창설하는 근거규범으로서 '종업원의 위반행위'를 '구성요건적 결과' 내지 '객관적 처벌조건'으로 취급하게 된다. 이러한 해석태도는 양벌규정이 독립모델에 입각하여 법인에게 형사책임을 지우고 있는 것으로 보는 시각에서 주장될 수 있다. 독립모델은 법인처벌을 형법의 도그마틱으로부터 분리시켜 단체형법 고유의 법이론을 발전시키고 이를 입법의 기초로 삼을 수 있게 해 준다.

Ⅴ. 양벌규정의 수범자와 적용범위

1. 양벌규정의 수범자

(1) 수범자의 본질적 이질성: '법인' 영업주와 '개인' 영업주

92 양벌규정은 자연인의 행위에 대해 형사책임을 인정하기 위한 법적 근거규정이 아니라 자연인의 위반행위를 근거로 삼아 귀속의 방식으로 귀속조건에 근거하여 법인에게 형사책임을 지운다. 이러한 기능을 하는 양벌규정은 비자연인인 '법인'외에 '개인'도 수범자로 규정하고 있다. 양벌규정 속에 법인과 나란히 수범자로 규정되어 있는 '개인'은 법인화되어 있지 않는 영업장 또는 사업체를 운영하는 영업주로서 '자연인'에 해당한다.

93 문제는 총칙적용을 배제하는 양벌규정의 수범자로 되어 있는 개인 영업주는 비자연인인 법인과는 달리 자연인으로서 총칙에서 요구하는 가벌성의 요건인 행위능력과 책임능력을 모두 갖추고 있다는 점에 있다. 이와 같이 본질상 동질의 주체가 아닌 법인 영업주(=법

인)와 개인 영업주(=자연인 개인)를 동일한 차원의 수범자로 병치하면서 동일한 '귀속'적 규범컨셉에 따라 형사책임을 지우고 있는 양벌규정의 태도는 헌법상 평등원칙에 위배될 소지가 있다. 형법총칙이 요구하는 엄격한 범죄성립요건의 충족이 아니라 양벌규정의 특별한 귀속방식에 의해 상대적으로 완화된 형벌부과 요건의 충족만으로 형사책임을 지우게 할 합리적 근거가 없기 때문이다.

직접 위반행위를 하지 않은 자연인인 개인 영업주로 하여금 직접 위반행위를 한 타인의 94
행위와 관련하여 형사책임을 지게 하려면 형법의 범죄성립요건(특히 고의 또는 과실행위와 책임)을 충족시키는 경우나 형법의 임의적 공범규정을 적용하는 것이 원칙일 것이다. 예컨대 어떤 사업체의 종업원이 위반행위를 한 경우 그 종업원의 고용주인 개인은 총칙의 도그마틱이 요구하는 행위능력과 책임능력을 가지고 있으므로 종업원의 위반행위에 대해 가담한 형태에 따라 공동정범, 간접정범, 교사범 또는 종범에 관한 총칙규정의 요건에 따라 형사책임을 져야 하는 것이 원칙이기 때문이다. 그럼에도 '개인'이 총칙의 적용을 배제하는 특별규정인 '양벌규정'에 수범자로 인정되어 있다. 이 때문에 그 개인은 총칙의 엄격한 범죄성립요건(특히 공범규정)과 무관하게 행위능력과 책임능력이 없는 '법인'과 마찬가지로 비교적 느슨한 형벌부과요건만으로 형사책임을 져야 한다. 이 점은 그 개인 영업주에게 독자적 처벌근거인 양벌규정의 단서조항을 적용하더라도 마찬가지이다.

이러한 문제점을 피하려면 양벌규정에서 개인 영업주는 총칙 중 임의적 공범규정의 적 95
용 대상이 되도록 하고 그 외 다른 가벌성의 전제조건(일반적 범죄성립요건인 위법성 및 책임)에 관해서도 총칙규정의 적용을 받도록 해야 한다. 이를 위해서는 입법론상 양벌규정의 수범자에서 '개인'을 삭제하는 방향으로 양벌규정을 정비해야 한다.

(2) 수범자의 확대: 법인+법인격 없는 단체

1) 지방자치단체 종래 양벌규정이 형벌부과의 대상으로 삼고 있는 단체로는 자연인 96
이외에 사회경제적인 활동을 하고 있는 모든 단체를 말하는 것이 아니라 법인격 있는 단체인 '법인'에 국한되어 있었다.

判 대법원은 수범자를 일부 확대하여 양벌규정의 '법인'에 – 국가위임사무를 수행하지 않은 경우에 국 97
한시켜 – 지방자치단체도 포함하여 해석해 왔다.[63] 지방자치단체도 '공법인'으로서 법인으로 분류될 수 있기 때문이지만, 같은 공법인에 해당하는 '국가'는 양벌규정의 수범자로 인정하는 데까지 나아가지 않고 있

63) 대법원 2009.6.11. 2008도6530. "국가가 본래 그의 사무의 일부를 지방자치단체의 장에게 위임하여 처리하게 하는 기관위임사무의 경우 지방자치단체는 국가기관의 일부로 볼 수 있고, 지방자치단체가 그 고유의 자치사무를 처리하는 경우 지방자치단체는 국가기관의 일부가 아니라 국가기관과는 별도의 독립한 공법인으로서 양벌규정에 의한 처벌대상이 되는 법인에 해당한다. 또한, 법령상 지방자치단체의 장이 처리하도록 하고 있는 사무가 자치사무인지, 기관위임사무에 해당하는지 여부를 판단하는 때에는 그에 관한 법령의 규정 형식과 취지를 우선 고려하여야 하며, 그 외에도 그 사무의 성질이 전국적으로 통일적인 처리가 요구되는 사무인지 여부나 그에 관한 경비부담과 최종적인 책임귀속의 주체 등도 아울러 고려하여 판단하여야 한다."

다. 이 뿐 아니라 대법원은 죄형법정주의에 충실한 해석상 '법인'에 법인격 없는 단체까지 양벌규정의 '법인'에 포함시키지도 않았다.[64)]

98 2) 단체, 정당 최근 입법자는 법령의 특성상 법인만을 수범자로 할 수 없는 예외적인 경우 법인 외에도 '단체, 정당' 등도 양벌규정의 수범자로 편입시키고 있다. 법인 이외의 단체를 양벌규정의 수범자로 하고 있는 양벌규정의 형식은 통일되어 있지 않고 매우 다양한 형식을 띠고 있다. "법인·단체"라고 하면서 법인에 단체를 병기하고 있는 형식(예, 노동조합 및 노동관계조정법 제94조), 법인 외에 "법인이 아닌 사단 또는 재단으로서 대표자 또는 관리인이 있는 것을 포함한다"라고 하는 형식(예, 보험업법 제208조 제1항), 정당이나 회사를 예로 들면서 "그 밖의 법인·단체"를 수범자로 규정하고 있는 형식(예, 공직선거법 제260조 제1항), 아무런 예시없이 "법인 기타의 단체"라고 규정하고 있는 형식(예, 부정수표단속법 제3조 제1항) 등이 그 예이다. 최근에는 "법인(단체를 포함한다)"라고 하는 새로운 형식의 수범자 표시방식도 널리 사용되고 있다(예, 자본시장과 금융투자업에 관한 법률 제448조).

99 이러한 점을 감안하면 양벌규정에 추가되고 있는 '단체'는 종래 대법원에 의해 해석상 양벌규정의 수범자로서 법인 개념에 포함될 수 없었던 '법인격 없는 단체'를 말하는 것으로 새길 수 있다.[65)] 하지만 이 경우 단체를 법인에 포함되는 하위개념인 것처럼 사용하는 방식 〔법인(단체를 포함한다)〕은 용어사용상 적절하지 못한 것으로 보인다. 왜냐하면 '단체'란 법인격 있는 단체(즉 법인)와 법인격 없는 단체를 포함하는 상위개념이기 때문이다. 종래 자연인이 아닌 자연인의 집합체인 조직체의 행위를 형법적으로 규율하는 논의의 중심에서 있는 법인에만 초점을 맞추어 '법인의 형사처벌'이라는 말로 표현하였지만, 최근에는 법인 이외에 법인격 없는 단체나 사회경제적 개념인 기업까지 포괄하는 '단체형법' 내지 '단체형벌'이라는 용어를 사용하는 것도 이러한 맥락에서 이해될 수 있다.

2. 양벌규정과 행위자 처벌: 양벌규정의 '역적용' 사례

(1) 문제제기: 양벌규정과 벌칙조항

100 양벌규정의 수범자는 원칙적으로 영업주인 '법인 또는 개인'이지 위반행위를 한 자연인 주체가 아니다. 위반행위를 한 자연인 주체는 양벌규정에 의해서가 아니라 양벌규정을 포함하고 있는 특별법상의 벌칙조항 및 형법총칙에 의해 처벌되기 때문이다.

101 그런데 양벌규정을 포함하고 있는 법령의 벌칙조항이 일정한 신분자(업무주)만을 처벌

---

64) 대법원 1995.7.28. 94도3325. "(생략) 법인격 없는 사단에 대하여서도 위 양벌규정을 적용할 것인가에 관하여는 아무런 명문의 규정을 두고 있지 아니하므로, 죄형법정주의의 원칙상 법인격 없는 사단에 대하여는 같은 법 제74조에 의하여 처벌할 수 없고, 나아가 법인격 없는 사단에 고용된 사람이 유상운송행위를 하였다 하여 법인격 없는 사단의 구성원 개개인이 위 법 제74조 소정의 "개인"의 지위에 있다하여 처벌할 수도 없다."

65) 2007년 오스트리아에서 자연인 이외의 집합체에 대한 형사책임을 규율한 특별법을 만들어 이를 '단체책임법'이라는 용어로 표현하고 단체에 관한 정의규정 속에 법인을 포함시키고 있는 것이 대표적이다.

대상으로 하고 있는 경우 그러한 신분이 없는 자연인 위반행위자가 벌칙조항의 실행행위를 한 경우 벌칙조항과 형법총칙의 적용에 의해서도 처벌될 수 없고, 양벌규정에 의해서도 처벌될 수 없어 처벌의 공백이 생긴다. 왜냐하면 "행위자를 벌하는 외에 (신분자인: 필자 주) 법인 또는 개인을 처벌한다"로 규정하고 있는 양벌규정의 '양벌'이 의미하는 바는 법인 또는 개인이 처벌된다고 해서 그 법인 또는 개인의 책임이 전가책임이 아닐 뿐 아니라 행위자의 책임이 소멸되는 것도 아님을 확인하는 취지이고, 비신분자인 자연인 위반행위자는 벌칙조항의 주체가 될 수 없어 벌칙조항에 의해서도 처벌될 수 없으며, 신분없는 자가 신분있는 자의 '실행행위'에 가담하는 경우의 공범성립의 가능성을 인정하고 있기 때문에 총칙 제33조의 적용도 불가능하기 때문이다.

(2) 양벌규정의 수범자 확대기능의 인정여부

따라서 처벌의 공백을 메우기 위해 양벌규정이 비신분자인 자연인 위반행위자의 처벌까지도 규율하는 수범자 확대 기능을 하는 것으로 파악하여 비신분자로서 실행행위를 하는 종업원등을 벌칙조항이 아니라 '양벌규정'에 의거하여 처벌할 수 있는지가 문제된다. 예컨대 행정법적 의무가 소유자인 영업주(신분자)에게만 부과되어 있고, 종업원은 의무 없는 자(비신분자)인 경우, 양벌규정이 종업원의 처벌을 위한 법적근거로 될 수 있는지가 문제되는 것이다. 102

1) 학설

① 처벌부정설 양벌규정이 수범자의 범위를 확대하는 기능을 할 수 없기 때문에 비신분자인 직접행위자를 처벌할 수 없다는 견해이다.[66] 이 견해는 신분범의 경우 비신분자는 단독으로는 신분범의 정범이 될 수 없고, '행위자를 벌하는 외에'라는 양벌규정이 신분범을 비신분범으로 만들 수도 없을 뿐 아니라 양벌규정은 행위자를 처벌하는 경우에 법인이나 그 대표자를 처벌하기 위한 규정일 뿐이라고 한다. 따라서 독일 형법 제14조와 같은 대리인책임규정이 없음에도 불구하고 양벌규정을 근거로 처벌의 공백을 보충하는 것은 허용되는 해석의 한계를 벗어난 유추라고 한다. 103

② 처벌긍정설 양벌규정상의 '행위자를 벌'한다는 문언은 수범자 범위 확대기능을 하는 것이므로, 이 문언에 의하여 비로소 직접 행위자를 처벌할 수 있다는 견해이다.[67] 이 견해는 양벌규정으로 법인을 처벌하면서 실제로 그 법인을 위해 범죄행위를 저지른 자를 처벌하지 않는 것은 이론상 모순이라고 한다. 처벌긍정설을 취할 경우에도 처벌근거법조가 양벌규정인지 벌칙조항인지 아니면 그 양자의 결합인지에 대해 견해가 일치하지 않는다.[68] 104

---

66) 이재상, "1999년의 형사판례 회고", 형사판례연구(8), 2000, 575면; 허일태, "피고인에게 불리한 판례의 변경과 소급효금지원칙", 형사판례연구(9), 2001, 142면.
67) 김대휘, 앞의 논문, 116면; 손동권, §8/24; 조병선, 앞의 논문, 17면.

2) 판례의 태도

105 대법원은 직접 실행행위를 한 종업원 등은 벌칙조항의 행위주체인 영업주가 아니어서, 벌칙조항에 의해서는 처벌되지 않지만, 양벌규정을 근거로 처벌된다고 함으로써 양벌규정의 수범자 범위 확대기능을 인정한다.[69)]

106 判 대법원은 종래 건축법위반사건에서 실행행위를 한 비신분자에게 벌칙조항의 신분적 요건이 결격되어 있음을 이유로 처벌불가론의 태도를 견지해 오다가, 1997년 전원합의체 판결[70)] 이후 최근까지도 다수의 판결에서 영업주 등 일정한 신분적 지위가 없이 벌칙조항의 실행행위를 한 행위주체를 형사처벌을 가능케 하는 법적 근거를 양벌규정이라고 하고 있다.[71)] 하지만 후술하듯이 이러한 해석은 양벌규정의 입법취지에 반한다.

(3) 결론

107 양벌규정은 형법이론상 범죄주체가 될 수 없는 '법인'에 대해 형사책임을 부과하기 위해 인위적으로 만든 규정이다. 양벌규정의 자연인 '행위자'는 여전히 형법총칙의 일반적 범죄성립요건과 해당 위반행위를 규정한 타법령상의 벌칙조항의 개별 구성요건요소의 결합 요건을 충족하여야 형벌이 부과된다. 따라서 '벌칙조항'에서 일정한 신분자만 행위주체로 하고 있는 경우라면 비신분자인 직접 행위자(종업원 등)는 양벌규정에 의해 규율되는 행위주체가 아님은 분명하다. 따라서 양벌규정의 형식이 "행위자 처벌을 새롭게 정한 것인지의 여부가 명확하지 않음에도 불구하고 형사처벌의 근거가 된다고 해석하는 것은 죄형법정주의의 원칙에 배치되는 태도라고 할 수밖에 없다."[72)]

108 물론 이렇게 해석하면 법인이 처벌되면서 법인을 위하여 범죄행위를 범한 자가 처벌되지 않는 법적용상의 흠결이 생긴다. 그러나 그러한 처벌의 흠결은 양벌규정의 해석론을 통해서는 보충될 수 없는 입법적 결함이므로 독일형법 제14조의 "타인을 위한 행위"라는 규정[73)] 등과 같은 내용을 벌칙조항이나 양벌규정 속에 편입시키는 등 입법개선이 있기

68) 정금천, "양벌규정과 법인의 형사책임", 志松이재상교수화갑기념논문집(I), 146면.

69) 대법원 1992.11.10. 92도2324(「중기관리법」 제36조); 2004.5.14. 2004도74(「구 산업안전보건법」 제71조의 양벌규정).

70) 대법원 1997.7.15. 95도2870 전원합의체. "구 건축법(1991.5.31. 법률 제4381호로 전문 개정되기 전의 것) 제54조 내지 제56조의 벌칙규정에서 그 적용대상자를 건축주, 공사감리자, 공사시공자 등 일정한 업무주業務主로 한정한 경우에 있어서, 같은 법 제57조의 양벌규정은 업무주가 아니면서 당해 업무를 실제로 집행하는 자가 있는 때에 위 벌칙규정의 실효성을 확보하기 위하여 그 적용대상자를 당해 업무를 실제로 집행하는 자에게까지 확장함으로써 그러한 자가 당해 업무집행과 관련하여 위 벌칙규정의 위반행위를 한 경우 위 양벌규정에 의하여 처벌할 수 있도록 한 행위자의 처벌규정임과 동시에 그 위반행위의 이익귀속주체인 업무주에 대한 처벌규정이라고 할 것이다. 이와 일부 달리 구 건축법 제57조의 양벌규정은 행위자처벌규정이라고 해석할 수 없는 것이므로 위 규정을 근거로 실제의 행위자를 처벌할 수 없다고 한 대법원 1990.10.12. 90도1219 판결, 대법원 1992.7.28. 92도1163 판결 및 대법원 1993.2.9. 92도3207 판결의 각 견해는 이와 저촉되는 한도에서 변경하기로 한다."

71) 대법원 2017.11.14. 2017도7492; 2017.12.5. 2017도11564 등 참조.

72) 대법원 1999.7.15. 95도2870 전원합의체 판결의 소수의견 논거임.

73) 독일형법 제14조 제1항: 1. 법인의 대표권 있는 기관으로서 또는 그 기관의 구성원으로서 2. 인적 회사의 대

전에는 해결될 수 없는 결함임을 인정해야 한다.

3. 합병된 법인에 대한 형사처벌의 가능여부

양벌규정의 귀속조건을 충족한 법인에 대해 형벌을 부과할 수 있지만, 처벌될 법인(회사)이 합병된 경우에는 합병으로 소멸한 법인이 부담하던 형사책임이 합병으로 인하여 존속하는 법인에게 승계 내지 이전이 될 수 있는지가 문제된다. 109

判 대법원은 양벌규정에 의한 법인의 처벌은 어디까지나 형벌의 일종으로서 행정적 제재처분이나 민사상 불법행위책임과는 성격을 달리하는 점, 형사소송법 제328조가 '피고인인 법인이 존속하지 아니하게 되었을 때'를 공소기각결정의 사유로 규정하고 있음 등을 근거로 합병으로 인하여 존속하는 법인에게 승계를 부정하고 있다.[74] 110

그러나 양벌규정에 의해 형사책임의 주체로 인정되고 있는 법인의 정체성을 '자연인'과 동일한 관점에 따라 판단하면서 형벌의 일신전속성 원칙을 법인에게도 적용하는 태도는 규범적인 관점에서 그대로 수용하기 어렵다. 법인의 자연인과 달리 그 구성원이 교환가능하고, 동일성을 유지한 채 다른 형태로 변경이 가능하기 때문이다. 법인이 권리의무의 주체로서 법인격이 부여된 이상 권리의무의 포괄승계가 인정되는 경우에는 그 동일성을 유지한다고 볼 수 있다. 이러한 관점에서 본다면 회사분할이건, 흡수합병이건 신설합병이건 합병 또는 변경 전 후의 법인이 그 동일성을 유지하는지에 따라 합병 후 존속 법인에 대한 형사책임의 인정여부를 달리 판단하여야 할 것이다. 111

Ⅵ. 법인에 대한 몰수추징과 양벌규정의 흠결

양벌규정은 일반적 범죄성립요건 뿐 아니라 '형벌'에 관해서도 총칙의 규정이 적용되지 않고,[75] 양벌규정의 특별한 규정내용에 따라 법인 또는 개인에 대해 형벌을 부과한다. 그러나 양벌규정은 형벌에 관한 한, 위반행위를 한 행위자에게 부과되는 벌금액수와 동일한 112

표권 있는 사원으로서 3. 타인의 법정대리인으로서 행위를 하는 때에는 특별한 일신적 자격, 관계 또는 사정(특별한 일신적 요소)이 가벌성의 기초가 되는 법규는 이 요소가 대리인에게는 존재하지 아니하나 본인에게 존재하는 경우에 대리인에 대하여도 이를 적용한다.

74) 대법원 2007.8.23. 2005도4471. "회사합병이 있는 경우 피합병회사의 권리·의무는 사법상의 관계나 공법상의 관계를 불문하고 모두 합병으로 인하여 존속하는 회사에 승계되는 것이 원칙이지만, 그 성질상 이전을 허용하지 않는 것은 승계의 대상에서 제외되어야 할 것인 바, 양벌규정에 의한 법인의 처벌은 어디까지나 형벌의 일종으로서 행정적 제재처분이나 민사상 불법행위책임과는 성격을 달리하는 점, 형사소송법 제328조가 '피고인인 법인이 존속하지 아니하게 되었을 때'를 공소기각결정의 사유로 규정하고 있는 것은 형사책임이 승계되지 않음을 전제로 한 것이라고 볼 수 있는 점 등에 비추어 보면, 합병으로 인하여 소멸한 법인이 그 종업원 등의 위법행위에 대해 양벌규정에 따라 부담하던 형사책임은 그 성질상 이전을 허용하지 않는 것으로서 합병으로 인하여 존속하는 법인에 승계되지 않는다."

75) 양벌규정에는 법인에 대하여 자연인의 경우 재범을 누범으로 가중처벌하는 총칙규정이나 경합범의 경우 처단형을 정하는 총칙규정의 적용도 배제되고, 실무에서는 자연인과 같은 전과기록도 작성하지 않는다.

벌금형만 부과할 수 있다고 규정[76]하고 있다. 문제는 법인과 개인에 대해 벌금형을 부과하면서 부가형인 몰수도 선고할 수 있는지에 있다. 양벌규정은 몰수에 관한 별도의 규정이 없다. 이 점은 몰수 추징에 관한 기본법에 해당하는 "범죄수익은익의 규제 및 처벌에 관한 법률"속의 양벌규정도 마찬가지이다.

113 이러한 규범적 조건하에서는 위반행위를 한 자연인에 대해서와는 달리 법인이나 개인에 대해서는 몰수추징이 원천적으로 불가능하다고 할 수 있다. 물론 반대로 양벌규정에 몰수추징에 관한 특별 규정을 별도로 두고 있지 않다는 점에 근거하여 다른 해석도 가능하다. 즉 양벌규정은 몰수추징에 관한 한 총칙적용을 배제하지 않고, 따라서 법인과 개인에 대해서도 몰수 추징에 관한 총칙규정이 적용될 수 있다고 해석할 수도 있다.

114 그러나 총칙 제48조 제1항은 몰수의 상대방을 "범인"으로 못박고 있고, 제49조는 "행위자"를 몰수의 상대방으로 지칭하고 있다. 이에 따르면 양벌규정의 수범자인 '법인'은 총칙의 가벌성의 전제조건에 따른 범죄성립요건을 충족시킨 것을 전제로 하는 '범인' 또는 '행위자'가 아니다. 실제로 위반행위를 한 행위자(대표자나 종업원 등)에 대한 형벌을 선고하면서 필요에 따라 몰수를 부가형으로 선고할 경우가 있어도 그 몰수 대상물의 소유권이 법인 또는 개인에게 속하여 행위자인 범인의 소유가 아니어서 몰수가 불가능하게 된다. 입법론상 법인에 대한 몰수를 가능하게 하는 법적 근거도 마련하는 방향으로 양벌규정을 정비해야 할 필요가 있다.[77]

76) 물론 최근에는 종래 양벌규정의 벌금형이 형사정책적 효과를 거둘 수 없다는 비판에 직면하여 법인에 대해 벌금형을 상향조정하여 별도로 규정하고 있는 양벌규정도 적지 않게 생기고 있다.

77) 이러한 내용을 담은 모범적 법률규정으로는 「국제상거래에있어서외국공무원에대한뇌물방지법」 제5조(몰수)에 관한 규정을 참조할 만하다: "이 법에 규정된 범죄행위에 제공된 뇌물로서 범인(제4조의 규정에 의하여 처벌되는 법인을 포함한다)이 소유하거나 범인이외의 자가 정을 알면서 취득한 것은 몰수한다."

제3편

일반적 범죄성립요건 Ⅰ: 구성요건론

범죄성립요건 중 구성요건(Tatbestand)은 불법을 구성하는 표지를 유형화한 법률요건으로 이해할 수 있다. 구성요건이 다른 범죄성립요건(위법성, 책임)과 다른 점은—구성요건의 요소가 형법각칙과 형법총칙에 적극적·명시적으로 규정되어 있다는 점이다.[1)]

구성요건의 요소는 범죄유형에 따라 다르다. 예컨대 고의범의 구성요건 요소와 과실범의 구성요건 요소가 다르고, 부작위범의 구성요건 요소와 작위범의 구성요건 요소가 다르며, 기수범의 구성요건 요소와 미수범의 구성요건 요소가 다르다.

오늘날 형법의 해석상 구성요건 요소로 분류(체계화)되는 요소들이 처음부터 구성요건의 요소로 취급되었던 것은 아니다. 구성요건개념을 어떻게 파악하는가에 따라, 구성요건과 위법성의 관계에 관한 견해 차이(특히 소극적 구성요건표지이론의 수용여부) 그리고 책임이론의 변화에 따라 각 요소들의 체계적 지위가 달리 파악되었기 때문이다. 이 점은 앞서 범죄체계론 개관에서 살펴보았다.

교과서 편제상 구성요건론에는 과실과 부작위 뿐만 아니라 수정된 구성요건에 해당하는 미수범론 및 가담형태론까지 다룰 수도 있고, 범죄유형(고의작위기수범/고의작위미수범/과실작위범 등 § 6 제2절 총칙상의 범죄분류 참조)중 가장 기본적인 범죄유형인 '고의작위기수범'을 중심으로 일반적 범죄성립요건(구성요건론, 위법성론, 책임론)을 취급하고, 과실범론, 부작위범론, 미수범, 가담형태론 등을 차례로 다룰 수도 있지만, 이 책은 두 가지 방식을 절충하여 미수범론과 가담형태론은 구성요건론에서 다루지 않고 일반적 범죄성립요건인 위법성론과 책임론을 모두 논설한 뒤에 배치시켰다.

---

1) 일반적 범죄성립요건을 규정하고 있는 형법총칙규정은 '인간'(자연인)에 대해서만 적용되고 '법인'에 대해서는 적용되지 않는다. 따라서 제2편에서 취급했던 법인에 대한 형벌부과요건(귀속조건)을 규정하고 있는 '양벌규정'은 형법총칙이 적용되지 않는 '예외적 특별규정'에 해당한다(형법 제8조 참조).

제 1 장 구성요건에 관한 기초이론 §12

제 1 절 구성요건이론의 발전

Ⅰ. 구성요건개념의 변화(☆)

1. 소송법적 개념에서 실체법적 개념으로 변화

형법이론학에서 구성요건은 오늘날과 같이 일반적 범죄성립요건의 한 구성분자로 인정된 시점은 19세기 고전적 범죄체계가 만들어진 시기로 거슬러 올라간다. 구성요건이라는 개념은 연혁적으로 볼 때 중세 이탈리아에서 규문(糾問)절차[2]상의 '범죄의 외부적 표지' 내지 '죄체'(罪體)를 의미하는 corpus delicti라는 개념에서 유래한다. 당시 이 개념은 소추라는 특별규문을 정당화하는 요소로서 소송법적 의미로만 이해되었다. 1

corpus delicti 개념은 독일 보통법시대에 클라인(E. F. Klein)에 의해 구성요건(Tatbestand)으로 번역되면서 서서히 실체법적 의미로 사용되기 시작하였다. 그러나 당시 구성요건은 오늘날의 의미대로라면 발생한 사실(das konkrete Geschehen), 즉 구체적인 사태(Sachverhalt)를 나타내는 말로 사용되었다. 2

구성요건개념이 구체적인 사태를 나타내는 용어가 아니라 어떤 범주를 나타내는 분류개념으로 사용된 것은 19세기 초 포이에르바흐(Anselm von Feuerbach)에 의해서였다. 포이에르바흐는 국가가 범죄로부터 시민의 자유를 보호할 임무를 수행하기 위해서는 물리적 강제가 아니라 합리적으로 사고하는 인간의 심리에 일정한 강제를 가하여 범죄가 억제되도록 하는 수밖에 없다고 하면서, 이 경우 심리적 강제는 법률로 일정한 범죄행위의 윤곽을 만들어 놓고 이에 해당할 경우 형벌을 부과하겠다는 (위협적) 예고 방식으로 이루어진다고 하였다. 포이에르바흐는 "일정한 종류의 위법한 행위를 법률적으로 개념화한 특별한 행위 또는 사태의 총체요소"를 구성요건이라고 불렀다. 이러한 의미의 구성요건은—그 당시 비록 귀속능력(책임능력)이 구성요건에 속하는가에 관한 논란은 있었지만—오늘날의 시각에서 보면 '범죄'개념과 일치하는 것으로 평가된다.[3] 3

---

2) '규문절차'란 소추기관의 소추없이 심판자가 직접 수사하고 신문하여 재판을 하는 절차로서 12세기 말에 유럽에서 채택되었다. 피고인을 단순히 절차의 객체로만 취급하는 규문절차의 대표적인 예로는 1532년 카롤리나형법전을 들 수 있다. 피고인을 단순히 절차의 객체로만 취급하며 자백을 얻어내기 위한 피고인에 대한 고문을 당연히 인정하여 자백을 증거의 왕으로 인정하였던 이러한 절차는 프랑스혁명 이후 소추기관과 심판기관을 분리하는 이른바 '탄핵주의'로 바뀌었다.

3) Jakobs, §6/49.

2. 개별적 개념에서 일반화된 개념으로 발전

4 구성요건 개념이 법률에서 개별화된 범죄유형을 지칭하다가 형법총칙상 범죄의 일반적 성립요건의 한 구성분자를 가리키는 개념으로 파악된 것은 20세기 초반이었다. 그 이후 구성요건 개념에 대한 이해하는 다음과 같은 발전과정을 거쳤다.

(1) 벨링의 구성요건이론

5 19세기말까지 범죄 개념과 동일시 되었던 구성요건 개념을 범죄의 한 부분 요소로서 독자적으로 따로 분리해낸 것은 벨링(Ernst von Beling)이었다. 벨링은 1906년 『범죄론(Die Lehre vom Verbrechen)』에서 구성요건은 범죄의 전형적 표지를 제공하는 요소의 총체로서 범죄유형(Verbrechenstype)으로 파악하였다. 특히 당시 벨링은 구성요건은 순수하게 객관적인 요소로만 이루어져 있다고 보고, 고의나 과실 그밖에 주관적인 요소는 구성요건요소가 아니라 책임요소로 보았다. 범죄는 "구성요건에 해당하고 위법하고 책임 있는 행위"라는 범죄개념에 대한 고전적 정의가 여기서 출발하였던 것이다.[4] 이와 같이 벨링이 구성요건을 범죄유형으로 파악한 것은 구성요건을 실정법률에 규정함으로써 자유보장적 기능을 강조하는 의미를 가지고 있었다.

6 그러나 벨링은 1930년의 저서 『구성요건론(Die Lehre vom Tatbestand)』에서 자신의 초기 입장을 대폭 수정하였다. 구성요건을 형법각칙의 범죄유형과 구별하고, 논리적으로는 형법각칙의 범죄유형에 선행하며 동시에 이것을 규제하는 관념상의 지도형상(Leitbild)으로 이해하였다. 특히 벨링은 각칙상의 범죄유형이 지니고 있는 다양한 요소는 지도형상으로서의 법률적 구성요건에 의해 통일되는 것이라고 하였다.[5] 다른 한편 구성요건 요소를 객관적·기술적인 요소에 국한시킨 종래의 태도는 더욱 철저히 유지하였고, 범죄의 규범적 요소는 위법성에 속하며 범죄의 주관적 요소는 책임에 속한다고 함으로써 구성요건을 위법성 및 책임과 더욱 분명하게 구별하였다. 이로써 오늘날 리스트/벨링식 범죄체계로 불리기도 하는 고전적 범죄체계가 구축되었고, 이 체계하에서 범죄의 모든 객관적 요소는 불법(구성요건해당성+위법성)의 요소로 그리고 범죄의 모든 주관적 요소는 책임의 요소로 분류되었다.

(2) 마이어와 메츠거의 구성요건이론

7 마이어(M. E. Mayer)도 벨링의 초기의 견해와 유사하게 추상적 또는 법률적 구성요건과 구체적 또는 사실적 구성요건을 나누어 양자가 합치될 때 구성요건해당성이 있다고 하였다. 그러나 마이어는 구성요건의 요소 중 가치관계적 '규범적' 요소의 존재를 인정하였을 뿐 아니라 '주관적' 위법요소의 존재도 암시하였다는 점에서 벨링의 견해와 차이를 보였다. 마이어는 특히 구성요건과 위법성과의

---

4) Beling, Die Lehre vom Verbrechen, 1906, S. 7.

5) 당시 벨링의 구성요건에 관한 이론에 영향을 받아 형법이론학은 형법각칙 구성요건에 학문적 관심을 기울여 각칙 구성요건들의 구성과 구조를 분석함으로써 구성요건 유형론을 전개하였고, 이로써 오늘날 형법각칙의 일반이론의 기초가 세워지는 계기가 되었다고 한다(Listz/Schmidt, 26.Aufl. 1932 참조).

관계를 파악함에 있어 구성요건해당성은 위법성이 인정될 수 있는 중요한 '인식근거'이고, 그 관계는 '연기와 불'의 관계로 비유하였다. 그에 따르면 구성요건에 해당하는 행위는 위법한 것으로 추정되지만 위법성조각사유에 해당하면 추정관계가 깨어져 위법성이 부정된다고 하였다.

규범적 구성요건 요소와 주관적 위법요소를 발견한 마이어의 이론을 신고전적 범죄체계로 정리해 넣은 메츠거(Edmund Mezger)는 규범적 요소와 주관적 요소를 구성요건 요소로 인정해야 할 이유를 근거지웠을 뿐만 아니라 구성요건과 위법성의 관계를 더욱 긴밀하게 파악하였다. 메츠거는 구성요건과 위법성을 포함하는 불법(Unrecht)이라는 개념을 사용하여 구성요건해당성은 위법성의 '존재근거(ratio essendi)'라고 하였다. 그에 의하면 구성요건에 해당하는 행위는 특별한 불법조각사유에 의해 적법화되지 않는 한 원칙적으로 위법하다고 하였다. 8

(3) 벨첼의 구성요건이론

벨첼(Hans Welzel)은 특별한 주관적 요소만을 예외적으로 구성요건 요소로 파악하였던 신고전적 범죄체계론자들과 달리 모든 주관적 요소를 구성요건요소로 일반화하였다. 그 이전시대까지만 해도 책임의 요소로 인정되었던 고의를 구성요건 요소로 인정하였다. 이러한 변화를 가져오게 된 단초는 벨첼이 주장한 목적적 행위론이었음은 앞서 범죄체계론의 발전에서 살펴보았다. 목적적 행위론에 의해 목적성(고의)이 '행위'의 본질적 요소로 인정됨에 따라, 고의는 불법'행위'가 유형화된 구성요건의 요소로 이해되었기 때문이다. 이렇게 됨으로써 행위자의 주관적 태도인 고의가 어떤 불법을 지향하는가에 따라 구성요건의 종류가 달라진다는 구성요건의 개별화 기능도 널리 인정되었다. 9

오늘날 구성요건의 '범죄 개별화 기능'을 인정하는 한 목적적 행위론에 따르지 않더라도 고의를 구성요건 요소로 인정하는 태도가 주류를 형성하고 있다. 이에 따라 '모든 외부적·객관적인 요소는 불법으로, 내부적·주관적인 요소는 책임으로'라는 고전적 범죄체계하에서의 분류법이 수정되어 고의는 고의범의 일반적·주관적 구성요건 요소로 인정되게 되었다. 10

Ⅱ. 구성요건이라는 용어의 사용례

1. 최광의의 구성요건, 광의의 구성요건, 협의의 구성요건

형법이론학에서 구성요건을 범죄를 구성하는 구성분자의 하나로 파악되기 전에는 구성요건이라는 개념은 맥락에 따라 서로 다른 의미로 사용되었다. 그러나 오늘날 구성요건은 일반적 범죄성립요건의 하나로서 위법성과 책임과 구별되는 표지로서 체계적으로 구분되어 있고, 그 구성요건의 요소들도－범죄체계를 어떻게 구축하느냐에 따라 차이가 있긴 하지만－다른 체계요건인 위법성 및 책임의 요소들과 다르게 파악되어야 한다는 점이 이론적으로 정립되었다. 11

이러한 전제하에서 보면, 범죄성립요건 중 한 요건인 구성요건은 범죄의 불법내용과 책 12

임내용을 근거지우는 모든 요소를 지칭(범죄구성요건)하는 이른바 '광의의 구성요건'에서 책임의 요소를 제외하고 불법을 구성하는 표지를 지칭(불법구성요건)하는 '협의의 구성요건'으로 이해될 수 있다.

13 반면에 벨링의 초기 이론에서 사용된 범죄유형으로서의 구성요건 개념과 유사하게, 구성요건을 불법구성요건, 위법성 및 책임 등 범죄를 구성하는 모든 요소들의 총합으로 파악하는 '최광의의 구성요건' 개념은 오늘날 별도로 유지할 실익이 더 이상 없다. 범죄를 구성하는 모든 요소의 총합을 지칭하는 용어로서 형법은 이미 범죄'성립'이라는 개념을 사용하고 있고, 이에 따라 강학상으로나 교수법상 '범죄성립요건'이라는 용어가 정착되어 있기 때문이다.[6] 무엇보다도 현행 한국 형법의 각칙 구성요건에는—독일형법의 경우와는 달리—범죄성립요건 중 위법성요소와 책임요소를 포함하는 것으로 해석될 여지가 있는 요소들이 존재하지도 않는다.[7]

2. 각칙 구성요건과 총칙 구성요건

14 범죄성립요건의 하나인 '불법구성요건'은 오늘날 형법적 관점에서 형벌을 부과하는 것이 마땅하고(당벌성) 형벌을 부과해야 할 필요성(처벌의 필요성)이 있는 행위를 금지(작위범) 또는 요구(부작위범)의 형식으로 유형화한 법률요건으로 이해될 수 있다.

15 불법구성요건에 속하는 요소들은 원칙적으로 형법각칙에 규정되어 있다. 형법'각칙'의 구성요건은 범죄종류별로 상이한 특수한 불법적 요소들을 개별적으로 담고 있다.[8] 이러한 의미의 각칙 구성요건은 형법전에만 규정되어 있는 것이 아니라 어떤 행위에 대해 형벌을 법효과로—벌칙조항의 형식으로—규정하고 있는 실질적 의미의 법률들(형사특별법 등 실질적 의미의 형법)에도 존재한다. 이러한 넓은 의미의 '각칙' 구성요건에서 개별적 요소들 중 유형별(작위범/부작위범, 고의범/과실범/결과적 가중범, 기수범/미수범, 정범/공범 등)로 공통되는 요소들이—마치 인수분해되듯이—추려져 총칙에 규정되었다. 이 때문에 각칙 구성요건에는 유형별 공통분모들이 제외된 나머지 범죄종류별 특별한 요소들만 기술되어 있다.[9]

---

6) 그러나 총칙의 미수범의 '수정된 구성요건'에 들어 있는 '자의성'을 행위자의 책임 비난을 감소시키는 책임관련적 요소로 이해할 수는 있다.

7) 종래 영아살해죄의 구성요건에는 행위자의 책임관련(감경)적 요소까지 포함되어 있는 것으로 이해할 수도 있었지만, 형법개정(2023.7.)을 통해 이 구성요건이 삭제된 이상 그러한 해석의 여지도 없다.

8) 1932년 리스트/쉬미트 교과서에서는 이미 당시에도 구성요건이라는 말이 다양한 의미를 가지는 것으로 이해된 것이 벨링의 구성요건 이론에 영향을 받은 것임을 인정하였다. 특히 이 교과서에서는 각칙 구성요건들이 형사실무에서 어떤 행위를 형법적으로 포섭함에 있어서 구체적 위법성을 인지할 입구 및 그것을 넘어서 형법적용에 고유한 책임(유죄)확정을 위한 입구를 열어준다고 보았다. 그리고 형법도그마틱에서 이와 같은 각칙 구성요건의 의의(중요성)를 인식하고 학문적으로 규명하게 된 것은 이견의 여지가 없이 벨링의 공적이라고 평가하였다.

9) 목적범의 구성요건에서 '목적', 영득범의 구성요건에서 '불법영득의 의사' 등을 '일반적' 주관적 구성요건 요소인 '고의'이외에 별도로 요구되는 '특별한' 주관적 구성요건 요소로 부르는 것도 이 때문이다.

총칙에 규정된 불법구성요건 요소는 각칙의 구성요건 요소들 중 범죄유형별 공통 요소들이다. 따라서 형법체계상 총칙과 각칙에 분할방법으로 규정되어 있는 구성요건 요소들이 다시 결합하여야 완전체로서의 구성요건 요소(아래의 수정된 불법구성요건 내지 수정된 구성요건 요소)가 - 형법적용자 또는 범죄성립요건 심사자의 머릿속에서 - 만들어진다. 16

이 점은 형사실무에서 범죄성립요건을 심사할 경우 제1단계 심사인 구성요건 '해당성' 심사에서 중요한 의미를 가진다. 행위자의 행위가 총칙의 구성요건 요소와 각칙의 구성요건요소를 모두 충족하여야 구성요건'해당성'이 인정되는 것이다.[10] 이 점은 (~죄의) 미수범 성립여부의 심사와 공범성립여부의 심사에서도 마찬가지이다. 미수범의 경우에도 구성요건해당성 심사에서도 각칙 구성요건과 총칙의 '수정된 불법구성요건' 요소들의 충족여부를 심사해야 한다. 2인 이상이 하나의 각칙 구성요건을 실현할 경우 (공동, 간접) 정범이나 (교사범 또는 방조범과 같은) 공범의 구성요건해당성 심사에서도 가담형태에 관한 총칙의 규정과 각칙의 구성요건이 결합된 '수정된 구성요건 요소'의 충족여부를 심사해야 하는 것이다. 17

3. 소극적 구성요건 표지이론과 총체적 불법구성요건

(1) 소극적 구성요건 표지이론

소극적 구성요건 표지이론은 각칙 구성요건 요소와 총칙 구성요건 요소로 이루어진 '불법'구성요건의 내포를 더 확장하여 총칙의 '위법성조각사유'도 구성요건 요소에 포함시키려는 이론을 말한다. 이 이론에 따르면 예컨대 살인죄를 규정한 각칙의 구성요건은 외형상 불법을 적극적으로 구성하는 요소만으로 기술되어 있는 것 같지만, 사실은 "사람을 '정당방위 등 위법성조각사유에 해당함이 없이' 살해한 자"로 읽어야 한다. 18

이 이론은 위법성조각사유는 원래 각칙 구성요건에 기술되어 있어야 하지만 모든 범죄종류에 공통적으로 요구되는 불법배제사유이므로 입법기술상 총칙규정에 따로 추출하여 규정한 것으로 본다. 이 이론에 따르면 불법구성요건 요소는 불법을 적극적으로 근거지우는 요소와 불법을 소극적으로 부정하는 요소로 이루어져 있는데, 후자를 '소극적 구성요건 요소(표지)'라고 부른다.[11] 소극적 구성요건 표지이론은 구성요건과 위법성의 관계에 관한 메츠거의 존재근거설에 기초를 두고 있으면서 오늘날에도 여전히 적지 않은 지지를 받고 있다. 19

(2) 총체적 불법구성요건과 2단계 범죄체계

위법성조각사유를 불법배제적 소극적 구성요건 요소로 파악하는 소극적 구성요건 표지이론은 구성요건을 총체적 '불법'구성요건으로 이해한다.[12] 이 이론에 따르면 범죄개념을 20

---

10) 특히 총·각칙의 모든 요소의 충족, 즉 구성요건의 완전 충족은 '기수시기'를 정하는 기준이 되기도 한다. 이에 관해서는『각론』'형법각론의 총론' 부분 참조.

11) 독일의 랑게, 록신, 잠존 등. 한국에서는 문채규, "소극적 구성요건표지이론을 위한 변론 - 고의책임의 본질을 중심으로 -", 형사법연구(1999). 특히 92면 이하 참조.

12) 동일한 사고를 형법에 규정된 책임조각사유의 경우에도 관철시키면, 각칙 구성요건은 원래 예컨대 "사람을 위법성조각사유와 책임조각사유에 해당함이 없이 살해한 자"로 규정함으로써 불법관련적 요소 뿐만 아니라

구성요건, 위법성, 책임으로 구조화하는 3단계 범죄체계를 취하는 대신 '불법'과 '책임'으로 구조화하는 2단계 범죄체계(총체적 불법구성요건과 주관적 귀속으로서의 책임)를 취하게 된다. 불법구성요건–책임구성요건이라는 2단계 범죄체계를 출발점으로 삼으면서도 소극적 구성요건 표지이론을 거부하는 점에서 존재근거설에 기초한 2단계 범죄체계와는 다른 범죄체계를 구축하는 입장도 있다.[13] 다른 한편 소극적 구성요건표지이론을 수용하면서도 위법성 판단의 독자적 존재의 의의를 부정하지 않고 3단계 범죄체계를 취하는 입장도 있다.[14]

21 이외에도 구성요건의 의미를 소극적 구성요건 표지이론에서 말하는 '(총체적) 불법구성요건'과 달리 '불법구성요건'적 의미로 사용하면서도 구성요건과 위법성의 관계를 '원칙과 예외'의 관계로 파악하는 입장[15]도 있다. 이에 따르면 불법구성요건은 형식적인 의미의 적극적 구성요건요소의 해당성만을 가리키지도 않고 정당화사유의 배제를 포함하는 것도 아니라고 한다. 이 입장은 인식근거설과는 달리 구성요건의 불법징표적 기능을 부정한다.

22 체계적인 관점에서 보면 소극적 구성요건표지이론은 '위법성조각사유의 전제사실의 착오'를 구성요건적 사실에 대한 착오범주에 포함시켜 형법 제13조를 적용할 수 있도록 하기 위한 근거를 확실하게 제시할 수 있는 장점이 있다. 이에 관해서는 후술한다.

Ⅲ. 구성요건해당성 판단과 위법성 판단의 관계

1. 소극적 구성요건 표지이론의 문제점

23 소극적 구성요건 표지이론은 형식논리적인 시각에서 보면 '부분'(형법적 구성요건적 판단) '전체'(위법성 판단)의 관계를 호도하고 있다. 이 이론에 따르면 전체 법질서의 관점에서 행위의 규범위반성을 평가하는 위법성 판단을 '전체' 법질서의 '부분'에 해당하는 '형법'의 관점에서 행위의 규범위반성을 평가하는 구성요건 판단 속에 포함시키기 때문이다.

24 범죄개념을 2단계로 구조화하는 이론을 구성하게 되면 범죄를 구성하는 행위의 지도형상으로서의 구성요건의 역할이 너무 과대 평가되어 형법적으로 중요한 행위와 중요하지 않는 행위를 사전에 분리하는 기본 기능을 잃어버리고, 그 기능이 전도되는 문제가 생길 수 있다.[16] 위법한 행위가 존재하는 경우에만 구성요

책임관련적 요소도 기술되어 있는 것이지만, 위법성조각사유와 책임조각사유가 입법기술상 총칙규정에 분할하여 규정한 것으로 이해하면, 구성요건은 총체적 '범죄'구성요건(최광의의 구성요건 개념)으로 파악하게 된다.

13) Jescheck, S. 223; Wessels, AT, 33ff.

14) 강수경/하태인, "실질적 불법구성요건개념에 관한 고찰–소극적 구성요건표지이론에 대한 오해와 이해", 고려법학, 고려대학교 법학연구원, 2023. 62면. "불법구성요건은 구성요건의 실현이라는 존재(Sein)의 영역에서 형법적 불법을 확정하게 되고 이로부터 가치판단인 당위(Sollen)로서의 위법성이 도출될 수 있다."

15) Schmidthäuser, AT, S. 187.

16) Maurach/Zipf, AT Bd. 1, §24, 2.

건해당성이 인정될 수 있다고 한다면, 구성요건의 징표적 기능은 없어지게 되고, 특히 "소극적 구성요건표지"로 불리워지는 정당화사유가 개입하면 행위의 불법만 제거되는 것이 아니라 그 행위의 구성요건해당성 자체도 제거되기 때문이다. 이 때문에 소극적 구성요건 표지이론에 대해서는 정당방위로 사람을 살해한 자는 살해행위 자체를 하지 않았다고 하게 되는 등 악순환의 고리에서 벗어나지 못할 수 있고, 모기를 죽이는 경우와 사람을 정당방위로 살해하는 경우를 구별할 수 없게 된다(는 벨첼의) 지적이 여전히 우리의 직관적 동의를 이끌어내고 있다.

2. 위법성 판단의 독자적 의의와 3단계 범죄체계의 타당성

소극적 구성요건 표지이론을 취하지 않고 위법성조각사유를 구성요건해당성 심사와 분리하여 독자적 심사단계(위법성 심사)에서 판단해야 할 헌법이념적인 차원의 이유도 있다. 죄형법정주의가 '형식적인 의미의 법률에 규정됨으로써 정형성을 유지해야 할 구성요건(불법구성요건=법률구성요건)을 최대한 고정적으로 만들어 안정화시킬 것을 요구하기 때문이다. 물론 이처럼 그 자체 경직성을 유지해야 할 구성요건해당성판단은 사회의 변화와 그에 따른 법질서의 전체의 변화에 보조를 맞춰 사리에 적합한 실질적 반가치 판단을 내리는 일에 취약한 구조적 문제점을 가지고 있다. 25

이 때문에 형법의 해석 적용을 통해 구성요건에 해당하는 행위로서 형법적 반가치판단을 받은 행위라고 하더라도 행위자에게 형사책임을 귀속시킬 수 없는 특별한 예외적 정당화사정이 존재할 경우 법질서의 전체의 관점에서 내려지는 '실질적' 반가치 판단은 구성요건해당성 판단과 다른 차원에서 위법성판단의 이름으로 그 독자성을 가지게 하는 것이 '헌법적 비례성원칙'의 요청에도 부합하는 일이다. 형사책임을 제한하는 법리를 생산함으로써 국가형벌권의 행사에 한계선을 지속적으로 만들어나가야 할 형법이론학의 과제 수행의 관점에서 보더라도 범죄체계를 2단계로 구축하는 것보다 3단계로 구축하는 것이 바람직할 것으로 보인다. 26

전체 법질서의 부분(즉 형법)의 시각에서 내려진 반가치 판단의 표현양식의 관점에서 내려진 구성요건해당성 판단은 불법에 대한 '일반적 · 잠정적' 판단이고, 위법성(및 그 조각사유에 해당하는지에 관한) 판단은 법질서의 전체의 시각에서 내려진 실질적 반가치 판단, 즉 '구체적 · 종국적' 판단인 것이다. 이와 같은 체계적 단계적 구분은 부분과 전체라는 형식논리의 문제를 넘어서 실체적인 관점에서도 가벌성의 인정 범위를 제한할 수 있는 합리적 귀속이론을 구현하는 태도라고 할 수 있다. 27

3. 구성요건'해당성'판단의 기준

(1) 보호법익에 대한 위험성 vs. 사회윤리적으로 비인되는 행위의 위험성

법률 구성요건이 만들어질 경우 불법을 적극적으로 근거지우는 개념표지들은 죄형법정주의의 요청상 언어적으로 명확성을 유지해야 한다. 그러나 구성요건의 형식인 금지규범 및 요구규범을 해석하여 행위자의 행위의 불법여부를 판단할 경우 행위자의 행위의 반가 28

치성을 실질적으로 근거지움에 있어서 중심적 역할을 했던 보호'법익'에 대한 위험성(결과반가치)과 사회윤리적으로 비인되는 '행위'의 위험성(행위반가치)을 모두 고려해야 한다.

29 가벌성 제한을 위한 귀속의 관점에서 볼 때 행위자 행위의 '구성요건' 해당 여부를 판단할 경우 형법규정의 해석의 기준은 필연적으로 목적론적 가치관계적 기준이 될 수밖에 없다. 그 중에 가장 결정적인 실질적 기준은 '보호법익'의 관점이다. 보호법익에 대한 '위험'을 구성요건 판단의 기준으로 삼는 객관적 귀속이론이 객관적 구성요건 해당성 판단을 견인하는 이론으로 자리잡은 것도 이 때문이다.

(2) 객관적 귀속이론과 규범적 평가적 접근 방법의 약진

30 후술하듯이 형법의 구성요건 요소를 규정한 총칙의 규정과 각칙 규정을－특히 구성요건에 해당하는 행위 개념, 행위와 결과간의 인과관계 요소－해석할 경우 객관적 귀속이론이 정립한 객관적 귀속(행위귀속, 결과귀속)의 기준이 점점 중요하게 취급되고 있다. 이러한 변화는 자연과학과 실증주의에 기초했던 고전적 범죄체계하에서의 구성요건이론, 즉 구성요건의 요소들을 모두 목적 및 가치와 관계없는 기술적 요소로만 이해했던 종래의 형법해석론의 태도와 극명하게 대비된다.

31 구성요건적 불법 유형은 입법자의 반가치 판단을 거친 후 법률 구성요건 요소로 규범화된 것이다. 이 때문에 형법의 모든 구성요건 요소는 더 이상 자연주의적 존재론적 관점에서만 이해될 것이 아니라 규범적 평가를 거치는 방법으로 해석되어야 한다. 심지어 주관적 구성요건 요소인 고의와 과실규정의 해석론에서도 자연과학적－심리학적 관점이 아니라 규범적 평가적으로 해석되어야 한다. 이 같은 구성요건 요소에 대한 접근 방법의 변화는 형사실무에서 더 분명하게 드러나고 있다. 이하에서는 구성요건 요소 해석에 관한 실무의 태도 변화를 형법도그마틱의 관점에서 때론 정리하는 수준으로 때론 비판적으로 보충하는 차원에서 재정리하여 형법적 지식의 저장고속에 체계적으로 분류해 본다.

제2절 (불법을 근거지우는) 구성요건 요소들 개관

Ⅰ. 구성요건의 개별요소

1. 총칙 구성요건 요소와 각칙 구성요건 요소

32 범죄를 구성하는 모든 요소들의 총칭개념을 구성요건이라고 한다면 범죄성립 여부를 판단함에 있어서는 구성요건을 이루고 있는 개별 요소들의 충족 여부를 검토해야 한다. 각 범죄종류에 따라 달라지는 구성요건의 요소들은 각칙 구성요건에 규정되어 있다. 살인죄의 구성요건을 이루는 요소는 사람, 살해행위 등이고, 절도죄의 구성요건을 이루는 요소는

타인의 재물, 절취행위 등이다. 범죄종류마다 달라지는 이러한 구성요건 요소들은 『형법각론』의 학습대상이고, 『형법총론』에서는 각칙상의 범죄종류들을 총칙의 규정에 따라 유형화한 '범죄유형'별로 공통되는 구성요건 요소들을 공부하게 된다.[17)]

범죄유형별로 달라지는 총칙 구성요건 요소로는 고의범의 구성요건 요소인 '고의'(형법 제13조), 과실범의 구성요건 요소인 '과실'(동법 제14조), 결과적 가중범의 구성요건 요소인 '예견가능성'(동법 제15조 제2항), 부작위범의 구성요건 요소인 '보증인적 지위'(동법 제18조), 기수범의 구성요건 요소인 '인과관계'(동법 제17조), 미수범의 구성요건 요소인 '실행의 착수', '자의성', '위험성' 등(동법 제25조 제1항, 제26조, 제27조), 공동정범의 구성요건 요소인 '공동'(동법 제30조), 간접정범의 구성요건 요소인 '교사 또는 방조'(동법 제34조 제1항), 교사범의 구성요건 요소인 '교사'(동법 제31조 제1항), 방조범의 구성요건 요소인 '방조'(동법 제32조 제1항) 등이 있다. 33

2. 구성요건 요소의 분류

(1) 객관적 구성요건 요소와 주관적 구성요건 요소

1) 객관적 구성요건 요소 구성요건의 요소 가운데 행위의 외부적 현상에 해당하는 요소를 말한다. 이러한 의미의 객관적 요소는 개별 범죄종류마다 다르다. 그러나 각칙상의 개별범죄에 고유한 객관적 요소들을 일반화하면 행위의 주체·행위의 객체·구성요건적 행위(작위와 부작위)·결과·행위와 결과 간의 형법상의 인과관계 등이 있다. 뿐만 아니라 "위험한 물건을 휴대하여"라는 규정과 같이 특별한 행위수단을 객관적 구성요건요소로 규정하고 있는 경우도 있고, "야간에"와 같이 특별한 행위상황을 객관적 구성요건요소로 규정하고 있는 경우도 있다. 형법총칙에 규정되어 있는 객관적 구성요건요소는 '행위와 결과 간의 형법상의 인과관계'(형법 제17조)이다. 34

2) 행위의 객체와 보호의 객체의 구별 객관적 구성요건 요소의 하나인 행위의 객체는 보호의 객체와 구별되어야 한다. 행위의 객체는 각칙상의 범죄구성요건에 규정되어 있는 공격의 대상으로서 행위자의 행위가 지향하는 구체적인 대상을 말하지만, 보호의 객체는 형법이 어떤 행위를 금지함으로써 보호하려고 하는 객체로서 보호법익을 의미한다. 예컨대 살인죄의 행위의 객체는 '사람'이고 보호의 객체 내지 보호법익은 '사람의 생명'이다. 형법각칙의 범죄 가운데 퇴거불응죄, 단순도주죄 등과 같이 행위객체가 없는 범죄도 있지만, 보호법익이 없는 범죄는 존재하지 않는다. 35

보호의 객체 내지 보호법익은 형법상의 구성요건을 만들 때 이를 통해 무엇을 보호할 36

---

17) 현대 형법이론학에서 총칙 구성요건 요소에 관한 해석론은 형법이론학 주도로 상당히 진척되어 있지만, 각칙 구성요건 요소의 해석론은 형사실무 주도로 전개되고 있어 일관된 이론이나 각칙의 해석을 관통하는 지도원칙 등이 전면에 등장하지 않은 상태이고, 이론학과 실무의 손길이 아직 미치지 않은 구성요건 요소들도 산적해 있다. 최근 10여 년간 대법원이 각칙 구성요건 요소의 해석법리에 변경을 가져 온 전원합의체 판결을 다수 내놓았다. 형법이론학은 이러한 판결들을 분석하고 대법원의 구성요건 해석론의 변화에 어떤 배경이 있는지를 규명하는 등 각론의 해석론에 집중해야 할 필요가 있다.

것인지에 대한 입법자의 가치판단을 통해 포착해낸 추상적인 가치 내지 이익이다. 따라서 이는 당해 구성요건의 요소를 해석하는 기준일 뿐 구성요건의 요소가 아니다. 예컨대 공무집행방해죄(형법 제136조 제1항), 폭행죄(동법 제260조 제1항), 그리고 강도죄(동법 제333조)의 구성요건에는 모두 공통으로 폭행이라는 행위요소를 규정하고 있지만, 각 범죄구성요건의 보호법익이 다르기 때문에 폭행개념의 범위가 구성요건마다 다르게 해석된다(이에 관해서는 『각론』 폭행죄 부분 참조).

37 3) 주관적 구성요건요소 행위자의 내부적·심리적 현상에 해당하는 요소를 말한다. 고의범의 경우에는 고의가, 과실범의 경우에는 과실이 주관적 구성요건요소이다. 고의는 총칙에만 규정되어 있고, 형법각칙의 범죄종류를 규정한 구성요건에는 명시되어 있지 않지만, 과실은 총칙에는 물론이고 각칙에도 규정되어 있다.

38 목적범의 '목적'은 초과주관적 구성요건요소로서 형법각칙의 개별범죄종류에 규정되어 있는 특별한 주관적 구성요건요소에 해당한다. 이외에도 표현범의 '표현', 경향범의 내심의 '경향', 영득범의 '불법영득의 의사' 등은 각칙의 규정에 직접 명시되어 있지는 않지만 해석론상 요구되는 특별한 주관적 구성요건요소이다.

39 그러나 행위자의 범행동기는 구성요건의 주관적 요소가 아니다. 범행동기는 행위자가 개인적으로 범행을 하게 된 이유로서 형의 양을 정할 때 참작할 양형사유로 분류될 수 있을 뿐이다(동법 제51조 제3호).

40 4) '주관적'과 '객관적'의 맥락적 차이 주관은 subject의 번역어이고 객관은 object의 번역어이다. 주관은 '주체인 내가 보는 것'을 말하고, 객관은 '나에게 보이는 외부세계의 대상'을 말한다. 예컨대 살인죄의 객체인 사람, 살해행위, 사망이라는 결과, 행위와 결과 간의 형법상의 인과관계 등은 나와 무관한 외부세계의 대상이므로 객관적 요소로 분류한다. 반면에 상대방이 사람이라는 인식, 사람을 살해한다는 인식 및 사람을 살해하려는 의욕(고의) 혹은 부주의하여 사람이 사망한다는 사실을 인식하지 못한 것(과실) 등은 주체인 나의 의사의 발현형태로서 주관적인 요소로 분류한다.

41 그러나 객관적인 요소를 외부적인 요소로 주관적인 요소를 내부적·심리적 요소로 도식화해서는 안 된다. 특히 주관적 요소는 행위의 내부적·심리적 측면만을 가리키지 않고 행위자의 주체적인 측면을 지칭할 때도 사용될 수 있기 때문이다. 예컨대 주관적 과실이란 개념을 사용할 때, '주관적'이란 내부적·심리적이라는 의미가 아니라 '행위자의 과실'이라는 의미로 사용된다.

42 특히 '객관적'이라는 용어는 형법이론학에서 대상을 판단 주체, 즉 척도인인 '사회 일반인' 내지 '사회적 평균인'의 의미로 사용될 경우가 많다. 객관적 예견가능성에서 '객관적'은 이러한 맥락에서 사용되는 대표적인 예이다.

(2) '기술적' 구성요건 요소 vs. '규범적' 구성요건 요소

1) **구별의 상대화** 구성요건 요소는 사람의 오감의 작용을 통해 지각이 가능한 대상을 규정하고 있는 기술적 요소와 가치판단을 통하거나 다른 법규에 의해 그 의미내용이 확정될 수 있는 규범적 요소로 나누어질 수 있다. 예컨대 절도죄의 재물, 상해죄의 사람의 신체, 살인죄의 사람 등은 기술적 구성요건요소의 대표적인 예이고, 절도죄의 객체인 재물의 타인성, 음란물판매죄의 음란 등은 규범적 구성요건요소의 대표적인 예에 해당하는 것으로 설명해 왔다(다수설). 43

그러나 종래 기술적 구성요건 요소로 인정되어 온 살인죄의 '사람'과 같은 요소도 언제부터 언제까지 사람으로 볼 수 있는가와 관련하여 심장사설과 뇌사설의 대립과 같이 사회적·규범적 의미내용에 따라 다르게 해석될 수 있다. 실제로 오늘날 형법해석학에서 기술적 요소와 규범적 요소의 구별은 점차 그 의미가 거의 퇴색되어 가고 있다. 44

2) **형법적 개념에 대한 접근방법의 변화** 기술적 구성요건 요소는 19세기 말, 20세기 초 자연주의적 존재론적 개념접근법에 기초를 구고, 구성요건을 기술적 가치무관계적 개념으로 이해했던 태도에서 기원한다. 그러나 이미 20세기 초 신칸트학파의 가치관계적 철학사상에 영향을 받은 형법학의 신고전적 범죄체계론자들이 개념의 자연주의적 존재론적 접근을 넘어서서 법률상의 모든 개념요소가 사회적·규범적 평가를 통해 확정된다는 규범적 접근법을 수용하면서 규범적 구성요건 요소의 존재가 인정되었고, 규범적 구성요건 요소로 분류될 수 있는 구성요건의 요소들이 확장되어 왔다. 45

오늘날 형법에 규정된 구성요건의 모든 요소들은 가치관계적 목적적 관점에서 범죄의 윤곽을 언어로 표현한 것임을 부인할 수 없는 한, 기술적 구성요건 요소와 규범적 구성요건 요소를 구별하는 한계선을 분명히 그을 수 없다. 특히 구성요건 요소는 형법학의 해석을 통해서, 특히 자연주의적 존재론적 접근법을 보충하여 규범적 평가적 접근법을 거쳐서 그 의미가 밝혀져야 한다. 따라서 형법의 모든 구성요건요소는 규범적 구성요건 요소로 파악되어야 한다.[18] 46

(3) 폐쇄적(봉쇄적) 구성요건요소 vs. 개방적 구성요건요소

구성요건요소를 폐쇄적(봉쇄적) 구성요건요소와 개방적 구성요건요소로 나누어 설명하는 견해도 있다.[19] 이에 따르면 폐쇄적 구성요건이란 법률의 규정에 모든 금지의 실질이 남김없이 규정되어 있는 구성요건이고, 개방적 구성요건이란 법률의 규정에는 구성요건요소의 일부만 규정되고 나머지는 법관의 보충을 요하는 구성요건으로서 과실범과 부작위범이 그 예에 해당한다고 한다. 47

---

18) 유사하게 "구성요건의 해석이란 궁극적으로 규범적 표지의 의미파악"이라고 보는 견해로는 이형국/김혜경, 123면.
19) Welzel, S. 23, 49f, 82; 황산덕, 82면.

48 그러나 구성요건이 자유보장적 기능을 수행하기 위해서는 죄형법정주의가 요구하는 정형성의 요건을 갖추어야 하므로 구성요건은 폐쇄적이어야 하는 것이 원칙이다. 개방적 구성요건요소로 언급되고 있는 과실범의 '정상의 주의의무위반'과 부진정부작위범의 '보증인적 지위'도 법관의 보충을 통해 새롭게 추가되는 차원의 개방성을 가진 것은 아니다. 과실 혹은 보증인적 지위라는 요소는 이미 형법총칙(형법 제14조, 제18조 참조) 또는 각칙(동법 제267조, 제268조 등 참조)에서 명문으로 규정되어 있고, 구체적인 사실관계 속에서 당해 요소가 충족되는가를 판단하는 과정에서 사후적으로 확정되는 것일 뿐이다.

49 예컨대, 형법 제14조의 '정상의 주의' 위반여부는 주의규정이 존재하지 않아도 구체적인 사건이 문제될 경우 법관의 평가를 통해서 객관적 주의의무의 존재 및 그 의무의 위반여부가 판단된다. 즉 발생한 결과에 대해 일반인이 예견할 수 있었다고 평가할 수 있으면 그러한 결과를 예견하고 회피해야 할 정상의 주의의무(객관적 주의의무)가 사실상 인정된다고 법관이 판단을 내리고, 이를 토대로 해서 행위자가 법관이 도출해낸 정상의 주의의무를 위반한 사실이 인정되면 과실범의 객관적 구성요건요소가 충족되는 것이다.

50 이러한 관점에서 보면 그 내용이 사전적으로 확정되어 있지 않고 사례의 사실관계와 접촉되면서 법관의 보충을 통해 사후적으로 그 내용이 충전되는 구성요건요소는 개방적 구성요건 요소로 불리기 보다는 규범적 구성요건 요소로 불려지는 것이 타당하다. 앞서 언급하였듯이 기술적 구성요건 요소와 규범적 구성요건 요소의 구별이 상대화되고 있고, 형법의 모든 법적 개념이 법관의 해석과정에서 규범적 평가적으로 접근방법에 따른 법발견 방법에 의해 그 내용이 정해지는 것이기 때문이다.

제 2 장 객관적 구성요건요소 §13

이 장에서는 객관적 구성요건 요소인 '구성요건적 결과'와 구성요건 실현 및 기수·미수의 구별문제를 개관한 후(제1절), '구성요건적 행위' 귀속에 관한 형법이론 및 판례법리를 정리하고(제2절), 제3장에서는 결과범에 해당하는 범죄종류들의 경우 공통적으로 요구되는 객관적 구성요건 요소인 행위와 결과간의 '인과관계'의 인정 여부는 어떻게 판단될 수 있는지에 관한 형법이론학 및 형사실무의 태도를 취급하기로 한다. 부작위범의 객관적 구성요건요소인 구성요건적 행위(부작위)와 주체(위험발생을 방지해야 할 의무가 있거나 위험발생의 원인을 야기한 자)에 관해서는 부작위범론에서 취급하기로 한다. 1

제 1 절 구성요건적 결과

Ⅰ. 결과범의 경우 기수와 미수의 구별

앞서 언급했듯이 각칙 구성요건은 '결과'발생을 요구하는 형식의 구성요건(결과범)과 결과발생이 없이 구성요건에 해당하는 행위의 인정만을 요구하는 형식의 구성요건(거동범)으로 분류할 수 있다. 2

결과범 형식의 구성요건의 경우 구성요건적으로 예정된 결과가—어떤 이유로든—발생하지 않았다면, 미수 처벌 규정이 존재할 것을 조건으로 미수범 형식의 수정된 구성요건요소가 충족되면 미수범이 성립할 수 있다. 반면에 결과범의 경우 구성요건적 결과가 발생하면 원칙적으로 기수범이 성립한다. 그러나 결과가 발생하였더라도 그 발생된 결과와 행위자의 행위간에 인과관계가 부정되면 기수범이 아니라 미수범의 성립만 인정된다. 3

Ⅱ. 결과범의 '결과'의 의미와 결과범의 재분류

구성요건의 해석상 '결과'개념을 어떻게 이해하느냐에 따라 결과범은 다음과 같이 (재)분류될 수 있다.[20] 4

20) 구성요건 (재)분류에 관한 자세한 내용은 『각론』 제1편 형법각론의 총론 참조.

1. 법익침해(또는 위태화)로서의 '결과'와 결과범

5 구성요건의 형식속에서 가장 기본적인 디폴트 요소로서의 '결과'는 당해 구성요건에서 보호되는 법익에 대한 현실적 침해를 내용으로 한다. 실질적으로 보호법익에 대한 침해(사람의 생명의 인위적 단절)가 곧 형식적으로 살인죄의 사람의 사망이라는 결과가 되는 것이다(침해범으로서의 결과범).

6 이외에 각칙 구성요건 중에는 법익침해적 결과가 실제로 발생한 것은 아니지만, 보호법익이 침해될 위험성이 발생하면 기수범의 성립이 인정되고, 그 위험성조차도 발생하지 않을 경우에만 미수범으로 처벌하도록 되어 있는 구성요건도 있다. 이러한 구성요건의 경우 법익의 현실적 침해가 아니라 법익침해의 위험성이 '결과'로 파악된다. 이 경우 법익침해의 위험성이 발생하면 기수가 되고, 위험성조차 발생하지 않으면 미수가 된다. 구체적 위험범 형식의 구성요건의 경우 중상해죄와 같이 미수를 처벌하지 않는 경우도 있다. 이 구성요건의 경우 생명에 대한 구체적 위험이 발생하지 않으면 결과불발생을 근거로 중상해죄의 미수범으로 처벌되는 것이 아니라 상해죄의 기수범으로 처벌된다(구체적 위험범으로서의 결과범).

2. 독자적 의미의 '결과'와 결과범

7 다른 한편 결과범 형식의 구성요건 중에는 법익 '침해적 결과'나 침해의 '구체적 위험'의 발생도 아닌 제3의 종류의 '결과'를 요하는 구성요건도 있다. 예컨대 현주건조물방화죄가 여기에 해당한다. 이 구성요건에서 보호되는 법익은 '공공의 안전'으로 해석된다. 이 구성요건이 실현되기 위해서는 행위자가 현주건조물에 방화(불을 지름)하는 행위만 있으면 그 집이 인가가 없는 외딴 곳에 있어 '공공의 안전'이 위험에 빠질 것을 요하지 않는다. 그러나 이 구성요건은 방화행위 외에 '불에 탐'이라는 별도의 요건을 요구하고 있고, 미수를 처벌하는 규정도 두고 있다. 이 때문에 이 구성요건의 해석상 행위자의 매개물을 사용하여 현주건조물에 방화하려고 불을 지른 경우 불이 매개불을 떠나 건조물에 독립하여 연소될 수 있는 상태를 '불에 탐'으로 해석하고(독립연소성설), 이러한 외부적 상태를 이 죄의 독자적 '결과'로 파악하여 기수로 처벌하고, 이러한 상태에 이르지 않은 경우에만 미수로 처벌한다(추상적 위험범으로서의 결과범).

8 더 나아가 미수처벌규정을 두고 있는 협박죄의 경우도 추상적 위험범 형식의 구성요건으로 해석될 수 있는데, 협박죄의 구성요건에는 '협박'행위 외에 별도로 구성요건적 결과로 파악될 만한 다른 독자적 표지가 존재하지 않는다. 그럼에도 협박죄의 '기수'범 성립을 인정하려면 구성요건의 해석상 협박'행위'와 독립적으로 존재하는 일정한 외부적 상태를 찾

아내어 이를 결과에 갈음할 요소로 인정할 것이 요구된다. 이와 관련해서는 협박행위를 행위미종료와 행위종료로 구별하고, 협박행위 종료를 기수로 해석하면서 이 죄를 '결과범'으로 분류(추상적 위험범이자 부진정 결과범)할 수 있는지가 문제된다. 자세한 내용은 『각론』 §1 제3절 참조.

구성요건 형식은 철저하게 입법자의 입법결단의 산물이다. '침해범으로서의 결과범'이나 '구체적 위험범으로서의 결과범'은 물론이고, '추상적 위험범으로서의 결과범' 또는 협박죄와 같이 실행의 착수 후 진행되는 경과를 '가분하여' 행위종료상태를 '결과'로 이해할 수 있는 구성요건의 경우 등을 결과범 유형속에 포함시키는지의 여부는 법률상 미수범을 처벌하는 명문의 규정이 존재하는지와 논리필연적 관계에 있는 것은 아니다. 침해범이자 결과범 형식을 취하면서도 형법에서 미수처벌규정이 마련되어 있지 않은 구성요건(예, 기술수단이용비밀침해죄)도 있고, 구체적 위험범 또는 추상적 위험범으로서의 결과범 형식으로 만들어져 있지만 미수처벌규정이 마련되어 있지 않은 구성요건들도 있다. 미수처벌규정을 두느냐 마느냐도 입법자에게 달려 있는 것이다. 특히 협박죄와 같은 구성요건의 경우 입법자가 미수처벌규정을 두지 않았더라면, 구성요건적 행위를 가분하는 등 '결과범'으로 분류하는 해석론은 전개되지 않을 수도 있다. 그러나 결과범 형식으로 분류되는 구성요건의 경우 기수범 성립이 인정되기 위해서는 행위와 결과간의 인과관계가 인정되어야 한다. 9

Ⅲ. 형법의 개입시기와 구성요건의 입법형식

1. 원칙적 입법형식과 '전단계 범죄화' 경향

각칙의 결과범 형식의 구성요건 중 국가형벌권의 투입시기가 가장 늦추어져 있는 기본적인 구성요건은 '침해범이자 결과범' 형식의 구성요건이다. 이 구성요건 형식은 보호법익에 대한 침해적 결과가 발생한 경우에만 기수범의 성립이 가능하고, 법익침해가 현실적으로 발생하지 않으면 결과발생도 없는 것이 되어 미수범의 성립만 가능해지므로 형법의 최후수단성(형법의 보충성원칙)이라는 이념에도 가장 부합할 수 있다. 10

그러나 형법에서 결과범 형식의 구성요건에는 앞서 살펴보았듯이 침해범이자 결과범 외에도 다양한 형식의 구성요건도 존재한다(예: 구체적 위험범이자 결과범, 추상적 위험범이자 결과범, 추상적 위험범이자 거동범 등). 이러한 구성요건 형식들 중에 법익침해적 결과가 발생한 이후에 사후적으로 그 범죄를 진압하는 형법의 억압적 성격을 뒤로 한 채, 법익보호에 만전을 기하기 위해 형법의 투입시기를 가장 앞당길 수 있는 형식이 추상적 위험범이자 거동범 형식의 구성요건이라고 할 수 있다. 이러한 형식의 구성요건을 통해 가벌성의 시기를 앞당기는 형사입법의 경향성을 오늘날 법익침해 '전단계 범죄화'라고 부른다. 11

2. 전단계 범죄화 형식의 구성요건

법익침해의 전단계에서 가벌성을 인정하는 입법자의 경향성을 드러내고 있는 구성요건 12

형식들은 다음과 같다. ① '구성요건에 해당하는 행위'의 존재만으로 구성요건 실현이 인정되는 형식(추상적 위험범이자 거동범 형식의 구성요건), ② 구성요건에 해당하는 행위+행위종료라는 의미의 일정한 상태로서의 결과(행위종료)가 발생하거나, 구성요건에 해당하는 행위+법익침해적 결과와 무관한 다른 독자적 결과가 발생하여야 구성요건이 실현되는 형식(추상적 위험범이자 부진정 결과범 형식의 구성요건), ③ 구성요건에 해당하는 행위+법익에 대한 구체적 위험의 발생이 있어야 구성요건이 실현되는 형식(구체적 위험범 형식의 구성요건), ④ 법익침해적 결과의 발생이 있어야 구성요건이 실현되는 형식(침해범이자 결과범 형식의 구성요건).

13 보호법익의 침해를 기준으로 삼을 경우 가장 빠른 시점에 형법의 개입이 인정되어 전단계 범죄화의 전형적인 모습을 보여주는 구성요건 형식은 ① 형식이고, 가장 늦은 시점에 형법의 개입이 인정되어 법익원칙에 충실한 고전적 형태의 구성요건형식은 ④ 형식이다.

제2절 구성요건에 해당하는 '행위'와 행위'귀속'

Ⅰ. '구성요건에 해당하는 행위'의 의의

1. '결과'와 '행위'의 구별

14 각칙의 모든 구성요건은 구성요건에 해당하는 '행위'를 구성요건 요소로 요구하고 있다. 구성요건에 해당하는 행위는 살인죄의 살해행위, 절도죄의 절취행위, 사기죄의 기망행위, 배임죄의 임무위배행위 등 당해 구성요건에 의해 보호되고 있는 '법익'공격적 행위로서 법률 구성요건 속에 규범화된 정형적 금지(작위)행위 또는 요구(부작위) 행위를 말한다.

15 구성요건에 해당하는 행위도 그 자체 일정한 외부적 효과를 만들어낸다. 예컨대 상대방을 향해 주먹을 휘두르는 폭행행위는 주먹이 상대방의 신체에 근접하면서 상대방의 얼굴이 가격되는 효과가 생긴다. 이러한 외부적 효과는 구성요건적 '행위'에 속하고, 구성요건적 행위와 독립된 일정한 구성요건적 '결과'와는 구별된다. 구성요건은 그 형식에 따라, 예컨대 칼로 사람을 살해할 경우 살인죄의 구성요건적 행위(그 행위에 부속된 외부적 효과로서 상대방의 신체 속으로 칼의 침투 등)외에 그 행위의 독립된 결과인 사람의 사망이라는 '구성요건적 결과'를 별도로 요구하는 경우도 있기 때문이다. 구성요건적 결과의 의미 및 결과범 분류에 관해서는 § 13/5 이하 참조.

2. 전(前) 구성요건적 행위와의 구별

구성요건적 행위는 '모든 범죄는 구성요건에 해당하고, 위법하고 책임있는 행위'라는 범죄의 정의 속의 '행위'와는 개념적으로 구별된다. 범죄의 형식적 정의 속에 등장하는 '행위'는 전(前) 구성요건적 행위를 지칭한다. 일반적 의미의 인간 행위를 가리키는 전(前) 구성요건적 행위는 외부세계의 변화라는 의미의 일정한 결과를 그 행위개념 속에 포함하고 있지만, 이러한 의미의 '외부성'은 형사입법자가 구성요건 속에서 정형화되어 있는 구성요건적 행위와 독립적으로 존재하는 구성요건적 '결과'와도 개념적으로 구별되어야 한다. 물론 앞서 살펴보았듯이 이 책은 전(前) 구성요건적 행위도 자연주의적 존재론적 접근법이 아닌 규범적 평가적 접근법에 따라 이해하는 입장에 서 있다. 16

19세기 고전적 범죄체계하에서의 인과적 행위이론은 전(前) 구성요건적 '행위'의 개념 속에 외부성 내지 거동성이라는 요소 외에도 행위자의 유의적 의사와 그 의사의 외부적 발현 사이에 자연과학적 의미의 인과성까지 포함시킴으로써 행위개념에 대한 철저한 자연주의적 접근방식을 취했다. 당시에는 구성요건이라는 도그마틱적 개념조차도 '외부적 사태'를 가리키는 의미로 자연주의적 존재론적 접근방식에 따라 이해했다. 따라서 그 하위요소들도 일체의 규범주의적 평가적 접근방식을 차단한 결과 – 뒤에서 살펴볼 인과관계 개념 뿐 아니라 – '구성요건적 행위개념'조차도 목적론적 또는 가치론적 관점에서 평가의 대상이 되지 못했다. 17

그러나 앞서 구성요건이론의 발전사(구성요건요소의 가치중립적 기술적 측면 → 규범적 구성요소의 발견)에서 살펴보았듯이, 그리고 가치관계적 '목적론적 관점에서 범죄체계를 재구축하려는 범죄이론 하에서의 개념에 대한 방법론적 전환(특히 1950/60년대부터 시작된 일반적 행위개념 및 고의개념에 대한 기능주의적 접근, 1970년대 인과관계 개념을 규범적 관점에서 보충하는 객관적 귀속이론의 등장 및 예방적 책임이론에 따른 책임개념에 대한 존재론적 접근법의 포기 등)이 본격화되면서 형법의 모든 개념을 규범적 평가적 접근법에 따라 해석하려는 태도가 우세를 점하게 되었다. 이에 따르면 '구성요건적 행위' 개념은 물론이고 전(前) 구성요건적 행위개념도 규범적 평가적 접근법에 따라 이해해야 한다. 18

Ⅱ. '구성요건에 해당하는 행위'에 대한 해석론상의 과제

1. 각칙 구성요건의 해석과제

구성요건적 행위는 범죄를 유형화하고 있는 형법각칙 또는 특별형법에 규정된 범죄종류마다 상이하다. 행위자의 어떤 행위가 '구성요건적 행위'에 해당하는 행위로 평가될 수 있는지는 법적용자의 오감으로는 확인할 수 없다. 구성요건에 '행위'로 기술된 개념(예, 사기죄의 기망행위, 횡령죄의 횡령행위, 또는 배임죄의 배임행위 등)의 의미를 밝히는 해석작업을 통해서 비로소 답할 수 있다. 19

구성요건적 '행위' 개념의 해석에서는 그 행위를 묘사하고 있는 언어의 문자적 의미를 밝히는 일을 출발점으로 삼지만(문리적 해석), 당해 구성요건이 보호하려는 법익의 관점을 20

고려한 해석(목적론적 해석)이 점점 중요해지고 있다. 목적론적 해석의 기준이 되는 '보호법익'은 구성요건적 행위를 위시하여 구성요건의 모든 하위요소(개념)들에 대한 규범적 평가적 접근방법에서 규범적 평가를 위한 실질적 기준으로 활용된다.

2. 형법총론의 이론화 과제: 모든 구성요건적 행위에 공통된 최소한의 전제조건

21 형법이론적 관점에서 볼 때 전(前) 구성요건적 행위의 행위속성을 규명해내는 일이 행위개념의 한계적 기능 수행을 위해 요구되었듯이, 구성요건적 행위들에 공통되는 일반적 표지가 무엇인지를 규명하는 일도 범죄성립요건의 심사에서 그리고 구성요건적 행위에 대한 일관성 있는 해석태도의 유지를 위해서 뿐만 아니라 사고경제상 중요한 관심사일 수 있다. 이 일반적 표지가 충족되지 못하는 행위는 처음부터 구성요건에 해당하는 행위로 인정되지 않아 당해 구성요건해당성 심사를 종결할 수 있기 때문이다. 그러나 이러한 관심사가 한국형법이론학에서 의미있게 그리고 본격적으로 취급된 적은 없다. 이 관심사는 다음과 같은 물음으로 바꾸어 볼 수 있다: 모든 구성요건적 행위에 공통되는 최소한의 전제조건을 이론화할 수 있는가?

22 행위자의 형사책임을 제한할 수 있는 기초작업의 일환으로 구성요건적 행위의 전제조건을 찾기 위해서는 개별 구성요건 속의 다양한 '행위'들의 특징을 모두 분석한 후, 귀납적으로 일정한 공통분모를 찾는 것이 순서일 것이다. 이 책에서는 위 문제를 – 개별적 구체적 행위를 다루는 각론의 해석론에서 일응의 지침으로 삼을 수 있도록 하기 위해 – 일반적 범죄성립요건을 다루는 범죄이론의 일환으로서 '일반적' 구성요건적 행위이론의 차원으로 격상시킨다. 이 물음에 대한 총론적 차원의 답(즉 구성요건적 행위에 관한 총론적 형법이론)은 객관적 구성요건영역에서 형법적 개념의 규범화를 추동했던 '객관적 귀속이론'에서 그 실마리를 찾을 수 있다.[21]

Ⅲ. 구성요건적 행위이론과 객관적 행위의 (객관적) '귀속'

1. 객관적 귀속이론의 등장과 방법론에서의 전환(☆)

23 형법이론학에서 객관적 귀속이론은 범죄성립 요건 가운데 구성요건의 객관적 요소와 관련한 범죄에 관한 일반이론이다. 이 이론이 오늘날 강학상 널리 수용되어 확고부동한 형법이론으로서의 자

21) 대법원은 '객관적 귀속이론'과 무관하게 각칙의 개별 구성요건의 해석상 구성요건에 해당하는 행위의 범위를 제한하기 위한 다양한 노력을 전개해 왔다. 사기죄의 '기망' 개념이나 위계에 의한 공무집행방해죄의 '위계' 개념의 제한적 해석이 특히 이러한 예에 해당한다. 이러한 실무의 노력들을 객관적 귀속이론의 관점에서 총론적 이론과 결부시킬 필요성에 관해서는 김성돈, "객관적 귀속이론과 구성요건에 해당하는 행위의 실체요건", 형사법연구 제34권 제3호(2022), 28면 이하 참조.

리를 굳히게 된 것은 1970년대 독일의 형법학자 록신(Claus Roxin)의 공적이라고 할 수 있다. 이론사적으로 보면, 록신의 객관적 귀속이론은 1930년 호니히(Richard M. Honig)의 객관적 귀속이론을 발전시킨 것이었다.[22)]

호니히는 당시 행위귀속의 조건으로서 행위자의 목적성 내지 의도성을 강조하였던 헤겔의 귀속개념[23)]을 토대로 삼았던 라렌츠의 객관적 목적성취가능성(Bezweckbarkeit)으로서의 객관적 귀속 개념을 승계하였다. 당시 호니히는 객관적 귀속판단은 "가치론적인 물음, 즉 법질서 자체와 함께 주어져 있는 규준들을 기준으로 삼아 인과적 관련성이 법질서에 대해서 가지는 의미 내지 중요성을 평가적으로 심사해야 한다"[24)]고 하였다. 그러나 호니히는 "(귀속 판단에서) 결정적인 것은 행위자가 자신의 행태를 통해 … 결과발생 내지 결과방지에 영향을 미칠 수 있었던가 하는 점," 즉 결과에 이르는 인과적 경과의 "지배가능성(Beherrschbarkeit)"이라고 하였다.[25)] 이에 따르면 귀속개념은 지배가능하지 않은 경과들을 구분해내는 필터링 기능을 하였다. 이 때문에 호니히의 객관적 귀속이론은 당시 여전히 지배적이었던 인과적 행위이론을 보충하려는 경향성"을 보였던 것으로 평가[26)]되기도 한다. 24

특히 호니히는 행위자의 주관적 의사가 중심이 되는 귀속판단을 어떻게 '객관적'이라고 부를 수 있는가라는 의문에 대해 라렌츠의 견해에 동조하여 다음과 같이 해명하였다: "객관적 귀속개념의 도입은 범주적 법적 개념으로서 법이 전적으로 그 행태에 대한 정신적인 기초로서의 '의사'를 향한다는 점을 통해 정당화될 수 있다." 이를 풀이하면, 법이 인간의 의사에만 방향을 맞출 수 있는 것은 인간의 의사만이 영향력을 발휘할 수 있는 것이고, 법은 의지적으로 가능한 만큼만 명령과 금지를 통해 요구할 수 있을 것이기 때문이라고 하였다.[27)] 이와 같이 객관적 귀속이론의 초기 버전은 '객관적'이라고 표현을 사용하면서도 내용적으로는 '의사'에 초점을 맞춤으로써 여전히 주관주의적으로 경도되었던 것임을 부인하기 어렵다. 25

객관적 귀속이론의 문제의식이 형법상 행위개념의 발전과도 중요한 접점을 가지고 있음은 고전적 귀속이론하에서의 행위귀속 개념을 제한하는 역할을 하였던 인과적 행위개념을 다시 객관적 귀속이론이 규범적 차원에서 제한하려고 하였기 때문이다. 주지하다시피 19세기의 인과적 행위이론은 외부세계와의 관계에서 자연과학적 의미의 '인과성'이라는 요소를 가지지 못한 행위를 행위개념에서 배제해 내려고 하였다(이러한 의미차원을 보면 인과적 행위이론도 나름대로 행위귀속적 과제를 수행해왔다고 볼 수 있다). 그러나 자연주의적으로 이해된 19세기 행위개 26

---

22) "인과관계와 객관적 귀속"이라는 논문을 통해 드러난 호니히의 이론은 17, 18세기 푸펜도르프(Samuel Pufendorf)의 '고전적 귀속이론'의 행위 귀속개념에 대한 헤겔학파의 컨셉을 계승한 민법학자 라렌츠(Karl Larenz)의 객관적 귀속 개념을 이어받은 것이었다.

23) 헤겔은 귀속을 행위의 귀속, 즉 어떤 사태를 귀속능력 있는 자의 자유로운 의사의 목적적 실현(=행위)에로의 귀속을 의미하는 것으로 이해하였고, 대부분의 헤겔학파에 속한 학자들도 고전적 귀속이론의 imputatio facti를 이러한 의미로 이해하였다고 한다. Armin Kaufmann, "Objektive Zurechnung" beim Vorsatzdelikt, in: FS für Hans-Heinrich Jescheck, Band I, 1985. S. 252. Fn. 6. 참조.

24) Richard M. Honig, Kausalität und objektive Zurechnung, in: FS v. Frank(1930), S. 179-180.

25) Honig, 앞의 논문, S. 187.

26) Armin Kaufmann, 앞의 논문, S. 252.

27) Honig, 앞의 논문, S. 188.

념은 다시 목적적 행위론에 의해 공격당하기도 전에 헤겔적 의미의 주관적 행위개념을 승계한 호니히에 의해 '목적달성가능성' 또는 '지배가능성' 요소로 구성된 규범적 행위개념으로 제한되었다.

27 객관적 귀속이론의 발전방향을 명실상부하게 '객관적' 귀속이론으로 바꾼 것은 1970년대 록신의 공적이었다. 객관적 귀속이론을 '주관적'으로 기울게 만들었던 사건의 진행경과에 대한 '지배가능성'이라는 호니히의 핵심 개념을 "법적으로 허용되지 않은 위험" 및 "그 규범의 보호범위"라는 개념으로 대체한 것이 바로 록신이었기 때문이다.[28] 이로써 오늘날 록신은 객관적 귀속이론을 '구성요건의 객관적 요소'를 다루는 개념적 토포스(Topos)로서의 입지를 굳히게 만든 형법이론가로 평가될 수 있다.

28 록신에 의해 주장된 객관적 귀속이론 가운데 특히 위험증대이론은 – 후술하듯이 – 여전히 논쟁적인 주제로 되어 있지만, 그의 객관적 귀속이론은 형법적 개념 이해에 대한 '방법'의 전환을 이뤄낸 역할을 하였다. 록신은 구성요건적 행위개념 뿐만 아니라 행위와 결과간의 관계로서 형법이 요구하는 요건인 인과관계 개념까지도 객관적 귀속이론의 관점에서 취급함으로써 위 두 개념을 자연주의적 존재론적 접근방법에 따라 이해하지 않고 규범주의적 평가적 접근방법에 따라 이해하는 데 견인차 역할을 하였기 때문이다.

2. 구성요건에의 객관적 귀속을 위한 두 가지 전제조건: 위험창출+위험실현

(1) 객관적 귀속이론과 위험원칙에 관한 공식

29 객관적 귀속이론이 개념의 규범주의적 평가적 접근방법을 견인한 기여도는 이 이론이 구성요건적 불법평가를 위한 준거점으로서 '위험원칙'(Risikoprinzip)을 전면에 등장시킨 점에서 확인된다. 위험원칙은 다음의 문장에 압축적으로 표현되어 있다: "행위하는 자에 의해 야기된 결과는 그 행위자의 행태가 허용된 위험(Risiko)에 의해 덮여지지 않는 위험(Gefahr)을 행위객체에 대해 창출하였고, 이 위험이 구체적 결과로도 실현된 경우에만 객관적 구성요건에로 귀속될 수 있다."

(2) 위험창출과 위험실현

30 위 공식에 따르면 어떤 행위자에 의해 야기된 '결과'가 '객관적 구성요건' 요소로 '귀속'되기 위해서는 두 가지 전제조건이 충족되어야 한다. 하나는 행위자의 행태에 의해 행위객체에 대한 '위험'을 창출하였다고 평가될 수 있어야 하고(위험의 창출), 다른 하나는 그 창출된 위험이 '결과'로 실현(위험의 실현)되었다고 평가될 수 있어야 한다. 위험실현 여부에 대한 평가는 구성요건적 '결과'를 직접적 연결고리로 삼아 이루어져야 하고, 위험창출 여부에 대한 평가를 위해 연결고리로 삼아야 할 것은 발생한 '결과'가 아니라 '구성요건적 '행

---

28) 지배가능성을 오늘날에도 여전히 인과관계를 보충하는 객관적 귀속의 척도라는 교과서 설명이 적지 않다. 그러나 지배가능성이라는 척도에 내포된 주관적 측면 및 인과적 행위개념을 보충하려는 차원에서 등장한 점, 그리고 이 척도가 록신에 의해 다른 척도로 대체된 발전과정을 염두에 두면 그러한 설명은 새로운 이론의 푸대속에 낡은 개념을 그대로 간직하고 있는 식이다.

위'이다. 이 때문에 통상적으로 위험창출 여부의 평가는 결과에 대한 평가를 포함하는 위험실현 여부를 평가하기 전 단계에서 이루어진다.

3. 객관적 귀속의 두 가지 다른 차원의 범주화

(1) 행위귀속과 결과귀속의 구별

위험창출 여부에 대한 평가가 '행위'에 대해 이루어질 경우 그 평가의 대상인 행위는 전(前) 구성요건적 행위이다. 이 행위가 허용된 위험(Risiko)에 의해 덮여지지 않는 위험(Gefahr), 즉 허용되지 않은 위험을 행위객체 또는 보호법익에 대해 창출한 것으로 평가될 수 있으면, 객관적 구성요건에로의 귀속을 위한 제1전제조건(위험창출)이 충족된 것으로 인정할 수 있고, 따라서 문제의 행위는 구성요건에 해당하는 행위로 평가(귀속) 될 수 있다. 이에 따르면 객관적 귀속의 제1전제조건을 '행위귀속'이라고 부를 수 있다. 31

다른 한편, 행위자의 행위에 의해 창출된 위험이 구성요건적 결과로 실현되었다고 평가될 수 있으면, 객관적 구성요건에로의 귀속을 위한 제2전제조건(위험실현)이 충족된 것으로 인정할 수 있고, 발생된 구성요건적 결과는 구성요건적 행위의 작품으로 평가(귀속)될 수 있다. 이에 따르면 객관적 귀속의 제2전제조건을 '결과귀속'이라고 부를 수 있다. 32

형법이론학에서 그동안 '객관적 귀속이라는 이름하에서' 객관적 귀속의 두 가지 전제조건 중 위험실현(=결과귀속)의 문제에만 초점을 맞추어 왔을 뿐, 위험창출(=행위귀속)의 문제는 '구성요건해당성' 심사 단계에서 이 문제가 가지고 있는 의미지평을 평가받지 못한 채 객관적 귀속이론의 주변부로 밀려나 있었다. '객관적' 구성요건에로의 '귀속' 판단에서 행위귀속 문제와 결과귀속 문제에 대한 체계적 자리매김에 대한 '관심소홀'은 객관적 귀속이론을 소비함에 있어 결과귀속 문제에 대한 과도한 편식증을 일으켰다. 종래 객관적 귀속이론은 범죄구성요건의 형식중 '결과범'을 전제로 하여 '행위와 결과간의 관련성'의 문제해결을 겨냥한 – 특히 '인과관계'에 관한 19세기의 형법이론을 극복하는데 최적화된 – 이론으로만 소비되어 온 것이다. 이 때문에 객관적 귀속이론이 행위자의 행위를 '구성요건에 해당하는 행위로 평가'하는 차원의 '행위' 귀속을 위한 기준을 제공하는 이론으로서의 면모도 가지고 있음은 대체로 간과되었다. 33

(2) 객관적 귀속이론과 구성요건 형식

객관적 귀속을 위한 전제조건 중 위험창출 내지 행위귀속의 문제는 행위자의 행위가 행위객체나 보호법익에 대해 위험을 창출하였는지를 평가하는 문제이므로 아직 '결과'를 평가대상으로 삼지는 않는다. 반면에 따라서 행위귀속의 법리가 적용되는 구성요건은 법익에 대한 위험을 발생시키지 못하게 하기 위해 금지되는 행위를 규정하고 있는 구성요건 형식'이면 족하다. 34

그러나 결과를 구성요건 요소로 규정하고 있지 않은 구성요건이라도 문제의 행위가 구성요건에 해당하는 행위로 인정될 수 있는지를 평가하는 단계는 필요불가결한 단계로 거쳐야 한다. 이 때문에, 위험창출 내지 행위귀속 여부에 대한 판단은 '결과범' 뿐만 아니라 '거동범' 형식의 구성요건의 경우에도 이루어져야 한다. 반면에 객관적 귀속을 위한 전제 35

조건 중 '위험실현'은 행위자의 행위로 창출된 위험이 '결과'로 실현된 것인지를 평가함에 있어 결과에 대한 평가가 관건이므로 '결과범'에 국한하여 발생한 구성요건적 결과를 그 행위자의 행위로 귀속시키는 차원의 '결과귀속'의 조건으로 기능한다.

36 행위자의 행위가 위험을 창출한 것으로 평가될 수 없어서 '행위귀속'이 부정되면 행위자의 행위는 구성요건에 해당하는 행위로 평가되지 않아 결론적으로 구성요건해당성이 부정되어 범죄성립 자체가 인정되지 않는다. 다른 한편 행위자가 창출한 위험이 구성요건적 결과로 실현된 것으로 평가할 수 없어서 '결과귀속'이 부정되면, 발생된 결과에 대해 기수의 형사책임을 지울 수 없어 미수책임만 인정된다.

37 형법이론학에서 객관적 귀속이론은 행위자 행위의 객관적 구성요건해당성 여부를 판단함에 있어 실천적 의의를 가진 이론이다. 이러한 의미지평에서 보면 객관적 귀속이론은 '서로 다른 뿌리를 가진,'[29] 또는 두 개의 서로 다른 쟁점을 다루는, 두 개의 이론영역으로 나누어질 수 있다. 하나는 과실범의 영역에서 행위와 결과의 관계를 규율하는 형태로서 형법적인 인과관계의 문제를 다루고 있는 이론영역이고, 다른 하나는 형법의 사회기능적 관점을 출발점으로 하여 '사회적으로 상당한 행위'는 형법상 불법이라고 귀속할 수 없고 '허용된 행위'라는 결론을 이끌어내고 있는 이론영역이다. 앞에서 사용한 위험실현과 위험창출과 관련한 결과귀속 또는 행위귀속이라는 용어를 통해 두 가지 이론영역을 자리매김하면 다음과 같다. 전자는 결과귀속이라는 차원의 '특별한 객관적 귀속이론'(인과관계의 문제와 결부된 '결과귀속'의 문제)으로, 후자는 행위의 일반적 불법성 여부를 평가하는 차원에서 '일반적 객관적 귀속이론'(행위의 구성요건해당성을 평가하는 차원의 '행위귀속'의 문제)으로 분류할 수 있다. 결과귀속을 판단하는 특별한 귀속이론으로는 위험증대이론에 기초된 의무위반관련성이론, 자기위태화에 관한 이론 내지 책임소구이론 등을 꼽을 수 있다(이에 관해서는 인과관계론 참조). 행위귀속을 판단하는 일반적 객관적 귀속이론의 맥락에서 설명될 수 있는 이론은 허용된 위험이론 또는 사회적 상당성 이론 이외에도 신뢰의 원칙에 관한 이론이 있다(신뢰의 원칙에 관해서는 과실범 참조).

38 이하에서는 일반적 객관적 귀속이론, 즉 위험창출의 전제조건을 충족하지 못하여 형사책임 부정으로 귀결되는 '행위귀속의 이론(법리)'들을 먼저 체계적으로 정돈해 보고, 결과귀속을 긍정할 수 있는 위험실현의 전제조건을 충족하지 못하여 기수책임 부정으로 귀결되는 '결과귀속의 이론(법리)'들은 장을 바꾸어 인과관계론에서 다루기로 한다.

Ⅳ. 구성요건적 '행위귀속'을 부정하는 이론들

1. 행위귀속 부정 이론의 의의

39 객관적 귀속을 위한 첫 번째 전제조건인 '위험창출'은 결과가 발생할 위험 또는 법익에 대한 위험을 만들어내는 '행위'에 초점을 맞춘다. 다시 말하면 위험창출이라는 전제조건을 충족하였는지의 문제는 행위자가 창출한 위험이 결과로 실현된 것이라고 평가되기 이전

29) Jabobs, §7/4b 참조.

단계(즉 인과관계 및 객관적 귀속판단을 하기 전단계)에서 그 행위자의 행위가 '구성요건에 해당하는 행위'로 '평가'할 수 있는 '행위'귀속의 문제이다. 행위귀속의 문제는 결과범 뿐만 아니라 거동범의 경우에도 검토되어야 한다.

전(前) 구성요건적 행위개념이 구성요건해당성심사 이전 단계에서 가벌성의 한계기능을 수행하는 것이라면, '구성요건해당성심사 단계에서' 구성요건에 해당하지 않는 않는 행위의 가벌성을 배제하는 한계기능을 수행하는 것은 '행위귀속' 부정의 이론(법리)이다. 행위자의 행위를 법률구성요건에 해당하지 않는 행위로 평가하는 이른바 행위귀속 부정 이론(법리)은 '허용된 위험 이론'과 '사회적 상당성 이론'이다. 40

2. 허용된 위험 이론

객관적 귀속이론은 행위자가 법적으로 허용되지 않은 위험을 창출시키거나 위험을 증대시킨 경우를 행위귀속을 위한 전제조건으로 본다. 이에 따르면 행위자의 행태가 허용된 위험(Risiko)에 의해 덮여지지 않는 위험(Gefahr)을 행위객체에 대해 창출하여야 행위귀속이 긍정된다. 반면에 행위자의 행위에 의해 창출된 위험이 '허용된 위험'인 경우나 행위자의 행위가 '위험을 감소'시킨 경우에는 행위귀속이 부정된다. 41

객관적 귀속이론은 이 경우 행위자가 창출한 위험이 허용된 위험인지 허용되지 않는 위험인지를 평가하기 위한 기준은 당해 구성요건속의 '행태규범'에서 나와야 한다고 한다. 구성요건이 '법익보호에 기여하는 행태규범'으로서 형법적 관점에서 행위반가치성이 있는 금지된 행위를 정형화하고 있기 때문이다. 42

그러나 허용된 위험이라는 기준은 당해 행태규범에 '사전적으로 예정(결정)'되어 있는 것이 아니다. 오히려 구체적인 행위자의 행위와 그 행태규범을 사후적으로 접촉시키는 방법의 '해석' 내지 '법발견 방법'을 통해서 달라질 수 있다. 즉 행위자의 행위가 '법적'으로 허용된 위험'을 발생시킨 데 불과한 것으로 평가될 수 있는지는 구체적 사례의 특수성과 당해 구성요건에 보호되는 법익의 종류에 따라 다르게 결정될 문제이다. 43

이러한 결정에서 관건이 되는 것은 적용되어야 할 행태규범인 당해 구성요건에 의해 보호되는 법익에 대한 위험(Gefahr)을 방지하기 위해 문제된 행위를 형벌로 금지할 필요가 있는가, 아니면 문제되는 행위가 보호법익에 대해 위태화를 초래하지 않아 사회적으로 감수될 수 있거나 행위자의 자율적 통제 하에 두어도 법익보호에 지장이 없을 수준인가 하는 물음이다.[30] 예컨대 감기환자가－감염가능성 있는 바이러스 보균자이지만－모임에 참석하여 옆사람에게 감기를 옮기는 경우 통상적인 상황에서는 그 감염행위를 상해죄의 상해행 44

30) Risiko와 Gefahr라는 독일어 단어의 의미 차이에 초점을 맞추면 허용되는 위험(Risiko)은 사회적으로 상당한 행위가 만들어내는 위험, 즉 사회생활내에서 시민들이 감내해야 하는 일상적 위험으로서 국가형벌을 통해서 관리될 필요조차 없는 위험을 의미하고, 금지된 위험(Gefahr)로서 통계학적 확률에 기초한 예측판단에 따를 때 당해 행태규범에 의해 보호되는 법익에 대해 미치는 (추상적 또는 구체적) 위험으로서 형벌을 통해 통제될 필요가 있는 위험을 말하는 것으로 양자를 구별할 수도 있다.

위로 귀속시킬 수 필요가 없다. 그러나 코로나 19 바이러스의 위험성에 대한 경각심이 고조되어 예방법까지 만들어진 상황에서 자가 격리 대상자로 분류되는 경우에는 평가가 달라질 수 있다. 에이즈 환자가 상대방을 감염시켜 살해하려고 한 성관계를 살인죄의 살해행위가 법적으로 허용된 위험인지 허용되지 않는 위험인지도 살인죄 구성요건의 해석상 논란이 될 수 있다. 허용된 위험 이론에 따라 행위귀속이 부정될 수 있는 사례에 관해서는 후술한다.

3. 사회적 상당성 이론

45 형법이론학에서는 허용된 위험에 관한 법리와 유사하게 그러나 객관적 귀속이론과 무관하게 오래전부터 행위의 '사회적 상당성'이 구성요건해당성배제사유로 인정해 왔다.

(1) 독일의 이론 및 독일의 형사실무의 태도

46 '사회적 상당성'이라는 개념을 최초로 만들어낸 것으로 평가되고 있는 벨첼(Hans Welzel)은 사회적으로 상당한 행위를 "사회적으로 상당한 행위들을 역사적으로 전승되어온 공동체 생활의 사회윤리적 질서 안에서 움직이는 행위"들로 이해하였다.[31] 이에 따르면 사회적으로 상당한 행위는 형식적으로 구성요건에 포섭가능하지만, 구성요건에 해당하는 행위가 될 수 없게 된다.[32] 사회적으로 상당한 행위는 "일반적으로 통례적인, 역사적으로 형성되어온 사회윤리적으로 인정된 행위"[33]로 정의되기도 하고, 사회적으로 승인된 행태규범에 일치하는 행위로 평가되면서도 단순한 관행성만으로 족한 것이 아니라 공동체의 중요한 다수의 표상이 그 수행된 행태를 사회적 공동생활에 필요하고도 옳은 것이라는 점이 추가적으로 인정될 것이 요구되기도 한다.[34]

47 독일의 연방재판소도 사회적으로 상당한 행태는 "통상적인, 일반적으로 승인된 그리고 따라서 형법적 관점에서 볼 때 사회적 생활내에서 행위의 자유가 인정되는 범위 안의 행태" 내지 "전적으로 의심스럽지 않은 행태" 등으로 정의되고 있다.[35]

(2) 한국형법이론학에서의 사회적 상당성 법리와 사회상규조항과의 관계

48 1) **구성요건해당성 배제사유로서의 사회적 상당성** 한국형법이론학의 다수견해도 '사회적 상당성'을 독일형법학에서 사용하고 있는 정의를 그대로 수용하면서 이를 '구성요건해당성배제'를 위한 법리로 활용해 왔다. 그러나 범죄체계론적 관점에서 볼 때 도그마틱적 개념인 사회적 상당성이 한국 현행형법(제20조)에서 '위법성조각사유'로 인정되고 있는 '사회상규에 위배되지 아니하는 행위'(위법성론 참조)와 구별될 수 있는지는 여전히 문젯거리가 될

---

31) Welzel, Studien zum System des Strafrechts, ZStW 58 (1939), 516 f.
32) Welzel, Das deutsche Strafrecht, 11. Aufl. 1969, 57.
33) Karl Friedrich Schaffstein, Soziale Adäquanz und Tatbestandslehre, ZStW 72 (1960), 369-396 (378).
34) Heiz Zipf, Rechtskonformes und sozialadäquates Verhalten im Strafrecht, ZStW 82 (1970), 633－654 (633).
35) BGHSt 23, 228.

수 있다.

2) 대법원의 사회상규조항의 해석 대법원의 태도가 특히 그러하다. 대법원은 독일학자들이나 독일의 연방재판소가 사회적 상당성을 정의내릴 때 사용하는 표지들과 거의 대동소이한 표지들을 위법성조각사유로 규정된 사회상규조항에 대한 해석내용으로 사용하고 있기 때문이다(대법원의 사회적 상당성 법리의 문제점 및 사회상규조항의 관계에 관해서는 §21 제5절 Ⅳ.). 49

判 대법원은 "극히 정상적인 생활형태의 하나로서 역사적으로 생성된 사회생활질서의 범위안에 있는 것이라고 생각되는(행위)"[36] 또는 "법질서 전체의 정신이나 그 배후에 놓여 있는 사회윤리 내지 사회통념에 비추어 용인될 수 있는 행위"[37]를 '사회적으로 상당한 행위'로 평가하면서도, 이를 구성요건해당성이 부정되는 행위로 취급하지 않고, 그와 같은 행위를 '사회상규에 위배되지 않는 행위'로 평가함으로써 위법성이 조각되는 행위로 취급하고 있다. 50

3) 결론 물론 내용적 표지가 유사하고 본질적 내용이 동일하더라도 다른 명칭이 부여되고 있는 것 자체가 모순은 아니다. 그러나 본질적으로 같은 내용을 법효과 면에서 다르게 취급하는 것은 문제가 된다. 구성요건해당성을 탈락시킬 것인지 위법성을 조각시킬 것인지는 순수 이론적인 차원의 문제가 아니라 실제적 측면에서도 법적 취급상의 차이(문제의 행위에 대한 정당방위의 인정여부 등)를 가져오기 때문이다.[38] 51

생각건대, 사회상규에 위배되지 아니하는 행위가 형법 제20조에서 위법성조각사유로 규정되어 있다고 해서, 그와 유사한 내용적 표지를 공유하고 있는 사회적으로 상당한 행위를 현행 형법의 해석상 반드시 위법성조각사유의 하나로 체계화할 필요는 없다. 사회 속에서 등장하는 다양한 사례들의 사실관계의 특수성을 고려하여 구체적으로 타당성을 지향하는 법발견을 시도할 경우, 사회적으로 상당한 행위로 평가되는 일정한 행위는 사회상규조항에 의해 포섭되는 행위유형과는 달리 처음부터 정형화된 불법유형(구성요건)에도 포섭되지 않는다고 자리매김할 수 있기 때문이다. 일정한 행태양식을 불법유형으로서의 구성요건에 담을 경우 그 행태양식이 사회유해적이라는 경험에 근거를 두고 있긴 하지만, 입법자에 의해 만들어진 정태적인 구성요건 형식은 언제나 사회구조와 사회에 중요한 가치개념의 역동적 발전과 멀어질 가능성에도 노출되어 있음을 고려한다면 더욱 그러하다. 52

특히 법률구성요건의 해석적 관점에서 볼 때 불법적 행위를 추상적 언어로 기술하고 있는 구성요건은 현실을 한 치의 오차도 없이 정확하게 옮겨놓은 '모사모델'이 아니라 사례 53

36) 대법원 1983.2.8. 82도357.
37) 대법원 2001.2.23. 2000도4415.
38) 예컨대, 도박죄의 가벌성을 부정하는 "일시적인 오락의 정도에 불과한 도박의 경우 예외로 한다"는 형법규정(제246조 제1항 단서)을 어떻게 해석할 것인지와 관련하여. 이 단서조항을 사회적으로 상당한 행위로서 구성요건에 해당하는 도박행위조차 부정하는 법적근거로 이해할 수도 있고, 일시적 오락이라도 도박죄의 구성요건에는 해당하지만 사회상규에 위배되지 아니하는 행위로 보아 위법성이 조각되는 것임을 확인하고 있는 규정으로 이해할 수도 있다.

마다 달라지는 특수성을 담을 수 있는 의미공간을 내장한 '의미모델'이다. 이와 같이 언어가 가지는 특성 때문에 필연적으로 해석(또는 법발견 방법)으로 충전되어야 할 의미공간을 가진 개념을 사용하여 유형화된 구성요건은 법적용단계에서의 법발견 과정에서 그 의미가 해명되어야 할 필요성이 생긴다. 이러한 관점에서 볼 때 '사회적 상당성' 법리는 구성요건적 행위유형을 묘사한 개념의 의미를 밝히는 과정에서 행위자의 행위를 구성요건에 해당하는 행위로의 '귀속'을 배제하는 기능을 담당하도록 자리매김하는 것이 바람직하다.

(3) 사회적 상당성법리가 적용된 구체적 판례사안들

54 대법원은 사회적 상당성 법리를 구성요건해당성 배제를 위해 사용하는 것인지 위법성 조각을 위해 사용하는 것인지 명시적으로 밝히고 있는 것은 아니지만, 다음과 같은 사례들에서 사회적 상당성 법리를 '범죄성립' 부정의 근거로 사용하고 있는 것만은 분명하다.

55 ① 운동경기 중 주의의무위반으로 상해를 입힌 판례사안(과실범): "운동경기에 참가하는 자가 경기규칙을 준수하는 중에 또는 그 경기의 성격상 당연히 예상되는 정도의 경미한 규칙위반 속에 상해의 결과를 발생시킨 것으로서 사회적 상당성의 범위를 벗어나지 아니하는 행위라면 과실치상죄가 성립하지 않는다고 할 것이지만, 골프경기를 하던 중 골프공을 쳐서 아무도 예상하지 못한 자신의 등 뒤편으로 보내어 등 뒤에 있던 경기보조원(캐디)에게 상해를 입힌 경우에는 주의의무를 현저히 위반한 사회적 상당성의 범위를 벗어난 행위로서 과실치상죄가 성립한다"(대법원 2008.10.23. 2008도6940).

56 위 판시에서 대법원은 '사회적 상당성' 개념을 이용하여 주의의무에 위반된 행위를 두 가지로 구분하고 있다. 사회적 상당성 범위내의 주의의무위반(=행위의 성격상 당연히 예상되는 경미한 주의의무위반)과 사회적 상당성의 범위 밖의 주의의무위반(=현저한 주의위반)을 구분하고 있다. 여기서 주의의무위반의 현저성과 경미성에 따라 사회적 상당성 인정여부가 결정되고, 그에 따라 과실치상죄의 성부가 판단된다는 점에서 대법원이 사회적 상당성을 과실(객관적 과실)여부 판단 기준으로 삼고 있다고 볼 수 있다.

과실범의 성립여부와 관련하여 대법원의 사회적 상당성 개념 활용법은 형법이론학이 허용된 위험 이론을 신뢰의 원칙과 함께 과실범의 과실 부정을 위한 이론으로 인정하는 형법이론학의 태도와 일맥상통한다. 즉 '법적으로 허용된 위험'의 창출을 구성요건적 '행위귀속' 부정의 근거로 삼는 객관적 귀속이론과 같은 맥락에서 대법원도 사회적 상당성을 허용된 위험의 하위사례로서 파악하여 사회적으로 상당한 주의위반적 행위는 구성요건에 해당하는 행위에서 배제시키는 법리에 따르고 있다고 평가할 수 있다.

57 대법원이 사회적 상당성 법리를 객관적 행위귀속 이론과 궤를 같이하는 것으로 긍정적 평가를 한다고 해서 위 판결에서 대법원이 실제로 전개하고 있는 논리까지 전적으로 동의하는 것은 아니다. 위 판시에서 대법원이 골프공이 뒤로 간 것이 '아무도 예상하기 어려운 결과'라고 하면서도 이를 '주의의무를 현저하게 위반'한 과실이라는 평가하고 행위자에게 과실치상죄의 성립을 인정하고 있음은 대법원이 취하고 있는 과실법리, 즉 결과에 대한 객관적 예견가능성이 부정된다면 기울여야 할 객관적 주의의무 자체가 없어 과실을 인정할 수 없다는 기본적인 과실법리와도 모순되기 때문이다(대법원의 과실법리에 관해서는 § 16/48 이하

참조).

② **인터넷 사이트에 링크제공을 통한 저작권 침해에 관한 판례사안(고의범):** "저작권 침해물 링크 사이트에서 침해 게시물로 연결되는 링크를 제공하는 경우 등과 같이, 링크 행위는 그 의도나 양태에 따라서는 공중송신권 침해와 밀접한 관련이 있는 것으로서 그 행위자에게 방조 책임의 귀속을 인정할 수 있다. (…) 다만 (…) 침해 게시물 등에 연결되는 링크를 영리적·계속적으로 제공한 정도에 이르지 않은 경우 등과 같이 방조범의 고의 또는 링크 행위와 정범의 범죄 실현 사이의 인과관계가 부정될 수 있거나 법질서 전체의 관점에서 살펴볼 때 사회적 상당성을 갖추었다고 볼 수 있는 경우에는 공중송신권 침해에 대한 방조가 성립하지 않을 수 있다"(대법원 2021.9.9. 2017도19025). 58

위 판시 내용은 타인의 저작권을 침해하는 인터넷 사이트에 링크를 제공하는 행위가 저작물에 대한 공중송신권 침해에 대한 방조가 될 수 있는지에 관한 대법원 법리이다. 대법원은 종래 '일반적인 링크제공'행위를 공중송신권 침해에 대한 방조를 인정하는 태도를 취하였으나, 위 판결에서는 '계속적 영리적 링크 제공'행위라야 방조가 인정될 수 있다고 한다. 59

이 점을 근거지우기 위해 대법원은 일반적 링크제공행위가 방조범의 방조에서 배제되기 위한 두 가지 다른 차원의 요건을 설시하고 있다. 하나는 방조범의 '고의가 부정'되거나 링크 행위와 정범의 범죄실현 사이의 '인과관계가 부정'될 것이라는 요건이고 다른 하나는 링크제공행위가 '사회적 상당성을 갖출 것'이라는 요건이다. 후자의 요건에 초점을 맞춰 보면, 대법원은 '사회적 상당성'을 고의조각과 인과관계 부정의 경우와 동일한 차원에서 행위의 구성요건해당성배제를 위한 근거법리로 삼고 있다고 읽을 수도 있다. 이 점까지는 문제가 없어 보인다. 그러나 위 판시에서 대법원이 사회적 상당성 여부를 판단하기 위해 '법질서 전체의 관점'을 내세우고 있는 문구는 사회적 상당성의 범죄체계상 지위에 혼란을 야기할 수 있다. 60

범죄체계론적 관점에서 볼 때 '법질서 전체'의 관점은 방조범의 객관적 구성요건 요소의 하나인 방조행위의 구성요건해당성 여부 판단을 위한 관점이 아니라, '형법률'의 구성요건에 해당하는 '방조'라는 전제하에서 그 방조행위의 '위법성' 판단을 위한 기준이기 때문이다(이에 관해서는 §19/4, 31 등). 61

위 판시에서 대법원의 사회적 상당성 법리에 나타난—특히 범죄체계상의—혼선을 제거하려면 어떻게 해야 하는가? 타인의 저작물 사이트에 '영리적 계속적으로 링크를 제공하는 행위'는 저작권이라는 보호법익에 대한 법적으로 허용되지 않는 위험의 창출인가 아니면 허용되는 위험의 창출에 불과한 것인가라는 점에 초점을 맞추어 사회적 상당성 여부 판단을 하는 것이 바람직할 것으로 보인다. 62

③ **특정 신문들에 광고를 게재하는 기업 광고주들에게 소비자불매운동의 일환으로 광고중단을 압박한 판례사안(고의범):** "소비자불매운동이 헌법상 보장되는 정치적 표현의 자유나 일반적 행동의 자유 등의 점에서도 전체 법질서상 용인될 수 없을 정도로 사회적 상당성을 갖추지 못한 때에는 그 행위 자체가 위법한 세력의 행사로서 형법 제314조 제1항의 업무방해죄에서 말하는 위력의 개념에 포섭될 수 있다" 63

(대법원 2013.3.14. 2010도410).

64 위 판시에서 대법원은 소비자 불매운동의 일환으로 지속적·집단적으로 항의전화를 하거나 항의글을 게시하는 등의 방법으로 광고중단을 압박한 행위가 업무방해죄의 구성요건적 행위인 '위력'에 해당하는지를 판단하면서 '사회적 상당성' 법리를 사용하고 있다. 그러나 이 판결에서도 대법원은 앞의 판결과 마찬가지로 사회적 상당성 인정 여부에 대한 판단을 '전체 법질서의 관점'에서 용인할 수 있는지와 연동시키고 있다. 이러한 태도가 구성요건해당성 판단에서 동원되는 사회적 상당성 법리와 위법성 판단을 위해 사용해야 할 기준의 혼용이라는 점은 앞서 지적한 바와 같다.

65 判 위 판결에서 특히 대법원은 전체 법질서상 용인될 수 없을 정도로 사회적 상당성이 부정되면 행위자의 행위가 '헌법'의 기본권 실현행위일지라도 '형법'적으로 불법성이 인정한다는 취지의 판시를 하고 있다. 이러한 판시내용에서는 사회적 상당성을 헌법의 기본권도 그 아래에 두는 최고 상위의 법리 내지 법원칙으로 취급하고 있는 듯한 면모도 보여주고 있다.[39] 이 점은 영미의 커먼로 법체계하에서 성문헌법(律)보다 우위성을 인정받아 최고규범성이 인정되고 있는 커먼로 법원칙과 같은 지위를 '사회적 상당성' 법리에게 부여하고 있는 것으로 볼 여지도 있다.

(4) 허용된 위험과 사회적 상당성 법리의 관계

66 사회적 상당성이라는 법형상은 '허용된 위험'이라는 법형상의 하위 사례유형으로 자리매김되는 것이 바람직하다.[40] 앞서 설명하였듯이 당해 구성요건이 보호하는 법익에 대해 허용된 위험을 창출한 행위로 평가되면 그 행위는 사회적으로 상당한 행위로 분류될 수 있기 때문이다. 그 구체화의 측면에서 볼 때 사회적 상당성이 인정되는지의 여부는 그 개념자체의 상위의 기준이 아니라, 보다 상위의 기준인 법적으로 허용된 위험의 발생인지에 따라 평가될 수 있다. 문제의 행위가 사안의 특수성을 고려하여 '법적'으로 허용된 위험을 발생시킴으로써 사회적으로 상당성이 인정되는 행위로 평가될 수 있다면, 그 행위는 구성요건적 행위 귀속이 부정될 수 있다.

4. 구체적 사례와 객관적 '행위 귀속' 판단

67 객관적 귀속이론의—즉 행위귀속 관련 이론이든 결과귀속 관련 이론이든—객관적 귀속에 관한 법리는 원래 과실범의 도그마틱에서 발전되었다. 고의범의 경우에는 행위자의 고의라는 요소가 많은 사례들에서 형법적으로 중요한 행위를 미리 가려낼 수 있기 때문이다. 그러나 고의범의 경우에도 다음과 사례유형의 경우 '허용된 위험'을 근거로 하여 객관적 행위귀속이 탈락될 수 있다.

---

39) 후술하듯이 대법원은 '사회적 상당성의 원리'를 일반적 위법성조각사유를 규정한 사회상규조항을 도출하게 하는 기본원칙(정당화 근거이론)의 하나로도 자리매김하고 있다. 이에 관해서는 위법성론의 판단 '기준' 참조.

40) 특히 독일에서는 록신과 야콥스가 이러한 입장이다.

사례1(위험감소사례): A는 B에게 총을 쏘았다. C는 B를 구하려고 마지막 순간에 B를 옆으로 밀어 그 총알이 B의 가슴에 맞지 않고 팔에 맞게 되었다. 68

종래 인과관계 개념에 대한 자연주의적 존재론적 접근 방법에 따르면 위와 같은 사례의 경우는 C의 행위와 B에게 발생한 상해의 결과 간에는 일단 '인과관계'가 인정된다. C의 미는 행위가 팔에 입은 상해에 인과적 원인을 제공한 점이 인정될 수 있기 때문이다. 그러나 객관적 귀속이론의 '행위귀속'의 관점에서 보면, B에게 발생한 상해의 결과를 C의 행위로 귀속(결과귀속=위험실현여부)시킬 수 있는지를 평가하기 전에 선결문제(행위귀속)가 해결되어야 한다. 이에 따르면 C가 B를 미는 행위는 위험감소에 해당하거나 법적으로 허용된 위험을 발생시킨 것이기 때문에 폭행죄의 구성요건적 행위인 폭행행위로 귀속될 수 없으므로 C에게는 폭행치상죄의 구성요건해당성이 부정된다. 69

사례 2(허용된 위험사례): 조카 N이 삼촌 O가 죽기를 바라면서 O를 설득하여 비행기 여행을 하도록 했다. 비행기가 추락하여 O가 사망하였다(a사례). A는 수상스키 선수 B가 치명적인 사고를 당할 것을 희망하면서 한강에서 수상 스키 묘기를 보여주도록 설득하였다. B는 수상 스키 묘기를 부리던 중 전복사고를 당하여 사망하였다(b사례). 70

위 사례는 전형적 교과서 사례에 해당하지만 대부분의 교과서에서와 같이 인과관계(및 객관적 결과귀속의 여부)를 쟁점으로 삼을 사례는 아니다. 이 사례a에 대한 종래 통상적인 설명은 조카 N의 설득행위가 없었더라면 삼촌 O가 비행기를 타지도 않았을 것이므로 O의 사망과의 사이에 조건설에 따를 경우 인과관계가 인정되지만, 상당인과관계설에 따라 인과관계가 부정되거나 객관적 귀속이론에 따라 객관적 귀속(='결과'귀속)이 부정된다고 한다. 71

그러나 객관적 귀속이론에 따르면서도 위험창출과 위험실현의 문제를 구별하는 전제하에서 보면 위 사례a는 인과관계 문제는 쟁점화 될 필요가 없는 사례이다. 비행기 여행을 권유한 조카 N의 행위는 사회적으로 상당한 행위이거나 생명에 대해 허용되지 않는 위험을 창출한 것이 아니기 때문이다. 이 때문에 그 권유행위는 구성요건에 해당하는 살해행위로 평가할 수도 없다(행위귀속의 부정!). 72

사례b의 경우도 마찬가지이다. A가 만들어낸 위험은 사회적으로 정상적인 최소한의 위험이거나, 행위자의 주관적 의사(고의)를 도외시한 객관적 행위측면만 보면 전적으로 무시될 위험은 아니지만, 사회적으로 일반적으로 수용될 수 있는 위험에 해당한다. 따라서 A의 행위는 구성요건적 행위로 귀속될 수 없으므로 처음부터 살인죄의 구성요건에 해당하는 '살해행위'로 평가될 수 없다. 73

사례2의 경우 문제의 행위를 '사회적 상당성'이 인정되는 행위라고 하든 '허용된 위험'을 발생시킨 행위라고 하든 상관이 없다. 일정한 사회에서 어떤 위험들이 '사회적으로 상당한' 것인가 또는 허용된 위험인가라는 물음에 대한 답은 처음부터 결정되어 있는 것이 아니라 74

그때그때 문제되는 행위의 구체적 사정이나 당대의 과학기술의 발전수준 또는 사회의 상태에 따라 달라진다. 이 점은 형법적 귀속에 있어서 처음부터 중요하지 않은 인과적 인자로 결정되어 있는 것은 없다는 점을 말해준다. 또한 현시점에서는 허용된 위험을 창출하는 행위 내지 사회적으로 상당한 행위라도 장래에는 그 반대일 수도 있음을 시사한다. 일정한 종류의 에너지 생산, 일정한 교통수단, 일정한 스포츠종류, 또는 일정한 영업태도, 또는 심지어 기후위기를 초래하는 일정한 생활습관 등에 대한 사회의 태도가 변할 수 있기 때문이다.

75 앞의 사례 1과 2는 '행위귀속'만 문제되기 때문에 인과관계의 문제 내지 '결과귀속'의 문제는 제기될 필요조차 없는 사례들이다. 인과관계의 문제 내지 결과귀속의 문제는 선결문제로서 행위귀속, 즉 문제된 행위자의 행위가 최소한 구성요건적 행위로 인정되는 경우에 한하여 제기되기 때문이다. '위험실현' 요건과 관련된 '결과귀속'의 문제에 관한 객관적 귀속이론의 해결방안이 전통적인 인과관계이론에 따른 해결방안과 어떻게 다른지는 제3장에서 이어진다.

제 3 장 인과관계와 결과귀속이론 §14

제 1 절 인과관계의 의의

> 제17조(인과관계) 어떤 행위라도 죄의 요소되는 위험발생에 연결되지 아니한 때에는 그 결과로 인하여 벌하지 아니한다.

Ⅰ. 인과관계의 의의와 형법규정

1. 인과관계의 의의

‘행위’와 ‘결과’는 각칙 구성요건에 명시적으로 규정되어 있는 구성요건 요소이지만, 양자간의 ‘인과관계’라는 요소는 각칙이 아닌 총칙에 규정되어 있다. 총칙규정의 해석상 인과관계는 결과범 형식의 모든 구성요건에 공통된 객관적 구성요건 요소로 자리매김되고 있다는 점에 이견이 없다. 이 요소를 범죄성립여부에 대한 판단에서 심사해야 할 실익은 분명하다. 1

‘고의범’의 경우 인과관계가 부정되면 기수범 성립을 부정되고 미수범 성립가능성만 남고, ‘과실범’의 경우 인과관계가 부정되면 과실미수는 처벌규정이 없으므로 범죄성립이 부정된다. ‘결과적 가중범’의 경우 기본범죄행위와 중한 결과 사이에 인과관계가 부정되면 기본범죄의 성립만 가능해 진다. 2

한 개의 구성요건을 2인 이상이 가담하여 그 가담형태가 동시범으로 인정될 경우 인과관계는 행위자의 행위별로 별도로 심사해야 하지만,[41] 2인 이상의 가담형태가 공동정범으로 인정될 경우에는 각 행위자의 행위가 부가된 전체행위와 결과간에 인과관계만 인정되면 각 가담자 모두에게 기수범의 성립이 인정된다(이에 관해서는 가담형태론 참조). 3

2. 해석론과 무관한 인과관계에 관한 형법규정

인과관계에 관한 총칙규정은 언제 인과관계가 인정되는지 또는 어떤 요건이 충족되면 인과관계가 인정되는지에 관해 아무런 정보를 주고 있지 않다. ‘어떤 행위’라도 ‘위험발생’에 ‘연결’되지 아니하면 ‘그 결과’에 대해 책임을 지지 않는다는 말해주고 있을 뿐, ‘어떤 행 4

---

41) 이 경우 인과관계가 인정되는 가담자에게는 기수범의 성립이 인정되고 인과관계가 부정되는 가담자에게는 미수범의 성립만 인정된다. 인과관계가 판명되지 아니한 경우에 관해서는 형법 제19조에 따라 각 가담자를 미수범으로 처벌한다. 형법 제19조(독립행위의 경합): “동시 또는 이시의 독립행위가 경합한 경우에 그 결과 발생의 원인된 행위가 판명되지 아니한 때에는 각 행위를 미수범으로 처벌한다.”

위'와 실제로 발생된 '그 결과'와는 어떻게 연결되어야 할 것인지에 대해서는 아무런 해석의 단서가 문언상 주어져 있지 않기 때문이다. 위 조항은 결과범의 경우 행위자가 발생된 '결과'에 대해 형사책임을 지려면 '인과관계가 필요하다'는 점만 (그 표제와 조문속의 마지막 술어에서) 선언하고 있을 뿐이다. 이 때문에 어떤 전제조건하에서 인과관계가 인정된다고 할 것인지에 대해 전적으로 '학설과 판례에 위임'되어 있다고 말할 수 있다.

5 아래에서 살펴볼 인과관계에 관한 학설들도 위 형법규정의 어떤 특정 단어나 문구를 실마리로 삼아 해석한 이론이라고 말하기 어렵다. 해석의 흔적이 없기는 대법원이 사용하는 '상당성'이라는 기준도 마찬가지이다. 대법원은 제17조의 문언의 해석과 전적으로 무관하게 19세기 말 독일에서 주장되었다가 지금은 거의 주장자가 없어 폐기처분된 것과 진배없는 상당인과관계설을 취한다. 이러한 사정하에서 형법이론학은 1970년대 독일에서 발전된 '객관적 귀속이론'의 객관적 귀속판단의 기준을 통해 인과관계 판단을 보충하거나 대체하는 입장들이 우위를 점하고 있다.

6 범죄성립요건의 하위요소로서의 인과관계가 가진 형법적 의미를 이해하기 위해서는 형법 제18조의 해석이론에 해당하는 종래의 학설들을 개관하고, 대법원이 취하고 있는 상당인과관계설이 행위와 결과간의 '인과관계' 문제를 타당하게 해결하고 있는지, 그리고 인과관계라는 형법적 개념이 가진 문제점과 한계를 보충하기 위해 등장한 객관적 귀속이론의 의의와 적용례들을 살펴보아야 한다.

Ⅱ. 인과관계를 인정하기 위한 종래의 이론들

1. 조건설

(1) 의의

7 조건설은 '어떤 행위(A)가 없었으면 결과(B)가 없었을 것이다'라고 인정되는 경우에는 그 어떤 행위(A)와 결과(B)간에 인과관계가 인정되는 것이라는 이론이다. 문제의 행위(A)를 사고 속에서 가정적으로 제거해 보는 방법을 동원하기 때문에 '가설적 제거절차'를 이용하고 있다. 가설적 제거절차에 따르는 조건설의 판단공식을 '절대적 제약공식(conditio－sine－qua－non Formel)'으로 부르기도 한다. 'A가 없었으면 B도 없었을 것'이라고 인정되면 A가 B를 절대적으로 제약한 것이라고 할 수 있기 때문이다.

8 조건설에 따르면 결과발생과 형식논리적 조건관계에 있는 모든 행위가 동등하게 결과에 대해서 원인으로 인정되는 것으로 되기 때문에 등가설(等價說)이라고도 한다.

9 등가적 조건설에 대해서는 인과관계의 인정범위를 너무 넓히는 결과를 가져올 수 있고, 형법상 중요한 '원인'과 중요하지 않은 '조건'을 구별하지 않는다는 비판이 제기되었다. 이에 따라 조건설을 약간씩 변형하여 결과발생에 가장 유력한 조건만 원인으로 인정하려는 견해(최유력조건설), 가장 마지막에 영향을 미친 조건만 원인으로 인정하려는 견해(최종조건

설), 결과발생에 필연적인 조건만 원인으로 인정하려는 견해(필연조건설), 우월적 조건만 원인으로 인정하려는 견해(우월적 조건설) 등이 생겨났지만 현재로선 주장자가 없다.

(2) 조건설의 문제점

조건설은 19세기 말 독일형법이론학 및 형사실무에서 오랫동안 관철되었지만,[42] 다음과 같은 문제점 때문에 독일은 물론 우리나라에서도 이론영역에서 조건설이나 그 변형이론만으로 인과관계의 문제를 해결하는 견해는 없다. 10

① 절대적 제약공식의 한계 조건설의 절대적 제약공식에 따르면 결과와 법적으로 명백하게 무관한 조건들도 원인으로 보게 되는 문제점이 있다. 예컨대 살인자를 출산하는 행위도 '그것이 없었더라면'이라는 가설적 제거절차를 거치면 '살해행위가 없었을 것이다'는 결론에 이르게 되기 때문에 무한대로 소급(regressus ad infinitum)하여 인과관계를 인정하게 되는 우를 범한다는 것이다. 11

이 뿐만 아니라 가설적 제거절차방법은 존재 여부를 조사해 보아야 비로소 알 수 있는 사항을 미리 존재하는 것으로 전제하고 있다. 따라서 우리가 아직 모르고 있는 인과관계에 대해서는 가설적 제거절차를 통해서 알아낼 수가 없다. 예컨대 콘테간(Contergan)이라는 진정제의 복용과 기형아출산이라는 결과 사이에 인과관계가 인정되는가를 알기 위해서는 콘테간이 기형아 출산의 원인이 되는 것임을 미리 알지 못하고서는 '콘테간을 복용하지 않았더라면'이라는 가설적 제거절차가 아무런 소용이 없다. 12

② 이중적(택일적) 인과관계가 문제되는 사례 조건설에 의하면 이른바 '이중적(택일적) 인과관계가 문제되는 사례'에 대해 인과관계를 부정해야 하는 불합리한 점이 있다. 이중적 인과관계가 문제되는 사례란 '단독으로 결과를 야기함에 충분한 수 개의 조건이 결합하여 결과를 발생케 한 경우'를 말한다. 甲과 乙이 독자적으로 각각 치사량의 독약을 A에게 투여하여 A가 사망한 경우가 그 예이다. 이 사례에서 甲과 乙의 독약투여행위는 각각 A의 사망에 대해 인과관계가 인정되는 것은 명백한 사실이다. 그런데, 조건설의 가설적 제거절차를 사용하면 오히려 그러한 결론을 얻어낼 수 없다. 왜냐하면 甲의 독약투여행위가 없었더라면 A가 사망하지 않았을 것이라는 관계가 인정되어야 甲의 독약투여행위와 A의 사망간의 인과관계가 긍정될 수 있는데, 乙의 독약투여행위가 있었기 때문에 甲의 독약투여행위가 없었더라도 A는 역시 사망하였을 것이기 때문이다. 13

③ 가설적 인과관계가 문제되는 사례 이른바 '가설적 인과관계가 문제되는 사례'에 대해서도 조건설은 부당한 결론에 이르게 된다. 가설적 인과관계가 문제되는 사례란 '그 행위가 없었더라도 다른 상황에 의하여 동시에 같은 결과가 발생하였을 것이라는 사실이 인정되는 경우'를 말한다. 사형집행을 당하기 직전인 사형수 A를 피해자의 유족인 甲이 총을 쏘아 먼 14

42) RGSt 1, 373 ff; BGHSt 2, 323 ff; 2, 20(24); 39195(197) 등.

저 살해한 경우가 그 예이다. 이 경우 가설적 제거절차를 사용하면 甲의 살해행위와 결과간의 인과관계를 부정해야 한다. 즉 甲이 자신의 살해행위가 없었더라도 A는 결국 사형집행을 당하여 사망하였을 것이라는 것을 이유로 자신의 행위가 조건설에 따라 인과관계가 부정되는 행위라고 항변할 수 있기 때문이다. 그러나 이러한 항변은 사리에 맞지 않다. 인과관계란 현실적으로 발생한 결과를 두고 어떤 행위가 그 결과발생과 인과관계가 인정되는가를 확인하는 것이지 가설적인 인과과정은 인과관계의 확정에 아무런 역할을 할 수가 없기 때문이다.

2. 합법칙적 조건설

(1) 의의

15 조건설의 가설적 제거절차의 문제점이 드러남에 따라 행위와 결과간의 인과관계를 확정함에 있어서 가설적 제거절차 대신에 일상적인 경험법칙이나 자연법칙을 활용하려는 이론이다. 1930년대 독일의 형법학자 엥기쉬(Karl Engisch)에 의해 주장된 이론으로서,[43] 행위와 결과간의 인과관계는 다음과 같은 방법에 따라 확인한다. 즉 '어떤 행위가 시간적으로 그 행위에 뒤따르는 외부세계의 변화를 만들어내고 그 외부세계의 변화가 구성요건적 결과로 이어졌을 경우, 외부세계의 변화와 구성요건적 결과발생이 합법칙적인 연관관계에 있는 것으로 확인되면 인과관계가 인정된다.'

(2) 합법칙적 조건설의 적용

16 합법칙적 조건설은 결과에 대한 조건을 출발점으로 삼아 결과로 이어지는 연결고리를 추적하는 점에서는 조건설과 동일한 사고방식에 따르지만, 조건설처럼 가정적 조건을 설정하는 것이 아니라 현실세계에서 실제로 전개된 행위와 결과만을 가지고 인과관계를 확인하는 점에서 조건설과 다르다. 따라서 가설적 인과관계가 문제되는 사례는 물론이고 이중적(택일적) 인과관계가 문제되는 사례의 경우에도 인과관계를 인정한다.

17 합법칙적 조건설에 따르면 피해자의 지병이나 특이체질, 행위 후에 개입된 의사나 피해자의 과실, 피해자의 치료거부 등의 매개변수가 있더라도－인과과정이 비유형적으로 전개된 경우에도－행위와 결과간에 인과관계를 인정하게 된다. 그러한 중간개입변수들이 모두 행위자의 행위 후에 전개된 외부세계의 변화와 구성요건적 결과를 연결하는 '합법칙적 연결관계'를 구성하기 때문이다.

(3) 문제점과 한계

18 합법칙적 조건설도 조건설과 마찬가지로 우리가 한 번도 경험하지 못한 사건의 진행과정의 경우 무엇이 합법칙적인지(즉 경험법칙 또는 자연법칙에 부합하는지)에 대해 답할 수 없

43) Engisch, Die Kausalität als Merkmal der strafrechtlichen Tatbestände, 1931, S. 21.

는 문제점이 있다. 이 뿐만 아니라 행위와 결과를 연결시켜주는 합법칙성도 구체적인 내용이 채워지지 않은 개방적 개념이기 때문에 결국 법관의 주관적 확신이나 자의에 의해 판단되어질 수밖에 없는 맹점이 있다.[44)]

따라서 조건설을 수정하기 위해 등장한 합법칙적 조건설도 그 결론에 있어서는 일상적 19
경험법칙에 따라 인과관계를 매우 폭넓게 인정하기 때문에 그 범위를 제한할 수 있는 별도의 법적·규범적 판단기준을 추가적으로 요구할 수밖에 없다.

바로 이 때문에 후술하는 바와 같이 합법칙적 조건설을 취하는 견해는 자연과학적·사 20
실적 의미의 인과관계를 인정하기 위해서는 합법칙적 조건설을 사용하고, 이로 인해 넓게 인정될 수 있는 행위와 결과간의 관련성을 규범적인 평가를 통해 제한하는 차원에서 다시 객관적 귀속이론을 보충적으로 사용하는 이원적 접근 방법에 따른다.

3. 목적설

결과가 우연히 발생한 것인가 필연적으로 발생한 것인가를 심층심리학적 관점에서 구 21
별하여 우연히 발생한 것이면 미수로서 책임을 감경하여야 하고, 필연적으로 발생한 것이면 기수가 된다는 견해[45)]이다. 이 견해를 목적설이라고 부르는 이유는 우연과 필연을 구별하는 근본목적이 미수와 기수를 구별하는 데 있다는 점에 주목한 것 같다.

그러나 이 견해는 구성요건요소인 인과관계의 문제를 책임감경의 문제로 보는 점, 심층 22
심리학의 규명대상은 인간의 의식에 있어서 외부세계의 객관적 진행경과인 인과관계와는 다른 차원의 문제라는 점, 심층심리학적으로 우연과 필연을 어떻게 구별할 수 있는지에 대해 답하지 않다는 점, 그리고 인과관계의 인정여부를 판단하기 위한 아무런 기준을 제시하고 있지 않다는 점 때문에 현재로선 이에 동조하는 입장이 없다.

Ⅲ. 상당인과관계설

1. 의의

상당인과관계설은 행위와 결과간에 '상당성'이 인정되어야 형법상의 인과관계를 인정할 23
수 있다는 이론이다. '상당성'은 일상생활 속에 축적된 경험을 바탕으로 어떤 행위로부터 어떤 결과가 발생할 것이 통상적으로 예견가능한 것으로 평가되는 경우를 말한다. 상당성을 개연성과 동의어로 사용하기도 하고, 결과발생에 대한 '일반인의 예견가능성 내지 객관적 예견가능성'으로 바꾸어 부르기도 한다. 상당성 여부를 판단하는 기초자료를 무엇으로

44) 김일수/서보학, 161면.
45) 유기천, 151면.

삼는가에 따라 세 갈래로 나뉜다.

24 1) 주관적 상당인과관계설 행위 당시에 '행위자'가 인식했거나 인식할 수 있었던 사정을 기초로 해서 상당성을 판단해야 한다는 견해이다.

25 2) 객관적 상당인과관계설 '일반인'이 행위 당시에 존재하였던 모든 객관적 사정과 행위 후에 알게 된 모든 객관적 사정을 기초로 하여 상당성을 판단해야 한다는 견해이다.[46)]

26 3) 절충적 상당인과관계설 행위 당시에 행위자가 특별히 인식하고 있었던 사정과 일반인이 알고 있었거나 알 수 있었던 사정을 기초로 해서 상당성을 판단해야 한다는 견해이다.[47)]

27 주관적 상당인과관계설이나 절충적 상당인과관계설은 인과관계의 범죄체계론상의 지위가 '객관적' 구성요건에 속한다고 보는 종래 확립된 태도와 상충되는 것으로 보인다. 이 두 견해에 따르면 상당성 판단자료로서 행위자가 '주관적'으로 알고 있는 사실도 고려할 수 있기 때문이다. 그러나 앞서 확인했듯이 범죄성립요건의 하위요소를 가치관계적 목적론적 관점에서 분류한다면(목적'론'적 범죄체계), 그 하위 요소들에 대한 규범적 평가에서 '평가대상'의 속성적 측면은 범죄체계론상의 지위에 결정적으로 영향을 미치지 않는다. 이 때문에 – 후술하듯이 – 객관적 귀속이론에서는 과실여부를 판단함에 있어서 행위자의 '특수지식'이라는 주관적 요소도 객관적 귀속판단의 대상으로 삼는 태도를 취한다.

2. 대법원의 상당인과관계설

(1) 객관적 상당인과관계설

28 대법원은 1960년대부터 발생한 결과가 통상적으로 예견가능한 경우 또는 일반인의 경험범위 내에 있을 경우 상당인과관계를 인정한다고 하고 있기 때문에 상당인과관계설 중 객관적 상당인과관계설의 취지에 따르고 있는 것으로 볼 수 있다.[48)]

(2) 상당성 판단을 위한 보조적 법리들

29 대법원은 구체적 사례에서 행위자의 행위 외에 다른 사정들(예, 제3자의 고의행위 또는 과실행위, 피해자의 경솔, 피해자의 지병이나 특이체질 등)의 개입되어 결과발생에 영향을 미친 것으로 보이는 경우에도 '통상적 예견가능성' 또는 '일반인의 경험범위내'라는 기준을 '상당성' 판단을 위해 사용하고 있지만, 각기 다른 사정들이 결과에 미친 영향력의 정도에 따라 상당성 판단을 위한 다음과 같은 보조 법리를 사용하기도 한다.

30 1) 보조 법리 1 '행위자의 행위가 유일한 원인일 필요는 없다.'[49)] 대법원이 상당인

46) 배종대, §47/40; 심재우, "형법상의 인과관계", 월간고시, 1977.8, 45면.

47) 김종원, "형법에 있어서 인과관계", 고시계, 1965.4, 87면; 성시탁, "인과관계", 형사법강좌 I, 194면.

48) 물론 대법원이 객관적 예견가능성을 척도로 삼아 '객관적 주의의무'의 인정여부를 판단할 경우 행위자가 특별하게 알고 있는 사실(특수지식)도 판단자료에 포함시키는지는 분명하지 않다.

49) 대법원 1994.3.22. 93도3612. "살인의 실행행위가 피해자의 사망이라는 결과를 발생하게 한 유일한 원인이거나 직접적인 원인이어야만 되는 것은 아니므로, 살인의 실행행위와 피해자의 사망 사이에 다른 사실이 개재되어 그 사실이 치사의 직접적인 원인이 되었다고 하더라도 그와 같은 사실이 통상 예견할 수 있는 것에 지

과관계설을 적용함에 있어 결과가 발생한 후 개입된 모든 변수들을 고려하면서, 그러한 변수들이 개입되어 결과가 발생하는 것이 일반적(통상적)인 경험에 합치되는 사건의 진행경과인지를 평가한다(사후판단: ex post). 이러한 판단 방법과 행위자의 행위가 유일한 원인일 필요가 없다는 법리는 서로 모순되지 않는다.

2) 보조 법리 2 행위자의 행위가 '유력한 원인'일 것을 요구하는 경우도 있다.[50] 즉 31
대법원은 행위자의 행위 후 개입된 다른 사정이 행위자의 행위와 함께 결과발생에 공동원인이 되는 경우, 행위자의 행위가 결과발생에 유력한 원인이 되면 그 행위와 결과발생 사이에 상당성이 인정되는 것으로 평가한다.

判 유력한 원인을 상당한 원인으로 판단하는 대법원의 태도는 19세기에 조건설의 변형이론으로 등장하 32
였던 최유력조건설의 태도와 유사하다.

3) 보조 법리 3 '행위자의 행위가 발생한 결과에 직접적 원인일 경우 뿐 아니라 간 33
접적 원인일 경우에도 상당성을 인정한다'.[51] 물론 대법원은 이 보조법리를 범죄유형별로 다르게 적용한다. ① 고의범의 경우 다른 원인이 결과에 직접적인 원인이 되었어도 행위자의 행위와 결과간의 상당성을 부정하지 않는다고 하면서 위 보조법리를 폭넓게 적용한다. ② 결과적 가중범의 경우에도 고의범의 경우와 같이, 행위자의 행위 외에 다른 원인이 개입하여 그것이 직접적인 원인이 되었어도 행위자의 행위 이후 다른 원인이 개입하여 결과발생에 이르는 일련의 사건 진행 경과가 통상적이거나 일상적 경험범위내의 일로 평가될 경우에는 (간접적인 원인에 불과한) 행위자의 행위와 결과간의 인과관계를 인정한다.[52] 그러나 ③ 과실범(또는 부작위범)의 경우에는 행위자의 행위가 결과에 직접적인 원인으로 '평가'될 정도이어야 인과관계가 인정된다고 한다.[53]

나지 않는다면 살인의 실행행위와 피해자의 사망 사이에 인과관계가 있는 것으로 보아야 한다."(피해자의 경솔함이 개입된 고의범 사례: 가해자에게 낫, 각목, 그리고 쇠파이프 등으로 자상을 당한 피해자가 병원에서 10여 일이 지난 후에 의식을 회복하고 치료 중에 있던 중 급성신부전증이 발병하여 음식과 수분의 섭취를 철저히 억제하여야 함에도 불구하고 콜라와 김밥을 함부로 먹어 합병증이 발생하여 사망한 사례임).

50) 대법원 1984.6.26. 84도831(의사의 수술지연이 문제된 결과적 가중범 사례): "피고인이 주먹으로 피해자의 복부를 1회 힘껏 때려 장파열로 인한 복막염으로 사망에 이르게 한 사실이 증거상 명백한 이상 피해자의 사망은 결국 피고인의 폭행행위에 의한 결과라고 봄이 상당하고, 비록 소론의 의사의 수술지연 등의 과실이 피해자 사망의 공동원인이 되었다 하더라도 역시 피고인의 행위가 사망의 결과에 대한 유력한 원인이 된 이상 그 폭행행위와 치사의 결과와의 간에 인과관계는 있다 할 것이(다)."

51) 대법원 1982.12.28. 82도2525. "피고인의 자상행위가 피해자를 사망하게 한 직접적 원인은 아니었다 하더라도 이로부터 발생된 다른 간접적 원인이 결합되어 사망의 결과를 발생하게 한 경우라도 그 행위와 사망간에는 인과관계가 있다고 할 것인바, 이 사건 진단서에는 직접사인 심장마비, 호흡부전, 중간선행사인 패혈증, 급성심부전증, 선행사인 자상, 장골정맥파열로 되어 있으며, 피해자가 부상한 후 1개월이 지난 후에 위 패혈증 등으로 사망하였다 하더라도 그 패혈증이 위 자창으로 인한 과다한 출혈과 상처의 감염 등에 연유한 것인 이상 자상행위와 사망과의 사이에 인과관계의 존재를 부정할 수 없다."

52) 대법원 1996.5.10. 96도529(피해자가 계속되는 피고인의 폭행을 피하려고 다시 도로를 건너 도주하다가 차량에 치여 사망한 경우 사망의 직접적 원인이 아닌 상해행위와 피해자의 사망 사이에 상당인과관계가 있다고 인정한 사례임).

34 判 대법원은 고의범과 결과적 가중범의 경우 행위자의 행위가 '간접적인 원인'이 되어도 족하다고 하는 구체적 근거를 – '유력성 법리'(앞의 보조법리 2.) 외에는 – 별도로 밝히고 있지 않은 반면, 과실범 또는 부작위범의 경우는 행위자의 행위와 결과에 대해 직접적인 원인이 인정될 것을 요하면서, 그 직접성여부를 판단하기 위해 – 상당인과관계설의 상당성 판단과 관련성이 거의 없는 – 추가적 법리(후술할 '적법한 대체행위' 법리)를 사용하고 있다.

35 4) 보조 법리 4 '행위자의 행위와 결과간의 인과관계는 중간에 개입된 다른 사정에 의해 단절 내지 중단될 수도 있다.'[54] 중간에 개입된 다른 사정이 행위자의 최초 행위의 영향력을 현저히 감소시켜 형법적으로 중요하게 취급할 필요가 없을 정도인 것으로 평가될 수 있는 경우를 염두에 둔 것으로 보인다

36 判 그러나 대법원은 개입된 다른 사정이 결과에 대해 어느 정도의 영향력을 미칠 경우 또는 어떤 조건하에서 행위자가 애초에 작동시킨 작용력이 상실되어 인과관계의 '단절'로 인정될 수 있는지를 판단할 수 있는 구체적 '기준'을 제시하고 있지는 않다.

(3) 추가적 보충법리: 적법한 대체행위이론(과실범·부작위범의 경우)

37 대법원은 과실범의 경우 '행위자가 주의에 합치되는 행위를 하였더라면, 결과를 방지할 수 있었을 경우에는 인과관계가 부정된다'고 함으로써 행위자의 '주의위반' 대신에 가정적으로 '주의에 합치되는 행위'(즉, 적법한 대체행위)를 투입하여 결과방지 가능성 정도를 타진하는 방식으로 상당인과관계를 판단한다. 과실영역에서 대법원이 사용하는 이 법리는 1957년 '자전거 추돌사례'에 대한 독일연방재판소 판례[55]에서 가져온 것으로 보인다.

38 判 대법원이 과실범의 경우 과실과 결과간의 '직접적' 인과관계를 인정하기 위해 활용하는 위 공식은 인과적 진행경과의 통상적 예견가능성 또는 인과적 진행경과의 일반인의 경험범위 내라는 기준을 사용하는 상당성 판단과는 그 판단기준과 판단방법적 측면에서도 아무런 공통점이 없다. 이 뿐만 아니라 대법원은

---

53) 대법원 1990.5.22. 90도580. "피고인이 야간에 오토바이를 운전하다가 도로를 무단횡단하던 피해자를 충격하여 피해자로 하여금 위 도로상에 전도케 하고, 그로부터 약 40초 내지 60초 후에 다른 사람이 운전하던 타이탄트럭이 도로위에 전도되어 있던 피해자를 역과하여 사망케 한 경우, 피고인이 전방좌우의 주시를 게을리한 과실로 피해자를 충격하였고 나아가 이 사건 사고지점 부근 도로의 상황에 비추어 야간에 피해자를 충격하여 위 도로에 넘어지게 한 후 40초 내지 60초 동안 그대로 있게 한다면 후속차량의 운전사들이 조금만 전방주시를 태만히 하여도 피해자를 역과할 수 있음이 당연히 예상되었던 경우라면 피고인의 과실행위는 피해자의 사망에 대한 직접적 원인을 이루는 것이어서 양자간에는 상당인과관계가 있다."

54) 대법원 1996.9.24. 95도245. "피해자가 다른 병원으로 전원할 당시 이미 후복막에 농양이 광범위하게 형성되어 있었고 췌장이나 십이지장과 같은 후복막 내 장기 등 조직의 괴사가 진행되어 이미 회복하기 어려운 상태에 빠져 있었다면, 피해자가 다른 병원으로 전원하여 진료를 받던 중 사망하였다는 사실 때문에 피고인의 진료상의 과실과 피해자의 사망과의 사이의 인과관계가 단절된다고 볼 수는 없다."

55) BGHSt 11, 1. 독일 연방재판소는 화물자동차 운전자인 피고인이 피해자가 운전하는 자전거를 추월하면서 자전거와 충돌하여 피해자가 사망한 사건에서, 피고인이 추월시 일정한 간격을 유지해야 할 도로교통법상의 의무규정을 위반하였지만 자전거 운전자가 술에 많이 취한 상태에서 운전하고 있었다는 점 때문에 피고인이 요구되는 추월간격을 준수하였더라도 사망하였을 가능성이 인정될 경우에는 그 결과를 피고인의 의무위반으로 귀속할 수 없다는 판결을 내렸다. 이 판결은 후술하듯이 형법이론에서 객관적 귀속이론의 '의무위반관련성'이라는 귀속척도로 발전되었다.

위 공식을 부작위범의 인과관계 판단 공식으로도 그대로 사용한다. 대체시켜 넣은 적법한 행위를 '주의에 합치되는 행위'(과실범) 대신에 '요구되는 작위의무'(부작위범)로 바꾸고 있는 것 외에는 다를 바 없다(부작위범의 인과관계 문제는 부작위범론 참조). 다른 한편 과실범이나 부작위범의 경우에는 원인행위의 직접성과 간접성을 구별하는 것 자체가 불가능한 측면도 있다. 직접성과 간접성을 구별하기 위해서는 사실적 차원의 인과적 관련성이 전제되어야 하는데, 과실범의 주의의무위반이나 부작위범의 작위의무위반은 그 자체로 규범적 평가 차원의 문제로서 사실적 차원의 인과성으로 설명되기 어렵기 때문이다.

3. 대법원의 상당성 판단 방법 및 그 기준의 형법이론적 의의

(1) 상당성 판단의 방법론적 의의

상당인과관계설에 대해 부여할 수 있는 형법이론학적 의의는 행위와 결과사이에 사실적으로 존재하는 자연과학적 의미의 인과적 조건을 '확인'하는 데 그치지 않고, 사실상 존재하는 인과적 조건들을 등급화하여 '상당성이 인정되는 조건'만을 결과의 원인이라고 함으로써 인과관계의 문제를 '평가'적 차원의 문제로 전환하였다는 점에 있다.[56] 39

상당인과관계설의 상당성 판단방법이 인과관계 개념에 대한 '자연주의적 존재론적 접근방법'을 뛰어넘어 진정한 의미에서 '규범적 평가적 접근방법'에 따른 것으로 볼 수 있는지에 대해서는 후술한다. 자세히 분석해 보면 상당인과관계설은 그 판단대상과 판단기준의 측면에서 후술할 객관적 귀속이론보다는 합법칙적 조건설에 근접해 있다. 합법칙적 조건설에서 말하는 '합법칙'은 인과적 진행경과에 대한 '자연법칙'과 '경험법칙'을 말하는 바, 상당인과관계설도 행위와 결과간의 자연과학적 차원의 인과성을 상당성 판단을 위한 전제로서 요구하고(후술할 '가습기살균제 사건' 참조), 상당성 판단을 위해 사용하는 객관적 예견가능성여부가 경험과학적 지식에 기초하기 때문이다. 40

(2) 추가적 보충법리인 '적법한(=합법적) 대체행위이론'의 도그마틱적 의의

과실범(또는 부작위범)의 경우 대법원이 사용하는 적법한 대체행위이론에 따른 (직접적) 인과관계 판단 방법은 상당인과관계설의 '상당성' 판단 방법과도 전적으로 다른 차원을 가진다. 앞서 살펴보았듯이 상당인과관계설의 상당성 판단은 발생한 결과에 대한 행위자의 책임을 제한하기 위한 이론적 교정장치로서 일반인이 경험할 수 있거나 객관적(통상적) 예견가능한 조건만 상당성이 인정되는 것으로 본다. 41

그러나 이러한 차원의 객관적 예견가능성이라는 제한장치는 '과실범'의 영역에서 이미 별도의 도그마틱으로 발전되었다. 즉 객관적 예견가능성은 행위자가 기울여야 할 주의의 정도를 일반적 평균인의 주의정도(평균인 표준설)를 기준으로 삼아 이루어지는 '주의위반적 과실'(=객관적 과실) 여부 판단에서 이미 사용된 것이라고 할 수 있다(이에 관해서는 §16/41 이하 참조). 42

이 때문에 '주의위반'과 '결과'간의 인과관계 심사에서는 '객관적 예견가능성'=상당성이 43

56) 인과성이 인정되는 조건들 모두를 결과로 연결시키지 않고 행위자의 책임을 제한하기 위해 인과적 조건들이 가지는 무게를 '상당성'이라는 교정장치를 통해 저울질하고 있는 상당인과관계설은 민사적 손해배상의 범위를 산정할 경우 원고의 과실을 상계하는 등 피고가 배상해야 할 손해와 그 피고의 불법행위 간의 인과관계에 관한 법리에 그 기원을 두고 있다고 보기도 한다.

라는 판단기준이 책임제한적 기능을 담당할 여지는 거의 없다. 이 때문에 인과관계 판단에서 발생한 결과에 대한 행위자의 책임을 제한하는 기능을 담당하기 위한 '추가적' 보충 장치가 요구된다. 이러한 맥락에서—특히 과실범영역에서 맞춤형으로—등장한 특별한 법리가 바로 '적법한 대체행위이론'인 것이다.

44 적법한 대체행위이론에서 사용되는 공식과 19세기 조건설의 절대적 제약공식은 다같이 가정적 방법을 사용하고 있지만 내용적으로 차이가 크다.[57] 가설적 제거절차 방식은 실제로 행해진 행위자의 행위를 '제거'한 후 확립된 (판단자가 이미 알고 있는) 자연적 인과법칙이나 경험법칙에 의거하여 결과의 존부를 추론한다. 반면에 적법한 대체행위를 투입해 넣는 공식은 실제로 범한 주의위반적 행위를 제거하지 않고 '주의에 합치되는 행위'를 대체 '투입'한 후 이미 발생한 결과를 방지할 수 있는지를 '예측'하는 방법을 사용하기 때문에 19세기 조건설과 같이 자연적 인과법칙이나 경험법칙에 얽매이지 않을 수 있다. 특히 인과법칙과 경험법칙이 존재하지 않는 경우 합법적 대체행위를 가정적으로 투입하여 결과방지 가능성여부를 판단하기 때문에 적법한 대체행위이론은 인과관계를 단순한 사실 '확인' 차원이 아니라 '평가' 차원으로 전환시키고 있다고 말할 수도 있다. 바로 이러한 점 때문에 적법한 대체행위이론의 사고방법을 객관적 귀속이론이 흡수 통합하여 이를 '의무위반관련성'이라는 귀속척도로 발전시켰다고 볼 수도 있다.

4. 대법원의 상당인과관계설의 문제점과 한계

(1) 상당성이라는 척도의 모호성?

45 대법원의 상당인과관계설에 대해 다수의 교과서에서는 상당성이라는 척도가 모호하다는 비판이 내려지고 있다. 그러나 이러한 비판은 상당인과관계설에 대한 적절하고도 실효적 비판이라고 보기 어렵다. 후술하듯이 상당인과관계설에 입각해 있는 대법원이 실제로 고의범의 경우 상당성 판단을 위해 사용하고 있는 기준(특히 통상적 예견가능 내지 일반적 경험범위내)은 객관적 귀속이론을 옹호하는 학자들이 객관적 귀속의 척도라고 설명해 온, 객관적 예견가능성 또는 객관적 지배가능성 척도와 내용적으로 차이가 있는 것으로 보이지 않기 때문이다. 특히 과실범의 경우 사용되는 적법한 대체행위이론은 객관적 귀속이론의 결과귀속척도인 '의무위반관련성'(또는 규범의 보호목적이라는 기본컨셉)과 내용적으로 다르지 않다.

46 이처럼 객관적 귀속이론을 취하는 형법학자들이 설명하는 객관적 귀속척도와 대법원의 상당성 판단 기준이 사실상 차별성을 가지고 있지 않거나 대법원도 객관적 귀속이론과 유사한 방법으로 결과귀속 판단을 하고 있는 것이라면,[58] 상당인과관계설에 대한 비판은 객

---

57) 대법원이 사용하는 합법적 대체행위이론을 조건설의 절대적 제약공식에서 말하는 가설적 제거절차와 동일한 공식을 사용하고 있다는 설명(오영근, §11/25)에는 동의하기 어렵다. 대법원이 과실범의 경우 직접적 인과관계를 점검하기 위해 사용하는 위 공식은 가설적 '제거'절차가 아니라 가설적 '투입'절차를 활용하기 때문이다.

58) 상당인과관계설과는 달리 객관적 귀속이론은 "자연적 인과관계의 측면과 규범적 인과관계의 측면을 동시에 가지고 있기 때문에 그 불분명한 부분을 조금이라도 해소할 수 있다"고 평가하는 시각(이용식, 53면)이 있다. 하지만 후술할 '가습기살균제사건'과 관련하여 보겠지만, 대법원도 자연과학적 인과관계 문제를 배제하

관적 귀속이론에 대해서도 동일하게 유효하다고 말해야 할 것이다. 그러나 대법원이 상당성 판단을 위해 사용하는 '기준'이 가지고 있는 진정한 문제점과 한계는 다른 데 있다.

(2) 상당성 판단을 위한 기준의 한계와 문제점

첫째, 대법원은 상당성 판단을 함에 있어 '통상적인 예견가능한 범위' 내지 '일반적인 경험지식'이라는 준거기준을 그 진정한 의미내용대로 사용하고 있지 못한 것으로 보인다. 이러한 기준은 실제로 현실적인 진행경과가 아닌 가상적 경과를 대상으로 하는 추론적 판단방법이다. 즉 행위자의 행위에 다른 사정들이 개입하더라도 '일반적인 생활경험' 또는 '통상적인 예견가능성'에 비추어 행위자의 행위가 실제로 발생한 결과와 같은 종류의 결과를 발생시킬 것인지의 여부가 '사후적'으로 평가(추론)되는 것이다(객관적 사후예측의 방법).[59] 47

이러한 시각에서 보면 대법원이 사용하고 있는 '일반인의 경험지식'이 형사판결에서 유무죄를 가르는 기준으로서 학문적 엄밀성을 유지하는 차원에서 상당성 법리와 접목되려면 누적된 경험지식이 경험과학적 차원의 경험'법칙'으로 인정될 수준이 되어야 한다. 그리고 경험과학적 차원의 경험법칙이 되기 위해서는 결국 '통계학적 확률적 지식'을 기반으로 삼아야 한다. 48

그런데 '사후적' 추론을 위한 기준 내지 준거가 되어야 할 '사전'적 통계학적 확률적 지식은 실제로 형사재판에서 법관들이 '일반적 경험범위내의 일'이라고 쉽게 판단할 정도로 미리 준비되어 있지 않은 경우가 대부분이다. 형사사건에서 인과관계가 쟁점으로 되는 경우는 판단 대상이 되는 진행경과가 과거에 한번도 경험되거나 확인되지 않은 것이기 때문이다.[60] 특히 행위자의 행위 외에 다른 중간 변수들이 개입되어 있는 사례가 형사재판에서 처음 노출되는 사례라면 더욱 그러하다(예, 칼에 찔려 자상을 입은 피해자가 수술 후 김밥, 콜라 등을 섭취하여 합병증으로 사망한 사건 등). 49

사후적 예측방법을 통해 상당성을 판단하려면 적어도 개연성을 추론할 확률적 사전 지식이 콘크리트적 지식처럼 준비되어 있거나 유사한 사례가 반복되어 그 '전형성'이 인정되어 있어야 한다. 만약 그렇지 않다면 재판과정에서의 '모의실험', 역학조사, 현장검증 등 다양한 방법의 진행경과 시뮬레이션을 거쳐 예측가능성을 담보해주는 '전형성'을 확보하든지 전문감정인의 전문지식을 통해 기준이 될 만한 경험법칙을 새롭게 만들어가야 할 것이다. 그러나 실제로 현실의 법정에서 내려진 수많은 상당성 판단 중에 이러한 수준의 경험과학적 지식에 기초한 판단은 찾아보기 힘들다. '상당인과관계가 없다고 할 수 없다'는 문장으로만 끝 50

지 않는다는 점에서 위와 같은 이유만으로 객관적 귀속이론의 상대적 우위성을 무조건 인정할 수는 없을 것으로 보인다.

59) 물론 대법원은 이러한 판단 방법을 행위자의 행위 이후 의미있는 다른 중간 사정의 개입이 없는 경우에도 사용하고 있다. '객관적 사후예측방법'으로 불리운다. 본래 예측은 '사전적'이지만, 상당성 판단에서는 결과가 발생한 후에 중간에 개입된 또는 미리 존재했던 다른 변수들을 고려에 넣어 일반적 경험적 지식을 기초(기준)로 삼아 판단하는 점에 착안하여, 이를 사후'예측'으로 표현한 것이다.

60) 그렇다고 해서 대법원이 조건부확률론 또는 베이즈확률론(Bayesian Probability)에 따라 '사후예측'을 하고 있는 것 같아 보이지도 않는다.

나는 대법원 판시는 근거지워지지 않은 선언적 차원의 주장일 가능성이 농후하다.

51 둘째, 대법원이 경험적 사실에 토대를 두지않은 상당성 판단을 하고 있음은 결국 형사 실무에서의 인과관계 판단이 법관의 직관적 판단을 위장하거나 허구에 기반한 판단을 정당화하는 레토릭일 수 있음을 말해 준다. 최종판단자(법관)가 '사전'적 통계학적 경험 지식에 기초하지 않고 어떤 원인이 어떤 결과를 발생할 것으로 '사후적' 추론을 한다면, 인과관계의 인정 또는 부정에 대한 결론을 미리 선취한 후, 경험칙 또는 사회통념, 일상의 경험, 또는 일반인의 경험 등과 같은 개념어로 만들어진 법리의 틀 속에 사건을 인풋(input) 시킨 후, 미리 선취한 결론을 아웃풋(output)으로 삼고 있는 외관을 만들고 있어 '근거'에 기초한 논증으로 보기 어렵다.

52 대법원은 물론이고 하급심 법원의 상당성 판단이 이와 같은 비판에서 자유로우려면 상당성 법리의 본래적 취지에 부합된 경험과학적 지식을 준거로 삼은 사후예측(추론)적 방법으로 결론을 근거지우려는 노력을 다해야 한다. 이러한 근거지움을 위해서는 다시 두 가지 중 하나의 태도를 판결문에 분명히 드러내야 한다. 하나는 예측 내지 추론을 위한 '사전지식'으로서 '통계학적 확률적 지식'을 적시해야 한다. 다른 하나는 그러한 수준의 사전지식이 아직 없거나 확인할 수 없을 경우에는 재판과정에서라도 앞서 언급한 다양한 방법 또는 전문감정인의 감정을 통해 해당 사안에 적합한 경험과학적 지식을 정립한 후에 상당성 여부를 구체적으로 판단해야 한다.

53 셋째, 대법원은 '방법론적으로' 사실 확인적 차원의 인과관계의 문제와 평가적 차원의 인과관계 문제를 모두 '인과관계'라는 단일한 이름으로 취급하는 일원론적 방법에 따르고 있다. 물론 인과관계라는 용어를 포괄적으로 사용하는 태도 그 자체가 문제되는 것은 아니다. 그러나 대법원의 평가적 차원의 '상당한' 인과관계 인정 여부를 판단하기 위해 사용되는 경험과학적 지식(일반인의 누적된 경험)이 통계학적 확률지식이라고 한다면, 그에 기초한 인과관계 판단은 평가적 차원의 판단이 아니라 자연과학적 사실적 의미의 인과관계 확인일 뿐이고, 경험과학적 지식이 '규범'과 어떤 관련성을 가지고 있는지도 알 수 없다. 이를 사후추론 내지 분석적 방법을 '판단'이라고 의미부여를 하더라도 대법원의 상당성 기준이 진정한 의미에서 '규범'적 차원의 기준이라고 할 수 있는지도 의문이다. 사실규명의 방법이나 규범적 관련성도 없는 사후추론적 방법을 규범적 평가적 접근법이라고 말하기는 어렵기 때문이다.

54 상당성 판단이 발생한 결과에 대해 행위자의 책임을 제한하려는 취지에서 자연과학적 사실적 차원에서 긍정된 인과관계를 다시 한번 제한하는 교정단계로서 의미있게 작동하려면, 사실확인 차원과는 다른 차원의 어떤 추가적 내용으로 보강되지 않으면 안 된다. 그러나 대법원이 사용하는 '상당성' 판단을 위한 평가기준, 즉 발생한 '결과' 또는 결과로 이르러가는 '진행경과'의 '통상적으로 예견가능성' 내지 '사회생활내에서 일반인의 경험범위'라는 기준은 여전히 경험과학적 경험 '지식'에 기초를 둔 것에 불과하다. 이러하다면, 상당인과관계설도 합법칙적 조건설의 태도에서 한걸음 더 나아간 이론적 진척을 달성한 것으로 보기도 어렵다. 대법원 상당성 판단과 합법칙적 조건설에서 사용하는 '경험법칙'이 서로 다른 기준이 아니기 때문이다.

넷째, 과실범의 경우 사용되는 적법한 대체행위이론은 가정적 평가 공식을 통해 객관적 예견가능성과는 다른 차원의 보충적 기준을 제시하고 있긴 하다. 그러나 적법한 대체행위이론이 사용하는 공식이 과연 '상당성' 판단의 기준과 동질적인 성격의 기준이라고 할 수 있을지도 의문이다. 이 점은 차치하더라도 대법원이 이 공식을 사용하면서 인과관계의 문제를 규범적 '평가'의 문제로 보기 보다는 증명을 통해 규명되어야 할 사실'확인'문제로 보고 있음은 대법원의 인과관계 판단이 여전히 규범적 평가적 차원에서 이루어지고 있지 않음을 말해준다. 대법원은 이 공식을 사용할 때마다 '매번' 만약 행위자가 주의에 합치되는 행위를 하였더라면 결과를 방지할 수 있었을 것이 '합리적 의심의 여지없이 증명'되어야 할 것을 요구하고 있기 때문이다.[61] 55

그러나 형사재판의 사실확인 단계에서 이미 실제로 전개된 사건의 진행경과에 주의에 합치되는 행위를 가정적으로 대체 투입하는 방식으로 사건의 진행경과를 사실증명의 차원에서 복원하는 것은 불가능에 가깝다. 사고실험이나 가상적 시뮬레이션을 통해 일정부분 복원이 가능하더라도 한계가 있다. 그럼에도 대법원이 다수의 조건들이 복합적으로 착종하여 결과로 이르러간 복잡한 사실을 모의실험이나 동물경구 실험 등을 통하여 '복원' 내지 '재현'할 수 있다고 믿고 있다면, 이는 대법원이 과실범이나 부작위범의 경우 규범적 평가로만 내려지는 주의의무위반 또는 작위의무위반과 실제로 발생한 '결과'간의 귀속문제를 자연과학적으로 확인될 사실적 차원의 인과관계로 파악하거나 '경험법칙'에 근거하여 예측할 수 있다는 생각을 버리지 못하는 태도이다.[62] 56

더욱이 앞서 언급했듯이 실제로 대법원이 과실범의 경우 인과관계 문제에 결론을 내림에 있어 적용될 수 있는 인과적 자연법칙은 물론이고, 통계학적(경험과학적) 확률지식에 기초한 경험법칙에 근거하여 인과관계 문제를 해결한 사례는 없다. 이 점은 고의범이나 결과적 가중범의 경우 '통상적인 예견가능성'을 내세운 '상당성' 판단을 하고 경우도 마찬가지이다. 57

본래 민법에서 손해배상액을 정하는 기준으로 활용되었던 상당인과관계설이 오늘날 독일에서는 형법에서는 아무런 중요한 의미를 가지지 않기 때문에 독일 법과대학 학생들이 참조하는 국가고시 시험대비 수험교재에는 인과관계를 쟁점으로 하는 사례문제를 해결할 경우 상당인과관계설에 관해서는 논급할 필요조차 없다고 안내되고 있기도 하다. 그럼에도 한국의 형사판결문 속에서는 상당인과관계설이 인과관계 판단을 위한 전가(傳家)의 보도(寶刀)처럼 활용되고 있다. 58

61) 이 점은 이 이론을 고안한 독일 연방재판소가 앞서 살펴본 자전거 사례에서 '의심스러울 때는 피고인의 이익으로'라는 법원칙에 따라 화물자동차 운전자에게 무죄판결을 내리고 있는 점에서는 궤를 같이한다.

62) 실제로 대법원이 이러한 차원의 자연과학적 사실 확인의 차원에서 인과관계 문제를 취급하고 있는 경우는 최근 '가습기살균제사건'의 경우가 거의 유일하다. 그러나 대법원은 '가습기살균제사건'에서 자연과학적 사실 확인 차원의 인과관계 문제와 '주의의무위반과 결과'간에 합법적 대체행위이론을 사용하는 차원의 인과관계 문제를 구별하고 있다. 이러한 구별태도가 기본적으로 타당하다는 점에 관해서는 후술한다.

제2절 객관적 귀속이론과 '결과'귀속

Ⅰ. 객관적 귀속이론의 의의

1. 객관적 귀속이론 개관

59 객관적 귀속이론도 상당인과관계설과 마찬가지로 조건설의 문제점과 한계를 극복하고 발생한 결과에 대한 형사책임을 제한하기 위한 이론으로 등장하였다. 이 때문에 객관적 귀속이론은 행위와 결과 간에 자연과학적 사실적 의미의 인과관계 인정으로만 결과에 대한 행위자의 형사책임을 인정하지 않는다. 그러나 객관적 귀속이론은 합법칙적 조건설이나 상당인과관계설과 같이 경험과학적 사실에 기초한 '경험법칙'을 가지고 인과관계를 예측하거나 분석하는데 만족하지 않는다. 규범의 보호목적이라는 '규범적 관점'에 초점을 맞춰 결과귀속 여부에 대한 진정한 의미의 평가적 작업을 수행한다.[63]

60 앞서 살펴보았지만 객관적 귀속이론은 '위험창출' 및 '위험실현'이라는 두 가지 전제조건을 충족시키는 경우에만 구성요건해당성을 인정함으로써 행위자에게 형사책임 인정요건을 강화하고 있다. '위험창출'은 행위자의 전(前) 구성요건적 '행위'를 '구성요건(행태'규범')에 해당하는 행위'로 평가하기 위한 전제조건이다. 이 전제조건은 행위자의 행위가 당해 구성요건이 보호하는 법익에 '위험'창출을 하지 않았거나 위험을 감소시켰거나 또는 허용된 위험을 창출한 것에 불과한 사례들을 가려내어 객관적 귀속을 부정(행위귀속의 부정)하여 형사책임 인정가능성을 조기에 차단시키는 기능을 한다. '위험실현'이라는 전제조건은 허용되지 않는 위험 창출이 인정되는 경우라도 다시 그 창출된 위험이 '구성요건적 결과'로 실현되었다고 평가할 수 없는 사례들을 가려내어 객관적 귀속을 부정(결과귀속의 부정)함으로써 결과에 대한 행위자의 책임을 제한하는 기능을 한다. 이 두 가지 전제조건에 공통되는 기본컨셉은 '행태규범의 보호목적'이라는 점은 앞서 살펴보았다.

61 자연과학적으로 사실확인의 차원에서 인과관계가 인정되는 경우라도 발생한 '결과'를 행위자의 '행위'로 귀속시킬 수 없다고 평가하는 객관적 귀속이론이 상당인과관계설과 결정적으로 차별화될 수 있는 점은 이 이론이 '경험법칙'에 의존하는 상당인과관계설과는 달리 '법익에 대한 위험을 창출'한 행위자가 그 위험이 결과로 실현되지 않도록 해야 할 책무범위가 어디까지인가라는 물음에 답할 수 있는 규범적 기준들을 활용하여 행위자의 형사책임을 제한하려는 시도를 하고 있는 점에 있다.

2. '결과귀속' 판단 기준 및 방법과 '상당성' 판단 기준 및 방법간의 차이

62 객관적 귀속이론은 결과귀속 판단을 함에 있어 그 판단 기준 및 방법적인 측면에서 상

63) 객관적 귀속이론에 대한 이해를 심화시켜주고 있는 문헌으로는 이용식, "객관적 귀속이론의 규범론적 의미와 구체적 내용," 서울대학교 법학, 제43권 제4호, 229면 이하 참조.

당인과관계설의 상당성 판단과 현저한 차이를 보인다. 상당인과관계설이 귀책의 범위를 제한하기 위해 일반인의 생활경험, 통상적인 진행경과 등 경험적 '사실'을 기초로 삼아 결과에 '상당한' 영향을 미친 원인을 추론함에 있어 '객관적 예견가능성'이라는 기준을 사용하는 반면, 객관적 귀속이론은 인과적 진행경과가 아니라 행위와 결과간의 관련성을 당해 '행태규범의 보호목적'이라는 규범적 관점을 기준으로 삼아 평가하는 방법을 취한다.

객관적 귀속이론은 방법론적으로 범죄성립요건의 하위요소인 인과관계 개념에 대해 규범적 평가적 차원의 접근을 함으로써 19세기적 개념 접근 태도인 자연주의적 존재론적 접근방법을 극복하고 있다는 점에서도 상당인과관계설과 차이를 보인다. 물론 상당인과관계설도 객관적 예견가능성여부를 판단함에 있어 일정 부분 평가적 방법을 동원하고 있는 측면은 있다. 그러나 상당인과관계설의 평가적 방법은 경험적 지식에 기초한 추론적(사후예측적) 방법에 불과하기 때문에 객관적 귀속이론과 같이 진정한 의미의 규범적 평가적 방법에 따르고 있다고 보기 어렵다. 63

3. 인과관계와 객관적 귀속(결과귀속)의 개념적 구별

객관적 귀속이론은 결과귀속여부를 판단할 경우에도 발생된 결과에 대한 행위자의 형사책임을 제한하기 위해 다음과 같이 단계적 사고를 밟는다. 즉 행위와 결과간의 자연과학적(경험과학적) 의미의 '인과관계'를 사실확인 차원에서 먼저 심사한 후,―이것이 긍정되는 경우 또는 확인될 수 없는 경우―다음 단계에서 당해 (결과범) 구성요건[64]의 보호목적을 기준으로 삼아 결과귀속여부를 판단한다. 즉 당해 구성요건이 특정 행위를 금지하는 목적이 실제로 발생된 그 결과를 방지하기 위함인지를 평가한다. 64

특히 객관적 귀속이론은 첫 번째 단계에서 행위와 결과간의 자연과학적인 의미의 인과성을 규명하는 사실확인의 문제를 '인과관계' 문제로 분류하고 있지만, 두 번째 단계에서 '규범의 보호목적'이라는 관점을 가지고 행하는 규범적 평가의 문제를 '객관적 (결과) 귀속'의 문제로 자리매김한다. 65

반면에 상당인과관계설은 자연과학적 사실적 차원의 인과성을 확인하는 단계와 인과적 진행경과를 객관적 예견가능성(통상적 예견가능성)이라는 기준에 따르는 상당성 판단 단계 또는 (특히 과실범의 경우) 적법한 대체행위이론에 따르는 판단 단계를 구분하고는 있지만, 위 두 단계를 모두 전통적 개념범주인 '인과관계'라는 하나의 단일 용어로 표현하고 있다. 66

64) 행위귀속의 경우는 행위자의 행위가 구성요건에 해당하는 행위로 평가될 수 있는지만 문제삼기 때문에 결과범(또는 침해범 또는 구체적 위험범)일 필요가 없고 거동범(또는 추상적 위험범) 형식의 구성요건도 심사대상에 포함된다.

Ⅱ. 객관적 귀속이론의 결과귀속 판단 기준

67 객관적 귀속이론은 원래 고의범보다는 과실범의 경우 인과관계 문제 해결을 위한 유용한 평가척도를 제시하기 위해 발전된 이론이다. 종래 고의범의 경우 조건설에 따라 인과관계 문제를 해결할 때 '인과과정이 비전형적으로 진행된 사례'의 경우에도 인과관계가 긍정됨으로써 책임범위가 넓어지는 문제점을 주관적 요건인 '고의'심사단계에서 (통상적으로 예견가능한 진행경과인 경우에만 고의를 긍정함으로써) 교정할 수 있었다. 하지만 과실범의 경우는 조건설에 따라 확장되는 책임범위를 제한할 수 있는 추가적 교정장치가 없었다. 이러한 상황에서 객관적 귀속이론은 '과실범의 경우' 행위자에게 넓게 인정되는 책임을 제한하기 위해 객관적 구성요건해당성 심사단계에서부터 의무위반관련성이나 규범의 보호목적 관점 등과 같은 규범적인 평가 기준을 사용하면서 등장하였다.[65]

68 오늘날 객관적 귀속이론은 이 이론을 특히 결과귀속 문제의 해결에서도 고의범과 과실범 모두에 적용한다. 물론 고의범의 경우와 과실범의 경우 그 행태규범의 속성이 다르기 때문에 그에 따라 구체적인 귀속척도에서 차이를 보이고 있다. 무엇보다도 객관적 귀속이론은 현대적 법발견 방법—특히 후성법학적 법발견 방법—에 기초하여 결과귀속여부를 판단하기 때문에 사실관계의 특수성에 따라 다른 '규범적·법적 기준'을 발전시켜 나가고 있다. 이 때문에 이하에서는 결과귀속의 기준들을 사례유형별로 구분하여 살펴보기로 한다.

69 일반적으로 형사재판에서 행위와 결과간의 관련성이 문제되는 사례들을 보면, 자연과학적 의미의 인과성은 당연히 전제되어 있어 그 인정여부를 독자적으로 심사해야 할 경우가 거의 생기지 않는다. 사례의 특성상 다양한 행위들과 행위조건들이 결과와 관련하여 복합적으로 얽혀 있는 경우에는 애초에 자연과학적 인과법칙으로 인과성 여부를 확인하기도 어렵고, 특히 과실이 문제되는 경우에는 주의의무위반여부에 관한 판단에서부터 규범적 평가가 문제되므로 자연과학적 의미의 인과법칙이 적용될 여지가 거의 생기지도 않는다(그러나 후술할 가습기살균제사건의 경우는 예외이다).

1. 기본적 사례유형

(1) 비전형적 사례유형

70 사례1(병원화재 사례): 갑은 A를 오토바이 사고로 위장하여 살해하려고 운전중 브레이크가 고장나도록 조작해 두었다. 브레이크가 작동하지 않아 오토바이와 함께 전봇대와 충돌한 A는 죽지는 않았지만, 큰 부상

65) §14 제2절 Ⅱ. 3. 참조. 이러한 배경 때문에 독일 연방재판소도 객관적 귀속이론의 '결과귀속'이론을 과실범의 경우 및 자기귀책적 자기 위태화 사례의 경우에만 사용하되, 고의범의 경우에는 사용하지 않는 태도를 취한다. 즉 독일 판례는 인과관계의 인정범위가 지나치게 넓어지도록 하지 않기 위한 이론적 장치를 고의를 통해 사용한다. 즉 고의는 인과적 진행경과도 그 본질적인 진행결과를 포괄적으로 인식할 것이 요구되는 바, 비전형적 인과과정이 문제되는 경우 내지 제3자가 중간의 진행경과에 개입하는 경우에는 '고의'를 부정함으로써 결과에 대한 행위자의 책임인정을 제한한다(이 점에 관해서는 §15 제2절 Ⅲ. 인과과정의 착오 사례와 고의귀속 참조).

을 입고 병원에 후송되어 치료를 받던 중 병원건물에 화재가 발생하여 병실에서 사망하였다.

이와 같은 이른바 비전형적 인과과정이 문제되는 사례의 경우는 '상당인과관계설'을 취하는 것만으로도 얼마든지 타당한 결론을 내릴 수 있다. 행위자의 살해의도가 실패한 후 피해자가 이송된 병원에서 화재가 발생하여 사망하게 되는 것은 통상적으로 예견가능한 사건의 진행경과가 아니라 이례적(비전형적)인 진행경과이므로 행위자의 행위는 결과발생에 '상당성'이 없는 것으로 평가될 수 있기 때문이다. 71

상당인과관계설을 취하지 않고 객관적 귀속이론을 취할 경우 위 사례1에서 인과관계 문제는 어떻게 해결할 수 있는가? 객관적 귀속이론은 자연과학적 의미의 인과관계 문제를 합법칙적 조건설에 따라 해결하기 때문에 위 사례1의 경우와 같은 비전형적인 인과적 진행경과는 경험법칙에 부합하지 않아서 자연과학적 의미의 인과관계부터 부정한다. 이 때문에 인과관계가 긍정될 경우 발생결과에 대한 행위자의 책임을 제한하기 위해 사용하는 보충이론, 즉 객관적 결과귀속이론의 적용은 처음부터 문제되지 않는다.[66] 72

(2) 비전형적인 경우와 전형적인 경우의 경계사례

사례2(김밥콜라 사건): 갑은 A를 살해할 의도로 치명적인 부위는 아니지만 칼로 A의 몸을 찔렀고, 가슴과 팔을 닥치는 대로 무차별적으로 찔렀다. A는 이 범행으로 입은 자상으로 인하여 급성신부전증이 발생되어 치료를 받다가 일 개월 만에 폐염·패혈증·범발성혈액응고장애 등의 합병증이 발생하여 사망하였다. 직접사인은 합병증이었지만 다음과 같은 점이 확인되었다. 첫째, 급성신부전증의 예후는 핍뇨형이나 원인질환이 중증인 경우에 더 나쁜데, 사망률은 30% 내지 60% 정도에 이른다. 둘째, 특히 수술이나 외상 후에 발생한 급성신부전증의 경우 사망률이 가장 높고, 이 때문에 급성신부전증을 치료할 때에는 수분의 섭취량과 소변의 배설량을 정확하게 맞추어야 한다. 셋째, A는 외상으로 인하여 급성신부전증이 발생하였고 또 소변량도 심하게 감소된 상태였으므로 음식과 수분의 섭취를 더욱 철저히 억제하여야 하는데, 이와 같은 사실을 모르고 콜라와 김밥 등을 함부로 먹은 탓으로 체내에 수분저류가 발생하여 위와 같은 합병증이 유발되었다(대법원 1994.3.22. 93도3612). 73

인과과정의 진행경과에 초점을 맞추어 보면 위 사례에서 사망의 결과로 이른 진행과정이 비전형적인 경과는 아니지만, 전형성을 가진 통상적 진행경과라고는 쉽게 단정하기 어렵다. 특히 행위자의 행위 후 결과로 이르러 가는 진행경과에 피해자의 경솔한 태도가 개입되어 그로 인한 합병증이 직접사인이 된 경우이기 때문이다. 74

① 상당인과관계설을 취하는 대법원은 위 사례와 같이 행위자의 행위가 결과발생에 직접적인 원인이 아닌 경우라도 '상당성'을 긍정한다. "비록 그 직접 사인의 유발에 위 피해자 자신의 과실이 개재되었다고 하더라도 이와 같은 사실은 통상 예견할 수 있는 것으로 75

66) 굳이 객관적 귀속이론을 적용하더라도 사례1과 같은 '비전형적 인과과정'이 문제되는 사례의 경우 행위자에 의해 창출된 위험이 실제로 발생한 결과로 실현되었는가라는 위험실현의 전제조건이 충족되지 않는다는 평가를 할 수 있다. 병원에 입원해있던 피해자가 사망한 결과는 행위자가 창출한 위험이 실현된 것이 아니라 화재라는 우연적 위험 내지 특히 방화범이 따로 있을 경우 그 방화범이 창출한 위험이 실현된 것으로서 행위자의 행위로 귀속할 수 없기 때문이다.

인정"되는 것임을 근거로 한다. 대법원은 칼에 찔린 자가 병원에서 입원치료 중 부주의 때문에 수분조절에 실패함으로써 패혈증 등 합병증이 유발되고 그로 인해 생명이 위태로워지는 결과로 진행된다는 전체적 진행경과가 일반적으로 경험될 수 있는 진행경과(즉 이례적이지 않고 전형성을 가진 통상적 진행경과)에 해당하는 것으로 판단하고 있는 것이다.

76 判 그러나 대법원은 이 판시내용에서 급성신부전증이 행위자의 행위로 인해 생긴 것임을 인정하면서도 패혈증 등 직접사인인 합병증을 유발시킨 조건, 즉 경솔함을 보여 수분조절을 실패한 피해자의 귀책사유가 피해자의 사망에는 어떤 영향을 미쳤는지에 대한 구체적 평가까지는 더 이상 나아가고 있지 않다. 피해자의 경솔한 태도로 상황을 악화시킨 진행경과가 통상적으로 예견가능한 것인지의 여부를 추론(평가)할 수 있는 '통계학적 확률에 기초된 경험과학적 사실지식'에 대한 아무런 언급없는 대법원의 논증방식이 형사판결에서 정당화될 수 있는지는 의문이다. 경험과학적 사실에 기초되지 않고, 일회적 사전경험을 통해서만 어떤 진행경과의 일반성 내지 통상성을 추론하는 판단은 과학적 판단이 아니라 '직관적' 판단에 불과하다는 의심을 받기에 충분하기 때문이다.[67] 대법원이 이러한 의심을 받지 않으려면 적어도 동일한 또는 유사한 사례가 누적되어 있음을 확인하여야 한다. 외상을 입고 병원에서 입원 가료 중인 피해자의 경솔한 행태 때문에 합병증이 유발되고(중간 개입변수) 이것이 직접적 원인이 되어 피해자의 사망에 이르게 된 것이라는 판단이 누적된 경험적 지식에 기초된 경우에만 '통상적으로 예견가능한 범위 안의 일'이라고 말할 수 있을 것이기 때문이다.

77 ② 객관적 귀속이론은 위와 같은 경우 어떤 판단을 할 수 있는가? 피해자에게 칼로 자상을 입힌 것은 보호법익인 생명에 대해 허용되지 않는 '위험의 창출'이라는 점에는 의문의 여지가 없지만, 행위자가 창출한 위험이 결과로 실현된 것인가는 물음에는 쉽게 대답하기 어렵다. 행위자가 창출한 위험과 결과발생 사이에—한 달 이상의 시간적 경과를 별론으로 하더라도—체내 수분조절과 하지 못한 피해자의 부주의적 태도가 중간에 개입되어 있고 이것이 결국 합병증을 일으킨 원인이 되었으며, 이 합병증이 피해자의 사망의 직접적 사인으로 인정되었기 때문이다.[68]

78 객관적 귀속이론은 사건의 진행경과에 다른 변수가 개입되는 사례의 경우 대법원과 같이 그 진행경과에 대한 일반인의 경험가능성 또는 통상성(또는 객관적 예견가능성) 여부를 판단하는 사후예측의 방법을 동원하지 않는다. 경험과학적 사실이 있다면 이러한 기초사실은 '합법칙적 조건설'을 적용하는 1단계 '인과관계' 심사에서 모두 투입하기 때문이다.

79 객관적 귀속이론은 2단계 심사에서 행위자가 창출한 위험이 결과로 실현되었는지를 판단한다. 위 사례에서 결과귀속 판단에 있어 결정적인 것은 '피해자의 자기 귀책적 자기위태화'가 행위자에 의해 최초로 창출된 위험의 진행경과에 어느 정도의 영향력을 미쳐 결과귀속을 배제하는지에 있다. 이 점은 최초로 위험을 창출한 행위자에게 요구되는 위험관리를 위한 책무범위가 어디까지인지에 따라 달라질 수 있다.

80 위 사례에서는 행위자의 행위 후 병원에서 수술이 이루어졌고 한달 가령 시간이 경과되

---

67) 대법원의 상당인과관계설의 적용방법의 문제점에 관해서는 앞의 상당인과관계설에 대한 비판 부분 참조.
68) 고의범의 경우 행위자의 행위가 직접사인이 아니어도 상관없다는 보조법리는 상당성 판단의 상위기준인 인과적 진행경과의 통상성(일반적 경험범위내)에서 도출된다.

었기 때문에 행위자가 최소로 발생시킨 위험이 피해자 사망으로 실현되지 않도록 할 책무가 병원 의사와 피해자에게 일정부분 넘어간 것으로 볼 수 있다. 문제는 사후적 관리의무가 피해자에게 전적으로 넘어간 것으로 평가할 수 있어 최초행위자에게 책임소구금지가 인정될 수 있는지에 있다. 피해자는 병원에서 수술 후 의학적 예후에 기초하여 내려진 의사의 지시에 따라 수분섭취량을 조절하기 위한 자기관리를 해야 했다. 그러나 피해자가 수분조절에 실패함으로써 상처부분에 합병증이 유발되었고 이것이 직접적 사인이 되었다면, 피해자의 사망의 결과는 피해자의 귀책이 초래한 위험이 실현된 것이라고 할 수 있을 뿐, 행위자가 최초로 창출한 위험이 실현된 것이 아니라고 판단할 여지가 있다.[69)]

이와 같이 객관적 귀속이론에 따라 결과귀속 여부를 판단할 경우에는 참조할 충분한 경 81
험적 사실이 존재하지 않음에도 '통상적 예견가능성'을 기준으로 삼아 결론을 내리는 대법원의 상당성 평가방법보다 훨씬 적극적인 근거지움이 요구된다.

이 때문에 객관적 귀속이론은 행위자가 최초로 발생시킨 위험 이후, 다양한 다른 위험(제3자의 고의 또 82
는 과실에 의해 창출된 위험, 피해자의 귀책이 만들어낸 위험, 피해자의 자기위태화로 인해 초래된 위험 등) 이 개입한 사례들을 유형화하여 그에 따른 – 규범적 차원의 – 맞춤형 결과귀속 기준들을 제시하고 있다. 유형별 결과귀속 기준은 아래와 같다.

2. 중간개입변수가 있는 사례유형

(1) 제3자가 개입한 사례

행위자의 위험을 창출하는 행위가 있은 후 그 위험이 결과로 실현되어가는 과정에서 제 83
3자의 고의 또는 과실의 후행행위가 개입하여 이것이 공동작용하여 결과가 발생한 사례들의 경우 발생한 결과를 위험을 창출한 행위자의 책임으로 돌릴 수 있는지가 문제되고 있다. 이러한 사례유형의 경우 결과귀속을 부정할 수 있는지에 관해서는 인과관계에 관한 종래의 이론 하에서는 물론이고 객관적 귀속이론에서도 아직 논란이 되고 있는 영역이다. 이러한 사례유형의 경우 위험의 최초야기자는 어떤 조건하에서 책임으로부터 벗어날 수 있는가라는 물음에 답함에 있어서는 세 가지 하위사례의 경우 각기 다른 해결방안이 제시되고 있다.

1) 책임소구(遡求)금지[70)] 사례

창출된 위험이 결과로 실현되어가는 과정에서 제3자가 개입하여 결과발생에 결정적으 84

---

69) 인과적 사고에 기초한 종래의 표현방식을 따르면 다음과 같은 식으로 쟁점화할 수 있다. 즉 '피해자의 부주의가 중간에 매개변수로 개입되었고, 그 중간 사정이 결정적으로 패혈증 등 합병증을 야기하게 만든 경우라면 행위자가 최초로 작동시킨 인과적 진행경과가 중간에 개입된 사정, 즉 피해자의 귀책사유 때문에 중단된 것(즉 인과관계의 중단)이 아닌지를 문제삼아야 한다.

70) 독일어 'Regressverbot'를 종래 국내에서는 '소급금지'로 번역해 왔으나 죄형법정주의의 소급금지(Rückwirkungsverbot)와의 차별화를 위해 '책임소구금지'라는 용어로 대체하기로 한다.

로 영향을 미치는 방식으로 '공동작용'한 경우 그 발생된 결과에 대한 책임을 최초행위자에게로 거슬러 올라가지 않고 중간에 개입한 제3자의 책임으로 인정하는 사례에 대한 종래의 명명법이다.

85 ① 인과관계 단절(중단)로 보는 견해 인과적 진행경과의 통상성(객관적 예견가능성)에 초점을 맞추는 태도는 이러한 경우를 '인과관계의 단절' 또는 인과관계 중단 사례로 취급하면서 제3자의 개입행위가 고의행위일 것을 선행야기자에 의해 진행된 인과적 사슬을 단절시키는 조건으로 보았다.[71] 자유로운 의사결정에 의해 수행된 행위는 그 자체 아무런 다른 원인을 가질 수 없기 때문에－그렇지 않으면 그것을 자유롭다고 말할 수 없기 때문에－인과적 경과는 항상 최후의 자유로운 의사작용으로 시작한다는 점을 근거로 삼았다. 이에 따르면 자유롭게 설정된 조건에 선행하는 다른 조건들은－자유롭게 설정되었어도－원인으로 볼 수 없게 되는 결론이 나온다.[72]

86 그러나 이러한 논거가 타당하다고 보기는 어렵다. 결과와의 인과적 관련성을 규명함에 있어 고려되는 조건들은 그 조건들이 자유롭게 설정된 것인지의 여부가 관건이 될 수 없기 때문이다. 예컨대 단독 조건으로는 결과발생에 이를 수 없고 다른 조건이 더해져야만 결과에 이를 수 있는 이른바 '누적적 인과관계'가 문제되는 사례의 경우－조건설에 따르면－후행행위자가 설정한 조건은 그 행위자의 자유로운 의사와 무관하게 그 객관적 모습 그대로 결과발생에 대한 원인이 된다. 반대로 시간적으로 선행하는 최초야기자의 인과적 기여를 무시한다면 후행행위자의 기여도 발생한 결과에 대해 원인이 될 수 없다고 해야 한다. 누적적 인과성 규칙에 따르면 후행행위자가 설정한 조건 그 자체만으로는 결과를 야기하기에 충분하지 않기 때문이다.

87 상당인과관계설에 따르더라도 최초야기자의 고의 행위 후에 후행행위자의 고의행위가 개입한 경우라도, 비전형적인 인과과정이 문제되는 극히 예외적인 경우가 아니라면 인과관계의 중단(내지 단절), 즉 '책임소구 금지'가 인정되지는 않는다. '상당인과관계설'은 어떤 행위가 결과발생에 유일한 원인일 필요가 없고, 간접적인 원인이어도 상당성이 인정된다고 하기 때문이다.

88 ② 인과과정의 착오로 보는 견해 책임소구금지사례를 인과관계의 문제로 취급하지 않고 인과과정의 착오문제로 다루려고 하는 견해가 있다. 이 견해는 제3자의 개입이 있더라도 최초행위자가 그것을 인식하지 못하였고 발생사실이 행위자가 생각한 인과적 진행경과와

71) Frank §1. Anm. Ⅲ2a.

72) 그러나 최초야기자의 행위는 제3자의 고의에 의한 범행에 대한 공범(교사나 방조)은 가능할 수 있다고 한다. 그러나 이러한 공범가능성을 인정하는 견해는 설득력이 없다. 왜냐하면 의사자유는 그 의사의 형성의 전제조건들에만 관계하고, 후행적으로 행위하는 자들이 의사에 기하여 개입하는 사건의 경과에는 관계하지 않기 때문이다.

본질적 불일치일 것을 조건으로 그 최초행위자의 고의를 부정할 수 있다고 한다. 그러나 이 입장에서도 과실범의 경우에는 소구금지사례를 인과적 진행경과에 초점을 맞추어 인과관계의 문제로 취급한다. 즉 인과적 진행경과가 행위자에 의해-요구되는 주의를 다하였더라도-예견가능하지 않았던 경우에는 그 발생한 결과에 대한 행위자의 책임을 인정할 수 없다고 한다.[73)]

③ 객관적 귀속의 문제로 보는 견해 객관적 귀속이론의 입장 중에 최초야기자의 고의행위가 있은 후 후행행위자의 과실을 통해 결과가 발생한 사례의 경우 그 발생한 결과에 대해서는 최초행위자자의 책임을 인정하지만, 최초행위자의 과실행위에 개입한 제3자의 고의행위에 의해 결과가 발생한 사례의 경우 그 결과를 최초행위자의 과실행위로의 귀속은 항상 부정하는 입장[74)]이 있다. 89

그러나 최초행위자에 대한 소구적 책임배제를 그의 인과적 기여와 결부시키는 방법은 객관적 귀속이론의 본래적 취지를 벗어난다. 규범적 차원의 기준을 가지고 위험실현 여부를 평가하여 책임소구금지여부를 판단하는 방법이 타당하다. 이에 따르면 최초행위자가 '자신의 사회적 역할에 합치되게 행위하였고 이 행위가 제3자에 의해 창출된 허용되지 않은 위험과 무관하다고 평가될 경우에는 책임소구가 금지되고 결과귀속이 부정되어야 한다.[75)] 그러나 최초행위자의 사회적 접촉이 범죄를 공동으로 한다는 의미 차원을 가지는 것으로 평가될 경우에는 책임소구가 허용되어 결과귀속이 긍정된다. 90

2) 제3자의 개입에 의해 다른 결과가 발생한 사례

제3자가 최초행위자에 의해 위험이 발생된 계기에 다른 결과를 야기한 경우가 있다. 이러한 사례는 최초야기자에 의해 창출된 위험에 대해 제3자가 '공동작용'을 한 경우인 앞의 책임소구금지 사례와 구별된다. 이러한 사례는 제3자의 개입양태에 따라 다음과 같이 유형화될 수 있고, 객관적 귀속이론에 따를 때 각 유형별 해결방안은 다음과 같다. 91

① 제3자가 위험방지의무를 다하지 않은 경우 제3자가 최초행위자에 의해 창출된 위험을 방지해야 할 의무가 있음에도 그러한 의무를 다하지 않은 경우가 있다. 92

사례1(제3자 의무위반 사례): A가 피해자를 칼로 찔러 상해를 입혀 피해자가 병원에 이송되었다. 응급의사 K는 겉으로 보이는 상처부위만 치료하고 중한 내상을 간과함으로써 골든타임을 경과해 버렸고, 피해자는 병원에서 사망하였다. 93

이러한 사례의 경우 그 결과는 처음부터 최초야기자에게 객관적으로 귀속가능하다. 왜냐하면 의무위반적 부작위를 통해서 위험을 창출한 것이 아니라 이미 창출된 위험 실현이 방지되지 않은 것에 불과하기 때문이다.[76)] 위 사례에서는 제3자인 의사에게 부작위에 의한 94

73) Jescheck/Weigend §54/Ⅳ 2.

74) 이러한 입장 중에는 최초행위자가 사건에 대해 더 이상 조종할 수 없음을 결과귀속 부정(소구금지)의 근거로 삼는 견해(Maurach/Gössel/Zipf, AT, Bd.2, §43/74)도 있고, 선행 과실행위와 개입된 후행 고의행위사이에는 책임의 비중에서 현저한 차이가 있으므로 최초야기자는 단순한 과실방조로서 불가벌이 된다는 점을 근거로 삼는 견해(Wehrle, Fahrlässige Beteiligung am Vorsatzdelikt-Regressverbot?, 1986, 63ff, 83ff)도 있다.

75) Jakobs, §24/15ff.: Frisch, Tatbestandmässiges Verhalten und Zurechnug des Erfolgs, 1988, 295f.

과실치사죄의 성립이 인정될 수 있는 것은 별론으로 하더라도 최초야기자인 A에게 인정되는 상해치사죄(작위범)와 관련하여 피해자의 사망의 결과도 A의 행위로 객관적으로 귀속가능하다. 왜냐하면 A에 의해 창출된 위험이 타인에 의해 의무합치적으로 감소되었거나 제거된 것이 아닌 경우에는 (규범의 보호목적상) 그로 인해 발생한 결과에 대해 A의 책임을 제한할 이유가 없기 때문이다.

95 判 대법원은 상해를 입고 병원에 실려온 환자에 대한 의사의 수술지연으로 환자가 사망한 사례의 경우 상당인과관계설의 입장에서 의사의 수술지연이라는 중간 개입변수를 고려하지 않고 최초행위자의 행위와 결과간의 상당성을 인정한다. 그러나 상당성 판단의 본래적 취지라면 병원에 실려간 환자가 수술지연으로 사망하게 되는 것은 경험칙상 통상적 예견가능한 사건의 진행경과인지가 정밀하게 판단되어야 할 것이다. 참고로 민사사건에 대해 대법원 판결은 의사의 과실이 중간에 개입된 경우 의사의 '중대한 과실이 없는 한' 인과관계를 인정하는 태도를 취한다.[77] 이에 따르면 의사의 중대한 과실이 있으면 인과관계가 부정될 수 있다.

96 ② 제3자의 작위적 개입에 의해 결과가 실현된 경우 최초행위자에 의한 위험창출의 계기에 제3자가 능동적인 개입(예, 의사의 진단상의 잘못등 의료과오)을 함으로써 사건의 진행흐름이 바뀌어지고 그로 인해 결과가 발생한 경우가 있다.

97 사례 2(제3자의 과실개입사례): A는 피해자를 칼로 찔러 상해를 입혔는데 의사 K는 병원에 이송된 피해자에게 진통완화를 위한 주사를 놓으면서 알레르기 반응 조사 등 필요한 진단을 생략하고 주사를 놓았다. 그로 인해 피해자는 치명적인 알레르기성 쇼크 반응을 보이면서 사망하였다.

98 이러한 사례의 경우 누구도 사망의 결과에 대해 고의가 없기 때문에 사망에 대해서는 언제나 과실책임만 문제된다. 상당인과관계설은 이러한 경우에도 A의 행위와 최종적으로 결과에 이르는 진행경과에 초점을 맞추어 통상적인 예견가능성 판단을 한다.

99 반면에 객관적 귀속이론은 이러한 사례의 경우 최초야기자에 의해 창출된 위험이 실제 발생한 결과로 실현된 것이 아닌 한, 그 결과는 객관적으로 귀속가능하지 않다고 본다. 이에 따르면 위 사례의 경우 사망의 결과발생은—그 구체적인 모습 그대로를 객관적으로 관찰하면—A의 상해행위가 만든 위험의 실현이 아니라 잘못된 주사를 통해 창출된 알레르기 반응이 만든 위험이 실현된 것이기 때문이다.

100 判 대법원은 이러한 경우에도 행위 – 의사의 과실 – 사망이라는 인과적 진행경과가 통상적으로 예견가능한 일인가 또는 일반인의 경험범위내의 일인가라는 점에 초점을 맞춘다. 즉 대법원은 인과관계를 '인과과정에 대한 객관적 예견가능성'에 기초하여 '상당성' 판단을 하고 있는 것이다. 그러나 앞서 언급했듯이 이러한 상당성 판단이 경험과학적 지식 내지 통계학적 확률지식에 근거한 것이 아니라면 직관에 불과한 것으로 볼 수밖에 없는 문제점이 있다. 특히 의학적 지식은 고도로 전문화되어 있고 임상사례별로 다르기 때문에 '의사에 의한 후행피해의 예견가능성'에 대한 집적된 경험지식은 사례가 너무나 다양하여 경험칙으로 형성

---

76) Kühl, §4/51.

77) 대법원 2000.9.8. 99다48245.

되기도 어렵다. 예컨대 독일의 형사재판에서는 중한 (중과실로 인한) 의료과오를 예견가능한 범위 밖에 있는 것으로 간주되기도 한다(OLG Celle NJW 1958, 271f).

③ 제3자가 새로운 위험을 창출한 경우　최초행위자에 의해－그 자체로 결과발생에 중요한 조건이 될 수 있는－창출된 위험을 제3자가 의무합치적으로 제거한 후에 새로운 위험을 창출하는 경우가 있다. 이러한 경우 최초의 행위자가 이미 제거된 위험을 대신하는 새로운 위험창출에 아무런 기여를 하지 않은 경우라면 제3자에 의해 창출된 위험이 조건이 되어 발생한 결과에 대한 책임을 최초행위자에게 귀속할 수 없다. 101

그러나 이러한 사례의 경우에도 상당인과관계설은 제3자의 새로운 위험창출 내지 제3자의 잘못된 행태가 통상적으로 예견가능하거나 일반인의 경험범위내의 일이라면 그로 인한 결과와 최초행위자의 행위 사이에 상당한 인과관계가 있다는 논리를 전개할 것이다.[78] 이러한 경우 예견가능성 법리를 이용하는 접근법은 누구에게 책임을 귀속시킬 것인지에 대한 결론을 선취한 후에 그 결론을 근거지우기 위해 동원되는 도구적 레토릭에 불과한 것일 수 있다. 102

④ 자기귀책적 자기위태화로 새로운 위험이 설정된 경우　최초행위자에게 상해를 입은 피해자가 병원에서 종교적인 이유로 수혈거부를 하는 경우와 같이 자기귀책적 자기 위태화로 인해 새로운 위험이 창출되는 경우가 있다. 이와 같은 피해자 위험인수 사례의 경우－후술할－자기책임원칙에 따르면 수혈거부로 인해 초래된 결과는 최초행위자의 행위로 객관적으로 귀속될 수 없다. 자기귀책적 위험인수의 경우 객관적 결과귀속이 부정되기 위해서는 피해자가 분별력이 있고 자신의 결단이 미치는 효과를 충분히 알고 있을 것을 조건으로 한다.[79] 자세한 내용은 아래 (2) 사례유형에서 다룬다. 103

3) 제3자에 의한 구조행위가 개입된 사례

행위자에 의해 야기된 사건의 진행경과에 제3자가 나서서 구조행위를 하다가 그 제3자에게 결과가 발생한 경우가 있다. 이러한 경우 발생한 결과를 행위자에게 객관적으로 귀속가능한지가 문제된다. 104

사례 3(제3자 구조행위 개입사례): A는 B의 집에 고의로 방화를 하였다. 이웃사람 C가 질식사 직전상태에 있는 B의 아이를 구조하기 위해 불타는 집안으로 진입하였다. C는 추락하는 건축물 조각에 맞아 쇄골골절상을 입었다. 105

이러한 사례의 경우 A에게 현주건조물방화치상죄의 성립을 인정할 수 있는지와 관련하 106

78) 독일의 연방재판소는 예컨대 위 유형의 사례(화물자동차 운전자인 L이 야간에 후미등 없이 운전하던 화물자동차 운전자 L의 차량을 정차시키고 과태료 부과절차를 진행하였다. 그 사이에 다른 경찰관 한명이 정차하고 있는 차량의 안전을 위해 설치해 놓은 램프를 부주의로 제거해 버렸다. 그 결과 다시 아무런 조명을 받지 않은 화물자동차는 접근하고 있는 다른 화물차량에 의해 충돌되어 동승자가 사망하였다)에서 경찰관의 잘못된 행태가 예견가능하다는 논거를 가지고 L에 의한 과실치사죄의 성립을 인정하였다(BGHSt, 4, 360).

79) Jakobs, AT, § 7/59.

여 A의 행위와 C의 상해사이에 인과관계가 문제된다. 대법원처럼 상당성(통상적 예견가능성)이라는 기준을 가지고 구조활동 중 구조자에게 발생한 결과에 대한 인과관계 판단을 하기는 어렵다. 구조자의 자유로운 자기결단에 기초한 구조행위 및 그에 관련된 결과는 상당성 평가주체(일반인)의 예견가능한 범위내의 것인지를 평가할 성질의 것이 아니기 때문이다. 특히 고의에 의한 방화사건의 경우 구조행위가 실패로 끝나든 성공하든 일반인의 예측수준이라는 잣대를 사용하여 그 결과를 평가하기는 어렵다.

107 이러한 특수한 사정 때문에 객관적 귀속이론 내부에서도 두 개의 극단적 견해가 대립하고 있다. 구조활동과 관계된 결과는 그 구조활동 역시 행위자의 위험영역에 있는 것이기 때문에 행위자에게 객관적으로 귀속가능하다는 견해[80]도 있고, 구조자의 자유로운 개입을 자기귀책적 자기위태화로 보는 전제하에서 스스로 위험을 인수한 피해자에게 초래된 결과에 대해 행위자의 책임을 부정해야 한다는 견해[81]도 있다.

108 이 두 가지 극단적 견해를 절충하면서 구조행위와 결부된 위험을 고려한 구조의 개연성에 따라 행위자의 책임여부가 달라진다고 보는 입장[82]도 있다. 즉 이성적으로 판단할 때 구조행위가 요구될 경우, 구조자가 구조조치로 인해 자기위태화를 초래한 경우 그로 인해 생긴 결과는 행위자에게 귀속가능하다고 한다. 이에 따르면 위 사례에서는 C가 사람의 생명을 구하기 위해 자신의 생명을 위험에 처하게 만든 것이므로 그로 인해 생긴 결과는 A에게 귀속가능하게 된다. 그러나 만약 C가 경미한 손해를 저지하기 위해 위험을 무릅쓰고 무모한 행동을 감행하여 상해를 입었을 경우에는 이성적으로 개연성이 떨어지는 구조활동이므로 구조자에게 새긴 상해의 결과는 A에게 귀속될 수 없고 C 자신에게 귀속될 뿐이게 된다. 절충설의 태도가 타당하다.

109 '위험을 창출한 자는 스스로 그 위험이 결과로 실현되지 않도록 하는데 책임(책무)이 있다'는 것이 객관적 귀속이론의 기본컨셉이다. 이에 따르면 구조자가 피해를 저지하거나 감소하기 위해 적합하고도 필요한 조치들을 취한 경우에는 그 구조자가 행위자가 져야 할 의무를 충족하고 있는 것이 된다. 다시 말해 이러한 조건하에서 구조자는 행위자를 대신하여 책무있는 행위를 하고 있는 것이다. 이 때문에 행위자는 자신의 위험영역(또는 책무범위)내에서 행위하는 구조자에게 닥치는 결과들에 대해서도 책무가 인정된다. 위험을 창출한 행위자에게 인정되는 이러한 책무는 도덕적으로 근거지워진 연대성에도 부합할 뿐 아니라 일반적인 법적 의무에도 부합한다. 특히 이러한 차원의 법적 의무는 방화의 피해자에 대한 의무는 아니지만, 자신이 설정한 위험상태를 바꾸려는 구조자와의 관계에서는 보증의무의 일종으로 자리매김될 수도 있다.

110 위험을 창출한 자의 이러한 책무범위 인정은 구조자가 임의의 사인이 아니라 개인이 보증인지위에 기초하여(예컨대 아버지나 남편으로서) 또는 공적 의무에 기초하여(예컨대 소방관

80) Jescheck/Weigend, AT, § 28 Ⅳ 4.
81) Roxin, AT Bd1, § 1/115.
82) BGHSt, 39, 322; Jakobs, Regreßverbot beim Erfolgsdelikt. Zugleich eine Untersuchung zum Grund der strafrechtlichen Haftung für Begehung, ZStW 89(1977), 1(15 f) 등 다수 견해이다.

이나 경찰관으로서) 개입한 경우에도 타당하다. 이러한 사례들의 경우 구조자에게는 보다 높은 위험감수의무가 인정되기 때문에 그에게는 보다 위험한 구조조치들도 기대될 수 있다.[83] 이 때문에 행위자는 이로부터 비롯되는 구조자의 상해들에 대해서도 책임을 져야 한다는 결론이 나온다.

(2) 법익주체(피해자)의 자기귀책적 자기위태화 사례 유형

1) 자기귀책적 위험인수사례

행위자와 위험을 함께 창출한 자는 그 위험에 대해서도 그리고 그로부터 비롯되는 피해에 대해서도 책무가 있다는 원칙(자기책임원칙)은 피해자가 자기귀책적으로 위험을 인수한 경우에는 적용되지 않는다.[84] 피해자의 자기귀책적 위험인수는 다른 행위자의 책무를 차단한다. 그 이유는 그 다른 행위자가 허용되지 않는 방법으로 법익주체(피해자)의 법영역에 개입하고 있는 것이 아니기 때문이다. 법익주체를 그 법익에 대한 제3자의 위법한 공격으로부터 보호하는 것을 내용으로 하는 규범의 보호목적은 그 공격에 관여한 자(그것이 제3자이든 법익 주체 자신이든)의 독자적 자기책임이 시작되는 지점에서 끝이 나기 때문이다. 달리 말하면, 피해자가 자기귀책적으로 창출한 자기위태화 사례의 경우 그로 인한 결과방지가 피해자의 자기책임에 속하는 것이다. 따라서 실제로 발생한 결과는 그에 개입된 행위자의 행위로 귀속시킬 수 없다. 111

사례 4(피해자의 자기 귀책적 위험인수 사례): 경찰관 A는 직무상 지급받아 사용하는 총기를 별도로 보관 관리하지 않고, 집안 내 누구나 볼 수 있는 곳에 방치하였다. A의 아내 B는 그 총으로 스스로 목숨을 끊었다. 112

이 사례에서 B의 자살은 어떤 범죄구성요건도 실현하고 있지 않으므로 그 자살을 촉진하고 있는 행위도 불가벌이다. 특히 A가 B의 자살을 위해 의식적으로 권총을 건네주는 등 '자살방조죄'를 구성하는 경우가 아닌 한, A가 부주의한 보관 등을 통해 B가 권총에 접근하는 것을 가능하게 한 경우에도 마찬가지이다. 특히 마약을 판매하였는데 매수인이 그 마약을 과잉섭취하고 사망한 사례 또는 마약관련범죄를 범하거나 에이즈 보균자와 성적 접촉을 하여 에이즈에 감염된 사례 등의 경우에도 위 기준에 따르면 발생한 결과에 대한 판매자의 귀속배제가 가능하다. 113

그러나 구체적 사례에서 행위자가 자신을 스스로 위태화시키는 자(예, 피해자)보다 우월한 지식을 가지고 법익에 대한 위험(Risiko)의 창출에 관여한 경우에는 실제로 발생한 결과를 행위자의 행위로 귀속시키는 것이 가능할 수도 있다. 114

이와 같이 구체적 사례별로 결과귀속 여부에 대한 결론을 달리하는 판단방법은 상당성 판단을 위한 보조 법리로서 직접성 기준을 사용하면서도 결과에 영향을 미친 다른 공동작용이 있는 경우 '인과관계의 단절 115

83) 이 때문에 법적 구조의무자에게 자기귀책적 자기위태화 법리가 적용될 수 있는 측면도 있다.

84) Roxin, Zur Problematik der Beteiligung an vermeintlich vorsätzlich rechswidrigen Taten, FS für Gallas, S. 241(243). 독일 판례도 같은 입장이다. BGHSt 32, 262ff;

(중단)'을 인정할 수 있다고 하는 대법원의 태도와도 대비된다. 앞서 살펴보았듯이 대법원은 정작 그 단절(중단)여부를 판단하기 위한 조건과 기준이 무엇인지에 대해서는 아무런 설시를 하고 있지 않기 때문이다.

2) 위험실현단계에서의 공동작용 사례

116 피해자가 자기귀책적 자기위태화를 통해 위험을 인수(또는 창출)하였으나 위험이 실현되는 단계에서 사태의 진행을 조종할 능력이 없게 된 상태에 이른 경우 그 위험창출에 관여한 자에게 그 발생된 결과를 객관적 귀속할 수 있을지가 문제된다.

117 **사례 5(위험실현단계에서의 공동작용사례):** 자살을 결심한 B는 (B가 자살하려는 것을 알지 못한) A에게서 얻은 치사량의 독약을 스스로 섭취했다. A는 B가 의식을 잃고 죽어가고 있음을 보면서 119에 신고를 하지 않아 결국 B가 사망하였다.

118 위 사례에서도 B는 자기책임하에 위험을 창출하였고 그 위험창출에 A가 공동작용을 하였다. 하지만 위험이 실현되는 단계에서 B는 스스로 통제할 능력이 없는 상태가 되었다. 이 경우 B에게 독약을 제공함으로써 그 위험창출에 관여한 A에 대해 B의 사망(자살)을 방지해야 작위의무가 인정되는지가 문제된다. 이 경우 자기책임원칙에 따르면 자기귀책적 자기위태화에 관여한 A의 기여부분은 그 자체 불가벌이다. 자살방조죄의 성립과 관련하여 자살의 결과를 자살의도를 알지 못하고 독약을 건네준 A의 행위로 귀속할 수는 없기 때문이다. 반면에 독일연방재판소는 구조조치를 하지 않은 점이 부작위에 의한 과실치사죄(또는 유기치사죄)의 성립을 인정할 수 있는지와 관련하여 B의 사망을 A의 부작위로 귀속할 수 있다는 입장[85]이다.

119 그러나 자기책임원칙에 따르면 '피해자의 자기귀책적 자기위태화'에 관여한 자에게 결과귀속이 배제된다는 점의 의미는 위험창출행위와 관련해서 뿐 아니라 그 위험의 실현과 관련해서도 유지되어야 한다. 행태규범의 내용을 모순없이 해석할 수 있도록 하기 위함 때문이다. 이에 따르면 위 사례에서 독일 연방재판소의 태도는 모순적이다. 연방재판소는 B가 자기책임하에 스스로 계획한 자살을 하기 위해 A에게서 독약을 건네받은 것이라는 이유로, 자기책임원칙을 적용하여 독약을 건네준 A의 행위를 금지된 자살방조행위로 인정하지 않으면서도, 그 약효가 체내에서 나타나는 시점부터 다시 A에게 구조의무가 시작된다고 본다. 어떤 자가 위험의 창출에 관여하기는 하였지만 피해자의 자기귀책적 자기위태화 때문에 그 관여에 대해 책무가 인정될 수 없다면, 위험창출에 관여하였다는 이유로 그 위험이 실현되지 않도록 해야 할 책무까지 인정되는 것은 아니라고 하는 태도를 견지하는 것이 타당하다.[86]

120 물론 피해자가 자기귀책적으로 그 위험을 인수하긴 하였지만 결과발생을 의욕하지는 않은 경우에는 달리 판단할 여지가 있다. 자기 위태화에 관여한 행위가 작위의무의 발생근

85) BGH NStZ 1984. 452.
86) Roxin, AT Bd. 1, §1/112 등.

거인 선행행위로 인정될 여지가 있기 때문이다.

3) 그 자체 금지된 행위로서 자기위태화에 공동작용하는 사례

앞의 자살사례는 행위자가 피해자의 자기귀책적 자기위태화에 개입하는 행위가 그 자체 금지된 행위가 아니다. 하지만 자기위태화에 관여한 자의 공동작용적 행위가 그 종류 내지 그 행위태양의 측면에서 법적으로 금지된 행위인 경우가 있다. 이러한 경우도 자기책임원칙이 공동작용자에 대한 결과귀속이 배제되는지가 문제된다. 121

사례 6(금지된 공동작용사례): B는 친구 A가 음주상태에서 운전을 하려는 것을 알면서도 만류하지 않고 그 차량에 동승하였다. A는 운전 중 과실로 중앙분리대와 충돌하였다. 그 결과 B는 상해를 입는데 그쳤지만 A는 사망하였다. 122

이 사례에서 A는 자기귀책적으로 자기위태화를 하였다. B도 자기책임하에서 위험을 인수한 A의 위험창출에 부작위로 관여하였다(물론 B의 행위도 엄밀하게 보면 자기귀책적 자기위태화라고 할 수 있다). B의 부작위는 A의 음주운전죄와 관련하여 부작위에 의한 방조가 되므로 그 자체 금지된 관여행위라고 할 수 있다. 이러한 경우 자기책임원칙을 적용하여 A의 사망을 B의 부작위로 귀속할 수 있다고 볼 수 있는지는 관여된 금지된 B의 행위를 어떻게 평가할 것인지에 따라 달라질 수 있다. 123

공동작용한 방조행위가 자기책임원칙을 일정부분 폐기할 수 있는 것으로 이해하는 것이 타당하다. 음주운전 자체에 내재한 위험을 고려할 때 거기에 부작위로 방조하는 행위를 금지하는 규범의 보호목적 때문이다. 즉 규범의 보호목적상 방조로 공동작용한 자에게 피해자의 자기귀책적 음주운전으로 인해 창출될 위험을 후견적으로 관리해야 할 일정한 책무가 부여되는 것이다. 따라서 위 사례에서는 자기책임원칙이 적용될 수 없고 A의 사망은 B의 금지된 행위로 귀속가능하다고 평가할 수 있다. 124

3. 과실범에 고유한 결과귀속 판단

앞서 언급했듯이 객관적 귀속이론이 고의범에 관한 도그마틱에서 아닌 과실범 도그마틱에서 먼저 등장한 것은 종래의 과실이론에서 주의의무의 판단기준의 변화와 맥락을 같이한다. 125

과실의 체계적 지위를 책임요소로 파악하면서 평균인의 주의정도를 표준으로 삼았던 고전적 범죄체계하에서와는 달리 오늘날 객관적 주의의무위반(과실의 객관적 측면)은 과실범의 객관적 구성요건 요소로 파악한다. 이에 따르면 주의무위반여부를 판단할 경우 행위자가 기울여야 할 주의정도를 사회적 평균인의 관점을 동원하여 위험에 대한 '객관적 예견가능성'을 척도로 삼게 된다. 126

이와 같이 오늘날 확립된 객관적 과실이론에 기초할 경우 행위자의 '주의의무위반'으로 인해 창출된 법익에 대한 위험이 구성요건적 '결과'로 실현되었는지의 판단(또는 과실과 결과간의 형법상 인과관계 판단)을 위해서는 객관적 예견가능성이 아닌 별개의 평가기준이 요구 127

되게 되었다. 객관적 귀속이론은 객관적 과실이론이 만들어낸 틈새를 메우는 차원에서 발전된 것으로 보는 것도 이 때문이다. 과실범의 경우 '주의의무위반'과 '결과'간의 '결과귀속'(또는 인과관계) 여부를 판단하기 위한 기준은 다음과 같다.

(1) 결과귀속 판단 기준1: 의무위반관련성

128 사례(할로테인 마취사례): 갑은 XX종합병원의 수술주관의사로서 A에게 난소종양절제수술을 하기 전 A에 대해 정확성이 떨어지는 소변검사만을 실시한 결과 A에게 간기능에 이상이 없는 것을 확인하였고, 이에 마취담당의사 을은 환자 A에 대해 할로테인(Halothane)이라는 전신마취제를 사용하였다. 수술 후 1주일이 경과할 무렵 A는 급성전격성간염증상이 진단된 간부전으로 사망하였다. A가 사망한 후 다음과 같은 사실이 밝혀졌다. 첫째, A는 수술 당시에 이미 간장애가 있었으나 A에 대한 종합적인 간기능검사가 실시되지 않았고, 수술 자체가 위급하지도 않았다. 둘째, 이 사건에서 마취제로 사용된 할로테인을 간기능에 이상이 있는 환자에게 사용하는 경우에는 90% 이상이 간기능의 악화로 심한 경우에는 사망에 이르게 된다는 사실이 널리 알려져 있었다. 셋째, 통상 마취제로서 할로테인을 사용하여 개복수술을 할 때에는 마취제에의 적응여부를 판단하기 위해 사전에 환자에 대해 혈청의 생화학적 반응에 의한 간기능검사를 하는 것이 보편적이었다(대법원 1990.12.11. 90도694). 위 사례에서 갑에게 진단상의 의무위반(혈청에 의한 생화학적 반응검사의 미실시)이 인정되므로 이 의무위반과 사망간의 인과관계가 있는지가 문제된다.

129 ① 대법원은 객관적 귀속이론이 국내에 소개되기 전부터―후술할 객관적 귀속이론의 의무위반관련성이라는 척도와 내용적으로 아무런 차이가 없는―'적법한 대체행위이론'을 사용해왔다. 이에 따르면 행위자가 "주의에 합치되는 행위를 하였더라면 결과가 방지(회피)되었을 것이 합리적 의심의 여지가 없을 정도로 증명되었을 경우에 한하여" 의무위반과 결과 사이에 직접적 인과관계를 인정하는 태도를 취하고 있다.

130 判 대법원이 상당인과관계설에 입각해 있으면서도 고의범의 경우와는 달리 과실범의 경우 객관적 예견가능성(내지 통상적 경험범위내)이라는 기준과는 다른 차원의 기준, 즉 적법한 대체행위이론의 공식을 사용하고 있음도 객관적 귀속이론이 특히 과실범 영역에서 먼저 그 도그마틱적 유용성을 발휘하도록 고안된 이론으로 등장한 것과 맥락을 같이 하는 것으로도 선해(善解)할 수 있다. 즉 과실범영역에서는 고의범의 경우와는 달리 객관적 예견가능성이라는 기준이 행위자의 주의의무위반 여부를 판단하기 위한 기준으로 활용되었기 때문에 '주의의무위반과 결과간의 관계,' 즉 인과관계 판단(상당인과관계설)이나 결과귀속 판단(객관적 귀속이론)을 위한 기준으로 다시 중복 활용할 수 없는 한계가 있다는 점을 인정해야 하기 때문이다.

131 적법한 대체행위이론이라는 대법원 법리를 위 사례에 적용하면 의사 갑이 A의 간기능 이상여부를 확인하기 위해 혈청에 의한 생화학적 반응검사하였더라면 A에게 간기능 장애가 있는 것을 발견할 수 있었을 것인지가 문제된다. 간기능검사를 통해 A의 간이상 여부가 검진되는지에 따라 전신마취제로서 할로테인을 사용여부가 결정되고, 그로써 A가 간부전으로 사망하는 결과도 방지할 수 있었을 것임이 인정될 수 있을 것이 때문이다.

132 대법원은 위 사례에 대해 "수술 전에 피해자에 대하여 혈청에 의한 간기능검사를 하였더라면 피해자의 간기능에 이상이 있었다는 검사결과가 나왔으리라는 점이 증명되어야 할 것"으로 판시하고 있다.

이러한 판시에서 대법원은 소송법상 요구되는 사실증명 정도에 관한 확립된 법리를 기반으로 삼아 결과방지를 할 수 있었을 것이라는 점이 합리적 의심의 여지 없이 증명되었을 것을 조건으로 하여 주의위반과 결과사이의 인과관계를 인정한다. 만약 주의에 합치되는 행위, 즉 혈청에 의한 간기능검사를 하였더라도 간기능에 대한 이상 여부가 드러나지 않을 수 있는 가능성이 있다면, 주의에 합치되는 행위를 하면 결과를 방지할 수 있었을 것이라는 점에 대해 합리적 의심을 불러일으킬 수 있고, 따라서 '의심스러울 때에는 피고인의 이익으로'라는 법원칙에 따라 의무위반과 결과간의 인과관계가 부정된다는 취지인 것이다. 133

判 물론 과실범의 경우 인과관계 판단에 관한 대법원의 이러한 방법이 인과적 진행경과에 초점을 맞춰 상당성 판단을 하는 상당인과관계설 본래적 취지와는 거리가 있는 이질적인 성격의 것임은 앞서 확인한 바와 같다. 상당인과관계설의 상당성 판단은 철저하게 일반인의 경험범위내의 판단 또는 통상적인 예견가능성이 인정여부에 대한 판단인 반면, 적법한 대체행위이론의 기본구상은 상당성 판단에 기초된 형법적 중요성 내지 결과에 대한 인과적 야기에 조건을 설정한 다양한 조건들의 등급화하여 그 중에 '상당한' 조건들을 찾는 기본 컨셉과는 다른 차원의 것이다. 이 뿐만 아니라 적법한 대체행위이론에 따른 인과관계 판단방법은 사후적으로 가상의 시뮬레이션을 통할 수밖에 없는 한계가 있으므로 순수하게 사실차원에서의 증명의 대상이 된다고 말하기도 어려울 것으로 보인다. 134

② 이와는 달리 객관적 귀속이론은 과실범의 경우에도 ― 상당인과관계설과는 달리 ― '규범적' 평가 방법에 따라 발생한 결과에 대한 행위자의 책임범위를 제한하기 위해 행위자가 위반한 주의규범(객관적 주의의무)의 보호목적이 발생한 결과를 회피(방지)하는 데 있었던 것인지에 초점을 맞춘다. 여기서 객관적 귀속이론은 이러한 규범적 평가를 하기 위해 사용하는 공식은 대법원이 주의의무위반과 결과간의 직접적 인과관계를 판단하기 위해 사용하는 법리(적법한 대체행위이론)와 내용적으로 차이가 없는 '의무위반관련성'이라는 심사과정을 거친다. 하지만 객관적 귀속이론은 이 심사과정에서 결과귀속의 문제를 대법원과 달리 '사실증명' 차원의 문제로 보지 않고 순수 '규범적 평가'차원의 문제로 본다. 135

객관적 귀속이론은 행위자가 주의의무에 합치되는 행위를 하였더라도 결과를 회피(방지)할 수 없을 것으로 평가되는 경우 그 발생한 결과를 행위자의 주의위반적 행위로 객관적으로 귀속할 수 없다고 하는데, 그 이유는 결과회피(방지)가 불가능함에도 그 결과를 회피(방지)하는 것이 당해 '규범'의 보호목적에 해당하지 않는 것으로 평가될 수 있기 때문으로 설명한다. 바로 이 점에서 주의의무위반과 결과간의 인과관계의 문제를 순수 사실 증명의 문제로 보는 대법원의 접근방식과 객관적 귀속이론의 접근방식은 기본컨셉에서 근본적인 차이가 있다. 136

이 뿐만 아니라 객관적 귀속이론은 결과귀속 여부를 판단함에 있어 규범의 보호목적이라는 규범적 관점을 보다 철저히 관철시키는 차원에서 이 이론의 옹호자들 간에도 견해 대립이 존재한다. 회피가능성설과 위험증대설과 대립이 그것이다. 전자의 입장은 행위자가 주의에 합치되는 행위를 하였더라도 마찬가지의 결과가 발생할 '가능성'이 인정되는 것만으로 의무위반관련성을 부정한다. 발생한 결과는 행위자의 주의위반이 창출한 위험이 아 137

니라 다른 위험에 의해 실현된 것으로 평가될 수 있어서 결과귀속을 부정해야 한다는 것이다. 반면에 후자의 입장은 행위자의 주의의무위반이 법익에 대한 위험을 증대시킨 경우이므로 실제로 발생한 결과가 행위자의 주의위반으로 귀속을 부정하기 위해서는 주의에 합치되는 행위를 하였더라도 마찬가지의 결과가 발생하였을 것이라는 점이 '확실성에 근접할 개연성' 정도로 인정되어야 할 것을 요구한다.

138 이 중에 회피가능성설의 입장은 결과귀속을 부정할 수 있는 조건을 대법원이 인과관계를 부정하는 조건(무죄추정설)과 기본적으로 동일하게 보는 반면, 위험증대설의 입장은 대법원에 비해 결과귀속을 부정하기 위한 요건을 보다 강화하고 있다. 인과관계라는 개념에 대해 자연주의적 존재론적 접근방법을 보충하는 차원의 '규범적 평가적 접근' 방법을 취하는 객관적 귀속이론의 입장을 수용하는 전제하에서 보면, 객관적 귀속이론의 위 두 가지 입장 중 회피가능성설이 더 타당하다. 두 입장의 차이점 및 이러한 입장과 대법원의 태도와의 비교는—주의의무위반이나 과실개념에 대한 이해가 전제될 것이 요구되므로—과실범론의 인과관계 부분(§16 제3절 I. 4.)에서 다시 상술하기로 한다.

139 **判** 대법원의 적법한 대체행위이론도 소송법상 요구되는 사실증명 정도에 관한 확립된 법리를 기반으로 삼아 과실범의 경우 주의의무위반과 결과 간의 '직접적' 인과관계를 요구하므로 기본적으로 회피가능성설의 태도와 동일한 취지의 법리로 이해할 수 있다. 즉 주의에 합치되는 행위를 하였더라도 마찬가지의 결과가 발생할 '가능성'이 인정되는 경우에는 '합리적 의심이 제거되지 못한 경우'로 보아 '의심스러울 때에는 피고인의 이익'원칙에 따라 인과관계를 부정해야 할 것이기 때문이다. 이 때문에 대법원의 입장을 무죄추정설이라 부를 수 있다. 이 뿐만 아니라 대법원은 결과귀속을 위해 회피가능성설과 동일한 취지로 활용하고 있는 적법한 대체행위이론의 공식은 과실범의 경우 뿐 아니라 부진정부작위범의 경우에도 동일하게 활용하고 있다(이에 관해서는 부진정부작범의 인과관계와 객관적 귀속 참조). 그러나 후술하겠지만 대법원의 판시 내용만으로는 대법원이 직접성 긍정 또는 직접성 부정을 위해 회피가능설과 위험증대설의 대척점을 염두에 두면서 두 견해 중 어느 하나의 입장을 선택하고 있는 차원에서 인과관계에 관한 정밀한 도그마틱을 구사하고 있다고 평가하기는 어려울 것 같다.

(2) 결과귀속 판단기준 2: 주의규범의 보호목적 관련성

140 앞서 언급했듯이 객관적 귀속이론의 객관적 귀속판단(행위귀속 및 결과귀속)에 공통적인 규범적 컨셉은 당해 법익에 대한 위험의 방지(회피)가 규범의 목적이다. 객관적 귀속이론이 객관적 구성요건 요소의 하위요소(개념)들에 대해 '규범적' 평가의 관점을 가지고 접근하는 방법론적인 특성도 바로 여기에 있다. 이 점은 과실범의 경우에도 그대로 타당하다. 일반적으로 말해 발생된 구체적 결과를 행위자의 주의의무위반(=과실)로 귀속시키기 위해서는 행위자가 위반한 그 주의규범이 실제로 발생한 것과 같은 결과 내지 위험실현을 방지하는 것을 목적으로 가지고 있는 경우라야 한다.

141 이와 같이 (주의)규범의 보호목적 관련성을 기준으로 삼아 결과귀속여부를 판단하려면, 행위자의 의무위반을 근거지우는 주의규범의 보호범위가 실제로 발생한 그 결과의 회피(방지)를 포착하고 있음이 선행적

으로 확인되어야 한다. 이 때문에 과실범의 경우 이 요구조건의 충족여부를 판단하려면 해당되는 주의규범으로 방지(회피)되어야 할 결과를 가능한 한 정확하게 구획하여 그 범위를 설정하는 목적론적 해석작업이 선행되어야 한다.[87] 만약 행위자가 실제로 주의의무위반적 행위를 하였고 결과도 실제로 발생하였지만, 그 발생한 결과를 방지하는 것이 행위자가 위반한 주의규범이 목적하는 보호범위에 속하지 않는다고 해석되는 경우에는 그 발생된 결과를 행위자의 주의위반적 행위(과실)로 귀속할 수 없다는 결론을 내려야 한다.[88]

이러한 관점에서 보면 객관적 귀속이론은 주의의무위반과 결과간의 의무위반관련성이 인정되더라도 다시 그 발생한 결과가 당해 주의규범에 의해 보호되는 범위 밖의 결과인 경우에는 실제로 발생한 결과를 행위자의 주의의무위반으로 객관적으로 귀속시킬 수 없게 된다. 객관적 귀속이론이 발전시키고 있는 이러한 차원의 규범적 차원의 평가기준(즉 주의규범의 보호목적관련성)을 아직까지 대법원이 가시적으로 활용하고 있지는 않다. 이 점에서 보면 객관적 귀속이론이 발생한 결과에 대해 행위자의 형사책임의 범위를 제한하기 위한 관심사를 실천함에 있어 대법원의 법리보다 더 정교한 기준을 사용하고 있는 것으로 보인다. 이 기준이 적용될 구체적 사례에 관해서는 §16/204 참조. 142

Ⅲ. 객관적 귀속이론의 타당성

발생한 결과에 대한 행위자의 책임을 제한하기 위해 종래의 인과관계에 관한 이론에 비해 후발주자로 등장한 객관적 귀속이론이 형사재판에서 행위와 결과간의 인과적 관련성 문제 해결을 위해 실제로 수용가능한 이론이 될 수 있을지의 여부는 이 이론이 제공하는 기준(법리)의 목적 합리성과 실용성 및 구체성의 정도에 달려 있다. 지금까지 살펴본 내용에 따르면 객관적 귀속이론은 상당인과관계설에 비해 다음과 같은 점에서 비교우위에 있는 것으로 보인다. 143

1. 평가 기준의 규범화: 상당성 판단 기준과 결과귀속 판단 기준

자연과학적 사실적 차원의 인과성을 넘어 상당성 판단을 통해 형사책임을 제한할 수 있는 법리로 과대포장되어 있는 상당인과관계설은 상당성 판단을 위해 '규범적' 평가의 기준까지 제공하는 수준의 이론이 되기는 어렵다. 상당성 여부의 판단의 기준이 사실에 관한 경험과학적 지식인 한, 경험법칙에 따라 자연과학적 인과관계 문제를 해결하는 합법칙적 조건설 수준의 법리와 다를 바 없고, 경험적 사실에 기초하여 결과에 상당한 조건이 된 형 144

87) 과실범의 경우 위 척도를 사용함에 있어 '주의규범의 보호목적' 내지 주의규범의 보호 '범위'를 정확하게 해석할 것이 요구되듯이, 부작위범의 경우는 '작위의무'가 보호하는 법익의 범위가 작위의무의 발생근거에 따라 달라진다. 즉 보호보증의무가 보호하려는 법익과 감시보증의무에 의해 커버되는 법익은 서로 다르다. 이에 관해서는 부작위범에서 다룬다.

88) 행위자가 발생한 위험이 허용되는 위험인 경우 그로 인해 발생된 결과는 당해 주의규범의 보호범위에 속하지 않기 때문에 허용된 위험과 허용되지 않는 위험의 경계선도 이러한 해석작업을 통해 그어지게 된다.

법적으로 중요한 원인을 '확인'하거나 사후예측적으로 '추론'하는 방법을 사용하고는 있지만 이를 '규범'적 기준을 준거로 삼은 진정한 의미의 규범적 평가 방법이라고 말할 수는 없기 때문이다.

145 대법원의 상당인과관계설도 일종의 '평가적' 방법을 사용하고 있다고 볼 수도 있다. 경험과학적 지식이 확인되어 있지 않은 영역 또는 경험과학적 지식으로 접근하기 어렵거나 불가능한 사건의 진행경과에 대해서는 일반인의 경험이나 진행경과의 통상성을 기준으로 사용하는데, 여기에는 일종의 직관판단 또는 형사정책적 처벌의 필요성이 이면에 고려되어 있기 때문이다. 상당인과관계설의 이러한 차원의 '평가'적 방법을 통해 판단자의 자의성 또는 정책성이라는 비법적인 요소가 개입해 들어온다. 만약 존재하지 않은 일반인의 경험이나 확인되지 않은 진행경과의 통상성을 상당성이라는 외피로 포장한다면, 이를 통해 법원은 통제받지 않은 사법권력을 행사할 수 있다. 실제로 대법원의 판시문을 보면 경험과학적 지식에 기반하지 않은 채, '상당성이 인정된다'거나 '통상적으로 예견가능하다'식의 선언적 표현만 발견되는 경우가 적지 않다.

146 반면에 객관적 귀속이론은 상당인과관계설과 같이 확인될 수 없는 인과적 진행경과를 마치 확인된(또는 증명될 수 있을) 것인 양 장광설을 전개하지 않는다. 객관적 귀속이론은 그 대신 결과귀속여부를 판단함에 있어 평가 기준의 원천이 '규범'적 차원을 가지고 있음을 분명히 (그리고 솔직하게 인정) 하고 있다. 실제로 발생한 결과를 회피(=방지)하는 것이 행위자가 위반한 '주의규범'(객관적 주의의무)의 보호목적 범위 내의 일이 아닌 경우에는 규범적인 관점에서 발생한 결과를 행위자의 책임으로 귀속시킬 수 없다고 하기 때문이다.

147 생각건대 행위와 결과간의 '인과관계'의 범죄체계론상의 지위가 구성요건에 있고, 구성요건은 전적으로 '형법'적 시각에서 포착되어 있는 금지규범(행태규범)이라는 점을 부인할 수 없다면, 인과관계라는 형법적 '개념'은 자연주의적 존재론적 차원에서만 접근될 것이 아니라 규범적 평가적인 차원에서도 접근될 수 있음을 인정해야 한다. 이러한 관점에서 보면 인과관계 판단을 위해서도 일상적 경험적 지식에 기초한 사실 확인의 차원을 넘어서서 규범적 평가적 차원의 기준을—보충적으로—중요하게 활용하지 않으면 안 된다.

148 특히 객관적 귀속이론은 법적 규범적 관점에서 법규범 내부적 요소(보호법익에 대한 위험, 규범의 보호목적 등)를 고려하여 사례유형별로 형법적 인과관계에 관한 탄력성 있게 대응하고 있기 때문에 상당성 여부라는 단일한 판단기준을 사용하지 않는다. 객관적 귀속이론은 사례에 적용될 개별 행태규범에 적합한 귀속조건 내지 귀속기준을 찾아가고 있기 때문에 하나의 기준이나 법칙으로부터 결론을 도출해내는 형식적 연역추론적 법발견 방법에 따르지 않으므로 현대적 법 발견 방법에 따른다.

149 현대적 법발견 방법학에 따르면, '법'(법리)이 법률적용단계에서 법률해석을 통해 그리고 이 경우 사실과 접촉을 통해 사실에 적용될 수 있도록 그 의미를 형성해가는 가소성을 가진 구성물이듯이, 형법적 개념인 인과관계도 적용될 다양한 사실과 접촉하면서 그 의미가 형성되어 가는 것이라면, 객관적 귀속이론의 접근 방법도 연역적-귀납적 혼합적 법발견(=후성법학적 법발견) 방법과 합치되는 것으로 보인다.

2. 사실확인의 문제와 평가의 문제의 범주적 구별

인과관계는 형법의 범죄성립요건으로 추상적으로 규범화되기 이전부터 구체적으로 진 150
행되는 현실의 사건 속에서 그 진행경과의 사태적 측면을 가지고 있다. 이러한 사실적 진행경과에 인간의 행위가 개입된 경우 그 사건에서 발생한 결과에 대해 그 행위자에게 책임을 지우기 위해서 그 결과가 행위자의 행위와 '상관관계' 이상의 사실상의 '인과관계'까지 인정됨이 규명되어야 한다. 누구라도 우연히 발생한 결과에 대해 책임을 져서는 안 되고 자신의 잘못에 대해서만 책임을 질 수 있기 때문이다.

이러한 책임원리는 이미 헌법상 책임원칙으로도 요구되어 있다. 행위와 결과간의 객관 151
적 관련성에 책임원칙 구현의 표현인 사실상의 인과관계는 행위자에게 형사책임을 지우기 위한 규범적 평가적 차원의 법적 인과관계 판단의 전제조건이 되어야 한다. 이에 따르면 규범적으로 평가되어야 할 형법적 구성요건요소로서의 인과관계 '판단'에 앞서 그 전제로서 행위와 결과간의 사실적 자연과학적 의미의 인과관계가 먼저 '확인'되어야 한다. 상당인과관계설도 객관적 귀속이론도 이러한 출발점에 서 있는 점에서는 공통된다.[89)]

그러나 실제로 형사실무에서 사실적 자연과학적 의미의 인과관계 문제가 쟁점으로 다 152
루어지는 경우는 자주 있는 일이 아니다. 그 이유는 행위자의 행위가 발생한 결과에 영향을 미친 사실적 차원의 원인을 확인하는 작업은 별도로 생략되어도 무방한 경우가 대부분일 것이기 때문일 것이다. 예컨대 도로에 누워있는 취객이 자동차의 바퀴에 치여(역과) 즉사한 사례에서 피해자에게 발생한 사망의 결과는 행위자가 운전한 자동차에 의해 야기된 점에는 의문이 없다. 이 때문에 이러한 사례에서는 운전자의 행위가 고의 또는 과실에 기인한 것인지가 관건이 될 뿐, 그 행위와 결과 간에 형법적 인과관계, 특히 사실상의 인과성 문제가 주요쟁점으로 제기될 일은 드문 것이다.

다른 한편, 자동차가 급발진하여 인명피해가 발생하는 경우 등과 같이 사실확인 차원의 153
인과관계 문제가 형사재판에서 쟁점화될 필요가 있는 경우도 있다. 이러한 사례들에서는 그 인명피해가 행위자의 과실행위에 의한 것인지 아니면 자동차의 제조과정에서의 결함 때문인지에 따라 발생한 결과에 대한 운전자의 형사책임이 달라질 수 있기 때문이다. 환경오염으로 인명피해가 발생한 경우에도 자연과학적 사실확인 차원의 인과관계 문제가 쟁점으로 제기될 필요가 있다.

최근 한국 사회의 대표적 사회적 참사로 기록되고 있는 '가습기 살균제 사건'[90)]에서 자 154

---

89) 그러나 종래 국내 문헌에서 자연과학적 의미의 인과관계의 존부를 확인하기 위해 합법칙적 조건설을 묶음 단위로 활용하는 객관적 귀속이론과 달리 상당인과관계설은 규범적 평가적 차원의 인과관계 판단만 하는 것으로 설명해 온 경향이 있다. 이러한 시각에서 상당인과관계설과 객관적 귀속이론의 차이를 요약하고 있는 문헌으로는 이용식, 형법총론, 박영사, 2018, 53면.

연과학적 사실적 차원의 인과관계 문제가 형사재판에서 공식적으로는 '최초로' 쟁점으로 부각되었다. 상당인과관계설과 객관적 귀속이론이 각기 이 사건에 대해 어떻게 접근할 수 있는지를 살펴보면서 두 이론을 비교해 보자.

155 **사례(가습기살균제사건):** A회사는 폴리헥사메틸렌구아니딘(PHMG)/폴리메틸렌구아니딘(PMG)이라는 화학물질을 사용하여 가습기에 사용되는 살균제 K를 제조하였다. B회사도 가습기살균제 제조 및 판매업체로서 A회사와 같은 화학물질을 사용하여 살균제 K를 제조·판매하였다. 한편 C회사는 A회사 제품을 OEM(주문자 상표부착생산)방식으로 제조하였다. 이들 회사에서 제조·판매된 살균제 K를 사용한 수십명의 소비자들은 폐섬유화 등 폐질환을 앓거나 그로 인해 사망하였다. A회사의 전 대표나 연구소장, 선임연구원, B회사의 대표, 그리고 C회사의 대표는 업무상과실치사상죄로 기소되었다(대법원 2018.1.25. 2017도12537 참조).

156 위 사건에서는 피해자들의 직접적 사망의 직접적 원인이 폐질환인 것으로 의학적으로 밝혀짐에 따라, 해당 살균제를 제조하거나 유통 및 판매에 관여한 주체들이 어떤 주의의무를 위반하였고, 이들의 주의의무위반과 피해자의 사망의 결과사이에 '형법적 인과관계'(또는 객관적 귀속)를 인정할 수 있는지가 업무상 과실치사죄의 성립을 검토함에 있어 중요한 쟁점으로 부각되었다. 그러나 규범적으로 평가되어야 할 '형법적' 인과관계(객관적 귀속) 판단에 앞서, 피해자들의 폐질환을 유발한 원인이 살균제에 투입된 화학물질인지 아니면, 피해자들이 원래 폐질환 유발가능성이 있는 다른 환경에 노출된 것 때문인지 또는 폐질환 발병의 유전적 특질에 기인한 것인지 등이 사실적 차원에서 규명되어야 한다(자연과학적 의미의 인과관계). 문제의 살균제가 폐질환을 유발하였다는 '사실'은 해당 살균제의 제조, 유통, 판매에 관여한 행위자에게 적용될 업무상과실치사죄라는 형법 및 그 법률의 해석을 통해 발견된 '법'(또는 법리) 적용을 위한 전제조건이기 때문이다.

1) 상당인과관계설과 자연과학적 사실적 인과관계의 취급

157 가습기 살균제 사건이 문제되기 전, 종래 상당인과관계설을 취하는 국내의 형법학자들은 인과관계 이슈에서 규범적 평가적 차원의 상당성 문제 및 그 기준에만 집중하고 있었고, 사실적으로 확인되어야 할 인과관계 문제에 관해서는 별도로 언급이 없었다. 이러한 사정은 '인과관계'라는 개념과 관련하여 '상당인과관계설'이 기반하고 있는 독특한 접근법 때문인 것으로 보인다. 즉 행위와 결과간의 '상당성' 판단을 통해 심사하는 '형법적' 인과관계 문제에는 이와 다른 차원인 행위와 결과간의 경험과학적/자연과학적으로 확인되어야 할 사실상의 인과관계의 문제도 포함되어 있으므로 이 두 가지 서로 다른 차원의 문제를 모두 '인과관계'라는 단일한 용어 하에서 취급해 온 접근법이 그것이다(이른바 일원적 사고방법).

90) 가습기 살균제를 사용한 사람들에게 폐질환(특히 폐섬유화)이 유발된 사건으로 국가기구인 사회적참사특별조사위원회의 연구 결과, 신고되지 않은 사례를 포함해 1994년부터 2011년 사이에 사망자 20,366명, 건강피해자 950,000명, 노출자 8,940,000명이 발생한 것으로 추산되고 있다.

判 종래 대법원도 학설과 마찬가지로 행위와 결과간의 인과관계를 – 실제로는 '경험적 사실'을 확인하는 차원에서 접근하면서도 – 이를 '상당성'이라는 평가적 색채를 가진 도그마틱적 개념을 전면에 내세움으로써 사실적 차원의 인과관계와 평가적 차원의 인과관계를 포괄적으로 '일괄 타결'하는 접근법(일원적 접근법)을 취해 왔다. 그러나 대법원은 가습기 살균제사건에서 상당인과관계설이 보여 온 종래의 접근법과는 달리 자연과학적 사실적 차원의 인과관계 문제를 주요 쟁점으로 별도로 취급하고 있다. 즉 대법원은 인과관계가 범죄구성요건에 해당하는 사실임을 전제로 사실증명에 관한 증거법의 원칙(증거능력 있는 증거에 의한 엄격한 증명으로 합리적 의심의 여지가 없을 정도로 증명될 것)에 따라 증명되어야 한다고 한다. 즉 특정 화학물질이 폐질환의 유발에 원인이 된다는 사실이 합리적 의심의 여지없이 당대의 과학적 증거를 기초로 하여 확인될 것이 요구된다. 이에 따라 대법원은 PHMG/PMG라는 화학물질과 폐질환 유발간의 인과관계에 관해 다음과 같은 하급심 판결을 그대로 수용하였다: '역학관계 조사와 각종 실험 결과를 종합하여 원인 미상 폐질환을 특정 성분을 포함하고 있는 가습기살균제의 흡입에 따른 독성반응에 의하여 발생하는 특이성 질환으로 판단함으로써 위 가습기살균제의 사용에 따른 흡입독성 반응과 원인미상 폐질환 발생 사이의 인과관계가 합리적 의심의 여지 없이 인정된다.' 158

대법원은 이와 같이 사실적 차원의 인과관계를 긍정한 후, 살균제의 제조, 유통 및 판매에 관여한 A, B, C회사의 대표를 위시한 행위자들에게 과실('주의의무위반')(예, 연구소장 및 임상연구원의 경우 독성시험 등 임상실험을 다하지 못한 점 등)이 있음을 인정하였고, 이에 뒤이어 행위자들의 과실(주의의무위반)과 결과 간에 인과관계의 직접성(즉 평가적 차원의 인과관계)을 판단하기 위해 적법한 대체행위이론을 적용하는 단계를 별도로 밟고 있다. 이 단계에서 하는 가정적 평가는 대법원의 상당성 판단과는 전혀 다른 성격의 판단임은 앞서 지적한 바 있다. 물론 대법원이 이와 같이 적법한 대체행위이론을 통해 평가적 차원의 인과관계의 문제를 다루고 있는 영역은 '과실범'(및 최근엔 부작위범)의 경우 뿐이므로 장차 대법원이 고의작위범의 경우 또는 특히 가습기 살균제 사건 이외의 다른 사건에서도 사실상의 인과관계의 문제와 평가적 차원의 인과관계를 단계적으로 구분하여 2단계 심사태도를 보일 것인지는 알기 어렵다.

2) 객관적 귀속이론과 자연과학적 사실적 인과관계의 취급

객관적 귀속이론을 수용하면서도 규범적 평가적 차원의 객관적 귀속판단이 자연과학적 사실적 차원의 인과성을 '대체'하는 것으로 보는 극단적 주장(일원적 접근법)을 할 수도 있다. 그러나 국내 객관적 귀속이론의 지지자들은 대체로 객관적 귀속판단으로 자연과학적 사실적 인과관계 문제를 대체하기 보다는 '보충'하는 것으로 본다.[91] 이러한 입장이 타당하다. 객관적 귀속이론의 존재의의는 자연과학적으로 방법으로 인과성이 인정되더라도 규범적 평가기준을 사용하여 '보충적으로' 위험실현이라는 관점에서 '결과귀속' 여부를 평가하는 데 있기 때문이다. 159

생각건대, 경험과학적 '사실'확인의 차원에서 인과관계를 규명하는 문제와 이미 확인된 사실상의 인과적 연결고리 가운데 규범적 차원에서 형법적으로 의미 있는 원인을 가려내는 '평가'의 문제는 각기 다른 시각에서 제기되는 문제이므로 양자는–사고적으로나 용어적으로–엄격하게 분리되는 것이 바람직하다(이른바 이원적 접근법). 현재 객관적 귀속이론 160

---

91) 김일수/서보학, 170면; 박상기, 97면; 손동권, §8/45; 신동운, 132면; 이용식, 53면; 이형국/김혜경, 161면; 정성근/정준섭, 87면.

의 주류는 자연과학적 사실 확인 차원의 인과관계 문제는 '합법칙적 조건설'에 따라 해결하고(1단계), 규범적 관점에서 발생된 결과에 대한 행위자의 행위로 귀속할 것인지의 평가의 문제는 객관적 귀속이론의 (결과) 귀속기준에 따라 해결한다(2단계).

3) 형사재판 실무와 인과관계 입증의 문제와 평가의 문제

161 상당인과관계설에 따르든 객관적 귀속이론에서 따르든 자연과학적 의미의 인과관계는 사실확인 차원에서 입증의 문제로 보아야 한다는 점에는 다를 바 없다. 재판실무에서 자연과학적 의미의 인과관계는 어떻게 입증될 수 있는가? 사실 규명을 위해서는 원칙적으로 자연과학 내지 경험과학적 지식에 기초하여 확립된 자연법칙 또는 경험법칙(이를 '인과법칙'이라 하자)이 사용되어야 할 것이다. 그러나 자연현상이나 물리적 세계에서의 원인과 결과간의 인과관계가 아니라 '인간의 행위'와 결과간의 인과적 관련성 규명이 문제되는 현실의 형사재판에서 인과법칙이 동원되는 경우란 거의 없을 것이다.

162 이 때문에 인과법칙이 존재하지 않은 영역, 즉 인간의 행위가 중요하게 개입되어 있는 경우 형사재판에서 그 행위와 결과간의 사실적 자연과학적 의미의 인과관계 입증(합리적 의심의 여지가 없는 사실로 '증명')은 어떻게 해야 하는가? 이를 위해서는 실험실에서 이루어진 수많은 모의실험, 역학조사, 이를 토대로 한 관련분야의 전문감정인의 소견등에 기초하여 개연성이 없는 조건을 인과적 사슬에서 배제해나가는 '소거적 방법' 등 과학적 방법을 총동원함으로써 인과법칙에 걸맞을 정도의 사실상의 인과성이 존재하는 것으로 인정되어야 한다. 이러한 방법을 포괄하는 인과관계 입증방법을 오늘날 과학철학의 입장에서는 – 기존의 확립된 인과법칙을 통한 입증방법인 '연역적–법칙론적 방법'과 대비시켜 – '귀납적–통계학적 방법'이라고 한다.[92)]

163 객관적 귀속이론에 따르면 합법칙적 조건설에 따라야 할 자연과학적 사실적 차원의 인과관계 문제는 자연과학적 인과법칙이 존재하는 경우라면 이 법칙을 사례에 적용할 수 있을 것이다(이른바 '연역적–법칙적 방법'). 그러나 자연과학적 인과법칙이 존재하지 않을 경우는 통계학적 확률지식이라는 경험과학적 지식을 기초로 삼는 '귀납적–통계학적' 방법으로 인과관계의 인정여부를 추론할 수밖에 없다(1단계). 다른 한편 이러한 방식으로 인과관계가 인정되는 경우라도 실제로 발생한 구성요건적 결과를 행위자의 구성요건적 행위로 객관적으로 귀속시킬 수 있는지를 평가한다. 이 단계에서는 당해 행태규범(구성요건)의 보호목적을 기본컨셉으로 삼아 행위자의 책무범위를 해석하고 결과귀속을 부정할 수 있는 사유들이 존재하는지를 평가(2단계)한다(사례유형별로 다양한 귀속기준들은 §14/67 이하 참조).

164 **判** 대법원도 가습기 살균제사건에서 표면상으로는 객관적 귀속이론 같이 자연과학적 차원의 인과관계와 평가적 차원의 인과관계 문제를 구분하여 심사하고 있는 것으로 보인다. 대법원은 ① 자연과학적 사실적 인과관계가 인정되는지에 관해 – 합법칙적 조건설을 적용한다고 밝히고 있는 것은 아니지만 – '귀납적–통

92) 행위와 결과 간의 합법칙적 연결관계의 확인을 위해 과학철학 영역에서 주장되어 온 연역적–법칙론적 모형(Das deduktiv–nomologische Modell: DN–Modell)과 귀납적–확률론적 모형(das Induktiv–statistische Modell: IP–Modell)에 관한 자세한 설명으로는 허황, 앞의 논문, 146면 이하 참조.

계학적 방법'에 따르고 있는 것 같다. 즉, 대법원은 투입된 화학물질이 폐질환유발을 하는 성분을 포함하고 있는지에 관한 동물등에 대한 임상실험, 역학조사 등을 사용하여 해당 화학물질의 독성에 대한 경험과학적 지식을 축적, 이를 해당 화학물질의 폐질환 유발 여부에 대한 합리적 의심의 여지가 없을 정도의 증거로 삼을 수 있는지를 판단한 결과 자연과학적 차원의 인과관계를 긍정한다. 이러한 전제하에서 대법원은 ② 평가적 차원의 인과관계에 대한 심사로 나아가 소비자들에게 실제로 발생한 폐질환 및 그에 따른 사망의 결과를 가습기 살균제 제조회사 대표, 연구소장, 임상 연구원 등의 객관적 주의의무위반의 탓으로 돌릴 수 있는지를 평가하고 있다.[93] 이 단계에서 대법원은 회피가능성설과 위험증대설의 차이를 부각시킨 뒤 두 견해 중 어느 견해를 사건에 적용될 법리로 삼을 것인지를 논증적으로 취사선택하는 치밀한 도그마틱을 전개하는 대신, 회피가능성설과 동일한 결론을 내리고 있다.[94]

가습기살균제사건에서 대법원이 인과관계 이슈에 접근하는 방식을 보면, 대법원이 취하는 상당인과관계설의 '상당성' 판단이 용어적 측면은 물론이고 내용적으로도 상당한 혼선을 야기하고 있음을 할 수 있다. '상당성'이라는 용어를 통계학적 차원의 높은 확률을 의미하는 '개연성'으로 바꾸어 이해한다면, 대법원이 자연과학적 차원의 인과관계 문제를 해결함에 있어 귀납적 통계학적 지식을 기초로 한 사실증명 차원의 문제에 초점을 맞추고 있음은 실제로는 사실 '확인' 차원이 아니라 상당성(=개연성)여부에 대한 '판단'을 하고 있는 것이라고 볼 수 있기 때문이다. 이 때문에 앞서 지적했듯이 '실제로 진행된 경과가 통상적 예견가능성 내지 일반적 경험범위내의 일인 경우'에는 '상당성'이 인정된다고 하는 대법원의 상당성 판단이 결국은 규범적 평가의 문제가 아니라 경험적 '사실'확인(추론적 확인)과 다를 바 없다고 할 수 있다. 165

자칭 경험적 사실에 기반한 대법원식 상당성 판단은 19세기 말에 지배적이었던 조건설을 수정하기 위해 1930년대에 독일에서 주장된 '합법칙적 조건설'과 다를 바 없다는 평가를 받아 마땅하다. 그럼에도 대법원은 가습기살균제사건에서 사실적 차원의 인과성 '증명'을 위해 합법칙적 조건설을 적용한다고 고백하고 있지도 않을 뿐 아니라 상당성 '판단'에서도 자연과학 내지 경험적 차원의 인과성을 확인을 넘어서는 독자적 추가적 기준을 만들어 사용하고 있지도 못한 것으로 보인다. 반면에 객관적 귀속이론은 자연과학적 인과관계의 문제는 합법칙적 조건설에 따르고, 자연과학적 차원의 인과성과 차원이 다른 독자적 규범적 기준을 보충적으로 활용하여 결과책임을 제한하고 있다. 이와 같이 판단 순서와 그 166

93) 과실범 심사에서 위 ②에 대한 심사로 나아가기 전 단계에서 과실범의 객관적 구성요건해당성여부를 판단하기 위해서는 중요한 전제조건이 충족되어야 하는데, 행위자에게 해당 살균제 제조 과정에서 결과예견 및 회피의무를 내용으로 하는 '객관적 주의의무'가 인정될 수 있는지를 먼저 검토해야 한다. 이와 관련한 형법이론적 기초지식은 과실범의 구성요건론에서 후술한다.

94) 주의의무위반과 결과사이의 인과관계 판단과 관련하여 대법원이 위험증대설을 취하고 있다고 보는 등 몇 가지 쟁점에 관해서는 필자와 생각을 달리하고 있지만, '가습기 살균제사건'과 관련하여 대법원이 자연과학적 의미의 인과관계 문제와 규범적 평가의 문제를 분리하여 접근하고 있는 점을 분석하고 있는 문헌으로는 허황, "소위 '가습기살균제' 사건에서 귀속의 문제–대법원 2018.1.25. 선고 2017도12537 판결 및 서울중앙지방법원 2021.1.12. 선고 2019고합142,388,501 판결에 대한 검토," 형사법연구 제35권 제2호(2023), 137면 이하 참조.

판단 방법의 선명성 측면에서 볼 때 객관적 귀속이론이 대법원의 상당인과관계설보다 '비교우위'에 있다고 보지 않을 수 없다.

167 물론 대법원도 자연과학적 의미의 사실적 인과관계 확인 차원을 넘어서는 평가적 판단을 추가적으로 하는 경우도 있다. 과실범(과 부작위범)의 경우 적법한 대체행위이론을 사용하는 경우가 그러하다. 그러나 앞서 살펴보았듯이 대법원은 적법한 대체행위이론을 사용하는 경우에도 행위와 결과간의 평가적 차원의 인과관계 문제를 다시 '사실증명'의 문제로 치부하고 있다. 이러한 점에서 보더라도 사실과 규범사이에서 모호한 이중적 성격을 가진 상당성 판단을 사용하는 상당인과관계설에 비해 객관적 귀속이론의 선명성이 돋보인다. 객관적 귀속이론은 사실확인의 문제와 규범적 평가의 문제 차원을 혼용하지 않고 각기 다른 용어를 사용하면서 그 의미지평을 차별화하여 체계화하고 있기 때문이다.

3. 서로 다른 문제지평을 각기 다른 용어로 구분

168 객관적 귀속이론은 발생된 결과에 대한 행위자의 형사책임을 제한하기 위해 발전된 도그마틱을 문제차원별로 각기 다른 용어를 사용하는 등 법학적 전문용어의 엄밀성을 유지함으로써 상당인과관계설에 비해 그 학문성의 수준을 높이고 있다. 즉, 객관적 귀속이론은 행위와 결과간의 자연과학 내지 경험과학적 차원의 인과성 문제영역을 커버하기 위해서는 자연과학적 '인과관계'라는 용어를 그대로 유지하면서도, 발생된 결과를 행위자의 행위의 작품으로 평가할 수 있는지의 문제를 규범의 보호목적이라는 기본컵셉에 기초하여 객관적 결과귀속이라는 용어로 구분하고 있다. 서로 다른 관점에서 심사하는 두 가지 문제영역을 심사 단계별로 구분하는데 그치지 않고 각 단계에서 제기되는 문제를 다른 언어로 표현함으로써 문제지평이 다르다는 점을 분명히 드러내고 있는 것이다.

169 반면에 상당인과관계설을 취하는 대법원은 자연과학적 사실적 인과관계 문제와 규범적 평가적 문제를 포괄적으로 '인과관계'라는 단일한 용어로 사용하고 있다. 대법원은 또 '상당성'이라는 도그마틱적 용어를 사용함으로써 자연과학 의미의 인과성의 정도를 규범적 평가차원에서 등급화하고 있는 듯한 외관을 만들어내고 있지만, 내용적으로 보면 상당성 판단도 결과적으로 사실적 차원의 인과관계 문제해결에 동원되고 있을 뿐이다. 이 뿐만 아니라 대법원은 형식적으로나 실질적으로 사실확인의 차원을 넘어선 평가적 접근 방법으로 해결하고 있는 과실범영역에서의 주의의무위반과 결과간의 관련성 문제도 인과관계라는 용어를 그대로 사용한다. 그러나 인과관계가 사실적 경험적 차원에서 확인되는 문제라고 한다면 어떤 행위가 주의'규범'에 위반되는 행위라는 '평가'와 결과발생 '사실' 사이의 관계를 다시 '인과관계'라는 말로 지칭할 수 없고 다른 용어로 커버하는 것이 규범학으로서의 형법학의 용어사용의 엄정성 요청에 부합할 것으로 보인다.

4. 객관적 구성요건 체계내적 도그마틱의 정밀화

170 객관적 귀속이론은 발생된 결과에 대한 행위자의 책임을 제한하기 위한 정밀 도그마틱(위험실현 요건 내지 결과귀속의 기준)을 발전시키고 있다. 이 뿐만 아니라 객관적 귀속이론은

결과발생여부와 무관하게 행위자의 행위가 형법적 구성요건에 해당하는 행위인지를 평가하기 위한 도그마틱(위험창출 요건 내지 행위귀속의 기준)도 발전시킴으로써 구성요건해당성 심사의 밀도를 높임으로써 이론적 정밀성을 높여주고 있다.

특히 객관적 귀속이론은 발생된 결과에 초점을 맞춘 인과관계 판단(내지 결과귀속판단)에 나아가기 전단계에서 행위자의 '행위'에 초점을 맞춘 행위귀속의 기준은 결과범을 넘어서 거동범 또는 미수범 구성요건의 경우에도 행위자의 가벌성을 제한하기 위한 이론(허용된 위험의 법리 및 하위사례유형인 사회적 상당성 이론)을 구성요건해당성 심사단계에서부터 활용할 수 있도록 해준다. 171

객관적 귀속이론의 행위귀속에 관한 이론이 현대 형법이론으로서의 입지를 더 굳혀가고 있음은 이 이론이 행위자의 형사책임을 제한하는 기능을 더 두텁게 수행할 수 있다는 장점 때문만은 아니다. 객관적 귀속이론이 규범의 보호목적 컨셉을 행위귀속과 결과귀속을 위한 기준으로 삼음으로써 규범주의적 시각을 구성요건이론에 가져옴으로써 형법적 개념에 대한 접근 방법의 전환을 도모하고 있음도 이 이론의 장점으로 평가할 수 있다. 범죄성립요건 중 객관적 구성요건의 하위요소들(구성요건적 행위개념, 인과관계개념)들을 규범적 평가적인 접근법에 따라 이해할 수 있는 이론적 기초를 제공함으로써 형법적 개념들의 '규범화' 박차를 가한 형법이론이라고 할 수 있기 때문이다. 172

특히 객관적 귀속이론은 과실범 영역에서 '객관적 주의의무' 위반 여부 판단 차원에서 그 판단기준의 규범화를 도모하였을 뿐만 아니라 실제로 발생한 결과를 행위자의 주의의무위반으로 귀속시키기 위한 기준으로 규범의 보호목적이라는 결과귀속의 척도를 사용함으로써 인과관계 문제까지 규범화를 통해 보충함으로써 객관적 구성요건해당성 심사에서 규범적 평가적 접근방법을 일관성 있게 수행한다(과실범이론에서 객관적 귀속이론의 의의에 관해서는 과실범의 구성요건 요소에서 다룬다). 173

5. 형법 제17조 해석상 객관적 귀속이론의 유리한 입지

(1) 제17조와 형법이론의 접점

앞서 언급했듯이 인과관계에 관한 종래의 해결방안들(조건설, 합법칙적 조건설, 상당인과관계설)은 형법 제17조의 문언에 대한 해석과 아무런 접촉점을 찾을 수 없다. 이 점은 인과관계에 관한 이론 내지 법리가 한국 형법 제17조를 해석한 결과물이 아님의 반증일 수도 있다. 제17조에는 발생한 '그 결과'를 행위자가 형사책임져야 할 결과라고 하기 위해서는 인과관계가 필요하다는 점만 선언적으로 표현되어 있을 뿐이다. 이 정도의 빈약한 정보를 제공한다면 차라리 독일이나 일본의 형법에서와 같이 총칙에서 인과관계를 조문화하지 않는 것이 낫다고 평가할 수도 있다.[95) 174

결과범 형식의 각칙 범죄구성요건의 해석상 발생한 결과와 행위자의 행위간에는 적어 175

95) 반대로 형법 제17조의 고유성을 살려서 적극적으로 해석하려는 시도로는 한상훈, "형법 제17조(인과관계)의 유래와 '위험발생' 및 '연결'에 대한 재해석," 형사법연구 제35권 제3호(2023), 87면 이하.

도 자연과학적 의미의 인과관계가 인정되어야 할 것을 요구하는 것 외에 그 발생한 결과를 행위자의 책임으로 돌릴 수 있는 규범적 차원의 추가적 요건을 법리로 만드는 일은 형법조문이 없어도 가능하다. 발생한 결과에 대해 물을 수 있는 행위자의 행위책임을 결과책임 내지 우연책임으로 돌릴 수 없음은 헌법상 책임주의를 환기시키기만 하면 얼마든지 가능하기 때문이다.

176 그러나 1953년에 만들어진 제정 형법전에서부터 유지되어온 제17조에는—우연히도—1970년대에 독일에서 꽃피어 한국 형법이론학에 수입된 객관적 귀속이론의 컨셉과 조화될 수 있는 문언이 포함되어 있다. 발생한 결과에 대해 행위자의 형사책임을 인정한 전제조건으로서 "어떤 행위라도 죄의 요소되는 위험발생에 연결"될 것을 요구하고 있는 문언이다.

(2) 제17조와 행위귀속

177 위 문언의 "어떤 행위"는 '죄의 윤곽(또는 불법행위의 유형화) 으로서의 구성요건의 요소로 볼 수 없는 이른바 전(前) 구성요건적 행위'로 바꾸어 읽을 수 있고, "죄의 요소되는 위험발생에 연결"은 전(前) 구성요건적 행위라도 구성요건에 해당하는 행위로 인정되기 위한 전제조건으로 이해할 수 있다. 객관적 귀속이론의 용어 및 귀속컨셉을 차용하여 위 문언을 해석하면, 위 문언은 '구성요건적으로 보호되는 법익에 대한 위험의 창출'이라는 객관적 귀속을 위한 첫 번째 전제조건(즉 '행위'귀속의 전제조건)의 문제를 포함하고 있는 것으로 이해할 수 있다. '죄의 요소'는 범죄구성요건을 의미하는 것이고 '위험발생'은 죄의 요소되는 위험은 구성요건적으로 허용되지 아니한 위험'을 가리키는 것으로 볼 수 있기 때문이다. 이에 따르면 위험되는 위험을 창출한데 불과한 행위는 구성요건에 해당하는 행위로 '귀속'(평가)될 수 없게 되고 따라서 허용된 위험의 이론(더 나아가 그 하위사례인 사회적으로 상당한 행위이론)은 제17조의 해석론으로도 도출될 수 있다.

(3) 제17조와 결과귀속

178 그럼에도 불구하고 제17조는 "위험발생"과 "그 결과" 사이에는 어떤 관련성이 있어야 하는지에 관해서는 침묵하고 있다. 제17조의 "그 결과"를 "위험발생" 그 자체와 동일한 것으로 해석하는 견해도 있다. 그러나 이러한 해석에는 동의하기 어렵다. 위험 개념을 구성요건에 의해 보호되는 법익침해 또는 구성요건적 결과발생의 가능성과 결부지어 말한다면, "위험발생"은 구성요건적 결과의 발생 또는 법익침해적 결과발생의 전 단계의 법익에 대한 '위험'의 발생을 가리킬 수 있을 뿐이기 때문이다. 구성요건실현의 시간적 단계를 기준해서 보더라도 "위험발생"과 "결과"는 각기 독립적 개념으로 이해하는 것이 자연스럽다. 따라서 제17조의 "그 결과"는 "위험발생" 이후에 오는 (결과범)구성요건의 최종 실현단계(=법익침해적 결과)를 가리키는 개념으로 파악하는 것이 타당하다.

179 구성요건의 실현이 '행위→위험발생→결과발생'의 순으로 진행되는 것이라면, 그리고 제

17조가 행위와 위험발생 사이에 일정한 연결관계를 요구하고 있다면, 제17조는 결과적으로 위험발생과 결과발생 사이에도 일정한 연결관계를 요구하되, 이러한 점이 생략되어 있다고 읽을 수 있다. 객관적 귀속이론의 관점에서 전자의 연결관계를 위험창출 내지 행위귀속의 관점에서 이론화할 수 있듯이, 입법자에 의해 생략된 후자의 연결관계를 위험실현 내지 결과귀속의 관점에서 해석할 수 있는지가 문제된다. '행위 - 위험 - 결과'와의 관련성을 규율하면서 특히 행위자가 발생된 결과에 대해 책임을 질 수 있는 전제조건을 규정하고 있는 제17조가 행위와 결과간에 아무런 정보를 주고 있지 않는 미완성 규율상황이라도 문제해결의 실마리를 제17조에서 찾을 수밖에 없기 때문이다.

한편으로는 제17조의 표제가 "인과관계"라고 되어 있음에 주목하고, 다른 한편으로는 제17조가 내용적으로 발생된 위험이 결과로 연결될 것까지 암묵적으로 요구하고 있다는 점에 착목하여 객관적 귀속이론의 관점에서 제17조를 해석하면 다음과 같은 결론을 내릴 수 있다. 첫째, 행위와 결과 사이에는 최소한 자연과학적 의미의 인과관계가 인정되어야 한다(결과범의 경우 기수 부정). 둘째, 행위자의 행위가 허용되지 아니한 위험을 발생시켜야 한다(발생된 위험이 허용된 위험 등일 경우 행위귀속의 부정- 결과범의 경우 또는 거동범의 경우 미수도 부정). 셋째, 행위자의 행위에 의해 발생된 그 허용되지 않은 "위험"이 "결과"로 실현되었다고 평가될 수 있을 정도로 연결되어야 한다(발생된 결과를 회피하는 것이 당해 규범의 보호범위에 해당하지 않을 경우 등에는 결과귀속이 부정-결과범의 경우 기수 부정). 180

(4) 제17조와 객관적 귀속이론

의미론적 관점에서 볼 때 1953년 형사입법자의 형법이론적 지식 및 의도와는 무관하게 입법자가 선택한 법적 언어는 그 이후 객관적 귀속이론의 컨셉까지 수용할 수 있는 함의를 가지고 있음을 알 수 있다. 제17조에서 형법적 인과관계 문제 해결을 위해 입법자가 제공한 정보의 결함을 객관적 귀속이론의 입장에서 보충하는 차원에서 행위자에게 발생한 결과에 대해 책임을 지울 수 있는 전제조건에 관한 퍼즐을 맞추어 보면, 제17조는 다음과 같이 재구성해 볼 수 있다: "① 어떤 행위라도 죄의 요소되는 위험발생에 연결되지 않고 ② 그 발생된 위험이 결과로 실현된 것이 아니라면, 그 결과로 인하여 벌하지 아니한다." 181

이와 같이 재구성된 제17조를 객관적 귀속이론의 공식과 연계시켜 해석해 보면 전반부에 해당하는 요건 ①은 객관적 귀속이론의 '위험창출(행위귀속)요건'을 가리키고 있고, 후반부에 해당하는 요건 ②는 객관적 귀속이론의 '위험실현(결과귀속)요건'을 가리킨다. 발생한 결과에 대해 행위자에게 형사책임을 지우려면 최소한의 전제조건으로 전 구성요건적 행위와 결과 간에 자연과학(경험과학)적 차원의 사실적 인과관계라는 요건이 요구된다는 점은 제17조의 표제에서만 선언적으로 알 수 있고, 헌법상 책임원칙 및 규범과 사실의 일치성이라는 당위명제로부터 뒷받침될 수 있다. 내용적으로 보면 제17조는 객관적 귀속이론 하에서 객관적 귀속의 위험창출(행위귀속)과 위험실현(결과귀속)이라는 객관적 귀속이론의 전제조건을 모두 요구하고 있는 규정이라고 볼 수 있다.[96] 182

183 '법률은 입법자보다 현명하다'는 법격언은 형법 제17조의 해석론상 현대적 객관적 귀속이론의 용어와 컨셉을 차용해서라도 형법상 인과관계에 관한 '법'(리)을 새롭게 발견(재구성)해내야 하는 것이 해석자의 과제임을 말해준다.

96) 이용식, 앞의 논문, 273면에서도 "어쨌든 굳이 학문적 용어로 말하자면, 우리 형법은 객관적 결과귀속의 중요한 원리의 하나를 명문으로 규정하고 있다고 조심스럽게 이야기할 수도 있으리라"고 평가하면서, 제17조를 객관적 귀속의 전제조건 중 두 번째 전제조건인 위험실현에 관한 규정으로 해석하고 있다.

제 4 장 고의범의 (주관적) 구성요건요소 §15

총칙에 규정된 행위자의 주관적 태도인 고의와 과실을 기준으로 삼으면 형법상 범죄는 고의범과 과실범으로 분류된다. 형법각칙이나 특별형법상의 대부분의 범죄구성요건은 행위자의 고의를 구성요건요소로 하는 고의범에 해당한다. 과실범의 범죄구성요건에는 행위자의 주관적 태도인 과실이 명시적으로 규정되어 있지만 고의범의 범죄구성요건에는 고의가 구성요건요소로서 명시되어 있지 않다. 고의범의 구성요건 요소는 객관적 구성요건 요소와 주관적 구성요건요소로 대별될 수 있다. 객관적 구성요건의 요소는 앞에서 설명한 것과 동일하므로 이하에서는 고의범의 '일반적' 주관적 구성요건 요소와 고의범 구성요건 중에도 고의 외에 추가적으로 요구되고 있는 '특별한' 주관적 요소를 살펴본다. 1

제 1 절 고의에 관한 기초이론

Ⅰ. 고의에 관한 형법규정과 고의의 본질

> 제13조(고의) 죄의 성립요소인 사실을 인식하지 못한 행위는 벌하지 아니한다. 다만, 법률에 특별한 규정이 있는 경우에는 예외로 한다.
>
> 제14조(과실) 정상의 주의를 게을리하여 죄의 성립요소인 사실을 인식하지 못한 행위는 법률에 특별한 규정이 있는 경우에 한하여 처벌한다

1. 고의범과 과실범

'고의'는 '과실'과 함께 '주관적'구성요건 요소이다. 고의범의 경우 각칙규정의 범죄구성요건에 고의가 구성요건 요소로 명시되어 있지 않지만, 모든 고의범의 경우 고의가 있어야 범죄가 성립할 수 있다.[97] 과실범은 각칙 등의 범죄구성요건에 과실이 구성요건요소로 명시되어 있는 범죄유형으로서 제13조에서 말하는 '고의가 없어도 예외적으로 처벌되는 법률의 특별한 규정'에 따라 만들어진다.[98] 2

과실을 명시적으로 범죄성립의 요건으로 요구하고 있는 과실범 유형을 제외한 형법의 모든 범죄종류들은 고의를 당해 범죄의 구성요건 요소로 요구하는 고의범 유형에 해당한다.[99] 예컨대 살인죄(동법 제250조 제1항)의 범죄구성요건은 "사람을 살해한 자"라고만 되어 있어 '고의' 3

97) 대법원 2010.2.11. 2009도9807. "행정상의 단속을 주안으로 하는 법규라 하더라도 '명문의 규정이 있거나 해석상 과실범도 벌할 뜻이 명확한 경우'를 제외하고는 형법의 원칙에 따라 '고의'가 있어야 벌할 수 있다."
98) 예컨대 형법 제267조의 과실치사죄는 "과실로 인하여 사람을 사망에 이르게 한 자"로 규정되어 있다.

를 명시적으로 규정하고 있지 않지만 총칙 제13조의 고의규정과 결합하여 고의범으로 분류된다.

2. 형법 제13조와 고의인정의 요건

4 고의범의 구성요건 요소인 '고의'가 인정되기 위한 요건은 총칙규정 제13조의 해석에 따른다. '죄의 성립요소인 사실을 인식하지 못한 행위는 벌하지 아니한다'는 제13조는 '불인식'을 고의의 소극적 요건, 즉 고의부정의 조건으로 설정하고 있을 뿐이어서 고의를 인정하기 위한 적극적 요건이 무엇인지가 해석상 문제될 수 있다. 형법이론학에서 고의인정을 위한 필요충분조건이 무엇인지에 관한 대립은 고의의 본질론의 문제로 전개되어 왔다.

3. 고의의 본질론

(1) 학설의 태도

5 **1) 인식설** 인식(지적 요소)이 고의의 본질이므로 인식만 있으면 다른 주관적 태도가 필요없이 고의가 인정된다는 견해이다. 이에 의하면 형법 제13조의 해석론상 고의를 인정하기 위해 구성요건실현에 대한 인식만 있으면 족하고 구성요건실현에 대한 의욕은 없어도 무방하다고 한다. 표상설이라고도 한다.

6 **2) 의사설** 의욕(의지적 요소)이 고의의 본질이므로 인식 이외에 의욕이라는 주관적 태도가 추가적으로 있어야 고의가 인정된다는 견해이다. 이에 의하면 형법 제13조의 해석론상 고의가 인정되려면 구성요건실현에 대한 인식만으로는 부족하고 구성요건실현에 대한 의욕이 있어야 한다고 한다.

(2) 판례의 태도

7 대법원은 형법제정 직후 선고된 판결에서 고의의 인정에 인식만 있으면 충분하고 의욕적 요소를 필요로 하지 않는다는 것이 통설 및 판례의 태도라고 판시함으로써 고의의 본질과 관련하여 인식설을 취한 바 있다.[100] 그러나 그 이후의 판결[101]에서 최근에 이르기까지

---

99) 형법각칙 등에는 고의범죄(상해죄)를 범하였지만, 예상치 못한 중한 결과(피해자의 사망)가 발생하였고 그 중한 결과 발생에 대해 과실을 요하는 제3의 종류의 범죄구성요건들(상해치상죄: 결과적 가중범)도 있다.

100) 대법원 1955.4.22. 54도36. "형법이론상 명예훼손죄의 구성요건에 있어 동요건에 해당되는 객관적 사실을 인식하면 그것으로서 필요하고도 충분할 것임으로 본건은 명예훼손죄의 구성요건을 충족시키고도 남음이 있을 것으로 사료되는바 동법 해석상 범의를 논함에 있어 범법자가 구성요건 해당사실을 인식하였으면 범의를 인정하는 것이 타당할 것이며 판례·통설 역시 동일한 견해를 취하고 있는 바 구성요건해당사실의 인식 이외에 동사실의 발생을 의욕함으로써 비로소 범의를 인정한다는 견해하에 판시된 원심판결은 명백히 부당한 것으로 사료되며 차정에 있어 원 판결은 법률의 해석적용을 잘못한 위법이 있다."

101) 대법원 1955.6.12. 4287형상176. '해가 진 후 달리는 자동차를 정지시키기 위하여 그 타이어를 겨누어 총탄을 발사하였다가 자동차에 타고 있는 승객을 명중시켜 사망의 결과가 발생한 사건'에서 피고인은 살인죄의 고의를 부인하면서 "아니올시다 그 때 타이어는 보이지 않았으나 피고인은 평소에 총을 잘 쏘는 자이기에 사람은 맞지 않고 타이어에만 명중시킬 자신이 있어 타이어를 빵구케 하여 정지코자 발사하였던 것입니다.

고의에는 인식적 요소뿐 아니라 의욕적 요소도 필요하다는 태도, 즉 의사설의 태도를 일관되게 취하고 있다.

判 "범죄구성요건의 주관적 요소로서 미필적 고의라 함은 범죄사실의 발생가능성을 불확실한 것으로 표상하면서 이를 용인하고 있는 경우를 말하고, 미필적 고의가 있었다고 하려면 범죄사실의 발생가능성에 대한 인식이 있음은 물론 나아가 범죄사실이 발생할 위험을 용인하는 내심의 의사가 있어야 한다."[102] 8

(3) 결론

"인식 없으면(고의가 없어서: 필자 주) 벌하지 아니한다"는 제13조의 규정에 의하면 인식이 고의 긍정의 요건이 아니라 인식없음(불인식)이 고의부정의 조건으로 되어 있을 뿐이다. 이와 같이 제13조는 인식을 고의인정의 최소조건(필요조건)으로 규정하고 있을 뿐이므로, 고의 인정을 위한 충분조건 내지 필요충분조건은 해석을 통해 얼마든지 보충될 수 있는 열려있는 문장 구조를 가지고 있다. 제13조는 고의에 관한 정의규정은 더 더욱 아니다. 이러한 관점에서 보면 형법 제13조가 고의개념에 대해 인식적 요소만을 설정하고 있으므로 잘못된 입법이라고 하는 의사설 중 일부 견해[103]의 진단평가는 잘못이다. 9

고의가 사용되는 일상 언어관용에 따르더라도, 고의에는 자신의 행위로 인한 결과에 대한 인식 내지 예견적 요소 뿐 아니라 그 결과야기에 대한 결단적 측면까지 포함된다. 이 결단적 측면을 고의인정을 위한 의욕적 요소로서 추가함으로써 고의처벌의 범위를 제한하는 의사설이 제13조의 해석으로 타당하다(통설·판례). 의사설에 의하면 고의란 '죄의 성립요소인 사실에 대한 인식 및 의욕'으로 정의된다. 의사설 가운데 고의 인정에 어느 정도의 '의욕'이 요구되는지에 대해서는 견해가 일치하지 않는다. 이에 관해서는 고의와 과실의 구별에서 설명한다. 10

Ⅱ. 고의와 과실의 구별

1. 고의와 과실의 구별실익

행위자의 행위가 고의행위인지 과실행위인지를 구별하는 것은 형법적용상 중요한 실익이 있다. 첫째, 과실행위는 형법에 이를 처벌한다는 명문의 규정이 있을 때에만 처벌한다. 11

위험성은 인식하였으나 피고인의 검문수색의 임무수행상 부득이 발사하였읍니다"라고 주장하였지만, 이에 대해 대법원은 "살상의 결과를 발생할는지도 모르겠다는 의아심을 가졌음에도 불구하고 발사를 억제함이 없이 이를 용인하고 발사한 것으로서 적어도 불확정적인 소위 미필적 고의는 … 능히 시인할 수 있다"고 판시하였다. 여기에서 '의아심'은 결과발생의 가능성에 대한 '인식'적 요소를 긍정한 대목이고, '억제함이 없이 이를 용인하고'는 행위자가 결과발생을 감행한 의욕적 요소와 관련되는 표현이다. 그리고 '미필적'이라는 용어는 결과발생의 불확정성을 지칭하고 있다.

102) 대법원 2004.5.14. 2004도74.

103) 손동권 §9/12; 이재상/장영민/강동범, §12/6, 임웅, 153면. 제13조가 인식설로 입법화되었다고 하려면, 예컨대 '죄의 성립요소인 사실을 인식한 행위는 고의범으로 벌한다'는 식으로 워딩되어 있어야 한다.

둘째, 구성요건적 결과가 발생하지 않은 경우를 '미수'로 처벌하는 명문의 규정은 고의범의 경우에만 존재하고, 과실미수를 처벌하는 규정은 존재하지 않는다.[104] 셋째, 어떤 범죄에 가담한 자의 행위를 협의의 공범(교사범 또는 방조범)으로 인정하려면 그 범죄를 직접 수행한 자(정범)에게도 고의가 있어야 하고, 거기에 가담한 자의 공범자에게도 고의가 있어야 한다. 과실행위로는 협의의 공범성립이 인정될 수 없고, 공범자가 고의를 가지고 교사 또는 방조를 하였더라도 피교사자도 또는 피방조자에게 고의가 없고 과실만 인정되면, 교사 또는 방조한 자는 공범이 성립될 수 없고 간접정범이 성립될 수 있을 뿐이다[105](이에 관해서는 §31, §32 참조).

2. 고의의 본질과 고의와 과실의 구별

(1) 인식설의 입장과 고의와 과실의 구별

12 **1) 인식설의 기본입장** 고의의 본질이 인식에 있다는 인식설에 의하면 고의를 인정하기 위해서는 행위자의 '인식'만 있으면 충분하다고 하므로 구성요건실현(특히 결과발생)에 대한 의욕은 없어도 인식만 존재한다면 고의를 인정할 수 있다고 한다. 이에 따르면 고의와 과실의 구별기준은 '의욕적 요소의 존부'가 아니라 '인식 유무'가 된다.

13 **2) 인식의 등급과 고의개념** 인식설에 의하더라도 행위자에게 확실한 인식이 있을 경우에는 고의가 인정된다는 점에 대해서는 다툼이 없지만, 고의인정에 필요한 인식의 최소정도와 관련해서는 가능성설과 개연성설이 대립한다. ① 가능성설에 의하면 결과가 발생할 수 있다는 가능성(Möglichkeit) 정도는 인식해야 고의가 인정된다고 한다. 이에 대해 ② 개연성설에 의하면 가능성의 인식만으로는 부족하고 가능성보다는 높지만 확실성에는 미치지 않는 개연성(Wahrscheinlichkeit)의 인식은 있어야 고의가 인정된다고 한다. 가능성설 및 개연성설에 따르면 결과가 발생할 확률과 관련하여 행위자의 인식이 각각 가능성 정도 및 개연성 정도에 미치지 못하면 인식이 있더라도 과실이 인정될 뿐이다.

14 인식설을 취하는 전제하에서는 인식만 있으면 고의를 인정하기 때문에 '인식 있는 과실'개념이 존재하지 않는다고 설명[106]하기도 한다. 하지만 개연성설의 입장이든 가능성설의 입장이든 행위자의 인식이 고의 인정에 필요한 개연성/가능성의 정도에 미치지 못하는 경우에는 인식만 인정되고 고의가 부정되어 '인식있는 과실'개념도 논리적으로 얼마든지 인정될 수 있다.

---

104) 순수 이론상으로만 보면 과실미수도 인정될 수 있고, 이를 입법화하여 과실미수 처벌규정을 명문화할 수도 있다.

105) 공동정범이라는 가담형태의 경우 다수 학설은 어떤 범죄에 가담한 2인 이상의 자가 고의가 있는 경우에만 공동정범의 성립을 인정할 수 있지만, 대법원과 일부 학설은 2인 이상의 자가 과실이 있는 경우에도 공동정범의 성립을 인정한다(과실범의 공동정범 참조).

106) 임웅, 141면.

(2) 의사설의 입장과 고의와 과실의 구별

1) 의사설의 기본입장 고의의 본질이 인식이 아니라 의욕적 요소에 있다고 주장하는 의사설은 인식만 있고 의욕이 없는 경우는 고의가 아니라고 한다. 따라서 의사설의 입장에서는 고의와 과실은 '의욕의 유무'로 구별된다. 그러나 이에 따르면 인식만 있는 경우에 고의는 부정되지만 과실은 인정한다. 이러한 경우를 '인식 있는 과실'이라고 한다.[107] 15

2) 의욕의 등급과 고의개념 고의가 인정되기 위해서는 인식적 요소와 의욕적 요소가 모두 필요하다는 의사설의 입장은 고의의 의욕적 요소도 그 정도에 따라 세 등급으로 구분한다. ① 목표지향적인 확실한 의욕, ② 단순한 의욕, ③ 용인의사(감수의사)가 의욕적 요소의 세 등급에 해당한다. 16

이 입장에서는 의욕의 최고등급에 해당하는 확실한 의욕을 가진 행위자의 고의를 '의도적 고의'라고 부르고, 의욕의 최하등급에 해당하는 내심의 태도인 용인의사 내지 감수의사를 가진 행위자의 고의를 '미필적 고의'라고 부른다. 17

의사설은 인식만 있고 의욕의 최하등급에 해당하는 내심의 태도인 용인의사 내지 감수의사조차 없는 경우를 고의영역에서 배제해 내어 과실영역의 행위로 분류한다. 그러나 과실 중에서도 '인식'은 존재하기 때문에 이를 '인식 있는 과실'이라고 부른다. 따라서 의사설에 따르면 과실에는 '인식 있는 과실'과 '인식 없는 과실'의 두 종류가 있는데, 인식 있는 과실과 (미필적) 고의를 구별하는 데에는 '의욕'적 요소의 유무가 그 척도가 된다고 한다. 18

3) 미필적 고의와 인식 있는 과실의 구별 의사설의 입장내부에서도 가장 낮은 단계의 의욕적 요소를 갖춘 '미필적 고의'와 고의인정에 필요한 의욕적 요소를 갖추지 못한 '인식 있는 과실'을 구별하기 위해 고의인정을 위해 어느 등급의 '의욕'이 요구되고 고의와 과실간에 경계선을 긋는 최소등급의 '의욕'을 어떻게 표현할지에 관해 견해가 대립한다. 19

① 학설의 태도

(i) 용인설 행위자가 구성요건의 실현(특히 결과발생)을 인식하고 더 나아가 용인까지 한 경우에는 미필적 고의가 인정된다는 견해이다.[108] 이에 따르면 인식은 하였으나 용인을 하지 않았을 때에는 인식 있는 과실이 인정된다고 한다. 20

(ii) 감수설 행위자가 결과발생의 가능성을 인식하면서도 구성요건이 실현될 위험을 감수한 때에는 미필적 고의를 인정할 수 있다고 하는 견해이다.[109] 이때 감수의사란 행위의 목표를 달성하기 위하여 구성요건실현을 묵인하고 행위 시의 불확정상태를 견디기로 결의한 것을 말한다고 한다.[110] 이 견해에서는 용인설의 용인개념이 행위자의 정서적·감 21

---

107) 형법 제14조에서는 과실을 행위자가 '죄의 성립요소인 사실을 인식하지 못한 경우'라고 규정하고 있는데, 형법 제13조와의 체계적 해석에 따른 결과 의사설을 취하면 '인식은 있으나 의욕이 없는 경우'를 인식 있는 과실이라고 하게 된다.

108) 배종대, §49/46; 신동운, 167면; 오영근, §12/8; 이형국/김혜경, 169면; 임웅, 153면; 정성근/정준섭, 101면.

109) 김일수/서보학, 197면; 이재상/장영민/강동범, §12/26.

정적 요소와 결부된 개념이라고 비판하면서,[111] 용인설은 고의를 책임요소로 이해하는 전제하에서만 주장될 수 있을 뿐이라고 주장하기도 한다.[112]

② 판례의 태도

22 (i) 기본적 입장 고의의 본질에 관해서 의사설의 입장을 취하고 있는 대법원은 고의 인정을 위해 요구되는 의욕의 등급 및 인식의 등급과 관련하여 다음과 같은 태도를 취한다.

23 첫째, 의욕의 등급과 관련해서는 결과발생을 '희망'하거나 '목적'하는 것과 같은 높은 등급의 의욕이 반드시 필요한 것은 아니다.[113]

24 둘째, 인식의 정도와 관련해서는 결과발생에 대한 '확실한 예견'은 없어도 '가능성에 대한 인식'이 있으면 족한데, 결과발생에 대한 확실한 인식(예견)이 있는 경우를 확정적 고의라고 하고, 가능성에 대한 인식이 있는 경우를 미필적 고의로 부른다.

25 셋째, 미필적 고의가 인정되려면 '결과발생의 가능성에 대한 인식이 있음은 물론 나아가 결과발생을 용인하는 내심의 의사가 있음을 요한다'고 한다.[114]고 한다.

26 判 위 판시내용들을 종합하면 인식있는 과실과 경계선에 있는 '미필적 고의'는 인식의 정도와 관련해서는 '불확정 고의'로도 불려지고 있지만, 미필적 고의 인정에 필요한 의욕적 요소의 최저등급을 '용인의사'로 표현하고 있다. 대법원은 미필적 고의와 인식있는 과실의 구별을 용인설에 따르고 있다고 볼 수 있다.

27 (ii) '미필적'이라는 용어의 사용례 대법원은 '미필적'이라는 수식어를 맥락에 따라 다르게 사용한다. 첫째 '미필적' 고의개념에서의 '미필적'을 대법원은 고의의 본질적 요소인 '의욕'의 낮은 등급인 용인의사와 결부시키고 있다.[115] 둘째 대법원은 '미필적'을 고의의 인식적 요소와 결부시켜 현실적 인식이 아니라 '가능성의 인식' 내지 불확실한 인식이 있을 경우에도 사용하고 있다.[116] 셋째, 대법원은 범죄성립요건 중 고의가 아닌 다른 하위요소들의 경우 '미필적'을 인식의 정도, 즉 '불확실한 인식' 내지 '가능성의 인식'의 의미로 사용할 때도 있다. 초과주관적 구성요건요소인 '목적'의 인식 정도와 관련해서 대법원은 '미필적 인식'이 있으면 족하다고 하고, 책임단계에서 문제되는 위법성의 인식의 정도와 관련해서

---

110) 이재상/장영민/강동범, §12/24.

111) 손동권, §9/52.

112) 이재상/장영민/강동범, §12/25.

113) 대법원 1994.12.22. 94도2511. "살인죄의 범의는 자기의 행위로 인하여 피해자가 사망할 수도 있다는 사실을 인식·예견하는 것으로 족하고 피해자의 사망을 희망하거나 목적으로 할 필요는 없고, 또 확정적인 고의가 아닌 미필적 고의로도 족한 것이다."

114) 대법원 1987.2.10. 86도2338; 1985.6.25. 85도66. "미필적 고의라 함은 결과의 발생이 불확실한 경우 즉 행위자에 있어서 그 결과발생에 대한 확실한 예견은 없으나 그 가능성은 인정하는 것으로, 이러한 미필적 고의가 있었다고 하려면 결과발생의 가능성에 대한 인식이 있음은 물론 나아가 결과발생을 용인하는 내심의 의사가 있음을 요한다."

115) 대법원 1995.1.24. 94도1949. "불과 30미터 앞에 서 있던 의무경찰을 충격하리라는 사실을 쉽게 알고도 이러한 결과를 용인하는 내심의 의사, 즉 미필적 고의가 있었다."

116) 대법원 1988.2.9. 87도2564; 1998.6.9. 98도980 등.

도 대법원은 행위자가 자기행위의 위법성을 확실하게 인식하지 못하고 위법할지도 모른다고만 생각한 경우, 즉 위법성에 대한 가능성의 인식을 '미필적 (위법성의) 인식'이라고 부르고 있다.

判 이상의 내용을 종합하면 대법원은 '미필적'이라는 수식어를 미필적 고의개념과 관련해서는 의욕의 최저등급인 '용인 의사'와 결부시켜 사용하기도 하지만, 그 외의 경우에는 미필성을 인식의 정도와 관련하여 '인식'의 불확정성 내지 가능성의 인식이라는 의미로 사용하고 있다고 볼 수 있다. 28

(iii) 고의의 입증문제와 인식설로 오해되어서는 안 될 판시내용 결과발생에 대한 인식이든 29
의욕이든 양자 모두 형사법정에서 실제로 입증되기 어려운 행위자의 주관적 심리적 태도이다. 실제로 범행을 자백하든 부인하든 '모른다' '기억이 없다'는 진술만 하고 있고, 특히 살인죄의 경우 고의를 인정하는 피고인은 거의 없다. 이 때문에 형사법정에서는 의욕적 요소는 말할 것도 없고 인식적 요소도 간접사실을 통해 추론되는 것이 대부분이다.[117)] 판결문에서 '인식'만으로 고의인정의 결론을 내리는 듯한 경우도 보인다.[118)] 이러한 판결문에서는 미필적 고의 인정요건을 판시하고 있지만 의욕적 요소인 용인의사가 필요하다는 대목은 보이지 않는다.

그러나 이러한 점 때문에 대법원이 의욕적 요소의 입증곤란 때문에 고의의 본질에 관해 의사설을 포기하고 인식설로 변경했다고 평가[119)]할 수는 없다. 대법원이 그 판시내용에 용인의사에 관한 별도의 언급없이 '인식 또는 예견'에 관한 언급만 하고 있는 것은 재판과정에서 행위자에게 결과발생의 가능성에 대한 인식 또는 예견이 있었는지가 주된 쟁점으로 부각되었기 때문이다. 고의인정에 용인의사가 요구된다는 취지는 대법원의 판시내용 중 의욕적 요소의 더 높은 단계인 '희망'할 것까지는 없다는 문구의 행간 속에 내포되어 있다. 30

물론 실제로 형사재판에서 행위자의 고의가 증거를 통해 '확인'되는 것이 아니라 발생한 31
결과를 행위자의 '고의'로 '귀속' 시키고 있는 경우도 드물지 않게 있다. 대법원의 고의귀속기준 내지 법리에 관해서는 후술한다.

(3) 형법 제13조와 고의개념에 대한 결론

1) 고의의 결단적 요소 의사설의 입장에서 보면 고의행위자는 당해 구성요건에서 32
보호된 법익을 침해한다는 사실을 알면서도 스스로 그러한 결단을 내리고 있는 자라고 할 수 있다. 행위자의 이러한 결단적 요소는 고의의 '본질'을 이루는 것일 뿐 아니라 고의개념

117) 대법원 2002.3.12. 2001도2064. "피고인이 본인의 이익을 위하여 문제가 된 행위를 하였다고 주장하면서 범의를 부인하고 있는 경우에는 사물의 성질상 고의와 상당한 관련성이 있는 간접사실을 증명하는 방법에 의하여 입증할 수밖에 없고, 무엇이 상당한 관련성이 있는 간접사실에 해당할 것인가는 정상적인 경험칙에 바탕을 두고 치밀한 관찰력이나 분석력에 의하여 사실의 연결상태를 합리적으로 판단하는 방법에 의하여야 (한다)."

118) 대법원 1988.6.14. 88도692. "살인죄에 있어 범의는 자기의 행위로 인하여 타인의 사망의 결과를 발생시킬 만한 가능 또는 위험이 있음을 인식 또는 예견하면 족한 것이고 사망의 결과발생을 희망할 것을 필요치 않으며, 그 인식 또는 예견은 불확정적인 것이라도 소위 미필적 고의가 있다고 보아야 할 것이다"

119) 예, 박상기, 116면.

에서 의지적 요소의 필요성을 근거지우는 구실을 한다.

33 2) 감정적·정서적 요소의 배제 고의인정에 필요한 의욕의 최저 등급을 용인의사라고 할 것인가 감수의사라고 할 것인가에 있다. 감수설은 용인설에 대해 감정적·정서적 요소가 들어있다고 비판하고 있지만 이러한 비판이 반드시 타당한 것도 아니다. 행위자의 심리적 태도에서 '감정적·정서적 요소'란 일차적으로 상대방 내지 결과에 대해 우호적 태도(동정심, 연민 또는 결과를 받아들이기 어려운 심정)를 취하는가 비우호적 태도(무자비함, 냉정 또는 무관심)를 취하는가 하는 문제를 말한다. 이러한 요소들이 비록 심리적 모습을 적절하게 묘사하고 있긴 해도 이는 고의개념의 본질적 요소가 될 수는 없다.[120] 행위를 조종하는 것이 아니라 행위자의 의식 속에 부수적으로 수반되는 감정상태일 뿐이기 때문이다.[121]

34 용인설을 취하는 대법원도 미필적 고의를 인정하기 위해 '결과발생을 희망함'이라는 감정적 요소를 요구하고 있지 않은 것[122]도 이 때문이다. '감수'라는 우리말은 '달게 받아들인다'는 의미이므로 오히려 감수설이 용인설보다 감정적 · 정서적 요소를 더 반영하고 있는게 아닌가라는 반론도 가능하다.[123] 이에 따르면 감수라는 표현보다는 용인이라는 표현이 감정적·정서적 요소와 거리를 두고 있다고 볼 수도 있다. 용인의사와 감수의사는 우리말의 언어적 표현상의 차이에 불과한 것으로서 그 내포상의 차이는 없다. 그러나 감수의사보다는 용인의사가 고의의 일상적 언어사용에 전제되어 있는 결단적 요소를 더 적절하게 수용할 수 있는 표현으로 여겨진다.

35 3) 주된 목적 달성에 수반되는 부수적 결과에 대한 미필적 고의 고의를 인정하는 데 필요한 결단적 요소와 피해자에 대한 감정적·정서적 태도는 얼마든지 양립가능하다. 예컨대 행위자에게 피해자에 대한 동정심과 같은 우호적인 감정을 가지고 있으면서도 결과발생을 어쩔 수 없이 의욕하는 경우도 있고, 피해자에 대한 비우호적 감정을 가지면서도 행위자가 결과발생을 전혀 의욕하지 않는 경우도 있을 수 있기 때문이다.

36 다른 한편 결과발생을 희망하는 태도도 행위의 방향을 지시하는 성격을 가지는 결단적 요소와는 다른 차원의 감정적 요소로서 미필적 고의의 의욕적 요소와 무관하다. 피해자의 사망이라는 부수적 결과가 발생하는 것을 희망하는 마음이 추호도 없으면서도 자신의 주된 목적을 달성하기 위해 그러한 부수적 결과의 발생을 내심으로 받아들이는 경우가 얼마든지 있을 수 있고, 이러한 경우 발생된 결과에 대해 미필적 고의가 인정된다고 해야 하기 때문이다.

120) Kühl, §5/43ff.
121) Jakobs, §8/26
122) 특히 대법원 1988.6.14. 88도692.
123) 오영근, §12/8.

Ⅲ. 고의의 인식정도

1. 인식의 등급

고의의 의지적 요소인 '의욕'의 정도와 관련해서와 마찬가지로 고의의 지적요소인 '인식'과 관련해서도 행위자가 구성요건적 사실에 대해 어느 정도의 인식이 있어야 하는지가 문제되고 있다. 37

(1) 종래의 견해

고의의 인식 정도와 관련하여 결과발생에 대한 ① 확실한 인식, ② 개연성의 인식 그리고 ③ 가능성의 인식이라는 세 가지 종류의 인식등급을 인정하는 견해이다. 이 견해는 이와 같은 세 가지 인식은 앞에서 설명한 의욕의 세 가지 등급(확실한 의욕, 단순한 의욕, 용인의사) 중 어느 것과도 조합이 가능하므로 최소한 단순한 가능성의 인식을 고의인정을 위해 요구한다.[124) 38

(2) 충분한 가능성과 희박한 가능성

고의인정에 필요한 최소한의 인식의 등급과 관련하여 '단순한 가능성'의 인식 대신에 '충분한 가능성'의 인식이 필요하다는 견해[125)도 있고, 경우에 따라 단순한 가능성의 인식이라는 등급하위에 있는 '희박한 가능성'의 인식으로 충분하다는 견해[126)도 있다. 39

(3) 결론

고의인정의 요소인 인식과 의욕은 각 요소가 어떤 등급에서 서로 연결될 때 고의가 인정되는지는 결합되는 인식의 등급과 의욕의 등급 마다 달라진다. 통상적으로 고의는 '의욕의 등급'을 기준으로 하면 의도적 고의(희망 또는 목적)과 미필적 고의(용인의사)로 분류되고, '인식의 정도'를 기준으로 삼으면 확정적 고의(확실한 인식)와 불확정적 고의(가능성의 인식)로 분류될 수 있다. 맥락에 따라 불확정적 고의를 미필적 고의로 부르기도 한다. 40

1) **희박한 가능성의 인식과 결합되는 의욕의 등급** 행위자가 결과발생에 대한 확실한 의욕이 있는 경우에는 희박한 가능성의 인식만 가지고 있을 뿐이더라도 고의가 인정될 수 있다. 예컨대 상대방이 에이즈에 감염될 확률이 2% 정도에 불과하다는 것을 알면서도 감염시키려는 강한 의욕을 가지고 있는자에 대해서는 고의가 인정될 수 있는 것이다. 이 경우를 '의도적 고의'라고 한다. 41

2) **용인의사와 결합되는 인식의 등급** 행위자가 희박한 가능성의 인식만 가지고 확실한 의욕없이 행위결단을 내린 경우에는 고의가 인정될 수 없다. 예컨대 앞의 에이즈 사례에서 에이즈를 감염시키려는 확실한 의욕없이 행위한 경우에는 행위자가 자기행위로 인 42

---

124) 이재상/장영민/강동범, §13/25.
125) 김일수/서보학, 189면.
126) 임웅, 153면.

해 결과가 발생하지 않을 것으로 믿은 경우이므로 '인식있는 과실'이 인정될 수 있을 뿐이다. 이에 따르면 행위자에게 용인의사가 있을 뿐인 경우 고의가 인정되려면 결과가 발생할 확률이 적어도 50% 이상 되는 것으로 생각한 경우이어야 한다. 이때 50% 이상의 확률이라는 것은 '희박한' 가능성이 아니라 통상적으로 말하는 '단순한' 가능성의 인식을 의미한다. 단순한 '가능성'에 대한 인식 또는 확실한 인식과 용인의사가 결합된 경우를 '미필적 고의'라고 한다.

43 **3) 의도적 고의와 미필적 고의** 결론적으로 고의인정에 요구되는 인식의 등급과 의욕의 등급은 인정되는 고의의 종류에 따라 다르게 파악되어야 한다(개별화설). 의도적 고의는 '확실한 의욕'과 '희박한 가능성'의 인식 이상 등급에 해당하는 인식이 묶여질 경우 인정되고, 미필적(불확정적) 고의는 '용인의사적 의욕'과 '단순한 가능성의 인식' 이상에 해당하는 인식이 묶여질 경우 인정된다.

44

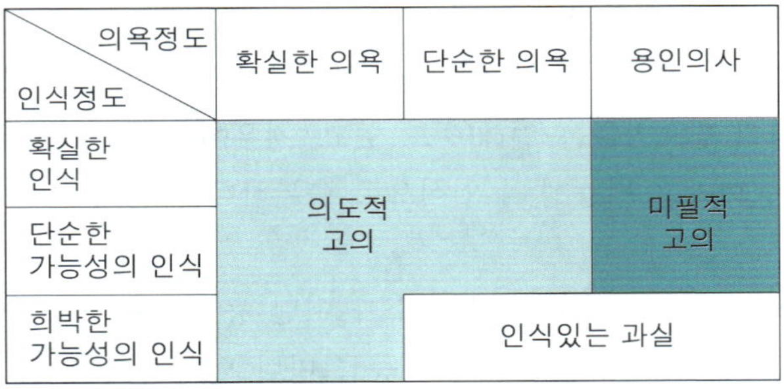

<table>
<tr><th>의욕정도 / 인식정도</th><th>확실한 의욕</th><th>단순한 의욕</th><th>용인의사</th></tr>
<tr><td>확실한 인식</td><td colspan="2" rowspan="2">의도적 고의</td><td rowspan="2">미필적 고의</td></tr>
<tr><td>단순한 가능성의 인식</td></tr>
<tr><td>희박한 가능성의 인식</td><td>의도적 고의</td><td colspan="2">인식있는 과실</td></tr>
</table>

고의인정에 필요한 인식의 정도와 의욕의 정도

45 **4) 고의의 종류와 취급상의 차이 등** 현행 형법의 해석상 인정되는 고의의 종류는 '의도적 고의'와 '미필적 고의'이다. 미필적 고의보다 의도적 고의를 더 무겁게 처벌하는 입법례(예, 튀르키에 형법)도 있지만 우리 형법은 두 가지 고의종류의 취급상(법효과)에 아무런 차이를 두고 있지 않다.

46 미필적 고의는 결과발생에 대한 가능성의 인식과 결합되기 때문에 '불확정 고의' 또는 '조건부 고의'라고 불리기도 한다. 대법원은 인식의 정도를 기준으로 하여 행위자가 결과발생을 확실히 인식한 경우를 '확정적 고의'라고 하고, 가능성의 인식만 있는 경우를 불확정 고의로 분류하면서, 불확정적 고의 중에 특히 의욕의 등급과 관련하여 최저 등급인 용인의사가 있는 경우를 '미필적 고의'라고 부른다.

47 목적범의 '목적'을 의도적 고의에 포함시키는 견해[127]도 있지만, 의도적 고의와 목적은

127) 배종대, §49/23.

의욕이 가장 높은 단계를 전제로 하고 있는 점에서는 공통되지만 인식의 대상을 달리한다. 의도적 고의의 인식대상은 구성요건적 사실인 반면, 초과주관적 구성요건 요소인 목적은 구성요건적 사실을 인식대상으로 하지 않는다.

형법이 지정(知情)고의를 제3의 종류의 고의로 인정하고 있는지가 문제된다. 이를 긍정 48
하는 견해[128]는 결과발생에 대한 의욕은 요구되지 않지만, 인식의 등급은 확실한 인식을 요하는 고의를 지정고의라고 한다. 이에 따르면 '그 정을 알고서'라는 문구를 포함하고 있는 일부 각칙 구성요건(예, 증뢰물전달죄, 위조통화취득후 지정행사죄 등)의 경우는 특별히 지정고의가 요구된다고 한다. 그러나 이러한 구성요건들에서 그 사정이 가리키는 것은 구성요건적 사실의 일부(즉 뇌물이라는 점 혹은 위조통화라는 점)를 가리키는 것이므로 '그 사정을 알고서'는 고의 인정을 위해 요구되는 주관적 구성요건 요소로 이해하는 것이 타당할 뿐, 미필적 고의로는 고의범이 성립할 수 없는 경우 독자적 종류의 고의로 인정할 근거로 이해할 것은 아니다.

택일적 고의를 고의의 종류로 설명하는 견해[129]도 있지만, 택일적 고의는 각 대상에 대 49
해 미필적 고의가 선택적으로 존재하는 현상형태를 가리키는 것에 불과하므로 고의의 종류가 아니다. 개괄적 고의도 고의의 종류로 분류하는 견해가 있지만 이 역시 고의의 종류가 아니라는 점에 관해서는 후술한다.

2. 가능성의 인식과 인식가능성의 구별

'가능성의 인식'과 '인식가능성'은 구별되어야 한다. 가능성에 대한 인식이 있는 경우에 50
는 낮은 정도이긴 하지만 어쨌든 '현실적 인식'이 있는 경우이고,[130] 인식할 가능성밖에 없었던 경우는 현실적으로 아무런 인식이 없고 '잠재적 인식'만 경우를 말하기 때문이다. 예컨대 자동차운전자가 검문을 위해 다가오는 경찰관을 무시하고 그대로 가속 페달을 밟아 전진한 경우, 살인죄의 고의가 인정되기 위해서는 적어도 경찰관이 옆으로 비켜날 수 없을지도 모른다는 생각을 운전자가 실제로 가졌어야 한다. 그렇지 않고, 운전자가 그러한 생각을 할 수도 있었을 것이라는 판단으로 고의를 인정하는 것은 '인식가능성'만으로 고의를 근거지우고 있는 것이기 때문에 잘못된 태도이다.

3. 당연사고적 수반의식

이른바 '당연사고적 수반의식'도 고의의 인정에 필요한 현재적 인식이 있는 경우라고 할 51

128) 김일수/서보학, 188면; 배종대, §53/23.
129) 이재상/장영민/강동범, §13/27, 임웅, 158면.
130) 특히 대법원은 앞서 언급했듯이 '고의나 목적'의 경우 가능성의 인식을 '미필적' 인식과 동의어로 사용하고 있기도 하다.

수 있다. 당연사고적 수반의식이란 행위자가 특정한 '사실'을 명료하게 인식한 것은 아니지만, 행위에 수반되어 있는 상황에 따라 행위자의 의식 속에 들어가 있는 경우를 말한다. 예컨대 아버지를 살해하는 자가 행위 당시에는 극도로 흥분해서 자기 눈앞에 있는 자가 자신의 아버지라는 사실을 인식하지 못하였다는 항변이나 자신이 폭행하는 자가 자신의 상급자임을 몰랐다는 항변이 있어도 존속살해죄(형법 제250조 제2항)나 상관폭행죄(군형법 제48조)의 고의를 조각시킬 수 없는 이유도 당연사고적 수반의식을 근거로 설명할 수 있다.

Ⅳ. 고의의 인식대상

1. 고의의 인식대상에 영향을 미치는 변수

52 고의의 지적요소인 '인식'의 대상은 '죄의 성립요소인 사실'이고, '죄의 성립요소'는 범죄성립요건(구성요건해당성, 위법성, 책임)이다. 따라서 범죄성립요건 중 고의를 어느 체계요소의 하위요소로 인정할 것인지에 따라 고의의 인식 대상도 달라진다.

2. 고의의 범죄체계론상의 지위와 고의의 인식대상

(1) 고전적 범죄체계와 고의의 인식대상

53 범죄의 외부적·객관적 요소는 불법요소로 파악하고 내부적·주관적 요소는 책임요소로 파악했던 고전적 범죄체계하에서는 행위자의 심리적 태도를 가리키는 고의가 '책임'의 하위요소로 파악되었다. 이 체계하에서는 고의의 인식대상인 '죄의 성립요소인 사실'은 구성요건적 사실뿐 아니라 자기행위가 위법하다는 사실까지도 포함하는 것으로 해석된다.[131]

(2) 목적적 범죄체계와 고의의 인식대상

54 목적적 범죄체계는 고의의 체계적 지위를 구성요건 요소로 인정하면서 '행위의 지향성 내지 방향성'(살인이냐, 상해냐, 재물손괴냐 등)을 의미하는 고의와 그러한 행위에 대한 사회적 반가치 판단(혹은 그 행위가 전체로서의 법질에서 위반됨)을 의미하는 '위법성'의 인식을 구별하였다. 이처럼 고의 개념에 행위의 '위법성'의 인식은 포함되지 않기 때문에 고의의 인식대상도 '객관적 구성요건적 사실'로 제한되었다.

(3) 합일태적 범죄체계와 고의의 인식대상

55 고의를 구성요건요소인 동시에 책임요소로 파악한 합일태적 범죄체계는 구성요건 요소로서의 고의(구성요건적 고의)는 행위의 방향을 지시하는 행위의 요소(행위반가치적 요소)로

---

131) 이 입장에서는 고의를 구성요건적 사실의 인식뿐 아니라 위법성의 인식까지도 포함하는 개념으로 파악하고 있었다. 이러한 고의를 사악한 고의 내지 악의(dolus malus)라고 한다. 2021.12 개정형법 이전까지 고의에 관한 규정인 형법 제13조의 표제도 악의 내지 범죄적 의사를 의미하는 '범의'로 되어 있었다. '범의'가 '고의'로 변경된 해석론적 의의에 관해서는 책임론 참조.

이해하면서, 책임요소로서의 고의(책임고의)는 '행위자의 행위에서 드러나는 비난받을 만한 심정적 태도'(심정반가치적 요소)로 이해한다.

이 입장은 고의의 이중적 지위를 인정하면서도 구성요건적 고의가 인정되기 위해서는 행위자가 객관적 구성요건적 사실에 대한 인식만 있으면 족하고 자기행위에 대한 위법성의 인식은 필요없다고 하는 점에서 목적적 범죄체계의 입장과 동일하지만, 위법성의 인식과는 별도로 행위자 개인이 스스로 법질서에 적대적인 태도를 가지고 있다는 반가치적·심정적 태도를 의미하는 책임고의까지 있어야 행위자를 고의범으로 처벌할 수 있다는 점에서 목적적 범죄체계의 입장과 다르다. 56

(4) 인식의 단계별 국면과 고의의 인식대상

총을 쏘아 살해행위를 하는 행위자의 인식의 국면을 단계별로 구별하면서 고의의 인식대상을 설명하면 다음과 같다: ① 총을 쏜다는 데에 대한 인식(단순 사실의 인식), ② 총을 쏘아 사람을 살해한다는 데에 대한 인식(행위의 방향성 내지 객관적 구성요건적 사실의 인식－인식사실과 발생사실이 불일치할 경우 구성요건적 착오가 문제됨), ③ 사람을 살해한다는 것이 법질서 전체의 관점에서 볼 때 금지되어 있다는 점에 대한 인식(위법성의 인식－이러한 인식의 결여시 위법성의 착오가 문제됨), ④ 자신의 위 행위가 형법 제250조에 해당한다는 점에 대한 인식(법조문의 존재에 대한 인식) 등으로 나눌 수 있다. 57

고전적 범죄체계에서 말하는 책임요소로서의 고의가 인정되기 위해서는 ①, ②, ③까지 인식하여야 하고, 목적적(또는 합일태적 범죄체계)에서 말하는 구성요건요소로서의 고의가 인정되기 위해서는 ①, ②의 인식만 있으면 된다. 합일태적 범죄체계하에서의 책임고의는 구성요건적 고의가 인정되는 전제하에서 행위자의 행위에서 법적대적 심정이 드러날 경우 인정된다(책임고의의 결여는 위법성조각사유의 객관적 전제사실에 대한 착오 문제에서 후술함). 58

3. 결론: 고의의 인식대상이 되는 객관적 구성요건적 사실

(1) 객관적 구성요건적 사실의 구체적인 내용

범죄체계론에서 언급했던 바와 같이 이 책은 고의의 이중적 지위를 인정하지 않는 목적적 범죄체계를 취하는 전제(다만, 이는 앞서 살펴보았듯이 목적적 행위이론에 의해 만들어진 체계 그대로가 아니라 고의 및 구성요건의 기능적 관점만을 고려한 것이다)하에서 고의를 구성요건요소로만 인정한다. 이에 따르면 고의의 인식대상은 '객관적 구성요건적 사실'로 국한된다. 법률적 범죄구성요건의 관점에서 보면 각칙상의 대부분의 구성요건요소, 즉 실행행위, 행위객체, 결과 등이 객관적 구성요건적 사실이다. 신분범의 경우에는 행위자의 특별한 속성·관계·지위가 이에 속하고, 피해자의 속성(예컨대 성범죄의 경우 피해자의 연령), 행위상황(예컨대 야간주거침입절도죄의 야간), 행위방법이나 수단(예컨대 흉기 휴대) 등 다양하게 구성요건별로 요구되어 있다. 59

60 기본범죄의 불법을 수정하기 위해 구성요건에 규정된 특별히 무거운 죄가 되는 사실(예, 존속살인죄의 경우 직계존속인 사실) 및 특별히 가벼운 죄가 되는 사실(예, 살인죄의 경우 피해자의 승낙 사실)도 고의의 인식대상인 죄의 성립요소인 사실에 포함될 수 있다(형법 제15조 제1항 해석론 참조).

61 다수행위자가 가담한 경우에는 행위자가 기능적 행위지배를 하고 있다는 사실(공동정범의 경우)이나 우월한 의사지배를 하고 있다는 사실(간접정범의 경우), 또는 정범의 행위를 교사하거나 방조한다는 사실(교사범 또는 방조범)도 고의의 인식대상에 들어간다. 이에 관해서는 가담형태론 참조.

(2) 고의의 인식대상에서 제외되는 사실

62 행위의 위법성이나 형법각칙에 별도로 규정되어 있는 객관적 가벌성의 조건(사전수뢰죄의 경우 공무원 또는 중재인이 된 사실), 인적처벌조각사유(형법에 의할 때 친족상도례의 규정을 받는 범죄의 경우 점유자 및 일정한 친족관계; 다만, 2024년 헌법재판소는 이러한 인적처벌조각사유에 관한 친족상도례 규정에 대해 적용중지 헌법불합치 결정을 내린 상태임) 등은 체계상 구성요건요소가 아니므로 고의의 인식대상이 될 수 없다. 따라서 예컨대 현실적으로 친족관계에 있는 자의 소유물을 절취한 경우 행위자가 자신과 피해자간에 친족관계가 있는 것을 인식하지 못하고 있다고 해도 이는 고의의 인식대상이 아니어서 고의를 인정하는 데 지장이 없으므로 범죄성립은 인정되고 다만 형벌이 부과되지 않을 뿐이다.

(3) 고의의 인식대상 여부가 논란이 되는 문제

63 1) 인과과정 결과발생을 필요로 하는 범죄(결과범)의 경우 결과에 이르는 인과적 진행과정도 고의의 인식대상이 되는 구성요건적 사실에 속하는지가 문제된다. 이에 관해서는 ① '인과관계'와 '인과과정'을 구별하여 전자는 고의의 인식대상이 되지만 후자는 별의미가 없다는 견해,[132] ② 인과과정에 대한 인식의 문제를 객관적 귀속의 문제로 다루는 것이 타당하다고 하는 견해,[133] ③ 인과과정도-그 본질적 부분에 관한 한-고의의 인식대상이 되는 구성요건적 사실에 해당한다고 보는 견해(다수설) 등이 있지만, 인과과정은 인과관계와 독립된 별개의 요소가 아니므로 인과과정도 고의의 인식대상에 포함하는 다수설이 타당하다. 행위자가 인식한 인과과정과 실제로 발생한 인과과정이 일치하지 않을 경우 행위자에게 '고의'를 인정할 것인지의 문제는 후술할 '고의귀속론'에서 취급한다.

64 '인과관계'는 형법상의 추상적인 구성요건적 '개념'인 반면, '인과과정'이란 인과관계라는 추상을 형성하는 개개의 연결고리를 지칭하는 구체적 '사실'을 말한다. 이러한 전제하에서 보면, 구체적인 사례에서 행위자의 '고의'의 인정여부를 말할 때 행위자의 인식의 관련 대상은 법률 규정상의 요건인 추상적인 '개념'(즉 인과관계)이 아니라 요건사실, 즉 행위가 결과로 이르러가는 진행경과로서의 '사실'(즉 인과과정)이다.

---

132) 오영근, §12/28-30.
133) 김일수/서보학, 212~213면.

2) 위법성조각사유의 객관적 전제사실 위법성조각사유의 객관적 요건(예컨대 정당방위의 경우 자기의 신체에 대한 부당한 현재의 침해)에 포섭될 '사실'(이를 위법성조각의 객관적 전제사실이라고 한다)이 고의의 인식대상이 되는지에 관해서도 견해가 대립한다. 소극적 구성요건표지이론에 의하면 위법성조각사유의 객관적 요건도 구성요건의 소극적 요소이므로 이 요건사실의 부존재도 고의의 인식대상이 된다고 한다. 뿐만 아니라 고의를 책임요소로 보는 견해(엄격고의설)도 고의의 인식대상에 위법성의 인식을 포함하므로 위법성조각사유의 객관적 전제사실의 부존재도 고의의 인식대상이 된다고 한다. 65

그러나 위법성조각사유의 객관적 전제사실은 위법성 판단을 위한 사실이므로 이 사실의 부존재는 체계적으로 구성요건요소로 분류되는 고의의 인식대상이 될 수 없다고 해야 한다. 따라서 행위자가 그러한 사실이 없는데도 불구하고 존재한다고 오인한 경우 이미 인정된 구성요건적 고의의 인정여부에 영향을 미칠 수는 없다. 이 쟁점은 위법성조각사유의 객관적 전제사실의 착오사례로 책임론에서 다룬다. 66

4. 고의의 인정에 필요한 인식의 형태

행위자가 객관적 구성요건적 사실에 대해 인식하면 형법 제13조에 따라 '죄의 성립요소인 사실'을 인식한 것이 되어 행위자에게 고의가 인정될 수 있다. 이 경우 고의의 인식형태는 대상에 대한 '감각적 인식'과 '법적·사회적 의미내용의 인식'이 있다. 67

(1) 감각적 인식

종래의 통설은 구성요건요소(절도죄의 재물)가 적용될 구성요건적 사실(친구의 애인사진)에 대한 행위자의 인식 여부를 확인할 때에는 그 구성요건요소의 이면에 있는 '사실적·경험적 실재'(사진)를 행위자가 오관(눈, 코, 귀, 입, 손)의 작용을 통해 감각적으로 인식하기만 하면 충분하다고 하였다. 따라서 예컨대 친구의 애인사진이 형법상 절도죄의 재물이라는 요소에 해당하지 않는다고 생각한 자도 그 대상물이 '친구의 사진'이라는 사실에 대한 인식만 있으면 절도죄의 고의가 인정된다고 하였다. 68

(2) 법적·사회적 의미내용의 인식

그러나 구성요건적 사실은 감각적 인식작용만으로는 부족하고 그 사실에 대한 '법적·사회적 의미에 대한 평가'가 동반되어야 한다. 형법(률)의 구성요건은 금지의 실질을 규범적 평가를 통해 추상적 언어로 기술한 것이기 때문에 그 언어적 표현에 해당할 사실은 법규범 또는 법외적 규범(관습이나 도덕)에 기초된 의미평가라는 차원의 정신작용이 있어야 한다. 이러한 차원의 정신작용은 그 사실에 대한 법적·사회적 의미내용에 대한 인식을 수반한다. 그러나 어떤 사실에 대한 법적·사회적 의미내용에 대한 인식은 법률에 사용된 개념의 의미에 대한 전문적 법률지식에 기초된 인식을 말하는 것은 아니다. 만약 고의인정을 위해 69

전문적 법률지식을 요한다고 한다면, 실제로 행위자가 법률전문가가 아닌 한, 고의를 인정할 수 있게 되는 경우가 거의 없게 될 것이고 따라서 대부분의 사례에 대해서는 고의가 조각의 결론을 내려야 한다. '법은 수범자에게 불가능을 요구할 수 없다.'

70 이에 따르면 고의인정에 필요한 인식 정도는 법률전문가에게 요구되는 고도의 인식수준(내지 법률전문가 차원의 정확한 인식)이 아니다. 법문외한(일반인)이 그 의미내용을 파악할 수 있는 수준의 인식정도이다. 독일형법이론학에서는 이를 "법문외한의 입장에서 내리는 법에 대한 평가와 평행한 평가(Parallelwertung in der Laiensphäre)"[134]라고 말한다.

71 고의인정을 위해 당해 구성요건요소(개념)에 대해 '법문외한의 평가와 평행한 평가'가 요구된다면, 행위자에게 고의가 인정되기 위해서는 자기 행위의 법적·사회적 의미를 일반인이 인식하고 있는 만큼 알고 있어야 한다. 만약 그 정도의 인식에 이르지 못하면 고의를 인정하는데 필요한 인식수준에 이르지 못했으므로 고의가 조각된다.

(3) 구성요건 요소의 구별과 형법적 개념에 대한 접근법의 변화

72 **1) 종래의 형법이론** 앞서 구성요건의 기초이론에서 살펴보았듯이 종래 학설은 구성요건 요소를 '기술적 구성요건 요소'(오감의 작용을 통해 지각될 수 있는 요소)와 '규범적 구성요건 요소'(가치판단을 통하거나 다른 법규에 의해 그 의미내용이 확정될 수 있는 요소)로 구분하였다. 그리고 기술적 구성요건 요소가 적용될 사실은 감각적 인식작용으로 족하고, 규범적 구성요건 요건 요소가 적용될 사실은 법에 대한 법문외한의 평가와 평행되게 법적 사회적 의미내용에 대한 인식작용을 필요로 하는 것으로 이론구성해왔다.[135]

73 **2) 구별의 상대화** 그러나 오늘날 기술적 구성요건 요소와 규범적 구성요건 요소의 구별은 절대적인 것이 아니라 상대적인 것으로 이해되고 있다. 앞서 구성요건이론의 발전사에서 살펴보았듯이 과거(고전적 범죄체계하에서) 가치중립적 요소의 집합인 기술적 구성요건 요소로 파악되었던 구성요건 요소도 점차(신고전적 범죄체계 등 목적론적 범죄체계가 득세하면서부터) 가치관계적 목적적 요소의 집합인 규범적 구성요건 요소로 분류되어 왔기 때문이다.

74 **3) 구성요건의 하위 요소(개념)들의 규범화** 형법상의 모든 구성요건 요소(개념)가 형사입법자의 규범적 결단에 의해 만들어진 것임을 고려한다면, 그리고 형법상 범죄의 '모든' 하위요소(개념)에 대한 접근방법의 발전(자연주의적 존재론적인 접근법 →규범적 평가적 접근법)을 그 형법해석 및 적용단계에서 관철시킨다면, 형법의 구성요건 요소는 –1930년대 '발견된' 규범적 구성요건 요소에 한정되지 않고– 모두 규범적 구성요건요소로 파악하는 태도가 타당할 수 있다.

---

134) 대표적으로 이재상/장영민/강동범, §12/23.

135) 이와 유사하게 기술적 구성요건요소에는 사실의 인식이, 규범적 구성요건요소에는 의미의 인식이 필요하다는 입장으로는 김일수/서보학, 215면; 임웅, 150면.

오늘날 절도죄의 객체인 '재물'도 관리가능성설을 취하느냐 유체성설을 취하느냐에 따라 그 개념에 포섭가능한 '대상'의 범위를 다르게 이해하는 것도 규범적 평가적 접근법이 이루어지고 있음의 증좌이다. 심지어 살인죄의 객체인 '사람'도 오감의 작용으로만 인식할 수 있는 규범적 구성요건 요소로 분류할 수 없다. 교통사고를 당하여 뇌손상을 입고 전뇌의 기능이 불가역적으로 소실되어 심장을 이식수술의 대상이 되어 있는 자가 살인죄의 객체인 '사람'에 해당하는지도 사람의 종기에 대한 심장사설과 뇌사설의 대립 및 장기 이식에 관한 법률의 태도 등에 따라 달라지는 것은 사람 개념에 대해 규범적 평가적 접근법이 타당함을 말해준다. 그럼에도 구성요건 요소를 기술적(가치중립적) 요소와 규범적(가치관계적) 요소로 구별하는 것을 전제로 거기에 적용될 사실에 대한 인식정도 내지 인식의 방법도 차별화하는 태도는 구성요건 개념에 대한 19세기적 사고방식을 여전히 버리지 못한 퇴행적 태도이다. 75

형법의 모든 구성요건 요소가 '규범적'으로 평가되어야 요소라면 그 요소에 적용되어야 할 구성요건적 사실도 단순한 '자연적 사실'이 아니라 '제도화된 사실'이다. 이 때문에 이러한 차원의 사실에 대한 인식은 모두 그 사회적 법적 의미내용에 대한 정신작용이 기초되어야 한다. 따라서 행위자에게 고의를 인정하기 위해서는 '모든' 구성요건 요소(개념)에 적용(포섭)될 구성요건적 '사실'의 법적·사회적 의미내용에 대해 일반인이 할 수 있는 정도의 이해를 하고 있을 것을 요한다고 보아야 한다.[136] 76

(4) 규범적 구성요건 요소의 착오와 포섭의 착오

행위자가 구성요건적 '사실'의 법적·사회적 의미내용을 일반인의 이해수준에 미치지 못한 정도로 파악하고 있는 경우는 행위자의 인식사실과 객관적 발생사실이 불일치하므로 이를 (규범적) '구성요건적 사실의 착오'로 분류될 수 있다. 이와는 달리 행위자가 실제로 구성요건적 '사실'의 법적·사회적 의미내용을 잘 이해하고는 있지만 법률상의 구성요건 요소의 의미내용을 잘못 이해하여 자기행위가 그 법률상의 구성요건에 해당하지 않는다고 생각하는 경우가 있다. 이러한 행위자의 착오를 '포섭의 착오'라고 한다. 77

포섭의 착오를 일으킨 행위자는 법률의 개념요소를-너무 좁게-잘못 해석하여 자신의 행위가 어떤 법률개념의 요소에 포섭되지 않는다고 생각한다. 예컨대 공원 내의 조각상을 가져가면서 그것이 예술작품이라는 점은 알고 있지만 절도죄의 객체인 '재물'에는 해당하지 않는다고 생각한 경우를 말한다. 78

포섭의 착오는 행위자의 '고의'(구성요건적 고의)의 인정여부에 아무런 영향을 미치지 않는다. 왜냐하면 법률개념을 해석하여 행위자의 행위를 그 법률상의 개념요소에 일치시키는 일을 '포섭'이라고 할 때, 이와 같은 '포섭'작업의 주체는 행위자가 아니라 법적용자인 판사이기 때문이다. 따라서 행위자가 포섭의 착오를 일으킨 경우에도 '고의'는 여전히 인정된다. 79

형법이 인정하는 착오의 분류상 포섭의 착오는 고의조각적 구성요건적 착오가 아니라 80

136) 배종대, §49/15; 박상기, 78면; 오영근, §12/22; 이재상/장영민/강동범, §12/12; 이형국/김혜경, 165면.

책임조각적 위법성의 착오로 분류된다. 포섭의 착오를 일으킨 행위자는 자신의 행위의 법적인 의미를 잘못 평가하고 있는 결과 자신의 행위가 위법하지 않다(금지되어 있지 않다)고 생각하고 있기 때문이다(위법성의 착오에 관해서는 책임론 참조).

81 규범적 구성요건 요소에 대한 착오는 원칙적으로 구성요건적 착오에 해당하여 고의조각으로 귀결되지만, 경우에 따라 위법성 착오의 일종인 포섭의 착오로서 책임조각으로 귀결될 수도 있다. 예컨대 행위자의 착오가 구성요건의 하위요소(개념)에 적용될 '사실'적 측면(즉 관련 요소 또는 개념의 사실상의 토대)에 대한 평가의 잘못으로 자기 행위가 특정 요소(개념)에 해당하지 않는다고 오인한 경우에는 – 구성요건적 착오로서 – 고의가 조각되고, 문제의 구성요건 요소(개념) 자체의 법적 의미를 잘못 평가하여 자기 행위가 그 요소(개념)에 포섭되지 않는다고 오인한 경우에는 규범적 구성요건요소에 대한 포섭의 착오(=위법성의 착오)로서 책임이 조각된다(이에 관해서는 『총론』 부작위범의 보증의무에 관한 착오 및 『각론』 공무집행방해죄의 직무의 적법성에 관한 착오 참조).

Ⅴ. 고의의 존재시점

82 고의는 행위시점, 즉 '실행의 착수부터 실행행위의 종료시점까지' 존재하여야 한다. 이를 '고의와 행위의 동시존재의 원칙'이라고 한다. 예컨대 甲이 A를 살해하려고 굳게 결심하고 있었을 뿐 행동으로 옮기지 못하고 있던 중, 어느 날 A를 살해하기 위해 준비해 둔 총기를 손질하다가 실수로 격발하여 그로 인해 A가 사망하였다면, 甲에게는 단순한 '사전(事前)고의'만 인정되고, 행위시에는 고의가 없었다. 따라서 甲의 행위는 고의에 의한 살인죄로 될 수 없고 과실치사죄가 될 수 있을 뿐이다. 총기를 손질하다가 실수로 격발되어 A가 사망하자, 甲이 비로소 A의 사망의 결과를 내심의 의사로 받아들였더라도 같은 고의살인죄로 처벌될 수 없다. 사전고의와 마찬가지로 사후事後고의도 인정될 수 없기 때문이다.

Ⅵ. 고의가 문제되는 특별한 사례유형

1. 택일적 고의가 문제되는 사례

83 택일적 고의란 행위자가 하나의 행위를 하면서 두 개 이상의 대상 가운데 어느 것에 대해서도 결과가 발생하여도 좋다고 생각하면서 행위하는 경우를 말한다. 택일적인 것 각각에 대해 동일한 인식 및 의욕의 정도가 있는 경우도 있고, 각 대상에 대해 서로 다른 정도의 인식 및 의욕이 문제되는 경우도 있는데, 어느 경우든 각 대상에 대해 각각 행위자의 고의가 인정되고 있다는 점에서는 차이가 없다.

(1) 택일적 고의가 문제되는 사례유형

84 **1) 하나의 행위객체에 대한 택일적 고의** 행위자가 총의 명중도를 시험하려고 숲 가장자리에 있는 입간판의 인물을 겨냥하면서 그것이 입간판의 사진인지 사람인지를 알지

못한 상태에서 그것이 사진이든 사람이든 상관할 바 아니라고 생각하면서 총을 쏜 경우이다(손괴의 고의와 살인의 고의). 이 경우 실제의 행위대상은 두 개가 아니라 입간판 사진이든지 실제 사람이든지 둘 중 하나뿐인 경우이고 어느 것이든 발생한 결과에 대해 (미필적) 고의가 인정된다는 점에 대해서는 이견이 없다.

2) 두 가지 행위객체에 대한 택일적 고의 범인이 그를 추격하는 경찰견과 그 뒤를 따르는 경찰관을 향하여 총을 발사하면서 둘 중 어느 하나만 맞으면 즉각적인 추격을 제지할 수 있으리라고 생각하였기 때문에 어느 것이 맞든 상관없다고 생각한 경우이다. 이 경우는 실제로 두 개의 서로 다른 행위객체가 택일적으로 문제되고 있다. 따라서 행위자의 택일적 고의(손괴의 고의냐 살인의 고의냐)는 이 두 가지 행위객체 모두를 대상으로 하고 있다. 85

3) 셋 이상의 행위객체에 대한 택일적 고의 행위자가 수십 명이 모여 있는 곳을 향하여 총을 발사하면서 누구라도 맞아 죽었으면 좋겠다고 생각한 경우이다. 이 경우 행위자의 고의는 집단 중의 모두에게 택일적으로 인정된다. 86

(2) 해결방안

택일적 고의가 문제될 경우 각 대상에 대해 행위자의 고의가 인정된다는 점에 대해서는 의문이 없다. 그러나 앞의 2), 3)의 경우 어느 한 대상에 대해서만 결과가 발생하거나 각 대상에 대해 모두 결과가 발생하지 않았다면 결과가 발생하지 않은 대상에 대한 행위자의 고의를 어떻게 취급할 것인지가 문제된다. 다음과 같은 해결방안이 제시되고 있다. 87

1) 제1설 원칙적으로 결과가 발생한 범죄만 처벌하되, 예외적으로 미수에 그친 다른 범죄가 기수로 된 범죄에 비해 그 불법내용이 본질적으로 중한 경우에는 기수범과 미수범의 상상적 경합을 인정하려는 견해[137]이다. 이 견해는 또 두 가지 가능성이 모두 미수에 그친 경우에는 중한 죄의 미수로만 처벌해야 한다고 한다. 88

2) 제2설 어떤 대상에 대해서도 행위자의 고의가 인정되는 한 결과가 발생한 범죄의 기수와 결과가 발생하지 아니한 범죄의 미수의 상상적 경합이 인정되어야 한다는 견해가 있다(다수설). 89

3) 결론 제1설은 모든 범죄가 미수에 그쳤을 때에는 중한 죄의 미수로만 처벌한다는 점에 문제가 있다. 왜냐하면 위에서 든 예에서 행위자의 고의가 경찰견과 경찰관에 대해 동일하게 법익침해의 위태화가 나타났는데 왜 경찰관에 대한 고의만을 인정하는지를 설명할 수 없기 때문이다. 뿐만 아니라 제1설은 택일적인 고의의 대상이 되는 객체들이 동가치한 경우에는 어느 범죄의 미수로 처벌할 것인지도 문제가 된다. 90

생각건대 택일적 고의에서 말하는 택일적 관계에 있는 다른 고의는 가능한 모든 경우를 91

137) 이재상/장영민/강동범, §13/27.

기수로 하려는 의사가 아니라 '중요하지 않은 추가적인 의사'에 불과한 것으로 보아야 한다. 이러한 전제하에서 보면, 제2설과 같이 실현되지 않은 범죄를 항상 미수로 처벌하려는 태도도 역시 문제가 있다. 따라서 원칙적으로 행위자에게 포착된 모든 대상에 대해 적어도 미수로 처벌할 수는 있지만 어느 것 중의 하나가 기수가 되면 미수로 처벌하는 대신에 기수로 처벌하고, 어느 것에도 결과가 발생하지 않는 경우에 한하여 모두 미수(상상적 경합)로 처벌하는 것이 바람직한 태도로 보인다.

2. 개괄적 고의가 문제되는 사례

92 행위자가 불특정 다수인에 대한 고의를 가지고 있는 경우를 '개괄적 고의'라고 부르면서 개괄적 고의는 '다자택일'이 문제되고, 택일적 고의의 경우는 '양자택일'만 문제된다고 이해하는 입장이 있다.[138)]

93 그러나 개괄적 고의는 행위자가 고의를 가지고 있었던 제1행위시에는 결과가 발생하지 않았다가 고의가 없는 제2행위에 의해 비로소 결과가 발생한 경우(결과발생이 뒤로 미루어진 사례) 일정한 조건하에서 행위자에게 발생한 결과에 대해 고의기수책임을 인정하는 경우에 등장되는 용어이다.

94 개괄적 고의도 택일적 고의라는 용어와 마찬가지로 고의의 특별한 종류를 일컫는 용어가 아니라. 행위자의 행위에 대해 고의를 인정할 수 있는지가 문제되는 특수한 사례유형을 일컫는 용어에 불과하다. 개괄적 고의가 문제되는 사례의 해결 방안은 다음 절에서 자세하게 다룬다.

제2절 고의 '인정'에 관한 법리와 주관적 귀속

I. 고의 인정여부에 관한 형법의 태도

> 제13조(고의) 죄의 성립요소인 사실을 인식하지 못한 행위는 벌하지 아니한다. 다만, 법률에 특별한 규정이 있는 경우에는 예외로 한다.
>
> 제15조(사실의 착오) ①특별히 무거운 죄가 되는 사실을 인식하지 못한 행위는 무거운 죄로 벌하지 아니한다.

138) 이재상/장영민/강동범, §13/28; 임웅, 152면; 정성근/정준섭, 98면.

1. 원칙적 태도

(1) 불인식=고의조각

구성요건적 범죄사실에 대한 행위자의 인식이 없으면 벌하지 않는다[139]는 형법 제13조의 내용은 '불인식=고의조각'이라는 등식관계로 공식화할 수 있다. 95

형법 제15조 제1항도 이와 같은 원칙에 입각하여 규정되어 있다. "특별히 무거운 죄가 되는 사실을 인식하지 못한 행위"는 그 무거운 범죄사실로 벌할 수 없다는 의미는 행위자의 행위에 대해 고의가 부정된다는 의미이다. 예컨대 이웃 아저씨라고 생각하고 살해하였는데, 실제로 자신의 아버지로 밝혀진 경우 존속살해죄의 구성요건요소인 직계존속에 대한 인식이 없었기 때문에 존속살해죄의 고의는 조각된다.[140] 96

(2) 고의 인정의 심리학적 기초

객관적 구성요건적 사실('죄의 성립요소인 사실' 또는 '특별히 중한 죄가 되는 사실')에 대한 행위자의 '인식'이 없는 경우 고의를 조각시키는 형법 제13조나 형법 제15조 제1항은 대상에 대한 행위자의 '인식'이라는 심리학적 토대 위에서 고의 인정여부가 결정될 수 있음을 전제로 하고 있다. 이러한 형법의 태도에 따르면 행위자가 객관적 구성요건적 사실을 인식하지 못한 '이유'는 전혀 문제삼지 않는다. 이 때문에 행위자의 불인식이 단순한 무지 내지 무관심 때문인지도 묻지 않을 뿐 아니라 행위자가 사태나 자신의 행위의 법적인 의미를 잘못 평가하고 있는지를 판단하지도 않고 무조건 고의가 조각된다. 97

2. 예외적 법리: 고의 귀속이론

(1) 예외를 인정해야 할 이유

행위자가 인식한 사실과 실제로 발생한 사실이 일치하지 않는 경우에 '불인식=고의조각'이라는 원칙적 법효과를 그대로 인정하면 공리적으로 만족스럽지 못한 결론에 이를 수 있다. 불인식의 이유가 행위자의 무관심한 태도 때문임에 불과한 경우에는—행위자에게 유리하게—고의가 조각되고, 반대로 행위자가 지나치게 양심적이고 신중하여 일반인은 인식하지 못할 사정까지도 인식한 경우에는—이번에는 행위자에게 불리하게—고의가 조각되지 않기 때문이다. 98

'불인식=고의조각'의 공식을 곧이곧대로 적용하면 고의범에 관한 범죄성립여부의 심사과정에서 현실적인 어려움에 봉착한다. 형사법정에서 피고인이 고의를 완강하게 부인할 99

---

139) 물론 형법 제14조에 의하면 과실범으로 처벌가능한가 하는 문제는 그대로 남는다.

140) 물론 형법 제15조 제1항에는 '무거운 죄로 벌하지 아니한다'고 되어 있을 뿐 어떻게 처벌할 것인지에 대해 규정하고 있지 않아서 해석의 문제가 제기될 수 있지만 보통살인죄의 고의·기수가 인정된다는 점에 견해가 일치되어 있다. 이에 관해서는 후술한다.

경우 행위자의 의지적 요소인 의욕은 물론이고, 지적 요소인 인식을 증명하는 것은 불가능하다. 이 때문에 자연과학적 차원의 심리학적 사실(인식/불인식)에만 터잡아 고의인정여부를 사실적으로 '확인'하는 방법은 형법규범의 법익보호적 과제에 대한 현저한 기능저하 내지 기능마비가 초래될 수 있다.

100 인간의 내부 심리적 측면을 규명하는 일은 현대의 어떤 첨단'과학'도 하지 못하고 있는 미지의 영역이다. 주관적 요소인 고의의 인정여부를 사실 확인의 차원에서 입증하는 방법은 현실적으로 작동되기 어렵다. 이 때문에 법원이 이러한 방법을 통해 행위자의 고의 인정여부를 객관적으로 결정하고 있는 것이라는 인상을 주는 것도 우리가 그렇게 믿고 있는 것도 모두 오해에 기인한 것이다.

(2) 예외적 사례의 경우 고의 귀속 방법

101 '불인식=고의조각'이라는 등식관계를 획일적으로 관철시킬 때 발생하는 불합리성과 문제점은 어떻게 극복될 수 있는가? 형법이 규정하고 있는 범죄성립요건의 하위요소(개념)들에 대한 접근을 자연주의적 존재론적 방법(순수 심리학적 사실 확인 방법)이 아니라 규범적 평가적 방법에 따를 것을 요구하는 방법적 전환을 고의개념에도 관철시킬 것이 요구된다. 범죄성립의 모든 하위요소들이 객관적으로 사전에 확정되어 있어 이를 기계적으로 적용만 하도록 되어 있는 것이 아니라 그 요건 충족의 효과까지 고려한 목적론적, 가치관계적인 평가를 통해 요소(개념)들이 재구성되어야 할 것을 출발점으로 삼는 이 책의 입장(후성법학적 법발견 방법 및 형법의 범죄체계와 형사정책의 가교를 지향하는 범죄이론)을 고의개념에서도 관철시켜야 하기 때문이다.

102 이에 따르면 고의의 인정여부도 인식이냐 불인식이냐 하는 '심리학'적 사실'확인' 방법이 아니라 일정한 '규범적 가치관계적 관점'을 고려한 '평가'적 방법, 즉 고의'귀속'의 방법으로 결정되어야 한다. 여기서 규범적 평가적 관점의 중심에는 법익보호 과제라는 형법의 목적적 관점이 있지만, 형사재판에서는 범인필벌이라는 정의의 관점이나 처벌의 필요성 등 형사정책적 관점도 고려되고 있음은 주지의 사실이다(특히 아래 V. 참조).

(3) 규범적 평가와 주관적 귀속이론

103 객관적 구성요건의 영역에서 (규범적 평가적 척도를 제시하고 있는) 객관적 귀속이론의 관심사가 결과에 대한 행위자의 책임범위를 제한하는 일에 초점이 맞추어져 있었듯이, 주관적 구성요건 영역에서 규범적 평가적 접근법에 따라 고의 귀속여부를 평가할 경우에도 '처벌의 필요성'이라는 단순한 사고에 따라 가벌성이 좌지우지되지 않도록 해야 한다. 이와 같은 차원에서 고의인정을 위한 규범적 척도 내지 이론적 근거를 제시를 목표로 삼는 고의인정이론을 '주관적 귀속이론'[141]이라고 부를 수 있다.

141) 여기서 '주관적'이라는 수식어는 구성요건적 행위귀속 또는 결과귀속의 문제가 '객관적' 구성요건요소인 점에 대비되는 의미로 사용한다. 즉 주관적 구성요건 요소인 '고의'도 일정한 규범적 척도에 따라 평가적으로

고의 인정 여부에 관한 주관적 귀속이론은 행위자의 불인식에도 불구하고—혹은 고의 입증이 현실적으로 불가능한 경우에도—규범적 평가적 관점에서 고의귀속 여부를 판단하는 기준을 발전시키는 이론이다. 고의 인정 여부가 법관의 자의에 따라 결정되지 않도록 하기 위해서 사례유형별로 타당성을 가질 수 있는 규범적 척도 내지 이론적 근거를 제시해야 하기 때문이다. 104

고의인정 여부와 관련하여 규범적 평가적 차원에서 이루어져야 할 고의귀속은 이미 형법이론학에서는 물론이고 형사실무에서도 나름대로 일정한 이론 또는 개념적 표지를 사용하면서 암묵리에 인정되어 왔다. 형법이론학에서는 대표적으로 이 영역에서 구성요건적 착오(방법의 착오, 객체의 착오)이론으로 설명해 왔다. 그러나 전통적 의미에서의 착오개념으로 포섭될 수 없는 다양한 사례유형들에 대해서도 사례의 특수성에 걸맞는 규범적 평가적 차원의 고의귀속을 위한 이론들이 개발되거나 체계화되어야 할 필요가 있다. 105

Ⅱ. 구성요건적 착오 사례와 고의귀속

1. 구성요건적 착오의 의의와 고의귀속 이론

행위자가 범죄사실에 대한 인식을 하지 못하였지만, 실제로 범죄구성요건이 실현된 경우 제13조의 원칙적 공식을 적용하면 행위자에게 그 발생한 사실에 대해 고의를 인정할 수 없다. 예컨대 간음의 상대방이 13세 미만의 사람이 아니라 어엿한 성인이라고 생각한 경우와 같이 행위자가 자신의 행위가 형법상 미성년자의제강간죄(제305조)의 구성요건적 사실에 해당하다는 점에 대한 인식이 없었으나 그 상대방이 실제로는 13세 미만이었기 때문에 객관적으로는 이 죄의 구성요건적 사실이 실현된 경우를 말한다. 행위자의 주관적 관점에서 보면 구성요건적 사실을 '불인식'하였지만, 객관적으로는 구성요건적 사실이 존재하므로 행위자의 주관적 인식사실과 객관적 발생사실의 불일치라고 할 수 있다. 106

실제로 형사법정에서 행위자가 행위자가 '죄의 성립요소인 사실'의 불인식을 근거로 하여 행위자에게 의제강간죄의 고의가 없었다고 주장할 경우 법원은 이러한 행위자의 주장을 그대로 받아들여 행위자에게 유리한 결정을 내리지 않는다. 행위자와 피해자의 '관계'나 행위자의 유사 범죄전력, 피해자의 외관의 성숙도 등 다양한 사정들을 고려하여 행위자에게 고의가 인정된다고 평가(귀속)할 것이다. 107

전통적으로 형법이론학은—사태에 대한 행위자의 잘못된 평가에 기인한 것이든 사실에 대한 지적 차원에서의 불인식에 기인한 것이든—행위자의 주관적 인식사실과 객관적인 실현사실의 '불일치'를 '착오'로 분류하면서 구성요건적 사실에 대해 이러한 불일치가 있을 경우를 '구성요건적 착오'사례로 불러왔다. 108

귀속된다는 의미에서 '주관적 귀속'이라고 할 수 있다.

109 구성요건적 착오사례를 해결하는 실무와 이론의 태도를 고의귀속이론적 관점에서 자리매김하면 다음과 같이 말할 수 있다. 즉 실무와 이론은 행위자의 불인식 항변을 그대로 받아들여 고의조각의 결론을 쉽게 인정하지 않기 위해 인식사실과 발생사실 간에 어느 정도의 불일치가 있으면 고의를 조각하고 어느 정도로 부합하면 고의를 인정하는 것인지를 결정하는 '평가적 방법'이 동원돼 왔다. 다시 말해 자연과학적 심리학적 관점에서 고의인정여부를 사실적으로 확인하는 방법이 아니라 인식사실과 발생사실이 어느 정도로 '부합'하는 것으로 평가되면 그 '불일치'에도 불구하고 행위자에게 고의를 인정하는 방법을 취해온 것이다. 형법이론학에서 구성요건적 착오이론이 '~부합'설로 호칭되어 온 것은 이 때문이다. 이러한 관점에서 보면, 행위자가 실제로 발생한 구성요건적 사실을 구체적으로 인식하지 못하였음에도 불구하고 '~부합설'이라는 이름으로 고의를 인정하는 착오이론들은 넓은 의미에서 고의 귀속의 근거를 제시하고 있는 주관적 귀속이론으로 평가할 수 있다.

110 물론 형법이론학에서는 어떤 사례들이 '구성요건적 착오'사례에 포함될 수 있는지에 대해서 뿐 아니라 구성요건적 착오사례의 경우 고의인정(즉 고의귀속)을 위해 요구되는 부합의 정도에 관해서도 견해가 일치되어 있지 않다.

2. 구성요건적 착오 개념 및 구별개념

(1) 구성요건적 착오 개념에 관한 견해의 대립

111 구성요건적 착오를 행위자가 인식한 사실과 실제로 발생한 사실이 모두 범죄사실(객관적 구성요건적 사실)에 해당한다는 전제하에서 양자가 불일치하는 경우로 이해하는 견해도 있다.[142] 이에 따르면, 예컨대 산에서 사냥을 하던 중에 멧돼지로 오인하고 총을 쏘았으나 실제로는 다른 사냥꾼을 명중시켜 사망에 이르게 한 경우는 인식사실이 구성요건적 사실이 아니므로 구성요건적 착오의 문제가 아니라 과실범의 문제에 불과하다고 한다.

112 그러나 구성요건적 착오 개념을 이렇게 좁게 이해하는 태도는 동의하기 어렵다. 행위자가 인식한 사실이 범죄사실(구성요건적 사실)이 아니더라도 실제로 발생한 사실이 구성요건적 사실에 해당하는 한, 행위자는 죄의 성립요소인 사실을 인식하지 못한 경우가 되고, 이러한 경우는 인식사실과 발생사실의 불일치(불일치=불인식)라는 착오개념의 범주 속에 들어오기 때문이다. 인식사실이 범죄구성요건적 사실이 아닌 경우를 과실범의 문제로 취급하는 것은 형법 제13조의 규정을 적용한 결과일 뿐이다. 고의범의 성립여부에 대한 심사를 종결하고 과실범의 성립 여부를 문제삼는 심사과정을 거친 결과인 것이다. 과실과 고의의 관계를 동전의 앞뒤관계라고 말하는 것도 이 때문이다.

(2) 구성요건적 착오와 구별개념

113 1) 반전된 구성요건적 착오 구성요건적 착오는 객관적으로는 존재하는 구성요건적 사실의 전부 또는 일부를 행위자가 인식하지 못한 경우로서 구성요건적 사실에 대한 '소극

142) 손동권, §9/20; 이형국/김혜경, 175면; 임웅, 155면; 정성근/정준섭, 102면.

적 착오'를 일으킨 경우를 말한다. 따라서 객관적으로는 존재하지도 않는 구성요건적 사실을 행위자가 적극적으로 존재한다고 생각한 '적극적 착오'는 '반전된(거꾸로 된) 구성요건적 착오'에 해당한다. 예컨대 사람을 맞춘다고 생각하고 돌을 던졌으나 실제로는 사람이 아니라 허수아비였던 경우에는 사람에 대한 인식은 있었던 것이 되어 고의가 조각되지 않고 형법 제27조가 규율하는 (불능)미수범의 문제가 남을 뿐이다.[143]

2) 위법성의 착오 구성요건적 착오는 행위자가 자신의 행위가 객관적 구성요건적 114
사실에 해당한다는 점을 인식하지 못한 경우인 반면, 위법성의 착오는 행위자가 객관적 구성요건적 사실에 대한 인식은 모두 하였으나 자기행위의 '규범'적 의미, 즉 자기행위가 위법하지 않은 것으로 인식한 경우를 말한다. 행위자가 자기행위가 불법한 행위로서 규범적으로 금지되어 있지 않고 허용되어 있는 것으로 오인한 경우, 즉 위법성의 인식이 없는 위법성의 착오에 관해 형법 제16조는 그러한 오인에 '정당한 이유'가 있는 경우에 한하여 그 행위에 대해 '책임'을 지지 않는다는 법효과를 부여하고 있다. 반면에 구성요건적 착오에 관한 형법규정(제13조, 제15조 제1항)은 불인식의 이유를 묻지 않고 행위자에게 고의를 조각하고 과실범을 처벌하는 특별한 규정이 있는 경우에 한하여 과실범의 법효과를 부여하고 있다는 점에서 결정적인 차이가 있다. '반전된 위법성의 착오'에 관해서는 §24/95 참조.

(3) 형법상 착오의 분류 체계와 착오를 지칭하는 용어

1) 형법전의 분류와 문제점 형법률은 구성요건적 착오와 위법성의 착오를 각각 '사 115
실의 착오'(제15조)와 '법률의 착오(제16조)'로 분류하고 있고, 이러한 용어사용법에 따르는 일부 견해도 있다. 그러나 이러한 용어사용법은 혼선을 불러일으킬 여지가 있다. 예컨대 절도죄의 재물의 타인성과 같은 요소는 구성요건적 사실임에도 불구하고 민법의 소유권법리 등 다른 법률의 규율내용을 고려하여 해석되어야 한다는 하는데, 이에 관한 착오를 사실의 착오로 분류해야 할 것인지 법률의 착오로 분류해야 할 것인지 논란거리가 될 수 있기 때문이다. 특히 형법에서 규율되고 있지 않은 착오종류, 즉 위법성조각사유의 전제'사실'의 착오의 경우는 '사실'에 관한 착오인 이상 사실의 착오로 분류할 수도 있고, 구성요건적 사실이 아니라 위법성과 관련된 사실이므로 위법성의 착오로 분류될 수도 있으며, 위법성을 조각하는 허용법률의 요건사실에 관한 착오이므로 법률의 착오로 분류될 수도 있는데, 형법이론상 이러한 착오를 형법상 인정되고 있는 두 가지 종류의 착오범주 중 어디에 속하게 할 것인지에 대해서는 견해가 분분하지만, 법률의 착오라고 하는 견해는 존재하지 않는다.

2) 범죄체계론적 관점 및 규범이론의 영향 범죄체계론적 관점에서 보면 범죄성립여 116
부의 판단에 있어 '법규범'이 기준으로 작용하는 체계요소는 구성요건과 위법성이다. 이에

143) 이러한 경우 발생한 결과와 관련해서는 고의가 조각되어 과실에 의한 재물(허수아비)손괴가 인정되는 부분(형법상 처벌되지 않음)은 여전히 구성요건적 착오가 문제가 된다. 따라서 엄격히 말하면 적극적 착오의 경우는 반전된 구성요건적 착오와 구성요건적 착오의 결합형식이 된다(김일수/서보학, 233면).

따르면 행위자의 착오를 '사실관련적이냐 법률관련적이냐' 아니라 '구성요건관련적인가 위법성관련적인가'라는 기준에 따라 판단하는 것이 합리적인 체계의 분류학이다. 따라서 사실의 착오를 '구성요건적 착오'로 바꾸어 부르고, 구성요건적 사실에 대한 인식은 있으나 그 사실의 규범적 의미에 관한 인식, 즉 자기행위가 위법하다는 점(또는 금지되어 있다는 점)을 인식하지 못한 착오를 법률의 착오 대신 '위법성의 착오 내지 금지착오'라는 개념으로 바꾸어 부르는 것이 바람직하다.[144]

117 책임개념을 비난가능성으로 정의하는 규범적 책임개념하에서도 행위자에게 책임비난을 지우기 위해서는 위법성의 인식이 요구되는데, 위법성의 인식은 형식적 법률에의 위반(오히려 형식적 법률에 '합치'된다는 것이 빈딩의 규범이론적 출발점임은 앞서 살펴보았다)에 대한 인식이 아니라 법률의 배후에 있는 규범에 대한 위반에 대한 인식을 의미한다. 이에 따르면 법률의 착오라는 용어는 행위자가 자기행위가 형식적 법률에 위반되는지에 대한 오인을 말하므로 규범이론적 출발점과도 조화될 수 없다.

3. 구성요건적 착오사례와 '부합'의 정도에 관한 이론들

(1) 방법의 착오(타격의 착오)

118 1) 의의 방법의 착오(aberratio ictus)란 행위자가 원래 조준한 목표물에서 빗나가 다른 목표물을 맞춘 경우를 말한다.[145] 예컨대 甲이 A를 살해하려고 A를 향하여 총을 발사하였으나 예상외로 총알이 빗나가 A의 옆에 있던 B가 사망한 경우를 말한다. 이 경우 甲이 인식한 사실(A의 사망)과 실제로 발생한 사실(B의 사망)이 '불일치'하지만 甲에게 발생사실에 대한 고의를 인정할 수 있는지가 문제된다.

119

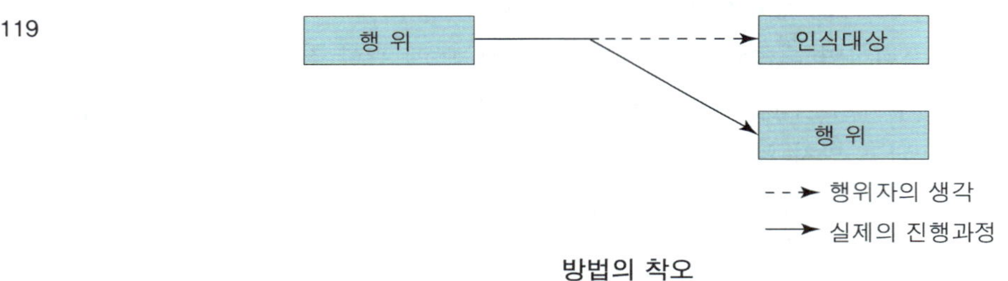

방법의 착오

144) 독일 형법학에서도 착오의 양대 범주를 사실의 착오와 법률의 착오로 구분하다가 구분의 난맥상을 해결하기 위해 1952년 독일연방재판소의 판결을 통하여 종래의 용어사용법을 포기하고 구성요건적 착오와 금지착오라는 새로운 구분법을 도입하였고(BGHSt 2, 194). 이러한 실무의 태도가 1975년 독일신형법의 내용에 반영되어 독일형법총칙의 규정(제16조, 제17조)에서도 이러한 구분법을 따르게 되었다.

145) 방법의 착오라는 용어가 일반적으로 사용되고 있지만, 행위자가 방법에 대해 착오를 일으킨 경우가 아니라 행위자가 의도한 결과가 실패한 경우에 불과한 것이므로 '타격의 실패'라는 용어가 사태를 더 정확하게 표현하는 것이라고 할 수 있다. 다만 이하에서는 혼란을 막기 위해 종래의 용어사용법에 따라 '방법의 착오'로 부르기로 한다.

2) 해결방안 방법의 착오로 인하여 행위자의 인식사실과 발생사실이 불일치한 경우 발생사실에 대해 행위자의 고의가 인정되려면 양자가 어느 정도까지 '부합'하여야 하는가에 대해서는 다음과 같은 견해가 대립하고 있다. 120

① 학설의 태도

(i) 구체적 부합설 인식사실과 발생사실이 구체적으로 부합하는 경우에만 발생사실에 대한 고의를 인정할 수 있다는 견해[146]이다. 이에 따르면 방법의 착오로 인해 행위자가 인식한 사실과 실제 발생한 사실이 '동일하지 않은 경우'에는 구체적으로 부합하지 않는다고 하여 실제 발생사실에 대한 행위자의 고의를 인정할 수 없게 된다. 121

이 견해는 '불인식=고의조각'이라는 고의의 사실적·심리학적 토대를 유지하려는 견해로서 인식사실과 발생사실이 '구체적으로' 동일한 경우에만 고의를 인정한다. 따라서 방법의 착오에서는 결과가 발생된 객체가 인식한 객체와 같은 '종류'인 경우 또는 그 객체를 규정하고 있는 '구성요건' 혹은 '죄질'이 같은 경우라도 인식한 사실과 발생한 사실이 '구체적'으로 부합하지 않는 한, 발생사실에 대해서 항상 고의를 조각시키는 결론을 내린다. 122

따라서 앞의 예에서 甲이 원래 조준한 객체인 A에 대해서는 고의가 인정되지만 A에 대해 결과가 발생하지 않았기 때문에 미수가 되고(인식사실의 미수), 실제로 공격당한 객체인 B에 대해서는 구체적으로 행위자의 인식이 미치지 않았으므로 과실이 인정될 수 있을 뿐(발생사실의 과실)이라고 하게 된다(인식사실의 미수와 발생사실의 과실의 상상적 경합인정). 123

(ii) 법정적 부합설 인식'사실'과 발생'사실'이 '구체적'으로 부합할 것까지는 없고 발생한 사실과 인식한 사실이 규정되어 있는 '법'(즉 법정적으로)이 서로 부합하기만 하면 발생사실에 대한 고의를 인정할 수 있다는 견해이다. 이에 따르면 앞의 예에서 '사람'을 살해하려고 하였다가 '사람'이 살해된 이상 구체적 부합설에 따라 행위자가 미수책임만 지는 것은 법감정상 부당하다고 한다. 이 때문에 법정적 부합설에는 행위자가 어떤 대상을 목표에 두고 행위를 하였는데, 실제로 그 대상은 아니지만 법적으로는 동일하게 평가되는 다른 대상에 대해 그 결과가 발생한 경우라면 그 발생된 결과에 대해서도 행위자의 '고의·기수'를 인정해야 한다고 한다.[147] 법정적 부합설에서도 '법에 정해진 바의 부합'이라는 고의인정의 조건을 각각 다르게 이해하는 두 가지 태도가 존재한다. 124

i) 구성요건적 부합설 – 행위자가 인식한 결과와 실제로 발생한 결과가 '구성요건이라는 법적 형식면'에서 보면 동일한 '구성요건'으로 포섭될 수 있는 한 발생사실에 대해서도 고 125

146) 김일수/서보학, 229면; 배종대, §50/36; 손동권, §9/35a; 오영근, §14/36; 이형국/김혜경, 183면.

147) 다른 한편 법정적 부합설에서도 인식사실과 발생사실이 법정적으로 부합하지 않는 이상 인식사실에 대해서는 고의가 인정되지만 결과가 발생하지 않았으므로 미수가 되고, 실제 공격받은 객체에 대해서는 고의가 없으므로 과실이 인정된다고 한다. 따라서 甲이 살해의 의사를 가지고 乙에게 총을 쏘았는데, 乙은 맞지 않고 乙 뒤에 있던 유리창에 맞아 유리가 파손된 경우에는 살인미수와 과실재물손괴의 상상적 경합이 된다(형법상 재물손괴죄에 대해서는 과실처벌규정이 없으므로 행위자는 살인미수로 처벌된다).

의를 인정하려는 견해[148]이다.

126 ii) 죄질부합설 – 구성요건이라는 형식적인 측면이 일치하지 않더라도 인식사실과 발생사실이 죄의 성질상 동일한 것으로 인정될 수 있다면 발생사실에 대해서도 행위자의 고의를 인정하려는 견해[149]이다. 이 견해에서 죄의 성질, 즉 죄질(罪質)이 동일하다고 하기 위한 조건은 피해법익이 같고 행위태양이 같거나 유사하여야 한다고 한다.

127 iii) 양설의 차이 – 구성요건적 부합설과 죄질부합설은 발생하지 않은 결과에 대해 행위자의 고의를 인정하는 사례의 범위를 각각 다르게 본다는 점에서 차이가 있다. 예컨대 인식사실이 가중구성요건적 사실(자신의 아버지를 살해하려는 의사를 가지고 있었지만)이지만 기본구성요건적 사실이 발생(옆에 있던 아버지의 친구가 사망한 경우)한 경우, 죄질부합설에 의하면 인식사실(존속살해죄)과 발생사실(보통살인죄)의 죄질이 동일하므로 발생사실에 대한 '고의·기수'가 된다고 한다. 하지만 구성요건적 부합설에 의하면 양자는 구성요건이 일치하지 않으므로 행위자의 인식사실에 대해서는 고의는 인정되지만 미수가 되고, 발생사실에 대해서는 과실이 인정되어야 할 것이다.[150]

128 (iii) 추상적 부합설 인식한 사실과 발생한 사실이 '추상적으로 부합'하는 한도 내에서 행위자의 고의·기수를 폭넓게 인정하려는 견해이다. 이 견해는 구체적 부합설의 고의인정의 조건은 물론이고 법정적 부합설의 고의인정조건까지도 모두 포함하면서 인식사실과 발생사실이 형법상의 범죄인 이상 양자가 '추상'적으로 부합한다고 한다. 그러나 이 견해에서도 경한 죄의 고의로 중한 죄를 발생시키면 발생한 중한 죄의 고의를 인정하지 않고 인식사실(경한 죄)의 고의'기수'와 발생사실(중한 죄)의 과실의 상상적 경합을 인정해야 한다고 한다.[151]

129 이 견해는 과실범을 지나치게 경하게 처벌하고 상해죄와 손괴죄의 미수를 처벌하지 않았던 일본형법의 불합리성을 구제하기 위해 범죄적 의사가 외부로 징표되기만 하면 범죄가 인정되는 것이라는 일본형법학계의 주관주의 형법이론에 의해 주장되었다.

130 ② 판례의 태도(법정적 부합설) 대법원은 행위자가 염두에 둔 객체와 다른 객체에 대해 결과가 발생한 경우, 그 객체에 대해 행위자의 인식이 없었더라도 고의가 조각되지 않는다고[152]고 판시함으로써 방법의 착오(타격의 착오) 사례의 경우 행위자에게 발생한 결과에

148) 김종원, 앞의 논문, 55면; 신동운, 190면.

149) 이재상/장영민/강동범, §13/19; 정성근/정준섭, 107면. 단 임웅, 166면에서는 죄질부합설을 취하면서도 "죄질의 정도가 낮은 범죄의 범위 내에서 부합이 일어난다"고 하고 있다.

150) 물론 이 경우 구성요건적 부합설을 취하는 입장에서는 형법 제15조 제1항을 적용하여 발생사실에 대해서도 고의·기수를 인정하여 존속살해의 미수와 보통살인의 고의·기수의 상상적 경합이 된다고 한다(김종원, 형법각론(상), 41면).

151) 정영석, 194면 참조. 형법 제15조 제1항에 중한 죄의 고의가 없는 경우에는 중한 죄로 처벌할 수 없다는 명문의 규정이 있기 때문이다.

152) 대법원 1975.4.22. 75도727. "사람을 살해할 목적으로 총을 발사한 이상 그것이 목적하지 아니한 다른 사람

대해 고의기수책임을 인정하고 있음은 결론적으로 법정적 부합설의 태도와 동일하다.

判 대법원은 다수의 판례의 결론에서 법정적 부합설과 동일하게 발생된 사실에 대한 행위자의 고의기수책임을 인정하고 있지만, 구체적으로 구성요건적 부합설과 죄질부합설에 중 어느 입장에 입각하고 있는지를 가늠하게 해주는 사례가 실무에서 쟁점화된 적은 없어서 이에 관한 대법원의 태도도 아직 확인되고 있지 않다. 131

例 **방법의 착오에 관한 판결례:** ① '피고인이 형수를 향해 살의를 갖고 소나무 몽둥이를 양손에 집어들고 힘껏 후려쳐서 형수를 쓰러뜨린 후, 피를 흘리며 마당에 쓰러진 형수와 형수의 등에 업힌 조카(남, 1세)의 머리부분을 다시 위 몽둥이로 내리쳐 조카를 현장에서 사망하게 한 사건'에서, "타격의 착오가 있는 경우라 할지라도 행위자의 살인의 범의성립에 방해가 되지 않는다"(대법원 1984.1. 24. 83도2813). ② "甲이 乙 등 3명과 싸우다가 힘이 달리자 식칼을 가지고 이들 3명을 상대로 휘두르다가 이를 말리면서 식칼을 뺏으려던 피해자 丙에게 상해를 입혔다면 甲에게 상해의 범의가 인정되며 상해를 입은 사람이 목적한 사람이 아닌 다른 사람이라 하여 과실치상죄에 해당한다고 할 수 없다"(대법원 1987.10. 26. 87도1745). ③ "피고인이 공소외인과 동인의 처를 살해할 의사로서 농약 1포를 숭늉그릇에 투입하여 공소외인 가(家)의 식당에 놓아둠으로써 그 정을 알지 못한 공소외인의 장녀가 이를 마시게 되어 동인을 사망케 하였다면 피고인이 공소외인의 장녀를 살해할 의사는 없었다 하더라도 피고인은 사람을 살해할 의사로서 이와 같은 행위를 하였고 그 행위에 의하여 살해라는 결과가 발생한 이상 피고인의 행위와 살해라는 결과의 사이에는 인과관계가 있다 할 것이므로 공소외인의 장녀에 대하여 살인죄가 성립한다"(대법원 1968.8. 23. 68도884). 132

위와 같은 대법원의 결론이 법정적 부합설의 이론적 근거(즉 인식사실과 발생사실간의 '법적, 구성요건적' 측면에서의 부합)에 따른 결론인지는 분명하지 않다. 누군가를 살해하려고 했고, 그에 따라 사람의 사망이라는 결과가 발생한 이상 처벌의 필요성이라는 형사정책적 요구가 반영된 결과로 평가할 여지도 있다. 133

특히 위 판결③은 사안의 구조면에서 보면 방법의 착오사례와 동일하고 그 결론도 법정적 부합설의 결론과 동일하지만, 그 판시내용을 보면 대법원이 이 사례를 '고의'문제가 아니라 '인과관계'의 문제로 취급하고 있어서 법리적용의 정합성이라는 관점에서 문제가 없지 않다. 뒤에서 살펴보겠지만, 이 사례는 '인과과정에 관한 착오'사례로도 분류될 수 없기 때문이다. 134

③ 결론

(i) 법정적 부합설의 문제점

i) 죄질부합설에서 말하는 '죄질'의 내용이 분명하지 않으며 죄질이 부합한다는 것과 죄가 부합한다는 것 사이에는 차이가 없으므로 죄질부합설은 구성요건적 부합설보다는 오히려 추상적 부합설과 유사하다.[153] ii) 죄질을 범죄의 성질 내지 특질을 의미하는 것이라고 하더라도 그것은 보는 시각에 따라 다를 수 있어서 고의의 인정여부가 가변적으로 된 135

에게 명중되어 사망의 결과가 발생하였다 하더라도 살의를 저각하지 않는 것이라 할 것이니 원심인정과 같이 피고인이 하사 공소외 1을 살해할 목적으로 발사한 총탄이 이를 제지하려고 피고인 앞으로 뛰어들던 병장 공소외 2에게 명중되어 동 공소외 2가 사망한 본건의 경우에 있어서의 동 공소외 2에 대한 살인죄가 성립한다 할 것이므로 동 공소외 2에 대한 피고인의 살의를 부정하는 논지도 이유 없다."

153) 신동운, 190면.

다. iii) 행위자가 원래 A의 사망을 인식·의욕하였으나 의외로 B의 사망과 함께 A에게도 일정한 결과(상해 혹은 사망)가 발생한 경우(이를 병발사례라고 부른다), 법정적 부합설은 A에 대한 애초의 고의를 B에게 전용轉用시켜 B에 대한 고의·기수책임을 인정함과 동시에 A에게 발생한 결과에 대해서도 다시 고의를 인정할 수 있는지에 대해 일관된 설명을 하고 있지 못하다.[154] iv) 구체적인 고의가 아니라 '일반적인 고의'를 인정하고 더 나아가 인식하지 않은 사실에 대한 행위자의 고의를 '의제'하고 있다는 비판을 면할 수 있다.

136 (ii) 구체적 부합설의 타당성 규범적 평가를 통해 고의를 귀속시키는 문제는 형법상 예외적·제한적으로 인정되어야 하며, 그 출발점은 항상 행위자의 계획실현에 터잡아야 한다. 실정형법에 따라 일정한 행위를 처벌하지 못하게 되는 처벌의 공백은 실정형법 그 자체의 문제이지 고의의 문제가 아니다. 따라서 구성요건적 착오 일반의 경우와 마찬가지로 방법의 착오사례에서도 '불인식=고의조각'이라는 원칙론을 유지하고 있는 구체적 부합설이 타당하다.

(2) 객체의 착오

137 1) 객체의 착오의 의의 객체의 착오란 '객체의 동일성에 관한 착오', 즉 행위자가 인식했던 객체에 대해 결과가 발생했지만 결과가 발생된 그 객체는 원래 행위자가 의도했던 객체가 아닌 경우를 말한다. 예컨대 A를 살해하려고 총을 쏘아 A에게 명중시켰으나 명중된 객체는 A가 아니라 A와 닮은 B인 경우를 말한다.[155]

138 객체의 착오는 행위자가 실제로 의도했던 객체가 아닌 엉뚱한 객체에 대해 결과를 발생시켰다는 점에서 방법의 착오와 동일하지만, 실제로 행위자가 의도하여 조준했던 목전의 그 객체에 대해 결과가 발생하였기 때문에 행위자가 의도하여 조준하지 않았던 다른 객체에 대해 결과가 발생한 경우인 방법의 착오와 구별된다.

139

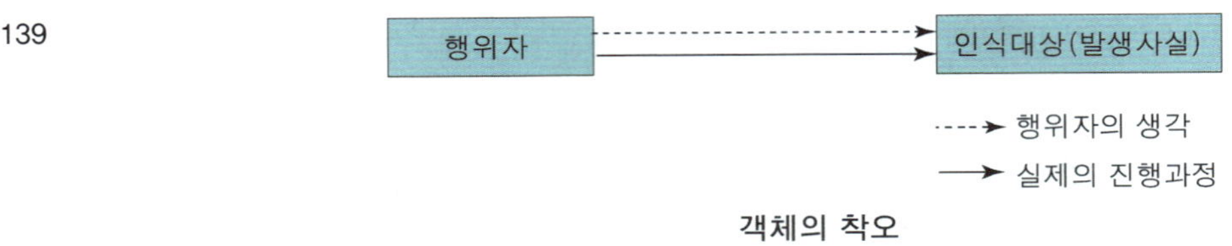

객체의 착오

154) 원래 의도한 A에 대해서 상해가 발생하고 의도하지 않은 B에 대해서는 사망의 결과가 발생한 병발사례에 대해 법정적 부합설 내에서는 i) A에 대한 살인미수와 B에 대한 살인기수의 상상적 경합을 인정하는 견해(제1설), ii) A에 대한 과실치상과 B에 대한 살인기수의 상상적 경합을 인정하는 견해(제2설), iii) A에 대한 살인미수와 B에 대한 과실치사의 상상적 경합을 인정하는 견해(제3설), iv) B에 대한 살인기수만이 성립되고 A에 대한 살인미수는 이에 흡수된다는 견해(제4설) 등이 대립할 수 있다고 한다(이재상/장영민/강동범, §13/16).

155) 이 경우 결과가 발생된 다른 객체(B)에 대해서는 행위자가 동일성을 혼동하였을 뿐이어서 실제로는 그 다른 객체에 대해 공격할 동기가 없었기 때문에 '동기의 착오'라고 하기도 한다.

2) 해결방안

① 구체적 부합설 인식사실과 발생사실이 구체적으로 부합하는 경우에만 고의가 인정되어야 한다는 견해이다. 이에 따르면 예컨대 A를 살해할 의사로 총을 쏘아 명중시킨 후 가까이 가본 결과 사망한 자가 A와 닮은 B였을 경우에는 甲의 착오는 동기의 착오 내지 동일성(종류)의 혼동에 지나지 않아 형법상 중요하지 않은 착오이고, 실제로 B는 甲의 눈앞에 인식된 그 객체가 맞기 때문에 B에 대한 살인죄의 고의는 인정된다고 한다. 140

다른 한편 이 입장에서도 행위자가 객체의 착오를 일으킨 경우에는 인식사실과 발생사실이 다른 종류인 때에는 발생사실에 대해 고의가 인정되지 않는다. 예컨대 사람에게 상해를 입히려고 상대방을 향하여 주먹을 휘둘렀으나 그 상대방이 사람의 형상과 닮은 마네킹으로 밝혀진 경우, 사람과 마네킹은 구체적으로 부합하지 않기 때문에 마네킹에 대한 손괴죄의 고의는 인정되지 않아서 상해미수죄만 인정된다(과실손괴는 형법상 처벌규정이 없음). 141

② 법정적 부합설 객체의 착오의 경우에도 방법의 착오와 마찬가지로 인식사실과 발생사실이 구성요건적으로 혹은 죄질상 부합하는 범위 내에서만 고의를 인정하고 부합하지 않는 경우에는 발생사실에 대해서 고의를 인정하지 않는다는 견해이다. 이에 따르면 위 마네킹 사례에서는 인식사실과 발생사실이 구성요건적으로나 죄질에서 부합하지 않기 때문에 발생사실에 대한 고의를 인정할 수 없어서 구체적 부합설과 결론을 같이 한다. 뿐만 아니라 B를 A로 잘못 안 경우에는 인식사실과 발생사실이 구성요건적으로나 죄질면에서도 부합하기 때문에 B에 대한 살인죄의 고의기수를 인정하는 점에서 구체적 부합설과 견해를 같이 한다. 142

그러나 타인이 점유하는 타인소유 물건을 절취하려고 하였는데, 그 물건이 점유이탈물인 것으로 밝혀진 경우, 절도죄와 점유이탈물횡령죄의 형식적 구성요건은 서로 다르지만 양자의 법적 성격면에서는 동일하므로 법정적 부합설 내부에서도 견해가 일치하지 않는다. (i) 구성요건적 부합설에 의하면 인식사실과 발생사실이 구성요건적으로 부합하지 않기 때문에 발생사실의 고의를 인정할 수 없어서 절도미수와 과실점유이탈물횡령(형법상 처벌규정이 없어서 불처벌)이지만, (ii) 죄질부합설에 의하면 양죄가 죄질면에서는 동일하다고 할 수 있으므로 발생사실인 점유이탈물횡령죄의 고의·기수책임을 인정할 수 있게 된다.[156] 143

③ 결론 객체의 착오의 경우 행위자가 인식한 사실과 발생한 사실이 동 종류로서구체적으로 일치하는 때에는 발생한 사실에 대해 고의가 인정된다는 점에 대해서는 이견이 없다. 144

判 대법원도 "객체의 착오가 있는 경우에도 살의를 인정할 수 있다"고 함으로써 인식사실과 발생사실 145

156) 죄질부합설에 의하면 인식사실이 점유이탈물횡령이었으나 발생사실이 절도인 경우에도 점유이탈물횡령죄의 고의·기수가 된다고 한다.

이 구체적으로 부합하는 경우에는 고의를 조각하지 않는다.[157)]

146 그러나 인식사실과 발생사실이 구성요건적으로 다르거나 죄질 면에서 다른 경우에는 구체적 부합설과 법정적 부합설의 고의인정 범위가 달라진다. 앞에서 지적한 법정적 부합설의 문제점 때문에 이 경우에도 여전히 구체적 부합설에 따라 인식사실의 미수와 발생사실의 과실을 인정하는 것이 타당하다.

4. 부합설의 적용과 무관한 구성요건적 착오사례

(1) 가감적 사실에 대한 불일치가 있는 경우

147 형법에는 일정한 '특별' 요소의 충족이 있으면 그러한 요소의 충족이 없는 경우와 달리 형을 가중하는 구성요건도 있고, 형을 감경하는 구성요건도 있다. 이와 같은 가감적 구성요건 요소의 충족을 필요로 하는 구성요건을 가중 구성요건 또는 감경 구성요건이라고 한다면, 가중 또는 감경 사유의 충족을 요구하고 있지 않은 구성요건을 기본구성요건이라고 할 수 있다. 가감적 사실에 대해 행위자의 인식사실과 발생사실간의 불일치가 있는 경우 행위자에게 고의를 인정할 것인지가 문제된다.

(2) 가감적 사실의 착오에 관한 형법 제15조 제1항의 의의

148 가감적 사실의 착오의 경우에도 위와 같이 사안의 구조면에서 방법의 착오 또는 객체의 착오로 분류될 수 있는 사례가 문제될 수 있다. 예컨대 옆집 아저씨로 잘못 알고 살해를 하였는데 자신의 아버지였던 경우(객체의 착오), 또는 옆집 아저씨를 살해하려고 총을 발사하였으나 총알이 비켜나가 옆에 있는 자신의 아버지에게 명중하여 아버지가 사망한 경우(방법의 착오)가 그러하다.

149 이러한 사례들에서 행위자의 인식사실과 발생사실간에 불일치는 존재하지만, 앞에서 살펴본 것 같은 '부합이론'은 적용될 여지가 없다. 위와 같은 사례를 해결하기 위해 직접 적용될 명문의 규정이 존재하기 때문이다. "특별히 무거운 죄가 되는 사실을 인식하지 못한 행위는 무거운 죄로 벌하지 아니한다"라고 제15조 제1항(사실의 착오)의 규정은 해석을 통해 공식화될 '이론'에 비해 우선적으로 적용되어야 한다. 이에 따르면 위 착오사례의 경우 행위자는 객체의 착오의 경우는 물론이고 방법의 착오의 경우에도 실제로 사망한 피해자가 '직계존속'임을 알지 못했기 때문에 발생된 결과에 대해 '고의'가 인정되지 않아 존속살해죄가 아니라 보통살인죄만 성립한다(아래 중한 사실에 대한 불인식 참조). 물론 이 규정의 적용범위와 관련해서는 견해의 대립이 있다.

150 **1) 제15조 제1항이 구성요건적 착오에 관한 특별규정이라는 견해** 구성요건적 착오사례는 원칙적으로 형법 제13조에 의해 규율되고, 형법 제15조 제1항은 인식사실과 발생사실이 기

157) 대법원 1954.4.27. 4286형상73.

본구성요건과 파생구성요건의 관계에 있는 경우만을 규율하는 특별규정이라는 견해이다.[158] 이 견해는 특히 형법 제15조 제1항은 인식사실이 기본적 구성요건적 사실이지만 발생사실이 가중적 구성요건적 사실일 경우 인식이 없는 가중적 구성요건적 사실에 대한 고의를 인정하지 않는 취지를 규정한 것으로 이해한다.

2) **제15조 제1항이 구성요건적 착오에 관한 일반규정이라는 견해** 구성요건적 착오를 규율하는 일반규정은 형법 제13조가 아니라 형법 제15조 제1항이라고 이해하는 견해이다.[159] 이 견해는 형법 제15조 제1항의 적용대상이 기본구성요건과 파생구성요건의 관계에 있는 사실에 대한 착오가 있는 경우에 국한하는 것은 축소해석이라고 한다. 따라서 형법 제15조 제1항은 인식한 사실과 발생사실이 기본구성요건과 파생구성요건과의 관계에 있는 경우뿐 아니라 인식한 범죄보다 발생한 범죄가 무겁게 처벌되는 '모든' 경우에 대해서도 적용된다고 한다. 151

3) **결론** 객관적 구성요건적 사실에 있어서 인식사실과 발생사실에 관한 불일치 내지 불인식 사례에 관한 일반규정은 형법 제13조이다. 형법 제15조 제1항은 그러한 불일치 사례 가운데 인식한 범죄보다 '특별히' 무거운 범죄가 발생한 경우에도 형법 제13조의 원칙은 그대로 유지되어야 함을 강조하는 특별규정으로 이해하는 것이 타당하다. 다른 범죄에 비해 '특별히' 무거운 범죄의 관계는 두 개의 범죄구성요건을 비교해 볼 때 하나의 구성요건이 가지고 있는 요소를 모두 포함하면서도 다른 추가적인 요소도 그 범죄의 구성요건요소로 규정하고 있는 범죄간의 관계를 말하기 때문이다.[160] 이에 따르면 형법 제15조 제1항은 기본구성요건과 가감적 구성요건의 관계에 있는 범죄에 대해서만 적용되는 규정으로 이해된다. 152

(3) 가중사실에 대한 착오

이는 행위자가 가중사실이 존재함에도 이를 인식하지 못한 경우와 가중사실이 존재하지 않음에도 존재한다고 오인한 경우로 나누어 생각해 볼 수 있다. 153

1) **중한 사실에 대한 불인식** 경한 사실을 인식했으나 중한 사실이 발생한 경우와 같이 행위자가 무거운 범죄사실의 존재를 인식하지 못한 경우는 형법 제15조 제1항이 규율하고 있다. 이에 따라 행위자가 무거운 범죄사실을 인식하지 못한 경우에 그 무거운 구성요건적 사실에 대한 고의가 조각된다.[161] 154

중한 범죄사실에 대한 고의가 조각된다고 해서 행위자가 무죄로 되는 것은 아니다. 기 155

158) 김일수/서보학, 219면.
159) 배종대, §50/15; 이형국/김혜경, 175면; 임웅, 178면; 정성근/정준섭, 104면.
160) 이에 반해 행위자가 인식한 범죄사실보다 무거운 범죄사실이 발생하는 '일반적'인 경우로는, 예컨대 절도의 고의로 상해의 결과가 발생한 경우나 강도의 고의로 행위하였으나 살해의 결과가 발생한 경우 등을 말한다.
161) 대법원 1960.10.31. 4293형상494는 "직계존속임을 알지 못하고 살인을 한 경우는 형법 제15조 소정의 특히 중한 죄가 되는 사실을 인식하지 못한 행위에 해당한다"고 한다.

본범죄의 구성요건적 사실에 대한 고의를 인정하여 기본범죄의 죄책을 물어야 하기 때문이다. 이는 '대(大)는 소(小)를 포함한다'는 논증의 결론이다.[162] 이에 따르면 예컨대 칼을 외투 속에 넣어 두었는데 그 사실을 모르고서 절도행위를 하다가 발각된 경우 형법 제331조 제2항의 특수절도죄의 흉기소지 사실을 인식하지 못하였으므로 행위자는 특수절도죄가 아니라 형법 제329조의 단순절도죄의 죄책을 지게 된다.

156 2) 가중사실에 대한 오인 중한 사실을 인식했으나 경한 결과가 발생한 경우와 같이 행위자가 무거운 범죄사실이 존재하지 않음에도 행위자가 이를 존재하는 것으로 오인한 경우는 형법 제15조 제1항의 규정이 직접 규정하고 있지 않다. 이러한 경우 i) 기본범죄의 고의·기수만을 인정해야 한다는 견해,[163] ii) 인식한 무거운 사실에 대해서는 고의가 인정되지만 결과가 발생하지 않았으므로 미수로 평가되고 발생한 가벼운 사실에 대해서는 고의기수가 인정되어 양자의 상상적 경합관계를 인정해야 한다는 견해,[164] iii) 구체적 부합설을 적용하여 살인죄의 경우 무거운 범죄(존속살해)의 미수와 과실치사의 상상적 경합을 인정해야 한다는 견해[165]가 있다.

157 생각건대 '대는 소를 포함한다'는 논증원칙을 적용하면 중한 범죄의 고의가 있으면 기본범죄의 고의도 인정되므로 기본범죄의 고의·기수를 인정할 수 있다.[166] 뿐만 아니라 중한 범죄의 결과는 발생하지 않았지만 그 중한 범죄의 결과에 대한 고의는 여전히 인정되기 때문에 무거운 범죄의 미수가 인정되어 결국 기본범죄의 고의·기수와 중한 범죄의 미수의 상상적 경합을 인정해야 한다.

(4) 감경사실에 대한 착오

158 이 경우도 형을 감경시키는 사실이 존재함에도 이를 인식하지 못한 경우와, 그러한 사실이 존재하지 않음에도 불구하고 존재한다고 오인한 경우를 나누어 생각해 볼 수 있다.

159 1) 감경사실에 대한 불인식 형을 감경시키는 사실(예 촉탁승낙 살인죄의 경우 피해자가 촉탁 또는 승낙을 한 사실)이 존재함에도 행위자가 이를 인식하지 못한 경우 역시 형법 제15조 제1항을 직접 적용할 수 없다. 따라서 이와 관련하여 i) 기본범죄의 고의는 인정되지만 그 결과는 발생하지 않았으므로 그에 대한 미수가 성립하고, 감경적 구성요건에 대한 고의·

162) 김일수/서보학, 218면. 다만 임웅, 166면은 법정적 부합설에 따라 동일한 결론에 이르고 있다. 즉 형의 가중사유에 관한 착오로서 두 구성요건이 중첩될 때 양자가 합치되는 범위 내에서 고의의 기수책임이 인정된다고 한다.

163) 이 견해에 따르면 앞에서 제시한 절도사례의 역의 경우에서 인식한 사실이 특수절도인데 단순절도가 발생한 경우 행위자는 단순절도죄의 죄책만 지게 된다. 이재상/장영민/강동범, 형법각론, §2/37 참조.

164) 김종원, 형법각론(상), 41면. 단 김일수/서보학, 219면은 착오에 관한 학설을 적용하지 않고 형법 제15조 제1항의 규정을 반전시킴으로써 그리고 임웅, 166면은 법정적 부합설의 결론에서 동일한 결론에 이르고 있다.

165) 손동권, §9/40.

166) 존속살해의 고의와 보통살인의 고의가 상호포함 내지 중첩관계가 될 수 없는 별개의 고의라는 입장은 김성룡, "착오론에서의 해석론의 착오", 비교형사법연구 제4권 제2호, 2002, 157면.

기수도 인정하여 양자는 상상적 경합으로 다루어야 한다는 견해,[167] ii) 행위자가 인식한 내용에 따라 감경적 구성요건을 적용하지 않고 기본적 구성요건으로 처벌하자는 견해[168] 등이 있다.

생각건대 기본구성요건적 사실은 감경구성요건적 사실에 비해 무거운 범죄사실이므로 무거운 범죄사실에 대한 고의를 가지고 가벼운 범죄사실을 발생시킨 경우와 동일하다. 따라서 이 경우에도 대는 소를 포함한다는 논증원칙에 따라 감경범죄의 고의·기수를 인정하고 결과가 발생하지 않은 기본범죄에 대한 미수를 인정하여 양자의 상상적 경합으로 인정하는 것이 타당하다. 160

2) 감경사실에 대한 오인 형을 감경시키는 사실이 존재하지 않음에도 불구하고 행위자가 이를 존재하는 것으로 오인한 경우에도 형법 제15조 제1항의 직접 적용대상이 아니다. 그러나 이 경우에도 형법 제15조 제1항을 적용하여 상대적으로 중하지 않은 감경적 구성요건적 사실에 대한 고의만을 인정하자는 것이 통설이다.[169] 존재하지 않는 감경적 사실을 존재하는 것으로 오인하였다면 이에 비해 상대적으로 중한 기본구성요건적 사실에 대한 인식이 없는데도 실제로는 더 중한 기본구성요건적 결과가 발생한 경우로서 형법 제15조 제1항의 규율사례와 동일한 경우라고 할 수 있기 때문이다. 따라서 피해자의 승낙이 있는 것으로 오인하고 피해자를 살해한 자는 객관적으로 보면 보통살인으로 나아간 것이지만, 행위자에게는 승낙살인죄의 고의만을 인정해야 한다. 161

Ⅲ. 인과과정의 착오사례와 고의귀속

1. 인과과정의 착오의 의의

인과과정의 착오란 행위 후 결과발생에 이르는 진행경과에 대한 행위자의 인식과 실제로 진행된 경과가 일치하지 않는 경우를 말한다. 162

사례(인과과정의 착오사례): 갑은 A를 살해할 생각으로 수영을 하지 못하는 A가 익사사고를 당한 것처럼 꾸미기 위해 A를 높은 교각위에서 강물로 밀어뜨려 강물에 빠지게 했다. 그러나 실제로 A는 익사한 것이 아니라 추락하면서 교각의 난간부분에 머리를 부딪혀 척추 및 두개골 골절로 사망하였다. 163

2. 구별개념

인과관계(인과과정)도 체계적으로 객관적 구성요건 요소이므로 이 착오도 구성요건적 착 164

167) 김일수/서보학, 221면; 손동권, §9/41.
168) 박상기, 125면.
169) 김일수/서보학, 220면; 박상기, 125면; 이재상/장영민/강동범, §13/7. 독일형법 제16조 제2항은 이에 관한 명문의 규정을 두고 있다. 즉 "범죄를 범할 때 경한 법률의 구성요건을 실현한다고 사정을 잘못 받아들인 자는 고의의 범행으로 인해서는 단지 경한 법률에 따라 처벌할 수 있을 뿐이다"라고 규정하고 있다.

오유형에 속하지만, 행위자가 인식한 대로 결과가 진행되지 않은 점에서는 방법의 착오와 유사하다. 하지만 인과과정의 착오는 행위자가 애초에 의도한 그 대상(피해자)에 대해 결과가 발생한 점에서 결과가 발생한 대상 자체가 달라진 경우인 방법의 착오와 다르다. 이 때문에 앞에서 소개되었던 '장녀사망 사건'도 방법의 착오사례일 뿐 인과과정의 착오사례에 해당하지 않는다. 인과과정의 착오는 눈앞의 대상의 동일성을 혼동한 객체의 착오사례와도 다르다.

165 이 뿐만 아니라 인과과정의 착오는 구체적 진행경과가 행위자가 생각한 대로 되지 않았을 뿐 행위자는 하나의 행위에 의해 결과가 발생한 것이므로, 행위자가 추가적 후행행위에 의해 결과가 발생한 사례유형(후술할 결과발생의 시점이 다른 사례유형 참조)과도 다르다.

166

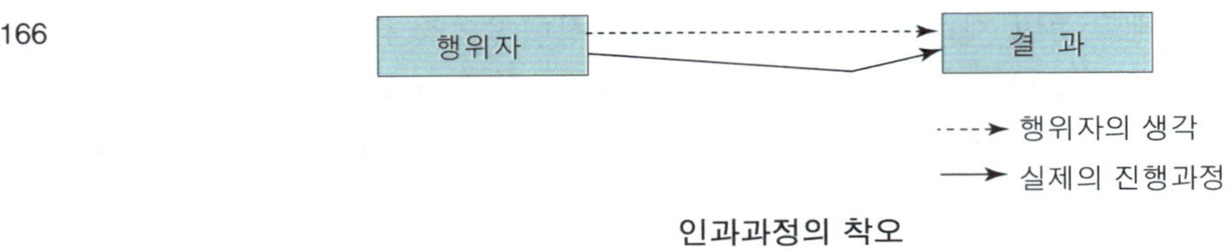

인과과정의 착오

3. 해결방안

167 인과과정의 착오사례의 경우에는 인과적 진행경과가 불일치하는 점에서 방법의 착오와 유사하지만, 방법의 착오 등과 같이 '~부합설'의 시각에서 해결되지 않고, 인식내용과 실제로 진행된 과정이 어느 정도로 '일치'(부합)하면 고의가 인정되고, 어느 정도로 '불일치'하면 고의가 조각될 것인지의 관점에서 해결방안이 제시되어 왔다.

(1) 본질적·비본질적 불일치를 구별하는 견해

168 행위자가 생각한 과정과 실제로 진행된 과정의 불일치가 '본질적'이면 실제로 진행된 과정에 대한 행위자의 인식이 없는 것으로 보아 고의를 조각시키고, 그 불일치가 '비본질적'이면 고의를 인정하자는 견해이다.[170)]

169 이 견해는 특히 그 불일치의 '본질성' 혹은 '비본질성'을 판단하는 기준으로서 다음과 같은 척도를 제시하고 있다. 첫째, '어떠한 사건의 진행과정이 일반적인 생활경험에 비추어 볼 때 충분히 예견가능한 범위에 속하는 일'이고, 둘째, '그 행위가 행위자가 생각한 행위와 전혀 다른 행위라고 평가될 수 없을 때' 그러한 사소한 인과과정의 불일치는 '비본질적'이며, 따라서 구성요건적 고의는 탈락되지 않는다고 한다.[171)]

170) 신동운, 199면; 이재상/장영민/강동범, §13/24.
171) 여기서 첫 번째 조건은 객관적으로 전개된 사건의 상당성(객관적 예견가능성) 유무와 관련되어 있고, 두 번째 조건은 객관적으로 전개된 과정과 행위자가 생각한 과정의 비교와 관련되어 있다.

(2) 객관적 귀속으로 해결하는 견해

인과과정의 착오문제는 고의의 조각 여부를 결정지우는 문제가 아니라 '객관적 귀속의 문제'로 환원시켜 이해하여야 한다는 견해이다.[172] 이 견해에 의하면 인과과정과 인과관계를 개념적으로 구별하여 인과과정은 고의의 인식대상이 될 수 없다는 전제에서 출발한다. 따라서 인과과정의 착오문제도 고의인정 여부의 문제가 아니라 객관적 귀속의 문제로 보아야 한다고 한다. 170

(3) 결론

1) 본질적·비본질적 구별설의 제한된 잠재력 '비유형적(비전형적)' 인과과정이 문제되는 사례의 경우 본질적 비본질적 구별설이 사용하는 공식은 '인과관계' 문제를 해결함에 있어 '조건설'을 취하지 않는 한, 문제해결을 위해 현실적으로 유의미한 공식이 되기 어렵다. 본질적·비본질적 불일치 여부를 판단하기 위해 사용하는 '객관적 예견가능성이라는 기준(일반적인 생활경험)'은 합법칙적 조건설이나 상당인과관계설, 또는 객관적 귀속이론에 따를 때 객관적 구성요건해당성 심사단계에서 인과관계(또는 객관적 귀속)부터 부정되어 미수범성립의 문제만 남게 되기 때문이다. 이 뿐만 아니라 행위자가 생각한 진행경과와 사실상 진행된 경과를 비교하면서 양자가 서로 다른 행위로 평가될 수 있는가라는 두 번째 공식은 평가적 방법이기는 하지만 아무런 평가척도가 없는 평가이므로 행위자의 형사책임 인정여부를 결정함에 있어 사용되기 어렵다. 171

인과과정의 착오사례에 대해 본질적·비본질적 불일치 구별설이 고의인정 여부를 판단하기 위해 사용하는 '일반인의 경험범위 내'라는 기준은 형법이론사적으로 볼 때 인과관계의 문제를 해결함에 있어서 인과관계 개념을 자연주의적 존재론적 관점에서만 접근하려고 하였던 조건설이 독일에서 통설이었던 19세기말 행위자의 형사책임을 제한하기 위한 유용한 이론적 수단이었다. 조건설을 취하게 되면 비유형적인 인과과정이 문제되는 사례에 대해서도 인과관계가 인정될 수밖에 없었던 바, 이로 인한 형사책임의 부당한 확대를 주관적 요소인 고의(당시 범죄체계상의 지위가 책임요소!) 심사 단계에서 다시 제한할 수 있었다. 비유형적 인과과정이 문제될 경우 '일상의 경험에 의하면 일반인의 예견가능성'을 넘어서는 인과적 진행경과는 행위자가 원래 예견하였던 바와 본질적으로 불일치하고 따라서 행위자의 고의는 조각된다는 결론을 내릴 수 있었기 때문이었다. 그러나 오늘날 비유형적 인과관계가 문제되는 사례의 경우 조건설이 아닌 다른 이론(합법칙적 조건설 또는 상당인과관계설 또는 객관적 귀속이론)에 따라 인과관계가 부정되거나 결과귀속이 부정된다. 따라서 인과과정의 착오사례에서 고의 인정여부를 판단하기 위해 사용되었던 '일반인의 경험범위내'라는 기준의 활용도는 매우 제한적이거나 사실상 무용지물에 가깝다. 172

이처럼 인과관계론에서 19세기적 조건설을 극복한 발전된 형법이론의 시각에서 보면 인과과정의 불일치 문제는, 인과관계가 긍정될 것을 전제로, 실제로 결과발생에 이른 인과적 진행경과를 어떤 '규범적' 평가방법에 따라 행위자의 고의로 귀속할 것인지의 문제로 변환되어야 한다. 173

172) 김일수/서보학, 233면.

174 **2) 객관적 귀속의 문제로 보는 견해의 체계적 문제점** 인과과정의 착오사례를 객관적 귀속의 문제로 보는 견해는 이미 객관적 구성요건해당성 심사단계에서 이미 인과관계(또는 객관적 귀속판단)이 인정된 사례의 경우 발생된 결과를 행위자의 고의로 귀속시킬 수 있는가라는 쟁점을 다시 객관적 구성요건해당성 심사로 돌려 행위자의 책임을 기수/미수로 볼 것인가의 문제로 보기 때문에 '고의'문제로 나아가지 못하는 한계가 있다. 객관적 귀속을 부정하여 미수범 성립여부만 문제되더라도 '고의'문제는 그대로 남기 때문이다.

175 **3) 객관적 귀속이론과 '규범적' 척도 활용법** 규범적인 관점에서 보다 정확하고 사리에 적합한 척도를 가지고 고의귀속여부에 대한 결론을 근거지우기 위해서는 객관적 귀속이론의 규범주의적 컨셉, 즉 구성요건적 결과 내지 법익침해의 가능성 회피(방지)를 목적으로 하는 (금지)규범의 보호목적의 관점을 활용할 수 있다.

176 객관적 귀속이론에 기초된 규범주의적 기본컨셉을 가지고 고의의 '귀속'여부를 평가하면, 행위자에 의해 창출된 '위험'과 실제로 발생한 구성요건적 '결과' 사이의 인과적 관련성, 즉 당해 '구성요건'에 해당하는 '위험관련성'을 행위자가 '인식'하였으면 고의가 인정된다. 위험관련성에 대한 행위자의 인식여부를 평가하기 위해서는 행위자에 의해 창출한 '위험'을 근거지우는 사정들이 실제로 발생한 결과에 원인이 될 수 있는 것으로 설명하는데 필요한 상황들에 해당할 것이 요구된다. 위 교각추락 사례에서 위험을 근거지우는 사정, 즉 피해자를 교각에서 추락시켰다는 사정은 실제로 피해자가 추락하면서 교각 기둥에 머리를 부딪힘으로 인해 사망하였다는 점을 인과적으로 해명함에 있어서 충분히 고려될 수 있는 사정이다.[173] 이에 따르면 행위자가 의식적으로 창출한 그 위험이 사망의 결과로 실현된 것으로 평가할 수 있고, 결론적으로 위 사례에서 A의 사망은 갑의 '고의'로 귀속가능하다고 평가할 수 있다.

Ⅳ. 행위자의 인식과 결과발생시점이 불일치하는 사례와 고의귀속

1. 의의 및 사례유형

177 행위자가 고의를 가지고 행위한 시점과 실제의 결과야기를 초래하게 한 행위가 달라서 행위자의 인식과 결과발생 시점이 일치하지 않는 사례가 있다. 이러한 사례의 경우 행위자가 의도했던 여러 개의 행위 가운데 '어느' 행위가 결과를 야기시켰는지가 문제된다. 이러한 사례는 행위자가 행한 하나의 행위가 '어떤 진행경과를 거쳐' 예상한 결과발생에 이르렀는가 하는 인과과정의 착오 사례와 구별된다.

178 결과발생 시점이 불일치하는 사례로는 결과발생이 후행행위에 의해 비로소 야기된 사

173) Otto, §7/84ff.

례도 있고(결과발생이 뒤로 미루어진 사례), 행위자의 예상과는 달리 결과발생이 이미 선행행위시에 발생한 사례(결과발생이 앞당겨진 사례)도 있다.

2. 결과발생이 뒤로 미루어진 사례(이른바 개괄적 고의사례)

행위자가 일정한 구성요건적 결과에 대한 고의를 가지고 제1행위의 행위를 한 후, 그 결과가 발생한 것으로 오신한 채 다른 의도를 가지고 제2의 행위로 나아갔으나 실제 구성요건적 결과는 고의가 없었던 제2행위에 의해 발생한 경우를 말한다. 즉 행위자가 결과발생에 중요하지 않다고 생각했던 후속행위(주로 범행을 은폐하기 위한 행위)에 의해 결과가 야기된 경우이다. 179

사례(이른바 개괄적 고의사례): 甲은 자기의 처를 희롱하는 A를 살해하기 위해 돌멩이로 A의 가슴과 머리를 여러 차례 내리쳤다(제1행위). A가 정신을 잃고 축 늘어지자 A가 사망한 것으로 오인한 甲은 그 사체를 몰래 파묻어 증거를 인멸할 목적으로 A를 그곳에서 150미터 떨어진 개울가로 끌고 가서 삽으로 웅덩이를 파고 A를 매장하였다(제2행위). 그런데 실제로 A는 웅덩이에서 질식사한 것으로 밝혀졌다. 180

위 사례에서 행위자가 고의를 가졌던 제1행위로는 아직 결과를 야기하지 못했지만, 결과가 발생했던 제2행위시에는 행위자에게 고의가 존재하지 않았다. 따라서 행위자에게 발생한 결과에 대한 고의·기수책임을 인정해야 하는지가 문제된다. 181

(1) 학설의 태도

1) 인과과정의 착오의 특수한 예로 보는 견해 위 사례를 인과과정의 착오의 특수한 경우로 파악하면서 인과과정의 착오사례를 해결하는 공식, 즉 행위자의 인식과 실제로 진행된 경과 간에 비본질적인 불일치가 인정되는 한 행위자에게 고의·기수 책임을 인정하는 견해이다.[174] 이 견해가 타당하려면 인과과정의 착오사례의 해결 공식 사용의 전제, 즉 행위자의 행위를 전체적으로 하나의 행위로 평가할 수 있어야 하지만, 인과과정의 착오사례 구조와 달리 위 사례는 행위자의 행위로 평가하기 어렵다. 182

2) 객관적 귀속설 위 사례를 인과과정의 착오사례의 경우와 마찬가지로 고의의 문제가 아니라 객관적 귀속의 문제에 불과한 것으로 보는 견해이다.[175] 이 견해에 의하면 제2행위는 제1행위와 최종결과 사이에서 인과적 연쇄과정의 하나의 중간고리에 불과한 것이므로 최종결과를 행위자의 제1행위의 작품으로 객관적으로 귀속시킬 수 있는 한 원칙적으로 고의조각의 여부는 문제되지 않는다고 한다. 하지만 이 견해는 객관적 귀속의 문제(객관적 구성요건요소)와 고의의 문제(주관적 구성요건요소)가 체계상 다른 차원의 문제로 보고 있 183

174) 배종대, §49/59; 손동권, §9/61; 신동운, 197면; 이재상/장영민/강동범, §14/29; 이형국/김혜경, 189면; 임웅, 176면; 정성근/박광민, 114면. 독일 판례의 태도이기도 하다(BGHSt 7, 329ff; BGHSt 14, 193ff).

175) 김일수/서보학, 233면; 이정원, 153면; 이훈동, "소위 개괄적 고의의 형법적 취급", 志松이재상교수화갑기념논문집(I), 2003, 221면.

다는 점에서 수용하기 어렵다.

184 **3) 미수범과 과실범의 경합설** 고의인정의 일반원칙에 따라 제1행위시 인식한 사실과 관련하여 미수범 및 제2의 행위에 대해 과실이 인정될 경우에 과실범이 성립하고, 양죄는 실체적 경합관계[176]에 있는 것으로 보아야 한다는 견해이다.[177] 서로 다른 고의를 가진 두 개의 독자적인 행위가 존재하는 것임을 이유로 한다.

185 **4) 계획실현설** 행위자가 제1행위시에 어떤 고의를 가졌느냐에 따라 다른 해결방안을 제시하는 견해이다.[178] 이에 따르면 행위자의 제1행위시에 행위자가 '의도적 고의'를 가지고 행위한 경우에는 고의·기수가 인정되는 반면, 행위자의 고의가 미필적 고의에 불과하거나 사후에 새로운 계획이 수립된 경우라면 발생된 결과는 제1행위시의 계획이 실현된 것으로 평가할 수 없어 미수가 될 뿐이라고 한다.

186 이 견해는 사건의 진행이 어떠하든 애초에 확정적 고의가 있으면 무조건 최후의 결과에 대한 고의귀속을 인정하려고 하기 때문[179]에 사실적인 측면을 도외시하고 규범적인 관점만 가지고 고의귀속 판단을 하고 있다는 점에서 문제가 있다.

(2) 판례의 태도

187 대법원은 최초에 살해의 고의를 가지고 행위하였으나 피해자의 사망이 살해의 고의가 없는 후행행위(예, 매장행위)에 의해 발생한 사례에 대해 다음과 같이 판시하면서 행위자에게 살인죄의 고의·기수를 인정한다.

188 判 "피해자가 피고인들이 살해의 의도로 행한 구타 행위에 의하여 직접 사망한 것이 아니라 죄적을 인멸할 목적으로 행한 매장행위에 의하여 사망하게 되었다 하더라도 전과정을 개괄적으로 보면 피해자의 살해라는 처음에 예견된 사실이 결국은 실현된 것으로서 피고인들은 살인죄의 죄책을 면할 수 없다 할 것이므로 같은 취지에서 피고인들을 살인죄로 의율한 제1심 판결을 유지한 원심의 조치는 정당하고 거기에 아무런 잘못도 없다."[180]

189 이러한 대법원의 태도에 대한 평가는 엇갈린다. i) 대법원이 위와 같은 사례도 인과관계의 착오사례로 보기는 하지만, 위 사례를 형법상 중요하지 않는 착오로 취급하여 고의를 인정하는 태도라고 평가하는 견해[181]도 있고, ii) 대법원이 개괄적 고의를 인정하고 있는 것이 태도라고 평가하는 견해[182]도 있다. 특히 후자의 견해는 '전 과정을 개괄적으로 보면'이라는 판시부분에 초점을 맞추고 있는 것으로 보인다.

---

176) 실체적 경합이란 두 개 이상의 죄가 수 개의 행위에 의해 범해진 경우를 말한다. 이에 관해서는 죄수론에서 설명한다.
177) 이용식, "소위 개괄적 고의의 형법적 취급", 형사판례연구(2), 34면.
178) 김영환, "소위 개괄적 고의의 문제점", 고시계, 1998.9, 43면.
179) 김일수/서보학, 205면; 손동권, §9/61.
180) 대법원 1988.6.28. 88도650.
181) 이재상/장영민/강동범, §14/29.
182) 신동운, 197면; 오영근, §15/6; 임웅, 173면.

대법원이 위 사례를 인과과정의 착오사례로 보는지는 미지수이다. 인과과정의 착오사례가 되려면 앞의 사례(교각 기둥에 충돌하여 사망한 사례)에서 살펴보았듯이 행위자의 행위가 한 개의 행위일 것이 전제되어야 하는데, 위 사례는 그렇지 않기 때문이다. 190

대법원이 실제로 독일형법이론학에서 등장했던 개괄적 고의(dolus generalis)이론을 원용한 것인지도 확실치 않다. 본래적 의미의 개괄적 고의이론 역시 제1행위시에 가졌던 행위자의 고의가 제2의 행위시까지 이어져서 전체적으로 보아 제1행위와 제2행위가 동일한 행위라고 평가할 수 있을 것을 전제로 해서 주장되었다. 즉 개괄적 고의이론의 주장자들[183]은 예컨대 제1행위시 결과발생에 대한 고의를 가진 행위자가 '후속조치와 관련한 행위부분까지 미리 자신의 계획 속에 넣고 있었던 경우'에만 전체적 관찰방법에 따라 발생한 결과에 대한 행위자의 고의를 인정한다. 이에 따르면 행위자가 후속조치를 취한 제2행위를 처음부터 범행계획안에 포함시키고 있지 않은 경우에는 개괄적 고의이론이 적용될 여지도 없다. 191

(3) 결론

1) 사례 구조의 중요성 서로 다른 해결방안들의 결정적인 차이는 제1행위와 제2행위를 전체적으로 보아 한 개의 행위로 평가할 것인지 아니면 각자를 독자적인 행위로 평가할 것인지에 있다. 위 사례를 인과과정의 착오사례로 보거나 개괄적 고의사례로 취급하는 견해는 제1행위와 제2행위가 한 개의 행위라는 전제하에서 주장되고 있다. 앞에서 살펴보았지만, 위 사례의 구조는 인과과정의 착오사례의 구조와 본질적으로 다를 뿐 아니라 개괄적 고의이론이 적용될 사례로 볼 수도 없다. 제2행위가 행위자의 애초의 범행계획에 들어있지 않은 경우에는 제1행위와 제2행위를 한 개의 행위로 평가하기는 어렵기 때문이다.[184] 행위자의 행위를 한 개의 행위로 평가하기 위한 전제조건이 충족되지 않은 상태에서 개괄적 고의이론을 수용한다면, '고의의 행위동시존재의 원칙'에 반하게 된다.[185] 192

2) 고의귀속을 위한 전제조건 사례의 구체적인 사실관계에 따라 각기 다른 해결방안이 적용되는 것이–후성법학적 법발견방법상–타당하다. 만약 제1행위시에 제2행위를 범행계획에서 전혀 고려하지 않았다가 제1행위 종결 후에 다시 제2행위를 하였고, 이 제2행위에 의해 비로소 결과가 발생한 경우와 같이 행위자의 행위를 한 개의 행위로 평가될 수 없는 사례가 문제된다면, 제1행위에 의한 미수범과 제2행위에 의한 과실범의 실체적 경합범으로 처리하는 해결방안이 타당하다. 제2행위에 의한 결과발생을 제1행위시의 고의의 내용에 포함시킬 수도 없기 때문이다. 193

다른 한편 사건의 실제 진행경과를 전체적으로 평가하여 제1행위와 제2행위를 한 개의 행위로 평가할 수 있는 사례가 문제되는 경우에는, 후행행위에 의해 결과가 발생한 경우라도 행위자에게 고의기수범의 책임을 지울 수 있다. '인과과정의 착오사례'와 '개괄적 고의사례'의 경우인데, 인과과정의 착오사례는 앞서 언급했듯이 그 경과에 대한 객관적 예견가 194

183) Welzel, S. 73; Roxin, §12/162.
184) 오영근, §15/7.
185) 신동운, 판례백선, 132면.

능성을 기준으로 삼아 행위자의 고의로 귀속할 수 있고, 개괄적 고의 사례는 후행 행위부분에 의해 발생한 결과도 행위자가 범행계획시에 제2행위까지 연속적으로 하게 될 것을 염두에 둔 점을 근거로 삼아 전체 행위에 대한 행위자의 고의로 귀속시킬 수 있기 때문이다.

3. 결과발생이 앞당겨진 사례

195 결과발생이 앞당겨진 경우란 행위자의 계획에 따르면 아직 자신의 행위가 결과발생에 충분하지 않다고 생각하고 있는데, 현실적으로는 그 행위가 이미 결과발생에 대해 충분한 원인을 제공하였고 결과발생이 실제로 일어난 경우를 말한다.

196 **사례(결과발생이 앞당겨진 사례):** 甲은 A를 폭행하여 먼저 실신시키고 나서 A를 달리는 열차 밖으로 던져서 살해하려고 하였다. 그런데 A는 甲에게 폭행당해 실신했을 당시 이미 사망하였고, 이를 모르는 甲은 살해의 고의를 가지고 (이미 사망한) A를 열차 밖으로 던졌다. 형사실무에서 이러한 유형의 사례가 문제된 경우가 아직 없어 이에 관한 판례의 태도는 알 수가 없다. 학설상으로는 다음과 같은 견해가 제시되고 있다.

(1) 인과과정의 착오의 특수한 예로 인정하는 견해

197 위 사례의 경우에도 인과과정의 착오의 해결공식에 따라 문제를 해결하려는 견해이다. 이에 따르면 행위자가 생각한 진행과정과 실제로 진행된 과정의 불일치가 비본질적인 것이라고 판단되는 한 발생한 사실에 대한 고의·기수를 인정한다.[186]

(2) 미수범과 과실범의 경합을 인정하는 견해

198 위 사례에서 제1행위시에는 폭행의 고의만 있었으나 의외로 사망의 결과가 발생하였기 때문에 폭행치사죄만 성립하고 제2행위시에는 살인의 고의는 있었으나 A가 이미 사망하였기 때문에 살인죄의 불능미수만 성립하고, 이 두 개의 죄는 실체적 경합관계에 있는 것으로 보는 견해이다.[187]

(3) 결론

199 결과발생이 앞당겨진 사례에서도 행위자의 두 개의 행위를 별개의 행위로 평가할 수 있는가 한 개의 행위로 평가할 수 있는가가 문제해결의 관건이 될 수 있다. 행위자의 행위를 한 개의 행위로 평가할 수 있는 경우라면, 위와 같은 사례는 인과과정의 착오사례에 해당하여 그 진행경과에 대한 객관적 예견가능성을 기준으로 삼아 발생한 결과에 대한 고의귀속여부를 판단할 수 있다. 다른 한편, 행위자가 제1행위를 한 후에 비로소 살해계획을 세운 경우에는 제2행위와 제1행위는 별개의 독립된 행위이므로 폭행치사죄와 살인죄의 불능미수의 실체적 경합이 인정되어야 할 것이다.

---

186) 임웅, 176면.
187) 김성룡, "결과의 조기발생사례의 실체법적 함의", 형사법연구 제24호(2005), 76면; 오영근, §15/17.

Ⅴ. 실무에서 인정되고 있는 그 밖의 고의귀속의 사례들

행위자가 구성요건적 사실이 객관적으로 존재함에도 불구하고 오인한 전형적인 착오사례의 경우 또는 행위자가 구성요건적 결과발생에 대한 고의를 부인할 경우 입증의 곤란을 해소하는 차원에서 대법원은 행위자의 심리학적 차원의 사실 확인의 방법이 아니라 평가적인 방법에 따라 행위자의 고의를 인정하기 위해 그때그때 다른 평가기준으로 활용하면서 고의'귀속'을 하고 있다. 200

1. '정당한 이유' 유무에 따른 고의귀속 사례

구성요건적 사실의 '불인식=고의조각'이라는 원칙적 태도를 취하면 고의범의 구성요건을 통해 기대되는 형법의 법익보호 기능이 거의 마비될지도 모른다. 행위자의 심리에 대한 정확한 규명에 근거하여 고의인정여부를 판단하도록 하고 있는 형법의 태도를 고의규범을 적용하는 대법원은 어느 정도까지 변용하고 있는가? 이에 대한 답은 '고물행상인 갑이 A의 소유물로서 A가 다시 두부를 납품하기 위해 수거하기로 되어 있는 두부상자를 A가 버린 물건으로 생각하고 쓰레기로 수거해 간 사건'에서 내려진 대법원의 다음과 같은 판시에 나타나 있다. 201

判 "절도의 범의는 타인의 점유하에 있는 타인소유물을 그 의사에 반하여 자기 또는 제3자의 점유하에 이전하는 데에 대한 인식을 말하므로, 타인이 그 소유권을 포기하고 버린 물건으로 오인하여 이를 취득하였다면 이와 같이 오인하는 데에 정당한 이유가 인정되는 한 절도의 범의를 인정하기 어렵다고 할 것이다."[188] 202

위 판시에서 대법원은 입법자에 의해 심리학적 차원에서 확인되어야 할 고의개념을 책임판단의 경우와 같이 규범적 평가의 원칙하에 놓이도록 하는 데까지 변용되고 있다. 즉 형법 제13조는 구성요건적 사실에 대한 인식이 없거나 오인한 경우는 그 이유를 묻지 않고 고의조각의 법효과를 부여하도록 하고 있지만, 대법원은 '정당한 이유'가 있는 경우에만 예외적으로 고의를 조각시킬 수 있다는 태도를 취하고 있는 것이다. 이러한 판시의 취지를 그대로 밀고나가 다른 사건에도 적용한다면 대법원은 행위자의 불인식 또는 오인에 정당한 이유가 없다고 평가될 경우라면 행위자에게 고의를 인정하는 취지의 판결을 내릴 수 있을 것이다. 이러한 대법원의 태도는 '불인식=고의조각'의 원칙론에 대한 예외로서 '인식가능성=고의인정'으로도 도식화할 수 있을 것이다. 203

이러한 도식화는 대법원이 심리학적 인식(불인식=이유없는 고의조각)에 기초되어 있는 형법 제13조를 해석·적용함에 있어 규범적 평가의 원리에 기초되어 있는 형법 제16조의 컨셉(위법성 인식이 없었더라도 '위법성을 인식할 가능성이 있는 것으로 평가될 경우 행위자의 책임을 204

188) 대법원 1989.1.17. 88도971.

조각시키지 않는다: 비난가능성이라는 규범적 책임이해)을 차용하고 있음을 보여준다.

205 물론 위와 같은 단 하나의 판결에만 의거하여 대법원의 태도를 일반화할 수는 없다. 즉 대법원이 고의인정 여부를 판단함에 있어 제16조의 요건인 정당한 이유를 물음으로써 실제로 고의조각의 결론을 제한하고 형사책임의 범위를 넓히려는 태도를 '일반적 규칙의 수준으로 법리화'할 것인지를 속단할 수는 없다. 그러나 많은 사례에서 대법원은 고의인정여부를 순수 심리학적 사실확인의 문제로 보지 않고 암묵리에 법외적인 요소를 고려하거나 형사정책적 처벌의 필요성 등을 기준으로 삼는 규범적 평가적 차원의 문제로 보고 있음을 전적으로 부정하기는 어렵다.

2. 과실인정의 경우와 동일한 규범적 기준을 사용하는 고의귀속사례

206 대법원은 결과발생 또는 법익침해의 위험에 대한 '객관적 예견가능성'이라는 판단기준에 따라 고의인정 여부를 결정하기도 한다.

207 判 대법원은 "만 6세된 여아의 목을 손목으로 3분 내지 4분간 누르게 되면 질식사할 위험이 있음은 일반적으로 예상할 수 있는 것이므로 살해의 고의가 있었다고 보아야 한다"[189]는 판시에서 위험에 대한 객관적 예견가능성을 고의귀속의 기준으로 삼고 있다.

208 행위자가 피해자의 목을 수분간 누른 결과 질식사한 경우 심리학적 관점을 견지하여 고의인정 여부를 판단하려면, 고의 인정을 위한 가장 기본적 요건인 구성요건실현에 대한 '인식'이 행위자에게 있다고 하여야 한다. 이를 위해서는 적어도 '목을 이렇게 누르면 사망할 수 있을지 모른다는 생각'하였어야 한다('가능성의 인식'). 그런데 살인사건의 피고인에게 이 정도의 진술을 기대하기는 어렵다. 피고인은 자기에게 미칠 형사책임의 수위를 과실범으로 낮추기 위해 죽을 수 있다는 사실은 생각지도 못했다(인식 '가능성')고 주장하는 경우가 태반일 것이고, 따라서 검사가 행위자가 결과발생에 대한 가능성만이라도 '인식'하였음을 입증하는 일은 불가능에 가까운 경우가 많다.

209 대법원은 이러한 입증곤란을 극복하기 위해 행위자의 인식 유무를 직접 입증할 것을 기대하지 않고 '일반인'의 인식'가능성'이라는 기준을 활용하여 피고인의 고의를 인정하는 방법을 취할 경우가 있다. 즉 그와 같은 행위를 하면 피해자가 사망할 수도 있다는 점을 일반인은 예상(인식)할 수 있다는 점을 근거로 해서 '그렇다면 피고인도 그것을 예상할 수 있었다'(즉 인식가능성이 있었다)는 추론을 하고 있는 것이다.[190]

210 이와 같이 '인식가능성'에만 기초해서 고의를 인정하려는 대법원의 태도에서도 우리는 사실의 인식이라는 심리학적 토대를 가지고 고의를 확인하는 과정을 밟는 것이 아니라 통상적인 경험지식에 기초한 객관적 예견가능성을 척도로 삼아 행위자에게 고의에 대한 '귀속'판단을 하고 있음을 알 수 있다. 이러한 태도의 배

---

189) 대법원 1985.3.12. 85도198.

190) 대법원 2004.5.14. 2004도74.

후에는 처벌의 필요성이라는 형사정책적 고려가 판단의 기초로 작동하고 있다고 볼 여지도 없지 않다. 물론 대법원이 이러한 차원의 평가적 방법을 상용할 것으로 보이지는 않지만, 앞서 살펴본 '정당한 이유' 유무를 묻는 평가방법보다는 활용빈도가 높을 것으로 예상된다.

3. 종합적 판단 방법에 따른 고의귀속사례

대법원이 가장 빈번하게 사용하고 있는 고의귀속의 방법은 이른바 '종합적 판단' 방법이다. 종합적 판단은 피고인이 고의를 부인하고 있는 경우 고의귀속을 위한 판단 방법이다. 211

判 "피고인이 살인의 범의를 자백하지 아니하고 상해 또는 폭행의 범의만이 있었을 뿐이라고 다투고 있는 경우에 피고인에게 범행 당시 살인의 범의가 있었는지 여부는 피고인이 범행에 이르게 된 경위, 범행의 동기, 준비된 흉기의 유무·종류·용법, 공격의 부위와 반복성, 사망의 결과발생가능성 정도, 범행 후에 있어서의 결과회피행동의 유무 등 범행 전후의 객관적인 사정을 종합하여 판단할 수밖에 없다."[191] 212

대법원이 종합판단의 이름으로 예시하고 있는 고려사항들을 보면, 행위자의 주관적 사정인 범행동기 뿐 아니라 객관적 사정인 범행의 수단, 방법(공격부위와 반복성), 사망의 결과발생가능성 정도, 범행 후 결과회피행동 유무 등 행위자의 고의를 추정할 만한 중요한 사항들을 포함한다. 213

그러나 이러한 종합적 고려사항들은 범죄성립요건의 하위요소의 하나인 고의 개념을 해석한 내용으로서 해석공식 또는 법리(이론들)로 보기는 어렵다.[192] 종합적 고려사항들의 면면 및 그 고려사항들의 활용방식을 보면 고의 인정여부 판단에서 무작위로 꺼내어 사용할 수 있는 다종 다양한 간접사실들을 망라적으로 비치해 두고 있는 것 같아 보인다. 당해 사건에서 고의인정여부에 대한 결론이 고려사항들 중 어느 것에 근거한 판단인지를 드러내지도 않는다. 이 점은 대법원이 범죄성립요건의 다른 하위요소(개념)들의 충족여부를 심사할 경우에도 약방의 감초처럼 사용하는 '종합판단'의 경우에도 마찬가지이다. 214

종합판단 방법을 활용하는 대법원의 태도를 형법이론적 관점에서 평가하면, 대법원이 구체적 사례에서 형법의 범죄성립요건 중 하나인 고의의 충족여부를 심사할 경우 객관적 관찰자의 입장에서 행위자의 심리적 실재를 확인한 후에 고의인정여부를 판단하는 태도를 취하고 있는 것이 아님을 알 수 있다. 오히려 대법원은 사안의 중대성을 염두에 두고 처벌의 필요성 내지 법관의 주관적 확신 등 다양한 법 외적 요소들을 고려하여 고의의 인정여부에 대해 미리 태도를 정한 후, 행위자에게 고의를 '부과'하는 수순을 밟고 있는 듯하다. 이러한 부과절차가 형법적 '귀속'의 수준이 되려면 귀속척도 내지 귀속의 근거가 법리차원에서 제시되어야 할 것이다. 다양한 고려사항을 종합하여 판단한다는 말만으로는 고려사항 중 어느 요소들이 당해 사건에서 고의귀속(부과)과정에 결정적인 영향을 미친 것인지를 알 수 없기 때문이다. 이와 같은 '블랙박스' 장치를 가동하는 식의 종합판단에 따른 것은 근거지워진 것이라고 보기 어렵다.[193] 215

---

191) 대법원 2000.8.18. 2000도2231.

192) 특히 이러한 차원의 고려사항들은 고의의 입증을 위해 정황증거(간접사실을 증명하는 방법)와 결합될 수도 있다.

193) 대법원의 종합판단 방법의 여러 유형 및 그 문제점에 관해서는 김성돈, "죄형법정주의와 그의 적들", 형사

제 3 절 특별한 주관적 구성요건요소: 초과주관적 요소

Ⅰ. 특별한 주관적 구성요건요소의 의의

1. 의의

216 주관적 구성요건요소인 고의 이외에 추가적으로 인정되어야 할 특별한 주관적인 요소를 명시적으로 요구하고 있는 범죄종류들이 있다. 예컨대 문서위조죄는 "타인의 문서를 행사할 목적으로 위조한 자"라고 각칙에 규정되어 있는데, 이 경우 타인의 문서를 위조한다는 점에 대한 인식 및 의욕이 문서위조죄의 고의이며, '위조문서를 행사할 목적'은 고의 이외에 별도로 요구되는 행위자의 특별한 주관적 태도이다.

217 고의가 모든 고의범의 주관적 구성요건요소로 인정되기 때문에 '일반적' 주관적 구성요건요소로 불리고 있는 반면, 목적범의 목적 등과 같은 주관적 구성요건요소는 고의범에 해당하는 범죄종류 가운데 형법각칙에 특별한 규정이 있는 범죄에 요구되므로 '특별한' 주관적 구성요건요소로 불리고 있다.[194)]

218 '일반적' 주관적 구성요건요소인 고의는 일체의 객관적 구성요건요소를 인식대상으로 하고 있다. 그러나 특별한 주관적 구성요건요소는 그에 관련된 객관적 요소가 법률상의 구성요건요소로 인정되지 않고 있으므로 고의의 인식대상을 넘어선 순수한 내심적 태도에 불과하다는 점에서 '초과' 주관적 구성요건요소라고도 부른다.

219

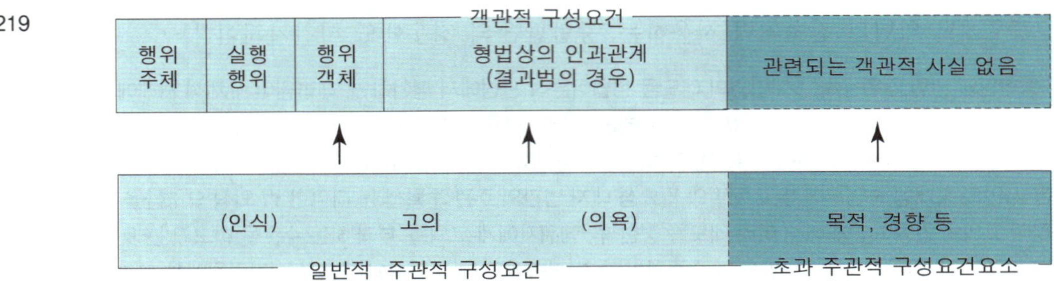

고의와 초과 주관적 구성요건요소의 관계

법연구, 제34권 제2호(2022), 55면 이하 참조.

194) 이른바 '특별한' 주관적 구성요건요소들은 사실 형법사적으로 보면 고의보다도 먼저 '(주관적)' 구성요건요소로 자리잡은 것이다. 앞에서 설명한 바와 같이 고의를 책임요소로 인정하고 있는 입장을 취하면서도 목적범의 목적과 같은 특별한 주관적 구성요건요소를 구성요건요소로 인정하는 견해(차용석, 295면 이하)도 있다(신고전적 범죄체계의 입장).

2. 초과 주관적 구성요건요소에 대응되는 객관적 요소의 실현여부

고의의 인식대상이 객관적 구성요건적 사실이고 그러한 객관적 구성요건적 사실이 실 220
제로 실현되어야 기수범이 되는 반면에, 초과 주관적 구성요건요소를 필요로 하는 범죄는 행위자의 그러한 주관적 태도가 객관적으로 실현되지 않더라도 기수가 된다. 예컨대 행사할 목적으로 문서를 위조할 것을 내용으로 하는 문서위조죄의 경우 행위자가 문서를 위조하여 그 '위조문서를 실제로 행사'하지 않더라도 문서위조죄의 기수가 된다.

Ⅱ. 종류

1. 목적범의 목적

(1) 목적범과 목적

목적범이란 객관적 구성요건요소에 대한 행위자의 인식 및 의욕인 고의 외에 목적이라 221
는 주관적 심리상태가 더 요구되는 범죄유형을 말한다. 예컨대 사문서위조죄(형법 제231조)는 행위자가 '행사할 목적'으로 사문서를 위조할 것을 구성요건의 내용으로 하고 있는데, 이러한 목적범의 구성요건에서 '구성요건적 행위'는 위조이고, 주관적 구성요건요소로서 '고의'는 사문서를 위조한다는 사실에 대한 인식 및 의욕이며, 초과 주관적 구성요건요소로서 '목적'은 (위조한 사문서를) 행사할 목적이다. 이 경우 '행사할 목적'은 객관적 구성요건요소인 '위조'의 불법성을 인정하는 요소이고, 목적의 객관적 대상인 '행사'는 사문서위조죄의 객관적 구성요건요소가 아니다.[195)]

(2) 목적의 범죄체계론상의 지위와 기능

목적의 범죄체계론상의 지위에 대해서는 종래 책임요소라는 견해, 주관적 구성요건요소 222
인 동시에 주관적 불법요소라는 견해, 책임요소인 동시에 구성요건요소라는 견해 등이 있었다. 그러나 고의를 일반적 주관적 구성요건요소로 인정하는 태도를 취하는 한 목적범의 목적도 주관적 구성요건요소로 파악하는 것이 타당하다.

목적이 고의 이외에 요구되는 ― 그러나 그 관련대상은 다른 ― 행위자의 내적 태도이므로 223
특별한 주관적 구성요건요소인 목적을 추가적으로 요구하는 목적범의 경우는 일반 고의범의 경우에 비해 범죄성립요건이 더 강화시키는 기능을 한다. 목적을 행위불법 가중사유라고 하는 것도 이 때문이다.

(3) 구별개념

1) 목적과 고의 목적과 고의는 양자 모두 주관적 구성요건요소로서 행위자가 가지 224

---

195) 정영일, "목적범에 관한 판례연구", 형사판례연구(9), 2001, 237면.

는 내부적·심리적 측면을 가리키는 점에서 공통된다. 그러나 고의는 구성요건의 객관적 요소에 해당하는 사실을 인식대상으로 함에 비하여, 목적은 객관적 구성요건요소를 초과하는 사실을 의욕한다는 점에서 다르다.

225 고의는 모든 고의범에 요구되는 주관적 불법요소이므로 일반적인 주관적 불법요소임에 비하여 목적은 특수한 범죄(목적범)에 한하여 요구되는 특수한 주관적 불법요소이다. 고의의 형태 중 의욕적 요소의 등급이 가장 높은 '의도적 고의'를 '목적'이라고 부르는 경우도 있지만,[196] 이 경우 목적범의 목적과의 혼동을 피하기 위해서 그러한 용어사용을 피하는 것이 바람직하다.

226 2) 목적과 동기 목적과 동기는 동일한 심리적 사실에 속하므로 목적도 넓은 의미에서 보면 범죄의 동기에 속한다. 그러나 일반적으로 사용되는 동기는 순수한 행위자의 내심에 관한 것으로 결과의 표상에 의하여 유발된 충동 내지 본능 또는 외부적 자극으로 인한 범죄실행의 정신적 상태를 말한다. 따라서 동기는 범죄구성요건과 무관한 비유형적 관념이며, 행위자의 비난의 정도에 영향을 미치는 양형평가에서만 고려될 수 있을 뿐이다(형법 제51조 제3호). 이에 대하여 목적은 일정한 외부적 행위와 관련성을 가진 유형적 관념으로 구성요건요소이며 불법평가의 기초가 된다.

(4) 목적의 인식 정도

227 목적범에서 목적은 '초과'주관적 구성요건요소이기 때문에 고의와는 달리 객관적 구성요건적 사실에 대한 인식을 전제하지 않는다. 그 대신에 목적의 인식대상은 형법각칙에서 "~할 목적으로"라는 문언에서 별도로 규정되어 있다. 예컨대 문서위조죄의 목적은 '위조문서를 행사할 목적'이기 때문에 목적의 인식대상은 위조문서를 행사할 것이라는 사실이다. 따라서 목적범에서 '목적'이라는 요소가 충족되었다고 하기 위해서는 행위자에게 그 목적의 대상인 사실에 대해 어느 정도의 인식이 필요한지가 문제된다.

228 **사례(목적범의 목적의 인식정도 관련사례):** 갑은 회사노동조합의 홍보이사로서 회사노조사무실에서 "새벽6호" 등 몇 가지 책자를 집에 가져와 보관하고 있다가 국가보안법 제7조 제5항의 이적표현물소지혐의로 체포되어 기소되었다. 법원은 "새벽6호"라는 책자의 내용은 국가보안법의 보호법익인 대한민국의 안전과 자유민주주의 체제를 위협하는 적극적이고 공격적인 표현으로서 표현의 자유의 한계를 벗어난 것으로 이적표현물임을 인정하였다. 그러나 갑은 재판과정에서 위 책자를 임금협상에 대비하거나 노조활동에 도움이 될까 해서 취득·소지한 것이고, 반국가단체인 북한을 이롭게 할 목적이 없었음을 주장하였다(대법원 1992.3.31. 90도2033).

1) 학설의 태도

229 ① 이원설 목적범의 목적요소를 충족하기 위해 필요한 행위자의 인식의 정도는 목적범의 종류에 따라 다르게 파악되어야 한다는 견해이다.[197] 이 견해는 당해 목적의 실현에

196) 박상기, 109면; 배종대, §49/24.

행위자의 구성요건적 행위가 어떤 영향을 미치는가에 따라 목적범을 '단축된 결과범'[198]과 '불완전한 이행위범'[199]으로 나눈다.

이에 따르면 단축된 결과범의 경우에는 목적을 실현하기 위한 별도의 행위가 요구되지 230
않기 때문에 목적에 관한 확정적 인식이 있어야 하지만, 불완전한 이행위범의 경우에는 목적달성을 위해서는 구성요건적 행위 이외에 별도의 행위가 필요하기 때문에 목적에 관한 미필적 인식만으로 충분하다고 한다.[200]

② 확정적 목적설 목적은 고의보다는 의지적 요소가 강한 개념이므로 미필적 목적이 231
라는 개념은 모순을 안고 있는 개념이며, 따라서 목적이란 언제나 확정적 목적이라고 하는 견해[201]이다. 목적은 행위자의 인식의 대상이 될 수 없다는 전제하에 행위자의 적극적 '의욕'(~위하여)이 있는 경우에만 목적의 성립을 인정할 수 있다는 견해[202]도 이러한 입장에 해당한다.

2) 판례의 태도(미필적 인식설) 대법원은 목적범의 경우 목적의 인식정도는 확정적 232
인식이 있어야 하는 것이 아니라 미필적 인식만으로 족하다는 태도를 취한다. 앞의 새벽6호사건에서 대법원은 미필적 인식이 인정되기 위해서는 행위자가 자신의 행위가 이적행위에 해당할 수도 있다는 점의 인식이 요구된다고 한다.[203]

判 위 사건에서 '고의'의 인식대상은 문제의 책자가 '이적 표현물'이라는 사실 및 그 표현물을 '소지'한 233
다는 사실이고, '목적'의 인식대상은 이적행위를 한다는 사실이다. 이에 따르면 행위자가 표현물에 대한 이적성을 인식하고 소지 행위를 하였다고 하더라도 이 죄는 성립하지 아니한다. 행위자가 이적행위를 하려는 목적을 가지고 있어야 한다. 이 경우 목적의 인식 정도가 목적 실현에 대한 미필적 인식이라면, 이 죄의 목적 요건이 충족되기 위한 최소한의 전제조건(즉 목적실현의 가능성의 인식)은 행위자가 이적표현물을 소지하는 것이 적을 이롭게 할지도 모른다는 점(즉 자신의 행위가 이적행위에 해당할 수도 있다는 점)에 대한 인식이다. 그러나 대법원은 행위자가 이러한 정도의 인식을 하였는지에 대해 적극적으로 판단하지는 않았다. "학문적인 연구나 오로지 영리추구 및 호기심에 의한 것이라는 등의 그 이적목적이 없었다고 보여지는 자료가 나타나지 않는 한 초과주관적 위법요소인 목적의 요건은 충족된다"고 판시함으로써 미필적 인식을 추

197) 김일수/서보학, 235면.

198) 단축된 결과범은 목적실현이 행위자의 구성요건적 행위에 의해 직접 야기되는 경우를 말한다. 예컨대 내란죄의 경우 국헌문란의 목적은 구성요건적 행위(폭동 등)가 있으면 별도의 행위가 없더라도 국헌문란의 목적이 실현된다.

199) 불완전한 이행위범은 행위자가 구성요건적 행위를 하여도 목적이 실현되지 않고, 행위자의 별도의 부가행위 혹은 제3자의 별개행위가 있어야만 목적실현이 이루어지는 경우를 말한다. 불완전한 이행위범의 예로는 형법각칙의 각종 예비죄 및 무고죄(형법 제156조) 등을 들 수 있다. 즉 목적이 실현되기 위해서는 예비죄의 경우에는 예비행위 이외에 행위자가 기본범죄를 범하는 별도의 행위를 하여야 하고, 무고죄의 경우 제3자인 타인으로 하여금 형사처분 또는 징계처분을 받게 할 목적이 실현되기 위해서는 법원이나 행정관청의 판결 또는 처분이라는 별개행위가 있어야 한다고 한다.

200) 김일수/서보학, 235면; 임웅, 113면 각주6.

201) 오영근, §5/21; 정성근/정준섭, 79면.

202) 정영일, 앞의 논문, 241면.

203) 대법원 1992.3.31. 90도2033 전원합의체.

정적 방법으로 인정하고 있을 뿐이다.

3) 결론

234 ① 목적과 고의의 개념적 분석 목적범의 목적이나 일반 고의범의 고의는 양자 모두 인식(지적 요소)과 의욕(의지적 요소)으로 구성되어 있다는 점에서는 공통된다. 그러나 의욕의 정도에 관한 한 목적과 고의가 서로 차별성을 보인다. 목적의 경우 의욕의 정도는 언제나 확정적 의욕(의도)이어야 하지만 고의의 경우 의욕의 정도는 의욕의 가장 낮은 단계인 용인(혹은 감수)정도로 충분하기 때문이다.

235 인간의 행동에 결정적인 추동력을 부여하는 것은 의지적 요소이지 어떤 사실에 대한 지적 요소가 아니다. 결과발생의 확률과 관련하여 50% 이상(아니면 오직 1%)의 가능성을 인식하면서도 강한 목표지향(의욕)을 가지고 있는 자가 99%의 확실성에 가까운 인식을 하면서도 매우 회의적인 생각을 하는 자와 차별되는 점은 인식 정도의 차이가 아니라 의욕 정도의 차이에 있다. 이에 따르면 목적의 경우에도 인식의 정도에 관한 한 고의의 경우와 다를 바 없이 가능성의 인식, 즉 미필적 인식으로 족하다고 할 수 있다. 물론 이 경우 고의와 목적은 인식의 대상을 각각 달리한다.

236 ② 가능성의 인식 목적의 '인식' 정도는 목적이라는 내적 태도의 본질적인 요소는 인식적 요소에 있는 것이 아니라 의욕적 요소에 있고, 인식적 요소에 관한 한 목적의 경우도 고의의 경우와 같이 가능성의 인식(미필적 인식)만 있으면 족하다고 보는 것이 타당하다. 이원설은 목적실현을 위해 별도의 행위가 필요한가에 따라 그 목적하는 바에 대한 인식의 정도에 차등을 두어야 할 이유를 설명하지 못하고 있고,[204] 확정적 목적설은 목적이라는 주관적 요소도 인식과 의욕으로 구성되어 있다는 점을 분별하지 않고 목적의 인식 정도를 묻는 물음에 의욕 정도에 관한 답만 하고 있다.

(5) 목적의 신분성, 간접정범의 문제 등

237 목적범에서의 '목적'이 형법상 '신분'에 해당하는지, '목적없는 고의있는 도구'를 이용한 경우 간접정범을 인정할 수 있는지가 문제된다. 이에 관해서는 가담형태론에서 설명하기로 한다.

2. 표현범의 표현

238 행위가 행위자의 내면적인 지식상태의 굴절·모순과정을 표현해 주는 범죄구성요건을 표현범이라고 한다. 표현범의 구성요건은 행위자에게 일정한 내면적인 지식상태가 존재할 것과 그의 외부적 행위는 이 지식상태와 모순된 표현일 것을 요한다. 표현범의 대표적 예

204) 특히 예비죄를 불완전한 이행위범으로 구분하면서도 이 죄의 경우 목적의 인식 정도에 관해서는 다시 미필적 인식설과 확정적 인식설(손동권, §26/14)이 대립하고 있다.

가 위증죄(형법 제152조)이다. 이 죄의 행위반가치 내지 특별한 주관적 구성요건요소는 증인이 주관적으로 자신의 기억에 반하는 사실을 진술하였다는 점에 있는 것이지 객관적으로 허위의 사실을 진술하였다는 점에 있는 것이 아니다. 그 밖에 허위의 감정, 통역, 번역죄(동법 제154조), 국가보안법상의 불고지죄(동법 제10조) 등이 표현범에 해당한다.

3. 경향범의 경향

행위자의 주관적인 행위경향이 구성요건표지로 되어 있거나 범죄유형을 함께 규정하고 239
있는 범죄를 말한다. 경향범은 구성요건적 행위가 행위자의 강한 의사방향에 따라 지배될 뿐만 아니라 강화된 의사방향이 보호법익에 대해 특별한 위험성을 불러일으키는 특징을 가진 범죄형태이다.[205] 행위자의 일정한 내적 경향의 표출을 내용으로 하기 때문에 경향범을 '강화된 내적 성향을 가진 범죄'라고도 부른다. 학대죄(형법 제273조)에 있어서 학대의 경향, 가혹행위죄(동법 제125조)에 있어서 가혹행위의 경향, 공연음란죄(동법 제245조)에 있어서 음란의 경향 등이 이에 해당한다.

4. 재산범죄의 불법영득(이득)의 의사

절도죄나 강도죄 등의 경우 '타인의 재물을 자기의 것으로 하려는 의사'에 해당하는 '불 240
법영득의사'도 고의 이외에 요구되는 초과주관적 구성요건요소에 해당한다(통설·판례). 이에 관한 자세한 내용은 『각론』 재산범죄 일반론에서 다룬다.

205) 김일수/서보학, 236면.

§16

제 5 장　과실범의 성립요건

1 법률에 고의가 구성요건 요소로 명시적으로 규정되어 있지 않은 고의범의 경우와는 달리 과실범의 경우에는 행위자의 주관적 태도인 '과실'이 명시적으로 규정되어 있다.[206)] 행위자에게 고의가 인정되지 않으면 고의범의 구성요건해당성이 부정되는 것과 마찬가지로, 행위자에게 과실이 없으면 과실범의 구성요건해당성이 부정되고 종국적으로 과실범이 성립하지 않는다.

2 이 장에서는 과실범의 성립요건이 범죄체계론의 발전과 관련하여 어떻게 변화되어 왔는지를 과실범의 기초이론에서 정리한 후(제1절), 과실에 관한 제14조의 해석(제2절)을 기초로 삼아 과실범의 구성요건 요소들을 체계적으로 분설하고(제3절), 과실범 성립배제사유(위법성조각사유, 책임조각사유)에 관한 특기할 사항을 기술한다(제4절).

제 1 절　과실범의 기초이론

Ⅰ. 과실책임의 형법적 의의와 기능

1. 형법이 고의책임 외에 과실책임을 인정하는 이유

(1) 고의부정과 형법의 예방적 과제

3 구성요건을 실현하려는 고의를 가지고 행위하는 자는 구성요건을 실현하는 시점에 자신의 행위가 법익에 대해 어떤 위험을 만들어내고 구체적으로 어떤 결과에 도달할 것인지에 대해 분명하게 알고 있다. 따라서 고의범의 경우 행위자는 자신이 만들어낸 위험 및 그로 인한 결과를 얼마든지 회피할 수 있다. 그러나 행위자가 행위시점에 법익에 대해 초래될 위험을 간과하여 자신의 행위의 구성요건 실현을 알지 못했거나(불인식) 자신의 행위가 초래할 위험을 알았다고 하더라도 그것을 중요하지 않게 생각하여 구성요건실현에 이르지 않을 것이라고 잘못 평가하고 있는 경우(행위평가의 잘못)에는 행위자에게 법익에 대한 위험이나 구성요건적 결과발생을 회피할 가능성이 없게 된다. 행위자가 그 시점에 규범을 준수하기 위해 실제로 행위하고 있는 것과 다르게 행위하려는—즉 규범준수에의 동기설정을 할—아무런 '계기'를 가질 수 없기 때문이다.

---

206) 형법각칙은 과실치상죄(제266조 제1항), 과실치사죄(제267조) 그리고 업무상과실·중과실치사상죄(제268조), 실화죄(제170조, 제171조), 과실폭발물파열죄(제173조의2), 과실일수죄(제181조), 과실교통방해죄(제189조), 업무상과실·중과실장물취득죄(제364조) 등 8개의 구성요건을 두고 있다.

이러한 경우 행위자가 실제로 전개된 구성요건실현에 대해 책임을 지지 않기 위해 구성요건에 대한 '불인식'이나 사태에 대한 '잘못된 평가'를 항변사유(면책사유)로 주장할 수 있는가. '예방적 법익보호라는 형법의 과제'를 실현하려면 이러한 주장은 용납되기 어려울 것으로 보인다. 만약 구성요건실현에 대한 고의가 없는 행위자에게 이러한 항변사유를 인정한다면, 형법에 의해 보호되고 있는 법익이 고의행위 외에 다른 방식으로 침해될 경우 그에 대해 형사책임을 물을 수 없게 될 것이기 때문이다.

(2) 과실책임 인정을 위한 규범적 장치

이러한 결과를 초래하지 않고 형법의 예방적 법익보호과제 실현을 위해서는 두 가지 규범적 장치가 필요하다. 4

첫째, 형법적으로 보호되고 있는 법익 중 일정한 법익의 경우 그 법익을 침해하려는 행위자의 고의가 없는 경우에도 형벌을 예고하는 법률구성요건을 만들어 두어야 한다. 즉 형법은 생명, 신체, 공공의 안전 등 평화로운 공존질서를 위해 마련된 기본적인 법익들에 대한 침해가 있는 경우 행위자에게 고의가 없는 경우에도 – '과실'을 근거로 – 가벌성을 인정하는 과실범 구성요건들이 준비되어 있어야 한다. 5

둘째, 이러한 구성요건들을 행위자가 과실로 실현하였다고 하기 위해서는 행위자에게 '과실'을 인정할 수 있는 전제조건이 만들어져 있어야 한다. 즉 구성요건 실현에 대한 행위자의 '불인식' 또는 구성요건실현 '가능성에 대한 평가의 잘못'을 행위자의 '귀책'으로 만들 수 있는 규범적 조건이 마련되어 있어야 하는 것이다. 6

이러한 규범적 장치들은 법공동체 내에서 법규범을 준수해야 할 것으로 기대되는 법에 충실한 시민에 대해 타인의 법익에 대한 위험을 초래하는 행위로 나아가지 말 것과 자신의 행위와 결부된 위험을 인식하고 그 위험을 회피할 수 있는 조치를 취할 것을 내용으로 하는 '법적 의무'의 부과를 통해 마련될 수 있다. 이렇게 되면 누구라도 그러한 법적 의무를 이행한다면, 법익에 대한 위험을 예견하고 회피조치를 할 수 있고, 그로써 자신의 행위가 구성요건 실현(법률구성요건에 규정된 '결과'의 발생)으로 비화되는 것을 회피(=방지)할 수 있게 된다. 이러한 규범적 장치가 법제도로서 작동된다면 행위자는 고의가 없더라도 자신의 '불인식'이나 '잘못된 평가'를 자신에게 유리한 사정으로 소환할 수 없게 된다. 행위자가 위험에 대한 인식과 위험에 대한 회피조치를 할 것에 대한 법적 의무에 반하는 행위를 한 것이기 때문이다. 7

2. 과실책임을 인정하기 위한 규범적 기대의 수준

그러나 이러한 규범적 기대가 정당한 기대가 되고, 법적 의무가 규범적으로 정당화 되기 위해서는 그 기대와 의무의 준수가 무제한적이어서는 안 된다. 어떤 행위자에게는 그 기대가 과도하거나 과소한 것일 수 있고, 경우에 따라 다른 정당한 목적 추구를 위한 장애물로 작용할 수도 있기 때문이다. 이 때문에 입법자에게 관건이 되는 것은 어느 정도의 기 8

대수준을 규범화하여 법에 충실한 모든 시민에 대해 그 준수를 요구할 것인지가 관건이 된다. '법'을 사회내에서 서로 대립하는 이해관계(갈등)의 조정자로 이해(§20 참조)하는 한, 입법자는 규범준수에 대한 기대를 배반한 자가 치러야 할 비용과 기대를 준수함으로 제공되는 이익의 균형점을 찾아야 할 것이다. 이에 따르면 정당화될 수 있는 규범적 기대의 수준은 법에 충실한 수범자에게 위험을 예견하기 위해 통상적으로 요구되고 또 필요한 것으로 여겨지는 신중함과 그에 기초하여 위험을 회피하기 위한 사전조치를 취하는 정도라고 말할 수 있다. 후술하듯이 형법 제14조에서 "정상적으로 기울여야 할 주의를 게을리 함"을 과실인정을 위한 한 부분 요소로 인정하고 있음도 위험예견과 위험회피에 대한 '통상적' 수준의 기대를 염두에 둔 것으로 이해할 수 있다.

9 이러한 기대 수준은 후술하듯이 객관적 과실여부를 판단할 경우 요구되는 주의 정도를 '사회적 평균인' 내지 '규범적 척도인'을 표준으로 삼는 통설·판례의 태도와 맥락을 같이 한다.

3. 과실책임의 사회적 기능과 '주의규범'의 의의

10 구성요건실현에 대해 '과실'책임을 인정하고 있는 형법의 사회적 기능은 일반적인 의미에서의 법의 기능과 마찬가지로 규범적 기대의 타당성을 유지하는 데 있다. 규범적 기대의 타당성을 안정화하기 위한 선결조건은 타자의 법익에 대한 위험의 인식가능성과 위험의 차단을 위해 일반적으로 요구되는 안전에 대한 기대를 표준화(이하에서는 이를 '주의규범'이라 부른다)하는 일이다.

11 고의가 아닌 과실로 행위하는 행위자에 의해 형법의 구성요건이 실현된 경우, 그 행위자에게 준수가 기대되고 요구되는 '주의'를 다할 경우 위험을 예견하고 회피할 수 있었을 것으로 평가된다면 구성요건실현(결과발생)도 회피할 수 있었을 것으로 평가된다. 이 때문에 구성요건실현에 대한 행위자의 불인식 또는 평가의 잘못은 행위자의 '주의규범'의 위반을 매개로 해서만 그 구성요건실현에 대해 행위자에게 책임을 물을 수 있게 된다. 여기서 말하는 행위자의 불인식 또는 평가의 잘못에 대해 '과실'이라는 이름을 붙일 수 있고, 구성요건실현에 대한 불인식 또는 잘못된 평가를 하게 만든 원인, 즉 행위자가 위험발생을 예견하고 회피할 주의를 기울이지 않음을 '주의의무위반'이라고 명명할 수 있다.

12 判 대법원은 – 후술하듯이 – 과실 및 주의의무위반의 관계를 위와 같이 파악하지 않는다. 과실의 원인, 즉 구성요건실현에 대한 행위자의 불인식 또는 평가상 잘못의 '원인'에 해당하는 '주의의무위반'을 과실로 명명하는 동시에 '결과발생에 대한 예견의무위반 또는 회피의무위반'을 과실인정 요건으로 인정하고 있다. 그러나 '정상의 주의의무를 게을리함으로 '인하여' 죄의 성립요소의 사실을 인식하지 못한 행위(구성요건실현에 대한 불인식)를 벌하지 않는다는 제14조(과실)를 제13조(고의)와의 관련성 속에서 체계적 해석할 경우, 행위자 인식(및 의욕)을 고의로, 행위자의 불인식(또는 인식은 있지만 의욕없음)은 과실로 지칭된다. 이러한 용어사용법에 따르면 정상의 주의의무를 게을리함(주의의무위반)은 과실이 아니라 과실의 '원인'으로 또는

과실인정 요건 중의 하나로 자리매김하는 것이 용어(개념)사용에 있어서 학문적 엄정성 요구에 부합할 것으로 생각된다.

물론 과실이라는 용어는 맥락에 따라 다르게 사용할 수도 있다. 하지만 언제 과실이라는 용어를 사용하는지의 문제와 과실개념의 본질을 어떻게 파악해야 하는지는 별개의 문제이다. 형법 제14조에 따르면 주의의무위반은 과실 그 자체가 아니라 '죄의 성립요건인 사실, 즉 구성요건실현(결과발생)에 대한 불인식 또는 인식가능성'과 함께 과실인정 요건 중의 하나이고, 이 두 가지 과실인정 요건 중 어느 것이 과실의 본질적 요소를 구성하는지는 해석상 달라질 수 있다. 이 점에 관해서는 후술한다. 13

구성요건실현에 대한 고의가 있는 자는 직접적으로 형법규범을 침해하고 있기 때문에 그것만으로 이미 주의규범에 반하는 행위를 하고 있다. 고의행위자가 명문화되어 있는 구체적 '주의규정'(예, 사거리에서의 신호위반)을 위반한 경우에도 사람을 살해하는 형법구성요건을 실현에 대한 고의가 있는 이상 – 후술하듯이 – '주의규범' 내지 '주의규정' 위반여부의 문제가 원천적으로 제기되지 않는다. 14

Ⅱ. 과실범 성립요건에 관한 형법이론의 발전(☆)

1. 고전적 범죄체계와 책임요소로서의 과실

'과실'은 19세기에서 20세기 초반까지 범죄에 관한 지배적 이론이 구축한 고전적 범죄체계하에서 고의와 나란히 '책임'의 요소였다. 범죄의 외부적 요소는 불법에, 주관적 요소는 책임에 배치시켰던 고전적 범죄체계하에서는 책임(행위에 대한 행위자의 심리적 관계: 심리적 책임개념)요소로 파악되었던 과실도 철저하게 주관적으로 파악되었다.[207] 당시 '심리'적 책임이해에 따르면 과실이 있다고 하기 위해서는 '주의'를 어느 정도로 기울여야 할 것인지에 관해서도 '행위자' 개인의 인식능력(가능성)과 회피능력(가능성)을 표준으로 삼아 결정하는 것이 자연스러운 태도였다(주관설/행위자 표준설). 15

물론 고전적 범죄체계하에서도 주의정도와 관련해서는 행위자의 능력이 아니라 일반적 평균인의 능력을 표준으로 삼되(객관설), 만약 행위자가 평균인이 기울일 수 있는 정도의 주의를 기울일 수 없는 지식과 능력이 없을 경우(주관설)에는 평균인의 주의정도를 다하지 못했음을 이유로 책임비난을 할 수 없다고 보는 주장(이원설/절충설)도 없지 않았다. 16

그러나 고전적 범죄체계하에서 지배적인 견해는 여전히 주관설이었다. 주의의 정도를 평균인의 주의정도로 객관화하면서도 이를 범죄의 주관적 요소의 총화인 책임여부를 판단하는 단계에서 심사하는 것은 체계적 정합성이 떨어지는 일로 생각하였기 때문이었다. 당시의 과실이론이 객관화된 과 17

207) 고전적 범죄체계하에서 '구성요건에 해당하고 위법한' 과실'불법'이 되려면, 외부세계의 변화에 대해 인과성을 가진 행위와 결과발생, 그리고 행위와 결과간의 자연과학적 사실적 인과관계라는 하위요소만 충족하는 것으로 족하였다. 행위자의 행위가 구체적으로 어떤 구성요건의 실현과 심리적으로 관계되는가 하는 차원의 행위'내용'은 책임에서 심사되었기 때문이다.

실척도를 책임심사에서 사용하기를 꺼려한 데에는 체계적 부정합성 이유보다 더 중요한 이유가 있었다. 행위자 개인이 자신의 지식과 능력에 따라 아무리 신중하게 주의를 기울여도 예견 및 회피할 수 없는 결과를 그 행위자의 책임으로 돌리는 것은 규범적으로 정당화될 수 없는 것으로 여겼기 때문이었다.

2. 과실의 체계적 지위 변화

(1) 과실의 이중적 지위

18 20세기 형법이론학은 과실개념에 대한 다양한 이론적 접근을 통해 행위자에게 요구되는 주의 정도를 행위자 개인의 능력에 초점을 맞추어 고전적 범죄체계의 과실이론에 변화를 시도하였다. 이러한 변화를 범죄체계론에 먼저 반영한 것은 목적적 행위이론이었다. 특히 목적적 행위이론은 책임에 그 뿌리를 두고 있었던 고의의 체계적 지위를 구성요건 요소로 바꾼 데 이어, 종래 책임 요소였던 과실도—그 일부 요소를 분리시키는 방법으로—과실범의 구성요건 요소로 파악할 수 있게 만들었다.

19 목적적 행위이론은 주의위반적 '행위' 측면에 초점을 맞추어 과실을 '잘못된 행위수행의 방식'으로 보면서 이를 구성요건 요소로 파악하면서도, 행위자 개인의 주의능력을 기준으로 삼아 파악해야 하는 과실의 주관적 측면은 여전히 책임요소로 남겨두는 과실범 체계를 구축하였다. 이에 따라 과실 여부를 판단하는 척도도 달라졌다. 구성요건 요소로서의 과실측면, 즉 '행위'의 주의위반성은 객관화된—평균인의—주의정도에 따라 판단되었고, 구체적인 '행위자' 개인의 주의 정도를 표준으로 삼아 판단될 행위자의 주의위반성은 여전히 책임단계에서 심사하는 태도를 유지하였다.

20 과실의 체계적 지위를 이중적으로 파악하는 태도는 오늘날 합일태적 범죄체계를 취하는 입장에 의해서도 널리 수용되는 다수의 견해가 되었다.[208] 하지만 객관적 과실을 고의와 마찬가지로 구성요건 요소로 파악하게 만든 공적은 여전히 목적적 행위이론의 공적이다. 이 뿐만 아니라 목적적 행위이론은 과실의 체계적 지위를 구성요건에만 배치시키고 있다는 한국의 일부 교과서의 설명은 과실의 체계적 지위에 관한 목적적 행위이론의 입장에 대한 오해(또는 잘못된 수입)에 기인한 것으로 보인다.

(2) 객관적 귀속이론과 객관적 과실

21 과실범이론 영역에서 주의정도를 일반적 평균인을 척도인으로 삼아 객관화하는 이론은 현대의 객관적 귀속이론에 의해 더욱 정치하게 발전되었다. 일반적 평균인을 척도인으로 삼는 '규범'합치적 행태에 대한 객관적 요구는 객관적 구성요건의 다양한 하위요소들과 결합될 수 있기 때문이다. 도로교통에서 증가된 위험요소들 및 다양한 과학기술분야에 잠재되어 있는 위험인자들과 접촉하는 행위들이 만들어내는 위험 중에 그 자체 위험하기 때문에 '허용되는 위험'과 '허용되지 않는 위험'을 구별할 필요도 부각되었다.

---

208) 대표적으로 이형국/김혜경, 320면; 정성근/정준섭, 363면.

객관적 귀속이론은 이러한 차원의 위험의 경계선을 그을 기준점을 찾음에 있어 객관화된 '규범'의 목적이라는 기본컨셉에서 찾아내었다. 즉 규범의 보호목적이라는 관점에서 허용되는 위험을 창출한 경우나 그러한 위험이 만들어낸 결과는 이미 구성요건단계에서 형법적으로 중요하지 않는 것으로 배제될 수 있다는 이론구성을 하게 된 것이다. 22

객관적 귀속이론이 과실범의 영역에서 규범적 척도를 사용하여 행위와 결과간의 형법적 인과관계의 문제를 결과귀속이라는 객관적 귀속(의무위반관련성)의 문제로 취급할 경우 '주의위반적 행위'는 과실의 주관적 측면이 아니라 과실의 객관적 측면임을 유의해야 한다. 23

3. 현대 형법이론의 과실범 체계와 과실의 (재)주관화

(1) 과실의 이중적 지위 인정

오늘날 과실이론의 주류는 과실을 객관적 측면과 주관적 측면으로 구분하여 각 측면의 과실여부를 판단하는 기준도 다르게 내세우는 입장을 취한다. 과실의 객관적 측면(이를 '객관적 과실'이라 부른다)은 일반적 평균인적 주의정도를 척도로 삼고, 과실의 주관적 측면(이를 '주관적 과실'이라 부른다)은 행위자의 개인적 주의정도를 기준으로 삼는 태도가 절대적 다수를 형성하고 있는 것이다. 이에 따르면 과실은 범죄체계상 이중적 지위에 있는 것으로 파악된다. 즉 객관적 과실은 구성요건 요소로, 주관적 과실은 책임요소로 보게 되는 것이다. 24

(2) 객관적 과실이론 vs 주관적 과실이론

1) 주관적 과실이론의 문제제기 그러나 독일은 물론이고 한국 형법이론학에서도 고의의 이중적 지위 인정여부를 둘러싸고 견해의 대립이 있듯이 과실의 이중적 지위 인정을 인정할 것인지에 대해서도 논란이 있다. 과실도그마틱에서 이 논란의 중심에는 다음의 물음이 자리잡고 있다: 구성요건적 결과의 주의합치적 예견가능성(회피가능성)에 대한 행위자의 개인적 능력(즉 주관적 과실)은 고의범의 고의와 마찬가지로 더 이상 책임 단계에서가 아니라 '구성요건'의 단계에서 심사해야 하는 것은 아닌가. 이 물음은 단순히 과실의 체계적 지위 문제와 관계되는 것만이 아니다. 규범적 관점에서 보다 중요한 의미를 가진다. 25

2) 객관적 과실이론의 문제점 객관적 척도인을 표준삼아 행위자가 기울여야 할 주의정도를 판단하면, 일반적 평균인에 비해 특별한 능력을 가진 행위자를 유리하게 만든다. 특별한 능력자에 대한 객관적 과실은 부정되어 과실범의 구성요건해당성부터 탈락되므로 책임심사로 나아갈 가능성이 원천적으로 제거되기 때문이다. 이 점은 특히 이중적 지위설의 결정적 결함으로 작용할 수 있다. 특별한 능력의 소유자가 자신의 주의능력을 발휘하면 결과발생을 예견할 수 있고, 회피조치를 취할 수 있어도 그 능력을 모두 발휘할 필요가 없고 단지 일반적 평균인이 기울일 수 있는 수준의 주의만 기울여도 과실불법을 구성하지 않는다고 말해야 하기 때문이다. 26

특별한 능력을 가진 자가 타인의 법익에 대해 임박해 있는 위험을 모른 체 해도 좋다고 선언하는 법규범의 태도는 규범적 관점에서 보면 정당화되기 어렵다. 27

28 이중적 지위설에 기초된 객관적 과실이론에 따르면 행위자가 일반인에 비해 낮은 수준의 능력을 가지고 있는 사례의 경우도 문제가 없지 않다. 그 행위자가 객관적 척도인에게 요구되는 주의를 기울이지 못한 것만으로 과실불법이 인정되기 때문이다. 물론 이중적 지위설에 따르더라도 책임심사 단계에서 행위자의 개인의 능력에 따를 때 위험인식가능성 및 회피가능성을 부정하고 결론적으로 주관적 과실을 부정하는 결론을 얻을 수는 있다. 그러나 행위자의 행위가 이미 과실 불법이 인정되는 이상 그에 대해서는 정당방위도 가능하고, 과실 책임이 부정되더라도 '보안처분'의 투입도 가능하게 된다는 점에서 보면 여전히 행위자에게 불리하다.

(3) 주관적 과실이론의 새로운 버전

29 이중적 지위설에 기초되어 있는 객관적 과실이론이 규범적으로 정당성이 결여되어 있다는 문제의식을 가지면 객관적 척도 대신에 주관적 척도를 앞세우는 것을 과실도그마틱으로 인정하는 태도로 나아가게 된다. 이러한 태도는 크게 두 가지로 대별될 수 있다. 하나는 주의합치적 행태에 대한 객관화된 척도를 전적으로 포기하고 과실을 주관적 과실로만 이해하는 입장이고(객관적 과실이론 포기설), 다른 하나는 객관적 과실을 과실범의 구성요건의 요소로 유지하면서도 주관적 과실은 이중적 지위설과는 달리 책임요소가 아니라 '주관적' 구성요건 요소로 인정하는 입장이다(주관적 과실의 주관적 구성요건요소설).

30 1) 객관적 과실이론을 포기하는 입장 이 입장은 요구되는 주의의 정도를 행위자의 주관적 척도에 의해서만 판단하려는 견해이다. 이 입장에 따르면 행위자는 본래부터 행위자가 자신의 능력에 따라 기울일 수 있는 정도의 주의를 위반한 경우에 대해서만 책임을 지게 된다. 그러나 이 입장은 문제가 있다. 앞에서 설명했듯이 과실책임 인정을 위한 전제조건으로 규범체계가 요구하는 일정한 규범적 기대수준, 과실책임의 사회적 기능과 관련한 주의규범의 필요성과 배치되기 때문이다. 단적으로 말해서 일반적 평균인에게 예견가능하지도 않는 위험을 예견하고 회피조치를 할 의무(주의규범)를 부과함은 '당위는 가능을 전제로 한다'(또는 불가능을 의무지울 수 없다)고 하는 실천윤리학적 명제와 조화되기도 어렵다.

31 2) 주관적 과실을 주관적 구성요건요소로 파악하는 입장 주의규범을 누구에게나 요구할 수 있는 위험예견 및 회피의무로 이해하는 시각에서 보면 과실을 오직 주관적으로 행위자의 개인적 능력만 척도로 삼아 과실책임을 지우는 태도에 대해서는 다음과 같은 비판이 여전이 유효하다. 즉 '만약 객관적 척도가 없다면, 행위자가 도달할 것으로 기대되는 인식의 정도가 어느 정도인지를 가늠하는 척도까지 없게 된다는 점을 간과'하게 된다는 비판이 그것이다.[209] 행위자가 어떤 위험을 인식하는 것이 '가능'하였다고 말하려면, 객관적으로 요구된 바가 존재하고, 그에 맞추어 인식을 해 나갈 것이 객관적으로도 요구되어 있어야 한다는 가정하에서만 그러한 말을 할 수 있기 때문이다.

---

209) Kindhäuser, Strafrecht AT, 2.Aufl, § 33/27.

이러한 비판을 수용하여 과실의 체계적 지위를 재정리하면 – 그 구체적인 내용은 과실본질론에서 다루겠지만 – 다음과 같다. ① 먼저 규범적 정당성의 관점에서 보면, 주관적 과실이론이 객관적 과실이론에 비해 결함이 적기 때문에, 주관적 과실을 과실범의 '책임'요소가 아니라 '주관적' '구성요건' 요소로 인정한다. ② 다음으로 과실책임을 인정함에 있어 객관적 과실이론에 기초된 객관화된 척도를 전적으로 포기할 수는 없다. 객관적 과실이론에 기초된 객관화된 규범적 척도가 가진 형법적 의의를 인정하지 않을 수 없기 때문이다. 따라서 과실의 객관적 측면은 여전히 '객관적' 구성요건 요소로 유지한다. 다만 객관적 과실은 '주의규범' 관련적 객관적 주의의무의 위반으로서 – 뒤에서 살펴보겠지만 – 형법적 과실의 본질을 구성하는 요소가 아니라 고의범과 과실범에 공통되는 객관적 '행위'귀속의 척도로 파악하여야 한다. 이하에서는 과실에 관한 이러한 기초이론을 출발점으로 삼아 과실범의 범죄성립요건에 관한 한국 형법 규정의 해석론을 다룬다. 32

제2절 형법 제14조의 해석론과 과실의 본질

Ⅰ. 형법 제14조의 과실인정요건

> 제14조(과실) 정상적으로 기울여야 할 주의를 게을리하여 죄의 성립요소인 사실을 인식하지 못한 행위는 법률에 특별한 규정이 있는 경우에 한하여 처벌한다

1. 제14조와 과실의 두 가지 요소

제14조의 문언에 따르면 과실을 인정하기 위해서는 두 가지 요건이 요구된다. 하나는 '정상적으로 기울여야 할 주의를 게을리한' 행위가 있어야 하고, 다른 하나는 주의위반이 원인이 되어 행위자가 '죄의 성립요소인 사실을 인식하지 못한' 행위를 하여야 한다. 여기서 '정상적'으로 기울여야 할 '주의'란 무엇인지, 죄의 성립요소인 사실의 불인식은 동일한 요건을 고의 부정의 요건으로 규정하고 있는 제13조와의 관계에서 어떻게 이해될 수 있는지, 더 나아가 두 가지 과실인정 요건 중 어느 요소가 과실의 본질적 요소인지에 대해 견해가 일치되어 있지 않다. 33

(1) 과실인정의 제1요건: '정상의 주의를 게을리함'

'정상적으로 기울여야 할 주의(注意)'란 '사회생활상 일반적으로 지켜야 할 것이 요구되는 주의'(이하에서는 정상의 주의라고 약칭한다)를 의미한다. 주의를 게을리하여 죄의 성립요소인 사실을 인식하지 못할 것을 과실 인정의 요건으로 하는 제14조의 문언상, '정상의 주의'의 상관어(corelate)가 '죄의 성립요소인 사실'(이하에서는 구성요건실현 또는 구성요건적 결과발생으로 바꾸어 부른다)이 아님을 유념해야 한다. '정상의 주의'란 사회생활의 여러 영역에서 보호되어야 할 '법익'에 대한 위험을 예견하고 회피조치를 취하기 위해 수범자들이 마땅히 34

기울일 것이 기대되고 요구되는 주의 규범 내지 규칙(due care)이라고 할 수 있다.

35 이에 따르면 정상의 주의에서 '주의'란 '형법'적 차원의 구성요건실현 특히 구성요건적 결과발생의 방지를 위해 기울여야 할 주의가 아니라, '일반적' 규범적 차원의 '위험'을 예견하고 회피하기 위하여 '사전적'으로 기울여야 할 주의이다. '정상적(normal)'은 사회 구성원 모두에게 일반적으로 요구되는 것임을 의미하므로, 정상성(normality)은 사회내에서 표준화된 '규범'으로서 기능한다고 말할 수 있다. 이 표준화된 규범은 모든 시민이 준수해야 할 적극적 의무를 요구한다.

36 정상의 주의(의무)는 입법자에 의해 규범화된 형태로 존재할 수도 있고, 개별사례에서 과실유무를 판단하는 단계에서 법적용자(법관)의 규범적 판단에 의해 만들어지는 경우도 있다.

37 **1) 입법화된 주의규정** 정상의 주의는 일차적으로 주의규정의 형태로 존재한다. 입법자(국회)가 만든 각종 법률(예, 도로교통법, 의료법, 건축법 등) 또는 그 하위법규에 존재하는 각종 의무조항들이 여기에 해당한다. 의학적 지식과 인도주의에 관한 승인된 원칙에 따른 의술(치료법)과 같은 일반적인 형태의 의무도 넓은 의미의 '주의규범'에 해당할 수 있다.

38 후술하듯이 주의규정 위반만으로는 '과실'이 인정되는 것이 아니다. 일반적으로 '주의규정' 위반에 대해 일정한 제재가 부과되고 있긴 하지만, 그 제재는 주의규정에 자체적으로 예고된 제재수단일 뿐이기 때문에 형법상 과실범의 구성요건(형법적 금지규범)을 실현한 과실행위자에게 부과되는 '형벌'과는 차원이 다르다. 예컨대 도로교통법의 제한속도위반은 도로교통법상의 특례규정에 따른 범칙금이 부과되어 있고, 제한속도위반을 한 운전자가 사고를 유발하여 보행자에게 상해를 입힌 경우에는 형법적 금지규범인 업무상과실치사죄의 성립에 예정되어 있는 형벌부과와 별도로 도로교통법상의 제한속도위반에 대한 별도의 범칙금이 부과되는 것도 이 때문이다.

39 특히 의료법상 요구되는 '의사의 설명의무'는 그 자체 생명이나 신체의 완전성이라는 '법익'에 대한 '위험'을 예견하고 회피할 의무와 관련되어 있지 않고 환자의 자기결정권이라는 법익의 보호와 대응관계에 놓여 있다는 점에서 통상적인 주의의무와 차원을 달리한다. 이 때문에 통상 형법이론학과 형사실무에서는 – 특히 민사판결에서도 – 의사의 설명의무 '위반'을 주의의무 '위반'적 '과실'로 자리매김하지 않고 위법성조각사유로서의 '피해자 승낙'의 효과와 결부시킨다. 다른 한편, 「산업안전보건법」이나 「중대재해처벌등에 관한 법률」에서 사업체를 운영하는 사업주나 경영책임자 등에 특별히 부과되어 있는 각종 '보건안전의무'도 주의규정에 해당할 수 있지만, 이러한 의무위반만으로 형법적 '과실'이라고 할 수 없는 것도 이 때문이다.[210)]

210) 예컨대 「중대재해처벌 등에 관한 법률」에서 특정 주체에 대해 부과된 '보건안전의무'(법 제4조)는 그 의무위반 자체에 대해서는 별도의 제재가 마련되어 있지 않다. 그러나 이 법률은 사업주 또는 경영책임자 등의 의무위반으로 인해 작업중인 노동자에게 상해 또는 사망의 결과가 발생할 것을 요건으로 한 형법전의 업무상과실치사상죄 외에 별도의 벌칙조항(법 제5조)에 범죄구성요건을 두고 있다. 이러한 독립된 구성요건에

2) 적용단계에서 법관에 의해 만들어지는 주의(의무)규범 입법자가 천태만상으로 전개되는 사건의 상황 속에서 수범자로 하여금 전개될 '위험'을 예견하고 회피할 것을 요구하는 주의규정을 일일이 미리 규범화하는 것은 입법기술상 가능한 일이 아니다. 제14조에서 과실인정의 제1요건을 '주의규정'이라고 기술하지 않고 '정상의 주의'라는 열린 용어를 사용하고 있는 주의규정의 흠결을 고려한 것으로 이해할 수 있다. 40

① 주의규정과 주의규범의 관계 따라서 주의규정이 아직 만들어져 있지 않지만 행위자에게 그 준수를 요구할 수 있는 '정상의 주의의무'가 존재하는지가 검토되어야 한다. 이러한 검토작업은 행위자가 이미 규범화된 특정 주의규정을 준수하였더라도 또는 특정 주의규정을 위반한 점이 인정되더라도 추가적으로 필요하다. 문제는 이미 규범화된 주의규정의 경우와 달리 구체적 사례에서 법관이 법적으로 요구할 수 있는 법적 주의의무(이를 '주의규범'이라고 한다)는 어떤 조건하에서 인정될 수 있는가이다. 41

② '정상의 주의'의 규범적 주형(鑄型) 주의규정에 갈음하는 (정상의) 주의의무는 어떤 경우에 주조(casting)될 수 있는가? 이에 대한 단서는 주의의무가 이미 규범화되어 있는 '주의규정'을 만들 경우에 작동한 입법원리에서 찾을 수 있다. 주지하다시피 이미 규범화되어 있는 주의규정은－다수의 유사 사례를 통해 집적된 경험지식에 기초하여－법익침해의 위험이 '일반적으로' 예견가능하고 회피가능한 경우, 그 '위험'을 사전에 예견하고 회피(방지)하도록 할 것을 법적 의무로 입법화한 것이다. 42

이러한 규범 설정의 원칙 때문에 입법자는 주의규정을 규범화할 경우 법익침해의 위험에 대한 '일반적인 예견가능성'(＝객관적 예견가능성)이 있는가를 그 판단근거로 삼는다. 다시 말해 주의규정은 어떤 법익침해를 반복적으로 일으키는 행위가 누적된 경우 혹은 그러한 법익침해의 위험이 일반적으로 예견가능하고 회피가능함을 전제로 형식적 규칙으로 실정 규범화된 것이다. 반면에 일반적으로 예견가능하지도 않고 따라서 회피될 수도 없는 법익에 대한 위험은 '일반적인 예견가능성'이 인정될 수 없고 따라서 법에 충실한 시민을 수범자로 하는 주의규정이 애시당초 만들어지지도 않는다. 물론 이 경우 위험에 대한 예측 및 회피가능성은 사회생활의 모든 영역에서 동일하게 평가되지 않고 전문분야별·생활영역별로 달라질 수 있다. 43

위험이 도사리고 있는 다양한 삶의 영역에서 주의규정 규범화의 경우 위와 같은 입법원리가 그대로 타당해야 한다. 즉 모든 시민에게 그 준수를 요구할 수 있는 주의의무의 존재를 긍정하려면 '사회 일반인'의 위험예측 및 위험회피 '가능성'을 기초로 삼을 것이 요구된다. 법공동체 내에서 수범자에게 요구되는 당위명제는 가능을 전제로 하기 때문이다. 바꾸 44

서 위 의무들을 '작위의무'로 이해한다면, 해당 벌칙조항은 '진정부작위'를 기본범죄의 행위로 예정해둔 특수한 결과적 가중범으로 볼 수도 있다.

어 말하면 법적 의무인 당위명제는 일반인의 준수가능을 전제로 한다는 법원칙에 따라야 하는 것이다. 이에 따르면 예측할 수 없고, 회피할 수 없는 위험에 대해서는 예견하고 회피할 것을 법적 의무로 요구할 수 없다.

45 이러한 차원의 (입법자가 법적 의무로서의 주의규범을 만드는데 기초가 되는) 입법원리 내지 법원칙은 '불가능한 것을 의무지울 수 없다'는 로마법의 '법원칙' 및 '당위는 가능을 전제로 한다'는 칸트에 의해 확립된 실천윤리학적 명제에서 발전된 것이다.[211] 형법이론적인 관점에서 볼 때 이러한 기초를 가진 주의규범은 행위자의 과실책임을 제한하는 규범적 기제로서의 의미를 가진다. 객관적 귀속이론의 언어로 말하면 법익의 위험에 대한 객관적 예견가능성(및 회피가능성)은 – 고의범의 경우는 물론 – 과실범의 경우 객관적(행위) 귀속의 척도라고도 말할 수 있다.

46 ③ 재판단계에서의 주의규범을 창설하기 위한 전제조건 구체적 사례에서 행위자 행위의 과실범성립요건을 검토함에 있어 주의의무 '위반' 여부를 판단하는 주의규범이 마련되어 있지 않을 경우, 법관은 행위자에게 '정상적'으로 준수할 것으로 기대되는 법적 의무(위험예견 및 위험발생을 회피할 주의의무)를 만들어내야 한다. 이 경우 주의규범에 갈음할 법적의무는 어떻게 만들 수 있는가? 앞서 언급한 입법의 원리로서의 법원칙을 여기서도 준용할 수 있다. 이에 따르면 통상적으로 위험에 대한 예견이나 회피가 '가능'한 경우에만 예견의무 및 회피의무를 내용으로 하는 법적 의무(주의의무)의 존재를 인정하여 행위자에게도 그 의무의 준수여부를 판단하고, 예견가능성 또는 회피가능성이 부정되는 경우에는 위험을 예견하고 회피해야 할 '당위'(주의규범)적 차원의 법적 의무 자체가 존재하지 않고 따라서 과실범 심사는 종결된다.[212]

47 3) 정상의 주의를 게을리함(=주의의무의 '위반') 제14조에서 과실인정의 제1요소로 요구하고 있는 '정상의 주의를 게을리함'은 정상의 주의의무를 다하지 못함, 즉 의무를 '위반'한 경우를 말하는 것은 분명하다. 구체적인 사례에서 통상적으로 기울일 것이 요구되고 기대되는 주의규범의 존재를 인정(발견)할 것인지의 문제와 구성요건해당성 심사단계에서 행위자의 행위가 그러한 주의규범을 '위반'한 것인지에 대해 심사하는 일은 다르다. 주의규범의 인정(발견)은 기울여야 할 '법적 의무'로서의 '주의의무'가 존재한다는 점만 말해주고 있을 뿐 어느 정도의 주의를 기울여야 그 주의규범이 준수되었는지 혹은 위반되었는지에 대해서는 말하고 있지 않기 때문이다.

48 특별히 위태로운 행태가 문제되는 경우에는 더 높은 정도의 주의정도가 요구될 수 있을

211) 이에 관해서는 김성돈, "과실범의 '정상의 주의'의 전제조건과 형법의 일반원칙", 비교형사법연구, 제13권 제2호, 20면 이하 참조. 위 법원칙이 과실범영역 외에 현행 형법의 다른 규정 및 형법이론에 기초되어 있다는 점에 관해서는 해당영역(부작위범의 부작위의 불법요건인 사실상의 작위가능성, 책임비난의 판단 척도인 적법행위에의 기대가능성 등)에서 재론한다.

212) 통상적으로 회피가능성은 예견가능성을 전제로 하므로 예견가능성을 주의의무의 최소한의 전제조건 내지 주의의무의 인정여부를 판단하는 척도라고도 말할 수 있다.

것이지만, 그 반대의 경우는 더 낮은 주의정도만으로 충분할 수도 있다. 그러나 주의규범이 법적으로 준수되어야 할 법적 의무인 이상 기본적으로는 일반적인 법원칙들 내지 일반적인 경험원칙이 유지되도록 해야 한다. 이러한 원칙들은 위험상황을 창출해내는 자는 누구라도 그로 인한 위험이 타인의 법익침해로 귀결되지 않도록 기대가능한 모든 조치를 취해야 할 의무를 포함한다.

이에 따르면 '과실범' 영역에서는 어떤 행태가 명시적으로 금지되어 있지 않은 행태라고 49
해서 모두 허용되는 것이 아니라고 말할 수 있다. 이러한 맥락에서 법익침해의 '위험'을 예견하고 회피하기 위해 준수할 것이 요구되는 주의규범이 주의규정의 형태로 존재하더라도 구체적인 사례에서 주의규범의 위반여부를 판단하기 위해서는 행위자가 '어느 정도'의 주의(attention)를 기울여야 하는지가 관건이 된다. 이 점은 해석론에 맡겨져 있다.[213)]

형법이론학이나 형사실무에서 구체적 사례에서 주의의무의 '위반'여부를 판단할 경우 '행위자와 같은 50
직업군 내지 생활권 내의 신중하고 양심 있는 제3자' 또는 '행위자와 같은 업무와 직무에 종사하는 일반적 보통인'[214)]의 주의정도를 기준으로 삼는다고 설명한다(이에 관해서는 후술). 이러한 객관적 척도인은 행위자가 기울여야 할 '주의정도'의 표준을 제공하는 점에서 해당 분야에서 실제로 존재하는 것으로 추정되는 '평균인'을 의미한다(후술할 평균인 표준설). 이러한 객관적 척도인(평균인)은 용어의 엄밀성을 유지하려면 규범적 지도형상에 따라 시민에 대한 법적 의무를 규범화해야 할 과제를 수행할 경우 입법자가 준거로 삼아야 할 '당위적 도덕명제'의 수범자인 '규범적 척도인' 또는 '추상적 일반인'과 구별될 수 있다. 하지만, 실무적으로나 이론적으로 양자를 실제로 구별하여 판단하기는 어렵다. 일반적 보통인(일반적 평균인) 이든 규범적 척도인(추상적 일반인)이든 실재하지 않고 가정 내지 평가된 인공물임에는 다를 바 없기 때문이다.

(2) 과실인정의 제2요건: '죄의 성립요소인 사실의 불인식'

제14조에 규정된 과실인정을 위한 제2요소는 '죄의 성립요소인 사실의 불인식'이다. 그 51
러나 앞서 언급했듯이 과실에 관한 제14조와 고의에 관한 제13조의 체계적 해석에 따르면, 고의와 과실은 의욕적 요소의 존부에 따라 구별된다. 이에 따르면 '죄의 성립요소인 사실을 인식'은 있지만 구성요건을 실현할 의욕이 없는 경우도 과실이 인정된다. 인식조차 하지 못한 경우를 '인식없는 과실'이라고 부르고, 인식은 하였으나 의욕이 없는 경우를 '인식있는 과실'이라고 부른다는 점은 앞서 설명하였다. 인식없는 과실의 경우이든 인식있는 과실의 경우이든 위험예견 또는 위험회피를 위한 '정상의 주의위반'(주의의무위반)은 공통의 전제조건이다.

1) 과실인정을 위한 주관적 요건: '행위자'의 인식(예견)가능성 제14조(과실)의 문맥 52

---

213) 제14조의 '정상적으로 기울여야 할 주의'는 1953년부터 유지되어왔던 '정상의 주의'를 알기 쉬운 우리말 법령 만들기 차원에서 국문학자들이 중심이 되어 바꾼 표현이다. 그 주의의 준수성 내지 규범성을 의미하는 '정상의 주의'가 '정상적으로 기울여야 할 주의'로 바뀜으로써 '정상적으로'라는 부사어가 기울여야 할 주의의 정도를 의미하는 것으로 읽힐 수도 있다. 이렇게 되면 제14조는 후술할 주의의 정도와 관련한 해석적 논란을 '객관설'의 입장에서 입법화한 것으로 볼 수도 있다.

214) 대법원 1996.11.8. 95도2710.

상 그리고 제13조(고의)와의 관계상 과실인정의 제2요소인 죄의 성립요소인 사실의 인식 또는 인식가능성 여부의 주체는 '행위자'임이 분명하다. 인식가능성에는 현실적 '인식'은 당연히 포함되므로,[215] 제14조에서 말하는 과실인정의 제2요건은 '행위자'의 '인식가능성'이라고 말할 수 있다. 인식 또는 인식가능성의 대상인 '죄의 성립요소인 사실'은 형법적 '금지규범'인 '구성요건실현', 그 중에 특히 결과범 형식의 구성요건인 과실범의 특성상 '구성요건적 결과'이다. 이에 따르면 과실인정의 제2요건은 행위자가 구성요건적 결과에 대한 (의욕없는) 인식 또는 인식없음(인식가능성)이라고 풀이될 수 있다.

53 2) 행위자의 인식가능성과 주관적 과실 '행위'가 주의의무'위반' 여부를 판단함에 있어－후술하듯이－일반적 평균인의 주의정도를 기준으로 삼는다면, 과실인정의 제1요소는 행위의 '객관적 주의의무의 위반'이라고 압축할 수 있다. 반면에 구성요건실현(구성요건적 결과)에 대한 '행위자'의 인식가능성 여부를 판단함에 있어서는 행위자의 개인적 지식과 능력을 기준으로 삼아야 한다. 과실인정의 제1요건인 '객관적 주의의무' 위반을 행위의 객관적 측면(객관적 과실)이라고 하고, 과실인정의 제2요건인 결과발생에 대한 행위자의 인식가능성 및 그 판단의 기초인 행위자의 주의위반성을 행위의 주관적 측면(주관적 과실)이라고 말할 수 있다.

2. 제14조 전단 부분의 해석론: 주의위반여부를 판단할 척도(인)

54 과실범 성립요건을 심사하는 실용도그마틱의 관점에서 볼 때 구체적인 사례에서 행위자의 행위가 주의규범을 위반한 것인지를 판단하기 위해서는 어느 정도의 주의 또는 누구의 주의정도를 기준(표준)으로 삼아야 하는지가 관건이 된다. 이 물음은 형법 제14조의 전단 부분(과실인정 제1요소)인 '정상의 주의'위반(=객관적 주의의무위반) 여부를 판단하기 위한 척도에 관한 해석론의 문제이다.

(1) 학설의 태도

55 앞서 과실도그마틱의 발전사에서 개관하였듯이 이에 관해 다양한 견해가 제시되었다. 과실을 범죄의 주관적 요건의 총화인 '책임'의 하위요소로 인정하였던 고전적 범죄체계하에서는 특히 세 가지 견해가 대립하였다: 행위자의 주의능력을 기준으로 하여 판단해야 한다는 견해(주관설), 일반인의 주의능력을 표준으로 판단해야 한다는 견해(객관설), 주의의 정도는 일반인을 기준으로 하여 객관적으로 결정하고 주의능력은 행위자의 주의능력을 기준으로 하여 결정해야 한다는 견해(절충설)가 그것이다.

---

215) 반대로 '인식'(예견)으로 규정되어 있는 문언을 '인식(예견)가능성'까지 포함하는 것으로 해석하는 것은 불가능하다. 인식은 실제로 인식한 것이고 여기에 '가능성의 인식'도 포함될 수 있지만, 인식 가능성은 현실적 인식은 없지만, 인식할 가능성은 있었던 경우로서 인식과 인식가능성은 존재론적으로 유와 무의 관계에 있다.

그러나 오늘날 형법이론학에서 다수 견해가 취하는 범죄체계(목적적 범죄체계 및 합일태적 범죄체계)하에서는 과실을 구성요건요소인 동시에 책임요소로 인정한다(이중적 지위설).[216) 이 입장은 주의위반적 행위수행의 방식(양태)으로서의 과실(객관적 과실)은 객관적 구성요건 요소로 이해하고, 행위자의 주의위반성(주관적 과실)은 책임요소로 이해하는 전제하에서 객관적 과실여부는 일반적 평균인의 주의정도를 기준으로 삼고, 책임단계에서 심사되는 주관적 과실여부는 행위자 개인의 지식과 주의능력을 기준으로 삼고 있다. 56

그러나 과실의 체계적 지위를 주관적 구성요건 요소로 보는 견해도 유력하게 주장되고 있다.[217) 이에 따르면 객관적 주의의무는 고의행위자에게도 전제되어 있는 것으므로 객관적 과실(객관적 주의의무 위반)은 고의범과 과실범에 공통되는 객관적 구성요건요소이고, 구성요건실현(또는 구성요건적 결과)에 대한 행위자의 인식가능성이야 말로 과실인정을 위한 고유한 요소(과실의 본질적 요소)파악한다. 이 견해는 행위자 개인의 지식과 능력을 기준으로 삼는 주관적 과실(결과발생에 대한 행위자의 인식가능성)은 체계상 과실범의 주관적 구성요건 요소로 배치시킨다. 57

(2) 판례의 태도와 대법원의 과실법리

대법원은 제14조의 해석론으로 어떤 과실 법리를 도출하여 실무에 적용하고 있는가. 과실에 관한 대법원의 법리는 아래 판결문의 판시속에 들어 있다고 말할 수 있다. 이 판결문은 대법원 스스로가 가장 많이 인용하고 있기 때문이다. 58

判 "의료사고에 있어서 ① 의료종사원의 과실을 인정하기 위하여서는 의료종사원이 결과발생을 예견할 수 있었음에도 불구하고 예견하지 못하였고, 결과발생을 회피할 수 있었음에도 불구하고 그 결과발생을 회피하지 못한 과실이 검토되어야 하고, ② 그 과실의 유무를 판단함에는 같은 업무와 직무에 종사하는 일반적 보통인의 주의정도를 표준으로 하여야 하며, ③ 이에는 사고 당시의 일반적인 의학의 수준과 의료환경 및 조건, 의료행위의 특수성 등이 고려되어야 한다."[218) 59

위 판결에서 대법원은 '과실인정' 요건과 '과실유무' 판단 문제를 나누어 과실에 관한 기본법리를 제시하고 있다. 60

1) 과실인정의 요건 대법원은 판시부분 ①에서 과실이 인정되기 위해서는 '결과발생에 대한 예견가능성 및 회피가능성'을 전제로 한 뒤, '그 결과를 예견하고 회피하지 못하였을 것'을 요구한다. 여기서 '예견하지 못한'과 '회피하지 못한'이라는 문구는 각각 예견의무와 회피의무의 '위반'으로 풀이될 수 있다. 이에 따르면 '과실인정'을 위해서는 결과발생 61

---

216) 이중적 지위설을 취하면서 행위자에게 특수지식이 있을 경우에는 '예외적으로' 이를 구성요건해당성심사단계에서 고려해야 함을 인정하는 입장으로는 이재상/장영민/강동범, §14/12; 임웅, 497면.

217) 김성돈, "과실개념에서 주의의무위반관련성과 예견가능성", 형사정책연구, 1995.7; 이용식, "과실범에 있어서 주의의무의 객관적 척도와 개인적 척도", 서울대학교 법학 제39권 제3호, 1999, 62면 이하; 조상제, "형법상 과실의 체계적 정서", 고시계, 1998.9, 57면 등이 독일의 Jakobs, §9/8: Schroeder, LK, §16 Rdn. 157ff; Stratenwerth/ Kuhlen, §15/9; MK-Duttge, §15 Rn.120 등의 이론에 따라 이 입장을 취한다.

218) 대법원 1996.11.8. 95도2710.

에 대한 예견의무 및 회피의무의 위반이 있어야 한다고 한다.

62 2) 과실유무 판단하기 위한 표준 대법원은 행위자의 행위가 의무위반적 의미의 과실이 될 수 있는지('과실유무')를 판단하기 위해서는 누구의 주의정도를 표준으로 할 것인지에 대해 위 판시부분 ②에서 설시하고 있다. 판시부분 ②에 따르면 주의정도는 행위자와 동일한 업무와 직무에 종사하는 '일반적 보통인'의 주의정도를 표준으로 삼아야 한다. 이 때문에 대법원은 주의위반여부의 판단에서 '평균인 표준설'에 따른다고 말한다. 이러한 태도에는 과실인정을 위한 제1요소인 행위의 주의의무 위반이 객관적 척도에 따라 판단되어야 함이 확언되어 있다(과실의 기초이론에서 과실의 객관적 측면 내지 객관적 과실 참조).

63 判 물론 대법원의 위 판시부분에서 피고인이 기울여야 할 주의정도를 피고인과 '같은 업무와 직무에 종사하는 일반적 보통인'이라고 말하고 있지만 '일반적 보통인'이 누구를 말하는지는 분명하지 않다. 과실유무를 판단하는 민사판결에서는 일반적 보통인을 '추상적 일반인'을 가리키는 것은 아님을 밝히고 있긴 하다.[219)] 하지만 앞서 살펴보았듯이 일반적 보통인을 '평균인'이라고도 말할 수 있지만, 평균인이 추상적 일반인과 어떻게 다른지 실제로 규명하기는 어렵다. 어느 경우든 '산술적 평균인'을 의미하는 것은 아님은 분명하다. 주의 정도와 관련해서 말하면 일반적 평균인이 기울여야 할 주의정도는 '일정한 업무나 직업군 안에서 실제로 기울여지고 있는 평균적 수준'의 주의를 의미하는 것 같다.

64 분명한 것은 판시부분 ②에서 말하는 평균인의 주의정도를 표준으로 한 주의의무위반이라는 차원의 객관적 과실은 제14조에서 요구되어 있는 과실인정을 위한 두 가지 요건 중 하나에 불과할 뿐 과실의 전부가 아니라는 점이다. 과실의 다른 한 요소, 즉 과실의 주관적 측면은 행위자 개인에 대해 요구되는 주관적 과실을 말하고, 이는 제14조의 문언에 대한 해석에 따르면 과실인정의 제2요건, 즉 죄의 성립요소인 사실에 대한 행위자의 불인식(인식가능성)을 말한다.

65 判 그런데 위 기본법리를 설시한 판결에서 대법원은 과실범 성립요건과 관련하여 행위자 개인의 지식과 주의력을 기준으로 삼아 행위자가 실제로 과실범 구성요건의 실현, 특히 결과발생에 대한 행위자의 인식가능성 여부에 관해서는 위 판결이 더 이상 나아가고 있지 않다. 그러나 과실의 유무와 경중에 관한 표준은 "그 개인에게 관한 구체적인 사정에 의하여 결정되는 것이 아니"(다)라는 민사판결의 판시내용으로부터는 과실유무 판단에 '행위자 개인의 지식과 능력'을 기준으로 삼을 수 없다는 점을 대법원이 적어도 민사적 과실 법리로 인정하고 있음을 추론할 수는 있다.[220)]

---

219) "의료사고에 있어서 의료종사원의 과실은 일반적 보통인을 표준으로 하여 요구되는 주의의무를 결한 것으로서 여기에서 일반적 보통인이라 함은 추상적인 일반인이 아니라 그와 같은 업무와 직무에 종사하는 사람을 뜻하는 것이므로, 결국 이와 같은 사람이라면 보통 누구나 할 수 있는 주의의 정도를 표준으로 하여 과실유무를 논하여야 (한다)"(대법원 1987.1.20. 86다카1469: 민사손해배상 판결임).

220) "과실의 유무와 그 과실의 경중에 관한 표준은 그 개인에게 관한 구체적인 사정에 의하여 결정하는 것이 아니고, 일반적인 보통인으로서 할 수 있는 주의의 정도를 표준으로 하여야 할 것이며, 위의 일반적 보통인이라 함은 추상적인 일반인을 말함이 아니고 그와 같은 업무와 직무에 종사하는 보통인을 말하는 것이므로 그와 같은 직업과 직무에 종사하는 사람으로서는 보통 누구나 할 수 있는 주의의 정도를 표준으로 하여 그 과실유무를 논하고 위와 같은 주의를 심히 결여한 때에는 중대한 과실이 있다고 하여야 할 것이다"(대법원 1967.7.18. 66다1938: 민사 손해배상 판결임).

위 제시된 형사판결의 판시부분 ①을 결과발생에 대한 행위자의 예견가능성과 회피가능성으로서의 과실인정요건으로 이해하더라도 과실인정요건 ①과 과실유무판단기준에 관한 판시부분 ②가 어떤 관계에 있는 것인지에 관한 해명은 없다. 즉 판시부분 ①에서 '과실인정' 요건에 관한 '일반론'을 전개한 뒤에 곧바로 '그' 과실의 유무라는 말로 시작되고 있는 판시부분 ②는 '구체적인 사례'에서 '어느 정도의 주의(신중함)'를 가지고 행위하면 의무위반적 과실이 되는지에 관한 물음에만 – 평균인 표준설에 입각한 – 답변을 하고 있는 것 같다. 이처럼 겉보기에 객관적 주의위반적 과실을 과실로 치환하고 있는 대법원의 태도는 고전적 범죄체계하에서부터 주장되었던 '주관설'의 최대 강점인 형사책임귀속의 정당성 확보라는 관점에서 보면 문제가 있어 보인다. 66

3) 과실유무를 판단하는 형사재판의 현실과 대법원의 과실법리 위 판결 및 다른 판결을 종합한 대법원의 과실법리에 따르면, 구체적인 사례에서 행위자에게 과실이 있는지 없는지는 다음과 같이 판단된다. 객관적 척도인의 주의정도를 척도로 삼아 행위자가 기울인 주의의 정도와 비교한다. 이 비교에서 행위자가 실제로 기울인 주의가 객관화된 기준에 미달되면 행위자의 행위는 '주의위반적 행위'(대법원의 표현: 과실)로 평가된다. 즉 대법원은 과실인정의 제1요건인 객관적 주의의무의 위반(객관적 과실)만 인정되면 행위자에게 과실이 있음을 결론지우고, 그 다음 단계인 과실인정의 제2요건인 결과발생에 대한 행위자의 인식가능성(주관적 과실)여부에 대한 심사로 나아간 예는 – 결과적 가중범에 관한 판례사안을 제외하고는 – 실제로 찾아보기 어렵다(과실범 판결례는 §16/105이하 참조). 67

이와 같이 대법원이 '객관적 과실'여부에 대한 심사만 하고, 주관적 과실여부에 대한 심사로 나아간 판결례를 쉽게 찾아보기 어려운 것은 무엇 때문인가? 행위자 개인의 지식과 능력을 기준으로 삼을 때 결과발생에 대해 예견가능성을 부정할 만한 실제 사례가 없었기 때문일 수도 있고, 그럴만한 사례는 있었어도 변호인이 결과발생에 대한 행위자의 예견가능성 부정을 – 적어도 상고이유로라도 – 주장하지 않았기 때문일 수도 있다. 대법원의 과실법리에 관한 평가를 하기 전에 과실불법을 객관적 주의위반만으로 제한하는 과실이론의 문제점을 먼저 검토해 본다. 68

(3) 결론: 이른바 객관적 과실이론의 문제점

1) 책임원칙 위배가능성(민사책임인정요건과 형사책임인정요건의 차이) 객관적 주의위반만으로 과실'불법'을 근거지우는 과실이론 헌법상의 책임원칙과 조화되기도 어렵다. 인간의 존엄성에서 도출되는 책임원칙과는 달리 죄형법정주의에서 도출되는 책임원칙이 과실범에서 관철되기 위해서는 평균인 표준설에 따를 때 행위자가 위험에 대한 예견 및 회피 의무를 '위반'(=객관적 과실)하는 것으로 충분하지 않고, 행위자가 형법적 '구성요건'적 결과발생과 관련해서도 개인적으로 잘못이 인정되어야 한다. 형법 제14조에서 특히 행위자가 "죄의 성립요소인 사실을 인식하지 못하였을 것을 형벌부과의 전제조건으로 – 앞의 설명에 의하면 과실인정의 제2요건으로 – 요구하고 있음도 이 때문이다. 이러한 총칙조항 69

의 요구로부터 특히 형사책임의 인정요건이 민사적 손해배상의 요건과 전적으로 다른 차원에서 설정되어야 하는 것임을 이해할 수 있게 된다.

70 민사적 손해배상의 요건(고의 또는 과실, 손해의 발생, 과실과 손해간의 인과관계)을 심사할 경우 '과실'과 관련해서는 객관적 '주의의무위반(=객관적 과실)' 여부를 확인하는 것으로 필요한 심사는 종결될 수 있다. 그러나 형법은 형사책임의 인정요건으로 민법의 손해배상 요건과는 달리 독자적 불법구성요건에 연계된 형벌부과요건, 즉 행위자가 그 '객관적 주의의무위반'으로 인하여 죄형법정주의가 요구하는 '죄의 성립요소인 사실(특히 구성요건적 결과발생)'의 불인식(행위자의 주관적 과실)이라는 요건까지 충족시킬 것이 요구하고 있다. 이 때문에 과실범의 성립요건을 심사함에 있어서도 객관적 과실의 인정만으로 범죄성립을 인정하는 것은 책임원칙으로부터 도출되는 죄형법정주의에도 반할 수 있다.

71 判 형사판결문과는 달리 민사판결문에는 – 객관적 과실과 주관적 과실이 전문용어적 측면에서나 심사의 단계적 측면에서 정확하게 표현되어 있지는 않지만 – 객관적 과실만으로도 민사적 손해배상의 과실요건이 충족될 수 있음이 적절하게 실시되고 있다. '병원 인턴이 응급실로 이송되어 온 물에 빠진 환자를 담당의사의 지시에 따라 구급차에 태워 다른 병원으로 이송하던 중 산소통의 산소잔량을 체크하지 않아 산소 공급이 중단된 결과 그 환자를 폐부종 등으로 사망에 이르게 한 사례'에서 대법원은 "인턴의 주의의무는 사망에 대한 결과예견의무가 아니라, 구급차 탑승 전 또는 이송 도중 구급차에 비치되어 있는 산소통의 산소잔량을 확인하고 적절한 조치를 취할 주의의무를 말한다"고 판시[221)]하고 있기 때문이다. 이처럼 인턴에게 객관적 주의의무가 존재함을 확인하고 그 의무를 위반하였다면 그것으로 손해배상의 요건 중의 하나인 '과실'요건은 충족된다는 점을 인정하고 있는 것이다. 그러나 위 사례에서 인턴에게 '형사책임'까지 인정하려면 의무위반을 넘어서 '형법'의 업무상과실치사죄의 구성요건의 실현(결과발생)을 지향한 행위자의 인식(또는 인식가능성)이 별도로 심사되어야 한다. 전자는 주의규범 위반적 '객관적' 과실이고, 후자는 형법 구성요건 실현과 관련한 '주관적(=행위자)'적 과실임은 앞서 설명하였다. 민사책임인정과 형사책임인정의 경우 각기 요구되는 과실내용이 다르다는 점에 관해서는 과실본질론에서 재론하기로 한다.

72 **2) 정당성이 결여된 책임귀속** 과실의 '객관적' 측면만 포착하고 '주관적(=주관적)' 과실측면은 무시하는 과실법리로는 정당한 책임귀속에 이르기 어렵다. 행위자가 일반적 보통인에 비해 열등한 지식과 주의력을 가지고 있는 경우 자신의 '주의'를 다하여도 위험을 예견할 수 없고 회피조치를 취할 수 없어도–평균인의 주의정도를 기준으로 삼는–'객관적 과실' 내지 과실불법이 인정되고, 따라서 행위자의 책임을 인정하게 되기 때문이다. 이 뿐만 아니라 행위자가 평균인에 비해 월등히 높은 수준의 지식과 능력을 가지고 있는 경우 평균인 수준의 주의만 기울였다면 '객관적 과실' 내지 과실불법이 부정되어 행위자에게 더 이상 책임을 물을 수 없게 된다.

73 이러한 부당한 책임귀속을 피하기 위해서는 과실의 주관적 측면을 과실법리의 중핵으로 삼아야 한다. 규범적 관점에서 볼 때 행위자에게 요구할 수 없는 주의정도를 행위자가

221) 대법원 2011.9.8. 2009도13959 참조.

기울이지 못한 경우 이를 '과실'로 인정하여 행위자를 불리하게 해서는 안 되듯이, 행위자가 개인적 지식과 능력에 따라 능히 발휘할 수 있는 주의의 정도를 행위자가 발휘하지 않은 경우 '과실'을 부정하여 행위자를 유리하게 해서도 안 되기 때문이다.

이러한 문제점은 '객관적 과실'을 과실범의 '구성요건'요소로, '주관적 과실'은 '책임'요소로 배치시키는 이중적 지위설(또는 합일태적 범죄체계)에 따르더라도 문제는 해결되지 않는다. 범죄성립요건의 마지막 심사단계인 책임 심사에 앞서 불법심사에서 앞서 설명했던 부당한 결론을 치유할 수 없기 때문이다. 이러한 관점에서 보면 행위자에게 과실불법 여부를 판단함에 있어 주관적 과실측면까지 고려해야 하는 점은 범죄체계론에서 어느 체계를 취할 것인가와 같은 '선택'의 문제가 아니라 '필수'이다. 필자는 주관적 과실을 과실범의 '책임'요소가 아니라 과실의 '주관적' '구성요건' 요소로 배치시키는 입장임을 앞서 밝힌 바 있다. 74

3) 대법원의 과실법리(이중적 지위설)의 문제점 ① 대법원은 과실에 관한 기본법리를 설시한 것으로 평가되는 위 인용판결의 '과실'유무 판단에서 주의의 정도에 관한 평균인 표준설에 입각함으로써 객관적 주의의무위반을 '과실'로 파악하는 이른바 객관적 과실이론에 경도되어 있는 듯하다. 그러나 대법원은 다른 판결에서 과실의 체계적 지위와 관련하여 이중적 지위설을 취하고 있는 듯한 태도를 보이기도 한다. 75

判 "소위 과실범에 있어서는 비난가능성의 지적 요소란 결과발생의 가능성에 대한 인식으로서 인식있는 과실에는 이와 같은 인식이 있고 인식없는 과실에는 이에 대한 인식 자체도 없는 경우이나 전자에 있어서 책임이 발생함은 물론 후자에 있어서도 그 결과발생을 인식하지 못하였다는 데에 대한 부주의 즉 규범적 실재로서의 과실책임이 있다고 함이 일반이(다)"[222] 76

위 판시내용에 따르면 대법원이 말하는 '비난가능성의 지적요소'란 책임요소로서 심리학적 차원의 인식과 관련성있는 이른바 '주관적 과실'을 말하고, 이러한 책임요소로서의 과실인정을 위해서는 결과발생의 가능성에 대한 '인식'이 있을 것을 요하거나(인식있는 과실) 또는 결과발생을 인식하지 못했지만 부주의가 없었다면 인식가능성이 있었다고 규범적으로 평가될 수 있을 것(인식없는 과실)을 요한다. 이에 따르면 대법원도 앞의 기본법리에서 강조된 객관적 과실은 구성요건요소로 파악하고 있는 반면, 비난가능성(즉 책임)요소로서의 과실은 책임요소로 파악하고 있는 것이라는 평가가 가능하다.[223] 77

그러나 과실의 체계적 지위를 이중적으로 파악하는 대법원의 입장도 앞서 살펴보았듯이 이중적 지위설에 대해 가해질 수 있는 비판을 피하가기 어렵다. 이 뿐만 아니라 대법원의 과실법리에는 그 용어사용의 정합성과 일관성이 유지되고 있지 않은 문제점도 있다. 78

4) 대법원의 과실법리 문제점 ② 형법 제14조에 명시된 과실인정의 두 가지 요건에 따르면 행위자에게 과실이 인정되기 위해서는 '위험'에 대한 예견 및 회피의무를 위반한 객관적 '주의의무위반'(제1요건)과 행위자가 구성요건적 '결과에 대한 불인식'이라는 요건(제 79

222) 대법원 1984.2.28. 83도3007.

223) 대법원은 피고인의 '주관적 예견가능성'을 부정하는 취지의 상고이유를 독단적 견해로 배척하고 있으므로 변호인이 주관적 과실법리를 주장하는 사례가 드물게나마 있었음을 알 수 있다.

2요건)이 충족되어야 한다. 이 두 가지 요건의 '관계'를 체계적으로 정서하기 위해서는 예견 및 회피조치의 대상인 '위험'과 인식의 대상인 '결과' (또는 구성요건실현="죄의 성립요소인 사실")를 용어적으로 구별해야 할 뿐만 아니라 '위험'을 예견하고 회피조치를 취해야 할 의무위반여부의 판단과 행위자가 '결과발생에 대한 인식은 못했지만 인식가능성은 있었다'라는 판단이 독자적으로 이루어져야 한다. 그러나 대법원의 과실법리는 형법 제14조가 요구하는 과실판단의 체계구조를 유지하고 있지 못한 것으로 보인다.

80 判 과실에 관한 기본법리를 설시한 위 판결(95도2710)의 판시부분 ①에서 대법원은 '과실인정'의 요건으로 '결과'예견가능성과 함께 '결과'회피가능성을 설시하고 있다. 여기에는 과실인정의 제1요건에 해당하는 주의의무의 내용, 즉 '위험'의 사전적 '예견 및 회피 가능성을 과실인정의 제2요건에서 말하는 법익침해적 '결과'와 조합시키고 있다. 이러한 조합은 '위험'에 대한 예견 및 회피 가능성과 '결과'에 대한 예견 및 회피가능성은 다른 차원의 문제라는 점을 정확하게 구분할 수 없게 만든다. 다른 한편 대법원은 '과실유무'와 관련한 판시부분 ②에서는 객관화된 주의(의무)정도를 표준으로 삼아야 한다고 한다. 여기서 개념논리적으로 과실인정의 요건은 과실유무 판단에서의 '과실'의 존재를 전제로 한다고 할 때, 판시부분 ②에서 평균인 표준설에 따라 주의의무위반여부를 판단하였다면 이로써 인정되는 주의위반으로서의 과실은 객관적 과실을 말하는 것이 분명하다. 판시부분 ①과 ②를 종합하면, 행위자에게 과실이 '인정'되기 위해서 '결과' 예견가능성 및 회피가능성을 인정할 경우에도 평균인 표준설을 따라야 함이 표방되어 있는 것처럼 보인다. 즉 대법원은 형법 제14조가 요구하고 있는 과실인정의 제1요건과 제2요건의 개념요소를 조합(뒤섞음)하고 있는 동시에 객관적 척도인을 과실판단의 기준으로 인정함으로써 행위자의 구성요건적 사실에 대한 불인식(인식가능성)이라는 주관적 과실 측면에 내포된 행위자 개인의 지식과 능력이라는 주관적 척도를 사실상 무의미하게 만들고 있는 것이다. 대법원이 객관적 '주의의무'위반(=객관적 과실)의 문제와 구성요건적 '결과'에 대한 행위자의 인식 또는 불인식 문제를 용어적으로 정확하게 구분하고 있지 않음은 제14조의 해석상 도출되는 과실인정의 두 가지 요건 중에 제1요건(=객관적 과실)만 과실로 인정하는 것임을 말해준다. 이 뿐만 아니라 대법원이 '결과'에 대한 예견가능성 뿐만 아니라 결과에 대한 회피가능성도 '과실인정'의 요건으로 설시하고 있음도 문제가 된다. 후술하듯이 결과에 대한 '회피가능성' 판단은 체계적으로 '과실'인정의 요건으로서 다루어질 것이 아니라 '객관적 주의의무위반'과 결과간의 인과관계 판단에서 중요한 고려사항이 되기 때문이다.[224] 결국 대법원의 과실법리는 제14조의 과실인정 요건과는 달리 용어적으로도 섬세하지 않게 구분하지 않고 있을 뿐만 결과발생에 대한 행위자의 주관적 인식가능성(또는 예견가능성) 요건을 중요하게 다루고 있지 않을 뿐만 아니라 인과관계라는 다른 체계요소의 문제까지 과실인정이라는 하나의 '심사' 단계속에서 포괄적으로 묶어 취급하고 있다는 점에서 한계가 있다.

81 이처럼 대법원과 객관적 주의의무위반(객관적 과실)과 결과발생에 대한 인식가능성(주관적 과실)을 분명하게 구별하지 않거나 일관된 표현을 사용하고 있지 있음을 단순히 용어사용에서의 비치밀성을 보이고 있음에 불과한 정도로 볼 일은 아니다. 정당한 판결을 위해서는 평등한 법적용 및 판단의 일관성이 기본이고, 이를 위해서는 개념의 명확성과

224) 객관적으로 회피불가능한 결과는 행위자의 주의위반적 행위의 탓으로 평가할 수 없기 때문이다. 적법한 대체행위이론도 이러한 판단에 기초하고 있고, 객관적 귀속이론의 기본 컨셉도 보면 행위자가 위반한 일반적 주의규범이 발생한 그 결과를 회피(방지)하는 것을 목적으로 하는 것인지를 평가하고 있다. 이에 관해서는 객관적 귀속이론 참조.

개념사용의 엄정성 유지가 선결조건이라는 점을 고려하면 결국 과실형사책임의 인정여부에 대한 대법원의 판단이 정당한 '법(리)'에 따른 것이 아니라고 말할 수도 있기 때문이다.

대법원의 과실법리에서 '객관적 과실'측면이 유독 강조되고 있음은 대법원이 과실범의 82
불법성을 판단함에 있어 민사적 손해배상책임을 근거지움에 있어 사용하고 있는 과실법리를 그대로 원용하고 있다는 오해의 빌미를 줄 수도 있다. 규범이론적 관점에서 볼 때 객관적 주의의무위반은 일반적 주의규범의 위반과 연결되는 반면, '주관적 과실'은 '형법적' 금지규범 위반과 연결된다(일반적 '주의규범'과 형법적 '금지규범' 및 그 위반의 차이에 관해서는 바로 뒤의 과실본질론 참조). 대법원의 과실법리에 나타난 두 가지 문제점은 필자가 보기에 형법적 과실의 본질이 무엇인지에 대한 이론적 규명이 전제되지 않은 점에 근본적 원인이 있는 것 같다.

Ⅱ. 과실개념 본질론과 객관적 주의의무위반의 체계적 지위

1. 과실본질론의 의의

제14조에서 과실인정 요건으로 요구되어 있는 두 가지 요건 중 어느 요소가 과실을 구 83
성하는 본질적 요소인지가 문제될 수 있다. 고의의 본질을 인식에 있다고 할 것인지(인식설) 의욕에 있다고 할 것인지(의사설)에 따라 고의인정 여부가 달라질 수 있듯이, 객관적 주의의무위반(과실의 객관적 과실)을 과실의 본질적 요소로 볼 것인지 구성요건적 결과에 대한 행위자의 인식가능성(주관적 과실)을 과실의 본질적 요소로 볼 것인지에 따라 과실인정 여부가 달라질 수 있다. 따라서 과실본질론은 실익이 없는 순수 이론적인 차원의 논의가 아니라 과실이론을 다르게 구성하여 과실범 성립요건 심사에서 심사될 요건의 차이를 가져온다. 형법 제14조에 설정되어 있는 '과실' 인정요건을 출발점으로 삼아 형법적 과실을 구성하는 본질적 요소가 무엇인지를 규명하기 위해서는 제14조에 전제되어 있는 주의규범과 형법적 금지규범의 차이를 먼저 이해할 필요가 있다.

(1) 주의규범과 형법적 금지규범의 차이

형법 제14조가 요구하는 과실인정을 위한 두 가지 요건을 위반되는 규범의 관점에서 파 84
악하면, 객관적 주의의무 위반(제1요건)은 평균적 일반인의 주의정도를 표준화한 '주의규범'의 위반이라고 할 수 있고, 과실범의 구성요건적 결과가 발생되는 것을 인식하지 못한 것(제2요건)은 형법적 '금지규범'의 위반이라고 할 수 있다. 주의규범과 형법적 금지규범은 다음과 같은 점에서 다르다.

1) 규범 목적의 차이 주의규범이 법익에 대한 '위험'을 사전예방적 차원에서 방지(회 85

피)할 것을 목적으로 하는 반면, 형법적 금지규범은 법익의 위험단계를 넘어 그 법익이 실제로 '침해'되는 결과를 방지(회피)할 것을 목적으로 한다. 주의규범의 목적은 아직 형법적 구성요건이 실현되기 이전단계인 법익에 대한 위험(Risiko)의 사전적 관리이지만, 과실범이라는 형법적 금지규범의 목적은 불법구성요건의 실현, 즉 결과범 형식의 구성요건인 과실범의 결과(=법익침해)의 방지이다.

86 2) 요구되는 의무의 차이 '주의규범'은 법익에 대한 '위험을 사전에 예견하고 그 위험을 회피할 수 있는 조치를 취할 적극적 의무를 요구한다. 이와는 달리 형법의 '금지규범'은—특히 결과범 형식으로 규정되어 있는 과실범 구성요건과 관련해서 보면—수범자인 행위자로 하여금 법익침해적 결과를 야기하는 구성요건을 실현하는 행위로 나아가지 말아야 할—소극적 의무를 요구한다.

87 3) 위반의 효과면에서의 차이 구성요건적 결과가 아닌 법익에 대해 발생할 위험은 사전 관리의 대상이므로 주의규범의 위반 그 자체만으로는 아직 구성요건적 과실불법을 구성하지 않는다. 따라서 주의규범의 위반만으로는 형법적 효과가 부과되지 않고, 실정화된 주의규범(=주의규정) 위반에 예정된 독자적인 제재종류가 부과되며,[225] 실정화되지 않은 주의규범의 위반 그 자체에 대해서는 어떤 종류의 제재도 부과되지 않는다. 특히 이 경우의 주의규범은 특정 구성요건실현(불법)을 지향하는 행위의 불법성을 판단하는 '형법규범' 위반여부를 판단할 계기를 제공하는 한도내에서만 형법규범과 일정한 접촉점을 가지고 있을 뿐이다. 반면에 행위자가 형법적 금지규범을 위반하여 구성요건적 결과를 야기한 경우에는 일정한 요건하에 '형벌'을 부과받게 된다. '형법적' 금지규범과 달리 주의규범을 '일반적' 주의규범이라고 부를 수도 있다.

88 4) 규율대상 측면에서의 차이 일반적 주의규범(또는 주의규정)은 '사회생활에서 통상적으로 요구되는 주의'(특히 민법이론)를 기준으로 삼아 그 주의위반을 규율한다. 형법 제14조에서는 이를 '정상적으로 기울여야 할 주의'라고 규정하고 있고 이를 형법도그마틱에서는 '객관적 주의의무'로 불리워지고 있음은 앞서 살펴본 바와 같다. 객관적 주의의무는 미리 정형화된 경우도 있지만 구체적인 사례에서 법익에 대한 위험에 대한 사전적 예방차원에서 사회생활을 하는 시민들에게 기울일 것이 요구될 경우 법관에 의해 만들어지므로 정형화되어 있지 않은 경우가 많다.

89 반면에 형법적 금지규범은 죄형법정주의라는 헌법적 요구에 의해 정형성을 갖춘 불법구성요건을 전제로 삼아 그 구성요건의 실현, 내지 구성요건적 결과의 발생 방지를 규율한다. 고의범의 경우는 구성요건적 결과발생을 의욕하지 못하도록 고의벌로 규율하고 과실

225) 어떤 종류의 제재를 부과할 것인지는 원칙적으로 입법자에게 맡겨져 있다. 주의규정의 종류에 따라 그 의무위반에 대해 행정질서벌적 과태료를 부과할 수도 있지만, 도로교통법 등에서와 같이 벌금형이 부과되어 있는 의무위반도 있다.

범의 경우는 구성요건적 결과발생을 불인식하지 않도록 과실벌로 규율한다. 특히 행위자의 인식가능성의 대상인 구성요건적 결과는 (업무상/중) 과실치사상죄, (업무상/중) 실화죄, 과실폭발성물건파열등죄, 과실일수죄, (업무상/중) 과실교통방해죄, (업무상/중) 과실장물취득죄 등 형법의 범죄구성요건에 규정되어 있지만, 주의규범에서 규율되는 다양한 주의의무는 주의규정의 경우를 제외하고는 정형화된 형식으로 존재하지 않고 구체적인 사례에서 그때그때 법관에 의해 만들어진다. 민사적 손해배상책임 인정요건과 형사책임의 인정요건에서 각기 과실의 의미 및 과실인정의 요건이 서로 다르게 파악되어야 하는 것도 이 때문이다(그 차이에 관해서는 후술).

(2) 형법적 과실의 본질

1) 결과발생에 대한 행위자의 인식가능성 앞의 논지(일반적 주의규범과 형법적 금지규범의 차이 및 그에 따라 형법 제14조에서 요구된 과실인정 내지 과실불법 또는 과실책임을 인정하기 위한 두 가지 요건의 역할 및 기능의 차이)에 따르면 과실범의 형사책임을 인정하기 위한 '형법적 과실'의 본질적 요소는 객관적 주의의무위반이 아니라 형법적 금지규범에서 정형화된 구성요건실현(결과)에 대한 '행위자'의 인식가능성이다.[226] 90

과실의 본질이 주관적 과실에 있고 따라서 과실범 성립을 위해 주의위반적 과실 외에 결과발생에 대한 행위자의 인식(예견)가능성 이라는 의미의 주관적 과실 인정이 결정적이라는 점은 형법 제15조 제2항의 해석을 통해서도 알 수 있다. 후술하듯이 이 규정은 결과적 가중범의 성립요건의 하나로 '중한 결과에 대한 행위자의 예견(인식)가능성'을 최소한의 요건으로 규정하고 있다. 형법이론학은 중한 결과에 대한 '과실'이 요구된다고 할 때의 '과실'과 관련해서도 객관적 과실, 즉 주의규정 또는 주의규범의 관점에서 본 의무위반적 측면은 이 규정의 해석단계에서 개입시키지 않는다. 과실범에서 말하는 객관적 의무위반적 차원의 객관적 과실은 입법자가 결과적 가중범 형식의 구성요건을 만들 경우 중한 법익에 침해에 대한 전형적 위험을 내포한 행위일 것을 요구하는 기본범죄의 선별단계에서 고려하기 때문이다(법익침해의 위험에 대한 개연성을 가진 행위만 전형적 위험을 내포한 행위로 판단, 이를 기본범죄로 삼아 중한 결과와 결합시킴!). 이와 같이 결과적 가중범에서 말하는 과실은 구성요건적 사실인 '중한 결과' 발생에 대한 행위자의 인식(예견)가능성으로서의 과실, 즉 주관적 과실만을 의미하는 것으로 해석되어야 하는 것도 이 책에서 말하는 과실의 본질론과 합치된다. 91

2) 과실의 필요조건과 과실의 충분조건 특히 형법 제14조가 과실이라는 표제하에서 요구하고 있는 과실인정의 두 가지 요건을 염두에 두면, 행위자에 대해 과실형벌을 부과하기 위해서는 주의규범 위반 뿐 아니라 그로 인하여 형법적 금지규범까지 위반할 것을 요구하고 있다. 이에 따르면 일반적 주의규범의 위반은 행위자의 과실이 인정되기 위한 필요조 92

---

226) 형법 제14조의 해석상 '정상적으로 기울여야 할 주의를 게을리하였기 때문에 죄의 성립요소인 사실을 인식하지 못하였거나 인식하였더라도 결과발생이 일어나지 않았을 것으로 믿은 경우'를 과실이라고 개념 정의할 수도 있다. 특히 과실의 본질요소인 구성요건실현에 대한 행위자의 인식가능성은 구성요건적 '결과'만 관련대상으로 하지 않는다. 행위와 결과간의 인과적 진행경과도 구성요건 요소인 이상 주관적 과실인 행위자의 인식가능성의 관련대상으로 요구된다. 이 점은 실제로 진행된 인과과정도 고의의 인식대상으로 요구된다는 점과 궤를 같이 한다(이에 관해서는 고의범의 경우 인과과정의 착오 참조).

건에 불과하고 형법적 금지규범 위반적 행위가 과실 인정을 위한 충분조건이 된다.

93 3) 민법적 과실과 형법적 과실의 구별 형법적 과실은 형법적 금지규범인 구성요건 실현에 대한 행위자의 인식가능성을 본질적 요소로 하는 형법적 과실은 객관적 주의의무 위반만으로 구성되는 '민법적' 과실과도 구별된다.

94 민법적 손해배상인정요건과 형법적 범죄성립요건이 달라지는 것도 이 때문이다. 민사적 손해배상 책임 인정의 요건(고의 또는 과실행위,[227] 손해의 발생, 행위와 발생된 손해사이의 인과관계)중의 하나인 '과실'은 '사회생활에서 통상적으로 요구되는 주의'로 정의되면서 행위의 객관적 측면만 포착하고 있다. 이러한 민법적 과실은 형법 제14조에서 말하는 과실인정의 제1요건과 동일한 의미 즉 객관적 과실로 이해될 수 있다. 이에 따르면 민법상 불법을 구성하기 위해서도 형법에서와 같이 정형화된 '구성요건'을 전제하지 않아 형법의 구성요건적 결과에 상응하는 손해개념도 물질적 손해 뿐만 아니라 정신적 손해까지도 포함한다. 반면에 형법적 과실불법을 구성하기 위해서는 반드시 구성요건에 특정된 '결과'의 발생을 요하고, 따라서 과실책임이 인정되기 위해서는 객관적 과실만으로는 부족하고, 정형화된 구성요건의 실현(특히 구성요건적 결과발생)에 대한 행위자의 인식가능성(형법 제14조의 과실인정의 제2요건)인 주관적 과실까지 인정되어야 한다.

95 4) 규범이론적 차원에서 고의와 과실의 동등취급 객관적 주의의무위반을 과실의 본질적 요소로 파악할 수 없는 이유는 고의행위자도 주의규범, 특히 규범화된 주의규정을 위반할 수 있기 때문이다. 예컨대 자동차 운전자가 사람을 사망케 한 경우 사망을 의욕한 자나 사망에 대한 인식 조차 못한 자에게도 전방주시의무나 신호준수의무 등 주의규정이나 운전중 기울여야 할 객관적 주의의무의 위반은 인정된다.

96 행위자가 주의규정을 위반한 사례에서는 과실범의 경우든 고의범의 경우든 구성요건적 결과발생에 대해 부과되는 '형벌'이외에 주의규정 위반에 대해 예고된 별도의 법효과도 부과된다는 점도 과실의 본질적 요소가 주의규정의 위반에 있는 것이 아님을 말해준다. 행위자적 요소인 '고의 또는 과실'은 모두 형법적 '금지규범'위반과 접촉하는 한도내에서만 고의범 또는 과실범로 귀결된다. 규범이론적 관점에서도 고의와 과실이 동등하게 취급되어야 함은 객관적 과실측면이 아니라 주관적 과실측면을 과실의 본질적 요소로 파악해야 할 이유를 추가해 주고 있다.

97 5) 주관적 과실의 체계적 지위 행위자에게 구성요건실현(사망의 결과발생)에 대한 의욕이 있어서 고의가 인정될 경우에는 주의규정의 위반하였음에도 불구하고—그 위반이 의도적인지 비의도적인지와 무관하게—과실인정 여부는 더 이상 문제되지 않는다. 구성요건실현에 대한 행위자의 의욕이 주의규정 위반적 측면을 전적으로 뒤덮기 때문이다.[228]

---

227) 민사책임에서는 고의 책임과 과실책임을 구별할 필요도 없고, 배상액에 있어서도 원칙적으로 차이를 두지 않는다.

228) 형법규정의 체계론적 해석상 과실범의 구성요건과 고의범의 구성요건은 법조경합 중 보충관계에 있다. 따라서 과실범은 고의범이 인정되지 않는 경우에 한하여 성립할 수 있다. 이에 관해서는 제3부 죄수론과 경합론에서 설명한다.

과실범이 문제되는 경우에도 행위자가 주의규정을 '의도적으로' 위반하는 경우도 있다. 98
이 경우 과실책임과 고의책임을 가르는 결정적인 기준은 인정되는 행위자에게 사망의 결과발생에 대한 의욕이 있었는지(고의) 아니면 결과발생에 대한 인식은 있었지만 의욕이 없었거나 인식도 없고 인식가능성만 있는지(과실)에 있다. 주관적 과실을 과실의 본질적 요소로 취급하게 되면, 고의를 고의범의 주관적 구성요건 요소로 배치할 수 있듯이 과실도 과실범의 주관적 구성요건 요소로 체계화할 수 있다.

判 물론 대법원은 과실의 체계적 지위에 관해서는 간접적으로나마 '이중적 지위설'에 입각해 있는 듯하지만, 무엇을 과실의 본질적 요소를 볼 것인지에 대해서는 간접적으로라도 그 태도를 밝히고 있지 않다. '결과'발생에 대한 인식가능성(예견가능성+회피가능성)을 과실로 보고 있다고 평가할 수 있는 판결[229]도 있고, 과실의 본질을 주의(의무)위반으로 보고 있는 듯한 판결도 있다. 과실인정의 제1요소인 객관적 '주의의무 위반'을 '과실'로 명명하고 있는 다수의 대법원 판결문을 염두에 두고 보면, 대법원이 과실의 본질을 주의(의무)위반에 있는 것으로 보고 있다고 평가할 수도 있을 듯하다. 특히 '과실유무'에 관해 평균인 표준설에 따르는 전제하에 '과실인정'의 요건으로 결과의 예견가능성 또는 회피가능성을 내세우고 있음에서 그리고 의료과실의 경우 '통상의 의사의 정상적인 지식에 기한 것이 아니면 그것이 과실이라고 단정하기는 어렵다'고 판시하고 있는 점[230]을 종합하면 대법원은 과실판단에서 여전히 객관적 과실개념을 중심축으로 삼고 있을 뿐, 형법적 과실개념의 본질이론에는 관심을 두고 있지 않음을 알 수 있다.[231] 특히 법익에 대한 사전적 '위험'과 관련지워야 할 주의의무(예견의무 및 회피의무)의 판단기준(평균인 표준설)을 법익침해적 결과를 지칭하는 '구성요건적 결과발생'의 예견가능성 또는 회피가능성과 용어상 혼용하는 등 대법원의 과실법리는 더 정교하게 가다듬어져야 할 필요가 있고, 예견가능성과 회피가능성이라는 개념도 각기 다른 차원의 쟁점을 함의하고 있어 과실범 심사에서 체계적으로 재검토되어야 할 것이 요구된다(양자의 구별에 관해서는 인과관계와 객관적 귀속 참조). 99

2. 객관적 주의의무위반의 체계적 지위

형법적 과실개념의 본질적 요소를 '구성요건실현에 대한 행위자의 인식가능성'으로 파악하고, 이 주관적 과실을 과실범내의 체계적 지위를 주관적 구성요건에 배치시키면, '객관적 주의의무위반'이라는 요소는 과실도그마틱에서 어떻게 자리매김되어야 하는가? 100

(1) 객관적 주의의무위반과 객관적 행위귀속의 척도

객관적 주의의무위반은 과실의 본질적 요소가 아니라 고의범이나 과실범에 공통되는-위험창출이라는 의미의-객관적 행위'귀속'의 척도로 파악하는 것이 바람직하다. 이에 따르면 객관적 주의의무위반이라는 요소의 과실범내 체계적 지위는 객관적 구성요건에 있다. 101

229) 대법원 1996.11.8. 95도2710.
230) 대법원 1996.11.8. 95도2710.
231) 학계의 대다수 견해도 과실을 의무위반하여 구성요건적 사실(결과발생)에 대한 인식을 하지 못한 경우라고 포괄적으로 정의내리면서, 과실인정의 요건문제와 과실의 본질 문제를 엄격하게 구별하여 개념화하고 있지 않다. 의무위반적 측면과 구성요건실현(범죄사실)의 불인식 측면을 모두 고려하면서도 과실의 본질적 요소를 객관적 의무위반에 있다고 보는 입장도 일부(정성근/정준섭, 365면) 있다.

102 일반적 주의규범의 위반인 객관적 주의의무위반 여부에 대한 판단은 고의범 사례의 경우 행위자의 고의책임을 지움에 있어서 특별한 의미가 부여되지 않는 것과는 달리 과실범 심사에서는 객관적 주의의무위반 여부에 대한 판단이 행위자의 과실책임을 근거지움에 있어 결정적인 역할을 한다. 행위자의 객관적 행위측면이 법익에 대한 위험을 예측하고 위험 회피조치를 취하기 위해 객관적 척도인에게서 기대되는 주의정도에 도달하지 못한 경우라야 그 행위를 과실범의 구성요건에 해당하는 '과실행위'로 귀속될 수 있는 최소한의 '전제조건'을 충족하고 있다고 평가할 수 있기 때문이다. 객관적 귀속이론이 '행위'귀속의 차원에서 행위자의 행위를 '객관적 구성요건에 해당하는 행위'로 평가하는 척도에 관한 이론으로서 역할을 하는 것은 바로 이 지점이다.

103 객관적인 척도인의 지식과 주의정도로는 위험에 대한 예견을 할 수 없을 경우에는 객관적 주의의무의 존재조차 부정된다. 이 때문에 법익의 위험에 대한 객관적 예견가능성은 객관적 주의의무의 존부를 판단하기 위한 척도가 된다는 점 및 그에 기초되어 있는 규범적 원리(당위는 가능을 전제로 한다는 원칙)에 관해서는 앞서 설명하였다.

(2) 객관적 행위귀속(=객관적 주의의무의 위반성)을 부정하는 이론들

104 행위자가 '객관적으로 요구되는 주의의무(위험예견 및 회피조치의무)'를 위반한 것으로 평가되려면 앞서 객관적 행위귀속의 '위험창출' 전제조건에서 설명하였듯이 법익에 대해 허용되지 않은 위험을 창출한 경우이어야 한다. 이에 따르면 행위자가 발생시킨 위험이 '허용된 위험'으로 평가될 수 있거나 '위험감소'의 경우는 기울여야 할 객관적 주의의무 자체가 인정되지 않는다.

105 허용되는 위험의 하위사례인 '사회적으로 상당한 행위'인 경우에도 객관적 주의의무 존재 자체가 부정된다. 이 두 가지 객관적 주의의무를 부정하는 이론은 고의범과 과실범의 구성요건해당성을 부정하기 위한 이론이지만, '과실범'에 특화되어 객관적 주의의무를 부정하기 위해 판례가 발전시킨 법리로서 '신뢰의 원칙'이 있다(이에 관해서는 후술).

106 (3) 객관적 주의의무위반이 구성요건적 결과와 가지는 접촉점

객관적 주의의무위반이 과실인정을 위한 전제조건으로서 과실범에서 구성요건적 결과와 독자적으로 요구되어 있는 구성요건적 행위, 즉 행위자의 행위를 구성요건에 해당하는 행위로 평가하기 위한 행위귀속의 척도로서 기능하지만, 객관적 구성요건내에서 다른 중요한 기능도 한다.

107 객관적 주의의무위반 심사에서는 아직 구성요건적 결과를 관련대상으로 삼지 않고 전적으로 '행위'귀속 여부에 대한 규범적 평가가 진행되지만, 구성요건적 결과와의 관련성을 심사하는 또 다른 체계요소에서 중요한 기능을 한다. 결과범의 범죄성립요건인 행위와 결과간의 형법적 인과관계 심사에서 특히 과실범 사례에서 의무위반관련성 심사에서 결과귀속여부를 판단할 경우 '객관적 주의의무의 위반'이라는 과실행위의 객관적 부분과 결과간의 관련성을 심사대상으로 삼기 때문이다. 과실범의 경우 인과관계 문제를 합법적 대

체행위이론에 따라 해결하고 있는 대법원도 행위자의 객관적 주의의무의 위반과 결과간의 관련성을 문제 삼고 있다. 여기서도 용어사용에서 유의해야 할 점이 있다. 과실범의 인과관계 판단 내지 객관적 결과귀속 판단에서 통상적으로 '과실과 결과간의 인과관계' 또는 '과실과 결과간의 객관적 귀속판단'이라고 말할 때, 과실이라는 키워드로 지칭되는 것은 객관적 과실, 즉 객관적 주의의무위반을 말하는 것이지, 구성요건적 결과에 대한 행위자의 인식(예견)가능성이라는 의미의 주관적 과실을 말하는 것이 아니다.

Ⅲ. 과실범 체계(이 책의 입장)

형법 제14조의 해석상 과실인정을 위해서는 두 가지 요건이 요구된다. 대법원은 이 두 가지 요건 중 결과발생에 대한 행위자의 인식(예견)가능성인 주관적 과실이 아니라 객관적 주의의무위반이라는 객관적 과실에 초점을 맞추면서 이에 대해서만 과실이라는 명칭을 사용하고 있는 듯하다. 다른 한편 오늘날 과실도그마틱은 과실을 과실범 체계의 어디에 배치시킬 것이지에 관해 견해가 일치되어 있지 않다. 108

학설의 다수와 대법원은 평균인 표준설에 따라 판단되어야 할 객관적 주의의무위반(=객관적 과실)을 과실범의 구성요건 요소로 파악하면서 행위자 표준설에 따라 판단되어야 할 주관적 주의의무위반(내지 결과발생에 대한 행위자의 예견가능성=주관적 과실)은 과실범의 책임요소로 배치하고 있다. 이러한 상황에서 과실의 체계적 지위를 과실범의 주관적 구성요건 요소로 파악하려는 견해가 과실도그마틱의 주류적 입장에 도전장을 내밀고 있다. 이러한 도전은 '주관적 과실'을 과실범의 (주관적) '구성요건'요소로 포착함으로써 규범구조 및 범죄체계면에서 과실범의 고의범을 동조시키려는 차원에서 이루어지고 있다. 109

이 책은 과실범의 범죄체계를 다음과 같이 파악한다. 첫째, 과실인정을 위한 두 가지 요건을 규범이론적 차원에서 검토하여 형법적 과실의 본질적 요소를 객관적 주의의무위반이 아니라 구성요건실현에 대한 행위자의 인식(예견)가능성에 있다고 본다. 둘째, 이러한 과실본질론에 입각하여 행위자가 객관적으로 요구되는 주의에 합치되는 방식으로 행위할 경우 구성요건적 결과를 인식(예견)할 수 있었는지를 '구성요건' 단계에서 심사되어야 할 주관적 구성요건 요소로 파악한다. 셋째, 객관화된 주의요구에 대한 위반여부, 즉 객관적 주의의무위반 여부는 과실범의 경우에만 고유하게 심사되는 과실의 요소가 아니라 고의범과 과실범에 공통된 객관적 행위귀속의 문제로 취급하여 이를 객관적 구성요건 요소로 체계화한다. 110

아래 표는 이 책이 취하는 과실범 범죄체계와 과실의 이중적 지위를 인정하는 다수견해가 취하는 과실범 체계(이에 관해서는 § 16/13 이하 참조)의 비교이다. 111

112

구성요건	1. 행위, 결과 2. 행위와 결과간의 자연과학적 사실적 인과관계 3. 위험에 대한 객관적 주의의무위반 (=객관적 과실) 4. 객관적 주의의무위반과 결과간의 형법적 인과관계(또는 객관적 결과귀속)
위법성	
책임	1. 책임능력 2. 행위자 개인의 능력을 기준으로 한 결과에 대한 예견가능성과 회피가능성 3. 주의합치적 행태의 기대가능성 4. 그밖의 책임조각사유의 부존재

〔다수설의 과실범 체계〕

구성요건	객관적 요소	1. 결과 2. 전(前) 구성요건적 행위와 결과간의 자연과학적 사실적 인과관계 3. 위험에 대한 객관적 주의의무위반(=객관적 과실) 4. 객관적 주의의무위반과 결과간의 객관적 결과귀속
	주관적 요소	행위자 개인의 지식과 능력을 기준으로 한 결과에 대한 행위자의 인식(예견)가능성(=주관적 과실)
위법성		
책임		1. 책임능력 2. 기대가능성 3. 그밖의 책임조각사유의 부존재

〔이 책의 과실범 체계〕

113 이 책의 과실범 체계에 따르면 과실범의 성립요건의 심사순서는 다음과 같다: ① 행위자의 행위가 과실범의 '구성요건에 해당하는 행위'로 평가(행위귀속)되기 위한 최소한의 요구조건(과실범의 객관적 구성요건요소)의 충족여부(즉 위험에 대한 예견가능성을 기준으로 삼은 객관적 주의의무위반여부)를 심사한다. ② 형법적 과실의 본질적 요소인 구성요건적 '결과'에 대한 행위자의 인식(예견)가능성이라는 주관적 요소의 충족을 주관적 구성요건해당성 심사단계에서 판단한다.

114 이러한 심사순서에 따르면 과실범 심사가 이중적 지위설에 따른 심사방법과 비교할 때 두 가지 점에서 합리적인 결론이 확보될 수 있다. 첫째, 행위자가 평균인에 비해 열등한 주의정도를 가지고 있는 경우 그 행위자를 불리하게 취급하지 않을 수 있다. 이중적 지위설의 심사체계에 따르면 일단 '객관적' 주의의무위반성이 인정되어 과실범의 불법이 긍정된 후, 행위자의 개인의 열등한 주의정도는 책임심사단계에서 고려될 수 있을 뿐이기 때문이다. 둘째, 행위자가 평균인에 비해 특별한 능력의 소유자인 경우 규범적으로 부당한 취급을 받게 되는 결론도 막을 수 있다. 특별한 지식과 능력을 가진 행위자에게 구성요건실현(또는 결과발생)에 대한 인식(예견)가능성(=주관적 과실)이 인정되더라도 행위자의 과실불법부터 부정될 수 있는 이론이 전제되어 있기 때문이다. 다시 말해 주관적 과실 인정여부의 판단 이전 단계인 객관적 (행위)귀속 판단단계에서 '위험'에 대한 객관적 예견가능성이 부정되는 경우에는 객관적 주의의무의 존재자체를 인정할 수 없어 객관적 '행위'귀속이 부정되고 따라서 행위자의 행위가 구성요건해당성부터 탈락되기 때문이다.

제 3 절 과실범의 구성요건요소

형법의 과실범 구성요건은 결과범 형식을 취하고 있고, 미수처벌에 관한 규정을 두고 있지 않다. 과실범의 구성요건이 실현되었다고 하기 위해서는 구성요건의 모든 요소를 충족하여야 한다. 과실범의 구성요건요소도 객관적 요소와 주관적 요소로 대별된다. 115

Ⅰ. 과실범의 객관적 구성요건 요소

1. 결과의 발생, 자연과학적 사실적 인과관계

발생된 구성요건적 결과는 행위자의 행태와 자연과학적 사실적 의미의 인과관계가 인정되어야 한다. 이러한 의미의 인과관계의 인정여부는 '합법칙적 조건설'에 따라 심사되어야 한다. 합법칙적 조건설에 따른 인과관계의 존부는 먼저 자연과학적 의미의 '인과법칙'을 기초로 삼아 확인될 수 있다. 그러나 자연법칙적 인과법칙이 존재하지 않는 경우에는 귀납적-통계학적 방법에 따른 경험과학적 지식을 기초한 '경험법칙'에 따라 인과관계의 인정 여부를 확인해야 한다. 이 경우 특히 사실증명에 관한 형사소송법의 원칙에 따라 합리적 의심의 여지가 없을 정도로 증명되어야 한다. 116

判 앞(§14)에서 예로 든 '가습기 살균제 사건'에서는 상당인과관계설을 취하는 대법원도 자연과학적 사실적 인과관계의 존부를 확인하기 위해 살균제 제조를 위해 사용한 특정 화학물질이 폐질환유발의 원인이 되는지가 경험과학적 지식을 통해 '증명'되어야 한다고 판시하고 있다. 117

이러한 차원의 인과관계는 사실확인의 문제로서, 객관적 주의의무위반여부(과실유무)의 문제, 그리고 객관적 주의의무위반적 행위와 결과간의 형법적 인과관계(내지 객관적 귀속) 문제와 같은 법적 규범적 평가가 수반된 문제와는 차원이 다르다(§14 참조). 118

2. 객관적 주의의무 위반

(1) 객관적 주의의무의 위반의 의의

1) 주의의무 '위반'의 판단 기준(척도) 과실범의 객관적 구성요건에 해당하려면 행위자의 행태가 객관적 주의의무에 위반되는 행위로 평가되어야 한다. 객관적 주의의무'위반'은 통상적으로 요구되는 (정상의) 주의의무를 다하지 못한 행위, 즉 일반적 보통인을 표준으로 한 객관화된 주의정도에 이르지 못한 행위를 말한다. 형법이론학에서는 일반적 보통인을 '행위자와 같은 직업군 내지 생활권 내의 신중하고 양심 있는 제3자'로 지칭해 왔다. 119

判 대법원도 주의의무 위반(즉 대법원식 용어에 따르면 '과실유무')을 판단함에 있어 '일반적 보통인', 120

즉 "행위자와 같은 업무와 직무에 종사하는 일반적 보통인"[232]의 주의정도를 표준으로 삼아 이를 행위자가 기울여야 할 주의의 정도를 판단하고 있다. 이에 따르면 구체적인 사례에서 행위자 '행위'의 객관적 주의의 무위반성의 판단에서 기준이 되는 것은 위험을 예견하고 위험을 회피할 수 있는 '행위자' 개인의 지식과 능력이 아니라 '일반적' 평균인의 지식과 능력이다.

121 2) 객관적 주의의무 '위반' 판단의 선결조건 객관적 주의의무위반 여부를 판단에 앞서 그 전제로서 규범합치적 시민에게 그 준수를 요구할 '정상의 주의' 내지 '객관적 주의의무'가 존재하여야 한다. 의무의 존재 없이는 의무'위반'을 논할 수 없기 때문이다. 주의의무는 언제 인정되는가?

(2) 선결조건: 주의의무의 존부 심사

122 1) 주의의무와 주의규정 주의의무는 각종 법령에 '주의규정'의 형태로 존재하는 경우가 많다. 그러나 주의규정이 규범화되어 있지 않은 경우도 있고, 이미 주의규정이 존재하고 행위자가 그 주의규정을 위반한 점이 인정되더라도, 법관은 행위자가 게을리하였을 수도 있을 또 다른 주의의무'의 존부를 규범적으로 평가해야 할 경우도 있다. 구체적인 상황 속에서 행위자가 법익에 대한 위험을 회피(방지)하기 위해 정상적으로 요구되는 주의를 기울일 것이 기대되는 경우가 있기 때문이다. 다시 말해 아직 입법자가 주의규정을 만들지 않았거나, 이미 존재하는 주의규정의 위반이 인정되는 경우라도 법관은 구체적인 문제상황에서 주의규정에 갈음하여 그 준수가 기대되는 통상적인 주의의무를 규범적으로 보완해야 할 과제를 수행해야 한다(주의규정의 종류, 주의규정과 주의규범의 관계에 관해서는 제14조 해석론 참조).

123 判 대법원이 이러한 과제를 잘 수행한 모범판례[233]가 있다. 대법원은 해당 판결문에서 주의규정 위반만으로 행위자에게 과실을 인정하고 그에 따라 과실범의 다른 성립요건을 검토한 하급심 법원의 법리오해를 지적하면서, 구체적 상황 속에서 규범화된 주의규정과는 별도로 행위자가 준수해야 할 주의의무의 존부 확인을 거쳐야 하고, 그러한 확인을 거치지 않은 하급심의 판단 중 주의의무위반과 결과간의 인과관계에 관한 결론이 하급심이 내린 결론과 달라질 수 있음을 확인하고 있다.

124 형법 제14조에서 입법자가 주의규정이라는 용어 대신 '정상적으로 기울여야 할 주의'라는 용어를 사용하고 있다는 점에서 볼 때, '정상의 주의'는 주의규정이 미비된 구체적인 상황에서 행위자가 준수해야 할 주의규범을 주조해 내는 일종의 '틀'(거푸집)이라고 할 수 있다. 이와 같이 '정상적으로 기울여야 할 주의'는 구체적인 상황 속에서 법적용자에 의해 끊임없이 만들어질 수 있기 때문에 과실범의－'개방적' 구성요건 요소가 아니라－ '규범적'

---

232) 대법원 1996.11.8. 95도2710.

233) 대법원 1995.12.26. 95도715("운전자가 택시를 운전하고 제한속도가 시속 40km인 왕복 6차선 도로의 1차선을 따라 시속 약 50km로 진행하던 중, 무단횡단하던 보행자가 중앙선 부근에 서 있다가 마주 오던 차에 충격당하여 택시 앞으로 쓰러지는 것을 피하지 못하고 역과시킨 경우, 원심이 운전자가 통상적으로 요구되는 주의의무를 다하였는지 여부를 심리하지 아니한 채 업무상 과실이 없다고 판단한 것은 법리오해, 심리미진의 위법을 저질렀다는 이유로 원심판결을 파기한 사례"임).

구성요건요소라고 할 수 있다.

2) 주의의무의 존부 판단을 위한 척도 (정상의) 주의의무의 존재를 인정하기 위해서는 '위험'에 대한 객관적 예견가능성(및 회피가능성)이 인정되어야 하고, 이것이 부정되는 경우에는 수범자에게 그 준수를 요구할 수 있는 주의'의무'가 존재한다고 말할 수 없다. 주의의무가 존재하지 않으면 '위반'이 있는지에 관한 심사 자체로 나아가는 길목부터 차단된다. 125

이 경우 주의의무의 존부를 확인하는 척도인 '위험'에 대한 예견가능성(회피가능성)은 통설과 판례가 평균인 표준설에 입각하여 판단한다는 점에 관해서는 앞서 설명하였다. 특히 구체적인 사례에서 행위자가 '주의의무'를 '위반'한 것인지를 판단함에 있어 행위자별로 다른 기준을 요구할 수 없기 때문에 그 '주의정도'의 표준을 제공하는 척도인은 행위자와 같은 직업과 업무를 실제로 수행하는 '일반적 평균인'을 의미한다. 126

이미 실정화된 주의규정의 경우 위험에 대한 객관적 예견가능성(회피가능성)이 인정된다는 점에 입법자의 결단이 이루어진 것이기 때문에 그 의무가 행위자의 주의위반여부를 판단하기 위한 표준이 된다는 점에 대해 형사재판에서 다툼의 여지는 없다. 예컨대 도로교통법상 신호준수의무가 모든 운전자들의 위험 예견가능성 등에 기초하여 부과되어 있는 것임이 다툼의 대상이 되지 않는다. 그러나 구체적인 사례에서 법관이 일반적 평균인을 척도인으로 삼아 생성한 주의의무의 경우는 다툼의 대상이 된다. 127

'일반적 평균인'을 척도로 한 주의의무 인정 여부, 즉 위험에 대한 객관적 예견가능성과 회피가능성이 언제 인정될 수 있는지에 대한 다툼은 주의규범이 실정화되어 있지 않은 영역에서 빈번하게 일어날 수 있다. 이 경우 당해 사안과 관련된 당대의 확립된 (교과서적)지식이나 실제로 현장에서 기울여지고 있는 평균적 수준의 위험예견 및 취해지고 있는 회피조치 등 '표준'이 재판단계에서 해당분야의 전문가의 감정소견을 통해 규명되어야 하고, 법관은 이를 토대로 피고인이 행위 당시 기울여야 할 주의의무(객관적 주의의무)를 확인하고 피고인에게 주의의무 '위반'(객관적 과실)이 인정될 수 있는지를 평가한다. 일반적 평균인을 척도인으로 삼아 주장되는 '표준'은 검찰측과 피고인측의 감정소견별로 각기 달라질 수도 있고, 심급마다 달라질 수도 있다.[234] 128

아래 예시된 판례사안들에서는 '일반적 평균인'을 척도인으로 내세워 주의의무 및 그 위반(객관적 과실) 여부가 판단되고 있다. 다만, 객관적 과실과 주관적 과실을 구별해야 하는 과실이론적 관점에서 보면 '부정판례' 중 ①~⑤의 경우 '과실이 없다'는 판시표현은 '기울여야 할 주의의무가 인정될 수 없다' 또는 '주의의무위반이 없다'로 바꾸는 것이 바람직할 129

---

234) 입법자는 '추상적 일반인'을 규범적 척도인으로 삼아 주의규정을 만들고, 법관은 구체적 사례에서 피고인과 같은 직업군이나 업무군의 '일반적 평균인'에 의해 실제로 기울여지고 있는 평균적 수준의 지식과 관행적 조치 등을 기초로 주의의무의 표준을 생성하고 있다고 말할 수도 있다. 양자를 실제로 구별하기 어렵다는 점에 관해서는 앞서 언급하였다.

것으로 보인다.

130 **例 주의의무의 존재를 긍정한 판례:** ① 고속도로를 운전하는 자동차의 운전자로서는 (…) 상당한 거리에서 보행자의 무단횡단을 미리 예상할 수 있는 사정이 있는 경우에는 그에 따라 즉시 감속하거나 급제동하는 등의 조치를 취해야 할 주의의무가 있다(대법원 2000.9.5. 2000도2671). ② 제한속도가 시속 40킬로미터인 왕복 6차선 도로의 1차선을 따라 운전하는 운전자는 무단횡단하던 보행자가 중앙선 부근에서 있다가 마주오던 차에 충격당하여 자신의 택시 앞으로 쓰러지는 것을 예견·회피해야 할 주의의무가 있다(대법원 1995.12.26. 95도715). ③ 길이가 18미터되는 긴 차량을 운전하는 운전사로서는 (…) 동차 후부측면에도 사람이 충격되지 않도록 자동차를 운전할 주의의무가 있다(대법원 1971.10.22. 74도2627). ④ 차를 세워 시동을 끄고 1단 기어가 들어가 있는 상태에서 11세 남짓한 어린이를 조수석에서 남겨두고 차에서 내려온 운전자에 시동열쇠를 빼야 할 주의의무가 있다(대법원 1986.7.8. 86도1048). ⑤ 술에 만취하여 의식이 없는 피해자가 촛불이 켜져 있는 방안에 이불을 덮고 자고 있도록 둔 채 나온 경우, 화재가 발생할 가능성이 있고, 또한 화재가 발생하는 경우 피해자가 사망할 가능성을 예견할 수 있으므로 촛불을 끄거나 양초가 쉽게 넘어지지 않도록 적절하고 안정한 조치를 취하여야 할 주의의무가 있다(대법원 1994.8.16. 94도1291). ⑥ 버스운전사에게 전날밤에 주차해 둔 버스를 그 다음날 아침에 출발하기에 앞서 차체 밑에 장애물이 있는지 여부를 확인하여야 할 주의의무가 있다(대법원 1988.9.27. 88도833). ⑦ 산부인과 의사(에게는) (…) 제왕절개수술 시행결정과 아울러 산모에게 수혈을 할 필요가 있을 것이라고 예상되는 특별한 사정이 있는 경우에는 미리 혈액을 준비하여야 할 업무상의 주의의무가 있다(대법원 2000.1.14. 99도3621). ⑧ 다가구주택 임차인이 자신의 비용으로 설치 사용하던 가스설비의 휴즈콕크를 아무런 조치 없이 제거하고 이사를 간 후 가스공급을 개별적으로 차단할 수 있는 해당 다가구 주택 외벽 부근 2m 높이에 설치된 주밸브가 열려져 가스가 유입되어 폭발사고가 발생한 경우, 휴즈콕크를 제거하면서 그 제거부분에 아무런 조치를 하지 않고 방치하면 가스 유출로 인한 대형사고의 가능성이 있다는 것이 평균인의 관점에서 객관적으로 볼 때 충분히 예견할 수 있다(대법원 2001.6.1. 99도5086).

131 **例 주의의무의 존재를 부정한 판례:** ① 피고인이 패혈증에 관한 최신 정의를 알지 못하여 (…) (내린 판단이 잘못이라고 하더라도) 그 판단이 현재 우리나라의 일반적 기준으로서의 의학수준과 함께 피고인의 경력·전문분야 등 개인적인 조건이나 진료지·진료환경 등을 고려할 때, 통상의 의사의 정상적인 지식에 기한 것이 아니고 따라서 그것이 과실이라고 단정하기는 어렵다(대법원 1996.11.8. 95도2710). ② 교사가 징계의 목적으로 회초리로 학생들의 손바닥을 때리기 위해 회초리를 들어 올리는 순간 이를 구경하기 위해 옆으로 고개를 돌려 일어나는 다른 학생의 눈을 찔러 그로 하여금 우안실명의 상해를 입게 한 경우, 직접 징계당하는 학생의 옆에 있는 다른 학생이 징계당하는 것을 구경하기 위하여 고개를 돌려 뒤에서 다가서거나 옆자리에서 일어나는 것까지 예견할 수는 없다(대법원 1985.7.9. 84도822). ③ 회사대표자에게는 (…) 유류저장탱크의 불순물 청소작업 등 구체적인 작업방법 및 작업상 요구되는 안전대책을 강구할 구체적이고도 직접적인 주의의무는 없다(대법원 1983.10.11. 83도2108). ④ 요추 척추후궁절제 수술도중에 수술용 메스가 부러지자 담당의사가 부러진 메스조각(3×5㎜)을 찾아 제거하기 위한 최선의 노력을 다하였으나 찾지 못하여 부러진 메스조각을 그대로 둔 채 수술부위를 봉합한 경우 (…) 담당의사의 과실을 인정할 수 없다(대법원 1999.12.10. 99도3711). ⑤ 정신병전문의사가 평소 상당한 주의를 하였었고 망상형 정신분열환자의 자상 내지 자살과 같은 자해행위는 의학상 이례에 속한 예측을 기대하지 못하는 것인데 피해자가 감시 소홀한 틈을 타서 자살하였다면 그에게 사고발생의 원인이 된 과실이 있었다고 할 수 없다(대법원 1970.12.22. 70도2304). ⑥ 간호사에게 정맥주사(Side Injection방식)를 주도록 처방한 의사는 자신의 지시를 받은 간호사가 자신의 기대와는 달리 간호실습생에게 단독으로 주사하게 하리라는 사정을 예견할 수 없었고, 그 스스로 직접 주사를 하거나 또는 직접 주사하지 않더라도 현장에 입회하여 간호사의 주사행위를 직접 감독할 주의의무가 있다고 보기 어렵다(대법원 2003.8.19. 2001도3667).

(3) 주의의무의 내용

1) 위험 예견의무와 위험회피의무　입법의 원리에 의해 법관에 의해 규범적으로 보충된(실제로는 형성적 차원에서 만들어진) '주의의무'는 수범자에게 주의합치적으로 기울일 것이 요구(기대)되는 예견의무 및 회피의무이다.[235] '위험한 행위를 부작위할 의무'[236]라고 하기도 한다. 132

2) 내적 주의와 외적 주의　그 준수가 요구되고 기대되는 (정상의) 주의의무는 내적 측면과 외적 측면을 가진다. 내적 측면은 문제되는 행태와 결부된 위험에 기울여야 할 주의를 말하고, 외적 측면은 이러한 위험을 제한하기 위해 필요한 위험 회피적 조치를 취해야 할 주의를 말한다. 이 때문에 주의의무는 위험을 인식할 '내적 주의'와 위험회피를 위한 조치를 취할 '외적 주의'의 총체라고 할 수 있다.[237] 133

3) 위험예측과 '상황지식'　위험 회피가능성의 전제조건인 위험 인식가능성(예견가능성)은 위험예측을 통해 확보될 수 있다. 이 경우 위험예측에 기초되는 지식은 원칙적으로 행위자와 같은 직업권 내지 생활권내의 신중하고 양심있는 척도인이 통상적으로 이용할 수 있는 외부상황적 지식이다. 이러한 객관적 척도인('일반적 보통인')이 사실조회(문의)를 통하거나 집중력을 발휘함으로써 획득하게 될 상황지식들을 행위자가 위험예측의 기초로 삼아야 함에는 이견이 없다. 134

① 위험예측과 행위자의 '특수지식'　행위자의 특수지식(Sonderwissen)도 위험예측의 기초지식으로 가져올 수 있는지가 문제된다. '특수지식'이란 행위자가 우연히 가지게 된 추가적 상황지식을 말한다. '확장된 상황지식(erweitertes Situationswissen)'이라고도 말한다. 행위자가 가지게 된 '확장된 상황지식'은 그 구체적인 모습으로 행위자에게 기대되는 것은 아니지만, 임의의 '우연지식'이 구체적으로 기대가능한 지식으로 추가될 수 있음을 일반적으로 예상할 수 있기 때문에 위험예측의 기초로 삼을 수 있다고 해야 한다. 135

과실의 이중적 지위를 인정하면서 객관적 주의의무위반을 객관적 구성요건요소로 인정하는 입장도 행위자의 특수지식(확장된 상황지식)을 행위자의 위험예측시 고려할 수 있다고 본다. 예컨대 보통의 운전자에게는 알려져 있지 않지만 특정 지점에서 특정 시간대에 위험 유발요소가 존재함을 우연히 알게 된 택시 운전자는 그 지점에서 충분히 예견가능하였던 사고를 회피해야 할 주의의무가 인정되므로 발생한 사고와 관련해서는 주의의무를 위반한 것으로 평가될 수 있다. 136

② 행위자의 '특별능력'에 기초한 지식　행위자의 특별능력((Sonderfähigkeit)에 기초한 지식도 위험예측의 기초로 삼을 수 있는지가 문제된다. 행위자가 가진 특별능력으로 얻어진 지 137

235) 대법원 1984.6.12. 82도3199. "의료과오사건에 있어서의 의사의 과실은 결과발생을 예견할 수 있었음에도 불구하고 그 결과발생을 예견하지 못하였고, 그 결과발생을 회피할 수 있었음에도 불구하고 그 결과발생을 회피하지 못한 과실이 검토되어야 한다."

236) Vgl. Kühl, §17/34.

237) Kindhäuser, AT, § 33/18.

식은 주어진 상황에서는 기대될 수 없고, 따라서 그것을 투입할 것이 법적으로 보증되지도 않은 지식이므로 '상황과 무관한 지식'(Situationsfremdes Wissen)이라고도 불리운다. 이러한 지식은 특별한 능력을 가진 자만 도달할 수 있는 지식이므로 행위자가 처해있는 상황에서 평균적 일반인의 주의정도로 접근할 수 있는 지식이 아닐 뿐 아니라, 우연히 알 수 있게 되는 확장된 상황지식도 아니다.[238] 따라서 행위자의 특별능력에서 나오는 지식은 주의의무의 존부를 판단할 경우 객관적 위험예측의 기초로 삼을 수는 없다. 그러나 이러한 지식은 행위자의 개인의 능력을 표준으로 삼아 이루어질 '구성요건실현(결과발생)에 대한 예견가능성 및 회피가능성' (주관적 과실)여부를 판단할 경우에는 기초지식으로 활용할 수 있다(과실범의 주관적 구성요건요소 참조).

138 4) 위험회피 조치 위험이 예측되면, 그로부터 위험회피(및 결과회피)를 위한 주의합치적 외적 조치를 취해야 한다. 이러한 외적 조치를 취하지 않은 경우를 외적으로 잘못된 행태로서의 주의위반적 행위라고 말할 수 있다. 예컨대 4세 된 아이를 운전석 옆에 두고 잠시 하차할 경우 일반적으로 그 아이가 사이드 브레이크를 풀거나 자동차 키를 돌려 사고를 초래할 수 있음을 예측할 수 있다. 이 때문에 그 아이의 아버지는 하차할 경우 위험을 회피하기 위해 자동차가 움직이지 못하도록 하기 위해 키를 빼내는 등 위험회피 조치를 취할 의무가 있다.

139 5) 주의의무위반의 전형적인 예 정상적으로 기울여야 할 주의의무에 속하는 전형적인 예로는, 집중력을 발휘하여 위험예측을 위한 기초지식을 얻은 후 위험회피를 위한 안전조치를 취해야 할 의무를 들 수 있다. 예컨대 실내 수영장의 안전관리요원이 업무시간 중에 휴대폰을 보느라 몇몇 입장객이 과도한 물놀이를 하는 장면을 보고서도 방치하여 충돌사고가 난 경우 안전조치의무위반이 인정된다.

140 치과의사가 환자에게 알레르기가 있는지 등을 묻지 않고 마취주사를 놓는 경우와 같이 사실조회나 문의(질문)를 통해 위험을 예측하고 위험회피를 위한 조치를 취해야 할 의무를 위반한 경우도 주의의무 위반의 전형적 예에 해당한다. 외과의사가 의료경험이 부족한 간호실습생에게 수술시 해야 할 일에 대한 충분한 설명을 하지 않고 수술을 보조하도록 한 경우와 같이 통제의무나 감시의무를 다하지 않은 경우에도 마찬가지이다.

141 화물자동차 운전사가 이틀간 밤샘 운전을 한 탓에 수면 부족과 과로 상태임에도 운전을 계속하다가 사고를 유발한 경우 자기점검의무를 위반한 것으로 주의의무위반이 인정된다(이에 관해서는 이른바 위험한 활동을 스스로 감행한 인수과실의 문제로 후술한다).

---

238) 위험예측에 기초되는 세 가지 종류의 지식의 구분에 관해서는 Jakobs, System der strafrechtlichen Zurechnung, 2011, S. 32ff.

(4) 주의의무의 제한 법리

객관적으로 법익침해의 위험이 예견가능하고 회피가능하다고 해서 언제나 주의의무를 부과할 수 있는 것은 아니다. 객관적 예견가능성이 인정되더라도 주의의무가 제한될 수 있는 예외적인 경우로서 오늘날 두 가지 법형상이 인정되고 있다. 하나는 '허용된 위험의 법리'이고 다른 하나는 '신뢰의 원칙'이다. 142

1) 허용된 위험

① 의의 허용된 위험이라 함은 일정한 생활범위 내에서 예견가능하고 회피할 수 있는 위험이라 할지라도 전적으로 금지할 수 없는 위험을 말한다. 예컨대 자동차운행, 건설, 토목공사, 지하자원의 채굴, 원자력·가스·전기 등 에너지시설의 운용과 같은 생활영역에서의 행위는 법익침해에 대한 객관적인 예견가능성은 인정되지만 법질서가 허용해야 할 행위로 평가될 수 있다. 형법이 '허용된 위험'을 인정하는 이유는 '사회적 유용성'과 '필요성'의 관점에서 일정한 정도의 위험에 대해서는 책임을 제한하기 위함에 있다. 143

② 범죄체계론상의 지위 (i) 개념의 불명확성 내지 포괄성으로 인하여 형법 체계상 독자적인 성격을 부여하는 것은 타당하지 않고 이익형량이나 정당행위, 긴급피난, 정당행위 등 위법성조각사유에 관한 규정을 적용함으로써 해결될 수 있다는 견해[239]와 (ii) 사회생활상의 접촉을 위해 사회적으로 상당한 행위이므로 객관적 주의의무를 제한하거나 객관적 귀속이 부정되어 구성요건해당성이 배제된다는 견해[240]가 대립한다. 144

위법성이 조각되는 행위는 원칙적으로 금지되는 행위로서 특수한 예외적인 상황에서 정당화(허용)되는 경우이지만, 허용된 위험은 원칙적으로 허용되는 사회적으로 상당한 행위이므로 구성요건해당성배제사유로 보는 것이 타당하다. 객관적 주의의무위반을 과실개념의 본질적 요소로 인정할 수 없는 이상, 허용된 위험의 법리는 과실행위뿐 아니라 고의행위의 형법적 중요성(구성요건해당성)을 부정할 수 있는 기준의 역할을 하므로 과실범은 물론이고 고의범의 경우에도 객관적 '행위귀속'을 부정하는 이론으로 자리매김되어야 한다. 객관적 귀속이론에 따르면 사회적 상당성도 허용된 위험이론의 하위컨셉으로 파악할 수 있다(§13/38 이하 참조). 145

判 대법원은 허용된 위험에 관한 법리를 별도로 수용하지는 않지만, '사회적으로 상당성이 인정되는 행위'라는 도그마틱적 개념을 사용하면서 허용된 위험의 법리에 기초된 것과 유사한 사고논리를 전개한다. 특히 대법원은 사회적 상당성을 구성요건해당성배제사유(또는 범죄성립배제사유)로 인정하는 듯하지만, 이 법리를 객관적 귀속이론과 명시적으로 결부시키지는 않고 있음은 앞서 살펴보았다. 146

③ 적용상의 기준 허용된 위험의 한계를 결정해 주는 기준인 주의규정들은 부분적으로 도로교통법규, 약사법, 그리고 식품위생법 등에 기술규정의 형태로 명문화되어 있을 수 있 147

239) 김일수/서보학, 455면; 배종대, §151/18; 손동권, §20/29; 차용석, 522면.
240) 안동준, 275면; 오영근, §12/62; 이재상/장영민/강동범, §14/17; 이형국/김혜경, 338면; 임웅, 510면.

다. 그러나 허용된 위험의 한계를 넘어서는 주의규정을 사회생활의 모든 영역에서 빠짐없이 유형화하는 것은 입법기술상 불가능하므로 각칙상의 개별 구성요건의 해석과제로 삼을 수밖에 없다.

148 따라서 구체적인 사례해결에서 허용된 위험의 이론이 과실범의 구성요건해당성을 제한할 때에는 문제되는 행위자의 행위를 겨냥한 주의규정이 존재하지 않을 것이라는 전제조건이 필요하다. 이미 주의규정이 만들어져 있는 영역에서는 행위자의 행위로부터 일정한 위험이 예견될 수 있기 때문이다. 주의규정을 준수한 행위에 대해 허용된 위험의 범위 내의 행위임을 이유로 주의를 기울일 의무가 없다고 하는 것은 동어반복에 불과하다.

2) 신뢰의 원칙

149 ① 의의 신뢰의 원칙이란 행위자가 스스로 주의의무를 다하면서 타인도 주의의무를 준수할 것이라고 신뢰하는 것이 상당할 경우에는, 비록 타인이 주의의무를 준수하지 않음으로 말미암아 법익침해의 결과가 발생했다고 하더라도 행위자는 그 결과에 대하여 과실책임을 지지 않는 원칙을 말한다.

150 기술발달에 따라 자동차에 의한 도로교통이 일반화되고, 교통질서가 정비되어 교통도덕이 널리 보급됨에 따라 행위자의 과실책임을 제한하는 차원에서 대법원은 1957년의 판결[241]이래 축적된 판결을 통해 이 원칙을 판례법리로 확립하기에 이르렀다.

151 ② 체계적 지위 신뢰의 원칙의 범죄체계상 지위에 대해서도 허용된 위험이론과 비슷한 논란이 있으나, 우리나라의 통설은 이를 허용된 위험의 특수한 사례인 동시에 객관적 주의의무를 제한해 주는 원칙으로 이해하고 있다. 다만 (i) 제한되는 주의의무의 내용 중에서 결과예견의무를 제한하는 기준이 될 뿐이라고 보는 견해,[242] (ii) 결과회피의무를 제한할 뿐이라는 견해,[243] 그리고 (iii) 결과예견의무와 결과회피의무를 모두 제한하는 기능을 가졌다고 해석하는 견해[244] 등이 대립되고 있다.

152 신뢰의 원칙은 허용된 위험의 원칙과 유사하게 객관적 예견가능성이 있음에도 불구하고 인정되는 원칙이라는 점에서 보면 '결과예견의무'와는 무관하다. 다른 한편 신뢰의 원칙이 적용되더라도 규칙을 준수하지 않는 타인에 대해서는 형사책임이 그대로 인정되고 그 타인을 신뢰하고 나아간 행위에 대해서만 과실책임이 배제된다. 따라서 신뢰의 원칙이 제한하는 것은 결과회피의무라고 보는 것이 타당하다.

153 ③ 판례상 신뢰의 원칙의 적용범위 확대 대법원은 신뢰의 원칙을 고속도로상의 교통사

---

241) 대법원 1957.2.22. 4289형상330에서 기관조수견습생이 잘못하여 일으킨 사고로 입은 재해에 대해 기관사에게 신뢰의 원칙을 적용하여 업무상 과실치상죄의 성립을 부인하였다.

242) 차용석, 538~540면.

243) 정성근/정준섭, 372면.

244) 이재상/장영민/강동범, §14/20; 임웅, 512면; 정영일, "분업적 의료행위에 있어서 형법상 과실책임", 형사판례연구(6), 1999, 47면.

고[245]에서뿐만 아니라 고속도로가 아닌 일반 차도[246]에서 적용하면서 자동차와 자동차 간에 "다른 차량이 신호를 위반하고 직진하는 차량의 앞을 가로질러 좌회전할 경우까지를 예상하여 그에 따른 사고를 미연에 방지할 특별한 조치까지 강구할 주의의무가 없다"[247]고 하는 등 자동차운전자와 자동차운전자 간에 폭넓게[248] 신뢰의 원칙을 적용하였다.

例 도로교통영역에서 신뢰의 원칙을 적용한 판례사안: 대법원은 ① 자동차운전자와 자동차운전자간의 경우는 물론 자동차전용도로(잠수교)에서의 자전거운전자와 관계(대법원 1980.8.12. 80도1446), ② 야간에 조명등 없이 무단횡단하는 자전거운전자와의 관계(대법원 1984.9.25. 84도1695)에서도 신뢰의 원칙을 적용하고 있다. 더 나아가 대법원은 ③ 자동차운전자와 고속도로를 무단횡단하는 보행자(대법원 2000.9.5. 2000도2671), ④ 자동차전용도로를 횡단하는 보행자(대법원 1989.2.28. 88도1689), ⑤ 고속국도상의 보행자(대법원 1977.6.28. 77도403), ⑥ 육교 밑을 무단횡단하는 보행자(대법원 1985.9.10. 84도1572), ⑦ 적색신호 중에 횡단보도를 횡단하는 보행자(대법원 1993.2.23. 92도2077) 등과의 관계에 있어서도 운전자의 신뢰를 인정하여 운전자에게 객관적 주의의무가 인정되지 않는다고 한다. 154

대법원은 신뢰의 원칙 적용범위를 도로교통영역외에도 의료현장 등 분업관계가 확립되어 있는 경우에도 넓혀가고 있다. 155

(ⅰ) 의료행위의 경우　분업적 의료행위의 경우 의료행위 관여자 상호 간에 신뢰를 기초지울 수 있는 분업관계가 확립되어 있기 때문에 각 관여자들은 자신의 특별한 책임영역 내에서만 주의의무를 다하면 충분하고, 다른 관여자들도 의술의 법칙에 따라 행위할 것이라고 신뢰할 수 있다. 그러나 의료행위 관여자 상호 간의 신뢰의 범위는 구체적 사안에 따라 달라질 수 있다. 156

ⅰ) 같은 병원 의사 상호 간 – 종합병원에서 공동으로 외과수술을 시행하는 의사 상호 간 또는 같은 병원에서 독립된 각과의 의사(외과의사와 마취과의사 사이의 관계도 동일) 상호 간에는 아무런 선임·지휘·감독관계가 존재하지 않는 수평적 분업관계이므로 이들 상호 간에는 신뢰의 원칙이 적용된다.[249] 157

의사 사이에 일방이 타방에 대한 지휘·감독책임을 지고 있는 '수직적 분업관계'가 있을 경우, 이러한 지휘·감독의무를 다하지 않는 상급의사에 대해서는 신뢰의 원칙이 적용되지 않는다.[250] 그러나 지휘·감독을 받는 '하급의사'는 원칙적으로 상급의사를 신뢰할 수 있다.[251] 일반적으로 대학병원의 진료체계상 과장은 병원행정상의 직급으로서 다른 교수나 158

245) 대법원 1971.5.24. 71도623.
246) 대법원 1972.2.22. 71도2354.
247) 대법원 1985.1.22. 84도1493.
248) 대법원 1970.2.24. 70도176; 1982.4.13. 81도2720; 1982.7.27. 82도1018; 1982.7.28. 92도1137; 1983.8.23. 83도1288; 1993.1.15. 92도2579; 1995.5.12. 95도512.
249) 대법원 1970.2.10. 69도2190; 2003.1.10. 2001도3292.
250) 대법원 1994.12.9. 93도2524.
251) 그 반대인 수직적 분업의 경우는 원칙적으로 신뢰의 원칙이 적용되지 않지만, 최근 대법원은 문제의 의료행위가 지휘·감독관계에 있는 다른 의사(수련병원의 전공의)에게 전적으로 위임된 것과 같은 특수한 사정이 있는 경우에는 주된 지위의 의사(전문의 또는 교수)에게 과실이 부정될 수 있다고 한다(대법원 2022.12.1.

전문의가 진료하고 있는 환자의 진료까지 책임지는 것은 아니다.[252)]

159 ⅱ) 다른 병원 의사 상호 간 – 환자를 전원(轉院)하는 경우는 일반의로부터 전문의로, 의료진이나 진료시설이 열악한 병원으로부터 보다 나은 병원으로 전원하는 것이 일반적이므로 '수직적 분업관계'에 해당하고, 따라서 전원 후 병원의 의사는 예컨대 전문분야가 다른 경우이거나 전원 전의 의사가 전문의이고 전원 후의 의사가 일반의라도 특별한 사정이 없는 한 신뢰의 원칙을 주장할 수 없다고 보아야 한다.[253)]

160 ⅲ) 의사와 보조자 사이 – 의료행위에 환자의 가족 등 자격 없는 사람이나 수습 중인 미숙련 보조자가 관여한 때에도 신뢰의 원칙은 적용될 수 없다. 또한 의사와 간호사·조무사 등 숙련보조자 사이와 같이 '수직적 분업관계'에서는 의사가 보조자에 대해 지휘·감독의무를 부담하므로 의사가 이러한 의무를 다하지 않는 한 신뢰의 원칙은 적용되지 않는다고 보아야 한다.[254)] 반대로 간호사 등 보조자는 객관적으로 의술의 법칙에 벗어나는 경우가 아니라면 의사의 조치를 신뢰할 수 있다고 보아야 한다.[255)]

161 (ⅱ) 제약회사와 약사와의 관계 제약회사와 약사와의 관계에서도 약사에게 제약회사에서 제조된 제약품에 대한 신뢰의 원칙을 적용할 수 있다.[256)]

162 ④ 신뢰의 원칙의 적용한계 신뢰의 원칙은 타인과의 관계 속에서 타인의 행동을 전적으로 신뢰하는 것이 사회적으로 용인될 수 있는가 하는 관점에서 적용되어야 한다. 그러나 다음과 같은 경우에는 예외적으로 타인의 행동을 신뢰하기보다는 오히려 그 타인의 행동을 예의주시하면서 결과를 방지해야 할 객관적 주의의무가 인정될 수 있기 때문에 신뢰의 원칙이 적용될 수 없다.

163 (ⅰ) 상대방의 규칙위반을 알고 있거나 알 수 있었던 경우 이러한 경우에는 결과를 회피해야 할 객관적 주의의무를 인정해야 한다. 대법원도 예컨대 "반대방향에서 오는 차량이 이미 중앙선을 침범하여 비정상적인 운행을 하고 있음을 목격한 경우",[257)] 혹은 고속도로상에서도 "도로를 무단횡단하려는 피해자를 그 차의 제동거리 밖에서 발견한 경우"[258)] 혹은 '주의사항을 미리 확인·숙지하였더라면 상대방의 과실을 알 수 있었던 경우'[259)] 등은 신뢰의 원칙을 적용하지 않고 주의의무를 인정한다.

164 (ⅱ) 상대방의 규칙준수를 기대할 수 없는 경우 상대방이 보호상태에 있지 않은 유아·노

2022도1499).

252) 대법원 1996.11.8. 95도2710.
253) 정영일, 앞의 논문, 60면.
254) 대법원 1998.2.27. 97도2812.
255) 대법원 1994.4.26. 92도3283.
256) 대법원 1976.2.10. 74도2046.
257) 대법원 1986.2.25. 85도2651.
258) 대법원 1981.3.24. 80도3305.
259) 대법원 2009.12.24. 2005도8980.

인이거나 신체장애 등의 사정이 있어서 교통규칙을 알 수 없거나 이를 따를 가능성이 없는 경우에도 신뢰의 원칙이 적용될 수 없다. 대법원도 이에 따라 예컨대 "버스운전사가 40미터 전방 우측로변에 어린아이가 같은 방향으로 걸어가고 있음을 이미 목격한 경우"에는 그 아이가 진행하는 버스 앞으로 느닷없이 튀어나오는 수가 있음을 예견하고 이로 인한 사고를 방지하기 위하여 속력을 줄이고 그 동태를 주시하는 등 만반의 사고에 대비할 주의의무가 인정된다고 한다.[260)]

(iii) 행위자 자신이 스스로 규칙을 위반하고 있는 경우 스스로 규칙을 위반하는 자는 상대 165
방의 신뢰를 어기고 있는 자이기 때문에 결과를 회피해야 할 주의의무를 져야 한다. 대법원도 '피고인이 운전하던 차량이 신호등이 설치되어 있지 아니한 횡단보도를 통로로 하여 반대차선으로 넘어 들어가다 충돌사고가 발생한 경우'에 중앙선이 표시되어 있지 않았다고 하더라도 "반대차선에서 오토바이를 운행하던 피해자의 신뢰에 크게 어긋남과 아울러 교통사고의 위험성이 큰 운전행위로서 사고발생의 직접적인 원인이 되었다"고 판시하고 있다.[261)]

그러나 행위자의 규칙위반이 있더라도 직접적으로 사고와 관계없는 단속상의 위반이나 166
결과발생에 결정적인 원인이 아닌 경우에는 다시 신뢰의 원칙이 적용되어 행위자의 과실이 인정되지 않는다.[262)]

(iv) '특별한 사정'이 있어서 고도의 주의가 요구되는 경우 신뢰할 수 없는 특별한 사정이 167
있는 경우에는 신뢰하는 것이 적절하지 않기 때문에 결과회피의무를 이행해야 한다. 예컨대 마취의사는 마취방법을 선택할 경우 원칙적으로 마취를 위해 요구되는 수술집도의사의 진단결과를 신뢰할 수 있지만, 집도의사의 진단이 틀렸다고 보지 않으면 안 될 정도의 '특별한 사정'이 있는 경우에는 수술집도의사의 진단결과를 신뢰해서는 안 된다. 교통사고의 경우에도 상대방이 도로교통의 제반법규를 지켜 도로교통에 임하리라고 신뢰할 수 없는 '특별한 사정이 있는 경우'에는 신뢰의 원칙의 적용이 배제된다.[263)]

(v) 수평적인 분업관계가 아닌 경우 분업적 역할관계가 있더라도 수평적인 분업관계 168
속에서만 신뢰의 원칙이 적용되고, 수직적인 관계 속에서는 하급자가 상급자를 신뢰할 수는 있지만, 상급자가 하급자를 신뢰할 수 없다고 해야 한다.[264)] 예컨대 간호사는 의사의 처방을 믿고 그 처방에 따라 환자에게 일정한 조치를 취하여도 무방하지만, 의사는 간호사를 일방적으로 신뢰하여서는 안 된다. 전문의와 인턴 등의 관계에 대해서도 마찬가지이다.[265)]

260) 대법원 1970.8.18. 70도1336.
261) 대법원 1995.5.12. 95도512.
262) 대법원 1970.2.24. 70도176; 1996.5.28. 95도1200; 1990.2.9. 89도1774.
263) 대법원 1984.4.10. 84도79.
264) 손동권, §20/38.
265) 이러한 경우는 신뢰의 원칙의 예외가 아니라 신뢰의 원칙이 처음부터 적용될 수 없는 경우에 해당한다. 신

169 判 대법원이 분업적 역할관계가 없는 사례에 대해서도 신뢰의 원칙을 적용하고 있는지가 문제된다. 일부 견해는 함께 술을 마시던 네 사람 가운데 두 사람이 '러시안 룰렛'게임을 하다가 사고가 난 사례에 대해 현장에 같이 있었던 다른 두 사람은 "함께 수차에 걸쳐서 흥겹게 술을 마시며 놀았던 일행이 갑자기 자살행위와 다름없는 이 게임을 하리라고는 쉽게 예상할 수 없는 것"이라고 하면서 과실을 부정한 판결[266]을 두고 신뢰의 원칙을 적용한 판결례로 취급한다. 그러나 이 판결에서 행위자의 과실이 부정된 것은 구체적인 상황 속에서 결과발생에 대한 예견가능성을 부정한 것이지 신뢰의 원칙을 적용하여 과실을 부정한 것은 아니다. 신뢰의 원칙을 확대적용하면 위험예방적 조치를 소홀히 하는 경향성을 부추겨 과실책임의 법리 속에서 정상적 주의규범의 기능이 형해화 될 수도 있다. 따라서 신뢰의 원칙은 분업적 역할관계가 존재하는 경우로 제한되는 것이 바람직하다.

3. 인과적 진행과정에 대한 인과관계

170 객관적 주의의무의 '위반'이 인정되더라도 실제로 그 위반행위가 결과로 진행되어 가는 도중에 다른 사정이 개입하는 경우가 있다. 이 경우 발생한 결과에 대해 행위자에게 형사책임을 지우기 위해서는 사실상 진행된 인과적 경과의 비전형성(이례성) 때문에 그 결과를 행위자의 주의위반적 행위의 탓으로 평가할 수 없는 경우를 가려내야 한다. 이러한 경우 전통적으로 상당인과관계설의 입장과 객관적 귀속이론은 서로 다른 용어사용을 하면서 각기 다른 판단방법에 따라 결과책임을 제한해왔다.

171 **1) 상당인과관계설의 적용** 상당인과관계설은 결과발생 후에 알게 된 모든 사정과 경험과학적 지식을 기초로 삼아 실제로 진행된 인과적 경과가 객관적으로 예견가능한 범위 속에 들어올 때 주의위반적 행위와 결과 간에 '상당한' 인과관계가 인정된다고 평가한다.

172 대법원은 '객관적 예견가능성'을 인과관계의 상당성 판단의 한 척도로 사용하지만, 이 척도는 앞서 언급했듯이 과실판단에서 주의의무의 존부 또는 그 의무의 위반여부 판단할 경우 사용하는 '일반적 평균인' 표준설에 따른 '객관적 예견가능성'이라는 척도와 그 판단 방법(판단 시점) 및 판단의 관련대상 면에서 서로 다르다.[267] ① 판단방법(판단 시점): 인과관계 판단의 경우는 결과가 이미 발생한 후의 시점에서 중간에 개입된 사정들을 모두 고려하며 사건의 진행경과를 판단하는 사후예측 내지 '사후판단'(ex post)인 반면, 객관적 과실 판단의 경우는 일반적 평균인이 행위자의 행위 당시 처해있는 상황을 고려할 때 법익침해의 위험에 대한 예견가능성 여부를 판단하는 것이므로 '사전판단'(ex ante)이다. ② 판단의 관련 대상: 전자의 경우는 '행위와 결과간의 인과적 진행경과'인 반면, 후자의 경우는 – 대법원은 '결과' 발생의 가능성(또는 회피가능성)이라고 하지만 – '법익침해의 위험'으로 보아야 함은 앞선 지적과 같다.

173 예견가능성의 인정범위는 행위시에 포착된 또는 포착될 수 있는 상황만 고려한 '사전판단'의 경우에 비해 행위 후에 개입된 사정들을 모두 안다는 전제하에서 내려지는 '사후판

뢰의 원칙의 예외란 원칙적으로 신뢰의 원칙이 적용될 수 있지만 그 원칙을 적용할 수 없는 특수한 사정이 있는 경우를 말하는 것이기 때문이다.

266) 대법원 1992.3.10. 91도3172.

267) 이를 동일시하는 태도로는 임웅, 133면.

단'의 경우가 더 넓어진다. 이 때문에 '사전판단'에 따라 객관적 예견가능성이 긍정되어 객관적 주의의무위반이 인정된 사례에서 '사후판단' 방법에 따라 객관적 예견가능성이 부정되고 인과관계의 부정으로 귀결되는 경우는 거의 없을 것이다.

그러나 객관적 귀속이론은 '발생된 결과가 행위자가 창출한 그 '위험'의 실현이라고 볼 수 있는가'라는 물음에 대해 답하기 위해 추가적인 '규범적' 평가기준들을 사용함으로써 객관적 예견가능성이 인정되는 경우에도 결과귀속을 다시 부정할 수 있는 여지를 제공해 준다는 점에서 행위와 결과간의 진행경과에 대한 객관적 예견가능성 여부를 판단하는 방법을 사용해 온 상당인과관계설보다 특히 '과실범의 경우' 발생한 결과에 대한 행위자의 책임을 제한하는 기능을 더 잘 수행할 수 있다. 물론 대법원도 과실범의 경우에는 인과관계 판단에서 '상당성'(객관적 예견가능성) 판단과는 다른 차원의 추가적 법리(즉 적법한 대체행위이론)를 사용하고 있다. 174

2) 객관적 귀속이론의 적용 객관적 귀속이론은 주의의무위반과 결과간의 관련성 판단에서 인과과정에 대한 객관적 예견가능성이라는 경험적 사실적 차원의 기준을 사용하지 않고 '규범적' 차원의 평가기준을 사용한다. 즉 객관적 귀속이론은 주의규범의 보호목적이라는 기본컨셉을 가지고 객관적으로 예견가능한 인과적 진행경과를 거쳐 발생한 결과를 행위자의 주의의무위반적 행위가 창출해낸 위험이 실현된 것인지를 평가하는 방법에 따른다. 175

이에 따르면 행위시점(사전 판단)에서 판단할 때 법익침해의 위험에 대한 객관적 예견가능성이 인정되어 객관적 주의의무위반(객관적 과실)이 인정되는 경우에도 그 위험이 결과로 실현되는 것이 회피될 수 없었다고 평가될 수 있다면(사후 판단), 주의규범의 보호목적상 그 회피불가능한 결과를 위험창출행위(=객관적 주의의무위반행위)로 귀속할 수 없다('회피가능성'여부를 판단하는 방법에 관해서는 후술). 176

사례 1(행위 후 인과적 진행과정에 비전형적 사정이 개입한 사례) : A는 과속운전으로 B가 운전하는 차량과 충돌하여 B에게 상해를 입혔다. 병원에 입원하여 치료를 받고 있는 B는 그 병원에서 발생한 화재사건으로 사망하였다(앞의 고의범사례인 병원화재 사례의 변형). 177

이 사례에서 행위자의 과속운전이 생명에 대해 초래할 객관적으로 인식가능한 위험은 실제로 피해자의 사망과 연결된 피해자의 병원입원 그 자체와 관련된 것이 아니라, 피해자가 입었던 상해에만 관련되어 있을 뿐이다. 따라서 피해자가 교통사고로 입은 상해는 실제로 피해자의 사망을 인과적으로 설명하는 데 아무런 영향을 미치지 않았다. 그 사망의 결과는 행위자의 과속운전을 생명에 대해 위험한 것으로 평가하게 만드는 사정들에 의해 실현된 것이 아니므로 행위자의 주의위반적 과속운전행위로 귀속할 수 없다('행위귀속'의 부정). 178

사례 2(행위 후 인과적 진행과정에 피해자의 경솔함이 개입된 사례) : A의 과속운전으로 사고를 당해 상해를 입은 B가 병원에서 치료를 받고 있었다. B는 입원치료 중 의사가 수분섭취량을 조절할 것에 대해 주 179

의를 주었음에도 그 지시를 어기고 김밥과 콜라를 먹고 패혈증 등 합병증으로 사망하였다(앞의 고의범 사례인 김밥 콜라사례의 변형).

180 사례 2의 경우는 사례 1의 경우와 달리 순수 비전형적 인과과정으로 보기 어렵기 때문에 객관적 귀속이 쉽게 부정되기 어렵다. 이 때문에 과실교통사고가 생명에 대해 초래할 객관적으로 (행위시점에서) 인식 가능한 위험에 어떤 인과적 진행경과가 포착될 수 있을 것인지는 피해자의 경솔함, 그로 인해 초래된 합병증, 그 합병증이 교통사고로 입은 상해 부위와의 관련되어 있는지 여부에 따라 객관적 귀속판단이 달라질 수 있다. 이러한 사례유형의 경우 앞서 §14의 제2절에서 유형화한 사례 중 '피해자의 자기 귀책적 위태화' 사례에서 제시된 해결방안에 따라 결과귀속여부를 판단할 수 있을 것이다.

4. 주의의무위반과 결과간의 인과관계(결과귀속: 결과의 회피가능성)

181 인과적 진행경과에 대한 객관적 예견가능성이라는 경험적 기준을 사용하지 않고 규범적기준을 사용하는 객관적 귀속이론은 '과실범의 경우' 인과관계 판단을 규범적 평가적으로 접근함으로써 발생된 결과에 대한 행위자의 책임을 제한할 수 있음을 특징적으로 보여주는 두 가지 귀속척도를 더 가지고 있다. '주의의무위반관련성'과 '주의규범의 보호목적범위 내'라는 결과귀속의 척도이다. 이 두 가지 척도는 모두 (과실범의 경우) '주의규범'이 수범자에게 특정 주의의무를 부과하는 목적이 실제로 발생한 법익침해적 결과를 회피하기 위함이 아닐 경우 결과귀속을 부정하기 위한 중요한 척도로 기능할 수 있다.

(1) 결과귀속의 척도1: 주의의무위반관련성

182 **1) 의의** 객관적 귀속이론은 이 이론이 견지하는 '규범적' 평가라는 고유한 컨셉을 관철하기 위해 행위자가 위반한 주의규범(객관적 주의의무)의 보호목적이 발생한 당해 결과를 방지하는데 있었던 것인지에 초점을 맞춘다. 과실범의 경우 이러한 규범적 평가를 하기 위해 사용하는 '의무위반관련성'이라는 척도는 대법원이 주의의무위반과 결과간의 직접적 인과관계를 판단하기 위해 사용하는 법리(적법한 대체행위이론)와 유사하다.

183 그러나 객관적 귀속이론은 '규범의 보호목적'이라는 객관적 귀속이론의 기본컨셉을 결과귀속의 긍정/부정을 근거지우는 일에 활용하고 있다는 점에서 주의무위반과 결과간의 단순히 논리적 사실적 관계를 묻는 대법원 법리와 내용적으로 차별화된다. 객관적 귀속이론에 따르면 행위자가 주의의무에 합치되는 행위를 하였더라도 결과방지가 불가능한 경우 (마찬가지의 결과가 발생할 것이 확실시 되는 경우) 그 결과를 방지하는 것을 당해 주의규범의 목적으로 볼 수 없고 따라서 결과귀속을 부정할 수 있게 된다.

184 **2) 결과방지여부가 확실하지 않은 경우** 행위자가 주의의무를 위반한 대부분의 사례에서는 행위자의 예측을 벗어나서 결과가 발생하고, 그 결과발생에 함께 영향을 미치는 중요한 다른 변수들이 동시에 혹은 순차적으로 결과발생에 인과적으로 영향을 미친다. 따라

서 구체적인 사례에서 주의에 합치되는 행위를 하였더라면 결과가 방지될 수 있었는지 또는 주의에 합치되는 행위를 하였더라도 마찬가지의 결과가 발생하였을 것인지가 분명하게 드러나지 않는다.

이러한 경우 객관적 귀속이론의 내부에서도 결과귀속 여부를 판단함에 있어 규범적 관 185
점을 보다 철저히 관철시키기 위해 두 가지 서로 다른 이론 갈래로 분화되어 논의가 전개되고 있다. 이른바 위험증대설과 회피가능설의 대립이 그것이다.

① 학설의 태도

(i) 위험증대설 　객관적 귀속이론의 기초를 확립한 록신에 의해 주장된 이 견해는 행 186
위자의 주의의무위반이 당해 주의규범에 의해 보호된 법익에 대한 위험을 현저하게 증대시킨 것으로 입증될 수 있는 경우에는 발생한 결과를 행위자의 주의위반적 행위로 귀속시킬 수 있다고 한다. 이에 따르면 객관적 귀속이 부정되려면 주의의무에 합치되는 행위를 하였더라도 마찬가지의 결과가 발생하였을 것이 '확실성에 근접하는 고도의 개연성'이 인정되는 경우이어야 한다. 반면에 마찬가지의 결과가 발생하였을 '가능성' 정도만 인정될 경우에는 결과를 미연에 방지할 가능성 역시 존재하는 것이고, 일단 행위자의 주의위반이 인정되는 이상 이것이 결과발생의 위험을 증대시킨 것이라고 할 수 있으므로, 위험을 감소시킨 사실이 없는 한, 객관적 귀속이 긍정된다고 한다.[268)]

(ii) 회피가능성설 　회피불가능한 결과까지 회피(방지)하게 하는 것이 규범의 보호목적 187
이 아니기 때문에 결과귀속의 요건을 위험증대설에 비해 일정부분 완화하는 견해이다. 이에 따르면 행위자가 주의에 합치되는 행위를 하였더라도 마찬가지의 결과를 방지할 '가능성'이 인정되기만 하면 결과귀속이 부정된다고 한다. 반면에 결과귀속을 긍정하기 위해서는 행위자가 주의의무에 합치되는 행위를 하였더라면 결과를 방지하였을 것이 '확실성에 근접할 개연성' 정도로 입증될 것이 요구된다고 한다.[269)] 이 견해는 가상의 방법을 통한 미래의 사실판단에 대해 '의심스러울 때에는 피고인의 이익으로(in dubio pro reo)'라는 원칙을 기반으로 삼고 있다.[270)]

(iii) 절충설(상당위험증대설) 　원칙적으로 위험증대설에 입각하면서도 주의의무위반이 188
'상당할 정도'로 위험을 증대시켰을 때에 결과귀속을 인정하고 상당할 정도의 위험증대인

268) 손동권, §20/23; 신양균, "과실범에 있어서 의무위반과 결과의 관련", 형사판례연구(1), 1993, 81면.

269) 독일연방재판소도 기본적으로 이러한 입장이다. '화물자동차 운전수 甲이 이차선 도로에서 앞서가는 자전거를 추월하려다가 乙의 자전거가 화물자동차에 연결된 보조차의 뒷바퀴 아래로 깔려 들어갔고, 그로써 乙이 사망하였다. 甲은 추월 당시 도로교통법상 요구된 법정추월간격을 위반(주의의무위반)하였고, 乙은 술에 취한 상태에 있어서 추월당할 시점에 몸이 왼쪽으로 쏠리면서 사고를 당한 것으로 밝혀졌다' 이 사건에 대해 독일연방재판소는 甲이 추월간격을 충분하게 유지하였다고 가정하더라도 피해자인 乙 역시 술에 취한 상태에 있어서 균형을 유지할 수 없는 상태에 있었기 때문에 마찬가지의 사고를 당하였다고 볼 고도의 개연성이 있는 것으로 확정함으로써 의무위반관련성을 부정하였다(BGHSt, 11, 1).

270) 김일수/서보학, 178면; 이재상/장영민/강동범, §14/31; 정성근/박광민, 153면.

지가 불확실하면 의심스러울 때에는 피고인의 이익으로라는 원칙에 의하여 결과귀속을 부정한다는 견해이다.[271]

② 판례의 태도(무죄추정설)

189 (i) 적법한 대체행위 법리 객관적 귀속이론을 취하지 않는 대법원은 '주의에 합치되는 행위를 했더라면 결과를 거의 확실하게(혹은 확실성에 근접한 개연성의 정도라도) 방지할 수 있었을 것'이 밝혀질 경우에만 주의의무위반적 행위가 결과에 직접적인 원인으로 인정되어 인과관계가 인정된다고 한다.

190 判 "혈청에 의한 간기능검사를 시행하지 않거나 이를 확인하지 않은 피고인들의 과실과 피해자의 사망 간에 인과관계가 있다고 하려면 피고인들이 수술 전에 피해자에 대한 간기능검사를 하였더라면 피해자가 사망하지 않았을 것임이 입증되어야 할 것이다. 즉 수술 전에 피해자에 대하여 혈청에 의한 간기능검사를 하였더라면 피해자의 간기능에 이상이 있었다는 검사결과가 나왔으리라는 점이 증명되어야 할 것이다(검사결과 간에 이상이 있었더라면 의사인 피고인들로서는 피해자를 마취함에 있어 마취 후 간 장애를 격화시킬 수도 있는 할로테인의 사용을 피하였을 것이다)."[272]

191 대법원이 이 같은 판단 방법은 다수의 판결들[273]에서 활용되고 있다. 적법한 행위(주의의무에 합치되는 행위)를 가정적으로 대체해 넣는 방법으로 결과방지의 확실성여부를 검증하는 대법원의 태도를 '적법한 대체행위이론'이라고 불리우고, 객관적 예견가능성 또는 통상적인 경험범위 등을 기준으로 삼는 '상당성' 판단 방법과도 다르다는 점은 앞서 살펴보았다.

192 합법적 대체행위이론은 과실범의 경우 주의의무의 불이행이라는 행위자의 태도를 적극적으로 보완해서 요구되는 주의합치적 행위를 대체해서 투입하는 방법이므로 대법원이 과거의 조건설의 가설적 제거절차를 사용한다는 일부 견해[274]의 평가는 타당하지 않다. 대법원이 과실범의 경우 직접적 인과관계여부를 점검하는 방식은 전통적인 조건설의 가설적 '제거'절차가 아니라 가설적 '투입'절차를 활용하고 있기 때문이다.

193 (ii) 적법한 대체행위이론에 대한 평가 대법원은 객관적 귀속이론의 입장에서와 같이 적법한 행위를 가정적으로 투입하는 방식을 취하기는 하지만, '확실성,' '확실성에 근접한 개연성' 또는 '가능성' 등과 같이 정밀한 용어를 사용하지 않아 위험증대설과 같은 입장인지 회피가능성설과 같은 입장인지 분명히 알기는 어렵다. 경험적 측면에 초점 맞춘 객관적 예견가능성을 기준으로 삼는 상당성 판단의 차원을 넘어서려는 대법원의 문제의식을 고려할 때 대법원도 결론적으로 회피가능성설의 태도와 유사한 태도를 취하고 있는 것으로 보인다.[275]

---

271) 신동운, 219면.

272) 대법원 1990.12.11. 90도694.

273) 대법원 1995.9.15. 95도906; 1996.11.8. 95도2710; 2023.8.31. 2021도1833.

274) 대표적으로 오영근, §11/25.

275) 대법원은 결과귀속을 위해 회피가능성설과 동일한 취지로 활용하고 있는 합법적 대체행위이론의 공식은 과실범의 경우 뿐 아니라 부진정부작위범의 경우에도 동일하게 활용하고 있다(이에 관해서는 부진정부작위범의 인과관계와 객관적 귀속 참조).

判 대법원은 행위자가 주의에 합치되는 행위를 하였더라면 결과가 방지될 수 있었을 것이 확실시(즉 '합리적 의심의 여지가 없을 정도로 증명')될 경우에는 행위자의 주의위반적 행위가 결과발생에 직접적 원인이 된 것으로 파악하려는 논지를 전개하고 있기 때문이다.[276] 194

대법원이 이와 같은 직접적 관련성여부를 판단함에 있어 규범적 평가적 기준을 사용하지 않고 인과관계 개념에 대해 순수한 '사실증명' 차원의 문제로 취급하는 접근법의 문제점에 관해서는 앞서 지적하였다. 가정적으로 투입방식을 사용하게 되면 가상의 시뮬레이션 등 모의실험 의한 재현 내지 예시화(instantiation)를 거쳐 결과방지 또는 결과 발생에 관한 유의미한 확률을 만들어내거나 추론적 결론을 낼 수밖에 없을 것이고, 이를 진정한 의미의 '사실'규명 차원의 문제로만 볼 수는 없기 때문이다.[277] 195

③결론 위험증대설은 의무위반적 행위만 있으면 위험을 증대시킨 것으로 보아 발생한 결과에 대한 행위자의 형사책임을 인정하기 때문에 침해범(결과범)을 모두 추상적 위험범으로 바꾸어 버릴 우려가 있다. 형법적 금지규범을 순수 의무규범으로 치환하여 적용할 위험도 있다. 위험증대설이 "인과관계의 성립을 부정하는 거증책임을 피고인에게 전환시키는 소송법적 의미"를 부여하는 의의를 가진다고 하는 주장[278]도 납득하기 어렵다. 법률상의 근거 없는 거증책임의 전환논리는 피고인의 방어권을 저해할 뿐 아니라, 소추기관의 입증의 곤란함을 피고인의 부담으로 돌리는 결과가 되어 받아들이기 곤란하기 때문이다. 196

특히 위험증대설과 같이 결과귀속을 부정하기 위해 주의에 합치되는 행위를 다했더라도 마찬가지의 결과가 발생하였을 것이 '확실성에 근접한 개연성'까지 요구하게 되면, 결과회피(방지)가 불가능한 경우에도 회피할 것을 시민에게 의무지우는 셈이 된다. 이는 '의심스러울 때에는 피고인의 이익으로'라는 원칙에 반할 수 있다. 197

절충설의 입장은 피고인의 방어권보장에 무게를 실어주고 있는 점에서는 긍정적인 요소가 엿보이지만, 문제된 주의의무위반과 결과발생 간에-상당인과관계설의 입장에서 보아-'상당성'이 인정될 수 있는가 하는 물음에 대해 또 다시 '상당성(상당할 정도의 위험)'으 198

276) 대법원 1991.2.26. 90도2856. "피고인이 트럭을 도로의 중앙선 위에 왼쪽 바깥 바퀴가 걸친 상태로 운행하던 중 피해자가 승용차를 운전하여 피고인이 진행하던 차선으로 달려오다가 급히 자기 차선으로 들어가면서 피고인이 운전하던 트럭과 교행할 무렵 다시 피고인의 차선으로 들어와 그 차량의 왼쪽 앞 부분으로 트럭의 왼쪽 뒷바퀴 부분을 스치듯이 충돌하고 이어서 트럭을 바짝 뒤따라가던 차량을 들이받았다면, 설사 피고인이 중앙선 위를 달리지 아니하고 정상 차선으로 달렸다 하더라도 사고는 피할 수 없다 할 것이므로 피고인 트럭의 왼쪽 바퀴를 중앙선 위에 올려놓은 상태에서 운전한 것만으로는 위 사고의 직접적인 원인이 되었다고 할 수 없다."

277) 이 때문에 피고인의 항변논리에 입각하여 마찬가지의 결과발생의 '가능성'을 탐지하는 회피가능성설의 논리를 범죄사실을 '합리적 의심의 여지 없을 정도'로 입증해야 할 검사의 논리로 입각해서 변형하면 다음과 같이 말하는 것이 솔직한 태도일 것이다. 즉 주의에 합치되는 행위를 하였더라면 결과발생을 방지할 수 있었음이 '확실성에 가까운 개연성'(결과방지가능성 80~95%) 정도에 이르러야 의무위반관련성을 인정할 수 있고, 주의에 합치되는 행위를 하였더라도 결과의 발생을 방지할 확률이 확실성에 근접한 개연성에 이르지 못한 경우(결과방지가능성 10~80%)에는 의무위반관련성이 부정된다고 하는 것이 주의규범의 보호목적적 관점에 충실한 태도이다.

278) 손동권, §20/23.

로 답하고 있어 동어반복에 불과하다는 문제점을 보이고 있다.

199 생각건대, 주의에 합치되는 행위를 하였더라도 마찬가지의 결과가 발생할 수 있는 '가능성'이 열려 있다면 이미 합리적 의심이 일어난 것이기 때문에 '의심스러울 때는 피고인의 이익으로'라는 원칙에 따라 결과귀속을 부정하는 회피가능성설(무죄추정설)이 타당하다.

200 의심스러울 때는 피고인의 이익으로 라는 원칙은 결과의 원인을 해명하는 일에 의심이 남아 있는 경우 결과귀속을 부정할 것을 요구하고 있다. 그러나 동일한 원인력을 가진 두 개 이상의 위험이 경합하고 있고 그 각각이 결과발생에 충분한 조건을 설정하고 있는 경우에는 회피가능성설이나 판례의 입장(무죄추정설)보다는 발생된 결과를 각 관여자의 원인행위로 귀속시키는 해결방안이 타당할 수 있다. 위험증대가 입증된 것이라고 볼 수도 있고, '초과조건적(überbedingte)' 결과가 문제되고 있다고 볼 수도 있기 때문이다.[279)]

(2) 결과귀속의 척도2: 주의규범의 보호목적 관련성

201 **1) 의의** '규범의 보호목적 관련성'이란 행위자의 주의위반에 의해 발생한 결과의 방지가 그 주의규범(특히 주의규정)이 보호하고자 하는 '목적범위 내'의 것이어야 한다는 의미를 가지는 결과귀속의 전제조건을 말한다. 이에 따르면 행위자의 의무위반행위와 결과 간에 '주의의무위반관련성'이 긍정되더라도 위반된 주의의무를 규율하는 주의규범이 보호하는 목적범위 밖의 결과에 대해서는 객관적 귀속이 부정되어야 한다.[280)] 만약 그렇지 않고 보호목적 밖의 결과에 대해서도 객관적 귀속을 긍정한다면 행위자가 위반한 주의규범의 제한된 보호기능에 모순될 것이기 때문이다.

202 **2) 규범의 보호목적범위와 객관적 귀속이론** 앞서 언급했듯이 객관적 귀속이론의 객관적 귀속판단(행위귀속 및 결과귀속)에 공통적인 규범적 컨셉은—고의범이건 과실범이건—당해 법익에 대한 위험의 방지(회피)가 규범의 목적이다. 이 때문에 행위자의 의무위반을 근거지우는 주의규범의 보호범위는 실제로 발생한 그 결과의 방지도 포함하고 있을 것이 요구된다.

203 주의위반적 행위로 인해 야기된 결과의 방지가 주의규범의 보호범위에 포함되는지를 알기 위해서는 주의규범으로 방지(회피)되어야 할 결과를 가능한 한 정확하게 구획하여 그 범위를 설정하는 목적론적 해석작업이 요구된다. 이 작업을 통해 결과를 방지하는 것이 행위자가 위반한 주의규범이 목적하는 보호범위에 속하지 않는다고 해석되는 경우에는 그 발생된 결과를 행위자의 주의위반적 행위(과실)로 귀속할 수 없다는 결론을 내려야 한다.[281)]

204 **사례 1(주의규범의 보호목적 관련사례):** 운전자 갑은 제한속도 시속 30킬로미터인 구역을 시속 30킬로미터로 주행하고 있었다. 갑은 200미터 전방에 유턴허용지점을 알리는 표지판을 보았음에도 그 지점까지 가지 않고 즉각적으로 불법유턴을 감행하였다. 유턴 후 갑은 50미터를 직진으로 주행하여 A의 화물자동차

279) Jakobs, §7/83.
280) 김일수/서보학, 178면; 박상기, 287면; 손동권, §20/25; 신동운, 219면; 이재상/장영민/강동범, §14/32.
281) 행위자가 발생한 위험이 허용되는 위험인 경우 그로 인해 발생된 결과는 당해 주의규범의 보호범위에 속하지 않기 때문에 허용된 위험과 허용되지 않는 위험의 경계선도 이러한 해석작업을 통해 그어야 한다.

가 도로갓길에 정차되어 있는 지점으로 접근하고 있었다. 이 때 갑은 그 화물자동차 앞 쪽에서 도로를 무단 횡단하려고 갑자기 튀어나오는 B가 운전하던 오토바이를 자신의 차량으로 스치듯이 충격하였다. B는 이 충격으로 인해 오토바이에서 떨어져 낙하하면서 화물자동차의 앞범퍼에 머리를 강하게 부딪히면서 사망하였다. 갑은 전방주시의무도 다했고, 사고지점에는 횡단보도나 신호등도 없었으며 A의 갓길 주정차는 허용된 위험의 범위내의 (사회적으로 상당한) 행위로 인정되었다. 갑에게 업무상 과실치사죄의 성립을 인정할 수 있는가?

3) 사례에의 적용 이 사례1에서 갑에게 도로교통법의 불법유턴금지라는 주의규정 위반이 있음은 분명하다. 갑의 주의위반과 B의 사망의 인과관계 내지 결과귀속여부를 판단하기 위해 합법적 대체행위이론(대법원법리) 또는 회피가능성설(객관적 귀속이론)을 적용해 보자. 갑이 불법유턴을 하지 않고 200미터를 더 주행한 후 적법한 유턴을 하였더라면 화물자동차가 주차된 지점에 더 늦게 도착했을 것이고 그 사이 오토바이 운전자 A는 갑의 차량과 충돌하지 않고 무사히 도로를 횡단해 갔을 것으로 인정된다. 따라서 B의 사망의 결과는 갑의 주의위반적 행위와 인과관계가 인정되거나 결과귀속이 긍정된다. 205

다른 한편, 피해자 B에게 인정할 만한 자기위태화도 없고, 화물차를 갓길에 정차시킨 A의 행위도 허용된 위험범위내의 행위(또는 사회적 상당성이 인정되는 행위)라고 하더라도 결과귀속여부를 판단하기 위한 최후의 귀속척도가 아직 남아 있다. B의 사망의 결과를 갑의 주의위반적 행위로 귀속시킬 수 있는지를 검토함에 있어 발생될 결과의 방지가 해당 주의규범의 보호범위에 포함되는지가 문제되기 때문이다. 이 척도에 따르면 B의 사망은 불법유턴 금지규범을 통해 보호하려는 목적 범위 밖의 것이므로[282] 갑의 불법유턴적 주의위반행위로 귀속할 수 없다. 갑의 불법유턴은 도로교통법상의 범칙금 부과의 대상이 될 뿐이다. 206

4) 대법원의 태도 대법원이 행위자의 주의의무위반과 발생한 결과간의 '상당한 또는 직접적' 인과관계의 인정여부를 판단함에 있어 주의규범의 보호목적관련성이라는 척도를 명시적으로 사용하고 있는 판결은 보이지 않는다. 그러나 대법원 판결 중에 이러한 법리가 적용가능한 사안으로 보여지는 사건도 있다. 207

사례 2(연탄가스 재중독사례): B는 연탄가스 중독으로 의식을 잃고 병원에 실려왔다가 치료 후 퇴원하면서 자신의 병명을 물었다. 이에 대해 의사는 아무런 답변을 하지 않았고 B는 그대로 퇴원한 후, 같은 방에서 자다가 재차 연탄가스에 중독되었다. 208

이 사례에 대해 대법원은 제1차 치료를 한 의사의 과실(진단명과 예방 및 치료법을 알려주지 않은 의료법상의 주의의무위반)과 제2차 중독으로 인한 환자의 상해적 결과간에 상당한 인과관계를 인정하였지만 그 근거는 밝히지 않았다.[283] 상당성여부에 대한 일반인의 경험 내 209

282) 도로의 특정구역에서 유턴을 금지하는 주의규정의 보호목적은 해당 지점에서의 사고발생의 위험을 방지하기 위한 것이고, 불법유턴 한 후 그 지점과 일정한 거리가 있는 다른 지점에서 사고방지를 목적으로 하고 있는 것이 아니다. 불법유턴 금지규정의 목적이 어떤 지점까지 더 빨리 도착하게 하는 것을 막기 위함에 있는 것도 아니다.

지 통상적 예견가능한 일인지에 대한 판단은 이러한 사례의 빈도상 경험과학적(통계학적-확률)지식이 축적되어 있지 않은 한 유보일 수밖에 없다.

210 이 책에서 제시하고 있는 객관적 귀속척도들을 사용하여 위 사례를 판단해 보면 다음과 같다. 먼저 의사에게 '객관적 주의의무위반'이 인정되고, 그 의무위반적 행위와 결과사이의 의무위반관련성이 인정되는 점에는 의문이 없어 보인다. 1차 치료 후 의사가 환자의 문의에 답하여 병명과 예방법을 알려주지 않음으로써 주의의무위반이 인정되고, 의사가 환자에게 병명과 예방법을 알려주는 등 주의에 합치되는 행위를 했더라면 재차의 중독사고를 막을 수 있었을 것이 확실시 되기 때문이다.

211 다음으로 주의규범의 보호목적 관련성이 인정되는지가 심사되어야 한다. 이 심사에서 관건은 의사에게 자신이 치료한 환자에게 병명과 치료법을 알려줄 것을 요구하는 의료법상의 주의규범이 재차의 동일한 병이 발생되는 것을 방지(회피)할 목적을 가지는지에 있다. 진단명과 치료법을 알려줘야 할 의사의 의무가 이러한 결과방지를 보호목적으로 하는 것으로 해석될 수 있는지가 관건이다.

212 **5) 주의규범의 보호목적 관련성 척도가 활용될 여지가 있는 판례사안들** 주의의무위반관련성이라는 척도의 사용빈도와 비교해 보면 규범의 보호목적 관련성이라는 귀속척도를 사용하여 객관적 귀속의 긍정/부정의 결론에 이를 수 있는 사례는 흔하지 않다.

213 대법원 판례사안 가운데 규범의 보호목적 관련성이라는 귀속척도를 사용할 수 있는 사례로는 앞의 연탄가스 재중독 사건 외에도 삼거리 교통사고사례,[284] 승객 치마끈 사례,[285] 열차 건널목 충돌사례,[286] 안전거

---

283) 대법원 1991.2.12. 90도2547. "(생략) 위 의사에게는 그 원인 사실을 모르고 병명을 문의하는 환자에게 그 병명을 알려주고 이에 대한 주의사항인 피해장소인 방의 수선이나 환자에 대한 요양의 방법 기타 건강관리에 필요한 사항을 지도하여 줄 요양방법의 지도의무가 있는 것이므로 이를 태만한 것으로서 의사로서의 업무상과실이 있고, 이 과실과 재차의 일산화탄소 중독과의 사이에 인과관계가 있다고 보아야 한다."

284) 대법원 1993.1.15. 92도2579. "신호등에 의하여 교통정리가 행하여지고 있는 ㅏ자형 삼거리의 교차로를 녹색등화에 따라 직진하는 차량의 운전자는 특별한 사정이 없는 한 다른 차량들도 교통법규를 준수하고 충돌을 피하기 위하여 적절한 조치를 취할 것으로 믿고 운전하면 족하고, 대향차선 위의 다른 차량이 신호를 위반하고 직진하는 자기 차량의 앞을 가로질러 좌회전할 경우까지 예상하여 그에 따른 사고발생을 미리 방지하기 위한 특별한 조치까지 강구하여야 할 업무상의 주의의무는 없고, 위 직진차량 운전자가 사고지점을 통과할 무렵 제한속도를 위반하여 과속운전한 잘못이 있었다 하더라도 그러한 잘못과 교통사고의 발생과의 사이에 상당인과관계가 있다고 볼 수 없다."

285) 대법원 1997.6.13. 96도3266. "교통사고처리특례법 제3조 제2항 단서 제10호에서 말하는 '도로교통법 제35조 제2항의 규정에 의한 승객의 추락방지의무를 위반하여 운전한 경우'라 함은 도로교통법 제35조 제2항에서 규정하고 있는 대로 '차의 운전자가 타고 있는 사람 또는 타고 내리는 사람이 떨어지지 아니하도록 하기 위하여 필요한 조치를 하여야 할 의무'를 위반하여 운전한 경우를 말하는 것이 분명하고, 차의 운전자가 문을 여닫는 과정에서 발생한 일체의 주의의무를 위반한 경우를 의미하는 것은 아니므로, 승객이 차에서 내려 도로상에 발을 딛고 선 뒤에 일어난 사고는 승객의 추락방지의무를 위반하여 운전함으로써 일어난 사고에 해당하지 아니한다."

286) 대법원 1989.9.12. 89도866. "자동차의 운전자가 그 운전상의 주의의무를 게을리하여 열차건널목을 그대로 건너는 바람에 그 자동차가 열차좌측 모서리와 충돌하여 20여 미터쯤 열차 진행방향으로 끌려가면서 튕겨나갔고 피해자는 타고 가던 자전거에서 내려 위 자동차 왼쪽에서 열차가 지나가기를 기다리고 있다가 위 충돌사

리 미준수사례[287] 등이 있다. 주로 명문화된 '주의규정'의 위반이 문제되는 이러한 사례들의 경우 규범의 보호목적 관련성이라는 귀속척도를 사용하여 객관적 '결과 귀속'을 부정할 수 있기 위해서는 발생한 결과를 방지하는 것이 행위자가 위반한 당해 '주의규범'의 보호목적 범위 속에 포함되지 않는다는 것이 먼저 확정되어야 한다. 이를 확정하기 위해서는 해당 주의규정의 입법목적과 기능 등을 고려한 목적론적 해석을 통해 해당 주의규정의 적용범위를 밝혀내야 한다.

위 연탄가스 재중독사례에서는 의사의 진료 및 요양의무라는 주의규정의 보호목적이 동일한 중독사건이 재발하지 않도록 하는 데 있다고도 할 수 있어서 발생된 결과의 방지가 위반된 규범의 보호목적 범위 내에 있는 것이라고 할 수 있다(따라서 결과귀속 긍정 결론 도출 가능). 이와는 달리 나머지 네 가지 사례들에서는 각기 발생한 결과를 방지하는 것이 행위자가 위반한 주의규정의 보호목적의 범위를 일정부분 벗어나는 것으로 해석되는 측면이 있다(따라서 결과귀속 부정 결론 도출 가능). 특히 승객 치마끈 사례에서는 결과 귀속을 긍정한다고 하더라도 발생된 대한 행위자의 예견가능성(=주관적 과실=과실범의 주관적 구성요건 요소)을 부정하는 결론을 내릴 수도 있다. 214

Ⅱ. 과실범의 주관적 구성요건요소

1. 행위의 주관적 측면: 주관적 과실

(1) 객관적 과실의 문제점과 과실본질론에 기초한 과실이론

앞서 살펴보았듯이 객관적 주의의무위반(=객관적 과실)이 문제의 행위가 과실범의 구성요건에 해당하기 위한 최소한의 전제조건이지만, 이것만으로는 행위자에게 '과실'이 인정되는 것은 아니다. 객관적 척도인의 주의정도를 표준으로 삼은 객관적 주의의무 위반이 인정되더라도 구체적인 행위자가 자신의 능력에 따라 결과발생의 가능성을 인식하고 주의합치된 행태를 투입함으로써 그 결과를 회피할 수 있었는지에 관한 평가가 아직 남아있기 때문이다. 215

따라서 규범적으로 정당화될 수 있는 과실이론의 구성을 위해서는 과실판단에서 과실의 주관적 측면, 즉 행위자의 주의능력을 기준으로 삼아 결과발생에 대해 예견할 수 있었고 주의에 합치되는 행위를 함으로써 결과를 회피할 수 있는지가 심사되어야 한다. 216

고로 놀라 넘어져 상처를 입었다면 비록 위 자동차와 피해자가 직접 충돌하지는 아니하였더라도 자동차운전자의 위 과실과 피해자가 입은 상처 사이에는 상당한 인과관계가 있다."는 판결에서 대법원의 태도와 같이 객관적 예견가능성을 인정하더라도 규범의 보호목적을 부정함으로써 객관적 귀속을 부정할 수도 있다(손동권, §20/27). 왜냐하면 열차건널목을 건너는 운전자에게 주의의무를 부과한 규범의 보호목적은 열차와의 충돌사고를 방지하기 위함에 있는 것이지 충돌사고를 보고 놀라 넘어져 상해를 입는 자가 없도록 하기 위함에 있는 것이 아니기 때문이다.

287) 대법원 1983.8.23. 82도3222. "피고인 운전의 차가 이미 정차하였음에도 뒤쫓아오던 차의 충돌로 인하여 앞차를 충격하여 사고가 발생한 경우, 설사 피고인에게 안전거리를 준수치 않은 위법이 있었다 할지라도 그것이 이 사건 피해결과에 대하여 인과관계가 있다고 단정할 수 없다."

217 물론 과실도그마틱에서 다수의 견해(과실의 이중적 지위설)도 과실의 주관적 측면을 범죄체계상 과실범의 '구성요건' 요소가 아니지만 '책임' 요소로 배치하여 심사하는 단계를 거치기는 한다. 그러나 앞서 살펴보았듯이 이와 같이 발생된 결과의 주의합치적 인식가능성(예견가능성+회피가능성)에 관한 행위자의 개인적 능력을 과실판단에서 배제하는 객관적 과실이론은 평균 이상의 주의능력을 가진 행위자의 행위가 과실불법을 구성하지 않다는 함으로써 부당한 특혜를 주고, 평균에 미달된 주의능력을 가진 행위자의 행위도 과실 '불법'을 구성한다고 함으로써 행위자를 불리하게 한다. 이 때문에 이 책은 앞서 밝혔듯이 형법 제14조에서 과실인정을 위한 제2의 요건으로 요구되고 있는 주관적 과실을 과실의 본질로 보고, 행위자의 주관적 측면을 구성요건 요소로 파악함으로써 과실범의 범죄체계를 고의범의 범죄체계와 평행되게 구축하는 태도를 취한다.

(2) 주관적 구성요건요소로서의 주관적 과실

218 주의합치적 행태에 관한 행위자의 개인적 능력은 행위자의 지식과 교육수준으로 도달가능한 인과법칙에 관한 지식, 행위자의 숙련도와 자격, 행위자 개인의 생활경험 및 사회적 지위 등을 기준으로 평가한다.[288] 이에 따르면 행위자가 이러한 능력의 투입을 통해 객관적 척도인에 상응하게 자신의 행태의 결과관련성을 인식하고 그 결과를 주의합치적 행태를 통해 회피할 수 있었던 경우에는 주관적 과실이 인정된다. 객관적 구성요건 요소인 객관적 주의의무의 위반이 인정되더라도 구체적인 행위자의 개인적 예견가능성 및 회피가능성이 부정되는 경우에는 종국적으로 과실이 부정되어 과실범의 구성요건해당성이 부정된다.

219 결과발생에 대한 인식할 수 있었고, 주의합치적 행태를 하였을 경우 결과를 회피할 수 있었는지를 판단하는 척도인 행위자의 개인적 능력은 행위자의 책임능력과 구별된다. 전자는 구성요건적 '사실'(특히 결과발생)에 대한 행위자의 인식능력이 기초가 되는 반면, 후자는 행위자가 자기행위의 규범적 의미, 즉 법과 불법을 통찰할 수 있는 능력(위법성을 인식할 능력) 및 이러한 능력에 따라 자신의 행위를 통제할 수 있는 능력(행위통제 능력)을 의미하기 때문이다.

2. 인수과실과 과실판단의 시점

(1) 인수과실의 의의

220 행위자가 행위 시점에 자신에게 결여되어 있는 개인적 지식과 능력 때문에 충분하게 지배할 수 없음을 알거나 알 수 있는 위험을 모르고 위험한 행위로 나아간 경우에도 '주관적 과실'이 인정될 수 있다. 이러한 경우 위험을 피하기 위해 요구되는 지식과 능력 또는 자격을 갖추도록 사전에 준비할 주의의무가 있지만, 그러한 주의의무를 위반한 행위를 이른바 '인수과실'(Übernahmnefahrlässigkeit)이라고 한다.[289] 행위자가 위험을 피하기 위해 기울여야

288) Maurach/Zipf, AT Bd.1, §43/126.

289) 김일수/서보학, 466면; 배종대, §151/42(책임의 요소); 손동권, §20/14(책임의 요소); 임웅, 490면(구성요건 요소).

할 주의를 다하지 않고 스스로 위험을 인수하였기 때문이다.

(2) 인수과실의 판단시점과 적용례

인수과실이 문제되는 경우 주관적 과실여부를 판단하는 시점은 주의의무위반적 행위를 한 행위자의 행위시점이 아니라 그 이전 단계인 자신의 지식과 능력으로는 위험을 통제할 수 없음을 알거나 알 수 있었던 시점이다. 이처럼 앞당겨진 비난의 시점에서 볼 때 행위자가 위험회피를 위해 기울여야 할 주의의무의 내용(주의합치적 행위)은 전문적 지식의 보완, 다른 전문가에게 조회, 또는 협력의 요청 등이다. 221

사례(인수적 의료과오사례): 대학병원의 외과 의사 갑은 최근 들어 의료과오를 범하는 횟수가 늘어나자 그것이 나이에 따른 능력감퇴이거나 새로운 의학지식을 사용하지 않기 때문이라는 동료의사들의 평가를 받고 있었다. 갑도 자신에게 치료를 받은 환자들에게 합병증 증세가 나타나는 빈도가 높아지고 있음을 익히 알고 있었다. 갑은 자신의 명성을 실추시키는 악평을 잠재우기 위해 어느 날 환자 A의 간이식수술을 앞두고, 이 병원에서 통상적인 외과수술에 비해 더 높은 기술을 요하는 새로운 수술방법을 사용하기로 결심하였다. 갑은 고도의 집중력을 발휘하면서 수술을 했지만, 환자 A의 생명을 위태롭게 하는 의료과오를 범했다. 222

이 사례에서 의사 갑은 자신의 저하된 능력을 엿보이게 하는 충분한 징표를 알고 있어서 환자의 법익에 대한 위험을 인식할 수 있었다. 이 뿐만 아니라 새로운 수술기법은 잘 알지도 못했기 때문에 경험있는 동료들의 협조를 받지 않고 수술을 감행해서는 안 될 상황에 놓여 있었다. 갑이 자신의 능력에 따라 행할 수 있는 바를 한 점은 인정할 수는 있지만 그에게 과부하가 되는 수술을 인수하였다는 점 자체가 비난을 받을 만한 일이라는 점에는 변함이 없다. A에 대한 수술실패로 인한 치명상과 그 결과에 이르는 인과적 진행경과에 대한 예견가능성은 갑이 부족한 수술실력을 가지고 그 위험한 수술을 떠맡을 시점에 존재하였기 때문에 주관적 과실이 인정된다. 223

위험을 인식하였거나 인식할 수 있었던 시점을 기준으로 해서 행위자의 과실(인수과실) 여부를 판단하게 되면 평균인에 미달한 수준의 능력을 가진 자가 자신의 개인적 능력 수준을 내세워 주관적 과실을 부정하고 따라서 가벌성을 부정하게 되는 부당한 결론을 막을 수 있다. 그러나 문제의 의사가 환자의 치료를 인수하지 않거나 보다 전문적 지식을 가진 동료에게 환자를 이첩하거나 다른 병원으로 전원하는 조치 등을 하였다면, 해당의사는 인수과실을 이유로 과실책임을 지지 않을 수 있다. 224

3. 주관적 과실의 종류(형식)

(1) 인식없는 과실과 인식있는 과실

과실은－고의와 달리－행위자가 구성요건실현에 대한 의욕이 없는 경우를 말한다. 실제적인 행위상황에 대한 행위자의 심리적 태도의 관점에서 보면, 특히 과실인정을 위한 제1요건과 제2요건을 조합하면 과실형식은 두 가지로 구분될 수 있다. 225

226 하나는 행위자가 (정상의 주의를 기울이지 못했기 때문에) 구성요건이 실현(특히 결과가 발생)될 가능성을 인식조차 하지 못한 경우에 인정되는 과실(인식없는 과실: negligentia)이고, 다른 하나는 행위자가 구성요건이 실현(특히 결과가 발생)될 것(또는 그 가능성)을 인식은 하였지만 (정상의 주의를 기울이지 못했기 때문에) 자신의 행위를 잘못 판단하여 구성요건이 실현되지 않을 것으로 신뢰해버린 경우에 인정되는 과실(인식있는 과실: luxuria)이다.

227 判 대법원도 '인식 없는 과실'뿐 아니라 '인식 있는 과실'도 과실의 한 종류로 인정하고 있으면서 동시에 과실요소를 '지적 측면'과 '규범적 측면'으로 구분하기도 한다. 지적인 측면은 결과발생 가능성에 대한 인식 또는 불인식이고, 규범적 측면은 주의의무위반(부주의)이라고 한다.[290] 그러나 지적인 측면도 주의를 기울였다면 결과발생 가능성을 인식할 수 있었다고 할 수 있고, 여기서 말하는 결과는 형법적 구성요건 요소이므로 여전히 규범적 평가가 문제된다. 이러한 구분보다는 '내적 주의'로서의 지적 측면(인식 또는 불인식)과 '외적 주의'로서 위험예견 및 회피조치적 측면으로 구별하는 것이 현실적이다.

228 법률 구성요건에서 과실을 요건으로 하고 있는 범죄의 경우 인식없는 과실이 있으면 충분하다. 의도적 고의와 미필적 고의의 형법적 취급에 아무런 차이가 인정되지 않듯이, 인식 없는 과실과 인식 있는 과실도 그 취급 및 법정형에는 아무런 차이가 없기 때문이다. 양자의 구별은 양형에서 고려될 수 있을 뿐이다(하지만 대법원 양형가이드라인에서도 인식없는 과실과 인식있는 과실을 달리 취급하는 별도의 지표는 마련되어 있지 않다).

(2) 단순과실과 중과실

229 하지만 법률이 중과실을 구성요건요소로 요구하고 있는 경우에는 인식없는 과실이든 인식있는 과실이든 단순과실로는 중과실범의 구성요건을 충족할 수 없다. 중과실은 단순과실의 법효과에 비해 가중된 법정형이 요구되어 있으므로 단순과실의 경우에 비해 더 중한 주의위반적 행위가 있을 때 인정된다. 중과실은 행위자의 행위가 결과로 귀결될 가능성을 별다른 긴장 없이도 행위자가 파악할 수 있었기 때문에 그 결과의 회피가능성에 대해 조금만 관심을 가졌더라면 자신의 행태의 위험성을 어렵지 않게(쉽게) 인식가능했을 경우에 인정된다. 행위자가 '조금만 주의를 기울였다면 결과발생을 예견할 수 있었고 회피할 수 있었던 경우'에 인정되는 중과실은 '객관적으로 기울여야 할 주의정도'에 현저하게 못미친 경우를 말한다. 중과실과 함께 단순과실에 비해 중한 법정형으로 처벌되고 있는 '업무상 과실'은 과실행위의 주체가 일정한 '업무자'(신분자)로 제한된다(자세한 내용은 『각론』의 특히 업무상과실등장물취득죄 참조).

290) 대법원 1984.2.28. 83도3007. "과실범에 있어서의 비난가능성의 지적 요소란 결과발생가능성에 대한 인식으로서 인식 있는 과실에는 이와 같은 인식이 있고, 인식 없는 과실에는 이에 대한 인식 자체도 없는 경우이나, 전자에 있어서 책임이 발생함은 물론, 후자에 있어서도 그 결과발생을 인식하지 못하였다는 데 대한 부주의 즉 규범적 실재로서의 과실책임이 있다고 할 것이다."

제4절 과실범의 범죄성립배제사유

Ⅰ. 위법성조각사유

과실범의 경우에도 고의범의 경우와 마찬가지로 구성요건해당성이 인정되더라도 행위자의 과실행위가 정당방위 등 형법상의 위법성조각사유에 해당하면 과실범 성립이 부정된다. 그러나 과실범의 경우에는 구성요건에 해당하는 과실행위가 위법성이 조각되기 위해 고의범의 경우와 마찬가지로 주관적 정당화요소가 필요한지에 관해서는 견해가 일치하지 않는다. 230

이와 관련해서는 ① 과실범의 경우에는 주관적 정당화요소가 필요없이 객관적으로 정당화상황만 인정되면 위법성이 조각되어 무죄가 된다는 견해,[291] ② 과실불법을 인정하기 위해서도 결과반가치적 요소 뿐 아니라 행위반가치적 요소가 존재하여야 하고, 과실범의 행위반가치적 요소는 주의의무위반적 행위수행의 방식 내지 행위자의 부주의 그 자체에 있기 때문에 이를 상쇄시킬 수 있는 주관적 정당화요소가 필요하다는 견해,[292] ③ 과실결과범과 과실거동범을 구분하여 전자의 경우는 주관적 정당화요소가 필요없지만, 후자의 경우는 행위자가 위법성조각사유를 통하여 자신에게 부여된 권한행사를 목적으로 하는 행위인 경우에만 위법성이 조각된다고 하는 견해[293] 등이 있다. 231

생각건대 과실범의 불법 역시 결과반가치적 요소와 행위반가치적 요소의 결합이라고 할 수 있으므로 과실범의 경우에도 행위반가치적 요소를 상쇄시킬 만한 주관적 정당화요소가 인정되어야 위법성이 조각될 수 있다. 다만 과실범의 경우에는 고의범의 경우와 동급인 행위반가치적 요소(행위자의 의욕적 요소)를 가지고 있는 것이 아니므로 인식적 요소에만 초점을 맞추는 것이 타당하다. 따라서 과실범의 경우에는 행위자가 객관적 정당화상황에 대한 인식만 가지고 있으면 주관적 정당화요소가 인정되어 위법성이 조각된다고 할 수 있다.[294] 232

---

291) 박상기, 295면; 배종대, §151/33; 이재상/장영민/강동범, §15/34; 정성근/정준섭, 368면.
292) 김일수/서보학, 461면; 임웅, 520면.
293) 이형국/김혜경, 333면.
294) 물론 과실범의 경우에는 주관적 정당화요소의 필요설을 취하더라도 불요설과 실제 결론에 있어서 차이가 없다. 주관적 정당화요소가 결여된 행위에 대해 불법행위구조를 미수범과 동일하게 보아 불능미수의 규정을 유추하는 결론을 내리면 우리 형법상 과실범의 미수는 처벌규정이 없으므로 결국 주관적 정당화요소 필요설을 취하더라도 주관적 정당화요소 불요설과 동일한 결론에 이르게 되기 때문이다.

Ⅱ. 과실범의 책임조각사유

233 과실범의 경우에도 행위자의 과실행위에 대한 책임비난을 탈락시키는 사유가 존재하면 행위자의 책임이 조각되는 것은 고의범의 경우와 마찬가지이다. 따라서 과실범의 경우에도 행위자에게 책임무능력사유가 인정되거나 행위자가 정당한 이유 있는 위법성의 착오에 빠지거나 적법행위에 대한 기대불가능성이 인정되는 상황에서 행위한 경우에는 책임이 조각될 수 있다.

1. 원인에 있어서 자유로운 과실행위

234 과실범의 경우에도 형법 제10조 제3항이 그대로 적용된다. 따라서 행위자가 행위 당시 책임무능력자(혹은 한정책임능력자)로 평가되더라도 행위 이전에 '위험발생을 예견하고 자의로 심신장애상태를 야기하여 심신장애상태에 빠진 경우'에도 실행행위시에 과실행위가 있었다면 '원인에 있어서 자유로운 과실행위'가 되어 책임이 조각되지도 않고 감경되지도 않는다.

2. 과실범의 주관적 과실의 체계적 지위

235 앞에서 언급했듯이 과실의 체계적 지위를 이중적으로 인정하는 입장에서는 객관적 주의의무위반(=객관적 과실)은 구성요건요소로 배치하고 결과발생에 대한 행위자의 인식(예견)가능성(=주관적 과실)은 '책임'요소로 본다.[295] 이에 따르면 주관적 과실이 부정되면 과실범의 책임이 조각된다고 한다.

236 그러나 고의범의 고의와의 관계에서 볼 때, 그리고 형법적 과실개념의 본질이 결과발생에 대한 행위자의 예견가능성에 있다고 보는 이 책은 과실범의 경우에도 결과발생의 예견가능성에 대한 행위자 개인의 능력, 경험, 지식이라는 주관적 기준은 책임비난의 판단기준이 아니라 행위자의 불법판단의 기준으로 본다. 이에 따르면 주관적 과실은 과실범의 책임요소가 아니라 주관적 구성요건 요소로 파악되어야 한다.

3. 위법성의 착오

237 과실범의 경우 위법성의 인식은 행위자가 '주의규정 혹은 객관적으로 요구되는 주의의무(정상의 주의)를 태만히 하고 있는 자신의 부주의한 행위가 법질서에 반한다는 인식'을 의미한다.

238 과실범의 경우에도 고의범의 경우와 마찬가지로 위법성의 인식을 적극적인 책임요소라

---

295) 결과발생에 대한 행위자의 '인식(예견)가능성'이 부정되는 경우를 주관적 주의의무위반이 부정되는 경우라고 말하기도 한다.

고 할 수 없다. 따라서 행위자가 자기 행위의 위법성을 인식하지 못한 경우라도 반드시 책임이 조각되는 것이 아니다. 책임은 비난가능성이라는 규범적 책임개념과 우리 형법 제16조에 충실한 해석론을 전개하면, 책임비난의 탈락 여부는 위법성의 인식 여부가 아니라 위법성의 인식이 없을 것을 전제로 하여 '정당한 이유'의 유무에 따라 판단해야 하기 때문이다.

4. 초법규적 책임조각사유로서의 기대불가능성

과실범의 경우에도 기대불가능성을 초법규적 책임조각사유로 인정할 것인지가 문제된 239
다. 고의작위범의 경우 기대불가능성을 초법규적 책임조각사유로 인정하지 않는 견해[296]조차도 과실범의 경우에는 기대불가능성을 초법규적 책임조각사유로 인정한다. 생각건대 행위자를 둘러싼 부수사정이 비정상적이어서 규범합치적인 적법행위로 나올 것을 기대할 수 없는 경우가 있다면 그러한 자에 대해 형벌로 대응할 필요가 없다. 따라서 과실범의 경우 기대불가능성을 초법규적 책임조각사유로 인정하는 것이 타당하다.

제5절 과실미수

과실행위가 있는 경우에도 결과가 발생하지 않거나 과실과 결과 간에 형법상의 인과관 240
계가 부정될 경우 미수가 문제될 수 있다. 행위자에게 적용될 정상의 주의의무(주의규정 포함)가 존재하고 그 주의의무를 행위자가 위반하였지만 아무런 구성요건적 결과가 발생하지 않은 경우가 그에 해당한다. 예컨대 제한속도를 위반하여 운전한 운전자라도 아무런 인명사고 없이 무사히 운전을 마치고 귀가한 사례에서는 주의의무위반(객관적 과실)과 함께–결과발생 가능성에 대한 행위자의 인식도 부정되어 주관적 과실도–인정되지만 사람의 상해나 사망이라는 법익침해적 '결과'는 발생하지 않았다. 이러한 경우 구성요건적 결과가 발생하지 않아 이론상으로는 미수를 인정할 수 있겠지만, 형법은 과실의 경우 결과가 발생하지 않은 경우를 처벌하는 각칙 구성요건이 없기 때문에 행위자에게 과실미수범의 성립은 인정될 수 없다.

296) 박상기, 262면; 배종대, §96/1.

§ 17

제 6 장 결과적 가중범의 성립요건

1 결과적 가중범은 행위자가 고의를 가지고 특정된 구성요건을 실현하려고 하였지만, 해당 고의범 구성요건에 예정된 결과 외에 다른 중한 결과발생이 초래된 경우, 일정한 조건하에 행위자에게 가중된 형벌을 부과하도록 만들어져 있는 범죄구성요건 유형을 말한다. 이 장에서는 형법전 속의 결과적 가중범의 유형(제1절), 결과적 가중범의 구성요건 요소(제2절), 결과적 가중범의 성립배제사유(제3절), 결과적 가중범의 미수(제4절), 결과적 가중범의 공범(제5절)을 다룬다.

제 1 절 결과적 가중범의 의의와 유형론

Ⅰ. 결과적 가중범의 의의

1. 내부구조 및 의의

2 행위자의 내부 주관적 태도를 기준으로 하면 형법각칙의 범죄구성요건은 고의범 형식과 과실범 형식 외에 고의·과실조합 형식도 있다. "사람의 신체를 상해하여 사망에 이르게 한 자"(형법 제259조 제1항)라는 '상해치사죄'가 고의·과실 조합형식으로 된 대표적 구성요건이다. 상해치사죄의 전반부는 고의적 상해행위를, 그 후반부는 행위자의 상해행위로 인해 초래되는 결과(상해의 결과)보다 '중한 결과'(사망의 결과)가 '과실'로(행위자에게 예견가능성이 있었을 조건으로) 발생할 것을 규정하고 있기 때문이다.[297)]

3 형법 제15조 제2항은 이러한 형식에 속하는 범죄유형을 일컬어 "결과 때문에 형이 무거워지는 죄"로 규정하고 있고, 강학상 '결과적 가중범'(혹은 가중적 결과범)이라고 부른다. 결과적 가중범은 고의의 기본범죄에 의하여 행위자가 예견하지 못했던(그러나 예견할 수는 있었던: 따라서 '과실로') 중한 결과가 발생한 경우 그 결과 때문에 형이 무거워지는 죄를 말한다.[298)]

---

297) 형사특별법에는 기본범죄가 과실범인 결과적 가중범이 규정되어 있기도 하다(건축법 제77조의3 제2항, 환경범죄의 단속에 관한 특별조치법 제3조 및 제5조). 특정범죄 가중처벌 등에 관한 법률 제5조의3(도주차량 운전자의 가중처벌)도 과실로 교통사고를 일으켜 사람을 치상케 한 자가 고의로 도주하거나 유기한 후 중한 결과가 발생한 경우를 가중처벌하고 있어서 과실범이 기본범죄의 일부를 구성하는 결과적 가중범이라고 할 수도 있다(신동운, "결과적 가중범", 고시연구, 1993.6, 112면).

298) 형법각칙상 결과적 가중범으로는 상해치사죄(제259조), 폭행치사상죄(제262조), 강도치사상죄(제337조, 제338조), 해상강도치사상죄(제340조 제3항), 강간·강제추행·준강간·준강제추행치사상죄(제301조, 제301조

2. 법적 성격

결과적 가중범은 고의범과 과실범이 하나의 구성요건 속에 조합되어 있는 형식을 가진 독립된 범죄구성요건이다. 결과적 가중범의 중한 결과는 대부분 생명 또는 신체를 침해하는 것을 내용으로 하고, 기본범죄는 그러한 중한 결과를 발생시킬 개연성을 가진 고의행위로 이루어져 있다. 4

제15조 제2항은 결과적 가중범으로 분류되는 모든 범죄구성요건의 경우 중한 결과에 대해 예견가능성이 없었을 경우에는 중한 결과로 벌할 수 없다고 규정하고 있는데, 여기서 말하는 중한 결과에 대한 예견가능성은—후술하듯이—적어도 과실로 해석된다. 결과적 가중범의 구성요건을 고의와 과실의 조합형식으로 분류하는 것도 이 때문이다. 5

결과적 가중범이 고의의 기본범죄와 중한 결과발생을 구성요건으로 하는 단순한 과실범죄의 법정형의 합산보다 무겁게 처벌되는 이유는 고의불법과 과실불법의 단순 합산이 법정형에 반영된 것이 아니라 기본범죄 자체를 억제(예방)하려는 형사정책적 목적이 추가적으로 반영된 것으로 볼 수 있다. 6

결과적 가중범의 기본범죄 행위가 될 수 있는 행위는 형법의 모든 고의구성요건의 행위가 아니다. 중한 결과 발생을 초래할 '개연성'이 있는 고의행위만 선별되어 있다. 예컨대 절도죄의 절취행위에는 사람이 다치거나 죽을 개연성은 없다. 따라서 절도치사상죄라는 결과적 가중범 구성요건은 애당초 만들어지지 않는 것이다. 이 때문에 기본범죄 행위에 중한 결과발생의 위험이 '전형적'으로 내포되어 있음을 결과적 가중범의 규범구조의 특성으로 가중범의 규범적 특성으로 평가할 수 있고, 입법자는 이 점을 염두에 두고 결과적 가중범 형식의 구성요건을 만들어야 한다. 7

3. 결과적 가중범과 책임원칙

(1) 결과책임사상의 극복과 책임원칙

형법이론학은 과거 결과적 가중범이 성립을 위해 고의에 의한 기본범죄와 중한 결과 사이에 (조건설적 의미의) 인과관계만 인정되면 족한 것으로 파악한 적이 있었다. 하지만 이러한 태도에 대해서는 중한 결과발생에 대한 행위자의 잘못을 결과적 가중범 성립요건으로 요구하지 않기 때문에 책임원칙에 철저하지 못하다는 비판이 제기되었다. 8

결과적 가중범과 책임원칙의 조화를 위해서는 기본범죄와 중한 결과 간의 보다 밀접한 9

의2), 낙태치사상죄(제269조 제3항, 제270조 제3항), 유기치사상죄(제275조 제1항), 존속유기치사상죄(제275조 제2항), 체포감금치사상죄(제281조), 인질치사상죄(제324조의3, 제324조의4), 약취, 유인, 매매, 이송 등 치사상죄(제290조 제2항, 제291조 제2항), 재물손괴·공익건조물파괴치사상죄(제368조 제2항), 현주건조물방화치사상죄(제164조 제2항), 현주건조물일수치사상죄(제177조 제2항), 폭발성물건파열치사상죄(제172조 제2항), 가스·전기등공급방해치사상죄(제172조의2 제2항), 연소죄(제168조), 교통방해치사상죄(제188조), 특수공무방해치사상죄(제144조 제2항), 음용수혼독치사상죄(제194조) 등이 있다.

연관관계를 인정하는 방향으로 수정이 이루어져 오늘날에는 기본범죄와 중한 결과 사이에 상당인과관계(판례) 또는 객관적 귀속관계(학설)가 인정되어야 한다는 점에서 견해가 일치되어 있다. 이 뿐만 아니라 형법 제15조 제1항의 해석론을 통해 중한 결과에 대한 예견가능성을 결과적 가중범의 추가적 구성요건 요소로 인정하게 함에 따라 발생한 중한 결과에 대해 행위자에게 가중된 형벌을 부과하는 형법의 태도와 책임원칙과의 조화문제가 일단락되는 외양을 가지게 되었다.[299]

(2) 결과적 가중범과 형법학의 과제

10 그럼에도 불구하고 결과적 가중범의 법정형은 고의의 기본범죄와 중한 결과에 대한 과실범의 형을 합산한 것보다 더 높은 경우가 많아서 형벌은 불법(=책임)의 양을 초과할 수 없다는 의미의 책임원칙과의 관계에서 불협화음이 여전히 존재한다. 이 때문에 결과적 가중범 형식의 구성요건에 대해 형법이론학은 입법적 개선과제 외에도 해석론상으로도 중요한 과제를 수행해야 한다.

11 결과적 가중범은 중한 법정형이 고의범과 과실범의 상상적 경합이 인정되는 경우의 처단형에 비해 훨씬 높게 설정되어 있다. 이 때문에 입법론상 결과적 가중범 형식의 구성요건의 수를 줄여가거나 높게 설정된 기존의 법정형을 하향조정해나가야 한다. 입법개선이 있기 전이라도 책임원칙에 부합되도록 행위자에게 결과적 가중범의 중한 법정형을 가급적 적용하지 않도록 해야 한다. 이를 위해서는 결과적 가중범의 성립요건의 하위요소(개념)들을 가급적 제한적으로 해석하여 결과적 가중범의 성립을 어렵게 만들어야 한다.

Ⅱ. 제15조 제2항의 해석론과 유형론

> 제15조 ② 결과 때문에 형이 무거워지는 죄의 경우에 그 결과의 발생을 예견할 수 없었을 때에는 무거운 죄로 벌하지 아니한다.

1. 결과적 가중범에 관한 총칙규정의 해석론

12 제15조 제2항은 형법의 모든 결과적 가중범 성립을 위해 요구되는 고유한 요소로 규정하고 있다. 그런데 이 규정의 문장 구조상 예견가능성은 결과적 가중범의 성립을 위해 요구되는 적극적 요소가 아니라 결과적 가중범의 성립이 부정하는 소극적 요소로 규정되어 있다.[300] 이 때문에 이 규정의 해석상 결과적 가중범은 중한 결과발생에 대해 '예견가능성'

---

299) 독일형법은 여기서 더 나아가 형법각칙에서 중한 결과에 대한 단순한 과실이 아니라 주관적으로 그 주의의무의 정도가 더 높은 중과실 내지 경솔성을 요구하여 결과적 가중범의 성립을 더욱 어렵게 하는 결과적 가중범의 종류도 규정하고 있다.

300) 고의에 관한 형법 제13조도 이와 같은 입법형식으로 규정되어 있다는 점에 관해서는 앞에서 설명하였다.

이 있는 경우에만 성립한다고 할 수 있을지가 문제된다. 중한 결과에 대한 예견가능성을 과실이라고 할 때 중한 결과에 대해 과실 외에 고의가 있는 경우에도 결과적 가중범의 성립을 인정할 수 있는지가 문제되고 있는 것이다.

(1) 학설의 태도

1) 부정설 형법 제15조 제2항의 문구와 상관없이 중한 결과에 대한 예견가능성, 즉 '과실'을 결과적 가중범의 '적극적' 성립요건의 하나로 이해하는 입장이다.[301] 이에 의하면 만약 행위자가 중한 결과에 대해 '고의'를 가지고 있는 경우에는 결과적 가중범이 성립하지 않고, 기본범죄가 '그 중한 결과를 구성요건적 결과로 하고 있는 고의범'에 흡수되어(법조경합) 고의범이 성립할 수 있을 뿐이라고 한다. 13

2) 긍정설 형법 제15조 제2항이 예견불가능성을 결과적 가중범의 성립을 '부정'하기 위한 소극적 요건으로만 규정하고 있기 때문에 중한 결과에 대해 최소한 예견가능성이 있는 것뿐만 아니라, 실제로 예견한 경우 및 더 나아가 의욕(고의)이 있는 경우에도 결과적 가중범의 성립이 가능한 것으로 해석하는 입장이다(다수설). 이에 따르면 행위자가 중한 결과에 대한 과실(예견가능성 또는 예견)이 있는 경우뿐 아니라, 중한 결과에 대한 고의(예견하고 더 나아가 의욕)가 있는 경우에도 결과적 가중범이 성립한다고 할 수 있게 된다. 14

이 입장에서는 전자에 해당하는 결과적 가중범의 종류를 '진정 결과적 가중범'이라고 하고, 후자에 해당하는 결과적 가중범의 종류를 '부진정 결과적 가중범'이라고 부른다. 15

(2) 판례의 태도

대법원은 긍정설의 입장이다. 중한 결과에 대해 고의가 있는 경우에도 결과적 가중범의 성립을 인정하고 있고 이를 '부진정 결과적 가중범'이라고 부르고 있기 때문이다.[302] 16

判 대법원이 해석을 통해 부진정 결과적 가중범을 인정하는 입장을 취하는 배경에는 진정결과적 가중범 유형만 형법의 결과적 가중범으로 인정할 경우 심각한 처벌의 불균형이 생기게 될 것을 차단하기 위한 조치가 결정적으로 작용한다. 각칙의 일부 결과적 가중범 구성요건을 부진정 결과적 가중범으로 해석하지 않으면 행위자가 중한 결과에 대해 과실만 가지고 행위한 경우와 고의를 가지고 행위한 경우 간에 처벌의 불균형을 초래할 수 있기 때문이다. 17

(3) 결론

행위자가 중한 결과에 대해 과실이 있는 경우 뿐 아니라 '고의'를 가지고 행위한 경우에도 성립하는 부진정 결과적 가중범을 인정하는 방향으로 해석해야 한다. 그 실익은 판례의 태도와 같이 각칙에 규정된 법정형 적용을 둘러싼 고의와 과실 간의 균형맞추기에 18

---

301) 권오걸, 384면.

302) 대법원 1995.1.20. 94도2842. "특수공무집행방해치상죄는 원래 결과적 가중범이기는 하지만, 이는 중한 결과에 대하여 예견가능성이 있었음에 불구하고 예견하지 못한 경우에 벌하는 진정 결과적 가중범이 아니라 그 결과에 대한 예견가능성이 있었음에도 불구하고 예견하지 못한 경우뿐만 아니라 고의가 있는 경우까지도 포함하는 부진정 결과적 가중범이다."

서 찾을 수 있다.

19 예컨대 '현주건조물에 방화를 하여 사람을 사망에 이르게 한 자'라는 현주건조물방화치사죄(형법 제164조 제2항)의 경우, 행위자가 방화를 하면서 사람의 사망(중한 결과)에 대한 과실을 가지고 있는 경우에만 이 죄의 성립을 인정하면, 중한 결과에 대해 고의가 있는 행위자에 비해 과실만 있는 행위자가 더 불리하게 취급된다.[303] 이러한 형의 불균형을 시정하기 위해서는 행위자가 중한 결과에 대해 과실이 있는 경우뿐 아니라 고의가 있는 경우에도 현주건조물방화치사죄가 성립하는 것으로 해석해야 할 필요가 있는 것이다.

20 부진정 결과적가중범을 인정할 수 있는 형법이론적 근거는 특히 총칙 제15조 제2항의 해석론을 통해서도 뒷받침될 수 있다. 제15조 제2항이 중한 결과에 대한 예견가능성을 결과적 가중범 성립을 위한 적극적 요건이 아닌 결과적 가중범 성립을 부정하기 위한 소극적 요건을 규정하고 있기 때문이다. 이에 따르면 결과적 가중범 성립을 위해서는 최소한 예견가능성이 요구되는바, 행위자가 예견을 한 경우는 물론이고 의욕(고의)이 있는 경우에도 결과적 가중범이 성립할 수 있다고 해석할 수 있다.[304]

2. 결과적 가중범의 유형

(1) 진정 결과적 가중범

21 고의의 기본범죄와 중한 결과 사이에 과실(예견가능성)이 인정되는 경우에 성립하는 결과적 가중범을 말하고, 대부분의 결과적 가중범이 이에 속한다. 진정 결과적 가중범의 경우 예컨대 사망시키기 위해 상해를 가함으로써 중한 결과발생에 대하여 고의가 인정되면 결과적 가중범이 성립하지 않고 바로 고의범인 살인죄가 된다.

(2) 부진정 결과적 가중범

22 중한 결과에 대해 과실이 있는 경우뿐 아니라 고의가 있는 경우에도 성립하는 결과적 가중범을 말한다. 현행 형법상 부진정 결과적 가중범으로는 i) '치사죄'의 경우는 현주건조물방화치사죄(형법 제164조 제2항)뿐이고,[305] ii) '치상죄'의 경우에는 공공위험범죄 중 현주건조물방화치상죄(동법 제164조 제2항), 음용수혼독치상죄(동법 제194조), 현주건조물일수치상죄(동법 제177조 제2항), 교통방해치상죄(동법 제188조), 특수공무방해치상죄(동법 제144조 제2항) 등이 있다.

---

303) 고의범인 살인죄의 법정형(5년 이상의 징역, 무기, 사형)이 결과적 가중범인 현주건조물방화치사죄의 법정형(7년 이상의 징역, 무기, 사형)에 비하여 가볍기 때문이다.

304) 소극적 요건에 관한 이러한 규정방식에 대한 해석방법은 형법 제13조의 해석상 문언의 표현형식과는 달리 '인식' 외에 '의욕'도 고의인정의 요건으로 인정하는 의사설적 태도의 타당성과 관련하여 이미 설명하였다.

305) 현주건조물일수치'사'죄의 경우도 부진정 결과적 가중범으로 보는 견해도 있으나(이재상/장영민/강동범, 형법각론, §28/5), 현주건조물일수치사죄의 법정형이 '무기 또는 7년 이상의 징역'이므로 살인의 고의를 가지고 현주건조물일수치사죄를 범한 경우보다 경하다는 점(살인죄는 5년 이상의 징역, 무기 또는 '사형'으로 '중한 형'을 비교해 보았을 때 사형이 무기보다 높다)에서 부진정 결과적 가중범으로 볼 수 없다. 교통방해치'사'죄의 경우도 마찬가지이다.

(3) 양자의 구별방법

결과적 가중범의 형식으로 되어 있는 구성요건 중에 어떤 구성요건이 부진정 결과적 가중범 유형에 해당하는 것인지는 형법각칙상의 개별 결과적 가중범의 법정형과 중한 결과 그 자체를 구성요건적 결과로 설정하고 있는 독립된 고의범의 법정형의 비교를 통해 확인할 수 있다. 이 비교에서 결과적 가중범의 법정형이 독립된 고의범의 법정형에 비하여 중하게 만들어져 있으면 그 결과적 가중범은 부진정 결과적 가중범에 해당한다. 23

3. 부진정 결과적 가중범과 독립된 고의범의 관계

부진정 결과적 가중범은 중한 결과에 대한 고의가 있는 경우이므로 여기에 중한 결과에 대한 독립된 고의범의 성립을 별도로 인정할 수 있는지, 예컨대 앞의 예처럼 방화를 통해 살인을 실현한 경우 현주건조물방화치사죄 외에 살인죄를 인정할 것인지가 문제된다. 24

(1) 학설의 태도

1) 상상적 경합설 부진정 결과적 가중범은 본질적으로 결과적 가중범이며 독자적인 범죄이므로 고의범의 불법내용이 당연히 포함될 수 없다는 점을 근거로 양자는 상상적 경합이 된다고 보는 견해이다.[306] 이에 따르면 위 사례에 대해서는 현주건조물방화치사죄와 살인죄의 상상적 경합이 인정된다. 25

2) 법조경합설 부진정 결과적 가중범은 중한 결과에 대한 고의범을 포함하는 개념이므로 별도로 중한 결과에 대한 고의범의 성립을 인정하는 것은 하나의 행위를 이중평가하는 것이므로 이를 막기 위하여 결과적 가중범만 성립한다는 견해이다.[307] 이에 따르면 위 사례에 대해서는 현주건조물방화치사죄만 인정된다. 26

(2) 판례의 태도

대법원은 고의범의 법정형이 부진정 결과적 가중범의 법정형보다 중한 경우에는 양죄가 상상적 경합관계에 있는 것으로 인정하지만,[308] 부진정 결과적 가중범의 법정형이 고의범의 그것에 비해 중한 경우에는 양죄가 법조경합중 특별관계에 있으므로 중한 부진정 결과적 가중범만 성립한다[309]고 한다. 27

判 위 판례 법리는 결과적 가중범의 법정형과 중한 결과에 대한 고의를 요하는 독립된 고의범의 법정형 간의 비교를 중심축으로 삼고 있다. 그러나 죄수론상 법조경합은 일죄유형으로 분류되고, 상상적 경합은 실체법상 수죄가 인정될 경우 그 수죄가 한 개의 행위로 인해 범해진 경우를 말하므로, 법정형 비교만으로 상 28

---

306) 손동권, §21/7; 신동운, 230면; 이용식, 68면; 이재상/장영민/강동범, §15/7.

307) 김성룡, "현행 형법의 해석론으로서 결과적 가중범의 유형과 죄수에 관한 판례·학설의 비판적 검토", 비교형사법연구, 2007.7, 69면; 오영근, §13/17.

308) 대법원 1998.12.8. 98도3416(현주건조물방화치사죄와 강도살인죄의 상상적 경합 인정).

309) 대법원 2008.11.27. 2008도7311(특수공무집행방해치상죄와 폭처법(상해)위반죄를 상상적 경합관계에 있음을 인정하지 않고 특수폭행치상죄만 성립함을 인정).

상적 경합과 법조경합을 구별하는 태도는 죄수론과 경합론의 기본이론과 부합하지 않는 문제점이 있다.

(3) 결론

29 결과적 가중범은 그 자체로 독자적인 범죄이지만, 중한 결과가 고의에 의해 발생한 경우에도 성립이 인정되는 부진정 결과적 가중범의 경우에는 고의에 의한 중한 결과발생을 구성요건요소로 두고 있는 고의범이 있을 경우 이 고의범은 부진정 결과적 가중범과 보호법익을 달리 한다. 이와 같이 두 개의 범죄가 보호법익을 달리하는 한 별개의 죄가 따로 성립하는 것이 원칙이고, 이 두 개의 죄의 성립은 한 개의 행위에 의한 것이므로 두 개의 죄는 상상적 경합관계에 있는 것으로 인정되어야 할 것으로 보인다. 법정형의 경중만으로는 죄수판단의 기준으로 삼을 수는 없기 때문이다(§33의 제1절 참조).[310]

Ⅲ. 특수한 결과적 가중범 형식

1. 형법각칙상 특수한 결과적 가중범 형식

30 형법률에는 진정 결과적 가중범과 부진정 결과적 가중범 중 어느 하나로 분류될 수 없는 특수한 형식의 결과적 가중범(중상해죄, 중유기죄 등)도 존재한다. 예컨대 형법 제258조 제1항의 중상해죄는 "사람의 신체를 상해하여 생명에 대한 위험을 발생하게 한 자"라고 되어 있는데, 이 구성요건은 상해라는 기본범죄를 범하여 생명에 대한 위험발생이라는 중한 결과를 발생시켰다는 점에서 결과적 가중범의 구조형식으로 되어 있다.[311]

31 그러나 이러한 특수한 결과적 가중범은 두 가지 점에서 일반적인 결과적 가중범과 다르다. 첫째, 이러한 형태의 특수한 결과적 가중범의 중한 결과는 보호법익에 대한 침해적 결과가 아니라 위험발생(예, 중유기죄의 경우 사람의 생명에 대한 위험의 발생)을 중한 결과로 구성요건에 설정하고 있어서 범죄분류상 '구체적 위험범'에 해당한다. 둘째, 다른 결과적 가중범의 경우와 같이 중한 결과를 구성요건적 결과로 설정하는 독립된 과실범의 구성요건(과실치사상죄)이 형법에 별도로 존재하지 않는다.

32 이 때문에 이러한 구성요건 형식은 중한 결과(구체적 위험의 발생)가 당해 구성요건의 독자적 요소이므로 이에 대해 과실이 아닌 고의가 인정되어야 한다. 따라서 굳이 분류하자면, 넓은 의미의 부진정 결과적 가중범으로 분류할 수 있지만, 결과적 가중범에 관한 총칙규정인 제15조 제2항이 적용되지 않는다고 보아야

310) 형법개정 이전 존속살인죄의 법정형(무기 또는 사형)이 현주건조물방화치사죄의 법정형(7년 이상의 유기징역, 무기 또는 사형)보다 높았던 때에 발생한 사건에 대해서 대법원은 양죄 사이에 상상적 경합관계를 인정하였다(대법원 1996.4.26. 96도485). 그러나 1995년 형법개정에 따라 존속살해죄의 법정형(7년 이상의 유기징역, 무기 또는 사형)이 현주건조물방화치사죄의 법정형(7년 이상의 유기징역, 무기 또는 사형)과 동일하게 바뀐 이후 동일한 사건이 발생할 경우에도 법정형을 기준으로 하여 상상적 경합관계인지 법조경합관계인지를 판단할지는 알 길이 없다.

311) 중상해죄(제258조 제1항, 제2항), 존속중상해죄(제258조 제3항), 중유기죄(제271조 제3항), 존속중유기죄(제271조 제4항), 중권리행사방해죄(제326조), 중손괴죄(제368조)가 여기에 해당한다.

한다.

2. 중대재해처벌법상의 결과적 가중범 형식과 총칙의 적용

「중대재해처벌 등에 관한 법률」에서 중대산업재해 사업주와 경영책임자 등을 처벌하는 구성요건도 결과적 가중범으로 분류할 수 있는지가 문제된다. 이 법 제6조 제1항은 "제4조(사업주와 경영책임자 등의 안전 및 보건확보의무) 또는 제5조(도급, 용역, 위탁 등 관계에서의 안전 및 보건확보의무)를 위반하여 제2조 제2호 가목의 중대산업재해(사망자가 1명이상 발생)에 이르게 한 경우 1년 이상의 징역 또는 10년 이하의 벌금에 처한다"고 규정하고 있고, 제2항에는 "제4조 또는 제5조를 위반하여 제2조 제2호 나목의 중대산업재해(동일한 사고로 6개월 이상 치료가 필요한 부상자가 2명이상 발생)에 이르게 한 경우 7년 이하의 징역 또는 1억원 이하의 벌금에 처한다"고 규정하고 있다. 33

이에 따르면 사업주와 경영자를 처벌하는 위 구성요건도 외형상으로는 결과적 가중범 형식에 해당하는 것으로 보인다. 이 법 제6조 제1항과 제2항의 일정한 의무 '위반'행위를 '기본범죄'로 볼 수 있고, '1명이상의 사망 또는 2명 이상의 상해'라는 중대산업재해는 '중한 결과'로 볼 수 있기 때문이다. 특히 '보건안전의무의 불이행'이라는 진정부작위가 기본범죄의 구성요건적 행위로 예정되어 있다고 볼 수 있다. 그러나 위 구성요건은 형법상의 결과적 가중범의 경우와 달리 기본범죄격에 해당하는 '보건안전의무'의 위반 자체에 대해서는 별도로 아무런 법효과(형벌 또는 과태료)가 규정되어 있지 않은 점에서 일반적인 결과적 가중범과 차이가 있다. 34

그럼에도 불구하고 중대재해처벌법 제6조 제1항 또는 제2항의 죄의 성립이 인정되려면 형법상 결과적 가중범의 경우와 마찬가지로 일반적 범죄성립요건에 관한 총칙규정의 적용이 요구된다. 즉 '보건안전의무'의 위반이 있다고 하기 위해서는 행위자에게 총칙 제13조의 고의가 인정되어야 하고, 중한 결과발생에 대해서는 형법 제15조 제2항이 적용되므로 그에 대해서는 과실(행위자의 인식 또는 예견가능성)이 인정되어야 하며, 행위자의 '의무위반'과 중한 결과발생 사이에는 총칙 제17조가 적용되어 '인과관계'(또는 객관적 귀속)가 인정되어야 한다. 35

제 2 절 결과적 가중범의 구성요건 요소

Ⅰ. 기본범죄

현행의 형식적 의미의 형법상 즉 형법전에 규정된 결과적 가중범의 기본범죄는 고의범이다. 기본범죄로 선별되어 있는 행위는 중한결과로 귀결되는 것이 상당한(또는 개연성 있 36

는) 고의행위들로 제한되어 있다.[312] 이러한 기본범죄의 특수성 때문에 결과적 가중범의 기본범죄행위를 중한 결과발생의 '전형적 위험'이 내포된 행위라고 말한다.

37 기본범죄가 미수에 그쳤더라도 중한 결과가 발생한 이상 결과적 가중범이 성립할 수 있는지가 문제된다. 이 문제는 아래 세 가지 쟁점과 연계되어 각기 다른 결론에 이를 수 있다.

1. 기본범죄의 미수의 처벌여부

(1) 기본범죄의 미수를 처벌하는 규정이 없는 경우

38 결과적 가중범의 구성요건이 "~조의 죄를 범하여"이라고 규정되어 있지만 기본범죄의 미수를 처벌하는 규정이 없는 경우가 있다.[313] 이러한 경우에는 기본범죄행위가 미수에 그쳤다면 '~조의 죄를 범한'에 해당하지 않는다고 해석해야 한다. 예컨대 행위자의 행위로 인해 '교통이 불가능하거나 또는 현저히 곤란한 상태'(기수)에 이르지 못하였지만,[314] 보행자에게 상해를 입힌 경우에는 교통방해의 미수를 처벌하는 규정이 없기 때문에 교통방해치사상죄에 해당하지 않고, 과실 유무에 따라 과실치상죄의 성립 여부가 문제될 수 있을 뿐이다.

(2) 기본범죄의 미수를 처벌하는 규정이 있는 경우

39 이 경우는 기본범죄의 형식에 따라 결과적 가중범의 성립 여부가 달라질 수 있다.

40 **1) 기본범죄에 미수처벌규정이 포함되어 있는 경우** 기본범죄의 형식이 "~조의 죄를 범한 자"로 되어 있고, "~조"에 기본범죄의 미수처벌규정도 포함되어 있는 경우가 있다.[315] 예컨대 강간치상죄의 기본범죄 부분 "제297조 내지 제300조의 죄를 범한 자"로 되어 있고, 여기에는 기본범죄인 강간미수처벌규정(제300조)도 포함되어 있다. 이러한 경우 "죄를 범한 자"에는 기수범뿐만 아니라 미수범도 당연히 포함되므로 기본범죄인 강간이 미수에 그쳤더라도 강간치상죄의 성립이 인정될 수 있다.[316] 기본범죄가 "사람의 신체를 상해하여"와 같이 기본범죄의 '행위'기술형식으로 표시되어 있고, 기본범죄의 미수처벌규정이 결과적 가중범 규정의 앞에 편제되어 있는 경우에도 마찬가지이다.

41 **2) 기본범죄에 미수처벌 규정이 포함되어 있지 않은 경우** 기본범죄가 "~조의 죄를 범하여" 또는 "~조의 죄를 지어"로 되어 있고 기본범죄의 미수처벌규정은 있지만, "~조"

---

312) 예컨대 우리 입법자는 폭행행위, 상해행위, 유기행위, 낙태행위, 감금행위, 방화행위, 폭발물사용행위 등과 같이 기본적으로 사망이나 상해에 이를 수 있는 개연성이 있는 행위들만 가려내어 이를 중한 결과와 결합시켜 결과적 가중범이라는 독자적 범죄구성요건으로 만들었다. 반면에 사기행위, 절도행위 등은 결과적 가중범의 기본범죄로 선별되어 있지 않다.

313) 유기등치사상죄(제276조), 연소죄(제168조), 교통방해치사상죄(제188조), 낙태치사상죄(제269조 제3항)이 여기에 해당한다.

314) 대법원 2018.5.11. 2017도9146.

315) 강간등치상죄(제301조) 및 강간등치사죄(제301조의2)가 대표적이다.

316) 대법원 1972.7.25. 72도1294.

에 기본범죄의 미수처벌규정이 형식상 포함되어 있지 않은 경우도 있다.[317] 이와 같은 경우 조문 형식상 기본범죄의 미수가 결과적 가중범의 기본범죄에 포함되는 것으로 해석하는 것은 유추이므로 기본범죄가 기수에 이르지 못하고 중한 결과만 발생한 때에는 기본범죄의 미수와 중한 결과발생에 대해 과실범의 상상적 경합이 될 수 있을 뿐이고, 결과적 가중범의 성립은 부정되어야 한다.[318]

다른 한편, 강도치상죄와 같이 기본범죄의 형식이 "'강도가' (사람을 상해에 이르게 한 때)" (제337조)라는 형식을 취하고 있고, 강도미수처벌규정(제342조)이 명문으로 강도치상죄에 포함되어 있지 않은 경우가 있다. 이 경우 기본범죄를 '~조'의 형식으로 표기하고 있지 않고 포괄적인 주체의 형식으로 표시하고 있으므로 "강도"에는 강도기수와 강도미수를 모두 포함하는 것으로 해석될 수 있다. 따라서 강도가 재물강취에 성공하지 못하여 미수에 그쳤더라도 상해의 결과를 발생시킨 이상 강도치상죄의 성립이 인정될 수 있다.[319] 42

2. 기본범죄의 미수와 중한 결과사이의 형법적 인과관계

단순 고의범(결과범)의 경우 행위와 결과사이의 인과관계가 부정되더라도 미수범성립은 가능하다. 그러나 결과적 가중범의 경우 기본범죄행위와 중한 결과 사이에 인과관계가 부정되면, 결과적 가중범 성립 자체가 부정된다. (고의의) 기본범죄와 (과실에 의한) 중한 결과 사이의 결합이 끊어지기 때문이다. 43

중한 결과가 발생한 이상 기본범죄가 미수에 그쳤더라도 —앞에서 보았듯이— 결과적 가중범은 성립할 수 있지만, 기본범죄행위(미수든 기수든)와 중한 결과사이에 인과관계가 부정되면, 결과적 가중범의 성립 자체가 부정된다. 특히 기본범죄행위가 기수인 경우는 물론이고 기본범죄가 미수에 그친 경우에도 기본범죄행위의 특별한 위험이 중한 결과로 실현된 것으로 평가할 수 없다면, 상당인과관계 또는 결과귀속이 부정될 수 있다. 이 쟁점에 관해서는 인과관계 부분에서 재론한다. 44

3. 결과적 가중범의 미수 문제

기본범죄가 미수에 그친 경우라도 중한 결과가 발생하는 경우도 있을 수 있다. 이러한 경우 기본범죄의 미수와 중한 결과사이에 인과관계(또는 결과귀속)가 인정되면 결과적 가중 45

317) 현주건조물방화치사상죄(제164조제2항), 약취유인매매이송등치상죄(제290조), 약취유인매매이송등치사죄(제291조) 등 다수의 결과적 가중범이 여기에 해당한다.

318) "형벌법규는 그 규정내용이 명확하여야 할 뿐만 아니라 그 해석에 있어서도 엄격함을 요하고 유추해석은 허용되지 않는 것이므로 성폭력범죄의처벌및피해자보호등에관한법률 제9조 제1항의 죄의 주체는 "제6조의 죄를 범한 자"로 한정되고 같은 법 제6조 제1항의 미수범까지 여기에 포함되는 것으로 풀이할 수는 없다"(대법원 1995.4.7. 95도94).

319) 대법원 1971.1.26. 70도2518(준강도치상죄 사례임).

범의 성립이 인정될 수는 있지만, 기본범죄가 미수에 그친 점을 고려하여 결과적 가중범의 미수성립을 인정할 것인가 아니면 중한 결과가 발생한 점에 초점을 맞추어 결과적 가중범의 기수가 성립하는지가 문제된다. 이 쟁점에 관해서는 결과적 가중범의 미수 부분에서 다루기로 한다.

Ⅱ. 중한 결과의 발생

46 결과적 가중범의 중한 결과는 행위자가 기본범죄와 관련하여 가졌던 고의에 의해 포착되는 결과보다 중한 결과이어야 한다. 이러한 중한 결과는 연소죄를 제외하고는 모두가 사람의 생명이나 신체에 대한 침해와 관련된 결과(상해, 사망)로 예정되어 있다. 중한 결과는 범죄구성요건과 무관한 '객관적 처벌조건'이 아니라, 결과적 가중범의 구성요건 요소이다.

Ⅲ. 결과적 가중범의 인과관계(또는 객관적 귀속)

1. 인과관계 인정 여부와 예견가능성의 의의

(1) 인과관계 인정 필요성과 두 가지 다른 차원의 인과관계

47 결과적 가중범 경우 제15조 제2항에서 요구하는 중한 결과발생에 대한 예견가능성만 인정되면 족하고 별도로 형법상의 인과관계까지 인정될 필요가 없다는 견해[320)]도 있다.

48 하지만 통설·판례는 결과적 가중범이 중한 결과발생을 구성요건 요소로 하고 있는 '결과범'인 이상 기본범죄와 중한 결과 사이에 인과관계는 인정되어야 한다는 입장이다.

49 결과적 가중범의 경우 인과관계 문제는 두 가지 서로 다른 관련 대상을 가진다. 하나는 기본범죄의 구성요건 자체에서 행위와 결과간의 인과관계 문제이고, 다른 하나는 기본범죄 행위와 중한 결과간의 인과관계 문제이다. 전자의 경우 인과관계가 부정되면, 기본범죄의 미수가 되는데 그치고 중한 결과가 발생한 이상 결과적 가중범의 성립은 여전히 인정될 수 있다. 이와는 달리 후자의 경우 인과관계가 부정되면, 기본범죄의 성립만 인정되고, 결과적 가중범의 성립은 인정되지 않는다.

(2) 제15조 제2항의 예견가능성과 인과관계 인정 기준으로서의 예견가능성

50 모든 결과범에 대해 요구되는 인과관계는 총칙 제17조에 규정되어 있는 반면, 제15조 제2항의 중한 결과에 대한 예견가능성이라는 요건은 결과범 가운데 결과적 가중범에 특화된 고유한 구성요건 요소이다. 따라서 중한 결과에 대한 예견가능성은 인과관계 판단과 무관하게 독자적 기능을 하는 것으로 이해된다. 특히 후술하듯이 중한 결과발생에 대한 예견

---

320) 황산덕, 139면.

가능성을 '행위자'의 예견가능성으로 해석해야 하는 이상, 이 요소와 형법적 인과관계 판단을 위한 기준으로 인정되는 '객관적 예견가능성'은 개념적으로 분명히 구별되어야 한다. 이러한 전제하에서 보면 형법 제15조 제2항의 중한 결과발생에 대한 예견가능성을 형법상의 인과관계 내지 객관적 귀속에서의 객관적 예견가능성과 중첩되는 요건으로 파악하는 견해[321]는 수용하기 어렵다.

2. 인과관계와 객관적 귀속의 구별

객관적 귀속이론에 따르면 결과적 가중범의 경우에도 합법칙적 조건설에 따라 자연과학적 사실적 의미의 인과관계가 인정되더라도 '객관적 결과 귀속' 판단을 통하여 발생한 중한 결과에 대한 행위자의 형사책임을 제한할 여지를 인정한다. 51

(1) 경험과학적 지식을 기초로 한 사실상의 인과관계의 확정

결과적 가중범의 경우 기본범죄행위와 중한 결과사이의 경험과학적 지식을 기초로 한 인과관계의 문제가 제기되는 경우는 드물다.

判 대법원은 형법 제263조(동시범)의 적용상 다수의 가담자에 의해 '상해의 결과가 발생한 경우'에는 원인된 행위가 판명되지 않더라도 모든 가담자를 발생된 결과를 구성요건요소로 하는 범죄의 공동정범으로 처벌한다. 다만, 이 경우 사실증명을 통해 상해(또는 상해치사 또는 폭행치사 등)의 결과발생에 인과적 기여조차 하지 않은 것으로 확인된 가담자의 경우에는 해당 범죄의 공동정범의 죄책에서 벗어날 수 있다고 한다.[322] (§ 30의 제4절 참조). 52

(2) 규범적 평가적 차원의 객관적 귀속 판단

기본범죄행위가 중한 결과로 비화되는 경우 대부분 행위자의 예상 밖의 일이다. 이 경우 기본범죄행위가 작동시킨 조건은 다양한 매개변수들(피해자의 지병, 특이체질, 피해자의 유책적 행위, 제3자의 행위)의 개입을 거쳐 '중한 결과'에 이르는 경우가 많다. 이러한 경우 기본범죄행위와 중한 결과발생 사이의 형법적 인과관계의 인정여부는 상당인과관계설과 객관적 귀속이론이 각기 다르게 판단한다. 53

1) 상당인과관계설과 그 문제점 상당인과관계설을 취하는 판례와 일부학설[323]은 기본범죄행위와 중한 결과발생 사이의 상당한 인과관계를 고의범의 경우 상당성 판단과 동일한 기준을 사용하여 판단한다. 54

判 대법원은 기본범죄행위 후 피해자의 지병, 특이체질 등이 결과발생에 직접적 원인이 되었거나 혹은 의사의 치료상의 과실 등이 결과발생을 앞당긴 사실이 인정되거나 피해자의 도주행위 도중에 제3자의 과실 55

321) 김일수/서보학, 474면; 박상기, 301면.
322) 대법원 1984.5.15. 84도488. "상해죄에 있어서의 동시범은 두 사람 이상이 가해행위를 하여 상해의 결과를 가져올 경우에 그 상해가 어느 사람의 가해행위로 인한 것인지가 분명치 않다면 가해자 모두를 공동정범으로 본다는 것이므로 가해행위를 한것 자체가 분명치 않은 사람에 대하여는 동시범으로 다스릴 수 없다."
323) 배종대, §154/3; 오영근, §13/23.

행위가 개입되어 중한 결과가 발생한 경우라도, 사후에 이러한 사정을 알았던 일반인의 입장에서 이러한 진행경과가 통상적으로 예견가능하거나 일반인의 경험범위내에 속하면 '상당성'을 인정한다.[324] 이에 따르면 당해 사건에서 실제로 진행한 인과적 경과가 객관적으로 예견가능한 범위에서 이탈하지 않는 한 '상당성'(개연성)이 인정된다.

56 상당성 여부를 판단하는 방법은 행위시점에서 사건의 진행경과를 예측하는 것이 아니라 결과발생 후에 일반인이 알게 된 모든 사정을 고려하여 실제로 진행된 경과가 일상적 경험범위 내에 속하는지를 판단한다(객관적 '사후'판단).[325]

57 **例 인과관계를 긍정한 판례사안:** 대법원이 폭행이 피해자의 평소 고혈압 증세를 악화시켜 사망한 경우(대법원 1967.2.28. 67도45)나 피해자를 2회에 걸쳐 두 손으로 힘껏 밀어 땅바닥에 넘어뜨리는 폭행을 가한 것이 평소의 심장질환의 지병에 영향을 주어 사망에 이른 경우(대법원 1986.9.9. 85도2433), 피해자의 신체에 외상이 생길 정도로 심하게 폭행을 가함으로써 평소에 심장질환을 앓고 있던 피해자의 심장에 더욱 부담을 주어 나쁜 영향을 초래하여 피해자가 심근경색 등으로 사망한 경우(대법원 1989.10.13. 89도556) 폭행과 사망사이의 상당인과관계를 인정하였다.

58 **例 인과관계를 부정한 판례사안:** ① 평소 허약하고 두개골이 비정상적으로 얇으며, 뇌수종을 앓고 있었던 피해자가 피고인에 의해 뺨을 얻어맞고 급격한 뇌압상승으로 뒤로 넘어지면서 지주막하출혈 등을 입고 사망한 경우 피고인의 폭행행위와 피해자의 사망간에 상당인과관계를 부정하였고(대법원 1978.11.28. 78도1961), ② 강간을 당한 피해자가 집에 돌아가 강간을 당함으로 인하여 생긴 수치심과 장래에 대한 절망감 등으로 인해 음독자살한 경우에는 강간행위와 사망사이에 상당인과관계가 없어서 강간치사죄의 성립을 부정하였다(대법원 1982.11.23. 82도1446)

59 **判** 위 판례사안 중 부정판례사안 ①의 경우는 상당인과관계설에 따르더라도 인과관계는 인정되는 사례여서 법리적용에 문제가 있다. 상당인과관계설 고유의 상당성 판단의 방법(객관적 사후판단)에 따르면 피해자의 특이체질이나 지병 등 중간 매개변수가 직접적 사인이 된 경우에도 통상적인 예견가능한 범위 안에 있는 것으로 평가되기 때문이다(위 긍정 판례사안 참조). 따라서 위와 같은 사례의 경우 피고인이 피해자의 이러한 지병 내지 특이체질을 알지 못하였으므로 뺨을 한 차례 때려 사망의 결과가 발생할 수도 있음을 예상할 수 없었을 것이므로 결과적 가중범의 구성요건 요소 중 '행위자의 예견가능성' 요건(제15조 제2항 요건)의 불충족을 근거로 폭행치사죄의 성립을 부정하는 법리전개를 했어야 할 것으로 보인다. 대법원이 인과관계와 행위자의 예견가능성 법리를 바르게 적용한 경우도 있다. 즉 대법원은 베짜는 기계(스빙기계)의 철받침대가 시멘트 바닥에 돌출되어 있는 방직공장 안에서 피해자를 다그치기 위해 삿대질을 하는 행위자의 폭행을 피하기 위해 뒷걸음치다가 뒤로 넘어져 머리를 바닥에 부딪쳐 두개골절로 사망한 사례의 경우에는 상당인과관계는 인정하였지만, 사망의 결과에 대한 '행위자'의 예견가능성 요건 불충족을 근거로 폭행치사죄의 성립을 부정하였다.[326]

---

324) 경험과학적 지식을 기초로 삼는 상당성 판단이 자연법칙과 경험법칙을 기초로 삼는 합법칙적 조건설의 태도가 다를 바 없다는 점은 앞서 살펴보았다.

325) 이와는 달리 형법 제15조 제2항의 중한 결과에 대한 예견가능성 판단은 행위시를 기준점으로 하여 이루어지는 '사전판단'이다. 따라서 객관적 귀속척도로서의 객관적 예견가능성과 제15조 제2항의 예견가능성이 중첩된다는 지적(김일수/서보학, 474면; 임웅, 515면 각주 82)은 인과관계 내지 객관적 귀속판단의 경우와 과실판단이 각기 사후판단과 사전판단임을 염두에 두고 있지 않다.

326) 대법원 1990.9.25. 90도1596. 이 판결에서 대법원이 '피고인이 예견할 수 없었다'라고 하지 않고 "통상적으로 일반인이 예견하기 어려운"이라는 표현을 사용하고 있는 이유에 관해서는 후술할 §17/93 참조.

대법원이 고의범이나 결과적 가중범의 경우 결과에 이르는 '진행경과의 통상적인 예견가능성 내지 일반인의 경험범위'를 기준으로 삼는 상당성 판단 방법을 요약하면 법관은 당면한 사건의 진행경과에 관한 '사전지식' 하나를 가지고 이를 자신의 사고 속의 연산장치에 넣어 장래 유사사건이 발생하더라도 이 사건과 동일하게 진행될 것으로 예측(긍정/부정)하는 직관적·추론적 차원의 결론을 내리고 있다. 60

하지만 이러한 판단 방법은 법적으로 정당화되기는 어렵다. 법관의 머리 속 추론과정이 설명될 수 없기 때문이다. 설명이 되지 않으면 검증의 대상이 되지 않고 통제의 대상이 되지도 않는다. 그럼에도 실제로 대법원은 많은 판결에서 통상적 예견가능성이나 일반적 경험범위를 통한 근거지움 없이 상당성 판단을 선언적으로 하는 경우가 많다. 이런 식의 인과관계 판단 방법이 가진 문제점(진행경과에 대한 예견의 통상성(내지 개연성)을 판단을 위해 집적된 경험에 대한 통계학적 확률지식을 활용하지 않는 점)에 관해서는 앞서 살펴보았다.[327] 61

2) 객관적 귀속판단 객관적 귀속이론은 상당인과관계설이 설득력 있게 제시하지 못하는 근거를 다른 방법으로 제시한다. 즉 객관적 귀속이론은 결과적 가중범의 경우도 기본범죄행위와 중한 결과사이에 일정한 관련성을 규범의 보호목적이라는 기본컨셉을 가지고 설명하기를 시도한다. 결과적 가중범의 구성요건(행위규범)의 보호목적은 중한 결과가 기본범죄행위가 만든 고유한(특별한) 위험에 의해 현실되는 것을 방지하는 데 있다. 앞서 언급했듯이 결과적 가중범의 기본범죄행위는 형법에서 금지하고 있는 행위들 중에서 특별히 중한 결과를 야기할 전형적인 위험을 내포하고 있는 행위들로 선별되어 있다. 이 때문에 실제로 발생한 중한 결과를 행위자의 행위로 객관적으로 귀속시키기 위해서는 '다른' 위험이 아니라 기본범죄행위가 만든 '특별한 위험'이 결과로 실현되어야 한다. 62

이와 같이 중한 결과를 기본범죄행위로 귀속시키기 위해 기본범죄행위의 특별한 위험에 초점을 맞추어야 하는 이유는 무엇인가. 결과적 가중범의 기본범죄행위가 중한결과로 이르러가는 전형적 위험을 내포한 행위로 이루어져 있다는 '규범구조'의 특수성 때문이다. 기본범죄행위에 내포된 이러한 위험의 전형성(중한 결과발생의 개연성)은 기본범죄행위 자체의 엄격한 통제를 통해 중한 결과 발생을 방지하는 것을 결과적 가중범의 규범의 보호목적으로 만들고, 이는 다시 중한 결과를 기본범죄행위로 귀속시키기 위해서는 기본범죄행위의 질적 요건을 제한적으로 해석하게 만든다. 즉 중한 결과로 직접 연결될 특별한 위험을 창출시키는 행위로 제한해석되어야 하는 것이다. 63

이 뿐만 아니라 기본범죄행위로 창출된 특별한 위험이 중한 결과로 실현되었다고 하기 위해서는 그 위험이 기본범죄행위를 한 행위자의 관리범위(책무범위) 속에 있어야 한다. 규범의 보호목적이라는 관점에서 보면 기본범죄행위가 만든 특별한 위험이 아닌 다른 위험 64

327) 범죄성립요건 중 하나인 인과관계라는 요소는 직관에 의해서 그 충족여부가 결정되지 않고, 설명가능한 법적 근거 내지 실체적 가진 판단 기준에 의해 결정되어야 한다. 그렇지 않으면 통상적 예견가능성 내지 일반인의 경험범위라는 상당성 판단의 기준은 내용없는 '형식'적 레토릭에 지나지 않게 된다는 점에 관해서는 §14/40 이하 참조.

은 그 다른 위험을 창출한 행위의 행위자의 책무범위 속에 있으므로 그 범위에서 일어난 결과는 기본범죄행위로 귀속할 수 없기 때문이다.

65 이러한 관점에서 보면 기본범죄행위가 만들어낸 특별한 위험이 피해자의 지병이나 특이체질과 상승작용하여 중한 결과발생에 이른 경우에도 중한 결과는 규범의 보호목적적 관점에서 볼 때 행위자의 책무범위 속에 들어오는 것으로 평가할 수 있다.

66 **判** 고의범의 경우 대법원 상당성 판단과 객관적 귀속이론의 결과귀속 판단이 결론에서 거의 일치한다는 점은 고의의 기본범죄가 중한 결과에 이르는 결과적 가중범의 경우에도 여전히 타당할 수 있다. 행위자의 기본범죄행위에 의해 창출된 최초의 위험이 진행되는 도중에 중한 결과가 발생한 경우라면 중한 결과를 행위자의 행위로 귀속시킬 수 있듯이, 대법원도 상당인과관계설의 입장에서 기본범죄행위와 중한 결과 사이에 '통상적 예견가능성'이라는 상당성 판단 기준에 따라 인과관계를 긍정한다. 아래 대법원 판례 사례들은 행위자의 감금, 폭행 등 기본범죄행위에 의해 발생된 위험이 계속되는 도중에 중한 결과(사망)가 발생한 사례들이다.

67 **例** 대법원은 피해자가 강제로 승용차에 태워진 후 차량을 빠져 나오려다가 길바닥에 떨어져 상해를 입고 그 결과 사망에 이른 경우(대법원 2000.2.11. 99도5286), 경찰봉으로 때린 구타행위로 피해자가 약 20여 시간이 경과한 후 외상성 뇌경막하 출혈로 사망한 경우(대법원 1984.12.11. 84도2347), 피고인의 강타로 인하여 임신 7개월의 피해자가 지상에 넘어져서 4일 후에 낙태하고 위 낙태로 유발된 심근경색증으로 죽음에 이르게 된 경우(대법원 1972.3.28. 72도296)등의 경우 상당인과관계를 인정하였다.

68 그러나 기본범죄행위로 창출된 위험이 중간에 개입한 다양한 사정들에 의해 새로운 위험으로 전환되어 결과로 그 다른 위험이 실현된 사례들의 경우에는 상당성 판단 뿐 아니라 객관적 귀속판단도 쉽게 결론내리기 어렵다. 그 중간변수의 영향력이 어느 정도로 중요한 작용을 하여 최초에 행위자에 의해 창출된 위험의 영향력을 차단시켰다고 할 수 있는지가 문제될 수 있기 때문이다. 이 점은 종래 결과적 가중범의 성립범위를 제한하려는 해석론적 과제 실현과 관련하여 기본범죄행위와 중한 결과간의 '직접성 관련성'이라는 이름으로 논의되어 왔다.

(3) 직접성 관련성

69 **1) 의의** 결과적 가중범의 경우에는 중한 결과를 향하여 진행되는 기본범죄행위의 영향력이 중간에 개입되는 변수에 의해 제약되거나 중간변수의 영향력이 기본범죄행위의 지속적 효력을 단절시키는 사정이 있는 경우가 있다. 이러한 경우에는 실제로 발생한 중한 결과가 기본범죄행위의 탓이라고 할 수 없다. 즉 결과발생에 지속적 효력을 유지하고 있는 원인만을 결과발생의 탓이라고 귀속할 수 있기 때문이다. 여기서 행위의 외적인 효과가 결과발생에 이르는 과정에서 개입된 다른 중간행위의 영향을 받지 않고 지속적으로 연결되는 상태를 '직접성'이라고 한다.

70 **2) 결과적 가중범에서 '직접적 관련성'의 의미** 결과적 가중범의 경우 기본범죄행위와 중한 결과 사이에 필요한 것으로 주장되는 직접성은 과실범의 경우 객관적 주의의무위반

과 결과간의 인과관계이론에서 대법원의 확립된 법리인 직접성 요건과 다르다. 과실범의 경우에는 '행위자가 주의에 합치되는 행위를 하였더라면 결과의 방지가 확실시될 정도'인지를 묻는 공식('적법한 대체행위이론')[328]을 직접성 심사에 사용하지만, 결과적 가중범의 경우에는 기본범죄행위가 발생시킨 위험의 효과가 제한되거나 끊어짐 없이 그대로 지속되어야 하는지를 묻는다.

① 학설의 태도

(i) 직접성 필요설 "중한 결과가 다른 중간원인의 개입없이 기본범죄행위로부터 직접 초래"[329]되었거나, "상당인과관계 및 과실의 문제와는 별도로 중한 결과가 기본범죄에 내포된 전형적인 고유한 위험의 실현일 때"[330] 또는 "기본범죄행위의 위험의 현저성"[331]이 있는 경우에 직접성이 인정된다고 하는 견해이다.[332] 71

(ii) 직접성 불요설 결과적 가중범의 성립을 제한하기 위한 법률적 근거가 형법 제15조 제2항(중한 결과에 대한 예견가능성이 없으면 중한 죄로 벌하지 아니한다)에 마련되어 있는 이상 그에 의거해서 결과적 가중범의 성립을 제한하는 것이 타당하고 직접성의 요건을 해석론상 도출해낼 수 없다는 견해이다.[333] 직접성을 일상적 경험을 판단기준으로 하는 상당인과관계설의 상당성을 구체화한 것에 지나지 않는다고 하는 견해[334]도 마찬가지이다. 72

② 판례의 태도 대법원은 결과적 가중범의 경우 중한 결과가 기본범죄로부터 야기될 수 있음을 '통상적으로 예견할 수 없는 경우에 한하여', 기본범죄에 전형적으로 내포되어 있는 위험이 실현된 것이 아니라고 하여 상당성을 부정[335]하고 그 외의 경우에는 최초행위와 중한 결과 간에 상당성을 매우 폭넓게 인정하고 있다. 73

判 대법원의 태도는 분명하지 않지만, 직접적 관련성을 전적으로 배제하고 있다고 단언할 수는 없다. 왜냐하면 대법원은 피해자가 안면 및 흉부에 구타를 당한 후 사망한 사건[336]에서 행위자의 기본범죄행위가 중한 결과의 발생의 위험을 내포할 정도일 것을 암묵리에 요구하고 있기 때문이다. 구체적인 사건에서 실제로 행한 기본범죄의 질적 요건을 이렇게 상향조정하고 있음은 기본범죄행위가 만든 위험의 강도와 중한 결과발생간의 관련성에 직접적 인과성을 요구하고 있는 취지로 평가할 수도 있다. 특히 대법원이 위 판시내용 74

---

328) 이러한 심사방식을 객관적 귀속이론에서는 '주의의무위반관련성'이라는 귀속척도라고 하는 점에 대해서는 앞서 설명하였다.

329) 이형국/김혜경, 348면; 임웅, 530면.

330) 김일수/서보학, 472면; 정성근/정준섭, 380면.

331) 조상제, "결과적 가중범의 제한해석", 志松이재상교수화갑기념논문집(Ⅰ), 301면.

332) 박상기, 299면; 손동권, §21/14; 이재상/장영민/강동범, §15/11; 정성근/박광민, 441면.

333) "결과적 가중범에 있어서 인과관계(즉 형법적 인과관계)는 통상적인 판단에 따르면 족하다고 본다"(신동운, 224면)는 태도가 이러한 입장이다.

334) 배종대, §152/17; 오영근, §13/25.

335) 강간피해자가 음독자살한 경우(대법원 1982.11.23. 82도1446)는 상당성을 부정하고 있다.

336) 대법원 1955,6.7. 55도88; 1956.7.13. 4289형상129. "안면 및 흉부에 대한 구타는 생리적 작용에 중대한 영향을 줄 뿐 아니라 신경에 강대한 자극을 줌으로써 정신의 흥분과 이에 따르는 혈압의 항진을 초래하여 뇌일혈을 야기케 할 수 있다."

에서 기본범죄를 통해 공격이 가해진 신체부위가 "신체기능에 중대한 지장을 초래"할 수 있거나 "치명적인 결과를 가져"오기 때문이라는 점을 강조[337]하고 있는 것도 같은 맥락으로 이해할 수 있다. 객관적 귀속이론의 규범의 보호목적이라는 컨셉으로 대법원의 태도를 선해하면, 결과적 가중범이라는 행태규범은 중한 결과의 회피(예방적 억제)를 위해 구체적 행위자의 기본범죄행위가 중한 결과로 발생할 위험성을 내재하고 있을 것을 요하는 것이라고 볼 수 있다.

75 ③ 결 론 과도하게 중한 법정형을 법효과로 인정하고 있는 결과적 가중범 성립범위를 축소시키기 위해 해석론상 동원할 수 있는 가장 강력한 이론적 제한장치가 인과관계에 있는 이상, 중한 결과가 기본범죄에 내포된 전형적 위험이 직접적으로 실현된 것이라고 하기 위해서는 앞서 설명했듯이 아무런 위험이 아니라, '기본범죄행위에 고유하게 부착되어 있는 특별한 위험' 또는 "중한 결과발생에 가까이 근접해가서 중한 결과로 직접 연결될 특별한 위험"이 행위자의 행위에서 발현되어야 중한 결과를 기본범죄행위로 귀속시킬 수 있다.

76 이러한 관점에서 보면 기본범죄행위에 대해 요구되는 특별한 위험이 아닌 다른 위험이나 그러한 특별한 위험 수준에 미달된 위험이 발생된 데 그친 경우에 중한 결과가 발생하였어도 그것은 규범의 보호목적 범위 밖의 결과이므로 결과귀속은 부정되어야 한다. 이와 같이 객관적 구성요건의 영역에서 행위자의 책임범위를 제한하기 위한 차원에서 발전된 객관적 귀속이론의 입장에서 보면 직접적 관련성이라는 요건은 규범의 보호목적 관점을 고려한 결과귀속(위험실현)의 문제로 해소될 수 있을 뿐 독자적 의미차원을 가지지는 않는다.

77 **3) 직접적 관련성**(내지 규범의 보호목적 관점을 고려한 결과귀속)**이 문제되는 사례들** 결과적 가중범 사례에서 기본범죄가 어떤 위험을 어느 정도로 만들어내는지는 사례의 사실관계의 특성에 따라 달라진다.

78 사례1(도피중 사망사건): 갑은 계속 교제하기를 원하는 자신의 제의를 A가 거절한다는 이유로 얼굴을 주먹으로 수회 때리고 폭행하였다. A는 갑의 폭행을 모면하기 위하여 도로 건너편으로 도망가 도움을 요청하였지만, 뒤따라 온 갑에게 다시 폭행이 가해지자 재차 도로를 건너 도망을 하였다. A를 좇아온 갑이 주먹으로 A를 폭행하여 상해를 가하자, A는 계속되는 갑의 폭행을 피하려고 다시 차량의 통행이 빈번한 차도를 건너 길 건너편으로 도피하던 중 때마침 위 도로 편도 2차선의 1차선상을 따라 진행하던 승용차에 충격되어 그곳에서 혈흉, 혈복증, 두개강내손상 등으로 인하여 즉사하였다(대법원 1996.5.10. 96도529 참조).

79 判 대법원은 위 사례1(도피 중 사망사건)에 대해 상해치사죄의 '상당'인과관계가 있다고 인정한 원심법원의 판단을 그대로 수용하면서도 상당성을 인정하는 아무런 근거는 제시하지 않았고 개입된 택시운전자의 행위의 영향력이 차단효과를 가지는지에 대해서는 쟁점으로 삼지도 않았다.

80 객관적 귀속이론에 따르면 A의 사망은 얼핏 보면, 갑의 지속적인 폭행 및 상해행위가 만든 위험이 실현된 것이 아닌 것처럼 보인다. 갑의 지속적인 상해행위로 사망의 결과가 발생되고 그로 인해 갑이 상해치사죄의 책임을 지기 위해서는 상해행위가 '치명상'에 이르고 그 치명상이 사망의 결과로 실현되어야 할 것이기 때문이다. 이러한 점은 위

337) 대법원 1984.12.11. 84도2183.

험실현의 관점 및 결과적 가중범의 규범의 보호목적이라는 관점에서도 평가해 볼 수 있다. 반복되는 갑의 공격이 최초로 창출해낸 위험 및 그 이후 계속된 위험, 그리고 이를 피하기 위해 거듭된 도로 횡단과정에서 사고를 당할 위험도 결국은 갑의 지속적 상해행위가 만들어내는 위험서클 안의 위험이고, 따라서 그 과정에서 발생한 중한 결과는 결국 행위자가 창출한 특별한 위험의 실현이라고 할 수 있다.[338)]

判 대법원도 이와 같은 객관적 귀속이론의 취지에 따르는 듯 피해자가 계속되는 폭행을 피하여 도망치다가 도망쳐 숨은 곳(3층화장실)에서도 가해의 위협이 계속되자 그곳에서 도망치려다가 실족하여 창문 밖으로 떨어져 사망한 사례에 대해 '폭행과 사망사이의 상당인과관계를 긍정'한 것은 결론적으로 타당하다고 할 수 있다. 그러나 정작 해당 판결에서는 아무런 근거나 이유가 제시되어 있지 않다.[339)] 81

행위자의 기본범죄행위를 피해자가 피하는 과정에서 제3자의 개입행위에 의해 중한 결과가 발생한 사례의 경우 기본범죄행위에 의해 창출된 위험의 지속력이 차단된 것인지에 따라 객관적 귀속여부가 결정될 수 있다.

사례2(베란다 추락 사망사건): 갑은 헤어지기를 원하는 피해자 B의 몸과 머리를 무차별 폭행하고 상해하였다. 쓰러져 빈사상태가 된 B가 사망한 것으로 오인한 갑은 B가 자살한 것으로 가장하여 범행을 은폐할 목적으로 B를 묶고 있는 호텔 3층 객실의 베란다에서 13미터 아래 바닥으로 추락시켰다. B는 좌측 측두부 분쇄함몰골절에 의한 뇌손상 및 뇌출혈 등으로 사망하였다(대법원 1994.11.4. 94도2361 참조). 82

判 대법원은 위 사례2(베란다 추락 사망사건)의 경우 진행경과에 대한 객관적 예견가능성이나 이보다 강화된 차원의 엄격한 직접적 관련성 여부를 심사하지 않은 채 아무런 근거를 제시하지 않고 "포괄하여 단일의 상해치사죄가 인정"된다는 결론을 내렸다. 하지만 이러한 근거지움 없는 결론에는 동의하기 어렵다. 판시내용은 상당인과관계설의 적용이라고도 보기 어렵다. 83

위 사례2에 대해서는 중한 결과로 이르는 진행경과에 대한 통상적인 예견가능성(상당성) 84
이라는 기준에 따르더라도 인과관계가 부정되어야 할 것으로 보인다. 피해자의 사망이라는 '중한 결과'는 상해 '행위'나 상해행위의 '결과'로 치명적인 상해가 만든 특별한 위험이 실현된 것이 아니라 그와 독립된 행위자의 다른 행위(즉 범행은폐를 위한 행위)가 실현된 것이라고 할 수 있기 때문이다. 규범의 보호목적 관점에서 나오는 귀속척도를 사용하는 객관적 귀속이론에 따르더라도 결과귀속이 부정되어야 한다. 따라서 위 사례에서 행위자는 상해치사죄가 아니라 상해죄와 과실치사죄의 경합범으로 인정되어야 할 것이다.

기본범죄행위가 창출한 특별한 위험이 중한 결과로 실현된 것이 아니므로(직접적 관련성이 인정될 수 85

338) 상해치사죄라는 결과적 가중범의 구성요건은 사망이라는 중한 결과가 위와 같이 (지속된 고위험적) 상해행위가 만든 특별한(고유한) 위험을 통해 실현되는 것을 방지하는 목적을 가진 규범이라고 할 수 있다.

339) "피고인들이 공동하여 피해자를 폭행하여 당구장 3층에 있는 화장실에 숨어 있던 피해자를 다시 폭행하려고 피고인 갑은 화장실을 지키고, 피고인 을은 당구치는 기구로 문을 내려쳐 부수자 위협을 느낀 피해자가 화장실 창문 밖으로 숨으려다가 실족하여 떨어짐으로써 사망한 경우에는 피고인들의 위 폭행행위와 피해자의 사망 사이에는 인과관계가 있다고 할 것이므로 폭행치사죄의 공동정범이 성립된다"(대법원 1990.10.16. 90도1786).

없어) 상당인과관계 내지 결과귀속여부가 쟁점화될 수 있는 사례유형들은 ① 피해자가 처해 있는 상황을 이용한 제3자의 고의행위가 중한 결과를 발생케 한 경우(상해의 피해자에 대해 제3자가 다시 가혹행위를 함으로써 사망한 경우), ② 제3자의 중대한 과실이 행위자의 진행과정에 개입한 경우(의사의 중대한 과실로 부상자가 사망한 경우), ③ 피해자가 도주 시 특히 경솔하게 행위하였거나 자신의 생명을 위태롭게 할 불가피한 계기가 없다고 할 수 있는 경우(강도의 피해자가 그 강취를 모면하기 위해 급히 서둘러 도망치다가 추격을 완전히 따돌린 상태에서 실족사한 경우) 등이 있다. 이러한 경우 객관적 귀속이론의 관점에서 결과귀속의 긍정 또는 부정에 이를 수 있는 특별한 귀속법리에 관해서는 §14 제2절 참조.

(4) 기본범죄의 미수와 중한 결과사이의 인과관계

86 기본범죄행위와 중한 결과 사이의 인과관계 또는 객관적 귀속판단을 할 경우 중한 결과가 고의에 의한 기본범죄행위의 '결과'에서 나와야 하는지가 문제될 수 있다. 예컨대 상해치사죄의 경우, 상해의 결과 발생없는 상해미수만 인정되어도 사망의 결과가 발생한 경우 그 사망의 결과를 상해행위로 귀속할 수 있는가 문제될 수 있다.

87 기본범죄행위가 만든 특별한 위험이 결과로 실현되었을 것을 요구하는 객관적 귀속이론에 따를 때 결과귀속 여부는 구체적 사정에 따라 달라질 수 있다. 예컨대 상해치사죄의 경우 치명상에 의해 사망의 결과가 발생한 때에만 기본범죄행위의 특별한 위험이 결과로 실현되었다고 말할 수 있으려면 기본범죄인 상해가 기수에 도달해야 하고 더 나아가 원칙적으로 상해가 치명상(기본범죄의 특별한 위험)에 도달하여 그것이 사망으로 비화될 것이 요구된다. 반면에 강도치상죄의 경우와 같이 재물강취에 성공하지 못했지만 폭행행위로 상해의 결과가 발생한 때에는 기본범죄가 미수에 그쳤더라도 기본범죄의 미수에 의해 창출된 특별한 위험이 실현된 것이라고 할 수 있으므로 기본범죄행위와 중한 결과간의 인과관계 내지 객관적 귀속이 인정될 수 있다.

88 判 기본범죄 '행위'와 중한 결과발생사이의 인과관계와 관련하여 대법원은 '행위자가 택시를 타고 가다가 요금지급을 면할 목적으로 소지한 과도로 운전수를 협박하자 이에 놀란 운전수가 택시를 급우회전하면서 그 충격으로 행위자가 겨누고 있던 과도에 어깨부분이 찔려 상처를 입은 사례'의 경우, 강도범인인의 협박'행위'(기본범죄행위)와 피해자의 상해(중한 결과)사이에 인과관계를 인정하여 강도치상죄의 성립을 인정하였다.[340)]

89 객관적 귀속이론에 따르더라도 위와 같은 사례의 경우 결과귀속이 인정될 수 있다. 예컨대 강도치사죄의 경우 재물을 강탈하는 중에 사용한 폭행으로 피해자가 사망하였다면 폭행 '행위'에 내재된 고유한(특별한) 위험이 실현된 것이라고 할 수 있어 결과귀속이 긍정될 수 있지만, 반대로 사망의 결과가 탈취한 재물을 운반하는 도중에 발생한 경우는 폭행행위의 결과가 만들어낸 고유한(특별한) 위험이 실현된 것이라고 할 수 없어 결과귀속이 부정되어야 한다.

---

340) 대법원 1985.1.15. 84도2397 참조.

Ⅳ. 주관적 구성요건 요소

1. 중한 결과에 대한 '행위자'의 예견가능성

부진정결과적 가중범의 존재를 인정하는 전제하에서 보더라도 제15조 제2항의 해석상 90
"중한 결과를 예견할 수 없었을 때"는 모든 결과적 가중범의 경우 '중한 결과에 대한 예견가능성'을 최소한의 구성요건 요소로 파악할 수 있다. 그러나 여기서 말하는 예견가능성의 주체가 객관적 차원의 '일반인'인지 '행위자'인지를 둘러싸고 해석상 논란이 있다.

(1) 학설의 태도

중한 결과에 대한 예견가능성에 대해 형법이론학의 다수 견해는 이를 중한 결과에 대한 91
'과실'을 의미하는 것으로 새기면서도, ① 예견가능성이 일반적(객관적) 예견가능성으로 이해할 것인지 ② 행위자(주관적)의 예견가능성으로 이해할 것인지에 대해서는 견해가 일치되어 있지 않다. '객관적 예견가능성'으로 이해하는 입장은 '과실'을 주의의무 위반으로 보면서 '주의의무'의 전제조건으로 파악되는 '객관적 예견가능성'에 주목하고 있는 듯하다.

(2) 판례의 태도

대법원은 예견가능성의 주체에 관한 분명한 태도를 밝히고 있지는 않지만, 제15조 제2 92
항의 예견가능성을 '행위자'의 예견가능성으로 해석하고 있는 듯하다.

判 다수판결의 판시내용에서 '일반경험칙상 통상적'으로 중한 결과에 대한 '예견가능성'(즉 객관적 예 93
견가능성)이 인정된다는 논증방식을 통해 '행위자'도 예견할 수 있었을 것임을 추론하고 있기 때문이다.

例 **예견가능성 긍정 판례사안:** ① 피해자를 충격하여 피해자로 하여금 반대차선의 1차선상에 넘어지게 94
하여 피해자가 반대차선을 운행하던 자동차에 역과되어 사망한 경우(대법원 1988.11.8. 88도928), ② 피할 만한 여유도 없는 좁은 장소와 상급자인 피고인이 하급자인 피해자로부터 아프게 반격을 받을 정도의 상황에서 신체가 보다 더 건강한 피고인이 피해자에게 약 1분 이상 가슴과 배를 때려 피해자가 사망한 경우(대법원 1989.11.28. 89도201) 등.

例 **예견가능성 부정 판례사안:** ① 서로 시비하다가 외관상 건강하여 전혀 병약한 흔적이 없는 자인데 95
사실은 관상동맥경화 및 협착증세를 가진 특수체질자인 피해자를 떠밀어 땅에 엉덩방아를 찧고 주저앉게 하였는데 심장마비를 일으켜 사망하게 된 경우(대법원 1985.4.3. 85도303), ② 고혈압환자인 피해자가 피고인의 욕설과 어깨죽지를 잡고 조금 걸어가다가 놓아준 폭행으로 충격을 받은 나머지 뇌실질혈종의 상해를 입은 경우(대법원 1982.1.12. 81도1811), ③ 5명의 남자들이 술집에서 그 집 작부로 있는 피해자 등 6명과 성관계까지 맺은 후, 술값이 부족하여 친구의 집에 돈을 빌리러 가기 위해 봉고차로 함께 이동 중 피해자에게 추행을 가하자 피해자가 욕설을 하고 갑자기 차의 문을 열고 뛰어내리다가 부상을 입고 사망한 경우(대법원 1988.4.12. 88도178) 등

생각건대 구성요건적 결과에 대한 행위자의 인식(예견)가능성을 형법적 과실의 본질적 96
요소로 파악하는 이 책의 해석태도(주관적 과실론)에 따르면 제15조 제2항의 예견가능성도 '행위자'의 예견가능성으로 해석하는 것이 타당하다. 행위자가 중한 결과의 발생을 예견할 수 있었는지는 상황에 대한 행위자 개인의 지식과 행위자의 능력을 기초로 판단한다. 특히

과실판단과 관련한 행위자의 예견가능성 판단은 인과관계의 상당성 판단(사후 판단)과는 달리 '사전판단'이기 때문에 행위자가 피해자에게 특이체질 내지 지병 등이 있었다는 사실을 몰랐던 경우에는 예견가능성이 부정되어 결과적 가중범의 성립이 부정된다.

2. 과실범의 '과실' 심사와 결과적 가중범의 '과실' 심사의 차이

97 과실범의 성립여부를 심사할 경우 ① 객관적 예견가능성을 척도로 하는 객관적 주의의무위반(=객관적 과실)여부를 심사한 후 ② 이것이 긍정될 경우 결과발생에 대한 행위자의 인식(예견)가능성=주관적 과실)을 심사하는 순서를 밟는다. 하지만 결과적 가중범의 성립여부를 심사할 경우에는 중한 결과에 대해 예견가능성을 '과실'로 이해하는 점에서는 다툼이 없으면서도 과실여부에 대한 심사내용에서는 학설간에 그리고 학설의 일부와 판례간에 서로 차이가 있다. 과실의 이중적 지위를 인정하는 견해[341]는 결과적 가중범의 경우에도 ① 중한 결과에 대한 '객관적 예견가능성 여부는 구성요건해당성심사에서 검토하고 ② '행위자의 예견가능성' 여부는 책임심사에서 검토하게 된다. 하지만 이러한 심사방식은 결과적 가중범의 규범구조의 특수성을 염두에 두지 않은 심사방식이라고 할 수 있다.

98 결과적 가중범의 구성요건 중 기본범죄는 '중한 결과발생의 전형적 위험이 내포된 범죄'로 선별되어 있는 규범구조적 특성을 가지고 있다. 이러한 점을 고려하면 입법자가 결과적 가중범 형식의 구성요건을 만들 때 중한 결과발생의 가능성(또는 개연성)을 내포하지 않은 행위종류들(예컨대 절도행위나 사기행위)은 기본범죄로 선택하지도 않을 것으로 예상된다. 이러한 입법원리에 따르면 어떤 결과적 가중범의 구성요건이 만들어졌다는 것은 중한 결과에 대한 '객관적 예견가능성'은 이미 긍정된 것이라고 말할 수 있다. 이에 따르면 결과적 가중범의 경우 ① 중한 결과에 대한 객관적 과실여부에 대한 심사는 하지 않고 ② 중한 결과에 대한 행위자의 예견가능성만 심사한다.

99 判 대법원도 앞서 언급했듯이 제15조 제2항의 중한 결과에 대한 예견가능성을 행위자에 대한 예견가능성으로 해석하고, 중한 결과에 대한 객관적 과실여부의 심사를 별도로 하지 않는다고 평가할 수 있다.

100 다만, 대법원의 판결문에서 결과적 가중범의 경우에도 '통상적 예견가능성' 또는 '일반인의 경험범위' 등과 같이 다양한 문구가 등장하고 있는데, 이러한 문구가 '객관적 예견가능성'이라는 도그마틱적 개념요소와 일치되는 것 같지만, 범죄의 다른 하위 체계요소(개념)들과의 관계에서 검토해 보면, 결과적 가중범의 경우 객관적 예견가능성 개념은 다음과 같은 두 가지 서로 다른 역할 내지 기능을 하는 차원에서 사용되고 있음을 주의해야 한다.

101 첫째, 객관적 예견가능성이 기본범죄와 중한 결과사이의 '인과관계' 판단에서 상당성 판단의 기준으로서 사용되는 경우가 있다. 그러나 상당성 판단 기준인 객관적 예견가능성은 그 판단 방법(판단시점) 및 판단 관련 대상 면에서 과실판단을 할 경우 객관적 과실(객관적

341) 김일수/서보학, 474면; 손동권, §21/19; 신동운, 226면; 오영근, §13/31; 임웅, 531면.

주의의무위반)여부 판단 기준인 객관적 예견가능성과 다르다는 점에 관해서는 앞서 설명하였다.

判 결과적 가중범에 관한 대법원 판결문 중에는 '인과관계' 문제를 쟁점으로 하고 있는지 아니면 중한 결과에 대한 '예견가능성' 문제를 쟁점으로 삼은 것인지 특히 후자의 경우 객관적 예견가능성에 초점을 맞추고 있는지 행위자의 예견가능성에 초점을 맞추고 있는지를 분명하게 파악하기 어렵게 되어 있는 판결문들이 적지 않다. 그 이유는 대법원이 결론을 선취한 후 다양한 법리들 중 선취된 결론을 정당화하는 법리를 선택하면서 그 선택을 근거지우는 논거를 판결문에 자세하게 설명하지 않고 생략 또는 압축한 탓일 수도 있고, 경우에 따라 법관이 예견가능성 여부를 판단하는 척도인이 누구인지(행위자?/일반인?)에 관한 법리를 미처 신경쓰지 못했기 때문일 수도 있다. 102

둘째, 대법원이 객관적 예견가능성 여부에 대한 심사를 하면서 예견가능성을 중한 결과와 관련시키고 있는 듯한 태도를 보이는 경우도 있다. 이와 같은 태도는 '객관적' 예견가능성을 '행위자'의 예견가능성 인정 여부에 관한 결론을 추론하기 위한 전제적 판단의 일환으로 사용하고 있다고 선해할 수 있다. 일반적으로 행위자가 중한 결과발생의 가능성을 실제로 예견하였는지 또는 예견할 수 있었는지를 입증하기 어렵기 때문에 구체적 사정을 고려하여 일반적 평균인이라면 중한 결과의 발생가능성에 대해 예측할 수 있다고 평가를 내린 후, 이를 토대로 행위자의 예견가능성을 긍정하는 추론적 결론을 내리는 우회를 거치고 있다고 말할 수 있는 것이다. 103

이러한 추론적 결론은 고의범의 '고의'가 귀속판단의 대상이듯이 결과적 가중범의 중한 결과에 대한 '과실'(=행위자의 예견가능성)도 귀속판단의 대상이 되고 있다고 평가할 수 있다. 이러한 실무의 태도는 결과적 가중범의 '중한 결과에 대한 예견가능성'도 형법적 개념에 대한 규범적 평가적 접근법을 피해갈 수 없음을 말해준다. 104

判 그럼에도 대법원이 결과적 가중범의 '예견가능성' 여부에 대한 심사를 전제로 하는 체계요소에 관한 법리의 경우 '예견가능하다/하지 않다'는 술어를 근거지움없이 사용하고 있음에서는 그 술어가 해당 '법리' 적용의 결론을 정당화하는 '레토릭'으로만 동원되고 있다는 의심을 부추긴다. 대법원이 '귀속'여부를 판단하면서 어떤 결론이든 그 결론의 실제 이유는 형사정책적 처벌의 필요성 때문인 경우도 있고, 사실관계의 특수성에 대한 주관적 선이해의 반영일 수도 있고 이들 모두를 고려한 것일 수도 있다. 어떻든 결과적 가중범의 성립요건의 심사에서도 발견 또는 선택된 어떤 '법'(법리)은 사례와의 상호대화를 통해 후발적으로 도출된 것임은 분명하다. 아래에서 예시된 판결례는 '법리'가 어떻게 레토릭으로 활용되고 있는지를 간파해 볼 수 있는 기회를 가질 수 있는 판결례이다.[342] 원심에서 확정된 사실관계까지 포함된 판결문 전문(全文)를 읽어볼 것을 권장한다. 105

例 **결과적 가중범 성립 긍정 판례사안:** 호텔객실에서 자신을 강간하려던 자가 대실시간 연장을 위해 전화하는 사이에 자신이 있는 곳이 고층이고 밖에 베란다도 없다는 사실 등을 순간적으로 의식하지 못한 채 미리 밖을 내다보지 않고서 창문을 통해 탈출하다가 지상으로 추락한 경우(대법원 1995.5.12. 95도425), 아파트 안방에 감금 106

342) 이 판결들에 대한 평석은 김성돈, "객관적 귀속이론과 구성요건적 행위의 최소한의 전제조건", 형사법연구 참조.

한 피해자를 때리고 옷을 벗기는 등 가혹한 행위를 하여 피해자가 이를 피하기 위하여 창문을 통해 밖으로 뛰어 내리려 하자 피고인이 이를 제지한 후, 피고인이 거실로 나오는 사이에 갑자기 안방 창문을 통하여 알몸으로 아파트 아래 잔디밭에 뛰어 내리다가 사망한 경우(대법원 1991.10.25. 91도2085).

107 **例 결과적 가중범 성립 부정 판례사안:** 여관에 투숙하여 별다른 저항이나 마찰없이 성행위를 한 후, 피고인이 잠시 방밖으로 나간 사이에 피해자가 방문을 안에서 잠그고 구내전화를 통하여 여관종업원에게 구조요청까지 한 후 피해자가 피고인의 방문 흔드는 소리에 겁을 먹고 강간을 모면하기 위하여 3층에서 창문을 넘어 탈출하다가 상해를 입은 경우(대법원 1985.10.8. 85도1537) 등.

제 3 절 결과적 가중범의 범죄성립배제사유

Ⅰ. 위법성조각사유

108 결과적 가중범도 형법상 인정되는 위법성조각사유에 해당하면 성립하지 않는다. 다만 결과적 가중범은 고의의 기본행위와 과실 또는 고의에 의한 중한 결과발생이라는 구성요건요소로 이루어져 있기 때문에 행위자의 행위가 위법성이 조각되는지를 판단할 경우에도 두 가지 구성요건요소에 대해 각각 판단해야 한다.

109 첫째, 고의의 기본범죄행위가 위법성조각사유에 해당하는 경우가 있을 수 있다. 이 경우에는 결과적 가중범 자체의 위법성이 조각되고, 중한 결과에 대한 과실이 있을 때에는 단독의 과실범이 인정될 수 있다. 물론 중한 결과에 대해 고의가 있는 경우에는 단독의 고의범이 인정될 수 있다.

110 둘째, 행위자의 과실(또는 부진정 결과적 가중범의 경우 고의)로 이루어진 중한 결과와 관련해서는 위법성조각사유가 적용될 수 없다. 중한 결과부분은 기본범죄와 상상적 경합관계의 형식을 띠고 있으므로 기본범죄가 성립한 이상 중한 결과발생부분을 독립적으로 평가하여 위법성을 조각시킬 수 없기 때문이다.

Ⅱ. 책임조각사유

111 결과적 가중범도 형법상 인정되는 책임조각사유에 해당하면 성립하지 않는다. 기대불가능성을 초법규적 책임조각사유로 인정할 수 있는 것은 과실범의 경우와 동일하다.

제 4 절 결과적 가중범의 미수

Ⅰ. 결과적 가중범의 미수에 관한 형법의 태도변화

1995년 형법개정 이전에도 형법 제164조 및 제174조에 의해 현주건조물방화치사상죄 112
에 대한 미수처벌규정이 있어서 해석론상 결과적 가중범의 미수의 인정 여부 및 그 요건에 관한 논의가 부분적으로 있었다. 그런데 결과적 가중범의 미수문제의 논의가 더욱 본격화된 것은 1995년 형법개정 이후부터라고 할 수 있다. 1995년 개정형법에서는 진정 결과적 가중범인 인질상해·치상죄와 인질살해·치사죄의 미수처벌규정(형법 제324조의5), 강도상해·치상죄와 강도살인·치사죄 및 해상강도상해·치상죄와 해상강도살인·치사죄의 미수처벌규정(동법 제342조)이 신설되었기 때문이다.[343)]

Ⅱ. 해석론상 결과적 가중범의 미수문제

1. 고의결합범의 미수문제

1995년 개정형법에서 신설된 앞서 열거한 미수처벌규정은 결과적 가중범의 형식으로 규정 113
된 범죄종류와 고의결합범의 형식으로 규정된 범죄종류에 공통으로 적용되도록 규정되어 있다. 예컨대 강도치사상죄와 같은 결과적 가중범과 강도상해·강도살인죄와 같은 고의결합범에 대해서도 미수처벌규정이 적용되도록 규정되어 있는 것이다. 이 가운데 강도상해·강도살인죄에 대해 미수처벌규정이 적용될 수 있음은 해석론상 당연하다.[344)]

判 대법원도 결과적 가중범의 미수는 인정하지 않지만, 고의결합범 형식의 구성요건에 대해서는 미수 114
범처벌규정을 적용하고 있다. 이에 관해서는 후술한다.

2. 결과적 가중범의 미수문제

그러나 고의결합범 형식이 아니면서도 미수처벌규정이 적용가능하도록 되어 있는 강도 115
치사상죄 등과 같은 결과적 가중범의 경우 미수범이 인정될 수 있는지에 대해서는 해석론상 논란이 있다.

---

343) 특별법에 해당하는 성폭법 제14조에도 특수강도강간치사상 및 특수강간치사상의 미수처벌 규정이 형식상 존재한다.

344) 따라서 강도가 상해 또는 살인의 고의를 가지고 행위하였으나 상해 또는 살해의 결과가 발생하지 않았을 경우에는 강도상해미수 또는 강도살인미수가 인정된다. 반대로 강도가 상해 또는 살해의 결과를 발생시켰을 때에는 강도가 미수에 그쳤든지 기수에 달하였든지 상관없이 강도상해죄의 기수 또는 강도살인죄의 기수에 해당한다.

(1) 진정 결과적 가중범의 미수문제

116 진정 결과적 가중범의 경우 기본범죄를 범하였으나 중한 결과가 발생하지 않았을 때에는 결과적 가중범 자체가 성립할 수 없다. 따라서 진정 결과적 가중범의 미수는 기본범죄가 미수에 그치고 중한 결과가 발생한 경우에 문제될 수 있을 뿐이다.

117 1) 긍정설 종래에는 없었던 미수처벌규정이 신설되었고, 그 미수처벌규정이 지시하는 대상에는 진정 결과적 가중범으로 해석되는 강도치사상죄, 인질치사상죄, 해상강도치사상죄도 규정의 문언상 당연히 포함되기 때문에 이러한 미수처벌규정이 지시하는 진정 결과적 가중범에 대해서도 미수범성립을 인정할 수 있다는 견해이다.[345] 특히 이 견해는 기본범죄가 미수에 그쳤을 경우에는 기본범죄가 기수에 달한 경우와 결과불법의 면에서 차이가 있기 때문에 결과적 가중범의 미수와 기수로 구분해야 한다고 한다.

118 2) 부정설 기본범죄가 미수에 그쳤더라도 일단 과실에 의한 중한 결과가 발생한 이상 결과적 가중범의 미수가 아니라 결과적 가중범의 기수가 된다는 견해이다.[346] 특히 이 견해는 개정형법의 미수처벌규정은 강도상해·강도살인 등 고의결합범의 형식을 띤 범죄의 미수만을 지시대상으로 삼고 있다고 보는 태도를 일관되게 유지한다.

119 3) 판례 대법원은 결과적 가중범과 고의결합범이 나란히 규정되어 있고 미수범처벌규정이 그 후에 위치하고 있는 경우 미수범처벌규정은 고의결합범에 대해서만 적용되고 결과적 가중범에 대해서는 적용되지 않는다는 태도를 취한다.[347] 결과적 가중범의 경우에는 구성요건적 결과에 해당하는 중한 결과가 발생한 이상 미수가 아니라 기수범이 된다는 것이 그 이유이다.

120 判 대법원의 이러한 입장은 최근 전원합의체 판결을 통해서도 재확인되고 있다[348]: "특수강간의 실행행위가 완료되지 않았더라도 그로 인해 피해자가 상해를 입었다면 특수강간치상죄의 객관적 구성요건요소를 모두 충족하고, 별도로 미수범(성폭력처벌법 제15조, 제8조 제1항) 성립 여부는 문제될 여지가 없다. (…) 기본 범죄의 실행에 착수한 사람이 실행행위를 완료하지 않았더라도, 이로 인하여 형이 무거워지는 요인이 되는 결과가 생겼다면 기본 범죄에 내재된 위험이 현실화되었다는 점에서 이를 결과적 가중범의 기수범으로 처벌하는 것이 책임원칙에 부합하는 당연한 결론이다. (…) 특수강간이 기수에 이른 경우와 미수에 그친 경우 사이의 행위불법에 차이가 있다는 이유로 결과적 가중범인 특수강간치상죄에 대하여 미수범 규정을 적용하여야 한다는 논리를 그대로 관철한다면, 성폭력처벌법 제15조의 미수범 규정이 적용되는 특수강간

345) 박상기, 309면; 손동권, §21/24; 이용식, 68면; 이정원, 449면; 임웅, 532면.

346) 배종대, §155/11; 신동운, 499면; 오영근, §13/37; 이재상/장영민/강동범, §27/45; 정성근/박광민, 445면.

347) 대법원 2008.4.24. 2007도10058. "성폭력범죄의 처벌 및 피해자보호 등에 관한 법률 제9조 제1항에 의하면 같은 법 제6조 제1항에서 규정하는 특수강간의 죄를 범한 자뿐만 아니라, 특수강간이 미수에 그쳤다고 하더라도 그로 인하여 피해자가 상해를 입었으면 특수강간치상죄가 성립하는 것이고, 같은 법 제12조에서 규정한 위 제9조 제1항에 대한 미수범 처벌규정은 제9조 제1항에서 특수강간치상죄와 함께 규정된 특수강간상해죄의 미수에 그친 경우, 즉 특수강간의 죄를 범하거나 미수에 그친 자가 피해자에 대하여 상해의 고의를 가지고 피해자에게 상해를 입히려다가 미수에 그친 경우 등에도 적용된다."

348) 대법원 2025.3.20. 2023도10405 전원합의체.

상해죄에서 특수강간의 미수에 그친 사람이 피해자에게 상해를 가하려다가 미수에 그친 경우에는, 결과불법 뿐만 아니라 행위불법에도 차이가 있어 미수범 규정을 이중으로 적용하여야 한다는 기이한 결론에 이를 수 있다."

4) 결론 고의결합범(강도상해, 강도살인 또는 강도강간 등)에서는 기본범죄의 기수·미수에 상관없이 중한 결과가 발생하면 기수범으로 보면서, 결과적 가중범에서는 기본범죄가 미수일 때 전체 결과적 가중범을 미수로 보게 되면 불법평가에 있어서 고의범과 과실범에 있어서 일관성을 잃게 된다.[349] 형법에서는 법적 안정성의 견지에서 볼 때 형의 균형조절보다는 이론적 일관성이 더 중요하다. 뿐만 아니라 긍정설에 따르더라도 미수처벌규정이 없는 경우에는 기본범죄가 미수에 그친 경우라도 중한 결과가 발생하면 결과적 가중범의 기수가 된다고 보는 입장[350]도 있는데, 미수라고 하면서도 실정법상 미수를 처벌하는 규정이 없으면 기수로 처벌한다는 것은 이론상 납득하기 어려운 결론이다.[351] 121

따라서 형법 제342조와 제324조의5의 미수처벌규정은 고의의 결합범(강도상해: 제337조 등)에만 적용된다고 보아야 하고, 진정 결과적 가중범에 대해서는 미수범이 인정되지 않는 것으로 보는 것이 타당하다. 형법상 진정 결과적 가중범의 미수를 인정하고 있는 듯한 형식을 취한 것은 입법상의 오류로 볼 수밖에 없다.[352] 122

(2) 부진정 결과적 가중범의 미수문제

부진정 결과적 가중범의 경우에는 중한 결과발생에 대해 고의가 있는 경우에도 그 성립이 인정되는 특성상 이론적으로 미수가 될 수 있는 경우의 수는 다음과 같다(단, 기본범죄의 미수처벌규정의 존재를 전제로 함). 첫째, 기본범죄의 미수와 중한 결과의 불발생의 조합, 둘째, 기본범죄의 미수와 중한 결과의 발생의 조합, 셋째, 기본범죄의 기수와 중한 결과의 불발생의 조합이다. 123

해석론상으로는 ① 현행법상 부진정 결과적 가중범인 현주건조물일수치상죄(형법 제177조 제2항 전문)에 대해 미수처벌규정(동법 제182조)을 인정하면서 위의 세 가지 조합의 경우 모두 부진정 결과적 가중범의 미수가 된다는 견해[353]도 있고, ② 세 번째 조합에 대해서만 부진정 결과적 가중범의 미수를 인정하는 견해[354]도 있다. 124

생각건대 이론상 부진정 결과적 가중범의 미수가 인정될 수 있음은 별론으로 하더라도 125

---

349) 김일수/서보학, 478면.

350) 박상기, 308면; 손동권, §21/24; 임웅, 532면.

351) 김용욱, "규범원칙과 결과적 가중범", 心耕정성근교수화갑기념논문집(상), 603면.

352) 형법개정법률안제안이유서를 보면 개정형법이 제342조의 강도죄의 미수처벌규정에서 "단, 제340조 중 사람을 사상에 이르게 한 죄는 예외로 한다"는 단서를 삭제한 이유에 대해 "결과적 가중범인 강도치사상죄의 미수범이 있을 수 없음은 이론상 당연하므로 별도의 규정을 두지 않았다"라고 명시함으로써 단서를 삭제한 이유가 결과적 가중범의 미수를 인정하기 위해서가 아님을 밝히고 있다(법무부, 형법개정법률안제안, 1992.10, 178면).

353) 손동권, §21/25; 임웅, 533면.

354) 이형국/김혜경, 352~354면; 오영근, §13/40.

형법 해석론으로는 부진정 결과적 가중범의 미수를 처벌하는 규정이 없다고 보아야 하므로[355] 부진정 결과적 가중범의 미수도 인정하지 않는 것이 타당하다.[356] 따라서 부진정 결과적 가중범의 경우 중한 결과에 고의가 있었으나 중한 결과가 발생하지 않은 경우에는 기본범죄(또는 그 미수)와 중한 결과를 고의범으로 하는 범죄의 미수의 상상적 경합이 된다. 다만 중상해죄와 같은 특수한 부진정 결과적 가중범의 경우에 중상해의 고의로 단순상해의 결과를 발생시킨 때에는 단순상해의 기수범이 되고, 단순상해의 결과조차 발생시키지 못한 때에는 단순상해의 미수범으로 된다.[357]

(3) 결과적 가중범의 미수에 관한 입법론

126 진정·부진정 결과적 가중범의 미수인정에 해석론상의 문제점을 해결하기 위해 입법론상 결과적 가중범의 미수에 관한 규정을 재정비할 필요가 있다. 결과적 가중범의 미수처벌규정을 새롭게 도입하면 결과적 가중범의 상향조정된 법정형을 완화하는 효과를 가져오는 장점이 있다. 이론상 결과적 가중범의 미수는 결과적 가중범의 구조가 가지는 특성상 다음과 같은 형태로 입법화할 수 있다.[358]

127 **1) 진정 결과적 가중범의 미수** 기본범죄가 미수에 그치고 중한 결과가 발생한 경우에 한하여 결과적 가중범의 미수로 인정할 수 있다. 진정 결과적 가중범은 과실행위에 의해 중한 결과가 발생하는 경우이므로 과실의 미수를 인정할 수 없다는 점에서 중한 결과가 발생하지 않은 경우에는 미수를 인정할 수 없기 때문이다.

128 **2) 부진정 결과적 가중범의 미수** 다음과 같은 경우에 결과적 가중범의 미수를 인정할 수 있다. ① 기본범죄가 미수에 그치고 고의 있는 중한 결과도 발생하지 않은 경우, ② 기본범죄가 미수에 그치고 중한 결과가 발생한 경우, ③ 기본범죄가 기수에 이르렀으나 고의 있는 중한 결과가 발생하지 않은 경우.

제5절 결과적 가중범과 가담형태

129 결과적 가중범에 가담한 자가 있을 경우, 그 가담형태에 따라 결과적 가중범의 공동정범 또는 공범(교사범, 방조범)을 인정할 수 있을 것인지, 있다면 어떤 조건하에서 인정할 수

355) 미수처벌규정(형법 제182조)이 현주건조물일수치상죄에 대해서도 적용된다고 보면 현행법상 부진정 결과적 가중범의 미수가 인정될 수 있는 유일한 경우가 된다. 그러나 종래에 존재했던 부진정 결과적 가중범의 미수처벌규정(현주건조물방화치사상죄)도 형법개정을 통해 삭제한 것을 보면 현주건조물일수치상죄의 경우만 미수처벌규정이 적용된다고 보는 것은 해석상 무리라고 할 수 있다.

356) 김일수/서보학, 477면; 박상기, 310면; 배종대, §155/13; 신동운, 499면; 이재상/장영민/강동범, §28/46.

357) 김종원, 형법각론(상), 61면; 임웅, 532면, 각주92.

358) 김용욱, 앞의 논문, 604면; 김일수/서보학, 477면 참조.

있을 것인지가 문제될 수 있다. 이는 특히 가담자 중 일방에게 중한 결과에 대한 예견가능성조차 없었을 경우 각자를 어떻게 취급할 것인지 하는 문제로 제기되는 수가 많다. 이 점에 관해서는 제7편 가담형태론 참조.

§ 18

제 7 장 부작위범의 성립요건

1 형법(각칙 또는 특별형법)의 대부분의 구성요건은 '작위'를 구성요건적 행위로 예정해 두고 있는 작위범 형식으로 되어 있지만, '작위'가 아니라 '부작위'를 구성요건적 행위로 예정해 두고 있는 부작위범 형식의 구성요건도 존재한다.

2 부작위를 구성요건적 행위로 예정하고 있는 구성요건(진정부작위범)을 부작위로 실현하는 경우만 부작위범이 될 수 있는 것은 아니다. 작위범의 형식으로 되어 있는 구성요건을 부작위로 실현하는 경우도 부작위범 구성요건(부진정부작위범)이 될 수 있다.

3 부작위범도 일반적 범죄성립요건(구성요건해당성, 위법성, 책임)을 갖추어야 하는 점은 작위범의 경우와 같다. 그러나 부작위범의 성립요건의 하위요소들은 작위범의 성립요건의 하위요소들과 차이가 있다.

4 이 장에서는 부작위범의 기초이론으로서 부작위 개념 및 형법이 인정하는 부작위범 유형, 부작위범에 관한 총칙규정인 제18조의 의의, 부작위범의 성립여부를 검토하기 전단계에서 행위자의 행위가 작위인지 부작위인지를 판별하는 기준에 관한 형법이론(제1절), 유형별 부작위범의 구성요건 요소들(제2절~제5절), 부작위범의 처벌(제6절) 순으로 논의를 전개한다.

제 1 절 부작위범의 기초이론

Ⅰ. 부작위의 의의 및 작위와의 개념적 구별

5 형법은 범죄를 구성하는 사람의 '행위'의 하위개념으로서 그 행위가 외부로 발현되는 모습에 따라 적극적인 '작위'와 소극적인 '부작위'를 인정하고 있다. 형법이론학도 모든 범죄는 '행위'라는 범죄컨셉을 출발점으로 삼아 범죄에 관한 이론을 전개하고 있다. 그러나 형법이론학에서는 일찍부터 부작위가 형법상 '행위'에 해당하는지가 논쟁의 대상이 되어왔다.

1. 형법적 행위이론과 부작위의 행위성

6 19세기 인과적 행위이론의 입장에서는 행위를 비롯한 모든 외부세계를 자연과학적 관점에서만 파악하는 학문방법론을 견지하였기 때문에 외부적 거동성이 인정될 수 없는 부작위를 행위의 하위개념으로 인정할 수 없었다. 자연적 관찰에 따를 때 부작위는 존재론적으로 무(無)에 지나지 않으므로, 부작위는 존재하는 작위 A에 대한 관계에서 비(非) A에 불과하다

고 보았다.

인간의 행위의 본질적 존재론적 구조가 목적성에 있다고 본 목적적 행위이론도 부작위를 행위로 인정하는데 한계가 있었다. 부작위도 목적성을 가지고 있긴 하지만, 부작위에는 목적달성을 위한 '수단'을 인과적으로 지배조정하는 목적적 행위지배가 존재한다고 보기 어렵기 때문이다. 7

반면에 행위의 사회적 중요성에 초점을 맞추어 행위개념을 설명하는 사회적 행위론의 입장에서는 결과방지를 위해 적극적 작위를 해야 할 자가 부작위함으로써 결과를 방지하지 못한 경우에는 그러한 소극적 부작위도 적극적 작위와 사회적·규범적인 의미에서 동등한 가치를 가지는 것으로 어렵지 않게 평가할 수 있다. 사회적 행위이론이 지배적인 견해가 되어 있는 오늘날에는 부작위의 행위성을 부정하는 태도는 더 이상 존재하지 않는다. 8

2. 형법이론학의 관심 이동과 개념에 대한 방법론적 전환

앞서 행위이론에서 살펴보았듯이 형법이론학은 1960년대 이래, 행위개념의 본질적 구조를 둘러싼 무익한 이론적 논쟁보다는 행위개념의 한계기능(보장적 기능)에 눈을 돌리려는 경향성을 띠게 되었다. 이러한 움직임은 모든 행위이론이 공통적으로 요구하는 행위성 요건을 도출하고, 이를 기준으로 삼아 행위와 비행위를 구별하려는 실용적 노선을 취하였다. 행위의 사회적 중요성에 초점을 맞추어 부작위도 문제없이 행위개념에 포함시킨 사회적 행위이론이 이러한 방향전환에 일조한 점도 앞서 살펴보았다. 9

형법이론학에서 전개된 더 큰 변화는 행위'개념'에서 형법적 '구성요건'의 하위요소(개념)들에 대한 관심사로 논의의 물길이 바뀌게 된 점이다. 이러한 변화에 영향을 준 것은 1970년대 초반부터 등장한 객관적 귀속이론의 파급효과가 결정적이었다고 할 수 있다. 특히 객관적 귀속이론의 주장자들은 전(前) 구성요건적 행위개념에서 눈을 돌려 '행위의 구성요건해당성' 판단에 초점을 맞추었다. 어떤 행위의 구성요건해당성은 당해 구성요건에서 보호되는 보호법익과의 관련성 속에서 판단되어야 한다는 것은 그 행위를 규범적 평가적 대상으로 삼아야 함을 의미한다. 객관적 귀속이론은 구성요건의 영역에서 형법적 개념에 대해 규범의 보호목적을 기본컨셉으로 삼아 규범적 평가적 방법으로 접근해야 한다는 방법론적 전환을 특히 '인과관계' 개념에서 모범적으로 보여주었다. 10

3. 규범적 평가적 접근방법과 부작위개념

부작위개념의 경우 이러한 방법론적 전환은 더욱 드라마틱하게 그리고 광범위하게 진행되었다. 신체의 움직임('거동성')과 이를 통한 외부세계의 변화('외부성') 및 이 양자 사이에 자연과학적 의미의 인과관계('인과성')를 행위의 본질적 구성분자로 요구한 19세기의 인과적 행위이론은 행위개념을 자연적 존재론적인 접근법에 따른 대표적인 예에 해당한다. 이러한 접근법에 따르면 위 세 가지 개념요소를 갖추지 못한 '부작위'는 '행위'가 될 수 없었 11

기 때문에 '행위'를 모든 범죄의 전제조건으로 요구하는 범죄의 기본컨셉하에서는 형법적 평가의 대상조차 될 수 없었다.

12 그러나 예방적 법익보호 과제를 수행해야 할 형법적 관점에서 보면, 형법에 의해 보호되어야 할 '법익'이 침해될 위험한 상황에서 수범자로 하여금 법익보호를 위한 적극적 작위로 나아갈 것을 법적 의무로 요구할 수 있다. 그러나 이러한 작위의무를 이행하지 않은 경우는 형법이 법익보호를 위해 법익침해적 작위를 부작위할 것을 의무지우고 있는 금지규범 차원의 부작위의무를 이행하지 않는 경우와—행위불법적 측면에서—동가치한 것으로 평가할 수 있는 해석론적 작업이 요구된다. 이와 같은 관점에서 볼 때 형법의 부작위개념은 자연주의적 존재론적으로는 접근될 수 없고, 규범적 평가적 접근방법에 따라 이해될 수밖에 없는 것이라고 할 수 있다.

13 判 형법상 존재론적으로 거동성이 있는 작위와 비교할 때 부작위는 '무'(無)에 지나지 않지만, 법적 기대라는 규범적 가치판단 요소에 의하여 사회적 중요성을 가지는 사람의 행태로 파악하고 있는 대법원[359]도 부작위개념에 대한 자연적 존재론적 접근법을 포기하고, 규범적 평가적으로 이해하는 접근법으로 방향전환을 선언하고 있다. 물론 이 판시에서 부작위를 사회적 중요성을 가진 사람의 행태라는 표현을 사용하고 있다고 해서 대법원이 사회적 행위이론에 따라 '행위'개념을 이해하고 있다고 단언할 수는 없다.

4. 작위와 부작위의 개념적 구별

14 형법상 부작위개념에 대한 규범적 평가적 접근법에 따르면 부작위를 단순히 신체정지 또는 아무 것도 하지 않는 무위(無爲)라고 해서는 안 된다. 부작위는 사람의 행위에 대한 규범적 평가로서 구성요건적 결과 혹은 법익에 대한 위험발생을 방지하지 않는 것을 의미한다. 이러한 관점에서 부작위란 '법적으로 요구되는 바(즉 작위의무)를 하지 않은 것'을 의미한다.

15 부작위를 규범적 평가적 차원에서 이해한다고 해서 구성요건해당적 부작위만 부작위로서 구성요건적 행위개념의 하위 요소가 되는 것으로 이해해야 하는 것은 아니다. 전 구성요건적 행위개념을 인정하는 한 규범적 차원에서 이해되는 부작위도 형법적 구성요건의 관점에서 보면 여전히 전구성요건적 의미의 부작위를 의미한다. 전 구성요건적 부작위가 형법구성요건에 해당하는 부작위로 평가되려면, '사실상 작위가능한 부작위'(진정부작위범과 부진정부작위범의 경우), 작위에 상응한 부작위 및 작위의무 있는 자의 부작위(부진정부작위범

359) 대법원 2015.11.12. 2015도6809 전원합의체. "자연적 의미에서의 부작위는 거동성이 있는 작위와 본질적으로 구별되는 무(無)에 지나지 아니하지만, 위 규정(형법 제18조: 필자 주)에서 말하는 부작위는 법적 기대라는 규범적 가치판단 요소에 의하여 사회적 중요성을 가지는 사람의 행태가 되어 법적 의미에서 작위와 함께 행위의 기본 형태를 이루게 되므로, 특정한 행위를 하지 아니하는 부작위가 형법적으로 부작위로서의 의미를 가지기 위해서는, 보호법익의 주체에게 해당 구성요건적 결과발생의 위험이 있는 상황에서 행위자가 구성요건의 실현을 회피하기 위하여 요구되는 행위를 현실적·물리적으로 행할 수 있었음에도 하지 아니하였다고 평가될 수 있어야 한다."

의 경우) 등과 같은 추가적 요건을 충족시켜야 한다. 이 요건들은 부작위범의 구성요건 요소에서 취급한다.

Ⅱ. 진정부작위범과 부진정부작위범의 구별

외부적 행위태양을 기준으로 삼을 때 형법상 구성요건은 작위를 구성요건적 행위로 요 16
구하는 작위범 구성요건과 부작위를 구성요건적 행위로 두고 있는 부작위범 구성요건으로 대별되지만, 총칙 제18조의 적용을 매개로 삼아 작위범 구성요건을 부작위로 실현하는 경우에도 부작위범의 성립을 인정할 수 있다. 이에 따라 형법의 부작위범은 다시 진정부작위범과 부진정부작위범으로 구분될 수 있다.

1. 진정부작위범과 부진정부작위범의 의의

(1) 진정부작위범

진정부작위범이란 부작위가 처음부터 범죄구성요건에 구성요건적 행위로 예정되어 있 17
는 경우를 말한다. 예컨대 형법 제319조 제2항에는 "전항의 장소(즉 사람의 주거 등)에서 퇴거요구를 받고 응하지 아니한 자"를 퇴거불응죄로 처벌하도록 규정하고 있는데, 여기서는 퇴거요구를 받고 퇴거해야 할 의무 있는 자가 퇴거하지 아니한 '부작위 그 자체'를 구성요건적 행위로 규정하고 있다. 형법각칙상 진정부작위범에 해당하는 범죄에는 퇴거불응죄 이외에도, 집합명령위반죄(제145조 제2항), 다중불해산죄(제116조), 전시공수계약불이행죄(제117조), 전시군수계약불이행죄(제103조) 등이 있다.[360)]

(2) 부진정부작위범

부진정부작위범이란 형법이 규정한 작위범을 부작위에 의하여 실현하는 경우를 말한다. 18
예컨대 살인죄(제250조)의 구성요건인 살해행위는 사람을 칼로 찌르는 것과 같이 적극적 작위로 예정되어 있는데, 이는 물에 빠져 익사 직전에 있는 아들을 구조해야 할 의무 있는 아버지가 그 아들을 구하지 않는 경우와 같이 부작위를 통해서도 실현할 수 있다.

2. 진정부작위범과 부진정부작위범의 구별기준

(1) 학설의 태도

1) 실질설 범죄의 내용과 성질을 검토하여 진정부작위범과 부진정부작위범을 실질 19
적 관점에서 구별해야 한다는 견해이다. 이에 의하면 진정부작위범의 구성요건은 단순한

---

360) 이외에도 국가보안법상의 불고지죄(제10조), 경범죄처벌법상의 여러 형태들[제3조 제1항 제6호(도움이 필요한 사람 등의 신고불이행), 제34호(지문채취불응) 등] 자본시장법의 주권상장법인의 주식 등 변경보고의무위반, 정신보건법의 보호의무자확인서류 등 수수의무위반 등이 있다.

부작위에 의하여 충족됨에 반하여 부진정부작위범은 부작위 외에도 결과의 발생을 요하는 범죄라고 한다. 이 견해는 특히 진정부작위범은 순수한 거동범에 대응하는 개념이고, 부진정부작위범은 결과범에 해당하는 것으로 본다.[361)]

20 2) 형식설 형법이 부작위범의 구성요건을 형식적으로 두고 있는가라는 기준에 의하여 진정부작위범과 부진정부작위범을 구별하려는 견해이다.[362)] 이에 의하면 진정부작위범은 부작위에 의하여 구성요건을 실현하는 범죄구성요건을 형법각칙에 별도로 두고 있고, 부진정부작위범은 형법각칙상 별도의 규정이 없지만 작위범의 구성요건을 부작위에 의해 실현하는 경우를 말한다고 한다.

(2) 판례의 태도

21 대법원은 진정부작위범과 부진정부작위범을 법문의 '형식'에 따라 구별하는 형식설을 취하고 있는 것 같다. 구성요건 요소로서 결과발생을 요구하지 않은 추상적 위험범이자 거동범 형식에 해당하는 '직무유기죄'를 부작위(작위의무의 불이행)에 의해서 실현되는 범죄라고 보면서도 이 죄의 성립을 위해 '결과발생'이 요구되는 것인지에 관해 아무런 언급없이 이 죄를 '부진정'부작위범으로 범주화하고 있고 있기 때문이다.[363)]

22 判 대법원이 결과발생에 관한 언급을 하지 않은 것은 대법원이 실질설에 따르고 있지 않다는 점의 반증이라고 할 수 있다. 왜냐하면 직무유기죄가 결과발생을 요하지 않는다면 실질설에 의하면 진정부작위범이 되어야 할 것인데도 대법원은 직무유기죄를 '부진정' 부작위범이라고 한다. 이 점은 직무유기죄가 부작위에 의해서만 실현할 수 있는 거동범이 아니라 작위에 의해서도 실현할 수 있는 범죄임을 말해준다.

(3) 결론

23 형법해석론상 형식설이 타당한 이유는 다음과 같다. ① 형법상 진정부작위범은 형법각칙에 열거적으로 규정되어 있기 때문에 열거된 종류 이외에 해석을 통한 진정부작위범의 범주확장은 인정될 수 없다. ② 실질설의 주장과 같이 진정부작위범 = 거동범, 부진정부작위범 = 결과범이라는 등식관계가 항상 인정될 수도 없다. 폭행죄나 모욕죄의 경우와 같이 거동범에 해당하는 것도 부작위에 의해 실현될 수 있기 때문이다(다만 이른바 '상응성' 요건에 관하여는 부진정부작위범 부분 참조). 예컨대 범인이 스스로 한 모욕적 표현이 피해자 또는 제3자에게 도달되는 것을 막지 않은 경우,[364)] 범인이 자기가 기록한 표현(예컨대 일기장 기록)이 피해자 또는 제3자에 도달되는 것을 막지 않은 경우,[365)] 사병이 장교에게 욕설을 하여

361) 박상기, 314면; 이정원, 453면. 한편 원칙적으로 형식설의 입장을 취하되, 예외적인 경우에는 실질설의 관점을 함께 고려하여 양자를 구별해야 한다고 한다는 견해도 있다(김일수/서보학, 483면).

362) 배종대, §157/4; 손동권, §22/8; 신동운, 100면; 이재상/장영민/강동범, §10/8; 이형국/김혜경, 363면; 임웅, 539면; 정성근/정준섭, 391면.

363) 대법원 1983.3.22. 82도3065. "직무유기죄는 이른바 부진정부작위범으로서 구체적으로 그 직무를 수행하여야 할 작위의무가 있는데도 불구하고 이러한 직무를 버린다는 인식하에 그 작위의무를 수행하지 아니함으로써 성립하는 것이다."

364) Münchener Kommentar zum StGB, 4. Auflage 2021, Rn. 36.

(작위) 모욕할 수도 있지만 의도적으로 경례를 하지 않음(부작위)으로써 모욕할 수도 있다.

3. 진정부작위범과 부진정부작위범의 차이점

진정부작위범과 부진정부작위범은 다음과 같은 점에서 구별된다. ① 부진정부작위범은 24
신분범이지만 진정부작위범은 원칙적으로 신분범이 아니다. 형법각칙상의 진정부작위범의 경우에는 당해 범죄구성요건이 일정한 행위상황에 처하여 있는 모든 자가 일정한 작위를 하도록 할 의무를 기술하고 있으므로 누구든지 행위주체(정범)가 될 수 있지만 특별법에 진정부작위범 형식의 규정에는 일정한 신분자(영업주, 경영자 등)에게만 작위의무가 부과되어 있다. 반면에 부진정부작위범의 경우에는 총칙규정의 해석상 위험발생을 방지해야 할 의무 있는 자 혹은 위험발생의 원인을 야기한 자로서의 위험에 처한 타인을 구조해야 할 보증인적 지위(신분)이 있는 자의 부작위만 가벌성의 대상이 될 수 있도록 규정되어 있다.

② 진정부작위범은 거동범이지만 부진정부작위범은 거동범이 아니다. 범죄의 구조면 25
에서 보면 진정부작위범은 일정한 부작위만 있으면 그 자체만으로 범죄구성요건이 실현되지만, 부진정부작위범은 그 부작위를 통해 구성요건적 결과가 발생하여야 하기 때문이다(다만 침해범의 경우에는 법익침해가, 위험범의 경우에는 위험의 발생이 부진정부작위범의 구성요건적 결과가 된다).

③ 진정부작위범은 요구규범(명령규범) 위반적 성격을 띠지만, 부진정부작위범은 금지규 26
범 위반적 성격을 띤다. 규범논리로 볼 때 진정부작위범은 요구되는 작위를 이행하지 않음으로써 '~하라'라는 명령을 위반한 경우이지만, 부진정부작위범은 행위자가 부작위를 통해 '~하지말라'라는 금지를 위반하여 결과를 발생시킨 경우이기 때문이다.

④ 진정부작위범은 '부작위에 의한 부작위범'이고 부진정부작위범은 '부작위에 의한 작 27
위범'이다. 진정부작위범은 부작위를 통해 부작위범의 구성요건을 실현하는 경우이고, 부진정부작위범은 부작위를 통해 작위범의 구성요건을 실현하는 경우이기 때문이다.

Ⅲ. 형법 제18조의 의의와 부작위범

> 제18조(부작위범) 위험의 발생을 방지할 의무가 있거나 자기의 행위로 인하여 위험발생의 원인을 야기한 자가 그 위험발생을 방지하지 아니한 때에는 그 발생된 결과에 의하여 처벌한다.

365) Schönke/Schröder, StGB, 30. Auflage 2019, Rn.12.

1. 형법 제18조의 의의

28 작위에 의해 실현될 것으로 예정되어 있는 형법각칙 구성요건이 부작위에 의해서도 실현된다고 해석하면 형법의 가벌성의 외연이 거의 두 배로 확대된다. 예컨대 살인죄의 구성요건을 칼로 찌르는 적극적인 작위로 실현하는 경우 외에 죽어가는 사람의 생명을 구조해주지 않는 소극적인 부작위에 의해서도 실현될 경우에도 부작위범의 형식으로 범죄가 성립된다고 하면, 형법의 살인죄 목록에 부작위에 의한 살인죄가 추가되기 때문이다.

29 그런데 작위범의 구성요건을 부작위에 의해 실현하는 모든 경우에 부작위범으로 처벌될 수 있는 것은 아니다. 부작위에 의한 구성요건 실현이 작위에 의한 구성요건 실현과 구성요건적 불법적 측면에서 동가치성을 인정받을 수 있어야 한다. 총칙 제18조는 이와 같이 작위와 부작위의 불법의 동가치성을 담보하기 위한 규범적 장치로서의 의의를 가진다. 제18조가 이러한 차원의 동가치성을 위해 작위범의 구성요건을 실현하는 부작위가 기본적으로 두 가지 요건을 갖추도록 요구하고 있기 때문이다: ① 위험발생을 방지할 의무가 있는 자(작위의무자)가 ② 위험발생을 방지하지 아니할 것(부작위).

30 위 요건에 따르면 '작위의무있는 자'가 부작위를 한 경우만 그 부작위가 작위와 동가치한 불법성을 가질 수 있고, 따라서 부작위범이 성립될 수 있는 기초적인 요건을 갖추게 된다. 특히 작위의무자라는 일정한 신분자가 부작위를 통해 구성요건을 실현해야 작위범과 동가치성이 인정된다면 제18조가 부작위범의 법적 성격을 '신분범'으로 만들어 주는 역할을 한다고 평가할 수 있다.

2. 제18조의 적용범위

31 제18조가 부작위범에 관한 '총칙'규정이므로 원칙적으로 모든 부작위범(진정부작위범과 부진정부작위범)에 대해 공통적으로 요구되는 가벌성의 전제조건에 관한 규정이라고 할 수 있는지가 문제된다.

32 ① 이를 긍정하는 견해[366]는 작위범의 구성요건을 부작위로 실현하는 '부진정부작위범' 뿐 아니라 처음부터 부작위로 실현될 것을 예정하고 있는 진정부작위범도 행위주체를 일정한 작위의무자로 제한되는 '신분범'으로 해석한다.

33 ② 그러나 제18조에서 부작위의 주체를 작위의무자로 제한하는 부분은 '부진정부작위범'에 대해서만 적용되는 것으로 이해하는 것이 타당하다. 부진정부작위범과 진정부작위범은 각 구성요건의 행위주체 및 그 주체에게 요구되는 작위의무의 발생근거가 서로 다른 것으로 해석될 수 있기 때문이다.

---

366) 오영근, §16/18.

진정신분범의 주체 및 그 주체의 작위의무는 진정부작위범 구성요건 자체에서 정해진다. 예컨대 퇴거불응죄의 행위주체는 "퇴거요구를 받은 자"로서 형법 제18조와 무관하게 각칙의 퇴거불응죄 구성요건 자체에서 나온다. 따라서 퇴거요구를 받은 자가 퇴거요구에 응하지 않는 부작위행위를 한 경우 그 부작위자를 형사처벌의 대상으로 하고 있음은 부작위자가 퇴거요구에 응해야 할 적극적 '작위의무'를 부여하는 근거가 당해 (형법 각칙 또는 형사특별법의 벌칙규정상의) 구성요건 자체임을 말해준다. 34

반면에 부진정부작위범의 구성요건은 부작위의무를 위반하고 작위행위를 한 행위자에게 형사처벌하고 있으므로 이 구성요건(즉 각칙상 작위범 구성요건)에서는 소극적 '부작위의무'가 나온다. 이 때문에 이 구성요건을 부작위로 실현한 행위주체에게 요구되는 작위의무는 각칙상의 해당 구성요건이 아닌 별도의 '독자적인' 법적 근거(의무의 원천)가 필요하다. 총칙규정 제18조는 바로 이러한 차원의 법적 근거를 제시하는 규정으로서 기능한다. 35

제18조는 – 특히 작위의무와 관련한 부분은 – 진정부작위범에 대해서는 적용되지 않고 부진정부작위범에 대해서만 적용될 수 있을 뿐이다.[367] 이에 따르면 부진정부작위범은 모두 신분범적 성격을 가지는 것이지만, 진정부작위범의 경우 구성요건적 상황 속에 들어오는 자는 작위의무가 생기지만 원칙적으로 누구라도 이 죄의 주체가 될 수 있으므로 신분범에 해당하지 않는다. 36

진정부작위범을 제외한 각칙의 모든 범죄구성요건	+	형법 제18조	=	부진정부작위범

37

물론 진정부작위범의 주체가 제18조에 의해 작위의무자로 제한되는 것이 아니라고 해서 진정부작위범의 신분범적 성격이 항상 배제되는 것은 아니다. 예컨대 형법의 퇴거불응죄나 다중불해산죄 등의 경우 '타인의 주거안에서 퇴거요구를 받은 자' 또는 '시위현장 등에서 해산명령을 받은 자'는 '누구라도' 이들 죄의 주체가 될 수 있기 때문에 신분범으로 해석되지는 않지만, 전시군수계약불이행죄나 집합명령위반죄 등의 경우 '정부에 대한 군수품 또는 군용공작물에 관한 계약을 체결한 자' 또는 '법률에 의하여 구금되었다가 일정한 사유로 잠시 해금된 자'로서 일정한 신분적 지위가 이들 죄의 행위주체로 요구되기 때문에 진정 신분범에 해당할 수 있다. 38

특히 형사특별법에서는 일정한 의무를 부담하는 자가 행위주체로 특정되어 있어 신분범에 해당되는 것으로 진정부작위범의 구성요건이 다수 있다.[368] 이러한 구성요건들의 경 39

367) 박상기, 315면; 손동권, §22/8; 신동운, 104면; 이정원 453면.
368) 예컨대 중대재해처벌법상 사업주등 일정한 경영상 책임있는 자에게 부과되는 안전의무 및 보건관리의무등은 이러한 차원의 작위의무이고, 위 주체가 이 의무를 위반하였고, 이로 인해 작업장 내에서 근로자가 상해 또는 사망한 경우에는 의무위반치사상죄로 처벌되는바, 이 경우 위 주체는 신분자이다.

우 의무없는 자(비신분자)의 공동정범 성립여부에 관해서는 §20의 제2절 참조.

3. 제18조의 해석상 부작위에 대해 요구되는 추가적 요건

40 부작위범은 '작위의무 있는 자의 부작위'가 인정된다고 해서 성립하는 것은 아니다. 행위자의 부작위가 작위범의 작위와 불법적으로 동가치성이 인정되기 위한 추가적 요건을 충족해야 한다. 이 추가적 요건은 작위의무라는 요건과 같이 제18조에서 명시되어 있지 않다. 그러나 제18조에서 입법자가 '부작위'에 대해 "위험발생을 방지하지 아니함"으로 표현하고 있음에서 부작위가 구성요건적 불법을 실현하는 국면에서 작위와 동가치적 불법성을 가지기 위해 두 가지 추가적 전제조건이 요구되는 것으로 해석할 수 있다. ① 법익주체(피해자)가 이미 '위험이 발생한 상황'에 봉착해 있어야 한다. ② 작위의무를 가진 부작위자가 법익에 대한 위험을 방지(회피)를 할 수 있는 '사실상의 가능성'이 있을 것을 전제로 한다. 부작위범의 성립요건상 이 두 가지 추가적 요건이 가지고 있는 의의를 자세히 들여다보자.

4. 구성요건에 해당하는 부작위의 최소한의 전제조건

(1) 범죄체계론상의 지위

41 1) 불법의 동가치성 인정요건 부작위에 대해 요구되는 위 두 가지 전제조건은 작위의무 있는 자의 부작위와 함께 부작위에 의한 구성요건 실현과 작위에 의한 구성요건 실현을 동일한 불법적 가치를 가진 것으로 평가하기 위한 동가치성의 요건이다.

42 2) 객관적 행위귀속의 조건 객관적 귀속이론의 관점에서 보자면, 위 두 가지 전제조건은 행위자의 부작위를 구성요건에 해당하는 행위(부작위)로 귀속하기 위한 전제조건이다. '위험이 이미 발생한 상황에서 사실상의 위험방지(회피) 가능성이 존재함에 불구하고 위험발생을 방지하지 않은 부작위'는 작위범의 경우 구성요건적 행위에 대해 요구되는 법익에 대한 '위험창출' 요건에 상응하기 때문이다.[369] 다시 말해 작위범의 경우 구성요건적 행위의 최소한의 전제조건(작위를 통한 법익에 대한 '위험창출')이 행위자의 행위를 '구성요건에 해당하는 행위(작위)'로 귀속하기 위한 전제조건이듯이, 부작위범의 경우에도 구성요건적 부작위의 최소한의 전제조건(법익에 대한 이미 '발생된 위험'을 방지하지 않은 부작위)은 그 부작위를 구성요건에 해당하는 행위(부작위)로 귀속하기 위한 전제조건이다.

(2) 사실상의 작위가능한 부작위의 체계적 지위

43 1) 사실상(개별적) 작위가능성 부작위에 대해 요구되는 이 두 가지 전제조건은 종래

---

369) 법익주체에게 '법익에 대한 위험이 이미 발생되어 있을 것'이라는 전제조건은 실제 사례의 사실관계에서 이미 주어져 있는 상황이므로 부작위자의 범죄성립요건을 심사할 경우 별도로 심사할 필요가 없는 경우가 대부분이다. 만약 위험이 이미 발생되어 있지 않는 경우라면 '의무있는 자의 사실상 작위가능한 부작위'가 존재하여도 위험의 창출이 없는 경우이므로 부작위범의 구성요건해당성이 부정되어야 할 것이다.

형법이론학에서 내세우고 있는 '사실상의 작위가능성'(또는 개별적인 작위가능성)이라는 요건으로 합쳐질 수 있다. 사실상의 작위가능성 요건은 진정부작위범과 부진정부작위범의 공통된 구성요건 요소이다. 규범적인 관점에서 볼 때 작위의무자에게 작위를 요구하려면 위험발생을 방지할 사실상의 '가능성'이 있어야 하기 때문이다. 여기에는 과실범의 수범자에게 기울여야 할 것이 기대되고 요구되는 정상의 주의의무에서와 같이 '불가능을 의무지울 수 없다' 또는 '당위는 가능을 전제'로 한다는 법원칙이 기초되어 있다.

2) **일반적 작위가능성과의 구별** 사실상의 작위가능성은 부작위가 전(前)구성요건적 44
차원에서 행위성을 인정받기 위한 요건인 '일반적인 작위가능성'과 구별된다. 부작위도 행위인 이상 형법이 요구하는 행위성 요건을 갖추어야 한다. 행위자가 적극적인 작위로 나아갈 수 없는 특수한 시간적·장소적 상황에 처해 있었던 경우에는 그 부작위를 형법상 행위라고 할 수 없으므로 처음부터 가벌성의 심사대상에서 배제시켜야 한다. 이러한 경우를 '일반적 작위가능성' 또는 '일반적 행위가능성'이 없는 경우라고 한다. 예컨대 교통이 두절되어 고립된 자가 집합명령에 응하지 못하였더라도 그것을 집합명령위반죄의 부작위로 볼 수 없다.

그러나 현실적으로 부작위 적격성이 없는 경우라도 그러한 상황에 처하게 된 것이 자기 자신의 유책한 45
행위에 기인한 경우에는 '원인에 있어서 자유로운 부작위'의 원리에 따라 부작위가 인정된다.

부작위자가 사실상의 작위가능성이 있었는지는 진정부작위범 또는 부진정부작위범의 46
경우 구성요건해당성 심사단계에서 검토되는 반면, 일반적인 작위가능성 심사는 진정부작위범 또는 부진정부작위범의 성립요건에 대한 심사로 나아가지 전에 이루어지는 사전심사이다.

(3) 위험발생의 해석

이에 따르면 제18조의 "위험발생"은 일부 견해[370]와 같이 제18조의 문언상 구성요건적 47
결과의 발생("발생된 결과")으로 이해해서는 안 된다. 만약 위험발생을 결과발생으로 이해하면, "위험발생을 방지하지 아니한 때에는 그 발생된 결과로 처벌한다"는 제18조 후단과의 관계상 특히 부진정부작위범은 항상 결과범 형식의 기수범성립을 요구하는 것으로 해석해야 하기 때문이다.

그러나 제18조의 "위험발생"과 "결과발생"을 구별하면, 부진정부작위범의 경우도 행위 48
자의 고의가 실현되어 '결과'가 발생하면 기수범이 성립하고, 결과가 발생하지 않더라도 해당 작위범의 구성요건에 대한 미수처벌규정이 존재할 경우 미수범이 성립할 수 있다. 다만 어느 경우든 법익주체에게 법익에 대한 위험이 이미 발생되어 있을 것을 전제조건으로 해서만 문제되는 부작위에 대한 형법적 평가를 시작해야 한다.

370) 신동운, 109면.

(4) 추상적 위험범 구성요건의 제한적 해석의 근거

49 제18조의 문언상 법익에 대한 위험발생이 구성요건에 해당하는 부작위의 최소한의 전제조건 중의 하나로 요구되는 것이라면, 추상적 위험범 형식의 구성요건의 경우 부작위에 의한 실현이 형법 제18조에 의해 처음부터 봉쇄되어 있는 것처럼 보인다. 추상적 위험범은 법익침해의 결과는 물론이고 법익침해의 구체적 위험조차 없어도 성립이 인정되는 구성요건 형식이기 때문이다.

50 그러나 추상적 위험범 구성요건도 그 형식상 법익에 대한 위험발생을 거쳐 일정한 결과(행위종료: 즉 부진정 결과)를 요구하고 있는 구성요건(예, 협박죄)도 있고, 법익과 무관한 구성요건적 결과를 별도의 요소로 두고 있는 구성요건(예, 현주건조물방화죄의 '불에 탐')도 있다. 거동범이자 추상적 위험범인 경우라도 법익에 대한 위험발생을 구성요건 실현의 전제조건으로 요구한다면, 당해 추상적 위험인의 성립 자체가 부정되는 것이 아니라 이 전제조건이 충족되지 않으면 범죄성립이 부정되는 것을 해석할 수 있다. 요컨대, 추상적 위험범의 구성요건이 '작위'로 실현될 경우에는 범죄성립을 위해 위험발생이 요구될 필요는 없지만, '부작위'로 실현될 경우에는 추상적 위험범의 성립을 위해 위험발생을 추가적 요건으로 요구함으로써 추상적 위험범의 범죄성립요건을 구체적 위험범의 그것처럼 강화하는 역할을 하는 것이 형법 제18조의 규정(위험발생의 방지=부작위)라고 이해할 수 있다.

(5) 부작위의 전제조건과 대법원 법리

51 종래 부진정부작위범에 관한 형법이론학은 '사실상의 작위가능성' 요건과는 달리 제18조의 '위험이 발생되어 있을 것'이라는 요건은 당연한 전제조건으로 여겨온 탓에 그 형법적 중요성에 대한 의미부여를 전면에 등장시키지 않았다. 이와는 대조적으로 대법원은 (특히 세월호사건에 관한 판결문을 통해) 위 두 가지 전제조건을 부작위범의 중요한 법리로 자리매김하고 있다.

52 判 특히 대법원은 "부진정 부작위범의 경우에는 ㉠ 보호법익의 주체가 법익에 대한 침해위협에 대처할 보호능력이 없고, ㉡ 부작위행위자에게 침해위협으로부터 법익을 보호해 주어야 할 법적 작위의무가 있을 뿐 아니라, ㉢ 부작위행위자가 그러한 보호적 지위에서 법익침해를 일으키는 사태를 지배하고 있어 작위의무의 이행으로 결과발생을 쉽게 방지할 수 있어야 (부작위로 인한 법익침해가 작위에 의한 법익침해와 동등한 형법적 가치가 있는 것으로서 범죄의 실행행위로 평가될 수 있다)"고 한다. 이 판시의 ㉠ 부분은 앞서 설명했듯이 형법적 부작위가 문제될 수 있는 최소한의 전제조건, 즉 '법익에 대한 위험이 발생되어 있을 것'이라는 요건의 다른 표현이다. ㉡은 부진정부작위범의 성립요건 중 '작위의무'에 관한 요건이고, ㉢은 '사실상의 작위가능성'에 관한 법리이다. 대법원은 '사실상의 작위가능성(내지 개별적인 작위가능성)'이라는 요건을 경우에 따라 "요구되는 행위를 현실적 물리적으로 행할 수 있었음에도"하지 아니하였을 것으로 표기하기도 하고, 부작위에 의한 현주건조물방화죄의 성립요건에 대한 심사에서는 작위(소화)의 '용이성'으로 표현하기도 했다.

5. 제18조 해석론의 확장

형법 제18조의 해석론상 "(법익에 대해 이미 개시된) 위험발생을 방지하지 아니함"이라는 문구 속에 '구성요건에 해당하는 부작위'가 되기 위한 위 두 가지 전제조건 외에 또 다른 추가적 요건까지 함축하고 있는 것으로 해석할 수 있는지가 문제된다. 53

먼저 위 문구가 부작위와 결과간의 형법적 인과관계 내지 객관적 결과귀속을 부작위범의 성립요건으로 요구하는 문언으로도 볼 수 있는지가 문제된다. 위 문구를 '위험발생을 (그 방지가 가능함에도) 방지(회피)하지 아니함'이라는 문구로 보충하면, 이 문구를 다음과 같이 해석할 수도 있기 때문이다. 즉 '부작위를 통해 회피(방지)가능한 위험을 회피하는 것이 당해 부작위범의 규범의 보호목적이라고 볼 수 있고 이에 따르면 과실범의 경우와 같이 부작위자가 작위의무를 다하였더라도 마찬가지의 결과가 발생하였을 가능성이 있으면 발생한 결과는 행위자의 부작위로 회피가능한 결과로 평가할 수 없기 때문에 결과귀속을 부정할 수 있다'고 해석할 수 있게 된다. 54

다른 한편 제18조가 행위자의 부작위가 작위와 불법적 측면에서 동가치성을 가지기 위해서는 작위와 상응한 부작위일 것, 즉 작위와 상응한 부작위일 것을 요구하고 있다고 해석할 수 있는지도 문제된다. 이 두 가지 쟁점에 관해서는 부진정부작위범의 구성요건 요소에서 재론하기로 한다. 55

Ⅳ. 작위(범)와 부작위(범)의 판별기준

1. 작위와 부작위 판별 의의

구체적인 사례에서 행위자의 행위의 범죄성립요건을 심사할 때 행위자의 행위를 작위로 판단하여 작위범의 성립요건에 대한 심사로 나아갈지 부작위로 판단하여 부작위범의 성립요건에 대한 심사로 나아갈지에 관한 판단이 쉽지 않은 경우가 있다. 특히 구체적인 사례의 사실관계 속에 작위적 요소와 부작위적 요소가 혼재되어 있는 경우가 그러하다. 예컨대 의사가 인공호흡기로 생명을 유지하고 있는 환자의 기계장치의 스위치를 꺼서 환자가 사망한 경우 그 환자를 계속 치료하지 않는 것은 소극적인 부작위라고 할 수 있지만, 스위치의 작동을 멈추게 하는 행위는 적극적인 작위라고 할 수 있다. 이러한 경우 작위와 부작위의 판별문제가 선결과제로 된다. 56

작위와 부작위의 판별문제는 작위와 부작위의 '개념적' 구별문제와는 달리 개념적으로 구별된 작위와 부작위 가운데 어느 것을 가지고 형법적 평가(범죄성립요건의 심사)를 할 것인지의 '선택'의 문제이다. 57

사례(보라매병원사건): 뇌수술 후 중환자실에서 회복중인 A는 뇌부종에 의해 완전한 자기호흡이 부족 58

하여 인공호흡기의 도움 없이 생존이 불가능한 상태였다. 피해자의 처 을은 담당의사 갑으로부터 피해자의 상태가 호전되어 회복가능성이 있고, 퇴원해서 인공호흡장치를 제거할 경우 남편이 바로 죽게 될 것이라 말을 들었음에도 불구하고 자신의 경제적 부담과 피해자에 대한 증오심에서 치료를 중단하는 방법으로 A가 죽도록 하기 위해 갑에게 A의 퇴원을 요구하였다. 갑은 을의 끈질긴 퇴원요구에 굴복하여 의식불명 상태인 피해자를 퇴원시켰고, 갑의 지시를 받은 인턴 B는 A의 집 앞 앰블런스에서 A에게 부착되어 있는 인공호흡장치의 엠브와 기관삽관을 제거하였다. A는 뇌간압박에 의한 호흡곤란으로 사망하였다(대법원 2004.6.24. 2002도995 참조). 갑의 행위에는 '치료의 중단'(부작위)과 '퇴원지시 또는 인공호흡장치의 제거'(작위)가 서로 맞물려 있다. 갑의 형사책임을 논함에 있어 부작위에 의한 살인죄의 성립요건을 심사해야 하는가 아니면 작위에 의한 살인죄의 성립요건을 심사해야 하는가?[371)]

2. 작위와 부작위를 판별할 실익

59 구체적 사례에서 행위자의 행위가 작위인지 부작위인지를 판별해야 할 실익은 분명하다. 작위범의 성립요건과 부진정부작위범의 성립요건 중 특히 구성요건 요소가 각기 다르기 때문이다. 부작위범의 경우가 작위범의 경우보다 그 성립을 위해 거쳐야 할 관문이 더 많다.

60 작위범의 구성요건 요소와의 구체적인 차이로는 ① 객관적 구성요건 요소를 심사할 경우 (부진정) 부작위범이 성립하였다고 하기 위해서는 결과범에 있어서 부작위와 결과 사이에 형법상의 인과관계(객관적 귀속)가 인정되는 것만으로 부족하고, 행위자에게 보증인적 지위가 별도로 인정되어야 하며, 사실상 작위가능성 및 작위와 부작위간의 상응성 요건 등이 충족되어야 한다. ② 주관적 구성요건 요소와 관련해서는 부작위범의 고의가 인정되기 위해서 작위범의 고의와는 달리 행위자의 보증인적 지위를 근거지우는 사실에 대한 인식 및 작위가능성에 대한 인식도 인정되어야 한다.

3. 작위와 부작위의 판별 기준

(1) 학설의 입장

1) 의심스러울 때는 작위를 먼저 판단하려는 견해

61 부작위보다는 작위를 우선하여 출발점으로 삼으려는 견해이다.[372)] 이에 의하면 작위와 부작위의 구별이 명백하지 않은 때에는 먼저 작위만을 형법적 평가의 대상으로 삼아서 작위범의 성립요건을 검토하여야 한다고 한다. 여기서 작위범이 성립하지 않는다는 결론이 내려지는 경우에만 다시 부작위를 문제삼아 부작위범의 성립요건을 검토하여야 한다고 하

---

371) 이 사건에는 갑의 죄책 이외에 을의 죄책 또는 병의 죄책여하를 둘러싸고 다양한 형법적 쟁점사항이 포함되어있다. 사실관계를 다양하게 보완하면서 형법의 기본개념과 법리를 익히기에 좋은 연습소재가 될 수 있다. 대법원은 각 가담자의 죄책에 대해 다음과 같은 결론을 내렸다: 을-부작위에 의한 살인죄, 갑-부작위에 의한 살인죄의 방조범. 병-무죄.

372) 배종대, §156/5; 손동권, §22/10; 이재상/장영민/강동범, §10/4; 이정원, 456면; 정영일, 89면.

는 점에서 부작위는 작위에 대해서 법조경합 중 '보충관계'에 있음을 전제로 하고 있다.

그러나 이 견해는 ① 작위와 부작위의 구별에 있어 적극적으로 구별기준을 마련하려는 노력을 포기하고 있다는 점, ② 작위와 부작위의 관계를 보충관계로 보는 '실정법적' 근거[373]를 제시하지 못하는 점, ③ 부작위범이 성립하기 위해서는 작위범에는 요구되지 않는 요건(보증인적 지위 혹은 동치성 내지 상응성 요건 등)까지도 인정되어야 하는데, 행위자의 행위에 대해 작위부터 심사하게 되면 범죄성립을 손쉽게 인정할 수 있게 되어 처벌의 부당한 확대를 가져올 수 있다는 점에서 비판을 받고 있다. 62

2) 비난의 중점에 따라 판별하려는 견해

문제되는 행위에 착종되어 있는 작위와 부작위 중 '비난의 중점'이 어디에 있는가에 따라 작위와 부작위를 판별하려는 견해이다.[374] 이 견해는 행위의 사회적 의미를 고려해 볼 때 작위와 부작위 중 어느 것에 대해 비난을 가할 수 있는가를 물어서 작위와 부작위를 판별하려고 한다. 즉 구체적인 경우 행위자에 대해 비난을 가할 수 있는 대상이 작위인가 부작위인가를 물어야 한다고 한다. 63

그러나 이 견해는 ① 어떤 행위가 작위 또는 부작위로서 사회적 의미 내지 비난의 중점을 가지는가를 확정하기 위한 구체적인 기준을 제시하고 있지 못하다. ② 비난의 중점을 어디에 둘 것인가는 법적 평가에 선행되는 문제라기 보다는 그 '결과'에 불과하다.[375] 비난의 중점이 어디에 있는가 하는 점은 작위범 혹은 부작위범의 다양한 범죄성립요건에 대한 심사를 종결한 후에야 비로소 답할 수 있는 문제이기 때문이다. ③ 비난의 중점이 어디에 있는가 하는 문제는 결국 판단자의 주관적인 사고에 의존할 수밖에 없으므로 비합리적 감정판단이 되지 않을 수 없다.[376] 64

3) 자연과학적 척도에 따라 판별하려는 견해

자연과학적·존재론적 척도를 가지고 판별하려는 입장에는 두 가지 견해가 있다. 하나는 문제되는 행위와 결과 간에 자연과학적인 의미의 인과관계가 인정되면 작위로 볼 수 있고 그러한 인과관계가 존재하지 않으면 부작위로 보아야 한다는 견해[377]이고, 다른 하나는 일정한 방향으로 에너지의 투입이 있으면 작위이고 그러한 에너지의 투입이 없으면 부작위로 보아야 한다는 견해[378]이다. 65

373) 우리나라와는 달리 독일형법 제13조 제2항에 의하면 부작위범의 경우 작위범에 비해 그 형을 감경할 수 있다.

374) 김일수/서보학, 480면; 신동운, 153면; 오영근, §16/6; 임웅, 537면(고의범의 경우); 정성근/정준섭, 389면.

375) 손동권, §22/10; 이재상/장영민/강동범, §10/4.

376) 실제로 이른바 '보라매병원사건'에서 1심법원판사와 항소심법원판사는 다같이 규범적 척도에 따른 구별법을 사용하면서도 각기 다른 결론(1심법원: 부작위, 항소심법원: 작위)을 내린 점에서 보면 이러한 구별법에 자의성이 깊숙이 개입되고 있음을 반증하고 있다.

377) 카우프만(Armin Kaufmann)이 주장한 이후 독일에서 많은 지지를 얻고 있다. Jescheck/ Weigend, §58 II 2; Rudolphi–SK, Vor §13 Rdn.7; Jakobs, §28/3.

66 이 견해에 따르면 인공호흡장치의 스위치를 꺼서 환자를 사망하게 한 경우 규범적 척도를 사용하는 견해와는 달리 결과를 향한 적극적인 에너지 투입이 있거나 결과발생에 조건설 혹은 합법칙적 조건설의 견지에서의 조건이 있는 경우이므로 작위라고 하게 된다. 그러나 이 견해에 대해서는 ① 부작위가 요구되는 바를 행하지 않는 것이라는 규범적 개념이라는 점을 도외시하고 있고, ② 부작위도 결과발생에 대해 규범적인 의미의 관련성을 가지고 있어야 하는 것이기 때문에 자연과학적 의미의 인과관계를 작위와 부작위의 구별척도로 사용하는 것은 부당하다는 비판이 있다.

(2) 판례

67 대법원은 종래 작위와 부작위가 경합되어 있는 사례의 경우 작위로 볼 것인가 부작위로 볼 것인가에 관한 판단기준을 분명하게 제시하지 않았고, 하나의 행위가 작위범과 부작위범 모두에 해당할 수 있는 경우 그 형법적 평가는 어느 것이어도 무방하다고 보는 판시도 있었다.[379)]

68 判 대법원은 위 '보라매병원 사건에서 법익침해의 결과를 향한 신체적 활동여부에 초점을 맞추는 에너지 투입설에 따른 것으로 평가할 수 있는 판시를 하였다. '행위자가 자신의 신체적 활동이나 물리적·화학적 작용을 통하여 그 타인의 법익을 침해'하였다면 이를 작위(범)로 보아야 한다고 하기 때문이다.[380)]

보라매병원 사건에서 1심법원과 2심법원의 결론은 달랐다. 1심법원은 부작위로 보았지만, 2심법원은 갑의 행위를 작위로 보았다. 특히 2심법원은 갑이 A에 대한 치료행위를 중단한 점(부작위)보다는 '을의 퇴원요청을 받아들여 퇴원조치를 한 점(작위)에 비난이 집중되어야 할 것'임을 분명히 함으로써 규범적 척도설에 따랐다. 대법원은 결론적으로는 2심법원의 손을 들어 주었지만 그 판시내용만 두고 보면, 2심법원과는 달리 비난의 중점이 아니라 A의 사망이 퇴원조치라는 적극적 행위에 기인한 것임을 인정하고 있음은 에너지 투입설에 기초한 것으로 평가될 수 있다.

그러나 위 보라매병원사건의 전모를 보면 담당의사의 퇴원조치란 병원에서 환자의 생존에 필요한 치료를 더 이상하지 않기로 한 치료중단 결정에 수반되는 행정조치에 지나지 않아 이를 형법적 평가의 대상으로 삼기는 어렵다. 이 사건에서 적극적 작위는 인턴인 B가 A에게 작동되던 인공호흡 장치의 제거라는 적극적 신체적 활동이다.[381)] 이에 따르면 에너지 투입설에 따르더라도 갑이 처벌되지 아니한 인턴의 적극적 작위를 이용한 갑의 행위를 작위로 인정할 수 있다.

물론 비난의 중점에 초점을 맞춘 2심법원도 에너지투입설을 적용한 듯한 대법원도 갑의 행위를 작위로

378) 김성룡, "치료행위중단에 있어서 작위와 부작위의 구별", 형사판례연구(13), 2003, 167면; 박상기, 313면; 손동권, § 22/10; 이형국/김혜경, 360면.

379) 대법원 1999.11.26. 99도1904. "하나의 행위가 부작위범인 직무유기죄와 작위범인 범인도피죄의 구성요건을 동시에 충족하는 경우 공소제기권자는 재량에 의하여 작위범인 범인도피죄로 공소를 제기하지 않고 부작위범인 직무유기죄로만 공소를 제기할 수도 있다."

380) 대법원 2004.6.24. 2002도995. "행위자가 자신의 신체적 활동이나 물리적·화학적 작용을 통하여 적극적으로 타인의 법익상황을 악화시킴으로써 결국 그 타인의 법익을 침해하기에 이르렀다면, 이는 작위에 의한 범죄로 봄이 원칙이고, 작위에 의하여 악화된 법익상황을 다시 돌이키지 아니한 점에 주목하여 이를 부작위범으로 볼 것은 아니다."

381) 원심과 대법원은 인턴의 입장에서 구체적인 정황을 모른 상태에서 갑의 지시에 따르기만 한 것임을 이유로 병에 대해서는 아무런 형사책임을 인정하지 않았다.

평가한 이면에는 법리상 작위범의 성립을 인정하는 것이 부작위범의 성립을 인정하는 것에 비해 용이하다는 점도 고려된 듯하다. 만약 치료를 중단한 부작위에 초점을 맞추어 갑의 행위를 부작위로 보면, '의학적 충고에 반한 퇴원요구'에 대해 의사 갑에게 환자를 계속 치료할 의무(부작위범의 작위의무)라는 요건의 충족을 인정하기에 현실적으로 어려움이 있기 때문이다.

(3) 결론

1) 법적 안정성 확보에 유리한 판별 이론 법적 안정성을 위해서는 비난의 중점을 기준으로 삼기 보다는 가치중립적인 구별척도를 사용하는 것이 바람직하다. 비난의 중점이 어디에 있는가 그 척도를 사용하는 주체의 관점이나 주관적 감정에 따라 유동적인 결론에 이를 가능성이 열려있기 때문이다. 따라서 결과발생을 향하여 에너지 투입을 하였으면 작위로 보고 그러한 에너지 투입이 없었으면 부작위라고 하거나, 적극적인 신체의 활동과 결과발생 사이에 사실상의 인과관계가 인정되면 부작위는 의미가 없는 것으로 보아 작위로 결론지우는 방법을 동원하는 것이 바람직하다. 부작위는 순수 규범적 평가적 개념이해의 산물이기 때문에 발생한 결과 사이에 자연과학적 사실적 의미의 인과관계가 인정될 수 없다. 이러한 관점에서 볼 때 부작위와 결과사이에는 인정될 수 없는 자연과학적 차원의 인과관계가 인정되는 행위가 존재한다면 이 행위를 '부작위'가 아니라 '작위'라는 전제하에서 작위범의 성립요건의 심사로 나아가는 것이 자연스럽다고 할 수 있다. 69

작위와 부작위가 경합하는 경우 자연과학적 척도를 사용하는 태도가 부작위에 대한 개념 이해의 태도와 모순된다고 비판하는 것은 오해에서 비롯한다. 부작위가 개념적으로 규범적 평가의 산물인 것임은 분명하지만, 작위 부작위 판별이 문제되는 경우는 (규범적으로 이해된) 부작위와 작위가 혼재하는 사례를 전제로 삼기 때문에 부작위의 개념문제와 다른 차원의 문제이기 때문이다. 70

2) 흔들리는 판례 법리 보라매 병원사건에서 에너지 투입설을 취한 듯한 대법원이 다른 사건에서도 이 법리를 일관되게 사용하고 있는 것 같지는 않다. 특히 앞서(§ 8 제4절의 Ⅵ 참조) 범죄체계론과 범죄성립요건 심사의 중요성을 다루면서 소개한 '통비법위반 사건'(신문기자인 갑이 A와 녹음기능을 작동시킨 휴대폰을 통해 대화를 하던 중 통화가 종료되지 않은 상태에서 A가 자신의 사무실에 방문한 B, C와 대화하는 내용을 그대로 녹음되도록 하면서 그 대화를 듣게 된 사건)에서 보여준 대법원의 태도가 그러하다. 71

判 '통비법위반 사건'에 대해 1심법원은 타인 간 대화 녹음 및 청취를 한 갑의 행위를 '부작위'로 보았지만, 2심법원과 대법원은 갑의 행위를 '작위'로 평가하여 통신비밀보호법에서 금지된 제3간 대화 녹음 및 청취 위반죄의 성립을 인정하였다.[382] A가 B, C와 대화를 시작한 시점부터는 갑은 원래 위법하지 않게 작동시킨 녹음기능이 계속되면서 휴대폰을 통해 들려오는 소리를 들었을 뿐이었다. 따라서 갑은 타인 간 대화를 녹음하거나 청취함에 있어 아무런 현실적·물리적 작용을 한 것이 없다. 따라서 에너지 투입설에 따른다면, 72

---

382) 대법원 2016.5.12. 2013도15616.

피고인의 행위는 '부작위'로 인정되어야 할 것이다. 그러나 2심법원은 갑의 행위를 작위로 볼 것인지 부작위로 볼 것인지 관해 "청취와 녹음과 관련된 '물리적 행위'를 기준으로 판단할 것이 아니라 청취와 녹음의 대상이 되는 '대화'를 기준으로 평가하여야 한다"는 전제하에 이 사건 대화가 통비법 제3조의 '공개되지 아니한 타인의 대화'에 해당하고, 갑이 이러한 사실을 인식한 순간부터는 '이 사건 대화를 청취 및 녹음하지 말아야 할 의무'가 생기는 것이고, 이를 위반하여 청취 및 녹음행위를 계속하는 행위는 통비법의 금지규범을 위반한 '작위'로 평가되어야 할 것이라는 논지를 전개하였다. 대법원도 원심 2심법원의 법리를 수용했다.

그러나 원심과 대법원의 태도에는 다음과 같은 문제가 있다. 첫째, 통비법에서 금지된 '행위'는 '대화'가 아니라 '녹음과 청취'이다. 따라서 행위자의 '행위' 평가에서 대화를 대상으로 삼는 것은 적절하지 못하다. 둘째, 녹음과 청취가 금지된 타인 간 대화를 녹음 및 청취하지 말아야 할 의무는 – 요구규범(부작위범의 구성요건)에서 나오는 의무가 작위의무이듯이 – 형법상 금지규범(작위범의 구성요건)에서 나오는 의무가 '부작위'의무임을 지적하고 있는 것 이상의 정보를 주고 있지 않다. 이뿐만 아니라 행위자가 이러한 부작위의무를 위반한 점은 행위자의 행위를 '작위'로 인정할 근거가 될 수 없다. 무엇보다도 대법원이 '보라매병원사건'에서 취했던 법리(에너지 투입설)에 따를 경우 갑의 행위는 작위가 아니라 '부작위'가 된다고 보는 것이 타당하다. 타인 간 금지되는 대화내용을 녹음하고 청취하여 통비법이 보호하는 법익의 침해를 향한 적극적인 신체적 활동이 없었기 때문이다. 그럼에도 원심과 대법원이 갑의 행위를 – 합리적인 근거지움 없이 – '작위'로 평가 한 것은 갑에게 부작위에 의한 통비법위반죄의 성립을 위해 충족시켜야 할 요건, 즉 애초에 아무런 불법없이 작동되고 있는 녹음버튼을 꺼야 할 작위의무를 갑에게 인정하기 어렵다는 점을 사전에 간파한 후, 이 요건을 피해가기 위해 사례를 작위범으로 몰아가는 전략적 선택을 한 것으로 보인다.

법원이 암묵리에 활용하고 있지만 항간에 익히 알려진 법적 결정 방식, 즉 '선 판단, 후 근거지움'이라는 방식이 '작위와 부작위의 판별' 문제에서도 그대로 작동되고 있는 것으로 보여진다. 법관은 행위자의 행위가 유무죄에 관한 심증을 먼저 굳히고 난 후, 그 유무죄를 근거지울 수 있는 '법리'를 선택하는 것이다. 위 사건의 사실관계를 보면, 비난의 중점이 어디에 있는가라는 규범적 척도설에 따르더라도 갑의 행위를 작위로 보기는 어렵다. A가 B, C와 대화를 함으로써 금지의 대상이 된 타인 간 대화가 녹음 또는 청취되기 시작한 시점 또는 그 직전부터는 갑에게 인정될 수 있는 '작위'적 요소는 없기 때문이다. 위 사건에서 의미 있는 작위는 통비법에서 금지하고 있지 않는 작위, 즉 갑과 A간의 허용되는 대화(당사자간의 대화)의 녹음을 위한 버튼 조작행위 밖에 없다.

제 2 절 (고의에 의한) 진정부작위범

I. 구성요건 요소

1. 작위가 요구되는 구성요건적 행위상황

73 진정부작위범은 (명령 또는 요구) 규범이 작위를 요구할 때에만 성립할 수 있다. 언제 작위가 요구되는가? 앞서 부작위범의 일반이론에서 살펴보았듯이 구성요건적 부작위가 요구되려면 최소한 '작위가 요구되는 상황', 즉 '법익에 대한 위험이 이미 발생되어 상황'이 전제되어 있어야 한다. 대법원은 이 상황을 '보호법익의 주체에게 해당 구성요건적 결과발생

의 위험이 있는 상황'으로 표현하고 있다.

진정부작위범의 구성요건은 결과발생을 요하지 않은 순수 거동범의 형식으로 규정되어 있어서 해당 구성요건에 기술된 '행위'상황만 충족되는 것으로 족하다. 구성요건적 행위상황은 형법각칙이나 특별형법상의 개별 구성요건에 규정되어 있으므로 구체적인 사례에서 이 전제조건을 심사할 경우에는 이러한 상황이 존재하는지를 확인하기만 하면 된다. 이러한 상황에 처해 있는 자는 누구라도 일정한 작위를 해야 할 의무를 지게 된다. 예컨대 퇴거불응죄의 경우는 (합법적으로) 타인의 주거에 들어와 있는 자가 주거권자의 퇴거요구를 받게 되면, 그 요구에 응하여 퇴거를 해야 한다. 이처럼 진정부작위범의 경우 '작위의무'는 개별 구성요건에서 나오는 것이므로 부진정부작위범의 경우와 같이 반드시 총칙 제18조에서 말하는 (그리고 그 해석론상 요구되는) 특별한 법적 '작위의무'의 주체일 필요는 없다. 74

2. 요구된 행위의 부작위

진정부작위범의 구성요건적 부작위는 구체적인 행위 상황하에서 구성요건실현을 회피하도록 요구된 행위를 이행하지 않은 경우(예, 퇴거요구에 응하지 않은 부작위)를 말한다. 요구된 행위는 작위범의 경우처럼 정형성을 갖고 있지 않기 때문에 여러 개의 행위도 가능할 경우도 있다. 이러한 경우에는 행위자가 요구된 여러 개의 행위 중 아무것도 행하지 않아야 요구된 행위를 부작위한 것이 되고, 그 중 한 가지 행위라도 이행했다면 부작위가 되지 않는다. 75

3. 요구되는 작위(행위)의 사실상 가능성 = 개별적 작위가능성

부작위범의 경우 부작위 그 자체만으로 구성요건에 해당하는 부작위로 평가되지 않는다. 부작위한 자가 개인적으로 작위를 할 수 있는 가능성이 전제되어 있어야 하는데, 이를 '사실상(개별적) 작위가능성'이라고 한다. 사실상의 작위가능성은 요구된 행위를 수행하기 위한 행위자의 능력 내지 현실적 가능조건이 채워질 것을 필요로 한다. 행위자가 작위의무를 다할 수 있는 능력 내지 현실적인 가능성은 육체적 능력뿐만 아니라 정신적 능력(사고력, 지식 등) 또는 일정한 외적인 조건과 밀접한 관계를 가지고 있다. 사실상의 작위가능성의 유무는 객관적 관찰자의 입장에서 '사전판단'에 따라야 한다.[383] 사실상의 작위불가능성이 인정되면, 진정부작위범의 구성요건해당성이 부정된다. 76

(1) 일반적 작위가능성과의 구별

'사실상의 작위가능성'은 구성요건해당성 심사단계에서 행위자의 부작위를 구성요건적 부작위로 객관적으로 귀속(평가)하기 위한 조건으로서 진정부작위범과 부진정부작위범에 77

383) 김일수/서보학 490면; 신동운, 111면.

공통되는 구성요건요소이지만, '일반적 작위가능성'은 사전 심사단계에서 부작위의 전(前) 구성요건적 '행위'성을 인정하기 위한 요건이다.

(2) 기대불가능성과의 구별

78 사실상의 작위불가능성은 부작위범의 구성요건해당성배제사유이다. 따라서 개념적으로 책임조각사유인 적법행위(작위)에 대한 기대불가능성과 구별되어야 한다. 하지만 양자를 구별하지 않는 입장에서는 사실상의 작위불가능을 구성요건해당성배제사유로 볼 것인지 책임조각사유로 볼 것인지가 문제될 수 있다. 사실상의 작위불가능성의 범죄체계적 지위를 어디에 둘 것인지는 작위가 불가능한 부작위는 형법상 의미있는 부작위로 평가될 수 없으므로 그 부작위자에게 범죄성립이 부정되는 점에서 차이가 없다. 그러나 형법이론상 구성요건해당성배제사유로 보는 것이 행위자에게 유리하다.[384] 만약 위 요건을 책임조각사유로 본다면 실제로 그러한 작위가 불가능한 상황이 없었음에도 불구하고 행위자가 그러한 상황이 존재한다고 오인하고 부작위한 경우에는 정당한 이유가 인정되지 않는 한 책임을 져야 하는 반면, 위 요건을 구성요건해당성배제사유로 본다면 작위가 가능한 상황에 대한 인식이 없으면 그 불인식에 대한 정당한 이유의 유무를 불문하고 행위자의 고의가 조각되어 과실처벌규정이 없는 한 행위자에 대해 무죄를 인정할 수 있기 때문이다.

(3) 판례의 태도

79 앞서 살펴보았듯이 대법원도 '사실상(개별적) 작위가능성' 요건을 (진정)부작위범의 중요한 성립요건의 하나로 인정하고 있다. '구성요건의 실현을 회피하기 위하여 요구되는 행위를 현실적·물리적으로 행할 수 있었을' 조건, 즉 요구되는 작위가능성이 사실상 인정될 수 있는 경우에만 부작위를 형법적으로 의미있는 부작위라고 하고 있기 때문이다.

80 그러나 대법원은 이 요건을 책임조각사유인 적법행위에로의 기대불가능성을 구별하는지 아니면, 양자를 구별하지 않는지, 그리고 후자라면 그 체계적 지위가 무엇인지에 대해 분명한 태도를 보이고 있지 않다.

81 判 대법원은 '사실상의 작위불가능성'을 부작위범의 책임조각사유로 이해하고 있다. '사용자가 경영부진 등으로 퇴직금을 기일 내에 지급할 수 없었던 불가피한 사정이 있어서 노동자에게 퇴직금을 지급하지 못한 사안'에 대해 대법원은 선행 판결에서는 '기대불가능성'이라는 표현을 명시적으로 사용하지 않고 '사용자에게 퇴직금을 지급기일내에 퇴직금을 지급할 수 없었다는 등의 불가피한 사정'이 있었음을 근거로 근로기준법위반범죄의 성립을 부정[385]하였지만, 그 이후의 다른 판결에서는 명시적으로 '기대불가능성'을 이유로 책임이 조각되는 것이라고 판시[386]하고 있기 때문이다. 그러나 대법원의 이러한 체계화는 부진정부작위

384) 이재상/장영민/강동범, §10/14; 이형국/김혜경, 366면; 정성근/정준섭, 392면.

385) 대법원 1993.7.13. 92도2089.

386) 대법원 2001.2.23. 2001도204. "사용자가 모든 성의와 노력을 다했어도 임금의 체불이나 미불을 방지할 수 없었다는 것이 사회통념상 긍정할 정도가 되어 사용자에게 더 이상의 적법행위를 기대할 수 없다거나, 사

범의 경우 부작위의 동가치성에 관한 대법원의 출발점과 조화되기 어렵다. 즉 대법원은 부진정부작위범의 경우 특히 요구되는 작위를 사실상 이행할 수 있는 가능성이 있을 조건하에서의 부작위를 형법적으로 의미있는 부작위 또는 작위에 의한 법익침해와 동등한 가치가 있는 범죄의 실행행위로 이해하고 있다. 부작위에 관한 대법원의 기본적 시각에 따르면 사실상의 작위가능성을 부작위범의 '불법'을 근거지우는 '구성요건 요소'임을 전제하고 있는 바, 이에 따르면 사실상의 작위불가능성을 부작위범의 구성요건해당성배제사유로 파악되어야 하기 때문이다.

4. 부작위고의

형법은 진정부작위범의 경우 고의행위만 처벌하고, 과실을 처벌하는 별도의 법률상의 규정이 없다. 따라서 죄형법정주의 원칙상 '과실에 의한 진정부작위'는 형사처벌의 대상이 될 수 없고, 해석론으로도 범죄로 인정될 수 없다. 82

형법상 진정부작위범 형식으로 되어 있는 구성요건을 실현하기 위해서는 행위자에게 부작위고의가 인정되어야 한다. 부작위고의는 작위범의 고의에 상응한 개념으로 고의범의 경우와 다를 바 없으므로, 부작위자가 일정한 구성요건적 상황을 인식하고, 더 나아가 부작위를 의식적으로 감행하여야 한다(의사설). 부작위고의가 인정되기 위해서는 작위를 행할 수 있다는 사실상의 작위가능성(개별적인 작위가능성)에 대한 인식도 있어야 한다. 객관적으로 '사실상의 작위가능성'이 존재함에도 불구하고 행위자가 자신의 행위나 상황에 대한 잘못된 판단을 하여 작위가능성이 존재하지 않는 것으로 오인한 경우, 형법 제13조가 적용되어 행위자에게 고의가 인정되지 않고—진정부작위범의 과실처벌규정이 없으므로—무죄가 된다. 작위의무에 대한 법적 평가를 잘못한 경우는 포섭의 착오로서 제16조가 적용된다. 83

5. 진정부작위범의 미수

형법의 진정부작위범은 모두 결과발생을 요하지 않는 거동범 형식으로 되어 있어서 원칙적으로 미수와 기수의 구별이 문제되지 않는다. 이 때문에 인과관계에 관한 형법 제17조는 진정부작위범에 대해서는 적용되지 않는다. 그러나 진정부작위범 가운데 퇴거불응죄(형법 제319조 제2항)의 경우는 예외적으로 미수범처벌규정을 두고 있다. 퇴거불응죄의 경우 언제 미수가 될 수 있는지 그리고 이 죄의 미수처벌규정을 어떻게 해석할 것인지에 관해서는 『각론』 퇴거불응죄 참조. 84

용자가 퇴직금 지급을 위하여 최선의 노력을 다하였으나 경영부진으로 인한 자금사정 등으로 도저히 지급기일 내에 퇴직금을 지급할 수 없었다는 등의 불가피한 사정이 인정되는 경우에는 그러한 사유는 근로기준법 제36조, 제42조 각 위반범죄의 책임조각사유로 된다."

Ⅱ. 위법성조각사유

85 형법총칙의 일반적 위법성조각사유가 그대로 적용된다. 자세한 내용은 제4편 위법성론 참조.

Ⅲ. 책임조각사유

86 형법총칙의 일반적 책임조각사유가 그대로 적용된다. 자세한 내용은 제5편 책임론 참조.

제3절 고의에 의한 부진정부작위범

Ⅰ. 구성요건 요소

1. 법익에 대한 위험의 발생

87 행위자의 부작위가 구성요건적 부작위로 평가되기 위한 최소한의 전제조건이다. 진정부작위범의 경우는 이 조건을 구성요건적 행위상황(예, 주거권자의 퇴거요구를 받은 상황)이라고 할 수 있지만, 부진정부작위범의 경우에는 "보호법익의 주체에게 해당 구성요건적 결과발생의 위험이 있는 상황" 또는 "보호법익의 주체가 법익에 대한 침해위협에 대처할 보호능력이 없는 상황"[387]을 말한다.

2. 요구되는 작위의 부작위

88 부진정부작위범의 구성요건적 행위는 위험발생을 방지하지 아니한 부작위를 말한다. 부작위란 요구되는 바를 하지 않는 것을 말하기 때문에 '결과범으로서의 부작위범'의 경우 행위자에게 요구되는 바는 구성요건에 해당하는 결과발생의 방지이다. 따라서 결과발생의 방지를 위해 요구되는 일정한 작위(예, 구조행위)를 이행하지 않은 경우, 그 부작위를 구성요건해당적 부작위로 평가된다(행위귀속).

89 작위범의 경우 작위는 그것을 하지 않았을 경우 결과 발생의 위험을 회피할 수 있었을 것을 전제로 하는 반면, 부작위범의 경우 행위귀속은 결과가 방지(저지)될 수 있었을 것으로 인정되는 작위를 이행하지 않을 것을 전제로 한다. 행위 시점의 관점에서 보았을 때(사전판단; ex ante) 주어진 상황하에서 구성요건적 결과가 가능한 한 '효과적'으로 방지할 수 있는 '적합한' 행위를 하지 않은 경우 요구되는 작위를 하지 않은 부작위로 평가된다.

---

387) 대법원 2015.11.12. 2015도6809.

이 경우 '적합성' 여부는 위험한 상황이 전개되는 양상에 따라 다르게 판단될 수 있다. 요구되는 작위를 해야 할 잠재적 구조자가 효과적인 다수의 구조행위를 선택적으로 수행할 수 있을 경우에는 자신의 선택에 따라 그 중의 하나를 임의적으로 선택할 수 있다.[388] 경우에 따라 행위자가 그러한 작위를 직접 수행하지 않고 의사와 같은 제3자에게 도움을 요청하는 것도 가능하다. 90

요구되는 작위는 반드시 위험을 제거해야만 하는 것은 아니다. 위험을 일정하게 (허용된) 정도로 감소시켜야 할 의무만 지고 있는 경우에도 그러한 위험감소적 작위를 하지 않으면 요구되는 작위를 부작위한 것이 될 수 있다. 결과발생을 시간적으로 뒤로 미루거나 약화시킬 뿐인 행위도 요구되는 구조행위라고 할 것인가가 문제된다. 예컨대 범죄행위로 나아가는 것을 단순히 어렵게 만들었을 뿐인 경우에는 구체적 사례에서 주어진 사실관계를 잘 분석하여 요구되는 작위가 결과발생방지에 의미가 있었는지를 판단하여 결론을 내려야 할 것이다. 91

3. 요구되는 작위의 사실상의 작위가능성

사실상의 작위가능성(개별적 작위가능성) 요건은 진정부작위범에서 설명한 내용과 동일하다. 요구되는 작위의 사실상의 가능성은 '행위의 외적조건' 및 '행위자의 개인적 능력 내지 현실적 가능성' 등을 고려하여 판단되어야 할 요건이다. 이는 부작위가 구성요건적 부작위로 평가하기 위한 차원에서 불법을 구성하는 요건이므로, 사실상의 작위가 불가능한 경우는 책임조각사유인 기대불가능성과는 다른 차원에서 구성요건해당성배제사유로 파악하는 것이 바람직하다. 92

判 대법원은 앞서 설명한 바와 같이 '사실상의 작위가능성'을 "법적인 작위의무를 지고 있는 자가 그 의무를 이행함으로써 결과발생을 쉽게 방지할 수 있었음"[389]으로 표현하기도 한다. 대법원은 '피고인이 모텔 방에 투숙하여 담배를 피운 후 재떨이에 담배를 끄게 되었으나 담뱃불이 완전히 꺼졌는지 여부를 확인하지 않은 채 불이 붙기 쉬운 휴지를 재떨이에 버리고 잠을 잔 결과 담뱃불이 휴지와 옆에 있던 침대시트에 옮겨 붙게 함으로써 발생하였고, 피고인이 화재 발생 사실을 안 상태에서 모텔을 빠져나오면서도 모텔 주인이나 다른 투숙객들에게 이를 알리지 아니하여 투숙객들을 치사상에 이르게 한 사건'에 대해 선행행위(중과실)로 인해 불을 꺼야 할 작위의무는 인정되지만, 피고인이 이 사건 "화재를 용이하게 소화할 수 있었다고 보기 어렵(다)"는 이유로 기본범죄인 부작위에 의한 현주건조물방화죄 부분을 무죄로 인정하여 결국 현주건조물방화치사상죄의 성립을 부정하였다.[390] 93

4. 구성요건적 결과의 발생

형법 제18조의 해석상 결과발생은 부진정부작위범의 기수범의 구성요건 요소이다. 침해 94

---

388) Jakobs, § 29/12.
389) 대법원 1996.9.6. 95도2551.
390) 대법원 2010.1.14. 2009도12109.

범의 경우에는 부작위에 의해 법익침해적 결과가 발생하여야 하고, 구체적 위험범의 경우에는 구체적 위험이 발생하여야 하며, 추상적 위험범의 경우에는 순수 거동범 형식이 아니라 일정한 구성요건적 결과를 별도로 요구하고 있는 경우 그 결과발생이 있어야 한다. 순수 거동범의 형식인 경우에도 제18조의 해석상 부작위의 최소한의 전제조건으로서 법익에 대한 위험이 발생하여 있을 것을 요하는 것으로 보아야 하는 한, 이러한 위험의 발생도 구성요건적 결과에 포함시킬 수 있다.

5. 형법적 인과관계 또는 객관적 귀속

(1) 자연과학적 사실적 의미의 인과관계

95 부진정부작위범의 경우 부작위와 결과간에 규범적 평가적 의미의 인과관계(객관적 귀속) 외에 자연과학적 사실적 의미의 인과관계가 구성요건 요소로 요구되는지에 관해서는 긍정설과 부정설이 대립한다.

96 **1) 긍정설** 부진정부작위범의 경우에도 합법칙적 조건관계의 유무에 의해 인과관계를 판단하고, 이에 의하여 인과관계가 인정되어도 다시 객관적 귀속이론에 의하여 그 결과를 행위자의 부작위에 의한 작품으로 귀속시킬 수 있을 때 결과귀속을 인정하자는 입장이다.[391] 다만 이 견해는 부작위와 결과사이에 인과관계가 인정되기 위해서는 '합법칙적 조건설'이 어떻게 적용될 수 있을 것인지에 관한 구체적 언급은 하고 있지 않다.

97 **2) 부정설** 부작위는 존재론적으로는 무(無)이므로 무와 유(발생한 결과)간의 자연과학적 의미의 인과관계는 처음부터 확인될 수 없고, 부진정부작위범의 경우 형법상의 인과관계는 (가정적) 규범적 평가의 문제 내지 '요구되는 작위와 결과의 (불)발생'간의 객관적 귀속판단만 확인하면 족하다는 입장이다.[392]

98 **3) 판례의 태도** 대법원은 '작위의무를 이행하였더라면 결과가 발생하지 않았을 것이라는 관계'가 인정될 경우 부작위와 결과사이에 (상당)인과관계가 인정된다고 함으로써[393] 부작위범의 경우에도 인과관계를 요구하고 있지만, 자연과학적 의미의 인과관계까지 요구되는지에 관해서까지 태도를 표명하고 있지는 않다.

99 대법원이 이처럼 가정적 평가적 방법으로 부작위범의 인과관계 문제에 접근하고 있음은 과실범에서 사용된 적법한 대체행위 법리가 취한 접근법과 유사하다. 물론 대법원은 가정적 평가의 방법에 따르면서도 인과관계 부정을 위해서는 요구되는 작위의무를 이행하였더라도 마찬가지의 결과가 발생하였을 가능성만 인정되면 족하다고 하는지 아니면

391) 이형국/김혜경, 378면; 정성근/정준섭, 401면.
392) 박상기, 316면; 신동운, 126면.
393) 대법원 2015.11.12. 2015도6809 전원합의체 판결. "작위의무를 이행하였다면 결과가 발생하지 않았을 것이라는 관계가 인정될 경우에는 작위를 하지 않은 부작위와 사망의 결과 사이에 인과관계가 있다."

(회피가능성설), 마찬가지의 결과가 발생할 것이 확실성에 근접한 개연성 정도까지 인정되어야 하는지(위험증대설)와 관련한 구체적 태도표명은 없다. 다만 대법원은 부작위범의 경우도 '사실'의 입증을 위해 요구되는 증명의 정도에 관한 법리를 적용한다면, 요구되는 작위를 다하였더라면 '결과가 방지되었을 것이 합리적 의심의 여지없이' 입증되어야 인과관계를 인정할 수 있을 것으로 보인다.[394)]

判 물론 대법원은 부작위범의 인과관계에 관해 위와 같은 법리(요구되는 작위를 이행하였더라면 결과를 방지할 수 있었을 관계)를 최근에야 제시하고 있을 뿐 구체적인 사례에서 이 법리를 적용한 예는 없다. 과거 기본범죄가 부작위로 행해진 결과적 가중범(유기치사죄)의 성립여부가 문제되는 사례에서 합법적 대체행위이론과 유사한 사고방식의 단초를 보인 판결이 있을 뿐이다.[395)] 이 판결에서 대법원은 피고인이 독약을 먹고 목숨이 위독한 피해자를 발견 즉시 병원에 데려가지 않았지만, 발견당시 피해자의 상태는 당시의 의학적 지식에 따르면 부작위로 유기하지 않고 즉시 병원에 데려오는 작위행위를 하였더라도 살릴 수 없었을 것임을 인정함으로써 – 과실범의 경우 회피가능성설의 입장과 유사하게 – 부작위에 의한 유기행위와 사망사이의 인과관계를 부정하는 태도를 취한 것으로 분석된다. 100

4) 결론 규범적 평가를 통해서만 이해될 수 있는 개념인 '부작위' 자체가 자연과학적 의미의 인과관계, 즉 사실적으로 진행되는 인과적 경과에 영향을 미칠 수는 없다. 하지만 행위자의 부작위도 외부성을 가지는 것이므로 구성요건에 해당하는 부작위와 결과간의 인과관계를 규범적 평가적 차원의 문제에서 판단하기 전에 행위자의 외적 행태와 결과간의 자연과학적 사실적 의미의 인과성이 인정되어야 한다. 이러한 인과성의 확인은 합법칙적 조건설에 따라야 한다. 작위(범)와 부작위(범)의 동가치적 불법성이 요구하는 형법 제18조와의 조화를 위해서도 부작위범의 경우 자연과학적 사실적 의미의 인과관계가 먼저 확인되어야 한다. 101

그러나 행위자의 행태와 결과간의 이러한 의미의 인과성이 인정되더라도 실제로 발생한 결과를 '구성요건에 해당하는 부작위'로 나아간 행위자의 책임으로 돌리기 위해서는 그 부작위아 결과간의 규범적 평가적 의미의 인과관계도 인정되어야 한다. 규범적 평가적 의미의 인과관계(내지 객관적 귀속)을 인정하기 위해서는 요구되는 작위가 있었더라면 결과가 회피되었을 것이 확실시 되었을 것으로 평가될 것이 요구된다. 이러한 평가는 요구되는 작위를 이행하게 함으로써(즉 부작위를 금지함으로써) 실제로 발생한 결과를 회피하려는 (부작 102

394) 피고인의 입장에서는 작위의무를 다하여 요구되는 구조행위를 하였더라도 마찬가지의 결과가 발생하였을 '가능성'을 주장하면 인과관계의 입증에 요구되는 증명정도에 합리적 의심을 일으킬 수 있다.

395) 대법원 1967.10.31. 67도1151. "치사량의 청산가리를 음독했을 경우 미처 인체에 흡수되기 전에 지체없이 병원에서 위세척을 하는 등 응급치료를 받으면 혹 소생할 가능은 있을지 모르나 이미 이것이 혈관에 흡수되어 피고인이 피해자를 변소에서 발견했을 때의 피해자의 증상처럼 환자의 안색이 변하고 의식을 잃었을 때는 우리의 의학기술과 의료시설로서는 그 치료가 불가능하여 결국 사망하게 되는 것이고 또 일반적으로 병원에서 음독환자에게 위세척, 호흡촉진제, 강심제주사 등으로 응급가료를 하나 이것이 청산가리 음독인 경우에는 아무런 도움도 되지 못하는 것이므로 피고인의 유기행위와 피해자의 사망 간에는 상당인과관계가 없다 할 것이다."

위범) 규범의 보호목적에 부합하는 태도라고 할 수 있기 때문이다.

(2) 부작위와 결과귀속(객관적 귀속판단)

103 1) 의무위반관련성 부진정부작위범의 경우 부작위와 결과간의 사실상의 인과관계 확인될 수 없는 경우 또는 사실상의 인과관계가 인정되더라도 결과에 대해 행위자의 형사책임을 제한하기 위한 규범적 평가적 차원의 결과귀속 판단을 보충 해야 할 것이 요구된다. 이 점은 앞서 살펴보았듯이 형법 제17조의 해석을 통해 요구할 수 있고, 제18조의 "위험발생을 방지하지 아니함"이라는 문구의 해석을 통해서도 요구할 수 있다. 이 문구를 객관적 귀속이론의 기본컨셉인 규범의 보호목적이라는 관점을 가지고 보면 "방지(회피)가능하지 아니한 위험발생 및 그로 인한 결과발생은 그러한 결과를 방지하지 아니한 부작위로 귀속할 수 없기 때문이다. 이에 따르면 부진정부작위범의 경우 부작위자에게 의무합치적 작위를 요구하고 있음은 그러한 작위를 통해 방지(회피)가능한 결과에 대해서만 책임질 수 있도록 해야 한다.

104 부작위범의 경우도 (주의)의무위반관련성 척도를 사용한 과실범의 경우와 마찬가지로, (작위의무)위반관련성 척도를 객관적 귀속의 문제 차원에서 이해해야 한다. 이에 따르면 어떤 조건하에서 부작위와 결과간의 인과관계 내지 객관적 귀속관계가 인정될 수 있는지에 관해서 견해가 갈릴 수 있다. 만약 행위자가 요구되는 작위를 하였더라도 마찬가지의 결과가 발생하였을 것이 확실시되는 조건하에서는 발생된 결과는 행위자의 부작위 탓이 아니라 다른 위험이 실현된 것으로 보아야 하므로 의무위반관련성이 부정되어야 한다.

105 요구되는 작위를 하였더라면 마찬가지의 결과가 발생할 것인지 확실하지 않을 경우에는 부작위와 결과 간의 관련성에 관해서는 과실범의 경우와 마찬가지로 회피가능성설과 위험증대설이 대립할 수 있다. ① 작위의무를 위반한 자에게 거증책임이 전환되는 정도의 부담을 지워야 하기 때문에 위험증대이론이 타당하다는 견해[396]가 있지만, ② 과실범의 경우 살펴보았듯이 부작위범의 경우에도 회피가능성설의 입장이 타당하다. 이에 따르면 행위자가 요구되는 작위를 하였더라도 마찬가지의 결과가 발생하였을 가능성만 인정되어도 의무위반관련성을 부정해야 한다.[397] 앞에서 보았듯이 적법한 대체행위이론에 따르는 대법원도 회피가능성설의 입장과 동일한 결론에 이르고 있다.

106 2) (작위의무)규범의 보호목적 관련성 부진정부작위범의 경우 행위자에게 작위의무가 인정될 것이 필요하지만, 결과귀속을 위해서는 행위자가 작위의무를 가질 것(보증인적 지위)이 충분한 조건은 아니다. 결과발생의 위험을 (회피)방지해야 할 행위자의 책무라는 관점에서 보면, 객관적 귀속판단의 척도 가운데 특히 구체적인 (작위의무)규범의 보호목적

396) 손동권, §22/55.

397) 결과발생이라는 차원에서가 아니라 결과'방지'라는 차원에서 표현하면 '요구되는 작위를 하였더라면 결과가 발생하지 않았을 것이 확실성에 근접한 개연성 정도에 이른 경우에는 부작위와 결과 간의 형법상의 인과관계를 인정할 수 있다'는 공식으로 변환할 수 있다.

관련성이라는 척도가 중요한 의미를 가질 경우가 있다. 규범의 보호목적이라는 객관적 귀속이론의 기본컨셉에서 보면, 부작위범의 경우 행위자에게 요구된 작위의무가 실제로 발생한 그 결과를 방지하기 위한 목적으로 부과된 의무인가를 묻는 물음이 결정적이기 때문이다.

이에 따르면 예컨대 남편의 절도행위를 저지하지 않은 부인에게 부작위에 의한 절도의 방조를 인정할 수 없다. 왜냐하면 민법 제826조 제1항의 부부간의 상호부조의무는 그 부인에게 '보호보증의무'를 부여하기는 하지만 '감시보증의무'를 근거지우지는 않기 때문이다(보증의무에 관해서는 후술한다). 즉 남편이 범죄행위를 할 경우 남편을 위험원천으로 보아 이 위험이 타인의 법익(재산권)에 대한 침해적 결과를 회피(방지)할 법적 의무는 부인에게 인정되지 않는 것이다. 남편이 저지른 절도죄의 결과를 방지할 의무는 부인의 보호보증의무 범위에 포함될 수 없고, 남편은 부인에게 감시보증의무를 발생시키는 될 위험원천으로 인정될 수 없기 때문이다. 107

3) **그밖에 객관적 귀속의 척도** 부진정부작위범의 경우에도 객관적 귀속의 공식은 그대로 적용될 수 있다. 사례유형별로 피해자의 자기책임원칙에 따라 결과귀속이 탈락할 수도 있고, 제3자의 개입에 의해 책임소구금지원칙(Regressverbot)이 적용되어 결과귀속이 탈락할 수도 있다(§14/83 이하 참조). 108

6. 보증인적 지위

(1) 보증의무와 보증인적 지위의 의의

형법 제18조에 따르면 부진정부작위범의 주체는 일정한 작위의무 있는 자로 제한된다. 이와 같이 부진정부작위범의 주체가 될 수 있는 일정한 작위의무를 '보증의무'라고 하고, 작위의무자를 '보증인적 지위에 있는 자' 내지 '보증인'이라고 한다. 109

그러나 형법 제18조는 보증의무 있는 자를 구체적으로 열거하는 방식을 취하지 않고 해석의 여지를 주고 있다. 특히 형법 제18조 후단의 "위험발생의 원인을 야기한 자"(이를 '선행행위자'라고 한다)를 전단의 "위험발생을 방지할 의무 있는 자"의 예시의 하나라고 본다면 작위의무에 관한 해석의 초점은 누가 '위험발생을 방지할 의무 있는 자'인가에 맞춰지게 된다. 이 문제는 작위의무 내지 보증의무의 발생근거에 관한 문제로 다루어지고 있다. 110

(2) 보증의무의 발생근거

1) 학설

① **형식설** 보증인의 작위의무가 법적 의무이어야 함을 감안하여 '법률'과 '계약' 그리고 형법 제18조에 명시된 '위험발생의 원인이 된 선행행위(先行行爲)'를 작위의무의 발생근거로 인정하려는 견해이다.[398] 111

112 ② 실질설(기능설) 보증의무의 발생근거를 법률이나 계약과 같은 형식에서만 찾게 되면 보증의무가 너무 제한적으로 경직되게 인정되기 때문에 실질적인 관점에서 보증인의 작위의무는 법익침해의 위험이 있는 구체적인 상황 속에서 탄력적으로 유연하게 인정될 수 있다고 하는 견해이다.[399)]

113 이에 의하면 부진정부작위범의 경우 작위의무는 두 가지 구체적인 상황에서 인정될 수 있다고 한다. 하나는 부작위자와 일정한 관계에 있는 특정 법익이 위험원에 의해 침해되는 상황에서 나오는 당해 법익에 대한 '보호의무'이고, 다른 하나는 원칙적으로 행위자의 관할 범위 내에 있는 일정한 위험원이 제3자의 법익을 침해하는 상황에서 나오는 위험원에 대한 '감시의무'이다.

114 ③ 결합설 결합설은 형식설과 실질설을 결합하려는 견해이다. 여기에는 (i) 형식설의 입장에서 출발하면서 형식설의 범위를 어느 정도 확대하기 위해 실질설의 실질적 관점인 보호의무와 감시의무를 결합하는 견해도 있고,[400)] 반대로 (ii) 실질설의 입장에서 출발하면서 작위의무의 범위를 지나치게 확장하지 않고 어느 정도의 한계성을 유지하기 위하여 형식설의 내용을 고려하는 견해[401)]도 있다.

115 2) 판례의 태도 대법원은 작위의무는 법적인 의무임을 인정하지만, 형식적 법적 근거를 넘어선 실질적인 관점, 즉 "성문법이건 불문법이건 상관이 없고", "기타 신의성실의 원칙이나 사회상규 혹은 조리상 작위의무가 기대되는 경우에도 법적인 작위의무는 있다"고 한다.[402)]

116 判 이와 같이 형식적 법적 규범으로 자리매김되기 어려운 추상적 사회적 규범(신의성실원칙, 사회상규 또는 조리등)에 근거하여 부작위범 주체를 확장하고 있는 대법원 법리는 가벌성을 확장시킬 우려가 있다. 신의칙, 사회상규 또는 조리에 근거한 작위의무의 확대를 '혈연적인 결합관계나 계약관계 등으로 인한 특별한 신뢰관계가 존재하는 등 상대방의 법익을 보호하거나 그의 법익에 대한 침해를 방지하여야 할 특별한 지위에 있음이 인정되는 자'에 대하여만 할 수 있도록 하는 제한이 이루어져야 할 것으로 보인다. 이에 관해서는 후술한다.

117 例 조리상의 작위의무를 인정한 판례: 대법원은 콘텐츠제공업자가 음란만화를 게재하는 것을 삭제하지 아니한 인터넷 포탈사이트의 오락채널 운영직원에게 정보통신망법 위반죄의 부작위에 의한 방조를 인정하기 위해 조리상의 작위의무를 인정하였고(대법원 2006.4.28. 2003도4128), 법무사 아닌 자가 자신이 법무사로 호칭되고 있는 것을 제지하지 않고 법무사 행세를 한 경우 부작위에 의한 법무사법 위반죄를 인정하면서 조리를 법무사

398) 배종대, §159/11-12.
399) 이형국/김혜경, 382면.
400) 손동권, §22/28; 신동운, 114면; 오영근, §16/27; 이재상/장영민/강동범, §10/22.
401) 김일수/서보학, 496면 이하; 임웅, 550면; 정성근/정준섭, 397면.
402) 대법원 1996.9.6. 95도2551. "(전략) 작위의무는 법적인 의무이어야 하므로 단순한 도덕상 또는 종교상의 의무는 포함되지 않으나 작위의무가 법적인 의무인 한 성문법이건 불문법이건 상관이 없고 또 공법이건 사법이건 불문하므로, 법령, 법률행위, 선행행위로 인한 경우는 물론이고 기타 신의성실의 원칙이나 사회상규 혹은 조리상 작위의무가 기대되는 경우에도 법적인 작위의무는 있다."

아닌 사실을 고지해야 할 작위의무의 근거로 인정하였으며(대법원 2008.2.28. 2007도9354), 다수의 유사 사례들의 경우 목적물에 하자가 있음에도 불구하고 매도인이 이를 고지하지 아니하고 매수인이 목적물을 매수하였을 경우 목적물의 하자에 관한 "고지를 받았더라면 당해 거래관계를 맺지 아니하였을 것임이 경험칙상 명백한 경우", '신의성실의 원칙(신의칙)'상 그 목적물의 하자에 관한 고지의무(작위의무)가 인정하여 사기죄의 성립을 인정하였다(대법원 2004.4.9. 2003도7828). 물론 부작위에 의한 사기죄 관련 다수의 판결들은 당사자간의 계약관계상 책임영역범위와 결합시키고 있으므로 순수하게 조리 또는 신의칙에 근거한 것이라기 보다는 계약상의 작위의무를 변형시킨 것으로 볼 수 있는 측면도 있다.

3) 결론 형식설에 따르면 작위의무가 부정되지만, 위기에 처한 법익의 보호를 위하여 부작위자의 보호의무를 인정해야 할 필요성이 생기는 경우가 있다. 특히 '행위자와 피해자 간에 특별한 유대관계가 있거나', '행위자가 위험을 자발적으로 인수한 경우'가 그러하다. 따라서 이러한 구체적인 상황까지도 작위의무의 범위에 포함할 수 있기 위해서는 실질설과 같이 작위의무를 구체적인 상황 속에서 기능적으로 도출해낼 수 있는 여지를 인정하는 것이 타당하다. 118

그러나 작위의무의 발생근거는 원칙적으로 법적 의무이기 때문에 그 의무의 범위가 무한정 인정될 수는 없다. 그렇지 않으면 형법상 부진정부작위범의 주체를 일정하게 제한하려는 형법 제18조의 취지를 벗어날 우려가 있기 때문이다. 따라서 보증의무의 발생근거는 원칙적으로 형식설을 토대로 하되, 예외적으로 실질적인 관점을 추가하는 방향의 결합설을 취하여 보호보증의무와 감시보증의무를 인정하여야 할 것이다. 119

물론 이와 같은 결합설을 취한다고 해도 사회상규 내지 조리 혹은 신의칙을 작위의무의 발생근거로 무한 확대해서는 안 된다.[403] 사회상규 내지 조리는 형법 제20조를 근거로 해서 구성요건에 해당하는 행위의 위법성을 조각시키는 소극적인 역할을 할 수는 있지만, 이러한 추상적인 표지들을 구성요건해당성 심사단계에서 '적극적으로' 보증의무의 발생근거로 삼을 수는 없다. 엄격한 형식적인 요건에 의해 가벌성의 범위를 확정할 것을 요구하고 있는 죄형법정주의가 무색하게 되기 때문이다.[404] 특히 '불문법'이 관습법을 말한다면, 명백한 죄형법정주의 위반이므로 이를 작위의무위 발생근거에서 제외시킴이 마땅하다. 따라서 형식설을 토대로 하여 실질설의 보호의무와 감시의무를 추가하는 의미의 결합설에 따르는 것이 바람직하다. 120

判 대법원이 형사판결에서 사회상규, 조리 또는 신의칙을 아무런 제한없이 작위의무의 발생근거로 인정하고 있음은 그 정밀성 측면에서 민사판결에서의 법리수준에도 미치지 못한 것으로 보인다. 민사판결에서 대법원은 사회상규, 조리, 또는 신의칙을 '① 혈연적인 결합관계나 계약관계 등으로 인한 특별한 신뢰관계가 존재하는 등 상대방의 법익을 보호하거나 그의 법익에 대한 침해를 방지하여야 할 책임이 있는 경우 121

403) 손동권, §22/34; 오영근, §16/42; 임웅, 547면; 차용석, 307면.

404) 사회상규 내지 조리에 의해 보증의무를 적극적으로 근거지우는 사고를 인정하게 되면 조선시대에 적용되었던 대명률의 불응위율不應爲律이라는 규정, 즉 "당연히 해서는 안 될 일을 행한 자는 태笞 50에 처한다"는 규정의 내용을 부작위범에서 되살리는 태도와 다름없게 된다.

또는 ② 개별적·구체적 사정하에서 위험요인이나 타인의 행위로 인한 피해가 생기지 않도록 조치할 책임이 있다고 인정되는 경우'에 한하여 작위의무의 발생근거로 인정하는 제한법리를 만들어내고 있기 때문이다.[405] 형사판결에서도 이러한 제한법리를 채택하면 아래 두 가지 보증의무(보호보증의무와 감시보증의무)를 인정하는 학설(결합설)과 판례의 태도간에 편차도 해소될 것으로 보인다.

(3) 보증의무의 내용

122 **1) 타인의 법익에 대한 보호보증의무** 보호보증의무는 법적·자연적 결합관계에서 나올 수도 있고, 특별한 유대관계가 있는 구성원들 간에 대해서도 인정될 수 있다. 더 나아가 보호 및 원조를 사실상 인수한 경우에도 보호보증의무가 인정된다.

123 **① 법적 결합관계** '법적 결합관계'가 있는 경우로는 부부 사이(민법 제826조 제1항의 상호부조의무), 친권자와 자녀 사이(민법 제913조의 보호의무, 제916조의 특유재산관리의무), 친족 사이(민법 제974조의 상호 부양의무) 등이 있다.

124 **② 긴밀한 자연적 결합관계** '긴밀한 자연적 결합관계'는 법률에 의해 보호될 만한 결합관계는 없어도 긴밀한 결합관계가 있다고 인정될 수 있는 관계가 있는 경우를 말한다. 사실혼 관계 혹은 동거관계에 있는 자 사이, 약혼자 사이, 형제자매 사이, 부父와 인지되지 않은 자녀 사이 등의 상호 부조의무가 여기에 해당한다.

125 **③ 특별한 유대관계** '특별한 유대관계'란 특별한 목적을 수행하기 위해 결성된 생명 및 위험공동체 내의 구성원 간의 신뢰관계를 말한다. 이러한 경우에는 위험한 상황에서 상호 간에 도움을 주고 배려할 의무를 가진다. 상호 간의 도움이 필요한 암벽등반자 혹은 해저 잠수대원 상호 간, 탐험에 공동참가한 구성원 상호 간 등이 그 예이다. 그러나 이른바 우연공동체, 같은 가옥 내에 사실상 거주하는 자 상호 간에는 각별한 신뢰관계가 인정될 수 없다.

126 **④ 계약관계 등에 의한 보호관계** 명시적인 계약 뿐 아니라 묵시적인 계약에 의해서도 작위의무가 발생한다. 명시적인 계약관계가 있는 경우에는 '계약의 내용'으로서 신의칙상의 작위의무가 생길 경우도 있다. 계약의 사법상의 효력의 유효·무효를 불문하고 작위의무가 발생한다. 묵시적인 계약관계에 따라 보호의무가 발생할 경우로는 연인 사이의 관계를 들 수 있다. 계약이 아닌 사무관리(민법 제734조 이하)에 의해서도 보호의무가 인정될 수 있다.

127 **⑤ 자발적 인수에 의한 보호관계** 보호 및 원조의 의무를 스스로 인수한 경우에도 보호보

---

405) 대법원 2012.4.26. 2010다8709. "다만 신의성실의 원칙이나 사회상규 혹은 조리상 작위의무는 혈연적인 결합관계나 계약관계 등으로 인한 특별한 신뢰관계가 존재하여 상대방의 법익을 보호하고 그에 대한 침해를 방지할 책임이 있다고 인정되거나 혹은 상대방에게 피해를 입힐 수 있는 위험요인을 지배·관리하고 있거나 타인의 행위를 관리·감독할 지위에 있어 개별적·구체적 사정하에서 위험요인이나 타인의 행위로 인한 피해가 생기지 않도록 조치할 책임이 있다고 인정되는 경우 등과 같이 상대방의 법익을 보호하거나 그의 법익에 대한 침해를 방지하여야 할 특별한 지위에 있음이 인정되는 자에 대하여만 인정할 수 있고, 그러한 지위에 있지 아니한 제3자에 대하여 함부로 작위의무를 확대하여 부과할 것은 아니다"(손해배상 사건에서의 불법행위 성립요건에 관한 판결임).

증의무가 생긴다. 사실상의 약속을 통하여 인수한 경우가 여기에 해당한다. 등산에서의 가이드, 병원에서의 무료봉사행위, 유치원에 적응할 수 있는지 여부를 실험하기 위한 예비수업의 승낙 등의 경우에 생기는 보호 및 원조의무가 여기에 해당한다.

2) 위험원에 대한 감시보증의무 감시보증의무에는 위험한 물건이나 시설에 대한 정비의무, 타인을 감독하는 자의 감독의무 그리고 선행행위에서 나오는 의무 등이 있다. 128

① 위험한 물건 등에 대한 사실상의 감시의무 위험한 물건, 시설, 기계 또는 동물이 자신의 관할 또는 지배영역 안에 있을 경우에는 이 위험원으로부터 타인의 법익이 침해되지 않도록 안전조치를 취하거나 감시해야 할 의무가 생긴다. 공사중인 건물의 소유주·감독자의 안전의무는 제3자가 위험을 유발할 물건이나 시설 때문에 위험에 빠지지 않게 하는 것을 내용으로 한다. 129

② 위험한 행위를 하는 자에 대한 감독의무 자신의 감독을 받는 자가 위험한 행위를 하여 제3자의 법익을 위태화하지 않도록 감시해야 할 법적인 의무를 부담하는 자가 있다. 책임무능력자의 친권자 또는 후견인(미성년자에 대한 부모의 교양의무: 민법 제913조), 학생을 지도·감독하는 교사, 부하직원을 감독하는 상관, 선원을 통솔하는 선장, 재소자들을 감독하는 교도관 등이 있다. 130

③ 선행행위 타인의 법익에 대한 위험을 스스로 야기한 행위를 선행행위라고 한다. 선행행위자는 자신이 발생시킨 위험이 법익을 침해하지 않도록 그 위험을 제거하거나 결과를 방지해야 할 작위의무를 다해야 한다.[406] 선행행위는 작위일 수도 있고 부작위일 수도 있으며 과실행위[407]라도 상관없다. 작위의무의 발생근거가 되는 선행행위의 요건은 다음과 같다. 131

첫째, 위험발생에 대하여 직접적이고 상당한 영향을 미친 경우이어야 한다. 예컨대 운전자에게 술을 한두 잔 정도 권한 정도로는 음주운전자가 야기한 사고발생과 관련하여 직접성 내지 상당성이 없어서 사고를 방지할 작위의무를 인정할 수 없다. 132

둘째, 선행행위가 유책할 필요가 없다는 데에는 이견이 없다. 하지만 선행행위가 반드시 위법해야 하는가(의무위반이 있어야 하는가)에 대해서는 견해가 대립한다. 133

(i) 부정설 선행행위책임을 지우기 위해서는 위험을 근거지우는 행위가 있는 것으로 충분하고, 선행행위의 의무위반성 여부는 보증인적 지위 내지 보증의무의 문제와 무관 134

---

406) 대법원 1978.9.26. 78도1996. "피고인이 폭약을 호송하던 중 화차 내에서 금지된 촛불을 켜 놓은 채 잠자다가 폭약상자에 불이 붙는 순간 잠에서 깨어나 이를 발견하였다면 불이 붙은 상자를 뒤집어 쉽게 진화할 수 있고 또는 그 상자를 화차 밖으로 던지는 방법 등으로 대형폭발사고만은 방지할 수 있었는데도 불구하고 피고인이 화약호송 책무자로서 더구나 위험발생의 원인을 야기한 자로서의 진화 및 위험발생원인제거에 관한 의무에 위반하여 이를 그대로 방치하면 화차 안 모든 화약류가 한꺼번에 폭발하리라는 정을 예견하면서도 화차 밖으로 도주하였음은 부작위에 의한 폭발물파열죄가 성립한다."

407) 대법원 2010.1.14. 2009도12109, 2009감도38.

하다고 보는 견해이다.[408] 제18조의 문언해석상 결과발생을 초래한 선행행위의 적법·위법을 불문하므로 야기설이라고도 한다.

135 (ii) 긍정설 선행행위는 위법해야 하므로 정당화되는 선행행위가 있으면 보증인적 지위는 부정되어야 한다는 견해이다(다수설). 위험창출이라는 요건 이외에도 선행행위 자체에 의무위반성이 있어야 된다고 하기 때문에 의무위반설이라고 하기도 한다.

136 (iii) 판례의 태도 종래 이에 관한 판례는 없었으나 최근 대법원은 위법하지 않은 선행행위도 작위의무의 발생근거가 된다는 원심법원 판결이 법리오해가 없다고 하고 있다. 다만 아래 대법원이 인용한 원심판결에는 위법하지 않은 선행행위라도 아래 판시내용에서와 같은 '일정한 요건'하에서만 보증인지위를 발생시킨다고 한다(제한적 부정설).

137 判 "형법 제18조의 취지상 그 선행행위가 위법하지 않다고 하더라도 그러한 선행행위로 인하여 법익침해의 결과발생 위험이 상당히 증가되고, 그 선행행위가 결과발생과 밀접히 관련되어 있을 경우 행위자에게 보증인 지위가 발생하므로, (중략) 비록 피고인들의 선행행위가 위법하지 않고 피고인들이 피해자를 구호하여 할 의무가 법률 등에 규정되어 있지 않다고 하더라도 위와 같이 폭행에 의하여 쓰러진 피해자를 모텔로 옮겨 타인에 의한 구조가능성을 차단한 피고인들에게는 피해자를 구조하여야 할 조리상 의무가 있으므로, 법적인 작위의무가 인정된다."[409]

138 (iv) 결론 ㉠ 원칙적으로 긍정설이 타당하다. 이에 따르면 예컨대 정당방위행위자는 위법한 선행행위자가 아니므로 작위의무를 지지 않는다. 우리나라 형법은 독일형법[410]과 같이 위기에 빠진 피해자에 대한 일반적인 구조의무를 인정하고 있지 않으므로 위법하지 아니한 선행행위로부터 작위의무가 발생한다고 할 수 없다.[411] ㉡ 긍정설을 취하더라도 위법하지 않은 선행행위가 항상 작위의무를 발생시키지 않는다고 할 것은 아니다. 그 선행행위로 인해 법익에 대한 위험이 창출되거나 위험이 증대된 경우에는 그 선행행위가 그 이후의 부작위자의 부작위를 구성요건해당적 부작위로 만들기 때문에 작위의무의 발생근거로 될 수는 있다(제한적 긍정설).

139 이 뿐만 아니라 위법한 선행행위에 의해 (창출된 법익침해의 위험을 방지할) 보증인적 지위가 인정되는 자라도 법익의 최종적 침해가 제3자의 완전한 책임 있는 행위에 의해 야기된 경우에는 '책임소구금지원칙'에 따라 발생한 그 결과를 선행행위자의 부작위로 귀속할 수 없다.[412] 예컨대 행위자가 대중목욕탕 바닥면

408) 오영근, §16/29; 정영일, 95면.

409) 대법원 2023.7.27. 2023도6735 참조.

410) 독일형법 제323의 c조: "재해사고 또는 일반적인 위험이나 곤궁한 사태에 직면하여 구조가 요구되며, 특히 제반사정에 비추어 자신에 대한 현저한 위험이 없고 기타 중요한 의무위반없이 구조가 가능하다고 기대됨에도 불구하고 구조를 행하지 아니한 자는 1년 이하의 자유형 또는 벌금형에 처한다." 이 규정을 '선한 사마리아인 규정'이라고 하는데, 이에 의하면 구조의무를 이행하지 아니한 단순한 부작위 자체가 형사처벌의 대상이 되기 때문에 우리나라에서도 상부상조 내지 환난상휼患難相恤의 전통적 정신을 계승하기 위해서 이러한 규정을 둘 필요가 있다는 입법론이 제기되고 있다.

411) 다만 예외적으로 정당화적 긴급피난의 경우에는 위난의 발생과 무관하게 제3자의 법익이 희생되는 것이므로 피난행위자에게 일정한 작위의무가 발생할 수 있다.

에 유리조각을 실수로 떨어뜨렸는데, 그 유리조각을 제3자가 일부러 이용객의 출입이 더 잦은 장소에 이동시켜 놓아 그로 인해 이용객 중의 한 사람이 밟아서 상처를 입은 경우에는 최초의 위법한 선행행위자에게 (공동)책임을 물을 수 없다(§ 14 제2절 II. 2. 사례유형별 결과귀속의 기준 참조).

3) 기타 법령상의 작위의무 도로교통법 제54조 제1항 및 제2항이 규정하고 있는 교통사고발생시 '운전자'와 그 이외의 승무원의 사상자 구호조치의무 및 신고의무,[413] 응급의료에 관한 법률 제6조 제2항이 규정하고 있는 의료인의 응급의료의무, 경찰관직무집행법 제4조의 경찰관의 보호조치의무 등이 있다. 이와 같은 법령상의 의무위반들은 그 자체 작위의무위반으로 '형벌'이 부과되어 있다(진정부작위범). 이러한 의무위반적 부작위로 인해 '형법'의 결과범의 구성요건이 실현될 경우에는 그 부작위가 선행행위로 될 수 있다. 이러한 경우에는 그 의무위반과 발생한 결과사이에 결과귀속이 인정되어야 부작위자(의무위반자)에게 발생한 결과에 대해 형사책임을 인정할 수 있다. 140

위 법령상의 의무 중에 특히 도로교통법상의 구호조치의무 및 신고의무의 경우는 특별한 주의를 요한다. 교통사고 발생에 과실 등 귀책사유없는 운전자 등에 대해서도 '의무위반' 자체에 대한 형사책임을 인정하게 되기 때문이다.[414] 하지만 헌법재판소는 제2항의 신고의무위반은 피해자의 구호 및 교통질서의 회복을 위한 조치가 필요한 상황에만 적용되는 것이고, 헌법상 진술거부권과의 조화를 위해 자신의 형사책임과 관련되는 사항에는 적용되지 아니하는 것으로 해석해야 한다고 한다.[415] 이에 따르면 교통사고를 당한 피해자에게 상해 또는 사망의 결과가 발생하였고, 교통사고에 연루되었으나 사고와 관련하여 귀책사유가 없는 운전자 등이 신고의무를 이행하지 않은 사례의 경우, 신고의무위반과 발생한 결과에 대한 인과관계 내지 결과귀속이 인정되더라도 신고의무위반자에게 형사책임(특가법 제5조의3의 구성요건)을 지울 수 없게 되기 때문이다. 이러한 점에서 보면, 행위자가 위반한 신고의무가 발생한 결과에 대한 부진정부작위범 성립요건의 심사에서 작위의무를 발생시킬 법적 근거가 되는지의 문제가 제기될 필요도 없는 것으로 보인다. 141

(4) 보증의무와 보증인적 지위의 체계적 지위

보증인지위는 보증의무의 기초가 되는 사실적·규범적인 여러 사정을 말하고, 보증의무는 보증인적 지위의 인정근거가 되는 법적 의무로서 결과를 방지할 작위의무를 말한다. 142

보증인적 지위는 진정신분범의 성격을 띤 부진정부작위범의 행위주체에 관한 요소이기 때문에 당연히 구성요건요소에 속한다. 이에 관해서는 이견이 없다. 그러나 보증의무가 보증인지위와 마찬가지로 구성요건요소인지 아니면 위법성요소인지의 문제를 놓고는 견해의 대립이 있다. 143

---

412) BGHSt 19, 152 참조.

413) 위 도로교통법상의 구호의무와는 달리 제54조제2항의 신고의무의 경우는 헌법상 진술거부권과의 조화를 위해 자신의 형사책임과 관련되는 사항의 신고에는 적용되지 않는 것으로 해석해야 한다

414) 대법원도 운전자의 구호조치의무 및 신고의무는 "교통사고를 발생시킨 당해 차량의 운전자에게 그 사고발생에 있어서 고의, 과실 혹은 유책, 위법의 유무에 관계없이 부과된 의무라고 해석함이 상당할 것이므로, 당해 사고에 있어 귀책사유가 없는 경우에도 위 의무가 없다 할 수 없다"고 해석한다(대법원 2002.5.24. 2000도1731).

415) 헌법재판소 1990.8.27. 89헌가118.

144 1) 위법성요소설(이분설) 보증인적 지위는 부진정부작위범의 구성요건요소이지만, 보증의무는 위법성의 요소라고 이해하는 견해이다(다수설). 부진정부작위범에 있어서는 구성요건에 무엇을 하여야 할 것인가를 예정하고 있지 아니하므로 그 부작위의 구성요건해당성은 위법성을 징표할 수 없고, 작위의무위반이 있을 때에 비로소 그 행위가 위법하게 되어 동치성이 인정되기 때문에 작위의무는 위법성의 요소가 된다고 한다.

145 이에 따르면 보증인적 지위 및 그 기초를 이루는 사실에 대해 행위자의 인식이 없을 경우에는 구성요건적 착오가 되지만, 보증의무에 관한 행위자의 착오는 위법성의 착오가 된다.

146 2) 구성요건요소설 보증인적 지위와 그것의 기초가 되는 보증의무를 부진정부작위범의 구성요건요소로 파악하는 견해이다.[416] 보증인의 결과방지의무를 위반한 부작위만이 부진정부작위범의 구성요건요소에 해당하는 것이므로 작위의무도 그 체계적 지위가 구성요건에 있다고 이해하는 것이 당연하다고 한다.

147 3) 결론 위법성요소설(이분설)과 같이 보증의무를 위법성의 요소라고 하게 되면 작위의무 없는 자의 부작위도 일단 부진정부작위범의 구성요건에 해당하는 부작위로 평가되므로 구성요건적 부작위로 평가되는 범위가 확대한다. 다른 한편, 보증의무를 위법성의 요소로 파악하게 되면 소극적으로 그 조각사유 중심으로 규정되어 있는 위법성의 적극적 요소를 인정하는 결과가 되어 죄형법정주의 요청에 충실하지 못하게 될 수도 있다.

148 사회상규나 조리 또는 신의칙 등을 적극적 실질적 위법성이론의 프레임 속에 넣어 이들을 작위의무의 근거로 인정하게 되면 단순한 도덕적·윤리적 의무위반을 범죄로 인정하는 전통시대의 규범체계로 회귀하게 될 우려도 생긴다. 결론적으로 불법을 적극적으로 구성하는 요소를 형식적인 구성요건의 하위요소로 파악하는 범죄체계론적 태도를 유지하면, 과실범의 주의의무의 위반을 구성요건 요소로 파악하듯이 부진정부작위범의 작위의무의 위반 역시 구성요건 요소로 파악하는 것이 타당하다.

149 구성요건요소설에 따르더라도 착오사례의 취급에서 이원설과 실질적인 차이가 생기지 않는다. 구성요건요소설은 보증인적 지위에 관한 착오나 보증의무에 관한 착오는 모두 규범적 구성요건적 착오로 취급하지만, 보증인적 지위의 사실상의 토대에 관한 착오(예, 위험에 처한 자가 자신의 아들이 아닌 것으로 오인한 경우)는 고의조각적 구성요건 착오에 해당하지만, 법적으로 인정되는 보증의무에 관한 법적 평가를 잘못하여 자기의 경우에는 보증의무가 없다고 오신하는 경우(예, 구조해야 할 자가 자신의 아들인 점은 인식하였지만, 아들이라고 해서 반드시 구해야 할 의무가 있는 것은 아니라고 생각하고 작위의무를 이행하지 않은 경우)에는 규범적 구성요건요소에 대한 포섭의 착오로서 위법성의 착오로 취급되기 때문이다.

---

416) 정영일, 93면.

7. 부작위의 작위와의 상응성

(1) 상응성의 의의

제18조의 해석상 부진정부작위범의 부작위가 작위범의 작위와 불법적으로 동가치성이 인정되기 위해서는 부작위에 대해 두 가지 요건이 요구된다. 부작위가 작위의무 있는 자(보증인)의 부작위일 것과 요구되는 작위를 할 수 있는 사실상의 가능성이 있는 부작위일 것이라는 요건이다. 이 두 가지 요건 외에 부작위가 적극적인 작위로 실행행위를 하는 것과 동일한 것으로 평가될 것이 요구되는지가 문제된다. 이와 같이 부작위가 적극적인 작위와 동일한 것으로 인정될 수 있을 만한 외관을 가지고 있어야 한다는 요청을 형법이론학에서는 '작위와의 상응성'이라고 한다. 150

독일형법 제13조는 부작위가 작위에 상응해야 한다는 이른바 상응성 요건을 명문의 규정으로 요구하고 있다.[417] 이에 관한 별도의 규정을 두고 있지 않은 한국 형법의 해석상 상응성 요건을 추가적으로 인정해야 할 것인지에 대해서는 견해가 일치되어 있지 않다. 151

사례(상응성 요건 사례): 甲은 아들 A가 그 친구 乙에게 폭행당하는 것을 알면서도 이를 제지하지 않고 그 자리에서 묵묵히 지켜보고 있었다. 갑은 작위의무를 가진 보증인이고 아들의 신체적 완전성이 침해되지 않도록 을의 행위를 저지할 수 있는 사실상의 작위가능성도 있다. 갑에게 폭행죄의 성립이 인정하기 위해 갑이 폭행을 말리지 않고 지켜보고 있는 것(단순한 부작위)만으로 족한가, 아니면 그 부작위가 별도로 적극적 폭행에 걸맞을 정도로 상응성 요건까지 충족되어야 하는가? 152

(2) 상응성 요건의 필요성 여부 및 적용범위

1) 학설의 태도 상응성 요건을 전혀 인정할 필요도 없다는 견해[418]도 있고, 오로지 양형요소로만 이해하는 견해[419]도 있지만, 구성요건 요소로 인정할 필요가 있다는 견해가 다수설이다. 필요설 내부에서도 이 요건을 결과반가치적 불법이 명시적으로 표현되어 있는 순수 결과범을 포함한 모든 부진정부작위범의 구성요건 요소로 요구할 것인지, 아니면 행태반가치적 불법이 중요한 부진정부작위범의 경우에만 요구되는지도 일치되어 있지 않다. 153

2) 판례의 태도 대법원은 상응성이라는 표현을 직접 사용하고 있지는 않지만, 상응성 요건을 부작위와 작위의 불법의 '동가치성' 판단 속에 포함시키고 있는 것으로 보여지므로, 필요설의 입장에 서 있는 것으로 보인다.[420] 154

---

417) 독일형법 제13조(부작위에 의한 범행) ① 형벌법규의 구성요건에 속하는 결과를 방지하지 아니한 자는 그가 결과의 불발생을 법적으로 보증해야 하는 경우와 그 부작위가 작위에 의한 법률구성요건의 실현에 상응하는 경우에 한하여 이 법에 따라 벌할 수 있다. ② 그 형은 제49조 제1항에 따라 감경할 수 있다.

418) 한정환, "형법 제18조에서의 작위의무자", 형사법연구 제26호(2004), 92면.

419) 김성룡, "묵시적 기망·부작위를 통한 기망 및 작위와의 상응성", 형사법연구 제23호(2005), 41면.

420) 대법원 1997.3.14. 96도1639. "형법상 부작위범이 성립하기 위하여는 형법이 금지하고 있는 법익침해의 결과발생을 방지할 법적인 작위의무를 지고 있는 자가 그 의무를 이행함으로써 결과발생을 쉽게 방지할 수

155 判 대법원은 상응성 요건을 모든 부진정부작위범의 경우, 순수 결과범에 대해서도 요구된다는 태도를 취하고 있는 것 같은 입장을 취한다.[421] 최근 대법원은 '피해자의 침해위협을 보호해야 할 부작위자가 보호적 지위에서 법익침해를 일으키는 사태를 지배할 것'이라는 요건을 동가치성 판단에 추가해 넣음으로써 이를 상응성 요건 심사에도 활용할 수 있는 여지를 제공하고 있다.[422]

156 그러나 '사태지배'라는 표지는 범행전체에 대한 행위지배를 통한 행위자의 정범성을 기초지우기 위한 표지라는 점에서 볼 때 부작위와 작위의 불법의 동가치성 판단을 위해 이러한 적극적 요건을 추가적으로 요구할 필요가 있는지는 의문이다.

157 3) 결론 부진정부작위범의 특성을 고려하면, 부작위가 작위와 동일한 행위반가치성을 가진 것으로 평가되기 위해서는 부작위가 작위에 의한 실행행위에 상응한 수준에 이를 것을 요구하는 것이 타당하다. 다만, 부작위의 양태가 어느 정도에 이르렀을 때 작위와 상응하다고 평가할 수 있는지는 일차적으로 문제되는 부작위의 사회적 의미내용에 대한 판단에서 출발해야 한다. 여기에 추가하여 그 행위반가치의 측면에서 작위와 사회적으로 같은 의미를 갖는지의 여부도 검토해야 한다. 구체적인 판단은 형법각칙상의 개개의 구성요건적 행위양태에 따라 달라진다.

158 결과발생을 구성요건요소로 요구하고 있는 구성요건(결과범: 침해범과 구체적 위험범의 경우)의 경우에는 행위자의 보증인적 지위만 확인되면 충분하고, 상응성 요건은 요구되지 않는다. 보증인의 부작위를 통해 결과가 발생하면 이미 부작위의 구성요건적 불법은 완전하게 실현된 것이기 때문이다.

159 반면에 결과발생을 독자적으로 요구하고 있지 않고 행태반가치가 본질적인 불법내용으로 요구되어 있는 구성요건(현주건조물방화죄와 현주건조물일수죄 등을 제외한 추상적 위험범의 경우)의 경우에는 작위의무자가 요구되는 작위의무의 단순한 불이행만으로는 행위자의 부작위가 작위와 불법적으로 동가치한 것이라고 평가할 수 없다. 왜냐하면 이러한 범죄의 경우에는 작위로 예정되어 있는 구성요건의 행위태양 속에 들어 있는 반가치내용이 부작위 가운데에서도 발견되는 경우에야 비로소 그 부작위가 작위범의 구성요건에 기술된 적극적인 작위(예컨대 폭행죄의 폭행, 명예훼손죄의 사실의 적시, 모욕죄의 모욕 등)와 동일한 취급을

있었음에도 불구하고 그 결과의 발생을 용인하고 이를 방관한 채 그 의무를 이행하지 아니한 경우에, 그 부작위가 작위에 의한 법익침해와 동등한 형법적 가치가 있는 것이어서 그 범죄의 실행행위로 평가될 만한 것이라면, 작위에 의한 실행행위와 동일하게 부작위범으로 처벌할 수 있다." 특히 앞에서 소개된 대법원 1982.11.23. 82도2024(부작위에 의한 법무사 호칭사건)의 후단 판시부분 참조.

421) 특히 대법원이 부작위에 의한 살인죄에 대해서도 "피고인이 살해의 범의를 가지고 그를 구호하지 아니한 채 그가 익사하는 것을 용인하고 방관한 행위(부작위: 필자 주)는 피고인이 그를 직접 물에 빠뜨려 익사시키는 행위(작위)와 다름없다(상응하다: 필자 주)고 형법상 평가될 만한 살인의 실행행위라고 보는 것이 상당하다"고 하고 있다(대법원 1992.2.11. 91도2951; 1982.11.23. 82도2024 참조).

422) "부작위행위자에게 침해위협으로부터 법익을 보호해 주어야 할 법적 작위의무가 있을 뿐 아니라, 부작위행위자가 그러한 보호적 지위에서 법익침해를 일으키는 사태를 지배하고 있어 작위의무의 이행으로 결과발생을 쉽게 방지할 수 있어야 부작위로 인한 법익침해가 작위에 의한 법익침해와 동등한 형법적 가치가 있는 것으로서 범죄의 실행행위로 평가될 수 있다"(대법원 2015.11.12. 2015도6809 전원합의체).

받아 구성요건에 해당하는 행위가 된다고 할 수 있기 때문이다.

이에 따르면 위 사례에서 갑은 을의 폭행을 말리지 않는 것(단순한 부작위) 자체만으로는 폭행죄의 적극적인 유형력의 행사(작위)와 상응하다고 보기 어렵다. 볼 수 없다. 갑의 부작위에 작위와의 상응성이 인정되려면, 甲의 행위가 乙의 폭행을 저지하려는 다른 친구 B의 제지행위를 말리는 등 A의 신체의 완전성에 대한 행위반가치성을 드러내는 정도까지 나아가야 한다. 160

(3) 상응성, 동치성, 동가치성 등의 용례

부진정부작위범의 경우 부작위와 작위의 상응성 요건을 부작위와 작위가 동가치하다 평가하기 위한 요건으로 인정하면, 보증인적 지위, 사실상의 작위가능성 및 상응성이라는 요건은 동가치성을 상위개념으로 하는 하위요건이 된다. 이를 동가치성=보증인적 지위+사실상의 작위가능성+상응성이라는 등식관계로 공식화할 수 있다. 대법원도 이러한 용어 사용법에 따르고 있는 듯하다. 그러나 일부 견해는 동가치성을 상응성 요건으로 제한하면서 동치성을 상위개념으로 사용하기도 한다. 이에 따르면 동치성=보증인적 지위+상응성(혹은 동가치성)이라는 등식관계로 공식화된다. 규범적인 관점에서 볼 때 부작위에 의한 작위범의 구성요건실현을 작위에 의한 구성요건실현과 '동가치'한 것으로 평가하기 위한 요건으로서 제18조의 해석론에 충실하면 뒤의 공식보다는 앞의 것이 더 적절해 보인다. 161

8. 부작위고의

(1) 고의의 인식대상

부진정부작위범의 경우 고의는 작위범의 경우와 마찬가지로 모든 객관적 구성요건적 사실에 미친다. 먼저 부작위자는 구성요건적 결과가 발생할 수 있음을 인식하여야 한다. 부작위자는 더 나아가 요구된 작위의 불이행, 작위의무를 이행했다면 결과가 방지되었을 사실상의 가능성, 작위의무를 이행하지 않을 때 결과발생에 이를 수 있다는 점(부작위범의 형법상의 인과관계)뿐만 아니라 그의 보증인적 지위를 이루는 구체적 상황, 즉 자신으로 하여금 침해될 위험이 있는 법익을 보호할 의무를 가지게 만드는 사정에 대해서도 인식하고 있어야 한다. 162

부작위자가 그러한 사정에 대해 인식을 하지 못하였고 단순히 인식할 수 있었을 뿐인 경우(인식가능성)에는 고의가 인정되지 않는다. 그러나 작위범의 경우와 마찬가지로 부작위자의 의식 속에 그러한 인식이 당연히 수반되어 있는 경우(당연사고적 수반의식)에는 고의가 인정될 수 있다. 163

이 밖에도 부진정부작위범의 경우 고의는 자신의 부작위가 작위와 상응하다(동가치성)는 점에 대한 인식까지 필요로 한다. 작위와의 상응성의 인식과 관련해서는 상응성 요소가 요 164

구되는 사정 및 이러한 사정의 사회적 의미를 행위자가 이해했느냐가 중요하다. 원래 이러한 요소는 기술되지 아니한 규범적 구성요건요소에 해당하기 때문이다. 따라서 이에 관해서는 행위자에게 일반인이 인식한 정도의 의미내용에 대한 인식이 있으면 충분한 인식이 있는 것으로 평가될 수 있다.

(2) 부작위 고의의 의욕적 요소

165 부진정부작위범의 고의의 경우 인식적 요소의 인식의 정도문제와 관련해서는 작위범의 경우와 다를 바 없으나 의욕적 요소와 관련해서는 난해한 문제점이 등장할 수 있다. 예컨대 심리적 갈등 내지 시간적인 절박함 때문에 혹은 상황의 급박함을 인지하지 못하고 있었기 때문에 그에 대응하지 못했거나 위기상황에 대해 너무 늦게 대처한 자에게 고의가 있다고 할 수 있는지가 문제될 수 있다.

166 생각건대 행위자가 부작위할 것인가 요구된 작위를 이행할 것인가의 기로에 서 있다가 결국 요구되는 작위를 이행하지 않은 경우에는 결국 부작위로 나오는 결단을 한 경우라고 할 수 있다. 부진정부작위범의 고의인정에 이러한 결단적 요소가 필요하다는 의미에서 보면 부작위고의의 경우에도 의욕적 요소가 필요하고 그러한 의욕적 요소도 작위범의 경우와 같이 용인 내지 감수의사가 있는 것으로 족하다고 할 수 있다.[423)]

Ⅱ. 위법성조각사유

167 부진정부작위범의 위법성심사에는 총칙상의 일반적 위법성조각사유(정당방위, 긴급피난, 자구행위, 피해자의 승낙, 정당행위 등)에 관한 규정이 적용된다(제4편 위법성론 참조). 부진정부작위범에 특별한 위법성조각사유로 '의무의 충돌'과 '위험한 구조행위'가 문제된다.

1. 의무의 충돌

168 이에 관해서는 §21의 제7절 참조.

423) 대법원 2015.11.12. 2015도6809 전원합의체. "부진정 부작위범의 고의는 반드시 구성요건적 결과발생에 대한 목적이나 계획적인 범행 의도가 있어야 하는 것은 아니고 법익침해의 결과발생을 방지할 법적 작위의무를 가지고 있는 사람이 의무를 이행함으로써 결과발생을 쉽게 방지할 수 있었음을 예견하고도 결과발생을 용인하고 이를 방관한 채 의무를 이행하지 아니한다는 인식을 하면 족하며, 이러한 작위의무자의 예견 또는 인식 등은 확정적인 경우는 물론 불확정적인 경우이더라도 미필적 고의로 인정될 수 있다. 이때 작위의무자에게 이러한 고의가 있었는지는 작위의무자의 진술에만 의존할 것이 아니라, 작위의무의 발생근거, 법익침해의 태양과 위험성, 작위의무자의 법익침해에 대한 사태지배의 정도, 요구되는 작위의무의 내용과 이행의 용이성, 부작위에 이르게 된 동기와 경위, 부작위의 형태와 결과발생 사이의 상관관계 등을 종합적으로 고려하여 작위의무자의 심리상태를 추인하여야 한다."

2. 위험한 구조행위

구조행위 자체가 특히 위험한 경우에도 구조의무 있는 자는 구조행위로 나아가야 할 법적 의무를 다해야 하는지가 문제된다. 위험한 구조행위로 나아가야 할 법적 의무를 부정한다면 구조의무가 있는 보증인이라도 위험한 구조작업을 수행하지 않은 경우 위법성이 조각된다. 169

생각건대 법익침해의 위험에 직면한 경우는 통상 위험한 상황을 수반하기 마련이므로 그러한 상황에서 구조해야 할 법적인 의무를 부정한다면 구조의무 자체가 무의미해 질 수 있다. 따라서 구조의무 있는 자는 위험한 상황에서도 법적인 구조의무를 이행해야 한다고 할 수 있다. 그러나 위험한 구조행위로 나아가야 할 법적 의무를 인정하더라도 보증인이 자신에게 미치는 위험 때문에 구조행위를 수행하지 않은 경우에는 일단 위법성은 인정되지만 기대불가능성을 근거로 책임이 조각될 수 있는 여지는 얼마든지 인정해야 한다. 170

Ⅲ. 책임조각사유

부진정부작위범의 경우에도 작위범에 적용되는 책임조각사유가 타당하다. 171

1. 책임무능력

부진정부작위범의 경우에도 책임무능력 혹은 한정책임능력에 관한 형법규정이 그대로 적용된다. 작위범의 경우와 마찬가지로 부작위범의 경우에도 행위자가 위험발생을 예견하면서도 심신장애상태를 자의로 야기한 경우에는 '원인에 있어서 자유로운 부작위'로 인정되어 책임조각 혹은 책임감경이 부정될 수도 있다. 172

2. 위법성의 착오(요구착오의 문제)

부진정부작위범의 경우에도 부작위자가 자신의 부작위가 위법하다고 인식하지 못한 경우에는 형법 제16조의 적용에 따라 정당한 이유가 인정될 것을 요건으로 하여 책임이 조각될 수 있다. 그 외에도 부작위자가 작위의무의 범위를 너무 좁게 이해하여 자신에게 작위의무가 존재하지 않는다고 오신한 경우에도 포섭의 착오로서 위법성의 착오에 관한 형법 제16조의 적용대상이 될 수 있다. 위법성조각사유로서 의무의 충돌에 관한 부작위자의 오인에 대해서도 위법성의 착오문제가 제기될 수 있다. 예컨대 의무충돌의 경우 충돌하는 두 개의 의무의 우열관계에 대해 착오를 일으켜 낮은 의무를 우위에 있는 의무인 줄로 알고 그것을 이행한 경우에도 위법성의 착오가 되어 형법 제16조의 적용대상이 될 수 있다. 173

3. 기대불가능성

174 작위범의 경우와 마찬가지로 부작위범의 경우에도 기대불가능성을 초법규적 책임조각사유로 인정해야 한다.[424] 인정할 만한 가치 있는 자신의 이익 혹은 타인의 이익이 위태하게 된 경우, 행위자가 보호의무를 불이행하였더라도 구조행위로 나아가는 것이 기대불가능하였을 경우에는 부작위 자체의 책임이 조각된다. 예컨대 불타고 있는 집안에 있는 동생과 애인 가운데, 묵시적 계약관계에 따라 보호의무가 인정되는 애인만 구조하였더라도, 동생에 대한 보호의무의 이행이 기대불가능한 경우에는 동생을 구조하지 못한 부작위에 대해 책임을 인정할 수 없다. 행위자는 어쨌든 사람을 구해냈기 때문이다.[425]

175 작위의무를 다하게 되면 자신이나 자신의 가까운 친족이 형사소추를 받게 될 위험에 빠지게 되는 상황에 처한 경우에는 작위의무의 불이행이 자기 자신에게 인정될 가치 있는 이익이 존재하는 때에 한해서만 기대불가능성을 인정할 수 있다. 따라서 예컨대 의붓딸에 대한 남편의 지속적인 성폭력행위를 알고도 남편이 구속되면 가족의 생계가 어려워질 것이라는 생각(이익)으로 신고 등을 통해 딸을 구조하지 않은 경우(보호보증의무의 불이행), 반복지속되는 남편의 범죄행위에 비추어 보아 인정될 가치 있는 이익의 희생을 막기 위한 것이라고 볼 수 없어서 작위의무의 이행이 기대불가능하다고 할 수 없다. 마찬가지로 음주운전 도중 교통사고를 일으킨 운전자가 운전면허를 취소당하지 않기 위해 생명이 위태로운 피해자를 구조하지 않은 경우에도 기대불가능성을 적용할 수 없다.[426]

제4절 (과실에 의한) 부진정부작위범

I. 구성요건 요소

176 과실에 의한 부진정부작위범(혹은 부작위에 의한 과실범)은 구조적으로 부작위범과 과실범이 결합되어 있다. 그러므로 과실에 의한 부진정 부작위범의 구성요건 요소도 부작위범의 요건과 과실범의 요건의 결합으로 구성된다.

---

424) 작위범의 경우 기대불가능성을 초법규적 책임조각사유로 인정하지 않는 입장도 부진정부작위범의 경우에는 기대불가능성을 초법규적 책임조각사유로 인정한다.

425) Kühl, §18/140.

426) Kühl, §18/141.

1. 주의의무위반과 작위의무위반

과실에 의한 부진정부작위범의 경우에는 요구되는 작위의 불이행(부작위범의 요건)과 별도로 주의의무위반(과실범의 요건)이 인정되어야 한다. 하지만 정상적으로 기울여야 할 주의는 요구되는 작위의 이행으로도 확장될 수 있음을 유의해야 한다. 주의의무와 작위의무가 내용적으로 서로 연관되어 있기 때문이다. 즉 주의의무위반은 요구되는 작위의무의 불이행을 그 내용으로 하고, 요구되는 작위는 주의에 합치되는 행위를 통해서만 수행될 수 있는 경우가 많기 때문이다. 따라서 작위의무자(보증인)이 요구되는 작위를 하였더라면 사실상 결과방지가 가능했음에도 불구하고 결과방지를 하지 못한 경우에는 과실에 의한 부진정부작위범의 성립이 인정될 수 있다. 177

사례(부작위에 의한 실화죄 사례): 갑은 00회사 소속의 직원으로 회사의 공장동에 근무하는 자로서 공장동 건물 외벽에 설치된 재활용 박스를 모아두는 분리수거장 옆에서 담배를 피운 후, 담배꽁초 불씨를 손가락으로 튕긴 후 담배꽁초를 위 분리수거장 바로 옆 바닥에 놓여있던 쓰레기봉투에 던져 버리고, 아무런 조치를 취하지 아니하고 그곳을 떠났다. 그 직후 갑이 버린 담배꽁초 불씨에서 위 분리수거장 안에 쌓여 있던 재활용 박스 등에 불이 붙고 그 불이 위 공장동으로 번져 위 공장동이 전소되었다. 당시 위 분리수거장 방향으로 바람이 상당히 강하게 불고 위 분리수거장에는 불이 붙기 쉬운 종이로 된 재활용 박스 등이 쌓여 있었다. 갑에게 현주건조물에 대한 실화죄(형법 제170조 제1항)의 죄책이 인정되는가(대법원 2023.3.9. 2022도16120 참조). 178

위 사례에서 갑은 위 회사의 공장 주변의 상황을 알고 있는 자로서 공장동 건물을 태우려는 고의가 없었지만, 담배꽁초 불씨가 살아있는지 여부를 확인하고 이를 완전히 제거하는 등 화재를 미리 방지하여야 할 주의의무의 위반이 인정된다. 동시에 갑에게는 자신의 과실에 의한 선행행위로 인한 위험발생을 방지해야 할 작위의무가 인정되고, 담배꽁초에 불씨가 남아 있는지를 확인함으로써 결과방지를 할 사실상의 작위가능성이 있음에도 불구하고 그 장소를 떠남으로써 요구되는 작위를 하지 않은 부작위가 인정된다. 이 경우 갑이 기울여야 할 '주의의무'의 내용은 갑에게 요구된 '작위의무'의 이행과 중첩된다. 보증인인 갑이 주의의무를 다하여 요구되는 작위를 이행하였더라면 할 수 있었을 결과방지를 못하고 공장동을 전소시켰기 때문에 '부작위에 의한 실화죄'(과실에 의한 부진정부작위범)이 인정된다. 179

判 위 사례는 대법원에 상고된 실제 사건의 변형이다. 실제 사건에서는 담배꽁초 불씨를 분리수거장을 향하여 던진 행위자로서 갑 외에 다른 행위자도 있었다. 이에 대해 대법원은 "실화죄에 있어서 공동의 과실이 경합되어 화재가 발생한 경우 적어도 각 과실이 화재의 발생에 대하여 하나의 조건이 된 이상은 그 공동적 원인을 제공한 사람들은 각자 실화죄의 책임을 면할 수 없다"는 판결을 내렸다.[427] 대법원은 부작위범에 관한 기본법리를 판결문에 제시하기는 하였지만, 과실에 의한 부작위범(또는 부작위에 의한 과실범)의 성립에서 주의의무위반과 작위의무위반의 구별 등 다루기 까다로운 논점을 정면으로 취급하지는 않았다. 180

427) 대법원 2023.3.9. 2022도16120.

181 과실에 의한 부진정부작위범의 주의의무위반은 과실작위범의 주의의무위반에 관한 설명이 기본적으로 타당하다. 주의규정이 존재하는 경우에 부작위자가 그 주의규정을 위반한 것으로 객관적 주의의무 위반이 인정된다. 주의규정이 존재하지 않아서 주의의무위반 여부를 쉽게 확정할 수 없는 경우에는－평균인 표준설적 의미에서－'결과발생'(더 정확하게는 '법익에 대한 위험발생')에 대한 객관적 예견가능성 여부를 평가함으로써 그 객관적 주의의무의 '위반'여부를 판단해야 한다.

182 과실에 의한 부진정부작위범의 경우는 주의의무위반과 작위의무의 불이행이 중첩되지만, 고의범의 경우와는 달리 행위자가 구성요건실현에 대한 의욕이 없는 점(주관적 과실)을 전제로 한다는 점에서 차이가 있다. 작위의무가 인정된다고 해서 항상 주의의무가 인정되는 것은 아니다. 작위의무를 전제로 하는 과실에 의한 부작위범은 신분범이지만, 단순 과실범의 경우 주의의무는 누구에게나 요구될 수 있기 때문에 신분범이 아니다. 과실에 의한 부진정부작위범이 문제되는 사례유형들은 다음과 같다:

183 ① 행위자가 요구되는 행위와 다른 행위를 수행하는 경우(예, 3살 된 아들이 물에 빠진 경우 요구된 행위는 직접 물속에 들어가 구조하는 행위이지만, 그렇게 하지 못하고 밧줄을 던져 구조하려고 한 경우), ② 행위자가 결과발생의 위험이 목전에 있음을 인식하지 못한 경우(예, 자신의 아들이 물속에 있는 것을 보았으나 물에 빠져 익사 직전의 위기상황에 처해 있는 사실은 알아차리지 못한 경우), ③ 행위자가 구조가능성이 존재함을 인식하지 못한 경우(예, 자신의 아이가 물에 빠져 익사 직전에 있음을 알았으나 바로 옆에 구명보트가 있음을 몰랐던 경우), ④ 행위자가 자신에게 인정되는 보증인적 지위의 존재를 몰랐던 경우(예, 어떤 아이가 익사의 위기에 빠져 있음을 알았으나 그 아이가 자신의 아들임을 몰랐던 경우).

2. 형법상의 인과관계(객관적 귀속)

184 과실에 의한 부진정부작위범의 경우 형법상의 인과관계는 주의의무에 위반한 부작위와 결과간의 관계(인과관계 및 객관적 귀속)의 문제로 파악된다. 과실에 의한 부진정부작위범의 경우에도 결과가 부작위한 보증인의 작품으로 귀속할 수 있으려면 주의의무위반적 부작위로 인해 위험이 창출되어야 하고, 그 위험이 결과로 실현되어야 한다는 점도 과실범 및 부작위범의 인과관계에서 설명한 내용과 동일하다.

Ⅱ. 위법성조각사유

185 제4편 위법성론 참조.

Ⅲ. 책임조각사유

186 고의에 의한 부진정부작위범에서 설명한 내용이 그대로 타당하다. 특히 과실에 의한 부

진정부작위범의 경우에도 기대불가능성의 문제는 법률의 규정에 국한될 필요없이 초법규적 책임조각사유로 인정된다.[428] 예컨대 아픈 딸아이가 병원에 가지 않겠다고 간청했고, 다른 한편 같은 의료과실로 아내를 잃은 경험이 있는 자가 딸아이를 그 병원으로 데려가는 것을 오랫동안 망설이다가 의사가 더 이상 손을 쓸 수 없게 된 상태까지 가버린 경우, 그 딸의 아버지의 부작위는 기대불가능성을 근거로 면책될 수 있다.[429]

제 5 절 부진정부작위범의 처벌

형법은 작위범의 구성요건을 부작위로 실현하는 부작위자에 대해 작위범의 구성요건에 정해진 것과 동일한 법정형으로 처벌한다. 그러나 그 소극적 행위태양이나 약화된 주관적 태도를 고려하여 부작위자에 대해서는 형을 (임의적으로나마) 감경할 수 있도록 한 입법례[430]와 입법론적 주장도 있다. 이러한 방향으로 형법개정이 이루어지기 전이라도 부작위를 양형사유로 고려할 수는 있다. 187

제 6 절 고의에 의한 부진정부작위범의 미수범의 성립요건

Ⅰ. 미수범의 사전심사

보증인에 의해 방지되어야 할 구성요건적 결과가 발생하지 않았을 경우 혹은 발생된 결과와 부작위 간의 형법상의 인과관계(혹은 인과관계 및 객관적 귀속)가 부정되었을 경우에는 부진정부작위범의 미수범 성립 여부가 문제된다. 이 경우 역시 당해 행위에 대한 미수처벌 규정이 있어야 함은 작위범의 경우와 동일하다. 188

Ⅱ. 범행의 결의

작위자의 결의는 범행을 능동적으로 실현할 것을 내용으로 하지만, 부작위자의 결의는 곧 발생하게 될 결과를 방지하지 않으려는 것을 내용으로 한다. 부작위자가 결과를 방지할 가능성이 있어야 함은 물론이다. 189

---

428) 특히 행위자가 도덕적으로 부작위의무를 지고 있는 것으로 느끼는 경우에도 기대불가능성이 인정될 수 있다.

429) RGSt 36, 78ff.

430) 독일형법 제13조 제2항, 오스트리아 형법 제35조 참조.

190 부작위자는 자신의 보증인적 지위를 근거지우는 사정도 인식하고 있어야 한다. 거동범일 경우에는 부작위자가 자신의 부작위가 작위와 상응한다는 사실도 인식하여야 한다. 이 두 가지가 고의의 인식대상으로 추가되기 때문에, 작위범(미수)의 범행결의에 비해 부작위범(미수)의 범행결의의 내용이 더 넓다고 할 수 있다.

Ⅲ. 실행의 착수시기

191 부작위도 외부성은 있지만 작위와 같은 적극적 거동성은 없다. 따라서 규범적으로 요구되는 바를 하지 않은 부작위가 구성요건실현을 직접 개시한 것(즉 발생할 가능성이 있는 결과의 방지의 직접적 개시)이라고 볼 수 있는 시점이 언제인지를 판단하기는 작위의 경우보다 훨씬 더 어렵다.

192 진정부작위범의 경우는－예외적으로 퇴거불응죄의 경우를 제외하고는－원칙적으로 미수를 처벌하지 않는다. 따라서 부작위범의 실행의 착수시기는 부진정 부작위범의 경우에 문제된다.

1. 학설의 태도

193 부진정적 부작위범의 실행의 착수시기에 관해서는 ① 최초의 구조가능성이 지나가 버리도록 내버려 둔 시점에 있다는 견해(최초구조가능시설),[431] ② 최후의 구조가능성을 놓쳐버린 시점에 초점을 맞추는 견해(최후구조가능시설),[432] ③ 부작위자가 보호법익에 대한 직접적 위험이 발생하였다는 사실 혹은 이미 있던 위험이 증대하였다는 사실을 안 경우에 실행의 착수가 있다고 하는 견해(절충설, 다수설) 등이 대립하고 있다.

2. 판례의 태도

194 대법원은 부작위범의 경우 실행의 착수시기에 관해 아무런 태도표명이 없다가 최근 '사무처리를 위임한 자가 조치를 취하여 손해의 발생을 방지한 사건'에서 사무처리자의 부작위가 실행의 착수로 인정되기 위한 요건에 관해 최초의 법리를 만들어냈다.

195 判 대법원은 작위의무가 이행되지 않으면 보호법익에 대한 침해가 생길 것으로 객관적으로 예견되는 등으로 '구성요건적 결과 발생의 위험이 구체화한 상황'에서 부작위가 이루어져야 하고(객관적 측면), 행위자는 부작위 당시 자신이 작위 의무위반적 행위를 한다는 점에 대한 인식 및 '그 부작위로 인해 법익침해의 위험이 생긴다 점을 인식'하였어야 할 것(주관적 측면)을 실행의 착수시기로 본다.[433] 대법원의 입장이 절

---

431) Herzberg, Der Versuch beim unechten Unterlassungsdelikt, MDR, 1973, S. 89.; Maihofer, Der Versuch der Unterlassung, GA, 1958, S. 297.

432) Armin Kaufmann, Die Dogmatik der Unterlassungsdelikte, 1959, S. 210ff.; Welzel, S. 221.

433) 대법원 2021.5.27. 2020도15529. "업무상배임죄는 타인과의 신뢰관계에서 일정한 임무에 따라 사무를 처리

충설보다는 최후구조가능시설에 가깝다고 보는 견해[434]도 있지만, 절충설의 태도라고 평가하는 것이 적절한 평가이다.

3. 결론

최초구조가능시설에 의하면 행위자가 그 시점 이후 구조가능성을 이용하려는 의사를 가지고 있는지를 알 수가 없기 때문에 가벌성이 너무 앞당겨지고, 최후구조가능시설에 의하면 그 시점까지의 많은 결과방지가능성을 이용하지 않고 그냥 지나치게 되면 피해자를 심각한 위험에 노출시키게 된다. 이러한 상태에 대해서도 아직 실행의 착수가 아니라고 하게 되면 가벌성의 흠결이 생기게 될 우려가 있다. 따라서 보호법익에 대한 직접적인 위태화상태가 전개된 경우에도 보증인이 이를 제거하지 않고 여전히 부작위할 경우에는 그의 보증의무를 위반한 것이 되므로 이 시점을 실행의 착수로 보는 절충설이 타당하다. 196

Ⅳ. 부진정부작위범과 불능미수

부진정부작위범의 경우에도 불능미수가 인정될 수 있는가가 문제된다. 부작위범의 경우에 불능미수가 인정될 수 없다는 견해는 행위자가 대상이나 수단이 애초에 결과발생에 이를 수 없다는 사실을 모르고 결과방지를 위한 구조행위로 나아가지 않은 경우에는 방지해야 할 위험이 처음부터 존재하지도 않는다고 본다. 따라서 만약 이러한 경우를 처벌한다면 법질서에 대항하는 의사만으로 처벌하는 결과가 되어 형법이 심정형법으로 변하게 된다고 한다.[435] 197

그러나 이러한 경우에도 실행의 착수는 있고, 실행의 착수는 행위자의 범행계획에 따라 정해지는 것이므로, 행위자가 보호법익에 대해 직접적인 위험이 존재한다고 생각한 이상 198

할 법적 의무가 있는 자가 그 상황에서 당연히 할 것이 법적으로 요구되는 행위를 하지 않는 부작위에 의해서도 성립할 수 있다. 그러한 부작위를 실행의 착수로 볼 수 있기 위해서는 작위의무가 이행되지 않으면 사무처리의 임무를 부여한 사람이 재산권을 행사할 수 없으리라고 객관적으로 예견되는 등으로 구성요건적 결과 발생의 위험이 구체화한 상황에서 부작위가 이루어져야 한다. 그리고 행위자는 부작위 당시 자신에게 주어진 임무를 위반한다는 점과 그 부작위로 인해 손해가 발생할 위험이 있다는 점을 인식하였어야 한다"(피해자 조합의 업무를 처리하는 피고인이 이 사건 환지예정지의 가치상승을 청산절차에 반영하여 적절한 청산금을 징수할 수 있도록 관련 법령에 따라 이 사건 환지예정지에 대한 재감정, 환지계획 변경, 환지예정지 변경 지정 등의 조치를 할 업무상 의무가 있음에도 2011년 실시계획의 인가 직후 즉시 이 사건 환지예정지에 대한 재감정 등의 조치를 취하지 않음으로써 피고인의 친인척, 지인 등 이 사건 환지예정지를 환지받기로 한 사람들로 하여금 토지 가치상승액의 이익을 취득하게 하고, 피해자 조합으로 하여금 위 토지 가치상승액 만큼 손해를 입게 하려 하였으나, 피해자 조합이 2016.5.경 환지계획변경인가신청 절차를 진행함에 따라 미수에 그친 것으로 기소된 사건에서 원심은 업무상배임죄의 실행의 착수를 긍정하였지만 대법원은 실행의 착수를 부정함).

434) 류부곤, "부진정부작위범의 실행의 착수시기", 형사법연구 제35권 제2호(2023), 83면.

435) Rudolphi, SK, Vor §13, Rdn. 55.

그 미수의 불법성을 부정할 수는 없다. 따라서 부작위범의 경우에도 부작위자를 불능미수로 처벌할 수 있다고 해야 할 것이다.

V. 부진정부작위범과 중지미수

199 부작위범의 경우에도 보증인이 자의로 부작위를 중지하여 결과발생을 방지한 경우에는 중지미수가 인정될 수 있다. 부작위범의 경우에도 중지미수가 인정되려면 미종료미수와 종료미수의 구별이 전제되어야 한다. 종료미수의 경우에는 보증인이 결과발생의 위험을 떠안아야 하는 반면, 미종료미수의 경우에는 보증인이 결과의 발생위험을 떠안을 필요가 없다. 이러한 구별이 타당한 것은 미종료미수의 경우와 종료미수의 경우 행위자의 관점에서 보면 각각 위태화의 정도가 서로 다르기 때문이다.

200 부작위범의 경우 미종료미수는 행위자가 부작위된 구조행위를 재개하기만 하면 아직 결과발생을 저지할 수 있다고 생각한 경우 인정되고, 종료미수는 적절한 대응수단을 투입하지 않으면 결과발생을 저지할 수 없는 정도에 이르렀다고 생각한 경우에 인정된다. 예컨대 젖먹이에게 수유를 하지 않음으로써 굶겨 죽이려고 결심했던 보증인이 다시 마음을 고쳐먹고 정상적인 수유를 함으로써 아이의 생명에 대한 위험이 제거될 수 있다고 생각한 경우에는 미종료미수가, 영양실조로 매우 악화된 상태에 빠진 젖먹이에 대해 인위적인 우유공급을 해야만 결과발생을 저지할 수 있는 수준에 이른 경우에는 종료미수가 인정된다.[436]

VI. 부작위범과 가담형태

201 부작위범의 경우 정범과 공범의 구별, 부작위범에 대한 가담 및 부작위에 의한 가담에 관해서는 가담형태론(§20의 제2절) 참조.

---

436) Wessels, §16VI 2.

제4편

일반적 범죄성립요건 II: 위법성론

위법성(Rechtswidrigkeit)은 일반적 범죄성립요건 가운데 구성요건해당성에 이은 두 번째 범죄성립요건이다. 형법은 위법성의 적극적인 요소를 규정하지 않고 위법성을 조각시키는 사유만을 소극적으로 규정하고 있다. 따라서 형식적으로만 보면 구성요건에 해당하는 행위의 위법성이 인정되려면 행위자의 행위가 형법 또는 다른 법률이 인정하는 위법성조각사유들 가운데 어느 사유에도 해당하지 않아야 한다. 이 때문에 위법성론에서는 구성요건에 해당하는 행위의 위법성을 조각시키는 위법성조각사유를 규정하는 규정 속의 개념요소들에 대한 해석문제가 핵심적 내용을 이룬다.

그러나 위법성조각사유에 관한 형법규정을 해석할 경우에도 일반적 범죄성립요건의 하나인 '위법성'이라는 도그마틱 개념에 대한 이해가 선행되어 있어야 하고, 위법성 판단 '기준'이 곧 그 행위를 정당화하는 근거와 연계되어 있음을 헤아릴 수 있어야 하며, 행위의 불법과 합법 내지 위법성과 적법성 여부를 판단의 최상위 기준은 '법'이므로 '법이란 무엇인가' 라는 법철학적 물음에 대해서도 성찰이 있어야 한다.

위법성론에서는 위법성의 본질과 관련한 위법성의 이론이 역사적으로 어떻게 발전되어 왔는지를 개관한 후(제1장), 위법성조각사유의 규범구조를 토대로 삼을 때 위법성 판단 기준이 행위의 위법성을 조각하는 일반원리(정당화의 근거)와 어떻게 연계되어 작동하는지를 살펴보면서 위법성 판단의 상위 기준에 관한 이론을 모색한다(제2장). 마지막으로 개별 위법성조각사유들의 해석론을 다룬다(제3장).

제 1 장 위법성의 기초이론 §19

제 1 절 위법성과 위법성 판단의 의의

Ⅰ. 위법성의 의의

1. 위법성판단의 의의

입법자가 어떤 행위를 형법률상의 범죄구성요건의 '구성요건적 행위'로 유형화하였다는 1
것은 그러한 행위에 대해 형벌로 대응하는 것이 당연시될 뿐만 아니라(행위의 당벌성) 형벌로 대응할 필요가 있다(처벌의 필요성)는 부정적 판단을 내린 결과이다. 입법자의 이러한 부정적 판단은 '일반화된 추상적'판단이다. 법적용자가 구체적 사례에서 행위자의 특정 '행위'가 불법유형으로서의 '구성요건'에 해당한다는 판단도 '일반적·잠정적'차원의 판단임에는 변함이 없다. 구성요건도 일반적 차원에서의 불법 유형이기 때문이다.

그러나 구체적인 사례에서 행위자의 행위가 구성요건적 행위로 유형화될 경우 예정했 2
던 일반적 상황에서 행해진 것이 아니라, '예외적인 특수한 상황'에서 행해지는 경우가 있다. 이러한 예외적 특수한 상황하에서의 행위에 대해서는 그것이 형법의 구성요건에 해당한다고 하더라도, 전체 법질서(또는 규범이론적 용어로 발하면 '규범')의 관점에서 당해 행위에 대한 부정적 평가를 후퇴켜 그 행위를 적법한 행위로 허용할 것인지(즉 위법성이 '조각'될 것인지)의 판단이 추가적으로 요구된다.

이와 같이 '형법적' 관점에서 부정적 가치판단을 받은 행위에 대해 다시 '전체 법질서'의 3
관점에서 내려지는 부정적 가치판단을 '위법성' 판단이라고 한다면, '위법성'이라는 개념은 구성요건에 해당하는 행위의 '법'에 위반되는 성질이라고 간단히 정의될 수 있다.

2. 법질서의 통일성

어떤 행위의 '법'에 모순 혹은 저촉되는지를 판단하는 위법성 판단에서 그 판단의 준거 4
가 되는 '법'이 형법을 포함한 개별 '법률'뿐 아니라 '전체 법질서'라면, 그 전체의 부분인 '형법'적인 관점에서 부정적인 가치판단이 내려지는 것으로 위법성 판단이 종결되는 것은 아니다. 형법 이외의 다른 법영역 등 전체 법질서의 관점에서 문제의 행위를 다시 평가하였을 경우 그 행위에 대해 형벌로 대응하는 것이 무가치하거나 정당화되기 어려운 경우에는 형벌을 앞세운 형법적 관점이 뒤로 물러설 것이 요구된다. 형법은 형법적 가치질서와 다른 법규범의 가치질서의 통일성을 기하기 위하여 형법적 수단인 형벌을 포기해야 하기 때문이다. 위법성 판단은 이러한 방식으로 전체 '법질서의 통일성'을 유지하는 기능을 수행한다.

5 법질서 전체의 관점에서 이루어지는 위법성 판단에서 형법적 금지와 허용간의 모순을 제거함으로써 법질서의 통일성 유지를 도모하려면, 사법영역이건 공법영역이건 모든 법질서가 허용하는 것은 모두 형법적 위법성조각사유로 기능할 수 있다. 다른 법영역에서 허용되는 행위는 형법적으로는 항상 불법성이 배제되어야 한다. 제20조(정당행위) 중 '법령에 의한 행위는 벌하지 아니한다'는 규정은 이 점을 확인하고 있다. 그러나 다른 한편 형법은 형법에만 고유한 가벌성의 전제조건들을 가진 특별한 법영역이기 때문에 형법의 위법성조각사유들이 다른 법영역에서도 항상 문제의 행위를 정당화하는 것은 아니다. 형법적으로 정당화되는 행위라도 예컨대 행정법적으로는 (특히 징계법적으로) 여전히 불법하다고 할 수 있다.

Ⅱ. 위법성과 불법의 관계

1. 위법성과 불법의 구별불요설과 필요설

6 구성요건에 해당하는 행위가 '위법성'(Rechstwidrigkeit)이 인정되는 것으로 평가된다면 그 행위는 전체로서의 법질서의 관점에서 부정적 가치판단을 받는 행위로서 형법적으로도 '불법(Unrecht)'이 된다. 위법성과 불법의 개념적 구별이 독일의 이론을 따르는 사대적 자세로서 우리나라의 언어관용에 부합되지 않는다고 보는 견해[1]가 있지만, 법이론적 관점에서뿐만 아니라 문맥상, 그리고 실천적으로도 구별되어야 할 이유가 있다.

2. 위법성과 불법의 개념적 구별

7 일상언어적으로 양자는 혼용되어 쓰이고 있지만 엄밀한 학문적인 용어로서 양자는 다음과 같이 구별되게 사용되고 있다. 첫째, 위법성이 법질서 전체의 통일성이라는 관점에서 법질서 전체와의 모순·저촉 여부를 판단할 때 사용되는 개념인 반면, 불법은 전적으로 개별 법영역의 테두리 내에서 문제가 되는 개념이다(예컨대 민법상의 불법, 형법상의 불법, 행정법상의 불법 등). 앞서 살펴보았듯이 형법의 위법성조각사유들은 그 자체로 다른 법영역에서도 항상 타당한 것은 아니다. 따라서 형법에서는 불법하지 않은 행위라도 다른 법영역에서는 불법을 구성할 수 있다.

8 둘째, 위법성은 문자 그대로 '법'(=규범)에 위반(모순)되는 성질 그 자체를 말하므로 구성요건에 해당하는 행위의 위법성인정 여부에 대해 '예', '아니오'라고 답할 수밖에 없는 관계개념이다. 반면에 형법상의 불법은 구성요건에 해당하지만 위법성조각사유에 의해 정당화되지 않는 행위 그 자체를 가리키므로 실체개념이다.

---

1) 오영근, §8/27.

셋째, 관계개념인 위법성의 정도는 등급화될 수 없지만, 실체개념인 불법은 특히 법익 침해의 태양 및 강도에 따라 그 경중의 등급이 매겨질 수 있다. 예컨대, 절도와 강도는 다 같이 법에 저촉되는 성질을 가진 행위라는 점에서는 동일하게 위법성이 인정되는 행위이지만, 강도의 불법은 절도의 불법에 비해 그 정도가 더 크다고 말할 수 있다. 고의행위와 과실행위의 불법의 경우도 마찬가지이다. 이러한 경우 불법의 차등은 형법에 규정된 구성요건의 법정형의 차이에 반영되어 있다. 9

제 2 절 범죄체계론과 위법성 이론

Ⅰ. 범죄체계론의 발전과 위법성 이론의 변화

1. 범죄체계와 위법성

고전적 범죄체계하에서는 위법성은 순수 형식적으로 기술된 '형'법률에 대한 위반 또는 규범적 명령위반으로 이해되었다. 그러나 위법성을 단순히 형식적인 규범위반이 아니라 법익보호의 관점에서 결정되는 것으로 이해된 것은 이미 고전적 범죄체계하에서부터 시작된 것이었다. 실증주의 및 목적 사상에 기초된 리스트의 법익이론이 대표적이다.[2] 10

신고전적 범죄체계하에서는 형식적 위법성 개념이 본격적으로 실질적 위법성 개념으로 파악되었다. 특히 구성요건의 형식적－가치중립적 성격의 상실이 후술할 '실질적 위법성이론'과 불가분적으로 결합되었다.[3] 11

목적적 범죄체계에 따르는 일부 견해는 위법성 판단에서 '행위'반가치적 측면을 전면에 내세웠지만, 다수 견해는 '결과'(반가치적)측면과 함께 '행위'(반가치적) 측면도 고려하는 이원적 입장을 취하기 시작했다. 특히 목적주의자의 대표자인 벨첼은 "위법성 개념은 순수 사태반가치 또는 행위반가치를 나타내기도 하고, 행위반가치는 다시 사태반가치와 결합되거나 그러한 사태반가치 없이 순수 행위반가치만을 나타냄으로써 매우 다양한 내용을 가질 수 있다"[4]고 보았다. 12

---

2) 리스트의 법익론은 다음의 말에 압축되어 있다: "모든 법은 인간을 위해 존재한다; 인간의 이익들, 개인의 이익이건 전체의 이익이건 법을 정함으로써 보호되어야 하고 장려되어야 한다. 법적으로 보호된 이익들을 우리는 법익이라고 부른다. 법익을 가지고 목적사상은 법론의 영역안으로 진입하고, 법의 목적론적 고찰이 시작하고 형식논리적 고찰이 그 종말을 맞이한다는 점이 분명하다."〔Liszt, Rechtsgut und Handlungsbegriff im Bindingschen Handbuch, ZStW 6(1886), S. 673〕.

3) 그러나 신고전적 범죄체계를 확립한 메츠거(Edmund Mezger)의 실질적 위법성이론은 유추를 허용한 나찌시대의 형법의 이론적 기초를 제공하였다〔Mezger, Die materielle Rechtswidrigkeit im kommmenden Strafrecht, ZStW 55(1936). S. 1ff.〕.

4) Welzel, 앞의 논문, S. 523.

13 합일태적 범죄체계하에서는 '결과반가치' 요소와 '행위반가치 요소를 모두 고려할 것을 요구하는 이원적 불법이론이 주류적 지위를 차지했다.[5] 이로써 법익침해 내지 결과의 사회유해성 뿐만 아니라 행위의 사회윤리적 반가치성도 범죄'행위'의 전형적 불법내용으로 이해하게 되었고, 불법의 정도도 침해된 법익들과 위반된 의무들의 우열에 따라 등급화될 수 있는 것으로 보았다.

2. 구성요건이론과 범죄체계론

(1) 소극적 구성요건 표지이론과 2단계 범죄체계

14 앞서 구성요건의 발전사에서 살펴보았듯이 '구성요건'도 행위에 대한 '가치'관계적 요소 및 주관적 요소도 포함하는 점이 널리 수용되었고, 그에 따라 구성요건과 위법성의 관계를 다르게 파악하는 견해들이 생겨났다. 존재근거설에 기초한 소극적 구성요건표지이론도 그 중에 하나다. 이 이론을 취하는 다수는 구성요건에 위법성을 조각시키는 사유들도 포함시킴으로써 범죄개념을 '총체적 불법구성요건'-'책임'으로 구조화하는 2단계 범죄체계를 취했다.

(2) 위법성 판단의 독자적 기능과 3단계 범죄체계

15 그러나 소극적 구성요건표지이론은 '전체'를 '부분'의 일부로 보는 형식 논리적 문제점 외에도 구성요건에도 해당하지 않는 행위와 구성요건에는 해당하지만 위법성이 조각되는 행위가 질적으로 차별화된 성격을 가지고 있다는 점을 용어적으로 설명할 수 없는 한계가 있다(이 이론의 문제점에 관해서는 구성요건론 참조).

16 따라서 구성요건에도 위법성과 같이 행위에 대한 가치평가적 요소를 포함하고 있다는 출발선에 서면서도 구성요건과 위법성이 각기 다른 성격의 하위요소(개념)들로 이루어진 차별화된 도그마틱적 개념으로 이해하는 것이 타당하다. 뿐만 아니라 범죄성립요건의 심사에서 위법성 심사는 구성요건해당성 심사에서와는 독자적 기능을 하는 것이므로 그 판단 기준도 구성요건해당성 심사의 경우와는 다른 차별화된 기준이 사용되어야 한다. 주류적 범죄이론이 구성요건에 대해 위법성의 독자성(혹은 역으로 위법성에 대한 구성요건의 독자성)을 긍정하면서 범죄개념을 3단계 체계로 구축하는 것도 이 때문이다.

---

5) Detlef Krauß, Handlungsunwert und Erfolgsunwert im Unrecht, ZStW 76(1964)가 1980년대 중반 무렵부터 한국 형법학자들이 불법을 행위불법과 결과불법 이원론으로 파악하게 하는 이른바 이원적 불법이론을 취하게 하는데 중요한 역할을 하였다.

17

<table>
<tr><th>3단계 범죄체계</th><th>2단계 범죄체계</th></tr>
<tr><td>Ⅰ. 구성요건</td><td rowspan="2">Ⅰ. 총체적 불법구성요건
1. 구성요건
2. 위법성조각사유의 부존재</td></tr>
<tr><td>Ⅱ. 위법성</td></tr>
<tr><td>Ⅲ. 책 임</td><td>Ⅱ. 책 임</td></tr>
</table>

3단계 범죄체계와 2단계 범죄체계

3. 범죄체계론과 위법성 심사 방법

구체적 사례에서 행위자의 행위에 대한 범죄성립요건을 심사할 경우 어떤 체계를 취하더라도 범죄성립요건의 하위요소들에 대한 심사에서는 차이가 생기지 않는다. '형법'적용의 측면에서는 어떤 체계를 취하든 적극적으로 불법을 근거지우는 요소의 규정 뿐만 아니라 불법을 배제하는 위법성조각사유에 관한 규정의 적용여부까지 검토해야 하기 때문이다. 이 때문에 범죄성립요건의 각 외부 프레임을 위법성이라고 부르든, 총체적 불법구성요건으로 부르든 단순한 호칭의 문제에 불과할 수도 있다. 다만, 2단계 범죄체계와 3단계 범죄체계는 '위법성조각사유의 전제사실에 대한 착오'사례를 해결하는 경우 각기 다른 논거를 가지고 결론을 달리한다(이에 관해서는 책임론 참조). 18

Ⅱ. 위법성이론의 전개와 범죄체계

19세기 말 고전적 범죄체계하에서도 위법성 판단이 객관적 법질서를 척도로 삼아 객관적으로 이루어져야 한다는 당시 주류적 입장(객관적 위법성이론)과 위법성 판단은 행위자 개인의 인식과 능력을 척도로 하여 주관적으로 이루어져야 한다는 주장(주관적 위법성이론)이 대립하였다. 이 대립은 오늘날까지 유지되면서 특히 불법과 책임의 관계를 다르게 파악하고 있어서 범죄체계론에도 영향을 미치고 있다. 19

1. 객관적 위법성이론: 불법과 책임의 분리

객관적 위법성이론은 위법성 판단의 기준이 객관적으로 존재하는 전체로서의 법질서라고 한다. 객관적 법을 당위규범이자 행위의 불법성여부를 객관적으로 판단하는 행위표준, 즉 '평가규범적 성격'을 가지는 것이라는 입장에 의해 뒷받침되고 있다. 이에 따르면 행위가 객관적 법규범에 반하는 것인 이상 위법성이 긍정되므로 행위자가 그 객관적 규범의 존재나 의미에 대해 개인적으로 인식할 수 있었는지 또 그러한 인식에 따라 자기 행위를 규범합치적으로 통제할 수 있었는지(즉 책임능력의 유무)는 위법성 판단에 영향을 미치지 않는 20

다. 행위자에게 귀책사유(고전적 범죄체계하에서 책임요소로 파악된 고의 또는 과실)가 있어도 책임만 부정되고 위법성은 긍정된다.

21 '책임없는 불법'의 존재를 인정하는 객관적 위법성이론은 '범죄의 모든 객관적 외부적 요소는 불법(위법성)요소로 모든 주관적 내부적 요소는 책임요소'로 배치하였던 고전적 범죄체계를 구축하는데 기여하였다. 오늘날 고의를 주관적 구성요건 요소로 인정하는 목적적 범죄체계나 합일태적 범죄체계를 취하는 입장도 위법성 판단 기준의 객관성을 유지하는 객관적 위법성이론에 입각하고 있다.

2. 주관적 위법성이론: 불법과 책임의 통합

(1) 빈딩의 규범이론과 메르켈의 수범자론; 책임없는 불법개념의 거부

22 주관적 위법성이론은 위법성 판단에서 규범에 대한 행위자 개인의 주관적 태도나 능력을 척도로 삼아야 한다는 이론이다. 이 이론은 만약 객관적 법규범만을 기준으로 삼아 위법성을 판단한다면 행위자가 행위의 규범위반성을 알지 못하거나 자신의 행위를 규범합치적으로 의사형성하거나 통제할 수 없는 경우, 즉 법익침해적 결과가 우연히 발생하거나 자연적인 현상에 불과한 경우에도 위법성을 인정하게 될 것이라는 반론에서 출발한다. 행태규범을 행위자가 자신의 행위를 동조시켜야 할 '의사결정규범'으로 이해하는 시각 하에서 주장되고 있다.

23 주관적 위법성이론은 19세기말 빈딩(Karl Binding)의 규범이론을 기반으로 한다. 행태규범과 제재규범을 구별하는 빈딩에 의하면 행태규범이 이성적인 보편의지로서 객관성·선험성을 가지고 있지만, 이것이 이성적인 의지를 가진 개인에게 요구되려면, 행위자가 오직 그 규범에 자신을 맞출 수 있는 능력을 가진 경우에만 가능하다고 하였다. 이러한 능력을 가지고 있음에도 불구하고 그 규범을 위반하는 자는 필연적으로 이미 유책적으로 행위하고 있다는 것이다. 따라서 빈딩은 순수 객관적 불법의 인정, 즉 불법 다음에 책임을 또 다른 요건으로 요구하는 것은 명백한 '개념적 오류'로 보았다.

24 빈딩의 규범이론적 시각은 동시대 메르켈(Adolf Merkel)의 '유용한 수범자론', 즉 요구와 금지체계로 이해된 규범의 명령에 따를 수 있는 귀속능력있는 수신자(즉 자기행위의 규범위반성을 인식할 수 있는 능력이 있는 자)만 유용한 수범자가 될 수 있고, 그렇지 못한 자의 행위는 규범위반적 행위(=위법한 행위)로 평가될 수 없다는 주장과 함께 '책임있는 불법'만 불법으로 파악할 것을 내용으로 한 주관적 위법성이론으로 주장되었다. 하지만 주관적 위법성이론은 당시 저명한 민법학자인 예링(Rudolf von Jhering)의 객관적 위법성 이론(고전적 범죄체계의 위법성이론)에 밀려 주류가 되지 못했다.[6]

---

6) 예링은 불법을 객관적 불법과 주관적 불법으로 구분하면서, 전자는 유책성없는 권리침해이고, 후자는 유책한 권리침해라고 하였다. Jehring, Das Schuldmoment im römischen Privatrecht, 1867, S. 5ff.

(2) 빈딩의 규범이론의 르네상스와 주관적 위법성이론의 재부상

빈딩과 메르켈의 규범이론적 시각은 20세기 중반 이후 독일에서 적지 않은 형법 학자들에 의해 여전히 유지되고 있다. '책임없는 불법'을 개념적으로 부정하는 규범이론적 시각은 오늘날 범죄체계를 다르게 형성하는 데에도 결정적인 영향력을 행사하고 있다. 오늘날 독일형법이론학에서 불법과 책임의 분리냐 통합이냐를 둘러싼 논의는 헤겔의 법철학에 기초하여 불법과 책임의 구별을 의문시하거나 완전히 부인하는 일군의 학자들(야콥스, 파블릭, 프로인트, 레쉬 등)에 의해 새로운 활력이 생겨나고 있기 때문이다. 25

그 대표주자인 야콥스(Günther Jakobs)의 형법이론은 범죄는 규범의 타당성을 부정하는 행위자의 주장(Rede)이고, 형벌은 이에 대한 응답(Antwort)으로서 규범위반이라는 규범의 부정에 대한 부정이며, 형법의 과제는 규범의 타당성 유지에 있다는 적극적 일반예방이론에서 출발한다(전술한 형법의 과제, 범죄의 본질 등 참조). 야콥스는 규범의 타당성을 이해하지 못하는 책임 없는 행위자의 행위는 '자연'일 뿐이고 사회적으로 아무런 '의미'를 가지지 못한다고 한다. 형법적 행위는 책임 있게 행위할 수 있는 행위자에 의해서만 가능하며, 책임 없는 불법을 취급하는 일은 순수한 형법적 과제가 아니라고 하는 야콥스[7)]와 마찬가지로 그의 제자 파블릭(Michael Pawlik)도 불법과 책임의 구분에 따른 심사단계는 단지 교수법적으로만 타당할 뿐인 것이어서, 일반적인 범죄분류로서의 책임과 무관한 불법은 '불법'이 아니라고 한다.[8)] 특히 책임없는 불법을 부정하는 야콥스의 주관적 위법성이론에 따르면 불법과 책임이 체계적으로 무의미해지므로 종래의 3단계 범죄체계 대신 세 가지 범죄성립요건을 하나의 '귀속구성요건(Zurechnungstatbestand)'으로 통합하는 1단계 범죄체계를 취하게 된다. 26

Ⅲ. 한국 형법이론학과 형사실무에서의 위법성 이론의 전개

1. 형법이론학에서의 논의

한국 형법이론학은 객관적 위법성이론과 주관적 위법성이론의 대립을 위법성 '평가 방법' 또는 '위법성의 본질' 문제로 취급해 왔다. 객관적 위법성이론과 주관적 위법성이론이 모두 결함을 가지고 있으므로 양자를 변증법적으로 절충하려는 견해[9)]도 있지만, 다수의 학자들은 주관적 위법성이론의 수용을 거부하고 객관적 위법성이론에 입각하여 책임없는 불법의 존재를 인정하면서 3단계 범죄체계를 유지한다. 위법성 개념이 행위의 '법'위반성(모순성)을 의미하는 것이라면 위법성 판단 기준도 전체로서의 법질서이어야 한다는 점, 그리고 그러한 법질서 내지 법규범이 의사결정규범으로서 수범자에게 준수를 요구하기 위해서는 그 규범적 요구의 당부를 평가할 객관적인 평가규범이 선재(先在)되어야 한다는 점을 주된 근거로 삼는다.[10)] 27

---

7) Günther Jakobs, "Das Strafrecht zwischen Funktionalismus und "alteuropäischem" Prinzipiendenken. Oder: Verabschiedung des "alteuropäischen" Strafrechts?", ZStW 107(1995), S. 847f., 863f.
8) Michael Pawlik, Das Unrecht des Bürgers: Grundlinien der Allgemeinen Verbrechenslehre, 2012, S. 60.
9) 이상돈, 형법강의, 제1판, 265면.

28 그러나 한국 형법이론학에서는 빈딩의 규범이론에 기초되어 발전되어온 독일의 주관적 위법성이론 및 규범이론의 영향을 받은 형법도그마틱의 전개에 관해서는 일부 문헌[11]을 통해 소개되고 있을 뿐, 본격적인 논의의 대상에서 비켜나 있다. 특히 주관적 위법성이론에 의해 재점화된 불법과 책임의 관계설정에 관한 논쟁 및 불법과 책임을 통합하는 체계구상은 재조명되기는커녕 거의 무시되고 있는 정도이다.

2. 형사실무에서의 위법성이론의 전개

29 대법원은 행위자의 주관적 능력(위법성을 인식할 능력이나 그 인식에 따른 통제능력) 여하와 무관하게 위법성 여부를 판단하는 입장인 것으로 보인다. 이 점은 다음과 같은 대법원 판시내용을 통해 추론될 수 있다.

30 判 대법원은 형법 제20조의 사회상규조항에 관해 이 조항은 "사회상규 개념을 가장 기본적인 위법성 판단 기준으로 삼아 이를 명문화한 것"으로 보고,[12] 사회상규에 위배되지 아니하는 행위를 "법질서 전체의 정신이나 그 배후에 놓여 있는 사회윤리 내지 사회통념에 비추어 용인될 수 있는 행위"[13] 등으로 정의하고 있다(판시내용에 대한 분석은 '위법성 판단 기준'에 관한 설명에서 후술함).

31 위 판시취지에 따르면 대법원은 '주관적' 위법성이론이 아니라 '객관적' 위법성이론에 입각하고 있다고 말할 수 있다. 이에 따르면 행위자가 책임무능력자여서 '책임비난'이 탈락되더라고—강학상 범죄성립요건을 단계별로 구분하는 전제하에서 보면—책임판단의 전단계인 '위법성'은 여전히 인정된다.

3. 소결: 객관적 위법성이론의 타당성

(1) 불법판단 기준과 책임판단 기준의 차이

32 책임비난 여부를 불법과 독립된 별개의 도그마틱적 개념 범주인 '책임'에서 독자적으로 판단하는 것을 유지하는 3단계 범죄체계의 의의는 주관적 위법성이론의 주장자들이 말하듯이 교수법상 이상의 의미만 가지는 것이 아니다. 객관적 '법'질서를 기준으로 삼아 행위의 위법/적법여부를 판단하는 위법성의 문제와 법'외'적인 비난가능성 내지 그 실질적 근거인 '타행위가능성' 또는 '규범의 타당성유지'라는 예방목적 여부를 척도로 삼아 평가되어야 할 '책임'비난의 문제는 그 각각의 평가 '기준'의 질적인 면에서 차이가 있기 때문이다(책임판단의 기준에 관해서는 책임론에서 후술).

10) 이재상/장영민/강동범, §16/15 등 다수의 견해가 이러한 입장이다.
11) 이에 관해서는 일찍이 신동일, 신동일, "규범과 형법률—카알 빈딩의 이론을 중심으로", 형사법연구, 제12권(1999), 196면 이하 및 최근에는 문채규/강수경, "불법과 책임의 구별 그리고 규범이론—독일의 논의를 중심으로", 서울대학교 법학 제59권 제4호(2018), 59면 이하 참조.
12) 대법원 1983.2.8. 82도357.
13) 대법원 2002.12.26. 2002도5077.

(2) 불법관련적 평가규범과 책임관련적 결정규범

객관적 법질서가 당위명제로서 사회적으로 기능한다는 것은 그 수범자의 개인적 능력 33
과 무관하게 일반 시민을 수범자로 삼아 누구에게나 그러한 당위의 요구에 따라 행위해야 할 의무를 지우고 있음을 전제로 한다. 형법적 행태규범도 누구에게나 타당한－즉 규범적 차원의 척도인을 수범자로 하는－객관적 차원의 당위적 요구를 규범화한 것이다. 이러한 차원의 행태규범은 행위자의 행위가 누구나에게 요구되는 당위요구에 합치되는지를 판단하는 평가규범의 역할을 한다. 행위자의 일반시민(객관적 척도인)에게 요구되는 평가규범의 요구에 따랐는지에 대한 평가는 행위자가 그 규범에 합치되게 의사형성을 할 수 있는 능력을 가지고 그에 따라 자신의 행위를 조종해나갈 수 있는 능력을 가진 자인지의 여부와 '무관'하게 그리고 그 유무판단에 '선행'하여 이루어질 수 있다. 이러한 맥락에서 보면 형법상의 규범을 불법관련적 평가규범(Bewertungsnorm)과 책임관련적 결정규범(Bestimmungsnorm)으로 구별하는 전통적인 구분법이 여전히 유효하다.[14]

(3) 불법과 책임의 구분 유지

객관적 위법성이론이 타당하고 불법과 책임의 구분도 유지되는 것이 바람직하다. 불법 34
판단에서는 행위자의 의사에 기초한 행위가 구성요건적 결과와 결합하여 객관적으로 귀속되는지의 문제를 다루고. 책임판단에서는 위법하게 평가된 행위가 행위의 주체에게 주관적으로 귀속될 것인지의 문제를 취급하기 때문이다.

객관적 귀속이론의 관점에서 보면 벨첼의 목적적 행위이론에 기초한 '인적·주관적 불법 35
론'과도 조화될 수 있다. 행위자의 '고의'를 일반적 주관적 구성요건 요소로 인정하고 결과반가치 요소외에 행위반가치 요소까지 불법구성적 요소로 인정하는 '불법의 주관화'와 행위자의 규범합치적 의사결정능력 및 행위통제능력(=가능성)까지 불법판단에서 고려하는 것을 내용으로 하는 '주관적 위법성이론'은 차원을 달리하는 별개의 문제이기 때문이다.

그러나 주관적 불법론을 수용하면서도 객관적 위법성이론에 따르려면 '불법은 객관적으 36
로, 책임은 주관적으로'라는 고전적 범죄체계의 이분법적 구분은 더 이상 원형 그대로 유지될 수 없다.[15] 불법판단에서 (평가) 대상의 주관화(주관적 구성요건 요소)와 (평가) 기준의 객관성을 병존시키는 방식으로 일정부분 체계 수정이 불가피하다. 주관적 요소를 평가대

14) 다만 과실범의 경우 객관적 척도인을 기준으로 한 객관적 주의의무위반여부뿐 아니라 행위자 개인을 기준으로 삼은 인식가능성의 인정 여부까지 불법 판단에서 심사할 것을 요구하는 이 책의 과실범체계는 이와 같은 차원의 불법 관련적 평가규범과 책임관련적 결정규범의 구분과 다른 층위의 문제이다. 주관적 과실에서 행위자의 인식가능성 여부 판단은 '규범' 관련성을 가지고 있지 않고 구성요건적 결과라는 사실관련성을 가지고 있기 때문이다.

15) 고전적 범죄체계의 객관적 불법과 주관적 책임이라는 이분법적 구분법은 이미 신고전적 범죄체계하에서 해체되어 '사회유해성(Sozialschädlichkeit)으로서의 불법'과 인적 '비난가능성(persönliche Vorwerfbarkeit)으로서의 책임'으로 구분된 바 있다(이에 관해서는 범죄체계론의 발전 참조).

상으로 인정하더라도 평가 그 자체 및 그 기준의 객관성은 양립가능하기 때문이다. '평가의 대상'과 '평가의 기준'을 구분하면서 범죄개념을 체계화하는 것은 이 책이 견지하고 있는 기본적 서술방식이기도 하다(범죄성립요건의 각 체계요소의 중층적 구조에 관해서는 범죄체계에 관한 이 책의 입장 참조).

37 객관적 위법성이론에 따르면 책임무능력자의 행위도 위법성은 인정되므로 형법의 해석상 책임무능력자의 공격에 대해서는 정당방위(형법 제21조 제1항)가능성은 원칙적으로 인정된다(다만, 상당한 이유 판단에서 방어권 남용 내지 사회윤리적 제한가능). 반면에 주관적 위법성이론에 따르면 책임무능력자의 행위는 위법하지 않은 행위가 되므로 그에 대한 반격으로서 정당방위는 이론적으로 불가능하고, 긴급피난(동법 제22조 제1항)만 가능하다고 하게 된다. 또 현행 형법의 형벌/보안처분 이원주의 형사제재체계하에서 객관적 위법성이론에 따라 책임없는 자에게 형벌은 부과할 수 없지만, 불법은 인정되므로 그에 대한 법효과로서 보안처분의 부과는 여전히 가능하다. 반면에 주관적 위법성이론과 같이 책임없는 불법을 부정하게 되면 책임능력이 부정되는 자에게 불법도 인정될 수 없으므로 형벌 뿐만 아니라 보안처분도 부과할 수 없게 된다.

제 2 장 형법의 위법성조각사유와 위법성 판단 기준 §20

객관적 위법성이론에서 출발하더라도 구체적 사례에서 행위자 '행위'의 위법성 판단은 1
형법의 위법성조각사유의 적용을 통해 이루어진다. 행위자의 행위가 형법의 위법성조각사유를 충족하는지에 따라 그 행위의 위법성·적법성 내지 불법·합법 여부가 결정되기 때문이다. 이 때문에 위법성 판단의 '기준' 문제를 더 파고들기 전에 형법의 위법성조각사유가 어떤 컨셉에 따라 규정되어 있는지를 먼저 살펴본다.

제 1 절 위법성조각사유 개관과 규범구조

Ⅰ. 위법성조각사유 개관

1. 형법의 위법성조각사유

위법성조각사유는 행위자의 행위가 구성요건을 충족시키고 있음에도 불구하고 허용(정 2
당화)될 수 있는 조건(허용조건)을 설명하고 있다. '허용구성요건'으로도 불리는 위법성조각사유는 구체적인 경우에 일반적인 금지규범의 효력을 발생하지 못하게 만든다.

형법총칙은 정당행위(형법 제20조), 정당방위(동법 제21조 제1항), 긴급피난(동법 제22조 제1항), 자구행위(동법 제23조), 피해자 3
의 승낙(동법 제24조) 등 다섯 가지 위법성조각사유를 규정하고 있다. 형법각칙 명예훼손죄의 특칙(동법 제310조)은 명예훼손죄에만 고유한 위법성조각사유이다. 총칙의 위법성조각사유는 원칙적으로 '모든' 형식적인 의미의 범죄종류의 경우에 적용될 수 있다는 의미에서 '일반적' 위법성조각사유이다.

2. 형법전 외의 위법성조각사유

형법전 이외의 위법성조각사유로는 폭처법상의 정당방위(폭처법 제8조)·민법상의 정당방위·긴 4
급피난(민법 제761조)·점유권자의 자력구제(동법 제209조), 형사소송법상의 현행범인의 체포(제212조), 민사집행법상의 집행관의 강제집행권(제43조) 등이 있고, 모자보건법상의 인공임신중절수술의 허용한계(제14조) 등이 있다. 그 밖에 형법이론상 '살인죄'(또는 촉탁·승낙살인죄)의 경우 안락사를 위법성조각사유로 인정할 수 있는지가 문제되고(안락사의 의의와 요건에 관해서는 『각론』 살인죄 부분 참조), 부진정부작위범의 경우 '의무의 충돌'을 위법성조각사유로 인정할 수 있는지가 문제된다(의무의 충돌에 관해서는 위법성론 참조).

Ⅱ. 위법성조각사유의 규범구조

5 형법의 위법성조각사유 규정은 '평가의 대상'과 '평가의 기준'이라는 중층적 규범구조로 이루어져 있다. 전자는 구성요건에 해당하는 행위의 위법성을 조각시키는 주관적 정당화 요건 및 객관적 정당화 요건(이하에서는 정당화 사정'이라 한다)이고, 후자는 정당화 사정을 대상으로 삼아 행위의 위법성과 적법성 여부를 평가할 수 있는 규범적 표지(이하에서는 '정당화 평가 기준'이라 부른다)를 말한다.[16)]

1. 정당화 사정(평가 대상)과 정당화를 위한 규범적 표지(평가기준)

6 위법성을 조각시키는 정당화 사정들은 구성요건에 해당하는 행위를 정당화하는 '특별한 예외적 사정'들로 이루어져 있다. 형법은 이러한 특별한 정당화 사정들을 개별 위법성조각사유 마다 각기 다르게 규정하고 있다.

7 형법의 특별한 정당화 사정은 객관적 사실(긴급한 방위상황, 긴급한 위난상황 등) 중심축으로 규정되어 있지만, 행위자의 주관적 사정(방위할 의사, 피난할 의사등)도 기술되어 있다. '인식'도 심리적 사실이기 때문이다. 물론 후술하듯이 형법 제20조의 정당행위에는 이러한 차원의 정당화 사정이 규정되어 있지 않다.

8 그러나 위와 같은 객관적·주관적 정당화 사정이라는 사실적 차원의 전제조건만으로 금지 또는 요구규범의 준수 요구가 후퇴되어 위법성조각으로 귀결되지는 않는다. 형법의 위법성조각사유는 정당화를 위한 사실적 전제조건을 토대로 삼아 구성요건에 해당하는 행위를 가치관계적으로 재평가하도록 규정하고 있기 때문이다. 이 때문에 구성요건에 해당하는 행위의 위법성 판단에서는 행위자의 행위가 규범적으로 정당화 될 수 있는지를 평가하기 위해 입법자가 설정한 규범적 '평가 기준'의 적용이 관건이 된다.

9 형사재판에서 무죄변론을 할 경우 또는 변호사시험 등에서 사례문제를 해결하는 경우 대상 사건이나 사례에서 정당화 사정의 존재를 기초지우는 '특별한' 사정의 단서가 되는 사실관계가 주어져 있지 않은 경우에는 구성요건해당성만으로 행위의 위법성이 확정되고, 책임판단으로 넘어간다. 반대로 사실관계에서 위법성조각사유 속의 특별한 사정에 포섭될 수 있는 단서가 주어지면, 행위자 행위의 정당화 여부를 종국적으로 판단하기 위해 위법성조각사유의 충족 여부에 관한 심사를 – 특히 규범적 평가 기준을 사용하면서 – 진행시켜야 한다.

2. 정당화를 위한 '규범적' 표지의 의의와 평가기준들

10 행위자의 행위가 위법성조각사유를 충족시켜 적법한 것으로 판단되기 위해서는 그 행

16) 이러한 중층구조는 불법구성요건의 규범구조가 평가 대상(행위, 결과, 양자간의 사실상의 인과관계 등)과 평가 기준(위험창출이라는 행위귀속의 기준, 위험실현이라는 결과귀속의 기준 등)으로 되어 있음과 동일하다. 후술하듯이 책임조각사유의 규범구조도 평가 대상과 대상에 대한 평가 기준이라는 중층구조로 되어 있다.

위가 규범의 존중 요구에 따르지 않아도 될 이유가 규범적인 관점에서 승인될 수 있어야 한다. 위법성조각사유가 보다 상위의 규범이나 법질서에 의해 승인된 보다 가치있는 이익 때문에 규범에 복종하지 않아도 될 경우가 존재할 수 있다는 기본사상에 기초되어 있다고 말할 수 있는 것은 이 때문이다. 후술할 위법성조각사유의 일반원리들은 이러한 차원의 규범적 이유들을 정당화 근거이론(들) 또는 정당화의 기본원칙(들)로 환원하려는 이론적 논구의 산물이라고 할 수 있다. 이러한 시각에서 보면 위법성이론과 '적법성'이론은 동전의 앞뒤면 관계에 있다고 말할 수 있다.

형법의 개별 위법성조각사유는 하나의 단일한 규범적 표지를 사용하여 위법성조각사유의 일반원리 내지 정당화의 기본원칙을 설정해 두고 있지 않다. '상당한 이유'라는 표지를 사용하고 있는 경우(예, 형법 제21조, 제22조, 제23조)도 있고, 아무런 표지가 없어서 평가기준이 설정되어 있지 않는 것으로 되어 있는 경우(예, 형법 제24조의 피해자의 승낙)도 있다. 특별한 예외적 정당화 사정이라는 사실적 전제조건 없이 단순히 '사회상규에 위배되지 않는 행위'라는 규범적 표지만 사용되고 있는 경우(예, 형법 제20조)도 있다. 11

(1) 상당한 이유

상당한 이유라는 규범적 표지는 정당화를 위한 전제사실인 정당화 사정을 충족시킨 방위행위, 긴급피난 또는 자구행위 등이 이 표지를 통해 요구하는 기준에 합치될 것을 요건으로 삼아 구성요건에 해당하는 행위의 위법성을 조각시킨다. 12

상당한 이유는 형법이론학에서 '정당화의 기본원리'로 설명되고 있는 기본원칙 내지 법원칙과 동일한 성격의 규범적 표지라고 볼 수 있다. 이에 따르면 법적용자가 상당한 이유라는 표지를 해석하면서 개별 위법성조각사유의 고유한 특징에 맞춰진 정당화의 사실적 전제조건들과 연동시켜 위법성조각사유별로 각기 다른 정당화의 기본원칙을 원용해야 한다. 국내 학자들 중 일부는 정당방위의 상당한 이유를 해석하면서 상당성 요건을 독일형법에서 정당방위의 정당화 요건으로 규정되어 있는 '요구성'과 '필요성'으로 대체하고 독일형법의 해석론을 그대로 차용하고 있는데, 이러한 태도의 당부에 관해서는 후술한다. 13

(2) 사회상규: 특별한 정당화 사정이 규정되어 있지 않은 위법성조각사유

형법이론학에서 간과되고 있지만, 형법 제20조는 규범구조면에서 위법성조각사유에 관한 다른 형법규정과 차별화되는 특징점을 보여주고 있다. 그 차이는 특히 "사회상규에 위배되지 아니하는 행위는 벌하지 아니한다"라는 부분(이하 '사회상규 조항'이라 한다)이 제공한다. 사회상규 조항에 따르면 방위 상황이나 긴급 상황이나 자력구제 상황, 특별한 직업군 내의 업무상황, 또는 심지어 피해자의 법익 포기(피해자의 승낙)라는 예외적 특수한 상황을 전제조건으로 삼지 않고, 구성요건에 해당하는 행위는 오직 '사회상규'라는 규범적 표지(평가기준)만으로 정당화여부가 판가름 난다. 이 때문에 '사회상규'라는 특별한 규범적 표지 및 그 표지를 포함하고 있는 사회상규 조항의 존재 의의나 기능 및 해석을 둘러싸고는 많은 논란이 있다. 14

15 대법원은 특히 사회상규를 위법성 판단의 기본적 '기준'으로 인정한다. 더 나아가 대법원은 정당화 상황이라는 사실적 전제조건을 충족시킨 행위의 정당화 여부를 판단하는 규범적 표지인 '상당한 이유'가 명문화되어 있는 위법성조각사유(정당방위, 긴급피난 등)의 적용여부를 판단할 경우에도 '사회상규' 개념 또는 '사회상규 조항'의 해석공식에서 도출된 다른 기준들(사회통념, 사회윤리, 법질서의 정신 등)을 위법성 판단기준으로 활용한다.

(3) 규범적 표지가 규정되어 있지 않은 위법성조각사유: 피해자의 승낙

16 형법의 위법성조각사유에는 사회상규 조항과 정반대의 규범구조를 가진 위법성조각사유도 존재한다. 피해자의 승낙에 관한 규정(형법 제24조)이 여기에 해당한다. 이 규정은 정당화여부를 판단하는 규범적 차원의 평가기준은 없이 특별한 정당화 사정(객관적 전제조건: 처분가능한 법익 훼손에 대한 피해자의 '승낙')만 규정하고 있기 때문이다.

17 후술하듯이 대법원은 이 규정을 해석함에 있어 승낙에 기초한 행위가 '사회상규에 위배되지 않을 것'을 위법성조각의 요건으로 삼는 법리를 만들어내고 있다. 이 법리에 따르면 '사회상규'는 법적용자에 의해 정당방위나 긴급피난 등의 경우의 규범적 표지인 '상당한 이유'에 상응하는 규범적 표지로서 피해자 승낙에 관한 규정 속의 빈자리에 투입되고 있다.

Ⅲ. 규범구조에 따른 위법성조각사유의 체계화

18 이상의 내용에 따르면, 형법의 위법성조각사유의 규범구조는 정당화 사정(평가대상)과 정당화하는 '규범적 이유'에 해당하는 규범적 표지(평가기준)이라는 중층적 구조를 이루고 있다. 규범적 표지로 명문화되어 있는 '상당한 이유'와 '사회상규'가 개별 위법성조각사유별로 각기 다르게 배치되어 있고, 이 중에 특히 '사회상규'는 형법이론학과 대법원에 의해 명실 공히 '최상위'에 위치하는 위법성 판단 기준이자 정당화 여부를 판단하기 위한 규범적 기준으로 취급되고 있다.

19 이 뿐만 아니라 후술하듯이 '사회상규'는 사회규범의 일종이면서도 형법영역에서는 위법성·적법성 내지 불법·합법을 가르는 기준인 '법/법규범' 또는 '전체로서의 법질서'를 대리보충하는 지위를 차지하고 있다. 이 점에 초점을 맞추면, 형법의 '사회상규'조항은－사회상규 개념의 모호성과 추상성 때문에 이 조항을 삭제하자는 주장을 별론으로 하면－해석론의 차원에서 독일 형법이론학과는 차별화되는 한국 형법고유의 위법성 도그마틱을 전개할 수 있는 법소재로 자리매김될 만하다. 이를 기초로 삼아 한국 형법의 위법성조각사유의 중층적 규범구조 및 개별 위법성조각사유를 체계화하면 다음과 같다.

20

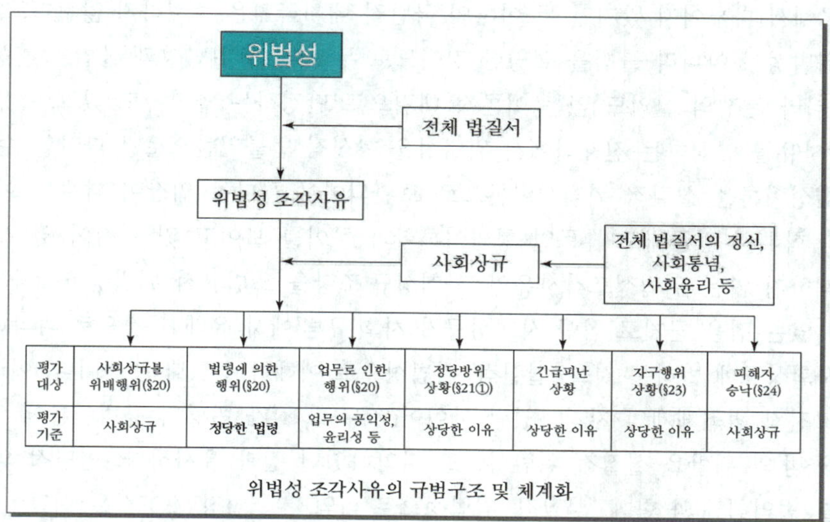

평가 대상	사회상규불 위배행위(§20)	법령에 의한 행위(§20)	업무로 인한 행위(§20)	정당방위 상황(§21①)	긴급피난 상황	자구행위 상황(§23)	피해자 승낙(§24)
평가 기준	사회상규	정당한 법령	업무의 공익성, 윤리성 등	상당한 이유	상당한 이유	상당한 이유	사회상규

위법성 조각사유의 규범구조 및 체계화

제 2 절 위법성조각사유와 위법성 판단 '기준'

구체적 사례에서 행위의 위법성조각(정당화) 여부 판단에서 결정적인 것은 규범적 표지들(평가 기준)이다. 위법성을 조각시키는 일반원리(또는 정당화의 근거)들도 이 규범적 표지들에 대한 해석론과 연계되어 있다. 이하에서는 종래 위법성 본질 문제로 논의되어 왔던 위법성의 실질(불법의 본질)을 위법성조각사유의 일반원리(정당화 근거)를 찾으려는 이론들과 연계시키면서 위법성 판단 '기준의 문제'에 접근해 본다. 21

I. 위법성의 본질과 불법의 본질론

1. 형식적 위법성이론 vs 실질적 위법성이론

독일 형법학에서는 19세기부터 위법성을 구성하는 것은 실정화된 형식적 법률 내지 형식적 규범 위반으로 파악했던 파악하는 '형식적 위법성'이론과 초실정법적인 가치나 이익(또는 법익)의 침해가 위법성을 구성하는 것으로 보는 '실질적 위법성이론'이 대립하여 왔다. 이 두 가지 이론은 고전적 범죄체계를 체계내적으로 수정한 신고전적 범죄체계 시대가 열리면서 그 대립이 지양되면서 실질적 위법성이론이 지배적인 이론이 되었다. 22

(1) 한국형법이론학의 입장

한국 형법이론학에서는 형식적 위법성이론과 실질적 위법성이론의 대립이 위법성(불법) 23

의 본질론에서 다루어져 왔지만 두 이론의 극단적 대치국면은 존재하지 않는다. 실질적 위법성은 위법성이 아니라 불법을 설명한 것이므로 두 이론이 위법성과 불법을 혼동하고 있을 뿐 아니라 논쟁의 실익도 없는 이론적 대립으로 단정하는 입장[17]도 있고, 초법규적 위법성조각사유를 인정하는 전제하에서 위법성을 형식적 법률위반으로만 파악할 수 없고 형식적 위법성이론을 실질적 위법성이론으로 보완되어야 한다는 입장이 다수를 이룬다.[18]

24 이러한 학계의 접근태도가 독일 형법이론학과 차이를 보이고 있는 점이 있다. 독일 형법에 존재하지 않은 위법성조각사유인 '사회상규'조항을 초법규적 위법성조각사유가 실정법화되어 있는 점을 근거로 삼아 사회상규가 사회'규범'에서 유래한 것으로 파악하는 전제하에서 사회상규에 반하는 것을 '실질적' 위법성으로 이해하고 있다는 점이다. 이러한 접근법은 신고전적 범죄체계의 지지자였던 마이어(M.E. Mayer)가 빈딩의 규범이론에 영향을 받아 '문화규범'의 위반을 실질적 위법성으로 파악하였던 점과 유사하다. 빈딩적 의미의 '규범위반'을 '법익침해'와 함께 '실질적' 위법성으로 파악하는 입장[19]도 같은 맥락이다. 이 점은 과거 독일형법이론학에서 주류적 입장이 규범위반을 형식적 위법성이론으로 취급하였던 것과 상반된다.

25 다른 한편 오늘날 한국 형법이론학에서는 형식적 위법성이론과 대립해왔던 실질적 위법성이론을 위법성 판단의 '기준'의 문제로 파악하거나, 위법성 판단 기준을 개별 위법성조각사유의 하위요소(개념)들에 대한 해석과 연계시키고 있는 입장은 찾아보기 힘들다.

(2) 판례의 입장

26 종래 대법원은 명시적으로 밝히진 않았지만 사회상규 조항의 의미를 설명하는 판시내용을 통해 위법성 여부가 법규정의 문언상 일응 범죄구성요건이라는 형식적인 기준이 아니라 다양한 '실질적 기준'들[20] 또는 심지어 '초법규적인 기준'[21]에 의하여 이루어진다고 함으로써 실질적 위법성이론에 따르고 있음을 인정하였다.[22] 그 외 대법원은 법질서 전체

---

17) 이재상/장영민/강동범, 16/11. 이러한 시각은 앞서 살펴보았듯이 위법성은 형식적 개념이고 불법은 실질적 개념이라는 출발점에 서는 한, 그 자체 틀린 말은 아니다.

18) 특히 이상돈, §13/13에서는 두 이론의 보완·종합관계 인정의 근거를 "법이 실정성과 자연법성 두 요소를 모두 갖고 있듯, 위법성도 형식적 위법성과 실질적 위법성을 모두 갖고 있다고 보아야 한다"는 점에 두고 있다.

19) 정성근/정준섭, 110면.

20) 대법원 1985.6.11. 84도1958. "행위가 법규정의 문언상 일응 범죄구성요건에 해당된다고 보이는 경우에도 그것이 극히 정상적인 생활형태의 하나로서 역사적으로 생성된 사회생활질서의 범위 안에 있는 것이라고 생각되는 경우에 한하여 그 위법성이 조각되어 처벌할 수 없게 되는 것으로서, 어떤 법규정이 처벌대상으로 하는 행위가 사회발전에 따라 전혀 위법하지 않다고 인식되고 그 처벌이 무가치할 뿐 아니라 사회정의에 위반된다고 생각될 정도에 이를 경우나, 국가법질서가 추구하는 사회의 목적 가치에 비추어 이를 실현하기 위하여서 사회적 상당성이 있는 수단으로 행하여 졌다는 평가가 가능한 경우에 한하여 이를 사회상규에 위배되지 아니한다고 할 것이다."

21) 대법원 1983.11.22. 83도2224. "사회상규에 반하지 않는 행위라 함은 국가질서의 존중이라는 인식을 바탕으로 한 국민일반의 건전한 도의적 감정에 반하지 아니한 행위로서 초 법규적인 기준에 의하여 이를 평가할 것이다."

의 정신, 그 배후의 사회통념 또는 사회윤리[23]까지도 위법성 판단의 실질적 근거로 사용한다.

27 최근 대법원은 아래의 판시를 통해 위법성 판단이 형식적으로 위법한 행위라도 실질적으로 위법한 것으로 평가되어야 위법성이 인정되고 그 실질적 위법성 여부의 판단 기준이 사회상규임을 특히 명시적으로 강조하고 있다.

28 判 "형법 제20조의 '사회상규에 위배되지 아니하는 행위'는 우리 형법의 독특한 규정으로, 구성요건에 해당하는 행위가 형식적으로 위법하더라도 사회가 내리는 공적 평가에 의하여 용인될 수 있다면 그 행위를 실질적으로 위법한 것으로는 평가할 수 없다는 취지에서 도입된 일반적 위법성조각사유이다."[24]

29 위 판시에서 대법원은 '사회상규'를 기준으로 삼은 위법성 판단을 '사회가 내리는 공적 평가'라고 함으로써 사회상규가 법규범이 아니라 사회규범의 일종임을 인정하는 등 '규범'을 공법적 법문이라고 말하는 빈딩의 규범이론과도 유사한 위법성 법리를 전개하고 있다. 이 뿐만 아니라 대법원은 위법성 판단 기준을 사회상규조항의 의미론적 차원에서 도출함으로써 학계의 입장과는 달리 위법성 판단 기준을 위법성조각사유의 일반원리(정당화 근거원리)와도 연계시키고 있다(이에 관해서는 후술).

(3) 소결

30 1) 이론적 대립의 지양 형식적 위법성이론과 실질적 위법성이론은 앞서 살펴보았듯이 '범죄의 본질'이 무엇인지를 묻는 물음에 대해 각기 다르게 답하는 두 가지 입장, 즉 위반되는 '규범'에 초점을 맞추는 입장(규범위반설)과 규범을 통해 실질적으로 보호하려는 '법익'의 침해에 초점을 맞추는 입장(법익침해설)과 밀접하게 결부되어 있다. 하지만 각 위법성이론 내부에서 보여지는 다양한 분파들을 고려한다면, 형식적 위법성이론과 실질적 위법성이론의 대립이 규범위반설과 법익침해설의 대립과 등식적 대응관계(즉 '규범위반설＝형식적 위법성이론, 법익침해설＝실질적 위법성이론')에 있다고 보기 어려운 측면이 있다.

31 앞서 빈딩의 규범이론에 관한 개요[25]에서 보았듯이, 빈딩의 범죄본질론과 위법성론이 반드시 형식적 범죄개념 및 형식적 위법성이론으로 분류하기는 어렵다. '규범'을 실정화된 '형벌법규'와 개념적으로 분명히 구별하면서, 금지와 요구의 명령체계의 배후에 있는 '실질'을 찾으려는 노력을 마다하지 않았기 때문이다. 그렇다고 해서 규범위반을 실질적 위법성과 결부시키는 것도 무리이다. '규범'의 배후인 사회적 생활이익 내지 도덕의 최소화 등도 법률(형벌법규)로 실정화 되는 단계를 거치는 점에서 그 실질적 내용이 사상(捨象)되어 실정법적 개념으로 형식화되기 때문이다. 이 점은 빈딩이 법실증주의자로 평가되고 있는 이유이기

---

22) 이에 관해서는 김성돈, "대법원의 위법성 판단 '기준'과 '방식' 그리고 '법'학 패러다임," 형사법연구 제34권 제4호(2022), 6면 이하 참조.

23) 대법원 2021.12.30. 2021도9680. "사회상규에 위배되지 아니하는 행위'란 법질서 전체의 정신이나 그 배후에 놓여 있는 사회윤리 내지 사회통념에 비추어 용인될 수 있는 행위를 말(한다)."

24) 대법원 2024.8.1. 2021도2084.

25) 특히 빈딩의 규범이론은 객관적 위법성이론에 맞서는 주관적 위법성이론의 이론적 토대가 된 이론으로서 형법이론, 형벌이론을 넘어서 법이론 등 그 이론이 미치는 자장의 폭이 상당히 광범위하다.

도 하다. 다른 한편 법익침해설에서 말하는 '법익'도 사회 내에서 공동생활을 위해 필수적으로 요구되는 실제적 이익이나 권리, 최소한의 윤리적 가치 등을 추상화한 개념인 점에서 보면 법익이 항상 '실질'적 내용을 가지고 있다고 보기도 어렵다. '법익'에 선재하는 구체적 이익이나 주관적 권리 등도 법체계속에 편입되기 전에는 위법성의 실질적 내용이 될 수 없기 때문이다. 이러한 점에서 보면 규범위반설에서 말하는 규범도 형식적 차원의 법률을 말하는 것만은 아니고, 법익침해설에서 말하는 법익도 실질적 이익 등을 규범화하는 형식적 법률적 차원을 전적으로 배제하지는 않는다고 말할 수 있다.

32 **2) 두 이론의 상호보완관계** 이와 같이 규범위반설과 법익침해설이 더 이상 대척관계에 있는 것이 아니라면, 형식적 위법성이론과 실질적 위법성이론의 대립도 오늘날 법규범의 존재양식(형식 vs 실질)에 대한 입장 차이로 환원하는 19세기적 대립의 연장선상에 있다고 단정할 수는 없다. 형식적 위법성이론과 실질적 위법성이론은 위법성 판단 '기준'〔법(법규범) vs 사회상규〕의 실질적 내용을 규명함에 있어 '상호보완' 관계에 있는 것으로 보는 것이 바람직하다.[26]

33 **3) 위법성 판단의 실질적 기준** 실정화된 형법률의 구성요건에 그에 선행하거나 전제되어 있는 요구와 금지로 요약되는 '규범'적 내용이 침전되어 있는 점을 인정하더라도 죄형법정주의 원칙상 구성요건해당성 판단은 형식적 법률을 준거점으로 삼아야 하는 점은 부인하기 어렵다.[27] 그러나 위법성 판단의 경우는 다르다. 법질서의 통일성을 위해 법질서의 한 '부분' 영역인 형법률을 준거점으로 삼는 외에도 '전체' 법질서의 관점이 기준이 되므로 애초부터 형식적 기준에만 따를 수는 없기 때문이다. 형식적 법률(Gesetz)과 그 배후의 규범(Normen)을 변증법적으로 종합한 구성물로서 학문적으로 규명되고 추구되어야 할 정당한 '법'이 준거점으로 되어야 한다면,[28] 구성요건에 해당하는 행위에 대한 위법성 판단의 기준이 가진 '실질적' 인 내용은 '법'이란 무엇인가라는 법이론적(법철학적) 물음과 직결되어 있다.

34 자연법주의가 후퇴되고 법실증주의 시대로 자리매김되고 있는 오늘날 위법성의 판단 기준을 법의 존재형식(실정법 vs. 초실정법)적 측면의 대립으로 본 형식적 위법성이론과 실질적 위법성 이론간의 대립은 이미 극복된 것이고, 또 그렇게 보아야 한다. 두 이론의 대립 극복 및 상호보완을 위해 '법이 실정성과 자연성을 모두 가지고 있(다)'점에서 출발할 수도 없다. 자연법사상이 실정법을 비판하고 보완할 수는 있지만, 입법영역에서와는 달리 법적용(사법)영역에서 추상적인 자연법이 위법성 판단의 기준이 될 수는 없기 때문이다.

35 判 대법원도 모욕죄의 성립여부가 문제된 구체적 사례에서 행위자의 행위가 사회상규 조항에 의해 정

26) 특히 한국의 대법원은 '사회상규'를 최상위의 '법규범'으로 인정하면서도 사회상규에 위배되지 아니하는 행위를 초실정법적 위법성조각사유로 이해하는 전제하에서 사회상규 개념을 실질적 위법성이론의 중심자리에 두고 있다.

27) 물론 형식적 형법률에 규정된 범죄구성요건의 하위 요소(개념)들은 구체적 사례의 사실관계와 접촉하면서 규범적 평가적 접근법에 따라 일정한 '법'(리)로 발견된다. 규범은 '구성요건' 만들기(입법)에서만 선별을 하는데 그치지 않고 법적용단계(구성요건해당성 판단)에도 관여하기 때문이다.

28) 특히 규범은 구성요건에 해당하는 위법성 판단에서 '전체 법질서'의 이름으로 관여한다.

당행위로 인정되는지의 여부를 판단하면서 자연법이 판단기준이 될 수 없다는 점을 명시적으로 밝히고 있다. "피고인의 행위가 자연법에 반하지 않아 죄로 되지 않는다는 취지의 주장은, 실정법을 근거로 국가사회의 법질서 위반 여부를 판단하는 재판절차에서 주장할 수 있는 것은 아니(다)"라고 판시하고 있기 때문이다.[29] 물론 대법원이 위법성 판단에서 이러한 입장을 일관되게 견지하고 있는지는 의문이다(후술할 '기준으로서의 법과 방법으로서의 법' 참조).

오늘날 위법성판단의 '실질적' 기준 찾기의 문제를 '위법성'이 인정되는 것으로 평가된 행위 그 자체인 '불법'개념에서 다루려는 경향성이 뚜렷하다. 이러한 경향성은 형법률의 구성요건에 해당하는 행위가 법질서 전체의 관점에서 정당화되지 못하여 '불법'한 행위로 평가될 경우, 그 불법의 내용은 실질적으로 무엇으로 구성되는가라는 불법본질론에 관한 논의에서 찾아진다. 36

2. 불법의 본질론

(1) 행위반가치론 vs 결과반가치론

형법이론학에서 불법의 본질을 둘러싼 논의는 규범위반적 행위 그 자체가 가지는 반가치 측면(행위반가치)와 그 규범위반에 의해 야기된 법익침해적 결과(결과반가치) 중 어느 것에 무게중심을 두느냐에 따른 입장차이의 반영이다. 범죄의 객관적 측면(결과반가치적 요소)만이 불법의 본질적 요소라고 하는 입장을 결과불법론이라고 하고, 범죄의 주관적 측면(행위반가치적 요소)이 불법의 본질적 요소라고 하는 입장을 행위불법론이라고 부른다. 37

1) 결과불법론 결과반가치(Erfolgsunwert)적 요소만을 불법의 본질적 요소로 내세우는 입장이다. 이에 따르면 불법은 '결과'가 발생하고 행위와 결과 간에 인과관계가 인정되기만 하면 행위자의 주관적 태도와 무관하게 그 자체로 불법행위가 된다. 19세기 말 고전적 범죄체계하에서 확립된 이러한 태도를 오늘날 '결과불법일원론' 내지 '인과적 불법론'이라고 부른다. 38

2) 행위불법론 행위반가치적 (Handlungsunwert)요소를 불법의 본질적 요소로 인정하는 입장이다. 특히 목적적 행위이론에 의해 기초된 이러한 불법론은 행위주체인 행위자와 관련된 요소(특히 심리적 태도)를 중심에 두기 때문에 '인적(행위자적) 불법론'이라고도 불리워진다. 행위불법론은 오늘날 서로 다른 내용을 가진 두 주장으로 나뉜다. 39

① 행위불법 일원론 인적 불법론의 태도를 극단적으로 밀고 나감으로써 목적적 행위론의 극단적 분파가 취하는 입장이다. 이 입장은 '결과'가 행위자의 내부주관적 태도가 외부로 우연하게 표출된 것에 불과하므로 불법요소가 아닌 단순한 객관적 가벌성의 조건으로만 자리매김하고, 행위자의 규범위반적 주관적 의사(의도), 즉 '의도반가치(Intentionsunwert)'만을 본질적 불법요소로 본다.[30] 40

29) 대법원 2008. 4.24. 2006도4408.

41 ② 결과불법·행위불법 이원론 불법개념을 이해함에 있어서 행위의 주체적 측면인 행위자의 내부적·주관적 태도를 도외시해서는 안 된다는 인적 불법론의 취지를 충실히 하면서도 범죄의 외부적·객관적 측면도 여전히 불법의 내용요소를 이루는 것으로 파악하는 견해가 오늘날 광범위한 지지를 얻고 있다. 이에 따르면 불법의 본질은 행위반가치적 요소와 결과반가치적 요소의 결합에 있다고 하게 된다.

(2) 한국형법이론학과 불법의 본질론

42 한국 형법이론학도 1980년대 중반 경 독일에서 생산되고 일본을 경유하여 수입된 위반가치론과 결과반가치론을 테이블에 올려놓고 위법성의 실질 규명을 위한 집중적 논의를 전개하는 양상을 보였다. 이 과정에서 일부 견해가 결과반가치 일원론을 취하기도 했지만, 행위반가치 일원론을 주장하는 견해는 없었고 지금도 없다. 오늘날 절대 다수가 행위반가치와 결과반가치를 모두 고려해야 한다는 이원론을 취하고 있다. 하지만 이원론 내부에서도 견해가 정확하게 일치되어 있지는 않다. 이 점은 행위반가치 요소와 결과반가치 요소의 분류방식도 논자들마다 다르고, 범죄유형별 불법구조를 파악함에 있어 이원론이 각기 다르게 이해되고 있음에 기인한다.[31] 그러나 어느 입장이든 위법성이론과 정당화 근거이론의 교차지점을 발견하여 이를 위법성조각사유의 해석론에 적극적으로 반영하고 있지는 않다.

(3) 대법원과 불법의 본질론

43 대법원이 행위반가치나 결과반가치와 같은 표현을 사용하면서 불법의 본질론에 관한 태도표명을 직접적으로 한 적은 없다. 그러나 사회상규 개념을 위법성 판단의 기본적 기준으로 인정해 오던 대법원이 2000년대부터 어떤 행위의 사회상규불위배성을 인정하기 위한 다섯 가지 요건을 설정하면서, 그 요건들을 불법본질론의 관점에서 다음과 같이 체계화하고 있다.

44 判 형법 제20조에 정한 "사회상규에 의한 정당행위가 인정되려면, 첫째 그 행위의 동기나 목적의 정당성, 둘째 행위의 수단이나 방법의 상당성, 셋째 보호이익과 침해이익과의 법익균형성, 넷째 긴급성, 다섯째로 그 행위 외에 다른 수단이나 방법이 없다는 보충성 등의 요건을 갖추어야 하는데, (중략) '목적의 정당성'과 '수단의 상당성' 요건은 행위의 측면에서 사회상규의 판단 기준이 된다. (중략) 또한 보호이익과 침해이익 사이의 법익균형은 결과의 측면에서 사회상규에 위배되는지를 판단하기 위한 기준이다. (후략)"[32]

45 대법원이 위 다섯 가지 요건 중 목적의 정당성과 수단의 상당성 요건은 '반가치적 행위를'

---

30) Armin Kaufmann, Zum Stand der Lehre vom personalen Unrecht, FS für Welzel, 1974, S. 411.

31) 예컨대 고의 작위 기수범 형식의 경우는 행위반가치요소와 결과반가치 요소를 모두 요구한다고 하면서도 미수범의 경우에는 행위반가치만 요구되고, 결과반가치는 탈락된다는 설명방식도 있고, 미수범의 경우에도 변형된 형태의 결과반가치(즉 법익침해의 위험성)의 필요성이 요구된다는 설명방식도 있다. 과실범의 경우에도 결과반가치만이 요구된다는 입장도 있지만, 행위반가치 요소를 주의의무위반적 행태에 있는 것으로 파악하는 입장도 있다.

32) 대법원 2023.5.18. 2017도2760.

'가치있는 행위'로 변환시키는 요건으로 설명하고, 법익균형성은 '반가치적 결과'를 '가치있는 결과'로 변환시키는 요건으로 판단하는 취지의 판시를 하고 있다. 이에 따르면 대법원은 불법을 구성하는 요소로서 행위반가치요소와 결과반가치 요소를 모두 요구하는 이원적 불법론에 입각하고 있는 것으로 평가할 수 있다.

(4) 소결: 실질적 위법성과 불법의 본질

범죄가 법익침해와 규범위반의 변증법적 절충이듯이, 범죄의 요소인 불법(위법한 행위 그 자체)인 불법도 '규범위반' 관련적 행위반가치적 요소와 '법익침해' 관련적 결과반가치적 요소로 구성된 것으로 보는 이원적 불법론이 타당하다. 그것을 범죄라고 표현하든 '불법'이라고 말하든, 규범위반과 법익침해 두 가지가 상보적으로 결합될 것이 요구된다면, 불법도 규범위반 관련적 행위반가치와 법익침해 관련적 결과반가치 두 가지 모두를 요구해야 하기 때문이다. 46

불법을 구성하는 결과반가치적 요소와 행위반가치적 요소는 이미 형법의 구성요건의 각 요소(행위반가치 요소: '구성요건적 행위'와 행위태양, '고의' 또는 '과실,' + 결과반가치적 요소: '결과' 또는 행위와 결과간의 '인과관계')로 형법률에 규정되어 있다. 이 때문에 구성요건의 해석·적용단계에서는 행위반가치 또는 결과반가치라는 요소가 독자적으로 의미있는 개념적 도구로 사용되지는 않는다. 하지만 행위에 대한 일반적·잠정적인 불법판단인 구성요건해당성 판단과는 달리 '위법성' 판단은 구체적·종국적인 불법판단이므로 구성요건에 유형화되어 있는 행위반가치적 요소와 결과반가치적 요소의 충족 여부에 대한 구체적·종국적 평가작업을 거쳐야 한다. 이러한 작업은 실정화된 '위법성조각사유'에 대한 해석·적용단계에서 이루어져야 한다. 하지만 위법성조각사유의 적용단계에서 행하는 위법성 판단을 할 경우에도 형법에 규정된 정당화 사정 및 규범적 표지의 해석이 주된 작업이 될 것이고, 행위반가치와 결과반가치라는 도그마틱적 개념을 논증도구로 내세울 필요가 있는 경우는 예외적인 경우로 국한된다. 47

이와 같은 예외 중 한 가지는 구체적 사례에서 위법성조각사유의 객관적 요소는 인정되지만 행위자에게 주관적 정당화요소가 인정되지 않는 경우(이른바 '우연' 정당행위 사례)이고, 다른 한 가지는 행위자에게 주관적 정당화요소는 인정되지만 위법성조각사유의 객관적 요소가 충족되지 않는 경우(이른바 '오상' 정당행위사례)이다. 48

이원적 불법론의 관점에서 구성요건에 해당하는 행위가 형법의 개별 위법성조각사유의 적용을 통해 정당화되는 과정은 강학상 다음과 같이 설명되기도 한다: 불법을 소극적으로 배제하는 행위가치적 요소와 결과가치적 요소가 불법을 적극적으로 근거지우는 행위반가치적 요소와 결과반가치적 요소를 각각 '상쇄'시킨다. 49

하지만 상쇄라는 용어는 설명의 편의상 사용되는 것일 뿐, 위 설명방식이 정당화 과정을 정확하게 표현한 것도 아니고, 상쇄라는 말 때문에 오해의 소지가 있다. '상쇄'란 상계라는 말과 같이 서로 상반된 것이 영 50

향을 미쳐 효과가 없어지는 것을 의미한다. 하지만 구성요건해당성 판단에서 이미 존재하는 것으로 평가된 반가치성이 위법성 판단에서 사후적으로 '제거'되는 것은 아니다. 이 때문에 오히려 보다 적절한 설명방식은 불법구성요건을 충족시킨 행위에 대해 내려진 부정적 가치판단이 위법성조각사유의 적용과정에서 긍정적 가치판단으로 '변환'된다는 식의 설명이다. 이 경우 '변환'에 결정적인 역할을 하는 핵심고리는 규범적 차원의 위법성 판단 기준이고, 이 기준은 정당화의 근거이론(기본원칙)과 내용적으로 연동되어 작동한다.

Ⅱ. 정당화 근거이론과 위법성 판단 기준의 관계

1. 독일형법이론학에서의 정당화 근거이론

(1) 일원론

51 구성요건에 해당하는 행위를 정당화하는 근거를 하나의 기본원칙으로 설명하려는 이론이다.

52 1) 목적설 구성요건에 해당하는 행위라도 그 행위가 정당한 목적을 실현하기 위한 상당한 수단으로 행해진 것이라고 판단되는 경우에는 법질서에 반하는 성질(즉 위법성)이 제거된다고 보는 이론이다.[33] 이 이론은 '정당방위'의 정당화 근거를 설명하는 데에는 용이하지만, 목적설은 무엇이 정당한 목적이고 어떤 것이 상당한 수단인지에 관해서는 더 이상 구체화된 내용을 제시하고 있지는 않다.

53 2) 이익형량설(본질적으로 우월한 이익원칙) 구성요건에 해당하는 행위라도 그 행위를 통해 침해되는 이익 또는 가치보다 본질적으로 더 큰 이익 또는 가치가 보호되는 결과를 만들어내는 경우에는 더 이상 위법성이 인정되는 행위가 아니라고 보는 이론이다.[34] 우월한 이익원칙은 독일형법의 정당화적 긴급피난(제34조)의 요건으로 명시되어 있다. 하지만 이 원칙은 정당방위나 긴급피난, 피해자의 승낙 등을 정당화하기 위한 근거로 설명되기 어렵다.

(2) 다원론

54 일원설적 설명이 지나치게 추상적이므로 그로부터는 아무런 내용이 도출될 수 없다는 시각에서 개별 위법성조각사유별로 각기 다른 정당화 원칙들을 가지고 설명하기를 시도하는 이론이다. 여기에는 다시 이원설과 개별설이 있다.

55 1) 이원설 피해자의 승낙과 추정적 승낙이라는 위법성조각사유는 피해자가 법익을 포기한 것이기 때문에 보호할 법익이 없다는 '이익흠결의 원칙'으로 설명하고, 그 밖의 다

---

33) Graf zu Dohna, Zur Systematik der Lehre vom Verbrechen, ZStW 7(1907), S. 329 ff. "올바른 목적을 위한 올바른 수단으로서 나타나는 인간행태는, 이러한 실제적인 정당화에 부합할 경우 동시에 법적인 규범에 결코 충돌할 수 없다는 이론을 발전시킨 도나는 정당화사유들의 발견과 구분을 "법의 이념"에 의지할 수 있다고 하면서 당시 유명한 신칸트주의 법철학자인 루돌프 쉬탐러(Rudolf Stammler)에 동조하였다.

34) Roxin, Kriminalpolitik und Strafrechtssystem, 1973, 15; Noll, Übergesetzliche Milderungsgründe aus vermin-dertem Unrecht, ZStW(1956), S. 9.

른 위법성조각사유는 '우월적 이익의 원칙'으로 설명하는 견해이다. 우월한 이익원칙은 정당방위나 자구행위의 정당화 근거가 되기에는 한계가 있다.

2) 삼원설 정당화사유를 세 개의 서로 다른 원칙으로 설명하는 견해[35]이다. 56

첫째, 최초공격자(피해자)의 책임인정 원칙: 법익에 대한 선제공격을 한 자가 만들어낸 위험은 그 피해자의 책임져야 할 위험이므로 그에 대한 대응차원에서 이루어진 행위는 정당화된다는 원칙을 말한다(예, 정당방위, 방어적 긴급피난, 자구행위, 체포, 강제집행 등 공권력의 행사).

둘째, 피해자 이익 대변의 원칙: 공격받는 피해자에게 유익이 되거나 적어도 수용한 것으로 여겨지는 행위는 정당화된다는 원칙을 말한다(예, 피해자 승낙 또는 추정적 승낙, 행정관청의 허가). 57

셋째, 최소한의 연대성원칙: 현저하게 우위에 있는 타인 또는 사회일반인의 이익을 보호하기 위해 피해자의 법익을 공격하는 행위는 정당화된다는 원칙을 말한다(예, 공격적 긴급피난). 58

2. 한국 형법이론학과 형사실무의 정당화 근거이론

(1) 형법이론학의 입장

위법성조각사유의 일반원리와 관련하여 한국 형법의 독자성에 기초한 독자적 이론은 제시된 바 없다. 독일 형법이론학에서 오랫동안 주장되어 온 일반원리에 관한 태도 중 어느 하나를 선택하여 그것을 자신의 입장으로 삼고 있을 뿐이다. 이 가운데 다원론을 정당화의 일반원리로 보면서 개별 위법성조각사유에 따라 어느 원리를 특히 중요하게 다루거나 각 원리(원칙)들을 결합하여 정당화 근거로 삼는 견해[36]가 다수이다. 그러나 구체적으로 개별 위법성조각사유별로 어떤 이론 또는 기본원칙(들)에 의해 정당화되는지에 대한 구체적 대응관계를 해석론에서 분명히 하고 있지는 않다. 정당화의 근거이론들을 위법성조각사유의 하위요소(개념)들에 대한 현행의 위법성조각사유의 '입법' 배경에 대한 '설명' 도구로 사용하는데 방점을 찍고 있기 때문인 것으로 보인다. 59

간접적으로나마 한국 형법의 사회상규조항을 사례에 적용할 수 있음이 확인되고 있기는 하다. 일본에서 주장된 가벌적 위법성이론에 대해서도 한국 형법의 사회상규조항을 통해 같은 결론을 얻을 수 있다고 보기 때문이다. 가벌적 위법성이론이란 처벌할 가치 내지 침해된 법익의 중대성을 위법성 판단에서의 실질적 기준으로 사용하려는 이론을 말한다. 이 이론에 의하면 다른 법영역에서의 불법과는 달리 형법상의 불법이 되려면 문제의 행위를 형벌로 대응할 필요가 있을 정도이어야 하고, 형벌로 대응할 필요가 없을 정도의 경미한 법익침해가 있는 경우는 위법성이 부정된다. 이 이론을 한국 형법의 위법성조각사유에 관한 규정의 적용 60

35) Jakobs, § 11/3.

36) 개별화적 다원설로는 손동권, §10/18; 이재상/장영민/강동범, 16/22; 이용식, 135면; 임웅, 197면 등이고, 이원설로는 배종대, §52/27; 유기천, 177면 등이 있다.

단계에서 해석론의 기초로 활용하려는 견해[37]가 있다. 대법원도 '홍삼판매 할당량을 충실히 이행하여 국고수입을 늘리려고 허위공문서를 작성한 사안'에 대해 "그 법익침해 정도가 경미하여 가벌적 위법성이 없다고 할 수 없다"[38]고 판시함으로써 이 이론의 수용가능성을 시사한 적이 있다. 그러나 다수 견해는 한국 형법은 일본형법과는 달리 위법성의 실질적 내용 파악에 근거가 될 수 있는 사회상규조항(형법 제20조)을 두고 있어 법익침해가 경미한 경우에도 가벌성 위법성이론이 아니라 사회상규조항에 근거하여 위법성여부를 판단하는 것이 타당하다고 한다.

(2) 대법원의 태도

61 대법원은 형법이론학의 소극적 태도에 비해 훨씬 적극적인–그리고 '한국적'–위법성 도그마틱을 구사하고 있다. 이 점은 특히 독일 형법 규정에는 존재하지 않고 한국 형법에서만 규정되어 있는 '사회상규에 위배되지 않는 행위'라는 사회상규조항에 대한 대법원의 접근태도에서 드러난다.

62 判 대법원은 ① 사회상규조항 속의 '사회상규'개념을 "가장 기본적인 위법성 판단의 기준"[39]으로 삼는 출발점에 서서 ② 어떤 행위의'사회상규 불위배성'이 초법규적인 법익교량의 원칙, 정당한 목적과 정당한 수단의 원칙 및 사회적 상당성의 원리에서 도출된다고 한다.[40] 이 뿐만 아니라 대법원은 ③ 사회상규에 위배되지 않는 행위를 다양하게 정의내리면서 행위의 정당화 여부를 판단하는 기준인 '사회상규'를 대용하는 다른 개념적 표지들(법질서 전체의 정신, 그 배후의 사회윤리, 사회통념 등)을 위법성 판단의 '일반적' '기준'으로 삼는 동시에 이를 ④ 형법의 모든 위법성조각사유의 해석기준으로 활용하고 있다(자세한 내용은 후술).

63 이와 같이 사회상규 위법성 판단 기본적인 '기준'이라고 하면서 사회상규에 위배되지 않은 행위(정당한 행위)가 어떤 행위의 '정당화'를 근거지우는 세 가지 '초법규적'인 원칙에서 도출하고 있는 대법원의 위법성 도그마틱은 다음과 같이 평가할 수 있다. 첫째, 정당화 근거이론과 관련하여 대법원은 '다원적(세 가지 초법규적 원칙) 일원론(사회상규불위배성)'에 입각하고 있다. 둘째, 사회상규를 위법성 판단 기준과 정당화의 근거이론(및 이를 구성하는 기본원칙들)의 공통의 연결고리로 삼고 있다. 셋째, 사회상규개념의 대용적 표지로서 사용하는 '법질서의 정신 또는 그 배후에 있는 사회윤리나 사회통념'과 같은 추상적 개념어들로부터는 대법원이 '법'이란 무엇인가라는 법철학적 물음에 대해서도 간접적으로 답하려는 시도를 하고 있다.

37) 차용석, 422면.
38) 대법원 1983.2.8. 82도357.
39) 대법원 1983.2.8. 82도357. "형법 제20조가 사회상규에 위배되지 아니하는 행위는 처벌하지 아니한다고 규정한 것은 사회상규 개념을 가장 기본적인 위법성판단의 기준으로 삼아 이를 명문화한 것(이다)."
40) 대법원 1971.6.22. 71도827. "형법 제20조 소정의 사회상규에 위배되지 아니하는 행위는 초 법규적인 법익교량의 원칙이나 목적과 수단의 정당성에 관한 원칙 또는 사회적 상당성의 원리등에 의하여 도출된 개념이었다고 할 것(이다)".

3. 소결: 일원적 다원론과 상위 기준

'정당화'는 법질서의 '부분'영역인 형법률의 관점에서 내려진 부정적 가치판단을 법질서 '전체'의 관점에서 다시 긍정적 가치판단으로 변환시킨다. 정당화 근거는 정당화될 수 있는 다양한 예외사정들, 즉 정당화 사정들을 전제로 한다. '형법률'의 구성요건에 해당하는 행위에 대해 잠정적으로 내려진 부정적 가치판단을 예외적 특별한 사정(정당화 사정)을 매개로 삼아 긍정적 가치판단으로 변환하기 위해서는 '전체 법질서'의 관점에서 이미 내려진 부정적 가치판단을 다시 후퇴시키는 '규범적' 차원의 이유가 있어야 한다. 64

그러나 이러한 규범적 '이유'에 해당하는 정당화 근거원리는 하나의 단일한 기본원칙으로 환원하기 어렵다. 정당화 사정(사실적 전제조건)이 달라짐에 따라 그 정당화를 위한 규범적 차원의 이유도 달라질 수 있기 때문이다(다원론). 입법자도 이와 같이 정당화 사정별로 달라지는 규범적 차원의 이유를 "상당한 이유"라는 표지를 형법의 위법성조각사유에 심어 두었음은 앞서 위법성조각사유의 규범구조에서 살펴보았다. 문제는 개별 위법성조각사유별로 구획된 정당화 사정들에 따라 차별화된 규범적 표지를 사용하지 않고 "상당한 이유"라는 단일한 표지를 사용하고 있기 때문에 상당한 이유는 정당화 사정별로 다르게 해석된다는 점에 있다(후술하듯이 통설과 판례도 이러한 해석태도를 취한다). 65

이 뿐만 아니라 입법자는 실질적 위법성 판단을 담보하기 위해 '사회상규 조항'을 두고 있는데, 이 조항도 '실정화'된 위법성조각사유로 파악할 수 있다. 이에 따르면 '사회상규' 역시 구성요건에 해당하는 일정한 행위가 처한 특별한 예외적 상황(특히 긴급한 상황에서 그 행위 외에는 달리 법익 침해 또는 위태화를 모면할 수 없는 상황)에서 그 행위의 잠재적 불법성을 후퇴시켜 정당화하는 규범적 표지의 일종으로 볼 수 있다. 66

이러한 맥락에서 보면, 정당화 사정별로 달라지는 정당화를 근거지우는 규범적 기준들(상당한 이유, 사회상규 등)이 존재하고 그 기준들의 구체화된 하위기준들이 존재한다면, 학문적으로 모든 기준들의 최상위에 있는 일반 기준을 찾는 일이 관건이 될 수 있다. 필자가 생각하기에 위법성과 적법성 여부를 결정하는 이 최상위의 '기준'은 '법'이라고 할 수 있다. 이러한 컨셉에 따르면 사회상규도 '법'이라는 상위기준의 하위기준의 하나로 분류된다(일원적 다원론). 67

判 이와는 달리 대법원은 '사회상규조항'을 일반적·초법규적·보충적 위법성조각사유로 보고 '사회상규'를 위법성 판단의 중심적 기준이자 최상위의 기준으로 본다. 이에 따르면 사회상규는 실정법을 초월한 초실정적 위법성 판단의 기준이기 때문에 더 이상 '법'의 세계에 속하지 않은 것(예컨대 종교규범 또는 도덕규범과 같은 사회규범)으로 취급되어야 할 것으로 보인다. 68

'사회상규'조항을 빼놓고는 한국 형법'에 고유한 위법성 이론을 전개할 수는 없지만, 사회상규의 지위와 기능과 관련해서는 다음 두 가지 물음이 결정적이다. '사회상규'가 위법 69

성 판단의 최상위 기준인가? 사회상규가 그 내용이 구체화될 수 있을 정도의 '실질'을 가지고 있는가?

제 3 절 한국 형법과 위법성 판단의 기준에 관한 이론

Ⅰ. 위법성조각사유의 해석론과 위법성 판단의 기준의 의의

1. 한국 형법 고유의 위법성 판단 기준을 공급할 필요성

70 형법이론(법리)들이 실정화된 형법을 전제로 한 도그마틱의 전개로 나타나는 것임은 위법성이론에서도 예외가 아니다. 범죄론 영역에서 한국 형법 총칙규정과 독일 형법총칙규정을 단순 비교할 때 위법성조각사유에 관한 규정만큼 양 국의 편차가 큰 부분은 찾아보기 어렵다.

71 독일형법 총칙에는 자구행위에 관한 규정이나 피해자의 승낙에 관한 규정도 없고, 정당화적 긴급피난에 관한 규정은 심지어 정당화 근거이론이 발전되었던 19세기 말에는 명문의 규정도 없었다. 특히 독일형법은 한국 형법에 있는 '사회상규조항'과 같은 초법규적 위법성조각사유로 평가될 수 있는 조항은 존재하지 않는다. 따라서 한국 형법이론학이나 형사실무가 아무리 독일형법 도그마틱 의존도 높다고 하더라도 적어도 위법성 영역에서 만큼은 독일형법이론과는 다른 한국 형법 고유의 도그마틱이 전개되어야 마땅할 것으로 생각된다.

72 독일형법 총칙의 위법성조각사유는 정당방위와 긴급피난 두 가지 뿐이다. 정당방위(독일형법 제32조)에 관해서는 '요구될 경우(geboten) 필요한(erfordlich) 방위행위를 할 것을 요건으로 규정하고 있고, 정당화적 긴급피난(제34조)은 본질적으로 우월한 이익을 보호할 것이라는 요건이 명시적으로 규정하고 있다. 한국의 정당방위 규정과 긴급피난 규정에는 이러한 요건이 명문화되어 있지 않고 양자 공히 '상당한 이유' 있는 행위일 것이라는 요건만 명시되어 있다. 그럼에도 한국의 교과서 저자들 중 상당수는 예컨대 정당방위 '상당한 이유'를 독일형법의 '필요성'과 '요구성'개념으로 대체하여 해석하고 있다.

73 하지만 정당화의 근거에 관해 한국에서의 학설이 취하는 다원론 중 이원설이나 개별화설이 내세우고 있는 정당화의 기본원칙들은 모두가 독일형법의 위법성조각사유 규정들을 대상으로 삼아 독일 형법이론학이 생산해 낸 이론들이다. 이 뿐만 아니라 한국 형법'이론학'은 위법성 판단의 기준을 정당화 근거이론을 연계시키는 접근법을 취하지도 않고, 위법성조각사유 규정의 해석지침으로 위법성 판단 기준이나 정당화 근거이론을 원용하는 일에도 적극성을 보이지 않았다.[41]

---

41) 다만, 이상돈, §13/13에서는 한국 형법의 '사회상규'는 "불법을 구성하는 요소가 아니라 불법에 대한 사회적

그러나 위법성 판단의 기준찾기에 관한 한 대법원의 접근법에 대해서는 다른 평가가 가능하다. 대법원은 한국 형법의 고유성을 보여주는 '사회상규 조항'속의 사회상규를 위법성 판단의 기본적인 기준으로 삼고, 이를 위법성조각사유의 일반원리(정당화 근거이론)와 연계시키고 있기 때문이다. 대법원은 또 사회상규조항속의 사회상규 개념의－이 개념이 가지고 있는 문제점 및 한계와는 별개로－대용적 개념적 표지들의 법규범성을 강조함으로써 이러한 개념적 표지들을 위법성과 적법성을 판단하는 '일반적' 기준으로도 활용하고 있음을 보여주고 있다. 대법원의 이러한 접근법은 명실상부한 '한국'적 위법성 도그마틱의 면모를 보여주고 있고－그에 대한 수용/불수용과 무관하게－실천적 차원에서 뿐만 아니라 이론적 차원에서도 형법이론학의 태도보다 더 '학문적'인 자세를 보여주고 있다고 평가할 수 있다. 74

물론 대법원은 후술하듯이 그 성격상 '이질적인' 위법성 판단 기준들을 병존시키면서도 그 기준들의 우위관계나 사용 가이드라인 등을 보여주고 있지 않아 만족스러운 체계성을 갖추고 있지는 못한 것으로 보인다. 대법원의 위법성 판단이 일관적이고도 안정적이며 평등한 법적용을 담보하기 위해서는 위법성 판단 '기준'에 관한 이론의 정비가 요구된다. 75

2. 위법성 판단 기준에 관한 일반 '이론'의 의의

실질적 위법성이론을 출발점으로 삼아 위법성 판단 기준을 규범위반 관련적 행위반가치와 법익침해 관련적 결과반가치의 종합으로 파악하고, 동시에 이를 불법의 본질을 구성하는 것으로 이해하며, 행위의 위법성 여부의 판단이 곧 적법성 판단으로 귀결되는 것이라는 점을 고려한다면, 위법성 영역에서 학문적인 관심사로 삼아야 할 과제는 무엇인가? 그것은 위법성 판단의 기준에 관한 하나의 통일된 이론을 정립하는 일일 것이다. 76

어떤 행위의 위법(불법)성 여부는 결국 그 행위의 적법(합법)성 여부와 동전의 양면관계에 있으므로 위법성 판단 기준에 관한 이론화 작업도 위법성조각사유의 일반원리(정당화 근거이론)와 연계지어 이루어질 수밖에 없다. 이를 위해서는 결국 형법의 위법성조각사유를 기초로 삼아야 하고, 그 중에 특히 정당화사정별로 다르게 설정되어 있는 규범적 표지들을 포괄하는 상위의 기준을 찾는 데까지 나아가야 한다. 77

이러한 차원의 상위의 기준은 구체적 사례에서 개별 위법성조각사유의 하위요소(개념)들의 해석 기준으로도 활용될 수 있다. 즉 개별 위법성조각사유의 정당화의 전제사실들을 기술하는 개념들을 해석하는 일 뿐 아니라 규범적 표지들을 해석함에 있어서도 해석원리 78

가치평가의 척도"로 보는 태도를 명시적으로 밝히고 있다. 이에 따르면 '사회상규에 위배되지 아니하는 행위는 벌하지 한다는 사회상규조항(형법 제20조)의 사회상규는 행위의 불법여부(위법성여부)를 판단하는 척도(기준)로 보는 이상, 행위의 위법성조각사유여부를 판단하는 척도로서 기능하고 있음도 인정할 수 있기 때문이다. 하지만 위 입장이 '사회상규에 위배되는 행위'는 초실정법적('자연법적') 의미에서 불법(위법성)을 구성하는 실질적 기준으로서의 역할까지 인정된다고 하면서 '위법성을 자연법적으로 이해'하는 부분에는 동의하기 어렵다.

로서 기능할 수 있고, '하드케이스'를 해결함에 있어 해석기준 내지 해석지침의 역할을 할 수도 있다(이 점은 책임판단의 상위기준이 개별 책임조각사유의 해석기준이 될 수 있는 것과 마찬가지이다). 이하에서는 위법성 판단 기준에 관한 도그마틱의 '한국화'를 도모한 대법원의 법리를 출발점으로 삼아 위법성 판단 기준에 관한 이론화를 시도해 본다.

Ⅱ. 위법성 판단 기준과 그 기준의 실질적 내용

1. '적극적' 실질적 위법성이론 vs. '소극적' 실질적 위법성이론

79 '사회상규'를 위법성과 적법성여부를 판단하는 상위의 기준으로 삼고 그에 위배되지 아니하는 행위들을 정의하면서 사회상규의 내용을 다양하게 규명하고 있는 대법원이 실질적 위법성이론에서 출발하고 있다는 점에는 이견이 없을 듯하다. 하지만 실질적 위법성이론에 따르더라도 위법성 판단을 위한 '실질적 기준'이 법률구성요건으로 정형화되지 않은 새로운 불법유형을 창설하는 식으로 운용되거나 그러한 불법을 구성하는 일에 활용되어서는 안 된다. 형법적 위법성 판단은 입법자에 의해 잠정적으로 불법한 것으로 평가되어 일반적 추상적 개념으로 구성요건에 유형화되어 있는 어떤 행위가 구체적 사례에서 종국적으로 위법성이 긍정(종국적 불법)되는지 부정(위법성조각)되는지를 가리는 차원의 판단으로서 구성요건 '종속적'이어야 하기 때문이다.

80 위법성 판단에서 구성요건과 무관하게 독립적으로 불법 창설적 효과를 가져오게 하는 실질적 기준을 사용할 수 있다는 컨셉을 '적극적' 실질적 위법성이론이라고 한다면, 구성요건 종속적인 위법성 판단을 통해 종국적으로 문제의 행위의 위법성여부를 판단하는 차원의 실질적 기준을 사용할 수 있다는 컨셉을 '소극적' 실질적 위법성이론이라고 부를 수 있다.

81 형법영역에서 소극적 실질적 위법성이론에 따라 위법성 판단을 해야 할 이유는 형사입법에서 뿐 아니라 형법적용에서도 죄형법정주의가 관철되어야 하기 때문이다. 반면에 민법에서는 형법에서와는 달리 입법단계에서부터 불법행위가 형식적 법률을 통해 정형화되어 있지 않다. 따라서 적용단계에서도 손해가 발생한 경우 '불법'을 새롭게 구성하는 차원의 적극적 실질적 위법성 판단이 원칙적으로 배제되어 있지 않다. 즉 민법 제750조[42]의 적용상 어떤 행위의 위법성을 판단함에 있어서 보호해야 할 이익이 있고 그 이익의 손상되는 결과(손해의 발생)가 고의 또는 과실에 의해 이루어지고,–인과관계가 인정되는 한–불법행위가 창설적으로 인정될 수 있기 때문이다.

82 判 대법원도 불법행위로 인한 손해배상책임의 근거규정인 민법 제750조를 해석함에 있어 "위법행위는 불법행위의 핵심적인 성립요건으로서, 법률을 위반한 경우에 한정되지 않고 전체 법질서의 관점에서 사회통념상 위법하다고 판단되는 경우도 포함할 수 있는 탄력적인 개념"으로 이해하는 전제(실질적 위법성이론

42) 고의 또는 과실로 인한 위법행위로 타인에게 손해를 가한 자는 그 손해를 배상할 책임이 있다."

의 견지)에서 출발한다. 그리고나서 대법원은 문제되는 행위를 개별적으로 판단하여 형식적인 법률에서 보호할 가치를 인정받은 법익 내지 이익(예, 소유권)을 넘어서서도 보호할 가치있는 이익이라면, "침해행위의 양태, 피침해이익의 성질과 그 정도에 비추어 그 위법성이 인정되면 불법행위가 성립할 수 있(다)"[43]고 함으로써 실질적 위법성이론을 위법성을 '적극적으로 근거'지우는 차원에서 활용하고 있다.

그러나 형법영역에서의 위법성 판단은 민법영역에서와 같은 맥락으로 적극적 실질적 위법성이론을 활용하는 접근법이 통용되어서는 안 된다. 형식적인 구성요건이 없는 경우에도 문제되는 행위의 불법을 구성요건 독립적으로 근거지움으로써 문제되는 행위의 가벌성을 인정하게 될 우려가 있기 때문이다. 적극적 실질적 위법성이론은 특히 형법적용에서 '유추'를 적극적으로 허용하는 전제하에서 위법성 판단의 기준으로 '국민 일반의 건전한 도의감' 등을 활용함으로써 그 기능효율성을 높일 수 있다. 사실상 '구성요건'을 확장하는 결과를 초래하는 이러한 일은 역사적으로 나찌형법에서 현실화된 바 있다.[44] 83

대법원도 형법영역의 위법성 판단에서는 기본적으로 소극적·실질적 위법성이론에 입각해 있는 것으로 보인다. 위법성 판단이 형법의 범죄구성요건에 해당하는 것임을 인정한 이후에 이루어지는 것임을 확인해 주고 있기 때문이다. 최근 다음의 판시내용에서 이 점이 더욱 분명하게 드러나 있다. 84

判 대법원은 "어떠한 행위가 범죄구성요건에 해당하지만 정당행위라는 이유로 위법성이 조각된다는 것은 그 행위가 적극적으로 용인, 권장된다는 의미가 아니라 단지 특정한 상황하에서 그 행위가 범죄행위로서 처벌대상이 될 정도의 위법성을 갖추지 못하였다는 것을 의미한다"고 하고 있기 때문이다.[45] 85

그러나 대법원은 위법성 판단 기준인 '사회상규'를 위법성 판단이 아닌 구성요건해당성 판단에서 부진정부작위범의 보증의무의 발생근거로 인정하고 있다. 이와 같이 가벌성 확장을 겨냥한 대법원식 사회상규 활용법은 사회상규나 (민법에서 조차 그 법원성이 부정되는 '조리')의 불확정성 때문에 죄형법정주의에 반할 수도 있다. 민법적 불법행위의 창설과 같은 차원의 형법적 불법행위의 창설로 귀결되기 때문이다. 86

2. 위법성 판단의 '실질적' 기준에 관한 대법원 법리

(1) 정당화 근거(기본원칙)의 해명을 통해 드러나는 실질적 기준

'사회상규'에 대해 형식적 법률을 넘어선 초실정법적 차원을 가진 규범으로서의 지위를 87

43) 대법원 2021.6.30. 2019다268061.

44) 종래 통설에 의해 구성요건의 규범적 요소로 분류해 오던 몇 몇 요소를 위법성요소로 분류하고 이들 요소들에 대해 "적극적 위법성 요소"라는 명칭부여를 시도하는 견해(김상오, "적극적 위법성요소–구성요건의 위법성 징표기능에 대한 비판", 형사법연구 제34권 제3호, 2022, 106면 이하)가 있다. 물론 이 견해의 취지를 전체적으로 이해하면, 민법의 불법행위법에서와 같은 차원의 적극적 실질적 위법성이론으로 돌아가려는 취지는 아닌 것으로 읽히지만, 범죄성립요건의 하위요소들의 체계론적 분류상 적극적 실질적 위법성이론을 옹호하는 것으로 오해할 여지도 없지 않다.

45) 대법원 2021.12.30. 2021도9680.

인정하는 대법원이 '실질적' 위법성이론의 관심사를 충족시키려면 다음의 물음에 답해야 한다. '사회상규'는 초실정법적 차원의 어떤 실질적 내용을 제공하고 있는가? 이 물음에 대한 대법원의 답이라고 볼 수 있는 부분은 앞서 살펴보았던 다음의 판시내용에 들어 있다.

88 判 "형법 제20조 소정의 사회상규에 위배되지 아니하는 행위는 초 법규적인 법익교량의 원칙이나 목적과 수단의 정당성에 관한 원칙 또는 사회적 상당성의 원리 등에 의하여 도출된 개념이었다고 할 것(이다)"[46]

89 대법원의 이 판시내용은 위법성 판단 기준에 관한 이론을 심화시키는 작업에서 세 가지 의미를 가지는 것으로 볼 수 있다. 첫째, 사회상규가 위법성 판단 기준과 정당화의 기본원리(및 이를 구성하는 기본원칙들)이 만나는 교차지점으로 인정되고 있다. 정당화의 기본원리를 구성하는 기본원칙(우월한 법익교량의 원칙, 목적과 수단의 정당성 원칙, 또는 사회적 상당성의 원리)을 척도로 삼아 사회상규에 위배되는 행위(위법한 행위)와 사회상규에 위배되지 아니하는 행위(정당화되는 적법한 행위)를 구별할 수 있기 때문이다. 둘째, 우월한 법익교량의원칙이나 목적과 수단의 정당성 원칙 등은 구성요건에 해당하는 행위의 정당화여부 또는 위법성 여부를 판단하는 기준인 '사회상규'의 '실질'적 내용이다. 셋째, 이에 따르면 사회상규는 위법성 판단의 최외곽 기준인 '법'(또는 '전체로서의 법질서')의 '형식적' 측면의 지칭일 뿐이고, 그 형식적 법의 원천이 되고 있는 초법규적 우월한 법익교량의 원칙 또는 목적과 수단의 정당성 원칙 등은 '실질적' 법이라고 말할 수 있다.

90 사회상규에 관한 대법원의 법리는 실질적 위법성이론의 관점에서 다음과 같이 정리할 수 있다. 위법성/적법성 여부 판단을 위한 최외곽 기준인 법을 대신하는 것은 입법자가 형식적인 법률속에 심어둔 '사회상규'이고, 구체적인 사례에서 사회상규 위배/불위배 여부는 유형화된 정당화 사정에 따라 각기 다른 실질적 기준, 즉 우월한 법익교량의 원칙 또는 목적과 수단의 정당성 원칙 또는 사회적 상당성의 원리 등을 사용할 수 있다. 대법원의 이러한 기본컨셉에 의하면 형법의 위법성조각사유에 규정된 '상당한 이유'라는 규범적 표지도 사회상규의 하위 개념이라고 할 수 있고, 따라서 행위자의 행위가 '상당한 이유' 있는 행위인지는 형법에 유형화된 정당화 사정에 따라 – 위 세 가지 기본원칙들을 각기 다른 비중으로 투입하여 – 평가할 수 있게 된다.

91 (2) 사회상규에 위배되지 않는 '행위'의 정의 내지 유형화를 통해 도출된 실질적 기준

사회상규를 위법성 판단의 기준으로 삼고 있는 대법원은 '정당화 되는 행위'의 유형화를 통해서도 위법성 판단 기준을 구체화하는 시도를 하고 있다.

92 判 대법원이 그동안 다수의 판결을 통해 사회상규에 위배되지 아니하는 '행위'라고 판시하고 있는 행위들을 모두 모아 보면, 정당화되는 행위들은 다음과 같이 공식화되고 있음을 알 수 있다. ① "법규정의 문언상 일응 범죄구성요건에 해당된다고 보이는 경우에도 그것이 극히 정상적인 생활형태의 하나로서 역사적

---

46) 물론 대법원이 '사회적 상당성의 원리'도 어떤 행위의 사회상규 불위배성을 근거지우는 기본원칙 중의 하나로 특정하고 있다. 하지만 이 세 번째 기본원리는 내용적으로나 체계적인 관점에서 볼 때 위법성판단의 실질적 기준이 아니라 구성요건해당성판단의 실질적 해석기준으로 보아야 한다. 이 점에서 관해서는 비판론에서 재론한다.

으로 생성된 사회생활질서의 범위 안에 있는 것이라고 생각되는" 행위,[47] ② "국가질서의 존중이라는 인식을 바탕으로 한 국민일반의 건전한 도의적 감정에 반하지 아니한 행위,"[48] 또는 ③ "법질서 전체의 정신이나 그 배후에 놓여 있는 사회윤리 내지 사회통념에 비추어 용인될 수 있는 행위,"[49] ④ "어떤 법규정이 처벌대상으로 하는 행위가 사회발전에 따라 전혀 위법하지 않다고 인식되고 그 처벌이 무가치할 뿐 아니라 사회정의에 위반된다고 생각될 정도"의 행위 또는 ⑤ "자유민주주의 사회의 목적가치에 비추어 이를 실현하기 위해 사회적 상당성이 있는 수단으로서 행해졌다는 평가가 가능한" 행위 등.[50]

위 다양한 판시들에서 공식화된 사회상규 불위배행위(정당화되는 행위)를 사회상규위배행위(불법한 행위)와 구별해 주는 '기준'이 '사회상규'임이 분명하다. 이에 따르면 대법원은 사회상규에 위배되지 아니하는 행위에 관한 다양한 공식(정의)들 속에서 사회상규를 대신한 개념어를 사용하여 문제되는 행위의 위법성/적법성 여부를 판단하고 있다. 93

判 사회상규에 위배되지 아니하는 행위에 대한 '공식'에서 사회상규를 대신하여 투입된 개념어는 다음과 같이 추출해 볼 수 있다. ① "역사적으로 생성된 사회생활질서," ② "국민 일반의 건전한 도의적 감정", ③ "전체 법질서의 정신"이나 그 배후에 있는 "사회통념" 또는 "사회윤리," ④ "처벌의 무가치성," "처벌의 사회정의 배반성" ⑤ "정당한 목적을 위한 수단의 사회적 상당성" 등이다. 94

대법원이 역사적으로 생성된 사회생활질서, 국민일반의 도의적 감정, 또는 사회 통념이라는 개념어를 사회상규 개념 대신 투입하고 있고, 사회상규는 입법자에 의해 설정된 초실정화된 '법' 내지 '규범'으로서 위법성 판단기준이라면, 위 다양한 개념어들은 대법원이 위법성 판단에서 '기준'으로 사용하는 표지들이라고 할 수 있다. 특히 위 개념어들은 '법' 또는 '전체로서의 법질서'를 대리 보충하는 의미가 부여되고 있는 표지들이라고 볼 수도 있다. 95

이러한 표지들의 면면을 보면, 서로 규범적 성격을 강하게 드러내는 표지들도 있고, 규범성을 가지고 있다고 보기 어려운 표지들도 있다. 위 ①②③은 '규범'적인 성격을 가진 표지들이고, ④⑤는 비(非)규범적인 성격을 가진 표지들로 분류할 수 있다. 위법성 판단의 기준에 관한 대법원의 위와 같은 태도는 다음과 같이 정리해 볼 수 있다. 96

첫째, 규범이론적 착안점에 따를 때, 대법원에 의해 위법성 판단의 기준으로 활용되고 있는 '사회상규'에 대해서는 '평가규범'의 역할 내지 지위가 부여되고 있음을 알 수 있다. 97

둘째, 실질적 위법성이론의 관점에서 대법원은 위법성 판단 '기준'의 실질을 찾는 차원에서 사회상규의 대용적 표지(①②③)를 통해 사회상규 개념을 구체화하려는 시도를 하고 이를 통해 형법의 위법성조각사유 규정에 대한 해석론을 전개한다. 98

대법원은 위 표지들 중 일부('사회통념' 또는 사회윤리)을 형법의 개별 위법성조각사유(정당방위, 긴급피난 등)의 '상당한 이유' 유무를 판단하는 직접적 기준으로 사용하기도 한다. 이 뿐만 아니라 대법원은 위 개념적 표지(특히 법질서 전체의 정신 또는 국민일반의 건전한 도의감 등)를 초실정적 위법성조각사유로 99

47) 대법원 1983.2.8. 82도357.
48) 대법원 1983.11.22. 83도2224.
49) 대법원 2002.12.26. 2002도50778.
50) 대법원 1983.2.8. 82도357; 1985.6.11. 84도1958.

인정되고 있는 '사회상규조항'의 적용과 사회상규 불위배행위(정당화된 행위)와 사회상규위배행위(불법한 행위)를 구별하는 기준으로도 활용한다. 더 나아가 대법원은 위 개념적 표지(특히 사회윤리)행위자의 행위가 피해자의 승낙조항에 따라 위법성이 조각되는지를 판단함에 있어 보충적 요건으로서 그 승낙에 기한 행위가 사회상규위배여부를 판단하는 기준으로도 사용하고 있다.

100 셋째, 대법원이 위법성 판단을 함에 있어서 '처벌할 가치', '처벌의 사회정의 합치성' 등은 처벌의 필요성 내지 처벌의 당위성을 기준으로 삼게 되면, 범죄성립'요건' 심사에서 위법성 심사단계에서도 처벌의 '효과'인 형벌목적적 관점을 개입시켜 넣을 수 있게 된다. 이러한 위법성 판단은 요건(범죄성립요건)과 효과(예방적 형벌목적)의 '분리독립'이라는 형법이론학의 전통적 도그마를 대법원이 더 이상 고수하고 있지 않다는 시사를 받을 수 있다.

101 물론 처벌의 필요성등을 고려한 법관의 관점은 '법'리 차원의 기준이나 공식으로 옷 입혀져 표현될 뿐이므로 판결문에는 명시적으로 표현되지는 않는다. 그러나 실제로 법관이 위법성 판단과 동시에 행위자에 대한 형사정책적 처벌필요성 관점을 암묵리에 고려하고 있다고 평가할 수 있는 경우가 적지 않을 것이다.

3. 대법원 법리의 문제점과 한계

102 위법성 판단 기준에 관한 대법원 법리는 사회상규를 상위 기준으로 삼아 그 기준이 구체적 사례에서 행위자의 행위의 위법성과 적법성 여부를 평가하기 위한 실질적 내용을 가지도록 하기 위해 각기 다른 차원의 세 가지 기준으로 변용하고 있다. 첫째, 정당화의 기본원칙들인 초법규적 차원의 기준들, 둘째, 법질서의 정신, 그 배후의 사회통념, 사회윤리 등과 같은 '법'본질론적 차원의 기준, 셋째, 처벌의 무가치성, 처벌의 사회정의 배반성 등과 같은 법외적 차원의 기준이다.

103 첫 번째 범주에 속하는 세 가지 정당화 기본원칙들 앞서 언급했듯이 19세기 독일형법이론학의 정당화 근거이론에서 주장된 원칙들을 빌려온 것으로서 사회상규 개념 자체에 대한 해석을 통해 밝혀지는 의미론적 차원의 기준으로 보기 어렵다. 하지만 이 기준들(이익균형성 원칙, 목적과 수단의 정당성 원칙, 사회적 상당성 원리 등)은 정당한 법의 내용적 요소로 볼 수 있는 '실질'을 가지고 있다. 따라서 두 번째, 세 번째 범주의 기준들과는 달리 행위의 위법성/적법성 여부를 판단하는 기준으로서의 적격성 내지 잠재력도 가지고 있다. 실제로 대법원도 위 원칙들을 구체적 사례에서 정당방위(목적과 수단의 정당성)나 긴급피난(이익균형성 원칙)등 개별 위법성조각사유속의 규범적 표지인 '상당한 이유' 여부를 평가하기 위한 기준으로 투입하기도 한다.

104 하지만 대법원이 정당화의 기본원칙의 목록 속에 사회적 상당성의 원리까지 포함시키고 있음 범죄체계론적 관점에서 볼 때 문제가 있다. 왜냐하면 '사회적 상당성'의 원리는 앞서 구성요건론에서 다루었던 '사회적으로 상당한 행위'에 관한 법리(사회적으로 상당성이 인정되는 행위는 '허용된 위험'의 하위 사례로서 '구성요건에 해당하는' 행위로 '귀속'할 수 없다는 행위귀속의 법리)와 구별할 수 없기 때문이다. 물론 대법원이 '사회적 상당성'이라는 법형상을 전체 법질서의 관점에서 파악하고 있어서 이 법형상을 체계상 여전히 '위법성' 판단 기준의 하나로 사용하고 있다고 볼 여지는 있다. 하지만 앞서 살펴보았듯이 사회적

상당성 법리와 사회상규에 위배되지 아니하는 행위에 관한 법리는 범죄체계상 지위를 달리해서 취급되어야 할 문제이다.

두 번째 범주에 속하는 기준은 사회상규에 위배되지 아니하는 행위 개념을 유형화하는 맥락속에서 사회상규 개념을 대신한 개념적 표지들로 등장하고 있지만, 이러한 표지들 자체 역시 사회상규라는 개념의 해석내용으로 사회상규를 구체화하고 있다고 보기 어렵다. 법질서 전체의 정신, 사회통념 또는 사회윤리 등은 사회상규 개념보다 더 했으면 더했지 덜 추상적인 개념은 아니다. 사회상규라는 형식적인 법의 실질을 담보해주는 아무런 내용요소를 담고 있지도 않다. 위 세 가지 개념적 표지들은 구체적 사례에서 위법성 여부 판단을 위한 기준으로서 적격성을 가지기 보다는 오히려 법관의 법적 결정에 동원되는 외형적 '수사'(修辭)로 동원될 가능성이 높다. 특히 이러한 표지들은 그 개념적 불확정성, 공허성 내지 추상성으로 인해 초래되는 법적 안정성의 문제점[51]외에도 소극적 실질적 위법성이론에 충실하지 못할 우려도 있다. '불법'을 적극적으로 근거지우기 위한 일반조항에로의 도피처로 사용될 수도 있기 때문이다. 105

실제로 대법원은 정당방위(또는 긴급피난)의 상당한 이유를 구체화하는 대신 '사회통념(또는 사회윤리)'을 소환함으로써 상당한 이유 부정의 결론을 내리는 경우가 많다. '사회상규'를 사회규범으로 보는 태도는 19세기 마이어가 주장한 문화규범과 동일한 맥락에서 이해될 수도 있다. 그러나 문화규범에 대해서는 이미 규범이론의 기초자인 빈딩에 의해 사회학적 차원의 '문화규범론'에 기초해서는 형법도그마틱이 제대로 전개될 수 없다는 비판이 가해졌다.[52] 사회상규를 사회통념이나 사회윤리로 환원하는 대법원의 태도에 대해서도 도덕적 윤리적 차원의 규범개념으로 회귀하고 있다는 비판도 가해질 수 있다. 106

'처벌의 필요성' 내지 '처벌의 정의배반성'으로 요약되는 세 번째 범주의 기준도 비록 그 외형적 표현을 달리하고 있는 측면은 있지만, 형식적 레토릭에 그칠 우려가 있다는 점에서 두번째 범주의 기준과 유사한 문제점을 가진다. 사회적 처벌요구에 부합한 법관의 주관적 판단에 의해 좌지우지되는 성격의 기준이기 때문이다. 법적·규범적 기준에 따라 판단되어야 할 위법성 문제를 형사정책적 처벌의 필요성여부로 탈바꿈시킬 수 있는지의 물음은 형법체계와 형사정책의 가교가능성을 묻는 차원에서 논구되어야 할 문제이다(앞의 범죄체계론 참조). 이에 관해서는 위법성 판단의 '방법'론에서 재론한다. 107

다른 한편 대법원은 2000년대부터는 사회상규에 위배되지 아니하는 행위여부를 판단함에 있어 독일 형법이론학에서 빌려온 위 세 가지 정당화 원칙(법익교량의 원칙, 정당한 목적과 수단의 원칙, 사회적 상당성의 원리) 외에 이들의 조합·변형을 통해 독자적인 '법리'를 개발하여 이를 '정당행위의 요건'이라는 이름으로 구체적 사례에서 활용하고 있다. 그 요건은 다음과 같다. 108

정당행위가 인정되려면 "첫째 그 행위의 동기나 목적의 정당성이 있어야 하고, 둘째 행위의 수단이나 방법의 상당성이 인정되어야 하며, 셋째 보호이익과 침해이익과의 법익균형성이 인정되고, 넷째 긴급성과 다섯째 그 행위 외에 다른 수단이나 방법이 없다는 보충성이 인정되어야 한다."[53] 109

이에 따르면 이 다섯 가지 요건은 어떤 행위의 행위의 위법성/적법성 판단을 위한 기준 110

51) 이 점에 대한 비판으로는 김성돈, "대법원의 위법성 판단 '기준'과 '방식' 그리고 '법'학 패러다임", 형사법연구, 제34권 제4호(2022), 28면 이하 참조.

52) Maurach/Zipf, AT, Teilband 1, 8. Aufl., §19 Ⅱ/25 참조

53) 대법원 2001.2.23. 2000도4415.

이 된다. 위 다섯 가지 요건은 정당화 근거들의 '총합'으로 이루어져 있어서 위법성 판단에 법적 안정성을 보장해 줄 수 있는 고도의 구체화 기준인 것처럼 보인다. 그러나 뒤에서 살펴보겠지만 대법원이 구체적 사례에서 이 기준을 통과하여 정당화된 행위로 평가한 예는 찾아보기 힘들다. 따라서 문제되는 행위의 정당성을 주장하는 피고인이나 변호인에게 위 다섯 가지 '실질적' 기준은 '그림의 떡'에 불과한 '명목상'의 기준일 뿐일 수도 있다(다섯 가지 기준의 문제점에 관해서는 개별 위법성조각사유의 해석론에서 후술).

111 다른 한편 위 다섯 가지 요건의 면면을 분석해 보면, 앞의 세 가지 요건과 뒤의 두 가지 요건이 각기 다른 역할을 수행하는 것으로 보인다. 즉 위법성조각사유의 중층적 규범구조의 모습을 갖추지 못한 '사회상규조항'을 다른 위법성조각사유와 상응되게 만드는 차원에서 긴급성과 보충성 요건은 '정당화 상황'을 대신하는 기능을 하는 반면, 앞의 세 가지 요건은 정당방위, 긴급피난 등의 '상당한 이유'라는 표지의 해석기준과 다를 바 없어 보인다.[54)]

112 이 때문에 대법원은 사회상규에 위배되지 않는 행위가 되기 위한 다섯 가지 요건에 관한 법리를 내놓은 지 20년 이상이 경과한 시점에서 위 다섯 가지 기준 중 뒤의 두 가지 요건의 의의를 다음과 같이 평가하면서 사례에 적합한 법리적용을 위한 도그마틱을 전개하고 있다.

113 判 "(전략) 이에 비하여 행위의 긴급성과 보충성은 수단의 상당성을 판단할 때 고려요소의 하나로 참작하여야 하고 이를 넘어 독립적인 요건으로 요구할 것은 아니다. 또한 그 내용 역시 다른 실효성 있는 적법한 수단이 없는 경우를 의미하고 '일체의 법률적인 적법한 수단이 존재하지 않을 것'을 의미하는 것은 아니라고 보아야 할 것이나, 정당행위로 인정되기 위하여 요구되는 긴급성이나 보충성의 정도는 개별 사안에 따라 다를 수 있다."[55)]

114 요컨대, 대법원은 위법성 판단 기준으로 '처벌의 필요성' 기준(첫번째 범주의 판단 기준)을 별론으로 하더라도, '정당화의 근거이론'과 연계되어 사용될 수 있는 위법성 판단 기준(이익균형성 또는 목적과 수단의 정당성 또는 정당행위의 다섯 가지 요건과 같은 구체화된 기준!)과 '사회상규'개념의 대용어로서 등장시킨 기준(법의 정신, 국민일반의 건전한 도의감, 사회통념, 사회윤리 등과 같은 형식적 추상적 기준!)등 다양한 기준들을 제시하고 있다. 하지만 이렇게 극단적인 '이질적'인 기준들에 공통되는 통일된 하나의 위법성 '이론' 내지 상위의 '기준'이 대법원에 의해 제시되고 있는 것은 아닌 것으로 보인다.

---

54) 이 뿐 아니라 앞의 세 가지 요건은 대법원이 사회상규 조항을 도출케 한 것으로 설명하고 있는 정당화 근거원칙들(목적과 수단의 정당성원칙, 초법규적 법익교량원칙, 사회적 상당성의 원리)과도 유사하다.

55) 대법원 2023.5.18. 2017도2760; 2024.8.1. 2021도2084.

Ⅲ. 위법성 판단 기준의 이론화: '기준'으로서의 법과 '방법'으로서의 법(☆)

1. 최상위 기준: '사회상규' vs '법' 또는 '전체로서의 법질서'

위법성 판단의 실질적 기준을 정당화의 근거이론과 연계시키더라도 대법원과 같이 굳이 '사회상규' 조항을 등에 업을 필요는 없어 보인다. 더구나 대법원이 내세우고 있는 실질적 기준들(기본원칙들 및 정당행위의 요건들)도 사실은 사회상규개념 그 자체와 직접적 관련성을 가진 것이라고 보기 어렵다. 따라서 위법성 판단의 실질적 기준을 사회규범적 성격을 가진 '사회상규'에서 찾는 태도보다는 오히려 '불법'의 대척점에 서 있는 '정당한 법'에서 찾는 것이 타당할 것 같다. 책임이론에서 행위자를 형벌로 비난할 수 있는 실질적 근거 찾기와 관련하여 인간에게 의사자유 또는 행위의 자유가 존재하는가라는 인류학적, 철학적 물음을 물어야 했듯이, 위법성이론에서는 적법과 불법을 가르는 기준인 '법'이란 무엇인가라는 법철학적 법이론적 물음을 물어야 한다.[56] 115

위법성이라는 도그마틱적 개념 의미, 그리고 위법성 판단의 기능적 의의 등을 고려할 때 불법과 적법을 판단하기 위한 최외곽, 최상위 기준인 '법'을 형법이론학, 특히 객관적 위법성이론은 '전체로서의 (객관적) 법질서'로 불러왔다. 전체로서의 법질서가 위법성 판단의 기준이 되어야 한다는 의미는 위법성 판단에서 법질서의 통일성을 확보하기 위함에 있음은 앞서 설명한 바와 같다. 예컨대 민법적 불법과 형법적 불법은 각각 내용도 인정 요건도 다르지만, '위법'하다는 점에서는 동일하다. 이 때문에 위법성 판단의 기준이 되는 법 또는 전체로서의 법질서란 '작동하는 하나의 체계(one working whole)'라고 말할 수 있다. 116

법 또는 전체로서의 법질서가 위법성 판단 기준으로 기능을 하려면 실체적 내용적 요소를 가지고 있어야 한다. 법을 구성하는 실체적 내용이 무엇인가는 '법'을 대상으로 하는 독자적 학문분과인 법철학에서 법의 본질론(법이란 무엇인가)이라는 이름으로 취급되어 왔고, '법'을 대상으로 하는 법철학은 법에 관한 '존재론적 관점(법이라는 대상 그 자체에 대한 접근),' '인식이론적 관점(법이라는 개념에 대한 접근)' 그리고 '언어분석적 관점(법이라는 말에 대한 접근)'을 구별하여 접근해야 한다. 117

필자는 이러한 수준의 법철학에 대해서는 전문성을 가지고 있지 못하다. 다만 이하에서는 사회상규조항을 플랫폼으로 삼아 사회상규 개념의 대용적 표지들(법질서 전체의 정신, 그 배후의 사회통념 또는 사회상규 등)을 도출해 내고 있는 대법원이 '법'이라는 개념을 어떻게 이해(인식)하고 있는지를 비판적으로 검토하면서 필자의 법이해 및 형법적용상 위법성 판단에서 상위기준으로서의 '법'과 위법성 판단의 하위기준들과의 관계를 정리해 보기로 한다. 118

---

56) 구성요건론에서는 법적으로 금지되는 규범위반적 행위를 형벌로써 대응하려면 규범위반적 행위를 어떻게 정형화하여 가벌성의 전제조건으로 만들 것인가라는 물음, 규범위반적 행위는 무엇 때문에 형벌로 대응해야 마땅하고 또 형벌로 대응할 필요가 있는가라는 물음 또는 더 나아가 범죄행위로 정형화된 행위의 '실질적 중핵'인 법익이란 무엇인가라는 물음이 입법론과 해석론에서 결정적이다.

2. 대법원의 법이해와 위'법'성 여부 판단 방법

(1) '법'이해

119 대법원이 사회상규와 호환하고 있는 개념적 표지들 중에, 법질서 전체의 '정신' 또는 그 정신의 '배후'라는 표지들에 초점을 맞추고 보면, 대법원이 법이라는 개념을 어떻게 이해하고 있는지의 '대강'을 추론해볼 수 있다. 먼저 대법원은 법질서 전체의 '정신' 또는 그 '배후'라는 말을 사용하고 있음에서 대법원이 '법'을 인간의 인식작용을 통해 밝혀질 수 있는 '실체' 내지 '본질'을 가진 것으로 보고 있는 듯하다. 그러나 대법원은 '자연법'을 법질서 전체의 정신 또는 그 배후로 인정하고 있지는 않다. 법질서 '정신'이 "국가법질서의 존중이라는 인식"을 바탕으로 하는 것이라고 하기 때문이다.[57]

120 법실증주의적 법관(觀)에서 출발하고 있는 대법원이 전체 법질서의 '실증성'과는 동떨어진 그 '정신', 더 나아가 그 '정신'의 배후까지도 찾아내려는 초월적 사고를 보여주고 있는 한, 대법원의 법 존재론적 관점은 법신학(神學)과 다를 바 없게 된다. 위법성이론에서 전개되고 있는 대법원의 법철학은 철학의 존재론보다 더 존재론적이고, 플라톤의 이데아보다 더 형이상학적이라고 할 수 있다. 물론 대법원은 자신의 법철학이 법신학이 아님을 보여주는 차원에서 사회상규의 호환개념으로 '사회통념', 사회윤리 또는 '국민일반의 건전한 도의감' 같은 표지들을 소환하고 있기도 하다.

121 이러한 대법원의 태도에서는 대법원이 사회학적 또는 실천윤리학적 차원의 법이해에서 출발하고 있는 면모가 나타나 있기도 하다. 사회상규를 대용하는 이러한 표지들에는 법이 고정된 객관적 실체로서가 아니라 사회내에서 '살아 있는' 가변적인 어떤 것임을 말하고 있기 때문이다. 대법원이 사회상규의 대용어로 사용하고 있는 "역사적으로 생성된 사회생활 질서"라는 표지에 초점을 맞추거나 '사회발전'에 따라 위법성 여부에 대한 판단이 달라지기도 한다는 판시에서도 그러한 태도의 일단이 엿보인다.

122 하지만 이러한 표지들을 통해 법에 관한 더 이상의 구체화된 아무런 내용을 밝히고 있지 않은 점을 보면, 법을 선언하는 최고 기관인 대법원이 위 표지들을 스스로 생각하는 이데아적 차원의 법과 그 법에 따른 결론(판결)을 정당화하기 위한 도피처 이상의 용도로 사용하고 있지 않다는 의심이 간다. 이러한 의심은 대법원의 위법성 판단 '방법'론에서 더 극명하게 드러난다.

(2) 위법성 판단 방법

123 위법성 판단 '방법'에 관한 대법원의 판시내용을 보면 대법원도 '법' 내지 법의 기준이 사례마다 가변적인 것임을 인정하고 있음을 짐작케 한다. "어떠한 행위가 사회상규에 위배되지 아니하는 정당한 행위로서 위법성이 조각되는 것인지는 구체적인 사정 아래서 합목적적, 합리적으로 고찰하여 개별적으로 판단"되어야 한다는 판시내용이 그것이다. 여기에 더하여 대법원은 합목적적 합리적 개별

57) 이 점은 특히 – 앞서 확인했듯이 – 대법원이 구체적 사례(모욕죄 관련)의 경우 위법성 판단에서 자연법이 사회상규의 내용이 될 수 없음을 분명히 하였다는 점에서 알 수 있다.

판단을 위한 방법의 일환으로 다양한 변수들을 고려에 넣는 이른바 '종합적 판단 방법'을 사용하는 경우도 적지 않다.

합목적적, 합리적 판단 방법 및 종합적 판단 방법이 사용되면 대법원이 위법성 판단의 상위기준 124
으로 삼는 기준은 사실상 형해화된다. 대법원이 법의 화신으로 생각하는 개념적 표지들(사회통념, 사회윤리, 국민일반의 건전한 도의감 등)이 내용적으로 구체화될 수 있는 아무런 실체요소를 가지고 있지 않아서 구체적인 사례속에서 위법성 판단의 기준이 고무줄처럼 휘어질 수 있고 법관들은 그 '기준'들의 구체적 내용(또는 하위기준)까지 밝혀야 할 부담에서도 벗어나게 해주기 때문이다.

'법'을 대리보충하는 다양한 이질적 규범양식들을 위법성 판단 기준으로 삼으면서, 그 판단 '방법' 125
에서 다시 '개별성'과 합목적성을 강조하는 대법원의 태도는 실무의 위법성 판단을 통제해야 할 형법이론학의 과제 수행을 거의 불가능하게 만들어 갈 수 있다. 규범적 평가의 기준에 관한 한 '법'의 실체에 비현실적 초월적 색채를 입힘으로 인해 초래될 예측불가능성을 극복하려면 대법원이 마치 저편에 마치 있는 것처럼 얼핏얼핏 제시되고 있는 초월적 존재자로서의 '법'의 신비 내지 신학적 색채를 벗겨야 하기 때문이다.

어떤 고려요소가 구체적 사례에 어떻게 어느 정도로 영향을 미쳤는지를 적시하지 않는 종합적 판 126
단 방법도 판단자에게는 지극히 유용한 반면, 판단받는 자나 통제하는 자에게는 한없이 불리하게 작용한다. 처벌의 필요성이나 처벌의 정의배반성 등과 같은 비(非)법적인 기준들도 합목적적, 합리적, 종합적 판단과 결합되면 법원의 최종적 위법성 판단에 대한 사후분석 및 사후통제가 불가능에 가깝게 된다.

물론 대법원이 합목적적, 합리적 개별판단을 하더라도 구체화된 실질적 기준(두 가지 정당화의 기 127
본원칙 또는 정당행위의 다섯 가지 요건)에 따를 경우에는 사후분석 및 사후통제가 어느 정도 가능할 수 있다. 하지만 미리 정해놓은 결론을 향해가기 위해 그 기준들을 변형시켜가는 식의 '상황논리'를 전개한다면, 여전히 법적 안정성을 만족스럽게 담보해 주지 못한다.[58]

마지막으로 앞에서 분석되었던 세 가지 이질적 차원의 기준으로 범주화될 수 있는 기준들의 '병 128
존' 및 구체화 정도가 높은 수준의 기준과 고도의 추상적인 수준의 기준의 '공존' 상태에서 어느 한 기준을 '선택'하는 대법원의 위법성 판단 '방법'은 구체적 사례에서 위법성 판단 대상인 행위자를 어두운 밤 풍랑앞의 돛단배로 만들어 버릴 수 있다. 법관에게 합목적적 합리적 '선택'을 유도할 메타기준(이론)이 부재한 위법성 판단은 사법권의 전능성(全能性)을 과시할 뿐이기 때문이다.

3. 결론: 법이해와 위법성 판단 방법

(1) 관계론적 법이해

1) 출발점: 개념 이원주의 위법성 판단의 실질적 기준을 모색함에 있어 '법'의 실체 내용이 129

58) 대법원의 상황논리 및 그에 대한 비판으로는 김성돈, 앞의 논문, 60면 이하.

무엇인지를 규명하려면, '형'법학자도 '법이란 무엇인가'라는 물음을 피해갈 수 없다. 필자는 법 개념에 관한 한, 우리가 말하는 '법'은 플라톤과 같이 그림자에 불과하고 그 배후에 이데아로서의 객관적 실체가 따로 있다는 순수 관념주의는 취하지 않는다. 그렇다고 해서 법이라는 개념이나 말 속에 개개의 사물에 실재하는 속성들이 모두 들어 있다는 카르납(Rudolf Carnap)과 같은 논리실증주의적 실재론에 따르지도 않는다. 필자가 생각하기에 '법'이란 항구적이면서 불변의 객관적 실체로 존재하는 것은 아니지만, 사회화된 인간의 의식이 만들어낸 개념적 구성물로서 사회내에 실재해 왔고 또 실재하고 있다. 그 실재하는 대상으로서의 법을 표상하거나 정신적으로 재현하는 것이 바로 법 '개념'으로 본다(개념 이원주의).[59)]

130 **2) 법과 사례의 관계** 자연적 사실이 아닌 사회적 사실로서의 법의 속성은 사례(사건)와 접촉하면서 구성적으로 형성된다. 입법화(실정화)된 형식의 법률로 나타나든 실정법률속에서 발견(획득)되어 사법적으로 선언되는 형식의 법으로 나타나든 다를 바 아니다. 사례가 먼저이고 법(률)은 나중이다. 사례를 통해 생겨난 '법률'은 새로운 유사사례와 접촉하면서 그 사례와 사실관계의 특성이 가진 굴곡에 맞춰 변형되면서 다시 '법'(=법리=법이론들)으로 재구성된다.[60)] 이 과정에서 과거의 사례와 접촉하면서 재구성되었던 법은 다시 새롭게 재구성되는 법에 의해 후퇴된다. 그러나 이렇게 재구성된 법은 새로운 사례에 밀려난 법과 단절되지도 않고 과거의 법과 연속성을 가지고 안정화된 구조를 가진다.[61)]

131 이러한 법의 구성 내지 재구성 과정은 현실의 법정에서 내려지는 수 많은 법적 결정들에서 증명된다. 사례해결을 위해 '이성'에 기초한 정신작용을 통해 주체 바깥에 어디엔가 객관적으로 존재하는 '법'을 찾아내어 그것을 잣대로 삼아 연역추론적으로 사례를 해결하고 있다는 생각은 형이상학적 관념일 뿐이다. 이러한 생각에 따라 판결을 하고 있다는 생각은 법관의 착각이거나 착시이다.

132 법이 사례 이전에 그리고 사례와 무관하게 객관적으로 실체로서 존재(ist) 것이 아니라, 사례와 접촉하면 '되어가는'(being) 것이라면 그 법의 법됨은 사례와의 '관계'에 있다. '정의', '합목적성' 또는 '형평,' 행복, 또는 '공공선' 등도 객관적으로 존재하는 법의 '본질'을 이루는 요소가 아니라 '관계로서 법'이 그때그때 추구하는 가치 내지 이념일 뿐이다. 법 개념에 본질적 요소가 있다면 그것은 '관계' 뿐이다.

133 관계론적 법이해에 입각하더라도 '법'은 다시 두 가지 다른 차원의 법으로 구분될 수 있다. 하나는 구체적 사례에서 특정한 법률규정의 해석과 적용 과정에서 발견되거나 주장되는 수많은 법들이고, 다른 하나는 이러한 개별적

---

59) 보편논쟁에 빗대어 말하면, 법이라는 개념은 순수 언어의 요소, 즉 말들과 문장들의 부분일 뿐, 대상으로서 실재하지도 않고 아무런 본질적 속성을 가지고 있지 않다고 보는 입장(이른바 법유명론)의 입장이 아니라, 법이라는 말이 지시하는 대상에 대해 우리가 인식할 수 있는 사고적 도구로 보는 입장(약한 명목론)이다.

60) 사람을 살해하는 사건이 있었기에 살인을 금지하는 법률이 만들어졌고, 그 법률은 사람이 사망하는 다양한 사건들과 접촉하면서 살인죄에 관한 '법'이 발견되는 것이다.

61) 이렇게 연속성을 가지고 있는 법의 구조적 모습은 - 예링의 비유와 유사하게 - 자신의 몸에서 생기는 꼬리를 삼킨 후 새로운 꼬리를 만들어내고 그 만들어진 꼬리를 다시 삼키는 과정을 반복하는 어떤 생물체로 비유될 수 있다.

법들에 공통되는 속성으로서 일반적 의미의 '법'이다. 형법학의 시각에서 말하면, 범죄성립요건의 다른 하위요소들의 해석론을 통해 발견(획득)되는 개별적 '법(리)'들은 전자의 법이고, 위법성 판단에서 불법(위법)과 적법(합법)을 판단하는 기준으로서의 '법'은 후자의 법이다. 전자의 법은 개별사례들에 적용될 법률들에 들어 있는 개개의 법률적 요소들이 사례과 접촉하면서 발견되는 '법리'를 말하지만(예, 고의에 관한 법리, 과실법리, 특수폭행죄의 위험한 물건에 관한 법 등), 후자의 법은 구체적 사례들에서 발견되는 '법'들 내지 '법리'들에 공통된 일반적 차원의 법으로서 법이론(이나 법철학)에서 말하는 보편타당성을 가진 '법'개념을 말한다. 법질서의 통일성을 추구하는 위법성 판단에서 '전체로서의 법질서'(=작동하는 하나의 법체계)도 후자의 법개념을 말한다.

3) 법과 규범의 관계 법은 구조적으로는 폐쇄적이지만, 인지적으로는 외부개방성을 가진 자기 생산적 체계이다. 법과 접촉하는 외부세계는 일차적으로 사례이지만, 사회내에 존재하는 다양한 종류의 '규범'(도덕규범, 종교규범, 사회규범 등)과도 접촉한다. 134

법학에서 빈딩의 규범이론이 등장한 이래 오늘날 수범자가 복종해야 하는 공법적인 차원의 규범(Norm)이란 금지 또는 요구 명령으로서 법익을 침해하거나, 위태화시키거나 또는 그러한 경향성을 가지는 행위들을 금지하는 명령과 법공동체의 구성원에 의해 보호할 가치있는 것으로 승인된 이익에 대한 위험을 방어하기 위한 적극적 행위를 요구하는 명령을 포괄하는 명령체계를 말한다. 이러한 '규범'은 수범자로 하여금 법익을 공격하기 위해 일정한 행위를 하지 않아야 의무(소극적 부작위의무)와 위험에 처한 법익을 보호하기 위해 일정한 행위를 하여야 할 의무(적극적 작위의무)의 원천으로 볼 수도 있다. 실질적인 법익 관점도 고려하고 있는 이러한 규범 정의에 따르면 규범이 순수 형식적인 개념이라고 할 수도 없다. 135

이러한 의미의 규범은 '타인의 생명을 침해하지 말라'(금지) 또는 '위기에 처한 타인의 생명을 구조하라'(요구)라는 행태규범의 형식으로 형법률(=형벌법규)속에 들어간다. 이러한 관점에서 보면 규범은 실정법(률) 초월적이면서도 동시에 실정법(률) 내재적이다. 규범과 접촉하는 법도 마찬가지다. 실정법률을 사례와 접촉시켜 발견되는 '법'은 실정법(률)이면서도 동시에 실정법(률)이기만 한 것은 아니다. 그 기반을 규범화된 실정법(률)에 두는 법은 실정법(률) 내재적이면서도 동시에 실정법(률)에 선행하는 규범과 같이 실정법(률) 초월적이다. 사례 및 규범과의 관계 맺음을 통해 법'화'된 법은 '법규범'으로 불리기도 한다. 136

4) 위법성 판단의 기준: 법과 사회상규의 관계 '사회규범'의 일종인 '사회상규'도 고정된 객관적 실체나 선험적(초월적) 본질요소를 가지고 있지 않고 사회의 변화와 발전에 따라 가변성을 가진다. 사회상규도 구체적 사례와 접촉하면서 법'화'되어 위법성 판단의 최상위 기준인 '법' 내재적 요소가 될 수 있다. 그러나 위법성 판단 기준을 이론화함에 있어 사회상규를 이렇게 자리매김하는 태도는 법질서의 정신 또는 그 배후(사회윤리 또는 사회통념)을 사회상규를 대신하는 개념표지로 내세워 이를 위법성 판단 최상위 기준으로 삼는 대법원의 태도와 다르다. 대법원은 사회상규에 대한 이해를 법질서 정신 또는 그 배후로까지 거슬로 올라가게 만들 뿐 아니라 법을 사회상규와 함께 초월적(선험적) 존재로 이해하고 있다. 그러나 초실정법적인 사회상규를 법의 화신으로서 실정법속에 육화시켰다고 해서 그 사회상규를 '신법', '자연법', 또는 형이상학적 '이성법'을 법의 원천으로까지 이해해서는 안 된다는 점은 앞서 살펴보았다. 137

138 그럼에도 법이 초실정적인 외부의 규범적 요소들을 흡수통합하여 재구성되는 것임을 인정하는 이상 법의 초실정성과 실정성을 동시에 인정하는 것은 역설일 수는 있지만 모순은 아니다. 형식적 법률구성요건에 해당하는 행위라도 구체적인 사례의 특수성을 고려할 때 행위자가 추구한 목적의 정당성과 수단의 정당성을 인정하거나 충돌하는 이익 내지 법익 중에 더 우월한 이익을 보호할 필요성이 인정되는 등 문제의 행위를 정당화시킬 수 있는 '규범적 이유'가 있는 것으로 판단될 경우 형식적 법률을 후퇴시킬 수 있기 때문이다. 법도 규칙인 이상 일정한 경우 예외를 가질 수 있다. 관계로서의 법은 '경우(case)'법이다.

139 5) 상위 기준으로서의 '법'과 하위 기준들의 관계 형식적 법률을 후퇴시키는 규범적 이유로서의 '법'의 중핵은 '사회내에서 충돌하는 이익의 조정'에 있다. 이와 같이 정의될 수 있는 법개념은 그 조정 메카니즘을 작동시켜 형식적 법률들을 후퇴시키는 규범적 차원의 하위 기준들, 즉 사례유형별로 맞춤형 정당화 원칙들(정당한 목적과 정당한 수단의 원칙, 우월한 이익의 원칙 등)을 가진다. 이 원칙들에 합치되는 행위들은 법'을 위반한 행위도 아니고 법을 위태롭게 만들지도 않는다.

140 '정당한 목적과 정당한 수단의 원칙 및 우월한 이익의 원칙' 또는 '동기나 목적의 정당성, 행위의 수단이나 방법의 상당성, 보호 이익과 침해 이익과의 균형성'등은 정당화의 근거이자 정당한 '법'의 실질적 내용을 구성하고 있으며 이들을 척도로 삼아 구성요건에 해당하는 행위를 위법하지 않다고 평가된다. 이와 같은 위법성 판단의 하위기준들은 '정당화 사정'별로 각기 다른 조합으로 투입될 수도 있다. 형법의 위법성조각사유에 규정된 '상당한 이유', '사회상규'와 같은 규범적 표지들이 해석될 경우에는 위법성 판단의 하위 기준들이 해석기준으로 활용될 수 있다.

141 유형화된 정당화 사정이 같더라도 구체적 사실관계의 특수성에 따라 개입되는 하위 기준들이 달라진다. 예컨대 정당방위와 긴급피난의 '상당한 이유'가 내용적으로 달라지고(불법은 법에 길을 비켜줄 필요가 없다는 '법'확정의 원리 vs 우월한 이익의 원칙), 같은 정당방위 사안에서도 방위행위를 통해 침해되는 법익과 보호되는 법익간에 현저한 불균형이 있는 특별한 사정이 있으면, 우월한 이익의 원칙도 판단 기준으로 개입해 들어올 수 있다. 자세한 내용은 개별 위법성조각사유의 해석론에서 다룬다. 하드케이스(예, 후술할 갈라스의 강제채혈 사건)을 해결하기 위해서는 위법성 판단의 최상의 기준인 '법'이란 무엇인가라는 법철학적 차원의 물음을 화두로 삼아야 한다. 이 경우 법이 추구하는 목적 내지 가치, 즉 정의, 합목적성, 형평과 같은 법이념, 더 나아가 헌법적 기본권인 인간의 존엄과 가치 및 사회적 연대성의 원리와 같은 사회윤리에 기초를 둔 사회규범도 고려하면서 위법성 판단의 상위 기준인 법의 하위기준들을 발전시켜야 한다.

(2) 위법성 판단 방법

142 위법성 판단 '방법'이 합목적적, 합리적, 개별화된 판단이어야 한다는 대법원의 언명은 당연한 사실을 말해주고 있을 뿐, '법학 방법론'적 차원의 언명은 아니다. 관계론적 법이해에서 출발하면 '관계'로서의 법을 기준으로 삼은 위법성 판단 '방법'은 그 판단 기준인 '법'을 발견하는 '방법'과 다르지 않다. 법을 발견함에 있어 법률 또는 이미 다른 사례에서 발견된 법을 필연적으로 사례, 규범, 더 나아가 경우에 따라 법이념과도 접촉시켜야 하기 때문이다. 이 때문에 오늘날 법학 방법론에서 수용되어야 할 법발견 방법은 선확정된 법을 전제로 삼은 연역추론적 삼단논법이 아니라, 구체적 사례마다

개별적으로 다른 법을 발견하는 귀납적 방법을 결합한 이른바 '연역적-귀납적 혼합방법'이다. 이 책에서는 이러한 법발견 방법을 '후성법학적 법발견 방법'으로 명명했다.

관계로서의 법 발견을 위해서는 존재하는 법률텍스트와 사회내에 작동하는 규범텍스트 그리고 법이 추구해야 할 가치와 목적 등을 그 관련 대상인 사례와 접촉시켜야 한다. 법은 사례와 접촉하기 전에는 정해진 것이 아무것도 없다(無有定法). 특히 구체적 사례와 법(률) 텍스트간의 상호커뮤니케이션이 중요하다. 이를 통해 양자의 본질이 일치(상응)될 정도로 접근(동조)되는 것으로 판단될 경우, 법(률)텍스트는 법으로 (재)구성된다. 이에 따르면 당장 눈에 보이지는 않지만 선험적(초월적)으로 존재하는 어떤 고정된 '법'의 실체가 있고, 이를 기준으로 삼아 위법성을 판단하는 방법은 19세기적 연역추론적 삼단논법에 따르는 방법이므로 현대 위법성이론에서는 용도 폐기되어야 할 방법이다. 143

법학자에게도 법관에게도 각자의 '법'개념이 머릿속에 자리잡고 있을 것이다. 이러한 법개념도 그 자체만으로는 구체적 사례에서 위법성 판단 기준이 될 수는 없다. 진리를 추구하는 학문적 방법으로 구체적 사례에 맞는 법(경우법)을 발견하여 그 법을 위법성 판단기준으로 삼아야 한다. 학문적 방법의 요체는 '비판'에 있다. 이 때문에 법 발견과정에서 구체적 사례(사건)의 본질과 사회적 의미, 사회의 규범적 요구에 귀를 기울이는 것을 넘어서 법체계 내외부에서 가해지는 '비판'에도 열려있어야 한다. 위법성 판단에서 사용되어야 할 '법'은-예링의 말을 빌자면-'투쟁'의 방법으로 획득(발견)되어야 한다. 법을 위한 투쟁은 법공동체내의 모든 구성원들(피고인과 그 변호인, 검사, 법관, 법학자, 일반시민 등)이 해야 할 투쟁이다. 144

§ 21

제 3 장 형법의 개별 위법성조각사유들

제 1 절 일 반 론

1 수직적 시각에서 중층적 규범구조를 가진 것으로 이해될 수 있는 형법의 위법성조각사유 규정들을 수평적 시각에서 보면—불법구성요건의 경우와 마찬가지로—객관적 요건과 주관적 요건으로 대별될 수 있다. 이 두 가지 요건은 모두 위법성 판단에서 평가대상으로서 사실적 차원의 요건임은 앞서 살펴보았다. 위법성조각사유에는 이 두 가지 요건을 대상으로 삼아 위법성과 적법성 여부를 판단하는 평가 기준의 역할을 하는 규범적 표지도 규정되어 있다. 개별 위법성조각사유의 해석론을 전개하기 전에 이들 각각의 요건들을 해석함에 있어 공통되는 사항을 선별하여 이를 먼저 살펴본다.

Ⅰ. 위법성조각사유(허용구성요건)의 객관적 요건

2 위법성조각사유의 객관적 요건은 개별 위법성조각사유마다 다르다. 행위자의 행위가 객관적 요건을 충족하기 위해서는 그러한 객관적 요건들이 만들어내는 상황이 '객관적으로' 존재하여야 한다. 행위자가 그러한 객관적 상황이 존재하지 않는데도 존재하는 것으로 오인하고 있더라도 위법성은 조각되지 않는다. 예컨대 정당방위라는 위법성조각사유에 해당하기 위해서는 객관적 요건으로서 자기 또는 타인의 법익에 대한 '현재의 부당한 침해'가 존재하여야 한다. 이 때문에 야간에 방문한 이웃을 강도로 오인하고서 침해를 방위하기 위한 행위를 하여도 행위자의 '주관'과는 달리 현재의 부당한 침해가 '객관적으로' 존재하지 않아서 정당방위로 위법성이 조각될 수 없다.[62)]

3 허용구성요건의 객관적 요건은 금지구성요건의 경우와 같이 원칙적으로 사후적으로 확정된다(사후판단). 어떤 행위의 불법은 결과를 통해서도 채색되고, 이러한 차원의 불법은 '사후적으로' 관찰했을 때 그 결과가 야기가 실제로도 정당화되는 것으로 판단되는 경우에만 탈락되기 때문이다. 그러나 예외적으로 예측적 관점이 개입되는 요건의 심사는 행위 시점의 관점에서 판단한다(사전판단). 예컨대 긴급피난의 요건 중 현재의 '위난'이 객관적으로 존재하는 행위 당시의 시점으로 돌아가서 판단한다.

---

62) 행위자의 이러한 오인은 '위법성조각사유의 객관적 전제사실의 착오'문제로 해결해야 한다. 위법성조각의 주관적 요건은 충족되었으나 객관적 요건을 충족하지 못한 경우는 '위법성조각사유의 전제사실의 착오'로서 정당방위의 경우 이를 '오상방위'라고 부른다. 이 착오는 위법성의 착오의 일종으로 책임심사단계에서 취급되는 것이 체계상 타당하다. 이에 관해서는 후술한다.

Ⅱ. 위법성조각사유의 주관적 요건

1. 주관적 요건의 필요성 여부

위법성조각사유의 주관적 요건(이하에서는 '주관적 정당화요소'라고 한다)은 형법에 명시적으로 규정되어 있는 경우도 있고, 명시적으로 규정되어 있지 않은 경우도 있다. 따라서 위법성조각사유의 주관적 요건이 필요한지에 대해서는 견해가 일치되어 있지 않다. 4

1) 주관적 정당화요소 필요설 행위반가치·결과반가치 이원론의 입장에서 주관적 정당화요소가 필요하다는 견해이다(다수설). 이에 따르면 행위자의 행위가 정당화되기 위해서는 이미 성립한 불법의 결과반가치뿐 아니라 행위반가치도 상쇄되어야 하는데, 행위자의 고의를 핵심요소로 하는 행위반가치가 상쇄되었다고 하기 위해서는 자기행위의 정당화를 지향하는 행위자의 의사, 즉 주관적 정당화요소가 있어야 상쇄될 수 있다고 한다. 이 입장에서는 특히 "방위하기 위한 행위"(형법 제21조 제1항), "피하기 위한 행위"(동법 제22조 제1항), "피하기 위한 행위"(동법 제23조 제1항)라는 형법의 규정은 명문으로 고의에 대칭되는 주관적 정당화요소를 인정하고 있는 것이라고 본다. 5

2) 주관적 정당화요소 불요설 결과불법 일원론(인과적 불법론)의 입장에서 위법성을 조각시키기 위해서는 객관적 요건만 충족되면 족하고 주관적 요건은 필요하지 않다고 하는 견해이다.[63] 이 입장에 의하면 객관적으로 행위와 결과가 있고 양자 간의 인과관계만 인정되면 불법이 인정된다고 한다. 따라서 이러한 객관적·불법적 측면을 상쇄시키는 요소만 충족되면 당해 행위의 위법성이 조각되는 것이라고 한다. 이에 따르면 형법 제21조 제1항·제22조 제1항·제23조 제1항의 "하기 위한"이라는 문구도 객관적으로 파악할 수 있으므로 이를 위법성조각사유의 주관적 요건이라고 해석하는 것은 무리라고 한다. 6

3) 판례의 태도 대법원은 행위자의 행위가 위법성조각사유에 해당하기 위해서는 주관적 정당화요소가 필요하다는 입장을 분명히 하고 있다. 7

判 대법원은 '5·18광주민주화운동을 진압하기 위해 파견된 공수부대원들과 광주시민들 사이에 발생한 충돌사건'에 대한 판결에서 "정당행위가 성립하기 위해서는 건전한 사회통념에 비추어 그 행위의 동기나 목적이 정당하여야 하고, 정당방위·과잉방위나 긴급피난·과잉피난이 성립하기 위하여는 방위의사 또는 피난의사가 있어야 한다고 할 것이다"고 하면서 피고인들의 행위에 피난의사가 없어 위법성이 조각될 수 없다고 판시하였다.[64] 8

4) 결론 어떤 행위를 불법한 행위라고 하기 위해서는 객관적·외부적 측면에서 반가치적 요소(결과반가치)가 인정되어야 할 뿐 아니라 행위자의 내부적·주관적 태도에도 반가치적 요소(행위반가치)가 인정되어야 한다(이원적 불법론). 이에 따르면 고의가 주관적 구 9

---

63) 차용석, 596면.
64) 대법원 1997.4.17. 96도3376.

성요건요소임을 인정하는 이상 고의는 불법요소가 되고, 행위의 불법성을 배제시키는 정당화사유에도 행위자의 고의에 대칭되는 주관적 정당화요소가 필요하다고 보지 않을 수 없다. 형법규정에 "방위하기 위한" 또는 "피하기 위한"이라는 문구가 있는 이상 이는 목적적 의사를 염두에 둔 것으로 해석할 수 있기 때문에 형법의 해석론으로도 주관적 정당화요소가 필요한 것으로 보는 것이 타당한 태도이다.

2. 주관적 요건의 내용

10 금지구성요건의 주관적 태도인 고의의 본질이 인식인가 의욕인가 하는 점에 관하여 견해의 대립이 있듯이 허용구성요건의 주관적 태도인 주관적 정당화요소도 정당화상황에 대한 인식만으로 족한가 아니면 인식뿐 아니라 의욕도 필요한가 하는 점에 관하여 견해의 대립이 있다.

11 **1) 인식설** 행위자에게 정당화상황에 대한 인식만 있으면 주관적 정당화요소가 충족되고, 행위자가 자기행위를 정당화하려는 목적이나 동기와 같은 의사적 요소는 필요없다는 견해이다.[65] 목적이나 동기까지 요구할 때에는 긴급을 요하는 행위의 경우에는 대부분 정당화적 목적이나 동기를 결하게 되어 정당방위, 긴급피난 등이 성립할 여지가 없게 될 것이기 때문이라고 한다.

12 **2) 인식·의사요구설** 정당화상황에 대한 인식만으로 부족하고 그와 더불어 정당화목적·동기와 같이 행위자가 자기행위를 정당화하려는 '의사'도 가지고 있어야 한다고 한다(다수설).

13 **3) 개별화설** 개별적인 위법성조각사유에 따라 주관적 정당화요소의 내용도 달라진다는 견해이다. 이 견해는 정당방위나 긴급피난, 자구행위의 경우에는 인식·의사요구설에 따르지만 피해자의 승낙의 경우에는 정당화상황의 인식만 있으면 족하고, 추정적 승낙의 경우에는 정당화상황에 대한 인식 및 의사 이외에도 피해자의 승낙을 얻을 수 없는 급박성 내지 사후에 피해자의 동의를 얻을 가능성 등의 사유가 갖추어져 있는가 하는 점에 관한 '양심적 심사의무' 내지 '성실한 검토의무'까지 인정되어야 한다고 한다.[66] 이 입장은 명예훼손죄의 위법성조각사유(형법 제310조)의 경우에도 적시사실이 객관적으로 진실한 사실인지 등에 대해 행위자가 진지하게 심사할 것이 별도로 필요하다고 한다.

14 **4) 판례의 태도** 대법원은 주관적 정당화요소 필요설에 따르고, 주관적 요소의 내용과 관련해서 인식·의사요구설에 입각하고 있는 것 같다.[67]

---

65) 박상기, 150면.

66) 이재상/장영민/강동범, §17/26; 임웅, 201면.

67) 대법원 1997.4.17. 96도3376. "정당행위가 성립하기 위하여는 건전한 사회통념에 비추어 그 행위의 동기나 목적이 정당하여야 하고, 정당방위·과잉방위나 긴급피난·과잉피난이 성립하기 위해서는 방위의사 또는 피난의사가 있어야 한다고 할 것이다."

判 판결문에 나타난 '방위의사 또는 피난의사'라는 표현은 주관적 정당화요소가 상황에 대한 인식만으로는 부족하고 의욕적 요소도 요구하고 있음을 추론할 수 있다. 특히 정당행위의 경우에는 그 행위의 동기나 목적이라는 의사적 측면을 주관적 정당화요소의 내용으로 보고 있다고 볼 수 있다. 15

5) 결론 행위의 불법을 구성하는 요소인 고의가 객관적 구성요건적 사실에 대한 인식 및 의사(용인)를 그 내용으로 하듯이, 불법을 배제하는 요소인 주관적 정당화요소의 경우에도 고의의 내용에 대칭하여 정당화상황에 대한 인식 및 정당화사유의 실현의사 모두가 필요하다고 보는 것이 타당하다. 16

그러나 정당화상황에 대한 인식 및 그 실현의사 이외에 별도의 주관적 태도, 즉 양심에 따른 심사 또는 의무합치적 심사까지 요구하는 개별화설은 타당하지 않다. 행위자의 행위에 대한 위법성판단을 지나치게 엄격하게 할 우려가 있고, 형법이 인정하지 않고 있는 별도의 요소를 추가적으로 요구할 필요는 없기 때문이다. 이 뿐만 아니라 개별화설에 따르면 신중한 검토를 했지만 진실한 사실이 아니라 허위사실인 경우 형법의 적용상 위법성조각의 주관적 요건만 충족되었을 뿐 객관적 요건이 충족되지 않아도 위법성을 조각한다는 결론을 내려야 하는 점에서 체계상 문제가 있다. 17

3. 주관적 정당화요소가 결여된 사례와 그 법적 효과

(1) 주관적 정당화요소가 결여된 사례의 의의

주관적 정당화요소가 결여된 사례란 위법성조각사유의 객관적 요건은 충족되었지만 행위자가 그러한 객관적 정당화상황에 대한 인식 내지 자신의 행위를 정당화하려는 의사 없이 행위한 경우를 말한다. 18

사례(우연방위 사례): 늦은 밤 어두운 골목길을 걸어 귀가하던 甲은 10여 분간 뒤따라오던 乙 때문에 짜증이 나자 갑자기 뒤돌아서서 상해의 고의로 乙을 주먹과 발로 구타하여 상해를 가하였다. 그런데 乙은 평소 원한관계에 있던 甲을 발견하고는 주머니에 칼을 숨긴 채 기회를 엿보며 뒤따라가고 있었고, 甲의 구타행위가 있었던 그 순간 기습적으로 공격하려고 칼을 꺼내 甲을 찌르려고 하던 중이었던 것으로 밝혀졌다.[68] 19

이 사례의 경우 갑은 위법성조각사유의 객관적 요건(을의 현재의 부당한 침해)은 충족되어 있지만 주관적 요건(그 상황을 인식하고 방위하려는 의사)은 충족하고 있지 못하다. 행위자의 행위가 위법성이 조각된다고 하기 위해 객관적 요건 외에 주관적 정당화요소(예, 방위의사 등)까지 충족되어야 하는 것인지를 둘러싼 논의의 실익은 견해에 따라 행위자에게 주관적 정당화요소가 결여된 경우의 법적 효과가 달라진다는 점에 있다. 20

68) 정당방위의 경우 방위의사가 결여된 경우를 '우연방위'라고 부른다. 피난의사 없는 긴급피난의 경우는 '우연피난', 피해자의 승낙의 경우는 '우연 승낙', 정당행위의 경우는 '우연 정당행위' 등이 문제될 수 있다.

(2) 주관적 정당화요소가 결여된 사례의 경우 법적 효과

21 1) 무죄설(위법성조각설) 어떤 행위의 위법성이 조각되려면 객관적 정당화상황만 충족되면 족하고 주관적 정당화요소가 필요 없다는 입장에서는 행위자에게 주관적 정당화요소가 없더라도 그 행위의 위법성이 조각되어 무죄로 된다고 한다.[69]

22 2) 불능미수범설 이 견해는 기본적으로 위법성조각을 위해서는 주관적 정당화요소가 필요하다는 태도를 바탕으로 하여 주관적 정당화요소가 결여된 때에는 불능미수에 관한 형법규정 제27조를 유추적용하자는 입장(다수설)이다(만약 그 범죄의 미수처벌규정이 존재하지 않는 경우에는 무죄가 된다).

23 이 입장에서는 객관적 정당화요소가 있으면 현실적으로 발생한 구성요건에 해당하는 결과에 대해 법질서는 부정적 가치판단을 내릴 수 없다고 한다(결과불법의 결여). 그러나 이 경우에도 행위의 반가치내용(법익침해의사)은 존재하므로 행위불법은 인정된다고 한다(행위불법인정). 결과가 전혀 발생하지 않은 경우(본래적 의미의 미수)나, 결과가 발생했으나 법질서에 의해 불법이라고 평가되지 않는 경우(주관적 정당화요소의 결여)는 행위불법은 인정되지만 결과불법이 결여되었다는 점에서 아무런 차이가 없기 때문에 주관적 정당화요소가 결여된 경우는 논리적으로 미수의 불법구조와 동일하게 된다는 것이다.

24 3) 기수범처벌설 위법성이 조각되기 위해서는 객관적 정당화요소가 충족되어야 할 뿐 아니라 주관적 정당화요소도 필요하다는 입장 가운데 일부의 견해에 의하면 주관적 정당화요소가 결여된 경우에도 기수범으로 처벌되어야 한다고 한다.[70] 이 입장은 위법성이 조각되려면 위법성조각의 객관적 요건과 주관적 요건이 모두 갖추어져야 한다는 전제에서 있다.

25 4) 결론 무죄설(위법성조각설)은 불법의 객관적 측면만을 포착하고 주관적 측면을 도외시하는 결과반가치일원론의 입장으로서 행위자의 불법이 인정되기 위해서는 결과반가치적 요소뿐 아니라 행위반가치적 요소도 필요로 한다는 이원적 불법론의 입장에서 보면 취할 바가 못된다. 기수범처벌설 역시 이원적 불법론의 취지가 불법을 배제시킬 경우에도 여전히 의미를 가져야 한다는 점을 고려하지 않고 위법성조각사유의 객관적 요소가 존재하는 경우를 존재하지 않는 경우와 동일하게 기수로 취급하는 문제점을 안고 있다.

26 생각건대 이원적 불법론의 입장을 취하는 한, 주관적 정당화요소가 결여된 경우는 불법구조상 미수범과 유사하므로 미수처벌규정, 특히 형법 제27조의 불능미수범규정을 유추적용하는 것이 합리적인 해결방법이라고 할 수 있다. 위법성조각사유의 객관적 요소가 충족되어 있다는 점은 불능미수의 경우 결과발생이 객관적으로 불가능하다는 점과 유사하기

---

69) 차용석, 596면; Spendel, LK, §32 Rdn. 138.

70) 이재상/장영민/강동범, §17/28. 독일의 판례 BGHSt 2, 111(114). 한편 배종대, §52/15는 논리적으로 기수범처벌설을 취하되 양형과정에서 이러한 행위상황의 특수성을 고려하면 된다고 한다.

때문이다. 이에 따르면 위 우연방위사례에서 갑은 살인의 (불능)미수죄(형법 제250조 제1항, 형법 제27조)의 성립이 인정된다.

(3) 과실범의 주관적 정당화요소

과실범의 경우에도 고의범의 경우와 마찬가지로 행위자의 행위가 위법성이 조각되기 위해서는 주관적 정당화요소가 있어야 하는지가 문제된다(이에 관해서는 과실범론 참조). 27

Ⅲ. 위법성조각사유의 규범적 표지

형법은 위법성조각사유의 규범적 요건으로 정당화 사정별로 일 대 일 맞춤형 규범적 표지를 설정하고 있지는 않다. ① 정당방위상황, 긴급피난상황, 자구행위상황에 공통된 규범적 표지로는 '상당한 이유'가 규정되어 있고, ② 정당화 사정에 관한 규정은 없고 사회상규라는 규범적 표지만 규정하고 있는 위법성조각사유도 있으며, ③ 피해자승낙이라는 정당화 사정에 대해서는 정당화 여부를 평가할 규범적 표지 자체가 마련되어 있지도 않다. 28

형법이론학은 개별 위법성조각사유별로 '상당한 이유'를 다르게 해석하고 있다. 독일 형법의 규범적 표지인 요구성과 필요성을 상당한 이유의 해석기준으로 원용하는 입장도 있지만, 사회상규 조항의 사회상규라는 규범적 표지 그 자체에 대한 독자적 '해석'론은 대법원의 그것만큼 활발하게 전개되고 있지는 않다. 29

判 대법원은 사회상규조항을 일반적 초법규적 위법성조각사유로 보는 전제하에서 '사회상규'를 정당화 여부를 판단한 최상위의 규범적 표지로 파악한다. '상당한 이유' 판단에서도 사회상규를 대용하는 규범적 개념표지(사회통념, 사회윤리 등)를 그 기준으로 사용한다. 대법원은 규범적 표지의 흠결상태로 규정되어 있는 피해자 승낙 조항에서는 사회상규를 위법성 판단 기준으로 개입시키고 있다. 30

생각건대 행위의 위법성 판단은 곧 당해 행위의 적법성 판단이므로 위법성 판단의 최상위 기준은 '법' 또는 '전체로서의 법질서'이다. 따라서 위법성 판단의 실질적 기준 찾기에서는 상위 기준인 '법' 개념을 규명하는 그 내용을 충전하는 일이 관건이 되어야 한다. 상위 기준인 법을 척도로 삼아 위법(불법)과 적법(합법) 여부를 판단하는 하위기준들의 체계적 이해에 관해서는 앞의 위법성 판단의 실질적 기준에 관한 일반이론 참조, 그 적용에 관해서는 후술할 개별 위법성조각사유별 각 규범적 표지에 관한 해석론 참조. 31

제2절 정당방위

Ⅰ. 정당방위의 의의와 본질

1. 형법규정과 의의

> 제21조(정당방위) ① 자기 또는 타인의 법익에 대한 현재의 부당한 침해를 방위하기 위한 상당한 이유있는 행위는 벌하지 아니한다.

32 정당방위는 위법한 침해에 대한 방위라는 점에서 부정(不正) 대 정(正)의 관계에 있고, 법(정)은 불법(부정)에 길을 비켜줄 필요가 없다는 '법확증의 원리'에 입각한 위법성조각사유로 인정되고 있다.

2. 정당방위 조항의 해석원칙

33 정당방위에 관한 형법규정에서 어떤 행위의 정당화여부를 판단하는 최상위 기준은 '법'이다. 정당방위자가 특수한 방위상황에서 형법률의 구성요건에 해당하는 행위를 하였더라도 그 형법률의 반가치 판단을 후퇴시켜 정당한 행위로 평가할 수 있는 규범적 이유에 관해 입법자는 '상당한 이유'라고만 규정하고 있다. 행위자는 타인에 의해 자신의 법익이 침해되는 불법적 상황에 대응하는 행위가 정당화되는 행위가 되려면 그 타인에 대해 '법'이 무엇인지, 그리고 법은 불법에 길을 비켜줄 필요가 없음을 증명(확증)해 보여주는 행위이어야 한다(법확증의 원리).[71]

Ⅱ. 정당방위의 인정 요건

34 정당방위의 요건을 규정하고 있는 형법 제21조 제1항을 분석해보면, 행위자의 행위가 정당방위로 위법성이 조각되기 위해서는, ① 정당방위상황(자기 또는 타인의 법익에 대한 현재의 부당한 침해)이 존재해야 하고 ② 방위의사에 기한 방위행위가 있어야 하며, ③ 방위행위에 상당한 이유가 인정되어야 한다.

---

71) 앞서 살펴보았던 위법성조각사유의 일반원리인 목적의 정당성과 수단의 정당성 원칙도 방위행위를 정당화하는 규범적 이유(=상당한 이유)의 해석론의 기초가 될 수 있다(목적설). 정당화의 일반원리로서의 목적설은 정당방위 외의 다른 위법성조각사유까지 형법에 규정하기 위한 '입법' 원리로 작용할 수도 있다.

1. 정당방위상황

(1) '자기 또는 타인'의 '법익'에 대한 침해

1) 침해 여기서 '침해'는 원칙적으로 '인간에 의한' 법익의 위협을 의미한다. 따라서 인간에 의한 침해가 아닌 경우에는 그에 대한 정당방위(즉 대물방위)는 원칙적으로 인정되지 않는다. 다만 침해행위자가 맹견을 도발시켜 덤비도록 한 경우와 같이 동물을 침해수단으로 사용하는 경우에는 침해가 직접 인간에 의한 것이 아니지만, 그에 대해 정당방위가 가능하다. 35

위협적인 상황을 제거 또는 방지해야 할 일정한 작위의무가 존재하는 한 '부작위'에 의한 침해도 정당방위의 요건인 침해에 해당한다. 이때 부작위가 침해로 간주될 수 있으려면, 첫째 부작위행위자에게 작위행위를 할 법적 의무가 있어야 하고, 둘째 작위의무의 불이행이 가벌적이어야 한다. 그러나 채무불이행과 같은 단순한 의무불이행은 부작위에 의한 침해가 아니다. 이 경우에는 민사소송절차에 의하여 구제받아야 한다. 36

침해는 고의행위는 물론이고 과실행위를 포함하지만 반드시 범죄구성요건상의 행위일 필요는 없다. 예컨대 형사처벌의 대상이 되지 않는 성희롱이나 과실재물손괴에 대해서도 정당방위가 가능하다. 단순한 욕설은 정당방위에서의 침해라고 할 수 없다.[72] 37

침해는 '객관적'으로 존재하여야 한다. 침해가 존재하지 않음에도 불구하고 존재한다고 오신한 이른바 '오상방위'는 정당화되지 않는다(위법성조각사유의 객관적 전제사실의 착오문제 참조). 38

2) 자기 또는 타인의 법익 '자기 또는 타인의 법익'이란 자기 또는 제3자의 법익 가운데 생명·신체[73]·재산·명예·자유·거주권 등 '모든' 개인적 법익을 말한다.[74] 공연음란죄와 같은 사회적 법익에 관한 죄에 대해서는 정당방위가 인정될 수 없고 경우에 따라 사회상규에 반하지 아니하는 행위로 위법성이 조각될 수 있을 뿐이다. 39

사회적·국가적 법익이 명백하고도 중대한 위험에 빠져 있고 국가기관에 의한 보호조치가 미치지 않을 경우에는 예외적으로 개인의 정당방위가 허용될 수 있다는 견해[75]도 있다. 그러나 이 경우에도 현행범체포 등 다른 위법성조각사유가 인정될 수 있는 것은 별론으로 40

---

72) 대법원 1957.5.10. 4290형상73. "욕설을 가한 것만으로는 현재의 급박·부당한 침해라 할 수 없으니 욕설을 함에 대하여 폭행을 가한 경우에 그것을 정당방위로 논할 수 없다."

73) 대법원 1986.10.14. 86도1091.

74) 아버지로서의 신분을 법익으로 보아 이에 대한 침해에 대해 정당방위를 인정한 판례로는 대법원 1974.5.14. 73도2401. "타인이 보는 자리에서 자식으로부터 인륜상 용납할 수 없는 폭언과 함께 폭행을 가하려는 피해자를 1회 구타한 행위는 피고인의 신체에 대한 법익뿐만 아니라 아버지로서의 신분에 대한 법익에 현재의 부당한 침해를 방위하기 위한 행위로써 정황에 비추어 볼 때 피고인으로서는 피해자에게 일격을 가하지 아니할 수 없는 상당한 이유가 있는 행위로써 정당방위에 해당한다."

75) 신동운, 255면; 이재상/장영민/강동범, §17/16; 임웅, 234면.

하고 정당방위를 인정할 수는 없다.[76] 사회적·국가적 법익을 보호하는 것은 국가의 임무이지 개인의 의무는 아니기 때문이다.[77] 물론 국가소유의 건물 또는 물건 등에 대한 절도, 방화, 손괴 등과 같이 국가의 '개인적 법익'이 문제되는 경우에는 정당방위가 가능하다.[78]

(2) 침해의 현재성

41 침해의 '현재'성은 법익침해가 곧 행해지려고 하고 있는 급박한 시점에서 시작하여 법익침해가 최종적으로 발생했다고 볼 수 있는 데까지 계속된다.

42 1) 현재의 시기(始期) 언제부터 침해가 "곧 행해지려 하고 있는 급박한 상태"에 있다고 볼 수 있는지가 문제된다. 이와 관련해서는 ① 공격자가 예비단계에서 실행의 착수단계로 이행하는 순간부터라고 하는 견해,[79] ② 방위행위가 더 이상 늦추어지면 방위하는 것이 불가능하거나 매우 힘든 상황에 돌입하게 될 때부터라고 하는 견해[80] 등이 대립한다.

43 생각건대 제1설에 따르면 방위행위 인정시점이 너무 늦어질 수 있고, 제2설은 그 시점이 언제인지 확정하기 어렵다. 공격이 막 개시되고 있어 방어를 지체한다면 방어가 현저히 곤란해질 경우에는 실행의 착수 이전이라도 현재의 침해로 볼 수 있다. 따라서 예비의 종료시점을 침해의 현재의 시작점으로 인정하는 것이 바람직하다.[81]

44 2) 현재성의 종기 현재성의 종기란 법익의 침해가 최종적으로 발생했다고 볼 수 있는 시점을 말한다. 이는 통상적으로 범죄가 기수에 이른 시기를 의미하지만, 특히 계속범의 경우에는 범죄가 기수에 이른 후 범행이 종료된 시점까지 포함될 수 있다.[82]

45 계속범이 아닌 경우에도 예컨대 물건에 대한 절도범의 침해행위는 절도범이 그 물건에 대한 새로운 점유를 확보할 때까지 계속되기 때문에 절도범을 추격하여 폭행을 가하여 도품을 탈환하는 행위는 정당방위로 인정된다.

46 判 대법원도 계속범이 아닌 폭행죄의 경우에도 범행의 전체상황을 고려하여 '기수 후 법익에 대한 침해상황이 종료되기 전' 상태를 '침해의 현재성'에 포함시킨다. 이와 관련하여 특히 일련의 연속되는 행위로 인해 침해상황이 중단되지 아니하거나 일시 중단되더라도 '추가 침해가 곧바로 발생할 객관적인 사유가 있는 경우'에는 그 중 일부 행위가 범죄의 기수에 이르렀더라도 전체적으로 침해상황이 종료되지 않은 것으로 볼 수 있다고 함으로써 현재성의 범위를 확장하고 있다.[83]

76) 박상기, 173면; 배종대, §58/4; 오영근, §19/38.
77) 대법원 1993.6.8. 93도766. "서면화된 인사발령없이 국군보안사령부 서빙고분실로 배치되어 이른바 '혁노맹' 사건 수사에 협력하게 된 사정만으로 군무이탈행위에 군무기피목적이 없었다고 할 수 없고, 국군보안사령부의 민간인에 대한 정치사찰을 폭로한다는 명목으로 군무를 이탈한 행위가 정당방위나 정당행위에 해당하지 아니한다."
78) 이재상/장영민/강동범, §17/16.
79) 조준현, "정당방위와 긴급피난의 법리에 관한 사례연구", 형사판례연구(6), 1999, 96면.
80) 이용식, "정당방위와 긴급피난의 몇 가지 요건", 형사판례연구(3), 1995, 86면.
81) Sch/Sch–Lenkner, §32/14 참조.
82) 손동권, §11/10.
83) 대법원 2023.4.27. 2020도6874. "'침해의 현재성'이란 침해행위가 형식적으로 기수에 이르렀는지에 따라 결정되는 것이 아니라 자기 또는 타인의 법익에 대한 침해상황이 종료되기 전까지를 의미하는 것이므로, 일련의

그러나 침해상황이 종료된 후에는 현재성이 부정되어 정당방위는 더 이상 불가능하다.[84] 따라서 절도범을 놓쳤다가 며칠 후 우연히 길거리에서 마주쳐서 도품을 탈환하기 위해 폭행을 가하는 행위는 과거의 침해에 대한 것이므로 정당방위가 인정되지 않고 자구행위가 가능할 뿐이다. 침해를 위한 공격이 실패로 돌아간 경우에도 침해의 현재성이 부정된다. 예컨대 아무런 재물을 취하지 못하고 도주하는 절도범을 추격하여 공격을 가하는 것은 정당방위가 되지 않는다.[85] 47

3) **현재성의 판단기준과 예방적 정당방위** 침해의 현재성은 방위행위시를 기준으로 할 것이 아니라 '침해가 이루어진 시점'을 기준으로 해야 한다. 따라서 장래의 침해를 예견하고 미리 방어조치(예컨대 금고주변에 전기장치를 해 둔 것)를 취해 놓은 경우에도 침해행위시에는 현재성이 인정된다. 48

그러나 장차 예견되는 침해에 대해서 그 침해가 아직 없음에도 불구하고 방위행위를 하는 이른바 '예방적 정당방위'는 정당방위로 인정될 수 없다.[86] 예컨대 외딴 술집에서 마지막 시간까지 남아서 술을 마시고 있던 취객들이 자신을 공격해 올 기미를 알아차린 술집주인이 이 공격을 방위하기 위해 미리 술에 수면제를 타서 제공하는 것은 침해의 현재성이 결여된 것이므로 정당방위로 인정될 수 없다.[87] 49

4) **지속적(계속적) 위험의 현재성 인정 여부** 이른바 '지속적 위험(Dauergefahr)'이란 과거부터 침해가 줄곧 있어 왔고 또 그러한 침해가 반복하여 계속될 염려가 있는 상황을 말한다. 예컨대, 수년간 술만 마시면 가정폭력을 일삼아 온 가장이 어느 날 술을 마시고 귀가한 후 잠들어 있지만 잠에서 깨어나면 또다시 폭행을 할 것으로 예상되는 상태를 말한다. 50

지속적 위험은 침해가 반복적으로 행해질 것을 요건으로 하는 점에서 단순히 일회적 침해가 예상되는 것에 불과한 경우와는 다르다. 지속적 위험의 경우 침해의 현재성을 인정할 수 없다면 긴급피난이 인정될 수 있는 것은 별론[88]으로 하더라도 정당방위로는 평가될 수 없다. 지속적 위험의 현재성 인정 여부에 관해서는 다툼이 있다. 51

연속되는 행위로 인해 침해상황이 중단되지 아니하거나 일시 중단되더라도 추가 침해가 곧바로 발생할 객관적인 사유가 있는 경우에는 그 중 일부 행위가 범죄의 기수에 이르렀더라도 전체적으로 침해상황이 종료되지 않은 것으로 볼 수 있다."

84) 대법원 1996.4.9. 96도241. "세입자가 방을 비워 줄 수 없다고 폭언하자 화가 난 집주인이 창문을 부수었고, 이에 격분한 세입자가 몽둥이를 들고 미처 피하지 못한 주인을 때려 상해를 입힌 경우 피해자(세입자)가 침해행위에 대하여 자기의 권리를 방위하기 위한 부득이한 행위가 아니고 그 침해행위에서 벗어난 후 분을 풀려는 목적에서 나온 공격행위는 정당방위에 해당한다고 할 수 없다."

85) 이 경우 범인을 체포하는 행위가 현행범체포(형사소송법 제212조)로써 형법 제20조의 법령에 의한 행위로 위법성이 조각될 수 있다.

86) 그러나 「폭력행위 등 처벌에 관한 법률」 제8조 제1항에서는 '예방적 정당방위'도 인정하고 있다. "이 법에 규정된 죄를 범한 자가 흉기 기타 위험한 물건 등으로 사람에게 위해를 가하거나 가하려 할 때 이를 예방 또는 방위하기 위하여 한 행위는 벌하지 아니한다."

87) Kühl, §7/42.

88) 신동운, 279면.

52 ① 학설의 태도 ⅰ) 긍정설은 단순히 이전까지 없던 침해행위가 예상되는 것이 아니라 계속되어 온 침해행위였기 때문에 침해의 현재성을 긍정해야 한다고 한다.[89] ⅱ) 반면에 부정설은 정당방위란 예외적으로 인정되는 경우이므로 침해의 현재성은 엄격하게 해석되어야 하고, 따라서 지속적 위험이 있는 경우와 같이 장래에도 반복될 것이 예상되는 침해를 방위하기 위한 정당방위는 허용되지 않는다고 한다.[90]

53 ② 판례의 태도 대법원은 지속적 위험에 대해서 "침해행위가 그 후에도 반복하여 계속될 염려가 있었다면, 피고인들의 이 사건 범행 당시 피고인의 신체나 자유 등에 대한 현재의 부당한 침해상태가 있었다고 볼 여지가 없는 것은 아니다"[91]라고 함으로써 침해의 현재성을 인정하는 듯한 태도를 취하고 있다.

54 判 현재성의 시기를 앞당기는 법리는 앞서 소개한 판례법리(2020도6874 참조)인 현재성의 종기를 뒤로 미루는 차원의 법리와 구별되어야 한다. 현재성의 종기를 뒤로 미룸으로써 결과적으로 현재의 개념 범위를 넓히는 판례법리는 다음과 같이 요약될 수 있다. '일련의 연속되는 행위로 인해 침해상황이 중단되지 아니하거나 일시 중단되더라도 추가 침해가 곧바로 발생할 객관적인 사유가 있는 경우 그 중 일부 행위가 범죄의 기수에 이르렀더라도 전체적으로 침해상황이 종료되지 않은 것으로 보아 침해의 현재성이 인정된다.

55 ③ 결론 정당방위는 부당한 침해를 전제로 부정 대 정의 관계에 있어서 '법은 불법에 길을 비켜줄 수 없다는 원칙'에 충실해야 한다는 점에서 과단성 있는 방위행위를 인정한다. 따라서 '상당한 이유'라는 요건은 긴급피난과 같은 엄격한 수준을 요구하지 않는다. 그 대신 상당한 이유 이외의 다른 요건, 즉 침해의 현재성 요건은 좁게 인정하는 것이 합리적이다. 따라서 지속적 위험이나 장래의 침해에 대해서까지 정당방위의 침해의 현재성을 인정하기는 어렵다.

(3) 침해의 부당성

56 1) 부당과 위법 '부당'한 침해란 '객관적'으로 법질서와 일치되지 않아 그 자체로 정당화되지 않는 행위를 말한다. 형법상 구성요건에 해당하고 위법성이 인정되는 행위, 즉 '위법'한 침해보다 더 넓은 범주를 포함하므로 반드시 형법상의 구성요건을 실현하는 행위일 필요는 없다.[92] 이 때문에 민법상의 불법행위나 처벌규정이 없어서 처벌의 대상이 되지 않는 미수행위, 더 나아가 형법에 의해 보호되지 않는 법익에 대한 침해도 부당한 침해로

---

89) 박상기, 170면.

90) 김일수/서보학, 294면; 손동권, §11/14; 오영근, §19/31; 이재상/장영민/강동범, §17/12; 정성근/박광민, 219면.

91) 대법원 1992.12.22. 92도2540. 이 판례의 사건개요에 의하면 피고인은 12살 때부터 의붓아버지에게서 계속적으로 성폭행(형법상 강간죄)을 당해왔고, 이후에도 반복하여 그러한 침해행위가 계속될 염려가 있는 상태에서 그 의붓아버지가 잠든 틈을 타서 남자친구와 함께 살해하였다(이른바 김보은양 사건). 이에 대해 대법원은 침해의 현재성은 인정하면서도 '상당성'이 인정되지 않는다고 함으로써 정당방위를 부정하였다.

92) 반면에 손동권 §11/17은 부당의 의미를 범죄체계상 구성요건에 해당하고 위법하다는 것을 의미하는 것으로 해석한다. 그러나 형법이 '부당'으로 규정함으로써 '위법'으로 규정한 것에 비해 정당방위의 성립범위를 넓힐 수 있는 여지를 주고 있기 때문에 구태여 좁혀서 해석할 필요는 없다고 생각한다.

볼 수 있다.

57 자동차 등과 같은 특별한 보호객체 이외에는 형법상 처벌대상이 되지 않는 '사용절도'의 경우도 부당한 침해에 해당할 수 있어 이에 대해 정당방위가 가능하다. 또한 운전자의 주의의무위반 피해자의 사망 간에 '의무위반관련성'의 결여를 이유로 과실범으로 처벌되지 않는 운전자의 행위도 부당한 침해에 해당한다고 할 수 있으므로, 당해 차량의 동승자가 피해자의 사망을 방지하기 위해 운전대를 잡아서 방위행위를 할 수 있다.[93]

58 2) 부당한 침해의 요건 부당한 침해의 요건으로서 ① 단순한 결과반가치만 있으면 족하다고 하는 견해[94]도 있고, ② 결과반가치뿐만 아니라 행위반가치도 존재하여야 한다는 견해[95]도 있다. 전자의 입장은 침해가 반드시 고의 또는 과실에 의하여 이루어지지 않더라도 위협된 법익에 대해 손해를 유발하기만 하면 위법한 침해라고 한다. 이에 반해 후자의 입장은 공격자의 행위가 법적인 요구 및 금지규범에 반하는가 하는 점에 초점을 맞추어 침해의 위법성 여부를 판단해야 하므로, 고의 또는 과실이 있어야 할 뿐 아니라 침해행위가 적어도 객관적으로 주의의무위반적 행위이어야 할 것을 요구하고 있다.

59 생각건대 형법이 위법한 침해라고 하지 않고 부당한 침해라고 한 이상, 형법상의 구성요건충족을 전제로 한 행위반가치나 결과반가치의 인정 여부와 무관하게 침해가 전체 법질서나 사회정의에 어긋나는 경우에는 그에 대한 정당방위가 인정될 수 있는 것으로 해석할 수 있다. 여기서 넓게 인정되는 정당방위는 '상당한 이유'라는 요건을 통해 다시 제한될 수 있기 때문이다.

60 例 **침해의 부당성을 긍정한 판례사안:** ① 적법한 공무집행을 벗어나 불법한 체포를 하고 있는 경찰관의 행위에 대해 체포를 면하려고 반항하는 과정에서 그 경찰관에게 상해를 가한 경우(대법원 2000.7.4. 99도4341), ② 공개입찰에 의하여 매매되고 그 인도집행이 완료된 국유토지에 그 토지의 종전 경작자에 의해 파종되어 30센티 이상 성장한 보리를 토지매수자가 그 토지를 경작하기 위해 소를 이용하여 쟁기질을 하여 갈아 뭉개는 행위를 한 경우(대법원 1977.5.24. 76도3460), ③ 절도범으로 오인받은 자가 야간에 군중들로부터 무차별 구타를 당하자 이를 방위하기 위하여 소지하고 있던 손톱깎이 칼을 휘둘러 상해를 입힌 경우'(대법원 1970.9.17. 70도1473), ④ 참고인 조사를 받는 줄 알고 검찰청에 자진출석한 변호사사무실 사무장을 검사가 합리적 근거 없이 긴급체포하자 그 변호사가 이를 제지하는 과정에서 위 검사에게 상해를 가한 경우(대법원 2006.9.8. 2006도148) 등.

61 3) 정당방위에 대한 정당방위 정당화사유에 해당하는 행위는 그 자체가 부당한 침해가 아니므로 '정당방위에 대해서는 다시 정당방위를 행사하지 못한다'는 원칙이 지켜져야 한다. 이 원칙에는 피해자의 '수인受忍의무'가 전제되어 있다. 정당화되는 행위는 '부당한 침해'에 포함될 수 없기 때문에 긴급피난, 자구행위, 정당행위에 대해서도 정당방위가 인정될 수 없다.

93) Kühl, §7/59.
94) 오영근, §19/13; 이재상/장영민/강동범, §17/14.
95) 김일수/서보학, 295면; 박상기, 171면.

62 **4) 싸움과 정당방위** 두 사람 이상이 싸움을 하는 경우에는 서로가 서로에 대해 부당한 침해를 하고 있는 것이므로 각자의 행위를 방위의사가 있는 방위행위로 볼 수 없는 것이 원칙이다. 그러나 아래 판례사안에서 보듯이 공격행위의 선후관계 및 공격의 정도 또는 피해상황 등을 고려하여 정당방위 요건에 대해 정밀한 심사를 해야 한다.[96)]

63 **例 정당방위가 부정된 싸움 사례:** 대법원은 ① 싸움의 경우에는 일방의 행위만을 위법한 침해행위라고 볼 수 없고(대법원 1984.5.22. 83도3020), ② 방위의사가 아닌 공격의사를 가지고 있으며(대법원 2000.3.28. 2000도228). ③ 상호간에 침해를 유발한 것(대법원 1996.9.6. 95도2954)을 근거로 정당방위를 부정한다.

64 **例 정당방위가 긍정된 싸움 사례:** 대법원은 ① 싸움이 중지된 후 다시 피해자들이 새로이 도발한 별개의 가해행위를 방어하기 위하여 단도로서 상대방의 복부에 자상을 입힌 경우(대법원 1957.3.8. 4290형상18), ② 외관상 서로 격투를 하는 것처럼 보이는 경우라고 할지라도 실제로는 한쪽 당사자가 일방적으로 불법한 공격을 가하고 상대방은 이러한 불법한 공격으로부터 자신을 보호하고 이를 벗어나기 위한 저항수단(소극적인 방어수단)으로만 유형력을 행사했을 뿐인 경우(대법원 1999.10.12. 99도3377; 2010.2.11. 2009도12958), ③ 싸움을 함에 있어서 격투를 하는 자 중의 한 사람의 공격이 그 격투에서 당연히 예상할 수 있는 정도를 초과하여 살인의 흉기 등을 사용하여 온 경우(대법원 1968.5.7. 68도370) 등에 대해서는 상대방의 공격을 '부당한 침해'라고 할 수 있음을 근거로 정당방위를 긍정한다.

2. 방위하기 위한 행위

(1) 방위행위

65 여기서 말하는 '방위행위'는 우선 공격을 막는 '방어'행위를 의미한다. 단순히 '회피하거나 도망하는 행위'는 원칙적으로 방위행위로 될 수 없다. 그러나 특별한 상황에서 법확증의 원리를 지켜야 할 필요성이 있어서 정당방위를 사회윤리적으로 제한해야 할 경우에는 방위행위보다는 회피행위가 요구될 수도 있다.

66 통상 방위행위에는 순수한 '수비적 방어'와 적극적 방법을 포함하는 '반격방어'가 있다.[97)] 반격방어는 공격이 최상의 방위라는 슬로건에 따라 공격자를 격퇴시키는 행위를 말한다. 수비적 방어와 반격방어 가운데 강력한 방어수단인 반격방어는 수비적 방어가 무용할 경우에 행사되어야 상당한 이유 있는 방위행위로 인정될 수 있을 것이다. 따라서 "칼을 들고 자신을 찌르려는 자에게서 그 칼을 뺏은 후 다시 그 칼로 반격을 가하여 상대방에게 상해를 입힌 경우"[98)]는 반격방어의 상당성이 결여되어 정당방위로 인정되지 않는다고 해

---

96) 2011년 경찰은 싸움의 경우 정당방위 인정여부에 관한 다음과 같은 처리지침을 마련하여, 방어폭력을 정당방위로 인정하는 가능성을 열어두고 있다: ① 침해행위에 대해 방어하기 위한 행위일 것 ② 침해행위를 도발하지 않았을 것 ③ 먼저 폭력행위를 하지 않았을 것 ④ 폭력행위의 정도가 침해행위의 수준보다 중하지 않을 것 ⑤ 흉기나 위험한 물건을 사용하지 않았을 것 ⑥ 침해행위가 저지되거나 종료된 후에는 폭력행위를 하지 않았을 것 ⑦ 상대방의 피해 정도가 본인보다 중하지 않을 것 ⑧ 치료에 3주 이상을 요하는 상해를 입히지 않았을 것 등.

97) 대법원 1992.12.22. 92도2540. "정당방위의 성립요건으로서의 방어행위에는 순수한 수비적 방어뿐 아니라 적극적 반격을 포함하는 반격방어의 형태도 포함되나, 그 방어행위는 자기 또는 타인의 법익침해를 방위하기 위한 행위로서 상당한 이유가 있어야 한다."

야 할 것이다.

방위행위의 상대방은 침해자 및 그 도구에 국한된다. 침해자 이외의 제3자에 대해서는－방위행위로 나아가는 것이 불가피한 선택이었을 경우에도－정당방위가 아니라 단지 긴급피난이 문제될 수 있을 뿐이다. 67

(2) 방위의사

정당방위가 인정되려면 주관적 정당화요소인 '방위의사'가 필요하고,[99] 그 내용은 고의의 경우와 상응하게 방위상황인식 및 의사설이 타당하다는 점에 관해서는 앞에서 설명하였다. 방위의사가 있는 한 원한, 증오, 복수심 등과 같은 다른 동기가 수반되더라도 정당방위가 될 수 있다. 그러한 동기들은 정서적·감정적 요소일 뿐이고 방위의 의지적 요소와는 상관없기 때문이다. 68

방위의사는 없었지만 객관적으로는 다른 정당방위요건이 충족되어 있는 경우에는 '우연방위'의 문제로서 주관적 정당화요소 결여사례에 관한 해결방식에 따라 불능미수범에 관한 규정을 유추적용하여 행위자를 불능미수범으로 처벌하는 것이 타당하다. 69

3. 상당한 이유

(1) 상당한 이유의 의의

방위행위가 정당방위로 되려면 방위행위에 '상당한 이유'가 인정되어야 한다. 상당한 이유란 '그럴 만한 이유'라는 의미를 가지는 용어로서 '상당성'으로 불리기도 한다. 그러나 이때의 상당성은 상당인과관계설에서 말하는 결과가 발생할 고도의 확률적 가능성, 즉 개연성을 의미하는 상당성과는 다르기 때문에 상당성이라는 용어는 형법률을 후퇴시키는 규범적 이유를 표현하기에 적확한 표현이라고 말하기 어렵다. 70

(2) 상당한 이유의 해석

1) **학설의 태도** 불확정개념인 '상당한 이유'를 둘러싸고는 다양한 해석론이 전개되고 있다. ① '상당한 이유'를 독일형법 제32조 제2항[100]의 '필요성'과 동일한 의미로 이해하면서도 사회윤리적 제한을 상당한 이유와는 구별되는 정당방위를 부정하기 위한 독자적인 요건으로 파악하는 견해,[101] ② 상당한 이유를 독일형법의 '요구성'과 '필요성'으로 이해하고, 전자에 사회윤리적 제한을 포함시키는 견해(다수설), ③ 상당한 이유는 독일형법의 필요성 및 요구성과는 무관한 독자적 의미를 가진 개념으로 이해하면서도 '사회윤리'적 제한 71

---

98) 대법원 1984.1.24. 83도1873.

99) 대법원 1955.8.5. 4288형상124. "정당방위에 있어서의 방위의사는 행위자의 주관을 표준으로 하는 동시에 객관적으로 사회통념상 방위의사를 추정할 수 있는 경우이어야 한다."

100) 독일형법 제32조 ① 정당방위를 통하여 '요구'된 행위를 한 자는 위법하게 행위하고 있지 않다. ② 정당방위는 자기 또는 타인을 현재의 위법한 공격으로부터 회피하기 위하여 '필요'로 하는 방위이다.

101) 김일수/서보학, 296면 및 298면; 이재상/장영민/강동범, §17/19.

이 그 속에 내포되어 있는 것으로 파악하는 견해[102] 등이 있다.

72 2) 판례의 태도 정당방위의 경우는 대법원은 상당한 이유가 인정되려면 "방위에 필요한 한도 내의 행위"[103]로서 "사회통념상 허용될 만한 정도의 상당성"[104]이 있어야 한다고 한다. 특히 방어행위의 '상당한 이유'가 인정되기 위해서는 '사회적 상당성'[105]이 요구된다고 하면서 긴급피난의 경우와 같이 '보충성(최후수단성) 요건'을 "반드시 필요로 하는 것이 아니다"[106]라고 한다.

73 判 대법원이 정당방위의 상당한 이유를 '사회통념상 허용될 만한 정도의 상당성' 등으로 풀이하고 있는 것으로 미루어볼 때, 상당한 이유 개념도 '사회통념'이나 '사회윤리'와 동일시 되는 최상위의 위법성 판단 기준인 '사회상규' 개념과 호환가능한 개념으로 인정하고 있는 것으로 보인다. 그러나 정당방위의 상당한 이유 인정 여부를 판단함에 있어 사회통념 등 또 다른 차원의 추상적 기준을 사용하는 태도는 위법성 판단에서 불확정 개념과 관련한 문제점을 전혀 해소하지 못하는 태도이다. 이는 결국 위법성심사단계에서 불법과 적법의 경계선을 불명확하게 만드는 결과가 될 수 있으므로 형법적용상 법적 안정성을 해칠 우려가 있다(이에 관해서는 '사회상규' 조항 해석에 대한 판례의 태도에 대한 비판 참조). 이뿐만 아니라 대법원이 상당한 이유로 인정되기 위해서는 '사회적 상당성'이 요구된다고 하는 대법원의 태도는 앞서 살펴보았듯이 구성요건해당성배제사유인 사회적 상당성이 인정되는 행위에 관한 이론과의 관계에서 체계적인 문제점을 드러내고 있다.

대법원이 '상당한 이유'를 개별 위법성조각사유마다 다르게 해석하고 있음은 정당화사정 별로 위법성 판단의 하위기준이 달라질 수 있다는 차원에서 보면 타당한 접근법이다. 판례는 통설과 마찬가지로 정당방위의 경우는 '부정(불법) 대 정(법)'의 관계를 전제로 하기 때문에 '상당한 이유'를 비교적 폭넓게 인정하지만, 긴급피난의 경우에는 위난을 피하기 위한 행위가 제3자의 법익을 침해하는 '정 대 정'의 관계에 있기 때문에, 엄격한 요건을 충족시켜야 '상당한 이유'를 인정한다.[107] 즉 긴급피난의 경우에는 정당방위 인정요건이 아닌 보충성, 균형성의 요건까지 추가적으로 충족될 것을 요구한다. 물론 대법원은 정당방위의 경우 구체적 사례의 특수성을 고려할 때 방위행위를 통해 보호되는 이익이 침해되는 이익에 비해 현저하게 균형을 잃을 경우에는 정당방위가 부정할 수도 있음을 인정하여 '균형성' 요건을 전적으로 배제하지는 않는다.[108]

102) 오영근, §19/60; 임웅, 224면; 정영일, 174면.

103) 대법원 1991.9.10. 91다19913.

104) 대법원 1984.4.24. 84도242. "피해자가 피고인에게 다가와 폭언을 하면서 피고인의 오른손 둘째 손가락을 물어뜯으므로 피고인이 이를 피하려고 손을 뿌리치면서 두 손으로 피해자의 양어깨를 누르게 되었다면, 피고인의 소위는 피해자의 부당한 공격에서 벗어나려고 한 행위로서 그 행위에 이르게 된 경위, 목적, 수단, 의사 등 제반사정에 비추어 사회통념상 허용될 만한 정도의 상당성 있는 것으로 위법성이 결여되어 폭행죄를 구성하지 아니한다."

105) 다만 대법원도 방위행위의 '사회적 상당성'을 판단할 때에는 "침해행위에 의하여 침해되는 법익의 종류, 정도, 침해의 방법, 침해행위의 완급과 방위행위에 의해 침해될 법익의 종류, 정도 등의 일체의 구체적 사정들"을 고려해야 한다고 한다(대법원 1992.12.22. 92도2540).

106) 대법원 1966.3.5. 66도63.

107) 위법성 판단에서 규범적 평가 기준인 '상당한 이유'의 광협은 개별 위법성조각사유의 다른 요건 즉 '정당화상황'을 기술한 개념의 해석론에도 영향을 미친다. 예컨대 긴급피난의 위난의 현재성은 정당방위의 침해의 현재성보다 넓게 해석하여 장래 침해가 예상되는 경우에도 위난의 현재성 요건을 충족한 것으로 볼 수 있다. 뿐만 아니라 긴급피난을 통해 보호되는 '법익'은 사회적 법익이나 국가적 법익의 경우로 확장할 수 있는 반면, 정당방위를 통해 보호되는 법익은 개인적 법익으로 국한시켜 해석할 수 있음도 상당한 이유를 긴급피난에 비해 폭넓게 해석하는 것과 균형을 맞추기 위한 해석방법이라고 설명할 수 있다.

아래 판례사례들의 경우 대법원은 '사회통념상' 또는 '사회윤리적으로' 상당한 이유로 인정되지 않는다고 판시하고 있으나 그 내용상으로는 법익간의 현저한 불균형을 이유로 한 상당한 이유를 부정 취지로 읽힌다.

例 법익간의 현저한 불균형을 이유로 한 상당한 이유 부정 판례: ① '자신의 밤나무 단지에서 타인이 밤을 부대에 주워 담는 것을 보고 부대를 빼앗으려다가 반항하는 그 타인의 뺨, 팔목을 때려 상처를 입힌 경우'(대법원 1984.9.25. 84도1611), ② '전투경찰대원이 상관의 다소 심한 기합에 격분하여 총을 발사함으로써 그 상관을 사살한 경우'(대법원 1984.6.12. 84도683), ③ '경찰관이 은신 중이던 자를 나오라고 명령을 하자 순순히 손을 들고 나오는 채 하다가 그대로 도주하는 것을 보고 뒤따라 추격하면서 등 부위에 권총을 발사하여 사망케 한 경우'(대법원 1991.5.28, 91다10084: 민사손해배상판결) 등. 74

3) 결론 정당방위의 '상당한 이유'는 구성요건에 해당하는 행위를 정당화하는 '규범적 이유'이므로 전체 법질서의 관점을 고려할 뿐만 아니라 정당화의 기본원칙의 관점에서 해석되어야 한다. 방위행위가 전체 법질서의 관점에서 정당화되려면 일반적 법원칙인 목적의 정당성과 수단의 적합성과 최소침해의 원칙에도 부합하여야 한다. 방위행위가 적합한 수단으로 인정되기 위해서는 객관적 사후 판단에 따를 때 위법한 공격을 종국적으로 막기에 적합성이 인정되고(적합성), 이 경우 공격자에게 최소한의 손상만 야기하기에 적합한 수단으로 인정될 수 있으면(최소침해성) 충분하다고 해야 한다. 정당방위가 아무리 자기보호의 원리에 기초하더라도 규범적인 관점에서 보았을 때 정당방위를 인정하는 객관적 법질서의 목적 범위내의 방어이어야 한다(방어권의 남용금지). 75

정당방위는 법익간의 현저한 불균형이 있을 경우에는 이익충돌의 조정이라는 관점에서의 '법'에 합치될 수 없어 정당한 이유가 인정될 수 없고 따라서 정당화될 수 없다(균형성원칙의 제한적 적용). 이러한 관점에서 보면 한국 형법의 상당한 이유를 독일형법의 요구성이나 필요성 등으로 환원시켜 해석하는 태도는 불필요한 우회이다. 독일형법의 정당방위 요건인 요구성과 필요성도 위와 같은 일반적 '법원칙'의 기조에 따라 해석되고 있기 있기 때문이다. 76

判 대법원이 정당방위의 경우 상당한 이유 판단에서 균형성원칙을 제한적으로나마 고려하더라도 이를 긴급피난의 경우 요구되는 '우월한 이익의 원칙'과 동일한 수준으로 요구하고 있는 것은 아님을 주의해야 한다. 법익간에 '현저한 불균형'이 있는 경우에만 정당방위를 인정하기 때문이다. 이러한 태도가 타당하다. 정당방위는 상대방의 '불법'적 공격이 있는 정당화 상황에 대처하는 방위행위이므로 그 방위행위가 출발하는 '법'은 가치론적으로 '불법'에 길을 비켜줄 필요가 없다'는 법확증의 원리가 원칙적으로 작동해야 하기 때문이다. 77

(3) 정당방위권의 제한

1) 사회윤리적 제한사례 vs 방어권 남용사례 종래 방위행위가 사회윤리적으로 용인될 수 없는 방위행위는 정당방위가 될 수 없다는 전제하에서. 이를 '정당방위가 사회윤리 78

108) 대법원 2018.12.27. 2017도15226. "정당방위가 성립하려면 침해행위에 의하여 침해되는 법익의 종류, 정도, 침해의 방법, 침해행위의 완급과 방위행위에 의하여 침해될 법익의 종류, 정도 등 일체의 구체적 사정들을 참작하여 방위행위가 사회적으로 상당한 것이어야 한다."

적으로 제한되는 경우'로 분류해왔다. 정당방위가 사회윤리적 관점에서 제한될 수 있다고 보는 시각은 결국 형법 제20조의 '사회적 윤리적 관점'(즉 정당행위가 되려면 사회상규에 위배되지 말아야 한다는 생각)을 형법 제21조의 정당방위의 요건에도 투사시키는 태도라고 할 수 있다. 하지만 '사회윤리'적인 관점에서 위법성이 조각되는 경우를 다시 축소시키는 해석태도를 받아들일 수는 없다. 종래 정당방위를 '사회윤리적으로 제한'하는 사례유형이라고 평가해 온 다음과 같은 사례유형들은 '사회윤리적 제한사례'가 아니라 방어행위의 비례관계를 벗어난 '방어권남용 사례유형으로 보는 것이 바람직하고, 따라서 형법적용상 '상당한 이유'가 부정되는 사례유형으로 분류되어야 한다.

2) 정당방위권의 제한사유

79 ① 경미한 침해 방문객이 잔치를 하면서 노래를 하거나 시끄러운 소음 때문에 이웃 주민의 수면이 방해받는 경우와 같이 허용되는 위험의 한계를 넘지 않거나 법익침해가 중요하지 않는 행위태양들이 여기에 해당한다. 이와 같이 일정한 한계내의 행위태양들에 대한 방어행위는 방어권의 남용에 해당하므로 정당방위로 인정될 수 없다.

80 ② 법익 간의 현저한 불균형 공격당하는 법익과 침해당하는 법익 사이에 현저한 불균형이 있는 경우의 방위행위는 제한되어야 한다. 예컨대 과수원 주인이 엽총을 쏘아 절도범을 살해하는 행위가 여기에 해당한다. 하지만 이러한 제한도 법익균형성이라는 기준에서 나오는 것이 아니라 권리남용의 사상에서 나오는 것임을 유의해야 한다. 침해되는 법익과 보호되는 법익 간에 현저한 불균형이 있어서 정당방위가 되지 않는 경우는 과잉방위로도 인정될 수 없다.

81 실제사건에서 공격당하는 법익과 방어로 인해 침해당하는 법익 간의 현저한 불균형성 자체가 매우 유동적일 수 있다. 어느 정도의 관계가 현저한 불균형에 이르는지는 분명하게 선을 그을 수 있는 성질의 것이 아니기 때문이다. 이 경우 그 현저성 여부를 판단하기 위해서는 '방위행위의 종류 및 정도와 침해의 종류 및 정도'를 비교해서 그 비례성을 검토하는 수밖에 없다. 물론 그렇다고 해서 긴급피난의 경우와 같이 보호되는 법익이 침해되는 법익보다 본질적으로 우월한 경우에만 정당방위로 인정될 수 있는 것은 아니다.

82 判 대법원도 '법익간의 현저한 불균형'이 인정되는 경우 정당방위를 부정하고 있음은 앞서 예시적으로 든 판례들에서 확인하였다. 물론 위에서 예시된 판결들에서 대법원이 정당방위를 부정하기 위해 사회통념 또는 사회윤리를 원용하고 있는 태도의 문제점에 관해서도 앞서 언급한 바와 같다.

83 ③ 책임능력 없는 자의 공격 위법·부당하지만 책임능력 없는 자의 공격이 있는 경우에도 정당방위가 제한되어야 한다. 예컨대 어린 아이, 정신병자, 정신을 잃은 만취자, 고도의 흥분상태에 빠진 자, 면책적 긴급피난상태에 있는 자, 14세 미만의 자, 위법성의 착오에 빠진 자 등의 위법한 공격에 대해서는 정당방위가 원칙적으로 제한될 수 있다. 하지만 공격

을 회피할 수 없는 특별한 사정이 있는 경우에는 정당방위가 허용될 수 있지만 이 경우는 반격방어가 아닌 수비적 방어에 그쳐야 한다.

④ 밀접한 인적관계에 있는 자의 공격 밀접한 인적관계[109]에 있는 자 중의 일방이 공격을 84
가해 온 경우에도 상대방에 대해 정당방위가 제한된다. 예컨대 남편이 부인을 구타하자 남편에 비해 신체적 열세에 있는 부인이 계속 맞지 않기 위해 무기 혹은 위험한 물건을 가지고 방어하여 남편에게 상해를 입혀 사망케 한 경우가 전형적인 예에 해당한다.[110] 그러나 결혼생활이 파탄지경에 이른 배우자관계에 대해서까지 정당방위가 제한된다고 할 수는 없다.[111]

4. 의도적 도발과 비의도적 도발

정당방위를 도발한 경우로서 행위자가 상대방의 공격을 의도적으로 유발한 경우인 '의 85
도적 도발'(Absichtsprovokation)사례와 행위자에게 과실 기타 책임은 있지만 상대방의 공격을 의도적으로 유발하지는 않은 '비의도적 도발'사례가 있다.

(1) 의도적 도발

의도적 도발은 행위자가 정당방위를 구실로 하여 상대방에게 가해를 가하기 위한 의도 86
를 가지고 상대방으로 하여금 먼저 위법한 공격을 가해 오도록 도발하고 그 다음 여기에 대해 공격적 방어행위를 하는 경우를 말한다. 예컨대 甲이 乙에게 모욕적인 언사를 하여 乙로 하여금 폭력을 유발시키고 그 다음 甲이 乙보다 신체적인 열등한 상태에 있음을 이유로 해서 乙에 대해 흉기를 들고 방어행위를 한 경우가 이에 해당한다.

의도적 도발사례가 정당방위가 되지 않는다는 데에 반대하는 견해가 없다. 다만 의도적 87
도발사례가 정당방위 요건 가운데 어느 요건의 결격 때문에 정당방위로 평가될 수 없는지와 관련해서는 ① '정당방위 상황(부당한 침해)이 없기 때문'이라는 견해[112]와 ② 주관적 정당화사유(방위의사)가 충족되지 않기 때문이라는 견해,[113] ③ 상당한 이유라는 요건의 불충족 때문이라는 견해 등이 대립한다.[114]

생각건대 의도적 도발사례는 부당한 침해가 없는 사례로 분류되는 것이 타당하다. 의도 88

109) 밀접한 가족관계, 부부간의 공격, 공동체관계, 보증인관계 등의 개념이 사용되기도 한다.

110) 그러나 부인이 임산부로서 남편의 공격을 방어한 경우에는 정당방위가 인정된 독일판례가 있다(BGH NJW 1984, 986).

111) 김태명, "가정폭력에 대한 정당방위의 사회윤리적 제한", 志松이재상교수화갑기념논문집(I), 338면 이하; 최석윤, "정당방위의 사회윤리적 제한", 志松이재상교수화갑기념논문집(I), 319면.

112) 유기천, 180면.

113) 임웅, 232면.

114) 이러한 견해 대립은 법효과상 다음과 같은 차이를 보인다. 즉 정당방위상황이 결여되었다고 할 경우에는 위법성이 조각되지 않는다고 하게 되고, 상당한 이유 불충족 때문이라고 할 경우에는 위법성이 조각되지 않지만 과잉방위로 되어 형의 감면은 가능하게 되고, 방위의사의 결여라면 주관적 정당화사례의 경우와 같이 미수범으로 처벌될 수 있다.

적 도발의 경우에 도발자에 의해 도발된 공격행위는 그 자체가 부당한 침해를 방위하기 위한 것으로서 정당화되는 행위이므로 그에 대해 다시 도발자는 정당방위를 할 수 없다고 해야 하기 때문이다.

89 判 대법원이 "피고인이 피해자를 살해하려고 먼저 가격한 이상 피해자의 반격이 있었더라도 피해자를 살해한 소위가 정당방위에 해당한다고 볼 수 없다."[115]고 한 대목을 '의도적 도발'에 관한 판시라고 볼 수 있다. 피고인이 피해자의 반격을 유발하려고 의도하였는지는 사실관계에서 분명히 알기는 어렵지만, 피고인에 의해 촉발된 피해자의 반격에 대해 다시 피고인이 행위가 있었던 점은 분명하기 때문이다. 대법원이 의도적 도발자의 정당방위를 부정한 근거가 무엇인지에 대해서도 대법원은 밝히고 있지 않지만, 싸움 사례의 경우와 같이 '방위의사'의 결여를 근거로 삼은 것으로 볼 수는 있겠지만, '상당한 이유'의 결여 때문에 정당방위를 부정한 것으로 보이지는 않는다.

(2) 비의도적 도발

90 의도되지 않은 도발이란 의도적 도발의 경우와 같이 처음부터 정당방위상황을 이용할 계획은 없었지만 방위행위자가 위험한 상황 속으로 들어가 타인의 침해를 유발한 경우를 말한다. 여기에는 두 가지 사례가 있다. 먼저 도발 그 자체에 과실이 있거나 도발이 법질서의 관점에서 부당하거나 위법한 경우이다. 이 경우 그 상대방은 도발, 즉 현재의 부당한 침해에 대해 정당방위를 인정할 수 있지만 도발자는 그 상대방의 정당방위에 대해 다시 정당방위를 할 수 없다고 해야 한다.

91 다음으로 도발 그 자체가 직접 상대방에 대한 위법한 공격행위를 가하는 행위로 나타난 것은 아니지만 방위상황이 조성되는 데에 방어행위자에게 일정부분 책임이 있어서 상대방의 침해가 유발된 경우가 있다. 이러한 경우 도발자에게 일정부분 귀책사유가 있다 하더라도 그것만으로 상대방의 공격행위가 항상 정당방위가 되는 것은 아니고, 그 상대방의 공격행위에 대해 도발자의 방위행위가 무조건 정당방위 인정이 불가능하게 되는 것도 아니다.[116]

92 따라서 비의도적 도발자의 정당방위 인정 여부는 다음과 같이 사건진행의 단계별로 달리 판단되어야 한다. 첫째 도발자는 일차적으로 그 상황을 피하는 태도로 나아가야 하고, 둘째 도발자가 그 상황을 피할 수 없는 경우에는 수비적 방어수단을 취함으로써만 정당방위가 될 수 있다. 마지막으로 수비적 방어수단도 취할 수 없는 불가피한 상황이 되었을 경우에는 공격적 정당방위도 인정할 수 있다. 예컨대 간통현장을 들킨 A의 정부 甲은 격분하여 공격을 가해 오는 A의 남편 B에 대해 정당방위가 인정될 수 있는지는 구체적 상황 및 남편 B와 도발자 甲의 태도 여하에 따라 달라질 수 있다.

115) 대법원 1983.9.13. 83도1467.
116) 손동권, §11/43; 오영근, §19/28; 이재상/장영민/강동범, §17/31; 임웅, 232면; 배종대, §59/11.

Ⅲ. 긴급구조(타인을 위한 방위행위)

1. 긴급구조의 의의

형법 제21조 제1항은 자기의 법익에 대한 침해뿐 아니라 타인의 법익에 대한 침해를 방위하기 위한 행위도 정당방위로 인정하고 있다. 타인의 법익에 대한 침해를 방위하기 위한 행위를 일반적으로 긴급구조(Nothilfe)라고 부른다. 93

2. 긴급구조의 요건

형법은 자기를 위한 정당방위와 긴급구조에 아무런 차이를 두고 있지 않기 때문에 앞에서 설명한 정당방위의 모든 요건은 긴급구조의 경우에도 그대로 적용된다. 그러나 공격당한 타인이 공격에 동의한 것은 아니지만 그렇다고 해서 긴급구조자의 개입을 동의한 것도 아닌 경우, 즉 공격당하고 있는 타인의 의사에 반해서도 구조행위를 할 수 있는지가 문제된다(이른바 '배척된 긴급구조'). 94

이에 관해서는 ① 그 타인의 의사는 문제되지 않는다는 견해[117]와 ② 구조 받을 자가 자신의 법익을 포기하거나 공격자에게 법익침해를 유효하게 승낙하는 경우에는 제3자가 그 타인을 위한 정당방위를 할 수 없기 때문에 보호받는 타인에게도 공격행위로부터 자신의 법익을 방위하겠다는 의사가 필요하다는 견해[118]가 대립한다. 95

생각건대 공격받는 타인이 공격을 수인하려고 하는 경우 또는 스스로 방어하려고 하는 의사를 명백히 보인 경우에는 배척된 긴급구조가 인정될 수 없다. 그러나 예외적으로 정당화될 수 있는 배척된 긴급구조 사례도 드물긴 하지만 있을 수 있다. 예컨대 공격받는 타인이 스스로 처분할 수 없는 법익(예컨대 생명)을 침해당하고 있는 경우, 공격받는 타인에게 통찰능력이 결여된 경우, 공격받는 타인이 착오에 빠져 긴급구조를 거부할 경우 등에 대해서는 그 타인의 의사에 반한 긴급구조도 정당방위로 인정될 수 있다.[119] 96

Ⅳ. 과잉방위

1. 과잉방위 규정과 의의

> 제21조(정당방위) ② 방위행위가 그 정도를 초과한 경우에는 정황에 의하여 그 형을 감경 또는 면제할 수 있다.

과잉방위란 정당방위의 '방위행위'가 그 정도를 초과한 경우를 말한다. 정당방위에 대해 97

117) 이재상/장영민/강동범, §17/17; 임웅, 223면.
118) 신동운, 257면.
119) Kühl, §7/143.

서는 위법성조각의 법효과가 인정되는 것과는 달리 '과잉방위'는 위법성이 조각되지 않는 불법행위로서 그 형의 임의적 감경효과만 인정된다.

2. 과잉방위의 종류

98 과잉방위는 '질적 과잉방위'와 '양적 과잉방위'로 나눌 수 있다.[120] 전자는 방위행위의 범위가 초과된 경우, 예컨대 주먹으로 방위할 수 있는 것을 쇠뭉치로 강타하여 중상을 입힌 경우와 같이 상당성 정도를 초과하여 강한 반격을 가한 경우를 말한다. 후자는 방위행위가 시간적 범위를 초과하는 경우, 예컨대 주먹으로 때리는 상대방을 넘어뜨린 후 이미 침해가 중지되었음에도 불구하고 계속하여 구타하는 경우와 같이 침해를 중지한 자에 대해 계속하여 반격을 가하는 경우를 말한다.

99 양적 과잉방위의 경우 제1의 폭행은 정당방위이지만 제2의 폭행은 현재의 부당한 침해에 대한 방위행위가 아니므로 원칙적으로 과잉방위도 될 수 없다.[121] 그러나 제2의 폭행이 공포·흥분 등의 심리적 긴장상태에서 제1의 폭행에 연속된 일련의 행위라고 할 수 있을 때에는 전체적으로 과잉방위로 볼 수 있다.[122]

100 과잉방위는 개념상 '질적 과잉방위'로 제한되어야 한다. '양적 과잉방위'의 경우는 현재의 부당한 침해가 종료된 것으로 볼 수 있어서 정당방위의 객관적 요건 불충족으로 정당방위가 부정되는 경우로 보아야 하기 때문이다.

3. 과잉방위의 요건

101 형법도 방위행위의 요건에 관해 방위행위가 "그 정도를 초과한 경우"로만 규정하고 있어 질적 과잉방위를 전제로 하고 있다. 이에 따르면 과잉방위의 요건은 '상당한 이유'라는 요건과 연관시킬 수밖에 없다. 따라서 침해의 현재성, 침해의 부당성 혹은 방위의사라는 주관적 정당화사유 등이 결격되었을 경우에는 정당방위조차 부정되므로 과잉방위가 인정될 수 없다. 문제는 정당방위의 다른 성립요건은 모두 충족시키고 '상당한 이유'라는 요건을 충족시키지 못한 모든 경우를 과잉방위라고 할 것인지 아니면 상당한 이유가 인정되지 않는 경우 가운데 일정한 경우로 제한할 것인지에 있다.

102 생각건대 정당방위의 '상당한 이유' 요건이 부정되는 것으로 설명한 사례유형들 가운데

120) 이러한 구분은 독일에서 과잉방위를 '내포적' 과잉방위와 '외연적' 과잉방위로 구별하는 것과 일치한다. 이러한 용어에 따라 과잉방위를 구별하는 견해로는 김일수/서보학, 417면; 손동권, §11/47.

121) 다만 방위행위자가 정당방위의 객관적 요건인 상당성의 정도를 초과하고 있는 것을 알지 못하는 경우에는 오상방위로서 위법성조각사유의 전제사실의 착오로 취급될 수 있다(차용석, "오상과잉방위", 고시연구, 1978.2, 33면 이하).

122) 김일수, "과잉방위의 면책성에 대한 일고찰", 김종원교수화갑기념논문집, 192면; 손동권, §11/47; 이재상/장영민/강동범, §17/32.

경미한 침해가 있는 경우(방어권의 남용이 되어 방위행위 자체가 불인정), 현저한 법익불균형이 있는 경우(이미 방위행위로도 인정될 수 없음), 긴밀한 인적결합관계가 있는 경우(방위행위 자체가 원칙적으로 제한됨) 또는 책임능력 없는 자에 대한 정당방위(방위행위 자체가 원칙적으로 제한됨) 등의 경우는 "그 정도를 초과한 경우"(형법 제21조 제2항)라는 문언의 의미에 합치되지 아니하므로 과잉방위로도 인정될 수 없는 것으로 해석되어야 한다. 이에 따르면 과잉방위는 상대방에게 최소한의 손해를 야기하는 필요한 한도 내의 방위행위일 것이라는 요건이 부정되는 경우로 제한하는 것이 바람직하다.[123)]

判 대법원은 과잉방위를 상당한 이유가 부정되는 경우 가운데 '그 행위가 지나친 경우'로 제한하고 있다.[124)] 과잉방위가 인정됨직한 사례의 경우라도 대법원이 정당방위는 물론이고 과잉방위조차도 인정하지 않는 태도를 보이는 것도 이 때문인 것으로 생각된다. 103

例 **과잉방위를 긍정한 판례:** ① "집단구타를 당하게 된 피고인이 더 이상 도피하기 어려운 상황에서 이를 방어하기 위하여 반격적인 행위를 하려던 것이 그 정도가 지나친 행위를 한 것이 뚜렷하므로 이는 과잉방위에 해당한다"고 하거나(대법원 1985.9.10. 85도1370), ② "맨손으로 공격하는 상대방에 대하여 위험한 물건인 깨어진 병을 가지고 대항한다는 것은 사회통념상 그 정도를 초과한 방어행위로서 상당성이 결여된 것"(대법원 1991.5.28. 91도80)이라고 한다. 104

例 **과잉방위를 부정한 판례:** ① "피고인이 길이 26센티미터의 과도로 복부와 같은 인체의 중요한 부분을 3, 4회나 찔러 피해자에게 상해를 입힌 행위는 비록 그와 같은 행위가 피해자의 구타행위에 기인한 것이라 하여도 정당방위나 과잉방위에 해당한다고 볼 수 없다"(대법원 1989.12.12. 89도2049). ② '김보은양 사건'에서도 상당한 이유 있는 방위행위에 해당하지 않는다고 하면서 과잉방위로 인정하지 않았다(대법원 1992.12.22. 92도2540). ③ '이혼소송중인 남편이 찾아와 가위로 폭행하고 변태적 성행위를 강요하는 데에 격분하여 처가 칼로 남편의 복부를 찔러 사망에 이르게 한 경우'에 대해서도 사회통념상 용인될 수 없는 방어행위라는 이유로 "정당방위나 과잉방위에 해당하지 않는다"(대법원 2001.5.15. 2001도1089). 105

4. 과잉방위의 법적 효과 및 임의적 감면의 근거

과잉방위는 정당방위가 아니므로 원칙적으로 위법성이 조각되지 않는다. 다만 형법은 과잉방위를 형의 임의적 감면사유로 규정하고 있다. 위법성이 조각되지 않는 과잉방위에 대해 형법이 형의 임의적 감면효과를 인정하고 있는 근거가 무엇인가에 대해서는 ① 책임감소·소멸설, ② 불법감소·소멸설, ③ 불법 및 책임감소·소멸설, ④ 불법감소·책임감소·예방적 처벌의 필요성설 등 다양한 견해가 있다. 106

생각건대 정당방위의 요건을 충족시키지 못한 과잉방위는 위법성이 조각되지는 않지만 107

123) 신동운, 263면.

124) 대법원 2008.2.14. 2007도10006. "과잉방위란 자기 또는 타인의 법익에 대한 현재의 부당한 침해라는 정당방위의 객관적 전제조건하에서 그 침해를 방위하기 위한 행위가 있었으나 그 행위가 지나쳐 상당한 이유가 없는 경우를 말하는바, 앞서 본 바와 같이 공소외 2 등의 체포행위가 적법한 공무집행인 사실이 인정되므로 피고인이 이에 대항하여 공소외 2에게 상해를 가한 행위가 과잉방위에 해당한다고 볼 여지는 없다."

정당방위의 다른 몇 가지 요건이 충족된 점을 감안한다면 이론적으로 불법감소설이 가장 타당한 것으로 생각된다.

108 그러나 과잉방위의 법적 성질에 관한 위 견해대립은 과잉방위를 형의 임의적 감면사유로 규정한 입법자의 의사를 헤아리는 차원의 의미밖에 없고, 형사재판에서나 구체적 사례문제를 해결할 경우 행위자의 행위의 범죄성립요건을 심사하면서 제21조 제1항의 해석론상의 쟁점으로 다룰 내용이 아니다.

Ⅴ. 야간 기타 상황에서의 과잉방위: 책임조각사유

> 제21조(정당방위) ③ 제2항의 경우에 야간이나 그 밖의 불안한 상태에서 공포를 느끼거나 경악하거나 흥분하거나 당황하였기 때문에 그 행위를 하였을 때에는 벌하지 아니한다.

109 과잉방위는 위법성이 조각되지 않는 불법행위로서 형이 감면될 수 있을 뿐이라고 규정되어 있지만(제22조 제2항), 형법 제22조 제3항은 특수한 상황(야간 기타 불안스러운 상태하에서 공포, 경악, 흥분 또는 당황으로 인한 경우)에서의 과잉방위에 대해서는 가벌성을 부정한다. 이 조항에서 '벌하지 않는다'는 부분은 범죄성립요건 중 책임이 조각되는 것으로 해석된다. 행위자가 적법행위로 나올 것이 기대불가능성한 특수한 사정을 감안하면 행위자를 비난할 수 없음에 근거한다. 이에 관해서는 책임론에서 다룬다.

Ⅵ. 오상(誤想)방위, 오상과잉방위

1. 오상방위

110 오상방위란 정당방위의 객관적 요건을 충족하는 상황이 아님에도 불구하고 그러한 요건이 충족되는 상황이라고 사실판단에 대해 착오를 일으켜 방위행위를 한 경우를 말한다. 예컨대 택배직원이 들어오는 것을 강도가 들어오는 것으로 오인한 집주인이 그 택배직원을 폭행하여 내쫓은 경우를 들 수 있다.

111 이러한 경우 방위행위자는 현재의 부당한 침해가 없음에도 불구하고 현재의 부당한 침해가 있다고 상황에 대한 착오를 한 것이다. 이 경우 방위행위자의 착오는 정당방위의 법적 요건에 관한 착오[125]가 아니라 택배직원을 강도로 오인한 사실영역의 착오에 해당한다.

---

125) 정당방위의 법적 요건에 관한 착오는 정당방위의 법적 성립요건에 관하여 착오를 일으킨 경우를 말한다. 예컨대 절도의 피해자가 절취당한지 사흘 후에 우연히 범인을 만나자 과거의 침해에 대해서도 정당방위를 할 수 있다고 오신하고 폭행을 가한 경우를 들 수 있다. 이 경우 방위행위자에게는 사실관계에 관한 착오는 없고, 방위행위자가 정당방위의 성립요건 자체를 잘못 알았기 때문에 법적 판단의 착오에 의해 위법한 행위를 하면서도 자기행위의 위법성을 인식하지 못하고 있다. 이러한 경우는 위법성의 착오(간접적 착오)에 해당하는 것으로서 형법 제16조의 적용대상이다. 자세한 내용은 §24의 제2절 참조.

오상방위는 위법성조각의 객관적 요건을 충족하지 못하고 있기 때문에 위법성이 조각되지는 않는다. 그러나 오상방위의 경우를 어떻게 취급할 것인지에 대해서는 형법에 명문의 규정이 없다. 이 문제는 '위법성조각사유의 전제사실에 관한 착오'의 문제로서 책임론에서 다루기로 한다. 112

2. 오상과잉방위

오상과잉방위란 정당방위의 객관적 요건이 충족되어 있지 않음에도 불구하고 주관적으로 그러한 객관적 요건이 충족되어 있다고 오신하고(오상방위) 방위행위로 나아갔으나 그 방위행위가 상당성을 초과한 경우(과잉방위)를 말한다. 오상과잉방위 역시 오상방위나 과잉방위와 같이 위법성이 조각되지 않는다. 자세한 내용은 책임론 참조. 113

제 3 절 긴급피난

I. 긴급피난의 의의와 본질

1. 형법규정과 의의

> 제22조(긴급피난) ① 자기 또는 타인의 법익에 대한 현재의 위난을 피하기 위한 상당한 이유가 있는 행위는 벌하지 아니한다.

(1) 긴급피난의 의의

긴급피난은 자기 또는 타인의 법익에 대한 현재의 위난을 피하기 위한 긴급구조행위를 말한다. 정당방위가 부당한 침해를 요건으로 하기 때문에 '부정(不正) 대 정(正)'의 관계로 설명되는 것과는 달리 긴급피난은 위난의 부당성을 요건으로 하지 않아서 '정 대 정'의 관계라는 구조적 특성을 가진다. 114

(2) 정당방위의의 차이

긴급피난과 정당방위는 위와 같은 구조적 차이 때문에 다른 요건에 관해서도 해석상 상당한 차이를 보인다. 즉 정당방위로써 보호되는 법익의 범위가 원칙적으로 개인적 법익에 국한되지만 긴급피난으로 보호되는 법익은 사회적·국가적 법익까지 확대되고, 현재성 요건과 관련해서도 지속적 위난에 대한 피난 및 예방적 긴급피난이 인정되는 등 정당방위의 경우에 비해 상대적으로 더 넓게 해석된다. 그러나 '상당한 이유'의 해석과 관련해서는 정당방위의 경우에는 부당한 침해에 대한 방위행위가 법확증의 원리에 기초되어 비교 115

적 넓게 인정되는 반면, 긴급피난의 경우 균형성원칙과 보충성원칙이 요구되는 등 엄격한 제약조건이 수반되는 것으로 해석된다.

2. 긴급피난의 본질

(1) 종래의 논의상황

116 긴급피난의 본질과 관련하여 종래 다양한 견해들이 제시되었다. 현재의 위난을 제3자에게 전가하는 것이기 때문에 위법행위도 적법행위도 아닌 법으로부터 자유로운 영역으로 파악하는 견해도 있었고, 제3자의 정당한 법익을 침해하는 행위이므로 위법한 행위지만 인간의 자기보호 본능상 적법행위에 대한 기대가능성이 없어서 책임이 조각된다는 견해도 있었다. 그러나 긴급피난이 형법상 '벌하지 않는다'고 규정되어 있는 이상 법으로부터 자유로운 영역이 아니기 때문에 전자의 견해는 문제가 있다. 또한 일정한 요건하에 우월한 이익을 보호하기 위한 피난행위에 대해 위법성까지는 인정하고 책임이 조각된다는 견해도 피난행위에 대해 정당방위가 가능하게 되어 실질적으로 법익보호에 충실을 기할 수가 없는 한계가 있다.

(2) 현재의 논의상황

117 오늘날 긴급피난은 보호이익이 침해되는 이익에 비해 우월성이 인정될 때 위법성을 조각시켜 정당화되는 행위로 해석하는 것이 지배적이다(통설·판례). 이러한 해석태도 중 일부는 피난행위를 통해 보호되는 이익의 본질적 우월성이 인정되지 않을 경우 곧바로 범죄성립을 인정할 것이 아니라 피난자에게 긴급한 피난행위로 나아가지 않을 수가 없는 상황이 있을 경우에는 피난행위에 대해 책임조각의 법효과도 부여할 수 있다는 이원적 해석론도 존재한다.

118 긴급피난에 관한 현행 형법의 태도에 관한 해석론으로 주장되는 이원적 해석태도는 다시, 그 구체적 주장 내용이 서로 다른 두 가지 견해로 갈린다. ① 형법 제22조 제1항이 위법성조각사유로서의 긴급피난만을 규정한 것이고 책임조각사유로서의 긴급피난은 형법규정에 근거조항이 없으므로 '초법규적 책임조각사유'로 인정되는 '적법행위에 대한 기대불가능성' 법리에 의해 처리될 수 있을 뿐이라는 견해[126]와 ② 형법 제22조 제1항은 본질을 달리하는 두 가지 긴급피난, 즉 위법성조각사유로서의 긴급피난과 책임조각사유로서의 긴급피난을 동시에 규정하고 있다고 해석하는 견해[127]가 그것이다.

(3) 결론

119 생각건대 형법 제22조 제1항의 '상당한 이유'라는 개념을－뒤에서 살펴보는 바와 같이

126) 임웅, 239면.
127) 김일수/서보학, 308면; 배종대, §68/13; 신동운, 277면; 이정원, 183면.

―그 긴급한 피난상황의 특수성을 고려하여 합리적으로 해석하면 긴급피난 규정은 위법성 조각사유로서 인정되는 경우와 책임조각사유로서 인정되는 경우를 모두 규율하고 있는 것으로 파악하는 후자의 견해가 타당하다. 이하에서는 피난행위의 위법성을 조각시키는 요건을 중심으로 설명하고, 책임조각사유로서의 긴급피난의 요건은 책임론에서 취급한다.

Ⅱ. 긴급피난의 인정요건

위법성조각적 긴급피난이 인정되기 위해서는 ① 긴급피난상황(자기 또는 타인의 법익에 대한 현재의 위난)이 존재해야 하고, ② 피난의사에 기한 피난행위가 있어야 하며, ③ 피난행위에 상당한 이유가 인정되어야 한다. 120

1. 긴급피난상황

(1) 자기 또는 타인의 법익

"자기 또는 타인의 법익"은 반드시 형법상 보호되는 법익에 국한되지 않고 법률상 보호되는 모든 종류의 법익을 말한다. 개인적 법익에 국한되지 않고 사회적·국가적 법익도 긴급피난에 의해 보호되는 법익에 포함시킬 수 있는지에 관해서는 견해가 일치하지 않는다. ① 국가적·사회적 법익을 위한 긴급피난은 인정될 수 없다는 견해[128]도 있고, ② 긴급피난을 인정하는 대신 사회상규에 위배되지 않는 행위로서 위법성이 조각될 수 있다는 견해[129]도 있다. 121

생각건대 긴급피난은 보호되는 법익이 침해되는 법익에 비해 우월한 법익이어야 하고, 보충적인 수단으로만 인정될 수 있으며 피난행위 그 자체가 적절한 수단이어야 한다는 엄격한 요건에 따라 정당화되는 행위이기 때문에 이러한 요건을 갖추고 있는 한 개인적 법익의 보호를 위한 피난행위만으로 국한시킬 필요는 없다(다수설). 따라서 국가의 민주적 기본질서 혹은 도로교통의 안전도 국가기관의 유효한 공적 활동을 기대할 수 없는 경우에는 긴급피난을 통해 보호되는 법익의 범주에 속하는 것으로 볼 수 있다. 122

(2) 위난

1) 위난의 의의 '위난'이라 함은 위급하고 곤란한 경우로서 실제상황상 손해(침해)가 발생할 개연성이 있는 경우를 말한다. 즉 일정한 상황의 진행을 그대로 방치하면 법익침해가 발생할 개연성이 있는 것으로 예측되는 상태를 의미한다. 그러므로 위난의 존부는 장래에 발생하게 될 법익침해를 현재(행위 당시)의 시점에서 예측적으로 판단된다. 위난이 곧 법익침해를 뜻하는 것은 아니다.[130] 123

128) 배종대, §65/3.
129) 오영근, §20/17.

124 2) 위난의 원인 위난의 원인은 무엇이든 상관없다. 뇌우, 산악에서의 눈사태, 바다에서의 풍랑, 갑작스런 안개 등 자연재해는 물론이고 동물이나 인간에 의한 위난도 긴급피난 상황으로 인정되는 위난에 해당한다.

125 위난이 타인의 부당한 침해에 의한 것일 필요도 없다. 따라서 타인의 부당한 침해에 의해 발생한 위난에 대해서는 정당방위로도 방위할 수 있지만 위난야기자에 대해 직접 긴급피난도 가능하다. 특히 이를 '방어적 긴급피난'이라고 하는데 이에 관해서는 후술한다.

3) 위난의 현재성

126 ① 현재성의 의의 긴급피난에서의 '현재의 위난'이란 손해의 발생이 근접한 상태, 즉 법익침해가 즉시 또는 곧 발생할 것으로 예견되는 경우를 의미한다. 따라서 긴급피난의 경우에는 정당방위의 경우에 비해 시간적 제약성이 완화되어 장래에 미치게 될 위험에 대해서도 급박성이 인정되는 한 현재성이 인정된다. 따라서 손해의 발생이 아직 직접 현존한 상태는 아니나 피난행위가 늦어지면 위험회피가 불가능하거나 더 큰 위난이 발생할 염려가 있는 경우 또는 이미 손해가 발생했더라도 그대로 두면 그 손해가 증폭될 위험이 있는 경우에는 위난의 현재성은 인정된다.[131] 또한 손해가 현실화되기까지는 일정한 시간이 경과되어야 하지만 실효성 있게 대처하기 위해서 즉시 행동을 취해야 할 경우에도 위난의 현재성은 인정될 수 있다.[132]

127 ② 지속적 위험 현재의 위난에 '지속적 위험'이 포함되는지가 문제된다. 지속적 위험이란 아직 법익침해의 위험이 현실화되고 있지 않으나 이전에 계속적으로 반복되었던 사정에 비추어 볼 때 언제든지 법익침해의 위험성이 현실화될 수 있는 상황을 말한다. 예컨대 의붓아버지에게 오랫동안 성폭행당해 온 상태 혹은 혹독한 가정폭력에 시달려 온 상태에서 그 가해자가 가까운 장래에 동일형태의 위난을 만들어낼 것이 예상되는 경우가 여기에 해당한다.[133] 이에 대해서는 정당방위의 경우와 마찬가지로 견해가 대립한다.

128 (ⅰ) 부정설 – 정당방위가 위법한 침해를 전제로 하지만 긴급피난은 반드시 위법한 위난을 전제로 하지 않아도 되는 점에서 차이가 있을 뿐 그러한 침해와 위난의 현재성에 관한 한 차이가 없다고 보는 견해이다.[134] 이 견해는 긴급피난의 모든 요건을 정당방위의 경우에 비해 완화시켜서는 안 된다는 전제에 서 있다.

129 (ⅱ) 긍정설 – 긴급피난은 상당한 이유라는 요건에서 정당방위에 비해 더욱 엄격하게 통제되기 때문에 현재성 요건은 정당방위의 경우보다 넓게 인정할 수 있으므로 지속적 위험도 긴급피난의 '현재의 위난'에 포함될 수 있다는 견해이다(다수설).

---

130) 이용식, "정당방위와 긴급피난의 몇 가지 요건", 형사판례연구(3), 1995, 91면.
131) 김일수/서보학, 310면.
132) 이용식, 앞의 논문, 92면.
133) 대법원 1992.12.12. 92도2540.
134) 오영근, §20/21.

(iii) 결 론 – 긴급피난은 상당성의 요건을 엄격하게 해석해야 하므로 현재성 요건을 넓게 해석해도 무리가 따르지 않는다. 특히 지속적 위험을 현재성에서 배제시키게 되면 사후에 예상되는 손해에 대해 유효하게 대처할 수 없다. 따라서 즉각적인 조치의 필요성이 있는 상황이라면 지속적 위험에 대해서는 – 정당방위의 '침해의 현재성'에는 해당할 수 없더라도 – 긴급피난의 '위난의 현재성'에는 포함시키는 것이 타당하다. 130

4) 위난의 판단척도와 시기 위난에 대한 판단은 행위자의 특별한 지식까지 고려하여 '객관적인' 관찰자의 견지에서 행한 긴급피난행위의 앞선 시점에서 판단해야 한다(사전판단). 뿐만 아니라 위난은 객관적으로 존재하여야 하기 때문에 위난이 객관적으로 존재하지 않는 데도 불구하고 존재한다고 오신한 경우에는 긴급피난이 인정될 수 없다. 이러한 경우는 오상위난으로서 위법성조각사유의 객관적 전제사실의 착오문제로 취급된다. 131

5) 의도적 자초위난과 유책적 자초위난 긴급피난을 할 목적으로 위난을 의도적으로 야기한 경우(의도적 자초위난)에는 정당방위에서의 의도적 도발의 경우와 마찬가지로 위난 자체가 존재하지 않는다고 보아 긴급피난을 할 수 없다. 132

반면에 위난을 의도적으로 야기한 것은 아니지만 단순히 위난상태가 유책하게 자초되었을 뿐인 경우(유책적 자초위난)에는 위난을 자초한 자도 긴급피난이 가능하다(아래 판례 참조). 위난을 자초한 자가 상대방의 방어행위 내지 피난행위에 대해 긴급피난을 할 수 있는 것은 긴급피난이 정正 대 정正의 관계에 있는 것이기 때문이다. 다만 이 경우 피난행위를 통해 보호되는 법익이 침해되는 법익에 비해 본질적으로 우월한 것이어야 하는 등 긴급피난의 다른 요건까지 충족해야 함은 물론이다. 133

判 대법원은 '의도적 자초위난'자에게는 긴급피난을 허용하지 않지만,[135] '유책적 자초위난'의 경우는 긴급피난을 허용할 수 있는 여지를 인정한다.[136] 유책적 자초위난의 경우 대법원은 피난자의 행위의 위법성 여부를 판단하는 기준으로 '사회통념'을 내세우기 보다는 '정과 정'의 충돌 상황을 – 우월한 이익 원칙의 적용을 통해 – 조정하는 방법을 취한다. 이처럼 구체적 사례속에서 충돌하는 이익 중에 우월한 이익을 실현하기 위한 피난행위인지를 판단하여 피난행위의 정당성 여부를 탄력성 있게 판단하는 방법은 법을 고정적 잣대나 초월적 실체로 보는 존재론적 법개념이 아니라 구체적 사례와의 관계 속에서 조정적 역할을 하는 관계론적 '법'개념을 위법성 판단의 기준으로 삼는 태도로 평가할 수 있다(위법성 판단과 '법'개념에 관해서는 §20의 제3절의 Ⅲ. 참조). 134

---

135) 대법원 1995.1.12. 94도2781. "피고인이 스스로 야기한 강간범행의 와중에서 피해자가 피고인의 손가락을 깨물며 반항하자 물린 손가락을 비틀며 잡아 뽑다가 피해자에게 치아결손의 상해를 입힌 소위를 가리켜 법에 의하여 용인되는 피난행위라 할 수 없다."

136) 대법원 1987.1.20. 85도221. "선박의 이동에도 새로운 공유수면점용허가가 있어야 하고 휴지선을 이동하는 데는 예인선이 따로 필요한 관계로 비용이 많이 들어 다른 해상으로 이동을 하지 못하고 있는 사이에 태풍을 만나게 되고 그와 같은 위급한 상황에서 선박과 선원들의 안전을 위하여 사회통념상 가장 적절하고 필요불가결하다고 인정되는 조치를 취하였다면 형법상 긴급피난으로서 위법성이 없어서 범죄가 성립되지 아니한다고 보아야 하고 미리 선박을 이동시켜 놓아야 할 책임을 다하지 아니함으로써 위와 같은 긴급한 위난을 당하였다는 점만으로는 긴급피난을 인정하는데 아무런 방해가 되지 아니한다."

2. 위난을 피하기 위한 행위

(1) 피난행위

135 피난행위는 위난을 피하기 위한 일체의 행위로서 위난과 무관한 제3자가 그 상대방이 되는 경우가 일반적이지만, 피난행위의 상대방이 위난을 유발한 당사자일 경우도 있다.

136 1) 공격적 긴급피난과 방어적 긴급피난의 차이 전형적인 긴급피난은 피난행위자가 자기 또는 타인의 법익에 대한 위난으로부터 벗어나기 위해 그 위난과 관계없는 제3자의 법익을 침해하는 경우로서 이를 '공격적 긴급피난(Aggresivnotstand)'이라고 부른다. 긴급피난을 '정 대 정'의 관계라고 말하는 것도 공격적 긴급피난의 경우 피난자의 정당화된 행위와 위난과 관계없이 침해되는 제3자의 정당한 법익과의 관계를 염두에 두고 하는 말이다.

137 이에 반해 '방어적 긴급피난(Defensivnotstand)'이란 피난행위가 위난을 유발한 당사자에게로 향해져 그의 법익을 침해하는 경우를 말한다. 예컨대 위난유발자가 동물인 경우에는 그 동물에 대해 방어적 긴급피난을 할 수 있다. 위난유발자가 사람인 경우라도 그 위난에 불법성이 인정되지 않는 한, 그 자에 대해 방어적 긴급피난은 가능하다. 장차 예상되는 위법한 공격이 정당방위의 침해의 현재성을 충족하지 못해서 '정당방위'가 인정될 수는 없지만, 긴급피난의 위난의 현재성 요건에는 해당하는 경우도 방어적 긴급피난은 가능하다. 방어적 긴급피난의 경우에도 위법하지 않은 위난과 이에 대해 맞서는 피난행위 간에는 '정 대 정'의 관계가 그대로 인정된다. 따라서 정당방위의 경우와는 달리 '긴급피난에 대해서도 다시 긴급피난이 가능하다'.

138 정당화되는 행위를 한 행위자에게 적극적인 의미의 권리(예, 정당방위권 또는 긴급피난권)가 인정되는 것은 아니다. 하지만 문제의 행위가 정당화되는 이상 그 행위에 대해서는 피해자의 수인의무가 인정된다. 따라서 예컨대 긴급피난이 인정되는 행위를 한 행위자에게 그 자체 긴급피난에 해당하는 법익침해적 행위를 하는 제3자(수인의무자)에 대해 긴급피난 행위자는 다시 정당방위를 할 수는 없지만, 경우에 따라 책임조각은 인정될 수 있다.

139 2) 방어적 긴급피난과 정당방위의 차이 그러나 방어적 긴급피난의 경우에도 긴급피난의 요건 중 '우월한 이익의 원칙'을 공격적 긴급피난의 경우와 같이 엄격하게 그대로 요구할 수 있을지가 문제될 수 있다. 특히 피난행위가 위법한 공격자에 대해 방어적 형태로 전개되기 때문에 '정 대 정'의 관계가 아니라 부정(不正) 대 정(正)의 관계로 변할 수 있기 때문이다. 이에 관해서는 상당한 이유 요건에서 설명한다.

(2) 피난의사

140 긴급피난의 주관적 요건으로서 피난의사가 인정되어야 한다. 피난의사는 위난상황의 인식을 근거로 하여 피난의 목적을 추구하고 실현한다는 의식을 말한다. 그러나 보통의 경우에는 위난상황을 인식하면서 자신의 피난행위로 보호되는 법익이 본질적으로 우월한 것임

을 의식하고, 적절한 방법을 동원하고 있음을 알고 있는 것으로 피난의사를 인정하기에 충분하다고 할 수 있다. 피난의사가 결여된 경우는 방위의사가 결여된 경우와 같이 불능미수의 규정을 유추할 수 있음은 앞에서(주관적 정당화요소 결여사례) 설명하였다.

3. 상당한 이유

141 긴급피난의 성립요건 중에서 피난상황과 관련된 요건은 정당방위의 방위상황과 관련된 요건에 비해 더 넓게 인정되는 것으로 해석될 수 있다.

142 긴급피난의 경우에는 위법한 침해에 대해 정(正)을 확인하는 정당방위의 경우[부정(不正) 대 정(正)]와는 달리 피난행위자가 위난을 면하기 위해 위난과 관계없는 제3자의 이익을 희생시키는 상황[정(正) 대 정(正)]까지를 포함하고 있기 때문이다. 따라서 피난행위가 긴급피난으로 정당화되기 위해서는 정당방위의 경우에 비해 법적으로 보다 엄격한 통제하에 놓일 것이 요구된다. 긴급피난의 '상당한 이유'가 정당방위의 '상당한 이유'에 비해 훨씬 엄격하게 해석되어야 하는 것도 이 때문이다.

(1) 피난의 보충성

143 피난행위의 상당성이 인정되기 위해서는 우선 피난행위에 의하지 않고는 달리 위난을 피할 수 없을 것으로 평가될 수 있어야 한다. 다시 말해 피난행위가 위난에 빠져 있는 법익을 보호하기 위해 유일한 수단이라고 인정되는 경우에만 정당화되는 긴급피난행위가 된다. 이는 피난의 '필요성' 혹은 '보충성' 내지 피난의 '최후수단성'이라는 개념 등으로 설명되고 있다. 예컨대 술취한 자가 택시를 탈 수 있었음에도 불구하고 손수 운전을 하여 환자를 병원으로 옮긴 경우에는 피난행위로서 적격성을 갖추지 못한 경우라고 할 수 있다.

144 긴급피난이 이러한 요건을 요구하고 있는 것은 법이 보호하고 있는 두 가지 이익이 충돌하여 그 중에 다른 한 가지를 희생하지 않으면 나머지 한 가지를 구할 수 없는 상황이 전개되고 있기 때문이다. 따라서 이러한 보충성 내지 필요성 요건을 판단할 경우에는 '위난이 닥쳐올 시점에서 객관적으로 판단하는 이른바 '사전판단'에 의거해야 한다.[137] 여기에는 특히 그 피난행위가 위난을 피함에 있어 제3자의 법익을 희생시키는 경우에 상대적으로 가장 경미한 손해를 주는 방법을 선택하여야 한다는 의미(이른바 '상대적 최소피난의 원칙')가 포함되어 있다.

(2) 피난의 균형성

145 **1) 본질적으로 우월한 이익의 보호** 긴급피난의 상당성이 인정되기 위해서는 피난행위에 의해 보호되는 이익이 침해되는 이익보다 '본질적으로 우월할 것'이라는 요건을 갖추어야 한다. 이를 '균형성의 원리' 혹은 '이익형량의 원칙'이라고도 한다. 우월한 이익을 보

137) 대법원 1987.1.20. 85도221.

호하기 위한 피난행위는 위법성을 조각시키는 긴급피난이 되지만 충돌하는 두 개의 법익이 동가치한 경우에는 위법성이 조각되지 않는다. 따라서 생명 대 생명의 충돌과 같이 이익형량이 불가능한 경우(혹은 동가치의 법익이 충돌한 경우)에 대해서는 책임이 조각될 여지는 있지만 위법성은 조각되지 않는다.[138)]

146 **2) 방어적 긴급피난의 균형성 요건** '위법한 침해'가 부정되어 정당방위로는 인정되지 않지만, 긴급피난의 다른 인정요건은 갖추고 있어 그 위난에 대해 반격을 해야 할 경우(방어적 긴급피난) 우월한 이익보호라는 원칙을 엄격히 유지할 것인가가 문제된다.

147 **사례(방어적 긴급피난 사례):** 갑은 A가 경사가 심한 비탈길에 차량을 잠시 정차시켜 놓은 뒤 편의점으로 들어간 사이에 A 차량의 핸드 브레이크가 풀려 내리막길로 이동하면서 그 앞에 세워진 자신의 자전거와 충돌하려고 하는 것을 보았다. 갑은 A의 차의 창문이 열려있어, 그 차량의 핸드브레이크를 조작하려 했으나 여의치 않아 급히 핸들을 오른편으로 돌려 A의 차량을 담벼락에 부딪치게 함으로써 A의 차량을 손괴하였다.

148 이 사례에서 침해된 이익(A의 자동차)에 비해 보호된 이익(갑의 자전거)이 본질적으로 우월하다고 말할 수 없으므로 긴급피난의 상당한 이유가 부정된다. 그러나 갑은 A의 자동차에 의해 야기되는 위험에 대한 제3자로서가 아니라 자신의 자전거에 대한 위험을 방어하기 위해 A의 자동차에 대한 방어적 긴급피난을 하고 있다. 따라서 공격적 긴급피난 같이 '정 대 정'의 관계가 아니라 부정不正 대 정正의 관계가 문제된다. 이러한 경우 보호되는 이익이 '본질적으로 우월한 이익'일 것이라는 긴급피난의 요건을 전도시켜 '본질적으로 열등하지 않을 것'으로 완화할 수 있다. 이에 따르면 갑의 피난행위에 의해 보호되는 자전거의 가치가 그 피난행위에 의해 침해되는 A의 자동차 가치에 비해 본질적으로 열등한 것이 아니므로 갑의 긴급피난이 정당화될 수 있다.

149 완화된 긴급피난 이론은 특히 오랫동안 성폭행해 온 의붓아버지를 살해한 사례(성적인 의사결정의 자유 대 생명)나, 가정폭력을 휘둘러 온 가장을 살해한 사례(신체의 완전성 대 생명) 등의 경우에도 동일하게 적용할 수 있다. 공격당하는 피난자에게는 그 공격과 무관한 제3자의 경우와는 달리 그 공격을 피할 것을 요구하거나 수인할 의무만을 부과할 수 없기 때문이다.

150 **例 긴급피난을 부정한 판례:** ① 집회장소 사용승낙을 하지 않은 甲대학교 측의 집회 저지 협조요청에 따라 경찰관들이 甲대학교 출입문에서 신고된 甲대학교에서의 집회에 참가하려는 자의 출입을 저지한 것은 경찰관직무집행법 제6조의 주거침입행위에 대한 사전 제지조치로 볼 수 있고, 비록 그 때문에 소정의 신고없이 乙대학교로 장소를 옮겨서 집회를 하였다 하여 그 신고없이 한 집회가 긴급피난에 해당한다고도 할 수 없다(대법원 1990.8.14. 90도870). ② 피고인이 상관인 피해자로부터 뺨을 한 대 얻어맞고 홧김에 그 뒤통수를 대검 뒷자

138) 생명 대 생명의 충돌이 있을 경우 현행 형법의 해석상 책임조각의 가능성에 대해서는 반대하지 않지만 책임조각의 근거에 대해서는 견해를 달리하는 두 가지 입장이 대립하고 있다. 이에 관해서는 책임론에서 다시 설명한다.

루로 한번 치자 그도 야전삽으로 대항하던 중 위 대검으로 다시 쇄골부분을 찔러 사망케 하였다면, 위 피고인의 행위는 급박한 경우에 해당한다 할 수 없어 긴급피난이 성립되지 아니한다(대법원 1970.8. 18. 70도1364). ③ 피고인의 母가 갑자기 기절을 하여 이를 치료하기 위하여 군무를 이탈하였더라도 이는 본조 범행의 동기에 불과하므로 이를 법률상 긴급피난에 해당한다고 할 수 없다(대법원 1969.6. 10. 69도690). ④ 아파트 입주자 대표회의 회장이 다수 입주민들의 민원에 따라 위성방송수신을 방해하는 케이블 TV방송의 시험방송 송출을 중단시키기 위하여 위 케이블 방송의 방송 안테나를 절단하도록 지시한 행위는 긴급피난이 되지 않는다(대법원 2006.4. 13. 2005도9396).

(3) 피난행위의 적절성

1) 수단의 적절성 피난행위가 위험을 방지하기 위해 적절한 방법으로 행해져야 할 것을 내용으로 하는 '수단의 적절성'을 긴급피난의 상당성 요건으로 인정할 수 있을 것인지, 있다면 어떠한 내용으로 인정할 수 있을 것인지에 대해서는 견해가 일치하지 않는다. 151

① 형법은 독일형법 제34조에서와 같이 수단의 적절성(Angemessenheit)을 명문으로 규정하고 있지 않기 때문에 이를 긴급피난의 상당성 내용 속에 포함시킬 수 없다는 입장[139]도 있고, ② 이를 상당성의 한 내용으로 인정하되 독자적인 요소가 아니라 균형성의 한 요소로 보는 입장[140]도 있으며, ③ 수단의 적절성을 상당성의 독자적 요소로 보는 입장[141]도 있다. 152

긴급피난의 상당한 이유도 – 정당방위의 경우와 마찬가지로 – '사회상규불위배성'을 포괄적인 위법성조각사유로 보는 관점에서 해석하는 태도(대법원의 태도도 이와 유사함)를 취한다면 수단의 적절성이라는 요건을 피난행위가 실질적으로 사회윤리적으로 비난의 대상이 될 수 있는 것인지를 판단하기 위해 '사회윤리(사회통념)적 용인성'이라는 잣대를 사용하게 될 것이다. 하지만 이러한 고도의 추상적인 개념을 위법성조각사유를 제한하는 기준으로 사용할 수 없다는 점에 관해서는 앞에서 언급한 바와 같다. 153

2) 수단의 적절성의 내용 다양한 긴급상황에서 어떤 피난행위가 적절한 수단이 될 수 있는지는 적극적으로 규명하기 어렵다. 따라서 적절한 수단이 될 수 없는 경우가 어떤 것인지를 파악하는 식의 소극적 접근방법을 취하는 수밖에 없다. 이에 따르면 '법질서에 의해 허용될 수 있는 절차 내지 방법'을 동원할 가능성이 있는 상태에서의 피난행위는 수단의 적절성이 인정된다고 할 수 없다. 이 때문에 수단의 적절성은 피난행위에 투입된 수단을 '유용성'이라는 관점에서 평가하는 것이 아니라, '전체 법질서' 혹은 '법질서를 형성하는 상위원리'와의 부합성 여부에 따라 평가된다. 154

긴급피난에 있어 피난행위의 적절성 요건을 심사함에 있어서는 두 가지 내용을 검토하여야 한다. 첫째, 법질서가 타인의 법익영역을 침범함으로써 행위자가 피했던 위난상황을 155

139) 정영석, 135면.
140) 김일수/서보학, 314면; 박상기, 197면; 배종대, §65/14.
141) 손동권, §12/22; 신동운, 283면; 오영근, §20/35; 이재상/장영민/강동범, §18/25; 임웅, 242면; 정성근/박광민, 247면.

다른 방법이나 다른 특별한 법적 절차로도 피할 수 있게 준비해 둔 것이 있는가를 검토해야 한다. 예컨대 억울하게 구속·기소된 자가 상소절차나 재심절차와 같은 법적 절차가 보장되어 있음에도 불구하고 그의 자유를 위협하는 현재의 위난을 피하기 위해 타인에 대해 위증을 교사하거나, 미결구금을 집행하는 공무원에 대해 폭행을 가하여 구속상태를 벗어나는 경우 행위자의 피난행위는 법질서가 인정하고 있는 법적 절차를 무시한 방법이므로 정당화될 수 없다.

156 둘째, 법익형량에 따른 피난행위가 자유의 원리 혹은 인간의 존엄과 가치와 같이 헌법질서의 기초로 되어 있는 기본원칙에 위배되거나 그러한 기본원칙에 의해 제한되어야 하는 것인지를 검토해야 한다.

157 **사례(갈라스의 강제채혈사례):** 의사 갑은 환자 A의 전격성 간염을 수술하지 않으면 사망한다는 진단을 내렸다. 갑은 수술하면서 수혈을 해야 했지만, A의 혈액형이 희귀형이어서 병원 내에 그에 적합한 혈액이 준비되어 있지 않았다. 신속하게 혈액공급을 하지 않으면 생명이 위태로운 상태에서 같은 입원 환자 B가 A와 동일한 혈액형임을 안 갑은 B가 수혈을 거부함에도 강제채혈을 한 후 A에게 수혈함으로써 A에 대한 수술을 성공적으로 마쳤다.

158 이 사례에서 갑의 행위는 강요죄(형법 제324조 제1항)의 구성요건해당성이 인정되지만 긴급피난으로 위법성이 조각될 수 있을지가 문제된다. 사실관계에서 긴급피난의 다른 요건(위난의 현재성, 피난의사, 보충성, 법익균형성)은 모두 충족될 수 있다. 문제는 헌법상 일반적 행동의 자유권이나 인간의 존엄과 가치 관점에서 볼 때 그 수단의 적절성이 인정될 수 있는지에 있다. 형법이론학에서는 견해가 갈린다. ① 자기결정권에 대한 침해이고 인간을 수단으로 취급한 것이므로 인간의 존엄에 반하여 적절한 수단이 될 수 없다고 보는 견해도 있지만(다수설), ② 자율성의 원칙의 절대적 가치를 부정하고 이익(가치)형량의 관점에서 인간이 연대적 존재임을 강조하여 강제채혈을 정당화하려는 견해[142]도 있다.

159 '법'적 규범의 관점에서 볼 때 윤리적·도덕적으로 요구될 수 있을 뿐인 행위를 원칙적으로 강제할 수는 없다. 그러나 자유주의에 기초된 '법'도 사회 내의 평화로운 공존질서를 위한 사회적 연대성 원리의 관점에서 조정되어야 할 경우가 있다. 인간의 존엄과 가치의 보장도 유아독존적 의미의 개인이 아니라 사회속의 개인을 전제로 하는 것이므로 절대적 자유주의에 기초한 법도 사정에 따라 가변적일 수 있기 때문이다. 따라서 위 사례에서의 강제채혈도 정당화될 수 있다.

---

142) 김일수/서보학, 315면.

Ⅲ. 긴급피난의 제한

> 제22조(긴급피난) ② 위난을 피하지 못할 책임있는 자에 대하여는 전항의 규정을 적용하지 아니한다.

'위난을 피하지 못할 책임이 있는 자'에 대해서는 긴급피난에 관한 규정이 적용되지 않는다는 위 조항에 따르면 위난을 피하지 못할 책임있는 자는 긴급피난의 요건을 갖추었더라도 위법성조각의 법효과가 인정될 수 없게 된다. 160

이 조항에서 위난을 피하지 못할 책임있는 자란 위난상황에 대해 스스로 피난행위를 하지 못하고, 위난을 감수해야 할 의무를 지는 자를 말한다. 일반인보다 높은 위난감수의무가 부여되는 자들은 위난에 처해 있다는 이유로 피난행위를 통해 타인의 법익을 침해할 수가 없다. 오히려 이러한 자들은 위난에 빠진 자를 구조해야 할 책무 있는 자로 이해된다. 군인, 경찰관, 소방관, 의사, 간호사 등이 위난을 피하지 못할 책임있는 자에 속할 수 있다. 161

그러나 이들에게도 긴급피난이 절대적으로 배제되어 있는 것은 아니다. 이러한 책임있는 자들도 자신의 생명이 침해될 절박한 상황에 처하는 경우와 같이 스스로 감수해야 할 의무의 범위를 넘어서는 자기의 위난에 대해서는 긴급피난을 할 수 있다. 다만 특별한 의무적 지위에 있는 자에 대해 긴급피난의 인정 여부를 검토할 경우에는 피난행위의 상당성 요건을 일반인에 비해 더 엄격하게 적용해야 할 것이다. 162

그 밖에 현행범으로 체포되는 자, 형집행을 받는 자 등도 '위난을 피하지 못할 책임이 있는 자'의 범주에 속한다. 또 연대성의 차원에서 사회의 구성원들은 다른 사람들과 함께 공통적으로 부담해야 할 고통을 감수해야 하므로, 예컨대 경제공황으로 생필품품귀현상이 벌어지고 있는 상황에서 물자를 구하기 위해 절취행위를 하는 것은 긴급피난으로 인정될 수 없다.[143] 163

Ⅳ. 과잉피난

> 제22조(긴급피난) ③ 전조 제2항의 규정은 본조에 준용한다.

정당방위에 관한 제21조 제2항의 적용이 준용되면, 피난행위가 그 정도를 초과한 경우, 즉 과잉피난행위는 위법성이 조각되지 않은 불법행위로서 형의 임의적 감면효과가 부여된다. 피난행위가 그 정도를 초과한 경우가 되기 위해서는 위난을 피함에 있어 제3자의 법익을 희생시킬 경우 상대적으로 가장 경미한 손해를 주는 방법이 아닌 다른 방법을 선택한 경우를 말한다. 164

143) 신동운, 244면.

Ⅴ. 야간 기타 상태하에서의 과잉피난

> 제22조(긴급피난) ③ 전조(주: 정당방위에 관한 형법 제21조) 제2항과 제3항의 규정은 본조에 준용한다.

165 정당방위에 관한 형법 제21조 제3항의 적용이 준용되면, 과잉피난행위가 야간 기타 불안스러운 상태하에서 공포, 경악, 흥분 또는 당황으로 인한 경우에는 불가벌로 된다. 원칙적으로 위법성이 조각되지 않는 과잉피난행위가 특수한 상태하에서 예외적으로 불가벌이라는 의미는 적법행위로의 기대불가능성을 이유로 책임이 조각된다는 의미로 해석된다. 이에 관해서는 §24의 제4절 Ⅱ. 참조.

Ⅵ. 오상피난, 오상과잉피난

166 오상피난이란 긴급피난의 객관적인 요건이 충족되어 있지 않은 데도 행위자가 그러한 요건이 충족되어 있는 것으로 오인하고 피난행위를 한 경우를 말한다. 오상피난도 위법성이 조각되지 않고, 오상방위의 경우와 마찬가지로 위법성조각사유의 전제사실에 관한 착오에 해당하므로 책임론에서 다룬다.

167 오상과잉피난이란 오상피난이 그 정도를 초과한 경우를 말한다. 이에 관해서도 §24의 제4절 Ⅱ. 참조.

제 4 절 자구행위

Ⅰ. 자구행위의 의의

1. 형법규정과 의의

> 제23조(자구행위) ① 법률에서 정한 절차에 따라서는 청구권을 보전할 수 없는 경우에 그 청구권의 실행이 불가능해지거나 현저히 곤란해지는 상황을 피하기 위해 한 행위는 상당한 이유가 있는 때에는 벌하지 아니한다.

168 자구행위는 공권력의 구제를 기다릴 수 없는 긴급한 상황하에서 청구권을 보전하기 위한 행위로서 민법상의 자력구제(민법 제209조)와 같은 제도이다. 독일이나 일본 등과 같이 형법에서 자구행위에 관한 규정을 두고 있지 않은 입법례에서는 자구행위가 초법규적 위법성조각사유로 인정되고 있지만 한국 형법은 자구행위를 위법성조각사유의 하나로 명문화하고 있다.

2. 정당방위, 긴급피난과의 구별

자구행위는 부정 대 정이라는 점에서는 정당방위와 공통되지만, 과거의 침해에 대한 사후적 긴급행위라는 점에서 현재의 침해에 대한 사전적 긴급행위인 정당방위나 긴급피난과 구별된다. 자구행위는 자기의 법익 중에 '청구권'에 대해서만 인정되는 점에서도 타인의 법익을 보호하기 위한 정당방위나 긴급피난과 구별된다. 169

Ⅱ. 자구행위의 인정요건

자구행위로서 위법성이 조각되기 위해서는 ① 자구행위상황(법정절차에 의한 청구권의 보전이 불가능하다는 상황)에서 ② 자구의사에 기한 자구행위(청구권의 실행불능 또는 현저한 실행곤란을 피하기 위한 행위)가 있어야 하고, ③ 자구행위에 상당한 이유가 인정되어야 한다. 170

1. 자구행위상황

(1) 청구권

1) 청구권의 범위 보전대상이 되는 청구권에는 재산적 청구권(채권적·물권적 청구권)은 물론 무체재산권(지적재산권)·친족권·상속권 등에서 생기는 청구권 가운데 보전이 가능한 청구권도 포함된다.[144] 법문상 보전할 수 있는 청구권만 대상이 되는 이상 원상회복이 불가능한 생명·신체·자유·성적자기결정권·명예 등의 권리는 청구권의 대상에 포함시킬 수 없다.[145] 171

2) 자기의 청구권 청구권은 자기의 청구권에 국한되므로 정당방위, 긴급피난의 경우와는 달리 타인을 위한 자구행위는 인정되지 않는다. 다만 청구권자로부터 자구행위의 실행을 위임받은 자는 자구행위를 할 수 있다. 172

(2) 청구권에 대한 침해

1) 불법한 침해 형법 제23조 제1항이 규정하고 있는 청구권의 침해가 반드시 불법한 침해이어야 하는지에 관해서는 견해의 대립이 있다. 청구권의 불법한 침해라는 명문의 규정이 없기 때문에 자구행위자에게 유리하게 청구권에 대한 위법·부당한 침해가 없더라도 자구행위를 인정할 수 있다는 견해[146]가 있다. 173

그러나 불법한 침해가 없었다면 청구권 보전을 위한 조치가 필요하지 않으며, 법정절차에 의한 구제는 불법한 침해를 전제로 하고 있기 때문에 적법한 행위에 대해서는 예외 174

144) 소구訴求하여 직접 강제할 수 없는 청구권을 제외하는 견해로는 오영근, §21/13; 임웅, 250면.
145) 대법원 1969. 12. 30. 선고 69도2138 판결은 '명예'와 관련하여 자구행위를 부정하였다.
146) 오영근, §21/4; 이정원, 195면.

적인 수단인 자력구제를 인정할 필요는 없다.[147] 뿐만 아니라 청구권의 보전불능상태 또는 실행곤란상태는 상대방의 귀책사유로 인해 야기된 것이어야 하므로 자구행위에서 청구권에 대한 침해는 위법·부당한 것임을 전제로 해석하는 것이 타당하다. 따라서 적법행위나 자연현상에 의한 청구권의 실행불능 또는 실행곤란을 피하기 위한 행위는 긴급피난이 될 뿐이다.

175 **2) 도품탈환과 자구행위** 자구행위는 불법한 침해행위가 아니라 불법한 침해상태를 전제로 하는 '사후적 긴급행위'이기 때문에 불법한 침해행위가 곧 행해지려는 상황이나 현재 계속 진행 중인 경우에는 사전적 긴급행위에 해당하는 정당방위가 가능할 뿐이다. 일단 침해행위가 완료되어 원상회복의무의 불이행상태가 될 때 정당방위상황은 자구행위상황으로 바뀐다.[148] 따라서 재물을 탈취당한 자가 상당한 기일이 경과한 후에 우연히 절도범인을 만나 그 도품을 탈환하면서 절도범인에게 가해행위를 한 경우에는 과거의 침해에 대한 청구권을 보전하기 위한 자구행위가 인정될 수 있다.[149]

176 그러나 재물을 탈취당한 피해자가 현장에서부터 절도범을 추적하여 재물을 탈환하는 과정에서 상대방에게 가해행위를 가한 경우에는 범죄가 기수가 된 이후에도 법익침해가 현장에서 계속되는 상태에 있으면 침해의 현재성을 인정할 수 있으므로 정당방위가 성립될 수 있다고 보는 것이 타당하다(다수설). 다만 이 경우 피해자의 도품탈환행위는 절도죄가 성립하지 않는다. 절취의 고의는 물론이고 불법영득의사도 인정될 수 없기 때문이다.

177 **3) 부작위에 의한 침해** 부작위에 의한 청구권의 침해에 대해서도 자구행위는 가능하다. 그러나 부작위에 의한 침해가 있을 때에는 정당방위도 가능하므로 정당방위가 인정되면 자구행위의 성립 여부는 문제되지 않는다.

(3) 법률에서 정한 절차에 의하여 청구권을 보전하기 불가능할 것

178 **1) 법정절차** 민사집행법상의 가압류, 가처분이 청구권을 보전하기 위한 전형적인 법정절차에 해당한다. 법정절차는 재판절차에 한정되지 않고 행정공무원이나 경찰공무원에 의한 청구권보전절차[150]도 포함한다.

179 **2) 청구권보전의 불능** 시간적·장소적으로 보아 사법절차 등과 같은 법정구제절차를 밟다가는 자기의 청구권의 실행이 불능상태에 빠지거나 현저한 실행곤란이 생길 가능성이 있는 경우를 말한다. 이러한 요건 때문에 자구행위의 경우에는 보충성이 명문의 규정으로 인정되고 있는 것이라고 할 수 있다.

---

147) 이재상/장영민/강동범, §19/11; 임웅, 251~252면; 정성근/박광민, 259면.
148) 김일수/서보학, 323면.
149) 배종대, §71/5; 손동권, §13/6; 이재상/장영민/강동범, §19/12; 정성근/박광민, 260면.
150) 대법원 1976.10.29. 76도2828. "암장된 분묘라 하더라도 당국의 허가없이 자구행위로 이를 발굴하여 개장할 수는 없는 것이다."

2. 자구의사에 기한 자구행위

(1) 자구행위

자구행위는 청구권의 실행이 반드시 불가능한 경우에만 인정되는 것은 아니다. 청구권의 실행이 가능하더라도 현저히 곤란한 경우에는 자구행위가 가능하다. 법정절차에 의해 청구권을 보전하는 것이 불가능한 경우라도 청구권의 실행이 가능한 경우도 있다. 예컨대 채무자에 대한 청구권의 보전은 불가능하여도 청구권에 대하여 충분한 물적 담보나 인적 담보가 확보되어 있는 경우에는 자구행위가 인정될 수 없다. 따라서 자구행위가 가능하려면 청구권의 실행과 보전에 대한 '이중의 긴급상황'이 있어야 한다.[151] 180

자구행위는 청구권의 보전수단으로 이루어져야 한다. 따라서 타인의 재산을 임의로 처분하거나 타인으로부터 이행을 받는 것은 청구권 보전의 단계를 넘어서 이를 실행하는 것이므로 자구행위의 범위를 벗어난 행위가 된다. 현행 형법 제23조에는 자구행위의 수단이 명시되어 있지 않지만, 물건의 탈환·파괴·손괴, 의무자의 체포 또는 저항의 제거 등(독일민법 제299조 참조)이 그 수단이 될 수 있다. 181

권리행사를 위하여 폭행·협박·갈취·편취 또는 강취하는 경우를 자구행위로 볼 수 있는지가 문제된다. 이와 관련하여 ① 그러한 수단도 자구행위에 해당하거나 부수적으로 자구행위의 문제로 다룰 수 있다는 견해[152]와 ② 자구행위가 성립할 여지가 없고 경우에 따라 제20조의 정당행위에 의하여 위법성이 조각될 수 있을 뿐이라는 견해(다수설)가 대립한다. 182

判 대법원은 권리의 행사가 사회상규에 적합하였느냐의 여부에 따라 위법성을 판단하는 전제하에서 권리의 행사가 '사회통념상 허용된 범위'를 넘어섰느냐에 따라 위법성조각여부를 판단하는 태도를 취한다.[153] 183

자구행위의 법적 허용요건이 법정절차에 의한 '청구권'의 보전이 불가능할 것을 요건으로 하고 있으므로 권리행사라는 이유만으로 폭행·협박 등을 수단으로 한 자구행위는 정당 184

---

151) 대법원 2006.3.24. 2005도8081. "채무자인 피해자가 부도를 낸 후 도피하였고 다른 채권자들이 채권확보를 위하여 피해자의 물건들을 취거해 갈 수도 있다는 사정만으로는 피고인들이 법정절차에 의하여 자신들의 피해자에 대한 청구권을 보전하는 것이 불가능한 경우에 해당한다고 볼 수 없을 뿐만 아니라, 또한 피해자 소유의 가구점에 관리종업원이 있음에도 불구하고 위 가구점의 시정장치를 쇠톱으로 절단하고 들어가 가구들을 무단으로 취거한 행위가 피고인들의 피해자에 대한 청구권의 실행불능이나 현저한 실행곤란을 피하기 위한 상당한 이유가 있는 행위라고도 할 수 없다."

152) 유기천, 204면; 황산덕, 171면.

153) 대법원 1980.11.25. 79도2565. "피고인 등이 비료를 매수하여 시비한 결과 딸기 묘목 또는 사과나무 묘목이 고사하자 그 비료를 생산한 회사에게 손해배상을 요구하면서 사장 이하 간부들에게 욕설을 하거나 응접탁자 등을 들었다 놓았다 하거나 현수막을 만들어 보이면서 시위를 할 듯한 태도를 보이는 등의 행위를 하였다 하여도 이는 손해배상청구권에 기한 것으로서 그 방법이 사회통념상 인용된 범위를 일탈한 것이라 단정하기 어려우므로 공갈 및 공갈미수의 죄책을 인정할 수 없다."

화될 여지는 없다. 그러나 형법 제20조의 사회상규조항에 의한 위법성조각의 여지는 남아 있다.

185 그러나 이러한 경우라도 대법원처럼 사회상규 개념을 '사회통념'으로 바꾸어 문제를 해결하는 방식에는 동의하기 어렵다. '사회통념상 허용된 범위'가 미리 객관적으로 정해져 있을 리가 없기 때문이다. 오히려 행위자가 입은 피해와 그 행사된 권리 그리고 상대방에 대해 행사된 폭행·협박의 정도를 비교하는 이익형량의 방법(비례성 원칙의 적용)으로 정당화 여부를 결정하는 것이 바람직할 것으로 보인다.

(2) 자구의사

186 자구행위가 성립하기 위해서는 청구권의 실행불능 또는 현저한 실행곤란을 피하기 위한 의사라는 주관적 요건이 있어야 한다. 따라서 단순히 입증의 곤란을 피하기 위한 행위는 자구행위가 될 수 없다.

3. 상당한 이유

187 청구권의 실행불능 또는 실행곤란을 피하기 위한 자구행위는 상당한 이유 있는 행위이어야 한다. 상당한 이유 있는 자구행위가 되기 위해서는 구제수단의 '적절성'이 인정되어야 하고, 상대방에게 '가장 작은 손해를 발생'케 하는 청구권 보전수단이어야 한다.

188 자구행위의 보충성을 상당한 이유의 해석내용으로 인정하는 입장도 있지만, 법률의 규정상 자구행위의 객관적 상황이 보충성을 전제로 하고 있기 때문에 독립적으로 요구될 필요가 없다.[154] 보호되는 법익과 침해되는 법익 사이의 균형성도 상당한 이유의 해석상 요구되지 않는다. 자구행위는 정당방위와 같이 '부정 대 정'의 관계에 있기 때문이다. 물론 정당방위가 제한되는 사례유형에서와 마찬가지로 양자 간에 현저한 불균형이 있는 경우에는 상당성이 결여된다고 해야 한다.

189 자구행위의 '상당한 이유' 여부에 관한 판단을 할 경우도 사회윤리나 사회통념 또는 사회상규라는 추상적인 판단기준을 활용해서는 안 된다. 이와 같은 판단방법은—정당방위나 긴급피난의 상당한 이유와 관련하여 설명하였듯이—그 기준의 추상성 때문에 법적안정성이나 예측가능성을 저하시킬 우려가 있기 때문이다.

190 **例 자구행위를 부정한 판례:** ① 가옥명도청구, 토지반환청구, 점유사용권의 회복 등을 위한 자구행위는 법정절차에 의한 청구권보전이 불가능한 경우에 해당하지 않아 자구행위가 허용되지 않는다고 한다(대법원 1985.7.9. 85도707; 대법원 1970.7.21. 70도996). 뿐만 아니라 ② 채권추심 또는 채권추심을 목적으로 하는 물품의 취거행위도 자구행위에 해당하지 않는다고 한다. 즉 채무자가 유일한 재산인 가옥을 팔고 그 대금을 받은 즉시 멀리 떠나려고 하자 채권자가 강제로 채권을 추심한 행위(대법원 1966.7.26. 66도469) 혹은 ③ 납품한 물품(석고) 대금을 지급하지 않고 화랑을 폐쇄하고 도주한 피해자의 화랑에 침입하여 피해자의 물건을 몰래 가져온 행위(대법원 1984.12.26. 84도2582) 등도 자구행위에 해당하지 않는다고 한다.

---

154) 박상기, 206면; 배종대, §71/11.

Ⅲ. 과잉자구행위

> 第23条(자구행위) ② 제1항의 행위가 그 정도를 초과한 경우에는 정황에 따라 그 형을 감경하거나 면제할 수 있다.

과잉자구행위란 청구권을 보전하기 불가능한 긴급상황은 인정되지만 청구권을 보전하기 위한 수단이 그 정도를 초과한 경우를 말한다. 그 정도를 초과한 경우란 과잉방위나 과잉피난에서와 마찬가지로 청구권 보전수단이 상대방에 대해 끼치는 손해가 최소한의 정도를 넘어서는 경우를 말한다. 과잉자구행위 역시 자구행위가 아니므로 위법성이 조각되지 않고 그 형이 감경 또는 면제될 수 있는 것은 과잉방위 또는 과잉피난과 마찬가지이다. 그러나 과잉자구행위의 경우에는 과잉방위 또는 과잉피난의 경우와 같이 야간 기타 특별한 상황하에서 책임을 조각시키는 근거규정은 존재하지 않는다. 191

Ⅳ. 오상자구행위

오상자구행위란 자구행위의 객관적 요건은 충족되지 않지만 행위자가 그러한 요건이 충족되는 것으로 오인하고 자구행위로 나아간 경우를 말한다. 오상자구행위도 오상방위, 오상피난과 마찬가지로 위법성이 조각되지 않고, 강학상 위법성조각사유의 전제사실의 착오문제로 취급된다. 이에 관해서는 §24의 제2절 Ⅲ. 참조. 192

제5절 피해자의 승낙

Ⅰ. 피해자의 승낙과 승낙의 체계적 지위

1. 피해자 승낙의 의의

> 第24条(피해자의 승낙) 처분할 수 있는 자의 승낙에 의하여 그 법익을 훼손한 행위로서 법률에 특별한 규정이 없는 한 벌되지 아니한다.

피해자의 승낙이란 법익침해적 행위에 대해 법익 주체(향유자)가 임의로 그 법익을 처분하는 의사표시가 있는 경우를 말한다. 법익을 침해하는 행위가 있더라도 법익처분권자의 승낙이 있으면 법률에 특별한 규정이 없는 한 처벌되지 않게 된다. 여기서 '벌하지 않는다'는 문구는 형법상 범죄성립이 부정되는 것으로 해석하는데 일치되어 있지만, 구체적으로 승낙이 있으면 범죄성립요건의 어느 체계요소의 불충족으로 범죄성립이 부정되는지에 관 193

해서는 견해가 일치하지 않는다.

2. 피해자의 승낙의 형법적 취급(승낙의 체계적 지위)

(1) 학설의 태도

194 **1) 양해개념을 전제로 한 위법성조각사유설** 피해자의 승낙이 구성요건을 배제하는 경우와 위법성을 조각시키는 경우로 구분하면서 형법 제24조는 위법성조각적 승낙에 관한 규정인 반면, 구성요건해당성이 조각되는 승낙은 개별 구성요건의 해석을 통해 알 수 있는 것인데, 이 경우의 승낙을 특히 '양해'라고 부르는 견해이다(다수설).

195 이 견해에 의하면 당해 행위의 불법내용이 오로지 피해자의 의사에 반하는 것을 내용으로 하는 구성요건의 경우에는 피해자의 양해가 구성요건해당성을 조각시킨다고 한다. 반면에 개인적 법익이라도 신체의 완전성과 같은 일정한 법익은 피해자의 의사와 무관하게 독자적인 가치가 있는 것이며 기능적으로 다른 것에 의해 대체될 수 없는 무게를 가지고 있기 때문에 피해자의 승낙이 있더라도 구성요건해당성은 여전히 인정되며 일정한 요건을 충족시키는 것을 전제로 해서 위법성을 조각시킬 수 있을 뿐이라고 한다.

196 **2) 양해개념을 전제로 하지 않은 위법성조각사유설** 양해와 승낙은 언어용법상 구별할 수 없고 구별할 필요성도 없다는 전제하에서 피해자의 승낙을 위법성조각사유로만 이해하는 견해이다.[155] 이 견해는 형법이 피해자의 '승낙'이라고 명문으로 규정하고 있는 이상 구성요건해당성을 조각하는 양해개념을 도입하는 것은 해석학적 관점에서나 구성요건의 올바른 적용을 위한 기초가 될 수 없다고 한다. 따라서 이에 따르면 종래의 통설이 구성요건해당성배제적 양해로 파악해 오던 범죄구성요건의 경우에도 피해자의 승낙이 있으면 위법성이 조각되기 때문에 형법 제24조의 적용범위가 그만큼 넓어지게 된다.

197 **3) 구성요건해당성배제사유설** 피해자의 승낙이 구성요건해당성배제의 효력만을 가진다고 보는 견해이다.[156] 이 견해는 피해자의 승낙이 있으면 문제된 개개의 형법규범의 보호영역에 비추어 행위자의 법익침해결과 내지 위험결과가 형법적으로 아무런 의미가 없게 되므로 피해자의 승낙에 기한 가해자의 행위는 구성요건해당성이 조각된다고 한다. 이에 따르면 종래 위법성조각적 승낙과 구성요건해당성배제적 양해를 모두 피해자의 승낙이라는 개념 범주 안에 포괄하여 구성요건해당성배제사유로 파악하게 된다.

(2) 판례의 태도

198 대법원은 피해자의 승낙이 위법성을 조각시키는 경우[157]도 있고 구성요건해당성을 조각

155) 박상기, 208면; 배종대, §75/1.

156) 김일수/서보학, 257면.

157) 대법원 1985.12.10. 85도1892. "형법 제24조의 규정에 의하여 위법성이 조각되는 피해자의 승낙은 개인적 법익을 훼손하는 경우에 법률상 이를 처분할 수 있는 사람의 승낙을 말할 뿐만 아니라 그 승낙이 윤리적,

시키는 경우도 있음을 인정[158]하고 있지만, 구성요건해당성을 조각시키는 승낙에 대해 별도로 양해라는 개념을 사용하고 있지는 않다.

(3) 결론(이원설)

199 **1) 구성요건해당성배제설(일원설)의 문제점** 구성요건해당성배제설은 이론적으로 '법익형량설 내지 이익형량설'적 관점에서만 정당화(위법성조각)의 의미를 파악하는 전제하에서만 주장될 수 있다. 이러한 전제에 따르면 처분가능한 법익에 대한 피해자의 승낙이 있으면 법익침해 자체가 존재하지 않으므로 논리적으로-법익 '형량'(비교)을 요하는 위법성 판단까지 갈 것 없이-구성요건해당성부터 탈락된다고 해야 하기 때문이다.[159]

200 정당화의 기초이론에 관한 이러한 록신의 주장은 그러나 독일형법하에서는 가능할 수는 있어도 한국 형법의 해석론으로 그대로 수용하기는 어렵다. 한국 형법의 위법성조각사유는 독일형법의 그것과 같지 않기 때문이다. 독일형법 총칙에서는 피해자의 승낙을 벌하지 않는다고 규정한 한국 형법 제24조(특히 제24조가 다른 위법성조각사유인 제20조에서 제23조까지의 규정과 같은 체계 속에 편재되어 있음)와 같은 규정이 존재하지 않고, 특히 피해자의 승낙에 기한 행위를 '사회상규'라는 규범적 기준을 가지고 다시 통제할 가능성을 열어두는 제20조(사회상규조항)도 존재하지 않는다. 한국 형법 제24조는 한국 형법 전체 체계 속에서 해석되어야 한다. 이론적 측면에서도-앞서 살펴보았듯이-정당화(위법성조각)의 기초이론을 이익형량설의 관점에서만 파악하는 태도는 한국의 규범현실과 조화되기 어렵다.

201 **2) 처분가능한 법익의 유형별 피해자 동의의 법적 효과의 차등** 제24조의 해석상 '피해자가 처분할 수 있는 법익'은 크게 두 가지 범주로 나누어질 수 있다. 하나는 그 법익이 오로지 그 법익주체의 자율적 처분권에만 맡겨져 있는 법익이고, 다른 하나는 당해 법익주체의 자율적 처분권을 넘어선 사회적 차원에서도 고유한 의미를 가진 것으로 평가될 수 있는 법익이다.

202 법익의 이러한 질적 차이의 범주화는 피해자 동의의 법적 효과를 달리 취급할 수 있는 근거가 될 수 있다. 피해자의 동의에 따라 각 범주에 해당하는 법익 공격적 행위의 불법평가가 달라지기 때문이다.

203 ① 법익주체의 자율적 처분권에만 맡겨져 있는 법익에 대한 침해가 피해자의 동의에 의해 이루어지게 되면 처음부터 보호할 이익은 존재하지 않고 따라서 그 행위의 불법성이 제거된다. 이 경우는 갈등해결이 사적 영역에서 이루어진 것으로서 형법이 개입할 여지가 없

도덕적으로 사회상규에 반하는 것이 아니어야 한다."

158) 대법원 1983.5.24. 82도1426. "… 피고인에게 이 사건 문서를 작성케 하고 그의 서명을 대신하게 하여 비치하도록 지시 내지 승낙한 사실을 인정하기에 충분하므로 피고인의 위 소위는 공문서위조죄 등의 구성요건해당성이 조각됨에도 불구하고, 원심이 위와 같이 공문서위조 동행사죄가 성립된다고 단정하였음은 동 죄의 법리를 오해하여 판결에 영향을 미친 위법을 범하였다고 할 것이므로 논지는 이유있다."

159) Roxin, AT Ⅰ, §13 B N. 12ff.

다. 따라서 이 경우 피해자의 동의에 대해서는 구성요건해당성배제적 효과가 인정된다(피해자의 동의=구성요건해당성배제적 양해).

204 ② 사회적 차원에서 고유한 의미를 가진 법익의 경우는 다르다. 그러한 법익에 대한 침해가 피해자의 동의에 의해 이루지게 되면 피해자와 행위자간의 개인적 차원의 불법성은 제거되지만, 그 법익이 가지고 있는 사회적 의미차원은 여전히 해소되지 않기 때문이다. 따라서 이러한 경우에는 피해자의 동의가 있더라도 행위자의 행위의 구성요건해당성은 인정되고, 그에 대한 위법성 판단을 독자적으로 해야 한다. 이 경우 그 행위의 위법성조각여부는 침해된 법익의 사회적 의미차원까지 해소하기 위한 추가적인 '규범적 기준'에 따른 독자적인 평가를 거친 후에 판단될 수 있다(피해자의 동의=위법성조각적 승낙).

205 **3) 형법 제24조의 이원적 구조** 위와 같이 피해자의 동의가 구성요건해당성을 배제시키는 양해와 위법성을 조각시키는 승낙으로 구분적으로 해석될 수 있음은 형법 제24조의 규정형식에서도 간파될 수 있다. 형법 제24조에는 다른 위법성조각사유에 관한 규정에서와 동일하게 '벌하지 아니한다'는 법효과를 인정하면서도 '상당한 이유'라는 규범적 요건이 명시되어 있지 않다. 제24조가 '피해자의 승낙'이라는 사실적 요건 외에도 위법성 판단의 상위 기준인 '전체 법질서'를 대리보충하는 하위 기준인 '상당한 이유' 또는 '사회상규'라는 규범적 차원의 기준을 명시적으로 요구하고 있지 않은 점을 형법이론적으로 어떻게 이해할 수 있는가? 직관적으로만 보더라도 상당한 이유라는 요건이 비워져 있는 제24조는 이를 단순히 위법성조각에 관한 규정으로만 이해할 수 없도록 하는 단초를 제공하고 있는 것으로 보인다.

206 이러한 시각을 좀 더 정교하게 발전시키면, 제24조를 다음과 같이 이해할 수 있다. 먼저 법익처분권자의 법익침해에 대한 동의에 따른 행위자의 행위는 사회적 의미차원, 즉 상당한 이유나 사회상규라는 규범적 평가가 필요없이 피해자의 '동의'만으로 – 보호할 법익의 부존재 상태가 되는 것이므로 – 범죄가 성립하지 않는 경우를 규정하고 있다고 파악할 수 있다. 다른 한편, 제24조가 법익처분권자의 '동의'에 따른 행위에 대해 다른 위법성조각사유의 경우와 같이 '상당한 이유'가 인정되거나 '사회상규'에 합치되는 행위라는 규범적 평가를 추가적으로 거친 후에야 – 그로 인한 법익침해의 사회적 반가치성이 해소된 것으로 볼 수 있으므로 – 범죄가 성립하지 않는 경우까지 포괄적으로 규율하고 있는 규정으로 이해 할 수 있다. 제24조에 대한 이러한 이중적 평가에 따르면 후자의 경우가 위법성조각사유로서의 '피해자 승낙'이라면, 전자는 구성요건해당성배제사유로서의 '피해자 양해'로 이해할 수 있다.

207 물론 제24조는 이와 같이 피해자의 동의가 구성요건해당성배제적 효과를 가져오든 위법성조각적 효과를 가져오든 그 동의에 대해 '피해자의 승낙'이라는 용어로 단일화하고 있다. 그러나 이하에서는 설명의 편의상 구성요건해당성을 배제하는 승낙을 '양해'라고 부르고 위법성을 조각하는 승낙은 '승낙'이라고 부르면서. 제24조의 해석론상 양해와 승낙이 인정되기 위한 요건과 효과를 살펴본다.

Ⅱ. 피해자의 양해(구성요건해당성배제사유)

1. 양해의 의의

양해란 피해자의 처분할 수 있는 법익에 대한 침해행위에 대해 구성요건해당성을 배제시키는 피해자의 동의를 말한다(형법 제24조). 어떤 구성요건이 피해자의 동의를 양해로 평가할 수 있는지를 판단할 일반적인 원칙은 없고 형법각칙의 해석론에 달려있다. 앞서 언급했듯이 문제되는 법익이 처분권자의 개인적 처분에 맡겨져 있고, 따라서 해당 구성요건적 '불법'이 그 법익처분권자의 의사에 반할 것을 유일하고도 본질적 내용으로 할 경우 그 처분권자의 동의는 양해로 평가될 수 있다. 이러한 경우에는 피해자가 법익의 보호를 스스로 포기하였기 때문에 '법익침해행위' 자체가 존재하지 않는다고 할 수 있기 때문이다. 즉 피해자의 동의로 인해 형식적인 구성요건에 유형화되어 있는 불법의 내용이 현실화되지 않았기 때문이다.[160] 208

2. 양해의 법적 성격

법익주체가 법익침해에 대한 동의의 의사를 표시하는 양해행위에 대해 어떤 법적 성격을 부여할 것인지에 따라 양해의 유효요건이 달라진다. 209

(1) 사실적 성질설

양해를 순수한 사실적인 성질을 가진 의사표시로 이해하는 견해이다.[161] 이에 따르면 양해가 착오에 기인하였거나 혹은 당사자가 당해 법익의 의미를 파악하지 못하고 있는 경우, 즉 당사자가 행위능력 내지 판단능력이 없는 경우에도 양해는 유효하게 된다. 더 나아가 양해의사가 외부로 표시되지 않거나 행위자가 피해자의 양해에 대해 인식하지 못해도 양해는 유효하다고 한다. 210

(2) 개별적 취급설

양해가 사실적인 성질을 가진 의사표시로 이해될 수 있는 경우도 있고, 행위능력 내지 판단능력까지 필요로 하는 의사표시로 이해될 수 있는 경우도 있다는 견해이다(다수설). 이에 따르면 양해의 유효요건은 개별 구성요건마다 다르게 설정되어야 한다고 한다. 211

(3) 결론

개별 구성요건의 의미와 보호법익에 따라 양해가 기망이나 강요에 의해 영향을 받는 정도가 달라진다. 예컨대 강간죄나 강도죄의 경우에는 법익주체의 자연스러운 동의가 있는 경우와 폭행 또는 협박에 의해 강요당한 경우는 다르게 평가되어야 하기 때문이다. 212

---

160) Sch－Sch－Lenckner, vor §32, Rdn. 30ff.

161) Geerds, Einwilligung und Einverständis des Verletzten im Strafrecht, GA 1954, S. 265; Welzel, S. 95; Wessels/Beulke, §9 I 1 Rdn. 367ff.

3. 양해가능한 법익

(1) 개인의 자유권 및 재산권에 대한 죄

213 개인의 자유권이나 재산권을 보호법익으로 하는 범죄는 원칙적으로 피해자의 동의가 구성요건해당성을 조각시키는 범죄로 분류될 수 있다. 그러한 범죄에 속하는 범죄구성요건으로는 비밀침해죄, 업무상비밀누설죄, 영리 등을 위한 약취·유인·매매죄, 주거침입죄, 강간죄, 강제추행죄, 체포·감금죄, 강요죄, 절도죄나 강도죄와 같이 재산적 법익을 보호법익으로 하는 범죄 등이 있다.

(2) 문서위조죄의 경우

214 사회적 법익을 보호법익으로 하는 문서위조죄의 경우에도 피해자의 양해가 구성요건해당성을 조각시키는 범죄유형에 속하는지가 문제된다.

215 1) 학설의 태도　① 사문서 위조죄의 보호법익은 문서에 대한 공공의 신용이라는 사회적 법익뿐이며 그로 인해 개인이 보호되는 것은 반사적 효과에 불과하므로 승낙으로 위법성이 조각될 수 없다는 견해[162]와 ② 사문서위조죄에 있어서 '명의자의 동의'는 사문서위조라는 구성요건적 행위성을 탈락시키는 양해에 해당하므로 사문서위조죄는 성립할 수 없지만 사문서부정행사죄(형법 제236조)는 성립할 수 있다는 견해[163]로 나뉜다.

216 2) 판례의 태도　대법원은 사회적 법익에 대한 범죄인 문서위조죄의 경우에도 피해자의 승낙(특히 작성권자의 위임이 있는 경우)이 구성요건해당성을 배제시킨다는 태도를 취한다. 이러한 태도는 사문서위조죄[164]나 위조사문서행사죄[165]는 물론 공문서위조[166]의 경우, 현실적 승낙 및 묵시적인 승낙 더 나아가 추정적 승낙[167]의 경우에도 유지되고 있다.

217 判 대법원이 문서위조죄의 경우에도 이러한 해석태도를 취하는 근거를 명시적으로 밝힌 판시는 찾아보기 어렵다. 추정컨대 이 죄의 보호법익이 문서의 거래의 안전과 신용이라는 사회적 법익이면서도 동시에 문서의 작성권자가 개인적으로 처분할 수 있는 법익인 것으로 보기도 하고, 특히 문서의 경우 작성권자가 위

---

162) 이기헌, "추정적 승낙", 형사판례연구(6), 1999, 131면 이하(단, 이 견해는 '기타 사회상규에 위배되지 않는 행위'에 의해 위법성조각의 가능성은 인정한다).

163) 손동권, §14/22.

164) 대법원 1998.2.24. 97도183 판결 등 다수. "문서의 위조라고 하는 것은 작성권한 없는 자가 타인 명의를 모용하여 문서를 작성하는 것을 말하는 것이므로 사문서를 작성함에 있어 그 명의자의 명시적이거나 묵시적인 승낙(위임)이 있었다면 이는 사문서위조에 해당한다고 할 수 없다."

165) 대법원 1993.3.9. 92도3101.

166) 대법원 1983.5.24. 82도1426.

167) 대법원 2003.5.30. 2002도235. "사문서의 위·변조죄는 작성권한 없는 자가 타인명의를 모용하여 문서를 작성하는 것을 말하는 것이므로 사문서를 작성·수정함에 있어 그 명의자의 명시적이거나 묵시적인 승낙이 있었다면 사문서의 위·변조죄에 해당하지 않고, 한편 행위 당시 명의자의 현실적인 승낙은 없었지만 행위 당시의 모든 객관적 사정을 종합하여 명의자가 행위 당시 그 사실을 알았다면 당연히 승낙했을 것이라고 추정되는 경우 역시 사문서의 위·변조죄가 성립하지 않는다."

임에 의해 해당 문서를 작성하도록 하기 때문에 작성권자의 승낙에 기해 작성권자가 명의인이 된 문서가 작출되고, 따라서 이 문서에 대한 공공의 신용 역시 그 작성권자가 책임져야 할 부분으로 보고 있기 때문인 듯하다.

3) 결론 사문서위조의 경우 본인이 적법하게 대리권을 부여했거나, 어떤 권능을 부여한 경우 그 문서의 명의인은 본인이 되고, 본인은 타인의 문서작성에 동의했기 때문에 그로 인해 작성된 문서는 '진정'하게 성립한 문서가 되므로 '부진정'문서의 작성이라는 사문서위조죄의 구성요건해당성이 탈락된다고 해야 한다. 따라서 사문서위조죄도 양해에 의해 구성요건해당성이 조각되는 범죄유형에 해당한다. 218

다른 한편, 보호법익의 본질적 특성 및 행위객체의 관점에서 각칙 구성요건을 해석하더라도 피해자의 승낙을 양해로 볼 것인가 아니면 승낙으로 볼 것인지는 객관적으로 획일성을 가지고 구분될 수는 없는 차원의 문제이다. 양해와 승낙의 법리도 사안에 따라 가변적인 법의 속성과 궤를 같이 하기 때문이다. 예컨대 손괴죄의 객체인 '타인소유의 재물'은 소유자인 피해자의 자유로운 처분권에 맡겨져 있는 법익으로 분류될 수 있다. 따라서 피해자의 동의에 의해 그 재물을 손괴한 경우 그 동의는 구성요건해당성배제적 양해로 해석되어 손괴죄의 성립이 부정된다고 하는 것이 일반적이다. 그러나 예컨대, 어떤 자가 국보급에 해당하는 희귀한 보물을 소유하고 있다가 그 보물을 손괴하려는 의사를 가진 행위자가 소유자에게 모조품이라고 속인 결과 피해자가 그 보물을 손괴하는 것에 동의한 경우 그 동의를 구성요건해당성배제적 양해로 평가할 것인지, 아니면 행위객체가 사회·국가적으로 보호되어야 할 문화재급 자산이어서 사회적 차원에서 관리가 필요한 사회공동체의 이익이 관계되어 있으므로 위법성조각적 승낙으로 볼 여지도 있다. 특히 후자로 본다면 위 사례에서는 피해자의 하자있는 의사표시가 있으므로 승낙의 유효성을 부정하거나 사회상규에 위배되지 않은 승낙으로 평가하지 않아 종국적으로 손괴죄의 위법성조각도 되지 않는다는 결론에 이를 수도 있다. 후성법학적 관점에서 보면, 모든 법 또는 법리의 경우와 같이 손괴에 관한 법도 미리 고정되어 있는 것이 아니라 구체적 사안의 특수성에 따라 가변적일 수 있음이 여기서도 확인될 수 있다. 219

4. 양해의 유효요건

(1) 양해능력

양해의 주체는 법익을 임의로 처분할 수 있는 자이어야 하고 적어도 자연적 의사능력은 가지고 있어야 한다. 따라서 행위능력 내지 판단능력이 없는 미성년자나 정신병자라도 양해의 주체가 될 수 있다. 자연적 의사능력만 있으면 유효한 양해가 될 수 있는 범죄로는 개인의 자유에 관한 죄(강간죄, 감금죄), 재물에 대한 사실상의 지배와 관련된 범죄(절도죄,[168] 횡령죄 등) 등이 있다. 행위능력 및 판단능력을 가진 자라야 유효한 양해로 인정될 수 있는 구성요건으로는 모욕죄·강도죄·사기죄 등이 있다. 주거침입죄의 경우에는 견해가 갈린다. 이에 관해서는 『형법각론』에서 다룬다. 220

---

168) 대법원 1985.11.26. 85도1487. "피고인이 동거중인 피해자의 지갑에서 현금을 꺼내가는 것을 피해자가 현장에서 목격하고도 만류하지 아니하였다면 피해자가 이를 허용하는 묵시적 의사가 있었다고 봄이 상당하여 이는 절도죄를 구성하지 않는다."

(2) 의사표시의 요부

221 자연적 의사능력으로 충분한 구성요건의 경우는 양해의사가 외부에 표시될 필요가 없고, 행위자는 상대방이 양해를 하였다는 사실을 인식하지 않았어도 그 묵시적 의사 내지 명시적 의사에 반하지 않으면 유효한 양해가 된다. 반면에 행위능력·판단능력을 요구하는 구성요건의 경우는 양해의사가 외부에 표시되어야 하고 행위자도 상대방의 양해가 있음을 인식하고 행위하여야 유효한 양해가 된다.

(3) 의사표시의 하자

222 양해의 법적 성격에 관한 '사실적 성질설'의 입장에서는 양해가 순수한 사실적 성격을 가진 것으로 보아－기망, 협박 등에 의한 의사표시와 같이－하자가 있어도 구성요건해당성이 배제될 수 있다고 본다. 반면에 '개별적 취급설'에서는 구성요건의 내용과 기능에 따라 차이가 존재한다고 한다. 앞서 살펴보았듯이 구성요건의 의미와 보호법익에 따라 차등을 두는 개별적 취급설이 타당하다.

223 判 대법원은 절도죄의 경우 피해자가 행위자에게 기망당한 하자있는 의사표시로 재물의 취거를 동의한 경우에도 그 동의는 유효한 양해가 되어 절도죄의 성립을 부정하였다.[169] 그러나 대법원은 주거침입죄의 경우 피해자가 화장실안에서 행위자의 노크소리에 남편인 줄 알고 문을 열어준 사안에 대해 피해자의 승낙이 있는 것이므로 주거침입죄의 성립을 부정한 원심과는 달리, 하자있는 의사표시로 인한 유효한 양해(승낙)요건의 충족을 부정하면서 주거침입죄의 성립을 긍정하였다.[170]

224 例 다른 한편 "미성년자인 피해자가 하자있는 의사표시가 있더라도 미성년자유인죄의 성립을 인정'한 대법원 판결[171]은 양해(승낙)의 유효성 법리가 적용된 사안이 아님을 유의해야 한다. 미성년자약취유인죄의 본질상 피해자인 미성년자의 동의가 있어도－그 의사표시의 하자유무와 무관하게－ 범죄성립을 배제하지 않는 법률상의 특별규정이 적용된 것이기 때문이다.

(4) 양해가 현실적으로 존재할 것

225 현실적 양해가 없고 양해가 있을 것으로 추정될 수 있는 경우에도 이른바 추정적 양해

169) 대법원 1990.8.10. 90도1211. "피고인이 피해자에게 이 사건 밍크 45마리에 관하여 자기에게 그 권리가 있다고 주장하면서 이를 가져간 데 대하여 피해자의 묵시적인 동의가 있었다면 피고인의 주장이 후에 허위임이 밝혀졌더라도 피고인의 행위는 절도죄의 절취행위에는 해당하지 않는다."

170) 대법원 2003.5.30. 2003도1256 "타인의 주거에 거주자의 의사에 반하여 들어가는 경우는 주거침입죄가 성립하며 이 때 거주자의 의사라 함은 명시적인 경우뿐만 아니라 묵시적인 경우도 포함되고 주변사정에 따라서는 거주자의 반대의사가 추정될 수도 있는 것인데, (중략) 피해자는 피고인의 노크 소리를 듣고 피해자의 남편으로 오인하고 용변칸 문을 연 것이고, 피고인은 피해자를 강간할 의도로 용변칸에 들어간 것으로 봄이 상당한바, 그렇다면 피고인이 용변칸으로 들어오는 것을 피해자가 명시적 또는 묵시적으로 승낙하였다고는 볼 수 없다 할 것이다."

171) 대법원 1976.9.14. 76도2072. "미성년자 유인죄라 함은 기망, 유혹같은 달콤한 말을 수단으로 하여 미성년자를 꾀어 사려없고 나이 어린 피해자의 하자 있는 의사를 이용하여 현재의 보호상태로부터 이탈케 하여 자기 또는 제3자의 사실적 지배하에 옮기는 것을 말하며, 본죄의 범의는 피해자가 미성년자라는 것을 알면서 유인의 행위에 대한 인식이 있으면 족하고 유인하는 행위가 피해자의 의사에 반하는 것까지 인식하여야 하는 것은 아니며 또 유인으로 인하여 피해자가 하자 있는 의사로 승낙하였다 하더라도 본죄의 성립에 소장(지장: 필자주)이 없다."

로서 구성요건해당성을 배제시킬 수 있다고 하는 견해[172]도 있다. 그러나 행위 당시에 현실적 양해가 없는 경우에는 행위자가 양해가 존재한다고 오인한 경우가 아닌 이상 행위자의 고의는 여전히 인정할 수 있을 것이므로 양해는 '현실적'으로 존재하여야 한다. 물론 현실적인 양해가 없었더라도 이른바 '추정적 승낙'이라는 위법성조각사유의 요건을 갖추는 경우에는 위법성이 조각될 수는 있다.

5. 양해의 효과

(1) 양해의 요건을 구비한 경우

피해자의 양해에 따라 법익을 침해(훼손)한 행위는 구성요건해당성이 인정되지 않는다. 226

(2) 양해에 대한 착오가 있는 경우

피해자의 양해가 존재하였으나 행위자가 이를 알지 못하고 행위한 경우에는 행위자의 227
고의가 불능객체를 향한 반전된 구성요건적 착오가 되어 불능미수의 문제가 된다. 반면에 양해가 존재하지 않는데도 불구하고 존재하는 것으로 오신한 경우에는 구성요건적 사실에 대한 인식이 없는 경우이므로 고의가 조각되어 과실범에 해당할 수 있을 뿐이다.

Ⅲ. 피해자의 승낙(위법성조각사유)

1. 승낙의 의의

피해자의 승낙이란 처분가능한 법익침해행위에 대해 위법성을 조각시키는 피해자의 동 228
의를 말한다(형법 제24조). 위법성을 조각시키는 승낙의 경우는 양해의 경우와 달리 오로지 피해자 법익주체의 자율적인 처분권에만 맡겨져 있는 법익은 문제되지 않는다. 법익주체의 자율적 처분의 이익과 함께 당해 법익이 침해되지 않아야 한다는 점에 대해 사회공동체의 이익도 함께 내포되어 있는 법익에 대한 공격행위의 경우 문제된다.

2. 승낙 가능한 법익과 '법률의 특별한 규정'

(1) 승낙가능한 법익의 인정범위

피해자의 승낙에 따라 그 훼손행위의 위법성이 조각될 수 있는 법익도 구성요건해당성 229
을 조각시키는 양해의 경우와 마찬가지로 원칙적으로 승낙자(피해자) 자신이 임의로 처분할 수 있는 '개인적 법익'에 한한다.[173] 물론 승낙의 대상이 되는 개인적 법익은 양해의 대상이 되는 개인적 법익과는 달리 당해 법익의 유지존속에 대한 사회적 관심이 전면에 부각

---

172) 오영근, §22/53.
173) 대법원 1985.12.10. 85도1892.

되는 법익으로 제한된다.

230 1) 생명 형법은 피해자의 승낙이 있어도 촉탁·승낙 살인죄(형법 제252조 제1항)로 처벌된다는 규정을 두고 있기 때문에 생명은 원칙적으로 처분가능한 법익이 아니다. 따라서 명시적으로 수혈을 거부하는 환자의 승낙을 받아 수술하던 도중 수혈을 하지 않으면 생명에 위험이 발생할 수 있는 응급상태에 이른 경우, 의사는 환자의 생명을 보존하기 위해 불가피한 수혈방법을 선택해야 한다. 하지만 종교적 신념을 이유로 한 수혈거부 등과 같이 생명보호 못지않게 환자의 자기결정권을 존중해야 할 의무가 대등한 가치를 가지는 것으로 인정될 만한 특단의 사정이 있는 경우 생명보호절대원칙을 상대화시킬 수 있는지에 관한 논의가 필요하다.[174)]

231 2) 신체 개인의 신체는 개인이 처분할 수 있는 법익이지만(폭행죄, 상해죄 등) 동시에 객관적 법질서에 의해 개인의 처분권에 일정한 한계가 설정되어 있는 법익에 해당한다. 따라서 처분권자의 승낙에 따른 처분행위라도 위법성이 조각되려면 두 가지 요건을 갖추어야 한다. 첫째, 법률에 승낙이 있어도 처벌한다는 특별한 법적 근거가 존재하지 않아야 한다. 둘째, 승낙이 자기결정권에 기초한 유효한 승낙이어야 한다. 대법원은 유효한 승낙이라는 요건 외에 승낙 또는 승낙에 기한 행위가 사회상규에 위배되지 말아야 한다는 요건을 추가적으로 요구한다. 이 두 가지 요건에 관해서는 후술한다.

232 3) 명예 등 명예훼손죄와 모욕죄, 신용훼손죄와 업무방해죄 등도 피해자의 의사에 반하는 것만을 본질적인 불법의 내용으로 하는 것이 아니므로 피해자의 승낙이 구성요건해당성을 조각시키는 것이 아니라 위법성을 조각시키는 효과를 가질 뿐이다.[175)]

233 4) 개인적 법익과 사회적·국가적 법익이 중첩된 경우 개인적 법익과 사회적·국가적 법익이 중첩된 범죄인 경우에 피해자인 개인의 현실적 승낙이 효과를 가지는지에 대해 견해가 일치하지 않는다. i) 구성요건해당성을 배제한다는 견해,[176)] ii) 범죄의 성립에 영향이 없다는 견해,[177)] iii) 당해 범죄의 중요한 불법부분을 점하고 있는 것이 보편적 법익인가 개인적 법익인가에 따라 개별적으로 판단하여야 한다는 견해[178)]가 대립한다.

234 개인적 법익과 중첩되는 사회적·국가적 법익이 있다고 하더라도 그러한 법익에 대한 개인의 자유로운 처분권이 인정된다고 보기는 어렵다. 이 때문에 구성요건해당성 배제설은 부당하다. 어떤 범죄의 본질적 불법내용을 구성하는 것이 보편적 법익인가 개인적 법익인가를 판단하는 일도 일의적으로 판단하기 어렵다. 따라서 이러한 판단을 개별적으로 판

174) 대법원 2014.6.26. 2009도14407.
175) 이재상/장영민/강동범, 형법각론, §12/25, §13, §20.
176) 김일수/서보학, 258면.
177) 손동권, §14/21.
178) 박광민, "피해자의 승낙과 정당화의 원리", 心耕정성근교수화갑기념논문집(상), 496면.

단한다는 것은 법적 안정성을 위태롭게 할 수 있다. 따라서 사회적·국가적 법익이 중첩되는 경우는 개인이 처분할 수 없는 법익의 훼손이 있으므로 승낙이 있더라도 범죄성립이 인정된다고 해야 한다.

(2) 피해자의 승낙 및 그 효력이 차단되는 경우

형법 제24조는 '법률에 특별한 규정'이 있는 경우에는 피해자의 승낙이 있음에도 불구하 235
고 구성요건해당성은 물론 위법성조차 탈락될 수 없는 경우도 있음을 규정하고 있다. 승낙의 범죄불성립 효과를 차단하는 법률상의 특별규정은 다시 두 가지로 나누어질 수 있다.

1) 형벌감경적 특별규정 피해자의 승낙이 있어도 범죄는 성립하지만 형벌을 감경하 236
고 있는 규정이 있다. 살인죄에 대한 촉탁·승낙살인죄(형법 제251조 제1항), 타인소유일반건조물방화죄에 대한 자기소유건조물방화죄(동법 제166조 제2항), 타인소유일반물건방화죄에 대한 자기소유일반물건방화죄(동법 제167조), 부동의낙태죄에 대한 동의낙태죄(동법 제270조 제1항) 등이 여기에 해당한다.

2) 형벌감경적 효과도 인정하지 않는 특별규정 피해자의 승낙이 있어도 범죄성립에 아 237
무런 영향도 없음은 물론 형벌감경의 효과도 인정하지 않는 경우가 있다. 미성년자의제강간·강제추행죄(형법 제305조), 피구금부녀간음죄(동법 제303조 제2항), 미성년자약취·유인죄(동법 제287조), 아동혹사죄(동법 제274조) 등이 여기에 해당한다.

3. 승낙의 요건

(1) 당해 법익을 처분할 수 있는 자의 유효한 승낙

1) 승낙주체의 유효한 승낙

① 승낙주체의 승낙능력 승낙주체는 승낙의 의미와 내용을 이해할 수 있는 능력을 갖 238
추고 있어야 한다. 양해의 경우와는 달리 행위능력과 판단능력이 없는 자는 승낙주체가 될 수 없다. 피해자의 승낙은 민법적인 의미에서의 의사표시가 아니다. 그러므로 민법의 규정은 이에 적용되지 않는다. 즉 유효한 승낙으로 인정되는가는 승낙하는 자가 법률행위능력을 가진 자인가 하는 문제와 직접적 관련성이 없다.[179] 미성년자도 자신의 승낙의사의 의미와 효력범위를 통찰할 수 있는 변별능력이 있으면 유효한 승낙을 할 수 있다.

승낙의 주체는 원칙적으로 법익주체이어야 하기 때문에 원칙적으로 대리승낙은 허용되 239
지 않는다. 그러나 법익주체가 승낙능력이 없는 때에는 법적으로 처분권이 인정되는 범위내에서 대리승낙도 가능하다. 이 경우 대리승낙자의 의사표시는 가능한 한 법익주체의 추정된 진의에 부합하여야 한다.[180]

② 승낙의 유효요건 승낙은 자유로운 판단에 의한 진지한 승낙이어야 하므로 기망, 협 240

179) 그러나 재산적 법익에 관한 죄의 경우에는 주로 민법상의 법률행위능력을 가진 자이다.
180) 신동운, 302면.

박, 강제 등에 기한 경우와 같이 의사의 흠결이나 하자가 있으면 유효한 승낙이 될 수 없다.

241 승낙자가 당해 법익침해의 범위와 태양 및 그와 결부된 위험성에 관한 착오, 즉 법익관계적 착오를 일으킨 경우에도 유효한 승낙이 될 수 없다. 그러나 법률행위의 중요부분의 착오가 아닌 단순한 동기의 착오는 승낙의 유효성에 영향을 미치지 않는다.[181]

242 전문적인 지식이 필요한 경우에는 승낙을 얻고자 하는 측이 상대방에게 사전에 충분히 설명한 후에 얻은 승낙만이 유효하다. 따라서 수술의 경우 의사가 환자에게 설명의무를 충실히 이행하지 않고 치료행위 내지 수술을 한 결과 환자의 상해(또는 사망)가 초래된 경우 유효한 승낙으로 인정되지 않아서 의사에 대해 상해죄 또는 업무상과실치사상죄의 위법성이 조각되지 않는다.[182]

243 의사의 설명의무위반은 의료법상 과태료 부과 대상이 되어 있다(의료법 제24조의2, 제92조 제1항). 하지만 의사의 설명의무는 과실범에서 말하는 주의의무와는 성격이 다르다. 따라서 의사가 환자에게 설명의무를 위반하였다고 해서 그것만으로 주의의무위반적 과실(객관적 과실)이 인정되지는 않는다.

244 判 하지만 대법원은 의사의 다른 과실(즉 진단상의 주의의무위반이나 치료상의 주의의무위반)은 없지만 환자에게 특정 치료법의 부작용에 대한 설명의무를 다하지 않은 상태에서 그 의사가 사용한 – 그 자체 의학적 기술에 적합한 – 치료법의 부작용으로 환자에게 상해가 발생한 경우, 의사의 형사책임을 면하게 해 주는 이른바 '가정적 승낙의 법리'를 개발하였다. 이를 통해 대법원은 '의사가 설명을 다하였더라도 환자가 승낙을 하였을 것이라고 인정될 경우에는 의사는 여전히 치료행위로 나아갔을 것이므로 설명의무위반과 상해(또는 사망)사이에 인과관계가 없다'는 법적 판단을 한다.[183] 원래 이 법리는 의사의 민사상 손해배상 책임을 제한하기 위해 민사판례(대법원 1994.4.15. 93다60953; 대법원 1994.4.15. 92다25885)에서 등장한 법리이다. 의사의 형사책임을 부정하기 위해 형사판결에서 차용되고 있는 이 법리의 함의는 다양하게 평가될 수 있다. 범죄체계론적 관점에서 보면 의사의 설명의무위반이 문제되는 심사단계는 위법성판단 단계이고, 이 심사에서 피해자의 승낙법리가 적용되기 위해서는 유효한 승낙이 인정되어야 하는바, 설명의무위반이 있으면 유효한 승낙을 부정함으로써 의사의 행위의 위법성이 인정되는 결론을 내려야 하는 것이 전통적 형법이론학의 태도이다. 하지만 추정적 승낙의 법리에 대해서는 다음과 같은 의문이 규명될 필요가 있다. 첫째, 대법원처럼 위법성조각사유인 피해자의 승낙과 관련된 설명의무위반의 문제를 구성요건해당성 심사의 문제인 인과관계 내지 객관적 귀속판단문제로 취급하는 일이 범죄체계상 가능한 일인가? 대법원의 태도가 의사에게 인정되는 설명의무의 위반의 의무와 전통적으로 객관적 과실 인정을 위한 요소로 요구되는 주의의무의 위반의 의무를 동일한 차원의 의무로 취급하는 태도의 표명인가?[184]

---

181) 박광민, 앞의 논문, 495면.

182) 대법원 1993.7.27. 92도2345. "산부인과 전문의 수련과정 2년차인 의사가 자신의 시진, 촉진결과 등을 과신한 나머지 초음파검사 등 피해자의 병증이 자궁외임신인지, 자궁근종인지를 판별하기 위한 정밀한 진단방법을 실시하지 아니한 채 피해자의 병명을 자궁근종으로 오진하고 이에 근거하여 의학에 대한 전문지식이 없는 피해자에게 자궁적출술의 불가피성만을 강조하였을 뿐 위와 같은 진단상의 과오가 없었으면 당연히 설명받았을 자궁외임신에 관한 내용을 설명받지 못한 피해자로부터 수술승낙을 받았다면 위 승낙은 부정확 또는 불충분한 설명을 근거로 이루어진 것으로서 수술의 위법성을 조각할 유효한 승낙이라고 볼 수 없다."

183) 대법원 2011.4.14. 2010도10104. "피고인이 봉침시술에 앞서 피해자에게 설명의무를 다하였다 하더라도 피해자가 반드시 봉침시술을 거부하였을 것이라고 볼 수 없으므로 피고인의 설명의무 위반과 피해자의 상해 사이에 상당인과관계를 인정하기는 어렵다."

③ 승낙의 표시 (i) 승낙이 외부적으로 표현될 필요없이 단순한 내적 동의로 족하다는 주관설(의사방향설)과 (ii) 승낙의사가 외부에 명시적으로 표현되어야 한다는 객관설(의사표시설)이 있으나 (iii) 어떤 방법이든지 외부에 인식될 수 있도록 표시되는 것으로 족하다는 절충설(의사확인설)이 타당하다(다수설). 따라서 묵시적 승낙[185]도 외부에서 인식될 수 있는 한 승낙이 된다. 245

④ 승낙의 시기 승낙은 그 법익침해가 행해지는 시점에 이미 존재하고 있어야 하므로 민법상의 추인과 같은 사후적인 승낙은 형법에서는 가능하지 않다.[186] 즉 승낙은 행위 이전에 표시되어 있어야 하고, 행위시점에도 여전히 존재하여야 한다. 승낙의 의사표시는 행위 이전에 자유롭게 철회할 수 있지만, 철회 이전의 행위에 대해서는 승낙의 효력이 그대로 인정된다. 246

2) 처분가능한 법익 유효한 승낙은 침해되는 당해 법익에 관하여 승낙자에게 처분권한이 있다는 것을 전제로 한다. 이에 관해서는 승낙의 인정범위와 관련해서 설명하였다. 247

(2) 사회상규에 위배되지 않을 승낙

형법 제24조의 해석상 위법성을 조각시키는 피해자의 승낙을 인정되기 위해서는 어느 범위 내에서 사회상규에 위배되지 아니할 것이라는 추가적 요건을 갖추어야 하는지에 대해 견해가 대립하고 있다. 248

1) 상해죄의 경우에만 국한시키는 견해 피해자의 승낙에 의한 상해에 대해서만 사회상규에 의한 제한이 적용된다는 견해이다.[187] 이 견해는 독일형법 제228조에서 상해죄와 관련하여 "승낙이 있어도 선량한 풍속에 반하는 경우에는 위법하다"라고 규정하고 있음을 타당근거로 삼고 있다. 249

2) 상해죄 이외의 경우에도 추가적 요건을 인정하는 견해 우리 형법은 독일형법의 입법태도와는 달리 피해자의 승낙 및 그 법효과가 총칙의 규정에 있으므로 상해죄 이외의 다른 범죄의 경우에도 사회적 관점에 의한 제한이 이루어져야 한다는 견해이다(다수설). 250

3) 판례 대법원은－사회상규불위배성을 모든 위법성조각사유를 규제하는 '일반적'이자 '포괄적 위법성조각사유'로 보고 있기 때문에－형법 제24조의 해석상 위법성을 조각 251

---

184) 이에 관해서는 김성돈, "의사의 설명의무 위반의 효과와 가정적 승낙의 법리", 형사판례연구(21), 박영사, 2013, 40면 이하 참조.

185) 대법원 1983.2.8. 82도2486. "피고인이 계원들로 하여금 공소외 甲 대신 피고인을 계주로 믿게 하여 계금을 지급하고 불입금을 지급받아 위계를 사용하여 공소외 甲의 계운영 업무를 방해하였다고 하여도 피고인에 대하여 다액의 채무를 부담하고 있던 공소외 甲으로서는 채권확보를 위한 피고인의 요구를 거절할 수 없었기 때문에 피고인이 계주의 업무를 대행하는 데 대하여 이를 승인 내지 묵인한 사실이 인정된다면 피고인의 소위는 이른바 위 공소외 甲의 승낙이 있었던 것으로서 위법성이 조각되어 업무방해죄가 성립되지 않는다."

186) 이 점은 형법상의 가벌성의 모든 요건은 행위시점에 존재하는 것이어야 한다는 기본원리로부터 나온다.

187) 박상기, 210면; 손동권, §14/19; 이재상/장영민/강동범, §14/19.

시키는 피해자의 승낙의 경우 상해죄가 아니더라도 승낙이 '유효한 승낙일 것'과 함께 '사회상규에 위배되지 아니할 것'이라는 요건을 추가적으로 요구하고 있다.[188] 폭행치사죄[189]와 중과실치사죄[190]의 경우에도 유사한 취지의 판시를 하고 있다.

252 **判** 피해자의 승낙이 '사회상규에 위배되지 않아야 한다'는 요건을 위법성조각을 위한 일반화된 추가적 요건으로 요구하는 대법원 법리에는 다음과 같은 문제점이 있다. 첫째, 입법자의 구상은 위법성조각사유의 전 영역을 소극적 실질적 위법성이론 위에 구축하는 것이었으나, 대법원의 피해자의 승낙 법리에 의해 제24조가 예외적으로 적극적 실질적 위법성이론의 점령지로 바뀌게 된다. 둘째, '윤리적·도덕적' 색채를 가진 사회상규'라는 자유권적 측면에 기초한 피해자의 승낙이라는 처분행위의 법적 성격을 윤리적 도덕적 성격을 가진 것으로 변질시킬 수 있다.[191] 마지막으로 사회상규라는 고도의 추상적 기준을 추가적으로 사용하여 피해자승낙의 위법성 인정과 위법성 부정을 판가름하는 것은 법적 결정에서의 법적 안정성을 위태롭게 할 수 있다.

253 4) 결론 피해자의 승낙에 관한 형법 제24조의 법적 요건 외에 추가적으로 '사회상규불위배'라는 요건을 요구하는 태도는 죄형법정주의의 적용을 받아야 할 형법상의 위법성조각사유에 대한 목적론적 축소해석 내지 우회적 유추적용이라는 비판에서도 자유롭지 못하다.

254 이 때문에 개인의 자율적 처분권에만 맡겨져 있지 않고 사회적 가치가 개입되어 있는 법익에 대한 침해행위에 대해 위법성조각의 법효과를 인정하기 위해서도 승낙의 사회상규불위배성을 전면에 등장시킬 것이 아니라 승낙 및 승낙에 기한 행위가 위법성 판단의 최상위 기준인 '법'의 관점 내지 '법질서 전체'를 척도로 삼아 위법성 여부를 평가해야 한다. 이를 위해서는 피해자와 행위자 간의 역학관계를 기초로 하여 행위의 목적이나 수단의 적절성 등을 고려하였을 때 피해자의 의사결정에 자율성이 침해되는 강제적 요소가 없는지가 중요하다.[192]

255 자율성에 대한 침해여부는 당해 보호법익과 승낙자의 처분권의 인정범위와의 긴장관계를 고려하면서 법질서 전체의 관점에서 평가하여야 할 것이다. 예컨대, 병역을 면할 목적으로 이루어진 상해나 채무면제의 대가로 이루어진 상해는 헌법이 정한 국방의 의무를 면할 목적(군형법 제41조)으로 이루어진 상해이거나 민법의 공서양속에 반하는 계약(민법 제103조)에 따른 상해이므로 법질서 전체의 관점에서 허용되는 승낙이 될 수 없는 것이지 그 승낙이 사회상규에

188) 대법원 1989.11.28. 89도201.
189) 대법원 1985.12.10. 85도1892.
190) 대법원 1997.4.22. 97도538.
191) 특히 피해자의 승낙을 윤리적 도덕적 관점에서 평가하고 있음을 일반화하고 있는 판결로는 대법원 1985.12.10. 85도1892. "형법 제24조의 규정에 의하여 위법성이 조각되는 피해자의 승낙은 개인적 법익을 훼손하는 경우에 법률상 이를 처분할 수 있는 사람의 승낙을 말할 뿐만 아니라 그 승낙이 윤리적, 도덕적으로 사회상규에 반하는 것이 아니어야 한다."
192) 예컨대 승낙자가 비도덕적인 동기하에 승낙했더라도 그 승낙에 의해 행위하는 행위자가 그 행위를 통하여 기도한 목적이 정당하다면 위법성이 조각될 수 있다(이재상/장영민/강동범, §20/17).

반하는 것이라는 점을 구실로 삼아 위법성조각이 부정되고 있는 것은 아니다.

(3) 주관적 정당화요소

피해자의 승낙의 경우에도 주관적 정당화요소가 인정되어야 위법성이 조각될 수 있다. 256
피해자의 승낙의 경우에는 승낙이 있었다는 사실을 인식하였을 뿐 아니라 승낙에 기한 행위를 함으로써 자기행위를 정당화하려는 의사도 인정되어야 주관적 정당화요소가 충족되었다고 할 수 있다.

4. 피해자의 승낙의 효과

(1) 승낙의 요건을 갖춘 경우

행위자가 피해자의 법익을 침해하는 행위를 하였더라도 그 행위가 요건을 갖춘 승낙에 257
기한 행위인 경우에는 사회상규에 위배되지 않는 한 위법성이 조각된다.

(2) 승낙에 대한 착오가 있는 경우

객관적으로 피해자의 승낙이 존재하는 데도 행위자가 이를 알지 못하고 행위한 경우에 258
는 주관적 정당화요소가 결여된 사례에 해당하여 행위자는 불능미수범으로 처벌될 수 있다.

반대로 피해자의 승낙이 객관적으로 존재하지 않음에도 불구하고 행위자는 그것이 존 259
재한다고 오신한 때에는 위법성조각사유의 전제사실의 착오의 문제로 해결해야 한다. 이에 관해서는 §24의 제2절 Ⅲ. 참조.

Ⅳ. 추정적 승낙

1. 추정적 승낙의 의의

추정적 승낙이란 피해자의 승낙이 현실적으로 없지만 행위 당시의 모든 객관적인 사정 260
을 피해자가 알았더라면 당연히 승낙했을 것이라고 추정되는 경우를 말한다.[193)]

현실적으로 승낙이 없는 점에서 현실적 승낙이 있는 경우인 묵시적 승낙과 다르다. 예 261
컨대 노상신문판매대에서 판매원이 일시 자리를 비운 사이 신문값을 놓고 일간지 한 장을 꺼내 가져가는 것은 대가만 지급하면 판매원 없이도 신문을 가져가도 좋다는 묵시적 승낙이 있는 경우에 해당하고 추정적 승낙의 문제가 생기지 않는다.[194)]

---

193) ① 피해자의 이익을 위한 경우(우월적 이익): 사람이 없는 옆집에 불이 난 것을 보고 문을 부수고 들어가 진화한 경우. ② 행위자나 제3자의 이익을 위한 경우(이익흠결): 기차를 놓치지 않기 위해 친구의 자전거를 타고 간 경우.

194) 김일수/서보학, 330면.

2. 추정적 승낙의 법적 성질

262 추정적 승낙을 위법성조각사유의 하나로 인정할 수 있다는 점에 대해서는 반대하는 견해가 없다. 하지만 추정적 승낙의 법적 성질과 관련해서는 i) 추정적 승낙을 피해자의 승낙의 대용물로 보아 양자를 동일하게 보는 승낙대체설,[195] ii) 추정적 승낙은 피해자의 승낙도 아니고 긴급피난도 아니라고 보는 독자적인 위법성조각사유설,[196] iii) 추정적 승낙을 제20조의 사회상규에 위배되지 않는 행위로 보는 정당행위설[197] 등 다양한 견해가 있다.

263 생각건대 피해자의 현실적 승낙이 없는 추정적 승낙을 피해자의 승낙과 동일하게 취급할 수는 없다. 형법 제20조의 사회상규불위배성이라는 위법성조각사유를 포괄적·일반적 위법성조각사유로 본다면 추정적 승낙을 독자적 위법성조각사유로 인정해야 할 수도 있다. 하지만 사회상규불위배성은 그 자체 독자적인 위법성조각사유이므로 추정적 승낙도 사회상규불위배성의 요건을 충족시키는 것을 전제로 사회상규에 위배되지 않는 행위의 하위유형으로 볼 수 있다.

3. 추정적 승낙의 요건

264 추정적 승낙이 사회상규불위배행위로 평가되어 위법성이 조각되려면 다음과 같은 요건이 충족되어야 한다.

(1) 피해자의 승낙과 공통된 요건

265 ① 피해자에게 당해 법익을 처분할 수 있는 통찰능력과 판단능력이 있어야 한다. 그러나 의식 없는 환자를 의사가 수술하는 경우에는 만약 그 상황에 대해 환자가 동의할 것을 예견할 수 있다면 예외로 한다. ② 대상법익이 처분가능한 법익이어야 한다. ③ 추정적 승낙에 기한 행위가 법률에 저촉되거나 전체 법질서의 관점에서 허용되지 않는 행위가 아니어야 한다. ④ 추정된 승낙일지라도 추정은 행위 시에 있어야 한다.

(2) 피해자의 승낙과 다른 요건

266 1) 현실적 승낙의 불가능 현실적 승낙을 얻는 것이 불가능한 이유는 피해자가 승낙을 거부했기 때문이 아니라 '극복할 수 없는 장애로 승낙을 제때에 받지 못하는 상황 때문'이어야 한다. 현실적으로 의사를 확인할 수 없는 경우에 한하여 추정적 의사의 문제를 제기할 수 있는 것이다.

267 2) 승낙의 객관적 가능 추정적 승낙의 인정 여부를 판단하기 위해서는 피해자의 가정적 의사를 탐지해야 한다. 이를 위해서는 피해자의 개인적 이해관계, 소망, 가치표상 등

---

195) 박상기, 231면; 배종대 §77/8; 신동운, 311면.
196) 이정원, 214면; 이형국/김혜경, 384면; 임웅, 266면.
197) 김일수/서보학, 329면; 손동권, §14/34; 이기헌, "추정적 승낙", 형사판례연구(6), 123면; 정성근/정준섭, 159면.

을 고려해야 한다.

3) **피해자의 명시적 반대의사의 부존재** 객관적으로 보아 피해자에게 이익이 되는 행 268
위이지만 피해자의 명시적인 반대의사가 있는 경우에는 추정적 승낙을 부정해야 한다. 추정적 승낙은 피해자의 의사가 불분명한 경우에 한하여 행위자가 피해자의 결정권을 대행하는 것에 불과하기 때문이다.[198]

(3) 주관적 정당화요소

269 추정적 승낙의 경우는 추정적 승낙이 있을 수 있는 상황에 대한 인식 이외에도 모든 사정을 충분히 검토한 후에 행위할 것을 요하는 양심적 심사의무가 추가적으로 요구되는지가 문제된다.

270 1) **불요설** 추정적 승낙이 있을 수 있는 상황에 대한 인식만 있으면 족하고 양심적 심사(성실한 검토의무)는 추정적 승낙의 요건이 아니라는 견해이다. 이 견해는 상황을 양심적으로 신중하게 판단하고 행위했느냐 아니면 경솔하게 생각했느냐는 추정적 승낙의 착오의 문제라고 한다.[199] 이에 따르면 추정적 승낙이 있을 수 있는 상황이 아닌데 그러한 상황으로 오인했으면 오상 추정적 승낙의 문제이고, 추정적 승낙이 있을 수 있는 상황인데 그러한 상황이 아닌 것으로 오인하였으면 불능미수의 문제가 된다.

271 2) **필요설** 양심적 심사를 추정적 승낙의 경우에 특별히 요구되는 주관적 요소로 보는 견해이다.[200] 이에 따르면 양심적 심사를 통하여 행위자가 피해자의 추정적 승낙을 기대하고 행위하였으나 사후에 객관적 관점에서 승낙의 추정이 불가능한 경우라고 밝혀지더라도 행위자의 위법성이 조각된다고 한다. 반대로 양심적 심사없이 피해자의 승낙이 있을 것으로 행위자가 주관적으로 추정한 것이라면 사후에 피해자의 진의에 합치하는 것으로 밝혀지는 경우라도 위법성이 조각되지 않는다.

272 3) **결론** 양심적 심사 필요설은 피해자의 의사를 묻지 않는다는 행위특성을 가진 추정적 승낙의 허용에 대한 통제장치를 마련해야 한다고 한다. 그러나 다른 개별적 위법성조각사유의 요건과 균형성을 고려하면 유독 추정적 승낙에 대해서만 양심적 심사까지 요구할 필요는 없다. 양심적 심사라는 통제장치는 추정적 의사의 허용 요건에 대부분 반영되어 있기 때문이다.

273 위법성 판단에서는 그 행위가 객관적으로 법질서에 합치하는가의 여부가 문제되므로 행위자가 주관적으로 신중한 검토를 다했다는 것은 위법성의 문제가 아니라 책임의 문제에 불과하다. 따라서 추정적 승낙상황에 대한 인식 및 추정적 승낙에 기한 행위를 하려는

198) 배종대, §77/13; 이재상/장영민/강동범, §20/36; 임웅, 266면.
199) 김일수/서보학, 332면; 손동권, §14/36; 오영근, §22/63; 이기헌, 앞의 논문, 130면.
200) 박상기, 214면; 배종대, §77/14; 이재상/장영민/강동범, §20/37; 이형국/김혜경, 241면; 임웅, 267면; 정성근/정준섭, 160면.

의사만으로 추정적 승낙에 의한 행위의 주관적 정당화요소가 충족된다고 보는 것이 타당하다.

제 6 절 정당행위

Ⅰ. 정당행위의 의의와 형법 제20조의 구조

1. 형법규정과 의의

> 제20조(정당행위) 법령에 의한 행위 또는 업무로 인한 행위 기타 사회상규에 위배되지 아니하는 행위는 벌하지 아니한다.

274 정당행위라 함은 넓은 의미에서 불법행위가 아닌 '적법행위,' '정당화되는 행위' 또는 사회 내에서의 지배적인 확신이나 사회윤리에 비추어 일반적으로 허용된 행위를 말한다. 형법 제20조는 '법령에 의한 행위,' '업무로 인한 행위,' '기타 사회상규에 위배되지 아니하는 행위' 세 가지를 특별히 정당행위로 묶어 놓고 있다.

2. 형법 제20조의 구조

275 형법총칙상 인정되는 위법성조각사유 가운데 정당방위, 긴급피난, 자구행위, 그리고 피해자의 승낙에 기한 행위 등도 위법성이 조각되는 '정당행위'임에는 틀림이 없다. 그럼에도 형법이 제20조에 특별히 '정당행위'라는 제목을 붙이고 있는 이유는 형법 제20조 내에서 '사회상규에 위배되지 아니하는 행위'가 차지하는 비중 때문이라고 할 수 있다.

276 형법 제20조 내에서 사회상규에 위배되지 아니하는 행위(이하 '사회상규불위배행위'라 한다)가 같은 규정 속의 다른 두 가지 정당행위(법령에 의한 행위, 업무로 인한 행위)와 어떤 관련성을 가지고 있는지, 그리고 정당방위, 긴급피난, 자구행위, 그리고 피해자의 승낙 등 다른 위법성조각사유와의 관계에서 어떤 의미를 가지는지에 대해서는 견해가 일치되어 있지 않다.

3. 학설의 태도

(1) 형법 제20조 내의 포괄적 위법성조각사유라는 견해

277 사회상규불위배행위를 정당방위나 긴급피난 등과는 독립된 위법성조각사유의 하나로 보면서도, 형법 제20조 내에서는 법령에 의한 행위와 업무로 인한 행위를 포괄하고 있는 것으로 파악하는 견해이다.[201] 이에 따르면 법령에 의한 행위 또는 업무로 인한 행위에 해

당하더라도 다시 사회상규불위배행위의 요건을 충족하여야 종국적으로 정당행위가 된다.

(2) 제7의 위법성조각사유라는 견해

사회상규불위배행위가 정당방위나 긴급피난 등과는 독립된 위법성조각사유의 하나라는 점에 관해서는 제1설과 동일하지만, 제1설과는 달리 형법 제20조 내에서 사회상규불위배행위가 법령에 의한 행위와 업무로 인한 행위를 포괄하는 것이 아니라 세 가지가 각각 위법성조각사유로서 독자적인 의미를 가지는 것이라는 견해이다.[202] 이에 따르면 사회상규불위배행위는 법령에 의한 행위 및 업무로 인한 행위, 그리고 그 밖의 위법성조각사유와 병렬적이고 독자적인 위법성조각사유가 된다. 278

(3) 일반적·포괄적 위법성조각사유라는 견해

사회상규불위배행위가 모든 개별 위법성조각사유를 포괄하는 일반적·근본적 위법성조각사유라고 하는 견해이다(다수설). 이에 따르면 법령에 의한 행위나 업무로 인한 행위 뿐 아니라 정당방위, 긴급피난, 자구행위, 피해자의 승낙 등도 사회상규불위배행위로 인정되기 위한 요건을 구비하여야 정당화된다. 279

4. 판례의 태도

대법원은 사회상규조항의 존재의의를 다음과 같이 파악하고 있다. 즉 이 조항은 '사회상규' 개념을 "가장 기본적인 위법성 판단의 기준"으로 삼아 이를 명문화한 것으로 파악한다.[203] 이에 따라 사회상규불위배행위는 ① '초법규적 위법성조각사유'(어떤 행위의 위법성조각여부를 판단하기 위해 형식적인 법률문언을 넘어서서 '초법규적' 기준[204]에 의해 평가되는 것으로 보기 때문임), ② '포괄적·일반적인 위법성조각사유'("법질서 전체의 정신이나 그 배후에 놓여 있는 사회윤리 내지 사회통념에 비추어 용인될 수 있는 행위"로 정의하면서 '사회통념에 비추어 용인될 수 있는'이라는 부분은 다른 위법성조각사유인 정당방위, 긴급피난, 자구행위 등의 경우 요구되는 요건인 '상당한 이유'의 해석내용인 '사회통념상 허용될 정도'[205]와 동일하고, 특히 '피해자의 승낙'의 경우에도 위법성조각을 위해서는 그 승낙이 사회상규에 위배되지 아니할 것이라는 추가적 요건을 별도로 요구[206]하고 있기 때문임), ③ '독립된 위법성조각사유의 하나이자 최종적·보충적인 위법성조각사유'로 인정한다(정당방위나 긴급피난 등의 요건을 충족시킬 수 없는 행위라도 사회상규불위배성이 인정되는 것으로 평가될 수 있으면 위법성조각이 가능하다고 보기 때문임). 280

---

201) 박상기, 163면.

202) 김영환, "형법 제20조 정당행위에 관한 비판적 고찰", 김종원교수화갑기념논문집, 140면; 배종대, §56/1; 이상돈, §18/3.

203) 대법원 1983.2.8. 82도357.

204) 대법원 1983.11.22. 83도2244.

205) 대법원 1984.4.24. 84도242.

206) 대법원 1985.12.10. 85도1892.

5. 결론

281 사회상규불위배행위는 형법총칙에 규정된 다른 위법성조각사유들과의 관계에서 다음과 같은 기능을 하는 것이 분명하다. ① 사회상규불위배행위는 그 자체가 하나의 독립된 위법성조각사유이면서 형법 제20조 내에 있는 다른 정당행위의 유형의 해석원리로도 기능한다. 형법 제20조의 문언상 법령에 의한 행위와 업무로 인한 행위는 그 자체로 아무런 실질적 정당화 요건을 묘사하고 있지 못하기 때문이다.[207] ② 사회상규불위배행위는 어떤 행위가 다른 위법성조각사유에 해당하지 않는 경우에 최종적·보충적으로 인정될 수 있는 독자적 위법성조각사유이다. 정당방위나 긴급피난 등이 인정되지 않는 행위도 사회상규불위배성이 인정되면 위법성을 조각시킬 수 있기 때문이다.

282 그러나 대법원의 태도와 같이 사회상규조항을 '일반적·포괄적·초법규적 위법성조각사유'로 활용하게 되면 이 조항속의 '사회상규'라는 개념 자체가 가지는 고도의 추상성 내지 불확정성 때문에 법적용단계에서 법적 안정성을 해칠 우려와 함께 자의적 위법성 판단으로 인한 평등한 법적용원칙에도 반할 여지가 커진다.

심지어 대법원은 위법성 판단 기준으로 보는 사회상규 개념을 구성요건요소의 충족여부를 판단하는 단계에서도 활용한다. 부진정부작위범의 보증인적 지위의 발생근거로서 뿐 아니라 형법각칙의 다양한 범죄구성요건의 하위요소(개념)들에 대한 해석기준으로도 활용함으로써 사회상규를 가벌성 확장의 기제로 활용하고 있기 때문이다(『각론』의 사기죄의 기망, 횡령죄의 보관 및 위탁관계, 배임죄의 사무처리자, 임무위배, 배임수재죄의 부정한 청탁 등 다수의 개념 해석론 참조).

사회상규 개념이 그 본래적 기능에 반하여 확장적으로 사용되지 못하게 하려면 형법의 위법성조각사유의 체계를 재정비하면서 사회상규조항 자체를 삭제하는 전향적 입법개선이 요망된다. 앞서 위법성 판단 기준에 관한 일반 이론에서 살펴보았지만 대법원과 같이 사회상규조항을 플랫폼으로 삼지 않더라도 '법' 내지 '전체로서의 법질서'를 위법성 판단의 상위기준으로 사용하면서 정당화사정 별로 실질적 내용을 가진 하위기준들을 활용하는 방안이 오히려 사회상규라는 불확정 개념 내지 사회상규조항에로의 도피 유혹을 줄일 수 있기 때문이다. 하지만 현상황에서 이 일이 현실화되기는 어려울 것으로 보인다. 사회상규조항이 형법전에 남아 있는 현행법 체계하에서는 사회상규 개념을 구성요건 종속적인 차원에서 소극적·실질적 위법성조각사유라는 순기능만 나타날 수 있도록 제한적인 범위 내에서만 활용하는 태도를 견지하여야 한다.[208]

II. 법령에 의한 행위

1. 의의

283 법령에 의한 행위란 법령상 규정되어 있는 정당한 권리 또는 의무를 행사하는 행위나

207) 따라서 '형식적으로' 법령에 의한 행위이거나 업무로 인한 행위이기만 하면 자동적으로 위법성이 조각되는 결론에 이르게 된다. 이러한 결론을 방지하기 위해서는 법령에 의한 행위와 업무로 인한 행위를 실질적으로 정당화시키는 근거들을 제시해야 하는데, 이를 위해서는 '기타 사회상규에 위배되지 아니하는 행위'의 해석론을 통해 발전시킨 기준들을 고려해야 할 것을 보인다.

208) 김성돈, "한국 형법의 사회상규조항의 기능과 형법학의 과제", 성균관법학 제24권 제4호(2012), 247면 이하.

법령을 집행하는 행위를 말한다. 여기서 말하는 법령[209]에는 실정법률은 물론 관할권 있는 부서에서 제정·공포된 일반적·추상적인 법규와 행정명령 등도 포함된다.[210] 권리·의무를 발생시키는 법률은 형법, 민법, 행정법 외에도 형사소송법, 민사소송법 등 모든 실정 법률을 포괄한다.[211]

형법 제20조에서 '법령에 의한' 행위가 구성요건에 해당하는 행위를 정당화하는 이유는 비교적 분명하다. 형법적으로 금지되어 있는 행위라도 다른 법령에서 그 행위를 허용하고 있는 경우에 종국적으로 '형법의 보충성원칙'을 지키고 '법질서의 통일성'을 기하기 위함이다.[212] 형법 제20조와 결합되어 구성요건에 해당하는 행위를 정당화하는 '법령'에는 법률/명령/규칙이 모두 포함된다. 어떤 법령의 내용도 최고 규범인 헌법에 합치되어야 한다. 특히 법률의 하위법규인 명령과 규칙이 형법 제20조와 결합되는 '법령'에 해당하기 위해서는 그 하위법규가 법률의 위임에 따른 것이어야 한다. 요컨대 형법 제20조는 형법이라는 법률의 구성요건에 해당하는 행위의 금지성을 풀기 위해 형법 외부에서 그 행위를 허용하는 다른 법령의 존재를 요구하고, 그 다른 법령이 형법에서 금지되는 행위를 허용(정당화)하기 위해서는 그 법령 자체가 형식적으로나 내용적으로－특히 헌법적으로－정당한 법령이어야 할 것을 요한다. 284

判 대법원은 그러나 부랑자 등의 신체의 자유를 구속하여 감금죄의 성립이 문제된 '형제복지원 사건'의 경우 감금죄가 법률의 위임없는 내무부 훈령에 근거한 것임에 기초하여 위법성조각으로 무죄로 판결한 종래 대법원 판결(87도2671/88도1580/89도688)이 '법령위반'임을 이유로 한 '비상상고 사건'에 대해 위법성조각의 법적 근거는 형법 제20조이고, 형법 제20조에 규정된 다른 '법령'은 제20조의 종속변수로서 제20조의 '전제사실'에 불과하므로 비상상고 요건인 '법령위반'에 해당하지 않는다는 판단을 하면서 비상상고를 기각하였다.[213] 그러나 형법 제20조는 다른 정당한 법령들이 구성요건에 해당하는 행위의 금지성을 풀어 문제의 행위를 허용하는 역할을 할 수 있도록 해주는 '매개 조항' 내지 '플랫폼 조항'에 불과하다. 형법 제20조와 다른 '법령'의 관계의 규범형식을 금지 규범(또는 요구규범)의 경우를 일컬을 때 사용하는 용어인 백지규범과 보충규범에 빗대어 말하면, 형법 제20조는 '백지 허용규범'이고 형법 제20조에 결합될 다른 법령들은 '보충 허용규범'이라고 이해할 수도 있다. 백지 금지규범과 보충 금지규범이 서로 결합되어 어떤 행위의 가벌성을 근거지우듯이, 백지 허용규범(형법 제20조)과 보충 허용규범('법령')도 양자가 결합되어 어떤 행위의 가벌성을 탈락시킨다는 점에서 보면 내무부 훈령은 보충 허용규범이므로 '사실'이 아니라 '법령'으로 이해해야 한다. 따라서 법률의 위임없이 신체의 자유를 구속한 내무부 훈령은 위헌적 법령이고 위헌적 법령에 의해 위법성을 조각한 종래 대법원 판결은 비상상고의 대상이 된다고 보아야 한다.[214] 285

---

209) 여기서 법령은 우리나라의 법령이나 우리나라 법령에 의해 국내법적 효력을 갖는 것으로 인정된 외국법의 규정만을 말한다.

210) 법령상 충돌이 있을 때에는 헌법→법률→명령→규칙의 일반적 법단계 외에도 '일반법에 대한 특별법 우선의 원칙'과 '구법에 대한 신법 우선의 원칙'에 따라 조정해야 한다(김일수/서보학, 336면).

211) 조리나 관습법과 같은 법원法源은 업무로 인한 행위 내지 기타 사회상규에 반하지 않는 행위에 속한다.

212) 신동운, 312면.

213) 대법원 2021.3.11. 2018오2.

214) 법의 문제와 사실의 문제의 구별 등 대법원 판결에 대한 비판으로는 김성돈, "'형제복지원 비상상고 사건'

286 법령에 의한 행위도 사회상규불위배행위의 제한을 받는 것이므로 권리남용행위와 같이 실질적으로 사회상규위배행위로 평가된다면 위법성이 조각될 수 없다.[215)]

287 법령에 의한 행위로는 공무원의 직무집행행위, 명령복종행위, 징계행위, 노동쟁의행위, 사인의 현행범인 체포행위(형사소송법 제212조), 점유자의 자력구제(민법 제209조), 모자보건법상의 낙태행위(제14조), 명예훼손죄에 대한 특칙(형법 제310조) 등이 있다.

2. 공무원의 직무집행행위

288 공무원의 행위가 법익을 침해하는 강제력을 행사하는 것이어서 구성요건에 해당하더라도 그것이 법령에 의해 요구된 직무를 수행하기 위한 행위인 경우에는 정당행위로서 위법성이 조각된다. 여기에는 집행관의 강제집행, 검사·사법경찰관의 긴급체포·압수·수색·검증 등의 강제처분, 세법상의 강제처분 등이 있다.

289 공무원의 직무집행행위가 법령에 의한 행위로서 위법성이 조각되기 위해서는 ① 법령의 형식적 요건 및 적정절차를 준수하여야 하고, ② 비례성의 원칙을 준수하여야 하며 ③ 공무원으로서 직무를 집행한다는 의사가 있어야 한다.

290 **例 정당행위를 부정한 판례:** ① 법정의 절차없이 피해자를 경찰서보호실에 감금한 행위는 수사목적달성을 위하여 적절한 행위라고 믿고 한 정당행위라 할 수 없고 직무상의 권능을 행사함에 있어서 법정의 조건을 구비하지 아니하고 이를 행사한 것은 곧 직권을 남용하여 불법감금한 것에 해당한다(대법원 1971.3.9. 70도2406). ② 타인의 주거에 침입한 행위가 비록 불법선거운동을 적발하려는 목적으로 이루어진 것이라고 하더라도, 타인의 주거에 도청장치를 설치하는 행위는 그 수단과 방법의 상당성을 결하는 것으로서 정당행위에 해당하지 않는다(대법원 1997.3.28. 95도2674). ③ 경찰공무원법의 규정취지는 경찰공무원이 직무수행을 위하여 필요하다고 인정되는 경우에 한하여 무기를 휴대할 수 있다는 것뿐이지, 경찰관이라 하여 허가없이 개인적으로 총포 등을 구입하여 소지하는 것을 허용하는 것은 아니다(대법원 1996.7.30. 95도2408).

291 **例 정당행위를 긍정한 판례:** 집달관이 압류집행을 위하여 채무자의 주거에 들어가는 과정에서 상해를 가한 것은 상당성이 있는 행위로서 위법성이 조각된다(대법원 1993.10.12. 93도875).

3. 명령에 의한 행위

(1) 상관의 적법한 명령에 의한 행위

292 상관의 명령이 법령상의 근거에 기하여 적법하게 내려진 경우에는 그 명령이 곧 법령이 된다. 따라서 상관의 명령에 복종한 행위가 구성요건에 해당하더라도 법령에 의한 행위로서 위법성이 조각될 수 있다. 상관의 명령에 복종한 행위가 위법성이 조각되기 위해서는 상관의 명령 자체가 적법성요건을 갖추어야 한다.

대법원 판결에 대한 비판적 소고", 형사법연구 제33권 제2호(2021), 6면 이하 참조.

215) 이재상/장영민/강동범, §21/3; 임웅, 206면.

명령의 적법성요건은 다음과 같다. ① 명령권자가 추상적 권한을 가지고 있어야 한다. 이는 명령권자가 수명자의 신분 내지 직무에 대하여 감독권한을 가진 자이어야 함을 의미한다. ② 명령권자가 구체적 권한을 가지고 있어야 한다. 이는 명령의 내용이 수명자의 직무에 관한 것이어야 함을 의미한다. ③ 명령이 적법한 절차에 따라 내려져야 한다. 293

(2) 상관의 위법한 명령에 복종한 행위

상관의 명령 자체가 적법성의 요건을 갖추지 못한 경우에는 원칙적으로 법령에 의한 행위로 인정될 수 없다. 그러나 위법한 명령에 복종한 행위에 대한 형법적 평가는 다음과 같이 다양하게 이루어지고 있다. 294

1) 학설의 태도

① 책임조각설 절대적 구속력을 가진 위법명령에 복종한 행위에 대해 책임을 조각시켜야 한다는 견해이다(다수설). 이 견해는 상관의 명령에 절대적 구속력이 있다 하더라도 위법한 명령 자체가 적법하게 될 수는 없고, 위법한 명령을 따르는 행위는 역시 위법하며 다만 책임이 조각될 수 있을 뿐이라고 한다. 책임조각의 근거는 절대적 명령에 구속력이 있는 한 하급자가 명령을 거역할 기대가능성이 존재하지 않는다는 점에서 찾고 있다. 295

이에 따르면 위법명령을 집행하는 행위는 위법하기 때문에 이에 대해 정당방위를 할 수 있지만, 절대적 구속력을 가진 명령이어서 명령복종자의 행위가 책임이 조각된다면 명령을 발동한 상관은 간접정범(형법 제34조 제1항)으로 처벌받는다. 296

② 명령의 불법정도에 따라 구별하려는 견해 명령의 불법정도에 따라 그 형법적 평가를 다르게 하는 견해이다.[216] 이에 따르면 '(구속력이 있더라도) 불법내용이 경미한 명령'에 복종한 행위는 위법성이 조각될 수 있고, '(구속력이 있고) 불법내용도 중대한 명령'에 복종한 행위는 위법성은 조각되지 않지만 책임은 조각될 수 있다고 한다. 297

2) 판례의 태도 대법원은 위법한 명령에 복종한 행위의 경우 위법의 내용 및 정도에 따라 그 평가를 달리한다. ① 위법한 명령의 내용이 범죄행위와 같이 명백하게 불법한 것이 아닌 경우에는 위법한 명령에 복종한 행위에 대해 기대불가능성을 이유로 책임조각의 여지를 인정하고 있다.[217] ② 위법한 명령의 내용이 범죄행위를 하라는 등의 중대하고 명백한 위법명령인 경우 그에 복종한 행위에 대해 책임조각의 여지도 인정하지 않는다. 298

判 대법원은 특히 범죄행위를 하라는 등 명백한 위법한 명령은 "직무상의 지시명령이라 할 수 없으므로 이에 따라야 할 의무도 없다"고 하면서,[218] "고문치사와 같이 중대하고도 명백한 위법명령에 따른 행위 299

216) 김일수/서보학, 338면.

217) 대법원 1997.4.17. 96도3376 전원합의체판결에서 상관의 지시를 받아 육군참모총장을 연행한 사건에서 "피고인들에게 … 위법한 명령에 따르지 아니하고 적법행위에 나아갈 기대가능성이 없었던 것으로 보이지도 아니한다"고 판시한 것은 명령복종자에게 특별한 사정이 있으면 기대불가능성을 이유로 책임조각을 인정할 수 있음을 시사받을 수 있다.

218) 대법원 1999.4.23. 99도636.

가 정당한 행위에 해당하거나 강요된 행위로서 적법행위에 대한 기대가능성이 없는 경우에 해당하는 것이라고는 볼 수 없다"[219]고 하고 있기 때문이다.

300 3) 결론 위법성 판단은 행위에 대한 객관적 법질서에 따른 평가이기 때문에 경미한 불법내용이건 명백하고 중대한 범죄행위를 내용으로 하는 명령이건 정당행위가 될 수 없고 따라서 위법성이 조각될 수 없다. 상관 스스로 하더라도 정당한 행위로 될 수 없는 것을 부하로 하여금 하게 하였더라도 위법한 명령이 적법하게 변성될 수도 없고 그에 기한 부하의 행위도 적법하게 될 수는 없기 때문이다.

301 문제는 위법한 명령이 사실상의 구속력을 가지고 있는 경우 그 명령에 복종한 행위에 대해 책임조각을 인정할 수 있는가 하는 점에 있다. 군대조직이나 경찰조직과 같이 엄격한 상명하복관계에 있는 경우에는 상관의 위법한 명령이라도 하관이 일단 복종해야 하는 상황이 발생될 수 있기 때문이다. 명령이 사실상의 구속력을 가지고 있어도 위법한 명령을 발동한 상황뿐 아니라 그러한 명령에 복종한 행위자가 처한 구체적인 사정을 종합적으로 살펴서 특단의 사정이 있기 때문에 적법행위로의 기대가 불가능하다는 평가를 내릴 수 있는 경우에 한하여 책임조각이 가능하다고 해야 한다.

(3) 상관의 위법한 명령을 적법한 명령으로 오인한 경우

302 상관이 내린 명령이 객관적으로 위법한 명령임에도 불구하고 부하가 적법한 명령으로 오인하고 그에 복종하여 명령을 수행한 행위에 대한 형법적 평가가 문제된다.

303 1) 학설의 태도 적법한 명령에 복종한 행위이어야 법령에 의한 행위로서 위법성이 조각될 수 있기 때문에 위와 같은 경우 위법성은 조각될 수 없고 책임이 조각될 수 있을 뿐이라는 견해를 위시하여 구성요건적 사실에 관한 착오와 유사한 구조를 가지고 있으므로 구성요건적 고의를 조각시키려는 견해에 이르기까지 다양한 견해들이 제시되고 있다. 이에 관해서는 §24의 제2절 Ⅲ. 참조.

304 2) 판례의 태도 대법원은 종래 위법한 명령을 적법한 명령으로 오인한 경우에는 위법한 명령에 복종한 행위의 위법성을 조각시킬 수 있다는 태도를 취했다. 다만 이 경우에도 오인에 정당한 이유가 있어야 한다는 제한을 두고 있다.[220]

305 判 그러나 대법원은 최근 '오상방위' 사례를 위법성 조각사유의 전제사실의 착오로 보면서 제16조를 적용하고 있기 때문에 오인에 정당한 이유가 인정될 경우 장차 '오상정당행위' 사례의 경우에도 '위법성조각'

219) 대법원 1988.2.23. 87도2358.

220) 대법원 1986.10.28. 86도1406. "소속 중대장의 당번병이 (중략) 사건 당일 중대장의 지시에 따라 관사를 지키고 있던 중 중대장과 함께 외출나간 그 처로부터 24:00경 비가 오고 밤이 늦어 혼자 귀가할 수 없으니 관사로부터 1.5킬로미터 가량 떨어진 지점까지 우산을 들고 마중을 나오라는 연락을 받고 당번병으로서 당연히 해야 할 일로 생각하고 그 지점까지 나가 동인을 마중하여 그 다음날 01:00경 귀가하였다면 위와 같은 당번병의 관사이탈행위는 중대장의 직접적인 허가를 받지 아니하였다 하더라도 당번병으로서의 그 임무범위 내에 속하는 일로 오인하고 한 행위로서 그 오인에 정당한 이유가 있어 위법성이 없다고 볼 것이다."

이 아니라 '책임조각'의 결론을 내릴 것으로 보인다(이에 관해서는 §24의 제2절 Ⅲ. 참조).

3) 결론 행위자가 위법성조각사유의 객관적 요건(즉 명령의 적법성)이 충족되지 않았음에도 불구하고 자기행위가 그러한 요건을 충족하고 있는 것으로 오인한 경우이므로 위법성조각사유의 객관적 전제사실의 착오사례에 해당한다. 이러한 착오를 일으킨 행위자는 자기행위가 법령에 의하여 죄가 되지 아니한 것으로 오인한 경우에 해당하므로 형법 제16조의 적용을 받아 정당한 이유가 인정되는 경우에 '책임'이 조각된다고 해야 할 것이다(엄격책임설). 306

4. 징계행위

(1) 의의 및 위법성조각요건

307 징계행위란 법령상의 징계권을 정당하게 행사하는 행위를 말한다. 법령에 의한 징계행위가 위법성이 조각되려면 사회상규에 위배되지 아니하는 징계행위이어야 한다. 징계행위가 사회상규불위배행위가 되려면 ① 객관적 요건으로서 충분한 징계사유가 있어야 하고, 징계행위 자체가 교육목적을 달성하기 위해 필요하고도 적절한 정도에 그쳐야 하고, ② 주관적 요건으로 징계권자에게 최소한 교육적 동기가 표현될 정도의 교육의 의사가 있어야 한다.

308 법령상 인정되는 징계권으로는 보호소년 등의 처우에 관한 법률상의 소년원장 또는 소년분류심사원장에게 인정되는 징계권(제15조), 초·중등교육법(제18조 제1항) 및 고등교육법(제13조 제1항)상 학교의 장에게 인정되는 징계권 등이 있다. 징계대상자에 대한 체벌이 징계행위로서 위법성이 조각될 수 있는지에 대해서는 견해가 대립한다.

(2) 친권자의 체벌

309 친권자의 징계 또는 체벌은 일정한 요건하에서 허용된다는 데에 판례[221]와 학설이 일치되어 있었다. 그러나 최근 아동학대 사례가 사회문제화 되자 '친권자가 아동의 보호나 교양을 위해 필요한 징계를 할 수 있다'고 규정되어 있어서 부모의 체벌을 합법화하는 역할을 했던 민법 제915조가 2021.1.8. 삭제됨으로써 자녀에 대한 체벌이 전면 금지되었다.

(3) 교사의 체벌

310 과거 학설의 다수입장과 판례[222]는 일정한 요건하에 교사의 체벌을 허용하였다. 그러나 2011.3.18. 이루어진 초중등교육법 개정[223]에 따라 현행법상 교사의 체벌이 허용되기는 어

221) 대법원 1986.7.8. 84도2922; 2000.2.8. 2001도6468.

222) 대법원 2004.6.10. 2001도5380; 헌법재판소 2000.1.27. 99헌마481. 그러나 판례하에서도 교사가 체벌을 하면서 학생에게 상해를 입힌 경우 사회상규에 위배되는 행위로서 위법성조각이 불허되었다.

223) 초중등교육법 시행령 제40조의3: "학교의 장과 교원은 법 제20조의2에 따라 다음 각 호의 어느 하나에 해당하는 분야와 관련하여 조언, 상담, 주의, 훈육·훈계 등의 방법으로 학생을 지도할 수 있다. 이 경우 도구, 신체 등을 이용하여 학생의 신체에 고통을 가하는 방법을 사용해서는 안 된다."

렵게 되었다.[224] 이에 따르면 교사의 체벌을 사회상규에 위배되지 아니하는 행위로 파악한 종래의 판결[225]도 더 이상 유지되기 어려울 것으로 보인다.

5. 노동쟁의행위

311 근로자의 노동쟁의행위가 업무방해죄(형법 제314조 제1항)의 구성요건에 해당할 수 있다. 그러나 쟁의행위가 「노동조합 및 노동관계조정법」 제37조의 요건을 갖추면 정당한 쟁의행위가 될 수 있고,[226] 쟁의행위의 정당성이 인정되면, 형법상 법령에 의한 정당한 행위로서 업무방해죄의 위법성조각이 가능하다.

312 **判** 대법원은 쟁의행위 가운데 노동자가 '집단적 노무제공거부'라는 형태의 파업을 한 경우 형법의 업무방해죄 성립을 폭넓게 인정해 왔다. 특히 대법원은 파업의 경우 노동관계법상 쟁의행위의 형식적 절차요건을 심사하여 쟁의행위의 정당성이 부정되면 업무방해죄의 성립을 긍정하였고, 쟁의행위의 정당성이 인정되는 경우에는 업무방해죄의 – 위법성이 조각을 근거로 – 업무방해죄의 성립을 부정하는 태도를 취해왔다.

313 **例 쟁의행위의 정당성 부정 판례:** ① 사용자의 경영상의 조치인 정리해고를 금지하라는 요구내용과 같이 단체교섭사항이 될 수 없는 사항을 달성하려는 쟁의행위(대법원 2001.4.24. 99도4893), ② 그 절차를 따를 수 없는 객관적인 사정이 인정되지 아니하는 한 쟁의행위를 함에 있어서 조합원의 비밀·무기명투표에 의한 찬성결정이라는 절차를 거치지 않은 경우(대법원 2001.10.25. 99도4837 전원합의체), ③ 노동조합 측에서 회사 측의 단체협약 체결권한에 대한 의문을 해소시켜 줄 수 있음에도 불구하고 이를 해소시키지 않은 채 단체교섭만을 요구한 경우(대법원 2000.5.12. 98도3299), ④ 노동조합이 실질적으로 구조조정 실시 자체를 반대할 목적으로 쟁의행위에 나아간 경우(대법원 2006.5.12. 2002도3450), ⑤ 노동조합이 파업을 시작한 지 불과 4시간에 사용자가 바로 직장폐쇄조치를 취한 것(대법원 2007.3.29. 2006도9307), ⑥ 직장 또는 사업장시설을 전면적, 배타적으로 점거하여 조합원 이외의 자의 출입을 저지하거나 사용자 측의 관리지배를 배제하여 업무의 중단 또는 혼란을 야기케 한 경우(대법원 2007.12.28. 2007도5204) 등.

314 **例 쟁의행위 정당성 긍정 판례:** ① 쟁의행위에 대한 찬반투표 실시를 위하여 전체 조합원이 참석할 수 있도록 근무시간 중에 노동조합 임시총회를 개최하고 3시간에 걸친 투표 후 1시간의 여흥시간을 가졌더라도 그 임시총회 개최행위가 전체적으로 노동조합의 정당한 행위에 해당하는 경우(대법원 1994.2.22. 93도613), ② 쟁의행위의 목적이 위법하지 아니하고 시위행위가 병원의 업무개시 전이거나 점심시간을 이용하여 현관로비에서 이루어졌고 쟁의행위의 방법이 폭력행위를 수반하지 아니한 경우(대법원 1992.12.8. 92도1645)도 정당한 쟁의행위에 해당하고, ③ '쟁의행위에서 추구되는 목적 가운데 일부가 정당하지 못하지만 부당한 요구사항을 뺐더라면 쟁의행위를 하지 않았을 것이라고 인정되는 경우가 아닌 한 정당한 쟁의행위로 인정'(대법원 2001.6.26. 2000도2871)할 수 있고, ④ '조정절차가 종료되지 아니한 채 조정기간이 끝나는 경우에도 쟁의행위를 할 수 있는 것으로 인정'(대법원 2001.6.26. 2000도2871) 될 수 있고, ⑤ '쟁의행위가 냉각기간이나 사전신고의 규정이 정한 시기와 절차에 따르지 아니하였다고 무조건 정당성이 결여되는 것이 아니며'(대법원 1992.9.22. 92도1855), ⑥ 신고절차의 미준수만을 이유로 정의행위의 정당성을 부정할 수는 없다(대법원 2007.12.28. 2007도5204).

---

224) 신동운, 356면.

225) 대법원 1976.4.27. 75도115. "중학교 교장 직무대리자가 훈계의 목적으로 교칙위반학생에게 뺨을 몇 차례 때린 정도는 감호교육상의 견지에서 볼 때 징계의 방법으로서 사회관념상 비난의 대상이 될 만큼 사회상규를 벗어난 것으로 볼 수 없다."

226) 대법원 2000.5.12. 98도3299.

그러나 '파업' 등 쟁의행위도 근로자의 단체행동권 등 헌법상의 기본권 행사의 일환이므로 법질서의 위계적 관점에서 볼 때 단순히 법령에 의한 행위로서 위법성이 조각된다는 법리를 기계적으로 사용하는 태도는 문제가 있어 보인다. 헌법적으로 정당화되는 행위라도 위법성 판단을 받기 전까지는 일단 형법적으로 구성요건에 해당하는 것으로 평가된다는 것은 형법이 헌법 우위에 있는 것임을 인정하는 것이 되어 국가의 최고 상위규범인 헌법의 위상을 격하시키는 처사가 될 수 있기 때문이다. 315

형법의 상위규범으로서의 헌법의 위상에 맞는 법리구성을 고려하면 오히려 헌법적으로 정당화되는 행위는 형법의 구성요건해당성부터 배제되는 것으로 해석하는 것이 바람직하다. 예컨대 어떤 행위가 형법상 '위력에 의한 업무방해행위'에 해당하는지를 판단함에 있어 그 행위가 파업과 같이 헌법상 기본권실현의 일환으로 이루어지는 경우에는 파업이 위력에 의한 업무방해행위에도 해당하지 않는다고 평가하는 것이 헌법합치적 해석이다. 모든 파업을 위력에 의한 업무방해행위라고 평가하여 금지한다면, 형법에 의한 기본권제한이 필요한 한도를 넘어 헌법상 '비례성원칙'에 반할 수 있기 때문이다. 316

判 대법원도 종래에는 모든 파업에 대해 업무방해죄의 성립을 인정하였지만, 최근 – 헌법재판소의 권고를 받아들여 – 헌법상 단체행동권에 대한 불필요한 제한에 이르지 않도록 하기 위해 그 파업이 '전격적으로 이루어지고, 또 사용자에 대해 막대한 손해를 야기할 것으로 예상되는 경우'라는 제한요건을 붙어 그 요건에 해당하지 않는 파업은 처음부터 위력에 의한 업무방해행위를 구성하지 않는다는 태도를 취했다(『각론』 업무방해죄의 구성요건 참조). 317

2018년에는 헌법적 양심의 자유의 실현의 일환으로 병역기피를 하는 경우 병역법 제88조 제1항의 "정당한 사유없는" 병역기피에 해당하지 않는다고 무죄선고를 한 대법원 판결도 위와 같은 차원에서 이루어진 헌법합치적 형법해석의 결론인 것으로 평가될 수 있다. 특히 대법원이 병역법 제88조의 구성요건에 대한 헌법합치적 해석을 관철시켰다는 증좌는 대법원이 병역법 제88조 제1항의 "정당한 사유"를 '위법성조각사유'나 '책임조각사유'가 아니라 '구성요건해당성배제사유'라고 명시적으로 밝힌 점에서 나타났다.[227)]

구성요건에 해당하는 행위가 헌법상의 기본권실현의 일환으로 이루어지는 다양한 사례들에서 대법원이 입법의 변화없이도 이러한 헌법합치적 해석방법을 통해 당해 구성요건에 포섭되는 사례범위를 축소하는 전향적 태도를 취할 것이 기대된다. 대법원은 종래 목적물에 스프레이를 뿌린 행위는 그 목적물의 효용내지 기능상실로 평가하여 손괴죄의 성립을 인정해 왔지만, 최근에는 기후위기에 대처하기 위한 탄소중립 의무를 사회가 요구하는 기대수준에 못미친 특정 회사의 기업운영에 경고하는 차원에서 회사의 로고에 스프레이를 뿌린 행위가 손괴죄의 '손괴'에도 해당하지 않는다고 하였다. 이 판결은 – 그 세밀한 법리구성에서는 해당 스프레이가 유성이 아니라 '수성'이어서 쉽게 지워진다는 점 등을 근거로 내세우면서 효용 및 기

227) 대법원 2018.11.1. 2016도10912 전원합의체. "병역법 제88조 제1항은 국방의 의무를 실현하기 위하여 현역입영 또는 소집통지서를 받고도 정당한 사유 없이 이에 응하지 않은 사람을 처벌함으로써 입영기피를 억제하고 병력구성을 확보하기 위한 규정이다. 위 조항에 따르면 정당한 사유가 있는 경우에는 피고인을 벌할 수 없는데, 여기에서 정당한 사유는 구성요건해당성을 조각하는 사유이다. 이는 형법상 위법성조각사유인 정당행위나 책임조각사유인 기대불가능성과는 구별된다"(이 판결에서는 정당한 사유가 없다는 사실은 범죄구성요건이기 때문에 검사가 증명하여야 함도 함께 설시함으로써 형법의 구성요건해당성을 배제하는 헌법의 위상과 의의에 대한 불필요한 문제제기를 차단하고 있다).

능상실을 부정하는 모양새를 취하고 있지만 – 그 판결의 전체적 취지를 헌법적 시각에서 보면, 형법 구성요건이 보호하는 법익과 헌법이 보호하는 환경권이나 생명권이 충돌할 경우 구성요건의 행위에 대한 기본권 정향적 해석태도가 바탕에 깔려 있는 것으로 평가할 수 있다(기본권 정향적 해석에 관해서는 §2의 제1절 Ⅳ. 3. 참조).

6. 사인의 현행범체포행위

318 사인(私人)이 현행범을 체포하는 행위는 "현행범인은 누구든지 영장없이 체포할 수 있다"는 형사소송법 제212조에 의한 행위이다. 따라서 사인의 현행범인 체포행위는 형법상 폭행죄나 체포·감금죄의 구성요건에 해당하더라도 위법성이 조각될 수 있다. 그러나 사인이 현행범을 체포하기 위해 범인에게 상해를 입히는 행위나 추격 중에 타인의 주거에 침입하는 행위 등이 체포에 직접 수반된 경우가 적지 않다. 이와 같은 경우 현행범 체포를 위해 어느 정도까지의 행위가 법령에 의한 행위로서 허용되고 어떤 경우가 그 허용한계를 벗어난 경우로 위법성조각을 부정할 것인지가 문제된다.

319 법령에 의한 행위의 허용한계를 벗어나는 행위인가의 여부도 결국 정당행위로 인정되기 위한 다섯 가지 요건의 충족여부에 따라 판단한다. 즉 긴급성과 보충성이 인정되는 상황에서 '목적의 정당성, 수단의 사회적 상당성, 법익균형성'이라는 기준에 따라 판단된다. 따라서 체포에 수반되는 적극적인 공격행위가 있더라도 사안에 따라 위법성조각여부가 달라질 수 있다.

320 判 대법원도 현행범체포행위에 수반된 행위를 평가함에 있어 그 수반된 행위가 일반적 위법성조각사유인 형법 제20조의 해석상 도출된 정당행위 요건이 충족되는가를 살펴 위법성조각 여부에 대한 결론을 내려야 한다는 태도를 취한다.[228)]

321 例 **현행범 체포행위에 수반된 행위의 위법성 긍정 판례:** ① '차를 손괴하고 도망하려는 피해자를 도망하지 못하게 멱살을 잡고 흔들어 피해자에게 전치 14일의 흉부찰과상을 가한 경우'에는 현행범체포행위로서 폭행치상죄의 위법성이 조각될 수 있다(대법원 1999.1.26. 98도3029). ② 피고인과 "갑" "을"의 세 사람이 함께 술을 마시고 그들이 사는 동네의 "A" 집 앞길에 이르렀을 때 "A"가 사소한 일로 피고인에게 폭행을 가함으로써 상호 시비중 "A"가 그의 집으로 들어가자 그 집에 따라 들어가 때리는 이유를 따지었던 경우 "위법성 있는 주거침입이라고 논단하기 어렵다"(대법원 1967. 9.26. 67도1089)

322 例 **현행범 체포행위에 수반된 행위의 위법성 부정 판례:** '자기 소유의 임야에 심어둔 밤나무를 손괴한 현행범을 추적하여 그 범인의 아버지 집에 들어가서 그 아버지와 시비 끝에 상해를 입힌 경우에는 아버지에 대한 상해죄는 물론이고 주거침입죄의 위법성도 조각되지 아니한다'(대법원 1965.12.21. 65도899)

---

228) 대법원 1999.1.26. 98도3029. "현행범 체포행위가 적정한 한계를 벗어나는 행위인지 여부는 결국 정당행위의 일반적 요건을 갖추었는지 여부에 따라 결정되어야 할 것이지 그 행위가 소극적인 방어행위인가 적극적인 공격행위인가에 따라 결정되어야 하는 것은 아니다"

7. 기타 법령에 의한 행위

위법성이 조각될 수 있는 법령에 의한 행위는 이 외에도 무수히 많다. 장기 등 이식에 관한 법률 제23조의 뇌사자로부터 장기를 적출하는 행위는 상해죄나 살인죄의 위법성을 조각하고, 전염병예방법상의 신고행위는 의사 등의 업무상 비밀누설죄의 위법성을 조각하며, 정신병자 감호행위는 감금죄의 위법성을 조각하고, 승마투표권·주택복권 발매행위 등은 도박죄의 위법성을 조각하는 법령에 의한 행위이다. 323

또한 형법각칙에는 타인의 명예를 훼손시키는 행위라도 적시한 사실이 진실이고 오로지 공공의 이익을 위한 것일 경우에는 명예훼손죄의 위법성조각을 인정하는 특별규정도 두고 있다(형법 제310조). 경찰관이 현행범을 체포하기 위해 주거에 침입하는 경우에도 경찰관 직무집행법 제7조에 따라 법령에 의한 행위로서 위법성이 조각될 수 있다. 「호스피스완화의료 및 임종과정에 있는 환자의 연명의료 결정에 관한 법률」에 따라 임종과정에 있는 환자에 대한 연명의료 중단결정이 내려지더라도 존엄사로 인정될 뿐 의사에게 살인죄 또는 촉탁·승낙살인죄의 성립이 인정되지 않는다. 324

Ⅲ. 업무로 인한 행위

1. 의의 및 위법성조각요건

'업무로 인한 행위'란 직업업무 내지 직무윤리의 정당한 수행을 위해 합목적적으로 요구되는 행위를 말한다. '업무' 개념은 사람이 자신의 사회생활상의 지위에서 계속·반복할 의사로 행하는 사무 또는 사업으로 해석되지만, 위법성조각사유로서의 '업무'는 보호법익이나 행위주체로서의 업무와는 차원을 달리하는 업무이다. 업무로 인한 행위가 법령에 규정되어 있는 경우에는 법령에 의한 행위로 인하여 위법성이 조각될 수 있지만, 법령에 규정이 없는 경우에도 업무의 내용이 '공익성, 윤리성, 전문성' 등이 요청되는 경우에는 '업무에 의한 행위'로서 위법성이 조각된다.[229] 325

사회상규불위배성을 제20조 내의 포괄적 위법성조각사유로 이해하는 한, 업무로 인한 행위가 정당행위로 인정되어 위법성이 조각되기 위해서는 우선 '업무 그 자체가 정당하여야 하고 업무의 수행이 사회상규에 위배되지 않아야 한다'는 요건을 충족시켜야 한다. 업무로 인한 행위의 예로는 변호사 또는 성직자의 직무수행행위 등이 있다. 그밖에 의사의 치료행위를 업무로 인한 행위로 볼 수 있는지에 대해서도 문제가 되고 있다. 326

229) 이상돈, §18/51.

2. 변호사와 성직자의 업무행위

(1) 변호사의 변론 중 행위

327 변호사가 법정에서 변론 중 피의자 또는 피고인의 범죄사실을 묵비하거나, 진실을 밝히기 위해 타인의 명예를 훼손하는 사실을 적시하는 행위를 하더라도 업무로 인한 행위로서 위법성이 조각될 수 있다. 그러나 그러한 행위가 변론행위와 무관하게 이루어지거나, 불필요하게 이루어지는 경우에는 위법성이 조각되지 않는다. 따라서 변호사가 적극적으로 위증을 교사하거나 증거를 은닉·날조한 경우에는 위법성이 조각되지 않는다.

(2) 성직자의 직무행위

328 성직자가 고해성사 등 직무수행 중 타인의 범죄사실을 알게 되었는데도 이를 고발하지 않거나 묵비하는 경우에는 업무로 인한 행위로서 위법성이 조각될 수 있다. 그러나 성직자라도 죄지은 자를 고발하지 않는 것에 그치지 아니하고 은신처를 마련하거나 도피자금을 제공하는 등 범인을 적극적으로 은닉하거나 도피하게 하는 행위는 정당한 직무에 속하는 것이라고 할 수 없어 위법성이 조각되지 않는다.[230]

3. 의사의 치료행위

(1) 치료행위의 개념

329 의사의 치료행위란 의사가 환자의 건강을 회복·개선시키기 위해 의술의 법칙에 따라 행하는 의료행위를 말한다. 의사의 치료행위를 형법적으로 어떻게 평가할 것인지에 대해서는 견해가 일치하지 않는다.

(2) 치료행위에 대한 형법적 평가

1) 학설의 태도

330 ① 구성요건해당성배제사유로 보는 견해 의사의 치료행위를 실질적·전체적으로 파악하여 치료행위가 성공한 경우에는 상해죄의 구성요건해당성이 부정된다는 견해이다.[231] 환자의 건강을 개선·회복시킨 성공한 치료행위는 상해의 고의가 결여되어 있으며(행위불법 부정) 상해라는 결과도 없으므로(결과불법 부정) 환자의 승낙의 유무나 의술의 법칙을 준수하였는지 여부와 상관없이 상해죄의 구성요건해당성이 배제되고, 실패한 경우라도(결과불법 인정) 치료의사에 따라 통상의 의술의 법칙을 지켰다면 고의 또는 과실이 부정되므로(행위불법 부정) 상해죄나 업무상과실치상죄의 구성요건해당성이 부정된다고 한다. 다만 이 견해에서도 의술의 법칙에 반하거나 비통상적인 치료행위가 실패한 경우에는 사안에 따라 상

230) 대법원 1983.3.8. 82도3248.
231) 김일수/서보학, 346면; 이재상/장영민/강동범, §21/15.

해죄 내지 업무상과실치상죄의 구성요건해당성과 위법성을 조각할 수 없다고 한다.

② 위법성조각사유로 보는 견해　치료행위를 형식적으로 파악하여 의사의 치료행위도 '신체침해', 즉 생리적 기능훼손을 수반하므로 일단 상해죄의 구성요건해당성을 인정한 후 위법성조각의 문제로 접근하는 견해이다. 이 입장에서도 위법성이 조각되는 이유에 대해서는 다시 업무로 인한 행위로 보는 견해[232]와 피해자의 승낙 또는 추정적 승낙으로 보는 견해[233]로 나누어진다. 331

③ 이분설　의사의 치료 및 수술행위는 원칙적으로 상해죄의 구성요건해당성이 인정되지 않지만, 치료 및 수술의 종류에 따라 종래 상태와 비교하여 신체의 생리적 기능이 훼손되었다고 볼 수 있는 경우에는 구성요건에는 해당하지만 위법성이 조각된다고 보는 견해이다.[234] 이 견해는 구성요건해당성이 인정되는 의사의 치료 및 수술행위의 예로서 자궁적출, 다리절단, 성형수술, 채혈이나 장기적출수술, 불임수술, 거세수술, 성전환수술 등을 예시하고 있으며 이러한 경우에는 피해자의 승낙에 의하여 위법성이 조각된다고 한다. 332

2) 판례의 태도　대법원은 종래 의사의 부주의로 인한 상해를 업무로 인한 행위로 보아 위법성을 조각시켜 왔으나,[235] 태도를 바꾸어 의사가 환자인 피해자에게 수술의 경과 등에 대해 충분히 설명할 의무를 이행한 후 피해자가 이에 승낙한 경우에는 위법성이 조각되는 것으로 보고 있다.[236] 이에 따르면 부정확하거나 불충분한 설명 혹은 오진에 근거한 승낙이 있는 경우에는 위법성을 조각할 유효한 승낙으로 볼 수 없어서 위법성이 조각되지 않게 된다. 333

3) 결론　의사의 치료행위를 구성요건해당성조각사유로 보게 되면 의사의 전단(專斷)적 의료행위로부터 환자를 보호할 수 없게 된다. 환자의 동의에 하자가 있거나 사회상규에 반하는 동의(양해)도 유효한 것으로 보기 때문이다.[237] 분쟁해결방식이 의사중심적이어서 환자보호에 소홀해지게 되는 문제점은 이분설도 피해갈 수 없다. 또한 업무로 인한 행위에 해당하여 위법성이 조각된다는 견해에 의하면 의사가 통상의 의술법칙을 준수한 이상 환자의 승낙 여부를 불문하고—비록 수술이 실패하더라도—업무로 인한 정당행위로서 위법성이 조각된다고 하기 때문에, 신체에 대한 환자의 자기결정권을 침해하는 결과가 된다.[238] 따라서 환자보호를 위해 의사의 치료행위를 철저하게 환자중심적 사고에서 파악 334

---

232) 배종대, §55/5.
233) 박상기, 158면; 오영근, §18/32; 이형국/김혜경, 251면; 임웅, 214면; 정성근/정준섭, 168면.
234) 하태훈, "의사의 치료행위", 고시계, 2001.8, 37면.
235) 대법원 1978.11.14. 78도2388. "의사가 인공분만기인 "샥숀"을 사용하면 통상 약간의 상해정도가 있을 수 있으므로 그 상해가 있다 하여 "샥숀"을 거칠고 험하게 사용한 결과라고 보기 어려워 의사의 정당업무의 범위를 넘은 위법행위라고 할 수 없다."
236) 대법원 1993.7.27. 92도2345.
237) 김영환, "의료행위의 형법해석학적 문제점", 형사판례연구(2), 1994, 62면.
238) 이재상/장영민/강동범, §21/14.

해야 한다면 의사의 치료행위는 피해자의 승낙 또는 추정적 승낙의 법리에 따라 평가하는 것이 바람직하다.

335 치료를 하지 않으면 생명이 위태로운 환자가 불합리한 이유로 치료를 거부하는 경우에 환자의 의사에 반하여 수술하여 생명을 구했을 때에는 환자의 승낙이 없더라도 긴급피난의 요건을 충족시켜 위법성이 조각될 수 있다. 뿐만 아니라 의사의 치료행위가 모두 일단 상해죄나 업무상과실치상죄의 구성요건해당성이 인정되는 것은 아니다. 의사의 치료행위 가운데에도 처음부터 신체침해를 수반하지 않는 치료행위(각종 진찰행위나 상처에 소독하거나 검진행위 혹은 골절치료 등)는 상해죄의 구성요건에 해당할 여지도 없다.

Ⅳ. 사회상규에 위배되지 아니하는 행위

1. 사회상규조항의 의의와 사회상규

(1) 위법성 판단기준으로서의 사회상규

336 '사회상규에 위배되지 아니하는 행위'란 구성요건해당성이 인정되는 행위이지만 사회상규를 기준으로 삼은 평가를 통해 위법성이 부정되는 행위를 말한다. 사회상규에의 위배 여부를 판단하는 기준이 사회상규이므로 사회상규는 행위의 위법성 판단의 기준이 되기도 한다. 사회상규에 위배되지 아니하는 행위가 형법 제20조 내에서 그리고 형법의 위법성조각사유의 체계내에서 가지는 지위나 의의, 그리고 사회상규 개념의 해석 및 위법성판단의 기준으로서 최상위 기준으로 보아야 할 것인지 아니면 위법성 판단의 기준들 중 하나에 불과한 것으로 취급해야 할 지에 관해서는 앞서 살펴보았다. 그러나 위법성이론 및 위법성 판단 기준에 관한 이론을 전개함에 있어 사회상규조항을 취급함에 있어서는 형법이론학과 형사실무가 서로 다른 접근 태도를 보인다.

(2) 형법이론학의 태도

337 형법이론학은 사회상규 조항, 특히 그 중에 사회상규 개념을 해석하거나 문제되는 행위의 위법성 여부를 판단함에 있어 '사회상규'가 어떤 역할을 하는지를 적극적으로 규명하고 있지 않다. 다만, 사회상규 조항의 의의에 관해서는 다양한 견해가 개진되고 있다. 연혁적으로 볼 때 이 조항이 한국 형법의 자주성과 독자성을 보여주는 조항이라는 긍정적 평가[239]와 한국 형법에 들어오지 말았어야 할 조항이라는 부정적 평가[240]가 대립한다.

338 사회상규조항속의 사회상규 개념이 가진 고도의 추상성 때문에 해석상의 난점이 있고 순기능보다는 역기능[241]을 발휘하는 측면이 있음을 우려하는 부정적 시각에서 해석론상 법원의 자의적 판단을 통제할 필요가 있다는 입장이 우세한 편이다.[242] 그러나 어떤 견해

239) 신동운, "형법 제20조의 사회상규 규정의 성립경위", 법학 제47권 제2호, 서울대학교 법학연구소, 2006. 6.
240) 김성돈, "한국 형법의 사회상규조항의 계보와 그 입법적 의의", 형사법연구 제24권 제4호(2012), 3면 이하.
241) 이에 관해서는 김성돈, "한국 형법의 사회상규조항의 기능과 형법학의 과제," 성균관법학 제24권 제4호(2012), 247면 이하.

들도 아직 역기능을 줄여나갈 수 있는 현실적인 방안에까지는 이르지 못하고 있다. 대법원과 같이 사회상규 개념을 정의하거나 구체화하여 위법성 판단 기준으로 활용하거나 개별 위법성조각사유의 하위요소(개념)들의 해석과 연계시키는 정도로 적극성을 보이지는 않고 있다.

형법 제20조의 사회상규개념의 계보를 추적해 보면, 일본형법학계에서 주관주의 형법이론의 대표적 학자인 마끼노 에이이치(牧野英一)가 실질적 위법성이론의 중심축으로 삼은 공서양속(公序良俗) 개념까지 올라간다. 일본형법이론에서 발전된 공서양속 개념을 1905년 가인 김병로(대한민국 정부 수립후 초대 대법원장을 역임함)가 수입하여 제20조의 사회상규 조항이 탄생한 것이다. 그러나 공서양속 개념의 변형인 사회상규 개념을 사용한 일반적 위법성조각사유를 형법전에 편입시키려는 입법안은 이 개념의 원조격인 제일본조차 좌초되었다. 죄형법정주의의 자유보장적 기능을 퇴색시킨다는 우려 때문이었다. 또한 사회상규 개념을 '국민일반의 건전한 도의감'으로 해석하는 판례의 태도는 1930년대에서 40년대 사이 독일 나찌시대에 메츠거(Edmund Mezger) 등에 의해 주장된 이른바 '적극적·실질적 위법성이론'을 등에 업고 가벌성 여부를 판단함에 있어 적극적 기준으로 삼았던 '국민의 건전한 감정'(gesunde Volksempfinden)의 판박이다. 이와 같은 이론적·사상적 배경과 연계되어 있는 사회상규 개념이 위법성 판단을 위한 기본적 기준으로 활용되면 법적 안정성을 위태롭게 하는 역기능을 피할 수 없게 된다. 더 나아가 사회상규개념의 이러한 역기능은 위법성조각사유를 판단함에 있어 고도의 추상적 기준을 통해 위법성조각사유를 제한적으로 해석하여 결국 위법성(가벌성) 인정 범위를 넓히는 것이 되므로 죄형법정주의에 반하는 결과를 초래할 수도 있다. 죄형법정주의의 규율대상은 '위법성조각사유'에 대해서도 타당해야 하기 때문이다.[243] 형법이론학이 사회상규조항에 대한 긍정적 평가에 인색한 이유는 바로 이 점 때문인 것 같다. 339

(3) 대법원의 태도

대법원은 형법이론학의 소극적 태도와 대조적으로 사회상규조항 및 사회상규 개념을 적극 활용하면서 '한국'적 위법성 도그마틱을 전개하고 있음은 앞서 살펴보았다. 340

判 특히 대법원은 개별 위법성조각사유의 해석에서 사회상규 개념을 기준으로 활용하는 차원을 넘어서, 구성요건해당성 판단에서도 사회상규를 (조리 또는 신의성실 등과 함께) 각칙 구성요건 요소의 해석기준으로 사용함으로서 '일반조항에로의 도피' 경향성을 보인다. 341

대법원은 사회상규'라는 기준이 구체적으로 어떤 내용을 가진 기준인지에 대해－형법이론학의 수동적 자세와는 달리－'사회상규에 위배되지 아니하는 행위'를 정의내리면서 이를 유형화하면서 규명하려는 시도를 하고 있다. 앞서 위법성 판단 기준에 관한 이론 부분에서 342

242) 축적된 학계의 논의와 판례에 대한 분석을 기초로 사회상규조항의 적정운용 방안을 제안한 최근의 연구로는 이형근, "형법 제20조 사회상규조항 운용의 적정화 방향," 형사법연구 제34권 제4호(2022), 125면 이하 참조.

243) 대법원 1997.3.20. 96도1167. "형벌법규의 해석에 있어서 법규정 문언의 가능한 의미를 벗어나는 경우에는 유추해석으로서 죄형법정주의에 위반하게 된다. 그리고 유추해석금지의 원칙은 모든 형벌법규의 구성요건과 가벌성에 관한 규정에 준용되는데, 위법성 및 책임의 조각사유나 소추조건 또는 처벌조각사유인 형면제 사유에 관하여 그 범위를 제한적으로 유추적용하게 되면 행위자의 가벌성의 범위는 확대되어 행위자에게 불리하게 되는바, 이는 가능한 문언의 의미를 넘어 범죄구성요건을 유추적용하는 것과 같은 결과가 초래되므로 죄형법정주의의 파생원칙인 유추해석금지의 원칙에 위반하여 허용될 수 없다."

살펴보았듯이 사회상규에 위배되지 아니하는 행위를 개념적으로 정의하는 대법원의 공식 속에 술어에 해당하는 '행위' 판단의 다양한 기준들은 사회상규를 대리 보충하는 개념적 표지라고 볼 수 있기 때문이다(① "역사적으로 생성된 사회질서," ② "국민일반의 건전한 도의적 감정," ③ "법질서 전체의 정신," ④ "전체로서의 법질서 정신의 배후에 놓여 있는 사회윤리 내지 사회통념"(이하 '단일화된 추상적 기준'이라 한다).

343 그러나 대법원은 위 기준들도 개념적으로는 '사회상규' 개념만큼이나 추상적이고 불확정 개념들이라는 문제의식을 자각한 탓인지 2000년대에 와서는 종래의 기준들과는 그 성격이나 표현을 전혀 달리하는 구체적인 다섯 가지 요건, 즉 ① 행위의 동기나 목적의 정당성, ② 행위의 수단이나 방법의 상당성, ③ 보호이익과 침해이익의 법익균형성, ④ 긴급성, ⑤ 보충성이라는 요건을 정당행위 또는 사회상규불위배행위의 요건[244](이하 '개별적 총합기준'이라 한다)으로 내세우면서 그 활용빈도를 높여가고 한다.

344 判 대법원은 구체적 사례에서 행위자의 행위의 위법성여부를 판단할 경우 단일화된 추상적 기준을 사용할 때도 있고, 개별적 총합 기준을 사용하는 때도 있다. 그러나 대법원이 두 가지 다른 차원의 기준을 선택적으로 사용할 경우 선택의 척도 내지 가이드라인 등을 만들어 사용하고 있지는 않다. 물론 어느 기준에 따라 위법성여부를 판단할 것인지는 기본적으로는 변호인의 주장을 전제로 한다. 다수의 판례사안들에 대한 대법원의 결론을 보면, 위법성조각을 인정하여 피고인에 대한 무죄판결을 내릴 사안에 대해서는 '단일화된 추상적 기준'을 사용하고, 위법성조각을 부정하여 유죄판결을 내릴 사안에 대해서는 '개별적 총합기준'에 따르는 경향성이 엿보인다. 이 때문에 변호인이 형사법정에서 개별적 총합 기준을 활용하여 무죄판결을 얻어내기는 거의 불가능에 가깝다. 이 다섯 가지 요건은 형법에 규정된 위법성조각사유의 해석을 통해 마련된 개별적 정당화요건들의 산술적 총합 이상의 것이기 때문이다. 생각건대 이 두 가지 다른 차원의 법리가 현실적으로 병존되고 있는 상태가 제거되지 않는 한, 대법원의 법적 결정에 법적 안정성을 담보하기는 어렵다. 사회상규조항의 존재 자체는 법원이 법정에서 누리는 권력학으로서의 실무 법학의 독점적 지위를 강고하게 유지하는 반면, 학문의 '자유'를 가진 법학자들의 학문적 성취도는 그만큼 더 빈약해지게 만들 뿐이다.

345 대법원이 단일화된 추상적 기준을 사용하고 있는 과거의 판결을 보면, 공무원의 법위반행위에 대한 봐주기식 판결의 전형적 모습, 즉 '수년간의 관행'을 거론한 것외에 다른 아무런 근거없이 '국민일반의 도의적 감정에 있어 비난할 수 없는 사회상규에 반하지 않는 행위'라는 공허한 기준을 동어반복적으로 사용[245]함으로써 위법성 판단의 '실질'을 공허하게 만들고 있다.

---

244) 대법원은 위 다섯 가지 요건을 대법원 1986.9.23. 86도1547 등에서는 '정당행위'의 요건으로 표현하다가 대법원 2001.2.23. 2000도4415 등부터는 '사회상규'에 위배되지 아니하는 행위로 인정되기 위한 요건이라고 표현하고 있다. 사회상규 조항이 정당행위에 관한 형법 제20조의 규정이므로 어떤 표현이든 무방하다고 위 다섯 가지 요건이 어떤 행위의 위법성조각여부를 판단하기 위한 '일반적' 요건으로 자리잡고 있음에는 변함이 없다.

245) 대법원 1983.11.22. 83도2224. "서울세관에서 수입신고함에 있어서 동 세관에서 수년간 관행적으로 취급하여 온 바에 따라 이 사건 경화카제인을 세번을 3904 세율을 40으로 신고하였다면 피고인의 행위는 비록 그 행위 외관에 있어 설사 어떤 위법이 있다고 할지라도 국민일반의 도의적 감정에 있어 결코 비난할 수 없는 사회상규에 반하지 않은 행위에 해당한다고 할 것이다."

반면에 대법원은 이른바 '삼성엑스파일 사건'(국회의원이 정경유착을 뿌리뽑기 위한 공익목적 및 국민의 알권리를 위해 과거 국가안전기획부에 의해 불법 감청된 사인간의 비밀대화 내용을 입수하여 공개한 경우 통신비밀보호법의 타인 간 대화내용을 유포에 해당하는지가 문제된 사건)에서 개별화된 종합기준으로 사용하면서도 그 다섯 가지 기준을 다른 사건들의 경우에 비해 더욱 엄격하게 변형시켜 적용함으로써 문제된 행위의 위법성조각을 부정하는 판결[246]을 내렸다. 이 판결에 대해 이례적으로 헌법재판소가 지나치게 엄격한 잣대를 사용하였다는 평가를 내리기도 했다. 이러한 점에서 보면 법원이 장래에도 – 판결의 사회적 효과 등 다양한 법외적 영향력을 고려하여 – 자체 내린 선판단을 이끌어내기에 유리한 위법성 판단의 기준을 선택적으로 활용하거나 그 선택한 기준마저도 변용할 가능성을 배제하기 어렵다.[247] 346

例 사회상규 합치성 인정 사례: ① 건설업체 노조원들이 '임·단협 성실교섭 촉구 결의대회'를 개최하면서 차도의 통행방법으로 신고하지 아니한 삼보일배 행진을 하여 차량의 통행을 방해한 경우(대법원 2009.7.23. 2009도840), ② 회사의 직원이 회사의 이익을 빼돌린다는 소문을 확인할 목적으로, 비밀번호를 설정함으로써 비밀장치를 한 전자기록인 피해자가 사용하던 개인용 컴퓨터의 하드디스크를 떼어내어 다른 컴퓨터에 연결한 다음 의심이 드는 단어로 파일을 검색하여 메신저 대화 내용, 이메일 등을 출력한 경우(대법원 2009.12.24. 2007도6243) ③ 방송통신심의위원회 심의위원인 피고인이 음란물에 해당하는 발기된 남성의 성기사진과 학술적, 사상적 표현 등이 결합된 결합 표현물을 정보통신망을 통하여 게시한 경우(대법원 2017.10.26. 2012도13352) 등. 347

例 사회상규 위배성 인정 사례: ① 민족정기를 세우기 위해 백범 김구의 암살범인 안두희를 처단하기 위한 방법으로 살인을 선택한 행위(대법원 1997.11.14. 97도2118), ② 자신의 종교적 신념에 반하는 상징물이 공공의 시설 내에 설치된 것에 대해 폭력적인 방법으로 그 상징물을 제거하거나 손괴한 행위(대법원 2001.9.4. 2001도3167), ③ 불법선거운동을 적발하려는 목적으로 타인의 주거에 침입하여 도청장치를 설치하는 행위(대법원 1997.3.28. 95도2674), ④ 아파트 입주자대표회의의 임원 또는 아파트관리회사의 직원들이 기존 관리회사의 직원들로부터 계속 업무집행을 제지받던 중 관리비 고지서를 빼앗거나 사무실의 집기 등을 들어낸 행위(대법원 2006.4.13. 2003도3902), ⑤ 간통현장을 직접 목격하고 그 사진을 촬영하기 위하여 상간자의 주거에 침입한 행위(대법원 2003.9.26. 2003도3000), ⑥ 안수기도의 명목과 방법으로 이루어졌긴 하지만 통상의 일반적인 안수기도의 방식과 정도를 벗어나 환자의 신체에 비정상적이거나 과도한 유형력을 행사하고 신체의 자유를 과도하게 제압하여 환자의 신체에 상해까지 입힌 행위(대법원 2008.8.21. 2008도2695) ⑦ 이른바 '동물권'을 주장해 온 피고인들이 기업형(공장식) 축산 시스템에 반대하는 의사를 표명한다는 취지에서 甲 주식회사의 공장 정문 앞 도로에서 甲 회사가 농장으로부터 생닭을 공급받아 도계하는 영업을 계속한다는 이유로 피고인들은 자신들의 손을 콘크리트가 들어있는 가방으로 결박한 채 드러누워 몸으로 생닭을 실은 트럭들을 가로막는 등 차량 진행을 방해하는 행위를 한 경우(대법원 2024.8.1. 2021도2084)등. 348

다른 한편 앞서 살펴보았듯이 대법원이 사회상규에 위배되지 아니하는 행위를 유형별 349

246) 대법원 2011.5.13. 2009도14442 참조

247) 헌법재판소 2011.8.30. 2009헌바42. "법원이 구체적인 사건에서 이 사건 법률조항을 적용함에 있어서 형법 제20조의 정당행위 요건을 지나치게 좁게 해석할 경우, 예컨대 타인과의 대화내용이 공중의 생명·신체 등 고도로 가치가 있는 중대한 공익에 대한 직접적이고 임박한 위험이 있는 극히 예외적인 때에만 대화내용 공개 목적의 정당성을 인정하는 등의 경우에는 공개자의 표현의 자유가 과도하게 제한될 수 있다는 것이다."

로 개념정의 하면서, '사회상규' 개념을 대리보충하는 개념적 표지와 무관한 표지들을 사용할 경우도 있다. "민주주의 사회의 목적가치에 비추어 이를 실현하기 위해 사회적 상당성이 있는 수단"으로 행해진 경우 또는 "사회의 발전에 따라 전혀 위법하지 않다고 인식되고 그 처벌이 무가치하거나 정의에 반하는" 경우를 사회상규에 위배되지 아니하는 행위로 평가하고 있는 것이다. 앞의 기준('목적달성을 위한 수단의 사회적 상당성')은 목적과 수단의 비례관계를 변형한 표현이므로 '비례성 원칙'도 일반적 법원칙의 일환으로 위법성 판단의 기준으로 활용하고 있다고 볼 수는 있다. 하지만 뒤의 기준('사회발전', '처벌의 무가치성', '처벌의 정의배반성')은 명백하게 법외적 기준으로서 '법'을 기준으로 삼아 불법과 적법을 판단하는 전통적 위법성이론의 궤도를 벗어나 있다. 대법원이 책임판단에서도 그렇듯이 위법성 판단에서도 형사정책적 요구 또는 형벌목적론적 관점을 고려함으로써 요건과 효과의 분리독립성이라는 전통적 도그마를 수정한 것으로 볼 여지도 있다. 범죄성립요건(형법체계)과 효과(형사정책)의 분리독립 도그마에 관해서는 앞의 범죄체계론 참조.

2. 사회상규와 사회적 상당성

(1) 문제의 제기

350 '사회상규'가 실정형법에 근거를 두고서 위법성 판단을 위한 기본적인 기준으로 실무에서 널리 사용되고 있는 개념임에 반해, '사회적 상당성'은 한국 형법과 같은 '사회상규조항'을 두고 있지 않은 독일 형법이론학에서 발전된 순수 도그마틱적 개념으로 한국의 형사실무와 학계에서도 널리 사용되고 있는 개념이다. 특히 '어떤 행위가 역사적으로 인정된 사회질서의 한계를 벗어나지 않아 그것이 일반적으로 흔히 있는 일로 여겨지고 따라서 마땅히 처벌할 가치 없는 행위'로 정의되는 행위의 '사회적 상당성'은 사회상규에 위배되지 아니하는 행위에 대한 대법원의 정의와 겹치고 있어서 양자 간의 관계가 문제된다. 즉 두 개의 개념은 서로 구별해야 하는지 그 범죄체계론상의 지위를 다르게 파악해야 하는지가 문제된다.

(2) 사회상규와 사회적 상당성의 관계

1) 양자를 구별하는 견해

351 ① 사회적 상당성을 구성요건해당성배제원리로 이해하는 견해 위법성조각사유로서의 사회상규불위배행위와 구성요건해당성배제사유로서의 '사회적으로 상당성이 인정되는 행위'를 구별하는 견해이다.[248] 이에 따르면 전자는 법적용자의 입장에서 그 행위에 대한 처벌의 필요성이나 사회의 목적가치라는 측면에서의 평가를 통해 이미 구성된 불법요소를 다시 배제시키는 행위를 의미하는 데 반하여, 후자는 입법자의 관점에서 평가할 때 지극히 일상

248) 이재상/장영민/강동범, §21/20; 최우찬, "형법 제20조의 정당화근거," 김종원교수화갑기념논문집, 126면.

적이고 정상적인 생활질서 속에 포함되어 있어서 처음부터 금지의 영역 속으로 넣을 필요조차 없는 행위라고 한다.

② 사회적 상당성을 일반적 해석원리로 이해하는 견해 사회적 상당성의 관점은 비록 범죄체계 내에서는 아무런 독자적 가치를 인정받을 수 없지만 구성요건적 문언의 의미합치적 해석을 위한 보조수단 내지 '일반적 해석원리'로서 의미와 기능을 갖는다는 견해이다.[249] 이 견해는 특히 종래의 사회적 상당성의 기준을 허용된 위험원칙 또는 사회적으로 상당하고 경미한 위험의 원칙이라는 객관적 귀속의 척도로 대체할 수 있기 때문에 독자적인 가치가 없는 척도라고 한다.[250] 352

2) 양자를 구별하지 않는 견해 종래 사회적 상당성 이론에 의해 해결되는 것으로 분류되어 온 일정한 사례는 사회적 상당성이라는 개념 없이도 구성요건의 해석상 구성요건해당성이 없는 사례로 평가할 수 있고, 이를 넘어서는 행위는 구성요건에 해당하지만 사회적으로 허용되는 행위로서 형법 제20조의 사회상규불위배행위라고 해석하면 족하다는 견해이다.[251] 사회적 상당성 개념은 애매하고 불확실한 척도를 사용하고 있기 때문에 법적 안정성을 해칠 염려가 있음을 근거로 한다. 353

3) 판례의 태도 대법원은 사회적 상당성의 원리를 보다 사회상규조항(사회상규에 위배되지 아니하는 행위는 벌하지 않는다)의 우위에 있는 법원칙으로 인정하고 있는 것 같다. 앞서 살펴보았듯이 "사회적 상당성의 원리"를 '법익(이익) 교량의 원칙'이나 '목적과 수단의 정당성에 관한 원칙'과 나란히 사회상규조항의 도출근거의 하나임을 인정하고 있기 때문이다. 그러나 대법원은 사회적 상당성의 원리를 구체적으로 정의내리고 있지 않은 채, 다양한 사안의 경우 서로 다른 맥락에서 '사회적 상당성'을 범죄성립요건 심사에서 범죄성립을 부정하는 기준으로 사용하고 있다. 354

判 구체적으로 보면, ① 대법원은 문제의 행위가 정당한 목적달성을 위한 '사회적으로 상당한 수단'인 경우 위법성조각이 가능하다고 함으로써 사회적 상당성을 행위의 '수단'적 측면에 초점을 맞추고 있는 경우도 있다. 여기에서는 사회적 상당성이 행위의 위법성 판단을 위한 하위기준으로 사용되고 있다. ② 대법원은 사회적 상당성을 구성요건해당성배제를 위한 기준으로 활용하기도 한다. 운동경기 중의 규칙위반 내지 주의위반의 정도와 관련하여 '사회적 상당성' 여부를 판단하면서 '당연히 예상되는 경미한 규칙위반'은 사회적 상당성 범위안에 있으므로 과실행위로 인정할 수 없다고 하기도 하고, '제1차 소파수술을 한 피해자가 8일후 다시 복통을 호소하며 병원을 찾아온 피해자의 상태를 (자궁외 임신으로) 오진하고 2차 소파수술을 한 경우 의사의 '오진'이 사회적 상당성이 인정되는 통상적인 진료행위로 평가될 수 있는 사정이 있으면, 종국적으로 의사의 과실이 부정될 수 있음을 인정한다.[252] ③ 대법원은 사회적 상당성을 위법성 판단의 기준 355

---

249) 김일수/서보학, 253면.
250) 김일수, 한국형법 I, 470면.
251) 배종대, §56/7; 손동권, §7/20; 오영근, §8/24; 임웅, 190면.
252) 대법원 1986.6.10. 85도2133에서는 의사의 오진이 사회적 상당성이 인정되는 통상적 진료행위로 평가하기 위해 그러한 의사의 진단이 행위당시의 의학이론에 크게 벗어나지 않는 점, 자궁외임신으로 의심하는 경우

인 '전제 법질서의 관점'과 결부시키기도 한다. 인터넷상에서 타인의 저작물에 접근을 가능하게 하는 링크를 거는 행위가 공중송신권 침해의 방조범성립여부와 관련하여 링크행위가 '법질서 전체의 관점'에서 볼 때 사회적 상당성이 인정될 경우 방조행위의 구성요건해당성이 부정할 수 있음을 인정하기도 하고, 소비자불매운동이 헌법상 표현의 자유(헌법 제20조)나 일반적 행동의 자유(헌법 제10조) 등 헌법적 기본권 실현행위임을 인정하면서도 이 운동의 일환으로 이루어지는 일정한 행위가 '전체 법질서상 용인될 수 없을 정도로 사회적으로 상당성을 갖추지 않으면' 업무방해죄의 위력(또는 강요죄나 공갈죄의 협박) 등 구성요건적 행위가 될 수 있다고 하기도 한다.[253](대법원의 '사회적 상당성' 법리 활용법에 관해서는 §13 참조).

4) 결론

356 ① 사회상규와 사회적 상당성의 관계 대법원이 '사회적 상당성'을 문제의 행위가 법적으로 허용되는지 금지되는지에 관해 헌법적 가치보다 더 우위에서 평가하기 위한 최상위의 법원칙으로 보는 것과 같은 태도(특히 앞의 소비자불매운동 사건의 판결 참조)는 관습적 법원칙을 성문법률 또는 성문의 헌법 우위에 있는 상위의 법원칙으로 인정하는 영미의 커먼로 법사상(법관법)의 일단을 연상하게 한다. 추상적인 법원칙을 법원(法源)으로 인정함으로써 법률구속성의 원칙을 초월한 개방적 발발견을 허용하는 커먼로 체계 하에서의 법학 패러다임이 대륙법체계에서의 법발견 방법에 비해 '살아있는 법' 발견에 기여하는 측면이 있다.

357 그러나 대법원이 위법성조각사유의 하나로 인정되고 있는 사회상규조항과 별도로 구성요건해당성배제 차원에서 '사회적 상당성' 여부를 판단함에 있어서도 '전체 법질서의 관점'을 가져오고 있음은 구성요건과 위법성이라는 서로 다른 층위의 도그마틱적 체계 개념의 엄밀성을 유지하지 못한 것으로 평가할 수 있다. 사회적 상당성에 관한 대법원 태도의 문제점은 특히 사회적 상당성의 원리를 위법성조각사유인 사회상규조항을 인정할 수 있게 하는 배경적 토대원리의 하나로 보고 있음에도 엿보인다.

358 사회적 상당성을 행위의 위법성조각을 근거지우는 원리의 하나로 보는 대법원의 태도는 전체(전체 법질서의 관점에서 내려지는 위법성 판단)와 부분(전체 법질서의 부분인 형법적 관점에서 내려지는 구성요건해당성 판단)의 관계에 대한 올바른 이해에 터잡고 있지 못한 것으로 보인다.

359 ② 사회적 상당성 법리의 제한적 활용 사회적 상당성을 구성요건해당성배제를 위한 판단기준으로 인정하더라도 제한적으로 활용되어야 한다. 형법적 구성요건 요소는 개개의 입법취지 내지 법익보호의 취지에 비추어 현실적으로 타당한 해석방법에 의거하여 그 의미를 밝혀야 하는 것이지, 모호하고 불확정적인 사회적 상당성이라는 기준의 적용범위를 무한히 넓히는 태도는 법적 안정성을 저해하기 때문이다. 정형화한 그릇(구성요건)에 담긴 구성요건적 행위는 기본적으로 사회적인 평가를 통해 금지된 행위의 최외곽선을 긋는다. 이 최외곽선이 입법(법형성)작용이 아닌, 사법(해석)작용에 의해 그어질 경우에는 법원이 사회

에도 진단목적으로 소파수술을 시행할 수도 있다는 점, 그리고 2차소파수술로 인한 상처가 지극히 경미한 정도의 것인 점 등을 고려하고 하고 있다.

253) 대법원 2013.4.11. 2010도13774.

적 상당성 판단을 통해 금지영역을 좁히는 방향으로 최외곽선을 그어야 한다.

사회적으로 용인되는 위험수위가 더 넓어지고 그에 상응하여 허용된 위험의 범위를 넓혀야 할 필요가 있는 경우에는 입법자가 내린 최초의 불법판단이 법적용자에 의해 수정될 수 있다. 문제의 행위가 만들어내는 위험이 '허용된 위험'이거나 '위험을 감소'시키는 경우는 보호법익에 대한 위험의 창출시킬 것이라는 전제조건을 충족하지 못하므로, 사회적으로 상당한 행위로서 구성요건에 해당하는 행위로 평가할 수 없기 때문이다. 이와 같이 사회적 상당성 판단은 객관적 귀속판단을 부정하는 '허용된 위험'의 법리라는 보다 상위의 법리가 적용되는 한도내에서 구성요건에 해당하는 행위를 제한하는 방향으로 활용되도록 하는 것이 바람직하다. 360

③ 사회적 상당성, 사회상규, 그리고 '법' 사회적 상당성이라는 기준—아직 '분명하게 해명되어 있지 않은 법의 일반원칙'이기는 하지만—을 지배하는 원칙은 '자유'이다. 따라서 이 원칙은 형법적 금지영역과 자유영역을 규범적으로 선판단하는 기준이 된다. 사회적으로 상당하지 않는 것으로 평가되는 행위는 금지되고, 사회적으로 상당한 것으로 평가되는 행위는 처음부터 금지의 영역, 즉 구성요건이라는 '형법적' 그릇에 담길 수 없다. 361

위법성 판단에서는 법질서 전체의 관점이 고려된다. 법질서의 통일성을 기하기 위해서는 형법의 금지된 행위로 구성요건에서 포착되어 있는 행위라도 다른 법영역에서 허용된다면, 위법성이 조각되어 종국적으로 불법하지 않다고 평가되어야 한다. 법질서 전체의 관점에서 내려지는 위법성 판단에서 입법자에 의해 초법규적 위법성조각사유로 규범화되어 있는 사회상규 조항이 결정적인 역할을 한다. 이 조항 속의 사회상규개념이 추상적이고 불확정성을 가진 개념임은 사회적 상당성 개념과 다를 바 없지만, 사회상규 개념은 사회적 상당성 개념과는 달리 '전체 법'질서를 작동시키는 상위규범의 기능을 한다. 362

법은 인간의 '자유'라는 이념위에 구축되어 인간들 간의 대립하는 이익을 '조정'(균형)의 지향하는 형식적인 규범틀이다. 이 형식적인 규범틀은 미리 만들어져 불가변적으로 고정된 주형틀이 아니다. 그 틀은 그것이 어떤 뜨거운 사례와 접촉하는지 그 안에 어떤 내용물을 채워 넣는지에 따라 후성적으로 바뀔 수 있는 가소성 있는 틀이다(필자의 '법'개념에 관해서는 §20 제2절 '위법성조각사유의 규범구조와 위법성 판단' 참조). 363

④ 사회상규의 제한적 활용방안 앞서 살펴보았듯이 사회상규 개념은 현재 한국의 법실무에서 과잉소비되는 가운데 역기능에 노출되어 있다. 입법적으로 사회상규 조항이 삭제되지 않고 유지하는 동안에는 해석론의 영역에서 사회상규개념은 구성요건에 해당하는 행위의 위법성조각여부를 판단하기 위한 기준으로 제한적으로만 활용되어야 한다(소극적 실질적 위법성이론). 이로써 사회상규는 한국사회의 역사적 문화적 여건의 변화와 사회의 지배적 가치관 내지 윤리관의 변화에 반응하여 법의 창발에 기여하는 형식적 연결고리로서의 역할에 그쳐야 한다. 364

3. 판례 법리상 사회상규에 위배되지 아니하는 행위로 평가되는 사례유형

365 대법원이 그동안 사회상규에 위배되지 아니하는 행위라는 평가를 내린 사례들을 개관해 보면, 유사한 사례들끼리 모아 사회상규에 위배되지 아니하는 행위에 대한 유형화를 시도할 수 있다. 그와 같이 유형화될 수 있는 사례는 다음과 같다.

(1) 소극적 방어(저항)행위

366 소극적인 방어행위란 상대방의 부당한 침해를 저지하거나 벗어나기 위해 본능적으로 행하는 저항행위를 말한다.

367 判 대법원은 이러한 행위유형에 해당하는 사례들에 대해 특히 수단이나 방법이 '사회통념상 허용될 것'을 전제로 해서 위법성이 조각되는 정당행위로 인정한다.

그러나 이러한 소극적 방어(저항)행위는 보충적인 위법성조각사유에 해당하므로 구체적인 사례에서 상대방의 위법·부당한 공격에 대한 정당방위의 인정 여부가 먼저 검토되어야 한다. 특히 소극적인 방어행위가 특별한 의미를 가지는 경우는 피해자가 의외로 사망하여 결과적 가중범에 해당하는 경우인데, 이러한 경우 결과적 가중범의 기본범죄가 소극적 방어행위로 위법성이 조각되면 중한 결과발생에 대한 과실치사죄의 여부만 남게 된다.

368 例 소극적 방어행위로 분류될 수 있는 판례사례: ① 회사 동료들과 함께 술을 마시던 중 먼저 귀가하려고 밖으로 나오던 甲을 뒤따라 나와 먼저 간다는 이유로 욕설을 하면서 앞가슴을 잡고 귀가하지 못하도록 제지하던 乙에 대해 甲이 왼손으로 자신을 잡고 있던 乙의 오른손을 확 뿌리치면서 乙의 얼굴을 1회 구타하여 乙로 하여금 중심을 잃고 넘어지면서 그곳 도로 연석상에 머리가 부딪혀 중증뇌좌상, 뇌경막하출혈 등으로 사망하게 한 경우(대법원 1987.10.26. 87도464), ② 비좁은 여자 화장실 내에 주저앉아 있는 피고인(여)으로부터 무리하게 쇼핑백을 빼앗으려고 다가온 피해자(남)를 저지하기 위하여 피해자의 어깨를 순간적으로 밀쳐낸 경우(대법원 1992.3.27. 91도2831), ③ 피고인이 피해자로부터 며칠 간에 걸쳐 집요한 괴롭힘을 당해 온 데다가 피해자가 피고인이 교수로 재직하고 있는 대학교의 강의실 출입구에서 피고인의 진로를 막아서면서 피고인을 물리적으로 저지하려 하자 극도로 흥분된 상태의 피고인이 그 행패에서 벗어나기 위하여 피해자의 팔을 뿌리쳐서 피해자가 상해를 입게 한 경우(대법원 1995.8.22. 95도936), ④ 피해자(남, 57세)가 술에 만취하여 아무런 연고도 없는 가정주부인 피고인의 집에 들어가 유리창을 깨고 아무데나 소변을 보는 등 행패를 부리고 나가자 피고인이 유리창 값을 변상 받으러 피해자를 뒤따라가며 그 어깨를 붙잡았으나, 피해자의 상스러운 욕설을 계속 더 이상 참지 못한 피고인이 잡고 있던 손으로 피해자의 어깨부분을 밀치자 술에 취하여 비틀거리던 피해자가 몸을 제대로 가누지 못하고 앞으로 넘어져 시멘트 바닥에 이마를 부딪쳐 1차성 쇼크로 사망한 경우(대법원 1992.3.10. 92도37).

(2) 권리실현의 일환으로 행한 행위

369 행위자가 피해자에 대해 원래 가지고 있던 권리를 실현하는 과정에서 구성요건에 해당하는 행위를 하였더라도 그 방법이 사회통념상 허용되는 범위를 넘어서지 아니하면 위법성이 조각된다. 특히 채권자가 채권실행을 위하여 채무자에게 해악을 고지하는 등 상대방을 협박하거나 기망하려 할 때 사기죄 혹은 공갈죄 등이 될 수 있는지가 문제되는

경우가 많다.

判 대법원은 그 권리실현의 방법이 사회통념상 허용되는 범위를 넘어서는 경우에는 위법성이 조각되지 370
않는다고 하고, 사회통념상 허용되는 정도나 범위를 넘는 것이냐의 여부는 그 행위의 주관적 측면과 객관적 측면, 즉 추구된 목적과 수단을 전체적으로 종합하여 판단하여야 한다고 한다.[254)]

例 **정당한 권리실현으로 위법성 조각이 인정된 판례사례:** ① 피해자로부터 범인으로 오인되어 경찰에 371
끌려가 구타당하여 입원한 피고인이 피해자에게 그 치료비를 요구하고 응하지 않으면 무고죄로 고소하겠다고 말한 경우(대법원 1971.11. 9. 71도1629), ② 피고인 등이 비료를 매수하여 시비한 결과 딸기묘목 또는 사과나무묘목이 고사하자 그 비료를 생산한 회사에게 손해배상을 요구하면서 사장 이하 간부들에게 욕설을 하거나 응접탁자 등을 들었다 놓았다 하거나 현수막을 만들어 보이면서 시위를 할 듯한 태도를 보인 경우(대법원 1980.11. 25. 79도2565), ③ 피고인이 그 소유건물에 인접한 대지 위에 건축허가 조건에 위반되게 건물을 신축·사용하는 소유자로부터 일조권 침해 등으로 인한 손해배상에 관한 합의금을 받은 경우(대법원 1990.8. 14. 90도114) 등.

例 **권리실현이지만 위법성을 인정한 판례사례:** ① 피고인이 피해자를 상대로 목재대금청구소송 계속 372
중 피해자에게 피해자의 양도소득세포탈사실을 관계기관에 진정하여 일을 벌이려 한다고 말하여 겁을 먹은 피해자로부터 목재대금을 지급하겠다는 약속을 받아낸 경우(대법원 1990.11. 23. 90도1864), ② 행방불명된 남편에 대하여 불리한 민사판결이 선고된 경우 적법한 다른 방법을 강구하지 아니하고 남편명의의 항소장을 임의로 작성하여 법원에 제출한 경우(대법원 1994.11. 8. 94도1657), ③ 피해어민들이 그들의 피해보상 주장을 관철하기 위하여 집단적인 시위를 하고, 선박의 입·출항 업무를 방해하며 이를 진압하려는 경찰관들을 대나무 삿대 등을 들고 구타하여 상해를 입히는 등의 행위를 한 경우(대법원 1991.5. 10. 91도346), ④ 고추값 폭락으로 인한 생존대책을 강구하여 달라는 농민들이 요구를 관철한다는 명목으로 경운기를 동원, 철도 건널목을 점거하여 열차의 운행을 막고, 철길에서 물러날 것을 요구하는 경찰관들에게 돌을 던져 상해를 입히는 등의 시위행위를 한 경우(대법원 1989.12. 26. 89도1512).

(3) 일반인의 간단한 의료행위

1) 의료행위의 의의 '의료행위'란 의학적 전문지식을 기초로 하는 경험과 기능으로 373
진찰, 검안, 처방, 투약하는 행위 또는 외과적 시술을 시행하여 질병을 예방하거나 치료하는 행위와 그 밖에 의료인이 행하지 아니하면 보건위생상 위해가 생길 우려가 있는 행위를 말한다.[255)]

2) 금지된 의료행위 의료법 제25조 및 제26조는 이와 같은 의료행위를 무면허자 내 374
지 무자격자가 행한 경우를 '금지된 의료행위'로서 범죄화하고 있다. 의료법의 금지된 의료행위와 관련해서는 세 가지 서로 다른 사례유형이 구분될 수 있다. 일반인의 간단한 의료행위는 아래에서 세 번째 유형의 의료행위에 해당한다.

① '의료행위'에도 해당하지 않는 행위 의료인이 행하지 아니하더라도 금지된 의료행위의 375
구성요건에도 해당하지 않는 행위가 있다. 의료행위의 불법의 본질요소, 즉 '보건위생상 위해가 생길 우려'라는 요건을 충족하지 않는 행위가 이러한 행위에 해당한다. 처음부터 이

254) 대법원 1995.3.10, 94도2422.

255) 의료인이 행하지 아니하면 보건 위생상 위해가 발생할 수 있는 우려는 추상적 위험만으로 충분하므로 구체적으로 환자에게 위험이 발생하지 아니한 경우도 무방하다(대법원 2018.6.19. 2017도19422).

러한 행위는 처음부터 금지되는 행위에 속하지 않기 때문에 '금지되는 행위에 속하여 구성요건에 해당하는 행위'이지만 '사회상규조항의 적용'을 받아 위법성이 조각되는 행위(후술할 일반인의 수지침 시술행위)와도 구별된다.

376 例 대법원은 ① "지압서비스업소에서 근육통을 호소하는 손님들에게 엄지손가락과 팔꿈치 등을 사용하여 근육이 뭉쳐진 허리와 어깨 등의 부위를 누르는 방법으로 근육통을 완화시켜 준 행위",[256] ② "건강원을 운영하는 피고인이 손님들에게 뱀가루를 판매함에 있어 그들의 증상에 대하여 듣고 손바닥을 펴보게 하거나 혀를 내보이게 한 후 뱀가루를 복용할 것을 권유하였을 뿐 병상이나 병명이 무엇인지를 규명하여 판단을 하거나 설명을 한 바가 없는 경우"[257] 등을 처음부터 금지되는 의료행위의 목록에서도 배제하고 있다.

377 ② 의료인의 의료행위이지만 금지된 의료행위 면허를 가진 의료인의 의료행위지만, 면허의 범위를 넘어서는 경우에는 의료법상 무면허 의료행위에 해당할 수 있다. 면허범위가 어디까지인지의 해석결과에 따라 달라질 수 있다.

378 例 대법원은 치과의사가 환자의 안면부인 눈가와 미간에 보톡스를 시술한 경우는 치과의사에게 면허된 이외의 의료행위로 볼 수 없다는 이유로 금지된 의료행위에서 배제시키지만(대법원 2016.7.21. 2013도850 전원합의체), 한의사가 필러시술을 한 경우는 한의사에게 면허된 것 이외의 의료행위에 해당한다는 이유로 금지되는 의료행위에 포함시킨다(대법원 2014.1.16. 2011도16649). 필러시술은 전적으로 서양의학의 원리에 따른 시술일 뿐이고 거기에 약침요법 등 한의학의 원리가 담겨 있다고는 볼 수 없기 때문이라고 한다.

379 ③ 보건상 위해를 가져올 수 있는 무면허자의 의료행위 의료법의 금지된 의료행위에 해당하지만, 위법성이 조각되는 의료행위가 있다. 일반인의 간단한 의료행위가 여기에 해당한다. 대법원은 금지된 의료행위라도 "구체적인 경우에 개별적으로 보아 법질서 전체의 정신이나 그 배후에 놓여 있는 사회윤리 내지 사회통념"에 비추어 위법성이 조각될 수 있다고 한다.

380 例 위법성이 조각이 인정 또는 부정된 금지된 의료행위: '대법원은 한의사 아닌 자가 수지침을 시술한 행위'(대법원 2000.4.25. 98도2398)는 위법성이 금지된 의료행위지만 위법성조각을 인정하였지만,[258] 외국에서 침구사자격을 취득하였으나 국내에서 침술행위를 할 수 있는 면허나 자격을 취득하지 못한 자가 단순한 수지침 정도의 수준을 넘어 체침을 시술한 경우(대법원 2002.12.26. 2002도5077), 돌 등이 들어 있는 스테인레스 용기를 천과 가죽으로 덮은 찜질기구를 가열하여 암 등 난치성 질환을 앓는 환자들에게 건네주어 환부에 갖다 대도록 한 행위(대법원 2000.9.8. 2000도432), ③ 눈썹 또는 속눈썹 모양의 문신행위(대법원 1992.5.22. 91도3219), ④ 부항침과 부항을 이용하여 체내의 혈액을 밖으로 배출되게 한 행위(대법원 2004.10.28. 2004도3405), 한의사 면허나 자격없이 소위 '통합의학'에 기초하여 환자를 진찰 및 처방하는 행위(대법원 2009.10.15. 2006도6870) 등의 경우에는 위법성이 조각되지 않는다고 하였다.

---

256) 대법원 2000.2.22. 99도4541.

257) 대법원 2001.7.13. 99도2328.

258) 대법원 2000.4.25. 98도2398. "수지침 시술행위는 그 시술행위가 광범위하고 보편화된 민간요법이고 그 시술로 인한 위험성이 적을 뿐 아니라, 동양의학으로 전래되어 내려오는 체침의 경우와 현저한 차이가 있고, 일반인들의 인식도 이에 대한 관용의 입장에 기울어져 있다는 사정을 고려하여 시술자의 동기, 목적, 방법, 횟수, 시술에 대한 지식수준, 시술경력, 피시술자의 나이, 체질, 건강상태, 시술행위로 인한 부작용 내지 위험발생가능성 등을 종합적으로 고려하여 사회상규에 위배되지 아니하는 행위로서 위법성을 조각할 수 있다"

(4) 안락사

안락사(Euthanasie, Sterbehilfe)란 회복할 수 없는 죽음의 단계에 들어선 중환자의 고통을 381
덜어주기 위해 의사가 치료를 중단하거나 약물을 투여하는 등의 방법으로 생명의 종기를 인위적으로 앞당기는 의사의 행위를 말한다. 안락사가 형법상 살인죄(형법 제250조 제1항)나 촉탁·승낙 살인죄(동법 제252조 제1항) 또는 자살방조죄(동법 제252조 제2항)의 구성요건에 해당할 수 있지만 사회상규에 위배되지 아니하는 행위로 인정될 수 있는지가 문제된다.

의사가 환자의 생명유지에 필요한 의료적 조치를 취하지 않거나(소극적 안락사) 치명적인 382
약물을 주사하여 감내할 수 없는 육체적 고통을 제거하는 동시에 죽음의 시기를 앞당기는 경우(적극적 안락사), 일정한 전제조건하에 사회상규에 위배되지 아니하는 행위로서 위법성이 조각될 수 있다고 보는 것이 타당하다(자세한 내용은 『각론』 살인죄의 위법성조각사유 참조).

제 7 절 의무의 충돌

작위범의 경우에는 의무의 충돌이 위법성조각사유로 문제조차 되지 않는다. 작위범의 383
경우에는 행위자가 법익침해 내지 법익침해의 위태화라는 결과를 야기하지 말아야 할 '부작위의무'를 위반한 경우인데, 두 개 이상의 부작위의무가 존재하는 경우라도 행위자가 부작위하기만 하면 어떤 법익에 대해서도 결과가 발생하지 않기 때문이다. 그러므로 의무의 충돌은 부작위범의 경우에만 문제될 수 있다.

I. 의무의 충돌의 의의

1. 의의

'의무의 충돌'이라 함은 동일한 주체에게 동시에 이행할 수 없는 둘 이상의 법적 의무가 384
서로 경합하고 그 중 하나의 의무밖에 이행할 수 없는 긴급상황에서 이행하지 않은 의무가 부작위범의 구성요건에 해당하는 경우를 말한다.

2. 의무의 충돌이 문제되는 이유

작위범의 경우에는 행위자가 결과발생을 야기하는 행위를 하지 않음으로써 수 개의 부 385
작위의무(예컨대 사람의 생명을 침해해서는 안 될 의무)가 동시에 이행될 수 있어서 의무의 충돌은 일어나지 않는다. 반면에 부작위범의 경우 행위자가 여러 개의 작위의무(예컨대 위험에 처한 사람의 생명을 구해야 할 의무)를 동시에 이행해야 할 때 그 동시이행이 불가능한 경우에는 선택적으로만 작위의무를 이행할 수밖에 없다. 예컨대 물에 빠진 아들과 아내를 동시에 구해야 할 의무를 가진 자가 둘 중 한 사람만을 구할 시간적 여유를 가지고 있을 뿐인 경우가 있다. 이러한 경우에는 아들을 구조할 작위의무와 아내를 구해야 할 작위의무가 서로 충돌하는 상황이 생긴다.

Ⅱ. 의무의 충돌의 체계적 지위

386 의무의 충돌의 경우 이행하지 못한 작위의무가 야기한 결과발생과 관련하여 구성요건해당성은 인정된다. 하지만 수 개의 결과발생을 방지해야 할 법적 의무를 부담하고 있는 자가 그러한 결과발생을 동시에 방지할 수 없는 상황에서 그 중 어느 하나의 결과발생만을 방지하고 나머지 결과방지의무를 이행하지 못하였을 때 그 발생된 결과에 대해 책임을 져야 한다는 것은 법이 불가능한 것을 요구하는 셈이 되고 만다. 따라서 법질서 전체의 관점에서 보아 그 부작위행위를 반가치하다고 판단할 수 없기 때문에 위법성조각의 결론을 내릴 수 있다.

Ⅲ. 의무충돌의 유형 및 위법성조각의 요건

1. 진정의무의 충돌과 부진정의무의 충돌

387 형법상 의무의 충돌에는 '진정의무의 충돌'과 '부진정의무의 충돌'이 있다. 진정의무의 충돌은 행위자에게 여러 개의 작위의무가 존재하지만, 그 중에서 하나의 의무만을 이행할 수밖에 없는 결과 다른 작위의무를 위반하고 그로 인해 법익침해가 발생한 경우를 말한다. 부진정의무의 충돌은 작위의무와 부작위의무간의 충돌이 있는 경우로서 이를 의무의 충돌 사례로 인정할 수 있는가에 관해서는 견해가 일치하지 않는다. ① 부진정 의무의 충돌도 의무의 충돌로 보아 위법성을 조각시킬 수 있다는 견해[259]도 있지만, ② 의무의 충돌은 작위의무와 작위의무의 충돌의 경우, 즉 진정 의무의 충돌사례에 국한시켜야 한다는 견해[260]가 타당하다.

388 왜냐하면 부진정 의무의 충돌로 문제되는 경우 가운데 행위자의 행위가 '작위'에 해당하여 작위범의 성립 여부가 문제되는 경우에는 작위범의 긴급피난에 해당하므로 의무의 충돌이 처음부터 문제되지 않기 때문이다.[261] 뿐만 아니라 행위자의 행위가 '부작위'에 해당

259) 손동권, §12/37; 오영근, §20/47.

260) 김일수/서보학, 351면; 박상기, 200면; 이재상/장영민/강동범, §18/30; 이형국/김혜경, 366면. 임웅, 245면; 정성근/정준섭, 143면.

261) 예컨대 응급환자인 아들을 자동차에 태워 병원으로 가던 중 신호준수의무를 지키지 않은 아버지의 경우 아들의 생명을 구해야 할 작위의무는 이행하였고 적색신호에 운전하지 말아야 할 부작위의무를 이행하지 않

하여 부작위범이 문제되는 경우에도 긴급피난에 관한 규정을 적용할 수 있다. 다만 후자의 경우에는 긴급피난의 우월한 이익이라는 요건이 그대로 적용되지 않고, '부작위의무가 현저하게 열등한 것이 아닌 한' 부작위범의 위법성이 조각된다고 해야 한다. 왜냐하면 작위범의 경우 긴급피난행위자는 작위를 통해 부작위의무를 이행하지 못한 대신 본질적으로 더 우월한 작위의무를 이행하였지만 부작위범의 경우 부진정 의무충돌사례는 '작위의무를 이행하지 못한' 경우에 해당하므로 원래적 의미의 긴급피난과는 반대의 경우이기 때문이다.[262)]

2. 진정 의무의 충돌과 법적 효과

389 진정 의무의 충돌은 충돌하는 두 작위의무가 우열관계가 있는 경우와 동가치한 경우에 각각 문제될 수 있다.

(1) 우열관계가 있는 의무의 충돌

390 **1) 위법성조각의 요건** 병원에 화재가 발생하였을 때 중요한 의료장비를 보호해야 할 의무와 위험에 처한 환자를 구해야 할 의무가 있는 자는 우열관계가 있는 두 개의 의무충돌상황에 직면하게 된다. 이러한 의무의 충돌이 있을 경우 다음과 같은 요건이 구비되면 위법성이 조각된다는 점에 견해가 일치한다. 첫째, 이행된 의무나 불이행된 의무가 도덕적 의무가 아니라 법적 의무이어야 한다. 둘째, 단순한 법규 간의 충돌인 논리적 충돌[263)]이 아니라 실질적 충돌이어야 한다. 따라서 하나의 의무를 이행한 후 다른 의무를 이행함이 가능하거나 충돌하는 모든 의무의 이행이 가능한 경우는 실질적 충돌이 아니므로 제외되어야 한다. 셋째, 행위자가 보다 우위에 있는 의무를 이행하여야 한다. 넷째, 행위자가 이러한 상황을 인식하고 스스로 우위에 있는 의무를 이행하여 그 보호객체를 구조하려는 의사를 가져야 한다(주관적 정당화요소). 다섯째, 행위자가 고의·과실에 의하여 의무의 충돌을 야기한 경우가 아니어야 한다.

391 **2) 위법성조각의 근거** 우열관계가 있는 의무의 충돌의 경우 위법성을 조각하는 근거에 관해서는 견해가 일치하지 않는다. ㉠ 형법 제20조의 사회상규에 위배되지 않는 정당

았다. 따라서 이 경우 행위자의 행위는 부작위범이 아니라, 신호위반이라는 작위범의 구성요건에는 해당되지만 아들의 생명을 구하기 위한 긴급피난행위로 위법성이 조각된다.

262) 따라서 예컨대 인공호흡장치를 한 대만 갖추고 있는 병원에 그 장치를 필요로 하는 다른 응급환자가 오자 의사가 기존의 환자에게서 그 장치를 떼어내어 회생가능성이 더 높은 새로운 환자에게 장착하여 결국 기존의 환자가 사망하였다면 (다수설에 따르면) 기존의 환자에 대해 작위에 의한 살인죄의 구성요건해당성은 인정되지만, 다른 환자의 생명을 구하기 위한 능동적인 작위에 의한 긴급피난에 해당하여 위법성이 조각될 수 있다.

263) 예컨대 전염병예방법에 따른 의사의 신고의무와 형법상 비밀누설죄의 비밀유지의무의 관계가 논리적 충돌의 예에 해당한다. 법 사이에 이미 존재적으로 모순·충돌이 있는 것은 잘못이므로 법조경합이 있는 경우에 지나지 않는다.

행위로 포섭시키자는 견해,[264] ㉡ 의무의 충돌을 초법규적 위법성조각사유로 파악하는 견해,[265] ㉢ 긴급피난의 일종 또는 긴급피난의 특수한 경우로 파악하는 견해[266] 등이 있다.

392 생각건대 의무의 충돌의 경우 2개 이상의 작위의무가 있는데 반하여 긴급피난의 경우에는 피난의무가 있는 것은 아니기 때문에 의무의 충돌을 긴급피난과 동일시 할 수는 없다. 뿐만 아니라 우리 형법상 초법규적 위법성조각사유가 법규화되어 있는 제20조의 규정이 있는 이상 의무의 충돌을 초법규적 위법성조각사유로 이해할 수도 없다. 따라서 의무의 충돌을 형법 제20조의 사회상규에 위배되지 아니하는 행위로 인정하는 것이 타당하다.

(2) 동가치한 의무의 충돌

393 해수욕장에서 구조대원이 익사 직전에 빠져 있는 두 사람을 동시에 구할 수 없는 경우와 같이 우열을 가릴 수 없거나 동가치한 두 개의 작위의무가 충돌한 상황에서 행위자가 두 개의 의무 중 하나만을 수행하였을 경우, 의무의 충돌의 법적 효과를 둘러싸고는 위법성조각설과 책임조각설로 견해가 대립하고 있다.

394 1) 책임조각설 동가치한 의무 중 어느 하나도 포기할 수는 없으므로 위법성이 조각될 수는 없고, 책임이 조각될 뿐이라는 견해이다.[267]

395 2) 위법성조각설 법질서가 이행할 수 없는 불가능을 요구할 수 없기 때문에, 행위자가 어느 의무를 이행하든지간에 그 때 다른 의무를 이행하지 않은 부작위는 위법하지 않은 것으로 보아야 한다는 견해이다.[268]

396 3) 결론 위법성조각설이 타당하다. 만약 의무의 충돌이 있을 경우에 작위의무를 이행하지 못함으로써 결과가 발생한 것에 대해 위법성은 인정되고 책임이 조각될 뿐이라고 한다면 법이 불가능한 것을 요구하는 결과가 되기 때문이다. 동가치한 의무의 충돌이 위법성이 조각되기 위해서는 앞에서 설명한 의무의 충돌의 요건(우월한 의무의 이행이라는 요건은 제외)이 구비되어야 한다.

264) 김일수/서보학, 352면; 오영근, §20/54; 임웅, 246면; 차용석, 483면.
265) 손해목, "의무의 충돌", 월간고시, 1988.8, 116면.
266) 배종대, §68/2; 신동운, 284면; 이재상/장영민/강동범, §18/38; 이형국/김혜경, 366면; 정성근/정준섭, 144면.
267) 배종대, §68/12.
268) 김일수/서보학, 382면; 안동준, 121면; 이형국/김혜경, 368면; 임웅, 248면; 정성근/정준섭, 146면.

제5편

일반적 범죄성립요건 Ⅲ: 책임론

책임(Schuld)은 구성요건에 해당하고 위법한 행위를 한 행위자에 대해 비난가능하다고 판단을 내리는 제3의 범죄성립요건이다. 행위자의 행위가 구성요건에 해당하고 위법성이 인정되더라도 책임이 부정되면 범죄성립이 인정되지 않는다. 형법은 위법성의 경우와 마찬가지로 책임의 경우에도 적극적으로 어떤 요소가 책임을 근거지우는 요소인지를 규정하고 있지 않고 책임을 부정하는 책임조각사유만 규정하고 있다. 그러나 책임조각사유에 관한 형법규정을 해석할 경우에도 일반적 범죄성립요건인 '책임'이라는 개념에 대한 이해가 책임이론의 발전에 따라 어떻게 변화되어 왔는지, 책임비난 여부를 판단하는 기준이 무엇인지에 관한 기본적 지식이 요구된다.

책임론에서는 책임개념의 본질에 관한 범죄체계론, 그리고 책임판단의 기준에 관한 책임이론의 발전 등을 개관한 후(제1장), 서로 다른 책임이론이 형법전의 책임조각사유의 규범구조에 어떻게 반영되어 있는지를 살펴보고(제2장), 개별 책임조각사유를 규정한 형법규정의 해석론을 전개한다(제3장).

제 1 장 책임의 기초이론 §22

범죄성립요건 심사의 마지막 단계인 '책임'은 사회윤리적 비난을 의미하는 '형벌'을 부과하기 위해 불법행위가 귀속되는 행위자에게 가해지는 책임비난 여부를 판단하는 체계요소이다. 오늘날 형법이론학과 형사실무는 '책임'이 구성요건에 해당하는 위법한 행위(불법행위)를 평가대상으로 삼아 그 불법행위와 그 행위자에 대한 '비난가능'하다는 '평가' 그 자체를 본질로 한다는 점에서 의견이 일치되어 있다(책임=비난가능성). 그러나 이러한 책임이해하에서도 책임 평가의 대상으로서 심리적 요소가 책임의 요소에 포함되는지에 관해서는 견해가 일치되어 있지 않다. 책임개념의 하위요소 내지 책임개념의 내부구조는 범죄체계를 어떻게 구축하는지에 따라 다르게 파악될 수 있다. 이 장에서는 책임의 의의 및 책임원칙 그리고 책임개념의 내용적 요소가 범죄체계론의 발전에 따라 어떻게 다르게 파악되어 왔는지를 개관(제1절)하고, 책임이 비난가능성이라는 규범적 책임개념하에서 책임비난여부를 판단하는 '기준'이 무엇인지를 둘러싸고 전개된 전통적 책임이론과 예방적 책임이론의 대립양상(제2절)을 살펴본다. 1

제 1 절 책임의 의의, 본질, 그리고 범죄체계론

Ⅰ. 책임의 의의와 책임원칙

1. 책임의 의의

책임은 행위자가 자신의 행위의 규범위반성을 인식할 수 있었고 그 인식한 내용에 따라 적법한 행위로 나아갈 수 있는 가능성이 있었음에도 불구하고 불법한 행위로 나아간 데에 대해 가해지는 행위 및 행위자에 대한 부정적 가치판단(비난가능성)을 의미한다. 2

2. 책임과 불법의 구별

구성요건해당성과 위법성의 단계에서는 '불법' 평가의 대상으로 행위에 대한 반가치판단이 이루어지지만 책임 평가 단계에서는 불법행위를 한 '행위자'에 대한 반가치판단도 포함된다. 불법 평가의 기준은 그 사회의 모든 구성원에 대해 요구되는 객관적 법질서(당위규범)인 데 반해, 책임 비난의 기준은 행위자의 인식능력과 구체적인 사정에 비추어 볼 때 행위자가 그와 같은 당위규범을 위반하는 행위(불법)로 나아가지 않고 규범합치적 의사형성 3

을 할 수 있었던가 하는 점이다.

4 이처럼 행위 평가(구성요건해당적 불법)와 행위자 평가(책임비난/주관적 귀속)를 엄격하게 구분하는 것이 19세기 말과 20세기 초까지 근대 형법학의 한 공적으로 평가되기도 한다.[1] 오늘날 용어사용에서는 차이가 있지만 그리고 그 내용 및 내부구조에 관해서 일치되어 있는 것은 아니지만, 책임의 본질에 관한 한 이론과 실무가 일치점을 보이고 있는 점이 있다. 책임은 행위자가 자신의 의무위반적 동기설정 때문에 규범위반적 행위를 하였다는 점에 대해 비난, 즉 책임은 비난가능성이라는 점이다.

3. 책임과 책임원칙

(1) 형법의 중심개념으로서의 책임

5 오늘날 '책임'은 서로 다른 맥락에서 서로 다른 의미로 사용되고 있다. 먼저, 책임이 법철학적 의미에서 책임이념으로서 사용되는 경우가 있다. 이러한 의미의 책임은 가벌성의 전제조건들로 구성된 형법전체를 형성하는 형사정책적, 헌법적 지도원칙으로 나타난다. 둘째, 이념적 가치표상에서 도출되고 있기는 하지만, 책임이라는 개념이 첫 번째 의미의 책임개념보다는 더 좁고 더 형식적인 차원에서 사용되는 경우도 있다. 위법한 행위를 행위자에게 주관적으로 귀속한다는 의미 내지 위법한 행위에 대한 책임비난이라는 의미의 책임개념이다. 이러한 의미의 책임은 범죄체계론상의 책임개념을 가리킨다. 셋째, 양형의 기초가 되는 책임, 즉 양형책임이 있다. 양형책임은 범죄체계론상의 책임개념과 마찬가지로 책임이념에서 도출되는 개념이기는 하지만, 위법한 행위에 대한 귀속의 정도를 포함할 뿐 아니라 위법한 행위의 비난가능성도 포함하기 때문에 범죄체계론상의 책임개념과 내용적으로 동일하지 않다[2](양형책임에 관해서는 후술한다).

(2) 책임원칙의 의의

6 책임을 범죄성립요건의 하나로 인정하고 있음은 책임을 형벌부과의 전제조건으로 인정하고 있음을 의미한다. 이와 같이 책임이 범죄성립 및 형벌을 근거지우기 위한 전제조건으로 인정되어야 한다는 원칙을 '책임원칙'이라고 부른다. 일반적으로 책임원칙은 '책임 없으면 형벌 없다'고 공식화되고 있다. 그런데 이 공식에서의 '책임'은 구성요건해당성과 위법성 외의 제3의 범죄성립요건으로서의 책임만을 의미하는 것은 아니다.

7 **1) 불법 없이 책임 없다는 의미의 책임원칙** 책임은 잘못(죄) 내지 형법적 불법의 의미로 이해할 수도 있다. 이러한 이해에 따르면 책임원칙은 '불법이 없으면 책임이 없다'는

---

1) 물론 앞서 위법성이론에서 주관적 위법성이론, 즉 행위자의 주관적 인식능력과 의사결정능력을 위법성 판단에서 고려하려는 생각이 주장되고 있다.

2) 세 가지 책임개념의 구분은 특히 Hans Achenbach, Historische und dogmatische Grundlage der strafrehts-systematische Schuldlehre, 1974.

공식도 포함한다. 이러한 책임원칙은 외부적 결과만 발생하면 이에 대해 형벌을 부과하였던 결과책임사상 내지 우연책임사상을 극복하고 자유로운 개인의 자기책임이 인정되는 경우에만 형벌을 부과할 수 있다는 근대 법사상의 표현이다. 이에 따르면 고의, 과실, 인과관계 등을 가벌성의 요건으로 요구하고 있는 법률의 태도를 책임원칙의 요청이라고 할 수 있다.[3] 이와 같은 가벌성의 요건을 충족하지 않은 주체에게 책임을 지울 수 없다는 의미에서 보면 이러한 의미의 책임원칙을 '책임개별화원칙'으로 부를 수도 있다.

2007년 헌법재판소는 종업원 등의 위반행위만으로 법인 영업주 또는 개인 영업주의 독자적 잘못 없이도 법인 또는 개인 영업주를 처벌하도록 되어 있는 종래의 양벌규정이 헌법상 책임원칙에 반한다고 하면서 위헌결정을 내렸다. 이에 따라 2007년 이후 양벌규정의 단서조항 속에 법인 또는 개인 영업주를 위한 독자적 처벌근거를 추가해 넣은 방향으로 양벌규정에 대한 입법적 변화가 이루어졌다. 이처럼 헌법적 책임원칙, 즉 주체별로 가벌성의 근거가 독자적으로 요구된다는 차원의 책임개별화원칙은 해석론 뿐만 아니라 입법론의 기초로도 작용한다. 8

2) 책임 없이는 형벌 없다는 의미의 책임원칙 '책임'이 없으면 형벌 없다는 의미의 9
책임원칙은 책임이 형벌을 근거지울 뿐 아니라 책임이 형벌을 한계지우는 범죄표지라는 의미로 사용된다. 형벌을 근거지우는 책임(형벌근거책임)은 불법이외에 독자적 범죄표지인 '책임'이 인정되어야 범죄가 성립하고 형벌을 부과할 수 있다는 의미의 책임을 말하고, 형벌을 한계지우는 책임(형벌제한책임)은 형벌이 책임의 양(정도)을 초과해서는 안 된다는 의미차원에서 말하는 책임이다. 책임에 의해 미리 만들어진 형벌(법정형)의 상한과 하한사이에는 예방적 관점들도 형벌(선고형)을 결정함에 있어 고려될 수 있다(책임범위이론).

종래 범죄론에서는 가벌성의 전제조건들을 다루기 때문에 형벌을 근거지우는 차원의 '책임'인정을 위한 하위요소들을 다뤄왔고, 책임이 인정되는 전제하에서 책임의 양(정도)을 정하는 차원의 양형책임이나 책임범위 안에서 어떤 예방목적을 고려할 것인지에 관해서는 형벌론에서 취급해 왔다. 하지만 1970년대부터 책임의 유무와 정도에 예방목적을 고려하는 새로운 책임이론이 등장하여 전통적 책임이론에 도전하고 있다. 10

(3) 책임원칙의 헌법적 지위

위 두 가지 의미의 책임원칙('불법 없으면 책임 없다'/'책임 없으면 형벌 없다')은 헌법이나 형법에 명시적으로 규정되어 있지 않지만 헌법적 지위를 가지는 것으로 평가된다.[4] 먼저 '불법 없으면 책임 없다'는 의미의 책임원칙은 헌법상 법치국가 원칙 및 죄형법정주의로부터 도출될 수 있다. 국가가 개인의 자유와 권리를 형벌로 제한하기 위해서는 형벌부과의 전제조건을 법률의 형식으로 명확하게 구성요건적 불법으로 정형화해 두어야 할 것이 요구되 11

3) 근대 민법의 기본원칙 중에 하나로 인정되고 있는 '과실책임원칙'도 이러한 의미에서 잘못이 있어야 책임을 진다는 의미의 책임원칙을 선언한 것으로 이해될 수 있다.

4) 헌법재판소 2010.11.25. 2010헌가88. "'책임 없는 자에게 형벌을 부과할 수 없다'는 형벌에 관한 책임주의는 형사법의 기본원리로서, 헌법상 법치국가의 원리에 내재하는 원리인 동시에, 헌법 제10조의 취지로부터 도출되는 원리이다."

기 때문이다. 법률에 규정된 '불법'요소가 충족되지 않은 이상, 행위자를 비난하는 것을 내용으로 하는 책임도 인정될 수 없음은 형식적 법치국가원칙 및 그 형법적 구체화인 죄형법정주의의 요구를 통해 관철되고 있다.

12 다음으로 '책임 없으면 형벌 없다'는 의미의 책임원칙은 헌법의 '인간의 존엄과 가치' 및 '일반적 행동의 자유권'에서 도출된다. 자신의 행위가 사회의 금지규범에 반하는 불법행위임을 인식할 수 있고, 그러한 불법의식에 기초하여 스스로 자신의 행위를 적법한 행위로 통제할 수 있는 경우, 즉 자신의 불법행위 대해 책임을 질 수 있는 자에게만 국가형벌을 부과할 수 있다고 선언한 것은 불법행위를 한 행위자를 자기행위에 대해 책임을 질 수 있는 인격체로 인정하고, 이러한 인간으로서의 인격적 가치를 가진 자에 대해서만 사회윤리적 비난으로서의 형벌을 부과할 수 있기 때문이다.

13 이러한 시각에서 보면 '책임'은 '불법행위'에 대해 사회윤리적으로 비난가능하다는 판단, 즉 비난가능성으로서의 책임을 의미하게 된다. 이러한 책임이해에 따르면 자기 행위의 사회적 의미내용을 이해할 수 있고 자기행위를 통제하여 불법한 행위를 피하고 적법한 행위로 나아갈 것을 요구하고 기대할 수 없는 행위자는 '책임' 무능력자로서 형벌을 부과할 수 없게 된다.

14 앞서 언급했듯이 책임원칙과의 조화되는 방향으로 양벌규정의 입법적 변화를 촉구한 헌법재판소의 결정이 종래의 양벌규정을 위헌이라고 한 것은 양벌규정이 법치국가원칙에서 도출되는 책임원칙에 위배된다는 것을 선언한 것일 뿐이다. 2007년 이후 개정된 양벌규정이 인간의 존엄성과 일반적 행동의 자유권에서 도출되는 차원의 책임원칙도 반영하고 있는지는 헌법재판소에서 아직 쟁점화되지 않았다. 장차 이 문제가 제기되더라도 '자연인'이 아닌 '법인'에게 인간의 존엄과 가치에서 도출되는 차원의 책임이 인정될 수 있다고 말할 수 있는지는 어려울 것으로 보인다. 법인의 형사처벌을 인정하는 것이 범국가적인 추세임에도 유독 독일 형법에서만 법인의 형사처벌이 인정되고 있지 않음은 독일 형법학이 책임개념의 도그마틱적 엄격성을 포기하지 않고 있기 때문인 것으로 보인다.

(4) 책임원칙과 형사제재체계

15 책임원칙하에서는 행위자의 행위에 대해 위법성까지만 인정되고 책임이 인정되지 않는다면 형벌이 부과될 수 없고, 책임의 한도를 넘어서는 형벌이 부과될 수 없다. 이러한 차원에서 볼 때 책임원칙은 헌법이 추구하는 자유보장이라는 이념을 실현하는 기능을 한다. 즉 책임원칙은 국가형벌권의 자의적 행사와 남용을 제한함으로써 개인의 자유를 보장하는 법치국가적 기능을 수행에 필요불가결한 기여를 하는 형법의 기본원칙이다.

16 책임원칙은 형벌을 형벌 이외의 다른 형사제재수단(특히 보안처분)과 구별되는 독자적인 의미를 가진 제재수단으로 만든다. 형벌은 행위자의 책임이 인정되어야 부과할 수 있지만, 보안처분은 장래의 위험성방지라는 예방목적에만 이바지하면서 책임과 아무런 관계가 없이 부과될 수 있는 형사제재수단이다. 이 때문에 치료감호법상의 책임무능력자에 대한 치료감호 또는 소년법상의 보호처분 등은 구성요건해당성과 위법성만 인정되면 책임이 부정되어도 부과될 수 있는 '형벌대체적' 보안처분이다. 이에 반해 보안관찰법상의 보안관찰처

분이나 치료감호법상 정신성적 장애자에게 부과되는 치료감호는 책임이 인정되는 자에 대해서도 부과될 수 있는 '형벌보충적' 보안처분이라고 할 수 있다. 이에 관해서는 보안처분론에서 다룬다.

Ⅱ. 책임의 본질과 범죄체계론

1. 심리적 책임개념과 고전적 범죄체계

범죄의 외부적 요소는 불법요소로 분류되고 범죄의 내부적·주관적 요소는 책임요소로 배치시켰던 고전적 범죄체계하에서는 범죄의 내부적·주관적 측면, 그 중에서도 행위자의 심리적 사실인 '고의·과실'은 책임의 요소로 파악되었다. 이러한 태도에는 19세기 말부터 풍미했던 자연과학적 사고의 영향으로 인간의 심리도 자연과학적 연구의 대상으로 삼으려는 방법론(자연주의적 존재론적 접근법)이 기초되어 있었다. 이러한 방법론은 당시 형법의 중요한 원칙으로 자리잡고 있었던 죄형법정주의 사상과 결합되면서 불확정적인 평가적 요소를 책임의 요소로 인정하기를 거부하고 확정가능한 심리적 사실만을 책임의 요소로 인정하도록 만들었다. 17

이에 따르면 행위자의 심리적 사실인 고의 또는 과실이 있으면 책임이 인정되고, 고의 또는 과실이 없으면 책임이 인정되지 않는다. 이와 같이 책임을 '행위에 대한 행위자의 심리적 관계'로 이해했던 책임개념을 오늘날 '심리적 책임개념'이라고 한다. 심리적 책임개념하에서는 고의 또는 과실이 책임을 이루는 본질적 요소가 되고, 책임능력은 책임의 전제조건로 파악된다. 18

2. 책임개념의 규범화와 프랑크의 규범적 책임개념

20세기 초 자연주의적 인과적 사고를 극복하고 가치 또는 목적을 범죄개념에 대한 이해에 반영하려고 하였던 신고전적 범죄체계론자들은 책임개념을 심리적 사실만으로 이해하지 않으려고 하였다. 책임의 본질이 고의 또는 과실이라는 심리적 요소에 있는 것이 아니라는 결정적 단서를 제공한 것은 독일형법상의 면책적 긴급피난에 관한 규정이었다. 이 규정에 기초하여 심리적 책임이해의 결정적 문제점을 지적한 것은 저명한 형법주석서로 독일의 형법학계와 실무에 지대한 영향력을 미치고 있었던 프랑크(Reinhard Frank)였다. 프랑크는 "책임개념이 고의와 과실의 단순한 집합개념이고 결과를 의식적으로(고의) 야기하거나 부주의하게(과실) 야기한 점에 책임이 있는 것이라면, 이 책임이 (면책적) 긴급피난의 경우에 다시 탈락될 수 있다고 말하는 것은 전혀 납득이 가지 않는다"[5]는 의문을 제기함으로써 심리적 책임개념의 토대를 무너뜨렸다. 19

---

5) Frank, Über den Aufbau des Schuldbegriffs, 1907, S. 12.

20 프랑크의 이러한 주장이 있기 이전부터 독일 형사실무에서는 이미 심리적 책임개념과 작별을 하고 있었다. 그 시작을 알린 것은 이른바 마부(Leinenfänger) 사건에서였다. 이 사건에서 피고용인인 마부가 꼬리를 고삐에 감는 습성이 있는 말을 자신이 운행하던 마차에 사용하던 중, 위험성을 인식하고 고용인에게 말의 교체를 수 차례 요구하였으나 거절되었다. 그러나 말이 마침내 꼬리로 사고를 일으켜 통행인에게 상해를 입힘에 따라 마부가 업무상과실치상죄로 기소되었다. 이에 대해 1879년 독일 제국법원은 피고인이 해당 말이 끄는 마차의 운행을 거부하여 고용주로부터 해고당하면 생계의 위협을 받게 된다는 특수한 사정을 고려하여 피고인이 고용주에게 그 말의 사용을 거부할 기대가능성이 없음을 이유로 책임을 부정하였다(RGSt 30, 25).

21 책임 심사에서 고의 또는 과실이라는 '심리적 요소'가 아니라 규범합치적 행위에 대한 기대가능성 등에 기초된 '비난가능성'이라는 평가적(규범적) 요소를 고려하고자 하였던 프랑크도 책임개념을 완전히 규범화하는 단계로까지는 나아가지 못하였다. 왜냐하면 그는 책임을 '행위자의 정상적인 정신상태, 행위에 대한 행위자의 심리적 관련성(고의·과실) 그리고 행위자가 행위하는 상황의 정상적 상태(오늘날 기대불가능성이 인정되는 부수사정의 비정상성)'라는 세 가지 요소를 모두 포함한 개념으로 보았기 때문이었다. 책임에서 심리적 요소를 완전히 일소하여 책임개념을 순수 평가적 개념으로 파악하는 데까지 이르지 못한 프랑크 류의 책임개념을 오늘날 '복합적 (규범적) 책임개념'이라고 부를 수 있다.

3. 순수한 규범적 책임개념의 등장과 목적적 범죄체계

22 심리학적 요소인 고의 또는 과실을 더 이상 책임의 요소로 파악하지 않게 된 것은 1930년대 등장한 목적적 행위이론의 주장에 힘입은 바 크다. 목적적 행위이론은 외부의 진행과정(행위)에 대한 행위자의 내적(심리적) 관련성 자체를 '행위'요소로 파악하였고, 이에 따라 행위에 대한 행위자의 내적(심리적) 요소(예컨대 강도의 고의)를 심사하는 장소는—구성요건적 행위(예컨대 강도행위)를 검토하는—'구성요건'영역으로 보았기 때문이었다.

23 목적적 행위이론의 이와 같은 결론은 범죄체계에 변화를 일으켰을 뿐만 아니라 책임개념의 규범화에도 결정적인 영향을 미쳤다. 행위자의 심리적인 태도가 책임영역에서 구성요건영역으로 이동됨에 따라 책임영역에는 위법한 행위에 대한 '비난가능성'이라는 규범적·평가적 요소만 남게 되었기 때문이었다(순수한 규범적 책임개념).

24 그러나 목적적 행위이론에 의해 구상된 범죄체계(=목적적 범죄체계)하에서 책임이 순수한 규범적 성격을 가진 요소가 되려면 고의가 구성요건요소로 이동하고 책임요소에 여전히 남아 있는 '위법성의 인식'이라는 요소도 더 이상 책임의 요소로 인정하지 말아야 한다. 위법성의 인식이란 행위의 위법성에 대한 행위자의 인식이라는 주관적·심리적 태도로서 규범적 요소로 파악될 수 없기 때문이다. 바로 이 때문에 목적적 행위이론의 주창자인 벨첼은 위법성의 인식을 위법하게 행위한 행위자에 대한 "비난의 이유 내지 근거"로 설명하면서 그 심리학적 요소로서의 색채를 배제하는 동시에 위법성의 인식을 책임의 적극적 요

소로도 인정하지 않았다.[6)]

책임영역에 평가의 객체인 일체의 심리적 요소를 축출하고 책임을 '비난가능성'과 동일시하면, 책임판단은 비난가능성이라는 단순한 가치판단(평가 그 자체)에서 끝나버리게 된다. 이와 같이 책임개념이 공동화(空洞化)될 우려에 관해서는 이미 벨첼 이전, 책임개념의 '부분적 규범화'가 진행되기 시작할 무렵 독일의 형법학자 로젠펠트(Ernst Heinrich Rosenfeld)에 의해 "어떤 인간의 책임은 단지 타자의 머릿속에만 존재한다"는 문제제기가 있었다.[7)] 25

4. '신'복합적 책임개념과 합일태적 범죄체계

이러한 문제제기에 응답이라도 하듯 목적주의자들의 인적 불법론을 수용하여 고의를 구성요건요소로 인정하면서도 고의가 책임평가단계에서도 여전히 기능(의미)을 가진다고 보는 견해가 등장하였다. 앞서 살펴보았듯이 1950/60년대 등장한 이 견해는 구성요건요소로서의 고의는 행위의 방향설정기능을 하는 행위반가치 요소이고(구성요건적 고의), 책임요소로서의 고의는 행위자의 위법한 '행위에서 드러나는 법적대적 심정,' 즉 심정반가치 요소(책임고의)로 배치시킨다.[8)] 이 견해는 특히 고의의 이중적 지위(기능)를 인정함으로써 (신)고전적 범죄체계와 목적적 범죄체계를 절충하는 이른바 합일태적 범죄체계[9)]를 구축하였고, 이로써 평가의 대상을 그 자체속에 가지지 못하여 공동화될 할 위기에 있었던 책임개념에 다시 '책임고의'라는 심리학적 요소가 들어올 수 있게 되었다.[10)] 26

이와 같은 책임이해는 책임은 비난가능성이라고 하는 규범적 책임개념을 전제하면서 책임고의라는 심리적 요소를 여전히 책임의 요소로 인정하고 있기 때문에 프랑크의 복합적 (규범적) 책임개념과는 차별되게 '신복합적 (규범적) 책임개념'이라고 불리기도 한다. 27

5. 소결: 순수 규범적 책임개념의 타당성

합일태적 범죄체계론자들의 책임이해와 같이. '행위'에서 드러나는 심정반가치적 요소가 있다면 그 심정반가치적 요소가 위법한 '행위'에서 나오는 것이므로 '행위'의 주관적 요소로서 체계상 책임이 아니라 이미 불법판단에서 고려되어야 할 것이다. 만약 불법판단의 대상인 '행위'에서 드러나지 않은 '심정반가치'적 요소가 있다고 한다면, 그러한 심정적 요소는 행위책임이 아니라 이른바 성격책임 또는 생활형성책임으로 대표되는 '행위자' 책임에 28

---

6) Welzel, S. 161.
7) Rosenfeld, Sculd und Vorsatz im v. Lisztschen Lehrbuch, ZStW 32(1911), S. 469.
8) 독일의 갈라스에 의해 주장된 이러한 이론구상이 독일이나 한국의 교과서 저자들에 의해 널리 수용된 점은 앞서 살펴보았다.
9) 합일태적 범죄체계는 고의뿐 아니라 과실도 이중적 지위를 인정한다. 이에 관해서는 과실범론 참조.
10) 특히 고의의 이중적 지위설에 의하면 행위자가 '위법성조각사유의 객관적 전제사실의 착오'를 일으킨 때에는 책임고의가 탈락된다고 하는 결과, 행위자에게 구성요건적 고의가 인정됨에도 불구하고 고의책임이 인정될 수 없고 따라서 과실책임이 부과될 가능성만 남게 된다고 한다. 이에 관해서는 후술한다.

접근해 가고 만다. 요컨대 적법한 '행위'에로의 결단을 내릴 수 있는 행위자의 능력 또는 가능성을 넘어서서 '행위자'의 심리적 측면인 '심정'을 책임의 독자적 요소로 이해하는 입론은 헌법상 행위책임의 원칙과 조화되기 어렵다.

29 따라서 이 책은 책임을 비난가능성으로 보는 규범적 책임이해를 관철시키는 차원에서 책임개념에 심리적 요소를 배제하여야 한다는 출발점에 선다. 따라서 종래 복합적 규범적 책임개념 또는 신복합적 규범적 책임개념과 같이 일정한 심리적 요소(책임고의, 위법성의 인식)를 여전히 책임의 구성요소로 파악하는 중도적 입장을 취하지 않는다. 특히 형법규정의 주관적·심리적 요소(예, 책임무능력사유 가운데 정신·심리학적 장애사유들)도 책임비난여부를 판단하기 위한 평가의 대상이자 단서(계기)사유로 인정할 뿐 이 요소들을 책임을 구성하는 본질적 요소로 보는 것은 아니다. 범죄의 요소(개념)들을 평가의 대상과 평가 그 자체로 구분하는 이 책의 범죄체계에 관해서는 §8/61 이하 참조.

제 2 절 책임이론의 발전과 책임비난의 실질적 근거(☆)

Ⅰ. 규범적 책임개념하에서의 문제제기

1. 비난가능성으로서의 책임: 형식적 의미의 책임개념의 문제점

30 형법적 책임은 불법행위를 한 행위자에게 형사책임을 지운다는 의미차원에서의 비난가능성이다. 그러나 책임을 비난가능성으로만 정의하는 규범적 책임이해는 책임의 '형식'적 차원만 포착하고 있다. 행위자가 자신이 저지른 규범위반적 불법에 대해 책임을 져야 한다는 점만 말하고 있을 뿐, 행위자에게 규범준수가 기대되는 이유가 무엇인지에 대해서는 말하고 있지 않은 것이다. 따라서 규범적 책임이해하에서의 책임비난이 정당화되려면 책임은 비난가능성이라는 '형식적' 공식을 넘어 그 '실질적' 근거, 즉 비난의 '근거'가 제시되어야 한다.

2. 실질적 의미의 책임개념: 책임비난의 실질적 '근거'찾기의 의의

31 책임비난의 실질적 근거찾기는 불법행위를 한 행위자에게 왜 다름아닌 '형벌로써' 비난하는지에 관한 물음 내지 형벌부과를 위해 '불법'확인 외에 추가적으로 책임비난의 독자적 존재의의가 무엇인가라는 물음에 대한 답찾기 차원에서도 의미가 있다. 특히 무엇을 '근거'로 책임비난을 할 것인가의 문제는 실천적으로 무엇을 책임판단의 '기준'으로 할 것인가의 문제로 귀결된다.

32 이 때문에 행위자에게 책임비난을 가하는 실질적 근거 내지 기준에 관한 문제는 구체적인 사례에서 행위자의 가벌성을 심사할 경우, 즉 행위자의 행위의 범죄성립요건 충족여부를 심사하는 단계에서는 직접적으로 제기되지 않는다. 책임판단의 근거 내지 기준 문제는 형법적 책임귀속의 원칙이나 형법의 책임조각사유에 관한 규정들을 적용할 경우 해석의 기준(척도)로서 중요한 의미를 가진다. 이에 관해서는 후술한다.

33 책임비난의 실질적 근거(기준)찾기는 책임개념의 규범화 이전 시기, 이미 19세기 심리적 책임개

념하에서부터 형법이론학에서 표면화된 과제였다. 하지만 이 과제는 규범적 책임개념(복합적 규범적 책임개념, 순수 규범적 책임개념, 신복합적 규범적 책임개념)하에서 본격적인 당면 과제가 되어 현대 형법이론학의 난제 중의 난제로 여전히 해결이 난망하다. 이하에서는 규범합치적 동기설정을 하지 못하여 불법행위를 한 행위자에 대한 비난 여부를 판단하는 일을 '책임'이라는 독립된 체계적 장소에서 수행할 때 무엇을 '근거'로 책임비난을 할 것인지에 관한 답을 찾는 일에 초점을 맞춰 그에 대한 답을 내놓은 책임이론들의 궤적을 좇아가 본다.

여기서 분명히 되어야 할 것은 행위의 불법(위법성)판단에서 적법과 불법을 가르는 기준이 되었던 '법'(규범) 자체가 책임비난여부를 판단하는 일에는 더 이상 근거 내지 척도가 될 수는 없다는 점이다. 책임판단에서는 법을 척도로 삼은 행위의 위'법' 내지 불'법' 판단이 내려진 후, '추가적으로' 불법한 행위를 한 행위자에 대한 비난가능성 여부를 판단하기 때문이다. 34

Ⅱ. 19세기 학파논쟁과 책임비난의 근거

주지하다시피 19세기 말 범죄개념에 대한 지배적 형법이론(즉 고전적 범죄체계이론)이 책임을 행위에 대한 행위자에 대한 심리적 관계라는 의미의 심리적 책임개념을 출발점으로 삼고 있었지만, 책임비난의 '근거'에 관해서는 내부적으로 서로 다른 책임이론으로 분화되어 있었다. 이러한 이론적 분화는 넓게는 18세기 인간의 이성을 중심에 두는 계몽주의 및 형이상학적 철학에 기초한–이른바 고전학파의–형법이론과 19세기 말에 풍미했던 실증주의 및 자연과학적 학문방법에 기초한–근대학파의–형법이론간의 대립인 '학파논쟁'에 기인하고(학파논쟁에 관한 자세한 내용은 §36 제1절 Ⅲ. 참조), 좁게는 인간에게 의사자유가 있는지에 관한 논제를 둘러싼 형이상학적 '비결정론'과 실증주의적 '결정론'간의 대립에 기인한다. 35

1. 고전학파와 도의적 책임이론: 규범합치적 동기설정의 가능성

빈딩(Karl Binding)으로 대표되는 고전학파는 형벌은 책임에 대한 응보이고, 응보는 비난을 전제로 하며, 진정한 비난은 이성을 가진 인간에게 '의사의 자유'가 있음을 전제로 해서만 가능한 것으로 보았다. 이성적 인간이라면 누구나 스스로 규범합치적 동기를 형성할 수 있는 '자유와 이성적 능력'이 있음에도 불구하고 규범에 위반하는 불법행위로 나아간 점을 책임비난의 근거로 삼았다(비결정론적 도의적 책임이론).[11] 36

고전학파가 범죄의 원인을 범죄자가 '의사자유'를 남용한 점에서 찾았다는 의미는 개인이 자신의 37

---

11) Karl Engisch, Die Lehre von der Willensfreiheit in der strafreditsphilosophisdien Doktrin der Gegenwart, 1965, S. 7. 물론 당시 빈딩도 여기서 말하는 자유를 그 무한으로 소급해 가는 차원의 무원인 내지 의사결정의 우연성으로 이해하거나 행위에 행위자의 동기와 성격이 아무런 의미가 없다는 의미로 이해하지 않았다. 빈딩은 스스로 동기가 "성격의 생산물"이라고 하면서 행위의 "근원없음"이라는 의미에서의 비결정주의를 분명히 거부하였다.

결단의 원인자로서 시간적으로 진행하는 방향에로의 인과적 관련성이 그 개인에게서 중단된 것이라는 의미로 이해되었다. 이에 따르면 행위자는 인과적 결정으로부터 '자유'로운 존재이기 때문에 적법하게 행위할 수 있었음에도 불구하고 불법하게 행위하였음이 인정된다. 도의적 책임이론은 불법행위는 적법하게 행위할 수 있는 이성적 인간이 가진 의사자유의 남용을 진정한 비난의 (실질적) 근거로 삼는다.[12)]

2. 근대학파의 이른바 '사회적' 책임이론: 사회보호이론, 성격책임(생활영위책임)론 등

38 리스트(Franz von Liszt)에 의해 주도된 근대학파는 의사자유가 경험적으로 입증되지 않았고 자연과학적으로 입증될 수도 없는 것이라는 입장에서 출발하였다. 이에 따라 범죄의 원인도 고전학파의 태도와는 달리 형이상학적 차원의 의사자유에서는 찾을 수는 없고, 오히려 범죄자의 '소질과 환경'에 의해 미리부터 '결정'되어 있는 것이라는 태도를 취했다(결정론적 책임이론).

39 19세기 말에서 20세기 초반부에 이르기까지 근대학파의 형법이론 중 책임이론의 지형도는 간단하게 그릴 수 없을 정도로 복잡한 분파 양상을 보였다.[13)] 근대학파 진영 중 이탈리아의 형법학자들(페리, 그라마티카 등)은 의사자유를 전제로 하는 책임비난 및 책임비난을 전제로 하는 형벌을 폐지함으로써 형법 체계를 결정된 범죄자로부터 사회를 보호하기 위한 보안처분법 체계로 바꾸어야 한다는 과격한 주장을 하였다. 그러나 리스트와 같이 결정주의적 세계관과 비결정주의적 세계관 사이의 대립이 형법에 대해 아무런 의미가 없다고 본 중립적 입장도 있었다. 리스트는 당시의 실증주의적 방법적 노선에 따를 때 고의와 과실을 자연과학의 한 분파인 심리학에서 규명의 대상으로 삼을 수 있다고 보면서 이른바 심리학적 책임개념을 기초로 삼은 고전적 범죄체계의 구축에 크게 기여하였다.[14)]

40 이외에 책임을 비난과 결합시킬 수 없는 '의미와 무관한 자연과학적 실재'로 이해하면서 책임개념을 여전히 유지하려는 견해도 있었고, 미리 결정되어진 소질과 환경 그 자체를 책임비난의 근거로 삼을 수 없게 되는 문제점을 극복하기 위해 행위자가 과거에 잘못된 성격을 형성한 부분(성격책임) 혹은 잘못된 생활을 영위해 온 부분(생활형성책임)에서 책임비난의 근거로 삼는 견해도 등장하였다. 특히 성격책임론등은 '책임'을 사회적 위험성이 있는 행위자가 사회방위처분을 받아야 할 법적 지위를 가리키는 개념으로 이해하였다.

41 이와 같이 근대학파 진영에서는 소질 또는 환경에 의해 범죄를 범할 것이 이미 결정되어 있는 범죄자에 대해서는 책임비난을 가할 수 없으므로 책임개념을 포기하고, 책임비난을 전제로 하는 형벌 대신에 사회보호를 위한 처분적 조치가 필요하다는 입장도 있었지만, 책임개념을 유지하면서도 비결정주의적 의사자유의 남용에 기초한 개인 윤리적 차원의 '비난'에서 끝나지 않으려는 입장도 있었다. 특히 후자의 입장은 예방사상에 기초하여 범죄자의

12) Engisch, 앞의 책, S. 7.
13) 학파논쟁의 대립각과 형사정책적 방향성에서 근대학파 진영의 여러 갈래에 관한 스케치는 제4부 형사제재론의 '학파논쟁' 부분 참조.
14) Engisch, 앞의 책, S. 8 참조.

개선이나 위하 등 형벌의 사회적 유용성과 연계된 책임이해로 나아갔다. 근대학파 이론가들이 기초로 삼았던 이러한 책임이론을 '사회적' 책임이론으로 명명하기도 한다. 그러나 다수의 국내 교과서에서 간략하게 소개되어 있는 '사회적 책임론' 관련 설명[15]은 앞서 언급한 이탈리아 학파의 극단적 주장에만 타당한 설명에 불과하므로 근대학파의 형법이론 및 책임이론에 대한 설명으로 균형잡힌 시각에서의 설명으로 보기 어렵다.

사회적 책임이론은 형법의 자유보장적 과제수행을 위해 명확성을 가진 표지로 정형화된 금지행위를 근거로 하는 책임비난 대신 반사회성, 잘못된 생활형성, 또는 성격 등과 같이 정형화되기 어려운 행위자적 표지를 책임비난의 근거로 삼는다. 이 때문에 사회적 책임이론은 도의적 책임이론이 책임비난의 실질적 근거로 삼는 의사자유가 형이상학에 기반하고 있고 과학적 실증주의에 반할 수 있다는 비판점과는 무관하게 도의적 책임이론의 공적으로 여겨왔던 국가형벌권의 자의적 행사를 제한하는 일에 기여해 온 '죄형법정주의'와 책임원칙과 조화를 이루기 어려울 수 있다. 이 뿐만 아니라 범죄의 원인을 사회적 환경의 탓으로 돌리게 되면 범죄자들이 저마다 책임에서 벗어날 수 있는 외부환경을 내세울 수 있는 구실을 주게 되어 형법의 법익보호 과제에 구멍이 생길 수도 있다. 무엇보다도 사회적 책임이론의 기초가 된 범죄생물학은 독일 나찌체제하에서 우생학으로 변질되어 전체주의 국가의 체제를 유지하기 위한 도구로 사용되기도 했다. 42

Ⅲ. 20세기 책임이론과 책임판단의 기준

1. 도의적 책임이론의 우세와 형법의 태도

오늘날에도 의사자유를 책임비난의 실질적 근거(또는 책임판단의 기준)로 삼는 도의적 책임이론은 여전히 주류적 책임이론으로 유지되고 있다. 이 책임이론은 의사자유가 형이상학적 허구라는 19세기 자연과학적 실증주의로 무장된 근대학파의 도전을 받기도 했지만, 20세기 중반까지 한편으로는 절충과 타협, 다른 한편으로는 형법의 자유보장적 과제 수행을 위한 최적화된 이론이라는 장점을 과시하면서 근대학파의 책임이론이 가진 문제점과 한계를 극복해 왔다. 43

물론 근대학파의 책임이론 가운데 고전학파의 책임이론에 영향을 주어 오늘날의 형사입법에 중요하게 반영된 부분도 있다. 의사자유에 관한 결정론적 입장을 보충한 책임(무)능력 규정 및 형벌 외에 보안처분을 형사제재로 인정한 독일형법이 대표적이다. 이 규정을 모델로 삼은 한국 형법 제10조도 행위자의 생물학적·심리학적 특성을 형사책임무능력사유로 규정하고 있으며, 다수의 법률들에서 형벌을 대체하거나 보완하기 위해 고안된 보안처분을 형사제재수단으로 활용할 수 있도록 하여 형사제재체계 이원주의를 도모하고 있다. 특히 소년법은 도의적 책임이론에 기초한 책임비난 및 응보형벌을 포기하고, 사회적 책임이론에서 강조된 예방적 교육목적을 전면에 내세워 형벌 대신에 보호처분이 부과될 수 있도록 설계하였다. 44

15) 즉 「결정주의적 태도를 취하게 되면 의사자유의 남용에 대한 비난으로서의 책임개념은 없어지거나 불필요하게 되므로 결국 책임비난을 전제로 하는 형벌도 부과할 수 없게 되고 따라서 형벌 대신 보안처분을 범죄에 대한 대응수단으로 삼게 되는바, 이는 형벌을 근간으로 삼는 형법체계를 사회보호를 위한 보안처분을 근간으로 삼는 처분법체계로 바꿀 것을 요구하는 태도로 나타났다」는 식의 설명이 대다수 교과서의 공통된 설명이다.

2. 규범적 책임개념과 의사자유의 20세기적 변용

(1) '행위'의 자유에 기초한 타행위가능성

45 도의적 책임이론은 범죄에 관한 그동안 발전된 형법이론들도 적극적으로 수용하고 있다. 특히 행위자에게 고의 또는 과실이 인정되어도 규범합치적 행위로의 동기설정을 기대할 수 없게 만드는 사정이 있을 경우 책임비난을 할 수 없다는 기대가능성이론, 고의 또는 과실을 책임의 요소가 아닌 구성요건 요소에 재배치할 것을 주장한 목적적 행위이론 등이 예이다. 이러한 형법도그마틱의 발전은 범죄체계의 하위요소(개념)인 책임의 요소에서 일체의 심리적 요소를 배제해 내고 책임개념을 전적으로 규범적 평가적 개념으로 이해하도록 추동하였다.

46 특히 규범적 책임이해는 도의적 책임이론하에서 책임비난의 실질적 근거로 삼아왔던 의사자유를 바라 보는 시각에도 변화를 가져오게 했다. 도의적 책임이론 내부에서 의사자유에 관해 결정론과 비결정론 중 양자택일적 입장을 지양하는 이른바 불가지론자가 다수를 점하게 되면서 형법 및 책임이론의 '합리화'를 위한 방안을 모색하게 된 것이다. 이 중에 특히 의사자유를 더 이상 실증적 존재로서가 아니라 '규범적'으로 '가정'된 것이라는 전제 하에서 의사의 자유 대신에 합리적 행위선택의 가능성이라는 차원의 행위의 자유에 초점을 맞추고 이를 책임비난의 근거로 삼는 태도가 대표적이다. 내부 심리적 '의사'의 자유로운 형성을 외부적 '행위'의 자유로운 선택 문제로 변용한 것은 행위선택이 자유로운지 아닌지는 일상적 경험적 사실로서 확인될 수 있기 때문이라는 것이다.

47 이러한 합리적인 행위선택의 가능성이라는 측면을 오늘날 형법학에서는 불법한 행위를 피하고 적법한 행위를 결정할 수 있는 가능성이라는 의미에서 '타행위가능성'(Anders-Handeln-Können)이라는 도그마틱적 개념으로 발전시켰다. 이에 따르면 '책임'은 행위자가 타행위가능성이 있음에도 불구하고 범죄행위로 나아간 것에 대한 비난을 의미하고, 타행위가능성이 없는 행위자에 대해서는 '비난가능성'이 탈락되어 책임이 조각된다는 이론을 전개할 수 있게 된다.

48 책임은 비난가능성이라는 의미의 형식적 규범적 책임개념하에서 책임비난의 실질적 근거가 무엇인가라는 물음에 대한 1952년 독일 연방재판소가 금지착오(위법성의 착오)와 관련하여 내린 다음의 판결은 한국형법이론학과 형사실무도 따르고 있는 도의적 책임이론위에 구축된 모범적 모델을 제공해주었다. 이 판결이 '의사자유'를 전제로 한 '타행위가능성'이 책임판단의 '기준'이라는 점을 선언하고 있기 때문이다.

49 "형벌은 책임을 전제로 한다. 책임은 비난가능성이다. 책임이라는 반가치판단을 통하여 행위자가 비난되는 점은 그가 적법하게 행위할 수 있었고 법에 합치되게 행위할 수 있었음에도 불구하고 불법행위를 하기로 결단을 내렸다는 점이다. 책임비난의 내적 근거는 인간이 자유롭게, 자기결정책임을 지는 그리고 도덕적인 자기결정을 할 수 있는 존재이고 따라서 법에 합치되게 결정하고 불법에 반대하는 결정할 수 있는 능력을 가지고 있고, 법적인 당위의 규범에 따라 행위하고 법적으로 금지된 바를 회피할 능력을 가지고 있다는 점에 있다"(BGHSt 2, 200).

(2) 책임판단의 기준: 행위자의 타행위가능성 vs. 일반화된 타행위가능성

그러나 실용적 관점에서 보면 규범적 책임이해와 도의적 책임이론이 조합되어 만들어낸 타행위가능성이라는 책임판단의 기준도 여전히 만족스럽지 못한 측면이 있다. 현실의 형사재판에서 구체적인 상황에 처한 개개의 행위자에게 '타행위가능성'이 있는가는 여전히 입증되기 어려운 문제이다. 이 때문에 도의적 책임이론은 여기서 한 걸음 더 나아가 타행위가능성여부를 판단하는 척도인으로 '행위자' 개인이 아닌 '사회의 평균인'을 내세우는 방식으로 입증곤란의 문제를 피해가려고 하였다. 경험법칙상 평균인이라면 행위자와 동일한 상황에서 타행위가능성이 있다고 평가할 수 있는 경우에는 그 사회의 구성원인 행위자에게도 역시 타행위가능성이 있었을 것이라는 추론이 가능하기 때문이다. 이와 같이 '사회적 평균인'의 관점에서의 타행위가능성을 '일반화된 타행위가능성'으로 부를 수 있다. 50

일반화된 타행위가능성을 책임판단의 기준으로 삼는 책임이론도 실증되지 않은 의사자유를 '규범적'으로 가정하고 있다는 점에서 도의적 책임이론의 현대적 변용이다. 사회적 평균인에게 요구된 일반화된 규범합치적 행위 기대수준을 행위자에게도 요구하는 이 이론하에서의 책임이해를 오늘날 독일형법이론학에서는 '사회적 책임개념'이라고 불리기도 한다(앞의 근대학파의 '사회적 책임이론'과 다름). 51

判 대법원도 책임판단의 기준과 관련해서는 사회적 책임개념의 기본컨셉(일반화된 타행위가능성)을 수용하고 있다고 말할 수 있다. 대법원이 기대불가능성을 초법규적 책임조각사유로 인정하는 전제하에서 행위자가 규범합치적 행위로 나올 것에 대한 기대가능성 여부에 대한 판단을 함에 있어 '사회적 평균인'을 척도로 삼고 있기 때문이다. 다른 한편 대법원은 다른 책임조각사유인 책임무능력 판단에서는 '형벌제도의 목적'도 고려되어야 한다고 말함으로써 후술할 새로운 책임이론에 따른 책임판단의 기준(즉 예방적 차원의 처벌 필요성)도 수용하는 면모를 보이기도 한다. 이에 관해서는 후술한다. 52

Ⅳ. 새로운 학파논쟁과 책임비난의 실질적 근거

1. 예방적 책임이론의 등장

1970년대 중반무렵부터 독일에서는 의사자유와 무관하게 책임비난을 실질적으로 근거지우려는 새로운 책임이론이 등장하였다. 새로운 책임이론은 경험적으로 입증할 수 없는 의사자유를 책임비난의 근거로 삼는 전통적 도의적 책임이론이 전적으로 형이상학적 허구에 토대를 두고 있는 것이라는 비판적 시각에서 출발하였다. 이에 따라 새로운 책임이론은 책임비난의 실질적 근거찾기에서 책임개념의 현실적 역할 내지 사회적 기능에 초점을 맞추었다. 형법을 형이상학과 작별시켜 합리적 형사정책과 연계시키는 점에 역점을 두는 새로운 책임이론은 19세기 말 근대학파의 주장을 계승하고 있는 측면이 있다. 새로운 책임이론이 책임비난의 근거로서 내세우는 형벌목적은 전통적 도의적 책임이론과 달리 응보가 아닌 예방목적(일반예방목적 및 특별예방목적)이다. 53

54 오늘날 규범적 책임개념을 출발점으로 삼으면서도 책임비난의 근거를 '가정(허구)적인'－개인적이든 일반화이든－타행위가능성을 기초로 삼지 않고 형법의 현실목적인 '예방' 목적 내지 필요성에서 찾으려는 입장을 '예방적 책임이론'이라고 부른다. 19세기의 근대학파에 이어 다시 고전적 형법이론에 대해 도전장을 내밈으로써 예방적 형벌목적을 책임비난의 근거로 삼으려는 예방적 책임이론과 책임비난의 근거를 오직 타행위가능성에서만 찾으려는 전통적인 책임이론 간에 전개되고 있는 논쟁은 "새로운 학파논쟁"으로 자리매김되기도 한다.[16)]

2. 예방적 책임이론의 두 갈래

(1) 극단적 예방적 책임이론; 기능적 책임이론

55 극단적 예방적 책임론은 책임평가에서 타행위가능성이라는 척도를 전적으로 배제하고, 오로지 예방목적만을 책임평가의 척도로 내세우는 태도를 말한다. 이러한 급진적인 노선의 예방적 책임론의 대표주자는 독일의 형법학자 귄터 야콥스(Günther Jakobs)이다. 야콥스는 특히 타행위가능성이라는 내용이 제거된 책임개념의 빈자리에 채워넣어야 할 예방목적을 '적극적 일반예방'목적이라고 하면서, 책임을 "적극적 일반예방목적의 파생물"의 파생물로 정의하기도 하였다.[17)]

56 야콥스에 의하면 구성요건에 해당하고 위법성이 인정되는 행위를 한 행위자에게 형벌을 부과함으로써 법에 충실한 모든 일반시민들에게 '규범준수라는 내면의 훈련효과'가 생기고 그에 따라 '법규범이 안정화'되는 목적을 달성될 수 있을 때 책임을 인정한다고 한다.[18)] 반면에 그러한 적극적 일반예방목적을 달성할 필요가 없을 때에는 행위자를 처벌할 필요성이 없기 때문에 책임비난도 하지 않는다고 한다. 사회 내에서 규범의 안정화, 내지 규범의 타당성을 유지하는 기능을 담당하는 적극적 일반예방목적의 파생물인 책임을 일컬어 '기능적 책임개념'이라고 부르기도 한다.

(2) 절충적 예방적 책임이론

57 책임비난을 탈형이상학적으로 근거지우려는 출발점이나 책임판단을 현실적이고 합리적 형사정책적 목표달성에 결부시키려는 점에서 예방적 책임이론의 계열에 서 있으면서도 의사자유에 기초된 타행위가능성이라는 표지를 책임비난의 근거지움에서 전적으로 포기하지 않는 중도적 책임이론이 있다. 록신(Claus Roxin)에 의해 구상된 이 책임이론은 책임의 형벌제한적 기능을 저버리지 않으려는 취지에서 타행위가능성 여부를 경험과학적으로 최대한 밝혀야 함으로써 전통적 책임이론의 책임개념을 유지하면서도, 형사정책적 예방목적(특히 적극적 특별예방목적)을 고려하는 제4의 카테고리를 따로 고안하여 이를 '벌책성(Verantwortlichkeit)'으로 부르는 선에서 타협하고 있다. 이에 따르면 행위자에게 타행위가능성이 인정되어 책임이 인정되더라도 특별예방목적에 비추어 볼 때 행위자를 처벌할 필요성이 없다고 판단될 경우에는 벌책성이 탈락되어 결국 범죄가 성립하지 않게 된다.

---

16) Zipf, Die Integrationsprävention. positive Generalprävention, FS für Pallin, 1989, S. 482.
17) Jakobs, Schuld und Prävention, 1976, S. 32.
18) Jakobs, §1/11.

3. 책임판단의 기준 관련 예방적 책임이론에 대한 평가

예방적 책임이론의 형법이론적 의의는 앞서 살펴보았다.[19] 책임비난의 실질적 근거 모색에서 예방적 책임이론은 전통적 책임이론의 출발점인 의사자유라는 형이상학적 존재론적 토대를 벗어나 책임비난을 사회내에서 추구되고 있는 현실적인 목적과 결부시킴으로써 형법의 합리화에 기여하고 있다. 58

예방적 책임이론은 독일에서는 물론이고 한국에서도 그 위상에 걸맞은 대우를 받지 못하고 있다. 예방적 책임이론에 대해 일반적으로 두 가지 문제점이 지적되고 있다. ① 처벌의 필요성이라는 형사정책적 관점이 책임판단에서 고려되면 책임판단의 자의성이 초래될 수 있다는 점과 ② 행위자에 대한 본보기 처벌을 위해 행위자의 책임범위를 넘어서는 과잉처벌로 이어질 수 있다는 점이다. 59

그러나 과잉처벌의 위험은 책임비난의 근거 내지 책임판단의 기준의 규범화 내지 실질화가 만들어내는 위험이 아니다(후술하듯이 책임판단의 기준은 형법의 책임조각사유 규정의 해석론에 관계한다). 형벌의 양과 관계하는 다른 형법 및 헌법적 원칙들에 의해 통제가 이루어지고 있기 때문이다. 즉 법정형은 입법단계에서부터 책임원칙과 비례성원칙이고, 선고형은 법정형과 처단형의 범위내에서 양형원칙에 의해 정해지기 때문이다. 특히 중도적 입장인 록신의 책임구상은 전통적인 책임이론을 유지하면서도 벌책성의 판단의 경우 고려되는 특별예방목적의 필요성은 법정형의 하한을 하회할 가능성을 열어주므로 과잉처벌의 위험과는 무관하다. 60

법관의 자의적 판단의 여지가 넓어질 수 있다는 지적은 예방적 책임이론은 물론이고 전통적 책임이론도 피해가기 어려운 지적이다. 사회구성원이라면 누구라도 당해 규범을 준수해야 한다'는 규범적 요청에 기초하여 규범적 척도인인 '사회적 평균인'의 규범합치적 행위 가능성을 판단해야 한다는 주장(전통적 책임이론)이나, 만약 행위자의 행위가 이러한 '사회의 규범적 요구'에 부합하지 못한 것으로 평가될 경우 장래에 규범의 효력을 타당성을 유지하기 위해 처벌될 필요가 있고 따라서 책임비난이 요구된다는 주장(예방적 책임이론)은 서로 수렴해가고 있기 때문이다(형법 제10조 제1항의 해석론 참조). 61

이 때문에 책임은 행위자의 행위 또는 행위자의 심리 속에 있는 것이 아니라 법관의 머릿속에 있고, 이는 결국 책임유무가 법관의 주관적 평가에 전적으로 달려있음을 부인하기 어렵다. 따라서 현재로선 어느 책임이론에 따르더라도 책임판단에 예측가능성과 법적 안정성을 담보할 확실한 이론적 장치는 없다. 62

두 이론간에 차이가 있다면, 전통적 책임이론은 두 차례의 학파논쟁 속에서 형이상학적 의사자유의 존재를 긍정하는 고전학파의 비결정주의(도의적 책임이론)를 기초를 삼으면서 근대학파의 형법이론과 대척점에 서 있는 반면, 예방적 책임이론은 형법의 성역 내지 신화로 취급되어 왔던 책임영역의 탈형이상학화 내지 합리화를 도모하면서 근대학파의 계보를 이어가고 있다는 점뿐이다. 어떤 책임이론에 따를 것인지는 책임조각사유의 해석론에서 책임판단의 기준이 가지는 의미 차원을 확인한 후(제2장)에 결론내리기로 한다. 63

---

19) 책임의 예방목적 종속성을 인정함으로써 범죄성립요건과 형벌목적의 관계에 관한 전통적 도그마 깨기 및 형법적 개념에 대한 접근방법에서의 변화로 요약될 수 있다(§8의 제1절 Ⅱ. Ⅲ. 참조).

§ 23 # 제 2 장 형법의 책임조각사유와 책임판단의 기준

1 규범적 책임개념하에서 책임판단의 기준에 대해 형법이론학은 저마다 다른 해답을 내놓았다. 개인적 또는 일반적 '타행위가능성'(전통적 책임이론)과 '예방적 처벌목적'(예방적 책임이론)이 대표적이다. 앞의 기준은 형이상학적 의사자유에 기초하고 있고, 뒤의 기준은 형벌목적에 종속되어야 할 책임의 사회적 현실 기능에 기초한다.

2 그러나 어느 기준에 따르더라도, 책임관련 형법규정을 (형사사례에) 적용함에 있어서는 그 기준 자체만 가지고 행위자의 책임을 적극적으로 근거지울 수 없다. 범죄성립요건의 심사에서 책임판단은 형법이 규정하고 있는 책임조각사유의 적용과 연계되어서만 작동하도록 되어 있기 때문이다.

3 이하에서는 책임비난의 기준이 행위의 책임조각사유들의 충족 여부를 심사하는 일과 어떤 관계가 있는지를 확인한 후(제1절), 형법의 책임조각사유들의 규범구조를 분석하면서 책임판단의 기준이 가지고 있는 의미를 재조명하고(제2절), 형법의 책임조각사유의 체계 속에서 책임판단의 상위기준이 개별 책임조각사유의 특성에 맞게 변형된 하위기준들 가지고 있는지를 확인해 본다(제3절).

제 1 절 책임판단 기준의 의의와 책임조각사유의 입법화

Ⅰ. 책임판단 기준의 특수성

1. 형'법률' 또는 '법'외적인 판단 기준

4 형식적으로만 보면, 책임판단의 대상은 '불법행위'이다. 비난가능성 여부를 행위자가 적법한 행위 대신에 불법행위를 범한 과거사실을 가지고 판단하기 때문이다. 그런데 책임판단의 대상인 불법여부는 형'법률' 또는 전체로서의 객관적 '법'을 척도로 삼아 평가된 결과물이다. 앞서 언급했듯이 불법판단은 일차적으로 금지목록을 규정한 형법률을 척도로 삼아 구성요건해당성 판단을 하고, 다음으로 전체로서의 법질서 전체를 준거로 삼은 위법성 판단으로 이루어지기 때문이다.

5 따라서 위 두 가지 기준(형법률+전체로서의 법질서)에 의거한 불법판단 이후의 단계에서 이루어지는 책임판단에서는 '법'적인 기준이 직접적인 척도로서 재등판할 수는 없다. 다시 말해 형식적 법률이든 초법규적 법(법의 정신, 사회윤리, 사회통념 또는 정의 등)이든 규범적 차

원의 법규범 그 자체는 책임비난의 실질적 근거가 될 수 없고 책임판단의 기준도 될 수 없다. 책임이라는 체계요소를 다른 범죄성립요건(구성요건, 위법성)과 차원적으로 다른 층위의 도그마틱적 개념으로 취급해야 할 이유도 바로 그 기준의 특수성에 존재한다. 책임 개념을 둘러싼 논쟁이 오래되고 그리고 가장 치열했던 것도 바로 바로 이 때문이다.

이미 17/18세기 고전적 귀속이론하에서도 규칙(법)의 적용이 귀속의 두 단계인 행위귀속과 책임귀속의 중간단계에 위치하고 있었던 점도 책임판단에서는 더 이상 '규칙'이 비난의 근거가 아니었음을 말해준다. 고전적 귀속이론하에서는 실천 윤리학적 관점에서 책임귀속을 배제하는 사유들이 널리 수용되었다. 오늘날에 와서도 위법성 판단은 불'법', 적'법', 위'법', 합'법'이라는 용어의 사용에서 보듯이 언제나 '법'적 차원의 기준이 사용되고 있는 반면, 책임과 관련해서는 언제나 '비난', '자유' 또는 '기대가능성' 등의 용어가 등장하고 있을 뿐이라는 점도 책임 판단의 기준이 법 '외'부에서 발견되어야 할 그 무엇임을 알게 해 주는 대목이다. 6

2. 책임에 기초된 이념과 책임조각사유의 입법배경

(1) 이념적 기초로서의 '자유'

형법적 판단에서 '법규범'을 기준으로 삼은 불법 판단에 뒤이은 책임판단에서는 무엇을 근거로 '책임'비난을 근거지울 것인가 라는 물음에 대해서는 오랫동안 흔들림 없이 유지되어온 답이 있다. 이성을 가진 인간(개인)이라면 누구라도 의사적 측면에서건 행위적 측면에서건 자유로운 자기결정을 내릴 수 있고, 그러한 자유로운 자기결정에 대해서는 '책임'을 져야 한다는 계몽주의자들의 답이 그것이다. 이성적 주체로서의 인간은 이성의 요청에 따라 도덕적 정언명령에 따를 의무가 있고, 이에 따라 규범합치인 행위를 선택할 수 있는 자유가 있음에도 불구하고 불법한 행위를 선택하였으므로 자신의 규범위반적 행위선택에 대해 책임이 있고, 이 책임에 대해 사회윤리적 비난으로서의 형벌이 부과된다는 것이다. 7

이러한 인간의 자유와 이성을 기초로 한 계몽주의적 사고모델에는 인간이 다른 의사를 형성할 수 있고 그에 따라 다르게 행위할 수 있는 능력이 있는 존재라는 점이 전제되어 있다. 이러한 사고모델에 따른 형법적 책임컨셉에서는 '책임이 '도의적' 책임으로 불려졌다. 도의적 책임컨셉에 따르면 '이성'을 가진 인간의 '자유'가 책임의 이념적 기초가 된다. 8

(2) '의사자유'와 결부된 난제 및 자유의 가능조건 입법화 한계

'이성적 인간 → 이성적 인간에게 내재된 규범합치적 행위에의 자유 → 자유에 따른 책임'이라는 18세기 계몽주의적 사고모델은 경험적 실재에 기반한 것이 아니라 형이상학적 가정에 기초된 것이다. 이 때문에 이와 같은 관념적 사고모델로 설명되기 어려운 이례적 현상들을 사회 속에서 직시하는 현실주의자들의 시각에서 보면 위와 같은 사고모델의 타당한지에 대한 회의적 시선을 거두기가 어려웠다. 9

10 이러한 의심에 불을 붙인 것은 19세기 과학주의와 실증주의를 신봉한 근대학파 이론가들이었다. 근대의 과학적 사고방식에 따르면 책임비난의 근거인 인간의 '의사자유'는 실제로 존재증명이 불가능한 것으로 여겨졌기 때문이다. 자유로운 의사를 기초로 자유롭게 '행위'할 가능성도 그것이 적극적으로 인정될 수 있는 경우를 일일이 법률에 열거할 수 없는 입법기술상의 한계를 가지고 있다. 형사재판에서도 피고인에게 구체적인 상황 속에서 타행위가능성이 있는지를 적극적으로 입증하는 일은 사실상 불가능에 가깝다. 도의적 책임컨셉에 적용될 수 없는 이례적 현실 사례들을 다르게 취급할 수 있는 새로운 대응컨셉의 개발이 요구되었다.

11 책임비난을 적극적으로 근거지움에 있어 장애가 되는 걸림돌을 피해가는 방법은 무엇인가? 가장 쉬운 방법은 인간 일반의 의사자유 내지 행위의 자유를 규범적으로 '가정'하는 방법이다. 즉 생물학적으로 일정한 연령에 도달한 자라면 누구나 이성을 가진 자이므로 원칙적으로 스스로 불법한 행위 대신 적법한 행위로 의사를 형성하거나 적법한 행위로 나아갈 수 있음을 출발점으로 삼는 방법이다.

12 이와 같이 입증이 불가능하거나 입법기술상 열거하기 어려운-그러나 있다고 가정될 수밖에 없는-자유를 전제로 삼은 '정상성' 요건과는 달리 자유가 없거나 제한되는 '비정상성' 요건은 경험적으로 입증가능하고 구체적인 사례속에서도 확인가능하다. 근대적 사고모델로 19세기 말 당시 각광을 받고 있었던 '정상-비정상' 구별컨셉도 정상성에 대한 규범적 가정을 출발점으로 삼는 입법모델을 개발하는데 영향을 미친 것으로 보인다. 즉 정상적 인간은 도의적 책임모델에 따라 책임비난을 하게 하고, '비정상적' 정신상태하에서의 행위자의 행위 또는 자유로운 행위선택을 할 수 없는 '비정상적' 행위 상황하에서의 행위에 대해서는 도의적 차원에서 책임비난을 할 수 없으므로 '책임'을 인정하지 않은 입법모델이 그것이다.

13 고전학파의 주장(비결정론)과 근대학파의 주장(결정론)을 절충함으로써 이원적 규율방식을 취한 독일의 형법(그리고 현재 한국의 형법)도 이러한 입법모델에 따른 것이라고 할 수 있다. 독일과 한국의 형법은 가벌성의 전제조건의 하나인 책임에 관한 규정을 하면서 '자유'의 가능조건(정상성 요건)을 적극적으로 드러내어 이를 책임비난을 근거지우는 요건으로 규정하지 않고,[20] 소극적으로 책임비난을 할 수 없는 자유의 불가능 조건(비정상적 사정들)을 유형화하여 이를 '책임'조각(탈락)사유로 규정하고 있기 때문이다.

(3) 정상-비정상성 컨셉과 고전적 귀속이론

14 이와 같이 정상성을 가정하여 이를 기초로 책임을 인정하고, 비정상적 사정이 있을 경우 책임비난을 탈락시키는 해법은 16, 17세기 고전적 귀속이론하에서도 그 맹아가 있었다.

---

20) 예컨대 현행 형법의 책임조각사유를 책임비난을 근거지우는 적극적 사유로 바꾸면 다음과 같다; ① 행위자가 자기행위의 규범위반성을 인식할 수 있는 능력 및 그러한 인식에 따라 자기행위를 규범합치적으로 통제할 능력이 있어야 한다('책임능력'). ② 행위자가 자기행위가 위법하지 않다고 오인할 수 있는 여지가 없어야 한다('위법성의 인식'), ③ 부수사정의 비정상성에도 불구하고 행위자가 적법한 행위로 나올 것이 기대될 수 있어야 한다('기대가능성').

앞서 설명하였듯이 고전적 귀속이론 하에서의 귀속은 첫 번째 단계인 사실적 귀속(=행위귀속)과 두 번째 단계인 법적 귀속(=책임귀속)으로 이루어져 있었지만, 그 중간단계에는 '사실에 대한 규칙의 적용' 단계(1.5단계: 위법성 확정단계)가 있었다.

두 번째 단계인 책임귀속은 규칙(법규범)을 척도로 삼은 1.5단계인 행위에 대한 위법성 판단이 끝난 후 그 행위에 '비난'을 할 것인지 말 것인지를 관건으로 삼는 단계였다. 이 귀속단계는 철학적 귀속이론의 관심사인 실천윤리학적 관점의 반영이었다. 이에 따르면 행위자의 행위가 위법성이 인정되더라도 다음과 같은 사유가 있는 경우는 비난할 수 없으므로 두 번째 단계인 책임귀속이 부정되었다: 행위자가 저항할 수 없는 힘(vis compulsiva)에 의해 강요된 상황에 처해 있었던 경우, 법의 무지(ignorantial iuris)로 인해 규범을 알지 못한 경우. 15

이와 같은 고전적 귀속이론하에서의 책임귀속에 기초되어 있었던 기본 사상은 19세기 말 정립된 근대 형법 및 오늘날의 형법의 책임조각사유에 기초되어 있는 기본컨셉과 유사하다. 특히 '책임능력'이 고전적 범죄체계의 기초자 중의 일인인 리스트에 의해서 '귀속능력'으로 불리워진 점으로부터는 고전적 귀속이론의 두 번째 귀속인 imputatio iuris가 범죄의 주관적 요건인 '책임'개념으로 발전된 것임을 짐작케 하는 단서로 볼 수도 있다. 오늘날 형법이론학에서 널리 사용되고 있는 '귀속'의 일반적 의미가 행위자에게 형사책임을 지운다는 의미, 즉 책임'귀속'이라는 의미로 사용되고 있는 것도 이와 무관하지 않은 것 같다. 16

형법이론사의 큰 틀에서 보면, 고전적 귀속이론의 귀속의 두 단계 중 첫 번째 귀속 단계인 imputatio facti는 행위이론 및 객관적 귀속이론으로 발전했고, 1.5단계인 사실에 대한 규칙의 적용은 법률구성요건해당성 판단+위법성 판단에 상응하며, 두 번째 귀속 단계인 imputatio iuris는 책임이론 내지 주관적 귀속이론으로 발전했다고 볼 수 있다. 물론 고전적 귀속이론하에서 귀속배제사유로 인정되었던 법률의 무지나 강요된 상태 등을 일반화하여 귀속배제여부를 판단하기 위한 상위의 '기준'으로 발전되기까지는 책임비난의 '근거'를 규명하는 이론화 작업을 기다려야 했음은 앞서 살펴본 바와 같다. 17

제 2 절 책임조각사유의 규범구조와 책임판단의 기준

Ⅰ. 형법의 책임조각사유의 규범구조와 책임판단 기준들

1. 중층적 규범구조

형법의 책임조각사유들의 내부구조를 관찰해 보면 두 가지 서로 다른 차원의 요건이 규정되어 있음을 알 수 있다. 하나는 행위 또는 행위자의 비정상성을 근거지우는 '사실적' 요 18

건이고, 다른 하나는 이러한 비정상성을 단서로 삼아 행위자에게 책임비난을 가할 수 있는지를 평가하기 위한 규범적 요건이다. 전자는 책임평가의 대상인 '전제사실'이고 후자는 대상에 대한 '책임평가의 '기준'이다.

(1) 책임평가를 위한 전제사실(평가의 대상)

19 1) 형법에 규정된 책임조각사유의 사실적 전제조건 형법의 책임조각사유속에 규정된 책임비난 탈락의 단서가 될 수 있는 다양한 비정상적인 사정들은 다음과 같다: 정신적으로 책임능력이 없는 생물학적 연령에 해당하는 형사미성년(형법 제9조); 성년이지만 책임비난을 탈락시키거나 감소시키는 비정상적 정신적 상태(형법 제10조 제1항 및 제3항); 행위자가 자기행위가 위법하지 아니한 것으로 오인한 경우(형법 제16조); 적법행위로 나올 것을 기대할 수 없는 강요된 상태(형법 제12조); 적법행위로 나올 것이 기대되기 어려운 행위상황 및 행위자의 심약한 심리적 상태(제21조 제3항, 제22조 제3항); 해석론상 책임조각적 긴급피난의 전제조건들(형법 제22조 제1항의 변형사정들); 형법각칙에 규정된 책임조각사유인 친족사이의 범인은닉(형법 제151조 제2항), 친족사이의 증거인멸(제155조 제4항) 등.

20 2) 비정상성을 근거지우는 전제사실들의 체계적 지위 형법의 책임조각사유의 규정되어 있는 행위 또는 행위자의 비정상성을 근거지우는 사실적 요건들은 — 위법성조각사유의 경우와 같이 — 객관적 사실적 요건과 주관적 주관적(심리적) 요건이 있다. 이러한 사실적 요건은 어느 것이든 객관적으로 존재하여야 하기 때문에 행위자의 주관적 인식과 차이가 있을 때 착오문제가 제기될 수 있다(후술할 책임조각사유의 전제사실의 착오 및 그 해결방안 참조).

21 비정상적인 사실적 요건은 책임조각사유의 적용에서 책임 판단의 대상이지만 본래적인 의미에서의 책임판단의 대상인 불법행위와 마찬가지로 범죄체계론상 책임의 요소가 될 수 없다. 만약 이러한 비정상적 사실적 요건도 책임의 요소라고 한다면, 평가적 요소로만 구성된다고 하는 순수한 규범적 책임개념의 본질에 반하게 되기 때문이다.

22 생각건대, 책임조각사유의 규범구조속에 기술되어 있는 비정상적 '사정'들(객관적 전제사실)은 책임을 구성하는 요소가 아니라 책임비난의 탈락 여부를 확인할 수 있는 '단서'사유 내지 전제조건일 뿐이다. 따라서 책임조각사유의 객관적 요건으로 규정된 — 심리적 사실도 포함한 — 비정상적 사정을 책임판단의 전제조건으로 파악하는 이론구성을 하더라도 순수한 규범적 책임개념의 본질과 상충되지 않는다.

23 이 점은 한국 형법 제16조의 '위법성의 (불)인식'은 심리적 사실임에도 이를 독자적인 책임요소로 않는 태도를 취하는 이 책의 입장과도 상통한다. 왜냐하면 위법성의 인식이 책임의 요소라면 위법성의 인식여부에 따라 책임조각 여부가 결정되어야 하는데 형법 제16조에 따르면 행위자가 위법성을 인식하지 못하였더라도 책임비난이 탈락되지 않고, 오히려 그 불인식에 '정당한 이유'가 인정되어야 책임비난을 탈락하게 된다. 이러한 형법의 입장은 행위자가 자신의 행위의 위법성을 인식할 가능성이 있었음에도 인식하지 못한 경우에는 정당한 이유를 부정하여 책임조각을 허용하지 않는다는 입장을 함축하고 있음을 보여준다. 요컨대

제16조의 위법성의 불인식은 책임의 독자적 요소가 아니라 책임평가에서 책임비난을 유지할 것인가 탈락할 것인지를 판단할 수 있는 단서사유 내지 계기사유로만 규정되어 있는 것이다. 형법상 강요된 행위에 관한 형법 제12조도 위법성의 인식을 책임의 독자적 요소로 인정하고 있지 않는 이론적 입장을 따라야 할 것임을 말해주고 있다. 이 규정에 따르면 적법행위에 대한 기대불가능성이 인정되는 강요상태에서의 행위는 행위자가 위법성의 인식을 하였더라도 책임이 조각되기 때문이다. 이와 같은 형법의 태도는 책임의 유무가 위법성의 인식 유무라는 '심리적 요소'에 따라 결정되는 것이 아니라 적법행위로 나올 것으로 기대될 수 있는가 또는 행위자가 위법성을 인식할 가능성이라는 '규범적 평가적 요소'에 의해 결정되는 것임을 분명히 해 주고 있다.

(2) 실정화된 책임평가 기준과 책임비난의 근거로서의 상위의 책임판단 기준

24 형법은 책임조각사유를 규정하면서 비정상적 '사정'들(객관적 전제사실)이 충족되는 것만으로 행위자의 책임이 조각되는 것으로 규정하고 있지 않다. 그러한 사정들을 '단서'사유로 삼아 책임비난의 인정여부를 최종적으로 '평가'할 수 있도록 하고 있도록 하고 있는데, 책임비난 여부를 평가함에는 비정상적 사정들별로 다음과 같은 평가를 하도록 규정하고 있다:

25 ① 행위자가 정신적 장애를 가진 사례의 경우에는 행위 당시 행위자에게 '사물변별능력 또는 의사결정능력'이 인정되는지를 평가함(제10조), ② 행위자가 자기 행위의 위법성을 인식하지 못한 사례의 경우에는 그 불인식(오인)에 '정당한 이유'가 인정되는지를 평가함(제16조), ③ 행위를 둘러싼 비정상적 부수사정이 존재하는 사례의 경우에는 적법행위에 대한 '기대가능성'이 인정되는지를 평가함 등이다.

26 위 ①②③에서 '사물변별능력'이나 '의사결정능력', '정당한 이유' 또는 '적법행위에 대한 기대가능성'과 같은 개념적 표지들은 각 유형별 비정상적 사정에 특화된 맞춤형 책임평가 기준이 역할을 한다. 비정상성을 근거지우는 사실적 요건을 대상으로 삼아 책임비난의 유지 또는 탈락을 결정하기 때문이다. 이러한 규범적 표지들은 규범적 책임개념하에서 책임비난을 근거지우는 적극적 이유 내지 책임비난 여부를 판단하기 위한 실정화된 기준이라고 할 수 있다.

2. 규범적 책임개념과 책임조각사유의 유형화

27 책임은 비난가능성이라는 규범적 책임개념에 따르고, 비정상적 사정 및 그 유형별 맞춤형 평가기준들을 기초로 삼으면 형법의 책임조각사유는 다음과 같이 유형화할 수 있다.

(1) 제1유형의 책임조각사유

28 행위자의 "심신장애"(형법 제10조)와 "자기행위가 법령에 의하여 죄가 되지 아니한다고 오인"이라는 위법성의 불인식 상태(형법 제16조)를 비정상적 사정으로 규정하고 있는 책임조각사유이다. 형법 제10조 제1항과 제16조에 따르면 이러한 비정상적 행위자 사정들이 존재한다고 해서 그것만으로 곧 바로 종국적으로 책임비난이 탈락되지 않는다. 책임비난을 위해 '행위'를 평가하여 책임비난여부를 판단할 수 있는 평가기준을 별도로 규정하고 있기 때문이다. 제10

조의 경우에는 행위당시 '사물변별능력이나 의사결정능력의 결여 또는 미약'여부를, 제16조의 경우에는 행위자의 오인에 '정당한 이유'여부를 '평가' 하도록 되어 있다.

(2) 제2유형의 책임조각사유

29 행위자로 하여금 불법한 행위선택을 할 수밖에 없도록 행위자의 심리를 압박하는 외적 강제(형법 제12조)와 행위자가 정당행위의 정도를 초과하여 불법행위(과잉방위나 과잉피난)로 나아갈 수밖에 없도록 만드는 특수한 심리적 상태(제21조 제3항, 제22조 제3항)를 비정상적 사정으로 규정하고 있는 책임조각사유이다.

30 형법 제12조와 제21조 3항 등은 문언상으로 보면 제1유형의 책임조각사유와는 달리 비정상적 사정을 대상으로 삼은 책임판단의 기준이 될만한 특별한 표지를 규정하고 있지 않다. 그러나 전통적 책임이론에 따르는 다수 견해는 이러한 차원의 기준을 '적법행위에 대한 기대가능성'으로 파악하고, 해당 규정의 비정상적 사정들은 '기대가능성'이 부정되는 비정상적 사정들을 특별히 명문화한 것으로 이해한다. 더 나아가 형법각칙의 친족사이의 범인은닉(형법 제151조 제2항) 또는 증거인멸(제155조 제4항)도 이러한 유형에 속하는 책임조각사유에 속하는 것으로 파악된다.

(3) 제3유형의 책임조각사유

31 형법이론학의 다수견해와 형사실무에서는 앞의 두 유형의 책임조각사유에 관한 규정에서 특정된 비정상성의 요건외의 다른 비정상적 사정이 인정되는 경우에도 일정한 요건하에 책임비난을 탈락시킬 수 있다고 한다. 이른바 초법규적 책임조각사유이다. 판례와 다수 학설이 명문의 규정이 없는 경우에도 초법규적으로 책임을 조각시키는 근거로 삼는 것은 제2유형의 책임조각사유에 기초된 적법행위에 대한 기대가능성이론이다. 이 때문에 초법규적 책임조각사유의 비정상적 사정도 제2유형의 책임조각사유에 특별히 명문화된 비정상적 사정과 유사한 수준의 비정상성을 갖출 것이 요구된다.

Ⅱ. 형법의 책임조각사유와 책임 판단 기준 개관

1. 위법성조각사유의 중층적 규범구조와 책임판단의 상위 기준

32 형법의 책임조각사유 중 책임평가의 기준을 명시적으로 규정하고 있는 제1유형의 경우는 물론이고, 해당 규정속의 특화된 비정상적 사정에 대한 맞춤형 책임평가의 기준(적법행위에 대한 기대가능성)이 녹아들어가 있는 제2유형의 경우에도 책임비난 여부를 판단함에 있어서는 두 단계의 독립된 판단을 거치도록 되어 있다. 하나는 비정상성 요건의 충족여부를 확인하는 단계이고, 다른 하나는 그 비정상성의 특징에 맞추어진 맞춤형 평가기준에 따라 책임비난여부를 평가하는 단계이다. 이러한 단계적 판단을 거칠 것을 요구하고 있는 형법

의 책임조각사유에 관한 규정은 '중층적 규범구조'로 이루어 있다고 말할 수 있다. 책임조각사유의 규범구조를 이렇게 파악함은 책임이 비난가능성이라는 평가적 측면에 그 본질이 있다는 규범적 책임개념의 기본컨셉에도 합치된다.

규범적 책임이론에 따르면서 구체적 사례의 경우 형법의 위법성조각사유를 적용함에 있어서 책임판단의 기준과 관련하여 답해야 할 물음이 한 가지 더 있다. 형법의 모든 책임조각사유에 관한 규정 및 더 나아가 초법규적 책임조각사유로서의 기대가능성이론의 적용 여부를 판단할 경우 유형별 맞춤형 평가 기준과 앞서 책임의 기초이론에서 살펴보았던 책임판단의 상위 기준(타행위가능성 vs. 예방적 필요성)의 관계를 어떻게 파악해야 할 것인가? 33

형법이 사례유형별로 비정상적 사정을 구별하여 규정하고 있고, 각각의 비정상적 사정에 대한 맞춤형 평가 기준을 요구하고 있는 이상, 얼핏보면 상위의 일반화된 기준 찾기는 순수 이론적인 관심사 이상의 의미는 없는 것으로 보인다. 그러나 구체적 사례에 대한 책임조각사유의 해석 및 적용에서 책임판단의 상위 기준이 의미를 가지는 경우가 없지 않다. 입법단계에서 자유가 없거나 제한되는 비정상적 사정이나 맞춤형 규범적 평가 기준을 명문화할 경우 상위 기준(예, 타행위가능성)에 관한 이론을 기초로 삼은 것이기 때문에, 그 상위기준은 비정상적 사정을 기술한 문언이나 규범적 개념표지에 대한 해석을 할 경우 다시 해석기준이 될 수도 있기 때문이다. 명문의 규정 및 그에 따른 확립된 법리가 있어도 쉽게 해결되기 어려운 이른바 '난제사건(하드케이스)'의 경우는 책임판단을 위한 상위의 기준인 '타행위가능성' 또는 '예방적 필요성'을 등장시켜야 할 필요성은 더 커질 수 있다. 34

요컨대, 책임판단을 위한 상위의 기준은 행위자의 행위가 실정법상의 비정상성의 요건에 포섭될 수 있는지를 판단하기 위한 전단계에서 그 비정상성의 요건(예, 형법 제12조의 "저항할 수 없는")에 대한 해석기준으로 사용될 수 있다. 이 뿐만 아니라 상위의 기준은 유형화된 비정상성에 대한 실정법상의 맞춤형 판단기준들(예, 제16조의 "정당한 이유")을 구체적 사례와 관련하여 재구성적으로 구체화하기 위한 해석원리로도 활용될 수 있다. 맞춤형 판단 기준을 넘어선 일반적/추상적/이론적 차원의 상위의 책임판단 기준이 투입될 필요가 있는 경우로 어떤 경우가 있는지는 개별 책임조각사유의 해석론에서 다루기로 한다. 35

형법의 책임조각사유의 유형, 중층적 규범구조 그리고 책임판단의 상위 기준의 관계는 다음과 같은 그림으로 표시될 수 있다. 36

37

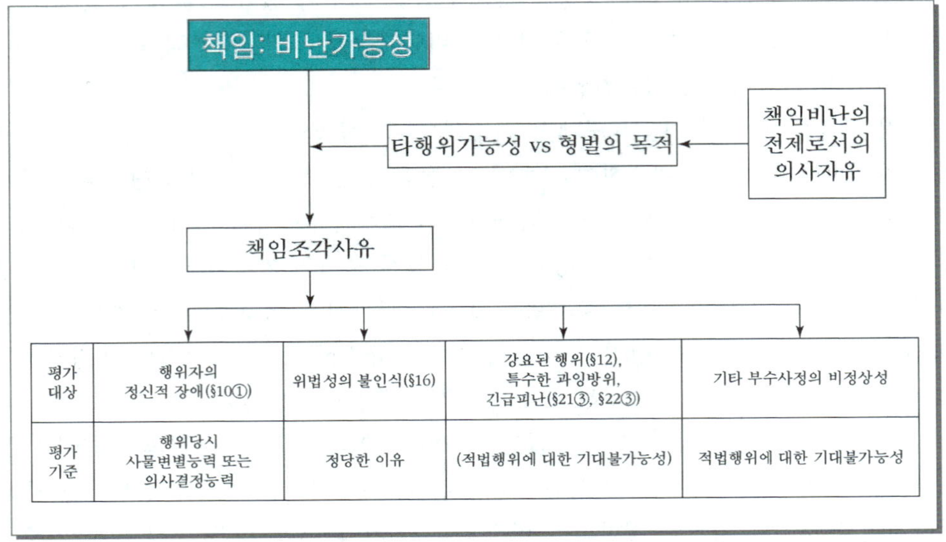

〔형법의 책임조각사유의 구조와 책임판단 기준〕

2. 책임조각사유와 면책사유의 구별?

38 독일 형법이론학의 일부 견해와 같이 한국 형법의 해석론에서도 형법의 책임조각사유를 책임배제사유와 면책사유로 구분하려는 견해[21]가 있다. 이에 따르면 '책임무능력' 및 '정당한 이유가 있는 위법성의 착오'는 애당초 책임이 탈락되는 '책임배제사유'인 반면, '기대불가능성이 인정되는 경우'는 일단 책임이 인정되지만 책임은 비난가능성이므로 책임비난이 면제되는 이른바 '면책사유'로 파악될 수 있다고 한다.

39 그러나 이러한 분류는 고의·과실 또는 심신장애 등과 같은 행위에 대한 행위자의 심리적 관계에 책임의 본질이 있다는 심리적 책임개념의 전제하에서는 가능할 수도 있지만, 오늘날 규범적 책임개념을 전제로 할 경우 책임조각사유를 책임비난이 처음부터 배제되는 경우와 일단 인정된 책임비난이 단순히 '면책'될 뿐인 경우로 구분하는 것은 책임의 본질을 비난가능성이라는 '평가 그 자체'로 보는 규범적 책임개념의 출발점과 조화되기 어려울 것으로 보인다. 기대가능성이라는 기준을 사용하든 형법에 명문화된 다른 규범적 표지에 따른 책임비난 여부를 판단하든 비난가능성이 부정되는 점에서는 동일하기 때문이다.

3. 책임심사 방법과 순서

40 구체적 사례에서 행위자의 행위에 대해 책임비난의 탈락 여부를 판단하는 책임심사는

21) 특히 국내에서는 김일수/서보학, 406면,

위법성 심사의 경우와 마찬가지로 사례의 사실관계에서 형법에 규정된 책임조각사유의 전제조건(비정상적 사정들)이 존재하는 것이 확인되어야 한다[1단계 심사]. 그러나 행위자의 정신적 상태 또는 행위자의 행위가 이러한 비정상적 요건을 충족한다는 점의 확인만으로 책임심사가 끝나는 것은 아니다. 비정상적 사정들은 책임비난이 탈락되기 위한 사실상의 전제조건 내지 단서일 뿐이기 때문이다. 이 때문에 행위자의 행위의 책임유무를 판단함에 있어서는 형법의 책임조각사유에 규정되어 있거나—경우에 따라 이론적으로 요구되는—규범적 '평가기준'을 사용하여 책임비난 여부를 최종적으로 결정해야 한다[2단계 심사].

'비정상적 사정'별로 각기 달라지는 책임판단을 위한 기준 내지 규범적 표지 중 ① 사물변별능력 또는 의사결정능력의 존부나 ② 정당한 이유 유무는 형법의 책임조각사유에 규정되어 있고, ③ 적법행위에 대한 기대가능성 여부는 이론상(판례 법리상) 요구된다. 2단계 심사 뿐 아니라 1단계 심사에서도 필요한 경우 책임 판단을 위한 상위기준(일반화된 타행위가능성 또는 예방적 형벌목적)이 사용될 경우도 있다. 이 경우—후술하듯이—형법이론학은 '타행위가능성'이라는 기준만 사용하지만, 대법원은 '형벌제도의 목적'도 고려할 수 있다고 한다. 41

이와 같이 책임심사가 단계별로 이루어져야 함은 형법의 책임조각사유의 중층적 규범구조 때문이기도 하지만, 앞서 살펴보았듯이 구성요건해당성, 위법성, 책임의 하위요소(개념)들이 각기 고유한 '평가 대상'과 '평가 기준'으로 분화된 내부구조를 가진 것으로 파악하는 이 책의 범죄체계에 따른 것이기도 하다. 종합적으로 요약하면, 먼저 구성요건해당성 심사에서는 구체적인 행위가 형법률의 '구성요건 요소들'에 포섭되는지를 판단함에 있어 전(前)구성요건적 행위와 발생된 결과를 대상으로 삼아(평가대상) 객관적 행위귀속, 결과귀속 및 주관적 귀속을 위한 기준들(평가기준)에 의거한 판단을 하고, 위법성 심사에서는 행위자의 행위가 특별한 정당화사정(평가대상)을 충족시킬 경우 그러한 정당화사정이 전체로서의 법질서의 관점(평가기준)에서 행위에 대한 부정적 반가치 판단을 긍정적 가치 판단으로 변환시켜 위법성을 조각시킬 수 있는지를 판단하며, 마지막으로 책임심사에서는 행위 및 행위자에게 존재하는 비정상적 사정들(평가대상)을 단서로 삼아 규범적 평가기준(평가기준)을 사용함으로써 비난가능성을 탈락시킬 수 있는지를 판단한다. 이와 같이 '각 단계별 이원적 중층 구조'를 가지고 있는 3단계 범죄체계의 밑그림은 §3 제3절 참조. 42

Ⅲ. 한국 형법이론학과 형사실무가 사용하는 책임판단 상위 기준

실용도그마틱적 시각을 가지고 책임이론의 발전사를 관찰하면, 책임이론은 규범적 책임컨셉하에서 책임판단이 비난을 위한 형식적 관문에 그치지 않도록 하기 위한 이론을 추구해 왔다. 이 과정에서 수많은 책임이론들이 책임비난의 실질적 근거 내지 책임판단의 기준을 제공하려는 차원에서 서로 경합을 벌여왔다. 43

앞서 살펴보았듯이 그 이론적 발전 과정 및 그 논의의 지형도를 보면 오늘날 두 가지 책임이론이 대립하고 있는 것으로 압축할 수 있다. 하나는 전통적 책임이론(책임비난의 근거로 상위의 기준인 타행위가능성의 책임조각사유별 맞춤형 개별표지들을 해석하려는 이론)이고 다른 44

하나는 예방적 책임이론(예방적 형벌목적의 관점에서 책임조각사유별 맞춤형 개별표지들을 해석하려는 이론)이다. 한국 형법학과 형사실무는 각각 어떤 책임이론에 입각하고 있고, 어떤 책임판단의 기준을 가지고 형법의 개별 책임조각사유의 표지들들을 해석하고 있는가?

1. 대법원의 입장

45 대법원은 책임비난의 근거 내지 책임판단의 기준과 관련하여 어떤 책임이론에 입각하고 있는지를 명시적으로 밝히고 있지는 않지만, 일관성 있는 하나의 법리를 사용하기 보다는 다원적으로 접근하고 있음을 알 수 있다. 대법원이 어떤 책임이론을 취하는지를 가늠할 수 있는 핵심 쟁점 두 가지, 즉 의사자유의 문제 및 책임과 예방의 관계 문제에 국한하여 대법원의 입장이 무엇인지를 가늠해 보기로 한다.

(1) 의사자유의 문제

46 대법원은 형법 제10조를 해석하면서 책임비난의 기초에 '의사자유'가 전제되어 있음을 인정한 이래, 인간의 의사자유를 책임판단의 근거로 삼는 비결정론적 시각의 포기를 선언한 적이 없다. 헌법재판소도 자기 책임아래 스스로 자기결정을 하는 성숙된 시민을 헌법적 인간상으로 전제하는 태도를 지금까지 유지하고 있다.

47 判 대법원은 "형법 제10조에서 말하는 사물을 변별할 능력 또는 의사를 결정할 능력은 자유의사를 전제로 한 의사결정능력에 관한 것(이다)."[22]이라고 판시하고, 헌법재판소도 "우리 헌법질서가 예정하는 인간상은 '자신이 스스로 선택한 인생관·사회관을 바탕으로 사회공동체 안에서 각자의 생활을 자신의 책임 아래 스스로 결정하고 형성하는 성숙한 민주시민이다"[23]고 한다.

48 대법원의 위 판시내용에 따르면 인간이 스스로 자유롭게 법과 불법 사이에서 올바르게 결단을 내릴 수 있는 능력의 소유자로 보고 있는 점에서 18세기 계몽주의 사상 중 칸트의 이성법을 기초로 하고 있다고 평가할 수 있다. 대법원이든 헌법재판소든 책임비난의 근거에 관한 한 도의적 책임이론의 초석을 놓은 1952년 독일연방재판소와 같은 노선을 취하고 있는 것임을 알 수 있다.

(2) 예방적 책임이론의 수용여부

49 그럼에도 대법원은 책임인정여부를 전통적 도의적 책임이론에서 발견된 '타행위가능성'이라는 기준만 가지고 판단하고 있는 것은 아니다. 제10조의 적용상 심신장애의 유무의 판단(정확하게는 책임(무)능력 유무 판단)에서 사회적 평균인을 척도인으로 삼아 행위자에게 돌아갈 책임비난을 근거지우기도 하지만, '형벌제도의 목적'도 고려할 수 있다는 태도를 표방

22) 대법원 1968.4.30. 68도400.

23) 헌법재판소 2003.10.30. 2002헌마518. 이 뿐만 아니라 헌법재판소는 개인이 행위를 할 것인가의 여부에 대하여 자유롭게 결단하는 것을 전제로 하여 이성적이고 책임감 있는 사람이라면 자기에 관한 사항은 스스로 처리할 수 있을 것(헌재 1991. 6. 3. 89헌마204)이라는 비결정론적 '가정'을 기반으로 삼아 일반적 행동의 자유권을 헌법적 기본권으로 인정하고 있다.

하고 있기도 하다. 대법원의 이러한 태도는 흉악범이나 재범의 가능성이 높은 행위자의 경우 사회를 보호하기 위한 차원에서 그 행위자의 정신적 장애의 유무보다는 암묵리에 예방적 형벌목적을 고려하고 있는 듯한 취지의 판결들을 내고 있음에서 읽어낼 수 있다.[24)]

判 대법원은 심신장애의 유무(더 정확하게는 책임능력의 유무)와 관련하여 "법원이 형벌제도의 목적 등에 비추어 판단하여야 할 법률문제로서 그 판단에 전문감정인의 정신감정결과가 중요한 참고자료가 되기는 하나, 법원이 반드시 그 의견에 구속되는 것은 아니고, 그러한 감정결과뿐만 아니라 범행의 경위, 수단, 범행 전후의 피고인의 행동 등 기록에 나타난 여러 자료 등을 종합하여 독자적으로 … 판단하여야 한다"[25)] 고 하고 있다. 50

물론 형벌목적적 관점을 고려한다는 위 판시내용에서도 대법원이 어떤 형벌목적을 책임의 유무 판단에 어떤 방법으로 그리고 어느 정도로 고려하고 있는지에 관해서는 짐작조차 하기 어렵다. 이 뿐만 아니라 대법원이 위 입장을 책임과 예방목적 독립성이라는 종래의 도그마를 벗어나서 책임의 예방목적 종속성을 인정하고 있는 예방적 책임이론이나 기능적 책임이론의 토대를 기초로 하여 개진한 것인지도 알길이 없다. 하지만 형벌제도의 목적을 책임판단에 고려한다는 표현은 범죄성립요건의 하나인 책임판단에 형사정책적 관점을 고려할 수 있다는 취지를 명시적으로 밝힌 것만은 분명하다. 51

다른 한편, 대법원은 '행위자가 적법행위로 나올 것이 '일반인'에게 기대될 수 있었는지에 초점을 맞추고 있으면서 기대가능성 판단을 위한 척도인으로서 일반인, 즉 '사회적 평균인'을 내세우고 있다. 이를 보면 대법원도 '일반화된 타행위가능성'을 책임판단의 기준으로 삼고 있는 전통적 책임이론의 현대적 변용을 수용하고 있다고 평가할 수도 있다. 특히 대법원이 책임이론에서 사용하는 상위의 책임판단의 기준인 '일반화된 타행위가능성'의 구체화 버전인 '사회적 평균인'을 척도인으로 삼은 '적법행위에 대한 기대가능성'이라는 기준을 사용하고 있음은 개별적인 책임조각사유의 적용문제를 책임유무 판단이라는 상위의 지평으로 끌어올리고 있다고 평가할 수도 있다. 52

判 대법원이 사용하는 책임비난의 기준인 '일반인의 관점에서 적법행위에 대한 기대가능성' 내지 사회적 평균인을 척도인으로 삼은 기대가능성 이라는 기준은 경험적으로 실재하지 않는 성격의 기준이다. 이와 관련한 대법원의 언명, 즉 '일반인의 기대요구에 따르면 적법행위로 나올 수 있었는가'라는 판단에는 현실적으로 처벌의 필요성이라는 형사정책적 고려를 염두에 있는 것과 다를 바 없어 보인다. 이 뿐만 아니라 대법원은 일반적 평균인의 '가상적' 행위기대 수준을 사례별로 다르게 설정함으로써 유무죄의 결론을 달리할 수 있는 길을 열어놓고 있는 측면도 엿보인다. 이러한 점을 고려할 때 대법원은 범죄성립여부 판단에서 특히 책임판단에서 행위자별로 형벌의 예방적 효과를 서로 다르게 고려하는 태도와 다를 바 없어 보이기도 한다. 53

---

24) 형법 제10조의 적용관련 판결에서는 이러한 취지의 판시내용에 관해서는 김성돈, "대법원의 책임판단과 책임 '귀속'의 기준", 형사법연구 제35권 제1호(2023), 41면 이하 참조.

25) 대법원 2018.9.13. 2018도7658. 위 판시내용에서 '심신장애'의 유무라는 표현은 형법 제10조 제1항의 책임능력의 유무로 바꾸어 읽어야 한다는 점에 관해서는 후술한다.

54 요컨대 사회적 평균인의 판단은 실재하는 것이 아니므로 결국은 형사실무에서의 책임판단의 실체는 법관의 대리판단이라고 할 수 있다. 이 점은 책임이 행위나 행위자에게 존재하는 것이 아니라 외부에서 부과되는 차원의 체계요소임을 확인시켜준다. 책임은 행위자의 마음(또는 머리)에 있는 것이 아니라 외부에서 '부과'된다는 의미의 '귀속'을 본질로 하는 것임을 말해주고 있는 것이다. 형벌목적을 고려한다고 말하든 사회적 평균인의 기대가능성을 기준으로 삼든 책임의 유무에 관한 대법원의 판단은 '법'적 기준에 따른 판단이 아님은 분명하다. 판결문에 표현되어 있지 않은 대법원의 속내가 피고인에 대한 처벌 필요성이라는 일반적 차원의 형사정책적 고려라고 말하는 것은 지나친 것일까.

2. 형법이론학의 입장

55 한국 형법이론학에서 책임이론이 책임과 예방의 관계를 종속적으로 볼 것인지 독립적으로 볼 것인지의 문제가 주된 논쟁사항으로 전면에 등장한 적은 없다. 그러나 학계의 주류적 책임이론은 책임의 예방목적 종속성을 인정하는 새로운 책임이론에 대한 강한 거부를 보이고 있다. 이러한 점에서 볼 때 법발견 방법의 차원에서 순수 형'법'적 도그마틱적 차원을 넘어 체계외부적 형사'정책'적 관심사를 개입시킬 수 있는가 라는 물음에 대해 학계의 태도가 실무의 태도에 비해 훨씬 보수적인 입장을 취하고 있다고 평가할 수 있다.

56 형법학자들이 좁게는 책임 문제에, 넓게는 범죄성립의 문제에 형사정책적 합목적적 관점의 개입 금지라는 전통적 도그마를 고수하고 있는 주된 이유는 분명하다. 형법의 범죄성립요건 판단에 형사정책적 예방관점을 고려하게 되면 기능주의적 형법관이 판을 치게 되고, 그로써 특히 최후의 범죄성립요건인 책임의 형벌제한적 기능 약화 및 과잉형벌의 부작용을 우려한 탓이다. 그럼에도 한국 형법이론학은 이미 책임판단(뿐 아니라 위법성 판단 및 구성요건해당성 판단 등 전체 범죄성립요건의 심사)에서부터 책임의 예방목적 종속성(내지 형법적 개념의 '기능주의적' 접근)까지 수용할 태세를 보이고 있는 대법원의 태도에 대해서는 비판도 수용도 없는 무대응으로 일관하고 있다.

3. 이 책의 입장

57 19세기에 확립된 도의적 책임이론을 비롯하여 최근 예방적 기능적 책임이론 등 다수의 책임이론은 구체적 사례해결을 위해 무익한 이론이 아니라 전적으로 실용 도그마틱적 차원의 이론이다. 이 이론들에 의해 발견된 책임비난의 실질적 기준들(타행위가능성 또는 규범의 타당성유지 필요성)은 형법의 책임조각사유의 전제조건들을 해석할 경우 뿐만 아니라 책임비난을 근거지우는 맞춤형 평기준들(제10조 제1항의 사물변별능력 또는 의사결정능력, 제16조의 정당한 이유 등)을 구체화하는 일에도 활용될 수 있는 상위의 기준이기 때문이다. 이러한

점에서 보면 형법 적용을 위해 두 가지 '가능'한 해석이론 중 어느 것에 따를 것인지는 '선택'의 문제일 뿐이다.

이 책은 전통적 책임이론보다는 예방적 기능적 책임이론의 입장을 따른다. '규범적 평가적' 책임이해를 출발점으로 삼는 이상, 책임비난 여부를 판단하기 위해 사용할 평가의 '기준'까지도 '규범적' 차원의 기준을 사용하는 것이 논리적이고, 이에 따르면 규범적으로 평가될 '책임'의 실질적 내용도 사회내에서 작동되고 있는 책임판단의 기능 및 그에 기초한 형벌의 현실목적(즉, 규범의 타당성 유지)과 무관한데서 찾아서는 안 되기 때문이다. 58

대법원이 책임판단에서 '형벌제도의 목적등'을 고려해야 할 판단으로 선언하고 있지만, 대법원이 '응보'를 형벌제도의 목적으로 보는지, '예방'도 고려하는지 확실하지는 않다. 그렇지만, 대법원이 책임판단에서 그 다음 단계에 오게될 '형벌'을 관련시키고 있음은 범죄성립요건(형법체계)과 형벌목적(형사정책)간의 분리독립 도그마로부터 벗어나 형법의 형사정책적 효과까지 염두에 두는 기능주의적 시각을 가지고 가벌성에 관한 최종판단을 내리는 방향 전환을 도모하고 있음을 부정하기 어렵다. 59

규범위반적 동기설정에 대한 책임비난을 하는 현실적 이유는 규범의 관점에서 보면 그러한 동기설정을 한 행위자로 하여금 규범합치적 행위를 하도록 촉구하는 동시에 그가 위반한 규범이 타당함을 확인시켜 주기 위함이다. 이에 따르면 책임은 규범위반적 행위를 한 행위자가 자기 행위의 규범위반성을 인식할 수 있었고, 그 인식한 바에 따라 규범합치적 행위로 나올 수 있는 능력 또는 가능성이 있었음에 대한 법적 '부담'으로 정의내릴 수 있다. 60

규범합치적 행위에 대한 사회적 평균인의 요구와 기대를 규범위반적 행위를 한 행위자에 대한 책임판단의 기준(일반화된 타행위가능성)으로 삼으려는 전통적 책임이론의 입장은 그 평균인의 타행위가능성을 '실증'할 수 없기 때문에 형법을 여전히 형이상학에 종속시키는 수준에 머물고 있다. 반면에 일상의 법정에서 형벌부과의 전제조건으로 '책임' 판단이 이루질 경우 책임판단의 기능과 형벌목적은 서로 무관하게 분리되어 있지 않고, 규범의 타당성유지라는 공통의 목적도 실제로 작동되고 있음이 '실증'되고 있다. 이 때문에 오늘날 형법을 형이상학과 작별시켜 '합리화'시키고 있는 적극적 일반예방이론이 '형벌'이론의 차원을 넘어 '형법'이론으로 평가되고 있다. 61

§ 24

제 3 장　형법의 개별 책임조각사유

제 1 절　책임무능력과 한정책임능력

Ⅰ. 책임능력과 책임무능력

1　종래의 형법이론학에서는 형법이 책임무능력자의 행위에 대해 책임조각의 법효과를 인정하므로 책임능력을 책임의 전제조건 내지 책임의 적극적인 구성요소로 파악해 왔다.[26] 이에 따르면 행위자에 대한 책임비난을 가하기 위해서는 항상 행위자가 책임능력의 요건을 갖추고 있는지에 대해 확인절차를 거쳐야 한다.

2　그러나 형법은 행위자가 어떤 경우에 책임능력이 인정되는가를 적극적으로 규정하는 대신 소극적으로 '책임무능력'의 요건만을 규정하고 있다. 이러한 입법형식은 책임비난의 전제조건인 '의사자유' 내지 '타행위가능성'의 존재증명의 불가능 때문이라는 점에 대해서는 앞서 설명하였다. 이에 따라 형법을 적용함에 있어서도 책임능력요건의 검토가 아니라 책임무능력사유에 해당하는지의 검토가 가능할 뿐이다.

Ⅱ. 책임무능력자 등에 대한 형법의 태도

1. 책임무능력자

3　형법상 책임무능력자로 인정되어 비난가능성이 탈락될 수 있는 경우는 두 가지이다. 하나는 연령을 기준으로 하여 책임무능력자로 인정되는 경우이고 다른 하나는 행위자의 정신상태를 기준으로 하여 책임무능력자로 인정되는 경우이다.

(1) 형사미성년자

> 제9조(형사미성년) 14세 되지 아니한 자의 행위는 벌하지 아니한다.

4　**1) 14세 미만의 자**　　14세 미만에 해당하는 자는 형사책임 및 형벌부과의 대상이 되지 않는다(형법 제9조). 이러한 자를 형사미성년자라고 부른다. 형사미성년자인지 여부는 생물학적 연령을 기준으로 판단하기 때문에 연령 이외의 다른 요건, 즉 사물변별능력이나 의사결정능력이 결여되었는지는 문제되지 않는다. 이러한 능력이 결여되어 있지 않다고 하더라

26) 대표적으로 이재상/장영민/강동범, §23/1.

도 연령이 14세 미만에 해당하면 예외없이 책임무능력자로 인정된다. 이 때문에 14세 미만의 자를 '절대적' 책임무능력자로 부르기도 한다. 이에 따르면 행위자가 정신적으로나 지적으로 성인과 비견할 만한 능력을 가지고 있더라도 행위자가 행위 당시에 14세에 이르지 않았다면 책임이 조각된다.

> 判 대법원은 14세 미만으로서 형사미성년자에 해당하는지는 호적상의 연령이 절대적 기준이 되는 것은 5
> 아니고, 호적상의 연령과 다르다는 사실이 입증되면 실제상의 연령에 따라 판단해야 한다고 한다. 호적상에 기재된 사실은 진실에 부합하는 것으로 추정될 뿐인 것으로 보기 때문이다.[27)]

2) 촉법소년과 보호처분 14세 미만의 소년에 대해서도 형벌을 부과하는 형사절차 6
대신에 보안처분의 일종인 '보호처분'을 부과하는 보호사건처리절차(이하 '보호절차'라 함)를 개시할 수 있다. 소년법은 형벌법령에 저촉되는 행위를 한 10세 이상 14세 미만의 소년을 '촉법소년'(소년법 제4조 제1항 제2호)이라고 하여 형벌 대신에 소년법상의 보호처분(감호위탁, 수강명령, 보호관찰, 소년원 송치 등)을 부과하고 있다(동법 제32조 제1항). 그러나 10세 미만의 자인 경우에는 구성요건에 해당하고 위법성이 인정되는 행위를 하였더라도 소년법상의 보호처분도 부과할 수 없다.

(2) 형사미성년자 이외의 책임무능력자

1) 책임무능력자 행위자의 연령이 14세 이상인 경우에는 '원칙적으로' 책임능력자로 7
인정되어 구성요건에 해당하고 위법성이 인정되는 행위를 하였다면 범죄성립이 인정된다.

그러나 형법은 행위자의 연령이 14세 이상이더라도 행위자가 "심신장애로 인하여 사물 8
을 변별할 능력이 없거나 의사를 결정할 능력이 없는 자의 행위는 벌하지 아니한다"고 규정(제10조 제1항)하고 있으므로 이 규정에 따른 책임무능력사유에 해당하면 '예외적으로' 범죄성립이 부정된다. 다만 책임무능력자에 대해서는 가벌성이 부정되지만 치료감호법에 따라 치료감호라는 보안처분이 부과될 수 있다.

2) '범죄소년'에 대한 특별취급 형사미성년연령인 14세를 넘어선 자라도 일반적인 9
성년연령에 해당하는 19세에 도달하지 않은 경우에는 범죄성립이 인정되더라도 일반성인과 같이 항상 형벌부과의 대상이 되는 것은 아니다. 소년법은 범죄성립요건을 충족시킨 14세 이상 19세 미만의 자를 '범죄소년'(소년법 제4조 제1항 제1호)이라고 부르면서, 일반성인과 같은 형사재판을 통해 형벌을 부과하지 않고 소년법의 보호이념을 관철하기 위해 형사처벌 대신에 보호절차에 따라 보호처분을 부과할 수 있는 가능성도 열어두고 있다(소년법 제32조 제1항).

범죄소년이 보호절차를 통해 보호처분을 받기에 적합하지 않은 경우에는 일반성인과 10
같이 형사절차를 통해 형벌을 부과받게 되는데, 이 경우 징역형을 받게 되더라도 일반성인과 같은 교도소가 아니라 소년을 위한 특별한 교정시설(소년교도소)에 수용된다(형집행법 제2조 제2항).

그 밖에 범죄소년에 대한 처우상의 특칙도 있다. 우선 죄를 범할 때에 18세 미만인 경우 11

---

27) 대법원 1968.4.30. 67다499.

에는 사형 또는 무기형으로 처할 것인 때라도 15년의 유기징역으로 한다(소년법 제59조). 이 뿐만 아니라 소년이 법정형 장기 2년 이상의 유기형에 해당하는 죄를 범한 때에는 그 형의 범위 안에서 장기와 단기를 정하여 선고한다고 함으로써 '상대적 부정기형'을 인정하고 있으며 소년에 대한 부정기형을 집행하는 기관의 장은 단기가 지난 소년범의 행형성적이 양호하고 교정의 목적을 달성하였다고 인정되는 경우에는 관할 검찰청의 지시에 따라 그 형의 집행을 종료시킬 수 있도록 하고 있다(동법 제60조 제1항 및 제4항).

12 判 대법원은 소년법 제60조 제2항의 '소년'이라 함은 20세 미만(개정법: 19세 미만)의 자로서 이는 심판의 조건이므로 20세 미만(개정법: 19세 미만)은 범행시뿐만 아니라 심판시까지 계속되어야 한다고 보아야 하며, 소년법 제60조 제2항의 '소년'인지의 여부의 판단은 원칙적으로 심판시, 즉 사실심 판결선고시를 기준으로 하여야 한다고 한다.[28]

2. 한정책임능력자

13 14세 이상의 행위자가 심신장애 상태에 있지만 사물변별능력이나 의사결정능력이 결여되어 있지 않고 미약하게나마 남아 있는 경우에는 책임무능력자는 아니지만 형벌을 감경하는 사유로 인정된다. 이러한 자를 형법은 '한정책임능력자'로 한다(형법 제10조 제2항).

14 한정책임능력자에 대해서는 형벌을 임의적으로 감경하고, 형벌과 함께 치료감호처분도 부과할 수 있다. 양자의 집행방법에 관해서는 §43 제2절 Ⅱ. 참조.

3. 청각 및 언어장애인

> 제11조(청각 및 언어장애인) 듣거나 말하는데 모두 장애가 있는 사람의 행위에 대하여는 형을 감경한다.

15 형법은 청각 및 언어장애인을 일종의 한정책임능력자로 규정하면서 필요적 형감경의 효과를 부여하고 있다. 청각 및 언어장애인은 듣거나 말하는데 모두 장애가 있는 사람을 말한다. 이러한 장애가 발생한 이유는 선천적이든 후천적이든 불문한다. 그러나 책임능력에 문제가 있는지의 문제는 정신적 능력의 문제인데, 신체적으로 장애가 있다고 해서 정신능력이 신체 정상인에 비해 뒤떨어지는 것은 아니므로 청각 및 언어장애인을 별도로 한정책임능력사유로 규정한 형법의 태도에는 문제가 있다. 따라서 입법론상 이 규정은 폐지하고,[29] 신체적 장애를 양형상 감경사유로 인정할 수 있도록 취급하는 것이 바람직하다.

---

28) 대법원 2000.8.18. 2000도2704.

29) 일본은 1995년 농아자의 책임능력에 대한 형법 제40조('농아자의 행위는 이를 처벌하지 아니하거나 그 형을 감경한다')를 삭제하였다.

Ⅲ. 형법 제10조의 책임무능력과 한정책임능력의 요건

> 제10조(심신장애인) ① 심신장애로 인하여 사물변별능력 또는 의사결정능력이 없는 자의 행위는 벌하지 아니한다.
> ② 심신장애로 인하여 전항의 능력이 미약한 자의 행위는 형을 감경할 수 있다.

1. 책임무능력의 요건: 제1항

형법 제10조 제1항에 의하면 책임무능력의 요건으로 ① 행위자에게 심신장애가 인정되어야 하고, ② 그 심신장애가 원인이 되어 사물변별능력 또는 의사결정능력 둘 중의 하나가 결여되어 있어야 한다. 16

(1) 심신장애의 존재

형법에서 심신장애[30]란 정신적 장애(mental disorder)를 가리키는 용어로서 신체적 장애를 제외한 비정상적인 정신적 상태를 의미한다. 정신병, 정신박약, 심한 의식장애 기타 중대한 정신이상 상태가 여기에 해당한다.[31] 17

例 대법원은 정신적 장애를 '정신병'과 '비정상적 정신상태'로 양분하기도 하고 정신병, 정신박약 또는 비정상적 정신상태로 3분하기도 한다. 이 가운데 '정신병'은 정신분열증[32]과 조울증 등이 원인이 되는 내인성(內因性) 정신병과 진행성 뇌연화증, 뇌손상 혹은 간질[33]이 원인이 되는 외인성(外因性) 정신병 그리고 강박증 등이 원인이 되는 심인성(心因性) 정신병 등으로 분류되고 있다. 18

정신박약은 백치, 치매 등과 같은 지능박약을 의미한다. 심한 의식장애는 실신, 마취, 혼수상태, 깊은 최면상태, 극도의 피로, 극도의 격정상태, 명정상태[34]가 원인이 되어 자기의식과 외계의식 사이에 정상적인 연관이 단절된 상태를 말하고, 기타 중대한 정신이상상태란 심한 노이로제, 중한 충동장애 및 기타 중한 정신신경증 상태에 빠진 경우를 말한다. 19

구체적으로 어떤 경우가 '정신적 장애'에 해당하는지는 미국정신의학회의 정신장애진단 및 통계편람(DSM-5) 세계보건기구의 국제질병분류(ICD-10)의 F코드가 일응의 기준이 될 수 있다. 20

---

30) 심신장애를 몸과 마음의 장애인 심신心身장애로 오해할 수 있으므로 '정신장애', 또는 '정신적 장애'로 바꾸어야 한다는 요구가 형법개정작업에서 제안된 바 있다. '심신心神장애'를 정신적 측면, 특히 (신경정신) 의학 분야에서 '병'으로 분류되는 '병적인 정신 장애' 외에도 일반 심리학적 관점에서 볼 때 '마음'의 이상상태 또는 의식의 장애(술에 취한 경우)의 경우 그 정도가 '중한' 경우에도 '심한 의식장애'속에 포함시켜야 한다면, 정신적 장애 또는 정신장애보다는 정신神과 마음心을 모두 포함하는 '심신장애'라는 용어를 유지하는 것이 오히려 바람직할 수 있다. 심신장애라는 용어는 또한 형법 제10조에서 심리학적 (규범적) 요소로 분류되고 있는 '사물변별능력 또는 의사결정능력'이라는 표지와도 조화되는 측면이 있다.

31) 대법원 1992.8.18. 92도1425.

32) 대법원 1991.5.28. 91도636.

33) 대법원 1983.7.26. 83도1239.

34) 대법원 1969.3.31. 69도232.

21 判 대법원은 충동조절장애와 같은 '성격적 결함'은 원칙적으로 '심신장애'에 해당하지 않는다고 한다. 자신의 충동을 억제하지 못하여 범죄를 저지르는 현상은 정상인에게도 얼마든지 찾아볼 수 있는 일이고, 그러한 성격적 결함을 가진 자가 자신의 충동을 억제하고 법을 준수하는 것은 기대될 수 있기 때문이라고 한다.[35] 그러나 성격적 결함이 '매우 심각하여 원래의 의미의 정신병을 가진 사람과 동등하다고 평가할 수 있는 경우'나 '다른 심신장애사유와 경합된 경우'에는 심신장애를 인정할 여지가 있다고 한다.

22 例 대법원은 ① '생리기간중에 심각한 충동조절장애'에 빠져 절도범행을 저지른 경우 (대법원 1999.4.27. 99도693) ② '성적인 측면에서의 성격적 결함으로 인하여 나타나는 소아기호증'의 경우(대법원 2007.2.8. 2006도7900)에는 원칙적으로 그 자체 심신장애에 해당하지 않는다고 하고, ③ 자폐성 스펙트럼 장애의 일종인 아스퍼거 증후군의 경우는 – '심신장애'에 해당하는지에 대한 명시적인 언급은 없으면서 – 구체적인 사안에서 사물변별능력이나 의사결정능력에 영향을 미쳤다고 볼 수 없다고(대법원 2018.9.13. 2018도7658)고 하고 있다.

23 DSM－5나 ICD－10에서는 성격적 결함(인격장애)이 '정신적 장애'로 분류되고 있음에도 대법원이 이를 '심신장애'에 포함시키지 않은 것은 제10조에서 말하는 '심신장애' 본래적 의미에 부합하지 않은 대법원식 용어사용법 때문이다. 대법원식 용어사용법의 문제점에 관해서는 제10조의 규범구조론에서 후술한다.

(2) 사물변별능력 또는 의사결정능력의 결여

1) 사물변별능력의 결여

24 ① 사물변별능력의 의의　사물변별능력이란 시비선악을 구별할 능력, 사물에 대한 합리적 판단력 등을 지칭하는 것으로서 행위자의 지적 능력의 정도를 일컫는다. 이를 형법적 관점에서 보면 행위자가 자기행위를 실질적으로 불법하다고 통찰할 수 있는 심리적 상태를 의미한다. 전통적으로 사용해 온 용어에 따르면 '위법성의 인식능력' 혹은 '불법통찰능력 내지 불법인식능력' 등이 여기에 해당한다.

25 ② 기억능력과의 구별　사물변별능력은 옳고 그름을 판단하는 인식능력을 의미하는 것이지 외부의 사물에 대한 지각능력이라는 의미의 인식능력 또는 기억능력을 말하는 것이 아니다. 따라서 행위자가 행위 당시 공격객체가 누구인지를 알고 있고 어떤 범행도구를 사용하였는지 소상하게 기억하고 있더라도 무조건 사물변별능력이 있다고 평가할 수는 없다. 사물에 대한 지각적 인식과 기억은 행위자의 고의를 인정하는 단서가 될 수 있을 뿐이며, 사물변별능력이란 이와는 별개로 행위의 선과 악, 옳고 그름 등과 관련한 사회적 의미에 대한 판단능력을 의미하기 때문이다.[36]

26 判 대법원도 사물변별능력과 기억능력을 분명하게 구별하고 있다. 이 점은 "범행 당시 정신분열증으로 심신장애의 상태에 있었던 피고인이 피해자를 살해한다는 명확한 의식이 있었고 범행의 경위를 소상하게 기억하고 있다고 하여 범행 당시 사물의 변별능력이나 의사결정능력이 결여된 정도가 아니라 미약한 상태

35) 대법원 1995.2.24. 94도3163; 2007.2.8. 2006도7900.

36) 대법원 2015.3.20. 2014도17346. "아동·청소년의 성보호에 관한 법률 제8조 제1항에서 말하는 '사물을 변별할 능력'이란 사물의 선악과 시비를 합리적으로 판단하여 정할 수 있는 능력을 의미(한다)."

에 있었다고 단정할 수는 없는 것"(대법원 1990.8.14. 90도1328)이라고 하거나,[37] 반대로 "범행을 기억하고 있지 않다는 사실만으로 바로 범행 당시 심신상실 상태(즉 사물변별능력이 결여된 상태: 필자 주)에 있었다고 단정할 수는 없다"(대법원 1985.5.28. 85도361)는 판시에서 알 수 있다. 다른 한편, 범행당시의 상황에 대해 피고인이 알코올섭취에 기인하여 사후적으로 기억을 상실하는 경우가 있다. 이에 관해서는 아래 알코올 블랙아웃 부분에서 설명한다.

2) 의사결정능력의 결여

① 의사결정능력의 의의 의사결정능력은 행위자가 사물변별능력이라는 지적능력에 맞게 자신의 행위의사를 결정할 의지적 능력을 의미한다. 행위자가 자기행위의 위법성을 인식하고서 이러한 인식에 따라 위법한 행위를 억제하는 의사를 결정할 능력을 말하므로 이를 '조종능력' 또는 '행위통제능력'[38]이라고 부르기도 한다. 27

의사결정능력의 유무판단에 앞서 사물변별능력 여부를 먼저 판단하여야 한다. 왜냐하면 의사결정능력은 행위자가 현실적으로 사물을 변별하였거나(즉 현실적으로 위법성을 인식하였거나), 변별할 가능성(능력)이 있었던 경우에 비로소 문제될 수 있기 때문이다.[39] 행위자가 사물변별능력을 충분하게 갖추고 있으나 의사결정능력이 없는 경우란 행위자가 문제되는 행위로 나아가는 의사를 억제하고 그 행위를 하지 말아야 할 반대방향의 통제능력을 발휘할 수 없는 경우를 말한다. 만취한 자가 자신도 모르게 상대방을 향하여 주먹을 날리는 경우가 행위통제능력이 결여된 대표적인 사례에 해당한다. 28

② 알코올 블랙아웃 또는 패싱아웃의 경우 알코올로 인해 일정한 시공간에서의 에피소드를 전체적으로 또는 단편적으로 기억하지 못하는 경우, 즉 속칭 필름이 끊겨진 경우를 의학적으로 '알코올에 기인한 블랙아웃(alcohol induced blackout)'이라고 한다. 알코올 블랙아웃 현상에 대해서는 알코올이 대뇌의 기억을 담당하는 측두엽의 해마부분에 영향을 미쳐 단기기억이 장기기억장치에 기록되지 못한 결과 특정 에피소드를 사후적으로 기억하지 못하는 것일 뿐, 그 에피소드가 진행되는 동안에는 정상적인 대화가 가능하고 판단능력 등에 문제가 없다는 점이 의학적 기전으로 인정되고 있다. 29

判 대법원도 이에 따라 알코올 블랙아웃은 행위 당시의 피고인의 고의나 책임능력과 무관하다는 판단하에 피고인의 블랙아웃 주장(범행당시가 기억나지 않는다는 주장)을 형사책임을 부정하는 근거로 사용한 예는 없다. 특히 살해를 하거나 방화를 한 피고인이 법정에서 알코올 블랙아웃을 주장하더라도 통상적으로 책임무능력 또는 한정책임능력이 인정되지는 않은 것도 이 때문이다. 그러나 평소주량, 술마시는 데 소요된 시간, 술취한 정도(혈중 알코올농도) 등을 고려하면 블랙아웃이 의식장애를 수반할 수도 있고 그 정도가 심한 경우 의사결정능력의 결여 또는 미약에 이를 수도 있으므로 – 블랙아웃 주장이 거짓말이 아니라면 – 구 30

37) 원심법원에서는 행위자에게 기억능력이 있다고 해서 사물변별능력이 완전히 결여된 것이 아니라고 하여 피고인의 책임무능력을 인정하지 않고 무기징역을 선고하였지만 대법원에서는 무죄가 선고되었다.
38) 대법원 2007.6.14. 2007도2360.
39) 따라서 사물변별능력 또는 의사결정능력 가운데 어느 하나만 결여되더라도 책임무능력자로 인정될 수 있다. 그러나 현행 형법상 이러한 능력의 결여가 심신장애에서 기인한 것이어야 하고 심신장애 이외의 다른 사유에 기인한 경우에는 책임무능력자로 평가될 수 없다.

체적 사례에 따라 달리 판단될 여지가 있다. 피고인이 알코올 블랙아웃을 주장하는 사례에서 책임비난 여부의 판단을 위해서는 '의사결정능력'의 유무(또는 정도) 판단보다는 '일반화된 타행위가능성 또는 적극적 일반예방의 필요성(규범의 타당성유지 필요성)' 등과 같은 상위의 일반적 판단 기준을 사용이 유용할 수 있다.

31 다른 한편 술에 만취하여 실신하는 등 의식을 잃어버린 상태는 '패싱아웃(passing out)'이라고 한다. 패싱아웃은 행위자에게 의식이 없기 때문에 이 상태하에서의 신체움직임이 있더라도 형법상 행위성 요건조차 충족시킬 수 없다. 행위자가 일부러 의식상실의 상태를 초래하고 무의식 상태에서 불법행위가 이루어진 경우에는 원인에 있어서 자유로운 행위 법리와 유사하게 '원인에 있어서 자유로운 불법행위'의 문제가 제기되어 형사책임이 인정될 수 있다.

32 判 형사판결에서 '피고인'의 알코올 블랙아웃이 아니라 '피해자'의 블랙아웃이 피해자의 의식에 어느 정도의 장애를 일으킨 것인지가 문제되는 경우가 적지 않다. 예컨대 술이나 약물에 취한 피해자의 상태를 이용하여 피해자에 대한 간음이나 추행행위를 한 경우 준강간죄 또는 준강제추행죄가 문제된다. 형사재판에서 – 피해자가 스스로 '알코올 블랙아웃'을 주장하며 기억이 없다고 진술한 경우 – 피고인의 위 죄의 성립여부는 피해자의 상태가 '심신상실 또는 항거불능상태'로 인정될 수 있는지에 따라 달라진다. 피해자가 만취하여 의식이 상실된 '패싱아웃' 상태는 심신상실로 인정돼 위 죄의 성립에 문제가 없겠지만, 단순히 블랙아웃의 경우라면 행위당시에는 정상적 정신상태이지만 사후적으로 행위당시의 에피소드에 대해서만 기억이 없어진다는 의학적 기전에 따르면 피고인의 성폭행행위가 시도될 시점에 피해자의 상태가 '심신상실 또는 항거불능'상태에 있었음을 쉽게 단정하기 어렵다. 그러나 피해자가 알코올의 독성에 영향을 받아 의식장애까지 수반된 블랙아웃을 겪은 경우라면 '구체적 사례의 개별적 사정'을 고려한다면 피해자에게 심신상실 또는 항거불능을 인정할 수 있는 여지를 전적으로 배제할 수는 없다. 최근 피해자의 블랙아웃상태 관련 준강제추행죄 성립에 관한 최초의 대법원 판결에서는 이러한 취지에서 피고인에게 준강제추행죄를 인정하였다. 이에 관해서는 『각론』 준강간죄(준강제추행죄) 부분 참조.

2. 한정책임능력의 요건: 제2항

33 형법 제10조 제2항에 의하면 한정책임능력의 요건으로 ① 행위자에게 심신장애가 인정되어야 하고, ② 그 심신장애가 원인이 되어 사물변별능력 또는 의사결정능력 둘 중의 하나가 미약하여야 한다.

(1) 심신장애의 인정

34 형법 제10조는 심신장애라는 요건에 관한 한 한정책임능력의 요건과 책임무능력의 요건을 다르게 규정하고 있지 않다. 따라서 한정책임능력의 요건인 심신장애와 책임무능력 요건인 심신장애는 '질적'으로 다르지 않다. 그러나 한정책임능력으로 인정되기 위해서는 사물변별능력 또는 의사결정능력의 '결여'가 아니라 '미약'이 요구될 뿐이므로 이러한 능력의 '결여'나 '미약'은 심신장애의 '정도'와 무관하다고 볼 수 없다. 이 때문에 한정책임능력의 경우 요구되는 심신장애의 정도는 책임무능력의 경우 요구되는 심신장애에 비해 적어

도 '양적'인 측면에서 장애의 정도가 중하지 않은 경우에 해당한다고 할 수 있다.

判 대법원도 정신장애로 인하여 사물을 변별할 능력이 없거나 의사를 결정할 능력이 없는 자 및 이와 같은 능력이 미약한 자라 함은 '어느 것이나 심신장애의 상태에 있는 사람을 말하고, 이 양자는 단순히 그 장애정도의 강약의 차이가 있을 뿐'(이다)고 한다.[40] 35

(2) 사물변별능력 또는 의사결정능력의 미약

제10조 제2항에서는 심신장애가 원인이 되어 사물변별능력이나 의사결정능력이 '미약' 상태가 될 것을 요구하고 있다. 사물변별능력의 경우와 의사결정능력의 경우는 각기 다른 차원에서 평가되어야 한다. 불법통찰능력(자신의 행위가 금지되어 있는 불법한 행위에 해당하는 것인지를 판단할 능력)을 의미하는 사물변별능력은 그 본질상 유무만 평가될 수 있을 뿐 정도의 문제로 등급화되기 어렵기 때문이다. 36

반면에 의사결정능력의 경우는 그 능력의 유무 외에도 정도가 문제될 수 있다. 그러나 언제 의사결정능력의 정도가 '미약'으로 인정될 수 있는지에 대한 평가는 쉽지 않다. 의사결정능력이 그 존재증명이 불가능한 의사의 자유문제와 결부되어 있기 때문이다. 전통적 책임이론이 책임비난을 근거지움에 있어서 평균인의 일반화된 타행위가능성이라는 상위의 기준을 내세우고 있음도 이 때문이다. 37

그러나 타행위가능성은 그 가능의 유무는 물론이고 그 가능의 정도도 양적으로 평가되기 어렵다. 이러한 점은 책임감소의 근거규정인 형법 제10조 제2항의 필요적 형감경사유가 최근 임의적 형감경사유로 개정된 점과 무관하지 않다. 임의적 형감경사유는 법관의 양형재량을 허용하는 것인 바, 이는 결국 책임비난의 문제가 타행위가능성여부 및 정도에 따라 엄격하게 결정되는 것이 아니라 '예방목적' 내지 '처벌의 필요성'이 고려된다는 측면을 도외시할 수 없음을 알게 해 주는 대목이다. 38

判 대법원은 사물변별능력과 의사결정능력을 차별화하지 않고 그 능력의 '미약'을 요건으로 하고, 이 경우 '미약'을 위 능력의 결여 정도에는 이르지 않았으나, "현저하게 감퇴된 상태"를 말한다고 한다.[41] 이에 따르면 의사결정능력의 '미약'으로 인정되기 위해서는 행위자가 자신의 행위를 통제하여 불법을 억제할 수 있는 능력이 평균적 시민의 그것보다 현저하게 적은 저항을 할 수밖에 없을 정도로 저하되어 있을 것이 요구된다.[42] 이 경우에도 대법원이 그 현저성을 평가함에 있어서 결정적인 고려사항은 '심신장애의 정도'일 것으로 보인다. 이와 관련해서는 대법원이 심각한 의식장애와 그 밖의 중한 정신적 이상에 해당하는 심신장애 사유들이 문제될 경우, 예컨대, 성격적 결함이나 충동장애가 있는 경우 그 증상들의 중함의 정도와 관련 39

40) 대법원 1984.2.28. 83도3007.

41) 대법원 1984.2.28. 83도3007 판결에서는 피고인의 정신상태가 정신분열증세와 방화에 대한 억제하기 어려운 충동으로 말미암아 사물을 변별하거나 의사를 결정할 능력이 미약한 상태에서 불과 6일간에 여덟차례에 걸친 연속된 방화를 감행한 경우, 피고인이 심신미약자로 인정되었다.

42) 이러한 관점에서 보면 한정책임능력의 문제는 적법행위에 대한 기대가능성과 기대불가능성의 구별문제와도 차이가 없는 것으로 보이기도 한다. 기대불가능성도 결국은 평균인의 타행위가능성을 척도로 한 평가이기 때문이다.

하여 병적 정신장애라는 표지, 즉 "본래적 의미의 정신병"과 동등한 정도일 것이어야 한다고 하고 있음은 앞서 살펴보았다.

40 **例 책임무능력을 인정한 판례사안:** ① 우울증, 알콜중독증 등 정신질환으로 여러 차례 입원치료를 받아온 적이 있는 자가 퇴원하고 3개월이 경과한 후 우울한 기분을 느껴 밤새도록 많은 양의 술을 마시고 술이 완전히 깨지 아니한 상태에서 사람을 찔러 사망케 한 경우(대법원 1989.3.14. 89도94), ② 정신상태가 정상이 아니고 수사기관에서의 진술도 전후가 전혀 일치되어 있지 않고 정상인으로서는 하기 어려운 종잡을 수 없는 모순된 내용을 가지고 타인에 대해 무고행위를 한 경우(대법원 1989.9.26. 89도583), ③ 정신신경증(결핵성 뇌막염 후유증)을 앓고 있으면서 자신도 모르게 목적없이 가출하고 집을 찾아오지도 못하며 겨울에는 심한 동상 때문에 거리에 쓰러져 있어 파출소에서 보호하다가 가족에게 인계된 것만 해도 수차례였던 자가 가출하여 방황하던 중 동상을 입은 상태에서 타인의 봉고차 안에 들어가 있다가 절도죄로 기소된 경우(대법원 1986.12.9. 86도2030), ④ 10여 년 전부터 만성형 정신분열증 질환을 앓아왔고 그동안 각종 정신병원 및 정신요양원 등의 치료시설에 장기간 수용되어 치료를 받아 온 자가 정신분열증에 따른 망상의 지배로 말미암아 아무런 관계도 없는 생면부지의 행인들을 이유 없이 도끼로 내리쳐 상해를 입힌 경우(대법원 1991.5.28. 91도636) ⑤ 범행 당시 정신분열증으로 심신장애의 상태에 있었던 피고인이 피해자를 살해할 만한 다른 동기가 전혀 없고, 오직 피해자를 "사탄"이라고 생각하고 피해자를 죽여야만 피고인 자신이 천당에 갈 수 있다고 믿어 살해하기에 이른 경우(대법원 1990.8.14. 90도1328) 등.

41 **例 한정책임능력을 인정한 판례사안:** ① 정신상태가 정신분열증세와 방화에 대한 억제하기 어려운 충동으로 말미암아 사물을 변별하거나 의사를 결정할 능력이 미약한 상태에서 불과 6일간에 여덟 차례에 걸친 연속된 방화를 감행한 경우(대법원 1984.2.28. 83도3007.) ② 교통사고로 뇌좌상을 입어 장기간 치료받은 병력이 있는 자로서 기초학력이 부족하고 판단력이 결핍되거나 매우 미흡하다고 판단되어 과거 법원으로부터 정신과 치료를 받을 것을 보호관찰의 특별준수사항으로 하나로 부과받았고, 2회에 걸쳐 여자아이들을 추행한 혐의로 유죄판결을 선고받기도 하였으며 그 후 일정기간 병원에서 정신분열증 치료를 받은 적이 있고 안정제를 복용하였으나 그 이후 및 범행 당시에도 안정제를 복용하지 않았던 상태에서 투숙하려는 숙박시설의 여주인(62세)에 대한 강간미수를 범한 경우(대법원 2005.12.9. 2005도7342) 등.

3. 형법 제10조의 규범구조와 책임무능력 등의 판단방법

(1) 제10조의 입법모델과 중층적 규범구조

42 **1) 종래의 규정분석 및 용어사용법** 형법이 규정하고 있는 책임무능력의 두 가지 요건 가운데, 심신장애요소는 생물학적 요소이고, 사물변별능력 또는 의사결정능력은 심리학적 요소라는 설명이 일반적이다. 형법 제10조가 '생물학적 표지와 심리학적 표지'로 이루어진 '혼합적 입법모델'이라고 불리우는 것도 이 때문이다. 형법 제10조에 규정되어 있는 두 가지 서로 다른 차원의 표지들의 충족여부는 행위자가 책임무능력자인지(책임조각) 또는 한정책임능력자(임의적 형감경)인지에 대한 판단에서 단계별로 이루어져야 한다.

43 ① 생물학적 요소인 "심신장애"라는 표지의 충족여부가 확인되어야 하고(제1단계 심사), ② 행위자가 심신장애인으로 인정될 경우에 한하여 그것이 원인이 되어 심리학적 요소인 '사물변별능력 또는 의사결정능력의 결여' 또는 미약 여부가 행위 시점을 기준으로 판단되어야 한다(2단계 심사).

44 **2) 중층적 규범구조의 특성과 책임무능력 요소분류법** 형법 제10조의 규범구조의 특

성에 따른 단계별 판단을 강조하는 것만으로는 규범적 책임개념의 책임비난의 실질적 근거 내지 책임판단의 기준이 가진 의미와 역할을 만족스럽게 설명하기 어렵다. 형법 제10조는 형법의 다른 책임조각사유에 관한 규정과 같이 객관적 전제사실(심신장애 상태)의 충족과 그 전제사실을 대상으로 삼은 평가 기준(사물변별능력 또는 의사결정능력의 여부)에 따라 최종적인 책임비난 여부 및 정도를 판단하는 규범구조로 되어 있기 때문이다.

이와 같은 '사실–평가'라는 중층적 구조의 특성을 반영한다면 형법의 책임무능력사유를 생물학적–심리학적 요소로 단순 분류하는 태도는 종래 일정부분 보완설명되어야 할 필요가 있다. 먼저 첫 번째 단계인 비정상적 정신상태를 일컫는 '심신장애'를 생물학적 요소로만 명명하는 것은 심신장애의 특성을 충분하게 반영하지 못한다. 정신병 중에 조현병과 같은 '심인성 정신병'은 생물학적 (또는 의학적) 차원의 외인성 질병의 징표가 나타나지 않는 경우가 더 많기 때문이다. 이에 따르면 정신병 여부를 진단함에 있어서는 생물학적 지식보다는 오히려 심리학적 지식 또는 정신의학 또는 정신분석적 접근까지 요구된다. 따라서 '심신장애'는 생물학적/심리학적 표지 또는 생물학적/정신의학적/심리학적 표지[43]로 고쳐 부르는 것이 적절하고, 이러한 용어사용법은 – 언어가 생각을 바꾼다는 관점에서 보면 – 형사재판에서 포렌식 전문가 활용에 관한 실무의 열린 자세를 확립하기 위해서도 필요할 것으로 보인다. 45

마찬가지의 맥락에서 두 번째 단계에서 문제되는 사물변별능력 또는 의사결정능력이라는 표지 역시 '심리학적 요소'로만 분류하는 것은 정확한 표현이 아닐 뿐 아니라 오해의 소지도 있다. 이 능력들은 심신장애의 중함의 정도에 따라 다르게 평가될 수 있는 성질의 것으로서 – 생물학적/심리학적/정신의학적 기초자료를 근거로 하여 관련분야의 전문가적 감정소견에 대한 – 법관의 '규범적 평가'에 의해 결정되기 때문이다. 이러한 관점에서 보면 사물변별능력 또는 의사결정능력의 결여나 미약을 단순히 심리학적 요소라고 이해하기 보다는 심리학적/규범적 요소라고 말하는 것이 형법 제10조의 규범구조에 부합한 명명법인 것으로 보인다. 46

(2) 규범적 책임컨셉하에서의 책임무능력여부에 대한 판단

1) 규범적 책임개념과 법관의 역할 구체적 사례에서 책임무능력/한정책임능력/완전한 책임능력여부에 관한 판단을 위한 제1단계 심사에서 생물학적–심리학적 의미의 '심신장애'의 존부는 전문감정인(정신의학자나 심리학자 또는 심지어 정신분석학자)의 감정소견을 기초로 삼아야 한다. 법관은 법률전문가이지 인간의 뇌에 관한 생물학적, 심리학적 또는 정신의학적 전문가가 아니기 때문이다.[44] 그러나 제2단계 심사에서 '심신장애'를 기초한 사물변별능력이나 의사결정능력의 유무 및 정도에 관한 규범적 평가는 전적으로 법관의 독자적 판단에 맡겨진다. 47

---

43) '생물학적' 표지로 부를 수 있는 있는 근거는 심(마음)과 신(정신)이 사람의 신체의 일부인 '뇌'의 기능과 관계되어 있기 때문이다.

44) 대법원 2002.11.8. 2002도5109. "피고인의 범행동기나 수법, 범행의 전후과정에서 보인 태도, 범행 당시 음주정도, 피고인의 성장배경·학력·가정환경·사회경력 등을 통하여 추단되는 피고인의 지능정도와 인성 등에 비추어 볼 때, 피고인이 강간살인 범행을 저지를 당시 자기통제력이나 판단력, 사리분별력이 저하된 어떤 심신장애의 상태가 있었던 것은 아닌가 하는 의심이 드는데도 전문가에게 피고인의 정신상태를 감정시키는 등의 방법으로 심신장애 여부를 심리하지 아니한 채 선고한 원심판결은 심리미진과 심신장애에 관한 법리오해의 위법이 있다."

48 제10조의 이러한 적용메카니즘은 '책임'은 비난가능성이라는 의미의 규범적 책임컨셉에 부합하는 것일 뿐만 아니라 책임의 하위요소(개념)인 사물변별능력 또는 의사결정능력을 해석할 경우 '자연주의적 존재론적' 접근방법을 넘어서 '규범적 평가적 접근법'이 관철되고 있음을 보여준다. 규범적 평가의 대상인 사물변별능력 또는 의사결정능력의 유무 및 정도에 관한 판단은 판단 주체에 따라 달라질 수가 있음도 이 때문이다.[45)]

49 判 대법원도 이러한 관점에서 '법관은 심신장애 여부에 관한 의학적 혹은 심리학적 감정결과에 구속되지 않고 독자적으로 행위자의 사물변별능력 또는 의사결정능력에 대한 규범적 차원에서 평가를 내릴 수 있다'고 본다.[46)] 따라서 판결례 중에는 심신장애(특히 정신적 장애)가 확인되더라도 행위자에게 사물변별능력 또는 의사결정능력이 결여되어 있지 않다는 판사의 독자적인 평가가 내려지는 경우가 적지 않다.[47)] 이 경우 판사는 감정결과를 중요한 참고자료로 삼으면서도 사물변별능력 또는 의사결정능력의 유무에 관한 판단 여부를 경험칙에 비추어 '독자적으로'[48)] 그리고 형벌부과의 방법으로 행위자에 대한 비난을 가할 수 있는지에 대한 평가적 차원의 '규범적'[49)] 판단을 내린다. 특히 앞서 살펴보았듯이 대법원은 규범적 평가시 형벌목적적 관점도 고려할 수 있음도 인정하고 있다.

50 형법적 개념에 대한 규범적 평가적 접근방법은 사실적 요소인 '심신장애'개념에 대해서도 전적으로 닫혀있는 것은 아니다. 심신장애 여부는 원칙적으로 생물학적/심리학적/정신의학적 차원의 과학적 진단방법에 따라 확인되어야 하지만, 그 중함의 정도 문제는 평가적으로 판단되어야 할 경우도 있기 때문이다.

51 **2) 규범적 책임컨셉에 따른 대법원의 용어사용상의 문제점** 형법 제10조의 혼합적 중층적 규범구조 및 법적 개념에 따르면 '심신장애'와 '사물변별능력 또는 의사결정능력'의 관계는 다음과 같이 공식화될 수 있다: ① 책임무능력=심신장애+사물변별능력 또는 의사결정능력의 결여. ② 한정책임능력=심신장애+사별변별능력 또는 의사결정능력의 미약.

52 判 그러나 앞서 확인했듯이 대법원은 '심신장애'라는 용어를 사물변별능력 또는 의사결정능력의 정도와 유무라는 규범적 차원의 판단을 포함하는 넓은 의미로 사용하고 있다. 이에 따르면 대법원은 심신장애와 사물변별능력 또는 의사결정능력의 관계를 다음과 같이 공식화하고 있다고 말할 수 있다: 심신장애=정신적 장애+사물변별능력 또는 의사결정능력의 결여 또는 미약.[50)] 책임무능력의 하위요소들의 관계파악에 관

45) 원심법원의 판사와 대법원 판사가 책임무능력 여부에 대한 규범적 평가를 서로 다르게 내린 대표적인 경우로는 앞의 대법원 1990.8.14. 90도1328 판시 참조.

46) 대법원 2018.9.13. 2018도7658.

47) 대법원 1968.4.30. 68도400. "본조에서 말하는 사물을 판별할 능력 또는 의사를 결정할 능력은 자유의사를 전제로 한 의사결정의 능력에 관한 것으로서, 그 능력의 유무와 정도는 감정사항에 속하는 사실문제라 할지라도 그 능력에 관한 확정된 사실이 심신상실 또는 심신미약에 해당하는 여부는 법률문제에 속하는 것인바 피고인의 범행 당시 정신상태가 심신미약인 상태에 해당되는 것으로 사료된다는 취지의 감정서의 기재 및 이에 대한 감정인의 증언은 감정결과인 인격해리상태에 대한 자신의 법률적 평가를 개진하였음에 불과하므로 그 정신상태에 관한 판단의 자료가 될 수 없다."

48) 대법원 1999.1.26. 98도3812.

49) 대법원 1998.4.10. 98도549.

한 대법원의 태도는 형법 제10조의 문언 및 중층적 규범구조, 그리고 입법자가 기초로 하고 있는 규범적 책임컨셉에 반할 수 있다. 앞서 살펴보았듯이 제10조에서 입법자는 심신장애라는 표지와 사물변별능력(또는 의사결정능력)의 결여라는 표지를 대등한 차원에 있는 서로 다른 층위의 표지로 설정하여 두었다. 그럼에도 대법원은 정신의학계에서 일반적으로 심신장애와 동의어로 취급해 온 '정신적 장애'라는 표지를 따로 만들어 이를 사물변별능력(또는 의사결정능력)의 결여라는 표지와 대응시키면서 이 두 가지 표지를 '심신장애'의 하위표지로 파악하고 있다. 대법원이 이러한 용어사용 및 심사방법을 취하고 있음은 일본형법 제39조의 입법태도를 무비판적으로 답습하고 있음에 기인한 것으로 보인다.

3) 책임능력에 관한 한국의 입법구상과 일본의 입법구상의 차이 일본형법 제39조는 '심신상실' 또는 '심신미약(심신모약)'이라는 생물학적 표지의 충족만으로 책임무능력 또는 한정책임능력 판단을 할 수 있도록 규정되어 있다. 이러한 일본형법의 입법구상은 다수 국가의 형법에서 생물학적(또는 심리학적/정신의학적) 요소(=심신장애 또는 정신적 장애)와 심리학적(또는 규범적) 요소(=불법통찰능력 또는 그에 따라 행위를 통제할 능력)를 모두 요구하고 있는 혼합적 입법모델과는 달리 생물학적(또는 심리학적/정신의학적) 요소만을 요구하는 일원적 입법모델에 입각한 것으로 평가된다. 53

물론 일본에서도 학설과 판례는 책임판단에 규범적 평가가 개입할 여지가 원천적으로 차단되어 있는 '일원적' 입법방식의 문제점을 보완하여 다음과 같이 대처하고 있다. 즉 제1단계 심사에서 '정신적 장애'라는 하위표지(정신의 요소)를 별도로 요구한 뒤, 제2단계 심사에서는 사물변별능력 또는 의사결정능력의 결여나 미약이라는 심리학적 표지(마음의 요소)까지 추가적으로 판단하고 있다. 그러나 이원적 입법모델에 입각한 심사방식을 취하면서도 형법의 법문 자체를 무시할 수는 없기 때문에 최종결론에서는 일원적 입법모델의 개념표지인 '심신의 상실 또는 심신의 모약'이라는 용어를 여전히 전면에 등장시키고 있다. 54

대법원도 이러한 일본식 용어사용법에 입각하여 형법이 사용하고 있는 심신장애라는 용어를 일본식으로 개조하고 있다. 이원적 입법모델 속의 '심신장애'를 일원적 입법모델 속의 심신상실과 심신미약의 상위개념으로 내세우고, 그 하위에 정신적 장애(생물학적 요소)와 사물변별능력 또는 의사결정능력의 결여 또는 미약(심리학적 요소)를 배치시켜 넣고 있는 것이다. 55

4) 관용화된 심신상실과 심신미약이라는 용어의 문제점 일본형법 제39조의 보완적 해석을 답습하고 있는 한국의 대법원과 대다수의 학설은 책임무능력(정신적 장애+사물변별능력등의 결여)과 한정책임능력(정신적 장애+의사결정능력 등의 미약)을 대체하는 용어로 일본 56

---

50) 대법원 1992.8.18. 92도1425. "형법 제10조에 규정된 '심신장애'는 생물학적 요소로서 정신병, 정신박약 또는 비정상적 정신상태와 같은 '정신적 장애'가 있는 외에 심리학적 요소로서 이와 같은 정신적 장애로 말미암아 사물에 대한 판별능력과 그에 따른 행위통제능력이 결여되거나 감소되었음을 요하므로, 정신적 장애가 있는 자라고 하여도 범행 당시 정상적인 사물판별능력이나 행위통제능력이 있었다면 심신장애로 볼 수 없음은 물론이나, 정신적 장애가 정신분열증과 같은 고정적 정신질환의 경우에는 범행의 충동을 느끼고 범행에 이르게 된 과정에 있어서의 범인의 의식상태가 정상인과 같아 보이는 경우에도 범행의 충동을 억제하지 못한 것이 흔히 정신질환과 연관이 있을 수 있고, 이러한 경우에는 정신질환으로 말미암아 행위통제능력이 저하된 것이어서 심신미약이라고 볼 여지가 있다."

형법규정 속의 심신상실과 심신미약이라는 용어를 그대로 차용[51]하고 있다.

57 일본 학계와 실무조차도 일본 형법 제39조의 후진적 입법방식에 스스로 문제의식을 가지고 보완적 해석론을 전개하고 있는 부분을 굳이 다른 입법구상에 의해 설계되어 있는 한국 형법 제10조의 해석론이 답습하고 있음은 별론으로 하더라도 그 용어까지도 그대로 차용하고 있는 태도는 자주적인 형법해석의 태도를 벗어난 것이다. 특히 한국 형법에서 '심신상실'과 '심신미약'이라는 용어가 등장하는 맥락이 일본형법의 그것과 전혀 다르기 때문에 더욱 문제적이다.

58 한국 형법률에서 심신상실과 심신미약이라는 용어는 형법각칙 구성요건에서 총칙의 심신장애가 등장하는 것과 전적으로 다른 맥락에서 등장한다. 즉 성적 자기결정권이라는 보호법익에 대한 공격에 취약한 상태에 있는 피해자의 특성을 기술하는 개념으로 사용되고 있을 뿐이다. 특히 각칙에서 '심신상실'은 행위성 조차도 인정받을 수 없는 상태인 의식상실까지 포함하는 것으로 해석될 수 있는 반면, 총칙 제10조의 심신장애는 행위성이 인정되는 전제하에서 책임단계에서의 책임비난 여부 및 그 정도 판단을 위한 '단서사유'로 인정되고 있다. 이러한 관점에서 보면, 형법이론학에서나 형사실무에서 심신상실 및 심신미약을 책임무능력 및 한정책임능력과 서로 호환하거나 대체가능한 용어로 사용하기에는 그 간격이 너무 큰 것으로 보인다.

59 물론 학문적 개념 사용의 엄정성을 주장하는 것만이 능사는 아니다. 언어의 의미는 그 사용에 있다는 측면에서 보면, 심신상실과 심신미약이라는 용어는 법률가들의 용어 사용뿐만 아니라 일상언어 사용에도 깊게 고착화되어 있어 그 언어관용을 바꾸기는 어려운 단계에 접어든 측면이 있기 때문이다.

4. '책임능력과 행위의 동시존재원칙'과 그 예외

60 행위자가 책임무능력자 혹은 한정책임능력자인지 여부는 '행위 당시'를 기준으로 판단하는 것이 원칙이다. 이를 '책임능력과 행위의 동시존재원칙'이라고 한다. 따라서 행위자가 평소에는 간질병증세가 있었더라도 "범행 당시에는 간질병이 발작하지 아니하였다면" 책임무능력자 혹은 한정책임능력자로 인정되지 않는다.[52]

61 그러나 이 원칙에는 두 가지 예외가 있다. 하나는 행위자가 불법행위를 하기 전단계인 원인행위 시에 일정한 요건 하에서 불법행위로 나아가는 경우(형법 제10조 제3항)이고, 다른 하나는 행위자가 음주 또는 약물로 인한 심신장애상태에서 특정한 범죄를 범하였을 때에는 형법 제10조 제1항 및 제2항 등의 적용을 배제하는 규정을 두고 있는 경우(성폭법 제20조 등)이다.[53] 특히 후

---

51) 대법원 2020.10.29. 2020도9430; 2020.1.16. 2019도16462; 2017.4.13. 2017도1213 등 다수의 판결례 참조.

52) 대법원 1983.10.11. 83도1897.

53) 이러한 입법형식은 늘어나는 추세이다. 예, 의료법 제90조의2(형법상 감경규정에 관한 특례): 음주로 인한 심신장애 상태에서 제12조 제3항을 위반하는 죄를 범한 때에는 형법 제10조 제1항을 적용하지 아니할 수 있다.

자의 경우는 형법 제10조 제3항에서 설정하고 있는 일정한 요건 없이도 행위자에게 책임을 인정하므로 책임원칙에 정면으로 배치될 수 있는 입법형식이다.

Ⅳ. 원인에 있어서 자유로운 행위

> 제10조(심신장애인) ③ 위험의 발생을 예견하고도 자의로 심신장애상태를 야기한 자의 행위는 전2항의 규정을 적용하지 아니한다.

1. 원인에 있어서 자유로운 행위의 의의

형법은 행위자에 대해 책임무능력 혹은 한정책임능력사유가 존재한다고 해서 '자동적으로' 책임조각 또는 책임감경의 효과를 부여하지 않는다. 형법 제10조 제3항이 "위험의 발생을 예견하고 자의로 심신장애상태를 야기"한 경우에는 책임조각이나 책임감경을 인정하는 전2항의 규정을 적용하지 않는다고 규정하고 있기 때문이다. 62

형법 제10조 제3항의 요건에 해당하는 행위, 즉 ① '원인행위시에 위험의 발생을 예견'하고, ② '자의로 심신장애상태를 야기'한 후에 ③ '장애상태하에서 구성요건에 해당하고 위법한 행위로 나아간 경우'를 '원인에 있어서 자유로운 행위'(actio libera in causa)라고 부른다. 장애상태하의 행위자는 비록 직접적인 실행행위시에는 자유롭지 못했지만 그 원인행위시에 있어서는 자유로운 상태에 있었음을 감안하여 사용된 표현이다. '원인이 자유로운 행위'[54] 또는 '원인에서 자유로운 행위'[55]라고 부르기도 한다. 63

2. 원인에 있어서 자유로운 행위의 가벌성의 근거

(1) 책임능력과 행위의 동시존재원칙과의 관계

형법 제10조 제3항은 그 자체만으로 보면 행위시에 '책임이 있어야 형벌 있다'는 의미의 책임원칙에 반한다. 행위자가 '행위'시에 심신장애라는 비정상적 정신상태에 있었기 때문에 책임무능력사유 또는 한정책임능력사유가 인정되어 책임조각 또는 책임감경이 가능함에도 완전 책임을 인정하기 때문이다. 전통적인 이론에 따르면 '책임'은 의사든 행위든 '자유'를 전제로 하는데, 단순한 '원인행위'시에만 자유가 있고, 불법행위시에는 자유가 없거나 제한됨에도 완전책임을 인정하는 형법의 태도를 전통적인 책임이론으로는 설명하기 어려운 난점이 있다. 64

54) 박상기, 227면; 윤용규, "과실의 원인이 자유로운 행위," 형사법연구 제11권(1999), 43면; 이기헌, "원인이 자유로운 행위", 고시계, 1993.10, 31면; 조상제, "과실의 원인에 있어서 자유로운 행위", 형사판례연구(4), 1999, 6면.

55) 배종대, §86/1.

65 형법이 '원인에 있어서 자유로운 행위'의 경우 행위자에게 완전책임을 인정하는 이론적 근거가 무엇인지 그리고 형법 제10조 제3항이 규정하고 있는 완전책임의 요건을 어떻게 이해할 것인지에 관한 복잡한 해석론이 전개되고 있다.

(2) 가벌성의 이론적 근거

66 형법이 원인에 있어서 자유로운 행위의 가벌성(완전책임)을 인정하고 있는 형법의 태도가 어떤 이론적 배경하에서 만들어진 것인지에 관해서는 크게 두 가지 상반된 이해방식이 존재한다.

67 1) 구성요건모델 실행행위(즉 구성요건적 행위)를 장애상태하에서의 행위가 아니라 자유로운 상태하에서의 원인설정행위라고 하는 견해이다.[56] 이에 따르게 되면 원인설정행위시 행위자는 심신장애 상태에 있지 않기 때문에 원인에 있어서 자유로운 행위를 처벌하더라도 책임능력과 행위의 동시존재의 원칙에 반하지 않게 된다. 이 견해는 실행의 착수시기도 '원인행위시'를 기준으로 하게 된다.

68 2) 예외모델 실행행위를 장애상태를 야기하는 원인설정행위가 아니고, 장애상태하에서의 행위라고 하는 견해이다(다수설). 이 견해는 실행행위시에 행위자가 심신장애상태에 있으므로 원인에 있어서 자유로운 행위를 처벌하는 것은 책임능력과 행위의 동시존재 원칙의 '예외'라고 한다. 이에 따르면 실행의 착수시기는 장애상태하에서의 실행행위를 기준으로 하게 된다.

69 3) 결론 구성요건모델이나 예외모델은 원인에 있어서 자유로운 행위를 처벌하는 명문의 규정이 없는 독일에서 등장한 이론모델이다. 따라서 이 이론모델은 행위자의 완전책임을 인정하기 위해 형법 제10조 제3항에서 요구되는 두 가지 요건과 접촉점을 가지고 있지 않아 형법의 해석론에 직접 결부되지 않는다. 다만 실행의 착수시기가 달라진다는 점에서는 두 가지 모델 중 어느 하나를 취사선택하는 것이 의미를 가질 수는 있다.

70 하지만 구성요건모델을 취하면서도 실행의 착수시기는 원인설정행위를 벗어나 법익침해를 위한 진행을 시작한 시점(이른바 중간시점)을 실행의 착수시기로 보는 견해[57]도 있고, 예외모델을 취하면서도 과실에 의한 원인에 있어서 자유로운 행위의 경우 실행의 착수시기를 원인행위 설정시에 있다고 하는 견해[58]도 있어서 두 모델간에 견해대립의 실익이 크지도 않다.

71 원인설정행위(예, 술을 마시는 시점)를 구성요건적 행위로 인정하는 구성요건모델은 구성요건적 행위의 정형성을 무시하여 죄형법정주의에 반할 수 있는 문제점이 있으므로 예외모델이 기본적으로 타당하다.

72 예외모델에 따르더라도 행위와 책임능력 동시존재의 원칙과의 부조화 문제는 전통적

56) 김일수/서보학, 384면.
57) 김일수/서보학, 384면.
58) 임웅, 299면.

책임이론과 다른 귀속원리로 해결이 가능하다. 책임 판단에서 행위의 타행위가능성에 초점을 맞추지 않고, 예방적 형벌목적적 관점을 고려하는 예방적 책임이해에 따르면, 원인설정행위에서 비난가능한 귀책사유가 있을 경우 그것을 행위자에 대한 책임비난의 근거로 삼을 수 있기 때문이다.

형법 제10조 제3항이 실행행위시 장애상태가 인정되더라도 원인행위시에 행위자에게 두 가지 귀책사유를 규정하고 있음에서도 예방적 형벌목적적 관점이 일부 채택되어 있다는 평가가 가능하고, 이를 발판으로 삼아 제10조 제3항을 장애상태하에서의 불법을 행위자에게 '귀속'시키는 예외적인 '특수한' 책임귀속에 관한 규정으로 이해할 수 있다. 이에 따르면 '위험발생의 예견과 장애상태의 자의적 야기'가 된 책임귀속의 조건이 된다. 두 가지 책임귀속조건(책임비난의 요건)에 대해 해석상의 차이는 다음 사례의 경우 행위자의 책임인정 여부에 결정적으로 영향을 미친다. 73

例 **사례(사고후 도주운전사건):** 갑은 술을 마셔 만취상태가 되었음에도 음주운전을 하다가 교통사고를 일으켜 피해자를 중상에 이르게 하였다. 갑은 피해자를 사고지점에서 옮겨 유기한 후 도주하였다. 심신장애 상태하에서의 갑의 행위에 대해 '사고 후 도주운전죄'(특가법 제5조의3 제1항 제1호)의 성립이 인정될 수 있는지가 문제된다(대법원 1992.7.28. 92도999 참조). 74

3. 원인에 있어서 자유로운 행위의 요건

(1) 위험의 발생에 대한 예견

1) '위험의 발생'에 대한 해석 "위험의 발생"을 구성요건의 실현(또는 구성요건적 결과발생)으로 이해하는 견해(다수설)와 원인행위에 전형적으로 수반되는 법익침해의 가능성을 의미하는 것으로 이해하는 견해[59]가 대립한다. 만약 위험발생을 구성요건의 실현으로 국한시키는 견해에 따르면 위 사건에서 행위자가 '술을 마시면서' 음주운전으로 인해 교통사고를 일으키고 도주할 것에 대해서까지 예견하지 않으면 행위자에게 사고 후 도주운전죄의 성립을 부정하게 된다. 75

判 대법원은 '위험발생'을 구체적인 구성요건적 결과로 해석하지 않는 입장이다. 특히 대법원은 위 '사고후 도주운전사건'에 대해 행위자가 범한 도주운전죄의 '범행'까지 예견한 것이 아니라 단지 "교통사고를 일으킬 위험성"만을 예견하였음에도 심신장애를 야기한 경우에 해당한다고 판시하고 있기 때문이다.[60] 76

---

59) 김성돈, "범죄체계론적 관점에서 본 원인에 있어서 자유로운 행위", 저스티스, vol 75(2003), 101면 이하; 신동운, 361면.

60) 대법원 1992.7.28. 92도999. "형법 제10조 제3항은 … 위험의 발생을 예견할 수 있었는데도 자의로 심신장애를 야기한 경우도 그 적용대상이 된다고 할 것이어서, 피고인이 음주운전을 할 의사를 가지고 음주만취한 후 운전을 결행하여 교통사고를 일으켰다면 피고인은 음주운전시에 교통사고를 일으킬 위험성을 예견하였는데도 자의로 심신장애를 야기한 경우에 해당하므로 위 법조항에 의하여 심신장애로 인한 감경 등을 할 수 없다."

77 형법에서 '위험발생'이라는 개념은－구체적 위험범의 경우를 제외하고는－구성요건의 실현 또는 구성요건적 결과발생과는 구별되는 개념이다. 예컨대 형법 제18조(부진정부작위범)에서 위험발생의 원인을 야기한 행위로 인정되려면 형식적인 특정한 구성요건적 결과의 원인행위일 필요는 없고 구성요건적 결과 이외의 다른 포괄적인 법익침해를 야기하는 행위로도 충분하다.[61] 이 뿐만 아니라 행위자의 인식대상을 '죄의 성립요소인 사실'로 기술하고 있는 형법 제13조(고의) 또는 형법 제14조(과실)의 관점에서 보더라도 '구성요건적 결과'와 형법 제10조 제3항의 예견대상인 '위험의 발생'은 서로 다른 개념으로 이해해야 한다. 죄의 성립요소인 사실, 즉 객관적 구성요건적 사실에 대한 인식은 항상 구체적으로 특정한 구성요건과 관련되어 있으나 위험의 발생은 반드시 특정한 구성요건적 사실을 전제로 하지 않기 때문이다.

78 2) '예견'의 해석 "예견"개념에는 고의만 포함되고 과실은 포함될 수 없다고 해석하는 견해,[62] '인식 있는 과실'뿐만 아니라 '인식 없는 과실(예견가능성)'까지도 포함시키는 확장해석을 해야 한다는 견해,[63] 고의 또는 과실과 무관한 개념으로 이해하는 견해[64]가 대립한다.

79 **判** 대법원은 "예견"개념을 고의 또는 과실과 결부시키려는 태도를 취한 것으로 보인다. 원인에 있어서 자유로운 행위유형에 "과실에 의한 원인에 있어서 자유로운 행위도 포함하기 위한 취지를 관철시키기 위해 예견에 예견가능성도 포함시키는 태도를 취하고 있기 때문이다."[65]

80 (ⅰ) 고의 또는 과실과 무관한 예견 개념 "위험의 발생"을 심신장애 상태에서 행하는 구성요건적 행위로 보지 않는 해석태도를 취하는 전제하에서는 그에 대한 '예견'의 관련대상도 행위자가 위험발생 또는 구성요건실현의 전단계에서 진행되는 사건의 경과이다. 따라서 예견은 고의 또는 과실로 해석하기는 어렵다. 고의 또는 과실은 항상 구성요건적 사실

61) 예컨대 물에 빠진 피해자를 방치하여 익사시킨 자에게 부작위에 의한 살인죄를 인정하려면 행위자가 위험발생의 원인을 야기하였다고 할 수 있어야 한다. 이 경우 피해자를 미끄러지기 쉬운 '물가로 데려가는 행위'만으로도 충분히 위험발생의 원인을 야기한 행위가 된다. 그런데 여기서 '위험의 발생'은 미끄러져 물에 빠지는 결과를 의미하는 것이지, 물에 빠져 피해자가 사망한 것이라는 구성요건적 결과발생을 의미하는 것은 아니다.

62) 윤용규, 앞의 논문, 43면; 조상제, 앞의 논문, 64면.

63) 배종대, §86/15; 이재상/장영민/강동범, §23/42; 손동권, §17/38; 임웅, 291면; 정성근/박광민, 319면. 단 예견에 예견가능성을 포함시키는 것은 피고인에게 불리한 확장해석이므로 인식 있는 과실만 포함된다는 견해도 있다(박상기, 236면; 오영근, §24/43; 한상훈, "고의에 의한 원인에 있어서 자유로운 행위", 형사판례연구(10), 2001, 167면).

64) 김성돈, 앞의 논문, 101면 이하; 신동운, 362면; 이용식, "원인에 있어서 자유로운 행위의 구조", 志松 이재상 교수 화갑기념논문집(Ⅰ), 398면.

65) 대법원 1992.7.28. 92도999. "이 규정(형법 제10조 제3항: 필자 주)은 고의에 의한 원인에 있어서 자유로운 행위만이 아니라 과실에 의한 원인에 있어서 자유로운 행위까지도 포함하는 것으로서 위험의 발생을 '예견할 수 있었는데도'(즉 예견가능성이 있었는데도: 필자 주) 자의로 심신장애를 야기한 경우도 그 적용대상이 된다."

(구성요건실현)에 대한 행위자의 심리적 태도(인식 또는 인식(예견)가능성)이기 때문이다.

(ii) 예견개념의 해석차이 위험발생 개념에 대한 해석의 경우와 마찬가지로 예견개념에 해석의 편차도 '사고후도주운전사건'에서 결론의 차이로 귀결된다. 예견을 고의 또는 과실로 해석하면 음주 후 운전을 감행하여 교통사고를 일으키고 나아가 도주한 행위자에 대해 '사고후도주운전죄'에 대해 책임을 물을 수 있는 길이 완전히 차단된다. 통상적으로 술을 마시는 때에는 음주운전하면서 교통사고를 일으킬 수도 있다는 점까지는 예견할 수 있지만(따라서 과실치상죄의 성립은 가능하지만), 음주 후 교통사고를 일으키고 나아가 도주할 것까지도 염두에 두고 술을 마시는 경우가 인정되기 어렵기 때문이다(따라서 사고후도주운전죄의 성립은 항상 불가능하게 된다). 81

判 대법원은 위험발생 개념은 구성요건 실현과 결부시키지 않는 해석을 하고 있지만, 그에 대한 예견은 여전히 고의 또는 과실 개념과 결부시키고 있다. 이러한 일관성 결여는 대법원이 제10조 제3항의 '예견' 개념에 '예견가능성'까지 포함시키는 해석태도를 취함으로써 '과실'에 의한 원인에 있어서 자유로운 행위도 제10조 제3항의 적용범위속에 포함시키려는 저의를 관철시키는 시도의 부산물로 보인다.[66] 그러나 앞서 살펴보았듯이 사고후도주운전죄의 형사책임 긍정을 근거지움에 있어 제10조의 적용범위에 '과실'에 의한 원인에 있어서 자유로운 행위라는 형상의 포함을 전제할 필요는 없을 것으로 보인다. 82

(iii) 예견과 예견가능성의 차이 예견개념을 예견가능성으로 확장하는 해석은 과실에 의한 원인에 있어서 자유로운 행위를 인정하려는 취지와 별개로 문리해석상 불가능할 뿐만 아니라[67] 피고인에 대한 불리한 유추이므로 허용될 수 없다. 원인에 있어서 자유로운 행위의 '발생빈도'가 많음을 근거로 삼아 예견개념에 예견가능성까지도 포함시켜야 한다는 주장[68]도 예견개념의 해석논리로 수용하기 어렵다. 발생빈도가 높아서 포섭대상을 확장해야 필요성은 법정책의 문제이지 해석론이 아니기 때문이다. 법률상의 요건의 흠결이 해석을 통해서 보충되기 불가능한 경우 형사정책적 필요에 부응하기 위해서는 귀속조건의 하나인 예견을 예견가능성을 바꾸는 입법적 결단을 통해서만 가능하다. 83

(2) 심신장애의 자의적 야기

1) 심신장애의 해석 심신장애란 신체적 장애를 제외한 비정상적인 심리적 상태로서 정신적인 장애를 말한다는 점에서는 제10조 제1항의 경우와 같다. 그러나 정신적 장애 사유 중 정신병을 자의로 야기할 수는 없기 때문에, 원인에 있어서 자유로운 행위와 관련해서 문제되는 심신장애는 주로 알코올이나 마약 등으로 인한 정신적 장애를 말한다. 84

66) 이러한 대법원의 태도를 기반으로 삼아 원인에 있어서 자유로운 행위 유형을 고의에 의한 원자행과 과실에 의한 원자행으로 구분하고, 전자는 위험발생에 대한 '예견'이 있는 경우인 반면, 후자는 위험발생에 대한 '예견가능성'이 인정되는 경우로 단순하게 이분화하는 견해(이용식, 180면)도 있다.

67) 예견은 현실적으로 예견한 경우로서 대상에 대한 인식이 존재('유'有)한 경우에 해당하는 반면, 예견가능성은 현실적으로 예견하지 못했으나 예견할 가능성만 있었던 경우로서 잠재적 예견에 불과하여 대상에 대한 인식이 부존재('무'無)한 경우에 해당하기 때문이다.

68) 임웅, 300면.

2) '자의'의 해석

85 ① 고의로 보는 견해 고의로 심신장애상태를 야기한 경우에만 "자의로 심신장애상태를 야기"한 경우에 해당하는 것으로 해석하는 견해이다.[69] 이에 따르면 심신장애상태를 야기하는 원인행위는 고의행위에만 한정된다.[70]

86 ② 고의 또는 과실로 보는 견해 "자의"개념을 '스스로 또는 자유로이'의 의미로 해석하면서 고의에 국한시켜 이해하지 않는 견해이다.[71] 특히 이 견해가 '자의＝고의'라는 도식을 거부하고 있는 진정한 의도는 심신장애상태를 과실로 야기한 경우도 형법 제10조 제3항의 적용대상에 포함시키기 위한 기반을 조성하기 위함에 있다.[72] 그 결과 이 견해는 표면적으로만 자의개념을 고의개념과 결부시키지 않을 뿐 실제로는 고의나 과실개념을 장애상태의 야기 그 자체와 결합시킬 수 있음을 부인하지 않고 있다.

87 ③ 고의 또는 과실과 무관한 것으로 보는 견해 자의개념을 문자적 의미 그대로 '자유로운 의사결정'으로 해석해야 한다는 견해이다.[73] 이 견해는 형법 제10조 제3항의 '자의'의 관련대상은 예컨대 술을 마셔 취한 상태를 만드는 일 등과 같이 '심신장애상태의 야기'로서 형법상의 범죄구성요건적 사실과 무관하기 때문에 고의 또는 과실과 결부시킬 수 없다고 한다.

④ 결론

88 (ⅰ) 실정법적 토대와의 조화 자의개념을 고의 또는 과실과 결부지어 해석하지 않고 '자유로이' 또는 '스스로'라는 정도의 의미로 해석하는 태도가 타당하다.[74] 형법상 고의 또는 과실개념은 원래 '죄의 성립요소인 사실'의 인식 여하를 토대로 해서만 인정될 수 있는 개념이다. 그러나 형법에는 심신장애상태의 야기 그 자체를 구성요건적 사실로 요구하는 범죄구성요건이 존재하지 않는다. 따라서 이러한 실정법적 토대를 무시하고 고의 혹은 과실개념을 확장하여 죄의 성립요소인 사실과 무관한 '심신장애상태의 야기 그 자체'와 결부시키는 태도는 형법의 해석법리로 인정되기 어렵다.[75]

69) 배종대, §86/16; 이재상/장영민/강동범, §23/42; 조상제, 앞의 논문, 63면.

70) 다만 이재상/장영민/강동범, §23/42는 원인에 있어서 자유로운 행위의 이론은 원래 과실로 심신장애를 야기한 경우를 중심으로 발전된 것이기 때문에 형법 제10조 제3항의 규정 여하에 불구하고 과실로 심신장애를 야기한 때에도 원인에 있어서 자유로운 행위의 이론이 적용된다고 한다.

71) 김일수/서보학, 417면; 손동권, §17/38; 신동운, 359면; 임웅, 300면 등.

72) 임웅, 291면에서는 자의개념을 고의로 국한시키면 과실에 의한 원인에 있어서 자유로운 행위를 포함할 수 없기 때문임을 밝히고 있다.

73) 김성돈, 앞의 논문, 101면 이하; 박상기, 231면; 오영근, §24/38; 이기헌, 앞의 논문, 고시계, 1993.10, 34면.

74) 형법규정의 개념이 그 개념의 이론적 토대 및 의미맥락을 벗어나는 의미로 사용되어서는 안 된다는 점은 뒤에서 살펴보겠지만 형법 제26조의 중지미수의 요건인 '자의'개념도 고의 또는 과실과 결부시키지 않는 점에서 분명하게 드러난다.

75) 음주상태에서 범해진 행위에 대해서 형사책임을 배제하지 않은 것을 원칙으로 삼는 미국의 다수 주들도 그 책임인정 요건을 '자발적(voluntary)' 음주라고 단순화하고 있다.

(ii) 범죄체계론적 관점 제10조 제3항의 '예견'은 물론이고 '자의' 요건은 범죄체계론적 관점에서 보더라도 구성요건요소인 고의 또는 과실로 '해석'되기 어렵다. 이 요건들은 이미 행위자의 고의 또는 과실에 기한 불법행위가 인정되는 전제하에서, 불법행위를 한 행위자에 대해 책임조각 또는 책임감경의 단서인 심신장애 상태가 존재함에도 불구하고 책임비난을 인정하게 만드는 '책임귀속의 조건'이자 '비난가능성의 근거'로 파악되어야 하기 때문이다.[76] 특히 이른바 '예외모델의 전제'하에서 보면, 행위자의 구성요건적 행위가 고의 또는 과실인지의 여부는 이미 장애상태에서의 실행행위에 대한 구성요건해당성심사단계에서 판단되어야 할 문제이기 때문이다. 89

물론 장애상태가 있음에도 불구하고 책임조각이나 책임감소가 없이 완전한 책임비난을 근거지우는 실질적 요건인 '예견'과 '자의'를 해석할 경우에는 규범적 책임컨셉하에서 비난의 실질적 근거인 일반화된 타행위가능성 또는 처벌의 필요성 등 책임판단을 위한 상위의 기준이 해석원리로 다시 등장할 필요가 있음은 앞서 살펴본 바와 같다. 두 가지 대립하는 기준 가운데 적어도 '원인에 있어서 자유로운 행위'이라는 법형상의 경우 책임비난을 근거지움에 있어 규범의 타당성 유지라는 적극적 일반예방목적이 보다 설득력이 있을 것으로 보인다. 90

4. 원인에 있어서 자유로운 행위의 새로운 유형론

(1) 새로운 유형화 필요성과 유형화 실익

1) 유형화 필요성 원인에 있어서 자유로운 행위에 관한 종래의 도그마틱은 제10조 제3항의 예견 또는 자의 요건이 책임비난을 근거지우는 의미차원을 가지고 있음을 간과하였고, 이 요건들을 고의 또는 과실로 해석하는 태도하에서 4유형론 또는 8유형론을 선보였지만,[77] 이러한 유형화시도 역시 실용적인 차원의 의미있는 이론을 생산해 내지도 못했다. 91

제10조 제3항에 관한 의미있는 실용도그마틱을 전개하기 위해 구체적인 사례에서 책임비난의 요건을 규정한 제10조 제3항의 적용메카니즘을 다시 한번 반복해 보자. 제10조 3항의 적용여부에 대한 검토는 행위자의 행위에 대한 '불법'판단(고의 또는 과실인정여부를 포함하는 구성요건해당성 심사 및 위법성 판단)이 종결된 후에야 비로소 시작된다. 다음에 진행될 92

---

76) 이 점은 고의 또는 과실을 구성요건요소로 보는 목적적 범죄체계나 합일태적 범죄체계의 시각에는 물론이고, 고의 또는 과실을 책임요소로 보는 고전적 범죄체계에 따르더라도 마찬가지이다. 특히 고의 또는 과실의 문제는 구성요건적 '사실적 차원'에 대한 인식 또는 불인식의 문제이고, 책임(능력)의 문제는 규범적 차원에서의 불법판단능력(사물변별능력) 또는 행위통제능력(의사결정능력)의 문제이고 무엇보다 사실적(생물학적) 차원에서 심신장애 상태하에서도 구성요건적 사실에 대한 인식할 능력까지 없어지는 것은 아니다.

77) 종래의 유형론에 대한 비판으로는 김성돈, "범죄체계론적 관점에서 본 원인에 있어서 자유로운 행위", 저스티스, 2003.10, 101면 이하 참조. 특히 종래의 유형론이 한정책임능력자에 대한 이론의 적용을 명확하게 설명하지 않고 있음을 부각시키고 있는 연구로는 정지훈, "형법 제10조 제3항의 해석론에 대한 재검토," 형사법연구, 제35권 제1호(2023), 59면 이하 참조.

'책임' 판단에서는 행위자가 '심신장애' 상태에 있음이 확인될 경우 책임비난의 두 가지 요건(①위험발생을 예견, ②장애상태의 자의적 야기)의 충족 여부를 심사함으로써 제1항 및 제2항의 적용배제 여부가 결정된다.

93 이 지점에서 책임조각이나 책임감소를 위한 사실상의 전제조건인 심신장애 사유가 인정됨에도 그 가능성을 차단하고 완전한 의미의 책임비난을 근거지우는 차원의 실용도그마틱을 전개하기 위해 결정적인 물음이 있다. 제10조 제3항의 책임귀속의 조건인 ①과 ②만으로 충분한가라는 물음이 그것이다. '원인행위시'의 관점에서 볼 때 ①은 구성요건실현의 전 단계인 '위험의 발생'과 관련되어 있고 ②는 '장애상태 야기'에만 관련되어 있다. 따라서 '장애상태하'에서 실현된 구성요건적 불법을 행위자의 책임으로 귀속하려면 행위자가 그 불법과 어떤 주관적 접촉점을 가지고 있는지가 추가적으로 요구된다. 여기서 형법상 구성요건적 불법을 향한 행위자 관련적 접촉점(이하에서는 이를 주관적 지향성이라 부른다)은 '고의' 또는 '과실'임은 주지의 사실이다.

94 **2) 새로운 유형화 실익** 고의 또는 과실 여부가 제10조 제3항 적용이 문제되기 전 단계인 불법판단에서 이미 심사되었음에도 원인행위 시점으로 돌아가 행위자의 '주관적 지향성' 문제가 제기되어야 하는 데에는 분명한 이유와 실익이 있다. 원인행위와 실제로 장애상태하에서 수행되는 구성요건 실현과는 상당한 '시·공간적 격차'가 있고, 그 사이에 애초에 행위자 의해 주관적으로 지향된 것과 다른 구성요건이 실현되는 경우도 생길 수 있기 때문이다. 이러한 경우 원인행위시 계획했던 불법내용과 실행단계에서의 불법이 불일치 문제 또는 구성요건적 착오 또는 실행의 착수시기 등 다양한 도그마틱적 문제가 제기될 수 있다.

95 이러한 실용적 필요에 부응하여 '원인에 있어서 자유로운 행위'를 의미있게 유형화해야 할 필요가 있다면 그 새로운 유형화는 장애상태하에서 실제로-고의 또는 과실로-실현된 구성요건적 불법과 관련하여 행위자가 '원인행위시'에는 어떤 '주관적 지향성'을 가지고 있었던가에 초점을 맞추어야 한다.

(2) 의욕적 vs. 비의욕적 원인에 있어서 자유로운 행위

96 형법이 인정하는 구성요건실현을 향한 주관적 지향 형식은 두 가지 밖에 없다. 하나는 구성요건을 실현에 대한 '의욕'이고, 다른 하나는 구성요건실현에 대한 '의욕은 없지만 인식 또는 인식가능성'이다. 이에 따르면 원인에 있어서 자유로운 행위 유형도 두 가지, 즉 (구성요건 실현에 대한) '의욕적' 원자행과 (구성요건실현에 대한) '비의욕적' 원자행으로 나누어 질 수 있다.

97 새로운 유형화는 원인에 있어서 자유로운 행위를 하는 행위자가 '장차 실현할 구성요건에 대한 주관적 내적 지향'으로서 책임비난의 대상인 특정 구성요건적 불법을 실현할

'의욕'을 가지고 있는가 아니면 그러한 '의욕'을 가지고 있지 않는가 하는 점에 초점을 맞추고 있다.

탈락되거나 감소될 가능성이 있는 행위자의 책임비난을 보강하는 차원의 두 가지 주관적 내적 지향(구성요건 실현의 의욕과 비의욕)은 형법 제10조 제3항에 명문화된 책임비난의 두 가지 요건(위험발생의 예견, 장애상태의 자의적 야기)과 다음과 같은 점에서 구별될 수 있다. 즉 후자는 원인에 있어서 자유로운 행위의 전제조건이자 책임비난의 근거 내지 특별한 책임귀속 조건으로 명문화되어 있는 법률상의 요건인 반면, 전자는 법률상의 요건과 별개로 '해석상' 추가적으로 도출된 요건이다. 98

의욕 또는 비의욕이라는 두 가지 주관적 요건은 원인에 있어서 자유로운 행위의 전제조건을 충족한 행위자에게 지우게 될 형사책임의 내용을 구체화하는데 기여할 수 있다. 구성요건적 실현에 대한 행위자의 주관적(내적) 연관성을 직접적으로 근거지우는데 한계가 있는 '위험발생의 예견'이라는 법률상의 형식 요건을 보충하여 행위자의 주관적 지향을 책임비난의 대상인 불법행위와 직접적으로 구체적으로 관련지우는 실체 요건이기 때문이다. 99

여기서 구성요건실현에 대한 '의욕'은 형법적으로 '고의'개념과 일치하지만, 이 책에서 고의 대신에 '의욕'이라는 용어를 사용함은 두 가지 이유 때문이다. 첫째, '고의의 행위 동시존재의 원칙'에 의하면 고의는 실행행위시점에서의 행위자의 주관적 태도를 지칭하기 위해서만 사용되는 것이 바람직하다. 따라서 구성요건실현의 전단계에서는 장차 수행하게 될 행위와 관련한 주관적 지향을 표현하기 위해서는 실제로 실행행위를 하는 경우의 주관적 태도인 고의 외에 다른 용어를 선택할 필요가 있다. 둘째, 원인에 있어서 자유로운 행위를 종래의 호칭법과 같은 '고의에 의한' 원자행/'과실에 의한' 원자행은 '원인에 있어서 자유로운 행위'가 고의 또는 과실에 의해 유발되는 것과 같은 오해를 불러올 수도 있다. 이러한 오해의 소지는 특히 위험발생의 '예견'이라는 요건과 관련해서는 더욱 커진다. '예견'을 고의 또는 과실로 해석하거나 결부시킴으로써 생길 수 있는 혼란을 제거하기 위해서는 원인에 있어서 자유로운 행위의 유형과 관련해서도 '고의'라는 표지는 사용하지 않는 것이 바람직하다. 형법 제10조 제3항이 규율하는 원인에 있어서 자유로운 행위는 고의 또는 과실에 의해 견인되는 행위가 아니라 특별한 책임귀속을 위해 형법 제10조 제3항이 요구하는 두 가지 요건이 충족된 행위를 지칭하는 법형상이다. 100

5. 유형별 형사책임

(1) '의욕적' 원인에 있어서 자유로운 행위의 경우

1) 통상사례 행위자가 원인행위설정시에 장차 장애상태 하에서 하게 될 특정 구성요건 실현에 대한 '의욕'을 사전에 가지고 있는 경우를 말한다. 이 경우 행위자가 지게 될 형사책임은 행위자가 장애상태 하에서 실현하고 사전에 의욕한 그 구성요건에 기초한 고의책임을 지게 된다. 예컨대 현주건조물의 방화 또는 미성년자의 약취를 의욕하고 용기를 북돋우기 위한 차원에서 음주를 한 후 명정상태에서 그 의욕한 범행(방화죄나 약취죄)을 실행한 경우는 방화죄나 약취죄의 책임이 탈락되거나 감경되지 않고 완전한 책임을 지게 된다. 101

102 判 대법원도 이와 같은 의미의 의욕적 원자행을 인정하면서 피고인에게 고의범의 책임을 인정하고 있다. "피고인들이 피해자들을 살해할 의사를 가지고 범행을 공모한 후에 대마초를 흡연하고 범행에 이른 것으로 이미 범행을 예견하고도 자의로 위와 같은 심신장애를 야기한 경우에 해당하고," 이에 대해 "형법 제10조 제3항에 의하여 심신장애로 인한 감경을 할 수 없다"는 판시하고 있다.[78]

이 판시에서 피고인들이 '범행을 예견하고도 자의로 심신장애를 야기'한 부분은 책임탈락 또는 책임감소를 배제하기 위한 전제조건(법률상의 요건)에 해당하고, '살해의 의사를 공모'한 부분은 바로 장애상태하에서 하게 될 살인죄와의 내적 연관관계인 의욕(해석상의 요건)에 해당하는 것으로 읽을 수 있다.

103 2) 변형사례 장애상태를 야기하는 물질의 영향력에 의해 행위자의 최초 결의는 완화될 수도 있고, 더욱 확고해질 수도 있으며, 실행능력이 약화될 수도 있고 억제력이 감소할 수도 있다. 이와 같은 사후적 사정변경의 가능성을 고려하면, 원인행위시 행위자가 실현하려는 '의욕'이 실제 장애상태하의 행위시에는 포기될 수도 있고, 의욕한 내용과 실제로 장애상태하에서 행한 내용이 달라지는 경우도 있다. '고의의 행위동시존재'의 원칙에 따를 때－원인행위시와 실행행위시가 시간적으로 매우 밀접하게 접촉되어 있음을 전제로 한다면－다음과 같은 복잡한 도그마틱적 문제가 제기될 수 있다.

104 ① 실행의 착수 행위자가 원인행위시 어떤 구성요건실현을 의욕은 했으나 실제로 그 구성요건적 행위로 나아가기를 포기하거나 결의가 약화되어 더 이상의 행위로 나아가지 못한 경우 미수범으로 처벌할 수 있는지가 문제될 수 있다. 실행의 착수시기와 관련해서는 어떤 이론모델을 출발점으로 삼는지에 따라 다른 결론이 도출될 수 있을 것이다. 이 책이 취하는 예외모델에 따르면 예컨대 술을 마시면서 장애상태를 야기하는 원인행위만으로는 구성요건적 실행의 착수라고 할 수 없으므로－원인행위시 의욕한 부분에 관한 예비음모죄의 성립가능성을 별론으로 하면－미수범처벌이 어렵다.

105 ② 구성요건의 불일치 행위자가 원인행위 후에 일정한 구성요건적 실행행위로 실제로 나아갔지만, 실현된 그 구성요건이 의욕한 구성요건과 별개의 것인 경우에는 의욕된 구성요건과 실제로 실현된 구성요건의 불일치를 어떻게 취급해야 할 것인지의 문제가 제기된다. 양적 불일치(초과 또는 미달)인 경우와 질적인 불일치인 경우를 구분하여 문제를 해결해야 한다.

106 양적인 불일치(초과 또는 미달)인 경우 공통부분에 해당하는 불법구성요건이 있을 경우 그 불법에 대해 제3항이 적용되어 행위자는 그 공통부분에 대해 완전책임을 지게 되고, 초과 부분에 대해서는 '의욕적' 원인에 있어서 자유로운 행위로 인정될 수 없으므로 후술할 비의욕적 원자행의 문제로 전환된다. 특히 양적인 불일치의 경우 장애상태하에서 실현된 구성요건이 결과적 가중범에 해당하는 경우에는 책임원칙에 따라 행위자에게 중한 결과에 대한 예견가능성이 인정될 것을 조건으로 하여 결과적 가중범에 대한 완전 형사책임이 인

78) 대법원 1996.6.11. 96도857.

정될 수 있다.

반면에 질적인 불일치의 경우는 장애상태 하에서 실현된 구성요건과 관련하여서는 후술할 비의욕적 원자행의 문제로 전환된다. 107

③ 구성요건적 착오 원인행위를 할 시점에서의 의욕했던 구성요건과 실제로 장애상태하에서 실현한 구성요건이 일치하지만 행위자에게 '객체의 착오'가 인정되는 경우가 있을 수 있다. 동일한 종류에 대한 객체의 착오는 단순한 동일성의 혼동에 불과한 경우이므로 형법적으로 중요한 착오가 아니다. 따라서 발생한 결과에 대해 고의기수 책임이 인정된다. 108

동일한 종류에 대한 방법의 착오가 인정되는 경우는 방법의 착오사례를 해결하는 태도에 따라 결론이 달라진다. 학설의 일부와 판례와 같이 법정적 부합설에 따르면, 발생한 결과에 대해 고의기수범이 인정된다. 반면에 구체적 부합설에 따르면 발생한 결과에 대해 과실범과 발생하지 않은 행위에 대해 미수범의 상상적 경합이 된다. 109

④ 실행행위가 과실인 경우 원인행위시에는 구성요건실현에 대한 의욕이 있었지만, 장애상태하에서 실제로 행한 행위가 과실행위가 인정될 경우가 있다. 예컨대 절도행위를 의욕하고 취할 정도로 술을 마신 후 사전에 의욕했던 절도를 하기 위해 목적지를 향해 음주운전을 해 가던 중에 과실로 사람을 치여 사망한 경우를 말한다. 예외모델에 따르면 (의욕한) 절도와 관련해서는 실행의 착수조차 인정할 수 없어서 절도죄의 책임은 인정될 수 없고 음주운전죄와 업무상과실치사죄(또는 위험운전치사죄)의 실체적 경합이 인정된다. 110

(2) '비의욕적' 원인에 있어서 자유로운 행위의 경우

1) 사례유형 원인에 있어서 자유로운 행위 문제가 현실적으로 자주 제기되는 경우는 행위자가 구성요건실현에 대한 예견(위험발생에 대한 예견과는 다름을 주의!)은 했지만 의욕이 없었던 경우 또는 주의를 기울였다면 구성요건실현 가능성은 인정될 수 있었던 것으로 평가되는 경우이다. 111

이러한 사례유형의 경우 행위자가 장애상태를 스스로 야기하면서 그 상태에서 하게 될 구체적인 (구성요건적) 행위를 생각하기 보다는 당장의 필요나 욕구에만 충실하는 것이 일반적이다. 특히 음주를 시작하거나 음주도중에는 장차 음주운전할 계획은 없었지만, 음주후에 객기가 발동하여 또는 취기 때문에 행위통제능력이 결여되거나 현저하게 감소된 상태에서 음주운전을 하게 되는 경우가 다반사이다(고의범인 음주운전죄!). 이러한 경우는 특히 '과실'로 보행자를 사상에 이르게 하는 사고로 이어지거나(과실범인 과실치사상죄!) 심지어 '고의'로 사고후 도주운전까지 감행하기도 한다(특가법상의 사고후 도주운전죄라는 고의범). 이 때문에 통상적으로 음주운전을 예견하거나 의욕한 경우, 사고가 나면 도주할 것에 대한 '예견'은 부정되지만, '예견가능성' 인정여부는 여전히 논란거리가 될 수 있다. 112

113 2) 해결방안 이러한 경우에도 객관적으로 드러난 불법에 대한 형사책임을 인정하는 것이 타당하다. 행위자가 위험발생에 대한 예견을 한 이상 그러한 예견과 연계되어 '주의를 기울였다면' 특정 구성요건의 실현가능성을 '예견'하였거나, '예견'조차 못했지만 '예견가능성'은 있었다고 평가될 수 있다면 행위자에게 그 실현된 구성요건적 불법과의 '내적인 연관관계'가 인정될 수 있기 때문이다. 이와 같이 '비의욕적' 원자행의 요건을 충족시킨 행위자에 대해서는 과실범 뿐 아니라 고의범의 형사책임도 인정될 수 있다.[79]

114 다른 한편 이와 같은 비의욕적 원자행 사례의 경우는 원인행위시 의욕한 내용과 장애상태하에서의 실행행위시의 고의내용의 불일치 문제나 착오의 문제와 같은 복잡한 도그마틱적 문제는 애초부터 생기지 않는다.

115 判 대법원도 '사고후도주사건'에서 과실에 의한 원인에 있어서 원인에 있어서 자유로운 행위를 인정하는 취지의 판결을 내리면서도 결과적으로 보면, 이와 같은 차원의 '비의욕적' 원인에 있어서 자유로운 행위를 형법 10조 제3항의 적용대상에 포함시키면서 최종적으로 행위자가 실현한 구성요건에 대한 형사책임을 인정하고 있는 외관을 보이고 있다. 그러나 대법원 판결문의 판시내용을 보면, 이 책에서 입론하고 있는 것과 같이 원인행위와 장애상태하에서 하게 될 행위와의 주관적(내적) 연관관계가 가지는 두 가지 다른 차원의 문제(즉 위험발생의 예견의 문제와 구성요건 실현의 의욕 또는 비의욕의 문제)를 엄격하게 구분하는 전제하에서 논리를 전개하는 것은 아닌 것으로 보인다.

(3) 원인에 있어서 자유로운 부작위와 형사책임

116 부작위범의 경우에는 장애상태하의 행위 및 결과발생시에는 책임무능력상태가 아니라 행위무능력상태로 보아야 하기 때문에 원인에 있어서 자유로운 행위는 장애상태에서 작위가 있는 경우에만 성립한다는 견해[80]가 있다.

117 그러나 형법 제10조 제3항의 장애상태란 심신장애로 인하여 사물변별능력 또는 행위통제능력의 결여 또는 미약상태를 의미하는 것으로 행위무능력상태와는 다르다. 따라서 원인행위시 위험발생을 예견한 자가 장애상태를 자의로 야기한 후 위험발생을 방지할 작위의무를 이행하지 않은 경우에는 원인에 있어서 자유로운 부작위행위가 되어 고의부작위범 또는 과실부작위범의 책임을 져야 할 것이다.

---

79) 외국법제하에서의 해석론이기는 하지만 책임무능력의 경우에는 한정책임능력의 경우와는 달리 행위자의 고의를 부정하여 과실범처벌규정이 있는 한 과실범으로만 처벌하고, 한정책임능력의 책임유형을 결정하려는 견해도 있다. 책임능력의 배제는 행위자에게 비난가능한 불법의 반가치 속으로 관통해 들어가 그 반가치적 성격을 상쇄하기 때문이라고 한다(Felix Bommer, StGB, Erstes Buch: Allgemeine Bestimmungen, § 19 Rn. 108).

80) 이기헌, 앞의 논문, 36면.

제 2 절 형법 제16조와 위법성의 착오(금지착오)

Ⅰ. 위법성의 착오의 일반이론

1. 위법성의 착오의 의의 및 구별개념

(1) 위법성의 착오의 의의

위법성의 착오란 행위자가 자기행위가 위법하다는 것을 인식하지 못한 경우를 말한다. 118
자기행위가 금지되어 있음을 인식하지 못한 경우로도 설명되기 때문에 '금지착오'라고 하기도 한다. 위법성의 착오는 행위자가 '소극적으로' 자기행위의 위법성을 인식하지 못한 경우로서 실제로 위법하지 않은 행위를 '적극적으로' (상상 속에서) 위법한 것으로 오인한 경우를 말하는 '반전된 위법성의 착오'와 다르다. 위법성의 착오의 경우는 책임조각여부가 문제되는 데 반해, 반전된 위법성의 착오의 경우는 '환각범'으로서 불가벌로 되어야 하기 때문이다. 불가벌적 환각범에 관해서는 후술한다.

(2) 구성요건적 착오와의 구별

소극적 착오의 경우 형법은 크게 두 가지 범주의 착오를 규정하고 있는데, 하나는 행위 119
자가 자신의 행위가 구성요건을 실현하는 점을 인식하지 못하는 경우이고, 다른 하나는 행위자가 구성요건실현행위를 하고 있음을 알고 있지만 그 행위의 위법성 내지 금지성을 인식하지 못하는 경우이다. 전자는 형법 제13조가 규정하고 있는 구성요건적 착오이고, 후자는 형법 제16조가 규정하고 있는 위법성의 착오이다. 위법성의 착오에 빠진 행위자는 범죄구성요건요소에 포섭될 행위사정에 대해서는 인식을 하고 있어서 자기행위가 구성요건을 실현한다는 점에 대해서는 인식하였지만, 자기행위의 위법성을 인식하지 못하여 스스로 허용되는 행위를 하고 있는 것으로 생각한 것이라는 점에서 차이가 있다.

2. 위법성의 인식

(1) 위법성의 인식의 의의

위법성의 인식이란 자신의 행위가 실질적으로 위법하다는 행위자의 의식, 혹은 자신의 120
행위가 법적으로 금지되어 있다는 점에 관한 인식을 말한다. 행위자가 자기행위의 '위법성의 인식'을 하지 못한 경우 원칙적으로 위법성의 착오가 문제된다는 점에 관해서는 앞서 언급하였다.

1) 구성요건적 고의와의 구별 고의의 인식대상은 객관적 구성요건적 사실에 국한되 121
지만 위법성의 인식대상은 행위가 전체 법질서에 반한다는 의미의 불법성이라는 점에서 구별된다. 다시 말하면 고의는 구성요건적으로 금지되어 있는 '사실'에 대한 인식과 관련되어 있지만, 위법성의 인식은 침해된 법규범의 실질적 내용가치에 대한 행위자의 인식과 관련되어 있다.

2) 위법성의 인식의 범위와 양심범(또는 확신범)

122 ① 위법성의 인식의 범위 어떤 행위가 단지 도덕적으로 비난받을 일이라거나 사회적으로 비난받을 만한 일임을 인식하는 것만으로 그 행위의 위법성을 인식하였다고 할 수 없다는 점에 관해서는 의견이 일치되어 있다. 하지만 그것을 넘어서는 경우 어떤 경우까지 위법성의 인식이 있다고 할 것인지에 대해서는 견해가 일치하지 않는다. 가장 넓게는 자신의 행위가 "사회정의와 조리에 어긋난다는 것을 인식"하면 족하다고 하는 견해[81]가 있고, 가장 좁게는 자신의 행위가 "형벌법규에 위반된다는 인식"이 있어야 한다는 견해[82]도 있다.

123 생각건대 사회정의나 조리에 반한다는 인식을 한 경우조차 위법성의 인식을 긍정하게 되면 행위자의 책임범위가 너무 넓어지게 된다. 뿐만 아니라 적극적으로 범죄성립을 근거지우는 요소로 기능하게 하면 죄형법정주의가 위태롭게 될 우려가 생긴다. 그렇다고 해서 행위자가 자신이 위반한 규범에 대한 구체적인 지식까지 갖추거나 그 위반한 규범이 형법에 해당한다는 점이나 구체적인 해당법조문까지 인식할 필요는 없다. 형법이론적으로 위법성이라는 개념이 전체로서의 법질서의 관점에서 내려지는 반가치판단을 의미하는 것이라고 한다면 위법성의 인식도 전체 법질서의 관점에서 자신의 행위가 허용되지 않는다는 점을 인식하면 족하다고 볼 수 있다. 따라서 앞의 두 견해의 중간영역을 위법성의 인식범위로 설정하는 것이 타당하다(국내 다수 견해).

124 ② 확신범 또는 양심범의 경우 확신범(객관적인 법질서에 반하는 어떤 행위를 윤리적·종교적 또는 정치적 확신에서 옳다고 여기고 행위하는 자)이나 양심범(양심에 비추어 불가피하다고 판단되어 행위하는 자)에게 위법성의 인식을 인정할 수 있는지가 문제된다. 위법성의 인식을 '전체로서의 법질서에 위반된다는 인식'이라고 한다면 이들은 자기의 행위가 어떤 개별 법규범에는 위반되지만 보다 상위의 법질서(예컨대 헌법)에는 위반되지 않는다고 생각하기 때문이다.

125 확신범이나 양심범의 경우에도 위법성의 인식이 부정된다고 할 수 없다. 행위자는 자신이 위반한 개별규범의 구속력(내지 정당성)에 수긍하고 있지 않을 뿐 그 규범은 여전히 사회 내에서 '일반적으로' 구속력 있는 범규범으로 인정되고 있고 자신이 그 규범에 위반되

81) 대법원 1987.3.24. 86도2673. "범죄의 성립에 있어서 위법성의 인식은 그 범죄사실이 사회정의와 조리에 어긋난다는 것을 인식하는 것으로서 족하고 구체적인 해당 법조문까지 인식할 것을 요하는 것은 아니므로 설사 형법상의 허위공문서작성죄에 해당되는 줄 몰랐다고 가정하더라도 그와 같은 사유만으로서는 위법성의 인식이 없었다고 할 수 없다."

82) 차용석, "위법성의 인식·위법성의 착오(上)", 고시연구, 1993.8, 27면.

는 행위를 하고 있다는 것은 익히 알고 있기 때문이다.

③ 위법성의 인식의 분리가능성 위법성의 인식은 행위관련적 요소이기 때문에 수 개의 서로 다른 행위가 문제되는 경우에는 각 행위에 대해 분할할 수 있다(위법성의 인식의 분리가능성). 즉 행위자가 어느 한 행위와 관련해서는 위법성을 인식하였지만, 그가 나아간 다른 행위와 관련해서는 위법성의 인식을 결할 수도 있다.[83] 어느 경우에나 위법성의 인식이 있었다고 인정되려면 행위자의 의식이 구체적인 구성요건(불법유형)에 관련되어 있어야 하고 개개의 구성요건을 떠난 일반적·추상적 위법성의 인식은 인정될 수 없다.[84] 126

(2) 위법성의 인식의 정도

1) 위법성의 인식의 인식 정도 위법성의 인식은 자기행위의 규범위반성을 현실적으로 인식하는 경우(확정적 위법성의 인식)뿐 아니라, 부수적 정황으로 보아 위법성의 인식이 수반의식으로 내재해 있는 경우(당연사고적 수반의식)에도 인정된다. 127

위법성의 인식은 자기행위가 위법할지도 모른다는 것을 충분히 생각하였으나 그 생각을 용인하고 행위로 나아간 경우, 즉 위법가능성에 대한 인식이 있는 경우에도 인정된다. 이를 '미필적 위법성의 인식'이라고도 한다. 128

2) 잠재적 위법성의 인식(=위법성의 인식가능성)과 형법의 태도 종래 국내 형법학자들 중 다수는 위법성의 인식이 '잠재적 위법성의 인식'으로도 족하다고 함으로써 위법성 인식과 잠재적 위법성 인식을 동의어처럼 설명하고 있다. 129

그러나 개념적으로 보면 '잠재적' 위법성의 인식은 위법성에 대한 현실적 인식이 부재한 경우 내지 위법성을 인식할 '가능성'만 인정되는 경우를 말하므로 위법성의 인식과 구별되는 개념이다. 이 때문에 위와 같은 종래 다수 견해의 설명방식은 형법 제16조의 규정내용에도 부합하지 않아 오해를 초래할 수 있는 소지가 많은 진술이다. 130

제16조는 행위자가 자기 행위의 위법성을 인식하지 못한 경우 그 불인식(오인)에 정당한 이유가 있는 경우에만 책임비난을 탈락시키는 태도를 취하고 있다. 이 규정의 취지에 따르면 행위자가 위법성을 인식할 가능성(잠재적 위법성의 인식)이 있는 것으로 평가될 경우에는 '정당한 이유'가 인정되지 않아 책임비난이 탈락되지 않는다. 131

判 대법원도 제16조를 해석하면서 행위자가 위법성을 인식하지 못하였더라도 위법성을 인식할 '가능성'이 있을 경우 정당한 이유를 부정하여 책임을 조각시키지 않는다는 태도(즉 '위법성의 인식≠잠재적 위법성의 인식')를 취한다. 132

책임비난에 대한 형법의 중층적 규범구조에 초점을 맞추면 '위법성의 인식 또는 불인식'이라는 행위자의 심리적 사실은 책임비난 여부를 평가하기 위한 전제사실에 불과하고, 이러한 사실을 토대로 삼아 책임비난을 근거지우기 위한 규범적 평가적 차원의 기준(정당한 133

83) Kühl, §12/32.
84) 이형국/김혜경, 283면.

이유=오인을 피하고 자기행위의 규범위법성을 인식할 수 없게 만드는 이유)을 사용하여 책임비난 여부를 평가하여야 한다. 위법성의 인식가능성(내지 잠재적 위법성의 인식)이라는 개념은 이러한 책임평가적 단계에서 행위자의 책임비난을 근거지우기 위한 책임이론의 산물이므로 위법성의 '현실적 인식 또는 불인식'의 문제와 엄격하게 구별되어야 한다. 위법성의 인식의 범죄체계론상의 지위에 관해서는 후술한다.

3. 위법성의 착오의 종류

134 행위자가 자기의 위법성을 인식하지 못한 위법성의 착오는 다음과 같이 두 가지로 대별될 수 있다.

(1) 직접적 위법성의 착오

135 '직접적 위법성의 착오'란 행위자가 사고과정에서 중간 매개물 없이 자기행위의 위법성을 인식하지 못한 경우를 말한다. 행위자가 ① 금지규범의 존재 자체를 알지 못하거나(법률의 부지), ② 금지규범은 알고 있지만 자신의 행위가 당해 금지규범에 포섭되지 않는다고 오인하거나(포섭의 착오), ③ 금지규범은 알고 있지만 금지규범이 상위규범이나 일반적 구속력을 가지는 법규정에 반하는 등의 사유로 효력이 없다고 오인한 경우(효력의 착오)가 이에 해당한다.

(2) 간접적 위법성의 착오

136 '간접적 위법성의 착오'란 행위자가 자신의 행위가 금지규범에 반한다는 것은 인식하였으나 중간매개물, 즉 '위법성조각사유'에 해당하기 때문에 허용된다고 오인한 경우를 말한다.

137 간접적 위법성의 착오사례에는 다시 두 개의 사례유형이 있다. ① '위법성조각사유의 존재' 그 자체에 관한 착오와 ② '위법성조각사유의 법적 한계'에 관한 착오가 그것이다. 전자는 법질서에 의해 인정되지 않는 위법성조각사유를 존재하는 것으로 오인한 경우(허용규범의 착오)를 말한다(예컨대 법률은 자살자를 도와주는 행위를 위법성조각사유로 인정하고 있지 않지만, 행위자는 자살을 도와주는 행위도 위법성조각사유에 해당하여 죄가 되지 아니한다고 잘못 생각하는 경우). 후자는 실제로 법질서에 의해 인정되고 있는 위법성조각사유에 대해서 법이 정하고 있는 한계를 넘어서서까지 그 위법성조각사유가 확대적용될 수 있다고 생각한 경우(허용한계의 착오)를 말한다(예컨대 사인이 현행범인을 체포하는 경우 그 범인을 자기 집안에 감금까지 할 수 있다고 생각한 경우).

138 이외에도 뒤에서 살펴보게 되겠지만 엄격책임설을 취하면 ③ '위법성조각사유의 객관적 전제사실에 관한 착오'를 일으킨 경우도 간접적 위법성의 착오사례에 포함시킬 수 있다. 엄격책임설의 입장에서 보면 위법성의 착오는 아래 표와 같이 분류될 수 있다.

위법성의 착오	직접적 위법성의 착오	금지규범의 존재에 관한 착오(법률의 부지)	139
		금지규범의 효력범위에 관한 착오(포섭의 착오)	
		금지규범의 효력에 관한 착오(효력의 착오)	
	간접적 위법성의 착오	위법성조각사유의 존재 그 자체에 관한 착오(허용규범의 착오)	
		위법성조각사유의 법적 한계에 관한 착오(허용한계의 착오)	
		위법성조각사유의 전제사실의 착오(단, 엄격책임설에 의할 때)	

〔**위법성의 착오유형**〕

Ⅱ. 위법성의 착오와 형법 제16조의 적용범위

1. 형법 제16조의 적용범위

형법 제16조가 위법성의 착오에 관한 규정이라면 위법성의 착오에 해당하는 모든 사례 유형이 형법 제16조의 적용대상에 들어와야 할 것이다. 그러나 형법 제16조의 적용범위와 관련하여 판례와 학설의 태도가 일치하지 않는다. 140

(1) 학설의 태도

우리나라의 대부분의 학설은 형법 제16조의 "자기의 행위가 법령에 의하여 죄가 되지 아니하는 것으로 오인한 행위"의 의미를 '자기의 행위가 위법함에도 불구하고 위법하지 않다고 오인한 행위'로 새기고 있다. 그 결과 형법 제16조의 적용대상은 행위자가 자기의 행위가 위법함을 인식하지 못한 모든 경우가 된다. 이에 따르면 행위자가 문제되는 처벌법규의 존재 자체를 알지 못하는 경우, 즉 법률의 부지도 형법 제16조의 적용대상으로 삼아 그 오인에 정당한 이유 유무를 심사하는 순서를 밟은 후, 정당한 이유가 인정되면 책임이 조각된다는 결론을 내려야 한다고 한다.[85] 141

(2) 판례의 태도

대법원은 "자기의 행위가 법령에 의하여 죄가 되지 아니하는 것으로 오인한" 경우라는 제16조의 문언의 의미를 "일반적으로 범죄가 되는 행위이지만 자기의 특수한 경우에는 '법령에 의하여 허용된 행위'로서 죄가 되지 아니한다고 그릇 인식한 경우"라고 새기고 있다.[86] 142

85) 대표적으로 허일태, "법률의 부지의 효력", 형사판례연구(Ⅰ), 48면.

86) 대법원 1985.4.9. 85도25. "형법 제16조에 자기의 행위가 법령에 의하여 죄가 되지 아니하는 것으로 오인한 행위는 그 오인에 정당한 이유가 있는 때에 한하여 벌하지 아니한다고 규정하고 있는 것은 단순한 법률의 부지의 경우를 말하는 것이 아니고 일반적으로 범죄가 되는 행위이지만 '자기의 특수한 경우에는 법령에 의하여 허용된 행위'(필자에 의한 강조)로서 죄가 되지 아니한다고 그릇 인식하고 그와 같이 그릇 인식함에 있어서 정당한 이유가 있는 경우에는 벌하지 아니한다는 취지이다."

이에 따르면 법률의 부지는 형법 제16조가 적용되는 사례에 포함시킬 수 없게 된다.[87)]

143 이와 같이 법률의 부지를 형법 제16조의 적용대상에 포함시키지 않으면 행위자의 오인에 정당한 이유가 있는지 여부를 따질 필요가 없기 때문에 행위자에 대한 책임조각의 가능성은 봉쇄되고 만다. 뿐만 아니라 판례의 태도를 일관되게 견지하면 형법 제16조의 적용대상이 매우 제한된다. 즉 행위자가 '존재하지 않는 허용규범을 존재한다고 생각하거나' 또는 '실제 인정되고 있는 허용규범의 한계를 넘어서까지 허용된다고 오인'한 경우인 이른바 '간접적 위법성의 착오'사례만 형법 제16조의 적용대상이 될 수 있을 뿐이다.

144 **判** 대법원은 법률의 부지를 배제하는 등을 내용으로 하는 형법 제16조의 적용범위에 관한 제한적 법리를 엄격하게 유지하고 있지는 못한 것 같다. 제16조 가운데 '법령에 의하여'라는 부분에 강조점을 주고 있는 대법원의 논지를 철저히 따라가면 앞에서 말한 간접적 위법성의 착오사례만을 형법 제16조의 적용대상에 국한시켜야 마땅한데 실제로는 그렇지가 못하기 때문이다. 우선 직접적 위법성의 착오에 해당하는 '포섭의 착오'를 법률의 부지라는 범주 속에 분류해 넣는 방법을 통해 이를 형법 제16조의 적용대상에서 배제한 판례[88)]도 있고, 포섭의 착오사례를 형법 제16조의 적용대상에 포함시키고 있는 판례[89)]도 있다. 뿐만 아니라 직접적 위법성의 착오에 해당하는 '효력의 착오'의 경우에는 형법 제16조의 적용대상에서 제외시키고 있는지 포함시키고 있는지에 관한 아무런 태도표명도 없다. 더 나아가 "위법성의 인식이 없었다고 할 수 (있는 경우)"[90)]라는 판시의 표현에서는 위법성의 인식이 없는 모든 경우를 위법성의 착오사례로 보면서 형법 제16조의 적용대상에 넣을 수 있는 여지를 보여주고 있기도 하다.

145 **例 법률의 부지로 인정된 판례사안:** ① '암모니아수가 독극물인 줄 모르고' 법령에 의하여 등록없이 제조판매할 수 있다고 그릇 인정한 경우(대법원 1980.2.12. 79도285), ② 타인이 당국의 허가를 얻어 벌채하고 남아있던 잔존목을 허가없이 벌채하여도 위법인 줄 모르고 벌채한 경우(대법원 1986.6.24. 86도810), ③ '건축법상의 허가대상인 줄을 모르고' 허가없이 근린생활 건축물을 교회로 용도변경하여 사용한 경우(대법원 1991.10.11. 91도1566), ④ '국토이용관리법에 의해 규제구역으로 지정된 사실을 모르고' 도지사의 허가없이 토지를 매매한 경우(대법원 1992.4.24. 92도245), ⑤ 국가보안사범에 대한 불고지가 처벌된다는 것을 모르고서 불고지한 경우(대법원 1984.2.28. 83도2985), ⑥ 파견근로자 보호 등에 관한 법률상의 파견근로자에는 외국국적의 근로자는 제외된다고 본 경우(대법원 2000.9.29. 2000도3051), ⑦ 동해시청 앞 잔디광장이 옥외장소에 해당함을 몰랐던 경우(대법원 2006.2.10. 2005도3490), ⑧ 일본영주권을 가진 재일교포가 영리를 목적으로 관세물품을 구입한 것이 아니라거나 국내입국시 관세신고하지 않아도 되는 것으로 오인한 경우(대법원 2007.5.11. 2006도1993) 등.

(3) 결론

146 **1) 해석론적 결론** 생각건대, 형법 제16조의 문언에 충실하면 제16조의 적용대상은 자기 행위를 죄가 되지 않는 것으로 만드는 '법령', 즉 위법성조각사유에 의하여 죄가 되지 않는 것으로 오인한 경우를 의미하므로 '간접적 위법성의 착오'사례만 형법 제16조의 적용대상이 될 수 있을 뿐이라고 해야 한다. 따라서 법률의 부지는 '자기의 행위가 원칙적

---

87) 대법원 2008.6.26. 2008도3588. "피고인이 그 같은 행위가 법에 위반되는 줄 몰랐다고 하더라도 이는 단순한 법률의 부지에 해당하는 것으로 범죄의 성립을 방해하는 정당한 사유라고 할 수 없다."

88) 대법원 1985.4.9. 85도25.

89) 대법원 1983.2.22. 81도2763.

90) 대법원 1987.3.24. 86도2673.

으로 죄가 되지만 그 행위를 허용하는 법령에 따라 허용된 것으로 오인한 경우'인 이른바 간접적 위법성의 착오사례에서 제외되어야 한다.[91] 다만 직접적 위법성의 착오사례유형 가운데 법률의 부지를 제외한 다른 사례유형, 즉 포섭의 착오와 효력의 착오는 법령상으로도 죄가 되지 아니한 것으로 오인한 경우에 해당할 수 있기 때문에 형법 제16조의 적용 대상으로 인정할 여지는 있다.

2) 입법론　판례의 태도는 행위자에게 불리하게 작용한다. 일반적으로 자기행위가 법규범에 의하여 금지된 사실 자체도 모르는 자에게 위법성의 인식이 있다고 보기는 어려우므로, 위법성의 인식이 없는 행위자에 대하여 정당한 이유의 유무도 묻지 않고 형사책임을 지우는 것은 책임주의원칙을 무시하는 결과가 될 수 있기 때문이다.[92] 더욱이 법률의 부지를 형법 제16조의 적용대상에서 배제하여 정당한 이유의 유무심사를 받을 기회조차 주지 않는 것은 법률의 홍수라고 일컬어지는 현대사회에서 시민들의 자유영역을 지나치게 제한하는 결과를 낳게 된다. 147

따라서 이와 같은 문제점을 바로잡는 방법 역시 법률의 부지를 포함하여 위법성의 착오사례 모두를 형법 제16조의 적용대상이 될 수 있도록 형법 제16조의 문언을 수정하는 수밖에 없다. 이렇게 하더라도 법익보호나 형법의 사회통제기능이 저하되지 않는다. 왜냐하면 법률의 부지가 비난받아 마땅하다면(즉 정당한 이유가 인정되지 않는다면) 여전히 행위자를 처벌할 수 있기 때문이다.[93] 148

2. 위법성 인식의 체계적 지위와 착오의 법효과

형법 제16조는 위법성의 착오의 경우—오인에 정당한 이유가 인정되는 한—"벌하지 않는다"라고만 규정하고 있다. 여기서 벌하지 않는다는 것은 범죄가 성립하지 않는다는 의미로 해석하고 그 불성립의 이론상의 근거가 책임조각에 있다는 점에는 학설상 이견이 없다. 그러나 위법성의 착오를 책임조각으로 보는 근거는 '위법성의 인식'이라는 심리학적 요소가 책임영역 내부에서 차지하는 체계적 지위를 어떻게 파악하는지에 따라 달라진다. 149

(1) 학설의 태도

1) 엄격고의설　엄격고의설이란 위법성의 인식을 고의의 내용으로 보는 전제(고전적 범죄체계론)하에서 책임요소인 고의가 인정되기 위해서는 위법성의 인식까지 있어야 한다 150

---

91) 대법원은 형법 제16조의 법령을 허용규범(위법성조각사유)으로 파악하는 반면에 학계는 형법 제16조의 법령을 금지규범으로 파악한다. 그러나 형법 제16조의 문맥상 수식관계를 보면 허용규범으로 보아야 한다.

92) 조국, "법률의 부지 및 착오이론에 대한 재검토", 형사정책연구 제12권 제2호, 2001, 98면.

93) 종래 조세범처벌법, 관세법, 담배사업법 등에서 형법 제16조의 적용을 배제한다는 규정까지 두고 있었으나, 전 2자의 경우에는 해당규정이 삭제되고, 현재는 담배사업법(제31조)에는 여전히 남아 있다. 이러한 특별규정이 존재하면 행위자가 그 특별법상의 형벌법규를 몰랐을 경우는 물론이고 자기 행위의 위법성을 인식하지 못한 경우에도 정당한 이유의 유무와 무관하게 무조건 처벌되게 된다.

는 견해를 말한다. 이에 따르면 행위자에게 위법성의 인식이 없는 위법성의 착오의 경우에는 고의가 조각되어 고의범의 성립이 부정되어야 하고, 책임의 다른 형식인 과실범의 성립 여부만 남게 된다고 한다. 이 입장에 따르면 위법성의 착오와 구성요건적 착오의 경우 모두 고의가 조각된다는 점에서 양자 간에 차이가 인정되지 않는다.

151 그러나 엄격고의설을 그대로 따르게 되면 행위자가 현실적으로 위법성을 인식하지 못한 경우는 항상 과실범의 성립 여부만 남게 되고, 과실처벌규정이 없는 경우에는 처벌의 불비가 극심해져 형사정책적으로 문제가 생기게 된다.

152 2) 제한고의설 제한고의설은 고의의 인정에 현실적인 위법성의 인식까지 요구하는 엄격고의설의 문제점을 수정하기 위해 등장한 견해이다. 제한고의설에는 ① 위법성을 인식할 '가능성'만 있으면 현실적인 위법성의 인식이 없어도 고의를 인정하자는 견해(위법성인식가능성설), ② 행위자에게 법적대적 태도 내지 법무관심적 태도가 보이기만 하면 현실적인 위법성의 인식이 없어도 고의를 인정하자는 견해(법적대성설), ③ 심지어는 현실의 위법성이 없더라도 위법성을 인식하지 못한 데에 과실이 있을 때에는 고의에 준해서 고의범으로 처벌해야 한다는 견해(법과실 준고의설)도 포함된다.

153 그러나 제한고의설에 대해서도 다음과 같은 비판이 가해지고 있다. 즉 현실적으로 위법성을 인식하지도 않았고 규범적 평가상 그 인식가능성만 인정되는 경우를 심리적 요소인 고의인정의 근거로 삼는다는 점에서 문제점이 있고, 법배반적 태도나 법과실이라는 개념 역시 고의를 의제하는 태도에 지나지 않는다는 것이다.

154 3) 책임설 책임설이란 위법성의 인식(내지 그 인식가능성)을 고의와 독립된 책임요소라고 하는 전제하에서 위법성의 인식이 없는 위법성의 착오는 고의조각에는 아무런 영향을 주지 못하고 책임조각에만 영향을 미칠 수 있을 뿐이라고 하는 견해이다. 이에 따르면 위법성의 착오와 구성요건적 착오는 근본적인 차이가 생기게 된다. 위법성의 착오의 경우에는 범행상황에 대한 인식은 하고 있기 때문에 구성요건적 착오의 경우와는 달리 구성요건적 고의는 여전히 인정되고 자기의 행위의 위법성을 인식하지 못하고 있는 데 불과하므로 위법성의 인식결여로 책임이 조각될 수 있을 뿐이라고 한다. 고의를 구성요건영역으로 위치변동시킴과 동시에 위법성의 인식이라는 요소는 그대로 책임영역에 남겨둔 목적적 범죄체계론에 의해 주장된 견해로서 다수의 동조를 얻고 있다.

(2) 판례의 태도

155 1) 종래의 입장 대법원은 위법성의 인식의 체계적 지위에 관해 명시적인 태도를 밝히지 않고 있다. "법률의 착오(위법성의 착오: 필자주)가 범의를 조각한다"[94]는 판결에서는 위법성의 인식을 고의의 한 요소로 파악한 것 같기도 하지만, 다른 한편 "자기행위가 법령

94) 대법원 1974.11.12. 74도2676; 1988.12.13. 88도184.

에 의하여 죄가 되지 아니한 것으로 오인하였더라도 범의가 없다고 할 수 없다"[95]는 판결에서는 위법성의 인식을 고의와는 독립된 독자적인 책임의 요소로 보는 태도를 취한 것으로 이해할 수도 있다. 물론 후자의 판결은 행위자가 위법성에 대한 현실적 인식이 없었음에도 불구하고 고의의 성립을 인정한 것이므로 제한고의설의 입장에서도 설명이 가능하다.

2) 범의와 고의의 용어변화의 의미 이러한 표제어 변경은 알기쉬운 법령 만들기 차원에서 '범의'에서 '고의'로 바뀌었다. 그러나 이러한 변화는 단순한 용어순화를 겨냥한 입법자의 의도와는 달리 실제로는 고의인정을 위해 사실의 인식 뿐 아니라 위법성의 인식까지 요구하였던 '고의설'의 논거 하나가 사라지게 만든 것으로 평가할 수도 있다. 범의라는 용어가 고의로 바뀐 것은 범죄적 의사(즉 위법성의 인식)를 포함한 악의(dolus malus)가 단순한 사실의 인식이라는 의미의 고의(dolus)로 변경된 것으로 새길 수 있기 때문이다. 이렇게 본다면, 종래 '고의설'에 입각하고 있는 것으로 해석할 여지가 있었던 형법의 태도가—입법자의 의사와 무관하게—'책임설'의 입지를 보강해주는 차원으로 바뀐 것이라고 볼 수도 있다. 156

判 1953년 이래 '범의'로 되어 있었던 형법 제13조의 표제어가 2021.12.8.부터 '고의'로 바뀐 점과 이러한 용어변경의 형법이론적 차원의 의의를 위와 같이 평가할 수 있다면, 대법원도 장차 위법성의 착오 사례를 판결할 경우, 종래 '74도2676 판결 및 88도184 판결'상의 법리보다는 '87도160 판결'에 판시된 법리(책임설 또는 제한고의설)에 부합하는 태도를 취하게 될 가능성이 더 높아졌다고 말할 수 있다. 157

(3) 결론(순수한 규범적 책임개념)

범죄체계론적 관점에서 보면 원칙적으로 책임설이 타당하다. 책임을 비난가능성이라는 평가개념으로 이해하는 한, 행위자의 심리적 태도인 고의는 책임평가의 대상일 뿐 책임평가 그 자체는 될 수 없기 때문이다. 여기서 더 나아가 책임개념을 순수하게 평가적 요소로만 이해하는 태도(순수한 규범적 책임개념)를 철저하게 유지하기 위해서는 '위법성의 인식'도 책임의 독자적 요소로 이해해서는 안 된다. 위법성의 인식 역시 사실에 대한 행위의 심리적 태도인 고의와 마찬가지로 자기행위의 규범위반성에 대한 행위자의 심리적 태도이므로 평가 그 자체인 책임의 요소가 될 수 없기 때문이다. 158

심리적 사실인 위법성의 인식을 독자적 책임요소로 이해하는 종래 책임설적 설명방식은 형법 제16조의 해석차원에서 보더라도 보완 내지 수정되어야 한다. 위법성의 인식을 책임의 독자적 요소로 이해하는 다수의 견해에 따르면 행위자가 현실적으로 자기행위의 위법성을 인식하지 못한 경우에는 책임이 조각된다는 결론을 내려야 할 것인데, 형법 제16조는 행위자가 현실적으로 자기행위의 위법성을 인식하지 못한 경우에도 곧바로 책임을 조각하지 않고 그러한 불인식에 '정당한 이유'가 인정되는 경우에만 책임을 조각시키기 때문 159

95) 대법원 1987.4.14. 87도160.

이다.

160 요컨대 위법성의 인식은 적극적으로 책임을 구성하는 독자적 요소가 아니라 그 불인식이 행위자의 행위에 대해 책임비난을 탈락시킬 수 있다고 평가할 수 있는 하나의 '단서' 내지 사실적 차원에서 확인되어야 할 전제조건에 불과한 것으로 자리매김하는 것이 타당하다. 책임비난여부를 '평가'함에 있어 책임비난을 근거지우는 요소 즉 진정한 의미의 규범적 책임표지는 제16조의 '정당한 이유'이다.

3. 위법성의 착오와 형법 제16조의 정당한 이유

(1) 규범적 책임개념과 '정당한 이유'의 의의

161 형법 제16조에 따르면 행위자가 자기행위의 위법성을 인식하지 못하였더라도 책임이 조각되지 않는다. 위법성의 불인식에 정당한 이유가 있어야 책임이 조각된다. 이 규정의 취지에 따르면 심리적 요소(위법성의 인식)를 결하고 있더라도 '비난의 여지' 내지 '비난의 이유'(위법성의 인식가능성)가 남아 있는 한 책임이 조각되지 않는다. 형법 제16조는 인식/불인식이라는 심리학적 기초를 가지고 있는 제13조와는 달리 규범적 평가의 원리 위에 기초되어 있기 때문이다. 이에 따르면 우리 형법 제16조에서 규범적 책임개념의 핵심적 요소로서 행위자의 비난가능성을 탈락시키는 결정적인 단서는 '정당한 이유'이다.

162 문제는 위법성의 착오라는 사례에 맞춤형으로 만들어진 책임평가의 기준인 '정당한 이유'는 그 자체속에서 책임비난을 근거지우기 위한 아무런 실질적 내용적 척도를 찾기 어렵다는 점에 있다.[96]

163 '정당한 이유'라는 개념이 가지는 이러한 한계는 형법의 위법성조각사유속에 규정되어 위법성여부를 평가하는 기준의 역할을 하는 '상당한 이유'라는 개념이 가진 '척도'가 그 개념 자체에 아무런 내용을 가지지 못한 '형식'적 개념이라는 점과 맥락을 같이 한다.[97] 위법성 판단에서 상당한 이유가 척도로 기능하기 위해서 '위법성'이라는 도그마틱적 개념이 어떤 의미를 가지고 있는가 위법성판단에서 특히 법질서 전체의 관점에서 행위자의 행위에 반가치 판단을 내릴 때 어떤 실질적 척도로 보강되어야 하는지에 관한 이론적 기초로서 '실질적 위법성이론'이 중요한 의미를 가지듯이, 규범적 책임판단이 책임은 비난이라는 차원의 형식적 판단으로 전락하지 않기 위해서도 '정당한 이유'의 해석론상 '실질적 책임이론'이 필요하다. 형식적 규범적 책임컨셉하에서 책임비난의 실질적 근거찾기에 나선 다양한 '책임이론'들이 책임판단을 위한 '상위'의 기준을 발견하려고 한 것도 이 때문임은 앞서 살펴보았다.

---

96) 입법례를 보면 위법성의 착오의 경우 책임조각여부를 판단하기 위한 평가기준으로서 행위자의 오인 내지 불인식이 "회피불가능한 때"(독일형법 제17조), "비난할 수 없는 때"(오스트리아형법 제9조 제1항), "용서할 수 있는 때"(그리스형법 제31조 제2항), "상당한 이유가 있는 때"(일본 1974년 초안 제21조 제2항), "충분한 이유가 있는 때"(스위스형법 제20조) 등 다양한 기준이 마련되어 있다. 하지만 이러한 기준들도 규범적 책임개념하에서 행위자의 책임비난 여부를 판단함에 있어 형법의 "정당한 이유"라는 기준보다도 더 의미있는 실질적 내용적 척도를 제공해 준다고 보이지 않는다.

97) 이에 관해서는 유태권, 『형법상 불확정 개념의 의미와 기능: 금지착오의 정당한 이유와 위법성조각사유의 상당한 이유를 중심으로』, 성균관대학교 일반대학원 박사학위 청구논문, 2021 참조.

(2) 정당한 이유에 대한 해석론

위법성을 인식하지 못한 행위자에 대해 책임(비난가능성)을 탈락시킬 수 있는 정당한 이유가 인정되는 것으로 평가할 수 있는 기준에 관해서는 다양한 견해가 제시되고 있다. 그러나 어느 견해도 책임비난의 실질적 '근거'를 찾는 차원의 책임이론의 관점에서 '정당한 이유' 개념 자체 대한 해석론을 전개하고 있지는 않다. 164

1) 학설의 태도

① '회피가능성'이론 절대 다수에 의해 지지되는 이론으로 정당한 이유를 '회피가능성'과 교체가능한 것으로 보면서, 불인식을 회피할 수 없었던 경우에만 책임비난이 탈락된다고 본다. 이 이론에 따르는 일부는 회피가능여부의 판단기준을 '과실'에 맞추기도 하고,[98] 행위자의 '지적능력'을 기준으로 하면서 그 지적인식은 단순한 심리적 문제로서가 아니라 사회적·규범적 관점에서 판단하는 입장[99]도 있고, 심지어 정당한 이유를 회피가능성으로 대체해야 한다는 주장[100]도 있다. 165

② 예방적 관점에서 해석하는 견해 정당한 이유를 예방적 관점에서 판단해야 한다는 견해[101]이다. 166

2) 판례의 태도 종래 대법원은 "오인에 어떠한 과실이 있음을 가려낼 수 없어 정당한 이유가 있는 경우에 해당한다"[102]고 하면서 정당한 이유 여부를 과실유무를 기준으로 삼는 듯한 태도를 취한 적이 있다. 그러나 근자에 와서 대법원은 일관되게 아래의 판시내용에서와 같은 해석법리에 기초하여 '위법성의 인식가능성' 여부를 정당한 이유인정 여부에 결정적인 기준으로 사용하고 있다.[103] 167

> 判 "정당한 이유가 있는지 여부는 행위자에게 자기 행위의 위법의 가능성에 대해 심사숙고하거나 조회할 수 있는 계기가 있어 자신의 지적능력을 다하여 이를 회피하기 위한 진지한 노력을 다하였더라면 스스로의 행위에 대하여 위법성을 인식할 수 있는 가능성이 있었음에도 이를 다하지 못한 결과 자기 행위의 위법성을 인식하지 못한 것인지 여부에 따라 판단하여야 할 것이고, 이러한 위법성의 인식에 필요한 노력의 정도는 구체적인 행위정황과 행위자 개인의 인식능력 그리고 행위자가 속한 사회집단에 따라 달리 평가되어야 한다."[104] 168

3) 결론

① 회피가능성 이론의 문제점 회피가능성 여부를 기준으로 책임조각여부를 결정하는 입장 은 '회피불가능'한 위법성의 착오(금지착오)인 경우에만 책임비난을 탈락시키는 독일형 169

---

98) 배종대, §93/4; 임웅, 312면.
99) 이재상/장영민/강동범, §25/21.
100) 구모영, "형법개정과 금지착오", 동아법학 제2호(1986), 252면.
101) 정현미, "법률의 착오에서의 정당한 이유의 판단기준", 志松이재상교수화갑기념논문집(I), 525~526면.
102) 대법원 1983.2.22. 81도2763.
103) 같은 입장으로는 정성근/정준섭, 208면.
104) 대법원 2006.3.24. 2005도3717 등.

법 제17조[105]의 전제하에서 취해질 수 있다. 의사자유를 책임비난의 실질적 근거로 파악하고 타행위가능성을 책임판단의 기준으로 삼는 전통적 도의적 책임이론의 회피가능성 해석 1952년 독일연방재판소 판결(BGHSt, 2, 194, 200)에 의해서도 견지되었다.

170 현재까지도 독일의 실무는 위 판결에 따라 행위자가 '위법성을 인식할 가능성'이 있었을 경우 회피가능성을 인정한다. 즉 행위자의 능력과 지식을 고려하여 자신의 행위의 위법성에 관하여 심사숙고하거나 문의를 할 수 있는 계기를 가질 수 있었음에 분명한 경우, 그리고 그 결과 행위자가 위법성을 인식할 수 있었을 경우 회피가능성을 인정한다.[106] 앞서 살펴보았듯이 위 회피가능성 이론은 한국 대법원이 한국 형법 제16조의 '정당한 이유' 유무 판단을 위해 사용하는 법리이기도 하다.

171 하지만 '회피가능성'을 행위자 개인의 능력과 지식을 기초한 위법성의 인식가능성으로 보는 태도에 따르면 책임비난의 탈락 가능성이 극도로 제한된다. 원칙적으로 책임능력자는 특별한 정신적 장애가 없는 한, 위법성을 인식할 능력(가능성)이 인정되기 때문이다. 바로 이 때문에 독일의 학계와 실무에서는 회피가능성이 가지고 있는 이와 같은 문제점(회피가능성＝위법성 인식가능성＝위법성 인식능력＝책임능력)을 바로잡기 위해 해석상 다양한 척도를 제시해왔고, 예방적 책임이론도 이러한 과정에서 등장한 것이다.

172 이러한 시각에서 보면 그 개념에 대한 접근상 심리학적 사실을 기초로 삼도록 설계된 '회피가능성' 개념을 한국 형법의 '정당한 이유' 개념의 해석론에 그대로 차용해야 할 이론적·실제적 이유는 없다. 타행위가능성을 책임비난의 근거로 삼는 전통적 책임이론에 직선적으로 연결되어 있는 '회피가능성'이라는 개념이 '정당한 이유'에 비하여 더 구체화된 기준으로 보기도 어렵다. 후술하듯이 대법원도 '정당한 이유' 유무 판단에 행위자의 개인적 능력만 고려하지 않고, 행위자가 어떤 사회집단에 속해 있는지를 고려함으로써 규범적 평가가 개입할 공간을 어느 정도 확보하고 있다.

173 행위자의 '과실'을 기준으로 삼는 일부 견해는 위법성의 착오의 영역과 과실영역이 서로 다른 차원의 영역임을 간과하고 있다는 점에서 문제적이다. 즉 과실판단에서는 사실적 영역에서 위험에 대한 예견가능성을 전제로 한 주의의무의 위반이 있는가에 기초하여 구성요건적 사실에 대한 인식 및 인식가능성에 초점을 맞추어지지만, 정당한 이유 유무의 판단에서는 사실인식 차원을 넘어 행위자가 위반한 규범에 관한 행위자의 인식적 결함에 대해 책임비난을 할 수 있는지에 초점이 맞추어져야 하기 때문이다.

174 행위자의 지적능력을 기준으로 삼으면서 사회 규범적인 관점을 고려하는 일부 견해는 '일반화된' 타행위가능성이라는 기준을 사용하는 변형된 도의적 책임이론(이른바 사회적 책임개념)의 주장과도 겹치는 측면을 가지고 있다. 그러나 이 견해가 추가적으로 고려해야 한

105) 독일형법 제17조 (금지착오) 행위자가 범행시 위법성의 인식을 하지 못한 경우에는 그가 이러한 착오를 피할 수 없었다면 책임없이 행위한 것이다. 행위자가 착오를 피할 수 있었을 경우에는 형법 제49조 제1항에 따라 그 형을 감경할 수 있다.

106) BGHSt 3. 357; BGHSt 21, 18 등.

다는 사회 규범적 관점이 구체적으로 무엇을 말하는지가 분명하지 않다.

② 정당한 이유와 책임비난의 근거 및 판단 기준 정당한 이유를 구체화함에 있어서도 책임 175
비난의 근거를 찾는 책임이론에서 발견된 상위의 판단기준을 해석원리로 삼아야 할 필요가 있다. 이러한 차원의 판단 기준 가운데 '규범의 타당성 유지'라는 기준이 형이상학적 의사자유에 기초한 타행위가능성 기준 또는 그에 뿌리를 두는 회피가능성이라는 형식적 기준에 비해 실질적 기준이 되기에 더 나은 입지를 가지고 있는 것으로 보인다. 위법성의 착오가 규범에 대한 행위자의 잘못된 평가에 기인한 것이고, 규범의 타당성 유지라는 적극적 일반목적의 실현은 규범현실과 규범에 대한 사회일반인의 태도 등을 고려하는 '실질적' 기준으로서의 잠재력을 가지고 있기 때문이다.

여기서 이러한 기준에 따라 정당한 이유 유무를 판단할 경우에도 행위자를 비난할 수 176
없는 사실적 기초로서 행위자가 위법성을 인식하지 못하게 만든 다양한 개인적·사회적 사정들이 고려될 수 있어야 한다. 앞서 살펴 본 '평가 대상'과 그 '대상에 대한 평가'의 관계 일반의 경우와 마찬가지로 책임비난 여부를 평가할 경우도 그 사용되는 기준이 독립변수가 아니라 평가의 대상이 되는 책임비난의 전제사실들이 만들어내는 다양한 사정들에 종속변수로서의 성격을 가지기 때문이다. 이에 따르면 규범적 평가의 대상인 정당한 이유 유무는 사례유형별로 다르게 평가될 수 있다.[107]

③ 사례유형별 '정당한 이유' 유무 판단

(i) 행위자가 사전에 자기행위의 규범위반성에 대해 생각해 보아야 할 '계기'가 존재하지도 않을 177
정도로 그 행위의 위법성이 분명한 경우: 이러한 경우는 '사회 일반인이라면 누구나' 분명히 인식할 수 있었음에도 행위자가 법무관심적 태도를 보여 위법성을 인식하지 못한 경우이다. 예컨대 '일반상식'으로 되어 있는 수준의 규범(형법전의 범죄구성요건)을 몰랐을 경우에는 일반인의 관점에서 '위법성의 인식가능성'이 부정되기 어렵기 때문에 행위자의 어떤 항변도 정당한 이유로 인정되기 어렵다.[108]

(ii) 행위자가 자기 행위의 위법성 여부를 판단하기 어려운 외적 사정들이 존재하거나 자기 행위의 178
규범위반성을 심사숙고해야 할 계기가 주어져 있는 경우: 이러한 경우 비난의 초점을 앞당겨 심사숙고할 계기를 충분히 활용하지 않은 경우에는 당해 규범에 대한 행위자의 태도형성에 '정당한 이유'가 인정될 수 없으므로 '책임'비난이 탈락되지 않는다고 해야 한다. 이러한 경우는 행위자의 개인적 지적능력도 고려될 수 있고, 행위자가 어떤 사회집단에 소속되어 있

107) 예컨대, 행위자가 외국인으로 한국의 법공동체의 일원으로 충분하게 사회화되었다고 보기 어려운 경우와 그렇지 않은 경우는 정당한 이유의 인정여부가 달라진다. 이 뿐만 아니라 법률 자체가 자주 변경되거나 모호하여 자기 행위의 규범위반성 여부를 객관적으로 명확하게 판단하기 어려운 사정이 있는 경우와 그렇지 않은 경우도 정당한 이유의 유무가 다르게 결론내려질 수 있다.

108) 대법원 1979.8.28. 79도1671.

는지도 정당한 이유 유무 판단에 중요한 종속변수로 작용할 수 있다. 정당한 이유 유무 판단을 위해 고려해야 구체적 사정은 다음과 같다.

179 첫째, 행위자가 자기행위의 금지성에 대해 '전문가에 문의'해 보거나, '유관기관에 조회'를 하는 등 법적 정보습득을 위한 노력을 하지 않은 경우, 행위자는 규범수범자로서의 규범에 합치적 동기설정을 해야 할 시민의 의무를 위반한 것이므로 오인에 대해 '정당한 이유'를 인정할 수 없고, 따라서 책임비난이 탈락되지 않는다.

둘째, 행위자가 문의나 조회 등 '정보습득을 위한 일단의 노력'을 기울였음에도 불구하고 신뢰할 수 있는 정보를 얻는데 실패함으로써 위법성의 인식을 못하게 된 경우가 있다. 그 실패의 이유가 수범자와 규범 사이에 존재하는 커뮤니케이션상의 결함(예, 규범의 복잡성으로 인한 규범에의 접근이 용이하지 못함) 등 규범 자체에 내재된 결함 때문이라면, 행위자가 의무합치적으로 조회를 한 점을 행위자에게 불리하게 평가할 수 없으므로 행위자의 불인식에 '정당한 이유'가 인정될 수 있어 책임비난이 탈락될 수 있다.

셋째, 행위자가 문의한 신뢰할 만한 법적 정보의 주체로부터 잘못된 정보를 제공받음으로써 위법성을 인식하지 못한 경우도 있다. 이러한 경우는 책임은 신뢰의 대상이 된 정보제공자에게 귀속되어야 하므로 정당한 이유가 부정되지 않고 따라서 행위자에게 책임비난이 탈락될 수 있다. 물론 신뢰할 수 있는 주체가 잘못된 정보를 제공한 경우라도 행위자가 이성과 양심을 동원하여 적절하게 판단할 경우 자신의 행위의 금지성을 쉽게 인식할 수 있었던 것으로 평가되면 책임비난이 탈락되지 않을 수가 있다.[109)]

넷째, 행위자가 정보습득을 위한 나름의 노력을 기울였으나 유관기관이나 전문가가 아닌 다른 정보주체에게 문의나 조회를 하여 위법성을 인식하지 못한 경우가 있다. 신뢰할 가치 있는 정보는 통상적으로 책무 있는 관할기관이나 정보주체에게 기대될 수 있다는 점에서 잘못은 행위자에게 있으므로, 정당한 이유가 인정될 수 없고, 따라서 행위자에 대한 책임비난도 탈락될 수 없다(아래 '정당한 이유 부정 판례사안' 참조).

180 **(iii) 행위자가 신뢰할 수 있는 정보가 고도의 전문성과 정당성에 근거하여 최종적으로 법을 선언하는 대법원의 판결 형식으로 존재하는 경우:** 행위자가 판례를 믿음으로써 자기 행위가 위법하지 않다고 오인한 경우—그 판결의 내용을 오독한 경우가 아니라면—원칙적으로 정당한 이유가 인정된다고 할 수 있다. 그 정보에 대해 일반인은 신뢰할 수밖에 없으므로 행위자가 판결의 내용에 대해 다른 전문가에 문의해야 할 규범적 차원의 계기조차 없다고도 할 수 있기 때문이다.

181 **判** 그러나 대법원은 '사안을 달리한 사건에 관한 판례의 취지를 잘못 오해하였던 경우' 정당한 이유를 부정하였다.[110)] 이 뿐만 아니라 대법원은 사안이 기본적으로 다르지는 않지만 구체적 사실관계가 달라서 종전 판례의 '법리'를 일부 변경한 경우, 행위자가 자기 행위가 금지되어 있지 않다고 오인한 것이 종전 판례를 신뢰한 것이라는 주장을 한 사례에서도 정당한 이유를 인정하지 않았다.[111)] 즉 대법원은 특정행위(인터넷 링크행위를 통해 공중송신권을 침해하는 행위)가 처벌대상이 되지 않는 것으로 판결[112)]한 적이 있었는데, 그로부터 6여년이 지난 후 해당행위에 종전판결에서 문제된 사안의 경우에 비해 일부 추가사실(이익목적을 위한 계속된 링크제공행위)이 있음에 초점을 맞춰 문제의 행위를 처벌의 대상이 되는 것으로 태도를

---

109) BGHSt NStZ RR 2003, 263.
110) 대법원 1995.7.28. 95도1081.
111) 대법원 2021.9.9. 2017도19025 전원합의체.
112) 대법원 2015.3.12. 2012도13748.

변경(2017도19025 전원합의체)을 하면서 피고인이 종전 판례를 신뢰하여 자기 행위가 처벌의 대상이 되지 않는 것으로 오인한 것에 대해 '정당한 이유'를 부정하고 있다.

법적용단계에서 법률이 그대로 적용되는 것이 아니라 해석을 통해 공식화된 '법리'의 형식으로 적용되고 그 법리는 사안의 사실관계에 따라 얼마든지 가변적일 수 있음은 분명하다. 이에 따르면 법리(판례법리)는 원칙적으로 소급금지원칙의 적용대상이 되지 않아 당해 사건에 대해서도 피고인에게 불리하게 적용된다. 그러나 변경된 판례(법리)의 소급효를 인정하는 문제와 변경되기 전 종전 판례의 태도의 규범력을 수범자가 신뢰하는 문제는 다른 차원의 문제이다. 법적 결정권자가 판례(법리)를 변경하여 금지와 허용의 경계선을 다르게 설정할 수는 있지만, 그렇게 달라진 법적 결정으로 인해 종전 판례(법리)를 신뢰한 수범자에게 형사처벌의 위험을 귀속시키는 점에는 문제가 없지 않다.

例 정당한 이유가 인정된 판례사안: ① 담당 공무원과 소송을 위임했던 변호사에게 문의 확인한 경우 182
(대법원 1976.1.13. 74도3680), ② 허가를 담당하는 공무원이 허가를 요하지 않는 행위라고 잘못 알려준 것을 믿고 행위한 경우(대법원 1992.5.22. 91도2525), ③ 부대장의 허가를 받아 부대 내에 유류를 저장하는 것이 죄가 되지 아니한 것으로 오인한 경우(대법원 1971.10.12. 71도1356), ④ 국유재산법상 건축이 금지된 건물이지만 담당공무원에게 문의하여 일정한 절차에 따라 건물을 신축한 경우(대법원 1993.10.12. 93도1888), ⑤ 이복동생의 이름으로 해병대에 지원 입대하여 근무하다가 휴가시에 이복동생이 군에 복무중임을 알았고 다른 사람의 이름으로 군생활을 할 필요가 없다고 생각하여 귀대하지 않은 경우(대법원 1974.7.23. 74도1399), ⑥ 초등학교 교장이 도교육위원회의 지시에 따라 교과식물로 비치하려고 양귀비를 학교 화단에 심은 경우(대법원 1972.3.31. 72도64), ⑦ 허가없이 십전대보초를 제조 · 판매하다가 검거되어 검사로부터 혐의 없음을 이유로 불기소처분을 받은 경험이 있는 자가 다시 전과 동일한 방법으로 한약 가지 수에만 차이가 있는 가감삼십전대보초를 허가없이 제조 · 판매한 경우(대법원 1995.8.25. 95도717) 등.

例 정당한 이유가 부정된 판례사안: ① 약 23년간 경찰공무원으로 근무해 온 형사계 강력 1반장이 검사 183
의 수사지휘대로만 하면 모두 적법한 것이라고 믿고 허위공문서를 작성한 경우(대법원 1995.11.10. 95도2088), ② 가처분 결정으로 직무집행정지 중에 있던 종단변호사가 변호인의 조언을 듣고 종단소유 보관금을 소송비용으로 사용한 경우(대법원 1990.10.16. 90도1604), ③ 변리사로부터 자신의 행위가 고소인의 상표권을 침해하지 않는다는 취지의 확답과 감정결과를 받았고 특허청도 그의 상표출원을 받아들여 등록까지 해준 경우(대법원 1995.7.28. 95도702), ④ 부동산 중개업자가 부동산중개업협회의 자문을 받은 경우(대법원 2000.8.18. 2000도2943), ⑤ 서로 배치되는 동일관청의 수 개의 답변 · 회신이 있는 경우에 최신의 것이 아닌 이전의 회신만을 믿고 행위한 경우(대법원 1992.11.27. 92도1477), ⑥ 제약회사에 근무한다는 자로부터 마약이 없어 약을 제조하지 못하니 구해달라는 거짓 부탁을 받고 제약회사에서 사용하는 마약은 구해줘도 죄가 되지 아니한 것으로 믿고 생아편을 구해준 경우(대법원 1983.9.13. 83도1927), ⑦ 기공원을 운영하면서 환자들을 대상으로 척추교정시술행위를 한 자가 정부 공인의 체육종법인 활법의 사회체육지도자 자격증을 취득한 자라 하여도 자신의 행위가 무면허 의료행위에 해당하지 아니하여 죄가 되지 아니한다고 믿은 경우(대법원 2002.5.10. 2000도2807) ⑧ 주로 음식류를 조리 · 판매하는 레스토랑으로 허가받았으면 청소년을 고용해도 괜찮을 줄로 알고 있었고, 시내 다른 레스토랑이나 한식당에서도 청소년을 고용하는 업소가 많고 시청 위생과 등에 문의해도 레스토랑은 청소년을 고용해도 괜찮다는 대답이 있어 자신의 행위가 법률에 의하여 죄가 되지 아니하는 것으로 인식한 경우(대법원 2004.2.12. 2003도6282), ⑨ 즉석판매제조가공영업을 허가받고 '녹동달오리골드'를 제조한 경우(대법원 2004.1.15. 2001도1429), ⑩ 변호사자격을 가진 국회의원이 의정보고서를 발간하는 과정에서 보좌관을 통하여 선거관리위원회 직원에게 문의하여 답변받은 결과 선거법규에 저촉되지 않는다고 오인한 경우(대법원 2006.3.24. 2005도3717) 등.

(3) 입법론(감경사유의 입법화)

자기행위의 위법성을 인식하지 못한 행위자에게 불인식에 대한 비난의 이유(정당한 이유 184

의 결격)가 있는 한 행위자에게 책임을 지우는 것이 당연하다. 하지만 형법 제16조가 책임조각(불처벌)과 책임인정(처벌)의 양극단만으로 대응하고 있는 것은 지나치게 경직된 태도이다. 정당한 이유를 부정할 만한 정도는 아니지만 행위자가 나름대로의 노력을 기울인 점 또는 고도로 전문화된 법의 영역 그 자체의 난해성에 대해 적절하게 감안해주지 못하기 때문이다. 따라서 양극단의 중간에 형벌감경이라는 중간단계도 인정하는 것이 정당한 이유 판단에 보다 많은 합리성을 확보할 수 있는 방안일 것으로 생각된다. 형법 제16조에도 정당한 이유가 부정된 경우에도 행위자의 노력 및 외부환경적 요인을 고려하여 판사가 형벌을 감경할 수 있는 가능성을 가질 수 있도록 임의적 감경규정을 두는 것이 바람직하다.[113]

Ⅲ. 위법성조각사유의 객관적 전제사실의 착오

1. 의의와 형법상 착오체계에서의 지위

(1) 의의

185 '위법성조각사유의 객관적 전제사실의 착오'란 행위자가 자신의 행위가 법이 인정하고 있는 위법성조각사유에 해당한다고 생각하고 행위하였으나, 실제로는 위법성조각사유의 객관적 요건이 충족되지 않은 경우를 말한다.

186 **例 사례(김밥천국사건):** 김밥집 여주인은 학생 둘이 김밥을 먹고 요금을 지불하지 않은 채 몰래 도망치자 이들을 쫓아가면서 '계산은 하고 가야지'라고 외쳤다. 행인 갑은 여주인의 이 외침을 듣고 15미터 가량 도망자들을 뒤쫓아가 부근에 있던 다른 학생 A의 멱살을 잡고 약 10 내지 15미터 가량 끌고 와 폭행하였다 (헌법재판소 2010.10.28. 2008헌바629 참조).[114] 이 사례에서 갑의 행위가 A에 대한 폭행죄의 정당방위에 해당하는지를 심사함에 있어, 갑이 정당방위의 객관적 요건인 '타인의 법익에 대한 현재의 부당한 침해'라는 요건을 충족시키지 못했음은 쉽게 확인될 수 있다. A는 갑에 대해서는 물론이고 김밥집 주인에 대해서도 '현재의 부당한 침해'를 하지 않았기 때문이다. 갑은 A가 현재의 부당한 침해라는 정당방위라는 객관적 요건을 충족시키고 있는 것으로 오인하고 정당방위(타인을 위한 정당방위)로 나아갔다.

(2) 형법상 착오체계에서의 지위

187 형법이 명문의 규정을 두고 그 해결방안을 제시하고 있는 착오는 구성요건 착오(제13조)와 위법성의 착오(제16조) 뿐이다. 위 사례에서 갑의 착오는 엄밀히 말해 구성요건 착오에도 해당하지 않고 위법성 착오에도 해당하지 않는다. 위법성의 착오는 자기행위의 금지성에 관한

113) 독일형법 제17조의 단서도 임의적 감경사유('착오를 피할 수 있었던 경우에는 그 형을 감경할 수 있다')로 되어 있고, 일본형법 제38조 제3항도 임의적 감경사유('정상에 따라 형을 감경할 수 있다')로 되어 있다. 일본형법 제38조 제3항도 법률의 부지에 관한 것이기는 하지만 형감경의 가능성을 인정('법률을 알지 못하였더라도, 그것에 의해, 죄를 범할 의사가 없었다고 하는 것은 가능하지 않다. 다만, 정상에 의해, 그 형을 감경할 수 있다')하고 있다.

114) 사실관계의 규명하여 그에 따른 형법이론적 판단을 하지 않은 채 갑에 대해 '기소유예'처분을 내린 검사의 판단에 갑이 불복하고 헌법소원 청구를 한 사건이다.

착오로서 규범적 측면에서의 착오인데 반해, 위 사례의 경우에는 폭행당한 A가 타인의 법익에 대한 침해를 한 사실이 없음에도 불구하고 침해를 한 것으로 오인한 사실적 측면에서의 착오가 문제되고 있기 때문이다. 뿐만 아니라 구성요건적 착오는 객관적 구성요건적 사실에 해당하는 금지상황에 대한 착오인데 반해, 위 사례에서 갑의 착오는 위법성을 조각시키는 허용상황에 관한 착오에 해당하기 때문이다.

현행 형법이 규율하고 있는 착오유형에 정확하게 포섭되지 않는 위와 같은 착오사례를 어떤 종류의 착오로 자리매김할 수 있는지(구성요건적 착오인가, 위법성의 착오인가 아니면 독자적 착오인가), 그 법효과는 어떠한지(고의조각, 위법성조각, 책임조각)에 관해 견해가 대립한다. 특히 위와 같은 유형의 착오사례는 그 해결방안으로 제시되는 학설들의 내용을 이해하기 위해서는 범죄체계에 관한 기본지식과 착오이론과 관련한 정확한 개념을 알고 있어야 하기 때문에 형법의 범죄론 체계전반에 대한 예비법률가의 입체적 이해의 수준을 평가할 수 있는 학습소재로 유명하다. 188

2. 해결방안

(1) 학설의 태도

1) 고의설 위법성조각사유의 전제사실의 착오의 경우 행위자는 자기 행위가 정당화된다고 생각하고 있는 경우로서 위법성의 인식을 결여하고 있지만 고의조각의 법효과를 인정하는 견해이다.[115] 189

이 견해가 위법성의 인식이 없는 경우 고의조각의 결론을 내리는 것은 사실의 인식외에도 위법성의 인식을 포함한 고의를 책임요소로 파악하는 고전적 범죄체계를 취하고 있기 때문이다. 따라서 이 견해에 따르면 제13조의 적용에 따라 고의책임을 지울 수 없으므로 행위자는 과실범처벌규정이 있는 경우에 한하여 과실책임의 가능성만 인정된다. 그러나 고의를 책임요소로 인정하는 고전적 범죄체계를 취하지 않는 한 이 견해를 취하기는 어렵다. 190

2) 엄격책임설 위법성조각사유의 전제사실의 착오의 경우 행위자가 구성요건적 사실에 대한 인식은 있으나 자기행위의 위법성을 인식하지 못한 경우이므로 '위법성의 착오'의 문제로 보아야 한다는 견해이다.[116] 고의를 구성요건요소로 파악하고 고의를 인정하는데 위법성의 인식을 필요로 하지 않는 목적적 범죄체계의 입장에서 주장되는 견해이다. 이 입장에 의하면 위법성의 착오의 문제는 고의와 관계된 문제가 아니므로 위법성조각사유의 191

115) 남흥우, 134면; 정영석, 142면; 차용석, 920면.

116) 김종원, "정당화사정의 착오에 관한 일고찰, -특히 법효과제한적 책임설에 관하여-", 고시연구, 1993.8, 20면; 오영근, §26/56; 정성근/정준섭, 211~212면; 황산덕, 260면; 김태명, "경찰관의 무기사용에 대한 정당방위의 성립여부", 형사판례연구(15), 18면: 허일태, "오상과잉방위와 형법 제21조 제3항", 형사법연구 제26호, 2006, 583~585면.

전제사실에 대한 착오의 경우에도 고의는 조각되지 않지만, 위법성의 인식이 없는 경우이므로 형법 제16조의 적용대상이 되어 '정당한 이유'의 유무에 따라 책임조각의 유무가 결정된다고 한다.

192 3) 제한책임설 자기 행위가 정당화된다고 생각한 행위자에게 고의범성립을 인정하는 엄격책임설의 태도가 가혹하다고 비판하면서 고의범 성립을 부정하는 이론을 구상하는 태도가 등장하였다. 이러한 이론들은 엄격책임설의 법적 효과를 제한하기 위해 등장한 것이므로 이를 '제한책임설'이라고 불려지는데, 제한책임설도 그 이론적 출발점을 달리하는 다양한 분파들이 있다.

193 ① 제한책임설 A: 소극적 구성요건표지이론 위법성조각사유의 전제사실의 부존재도 객관적 구성요건요소이므로 행위자가 이에 대한 인식이 없는 경우에는 구성요건적 고의가 조각된다는 견해이다. 이 입장은 구성요건개념을 총체적 불법구성요건개념으로 이해하여 불법을 근거지우는 요소 뿐 아니라 불법을 배제시키는 요소, 즉 위법성조각사유까지도 구성요건요소라고 전제하는 소극적 구성요건표지이론의 주장이다. 이에 의하면 결국 위법성조각사유의 전제사실의 착오는 고의를 조각시키는 '구성요건적 착오'이기 때문에 형법 제13조가 직접 적용된다고 한다.[117]

194 그러나 이 견해에 대해서는 위법성조각사유를 구성요건의 소극적 요소로 인정하는 소극적 구성요건표지이론에 대한 비판이 그대로 타당하다.

195 ② 제한책임설 B: 유추적용설 위법성조각사유의 전제사실에 대한 착오를 구성요건적 착오는 아니지만 '구성요건적 착오와의 유사성'을 근거로 하여 행위자의 고의책임을 부정하려는 이론구성을 시도하는 견해이다.[118] 이 견해에 의하면 위법성조각사유의 전제사실을 착오한 자는 고의의 본질이 되는 구성요건적 불법을 실현하려는 결단(의사)이 없으므로 행위불법을 부정해야 한다고 하고, 그에 따라 구성요건적 착오에 관한 규정을 유추적용하여 결국 구성요건적 고의를 조각시키고 행위자에 대한 과실범 처벌의 가능성만 남겨두려고 한다.

196 그러나 이 견해에 대해서는 고의범의 행위불법이 행위자의 주관적인 의도반가치에만 있는 것이 아니어서 의도반가치가 없다고 해서 구성요건적 고의가 조각될 수 없다는 비판[119] 및 구성요건적 고의가 조각되면 착오자의 미수를 처벌할 수 없고, 과실범처벌규정이 없는 경우 대부분의 경우 처벌의 유루현상이 생긴다는 비판[120]이 제기되고 있다.

197 ③ 제한책임설 C: 법효과전환책임설 3단계 범죄체계를 고수하면서도 구성요건적 착오에 관한 규정을 유추하는 방법에 의하지 않고 행위자의 고의책임을 제한하려는 견해이다.[121]

117) 문채규, "위법성조각사유의 객관적 전제사실에 관한 착오", 고시연구, 2001.6, 119면; 이정원, 244면; 심재우, "구성요건착오", 고시계, 1982.11, 61면.

118) 김일수/서보학, 290면; 손동권, §11/54; 이상돈, §21/16; 하태훈, 148면.

119) 이재상/장영민/강동범, §25/12.

120) 정성근/정준섭, 211~212면.

이 견해는 특히 고의가 구성요건요소인 동시에 책임요소이기도 하다는 이른바 '고의의 이중적 지위'를 이론적 출발점으로 삼는다. 이에 따르면 위법성조각사유의 객관적 전제사실에 관한 착오의 경우에도 행위자에게 구성요건실현의 인식은 인정되기 때문에 행위의 방향지시기능을 하는 '구성요건적 고의'는 인정된다. 그러나 위법성조각의 전제사실의 착오를 일으키고 있는 행위자의 행위에는 법적으로 비난받을 만한 심정반가치적 요소("법배반적 심정")가 드러나지 않으므로, 고의의 또 다른 측면인 심정반가치, 즉 '책임고의'가 탈락되기 때문에 행위자를 고의범으로 처벌할 수가 없다고 본다.

이 견해는 행위자가 법이 요구하는 주의를 다하지 아니한 과실이 있을 뿐이기 때문에[122] 그 행위에 대한 과실처벌규정이 존재하는 한 법효과를 전환하여 과실범의 형벌을 부과하여야 한다고 한다. 행위자의 착오도 구성요건적 착오나 위법성의 착오가 아닌 '제3의 독자적인 착오'로 파악한다. 이에 따르면 위 김밥천국사건에서 착오를 일으킨 갑의 행위는 폭행죄의 책임고의 탈락을 근거로 폭행죄의 고의책임이 인정될 수 없고, 과실책임만 인정되는데, 과실폭행은 처벌규정이 없으므로 무죄가 된다. 198

(2) 판례의 태도

대법원은 위법성조각사유의 전제사실의 착오 사례의 경우 행위자의 착오를 구성요건적 착오나 위법성의 착오 중 어느 착오로도 보지 않고, '위법성조각'의 법효과를 인정하는 독자적인 태도를 취해왔다. 그리고 위법성조각이라는 결론에 이르기 위해서는 행위자의 오인에 '정당한 이유' 또는 '상당한 이유'가 있어야 한다고 하였다. 199

例 종래 대법원은 '중대장의 당번병이 중대장의 적법한 명령이 아니라 중대장의 처의 사적인 심부름을 위해 관사를 이탈한 사안'에 대해 "당번병으로서의 임무범위 내에 속하는 일로 오인하고 한 행위라면 그 오인에 '정당한 이유'가 있어 위법성이 없다"(대법원 1986.10.28. 86도1406)고 판시하였고, 명예훼손죄의 위법성조각사유(형법 제310조)의 적용과 관련하여 허위의 사실인 것을 진실한 사실로 오인한 경우 "그와 같이 믿은 데에 객관적으로 '상당한 이유'가 있는 경우에는 명예훼손죄의 위법성이 없다"(대법원 1996.8.23. 94도3191)고 판시하였다. 200

대법원이 위와 같은 사례들의 경우 '위법성조각사유의 객관적 전제사실의 착오' 사례로 분류한 것은 아니지만, '위법성조각'이라는 결론은 범죄체계론적 관점에서 볼 때 문제가 있다. 왜냐하면 위법성조각사유의 객관적 요건은 그것의 충족을 조건을 행위자의 행위의 위법성을 조각시키는 요건인데, 이에 관한 착오의 경우는 그 요건이 객관적으로는 불충족된 경우이므로 어떤 이유로든 '위법성'이 조각된다고 할 수 없고, 따라서 '책임'조각의 문제로 취급될 가능성만 남게 되기 때문이다. 대법원이 오인(착오)에 '정당한 이유'의 유무를 묻고 있음에 기반하여 대법원이 위 사례들의 경우 행위자의 착오를 제16조의 적용문제로 취급 201

121) 이 입장 역시 위법성의 인식을 고의와 절연시키면서도 행위자를 고의범으로 처벌하는 엄격책임설의 태도를 제한하려고 하기 때문에 소극적 구성요건표지이론과 같이 '제한책임설'로 분류된다(박상기, 252면; 배종대, §93/9; 신동운, 410면; 이재상/장영민/강동범, §25/14; 이형국/김혜경, 297면; 임웅, 324면).

122) 이재상/장영민/강동범, §25/14.

하고 있다고, 그로써 대법원이 엄격책임설을 취하고 있는 것이라고 속단[123]할 근거도 못된다. 만약 대법원이 엄격책임설을 취한 것이라면 대법원이 위 사례들의 경우 행위자의 착오를 '위법성의 착오'(법률의 착오)로 분류하고 따라서 형법 제16조의 적용을 통해 '책임조각'이라는 결론을 내려야 할 것임에도 대법원은 '위법성'조각이라는 결론을 내렸기 때문이다.

202 判 최근 대법원은 – 전원합의체를 통한 것은 아니지만 – 종래의 법리를 암묵리에 변경하는 것 같은 취지의 판결을 내리고 있다. 즉 이른바 복싱클럽사건[124](위 김밥천국사건과 사안의 구조가 동일함)에서 피고인 갑에게 피해자 A에 대한 상해죄의 정당방위(타인을 위한 정당방위)가 인정될 수 있는지와 관련하여 대법원은 피고인인 갑이 "당시 죄가 되지 않는 것으로 오인한 것에 대해 '정당한 이유'를 부정하여" 상해죄의 유죄를 인정한 원심판결[125]이 "위법성조각사유의 전제사실에 관한 착오, 정당한 이유의 존부에 관한 법리오해의 잘못이 있다"고 하면서 파기 환송함으로써 종전판결에서와는 달리 판결문의 참조조문으로 형법 제16조(위법성의 착오)를 적시하였다.[126]

203 대법원의 판시내용 및 적용법조를 보면 위 사례에서 피해자인 A가 관장을 새로운 수단을 사용하여 공격하려는 것(현재의 부당한 침해)으로 오인한 점을 원심과 같이 정당방위의 '객관적 전제사실에 대한 착오'로 보면서 제16조 적용의 문제로 보고 있으므로 – 쟁점은 정당한 이유의 유무 판단이었지만 – 대법원의 취지는 정당한 이유가 인정될 경우 그 법효과는 제16조에 따라 위법성조각이 아닌 책임조각의 가능성을 인정한 것으로 읽을 수 있다. 위법성조각사유의 전제사실의 착오를 오인에 제16조의 '정당한 이유' 인정을 전제로 책임이 조각된다는 취지라면 대법원도 위 착오를 위법성의 착오로 보고 있다는 평가를 하여도 무리가 없을 것으로 보인다.

(3) 결론

204 1) 위법성의 착오로 보는 견해의 타당성 위법성조각사유의 전제사실의 착오의 경우 이를 위법성의 착오로 파악하는 전제하에서 엄격책임설에 따라 책임인정여부를 판단하는 것이 논리적으로나 이론적으로 타당하다. 구성요건적 고의는 인정되지만 행위자의 행위를 정당화시키는 사실의 불인식을 통해 자기행위의 위법성을 인식하지 못한 경우이기 때문이다. 위법성의 착오로 보더라도 착오에 정당한 이유가 인정되면 비난가능성이 탈락되어 무

---

123) 신동운, 401면; 임웅, 311면.

124) 이 사건의 개요는 다음과 같다: 복싱클럽에 등록회원이었던 A가 등록취소와 관련하여 클럽관장에게 항의하는 과정에서 관장으로부터 멱살을 잡히고 바닥에 넘어져 목이 졸리는 등 뒤엉켜 몸싸움을 벌이고 있었다. 이를 지켜보던 클럽코치 갑은 A가 왼손을 주머니에 넣어 휴대용 녹음기를 꺼내려는 동작을 취하자 A가 관장을 공격하기 위해 공격용 작은 칼을 꺼내는 것으로 오인하고 A가 관장의 생명 신체에 대해 위해를 가하는 것을 막기 위해 그 왼손에 들어있는 물건을 확인하기 위해 A의 주먹을 강제로 펴다가 A에게 손가락 골절상을 입혔다.

125) 1심법원은 "피고인이 위법성조각사유(정당방위)의 전제사실이 있는 것으로 오인한 데에 정당한 이유가 있었다고 보아야 하므로 형법 제16조에 의하여 피고인을 처벌할 수 없다고 판단"하였고, 2심법원은 이에 대해 '정당한 이유'를 부정하였다.

126) 대법원 2023.11.2. 2023도10768.

죄가 될 수 있는 여지가 있기 때문에 반드시 법감정에 반하는 것도 아니다. 엄격책임설에 따르면 위 김밥천국사건에서 갑이 폭행을 가한 A가 무전취식을 하고 도주하는 자라고 오인한데에 '정당한 이유'를 인정할 수 있으면 폭행죄의 성립이 부정되어 무죄가 되고, 정당한 이유가 없으면 폭행죄의 성립이 인정된다.

2) **법효과전환책임설의 문제점** 구성요건적 고의를 부정하는 법효과전환책임설은 체계적으로 실정법적용상 다음과 같은 문제가 생긴다. ① 고의불법과 과실불법은 구성요건 단계에서부터 전혀 다른 구성요건적 불법내용을 가지는 것임에도 불구하고 구성요건적 고의가 인정된 행위를 다시 과실범으로 인정하는 태도는 체계정합성이 떨어진다. ② 책임고의가 고의범의 적용법조를 과실범의 적용법조로 바꿀 수 있는 근거가 무엇인지에 대한 부가 설명이 없으므로 과실을 '의제'하는 태도에 지나지 않는다. ③ 행위자의 행위에서 드러나는 법적대적 심정반가치라는 요소도 '행위'의 요소인 한 불법을 근거지울 뿐 책임비난을 근거지운다고 보기는 어렵다(§8/65 이하 참조). ④ 책임고의의 실체내용 및 위법성의 인식과의 구별에 관한 정확한 설명이 없다. ⑤ 형법이론상 책임비난을 탈락시켜야 할 요소로 이루어진 책임영역에 책임을 적극적으로 근거지우는 요소인 책임고의의 존재를 인정할 수는 없다. 205

3) **악의의 제3자에 대한 공범성립의 가능여부** 위법성조각사유의 객관적 전제사실에 관한 착오의 경우 학설 대립의 실익은 이 착오에 빠져 있는 자를 이용한 악의의 제3자가 가담하였을 때 생긴다. 악의의 제3자를 교사범이나 방조범으로 처벌하는 것을 가능케 하는 206

207

		고의조각 여부	착오의 종류	착오자 처벌	착오자를 이용한 악의의 제3자 처벌
학설	고의설	책임요소로서의 고의 조각	사실의 착오	과실범	간접정범
	소극적 구성요건 표지이론	구성요건적 고의조각	구성요건적 착오	과실범	간접정범
	유추적용설	불법고의 조각	구성요건적 착오	과실범	간접정범
	법효과전환 책임설	구성요건적 고의 인정 책임고의 탈락	독자적 착오	과실범	공범 또는 간접정범
	엄격책임설	구성요건적 고의인정	위법성의 착오	고의범 (책임조각)	공범 또는 간접정범
판례		구성요건적 고의 인정	위법성의 착오	책임조각	공범 또는 간접정범

학설은 행위자의 구성요건적 고의를 조각시키지 않는 엄격책임설과 법효과전환책임설뿐이다. 그 이외의 다른 학설에 의하면 착오자의 구성요건적 고의가 조각되므로 공범성립이 불가능하고 악의의 제3자에게 우월적 의사지배가 인정되는 경우에 한하여 간접정범의 성립만 가능하다. 악의의 제3자에게 교사범이나 방조범의 성립이 인정되기 위해서는 주된 행위를 하는 정범자의 행위가 최소한 위법성이 인정되는 고의행위일 것을 전제로 하기 때문이다(공범종속성 부분 참조).

Ⅳ. 위법성조각사유의 규범적 요건에 관한 착오

208 위법성조각사유의 규범적 요소에 해당하는 상황이 충족되어 있지 않은데도 행위자가 이것이 충족되었다고 오인한 경우가 있다. 예컨대 부당하게 체포당할 위기에 봉착하여 정당하게 항거하고 있는 자(A)에 대해 정당방위를 하는 경우와 같이 A의 행위가 '위법'하지 않음에도 불구하고 행위자(B)가 이를 위법하다고 오인한 경우가 여기에 해당한다.

209 이러한 경우 행위자는 객관적으로 위법한 침해가 아닌데도 주관적으로 상황을 잘못 판단하여 위법한 침해라고 오신하고 있다. 따라서 이러한 착오는 위법성조각사유의 객관적 전제사실의 착오사례로 취급해야 한다.

210 반면에 행위자가 당해 규범적 요소에 대한 법률적 평가를 잘못한 경우도 있다. 예컨대 행위자가 어떤 범죄에서 현행범인으로 발각되어 사인에 의해 체포되는 상황에서 그 사인이 자신을 체포하는 것이 정당화되는 행위가 아니라고 생각하고서－따라서 자신에 대한 체포는 위법한 공격이라고 생각하고서－이에 대해 정당방위로 나아가는 경우가 여기에 해당한다. 이러한 경우는 위법성조각사유의 법적 한계에 관한 착오를 일으킨 경우와 마찬가지이므로 위법성의 착오사례로 취급해야 한다.

Ⅴ. 위법성에 대한 이중의 착오

1. 의의

211 이중의 착오란 행위자가 위법성을 조각시키는 객관적 요건 중의 하나가 충족되어 있지 않다는 사실을 알지 못한 동시에 위법성조각의 법적 한계를 넘어서는 행위를 하면서도 자신의 행위가 위법성이 조각되는 것으로 오인한 경우를 말한다. 예컨대 정당방위와 관련하여 행위자가 현재의 침해가 없음에도 불구하고 현재의 침해가 존재한다고 생각하면서 동시에 그 상당성을 초과하는 방위행위를 하면서도 그것이 허용된다고 생각한 경우를 말한다. 이러한 경우는 실제로 현재의 침해가 없지만 현재의 침해가 있다고 생각하였기 때문에 먼저 오상방위(위법성조각사유의 전제사실의 착오)의 문제가 제기되는 되는 동시에 법적으로

허용된 상당성의 범위를 초과하면서도 그것이 가능하다고 생각하였기 때문에 착오에 의한 과잉방위(위법성조각사유의 법적 한계에 관한 착오)의 문제가 제기되므로 두 가지 착오가 중첩되고 있다.

오상과잉방위를 위시하여 오상과잉긴급피난, 오상과잉자구행위, 오상과잉정당행위 등이 이중의 착오사례에 해당한다. 이와 같은 이중의 착오사례에 대한 법적 효과를 어떻게 할 것인가에 대해서는 견해가 일치하지 않는다. 212

2. 해결방안

(1) 위법성조각사유의 전제사실에 관한 착오로 보자는 견해

이중의 착오의 경우 행위자에게 위법성조각사유의 전제사실에 대한 인식이 없으므로 언제나 위법성조각사유의 전제사실의 착오를 전면에 내세우자는 견해이다. 이 견해는 위법성조각사유의 전제사실의 착오사례를 해결하는 방식에 따라 다시 두 가지 견해로 나뉜다. 213

하나는 위법성조각사유의 전제사실의 착오를 위법성의 착오로 보아 엄격책임설에 따라 그 법효과를 인정하려는 태도가 취하는 견해이다. 이에 따르면 이중의 착오는 위법성의 착오(금지착오)로 평가되어 결국 형법 제16조에 따라 책임조각여부가 결정된다. 214

다른 하나는 위법성조각사유의 전제사실의 착오사례를 제한책임설에 따라 해결하려는 태도가 취하는 견해이다. 이에 따르면 이중의 착오사례는—불법고의이든 책임고의이든—고의가 조각되므로 형법 제13조가 유추되어 과실처벌규정이 있는 경우에 한하여 과실범으로 처벌된다고 한다.[127] 215

(2) 위법성의 착오사례로 해결하자는 견해

이중의 착오사례를 위법성조각사유의 전제사실의 착오사례로 평가하면 행위자를 지나치게 유리하게 취급하게 되므로 행위자에게 불리한 위법성의 착오사례로 평가해야 한다는 견해이다.[128] 이에 따르면 행위자의 이중의 착오는 위법성의 착오가 되어 형법 제16조가 적용된다고 한다. 216

(3) 결론

이중의 착오의 경우는 행위자가 위법성조각사유의 전제사실의 착오만을 일으킨 경우와는 달리 그 착오 이외에 위법성의 착오까지 추가적으로 하고 있다. 따라서 이점을 고려에 넣지 않고 이중의 착오를 위법성조각사유의 전제사실의 착오로만 환원하는 태도는 행위자의 착오에 대한 공정한 평가라고 보기 어렵다. 그러므로 위와 같은 이중의 착오는 오히려 위법성조각의 법적 한계의 착오, 즉 후자의 착오에 초점을 맞추어 이를 위법성의 착오사례 217

127) 김일수/서보학, 419면; 이재상/장영민/강동범, §17/17; 임웅, 236면.
128) 박상기, 259면; 신동운, 411면.

에 해당하는 것으로 평가하는 것이 균형잡힌 종합적인 평가라고 할 수 있을 것이다.

제 3 절 기대가능성이론과 초법규적 책임조각사유

Ⅰ. 기대가능성이론의 의의와 이론의 전개과정

1. 기대가능성이론과 기대가능성의 의의

218 ‘기대가능성’ 이론이란 위법성이 인정되는 행위에 대해 책임이 인정되는 것으로 판단하려면 행위자의 행위사정을 고려할 때 행위자가 위법한 행위 대신 적법한 행위로 나올 것이 기대될 수 있다고 평가될 수 있어야 한다는 이론을 말한다.

219 적법행위로 나올 것이 기대가능하다고 평가될 경우에만 비난가능성으로서의 책임이 인정될 수 있다고 보는 기대가능성 이론은 책임의 본질이 행위에 대한 행위자의 심리적 사실관계에 있는 것이 아니라 비난가능성이라는 평가적 가치관계에 있다는 의미있는 방향전환을 이뤄낸 규범적 책임이해의 핵심이론으로 자리매김되고 있다.

220 ‘적법행위에 대한 기대가능성’이라는 기준은 규범적 책임개념이 형식적 개념으로 전락되지 않도록 하기 위해 규범적 책임이론이 ‘비난’의 근거로 인정하고 있는 ‘타행위가능성’과 그 겉모습만 다를 뿐 실제로는 타행위가능성을 특수한 사례상황에 맞춤형으로 워딩한 책임평가의 기준으로서 양자가 다른 내용을 가지고 있는 것은 아니다.

2. 기대가능성이론의 발전과 기대가능성의 체계적 지위

(1) 기대가능성이론의 등장과 발전

221 형법이론사적으로 심리적 책임개념이 여전히 영향력을 잃지 않았던 19세기에 기대가능성이론이 책임개념의 ‘규범적’ 전환에 결정적인 역할을 하였지만, ‘기대불가능성’ 판단을 통해 책임비난을 탈락시킴으로써 책임의 규범화에 물꼬를 튼 것은 형사실무, 즉 독일제국법원의 판결이 먼저였다. 즉 당시 독일의 제국법원은 피고인에게 당시 책임요소의 하나였던 과실이 피고인에게 인정되지만, 피고인이 생계의 위협 때문에 불가피하게 과실행위로 나아간 비정상적 특수사정을 고려하여 적법한 행위를 기대할 수 없음을 이유로 업무상과실치상죄의 책임을 부정하였다.[129]

129) RGSt 30, 35(Leinenfängerfall): 마차운수회사의 피고용인인 마부가 자신의 마차를 끄는 말이 꼬리를 고삐에 감는 습성이 있음을 알고 회사에 말의 교체를 수차례 요구했으나 거절당하였다. 그 마부는 그 마차를 계속 운행하면 사고가 날 수 있다고 생각했으나 말의 사용을 거부하고 해고당하느냐 가족의 생계냐의 갈림길에서 어쩔 수 없이 그 말이 끄는 마차를 운행하다가 말 꼬리가 고삐에 감기면서 유발된 마차사고로 인해 통

앞서 책임이론의 역사적 발전에서 개관하였듯이 이 판결을 토대로 삼은 프랑크는 고의·과실이라는 심리적 요소 외에 부수사정의 정상성에 기초한 기대가능성이라는 규범적 요소도 책임의 요소로 함께 인정하는 책임이론을 전개하였고, 그 이후 '기대가능성'은 프로이덴탈(Freudental)에 의해 고의·과실의 요소로 이해되기도 했고, 골트쉬미트(Goldschmidt)에 의해서는 책임판단의 근거가 되는 의무규범에 대한 내재적 제한원리로 파악되기도 했고, 에버하르트 쉬미트(Eberhard Schmidt)에 의해 기대불가능성은 초법규적 책임조각사유로까지 인정되었다. 222

(2) 기대가능성의 책임영역내에서의 체계적 지위

오늘날 기대가능성을 책임의 한 요소로 인정하는데 이견은 없지만, 기대가능성이 책임내에서 차지하는 지위 및 의의에 관해서는 견해가 갈린다. 223

1) 고의·과실의 요소로 파악한 견해 기대가능성을 심리적 요소인 고의·과실의 요소로 그 체계적 지위를 인정하는 입장에 의하면 기대가능성이 부정되면 고의나 과실이 조각되게 된다. 고전적 범죄체계가 우세하였던 독일에서 주장되었고 일본에서도 한때 이러한 입장이 있었다. 그러나 고의나 과실이 인식이라는 심리적 태도 및 의사의 결단이라는 행위자의 주관적인 태도와 관련된 문제임에 반하여, 기대가능성은 행위자의 의사적 결단에 영향을 줄 수 있는 부수사정에 대한 외부에서의 객관적 평가의 문제이므로[130] 오늘날 기대가능성을 고의·과실의 요소로 취급하는 견해는 우리나라에서 더 이상 존재하지 않는다. 224

2) 독자적 적극적 책임요소로 보는 견해 기대가능성을 책임능력, 책임조건(고의·과실), 위법성인식(가능성)과 병렬적 위치에 있는 독자적이고도 적극적인 책임의 구성요소로 파악하는 견해이다.[131] 규범적 책임개념하에서 기대가능성은 비난가능성의 가장 중요한 본질적 요소이므로 적극적으로 기대가능성이 있어야 비난할 수 있다는 점을 근거로 한다. 225

3) 소극적 책임요소(책임조각사유)로 보는 견해 기대가능성은 책임의 적극적 요소가 아니라 책임능력과 책임조건이 존재하면 원칙적으로 책임이 인정되고 기대불가능할 때에 책임이 조각된다고 해석하는 견해이다(다수설). 226

4) 결론 소극적 책임요소설이 타당하다. 책임비난의 전제조건인 의사자유가 적극적으로 존재한다고 증명할 수 없듯이 비난가능성여부를 판단하기 위해 적법행위에 대한 기대가능성이 긍정되는 모든 경우의 수를 적극적으로 규명하거나 이를 법률에 기술하는 것은 불가능하다. 형법의 책임관련 규정도 적극적으로 책임을 근거지우는 요소가 아니라 소극적으로 책임을 조각시키는 사유(책임능력요건이 아니라 책임무능력사유, 위법성의 인식이 아니 227

행인에게 상해를 입히게 된 사례이다.

130) 이재상/장영민/강동범, §26/6 참조.

131) 손동권, §19/5; 오영근, §25/9; 임웅, 328면.

라 정당한 이유가 인정되는 위법성의 착오 등)를 중심으로 규정되어 있음도 바로 이 때문이다. 따라서 형법이론적으로도 적법행위로의 '기대가능성이 부정되는 사정', 즉 비정상적인 특수 사정 때문에 기대불가능성이 인정되는 것으로 평가될 때 책임(비난가능성)이 탈락되는 것이고, 그러한 비정상적 사정이 없는 한, 기대가능성은 부정되지 않으므로 책임이 인정되는 것으로 평가하는 것이 타당하다.[132)]

Ⅱ. 기대불가능성의 기능과 규범적 척도인

1. 초법규적 책임조각사유의 인정 여부

228 형법은 기대불가능성 판단을 통해 행위자의 책임을 조각시킬 수 있는 사유로 강요된 행위(제12조), 야간 등의 과잉방위(제21조 제3항), 야간 등의 과잉피난행위(제22조 제3항), 그리고 친족간의 범인은닉·증거인멸(제151조 제2항, 제155조 제4항) 등을 규정하고 있다. 문제는 이와 같이 형법에 나열되어 있는 책임조각사유 이외에도 적법행위에 대한 기대불가능성을 이유로 책임을 조각시킬 수 있는가 하는 점이다. 실정법적 근거가 없음에도 적법행위에 대한 기대불가능성을 이유로 책임을 조각시킬 수 있다고 한다면 기대불가능성은 '초법규적 책임조각사유'가 된다.

(1) 학설의 태도

229 1) **부정설** 기대불가능성이라는 추상적인 표지만을 가지고 책임을 조각시키면 책임평가에 자의성이 개입하거나 형법의 연골화 현상을 초래할 위험성도 있기 때문에 초법규적 책임조각사유로 인정하지 말아야 한다는 견해이다.[133)] 따라서 이 견해는 기대불가능성을 책임조각 여부를 판단하기 위한 구체적 내용이 아니라 법관으로 하여금 구체적 사안별로 관련된 행위정황을 고려하여 불법과 책임을 한계지우는 제한원리 내지 보정원리에 불과하다고 본다.

230 2) **제한적 긍정설** 고의작위범의 경우에는 기대불가능성을 초법규적 책임조각사유로 보지 않지만 과실범과 부작위범에 있어서는 초법규적 책임조각사유로 인정하려는 견해이다.[134)]

231 3) **긍정설** 우리 형법상 책임조각사유에 관한 규정이 충분하지 못할 뿐 아니라 실정법으로 기대불가능한 사정을 모두 규정한다는 것도 입법적으로 불가능하기 때문에 기대불가능성을 초법규적 책임조각사유로 이해하는 것이 타당하다는 견해이다.[135)]

---

132) 기대가능성이 책임의 적극적요소인지 또는 소극적 요소인지에 관한 학설의 대립을 무의미한 것으로 보는 견해는 이정원, "기대가능성과 책임조각사유", 형사법연구 제26호, 2006, 28면.

133) 박상기, 262면; 배종대, §96/5-7; 신동운, 416면; 이정원, 264면.

134) 김일수/서보학, 409~410면.

135) 손동권, §19/11; 이재상/장영민/강동범, §26/10; 이형국/김혜경, 303면; 임웅, 332면; 정성근/정준섭, 218면.

(2) 판례의 태도

대법원은 기대불가능성을 초법규적 책임조각사유로 인정하고 있다. 형법에 나열된 책임조각사유에 해당하지 않더라도 부수사정의 비정상성을 고려하여 '적법행위에 대한 기대가 불가능'하다고 판단될 경우 행위자의 형사책임을 면할 가능성을 인정하고 있기 때문이다. 232

判 특히 대법원은 행위의 기대불가능성이 인정되는 경우를 '적법행위로 나아가는 것이 보통의 경우 도저히 불가능한 경우,' '부득이하거나 불가피한 경우' 또는 '사회통념상 기대가능성이 없다고 봄이 상당한 경우' 등 다른 표현으로 환언하기도 한다. 하지만 기대불가능성 판단 공식이 가지고 있는 추상성이 가지고 있다는 의문은 전적으로 해소되기는 어렵다. 물론 대법원은 행위자가 불법행위를 피해갈 수 있는 탈출구가 사실상으로나 법률(특히 절차법적으로)에서 별도로 마련되어 있는 경우에는 피고인의 기대불가능성 주장을 배척함으로써 책임조각의 범위가 넓어지는 것을 막고 있다. 233

例 **기대가능성이 인정된 판례사안:** ① 입학시험에 응시한 수험생이 우연한 기회에 알게 된 출제될 시험문제의 답을 암기하여 그 답안지에 기재한 경우(대법원 1966.3.22. 65도1164), ② 동해방면에서 명태잡이를 하다가 기관고장과 풍랑으로 표류 중 북괴지역으로 납북된 후 북괴를 찬양, 고무 또는 이에 동조하고 우리나라로 송환됨에 있어 여러 가지 지령을 받아 수락한 경우(대법원 1967.10.4. 67도1115), ③ 수학여행을 온 대학교 3학년생 34명이 지도교수의 인솔하에 나이트클럽에 찾아와 단체입장을 원하자 그들 중 일부만의 학생증을 제시받아 확인하고 나머지 학생들의 연령을 개별적, 기계적으로 일일이 증명서로 확인하지 아니하였는데, 그들 중에 섞여 있던 미성년자(19세 4개월 남짓된 여학생) 1인을 위 업소에 출입시킨 결과가 된 경우(대법원 1987.1.20. 86도874), ④ 피고인이 공소외인과 쌍방 상해 사건으로 공소 제기되어 공동피고인으로 함께 재판을 받으면서 자신은 폭행한 사실이 없다고 주장하며 다투던 중 공소외인에 대한 상해 사건이 변론분리되면서 피해자인 증인으로 채택되어 검사로부터 신문받게 되었고 그 과정에서 피고인 자신의 공소외인에 대한 폭행 여부에 관하여 신문을 받게 됨에 따라 증언거부사유가 발생하게 되었는데도, 재판장으로부터 증언거부권을 고지받지 못한 상태에서 자신의 종전 주장을 그대로 되풀이함에 따라 결국 거짓 진술에 이르게 된 경우(대법원 2010.1.21. 2008도942 전원합의체) 등. 234

例 **기대가능성이 부정된 판례사안:** ① 비서라는 특수신분 때문에 주종관계에 있는 공동피고인들의 지시를 거절할 수 없어 뇌물을 공여한 경우(대법원 1983.3.8. 82도2873), ② 휴가병이 처자가 생활고로 행방불명되자 군에 귀대하지 않은 경우(대법원 1969.12.23. 69도2084), ③ 탄약창고의 보초근무를 하던 피고인이 자신을 명령·지휘할 수 있는 상급자들이 그 창고 내에서 포탄피를 절취하는 현장을 목격하고도 그것을 제지하지 않았으며 상관에게 보고하지도 않고 묵인한 경우(대법원 1966.7.26. 66도914), ④ 직무상 지휘·복종관계에 있는 부하가 직장상사의 범법행위에 가담한 경우(대법원 1999.7.23. 99도1911), ⑤ 통일부장관의 접촉승인 없이 북한주민과 접촉한 경우(대법원 2006.12.26. 2001도6484), ⑥ 유죄판결이 확정된 피고인이 별건으로 기소된 공범의 형사사건에서 자신의 범행사실을 부인하는 증언을 한 경우(대법원 2008.10.23. 2005도10101)등. 235

(3) 결론

1) **초법규적 책임조각사유로서의 기대불가능성** 형사입법자가 타행위가능성을 척도로 하는 책임조각사유를 열거적으로 규정하는 것은 불가능하다. 따라서 위법성 평가단계에서 '사회상규불위배행위'가 실질적인 위법성조각사유로서 기능하듯이, 책임평가단계에서도 구체적이고 개별적인 사정을 고려할 수 있는 실질적인 책임조각사유를 마련할 필요가 있다. 이에 따라 기대불가능성은 "책임조각사유에 관한 규정이 불충분한 현행 형법"[136]에서 고의범이든 과실범이든 부작위범이든 상관없이 행위 당시의 구체적 상황에 비추어 적 236

법한 행위를 기대하는 것이 불가능한 경우에는 초법규적으로 책임조각을 인정할 수 있는 근거로 삼아야 할 합리적 이유가 있음을 부정하기 어렵다. 다만 이 경우 초법규적 책임조각사유로서의 기대불가능성이론은 첫째, 실정법상의 책임조각사유 가운데 어느 것에도 해당하지 않을 경우에 한하여 '보충적'으로만 적용되어야 하고, 둘째, 이 이론의 과잉적용을 차단하고 적용의 예측가능성을 담보하기 위해서는 기대불가능한 비정상적 사례들에 대한 유형적 접근이 요구된다.[137)]

237 **2) 기대불가능성 개념에 기초된 법원칙** 기대불가능성을 실정화된 책임조각사유의 이론적 근거 또는 초법규적 책임조각사유로 인정한다고 해서 그것이 가지는 형법형성의 원리 내지 형법의 규제원리로서의 기능을 부정하는 것은 아니다. 왜냐하면 당위명제인 (형)법규범은 수범자에게 그 규범준수를 기대할 수 없는 경우는 처음부터 형법상의 불법유형으로 목록화될 수도 없는 것이기 때문이다. 예컨대 과실범의 경우 의무합치적 행위에 대한 기대불가능성은 과실불법을 제한하는 역할을 한다. 즉 행위자가 특별한 능력을 가지고 있어서 법익침해 및 그 침해가능성을 능히 예견할 수 있지만 평균인의 관점에서 법익침해 및 그 침해가능성을 예견할 수 없는 경우에는 준수해야 할 객관적 주의의무 자체가 인정될 수 없기 때문이다.

2. 기대불가능성 판단을 위한 (규범적) 척도인

238 '기대불가능성'이라는 간단한 공식을 천태만상으로 전개되는 모든 사태에 대한 초법규적인 책임조각사유로 인정하면 형법적 판단에 있어서 법적 안정성을 유지하기가 힘들게 될 우려가 있다. 따라서 적법행위의 기대불가능성의 유무를 판단하는 내부기준이 필요하다. 누구를 기준으로 하여 기대불가능성 여부를 판단할 것인가에 대해서는 견해가 대립한다.

(1) 학설의 입장

239 **1) 국가표준설** 국가가 법질서 내지 현실을 지배하는 국가이념에 따라 적법행위에 대한 기대가능성 여부를 판단해야 한다는 견해이다. 이 견해에 의하면 기대불가능성의 판단은 행위자에 대한 개별적 판단이 아니라 법질서와 법률에 의한 일반적 판단이 되며, 법과 국가이념의 변화에 따라 기대가능성의 표준이 달라지게 된다.

240 **2) 행위자표준설** 행위 당시 행위자가 처해 있던 구체적 사정하에서 행위자의 능력

---

136) 이재상/장영민/강동범, §26/10.

137) 초법규적 책임조각사유로서의 기대불가능성이 고려될 수 있는 사례유형으로는 '동가치의 이익충돌 사례,' '생명 대 생명의 충돌 등과 같이 이익형량이 불가능한 사례,' '절대적 구속력을 가진 위법한 명령에 복종한 행위,' '낮은 가치의 의무와 높은 가치의 의무 가운데 낮은 가치의 의무임을 알면서도 극복할 수 없는 부득이한 사유가 있는 사례', '자기 또는 친족의 생명·신체 이외의 법익에 대한 협박에 의하여 강요된 사례' 등이 있다. 이 가운데 마지막 사례유형은 '긴급피난규정'의 이원적 해석론에 따른 면책적 긴급피난 사례의 일종으로 분류될 수도 있다(후술).

을 기준으로 하여 적법행위에 대한 기대가능성을 판단해야 한다는 견해[138]이다. 이 견해는 행위자에게 불가능한 것에 대해서는 책임비난을 할 수 없으므로 행위자의 개인적인 능력과 사정을 기초로 기대불가능성의 유무를 판단하는 것이 기대불가능성의 본래의 취지에 합치된다는 점을 근거로 한다.

3) 평균인표준설 행위자가 처해 있던 상황에 사회적 평균인이 서 있다면 적법행위에 대한 기대가 가능하였던가를 판단해야 한다는 견해이다(다수설). 기대불가능성의 판단의 대상은 행위자이지만 그것은 평균인에 의한 객관적 판단이어야 한다는 데에 근거가 있다. 241

(2) 판례의 입장

判 대법원은 행위 당시의 구체적 상황하에서 행위자를 대신하여 사회적 평균인이 대리 판단을 하여 기대불가능성의 여부를 판단한다고 하여 평균인표준설을 취하고 있다.[139] 242

(3) 결론

1) 평균인 표준설의 타당성 국가표준설에 의하면 국가는 항상 국민에게 적법행위를 기대하는 것이므로 기대불가능성사상이 무용지물이 된다. 또한 행위자표준설에 의하면 행위자의 구체적인 사정을 모두 고려하여 확신범의 경우 등 기대불가능성을 이유로 책임조각의 결론을 내릴 수 있는 경우가 너무 넓게 인정되어 형법의 연골화현상을 초래할 수 있다. 따라서 수범자에게 기대되는 규범합치적 행위기대는 그 성격상 사회적 평균인을 척도인으로 삼는 평균인 표준설이 타당하다. 이 점은 규범적 책임이해하에서 타행위가능성을 책임평가의 기준 내지 책임비난의 근거로 인정하는 책임이론(도의적 책임이론)이 개인윤리적 차원의 책임비난을 표방하는 '행위자'의 타행위가능성이 사회윤리적 차원의 책임비난을 표방하는 '일반화된' 타행위가능성으로 수정·변형된 것과 궤를 같이 한다. 243

2) 평균인 표준설의 타당범위 기대불가능성에 대한 판단 척도인을 둘러싼 견해 대립은 초법규적 책임조각사유로서의 기대불가능성 여부가 문제되는 경우에 한하여 실익을 가진다. 따라서 기대불가능성을 초법규적 책임조각사유로 인정하지 않고, 법률에 열거된 제한적인 경우에만 책임조각사유로 인정하는 입장[140]에서는 위 판단 척도인에 관한 학설들 중 어느 하나를 선택하여 적용하는 수순을 밟지 않는 것이 원칙이다. 이미 형법에 명문 244

138) 박상기, 264면; 배종대, §98/5; 이정원, 265면.

139) 대법원 2004.7.15. 2004도2965 전원합의체. "양심적 병역거부자에게 그의 양심상의 결정에 반한 행위를 기대할 가능성이 있는지 여부를 판단하기 위해서는, 행위 당시의 구체적 상황하에 행위자 대신에 사회적 평균인을 두고 이 평균인의 관점에서 그 기대가능성 유무를 판단하여야 할 것인바, 양심적 병역거부자의 양심상의 결정이 적법행위로 나아갈 동기의 형성을 강하게 압박할 것이라고 보이기는 하지만 그렇다고 하여 그가 적법행위로 나아가는 것이 실제로 전혀 불가능하다고 할 수는 없다고 할 것인바, 법규범은 개인으로 하여금 자기의 양심의 실현이 헌법에 합치하는 법률에 반하는 매우 드문 경우에는 뒤로 물러나야 한다는 것을 원칙적으로 요구하기 때문이다."

140) 박상기, 264면; 배종대, §97/1.

화된 책임조각사유(제12조, 제21조 제3항, 제22조 제3항 등)의 경우에는 해당 규정의 책임조각요건(개념요소)의 충족만으로 책임조각이 인정되기 때문이다.

245 따라서 '법률에 정형화되어 있는 비정상적 사정'이 아닌 다른 비정상적 사정이 구체적 사례속에서 문제되고 있을 때에는 그 비정상성 객관적 전제사실로 삼아 '기대가능성' 판단을 별도로 하면서 그 판단을 위한 척도인 문제를 제기해야 할 것이다. 그러나 법률에 정형화되어 있는 비정상적 사정이 문제될 경우에도 구체적 사례속의 어떤 사실관계가 그 법률상의 비정상적 사실을 기술한 개념요소(예, 저항할 수 없는 폭력 등)에 포섭되는 것인지를 판단할 필요가 있다면 그러한 사실관계가 평균인의 입장에서 볼 때 적법행위에 대한 기대가 가능한지를 판단해야 하므로 이러한 한도 내에서 '기대가능성'이론의 적용여지가 생긴다. 이러한 경우 특히 기대가능성 여부 뿐만 아니라 그 상위의 일반적 판단기준(타행위가능성)까지도 법률상의 개념요소의 해석원리로 사용할 수 있다는 점에 관해서는 앞서 언급하였다.

제 4 절 기타 법규화된 책임조각사유

Ⅰ. 강요된 행위

1. 의의

246 강요된 행위란 "저항할 수 없는 폭력이나 자기 또는 친족의 생명, 신체에 대한 위해를 방어할 방법이 없는 협박"에 의한 행위(형법 제12조)를 말한다. 강요된 행위는 강제된 상태하에서 행위자에게 적법행위의 기대가능성이 없다는 이유로 책임이 조각된다는 것을 명문화한 규정이다.

2. 면책적 긴급피난과의 구별

247 강요된 행위는 긴급상태하에서 위난을 피하기 위한 불가피한 행위라는 점에서 긴급피난, 특히 면책적 긴급피난과 유사한 점이 있다. 그러나 ① 면책적 긴급피난의 경우는 자기 또는 타인의 법익에 대한 현재의 위난이 있으면 족하나, 강요된 행위는 폭행 또는 협박 등 불법한 원인에 의해 강요된 상태에 있었을 것을 요건으로 할 뿐만 아니라, ② 면책적 긴급피난의 경우에는 충돌하는 이익 사이에 균형을 고려해야 하지만, 강요된 행위의 경우에는 이러한 요건을 필요로 하지 않고, ③ 강요된 행위의 경우 위해가 자기 또는 친족의 생명, 신체에 대해 국한되어 있지만 면책적 긴급피난의 경우에는 견해에 따라 보호범위가 달라진다. 면책적 긴급피난에 대해서는 후술한다.

3. 강요된 행위의 요건

(1) 강제상태

1) '저항할 수 없는 폭력'에 의한 강제상태 여기서 '폭력'이라 함은 의사형성에 영향을 미치는 '심리적 폭력' 내지 '강제적 폭력'을 말하는 것으로 이해된다. 절대적 폭력(vis absoluta)을 제외한 나머지 유형력의 행사를 의미하기 때문에 상대적 폭력(vis compulsiva)이라고 말하기도 한다. 절대적 폭력이란 사람의 손을 붙들어 문서에 날인하게 하는 것과 같이 육체적으로 저항할 수 없게 하는 물리적 유형력을 말하는데, 그러한 절대적 폭력에 의한 행위는 피강요자에게 의사적 요소가 없으므로 애당초 형법상의 '행위'조차 되지 않는다. 248

判 대법원은 심리적 의미의 강압뿐 아니라 윤리적 의미에서의 강압도 저항할 수 없는 폭력에 포함시키고 있지만,[141] 윤리적 의미에 있어서 강압된 경우가 어떤 경우를 말하는지는 분명하지는 않다. 그 강압이 피강요자의 윤리적 동기를 자극하여 일정한 행위를 하지 않을 수 없도록 하는 경우를 일컫는 것으로 이해되는 한 심리적 의미의 강압의 하위사례로 볼 수 있다. 249

폭력은 상대방이 "저항할 수 없는" 정도이면 족하고 수단·방법에는 제한이 없다. 저항할 수 없는 정도의 폭력인지 여부는 폭력의 성질, 수단, 방법, 피강요자의 성격, 입장 등 모든 사정을 종합하여 판단하여야 한다. 250

2) '방어할 방법이 없는 협박'에 의한 강제상태 여기서 협박이란 상대방을 두렵게 하여 공포심을 가지게 할 목적으로 해악을 가한다는 통고를 말한다. 자연적으로 발생할 사태의 도래를 예고하는 경고와는 구별되어야 한다. 반드시 명시적·외형적인 협박이 있을 것을 요하지는 않는다.[142] 다만 협박이 반드시 생명·신체에 대한 위해를 내용으로 하는 것이어야 한다. 만약에 생명·신체 이외의 법익에 대한 위해가 협박의 내용을 이루고 있을 경우에는 강요된 행위가 아니라 초법규적 책임조각사유로서 기대불가능성의 문제로 다시 다룰 수 있을 뿐이다. 251

방어할 방법이 없는 협박인가의 여부는 협박자의 성질, 협박의 내용, 수단방법 및 피협박자의 처지 등 모든 사정을 종합하여 판단한다.[143] 방어할 방법이 없다고 하기 위해서는 해악을 저지하거나 회피할 수 없음을 의미하는 '보충성'이 요구된다. 252

협박의 상대방인 친족의 범위는 민법 제777조에 의하여 정하여지며, 사실혼관계에 있는 253

---

141) 대법원 1983.12.13. 83도2276. "형법 제12조 소정의 저항할 수 없는 폭력은, 심리적인 의미에 있어서 육체적으로 어떤 행위를 절대적으로 하지 아니할 수 없게 하는 경우와 윤리적 의미에 있어서 강압된 경우를 말하고 …. 강요라 함은 피강요자의 자유스런 의사결정을 하지 못하게 하면서 특정한 행위를 하게 하는 것을 말한다."

142) 대법원 1969.3.25. 69도94. "강요된 행위가 되려면 반드시 유형적인 협박을 받는 것을 요건으로 하지 아니한다."

143) 대법원 1968.4.2. 68도221. "공범자가 자기를 따라 다니지 아니하면 때려준다고 말하였다고 하더라도 그 정도의 사유만으로는 피고인의 5회에 걸친 절취행위가 강요된 행위에 해당한다고 볼 수 없다."

부부도 포함되고, 그로부터 출생한 자도 친족의 범위에 포함시키는 것이 타당하다. 이러한 관계의 유무는 강요된 행위 당시를 표준으로 하여 판단하여야 한다. 친족 자신은 위해를 피할 수 있더라도 피협박자에게 방어할 방법이 없는 경우에는 위해가 될 수 있다.

254 **3) 자초한 강제상태 법리** 강제상태가 만들어질 것이 예견가능함에도 불구하고 스스로의 귀책사유에 의해 강제상태가 만들어진 경우도 강요된 행위에 포함될 것인지가 문제될 수 있다.

255 判 이와 관련하여 대법원은 일찍이 자초하여 강제상태를 만들어낸 경우는 강요된 행위에 근거하여 책임조각이 부정된다고 함으로써 강요된 행위의 적용범위를 제한[144]한 바 있고, 이러한 태도에 찬성하는 견해[145]도 있다.

256 例 이러한 대법원 법리는 "어로저지선을 넘어 어로의 작업을 하면 북괴구성원에게 납치될 염려가 있으며, 만일 납치된다면 대한민국의 각종 정보를 북괴에게 제공하게 된다함은 일반적으로 예견된다"는 판결(대법원 1969.12.9. 69도1771: 간첩방조죄등)을 기초로 삼은 것이다. 대법원은 이 판결을 특히 피고인이 선원으로 월선조업을 하다가 납북되었다가 돌아온 경험이 있는 자로서 '월선하자고 상의하여 월선조업을 하다가 납치'되어 북괴의 물음에 답한 사례(대법원 1971.2.23. 70도2629) 및 '피고인이 자진하여 북한 항구에 외항선을 타고 공공연히 정식으로 입항'한 자로서 북한집단의 기관원을 만날 것을 당연히 예견한 전형적 사례(대법원 1973.1.30. 72도2585)에 대해서도 적용하였다.

257 判 대법원은 북한에 피납된 어선의 선장 등에 대해 간첩죄의 유죄판결을 이끌어내는 일에도 이러한 법리를 적용하였다. 즉 월선하려고 상의를 하거나 자진하여 외항선을 타고 북한항에 입항한 경우가 아닌 사례 외에도 피고인이 강제상태에 있게 될 것임을 사전에 '예견'하였던 사례에 대해서도 대법원은 위 법리를 근거로 삼아 피고인의 책임조각을 부정하고 간첩죄를 인정하였다.[146] 그러나 그로부터 56년 이후 이러한 다수의 판결에 대한 재심결정 및 재심재판에서 무죄판결이 내려졌다.[147] 물론 이러한 무죄판결이 자초된 강제상태에 관한 법리가 거부되어 내려진 것은 아니었다. 행위자의 책임인정에 근거가 된 피고인의 '예견'사실이 수사기관의 고문 등 불법행위에 의한 것임이 재심재판에서 인정되어 무죄판결이 내려진 것일 뿐이다.

258 이와 같이 최근 재심판결에서 밝혀지고 있는 다수의 어선납북사건의 실체는 권위주의적 독재정부에 입김에 의해 간첩사건으로 조작된 '국가폭력사건'이라고 할 수 있다. 당시 검찰은 다수의 사건을 '자진 월북사건' 등 "일반형 내지 표준형에 가까운" 어선납북사건으로 정체화시키고, '예견된 강제상태'의 경우 강요된 행위를 부정하는 이른바 자초된 강제상태에 관한 법리를 만들어내어 공소사실을 유지하였다. 법원은 검찰의 주장을 그대로 받아들임으로써 군부정권하에서의 사법 흑역사의 한 단면을 만들어낸 것이다.

---

144) 대법원 1971.2.23 70도2629. "어로저지선을 넘어 어로의 작업을 하면 북괴구성원에게 납치될 염려가 있으며 만약 납치된다면 대한민국의 각종 정보를 북괴에게 제공하게 된다 함은 일반적으로 예견된다고 하리니 피고인이 그 전에 선원으로 월선조업을 하다가 납북되었다가 돌아온 경험이 있는 자로서 월선하자고 상의하여 월선조업을 하다가 납치되어 북괴의 물음에 답하여 제공한 사실을 강요된 행위라 할 수 없다."

145) 행위자가 자초하였다고 해도 강요된 행위에 대해 전혀 예견할 수 없었을 경우에는 강요된 행위가 될 수 없다고 하는 보충 이론(오영근, §25/33)도 결국 예견을 전제로 한 자초된 강제상태 법리에 따르는 견해라고 할 수 있다.

146) 대표적으로 대법원 1973.5.8. 73도675.

147) 2023.5.12. 춘천지법(연합뉴스, 2024년 6월 24일자 기사 참조).

이러한 관점에서 볼 때 '예견된' 강제상태의 경우 강요된 행위를 부정하는 '자초된 강요상태에 관한 법리'의 정당성 여부도 재검토해 볼 필요가 있다. 이 법리가 당시 암울했던 시대적 산물로서 법기술적 차원에서 만들어진 것이 아닌가 하는 의심이 생기기 때문이다. 259

생각건대, 강요된 행위의 객관적 요건인 강제상태라는 비정상적 사정은 행위자의 '행위당시' 행위자의 심리에 영향을 미치는 타인의 강요(폭행 또는 협박)가 객관적으로 존재하여야 한다. 이에 따르면 행위자가 타인(제3자)에 의해 강요되는 강제상태가 만들어지고 더 나아가 그로 인해 불가피하게 어떤 불법적 행위를 하게 되리라고 '사전에' 예견한 점이 인정된다고 하더라도 그러한 '예견'만으로 '행위시점'에서 타인(북한당국)에 의해 실제로 가해진 강요에 의해 수행된 불법행위(찬양고무나 간첩행위)에 대한 책임비난을 근거지우기는 어렵다. 행위자가 예견한 타인의 강요행위 및 그 강요행위에 의해 수행된 행위의 불법성은 강요행위를 한 그 타인에게 귀속되어야 하고, 강제상태가 존재하는 '행위당시' 비정상적 상황 속에서 나아간 행위자의 불법행위에 대해서는 여전히 책임비난이 탈락된다고 해야 한다. 행위 당시에서 '적법행위로 나올 것에 대핸 기대가 가능하였는가'라는 판단 기준에 따르더라도 이러한 결론이 타당하다. 260

사전에 '예견된' 강제상태를 자초된 강제상태로 인정하여 책임조각을 부정하는 법리에 기초되어 있는 논리는 사전에 위험발생을 '예견'하였음에도 자의로 장애상태를 야기한 행위에 대해 책임비난을 탈락시키지 않는 원인에 있어서 자유로운 행위의 책임비난 법리에 기초된 논리와 유사성을 가진다. 261

그러나 예견된 강제상태하에서의 강요된 행위와 위험발생을 예견하고 자의로 장애상태를 야기한 행위 사이에는 아무런 사안의 유사성도 없고. 유사성이 인정되더라도 피고인을 불리하게 하는 제10조 제3항은 유추적용의 대상이 될 수도 없다. 예컨대 인질로 잡혀있는 아들을 구하러가는 아버지의 경우 구출작전에 실패하면 오히려 붙잡혀서 강제상태에 처하게 될 것이고 그 상태에서 어떤 일(강요에 의한 불법행위)이라도 자신의 의사에 반하여 수행하게 될 수도 있음을 사전에 '예견'할 수 있다. 그럼에도 그가 사전에 예견한 대로 강요상태하에서 행해진 불법행위에 대한 책임비난은 그 강요된 '행위 시점'을 기준으로 판단하여야 하고, 그 강요된 행위에 대한 결과는 강요된 자가 아니라 강요한 자에게 귀속되어야 한다(강요자의 간접정범성인정). 262

결론적으로 '자초된 강제상태에 관한 법리'는 시대적으로 특수한 상황하에서 법기술적 차원에서 만들어진 정당성이 결여된 법리라고 볼 수 있다. 1960년대에서 70년대 중반 사이 법원이 당시 빈발했던 실제의 간첩사건에 대해 판결을 내리면서도, 그 중에는 '억류 후 강압당하여 남한의 사정을 북한당국에 제보한 단순 납북어부 사건'들도 있었지만, 국가안보를 강화하는 차원에서 이를 간첩사건으로 만들 필요가 있었던 검찰의 주장 논리를 법원이 그대로 수용하여 이를 강요된 행위의 예외법리로서 도구화하여 활용한 측면이 없지 않다. 263

(2) 강요된 행위

264 강요된 행위는 피강요자가 자유로운 의사결정을 하지 못하면서 행하는 특정한 행위를 말한다.[148] “저항할 수 없는 폭력이나 생명, 신체에 위해를 가하겠다는 협박 등 다른 사람의 강요행위에 의하여 이루어진 행위”는 강요된 행위에 해당하지만 “어떤 사람의 성장교육과정을 통하여 형성된 내재적인 관념 내지 확신으로 인하여 행위자 스스로의 의사결정이 사실상 강제되는 결과를 낳게 하는 경우까지 의미한다고 볼 수 없다.”[149]

265 형법 제12조의 강요된 행위는 구성요건에 해당하고 위법성이 조각되지 않는 행위를 말한다.[150] 폭력 또는 협박과 강요된 행위 사이에 인과관계가 인정되지 않는 경우에는 강요된 행위를 한 행위자의 책임이 조각되지 않고 강요자와 공범관계가 성립할 뿐이다.[151]

4. 강요자와 피강요자의 형사책임

266 강요된 행위를 한 피강요자의 행위는 형법 제12조의 규정에 따라 (적법행위에 대한 기대가능성이 없음을 이유로) 책임비난이 탈락되어 책임이 조각된다. 반면에 강요한 자는 피강요자의 행위가 책임이 조각되어 범죄성립이 부정되기 때문에 형법 제34조 제1항의 “어느 행위로 인하여 처벌되지 않는 자”를 이용한 자에 해당하여 간접정범이 될 수 있다. 이용자가 간접정범이 되려면 정범표지로서 피이용자에 대한 우월한 의사지배가 인정되어야 하는데, 형법 제12조의 강요한 행위를 통하여 강요한 자는 피강요자에 대해 우월적 의사지배가 인정되는 데 문제가 없으므로 강요자는 간접정범이 된다.[152] 저항이 불가능한 정도에 미치지 못하는 폭력을 행사한 경우에는 강요자에게 교사·방조가 될 수 있을 뿐이다.[153]

267 **例 강요된 행위가 인정된 판례사안:** ① 어로작업 중 납북된 어부들이 억압된 상태하에서 하게 된 일들이 국가보안법, 반공법 등을 위반한 경우(대법원 1968.12.17. 68도1319; 1971.12.14. 71도1657), ② 18세 소년이 취직할 수 있다는 감언에 속아 도일하여 조총련 간부들의 감시 내지 감금 하에 강요에 못 이겨 공산주의자가 되어 북한에 갈 것을 서약한 경우(대법원 1972.5.9. 71도1178.), ③ 무장한 공비 9명이 말을 안 들으면 싹 밀어버린다 라며 산간독립가옥인 피고인의 집 한 방에다 피고인 등 가족들을 몰아놓고 위협하여 공비에 대한 협조행위를 한 경우(대법원 1970.2.10. 69도1976) 등.

268 **例 강요된 행위가 부정된 판례사안:** ① 단체 사이의 상하관계에서 오는 구속력 때문에 이루어진 행위라는 사유만으로는 그 행위를 강요된 행위라 볼 수 없다(대법원 1986.9.23. 86도1547). ② 휘발유 등 군용물의 불법매각이 상사인 포대장이나 인사계 상사의 지시에 의한 것인 경우(대법원 1983.12.13. 83도2543), ③ 대공수사단 직원과 같이 상관의 명령에 절대 복종하여야 한다는 것이 불문율로 되어 있더라도 고문치사와 같이 중대하고도 명백한 위법명령에 따른 행위인 경우(대법원 1988.2.23. 87도2358) 등.

---

148) 대법원 1983.12.13. 83도2276.
149) 대법원 1990.3.27. 89도1670.
150) 따라서 피강요자의 강요된 행위에 대해서는 정당방위가 가능하다.
151) 이재상/장영민/강동범, §26/32.
152) 이 경우 특정한 범죄에 대한 간접정범은 형법상 강요죄(제324조)와 상상적 경합범이 될 수 있다.
153) 오영근, §25/24.

Ⅱ. 야간 등의 과잉방위, 야간 등의 과잉긴급피난

1. 야간 등 과잉방위, 과잉긴급피난의 의의

위법성이 조각되지 않는 과잉방위 및 과잉긴급피난행위라도 특수한 상황 속에서 이루어진 경우에는 책임이 조각될 수 있다. 형법 제21조 제3항과 제22조 제3항은 과잉방위행위와 과잉긴급피난행위가 "야간이나 그 밖의 불안한 상태에서 공포를 느끼거나 경악하거나 흥분하거나 당황하였기 때문에 그 행위를 할 때에는 벌하지 아니한다"고 규정하고 있기 때문이다. 이러한 형법규정은 방위행위 혹은 피난행위를 함에 있어서 공포·경악·흥분·당황과 같은 심약한 충동이 현저히 높은 상태에 빠지게 되면 적법한 행위로 나아갈 수 있을 것을 일반적으로 기대할 수 없다는 비정상적 사정을 유형화(표준화)하여 둔 것이다. 269

그러나 형법은 정당방위나 긴급피난과 같이 현재의 침해나 위난이 있는 급박한 경우가 아니라 과거의 재산권침해에 대한 사후구제수단인 자구행위의 경우에는 긴급하게 전개되는 비정상적인 상황이 연출될 여지가 없을 것이기 때문에 과잉자구행위와 관련된 면책의 가능성은 인정하고 있지 않다. 270

2. 책임조각의 요건

(1) 정당방위, 긴급피난의 상당성 초과

'방위행위가 그 정도를 초과한 경우'는 방위행위자가 사실상 존재하는 정당방위상황 속에서 방위행위의 정도를 초과한 경우를 말한다. '피난행위가 그 정도를 초과한 경우'는 피난행위가 균형성 요건을 결여한 경우를 말한다. 예컨대 위난을 피하기 위해 보다 경미한 손실을 야기하는 행위를 할 수도 있었다든가 혹은 가치가 작은 법익을 보전하기 위해 가치가 큰 법익을 침해한 경우가 그 예이다. 271

(2) 과잉행위의 원인

야간 그 밖의 불안스러운 상태에서 공포, 경악, 흥분, 당황 중 어느 한 가지가 과잉행위의 원인이 되어야 한다. 불안스러운 상태라고 인정된다면 굳이 야간이 아니라도 된다. 이 규정은 야간 기타 불안스러운 상태에서 행위자가 '심약한 상태'하에서는 적법행위로 나올 기대가 없다는 근거에서 과잉방위에 대한 책임비난을 탈락시키는 취지의 규정이다. 이에 따르면 증오, 분노 혹은 투쟁심 등과 같은 '공격적' 마음상태는 '심약한 상태'에 해당하지 않는다. 이러한 관점에서 이 규정의 '흥분'이 기대가능성이 부정될 만한 비정상적 '심약한' 상태인지에 대해서 의문이 있어서 삭제되는 것이 바람직해 보인다. 272

구체적인 사례에서 행위자의 마음상태가 이 규정의 표지인 공포, 경악, 흥분, 당황 중 어느 하나에 포섭되는지를 판단함에 있어 이 표지들을 구체화하는 해석이 요구될 경우가 273

있다. 앞서 언급했듯이 이 경우 평균인을 표준으로 한 '적법행위에 대한 기대가능성'이 부정될 수 있는가라는 기준 또는 타행위가능성이나 처벌을 통한 규범의 타당성유지라는 상위의 기준이 해석원리로 사용될 수 있다.

Ⅲ. 면책적 긴급피난

1. 면책적 긴급피난의 의의

274 면책적 긴급피난이란 자기 또는 타인의 법익에 대한 현재의 위난을 피하기 위해 동등한 이익 또는 비교형량이 곤란한 이익을 침해한 경우 그 피난행위의 위법성이 조각되지는 않지만, 적법행위를 기대할 수 없는 특수한 사정을 고려하여 책임이 조각되는 경우를 말한다.

2. 면책적 긴급피난의 처리방안

275 면책적 긴급피난에 해당하는 사례유형을 어떻게 취급하여야 할 것인가는 고대 그리스 시대의 이른바 '카르네아데스 판자사례'[154]나 19세기 영국의 '미뇨네트호 사건'[155]에서부터 부각되었다. 독일에서는 형법 제35조 제1항의 제정을 통해 이 문제를 입법적으로 해결하였으나[156] 우리나라에서는 이에 해당하는 규정이 없으므로 그 해결방안을 두고 견해가 대립한다.

(1) 초법규적 책임조각사유로서의 기대불가능성이론을 적용하자는 견해

276 긴급피난의 다른 요건은 충족시키지만 동가치한 법익 또는 이익형량이 불가능한 사례유형에 대해서는 형법 제22조 제1항의 해석론을 통하여 책임을 조각시킬 것이 아니라 초법규적 책임조각사유인 기대불가능성을 이유로 책임을 조각시키자는 견해이다.[157] 이 견해는 기본적으로 형법 제22조 제1항의 긴급피난은 '위법성'조각의 경우만을 규정한 것이라는 전제에 서 있다.

(2) 형법 제22조 제1항의 해석론으로 해결하자는 견해(이분설)

277 책임을 조각시킨다고 하는 점에서는 전자와 같으나 초법규적 책임조각사유로서의 기대불가능성을 근거로 책임이 조각되는 것이 아니라 형법 제22조 제1항의 해석론을 통하여

154) 두 명의 난파자가 한 사람만이 탈 수 있는 널판지를 헤엄쳐 가서 붙잡았으나 둘 중에 힘센 자가 약한 자를 바다 속으로 떠밀어 익사시켰다는 가상의 사례를 말한다.

155) 1884년 5월 호주를 향해서 항해하던 미뇨네트호가 난파되어 식량이 완전히 바닥난 지 8일 후 피고인들 중의 한 사람이 사경을 헤매고 있는 소년을 죽이고 그의 살점을 먹다가 구조된 사건이다. 당시 피고인들은 모살죄로 사형의 선고를 받았으나, 특별사면으로 감형되어 금고 6개월에 처해졌다.

156) 독일형법 제35조(면책적 긴급피난) 제1항 전단: 생명, 신체 또는 자유에 대하여 다른 방법으로 회피할 수 없는 현재의 위험 가운데 자기, 친족 또는 기타 자기와 밀접한 관계에 있는 자를 그 위험으로부터 피하게 하기 위하여 위법행위를 한 자는 책임없이 행위한 것이다.

157) 박상기, 193면; 오영근, §20/11; 이재상/장영민/강동범, §18/9; 임웅, 239면; 이형국/김혜경, 304면.

책임조각을 인정하려는 견해이다.[158] 이 견해는 형법 제22조 제1항이 위법성을 조각시키는 긴급피난만을 규정해 두고 있는 것이 아니라 책임을 조각시키는 긴급피난까지도 포함하고 있다는 점을 출발점으로 삼고 있다(이분설). 이 입장에서는 특히 책임을 조각하는 긴급피난의 경우에는 형법 제22조 제1항의 상당성요건은 위법성을 조각하는 긴급피난의 경우에 비해 제한적으로 해석되어야 한다고 한다.

(3) 결론

278 1) 이분설의 타당성 동가치의 법익충돌 혹은 이익형량이 불가능한 법익충돌사례의 경우 모호한 기대불가능성이론 하나만 가지고 책임조각 여부를 판단하는 일은 보충적으로만 수행할 일이다. 따라서 기대불가능성사상이 그 실천적 기능을 발휘할 수 있는 근거조항을 가능한 한 탐색하여 그 규정의 적용을 통해 책임조각 여부를 판단하는 것이 법적 안정성 확보에 유리하다. 위와 같은 사례유형에 대해 기대불가능성사상이 그러한 기능을 발휘할 수 있는 최적마당은 형법 제22조 제1항의 규정이라고 할 수 있다. 형법 제22조 제1항의 해석론을 통해 면책적 긴급피난의 책임조각요건을 다음과 같이 설정할 수 있다.

2) 책임조각의 요건

279 ① 긴급피난 상황 자기 또는 타인의 법익에 대한 현재의 위난을 피하기 위한 행위이어야 한다. 이 점은 위법성조각사유로서의 긴급피난의 경우와 동일하게 해석할 수 있다. 그러나 보호받는 이익은 생명·신체로 제한되어야 하고, 피난행위도 정당화적 긴급피난의 경우와 달리 자기 또는 친족을 위한 행위에 국한되어야 한다. 이렇게 제한적으로 해석하지 않는다면 균형성 결여를 이유로 위법성이 조각되지 않는 행위는 자동적으로 책임이 조각되는 결과로 되기 때문이다.

280 ② 피난의사 위법성을 조각시키는 경우와 마찬가지로 행위자의 '피하기 위한' 주관적 의사가 있어야 한다. 행위자에게 다른 기대가능한 방법으로 위험을 피할 가능성은 없었는가를 면밀하게 심사하여야 할 의무까지 있어야 한다는 견해[159]도 있다.

281 그러나 위법성을 조각시키는 경우와 마찬가지로 이러한 요건이 행위자의 면책을 위해 필요하다고 볼 것은 아니다. 면책에 필요한 다른 객관적인 요소와 피난의사만 있으면 면밀한 심사를 하지 않았더라도 그대로 책임을 인정할 수 있고, 다만 이러한 주관적·객관적 요건이 실제로 충족되지 않았더라면 '면책상황에 대한 착오'의 문제로 해결하면 족하다.

282 ③ 상당한 이유 있는 피난행위 '상당한 이유'라는 요건도 위법성조각사유로서의 긴급피난의 경우에 비해 더 제한적으로 해석되어야 한다. 위법성조각 여부를 판단할 경우에는 사회적으로 용인될 수 있는가 하는 관점에서 해석되기만 하면 족하지만 책임조각 여부를 평

158) 김일수/서보학, 308면; 배종대, §64/13; 손동권, §12/11; 신동운, 277면; 이정원, 183면.
159) 김일수/서보학, 414면.

가할 경우에는 비정상적인 특수한 사정을 고려하여 달리 행위할 수 있는 가능성 여부를 판단하여야 하기 때문이다.

283 물론 법익균형성요건은 위법성조각의 경우에 비해 오히려 완화되게 해석해야 하는 것은 전제되어 있는 사실이다. 그러나 양자 간에 심한 불균형이 있는 경우에는 애초에 면책적 긴급피난의 사례로 가져올 수도 없다.

284 ④ 위난을 피하지 못할 책임이 있는 자 위법성을 조각시키는 긴급피난의 경우에는 형법 제22조 제2항에 따라 모든 요건이 충족되어도 위난을 피하지 못할 책임 있는 자의 피난행위는 위법성이 조각되지 않는다고 해석된다. 면책적 긴급피난의 경우에도 마찬가지로 이러한 책임 있는 자(예컨대 위험을 야기한 자, 특별한 법적 관계에 있는 자 및 기타 특별하게 위험감수의 의무가 있는 자)가 위난을 감수하지 않고 피난행위로 나아간다면 책임이 조각되지 않는다고 해석하여야 한다. 물론 개인적으로 극단적인 위기상황에 대해서까지 면책의 길이 봉쇄되지는 않는다는 것은 위법성을 조각시키는 긴급피난의 경우와 마찬가지이다.

제 5 절 책임조각사유에 관한 착오

285 행위자가 책임조각사유에 관하여 일으키는 착오는 다음과 같이 두 가지 사례유형으로 나누어 질 수 있다.

Ⅰ. 책임조각사유의 존재 또는 법적 한계에 관한 착오

286 행위자가 존재하지도 않는 책임조각사유를 존재하는 것으로 오인하거나 존재하는 책임조각사유의 법적 한계를 넘어서는 행위에 대해서까지 책임조각이 인정되는 것으로 오인한 경우를 말한다. 이러한 책임조각사유는 고의의 인식대상도 아니고, 책임조각사유의 존재 또는 한계는 객관적으로 판단되는 것이므로 행위자의 착오를 이유로 책임이 조각될 여지가 없다고 해야 한다.

Ⅱ. 책임조각사유(기대불가능성)의 객관적 상황에 관한 착오

1. 의의

287 행위자가 자기행위의 책임을 조각시키는 상황이 없는데도 불구하고 그러한 상황이 존재한다고 생각한 경우를 말한다. 예컨대 자신의 생명에 대한 폭행 또는 협박이 없음에도 불구하고 그러한 폭행 또는 협박이 있다고 오인한 경우와 같이 기대불가능성을 인정할 수

있는 비정상적인 상황이 연출되어 있지 않음에도 불구하고 그러한 상황이 존재하는 것으로 오인한 경우를 말한다.

2. 해결방안

(1) 책임고의탈락설

책임조각사유의 객관적 상황에 관한 착오를 위법성조각사유의 전제사실의 착오와 유사한 착오로 보는 견해에서 주장되고 있는 견해이다.[160] 이에 따르면 행위자에게는 심정반가치 요소로서의 책임고의가 탈락되어 고의책임을 지울 수 없으며 행위자에게 과실이 있었고 과실처벌규정이 있는 경우에는 과실책임이 별도로 남게 된다고 한다. 288

(2) 유추적용설

행위자가 착오로 인해 자기행위의 위법성을 인식하지 못한 것이기 때문에 형법 제16조를 유추적용하여 행위자가 그러한 착오를 일으킨 데 정당한 이유가 인정되는 경우에 책임을 조각할 수 있다는 견해이다(다수설). 289

(3) 양형인자설

책임조각사유의 객관적 상황에 관한 착오에 관해서는 형법의 규정이 없으므로 그에 관한 행위자의 착오는 범죄성립에 영향을 미칠 수 없고 다만 양형에서 고려될 수 있는 사정으로 볼 수밖에 없다고 하는 견해이다.[161] 290

(4) 결론

기대가능성은 위법성의 인식가능성과 같이 행위자의 비난가능성에 영향을 미치는 책임의 규범적인 요소이다. 따라서 위법성의 인식가능성 여부에 따라 책임조각 여부를 결정하는 위법성의 착오사례와 구조적으로 유사한 측면이 있으므로 위법성의 착오에 관한 형법 제16조를 유추적용하는 것이 타당하다. 291

---

160) 이형국/김혜경, 305면.
161) 권오걸, 353면; 오영근, §25/17.

제6편

미수범론

고의범의 범죄구성요건 가운데 객관적 구성요건요소에 해당하는 결과가 발생하지 않으면 당해 범죄의 기수범의 성립이 부정된다. 뿐만 아니라 결과가 발생하였더라도 행위자의 행위와 발생한 결과 사이의 형법상의 인과관계가 부정될 경우에도 고의에 의한 기수범의 구성요건해당성이 부정된다.

그러나 기수범의 구성요건해당성이 부정된다고 해서 행위자가 아무런 형사책임을 지지 않는 것이 아니다. 결과발생이 없는 경우 미수범을 처벌한다는 형법규정이 총칙과 각칙 구성요건의 형식으로 존재하기 때문이다. 고의범의 경우 미수범과 기수범은 구성요건 요소에서 차이가 난다. 기수범의 경우 그 충족이 요구되는 구성요건적 결과나 행위와 결과간의 인과관계라는 객관적 구성요건 요소가 미수범의 경우에는 결격되기 때문이다. 따라서 이러한 흠결적 요소를 보완하여 미수범의 성립을 인정되기 위해서는 기수범의 구성요건 요소를 수정하는 미수범의 '수정된 구성요건 요소'가 무엇인지가 문제된다.

이러한 시각에서 보면 미수범의 가벌성의 전제조건 중 수정된 구성요건 요소도 '구성요건론'에서 다룰 수 있다. 하지만 총론 교과서 편성상 구성요건론의 분량이 위법성론이나 책임론의 분량에 비해 과도하게 비대해지는 것을 피해가려는 현실적인 이유에서 별도의 장에서 다루기로 한다. 더 큰 이유는 형법의 편제방식 때문이다. 총칙은 가벌성의 전제조건, 즉 범죄의 성립에 관한 규정들을 체계화 해둔 제1절이 아닌 제2절에서 별도로 미수범 관련 규정을 편제하고 있다. 따라서 이 책도 미수범을 일반적 범죄성립요건에 관한 편장에서 별도로 분리하여 취급한다.

미수범에 관한 형법규정은 입법자가 범죄인정의 시점을 결과발생 이전단계로 앞당김으로써 처벌의 범위를 확장하고 있는 규정이다. 따라서 미수범론에서는 미수에 관한 총칙규정을 중심으로 미수범의 기초이론(제1장), 미수범의 일반적 성립요건(제2장), 그리고 불능미수범과 중지미수범의 성립요건(제3장, 제4장)과 예비죄의 성립요건(제5장) 순으로 다룬다.

제 1 장 미수범의 기초이론

§25

제 1 절 범죄실현단계와 미수의 처벌근거

Ⅰ. 미수범과 미수

1. 각칙의 미수처벌규정과 미수에 관한 총칙규정

> 第25조 (미수범) ① 범죄의 실행에 착수하여 행위를 종료하지 못하였거나 결과가 발생하지 아니한 때에는 미수범으로 처벌한다.
> ② 미수범의 형은 기수범보다 감경할 수 있다.

형법각칙에는 기수범을 기준으로 하여 일정한 구성요건적 행위가 기술되어 있으나, 미수범의 경우는 "~조의 미수범은 처벌한다"고 규정되어 있을 뿐, 미수범의 구성요건적 행위인 미수가 구체적으로 기술되어 있지 않다. 이에 반해 총칙은 제25조 제1항에서는 '실행'에 착수하여 결과가 발생하지 아니한 경우를 '미수범'으로 규정하고 있다. 여기서 미수범이 인정되기 위해 착수되어야 할 '실행'행위는 기수범의 형식으로 규정되어 있는 각칙 구성요건의 '행위'를 말한다. 따라서 미수범에 관한 각칙 구성요건과 총칙에 규정된 미수범의 일반적 성립요건이 결합되면 행위자가 각칙 구성요건적 행위의 실행에 '착수'하였지만, 그 행위를 종료하지 못한 경우(행위미종료) 또는 행위를 종료(행위종료)하였더라도 결과가 발생하지 않은 경우 미수범이 된다. 1

행위를 종료한 경우에는 시간적 경과만으로 결과가 발생할 수도 있고, 결과가 발생하지 않은 수도 있다. 그러나 행위를 종료되지 못한 행위미종료의 경우는 통상적으로 결과가 발생하지 않는다. 이에 의하면 제25조 제1항이 미수범의 구성요건 요소로 요구하는 '결과불발생'은 각칙에서 처벌의 대상이 되는 모든 미수범 성립의 공통의 전제조건(소극적 요건)이 되고, 행위가 미종료된 경우이든 행위가 종료된 경우이든 적어도 '실행의 착수'는 인정되므로 실행의 착수는 모든 미수범 인정을 위한 최소한의 전제조건(적극적 요건)이 된다. 2

2. 미수의 개념요소와 미수범

형법 제25조 제1항이 규정하고 있는 '실행의 착수'와 '결과의 불발생'을 강학상 '미수'라고 부른다. 즉 미수는 행위자가 실행에 착수하였으나 (행위를 종료하지 못하였든 행위를 종료하였든) 결과가 발생하지 않은 경우를 말한다. 제25조 제1항은 '실행의 착수와 결과발생의 3

불발생인 '미수'를 미수범의 가벌성의 전제조건으로 보면서 결과발생을 전제조건으로 하는 기수범에 비해 가벌성을 확장하는 규정이다. 기수범의 경우와 마찬가지도 미수'범'의 경우도 가벌성이 인정되는 범죄인 이상 일반적 범죄성립요건(구성요건해당성, 위법성, 책임)을 갖추어야 한다.

Ⅱ. 가벌성 확장과 범죄실현의 단계적 구별

1. 가벌성 확장과 법익침해의 전단계 범죄화

4 실행의 착수를 전제조건으로 삼아 가벌성을 인정하는 형법 제25조 제1항과 실행의 착수 이전 단계로서 예외적으로 가벌성을 인정되는 예비·음모에 관한 형법 제28조는 가벌성 확장에 관한 규정이라고 할 수 있다.

5 가벌성의 확장이라는 관점에서 보면 형법 제25조는 법익침해적 결과발생(기수)의 이전 단계인 실행의 착수(미수)로 그 가벌성의 인정시점을 원칙적으로 앞당기고 있으며, 형법 제28조는 예외적으로 그 이전 단계인 '예비·음모'까지 가벌성의 인정시점을 앞당기고 있다: 예비·음모 ← 실행의 착수(미수) ← 행위미종료 ← 행위종료 ← 결과발생(기수).

6 형법이 법익침해적 결과발생의 전단계를 범죄화함으로써 가벌성의 시기를 앞당기고 있는 전형적인 구성요건 형식은 '추상적 위험범'이다. 그러나 예비·음모죄와 미수범도 결과발생 이전단계로 가벌성이 앞당겨지고 있으므로 넓은 의미에서의 전단계 범죄화 구성요건에 포함될 수 있다.

2. 범죄실현의 단계

7 형법은 예비·음모 단계의 전단계인 '단순한 생각이나 사변적 단계' 또는 범행을 결심하는 단계까지 가벌성의 시기를 앞당기지 않는다. 그러나 형법각칙에는 예외적으로 특정한 범죄를 모의, 선동하거나 선전하는 행위도 범죄화하고 있는 구성요건들도 있다. 다른 한편, 형법은 결과발생(기수)이후에도 법익침해와 구성요건적 행위가 계속되는 범죄의 경우에는 그 법익침해상태가 종료되는 경우를 특별히 범행종료 단계로 인정한다. 형법상 범죄실현의 각 단계는 다음과 같이 구별될 수 있다: 범행결의 → 예비·음모 → 실행의 착수(미수) → 결과발생(기수) → 범행의 종료.

(1) 범행의 결의

8 범행의 결의란 일정한 범죄목표를 달성하려고 결심하는 단계를 말한다. 의지적 요소가 결여된 단순한 공상·환상 등은 범행의 결의가 아니다. 형법은 이 단계에 대해 원칙적으로 개입하지 않는다. 그러나 범행의 결의가 외부로 표시되고, 그 표시 자체가 불법구성요건의

내용으로 되어 있는 경우, 예컨대 상대의 면전에서 살해의 의사를 표시하는 경우에는 협박죄가 될 수도 있다.

(2) 예비와 음모

예비란 결의한 범죄를 실현하기 위한 조건을 마련하는 단계를 말한다. 예비행위도 원칙적 9
으로는 처벌되지 않지만, 특히 위험성이 있다고 인정되는 몇몇 경우에는 예외적으로 처벌된다.

음모는 범죄에 대한 심리적인 준비행위로서 예비와 구별되어야 한다.[1] 예비만 처벌하고 10
음모는 처벌하지 않는 경우도 있기 때문이다. 예컨대 밀항하기 위하여 도항비로 상대방에게 일화 100만 엔을 주기로 약속한 자가 마음을 바꾸어 밀항을 포기하였다면 밀항의 음모에 지나지 않고 밀항의 예비정도에는 아직 이르지 아니하였으므로, 처벌되지 않는다.[2]

(3) 미수

미수란 범죄의 실행에 착수하였으나 실행행위를 종료하지 못하여 결과가 발생하지 아 11
니한 경우(미종료미수) 또는 실행행위를 종료하였더라도 결과가 발생하지 아니한 경우(종료미수)를 말한다. 처벌되는 미수의 종류는 형법각칙에 규정되어 있지만, 총칙 제25조부터 제27조에는 결과가 발생하지 않은 원인에 따라 미수범을 세 가지로 유형화하여 처벌의 정도를 각기 다르게 규정하고 있다.

1) 예비·음모와의 구별 미수는 범죄실행의 개시를 의미하는 실행의 착수가 인정되 12
어야 하는 점에서 실행의 착수 전단계인 예비·음모와 구별된다. 미수처벌 규정은 형법각칙의 각 범죄구성요건별로 규정되어 있다. 예비·음모에 대한 처벌도 형법각칙에 예외적으로 특별한 규정이 있을 때에 처벌되지만 형법각칙에서는 예비 또는 음모를 처벌한다는 취지와, 그 '법정형'까지도 함께 규정하고 있다. 이 점은 미수처벌에 관한 원칙(임의적 감경)적 조항을 형법총칙에 규정하고 있는 미수범의 규정형식과 다른 점이다.[3] 예비·음모가 실행행위로 진전되어 행위가 미수 또는 기수에 이르렀을 때에는 예비·음모는 그 적용이 배척된다. 예비·음모죄의 성립요건에 관해서는 후술한다.

2) 행위미종료(착수미수)와 행위종료(실행미수)의 구분 종래 행위자가 실행행위를 종 13
료하지 못한 경우를 '착수미수'라고 하고, 실행행위를 종료한 경우를 '실행미수'라고 불러왔다. 이러한 용어사용은 혼동의 우려가 있다. 착수미수의 경우는 실행에 이미 '착수'한 경우이고 실행미수는 실행을 이미 '종료'한 경우이기 때문이다. 따라서 실행의 착수 후 행위를

---

1) 이에 관해서는 예비죄에서 설명한다.
2) 대법원 1986.6.24. 86도437. 구밀항단속법 제3조 제3항은 밀항의 예비만을 처벌하고 있고 음모에 관한 처벌은 없었다. 그러나 2013년의 개정을 통해 예비와 나란히 음모를 처벌하는 규정형식으로 바뀌었다. 밀항단속법 제3조 제3항: 제1항의 죄를 범할 목적으로 예비하거나 음모한 사람은 1년 이하의 징역 또는 1천만원 이하의 벌금에 처한다.
3) 대법원 1977.6.28. 77도251 참조.

종료하지 못한 경우를 '미종료미수'라고 부르고, 실행행위를 종료하였으나 결과가 발생하지 않은 경우를 '종료미수'라고 부르는 것이 바람직하다. 미종료미수와 종료미수의 진정한 구별실익은 중지미수범의 인정요건상의 차이에 있다. 이에 관해서는 후술한다.

14 미종료미수와 종료미수는 결과불발생과 조합하여 어느 경우이든 원칙적으로 미수범으로 처벌되고 그 법적 효과도 동일하지만, 예외적으로 추상적 위험범 형식의 구성요건의 경우 미수처벌규정이 있으면 행위종료의 경우를 (부진정) 결과로 해석하여 이를 '기수'로 인정해야 할 경우도 있다.

15 判 대법원도 예컨대 협박죄의 경우 이러한 취지에 따라 객관적으로 사람에 대한 공포심을 일으키게 할 정도의 해악고지라는 협박행위가 완성되면(즉, 협박행위 종료의 의미) 협박죄의 구성요건이 완전히 충족되어 기수가 되고, 해악이 상대방에게 도달하지 않거나 도달하였더라도 상대방이 그 의미를 이해하지 못한 경우 등에는 협박행위가 완성되지 못하여(즉 협박행위 미종료의 의미) 미수가 된다고 한다.[4] 물론 대법원이 '행위미종료는 미수', '행위종료는 미수'가 된다는 점을 명시적으로 법리화하고 있는 것은 아니다.

(4) 기수

16 기수란 원칙적으로 형법각칙상의 형식적 구성요건적 결과가 발생한 경우 또는 구성요건의 모든 요소가 실현된 경우 인정된다. 예컨대 형법 제250조 제1항의 살인죄의 경우 사람이 사망에 이른 시점을 말한다. 일반적으로 기수의 인정 시점이 분명한 것 같지만, 구체적으로 기수시기가 언제인가는 개별 범죄종류마다 구성요건의 해석을 통해 판단되어야 한다. 예컨대 절도죄의 경우 절취대상인 물건의 무게가 무거워 행위자가 혼자 사실상의 점유취득을 하였다고 보기 어려운 경우에는 그 물건을 대문 밖까지 반출한 경우에도 기수가 인정될 수 없다.

17 1) 목적범의 목적 등의 실현여부 고의 외에 목적을 초과주관적 구성요건 요소로 요하는 목적범이나 불법영득의 의사를 요하는 재산범의 경우 구성요건 요소에 해당하는 초과주관적 불법요소가 객관적으로 실현될 필요는 없다. 예컨대 '행사의 목적'으로 위조통화를 제작하면 통화위조죄(형법 제207조)의 기수가 되는 것이며, 위조통화를 실제로 '행사'하려던 목적이 실현되지 않아도 기수가 된다.

18 2) 기수와 미수의 구별 기준1 결과가 불발생한 경우 개념상 미수에 해당할 수 있지만 결과가 발생한 모든 경우에 기수범이 되는 것은 아니다. 법률상의 구성요건의 충족 여부라는 기준이 중요한 의미를 가지는 경우도 있다. 최근 대법원은 침해범의 경우에도 이러한 기준에 따라 미수와 기수를 구별하고 있다.

19 判 준강간죄의 불능미수를 인정한 〔2018도16002 전원합의체〕 판결의 다수견해는 행위자가 심신상실의 상태에 있는 것으로 오인하고 간음하였으나 실제로 피해자가 심신상실의 상태에 있지 않은 사안에 대해 "항거불능상태를 이용한 간음"이라는 준강간죄의 구성요건이 충족되지 않았음을 근거로 미수에 해당하는

---

4) 대법원 2007.9.28. 2007도606.

것을 전제로 삼은 후 행위자의 행위에 대해 형법 제27조의 불능미수의 성립을 인정하였다. 이와는 달리 반대 견해는 준강간죄의 구성요건적 결과인 '간음'이라는 형식적 결과가 발생한 것임을 근거로 미수범 성립 자체를 부정하였다. 그러나 해당 구성요건의 완전충족여부가 미수와 기수를 구별하는 기준이 된다는 법리에 따르면 준강간죄와 같은 침해범의 경우에도 기수가 되려면 구성요건적 결과는 보호법익에 대한 현실적 침해와 일치하여야 한다. 이에 따르면 '항거불능상태의 이용'이라는 객관적 구성요건적 행위가 충족되지 않은 간음은 준강간죄의 구성요건에서 금지되고 있는 성적 자기결정권의 침해가 현실화된 결과라 할 수 없으므로 위 대법원 전원합의체 판결의 다수 견해가 타당하다.[5] 위 판결에 대한 평석이 다수 나왔지만, 이들 평석에서는 상대적으로 논란의 여지가 거의 없는 불능미수의 법리만 반복적으로 다루었을 뿐, 중요한 논쟁거리가 될 수 있는 '미수와 기수의 구별에 관한 법리'는 거의 취급되고 않지 않다.[6] 위 전원합의체 판결의 다수견해가 전개한 법리는 그 이후의 동일한 사례구조를 가진 사안[7]에 대해서도 그대로 적용되었다.

3) 기수와 미수의 구별기준2 형식적 구성요건의 충족이 아니라 실질적 법익침해의 유무를 기준으로 삼아 기수와 미수를 구별할 수 있을지를 둘러싸고도 형법이론상 그리고 학설과 판례 간에 견해가 일치하지 않는다. 이에 따르면 보호법익에 대한 침해가 있으면 기수가 되고, 법익침해의 위험성만 있는 경우에는 미수가 된다고 하지만, 형법의 구성요건 중에는 법익침해의 위험성을 구성요건 요소로 하는 구체적 위험범도 있고, 추상적 위험범 형식의 구성요건 중에는 법익침해여부 또는 그 위험성의 구체화와 무관하게 독립된 결과가 발생하여야 기수가 되는 것으로 해석되어야 할 구성요건도 있다. 심지어 침해범 형식의 구성요건 중에는 미수처벌규정을 두고 있지 않은 구성요건도 있다. 기수시기는 개별 구성요건의 해석문제로서 형법각론의 과제이다. 『각론』 §1의 Ⅳ. 참조. 20

(5) 범행의 종료

대부분의 범죄(즉시범, 상태범)는 형식적인 결과발생(기수)과 동시에 실질적으로 법익침해 행위도 끝나지만, 일정한 범죄(계속범)는 결과가 발생하여 기수가 된 이후에도 법익침해행위가 지속된다. 이러한 경우에는 피해자가 법익침해상태로부터 벗어나야 비로소 그 범행이 종료된다.[8] 21

1) 구별개념 범행종료는 형법의 해석기준인 법익침해상태의 존부라는 '실질적 판단'에 따른다는 점에서 구성요건의 충족 여부라는 '법률적 판단'에 따르는 기수단계와 구별된 22

5) 형식적인 결과발생의 유무가 아니라 구성요건요소의 완전충족여부가 미수와 기수를 가르는 기준이 된다는 점은 이미 결과범의 경우 구성요건적 결과가 발생하더라도 행위와 결과간의 형법상 인과관계가 부정되는 경우 법률구성요건요소의 미충족으로 미수가 된다는 점에서 익히 알려져 있다.

6) 침해범/구체적 위험범/추상적 위험범 및 결과범/거동범의 경우 각각 기수와 미수의 구별에 관해서는 앞의 범죄의 분류 부분 참조

7) 대법원 2024.4.12. 2021도9043(피고인이 술에 취하여 잠이 들어 항거불능 상태에 있던 피해자를 간음하려 하였으나 정신을 차린 피해자가 거부하며 항의하는 바람에 미수에 그쳤다는 이유로 준강간죄의 장애미수로 기소된 사안에 대해 준강간죄의 불능미수 범죄사실을 공소장변경없이 직권으로 인정되었어야 한다는 취지로 원심을 판기환송한 판결).

8) 형사소송법 제252조 제1항에서는 이를 "범죄행위의 종료"라고 하면서 형법 제25조 제1항의 실행행위의 종료와 구별하고 있다.

다. 범행종료는 또한 결과가 발생하지는 않았지만 실행의 착수 이후 결과발생에 필요한 실행행위를 다한 경우를 의미하는 '행위종료'와도 구별된다.

23 **2) 기수와 범행종료의 구별실익** 범행종료를 기수와 구별하는 것은 다음과 같은 형법적 효과를 가진다. ① 넓은 의미에서의 공범(방조범, 계속범의 경우 공동정범)은 기수 이후의 단계에서도 가능하고, 기본범죄가 기수에 이른 후에도 범행종료 이전에 형이 가중되는 사정이 발생하면 다시 가중범죄의 성립이 인정된다. ② 범행종료에 이르기 전에 다른 범죄의 구성요건실행행위가 이미 기수에 이른 범죄와 겹치는 부분이 생기면 양자를 상상적 경합관계로 볼 수 있을 여지도 있다. ③ 즉시범·상태범의 경우에는 기수가 되면 공소시효의 기산이 시작되지만(그리고 기수의 시점과 범행종료시점이 동일하지만), 계속범의 경우에는 공소시효의 계산이 기수단계 이후에 오는 범행종료시점부터 시작된다는 의미에서 범행종료개념의 인정은 공소시효기간을 연장하는 효과도 가진다. ④ 범행기수 후라도 종료 전 단계에 있는 행위는 현재의 침해가 계속 중이므로 이에 대해 정당방위가 가능하다.

Ⅲ. 미수의 처벌근거

24 결과가 발생하지 않았지만 실행의 착수만으로 행위자를 처벌하는 형법의 규정이 만들어질 경우 형법이 미수를 처벌하는 '이론적 근거'가 무엇인지를 규명하려는 견해가 등장하였다. 이와 관련해서는 종래 주관설, 객관설 그리고 절충설의 대립이 있었다.

25 ① 주관설은 미수가 행위자의 법적대적 의사를 드러내고 있기 때문에 처벌해야 한다는 견해이고, ② 객관설은 결과발생의 위험성 내지 행위의 객관적 위험성 또는 행위객체에 대한 위험이 외부로 드러나기 때문에 미수를 처벌해야 한다는 견해이며, ③ 절충설은 미수의 처벌근거를 주관적인 관점과 객관적인 관점의 결합에서 찾는 견해이다. 특히 절충설은 미수의 처벌근거를 범죄의사에 두면서도 그 의사가 법질서의 효력과 법적 안정성에 대한 신뢰를 깨뜨린다는 데 대한 일반인의 인상에 의해 보충되는 것으로 보는 태도로서 인상설이라고도 한다.

26 생각건대, 주관설은 실행의 착수라는 객관적인 표지를 요구하는 행위형법과 조화될 수 없고, 행위의 객관적 위험성에만 초점을 맞추는 객관설은 행위자의 주관적 의사를 떠나서 미수의 가벌성을 구체적으로 논할 수 없다는 점에서 설득력이 약하다. 인상설은 법질서의 위태화라는 객관적인 관점을 반영하는 것이지만, 법질서의 위태화 내지 법질서를 동요하게 하는 인상과 같은 판단도 판단자의 주관에 좌우될 가능성이 있다. 따라서 미수의 처벌근거로서 절충적인 입장을 취하더라도 행위자의 외부적인 행위를 기준으로 하고 법질서의 위태화의 여부도 보호법익에 대한 위태화 등과 같은 객관적인 기준을 가미하는 태도가 타당할 것으로 보인다.

그러나 미수처벌 근거에 관한 각 이론들은 형법적용단계에서 행위자의 행위에 대한 미수범 성립요건 심사 의 경우 의미있는 이론들이 아니다. 미수를 처벌하는 규정을 입법화 할 경우 생길 수 있는 견해 차이를 기술한 것일 뿐이다. 따라서 위 이론들은 형사실무에서나 사례풀이 과정에 위 견해들을 취사 선택하여 행위자의 죄책을 검토하는 차원의 이론 내지 '법리'가 아니다. 27

제 2 절 미수범의 유형과 성립요건

Ⅰ. 미수범의 세 가지 형태

형법총칙에는 형법각칙상의 모든 미수범의 종류들을 다시 그 특징에 따라 분류할 수 있게 하는 규정들을 두고 있다. 이러한 규정들은 행위자의 행위가 미수범에 해당하는 경우 결과불발생의 '원인'을 다르게 규정하고 있고, 처벌도 차등화하고 있다. 이에 따르면 미수범은 다음과 같이 세 개의 범주로 구분될 수 있다.[9] 28

1. 중지(미수)범

"행위자가 실행에 착수한 행위를 자의로 '중지'하거나 그 행위로 인한 결과의 발생을 '방지'"하였기 때문에 결국 결과발생이 일어나지 않은 경우를 말한다. 형법 제26조는 이를 중지(미수)범으로 부르고, 그 형을 기수범에 비해 필요적으로 감경 또는 면제하도록 하고 있다(필요적 감면). 29

2. 불능(미수)범

형법 제27조는 "실행의 수단 또는 대상의 '착오'로 인하여 결과의 발생이 불가능"하지만 "위험성"이 있는 경우를 말한다. 형법 제27조는 이를 '불능(미수)범'으로 부르고 그 형을 기수범에 비해 감경 또는 면제할 수 있도록 하고 있다(임의적 감면). 30

3. 장애미수범

행위자의 자유로운 의사에 따라 결과가 불발생하거나 행위자의 의사와 무관하게 결과불발생이 객관적으로 예정되어 있는 경우가 아니라 결과가 발생할 수 없는 장애사유 등으로 인해 결과가 발생하지 않은 경우가 있는데, 이를 강학상 '장애미수'라고 부른다. 이러한 장애미수를 처벌하는 근거규정은 형법 제25조 제1항이다. 이 규정에 따르면 장애미수의 성 31

---

9) 미수를 장애미수와 중지미수로 나누고, 장애미수를 협의의 장애미수와 불능미수로 나누더라도 세 가지 서로 다른 범주의 미수범을 인정하는 것은 마찬가지이다(이재상/장영민/강동범, §27/14).

립은 제25조 제1항에 규정된 미수범의 요건(실행의 착수+결과의 불발생)만 충족되는 것으로 족하고 앞의 다른 두 가지 미수범 성립요건 중 어느 것도 충족되지 않을 경우 인정된다. 제25조 제2항에서 두 가지 미수범(즉 불능미수와 중지미수)의 경우보다는 그 처벌의 수위를 높이고 있음도 제25조를 독자적 미수범 형태에 관한 규정으로 해석할 수 있다(임의적 감경).

Ⅱ. 미수범 체계와 미수범의 일반적 성립요건

32 형법 제25조 제1항은 장애미수범이 성립하기 위한 요건으로서 '실행의 착수'와 '결과불발생'을 인정하고 있다. 형법 제26조와 제27조에 의하면 이 두 가지 요건은 다른 미수범 형태에 대해서도 공통적으로 인정되어야 한다. 다시 말해 불능미수범이나 중지미수범으로 인정되기 위해서도 '실행의 착수'라는 요건과 '결과의 불발생'이라는 요건은 충족되어야 한다(미수범의 일반적 성립요건).

33 이러한 점을 염두에 두고 본다면 우리 형법상 미수범의 형태는 형법 제25조의 장애미수범을 기본형태로 하고 있고, 나머지 두 가지 미수범 형태는 제25조의 미수범 형태에 추가적인 요건이 구비되었을 때에 비로소 인정되는 것이라고 할 수 있다. 중지미수범으로 인정되기 위해서는 실행행위 종료전에는 '자의에 의한 실행행위의 중지'라는 요건이, 실행행위 종료 후에는 '결과발생의 방지'라는 요건이 별도로 충족되어야 한다. 불능미수범으로 인정되기 위해서는 '실행의 수단 또는 대상의 착오'라는 행위자의 착오가 전제되어야 하며 나아가 '위험성'이 인정되어야 한다. 형법 제25조의 장애미수범은 이 두 가지 미수범형태의 성립요건을 구비하지 못한 경우에 한하여 성립한다.[10)]

10) 불능미수범의 요건을 갖추었을 경우에도 중지미수범의 요건도 구비하였는지를 검토해 볼 수가 있다. 이에 관해서는 뒤에서 불능미수의 중지미수라는 제목으로 다시 설명한다.

제 2 장 미수범의 일반적 성립요건 § 26

제 1 절 미수범의 사전심사

기수범과 미수범의 관계 및 미수범처벌에 관한 입법자의 태도를 고려한다면, 미수범의 성립여부를 심사하기 이전에 먼저 두 가지 사전심사를 하여야 한다. 하나는 범죄의 미완성, 즉 결과의 불발생 여부이고, 다른 하나는 각칙상 당해 범죄의 미수처벌규정의 존재이다. 1

Ⅰ. 범죄의 미완성

범죄의 미완성은 당해 범죄가 기수에 이르지 못한 경우를 말한다. 범죄의 미완성이 문제되는 경우는 다음의 두 가지 경우 중 하나이다. 2

먼저 구성요건적 결과가 발생하지 않은 것이 명백하기 때문에 전적으로 미수만 문제되는 경우이다. 예컨대 살해의 고의로 피해자를 살해했으나 피해자가 사망하지 않은 경우이다. 다음으로 결과는 발생하였지만 행위와 결과간의 형법상의 인과관계가 부정될 수 있는 경우가 있다. 이 경우는 결과가 발생하였기 때문에 일단 기수의 가능성을 염두에 두고 기수범요건을 심사하는 것이 바람직하다.[11] 그리고나서 결과발생과 행위자의 행위 간에 형법상의 인과관계가 부정된다는 결론을 도출한 뒤 다시 미수범의 성립 여부에 대한 심사로 전환하여야 한다. 3

Ⅱ. 미수처벌규정의 존재

> 제29조 (미수범의 처벌) 미수범을 처벌할 죄는 각칙의 해당 죄에서 정한다.

어떤 행위가 미수범으로 처벌되려면 형법각칙의 규정에 미수범처벌이 명문화되어 있어야 한다. 형법각칙의 미수처벌규정은 통상의 기수범을 규정한 조항 아래에 별도의 지시규정(즉 "~조條의 미수범은 처벌한다"는 규정)의 형식으로 정해져 있다. 여기서 "~조"라는 표현은 기수범을 규정한 형벌법규를 가리킨다. 4

이러한 미수범규정의 특성상 미수범은 기수범의 범죄구성요건이 수정된 형태라고 말할 5

11) 법조경합 중 보충관계에 따르면 기수범의 규정이 적용되면 미수범규정은 그 적용이 배척된다. 죄수론에서 다시 설명한다.

수 있다. 기수범을 규정한 각칙상의 범죄구성요건과 형법총칙상의 미수범에 관한 규정들(제25조, 제26조, 제27조)가 결합되어 비로소 특정 미수범의 구성요건 요소가 만들어지기 때문이다.

제2절 미수범의 일반적 구성요건

6 미수범의 구성요건에는 기수범의 경우와 마찬가지로 객관적 요소와 주관적 요소가 있다. 미수범의 객관적 구성요건은 기수범과는 달리 가변적이다. 따라서 행위자가 처벌될 수 있는가, 있다면 어떤 구성요건에 의해 처벌될 수 있는가를 확정함에 있어서 행위자의 생각을 알고 있어야 할 것이다. 결과가 발생하지 않은 미수범은 행위자의 행위가 어떤 범죄구성요건에 해당하는지를 객관적으로 알 수가 없기 때문이다. 따라서 미수범은 기수범과는 달리 주관적 범죄구성요건요소를 객관적 범죄구성요건요소보다 먼저 심사하여야 한다. 예컨대 숲 속에서 총을 쏘았지만 어느 표적물도 맞추지 못한 경우 행위자의 주관적인 생각에 따라 살인미수일 수도 있고, 밀렵을 위한 행위일 수도 있고, 사격연습일 수도 있기 때문이다.[12)]

Ⅰ. 주관적 구성요건요소

1. 고의(범행결의)

7 미수범의 경우 범행결의의 내용은 기수범의 구성요건적 고의와 동일하다. 따라서 미수범의 범행결의(고의)는 기수범에서의 고의와 마찬가지로 모든 객관적 구성요건적 사실의 인식 및 의욕을 의미한다.

8 기수범의 경우 고의를 조각시키는 구성요건적 착오는 미수범의 경우에도 행위자의 주관적 요건을 탈락시킨다. 또 동일 종류에 대한 객체의 착오 등의 경우와 같이 기수범에서 고의가 탈락되지 않는 착오가 있으면 미수범의 경우에도 고의가 탈락되지 않는다. 미수범의 범행결의는 수행하게 될 범죄와 관련하여 그 본질적인 내용의 대략에 대해서 구체적으로 존재하여야 하지만, 모든 세부사항(범행장소, 범행방법 등)에 대해서까지 구상되어 있을 필요는 없다.

9 미수범의 경우에도 '미필적 고의'만 있어도 충분하지만, 이는 '조건적 행위의사'와 구별되어야 한다. 범행결의가 있다고 하기 위해서는 구성요건실현에 대한 '무조건적 행위의사'

---

12) 바로 이와 같은 이유 때문에 고의를 책임요소로 파악하는 입장에서도 미수범의 경우에는 고의를 주관적 구성요건요소로 인정하여 신고전적 범죄체계로 체계내적인 수정을 가하였다.

가 존재하여야 한다. 따라서 행위자가 그 행위를 수행할 것인지에 관하여 아직 결정을 유보하고 있는 경우 또는 범행에의 단순한 편향만 가지고 범행장소를 기웃거리고 있는 것만으로 범행결의가 있다고 할 수 없다. 하지만 실행행위 도중 일정한 상황이 발생하면 포기하리라고 마음먹고 있었던 경우, 즉 중지의 유보가 있는 경우에는 범행결의가 인정될 수 있다. 예컨대 보석가게를 절도하려고 계획을 세우면서 보석가게의 유리창을 깨다가 경보장치가 울리면 즉시 자기실행을 포기하겠다고 생각하고 있다면 범행결의가 인정된다.

2. 특별한 주관적 불법요소

고의 외에 목적범의 목적, 절도죄의 불법영득의사 등과 같은 특별한 주관적 불법요소도 미수범의 주관적 구성요건요소이다. 10

Ⅱ. 객관적 구성요건요소: 실행의 착수

1. 실행의 착수의 의의

미수범의 객관적 구성요건요소는 '실행의 착수'이다. 형법 제25조 제1항은 미수범의 성립요건 중 미수의 '최소전제조건'이 바로 '실행의 착수'임을 말해주고 있다. 실행에 착수하였으나 실행행위를 종료하지 못한 경우(미종료미수)에도 실행의 착수가 최소한의 전제조건이고, 실행에 착수한 후 실행행위를 종료했지만 결과가 발생하지 않은 경우(종료미수)에도 실행의 착수가 최소한의 전제조건이기 때문이다. 11

'실행의 착수'와 '실행의 착수시기'는 다른 개념이다. 실행의 착수란 미수인정의 최소전제조건이자, 미수범의 객관적 구성요건요소인 추상적 개념이지만, 실행의 착수시기란 행위자가 언제 실행의 착수를 하였는가를 정하는 구체적이고 역동적인 개념이다. 실행의 착수시기는 불가벌적인 예비·음모와 가벌적 미수를 구별하는 기준으로 작용한다. 12

2. 실행의 착수시기에 대한 판단기준

(1) 학설의 태도

종래 실행의 착수시기를 어떻게 판단할 것인가에 대해 ① 개개의 범죄구성요건에 기술되어 있는 실행행위로 나아간 때에 실행의 착수가 인정된다는 객관설,[13] ② 행위자의 주관적 13

13) 객관설은 형식적인 객관설(엄격한 의미에서 구성요건에 해당하는 행위 또는 적어도 그 일부를 행한 때를 기준으로 삼는 견해)과 실질적 객관설('보호법익에 대한 직접적 위태화' 또는 법익침해에 밀접한 행위를 기준으로 삼는 견해)로 나누어질 수 있다. 그러나 위험개념은 특히 구체적 위험범의 경우에는 미수확정에 아무런 기능을 하지 못한다. 왜냐하면 구체적 위험범의 경우 위험이 발생하면 미수가 아니라 이미 기수가 되기 때문이다. 이 뿐만 아니라 추상적 위험범의 경우에는 기수인정을 위해서도 직접적 위태화를 요구하지 않는다는 점에서 실질적 객관설을 취할 수는 없다.

의사가 행위에 의하여 확정적으로 나타난 때 혹은 범의의 비약적 표동(表動)이 있을 경우에 실행의 착수가 인정된다는 주관설, 그리고 ③ 객관적 요소와 주관적 요소를 결합하여 실행의 착수를 결정해야 한다는 절충설(다수설, 주관적 객관설 또는 개별적 객관설로도 불림)이 주장되어 왔다.

(2) 판례의 태도

14 실행의 착수시기는 개별 범죄종류, 즉 각칙의 구성요건별로 구성요건적 행위기술이 다르고 그 행위가 발현되는 형태도 구체적 사례별로 달라진다. 대법원도 구성요건의 특징별, 구성요건을 실현하는 행위수행의 방식에 따라 그 실행의 착수기시를 각기 다르게 인정하고 있다. 따라서 대법원이 어떤 기준에 따라 실행의 착수여부를 결정하는지를 획일적으로 파악하기는 어렵다.

15 判 대법원 판결례 중 '절도죄'의 경우 행위자의 행위가 당해 구성요건의 보호법익의 침해에 직접 밀접하여 있는 경우에 실행의 착수가 있다는 이른바 '밀접행위설'에 다르고 있다고 볼 여지가 큰 판결들이 다수 있다.[14] 절도죄의 객체인 재물을 물색하는 경우에도 내용상으로는 행위객체에 대한 물색이 있다면 보호법익의 침해가 근접해 있다는 점에서 물색행위설도 밀접행위설의 변용이라고 할 수 있다. 한편 "출입문이 열려 있으면 안으로 들어가겠다는 의사 아래 출입문을 당겨보는 행위는 바로 주거의 사실상의 평온을 침해할 객관적인 위험성을 포함하는 행위를 한 것으로 볼 수 있어 그것으로 주거침입의 실행에 착수한 것으로 보아야 한다"[15]는 판시는 실질적 객관설의 태도에 입각한 것으로 보인다.

(3) 결론

16 통설은 '행위자의 범행계획에 비추어 볼 때 구성요건의 실현을 위한 직접적인 개시행위'를 실행의 착수가 인정되는 시기라고 하고 이를 절충설이라고 부른다. 객관설에 의하면 실행의 착수인정이 지나치게 엄격해지고 주관설에 의하면 부당하게 확대되기 때문이라고 한다.

17 하지만 이러한 절충설의 태도는 실행의 착수시기를 판단할 수 있는 기준이 아니라 실행의 착수에 대한 개념정의에 불과하다. 이 점은 실행의 착수에 대한 판단기준을 둘러싼 논란을 입법적으로 해결한 독일형법의 법적 정의와 일치하고 있다는 점에서도 알 수 있다.[16] 따라서 독일형법의 해석으로나 한국 형법의 해석으로나 '구성요건실현에의 직접적 개시행위'가 언제 인정될 수 있는지에 대한 물음을 다시 제기하지 않으면 안 된다.

18 이러한 맥락에서 실행의 착수시기에 관한 절충설적 입장을 다시 정리하면 구성요건실현의 직접적 개시라는 객관적인 요구조건을 기준으로 해서 행위자의 주관적인 생각을 판단하는 방법이 타당하다. 여기서 평가의 기초로 삼을 점은 행위자가 그 구성요건을 어떻게

---

14) 이를 두고 '실질적 객관설'이 판례의 입장으로 평가하는 견해로는 이재상/장영민/강동범, §27/25의 각주2.

15) 대법원 2006.9.14. 2006도2824.

16) 독일형법 제22조는 "행위자의 행위에 대한 표상에 비추어 볼 때 구성요건실현을 직접적으로 개시한 자는 미수에 이른 것이다"라고 규정하고 있다.

실현하려고 의도하였는가 하는 행위자의 계획이다. 이에 따르면 행위자의 계획(행위자의 표상)을 객관적인 평가자료들을 통하여 분석한 결과 '문제되는 행위자의 행위와 장래의 구성요건행위 사이에 행위자가 생각한 다른 중간행위가 더 이상 필요없다고 판단되면 실행의 착수가 인정된다'. 반대로 행위자가 행한 어떤 행위와 구성요건실현 사이에 적어도 하나 이상의 다른 중간행위 개입시킬 필요성이 인정되는 한, 그 행위는 실행의 착수가 아니라 예비단계에 불과하다(중간행위개입시설).

判 대법원이 실행의 착수시기에 관한 대법원 판결의 결론 중 중간행위의 개입필요 여부를 기준으로 삼 19
아 내린 결론과 일치되는 판결이 많다. 중간행위개입시설은 특히 절도죄의 경우 대법원이 활용하는 밀접행위설의 결론과 동일한 것으로 보인다.

例 **실행의 착수를 인정한 판례:** ① 甲은 자신의 방에서 乙과 시비가 붙자 격분하여 乙을 살해할 마음을 20
먹고 밖으로 나가 웃방 마루 밑 못그릇에 놓여 있던 낫을 들고 들어오려고 하였다. 이 순간 丙이 행동을 저지하였고 乙은 그 틈을 타서 뒷문으로 도망하였다(대법원 1986.2.25. 85도2773: 살인죄의 실행의 착수인정). ② 소매치기 甲은 乙의 양복상의 주머니에서 금품을 절취하려고 그 호주머니에 손을 뻗쳐 그 겉을 더듬었다(대법원 1984.12.11. 84도2524: 절도죄의 실행의 착수인정). ③ 야간에 손전등과 박스 포장용 노끈을 이용하여 도로에 주차된 차량의 문을 열고 현금 등을 훔치기로 마음먹고, 차량의 문이 잠겨있는지 확인하기 위해 양손으로 운전석 문의 손잡이를 잡고 열려고 하였다(대법원 2009.9.24. 2009도5595: 절도죄의 실행의 착수인정). ④ 甲은 간음할 목적으로 새벽 4시에 乙 혼자 있는 방문 앞으로 가서 방문을 열어주지 않으면 부수고 들어갈 기세로 방문을 두드렸다. 이에 乙은 위험을 느끼고 창문에 걸터앉아 가까이 오면 뛰어내리겠다고 하였지만 甲은 오히려 베란다를 통하여 창문으로 침입하려고 하였다(대법원 1991.4.9. 91도288: 강간죄의 실행의 착수인정).

例 **실행의 착수를 부정한 판례:** ① 甲은 노상에 세워 놓은 자동차 안에 있는 물건을 훔칠 생각으로 자동 21
차의 유리창을 통하여 그 내부를 손전등으로 비추어 보다가 발각되었다. 발각 당시 甲은 유리창을 따기 위해 면장갑을 끼고 있었고 칼도 소지하고 있었다(대법원 1985.4.23. 85도464: 절도죄의 실행의 착수부정). ② 甲은 자기의 사촌 여동생인 乙을 강간할 목적으로 乙의 집 담을 넘어 침입한 후 안방에 들어가 누워 자고 있던 乙의 가슴과 엉덩이를 만지면서 乙을 강간하려 하였다. 이때 乙이 잠에서 깨면서 "야!"하고 크게 고함을 치자 도망갔다(대법원 1990.5.25. 90도607: 강간죄의 실행의 착수부정). ③ 은행강도를 하여 범죄수익 등의 은닉죄를 범할 의도를 가지고 강취할 돈을 송금받을 계좌를 미리 개설해두었다(대법원 2007.1.11. 2006도5288: 은닉죄의 실행의 착수부정).

3. 범죄유형별 실행의 착수

가능한 행위의 모습들이 너무나 다양하기 때문에 실행의 착수시기 판단의 실질적 척도 22
를 찾는 문제는 구체적인 행위유형(범죄종류)에 따라 달리 판단(각칙상의 개별 구성요건의 실행행위에 대한 해석의 문제)해야 할 것이다.

이에 반해 총칙상의 범죄유형에 따라 실행의 착수시기가 문제되는 경우는 실행의 착 23
수시기에 관한 일반이론의 적용대상이 된다. 이에 관해서는 각 해당분야에서 설명하기로 한다.

제3절 미수범의 범죄성립배제사유

24 당해 범죄의 미수처벌규정의 존재, 범행결의 및 실행의 착수가 인정되면 기수범의 구성요건을 수정한 미수범의 구성요건 해당성은 충족되었다고 말할 수 있다.

25 형법상의 위법성조각사유와 책임조각사유는 미수범의 경우에도 그대로 타당하다. 기수범의 위법성심사에서 특히 위법성조각사유의 객관적 상황이 존재하나 행위자가 이를 알지 못하고 있을 경우, 즉 주관적 정당화요소가 결여된 사례를 다룸에 있어서 행위자를 불능미수범으로 취급하려는 견해는 기수범 심사를 미수범 심사로 전환한다.

제 3 장 불능(미수)범

§ 27

제 1 절 가벌적 불능미수와 구별개념

Ⅰ. 불가벌적 불능미수와의 구별

불능미수란 행위자가 범행결의를 하고 실행에 착수하였으나 그가 선택한 수단이나 대상이 객관적으로 의욕한 결과의 야기에 적합하지 못한(즉 불능한) 것으로 인정되는 경우를 말한다. 형법 제27조는 "실행의 수단 또는 대상의 착오"가 있어 결과발생이 불가능한 경우를 원칙적으로 불가벌로 다루고, 예외적으로 '위험성'이 있는 경우에 한하여 가벌적인 불능미수로 처벌할 수 있도록 규정하고 있다. 1

Ⅱ. 가벌적 불능미수와 불가벌적 환각범의 구별

1. 가벌적 불능미수(반전된 구성요건적 착오)

가벌적 불능미수범은 수단이나 대상에 문제가 있어서 결과발생이 현실적으로 절대로 불가능함에도 행위자가 그것이 가능하다고 잘못 생각한 경우 가운데 위험성이 있는 경우이다(적극적 착오). 이러한 착오는 수단이나 대상이 결과발생에 아무런 문제가 없는 데도 불구하고 행위자가 그것을 오인하여 결과발생이 불가능하다고 생각한 경우, 즉 수단과 대상에 관한 구성요건적 착오(소극적 착오)를 뒤집은 경우이기 때문에 '반전된 구성요건적 착오'라고 부르기도 한다. 2

형법은 구성요건적 착오의 경우 구성요건적 고의조각을 이유로 (과실이 없는 한) 불가벌로 처리하고 있지만, 반전된 구성요건적 착오의 경우는 그 법효과도 '반전시켜' 행위자의 고의를 인정하여 (위험성이 있는 한) 처벌하고 있다. 3

2. 불가벌적 환각범

반전된 구성요건적 착오의 일례인 불능미수범의 경우에는 '사실에 대한 착오' 때문에 구성요건이 완전히 충족되지 않지만, 환각범의 경우에는 자신의 행위가 실제 존재하지도 않는 어떤 범죄구성요건에 해당한다고 잘못 생각한 경우, 혹은 실제 존재하는 어떤 구성요건의 적용범위를 잘못 해석하여 자기에게 불리하게 확대하고서 자신의 행위가 그 구성요건을 충족하고 있다고 생각한 경우 등과 같이 '규범에 대한 착오'를 일으킨 경우이다. 후자의 4

경우를 불가벌적 환각범이라고 한다. 요컨대 환각범의 경우에는 행위자의 고의가 형법상 범죄로 인정되어 있지 않는 사실을 내용으로 하고 있어서 '형법적으로 의미 있는 범행결의' 자체가 존재하지 않는 경우를 말한다. 환각범으로 인정되는 사례유형은 다음과 같다.

(1) 반전된 금지 착오

5 실제로 전혀 존재하지 않는 형법구성요건을 상정하고 그것을 위반하려는 경우를 말한다. 예컨대 동성연애를 하면서 그것이 금지되어 있다고 생각하는 경우를 말한다.

(2) 반전된 허용의 착오

6 자기행위가 위법성조각사유에 해당하지만 그 한계를 자기에게 불리하게 해석하여 처벌될 수 있다고 믿은 경우이다. 예컨대 도품을 탈환하기 위해 절도자를 공격하면서 정당방위란 신체와 생명의 보호를 위해서만 가능하고 재산적 가치의 보호를 위해서는 허용되지 않는다고 생각하는 경우를 말한다.

(3) 반전된 포섭의 착오

7 구성요건적 사실의 내용 및 그 의미내용을 완전히 알고 있음에도 불구하고 자기에게 불리하게 당해 구성요건의 적용범위를 잘못 확장한 경우이다. 예컨대 자신이 모방한 카드가 증명적 내용이 없고 작성자도 없음에도 불구하고 형법상 문서에 해당한다고 믿은 경우가 여기에 해당한다.

(4) 반전된 가벌성의 착오

8 행위자가 자기에게 유리하게 존재하는 인적 처벌조각사유를 모르고 있기 때문에 자기행위가 처벌된다고 생각한 경우이다. 예컨대 국회의원인 자가 정기국회의 대정부질문에서 정부부처의 장관에 대하여 "당신은 사기꾼과 다름없어"라고 말하면서 자신이 모욕죄를 범하였고 처벌될 수 있다고 생각한 경우를 말한다.

3. 불능미수와 환각범의 구별

9 불능미수는 결과발생이 불가능함에도 불구하고 결과발생이 가능하다고 오인한 경우이고, 환각범은 죄가 되지 않음에도 불구하고 죄가 된다고 오인한 경우로서 전자는 행위자가 행위상황에 대한 착오를 일으키고 있는 경우이고, 환각범의 경우는 행위상황에 대해서는 제대로 인식하였으나 규범의 적용범위에 관한 착오를 일으키고 있는 경우이다. 양자의 구별은 다음과 같이 할 수 있다. 즉 행위자가 생각했던 바대로 실현되어 기수범이 성립할 수 있다면 불능미수로, 행위자의 범행결의가 실현되었더라도 충족될 범죄구성요건이 없다면 불가벌적 환각범이 된다.

제 2 절 불능미수범의 독자적 구성요건 요소

제27조 (불능범) 실행의 수단 또는 대상의 착오로 인하여 결과의 발생이 불가능하더라도 위험성이 있는 때에는 처벌한다. 단, 형을 감경 또는 면제할 수 있다.

형법 제27조와 제25조를 체계적으로 해석하면 불능(미수)범은 미수범 처벌의 일반적 요건인 '실행의 착수'와 '행위자의 범행결의'라는 요건(즉 제25조의 요건)이 인정될 것을 전제조건으로 삼아 불능미수의 고유한 구성요건 요소(제27조의 요건)로 구성된다. 불능미수의 구성요건 요소 중 하나는 ① '수단 또는 대상의 착오' 및 '그로 인한 결과발생의 사실상의 불가능성'이고 다른 하나는 ② '위험성'이다. 10

Ⅰ. 결과발생의 불가능

불능미수범이 인정되려면 결과발생이 불가능하여야 한다. 결과발생의 불가능은 '사실상' 판단되어야 하며, 그 판단은 결과가 발생하지 않은 이후의 제반사정을 고려하여 판단한다(사후판단).[17] 형법 제27조는 행위자의 행위가 결과발생에 이르지 못하는 원인과 관련하여 다음 두 가지 착오가 있을 경우를 불능미수범으로 규정해 두고 있다. 수단의 착오와 대상의 착오가 그것이다. 11

1. 수단의 착오

결과발생에 이르는 데에 객관적으로 무용한 수단을 유용하다고 오신한 경우를 말한다. 예컨대 피해자를 독살하려고 농약을 투여했는데 그것이 치사량 미달이었을 때,[18] 불량탄환을 가지고 상대방을 사살하려고 하였을 때,[19] 두통약을 가지고 낙태를 시도했을 때 등이 수단의 착오에 해당한다. 12

2. 대상의 착오

그 대상에 대해 원하는 결과발생이 원천적으로 불가능함을 모르고 있는 경우를 말한다. 예컨대 자기 소유의 물건을 횡령하려고 시도한 경우, 시체를 살해하려고 한 경우, 소매치 13

17) 이에 반해 실행의 착수 당시의 객관적 사정을 기준으로 판단한다는 견해(김일수/서보학, 527면)가 있으나, 사전판단은 불능미수의 가벌성을 근거지우는 '위험성'의 판단시점으로 보아야 한다. 이에 관해서는 후술한다.

18) 대법원 1984.2.28. 83도3331.

19) 대법원 1954.1.30. 4286형상103.

기가 빈주머니인 줄 모르고 손을 넣어 절취를 하려고 한 경우,[20] 마약류관리법이 금지하는 향정신성의약품인 줄 알고 투약하였으나 다른 향정신성의약품이었던 경우[21] 등이 대상의 착오에 해당한다.

3. 주체에 관한 착오

(1) 주체에 관한 착오의 의의

14 주체에 관한 착오란 행위자가 구성요건에 예정된 범죄주체로서의 자격을 갖추지 못하고 있음에도 불구하고 스스로 자격을 갖추고 있다고 믿고 행위한 경우를 말한다. 예컨대 비공무원이 수뢰죄를 범하려고 하는 경우와 같이 자신이 수뢰죄의 주체가 되지 않는 데도 불구하고 주체가 된다고 믿은 경우를 말한다.

(2) 주체에 관한 착오의 포함 여부

15 형법 제27조는 수단이나 대상의 착오가 있는 경우만을 규율하고 있을 뿐 주체에 관한 착오가 있는 경우를 규율하고 있지 않다. 이 규정에 대한 해석론상 주체에 관한 착오에 대해서도 불능미수범에 관한 규정을 적용할 수 있을 것인가를 둘러싸고 견해가 나누어지고 있다.

16 1) 불능미수인정설 주체의 착오의 경우에도 수단이나 대상의 착오가 있는 경우와 마찬가지로 항상 불능미수범의 문제로 취급해야 한다는 견해이다.[22] 진정신분범에 있어서의 신분도 행위객체 및 행위수단 등과 같이 행위자의 착오를 통해 대체될 수 있는 요소이기 때문이라고 한다.[23] 이에 따르면 스스로 공무원이라고 생각하는 비공무원은 공무원만이 기수에 이를 수 있는 범죄의 미수범이 될 수가 있다고 한다.

17 2) 환각범설 주체에 관한 착오의 경우 환각범으로 보아 불가벌로 처리하자는 견해이다(다수설). 이에 의하면 주체에 관한 착오의 경우 착오자는 문제의 형법규정(수뢰죄의 구성요건)상의 특별한 의무적 지위에 있는 수범자가 아니라고 한다. 그러므로 자신에게 적용되지도 않을 형법규정이 자신에게 적용된다고 생각한 자는 형법상의 범죄구성요건이 아닌 '상상의 구성요건'을 스스로 적용하고 있는 환각범의 경우와 동일한 구조를 가지게 된다고 한다. 이에 따르면 현실적으로 죄가 되지 않을 허구의 구성요건을 가지고 그 착오자를 처벌하는 것은 죄형법정주의에 위반되므로 주체에 관한 착오사례는 불가벌이라고 한다.

18 3) 이분설 주체에 관한 착오사례는 두 가지의 경우로 나누어 각각 다르게 평가해야 한다는 견해이다.[24] 첫째, 행위자가 특별한 의무적 지위(신분)를 가진 자가 아닌 데도 불구

---

20) 대법원 1986.11.25. 86도2090.
21) 대법원 2025.5.29. 2025도2199.
22) 박상기, 368면; 이정원, 307면.
23) Sch/Sch–Eser, §22 Rdn. 347.
24) 김일수/서보학, 527~528면; 손동권, §25/9.

하고 '법에 대한 잘못된 해석', 즉 규범적 구성요건요소에 대한 포섭을 잘못하여 자신이 그러한 지위를 가지고 있다고 생각한 경우이다. 이러한 경우는 법에 대한 반전된 착오를 일으킨 경우이므로 환각범으로 처리해야 한다고 한다. 둘째, 주체의 착오가 대상의 흠결 또는 대상의 불능에 기인한 경우이다. 이러한 경우는 신분범의 주체를 근거지우는 상황에 대한 착오가 있는 경우는 반전된 구성요건착오에 해당하므로 주체의 착오로 보아 불능미수범으로 처벌할 수 있다고 한다.

4) 결론 형법 제27조가 수단이나 대상에 관한 착오로 제한하고 있기 때문에 주체에 19
관한 착오는 원칙적으로 형법 제27조의 적용대상이 될 수 없으므로 불가벌적 환각범으로 처리해야 한다. 이분설에서 말하는 '대상의 흠결 또는 대상의 불능'은 형법 제27조의 "대상의 착오"에 해당할 것이므로 이분설도 형법 제27조의 적용대상에서 주체의 착오를 배제시키자는 태도와 다를 바 없다. 예컨대 길을 가다가 우연히 생면부지의 자가 익사직전에 있는 것을 보면서 자신이 그를 구조해야 할 보증인이 된다고 생각하면서 살해의 고의를 가지고 구조하지 않은 경우 행위자가 일으킨 착오는 '대상의 착오'이지 부작위에 의한 살인죄의 보증인적 지위에 관한 착오(주체의 착오)로 분류할 필요는 없다.

Ⅱ. 위험성

불능미수가 가벌적인가 불가벌적인가를 평가하는 핵심적인 표지는 '위험성'이다. 여기서 20
형법 제27조의 '위험성'이란 구체적으로 어떤 의미내용을 가지고 있는 표지이며, 위험성의 존부판단은 어떻게 할 것인가에 관해 여러 가지 견해가 대립하고 있다.

1. 형법 제27조의 위험성이라는 개념의 형법적 의미

형법 제27조의 위험성이라는 개념의 형법적 의미와 관련하여 크게 두 가지 다른 시각을 21
가진 견해가 대립하고 있다.

(1) 비독자적 위험성개념설

형법 제27조의 위험성개념을 구성요건실현가능성 내지 결과발생의 개연성으로 이해하 22
는 견해이다.[25] 이 견해는 형법 제27조의 위험성개념이 미수범 일반의 처벌근거로 이론상 등장하는 위험성개념(즉 결과발생의 가능성)과 동일한 개념이라고 한다. 이에 따르면 형법 제27조의 위험성개념은 불능미수사례를 가벌적인 불능미수와 불가벌적인 불능미수로 가르는 독자적인 의의를 가지지 않고 따라서 수단 또는 대상의 착오가 있고 결과발생이 불가능하면 위험성 유무와 상관없이 항상 가벌적인 불능미수가 된다고 한다.

---

25) 천진호, "형법 제27조의 위험성개념에 대한 해석상의 오류", 비교형사법연구 제2권 제1호, 85면; 허일태, "불능미수범에 있어 위험성의 의미", 형사법연구 제13권, 118면.

(2) 독자적 위험성개념설

23 형법 제27조의 위험성과 미수범일반의 처벌근거로서 이론상 등장하는 결과발생의 사실상의 가능성(위험성)이라는 개념을 본질적으로 다른 개념으로 본다.[26] 이에 따르면 불능미수의 경우에는 (수단 또는 대상의 착오로 인해) 결과발생의 가능성(위험성)이 없어서 원칙적으로 미수범으로 처벌할 수 없으나(불가벌적 불능미수), 예외적으로 형법 제27조에서 말하는 '또 다른 위험성이 있으면' 다시 (약화된 강도로) 처벌할 수 있다고 한다(가벌적 불능미수).

24 이와 같이 가벌적 불능미수의 '또 다른 위험성'은 미수범 일반의 이론상의 처벌근거인 위험성과는 다른 독자적인 의미내용을 가진 독립된 표지이므로, 형법 제27조의 적용사례에는 수단 또는 대상의 착오가 있지만 '위험성이 없어서' 가벌성이 부정되는 불가벌적 불능미수사례는 물론이고 '위험성도 있어서' 가벌성이 인정되는 가벌적 불능미수사례가 모두 포함된다고 한다. 그러나 이러한 견해를 취하면서도 불능미수범에만 독자적인 의미를 가지는 '위험성' 개념을 어떻게 이해할 것인지에 대해서는 견해가 일치되어 있지 않다. 사후적으로 확인된 '사실상'의 결과발생가능성과 구별하여 '평가상'의 결과발생가능성으로 이해하는 견해가 다수이다.

(3) 결론

25 1) 위험성 판단방법의 차이 미수범을 처벌하는 근거는 '사후적·객관적 관점'에서 바라볼 때 사실적·자연과학적으로 '결과발생의 위험' 내지 '결과발생의 가능성(위험성)'이 있기 때문이다.[27] 그런데 불능미수범의 경우에는 '사후적'으로 이미 결과발생의 가능성이 없다는 결론이 내려진 경우를 대상으로 한다. 이러한 전제에서 형법 제27조가 다시 '위험성'이라는 표지를 요건으로 내세우고 있는 것은 결과발생의 가능성 유무를 다른 시점(사전판단)에서 다른 방법으로 평가하도록 요구하고 있는 것으로 보아야 한다. 즉 '사후적으로' 볼 때 결과발생이 사실상 불가능하더라도 행위 당시의 '사전적인' 시점에서 '평가'해 볼 때 장래에 결과발생이 가능한 것인지를 평가하여 위험성여부를 판단하도록 하고 있는 것이다.[28]

26 2) 위험성개념의 독자성 형법 제27조의 위험성은 일반미수범의 처벌근거로서의 위험성과는 구별되는 독자적인 의미를 가지는 표지로 이해되어야 한다. 형법 제27조는 그 입법경위를 보더라도 불능미수범의 가벌성의 범위를 제한하기 위해 위험성을 독자적인 요소로 마련한 것으로 이해할 수 있다.[29] 비독자적 위험성개념설을 견지하려면 '입법론적으로'

26) 김종원, 형사법강좌Ⅱ, 625면; 배종대, §113/10; 신동운, 481-482면; 오영근, §31/12; 김태명, "형법 제27조(불능범)의 위험성요건의 독자성과 구체적 의미", 형사법연구 제26호, 2006, 246면.

27) 결과불법의 영역에서 말하는 결과발생의 불가능성은 객관적·사후적 판단에 의하여 그 유무가 결정된다(신동운, 481면).

28) 행위불법의 영역에서 말하는 위험성은 행위시점을 기준으로 장래적 판단에 의하여 그 유무를 결정한다(신동운, 482면).

29) 원래 1951년의 형법전 정부초안은 불능범에 대하여 형의 임의적 감경 또는 면제만을 인정하고 있었다. 그러나 6·25 전쟁 중에 행해진 전시戰時 형사사법의 가혹함을 목격한 제2대 국회의 국회의원들은 형법의 보충

위험성이라는 표지를 제27조에서 없애지 않고서는 불가능하다. 따라서 비독자적 위험성개념설의 주장은 우리 형법 제27조의 위험성 표지를 무시함으로써 형법이 마련한 법치국가적 안전핀의 하나를 무시하는 결과에 이를 수 있기 때문에 받아들일 수 없다.[30)]

2. 위험성 판단의 척도

27 행위자가 일으킨 수단이나 대상의 착오로 인해 결과발생이 불가능하면 원칙적으로 불가벌이지만, 예외적으로 가벌성을 인정하게 하는 기능을 하는 독자적인 표지인 '위험성'의 판단방법을 둘러싸고 다음과 같은 견해대립이 있다.

(1) 학설의 태도

28 1) **구객관설**(절대적 불능·상대적 불능구별설) '범죄행위의 성질'에 초점을 맞추어 결과발생이 절대적으로 불가능한지 상대적으로 불가능한지에 따라 '결과발생의 위험성' 유무를 판단하려는 견해이다. 이 견해에서 절대적 불능이란 개념적으로 결과발생이 불가능한 경우를 말하고, 상대적 불능이란 일반적으로 결과발생이 가능하지만 개별적으로 특수한 경우에 결과발생이 불가능한 경우를 의미한다. 예컨대 시체에 대한 살해행위는 '절대적 불능'이나, 치사량미달의 독약으로 살해를 기도한 경우는 '상대적 불능'이라고 한다. 하지만 이 견해는 결과발생의 위험성이 절대적인가, 상대적인가의 구별을 어떻게 할 것인가 하는 문제점을 안고 있다. 대법원의 종래 판례 또는 일부 판례가 이 견해를 취한다고 평가되기도 하나 후술하듯이 이러한 평가는 오해에 기인한 것이다.

29 2) **주관설** 주관적으로 범죄의사가 확실하게 표시된 이상 그것이 객관적으로 절대불능인 때에도 미수범으로 처벌하여야 한다는 입장이다. 이 입장은 불능미수를 원칙적으로 처벌하는 현행 독일형법 제23조 제3항의 태도라고 할 수 있다. 다만 이 입장은 미신범을 미수에서 제외하는데, 그 이유는 미신범의 경우 미수에서 요구되는 구성요건적 행위가 없기 때문이라고 한다. 그러나 이 견해는 불능미수를 원칙적으로 처벌하지 않지만 위험성이 있는 때에 한하여 처벌하고 그 형도 감경 또는 면제할 수 있다고 한 우리 형법의 태도와는 부합될 수 없는 입장이다.

30 3) **추상적 위험설** 행위시에 행위자가 인식한 사실을 기초로 하여 행위자가 생각한 대로의 사정이 존재하였으면 일반인의 판단에서 결과발생의 가능성이 있는 경우 위험성이 인정된다는 입장이다.[31)] 객관적으로는 결과발생의 가능성이 전혀 없지만 행위자가 인식한 사실을 기초로 하여 위험성을 인정할 수 있는 입장이기 때문에 일반인들이 구체적으로 위

성을 강조하는 방향으로 국회 법제사법위원회의 수정안을 마련하였으며 이 과정에서 불능범의 성립요건으로 위험성 표지를 형법 제27조에 규정하기에 이르렀다(신동운, 484면).

30) 배종대, §113/10.

31) 권오걸, 463면; 임웅, 388면; 정성근/정준섭, 257면; 정영일, 284면.

험을 느끼지 못해도 행위자가 느끼는 위험성 내지 행위자의 위험성이라는 추상적 위험성은 존재한다는 점에서 추상적 위험설이라고 한다. 이 견해에 대해서는 판단의 기초를 행위자가 잘못 알고 있는 사정에 국한함으로써 행위자가 경솔하게 잘못 안 경우에도 그 사정만을 기초로 위험성을 판단하므로 위험성판단의 객관성이 결여되어 있다는 비판이 제기되고 있다.

31 **4) 구체적 위험설** 행위 당시에 행위자가 인식한 사실과 일반인이 '인식할 수 있었던 사정'을 기초로 일반적 경험법칙에 따라 '사후적으로' 결과발생의 개연성이 있다고 인정할 때에는 구체적 위험성이 있으므로 가벌적 불능미수범으로 처리된다고 하는 입장이다.[32] 이때 일반적 경험법칙은 관련분야의 전문지식을 말하므로 추상적 위험설에서 말하는 평균적 일반인의 지식과는 다르다고 설명하기도 한다.[33] 이 견해에 대해서는 행위자가 인식한 내용과 일반인이 인식할 수 있었던 내용이 다른 경우에 어느 사정을 기초로 판단할 것인지가 명확하지 아니하다는 비판이 있다.[34]

32 **5) 인상설** 수단이나 대상의 착오가 있어 결과발생이 사실상 불가능하더라도 행위자의 법적대적 의사가 일반인에게 법질서를 침해하는 인상을 심어줄 경우에는 위험성이 있는 것으로 판단하여, 가벌적 불능미수범으로 처리하자는 견해이다.[35]

33 인상설은 미수범 일반의 처벌근거를 '설명'하는 견해로는 타당하지만, 위험성의 판단방법으로서 법적 평온교란상태를 어떻게 '판단'할 것인지에 관한 기준 내지 방법을 제시하고 있지 않다는 비판이 제기될 수 있다.

(2) 판례의 태도

34 判 대법원은 추상적 위험설에 따라 위험성을 판단하는 태도를 취한다. 행위자가 행위 당시에 인식한 사정을 기초로 하여 일반인이 객관적으로 판단하여 결과발생의 위험성여부를 판단해야 한다고 판시하고 있기 때문이다.[36]

---

32) 김일수/서보학, 528면; 김종원, 628면; 박상기, 340면; 배종대, §113/18; 오영근, §31/28; 이재상/장영민/강동범, §29/24.

33) 신동운, 484면.

34) 이러한 비판에 대하여 일반인이 인식한 사정을 기초로 삼고 행위자가 특히 알고 있었던 사정을 고려하면 될 것이라는 입장(이재상/장영민/강동범, §29/20)과 행위 당시 일반인이 인식할 수 있었던 사정만을 기초로 일반인의 입장에서 결과발생의 가능성 유무를 판단하여 위험성 유무를 결정하여야 한다는 입장(오영근, §31/22)으로 나뉜다.

35) 김일수, 한국형법Ⅱ, 190면; 이형국/김혜경, 444면.

36) 대표적으로 대법원 2019.3.28. 2018도16002 전원합의체. "피고인이 피해자가 심신상실 또는 항거불능의 상태에 있다고 인식하고 그러한 상태를 이용하여 간음할 의사로 피해자를 간음하였으나 피해자가 실제로는 심신상실 또는 항거불능의 상태에 있지 않은 경우에는, 실행의 수단 또는 대상의 착오로 인하여 준강간죄에서 규정하고 있는 구성요건적 결과의 발생이 처음부터 불가능하였고 실제로 그러한 결과가 발생하였다고 할 수 없다. 피고인이 준강간의 실행에 착수하였으나 범죄가 기수에 이르지 못하였으므로 준강간죄의 미수범이 성립한다. 피고인이 행위 당시에 인식한 사정을 놓고 일반인이 객관적으로 판단하여 보았을 때 준강간의 결과가 발생할 위험성이 있었으므로 준강간죄의 불능미수가 성립한다."

1) '위험성' 요건과 '결과발생의 불가능성'요건과의 차이 대법원이 구객관설에 따르기도 한다고 평가하는 견해[37]도 있다. 하지만 이러한 평가는 오해에 기인한 것 같다. 대법원이 '그 성질상 결과발생의 위험성이 있다'거나[38] '결과가 절대로 발생할 위험성이 없다고 단정할 수 없다'[39]는 등의 표현을 사용하고 있지만, 이 표현은 제27조의 불능미수 인정요건 중 '위험성' 요건이 아니라 그 요건 이전에 인정되어야 할 '수단 또는 대상의 착오로 인한 결과발생의 불가능성' 요건에 관한 판시이기 때문이다. 이 요건을 대법원은 '그 성질상' 결과가 발생할 위험성이 '절대적으로 없는 경우' 등으로 표현하고 있는 것이다. 35

2) '일반인의 객관적 판단'의 의미 대법원이 '히로뽕 제조를 위하여 에페트린에 빙초산을 혼합한 행위'가 위험성이 있는가를 판단함에 있어서 "객관적으로 제약방법을 아는 과학적 일반인의 판단으로 보아 결과발생의 가능성"이 있는지를 판단하고 있는 판결[40]을 가지고 대법원이 추상적 위험설이 아니라 구체적 위험설의 입장의 표명으로 읽는 견해[41]가 있다. 단순한 '일반인'의 판단이 아니라 '과학적 일반인'의 판단이라는 판시내용에 초점을 맞추고 있는 듯하다. 36

그러나 일반인을 기준으로 한 객관적 판단 방법을 따름에 있어 '일반인' 앞에 '과학적'이라는 수식어를 붙인 이유는 영역별로 전문지식이 요구되는 분야가 있을 경우 위험예측의 판단기준을 그 분야에서 요구되는 최소한의 일반적 지식을 갖춘 자가 규범적 척도인이 된다는 점을 강조한 탓이다. 과실범에서 주의의 정도에 관한 객관설에 입각한 대법원이 행위자와 '같은 직업이나 업무'종사자의 평균인을 규범적 척도인으로 내세우고 있음도 같은 맥락이다. 37

判 동일한 맥락에서 대법원은 법률사건의 경우에는 "법률적 지식을 가진 일반인"[42]을 척도인으로 내세우고 있는데, 이 판결 역시 구체적 위험설을 취하고 있음의 표명이 아니라 추상적 위험설하에서 위험성 판단 기준을 사례의 특성에 맞게 구체화하고 있는 것으로 이해해야 한다. 38

3) 위험성 판단의 시점 판례 법리를 구체적 위험설로 평가할 수 없는 것은 위험성 판단시점에 관한 대법원이 견지하고 있는 태도를 보면 알 수 있다. 구체적 위험설은 '행위 39

37) 이재상/장영민/강동범, §29/17.
38) 대법원 1985.3.26. 85도206.
39) 대법원 1973.4.30. 73도354.
40) 대법원 1978.3.28. 77도4049.
41) 박상기, 369면; 신동운, 484면.
42) 대법원 2005.12.8. 20005도8105. "불능범의 판단기준으로서 위험성 판단은 피고인이 행위 당시에 인식한 사정을 놓고 이것이 객관적으로 일반인의 판단으로 보아 결과발생의 가능성이 있느냐를 따져야 하고, 한편 민사소송법상 소송비용의 청구는 소송비용액 확정절차에 의하도록 규정하고 있으므로, 위 절차에 의하지 아니하고 손해배상금청구의 소 등으로 소송비용의 지급을 구하는 것은 소의 이익이 없는 부적법한 소로서 허용될 수 없다고 할 것이다. 따라서 소송비용을 편취할 의사로 소송비용의 지급을 구하는 손해배상청구의 소를 제기하였다고 하더라도 이는 객관적으로 소송비용의 청구방법에 관한 법률적 지식을 가진 일반인의 판단으로 보아 결과발생의 가능성이 없어 위험성이 인정되지 않는다고 할 것이다"

자가 인식한 사정 뿐 아니라 일반인이 인식할 수 있었던 사정'도 판단의 기초사실로 삼기 때문에 위험성 판단을 행위 후의 '사후판단' 방법에 따라야 한다고 한다. 하지만 대법원은 행위자가 "행위 당시"에 인식한 사정만을 기초로 삼기 때문에 객관적 척도인인 일반인이 행위자의 관점으로 돌아가 판단하는 '사전판단'에 따라야 한다고 한다. 추상적 위험설의 태도가 위험성판단 시점을 이렇게 보는 것인 이상 대법원의 태도를 구체적 위험설의 입장으로 평가하기는 어렵다.

(3) 결론

40 1) 추상적 위험설의 타당성 제27조의 위험성 요건의 독자성을 인정하는 견해와 가장 잘 결합될 수 있는 입장은 인상설이다. 인상설은 위험성개념을 미수범 일반의 위험성(사실상의 결과발생가능성)으로 이해하지 않고 있기 때문이다. 하지만 인상설에 따르면 위험성판단이 일반인의 감정판단으로 환원되어 지나치게 자의적으로 이루어질 우려가 있다. 더구나 인상설은 독일형법에서 일반적인 차원에서 미수처벌을 근거지우기 위해 등장한 형법이론의 하나이므로 불능미수에 고유한 위험성 요건에 대한 판단기준으로 활용하기에 그 기준이 너무 거칠다는 문제점이 있다.

41 제27조의 위험성 요건은 사후적으로 판단했을 때 결과발생이 '사실상' 불가능한 것으로 인정된 경우에 가벌성 인정을 위한 추가적 요건이다. 이러한 전제하에서 내려지는 위험성 판단은 객관적 관찰자의 입장에서 행위 당시의 시점으로 거슬러 올라가서 다시 결과발생의 가능성이 인정될 수 있는지 '평가'해 보아야 한다. 따라서 사후판단에 방법에 따라 결과발생의 가능성(개연성) 여부를 평가하는 구체적 위험설의 태도보다는 행위 당시의 시점에서 평가하는 추상적 위험설의 입장이 타당하다.

42 2) 제27조의 적용과 '위험성'요건의 심사순서 제27조의 적용시 행위자가 미수범 처벌의 일반적 요건으로-결과발생(또는 법익침해)의 사실상의 위험성의 기초가 되는-'실행의 착수'와 '행위자의 범행결의'라는 요건(즉 제25조의 요건)을 충족한 것으로 인정된 후, 불능미수의 고유한 요건에 대한 심사[① '수단 또는 대상의 착오' 및 '그로 인한 결과발생의 사실상의 불가능성'(사후판단), ② 추상적 위험설에 따른 '위험성'판단(사전판단)]로 나아가야 한다.

43 하지만 대법원이 요건①의 충족여부를 생략하고 곧바로 요건②에 대한 심사를 하는 것 같은 경우가 있다. 즉 대법원은 행위자의 행위가 '절대적으로 결과발생의 가능성'을 가져올 수 없는 경우가 아니라 결과가 발생할 가능성(또는 위험성)을 배제할 수 없다고 하면서 이를 '위험성' 요건에 대한 심사를 하는 것이라는 외관을 보여준다. 하지만 이 심사는 불능미수 인정 요건①에 대한 심사이지 요건②에 대한 심사가 아니다. 앞에서 설명했듯이 대법원이 위험성 판단에서 '구객관설'을 취하고 있는 경우도 있다는 오해를 받는 것도 바로 이러한 포괄적 심사 태도에 기인한 것으로 보인다. 하지만 이렇게 심사순서를 엄격하게 구분하지 않으면 형법 제27조가 적용되어야 할 불능미수사례와 형법 제25조의 적용대상인 장애미수사례가 쉽게 구별되지 않는 결과가 되고 만다.

例 대법원은 '피고인이 피해자 소유 승용차의 브레이크호스를 잘라 브레이크액을 유출시켜 주된 제동 기능을 완전히 상실시킴으로써 그 때문에 피해자가 그 자동차를 몰고 가다가 반대차선의 자동차와의 충돌을 피하기 위하여 브레이크 페달을 밟았으나 전혀 제동이 되지 아니하여 사이드 브레이크를 잡아당김과 동시에 인도에 부딪치게 함으로써 겨우 위기를 모면'한 사건(브레이크 액 유출사건)에 대해 "사망의 결과발생에 대한 위험성을 배제할 수 없다 할 것"이라고 하면서 형법 제27조를 참조조문으로 내세웠지만(대법원 1990.7.24. 90도1149), 이 사건은 불능미수 요건②에 해당하는 위험성이 있지만 불능미수사례가 아니라 요건①에 해당하는 '사실상의 결과발생불가능성' 요건이 부정되어 제25조의 장애미수로 인정된 사건이다. 이뿐만 아니라 대법원은 '일정량 이상을 먹으면 사람이 사망에 이를 수도 있는 '초우뿌리' 또는 '부자' 달인 물을 피해자에게 마시게 하여 피해자를 살해하려고 하였으나 피해자가 이를 토해버림으로써 미수에 그친' 사건(초우뿌리 사건)에 대해 '초우뿌리'나 '부자'는 만성관절염 등에 효능이 있으나 유독성 물질을 함유하고 있어 과거 사약으로 사용된 약초로서 그 독성을 낮추지 않고 다른 약재를 혼합하지 않은 채 달인 물을 복용하면 용량 및 체질에 따라 다르나 부작용으로 "사망의 결과가 발생할 가능성을 배제할 수 없기" 때문이라고 하면서 형법 제27조를 참조조문으로 적고 있는데(대법원 2007.7.26. 2007도3687), 이 사건 역시 불능미수 요건 ①에 해당하는 '사실상의 결과발생 불가능성'부터 인정되지 않으므로 제27조의 불능미수 사례가 아니라 제25조의 장애미수로 인정된 사례이다. 44

이러한 관점에서 볼 때, 사실관계 속에 피해자가 위기를 모면하거나 피해자가 사용한 수단이 결과를 발생시킬 가능성은 존재하지만, 다른 외부적인 사정 등으로 인해 결과가 발생하지 않은 점이 포착되는 사례는 제25조의 장애미수로 처리되어야 마땅할 사례이다. 이러한 사례에 대해 제27조의 불능미수의 요건 심사로 쉽게 나아가지 않기 위해서는 불능미수범의 또 다른 요건인 '수단 또는 대상이 착오' 및 그로 인한 '결과발생의 (성질상 또는 절대적) 불가능' 여부를 먼저 확인하는 수순을 밟아야 할 것으로 보인다. 45

제 3 절 불능미수의 처벌

결과의 발생이 불가능하고 위험성이 없는 불능미수는 불가벌이지만, 위험성이 있는 불능미수는 처벌된다. 다만 위험성이 있더라도 결과발생이 사실상 불가능했던 점을 감안하여 형벌을 감면할 수 있다(임의적 감면사유). 물론 이 경우에도 미수범을 처벌하는 규정이 존재해야 한다. 46

§ 28

제 4 장 중지미수범

제 1 절 중지미수의 의의와 유형

제26조 (중지범) 범인이 실행에 착수한 행위를 자의(자의)로 중지하거나 그 행위로 인한 결과의 발생을 자의로 방지한 경우에는 형을 감경하거나 면제한다.

1 형법 제26조와 제25조를 체계적으로 해석하면 중지(미수)범의 요건은 미수범 처벌의 일반적 요건인 '실행의 착수'와 '행위자의 범행결의'라는 요건(즉 제25조의 요건)이 인정될 것을 전제조건으로 삼아 중지미수의 고유한 요건인 '자의에 의한 행위의 중지' 또는 '자의에 의한 결과발생의 방지'라는 요건(제26조의 요건)으로 구성된다. 중지미수범의 성립요건은 뒤에서 보겠지만 미종료중지미수범과 종료중지미수범의 경우 각기 다르다.

Ⅰ. 중지미수의 의의

2 중지미수란 행위자가 실행에 착수한 후에 자의로 실행행위를 중지하거나 그 행위로 인한 결과의 발생을 자의로 방지한 경우를 말한다. 중지미수는 실행행위를 중지하거나 결과발생을 방지한 행위자의 태도가 자발적인 의사에 의해 이루어진 것을 형법적으로 평가하여 미수범 중에 가장 관대한 처벌, 즉 형벌의 '필요적 감면'효과를 부여하고 있다.

Ⅱ. 중지미수의 필요적 형감면의 근거와 자의성의 법적 성격

1. 필요적 형감면의 근거

3 형법 제26조가 중지미수에 대해 '필요적 형감면'이라는 특별한 혜택을 부여하고 있는 근거를 해명하려는 서로 다른 견해들이 존재한다.

4 **1) 형사정책설** 중지미수에 대한 형의 필요적 감면을 미수단계에서라도 실행행위를 중지하면 처벌하지 않겠다는 희망을 주어 기수를 방지하자는 형사정책적 고려를 반영하였기 때문이라고 설명하는 견해이다.[43)]

43) 신동운, 459면. 필요적 감면효과를 '후퇴를 장려하는 황금의 다리'라고 설명하는 견해나 범행중지를 행위자의 공적에 대한 국가의 보상 내지 은사라고 설명하는 견해, 혹은 일반예방이나 특별예방이라는 형벌목적에 비추어 볼 때 행위자에 대한 처벌 필요성의 감소·소멸로 설명하는 견해 등도 형사정책적 고려를 반영하고

2) **법률설** 관대한 처벌의 근거가 행위자의 '자의성'에 있고, 이 자의성은 범죄성립 5
요건 중 어느 한 요건의 감소·소멸이라는 차원에서 설명하려는 견해이다. 이 가운데 자의성을 주관적 불법요소로 보아 형면제는 불법의 소멸 때문이고 형감경은 불법의 감소 때문이라고 하는 견해도 있고, 행위자에 대한 비난가능성, 즉 책임이 감소·소멸되었기 때문이라고 설명하는 견해도 있다.

3) **결합설** 형사정책설과 법률설을 결합하여 형면제는 형사정책설에 의해 설명하지 6
만, 형감경의 근거는 불법감소·소멸로 설명하는 견해, 책임감소·소멸로 설명하는 견해, 또는 불법 및 책임의 감소라고 설명하는 견해[44] 등으로 다시 갈라진다.

4) **이원설** 형의 면제와 감경을 구분하지 않고 형사정책적 관점 중 장려 내지 보상 7
이라는 측면과 법률적 관점 중 책임감소·소멸이라는 측면을 동시에 가지고 있다고 주장하는 견해이다.[45]

2. 자의성의 법적 성격과 중지범 심사에서의 의의

위의 각 견해들 중 형사정책설은 자의성을 범죄성립요건 중의 어느 하나와 결부시키지 8
않지만, 다른 견해들(특히 법률설 및 법률설과 형사정책설의 결합 및 이원설)은 자의성의 법적 성격, 즉 자의성의 범죄체계상의 지위에 관한 견해의 차이와 결부된다. 특히 형감면의 근거를 불법감소·소멸에서 설명하려는 견해는 '자의성'을 중지미수범의 위법성 심사단계에서 검토되어야 한다고 하고, 필요적 감면의 근거를 책임감소·소멸에서 설명하는 견해는'자의성'을 책임심사단계에서 검토되어야 한다고 한다.

그러나 제26조의 해석·적용에서 형의 필요적 감면이라는 법효과에 대한 근거를 형사정책적 관점에서 9
찾는 태도와 법률적 관점에서 설명하는 태도를 구별할 실익은 없다. '~설'로 지칭되고 있지만, 중지미수범의 성립요건을 규정하고 있는 형법 제26조에 대한 해석론의 차원에서 주장되고 있는 견해들도 아니다. 위 견해들은 각기 중지미수를 처벌하는 형법규정을 입법화할 때 어떤 근거에서 관대한 법효과를 줄 것인가에 대해 각각 근거를 제시하고 있음에 불과하다. 각 견해들은 중지미수범의 성립여부에 관한 결론에서 아무런 차이를 내지 않기 때문에 형법적용상 의미있는 학설대립으로 검토될 사항이 아니다. 제26조는 자의에 한 중지에 대해 형의 필요적 감면효과를 부여하지만, 자의성 및 그 필요적 감면의 효과의 근거를 어떻게 설명하든, 중지(미수)범의 요건을 충족시키면 '범죄'의 성립이 인정되기 때문이다.

3. 결론(자의성의 체계적 지위와 자의성 판단 기준)

법률설을 취하는 전제하에서 자의성이 범죄성립요건 중 어느 체계 요소에서 심사되어 10
야 하는지도 중지범 성립여부에 변화를 가져오지 않는다. 하지만 자의성을 중지범의 구성

있는 태도라고 할 수 있다.

44) 오영근, §30/14.

45) 임웅, 364면.

요건요소로 보든 위법성 또는 책임요소로 보든 불법소멸설 또는 책임소멸설과 같이 그 요건의 '소멸'효과를 가져오는 것은 아니다. 형법 제26조는 자의성이 인정되는 중지범에 대해 필요적 형감면을 인정하고 있는데, 행위자에게 형의 '면제'가 선고되더라도 형면제는 형식상 유죄의 실체판결인바, 구성요건해당성, 위법성, 책임이라는 범죄성립요건의 충족을 전제하기 때문이다.

11 특히 중지미수범이 문제되는 경우에도 행위자가 구성요건적 고의를 가지고 실행에 착수한 것이 인정되는 이상, 행위불법이 감소되는 것도 아니므로 자의성을 불법감소와 결부시킬 수도 없다. 무엇보다도 자의성을 불법요소와 결부시키면 중지미수범에 가담한 자의성이 없는 가담자에 대해서도 불법의 연대작용(제한종속형식)에 의해 형의 감면의 혜택을 주어야 하는 부당한 결과가 생긴다. 이러한 관점에서 보면, 행위자가 더 이상의 행위를 중지하거나 결과를 방지함에 있어서 보여준 자의성은 행위자의 불법행위에 대한 '비난가능성(책임)의 감소'와 결부되고, 따라서 이러한 자의성은 형의 필요적 감면효과의 근거로 설명될 수 있다. 자의성이 범죄의 책임을 감소시키는 근거가 된다면, 대립하는 책임이론이 각기 책임 유무와 정도를 판단하는 기준으로 삼고 있는 '자유'(의사의 자유를 가정한 타행위가능성)와 '형벌목적적 관점(즉 형사정책설)' 중 어느 기준을 가지고 '자의성'개념을 해석할 것인지가 관건이 될 수 있다. 이에 관해서는 후술한다.

12 **判** 대법원도 자의성을 불법요소와 결부지우지 않는 이론적 태도를 견지하고 있는 것으로 보인다. 자의에 의한 중지를 한 행위자의 범행에 가담한 제3자에게도 독자적으로 자의성이 인정되지 않는 한, 중지미수범에 관한 형법 제26조가 적용되지 않는다는 결론만 내리고 있을 뿐이기 때문이다.[46]

Ⅲ. 중지미수의 유형

1. 의의

13 형법 제26조의 해석상 중지미수범은 미종료(착수미수의)중지범과 종료(실행미수)중지범 두 가지 유형으로 나누어질 수 있다.[47] 미종료중지범이란 행위자가 실행행위의 종료 전에 자의로 더 이상의 실행행위로 나아가지 않고 중지한 경우를 말한다. 이 경우에는 범행의 결과발생을 위해서 계속적인 행위수행으로 나아가야 할 상황이 전제되어 있다. 이러한 상황에서 행위자가 더 이상의 계속적인 행위수행을 자의로 중지하기만 하면 중지범의 관대한 효과를 줄 수 있게 된다.

14 반면에 종료중지범이란 행위자가 실행행위를 종료하였지만 자의로 결과발생을 방지한

---

46) 대법원 1986.1.21. 85도2339.

47) 착수미수와 실행미수 대신 미종료미수와 종료미수라는 용어를 사용한 이상, 중지범의 경우에도 그 유형을 미종료중지범과 종료중지범로 분류하기로 한다.

경우를 말한다. 이 경우에는 결과발생에 필요한 실행행위를 이미 종료하였기 때문에 행위자가 더 이상의 행위를 계속할 필요가 없는 상황이 전제되어 있다. 따라서 행위자가 적극적으로 결과를 방지하지 않으면 중지범의 관대한 효과를 줄 수 없게 된다.

2. 구별의 실익

중지미수범을 위와 같이 두 가지로 구별해야 하는 이유는 중지미수범으로 인정되기 위한 요건이 각각 다르기 때문이다. 전자의 경우에는 행위자의 '자의에 의한 실행의 중지'라는 요건만 있으면 중지미수범이 인정되고, 후자의 경우에는 행위자의 '자의에 의한 결과발생의 방지'라는 요건이 있어야 중지미수범이 인정된다. 양자를 구별하기 위해서는 먼저 행위자의 실행행위가 종료되었는가(종료미수) 아직 종료되지 못했는가(미종료미수)를 구별해야 한다. 15

3. 구별학설

행위자의 행위가 미종료미수인가 종료미수인가의 구별은 예컨대 행위자가 6발의 실탄이 든 총으로 피해자를 살해하기 위하여 첫발을 쏘아 총알이 빗나간 후, 다시 쏠 수 있었는데도 그 후의 사격행위를 포기한 경우와 같이 행위자가 결과발생 전에 애초의 계획과는 달리 실행을 중지한 경우에 문제된다. 이에 관한 대법원의 입장은 아직까지 없다. 16

(1) 주관설(범행계획설)

'실행의 착수시'에 행위자가 어떤 의사를 가지고 있었는가에 초점을 맞추는 견해이다. 이에 따르면 실행의 착수시에 행위자가 실행행위를 계속할 계획을 가지고 있었다면, 객관적으로 결과발생의 가능성이 있는 행위가 종료하여도 실행행위의 종료로 볼 수 없고 미종료미수로 보아야 한다고 한다.[48] 17

과거 독일의 판례가 취한 태도였지만 사전에 치밀한 계획을 짜서 여러 가지 결과야기 가능성을 염두에 두고 실행에 착수한 범인이 미종료미수로 처리될 가능성이 크므로 유리하게 취급되는 결과가 되는 문제점이 있다는 비판을 받았다. 이 입장에 의하면 위 사격포기사례는 실행의 착수시점에 행위자가 결과야기를 위해 몇 발의 총알을 소모하려고 생각하였는가에 따라 결론이 달라진다. 만약 행위자가 자신의 평소 사격실력으로 판단해서 두 번 사격으로 피해자를 사살할 수 있다고 생각하였다면 한 번의 사격 후의 중지는 미종료미수가 된다. 18

(2) 수정된 주관설

행위자의 의사를 기준으로 삼되 그 의사의 기준시점을 '실행의 착수시'가 아니라 실행행위를 '중지하는 시점'(즉 최종 실행행위 후의 행위자의 의사)에 두는 견해이다.[49] 19

---

48) 이형국/김혜경, 444면.

20 이에 따르면 행위자가 실행행위를 중지하는 시점에서 범죄의 완성(결과발생)을 위해 필요한 것은 이제 모두 종료했다고 믿고 있으면 종료미수이고, 반대로 아직 해야 할 것이 더 있다고 믿고 있으면 미종료미수라고 한다. 중지지평이론(Die Lehre vom Rücktrittshorizont)이라고도 불리는 이 견해는 현재 독일의 판례의 태도이며, 후술하는 이른바 전체적 고찰설의 영향을 받은 것이라고 한다. 이 입장에 의하면 위 사격포기사례는 미종료미수가 된다.

(3) 절충설

21 행위자의 범행계획을 고려하면서 행위 당시의 객관적 사정과 이에 관한 행위자의 인식을 종합하여 판단하려는 견해이다.[50] 이에 따르면 객관적 사정과 행위자의 계획을 종합하여 볼 때 결과발생에 필요한 행위가 끝난 후에 실행행위의 중지가 있으면 종료미수가 된다고 한다. 이 입장에 의하더라도 위 사격포기사례는 미종료미수가 된다.

(4) 결론

22 위의 학설들은 행위자의 구체적인 범행계획을 알 수 없는 경우에는 실제 사건에 적용하기가 불가능하다. 특히 주관설과 수정된 주관설의 경우가 그러하다.[51] 구체적 사례의 사실관계의 특수성에 따라 각기 다른 해결방안이 타당할 수 있다.

23 ① 행위자가 일정한 행위를 하다가 중지하고 실제로 다른 행위로 나아간 경우가 있다. 이 경우에는 행위자의 전후 행위를 전체적으로 관찰하여 한 개의 단일행위로 평가할 수 있는지에 따라 다르게 평가되어야 한다(이른바 전체적 고찰설).[52] 즉 선행행위와 그 이후에 계속된 행위가 한 개의 단일행위를 구성하는 것으로 평가된다면, 선행행위 부분을 미종료미수로 인정한다. 반면에 계속된 행위가 이전의 행위에 대해 새로운 행위로 평가된다면 새로운 행위를 계속하기 전의 시점에서 중단한 행위는 종료미수로 인정한다. ② 행위자가 일정한 행위를 하다가 중지한 후 그 후 새로운 행위를 개시하지 않은 경우에는 위와 같은 전체적 고찰설의 방법 대신에 중지한 시점에서의 행위자의 범행계획을 고려하여 행위의 종료 또는 미종료여부를 판단하여야 한다(수정된 주관설).

---

49) 박상기, 356면; 이재상/장영민/강동범, §28/31.

50) 김일수/서보학, 543면; 배종대, §109/14; 오영근, §30/36; 임웅, 373면; 정성근/정준섭, 248면.

51) 이 때문에 수정된 주관설의 토대 위에서 미종료미수와 종료미수의 구별을 객관화하는 방안으로서 중지시점에서 행위자가 '위험의식'을 가지고 있었는가에 초점을 맞추려는 방안도 나왔다. 여기서 위험의식이란 행위자의 결과발생이 더 이상 멀리 있는 가능성이 아니라는 의식을 말한다(Kühl, §16/30). 하지만 위험의식 역시 행위자의 주관적 태도를 기초로 하는바, 영리한 행위자는 언제나 자기에게 유리한 답변을 할 것이기 때문에 현실적인 구별기준으로 삼기는 역부족이다.

52) 여기서 '한 개의 단일행위'로 평가되기 위해서는 다음과 같은 전제조건을 갖추어야 한다. 첫째, 두 개의 행위부분이 시간적·장소적으로 밀접한 관계에 있어야 하고, 둘째, 계속될 것으로 예상되는 행위 부분이 전체행위의 불법내용을 양적으로 증가시키는 데에 국한되어야 하며, 셋째, 단일한 동기설정상황이 그대로 유지되어야 한다. 이러한 조건은 행위자가 실행의 착수 후 어떤 행위를 하다가 이를 중단하고 결과발생을 향해 새로운 행위로 나아가려고 한 단서를 인정할 수 있는 경우에도 위와 동일한 공식을 사용할 수 있다. 즉 '계속하게 될 새로운 행위부분이 결과를 발생시키지 않는 선행행위 부분과 함께 한 개의 행위'로 평가될 수 있는가를 물을 수 있다.

제 2 절 미종료중지범의 성립요건

미종료중지범도 미수범인 이상 범죄의 미완성, 미수처벌규정의 존재, 주관적 요건으로서 고의, 객관적 요건으로서 실행의 착수, 더 나아가 범죄성립배제사유의 부존재 등 미수범의 일반적 성립요건을 충족시켜야 한다. 미종료중지범의 특별한 요소로는 ① 미종료미수, ② 실행행위의 중지, ③ 중지의 자의성이 인정되어야 한다. 24

Ⅰ. 미종료미수

미종료미수인지 종료미수인지 여부는 앞의 구별기준에 의해 구별된다. 행위자가 결과의 발생을 위해 여러 행위를 계획하였다가 완성 전에 그 실행행위를 중지한 경우, 혹은 원래 하나의 행위를 계획하고 이를 실행하였지만 예상한 결과가 발생하지 않은 상태에서 결과를 발생하게 할 다른 행위를 할 수 있었음에도 더 이상 그러한 행위로 나아가지 않은 경우 등에 미종료미수가 인정된다. 25

Ⅱ. 실행행위의 중지

작위범의 경우 실행행위의 중지가 되기 위해서는 실행행위를 종국적으로 포기해야 할 것[53]인지, 종국적으로 포기할 필요는 없는 것[54]인지에 대해 견해가 갈린다. 생각건대 범행결의의 포기는 행위자가 그 다음의 모든 행위를 포기한다는 의미에서만 종국적이고 영원히 포기할 필요는 없다. 따라서 다른 어떤 기회에 새롭게 다시 시작하려고 하는 경우에는 그 행위와 관련해서는 실행행위의 중지로 볼 수 있다.[55] 그러나 행위자가 실행행위를 일시적으로 중단한다거나, 일단 보류하였다가 다시 계속하려고 생각하고 중단한 경우에는 실행행위의 중지라고 할 수 없다.[56] 실행행위의 중지가 인정되기 위해서는 단순히 행위의 계속을 중단하는 것으로 족하고, 별도의 어떤 외부적 활동을 필요로 하지는 않는다. 26

부작위범의 경우에는 범행결의를 단순히 포기하는 것만으로는 부족하다. 범행결의를 단순히 포기하는 것을 넘어서서 범죄의 완성을 저지하려는 적극적 행동까지 전개하여야 27

---

53) 박상기, 357면.

54) 김일수/서보학, 543면; 손동권, §24/28; 신동운, 464면; 이재상/장영민/강동범, §28/33.

55) 이재상/장영민/강동범, §28/33.

56) 대법원 1984.9.11. 84도1381. "피고인이 기밀탐지임무를 부여받고 대한민국에 입국 기밀을 탐지 수집중 경찰관이 피고인의 행적을 탐문하고 갔다는 말을 전해 듣고 지령사항수행을 보류하고 있던 중 체포되었다면 피고인은 기밀탐지의 기회를 노리다가 검거된 것이므로 이를 (간첩죄의) 중지범으로 볼 수는 없다".

한다.

28 실행행위의 '중지'라고 하기 위해서는 중단시 행위자가 그만두거나 계속하거나 둘 중의 어느 하나를 선택할 가능성이 있을 것을 요한다. 따라서 중지개념의 전제조건이 되는 선택가능성이 없는 상태에서의 중단은 여기서 말하는 중지가 될 수 없다고 새겨야 한다. 행위자가 선택의 여지없이 중단할 수밖에 없는 상황임을 알면서 중단한 경우에는 이른바 '실패한 미수'(좌절미수)의 문제로 다루어서 중지를 인정할 수 없다. 이에 관해서는 후술한다.

Ⅲ. 자의성

1. 자의성 판단의 의의

29 자의에 의한 중지이냐 하는 문제는 실행행위의 계속이 실제로 아직 가능하거나 혹은 적어도 행위자가 여전히 가능하다고 여기는 경우에만 제기하여야 한다. 따라서 행위자가 실행을 계속하는 것이 불가능함을 알면서 중지하는 경우에는 처음부터 '중지'라고 할 수도 없으므로 자의성을 검토할 필요도 없다. 뿐만 아니라 장애가 없는데도 장애가 있는 것으로 행위자가 잘못 생각한 경우에도 자의성을 인정할 수 없다. 즉 중지동기의 진정성 여부는 문제되지 않는다.

2. 자의성 판단방법

(1) 학설의 태도

30 1) 객관설 외부적 사정과 내부적 동기를 구별하여, 외부적 사정에 의하면 장애미수이고 내부적 동기에 의하면 중지미수라고 한다. 이 입장은 외부적 사정과 내부적 동기의 구별이 어려우며, 외부적 사정의 존재를 오인한 경우 그것이 내부적 동기로 파악될 여지가 있다는 문제점이 있다.

31 2) 주관설 행위자의 중지가 후회, 동정, 연민, 양심의 가책 기타 윤리적 동기에 의한 경우에는 자의성이 인정되고, 그렇지 않은 경우에는 장애미수라고 한다. 이 견해는 형법상의 자의성이라는 내부적·심리적 요소를 윤리성이라는 가치적 요소로 해석할 수 없다는 문제가 있다.

32 3) 프랑크(Frank)의 공식 중지가 자의에 기한 것이냐의 여부를 심리학적 착안점에 기초를 두고 있는 프랑크의 공식으로 해결하려는 견해이다.[57] 이에 의하면 '내가 할 수 있지만 하지 않겠다'라고 하는 자에게만 자의성이 인정되고, '내가 그것을 원했다 하더라도 할 수 없다'고 하는 자에게는 자의성이 인정되지 않는다고 한다. 이 견해는 자의성을 심리

57) 신동운, 466면; 임웅, 372면.

학적 착안점을 가지고 접근한 점에서는 타당하지만, 자의성개념을 가능성과 동일시하고 있다는 문제점이 있는 것으로 비판받고 있다.

4) **자율적 동기·타율적 동기구별설(절충설)** 강제적 장애사유가 없이 자율적 동기로 실행행위를 포기하는 자에게는 자의성이 인정되고, 범인의 의사와 관계없이 사태를 현저하게 불리하게 만드는 장애사유 때문에 타율적으로 실행행위를 포기하는 자에게는 자의성이 인정되지 않는다는 견해이다.[58] 자율적으로 중지한 이상 그것이 윤리적으로 정당한 가치를 가질 것을 요하지는 않는다고 한다.[59] 33

5) **규범적 판단설** 자의성 여부를 행위자의 심리적 사실을 기초로 확인할 것이 아니라 형법의 목적이나 형사정책적 관점 등을 고려한 '평가'하려는 견해이다.[60] 이에 따르면 '범죄자의 이성'이 내린 명령(요구)에 따라 중지를 하는 경우에는 자의성이 부정된다고 한다. 34

(2) 판례의 태도

종래 대법원의 태도를 '사회통념상 범죄실행에 장애가 되지 아니하는 사정으로 중지한 경우'에 자의성을 인정하고, 사회통념상 범죄완수에 장애가 되는 사정으로 중지한 경우에는 자의성을 부정하는 입장으로 단순하게 설명해왔다. 그러나 자세히 보면 대법원은 두 가지 서로 다른 차원의 쟁점을 자의성 판단과 결부시키고 있는 것 같다. 먼저 중지미수를 장애미수와 대척점에 있는 것으로 보는 전제하에서 행위자가 '자유로운 의사'(자의)에 의한 범죄의 실행행위를 중지한 점에 초점을 맞춘다. 다음으로 이러한 자유로운 의사(자의)에 의한 중지 중에서 다시 일반사회통념상 범죄완수에 장애가 개입되어 있는 중지를 제외한 경우를 자의에 의한 중지라고 판단한다.[61] 35

判 대법원의 판시 취지를 분석하면 대법원은 자의성 인정 여부가 두 단계 판단을 거쳐야 할 것으로 보인다. 즉 먼저 행위자의 중지가 "자유로운 의사"에 의한 것이어야 하고(1단계), 다음으로 "자의에 의한 중지 중에서도" 그 중지가 "일반 사회통념상 범죄실행(또는 범죄완수[62])에 대한 장애가 되는 사정에 의한 것이 아닌" 것이라는 추가적 평가(2단계)를 거쳐야 한다. 자유로운 의사에 기초한 것처럼 보이지만, 그 의사의 자유로움이 사회통념적 시각에서 보았을 때 범죄완수에 장애로 평가될 수 있는 요소가 개입된 것으로 판단되면, 진정한 자유로움이 아니므로 종국적으로 자의성을 부정한다는 취지로 읽힌다. 36

---

58) 배종대, §109/5; 손동권, §24/14; 오영근, §30/24; 이재상/장영민/강동범, §28/19.

59) 손동권, §28/14.

60) 김일수/서보학, 539면; 박상기, 353면; 정성근/정준섭, 227면.

61) 대법원 1985.11.12. 85도2002. "중지미수라 함은 범죄의 실행행위에 착수하고 그 범죄가 완수되기 전에 자기의 자유로운 의사에 따라 범죄의 실행행위를 중지하는 것으로서 장애미수와 대칭되는 개념이나 중지미수와 장애미수를 구분하는 데 있어서는 범죄의 미수가 자의에 의한 중지이냐 또는 어떤 장애에 의한 미수이냐에 따라 가려야 하고 특히 자의에 의한 중지 중에서도 일반사회통념상 장애에 의한 미수라고 보이는 경우를 제외한 것을 중지미수라고 풀이함이 일반이다."

62) 대법원 1993.10.12. 93도1851. "범죄의 실행행위에 착수하고 그 범죄가 완수되기 전에 자기의 자유로운 의사에 따라 범죄의 실행행위를 중지한 경우에 그 중지가 일반 사회통념상 범죄를 완수함에 장애가 되는 사정에 의한 것이 아니라면 이를 중지미수에 해당한다고 할 것이(다)."

37 例 자의성이 긍정된 경우: ① 강간의 실행에 착수하였으나 피해자가 다음에 만나 친해지면 응해주겠다는 간곡한 부탁을 듣고 실행을 중지한 경우(대법원 1993.10.12. 93도1851)에는 자의성을 긍정하였다.

38 例 자의성이 부정된 경우: ① '범행당일 미리 범행의 제보를 받은 세관직원들이 범행장소 주변에 잠복근무를 하고 있어 그들이 왔다갔다 하는 것을 보고 범행의 발각을 두려워한 나머지 자신이 분담하기로 한 실행행위를 하지 못하고 주저한 경우'(대법원 1986.1.21. 85도2339), ② 잠복근무하고 있는 경찰관을 보고 '범행의 발각을 두려워하여 그만 둔 경우'(대법원 1986.1.21. 85도2339), ③ 강간피해자가 '시장에 간 남편이 곧 돌아온다고 하면서 임신 중이라고 말하자 그만 둔 경우'(대법원 1993.4.13. 93도347), ④ '수술한지 얼마 안 되어 배가 아프다고 하면서 애원하는 바람에 그만 둔 경우'(대법원 1992.7.28. 92도917), ⑤ '불을 질러 건물을 태우려다가 불길이 치솟는 것을 보고 겁이 나서 불을 끈 경우'(대법원 1997.6.13. 97도957), ⑥ '피해자를 살해하려고 목부위와 가슴을 칼로 수 회 찔렀다가 가슴부위에서 피가 흘러나오는 것을 발견하고 겁을 먹고 그만둔 경우'(대법원 1999.4.13. 99도640)

39 대법원의 태도를 일부 견해[63]와 같이 주관적 의사에만 초점을 맞추는 입장으로 분류할 수는 없다. 행위자의 자유로운 의사에 영향을 미치는 장애사유를 결정적인 기준으로 삼고 있기 때문이다. 대법원의 태도를 사회통념설적 절충설로 이해하는 견해[64] 또는 자율적 동기타율적 동기구별설적 절충설로 이해하는 견해[65]도 타당하지 않다. 대법원은 사회통념만을 기준으로 자의성 여부를 판단하고 있는 것도 아니고, 사회통념이라는 기준에는 무엇이 절충되어 있는지도 분명하지 않기 때문이다. 또한 자율적 동기·타율적 동기구별설은 사태의 유불리를 판단함에 있어 '사회통념'이라는 기준을 개입시키고 있지도 않다. 대법원의 태도는 외부사정에 의한 중지의 경우에는 무조건 자의성을 부정하는 객관설과 다르다. 외부사정이 아닌 주관적 사정이라도 그러한 생각이 '사회통념상' 범행의 완수에 장애가 되지 않는다고 평가될 수 있으면 자의에 의한 중지로 인정할 수 있기 때문이다.

40 대법원이 자의성 개념에 대해 순수 심리학적 접근법 일변도를 지양하고, 규범적 평가적 접근법도 일부 채택하고 있음에는 동의할 만하다. 그러나 대법원이 행위자가 중지한 사정이 범죄완수에 장애가 될 만한 사정인지의 여부를 판단하는 '규범적' 필터링의 일종으로 사회통념을 사용하고 있음에는 동의하기 어렵다. 사회통념이라는 기준이 더 이상 구체화될 수 없는 추상적인 차원의 기준이기 때문이다. 다른 한편 대법원식 단계별(자의성인정여부 + 범죄완수에의 사회통념상의 장애 여부)판단 방법이 사실상 실무에서 그대로 관철되고 있는지도 의문이다. 대법원이 다수의 사례에서 사회통념상 범죄완수의 장애사유로 인정하고 있는 '범행발각의 두려움'이라는 사정은 처음부터 '자유로운 의사'의 존재부터 부정될 수 있는 심리적 강제로 분류될 수 있기 때문이다. 특히 '히로뽕 제조사건'의 경우 '원료불량으로 인한 제조상의 애로, 제품의 판로문제, 범행탄로시의 처벌공포, 공범자의 포악성' 등으로 인하여 히로뽕 제조를 단념한 것에 대해 대법원은 "그와 같은 사정이 있었다는 사정만으로서는 이를 중지미수라 할 수 없는 것"이라는 판단에 그치고 있다.[66] 이 판결 판시문에 적시된 사정 중에는 '자유로운 의사'를 부정할 만한 사정(탄로시 처벌의 공포)도 있고 긍정할 만한 사정(원료불량으로 인한 제조상의 애로, 제품의 판로문제)도 있다. 어느 사정을 대법원이 중지미수를

63) 오영근, §30/25은 판례의 태도가 주관설에 가깝다고 한다.
64) 이형국/김혜경, 426면.
65) 이재상/장영민/강동범, §28/19.
66) 대법원 1985.11.12. 85도2002.

부정하는 근거로 사용했는지 알 길이 없다. 이 뿐만 아니라 대법원이 중지를 하게 된 사정의 질적 수준을 평가하기 위해 사용하는 사회통념이라는 기준이 행위자에 대한 특혜를 주는 규범적 고려, 즉 행위자가 규범의 세계로 복귀한 것인지와 연결시킬 수 있는지도 분명하지 않다. 이 점은 특히 강간죄를 범하려고 피해자에게 폭행 등 실행의 착수를 하였으나 "친해지면 응하겠다는 피해자의 간곡한 부탁"을 듣고 중지[67]한 경우, 중지범으로 인정한 대법원의 태도와는 달리 규범적 판단 기준설에 따르면 그 중지를 얄팍한 범죄자의 이성에 따른 이보 전진을 위한 일보 후퇴로도 볼 수 있기 때문이다. 이 뿐만 아니라 앞의 ⑤⑥ 판결에서와 같이 '치솟는 불길'이나 '솟구치는 피'라는 사정이 사회통념상 행위자의 의사결정을 압박하여 범죄완수에 이르지 못하게 할 정도의 장애라고 말할 수 없을 수 있는지도 의문이다. 일반적인 방화범이나 살인범의 경우 불길이 치솟거나 피가 나는 것을 보고 두려움이나 겁을 먹고 범행을 더 이상 완수하지 못하는 경우는 극히 예외적일 것이고, 일반적인 관측에 의하면, 오히려 사태가 결과를 향해 제대로 진전되고 있다는 생각을 하는 것이 보통이다. 그럼에도 자의성을 부정하는 대법원의 태도는 위험한 방화범이나 살인자에게 중지의 특혜를 부여하는 것이 형사정책적으로 바람직하지 않다는 판단을 사회통념이라는 레토릭을 사용하여 덧입히고 있는 것이 아닌가 라는 생각을 불러일으킨다.

(3) 결론

1) 자의성에 대한 개념에 대한 접근방법 자의성(자발성)이라는 개념은 행위자 스스로의 자유로운 결정이라는 의미하는 심리학적 사실에 기초된 개념임을 부정하기는 어렵다. 하지만 형법 제26조의 해석상 규범적 관점을 전적으로 배제하는 접근법은 타당하지 않다. 형면제라는 관대한 취급을 받을 가치있는 행동인가라는 형사정책적 관점이 입법목적에 들어가 있기 때문이다. 41

2) 사회통념이 규범적 차원의 기준이 되기 어려운 이유 형사정책적 관점을 사회통념이라는 기준과 연계시키는 대법원의 태도는 법적 결정에서 법적안정성을 담보하기 어렵다. 행위자가 자신의 행위의 진퇴를 결정함에 있어 개입되어 있는 다양한 사정들 중에 '사회통념'의 관점에서 보아 범죄완수에 장애사정이 있는지에 대한 평가를 내리려면 그 평가는 동시에 자유로운 의사결정에 대한 장애가 되는 사정이 무엇인지에 대한 경험적 통계치(사전통계치)에 근거한 것이어야 한다. 42

그러나 문제되는 사정들에 대한 분석을 통해 사회통념상 범죄완수에 대한 장애사유 목록에 기입할 수 있는 경험적 통계치가 존재하지 않을 경우에는 무엇을 척도로 삼아 범죄완수에의 장애여부를 판단할 수 있을지에 대한 근거가 없다. 만약 법원이 독자적으로 어떤 사정을 사회통념상 장애임을 긍정 또는 부정한다면, 그것은 진정한 의미에 있어서 사회통념을 척도로 한 평가가 아니라 순수 법관의 주관일 뿐이다. 43

물론 대법원은 사회통념상 범죄완수에 장애가 되는 사정들을 예시적으로 제시하고 있고, 이러한 사정들이 일반적으로 범죄완수를 못하게 하는 강력한 장애사유로 볼 수 있음에는 공감대가 형성되어 있는 측면도 있다.[68] 그러나 방화범이 자유로운 의사로 불을 껐지만 44

---

67) 범행을 일단 보류하였다가 다시 강간하려는 사례와는 차이가 있으므로, '중지' 요건은 충족된다고 볼 수 있다.
68) 독일판례에서도 ① 목전에 다가온 발각의 위험성 때문에 행위자가 더 이상 행위를 못한 경우(RGSt 37, 406;

그 두려움 때문에 행위를 중지한 경우라면 그 두려움이 "치솟는 불길에 놀라거나 자신의 신체안전에 대한 위해 또는 범행 발각시의 처벌 등의 두려움" 때문인지, 아니면 막연한 두려움인지에 따라 판단이 달라질 수 있다. 두려움의 출처는 피고인이 자백한 것이 아니라면 알기 어렵기 때문이다. 실제로 피고인의 두려움이 자백 등 간접 '증거'에 의해 인정된 것이라고 하더라도 사회통념상 두려움이 범죄완수에 장애가 되는지는 별개의 문제이다. 앞서 언급했듯이 사회통념은 원칙적으로 객관적 경험적 사실에 의해 뒷받침되어야 하기 때문이다. 이것이 확인되지 않았음에도 사회통념을 기준으로 사용하는 대법원 판단은 여전히 직관에 의존한 판단일 뿐이라고 할 수 있다.

45 **3) 범행동기와 규범적 관점의 접점** 자의성의 심리적 기초를 무시하지 않으면서도 형면제라는 형사정책적 고려를 모두 고려하려면 외적 행위보다는 행위자의 범행동기에 초점을 맞추는 것이 바람직하다. 이러한 관점에서 보면, 자율적 동기·타율적 동기 구별설의 입장도 일리가 있어 보인다. 자율적·동기 타율적 동기 구별설에 따르면 중지자가 자신이 결단의 주인공으로서 중지자가 중대한 위험에 직면하지 않고 성공적으로 결과에 이를 수 있음에도 불구하고 중지하였다면 자율적 중지라고 인정할 수 있다.[69] 뿐만 아니라 행위사태가 변화되었다거나 피해자가 도주하였다는 등 행위자의 심리에 영향을 미친 외부사정이 있다고 해도 그 사정이 의사결정을 압박할 정도의 강압적인 것이 아니거나 이성적인 심사숙고의 결단이라고 볼 수 있는 이상 자율적 중지로 인정될 수 있다.

46 이 때문에 규범적 판단설도 결국은 자율과 타율이 자유로운 자기결정의 있음과 없음 이상을 의미하지 않는 결과 심리학적 기초만으로 자의성을 결정하므로 규범적 판단기준으로 추가될 필요가 생긴다. 다시 말해 자율적 동기·타율적 구별설의 입장도 결국 자율의 기초를 경험판단과 결부시키고 있을 뿐, 그 내적 동기의 규범합치성 여부와는 결부시키고 있지는 않은 것이다.

47 **4) 심리학적 접근과 규범적 평가적 접근의 절충지점** 결론적으로 '자의성' 개념이 가진 문언적 한계를 인정해야 하지만, 제26조의 입법취지를 도외시하지 않으려면 자의성개념은 심리학적 측면과 규범적 측면을 모두 고려하여 해석하는 것이 바람직할 것으로 보인다.[70] 형법적 개념에 대한 자연주의적 존재론적 접근법을 넘어선 규범적 평가적 접근법을

38, 404), ② 사용한 수단이 효과가 없어서 그만둔 경우(RGSt 15, 281) 등은 자의성이 부정되었고, ① 양심의 가책을 받아서 그만 둔 경우(RGSt 14, 22), ② 수치심 때문에 중지한 경우(RGSt 47, 79)는 자의성이 긍정되었다. 그러나 독일 판례에서도 ③ 두려움으로 인해 그만 둔 경우(RGSt 54, 326)는 자의성이 긍정되었고, ④ 공포심 때문에 중지한 경우에는 자의성을 긍정한 판례(BGH MDR 1952, 530)도 있고 부정한 판례(RGSt 68, 238)도 있다.

69) 행위자가 자신의 처와 '현장'에 있는 정부情夫를 살해하려고 실행에 착수하였다가 현장에서 도망하려고 하는 처를 살해하는 일이 더 급해서 정부에 대한 살해행위를 중지한 경우에 대해 정부에 대한 실행행위의 중지가 객관적인 심사숙고에 의한 것이라는 이유로 자의성을 인정하고 있는 독일 판례(BGHSt 35, 187)의 입장도 이러한 의미의 자율적 동기 타율적 동기 구별설에 따른 것으로 평가될 수도 있다.

따라야 함은 자의성의 경우에도 예외일 수 없다. 자의성 개념에 대한 규범적 판단의 기초사실은 행위자의 심리적 사실, 즉 '강제'가 없는 자유로운 의사결정으로 중지하였는지를 출발점으로 삼아야 한다.[71] 그리고 이에 대한 규범적 차원의 판단을 위한 연결고리는 '자유'로운 결정을 하게 된 행위자의 '동기'에서 찾을 수 있다.

형법 제26조의 자의성 개념에 대한 이러한 해석 방법은 자의성 개념을 해석함에 있어 48
행위자의 자유로운 동기설정을 기초로 삼아 그 동기의 규범합치성 여부를 판단하는 중층적 구조를 가진 개념으로 이해하는 방식이다. 이에 따르면 행위자가 자유로운 자기결정에 따라 중지를 하였지만, 그 결정에 이른 심리적 동기가 규범합치적 동기설정으로 '평가'될 수 있다면, 자의성이 인정될 수 있고, 규범합치적 동기에 기초한 것이 아니라면 자의성이 부정되어야 한다.

제 3 절 종료중지범의 성립요건

종료중지범도 미수범인 이상 미수범의 일반적 성립요건을 구비하여야 함은 물론이다. 49
종료중지미수범에 특별한 성립요건으로 ① 종료미수, ② 결과발생의 방지, ③ 결과방지의 자의성이 인정되어야 한다.

Ⅰ. 종료미수

전체적 고찰설 또는 수정된 주관설에 따라 행위자의 실행행위가 종료되었는지를 판단 50
해야 한다.

Ⅱ. 결과발생의 방지

1. 결과방지

결과발생의 방지는 행위자의 중지를 위한 노력의 결과이어야 한다. 뜻하지 않게 이루어 51

70) 더 나아가 자의성 개념의 체계적 지위가 '책임'에 있다고 보는 체계구성을 전제로 삼으면, 전통적 책임이론에 따라 타행위가능성 여부를 자의성 판단의 기준으로 삼을 수도 있고, 예방적 책임이론에 따라 특별예방목적이나 적극적 일반예방목적 등 형사정책적 관점을 고려하여 자의성 여부를 판단할 수도 있다.

71) 이에 따르면 예컨대 피해자가 행위자를 발각하고서 고함을 질렀는데, 행위자는 그 고함을 누구도 듣지 못할 것이라고 믿었음에도 더 이상의 행위수행을 중지한 경우 심리적으로는 행위자의 자유로운 결정에 기초한 것이므로 자의성이 인정될 수 있고 그 반대로 텔레비전에서 나오는 싸이렌 소리를 행위자가 실제로 경찰차가 오고 있다고 믿고 검거의 두려움 때문에 그만둔 경우에는 자의성이 부정될 수 있다.

진 결과의 불발생 혹은 단순히 반신반의하면서 기울인 노력에 의한 결과의 방지 등은 이에 해당하지 않는다. 말하자면 결과방지를 위한 결의에 기한 것이어야 한다. 그러나 결과방지의 '의도'까지 가질 필요는 없고, 미필적 방지의사를 포함하는 의미에서의 방지의사에 기한 방지이면 족하다. 단순한 소극적 부작위로는 방지행위가 인정될 수 없고, 결과를 향하여 진행되는 인과의 진행을 의욕적으로 중단하기 위한 행위이어야 방지행위가 될 수 있다. 뿐만 아니라 방지행위는 객관적으로도 결과의 발생을 방지하는 데 상당한 행위이어야 한다.

2. 중지행위와 결과방지 사이의 관계

52 형법 제26조 후단에서 "결과의 발생을 방지한 때"로 되어 있으므로 행위자의 중지행위와 결과방지 사이에 인과관계가 있어야 한다. 인과관계 이외에도 결과의 방지를 중지자의 방지행위에 객관적으로 귀속시킬 수 있어야 한다. 이에 따라 우연적인 결과회피, 지배불가능한 결과회피에 의한 결과방지는 행위자에게 귀속시킬 수 없다.

53 방지행위가 결과방지에 이르지 않고 실제로 결과가 발생하여 버리면 행위자의 방지행위가 아무리 진지한 것이었어도 중지미수범이 인정될 수 없다. 제3자(예컨대 의사, 경찰관, 소방관)가 행위자로부터 결과발생을 방지하기 위한 주도권을 넘겨받아 결과방지 행위를 계속한 경우에는 행위자가 한 것과 동일시 될 수 있을 때 중지미수범이 인정될 수 있다. 하지만 그 제3자가 그것을 거절함으로써 생기는 위험은 행위자가 부담해야 한다.

54 제3자가 행위자의 존재를 알지 못하고 결과발생을 이미 방지하였으면 중지미수범이 인정되지 않는다. 물론 이 경우에도 행위자가 그 사실을 모르고 결과방지를 위한 노력을 한 이상 이를 중지미수범의 문제로 볼 여지는 여전히 존재한다. 결과발생이 처음부터 불가능함에도 행위자가 이를 모르고 결과방지를 위한 진지한 노력을 기울였을 때에도 중지미수범을 인정할 수 있을지가 문제된다. 이에 관해서는 후술한다.

Ⅲ. 자의성(자의에 의한 결과방지)

55 종료중지범의 경우 결과방지의 '자의성'이 인정되어야 한다. 하지만 앞서 자의성 인정여부에 관한 판단기준은 대부분 실행중지에 초점이 맞추어져 있어 미종료중지범 사례에만 적용할 수 있다.

56 대법원도 '자의에 의한 중지'를 인정하기 위한 두 가지 요건을 인정하고 있을 뿐 후술할 실행행위를 종료한 후 결과를 자의로 방지할 것을 요구하는 종료중지범의 경우 '자의성' 요건 내지 판단 기준에 관해서는 아직 아무런 입장 표명이 없다. 특히 '사회통념상 범죄실행 내지 범죄완수에 장애가 되는 사정'은 미종료중지범의 경우 '자의성'요건에는 일응의 기준이 될 수 있지만, 종료중지범의 경우에도 그대로 적용하기에는 한계가 있다. 그러나 "자유로운 의사"라는 기준은 '중지'든 '방지'든 공통적으로 사용될 수 있는 기준이고,

그 의사에 기초된 동기설정의 규범합치성 여부도 '방지'의 자의성 여부 판단에도 사용할 수 있는 기준이다.

따라서 결과방지의 자의성여부는 우선 심리학적 사실로서의 자유로운 자기결정인지를 확인한다. 결과방지를 함에 있어 행위자가 구조활동을 하지 않으면 안 되는 사정이 행위자의 방지에 영향을 미쳤다면, 자유로운 자기결정에 의한 결과방지라고 보기 어렵다. 더 나아가 행위자가 불가피하게 결과를 방지한 사정이 없었던 경우라면, 행위자의 결과방지에 대해 관대한 특혜를 주는 것이 형사정책적 관점에서 규범의 타당성유지라는 형법의 목적범위 내에 있는 것이라는 평가를 추가적으로 하여 자의에 의한 방지여부를 결정한다. 행위자가 자유로운 결정을 방지행위를 하였지만 결과방지가 제3자의 개입 등 다른 사정에 의해 이루어진 경우에는 결과방지의 자의성이 부정되어야 한다. 57

구체적인 사례에서 중지범규정의 적용여부를 심사할 경우 결과를 방지하였거나 실행행위를 중지하는 행위가 있더라도 범죄구성요건에 따라 자의성 문제가 제기될 필요가 없는 경우도 있다. 예컨대 대마를 매매하기 위해 대마 2상자를 사가지고 돌아오다가 이 장사를 하게 되면 인생을 망치게 된다는 생각이 들어 이를 불태워버린 사례에 대해, "인생을 망치게 된다는 생각"에 시선이 머물러 자의성 판단의 문제로 들어가서는 안된다. 이 사례의 경우에는 행위자의 행위가 "대마를 매매"하거나 "제조나 매매의 목적으로 대마를 소지"하는 행위를 규정한 (구)대마관리법 제4조 내지 제19조의 규정의 구성요건을 완전히 충족하고 있기 때문에 그 자체로 기수가 된다.[72] 공모관계의 이탈이나 공범관계의 이탈의 경우에도 이탈이 다른 가담자의 실행의 착수전이므로 중지'미수범'의 문제는 제기되지 않고, 이탈이 부정되더라도 다른 가담자가 실행의 착수 후 기수에 이른 경우에는 이탈을 시도한 자는 – 비록 윤리적인 동기에서 가담행위를 중지하였지면 – '기수범'의 책임을 져야 하기 때문에 중지미수에 관한 규정이 적용될 사안이 아니다. 특히 뒤에서 설명할 '실패한 미수(=좌절미수)'의 경우에도 자의성 판단을 할 필요가 없다. 58

제 4 절 중지미수범의 특수문제

I. 이른바 실패한 미수와 좌절미수

1. 실패한 미수의 의의와 개념수정

(1) 실패한 미수의 의의

'실패한 미수'란 범행의 계속적 수행이 "무의미하거나", "불가능"한 경우로서 중지미수범성립이 원천적으로 불가능한 미수를 말한다.[73] 예컨대 "100만원을 절취하려고 다른 사람의 주머니에 손을 넣었으나 1,000원밖에 없어서 절취행위를 중단한 경우"가 여기에 해당하는 사례로 이해되고 있다.[74] 실패한 미수의 사례유형을 첫째, 구성요건이 행위자의 생각에 59

---

72) 대법원 1983.12.27. 83도2629.
73) 김일수/서보학, 536면; 박상기, 354면.

따라 실현될 가능성이 없을 때, 둘째, 목표로 한 행위객체가 존재하지 않을 때, 셋째, 행위객체의 질이나 상태가 행위자의 계획에 현저히 미치지 못할 경우로 범주화하기도 한다.[75)]

(2) 실패한 미수의 개념수정

60 통상 장애미수라고 불러 온 사례유형은 행위 당시 행위자가 결과발생의 실패를 '모르고 있는' 이른바 '객관적인 의미의 실패한 미수'를 말한다. 이러한 경우에는 행위자가 자신의 범행이 실패로 돌아갈 것을 모르고 있기 때문에 중단도 없는 경우가 보통이다. 따라서 행위자가 중단시 실패할 것을 미리 '알고 있는' 경우는 '주관적 의미의 실패한 미수'라고 할 수 있다.

61 주관적 의미의 실패한 미수를 처음부터 중단조차 없는 객관적 의미의 실패한 미수(장애미수)와 구별하기 위해서는 '실패'라는 용어를 사용하지 않는 것이 바람직하다. 우리말의 '실패'라는 용어에는 중단시 행위자가 자신의 행위가 결과발생에 이르지 못할 것을 미리 알고 있다는 내심의 상태가 반영되어 있지 않기 때문이다. 따라서 결과발생이 불가능하거나 무의미함을 알고서 행위를 그만두는 내심의 상태를 반영할 수 있는 적절한 용어로서 '좌절'이라는 용어를 사용하는 것이 바람직하다.[76)]

2. 좌절미수와 중지미수

(1) 좌절미수의 의의

62 좌절미수란 행위자의 생각에 따를 때 실패한 미수, 즉 주관적으로 실패한 미수를 의미한다. 좌절미수는 행위자가 객관적인 실패 그 자체를 알고 있는 경우에도 인정될 수 있지만, 다른 한편 행위자가 객관적으로 실패하지 않은 것을 실패한 것이라고 오인한 경우에도 인정될 수 있다.[77)]

(2) 좌절미수와 중지의 의미

63 좌절미수에 해당하는 사례에서 행위자는 원래의 범행계획에 비추어 계속적인 범행수행을 무의미한 것으로 생각한다. 이러한 무의미함을 깨달은 행위자가 결과발생을 향하여 계속적인 행위수행을 포기한 경우를 중지미수라고 할 수는 없다. 중지미수의 '중지'란 그 개념 본질상 계획된 대로라면 구성요건의 실현이 가능한 상황을 전제로 하는 개념으로 보아야 하기 때문이다.[78)] 따라서 좌절미수의 경우에는 중지범의 성립이 애당초 불가능하다.

---

74) 김일수/서보학, 536면.

75) 박상기, 354면.

76) 종래 독일어 'fehlgeschlagener Versuch'를 '실패한 미수'로 번역하였다가 최근 '뜻대로 안 된 또는 헛수고한 미수'로 바꾸어 번역하고 있는 입장으로는 김일수/서보학, 536면.

77) Rudolphi, SK, §24 Rdn. 8.

78) 독일판례도 좌절미수를 원칙적으로 독자적인 법형상으로 인정하고 있다. 이에 따르면 '좌절미수'라고 할 수 있으려면 "행위자가 행위의 진행을 직접적으로 계속하여도 결과야기가 사실상 불가능하다고 스스로 생각하고 있는 경우"라야 한다고 한다(BGHSt 34, 53).

(3) 좌절미수의 형법적 취급

우리 형법상 인정하고 있지 않은 제4형태의 미수범을 인정할 실정법적 근거는 없으므로 결국 좌절미수의 사례도 세 가지 미수범형태 중 어느 하나의 형태로 포섭될 수밖에 없다. 64

요컨대 좌절미수는 행위자가 주관적으로 실행행위를 계속하는 것이 무의미하다고 생각하는 경우이므로 객관적으로 결과발생에 이를 수 없음에도 불구하고 결과발생이 가능하다고 생각한 불능미수범사례와 반대되는 사례이다. 따라서 현행 형법하에서는 불능미수범의 요건도 구비하고 있지 않고 중지미수범도 원천적으로 될 수 없는 좌절미수범의 사례를 장애미수범으로 처리하는 것이 타당하다. 65

Ⅱ. 불능미수의 중지

1. 불능미수의 중지사례에 대한 형법적 취급

어떤 미수행위가 불능미수범의 요건을 갖추고 있어서 애초부터 결과발생이 불가능한 경우가 있다. 이러한 경우에 그 사실을 모르는 행위자가 실행행위를 종료하기 전에 더 이상의 행위를 중지하거나 실행행위를 종료한 후에 결과방지를 위한 노력을 기울이는 경우를 불능미수의 중지라고 한다. 이러한 경우를 불능미수로 처리해야 하는지 중지미수로 처리해야 하는지가 문제된다. 66

2. 해결방안

행위자의 행위가 미종료미수에 해당할 경우에는 행위자가 결과가 불발에 그칠 것이라는 것을 모르는 상태에서 착수한 행위를 중지하면, 자의성이 인정되는 한 당연히 중지미수범의 규정이 적용될 수 있다. 67

그러나 종료미수의 경우 결과발생이 불가능한 때 행위자가 이를 모르고 결과방지를 위하여 진지한 노력을 하였을 경우 결과의 불발생은 그러한 노력과는 무관하다. 따라서 이 경우 중지에 대하여 중지미수범의 규정을 적용할 수 있느냐가 문제된다. 68

(1) 적극설

결과방지를 위한 진지한 노력이 있을 경우 형의 균형을 고려하여 불능미수에 대한 중지를 인정하여 중지범의 규정을 적용하는 것이 사리에 합당하다고 보는 견해이다(다수설). 69

이 견해는 불능미수범의 형은 임의적 감면이지만 중지미수범의 형은 필요적 감면이므로, 중지범의 규정을 적용하지 않으면 결과방지를 위한 노력으로 인해 결과발생의 위험성이 적은 경우를 그러한 노력도 없이 결과발생의 위험성이 상대적으로 큰 경우에 비해 무겁게 취급하는 불합리한 결과가 생기는 것을 막아야 한다는 점을 근거로 삼고 있다. 실제로 70

는 독일형법 규정태도와 부합하는 해석론의 전개이다.[79)]

(2) 소극설

71 결과발생의 방지라는 우리 형법 제26조 후단의 요건을 엄격히 해석하여 결과발생의 실제적인 방지가 있어야 한다는 견해이다.[80)] 따라서 방지를 위한 노력만으로 실제적인 방지라고 할 수 없기 때문에 불능미수에 대한 중지를 인정할 수 없다고 한다.

(3) 결론

72 형법 제26조 후단이 "그 행위로 인한 결과의 발생을 자의로 방지"할 것을 요하고 있기 때문에 결과발생의 저지를 위한 자의적이고 진지한 노력만 있고 실제로 '방지'하지 못했으면 중지미수를 인정할 수 없다. '애초부터 결과발생이 불가능한 경우'인 불능미수 사례는 "그 행위로 인한 결과의 발생"을 전제로 하는 제26조의 문언에도 반한다. 따라서 애초부터 자신의 행위가 결과발생을 야기하지 못하는 것을 행위자가 모르고 진지한 노력을 하였고, 결과적으로도 결과를 자의로 방지하는 행위를 통해 '방지'하지 못한 경우는 불능미수범이 인정됨에 불과하다고 해석하여야 한다. 이러한 해석태도는 방지행위와 결과불발생 간에 인과관계가 인정되어야 한다는 해석태도와도 맥락을 같이 한다.

Ⅲ. 다수의 가담자가 있는 경우

73 중지미수범의 형의 감면의 효과는 범행을 스스로 중지한 자에게만 미칠 뿐 중지미수범의 요건을 충족시키지 않은 다른 가담자(공동정범, 간접정범, 교사범, 방조범)에게는 인정되지 않는다(다른 가담자는 장애미수범의 책임을 지게 된다). 따라서 다수의 가담자가 있는 경우 중지미수범에 관한 규정의 적용여부는 그 가담자 각자에 대해 별도로 검토해야 한다. 이에 관해서는 가담형태론에서 설명하기로 한다.

제 5 절 중지미수범의 처벌문제

Ⅰ. 원칙론

74 중지미수의 처벌은 기수범의 법정형을 기준으로 그 형을 감경하거나 면제해야 한다(필요적 감면사유). 미종료중지미수이건 종료중지미수이건 아무런 차이가 없다. 형을 감경할

79) 독일형법 제24조 제1항은 행위자가 자신의 미수행위가 애초부터 실패로 돌아갈 것이라는 점을 전혀 모르고 있는 한 그러한 경우에도 결과발생의 저지를 위한 자의적이고 진지한 노력이 있으면 중지미수를 인정하고 있다.

80) 김종원(8인 공저), 295면.

것인가 면제할 것인가는 법관이 재량으로 결정한다.

Ⅱ. 미수에 내포된 기수(가중미수)

이른바 '미수에 내포된 기수'란 행위자가 범행을 중지하였으나 그 범행으로 인하여 다른 죄명에 해당하는 결과가 발생함으로써 기수가 된 범죄가 중지미수 안에 내포된 경우를 말한다. 예컨대 피해자를 살해하려고 칼로 찔러서 상해를 입힌 뒤 자의적으로 범행을 중지한 경우가 여기에 해당한다. 이러한 경우 이미 발생한 결과를 어떻게 취급할 것인지가 문제된다. 이 문제는 중지함으로써 인정되는 중지미수범과 발생한 경한 기수범에 관한 죄수 및 경합의 문제로 귀착된다. 75

1. 법조경합관계에 있는 경우

어떤 죄의 중지미수가 보다 경한 죄의 기수를 내포하면서 양자간에 법조경합의 관계에 있는 것으로 인정될 경우에는 경한 범죄의 기수는 중한 범죄의 중지미수에 흡수되어 문제되지 않는다.[81] 예컨대 살인의 중지미수가 상해의 기수를 내포하는 경우 살인의 중지미수범과 상해죄의 기수범은 법조경합의 (보충)관계에 있으므로 살인죄의 중지미수만 인정된다. 76

2. 상상적 경합관계에 있는 경우

중지미수에 내포된 기수가 중지된 미수범의 경우에 비해 더 중한 기수범인 경우 중지미수범과 기수범은 상상적 경합관계에 있는 것으로 인정될 수 있다. 이 경우 행위자를 어떻게 처벌할 것인지에 관해서는 견해가 갈린다. 제1설은 행위자가 실현한 범죄의 기수범의 법정형에 따라 처벌되어야 한다는 견해이다. 중지미수의 경우에는 그 선택형에 면제가 포함되어 있으므로 실현된 범죄의 기수가 항상 중한 죄로 되기 때문이라고 한다(다수설). 이에 반해 제2설은 중지미수에 의한 형의 감면효과를 상상적 경합의 처리를 위한 법정형의 비교단계에서는 개입시키지 않고 중한 법정형을 먼저 선택해야 한다는 견해이다.[82] 77

제1설은 중지미수의 법효과를 처음부터 적용하는 태도이고, 제2설은 모두 기수범이 된 것을 전제로 중한 법정형이 어느 것인지를 선택한 후에 중지미수의 법효과를 사후적으로 적용하려는 태도이다. 제2설은 상상적 경합의 비교단위를 만들기 위해 중지미수사례를 인 78

81) 김용욱, "미수형태와 중지범", 형사법연구 제11권, 1999, 104면에 의하면 형면제의 경우에는 흡수되지 않고 상상적 경합이 인정된다고 한다. 그러나 중지미수의 경우 형감경이냐 면제이냐는 법관의 재량사항이므로 재량에 의해 법조경합이냐 상상적 경합이냐라는 법형상이 다르게 판단될 수는 없다고 보아야 한다.

82) 신동운, 461면; 오영근, §30/50.

위적으로 기수라고 상정한 후에 중한 죄를 선택하고 있다는 점에서 문제가 있다. 따라서 중지미수사례를 처음부터 중지미수로 취급하는 제1설이 타당하다.

제5장 예비죄 §29

제1절 예비죄의 의의

Ⅰ. 예비의 의의

1. 예비의 개념과 예비죄의 규정

제28조 (예비, 음모) 범죄의 음모 또는 예비행위가 실행의 착수에 이르지 아니한 때에는 법률에 특별한 규정이 없는 한 벌하지 아니한다.

예비란 실행에 착수하기 전에 이루어지는 범죄의 준비행위를 말한다. 예컨대 살인을 하기 위해 흉기를 구입하는 행위, 강도를 하기 위해 범행현장을 답사해 두는 행위 등을 말한다. 예비는 범죄적 의사가 외부로 표현되었다는 점에서 외부성이 없는 범행의 결의와 구별되고, 실행의 착수 이전 단계라는 점에서 미수와 구별된다. 1

형법은 범죄의 실행에 착수하기 전 단계에 해당하는 예비행위도 범죄로 규정하고 있다. 하지만 형법은 그 침해되는 법익의 가치와 그 행위 또는 행위자의 위험성을 고려하여 예비행위도 처벌해야 할 형사정책적 필요성이 있는 경우만을 범죄로 하고 있다.[83] 그러한 특수한 범죄유형으로서 형법은 일정한 범죄의 예비·음모죄를 형법각칙에 별도로 규정하고 있다. 2

형법은 제28조에서 "범죄의 음모 또는 예비행위가 실행의 착수에 이르지 아니한 때에는 법률에 특별한 규정이 없는 한 벌하지 아니한다"라는 일반적인 선언만 하고 있을 뿐 언제 예비가 될 수 있는지에 관해서는 언급이 없다. 따라서 언제 예비죄가 인정될 수 있는가 하는 문제와 관련해서는 예비·음모의 개념정의 및 실행의 착수와의 구별 등이 해석론을 통해 이루어져야 한다. 3

2. 예비와 음모의 구별

예비와 음모는 양자 모두 실행의 착수 이전 단계의 행위인 점에는 차이가 없으므로 양자를 구별할 실익이 있는가, 실익이 있다면 그 구별기준은 무엇인지가 문제된다. 4

83) 형법상 예비행위가 처벌되는 경우는 내란죄, 간첩죄, 이적죄, 폭발물사용죄, 방화죄, 일수죄, 교통방해죄, 통화위조죄, 살인죄 또는 강도죄 등과 같이 중대한 범죄에 국한하고 있다.

(1) 학설의 태도

5 1) 부정설 형법이 예비와 음모를 항상 병렬적으로 규정하여 동일하게 다루고 있으므로 양자를 구별할 실익이 없다는 견해[84]도 있고, 예비를 준비행위라는 포괄적인 행위로 보고 음모를 이에 포함시켜서 이해하는 견해[85]도 있다.

6 2) 긍정설 긍정설 가운데 범죄의 실현단계를 기준으로 음모는 심리적 준비행위로서 예비에 선행하는 범죄발전의 1단계이고, 예비는 그 외의 준비행위라는 견해(제1설)[86]도 있고, 예비는 물적 준비행위이고 음모는 인적 준비행위라는 견해(제2설)[87]도 있으며, 양자 간의 시간적 선후관계는 묻지 않고 준비행위의 성질을 기준으로 하여 음모는 심리적 준비행위이고 예비는 그 외의 준비행위라는 견해(제3설)[88]도 있다.

(2) 판례의 태도

7 대법원은 예비와 음모가 병렬적으로 규정되어 있는 경우 예비는 음모에 해당하는 행위를 제외한 것으로 보고 있어 예비와 음모를 구별하고 있다.[89] 뿐만 아니라 대법원은 원칙적으로 예비를 음모 이후의 단계로 본다. 예컨대 일본으로 밀항하고자 도항비로 일화 100만 엔을 주기로 약속하였던 자가 그 후 밀항을 포기한 경우를 밀항의 음모에는 해당하지만 밀항의 예비정도에는 이르지 않았다고 하면서[90] 음모가 예비에 선행하는 단계임을 인정하기도 한다.[91]

(3) 결론

8 1) 구별긍정론과 예비의 개념 예비와 음모는 실행의 착수 전에 이루어지는 범죄의 준비행위이다. 특별법상으로 음모는 벌하지 않고 예비죄만을 처벌하는 규정[92]이 있는 이상 예비와 음모를 개념상으로 뿐만 아니라 그 법효과면에서도 구별할 실익은 엄연히 존재한다고 할 것이다.

9 양자를 구별할 경우에 그 관계에 대하여 제1설은 음모가 예비에 선행되어야 한다면 모든 범죄에서 예비와 음모를 구별하여 처벌해야 할 것이라는 점에서 타당하지 않고, 제2설은 인적 준비를 예비에 포함시킬 수 없는 문제가 있다. 따라서 음모는 심리적 준비행위이고 예비는 그 외의 일체의 준비행위를 가리킨다고 보는 제3설이 타당하다. 뿐만 아니라 예

84) 김일수/서보학, 546면; 임웅, 353면.
85) 김성천/김형준, 468면.
86) 정성근/박광민, 365면.
87) 백형구, "예비죄", 고시연구, 1988.5, 84면.
88) 손동권, §26/2; 이재상/장영민/강동범, §30/3.
89) 대법원 1984.12.11. 82도3019.
90) 대법원 1986.6.24. 86도437.
91) 이러한 대법원의 태도는 밀항의 예비만을 처벌하고 그에 대한 음모를 처벌의 대상에서 제외하고 있는 (구) 밀항단속법 제3조 제3항을 해석한 것이다(다만 2013.5.22. 밀항단속법 개정에 따라 예비, 음모 모두를 처벌하는 것으로 개정되었다).
92) 예컨대, 관세법 제271조 제2항 및 제274조 제2항에서 지금도 예비만을 처벌하고 있다.

비는 한 사람의 단독행위자에 의해서도 가능하지만, 음모는 반드시 2인 이상의 자의 가담을 전제로 하는 점에서도 차이가 있다.

2) 음모의 개념 음모란 범죄의 심리적 준비행위로서 2인 이상의 자 사이에 성립한 범죄실행의 합의를 말한다. 따라서 상대방에게 일방적으로 범죄의사가 담긴 말을 전달하는 데 불과한 경우나 상호 간에 범죄의사를 교환하였지만 범죄실행에 대한 합의에 이르지 못한 경우는 단순한 범죄의사의 표명에 불과하기 때문에 음모가 아니다. 음모가 있었다고 하기 위해서는 특정범죄의 실행을 위한 준비행위라는 것이 객관적으로 명백히 인식되어야 하며, 범죄실행의 합의에 실질적인 위험성이 인정되어야 한다.[93] 10

Ⅱ. 예비죄의 법적 성격

1. 예비죄와 기본범죄와의 관계

(1) 학설의 태도

1) 발현형태설 예비행위를 기본범죄의 실행행위와 독립된 형태의 행위가 아니라 기본범죄의 실행행위의 전 단계의 행위, 즉 발현행위에 불과하다고 하는 견해이다(다수설). 이에 의하면 예비죄는 기본범죄의 수정된 구성요건이다. 11

2) 독립범죄설 예비죄는 그 자체가 독자적 불법의 실질을 가지고 있는 독립된 범죄로서 기본범죄와 독립된 별개의 범죄라는 견해이다.[94] 이 견해는 "본죄의 미수범은 처벌한다"는 형식으로 구성요건을 실체화하지 않은 미수범과는 달리, 예비죄는 "~죄를 범할 목적으로 예비한 자는 ~에 처한다"는 형식으로 되어 있어서 예비죄 그 자체가 기본적 구성요건과 동일한 구조로 되어 있음을 논거로 삼고 있다. 12

3) 이분설 예비죄는 기본범죄의 발현형태에 불과한 경우도 있고 독립범죄인 경우도 있음을 인정하는 견해이다.[95] 이에 의하면 우리 형법상 살인예비, 방화예비, 내란예비 등과 같이 '~죄를 범할 목적으로 예비한 자는 ~'이라는 형식으로 규정한 경우는 발현형태에 불과한 경우이고, 행사목적의 통화위조·변조죄, 판매할 목적의 마약류소지죄, 범죄단체조직죄 등과 같이 실질적으로 다른 범죄의 전단계의 행위를 독립된 범죄로 처벌하는 경우는 독립된 범죄에 해당하는 경우라고 한다. 13

(2) 판례의 태도(발현형태설)

대법원은 우리 형법이 예비죄의 처벌이 가져올 범죄의 구성요건을 부당하게 유추 내지 14

---

93) 대법원 1999.11.12. 99도3801. 대법원이 甲과 乙이 군복무기간 중에 수회에 걸쳐 '총을 훔쳐 전역 후 은행이나 현금수송차량을 털어 한탕하자'는 말을 나눈 정도만으로는 강도음모를 인정하기에 부족하다고 한 것은 범죄실행의 합의가 실질적인 위험성이 인정되는 정도에 이르지 못한 것으로 보았기 때문이다.

94) 김일수/서보학, 548면; 배종대, §116/5.

95) 김선복, "예비의 중지", 비교형사법연구 제4권 제1호(2002), 70면.

확장해석하는 것을 금지하고 있음을 이유로 예비죄는 형법상 독립된 구성요건에 해당하는 범죄가 아니라 기본범죄 실행행위의 전 단계의 행위, 즉 발현행위를 처벌하고 있는 데 불과하다고 한다.[96)]

(3) 결론

15 이분설은 형식적으로도 독립된 기본범죄의 형태로 되어 있는 범죄를 예비죄로 파악하고 있는 점에서 취할 바가 못 된다. 독립범죄설과 같이 예비죄를 독립된 범죄로 파악하면 예비행위의 태양이 무한정·무정형이기 때문에 예비죄의 인정범위가 무한하게 확대될 가능성이 있다.

16 생각건대 미수범도 기본범죄의 수정형식에 불과하다는 점에서 보면 예비행위를 독립된 구성요건적 행위로 보기는 곤란하다. 예비죄의 구성요건에서 주관적인 요소의 하나에 해당하는 목적이 언제나 '기본범죄를 범할' 목적으로 되어 있다는 점을 감안하여 예비죄를 독립된 범죄로 파악하기보다는 기본범죄의 발현형태로 보는 것이 타당하다.

2. 예비행위의 실행행위성

17 예비죄를 독립된 범죄로 보면 예비행위의 실행행위성은 당연히 인정된다.[97)] 그러나 예비죄가 수정된 구성요건이고 예비행위가 기본범죄의 발현형태에 불과하다고 보게 되면 그 발현형태인 예비행위에 실행행위성이 인정될 수 있는가가 문제될 수 있다.

(1) 학설의 태도

18 1) 실행행위성 긍정설 기본범죄에 대해서만 실행행위성을 인정하는 것은 실행행위의 상대적·기능적 성격을 무시한 것이고, 예비죄의 처벌규정이 있는 이상 당연히 처벌규정상의 실행행위성을 인정할 수 있다는 견해이다.[98)] 이 견해는 특히 이때의 실행행위란 기본범죄의 구성요건적 실행행위가 아니라 예비죄라는 범죄의 실행행위를 의미하는 것이라고 한다.

19 2) 실행행위성 부정설 실행행위는 정범의 실행행위에 한정되고, 예비행위는 무정형·무형식적인 것이므로 예비의 독자적인 실행행위성을 인정할 수 없다는 견해이다.[99)] 이 견해는 특히 예비죄를 기본범죄의 발현형태로 보면서 예비행위의 실행행위성을 인정하는 것은 논리적으로 모순이라고 보고 있다. 따라서 예비행위는 실행행위의 전 단계의 행위로서

---

96) 대법원 1976.5.25. 75도1549. "형법 제28조에 의하면 범죄의 음모 또는 예비행위가 실행의 착수에 이르지 아니한 때에는 법률에 특별한 규정이 없는 한 벌하지 아니한다고 규정하여 예비죄의 처벌이 가져올 범죄의 구성요건을 부당하게 유추 내지 확장해석하는 것을 금지하고 있기 때문에 형법각칙의 예비죄를 처단하는 규정을 바로 독립된 구성요건에 포함시킬 수는 없다."

97) 김일수/서보학, 548면.

98) 손동권, §26/9; 이재상 §30/12; 정성근/정준섭, 229면.

99) 오영근, §28/12; 이형국/김혜경, 396면; 임웅, 356면.

태아에 비유되는 성격의 행위로 이해해야 한다고 한다.

(2) 판례의 태도

判 대법원이 예비행위의 실행행위성을 인정하고 있는지에 관한 명백한 판단자료는 없다. 그러나 다음의 판시내용에서 예비행위의 실행행위 부정설의 취지를 도출해 낼 수 있다. "정범이 실행의 착수에 이르지 아니하고 예비단계에 그친 경우에는 이에 가공한다 하더라도 예비의 공동정범이 되는 때를 제외하고는 종범으로 처벌할 수 없다"[100]는 판시내용이 그것이다. 만약 예비행위에 대해 기본범죄의 구성요건적 실행행위성을 긍정한다면 그 예비행위로서의 실행행위는 정범의 실행행위이고, 따라서 정범의 실행행위(즉 예비행위)를 도와준 행위에 대한 방조범의 성립도 인정했을 것이기 때문이다. 20

(3) 결론

예비행위의 실행행위성을 긍정하는 입장과 부정하는 입장은 결국 '실행행위'라는 개념에 대한 이해방식의 차이만 있을 뿐 실제로는 아무런 견해차를 보이고 있지 않다. 긍정설의 입장에서 '실행행위'라고 말할 때에는 기본범죄의 구성요건적 실행행위가 아니라 예비죄 그 자체의 실행행위를 가리키고 있고, 부정설의 입장에서 '실행행위'라고 말할 때에는 기본범죄의 구성요건적 실행행위를 가리키고 있기 때문이다. 21

생각건대 기본범죄가 기수에 이르는 단계에서 예비행위가 위치하는 지점(범행결의→예비·음모→실행의 착수→실행행위의 종료→기수)을 고려하면 예비행위는 기본범죄의 구성요건적 실행행위와 구별되는 행위임에 분명하다. 이러한 점에서 보면 예비행위의 기본범죄의 구성요건적 실행행위성을 부정해야 한다. 그러나 다른 한편 예비죄도 수정된 범죄구성요건의 형식으로 되어 있다는 점에서 예비행위는 당해 예비죄라는 구성요건의 특수한 구성요건적 행위로 파악되어야 한다. 22

제2절 예비죄의 성립요건

I. 객관적 구성요건요소

1. 예비행위

예비행위가 죄형법정주의의 내용인 명확성의 원칙에 반하지 않으려면 일정한 정형성을 갖추어야 한다. 뿐만 아니라 예비행위는 범죄실현을 목적으로 하는 심리적 준비행위 이외의 일체의 준비행위를 의미하기 때문에 일차적으로 외부성을 갖추어야 한다. 행위의 외부성은 형법상 행위로 인정되기 위해 갖추어야 할 필수요건인 이상, 예비행위도 형법상 범죄행위인 이상 형법상의 행위개념의 내용적 요소를 모두 갖추어야 하기 때문이다. 23

---

100) 대법원 1979.11.27. 79도2201; 1979.5.22. 79도552.

24 判 대법원은 예비의 경우에도 음모의 경우와 마찬가지로 '객관적으로 보아 특정한 범죄의 실행을 위한 준비행위라는 것이 명백히 인식되고 그 준비행위에 실질적 위험성이 인정'[101]되어야 할 것을 요한다. 이에 따르면 그 준비행위에 실질적 위험성을 갖추지 못한 경우로서 결과발생이 객관적으로 불가능한 예비행위, 즉 설탕으로 사람을 살해할 수 있다고 생각하고 사람을 살해하기 위해 설탕을 준비해 둔 행위는 불능예비로서 예비행위가 될 수 없다.

25 예비행위는 실행의 착수 이전에 행하여지는데 만약 예비행위로부터 의도하지 않은 결과가 발생하게 되면 예비죄가 성립하는 것과 별개로 발생된 결과와 관련해서는 과실범이 문제된다. 예비행위 후 실행의 착수로 나아간 경우 예비는 법조경합 중 보충관계로서 미수 혹은 기수죄만 성립한다.

26 例 예비죄의 성립을 부정한 판례: ① '일방적으로 조총련간부에게 집 살 돈을 송금해 달라는 내용의 편지를 써서 전달자에게 전달을 부탁하였으나 그 전달자가 공항에서 출국하려다가 검거됨으로써 그 연락의 목적을 이루지 못한' 경우 금품을 제공할 자의 의사가 불확실할 뿐 아니라 그 의사에 관계없이 일방적으로 요구한 단계에 있었음을 근거로 금품수수의 예비죄의 성립을 부정하였다(대법원 1973.6.26. 73도548), ② 살해의 용도로 흉기를 준비했더라도 살해할 대상자가 확정되지 않았다면, 살인예비죄의 성립을 부정하였다(대법원 1959.9.1. 4292형상387).

2. 물적 예비와 인적 예비

27 예비행위를 범죄 실현을 위한 심리적 준비행위 이외의 일체의 준비행위라고 한다면 물적 예비뿐만 아니라 인적 예비도 예비행위에 해당한다. 따라서 범행을 하기 위해 건물의 구조를 잘 알고 있는 사람으로부터 건물구조에 관한 정보를 수집하는 경우나 어떤 방법이 가장 효과적인지에 대해 문의하는 것도 예비행위가 될 수 있다.[102]

3. 자기예비와 타인예비

28 자기예비란 자신이 실행행위를 할 목적으로 스스로 혹은 타인과 공동으로 하는 예비행위를 말하고, 타인예비란 타인이 실행행위를 할 죄의 예비행위를 단독으로 혹은 공동으로 하는 것을 말한다. 자기예비가 예비행위가 될 수 있다는 점에는 이견이 없지만, 타인예비가 예비행위가 될 수 있는지에 대해서는 견해가 대립한다.

(1) 학설의 태도

29 1) 타인예비 긍정설 타인예비도 예비의 개념 속에 포함된다는 견해이다.[103] 이 견해는 첫째, 타인예비도 법익침해의 실질적 위험성을 가지고 있고, 둘째, 예비죄의 구성요건 중 '~죄를 범할 목적'에는 '자기 스스로 죄를 범할 목적' 이외에 '타인으로 하여금 죄를 범하게 할 목적'도 포함되는 것으로 해석할 수 있으며, 셋째, 기도된 교사(효과 없는 교사와 실

101) 음모의 성립요건에 관한 내용을 담은 대법원 1999.11.12. 99도3801 참조.
102) 오영근, §28/16.
103) 차용석, "예비죄", 숭실대학교 법한논총(창간호), 1985.6, 10면; 김선복, 앞의 논문, 78면.

패한 교사)는 타인예비의 성격을 지닌 행위인데 이를 예비죄로 처벌하는 형법규정(형법 제31조 제2항, 제3항)이 있다는 것은 타인예비도 벌해야 하는 취지로 이해할 수 있다고 한다.

2) 타인예비 부정설 　자기예비만을 예비행위에 해당한다고 하는 견해이다.[104)] 이 견해는 첫째, 법익침해의 관점에서 볼 때 자기예비가 타인예비에 비해 훨씬 위험성이 높고, 타인예비는 자기예비에 비해 법익침해성이 상대적으로 간접적일 뿐이며, 둘째, 예비죄의 '~죄를 범할 목적'을 '타인으로 하여금 죄를 범하게 할 목적'까지 포함시켜 해석하는 것은 문언의 범위를 넘어선 해석이고, 셋째, 타인예비도 예비에 포함시키게 되면 타인예비자는 예비죄의 정범이 되고 이후 그 타인이 실행에 착수한 때에는 타인예비자가 다시 기본범죄의 공범이 되는데, 동일한 행위를 한 자가 타인의 실행의 착수 여부에 따라 정범이 되기도 하고 공범이 되기도 하는 것은 모순이라고 한다. 30

(2) 판례의 태도

判 대법원은 예비죄의 공동정범의 성립은 인정하고 예비죄의 방조범의 성립은 부정하는 태도[105)]를 취하고 있는 것으로 보아 타인예비를 인정하지 않는다고 판단된다. 예비죄의 공동정범자는 타인과 공동으로 하는 자기예비의 행위자를 말하며, 예비죄의 방조범 성립 여부를 부정하는 것 자체가 타인예비를 인정하지 않음을 방증하기 때문이다. 31

(3) 결론

형법은 예비죄의 구성요건을 '~죄를 범할 목적으로 예비 또는 음모한 자'로 규정하고 있다. 여기서 '죄를 범할 목적'에 '죄를 범하게 할 목적'을 포함시킬 수 없음은 형법의 해석상 분명하다. 이에 따르면 형법은 예비죄의 주체와 기본범죄의 주체를 동일하게 보면서 원칙적으로 예비행위를 자기예비로 한정하고 있다고 보아야 한다. 32

이 뿐만 아니라 예비행위 그 자체도 본질상 구성요건적 실행행위가 가진 정형성을 가지고 있지 못한 행위특성을 보이고 있는데, 이러한 무정형의 행위에 대한 또 다른 비정형적 행위인 방조행위를 더하여 이를 모두 예비행위에 포함시키게 되면 예비행위의 명확성을 담보할 수가 없어서 죄형법정주의에 반하는 결과가 되고 만다. 따라서 예비는 자기예비에 33

---

104) 배종대, §117/5; 손동권, §26/18; 신동운, 515면; 이재상/장영민/강동범, §30/19; 임웅, 358면.

105) 대법원 1976.5.25. 75도1549. "형법 제32조 제1항의 타인의 범죄를 방조한 자는 종범으로 처벌한다는 규정의 타인의 범죄란 정범이 범죄를 실현하기 위하여 착수한 경우를 말하는 것이라고 할 것이므로 종범이 처벌되기 위하여는 정범의 실행의 착수가 있는 경우에만 가능하고 정범이 실행의 착수에 이르지 아니한 예비의 단계에 그친 경우에는 이에 가공하는 행위가 예비의 공동정범이 되는 경우를 제외하고는 이를 종범으로 처벌할 수 없다고 할 것이다. 왜냐하면 범죄의 구성요건 개념상 예비죄의 실행행위는 무정형 무한정한 행위이고 종범의 행위도 무정형 무한정한 것이고 형법 제28조에 의하면 범죄의 음모 또는 예비행위가 실행의 착수에 이르지 아니한 때에는 법률에 특별한 규정이 없는 한 벌하지 아니한다고 규정하여 예비죄의 처벌이 가져올 범죄의 구성요건을 부당하게 유추 내지 확장해석하는 것을 금지하고 있기 때문에 형법각칙의 예비죄를 처단하는 규정을 바로 독립된 구성요건 개념에 포함시킬 수는 없다고 하는 것이 죄형법정주의의 원칙에도 합당하는 해석이라 할 것이기 때문이다. 따라서 형법전체의 정신에 비추어 예비의 단계에 있어서는 그 종범의 성립을 부정하고 있다고 보는 것이 타당한 해석이라고 할 것이다."

국한시켜야 한다.

Ⅱ. 주관적 구성요건요소

1. 예비의 고의

34 예비죄의 경우 과실범을 처벌하는 형법규정이 없다. 따라서 예비죄는 모두 고의범을 전제로 하며 과실에 의한 예비나 과실범에 대한 예비죄는 인정되지 않는다. 무엇이 예비의 고의인가에 대해서는 견해가 대립하고 있다.

(1) 기본범죄의 실행행위에 대한 고의를 의미한다는 견해(실행의 고의설)

35 예비도 미수와 같이 기본범죄의 발현형태이므로 기본범죄의 구성요건적 사실에 대한 인식이 있어야 고의가 인정될 수 있다는 견해이다.[106] 이에 따르면 예비, 미수, 기수는 범죄의 실현의 단계에 불과한 것이므로 고의의 내용은 원칙적으로 기본범죄의 구성요건의 실현을 지향하고 있으며, 기본범죄를 고려하지 않는 준비행위 그 자체만으로는 범죄행위가 될 수 없으므로 그에 대한 고의도 인정할 수 없다고 한다.

36 따라서 이 견해는 예비죄에 있어서 기본범죄를 범할 목적은 본래의 목적범의 경우와 같이 초과주관적 구성요건 요소가 아니라 고의의 내용에 포섭되는 것에 불과하다고 한다.

(2) 예비행위(준비행위)에 대한 고의를 의미한다는 견해(예비의 고의설)

37 예비행위와 기본범죄의 실행행위는 질적인 차이가 있고, 예비의 고의를 기본범죄의 실행행위에 대한 고의와 구별하여야 하므로 예비의 고의는 준비행위 자체에 대한 인식 및 의욕을 의미한다고 하는 견해이다.[107] 이 견해는 특히 우리 형법이 예비죄의 주관적 구성요건요소로서 고의 이외에 요구하는 목적의 내용이 바로 기본범죄를 범할 목적이므로 고의는 예비의 고의에 그쳐야 한다고 한다.

(3) 결론

38 예비죄를 기본범죄의 수정된 구성요건으로 이해하면 예비죄의 구성요건적 행위 역시 수정되어 기본범죄의 행위와 다르게 파악되어야 한다. 즉 예비죄의 '수정된 구성요건적 행위'가 바로 기본범죄의 구성요건 실현을 위한 '준비행위'가 된다. 이렇게 보면 예비죄의 고의는 예비죄의 구성요건적 사실에 대한 인식 및 의욕, 즉 준비행위에 대한 고의를 의미하는 것이라고 새겨야 한다.[108]

39 다른 한편 기본범죄를 수정하고 있는 예비죄의 구성요건 속에 들어 있는 목적이라는 주

---

106) 박상기, 341면; 신동운, 511면; 이형국/김혜경, 397면; 정성근/정준섭, 230면.
107) 김일수/서보학, 548면; 손동권, §26/13; 오영근, §28/25; 이재상/장영민/강동범, §30/15; 임웅, 357면.
108) 대법원도 살인예비와 관련하여 살인죄를 범할 목적 외에도 살인준비에 관한 고의가 있어야 한다고 보고 있다(대법원 2009.10.29. 2009도7150).

관적 요소는 이와 같은 의미의 제한된 고의내용, 즉 예비의 고의를 넘어서서 기본범죄를 범할 목적을 의미한다.

2. 기본범죄를 범할 목적

예비죄의 고의를 위와 같이 보는 이상 예비의 고의 이외에 구성요건의 특성상 기본범죄를 범할 목적이라는 초과주관적 구성요건 요소도 충족되어야 한다.[109] 기본범죄를 범할 목적이 충족되었다고 하기 위해 요구되는 행위자의 인식정도는 미필적 인식으로 족하다. 40

제3절 관련문제

Ⅰ. 예비의 중지

1. 예비의 중지의 의의

예비의 중지란 예비행위를 마친 후에 자의적으로 실행의 착수를 하지 아니한 경우를 말한다.[110] 형의 면제까지 인정되는 중지는 실행의 착수 후에도 인정되기 때문에 실행의 착수 이전단계인 예비에도 중지를 인정하여 중지미수범에 관한 규정을 유추할 수 있는지가 문제된다. 41

2. 중지미수범 규정의 유추적용 여부

(1) 학설의 태도

1) 부정설 중지미수는 실행의 착수를 전제로 하는 개념이므로 실행의 착수 이전 단계인 예비행위에 대해서는 중지미수규정을 준용[111]할 수 없다는 견해이다.[112] 42

이 견해에 의하면 예비행위 후 실행의 착수를 하지 않은 경우가 실행의 착수에 이른 행위보다 더 불리해질 수 있는 형의 불균형을 시정하기 위해서는 예비의 중지를 자수로 볼 수 있을 경우에 한하여 예비죄의 자수에 관한 필요적 감면규정을 유추할 수 있을 뿐이라고 43

---

109) 대법원 2006.9.14. 2004도6432. "강도예비·음모죄가 성립하기 위해서는 예비·음모 행위자에게 미필적으로라도 '강도'를 할 목적이 있음이 인정되어야 하고 그에 이르지 않고 단순히 '준강도'할 목적이 있음에 그치는 경우에는 강도예비·음모죄로 처벌할 수 없다."

110) 예비행위를 완성하지 못하고 중단한 경우에는 그것이 자의에 의한 것이든 외부적 장애에 의한 것이든 예비행위 자체가 성립하지 않는다. 이러한 경우는 예비의 중지라는 범주에도 포함되지 않는다(오영근, §30/53).

111) 준용'이란 동일한 사항을 두 번 규정하지 않기 위해서 입법기술상 사용하는 용어이므로 이 경우에 사용하는 것이 타당하지 않다(오영근, §30/54). 따라서 이하 학설상 사용되고 있는 준용이라는 표현은 모두 유추의 의미로 이해하는 것이 바람직하다.

112) 김일수/서보학, 550면.

한다.

44 2) 긍정설 예비죄의 중지에 대해서도 중지미수의 효과를 그대로 부여해야 한다는 견해이다. 이 견해는 실행의 착수가 있었던 경우에도 중지가 있으면 형이 면제되는 경우가 생기므로, 예비행위를 한 후 실행의 착수로 나아가지 않은 경우에는 당연히 형면제의 효과가 미치도록 하여야 한다는 점을 이유로 한다.

45 이 견해는 다시 예비의 중지에 대해 언제나 중지미수의 규정을 준용하자는 입장[113]과 중지미수의 형이 그 예비죄의 형보다 경할 때에만 형의 균형상 예비죄의 중지에 대하여서도 중지미수의 규정을 준용하자는 입장[114]으로 나뉜다.

(2) 판례의 태도

46 判 대법원은 형법상 중지라는 개념은 실행의 착수를 전제로 하는 개념이므로 실행의 착수에도 이르지 않은 예비의 경우에는 중지라는 개념 자체를 인정할 수 없다고 한다.[115] 이에 따르면 예비단계에서의 중단 혹은 예비행위 후 실행의 착수로 나아가지 않은 경우에 대해 중지미수의 효과(형의 필요적 감면)를 부여할 수 없게 된다.

(3) 결론

47 형법상 예비란 실행의 착수 이전의 범죄실현단계로서 예비의 중지라는 관념을 인정하는 것은 예비의 미수를 인정하는 것과 다름없는 태도이다. 예비는 실행의 착수 이전 단계이므로 실행의 착수를 전제로 하는 미수와 개념적으로 구별된다는 점에서 예비죄의 미수는 불가능하다고 해야 한다. 따라서 예비의 경우에는 중지미수의 규정을 유추적용할 수는 없고, 다만 예비의 중지를 자수로 볼 수 있는 경우에 한해 예비죄의 자수에 대한 필요적 감면규정을 적용하는 방법을 취할 수밖에 없을 것이다.

Ⅱ. 예비죄와 가담형태

48 2인 이상이 예비행위에 관여한 경우 예비죄의 공동정범, 더 나아가 예비죄의 교사·방조범을 인정할 것인지가 문제된다. 이에 관해서는 가담형태론에서 설명하기로 한다.

---

113) 오영근, §30/60; 임웅, 361면.
114) 박상기, 362면; 배종대, §111/4; 이재상/장영민/강동범, §28/47; 정성근/박광민, 373면.
115) 대법원 1966.7.12. 66도617; 1991.6.25. 91도436.

제7편

가담형태론

제 1 장 가담형태 기초이론
제 2 장 정범형태와 성립요건
제 3 장 공범형태와 성립요건

형법각칙의 범죄구성요건은 반드시 여러 명이 행위자로 가담할 것을 요건으로 하는 이른바 '필요적 공범'에 해당하는 구성요건을 제외하면, 대부분은 한 사람의 행위자가 구성요건적 행위를 직접 수행하는 경우를 예정해 두고 있다. 그러므로 지금까지 살펴본 다양한 범죄유형(과실범, 과실범, 결과적 가중범, 부작위범, 미수범 등)의 경우도 모두 단독 행위자를 전제로 삼아 그 행위의 범죄성립여부를 판단함에 있어 구성요건해당성, 위법성, 및 책임이라는 일반적 범죄성립요건의 각 하위요소(개념)들을 규정한 총칙 규정의 해석론을 전개하였다.

한 사람이 단독으로 범죄를 실현하는 경우를 '단독범' 또는 '단독정범'이라고 부를 수 있는 데 비해, 하나의 범죄구성요건이 실현되는데 두 사람 이상이 가담하는 경우를 (광의의) '공범' 또는 '다수에 의한 가담형태'라고 부를 수 있다.

형법총칙은 (광의의) '공범' 또는 '가담형태'를 정범과 (협의의) 공범으로 구별하고 있고, 정범형태로는 공동정범(제30조), 동시범(제19조) 그리고 간접정범(제34조)에 관한 규정을 두고 있으며 공범형태로는 교사범(제31조)과 방조범(제32조)에 관한 규정을 두고 있다. 그러나 '필요적 공범'을 규율하는 총칙규정은 존재하지 않는다. 가담형태론에서는 가담형태론의 기초이론을 다룬 후(제1장), 형법이 인정하는 정범형태와 각 정범형태의 범죄성립요건(제2장) 그리고 공범형태 및 각 공범형태의 범죄성립요건(제3장)을 검토한다.

제 1 장 가담형태 기초이론

§ 30

제 1 절 가담형태에 관한 입법형식과 기본개념

Ⅰ. 가담형태에 관한 입법형식

1 여러 명이 어떤 하나의 범죄에 가담할 경우 각 가담자의 가담형태를 규율하는 형식에는 두 가지 입법모델이 있다. 정범과 공범을 구별하지 않는 입법모델 및 정범과 공범을 구분하는 이원적 입법모델이 그것이다. 전자를 '단일정범체계'라고 하고, 후자를 '정범·공범 구별체계' 혹은 '공범체계'라고 부른다.

1. 단일정범체계

2 단일정범체계란 범죄구성요건을 실현하는 데에 어떤 형태로든 기여한 자 모두를 정범(단일정범개념 혹은 통일적 정범개념)으로 인정하는 입법형식을 말한다.[116] 이 체계하에서는 범죄행위를 직접 수행한 자뿐 아니라 그의 의사를 강화한 자, 그를 도와준 자를 구별하지 않고 전부 '정범'으로 본다. 따라서 '공범'이라는 개념은 필요하지도 않고, 그러한 개념을 사용하면 체계에 반하게 된다.

3 단일정범체계하에서 모든 가담자가 형사책임을 져야 하지만 그 책임의 양은 오직 자기 자신의 불법과 책임에 상응하게 결정되어야 한다. 이 때문에 각 가담자의 불법과 책임에 상응한 형벌의 양을 결정할 수 있는 양형규칙이 중요한 역할을 한다.

4 그러나 이러한 입법형식을 도입하게 되면 ① 법익침해를 야기한 모든 행위기여자를 정범으로 파악하므로 구성요건의 특수한 행위반가치가 의미를 잃게 되어 신분범이나 자수범의 경우 신분 없는 자나 자수로 실행하지 않은 자도 정범이 될 수 있어서 가벌성의 부당한 확대를 가져올 수 있다.[117] ② 범죄관여의 질적·양적 차이(기여도)에 따른 처벌의 양을 정하기 위한 구체화된 양형규칙을 만들기가 어려운 한계가 있다.[118]

---

116) 단일정범개념의 입법형식에서는 여러 가지의 정범형태 및 공범형태를 서로 구별할 필요성이 없다. 우리나라 질서위반행위규제법(제12조 제1항: "2인 이상이 질서위반행위에 가담한 때에는 각자가 질서위반행위를 한 것으로 본다.")이 단일정범체계를 취하고 있고, 경범죄처벌법(제4조: "제3조의 죄를 짓도록 시키거나 도와준 사람은 죄를 지은 사람에 준하여 벌한다")도 실질적으로 이 체계를 취하는 것으로 볼 수 있다. 독일의 질서위반법(제14조)과 오스트리아의 형법(제12조)도 마찬가지이다.

117) 이재상/장영민/강동범, §31/5.

118) 특히 교사의 미수는 물론 방조의 미수도 정범의 미수에 해당하게 되어 가벌성의 부당한 확대를 초래할 수도 있다.

2. 정범·공범 구별체계

5 정범·공범 구별체계는 범죄행위에 가담한 자 가운데 전체 범행에 대한 주도권을 가진 중심인물(주인공)만을 정범이라고 규정하는 입법모델이다. 정범이 하는 행위분담을 주된 행위라고 하고, 정범의 주된 행위는 다른 가담자의 행위분담과는 개념적으로나 가치적으로 구별되고 있다. 정범·공범 구별체계에서 정범과 다른 행위분담을 한 자를 '공범'이라고 부른다.

6 이 체계 하에서는 정범과 공범이라는 두 가지 상이한 개념을 사용하고 있지만 양자의 구별기준에 관한 규정을 두고 있지 않기 때문에 정범과 공범을 개념적으로 구별할 수 있는 이론을 개발해야 하는 어려움이 있다. 반면에 일단 개념적 구별이 이루어지면 단일정범체계에서와 같이 번잡한 양형규칙을 일일이 만들지 않아도 되는 장점이 있다. 공범에 대한 법정형은 정범의 법정형을 기준으로 삼아 조절하는 원칙규정만으로 충분하기 때문이다.

7 정범·공범 구별체계는 정범자의 가벌성 요건을 정형화 한 구성요건을 중심축으로 삼아 그 변형(수정)을 공범자의 가벌성 요건으로 설정하므로 법치국가적 요청에 부합하는 입법형식으로 선호되고 있다.[119]

3. 한국 형법의 입법모델

(1) 정범·공범 구별체계

8 형법은 단일정범체계를 받아들이지 않고 정범·공범 구별체계를 기본모델로 삼고 있다. 형법전의 제2장 제3절에서 '공범'이라는 제목 하에 공동정범(형법 제30조), 교사범(형법 제31조), 종범(형법 제32조), 공범과 신분(형법 제33조), 간접정범(형법 제34조)에 관한 규정을 둠으로써 정범과 공범의 개념적 구별을 전제하고 있기 때문이다. '종범에 대해서는 정범의 형을 감경한다'(형법 제32조 제2항)라는 규정도 입법자가 정범·공범 구별체계를 취하고 있음을 보여주고 있다.

(2) 예외적 단일정범체계

9 과실범의 경우에는 단일정범체계가 작동되고 있다고 볼 수도 있다. 고의범의 경우와 달리 주관적으로 구성요건실현을 향한 주관적 지향성이 없으므로 정범과 공범의 구별이 구조적으로 불가능하고, 따라서 주의의무를 위반하여 구성요건실현에 기여를 한 자는 전부 과실범의 정범으로 볼 여지가 있기 때문이다.[120]

---

119) 김일수/서보학, 556면. 독일이나 일본에서도 정범과 공범을 구별하는 체계를 취하고 있다.

120) 특히 과실범의 경우에는 수 개의 주의의무위반행위 가운데 결과와 인과관계가 인정될 수 있는 행위가 판명되지 않은 경우에는 동시범으로 인정할 수 있다. 동시범의 경우는 인과관계를 개별행위 단위로 판단하여야 하고 여기서 인과관계가 입증되지 못하면 과실범의 미수는 불가벌이 된다. 반면에 수 개의 주의의무위반행위가 공동정범의 관계를 이루고 있는 경우에는 개개의 주의의무위반행위가 결과에 원인이 되는 행위인가

「경범죄처벌법」도 단일정범체계에 기초된 것으로 평가할 수 있다. 법 제3조는 이 법에 10
서 열거된 경범죄들을 범하도록 시키거나(즉 교사자) 도와준 사람(방조자)을 죄를 범한 사람(정범)에 준하여 벌하도록 규정하고 있는데, 여기에는 가담형태를 개념적으로 구별하지도 않고, 각 가담자에 대한 형벌도 그 정도의 차이를 인정하고 있지도 않기 때문이다.

부진정부작위범의 경우에도 부작위에 의한 방조를 인정할 형법상의 근거규정이 없음 11
을 이유로 정범과 공범을 구별하지 않는 단일정범개념으로 해석하여야 한다는 견해[121]가 있다. 하지만 형법 제32조의 "방조"의 해석상 방조는 부작위로도 가능하므로 부진정부작위범의 경우에도 원칙적으로 정범과 공범을 구별할 수 있다고 해석할 수 있다. 이에 관해서는 후술한다. 정범·공범체계를 취하고 있는 형법의 가담형태는 다음과 같이 유형화할 수 있다.

12

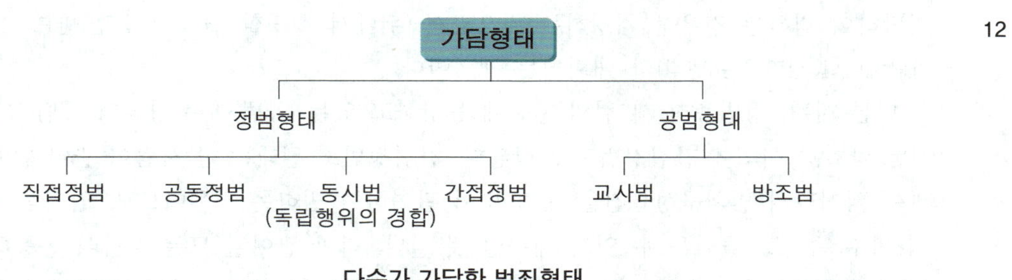

다수가 가담한 범죄형태

Ⅱ. 구별체계하에서의 공범개념의 사용례

형법은 정범과 공범을 구별하면서도, 그 편제상 정범과 공범의 상위개념으로서 다시 13
"공범"이라는 개념을 사용하고 있다. 이 때문에 공범이라는 용어가 정범과 공범이라는 가담형태를 모두 가리키는 개념으로도 사용될 수 있다. 이러한 용어사용법은 여러 명이 어떤 형태로든 범죄에 가담한 경우 그 모든 가담자를 공범자로 부르는 일상적 언어관행을 반영한 것이라고 할 수 있다. 형법학에서도 강학상 공범은 정범과 공범의 상위개념으로 사용되는 등 다양한 맥락에서 다의적으로 사용된다.

의 여부도 판명될 필요없이 인과관계를 전체적으로 판단하여 모든 행위기여자가 당해 과실범의 정범이 될 수 있다.

121) 김성룡, "부진정부작위범의 한국적 해석으로서 단일정범개념", 비교형사법연구 제5권 제1호(2003), 133면.

1. 공범개념의 다의성

(1) 협의의 공범

14 협의의 공범이란 정범에 대비되는 개념으로서 진정한 의미의 공범형태인 교사범과 방조범만을 가리킨다. '정범과 공범의 구별'문제에서 정범과 구별되는 개념으로서의 공범도 협의의 공범을 의미하고, '공범의 종속성' 원칙하에서 정범에 종속되는 공범도 협의의 공범을 의미한다.

(2) 광의의 공범

15 광의의 공범이란 협의의 공범인 교사범과 방조범은 물론이고 정범형태인 공동정범을 포함한다. 공동정범까지 포함하는 광의의 공범개념을 강학상 '임의적 공범'이라고 부르기도 한다. 임의적 공범이라는 개념은 한 사람에 의해서도 범할 수 있는 범죄를 여러 명이 가담하여 범하는 경우를 지칭하는 것으로서, 뒤에서 설명할 필요적 공범(반드시 여러 명이 가담해야만 성립하는 범죄)과 대비되는 개념이다.

16 다른 한편, 형법총칙 제3절의 제목에 등장하고 있는 '공범'에는 광의의 공범(공동정범, 교사범, 방조범) 이외에 간접정범도 포함된다. 간접정범도 원래는 한 사람이 관여하여 범할 수 있는 각칙상의 범죄구성요건을 여러 명이 관여하여 범하는 경우이므로 '임의적 공범'개념의 범주 속으로 들어올 수 있기 때문인 것 같다. 다만 관여된 모든 사람이 동등하게 처벌되는 공동정범의 경우와는 달리 간접정범의 경우에는 다른 관여자가 '처벌되지 않거나 과실범으로 처벌'되는 점에서 양자간에 차이가 있다.

(3) 최광의의 공범

17 최광의의 공범은 임의적 공범뿐만 아니라 필요적 공범까지 포함하는 개념이다. 일상 언어 관행상 '공범'이라고 할 때에는 범죄의 종류를 불문하고 그 가담형태의 종류도 구별하지 않고 여러 사람이 범죄에 관여하는 모든 경우를 지칭하는 최광의의 공범을 의미한다.

2. 임의적 공범과 필요적 공범

(1) 임의적 공범과 필요적 공범의 구별

18 광의의 공범에 속하는 '임의적 공범'은 형법각칙상 한 사람이 실현할 것을 예상하여 규정하고 있는 범죄구성요건이 2인 이상에 의해 실현되는 경우를 가리킨다. 예컨대 살인죄는 한 사람이 살해행위를 할 수도 있고, 두 사람 이상이 살해행위에 가담할 수도 있어서 두 사람 이상이 살해행위에 관여하였을 경우에는 임의적 공범으로 분류되고, 그 가담형태에 따라 다시 정범과 협의의 공범으로 구별된다.

19 이에 반해 '필요적 공범'이란 범죄구성요건의 형식상 처음부터 2인 이상이 그 범죄구성

요건을 실현할 것으로 규정되어 있는 범죄를 말한다. 예컨대 내란죄는 반드시 2인 이상이 내란행위에 가담해야만 성립할 수 있는 범죄구성요건으로 형식화되어 있는 범죄이므로 내란행위에 가담한 2인 이상은 필요적 공범이 되고, 필요적 공범 내부에서 정범과 협의의 공범은 구별되지 않는다.

(2) 구별실익

20 임의적 공범의 경우에는 그 여러 사람에 대해 가담형태에 따른 취급상의 차이를 인정하기 위해서는 먼저 정범형태인지 공범형태인지를 구별해야 하고 각 가담형태에 맞는 형법총칙상의 공범에 관한 규정을 적용하는 것이 관건이 된다.

21 이에 반해 필요적 공범은 여러 사람에 대해 가담형태에 따른 형벌의 양에 차이가 없거나 차이가 있는 경우에는 형법각칙의 범죄구성요건에 형벌의 차이가 법정형으로 직접 규정되어 있다. 그 결과 필요적 공범으로 관여한 각 행위자는 모두 형법각칙상의 범죄구성요건을 실현하는 '정범'에 해당하므로 정범이냐 공범이냐의 구별문제도 제기되지 않는다. 또한 필요적 공범 형식의 구성요건을 실현하는 내부관여자는 모두 '정범'인 이상 이들에게는 총칙의 임의적 공범 규정도 적용되지 않는 것이 원칙이다.[122]

22 判 대법원도 필요적 공범관계에 있는 자는 정범이므로 '공범'에 대해 적용되는 '형법'의 임의적 공범규정은 물론이고 '형사소송법'의 규정도 확대적용해서는 안 된다는 전제하에서 형사소송법 제253조 제2항(공범자에 대한 공소시효 정지의 효력)에서 말하는 '공범'에는 뇌물공여죄와 뇌물수수죄 사이와 같은 대향범 관계에 있는 자는 포함하지 않는다.[123] 그러나 대법원은 압수·수색영장에 기재된 피의자 또는 피고인과의 인적 관련성이 인정되는 범위에 대해서는 "압수·수색영장에 기재된 대상자의 공동정범이나 교사범 등 공범이나 간접정범은 물론 필요적 공범 등에 대한 사건에 대해서도" 넓히고 있다.[124] 다른 한편 대법원은 형법 제48조 제1항의 몰수의 경우 몰수대상자인 '범인'에는 공범자도 포함하고 그 공범자가 유죄의 죄책을 지지 아니하는 경우도 포함하며, 이 경우 공범자에는 필요적 공범도 포함시키고 있다.[125] 필요적 공범은 정범이므로 포함시키는데 문제가 없지만, 임의적 공범의 경우 '범인'(정범)속에 공범도 포함시키면 당사자에게 불리한 결과가 된다.

---

122) 그러나 필요적 공범의 '외부관여자'는 그 필요적 공범(정범)과의 관계에서 보면 '공범'이 될 수 있어서 그에 대해 총칙상의 임의적 공범규정을 적용할 수 있다. 이 뿐만 아니라 대향범의 경우 불가벌적인 '내부관여자'의 경우에도 임의적 공범규정의 적용여부를 둘러싸고 학설과 판례간 그리고 학설간에 견해가 대립한다. 이에 관해서는 후술한다.

123) 대법원 2015.2.12. 2012도4842. "형사소송법 제248조 제1항, 제253조 제1항, 제2항에서 규정하는 바와 같이, 형사소송법은 공범 사이의 처벌에 형평을 기하기 위하여 공범 중 1인에 대한 공소의 제기로 다른 공범자에 대하여도 공소시효가 정지되도록 규정하고 있는데, 위 공범의 개념이나 유형에 관하여는 아무런 규정을 두고 있지 아니하다. 따라서 형사소송법 제253조 제2항의 공범을 해석할 때에는 공범 사이의 처벌의 형평이라는 위 조항의 입법 취지, 국가형벌권의 적정한 실현이라는 형사소송법의 기본이념, 국가형벌권 행사의 대상을 규정한 형법 등 실체법과의 체계적 조화 등의 관점을 종합적으로 고려하여야 하고, 특히 위 조항이 공소제기 효력의 인적 범위를 확장하는 예외를 마련하여 놓은 것이므로 원칙적으로 엄격하게 해석하여야 하고 피고인에게 불리한 방향으로 확장하여 해석해서는 아니 된다."

124) 대법원 2023.6.1. 2018도18866.

125) 대법원 2006.11.23. 2006도5586.

Ⅲ. 필요적 공범

1. 필요적 공범의 의의

23 필요적 공범에 속하는 각칙(또는 형사특별법)의 범죄구성요건을 실현하는 2인 이상의 내부관여자들은 모두 그 구성요건의 '행위자'(정범)이다. 따라서 각 내부관여자의 범죄성립을 위해서는 임의적 '공범'에 관한 총칙규정의 적용은 배제된다. 이와 같이 필요적 공범과 관련된 쟁점은 원칙적으로 각칙 구성요건의 해석문제이지만, 총칙의 임의적 공범규정의 적용 여부에 관한 쟁점과 관련하여 총론의 가담형태론과도 일정 부분 접점을 가지고 있다.

2. 필요적 공범의 분류와 용어 사용상의 문제점

(1) 필요적 공범의 분류

24 구성요건의 형식에서 반드시 2인 이상이 실현하도록 되어 있는 필요적 공범에 속하는 형법각칙상의 범죄구성요건은 집단범, 대향범 그리고 합동범으로 분류될 수 있다.

25 **1) 집단범** 집단범이란 가담자들이 공동의 목표를 위하여 의사방향이 일치된 형태로 범죄를 실현하도록 되어 있는 범죄구성요건으로서 합동범을 제외한 경우를 말한다. 여기에는 각 가담자에 대해 동일한 법정형이 부과되어 있는 범죄구성요건도 있고,[126] 각 가담자의 가담 정도에 따라 상이한 법정형이 부과되어 있는 범죄구성요건도 있다.[127]

26 **2) 대향범** 대향범이란 상대방을 필요로 하는 범죄, 즉 가담자들이 서로 반대되는 방향의 의사를 가지고 일정한 목표를 달성하기 위해 구성요건적 행위를 하도록 만들어진 범죄구성요건을 말한다. 여기에도 각 가담자에 대해 동일한 법정형이 부과되어 있는 범죄도 있고,[128] 상이한 법정형이 부과되어 있는 범죄[129]도 있다.

27 필요적 공범이 되려면 원칙적으로 2인 이상의 가담자가 모두 처벌되는 범죄이어야 한다는 전제하에서 범인은닉·도피죄(제151조 제1항), 음화판매죄(제243조), 촉탁·승낙살인죄(제252조 제1항)와 같이 행위자는 처벌되지만 그 상대방이 처벌되지 않는 경우를 대향범에 속하지 않는다고 하는 견해[130]가 있다. 하지만 필요적 공범이라는 용어보다는 '필요적 가담'이라는 용어가 적절하

---

126) 소요죄(제115조), 다중불해산죄(제116조), 특수공무방해죄(제144조), 특수폭행죄(제261조), 특수체포·감금죄(제278조), 특수협박죄(제284조), 특수주거침입죄(제320조), 해상강도죄(제340조), 특수손괴죄(제369조) 등이 있다.

127) 내란죄(제87조) 등이 여기에 속한다. 이러한 범죄구성요건을 보면 가담자 중의 일부가 임의적 공범에 해당하는 교사행위 혹은 방조행위를 하는 것이 예정되어 있다.

128) 도박죄(제246조), 아동혹사죄(제274조), 인신매매죄(제289조 제1항~제4항) 등이 이에 속한다.

129) 뇌물죄에서 수뢰자(제129조)와 증뢰자(제133조), 업무상동의낙태죄에서 의사(제270조 제1항, 단 이는 구형법에 의한 것이며, 2019년 헌법재판소 헌법불합치결정에 따라 현재 효력은 없음)와 임산부(제269조 제1항), 배임수증죄에서 배임수재자(제357조 제1항)와 배임증재자(제357조 제2항) 등이 이에 속한다.

130) 오영근, §32/28.

다는 입장에서 볼 때, 필요적 가담은 가담자 모두가 처벌될 것을 전제로 하지 않는다.131) 따라서 일방만 처벌되는 대향범(='편면적 대향범')의 경우도 필요적 가담의 범주 속에 포함되는 것으로 보는 것이 타당하다.

3) 합동범 합동범이란 2인 이상이 합동하여 범죄를 범한 경우 형벌을 가중하도록 28
규정되어 있는 범죄형태를 말한다. 형법은 특수도주죄(제146조), 특수절도죄(제331조 제2항), 특수강도죄(제334조 제2항)의 세 개의 범죄만을 합동범으로 규정하고 있지만, 특별법에도 합동범의 형식으로 되어 있는 범죄구성요건이 있다.132)

합동범은 필요적 공범이 아니라 ① 공동정범의 특수형태에 불과하다고 보는 견해133)도 29
있고, ② 합동범은 1인의 행위에 의해서도 범죄가 성립하지만 2인 이상이 참가하면 형벌이 특히 가중되는 부진정 필요적 공범이라고 하는 견해134)도 있다. 하지만 합동범은 다음 세 가지 이유에서 필요적 공범으로 보는 것이 타당하다.135)

첫째, 합동범은 개별범죄구성요건에 이미 '2인 이상'의 행위주체를 예정해두고 있기 때 30
문에 총칙규정과의 결합을 통하여 2인 이상의 행위주체가 만들어지는 공동정범과 다르다. 둘째, 뒤에서 살펴볼 바와 같이 합동의 의미도 가담자들의 현장성을 요구하는 점에서 공동정범에서의 '공동'의 의미와 다르다. 셋째, 필요적 공범은 원래 단독으로 실행할 수 없는 행위유형을 특별유형의 범죄로 규정한 것이므로 부진정 필요적 공범이라는 개념은
인정할 필요가 없다. 넷째, 합동범은 후술하듯이 2인 이상의 가담자 중에 현장에 있는 자 31
만 정범이 될 것을 요하는 구성요건이므로 필요적 공범이면서도 '자수범'으로 해석될 수 있다. 이러한 해석태도를 취하면 현재의 판례법리와 같이 현장에 없는 자까지 기능적 행위지배가 인정되기만 하면 공동정범으로 인정하고 그로써 합동범 구성요건의 적용범위가 확장되는 결론을 이론적으로 막을 수 있다(이에 관해서는 후술).

(2) 분류방식의 문제점과 용어사용의 문제

1) 분류방식의 문제점 집단범과 합동범의 상위개념으로 집합범을 내세우면서 이를 32
대향범과 대비시키는 이분법적 분류태도를 취하는 견해136)가 있다. 그러나 이러한 분류태도는 의사방향의 일치 여부라는 기준을 가지고 필요적 공범을 분류하는 장점이 있지만 집

131) 필요적 공범이 성립하기 위해서는 행위를 공동으로 하는 것이 필요하지만 관여된 자 모두의 행위가 범죄로 성립되어야 하는 것은 아니다. 대법원 1987.12.22. 87도1699. "뇌물증여죄가 성립되기 위해서는 뇌물을 공여하는 행위와 상대방 측에서 금전적으로 가치가 있는 그 물품 등을 받아들이는 행위(부작위포함)가 필요할 뿐이지 반드시 상대방 측에서 뇌물수수죄가 성립되어야만 한다는 것을 뜻하는 것은 아니다."

132) 성폭법 제4조의 특수강간죄 및 특강법 제2조의 특수강간죄, 특수강제추행죄, 특수준강간죄, 특수준강제추행죄, 특수미성년자에 대한 간음·추행죄, 특수강간치사상죄 등이 있다.

133) 김일수/서보학, 620면; 이재상/장영민/강동범, §31/8.

134) 김종원, "필요적 공범", 고시계, 1968.2, 71면; 배종대, §122/5; 손동권, §27/3a.

135) 합동범을 필요적 공범에 속한다고 보는 입장으로는 신동운, 671면; 오영근, §32/14; 임웅, 393면.

136) 배종대, §122/5; 손동권, §27/3a; 오영근, §32/11

합범이라는 용어는 죄수론상 사용되는 상습범, 영업범 혹은 직업범의 상위개념으로도 사용되고 있으므로 형법학상 용어사용의 혼동을 초래할 수 있다(임웅, 381면). 뿐만 아니라 합동범이 집합범의 하위개념으로 분류되더라도 가담자 간의 의사방향의 일치 이외에는 집단범과 공통점을 가지지도 않고, 특히 합동범은 현장성이라는 별도의 성립요건을 필요로 하는 점에서도 집단범과 구별된다. 따라서 집합범이라는 용어는 죄수론에서만 사용하고, 합동범과 집단범을 별도의 독자적인 필요적 공범형태로 취급하는 것이 바람직하다.

33 **2) 필요적 공범이라는 용어사용의 문제점** 필요적 공범으로 분류되는 범죄구성요건 속에서 2인 이상의 내부관여자는 모두 해당 구성요건적 행위를 하는 '행위자'이다. 이 때문에 필요적 '공범'이라는 용어사용에 오해를 불러일으킬 소지가 있으므로 보다 적절한 용어를 사용할 필요성이 있다. 왜냐하면 필요적 공범의 '필요적'이라는 의미는 당해 범죄를 범함에 있어서 2인 이상의 협력 내지 가담이 필연적으로 요구되지 않는 '임의적' 공범의 대응으로서 의미만 있을 뿐, 당해 범죄의 각 가담자의 가담형태가 형법상 공범형태가 아니라 '정범'형태이기 때문이다. 이러한 문제를 염두에 둔다면 '필요적 공범'이라는 종래의 명칭보다는 '필요적 가담'이라는 명칭이 오히려 더 타당하다.[137] 또한 필요적 가담범을 임의적 공범과 대비시키면서 공범론에서 다루기 보다는 정범론에서 다루는 것이 보다 바람직하다.

3. 필요적 공범에 대한 총칙상의 공범규정의 적용 여부

34 필요적 공범자에게 총칙상의 임의적 공범규정이 적용될 수 있는지가 문제될 수 있다. 바꾸어 말하면 필요적 공범에 가담한 2인 이상의 가담자(정범)라도 당해 범죄의 공동정범, 교사범 또는 방조범이 될 수 있는가가 문제된다. 행위자가 필요적 공범의 행위주체(내부가담자)인지 단순한 외부가담자인지에 따라 달리 판단될 수 있다.

(1) 필요적 공범의 행위주체(내부가담자)인 경우

35 **1) 필요적 공범의 경우** 반드시 2인 이상이 가담해야만 하는 필요적 공범이라는 범죄구성요건의 성격상 그 내부가담자는 모두가 당해 범죄구성요건상의 행위자로서 행위주체(정범)이다. 따라서 원래 한 사람의 단독행위자에 의해 실현될 것으로 예정되어 있는 범죄구성요건을 2인 이상이 실현하는 경우인 임의적 공범(공동정범, 교사범, 방조범)의 성립요건에 관한 형법총칙상의 규정은 필요적 공범의 행위주체에 대해서는 적용되지 않는다.

36 判 대법원은 필요적 공범으로 분류되는 범죄구성요건 전반에 걸쳐 이와 같은 태도를 표방한 바는 없다. 하지만 필요적 공범관계에 있는 대표적 구성요건 유형인 '대향범'에 관해서는 형법총칙의 공범규정이 적용되지 않는다는 태도를 분명히 취하고 있다.[138]

---

137) 이진국, "대향범의 구조에 관한 일고", 비교형사법연구 제4권 제1호, 2002.7, 89면.

138) 대법원 2015.2.12. 2012도4842. "뇌물공여죄와 뇌물수수죄 사이와 같은 이른바 대향범 관계에 있는 자는 강학상으로는 필요적 공범이라고 불리고 있으나, 서로 대향된 행위의 존재를 필요로 할 뿐 각자 자신의 구성

2) **편면적 대향범의 경우** 하지만 종래 대향범으로 분류되어 온 범죄 가운데 그 일방만을 처벌하는 구성요건의 경우 처벌되지 않는 상대방(이하에서는 불가벌적 대향자라 한다)에 대해서 총칙의 공범규정 적용여부에 관해서는 학설간 및 학설과 판례의 태도간에 견해가 일치하지 않는다. 37

① **학설의 태도** (i) 불가벌적 대향자는 형법각칙상 정범으로도 처벌되지 않고 있으므로 공범자로도 처벌할 수 없으므로 임의적 공범규정이 적용되지 않는다는 다수 견해(공범규정 적용배제설)와 (ii) 불가벌적 대향자라도 교사범 또는 방조범이 성립할 수 있다는 견해(공범규정 적용긍정설)[139]가 대립한다. 38

② **판례의 태도** 대법원은 대향범의 경우 불가벌적 대향자의 행위는 그 대향적 행위의 존재를 필요로 하는 상대방의 범행에 대하여 공범관계의 성립을 부정한다. 이 뿐만 아니라 이러한 태도의 논리적 귀결로서 그 불가벌적 대향자의 행위에 관여한 제3자의 행위도 공범의 성립가능성을 원칙적으로 부정한다.[140] 39

(i) 대법원은 2인 이상의 서로 대향적 행위의 존재를 필요로 하는 범죄에 대한 이와 같은 태도를 금품 등의 수수관계, '매도, 매수관계'[141] 또는 '양도, 양수관계'[142]를 넘어서 '비밀누설과 누설을 받는' 관계의 경우에도 유지하였고,[143] 심지어 '쟁의행위 중 쟁의행위로 인해 중단된 사업을 수행하기 위하여 그 사업과 관계없는 자를 대체 또는 채용하는 업무'를 한 노동조합법[144]위반사건[145]의 경우로까지 확장하였다. 40

(ii) 그러나 "대립적 범죄로서 2인 이상의 서로 대향된 행위의 존재를 필요로 하는 필요적 공범관계에

요건을 실현하고 별도의 형벌규정에 따라 처벌되는 것이어서, 2인 이상이 가공하여 공동의 구성요건을 실현하는 공범관계에 있는 자와는 본질적으로 다르며, 대향범 관계에 있는 자 사이에서는 각자 상대방의 범행에 대하여 형법 총칙의 공범규정이 적용되지 아니한다." 대법원 2007.10.25. 2007도6712. "2인 이상의 서로 대향된 행위의 존재를 필요로 하는 대향범에 대하여는 공범에 관한 형법총칙 규정이 적용될 수 없다."

139) 김일수/서보학, 637면; 원형식, "불가벌적 필요적 공범", 형사법연구 제24호, 2005, 86면 이하; 이천현, "대향범에 대한 공범규정의 적용 여부", 志松이재상교수화갑기념논문집(I), 722면.

140) 대법원 2014.1.16. 2013도6969. "금품 등의 수수와 같이 2인 이상의 서로 대향된 행위의 존재를 필요로 하는 관계에 있어서는 (공범이나 방조범에 관한 형법총칙 규정의 적용이 있을 수 없다. 따라서) 금품 등을 공여한 자에게 따로 처벌규정이 없는 이상, 그 공여행위는 그와 대향적 행위의 존재를 필요로 하는 상대방의 범행에 대하여 공범관계가 성립되지 아니하고, 오로지 금품 등을 공여한 자의 행위에 대하여만 관여하여 그 공여행위를 교사하거나 방조한 행위도 상대방의 범행에 대하여 공범관계가 성립되지 아니한다."

141) 대법원 2001.12.28. 2001도5158. "따라서 매도인에게 따로 처벌규정이 없는 이상 매도인의 매도행위는 그와 대향적 행위의 존재를 필요로 하는 상대방의 매수범행에 대하여 공범이나 방조범관계가 성립하지 않는다."

142) 대법원 1988.4. 25. 87도2451.

143) 대법원 2009.6.23. 2009도544. "공무원인 피고인 2가 직무상 비밀을 누설한 행위와 피고인 1이 그로부터 그 비밀을 누설받은 행위는 대향범 관계에 있다 할 것인데, 형법 제127조는 공무원 또는 공무원이었던 자가 법령에 의한 직무상 비밀을 누설하는 행위만을 처벌하고 있을 뿐, 직무상 비밀을 누설받은 상대방을 처벌하는 규정이 없는 점에 비추어 볼 때, 직무상 비밀을 누설받은 자에 대하여는 공범에 관한 형법총칙 규정이 적용될 수 없다."

144) 사용자는 쟁의행위 기간 중 그 쟁의행위로 중단된 업무의 수행을 위하여 당해 사업과 관계없는 자를 채용 또는 대체할 수 없고, 이를 위반한 자는 1년 이하의 징역 또는 1천만 원 이하의 벌금으로 처벌된다(노동조합 및 노동관계조정법 제91조, 제43조 제1항 참조).

145) 대법원 2020.6.11. 2016도3048.

있는 범죄"[146]라고 하는 대법원의 종래 개념정의에 따르면 대향범에 속하는 구성요건의 전모를 한눈에 파악하거나 사전에 그 목록을 확정하기가 어렵다. 예컨대 대법원이 편면적 대향범으로 분류하고 있는 공무상비밀누설죄의 경우, 누설개념을 어떻게 해석할 것인지에 따라 대향범으로 볼 수도 있고 비대향범으로 볼 수도 있다. 비밀누설죄가 대향범이라면, 예컨대 명예훼손죄의 사실적시행위와 비밀누설죄의 누설행위의 행위구조가 본질적으로 어떤 차이가 있어서 어떻게 구별되어, 전자는 대향범이고 후자는 비대향범인지 등 쉽지 않은 해석론적 쟁점을 내포한다. 각칙 구성요건의 해석론적 과제이다(『각론』 공무상비밀누설죄 부분 참조).

(ⅲ) 특히 대법원은 구성요건의 형식면에서는 대향범으로 분류될 수 없지만, 구체적 사례에서 그 구성요건이 실현되는 방식을 고려하여 실질적으로 대향범으로 분류될 수 있는 구성요건도 있음을 인정해왔다. 공무상비밀누설죄가 대표적이다. 공무상 비밀누설죄가 대향범이라면 업무상비밀누설죄도 대향범이 될 것이다. 배임죄의 구성요건도 원래 사무처리를 위임한 타인에 대한 임무위배행위를 통해 단독으로 실현할 수 있지만, 행위자가 '부동산 이중매매'의 방식으로 배임행위를 하는 경우 매도인의 배임행위가 인정되기 위해서는 반드시 후매수인의 존재를 필요로 한다. 이러한 점에서 보면 배임죄도 실질적으로 대향범으로 분류될 수 있다. 이 때문인지는 몰라도 대법원은 종래 배임죄를 실질적 대향범으로 보는 것과 같은 취지에서 후매수인을 불가벌적 대향자처럼(편면적 대향범) 취급하여 그에 대해 원칙적으로 임의적 공범규정이 적용되지 않는 것임을 암묵적으로 인정해왔다. 그러나 대법원은 여기에 그치지 않고 '구체적 사정에 따라' 불가벌적 대향자인 후매수인이 예외적 조건을 충족하면 임의적 공범규정을 적용할 수 있다는 예외적 법리를 세우고 있다. 즉 후매수인이 만약 선매수인에 대한 매도인의 임무위배행위를 구성하는 최소한의 협력행위를 넘어서는 정도의 적극적 가담이 있을 것을 조건으로 후매수인에게 공범(특히 공동정범) 성립 가능성을 인정하는 태도를 보여 온 것이다.[147]

(ⅳ) 이러한 판례 법리는 대향범의 경우 총칙의 임의적 공범 규정 적용에 관한 원칙적 법리가 사안에 따라 유동적일 수 있음을 보여준다. '범인은닉도피죄'의 경우도 마찬가지이다. 이 범죄구성요건도 행위자의 은닉도피행위에 반드시 '범인'의 존재를 필요로 하지만 범인에 대한 처벌규정이 존재하지 않기 때문에 편면적 대향범으로 분류할 수 있다. 그러나 대법원은 원칙적으로 불가벌인 '범인'이라도 '자기방어권행사의 범위를 넘어서는 정도'로 상대방을 적극적으로 이용한 경우에는 범인은닉도피죄의 공범(특히 교사범)성립 가능성을 인정한다. 필요적 공범의 경우 총칙의 임의적 공범규정 적용배제론이 그대로 유지될 수 없는 예들을 보면, 법리(理)는 필연적으로 '후성적'으로 만들어지는 것이고, 사안에 따라 변하는 법의 가소성은 법의 본질적 속성이라고 말하지 아니할 수 없다.[148]

41 判 다른 한편 대법원은 최근 임의적 공범규정 적용을 배제하는 대향범에 관한 법리의 적용을 다시 제한하기 위해 대향범 개념에 대한 전향적 정의를 내리고 있다. "구성요건상으로는 단독으로 실행할 수 있는 형식으로 되어 있는데 단지 구성요건이 대향범의 형태로 실행되는 경우"는 대향범이 될 수 없다는 정의가 그것이다. 이에 따르면 종래 판례의 태도와 같이 대향범을 실질적으로 분류할 수 있는 여지를 사전에 차단된다.[149] 이러한 판례의 취지에 따르면 종래 실질적 분류법에 따라 대향범으로 취급해 왔던 구성요건의 경우

---

146) 대법원 1983.3.12. 84도2747.

147) 대법원 1999.7.21. 99도1911. "업무상배임죄의 실행으로 인하여 이익을 얻게 되는 수익자 또는 그와 밀접한 관련이 있는 제3자를 배임의 실행행위자와 공동정범으로 인정하기 위해서는 실행행위자의 행위가 피해자인 본인에 대한 배임행위에 해당한다는 것을 알면서도 소극적으로 그 배임행위에 편승하여 이익을 취득한 것만으로는 부족하고, 실행행위자의 배임행위를 교사하거나 또는 배임행위의 전 과정에 관여하는 등으로 배임행위에 적극 가담할 것을 필요로 한다."

148) 자세한 내용은 『각론』의 배임죄 및 범인은닉도피죄의 공범관계 부분 참조.

149) 대법원 2022.6.30. 2020도7866. "2인 이상의 서로 대향된 행위의 존재를 필요로 하는 대향범에 대하여 공범

는 더 이상 대향범으로 분류될 수 없으므로 그러한 구성요건의 경우 행위자의 행위에 가담한 불가벌적 대향자에 대한 임의적 공범규정 적용의 원칙적 배제라는 법리는 더 이상 유지할 수 없게 된다. 이렇게 되면, 예컨대 공무상비밀누설죄가 대향범 개념에 대한 새로운 정의에 따라 더 이상 대향범의 범주에 속하지 않게 되면 비밀누설의 상대방이 누설행위에 가담한 경우 공범성립이 얼마든지 가능해질 수 있게 된다. 이와 같이 대향범 개념 목록을 넓히느냐 축소하느냐에 따라 총칙의 임의적 공범규정의 적용범위가 달라져 형사처벌 대상행위가 가변적이 된다. 각칙 구성요건의 해석상 대향범과 비대향범의 분류, 더 넓게는 임의적 가담범과 필요적 가담범의 분류는 공범론의 쟁점과 직결되어 있는 문제이므로 형법각론 해석론의 중심과제로 삼아야 한다.[150)]

③ 결론 대향범 개념에 대한 대법원의 정의에 찬동한다. 그러나 이러한 정의에 따르더라도 불가벌적 대향자에 대한 임의적 공범규정의 절대적 적용배제론은 재고되어야 한다. 불가벌적 대향자의 법적 지위 또는 행위관여의 정도 등을 고려하여 공범성립의 가능성을 다르게 판단하는 방안이 타당하기 때문이다. 먼저 불가벌적 대향자가 당해 범죄구성요건이 보호하는 보호법익의 향유자인 경우에는 어떤 경우에도 공범이 될 수 없다. 예컨대 미성년자의제강간죄·강제추행죄에 가담한 13세 미만의 사람이나 촉탁·승낙살인죄의 피해자의 경우가 그러한 경우에 해당한다(제1유형). 다음으로 범인은닉·도피죄 등의 경우 범인 역시 긴급피난과 유사한 상황에서 타인의 은닉·도피행위를 거부할 기대가능성이 없기 때문에 공범성립의 여지가 없다(제2유형). 42

그러나 이 두 가지 유형이 아니라면 불가벌적 대향자가 당해 구성요건을 실현하는 행위자(정범)와 대향적 관계에서 그 구성요건 실현에 요구되는 최소한의 필요불가결한 협력적 행위를 넘어서는 적극적 가담을 한 경우에는 그 불가벌적 대향자에게 공범성립이 가능하다고 해야 한다(제3유형). 예컨대 음화판매죄의 경우 불가벌적 대향자인 매수자가 구성요건을 실현함에 있어 필요한 최소한의 협력적 행위(단순 매수행위)에 그친 경우에는 불가벌이지만, 그것을 넘어서는 적극적 관여행위를 한 경우는 음화판매죄의 공범성립이 인정되어야 한다. 최소한의 협력적 행위를 넘어서서 독자적 불법성도 인정되는 동시에 매도인의 판매행위에의 종속적 불법도 인정되기 때문이다. 43

(2) 필요적 공범의 외부가담자인 경우

필요적 공범의 외부가담자에 대해서 공동정범, 교사범 또는 방조범이 성립할 수 있는가 하는 문제는 필요적 공범의 종류에 따라 그 결론이 달라진다. 44

1) 집단범의 경우 원칙적으로 외부가담자도 공동정범, 교사범 또는 방조범이 성립 45

에 관한 형법 총칙 규정이 적용될 수 없다. 이러한 법리는 해당 처벌규정의 구성요건 자체에서 2인 이상의 서로 대향적 행위의 존재를 필요로 하는 필요적 공범인 대향범을 전제로 한다. 구성요건상으로는 단독으로 실행할 수 있는 형식으로 되어 있는데 단지 구성요건이 대향범의 형태로 실행되는 경우에도 대향범에 관한 법리가 적용된다고 볼 수는 없다."(마약류 불법거래 방지에 관한 특례법 제7조 제1항에서 정한 '불법수익 등의 출처 또는 귀속관계를 숨기거나 가장'하는 행위인 자금세탁죄의 구성요건의 대향범성을 부정함).

150) 대향범 개념정의 및 분류에 관해서는『각론』§1의 제2절 Ⅳ. 참조.

할 수 있다. 소요죄나 다중불해산죄의 경우 현장에 있지 않으면서도 배후지휘를 하는 자도 그 범행을 지배하였다고 할 수 있으면 공동정범이 될 수 있고, 소요죄나 다중불해산죄를 범하게 하거나 도와준 자는 교사범 또는 방조범도 될 수 있다.[151)]

46 다만 내란죄(형법 제87조)의 경우에는 내란죄의 주체가 될 수 없는 자에 대해 공동정범은 인정될 수 없다고 보아야 한다. 왜냐하면 공동정범의 요건을 구비한 사실이 인정되면 이미 그 가담자는 내란죄의 구성요건에 명기된 "주요임무종사자"가 되어 필요적 공범자로 되어버리기 때문이다. 하지만 내란죄의 경우에도 외부가담자에 대해 교사범이나 방조범의 성립은 인정할 수 있다.[152)]

47 **2) 대향범의 경우** 대향범의 주체가 되지 않는 외부인은 협의의 공범 뿐 아니라 공동정범의 성립도 가능하다. 대향범이 신분범인 경우에는 신분 없는 외부인에 대해서도 협의의 공범 및 공동정범의 성립이 가능하다. 신분 없는 자도 형법 제33조의 해석상 공동정범, 교사범 또는 방조범에 관한 규정이 적용될 수 있기 때문이다.

48 **3) 합동범의 경우** 합동범의 경우 외부가담자의 관여행위에 대해 교사범이나 방조범이 성립할 수 있음은 합동범의 특성을 고려하더라도 당연히 인정될 수 있다. 그러나 합동범의 공동정범도 인정될 수 있는가에 대해서는 견해가 갈린다. 이에 관해서는 후술한다.

제 2 절 정범·공범 구별이론과 제한적 정범이론

Ⅰ. 일반범(지배범)의 정범과 공범의 구별

1. 구별의 근거

49 정범과 공범을 '개념적으로' 어떻게 구별할 것인가 하는 문제에 관한 형법의 규정은 없다. 그럼에도 불구하고 정범과 공범을 구별하기 위해서는 우선 각칙상의 범죄구성요건을 출발점으로 삼아야 한다. 각칙상의 범죄구성요건의 행위를 한 자가 그 범죄의 행위자(Täter)이면서 그러한 행위자를 정범(Täterschaft)이라고 하기 때문이다.

50 그러나 구성요건에 기술된 '행위' 그 자체가 정범성을 구성하는 본질적 표지는 아니다. 간접정범과 같이 구성요건적 행위를 직접 수행하지 않은 자도 정범이 될 수 있다는 규정(형법 제34조 제1항)이 존재하기 때문이다. 정범과 공범은 결국 형법총칙과 각칙의 관련규정에 대한 해

151) 배종대, §122/9; 오영근, §32/23.
152) 같은 견해로는 오영근, §32/25. 그러나 형법 제87조의 각호에서 이미 구성요건을 세분하고 있는 것은 이 범위에 속한 사람들만을 처벌하고 여기에 속하지 않는 교사범이나 종범은 처벌하지 않는다는 의미라는 견해(김일수/서보학, 636면; 배종대, §122/9)도 있다.

석을 통해 개념적으로 밝혀진다.

2. 정범과 공범의 구별기준

(1) 학설의 태도

1) 형식적 객관설 범죄구성요건의 문언에 초점을 맞추어 구성요건적 실행행위의 전부 혹은 일부를 스스로 수행한 자만이 정범이고, 예비행위나 원조행위를 통해 구성요건실현에 기여했을 뿐인 자는 공범이라는 견해이다. 51

이 견해는 구성요건적 실행행위라는 형식적 기준 때문에 정범과 공범을 쉽게 구별할 수 있는 강점을 가지고 있었으나 오늘날 형법에서 인정되고 있는 간접정범을 설명할 수 없는 문제점을 가지고 있다. 조직범죄의 경우 배후에서 조종만 하는 우두머리도 정범으로 처벌할 수 없는 약점이 있어서 오늘날 주장자가 없다. 52

2) 실질적 객관설 자연과학적 사고방식이 풍미했던 19세기에 정범과 공범을 인과적 사고에 기초하여 구별하거나 행위가담의 위험성의 정도에 따라 구별하려던 견해이다. 53

세부적으로 ① 범죄수행에 필요불가결한 기여를 한 자, 즉 결과발생에 원인을 부여한 자는 정범이고 결과발생에 단순한 조건만 부여한 자는 공범이 된다는 견해(필요설), ② 시간적 관련성에 초점을 맞추어 구성요건적 행위시에 관여한 자만 정범이고, 행위이전 또는 행위이후에 관여한 자는 공범이라는 견해(동시설), ③ 가담자의 법익침해행위가 협동적 혹은 동가치적인 경우에는 정범이고 종속적인 법익침해에 불과한 경우는 공범이라고 하는 견해(우위설) 등이 주장되었다. 54

그러나 i) 실질적 객관설 가운데 필요설에 대해서는 인과관계론에서 원인설에 대한 비판이 그대로 타당하다. ii) 뿐만 아니라 필요설은 타인에게 범죄를 결의하게 한 자는 언제나 정범으로 보아야 한다는 점에서 타당하지 않고,[153] iii) 동시설은 행위시에 방조한 자도 정범으로 보게 될 뿐 아니라 간접정범의 정범성을 인정할 수 없게 되며, iv) 우위설은 그 구별기준이 상대적이어서 유용한 척도로 활용되기 어렵다는 비판을 받는다. 55

3) 주관설 주관설은 인과관계에 관한 조건설의 입장에 서서 외부세계에 나타난 객관적 사실을 기초로 하면 정범이나 공범이나 모두 결과발생에 대해 조건을 제공한 점에서 동일하므로(등가설), 객관적 측면만 가지고는 정범과 공범의 구별이 불가능하다는 인식에서 출발한다.[154] 따라서 정범과 공범을 구별하기 위해서는 범행에 대한 행위자의 주관적 태도에 맞추어야 한다고 한다. 56

주관설은 다시 ① 자기의 죄를 범하려는 자, 즉 범행을 자신의 것으로 하려는 의사 57

---

153) 손동권, §27/11.
154) 종래 독일판례의 태도이다. RGSt 2, 160; BGHSt 18, 87.

(animus autoris)를 가진 자는 정범이고 타인의 죄를 범하려는 자, 즉 타인에게 종속되어 그 타인을 위하여 보조자로 협력하려는 의사(animus socii)를 가진 자는 공범(특히 방조범)이 된다고 하는 입장[155](의사설)과 ② 자기의 이익이나 자신의 목적을 달성하기 위하여 행위하면 정범이 되고, 타인의 이익이나 목적을 위하여 행위하면 공범이 된다는 입장(이익설)로 나누어진다.[156]

58 **4) 행위지배설** 정범과 공범의 구별척도를 주관과 객관의 의미통일체로 구성된 '행위지배'(Tatherrschaft: 범행지배라는 용어로도 번역됨)라는 표지에서 찾는 견해이다. 오늘날 독일에서 '행위지배'란 고의에 의해 포착된 구성요건에 해당하는 사건진행의 장악[157] 혹은 의사에 의해 지배된 사건경과의 조종[158] 등으로 개념정의되고 있다.

59 이에 의하면 가담자가 계획적으로 범행에 적합한 수단을 투입·조종함으로써 그 범죄를 장악하여 결과발생에 이르기까지 그 진행과정을 지배하고 있으면 행위지배가 있다고 하게 된다. 여기서 구성요건의 실현을 자기의사에 따라 조종하는 자란 그것을 자신의 의사에 따라 제지하거나 계속 진행하게 할 수 있는 자를 말하고, 이와 같은 의미의 행위지배를 하는 자가 정범이 된다. 이에 반해 스스로 행위지배를 하지 못하고 단순한 조연자로서의 역할밖에 못하는 자는 공범이 된다. 학설상 다수가 행위지배설에 따르고 있다.

(2) 판례의 태도

60 종래 주관설에 입각하여 정범과 공범을 구별하고 있는 것으로 볼 여지를 남기는 판결[159]도 있었으나, 현재 대법원은 공동정범(정범)과 방조범(공범)의 구별을 위해 기능적 행위지배를 그 기준으로 내세우고 있다는 점에서 행위지배설을 취하고 있는 것으로 평가할 수 있다.

61 **判** **"공동정범의 본질은 분업적 역할분담에 의한 기능적 행위지배에 있으므로 공동정범은 공동의사에 의한 기능적 행위지배가 있음에 반하여 종범은 그 행위지배가 없는 점에서 양자가 구별된다."[160]**

62 그러나 대법원이 다른 정범형태(간접정범)의 경우에도 공범(교사범)과의 구별을 위해 행위지배(또는 행위지배설의 구체화 표지인 '우월적 의사지배)를 기준으로 삼고 있음을 명시적으로 밝히고 있지는 않다.

---

155) 이러한 입장은 특히 유명한 목욕조사건(RGSt 74, 84), 쉬타신스키사건(BGHSt 18, 87)에서 관철되었다.
156) 이익설에 의하면 형법상의 촉탁살인(제252조 제1항)이나 촉탁낙태(제269조 제2항) 또는 제3자를 위한 사기(제347조 제2항), 제3자를 위한 공갈(제350조 제2항), 제3자를 위한 배임(제355조 제2항) 등의 죄를 범한 자에 대해서도 정범이 아니라 공범이라고 해야 하는데, 이러한 결론은 형법규정의 태도와 배치된다.
157) Vgl. Maurach/Gössel/Zipf, AT, Bd. 2, §47 Ⅳ C 1 Rdn. 85.
158) Vgl. Lackner/Kühl, StGB vor §25, Rn. 4.
159) 대법원 1983.3.8. 82도3248(공모공동정범에 관한 종전 판례임).
160) 대법원 1989.4.11. 88도1247.

(3) 결론

행위지배설을 제외한 다른 구별 이론들(객관설과 주관설)은 19세기 자연주의적 존재론적 으로만 이해된 인과적 사고에 기초하거나 그러한 사고의 한계를 수정하려는 차원에서 주장되었다. 그러나 오늘날 범죄현상에 대해서는 자연과학적 사실적 차원의 '설명'보다는 규범적 차원에서의 의미평가가 요구된다. 정범과 공범을 사리에 적합하게 구별하기 위해서도 주관과 객관의 의미통일체로서의 '행위'기여의 불법성 판단을 위한 규범적 평가가 중요하게 고려되어야 한다. 63

행위지배설은 정범성(행위자 적격)의 표지를 구성요건과 관련시키려는 형법의 당연한 요청도 충족하고 있다. 행위지배설은 구성요건실현에의 기여정도 및 범행에 대한 지배여부라는 규범적 관점을 개입시켜 범행에 가담한 다양한 행위기여를 구성요건의 관점에서 포섭할 수 있다. 그러나 행위지배라는 개념은 추상적 규범적 개념이므로 형법에 규정된 다양한 정범형태들에서 구성요건이 실현되는 양태에 상응되게 그 내용도 다음과 같이 구체화시키는 것이 바람직하다(구체적 규범적 개념으로서의 '행위지배'의 유형화). 64

직접정범의 경우 행위지배는 ① '실행행위의 지배'(구성요건에 해당하는 행위 자체에 대한 지배를 의미), 간접정범의 경우 행위지배는 ② '우월적 의사지배'(행위자의 의사와 계획대로 타인을 도구로 이용하는 것을 의미), 그리고 공동정범의 경우 행위지배는 ③ '기능적 행위지배'(분업적 역할분담에 따른 전체계획의 수행에 필요불가결한 기여를 의미). 이 세 가지 행위지배의 개념내용에 관해서는 각 정범형태에서 다시 설명하기로 한다.[161] 65

Ⅱ. 확장적 정범개념과 제한적 정범개념

1. 확장적 정범개념

구성요건을 실현하는 행위자(정범)를 형법의 구성요건의 형식을 넘어서 폭넓게 인정하는 입장을 '확장적 정범개념'론이라 부른다. 확장적 정범개념은 19세기 독일형법학에서 인과적 사고가 기초되었던 19세기 독일형법학에의 주류가 취했던 입장이므로 '인과적 정범개념'이라고도 한다. 당시 인과적 사고에 기초한 조건설에 따르면 결과에 대한 모든 조건의 동가치성을 인정하게 되므로 정범과 공범의 구별이 사실상 불가능하게 되므로 '주관설'에 따라 정범·공범을 구별할 것이 요구된다. 확장적 정범개념에 따르면 공범규정은 정범의 처벌범위를 축소하는 '처벌축소사유'로 이해된다. 66

161) 행위지배설의 대표적인 주장자인 록신은 정범을 사건진행의 '중심인물' 내지 '중심형상'으로 보면서, 각 정범형태의 본질적 표지를 세 가지로 구체화하였다. Roxin, Täterschaft und Tatherrschaft, 1963, S. 25 이하 참조. 대법원이 따르고 있는 기능적 행위지배라는 개념도 독일형법 이론의 수입품이다.

2. 제한적 정범개념이론

67 이에 반해 정형화된 구성요건적 행위기술을 출발점으로 삼아 밝혀지는 정범개념을 '제한적 정범개념'이라고 한다. 제한적 정범개념은 정범(행위자)이 구성요건에 해당하는 행위의 실행을 전제로 하는 것이므로 정범이 교사 또는 방조와는 객관적으로 구별될 수 있다고 본다. 따라서 제한적 정범개념을 취하게 되면 정범과 공범의 구별이론으로서 형식적 객관설과 결합된다. 제한적 정범개념에 따르면 공범은 행위자가 아니므로 원칙적으로 불가벌로 되어야 하지만, 그에 대한 처벌을 매개하는 특별한 규정인 공범규정은 '처벌확장사유'로 이해된다.

3. 결론

68 제한적 정범개념에 따르면 구성요건적 실행행위를 하지 않는 자의 이용행위를 처벌하는 총칙의 간접정범규정과 조화되기 어렵고, 현장에서 망을 보는 등 구성요건실현에 필요불가결한 기여를 하는 자를 공동정범으로 처벌할 수 없게 되는 한계가 생긴다.[162)]

69 그러나 제한적 정범개념이론을 취하면서도 구성요건적 행위를 직접 행하지 않은 범행가담자에게도 확장적으로 정범성을 인정해야 할 현실적 필요성 및 규범적인 이유 때문에 오늘날 형법이론학은 제한적 정범개념을 출발점으로 삼으면서도 해석을 통해 그 정범성을 확장하고 있다. 이와 같이 제한적이면서도 확장적인 정범개념을 이론적 구성물로 만들게 하는 정범·공범 구별이론이 바로 '행위지배설'이다.

70 구체적 사례와 관련하여 가담자의 가담형태를 판단함에 있어 확장적 정범개념과 제한적 정범개념의 대립은 정범·공범구별을 위한 여러 가지 학설들과 병렬적인 위치에서 검토되어야 할 차원의 이론이 아니다. 확장적 정범개념과 제한적 정범개념은 정범개념의 이해방식에 관한 태도 차이의 반영일 뿐이고, 정범과 공범의 구별기준에 관한 이론은 아니기 때문이다.

Ⅲ. 제한적 정범이론과 행위지배설의 한계

71 제한적 정범개념이론에 의하면 정범개념의 일차적인 표지는 형법각칙상의 범죄구성요건에서 찾아야 한다. 따라서 형법각칙의 범죄구성요건이 그 범죄의 주체(정범)가 될 수 있는 요건을 미리 명시해 둔 경우에는 행위지배설에 따르는 대신 범죄구성요건의 특별한 요건의 충족 여부에 따라 정범과 공범을 구별해야 한다. 그러한 범죄구성요건의 경우에는 행위자가 그 요건을 갖추고 있지 않으면 행위지배가 있더라도 정범으로 인정될 수 없고 공범(교사나 방조범)으로 인정될 수밖에 없다. 구성요건적 행위를 하는 누구나 정범이 될 수 없고

162) 손동권, §27/6.

일정한 행위주체만 정범이 될 수 있도록 규정하고 있는 범죄구성요건들은 다음과 같이 유형화될 수 있다.

1. 신분범

범죄구성요건에 전제되어 있는 특별한 일신전속적 특성, 관계 내지 지위 또는 특별한 72
일신전속적 상태라는 요소(신분)를 구비한 자만이 그 범죄의 주체가 될 수 있는 범죄를 말한다. 신분범의 경우에는 각칙의 범죄구성요건이 요구하는 일정한 신분을 가진 자만이 정범이 될 수 있고, 신분을 가지지 않은 자는 공범이 될 수밖에 없다. 예컨대 수뢰죄(형법 제129조)의 '공무원 또는 중재인', 위증죄(동법 제152조)의 '법률에 의하여 선서한 증인', 허위진단서작성죄(동법 제233조)의 '의사·한의사·치과의사 또는 조산사', 횡령죄(동법 제355조 제1항)의 '타인의 재물을 보관하는 자', 배임죄(동법 제355조 제2항)의 '타인의 사무를 처리하는 자' 등이 신분자에 해당한다.

부진정부작위범은 '보증인적 지위에 있는 자'만이 당해 범죄의 주체가 될 수 있는 신분범에 해당한다. 73
따라서 부진정부작위범의 경우에도 신분범의 경우와 마찬가지로 행위지배설이 정범과 공범의 구별이론으로 적용되는데 한계가 있다(자세한 내용은 후술).

2. 의무범

'의무범'이란 형법 이전의 특별한 의무위반을 본질로 하는 범죄유형을 말한다.[163] 의무 74
범개념을 인정하게 되면 의무범죄에 가담한 자 중에 실제로 행위지배를 한 자라도 그가 형법외적인 특별한 의무의 주체가 아닌 한, 정범이 될 수 없고 공범이 될 수 있을 뿐이라고 하게 된다.

의무범 개념의 형법이론학적 의의는 특히 '신분 없는 고의 있는 도구'를 이용한 신분자 75
에 대해－매개자의 고의 때문에 배후자의 행위지배를 근거지우기가 어렵지만－그가 동시에 의무자인 경우에는 간접정범을 인정할 수 있는 이론적 근거를 제공할 수 있다는 점에 있다. 의무범이라는 개념카테고리는 독일의 록신이 주창한 이래 독일학계에서 일정한 지지기반을 굳혀가고 있다.[164]

그러나 의무범이론은 ① 의무범으로 분류되고 있는 범죄들과 종래 신분범으로 분류되 76
고 있는 범죄들의 관계를 어떻게 파악할 것인지에 대한 문제가 해결되지 않고 있을 뿐 아니라 의무범이론을 주장하는 견해들 사이에도 이에 관한 의견이 일치하지 않는다.[165] ②

---

163) 의무범이론에 관한 자세한 내용은 김성돈, "이른바 '의무범'에 있어서 정범과 공범", 心耕정성근교수화갑기념논문집(상), 11면 이하 참조.

164) 의무범이론을 받아들이고 있는 견해로는 김일수/서보학, 566면; 손동권, §28/12; 신동운, 632면.

165) 형법상 진정신분범 가운데 행위자관련적 신분범은 의무범에 해당하지만 결과관련적 신분범은 의무범이 아니라는 견해가 있다(김일수/서보학, 568면). 이에 따르면 의무범은 신분범의 특수형태이므로 의무범은 신분범보다 좁은 개념이다. 의무범과 신분범의 개념상의 차이에 관해서는 원형식, "의무범에 있어서 정범과

뿐만 아니라 종래 신분범으로 분류되어 온 범죄를 의무범으로 분류하게 되면 의무 없는 자가 의무 있는 자의 의무범죄에 가담한 경우에 의무범죄의 공범은 될 수 있지만 공동정범은 될 수 없게 된다. 이는 형법 제33조에서 신분자와 비신분자가 공동정범이 될 수 있는 경우를 축소시켜 결과적으로 문언에 반하는 해석을 하게 한다. 따라서 형법 해석상 신분범 이외에 구태여 의무범이라는 새로운 범죄카테고리를 만들어낼 필요성이 없다.

3. 자수범

(1) 자수범의 의의

77 **1) 자수범개념** 자수범이란 구성요건적 행위를 행위자가 자신의 신체를 통해 몸소(körperlich) 혹은 자신이 직접적으로(persönlich) 수행할 것을 구성요건에 미리 규정하고 있는 범죄를 말한다. 이 개념에 따르면 예컨대 음주운전죄(도로교통법 제41조)의 경우 술을 먹고 자동차를 몸소 운전한 자만 정범이 되고, 위증죄(형법 제152조)의 경우에는 '선서를 하고 허위의 진술'을 한 자만이 정범이 된다.

78 **2) 자수범개념의 인정실익** 자수(自手)적인 행위수행을 통한 구성요건이 실현될 것을 전제하는 자수범 개념을 인정할 실익은 정범과 공범의 구별이 '행위지배'라는 척도에 의해서가 아니라 '자수성'이라는 척도에 따라야 한다는 점에 있다. 이에 의하면 자수범의 경우에는 행위자의 자수성이 정범표지가 되고, 자수성이 인정되지 않으면 행위지배가 인정되더라도 정범이 될 수 없고 공범이 될 수 있을 뿐이다.

(2) 자수범개념 부정론과 긍정론

79 그러나 형법 각칙 구성요건의 해석상 자수범 개념을 인정할 것인지에 관해서는 견해가 일치되어 있지 않다.

80 **1) 부정론** 각칙의 범죄 중에 간접정범 및 공동정범의 형식으로 실현될 수 없는 범죄는 없다는 해석론을 전개하는 입장이다. 종래 확장적 정범개념이론에 의하더라도 구성요건적 결과에 조건을 준 자는 모두 정범이 되므로 자수범개념을 부정하게 되는 결론에 이르게 된다. 이 뿐만 아니라 공범과 신분에 관한 형법 제33조의 적용을 통하면 자수성이 없는 자라도 공동정범 및 간접정범의 성립이 가능하므로 자수범 개념을 인정할 실익이 없다는 주장도 있다.[166]

81 **2) 긍정론** 그러나 다수의 견해는 자수범 개념을 긍정한다. 자수범은 공범과 정범에 관한 형법의 일반이론의 차원에 앞서 형법각칙상의 개별구성요건의 특수성 때문에 범죄성립의 범위를 내재적으로 제한하는 특징을 가지고 있음을 자수범 긍정의 논거로 삼기도 하

공범의 구별", 형사법연구 제19호(2003), 225~226면 참조.

166) 차용석, "간접정범", 형사법강좌 Ⅱ, 717면.

고,[167]도 자수적 행위수행을 당해 범죄의 고유한 행위반가치 요소로 규정하고 있는 구성요건의 경우에는 해석론상 특별취급해야 한다는 점을 근거로 삼기도 한다.[168]

3) 판례의 태도 대법원도 간접정범의 형식으로 범할 수 없는 범죄의 존재를 인정하면서 형법의 증거위조죄[169]나 부정수표단속법의 허위신고죄[170] 등의 경우 우회적으로만 자수범 개념의 존재를 인정해 오다가, 최근에는 '자수범'이라는 용어를 판시문에 등장시키면서 자수범이라는 개념을 정면으로 인정하고 있다. 82

判 "강제추행죄는 사람의 성적 자유 내지 성적 자기결정의 자유를 보호하기 위한 죄로서 정범 자신이 직접 범죄를 실행하여야 성립하는 자수범이라고 볼 수 없으므로, 처벌되지 아니하는 타인을 도구로 삼아 피해자를 강제로 추행하는 간접정범의 형태로도 범할 수 있다."[171] 83

4) 결론 제한정범개념이론에 따를 때 당해 구성요건이 행위주체로 하여금 특별한 구성요건요소의 충족을 요구하고 있다면 그러한 표지를 충족하지 못하는 자는 정범이 될 수 없다. 이에 따르면 구성요건이 자수적인 행위수행을 요구하고 있다면, 자수성이 당해 범죄의 특별한 행위반가치적 요소이기 때문에 그러한 행위를 직접 수행하지 않는 자는 정범이 아니라 공범이 될 수밖에 없다고 해석되어야 한다. 자수성을 가진 신분자의 행위를 비자수성을 가진 비신분자가 이용한 경우 비신분자를 간접정범으로 처벌하기 위해 제33조를 적용함으로써 자수성이 비신분자에게 종속된다고 볼 수도 없다. 간접정범의 경우에는 제33조가 애당초 적용되지 않는 이상, 신분은 물론이고 자수성의 종속도 인정될 수 없기 때문이다. 84

(3) 자수범의 판단기준

자수범 개념을 긍정하더라도 구체적으로 자수범으로 분류되는 범죄의 종류는 학자들마다 제각기 다르다. 각칙의 어떤 구성요건을 자수범으로 해석할 수 있을 것인지에 관한 기준을 저마다 다르게 설정하고 있기 때문이다. 85

1) 문언설 범죄구성요건의 문언상 제3자의 행위가 애당초 그 구성요건을 실현시킬 수 없도록 되어 있는 범죄가 자수범이라고 하는 견해이다. '강간죄'를 대표적인 자수범의 86

167) 신동운, "자수범", 김종원교수화갑기념논문집, 505면.
168) 김일수/서보학, 568면.
169) 대법원 1998.2.10. 97도2961.
170) 대법원 1992.11.10. 92도1342. "부정수표단속법의 목적이 부정수표 등의 발행을 단속처벌함에 있고(제1조), 허위신고죄를 규정한 위 법 제4조가 '수표금액의 지급 또는 거래정지처분을 면하게 할 목적'이 아니라 '수표금액의 지급 또는 거래정지처분을 면할 목적'을 요건으로 하고 있는데 수표금액의 지급책임을 부담하는 자 또는 거래정지처분을 당하는 자는 오로지 발행인에 국한되는 점에 비추어 볼 때 발행인이 아닌 자는 위 법조가 정한 허위신고죄의 주체가 될 수 없고, 허위신고의 고의 없는 발행인을 이용하여 간접정범의 형태로 허위신고죄를 범할 수도 없다."
171) 대법원 2018.2.8. 2016도17733. "강제추행죄는 사람의 성적 자유 내지 성적 자기결정의 자유를 보호하기 위한 죄로서 정범 자신이 직접 범죄를 실행하여야 성립하는 자수범이라고 볼 수 없으므로, 처벌되지 아니하는 타인을 도구로 삼아 피해자를 강제로 추행하는 간접정범의 형태로도 범할 수 있다."

예로 들고 있다.[172] 그러나 강간죄 구성요건의 문언이 행위주체의 자수성을 요구하고 있다고 해석하기는 어렵다.[173] 특히 법률상의 언어는 다양한 의미로 사용되고 있기 때문에 언어만을 가지고 자수범과 비자수범을 구별하는 기준으로 삼기에는 한계가 있다.

87 2) 거동범설 범죄를 거동범과 결과범으로 나누고서 거동범, 즉 범죄구성요건을 충족시킴에 있어서 결과발생을 필요로 하지 않고 단순히 일정한 구성요건적 행위만 요구하는 범죄를 자수범이라고 하는 견해이다. 그러나 거동범을 모두 자수범으로 분류할 수는 없다. 왜냐하면 거동범이 처벌되는 것은 그 신체 거동에 법익침해를 가져올 위험성이 있음을 근거로 하는데, 이와 같은 거동범의 핵심적 불법인 법익에 대한 위험을 초래하는 행위는 그 행위를 한 행위자에게 영향력을 미친 타인에게 얼마든지 귀속시킬 수 있기 때문이다. 예컨대 직접 폭행을 하지 않더라도 타인으로 하여금 폭행으로 나아가도록 영향력을 행사한 경우에는 거동범의 핵심적인 불법을 실현한 것으로 평가될 수 있고 따라서 폭행죄의 간접정범이 성립될 수 있기 때문이다.

88 3) 이분설(진정자수범·부진정자수범 구별설) 형법상의 범죄를 지배범과 의무범으로 대별하는 전제하에서, 지배범 가운데 제3자의 행위지배가 전혀 불가능한 범죄를 진정자수범이라고 하고 의무범 가운데 당해 구성요건의 불법내용이 고도의 일신전속적 의무위반에 있기 때문에 의무자 스스로 의무를 위반해야 당해 범죄가 성립하였다고 할 수 있는 범죄를 부진정자수범이라고 하는 견해이다.[174]

89 이 견해는 형법상 의무범개념을 인정할 것을 출발점으로 삼고 있다. 하지만 앞서 언급했듯이 우리 형법상 의무범이라는 범죄카테고리를 인정할 필요가 없기 때문에 의무범 인정을 전제로 하는 이 견해를 취해야 할 이유는 없다.

90 4) 삼유형설 자수범 여부를 개별적인 구성요건의 체계적이고 합리적인 해석에 따라 판단해야 한다는 전제하에서 자수성을 인정하기 위한 세 가지 통일적인 기준을 제시하는 견해이다.[175] 이에 따르면 자수범은 첫째, 범죄의 실행에 행위자의 신체적 가담을 요구하는 범죄, 둘째 일신적인 인격적 행위를 요구하는 범죄, 셋째 소송법 기타 형법 이외의 법률이 행위자가 스스로 행위할 것을 요구하는 범죄 등으로 분류할 수 있다고 한다.

91 이 견해에 의하면 자수범의 첫 번째 유형에는 준강간·준강제추행죄(형법 제299조) 또는 피구금부녀간음죄(동법 제303조)가 해당하고, 두 번째 유형에는 업무상 비밀누설죄(동법 제317조)가 그리고 세 번째 유형에는 위증죄(동법 제152조)와 군무이탈죄(군형법 제30조)가 해당한다고 한다.

---

172) 오영근, §35/52; 손해목, 978면.

173) 후술하듯이 대법원도 강간죄를 간접정범 형태로 범할 수 있다고 봄으로써 강간죄의 자수범성을 부정한다 (대법원 2021.2.25. 2020도17776).

174) 신동운, 635면.

175) 배종대, §133/11; 이재상/장영민/강동범, §32/38; 임웅, 456면. 원래 독일의 헤르츠베르크(Rolf Dietrich Herzberg)에 의해 주장한 견해이다. Herzberg, Eigenhändige Delikte, ZStW 82(1970), S. 913ff.

그러나 이 견해에 대해서는 자수성 인정을 위한 위 세 가지 측면들은 구성요건의 문언을 구성하는 과정에 개입하는 우연한 사정에 좌우되는 경우가 있기 때문에 결국은 문언설을 취하는 태도와 마찬가지라는 비판이 있다.[176] 또한 소송법적 특수사정을 고려하여 자수범을 인정하는 것은 동질성을 이탈하는 형법외적 요소에 의해 자수범 문제를 해결하려는 태도로 나아가려는 성급한 일반화의 오류를 범하고 있다는 지적도 있다.[177] 92

학설상 다수견해가 강간죄나 강제추행죄는 자수범이 아니라고 하면서도 준강간죄는 자수범으로 인정하고 있다. 이는 독일형법 해석론에 의존한 탓으로 보이는 측면이 있다. 독일형법의 경우에는 강간죄나 강제추행죄의 경우에는 행위자 이외의 제3자로 하여금 피해자를 강간 또는 강제추행을 하게 하는 경우를 구성요건에서 요구하고 있는 반면, 준강간죄의 경우에는 행위자 이외의 제3자가 준강간 등의 행위를 하는 경우를 구성요건으로 하고 있지 않았다(단 현행독일 형법은 강간죄에 관한 종전 제179조가 삭제되고 제177조로 통합되면서 제2항에서 준강간죄의 경우에도 제3자로 하여금 이 죄를 범하는 경우에 관한 규정을 추가하는 것을 개정되었다). 따라서 과거 독일형법해석론에서 강간죄와 강제추행죄는 – 제3자를 통해서 범할 수 있으므로 – 자수범이 아니지만, 준강간죄의 경우는 이를 자수범으로 해석하는데 근거가 없지는 않았다. 그러나 한국 형법에는 이들 범죄구성요건들 모두의 경우 행위자 이외에 제3자로 하여금 범하도록 하는 경우를 규정하고 있지 않다. 따라서 한국 형법의 해석론으로는 자수범 인정여부와 관련하여 강간죄, 강제추행죄와 준강간죄 간에 차이를 두지 않는 것이 일관된 태도라고 할 수 있다. 93

5) 결론

① 형법각칙의 해석론의 과제 자수범의 종류 및 자수범의 기준은 구성요건에 형식적으로 고정되어 표시되어 있지 않다. 따라서 개별구성요건의 해석을 통하여 실질적으로 그 기준을 얻어낼 수밖에 없다. 구성요건의 특수성을 다양한 기준을 가지고 포착하고 있는 삼유형설에 의해 주장된 세 가지 기준이 형법상 자수성의 실질적 기준으로서 가장 유용한 척도라고 하겠다. 삼유형설은 자수범의 판단기준과 관련하여 개별구성요건에 규정된 주체와 객체 또는 주체와 수단의 상호관련성에 초점을 맞추어 자수범 인정의 판단기준을 도출해 내고 있기 때문이다. 물론 삼유형설에 따르더라도 각칙상의 개별 범죄종류의 자수범인정 여부에 관해서는 입장 차이를 보일 수 있다. 대향범의 경우와 마찬가지로 각칙의 개별구성요건적 표지에 대한 해석론을 통해 규명되어야 할 문제이다. 94

② 자수범 개념의 소극적 정의 각칙 구성요건의 특수한 표지에 따라 자수성 인정 기준도 달라지고 자수범 여부에 대한 결론도 달라지지만, 자수범으로 인정되는 이상, 자수범에 대한 소극적/형식적 정의가 자수범 개념을 인정할 실익의 실현에 기여할 수 있다. 95

자수범은 '타인을 이용하여 범할 수 없는 범죄'로서, 간접정범의 형태로 범할 수 없을 뿐 아니라, 자수적 행위수행이 없는 한 – 기능적 행위지배가 있는 것으로 평가되더라도 – 공동정범의 성립도 인정될 수 없는 범죄라는 정의가 그것이다. 이러한 소극적 차원의 자수범개념 정의를 가지고 출발하면 간접정범의 성립 여 96

176) 신동운, 앞의 논문, 517면.
177) 신동운, 635면.

부와 관련해서 뿐만 아니라 공동정범의 성립 여부와 관련해서도 중요한 형법적인 의미가 부여될 수 있다. 즉 신분범이면서 자수범이 아닌 범죄의 경우 신분성을 갖추지 못한 가담자는 형법 제33조의 규정을 통해 신분범의 공동정범이 될 수 있지만, 자수범인 경우에는 자수성을 갖추지 못한 가담자는 형법 제33조의 규정을 통해서도 자수범의 공동정범이 될 수 없게 된다.

4. 목적범, 영득범 등

97 고의 외에 구성요건이 요구하고 있는 특별한 주관적 구성요건요소를 가진 자만 정범이 될 수 있는 범죄가 있다. 예컨대 형법각칙의 재산범죄 중 영득죄의 경우에 '불법영득의사' 없는 자는 정범이 될 수 없고 공범이 될 수 있을 뿐이다. 이 밖에 목적범의 '목적', 표현범의 '표현', 경향범의 '경향'이라는 요소를 충족시키지 못한 자의 경우에도 정범은 될 수 없고 공범이 될 수 있을 뿐이다.

98 다만 목적범의 목적요소를 행위자관련적 신분요소로 보는 판례의 태도[178]에 따르면 목적 없는 자라도 목적 있는 자의 범죄에 가담한 경우에는 형법 제33조의 규정에 의해 목적범의 공범 뿐 아니라 목적범의 공동'정범'도 될 수 있다.

Ⅳ. 과실범의 경우 정범과 공범의 구별

99 형법이 기초하고 있는 공범·정범구별체계를 출발점으로 삼아 공범규정들(제31조, 제32조)로부터 공범종속성원칙을 도출하여 각 규정들을 해석론을 전개하면, 과실범의 경우는 원칙적으로 정범과 공범 구별 문제가 제기될 수 없다. 형법 제31조와 제32조의 해석상 교사범 또는 방조범 성립이 인정되기 위해서는 정범자든 협의의 공범자든 모두 고의행위를 전제로 한다고 해석되어야 한다.

100 이에 따르면 과실행위자는 교사행위나 방조행위를 할 수 없고, 피교사자나 피방조자로 되는 것도 불가능하다. 과실에 의한 '교사'가 우연히 가능하다는 견해[179]도 있다. 하지만 교사 개념 자체가 범행결의를 하지 않고 있는 타인에게 범행결의를 일으키게 하는 것으로 정의되기 때문에 –'이중의 고의'를 요하는– '교사'개념의 본질상 과실교사는 가능하지 않다고 봐야 한다.

101 과실행위자는 단독으로만 정범이 되는 것은 아니다. 과실범의 공동정범도 인정될 수 있다. 제30조의 해석상 이를 부정하는 견해도 있으나, 판례와 일부 견해는 –행위공동설 또는 그 변형공식에 따라– 과실행위자들 간에도 공동정범의 성립가능성을 인정한다. 과실범으로 처벌되는 자를 이용한 자를 간접정범으로 처벌하는 형법 제34조속에서도 그 과실범으

178) 대법원 1994.12.23. 93도1002.
179) 이상돈, §27/22.

로 처벌되는 자는 정범과의 관계에서 공범이 아닌 '정범'으로 이해된다. 과실범이 단일정범 개념에 기초되어 있다고 말할 수 있는 것도 이 때문이다.

V. 부작위범의 경우 정범과 공범의 구별

부작위범의 경우 정범과 공범을 구별할 수 있는지 있다면 어떻게 구별할 수 있는지는 진정부작위범과 부진정부작위범의 경우 각기 다르다. 102

1. 진정부작위범의 경우

진정부작위범의 경우는 앞서 부작위범론에서 살펴보았듯이 신분범으로 해석되는 구성요건도 있고 신분범이 아닌 것으로 해석되는 구성요건도 있다. 비신분범에 해당하는 진정부작위범의 경우는 누구나 정범이 될 수 있는 '일반범'이므로 행위지배설에 따라 정범과 공범을 구별할 수 있다. 103

'신분범'에 해당하는 진정부작위범의 경우는 항상 '신분범'에 해당하는 부진정부작위범의 경우와 마찬가지의 문제가 제기될 수 있다. 후술하겠지만, 신분범에 해당하는 부작위범의 경우에는 정범과 공범의 구별이 가능한지의 문제와는 별개로, 예컨대 신분범인 진정부작위범에 가담한 비신분자의 공동정범 및 공범 성립가능성은 이를 규율하는 형법 제33조의 규정이 존재하므로 이 규정의 적용에 따라 판단된다. 104

判 대법원은 그러나 진정부작위범의 경우 형법 제33조 적용을 통한 비신분자의 공동정범의 성립가능성을 전혀 고려에 넣고 있지 않다. 대법원은 신고의무 있는 자(영업자로서의 신분자)의 신고불이행(부작위)을 형사처벌하는 공중위생관리법(제3조 제1항 전단)의 구성요건이 진정부작위범에 해당하는 것임을 인정하면서도 영업자가 아닌 '직원이나 보조자'는 신고의무를 부담하는 자에 포함되지 않으므로 신고의무불이행죄의 공동정범이 될 수 없다고 한다. 이러한 공동정범 부정 결론을 근거지우기 위해 대법원은 "부작위범 사이의 공동정범은 다수의 부작위자에게 공통의 의무가 부여되어 있고, 그 의무를 공통으로 이행할 수 있는 때에만 성립한다"[180]는 근거를 제시한 이래 최근에도 동일한 법리에 따른 판결[181]을 유지하고 있다. 105

위 판결들에서 신분범으로 해석되는 구성요건의 경우 비신분자의 공동정범의 성립과 관련하여 형법 제33조의 적용을 진정부작위범으로서의 신분범의 경우에만 배제할 특별한 이유나 근거는 제시되고 있지 않다. 이 뿐만 아니라 문제된 진정부작범의 구성요건의 경우 그 행위주체가 다수이고 그 다수가 공동으로만 수행할 수 있는 '공동의무자'로 규정되어 있지도 않다. 그 다수 모두가 제각기 의무를 병렬적으로 가지고 있는 경우를 지칭하고 있을 뿐인 것 같다. 대법원의 위 법리는 재고되어야 할 것으로 보인다. 106

---

180) 대법원 2008.3.27. 2008도89.

181) 대법원 2021.5.7. 2018도12973.

2. 부진정부작위범의 경우

(1) 형법 제33조의 적용영역

107 부진정부작위범은 '보증인적 지위에 있는 자'만이 주체가 될 수 있는 신분범에 해당한다. 따라서 부진정부작위범의 경우 앞서 신분범의 경우와 마찬가지로 행위지배설이 정범과 공범의 구별이론으로 적용되는데 한계가 있다. 그러나 형법은 제33조에서 신분 없는 자가 신분 있는 자의 범죄(신분범)에 가담한 경우에는 신분 없는 자에 대해서도 공동'정범'의 규정을 적용하도록 하고 있는데, 이 규정에 의할 때에는 비보증인(비신분자)이 보증인(신분자)의 부작위범에 '작위로'든 '부작위'로든 가담한 경우에는 부작위범의 공동'정범'이 될 수 있다고 해야 한다.

108 학설은 일반적으로 부작위범의 공동정범 성립을 위한 판례 법리를 다음과 같이 소개한다. 즉 대법원은 다수의 부작위자에게 부작위범의 공동정범 성립을 인정하기 위한 요건으로 각자에게 '공통된 의무'가 부여되어 있고 그 의무를 공통으로 이행할 수 있을 것을 요하기 때문이라고 한다. 그러나 인용된 대법원의 판례[182]는 부진정부작위범 사례에 대해서가 아니라 신고의무의 불이행을 형사처벌하는 진정부작위범 사례(공중위생관리법 제3조 제1항 전단)에 관한 것임을 주의해야 한다(전술한 '진정부작위범의 경우' 참조).

(2) 부작위범의 경우 정범과 공범 구별 부정설과 긍정설의 대립

109 정범의 부진정부작위범에 대해 부작위로써 가담하는 경우, 행위자의 신분적 지위에 초점을 맞추면 비보증인(비신분자) 가담자에게 정범의 신분(보증인적 지위)을 종속시키는 효과를 가진 형법 제33조 적용에 의해 비보증인도 공동'정범'이 성립하는데 문제가 없다. 다른 한편 행위의 '부작위'적 특성에 초점을 맞추면 소극적 부작위의 외관상 그 부작위자가 정범으로서 가담한 것인지 공범으로서의 가담한 것인지를 구별하기 어렵다. 이와 관련하여 '정범이 부진정부작위범의 경우' 정범과 공범(특히 방조범[183])의 구별 부정론과 긍정론이 대립한다.

110 **1) 부정설** 부진정부작위범의 경우 정범과 공범을 구별하지 않는 단일정범개념이 전제되어 있다는 해석론을 전개하면서 부작위로써 타인의 부작위범행에 가담하는 행위는 모두 정범이 되어야 한다고 한다는 견해이다.[184]

111 **2) 긍정설** 부작위범의 경우에도 부작위로 가담하는 자가 결과발생 사태를 지배하고 있는 경우에는 행위지배(범행지배)가 가능하므로 정범이 될 수 있고, 행위지배(범행지배)를 인정할 수 없는 경우에는 방조범이 될 수 있다는 견해이다.[185] 그러나 이 견해는 부작위자

182) 대법원 2008.3.27. 2008도89. "부작위범 사이의 공동정범은 다수의 부작위범에게 공통된 의무가 부여되어 있고, 그 의무를 공통으로 이행할 수 있는 때에만 성립한다."

183) 후술하듯이 방조행위와는 달리 교사행위의 경우에는 교사행위의 특성상 부작위 형식으로 교사가 불가능하다.

184) 김성룡, "부진정부작위범의 한국적 해석으로서 단일정범개념", 비교형사법연구 제5권 제2호(2003), 109면.

의 범행지배를 인정할 수 없는 경우를 보증인의무가 약한 경우로 인정함으로써 행위표지와 행위자적 표지를 엄밀하게 구분하지 않는 전제하에서 주장되고 있다.

判 대법원은 정범의 행위가 작위인 경우 가담자에게 보증인적 지위(작위의무)가 있을 것을 조건으로 하여 부작위에 의한 방조범의 성립가능성을 인정하고는 있지만, 정범의 행위가 부작위인 경우에 부작위 가담에 관한 판결은 아직 없다. 부작위에 의한 방조의 성립가능성을 인정하는 이상, 정범의 행위가 작위인 경우이든 부작위이든 상관없이 방조범 성립을 인정할 수 있다는 취지로 보인다. 다만 정범의 행위가 부작위인 경우에는 판례도 방조자에게 형법 제33조가 적용되므로 별도로 보증인적지위(보증의무)를 요구하지는 않을 것으로 보인다. 112

생각건대 정범의 행위가 작위범인 경우와 마찬가지로 부작위범인 경우에도, 부작위 가담자는 정범 형태로 가담할 수도 있고 공범(방조범) 형태로 가담할 수 있다. 이 경우 부작위 가담자의 신분성(보증인적 지위)이 결여될 경우 정범이 부작위범이라면 제33조의 적용에 따른 신분의 종속을 통해 그 결여가 보충될 수도 있다. 그러나 부작위 가담자에게 (공동)정범의 성립을 인정하기 위해서는 공동정범의 정범 표지인 기능적 행위지배 요건이 추가적으로 충족되어야 한다. 113

정범의 행위가 부작위이고 가담자도 부작위인 경우, 그 부작위 가담자의 '행위지배'요건의 충족 여부는 부작위자의 작위의무와 관련성을 배제할 수는 없지만, 원칙적으로 행위자의 일신전속적 속성인 신분과 구성요건에 해당하는 부작위가 보호법익에 대한 위험실현에 대한 기여정도는 다른 차원의 문제로서 구별해서 판단되어야 한다. 부작위 가담자에게 행위지배가 인정될 수 있는지는 '자연과학적, 사실적' 외부적 표현형을 통해서 판단될 것이 아니라, 피해자와의 관계, 결과발생의 방지가능성, 당해 요구규범의 보호목적, 구성요건 실현에 이르는 전체 사상에 부작위가 관여된 정도 등을 고려하여 평가되어야 한다. 114

3. 부작위범과 협의의 공범

부작위범의 공범문제는 '부작위범에 대한 공범'문제와 '부작위에 의한 공범'문제로 나뉘어진다. 전자는 정범이 부작위범이고 공범이 작위로써 가담하는 경우를 전제로 하고, 후자는 정범이 작위범이고 공범은 부작위로써 가담하는 경우를 전제로 하여 가담자의 공범성립가능 여부 및 성립요건을 검토해 본다. 115

(1) 부작위범에 대한 공범

부작위범에 대한 작위 방법의 공범은 부작위범을 범하도록 교사하거나 정범의 부작위를 방조하는 경우를 말한다. (진정 혹은 부진정)부작위범에 대해 적극적인 교사와 방조는 가능하다(다수설). 그리고 이때 교사자나 방조자는 보증인적 지위에 있는 자일 필요도 없다. 따라서 예컨대 현역입영통지서를 받은 친구가 입영을 기피할 의사를 가지고 있음을 알고 116

185) 이상돈, §27/27－33.

그를 입영하지 않게 한 자는 병역법 제88조 위반죄의 방조범이 된다. 교사자나 방조자에게 결여된 신분적 지위는 형법 제33조의 적용을 통해 공범에게 종속된다.

(2) 부작위에 의한 공범

117 부작위에 의한 공범은 정범이 작위범인 경우 부작위 방법을 통해서 교사나 방조를 할 수 있는지에 대해서는 교사의 경우와 방조의 경우 각각 다르게 취급되어야 한다. 즉 교사행위는 범행결의를 가지고 있지 않은 피교사자로 하여금 범행결의를 불러일으키는 것이므로 개념상 부작위 방법을 통한 교사는 불가능하다. 그러나 이미 범행결의를 하고 있는 정범의 범죄행위를 돕거나 그의 법익침해행위를 용이하게 하는 방조행위는 부작위의 방법으로 가능하다. 이에 관해서는 §32의 제2절, 제3절 참조.

제 2 장 정범형태와 성립요건 §31

제 1 절 제한적 정범개념과 정범형태

정범형태란 공범형태와 함께 어떤 범죄구성요건실현에 다수가 관여한 가담형태의 하나이다. 따라서 어떤 정범형태라도 특정 범죄구성요건과 관련성을 가져야 한다. 이러한 점에서 정범론은 결과발생에 조건을 제공한 자는 누구(예컨대 살인무기의 제조자)라도 정범이 된다는 확장적 정범개념은 거부되어야 하고, 특정 구성요건적 행위수행을 전제로 하는 제한적 정범개념에서 출발해야 한다. 1

형법은 '2인 이상이 공동하여' 구성요건을 실현하는 경우인 공동정범 형태(제30조: 공동정범)외에도 공동가담의 의사가 없이 각자의 독립된 행위가 경합된 동시범 형태(제19조: 동시범), 타인에 대한 '우월적 의사지배'를 통해 구성요건을 실현하는 경우인 간접정범 형태(제34조 제1항: 간접정범)에 관한 규정을 두고 있다. 이외에도 형법의 해석상 협의의 공범과의 관계에서 문제되는 구성요건적 행위를 직접수행하면서 죄(또는 범죄)를 범하는 '타인'을 직접정범의 형태(제31조 제1항, 제32조 제1항: "타인")로 인정할 수 있다. 2

제 2 절 직접정범

직접정범의 본질적 정범표지는 직접적 '실행행위'지배로서 직접적 실행지배하는 간접정범의 '우월적 의사지배'와 공동정범의 경우 '기능적 행위지배'와 구별된다. 이에 따르면 직접정범은 범죄구성요건을 스스로 실현하여 '직접적 실행지배'를 하는 자를 말한다. 직접정범자도 범죄성립이 인정되려면 구성요건해당성, 위법성, 책임이 인정되어야 한다. 3

Ⅰ. 직접정범과 다른 가담자의 관계

1. 상대적 개념

직접'정범'이라는 개념은 행위자가 단독으로 형법의 범죄구성요건을 실현하는 경우와는 달리 필요적 공범형식의 구성요건을 제외한 형법의 어떤 범죄구성요건을 실현할 경우 다른 가담자와 관계에서 인정되는 상대적 개념이다. 여러 명이 어떤 하나의 범죄에 관여되어 있을 4

경우 직접 정범 이외의 다른 가담자는 공동정범인 경우도 있고, 협의의 공범(교사범, 방조범)자인 경우도 있으며, 특히 간접정범자인 경우도 있고, 직접 정범자와 내적인 연관성 없이 동일한 목표물을 향하여 행위하는 또 다른 직접정범(동시범)인 경우도 있다.

2. 행위자와 직접정범

5 다른 가담자 없이 구성요건적 실행행위를 하는 단독범의 경우는 '정범'으로 불리지 않고 '행위자로 불린다. 다른 가담자, 즉 공범 또는 공동정범, 간접정범, 또는 동시범 성립에 관여되어 직접 구성요건적 행위를 하는 자가 범죄성립요건 중의 어느 하나를 충족시키지 못할 경우에도 단순히 '직접 행위자'로 불릴 뿐, 직접'정범'으로 불려지지는 않는다. 이러한 경우에는 직접 구성요건적 행위를 수행한 자는 공범자인 교사자나 방조자와의 관계에서는 단순히 '피교사자', '피방조자'의 역할만 수행하고, 간접정범자와의 관계에서는 피이용자로서 '매개자 혹은 도구'의 역할을 할 뿐이기 때문이다.

6 이와는 달리 직접 구성요건적 행위를 하는 자가 고의범의 범죄성립요건을 모두 충족시키면 바로 그가 교사자나 방조자와의 관계에서 직접'정범'이 되고, 과실범의 범죄성립요건을 모두 충족시키는 경우도 과실행위자를 배후에서 이용하는 간접정범과의 관계에서 직접 '정범'이 된다.

Ⅱ. 직접정범의 범죄성립요건

7 하나의 범행에 관여한 다른 가담자들과의 관계에서 직접정범자로 평가받는 가담자는 일반적인 범죄성립요건[186](구성요건해당성, 위법성, 책임)을 모두 충족시키는 경우도 있지만, 그 일부만 충족시키는 경우도 있다. 예컨대 직접정범자에게 공범(교사범, 방조범)이 관여한 경우에는 그 직접정범자에게 구성요건해당성, 위법성, 책임이 모두 인정되는 경우도 있지만 −제한종속형식설의 전제하에서−책임이 조각되는 경우도 있다.[187] 간접정범자에게 이용되는 직접행위자(매개자)의 경우에도 그가 고의로 행위하는 경우에는 고의범의 범죄성립요건 가운데 어느 하나가 충족되지 않을 것이 요구되지만, 직접정범자인 매개자가 과실로 행위하는 경우에는 과실범의 성립요건을 모두 충족하여도 무방하다.

---

186) 직접정범의 일반적 범죄성립요건은 앞에서 설명한 단독범에 관한 범죄성립요건에 관한 내용과 동일하다.

187) 물론 이러한 결론은 공범종속성설 중 제한종속형식을 취하는 전제하에서 타당하다. 그러나 극단종속형식을 취하는 견해에 의하면 직접정범은 언제나 범죄성립요건을 모두 충족시켜야 한다.

제3절 공동정범

2인 이상이 분업적인 역할분담을 통한 '기능적 행위지배'를 수행하는 정범형태를 공동정범이라고 한다. 예컨대 두 사람이 서로 모의하여 한 사람은 피해자를 총으로 사살하는 동안 다른 한 사람은 망을 보는 경우 두 사람 모두 살인죄의 공동정범이 된다. 공동정범은 가담형태 중 협의의 공범(교사범, 방조범)과 함께 임의적 공범으로 분류된다.[188] 왜냐하면 공동정범은 한 사람이 범할 것을 예정하고 있는 범죄구성요건을 다수인이 범하는 가담형태이기 때문에 애초에 2인 이상이 범할 것을 범죄구성요건에 예정하고 있는 필요적 공범과 구별되기 때문이다. 그러나 공동정범은 본질상 공범이 아니라 정범이라는 점에서 기능적 행위지배가 없는 협의의 공범과 구별된다. 8

Ⅰ. 형법 제30조의 의의와 공동정범의 성립요건

> 제30조(공동정범) 2인 이상이 공동하여 죄를 범한 때에는 각자를 그 죄의 정범으로 처벌한다.

1. 형법 제30조의 의의

2인 이상이 공동하여 죄를 범한 경우를 '공동정범'으로 규정하는 제30조의 규정에 따르면 '공동하여'의 요건만 충족시키면 구성요건을 실현하는 단독행위자나 직접정범자만 정범이 되는 것이 아니라 직접 실행행위를 하지 않은 자도 정범이 될 수 있다. 바꾸어 말하면 일정한 자의 행위기여가 단독행위자나 직접정범에서 요구하는 요건을 채우지 못했거나 부분적으로만 충족(일부실행)시켰다 하더라도 그 자를 그 범죄 전체의 정범(전부책임)으로 평가(귀속)하는 기능을 하는 것이다. 이러한 점에서 제30조는 가담자를 공동정범으로 평가하는 '귀속'조건에 관한 규정이라고 할 수 있다. 9

'어떤 조건'이 있으면 '부분적 기여, 전부 책임'이라는 귀속원리에 따라 공동정범으로 인정할 수 있는가? 이 물음은 형법 제30조의 '공동하여 죄를 범한 때'라는 문언의 해석을 통해 답해야 한다. 10

이 물음에 대한 답은 '공동정범의 본질'에 관한 물음에 대한 답이자 공동정범의 '정범'표지 내지 (공동)정범과 공범(방조범)의 구별 기준에 관한 물음에 대한 답이다. 이 뿐만 아니라 제30조는 '공동정범'의 일반적 범죄성립요건에 관한 총칙규정이므로 특별한 범죄성립요소를 기술하고 있는 각칙 구성요건 요소의 실현을 11

---

188) 공동정범은 가담자 상호 간의 범죄행위를 이용한다는 점에서는 협의의 공범과 공통점이 있어서 형법은 공동정범, 교사범, 방조범을 동일한 메커니즘으로 취급하는 경우가 있다(형법 제33조).

공동정범의 형식으로 실현할 경우 공동정범의 성립요건 중 구성요건요소에 관한 규정이라고 할 수 있다.

12 이에 따르면 각칙(또는 형사특별법의 벌칙조항)의 ~죄의 공동정범이 성립하기 위해서는 각칙구성요소와 제30조의 공동정범의 정범표지가 결합된 '수정된 구성요건'을 충족해야 할 뿐만 아니라 '위법성'과 '책임'도 인정되어야 한다.

2. 공동정범의 본질론

(1) 종래의 해석론

13 종래 형법 제30조의 '2인 이상이 공동으로 죄를 범한'의 해석은 종래 공동정범의 '본질' 문제로 취급되어 왔다. 이에 따라 공동정범은 무엇을 공동으로 하는가 하는 물음에 초점을 맞추어 다음과 같은 견해의 대립이 있어왔다.

14 1) 범죄공동설 공동의 객체가 '범죄'라는 견해이다

15 2) 고의공동설 공동의 객체를 '고의'로 파악하는 전제하에서 과실범은 형법 제30조의 '죄'에서 제외하고 고의범의 경우에만 공동정범 성립을 인정하는 견해이다.

16 3) 행위공동설 공동의 객체가 '행위'라고 하는 견해이다.

17 4) 구성요건적 행위공동설 행위공동설을 수정하여 구성요건적 행위만 공동의 객체가 되어야 한다는 견해이다.

(2) 기능적 행위지배설

18 정범과 공범을 구별하는 기준을 행위지배로 전제하에서 공동'정범'에 관한 형법 제30조의 '공동하여 죄를 범함'의 의미를 행위지배를 구체화한 '기능적으로 행위지배를 하여'로 해석하고, 이를 공동정범과 방조범을 구별하는 기준이면서 동시에 공동정범의 정범성을 규정지우는 본질적 표지로 보는 견해이다.

(3) 판례의 태도

19 判 대법원은 90년대부터 공동정범의 본질을 기능적 행위지배로 보면서 기능적 행위지배설의 입장을 취하고 있지만, 2인 이상의 과실행위가 경합하는 경우 과실범의 공동정범으로 인정하기 위해 오래전부터 행위공동설의 입장을 유지해왔다. 자세한 내용은 과실범의 공동정범 부분에서 다룬다.

(4) 결론

20 기능적 행위지배설이 타당하다. 형법 제30조의 해석을 통해 공동정범의 본질 및 공동정범의 성립요건을 밝혀내기 위해서는 무엇(what)을 공동으로 하는가라는 공동의 '대상'문제뿐 아니라 어떻게(how) 하는 것이 공동인가 하는 의미에서의 공동의 '방법'에 관해서도 초점을 맞추어야 하는데 기능적 행위지배설은 이 두 가지 모두에 답하고 있기 때문이다. 범죄공동설을 위시한 종래의 모든 학설은 공동의 방법에 관한 해석보다는 공동의 대상에 관한 해석에만 치중하고 있어 제30조의 해석론으로 충분하지 못하다.

이러한 관점에서 보면 정범과 공범의 구별기준으로서 행위지배설을 취하는 전제하에서 '2인 이상이 공동하여'라는 규정내용을 '2인 이상이 기능적인 행위지배를 통하여'라고 해석하면서도 다시 공동정범의 본질을 범죄공동설과 행위공동설의 대립으로 환원하는 태도는 정범·공범구별 문제와 공동정범본질 문제가 결국 동전의 양면과 같다는 점을 간과한다. 특히 과실범의 공동정범의 인정근거로서 행위공동설이나 범죄공동설 혹은 그 수정설 가운데 어느 하나를 선택하는 태도도 기능적 행위지배설이 공동정범의 정범성의 본질적 표지라는 점을 고려하지 않은 태도이다. 21

기능적 행위지배설에 따를 때 2인 이상이 기능적인 행위지배를 하는 경우란 공동의 가담의사를 통해 역할분담적인 행위수행을 하고 있는 경우로 풀이된다. 여기서 '공동의 가담의사'(공동의 결의)는 공동정범의 주관적 요건이고, '역할분담적 행위수행'은 공동정범의 객관적 요건이다. 단독행위자의 주관적 요건인 '고의'와 단독행위자의 '구성요건적 행위'를 공동정범의 주관적 구성요건과 객관적 구성요건요소로 수정된 것이다. 22

Ⅱ. 공동정범의 구성요건 요소 – 주관적 구성요건요소

공동정범의 주관적 요소는 단독범의 고의에 대응하는 요소로서 이를 변형하면 공동정범의 객관적 구성요건적 사실에 대한 인식 및 의욕으로 정의할 수 있다. 여기서 인식이란 기능적으로 행위지배를 하고 있다는 사실에 대한 인식이다.[189] 이러한 주관적 요소를 일반적으로 '공동가담의 의사'라고 부른다. 23

1. 공동가담의 의사

(1) 공동가담의 의사의 내용

공동가담의 의사란 각 가담자가 동등한 지위에서 공모한 내용대로 행위수행을 하면서 타인의 행위부분(전체결과)까지 자기의 것으로 하려는 의사를 말한다. 이러한 의사는 각자가 행한 개개의 행위부분을 하나의 전체행위로 묶는 역할을 한다. 24

判 대법원은 '공동가담의 의사'의 정도에 관해 시종일관 다음과 같이 판시하고 있다. "타인의 범행을 인식하면서도 이를 저지하지 아니하고 용인하는 것만으로는 부족하고, 공동의 의사로 특정한 범죄행위를 하기 위하여 일체가 되어 서로 다른 사람의 행위를 이용하여 자기의 의사를 실행에 옮기는 것을 내용으로 하는 것이어야 한다."[190] 25

위 판례의 취지에 따르면, 공동정범이 되려면 각 가담자가 서로 '혼연일체의 의사'를 가 26

189) 행위지배에 대한 착오가 있을 경우에는 공동정범의 구성요건적 착오의 문제가 제기될 수 있다. 이에 관해서는 후술한다.

190) 대법원 1993.3.9. 92도3204.

지고 있어야 한다. 이에 따르면 예컨대 오토바이를 절취하여 오면 그 물건을 사 주겠다고 한 것은 절도죄 공동정범의 성립을 인정하기 위해 요구되는 공동가공의 의사로 보기 어렵다.[191] 그러나 대법원은 후술하듯이 과실행위자 간의 공동정범의 성립을 위해서는 위 공동정범의 의사에 관한 기본 법리를 이탈하고 있다.

(2) 공동가담의 의사의 쌍방성

27 공동가담의 의사는 가담자 간에 각각 인정되어야 한다. 따라서 일방만이 공동가담의 의사를 가지는 경우에는 공동정범이 될 수 없고(편면적 공동정범의 부정), 경우에 따라 타인의 범죄에 대한 방조범이나 상호 의사연락이 없는 동시범이 될 수 있을 뿐이다. 대법원도 편면적 방조범은 인정하지만 편면적 공동정범은 인정하지 않는다.[192] 이에 관해서는 동시범 부분에서 후술한다.

(3) 공동가담의 의사의 형성방법과 형성시기

28 1) 공동가담의 의사의 형성방법 공동가담의 의사는 가담자 전체가 한꺼번에 동일장소에 모여서 형성할 필요없이 순차적으로 이루어져도 되고(순차적 공동정범의 인정), 의사연락의 방법도 반드시 명시적이지 않아도 된다.

29 判 대법원도 "공모는 법률상 어떤 정형을 요구하는 것은 아니고 2인 이상이 공모하여 범죄에 공동가공하여 범죄를 실현하려는 의사의 결합만 있으면 되는 것으로서, 비록 전체적인 모의과정이 없었다고 하더라도 수인 사이에 순차적으로 또는 암묵적으로 상통하여 그 의사의 결합이 이루어지면 공모관계가 인정된다"[193]고 하거나, "범인 전원이 동일 일시, 동일 장소에서 모의하지 아니하고 순차적으로 범의의 연락이 이루어짐으로써 그 범의내용에 대하여 포괄적 또는 개별적 의사의 연락이나 인식이 있었다면 범인 전원의 공모관계가 있다"[194]는 태도를 취하고 있다. 이와 같은 판례 법리는 '보이스피싱'의 경우 사후에 직원모집공고를 보고 찾아간 현금수거책의 사기죄 공동정범의 인정을 위해서도 적용되고 있다. 대법원은 현금수거책에게 요구되는 순차적 암묵적 인식은 미필적인 것으로 충분하고 '전체 보이스피싱 범행방법이나 내용'까지 구체적으로 인식할 것을 요하지 않는다고 한다.[195] 공동정범의 주관적 요건에 관한 이러한 법리는 후술할 후행행위자에 대한 승계적 공동정범 성립 인정 입장으로도 자연스럽게 연결될 수 있다.

30 가담자가 반드시 범행의 실체와 전모를 전체적으로 파악할 것까지 공동정범의 주관적 요건으로 요구하고 있지 않은 위와 같은 판례의 태도는 기능적 행위지배설이나 '공동가담의 의사'에 대한 종전 판례 법리에 의해 요구된 공동가담의 의사에 비해 훨씬 완화된 것이라고 할 수 있다. 이러한 법리의 변화는 고도의 점조직 형태로 운영되고 있는 조직범죄의 특수성의 반영인 동시에 보이스피싱 범행 수법 및 폐해에 대한 형사정책적 고려의 반영이라고 할 수 있다. 사안의 특수성을 고려하여 가소성을 보이고 있는 '법리'에는 후성법학적

---

191) 대법원 1997.9.30. 97도1940.
192) 대법원 1984.5.14. 84도2118.
193) 대법원 1999.9.17. 99도2889.
194) 대법원 1988.6.14. 88도592.
195) 대법원 2025.1.23. 2024도13466.

법발견 방법이 기초되어 있다고 평가할 수 있다.

2) 공동가담의 의사의 형성시기 공동가담의 의사는 사전에 형성되는 예비적 모의(예모)가 대부분일 것(예모공동정범)이지만 반드시 사전에 예모의 형식을 띨 필요없이 우연히 만난 장소에서도 공동가담의 의사형성이 가능하다(우연적 공동정범). 31

判 대법원도 "공동정범이 성립하기 위하여는 반드시 공범자 간에 사전에 모의가 있어야 하는 것은 아니며, 우연히 만난 자리에서 서로 협력하여 공동의 범죄를 실현하려는 의사가 암묵적으로 상통하여 범행에 공동가공하더라도 공동정범은 성립된다고 할 것이다"[196]라고 하면서 공동의 가담의사가 실행의 착수 후에도 형성될 수 있다고 한다. 32

3) 공동정범의 성립의 종기 그러나 실행에 착수한 이후에는 언제까지 공동정범이 성립할 수 있는지에 대해서는 견해가 일치되어 있지 않다. 33

① 학설의 태도 (i) 실행의 착수 후 기수에 이르기 전까지 공동정범이 성립가능하다는 견해도 있고,[197] (ii) 기수 이후 범행종료 전까지 공동정범이 성립가능하다는 견해도 있다.[198] 34

② 판례의 태도 대법원은 범죄종류에 따라 공동정범이 성립가능한 종기를 다르게 판단하고 있다. 35

判 즉시범과 상태범의 경우에는 범죄기수 전까지 공동정범이 성립할 수 있다[199]고 하고, 계속범의 경우에는 기수 후 범행종료 이전까지 공동정범이 성립가능하다[200]고 한다. 36

③ 결론 선행행위자의 행위가 기수로 된 이후에 가담한 후행가담자에 대해 공동정범의 성립을 인정할 수 없다. '정범'의 구성요건관련성을 요구하는 제한적 정범개념론에 반할 수 있기 때문이다. 따라서 예컨대 선행행위자가 절도행위를 하여 기수에 이른 후에 절취한 재물을 운반하는 시점에서 후행가담자가 그 운반행위에 관여하였다면, 절도행위에 공동가담할 의사가 없는 후행가담자에 대해 '절도죄'의 공동정범을 인정할 수 없다.[201] 이 점은 강도죄와 같은 결합범의 경우에도 마찬가지이다. 범죄가 기수에 이른 후에는 후행가담자가 과거에 이미 진행된 범죄사실에 대해 기능적 행위지배를 할 수도 없다. 반면에 기수 후 37

196) 대법원 1984.12.26. 82도1373.
197) 김일수/서보학, 596면; 박상기, 388면; 배종대, §126/6.
198) 손동권, §29/17; 이재상/장영민/강동범, §33/17; 이형국/김혜경, 89면(계속범의 경우); 정성근/정준섭, 290면; 하태훈, "승계적 공동정범", 고시계, 1994.3, 28면.
199) 대법원 1953.8.4. 4286형상20. "원래 공동정범관계는 범죄가 기수되기 전에 성립하는 것이요 횡령죄가 기수가 된 후에 그 내용을 지실知悉하고 그 이익을 공동취득할 것을 승낙한 사실이 있더라도 횡령죄의 공동정범관계는 성립할 수 없다."
200) 대법원 1995.9.5. 95도577. "범인도피죄는 범인을 도피하게 함으로써 기수에 이르지만 범인도피행위가 계속되는 동안에는 범죄행위도 계속되고 행위가 끝날 때 비로소 범죄행위가 종료되고, 공범자의 범인도피행위의 도중에 그 범행을 인식하면서 그와 공동의 범의를 가지고 기왕의 범인도피상태를 이용하여 스스로 범인도피행위를 계속한 자에 대하여는 범인도피죄의 공동정범이 성립한다."
201) 물론 그 후행가담자가 운반물이 선행행위자의 절도죄로 영득한 재물(장물)인 것을 알고 운반하면 후행가담자에게 장물운반죄의 성립은 인정된다.

라도 후행가담자에게 당해 범죄의 방조범(사후방조범)은 성립가능하다.

38 다른 한편 '계속범'의 경우에는 선행행위가 기수에 이른 후에도 법익침해상태가 범행종료에 이를 때까지 계속되고 있으므로 법익침해가 실질적으로 종료되는 범행종료시점까지는 공동정범 성립이 가능하다.

2. 승계적 공동정범

39 공동정범의 공동가담의 의사형성시기를 사전모의에 국한시키지 않는 태도를 취하는 한, 선행행위자가 구성요건의 일부를 실행한 후에도 공동정범이 성립하는 데 문제가 없다. 이러한 경우 공동정범이 성립할 수 있는 종기를 선행행위자의 범죄기수 전이라고 한다면, 후행가담자는 어느 부분에 대해 공동정범이 성립하는지, 그리고 그러한 공동정범을 무엇이라고 부를 것인지에 관해서는 설명방식이 나뉜다.

(1) 승계적 공동정범의 의의

40 선행행위자의 행위가 '실행의 착수 후 기수에 이르기 전에' 후행가담자가 선행행위자와 의사연락하에 선행행위자의 행위에 가담하여 공동정범이 성립한다고 할 때, 후행가담자의 일부실행분담이 선행행위자가 행위한 실행부분을 '승계'하여(이어받아) 전체에 대한 공동정범이 성립하는지가 문제된다.

(2) 승계적 공동정범의 개념문제와 책임범위의 문제

1) 승계적 공동정범개념의 문제

① 학설의 태도

41 (i) 긍정설 선행행위자가 실행에 착수한 후에 후행가담자가 공동가담의 의사를 가지고 선행행위자의 행위에 가담한 경우에도 공동정범이 성립할 수 있다는 원칙론적 태도에서 출발하는 견해이다. 이러한 태도는 다시 ㉠ 후행가담부분에 국한하여 공동정범이 성립한다고 하는 견해(다수설)와 ㉡ 후행행위자가 타인이 이미 행한 바에 대해서 공동가공의 의사를 가지고 관여하였다는 것은 타인의 선행행위부분까지도 '승계'하겠다는 의사표시라고 볼 수 있음을 근거로 하여 전체에 대해 공동정범이 성립한다고 하는 견해[202]로 갈린다.

42 (ii) 부정설 후행가담부분에 국한하여 공동정범이 성립한다고 하면서도 승계적 공동정범이라는 개념의 사용을 부정하는 견해이다. 후행가담부분에 대한 공동정범은 선행행위자로부터 승계한 것이 없는 통상의 공동정범이라는 것을 이유로 한다.[203]

43 ② 판례의 태도 대법원은 명시적으로 승계적 공동정범이라는 개념을 사용하고 있지 않다. 만약 대법원이 승계적 공동정범이라는 개념을 전제하고 있다면 그 개념의 사용영역

202) 이보영, "승계적 공동정범 논고", 김종원교수화갑기념논문집, 492면.
203) 김일수/서보학, 597면; 배종대, §126/11; 신동운, 542면.

은 범죄종류에 따라 달라진다. 범죄종류에 따라 공동정범의 성립 종기를 다르게 인정하고 있기 때문이다.

2) 후행가담자의 책임범위의 문제

① 학설의 태도

(i) 적극설 후행가담자는 자신이 개입하기 전에 이루어진 부분에 대해서까지 공동정범의 책임을 져야 한다는 견해이다.[204] 후행행위자가 타인이 이미 행한 바에 대해서 공동가공의 의사를 가지고 관여하였다는 것은 타인의 선행행위부분까지도 '승계'하겠다는 의사표시라고 볼 수 있음을 근거로 한다. 44

(ii) 소극설 후행가담자에게 그 가담 이후의 행위에 관해서만 공동정범의 책임을 인정하자는 견해이다.[205] 선행행위자가 행한 결과에 대하여 후행가담자의 행위지배를 인정할 수도 없고, 공동의 의사결의가 사후적인 양해를 통해 대체될 성질의 것이 아니며, 만약 선행행위자의 행위부분에 대해서도 후행가담자에 대해 책임을 지운다면 실제로 사후고의를 인정하는 결과가 되고 말기 때문이라고 한다. 결국 이에 따르면 후행가담자가 승계한 것이 없기 때문에 승계적 공동정범이라는 개념을 부정하여야 할 것이다. 45

(iii) 절충설(개별설) 전체불법을 구성하는 개개의 불법이 서로 분리될 수 있는 독립된 불법인 경우에는 소극설을 취하지만 계속범과 같이 위법상태를 초래하는 행위와 이를 유지하는 행위가 하나의 구성요건을 실현하는 경우는 양자를 독립된 불법단위로 분리하는 것이 불가능하므로 예외적으로 적극설을 취하는 견해이다.[206] 46

② 판례의 태도

대법원은 선행행위자의 기수 후에도 선행행위자와 후행가담자의 공동정범성립이 가능하다고 하면서도 후행가담자의 책임범위에 관해서는 명시적으로 태도를 밝히고 있지 않다. 다만 아래의 판결에서 예외적으로 포괄일죄의 경우에는 후행가담자의 공동정범성립은 인정하지만 후행가담자에게 선행행위자의 실행부분에 대한 책임을 묻지 않는다는 태도를 취한다. 47

> 判 "포괄일죄의 범행도중에 공동정범으로 가담한 자는 이미 이루어진 종전의 범행을 알았다 하더라도 가담 이후의 범행에 대하여서만 공동정범으로서의 책임을 진다."[207] 48

대법원이 승계적 공동정범에 관해 어떤 태도를 취하고 있는가에 대한 학계의 평가는 엇갈린다. 논자들 간에 문제상황 및 개념사용에 있어서 정확하고도 충분한 합의점이 이루 49

---

204) 김종원, "승계적 공동정범", 사법행정, 1967.7, 72면; 이보영, 앞의 논문, 492면.
205) 오영근, §33/42; 이재상/장영민/강동범, §33/20; 임웅, 419면; 정성근/정준섭, 269면.
206) 차용석, "승계적 공동정범과 준강도죄에 대한 비절도범인의 가공행위(1)", 고시계, 1996.9, 17면; 하태훈, "승계적 공동정범", 고시계, 1994.3, 37면.
207) 대법원 1997.6.27. 97도163.

어지지 않은 탓 때문인 것 같다. 판례의 태도가 ① 승계적 공동정범을 부정하는 태도라고 하거나,[208] ② 승계적 공동정범의 성립에 관해서는 긍정설의 입장이지만, 책임범위와 관련하여 소극설의 입장이라고 하거나,[209] ③ 심지어 전체범죄에 대한 방조범을 인정하는 입장을 취한다고 평가하는 입장[210]도 있다.

50 생각건대, 대법원은 '선행행위자가 기수에 이르기 전'에 후행가담자가 가담한 경우 원칙적으로 승계적 공동정범 긍정설 및 적극설의 태도를 취하고 있다고 평가하는 것이 타당하다. 그 이유는 다음과 같다.

51 **判** 대법원은 '미성년자 유괴사건'[211]에서 후행가담자를 '단순히 재물 등 요구행위의 종범이 되는 데 그치는 것이 아니라 결합범인 위 특정범죄가중처벌 등에 관한 법률 제5조의2 제2항 제1호 위반죄의 종범에 해당한다'고 판시(대법원 1982.11.23. 82도2024)하였는데, 이 판결에서 대법원은 선행행위자 甲의 '유괴 후 금품요구죄'(결합범)가 아직 기수에 도달하지 않은 이상, 기수에 이르기 전 단계에서 선행행위(유괴)를 한 甲의 행위(유괴 후 금품요구)에 후행가담자가 금품요구행위로써 가담한 경우에는 후행가담자에게 전체범죄에 대한 공동정범이 성립할 수 있음을 보여주고 있기 때문이다. 선행행위자의 행위가 기수가 되기 이전(혹은 계속범의 경우에는 종료시점 이전)에 가담한 후행행위자에게 공동정범의 성립이 인정되는 것은 다른 판례(대법원 1953.8.4. 4286형상20; 1984.12.26, 82도1373; 1995.9.5. 95도577 참조)에서도 마찬가지이다.

52 후행행위자가 기수 이전에 가담한 경우 공동정범 성립가능성을 인정한다면(승계적 공동정범 개념 긍정론), 논리적으로 그 후행행위자의 책임범위에 관해서도 적극설의 입장이 취해져야 한다. 승계적 공동정범이 공동의 의사가 실행의 착수 이후 실행행위 도중에 형성된 것으로서 선행행위자의 범죄가 기수단계에 이르기 전까지 성립할 수 있는 것이라면, 후행가담자는 개념필연적으로 선행가담자가 한 행위부분을 승계하여 전체범죄에 대한 공동정범의 죄책을 져야하기 때문이다.

53 다만 위 사건과 관련하여 대법원이 후행가담자에게 유괴 후 금품요구죄의 (승계적) 공동정범을 인정하지 않은 것은 이론(법리)상의 문제 때문이 아니라 공동정범의 성립요건이 충족되었다고 평가할 수 있는 요건'사실'의 미달 때문이다. 즉 대법원이 위 사건에서 후행가담자의 공동정범성을 부정한 것은 사건의 후반부에서 후행가담자가 선행행위자와 의사연락을 하긴 하였지만 그 주관적 의사가 공동정범의 주관적 요건인 공동가공의 의사가 아니라 단순히 선행행위자를 도울 의사로 행위하였고, 현실적인 행위기여의 정도도 기능적인 행위지배의 정도에 이르지 못했다고 판단했기 때문이다.[212]

---

208) 배종대, §126/11; 이형국/김혜경, 484면.

209) 임웅, 406면.

210) 신동운, 542면.

211) 선행가담자 甲이 미성년자인 피해자를 유인·감금한 후 감금된 상태에서 피해자를 살해하였고, 후행가담자 乙은 甲으로부터 甲의 선행사실을 전해들은 후 피해자의 부모로부터 금품을 갈취하는 데 도움을 요청받고 그 부모에게 수십 차례에 걸쳐 전화통화를 하거나 편지를 보내는 등의 방법으로 협박 및 금품요구를 한 사건'으로 요약할 수 있다(대법원 1982.11.23. 82도2024 참조).

212) 위 판시내용을 보면 기수 후에는 승계적 공동정범이 인정되지 않는다는 것을 알 수 있다. 왜냐하면 사건의

③ 결론

공동정범의 주관적 요건인 공동가담의 의사가 사전적 공모 방식에도 순차적 암묵적인 방식으로도 가능하다고 하는 이상 후행가담자에게도 공동정범의 성립을 인정하는 적극설이 타당하다. 선행행위자의 행위가 기수에 도달하지 않은 상태에서 후행가담자가 선행행위자의 실행행위 도중에 개입한 경우라면 당해 '구성요건적 실행행위'는 여전히 계속되는 것이고, 따라서 후행가담자도 여전히 당해 구성요건적 행위에 가담하는 의미의 행위를 하고 있기 때문이다. 54

이러한 조건이라면 소극설의 비판과는 달리 후행가담자의 행위에 기능적 행위지배도 인정될 수 있고, 사후고의가 인정되는 결과가 되는 것도 아니며, 결과에 대한 인과력이 부정된다고 할 수도 없을 뿐만 아니라 선행결과를 후행가담행위로 귀속하는 것도 가능하기 때문에 후행가담자에게도 공동정범의 성립을 인정하는 것이 타당하다. 예컨대 노상강도를 하려는 甲이 피해자에게 폭행을 가하여 항거불능의 상태를 야기한 시점에 우연히 그 옆을 지나가던 甲의 친구 乙이 甲과 상호 의사연락하에 甲의 행위에 가세하여 피해자의 주머니 등에서 재물을 취거한 경우라면 선행행위(강도)가 아직 '기수'에 도달하지 전이므로, 후행가담자에게 강도죄의 공동정범을 인정할 수 있다. 후행가담자인 乙이 가세한 시점은 폭행행위는 종료하였으나 아직 '강도행위'의 도중이기 때문이다. 55

이 뿐만 아니라 후행가담자가 선행행위자의 행위부분을 승계한 것이고 그 부분까지 포함하여 전체부분에 대한 공동정범의 성립을 인정하는 한 그 공동정범에 대해서는 승계적 공동정범이라는 명칭이 적합하다. 56

3. 과실범의 공동정범

例 사례('그대로 가자' 사건): 트럭운전사 甲이 乙 소유의 장작을 트럭에 가득 싣고 밤 11시경 검문소에 이르렀다. 검문경찰관이 손전등을 들고 정차신호를 하자 시속 5마일로 서행하며 정차하던 중 운전사 옆에 앉아 있던 乙이 "그대로 가자"라고 하기에 甲은 가속페달을 밟아 급속력을 내었다. 이때 검문을 하려던 경찰관 A는 트럭의 뒷바퀴에 치어 사망하였다. 甲과 乙에게 업무상과실치사죄의 공동정범의 죄책을 지울 수 있는가?[213] 57

공동정범의 본질에 대한 기능적 행위지배설에 따르면 공동가담의 의사는 개념필연적으로 자기 스스로 전체범행의 실행을 위해 역할분담을 하려는 의사를 말한다. 즉 공동가담의 의사는 단독행위자의 고의가 공동정범의 특성에 맞게 수정된 것이기 때문에 공동정범은 58

전반부에 나타난 甲의 행위가 특정범죄 가중처벌 등에 관한 법률 제5조의2 제2항 제2호 위반죄(유괴살해)에 해당하고 이 범죄에 대해서는 기수가 인정되어 이 부분에 대해 대법원은 후행가담자 乙에게 아무런 형사책임을 인정하지 않고 있기 때문이다.

213) 운전자로서 업무자가 아닌 을에게 단순과실치사죄가 아닌 업무상과실치사죄가 인정될 수 있는지의 문제는 업무자가 신분에 해당하므로 '공범과 신분'(형법 제33조)에서 다룬다.

원칙적으로 고의범이어야 한다.

59 2인 이상이 과실로 범죄의 결과를 발생시킨 경우에도 공동정범을 인정할 것인지가 문제된다. 이 문제에 대한 답은 공동정범의 성립요건을 정한 규정인 "2인 이상이 공동으로 죄를 범한 때"를 어떻게 해석할 것인지에 따라 달라진다.

(1) 학설의 태도

60 종래 과실범의 공동정범의 인정 여부는 형법 제30조의 "공동하여 범한 죄"의 범위를 어떻게 정할 것인가라는 문제를 중심으로 논의되어 왔다. 이에 따라 '공동정범은 무엇을 공동으로 하는가'라는 물음과 관련하여 범죄공동설과 행위공동설이 대립해 오다가, 최근에는 기능적 행위지배설 혹은 수정된 행위공동설의 입장 등 다양한 견해가 등장하고 있다.[214] 이를 과실범의 공동정범 긍정설과 부정설로 대별해 보면 다음과 같다.

1) 긍정설

61 ① 행위공동설 행위공동설이란 각 가담자가 행위만 공동으로 하면 공동정범이 성립한다는 견해이다. 이때의 행위란 전법률적 의미의 행위를 의미하기 때문에 과실범의 공동정범뿐만 아니라 고의범과 과실범의 공동정범, 서로 다른 종류의 고의범 간의 공동정범도 인정할 수 있다고 한다.

62 ② 공동행위주체설 이는 공동정범이 일부실행, 전부책임의 귀속원리를 본질적 내용으로 하는 점에 근거하여 공동으로 행위한 행위주체가 초래한 전체결과에 대해 다른 행위주체도 책임을 져야 한다는 견해[215]이다. 이때 공동정범의 행위주체가 되려면 적어도 행위를 공동으로 해야 할 뿐만 아니라 각 주체 간에 의사연락까지 요구하고 있다.

63 ③ 과실공동 구성요건적 행위공동설 공동정범의 공동의 객체인 행위가 전법률적 구성요건적 행위를 의미하는 것이 아니라 구성요건적 행위라고 이해하는 입장 가운데 과실범의 경우에도 구성요건에 해당하는 과실행위, 즉 주의의무위반적 행위의 공동이 있으면 과실범의 공동정범을 인정할 수 있다는 견해이다.[216] 이 견해에 의하면 과실범의 공동정범이 성립하기 위해서는 주의의무위반과 행위의 공동만 있으면 족하고 의사연락은 필요하지 않다고 한다.

64 ④ 과실공동 기능적 행위지배설 공동정범의 본질을 기능적 행위지배로 보면서 과실범에서도 기능적 행위지배가 인정되는 때에는 공동정범의 성립이 가능하다는 견해이다.[217] 이에 따르면 과실범의 경우에도 주의의무위반의 공동과 기능적 행위지배가 인정되면 공동정범이 성립한다고 한다. 이 견해도 과실범의 공동정범을 인정하기 위해 의사연락이라는 요

214) 고의나 과실의 귀속구조를 분석한 새로운 해석시도로는 김성룡, "고의론에서 접근한 과실범에 있어서 공동정범", 형사법연구 제16권 제2호(2001), 127면 이하 참조.
215) 유기천, 288면.
216) 이재상/장영민/강동범, §33/31; 정성근/정준섭, 304면.
217) 심재우, "과실범의 공동정범", 고시계, 1980.4, 38면.

건은 별도로 필요하지 않다고 한다.

⑤ 과실공동 공동행위인식설 공동의 주의의무를 가지고 있다는 인식 뿐 아니라 상호 의사연락하에서 행위의 공동이 있고 행위를 공동으로 한다는 인식이 있으면 공동정범이 성립할 수 있다고 보는 견해이다.[218) 65

2) 부정설

① 범죄공동설 공동정범의 전제조건인 '공동하여 범한 죄'가 '고의를 공동으로 하는 특정한 범죄'라는 견해이다. 이에 따르면 과실을 공동하는 과실범의 경우에 공동정범을 인정할 수 없을 뿐만 아니라 과실범과 고의범의 공동정범도 인정할 수 없다고 하게 된다. 66

② 기능적 행위지배설 공동정범의 정범표지가 기능적 행위지배에 있는 한 과실범의 공동정범 인정 여부도 과실행위자 상호 간에 기능적 행위지배를 인정할 수 있는지에 따라 정해지는데, 과실행위 간에는 기능적 행위지배가 있을 수 없다는 견해이다. 이 견해는 기능적 행위지배란 공동의 범행결의에 기초한 공동의 역할분담을 의미하므로 공동의 범행결의가 불가능한 과실범에서는 공동정범이 성립할 여지가 없다는 것이다.[219) 67

3) 그 밖의 학설 우리나라에서는 주장자가 없지만 과실범의 공동정범을 부정하는 대열에 서 있는 견해로서 공동의사주체설과 목적적 행위지배설이 있다. 전자는 공동정범의 본질은 특정 범죄를 실현하려는 공모, 즉 공동의사주체에 있는데 이때의 공동의사주체는 일정한 목적을 요하므로 공동정범은 고의범에 국한된다고 한다. 후자는 목적적 행위지배를 정범과 공범의 구별기준으로 내세우는 입장에서 주장되는 것인데, 공동정범은 정범이므로 정범에 요구되는 목적적 행위지배 및 범죄의사가 과실범에는 결여되어 있으므로 과실범의 공동정범은 인정되지 않는다고 한다. 68

(2) 판례의 태도

대법원은 이른바 위 '그대로 가자사건'[220) 이후 행위공동설의 입장에서 행위를 공동으로 하면서 상호 의사연락이 있는 한 과실범의 공동정범을 인정할 수 있다는 입장을 견지해왔다.[221) 하지만 아래 판결례들에서 보듯이 사실관계에서 의사연락이 있는 사례 뿐 아니라 의사연락이 없는 사례에 대해서도 공동정범이 인정된 판결례도 있어 형사정책적 필요성을 69

218) 이용식, 88면; 이용식, "과실범의 공동정범", 형사판례연구(7), 1999, 105면.

219) 박상기, 401면; 배종대, §126/21; 손동권, §29/30; 신동운, 559면; 이형국/김혜경, 483면; 오영근, §33/29; 임웅, 423면.

220) 대법원 1962.3.29. 4294형상598. "형법 제30조 소정의 '2인 이상이 공동하여 죄를 범한 때'의 '죄'는 고의범이고 과실범이고를 불문한다고 해석하여야 할 것이고, 따라서 공동정범의 주관적 요건인 공동의 의사도 고의를 공동으로 가질 의사임을 필요로 하지 않고 고의행위이고 과실행위이고 간에 그 행위를 공동으로 할 의사이면 족하다고 해석해야 할 것이다."

221) 대법원 1979.8.21. 79도1249. "운전병이 운전하던 지프차의 선임탑승자는 이 운전병의 안전운행을 감독하여야 할 책임이 있는데 오히려 운전병을 데리고 주점에 들어가서 같이 음주한 다음 운전케 한 결과 위 운전병이 음주로 인하여 취한 탓으로 사고가 발생한 경우에는 위 선임탑승자에게도 과실범의 공동정범이 성립한다."

앞세우고 있다는 학계의 비판을 받아왔다.

70 判 최근 대법원은 '가습기살균제 사건'에서 "형법 제30조 소정의 '2인 이상이 공동하여 죄를 범한 때'의 '죄'에는 고의범뿐만 아니라 과실범도 포함되는 것이므로 과실범의 경우에도 공동정범이 성립할 수 있으나, 의사의 연락이나 주의의무위반에 대한 공동의 인식이 없었다면 '공동하여' 죄를 범하였다고 볼 수 없으므로, 과실범의 공동정범이 성립한다고 볼 수 없다"[222]는 판시를 통해 과실범의 공동정범 성립요건을 종래의 요건에 비해 한층 강화하고 있다.

71 위 판례 법리는 '의사연락' 외에 '주의의무위반에 대한 공동의 인식'이라는 요건을 추가적으로 요구하기 때문에 종래 법리에 대한 '발전'된 법리로 평가할 만하다. 어떻게 하는 것이 공동하여 죄를 범하는가(공동의 방법－"공동하여"에 대한 해석)에 대한 물음에 대해서도 답해야 할 공동정범 도그마틱에 충실하지 못하다는 비판[223]에 대한 응답인 동시에 학설 중 '과실공동 공동행위인식설'의 주장내용의 일부수용이라할 수 있기 때문이다. 이러한 발전된 판례 법리에 따르면 아래 예시된 종래 판결례들의 대부분의 경우 과실범의 공동정범이 부정되어야 할 것이다.

72 例 **의사연락이 있는 경우 공동정범 인정 판례:** ① 앞의 '그대로 가자사건'에서는 각 가담자 사이에 검문을 무시하자는 의사의 연락이 인정될 수 있고, ② 열차를 뒤로 움직이다가 사고가 난 경우 '정기관사와 그의 지휘감독을 받는 부기관사 사이에도 사고열차의 퇴행에 관하여 서로 상론, 동의한 사실'이 있어서 의사연락이 있었다고 볼 수 있으며(대법원 1982.6.8. 82도781), ③ '군대의 운전병과 운전병의 안전운행을 감독해야 할 지프차의 선임탑승자가 서로 같이 주점에 들어가 음주한 다음 운전병이 음주운전하다가 일으킨 사고'(대법원 1979.8.21. 79도1249)에 대해서도 서로 의사연락은 있었다고 할 수 있다.

73 例 **의사연락이 없는 경우 공동정범 인정 판례:** ① 삼풍백화점 사건의 경우 '건축계획의 수립, 건축설계, 건축공사공정, 건물완공 후의 유지관리 등에 있어서의 과실이 복합적으로 작용한 데에 있다고 보아 각 단계별 관련자들을 업무상과실치사상죄의 공동정범으로 인정'(대법원 1996.8.23. 96도1231)하였지만, 건축계획의 수립자에서부터 건물완공 후의 유지·관리책임자 사이에 많은 중간단계의 과실행위자들 간에 의사의 연락이 있었다고 보기는 어렵고, ② '성수대교붕괴사건'에서도 '시공을 담당한 건설업자, 제작시공상의 감독자 및 그 시공상의 감독 및 유지·관리를 담당하는 감독공무원' 등이 각기 과실이 인정될 수 있지만(대법원1997.11.28. 97도1740), 각 주체 간에 의사연락이 있었다고 보기 어렵고, ③ "터널굴착공사를 도급받은 건설회사의 현장소장과 그 공사를 발주한 한국전력공사의 지소장 사이"(대법원 1994.5.24. 94도660)에도 서로 의사연락은 있었는지 확인되고 있지 않고, ④ "크림빵을 잘못 제조, 납품하여 초등학생들의 사상의 결과를 발생시킨 제빵회사 관계자들"(대법원 1978.9.26. 78도2080)에게도 어떤 의사연락이 있었는지 의문이다.

(3) 결론

74 1) 각 가담자 간의 주관적·내적 요건의 필요성 　범죄공동설과 행위공동설은 과실범의 공동정범을 인정할 수 있을 것인가 하는 문제를 '무엇을 공동으로 할 것인가 하는 문제'로 환원(축소)하는 태도를 취하고 있다. 그러나 공동정범의 경우 '무엇'을 공동으로 하는 것

222) 대법원 2024.12.26. 2024도1856.
223) 김성돈, 형법총론, 제9판, §20.

인가하는 문제(공동의 대상)도 중요하지만, '어떻게' 하는 것이 공동으로 하는 것인가 하는 문제(공동의 방법)가 더욱 중요하다. '공동'이라는 말에는 단순히 둘 이상의 주체의 병존이 아니라 상호간의 내적인 '협력관계'가 전제되어 있어야 하기 때문이다. 과실범의 공동정범 긍정설 중 각 가담자의 내적 협력관계를 요구하고 있는 학설은 '의사연락'을 요구하는 '공동행위주체설'과 의사연락 외에 '공동의 주의의무 인식 및 행위 공동의 인식'까지 요구하는 '과실공동 공동행위인식설' 뿐이다.

2) 판례 법리의 표현상의 문제성 대법원이 '의사연락' 외에 '주의의무위반에 대한 공동의 인식'까지 요구하고 있음은 가담자의 내적 협력관계(즉 공동의 방법)를 과실범의 공동정범 인정을 위해 중요시하려는 의중의 반영으로 보인다. 하지만 대법원이 요구하는 바, 주의의무위반에 대한 '공동' 인식이 어떻게 이루어질 수 있는지는 여전히 의문이다. 각 가담자가 각자의 심리적 인식부분을 '공유'할 수는 없기 때문이다. 따라서 주의의무위반의 '공동' 인식이라는 표현보다는 오히려 각 가담자에게 공통으로 요구되는 '공동의' 주의의무에 대한 위반이라는 표현이 오히려 적절할 것으로 보인다. 75

공동'의 주의의무란 각 가담자가 함께 협력하여 법익에 대한 위험의 발생을 예견하고 회피해야 할 의무를 말한다. 이러한 의미의 공동의 주의의무는 그러나 고의행위자가 아닌 한 공동으로(즉 기능적으로 행위지배하면서) 위반할 수는 없다. 그럼에도 공동의 주의의무를 위반한 각 가담자에게는 과실범의 공동정범의 성립을 인정할 수는 있다. 각 가담자에게 결과발생의 방지를 위해 기울여야 할 협력관계를 깨뜨린 것이기 때문이다. 76

3) 과실범의 공동정범 도그마틱과 형사정책적 요구의 조화 과실범의 경우에는 과실행위의 본질상 공동정범성의 표지인 기능적 행위지배가 본래적 의미대로 인정되기 어렵다. 기능적 행위지배는 고의행위자들끼리만 가능하기 때문이다. 그러나 과실범의 공동정범의 경우는 고의범의 경우와는 달리 그 주관적 요건을 '완화'시킬 현실적인 필요가 있다. 본래적 의미의 공동정범 도그마틱을 고수한다면 과실범의 경우 원인행위가 밝혀지지 않은 경우 과실미수를 처벌하지 않은 현행법제하에서 처벌의 공백이 생길 수도 있기 때문이다. 이러한 현실적 형사정책적 필요에 부응하려면 공동정범에서 요구되는 '완화된 인과관계 법리'를 활용할 수 있어야 한다. 공동정범의 경우 각 가담자의 개별 행위부분은 공동가담의 의사에 의해 하나의 전체행위가 되므로 '전체행위'와 '결과'발생 사이에 인과관계가 인정되는 것으로 충분하고(이른바 '부가적 인과관계'), 동시범의 경우와 같이 각 가담자의 기여행위 가운데 결과발생에 원인된 행위가 어느 것인가 하는 개별적 인과관계의 존부판단은 필요없기 때문이다. 과실행위자 간의 공동정범을 인정하면 기능적 행위지배에 관한 기본 법리를 이탈함으로써 입는 손실 대신 '부가적 인과관계' 법리를 대가로 얻게 된다. 77

공동정범의 성립문제를 형사정책적 필요성의 관점에서 취급하는 것은 범죄성립여부와 형벌목적의 독 78

립성 도그마를 극복하고 양자간의 종속성을 인정하는 방법론적 시각 또는 법을 사례와의 '관계'로 이해하는 관계적 법이해에서 출발하여 구체적 사례에 적합한 법(법리)을 발견해야 하는 것을 내용으로 하는 법 발견 방법학(후성법학적 법발견 방법학)적 시각의 반영일 수도 있다.

79 이러한 방법 내지 시각의 변화에 맞추어 필자는 종래 기능적 행위지배설 및 제한적 정범개념에 입각하여 취했던 과실범의 공동정범 부정론을 바꾸어 과실범의 공동정범 긍정론으로 견해를 바꾼다. 고의범 사례와 과실범 사례의 경우 고의와 과실 도그마틱의 차이가 공동정범의 성립요건에 관한 이론에도 반영되어야 하기 때문이다. 이에 따르면 과실범의 공동정범이 성립하려면 ① 각 가담자가 공동의 주의의무('위험'발생에 대한 예견의무 및 회피의무)를 각자 위반하고 있다는 '인식'이 있어야 하고(과실 단독범의 경우는 물론이고 고의범의 경우에는 이 요건은 요구되지 않음) ② 각 가담자가 '결과'발생에 대한 인식을 하였거나 인식가능성이 있었음(주관적 과실)에도 상호 의사를 교환하면서 서로 상대방의 행위를 저지하지 않고 묵인하여야 한다. 요건 ①에는 공동의 인식이 요구되지 않고, 요건 ②에만 공동의 인식이 요구되므로[224] 공동의 '주의의무위반 인식 및 결과발생에 대한 공동인식설'이라 부를 수 있다.

80 종래 대법원이 과실범의 공동정범을 인정함에 있어 의사연락 요건마저도 제대로 요구하지 않았던 태도를 보인 경우도 있었음은 처벌의 필요성이라는 형사정책적 목적 달성 외에는 달리 설명할 방도가 없다. 그러나 최근 가습기살균제 사건에서 대법원은 의사연락 외에도 – 모호하긴 하지만 – '주의의무위반에 대한 공동의 인식'까지 과실범의 공동정범의 성립요건으로 요구하고 있는 변화는 어떻게 평가할 수 있는가? 대법원이 종래와 같이 형사정책적 필요성에 무게중심을 두기 보다는 공동정범의 본래적 귀속법리도 소홀히 취급하지 않음으로써 형사정책적 필요성과 도그마틱적 요구의 사이에 균형점을 찾으려는 시각을 보이고 있다고 평가할 수도 있다. 이러한 대법원의 시각은 '원심이 들고 있는 사정들(즉 과실범의 공동정범을 인정하는 형사정책적 목적이나 취지를 포함한 몇 가지 사실)만으로 과실범의 공동정범 성립을 인정한다면, 현대사회에서 상품 제조·판매자들 등에 대한 과실범의 공동정범 성립범위가 무한정 확장될 수밖에 없다'는 취지의 판시내용에 담겨져 있다. 물론 종래의 다른 사건에 대한 대법원 판결과 비교해 볼 때 대법원이 유독 가습기살균제 사건에 대한 판결에서부터 과실범의 공동정범의 성립요건을 강화한 것이 피고인들의 '사회적 지위'(대기업의 대표이사 등)를 고려한 맞춤형 판결이 아닌가 하는 의심도 든다. 이러한 의심을 배제하기 위해서는 장차 다른 사건들의 경우에도 각 가담자에게 – 대법원식 표현에 따르면 – '주의의무위반에 대한 공동의 인식'까지 요구하는 새로운 법리를 일관되게 관철시킬 것이 요구된다.

4. 공모관계의 이탈

(1) 공모관계의 이탈의 의의

81 1) 의의 공모관계의 이탈이란 공동모의를 한 가담자가 다른 공동모의자가 '실행에 착수하기 이전'에 공동가담의 의사를 철회하는 경우를 말한다. 이러한 경우는 이탈자가 실

224) 그러나 각 가담자가 결과발생에 대한 예견가능성이 있었음에도 상호 의사를 교환(의사연락)하면서 서로의 행위를 저지하지 않고 용인하는 것을 과실행위자들 간의 '공동'의 인식이라고 할 수 있기 때문이다.

행분담행위로 나아가지 않기 때문에 공동정범의 객관적 요건이 충족되지 않는 것은 물론이고, 공동가담의 의사라는 주관적 요소도 탈락된다.[225)]

2) **공범관계의 이탈과의 구별** 협의의 공범의 경우 예컨대, 교사자가 피교사자에게 범행결의를 일으키는 교사행위를 한 후 교사의 의사를 철회하는 경우를 '공범관계의 이탈'이라고 한다. 공모관계의 이탈과 마찬가지로 피교사자가 실행의 착수에 이르기 전에 교사자와 피교사자가 일정한 요건을 충족시키면 교사범의 성립이 부정된다. 자세한 이탈의 요건은 교사범의 성립요건에서 다룬다. 82

(2) 공모관계의 이탈의 요건

1) **이탈의 주관적 요건** 실행의 착수 전에 범행결의를 포기한 공모자가 그 사실을 다른 공모자에게 표시하여야 하는지에 대해서는 견해가 일치하지 않는다. 83

① 필요설 다른 공모자가 이탈사실을 알지 못하면 이탈자의 기존의 기여가 전체사건의 진행에 계속적인 영향을 미치므로 이탈의 의사는 명시적 또는 묵시적으로 표시되어야 한다고 한다. 84

② 불요설 이탈에 의하여 공모관계는 실행행위시에 존재하지 않게 되어 기능적 행위지배는 제거된 것이므로 이탈의 의사표시는 표시될 필요가 없다고 한다.[226)] 85

③ 판례의 태도 이탈의 표시는 명시적임을 요하지는 않으나, 묵시적인 의사표시는 인정되어야 한다는 입장이다. 86

判 대법원은 "공모공동정범에 있어서 그 공모자 중의 1인이 다른 공모자가 실행에 이르기 전에 그 공모관계에서 이탈한 때에는 그 이후의 공모자의 행위에 관하여 공동정범으로서의 책임은 지지 않는다고 할 것이고 그 이탈의 표시는 반드시 명시적임을 요하지 않는다"[227)]고 한다. 87

④ 결론 이탈의사를 외부에 표시하지 않으면 다른 공모자와의 내적 연결고리가 끊어진 것이 아니기 때문에 공동의 범행결의는 여전히 유효하게 된다. 따라서 명시적이건 묵시적이건 이탈의사를 다른 공모자에게 표시해야 이미 표시된 공동가담의 의사가 철회되어 다른 공모자와의 혼연일체성으로부터 단절될 수 있다고 할 것이다. 그렇다고 해서 다른 공모자의 승인까지 받아야 하는 것은 물론 아니다. 88

2) **이탈의 객관적 요건** 이탈자가 자신의 기여분을 이미 예비단계에서 투입해 놓은 경우가 있다. 이러한 경우에는 범행사태의 진행이 이탈자의 수중에서 떠난 것이기 때문에 이탈의 의사표시만으로 공동정범의 성립을 부정하기에는 충분하지 않다. 따라서 이탈이 인정되기 위해서는 객관적으로 자신의 사전 가담 부분의 영향력을 해소해야 하는 등 추가 89

---

225) 공모관계이탈사례는 공동정범의 객관적 요건인 실행분담이 없이 공동모의라는 주관적 요건만으로 공동정범이 성립한다고 하는－뒤에서 보게 될－판례상 인정되는 '이른바 공모공동정범'사례와 구별되어야 한다.
226) 손동권, "중지(미수)범의 특수문제", 형사판례연구(5), 1997, 100면; 이용식, 앞의 논문, 111면; 임웅, 430면.
227) 대법원 1986.1.21. 85도2371.

적 요건이 필요한지가 문제된다.

90 ① 인과성 제거필요설 공동정범에서의 이탈이 인정되기 위해서는 범행결과에 대한 인과성을 제거해야만 한다는 견해이다.[228)] 이 뿐만 아니라 그러한 인과성의 제거라는 요건은 공모관계를 만들어낸 주모자이건 평균적인 공모자이건 상관없이 적용된다고 한다.

91 ② 인과성 제거불요설 공모자는 자신의 행위기여를 예비단계에서 행하였더라도 공동의 범행결의에서 이탈한 자는 기능적 행위지배가 결여되기 때문에 이탈의사 표시만으로 공동정범이 부정된다는 견해이다.[229)]

92 ③ 주모자와 평균적 일원 구별설 이탈자가 주모자로서 다른 공모자의 실행에 강하게 영향을 미친 때에는 실행에 미친 영향력이나 인과성을 제거하거나 제거하기 위한 진지한 노력이 필요하지만 공모자 가운데 평균적 일원에 불과한 때에는 이탈의 표시로 족하다는 견해이다.[230)]

93 ④ 판례의 태도 대법원은 공모관계의 이탈을 인정하기 위해서는 공모에 의하여 담당한 기능적 행위지배를 해소할 것을 요하므로 기본적으로 인과관계 제거필요설을 취하지만 주모자와 평균적 일원에 대해 차별적 요건을 요구하는지는 분명한 태도를 보이고 있지 않다.

94 判 "공모관계에서의 이탈은 공모자가 공모에 의하여 담당한 기능적 행위지배를 해소하는 것이 필요하므로 공모자가 공모에 주도적으로 참여하여 다른 공모자의 실행에 영향을 미친 때에는 범행을 저지하기 위하여 적극적으로 노력하는 등 실행에 미친 영향력을 제거하지 아니하는 한 공모관계에서 이탈하였다고 할 수 없다."[231)]

95 ⑤ 결론 공모단계(예비·음모)에서의 행위기여에 대해서도 기능적 행위지배가 인정될 수 있다면, 공모단계에서 이미 이루어 놓은 객관적 기여행위의 영향력 제거없이 단순히 이탈의 의사표시만 하는 것은 기능적 행위지배가 해소되었다고 볼 수 없다. 결과발생에 대한 인과성 제거까지 요구하는 것도 공모한 구성요건실현이 불발(또는 미수)에 그칠 것까지 요구하는 것이므로 자신만 결과귀속에서 탈락되는 효과를 가져오는 이탈의 요건이 될 수 없다. 다만 실행의 착수 후 실행행위시 특별한 추가적 기여를 약속한 바가 있는 경우에만 장

228) 김일수/서보학, 595면; 손동권, 앞의 논문, 102면; 이용식, 앞의 논문, 111면.

229) 신동운, 594면; 임웅, 430면.

230) 이재상/장영민/강동범, §33/45.

231) 대법원 2008.4.10. 2008도1274. "그러므로 다른 3명의 공모자들과 강도 모의를 하면서 삽을 들고 사람을 때리는 시늉을 하는 등 그 모의를 주도한 피고인이 함께 범행 대상을 물색하다가 다른 공모자들이 강도의 대상을 지목하고 뒤쫓아 가자 단지 "어?"라고만 하고 비대한 체격 때문에 뒤따라가지 못한 채 범행현장에서 200m 정도 떨어진 곳에 앉아 있었으나 위 공모자들이 피해자를 쫓아가 강도상해의 범행을 한 경우, 피고인에게 공동가공의 의사와 공동의사에 기한 기능적 행위지배를 통한 범죄의 실행사실이 인정되므로 강도상해죄의 공모관계에 있고, 다른 공모자가 강도상해죄의 실행에 착수하기까지 범행을 만류하는 등으로 그 공모관계에서 이탈하였다고 볼 수 없으므로 강도상해죄의 공동정범으로서 죄책을 진다."

래의 분담부분을 스스로 제거할 것이 요구된다.

가담자 간의 분업적 역할분담을 의미하는 기능적 행위지배 개념의 본질상 각 가담자의 행위기여에 우열관계를 요구할 필요도 없다. 따라서 공모에 가담한 자가 주모자로 가담한 것인지 평균적 일원으로 가담한 것인지를 구별할 것도 요구되지 않는다. 96

(3) 이탈자의 형사책임

다른 공동모의자가 '실행에 착수하기 전'에 공모관계에서 이탈한 자는 위의 요건을 충족시키면 다른 공동모의자에 의해 수행된 범죄에 대한 공동정범성이 탈락된다. 따라서 공모관계의 이탈이 있는 경우에도 공모공동정범이론을 적용한다면 공동정범을 인정할 수 있다고 이해하는 태도[232]는 타당하지 않다. 공모관계의 이탈은 공모공동정범의 핵심요건인 '공모'(주관적 요건)의 탈락으로 귀결되는 경우이기 때문이다. 이 뿐만 아니라 공모관계의 이탈자에 대해서는 부작위에 의한 공동정범 성립이 인정될 여지도 없다. 이탈자에게 범죄사실에 대한 (부작위)고의가 부정되기 때문이다. 97

判 대법원도 '공모관계의 이탈'이 인정되면 공모공동정범의 성립도 인정될 수 없다고 한다. "공모공동정범에 있어서 그 공모자 중의 1인이 다른 공모자가 실행에 이르기 전에 그 공모관계에서 이탈한 때에는 그 이후의 공모자의 행위에 관하여 공동정범으로서의 책임은 지지 않는다"[233]는 태도를 분명히 하고 있기 때문이다. 98

공모관계의 이탈이 인정될 경우 이탈한 자에게 방조범이 성립할 수 있는 가능성은 여전히 남아 있다. 방조행위가 실행의 착수 이전 단계에서 행해진 후 피방조자가 실행의 착수로 나아가게 되면 방조범이 성립될 수 있기 때문이다. 이 뿐만 아니라 실행의 착수 전에 공모관계를 이탈한 자에 대해서는 당해 범죄의 예비·음모가 처벌되는 경우에는 예비·음모죄가 인정될 수도 있다. 99

判 대법원은 "시라소니파라는 범죄단체조직에 가입·활동 중이던 피고인이 긴급소집연락을 받고 소집에 응했으나 다른 조직원들이 반대파(파라다이스파)에 대해 보복하기 위해 출발하려 할 때에 사태의 심각성을 깨닫고 그곳에서 택시를 타고 집으로 와버린 경우" 이를 '공모관계의 이탈'을 인정한다.[234] 하지만 위와 같은 경우는 소집에 응하여 소집장소에서 범행계획을 알게 된 것이라면, 가담의사의 표시(공모)조차 없는 경우로 볼 수 있으므로, 예비·음모도 인정되기 어려울 것으로 보인다. 100

(4) 다른 공모자가 실행에 착수한 이후의 가담포기와 공범관계의 이탈

다른 공동모의자가 '실행의 착수 후'에 실행행위에 가담하지 않았을 뿐인 경우에는 공모관계의 이탈이라고 할 수 없다.[235] 따라서 이 경우에는 공모자가 실행분담으로 나아가지 않았더라도 다른 공모자에 의해 나머지 범행이 이루어진 경우에는 그가 관여하지 않은 부 101

---

232) 오영근, §55/33.
233) 대법원 1986.1.21. 85도2371.
234) 대법원 1996.1.26. 94도2654.
235) 공동정범의 실행의 착수시기에 관하여 이른바 전체적 고찰설을 취하기 때문이다. 이에 관해서는 후술한다.

분에 대해서도 공동정범이 성립한다.[236] 대법원은 실행의 착수 후에 이루어지는 이탈을 "공범관계의 이탈"이라고 부르면서 이탈자에 대한 위와 같은 법효과를 인정하고 있다.[237] 하지만 '실행의 착수 후'에 이루어진 이탈에 대해 형사책임으로부터 벗어나게 하는 법효과를 부여하지도 않으면서 '이탈'이라는 명칭을 붙이는 것은 용어사용에 혼선만 가져올 뿐이다.

102 다른 한편 행위자가 공모 후 범행의 일부를 실행하였다가 더 이상의 가담을 포기하거나, 다른 공모자가 실행에 착수한 후 행위자가 더 이상의 가담을 포기하였는데, 계속 범행을 한 다른 공모자의 행위가 기수에 이르지 못한 경우에는 가담을 포기한 자는 미수범에 대한 공동정범(공동정범의 미수)이 된다.[238]

Ⅲ. 공동정범의 객관적 요건(객관적 구성요건요소)

103 공동정범의 객관적 요건은 역할분담적 행위수행이다. 역할분담적 행위수행이란 각자가 역할분담을 함으로써 범행의 계속적 수행 및 완성에 필요불가결한 행위기여를 하는 것을 의미한다. 이는 기능적 행위지배의 객관적 측면을 의미한다.

1. 실행행위의 분담

(1) 실행행위분담의 의의

104 공동정범도 원칙적으로 특정 구성요건의 실현을 전제로 하는 것이기 때문에 구성요건적 '실행행위단계'에서 행해지는 행위기여가 '실행행위분담'으로 인정된다. 실행행위분담은 부작위에 의해서도 가능하다.[239] 부작위범 사이의 공동정범이 성립하려면 다수의 부작위범에게 공통된 의무가 부여되어 있고 그 의무를 공통으로 이행할 수 있어야 한다.[240]

---

236) 대법원 2002.8.27. 2001도513. "피고인들이 공범들과 다단계금융판매조직에 의한 사기범행을 공모하고 피해자들을 기망하여 그들로부터 투자금명목으로 피해금원의 대부분을 편취한 단계에서 위 조직의 관리이사직을 사임한 경우, 피고인의 사임 이후 피해자들이 납입한 나머지 투자금명목의 편취금원도 같은 기망상태가 계속된 가운데 같은 공범에 의하여 같은 방법으로 수수됨으로써 피해자별로 포괄일죄의 관계에 있으므로 이에 대해서도 피고인은 공범으로서의 책임을 부담한다."

237) 대법원 2011.1.13. 2010도9927. "피고인이 포괄일죄의 관계에 있는 범행의 일부를 실행한 후 공범관계에서 이탈하였으나 다른 공범자에 의하여 나머지 범행이 이루어진 경우, 피고인이 관여하지 않은 부분에 대하여도 이 죄책을 부담한다."

238) 독일의 판례는 이 경우에도 공동정범의 미수가 되려면 다른 가담자에 대해 자신이 더 이상 함께 하지 않겠다는 의사를 전달해야 한다고 한다(BGHSt 37, 293). 자의로 포기한 자에 대해 중지미수가 인정되려면 스스로 결과발생을 방지하여야 한다.

239) 가령 甲이 A를 위험에 빠뜨리고 A에 대한 구조의무 있는 乙이 甲과의 사전모의에 따라 구조행위를 부작위함으로써 결국 A가 사망한 경우에는 甲의 작위와 乙의 부작위 사이에는 행위실행의 공동이 인정될 수 있다(김일수/서보학, 598면).

240) 대법원 2008.3.27. 2008도89.

공동모의를 하였더라도 각자가 서로 분리되어 독자적인 행위수행을 하는 경우에는 공동의 행위분담이라고 말할 수 없다. 그러나 서점에서 수명의 공동정범자가 차례로 책을 반출한 경우와 같이 공동의 행위결의에 기한 독자적인 행위가 하나의 '전체결과'(Gesamterfolg)로 결합될 수 있는 경우에는 공동정범으로 인정될 수 있다. 이러한 경우는 각 가담자가 실행행위단계에서 자신의 행위부분에 대해서만 행위지배를 하고 있지만, 공동의 행위결의가 각자의 행위를 전체범죄로 결합하는 역할을 하기 때문이다.[241) 105

(2) 역할분담적 행위수행

1) 실행행위단계에서의 행위기여　공동정범의 본질적 표지가 기능적 행위지배에 있는 것이기 때문에 공동정범으로 인정되는 가담자의 역할분담이 반드시 구성요건에 해당하는 행위의 전부 또는 일부이어야 할 필요는 없다. 전체범죄의 수행에 불가결한 기여를 하여 기능적 행위지배가 인정되는 한, 구성요건적 행위 이외의 역할분담도 실행행위의 분담으로 인정될 수 있다.[242) 불가결한 행위기여로 인정되기 위해서는 문제의 행위가 범행을 함께 만들어가는 본질적인 행위부분이라고 평가될 수 있을 정도이어야 한다. 106

2) 망보는 행위와 현장부재의 경우　'망보는 행위'가 불가결한 행위기여로 인정될 수 있는가가 문제된다. 생각건대 공동의 범행계획을 통해 망보는 역할이 범행의 완성에 필요불가결한 정도라면 기능적 행위지배가 인정되는 본질적인 행위기여라고 할 수 있으며 이 경우에는 공동정범이 된다고 해야 한다.[243) 이에 반해 망보는 행위가 그 정도의 본질적인 행위기여에 이르지 않고 단순히 보조, 원조 혹은 타인의 범행을 용이하게 하는 정도에 그치는 경우라면 방조범의 성립만 인정되어야 한다.[244) 대법원도 이와 같은 취지에서 망보는 행위를 실행행위분담으로 보아 공동정범으로 인정한다.[245) 107

이 뿐만 아니라 실행행위의 분담이 인정되기 위해 가담자가 반드시 현장에 있어야 하는 것은 아니다. 절도행위의 다른 가담자 2인이 피해자의 신용카드를 가지고 현금자동지급기에서 현금을 인출하고 있는 사이에 피해자의 신고를 막기 위해 현금자동지급기에서 상당한 거리에 떨어져 있는 피해자의 집에서 피해자를 억류하고 있는 경우에도 기능적 행위지배가 인정되는 역할분담에 해당한다.[246) 108

3) 예비·음모단계에서의 행위기여　단순히 예비·음모단계에서의 행위기여만 있는 경우는 공동정범의 객관적 요건인 실행분담이 되지 않는다.[247) 다만 이 단계에서의 행위기 109

241) Kühl, §20/115.
242) 대법원 1986.1.21. 85도2411.
243) Roxin, LK §25 Rdn. 191.
244) 오영근, §33/32 참조.
245) 대법원 1971.4.6. 71도311; 1984.1.31. 83도2941; 1986.7.8. 86도843.
246) 대법원 1998.5.21. 98도321 전원합의체.
247) 김일수/서보학, 598면; 손동권, §29/36.

여가 그 이후의 행위부분 및 다른 행위부분에 대해 '결정적이고 본질적인' 영향을 미쳤다고 판단될 경우에는 공동정범에서 요구하는 기능적 행위지배를 인정할 수 있다.[248] 즉 어떤 조직 내의 우두머리와 같이 범행현장에서 직접 행동으로 나아가지는 않지만, 계획을 수립하고 범행을 독려·지휘하는 등 범죄완성에 결정적인 역할을 하였다고 판단될 경우에는 조직원들이 실행행위에 나아간 이상 예비·음모단계에서의 행위기여만 있어도 기능적인 역할분담을 하였다고 볼 수 있다.

110 判 대법원은 예비·음모(특히 모의단계)에서의 기여가 그 이후의 행위부분에 어느 정도로 중요한 역할을 하였는가를 묻지 않고, 타인의 실행행위에 전혀 가담한 바가 없는 자에 대해서도 공동정범을 인정하는 태도를 일관되게 유지하고 있다(이른바 공모공동정범이론).[249] 모의만 있으면 공동정범을 인정하겠다는 이러한 태도는 공동정범의 객관적 전제조건을 포기하는 것과 다름없는 것으로서 이른바 공모공동정범에 관한 최근의 판례 법리에 따르더라도 재고되어야 한다.

2. 이른바 공모공동정범

(1) 이른바 공모공동정범의 의의

111 공동가담의 의사가 사전모의의 형태로 나타나는 경우에는 특히 조직적인 역할분담을 하여 배후자가 외부로 드러나지 않은 경우가 많으므로 그 배후자에게 공동정범의 객관적 요건인 실행분담이 있었음을 입증하기가 어렵다. 이러한 경우에도 그 배후자를 공동정범으로 처벌해야 할 필요에 따라 인정된 이론이 '공모공동정범이론'이다.[250] 그러나 공동모의라는 요건만 있고 공동의 실행분담이 없는 경우에도 공동정범의 성립을 긍정하는 '공모공동정범이론'의 인정 여부에 대해서는 학설과 판례가 정면으로 대립하고 있다.

(2) 학설의 태도

1) 긍정설

112 ① 공동의사주체설 공동의사주체설은 2인 이상의 자에게 의사의 공동만 있으면 공동정범이 성립한다고 하는 이론이다. 우리나라에서 이 설을 취하는 입장은 없다. 공동의사주체설에 따르면 단체책임의 원리에 따라 책임전가(轉嫁)가 이루어지기 때문에 자기책임 내지 개인책임의 원칙에 반하게 된다. 공동정범의 본질이 기능적 행위지배에 있다면 의사의 공동만으로는 공동정범이 될 수 없기 때문이다.

---

248) 손동권, §29/36.

249) 대법원 1955.6.24. 4288형상145; 1980.5.27. 80도907. "공동정범에 있어서 범죄행위를 공모한 후 그 실행행위에 직접 가담하지 아니하더라도 다른 공모자가 분담실행한 행위에 대하여 공동정범의 죄책을 면할 수 없다."

250) 대부분의 공동정범은 사전공모가 있은 후에 공모내용에 따라 실행분담이 이루어지므로 '공모공동정범'이 공동정범의 정형이라고 할 수 있다. 물론 이러한 의미의 공모공동정범도 공동정범의 주관적 요건과 객관적 요건을 모두 구비하고 있음에는 의문이 없다. 그러나 이하에서의 '공모공동정범이론'은 실행분담이 없는 경우에도 공동정범성을 인정하려는 이론을 말한다.

② 간접정범유사설 직접 행위하는 자를 도구로 이용하는 간접정범과 유사하기 때문에 113
실행분담이 없는 공모자도 공동정범으로 처벌할 수 있다고 하는 견해이다. 이 견해도 단순히 공모하였다는 것만으로는 간접정범과의 유사성을 인정하기 어렵고, 책임능력자의 행위를 서로 이용하는 공동정범과 책임무능력자 등의 행위를 이용하는 경우인 간접정범은 실제 내용에서 서로 다른 법형상이기 때문에 취하기 어렵다.

③ 적극이용설 실행행위를 전체적·실질적으로 고찰하여 단순한 의사연락의 정도를 114
넘어서 공모자가 실행자들을 적극 이용한 경우에만 공모공동정범을 인정하자는 견해이다. 이 견해도 공모공동정범의 인정요건으로서 '적극이용'을 내세우고 있으나, 이 적극이용이라는 요소가 오늘날 기능적 행위지배의 한 요소로 발전되었다는 학설사적 의미를 가짐에 불과하다.

④ 확장된 기능적 행위지배설 집단범죄의 배후세력을 정범으로 처벌할 수 있는 현실적 115
인 필요성을 인정하면서 기능적 행위지배개념을 탄력적으로 해석하는 견해이다.[251] 이에 의하면 공동정범의 객관적 요건인 공동가공행위는 반드시 현실적인 실행분담으로만 제한될 필요가 없고, '각자가 전체계획의 범위 안에서 공동하여 결과를 실현하는 데 불가결한 요건을 실현하는 경우'로 확장될 수 있고, 따라서 공범들을 지휘, 통제, 감독하거나 실행행위를 담당하는 자를 정신적·물질적으로 조종하여 지배하는 배후거물(이를 지배적 공모공동정범이라고 한다)뿐 아니라 대등한 입장에서 서로 영향을 미쳐 공동의사를 형성하고 이에 따라 일부가 실행행위를 담당하는 가담자(이른바 분담형 공모공동정범이라 한다)를 정범으로 처벌하는 것이 합리적이라고 한다.

2) 부정설 공동정범의 본질을 기능적 행위지배에 있다고 보는 학설 중 대부분의 견 116
해는 공동정범의 객관적 요건이 구비되지 않은 공모공동정범을 인정하지 않는다.

그 이유로서 첫째, 실행행위의 분담이 없는 자를 공동정범으로 처벌하게 되면 책임주의 117
에 반하게 되고, 둘째, 현실적으로 수괴에 대해서는 범죄단체조직죄 등으로 처벌할 수 있고, 교사범으로 인정하더라도 정범의 형으로 처벌되며(형법 제31조 제1항), 특수교사·방조죄에 따라 가중처벌(동법 제34조 제2항)할 수도 있기 때문에 배후의 수괴처벌을 위한 별도의 이론을 마련할 현실적인 필요성도 그다지 크지 않다는 점을 들고 있다.

(3) 판례의 태도

대법원은 사전모의에는 가담하였지만 실행행위에는 아무런 가담을 하지 않은 경우에 118
대해서도 공동정범을 인정할 수 있다고 하면서,[252] 공동의 의사를 통하여 일심동체가 된다

251) 이재상/장영민/강동범, §33/44.

252) 대법원 1983.3.8. 82도3248. "공모공동정범은 공동범행의 인식으로 범죄를 실행하는 것으로 공동의사주체로서의 집단 전체의 하나의 범죄행위의 실행이 있음으로써 성립하고 공모자 모두가 그 실행행위를 분담하여 이를 실행할 필요가 없고 실행행위를 분담하지 않아도 공모에 의하여 수인 간에 공동의사주체가

는 내용의 공동의사주체설을 그 근거로 삼아왔다.

119 判 최근 대법원은 '공모자가 전체 범행에서 차지하는 지위, 역할, 범죄경과에 대한 지배 내지 장악력 등을 종합하여 단순공모자가 아니라 본질적 기여를 통한 기능적 행위지배가 인정될 것을 요구'함으로써 공동정범의 본질에 충실한 해석태도로 전환하는 모습을 보였다.[253] 이러한 태도변화는 공모 그 자체를 긍정하기 위한 설명만 하고 있을 뿐 그 공모가 전체범행의 완수에 있어서 어떤 위상을 가지는가에 대해서는 설득할 만한 논증을 하지 않고 있었던 종전 판례(대법원 1994.4.12. 94도128; 대법원 2005.1.27. 2004도7511)에 비하면 공모공동정범이론을 일반적으로 수용하는 태도를 탈피한 것 같은 외양을 보여주고 있다. 다른 한편 대법원은 공모한 범행을 수행하거나 목적달성을 위해 나아가는 도중에 부수적인 다른 범죄가 파생된 경우 그러한 파생적인 범행에 대해서도 암묵적인 공모가 있었음을 인정함(대법원 2010.12.23. 2010도7412)으로써 이른바 '파생적 공동정범'이라는 법형상까지 인정함으로써 과도한 책임귀속적 태도를 보이고 있다.

120 "공모에 참여한 사실이 인정되는 이상 직접 실행행위에 관여하지 않았더라도 다른 사람의 행위를 자기의사의 수단으로 하여 범죄를 하였다는 점"을 강조하고 있는 판시내용[254]을 가지고 대법원이 간접정범유사설에 입각하고 있다고 평가하는 입장[255]도 있다. 그러나 '다른 사람의 행위를 자기의사의 수단으로 하여 범죄를 하였다'는 점은 공모가 '특정한 범죄행위를 하기 위하여 일체가 되어 서로가 다른 사람의 행위를 이용하여 각자 자기의 의사를 실행에 옮기는 것을 내용으로 하는 것'이 강조되고 있을 뿐 그 다른 사람은 간접정범의 경우와 같이 단순한 도구가 아니라 스스로 실행분담까지 나아가는 정범임에는 변함이 없기 때문에 판례의 태도를 간접정범유사설로 평가하기에는 무리가 있다.

(4) 결론

121 이른바 공모공동정범이론은 1936년의 일본판례[256]법리 내용이다. 대법원이 이 이론을 답습하고 있는 것은 범죄조직의 배후에 있는 우두머리를 처벌할 형사정책적 필요성 때문이다. 그러나 부정설의 논지와 같이 현실적인 필요성은 절실하지도 않다.[257]

122 쇼와(昭和)시대 일본형법에는 범행현장에는 나타나지 않고 배후의 우두머리를 처벌하는 규정이 없어서 배후세력을 공동정범의 형식으로 처벌하기 위한 특별한 이론이 필요했지만, 한국 형법 제34조 제2항(특수교사·방조)은 자기의 지휘·감독을 받는 자를 교사하여 죄를 범한 우두머리격에 해당하는 자는 정범의 형의 장기 또는 다액의 2분의 1을 가중처벌하는 규정이 있다. 하지만 이 규정은 일본에서 수입된 공모공동정

형성되어 범죄의 실행행위가 있으면 실행행위를 분담하지 않았다고 하더라도 공동의사주체로서 정범의 죄책을 면할 수 없다."

253) 대법원 2007.10.26. 2007도4701; 2009.9.24. 2008도6994 등.

254) 대법원 1988.4.12. 87도2368.

255) 이용식, "공모공동정범의 실행의 착수와 공모공동정범", 형사판례연구(8), 74면.

256) 日大判, 昭11.5.8, 刑集15, 715.

257) 일본의 쇼와시대 일본형법에는 범행현장에는 나타나지 않고 배후의 우두머리를 처벌하는 규정이 없어서 공동정범의 형식으로 처벌하기 위한 특별한 이론이 필요했지만, 한국 형법 제34조 제2항(특수 교사·방조)은 자기의 지휘·감독을 받는 자를 교사하여 죄를 범한 우두머리격에 해당하는 자는 정범의 형의 장기 또는 다액의 2분의 1을 가중처벌하는 규정이 있다. 하지만 이 규정은 일본에서 수입된 공모공동정범이론의 탓인지 사문화되어 있다.

범이론의 탓인지 사문화되어 있다.

이러한 상황에서 이 이론을 '일반화'하게 되면 형법도그마틱을 무너뜨리는 결과를 낳게 된다. 따라서 실행행위단계에서 객관적인 실행분담을 하지 않고 모의에 가담한 자에게 예외적으로 공동정범의 성립을 인정하더라도 공동정범의 도그마틱인 '기능적 행위지배'를 벗어나지 않도록 하기 위해서는 다음과 같은 정도의 '행위기여'는 있어야 한다. 123

첫째, 공모자가 공모과정에서 실질적으로 주도적 역할을 하고 형식적으로도 주도적 지위에 있는 경우. 둘째, 결과발생에 이르는 행위태양이나 범죄의 성격을 고려할 때 공모자의 실질적이고 직접적인 관여(실행행위)가 없었지만 결과발생에 필요불가결한 기여라고 할 수 있을 정도의 질적인 기여행위가 있어야 한다. 124

이와 같이 기능적 행위지배에 필적할 만한 '특별한 사정' 없이 단순 공모에만 가담한 경우 공동정범의 성립가능성을 일반화한다면, 형법도그마틱의 기반을 떠나서 현실적 필요만 좇는 '정책'의 구현일 뿐 이를 이론이라고 할 수 없다. 125

3. 형법상의 인과관계

공동정범의 경우 각 가담자는 결과에 대한 전체책임을 지게 되므로, 각 가담자의 부분행위와 결과 사이에 인과관계 문제를 개별적으로 검토할 필요가 없다. 따라서 발생된 결과가 다른 가담자의 행위에 의한 것이더라도 그 행위를 하지 않은 가담자의 행위에 대해 인과관계를 부정할 수 없고, 각 가담자의 행위가 누적된 경우 혹은 이중적인 경우도 인과관계가 인정된다. 뿐만 아니라 공동정범자 중 어느 가담자의 행위에 의해 결과가 발생한 것인지를 판명할 수 없어도 각 가담자의 전체행위를 종합해 볼 때 결과발생에 원인을 제공한 것이라면 형법상의 인과관계가 인정된다. 이러한 경우를 '부가적 인과관계'라고 한다. 126

Ⅳ. 공동정범의 착오와 불일치

1. 공동정범의 착오

(1) 공동정범의 구성요건적 착오

공동정범자들이 공모한 내용과 객관적으로 발생한 사실이 불일치한 경우를 말한다. 예컨대 갑과 을이 A를 살해하려고 모의한 후 함께 A를 향하여 총을 발사하여 명중시켰는데 실제로 A가 아니라 B였던 경우가 이에 해당한다, 이와 같이 공동정범의 착오는 착오 대상인 종류가 같을 수도 있고, 다를 수도 있으며, 객체의 착오나 방법의 착오로 나타날 수도 있으며, 경우에 따라 인과과정의 불일치로 나타날 수도 있다. 이러한 경우는 공동정범자들을 하나의 단위로 묶어 그들에게 하나의 고의가 있었다고 보면 단독범의 구성요건적 착오 127

와 다를 바가 없다. 이러한 경우는 공모자들의 고의내용(공모내용)이 결과로 실현되었는가를 검토하여 단독범의 구성요건적 착오사례를 해결하는 원칙을 그대로 적용하면 된다.

(2) 기능적 행위지배에 관한 착오

128 공동정범으로 가담한 자들이 주관적으로 분업적 역할분담적 의미의 기능적 행위지배를 할 의사를 가지고 가담하였으나 객관적으로 기능적 행위지배 사실이 충족되지 못한 경우가 있다. 이러한 경우는 공동정범의 수정된 구성요건적 고의가 객관적으로 실현되지 못한 경우로서 공동정범의 미수로 인정되는지, 아니면 기능적 행위지배 요건이 충족되지 못했기 때문에 공동'정범' 자체가 성립할 수 없고, 공범(방조범)의 성립만 인정될 수 있는지가 문제된다. 단독범의 경우 고의가 인정되지만, 객관적 구성요건적 사실이 충족되지 않을 경우 단독범의 미수가 되는 경우와 같은 불법구조를 가지는 것이므로 공동정범의 미수가 인정된다고 보는 것이 타당하다.

129 주관적으로 기능적 행위지배를 한다는 의사 없이 구성요건적 사실에 대한 인식 및 의욕을 가지고 가담하였지만, 각자의 행위가 객관적으로 기능적 행위지배로 인정될 경우가 있다. 단독범의 경우 고의가 부정되면 과실범성립의 문제가 되지만, 공동정범의 경우에는 과실공동정범의 성립을 부정하는 전제하에서 보면 방조범 성립가능성만 남는다고 보는 것이 타당하다.

2. 구성요건적 행위를 수행한 자의 착오가 다른 공모자에게 미치는 효과

130 공동정범자들이 결과발생을 위해 각자 다른 역할을 수행하는 가운데 실제로 구성요건적 결과발생에 이르는 행위를 직접 수행한 가담자가 공모한 내용과 다른 사실을 발생케 한 경우가 있다. 예컨대 甲과 乙이 A를 상해할 것을 공모한 후 甲은 직접 상해행위를 하고 乙은 망을 보았는데, 甲이 잘못하여 A의 옆에 있던 B를 상해하였거나(방법의 착오), 甲이 B를 A로 잘못 알고 B를 상해한 경우(객체의 착오) 혹은 甲이 A를 상해한 행위가 과도하게 진행되어 A가 사망에 이르고 만 경우(협의의 공동정범자 간의 불일치) 등이 그러한 예에 해당한다.

131 이러한 경우는 공모자 모두를 하나의 단위로 묶을 수 없기 때문에 구성요건적 결과를 직접 발생시킨 공모자와 그렇지 않은 공모자 간의 불일치를 어떻게 해결할 것인지가 관건이 된다.

(1) 공모자 중의 한 사람이 방법의 착오를 일으킨 경우

132 공동정범자 중의 한 사람이 방법의 착오를 일으킨 경우가 있다. 예컨대 甲과 乙이 A를 살해하기로 하고 甲이 총을 쏘는 동안에 乙은 골목어귀에서 망을 보고 있었는데, 甲의 총알이 빗나가서 A가 아니라 A의 옆에 있는 B를 맞춘 경우 甲의 방법의 착오가 乙에 대해 어떤 효과를 미치는가가 문제된다. 이러한 경우는 방법의 착오사례를 해결하는 각 견해에

따라 결론이 달라진다. 즉 법정적 부합설에 의하면 甲과 乙 모두 B에 대한 살인기수의 죄책을 지지만, 구체적 부합설에 의하면 甲에 대해서나 乙에 대해서 A에 대한 살인미수와 B에 대한 과실치사죄의 상상적 경합이 인정된다.

이러한 경우는 두 사람이 A를 살해하기 위해 동시에 총을 발사하였는데 甲의 총알이 빗나가서 B를 맞추고 乙의 총알은 A를 살해한 경우도 마찬가지이다. A에 대해서는 공모한 대로 결과가 발생하였기 때문에 甲과 乙이 살인죄의 공동정범이 되는 데 문제가 없고, B에 대해서는 甲은 물론이고 乙도 역시 방법의 착오를 일으킨 것으로 보아야 하기 때문에 법정적 부합설과 구체적 부합설에 따라 결론이 달라진다. 133

(2) 공모자 중의 한 사람이 객체의 착오를 일으킨 경우

공동정범자 중의 한 사람이 같은 종류의 목표물에 대해 객체의 착오(error in persona)를 일으킨 경우에 그 객체의 착오가 다른 가담자에게 어떤 효과를 미치는가가 문제된다. 예컨대 절도를 공모한 甲과 乙이 범행도중 발각되어 도주하다가 甲이 뒤따라오는 자를 추격자라고 생각하고 총을 쏘았는데, 그 추격자가 실제로는 공모자인 乙이었을 경우가 이에 해당한다. 이 경우 甲의 객체의 착오는 고의를 조각시키지 않는데, 乙에 대해서도-비록 자신에 대해서이긴 하지만-고의가 인정되는지가 문제된다. 134

1) 과실 초과설 착오를 일으키지 않은 다른 공동정범자는 책임이 없다는 견해이다. 이 견해에 의하면 공동의 범행계획이 추격자에 대해서만 발사하는 것을 내용으로 하였을 경우, 위와 같은 착오를 일으킨 공동정범자에 대해서만 초과가 인정되는 것일 뿐, 다른 가담자는 이 부분에 대해 책임이 없다는 것이다. 범행계획(공동의 결의)이 공동정범의 귀속범위를 결정하는 것인데, 범행계획이 일방에 의해-의도적이건 착오로 인한 것이건-초과되었으면 다른 일방은 그 부분에 대해 책임을 지지 않는다는 원칙론을 고수하고 있다.[258] 이에 따르면 위 예에서 착오를 일으킨 甲에 대해서만 (준)강도살인미수가 인정될 수 있고 다른 가담자인 乙은 (합동)절도의 미수로 처벌될 수 있을 뿐이다. 135

2) 객체 착오설 공동정범자의 한 사람이 일으킨 객체의 착오는 착오를 일으키지 않은 다른 가담자에 대해서도 객체의 착오로 인정되어 고의조각이 인정되지 않는다는 견해이다. 이 견해는 착오를 일으킨 가담자는 자신을 뒤따르고 있는 자가 추격자라고 생각하고 그를 향해 쏘았기 때문에 범행계획의 범위를 벗어나지 않고 있다는 점을 출발점으로 삼고 있다. 그리고 이러한 범행계획에는 누구라도 착오를 일으켜서 잘못된 행위로 나아갈 위험이 미리 내재해 있는데,[259] 이러한 위험이 실현될 경우에는 착오를 일으키지 않은 다른 가담자에게도 그러한 위험이 귀속되어야 한다고 한다. 이에 따르면 착오를 일으키지 않은 가 136

258) Roxin, LK, §25 Rdn. 178.
259) Jakobs, §21/45.

담자인 乙에 대해서도 강도살인미수가 인정될 수 있다. 그리고 위 사례에서는 乙에 대한 살인미수는 바로 자기 자신에 대한 살인미수가 되기 때문에 결과발생에 이를 수 없는 경우에 해당하여 乙은 강도살인죄의 불능미수로 처벌되어야 한다.[260)]

137 3) **결론** 이론적으로 볼 때 공동정범자 중 일방이 일으킨 객체의 착오는 다른 가담자에 대해서도 객체의 착오로 인정되어 고의가 조각되지 않는다는 견해가 타당하다. 왜냐하면 통상 위와 같이 한 가담자가 객체의 착오를 일으킬 정도이면 다른 가담자 역시 객체의 착오를 일으킬 수 있는 상황이고 이러한 상황이라면 발생된 결과가 공모한 내용과 다르지 않다고 보아야 하기 때문이다.

3. 공동정범자 간의 불일치

138 공동정범자 중의 일부가 공모한 내용과 다른 내용의 범죄적 결과를 발생시킨 경우가 있다. 이러한 경우 그러한 범죄적 결과를 발생시키는 행위를 하지 않은 다른 가담자에게 어떤 형사책임을 지울 것인지가 문제된다.

139 1) **질적 차이의 경우** 공동정범의 경우 각 가담자는 원칙적으로 공동의 가담의사의 범위 내에서 이루어진 상황에 대해서만 책임을 진다. 실제로 행위를 한 자가 공모한 내용과 질적으로 다른 내용의 결과발생을 야기한 경우에는 다른 공모자들은 책임을 지지 않는다.

140 예컨대 강도를 모의한 甲, 乙, 丙 3인이 피해자에게 과도를 들이댄 후 전화선으로 피해자의 손발을 묶고 주먹과 발로 수차례 때려 반항을 억압하고 나서 乙과 丙이 공동으로 피해자를 강간하는 사이에 甲은 장롱을 뒤져 현금을 찾아내어 동료들과 같이 피해자의 집을 나온 사건에서 乙과 丙은 강도강간죄의 공동정범으로 처벌되지만 甲에 대해서는 (특수)강도죄의 죄책만 인정하여야 한다.[261)]

141 2) **양적 차이가 있는 경우** 공동정범자 중의 일방의 행위가 공모한 내용과 질적으로는 차이가 없지만 행위의 결과가 양적으로 초과되거나 미달된 경우가 있다. 이러한 경우는 원칙적으로 공모한 내용과 중첩되는 부분에 대해서만 각 가담자의 공동정범이 인정된다. 예컨대 甲과 乙이 절도를 공모하였는데, 예상과는 달리 乙이 강도행위로 나아간 경우에는 절도부분이 중첩을 이루므로 甲은 절도죄의 공동정범(혹은 합동범)이 되고, 乙은 강도죄의 단독범이 된다. 공모내용보다 양적으로 미달된 경우에도 마찬가지이다. 예컨대 甲과 乙이 살해를 공모하였는데 乙이 상해만을 입힌 경우, 상해가 중첩부분이므로 甲과 乙은 모두 상해죄의 공동정범으로 된다.[262)]

---

260) BGHSt 11, 268.

261) 대법원 1988.9.13. 88도1114.

262) 물론 이 경우에는 甲과 乙 모두에게 살인예비·음모죄도 성립한다. 따라서 甲과 乙은 살인예비·음모죄와

3) **결합범의 경우** 양적인 초과가 있는 경우로서 특히 각 가담자 간에 기본범죄에 대한 공모가 있은 후 실행의 착수에 나아갔으나 그 중에 한 가담자가 별도의 고의를 가지고 또 다른 결과를 발생시켰는데, 두 개의 고의내용을 결합시켜 놓은 범죄구성요건(강도상해죄 혹은 강도살인죄)을 충족시킨 경우가 있다. 142

이와 같이 고의와 고의의 결합범인 경우에는 고의를 가지고 직접 행위한 가담자에 대해서는 강도상해·살인죄가 인정되는 데 의문이 없다. 그러나 중한 결과발생에 관여하지 않은 다른 가담자의 죄책에 관한 한, 그에게 중한 결과에 대한 예견가능성이 있는 경우에는 결합범(강도상해·살인죄)의 공동정범이 아니라, 결과적 가중범(강도치사상죄)의 공동정범이 성립한다.[263] 따라서 강도를 공모한 자 중의 일부가 피해자를 사망에 이르게 한 경우 사망의 결과를 야기한 공모자에게 사망의 결과에 대한 고의가 인정되지만 다른 공모자에게는 사망에 대한 고의가 인정되지 않고 예견가능성만 인정될 뿐이라면, 전자는 강도살인죄가 되지만 후자는 강도치사죄의 공동정범이 된다.[264] 143

4) **결과적 가중범의 공동정범** 공동정범자 가운데 일부의 자가 결과적 가중범에 해당하는 범죄로 나아간 경우, 중한 결과발생에 관여하지 않은 자에 대해서도 결과적 가중범의 공동정범을 인정할 수 있는지가 문제된다. 144

먼저 부진정 결과적 가중범이 문제되는 경우에는 가담한 자들에게 '기본범죄의 고의'는 물론이고, '중한 결과에 대한 고의' 및 '공동가담의 의사'가 존재한다면 그 결과적 가중범에 대한 공동정범의 인정에 문제가 없다. 다음으로 (진정 혹은 부진정) 결과적 가중범의 경우에는 중한 결과발생을 야기한 자나 중한 결과발생에 관여하지 않은 가담자에게 공히 중한 결과발생에 대한 예견가능성조차 없으면 각자에 대해 결과적 가중범이 인정되지 않는다. 145

하지만 각 가담자에게 '기본범죄의 고의'와 '중한 결과에 대한 예견가능성'(과실)이 인정되는 경우 중한 결과발생에 관여하지 않은 가담자를 결과적 가중범의 공동정범으로 볼 수 있는지에 관해서는 견해가 일치하지 않는다. 146

① **학설의 태도** 이와 관련하여 학설은 (i) 과실범의 공동정범을 부정하는 전제하에 기본범죄에 대한 공동정범의 성립은 인정하지만 중한 결과에 대해서는 과실이 인정되는 각 가담자를 결과적 가중범의 공동정범이 아니라 동시범으로 인정하는 견해,[265] (ii) 과실범의 147

상해죄의 공동정범의 경합범이 인정된다.

263) 대법원 1991.11.12. 91도2156.

264) 대법원 1991.11.12. 91도2156. "수인이 합동하여 강도를 한 경우 그 중 1인이 사람을 살해하는 행위를 하였다면 그 범인은 강도살인죄의 기수 또는 미수의 죄책을 지는 것이고 다른 공범자도 살해행위에 관한 한 고의의 공동이 있었으면 그 또한 강도살인죄의 기수 또는 미수의 죄책을 지는 것이 당연하다 하겠으나, 고의의 공동이 없었으면 피해자가 사망한 경우에는 강도치사죄, 강도살인의 미수에 그치고 피해자가 상해만 입은 경우에는 강도상해 또는 치상의, 피해자가 아무런 상해를 입지 아니한 경우에는 강도의 죄책만 진다고 할 것이다"라고 하는데, 여기에서 살해행위나 상해행위에 관여하지 아니한 자에 대해 강도치사죄 또는 강도치상죄가 인정되려면 사망의 결과 또는 상해의 결과에 대해 예견가능성이 있어야 함은 물론이다.

공동정범을 인정하면서 공동정범자 각자에게 중한 결과에 대한 예견가능성이 존재하는 한 결과적 가중범의 공동정범을 인정하는 견해(다수설), 그리고 (iii) 결과적 가중범의 공동정범의 인정 여부는 과실범의 공동정범의 인정 여부와는 별개의 문제라고 하면서 각 가담자가 결과적 가중범의 성립요건을 갖추고 있는 경우에는 결국 결과적 가중범의 공동정범을 인정할 수 있다는 견해[266]가 있다.

148 ② 판례의 태도 대법원은 기본범죄에 대한 고의가 인정되면 중한 결과발생에 관여하지 않은 다른 공모자에게도 중한 결과발생에 대한 예견가능성이 인정되는 한 결과적 가중범의 공동정범을 인정한다는 태도를 취한다.[267]

149 判 대법원은 절도를 모의하였으나 일부가 추격자를 폭행 또는 협박하여 준강도죄의 성립이 인정되는 경우 실행행위에 가담하지 않은 다른 가담자에게도 폭행 또는 협박에 대한 예견가능성을 요건으로 준강도죄의 성립을 인정하기도 한다.[268] 하지만 준강도죄의 공동정범 성립을 위해 결과적 가중범의 공동정범에 관한 법리를 확대적용하는 태도는 타당하지 않아 보인다(이에 관해서는 『각론』 준강도죄의 공범관계 참조).

150 判 대법원의 판시내용 중 중한 결과에 대한 "인식이 없었더라도"[269] 혹은 중한 결과발생에 대해 "공모하지 않았다고 하더라도"[270] 결과적 가중범에 대한 공동정범을 인정하고 있음을 예로 들면서 대법원의 태도가 중한 결과발생에 대한 예견가능성을 요건으로 하지 않는 입장으로 취급하는 견해들[271]이 있다. 하지만 이러한 취급은 판례의 판시내용에 대한 오해이다. 그러한 판시내용에는 중한 결과에 대해 '공모가 없더라도' 혹은 '인식이 없었더라도', '예견가능성'은 존재한다고 이미 인정되어 있기 때문이다.

151 ③ 결론 각 가담자에게 기본범죄의 고의와 중한 결과에 대한 예견가능성(과실)이 있고, 특히 기본범죄에 대한 '공동의 의사'가 있으면 단순한 동시범과는 달리 공동정범의 주관적 요건을 충족시킨 경우이므로 결과적 가중범의 공동정범은 인정될 수 있다고 할 수 있다. 이 뿐만 아니라 결과적 가중범의 공동정범의 인정 여부는 과실범의 공동정범의 인정

---

265) 김일수/서보학, 505면; 신동운, 563면; 임웅, 433면.

266) 박상기, 305면; 손동권, §21/32; 이형국/김혜경, 497면(중한 결과에 대해 인과관계의 문제로 취급함).

267) 대법원 2000.5.12. 2000도745. "결과적 가중범인 상해치사죄의 공동정범은 폭행 기타의 신체침해 행위를 공동으로 할 의사가 있으면 성립되고 결과를 공동으로 할 의사는 필요없으며, 여러 사람이 상해의 범의로 범행중 한 사람이 중한 상해를 가하여 피해자가 사망에 이르게 된 경우 나머지 사람들은 사망의 결과를 예견할 수 없는 때가 아닌 한 상해치사의 죄책을 면할 수 없다."

268) "특수절도의 범인들이 범행이 발각되어 각기 다른 길로 도주하다가 그 중 1인이 체포를 면탈할 목적으로 폭행하여 상해를 가한 때에는, 나머지 범인도 위 공범이 추격하는 피해자에게 체포되지 아니하고 위와 같이 폭행할 것을 전연 예기하지 못한 것으로는 볼 수 없다 할 것이므로 그 폭행의 결과로 발생한 상해에 관하여 형법 제337조, 제335조의 강도상해죄의 죄책을 면할 수 없다"(대법원 1984.10.10. 84도1887).

269) 대법원 1984.2.14. 83도3120.

270) 대법원 1998.4.14. 98도356. "강도합동범 중 1인이 피고인과 공모한 대로 과도를 들고 강도를 하기 위하여 피해자의 거소를 들어가 피해자를 향하여 칼을 휘두른 이상 이미 강도의 실행행위에 착수한 것임이 명백하고, 그가 피해자들을 과도로 찔러 상해를 가하였다면 대문 밖에서 망을 본 공범인 피고인이 구체적으로 상해를 가할 것까지 공모하지 않았다 하더라도 피고인은 상해의 결과에 대하여도 공범으로서의 책임을 면할 수 없다."

271) 김일수/서보학, 615면; 배종대, §155/1; 임웅, 419면.

여부와 반드시 논리적인 연관관계를 가지고 있는 것은 아니다. 결과적 가중범은 과실범의 경우와는 달리 본질적 불법내용이 고의의 기본범죄에 있고, 중한 결과발생의 전형적인 위험도 고의의 기본범죄에 내포되어 있는 것이므로 이러한 기본범죄를 함께 할 의사를 가지고 있고, 중한 결과발생에 대한 예견가능성도 별도로 인정되는 한, 결과적 가중범의 공동정범도 인정될 수 있다고 해야 한다.

Ⅴ. 공동정범의 미수

1. 공동정범의 실행의 착수

공동정범의 각 가담자들이 각자의 행위분담을 시간적으로 동시에 이행하지 않았을 경우 공동정범의 실행의 착수시기는 언제로 정해야 하는지가 문제될 수 있다. 152

(1) 전체적 해결설

공동정범자 중 한 사람이 구성요건적 실행행위를 직접적으로 개시한 시점부터 전체로서의 공동정범에 대한 실행의 착수가 있는 것으로 인정하려는 견해이다.[272] 공동정범의 경우에는 각자의 행위분담이 공동의 가담의사에 의해 결정되고 공동의 가담의사에 의해 하나의 전체행위로 결합된다는 점을 근거로 한다. 153

(2) 개별적 해결설

각 가담자들의 실행의 착수시기를 개별적으로 판단하여 결정하자는 견해이다.[273] 이 견해는 전체적 해결설에 따르게 되면 아직 실행에 착수하지 못한 채 단순가담자에 불과한 자를 공동정범으로 취급하게 되고, 이는 결국 공모공동정범을 인정하는 결과가 되어 부당하다는 점을 근거로 삼는다. 154

(3) 결론

개별적 해결설은 각 가담자의 실행행위에 대해 독자적인 의미만을 부여하므로 기수 뿐 아니라 미수에도 타당해야 할 '부분가담, 전부책임'이라는 공동정범의 귀속원리와 부합할 수 없다. 따라서 전체적 해결설이 타당하다. 다만 전체적 해결설에 의하더라도 실행의 착수에 이르지 못한 공모자는 그의 행위기여에 대해 기능적 행위지배가 인정될 경우에 한하여 공동정범으로 인정된다. 155

2. 공동정범의 중지미수

전체행위가 미수에 그쳤으나 가담자 중 한 사람은 자의에 의해 중지하였고, 공동정범자 156

272) 박상기, 318면; 배종대, §104/13; 손동권, §23/26; 오영근, §27/34; 임웅, 348면.
273) 김일수/서보학, 603면; 이정원, 376면; 정성근/정준섭, 295면.

중 나머지는 외부적 장애사유로 그만둔 경우에는 장애사유로 그만둔 가담자에 대해서는 장애미수가 인정되고, 자의에 의해 중지행위를 한 자만이 당해 범죄의 중지미수로 인정된다.

157 判 대법원도 위와 같은 이론에 따라 중지자가 다른 가담자의 실행을 중지시키거나[274] 자의에 의해 스스로 결과를 방지해야만[275] 중지미수로 인정하고, 한 사람이 자의로 중지하였더라도 전체범행이 기수에 이르렀다면 전체 기수범의 공동정범이 된다[276]는 입장을 취하고 있다.

Ⅵ. 공동정범의 처벌

158 공동정범이 성립하면 각 가담자는 그 죄의 정범이 되고 정범으로 처벌된다(형법 제30조). 각자를 정범으로 처벌한다는 것은 단독범의 범죄구성요건에 정해진 법정형으로 처벌된다는 것을 의미할 뿐이므로 각 가담자에게 개별적으로 양형참작사유가 적용될 수 있어 각자에 대한 선고형은 얼마든지 달라질 수 있다.

Ⅶ. 신분범과 공동정범

159 신분 없는 자는 정범적격이 없으므로 당해 범죄의 정범이 될 수 없다. 그러나 우리 형법 제33조 본문에서는 신분 없는 자도 진정신분범의 '공동정범'이 될 수 있다고 규정하고 있다. 부진정신분범의 경우에는 형법 제33조 본문이 적용되지 않고 단서규정을 적용해야 하기 때문에 신분 없는 자가 당해 신분범의 공동정범이 될 수 없다고 하는 견해가 있으나, 판례는 부진정신분범의 경우에도 형법 제33조 본문을 적용하여 당해 신분범의 공동정범의 성립을 인정하되 다만 처벌만은 부진정신분범의 법정형이 아닌 '통상의 범죄'의 법정형에 따라야 할 것이라고 한다. 이에 관해서는 후술한다.

---

274) 대법원 1969.2.25. 68도1676. "피고인 甲이 중위 乙과 범행을 공모하여 乙은 엔진오일을 매각 처분하고, 甲은 송증정리를 하기로 한 것은 사후에 범행이 용이하게 탄로나지 아니하도록 하는 안전방법의 하나이지, 위 중위 乙이 보관한 위 군용물을 횡령하는 데 있어 송증정리가 없으면, 절대 불가능한 것은 아니며, 피고인은 후에 범의를 철회하고 송증정리를 거절하였다 하여도 공범자인 위 중위의 범죄실행을 중지케 하였다는 것이 아님이 원판결 및 제1심 판결에 의하여 확정된 사실이므로 피고인에게 중지미수를 인정할 수 없다."

275) 대법원 1986.3.11. 85도2831. "피고인 甲은 원심 상피고인 乙과 함께 대전역 부근에 있는 공소외 丙이 경영하는 천광상회사무실의 금품을 절취하기로 공모하여 피고인은 그 부근 포장마차에 있고 위 乙은 위 천광상회의 열려진 출입문을 통하여 안으로 들어가 물건을 물색하고 있는 동안 피고인은 자신의 범행전력 등을 생각하여 가책을 느낀 나머지 스스로 결의를 바꾸어 위 丙에게 위 乙의 침입사실을 알려 그와 함께 위 乙을 체포하여서 그 범행을 중지하여 결과발생을 방지하였다는 것이므로 피고인의 소위는 중지미수의 요건을 갖추었다고 할 것이다."

276) 대법원 1970.2.10. 69도2070. "위조약속어음인 정을 알고 그것을 행사할 의사가 있는 자임을 알면서 그 위조약속어음을 교부하였다면 후에 이를 다시 회수하려고 노력하였다 하더라도 위 자가 이를 행사하였다면 피고인은 위 자와 위조약속어음의 행사죄와 사기죄의 공동정범에 해당한다."

제4절 동 시 범

제19조(독립행위의 경합) 동시 또는 이시의 독립행위가 경합한 경우에 그 결과발생의 원인된 행위가 판명되지 아니한 때에는 각 행위를 미수범으로 처벌한다.

제263조(동시범) 독립행위가 경합하여 상해의 결과를 발생하게 한 경우에 있어서 원인된 행위가 판명되지 아니한 때에는 공동정범의 예에 따른다.

공동정범은 2인 이상의 공동가담의 의사를 통해 이루어지는 공동행위로 이루어져 있지 160 만, 동시범은 공동가담의 의사가 없는 2인 이상의 독립행위가 경합된 경우를 말한다. 예컨대 서로의 존재를 모르는 두 사람이 반대편에서 피해자를 향하여 총을 발사한 결과 두 사람이 모두 명중시켜 피해자가 사망한 경우 각자가 살인죄의 정범이 된다. 따라서 동시범의 경우에는 발생된 결과가 경합된 각각의 독립행위 가운데 어느 행위에 의한 것인지를 판명하는 것이 관건이 된다. 형법 제19조는 원인된 행위가 판명되지 않은 경우에 각 행위자의 형사책임에 대한 원칙적인 태도를 규정하고 있고, 형법 제263조는 예외적인 특칙을 규정하고 있다.

Ⅰ. 동시범의 의의

1. 독립행위의 경합과 동시범

구성요건에 해당하는 결과가 2인 이상의 행위자에 의해 야기되었지만 이들이 공동하여 161 행위를 한다는 인식도 의욕도 없이(즉 공동가담의 의사없이) 전적으로 독립하여 그 범죄구성요건을 실현하는 경우가 있다. 우리 형법은 이를 독립행위의 경합이라고 부른다(형법 제19조).

2인 이상의 행위자의 독립행위에 의해 일정한 구성요건적 결과가 발생하면 각 자가 그 162 범죄의 '정범'이 된다. 강학상 이를 '동시범'[277]이라고 한다. 동시범은 다수인이 공동가담의 의사 내지 공동범행의 결의(이를 '의사의 연락'이라고 함) 없이 동시 또는 이시(異時)에 동일한 객체에 대하여 구성요건적 결과를 실현한 경우로 정의될 수 있다.[278]

277) 독일어 Nebentäterschaft를 동시범으로 번역하는 것이 적절하지 않다. 동시범이라는 개념은 다수의 행위자가 동시에 행위하는 경우만을 포착할 뿐, 각자 다른 시간에 동일 객체에 대해 공격을 가하는 경우(형법 제19조)를 포착하지 못하기 때문이다. 오히려 병행범竝行犯이라고 부르는 것이 타당할 것 같다. 한편 동시범은 단독정범의 우연한 만남이 문제될 뿐이기 때문에 독자적 가치를 갖는 범죄표지는 아니라는 견해(김일수/서보학, 622~623면)도 있다. 그러나 동시범은 고의범이건 과실범이건, 2인 이상의 정범이면서 공동의 범행결의나 공동의 주의의무가 없는 경우에 인정될 수 있는 가담형태로서 공동정범과의 구별이 문제되기 때문에 형법해석론상 독자적으로 다룰 가치가 있다.

278) 김일수/서보학, 622면.

2. 동시범과 공동정범

(1) 독립행위와 공동행위

163 동시범은 '독립행위'를 전제로 하고 공동정범은 '공동행위'를 전제로 한다. 독립행위와 공동행위의 구별은 의사연락의 유무이다. 상호 의사연락이 있는 공동정범은 '일부실행, 전부책임'의 귀속원칙에 따르지만 동시범은 개별책임의 원칙에 따른다. 동시범은 각 행위자의 상호 의사연락이 없는 독립행위가 경합된 경우이므로 각 행위자의 구성요건의 관여정도를 독자적으로 평가하여 각자의 책임을 정해야 하기 때문이다.

(2) 동시범과 공동정범의 인정범위

164 동시범은 공동정범의 인정요건 가운데 상호 의사연락이라는 요건이 결여되어 있는 경우이기 때문에 공동정범이 인정되지 않는 경우에 한하여 인정될 수 있다. 이외에도 공동정범의 본질에 관한 견해 차이에 따라 공동정범이 인정되는 경우와 동시범이 인정되는 경우가 달라질 수 있다.

165 **1) 범죄공동설** 2인 이상의 가담자가 특정한 범죄에 대하여 고의를 가지는 경우에만 공동정범이 성립하므로 그 경우 이외에는 동시범이 성립한다. 따라서 과실범 상호 간, 고의범과 과실범 상호 간에는 동시범이 인정되고, 2인 이상의 고의행위자에게 공동가담의 의사가 없는 경우에는 고의범과 고의범 상호 간에도 동시범이 인정된다.

166 **2) 행위공동설** 2인 이상의 가담자의 행위가 고의행위이든 과실행위이든 상관없이 공동정범이 성립하므로 고의범 상호 간, 과실범 상호 간, 고의범과 과실범 상호 간에도 공동정범이 성립할 수 있다. 따라서 동시범의 성립범위가 매우 좁아지지만, 판례와 같이 각 행위자 간에 상호 의사연락이 있어야 공동정범으로 인정하는 태도를 취한다면 고의범 상호 간, 과실범 상호 간, 고의범과 과실범 상호 간에도 의사연락이 없는 경우에는 동시범이 성립할 수 있다.[279)]

167 **3) 기능적 행위지배설** 기능적 행위지배가 있다고 하기 위해서는 '공동가담의 의사(공동의 행위결의)'에 기한 분업적 역할분담이 있어야 한다. 이에 따르면 공동정범은 필연적으로 고의범 상호 간에 국한되므로, 과실범 상호 간 및 고의범과 과실범 상호 간에는 동시범이 인정된다.[280)] 고의범 상호 간에도 기능적 행위지배가 인정되지 않으면 동시범이 인정된다. 이 견해가 타당하다는 점에 관해서는 앞서 살펴보았다.

---

279) 반면에 과실범의 공동정범 긍정설 가운데 과실공동구성요건적행위공동설과 과실공동·기능적 행위지배설의 입장은 각자에게 과실이 있는 한 의사연락이 없어도 공동정범이 성립할 수 있다고 한다.

280) 따라서 고의로 행위하는 자가 타인의 과실행위를 이용하는 경우에도 동시범이 될 수 있다(Jescheck/Weigend, §63 Ⅱ). 그러나 이 경우 이용자에게 우월적 의사지배가 인정된다면 간접정범이 된다.

Ⅱ. 동시범의 종류

두 개 이상의 독립행위가 경합된 경우에 어느 행위가 결과발생에 원인이 되었는지가 밝혀지는 경우도 있고, 밝혀지지 않는 경우도 있다. 전자를 원인된 행위가 판명된 동시범이라고 하고, 후자를 원인된 행위가 판명되지 아니한 동시범이라고 한다. 168

1. 원인된 행위가 판명된 동시범

(1) 인정요건

원인된 행위가 판명된 동시범으로 되기 위해서는 ① 두 사람 이상의 동시 또는 이시의 실행행위가 있어야 하고 ② 상호 의사연락이 없어야 하며 ③ 행위객체가 동일하고 ④ 결과발생의 원인된 행위가 판명되어야 한다. 169

(2) 형사책임

결과와 인과관계가 인정되지 않는 행위를 한 행위자는 그 죄의 미수범이 되고, 인과관계가 인정되는 행위를 한 행위자는 그 죄의 기수범이 된다. 독립행위는 공동정범의 경우와 같은 공동행위가 아니기 때문에 '일부실행, 전부책임'의 원리가 적용되지 않고 각 행위자의 개별행위책임의 원리가 적용되기 때문이다. 170

2. 원인된 행위가 판명되지 아니한 동시범(형법 제19조)

(1) 인정요건

형법 제19조에 따라 원인행위가 판명되지 않은 동시범으로 인정되기 위해서는 ① 두 사람 이상의 동시 또는 이시의 실행행위가 있어야 하고, ② 상호의사연락이 없어야 하며, ③ 행위객체가 동일하고, ④ 결과발생의 원인된 행위가 판명되지 않아야 한다. 171

(2) 형사책임

결과발생의 원인된 행위가 어느 행위인지 판명되지 않은 경우에 각자의 죄책에 대해서는 형법 제19조가 규정하고 있다. 원래 고의범의 경우 인과관계가 부정되면 미수범으로 처벌될 수 있지만 인과관계가 밝혀지지 않는 경우에도 형법은 '의심스러울 때는 피고인의 이익으로'라는 원칙에 따라 각 행위자를 그 죄의 미수범으로 처벌한다(형법 제19조). 172

Ⅲ. 상해죄의 동시범의 특칙

원인행위가 판명되지 아니한 동시범을 미수범으로 처벌하면 과실행위와 과실행위가 경합한 경우 처벌상의 흠결이 생길 수가 있다. 과실범의 미수는 처벌규정이 없기 때문이다. 형법 제263조는 "독립행위가 경합하여 '상해의 결과가 발생하게 한' 경우에 있어서 원인된 173

행위가 판명되지 아니한 때에는 공동정범의 예에 의한다"고 규정하고 있어 이와 같은 처벌의 공백상태를 메우고 있다. 이 규정은 두 사람 이상이 현실적으로 가해행위를 한 것이 전제되고, 상해라는 결과가 그 중의 어느 행위자의 가해행위로 인한 것인지가 분명치 않은 경우에 가해자 모두를 의사연락이 있는 공동정범으로 취급한다는 의미이다.[281)]

174 判 대법원도 객관적으로 가해행위를 한 것 자체가 분명하지도 않은 사람에 대하여는 처음부터 동시범의 문제가 생기지도 않고 공동정범의 예에 의해 처벌될 일도 없다고 한다.[282)]

제5절 합 동 범

Ⅰ. 합동범의 본질

175 합동범으로 분류되는 범죄구성요건은 형법 각칙규정에 "2인 이상이 합동하여 ~죄를 범한 자"로 규정되어 있다.[283)] 합동범에 관한 형법총칙의 규정은 없으나 합동범의 요건을 충족시키는 행위자는 모두 정범이 되는 것은 분명하다.

176 하지만 합동범의 행위자가 "2인 이상이 공동하여 죄를 범한 때"라고 규정되어 있는 공동정범의 행위자와 차이가 있는지, 있다면 어떤 차이가 있는지에 대해서는 견해가 일치되어 있지 않다. 이는 '합동'의 의미를 어떻게 해석하느냐에 따라 다르게 답할 문제이다.

1. 학설의 태도

(1) 공모공동정범설

177 합동의 의미를 공모의 의미로 이해하자는 견해이다. 이 견해는 공동정범의 주관적 요건인 공모와 객관적 요건인 실행행위의 분담 가운데 전자의 요건만 충족되면 합동범을 인정할 수 있다는 견해이다. 그러나 이 견해에 대해서는 합동범은 공동정범에 비하여 그 형벌이 중하게 규정되어 있는데도 그 성립요건은 공동정범에 비해 더 완화된 요건을 인정하고

---

281) 이 규정의 기능 및 법적 성격에 관해서는 『각론』에서 다룬다.

282) 대법원 1984.5.15. 84도488. "상해죄에 있어서의 동시범은 두 사람 이상이 가해행위를 하여 상해의 결과를 가져온 경우에 그 상해가 어느 사람의 가해행위로 말미암은 것인지 분명치 않다면 가해자 모두를 공동정범으로 보자는 것이므로 가해행위를 한 것 자체가 분명하지 않은 사람에 대하여 동시범으로 다스릴 수 없음은 더 말할 것도 없다. 피고인들이 주먹이나 이마로 피해자를 구타한 것이 피해자 주장과 같이 인정된다면 이 점에 대한 죄책을 면할 수 없겠지만, 만일 흉기로 피해자의 얼굴을 찍은 것이 피고인들 중 어느 한 사람의 소행일 가능성이 없는 상황이라면 피고인들 및 제3자 상호간에 의사의 연락이 있었다고 볼 수 없는 이 사건에 있어서 피고인들에 대하여 흉기에 의한 상해행위 부분까지 그 죄책을 물을 수는 없을 것이다."

283) 형법각칙에는 특수절도죄, 특수강도죄. 특수도주죄가 합동범의 형식으로 규정되어 있지만, 성폭법에 특수강간죄 등 또는 공직선거법에도 합동범의 형식의 구성요건을 규정하고 있다.

있는 문제점을 안고 있는 것은 납득할 수 없고, 합동을 공모로 해석하는 것은 합동의 문자적 의미와도 거리가 먼 것이라는 비판이 있다.

(2) 가중적 공동정범설

이 견해는 합동의 개념이 공동정범의 공동개념과 동일하지만 형법이 열거하고 있는 합동범의 경우에는 특히 가중처벌규정의 근거로서 의미가 있다고 하는 입장이다. 이 견해에 대해서도 형법의 규정상 공동과 합동은 엄연히 다른 개념이고, 동일한 개념으로 보면서도 굳이 절도·강도·도주·강간의 경우에 한하여 가중처벌하는 태도를 취하는 것은 합리성을 결하고 있는 태도라는 비판이 있다. 178

(3) 현장설

이 견해는 합동이란 공동정범의 '공동(공동가공행위)'의 요건 이외에도 범죄의 실행분담이 직접 범행현장에서 이루어질 것을 요하는 개념으로 해석한다.[284] 이 견해에 의하면 합동범의 성립요건으로서 '현장에서의' 실행행위의 분담을 필요로 하게 되므로 총칙상의 공동정범보다 좁은 개념이 된다. 179

(4) 현장적 공동정범설

이 견해는 합동의 의미를 현장설과 같이 이해하면서도 기능적 행위지배 여부에 따라 최종적으로 합동의 범주를 제한한다.[285] 이에 따르면 가담자 중에 현장에 있어도 단지 방조적 기여를 한 데 불과한 사람은 기능적 역할분담을 하지 않았으므로 합동범으로 볼 수 없고, 반면에 현장에 있지 않더라도 배후거물이나 두목처럼 기능적 행위지배를 인정할 만한 정범성의 요건을 구비한 자는 합동개념에 포함시킬 수 있다고 한다. 그러나 이 견해는 현장에 부재한 가담자를 예외적으로 합동범으로 가중처벌하기 위해서 그 개념에 필요한 본래적 내용요소를 배제하는 모순된 태도를 보이고 있다는 점에서 비판받는다. 180

2. 판례의 태도

대법원은 합동범으로 인정되려면 주관적인 요건으로서 공동가담의 의사(공모) 이외에 실행행위의 분담도 있어야 하지만, 실행행위의 분담은 다시 가담자 간의 "협동관계"를 전제로 하며, 이때 협동관계는 "시간적·장소적인 협동관계"를 의미하는 것으로 해석하고 있다.[286] 181

---

284) 박상기, 405면; 배종대, §128/17; 손동권, §29/53; 임웅, 435면.

285) 김일수/서보학, 620면.

286) 대법원 1976.7.27. 75도2720. "형법 331조 2항 후단 소정 합동절도에는 주관적 요건으로서 공모외에 객관적 요건으로서 시간적으로나 장소적으로 협동관계가 있는 실행행위의 분담이 있어야 하므로 "갑"이 공모한 내용대로 국도상에서 "을" "병" 등이 당일 마을에서 절취하여 온 황소를 대기하였던 트럭에 싣고 운반한 행위는 시간적으로나 장소적으로 절취행위와 협동관계가 있다고 할 수 없어 합동절도죄로 문의할 수는 없으나 공동정범에 있어서 범죄행위를 공모한 후 그 실행행위에 직접 가담하지 아니하더라도 다른 공범자의

182 判 대법원은 시·공간적 협동관계까지 있어야 한다는 점에서 합동개념을 현장설적 의미로 이해한다. 하지만 시간적·장소적 협동관계가 가담자가 반드시 현장에 임장할 것을 요구하지 않고, 예컨대 절도행위자가 방안에서 절취행위를 하는 동안에 다른 가담자가 '방안이 아니라 집안의 가까운 곳에서 대기하고 있는 경우'에도 시간적으로나 장소적으로 협동관계에 있는 합동절도죄를 인정한다.[287] 범행현장에서 공간적으로 어느 정도 떨어져 있는 경우에도 합동에 포함시키면 현장적 공동정범설의 태도에도 접근해 있는 측면도 있다.

3. 결론

183 형법이 공동의 개념과 달리 합동이라는 개념을 굳이 사용하면서 가중된 처벌로 대응하고 있는 것은 그 범행방법이나 범행의 강도가 공동정범의 공동의 방법과 다르기 때문인 것으로 이해할 수밖에 없다. 특히 합동범을 공동정범의 경우에 비해 중하게 처벌하는 입법취지를 고려하면 합동개념은 공동개념에 비해 추가적인 요소를 갖추고 있는 것으로 이해하는 것이 타당하다(합동범의 요건=공동정범의 요건+시간적 장소적 협동관계).

184 이 뿐만 아니라 협동관계라는 말 자체는 시간적인 밀착성 및 장소적 근접성을 가지고 있는 것이기 때문에 가담자가 범행현장 내지 적어도 범행현장 부근에는 현존하고 있을 것이 요구된다고 해야 한다. 현장적 공동정범설의 입장과 같이 현장에 없는 자도 규범적 평가를 통해 확장가능한 '기능적 행위지배'를 조건으로 삼으면 합동과 공동을 구별하는 입법취지에 반하는 해석이 된다. 따라서 합동은 '공동'의 두 가지 요건, 즉 주관적 요건인 '공동가담의 의사'와 객관적 요건인 '실행행위의 분담' 이외에도 '범행현장 내지 현장부근에서의 '현실적 협동관계'라는 세 번째 요건을 추가적으로 요구하는 개념으로 이해하는 것이 타당하다.

185 형법은 단독적 행위가 아니라 2인 이상이 가담한 경우 각기 다른 법효과로 귀결되는 세 가지 가담행위를 구분하고 있다. ① 독립행위(가담자간에 의사연락이 없는 각 행위: 동시범의 법효과) ② 공동행위(공동가담의 의사와 기능적 행위지배: 공동정범) ③ 합동행위(공동행위의 요건+현실적 협동관계: 공동정범에 비해 형가중)

Ⅱ. 합동범의 공동정범

186 합동범에 대한 교사·방조범은 당연히 성립할 수 있다.[288] 그러나 합동범의 공동정범도 인정될 수 있는가에 대해서는 견해가 갈린다. 직접 현장에 있지 않은 가담자도 기능적 행

죄책을 면할 수 없으니 "갑"의 소위는 본건 공소사실의 범위에 속한다고 보아지므로 "갑"은 일반 절도죄의 공동정범 또는 합동절도방조로서의 죄책을 면할 수 없다."

287) 대법원 1996.3.22. 96도313.

288) 합동범이 성립하는 한 그 내부가담자에게 공동정범이나 공범 등이 성립할 수 없음은 앞에서 설명하였다.

위지배가 인정되면 합동범의 공동정범으로 될 수 있는지가 문제된다.

1. 학설의 태도

187 합동범의 본질에 관해서는 현장설을 취하면서도 합동범의 공동정범의 성립을 부정하는 견해[289]도 있고, 합동범의 공동정범의 성립을 인정하는 견해[290]도 있다. 현장적 공동정범설은 현장 밖에서 범행지휘 등의 기능적 역할분담을 한 경우에도 합동범을 인정하므로 합동범의 공동정범은 당연히 인정될 수 있다고 한다.[291]

2. 판례의 태도

188 대법원은 공동정범의 일반이론에 따라 합동범의 경우에도 공동정범을 인정한다. 3인 이상의 자가 범행을 공모한 후 적어도 2인 이상이 현장에서 합동범의 성립요건을 충족하면 현장에서 직접 실행행위를 분담하지 아니한 자에 대하여도 그가 (공동)정범성의 표지를 갖추고 있는 한 다른 범인의 '합동범의 공동정범'의 성립을 인정할 수 있다고 한다.[292]

189 判 현장 부재자에 대한 합동범의 공동정범을 인정하는 대법원 법리는 3인 이상이 범행을 공모한 후 (시간적 장소적 협동관계가 인정되는) 현장에서는 적어도 2인 이상이 범행을 한다는 요건(합동범 인정)이 채워질 것을 전제로 한다. 이와는 달리 현장적 공동정범설은 현장부재자까지 합하여 2인만 있어도 현장부재자에게 기능적 행위지배가 있을 것을 요건으로 하여 합동범의 공동정범을 인정한다.

합동범의 공동정범에 관한 법리는 시간적 장소적 협동관계라는 개념을 확장함으로써 현장성 요건의 완화 및 합동범 성립범위를 확장하고 있을 뿐 아니라, 현장성 요건이 결여된 경우에도 합동범의 공동정범을 인정함으로써 종국적으로 합동범의 성립범위를 공동정범의 경우와 다를 바 없게 만들고 있다. 이러한 대법원 법리는 '부분을 전부로 귀속'시키는 공동정범의 귀속법리를 기초로 하고 있지만, 실제로는 현장에는 부재하지만 배후에서 범행을 조종하는 수괴를 중한 합동범의 법정형으로 처벌하려는 형사정책적 목표달성을 위해 공동정범의 귀속법리를 활용하고 있는 것으로 평가할 수 있다.

---

289) 문채규, "합동범의 공동정범", 형사법연구 제22호, 2004, 37면; 임웅, 436면.

290) 손동권, §29/57; 이호중, "합동절도의 공동정범", 형사판례연구(7), 1999, 149면.

291) 김일수/서보학, 621면.

292) 대법원 1998.5.21. 98도321 전원합의체. "3인 이상의 범인이 합동절도의 범행을 공모한 후 적어도 2인 이상의 범인이 범행현장에서 시간적·장소적으로 협동관계를 이루어 절도의 실행행위를 분담하여 절도범행을 한 경우에는 공동정범의 일반이론에 비추어 그 공모에는 참여하였으나 현장에서 절도의 실행행위를 직접 분담하지 아니한 다른 범인에 대하여도 그가 현장에서 절도범행을 실행한 위 2인 이상의 범인의 행위를 자기의사의 수단으로 하여 합동절도의 범행을 하였다고 평가할 수 있는 정범성의 표지를 갖추고 있다고 보여지는 한 그 다른 범인에 대하여 합동절도의 공동정범의 성립을 부정할 이유가 없다고 할 것이다. 형법 제331조 제2항 후단의 규정이 위와 같이 3인 이상이 공모하고 적어도 2인 이상이 합동절도의 범행을 실행한 경우에 대하여 공동정범의 성립을 부정하는 취지라고 해석할 이유가 없을 뿐만 아니라, 만일 공동정범의 성립가능성을 제한한다면 직접 실행행위에 참여하지 아니하면서 배후에서 합동절도의 범행을 조종하는 수괴는 그 행위의 기여도가 강력함에도 불구하고 공동정범으로 처벌받지 아니하는 불합리한 현상이 나타날 수 있다. 그러므로 합동절도에서도 공동정범과 교사범·종범의 구별기준은 일반원칙에 따라야 하고, 그 결과 범행현장에 존재하지 아니한 범인도 공동정범이 될 수 있으며, 반대로 상황에 따라서는 장소적으로 협동한 범인도 방조만 한 경우에는 종범으로 처벌될 수도 있다."

3. 결론

190 합동범의 공동정범은 합동범의 본질과 논리필연적인 연관관계에 있지 않다. 합동범의 본질을 현장설에서 파악하더라도 현장부재자에게 합동범의 공동정범 성립이 인정될 수 있다. 합동범도 각칙 구성요건의 범죄종류인 한, 총칙 제30조에 규정된 공동정범의 귀속법리는 형법각칙에 합동범의 형식으로 되어 있는 범죄구성요건에 대해서도 공동정범의 성립을 인정하게 하는 근거가 될 수 있기 때문이다. 현장에 부재한 가담자에 대해서 공동정범의 규정을 매개로 삼아 우회적으로 합동범의 성립을 인정하더라도 합동개념의 현장성 그 자체가 반드시 완화되는 것도 아니다. 그러나 이러한 이론구성에 따르면 일정부분 현장성 요건 자체가 무의미하게 되는 것은 부인하기 어렵다. 합동범을 인정하려면 공동정범의 요건에 플러스적인 '현장성'을 요구하면서도 이론적으로 합동범의 공동정범을 인정하게 되면 결국 공동정범의 형식으로 범해지는 합동범 요건에는 현장성이 마이너스적 요소가 되어 우회적으로 합동범의 요건과 공동정범의 요건이 동일하게 되는 부당한 결과가 되고 말기 때문이다.

191 이론적으로 '부분가담 전부책임'이라는 귀속을 인정하는 총칙 제30조의 적용을 차단하여 합동범의 현장성 요건의 형해화를 막을 수 있는 현실적인 방안은 없는가? 한 가지 가능성이 아직 남아 있다. 합동범을 자수범으로 분류하는 방안이 그것이다. 합동범을 자수범으로 인정한다면, 합동범의 경우 – 비록 현장성 요건은 '협동관계'라는 개념을 통해 일부 완화되더라도 – 현장성 요건 그 자체를 충족하는 자만 합동범의 정범이 될 수 있게 된다. 이에 따르면 현장에 부재한 자는 공동정범 또는 간접정범의 형식으로 이 죄를 범할 수 없고, 현장 부재자에게는 합동범의 공범 가능성만 남게 된다. 이러한 점을 감안하면 합동범의 경우에 한하여 공동정범의 규정의 적용을 배제하는 입법적 해결방안보다는 실무에 의해 수용될 가능성이 훨씬 높은 현실적인 방안이다. 이 방안에 따르면 수괴급의 경우라도 합동범의 방조범으로 처벌될 수밖에 없지만, 그를 제34조 제2항의 특수교사방조죄로도 의율가능하기 때문에 형의 불균형이 생기는 것도 아니다.

제 6 절 간접정범

> 제34조(간접정범) ① 어느 행위로 인하여 처벌되지 아니하는 자 또는 과실범으로 처벌되는 자를 교사 또는 방조하여 범죄행위의 결과를 발생하게 한 자는 교사 또는 방죄의 예에 의하여 처벌한다.

Ⅰ. 간접정범의 의의와 본질

192 간접정범이란 직접 실행행위를 하는 타인을 앞세워 간접적으로 구성요건을 실현하는 경우를 말한다. 예컨대 독이 든 주사약을 환자에게 주입하여 환자를 살해하려는 계획을 짜

고서 그 사실을 모르는 간호사로 하여금 독이 든 주사를 놓도록 한 의사의 행위가 여기에 해당한다. 형법 제34조 제1항의 표제는 간접'정범'으로 되어 있지만, 그 처벌에 관해 간접정범이 "교사 또는 방조의 예에 의하여 처벌한다"고 규정되어 있다. 이 때문에 간접정범의 본질이 정범인지 공범인지를 둘러싸고 해석론상 견해가 대립한다.

1. 학설의 태도

(1) 정범설

간접정범은 우월적 의사지배를 통하여 처벌되지 않거나 과실범으로 처벌되는 자를 도 193
구로 이용하여 범죄행위의 결과를 발생하게 하는 경우이므로, 타인을 생명 있는 도구로 이용하는 자가 전체범행의 주재자이므로 정범으로 보아야 한다는 견해이다. 따라서 이 견해에서는 "교사 또는 방조"를 '이용하여'로 해석한다.

(2) 공범설

우리 형법상의 간접정범을 공범으로 보아야 한다는 견해로서 간접정범자의 처벌에 관 194
해 형법이 "교사 또는 방조의 예에 따라 처벌한다"고 규정하고 있고 그 체계상의 위치도 교사범과 방조범의 뒤에 위치하고 있음을 근거로 든다.[293)]

(3) 공범형 간접정범설

간접정범의 정범성을 인정하면서도 형법 제34조 제1항의 간접정범은 교사·방조범으로 195
처벌할 수 없는 공범의 특수형태로서 '준도구성(즉 "도구에 버금가는 성질")'[294)]의 특징을 가진 "공범형 간접정범"을 가리키는 것이라는 견해이다.[295)] 이 견해가 간접정범을 정범으로 보는 종래의 견해와 다른 점은 형법 제34조의 해석론상 피교사자나 피방조자가 '처벌되지 않거나 과실범으로 처벌'되는 소극적 요건만 충족되면 간접정범이 성립하는 것이기 때문에 우월적 의사지배라는 적극적 요소가 필요하지 않다고 한다.[296)]

2. 판례의 태도

대법원은 간접정범을 "책임무능력자, … 등을 마치 도구나 손발과 같이 이용하여 간접 196
으로 죄의 구성요소를 실행한 자"[297)]라고 한다.

判 대법원은 우월적 의사지배를 간접정범의 정범표지로 요구하는 다수의 학설과는 달리 우월적 의사지 197

293) 김태명, "비신분자에 의한 허위공문서작성죄의 간접정범", 형사판례연구(13), 2005, 480면; 신동운, 609면.
294) 오영근, §35/8.
295) 오영근, §35/3.
296) 뿐만 아니라 이 견해는 형법 제34조 제1항과는 별도로 우리 형법상 '도구형 간접정범'도 인정될 수 있으며, 이 경우에는 공범형 간접정범의 경우와는 달리 간접정범자에게 우월적 의사지배가 있어야 한다고 한다(오영근, §35/3).
297) 대법원 1983.6.14. 83도515 전원합의체.

배라는 표지를 사용하고 있지는 않지만, 피교사자나 피방조자의 '도구성'을 전면에 등장시키고 있음에서 보면, 제34조 제1항의 간접정범을 정범으로 보고 있는 태도임을 알 수 있다.

3. 결론

(1) 공범설 및 공범형 간접정범설과 정범설의 차이

198 공범설과 공범형 간접정범설을 취하는 입장은 극단적 종속형식을 전제로 삼아 공범우위성원칙에서 출발하고 있다. 이 두 견해는 구성요건에 해당하고 위법한 행위를 하였지만 책임이 조각되는 자를 교사 또는 방조하여 죄를 범하게 하는 경우 공범성립이 부정되고, 이 가벌성의 공백을 간접정범규정이 보충해준다고 하기 때문이다.[298)]

199 이에 반해 정범설을 취하면서 제한종속형식에 따르면 구성요건에 해당하고 위법한 행위를 하였지만 책임이 조각되는 자를 교사 또는 방조하여 죄를 범하게 한 경우 공범성립도 가능하고, 형법 제34조 제1항의 간접정범의 성립도 가능하다.[299)] 따라서 이 경우 정범우위성원칙에 따라 간접정범의 성립 여부를 먼저 검토하여 이용자에게 우월적 의사지배가 인정되면 간접정범이 되고, 우월적 의사지배가 부정되면 공범성립의 가능성만 남게 된다고 설명한다.

(2) 공범설과 공범형 간접정범설의 문제점

200 ① 공범설은 형법 제34조 제1항의 문언 속에 규정되어 있는 간접정범자의 '처벌'문제를 공범·정범의 구별에 관한 '본질'문제로 이해한다. 처벌의 문제를 해결하고 있는 규정을 그 가담형태의 본질에 관한 규정으로 이해한다면, "교사자를 정범과 동일한 형으로 처벌한다"는 형법 제31조 제1항으로부터도 '교사범의 본질은 정범'이라는 결론을 도출해내야 할 터인데, 공범설 중에 실제로 이러한 결론을 취하는 견해는 없다.

201 ② 공범설은 공범인 간접정범의 성립요건과 공범성립의 전제조건(종속형식)을 별도로 취급하는 이유를 설득력 있게 설명하지 못한다. 공범설의 주장자들은 스스로 공범으로 범주화하고 있는 간접정범을 극단적 종속형식의 테두리 속으로 넣지 않고 형법 제34조 제1항의 틀 속에서 특별하게 취급하고 있는 이유를 공범처벌의 불비를 막기 위함에 있다고 설명한다. 그러나 이러한 설명보다는 간접정범이 전체 범행의 주인공, 즉 행위지배자(우월적 의사지배자)이기 때문에 공범이 아니라 정범이고 따라서 타인에 의해 '종속'되어 성립할 필요가 없다는 설명이 훨씬 설득력이 있다.

202 ③ 공범형 간접정범설에 의하면 '공범형 간접정범'을 형법 제34조에 규정된 간접정범의 전형으로 보고, 그 이외에 간접정범이 인정될 수 있는 대부분의 사례에 대해서는 형법규정

298) 극단종속형식에 따르면 공범이 성립될 수 있기 위해 피교사자 또는 피방조자의 행위가 구성요건해당성, 위법성 그리고 책임이라는 세 가지 범죄성립요건을 모두 갖추어야 한다고 하기 때문이다.
299) 이용식, 96면.

과 별도로 '도구형 간접정범'이 된다고 한다. 하지만 이렇게 되면 예외적으로 인정되어야 할 특수한 간접정범사례(후술하게 될 신분 없는 고의 있는 도구, 목적 없는 고의 있는 도구)를 형법 제34조 제1항의 주된 적용대상으로 삼게 되어 주객을 전도시키는 결과를 초래하게 된다.

(3) 간접정범의 정범성과 우월적 의사지배

형법 제34조 제1항이 설정하고 있는 가담자들 상호관계를 사물논리에 부합되게 바라보면 간접정범자는 그에 의해 이용되는 자와의 관계에서 행위의 전체진행과정을 손아귀에 넣고 지배조종하는 자로서 정범으로 보아야 한다.[300] 만약 공범설에서 말하는 것처럼 처벌되지 않는 자나 과실범으로 처벌되는 자를 이용한 자를 단순히 공범에 불과한 자라고 한다면, 형법 제34조에 포섭될 수 있는 사례유형에는 정범없이 공범만 존재하는 결론에 귀착되고 말 것이다. 203

정범인 간접정범의 정범표지는 행위지배라는 일반적 정범표지가 구체화된 우월적 의사지배이다. '우월적 의사지배'란 이용자(배후자)인 간접정범자가 피이용자(매개자)에 비해 상대적으로 우월한 의사 혹은 지식을 가지고 매개자의 행위를 지배 내지 조종하는 경우를 말한다. 이러한 의미의 의사지배는 간접정범(정범)과 교사범 또는 방조범(공범)의 구별기준이 된다. 204

(4) 간접정범 규정의 규범구조: 2자구도 vs 3자구도

제34조 제1항은 간접정범이 성립하기 위해서는 매개자의 행위가 '처벌되지 아니하는 자' 또는 '과실범으로 처벌되는 자'일 것이 전제되고, 그러한 매개를 적극적으로 이용하는 행위가 있어야 한다. 205

이러한 규범구조를 가진 제34조 제1항이 '이용자(배후자) - 피이용자(매개자) - 피해자'라는 '3자구도'를 전제로 하고 있는 것으로 해석하는 견해[301]가 있다. 이 견해는 예컨대 이용자가 피이용자를 강제하는 등 방법으로 피이용자의 자기손상적 행위를 야기하게 함으로써 각칙의 일정한 구성요건을 실현하는 경우는 피이용자가 동시에 피해자가 되는 '2자구조'로 되기 때문에 이용자는 간접정범이 아니라 해당 각칙 구성요건의 직접정범자가 되어야 한다고 한다. 206

그러나 제34조의 문언 및 규범구조상 간접정범이 반드시 3자구도를 전제할 필요는 없다. 간접정범에 관한 규정이 3자구도만을 전제로 하는 것이라면 피해자 없는 각칙 구성요건의 경우는 모두 애당초 간접정범의 성립을 부정해야 할 것이다. 이 뿐만 아니라 피해자인 타인을 매개로 삼아 해당 구성요건을 실현하는 행위를 각칙구성요건적 행위를 직접 실현하는 직접정범으로 보게 되면, 각칙 구성요건의 행위 정형성의 한계를 넘어서는 과도한 207

300) 인적불법론의 관점에서 간접정범의 정범성을 근거지우고 있는 견해는 Misuk Son, "Die mittelbare Täterschaft und das System der Tatbeteiligung in koreanischem StGB", ZStW 119(2007), S. 124ff.

301) 이용식, "피해자의 자손행위를 이용한 간접정범의 인정여부", 형사판례연구(30), 박영사, 2022, 16면 이하.

해석을 허용하게 될 수도 있다.[302)]

208 判 대법원도 총칙 제34조의 적용이 3자구도를 전제로 하고 있지 않고 2자구조의 경우에도 해당조항의 적용이 가능함을 인정하고 있다. 강제추행에 관한 간접정범의 의사를 실현하는 도구로서의 타인에는 피해자도 포함될 수 있으므로, 피해자를 도구로 삼아 피해자의 신체를 이용하여 추행행위를 한 경우에도 강제추행죄의 간접정범에 해당할 수 있다고 하기 때문이다.[303)]

Ⅱ. 간접정범의 성립요건

209 공동정범에 관한 형법 제30조의 '공동하여'를 공동정범의 정범표지인 '기능적 행위지배'로 해석할 수 있었듯이, 형법 제34조 제1항의 "교사 또는 방조하여"를 간접정범의 정범표지인 '우월한 의사지배'로 해석하는 태도를 취할 수 있다. 이에 따르면 제34조 제1항은 우월한 의사지배를 가진 자(이하에서는 이용자라 한다)가 타인(이하에서는 피이용자라 한다)을 교사 또는 방조하여 각칙의 일정한 범죄구성요건[304)]을 실현할 경우 그 이용자가 간접정범으로 인정하기 위해 요구되는 공통 요건에 관한 규정이다.

210 이러한 총칙의 공통 요건과 각칙 구성요건의 특별한 요소가 결합되면 간접정범자가 충족시켜야 할 수정된 구성요건이 만들어진다. 어떤 각칙 범죄의 간접정범이 성립하기 위해서는 수정된 구성요건해당성 외에도 위법성과 책임도 인정되어야 한다. 제34조 제1항이 요구하는 간접정범의 일반적 구성요건은 ① 피이용자에게 요구되는 요건(이하 간접정범의 전제조건이라 한다)과 ② 피이용자에게 요구되는 요건(간접정범의 적극적 요건이라 한다)으로 나누어질 수 있다.

1. 피이용자의 요건: 간접정범의 전제조건

211 형법은 제34조 제1항에는 피이용자에게 요구되는 두 가지 요건이 규정되어 있다. 하나는 피이용자가 '어느 행위로 인하여 처벌되지 아니하여야 할 것'이라는 요건이고, 다른 하나는 피이용자가 '과실범으로 처벌되는 자일 것'이라는 요건이다. 전자는 피이용자의 행위가 고의범의 범죄성립요건 중의 어느 한 가지를 충족시키지 못하는 경우이고,[305)] 후자는

302) 이른바 3자구도론에 대한 비판은 김성돈, "간접정범에 관한 대법원 법리와 형법이론학의 과제", 형사법연구 제35권 제3호(2023), 28~31면.

303) 대법원 2018.2.8. 2016도17733. "강제추행죄는 사람의 성적 자유 내지 성적 자기결정의 자유를 보호하기 위한 죄로서 정범 자신이 직접 범죄를 실행하여야 성립하는 자수범이라고 볼 수 없으므로, 처벌되지 아니하는 타인을 도구로 삼아 피해자를 강제로 추행하는 간접정범의 형태로도 범할 수 있다. 여기서 강제추행에 관한 간접정범의 의사를 실현하는 도구로서의 타인에는 피해자도 포함될 수 있으므로, 피해자를 도구로 삼아 피해자의 신체를 이용하여 추행행위를 한 경우에도 강제추행죄의 간접정범에 해당할 수 있다."

304) 우월적 의사지배가 간접정범의 정범표지로 될 수 없는 각칙 범죄종류에 대해서는 후술한다.

305) '어느 행위로 처벌되지 않는 자'라는 문언의 의미상 처벌조건이 충족되지 않아 처벌되지 않는 자도 포함된다고 해석할 여지가 있다. 그러나 간접정범의 경우 매개자는 생명 있는 도구로 이용되는 자이어야 하기 때

피이용자의 행위가 과실행위인 경우를 말한다.

(1) 피이용자의 행위가 구성요건해당성이 조각되는 경우

구성요건에 해당하지 않는 피이용자의 행위는 ① 객관적 구성요건요소를 충족시키지 못한 경우, ② 고의가 조각되는 경우, ③ 고의는 인정되나 목적 등 초과주관적 구성요건요소가 결여된 경우, ④ 고의는 인정되나 신분이 없는 경우 등이 있다. 212

1) 피이용자의 행위가 객관적 구성요건요소에 해당하지 않는 경우 피이용자의 행위가 구성요건적 행위가 아니어서 범죄구성요건을 충족하지 못할 경우가 있다. 피이용자로 하여금 스스로 신체를 상해하게 하는 경우가 전형적인 예에 해당한다.[306] 자상행위를 처벌하는 범죄구성요건이 존재하지 않기 때문이다. 213

피이용자를 자살하게 하는 경우, 위계·위력에 의한 살인죄(형법 제253조)와 같은 규정이 있는 경우 피이용자가 자살의 의미를 알 수 있는 자인 경우에는 이용자를 자살관여죄(형법 제252조 제2항) 또는 위계·위력에 의한 살인죄로 처벌할 수 있을 것이고, 피이용자가 자살의 의미조차 모르는 자인 경우에 한하여 이용자를 살인죄의 간접정범으로 인정할 수 있을 것이다.[307] 214

2) 피이용자의 고의가 조각되는 경우 피이용자가 고의 없이 행위하는 경우, 즉 구성요건적 행위상황을 알지 못한 경우를 말한다. 행위상황을 제대로 인식하지 못하거나 잘못 생각하고 있는 피이용자는 전체상황을 꿰뚫어 보고 있는 이용자의 우월한 지식에 의해 조종된다. 가장 대표적인 사례로는 아무것도 모르는 간호사로 하여금 독이 든 주사약을 환자에게 주사하게 함으로써 환자를 살해하게 한 의사의 경우를 들 수 있다. 215

한편 형법각칙에는 고의 없는 피이용자의 행위를 이용한 자를 간접정범으로 본다는 특별한 규정도 있다. 즉 형법 제228조는 고의 없이 공정증서원본 등을 부실기재하는 공무원의 행위를 이용하는 자를 공정증서원본부실기재죄로 규정하고 있는데, 이는 허위공문서작성죄의 간접정범의 특별한 경우로 볼 수 있다.[308] 216

문에 범죄성립요건을 모두 충족시켰지만 처벌조건을 충족시키지 못한 자임에 불과한 경우에는 도구성 내지 배후자의 우월적 의사지배를 인정할 여지가 원천적으로 없다. 따라서 형법 제34조 제1항의 '처벌되지 않는 자'란 범죄성립이 인정되지 않는 자라고 제한적으로 해석하는 것이 타당하다는 데에 이견이 없다.

306) 대법원 1970.9.22. 70도1638. "피고인이 피해자를 협박하여 그로 하여금 자상케 한 경우에 피고인에게 상해의 결과에 대한 인식이 있고 또 그 협박의 정도가 피해자의 의사결정의 자유를 상실케 함에 족한 것인 이상 피고인에 대해 상해죄를 구성한다."

307) 대법원 1987.1.20. 86도2395. "피고인이 7세, 3세 남짓 된 어린 자식들에 대하여 함께 죽자고 권유하고 물속에 따라 들어오게 하여 결국 익사하게 하였다면 비록 피해자들을 물 속에 직접 밀어서 빠뜨리지는 않았다고 하더라도 자살의 의미를 이해할 능력이 없고 피고인의 말이라면 무엇이나 복종하는 어린 자식들을 권유하여 익사하게 한 이상 살인죄의 범의는 있었음이 분명하다"는 판례에서는 위계에 의한 살인죄 혹은 자살관여죄를 인정하지 않고 살인죄를 인정하고 있다. 그러나 대법원이 위 판례에서 피고인의 행위를 살인죄의 간접정범으로 인정하였는지 직접정범으로 인정하였는지는 분명하지 않다.

308) 이외에도 신분 없는 자가 신분 있는 자의 고의 없는 허위공문서작성행위를 이용한 경우에는 그 신분 없는 자가 신분 있는 자의 문서작성을 보조하는 위치에 있는 한 허위공문서작성죄의 간접정범이 될 수 있다는 중요한 판례(대법원 1992.1.17. 91도2837)가 있다. 이에 관해서는 『각론』 허위공문서작성죄 및 공문서위조죄

217 피이용자의 행위가 과실행위인 경우 과실처벌규정이 없는 경우에도 이용자가 피이용자의 행위를 이용한 경우라면 당해 고의범죄의 간접정범이 성립할 수 있다.[309)]

218 **3) 피이용자가 '목적 없는 고의 있는 도구'인 경우** 피이용자에게 고의는 인정되지만 목적범의 목적이나 영득범의 불법영득의 의사 등 특별한 주관적 구성요건요소가 인정되지 않는 경우 이용자의 간접정범성을 인정할 수 있는지가 문제된다.

219 이 경우 이용자를 어떻게 취급할 것인지는 포괄적으로 '목적 없는 고의 있는 도구'(Das absichtlos dolose Werkzeug)라는 이름으로 논의되어 왔다. 예컨대 농장주인으로부터 이웃집 거위를 주인집 축사로 몰아넣을 것을 지시받은 일꾼이 그 거위가 주인의 것이 아님을 알면서도 시키는 대로 한 경우가 목적 없는 고의 있는 도구에 관한 교과서 사례로 등장하고 있다. 이때 일꾼에게는 절도의 고의는 있으나 그 거위를 자기 것으로 하려는 불법영득의 의사는 없으므로 절도죄가 인정되지 않는다. 하지만 피이용자인 일꾼도 그 거위가 타인의 거위라는 사실을 아는 등 전체 행위상황을 알고 있기 때문에－즉 고의가 인정된다면－이용자인 주인에게 우월적 의사지배가 있다고 할 수 있을지에 대해 논란이 있다.

① 학설의 태도

220 **(i) 부정설** 이용자에게 간접정범이 인정되지 않고 직접정범 또는 공범이 성립할 수 있을 뿐이라는 견해이다.[310)] 피이용자가 객관적 구성요건요소를 모두 인식하고 있어서 도구적 성격이 매우 희박하기 때문에 의사지배를 인정하기 어렵기 때문임을 이유로 한다.

221 **(ii) 긍정설** 이용자의 간접정범성을 인정하는 입장에는 근거를 각기 달리하는 다음과 같은 견해들이 있다.

222 i) 규범적·사회적 행위지배설－ 피이용자도 행위상황을 알고 있기 때문에 이용자의 사실적인 의사지배를 인정할 수는 없지만 규범적 혹은 사회적 행위지배는 인정되기 때문에 이용자를 간접정범으로 인정할 수 있다는 견해이다.[311)]

223 ii) 공범형 간접정범설－ 간접정범을 공범형 간접정범으로 이해해야 하기 때문에 피이용자의 도구성을 부인하고 따라서 이용자에게 의사지배가 없어도 형법 제34조의 형식적 요건만 충족하면 간접정범을 인정해야 한다는 견해이다.[312)]

참조.

309) 대법원 1983.5.24. 83도200. "튀김용 기름의 제조 허가없이 튀김용 기름을 제조할 범의하에 식용유제조의 범의 없는 자를 이용하여 튀김용 기름을 제조케 한 자는 그 직접 제조행위자가 식용유제조의 범의가 없어 그 제조에 대한 책임을 물을 수 없다고 하여도 처벌되지 아니하는 그 행위를 이용하여 무허가 제조행위를 실행한 자로서 보건범죄단속에 관한 특별조치법 제2조 제1항, 식품위생법 제23조 제1항 위반죄의 간접정범에 해당한다."

310) 김일수/서보학, 580면; 박상기, 388면; 임웅, 449면; 한정환, "간접정범의 고의 있는 도구", 心耕정성근교수화갑기념논문집(상), 194면.

311) 배종대, §131/71; 이재상/장영민/강동범, §32/12; 이형국/김혜경, 503면; 정성근/정준섭, 334면.

312) 오영근, §35/28.

② 판례의 태도 대법원은 이용자의 간접정범성을 인정한다. "범죄는 '어느 행위로 인하여 처벌되지 아니한 자'를 이용하여서도 이를 실행할 수 있으므로, 내란죄의 경우에도 '국헌문란의 목적'을 가진 자가 그러한 '목적이 없는 자'를 이용하여 이를 실행할 수 있다"고 한다.[313] 224

判 대법원이 '목적없는 고의있는 도구' 이용 사안의 경우와 마찬가지로 후술할 '신분없는 고의있는 도구'를 이용한 경우에도 이용자에게 간접정범 성립을 인정하고 있지만, 그 이론적 근거에 관해서는 피이용자가 '도구 내지 손발'과 같이 이용될 수 있다는 선언적 표현 이외에는 아무런 언급이 없다. '도구'라는 용어는 범죄성립요건 중 어느 하나의 요소(목적 또는 신분)의 결격이 있다고 해서 스스로 구성요건 실현에 대한 고의를 가지고 행위상황을 파악하고 있는 피이용자의 지위를 표현하는 적합한 용어나 이론적 기초를 제공하기는 어렵다. 225

③ 결론

(i) 행위지배개념을 확장해야 할 필요성 행위지배개념을 피이용자에 대한 이용자의 사실상의 심리적 우위성이라고 이해하는 전제하에서라면 행위상황을 인식하고 있는 고의 있는 피이용자를 이용자가 '지배성'을 인정하기 어렵다. 이러한 관점에서 보면 이용자의 간접정범성이 부정되어야 할 뿐 아니라 피이용자의 행위가 (목적 등의 초과 주관적 구성요건요소가 결여되어) 구성요건해당성조차 부정되기 때문에 이용자를 공범으로도 처벌할 수 없게 된다. 226

그러나 형법적 개념에 대한 규범적 평가적 접근법을 견지해야 하는 방법론에 따르면 정범과 공범의 구별기준인 '행위지배' 개념 및 그 개념의 구체화인 우월적 의사지배개념도 사실적 심리적 측면에만 초점을 맞추기 보다는 규범적 법적 관점에서도 접근하여 이용자가 갖춘 법적 요건의 우위성이 인정될 경우 법적 규범적 관점에서 보면 행위지배가 인정된다고 할 수 있다(규범적 행위지배개념). 이에 따르면 피이용자의 행위가 범죄성립요건을 모두 충족하고 있지 않더라도 이용자가 모든 요건을 갖추고 있으면 이를 이용하려는 이용자의 의도를 토대로 배후자의 법적인 우위성을 인정할 수 있으므로 이용자에게 우월적 의사지배가 인정되는 것으로 평가할 수 있다. 227

(ii) 목적 없는 고의 있는 도구의 가벌성 문제 문제는 이와 같이 행위지배개념을 수정하는 방식으로 이용자의 간접정범성을 인정할 경우 그 도구인 피이용자에 대해 다시 방조범의 성립이 인정될 수 있는가에 있다. 그러나 이용자를 간접정범으로 보는 한 피이용자가 다시 방조범으로 처벌된다는 이론구성은 불가능하다. 형법 제34조 제1항의 규정상 매개자는 "어느 행위로 인하여 처벌되지 않는 자"이어야 하기 때문에 방조범으로 처벌되는 자는 형법 제34조 제1항의 피이용자가 될 수 없고, 거꾸로 방조범으로 처벌되는 자의 행위를 이용한 자가 이용자로서 간접정범이 될 수도 없기 때문이다. 228

4) 피이용자가 '신분 없는 고의 있는' 도구인 경우 피이용자가 '신분은 없지만 고의는 229

313) 대법원 1997.4.17. 96도3376 전원합의체.

있는 도구(Das qualifikationslos dolose Werkzeug)'인 경우 이용자의 우월적 의사지배를 인정하여 간접정범을 인정할 수 있는지가 문제된다.

230 **사례(신분없는 고의있는 도구사례):** 의사인 갑은 자기 아내에게 환자기록카드의 기록된 정보를 제3자에게 넘겨주도록 요구하였고, 그 의사의 아내는 그러한 자료의 유출이 허용되어 있지 않은 사정을 알면서도(고의인정) 자신의 남편의 요구에 응하여 그 기록의 정보를 넘겨주었다. 의사가 아니어서 업무상비밀누설죄의 주체로 될 수 없는 아내의 행위를 이용한 의사 갑에 대해 이 죄의 간접정범을 인정할 수 있는가?

① 학설의 태도

231 **(i) 긍정설** 목적 없는 고의 있는 도구를 이용한 경우와 같이 이용자에게 규범적 사회적 행위지배를 인정할 수 있기 때문에[314] 또는 형법 제34조 제1항의 해석론상 공범형 간접정범을 인정할 수 있기 때문에[315] 이용자의 간접정범을 인정하는 견해이다.

232 **(ii) 부정설** 이용자에게 의사지배가 인정될 수 없으므로 이용자는 교사범이 되고, 피이용자는 방조범이나 경우에 따라 공동정범이 성립될 수도 있다는 견해이다.[316]

233 **(iii) 의무범인정설** 의무범의 경우 정범표지를 규범적인 의무위반에 있다고 보는 견해는 의무범에 해당하는 진정신분범이 문제될 경우 신분자가 신분 없는 고의 있는 도구를 이용하는 경우에 신분 있는 이용자를 간접정범으로 볼 수 있다고 한다. 다만 이 경우 그 피이용사실을 알고서 행위한 신분 없는 피이용자에 대해서는 방조범이 성립된다고 한다.[317]

234 ② 판례의 태도 목적범의 경우 목적 없는 고의 있는 도구를 이용한 자에 대해서와 마찬가지로 신분범의 경우 신분 없는 고의 있는 도구를 이용한 자의 간접정범도 성립하는 입장이다.

235 **判** 대법원은 '목적 없는 고의 있는 도구'를 이용한 목적 있는 자의 간접정범성은 그 이론적 근거지움 없이 인정하고 있지만, 신분 없는 자를 이용한 신분자에 대해서는 그 피용자를 도구나 손발과 같이 이용한다는 점을 전면에 부각시키면서 간접정범의 성립을 인정하고 있다.[318]

236 앞의 사례에서 의사인 남편의 요구에 응한 의사의 아내는 업무상 비밀누설죄의 '신분'적 요소를 갖추지 못했을 뿐, 환자의 비밀을 누설을 한다는 점에 대한 고의를 가지고 행위하였다. 이러한 경우에도 그 아내가 남편의 '도구'나 '손발'이라고 말하기는 – 도구나 손발의 의미를 어떻게 이해하더라도 – 어렵다. 대법원의 '도구성'법리는 간접정범의 정범성을 근거지움에 한계가 있다. 이 때문에 '신분없는 고의있는 도구사례'의 경우에도 그 이용자인 수뢰죄의 간접정범성을 근거지우기 위한 이론적 근거가 필요하다. 그 근거는 바로 간접정

314) 이재상/장영민/강동범, §32/13.
315) 오영근, §35/28.
316) 임웅, 434면.
317) 김일수/서보학, 578면; 박상기, 425면; 손동권, §28/12–13.
318) 대법원 1983.6.14. 83도515 전원합의체. "형법 제34조 제1항이 정하는 소위 간접정범은 (중략) 목적범, 신분범인 경우 그 목적 또는 신분이 없는 자, … 등을 마치 도구나 손발과 같이 이용하여 간접으로 죄의 구성요소를 실행한 자를 간접정범으로 처벌하는 것이다."

범의 정범성 표지이자 수정된 구성요건 요소인 '우월적 의사지배'라는 표지이다. 이에 관해서는 후술한다.

③ 결론 이러한 경우에도 앞의 '목적 없는 고의 있는 도구사례'의 경우와 마찬가지로 의사의 아내에게 비밀누설에 대한 고의가 인정된다면 피이용자의 도구성이 인정되기도 어렵고, 또 행위지배개념을 단순히 사실적 측면에서의 지배로만 이해하더라도 의사인 신분자에게 심리적으로 우월적 의사지배성을 인정하기 어렵다. 그렇다고 해서 그 의사를 업무상비밀누설죄의 교사범으로 처벌할 수도 없다. 피이용자의 행위가 업무상비밀누설죄의 구성요건해당성부터 탈락되기 때문에 공범종속형식을 충족시키지 못하기 때문이다. 237

따라서 이 경우에도 '목적 없는 고의 있는 도구사례'의 경우와 마찬가지로 행위지배 개념을 '사실상의 지배'로 이해할 것이 법적 규범적 관점에서 이용자에게 행위지배가 인정될 수 있는지를 평가하는 접근법이 타당하다. 이에 따르면 이용자에게 '사실상'의 우월적 지식 혹은 의사가 없더라도 법적·규범적 차원에서 보면 이용자는 피이용자가 구비하지 못한 요건을 구비하고 피이용자에게 영향을 미친 점이 인정되므로, 법적·규범적 의미에서 우월적 의사지배를 인정할 수 있다. 따라서 '신분 없는 고의 있는 도구'를 이용한 이용자의 간접정범성을 인정할 수 있다. 238

(2) 피이용자의 행위가 위법성이 조각되는 경우

피이용자의 행위가 구성요건에 해당하지만 위법성이 조각되는 경우, 이를 이용하여 자신의 범행을 범하는 이용자에 대해서 간접정범성을 인정할 수 있다. 예컨대 A에게 폭행을 가하는 것을 최종목표로 삼은 자가 A로 하여금 B를 공격하는 상황을 만들고 B가 A의 위법한 공격을 방어하기 위하여 다시 A에게 폭행을 가하도록 한 경우와 같이 타인의 정당방위를 이용한 경우는 폭행죄의 간접정범이 될 수 있다. 239

(3) 피이용자의 책임이 조각되는 경우

공범종속형식과 관련하여 제한종속형식설이나 최소종속형식설을 취하면 피이용자의 책임이 조각되더라도 여전히 공범성립이 가능하게 된다. 이러한 경우 일단 간접정범의 형식적 요건이 충족되었기 때문에 정범우위성의 원칙에 따라 간접정범성 여부를 먼저 검토해야 한다. 여기서 간접정범의 적극적 요건인 우월적 의사지배가 부정되는 경우에는—제한종속형식설이나 최소종속형식에 따라—공범성립의 가능성도 여전히 존재한다.[319] 240

피이용자가 형사미성년자가 아닌 '책임무능력자인 경우'(형법 제10조 제1항), '강요된 행위에 의해 강요된 피강요자인 경우'(동법 제12조), '특별한 상황에서의 과잉방위 및 과잉피난에 해당하는 경우'(동법 제21조 제3항 및 제22조 제3항) 등에는 이를 이용한 이용자에 대해서 우월적 의사지배를 인정하여 간접정범이 241

319) 반대로 극단적 종속형식설을 취하는 입장에서는 책임조각사유가 인정되면 공범이 성립할 수 없게 되어 처벌의 흠결이 발생하게 된다. 극단적 종속형식론자들은 이러한 점을 극복하기 위해 간접정범을 공범으로 본다는 점에 대해서는 앞서 설명하였다.

인정될 수 있다는 데 견해가 일치한다.[320] 이용자의 우월적 의사지배의 인정 여부가 문제되는 경우는 다음과 같다.

242 1) 피이용자가 형사미성년자인 경우 이용자에게 항상 우월적 의사지배가 인정되어 간접정범의 성립을 긍정하는 견해가 있다.[321] 이 견해는 형사미성년자를 절대적 책임무능력자로 규정한 입법의 취지를 고려할 때 형사미성년자를 이용하는 자는 피이용자인 형사미성년자가 현실적으로 갖고 있는 지능·의식 여하를 불문한다고 한다.

243 그러나 12세 내지 13세 정도의 미성년자라면 사리분별력이 있어서 이용자의 우월적 의사지배를 인정하기가 어려울 경우가 있으므로 이용자의 간접정범성을 부정하고 교사범이나 방조범의 성립을 인정할 수도 있다고 해야 한다.[322]

244 2) 피이용자가 위법성의 착오에 빠진 경우 이용자에게 우월적 의사지배가 인정될 수 있는가에 대해 견해가 갈린다. ① 피이용자의 위법성의 착오에 정당한 이유가 부정되는 경우에는 이용자에 대해 원칙적으로 교사범을 인정해야 하지만 정당한 이유가 인정되는 이상 이용자는 언제나 간접정범이 된다는 입장,[323] ② 정당한 이유 유무를 묻지 않고 이용자가 피이용자의 착오를 야기하였거나 착오상태를 인식하고 이용한 때에는 간접정범이 되지만 피이용자의 착오를 인식하지 못하고 이용한 경우에는 교사범이 성립한다는 입장[324] 등이 있다.

245 생각건대 피이용자의 위법성의 착오에 정당한 이유가 인정되지 않는 경우에는 피이용자의 책임이 조각되지 않기 때문에 형법 제34조 제1항에 따라 이용자에 대해 간접정범성을 인정할 수 없다. 그렇다고 해서 피이용자의 위법성의 착오에 정당한 이유가 인정되어 책임이 조각되는 경우에도 무조건 이용자의 간접정범의 성립을 긍정할 수도 없다. 왜냐하면 피이용자의 책임이 조각되는 것은 매개자의 도구성을 긍정하기 위한 형식적인 요건에 불과하고 이용자에 대한 간접정범성의 인정여부는 우월적 의사지배라는 간접정법의 정범표지가 관건이 되기 때문이다. 따라서 구체적인 사정에 따라 이용자에게 우월적 의사지배가 부정되면 간접정범이 아니라 교사범이 성립할 수도 있다.

246 3) 피이용자가 위법성조각사유의 전제사실의 착오에 빠진 경우 이용자가 피이용자의 이러한 착오를 이용하여 자기의 범죄적 의사를 실현할 경우 간접정범이 인정될 수 있다. 다만 이러한 유형의 착오사례를 해결함에 있어 어떤 견해를 취하느냐에 따라 간접정범인정의 근거가 달라진다. 소극적구성요건표지이론, 엄격고의설, 구성요건적 착오규정 유추적

320) 기대불가능성을 초법규적 책임조각사유로 인정하는 입장에서는 피이용자의 행위에 대해 기대불가능성이 인정되는 경우도 이에 해당한다.

321) 김일수/서보학, 579면; 신동운, 615면.

322) 배종대, §131/13; 손동권, §28/19; 이재상/장영민/강동범, §32/18.

323) 신동운, 615면; 오영근, §35/26.

324) 이재상/장영민/강동범, §32/20; 배종대, §131/14.

용설을 취할 때에는 피이용자에게 구성요건적 고의(또는 불법고의)가 조각되어 간접정범이 될 수 있다. 반면에 법효과전환책임설을 취할 때에는 피이용자의 책임고의가 조각되는 결과 과실범으로 처벌되는 자를 이용한 것을 이유로 간접정범이 될 수 있다. 그러나 엄격책임설을 취하게 되면 피이용자의 착오를 위법성의 착오로 보기 때문에 위법성의 착오를 이용한 이용자의 간접정범성립 여부는 다시 착오의 정당한 이유의 인정 여부에 따라 달라질 수 있다.

다른 한편 위법성조각사유의 전제사실의 착오에 빠진 피이용자의 행위를 이용하는 경우에 이용자의 형사책임과 관련하여 법효과전환책임설이나 엄격책임설을 취하는 입장에서도 자동적으로 이용자의 간접정범을 인정해서는 안 된다. 이 경우 다시 적극적으로 이용자의 우월적 의사지배가 인정되어야 한다. 따라서 이 경우 이용자에게 우월적 의사지배가 부정되더라도 이 두 가지 학설에 의하면 피이용자의 행위평가에 있어 구성요건적 고의 및 위법성은 여전히 인정될 수 있기 때문에 제한종속형식 또는 최소종속형식에 따라 공범성립도 가능하다. 247

4) 피이용자가 책임조각사유의 전제사실의 착오에 빠진 경우 피이용자가 강요된 행위상황이나, 과잉방위를 면책시키는 야간 기타 불안한 상황 등에 대한 착오에 빠져있음을 이용한 이용자의 간접정범도 인정될 수 있다. 책임조각사유의 객관적 전제사실에 대한 착오사례는 위법성의 착오의 경우와 같이 오인에 정당한 이유가 인정되면 책임을 조각할 수 있기 때문이다. 예컨대 A를 살해하려는 의도를 가진 자가 B에게 A가 B의 아들을 인질로 잡고 있는데 몇 시간 내에 아들을 죽이게 될 것이라고 거짓말을 해서 강요된 상황을 오인한 B가 A를 살해하도록 하였다면 살인죄의 간접정범이 될 수 있다. 248

(4) 피이용자가 과실범으로 처벌되는 경우

형법은 피이용자가 과실행위인 경우에는 과실범의 범죄성립요건 가운데 어느 하나가 충족되지 않는 경우에는 물론이고 과실범의 성립요건을 모두 충족시킨 경우에도 간접정범이 성립할 수 있음을 명문으로 규정하고 있다. 특히 피이용자의 과실행위를 이용하는 경우에는 이용자의 우월적 의사지배라는 적극적 요건을 별도로 근거지울 필요는 없다. 피이용자가 구성요건적 행위상황을 알지 못하거나 행위결과를 의욕하지 않은 경우이기 때문에 이를 이용하는 이용자에 대해서는 최소한 심리적 사실적 측면에서만 보더라도 구성요건적 행위상황에 대한 우월적 지식을 근거로 한 의사지배가 인정될 수 있기 때문이다. 249

2. 이용자에게 요구되는 요건: 우월한 의사지배

간접정범의 정범표지인 우월적 의사지배는 형법 제34조 제1항의 규정과 형법 제31조 및 제32조에 대한 체계적 해석에서 도출해낼 수 있다. 형법 제31조 제1항 및 제32조 제1항에 250

서는 피교사자·피방조자가 '죄 또는 범죄를 직접 범하는 타인'으로서 스스로 정범자의 지위에 있는 자이고 배후에 있는 교사자·방조자가 오히려 정범에 종속되어 있는 자이다.[325) 하지만 간접정범의 경우에는 이용자가 "범죄적 결과를 발생하게 하는 자"로서의 주체적 지위에 있는 자이고, 그에 의해 "교사 또는 방조"되는 자는 "처벌되지 않는 자 또는 과실범으로 처벌되는 자"로 격하되어 있기 때문에 간접정범자에 비해 열등한 입장에 있는 자로 전제되어 있다.

251 이러한 맥락에서 볼 때 형법 제34조 제1항의 '교사 또는 방조'라는 문언은 형법 제31조 제1항과 제32조 제1항의 '교사 또는 방조'와는 달리 상대적으로 규범적 법적인 관점에서 우월한 입장에 있는 자가 배후에서 범죄적 결과를 발생하게 하기 위해 상대방을 '적극적으로 이용하여'라는 의미로 새기는 것이 타당하다. '적극 이용'은 간접정범자의 정범표지인 '우월적 의사지배'라는 규범적 개념으로 해석될 수 있다. 우월적 의사지배가 인정되기 위해서는 '객관적으로' 피이용자의 의사가 이용자에게 지배당하는 상황이 존재해야 하고 '주관적으로' 이용자가 우월한 의사지배를 하려는 의사가 존재하여야 한다.[326)]

252 判 앞서 언급했듯이 대법원은 간접정범의 경우 정범표지를 우월한 의사지배라는 규범적 개념을 사용하지 않고, 피이용자의 도구성을 강조하고 있으므로 '피이용자를 도구로 이용하여'라는 요건을 이용자에게 요구되는 간접정범 성립요건으로 인정하고 있다고 볼 수 있다. 그러나 이러한 도구적 이용이라는 일상적 용어는 – 전술하였듯이 – 목적없는(또는 신분없는) 고의있는 도구 사례의 경우 이용자의 간접정범성을 근거지우는 데 한계가 있었듯이 – 후술하듯이 – 이용자가 피이용자에게 요구되는 요건에 대한 착오를 일으켰을 경우 이용자에게 간접정범의 성립여부를 판단함에 있어 정밀한 법리를 구성할 수 없는 한계에도 부딪치게 된다(아래 강간상황극 사건 참조).

(1) 객관적 요건

253 어떤 상황이 존재하여야 이용자에게 행위지배(우월적 의사지배)를 인정할 수 있을 것인지에 대해서는 일률적으로 말할 수 없다. 그러나 매개자의 도구성을 징표하는 요건, 즉 간접정범의 전제조건이 충족되지 않으면 우월적 의사지배의 유무는 처음부터 판단할 필요조차 없다.

254 원칙적으로 이용자에게 고도의 '사실상'의 의사우월성이 인정되는 경우에는 피이용자의 도구성이 인정된다. 그러나 피이용자가 '목적은 없으나 고의가 있을 때' 혹은 '신분은 없으나 고의는 있을 때'에도 이용자에게 '법적·사회적' 의미의 우위성이 인정되면 우월적 의사지배를 긍정할 수 있다는 점(형법적 개념에 대한 규범적 평가적 접근방법의 타당성)에 관해서는 앞에서 설명하였다.

255 반면에 피이용자가 고의 없이 행위하는 경우에는 아주 사소한 행위기여를 한 자라도 그

325) 더욱이 교사범의 경우에 피교사자는 간접정범자에게 이용되는 도구와 달리 언제나 고의행위를 하는 자이어야 한다.

326) 김성돈, "간접정범에 관한 대법원 법리와 형법이론학의 과제", 형사법연구 제35권 제3호(2023), 20면.

자가 전체상황의 맥락을 간파하고 있는 유일한 자라면 그에게 우월적 의사지배가 인정된다. 따라서 피이용자가 과실로 행위하는 경우에는 이용자의 우월적 의사지배성이 별도의 근거지움 없이 인정될 수 있다.

(2) 주관적 요건

1) 고의 간접정범의 경우 이용자의 고의는 '간접정범 고유의 객관적 구성요건사실에 대한 인식 및 인용'으로 변형(수정)된다. 이에 따르면 이용자는 피이용자가 수행하고 있는 구성요건적 사실에 대한 인식 및 의욕도 있어야 하고, 피이용자를 의사지배하고 있다는 점에 대한 인식 및 의욕도 있어야 한다. 256

따라서 간접정범의 경우에는 이용자가 의사지배를 하고 있다고 생각하였으나 실제로는 피이용자가 의사지배를 당하고 있지 않은 경우 간접정범자의 구성요건적 착오문제가 제기될 수 있다. 이에 관해서는 후술한다. 257

기능적 행위지배를 정범표지로 삼고 있는 공동정범이 과실에 의해서는 범할 수 없는 것으로 보아야 하듯이 간접정범의 경우에도 과실에 의한 간접정범은 개념상 인정될 수 없다. 행위지배개념 자체가 고의를 내포한 개념이기 때문이다. 258

2) 초과 주관적 구성요건요소 목적범의 목적 등과 같이 고의를 초과하는 특별한 주관적 구성요건요소가 요구되는 범죄의 경우 이용자에게는 고의 이외에 특별한 주관적 구성요건요소도 인정되어야 한다. 259

이용자에게 특별한 주관적 구성요건 요소가 결여된 경우 간접정범의 성립은 원천적으로 불가능하고, – 피이용자에게 초과주관적 구성요건요소까지 충족될 전제조건하에서 – 이용자의 교사범 또는 방조범의 성립은 가능하다. 이에 관해서는 후술한다. 260

3. 범죄행위의 결과발생

간접정범은 우월적 의사지배를 가진 자가 의사지배를 통하여 범죄행위의 결과를 발생하게 하여야 한다. 이 경우 "범죄행위의 결과"란 결과범 형식의 각칙 구성요건에 규정된 '구성요건적 결과'발생을 의미하는 것이 아니라 각칙 구성요건의 실현을 의미한다. 더 정확하게 말하면 이용자의 관점에서 평가하였을 때 이용자가 인식하고 의욕한 범죄구성요건이 실현되는 경우를 말한다.[327] 여기서 말하는 구성요건실현에는 미수범의 일반적 성립요건이 충족될 것을 조건으로 한 각칙의 미수범 구성요건 실현도 포함된다. 따라서 특히 구성요건적 '결과'가 발생하지 않은 경우 이용자는 간접정범의 미수로 처벌될 수 있다. 261

구체적 사례에서 2인 이상의 자가 하나의 구성요건 실현에 관여된 경우 간접정범 성립여부를 심사할 경우 논리적인 관점에서 심사순서는 다음과 같이 진행하는 것이 바람직하다. 먼저, '정범우위성원칙'에 따라 262

327) 대법원은 이를 '간접으로 죄의 구성요소의 실행'으로 표현하고 있다.

구성요건실현을 직접적으로 나아간 행위자의 행위의 범죄성립요건 충족여부를 심사한다. 특히 가담자들이 이용자 및 피이용자의 관계에 있는 경우 피이용자의 행위를 먼저 검토하는데, 이 경우 피이용자의 행위평가는 간접정범의 전제조건 충족의 문제 차원을 가진다. 이러한 차원에서는 피이용자가 고의범의 경우 범죄성립요건 중 어느 하나가 충족되지 않거나 과실범에 해당하는 것임을 확인한다. 이 단계에서 피이용자가 고의범의 범죄성립요건을 모두 충족한 경우에는 간접정범의 전제조건이 충족되지 않았기 때문에 간접정범의 성립요건 심사는 중단되고 이용자의 협의의 공범, 특히 교사범 성립여부에 대한 심사로 전환된다.

다음으로 피이용자가 간접정범의 전제조건을 충족한 경우라면, 간접정범의 적극적 요건으로서 이용자에게 '우월적 의사지배'가 인정되는지를 규범적으로 평가한다. 이 단계에서는 특히 간접정범자의 주관적 태도로서 의사지배에 대한 인식 및 의욕, 즉 간접정범자의 고의도 함께 확인되어야 한다. 마지막으로 이용자에게 우월적 의사지배'가 부정될 경우라도 피이용자의 행위가 이용자의 행위는 협의의 공범인 '교사 또는 방조행위'로 강등된다. 물론 교사범 또는 방조범의 성립요건을 별도로 검토해야 한다.

구성요건을 직접 실현하고 있는 행위자 행위의 범죄성립요건(또는 간접정범의 전제조건)에 대한 심사에서 문제의 행위가 구성요건에 해당하고 위법성은 인정되지만 책임이 조각되는 경우가 특히 문제된다. 이 경우는 공범종속성의 관점에서 이용자에게 간접정범 성립도 가능하고 – 공범성립의 전제조건도 충족되기 때문에 – 공범성립도 가능하다. 이 경우도 '정범우위성 원칙'에 따라 이용자에게 간접정범의 성립여부를 먼저 검토한다. 여기서 이용자에게 우월적 의사지배가 인정되면 간접정범, 우월적 의사지배가 부정될 경우에 한하여 공범(특히 교사범)의 성립여부가 심사된다.

간접정범의 경우 이용자에게 요구되는 전제조건과 이용자에게 요구되는 적극적 요건을 구비하였다고 해서 간접정범이 성립하는 것은 아니다. 이 두 가지 요건은 간접정범의 구성요건요소에 불과하다. 간접정범이 성립하려면 위법성조각사유와 책임조각사유에도 해당하지 않아야 한다. 특히 피이용자가 과실범으로 처벌되는 경우에 이를 이용한 이용자의 간접정범의 성립이 인정되면 피이용자의 과실범은 이용자의 고의범과 동시범의 관계에 있게 된다.

Ⅲ. 정범배후의 정범이론

1. 문제의 소재

263 피이용자의 행위가 고의범의 범죄성립요건을 모두 충족시키고 있는 경우에도 이용자의 간접정범성을 인정할 수 있는지가 문제된다. 간접정범의 본질을 정범으로 파악하는 이상, 이론적으로 보면 이용자에게 정범표지인 우월적 의사지배만 인정될 수 있으면 피이용자의 행위의 범죄성립요건 충족 여부와 무관하게 이용자는 독립적으로 간접정범이 될 수 있기 때문이다. 이러한 형태의 간접정범을 '정범배후의 정범(Täter hinter dem Täter)'이라고 부른다. 형법 제34조 제1항의 해석상 이러한 형태의 간접정범을 인정할 수 있는지에 관해서 견해가 대립한다.

2. 정범 배후의 정범의 인정여부

(1) 학설의 태도

264 1) 긍정설 '정범배후의 정범'을 인정하는 입장은 간접정범의 본질을 이용자와 피이

용자의 상대적 관계, 특히 피이용자에게 있는 형법상의 어떤 결격사유 내지 범죄성립요건의 미비에서 찾지 않는다. 오히려 초점을 이용자에 맞추어 자신이 추구하는 어떤 목표달성을 위해 타인을 이용하고 있다는 사실 그 자체에서 간접정범의 본질을 찾아야 한다는 견해이다. 따라서 실질적으로 이용자가 우월한 지식을 가지고 전체상황을 이용·조종하고 있는 한, 우월적 의사지배가 인정되어 간접정범을 인정할 수 있다고 한다.[328)]

이 입장은 피이용자가 고의범의 범죄성립요건을 충족하고 있지만 실질적으로 이용자에게 우월적 의사지배가 인정될 수 있는 경우로서 다음과 같은 사례를 들고 있다. ① 피이용자의 위법성의 착오에 정당한 이유가 인정되지 않아 책임이 조각되지 않는 사례, ② 피이용자가 동일한 종류의 구성요건과 관련된 객체의 착오를 일으켜 고의가 조각되지 않는 사례,[329)] ③ 조직적 권력구조 속에서 상층부의 지시에 절대복종할 수밖에 없는 행동대원을 통해 범죄행위(요인암살 등)를 수행하게 하는 사례 등이다. 265

2) 부정설 정범 배후의 정범이라는 법형상을 현행 형법의 해석론상으로는 받아들일 수 없다는 견해이다.[330)] 피이용자가 고의범의 범죄성립요건을 충족하여 처벌되는 경우에도 정범배후의 정범을 긍정하게 되면 간접정범을 '어느 행위로 인하여 처벌되지 않는 경우'로 제한하고 있는 형법 제34조 제1항의 규정과 정면으로 배치된다는 점을 근거로 한다. 266

(2) 판례의 태도

判 대법원은 정범배후의 정범이론을 간접정범에 관한 법리로 인정할 여지를 전혀 주고 있지 않다. 제34조 제1항의 해석상 과실범을 제외한 고의범의 경우에는 피이용자가 범죄성립요건중 어느 하나가 결격되는 경우만을 이용자의 간접정범의 성립 전제조건으로 요구하고 있기 때문이다.[331)] 267

(3) 결론

형법 제34조 제1항에 따를 때 간접정범이 성립하려면 '어느 행위로 인하여 처벌되지 않거나 과실범으로 처벌될 것'이라는 간접정범의 전제조건(간접정범의 소극적 요건) 뿐 아니라 이용자에게 적극적 요건, 즉 이용자의 우월적 의사지배가 인정되어야 한다. 그러나 형법에 설계되어 있는 간접정범의 구조적 특징을 감안하면 피이용자가 고의행위를 할 경우 그 행위가 범죄성립요건을 충족시키고 있다면 간접정범성립의 소극적 요건(전제조건)이 충족되지 못하여 간접정범의 성립대상에서 배제되어야 마땅하다.[332)] 따라서 정범배후의 정범으로 268

328) 김일수/서보학, 580면; 박상기, 424면; 손동권, §28/25; 하태훈, "정범배후의 정범이론", 고시연구, 1999.10, 86~87면.

329) 예컨대 甲이 자기를 죽이기 위해 乙이 잠복해 있다는 것을 알고 자기와 원한관계가 있는 丙을 그곳으로 유인하여 丙을 자신(甲)으로 오인케 하여 살해당하게 한 경우를 말한다. 이때 乙의 행위가 위법성조각사유와 책임조각사유에 해당하지 않는다는 점이 전제되어 있다.

330) 배종대, §131/16; 신동운, 617면; 이재상/장영민/강동범, §32/23; 임웅, 432면.

331) 대법원 1983.6.14. 83도515 전원합의체.

332) 다만, 형법 제34조 제1항에 의하면 매개자가 과실행위인 경우에는 과실범의 범죄성립요건을 완전히 충족하고 있는 경우에도 이를 이용하는 배후자의 간접정범성을 인정할 수 있기 때문에 과실범에 대한 간접정범은

인정되는 위의 세 가지 사례유형의 경우 모두 피이용자가 범죄성립요건을 충족하는 경우이기 때문에 이용자의 간접정범 성립은 원천적으로 차단되어 있다. 물론 이용자는 구체적 사정에 따라 교사범(제1사례와 제2사례) 혹은 공동정범(제3사례)은 인정될 수 있음은 별론이다.

269 정범배후의 정범이론은 독일형법의 간접정범 규정하에서 주장된 이론이다. 독일형법(제25조 제1항)은 간접정범을 "타인을 통하여 죄를 범한 자"로 규정함으로써 한국 형법의 간접정범 규정(제34조 제1항)에서와 같이 이용자에 의해 이용되는 타인이 "어느 행위로 처벌되지 아니하거나 과실범으로 처벌"될 것을 요구하고 있지 않다. 따라서 이 규정의 해석에 따르면 이용자에게 이용되는 '타인'이 범죄성립요건을 모두 충족되더라도 우월적 의사지배가 인정되는 한 이용자의 간접정범성을 얼마든지 인정할 수 있다. 형법 규정간의 이러한 현격한 차이를 고려하지 않고 한국형법이론학계에서 일부 견해에 의해 주장되고 있는 정범배후의 정범이론은 독일형법이론을 맹목적으로 추종하는 대표적 사례의 하나로 손꼽을 수 있다.

Ⅳ. 간접정범과 착오

270 간접정범의 경우 배후자의 착오형태 및 그 해결원칙은 단독범의 경우와 내용적으로 차이가 있다. 단독범의 경우와 달리 간접정범의 경우에는 피이용자에 대한 우월적 의사지배라는 객관적 요건이 있고 우월한 의사지배를 하려는 의사가 이용자의 고의로 나타나는 특수성이 있기 때문이다. 또 간접정범의 경우에는 피이용자가 중간에서 변수로 작용하기 때문에 피이용자의 착오도 문제될 수 있다.

1. 이용자의 (피이용자의 성질에 대한) 착오

(1) 의사지배에 대한 인식이 있었던 경우

271 이용자가 피이용자를 의사지배를 하고 있는 것으로 믿고 있었으나 실제로는 피이용자가 완전한 범죄성립요건을 갖추고서 의사지배를 당하고 있지 않은 경우가 있다.

272 사례(강간상황극 사건): 피해자를 강간하려는 을은 스마트폰 채팅 앱을 통해 자신의 신분을 A(피해여성)으로 속이고 강간상황극 연출에 참가할 자를 모집한다고 속여 갑을 참가자로 유인하였다. 갑은 휴대폰 문자를 통해 A로 가장한 을과 교신하면서 A의 주거에 진입한 후 을이 알려준 대로 연극의 일환으로 A를 강간하려고 하였으나 A가 보인 반응을 보고 연극상황이 아님을 알아차렸다. 그럼에도 갑은 강간의 고의를 가지고 A를 강간하였다(대법원 2021.2.25. 2020도17776).[333] 이 사건에서 을은 A를 강간하려는 의도를 가지고 연극상황이라고 갑을 속여 갑을 도구로 사용함으로써 우월적 의사지배를 가지고 있다고 생각하였으나 실제로 갑은 독자적으로 강간의 고의를 가지고 A를 강간하였기 때문에 객관적으로 우월적 의사지배가 인정되지 않는다. 이 경우 갑에게 주거침입강간죄(성폭법)의 성립을 인정할 경우 을에게 어떤 형사책임을 인정할 수 있는지가 문제된다.

정범배후의 정범으로 설명할 수 있다.

333) 사실관계의 자세한 내용은 대전고등법원 2020.12.4. 2020노209 판결문 참조.

1) 학설의 태도 이러한 경우 이용자의 형사책임과 관련해서는 ① 공범(교사범)의 기수로 처벌되어야 한다는 견해(다수설) ② 간접정범의 기수로 처벌되어야 한다는 견해,[334] ③ 간접정범의 미수와 공범기수의 상상적 경합이 인정된다는 견해[335]가 대립하고 있다. 273

2) 판례의 태도 대법원은 이용자에게 성폭력처벌법 위반(주거침입강간)의 미수죄를 인정한 원심법원의 태도를 따르면서 결론적으로 위 학설의 태도 중 어느 것에도 해당하지 않는 '간접정범 미수설'이라는 독자적 태도를 취했다. 274

判 대법원은 미수를 인정하는 이유를 "이용자가 의도하였던 범행의 결과가 발생하지 않았기 때문이 아니라 단지 강간상황극 도중 피해자에 대한 간음이 실제 강간이 될 수 있음을 알고서도 피해자에 대한 강간을 계속하였다는 우연한 사정에 의한 것일 뿐"이라고 하면서 성폭력처벌법위반(주거침입강간)의 '미수'를 인정한 원심법원[336]의 판시내용을 그대로 수용하였을 뿐, 독자적 법리를 제시하지는 않았다.[337] 275

원심법원의 미수인정 결론은 이용자가 의도한 강간이라는 범행결과가 피이용자의 범행이라는 '우연한 사정' 때문에 발생한 것이라는 점에 기초한 인과관계 부정을 그 근거로 삼은 것 같다. 이 뿐만 아니라 원심법원이 이러한 나름의 독자적인 법리를 구성한 것은 위와 같은 사례의 본질에 대한 독자적 이해에 기인한다. 즉 원심법원은 위 사례를 의사지배에 관한 착오사례로 보지 않고, '이용자의 인식과 객관적 상황이 불일치하게 된 것' 사례이므로 "강학상의 논의 및 그 전제가 다르다"고 한다. 그런데 원심법원이 강학상의 논의 및 전제로 본 사례는 "이용자가 피이용자에게 구성요건적 고의가 결여되어 있다고 생각하였는데 실제로는 피이용자가 구성요건적 고의 등 범죄성립요소를 모두 갖춘 경우, 이용자에게 간접정범이 성립하는지 여부에 대하여 견해가 대립"하는 사례로 보고 있는데, 위 강간상황극 사건이 바로 이러한 사례에 해당하는 것이라는 점에서 볼 때, 같은 사례를 달리 취급한 원심법원 및 대법원의 태도에 찬성하기 어렵다.[338]

3) 결론

피이용자에 대한 이용자의 우월적 의사지배는 간접정범의 객관적 요건이므로 피이용자를 의사지배한다는 이용자의 인식 및 의욕은 간접정범의 수정된 고의내용이다. 따라서 이용자가 의사지배를 하고 있다고 생각한 사례는 전형적인 의사지배의 착오사례이고, 위 강간상황극 사건도 이러한 착오사례에 해당한다. 276

의사지배에 관한 착오사례를 해결하기 위한 학설 중 착오자를 간접정범으로 처벌하는 견해는 간접정범을 "어느 행위로 처벌되지 않는 행위를 한 자(혹은 과실범으로 처벌되는 자)"를 이용한 경우로 규정한 형법 제34조 제1항에 반한다. 특히 이용자의 인식 사실(의사지배하고 있다는 사실)과 객관적 발생사실(피이용자가 독자적으로 범죄성립요건을 충족시킴으로써 의사지배 당하지 않은 사실)이 불일치라는 착오사례의 경우 이용자에게는 간접정범의 수정된 고 277

334) 진계호, 413면.
335) 손동권, §28/40.
336) 대전고등법원 2020.12.4. 2020노209.
337) 대법원 2021.2.25. 2020도17776.
338) 위 사례에서 미수인정을 위해 인과관계 법리적용을 한 원심법원의 판시내용의 문제점 및 사례를 의사지배에 관한 착오문제와 다르게 본 원심법원의 시각 및 그 시각을 맹목적으로 따른 최종법률심인 대법원의 태도의 문제점에 관해서는 김성돈, "간접정범에 관한 대법원 법리와 형법이론학의 과제", 형사법연구 제35권 제3호(2023), 36면 이하 참조.

의가 탈락된다. 이 때문에 간접정범의 미수도 성립할 수 없다. 그러나 '정범의 고의'에는 보다 적은 '공범의 고의'가 내포되어 있기 때문에 이용자에게는 공범기수가 인정된다고 보는 것이 타당하다. 이에 따르면 위 강간상황극 사건에서 피이용자인 갑에게 주거침입강간죄의 기수가 인정될 것을 전제로 하면, 이용자인 을에게는 주거침입강간죄의 교사범이 인정된다.

(2) 의사지배에 대한 인식이 없었던 경우

278 반대로 이용자는 자신이 의사지배를 하고 있다는 것을 인식하지 못하고 있으나 실제로는 피이용자에 대해 의사지배를 하고 있는 경우가 있다. 예컨대 매개자가 책임무능력자인 사실을 모르고 그의 행위를 이용하려고 한 경우가 이에 해당한다.

279 이러한 경우 이용자의 형사책임과 관련해서는 ① 객관적인 상황을 고려하여 이용자의 간접정범성을 인정하려는 견해,[339] ② 공범의 고의를 인정해야 한다는 견해,[340] ③ 피이용자에게 고의가 없는 경우에는 간접정범이 성립하고 피이용자를 책임능력자로 오인한 경우에는 공범이 성립한다는 견해[341] 등이 대립하고 있다.

280 생각건대 의사지배에 대한 인식이 없다는 것은 정범의 고의가 인정되지 않는다는 것을 의미하는 것이지 공범의 고의까지 인정할 수 없다는 것은 아니다. 따라서 매개자를 이용한 구체적 모습에서 공범의 고의를 인정할 수 있는 경우에는 공범(교사범)으로 처벌하는 것이 타당하다.

2. 피이용자의 실행행위와의 불일치

(1) 피이용자의 방법의 착오

281 피이용자가 동일 종류에 관해 방법의 착오를 일으킨 경우 이 착오가 이용자의 고의에 어떠한 영향을 미치는가가 문제될 수 있다. 피이용자의 방법의 착오는 이용자에게도 동일하게 방법의 착오가 된다고 해야 한다.[342] 이에 의하면 단독범의 경우 방법의 착오를 해결하는 학설에 따라 이용자의 고의인정 여부가 결정되게 된다. 단 이 경우 법정적 부합설에 의하면 발생사실에 대한 피이용자의 고의·기수가 인정되므로 '정범배후의 정범이론'을 인정하지 않는 한, 이용자의 간접정범설을 인정할 수 없고 공범성립여부만 문제된다.

(2) 피이용자의 객체의 착오

282 피이용자가 동일 종류에 관해 객체의 착오를 일으킨 경우에는 – 신분없는 고의있는 도구사례가 아닌 한 – 피이용자에 대해 고의·기수 책임이 인정되므로 '정범배후의 정범이론'

---

339) 신동운, 618면.

340) 김일수/서보학, 587면; 이재상/장영민/강동범, §32/29; 임웅, 438면; 정성근/정준섭, 343면.

341) 손동권, §28/41–42.

342) 법정적 부합설과 구체적 부합설로 구분하여 달리 보는 견해(이재상/장영민/강동범, 447면; 임웅, 453면)가 있지만 이러한 방법의 문제점에 대해서는 교사의 착오 부분 참조.

에 따르지 않는다는 전제하에서 이용자의 간접정범성립은 배제되고 공범성립 여부만 문제된다. 만약 피이용자가 고의는 없고 과실만 인정될 경우 대상을 혼동하여 이용자가 의도하지 않은 다른 대상에 대해 결과가 발생하였다면 그 발생된 결과에 대해 이용자의 간접정범 성립도 인정할 수 있다.

(3) 피이용자의 초과

피이용자의 실행행위가 이용자의 고의내용을 초과한 경우 피이용자의 초과실행이 이용자의 죄책에 어떤 영향을 미치는지가 문제된다. 이 문제는 공동정범의 경우 범행에 가담한 자 중의 일부가 다른 가담자와 모의한 내용을 초과하여 실행행위를 한 경우 다른 가담자를 그 죄의 공동정범으로 인정할 수 있는가라는 문제와 동일한 구조를 가지고 있다. 283

따라서 이 경우에도 책임개별화원칙에 따라 피이용자가 초과한 부분은 이용자의 죄책에 영향을 미칠 수 없다는 데에 대해 이견이 없다. 왜냐하면 피이용자의 초과부분에 대해서는 이용자의 의사지배가 없고, 따라서 그 부분에 대해서 이용자의 고의가 인정될 수 없기 때문이다. 물론 초과부분에 대해 이용자가 미필적 고의를 가지고 있었을 경우에는 전체에 대한 간접정범이 인정될 수 있다. 또 초과된 결과가 결과적 가중범의 중한 결과에 해당하는 경우에는 그에 대한 이용자의 예견가능성 유무에 따라 결과적 가중범의 간접정범이 성립할 수 있다. 284

Ⅴ. 간접정범의 미수

1. 간접정범의 실행의 착수시기

간접정범의 경우에도 이용자가 의도했던 구성요건적 결과가 발생하지 않은 경우 또는 행위와 결과 간에 인과관계가 부정되는 경우에 당해 범죄의 미수를 처벌하는 규정이 있는 한 간접정범의 미수범이 성립할 수 있다. 그러나 이 경우에도 실행의 착수시기가 언제인지에 관해서는 견해의 대립이 있다. 285

(1) 이분설

피이용자가 선의인가 악의인가에 따라 간접정범의 실행의 착수시기도 다르게 정해진다고 하는 견해이다.[343] 이에 의하면 선의의 도구를 이용한 경우 간접정범(배후자)의 실행의 착수시기는 그가(예컨대 설득 등을 통하여) 도구에 영향을 주기 시작할 때이고, 악의의 도구인 경우에는 그 도구(피이용자가) 스스로가 범행장소에서 실행에 착수했을 때 비로소 간접정범자의 실행의 착수가 인정된다고 한다. 286

343) 정성근/박광민, 516면.

(2) 피이용자행위기준설

287 피이용자의 악의·선의를 구별하지 않고 피이용자의 행위에 초점을 맞추어 간접정범의 실행의 착수가 인정된다는 견해이다.[344] 이에 의하면 간접정범의 실행의 착수시기는 피이용자의 행위가 실행의 착수에 이르렀을 때라고 한다.

(3) 이용자행위기준설

288 피이용자의 악의·선의를 불문하고 이용자의 행위에 초점을 맞추어 그가 피이용자를 도구로 이용하기 시작할 때 실행의 착수가 있는 것으로 보는 견해이다.[345] 간접정범에 있어서 구성요건에 해당하는 행위는 이용자의 이용행위이며, 피이용자의 행위는 이용자의 이용행위의 결과에 불과하기 때문이라고 한다.

(4) 개별화설

289 보호법익에 대한 위험야기행위가 어느 때에 직접적 위험야기의 단계에 이르는가 하는 점을 고려하여 개별구성요건별로 간접정범의 실행의 착수시기를 결정하자는 견해이다.[346] 이에 따르면 이용행위가 법익침해의 위험성을 직접적으로 초래한 때 혹은 이용자가 더 이상 아무런 조치를 취하지 않더라도 피이용자의 행위에 의하여 독자적으로 구성요건이 실현될 상황에 이르게 된 때를 실행의 착수시기로 인정한다.

(5) 결론

290 이용자가 피이용자를 도구로 이용하여 범행을 수행할 때 이 범행의 실행의 착수시기는 도구인 피이용자가 구성요건실현에의 직접적 개시를 한 시점이 원칙적인 기준이 되어야 한다. 이용자의 행위는 피이용자의 행위와 결합하여 전체행위를 형성하는데, 이 전체행위는 이용자에게 귀속될 피이용자의 행위가 직접 개시되어야 비로소 실행의 착수가 있다고 할 수 있기 때문이다. 따라서 결국 간접정범의 실행의 착수시기는 원칙적으로 피이용자의 행위를 기준으로 정하는 것이 타당하다.

2. 간접정범의 중지미수

291 간접정범의 경우 이용자에게 중지미수가 인정되기 위해서는 이용자가 자의에 의하여 피이용자의 실행행위를 중지하도록 적극적인 영향을 미쳐 결과를 방지하여야 한다. 피이용자가 독자적으로 결과를 방지한 경우에는 이용자에 대해 중지미수를 인정할 수 없다.

3. 간접정범의 미수의 취급

292 형법 제34조 제1항이 간접정범을 "교사 또는 방조의 예에 의하여 처벌한다"는 규정 때

344) 신동운, 623면.
345) 이재상/장영민/강동범, §32/25; 임웅, 436면.
346) 김일수/서보학, 584면; 배종대, §132/19; 손동권, §28/36; 오영근, §35/34.

문에 간접정범의 미수도 공범의 미수로 취급되어야 한다는 견해가 있었다.[347] 그러나 간접정범을 정범의 한 형태로 보아야 하고, 간접정범의 실행의 착수는 피이용자가 실행에 착수하여야 인정되기 때문에 이용자를 예비·음모에 준하여 처벌하는 것은 애초부터 불가능하다. 따라서 간접정범의 미수는 일반미수범의 처벌규정에 따라 처벌되어야 한다.[348]

Ⅵ. 간접정범의 처벌

1. 이용자의 처벌

이용자의 행위가 간접정범의 구성요건요소(매개자의 요건, 이용의사에 의한 우월적 의사지배, 이용행위)를 충족시키고 나아가 위법성조각사유 및 책임조각사유에 해당하지 않으면 간접정범이 성립한다. 293

간접정범자에 대한 처벌에 관해서는 형법 제34조 제1항이 "교사 또는 방조의 예에 따라 처벌한다"라고 규정하고 있다. 이에 따르면 이용자의 행위가 외형상 교사에 해당하면 정범과 동일한 형으로 처벌되고, 방조에 해당하면 정범의 형을 감경하여 처벌한다. 앞서 살펴봤듯이 규정의 형식을 근거로 삼아 간접정범의 본질을 공범이라고 보는 견해가 있다. 하지만 이 규정의 문언은 어디까지나 처벌의 예를 보여준 것에 불과하고, 간접정범의 본질은 여전히 정범으로 이해하는 것이 타당하다는 점은 앞서 확인하였다. 294

2. 피이용자의 처벌

이용자에 의해 우월적 의사지배를 받는 피이용자의 행위가 고의행위인 경우 간접정범이 성립하려면 피이용자의 행위가 범죄성립요건 가운데 어느 하나를 충족시키지 못해야 한다. 이 경우 피이용자는 처벌되지 않는다. 이에 반해 피이용자의 행위가 과실행위인 경우에는 과실범의 범죄성립요건이 충족되더라도 간접정범의 성립이 인정되고, 이 경우 이용자는 고의범으로 처벌되지만 피이용자는 과실범으로 처벌된다. 피이용자의 행위가 과실범의 성립요건 중 어느 하나가 불충족되면 피이용자는 불가벌이 된다. 295

3. 특수교사·방조

> 제34조(특수한 교사, 방조에 대한 형의 가중) ② 자기의 지휘, 감독을 받는 자를 교사 또는 방조하여 전항의 결과를 발생하게 한 자는 교사인 때에는 정범에 정한 형의 장기 또는 다액에 그 2분의 1까지 가중하고 방조인 때에는 정범의 형으로 처벌한다.

---

347) 정창운, "간접정범의 본질", 법정, 1965.8, 47면.
348) 김일수/서보학, 584면; 박상기, 428면; 신동운, 618면; 정성근/박광민, 517면.

(1) 특수교사·방조의 의의

296 형법 제34조 제2항은 "자기의 지휘·감독을 받는 자를 교사 또는 방조하여 전항의 결과를 발생하게 한 자"에게 특별하게 형을 가중하고 있다.[349] 이를 특수교사·방조라고 한다. 지휘·감독자가 그 지위를 이용하여 피지휘자·피감독자로 하여금 범죄행위를 하게 한 경우에 지휘·감독관계가 없는 경우에 비해 형을 가중한 근거를 비난가능성이 크기 때문이라고 하는 견해[350]가 있으나, 지휘·감독자와 피지휘·감독자의 관계가 특수교사·방조의 구성요건요소로 되어 있는 이상 행위불법이 가중된 것으로 해석[351]하는 것이 타당하다.

(2) 특수교사·방조의 본질

297 특수교사·방조가 말 그대로 공범의 특수한 경우를 규정한 것인가, 간접정범의 특수한 경우를 규정한 것인가를 둘러싸고 해석상 논란이 있다.

298 1) **특수공범설** 이 규정은 교사범·종범의 특수한 경우를 규정하고 있다는 견해로, 법문상의 "전항의 결과"는 범죄행위의 결과를 의미한다고 해석한다.[352]

299 2) **특수간접정범설** 이 규정은 간접정범의 특수한 경우를 규정하고 있다는 견해로, 법문상의 "전항의 결과"는 간접정범의 결과를 의미한다고 해석한다.[353]

300 3) **결합설** 이 규정은 특수한 공범과 특수한 간접정범을 모두 규정하고 있다는 견해로서 "전항의 결과"는 간접정범의 결과발생과 범죄의 결과발생을 포함한다고 해석한다.[354]

301 4) **결론** 형법 제34조 제1항의 피교사자·피방조자는 '처벌되지 않거나 과실범으로 처벌되는 자'이어야 한다는 조건이 있는 자임에 반하여 제2항의 피교사자·피방조자는 지휘·감독자의 지휘·감독하에 있는 자이기만 하면 되고 다른 조건이 없다는 점에서 서로 다르다. 이 뿐만 아니라 제34조 제2항의 "전항의 결과"도 원칙적으로 '간접정범의 결과'가 아니라 '범죄행위의 결과'로 해석해야 한다. 만약 '간접정범의 결과'라고 해석하면 간접정범의 성립 그 자체를 독자적인 '결과'로 이해하게 되므로 제34조 제2항의 취지에 반하기 때문이다.

302 제34조 제2항을 특수공범형태를 규정한 것으로 본다면 피지휘자·피감독자의 행위가 '처벌되지 아니하거나 과실범으로 처벌되는 자'인 경우에는 특수공범이 될 수 없으므로 형법 제34조 제1항을 적용할 수밖에 없는 문제가 생긴다. 이렇게 되면 아무런 조건이 없는 자를 교사·방조한 경우가 일정한 조건이 붙은 자(즉 처벌되지 아니하거나 과실범으로 처벌

---

349) 형법 제34조 제2항에 의하면 교사인 때에는 정범에 정한 형의 장기 또는 다액에 그 2분의 1까지 가중하고 방조인 때에는 정범의 형으로 처벌한다.
350) 배종대, §134/1; 이재상/장영민/강동범, §32/40.
351) 김일수/서보학, 590면; 오영근, 35/37.
352) 신동운, 597면.
353) 김일수/서보학, 590면; 김성천/김형준, 527면.
354) 배종대, §134/1; 박상기, 434면; 이재상/장영민/강동범, §32/40; 임웅, 437면; 정성근/박광민, 525면.

될 것이라는 조건)에 대한 교사 또는 방조(간접정범)의 경우에 비해 더 중하게 처벌되어야 하는 부당한 결과가 생길 수 있다. 따라서 처벌의 균형을 위해서는 형법 제34조 제2항은 특수공범과 특수간접정범을 모두 규율하고 있는 규정이라고 해석하는 것이 타당하다.

(3) 특수교사 · 방조의 존재의의

303 형법 제34조 제2항의 특수교사·방조는 공모만 있고 공동의 실행분담이 없어도 공동정범이 성립한다는 것을 내용으로 한 종래의 판례 및 일부 학설의 태도인 이른바 공모공동정범이론을 부정할 경우에 생기게 될 형의 불균형을 바로잡아 주는 역할을 할 수 있다. 공모만 있고 실행분담이 없는 막후거물에 대한 공동정범의 성립을 부정하면 범죄수행에 더 비중 있는 역할을 하는 우두머리급 가담자는 교사범이나 방조범으로 밖에 처벌될 수 없게 되어 경우에 따라 직접행위자인 하수인에 비해 오히려 경하게 처벌될 수 있다. 이러한 경우 특수교사·방조를 인정하면 실행분담에 참여하지 않은 막후거물을 가중처벌할 수 있다. 이 때문에 이른바 공모공동정범이론은 형법 제34조 제2항과 같은 규정이 없는 일본 판례의 태도를 원용한 것에 지나지 않는 것이라고 할 수 있다.

(4) 지휘 · 감독의 근거와 범위

304 형법 제34조 제2항의 지휘·감독의 근거는 법령·계약·사무관리에 한하지 않고 사실상의 지휘·감독관계도 상관없다. 지휘·감독관계는 상하 간의 강제적 구속성을 전제로 하는 경우뿐 아니라 그러한 강제적 구속성을 전제로 하지 않는 경우에도 인정된다. 강제적 구속성을 전제로 하는 지휘·감독관계는 군대나 경찰 혹은 특수공무원(국가정보원)의 상급자와 하급자의 관계뿐 아니라 지하단체, 비밀단체, 마피아, 갱단 등의 범죄조직에서의 두목과 부하 간에도 있을 수 있다. 강제적 구속성을 전제로 하지 않는 지휘·감독관계는 일반공무원 중에 상급자와 하급자, 친권자와 미성년자, 교육자와 피교육자, 개인회사의 사장과 사원, 한 가정의 가장과 그 구성원 사이에 인정될 수 있다.

Ⅶ. 간접정범의 인정한계

1. 자수범의 경우

305 자수범은 그 본질상 직접 실행행위를 한 자만이 정범이 될 수 있기 때문에 이 조건을 충족시키지 못한 자는 공범이 될 수 있을 뿐이다. 이 때문에 자수범을 소극적으로 정의하여 '간접정범으로 범할 수 없는 범죄'라고 하기도 한다.

306 대법원도 자수범 개념을 인정하는 전제하에서 자수범을 간접정범의 형식으로 범해질 수 없는 범죄로 자리매김하고 있다.[355] 대법원은 부정수표단속법의 허위신고죄가 간접정범의 형식으로 범할 수 없는 범죄임

355) 대법원 2018.2.8. 2016도17733. "강제추행죄는 사람의 성적 자유 내지 성적 자기결정의 자유를 보호하기 위

을 인정하고 있고,[356]증거위조죄의 경우도 간접정범의 형식으로 범해질 수 없는 범죄로 판시하고 있다.[357]

2. 신분범의 경우

307 신분범의 경우 신분자의 범죄에 비신분자가 가담하고 그 가담형태가 간접정범인 경우는 – 공동정범인 경우와는 달리 – 제33조가 적용되지 않는다. 따라서 비신분자에게는 신분범의 간접정범 성립이 인정되지 않는다. 예컨대 공무원 아닌 자는 공무원을 이용하여 뇌물을 받더라도 뇌물수수죄의 간접정범이 될 수 없다.

308 判 하지만 대법원은 예외적으로 '허위공문서작성죄'의 경우 작성권한 있는 공무원을 보조하는 자는 비신분자이지만 허위공문서작성죄의 간접정범이 될 수 있다[358]고 하고, 경우에 따라 위계에 의한 공무집행방해죄를 인정[359]하기도 한다. 또 형법은 '공정증서원본등부실기재죄'의 경우에는 신분 없는 자가 허위의 사실을 모르는 담당 공무원을 속여 그 사실을 공정증서에 기재한 신분없는 자의 간접정범성을 인정하여 구성요건에 직접정범의 형식으로 명문화 해두고 있다(형법 제228조). 비신분자의 예외적 간접정범 성립에 관한 자세한 내용은『각론』허위공문서작성죄 부분 참조.

309 물론 간접정범의 본질을 공범으로 보는 견해는 공범과 신분에 관한 형법 제33조의 규정에 따라 신분 없는 자도 신분범의 간접정범이 될 수 있다고 한다.[360] 그러나 간접정범은 본질상 정범으로 취급되어야 하고 형법 제33조는 그 적용대상을 '공동정범'과 '협의의 공범'에 국한되는 것으로 규정하고 있는 이상 간접정범은 형법 제33조 적용대상이 될 수 없다고 새겨야 한다. 신분범 및 형법 제33조의 해석론에 관해서는 후술한다.

한 죄로서 정범 자신이 직접 범죄를 실행하여야 성립하는 자수범이라고 볼 수 없으므로, 처벌되지 아니하는 타인을 도구로 삼아 피해자를 강제로 추행하는 간접정범의 형태로도 범할 수 있다."

356) 대법원 1992.11.10. 92도1342. "수표금액의 지급책임을 부담하는 자 또는 거래정지처분을 당하는 자는 오로지 발행인에 국한되는 점에 비추어 볼 때 발행인 아닌 자는 위 법조가 정한 허위신고죄의 주체가 될 수 없고, 허위신고의 고의 없는 발행인을 이용하여 간접정범의 형태로 허위신고죄를 범할 수도 없다"(이 판례에서 문제된 사안은 다음과 같다: 사채업자 甲은 돈이 쪼들리는 乙에게 현금을 빌려주면서 담보를 요구하였다. 甲은 乙로부터 한달동안 은행에 제시하지 않을 것을 조건으로 가계수표를 교부받았다. 그런데 甲은 수표할인을 위하여 이 수표를 丙에게 교부하였고, 아무런 사정을 모르는 丙은 은행에 현금인출을 위하여 수표를 제시하였다. 은행은 乙에게 예금부족을 통보하였고 乙은 부정수표단속법이 규정한 부정수표발행죄로 처벌받을 위협에 직면하게 되었다. 乙은 甲에게 이러한 사실을 알리면서 강력히 항의하였다. 甲은 책임을 모면할 생각으로 乙에게 문제의 가계수표가 분실되었다고 거짓말하면서 乙에게 은행에 분실신고를 하라고 말하였다. 이에 乙은 은행에 수표분실신고를 하였다. 甲은 부정수표단속법에 규정된 허위신고죄의 간접정범으로 기소되었다).

357) 대법원 1998.2.10. 97도2961. "형법 제155조 제1항에서 타인의 형사사건에 관하여 증거를 위조한다 함은 증거 자체를 위조함을 말하는 것으로서, 선서무능력자로서 범죄현장을 목격하지도 못한 사람으로 하여금 형사법정에서 범죄현장을 목격한 양 허위의 증언을 하도록 하는 것은 위 조항이 규정하는 증거위조죄를 구성하지 아니한다."

358) 대법원 1992.1.17. 91도2837.

359) 대법원 1997.2.28. 96도2825.

360) 신동운, 655면.

3. 부작위와 간접정범

부작위의 경우 간접정범의 성립 여부와 관련해서는 두 가지가 문제된다. 하나는 피이용자의 행위가 부작위인 경우에도 이를 이용하는 이용자에 대해 간접정범이 인정될 수 있는가 하는 문제(부작위범에 '대한' 간접정범)이고, 다른 하나는 이용자가 부작위를 통하여 피이용자의 작위행위를 이용할 경우 간접정범이 인정될 수 있는가 하는 문제(부작위에 '의한' 간접정범)이다. 310

(1) 부작위범에 대한 간접정범

부작위범에 '대한' 간접정범 성립은 가능하고, 이에 반대하는 견해도 없다. 배후자에 의해 이용되는 매개자의 행위가 작위이든 부작위이든 간접정범이 성립하는 데 아무런 지장이 없기 때문이다. 다만 이 경우 배후자는 보증인적 지위 등 부진정부작위범의 성립요건을 갖추어야 한다. 311

(2) 부작위에 의한 간접정범

부작위에 '의한' 간접정범의 성립을 인정할 수 있는지[361]에 대해서는 긍정설[362]과 부정설[363]이 대립하고 있지만, 부작위 방법으로는 타인에 대한 의사지배를 할 수 없기 때문에 부작위에 의한 간접정범은 인정될 수 없다고 보는 것이 타당하다(부정설). 312

부정설 내부에서도 부작위자가 져야 할 형사책임과 관련해서는 부작위에 의한 직접정범을 인정하는 견해[364]와 보증인적 지위에 있는 자가 적극적으로 결과방지를 방해할 때에는 작위에 의한 정범 또는 부작위에 의한 상해죄의 방조범이 된다는 견해[365]가 갈린다. 313

직접정범에 대해 요구되는 직접적 실행지배가 부작위자에게 없는 이상 부작위에 의한 직접정범이 성립은 인정되기 어렵다. 피이용자의 행위가 고의행위이고 위법성이 인정되는 등 공범성립의 전제조건이 충족될 것을 조건으로 이용자에게 부작위에 의한 방조범의 성립을 인정하는 것이 타당하다. 314

---

361) 예컨대 자신들이 감호하고 있는 정신병자가 타인을 공격하는 것을 의도적으로 방치하여 타인이 상해를 입도록 내버려 둔 의사와 간호사에게 상해죄의 간접정범의 성립이 인정되는지가 문제된다.

362) 박상기, 434면.

363) 김일수/서보학, 583면; 배종대, §131/18.

364) 배종대, §131/18.

365) 김일수/서보학, 583면.

§32

제 3 장 공범형태와 성립요건

제 1 절 공범의 기초이론

Ⅰ. 공범종속원칙과 종속의 정도

1. 논리적·개념적 의미의 공범독립성과 공범종속성

1 어떤 하나의 범죄에 2인 이상이 가담한 경우 각자는 서로 독립된 주체가 아니라 서로에 대해 실제로 영향을 미치거나, 법적인 평가의 차원에서 볼 때 상관성을 가지고 있는 존재이다. 따라서 공범은 정범의 실행행위의 존재 여부와는 무관하게 독자적으로 존재할 수 있다는 의미의 논리적·개념적 공범독립성은 순수 이론적으로는 가능할지 모르지만 형법의 해석론상으로는 취할 수 없다. 왜냐하면 2인 이상이 하나의 범죄에 가담하는 경우에 정범과 공범을 구분하고 있는 형법의 공범규정을 보면 공범은 반드시 정범의 존재를 전제로 하고 있기 때문이다. 형법 제31조 제1항과 제32조 제1항의 '타인'이 바로 실행행위를 하는 정범자에 해당한다.

2 형법상의 범죄는 개념필연적으로 범죄구성요건의 존재 및 구성요건을 실현하는 실행행위의 존재를 전제로 하는데, 공범은 그러한 구성요건적 실행행위를 수행하지 않는 자로 개념화되어 있다. 예컨대 '살해'라는 형법의 정범행위를 전제로 하지 않으면 '살인죄'의 '교사범' 또는 '방조범'은 인정될 수 없다. 이처럼 공범은 정범의 행위를 전제해야만 존재할 수 있다는 의미의 공범종속성을 '논리적·개념적 종속성'이라고 한다.

2. 성립상의 공범독립성과 공범종속성

3 공범이 반드시 정범의 존재를 전제로 하더라도 공범자의 행위는 정범자의 행위와는 별도로 독자적으로 범죄가 성립될 수 있는지(공범독립성) 아니면 공범은 반드시 정범의 실행행위에 종속해서만 성립할 수 있는지(공범종속성)가 문제된다.

(1) 공범독립성설

4 공범독립성설의 입장에서는 타인으로 하여금 죄를 범하게 하려는 의사 자체가 외부로 표명되는 이상, 정범의 실행행위와 상관없이 독자적으로 공범의 가벌성이 인정되는 것이라고 한다. 이러한 입장에 따르면 교사나 방조와 같은 공범행위는 그 자체가 이미 반사회적인 행위로서의 실질을 갖추고 있기 때문에 정범의 실행행위가 없더라도 공범행위 자체

가 실행행위로서 독립된 범죄를 구성한다고 본다.

(2) 공범종속성설

공범은 정범의 실행행위가 있어야만 그 정범의 실행행위에 종속하여 성립할 수 있다는 견해를 말한다. 이 견해는 공범의 가벌성의 근거를 공범자가 정범의 실행행위를 야기하거나 촉진하였다는 점에서 찾아야 하는 점을 근거로 한다. 5

判 대법원도 이러한 의미의 공범종속성을 출발점으로 삼고 있다. 왜냐하면 대법원은 '정범의 성립이 공범의 구성요건의 일부를 형성'한다고 하면서, '판결문의 교사범, 방조범의 사실적시에 있어서도 정범의 범죄구성요건이 되어 있는 사실 전부를 적시해야 한다'고 판시하고 있기 때문이다.[366)] 6

(3) 공범종속성설과 공범독립성설의 해석론상의 차이점

공범종속성설과 공범독립성설은 몇 가지 형법규정의 해석상 다음과 같은 차이를 보인다. 7

1) 기도된 교사(형법 제31조 제2항과 제3항)

공범독립성설은 형법 제31조 제2항 및 제3항이 타인에 대해 교사행위를 하였으나 그 상대방이 실행행위를 하려는 승낙조차 하지 않거나 승낙은 하였더라도 실행의 착수단계로 나아가지 않은 때에도 교사의 미수를 인정하므로 공범독립성설을 인정하는 당연한 근거규정이라고 한다. 반대로 공범종속성설의 입장에서는 정범자가 실행의 착수에 나아가지 않거나 승낙조차 하지 않은 경우는 교사의 미수가 아니라 기도된 교사에 불과하고, 이러한 경우에도 교사자를 처벌하는 형법 제32조 제2항 및 제3항의 규정은 예외적인 특별규정이라고 한다. 8

2) 자살관여죄(형법 제252조 제2항)

공범독립성설은 자살하는 주된 행위자의 행위는 범죄로 되지 않지만 그와 무관하게 거기에 관여한 자의 행위가 독자적으로 범죄로 인정되고 있는 자살관여죄라는 형법규정은 당연규정이라고 한다. 이에 반해 공범종속성설의 입장에서는 자살관여죄의 경우에 주된 행위자를 처벌하지 않지만 거기에 관여하는 자를 처벌하는 규정을 둔 것 역시 예외적인 특별규정이라고 본다. 뿐만 아니라 이 입장은 자살관여죄의 관여자는 공범이 아니라 정범이라고 보아야 한다고 한다. 9

3) 공범과 신분(형법 제33조)

공범독립성설은 형법 제33조의 단서가 신분 없는 공범의 처벌을 신분 있는 정범의 처벌과 별도로 규정하고 있는 점도 공범독립성설이 주장될 수 있는 근거규정으로 본다. 이에 10

---

366) 대법원 1981.11.24. 81도2422. "정범의 성립은 교사범, 방조범의 구성요건의 일부를 형성하고, 교사범, 방조범이 성립함에는 먼저 정범의 범죄행위가 인정되는 것이 그 전제조건이 되는 것은 공범의 종속성에 연유하는 당연한 귀결이며, 따라서 교사범, 방조범의 사실적시에 있어서도 정범의 범죄구성요건이 되는 사실전부를 적시하여야 하고, 이 기재가 없는 교사범, 방조범의 사실적시는 죄가 되는 사실의 적시라고 할 수 없다 할 것이다." 또한 "편면적 종범에서도 정범의 범죄행위 없이 방조범만이 성립될 수 없다."는 대법원 1974.5.28. 74도509의 판시내용도 정범행위에 대한 공범종속성의 입장을 보여주고 있다.

따라 공범독립성설은 형법 제33조 단서규정을 원칙규정으로 보고, 신분 없는 자가 신분 있는 자의 행위에 종속하는 것으로 규정하고 있는 형법 제33조 본문규정을 예외규정이라고 한다. 반면에 공범종속성설은 형법 제33조에서 신분 있는 정범의 범죄에 신분 없는 자가 가담한 경우 신분 없는 자에게도 당해 신분범죄의 공범성립을 인정하고 있는 것은 공범이 정범에 종속함을 출발점으로 삼고 있는 것으로 이해한다. 따라서 제33조 본문이 공범종속성의 원칙규정이고 신분 없는 공범자와 신분 있는 정범자의 처벌을 개별화한 제33조 단서를 예외규정이라고 한다.

4) 간접정범(형법 제34조 제1항)

11 공범독립성설은 이용자의 이용행위나 교사자의 교사행위나 모두 범죄적 의사의 표현으로서 동일하게 실행행위로 평가하므로 간접정범과 교사범의 구별을 부정한다. 이와는 달리 공범종속성설은 정범의 실행행위가 있는 때에 공범의 실행행위를 인정한다. 따라서 타인을 단순한 도구로 이용하는 간접정범의 경우에는 피이용자의 행위를 정범의 행위로 볼 수 없기 때문에 이용자를 공범이 아니라 정범으로 보게 된다.

(4) 결론

1) 공범종속성설의 타당성

12 공범독립성설의 주장은 다음과 같은 이유에서 받아들일 수 없다. ① 기도된 교사규정이 공범독립성설의 견지에서 만들어진 규정이라면 정범의 실행행위가 없어도 독립하여 성립하는 공범자는 죄를 실행한 자와 동일하게(또는 교사의 미수로) 처벌되어야 하는데 실제로 형법은 예비·음모에 준하여 처벌하고 있다. ② 공범과 신분에 관한 형법 제33조 단서조항을 원칙으로 본문을 예외로 보는 태도는 본문과 단서라는 법문규정의 형식을 무시하는 태도이다. ③ 자살관여죄란 형법각칙이 자살에 관여한 자를 예외적으로 정범형태로 규정하고 있는 범죄유형이므로 어느 견해를 취하든 잘 설명이 되지 않는다.

13 형법의 해석상 공범종속성설을 취해야 할 결정적인 근거는 공범규정에 관한 원칙적인 규정(형법 제31조 제1항; 제32조 제1항)에서 찾아볼 수 있다. 이 규정에서는 공범형태인 교사범과 방조범의 성립에 있어서 실행행위를 하는 '타인'을 전제하고 있을 뿐 아니라 그 타인이 일정한 구성요건적 실행행위로 나아가는 것까지 전제로 삼고 있다. 각 규정이 타인의 "죄" 혹은 "범죄"를 교사 및 방조행위의 인정요건으로 설정하고 있는데, 여기서 형법상 죄 또는 범죄란 범죄구성요건을 떠나서는 생각할 수 없는 것이기 때문이다.

2) 공범성립심사와 정범우위성원칙

14 공범종속성설에 따르면 공범성립에 있어서 공범종속성이 일반 '원칙'으로 자리매김된다. 공범종속성원칙은 다수가 가담한 범행의 경우 각 가담자의 가담형태 및 범죄성립여부를 심사함에 있어서 중요한 심사도식을 만들어낸다. 공범의 성립은 정범의 일정한 범죄성립

요건에 종속해서만 성립하기 때문에 공범의 성립여부는 구성요건적 실행행위를 하고 있어 정범자로 여겨지는 가담자의 실행행위에 대한 심사를 마친 후에만 심사되어야 한다. 이러한 심사의 순위를 이른바 '정범우위(순위)성원칙'이라고 한다. 이에 따르면 어떤 가담자의 가담형태를 평가할 때에도 정범성 여부를 먼저 평가하여 그 정범성이 부정된 후에 다시 공범성립 여부를 검토해야 한다.

3. 공범종속성과 공범성립을 위한 '전제조건'

15 공범종속성은 공범이 아무런 전제조건없이 정범의 행위에 종속된다는 것을 의미하지는 않는다. 공범이 종속되는 정범의 행위를 형법은 "타인의 죄"(제31조 제1항) 또는 "타인의 범죄"(제32조)로 기술하고 있다. 여기서 정범의 "죄" 또는 "범죄"를 어떻게 해석할 것인지에 따라 공범성립을 가능하게 정범행위에 관련된 전제조건은 다음과 같이 달라진다.

(1) 전제조건 1: 기수 또는 미수?

16 공범조항의 "죄" 또는 "범죄"를 시간적 실현단계의 관점에서 보면 정범의 행위가 '기수범'이 되어야 공범이 성립할 수 있는지 아니면 '미수범'인 실행의 착수만으로 거기에 공범이 종속적으로 성립할 수 있다고 해석할 수 있는지가 문제된다(양적 종속의 문제). 이에 대해 통설과 판례는 정범의 행위가 최소한 실행의 착수가 인정되어야 공범이 성립할 수 있음을 인정한다.[367)]

17 判 대법원은 협의의 공범 중 방조범의 경우 방조자가 정범이 실행에 착수하기 전단계(예비·음모)에서 가담하더라도 정범이 사후에 실행의 착수로 나아갈 것을 조건으로 방조범의 성립을 인정한다.[368)] 교사범의 경우는 정범이 실행의 착수에 착수하기 전에는 교사범의 성립이 인정되는 것은 아니지만 그 교사자를 처벌하는 예외규정이 있다(형법 제31조 제2항 및 제3항 참조: 기도된 교사).

(2) 전제조건 2: 과실 또는 고의?

18 형법의 범죄는 고의범 뿐만 아니라 과실범도 포함하므로 포함되므로 공범관련 조항의 죄 또는 범죄의 해석상 정범이 고의행위를 하는 경우는 물론이고 과실행위를 하는 경우에도 거기에 공범성립이 가능하다고 해석할 여지도 없지 않다.

19 그러나 교사범에 관한 규정인 형법 제31조 제1항의 '죄'는 고의범만을 가리키고 과실범은 포함한다고 해석하기 어렵다. 제31조 제1항 속의 맥락 속에서 공범의 행위인 '교사'를 범행결의를 하지 않고 있는 자에게 범행결의를 유발시키는 것을 의미하는 것으로 해석하는 전제하에서 보면 그러한 '범행결의'를 한 피교사자의 행위는 개념필연적으로 고의행위

---

367) 대법원 1979.2.27. 78도3113. "방조죄는 정범의 범죄에 종속하여 성립하는 것으로서 방조의 대상이 되는 정범의 실행행위의 착수가 없는 이상 방조죄만이 독립하여 성립될 수 없다."

368) 대법원 1997.4.17. 96도3377. "종범은 정범의 실행행위 중에 이를 방조하는 경우는 물론이고 실행의 착수 전에 장래의 실행행위를 예상하고 이를 용이하게 하는 행위를 하여 방조한 경우에도 정범이 그 실행행위에 나아갔다면 성립한다."

에 국한될 수밖에 없기 때문이다.

20 형법 제34조 제1항과의 관계에서 보면 방조범에 관한 규정인 형법 제32조 제1항의 '범죄'도 고의범에 국한되는 것으로 해석하는 것이 타당하다. 형법 제34조 제1항에서는 정범의 행위가 과실행위인 경우에는 이를 이용한 자는 공범이 아니라 간접정범이 된다고 규정하고 있기 때문이다. 즉 제34조 제1항에서 피이용자인 정범인 과실행위자는 구성요건적 행위상황에 대한 인식이 없거나(인식 없는 과실) 인식했다고 하더라도 결과가 발생하지 않을 것이라고 믿고 있는 자(인식 있는 과실)로 해석되는 이상, 사건전체의 중심인물은 언제나 배후에 있는 이용자이므로 이용자에게 간접'정범'의 성립이 인정되고 따라서 공범 성립의 가능성은 차단된다.

21 **判** 대법원도 교사범의 경우이든 방조범의 경우이든 '공범의 고의'와 '정범의 고의'라는 이중적 고의를 요구하고 있다. 이러한 점으로부터 대법원은 공범의 대상이 되는 정범의 행위도 구성요건 실현에 대한 고의 행위일 것을 전제로 하고 있음을 추론할 수 있다.

(3) 전제조건 3: 범죄성립요건의 충족정도

22 형법의 공범관련 조항에서 "죄" 또는 "범죄"의 주체인 정범의 행위가 구성요건해당성, 위법성, 책임 중 어느 요건까지 충족되어야 공범이 거기에 종속되어 성립할 수 있는지가 문제된다('질적 종속'의 문제).

23 이 문제에 관해 형법이론학은 독일 형법학자인 마이어(M. E. Mayer)의 분류법에 따라 종속의 정도를 최소종속형식, 제한종속형식, 극단종속형식, 최극단종속형식 등 네 가지로 분류[369]하는 태도를 이어받아 한국 형법의 "죄" 또는 "범죄"를 각기 다르게 해석하는 태도로 나타나고 있다.

1) 학설의 태도

24 ① 최소종속형식 정범의 행위가 구성요건해당성만 충족시키면 공범이 성립할 수 있다는 견해이다.[370] 정범의 행위가 위법성이나 책임이 인정되지 않더라도 거기에 관여한 가담자의 공범성립이 가능하기 때문에 이 견해를 취하면 결과적으로 공범이 정범에 종속할 수 있는 조건이 가장 완화된다. 즉 정범의 행위가 '최소한'의 요건만을 갖추면 되기 때문에 공범성립가능성이 가장 넓어진다. 이 견해에 따르면 타인에게 적법한 행위(예컨대 정당방위)를 교사하거나 그러한 행위를 방조한 경우에도 공범의 성립가능성이 인정된다.

25 ② 제한종속형식 정범의 실행행위가 구성요건해당성과 위법성까지만 인정되면 공범성립이 가능하다는 견해이다.[371] 이에 따르면 정범의 행위가 구성요건에 해당하고 위법성이

---

369) M. E. Mayer, Der Allgemeiner Teil des deutschen Strafrechts, Lehrbuch, 2. Aufl., 1923, S. 391.
370) 김종원, "공범의 구조", 형사법강좌 Ⅱ, 680면.
371) 김일수/서보학, 633면; 배종대, §123/9; 손동권, §30/18; 이재상/장영민/강동범, §31/42; 임웅, 406면; 정성근/박광민, 499면.

인정되지만 책임이 조각되는 경우에도 거기에 관여한 가담자에 대해 공범성립이 가능하게 된다.[372] 이 견해는 정범의 행위가 책임이라는 요건을 충족시키지 않아도 공범이 성립할 수 있기 때문에 정범의 범죄성립요건이 극단종속형식의 경우에 비해 '제한적'이라고 할 수 있다. 독일형법이 명문의 규정으로 인정하고 있는 종속형식이다.[373]

③ 극단종속형식　정범의 실행행위가 구성요건해당성과 위법성 및 책임이라는 세 가지 26
범죄성립요건만 충족시키면 족하고 처벌조건까지 갖추지 않아도 거기에 관여한 가담자의 공범성립이 가능하다는 견해이다.[374] 이에 따르면 구성요건해당성과 위법성은 인정되지만 책임이 조각되는 정범의 행위에 가담한 자는 공범이 아니라 간접정범이 될 수 있을 뿐이다. 이 견해는 정범의 행위가 최극단조건까지 갖출 필요는 없지만 범죄성립요건의 전부를 갖추어야 하기 때문에 '극단적'이라는 수식어가 붙는다.

④ 최극단종속형식　정범의 실행행위가 구성요건해당성, 위법성, 책임이라는 세 가지 27
범죄성립요건을 모두 충족시켜야 할 뿐 아니라 인적 처벌조각사유의 부존재나 객관적 처벌조건의 충족 등 처벌조건까지 갖추어야 거기에 관여한 가담자의 공범성립을 인정하는 견해이다. 이 견해에 의하면 정범자의 행위가 '최극단'의 요건까지 구비하여야 하기 때문에 공범이 성립될 가능성이 가장 좁아진다.

이 견해에 따르면 정범의 일신전속적인 신분의 효과가 공범에게도 영향을 미치게 된 28
다. 정범이 자신의 친족에 대해 재산범죄를 범한 경우 공범도 인적 처벌조각사유에 의하여 형이 면제된다. 그러나 이러한 결론은 형법 제328조 제3항이 "신분관계가 없는 공범에 대해서는 제1항(형의 면제: 필자주)의 규정을 적용하지 아니한다"고 명시하고 있는 것과 배치된다.[375]

2) 판례의 태도

대법원은 종속형식 가운데 어떤 종속형식에 따르고 있는지에 관해 명시적인 입장표명 29
은 없고 다음과 같이 간접정범의 성립의 전제조건을 나열하고 있다.

判 대법원은 "형법 제34조 제1항이 정하는 간접정범은 … 이와 같은 책임무능력자, … 위법성이 조각 30
되는 자 등을 마치 도구나 손발과 같이 이용하여 간접으로 죄의 구성요소를 실행한 자를 간접정범으로 처벌하는 것"[376]이다.

372) 책임이 조각되는 정범의 실행행위에 관여한 가담자에 대해서는 제한종속형식에 의하더라도 형법 제34조 제1항의 규정에 따라 간접정범의 성립도 여전히 가능하다는 점을 유의해야 한다. 이에 관해서는 후술한다.

373) 독일형법은 제26조에서 교사범을 "고의로 타인으로 하여금 고의의 위법행위를 하도록 결의시킨 자"라고 하고, 제27조 제1항에서 방조범을 "고의로 타인의 고의의 위법행위에 조력한 자"라고 규정하고 있다.

374) 신동운, 581면; 오영근, §34/14 이하.

375) 단, 이와 같은 형면제를 규정한 형법 제328조 제1항 부분은 2024.6.27.헌법재판소에 의해 적용중지 헌법불합치 결정을 받았으므로, 향후 도입될 입법내용이 혹시라도 최극단종속형식의 단초를 제공하는 방향으로 변경될 것인지에 대해서는 판단을 유보해둔다.

376) 대법원 1983.6.14. 83도515 전원합의체.

31 위 판시내용으로부터 판시에서 대법원의 태도가 극단종속형식설을 취한 것이라는 결론을 추론해내는 견해가 있다.[377] 대법원이 정범의 행위에 책임조각사유가 인정되면 공범이 아니라 간접정범을 인정하고 있음을 근거로 한다.

32 그러나 위 판시내용만을 가지고 대법원의 태도가 극단종속형식설이라고 속단하기는 곤란하다. 왜냐하면 문제의 판시내용은 책임이 조각되는 자의 행위를 이용한 자의 공범성립 불가능성을 선언하는 취지가 아니라 형식상 간접정범의 성립이 인정될 수 있는 전제조건(즉 피이용자가 처벌되지 않거나 과실범으로 처벌되는 경우) 내지 간접정범의 '소극적 요건'에 관한 정리하는 차원의 법리를 담고 있기 때문이다. 형법 제34조 제1항의 적용상 정범우위성원칙에 따르면 공범은 정범이 성립하지 않은 경우에 비로소 성립할 수 있다. 이에 따르면 위 판시내용도 책임무능력자의 행위를 이용한 자의 행위가 정범의 표지인 우월적 의사지배(학설) 또는 '도구성'요건(판례)을 충족시키면 간접정범의 성립이 인정되고, 정범표지의 충족이 부정될 경우에는 여전히 공범성립이 가능한 것으로 이해할 수 있다. 위 판시내용에서 행위자가 상대방을 "도구나 손발과 같이 이용하여 간접적으로 죄의 구성요소를 실행"하고 있음을 확인한 것 역시 피이용자의 도구성(또는 '우월적 의사지배성')을 간접정범의 '적극적 요건'으로 인정하고 있음을 보여주는 것이라고 할 수 있다.

33 따라서 이러한 대법원의 태도를 종합해 보면 정범의 실행행위가 책임이 조각되는 사례의 경우 대법원도 간접정범 성립의 적극적 요건인 '도구성'이 부정되더라도, 행위자에게 – 위법성까지 인정될 경우 – 공범성립의 가능성은 여전히 열어 두고 있다고 볼 수 있다. 결국 위 대법원 판시에는 공범종속의 정도에 관해 대법원이 극단종속형식설에 입각해 있는 것으로 파악할 아무런 단서가 주어져 있지 않다. 오히려 대법원의 태도를 제한적 종속형식설로 이해할 여지를 제공하고 있는 것 같다.

3) 결론

34 ① 극단종속형식설의 문제점 정범의 실행행위가 범죄성립요건을 모두 충족할 것을 요구하는 극단종속형식설은 공범성립의 전제조건을 타인의 '죄' 또는 '범죄'라고 규정한 형법의 태도(제31조 제1항 및 제32조 제1항)와 외형상 부합하는 것처럼 보인다. 그러나 극단적 종속형식설은 다음과 같은 문제점을 가지고 있어 취하기 어렵다.

35 첫째, 형법이론상 책임의 종속까지 인정하기는 어렵다. 행위자의 행위에 대한 비난가능성으로서의 책임 판단은 행위주체별로 각기 평가되어야 종속 비친화적 요소이기 때문이다. 둘째, 극단종속형식설에 의하면 형법이 공범을 처벌하는 근거도 공범자가 타인의 책임있는 행위에 가담하였다는 책임가담설에서 찾아야 할 것이지만 실제로는 그렇게 보지 않아서 이론상 정합성을 유지하지 못한다.[378] 셋째, 극단종속형식설에 따르면 간접정범은 정범의 범죄성립여부에 따라 (수동적으로) 결정되는 것이고, 간접정범자에게 요구되는 적극적인 정범표지(행위지배=우월적 의사지배)를 요구하지 않게 되고, 그 결과 간접정범의 정범성을 부정하고 간접정범을 특별한 '공범'으로 인정하는 태도를 취할 수밖에 없게 된다.[379] 넷째, 극단종속형식설에 따르면 정범의 행위가 과실범의 범죄성립을 모두 충족시키고 있는

---

377) 신동운, 580면.

378) 극단적 종속형식의 입장은 공범처벌근거를 이원적으로 설명하는 모호한 태도를 취한다. 즉 공범처벌의 '가장 중요한' 근거는 불법 내지 위법야기에 있고, '부차적인' 근거는 책임가담에 있다고 한다(오영근, §34/33).

379) 예컨대 신동운, 609면; 오영근, §35/3.

경우에 공범성립을 인정해야 함에도, 간접정범이 된다고 함으로써 극단적 종속형식설의 일관성을 잃고 있다.[380]

② 불법과 책임의 준별 및 제한종속형식설의 타당성 생각건대 입법자가 공범에 관한 규정 36
에서 정범의 실행행위를 '죄' 또는 '범죄'로 표현하고 있는 것은 형식적 범죄개념의 표현이 아니라 공범성립의 영역에서도 '죄형법정주의'가 실현되어야 한다는 입법자의 의사가 반영된 것이다. 구성요건 실현행위를 직접 하지 않은 가담자를 공범으로 처벌하기 위해서는 그 가담자의 교사 또는 방조행위가 정범자의 구성요건적 불법과 연관될 것을 요구하기 위함인 것이다. 공범종속원칙의 관점에서 보더라도 공범과 정범간의 종속적 관계는 형식논리적 의미에서의 종속을 넘어서 규범적 가치론적 관점에서의 종속을 의미한다.

형법에서 행위의 불법과 적법을 평가하는 최종기준이 구성요건적 행위규범인 반면, 행 37
위자의 불법행위에 대한 비난가능성 여부를 판단하는 책임 판단에서는 구성요건적 행위규범이 더 이상 판단의 척도로 사용되지 않는다. 책임판단에서는－앞서 책임이론에서 살펴보았듯이－규범위반적 불법행위를 비난할 수 있는 법'외'적인 요소가 비난의 척도(자유를 전제로 한 타행위가능성 또는 예방적 형벌목적적 관점 등)로 사용된다. 특히 책임비난여부는 행위를 한 행위자의 비정상적 사정 또는 비정상적 행위상황등을 기초로 삼아 위와 같은 법외부에 속해 있는 비난의 실질적 근거를 가지고 이루어지므로 타인에게 종속되는 속성을 가질 수 없다. 이에 따르면 종속적으로 성립하는 공범인정의 전제조건으로서 정범의 행위는 최소한 구성요건에 해당하고 위법성이 인정되는 불법행위일 것을 요구하는 제한종속형식설이 타당하다. 이로써 최소종속형식설에 대한 지지는 철회한다.

4. 공범성립 여부에 대한 심사: 전제조건과 성립요건의 구별

앞에서 설명한 정범의 행위에 대해 요구되는 요구조건들(최소한 '실행의 착수'가 인정되고, 38
'고의'행위로서 적어도 구성요건에 해당하고 위법성이 인정될 것)은 공범을 종속시킬 수 있는 공범성립의 전제조건일 뿐이지, 거기에 종속되는 가담자(공범)의 공범성립과 관련한 범죄성립요건은 아니다. 따라서 공범성립을 가능하게 할 '전제조건'이 갖추어진다고 해서 공범이 자동적으로 성립하지는 않는다. 공범이 성립하기 위해서는 공범자의 행우가 별도의 범죄성립요건이 구비되어야 하므로 교사자 또는 방조자의 행위 그 자체를 다시 평가하여 구성요건해당성이 인정되고, 위법성조각사유와 책임조각사유에 해당하지 않은 점을 심사해야 한다.

---

380) 이러한 점에서 보면 형법 제34조 제1항의 요건(즉 피이용자가 처벌되지 않는 자이거나 과실범으로 처벌되는 자일 것)은 피이용자의 행위와 관련한 간접정범의 전제조건에 불과할 뿐, 그 자체 간접정범의 성립요건이 아니라고 해야 한다. 간접정범이 성립하기 위해서는 이러한 간접정범의 형식적 전제조건 외에 별도로 간접정범자에게 요구되는 적극적 요건인 정범표지(행위지배＝우월적 의사지배)를 갖추어야 한다.

Ⅱ. 공범의 처벌근거(☆)

1. 공범처벌근거와 종속형식과의 관련성

39 직접 구성요건적 실행행위를 하지 않은 공범을 처벌하는 근거를 어디에서 찾을 것인지가 문제된다. 형식적으로만 보면 형법상의 공범처벌규정이 그 근거가 된다. 그러나 공범처벌근거에 관한 여러 학설은 공범종속정도와 관련하여 이론적으로 중요한 의미가 있다.

40 '공범이 정범의 행위에 종속된다고 할 때 어느 정도로 종속되는가'라는 문제에 답하기 위해서는 형법이 정범의 실행행위에 대해 어떤 조건을 필요조건으로 만들어 두었는지를 탐색해야 하고, 이러한 조건은 결국 공범자가 정범의 실행행위에 대해 어느 정도까지 영향을 미쳤을 때 공범으로 '범죄화'시킬 수 있는지의 문제이기 때문이다. 따라서 공범의 종속 정도는 공범처벌의 '실질적' 근거와 맞닿아 있는 문제라고 할 수 있다. 물론 공범처벌을 실질적 근거에 관한 아래 학설들은 현행의 공범규정을 설명하는 역할에 그치고 구체적 사례에서 행위자 행위의 공범성립을 근거지우기 위해 동원해야 할 해석적 차원의 법리들이 아니다.

2. 공범처벌의 실질적 근거

(1) 가담설

41 가담설은 공범의 처벌근거를 공범자의 행위 그 자체에서 찾지 않고 공범자가 정범의 범죄행위에 가담하였다는 점에서 찾는다. 가담설은 공범자의 행위(교사행위나 방조행위) 그 자체로 인한 위법상태의 야기를 전혀 인정하지 않는다는 점에서 공범종속성을 인정하는 전제하에서 공범의 처벌근거를 설명하는 견해이다. 이 견해는 다시 책임가담설과 불법가담설로 나뉜다.

42 1) 책임가담설 공범이 처벌되는 근거는 정범을 통해 타인에 대한 법익침해를 야기하였다는 점에 있는 것이 아니라 정범에 유책한 단계까지 악영향을 끼친 점, 즉 정범자를 범죄자로 만든 점에서 찾는 견해이다.

43 이 견해는 이론상 극단종속형식과 연결되지만 책임의 연대성을 인정함으로써 형법의 개인책임의 원칙에 반하고 공범처벌의 실질적 근거를 공범자의 행위 자체에서 설명하지 못하는 한계가 있다.

44 2) 불법가담설 공범이 처벌되는 근거가 공범이 정범으로 하여금 불법한 범행을 저지르게 함으로써 정범이 사회와의 일체성에서 단절되어 법적 평화를 해치는 결과를 초래하게 되었다는 점에 있다고 설명하는 견해이다. 이에 따르면 정범이 책임무능력자인 경우에도 정범의 행위가 법적 평화를 해치는 결과를 만들어내었다는 점에는 변함이 없기 때문에 공범은 처벌된다고 한다. 이 견해는 내용상 책임가담설을 제한종속형식에 맞추어 수정·변형한 것이라고 할 수 있다.

45 그러나 이 견해에 따르면 교사범의 처벌근거는 설명될 수 있지만 방조범의 경우에는 방조자가 적극적인 불법가담을 하지 않아도 무방하기 때문에 공범의 처벌근거를 통일적으로 설명하지 못하는

한계가 있다. 뿐만 아니라 이 견해도 책임가담설의 경우와 마찬가지로 공범자의 행위 자체에서 인정될 수 있는 공범 고유의 처벌근거를 설명하지 못하는 난점이 있다.

(2) 야기설

야기설은 가담설이 설명하지 못한 부분, 즉 공범자의 독자적 불법요소를 인정하려고 한 점에서 46
가담설과 다르다. 이에 의하면 공범은 정범의 행위를 '야기'한 점에서 독자적인 의미를 가진다고 한다. 이러한 입장은 다시 공범의 독자적 불법요소 이외에도 정범의 불법요소를 공범처벌근거로서 가미하는가, 가미한다고 할 때에도 정범불법의 어떤 내용요소를 가미하는가에 따라 설명방식을 달리한다.

1) 순수야기설 순수야기설은 공범이 정범의 행위를 야기하는 데 초점을 맞추면서도 공범자의 47
행위 그 자체가 공범자의 처벌을 근거지울 만한 충분한 불법적 요소를 가지고 있다고 본다. 이에 의하면 공범은 정범의 불법행위와 관계없이 스스로가 불법을 실현한 것이므로 처벌되고, 정범자의 행위는 공범의 처벌근거에 기여하는 바가 없다고 한다.

그러나 이 견해는 실제로 공범의 독자적 불법성을 인정하는 것이므로 공범독립성설을 취하는 전 48
제에 서지 않으면 공범의 처벌근거로서 인정될 수 없는 한계가 있다.

2) 종속적 야기설 순수야기설의 태도를 공범종속성의 입장과 조화를 이룰 수 있도록 수정한 49
견해이다.[381] 수정된 야기설로 부르기도 한다. 이 견해는 특히 공범의 처벌근거가 정범의 범행을 '야기 또는 촉진'했다는 점에 있지만, 이러한 공범의 행위는 독자적인 의미를 가지는 것이 아니라 정범의 실행행위와 연계되어서만 처벌되는 것이므로 공범의 불법은 필연적으로 정범의 불법에 종속적이라고 설명한다.

그러나 이 견해는 공범도 가벌성이 인정되는 범죄인만큼 공범고유의 독자적 불법이 있어야 한다 50
는 점을 설명하지 못하고 있을 뿐 아니라, 기도된 교사를 처벌하는 형법의 태도와도 모순되고, 미수의 교사(함정수사)의 불가벌성도 설명할 수 없는 난점이 있다.

3) 혼합적 야기설 순수야기설의 단점(공범의 불법은 정범의 불법에 종속적임을 무시한 점)과 51
종속적 야기설의 단점(공범불법의 독자성을 전적으로 인정하지 못한 점)을 보완하여 공범의 처벌근거를 공범자의 행위 자체에 고유하게 있는 공범의 '독자적인 불법'과 정범의 불법에 종속적으로 인정되는 '종속적 불법'이라는 양자의 '혼합'으로 설명하려는 견해이다.

이러한 태도는 공범의 독자적 불법과 종속적 불법의 내용이 각각 무엇인가와 관련하여 (i) 공범의 52
'독자적 불법'은 공범의 행위반가치에 있고, 공범의 '종속적 불법'은 정범행위의 결과반가치에 있다는 설명하는 견해(결과불법종속설)와[382] (ii) 공범의 독자적 불법은 정범의 위법행위를 통해 보호법익을 간접적으로 침해한 결과반가치에 있고, 공범의 종속적 불법은 정범의 행위반가치에 있다고 설명하는 견해(종속적 법익침해설)로 나뉜다.[383]

---

381) 박상기, 379면; 배종대, §124/16; 이재상/장영민/강동범, §32/49; 이정원, 331면; 이형국, 271면.
382) 임웅, 409면; 정성근/박광민, 503면.

(3) 결론

53 **1) 공범처벌근거와 공범종속성과 관계** 공범의 처벌근거에 관한 여러 학설은 공범의 종속정도에 관한 문제와 이론상 밀접하게 연관되어 있다. 순수야기설만 공범독립성을 전제로 하고 있으나 나머지 학설들은 모두 공범종속성을 전제로 하고 있기 때문이다. 공범의 종속정도와 관련하여 책임가담설은 극단종속형식과 연결될 수 있고, 불법가담설, 종속적 야기설, 혼합적 야기설은 제한종속형식이나 최소종속형식과 조화를 이룰 수 있다.

54 **2) 혼합적 야기설 중 결과불법종속설의 타당성** 혼합적 야기설의 입장이 공범의 실질적 처벌근거로서 가장 설득력이 있는 것으로 보인다. 왜냐하면 이 견해는 공범행위 고유의 독자적 불법내용도 인정하면서 스스로 구성요건적 실행행위로 나아가지 않기 때문에 필연적으로 정범자의 구성요건관련적 불법내용에 종속되지 않으면 안 되는 공범의 구조를 가장 잘 설명하고 있기 때문이다.

55 혼합적 야기설의 두 가지 설명방식 중에도 결과불법종속설의 설명방식이 보다 나은 이론적 정합성을 가지고 있는 것으로 보인다. 종속적 법익침해설에 따르면 공범의 독자적 불법의 내용은 결국 객관적으로 정범자를 범죄행위로 나아가게 한 '결과적 측면' 내지 정범자의 행위에 의해 침해된 사회질서 내지 법규범이라고 해야 하는데, 이러한 태도는 불법가담설과 종속적 야기설을 뒤섞어 놓은 태도에 지나지 않기 때문이다.

56 결과불법종속설에 따르면 형법 제31조 제2항 및 제3항의 '기도된 교사'의 경우, 공범의 불법 가운데 종속적 불법(결과반가치)은 없고 교사행위라는 공범의 독자적 불법(행위반가치)만 있기 때문에 공범자를 예비·음모로만 처벌하고 있음도 조화롭게 설명할 수 있다.[384)]

Ⅲ. 공범종속성원칙과 공범의 불법구조

1. (협의의) 공범의 의의

57 공범이란 2인 이상이 특정한 범죄에 정범 이외의 형태로 가담한 경우로서 형법의 일정한 요건을 충족시키는 경우를 말한다. 공범에게는 정범에게 인정되는 행위지배라는 요소가 결여되어 있다. 즉 공범은 구성요건적 실행행위를 직접 지배(직접정범)하지도 않고, 기능적인 행위지배(공동정범)는 물론 우월적 의사지배(간접정범)도 하지 않는다.

2. 공범의 종속성과 공범종속형식

58 공범이 성립하려면 구성요건을 실현하는 행위자로서의 정범의 존재가 전제되어야 한다. 그리고 공범은 스스로 교사행위 또는 방조행위를 하고 있어서 독자적인 불법을 실현하고

---

383) 김일수/서보학, 629면.

384) 반면에 종속적 법익침해설의 입장에서는 종속적 불법으로만 구성되어야 할 공범자의 불법이 존재하지 않기 때문에 예비·음모로도 처벌할 수 없게 된다.

는 있지만, 형법의 개별구성요건의 실현이라는 불법적 측면은 정범만이 하고 있으므로 정범의 불법에 종속된다(공범종속성). 공범을 종속시키는 정범의 불법행위가 존재하려면 정범의 행위가 '적어도' 구성요건에 해당하고 위법성이 인정되어야 한다(제한종속형식).

3. 공범규정의 의의와 공범의 성립요건

(1) 형벌확장사유 내지 귀속조건

형법은 구성요건적 실행행위를 하지 않고도 타인(정범)이 구성요건적 실행행위를 하도 59
록 '교사'하거나 타인의 실행행위를 '방조'한 자를 당해 구성요건을 실현한 자의 '공범'으로 처벌한다. 이러한 형법의 태도는 공범자가 정범자인 타인의 불법행위에 교사행위 또는 방조행위라는 일정한 형태로 가담하면 공범자의 행위를 정범자의 불법에 종속시켜 그 정범자가 실현한 불법내용에 따라 처벌할 수 있다는 의미이다. 이와 같은 공범에 관한 형법규정은 교사행위 또는 방조행위라는 행위태양으로 구성된 수정된 범죄구성요건을 만드는 '형벌확장사유'에 해당한다. 이러한 형벌확장사유에 따라 직접 구성요건을 실현하지 않는 교사자 또는 방조자를 문제되는 해당 구성요건(해당 범죄)의 교사범 또는 방조범으로 만들기 때문에 공범규정은 교사자 또는 방조자에게 형사책임을 귀속시키는 일종의 귀속조건을 규정한 것으로 이해할 수도 있다.

(2) 수정된 구성요건

형법은 정범의 실행행위에 가담하는 공범의 독자적인 요건으로서 형법 제31조 제1항에 60
서는 '교사'를 규정하고 있고(교사범), 형법 제32조 제1항에서는 '방조'를 규정하고 있다(종범 내지 방조범). 따라서 형법 제31조 제1항과 제32조 제1항의 규정은 공범성립요건 중 공범의 구성요건요소에 관한 규정이라고 할 수 있다. 이 규정을 통해 형법각칙의 각 범죄구성요건은 '교사범' 또는 '방조범'이라는 공범구성요건으로 수정되기 때문이다. 예컨대 형법각칙의 절도죄 구성요건은 '타인의 재물 절취'로 구성되어 있지만, 절도죄의 교사범이라는 수정된 구성요건은 '타인의 재물에 대한 절취 교사'로 구성된다.

(3) 수정된 구성요건의 불법구조

교사와 방조에 관한 총칙의 공범규정에 의해 수정되는 구성요건은 '고의범'의 불법구조 61
를 가지게 된다. 교사나 방조는 '고의에 의해서만' 가능한 것으로 해석되기 때문이다. 교사 또는 방조라는 개념에는 이미 내재적으로 과실에 의한 범행의 유발 혹은 과실에 의한 범행의 조장 내지 촉진이 배제되어 있는 것이다. 따라서 과실에 의한 범행유발 혹은 조장·촉진이 있을 경우에는 과실범의 정범으로 인정될 여지가 있을 뿐, 공범은 성립할 수 없다. 이 점은 과실범의 경우에는 공범과 정범의 구별이 문제되지 않고 사실상 단일정범개념이 인정되고 있다고 파악될 수 있음과 맥락을 같이 한다.

제 2 절 교사범(教唆犯)

> 제31조(교사범) ① 타인을 교사하여 죄를 범하게 한 자는 죄를 실행한 자와 동일한 형으로 처벌한다.
> ② 교사를 받은 자가 범죄의 실행을 승낙하고 실행의 착수에 이르지 아니한 때에는 교사자와 피교사를 음모 또는 예비에 준하여 처벌한다.
> ③ 교사를 받은 자가 범죄의 실행을 승낙하지 아니한 때에도 교사자에 대하여는 전항과 같다.

Ⅰ. 교사범의 의의

62 제31조 제1항은 "타인을 교사하여 죄를 범하게 한 자"를 교사범으로 규정하고 있다. 여기서 교사행위란 범행결의를 하고 있지 않는 자로 하여금 범행결의를 일으키게 하는 행위를 말한다. 교사는 이미 범행결의를 하고 있는 방조와 구별된다. 교사범이 인정되기 위해서는 죄를 범하는 타인, 즉 각칙의 구성요건을 직접 실현하는 피교사자(정범)의 존재가 전제되어야 한다. 교사범은 피교사자의 구성요건적 불법에 종속하여 성립한다(공범종속성).[385)]

63 교사자는 스스로 피교사자가 실현한 구성요건적 불법을 실현한 것은 아니지만, 피교사자의 불법을 교사자 자신의 '불법'으로 평가할 수 있는 실질적 근거는 피교사자의 고의적 불법실현을 교사자가 유발한 점에 있다. 피교사자의 불법을 교사자의 불법으로 '귀속'할 수 있게 만드는 것이 바로 교사자의 '교사'(피교사자의 고의유발)인 것이다.[386)]

Ⅱ. 교사범의 성립요건

64 공범종속성이론에 따르면 교사범의 '불법' 내용은 ① 피교사자의 고의를 유발하는 교사행위 그 자체의 불법(독자적 불법)과 ② 교사자에게 종속되는 피교사자에 의해 실현된 구성요건적 불법(종속적 불법)으로 구성된다. 반면에 교사범의 '책임'을 인정하기 위해서는 피교사자에게 책임이 인정되는지와 무관하게 교사자의 책임비난이 독자적으로 근거지워져야 한다.

65 교사행위가 교사범이라는 범죄성립요건을 충족시키기 위해서는 교사범의 구성요건에

---

385) 공범종속성이론하에서 제한종속형식설에 따르면 피교사자의 행위가 구성요건에 해당하고 위법성이 인정되는 것으로 종속의 조건이 충족되고, 피교사자의 행위가 책임요건을 까지 충족할 필요가 없다는 점에 관해서는 앞서 살펴보았다.

386) 이러한 맥락에서 보면 공범종속성을 설명하기 위해 피교사자의 불법을 교사자의 불법에 '차용'한다는 표현을 사용하기도 한다. 하지만 차용은 말 그대로 없는 것을 빌려온다는 뜻이지만 '종속'은 귀속근거를 통한 불법의 이동을 의미하므로 이유 있는 불법이동이라는 점에서 종속이라는 표현이 더 적합하다.

해당해야 하고 위법성조각사유와 책임조각사유에 해당하지 않아야 한다. 여기서 교사범의 구성요건은 피교사자가 실현하는 형법각칙의 개별 구성요건과 교사자에게 요구되는 총칙상의 교사에 관한 요건(형법 제31조 제1항)의 결합으로 이루어진 '수정된 구성요건'을 말한다. 그 구성요건의 내부 구조는 앞서 언급한 바와 같이 교사자의 '교사행위'와 '피교사자의 구성요건적 실행행위'로 이루어져 있다.

1. 교사자의 교사행위

(1) 교사행위의 의의

교사행위란 애당초 범죄를 저지를 의사가 없는 정범에게 범행의 결의를 가지게 하는 일 66
체의 행위를 말한다. 명령, 종용, 부탁, 유혹, 애원, 강요, 대가의 제공 등 어떤 행위이든 피교사자에게 범행결의를 갖게 하는 한 교사행위가 될 수 있다. 총칙규정의 개념 중 규범적 평가적으로 접근해야 할 대표적 개념이다.

이미 범죄로 나아가겠다고 확실하게 결의하고 있는 자(omnimodo facturus)에게는 교사가 67
불가능하다(열린문은 열리지 않는다). 다만 이러한 경우에도 제31조 제3항의 기도된 교사의 일종인 실패한 교사로 인정될 수는 있다. 경우에 따라 정신적 방조로 인정될 수도 있다.[387]

그러나 단순히 범행에의 경향성만 가지고 있거나 아직 확실한 결정을 유보한 채 망설이 68
고 있는 자에 대해서는 범행결의를 갖게 하는 의미의 '교사'가 얼마든지 가능하다. 이와는 달리 범죄를 유발할 수 있는 상황을 만든 것에 불과한 경우 혹은 범죄행위의 충동을 일으킬 만한 상황을 설정해 준 것에 불과한 경우에는 범행의 결의를 생기게 할 정도에 이르지 못한 것이기 때문에 교사행위로 인정될 수 없다.[388]

判 대법원은 교사범의 교사가 정범이 죄를 범한 유일한 조건일 필요가 없다고 한다. 따라서 교사행위에 69
의하여 정범이 실행을 결의하게 된 이상 비록 정범에게 범죄의 습벽이 있어 그 습벽과 함께 교사행위가 원인이 되어 정범이 범죄를 실행한 경우는 교사범의 성립에 영향이 없다고 한다.[389]

例 **교사가 인정된 사례:** ① 교사자가 피교사자에게 피해자를 '정신차릴 정도로 때려주라'고 교사한 경 70
우에는 상해에 대한 교사가 되고(대법원 1997.6.24. 97도1075), ② 백송을 도벌하여 상자를 만들어 달라고 말하면서 도벌자금을 교부한 경우에는 산림법상의 산림절도에 대한 교사가 되며(대법원 1969.4.22. 69도255), ③ 상습절도자들인 甲·乙·丙으로부터 도품을 매수하여 취득해 오던 자가 甲과 乙에게 일제드라이버 1개를 사 주면서 "丙이 구속되어 도망다니려면 돈도 필요할 텐데 열심히 일을 하라(도둑질을 하라)고 말한 경우" 절도의 교사가 인정되고(대법원 1991.5.14. 91도542), ④ 치과의사가 환자의 대량유치를 위해 치과기공사들에게 내원환자들에게 진료행위를 하도록 지시하여 동인들이 각 단독으로 전항과 같은 진료행위를 한 경우 무면허의료행위의 교사가 인정된다

---

387) 김일수/서보학, 638면; 손동권, §31/4a; 이재상/장영민/강동범, §34/5.

388) 따라서 '처의 간통현장에 남편을 보내어 격분한 남편이 처를 살해하는 경우'도 교사행위로 인정할 수 없다. 손동권, §31/7; 이재상/장영민/강동범, §34/6.

389) 대법원 1991.5.14. 91도542.

(대법원 1986. 7.8. 86도749).

71 例 교사가 부정된 사례: ① 막연히 '범죄를 하라'거나 '절도를 하라'고 하는 등의 행위만을 한 경우(대법원 1991.5. 14. 91도542), ② 연소한 자에게 밥값을 구해오라고 한 경우(대법원 1984.5. 15. 84도418), ③ 자녀들로 하여금 조총련의 간부로 있는 피고인의 친형에게 단순한 신년인사와 안부의 편지를 하게 한 것[390] 등에 대해서는 교사를 인정하지 않았다.

(2) 교사의 수단과 방법

72 피교사자(정범)로 하여금 일정한 범죄의 실행을 결의케 하는 한 교사의 수단·방법에는 제한이 없다. 정범이 일정한 범죄의 실행을 결의할 정도에 이르게 하면 족하므로 범행의 일시, 장소, 방법 등의 세부적인 사항까지 특정할 필요도 없다.[391] 따라서 명시적·직접적 방법뿐 아니라 묵시적·간접적인 방법으로도 가능하다.[392] 이 뿐만 아니라 교사자가 2인 이상인 공동교사도 가능하다.[393]

73 유혹 등을 통해 상대방을 기망할 경우에도 교사는 원칙적으로 가능하다. 하지만 피교사자가 자신이 무슨 행위를 하는지도 모르게 기망한 경우에는 공범 성립의 전제조건[394]이 충족될 수 없으므로 교사범이 될 수 없고 간접정범의 성립이 인정될 수 있다.[395] 교사행위가 형법 제12조와 같은 강요행위에 해당하는 경우 피교사자(피강요자)의 책임이 조각된다. 이 경우 제한종속형식에 따르면 교사범성립의 전제조건은 충족되지만, 강요자의 우월적 의사지배가 인정되는 경우이므로 교사범이 아니라 간접정범이 성립할 수 있을 뿐이다.

74 判 대법원은 '간접적인 방법의 교사'를 인정할 뿐만 아니라 간접교사도 교사로 인정한다. 간접교사란 교사자가 피교사자에게 다른 사람을 교사하여 범죄를 실행할 것을 교사한 경우로서 '교사의 교사'라고도 한다. 예컨대 '甲이 乙에게 범죄를 저지르도록 요청하는 것을 알면서도 甲의 부탁을 받고 甲의 요청을 乙에게 전달하여 乙로 하여금 범의를 야기케 하는 丙의 행위'가 (간접) 교사에 해당한다.[396]

이에 반해 '연쇄교사'란 피교사자가 직접 실행행위의 교사를 받았으나 자신이 직접 실행행위로 나아가지 않고 다시 제3자를 교사하여 실행행위로 나아가게 한 경우이다. 이에 관한 판례는 없다. 연쇄교사를 교사로 인정할 수 있을지에 관해서는 교사자의 고의 부분에서 후술한다.

(3) 부작위에 의한 교사

75 1) 부정설 부작위에 의해서는 주된 행위자의 결의를 방해하지 않을 수는 있어도 주

---

390) 대법원 1971.2.23. 71도45. 이 경우 반국가단체의 구성원과 통신연락을 하도록 교사하였다고 할 수 없다.
391) 대법원 1991.5.14. 91도542.
392) 대법원 1967.12.19. 67도1281. 대리시험을 교사한 경우 '업무방해죄'에 대해서는 명시적 교사에 해당하지만 대리시험을 교사받은 자들이 대리시험을 치기 위해 시험장에 입실한 주거침입죄에 대해서는 묵시적 교사에 해당한다.
393) 김일수/서보학, 640면.
394) 제한종속형식설에 의하면 정범의 행위가 고의에 의한 위법한 행위는 인정되어야 거기에 교사범이 종속하여 성립할 수 있다.
395) 오영근, §34/37.
396) 대법원 1974.1.29. 73도3104.

된 행위자의 결의를 유발할 수는 없음을 근거로 삼아 부작위에 의한 교사는 인정될 수 없다는 견해이다(다수설).

2) 긍정설 선행행위를 통해 타인으로 하여금 범행결의를 하게 한 사람은 실행행위를 방지해야 할 의무가 있다고 할 수 있으므로 부작위에 의한 교사범도 인정될 수 있다는 견해이다.[397] 76

3) 결론 부작위는 타인의 범행결의에 자연과학적 의미의 인과작용할 수 없다. 따라서 부작위를 통해서는 타인의 범행결의를 유발시키는데 외부적인 영향을 미칠 수 없다고 해야 한다. 결과에 대한 고의를 가진 자의 선행행위로 인해 타인이 범행결의를 하였다면 그것은 이미 '작위'에 의한 교사행위가 된다. 또한 고의 없는 선행행위에 의해 타인이 범행결의를 가지게 된 경우 그것을 알면서 사후에 고의를 가지고 결과방지를 하지 않았던 것이라도 타인의 범행결의 자체가 교사자에 의해 유발된 것은 아니므로 후행 부작위를 교사행위에 포함시킬 수는 없다고 해야 한다. 이미 범행결의를 하고 있는 자에 대해서는 범행결의의 유발, 즉 교사행위가 개념상 불가능하기 때문이다〔이하 (5) 참조〕. 77

(4) 부작위범에 대한 교사

'부작위에 의한 교사'와는 달리 '부작위범에 대한 교사'는 인정될 수 있다(§30의 제2절 Ⅴ. 참조). 예컨대 물에 빠져 죽어가고 있는 아들을 구조하지 말도록 그 아버지를 제3자가 교사한 경우, 그 제3자는 아버지의 '부작위에 의한 살인죄(살인죄의 부작위범)'에 대한 교사에 해당한다. 사례유형이 다르지만 교사범에 대한 부작위범도 성립할 수 있다. 예컨대 자기 아들이 타인에게 절도를 교사하는 것을 아버지가 보고도 그대로 방치하여 그 타인이 절도를 한 경우 그 아버지에 대해서는 아들의 절도 '교사범에 대한 부작위범'의 성립이 인정될 수 있다.[398] 78

(5) 결의한 내용과 다른 범죄를 범하게 만든 행위

이미 확고하게 결심한 자의 마음을 변경시켜 다른 범죄를 하도록 결의케 하는 경우, 예컨대 기본범죄 대신에 가중유형으로 된 범죄를 범하게 하거나, 혹은 전혀 다른 범죄로 나아가도록 한 경우도 교사를 인정할 수 있는지가 문제된다. 79

이와 관련해서는 ① 가중범죄에 대한 교사를 인정하는 견해[399]와 ② 피교사자가 이미 결의하고 있는 것을 공제하고 남는 부분에 대해서만 교사를 인정하려는 견해[400]가 대립하고 있다. 단순히 핸드백 소매치기(절도)를 결의하고 있는 자에게 폭력을 사용하여 그것을 탈취 80

---

397) 오영근, §34/40; 정영일, 323면.

398) 이러한 경우를 '부작위에 의한 교사'는 불가능하지만 '부작위에 의한 교사범'의 성립은 가능하다는 설명(손동권, §31/10)은 적절하지 못하다. 부작위에 의한 교사범이라는 용어는 부작위에 의한 교사라는 용어와 마찬가지로 교사행위가 부작위에 의해 이루어지는 것으로 오해될 소지가 있기 때문이다.

399) 김일수/서보학, 639면; 배종대, §136/2; 이재상/장영민/강동범, §34/5; 임웅, 464면.

400) 박상기, 439면; 손동권, §31/5.

하도록(강도) 마음을 바꾸게 한 경우 제1설에 의하면 강도의 교사가 되고, 제2설에 의하면 폭행의 교사가 된다.

81 가중범죄가 독자적 범죄인 한 전체로서의 가중범죄에 대한 교사를 인정하는 제1설이 타당하다. 이와 반대로 이미 범죄결의를 가진 자에게 그보다 경미한 죄를 범하도록 한 경우에는 교사범의 성립은 불가능하고 다만 이 경우에는 방조범의 성립만이 문제될 수 있다.[401)]

2. 교사자의 고의

(1) 고의의 내용

82 **1) 이중의 고의** 교사자의 고의는 피교사자에게 범행결의를 가지게 하여 피교사자로 하여금 범죄의 기수까지 실행하게 할 고의를 의미한다.[402)] 따라서 교사자의 고의가 인정되기 위해서는 자신의 교사행위에 대해서 고의가 있어야 할 뿐 아니라 피교사인 정범의 행위와 관련해서도 인식 및 의욕이 있어야 한다('이중의 고의'). 자신의 교사행위와 관련한 고의내용은 피교사자에게 범행을 결의케 한다는 점에 대한 인식 및 의욕(교사의 고의)이고, 피교사자의 행위와 관련한 고의내용은 피교사자가 정범으로서 실현하는 구성요건적 사실에 대한 인식 및 의욕이다(정범의 고의). 교사자의 이러한 고의는 단독범의 고의와 마찬가지로 미필적 고의로도 충분하다.

83 **2) 과실에 의한 교사** '과실에 의한 교사'는 성립할 수 없고 경우에 따라 과실범의 정범이 될 뿐이다.[403)] 예컨대 독약을 약품으로 오인한 의사가 간호사에게 그 독약을 건네주었는데 그 사실을 알게 된 간호사가 환자를 살해할 고의를 가지고 독약으로 환자를 사망케 한 경우처럼 타인에게 과실이 있음을 알면서도 그것을 기회로 이용하여 스스로 범행결의를 하고 고의범의 구성요건을 실현한 경우 의사에게 과실범의 교사범이 성립한다는 견해가 있다. 하지만 과실행위는 범행결의를 유발할 수 없으므로 위 사례의 경우 의사의 과실범과 간호사의 고의범이 동시범이 될 수 있을 뿐이다.[404)]

84 **3) 교사자의 구체적이고 특정된 고의** 교사자의 고의는 구체적이고 특정되어야 한다. 즉 일정한 범죄의 불법내용 및 공격의 방향을 지정할 뿐 아니라, 피교사자를 특정하거나 혹은 최소한 그 인적 범위가 확정가능하도록 지정하여야 한다. 따라서 피교사자가 특정되어 있기만 하면 피교사자가 2인 이상인 경우(공동정범에 대한 교사범)나 교사자가 피교사자

---

401) 손동권, §31/6; 오영근, §34/56; 이재상/장영민/강동범, §34/5; 임웅, 464면.

402) 이는 후술하는 '미수의 교사'와 관련하여 교사범의 고의가 피교사자로 하여금 구성요건결과를 실현하게 할 정도에 이르러야 한다는 의미이지, 피교사자가 반드시 범죄의 기수 또는 종료에 이르러야 교사범이 성립한다는 것은 아니다. 피교사자로 하여금 기수에 이르게 하려는 고의를 가졌으나 피교사자가 실행에 착수한 후 결과발생에 이르지 못하여 미수에 그친 경우에는 미수범에 대한 교사범이 성립한다(협의의 교사의 미수).

403) 김일수/서보학, 640면; 임웅, 460면.

404) 따라서 간호사는 살인죄가 되고 의사에 대해서는 별도로 업무상 과실치사죄가 성립한다(오영근, §34/40).

를 몰라도[405] 교사범이 인정될 수 있다. 하지만, 피교사자를 특정하지 않고 막연히 일반인에게 특정한 범죄를 교사하거나 피교사자를 특정하였지만 범할 범죄를 특정하지 않은 경우에는 교사행위로 인정될 수 없다. 그러나 범행의 일시, 장소, 방법 등의 세부적인 사항까지를 특정하여 교사할 필요는 없다.[406]

4) 연쇄교사 피교사자가 일차적으로 교사자로부터 교사를 받았으나 자신이 직접 실행행위로 나아가지 않고 다시 제3자를 교사하여 실행행위로 나아가게 한 경우에도 제1교사자의 교사행위를 형법상의 교사행위로 볼 수 있는지가 문제된다. 이렇게 여러 명을 거쳐서 교사한 경우를 연쇄교사라고 하는데, 연쇄교사는 교사자가 최종적인 실행행위자를 알지 못하는 점에서 간접교사와 차이가 있다. 85

① 연쇄교사의 경우 교사범 성립을 부정하는 견해는 교사자가 연쇄교사를 인식·인용하지 않는 한 피교사자가 특정되었다고 할 수 없음을 근거로 한다.[407] ② 그러나 연쇄교사의 경우에도 제1교사자는 최초의 교사행위를 함에 있어서 피교사자를 지정한 이상 피교사자는 특정된 것이다. 따라서 교사행위와 최종적인 피교사자의 실행행위 간에 형법상의 인과관계가 인정되는 한 교사범의 성립을 인정하는 것이 타당하다(다수설). 연쇄교사를 교사로 인정하는 한, 중간에 연쇄된 자의 수가 아무리 많아도 상관없고, 제1교사자가 연쇄된 자의 수를 알고 있을 필요도 없다. 어디까지 연쇄되어 교사가 이루어지는지가 문제되지 않는다면 제1교사자는 최종실행행위자가 누군지를 알지 못하여도 상관없다. 86

5) 신분범과 목적범의 경우 교사자의 고의 등 교사자는 정범의 행위가 구성요건에 해당하고 위법할 것을 인식해야 하기 때문에 가령 신분범이나 목적범에 대한 교사의 경우에는 교사자에게 피교사자의 신분·목적에 대한 인식(고의)이 있어야 신분범이나 목적범의 교사범이 된다. 87

다른 한편, 목적범의 경우 교사자도 피교사자와 같은 '목적'을 가져야 교사범이 성립하는지가 문제된다. 이에 대해 ① 교사자에게도 목적이 별도로 있어야 목적범의 교사범이 된다는 견해[408]가 있다. ② 그러나 공범종속성의 원칙에 따르면 교사자의 불법은 피교사자의 불법에 종속되므로 교사범은 반드시 자기 자신이 정범의 불법요소를 모두 갖추고 있을 필요가 없다. 이에 따르면 교사된 범죄가 목적범인 경우 피교사자에게 목적이 인정되는 이 88

---

405) 따라서 피교사자의 가벌성에 대한 인식이 없거나, 교도소의 옆방에 구금되어 있는 얼굴도 보지 못한 죄수에게 도망을 교사하는 것도 교사가 될 수 있다(이재상/장영민/강동범, §34/11).

406) 대법원 1991.5.14. 91도542. "막연히 "범죄를 하라"거나 "절도를 하라"고 하는 등의 행위만으로는 교사행위가 되기에 부족하다 하겠으나, 타인으로 하여금 일정한 범죄를 실행할 결의를 생기게 하는 행위를 하면 되는 것으로서 교사의 수단방법에 제한이 없다 할 것이므로, 교사범이 성립하기 위하여는 범행의 일시, 장소, 방법 등의 세부적인 사항까지를 특정하여 교사할 필요는 없는 것이고, 정범으로 하여금 일정한 범죄의 실행을 결의할 정도에 이르게 하면 교사범이 성립된다."

407) 오영근, §34/42.

408) 임웅, 446면; 정성근/정준섭, 311면.

상, 교사자는 목적이 없어도 목적범에 대한 교사범의 성립이 가능하다.[409)]

89 신분범의 교사범이 성립되기 위해서는 교사자에게도 신분이 있어야 하는지에 대해서는 우리 형법 제33조 본문에서 신분의 종속성을 규정하고 있기 때문에 교사자에게 신분이 있을 필요가 없다. 이에 관해서는 제33조 해석론의 설명 참조.

(2) 기수의 고의

90 교사자의 고의는 이중의 고의이어야 할 뿐 아니라 기수의 고의, 즉 구성요건적 결과를 실현할 의사이어야 한다. 따라서 교사자가 처음부터 피교사자의 행위가 미수에 그칠 것을 예견하면서 교사하는 경우인 '미수의 교사'는 교사자의 고의결여를 이유로 교사범의 성립이 부정된다. 예컨대 본래 범의를 가지지 아니한 자에 대하여 수사기관이 사술이나 계략 등을 써서 범의를 유발케 하여 범죄인을 검거하는 수사방식을 말하는 함정수사가 전형적인 '미수의 교사'사례에 해당한다.[410)]

91 判 대법원은 수사방식을 기회제공형 수사와 범의유발형 수사로 구분하면서 범의유발형 수사의 경우에만 교사자(수사자등)의 가벌성을 부정하는 함정수사에 해당한다고 한다. 즉 대법원은 범의를 가지지 아니한 자에 대해 수사기간이 범의를 유발케 하여 범죄인을 검거하는 수사방식인 '범의유발형' 함정수사라고 하는 반면, "범의를 가진 자에 대하여 범행의 기회를 주거나 범행을 용이하게 한 것에 불과한 '기회제공형' 수사는 함정수사의 개념에서 제외한다.[411)] 따라서 만취한 취객을 상대로 한 이른바 부축빼기 수법의 범죄가 빈발한다는 첩보를 입수하고 범행장소에 도착한 경찰관들이 만취한 취객을 발견하고도 계속 잠복하고 있던 중에 피해자를 발견하고 범행에 나아간 범인을 현행범으로 체포한 경우는 경찰의 직분을 도외시하여 범죄 수사의 한계를 넘어선 것으로써 범의유발형 함정수사로 볼 수 없다고 하였다.[412)] 이 뿐만 아니라 대법원은 유인자가 수사기관과 직접적인 관련을 맺은 경우에만 함정수사에 해당할 수 있고, 유인자가 정보원의 역할을 하는 등 수사기관과 관련이 없는 제3자가 유인한 경우에는 유인자의 유인으로 인하여 피유인자의 범의가 유발되었다고 하더라도 함정수사로 보지 않는다.[413)]

(3) 미수의 교사의 경우 가담자의 형사책임

92 함정수사의 경우 교사자가 피교사자의 실행행위가 미수에 그칠 것으로 생각하고 교사하였는데, 피교사자의 행위가 실제로 미수에 그친 경우와 교사자의 예상과는 달리 기수에 이른 경우 교사자 또는 피교사자의 형사책임은 각기 달리 판단된다.

1) 피교사자의 실행행위가 미수에 그친 경우

93 ① 교사자의 형사책임 교사자의 고의내용을 어떻게 정하느냐에 따라 미수의 교사에 대한 가벌성 여부가 달라진다. (i) 정범이 실행에 착수할 것을 인식·인용하면 교사의 고의를 인정할 수 있다고 보는 견해는 미수의 교사의 경우에도 교사자의 고의를 인정할

409) 손동권 §31/18.
410) 대법원 1987.6.9. 87도915.
411) 대법원 1983.4.12. 82도2433.
412) 대법원 2007.5.31. 2007도1903.
413) 대법원 2009.2.13. 2007도10804.

수 있고, 미수범에 대한 교사와 동일하게 처벌할 수 있다고 한다.[414] (ii) 그러나 교사자의 고의는 적어도 결과발생을 인식·인용하는 기수의 고의이어야 한다. 따라서 미수의 교사의 경우는 고의가 인정되지 않기 때문에 교사자의 가벌성을 부정하는 것이 타당하다 (다수설).

② 피교사자의 형사책임 피교사자에게 범행결의가 유발되어 결과발생에 대한 고의를 가지고 행위하였으나 미수에 그친 경우에는 피교사자에게는 원칙적으로 미수범의 성립이 인정된다(실체법적 효과). 94

그러나 범의유발형 함정수사는 국가가 일반시민에게 범행의 결의를 유발케 하여 범죄자로 만드는 점에서 국가기관의 염결성을 해치는 수사에 해당하므로 적어도 소송법상으로는 일반적인 미수의 교사와는 다르게 취급되어야 한다. 이에 대해 무죄설, 유죄설이 대립하지만, 미수범의 요건을 충족하는 피교사자의 행위에 대한 실체법상 범죄성립요건을 배제시킬 만한 근거가 없기 때문에 실체법적으로 유죄를 변경시키기는 어렵다. 95

判 대법원은 실체법적 해결방안 대신 소송법적 해결방안을 제시한다. 즉 '공소제기의 절차가 법률의 규정에 위반하여 무효인 때에 해당한다는 형사소송법 제327조 제2호를 적용하여' 피교사자의 피고사건에 대해 공소기각의 판결[415]을 내리는 해법을 제시함으로써 이른바 국가기관이 만든 '올가미'에 걸린 시민의 항변을 수용하고 있다. 96

2) 피교사자의 실행행위가 기수에 달한 경우

① 교사자의 형사책임 먼저 교사자가 결과발생의 가능성을 인식·인용한 경우라면 교사자의 (미필적)고의를 인정할 수 있기 때문에 처음부터 '미수의 교사' 문제로 되지 않는다. 다음으로 교사자가 결과발생(혹은 그 가능성)에 대한 인식은 못했으나 인식할 가능성은 있었던 경우, 즉 교사자에게 인식 없는 과실만 인정되는 경우를 어떻게 취급할 것인지에 대해서는 견해가 일치하지 않는다. (i) 교사자를 과실범으로 처벌하자는 견해(다수설)와 (ii) 방조의 예에 의해 처벌하자는 견해[416]가 나누어지고 있다. 97

생각건대 방조범의 경우에도 실행행위를 하는 행위자가 기수에 이를 것을 고의의 내용으로 하는 것은 마찬가지이기 때문에 기수의 고의가 없는 자를 방조의 예에 의해 처벌하는 것은 인정될 수 없다. 또한 과실에 의한 교사는 개념적으로 인정할 수 없기 때문에 교사범은 성립하지 않는다. 따라서 과실이 인정되는 한 과실범으로 처벌할 수밖에 없다고 해야 한다.[417] 98

② 피교사자의 형사책임 피교사자가 교사자의 예상과는 달리 실제로 기수에 이른 경우 99

414) 김종원, "교사범(上)", 고시계, 1975.1, 39면.
415) 대법원 2005.10.28. 2005도1247.
416) 박상기, 446면; 배종대, §136/8.
417) 과실범의 경우에는 단일정범개념이 인정되기 때문이다.

라면 피교사자는 고의기수범으로 인정된다. 물론 이 경우에도 피교사자를 범의유발형 함정수사의 희생양으로 볼 여지가 있지만 결과가 발생한 이상 미수에 그친 경우와 동일하게 취급할 수는 없다.

3. 피교사자의 범행결의

100 교사자의 교사행위에 의해 피교사자가 범행결의를 하여야 한다. 따라서 교사자의 교사행위와 피교사자의 범행결의 사이에는 인과관계가 있어야 한다. 피교사자가 교사를 받고 있다는 것을 알지 못하는 '편면적 교사' 또는 피교사자가 이미 범죄의 결의를 가지고 있을 때에는 교사범이 성립할 여지가 없다.[418)]

101 피교사자가 범죄의 실행을 승낙조차 하지 않은 경우(이른바 '실패한 교사'[419)]) '교사자'는 예비·음모에 준하여 처벌된다(형법 제31조 제3항).

102 判 그러나 대법원은 "피교사자가 교사자의 교사행위 당시에는 일응 범행을 승낙하지 아니한 것으로 보여진다 하더라도 이후 그 교사행위에 의하여 범행을 결의한 것으로 인정되는 이상" 교사범이 성립할 수 있다고 한다.[420)]

103 다른 한편 범죄구성요건 가운데에는 피교사자의 범행결의 유무와 관계없이 그 행위 자체가 독립된 예비·음모죄가 성립하는 경우도 있다. 예컨대 권총 등을 교부하면서 그것으로 사람을 살해할 것을 지시한 한 행위는 그것만으로 독립하여 살인예비죄를 구성한다.[421)]

4. 피교사자의 실행행위

(1) 공범종속형식과 피교사자의 실행행위

104 제한종속형식에 의할 경우 피교사자의 실행행위가 적어도 위법성은 인정되어야 하고 최소종속형식에 의할 경우에는 적어도 구성요건해당성은 인정되어야 한다. 물론 피교사자의 실행행위가 책임까지 인정되어도 교사범의 성립에는 지장이 없다. 피교사자의 행위는

---

418) 대법원 1991.5.14. 91도542.

419) 교사 이전에 이미 범죄의 실행을 결의하고 있었던 경우도 실패한 교사에 포함시킬 수 있다.

420) 대법원 2013.9.12. 2012도2744. "피교사자가 범죄의 실행에 착수한 경우 그 범행결의가 교사자의 교사행위에 의하여 생긴 것인지는 교사자와 피교사자의 관계, 교사행위의 내용 및 정도, 피교사자가 범행에 이르게 된 과정, 교사자의 교사행위가 없더라도 피교사자가 범행을 저지를 다른 원인의 존부 등 제반 사정을 종합적으로 고려하여 사건의 전체적 경과를 객관적으로 판단하는 방법에 의하여야 하고, 이러한 판단 방법에 의할 때 피교사자가 교사자의 교사행위 당시에는 일응 범행을 승낙하지 아니한 것으로 보여진다 하더라도 이후 그 교사행위에 의하여 범행을 결의한 것으로 인정되는 이상 교사범의 성립에는 영향이 없다."(피고인이 결혼을 전제로 교제하던 여성 갑의 임신 사실을 알고 수회에 걸쳐 낙태를 권유하였다가 거부당하자, 갑에게 출산 여부는 알아서 하되 더 이상 결혼을 진행하지 않겠다고 통보하고, 이후에도 아이에 대한 친권을 행사할 의사가 없다고 하면서 낙태할 병원을 물색해 주기도 하였는데, 그 후 갑이 피고인에게 알리지 아니한 채 자신이 알아본 병원에서 낙태시술을 받은 사례임).

421) 대법원 1950.4.18. 4283형상10.

당해 범죄의 모든 객관적·주관적 구성요건요소를 실현하여야 한다. 예컨대 타인의 물건을 절취하도록 교사받은 경우 피교사자가 불법영득의 의사없이 타인의 물건을 절취한 경우 만약 이러한 사실을 교사자가 알고서 교사한 경우에는 교사범이 성립하지 않고 간접정범이 성립할 수 있을 뿐이다. 피교사자가 불법영득의 의사없이 타인의 물건을 절취한 경우에는 절도죄의 구성요건해당성도 충족하지 못하고 있기 때문이다.

(2) 피교사자의 실행의 착수

1) **양적 종속** 교사범이 성립하기 위해서는 피교사자(정범)의 행위는 범죄실현단계상 적어도 실행의 착수는 인정되어야 한다. 피교사자가 실행행위에 착수하지 않은 경우에는 정범의 구성요건적 불법이 실현되지 않았으므로 교사범이 정범의 불법에 종속적으로 가담하였다고 볼 수 없기 때문이다(양적 종속).[422] 따라서 피교사자가 실행의 착수를 한 이상 그것이 미수에 그친 경우이건 기수나 범죄의 종료에 이른 경우이건 교사범은 성립할 수 있다. 피교사자의 행위가 기수에 달하지 못한 경우에는 교사자를 미수범으로 처벌할 수 있는데 이를 '미수범에 대한 교사'라고 한다.[423] 105

교사행위와 피교사자의 실행행위(이것이 실행의 착수에 그쳤든 아니면 기수에 이르렀든) 사이에 인과관계가 없는 때에는 피교사자의 실행행위가 교사자에 의해 유발된 것이 아니므로 교사범 자체가 성립하지 않는다. 106

2) **기도된 교사** 피교사자가 범죄의 실행을 승낙하기만 하고 실행의 착수로 나아가지 아니한 경우에는 교사자와 피교사자 모두 예비·음모에 준하여 처벌한다(형법 제31조 제2항: 이른바 '효과 없는 교사'). 피교사자가 승낙조차 하지 않은 경우는 교사자만 예비·음모에 준하여 처벌한다(형법 제31조 제3항: 이른바 '실패한 교사'). 효과없는 교사와 실패한 교사를 합하여 '기도된 교사'라고 한다.[424] 107

(3) 피교사자의 고의의 실행행위

형법 제31조 제1항이 피교사자의 행위와 관련하여 "타인의 죄"라고 규정하고 있으므로 피교사자의 행위가 과실행위인 경우에도 교사범이 성립할 수 있는지가 문제될 수 있다. 앞에서 설명했듯이 정범개념의 우위성에 비추어 볼 때 피교사자의 행위가 과실행위인 경우에는 교사범의 인정에 앞서 간접정범의 성립이 먼저 인정된다(형법 제34조 제1항). 따라서 피교사자의 행위는 고의행위에 국한되는 것으로 해석해야 한다.[425] 108

---

422) 이재상/장영민/강동범, §34/16.
423) 단 이 경우 교사자를 미수범으로 처벌하기 위해서는 당해 미수행위에 대해 형법상 처벌규정이 있어야 한다.
424) 교사의 미수는 '미수범에 대한 교사'와 '기도된 교사'(실패한 교사+효과없는 교사)를 합쳐 '교사의 미수'라고 하기도 한다.
425) 김일수/서보학, 642면; 이재상/장영민/강동범, §34/15.

5. 공범관계의 이탈(교사범의 경우)

(1) 공범관계 이탈의 의의

109 교사자가 피교사자로 하여금 범죄실행을 결의하게 한 후 그 피교사자가 범죄의 실행행위에 나아가기 '전'에 교사자가 이탈하는 경우를 말한다. 이러한 경우 이탈자인 교사자에게 이탈의 법효과를 부여하기 위해서는 교사범의 죄책을 인정하지 말아야 한다. 공모관계의 이탈과 마찬가지로 공범관계의 이탈도 순수 대법원이 독자적으로 고안한 판례법리이다.[426)]

110 사례(공범관계 이탈 사례): 갑은 을을 교사하여 A의 불륜관계를 이용하여 A를 공갈하도록 하였다. 이에 을은 A를 미행하여 A가 여자와 함께 호텔에 들어가는 현장을 카메라로 촬영한 후 이를 갑에게 알렸다. 갑은 그 이후 을에게 여러 차례 전화하여 그동안의 수고비로 500만 원 내지 1,000만 원을 줄 테니 촬영한 동영상을 넘기고 A에 대한 공갈을 단념하라고 하면서 을을 만류하였다. 그럼에도 을은 갑의 제안을 거절하고 그 이튿날부터 자신이 촬영한 위 동영상을 A의 핸드폰에 전송하고 전화나 문자메시지 등으로 1억 원을 주지 않으면 여자와 호텔에 들어간 동영상을 가족과 회사에 유포하겠다고 겁을 주어 A로부터 현금 500만 원을 교부받았다(대법원 2012.11.15. 2012도7407 참조). 갑에게 공갈죄의 교사범을 인정할 수 있는가? 아니면 공범관계로부터의 이탈을 인정할 수 있는가?

(2) 공범관계 이탈의 유형과 유형별 이탈의 요건

111 대법원이 인정하고 있는 공범관계의 이탈은 그 이탈의 법효과가 인정되기 위한 요건을 서로 달리 하는 두 가지 유형으로 구별될 수 있다.

112 1) 제1유형 교사자가 피교사자에게 교사행위를 철회한다는 의사표시가 있고, 피교사자도 교사자의 의사에 따르기로 한 경우이다. 이러한 경우에는 교사자에 의해 형성된 피교사자의 결의가 해소된 것이므로 공범관계의 이탈이 인정되고, 교사범 성립 부정을 이탈의 법효과로 인정할 수 있다.

113 2) 제2유형 교사자가 교사행위에 대한 명시적인 철회의사를 표시하였지만, 이에 따른다는 피교사자의 의사가 표시되지 않은 경우이다. 이러한 경우 이탈이 인정되기 위해서 교사자의 교사의 고의는 물론이고 피교사자의 범죄실행의 결의도 해소되었다고 평가될 수 있는 사정이 존재해야 한다. 교사자의 고의소멸을 인정하기 위해서는 제반사정을 객관적·

426) 대법원 2012.11.15. 2012도7407. "교사범이 그 공범관계로부터 이탈하기 위해서는 피교사자가 범죄의 실행행위에 나아가기 전에 교사범에 의하여 형성된 피교사자의 범죄 실행의 결의를 해소하는 것이 필요하고, 이때 교사범이 피교사자에게 교사행위를 철회한다는 의사를 표시하고 이에 피교사자도 그 의사에 따르기로 하거나 또는 교사범이 명시적으로 교사행위를 철회함과 아울러 피교사자의 범죄 실행을 방지하기 위한 진지한 노력을 다하여 당초 피교사자가 범죄를 결의하게 된 사정을 제거하는 등 제반 사정에 비추어 객관적·실질적으로 보아 교사범에게 교사의 고의가 계속 존재한다고 보기 어렵고 당초의 교사행위에 의하여 형성된 피교사자의 범죄 실행의 결의가 더 이상 유지되지 않는 것으로 평가할 수 있다면, 설사 그 후 피교사자가 범죄를 저지르더라도 이는 당초의 교사행위에 의한 것이 아니라 새로운 범죄 실행의 결의에 따른 것이므로 교사자는 형법 제31조 제2항에 의한 죄책을 부담함은 별론으로 하고 형법 제31조 제1항에 의한 교사범으로서의 죄책을 부담하지는 않는다고 할 수 있다."

실질적으로 평가할 때, 교사자가 피교사자의 범행을 방지하기 위한 진지한 노력을 다하여 당초 피교사자가 범죄를 결의하게 된 사정을 제거한 것으로 인정될 것을 요구한다. 다음으로 피교사자의 고의가 소멸되었다고 하기 위해서도 당초의 교사행위에 의하여 형성된 피교사자의 범죄 실행의 결의가 더 이상 유지되지 않는 것으로 평가될 수 있는 객관적·실질적 사정변화가 존재해야 한다.

3) 공모관계 이탈의 요건과의 차이 공범관계의 이탈은 어느 경우든 피교사자가 실행의 착수 이전에서 이탈이 이루어져야 한다는 점에서 공모관계의 이탈과 공통된다. 피교사자에게도 고의 내지 범행결의가 더 이상 유지되지 않는다고 평가할 수 있을 정도의 객관적·실질적 사정변화가 있어야 한다는 점에서도 공모관계의 이탈과 크게 다르지 않다. 공모관계의 이탈도 이탈자가 공모단계에서의 인과적 기여를 객관적으로 제거할 것이 요구되기 때문이다. 그러나 공범관계의 이탈이 인정되기 위해서는 이탈의 의사표시가 항상 '명시적'이어야 하지만, 공모관계의 이탈은 이탈의 의사표시가 묵시적인 경우도 인정될 수 있다는 점에서 양자의 차이가 있다. 114

(3) 공범관계 이탈의 효과

위와 같은 요건이 갖추어지면 피교사자가 범죄행위로 나아갔다고 하더라도 이는 새로운 범행 결의에 의한 것이므로 교사자는 교사범의 죄책을 부담하지 않고, 경우에 따라 형법 제31조 제2항에 따라 예비·음모에 준하여 처벌될 수 있을 뿐이다. 115

判 대법원은 위 사례에서 을은 갑에게 공범관계의 이탈을 부정하고 공갈교사죄의 성립을 인정하였다. 위 사례는 얼핏 보면, 피교사자인 을이 교사자인 갑의 만류의사에 대해 의사를 표시하지 않은 경우로서 두 번째 유형에 속하는 것처럼 보이고, 갑이 적극적이고 명시적으로 의사표시를 통해 고의를 소멸시키려고 한 객관적인 사정도 존재하며, 이러한 일들은 모두 을이 공갈의 실행에 착수하기 전에 전개되었다. 그러나 제2유형의 경우에는 교사자의 고의소멸 뿐 아니라 피교사자의 고의 소멸을 인정할 수 있는 사정(즉 교사행위에 의하여 형성된 피교사자의 범죄 실행의 결의가 더 이상 유지되지 않는 것으로 평가될 수 있는 사정)이 존재해야 공범관계의 이탈이 인정되지만, 을은 이 요건을 충족하지 못했다. 116

더 나아가 대법원은 갑의 교사행위와 을의 공갈죄의 실행행위 사이의 상당인과관계도 인정하였다. 특히 이점은 공범관계의 이탈을 부정하였을 뿐 아니라 갑이 을의 범행을 만류하려는 시도가 인과관계를 단절시킬만한 사유도 되지 못한다고 판시한 원심의 태도를 기반으로 한 것이었다. 문제는 갑이 교사를 통해 을에게 범행결의를 형성하게 하였고, 을이 형성한 애초의 범행 결여를 갑의 만류로 포기시키지 못했음은 갑의 만류이후에 을이 자기 자신의 독자적인 범행 결여를 하였다고 보아야 한다는 점이다. 이러한 경우 을의 독자적 공갈기수의 불법을 교사자인 갑에게 종속시켜 갑에게 공갈기수죄의 교사범 성립을 인정하려면 공범관계의 이탈 부정이라는 소극적 요소만으로는 부족하다. 이탈 부정은 교사자와 피교사자의 불법의 종속성 해체 부정의 사유에 불과하기 때문이다. 앞서 공범의 기초이론에서 설명하였듯이 교사범의 성립을 위해서는 종속적 불법 외에 교사자에게 독자적 불법이 있어야 한다. 위 판시에서 대법원은 공범관계의 이탈 법리뿐 아니라 교사자의 적극적 불법을 근거지우는 추가적 법리도 함께 설시하고 있다. 즉 교사범이 성립하기 위해서는 '교사범의 교사가 정범의 범행에 대한 유일한 조건일 필요는 없으므로, 교사행위에 의하여 피교사자가 범죄 실행을 결의하게 된 이상 피교사자에게 다른 원인이 있어 범죄를 실행한 경우에도 교사범의 성립에는 영향이 없다'는 법리[427]이다.

Ⅲ. 교사의 착오와 불일치

1. 교사의 착오

(1) 교사자의 착오(피교사자에 대한 착오)

117 교사자가 피교사자를 책임능력자로 생각하고 교사행위를 하였으나 실제로 피교사자가 책임무능력자로서 도구와 다를 바 없이 행위한 경우 혹은 그 반대인 경우 교사자의 고의가 인정될 수 있는지가 문제된다.

118 교사자가 피교사자를 책임능력자로 잘못 알았던 경우에는 교사자의 고의가 그대로 인정되어 교사범의 성립에 영향이 없다고 해야 한다. 반대로 피교사자를 책임무능력자로 오인하였으나 실제로 책임능력자였던 경우에는 교사자에게 간접정범의 고의가 인정될 수는 있으나 객관적으로 의사지배가 결격되고 피교사자는 '처벌되는 자'로 되기 때문에 간접정범은 될 수 없고 공범성립여부만 문제된다.

119 책임무능력에 관한 착오와 관련하여 종래 지배적 견해는 피교사자의 책임무능력은 교사자의 고의의 대상이 아니므로 피교사자의 책임무능력에 대한 착오는 교사범의 성립에 영향을 미치지 않는다는 것이었다. 단독범의 경우에는 책임무능력이 고의의 대상이 아님은 맞다. 그러나 가담형태로서 정범(간접정범)과 공범(교사범)의 구별이 문제되는 경우에는 책임무능력사유에 대한 인식은 달리 취급되어야 한다. 피교사자 내지 피이용자의 책임무능력은 간접정범자의 우월적 의사지배에 영향을 미치는 요소이기 때문이다. 따라서 만약 이용자가 책임능력자인 피이용자를 책임무능력자로 오인한 경우라면 자신이 우월한 의사지배를 가지고 타인을 이용하려는 의사, 즉 간접정범자의 수정된 '고의'가 부정되어 간접정범의 성립이 인정될 수 없다는 평가를 거친 후 교사범 성립여부를 심사로 나아가야 한다(이에 관해서는 간접정범의 '우월적 의사지배에 관한' 착오 부분 참조).

(2) 피교사자의 실행행위에 대한 착오

120 피교사자가 실행행위시에 구체적 사실에 대한 방법의 착오를 일으킨 경우에는 교사자에게도 방법의 착오가 된다는 것에는 이견이 없다. 그러나 피교사자가 구체적 사실에 대한 객체의 착오를 일으킨 경우에는 다음과 같은 견해대립이 있다.

121 1) 객체의 착오설 피교사자가 객체의 착오를 일으켰다면 그것은 교사자에게도 일어날 수 있는 착오이므로 객체의 착오를 교사자에게도 귀속시켜야 한다는 견해이다.[428] 교사자는 범행을 교사한 이상 피교사자가 일반적으로 범할 수 있는 착오를 경험칙상 예견할 수 있으므로 그에 대한 책임을 당연히 부담해야 하기 때문이라고 한다. 뿐만 아니라 공범의 종속성에 철저하면 정범자에게 중요하지 않은 착오는 교사자에게도 그 착오의 효과가 동

427) 대법원 1991.5.14. 91도542 참조.
428) 배종대, §50/30; 손동권, §31/26.

일해야 한다는 점도 그 논거로 들고 있다. 이에 의하면 피교사자가 객체의 착오를 범하였어도 교사자의 고의는 조각되지 않는다.

2) 방법의 착오설 피교사자의 객체의 착오는 교사자에게 방법의 착오가 된다는 견해이다.[429] 피교사자의 객체의 착오를 교사자의 입장에서 관찰할 때 행위수단 또는 행위방법의 잘못으로 대상이 빗나가게 된 방법의 착오와 동일한 구조를 가지고 있기 때문이라고 한다. 뿐만 아니라 실제 공격의 대상이 된 피해자는 교사자의 고의내용에 전혀 포함되어 있지 않은 점에서도 방법의 착오의 구조와 동일한 모습을 띠고 있다고 한다. 이에 따르면 피교사자가 방법의 착오를 범한 경우에 교사자의 고의인정 여부는 구체적 부합설을 취하느냐 법정적 부합설을 취하느냐에 따라 달라진다. 122

피교사자의 객체의 착오가 교사자에게 어떤 착오가 되는지의 문제를 구성요건적 착오사례를 해결하는 방안 중 어느 견해를 취하느냐에 따라 결정되는 것으로 접근하는 입장[430]이 있다. 이 입장은 구체적 부합설에 따르면 피교사자의 객체의 착오가 교사자에게 방법의 착오가 되고, 법정적 부합설에 따르면 피교사자의 객체의 착오는 교사자에게 객체의 착오가 된다고 한다. 그러나 구체적 부합설과 법정적 부합설은 행위자의 착오유형이 먼저 결정되고 난 후에 그 착오사례의 경우 부합정도에 따라 고의인정 여부를 결정하기 위한 차원의 학설일 뿐, 착오유형을 결정하는 차원의 이론이 아니다. 따라서 위와 같은 입장은 피교사자의 착오가 교사자에게 어떤 착오가 되는지의 문제를 해결하기 위한 규범적 처방이 될 수 없음을 주의해야 한다. 123

3) 인과과정의 착오설 이러한 사례유형에 대해 인과과정의 착오사례를 해결하는 공식을 적용하거나 객관적 귀속을 전제로 고의귀속을 긍정하는 견해[431]이다. 이에 따르면 교사행위와 피교사자의 실행행위 사이에 불일치가 있긴 하지만 양자의 불일치가 일반적인 생활경험에 따라 예견가능한 범위 내에 있는 경우에는 양자를 다른 행위로 볼 수 없기 때문에, 즉 불일치가 중요하지 않기 때문에 그 불일치를 전혀 고려함이 없이 교사자의 고의를 그대로 인정한다. 독일의 판례도 이러한 태도를 취하고 있다.[432] 124

4) 결론 인과과정의 착오설이나 방법의 착오설은 피교사자가 궁수의 시위를 떠난 기계적 도구인 경우에만 타당한 설명이 될 수 있고 투입된 범행수단 자체가 고의 있는 사람인 경우에는 구조상 차이가 있다. 교사범의 경우는 간접정범의 경우와는 달리 피교사자가 언제나 고의를 가지고 실행행위를 하는 경우이고, 피해자의 동일성 확인을 피교사자에게 맡겨둔 이상 피교사자나 교사자나 착오를 일으킬 가능성은 다를 바 없다고 할 수 있다. 이러한 상황에서 피교사자가 착오를 일으켰다면 그것은 교사자에게도 일어날 수 있었을 착오이므로 이 착오를 교사자에게 귀속시키는 입장인 객체의 착오설이 타당하다.[433] 125

---

429) 김일수/서보학, 644면; 박상기, 442면; 이정원, 399면.

430) 이재상/장영민/강동범, §34/23; 임웅, 452.

431) 조병선, "피교사자의 객체의 착오와 교사자로서의 고의귀속", 법학논집, 청주대학교, 1994, 117면.

432) BGHSt 37, 218. 독일에서는 이른바 로제-로잘 사건(Rose-Rosahl-Fall) 이후 약 130년 이상이 지난 1990년에 제2의 로제-로잘 사건(Hoferben-Fall)이 독일연방재판소에서 다루어지면서 이 문제에 대한 논쟁이 다시 가열되었다. 독일법원은 130년 전이나 후나 결론은 동일하게 교사자의 고의를 조각하지 않았다.

2. 교사자의 교사내용과 피교사자의 실행행위가 불일치하는 경우

(1) 질적 불일치의 경우

126 교사자의 교사내용과 피교사자의 실행행위는 본질적인 면에서 일치하여야 한다. 따라서 피교사자가 교사자의 교사내용과 전혀 다른 범죄구성요건을 실현한 경우와 같이 양자 간에 본질적인 불일치가 있는 경우에는 피교사자의 실행부분에 대해 교사범이 성립하지 않는다. 물론 이러한 경우는 피교사자가 전혀 다른 구성요건을 실현하였으므로 피교사자가 교사행위에 대해 승낙은 했어도 실행의 착수에 이르지 않은 경우라고 할 수 있으므로 교사자를 교사한 범죄의 예비·음모에 준하여 처벌할 수는 있다(형법 제31조 제2항의 효과 없는 교사). 예컨대 절도를 교사하였으나 피교사자가 강간을 한 경우에 교사자는 절도죄의 예비·음모에 준하여 처벌될 수 있는데, 절도죄의 예비·음모는 처벌규정이 없으므로 결국 무죄가 된다.

127 반면에 질적 불일치가 있는 경우에도 그 불일치가 본질적인 불일치가 아닌 한 피교사자의 실행부분에 대한 교사자의 책임이 인정된다.[434] 예컨대 사기를 교사하였는데 피교사자가 공갈죄를 범한 경우에 교사자는 공갈죄의 교사범이 된다.[435]

(2) 양적 불일치의 경우

128 **1) 미달된 경우** 교사자가 교사한 내용(강도죄)보다 피교사자가 실행한 부분이 미달된 경우(절도죄)에는 교사행위와 관련된 부분은 피교사자의 실행행위와 일치되는 한도 내에서만 기수책임을 지고(절도죄의 교사범), 그 잔여부분에 대해서는 실행의 착수조차 없어 실패한 교사로서 예비·음모로 처벌된다(강도죄의 예비·음모). 양자의 법조경합을 인정하는 견해[436]가 있으나 한 개의 교사행위가 보호법익을 달리하는 두 개의 죄에 해당하는 경우이므로 양죄의 상상적 경합을 인정하는 것이 타당하다(다수설). 그러나 실패한 교사에 해당하는 죄의 예비·음모죄가 피교사자에 의해 실행된 범죄에 비해 가벼운 경우에는 전자가 후자에 흡수되므로 그 실행된 범죄의 교사범 성립만 인정된다.

129 **2) 초과 실행한 경우** 피교사자가 교사자의 고의내용을 넘어서는 행위를 한 경우(양적 초과)일지라도 교사자는 자기의 고의범위 내에서만 책임을 진다(공동정범의 경우와 동일). 예컨대 교사자는 절도를 교사했는데 피교사자가 강도죄를 범한 경우 교사자는 절도교사의 죄책을 지게 된다.

130 **3) 결과적 가중범의 교사범** 피교사자가 초과실행한 경우 중에 특히 결과적 가중범

---

433) 다만 피교사자의 객체의 착오가 피교사자의 귀책사유로 인한 경우에는 그 결과를 교사자의 고의로 귀속시킬 수는 없다(신양균, "정범의 객체의 착오와 교사자의 책임", 형사법연구 제25호, 2006, 240면).

434) 이재상/장영민/강동범, §34/21.

435) BGHSt, 19, 339.

436) 오영근, §34/63.

에 대한 교사범을 인정할 수 있는지가 문제된다.

① 긍정설 교사자가 실제로 중한 결과의 발생을 예견하지 못했더라도 중한 결과에 대한 예견가능성이 있었다고 판단되면 결과적 가중범의 교사를 인정할 수 있다는 견해이다(다수설)중한 결과에 대한 책임을 주된 행위자(피교사자)의 고의 또는 과실을 기준으로 할 것이 아니라 교사자의 과실을 기준으로 하여 판단하여야 한다는 점을 근거로 한다. 131

② 부정설 결과적 가중범에 관한 총칙규정(형법 제15조 제2항)은 정범에 관한 규정이므로 이를 공범인 교사범에게 적용하면 피고인에게 불리한 유추적용이 됨을 이유로 교사범의 경우에는 결과적 가중범의 성립을 부인해야 한다는 견해이다.[437] 132

③ 판례 대법원은 공동정범의 경우와 마찬가지로 교사자가 중한 결과에 대해 예견가능성이 있을 것을 요건으로 하여 교사자에게 결과적 가중범의 교사범을 인정한다. 133

> 判 "교사자가 피교사자에 대하여 상해 또는 중상해를 교사하였는데 피교사자가 이를 넘어 살인을 실행한 경우 일반적으로 교사자는 상해죄 또는 중상해죄의 교사범이 되지만 이 경우 교사자에게 피해자의 사망이라는 결과에 대하여 과실 내지 예견가능성이 있는 때에는 상해치사죄 교사범으로서의 죄책을 지울 수 있다."[438] 134

④ 결론 피교사자의 행위가 최소한 고의에 의한 위법한 행위일 것을 전제로 하는 제한종속형식의 취지를 충실하게 따르면 결과적 가중범의 교사범의 성립을 부정해야 한다고도 할 수 있을 것이다. 그러나 결과적 가중범에 있어서 과실로 범해진 중한 결과는 기본범죄에 내포되어 있는 고유한 위험이 실현된 것이므로 결과적 가중범의 핵심적 불법요소는 고의로 범한 기본범죄에 있다고 해야 한다. 따라서 결과적 가중범에 대해서도 교사자에게 중한 결과에 대한 예견가능성이 인정되는 한 교사범이 성립할 수 있다고 하는 것이 타당하다. 135

Ⅳ. 교사범의 처벌

피교사자를 교사하여 죄를 범하게 한 교사자는 죄를 실행한 자와 동일한 형으로 처벌된다(형법 제31조 제1항). 여기서 '죄를 실행한 자와 동일한 형'이란 피교사자가 범한 범죄에 정해져 있는 법정형을 의미한다. 피교자인 정범의 법정형에 몰수나 추징이 부과되어 있으면 교사자에 대해서도 몰수나 추징을 부과할 수 있다.[439] 선고형까지 피교사자의 그것과 같아야 하는 것 136

---

437) 오영근, §34/67. 교사자는 원칙적으로 기본범죄에 대해서만 책임을 져야 하고, 중한 결과에 대한 예견가능성이 인정되는 경우에는 중한 결과에 대한 과실범의 책임을 지게 되어 양자의 상상적 경합을 인정해야 한다고 한다.

438) 대법원 1993.10.8. 93도1873.

439) 대법원 1985.6.25. 85도652. "관세법 제198조 제3항은 몰수할 물품의 전부 또는 일부를 몰수할 수 없을 때에는 그 몰수할 수 없는 물품의 범칙 당시의 국내도매가격에 상당한 금액을 범인으로부터 추징한다라고 규정되어 있는 바 여기서 말하는 범인의 범위는 공동정범자뿐만 아니라 종범 또는 교사범도 포함된다."

은 아니다.

137 공범종속성은 성립상의 종속을 의미하는 것이지 처벌의 종속성을 의미하는 것은 아니므로 제한종속형식에 따를 경우 피교사자의 행위가 책임조각사유에 해당하여 처벌되지 않는다고 해서 교사자까지 처벌되지 않는 것은 아니다. 이 경우 교사자는 피교사자가 실행한 구성요건상의 법정형을 기준으로 처벌된다.

Ⅴ. 중지미수와 교사범

138 교사자가 실행에 착수한 피교사자의 행위를 자의로 중지시키거나 결과발생을 방지한 때에는 교사자에게도 중지미수가 인정될 수 있다. 그러나 교사자가 자신의 교사행위를 자의로 중지하거나 자의로 결과발생을 방지하는 행위만으로는 부족하고 피교사자의 행위도 미수에 그쳐야 한다.

Ⅵ. 예비·음모죄에 대한 교사범

139 필요적 공범에 해당하는 구성요건 실현과 관련하여 교사자가 내부가담자인 경우를 제외하고는 원칙적으로 모든 범죄에 대해 교사범의 성립이 인정될 수 있다. 예컨대 살인하려고 칼을 준비한 자에 대해 총이 더 유용하다고 하면서 총을 준비하도록 조언하는 경우와 같이 예비·음모죄에 대해서도 교사범이 성립할 수 있는지가 문제된다.

140 이론적으로는 예비·음모죄의 법적 성질을 독립된 범죄유형으로 보는 입장은 교사범성립을 긍정하고, 수정된 구성요건으로 보는 입장은 교사성립을 부정할 수 있다. 그러나 예비·음모죄의 법적 성격과 무관하게 죄형법정주의 원칙상 예비·음모죄에 대한 교사범의 성립은 부정되어야 한다. 일반적인 구성요건적 실행행위와 같은 정형성을 갖추지 못한 예비·음모죄의 행위에 그 수단방법에 제한이 없어서 일반 구성요건의 실행행위성을 갖출 필요가 없는 또 다른 비정형적인 교사행위가 결합되면 행위자의 행위가 무정형에 가까워지기 때문이다.

141 判 형사재판에서 아직 예비·음모죄에 대한 교사가 쟁점화된 경우는 없다. 그러나 예비죄의 공동정범은 인정하면서도 예비죄의 방조범을 부정하는 대법원의 태도에 따르면 예비죄의 교사범도 부정하는 태도를 취할 것으로 보인다.

Ⅶ. 신분범과 교사범

142 신분 없는 자가 신분 있는 자로 하여금 신분범죄를 범하도록 교사한 경우에 형법 제33

조의 적용을 통해 교사자도 신분범죄의 교사범이 성립할 수 있다. 문제의 신분범죄가 부진정 신분범(가중적 신분범)에 해당하는 경우에도 비신분자는 가중적 신분범의 교사범 성립은 인정되지만 제33조 단서가 적용되어 보통범죄의 법정형을 기준으로 처벌된다. 이에 관해서는 제33조(공범과 신분)의 해석론 참조.

제 3 절 방조범(幇助犯)

> 제32조(종범) ① 타인의 범죄를 방조한 자는 종범으로 처벌한다.
> ② 종범의 형은 정범의 형보다 감경한다.

Ⅰ. 방조범의 의의

제32조 제1항은 "타인의 범죄를 방조한 자"를 종범(방조범)이라고 한다. 여기서 방조행위란 피방조자가 범죄를 한다는 사실을 알면서 그 실행행위를 조장하거나 용이하게 하는 행위를 말한다. 방조는 피방조자가 이미 범죄를 범할 결의를 하고 있다는 점에서 교사와 구별된다. 방조범도 죄를 범하는 타인, 즉 각칙의 구성요건을 실현하는 피방조자(정범)의 존재가 전제되어야 한다. 방조범도 피방조자의 구성요건적 불법에 종속하여 성립한다(공범종속성). 143

Ⅱ. 방조범의 성립요건

방조범의 불법이 스스로 구성요건을 실현하지 않는 행위를 하지 않은 방조자의 불법에 종속시킬 수 있는 것은 방조자의 '방조행위' 때문이다. 공범종속성의 인정에 따라 방조범의 불법은 ① 피방조자가 실현한 불법이 방조자의 불법으로 귀속된 '종속적 불법'과 ② 방조자의 '방조행위'가 만들어낸 '독자적 불법'으로 구성된다. 반면에 방조범의 책임을 인정하기 위해서는 피방조자에게 책임이 인정되는지와 무관하게 방조자 자신의 독자적 책임비난이 근거지워져야 한다. 144

방조행위가 방조범의 범죄성립요건을 충족시키기 위해서는 형법각칙의 구성요건과 총칙상의 방조에 관한 규정(형법 제32조 제1항)이 결합되어 만들어진 '수정된 방조범의 구성요건'에 해당해야 하고 위법성조각사유와 책임조각사유에 해당하지 않아야 한다. 145

형법 제32조 제1항에 의하면 방조범의 구성요건은 '방조행위'와 '피방조자의 구성요건적 실행행위'라는 두 개의 큰 축을 중심으로 이루어져 있다. 146

1. 방조자의 방조행위

(1) 방조행위의 방법

147 형법상 방조행위는 정범이 범행을 한다는 정을 알면서 그 실행행위를 용이하게 하는 직접·간접의 모든 행위를 가리킨다. 직접적 방조행위는 유형적·물질적인 차원의 방조를 말하고, 간접적 방조행위는 정범에게 범행의 결의를 강화하도록 하는 것과 같은 무형적·정신적 방조를 말한다.[440)]

148 1) 무형적·정신적 방조행위 정신적 방조행위란 기술적 조언이나 격려 등을 통해 범행결의를 강화하여 피방조자의 실행행위를 용이하게 하는 행위를 말한다.[441)] 예컨대 방조자가 존재한다는 사실 그 자체가 피방조자에게 고도의 심리적 안정감을 주거나 범행결의를 강화시키는 경우 등이 이에 해당한다. 그러나 정신적 방조라는 형태를 지나치게 넓게 인정함으로써 방조의 가벌성을 확장하는 결과를 가져오게 해서는 안 된다. 따라서 정신적 방조행위로 인정되기 위해서는 이미 존재하고 있는 피방조자의 범행결의에 방조행위가 작용을 하여 범행실현에 실제로 영향을 미쳐야 한다.[442)]

149 判 대법원은 '덕적도 핵폐기장 설치 반대시위의 일환으로 행하여진 대학생들의 인천시청 기습점거시위에 대하여 전혀 모르고 있다가 시위 직전에 주동자로부터 지시를 받고 시위현장 사진촬영행위를 한 행위'에 대해 시위행위에 대한 공동정범으로서의 범의는 부정하였지만, 방조범의 성립은 인정하였다.[443)] 직접적으로 시위행위 그 자체를 물리적으로 돕지 않았더라도 사진촬영을 통해 시위행위자에 대한 정신적인 지원을 하였다는 점을 정신적 방조의 인정근거로 삼은 것으로 보인다. 그러나 단순한 사진촬영이 시위행위자들에 행위를 용이하게 하거나 그 결의를 강화하는데 영향을 미친 것이라고 단정하기는 어려울 것으로 보인다.

150 2) 작위범에 대한 부작위에 의한 방조 정범이 작위범인 경우 부작위에 의한 방조가 인정되는지에 대해서 ① 부정설은 부작위에 의한 교사를 부정하는 태도와 일관되게 부작위에 의한 방조도 부정하지만, ② 긍정설은 부작위에 의한 교사의 경우와는 달리 부작위에 의한 방조는 긍정할 수 있다는 태도를 취한다(다수설).

151 특히 긍정설은 정범이 작위범인 경우 그 범행결과를 방지할 '의무있는 자'가 부작위로써 정범의 범행을 용이하게 하게 하거나 정범의 범행을 촉진하는 경우 그 행위 기여가 공동정범으로 인정될 수 없는 경우에는 방조가 성립할 수 없기 때문에 부작위에 의한 방조를 부
152 정할 이유가 없다. 물론 이 경우 부작위행위를 하고 있는 방조자에게는 정범의 범죄적 결과를 방지할 작위의무라는 요건 외에 결과방지를 할 수 있는 사실상의 작위(개별적)가능성

---

440) 대법원 1997.1.24. 96도2427. "형법상 방조행위는 정범이 범행을 한다는 정을 알면서 그 실행행위를 용이하게 하는 직접·간접의 모든 행위를 가리키는 것으로서 유형적, 물질적인 방조뿐만 아니라 정범에게 범행의 결의를 강화하도록 하는 것과 같은 무형적, 정신적 방조행위까지도 이에 해당한다."

441) 대법원 1997.1.24. 96도2427.

442) 이용식, "무형적·정신적 방조행위의 인과관계", 형사판례연구(9), 2001, 209면.

443) 대법원 1997.1.24. 96도2427.

및 그 부작위가 작위와의 상응성 요건까지 추가적으로 인정되어야 한다.[444)]

判 대법원도 정범의 실행행위가 작위일 경우 이를 방조하는 자가 작위의무 있을 것을 조건으로 하여 부작위에 의한 방조를 인정한다.[445)] 153

3) 부작위범에 대한 부작위에 의한 방조 정범이 부작위범(부진정부작위범)인 경우에도 부작위에 의한 방조가 인정될 수 있는지에 대해 앞서 살펴보았듯이 ① 부작위로써 타인의 부작위범죄에 가담하는 행위는 모두 정범이 되어야 한다고 한다는 부정설이 있지만, ② 정범의 행위가 작위범인 경우와 마찬가지로 부작위범인 경우에도 부작위자 가담자에게 행위지배가 없으면 방조범 성립에 문제가 없다. 특히 이 경우 정범의 부진정부작위범이 신분범죄이므로 부작위 방조자에게 '작위의무자'라는 신분적 요소가 없더라도 형법 제33조의 적용을 통해 부작위에 의한 방조범(교사범 또는 공동정범)의 성립이 인정된다. 154

4) 과실에 의한 방조행위 교사의 경우와 마찬가지로 방조도 고의행위에 의해 국한되고 과실행위에 의한 방조는 인정될 수 없다. 방조개념의 본질상 피방조자의 범행을 조장하고 촉진하기 위해서는 피방조자의 실행행위와 관련해서는 물론이고 자신이 스스로 방조행위를 한다는 사실을 인식하고 그것을 의욕해야 하기 때문이다. 155

5) 간접방조(방조의 방조, 교사의 방조, 방조의 교사) 방조자가 정범의 실행행위를 직접 방조하지 않고 정범이 아닌 자를 통하는 등의 방법으로 정범의 실행행위에 대해 방조행위를 하는 경우, 즉 간접방조의 경우도 방조범의 성립이 인정될 수 있는지가 문제된다. 간접방조에 해당할 사례유형으로 방조의 방조, 교사의 방조, 방조의 교사 등이 있다. 156

① 방조의 방조 타인의 방조행위를 방조하는 것을 방조의 방조(방조범에 대한 방조)라고 한다. 방조의 방조는 제1의 방조범에 대한 방조행위 그 자체가 정범(직접행위자)에 대한 방조행위로 인정될 경우 방조범에 해당할 수 있다. 제2의 방조행위가 제1의 방조자의 행위에만 영향을 미치는데 그치지 않고 제1의 방조자를 도와 간접적으로나마 정범의 실행행위에 영향을 미치는 경우에 한하여 방조의 방조가 정범(직접행위자)에 대한 방조행위로 인정되어 제2의 방조범이 성립할 수 있다.[446)] 제2의 방조행위가 단순히 제1의 방조범에 대한 방조에 그치는 경우에도 방조범의 성립을 인정한다면 공범의 구성요건적 정형성이 결여되어 '공범에 대한 공범'을 인정하는 결과가 되고 말기 때문이다. 157

---

444) 특히 정범이 작위범인 경우 부작위에 의한 가담이 정범에 해당하는지 공범(방조)에 해당하는지는 부작위의 상응성 요건이 기준이 된다는 견해(이용식, "부작위에 의한 정범과 공범의 구별", 서울대 법학 제40권 제2호, 1999, 284면)가 있다. 이 견해는 문제의 부작위가 작위에 의한 정범에 상응하면 부작위 정범이 되고, 작위에 의한 공범에 상응하면 부작위 공범(방조)가 된다고 한다. 상응성 요건외에도 가담자의 주관적 요건이 보다 결정적 기준이 되어야 할 것이다.

445) 대법원 1996.9.6. 95도2551. "형법상 방조는 작위에 의하여 정범의 실행을 용이하게 하는 경우는 물론, 직무상의 의무 있는 자가 정범의 범죄행위를 인식하면서도 그것을 방지하여야 할 제반조치를 취하지 아니하는 부작위로 인하여 정범의 실행행위를 용이하게 하는 경우에도 성립된다."

446) 김일수/서보학, 653면; 손동권, §32/27; 배종대, §143/2; 이재상/장영민/강동범, §35/20; 임웅, 480면.

158 判 대법원이 간접적인 방조는 인정하지만, '방조의 방조'의 경우는 어떤 조건하에서 방조범으로 인정되는지에 관한 판례는 없다. "정범이 범행을 한다는 점을 알면서 그 실행행위를 용이하게 한 이상 그 행위가 간접적이거나 직접적이거나를 가리지 않으며 이 경우 정범이 누구에 의하여 실행되어지는가를 확지할 필요가 없다"[447] 판시내용을 두고 '방조의 방조'를 인정하는 것으로 평석하는 견해[448]도 있다. 그러나 위 판시내용은 정범의 실행행위를 간접적인 방법으로 방조하는 경우에도 방조범이 성립할 수 있다는 취지이지, 이른바 간접방조의 일종인 방조의 방조까지 아무런 조건없이 인정하는 취지의 내용으로 보기는 어렵다. 간접적인 방조는 정범의 실행행위를 간접적인 방법으로 방조하는 경우로서 제2방조행위자가 제1방조행위자(방조범)를 아무런 '조건'(즉 그 행위가 간접적으로나마 정범의 실행행위에 대해 도움이 되어야 할 조건)없이 방조하는 경우까지 포함하는 개념은 아니기 때문이다.

159 ② 교사의 방조 교사범을 방조하는 것도 위와 같은 이유에서 교사의 방조(교사범에 대한 방조)가 정범(직접행위자)의 실행행위에 영향을 미친 경우에만 방조범의 성립이 인정될 수 있다.[449]

160 ③ 방조의 교사 (구) 형법은 방조의 교사(방조범에 대한 교사)에 대해 방조범의 예에 준하도록 규정하였으나 현행 형법은 이를 삭제하였다. 따라서 이러한 경우를 처벌할 것인지가 문제되는데, 방조를 교사한 자도 '방조자를 도와 정범의 실행행위에 영향을 미쳤다는 점이 인정될 것이라는 조건'하에서는 실질적으로 정범을 방조한 것이 되어 방조범으로 인정될 수 있다.[450]

161 例 **방조를 인정한 판례:** ① 증권회사 직원들이 부정인출된 주식을 관리·운용해 준 경우(대법원 1995.9.29. 95도456), ② 부동산소개업자로서 부동산의 등기명의수탁자가 그 명의신탁자의 승낙없이 이를 제3자에게 매각하여 불법영득하려고 하는 점을 알면서도 그 범행을 도와주기 위하여 수탁자에게 매수할 자를 소개해 준 경우(대법원 1988.3.22. 87도2585), ③ 정범이 변호사법 위반행위를 하려 한다는 정을 알면서 자금능력 있는 자를 소개하고 교섭한 경우(대법원 1982.9.14. 80도2566), ④ 도박하는 자리에서 도금으로 사용하리라는 점을 알면서 채무변제조로 금원을 교부한 경우(대법원 1970.7.28. 70도1218), ⑤ 살인할 것을 알고 그에 소요되는 비용을 제공한 경우(대법원 1947.12.30. 4280형상131), ⑥ 자동차운전면허가 없는 자에게 승용차를 제공하여 그로 하여금 무면허운전을 하게 한 경우(대법원 2000.8.18. 2000도1914), ⑦ 의사가 입원치료를 받을 필요가 없는 환자들이 보험금 때문에 입원치료를 받으려는 사실을 알면서도 입원을 허가하여 형식상으로 입원치료를 받도록 한 후 입원확인서를 발급해 준 경우(대법원 2006.1.12. 2004도6557: 사기죄의 방조), ⑧ 인터넷 포탈 사이트 내 오락채널의 총괄팀장과 운영직원이 콘텐츠제공업체들이 게재하는 음란만화를 삭제하지 않은 경우(대법원 2006.4.28. 2003도4128 : (구)전기통신법 제48조의2 위반죄의 방조), ⑨ (소리바다) 서비스 운영자가 P2P 프로그램을 이용하여 음악파일(MP3파일)을 공유하는 서버를 설치·운영하는 행위가 저작권법에 위배된다는 경고와 서비스중단 요청을 받고도 이를 계속한 경우(대법원 2007.12.14. 2005도872: 구 저작권법상 복제권침해행위의 방조) 등.

162 例 **방조를 부정한 판례:** ① 사위 기타 부정한 방법으로 관세를 포탈하는 범행을 하는 세관원에게 '잘 부

447) 대법원 1997,9.28. 76도4133.

448) 이재상/장영민/강동범, §35/20.

449) 김일수/서보학, 653면; 손동권, §32/27; 배종대, §143/3; 이재상/장영민/강동범, §35/21; 임웅, 480면. 다만 기도된 방조는 불가벌이기 때문에 피교사자가 실행에 착수하였을 것을 요한다.

450) 기도된 교사·방조의 단계를 지나 교사에 응하여 실제로 방조범이 정범에 종속·성립하는 경우에 한하여 교사자를 방조범으로 취급할 수 있을 것이다(손동권, §32/27; 이재상/장영민/강동범, §35/25.).

탁한다'는 말을 한 경우(대법원 1971.8.31. 71도1404), ② 이미 스스로 입영기피를 결심하고 집을 나서는 자에게 이별을 안타까워하는 뜻에서 '잘 되겠지 몸조심하라'하고 악수를 나눈 경우(대법원 1971.4.12. 82도43), ③ 미성년자인지 여부의 판단과 클럽의 출입허용여부를 2층 출입구에서 주인이 결정하게 되어 있었던 경우 종업원이 미성년자인 손님들을 단순히 출입구로 안내한 경우(대법원 1984.8.21. 84도781) 등.

(2) 방조행위의 시기

방조행위는 이미 범행결의를 한 자의 행위를 조장 또는 촉진하는 행위이기 때문에 방조가 인정되려면 최소한 피방조자의 행위가 실행의 착수는 인정되어야 한다(양적 종속원칙참조). 그러나 방조자가 피방조자의 예비행위를 방조한 때에도 i) 피방조자가 그 후에 실행의 착수로 나아갔고, ii) 방조자의 행위기여가 정범의 실행행위에도 미쳤다면 방조가 가능하다. 163

判 대법원도 공범종속성원칙에 따라 피방조자가 실행의 착수가 없는 이상 방조행위가 원칙적으로 인정될 수 없다고 하면서도,[451] 방조자가 장래의 실행행위를 예상하고 실행의 착수 전에 방조를 하였고 그 이후 정범이 실행의 착수로 나아가면 방조를 인정한다.[452] 164

피방조자인 정범의 실행에 착수한 후 기수에 이를 때까지는 물론이고, 기수에 이른 후에도 그 범죄행위가 종료되기 전이라면 방조범의 성립이 가능하다(이른바 사후방조). 방조행위는 정범자의 범행을 용이하게 하거나 기회를 촉진시키는 행위에 그치지 않고, 정범의 법익침해를 강화하는 것도 방조행위에 포함될 수 있기 때문이다. 165

判 대법원도 피방조자인 정범의 실행행위가 착수 후라면 기수에 이르기 전단계에서도 방조가 가능하고,[453] 기수에 이른 후에는 범행 종료 전이라면 방조범이 성립할 수 있다고 태도를 취한다.[454] 166

그러나 실질적인 법익침해상태가 끝난 범행종료 후에는 방조범이 성립할 수 없다. 범죄종료 후의 방조는 범인은닉죄, 증거인멸죄, 장물취득죄와 같이 범죄가 종료된 후의 행위가 형법상의 다른 범죄구성요건을 충족시킬 때에만 독립된 범죄의 정범으로 처벌된다. 167

---

451) 대법원 1979.2.27. 78도3113. "방조죄는 정범의 범죄에 종속하여 성립하는 것으로서 방조의 대상이 되는 정범의 실행행위의 착수가 없는 이상 방조죄만이 독립하여 성립될 수 없다."

452) 대법원 1997.4.17. 96도3377. "종범은 정범의 실행행위 중에 이를 방조하는 경우는 물론이고 실행의 착수 전에 장래의 실행행위를 예상하고 이를 용이하게 하는 행위를 하여 방조한 경우에도 정범이 그 실행행위에 나아갔다면 성립한다."

453) 대법원은 특히 '유괴 후 금품요구사건'에서 "타인이 미성년자를 약취·유인한 행위에는 가담한 바 없다 하더라도 사후에 그 사실을 알면서 약취·유인한 미성년자를 부모 기타 그 미성년자의 안전을 염려하는 자의 우려를 이용하여 재물이나 재산상의 이익을 취득하거나 요구하는 타인의 행위에 가담하여 이를 방조한 때에는 단순히 재물 등 요구행위의 종범이 되는 데 그치는 것이 아니라 종합범인 위 특정범죄가중처벌 등에 관한 법률 제5조의2 제2항 제1호 위반죄의 종범에 해당한다"고 하여 아직 기수에 이르지 못한 선행행위자의 '유괴 후 금품요구죄'에 가담한 후행가담자를 이 죄의 방조범으로 인정하였다(대법원 1982.11.23. 82도2024).

454) 대법원 1982.4.27. 82도122. "진료부는 환자의 계속적인 진료에 참고로 공하여지는 진료상황부이므로 간호보조원의 무면허진료행위가 있은 후에 이를 의사가 진료부에다 기재하는 행위는 정범의 실행행위 종료 후의 단순한 사후행위에 불과하다고 볼 수 없고 무면허의료행위의 방조에 해당한다."

(3) 방조행위와 피방조자의 실행행위 사이의 인과관계

168 어떤 행위가 방조행위로 인정되기 위해서는 그것이 반드시 피방조자의 실행행위의 원인이 된 경우이어야 하는지가 문제된다. 방조와 피방조자의 실행행위 간의 인과관계 문제는—특히 정신적 방조의 경우—방조행위의 본질문제와 직결되어 있다. 여기서 문제되는 인과관계는 방조행위와 피방조자의 실행행위 그 자체의 인과적 관련성을 의미하는 것이지 방조행위와 피방조자의 실행행위에 의한 구성요건적 결과간의 인과적 관련성을 의미하는 것이 아님을 주의해야 한다.

1) 인과관계의 필요 여부

169 ① 인과관계 불필요설 피방조자의 범죄실행을 촉진시키거나 용이하게 하는 행위가 있으면 방조행위가 되고, 방조행위가 피방조자의 실행행위를 결과로 하는 원인(조건설적 의미의 원인)이 되어야 하는 것은 아니라고 한다.[455] 종래 이러한 견해를 촉진설이라고 불러왔다.

170 이외에도 방조범을 위험범으로 이해하여 방조행위가 피방조자에 의한 구체적인 법익침해의 위험을 실현할 필요가 없고 구성요건에 의하여 보호되는 법익에 대한 추상적 또는 구체적 위험을 야기하기만 하면 족하다는 위험범설 또는 방조가 피방조자의 범행에 대한 인과적 원인이 될 필요는 없고 결과발생에 대한 위험을 증대시키기만 하면 충분하다는 위험증대설도 불요설로 분류될 수 있다. 이에 따르면 단순히 '기도된 방조'도 방조범이 성립하게 된다. 예컨대 절도범에게 열쇠를 건네주었지만 문이 이미 열려 있었기 때문에 그 절도범이 그 열쇠를 사용하지 않은 경우에도 열쇠를 건네 준 행위가 절도범의 방조로 된다.

171 ② 인과관계 필요설 방조범의 성립을 위해서는 피방조자의 실행행위를 촉진하거나 용이하게 할 정도의 방조행위가 객관적으로 존재하기만 할 것이 아니라 방조행위가 실제로 영향을 미쳐 피방조자가 방조행위로 인해 피방조자의 실행행위가 실제로 촉진되거나 용이하게 되는 '사실'도 존재할 것을 요구하는 견해이다(다수설). 공범의 처벌근거가 타인의 불법을 야기·촉진시킨 데 있으므로 방조행위가 피방조자의 실행에 아무런 영향을 끼치지 못한 경우까지 공범으로 처벌될 수 없음을 근거로 한다.

172 ③ 판례의 태도 종래 대법원은 방조행위의 인과관계에 대해 명확히 태도를 밝힌 바 없지만, 독립된 정범형식의 구성요건인 간첩방조죄의 경우 '방조'가 되려면 간첩활동을 용이하게 한 사실 자체가 존재할 것을 요구한 판결만 존재했다.[456] 이 판결을 두고 대법원의 입장에 대한 평가가 엇갈렸지만, 그 판시내용에 '피방조자의 실행행위를 용이하게 한 사실이 인정되어야 한다'는 대목에 초점을 맞추면 대법원도 필요설에 입각했던 것으로 이해할 수

---

455) 김성천/김형준, 550면.

456) 대법원 1967.7.31. 66도1661. "북괴간첩에게 숙식을 제공하였다고 하여 반드시 간첩방조죄가 성립된다고는 할 수 없고 행위자에게 간첩의 활동을 방조할 의사와 숙식제공으로서 간첩활동을 용이하게 한 사실이 인정되어야 한다."

있다.

判 최근 대법원은 "구성요건적 결과발생의 기회를 현실적으로 증대함으로써 정범의 실행행위를 용이하게 하고 (공중송신권이라는) 법익침해를 강화·증대하였다고 평가할 수 있는 경우"를 방조행위로 인정하였다.[457] 이러한 판시내용을 보면 결국 대법원이 방조행위의 본질이 정범의 실행행위를 '현실적으로'으로 용이하게 하거나 그 법익침해를 강화 및 증대시키는 데 있는 것임을 확인해 주고 있는 동시에 인과관계 필요설적 태도를 확인해 주고 있는 것으로 평가할 수 있게 되었다.[458] 173

특히 "침해 게시물 등에 연결되는 링크를 영리적·계속적으로 제공한 정도에 이르지 않은 경우 등과 같이 방조범의 고의 또는 링크 행위와 정범의 범죄 실현 사이의 인과관계가 부정될 수 있거나 법질서 전체의 관점에서 살펴볼 때 사회적 상당성을 갖추었다고 볼 수 있는 경우에는 공중송신권 침해에 대한 방조가 성립하지 않을 수 있다"는 대법원 판시문에서는 '인과관계'를 방조범 성립의 요건 중의 하나로 인정하는 태도가 명시적으로 표명되어 있다.

④ 결론 인과관계 불필요설에 의하면 i) 방조행위의 범위가 지나치게 넓어지게 되어 정신적 방조행위의 인정 한계선도 그을 수 없게 된다. 또한 ii) 구성요건실현에 현실적으로 아무런 영향을 미치지 못한 촉진행위를 방조범의 기수로 처벌할 때에는 가벌적인 방조의 기수와 기도된 방조의 구별이 불가능하게 되고, iii) 피방조자에게 아무런 영향을 주지 않은 방조행위를 한 경우에도 방조범이 성립하므로 이는 결국 공범의 종속성에 반한다. 따라서 방조행위는 있었지만 그것이 피방조자의 범행에 어떠한 효과를 미쳤다는 관련성이 없는 경우에는 방조의 기수가 아니라 기도된 방조가 되어 불가벌이 된다고 해야 한다.[459] 174

2) 인과관계의 내용

인과관계 필요설에 따를 경우 방조행위가 정범의 실행행위에 현실적으로 어느 정도로 영향을 미칠 것이 요구되는지에 대해서는 견해가 일치되어 있지 않다. 175

① 결과야기설 방조행위의 인과관계에 대해서 정범행위의 인과관계론을 그대로 적용하여 합법칙적 조건관계가 있거나,[460] 상당인과관계가 있으면 족하다[461]는 견해이다. 176

② 기회증대설 방조행위와 정범의 실행행위사이에 사실상의 인과관계가 존재하여야 함을 전제로 하면서 이를 다시 규범적으로 제한하여야 한다는 견해이다.[462] 이에 의하면 177

457) 대법원은 위 판시에서 '저작권법상의 공중송신권의 침해에 해당하는 영상저작물을 인터넷상에 게시하는 정범의 행위를 알면서도 그에 연결되는 링크를 거는 행위는 어떠한 경우에도 공중송신권 침해의 방조행위에 해당하지 않는다는 종전 판례를 변경하였다. 즉 대법원은 단순 링크행위를 넘어서서 침해 게시물 등에 연결되는 링크를 인터넷 사이트에 '영리적·계속적으로 게시하는 등'으로 공중의 구성원이 개별적으로 선택한 시간과 장소에서 침해 게시물에 쉽게 접근할 수 있도록 하는 정도의 링크 행위를 한 경우에는 침해 게시물을 공중의 이용에 제공하는 정범의 범죄를 용이하게 하므로 공중송신권 침해의 방조가 되는 것이고 하였다.

458) 대법원 2021.9.9. 2017도19025 전원합의체.

459) 이용식, "무형적·정신적 방조행위의 인과관계", 형사판례연구(9), 2000, 216면.

460) 이재상/장영민/강동범, §35/11.

461) 배종대, §141/6.

462) 김일수/서보학, 650면; 손동권, §32/10; 신동운, 603면.

방조행위와 정범의 실행행위 사이에 사실적 의미의 인과성이 필요하지만, 구성요건적 결과발생을 가능·용이하게 하거나 또는 강화하거나 확실하게 하는 사정도 객관적으로 존재해야 방조행위로 평가될 수 있다고 한다. 그러므로 결과발생의 기회를 감소시킨 경우나 위험을 감소시킨 경우는 방조행위로 평가될 수 없다고 한다.

178 ③ 결론(중립적 방조행위와 객관적 '행위'귀속) 일반 구성요건이 수정된 방조범 구성요건에서는 피방조자(정범)의 실행행위가 곧 방조행위의 구성요건적 결과가 된다. 이에 따르면 피방조자의 독립된 구성요건 실행행위 및 그 결과를 방조자의 책임으로 돌리기 위해서는 사실적 차원의 인과관계 인정 또는 방조행위가 피방조자의 실행행위 및 그로 인한 결과발생의 기회가 현실적으로 증대된 것만으로는 부족하다. 특히 매매 등 일상생활에서의 거래관계는 항상 상대방의 행위실행 및 결과발생의 기회를 증대시키기 마련이므로 반가치성이 결여된 '중립적 행위' 또는 '일상적 행위'마저도 불법적 방조행위에 포함시켜 가발성을 확장할 우려가 있기 때문이다.

179 이와 같이 이른바 중립적 행위들을 반가치적 불법구성요건적 방조행위에서 배제해내기 위해서는 방조개념에 대한 규범적 평가적 차원의 접근이 필요하다(구성요건론에서 객관적 귀속이론 중 결과귀속과 구별되는 행위귀속의 전제조건 참조).

180 이를 위해서는 당해 구성요건에서 보호되는 법익에 대한 위험을 발생시키지 않거나 위험을 감소시키거나 또는 법적으로 허용되는 위험을 창출시키는 경우(예, 사회적으로 상당성이 인정되는 행위)는 형법적 방조행위를 부정해야 한다. 법익에 대한 위험을 증대(강화)시키는 경우에만 정범의 실행행위가 방조자의 방조행위로 객관적으로 귀속될 수 있다고 해야 한다.

181 判 대법원도 방조행위의 본질 내지 방조행위와 정범의 실행행위 사이의 형법적 인과관계를 이러한 차원에서 파악하여 일상적 행위 또는 중립적 행위를 방조행위에서 배제하는 태도를 취한다. 이 점은 대법원이 앞의 공중송신권 침해행위에 이르는 타인의 사이트에 링크를 거는 행위에 대해 방조가 인정되기 위해서는 통상적인 링크행위가 아니라 "구성요건적 결과발생의 기회를 현실적으로 증대함으로써 정범의 실행행위를 용이하게 하고 법익침해를 강화·증대하였다고 평가"할 수 있을 것을 요구하고 있음에서 알 수 있다. 여기서 '결과발생의 기회의 현실적 증대'는 사실적 차원의 인과관계가 있을 것으로 요구하는 의미로 이해할 수 있고, '법익침해의 강화하거나 증대'라는 요건은 규범적 평가적 차원의 객관적 귀속 판단을 하고 있는 것으로 이해할 수 있다.

이러한 태도는 최근의 판결에서 더욱 구체화된 법리로 공식화되고 있다. 즉 박사방 운영진이 음란물 배포 목적의 텔레그램 그룹(미션방)을 만들고 특정 시간대에 미션방 참여자들이 인터넷포털사이트에 일제히 특정 검색어를 입력함으로써 실시간 급상승 검색어로 노출되도록 하는 이른바 '실검챌린지'를 지시하여 불특정 다수의 텔레그램 사용자들 로 하여금 정해진 시간에 미션방에 참여하게 한 다음 특정 시점에 미션방에 피해자 갑(여, 18세)에 대한 음란물을 게시한 사례의 경우, 이 실검챌린자에 참여하여 4회에 걸쳐 검색어를 입력하고 미션방과 박사방 관련 채널에 검색사실을 올려 인증한 피고인의 행위가 박사방 운영진에 의한 아동·청소년 이용 음란물 배포행위의 '방조'로 인정되는지에 관해 대법원은 ① '방조범이 성립하려면 방조행위가 정범의 범죄 실현과 밀접한 관련이 있고 정범의 범죄 실현에 현실적인 기여를 하였다고 평가할 수 있는 경우로 제한하고, ② 정범의 범죄 실현과 밀접한 관련이 없는 행위를 도와준 데 지나지 않는 경우'에는 방조가 될 수 없다고 함으로써, 피고인의 방조를 부정하였다.[463]

방조행위와 정범간의 인과관계를 보다 확실하게 요구함으로써 중립적 방조행위를 방조개념에서 제외하려는 판례법리는 최근 더욱 발전된 모습을 보이고 있다. 즉 대법원은 방조범이 성립하려면 정범의 범죄 실현과의 "밀접한 관련성"과 "정범행위의 구체적 위험을 실현" 또는 "범죄 결과를 발생시킬 기회 증대 등 정범의 범죄 실현에 현실적인 기여"를 요건으로 한다.[464] 특히 이 판결은 근로자나 노동조합이 노동3권을 행사할 때 제3자의 조력을 폭넓게 받을 수 있도록 할 필요가 있고, 나아가 근로자나 노동조합에 조력하는 제3자도 헌법 제21조에 따른 표현의 자유나 헌법 제10조에 내재된 일반적 행동의 자유를 가지고 있으므로, 위법한 쟁의행위에 대한 조력행위가 업무방해방조에 해당하는지 판단할 때는 헌법이 보장하는 위와 같은 기본권이 위축되지 않도록 업무방해방조죄의 성립 범위를 신중하게 판단하여야 한다는 취지[465]의 기본권 정향적 해석에 뒷받침되어 방조개념을 제한한 판결로서의 의의가 크다.

2. 방조자의 고의

(1) 이중의 고의

방조자는 피방조자의 범죄실행을 방조한다는 인식, 즉 방조행위에 대한 고의와 피방조자의 행위가 구성요건적 결과를 실현한다는 인식, 즉 정범에 대한 고의가 있어야 한다.[466] 이러한 의미에서 방조범의 고의도 교사범의 고의와 같이 이중의 고의를 요하며 과실에 의한 방조는 있을 수 없다. 과실에 의한 방조는 경우에 따라 과실범의 정범으로 처벌될 수 있을 뿐이다.[467] 182

(2) 고의의 구체화

방조자의 고의가 어느 정도까지 구체화되어야 하는가에 대해서는 정해진 바가 없으나, 피방조자에 의해 실현되는 범죄의 본질적 요소를 인식하여야 한다는 데에 이견이 없다. 그러나 범죄의 일시·장소·객체 또는 구체적인 상황 등 범죄의 구체적 내용까지 인식할 필요는 없다.[468] 따라서 정범이 범행을 한다는 점을 알면서 그 실행행위를 용이하게 한 이상 그 행위가 간접적이거나 직접적이거나를 가리지 않으며 이 경우 정범이 누구에 의하여 실행되는가를 확지할 필요는 없다.[469] 183

---

463) 대법원 2023.10.18. 2022도15537(방조를 긍정한 원심판결을 파기환송함).

464) 대법원 2023.6.29. 2017도9835. "방조범이 성립하려면 방조행위가 정범의 범죄 실현과 밀접한 관련이 있고 정범으로 하여금 구체적 위험을 실현시키거나 범죄 결과를 발생시킬 기회를 높이는 등으로 정범의 범죄 실현에 현실적인 기여를 하였다고 평가할 수 있어야 한다. 정범의 범죄 실현과 밀접한 관련이 없는 행위를 도와준 데 지나지 않는 경우에는 방조범이 성립하지 않는다."

465) 대법원 2021.9.16. 2015도12632.

466) 대법원 2003.4.8. 2003도382. "방조는 정범이 범행을 한다는 것을 알면서 그 실행행위를 용이하게 하는 종범의 행위이므로 종범은 정범의 실행을 방조한다는 방조의 고의와 정범의 행위가 구성요건에 해당한다는 점에 대한 정범의 고의가 있어야 한다."

467) 김일수/서보학, 651면; 손동권, §32/15; 이재상/장영민/강동범, §35/12.

468) 대법원 2007.12.14. 2005도872.

(3) 기수의 고의와 미수의 방조

184 교사범의 경우와 마찬가지로 방조범의 고의도 피방조자의 실행행위가 기수에 이른다는 인식 및 의욕이 있어야 한다. 따라서 처음부터 미수에 그치게 할 의사로 방조하는 경우(미수의 방조)나 결과발생에 이르는 것이 불가능한 수단(예컨대 낙태를 할 수 없는 비타민 알약을 복용케 한 경우)을 제공하여 주된 행위가 불능미수가 되는 경우에는 방조의 고의가 없다고 해야 한다.

185 방조자의 예상과는 달리 피방조자의 행위가 기수에 이른 경우 피방조자가 기수로 처벌되는 것과 별론으로, 방조자의 경우는 교사자의 경우와 마찬가지로 고의가 인정되지 않아 불가벌이 된다. 물론 이 경우에도 방조자에게 과실이 있으면 과실에 의한 방조범이 아니라 발생된 결과에 대해 과실범 그 자체가 성립할 수 있을 뿐이다.

(4) 편면적 방조

186 방조자에게만 방조의 고의가 있으면 족하고 도움을 받는 주된 행위자와 의사연락이 있을 필요는 없다. 이 점은 공동정범인 경우와 대비되는 부분이다. 따라서 피방조자가 방조자의 방조행위를 인식하지 못한 경우에도 방조범의 성립이 인정된다(이른바 편면적 방조범).[470]

3. 초과주관적 구성요건요소와 방조

187 고의를 초과하는 주관적 구성요건요소를 요구하는 목적범, 경향범, 표현범 또는 영득범의 경우에는 피방조자에게 이러한 초과주관적 구성요건요소가 인정되어야 이에 방조한 자를 방조범으로 처벌할 수 있다. 피방조자에게 이러한 요소의 충족이 부정되면 구성요건해당성이 탈락되므로 공범종속성의 원칙에 따르면 어떤 종속형식에 따르더라도 여기에 방조범이 성립할 수 없다.

188 그러나 피방조자가 고의 이외에 초과주관적 구성요건요소를 충족시키고 있는 경우에는-교사범의 성립요건에서 설명했듯이-방조자에게는 초과주관적 구성요건요소의 충족이 요구되지 아니한다. 이러한 초과주관적 구성요건 요소의 충족은 정범성립의 요건일 뿐 공범성립의 요건은 아니기 때문이다.[471]

4. 피방조자의 실행행위

(1) 방조범의 종속성

189 방조범의 경우에도 제한종속형식에 의하면 '피방조자의 실행행위가 최소한 구성요건에 해당하고 위법성까지 인정'되면 방조범이 성립할 수 있다. 따라서 피방조자의 책임이 조각

469) 대법원 1977.9.28. 76도4133.
470) 대법원 1974.5.28. 74도509.
471) 손동권, §32/22.

되는 경우에도 방조범이 성립할 수 있다.

190 피방조자의 행위가 고의행위이어야 하는 점도 교사범의 경우와 마찬가지이다. 피방조자의 실행행위가 과실행위인 경우에는 형법 제34조 제1항에 따라 간접정범이 성립할 수 있을 뿐이다. 이 뿐만 아니라 피방조자의 실행행위 자체가 부작위인 경우에도 거기에 대해 방조범이 성립할 수 있다(부작위범에 대한 방조범). 물론 이 경우 피방조자에게는 보증인적 지위(및 보증의무)가 인정되어야 한다.

191 피방조자의 실행행위가 부작위인 경우 방조자에게도 보증인적 지위(및 보증의무)가 인정되어야 하는지가 문제될 수 있다. 그러나 부진정부작위범은 보증인적 지위에 있는 자만이 주체로 될 수 있는 진정신분범이고, 신분범에 가담한 공범자는 비신분자라도 형법 제33조의 규정에 따라 신분범의 공범이 될 수 있다. 따라서 방조자에게 보증인적 지위(및 보증의무)가 없더라도 부작위범에 대한 방조범의 성립이 인정될 수 있다.

(2) 예비죄에 대한 방조

192 방조범의 경우에도 주된 행위자의 실행행위가 최소한 실행의 착수에는 이르러야 한다는 점은 교사범의 경우와 마찬가지이다. 다만 형법은 교사범의 경우와는 달리 '기도된 방조', 즉 효과 없는 방조와 실패한 방조를 처벌하는 규정을 두고 있지 않다. 물론 방조자가 피방조자의 예비행위를 방조한 때에도 i) 피방조자가 그 후에 실행의 착수로 나아갔고, ii) 방조자의 행위기여가 피방조자의 실행행위에도 영향을 미쳤다면 방조로 인정될 수 있다.

193 그러나 피방조자가 예비의 단계에 그친 경우 그 예비죄에 대한 방조범이 성립할 수 있는지에 대해서는 견해가 일치하지 않는다.

194 1) 학설 공범독립성설에 의하면 방조행위 그 자체를 방조범의 실행행위로 이해하므로 피방조자가 실행의 착수에 이르지 못하고 예비단계에 그친 경우에도 그 자체를 방조의 미수로 처벌할 수 있다. 그러나 앞서 살펴보았듯이 이 책은 공범독립성설은 취하지 않으므로 이하에서는 공범종속성설의 입장에서 예비죄의 방조범이 가능한지를 검토한다.

195 ① 긍정설 예비죄를 독립된 범죄로 보고 예비행위의 실행행위성을 인정하는 입장에서는 예비행위가 처벌되는 한 예비의 방조범을 인정한다.[472] 이 견해는 정범이 예비죄로 처벌되는 이상 공범을 종범으로 처벌하는 것은 공범종속성설의 당연한 결론이며 예비죄도 형법각칙에 규정되어 있는 이상 예비행위의 실행행위성을 인정할 수 있다고 한다.

196 ② 부정설 i) 예비죄의 실행행위성을 긍정하지만 형벌확장사유인 방조범이 처벌되려면 형법에 명백한 근거가 있어야 하는데 형법이 기도된 교사와 같은 형법의 규정을 두고 있지 않으므로 예비단계에 그친 행위를 방조하는 행위를 처벌할 수 없다는 견해와[473] ii)

472) 김일수/서보학, 652면.
473) 오영근, §34/88.

예비죄는 독립된 구성요건이 아니고 기수범이라는 구성요건의 수정형식에 불과하므로 예비에 대한 방조범은 인정할 수 없다는 견해가 있다(다수설).

197 2) 판례 대법원은 예비죄의 공동정범 성립가능성은 인정하면서도 예비죄에 대한 방조범성립은 부정하고 있다.

198 判 "형법 제32조 제1항 소정의 타인의 범죄란 정범이 범죄의 실현에 착수하는 경우를 말하는 것이므로 종범이 처벌되기 위하여는 정범의 실행의 착수가 있는 경우에만 가능하고 형법 전체의 정신에 비추어 정범이 실행의 착수에 이르지 아니한 예비의 단계에 그친 경우에는 이에 가공하는 행위가 예비의 공동정범이 되는 경우를 제외하고는 종범의 성립을 부정하고 있다고 보는 것이 타당하다"[474]고 하고 있다.

199 3) 결론 i) 범죄의 구성요건상 예비죄의 실행행위나 방조범의 방조행위는 무정형하고 무한정한 행위이므로 예비죄에 대한 방조범을 처벌하면 처벌의 범위가 부당하게 확대될 위험이 있고, ii) 형법 제28조에서 "범죄의 음모 또는 예비행위가 실행의 착수에 이르지 아니한 때에는 법률에 특별한 규정이 없는 한 벌하지 아니한다"고 규정하여 예비죄의 처벌이 가져올 구성요건의 부당한 유추적용 내지 확장해석을 금지하고 있으며, iii) 형법은 기도된 교사와는 달리 '기도된 방조'를 처벌하지 않고 있고, iv) 형법각칙의 예비죄를 처벌하는 규정을 바로 독립된 구성요건으로 볼 수는 없다고 해야 할 것이기 때문에 예비의 방조범을 부정하는 것이 죄형법정주의에 합당한 형법해석태도라고 할 수 있다.

Ⅲ. 방조자의 착오와 불일치

1. 방조자의 착오

200 피방조자가 착오를 일으킨 경우에는 교사의 착오에 관한 이론이 그대로 적용된다.

2. 방조자의 고의와 피방조자의 실행행위가 불일치하는 경우

(1) 질적인 불일치가 있는 경우

201 방조자는 피방조자가 자신이 방조한 실행행위와 전혀 다른 범죄행위로 나아간 경우에는 방조행위에 대한 책임을 지지 않는다. 교사의 경우와는 달리 기도된 방조에 관한 규정도 없기 때문에 예비·음모로 처벌될 경우도 생기지 않는다.

(2) 양적인 불일치가 있는 경우

202 방조자의 인식과 피방조자의 실행행위 간에 불일치가 있고 양자가 서로 다른 구성요건인 경우에는 원칙적으로 방조자의 고의는 조각되는 것이나 그 구성요건이 중첩되는 부분이 있는 경우에는 그 중복되는 한도 내에서 방조자의 죄책을 인정해야 할 것이다. 판례도

474) 대법원 1976.5.25. 75도1549; 1979.5.22. 79도552.

마찬가지이다.[475] 따라서 피방조자의 행위가 방조자의 인식보다 적게 실행된 경우에는 피방조자의 실행행위의 범위 안에서 처벌되고, 초과하여 실행된 경우에는 방조자의 인식범위 안에서 처벌된다.

(3) 결과적 가중범의 경우

양적 초과가 있는 경우로서 기본범죄에 대한 방조를 받은 피방조자가 결과적 가중범을 203
범한 경우의 해결은 교사범이나 공동정범의 경우와 동일하다. 즉 방조자에게 중한 결과에 대한 예견가능성이 있을 때 결과적 가중범의 방조범이 성립할 수 있다. 그러나 방조자에게 중한 결과에 대한 예견가능성이 부정될 경우에는 중첩되는 부분인 기본범죄에 대한 방조범만 성립한다. 판례의 입장도 이와 같다.[476]

Ⅳ. 방조범의 처벌

방조범의 형은 정범의 형보다 감경한다(형법 제32조 제2항). 방조범은 이미 범행결의를 하고 있는 자 204
의 범행을 조장·촉진하는 경우이므로 교사범의 경우와는 달리 필요적 감경사유로 되어 있다. 이 경우 정범의 형은 피방조자가 실행한 범죄구성요건의 법정형을 말하는 것이므로 경우에 따라서는 피방조자에 대한 선고형보다 더 무거울 수도 있다. 이 뿐만 아니라 피방조자가 반드시 처벌되어야 하는 것도 아니다. 책임이 조각되는 자를 방조한 경우에도 방조범이 성립할 수 있기 때문이다. 피방조자의 행위가 미수에 그친 경우에는 미수범에 대한 방조범으로서 이중으로 감경될 수 있다.

Ⅴ. 방조범과 중지미수

방조범의 경우 방조자가 실행에 착수한 피방조자의 행위를 자의로 중지시키거나 자의 205
로 결과발생을 방지한 때에는 방조자에게 중지미수를 인정할 수 있다. 방조자가 자신의 방조행위를 자의로 중지하는 것만으로는 중지미수가 성립하지 않고 실제로 피방조자도 실행을 중지하여 결과가 발생하지 않아야 한다.

---

475) 대법원 1985.2.26. 84도2987.

476) 대법원 1998.9.4. 98도2061. "피고인 甲이 처음에 상피고인 乙이 피해자 丙을 폭행하려는 것을 제지하였고, (피고인 甲은) 상피고인 乙이 취중에 남의 자동차를 손괴하고도 상급자에게 무례한 행동을 하는 피해자인 丙을 교육시킨다는 정도로 가볍게 생각하고 각목을 상피고인 乙에게 건네주었던 것이고, 그 후에도 양인 사이에서 폭행을 제지하려고 애썼다면, 피고인 甲으로서는 피해자 丙이 상피고인 乙의 폭행으로 사망할 것으로 예견할 수 있었다고 볼 수 없으므로 피고인 甲에게는 특수폭행의 방조가 인정된다."

Ⅵ. 신분범과 방조범

206 신분 있는 자의 신분범죄를 신분 없는 자가 방조한 경우 형법 제33조가 적용되어 방조자에게 신분범의 방조범 성립이 인정된다. 피방조자인 정범이 범한 신분범죄가 부진정신분범인 경우에도 방조자에게 부진정신분범죄의 방조범이 성립하지만 그 처벌은 제33조 단서가 적용되어 부진정신분범의 법정형이 아니라 통상의 범죄의 법정형을 기준으로 한다. 자세한 내용은 제33조(공범과 신분)의 해석론 참조.

제 4 절 공범과 신분

> 제33조(공범과 신분) 신분이 있어야 성립되는 범죄에 신분없는 사람이 가담한 경우에는 그 신분 없는 사람에게도 제30조부터 제32조까지의 규정을 적용한다. 다만, 신분 때문에 형의 경중이 달라지는 경우에 신분이 없는 사람은 무거운 형으로 벌하지 아니한다.

Ⅰ. 공범과 신분에 관한 일반론

1. 공범종속성 원칙과 신분범

(1) 공범종속성 원칙의 타당범위

207 형법의 범죄구성요건 중에는 공범과 정범의 구별에 관한 일반적인 기준(예, 행위지배설)에 의해 공범과 정범이 구별되지 않고, 일정한 '신분'적 주체(이하에서는 신분자라 한다)만 정범이 될 수 있는 특별한 범죄구성요건으로서 '신분범'이 존재한다. 신분범죄의 경우에는 신분자만 정범이 될 수 있고, 신분이 없는 자(이하에서는 비신분자라 한다)는 그 정범의 구성요건 실현에 '비신분자'는 공범 성립의 가능성만 남게 된다. 문제는 공범종속성의 원칙을 기초로 삼아 공범의 성립과 처벌 문제를 규율하고 있는 형법 총칙의 공범에 관한 규정(제31조와 제32조)이 각칙(및 형사특별법)의 '모든' 구성요건, 즉 신분범죄의 경우에도 적용되는지에 있다.

208 신분자의 신분범죄에 비신분자가 가담한 경우 공범종속성의 원칙에 기초된 형법 제31조 및 제32조를 적용하여 비신분자의 공범 성립을 인정하려면, 정범의 '신분'이 공범에게 '종속'된다고 말할 수 있어야 할 뿐만 아니라, 문제의 신분이 신분범죄의 범죄성립요건 중 어느 요소(불법 또는 책임)에 관계되는 요소인지 또는 범죄성립요건과 무관한 요소인지도 규명해야 한다. 신분의 종속성을 인정한다고 하더라도 종속정도(불법종속 또는 책임종속)에 따라 공범성립 여부가 달라질 수 있기 때문이다. 특히 신분적 요소가 범죄성립요건과 무관

하게 신분범죄의 법정형을 가중하는 기능만 하는 것으로 이해된다면, 그러한 신분적 요소는 공범종속성원칙에 따르더라도 비신분자에게 종속될 수 없게 되므로 비신분자인 공범을 어떻게 처벌해야 할지가 문제된다.

(2) 제33조의 의의와 공범종속성원칙의 적용여부

그러나 총칙에는 공범 성립과 처벌 문제를 해결함에 있어 공범종속성원칙에 기초되어 있는 것으로 해석되는 제31조와 제32조의 규정 외에도 '신분범'의 경우 비신분자의 공범 성립과 처벌을 규율하기 위해 형법 제33조를 별도로 규정하고 있다. 따라서 비신분범죄(이하에서는 '일반범죄'라 한다)에 가담한 공범 성립과 처벌 문제는 제31조와 제32조가 적용되고, 신분범죄의 공범성립과 처벌에 관해서는 형법 제33조가 특별규정으로서 우선적으로 적용되어야 한다. 이에 따르면 제33조는 종속의 정도 문제까지 포함한 공범종속성원칙이 아닌 독자적 해결원리를 가지고 신분범죄에 가담한 비신분자의 공범의 성립 및 처벌의 문제를 특별히 규율하고 있는 규정으로 이해하게 된다. 209

判 대법원도 협의의 공범규정(제31조와 제32조)은 공범 성립과 처벌 문제에 관한 공범종속성에 관한 '일반적 원칙'규정으로 보고, 신분이 형의 경중에 영향을 미치는 신분이 문제된 경우에는 형법 제33조 단서가 공범종속성에 관한 일반원칙을 선언한 규정에 우선하여 적용되는 특별규정으로 보면서, 공범의 '처벌' 문제가 이 특별규정에 의해 규율될 것으로 파악한다.[477] 이 뿐만 아니라 대법원은 제33조의 본문은 신분이 있어야 성립하는 범죄에 가담한 공범(또는 공동정범)의 성립 및 처벌의 문제를 규율하는 특별규정이라는 전제하에서 공범종속성에 관한 일반원칙을 선언한 규정에 우선 적용하고 있다. 이에 관해서는 후술한다. 210

문제는 제33조가 어떤 방식에 따라 공범성립과 처벌문제를 해결하고 있는지에 있다. 제33조의 해석론을 전개하기 전에 형법상 신분의 의의 및 형법이 인정하는 신분범죄를 먼저 개관해 본다. 211

2. 신분의 의의

(1) 신분의 개념

신분이란 '사람의 일신전속적 특성, 일신전속적 관계 내지 지위 또는 일신전속적 상태'를 말한다. 여기서 일신전속적 특성에 해당하는 예는 남녀의 성별, 연령 등이고, 일신전속적 관계 내지 지위에는 직계존속·비속의 관계, 공무원·의사·약사 등 일정한 직업군, 타인의 재물을 보관하는 자, 타인의 사무를 처리하는 자, 보증인적 지위 등이 포함되며, 일신전속적 상태에는 업무성, 상습성 등이 포함된다. 212

---

477) 대법원 1994.12.23. 93도1002. "형법 제31조 제1항은 협의의 공범의 일종인 교사범이 그 성립과 처벌에 있어서 정범에 종속한다는 일반적인 원칙을 선언한 것에 불과하고, 신분관계로 인하여 형의 경중이 있는 경우에 신분이 있는 자가 신분이 없는 자를 교사하여 죄를 범하게 한 때에는 형법 제33조 단서가 형법 제31조 제1항에 우선하여 적용됨으로써 신분이 있는 교사범이 신분이 없는 정범보다 중하게 처벌된다."

213 判 대법원은 "신분이라 함은 남녀의 성별, 내·외국인의 구별, 친족관계, 공무원인 자격과 같은 관계뿐만 아니라 널리 일정한 범죄행위에 관련된 범인의 인적 관계인 특수한 지위 또는 상태를 말한다"고 판시한다.[478] 이 판시내용을 신분의 개념정의로 인정하기에는 충분하지 못한 점이 있다. 신분의 유개념(類概念: 모든 신분이 갖추어야 할 공통의 특성)과 종차(種差: 신분인 것을 신분 아닌 것과 구별할 수 있는 차별화된 특성)가 드러나 있지 않기 때문이다. 특히 위 판시에서는 공무원인 자격도 '관계'라고 하고, 범죄행위에 관련된 범인의 인적 관계인 특수한 지위 또는 상태가 무엇을 의미하는지도 분명하지 않을 뿐 아니라 그 범위가 너무 넓어질 수 있는 우려도 있다.

(2) 신분의 요소

214 1) 객관적·행위자관련성 일반적으로 신분은 '행위자'관련적 요소이므로 '행위'관련적 요소는 신분이 아니라고 한다. 이에 따르면 고의, 동기, 목적, 불법영득의사 등은 주관적인 요소이긴 하지만 '행위'관련적 요소라는 이유로 신분으로 보지 않는다(다수설).

215 이에 반해 모해목적위증죄(형법 제152조 제2항)의 '모해목적'은 '행위자의 특수한 위험심정'을 나타내는 요소이므로 신분개념에 해당하는 것으로 보는 견해[479]도 있고, 심지어 일반 목적범의 '목적'까지도 '행위자'관련적 요소이므로 신분에 해당한다는 견해[480]도 있다.

216 判 대법원은 고의나 불법영득 의사를 신분개념에 포함시키고 있지는 않지만 모해목적은 신분으로 분류한다.[481] 모해목적이 아니라 목적범의 경우 일반 '목적'도 신분요소로 보는지에 관해서는 태도를 표방한 바 없다.

217 생각건대 모해목적뿐 아니라 그 외의 목적, 동기 또는 고의는 행위관련적 요소이면서도 동시에 행위자관련적 요소이다. 그러한 주관적 태도는 주체로서의 행위자가 가져야 하는 요소이기 때문이다.[482] 하지만 위 일반론과는 달리 행위자관련적 요소라고 해서 모두 신분은 아니다. 왜냐하면 고의나 동기, 목적, 모해목적 등은 행위자의 주관적(내부적·심리적) 요소로 분류될 수 있는데, 구성요건요소의 분류상 '객관적(외부적)' 행위자관련적 요소만을 신분이라고 해야 하기 때문이다.[483] 아래 표는 형법의 범죄구성요건 요소의 분류체계 속에 신분이 어디에 위치하는지를 알 수 있게 해 준다.

---

478) 대법원 1994.12.23. 93도1002.

479) 손동권, §33/3a은 일반적으로 고의나 목적 등은 행위관련적 요소이지만, 모해목적은 특수한 위험심정을 나타내는 행위자관련적 주관요소라고 해석하고 있다.

480) 백원기, "신분과 공범의 성립", 형사판례연구(6), 1998, 158면.

481) 대법원 1994.12.23. 93도1002. "형법 제152조 제1항과 제2항은 위증을 한 범인이 형사사건의 피고인 등을 '모해할 목적'을 가지고 있었는가 아니면 그러한 목적이 없었는가 하는 범인의 특수한 상태의 차이에 따라 범인에게 과한 형의 경중을 구별하고 있으므로, 이는 바로 형법 제33조 단서 소정의 '신분관계로 인하여 형의 경중이 있는 경우'에 해당한다."

482) '주관적'이라는 말에는 내부적·심리적이라는 의미가 담겨있기도 하지만, 외부의 대상과 구별되는 '주체적'이라는 의미도 담겨있어서 행위자관련적(인적) 요소라고 볼 수 있기 때문에 이중적인 의미로 사용되고 있는 점에 유의해야 한다.

483) 한상훈, "형법상 목적·동기와 형법 제33조의 '신분'", 志松이재상교수화갑기념논문집(I), 692면; 조준현, 705면; 정영일, 353면.

218

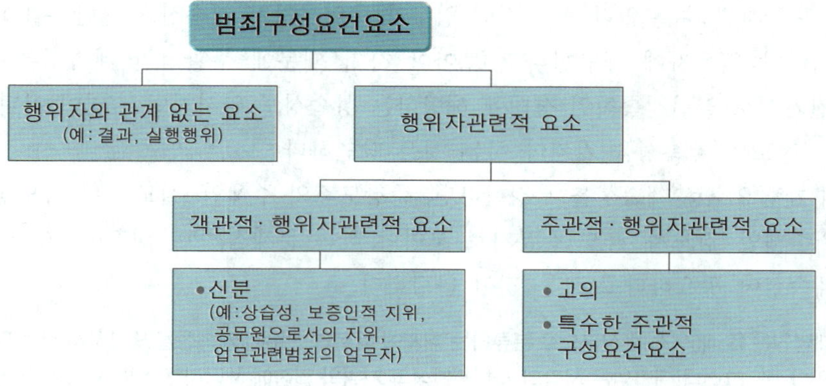

범죄구성요건요소와 신분

위 분류에 따르면 형법의 범죄구성요건요소에는 '행위자와 관계없는 구성요건요소'도 있고, '행위자와 관련된 구성요건요소'도 있다. 전자는 범죄행위 그 자체를 그 객관적인 상태(성질)에 따라 나타내고 있는 요소를 말한다. 구성요건적 결과, 실행행위(단 자수성을 요건으로 하지 않는 범죄의 실행행위), 행위상황, 행위수단 및 피해자의 상황 등이 여기에 해당한다. 이 외의 요소들은 모두 행위자와 관련된 구성요건요소이다. 219

'행위자와 관련된 구성요건요소'는 다시 주관적·행위자관련적 요소와 객관적·행위자관련적 요소로 나누어질 수 있다. 주관적·행위자관련적 요소란 행위자관련적 요소 가운데 행위자의 내부적·심리적 태도를 가리키는 요소로서 고의와 특별한 주관적 불법요소(목적범에 있어서의 목적, 불법영득의사 등) 등이 이에 해당한다. 객관적·행위자관련적 요소란 행위자에 대한 객관적 평가를 통해 행위자에게 인정될 수 있는 특성, 지위 또는 관계, 상태 등을 가리키는 요소이다. 예컨대 남녀의 성별(특성), 직무에 관한 죄의 경우 공무원으로서의 지위, 부진정부작위범의 경우 보증인적 지위, 존속살해죄의 직계비속 등(지위 또는 관계), 영업성 및 상습성 등이 여기에 해당한다. 이와 같은 객관적·행위자관련적 요소를 형법에서는 신분이라고 한다. 목적, 동기, 불법영득의사 등은 행위자관련성을 가지고 있지만 주관적(내부적·심리적) 요소이므로 외부에서 객관적으로 평가할 수 없는 행위자적 요소에 불과하여 신분이라고 할 수 없다.

2) 계속성　　계속성을 신분의 요소로 인정할 필요가 있는지에 대해서는 견해가 일치하지 않는다. ① 신분의 종류별로 계속성 요건의 필요성을 다르게 보는 견해가 있다. 이 견해는 일신전속적 특성(성질)이나 지위는 본질적으로 계속성을 요한다고 볼 수 있지만, 일신전속적 상태는 반드시 계속성을 가질 필요가 없기 때문에 신분의 요소로서 반드시 계속성을 요구할 필요가 없다고 한다(다수설). ② 이와는 달리 모든 신분의 경우 계속성을 요구하는 견해도 있다. 우리말의 신분이라는 용어 그 자체도 어느 정도의 계속성을 필요로 하고 있고, 목적 등을 신분으로 보지 않기 위해서라도 계속성이 신분의 본질적 요소로 인정해야 한다고 한다.[484] 220

생각건대 일회적인 업무를 이행한 자의 경우에도 일신전속적인 상태로 보아 형법상의 221

484) 신동운, 643면; 오영근, §36/5; 임웅, 483면; 한상훈, 앞의 논문, 701면.

업무자에 포함시킬 수는 없다. 일회적인 업무라도 업무자가 계속적으로 반복할 의사를 가진 경우이어야 업무자에 해당한다고 보아야 하기 때문에 주관적인 계속성은 존재해야 한다. 마찬가지로 일신전속적인 상태에 해당하는 상습성도 일시적인 습벽이 아니라 그 속성상 어느 정도의 계속성을 가져야 하는 것은 당연하다.

222 신분의 개념요소로 계속성을 부정한다면, 준강도죄의 주체인 '절도자'나 강도상해·살인죄의 행위주체인 '강도자' 등도 신분자로 보아야 하는 문제점[485]이 생긴다. 따라서 신분개념에는 계속성이 필요하다고 보는 것이 타당하다.

223 判 대법원은 (모해)목적을 신분으로 분류하는 취지에 따르면 신분에 계속성을 요구하지 않는 태도인 것으로 보인다.[486] 그러나 대법원은 사람의 사회생활상의 지위의 일종에 해당하는 '업무자'로서의 신분에 대해서는 계속성을 요구하고 있다.[487] 이에 관해서는『각론』업무상과실치사죄의 업무개념 참조.

3. 신분의 분류와 신분범의 분류

224 신분은 범죄성립 및 과형 및 처벌에 미치는 영향을 기준으로 하여 다양하게 분류된다. 신분을 어떻게 분류하는지는 공범과 신분에 관한 형법의 규정을 해석하기 위한 전제적 의미가 있다.[488] 신분을 분류하는 방법에는 형식적 분류방법과 실질적 분류방법이 있다.

(1) 형식적 분류방법

225 **1) 구성적 신분** 신분이 범죄의 구성요건요소로 되어 있어서 신분자가 일정한 행위를 하면 범죄가 되지만 비신분자가 그 행위를 하면 범죄가 되지 않는 경우의 신분을 말한다. 예컨대 공무원이라는 신분 있는 자의 뇌물수수만이 수뢰죄를 구성하고 공무원이라는 신분이 없는 자는 수뢰죄 자체가 성립하지 않기 때문에 수뢰죄의 주체인 공무원은 구성적 신분이 된다.

226 **2) 가감적 신분** 신분이 범죄성립에 영향을 미치지는 않지만—따라서 비신분자도 일정한 행위를 하면 범죄가 성립하지만—신분자가 그 행위를 하면 형벌이 가중 또는 감경되는 경우의 신분을 말한다.

---

485) 대법원 판시 속에 준강도죄의 절도나 강도강간죄의 강도가 '신분자'로 표현되고 있는 경우도 있다. 하지만 이 표현은 준강도죄 등의 주체가 '절도자' 등에 제한된다는 취지의 표현일 뿐, 신분범에서 말하는 신분개념의 의미로 사용되고 있는 것은 아닌 것으로 읽힌다(『각론』 준강도죄의 주체 참조).

486) 물론 신분개념에 계속성을 요구하지 않으면서도 목적이 행위관련적 요소라는 점을 근거로 삼아 목적의 신분성을 부정하는 견해(김일수/서보학, 655~666면; 이재상/장영민/강동범, §36/2)도 있다.

487) 대법원 2009.5.28. 2009도1040. "업무상과실치상죄에 있어서의 '업무'란 사람의 사회생활면에서 하나의 지위로서 계속적으로 종사하는 사무를 말하고, 여기에는 수행하는 직무 자체가 위험성을 갖기 때문에 안전배려를 의무의 내용으로 하는 경우는 물론 사람의 생명·신체의 위험을 방지하는 것을 의무내용으로 하는 업무도 포함되는데, 안전배려 내지 안전관리 사무에 계속적으로 종사하여 위와 같은 지위로서의 계속성을 가지지 아니한 채 단지 건물의 소유자로서 건물을 비정기적으로 수리하거나 건물의 일부분을 임대하였다는 사정만으로는 업무상과실치상죄에 있어서의 '업무'로 보기 어렵다."

488) 김일수/서보학, 657면.

가감적 신분은 다시 가중적 신분과 감경적 신분으로 나뉘어질 수 있지만 현행 형법상 가감적 신분은 존재하지 않는다. 가중적 신분으로는 존속살해죄의 경우 직계존비속 관계 또는 업무상횡령죄의 타인재물을 업무상 보관하는 자, 업무상 배임죄의 업무로 타인의 사무를 처리하는 자 등이 있다. 227

3) 소극적 신분 비신분자가 구성요건을 실현하면 범죄가 성립하지만 신분자가 그 행위를 하면 범죄가 되지 않는 경우의 신분을 말한다. 예컨대 의사 아닌 자가 의료행위를 하면 무면허의료행위로 범죄가 되지만(의료법 제27조 제1항), 의사가 의료행위를 하면 범죄가 되지 않는 경우로서 의사라는 신분이 소극적 신분에 해당한다. 소극적 신분에 관해서는 후술한다. 228

(2) 실질적 분류방법

불법의 종속성과 책임의 개별성을 고려하여 형법상의 신분을 위법신분과 책임신분으로 구분하는 태도에서의 분류법이다.[489] 229

1) 위법신분 위법신분이란 행위의 결과반가치를 근거지우거나 조각시키는 신분을 말한다. 형식적인 분류방법에서 말하는 구성적 신분 뿐 아니라 가감적 신분도 행위의 결과반가치에 영향을 미치는 한 위법신분에 해당할 수 있다고 한다. 이에 따르면 위법신분은 제한종속형식하에서 공범에게 종속되는 신분이라고 한다. 230

2) 책임신분 책임신분이란 행위자의 비난가능성에 영향을 주거나 이를 조각시키는 신분을 말한다. 형식적인 분류방법에서 말하는 구성적 신분뿐 아니라 가감적 신분도 행위의 비난가능성에 영향을 미치는 한 책임신분에 해당할 수 있다고 한다. 이에 따르면 책임신분은 제한종속형식 하에서 공범에게 종속되지 않는 신분이라고 한다. 231

3) 처벌조각적 신분 처벌조각적 신분이란 신분자에 대해서나 비신분자에 대해서나 범죄 자체의 성립은 인정하지만 신분자에 한하여 처벌을 면제하는 경우의 신분을 말한다. 소극적 신분으로도 분류된다. 232

처벌조각적 효과(형면제)를 인정하는 형법규정(제328조 제1항)의 일정한 신분(직계혈족, 배우자, 동거친족, 동거가족 또는 그 배우자)이 여기에 해당하지만, 이 규정은 2024.6.27. 헌법재판소에 의해 헌법불합치결정을 받고 그 효력이 중지된 상태이므로 현재로서는 '처벌조각적 신분'은 형법상 인정되지 않는다. 233

(3) 신분과 신분범의 분류

신분의 형식적 분류 중 구성적 신분자를 행위주체로 요구하고 있는 범죄구성요건을 진정신분범이라고 하고, 가감적 신분자를 행위주체로 요구하고 있는 범죄구성요건을 부진정신분범이라고 한다. 예컨대 공무원이라는 신분 있는 자의 뇌물수수만이 수뢰죄를 구성하고 공무원이라는 신분이 없는 자는 수뢰죄 자체가 성립하지 않기 때문에 수뢰죄는 진 234

489) 정성근/정준섭, 352면.

정신분범에 해당하고, 피해자와의 관계에서 일정한 신분 있는 자, 즉 피해자의 직계비속이 살인행위를 하는 때에는 형벌을 가중하고 있는 존속살해죄 등이 부진정신분범에 해당한다.

235 형법은 부진정신분범죄의 구성요건을 언제나 진정신분범에 해당하는 범죄구성요건의 존재를 전제로 하여 만들어 두고 있다. 즉 존속살인죄, 업무상과실치사상죄, 상습절도죄, 업무상횡령죄 등은 보통살인죄, 과실치사상죄, 절도죄, 횡령죄의 구성요건을 일정한 신분자가 실현한 경우 그 법정형을 가중한 형식으로 만들어져 있는 것이다. 진정신분범과 부진정신분범의 구별은 형법 제33조의 해석상 본문과 단서의 적용범위에 관한 견해차를 반영하므로 구별할 실익이 있다.

Ⅱ. 형법 제33조의 해석론

1. 제33조의 의의

(1) 제33조의 기본컨셉

236 종래 제33조를 공범종속성설과 공범독립성설의 관점에서 설명하려는 태도가 주류를 이루었다. 이러한 태도는 제33조 본문과 단서의 관계를 원칙과 예외의 관계로 파악하였다. 즉 본문은 위법(불법)의 연대(종속)를 규정한 원칙적인 규정이지만(공범종속성설의 관철), 단서는 예외적인 규정으로서 책임의 개별화에 관한 규정(공범독립성설의 관철)로 설명하였다.[490]

237 그러나 이와 같이 공범종속성 및 공범독립성이라는 공범의 일반이론에 따라 형법 제33조를 설명하는 방식은 제33조의 해석태도로 수용하기 어렵다. 형법 제33조가 공범종속성의 일반원칙과는 다른 독자적인 해결방안을 제시하고 있는 규정임을 고려하지 않는 태도이기 때문이다. 형법 제33조는 신분의 종속·비종속 여부에 관한 입장을 표명함에 있어 신분을 위법요소와 책임요소로 해체하는 방식을 취하지 않고, 신분이 범죄체계론상의 어느 요소(종속되는 위법요소인가 종속되지 않는 책임요소)인지와 상관없이 '구성적 신분'과 '가감적 신분'으로 분류하는 방식을 채택하고 있을 뿐이다.

238 앞서 살펴보았듯이 형법 제33조는 신분범의 경우 비신분자의 공범성립 및 처벌문제를 공범종속성에 관한 일반원칙이 아니라 신분범에 고유한 해법에 따라 해결할 것을 선언하고 있는 특별규정이다. 특히 형법 제33조는 협의의 공범의 경우에 원칙적으로 타당한 공범종속성에 관한 일반원칙을 대신하는 특별규정이지만, 애시당초 공범종속성원칙과 무관한 공동'정범'의 경우에도 비신분자의 공동'정범' 성립과 처벌문제를 함께 규율함으로써 신분

490) 이러한 이해방식에 따르면 '신분'이 범죄성립요건 중 위법(불법)에 관계된 요소인지 책임에 관계된 요소인지에 대해 심층적 분석이 있어야 할 것이다. 다만, 공동정범의 경우에는 공범종속성의 원칙과 관련이 없으므로 형법 제33조의 의의를 신분범의 경우 정범성이 없는 비신분자에 대해서도 (공동)정범성립을 예외적으로 인정하는 특별규정이라고 한다(김종원, "공범과 신분", 법정, 1976.1, 54면; 이재상/장영민/강동범, §36/11).

범의 경우 '정범'으로서의 형사책임 인정범위를 크게 확장시키고 있다. 형법 제33조가 신분범죄에 가담한 비신분자의 범죄성립 및 처벌에 관해 어떤 규범구조 형식을 취하고 있고, 어떤 특별한 해결원리를 제시하고 있는지에 관해 학설과 판례는 각기 다른 해석태도를 취하고 있다.

(2) 해석론의 실익

제33조를 어떻게 해석할 것인지는 신분범죄에 가담한 비신분자의 공범 성립과 처벌의 문제 및 제33조의 적용범위 확정에 영향을 미친다. 종래 제33조의 해석을 어떻게 하느냐에 따라 부진정신분범 중 가중적 신분자의 행위에 가담한 비신분자에게 공범성립 인정 여부에 따라 확정되는 죄명이 달라지고, 이는 일반사면의 경우 대상범죄 종류의 범위 문제 및 공소시효의 기간의 차이를 가져올 수도 있다고 볼 수 있다.[491] 239

判 그러나 후술하듯이 판례(신분의 종속·과형의 개별화설)에 의하더라도 부진정 신분범죄에 가담한 비신분자는 부진정 신분범죄의 공범성립이 인정되지만, 그 처벌을 단순범죄의 법정형을 기준으로 하고, 따라서 비신분자에게 적용되는 공소시효기간도 단순범죄의 법정형을 기준으로 한다.[492] 이 때문에 학설과 판례의 태도는 비신분자에게 '성립'이 인정되는 범죄의 죄명만 달리질 뿐, 그 '처벌'에 관한 한, 양자 간 견해 대립의 차이는 실제로 생기지 않는다. 240

그럼에도 제33조의 해석론을 둘러싼 견해는 여전히 논의의 실익이 있다. 특히 신분자가 비신분자의 범죄에 가담한 사례에 대한 제33조의 적용여부 및 소극적 신분의 경우에도 형법 제33조를 적용여부 등을 둘러싸고는 여전히 견해가 대립하고 있기 때문이다. 이 때문에 제33조의 해석상 학설 대립이 실익이 없다[493]고만 할 수는 없다. 241

2. 제33조와 본문과 단서의 적용범위

(1) 학설의 태도

1) 종속적 신분·비종속적 신분구별설 형법 제33조 본문의 '신분이 있어야 성립되는 범죄'를 진정신분범에 국한되는 것으로 해석하는 견해이다(다수설). 이 견해는 진정신분범에 가담한 자는 비신분자라도 진정신분범의 공범이 성립한다고 하기 때문에 '본문은 구성적 신분의 종속성을 선언'한 것이고, 부진정신분범에 가담한 비신분자에게는 신분범의 공범성립이 부정되어야 하기 때문에 '단서는 가감적 신분의 비종속성을 선언'한 것이라고 한다. 242

491) 신동운, 651면.

492) 대법원 2003.10.23. 2003도4283. "신분관계 없는 공범에 대하여 형사소송법 제249조에 의한 공소시효기간의 기준이 되는 법정형을 가림에 있어서는, 그 공범에게 적용되는 죄명인 업무상배임죄의 법정형(10년 이하의 징역)에 의할 것이 아니라, 실질적·구체적으로 그 공범에 대한 과형의 기준이 되는 단순 배임죄의 법정형(5년 이하의 징역)에 의하는 것이 옳다고 본다." 대법원 2020.11.5. 2019도12284(단순횡령방조범의 법정형이 기준이 된다고 한 판결임)

493) 김일수/서보학, 660면; 배종대, §145/3

243 따라서 이 견해는 진정신분범에 해당하는 수뢰죄에 가담한 비신분자(공무원이 아닌 자)에 대해서는 본문규정에 따라 수뢰죄의 공범이 성립하고 수뢰죄의 법정형에 따라 처벌한다. 반면에 부진정신분범인 존속살해죄(가중적 신분범)에 가담한 비신분자(피해자와 직계존·비속관계에 있지 않은 자)에 대해서는 단서가 적용된다고 한다. 이에 따르면 신분자에게는 통상의 범죄인 보통살인죄의 공범이 '성립'하고, '처벌'도 보통살인죄의 법정형으로 처벌된다.

244 2) 신분의 종속·과형의 개별화설 형법 제33조 본문상의 '신분이 있어야 성립되는 범죄'에 진정신분범과 부진정신분범이 모두 포함되는 것으로 해석하는 견해이다.[494] 이 견해는 진정신분범이건 부진정신분범이건 구별없이 신분범에 가담한 비신분자에게 공범성립이 인정되기 때문에 본문은 구성적 신분이건 가감적 신분이건 불문하고 신분의 종속성을 선언한 것이고, 부진정신분범에 가담한 비신분자에게는 신분의 효과를 미치지 않도록 하기 위해 단서가 '과형의 개별화 원칙'을 선언하고 있다고 본다.

245 이 견해에 따르면 진정신분범에 해당하는 수뢰죄에 가담한 비신분자(공무원이 아닌 자)나 부진정신분범인 존속살해죄에 가담한 비신분자(피해자와 직계존비속관계에 있지 않은 자)에 대해서도 일단 본문이 적용되어 수뢰죄의 공범 또는 존속살해죄의 공범이 성립한다. 반면에 부진정신분범인 가중적 신분범(존속살해죄)에 가담한 비신분자의 처벌에 관한 한 단서가 적용되어 비신분자는 신분범죄가 아닌 통상의 범죄인 보통살인죄의 법정형에 따라 처벌된다.

246 3) 위법신분·책임신분구별설 본문의 신분은 위법신분이므로 비신분자인 공범자에게 당연히 종속(연대)되고, 단서의 신분은 책임신분이므로 비신분자인 공범자에게 종속되지 않고 개별화된다는 견해이다.[495] 이 견해에 따르면 신분범죄에 비신분자가 가담한 경우 비신분자의 공범성립 및 처벌문제는 당해 신분범죄의 신분이 위법신분인가 책임신분인가에 따라 결론이 달라진다.

247 문제의 신분이 위법신분이라면 그 신분이 비신분자에게 종속하므로 비신분자에 대해서는 신분범죄에 대한 공범성립이 인정되고 처벌도 신분범죄의 법정형에 따른다. 그러나 당해 신분이 책임신분이라면 그 신분이 비신분자에게 종속하지 않으므로 비신분자에 대해서는 신분범죄의 공범성립이 인정되지 않고 통상의 범죄에 대한 공범성립이 인정되고 처벌도 통상의 범죄의 법정형에 의해 처벌된다.

(2) 판례의 태도(신분의 종속·과형의 개별화설)

248 대법원은 본문의 '신분이 있어서 성립되는 범죄'에 진정신분범 뿐 아니라 부진정신분범도 포함시키고, 단서를 비신분자와 신분자의 '과형의 개별화'에 관한 규정으로 본다. 제33조 본문을 진정신분범과 부진정신분범에 가담한 비신분자의 공범성립에 관한 규정으로, 동조 단서를 부진정신분범에 가담한 비신분자의 처벌에 관한 규정이라고 이해한다는 점에서 신분의 종속·과형의 개별화설의 태도와 일치한다.

494) 신동운, 649면; 오영근, §36/19.
495) 정성근/정준섭, 348면.

判 대법원은 비신분자인 아내와 신분자인 아들이 공동하여 아버지를 살해하여 존속살해죄(부진정신분범)가 문제된 경우, 비신분자인 아내에 대해서 일단 본문규정을 적용하여 존속살해죄의 공동정범이 성립하지만, 과형에 관한 한 단서를 적용하여 보통살인죄의 법정형에 따라 처단한다고 한다.[496] 249

3. 결론

(1) 각 학설의 문제점

① 종속적 신분·비종속적 신분 구별설이 제33조 단서를 신분의 비종속성을 선언하고 있는 것으로 해석하는 것은 문리해석에 반한다. 단서규정은 비신분자를 단지 "무거운 형으로 벌하지 아니한다"라고만 하고 있어서 종속·비종속의 문제와 무관하기 때문이다. ② 신분의 종속· 과형의 개별화설에 대해서도 '신분 때문에 형의 경중이 달라지는 경우'도 '신분이 있어야 성립되는 범죄'에 포함시키는 것은 문리해석에 반할 뿐 아니라 진정신분범에 대하여 적용할 과형의 근거가 없게 된다는 비판[497]이 있다. ③ 위법신분·책임신분구별설은 신분범에 가담한 비신분자의 공범 성립의 문제를 공범종속성의 일반원칙이 아니라 형법 제33조라는 특별규정에 따라 해결하도록 하고 있는 형법의 태도와 정면으로 배치되는 문제점이 있다. 특히 이 견해는 어떤 특정 신분이 위법요소인지 책임요소인지는 그 자체로 논란을 불러일으킬 수 있다는 점을 감안한다면—넘어야 할 난관이 많은 것은 차치하고라도—형법의 해석태도로 인정되기도 어렵다. 250

(2) 본문과 단서의 규율대상 및 과형에 대한 결론

1) **단서와 책임개별화원칙과의 관계** 형법 제33조는 공범종속성에 관한 일반원칙과 무관하게 비신분자인 공범의 형사책임문제와 관련하여 신분의 효과가 비신분자에게 미치는가에 관해 마련된 특별한 규정이다. 따라서 제33조 단서가 신분의 비종속성 내지 책임개별화원칙을 선언하고 있는 것이라고 이해하는 입장(제1설과 제3설)은 제33조가 가지고 있는 특별한 기능을 고려하지 않고 제33조를 공범종속원칙과 결부시키고 있다는 점에서 제33조의 기본컨셉과 배치되므로 타당한 형법해석론이라고 보기 어렵다. 251

2) **본문과 단서의 규율대상** 신분의 종속·과형의 개별화설과 같이 '신분이 있어야 성립되는 범죄'에 진정신분범은 물론이고 부진정신분범을 포함시켜도 형법 제33조의 문리해석에 반하는 것은 아니다. 왜냐하면 가감적 신분범의 경우에도 가감적 신분이 없는 자에게는 그 신분범죄가 '성립'하지 않고 통상의 범죄만 성립할 뿐이므로, 부진정신분범 역시도 '신분이 있어야 성립되는 범죄'에 포함될 수 있기 때문이다. 252

신분의 종속·과형의 개별화설이 진정신분범의 경우 과형의 근거를 제시하지 못한다는 비판도 근거가 없다. 제33조에서 '제30조에서 제32조의 규정을 적용한다'는 문구는 비신분 253

---

496) 대법원 1961.8.2. 4294형상284. "실자(實子)와 더불어 남편을 살해한 처는 존속살해죄의 공동정범이다."
497) 이재상/장영민/강동범, §36/8.

자에게 신분관계를 확장함으로써 성립의 문제와 동시에 처벌의 문제도 규율하는 "이중적 의미"를 가지기 때문이다.[498] 오히려 신분의 종속·과형의 개별화설에 따르면 신분의 분류 및 신분범죄의 종류에 관한 형식적인 기준을 유지하면서도 형법 제33조를 문리해석에 맞게 해석할 수 있는 장점도 있다.

254 따라서 형법 제33조의 본문은 진정신분범의 경우는 물론이고 부진정신분범의 경우에도 신분이 공범에게 종속함을 선언한 것이고, 단서는 형사처벌의 합리화를 위해 신분의 효과가 비신분자에게 불리하게 작용하지 않도록 특히 가중적 신분의 경우에 과형의 개별화를 선언하고 있는 규정이라고 해석하는 것이 타당하다. 이에 따르면 '무거운 형으로 벌하지 아니한다'는 단서도 가중적 신분의 경우에는 비신분자를 통상의 범죄의 법정형에 따라 처벌해야 하는 것으로 해석되어야 한다.

(3) 단서조항의 입법론

255 신분이 가져오는 불리한 법효과(형가중)는 그러한 요소를 갖추지 못한 비신분자에게 인정되지 않아야 하듯이 신분이 가져오는 유리한 법효과(형감경)도 그러한 요소를 갖추지 못한 비신분자에게 인정하지 않는 것이 합리적인 태도일 것이다. 물론 감경적 신분범죄인 영아살해죄 구성요건이 삭제됨에 따라 단서조항 때문에 비신분자를 유리하게 하는 효과를 부여하는 방향으로 해석될 여지도 없어졌다. 그럼에도 불구하고 단서조항으로 성립의 문제와 처벌의 문제를 별개로 취급하지 않도록 정비하려면, 단서조항을 '신분 때문에 형의 경중이 달라지는 경우, 신분 없는 자에 대해서는 통상의 범죄에 대한 공범이 성립한다' 또는 '신분 때문에 형의 경중이 달라지는 경우 신분 없는 자에 대해서는 통상의 죄에 정한 형으로 처벌한다'는 형식으로 개정하는 것이 바람직하고, 이러한 개정내용을 단서조항으로 규정하기 보다는 본문(제1항)에 상응하는 독자적 조항(제2항)으로 규정하는 것이 진정신분범과 부진정신분범에 가담한 비신분자의 공범성립 문제를 균형있게 규율하는 입법방식일 것으로 보인다.

4. 형법 제33조의 적용 여부가 문제되는 사례유형

(1) 이중적 신분이 문제되는 사례의 경우(순방향 사례)

256 이른바 '이중적 신분'이 문제되는 사례도 제33조가 적용될 수 있는지가 문제된다. 이중적 신분이란 구성적 신분과 가중적 신분을 모두 가지고 있는 경우를 말한다. 예컨대, 단순배임죄(또는 단순횡령죄)와 업무상배임죄(또는 업무상 횡령죄)의 관계에서 업무상 배임죄의 주체가 이중적 신분자에 해당한다. 단순 배임죄의 경우 '타인 사무처리자'는 '구성적' 신분자라고 할 수 있지만, 업무상배임죄의 주체는 타인의 사무처리를 '업무'로 하는 자로서 구성

498) 신동운, 650면.

적 신분적 요소와 업무라는 '가중적 신분'적 요소를 동시에 가지고 있기 때문이다. 이 경우 '업무'자가 아닌 단순한 타인의 사무처리자는 이중적 신분자와의 관계에서 보면 상대적으로 '비신분자'로 볼 수 있다. 이중적 신분자도 단순한 구성적 신분자의 관계에서 보면 '신분으로 인해 형이 가중되는' 가중적 '신분자'로 볼 수 있다.

257 따라서 상대적 비신분자인 단순배임죄의 주체가 가중적 신분자인 업무상 배임죄(부진정신분범)에 가담한 경우, 비신분자가 가중적 신분자의 부진정신분범에 가담한 순방향 사례와 동일한 구조를 가진 사례이므로 제33조의 적용대상이 될 수 있다. 따라서 신분의 종속·과형의 개별화설에 따르면, 단순배임죄의 주체는 본문에 따라 업무상배임죄의 공범성립이 인정되지만, 처벌은 단서조항에 따라 단순배임죄의 법정형이 적용된다.

258 判 대법원도 동일한 취지에서 단순배임죄의 주체가 이중적 신분범인 업무배임죄에 가담한 경우, 단순배임죄의 주체에게 제33조 본문을 적용하여 업무상배임죄의 공범 성립을 인정하지만, 처벌은 단서에 따라 단순배임죄의 법정형으로 처벌한다고 한다.[499]

(2) 신분자가 비신분자의 행위에 가담한 경우(역방향 사례 1)

259 형법 제33조의 본문의 문언은 비신분자가 신분자의 신분범에 가담한 경우(이하 '순방향 사례'라 한다), 비신분자의 공범(및 공동정범) 성립의 문제를 규율하고 있다. 이 때문에 그 반대의 경우, 즉 비신분자의 행위에 신분자가 가담한 경우와 같이 제33조가 예상한 가담방향과 반대방향으로 가담한 경우(이하 '역방향 사례'라 한다), 신분자와 비신분자의 죄책여부는 어떻게 해결할 것인지가 문제된다. 이 경우도 진정신분범이 문제되는 경우와 부진정신분범이 문제되는 경우로 나누어 판단해 볼 수 있다.

260 이와 같은 사례의 경우 신분자와 비신분자의 죄책문제를 공범종속성의 일반원칙에 따라 해결할 것인지 아니면 그 특별규정인 형법 제33조의 적용에 따라 해결할 것인지가 문제된다.

261 신분자와 비신분자가 모두 '공동정범'의 성립요건을 갖춘 경우에는 가담의 방향성이 문제되지 않는다. 신분자와 비신분자가 공동정범의 성립요건을 갖추고 있는 경우에는 양자가 공동하여 쌍방향으로 범죄를 범하고 있는 경우이므로 신분자가 비신분자의 행위에 가담한 경우(역방향 사례)도 비신분자가 신분자의 행위에 가담한 경우(순방향 사례)로 치환될 수 있기 때문에 제33조의 규율대상이 되는데 아무런 지장이 없다. 따라서 공동정범의 성립여부가 문제되는 사례의 경우에는 신분자가 비신분자의 행위에 관여한 경우(역방향 사례)에도 공범과 신분에 관한 특별규정인 형법 제33조의 적용을 통해 문제를 해결하는 것이 제33조의 입법취지에

499) 대법원 2003.10.23. 2003도4283. "업무상배임죄는 (중략) 타인의 사무를 처리하는 지위라는 점에서 보면 신분관계로 인하여 성립될 범죄이고, 업무상 타인의 사무를 처리하는 지위라는 점에서 보면 단순 배임죄에 대한 가중규정으로서 신분관계로 인하여 형의 경중이 있는 경우라고 할 것이므로, 그와 같은 업무상의 임무라는 신분관계가 없는 자가 그러한 신분관계 있는 자와 공모하여 업무상배임죄를 저질렀다면 그러한 신분관계 없는 공범에 대하여는 형법 제33조 단서에 의하여 단순 배임죄에 정한 형으로 처단하여야 할 것인데, 이 경우에는 신분관계 없는 공범에게도 동조 본문에 의하여 일단 신분범인 업무상배임죄가 성립하고, 다만 과형에 있어서만 중한 형이 아닌 단순 배임죄의 법정형이 적용된다는 것이 이 법원의 견해이다."

반하지 않는다.[500)]

262 따라서 이하에서는 신분자가 비신분자의 행위에 '협의의 공범'으로 가담한 경우 신분자의 비신분자의 죄책 문제 해결을 위해 제33조를 적용할 것인가 아니면 공범종속성에 관한 일반원칙을 적용할 것인지에 관한 물음에만 답하기로 한다.

263 **1) 진정신분범이 문제되는 경우** 공무원인 甲이 공무원이 아닌 乙을 교사하여 A로부터 뇌물을 제공받도록 한 경우와 같이 신분자가 비신분자의 행위에 가담한 경우는 문언상 제33조가 적용될 수 없다. 이 때문에 역방향 사례는 공범의 종속성에 관한 일반원칙에 따라 해결해야 한다. 이에 따르면 비신분자인 乙은 '고의'가 있으나 '신분'이 없기 때문에 乙의 행위는 신분범죄의 구성요건해당성조차 없는 행위가 된다. 따라서 제한종속형식이나 극단종속형식에 따르는 전제하에서 보면, 乙의 행위가 위법성 또는 책임요건을 충족하지 못했으므로 甲에게는 공범성립도 인정될 수 없다.

264 判 대법원도 정범인 비신분자의 행위에 신분자가 공범으로 가담한 경우에는 신분자에게 공범성립이 인정할 수 없다고 판시[501)]함으로써 역방향사례의 경우 제33조의 적용을 배제하고 공범종속성의 일반원칙에 따르는 태도를 취하고 있다.

265 다른 한편, 위 뇌물 사례는 신분자인 甲이 처벌되지 않는 자(비신분자)를 이용하여 범죄적 결과를 발생케 한 경우로서 이른바 '신분없는 고의있는 도구'사례에 해당한다. 따라서 이 경우 甲에게 형법 제34조 제1항(간접정범)의 성립을 인정할 수 있는지를 먼저 문제삼을 수도 있다.

266 '신분 없는 고의 있는 도구'를 이용한 자의 간접정범 성립을 인정하기 위해서는 행위지배 (우월적 의사지배)가 인정되어야 하는데, 사실상의 우월적 의사지배개념을 전제로 할 경우 가벌성의 흠결이 생길 수 있다. 그러나 법적·규범적 의사지배개념에 따르면 이용자인 甲에게 간접정범의 성립을 인정할 수 있다(구체적인 논거는 제시하지 않지만 판례도 이러한 태도를 취한다는 점에 관해서는 앞의 간접정범의 성립요건 부분 참조).

267 **2) 부진정신분범이 문제되는 경우**(가중적 신분의 경우) 甲이 친구 乙로 하여금 자신의 아버지 A를 살해하도록 교사한 경우와 같이 가중적 신분자가 비신분자의 범죄에 가담한 경우 정범인 乙은 비신분자이므로 乙에 대해서는 비신분범죄인 보통살인죄가 성립한다. 이 경우 신분자인 甲에게 비신분범죄인 보통살인죄의 교사범이 성립하는지 신분범죄인 존

500) 신동운, 659면.

501) 대법원 2022.9.15. 2022도5827. "형법 제323조의 권리행사방해죄는 타인의 점유 또는 권리의 목적이 된 자기의 물건을 취거, 은닉 또는 손괴하여 타인의 권리행사를 방해함으로써 성립하므로 취거, 은닉 또는 손괴한 물건이 자기의 물건이 아니라면 권리행사방해죄가 성립할 수 없다. 물건의 소유자가 아닌 사람(필자주: 비신분자)은 형법 제33조 본문에 따라 소유자(필자주: 신분자)의 권리행사방해 범행에 가담한 경우에 한하여 그의 공범이 될 수 있을 뿐이다. (중략) 정범인 공소외 3의 권리행사방해죄가 인정되지 않는 이상 교사자인 피고인에 대하여 권리행사방해교사죄도 성립할 수 없다."

속살해죄의 교사범이 성립하는지가 문제된다.

① 학설의 태도

(i) 제33조 단서가 적용된다는 견해 신분자가 정범인 경우와는 달리 공범종속성의 일반원칙이 적용되지 않고 형법 제33조 단서조항이 적용된다는 견해이다(다수설). 이에 따르면 비신분자인 정범은 신분자인 교사범에 비하여 중하게 처벌되지 않아야 하므로, 신분자인 교사범은 비신분자인 정범에 비하여 중하게 처벌된다. 따라서 위 예에서 신분자 甲은 부진정신분범죄인 존속살해죄의 교사범의 죄책을 지게 된다고 하게 된다. 268

(ii) 공범종속성의 일반원칙에 따라야 한다는 견해 형법 제33조는 신분자가 정범이고 거기에 가담하는 자가 비신분자인 경우에 한하여 적용되는 경우이므로 그 반대되는 경우에는 형법 제33조의 본문이건 단서건 적용되어서는 안 된다는 견해이다. 이에 따르면 신분자에 대해서도 공범종속성에 관한 일반원칙에 따라 형법 제31조 제1항을 적용해야 한다고 한다. 그 결과 공범은 언제나 정범의 불법에 종속되는 것이므로 존속살해죄의 불법이 아니라 보통살인죄의 불법에만 종속되는 것이기 때문에 甲에 대해서도 보통살인죄의 교사범이 인정된다고 한다.[502] 269

② 판례의 태도 대법원은 역방향 사례의 경우 결론적으로는 신분자는 신분범의 공범(상습도박죄의 방조범)으로, 비신분자는 비신분범의 정범(단순도박죄의 정범)에 해당하는 것으로 판시한 판결[503]이 있다. 270

判 대법원은 위 판결에서 공범종속성원칙과 그에 관한 특별규정인 제33조의 관계를 명시적으로 지적하고 있지도 않고 있을 뿐만 아니라 공범종속성원칙에 따른 것인지 제33조를 적용한 것인지도 분명히 알기도 어렵다. 비신분자에게 단순방조범으로 보는 결론을 선해한다면, 대법원이 순방향 사례이든 역방향 사례이든 구분하지 않고 제33조를 적용하고 태도를 견지하고 있는 것으로 읽을 수 있다. 단서가 "신분관계로 인하여 형의 경중이 있는 경우"라고 할 뿐, 본문과는 달리 신분이 정범과 공범 누구에게 있는지는 불문하고 있기 때문이다. 271

③ 결론 신분범이 문제되는 경우에는 공범과 신분에 관한 특별규정인 형법 제33조가 형법 제31조 제1항이나 제32조 제1항에 비해 우선하여 적용되는 것이 원칙적으로 타당하다. 하지만 문리적 해석에 따를 때 제33조 본문은 신분자가 정범인 경우(순방향 사례)에만 적용되지만, 단서조항은 비신분자가 정범인 경우(역방향 사례)에도 적용될 수 있다고 해석하기는 어렵다. 단서조항이 독립적으로 조문으로 규정되어 있지 않는 이상, 체계적 해석을 할 경우, 단서조항은 형식면에서 본문의 순방향 사례를 전제하여 그 '처벌'의 개별화를 도모하고 있을 뿐인 조항으로 읽어야 하기 때문이다. 272

따라서 '역방향 사례 1'의 경우에는 신분없는 정범은 단순범죄가 성립하고, 거기에 가담 273

502) 신동운, 660면; 오영근, §36/29.

503) 대법원 1984.4.24. 84도195. "상습도박의 죄나 상습도박방조의 죄에 있어서의 상습성은 행위의 속성이 아니라 행위자의 속성으로서 도박을 반복해서 거듭하는 습벽을 말하는 것인 바, 도박의 습벽이 있는 자가 타인의 도박을 방조하면 상습도박방조의 죄에 해당하는 것(이다)."

한 신분자는 (공범종속성의 일반원칙에 따라)정범의 불법에 종속되어 단순범죄의 공범이 된다고 보는 것이 타당하다. 위 사례에서 신분자 甲은 보통살해죄의 교사범(위 판례에서는 가담자에게 상습도박자의 방조범이 아니라 단순도박죄의 방조범)이 성립한다고 보는 것이 타당하다.

(3) 이중적 신분자가 단순 신분자의 신분범에 가담한 경우(역방향 사례 2)

274 예컨대 가중적 신분자인 업무자(乙)가 타인(甲)의 단순배임죄에 가담한 경우, 업무상배임죄라는 가중적 신분 지위도 인정되는 '이중적' 신분자가 된다. 이 경우도 앞서 언급했듯이 업무자 아닌 타인 사무처리자는 이중적 신분자와의 관계에서 보면 상대적으로 '비신분자'로 볼 수 있다. 따라서 이러한 역방향 사례를 단순화하면 앞서 살펴보았던 역방향 사례 1(신분자가 비신분자의 범죄에 가담한 사례)의 경우와 동일한 사례구조를 가진 것으로 볼 수 있다.

275 이러한 역방향적 이중적 신분범 사례의 경우에도 제33조 및 그 단서를 적용하는 것은 문리적 해석이나 체계적 해석 방법에 반할 수 있으므로 공범종속성에 관한 공범일반원칙을 적용하는 것이 타당하다. 이에 따르면 비신분자인 甲에 대해서는 단순배임죄의 성립이 인정되고, 이중적 신분자인 乙에 대해서도 단순배임죄의 공범성립만 인정될 것이다.

276 判 그러나 대법원은 '역방향 사례 2'의 경우에도 앞의 '역방향 사례 1'의 경우와 마찬가지로 그리고 앞의 이중적 신분이 문제되는 순방향 사례의 경우와 유사하게, 비신분자인 갑에게는 단순배임죄, 신분자인 을에게는 업무상배임죄의 성립을 인정하는 결론을 취할 것으로 보인다. 이러한 결론은 이미 대법원이 모해목적이 있는자가 모해목적 없는 자를 교사하여 위증죄를 범하게 한 경우 모해목적이 없는 비신분자에게 "중한 형으로 벌하지 아니한다"는 제33조 단서조항을 적용하여 '단순위증죄'로 '처벌'된다고 하였지만, 모해목적이 있는 신분자는 모해목적위증죄인 교사범으로 '처단'된다고 하고 있기 때문이다. 제33조의 본문이 적용되었는지가 분명하지 않다.[504]

277 대법원이 모해목적을 신분으로 본 것은 신분개념의 '객관성' 요건 결여 때문에 동의할 수 없지만, 만약 모해목적이 신분임을 가정하더라도 대법원의 법리는 그 선명성에서 의문이 있다. 위 결론에서 대법원이 비신분자를 단순위증죄로 '처벌'하는 법적 근거를 제33조의 단서조항인 것임을 밝히고 있는 것과 대조적으로 신분자를 모해목적위증죄의 교사범으로 본 법적 근거는 단서인지 본문인지를 알기 어렵기 때문이다. 만약 본문을 적용한 것이라면 모해목적위증죄의 교사범으로 '처단'이 아니라 '성립'한다고 해야 할 것이다. 이 뿐만 아니라 대법원이 제33조를 신분자가 정범이 아니라 비신분자가 정범인 역방향 사례까지 제33조 또는 그 단서를 적용할 수 있다고 보는 태도에 대해서도 동의하기 어렵다. 앞서 살펴보았듯이 역방향 사례의 경우까지 제33조를 적용하는 태도는 정범과 공범의 '종속'관계에 관

---

504) 대법원 1994.12.23. 93도1002. "'타인을 교사하여 죄를 범하게 한 자는 죄를 실행한 자와 동일한 형으로 처벌한다'고 규정한 형법 제31조 제1항은 협의의 공범의 일종인 교사범이 그 성립과 처벌에 있어서 정범에 종속한다는 일반적인 원칙을 선언한 것에 불과하고, 따라서 이 사건과 같이 신분관계로 인하여 형의 경중이 있는 경우에 신분이 있는 자가 신분이 없는 자를 교사하여 죄를 범하게 한 때에는 형법 제33조 단서가 위 제31조 제1항에 우선하여 적용됨으로써 신분이 있는 교사범이 신분이 없는 정범보다 중하게 처벌된다."

한 규율사례를 순방향 사례로 예정해 둔 제33조의 입법취지를 넘어서는 것이라고 할 수 있다. 순방향 사례와 역방향 사례의 유사성은 '신분'범이 문제되고 있다는 점 외는 발견되지 않고, 차이가 더 많다. 따라서 역방향 사례의 경우 신분자를 중하게 처벌하기 위해 일반원칙을 두고 특별규정인 제33조를 적용하는 태도는 허용되는 확장해석이 아니라 '유추'라고 평가할 수밖에 없다.

(4) 간접정범형태에 대한 형법 제33조의 적용 여부

비신분자가 간접정범에 해당하는 경우에도 형법 제33조가 적용되어 비신분자에 대해 신분범의 간접정범의 성립 및 처벌이 인정될 수 있는지가 문제된다. 간접정범을 특히 공범의 일종으로 보는 견해는 간접정범의 경우에도 형법 제33조가 적용될 수 있다고 한다. 형법 제33조가 비신분자에게도 '제30조에서 제32조의 규정'(공동정범, 교사범, 방조범)이 적용된다고 하고, 간접정범에 관한 규정인 형법 제34조는 "교사 또는 방조의 예에 의하여 처벌된다"라고 규정하고 있기 때문에 결국 간접정범의 경우도 제34조에 의해 제33조의 교사 또는 방조가 되므로 우회적으로 형법 제33조의 규정이 적용될 수 있다고 한다.[505] 278

허위공문서 작성죄의 주체(정범)가 될 수 없는 비신분자(공문서 작성권한 없는 자)라도 일정한 조건(작성권자를 보조하는 지위)하에서 허위공문서 작성죄의 간접정범이 될 수 있다는 판례[506]를 근거로 삼아 대법원이 간접정범의 경우에도 제33조를 적용하는 것으로 평석하는 견해[507]가 있다. 그러나 대법원이 비신분자를 신분범죄의 간접정범으로 보는 것은 처벌의 공백을 메우기 위해 비신분자가 신분자와 특별한 내적인 관계에 있을 것을 조건으로 예외적으로 제시한 해결방안 내지 사례의 특수성을 고려하여 보충적으로 발견한 법(리)일 뿐 – 이 법리의 타당성여부를 별론으로 하면[508] – 대법원이 비신분자가 언제나 신분죄의 간접정범이 된다는 일반론을 전개하고 있는 것은 아니라고 해야 할 것이다. 279

간접정범의 본질은 공범이 아니라 정범이고 형법 제34조는 간접정범을 교사 또는 방조로 보려는 것이 아니라 처벌만을 교사범 또는 방조범의 처벌례에 따르게 하려는 것에 불과하다. 형법 제33조는 신분효과를 공범으로 가담하는 비신분자에게도 귀속(종속)시켜 결국 비신분자의 가벌성 확대를 도모하는 규정이므로 최대한 제한적으로 해석해야 한다. 물론 입법론상으로 보면 제33조가 협의의 공범(교사범 또는 방조범)이 외에 정범형태인 공동'정범'의 경우에도 가벌성 확장을 인정하고 있음은 형법이론상 논쟁의 대상이 되고도 남음이 있다. 280

---

505) 신동운, 655면.

506) 대법원 1992.1.17. 91도2837. "공문서의 작성권한이 있는 공무원의 직무를 보좌하는 자가 그 직위를 이용하여 행사할 목적으로 허위의 내용이 기재된 문서초안을 그 정을 모르는 상사에게 제출하여 결재하도록 하는 등의 방법으로 작성권한이 있는 공무원으로 하여금 허위의 공문서를 작성하게 한 경우에는 간접정범이 성립되고 이와 공모한 자 역시 그 간접정범의 공범으로서의 죄책을 면할 수 없는 것이고, 여기서 말하는 공범은 반드시 공무원의 신분이 있는 자로 한정되는 것은 아니라고 할 것이다."

507) 신동운, 655면.

508) 이에 관해서는 『각론』 허위공문서작성죄 참조.

Ⅲ. 소극적 신분과 공범

1. 소극적 신분의 의의와 분류

(1) 소극적 신분의 의의

281 소극적 신분이란 신분관계가 있으면 범죄가 성립하지 않거나 성립된 범죄에 대한 처벌이 탈락되는 경우의 신분을 말한다. 이때 '소극적'이라 함은 문제의 신분관계가 존재하지 아니하여야 범죄가 성립하거나 처벌할 수 있다는 의미를 나타내고 있다.[509] 이와 같은 소극적 신분자의 행위에 비신분자가 가담한 경우나 그 반대의 경우를 해결하는 직접적인 형법규정이 없어 그 해결책을 둘러싸고 견해가 대립한다.

(2) 소극적 신분의 분류

282 일반적으로 적극적 신분을 범죄를 구성하는 구성적 신분과 형벌의 경중에 영향을 미치는 가감적 신분으로 분류하는 것과 유사하게, 소극적 신분도 위법(불법)조각적 신분, 책임조각적 신분, 그리고 처벌조각적 신분 등으로 분류된다.

283 '위법조각적 신분'이란 일반인에게 금지된 특정한 행위가 특정 신분자에게는 허용되어 있는 경우의 신분을 말하고,[510] '책임조각적 신분'이란 신분자의 행위라도 구성요건에 해당하고 위법성이 조각되지 않는 행위로 평가되지만 당해 신분 때문에 책임이 조각되는 경우의 신분을 말한다.[511] '처벌조각적 신분'이란 신분의 존재와 무관하게 범죄 자체는 성립하지만 그 신분이 있으면 형이 면제되는 경우의 신분을 말한다.[512]

284 의료행위나 법률사무취급 또는 운전행위 등은 각각 그 자체가 처음부터 금지되는 행위가 아니라 국가면허라는 제도하에서 법익보호와 촉진의 측면에서 특정한 전문적 지식이 있는 자에게만 그러한 행위를 할 수 있는 법률적 자격요건이 부여된 행위들이다. 이러한 행위들을 국가의 일정한 면허(허가)를 받지 않고 수행하는 것 자체가 불법을 구성하는 것이므로 국가의 면허(허가)요건의 결격 그 자체를 불법으로 평가할 뿐, '행위' 그 자체에 불법의 본질적 요소가 내포되어 있는 것이 아니다. 따라서 이러한 면허(허가)를 득한 의사, 변호사, 면허소지자들의 행위는 처음부터 불법을 구성하는 요소 없는 행위이기 때문에 그 자체 구성요건해당성이 없는 행위라고 보는 것이 타당하다. 이러한 견지에서 보면 처음부터 금지의 속성이 내포되어 있지 않은 의료행위 등을 할 수 있도록 하는 특수한 자격은 위법조각적 신분이 아니라 불구성적 신분이라고 부르는 것이 이론적으로나 개념적으로 타당하다.

---

509) 신동운, 661면.

510) 위법조각적 신분의 예로는 의료법에 그 활동이 저촉되지 않는 의사, 소송사건을 위임받은 변호사, 자동차 운전행위에 있어서의 면허소지 운전자, 무기 휴대행위와 관련한 사법경찰관의 신분 등이 있다.

511) 책임조각적 신분의 예로는 범인은닉죄(형법 제151조 제2항)에 있어서의 친족관계, 증거인멸죄(동법 제155조 제4항)에 있어서의 친족관계와 14세 미만의 형사미성년자 등이 있다.

512) 처벌조각적 신분의 예로는 권리행사방해죄와 재산죄에 있어서의 직계혈족, 배우자, 동거친족 등의 신분(형법 제328조 제1항, 제344조, 제361조, 제365조)이다. 2024.6.27. 일정한 신분자에게 처벌조각(형면제)의 효과를 인정하는 형법규정이 헌법재판소에서 헌법불합치결정을 받아 입법개선이 될 때까지 그 효력이 중지된 상태이다.

2. 소극적 신분과 형법 제33조의 적용여부

제33조의 '신분'에 구성적 신분이나 가중적 신분과 같은 그것의 존재가 범죄의 성립 및 처벌에 적극적인 영향을 미치는 '적극적' 신분외에 그것의 존재가 범죄의 성립 및 처벌 신분도 소극적인 영향을 미치는 '소극적' 신분도 문제되는지가 문제된다. 제33조의 신분에 소극적 신분도 포함시키게 되면, 소극적 신분자의 행위에 비신분자가 가담한 경우나 그 반대의 경우에도 공범종속성의 원칙의 적용이 차단되고, 제33조가 적용된다고 하게 된다. 285

(1) 제33조 적용을 부정하는 견해

형법 제33조가 일정한 신분관계가 '적극적'으로 존재하는 경우에만 적용되는 규정이기 때문에 제33조를 구성적 신분이나 가감적 신분이 문제되는 경우만을 규율하는 규정으로 이해하는 견해이다. 이에 따르면 소극적 신분자의 행위에 비신분자가 가담한 경우나 그 반대의 경우에는 공범종속성의 일반원칙에 따라 해결하는 수밖에 없다고 본다(다수설). 286

(2) 제33조 적용을 긍정하는 견해

형법 제33조의 신분에 소극적 신분도 포함되는 것으로 이해하여 소극적 신분이 문제되는 사례에서도 신분자와 비신분자의 공범성립의 문제를 형법 제33조의 적용을 통해 해결하려는 견해이다.[513] 이에 따르면 종래 제33조가 '신분관계로 인하여 성립될 범죄', '신분관계로 인하여 형의 경중이 있는 경우'라고 문구를 사용하고 있었기 때문에 소극적 신분의 경우에도 제33조를 적용할 수 있다고 한다. 예컨대 무면허의료행위는 의사라는 신분의 존부에 따라 범죄성립이 좌우되기 때문에 '신분관계로 인하여 성립될 범죄'가 되는 것으로 해석할 수 있기 때문이라고 한다. 287

(3) 판례의 태도

대법원은 공동정범이 문제되는 경우와 협의의 공범이 문제되는 경우를 각기 다른 방식으로 해결해 왔다. 288

判 대법원은 ㉠ 불구성적 신분자가 비신분자의 행위에 '공동정범'으로 가담한 경우에는 그 불구성적 신분자에게 비신분자에게 성립이 인정되는 범죄의 공동정범의 성립을 인정하였다.[514] ㉡ 불구성적 신분자가 비신분자의 행위에 협의의 '공범'으로 가담한 경우에는 그 불구성적 신분자를 비신분자에게 성립이 인정되는 범죄의 공범성립을 인정하였다.[515] 289

---

513) 오영근, §36/31.

514) 대법원 1986.2.11. 85도448. "의료인일지라도 의료인 아닌 자의 의료행위에 공모하여 가공하면 의료법 제25조 제1항이 규정하는 무면허의료행위의 공동정범으로서의 책임을 진다." 대법원 2012.5.10. 2010도5964. "의사가 이러한 방식으로(무면허의료행위) 의료행위가 실시되는 데 간호사와 함께 공모하여 그 공동의사에 의한 기능적 행위지배가 있었다면, 의사도 무면허의료행위의 공동정범으로서의 죄책을 진다."

515) 대법원 1986.7.8. 86도749. "치과의사가 환자의 대량유치를 위해 치과기공사에게 내원환자들에게 진료행위를 하도록 지시하여 동인들이 각 단독으로 전항과 같은 진료행위를 하였다면 무면허의료행위의 교사범에 해당한다."

290 소극적 신분자에게 공동정범의 성립을 인정하는 대법원의 태도를 공범종속성에 관한 일반원칙을 적용한 것으로 평가할 수는 없다. 공동정범의 경우에는 공범종속성에 관한 일반원칙이 적용되지 않기 때문이다. 이 때문에 대법원의 위 ㉠의 결론은 제33조의 적용을 통해 내려진 결론으로 볼 수밖에 없다. 반면에 협의의 공범에 관한 ㉡의 결론은 대법원이 공범종속성에 관한 일반원칙을 적용하여 소극적 신분자에게 비신분자의 불법 종속성을 인정한 것으로 평가할 수 있다. 제33조는 신분의 '종속'을 선언한 특별규정인데, 비신분자는 소극적 신분자에게 종속할 것이 없고, 만약 있다고 한다면 '소극적 신분없음' 외에는 종속될 것이 없기 때문이다. 그러나 제33조가 이러한 형식의 종속을 규율하고 있다고 보는 것은 언어 유희에 불과한 것으로 보인다.

(4) 결론

291 소극적 신분도 형법 제33조의 '신분'에 포함되는 것으로 해석하는 견해는 다음과 같은 문제점을 가지고 있다. ① 형법 제33조의 일부개정으로 '신분관계로 인하여 성립하는 범죄'가 '신분이 있으면 성립하는 범죄'로 바뀐 이상 그 신분자의 범죄성립을 부정하는 소극적 신분은 제33조의 신분에 더 이상 포함될 수 없게 되었다. ② 소극적 신분이 범죄불성립의 효과를 가져오기 때문에 제33조의 범죄성립과 관련해서는 소극적 비신분자를 제33조의 신분자로 취급하고 소극적 신분자를 제33조의 비신분자로 취급해야 하는데, 이러한 해석은 제33조의 문언의 의미에 대한 가공의 정도가 해석의 수위를 넘는다. ③ 이 견해를 취하더라도 소극적 가감신분은 인정되지 않기 때문에 결국 제33조의 본문만 적용해야 하는데, 책임조각적 신분의 경우에는 제33조 본문의 적용을 통해 신분이 종속되는 결론을 피하기 위해 제33조를 적용하는 대신 공범종속성의 일반원칙으로 되돌아가야 한다.[516] ④ 소극적 신분 가운데 '처벌조각적 신분'은 처음부터 제33조가 적용될 수 없는 한계를 가진다.

292 2020.12.8. 알기 쉬운 법령 만들기 차원에서 형법 제33조의 "신분관계로 인하여 성립될 범죄"라는 문구가 "신분이 있어야 성립되는 범죄"로 그 표현이 바뀌었다(시행 2021.12.9.). 이러한 변화 때문에 단순히 용어 순화만 의도한 입법자의 취지와는 달리 그 적용범위에 관한 해석론에도 변화가 생길 가능성이 커졌다. 개정 형법 제33조의 문언에 정면으로 반하는 위 '제33조 적용설' 및 판례의 태도가 더 이상 유지될 수 없게 되었기 때문이다. 개정전 문구인 "신분관계로 인하여 성립될 범죄" 속에는 소극적 신분범을 무리하게 포함시킬 수 있는 여지가 전적으로 배제되어 있지는 않았지만, 개정된 문구인 "신분이 있어야 성립하는 범죄"에는 어떤 해석방법을 동원하더라도 소극적 신분범을 포함시키기는 어렵다. 따라서 개정 형법에서는 소극적 신분자와 비신분자가 가담한 경우 비신분자의 형사처벌 문제를 더 이상 형법 제33조의 적용을 통해 해결할 가능성은 입법적으로 차단되어 버린 셈이기 때문이다. 요컨대 소극적 신분의 경우에는 공범종속성의 일반이론에 따라 해결되어야 하는 것으로 – 입법자의 본의가 아닌 – 입법적 결단이 내려지고 만 것이다.

3. 소극적 신분자의 공범 및 공동성립의 문제 해결방안

293 소극적 신분자의 공범성립의 문제를 규율하는 명문의 규정이 존재하지 않는 이상 이 문

516) 오영근, §36/37.

제는 공범종속성의 일반원칙에 따라 해결할 수밖에 없다. 제한종속형식을 취하는 전제하에서 소극적 신분자의 공범 및 공동정범 성립문제는 다음과 같이 해결해야 한다.

(1) 불구성적 신분이 문제되는 경우 공범성립 여부

1) 비신분자가 불구성적 신분자의 행위에 가담한 경우 신분자에 대해서는 범죄가 성립하지 않고 여기에 가담한 비신분자에게도 범죄가 성립하지 않는다. 신분자의 행위에 대해 범죄성립을 부정하게 하는 신분이 불법조각에 영향을 미치는 요소이므로 제한종속형식에 의하면 이러한 종류의 소극적 신분의 효과가 공범자에게도 종속되기 때문이다. 294

2) 불구성적 신분자가 비신분자의 행위에 가담한 경우 비신분자에 대해서는 범죄불성립에 영향을 미치는 요소가 없으므로 비신분자에 대해서는 범죄성립이 인정되고, 따라서 여기에 가담한 불구성적 신분자는 비신분자의 불법에 종속되기 때문에 신분자의 공범성립이 인정될 수 있다.[517] 다만 이 경우에도 불구성적 신분자에 대해 별도의 위법성조각사유나 책임조각사유가 인정될 수 있는 것은 물론이다. 295

判 대법원도 소극적 신분자(치과의사)가 비신분자(치과기공사)를 교사하여 진료행위를 하게 한 경우 소극적 신분자에게도 정범인 비신분자의 의료법위반죄(무면허의료행위)의 교사범 성립을 인정하고 있는 바.[518] 이러한 결론은 정범의 불법이 소극적 신분자인 공범에의 종속을 인정함으로써 도출된 것으로 보인다. 그러나 대법원이 동일한 사례구조를 가진 사안의 경우, 즉 변호사(소극적 신분자)가 변호사 아닌 자(비신분자)의 변호사법위반행위에 가담한 경우에는 변호사를 공범으로 처벌할 수 없다는 판결[519]은 그 이유를 납득하기 어렵다. 변호사의 관여행위에 관한 처벌규정이 없더라도 변호사 아닌 자의 범죄행위에 관여한 행위가 공범성립요건을 충족시키는 이상 변호사를 공범으로 처벌하는 것이 형법총칙에 공범규정이 존재하는 이유이고 공범종속성의 원칙의 당연한 결론이기 때문이다. 대법원이 총칙의 공범규정 적용배제근거로서 편면적 대향범에 관한 법리를 적용한 것으로 볼 수도 있다. 그럼에도 불구하고 불가벌적 대향자인 변호사가 대법원이 예외적으로 공범규정의 적용가능성을 인정하는 사유, 즉 선제적 또는 적극적으로 가담한 경우까지도 변호사의 가담행위에 대해 총칙의 임의적 공범규정 적용배제론을 전개하는 취지라면 더욱 문젯거리가 될 수 있다. 296

(2) 불구성적 소극적 신분자의 공동정범 성립여부

'불구성적' 소극적 신분이 문제되는 경우 각 가담자가 공동정범의 기능적 행위지배의 요건을 충족시키면 신분자와 비신분자가 공동정범이 될 수 있는지가 문제된다. 이와 관련하여 학설은 ① 신분자와 비신분자가 공동정범이 된다는 견해(다수설), ② 비신분성이 '정범'표지로 되어 비신분자만이 정범이 되고 소극적 신분자는 그와 함께 정범이 될 수 없고 무죄 297

517) 배종대, §147/2; 손동권, §33/22b; 이재상/장영민/강동범, §36/20.

518) 대법원 1986.7.8. 86도749. "치과의사가 환자의 대량유치를 위해 치과기공사에게 내원환자들에게 진료행위를 하도록 지시하여 동인들이 각 단독으로 전항과 같은 진료행위를 하였다면 무면허의료행위의 교사범에 해당한다."

519) 대법원 2004.10.28. 2004도3994. "변호사 아닌 자(비신분자)의 변호사법위반행위에 가담한 경우에 대해 변호사의 행위가 일반적인 형법총칙상의 공모, 교사 또는 방조에 해당된다고 하더라도 변호사를 변호사 아닌 자의 공범으로서 처벌할 수는 없다."

가 되어야 한다는 견해,[520] ③ 공동정범은 될 수 없지만 공범(교사범, 방조범)은 성립할 수 있다는 견해[521]등이 대립한다.

298 判 대법원은 앞서 살펴본 바와 같이 소극적 신분자에게 공동정범의 성립까지 인정하고 있다. 공동정범은 (협의의) 공범에 관한 공범종속성원칙이 적용되지 않기 때문에, 소극적 신분자가 비신분자와 함께 공동정범이 될 수 있다는 대법원의 태도는 공범종속성원칙으로는 설명이 불가하다. 오히려 위와 같은 대법원의 입장은 소극적 신분도 제33조의 신분개념에 포함시키는 전제하에서 설명이 가능하다.[522] 그러나 앞서 살펴보았듯이 개정형법에서 제33조는 "신분이 있어야 성립하는 범죄"로 바뀐 이상 소극적 신분을 제33조의 신분개념에 포함시켜 해석할 가능성은 전적으로 사라지게 되었다.

299 생각건대 적극적 신분범의 경우에도 비신분자가 신분자와 함께 신분범죄의 공동정범으로 인정될 수 있는 것은 '공동정범의 경우에도 신분이 종속한다는 입법적 결단'이 내려져 있는 형법 제33조의 규정을 통해서만 가능하다. 하지만 소극적 신분범의 경우 형법 제33조와 무관하게 공범종속성의 일반원칙만 적용될 수 있고, 비신분자만 정범이 될 수 있다는 것은 비신분성을 정범표지로 이해할 것을 전제로 해야 한다. 이에 따르면 소극적 신분자는 비신분자의 공동정범이 될 수 없다. 물론 이 경우 소극적 신분자가 정범표지인 비신분성을 갖추지 못하였다고 해서 무조건 무죄가 되어야 하는 것은 아니고 그 가담 정도에 따라 교사범이나 방조범의 성립은 인정할 수 있다. 종래의 대법원 법리가 바뀌어야 한다.

(3) 책임조각적 신분이 문제되는 경우

300 **1) 비신분자가 신분자의 행위에 가담한 경우** 신분자는 책임이 조각되지만, 비신분자에 대해서는 공범성립이 인정된다. 신분자의 책임조각적 신분은 종속의 대상이 되는 불법요소가 아니기 때문에 책임개별화의 원칙에 따라 그 효과는 신분자에 대해서만 인정되기 때문이다. 예컨대 甲(비신분자)이 살인죄의 범인인 A를 은닉하도록 A의 아버지 乙(신분자)을 교사한 경우에는 乙은 범인은닉·도피죄(형법 제151조 제2항)의 책임이 조각될 수 있지만[523] 甲은 범인은닉·도피죄의 교사범이 성립한다. 비신분자가 책임조각적 신분자를 의사지배하여 범행을 실행케 한 경우에는 간접정범의 성립도 가능하다.

301 **2) 소극적 신분자가 비신분자의 행위에 가담한 경우** 비신분자에게는 범죄불성립에 영향을 미치는 요소가 없으므로 범죄성립이 인정된다. 이 경우 신분자의 공범성립여부는 다음과 같다.

302 ① 형사미성년자가 성년자를 교사하여 범죄를 범하게 한 경우와 같이 신분자가 '절대적

---

520) 임웅, 492면.

521) 오영근, §36/33.

522) 대법원 1986.2.11. 85도448. "의료인일지라도 의료인 아닌 자의 의료행위에 공모하여 가공하면 의료법 제25조 제1항이 규정하는 무면허의료행위의 공동정범으로서의 책임을 진다."

523) 범인은닉죄, 증거인멸죄 등의 경우 직계혈족 등 일정한 친족관계에 있는 자의 범인은닉 및 증거인멸행위는 기대불가능성을 이유로 책임이 조각되는 것으로 해석된다(형법 제151조 제2항 및 제155조 제4항).

신분자'(즉 피해자와의 인적관계 유무 등과는 무관하게 독립적으로 인정되는 신분을 가진 자)의 경우, 신분자는 책임이 조각되어 교사범 성립이 부정된다는 점에 이견이 없다.

② 甲(신분자)이 乙(비신분자)을 교사하여 살인죄의 범인인 甲의 아들 A를 도피시키도록 한 경우와 같이 신분자가 '상대적 신분자'(즉 피해자나 범인 등과의 인적 관계에 따라 인정 유무가 결정되는 신분을 가진다)인 경우에는 견해가 갈린다. 신분자의 책임이 조각되어 교사범 성립을 부정하는 견해(다수설)가 있지만, 신분자에게 교사범의 성립을 인정하는 견해가 타당하다. 위 사례의 경우 살인죄의 범인의 아버지인 甲이 직접 범인인 아들을 도피시키는 경우와는 달리 비신분자인 乙로 하여금 범인도피죄를 교사하는 경우에는 아들이 아닌 제3자와의 관계가 문제되므로 책임조각적 신분자로 인정될 수 없기 때문이다. 즉 甲은 범인도피죄를 범한 정범(乙)과의 관계에서 더 이상 신분자로 볼 수 없기 때문에 책임조각을 인정받을 사유(기대불가능성)가 상실한 것이라고 할 수 있다. 303

判 대법원도 '책임조각적 신분자'가 범인 아닌 제3자의 범인은닉도피를 교사한 경우 책임조각적 신분자가 범인 아닌 제3자와는 신분관계가 없음을 근거로 하여 그 책임조각적 신분자에 대해 책임조각을 인정하지 않고 교사범의 성립을 인정한다.[524] 이러한 태도는 기대불가능성으로 인한 책임조각사유가 적용되어 스스로 범인도피죄, 범인은닉죄, 증거인멸죄, 위증죄의 정범이 될 수 없는 범인이라도 제3자가 범한 범인도피죄 등에 대해서는 교사범의 성립을 긍정[525]하고 있을 뿐 아니라 그 제3자가 책임조각적 신분관계(즉 범인의 동생)에 있는 자라도 범인도피죄의 교사범 성립을 긍정[526]하는 태도와 일맥상통한다고 할 수 있다. 물론 범인의 범인은닉도피죄의 교사범 성립여부와 관련해서는 범인의 방어권 남용 여부가 결정적인 척도이다(이에 관해서는 『각론』 범인은닉·도피죄 등 참조). 304

(4) 처벌조각적 신분이 문제되는 경우

2024. 6. 27. 처벌조각적 신분에 관한 형법규정(형법 제328조 제1항)에 대한 헌법재판소의 헌법불합치 결정이 내려짐에 따라 이 규정의 효력이 중지되었다.[527] 이 규정에 대한 입법개선이 있을 때까지 해석론의 전개를 유보하기로 한다. 305

524) 대법원 1996.9.24., 96도1382. "피고인이 그 동생인 이○우가 벌금 이상의 형에 해당하는 범죄를 저지른 자임을 알면서 제3자로 하여금 수사기관에 허위의 진술을 하도록 교사한 것이라면, 이러한 경우는 형법 제151조 제2항에 정한 친족이 본인(범인)을 도피하게 한 경우에 해당하지 아니하므로, 피고인은 범인도피의 교사범으로서의 죄책을 면할 수 없다."

525) 대법원 2000.3.24. 2000도20. "범인은 스스로 범인도피죄의 주체가 될 수 없지만 자신을 위하여 타인으로 하여금 허위의 자백을 하게 하여 범인도피죄를 범하게 하는 행위는 방어권의 남용으로 범인도피교사죄에 해당한다."

526) 대법원 2006.12.7. 2005도3707. "범인이 자신을 위하여 타인으로 하여금 허위의 자백을 하게 하여 범인도피죄를 범하게 하는 행위는 방어권의 남용으로 범인도피교사죄에 해당하는바, 이 경우 그 타인이 형법 제151조 제2항에 의하여 처벌을 받지 아니하는 친족, 호주 또는 동거 가족에 해당한다 하여 달리 볼 것은 아니다."

527) 헌법재판소 2024.6.27. 2020헌마468등. "형법(2005.3.31. 법률 제7427호로 개정된 것) 제328조 제1항은 헌법에 합치되지 아니한다. 법원 기타 국가기관 및 지방자치단체는 2025. 12. 31.을 시한으로 입법자가 개정할 때까지 위 법률조항의 적용을 중지하여야 한다."

제3부

죄수론과 경합론

범죄론(제2부)에서는 한 사람 또는 두 사람의 이상의 행위자가 '한 개'의 각칙 구성요건을 실현한 경우를 전제로 삼아 그 각칙의 개별적 구성요건 요소와 총칙의 일반적 범죄성립요건을 결합시킨 '범죄'의 성립요건에 관한 이론들을 다루었다. 한 사람 또는 두 사람 이상의 행위자가 '한 개'의 범죄성립요건을 충족하면 그 행위주체(들) 대해서는 각칙 구성요건에 법효과로 예정된 형벌(법정형)이 부과된다. 그런데 현실의 범죄현상들 중에는 행위자(들)이 '한 개'의 각칙 구성요건을 실현하는 경우보다는 '수 개'의 각칙 구성요건의 실현하는 경우가 많다.

행위자(들)이 수 개의 범죄성립요건을 충족시킨 것으로 인정되면 유죄판결시 그 성립된 모든 범죄구성요건에 예정된 각각의 형벌(법정형)을 어떻게 처리하여 '처단형'을 정할 것인지가 문제된다. 성립된 수 개의 범죄가 서로 경합관계에 있기 때문에 그 법정형도 서로 경쟁관계에 놓이기 때문이다.

총칙규정은 이러한 경쟁관계를 상상적 경합과 실체적 경합으로 구분하면서 각 경합형태별로 처단형 산출방식을 규정하고 있다(상상적 경합: 제40조/실체적 경합: 제37조, 제38조, 제39조). 이 때문에 총칙의 위 규정들의 해석을 통해 수 개의 성립된 범죄들이 언제 상상적 경합관계로 인정되고 언제 실체적 경합관계로 인정되는지가 밝혀져야 할 필요가 있다(경합론).

그런데 경합문제는 성립된 범죄의 개수가 '두 개 이상'인 경우에만 생기고, 한 개의 범죄만 성립한 경우에는 제기되지 않는다. 따라서 경합형태를 판단하기 이전에 선행과제로서 행위자(들)에 의해 범해진 범죄의 개수가 먼저 결정되어야 한다(죄수론).

제3부에서는 죄수결정의 기준에 관한 형법이론을 중심으로 학설과 판례에 의해 '한 개'의 범죄성립만 인정하는 다양한 '일죄'의 유형을 살펴보고(제1장), 경합론에서는 총칙규정에서 경합형태를 결정하는 기준으로서 제시된 '한 개의 행위'의 개념해석론을 중심으로 각 경합형태별 처단형을 정하는 방식에 관해 살펴본다(제2장).

제 1 장 죄 수 론 §33

죄수문제가 성립된 범죄의 개수문제라면, 범죄성립 여부는 앞서 범죄론에서 살펴보았듯이 각칙 구성요건 요소와 일반적 범죄성립요건의 충족여부에 달려 있다. 그러나 입법기술상 각칙 구성요건의 요소들이 중첩적으로 기술되어 있는 경우도 있어서 행위자의 행위가 그 중에 어떤 구성요건을 충족시킨 것인지를 평가해야 할 경우도 있고, 외관상 행위자가 수 개의 행위를 통하여 하나의 동일한 각칙 구성요건을 반복적으로 충족시키고 있는 경우도 있어서 구체적 사례에서 행위자(들)에게 성립이 인정되는 범죄가 한 개인지 수 개인지를 분명하게 확정하기 어려운 경우가 있다. 이러한 경우 다양한 사례유형들을 대상으로 삼아 행위자가 성립시킨 범죄의 개수를 형법이론적으로 평가하는 독립된 문제영역 내지 토픽을 '죄수론'이라고 부른다. 1

제 1 절 죄수결정의 기준

Ⅰ. 죄수문제의 의의

1. 죄수론에서 '죄'의 개념

죄수론에서는 행위자(들)가 범한 범죄의 개수가 몇 개인지가 관건이 된다. 죄수론에서의 '죄' 또는 '범죄'는 앞의 범죄론에서 설명한 범죄성립요건을 모두 충족시킨 행위자의 행위를 말한다. 즉 죄수론에서 말하는 '죄'란 형법총칙 및 형법각칙(또는 형사특별법의 벌칙규정 등)을 근거로 한 형식적 범죄개념, 즉 구성요건에 해당하고 위법하고 책임있는 행위를 말한다.[1] 2

2. 공범론과 죄수론 과제의 구별

가담형태론(광의의 공범론)이 2인 이상의 자가 한 개의 범죄에 가담한 경우를 문제삼는 반면, 죄수론에서는 한 사람의 행위자 또는 두 사람 이상이 범한 범죄의 개수가 몇 개인지가 문제된다. 가담형태론에서는 2인 이상의 가담자 가운데 누가 정범이고 누가 공범인가를 검토하는 반면(공범과 정범의 구별), 죄수론에서는 행위자(들)의 행위가 한 개의 범죄를 성립시킨 것인지 여러 개의 범죄를 성립시킨 것인지가 문제된다(일죄와 수죄의 구별). 3

형사소송의 진행과정에서 기소된 범죄의 요건 중 일부가 증명되지 않았지만, 증명된 나머지 부분만으 4

---

1) 실무상으로는 처벌조건까지지도 구비한 범죄를 말한다.

로 다른 범죄가 성립되는 경우를 죄수문제라고 생각할 여지도 있다. 예를 들어, 검사가 야간주거침입절도로 공소제기한 경우 이 범죄로 유죄판결을 선고하기 위해서는 '야간주거침입+절취사실'이 모두 합리적 의심의 여지 없이 증명되어야 한다. 그런데 당해 사안에서 절취여부가 증명되지 않은 경우 법원은 야간주거침입절도죄에 대해서는 무죄판결을 선고하되(이유무죄), 위 공소사실 중에는 주거침입부분도 포함되어 있음을 근거로 주거침입죄에 대해서는 유죄판결을 선고(주문유죄)하는 경우가 있다.[2] 그러나 이러한 경우는 엄밀하게 말해서 죄수문제가 개입하지 않는다. 공판절차의 진행상 발견되는 증거에 따른 사실관계 확정 및 적합한 법령 적용이 문제될 뿐, 실제로 범죄성립요건을 모두 충족한 죄의 개수가 몇 개인지가 쟁점사항은 아니기 때문이다.

Ⅱ. 죄수결정의 기준

5 행위자가 행위가 수 개의 범죄를 범한 것인지 한 개의 범죄를 범한 것인지는 다양한 경우에 문제될 수 있다. 예컨대 절도범이 타인의 집에 침입하여 그 집 방안에서 재물을 절취하고 다시 그 집에 세들어 사는 자의 방에 침입하여 재물을 절취하려다가 미수에 그쳤다면 한 개의 절도죄만 성립하는지 아니면 절도죄와 절도미수죄가 모두 성립하는지,[3] 혹은 약 2개월 동안에 동일한 피해자로부터 7회에 걸쳐 취직교재비 명목으로 금원을 편취한 경우 한 개의 사기죄인지 아니면 일곱 개의 사기죄인지[4]가 문제될 수 있다. 그러나 형법은 성립한 범죄의 개수를 결정하는 기준이 무엇인지에 관해서 아무런 규정을 두고 있지 않다.

1. 학설의 태도

(1) 행위표준설

6 행위자가 행한 행위의 개수에 따라 죄수를 결정하려는 견해이다. 이에 의하면 행위가 한 개이면 일죄이고 행위가 여러 개이면 수죄라고 한다. 행위표준설 내부에서도 '행위'를 어떻게 이해할 것인지를 둘러싸고 견해차이가 있다.

7 1) 자연적 의미의 행위를 기준으로 하는 견해 행위표준설에서 말하는 행위개념을 자연적 의미의 행위로 이해하는 견해이다. 자연적 의미의 행위란 한 개의 의사활동에 의해 한 개의 외부행위로 나타나는 것을 말한다.

8 그러나 이 견해에 대해서는 폭행 또는 협박을 하여 재물을 강취하는 강도죄와 같은 결합범이나 감금죄와 같은 계속범은 수 개의 행위가 있는 경우이므로 수죄로 보게 되는 문제가 있다는 비판이 있다. 행위표준설을 주장하는 견해 가운데 이와 같은 자연적 의미의 행위개념을 주장하는 견해는 없다.[5]

---

2) 이른바 '축소사실'의 경우 공소장변경이 필요한지가 문제될 수 있는데 이 쟁점은 형사소송법에서 다뤄진다.
3) 대법원 1989.8.8. 89도664(절도죄와 절도미수죄의 성립을 인정함).
4) 대법원 1988.9.6. 87도1166(한 개의 사기죄의 성립을 인정함).
5) 따라서 이하에서 '행위표준설'이라고 함은 '법적·사회적 의미의 행위표준설'을 지칭한다.

2) 법적·사회적 의미의 행위를 기준하는 견해 수 개의 자연적 행위가 있다고 하더라도 법률상의 구성요건이 이를 법적·사회적 의미에서 단일한 것으로 평가할 때에는 수 개의 자연적 행위가 법적인 의미에서 하나의 행위가 된다는 견해[6]이다. 이에 따르면 동일한 구성요건이 수 개의 행위태양을 허용하고 있는 협의의 포괄일죄, 계속범, 결합범, 접속범 또는 연속범의 경우 등 수 개의 자연적 행위가 있는 경우라도 구성요건적·법적 관점에서 한 개의 행위라고 평가될 수 있으므로 일죄가 된다고 한다. 그러나 이 견해에 따르면 형법 제40조에서 "한 개의 행위"와 "수 개의 죄"가 서로 양립하는 경우를 설명하기가 어렵다. 9

(2) 의사표준설

행위자의 범죄의사의 수를 기준으로 죄수를 결정하는 견해이다. 이에 의하면 상상적 경합이나 연속범 등도 의사의 단일성이 인정되면 일죄가 된다고 한다. 그러나 의사표준설은 주관주의 범죄론을 기초로 삼는 태도로서 범죄의 형식적 정형성을 무시하는 결론에 이를 수도 있고, 서로 다른 법익침해에 대해서도 범죄의사가 단일한 이상 항상 일죄로 인정해야 하는 문제점이 있다. 10

(3) 법익표준설

범죄행위로 인해 침해된 보호법익을 기준으로 죄수를 결정하는 견해[7]이다. 이에 따르면 상상적 경합의 경우 같은 종류의 상상적 경합은 일죄로 보게 되고 다른 종류의 상상적 경합은 수죄로 보게 되는 문제점이 생긴다. 뿐만 아니라 연속범 및 통화위조 후 위조통화를 행사한 경우와 같이 동일한 법익을 수 개의 행위로 침해하는 경우에도 항상 일죄로 취급해야 하는 문제점이 있다. 11

(4) 구성요건표준설

행위자의 행위가 법률상의 구성요건을 충족시키는 횟수를 기준으로 해서 죄수를 결정해야 한다는 견해이다.[8] 이에 의하면 구성요건을 한 번 충족하면 일죄이고, 구성요건을 여러 번 충족하면 수죄가 된다. 12

그러나 이 견해에 대해서도 수 개의 행위가 반복해서 동일한 구성요건에 해당할 경우에 일죄인가 수죄인가를 판단하기가 어려울 뿐 아니라 구체적인 적용에 있어서 구성요건의 충족횟수를 어떻게 판단할 것인지가 명확하지 않다는 비판이 제기되고 있다. 13

(5) 종합설

의사, 행위, 결과, 보호법익 및 구성요건의 충족횟수 등을 종합적으로 고려하여 구체적인 경우에 합목적적으로 죄수를 결정해야 한다는 견해이다.[9] 이에 의하면 '결합범·상습범 14

6) 안동준, 305면; 임웅, 549면; 허일태, "죄수론과 연속범", 형법연구 I, 1997, 201면.

7) 김선복, "형법상 죄수판단의 기준", 부경대학교인문사회과학연구 제20권 제2호(2019), 369면; 김준호, "법조경합과 포괄일죄의 실체법상 죄수에 관한 판례이론의 분석", 형사법의 신동향 제44호, 2014, 24면.

8) 이용식, 191면; 이재상/장영민/강동범, §37/7; 이형국/김혜경, 549면; 정성근/정준섭, 408면.

9) 배종대, §163/5; 손동권, §34/6; 오영근, §38/18.

의 경우는 구성요건을 표준으로, 연속범의 경우에는 행위의 연속성을 기준으로, 상상적 경합의 경우에는 그 결과를 기준으로 삼아야 하고, 살인죄와 상해죄의 경우에는 피해법익을 기준으로, 위증죄의 경우에는 행위의 기회를 기준으로 범죄의 개수를 결정해야 한다'고 한다.

2. 판례의 태도

15 대법원은 다수의 판결례에서 죄수판단에서 원칙적으로 구성요건의 충족횟수에 따르고 있기 때문에 구성요건표준설의 입장이라고 말할 수 있다.

16 判 관세법상의 무신고수입죄나 조세포탈범의 죄수를 "그 위반사실의 구성요건 충족횟수를 기준으로 1죄가 성립하는 것이 원칙"이라고 하고,[10] 예금통장과 인장을 절취한 행위와 예금환급금수령증을 위조한 행위를 수죄로 인정하면서 "각각 별개의 범죄구성요건을 충족하는 각 독립된 행위라 할 것"[11]이라고 하고 있기 때문이다. 다른 한편 상상적 경합과 법조경합의 구별기준과 관련하여 "실질적으로 일죄인가 수죄인가는 구성요건적 평가와 보호법익의 측면에서 고찰하여 판단하여야 한다"[12]라고 판시에서도 구성요건표준설적 기본태도가 견지되고 있다. '보호법익'이 구성요건에 기술되지 않은 요소이기 때문에 구성요건표준설의 관점을 벗어나고 있지 않기 때문이다.[13]

17 대법원이 구체적 사례에서 그리고 각 이슈별로 각기 다른 죄수결정기준을 사용하고 있는 것처럼 보이는 외관에 의거하여 대법원이 구성요건표준설이 아니라 행위표준설 또는 법익표준설을 취하고 있다는 평가도 있다. 하지만 행위표준설에서 말하는 행위도 결국 구성요건적 행위이고, 법익표준설에서 말하는 보호법익도 당해 구성요건의 규범적 요소이며, 의사표준설이 기준으로 삼는 행위자의 범의도 결국은 구성요건의 주관적 요건인 고의에 해당한다. 이에 따르면 대법원은 죄수결정을 하면서 그때그때 구성요건 요소 중 특정 요소를 부각시키고 있는 것일 뿐, 기본적으로 구성요건표준설의 태도를 이탈하고 있다고 평가하기는 어렵다.[14]

18 例 대법원이 "미성년자의제강간죄 또는 미성년자의제강제추행죄는 행위시마다 한 개의 범죄가 성립한다"(대법원 1982.12.14. 82도2442)고 판시하고 있거나 "간통죄는 성교행위마다 한 개의 간통죄가 성립한다"(대법원 1983.11.8. 83도2474)는 판시내용에 의거하여 "대법원은 정조에 관한 죄, 간통죄에 대하여 원칙적으로 '행위표준설'에 입각하고 있다"고 평가[15]하기는 어렵다. 위와 같은 판시에서도 대법원은 이미 구성요건 요소 중 특히 행위자가 그때그때 '별개의 범의'를 가지고 행위한 것이라는 점에 기초하여 죄수판단을 내린 후, 그 성립된 죄의 개수를 헤아리면서 '행위'마다 별개의 죄가 성립하는 것이라고 설명하고 있는 것이기 때문이다.

---

10) 대법원 2001.3.13. 2000도4880; 2000.5.26. 2000도1338.
11) 대법원 1968.12.24. 68도1510.
12) 대법원 2000.7.7. 2000도1899.
13) 대법원 1982.12.14. 82도2442.
14) 이에 관해서는 김성돈, "죄수결정의 기준", 법학논고 제14집(경북대학교 법학연구소), 1998, 206면 이하 참조.
15) 이재상/장영민/강동범, §37/3

무엇보다도 대법원이 이른바 '포괄일죄'를 실체법상 (또는 실질적으로) 일죄로 인정하기 위해 제시하고 있는 다섯 가지 요건들을 보더라도 대법원이 구성요건표준설의 범주 내에서 죄수판단을 하고 있음을 알 수 있다. 포괄일죄의 일죄 인정을 위한 다섯 가지 요건은 구체적 사례에 나타난 행위자의 수 개의 행위를 행위(태양의 동일성), 의사(의 단일성), 보호법익(의 동일성) 등 구성요건의 요소들을 종합적으로 고려하여 동일 구성요건을 일회 충족한 것으로 평가하게 하는 근거들이기 때문이다.[16] 이러한 관점에서 보면, 대법원 법리에 나타난 포괄일죄의 일죄 인정요건을 수 개의 자연적 행위를 법률상 한 개의 행위로 평가하기 위한 요건으로 보는 입장도 실은 구성요건표준설에 입각한 대법원의 죄수판단에 대한 이견의 표명이 아니라, 포괄일죄 인정 기준에 대한 이견의 표명에 불과한 것으로 이해될 수 있다.

대법원이 '성적 자기결정권'에 관한 죄에 대해서 행위표준설을 취하는 것으로 평가할 수 없다는 점은 특히 다음의 판시내용을 통해서도 확인될 수 있다.

例 대법원은 "피해자를 1회 강간하여 상처를 입게 한 후 약 1시간 후에 장소를 옮겨 같은 피해자를 다시 19
1회 강간한 행위는 그 범행시간과 장소를 달리하고 있을 뿐 아니라 각 별개의 범의에서 이루어진 행위로서 형법 제37조 전단의 실체적 경합범에 해당한다"(대법원 1987.5. 12. 87도694). "피해자를 1회 강간하였다가 200미터쯤 오다가 다시 1회 강간한 경우에는 한 개의 강간죄가 성립한다"(대법원 1970.9. 29. 70도1516)고 하고 있는데, 이러한 판결들에서 범죄의 개수를 정함에 있어서 결정적인 것은 행위의 개수가 아니라 행위자가 행위마다 별개의 범행을 가진 것인지 아니면 행위를 속개할 때 범의의 갱신이 있는 것인지가 결정적이다.

행위의 개수를 죄수판단에 결정적인 기준으로 삼는 것이 대법원의 태도가 아님은 무면허운전죄와 음주운전죄 등과 같은 계속범에 대한 대법원의 죄수판단을 보더라도 알 수 있다.

例 대법원은 "무면허운전으로 인한 도로교통법 위반죄에 관해서는 어느 날에 운전을 시작하여 다음 날 20
까지 동일한 기회에 일련의 과정에서 계속 운전을 한 경우 등 특별한 경우를 제외하고는 사회통념상 운전한 날을 기준으로 운전한 날마다 1개의 운전행위가 있다고 보는 것이 상당하므로 운전한 날마다 무면허운전으로 인한 도로교통법 위반의 1죄가 성립한다고 보아야 한다."(대법원 2022.10.27. 2022도8806)고 하는데, 이러한 판시에서 대법원은 같은 날 무면허 운전행위를 여러 차례 반복한 경우라도 범의의 갱신이 있는 운전행위인지와 운전행위의 접속성이 인정되는지 등을 종합적으로 고려하고 있는데 그 고려요소들이 모두 구성요건 요소에 포함되기 때문이다.[17]

3. 결론

(1) 행위표준설 등의 문제점

행위자가 시간적 간격을 두고 수차례 행위를 한 경우 행위표준설에 따라 수 개의 범죄 21
가 성립한다고 할 수도 없고, 행위자가 수 개의 행위를 통해 동일한 보호법익을 침해하는 행위를 그때 그때 범의를 갱신하고 있는 경우에도 법익표준설에 따라 한 개의 죄가 성립한

16) 예, 김선복, "상상적 경합의 법적효과", 형사법연구 제11호, 1999, 132면.

17) 대법원 2022.10.27. 2022도8806. "(생략) 한편 같은 날 무면허운전 행위를 여러 차례 반복한 경우라도 그 범의의 단일성 내지 계속성이 인정되지 않거나 범행 방법 등이 동일하지 않은 경우 각 무면허운전 범행은 실체적 경합 관계에 있다고 볼 수 있으나, 그와 같은 특별한 사정이 없다면 각 무면허운전 행위는 동일 죄명에 해당하는 수 개의 동종 행위가 동일한 의사에 의하여 반복되거나 접속·연속하여 행하여진 것으로 봄이 상당하고 그로 인한 피해법익도 동일한 이상, 각 무면허운전 행위를 통틀어 포괄일죄로 처단하여야 한다."

다고 말할 수도 없다. 특히 행위표준설에 따르면 경합문제를 규율하고 있는 형법규정의 해석상 다음과 같은 문제가 생긴다. ① 행위표준설에 따르면 한 개의 행위는 일죄가 되어야 하는데, 이는 "한 개의 행위가 여러 개의 죄에 해당하는 경우"를 예정하고 있는 형법 제40조의 문언과 정면으로 배치된다. ② 행위표준설은 법조경합의 사례에 대한 형법이론학의 일치된 시각과도 배치된다. 즉 불가벌적 사전행위나 불가벌적 사후행위의 경우는 실제로 수 개의 행위로 이루어지지만, 죄수론에서 이러한 경우는 행위표준설의 결론과는 달리 행위자가 충족시킨 형식적인 구성요건의 문제를 떠나 실질적인 불법측면에서 볼 때 한 개의 범죄만 성립되는 경우로서 일죄로 평가되고 있기 때문이다.

(2) 구성요건표준설의 타당성

22 죄수결정은 구체적인 사례에서 행위자의 행위가 성립시킨 '범죄'의 개수를 헤아리는 차원의 문제이고, 범죄성립의 문제는 각칙 구성요건을 충족시킨 구체적인 행위자의 행위가 일반적인 범죄성립요건을 모두 충족시킨 것인지의 문제이므로 결국 죄수결정의 기준도 법률 '구성요건'을 표준으로 하는 것이 타당하다. 특히 행위자가 동일한 구성요건을 여러 차례 실현한 경우 그 실현마다 별개의 불법을 구성한다는 것은 동일 구성요건이라는 형식을 넘어 실질적으로 다른 불법을 실현한 것이므로 구성요건의 충족횟수에 따라 성립된 범죄의 개수가 달라지는 것임을 말해준다.

Ⅲ. 죄수문제와 경합문제의 심사도식

1. 죄수문제와 경합문제의 해결 도식

23 형법은 제40조에서 '한 개의 행위'가 '여러 개의 죄'에 해당하는 경우를 규정하고 있고, 제37조에서는 '수 개의 행위'가 '여러 개의 죄'에 해당하는 경우를 규정하고 있다. 이러한 형법의 태도에 따르면 먼저 몇 개의 죄가 성립하였는가의 문제(죄수문제)를 물어 이를 확정하고, 여기서 수 개의 죄가 성립하였다는 사실이 인정되는 경우에 다시 그 수 개의 죄가 몇 개의 행위에 의해 행해진 것인가를 물어 경합형태를 결정해야 한다.[18] 다시 말해 행위의 단복을 논하기 전에 먼저 범죄의 개수를 묻는 방법이 현행 형법의 설계에 부합되는 방법이자, 사리와 논리에 부합하는 방식이다.[19] 아래 심사도식에서는 죄수판단을 경합형태 판단의 선결과제로 삼아야 한다는 점을 구조화하고 있다.

18) 김성돈, "형법상 죄수론의 구조", 형사법연구 제9호, 1996, 198면; 김용욱, "경합론의 체계적 구조", 東巖이형국교수화갑기념논문집, 384~391면.

19) 물론 후술하는 포괄일죄의 경우 왜 죄수결정을 하기도 전에 '행위'가 몇 개인지를 논하는가라고 하는 의문이 제기될 수 있다. 하지만 포괄일죄는 수 개의 행위를 하나의 행위로 평가하는 관념이 아니라, 여러 개의 구성요건과 관련하여 이를 1죄로 평가하는 것이다. 결국 포괄일죄에 있어서도 핵심은 '죄'의 개수가 몇 개인가를 판정하는 것이므로 서로 다른 차원의 문제이다.

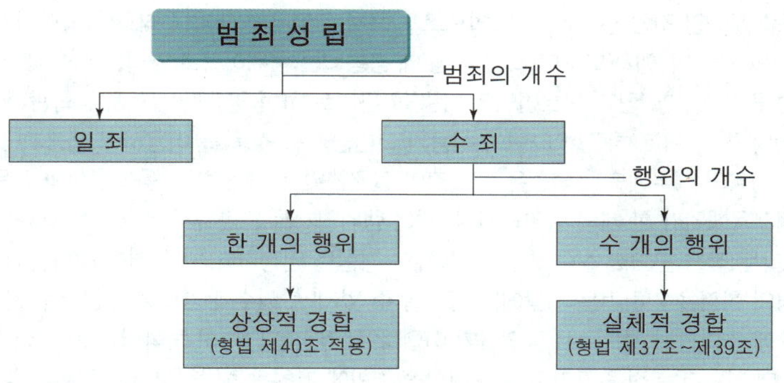

24

죄수론과 경합론의 구조

2. 심사도식의 실무 유용성

25 죄수문제를 경합문제의 선결과제로 구조화하고 있는 위 심사도식은 처단형을 정하는 일에 법적 안정성을 확보하게 해 준다. 죄수판단의 기준과 경합판단의 기준이 서로 다른 차원의 것임을 명료하게 드러내주고, 각 단계별 심사에서 심사기준의 상이성(죄수판단: 구성요건의 충족횟수/경합판단: 한 개의 행위가 인정되는지의 여부)과 죄수이론과 경합이론의 서로 다른 기능(죄수이론: 불법의 확정/경합이론: 이중평가금지에 기초한 처단형 확정)을 확지할 수 있게 해 주기 때문이다.

26 判 죄수판단과 경합판단에 있어 대법원이 위 심사도식과 동일한 논리적 순서에 따라 그리고 각 판단단계에서 위 심사도식에서 제시한 기준에 따르고 있는지는 단정적으로 평가하기 어렵다. 죄수가 몇 개인지를 판단한 다음 수죄가 성립된 것으로 인정될 경우 다시 그 성립된 수 개의 죄가 1개의 행위에 의해서 범해진 것인지를 판단하는 순서로 접근하고 있는 경우[20]도 있지만, 그렇지 않은 경우도 적지 않기 때문이다. 미리 언급해 두자면, 그렇지 않은 경우는 크게 두 가지 유형으로 대별할 수 있다.

첫째, 대법원은 한편으로는 죄수판단과 경합판단을 엄격하게 구분하지 않고 포괄적으로 판단하는 경우도 있다. 이러한 포괄적 판단은 후술하듯이 동일한 비전속적 법익의 침해가 문제될 경우 피해자의 수가 다수인 경우 수죄간의 실체적 경합이 인정된다는 해법을 사용하는 경우에 활용되고 있다(이하 일죄 유형 부분 참조).

둘째, 대법원이 죄수판단에서 사용해야 할 기준까지 끌어들여 경합판단을 하고 있는 경우도 왕왕 있다. 상상적 경합과 실체적 경합을 구별하는 단계에서 그 구별 기준으로서 행위의 태양의 상이성과 보호법익의 다름을 기준으로 사용하고 있기 때문이다. 이와 같은 심사기준의 혼복합적 사용의 예는 다음과 같다. 즉 예

20) 대법원 2022.9.7. 2022도6993. "범죄단체 등에 소속된 조직원이 저지른 폭력행위 등 처벌에 관한 법률(이하 '폭력행위처벌법'이라 한다) 위반(단체 등의 공동강요)죄 등의 개별적 범행과 폭력행위처벌법 위반(단체 등의 활동)죄는 범행의 목적이나 행위 등 측면에서 일부 중첩되는 부분이 있더라도, 일반적으로 구성요건을 달리하는 별개의 범죄로서 범행의 상대방, 범행 수단 내지 방법, 결과 등이 다를 뿐만 아니라 그 보호법익이 일치한다고 볼 수 없다. 또한 폭력행위처벌법 위반(단체 등의 구성·활동)죄와 위 개별적 범행은 특별한 사정이 없는 한 법률상 1개의 행위로 평가되는 경우로 보기 어려워 상상적 경합이 아닌 실체적 경합관계에 있다고 보아야 한다."

컨대 위조통화를 진화인 것인 양 기망의 방법으로 사용하는 경우 상대방을 착오에 빠뜨리게 하는 한 개의 행위가 위조통화행사죄의 '행사'와 사기죄의 '기망'에 공통되는 행위이므로 양죄는 상상적 경합관계로 보아야 할 것을 대법원은 '행위태양과 보호법익의 다름'을 근거로 하여 양죄가 실체적 경합관계에 있는 것이라고 판단하고 있다.[21] 범죄로 취득한 타인의 신용카드(현금카드 겸용)를 이용하여 현금지급기에서 현금을 무단 인출하는 행위의 경우에도 대법원은 절도죄의 절취행위와 여신전문금융업법상의 신용카드부정사용죄의 카드 부정사용행위가 한 개의 행위인지 수 개의 행위인지를 판단하지 않고, 각 범죄가 행위태양과 보호법익이 다르다는 점을 근거로 삼아 양 죄의 실체적 경합을 인정한다.[22] 이러한 대법원의 태도에 대해서는 선고되는 형의 형평을 기하려는 시각에는 동의할 수 있지만, 죄수와 경합에 관한 일관된 법리를 요구하는 이론적 수준에는 미달된 것으로서 동의하기 어렵다. 대법원은 단순히 하나의 죄를 범한 경우에 비해 행위자의 죄질이 더 나쁘다는 점을 근거로 삼아 상상적 경합에 기초된 처단형보다는 실체적 경합에 기초된 처단형을 부과하려는 양형단계에서 중시해야 할 형사정책적 고려를 하고 있기 때문이다. 하지만, 이러한 대법원의 태도는 죄수결정 기준과 경합형태결정 기준을 서로 다르게 구조화하고 있는 형법의 태도와 조화될 수 없거나 죄수이론과 경합이론의 현실적 기능적 관점을 벗어난 것이라고 평가하지 않을 수 없다. 심지어 대법원은 가장 최근의 판례에서도 심사기준의 혼복합적 방식을 유지하고 있다.[23]

제 2 절 일 죄

Ⅰ. 일죄의 의의와 유형

27 일죄와 수죄를 구별하기 위해서는 일죄가 인정되는 경우를 먼저 확정해야 한다. 수죄는 일죄가 아닌 경우에 비로소 인정되기 때문이다. 구성요건표준설에 의할 때 일죄로 인정될 수 있는 경우는 다음과 같다.

1. 단순일죄와 포괄일죄

28 일죄란 행위자의 행위가 하나의 범죄를 성립시킨 경우를 말한다. 구성요건표준설에 따르면 한 개의 범죄가 성립된 경우란 구성요건이 일 회 충족된 경우를 말하기 때문에 가장 전형적인 일죄의 예는 행위자가 하나의 고의로써 한 개의 행위 또는 수 개의 행위를 수행하여 하나의 법익을 침해한 경우이다(단순일죄).

29 그러나 수 개의 행위에 의해 동일 구성요건을 반복적으로 충족시킨 경우에도 일죄로 인정되는 경우가 있다. 그러한 경우는 행위자의 수 개의 행위가 동일 구성요건을 반복적으로 실현하더라도 그러한 행위들을 포괄적으로 평가하여 구성요건을 일회 충족한 것으로 인정

21) 대법원 1979.7.10. 79도840.
22) 대법원 1995.7.28. 95도997.
23) 대법원 2023.2.23. 2020도12431은 "각 범죄의 구성요건 및 행위의 태양과 보호법익을 달리하고 있어 상상적 경합 관계에 있다고 볼 수 없고, 실체적 경합 관계에 있다"고 한다.

할 만한 일정한 요건을 구비해야 한다(포괄일죄).

2. 실체법상의 일죄와 과형상의 일죄

단순일죄나 포괄일죄는 모두 한 개의 범죄가 성립된 경우이므로 실체법상의 일죄가 된 30
다. 그러나 수 개의 범죄성립이 인정되어 실체법상 수죄에 해당하는 경우에도 형벌을 부과할 경우에 가장 중한 죄에 정한 형으로 처벌하기 때문에 일죄로 취급되는 경우가 있다(과형상의 일죄). 상상적 경합이 바로 실체법상 수죄이면서 과형상의 일죄에 해당하는 경우이다.

3. 실체법상의 일죄와 소송법상의 죄수 관계

실체법상의 일죄는 단순일죄이든 포괄일죄이든 소송법상으로도 항상 일죄(한 개의 사건) 31
로 취급된다. 상습범의 경우 실체법상 일죄이지만, 판례의 법리상 소송법상 한 개의 사건으로 취급될 경우도 있고 수 개의 사건으로 취급될 경우도 있다(이에 관해서는 포괄일죄의 절차법적 효과 참조).

실체법상 수죄이지만 과형상의 일죄로 인정되는 상상적 경합의 경우는 경합하는 수 개 32
의 죄가 한 개의 행위로 범해진 경우이므로 소송법상 일죄(한 개의 사건)로 취급된다. 수 개의 죄가 수단과 목적의 관계에 있는 경우에는 재구속의 제한을 위해 소송법상 한 개의 사건으로 취급된다(형사소송법 제208조 제2항).

Ⅱ. 단순일죄

1. 행위통합적 구성요건과 일죄

구성요건표준설에 의할 때 행위자가 하나의 고의로써 한 개 또는 수 개의 행위를 수행 33
하여 하나의 법익을 침해하여 하나의 구성요건을 충족한 경우 일죄가 된다는 점에는 의문이 없다. 다만, 행위자가 한 개 또는 수 개의 행위를 수행하여 수 개의 구성요건(또는 범죄)을 실현하고 있는 것처럼 보이는 경우라도 곧바로 수죄가 되는 것은 아니다. 예컨대 강도죄 등과 같이 폭행 또는 협박행위와 재물취거행위를 한데 묶어 놓고 있는 독자적 구성요건의 경우는 행위자에게 폭행 또는 협박죄와 절도죄가 각각 성립한다고 하지 않고 강도죄 일죄만 성립한다고 한다. 이러한 구성요건을 이른바 "행위통합적 구성요건(Die handlungsvereinigenden Tatbestände)"[24]이라고 부른다.

행위통합적 구성요건은 수 개의 행위가 각각 동일한 또는 상이한 구성요건을 충족하여 34

24) Jakobs, §32/26ff.

별개의 범죄가 성립하는 것 같지만, 이미 수 개의 상이한 구성요건적 행위들이 하나로 결합되어 있는 구성요건을 말한다. 이러한 경우는 행위자의 수 개의 행위가 각각 범죄구성요건을 충족하여 수죄의 성립이 인정된다고 하지 않고, 수 개의 구성요건적 행위를 통합하고 있는 (행위통합적) 구성요건을 일회 충족하여 독자적 범죄가 성립하는 것으로 평가하여 일죄 성립만 인정되어야 한다.

35 행위통합적 구성요건의 예로는 계속범, 결합범, 이른바 협의의 포괄일죄, 상습범, 영업범 등이 있다. 이러한 범죄유형은 "다수의 행위에 의한 구성요건의 실현을 프로그램화"[25) 하고 있는 점을 공통의 특징으로 한다.

(1) 계속범

36 계속범이란 범죄의 기수 이후 법익침해상태가 일정한 시간적 경과를 요하는 범죄(예, 체포·감금죄)를 말한다. 계속범의 경우에는 구성요건적 행위에 의해 야기된 위법상태를 유지하기 위한 행위가 수 개 존재하여 각각 독자적으로 구성요건을 충족하지만, 전부 포괄하여 일죄가 된다.

37 계속범은 요구되는 주관적 요건인 '범의의 단일성'은 일단 위법상태를 야기한 행위를 한 후 행위자가 '필요한 경우' 같은 행위를 계속하려는 주관적인 의사를 가지는 경우에 인정될 수 있다. 따라서 감금된 피해자가 감금된 지 이틀 후에 탈출을 기도하였으나 범인이 이를 제지하였기 때문에 그 후로도 다시 이틀간 더 감금된 경우, 행위자에게 범의의 단일성이 인정되면 이틀간에 걸친 두 개의 감금죄가 아니라, 나흘간에 걸친 하나의 감금죄만 인정된다.[26)]

(2) 결합범

38 결합범이란 각각 별개의 구성요건들을 한 개의 독자적인 제3의 구성요건으로 결합시키고 있는 범죄유형을 말한다. 예컨대 타인의 재물을 절취하면서 피해자에게 폭행까지 가한 경우에 절취행위와 폭행행위는 각각 독자적으로 절도죄와 폭행죄의 구성요건을 충족하여 두 개의 죄가 될 것 같지만, 이들 두 개의 구성요건적 행위는 강도죄라는 한 개의 구성요건에 의해 통합되므로 결국 강도죄 일죄만 인정된다.

39 이미 존재하는 위법한 상태 혹은 행위자가 스스로 야기한 위법상태와 시간적으로 동떨어진 사후행위들이 단일한 범의에 의해 수행되는 경우에도—동일한 구성요건적 행위가 양적으로 보태지고 있는 한—결합범의 하위유형으로 분류할 수 있다.[27)] 예컨대 간첩죄처럼 구성요건을 충족하는 개별행위들 간의 시간적·장소적 밀접성이 계속범이나 결합범에 비해 훨씬 느슨한 경우가 이에 해당한다. 그러나 이러한 경우는 동일한 구성요건의 반복된

25) 김일수/서보학, 672면.
26) Jakobs, §32/27.
27) 이재상/장영민/강동범, §38/24.

실현이 예상되어 있으므로 구성요건의 해석상 수 개의 행위가 있더라도 이를 일죄로 보아야 한다.[28] 이러한 유형에 해당하는 범죄로는 범죄단체조직죄(형법 제114조 제1항), 통화위조죄(동법 제207조 제1항), 음행매개죄(동법 제242조), 「마약류 관리에 관한 법률」상의 마약의 사용 내지 투약(동법 제59조 제1항 제3호, 제5호) 등이 있다.

(3) 이른바 협의의 포괄일죄

40 협의의 포괄일죄란 동일한 법익을 침해하는 수 개의 서로 다른 행위태양이 한 개의 구성요건에 규정되어 있을 때에는 이 수 개의 행위태양에 해당하는 일련의 행위를 포괄하여 일죄로 보는 경우를 말한다.[29] 예컨대 동일인을 체포하여 감금하는 경우에는 감금죄(형법 제276조)만이 성립하고, 동일한 장물을 운반 또는 보관하여 이를 취득한 경우에는 장물취득죄(동법 제362조)만이 성립하며, 동일인에 대하여 뇌물을 요구 또는 약속하여 이를 수수하는 경우에는 뇌물수수죄(동법 제129조)만 성립한다.

41 이러한 경우를 특히 '협의의 포괄일죄'라고 부르는 이유는 일반적으로 포괄일죄로 지칭되는 경우와 구별할 필요가 있기 때문이다. 일반적으로 포괄일죄는 계속범, 결합범, 집합범, 접속범 등을 지칭한다. 이 책에서는 '포괄일죄'를 행위통합적 구성요건의 범주에 속하지 않는 구성요건을 수 개의 자연적 행위를 통해 반복적으로 수행하였지만 일정한 요건을 충족하여 일죄로 인정될 수 있는 경우(예컨대 접속범)에 국한하여 사용한다. 따라서 계속범, 결합범, 협의의 포괄일죄는 단순일죄로 분류한다.

42 협의의 포괄일죄는 특히 각기 독립하여 구성요건에 해당하는 수 개의 행위를 하나의 구성요건 자체에서 미리 프로그램화하여 둔 점에서는 결합범과 공통점을 가진다. 하지만 결합범의 경우에는 그러한 수 개의 서로 다른 행위가 '반드시' 결합되어야 그 범죄구성요건이 충족되지만, 협의의 포괄일죄의 경우에는 그러한 수 개의 행위 가운데 '임의의' 어느 한 행위만 존재하여도 그 구성요건이 충족되는 점에서 결합범과 구별된다.[30] 예컨대 수뢰죄의 구성요건은 뇌물의 요구, 약속, 수수행위를 예정해 두고 있는데 이 세 가지 행위 가운데 어느 한 가지 행위만 하여도 수뢰죄가 성립한다는 점에서 구성요건에 명기되어 있는 모든 행위를 다하여야 범죄가 성립하는 결합범과 차이가 있다.

(4) 집합범(상습범, 영업범, 직업범)의 일죄성

43 집합범이란 구성요건의 성질상 동종행위가 동일한 의사경향에 기하여 반복될 것이 당연히 예상되는 경우를 말한다. 집합범의 종류로는 상습범, 영업범, 직업범 등이 제시되고

---

28) 대법원 1959.7.20. 4292형상140. "간첩미수를 방조한 일련의 행위는 1개의 행위마다 1개의 방조가 성립하는 것이 아니라 이를 포괄하여 1개의 방조죄로 처벌할 것이다."

29) 대법원 1985.7.9. 85도740. "일반적으로 수뢰죄가 좁은 의미의 포괄일죄로 파악되는 것은 동일법익의 침해를 목적으로 하고 있음은 물론 하나의 구성요건에 여러 개의 행위태양이 상정되고 또 이 복수의 행위가 다같이 동일법익을 침해하고 있는 까닭이다. 즉 뇌물죄에 있어서는 하나의 구성요건 중에 뇌물의 수수·요구·약속이라는 수 개의 단계적 행위가 일시를 달리하여 여러 차례에 걸쳐 이루어졌을 때 그 포괄적 파악이 가능하기 때문이다."

30) Jakobs, §32/29.

있다. 집합범을 일죄로 인정하는 이유는 수 개의 동종행위의 반복을 예정한 구성요건의 특징상 수 개의 행위를 하나로 통합하는 행위자의 일정한 위법한 생활영위태도(상습성, 영업성 등) 때문이라고 설명해왔다.

44 종래 학설은 집합범을 이견 없이 일죄의 유형으로 인정해 왔다. 그러나 집합범 중에도 상습범의 경우는 행위자의 상습성만, 영업범의 경우는 영업상만 인정된다고 해서 일죄로 인정될 수 없고, 구성요건표준설에 기초한 포괄일죄의 인정요건을 모두 충족하여야 일죄가 된다고 해야 한다. 영업범의 경우는 판례도 이러한 태도를 취하고 있지만, 상습범의 경우는 상습성만으로 일죄가 된다는 입장을 유지하고 있다. 이에 관해서는 포괄일죄의 유형론에서 다시 설명하기로 한다.

2. 법조경합

(1) 법조경합의 의의

45 1) 의의 법조경합(Gesetzeskonkurrenz)이란 수 개의 법률구성요건이 충족되어 외관상 수 개의 범죄가 경합하는 것처럼 보이지만, 실제로 수 개의 '범죄'성립이 인정되지 않으므로 수죄가 아니라, 수 개의 '범죄공식(즉 법률)' 내지 법률구성요건, 즉 법조문이 경합하고 있는 경우를 말한다. 법조경합은 행위자의 행위가 수 개의 구성요건을 충족하는 것 같지만, 하나의 범죄만 성립하는 경우로서 일죄 유형으로 보는 것이 통설 및 판례[31]의 태도이다. 따라서 경합되는 수 개의 구성요건이 충족되고 그에 따라 수 개의 범죄가 모두 성립하는 경우인 상상적 경합 및 실체적 경합과 구별된다.[32]

46 법조'경합'이 수 개의 범죄성립을 전제로 한 범죄간 '경합'으로 오해될 가능성을 피하기 위해 법조문이 경합할 경우 실제로 적용될 법률은 한 개만 존재한다는 점에 착안하여 강학상 법조경합이라는 용어 대신, 법조'단일'(Gesetzeseinheit)이라는 용어가 사용되기도 한다. 그러나 법조경합의 경우 경합되는 형벌법규(구성요건)도 실제로 충족되지만, 그 적용만 배척될 뿐이고 배척되는 형벌법규의 법정형 중에 적용되는 형벌법규의 법정형에 포함되어 있지 않은 형벌종류가 있는 경우 행위자에게 그 형종이 부과될 수도 있다. 따라서 오직 한 개의 형벌법규만 적용되는 결과를 표현하는 '법조단일'이라는 용어보다는 두 개 이상의 형벌법규 간의 경합이 발생하는 상태까지 포괄적으로 묘사하는 법조경합이라는 용어를 유지하는 것이 바람직하다.[33]

47 2) 법조경합과 이중평가금지원칙 법조경합의 문제는 동일한 범죄가 여러 개의 구성요건 공식에 중첩적으로 규정되어 있는 입법기술상의 한계에서 비롯된다. 법조경합을 일죄로 보아야 하는 이유는 어떤 법률구성요건에 포착되어 있는 불법내용이 다른 법률구성요건에 의해서도 동시에 포착되어 있음에도 불구하고 행위자의 행위를 수 개의 범죄로 평

31) 대법원 2000.7.7. 2000도1899.

32) 법조경합의 경우 외견상 형식적 구성요건 요소의 경합이 존재할 뿐이므로 법조경합을 '외견상의 경합' 혹은 '부진정 경합'이라고 부르기도 한다. 이에 관해서는 후술한다.

33) 법조경합 대신에 법조단일이라는 용어를 선호하는 입장(이재상/장영민/강동범, §38/2)도 있고, 법조단일을 행위단일성이 인정되는 경우로 제한하는 입장(김일수/서보학, 678면)도 있다.

가하면, 행위자가 행한 불법을 이중적으로 평가(하고, 따라서 행위자에게 부과할 형벌도 여러 개가 되는)하는 결과가 되기 때문이다('이중평가금지의 원칙').[34]

그러므로 경합하는 법률구성요건(법조문)에 의해 행위자에 의해 실현된 불법을 중복적으로 평가하지 않도록 하기 위해서는 행위자에게 적용될 하나의 구성요건만 가려내야 한다. 따라서 법조경합의 경우 동일한 범죄사실에 대해 적용될 법률구성요건이 수 개 존재하는 경우 이들 상호 간에 '어떤 관계'가 존재하면 하나의 법률구성요건만 적용되고 나머지 법률구성요건은 그 적용이 배척되는지를 밝히는 작업이 관건이 된다. 이 문제를 해결하기 위해 종래 법률적용의 일반원칙인 '특별관계, 보충관계 그리고 흡수관계, 또는 택일관계(일부 견해)'를 근거로 삼아 구성요건의 적용과 배척관계에 관한 법조경합의 이론체계를 구축한 것은 독일의 형법학자 클룩(Ulrich Klug)의 공적[35]으로 평가되고 있다. 48

(2) 법조경합의 유형화

1) 법조경합에 관한 전통적인 체계화

① 특별관계 "특별법은 일반법에 우선한다"(lex specialis derogat legi generali)는 원칙에 기초를 둔 특별관계는 어떤 법률이 다른 법률과 동일한 요소를 지니고 있는 동시에 다른 관점을 고려하고 있는 요소를 부가적으로 적어도 한 가지 이상 포함하고 있는 경우에 인정된다. 부가적 요소를 포함하고 있지 않은 법률은 일반법률이고, 포함하고 있는 법률은 특별법률이다. 특별법률을 침해하는 모든 행위태양은 항상 동시에 일반법률을 침해한다.[36] 49

형법상 특별관계라고 할 수 있는 경우는 두 가지가 있다. 하나는 어떤 구성요건이 다른 구성요건에 비해 그 요소의 확장이 있거나 변경이 있는 경우이다. 기본구성요건(보통살인죄)과 가중구성요건(존속살해죄) 사이의 관계가 그러하다. 특별관계의 다른 하나는 강도죄와 강도치상죄 등과 같이 독자적인 두 개의 구성요건이 새로운 하나의 구성요건으로 결합되는 경우, 즉 결합범 또는 결과적 가중범의 경우에 인정될 수 있다. 50

② 보충관계 보충관계는 다른 법률을 적용할 수 없는 경우에 한하여 보조적으로만 적용될 수 있는 경우에 존재한다. "기본법은 보충법에 우선한다"(lex primaria derogat legi sub-sidiariae)는 원칙에 따라 보충법의 적용을 배척하는 경우를 말한다. 51

보충관계는 법률의 규정으로부터 직접 보충관계가 인정되는 경우(명시적인 보충관계)도 있고, 충족된 구성요건들에 대한 체계적 해석을 거쳐야 비로소 보충관계가 인정되는 경우 52

34) 법조경합과 이중평가금지원칙 및 법조경합의 유형화 등에 관한 고찰로는 송주용, 『법조경합에 관한 연구』, 성균관대학교 일반대학원 박사학위 청구논문, 2023 참조.

35) Klug, Zum Begriff der Gesetzeskonkurrenz,ZStW 68(1956), S. 27 ff 참조.

36) 대법원 2003.4.8. 2000도6033. "법조경합의 한 형태인 특별관계란 어느 구성요건이 다른 구성요건의 모든 요소를 포함하는 외에 다른 요소를 구비하여야 성립하는 경우로서 특별관계에 있어서는 특별법의 구성요건을 충족하는 행위는 일반법의 구성요건을 충족하지만 반대로 일반법의 구성요건을 충족하는 행위는 특별법의 구성요건을 충족하지 못한다."

(묵시적인 보충관계)도 있다.

53 (i) 명시적인 보충관계 당해 형벌법규 자체에서 그 행위가 동시에 다른 형벌법규를 침해하지 않는 경우에만 적용가능하다고 규정해 둔 경우에 인정된다(보충성조항). 우리 형법상 일반이적죄(형법 제99조), 일반건조물방화죄(동법 제166조 제1항), 일반물건방화죄(동법 제167조 제1항) 등이 여기에 해당한다.

54 (ii) 묵시적인 보충관계 묵시적인 보충관계는 두 가지로 유형화될 수 있다. 하나는 범죄실현의 앞단계의 범죄는 같은 법익에 대한 다음 단계의 침해가 있으면 독자적인 의의를 상실하는 경우이다. 이 경우 앞단계의 범죄를 '불가벌적 사전행위'라고 한다. 불가벌적 사전행위가 묵시적 보충관계로 인정되는 이유는 행위 자체는 구성요건을 충족하는 가벌적 행위이지만 주된 가벌적 행위의 수단이나 준비행위로서 주된 행위의 일부분을 구성하기 때문에 별도로 처벌할 필요가 없기 때문이다.[37] 기수와 예비 또는 미수의 관계, 살인죄와 상해죄의 관계, 침해범과 위험범의 관계 등이 보충관계에 해당할 수 있다.

55 묵시적 보충관계가 인정되는 또 다른 사례유형도 있다. 동일한 법익에 대한 침해행위에 경중이 있는 경우 가벼운 침해방법에 의한 범죄는 무거운 침해방법에 의한 범죄가 인정되지 않을 경우에 한하여 보충적으로 성립하는 경우이다. 협의의 공범(종범 또는 교사범)과 정범의 관계, 과실범과 고의범의 관계 등이 여기에 해당한다. 작위범에 대해서 부작위범이 보충관계에 있다고 하는 견해[38]가 있지만 독일 형법과는 달리 부작위범에 대한 감경규정이 없는 한국 형법의 해석상 작위범과 부작위범의 관계를 보충관계로 인정할 수는 없다.

56 ③ 흡수관계 흡수관계는 한 개 또는 수 개의 행위로 수 개의 구성요건을 실현하였지만 "전부법은 부분법을 폐지한다"(lex consumens derogat legi consumtae)는 법원칙에 의하여 전부법만 적용되는 경우이다. 흡수관계가 일죄로 인정되는 이유는 어떤 구성요건에 해당하는 행위의 불법내용과 책임내용을 모두 포함하고 있는 다른 구성요건이 있다면 그 다른 구성요건상의 형벌은 거기에 포섭될 수 있는 행위에 대해서도 미치게 되기 때문이다.[39] 흡수관계는 다음 두 가지 경우에 인정된다.

57 (i) 전형적인 수반행위 전형적인 수반행위(불가벌적 수반행위)란 어떤 범죄의 행위자가 동시에 다른 구성요건을 충족하고 있는데 이때 그 다른 구성요건의 충족은—구성요건 상호 간의 논리·필연적인 관계가 아니라—구체적인 사건에서 그러한 동시 충족의 양태가 생

---

37) 불가벌적 사전행위를 범죄실현이 일정한 과정을 거치는 경우 앞단계의 침해행위를 가리키는 용어 '경과범죄'와 동일하게 사용하는 견해(이재상/장영민/강동범, §38/9)도 있다.

38) 이재상/장영민/강동범, §38/10. 이 견해는 작위와 부작위의 구별과 관련해서도 부작위는 작위가 인정되지 않을 경우에 비로소 인정될 수 있다고 하지만 그 문제점에 관해서는 작위와 부작위의 구별에서 설명하였다.

39) 법조경합의 세 가지 유형의 판단방법에 있어서 순차성을 다음과 같이 인정하면서 단계별 구분을 도모할 수 있다. 즉 보충관계는 특별관계가 존재하지 않는 경우에만 인정될 수 있고, 흡수관계는 특별관계나 보충관계가 인정되지 않는 경우에 인정될 수 있다(박상기, 492면).

기는 것이 통상적으로 파악되는 경우를 말한다.[40] 이 경우 적용되는 구성요건(예컨대 살인죄)의 법효과로 행위자를 처벌하면 거기에 전형적으로 수반되는 행위(예컨대 칼로 살해행위를 할 때 피해자의 의복을 찢는 손괴행위, 성범죄의 경우 상대방을 비하는 모욕적 언사가 있을 경우가 그 모욕적 언사[41])의 불법내용이 남김없이 포착되기 때문에 전형적 수반행위의 불법은 적용되는 구성요건적 행위의 불법에 흡수된다.

58 **例 흡수관계를 인정한 판례:** 상해를 가하면서 협박행위를 한 경우에는 협박행위는 상해죄에 포함된다(대법원 1976.12.24. 76도3375). 사문서위조를 하면서 인장위조행위를 한 경우에는 인장위조행위는 사문서 위조죄에 흡수된다(대법원 1978.9.28. 78도1787). 경범죄처벌법 제3조 제3항 제2호의 거짓신고가 '위계'의 수단·방법·태양의 하나가 된 경우에는 거짓신고로 인한 경범죄 처벌법 위반죄가 위계에 의한 공무집행방해죄에 흡수된다(대법원 2022.10.27. 2022도10402).

59 **判** 대법원은 아동·청소년이용음란물을 제작한 자가 '제작행위에 수반되어' 그 음란물을 소지한 경우에는 청소년성보호법 위반(음란물소지)죄는 청소년성보호법 위반(음란물제작·배포등)죄에 흡수되는 반면, 아동·청소년이용음란물을 제작한 자가 제작에 수반된 소지행위를 벗어나 새로운 소지가 개시되었다고 평가할 수 있을 경우에는 청소년성보호법 위반(음란물소지)죄는 제작·배포등죄에 흡수되지 않아 별개의 죄에 해당한다고 한다.[42] 이 판결에서 대법원은 아동청소년 이용음란물의 제작·배포행위에 뒤이은 '소지행위'를 별개의 범죄로 보기 위한 기준으로 소지죄 구성요건의 '입법취지', 제작·배포 행위와 '사회통념상 별개의 행위로 평가'될 수 있는지를 중요한 기준으로 내세우고 있다. 이러한 태도는 종래 대법원이 불가벌적 수반행위의 인정여부를 판단하면서도 문제되는 행위가 선행범죄에 '통상적으로 또는 일반적·전형적'으로 수반되는 것인지를 '구성요건 해석'론적 차원에서 접근하면서 특별한 '기준'을 언급하지 않았다는 점과 비교해 볼 때 법조경합의 법리의 발전된 면모를 보여준다. 어떤 행위가 경합하는 다른 구성요건의 실현과 별개의(독자적) 구성요건 실현인지의 여부는 당해 구성요건적 표지들(예, 고의, 보호법익, 행위태양 등)을 기준으로 삼을 것을 요구하는 구성요건표준설을 내용을 정돈하여 판례 법리로 정리하고 있기 때문이다. 그러나 판시내용은 논쟁의 여지가 있는 부분도 있다. 수반행위인 소지행위를 금지하는 구성요건의 법정형과 선행행위 제작·배포 등 행위를 금지하는 구성요건의 법정형을 비교하면서 전자의 법정형이 후자의 그것에 비해 가벼운 점을 고려하여 소지행위를 별도로 처벌하지 않더라도 정의관념에 현저하게 반하지 아니할 경우에는 소지행위를 불가벌적 수반행위로 제작·배포행위에 흡수될 수 있음을 인정하고 있는 판시내용이 특히 그러하다. 소지행위의 범죄성립요건 충족여부에 '처벌의 필요성'이라는 법률구성요건 외적 요소인 현실적 목적까지 고려하고 있는 점 때문이다. 법발견 방법학의 관점에서 볼 때, 대법원이 '요건(범죄성립요건)과 효과(형벌목적)의 분리독립이라는 전통적 도그마'를 벗어나, 범죄체계와 형사정책을 결합시키는 방법을 책임판단을 넘어서 죄수판단에서도 사용하고 있음은 더 이상 우연한 일로 보기 어렵다(법발견 방법의 전환에 관해서는 § 8 참조).

60 **(ii) 불가벌적 사후행위** 불가벌적 사후행위란 그 자체로는 구성요건에 해당하고 위법·유책한 행위이지만 그 행위와 관련된 전체사건을 평가해 볼 때 그에 앞서 행해진 범죄행위에 대한 처벌만으로 그 행위에 대한 처벌이 더 이상 요구되지 않는 경우를 말한다.[43]

---

40) Stratenwerth, Rdn. 1188.

41) BGHSt 8, 359.

42) 대법원 2021.7.8. 2021도2993. 불가벌적 (전형적) 수반 행위로 인정되면 후술할 불가벌적 사후행위에도 해당하지 않을 가능성이 높다.

61 불가벌적 사후행위는 주로 선행범죄에 의하여 획득한 위법한 이익을 확보하거나 사용·처분하는 행위가 있을 경우 문제된다. 이 경우 평가의 중점은 사전행위에 놓이게 되고 사후행위는 이미 주된 범죄에 의하여 완전히 평가되는 것이기 때문에 별죄를 구성하지 않는다. 예컨대 절도범이 재물을 손괴한 경우, 절도죄 이외에 손괴죄를 구성하지 않는다.

62 불가벌적 사후행위가 앞선 범죄에 대한 가벌적 평가에 당연히 포함되어 별도의 범죄를 구성하지 아니하는 것으로 평가되더라도 그 자체 구성요건에 해당하고 위법·유책한 행위이다. 따라서 이에 가담한 제3자에 대해서도 가벌성이 부정되지 않는다. 또한 불가벌적 사후행위인 재산범죄로 인하여 취득한 물건은 장물이 될 수도 있다.[44]

63 判 종래 대법원은 불가벌적 사후행위로 인정되는 경우와 별개의 범죄성립이 인정되는 경우를 구별하는 기준으로 '새로운 법익침해'가 있는지를 기준으로 삼아왔다. 대법원은 2013년 전원합의체 판결에서는 '위험범(횡령죄)'의 경우에도 위 법리를 변형하여 다음과 같은 기준을 확립하였다. 즉 후행행위가 선행행위에 의하여 발생한 위험을 현실적인 법익침해로 완성하는 수단에 불과하거나 새로운 위험을 추가하는 것이 아니라면 후행행위는 이른바 불가벌적 사후행위에 해당하지만, 후행행위가 선행행위로 '예상할 수 없는 새로운 위험을 추가'함으로써 법익침해에 대한 '위험을 증가'시키거나 '선행행위와는 무관한 방법으로 법익침해의 결과를 발생'시키는 경우에는 후행행위는 별개의 범죄에 해당한다고 하였다.[45] 물론 횡령죄는 그 보호법익이 소유권인 이상, 앞선 횡령행위가 기수가 되면 해당 부동산에 대한 사용수익 처분을 내용으로 하는 소유권이 침해된 이상, 동일한 부동산에 대한 후행의 근저당권 설정행위가 새로운 법익침해 등에 해당하는지에 대해서는 해석상 여전히 논란이 있을 수 있다. 이에 관해서는 『각론』 횡령죄 참조.

64 例 불가벌적 사후행위가 인정된 경우: ① 열차승차권을 절취한 자가 그 승차권을 자기의 것인 양 속이면서 환불을 받은 경우(대법원 1975.8.29. 75도1996), ② 장물인 자기앞수표를 취득한 후 이를 현금 대신 교부한 경우(대법원 1993.11.23. 93도213), ③ 향정신성의약품관리법 제42조 제1항 제1호가 규정하는 향정신성의약품 수수의 죄가 성립되는 경우에 그에 당연히 수반되는 향정신성의약품의 소지행위(대법원 1990.1.25. 89도1211), ④ 장물보관의뢰를 받은 자가 그 정을 알면서 이를 인도받아 보관(장물보관죄성립)하고 있다가 임의 처분한 경우(대법원 2004.4.9. 2003도8219) 등.

65 例 불가벌적 사후행위가 부정된 경우: ① 절취한 소를 도축장이나 수육가공장이 아닌 장소에서 도살하거나 해체하는 행위(대법원 1964.8.27. 64도267), ② 절취한 예금통장을 이용하여 은행원을 기망해서 진실한 명의인이 예금을 찾는 것으로 오신시켜 예금을 편취한 경우(대법원 1974.11.26. 74도2817), ③ 신용카드를 절취한 후 이를 사용하는 경우

---

43) 이러한 이유에서 불가벌적 사후행위를 "함께 처벌된 사후행위"(mitbestrafte Nachtat)라고 부르는 것이 이 행위의 본질을 더 쉽게 이해할 수 있는 표현인 것 같다.

44) 대법원 2004.4.16. 2004도353.

45) 대법원 2013.2.21. 2010도10500 전원합의체. "새로운 처분행위(이를 '후행 처분행위'라 한다)가 이루어졌을 때, 후행 처분행위가 선행 처분행위에 의하여 발생한 위험을 현실적인 법익침해로 완성하는 수단에 불과하거나 그 과정에서 당연히 예상될 수 있는 것으로서 새로운 위험을 추가하는 것이 아니라면 후행 처분행위에 의해 발생한 위험은 선행 처분행위에 의하여 이미 성립된 횡령죄에 의해 평가된 위험에 포함되는 것이므로 후행 처분행위는 이른바 불가벌적 사후행위에 해당한다. 그러나 후행 처분행위가 이를 넘어서서, 선행 처분행위로 예상할 수 없는 새로운 위험을 추가함으로써 법익침해에 대한 위험을 증가시키거나 선행 처분행위와는 무관한 방법으로 법익침해의 결과를 발생시키는 경우라면, 이는 선행 처분행위에 의하여 이미 성립된 횡령죄에 의해 평가된 위험의 범위를 벗어나는 것이므로 특별한 사정이 없는 한 별도로 횡령죄를 구성한다고 보아야 한다."

(대법원 1996.7. 12. 96도1181), ④ 사람을 살해한 다음 그 범죄의 흔적을 은폐하기 위하여 그 시체를 다른 장소에 옮긴 경우(대법원 1997.7. 25. 97도1142), ⑤ 대마취급자가 아닌 자가 대마를 절취한 후, 그 대마를 흡입할 목적으로 소지하는 행위(대법원 1999.4. 13. 98도3619), ⑥ 명의수탁자가 신탁받은 부동산의 일부에 대한 토지수용보상금 중 일부를 소비하고 이어 수용되지 않은 나머지 부동산 전체에 대한 반환을 거부한 경우(대법원 2001.11. 27. 2000도3463), ⑦ 문화재를 법률에 위반하여 취득하고 양도한 경우(대법원 1983.7. 26. 83도706), ⑧ 1인 회사의 주주가 개인채무를 담보하기 위하여 회사소유부동산에 근저당권을 설정해준 후, 새로운 담보권을 설정해준 경우(대법원 1983.7. 26. 83도706), ⑨ 명의수탁자가 보관중이던 토지를 명의신탁자의 승낙없이 제3자에게 근저당권 설정등기를 경료해 준 후(횡령죄 기수), 다시 그 토지에 대해 별개의 근저당권을 설정한 경우(대법원 2013.2. 21. 2010도10500), ⑩ 유사수신행위를 한 자(유사수신행위법 위반죄)가 출자자에게 별도의 기망행위를 하여 유사수신행위로 조달받은 자금의 전부 또는 일부를 다시 투자받는 행위(사기죄)를 한 경우(대법원 2023.11.16. 2023도12424) 등.

④ 택일관계 택일관계란 두 개의 구성요건이 상호 대립적인 요소를 포함하고 있어서 66
상호 배척적인 경우를 말한다. 다시 말해 서로 배척관계에 있는 두 개의 구성요건들 중 그 한 개가 적용되면 다른 한 개는 적용되지 않는 선택적 관계에 있는 경우를 말한다.

택일관계도 법조경합의 한 형태로 인정하는 견해[46]가 있다. 그러나 택일관계는 두 개의 67
개념 사이에 엄격한 구별 한계선이 있기 때문에 개념논리적으로 두 개의 구성요건간에 '이질성'이 있는 사례에 해당한다. 즉 A라는 법률규범에 포섭될 어떤 행위는 동시에 그와 택일관계에 있는 B라는 법률규범에 해당될 수가 없다.

이와 같이 택일관계는 법조경합의 전제조건인 법률구성요건들 간에 중첩성조차 없기 68
때문에 외관상으로도 법조의 '경합'이 일어나지 않는 경우이다. 뿐만 아니라 중첩적 요소를 가지고 있지 않은 경우에는 이중평가금지원칙의 규율을 받을 필요조차 없다. 따라서 택일관계는 법조경합의 사례에 해당하지 않는 두 개의 구성요건 상호관계를 표현하는 용어에 불과하므로 법조경합의 하위유형으로 인정하기 어렵다(다수설).

例 횡령죄의 객체와 배임죄의 객체는 '재물'과 '재산상의 이익'으로 각기 달라서 법률구성요건 요소 간에 69
중첩이 없다. 따라서 '타인의 착오로 금원을 송금받은 수취계좌 명의인이 그 금원을 임의로 처분한 경우, 객체가 금원(재물)이기 때문에 횡령과 배임이 외관상 경합할 여지 없이 횡령죄의 성부만을 논할 뿐이다(대법원 2010.12.9. 2010도891). 다른 한편 타인의 착오로 비트코인을 이체받은 코인계좌 명의인이 그 비트코인을 임의로 처분한 경우도 처분의 대상인 비트코인인 가상화폐이므로 재물이 될 수 없고 재산상 이익일 뿐이므로(대법원 2021.11.11. 2021도9855) 횡령과 배임이 외관상 경합할 여지가 없어 배임죄의 성부만 문제된다(대법원 2021.12.16. 2020도9789).

2) 법조경합을 새롭게 유형화하려는 시도

① 부진정 상상적 경합과 부진정 실체적 경합으로 구별하는 견해 법조경합의 형태를 행위의 70
단복에 따라 이원화하려는 견해이다. 이에 따르면 한 개의 행위가 인정되는 경우를 부진정 상상적 경합이라고 부르고, 불가벌적 사전행위와 불가벌적 사후행위와 같이 행위가 수 개인 경우를 부진정 실체적 경합이라고 부른다.[47]

---

46) 신동운, 690면; 오영근, §39/18; 이경렬, "죄수결정기준과 법조경합의 본질", 형사법연구 제22호, 2004, 107면; 임웅, 560면.

71 이 견해는 불가벌적 사전행위와 불가벌적 사후행위를 각각 보충관계와 흡수관계의 하위유형으로 취급하지 않고 독자적으로 부진정 실체적 경합의 형태로 인정하는 특징을 보이고 있다.[48)]

72 ② 법조경합을 특별관계와 보충관계만으로 설명하려는 견해 종래의 법조경합의 유형 가운데 흡수관계를 인정하지 않고 이를 보충관계의 특별한 유형으로 보는 견해이다.[49)] 이 견해는 '특별관계나 보충관계에 포함되지 않으면서 하나의 구성요건이 다른 구성요건을 흡수하는 경우란 있을 수 없다'는 전제하에 서 있다. 따라서 이 견해는 불가벌적 사전행위뿐 아니라 종래 흡수관계의 사례유형으로 인정되어 오던 불가벌적 사후행위, 불가벌적 수반행위도 '보충관계의 특별한 유형'으로 분류하고 있다.

73 ③ 특별관계만으로 설명하려는 견해 법조경합을 유형화하는 종래의 태도에 해석학적 통일성과 체계성이 결여되어 있음을 지적하면서 모든 법조경합의 유형을 특별관계로 일원화할 수 있다고 하는 견해[50)]이다. 이 견해는 법조경합의 판단 여부를 형벌법규의 추상적 텍스트 그 자체로부터 판단하는 방법론상의 오류를 지적하고 있는 야콥스(Jakobs)의 견해[51)]를 수용하여 종래 통설적 견해를 논박하고 있다. 이에 따르면 법조경합사례에서 어떤 형벌법조가 다른 형벌법조에 우선하여 적용된다는 것은 특별법이 일반법에 우선한다는 해석학적 원칙에만 근거할 수 있다고 한다. 이에 따라 이 견해는 법조경합의 형태로서 특별관계 이외에 보충관계나 흡수관계를 별도로 유형화할 해석학적 근거가 없다고 한다.[52)]

3) 결론

74 ① 전통적 분류체계와 체계내적 수정 법조경합의 유형을 다르게 보는 다양한 견해들 간에 실질적인 차이는 없다. 흡수관계라는 개념 자체를 거부하는 견해도 거기에 해당하는 사례들을 여전히 보충관계의 사례유형 속으로 재편입시키고 있고, 특별관계로의 일원화를 주장하는 견해도 특별관계라는 상위개념하에 보충관계, 흡수관계의 사례유형들이 모두 다른 명칭으로 분류되고 있을 뿐이다. 새로운 유형화를 시도할 실익이 없는 한, 전통적인 삼분법을 그대로 따르기로 한다.

75 다만 법조경합을 삼분법에 따라 체계화하더라도 불가벌적 사전행위는 묵시적 보충관계로 분류하고, 불가벌적 수반행위와 불가벌적 사후행위는 보충관계가 아닌 흡수관계로 분류하는 것이 바람직하다. 왜냐하면 불가벌적 수반행위와 불가벌적 사후행위는 주된 행위

47) 박상기, 489면; 임웅, 575면.
48) 임웅, 576면.
49) 김봉수, "불가벌적 사후행위에 관한 연구", 원광법학 제33권 제1호, 2017, 181면 이하; 김성천/김형준, 639면 이하.
50) 김용욱, "법조경합의 문제점", 사회과학연구 제14집(배제대학교 사회과학연구소), 1997, 241면.
51) Jakobs, §31/11 이하.
52) 김용욱, 앞의 논문, 245면.

가 처벌되지 않을 경우 이들이 다시 '부활'하여 별도로 처벌되지 않는다는 점에서 보충관계와는 근본적인 차이가 있기 때문이다.

② 행위의 단복에 따른 법조경합 구분의 문제점 법조경합을 행위의 단복에 따라 부진정 상상적 경합과 부진정 실체적 경합으로 구분하려는 견해는 개념사용의 정합성 측면이나 체계논리의 측면에서 바라볼 때 문제가 없지 않다. 왜냐하면 이 견해는 불가벌적 사전·사후행위를 일죄로 인정할 것인지 수죄로 인정할 것인지, 부진정 실체적 경합의 경우 죄수관계를 어떻게 다룰 것인지에 관한 태도는 여전히 유보하고 있기 때문이다. 76

더욱이 죄수문제와 경합문제를 해결하는 순서는 행위의 단복 판단 이전에 범죄의 단복을 먼저 판단해야 한다는 이 책의 심사도식에 따르면, 경합문제는 수죄의 성립이 인정되는 경우에 한하여 비로소 제기될 수 있고, 일죄로 인정되는 법조경합의 경우 행위 단복의 문제는 더 이상 제기될 필요조차 없다. 따라서 결국 법조경합을 행위의 단복을 기준을 하여 부진정 상상적 경합과 부진정 실체적 경합으로 구분하는 태도는 실익없는 분류를 하고 있을 뿐이다. 법조경합의 유형화에서 본질적인 것은 '분류'의 문제가 아니라 문제되는 법률구성요건 간의 우선'관계' 내지 적용배척 관계의 문제이다. 77

③ 법조경합여부 판단 방법 법조경합의 여부를 판단할 경우에는 문제되는 법률구성요건들을 추상적인 수준에서 논리적·체계적으로 해석하여 상호 비교하기만 해도 적용상의 우선관계를 알 수 있는 경우도 있고, 구체적인 사실관계를 논의 속으로 끌어들인 후 어느 법률구성요건이 적용되고 어느 법률구성요건은 적용이 배척되는 것인지를 판단해야 할 경우도 있다. 앞의 판단방법을 '추상화 단계의 판단방법'(형식적 판단방법)이라고 할 수 있고, 뒤의 판단방법을 '구체화 단계의 판단방법'(실질적 판단방법)으로 부를 수 있다.[53] 78

생각건대 '특별관계'와 '명시적 보충관계'의 경우는 형식적 법률요건의 비교를 통해서도 적용되는 구성요건과 배척되는 구성요건을 사전에 가려낼 수 있다(형식적 판단방법). 그러나 '묵시적 보충관계'나 '흡수관계'의 경우에는 입법자의 의도가 구성요건의 형식면에서 드러나지 않기 때문에 구체적인 사례의 행위자 행위의 구성요건 충족여부를 판단하는 실질적인 해석적 평가작업을 거쳐야 한다(실질적 판단방법). 예컨대 손괴죄와 살인죄가 흡수관계에 있다는 것은 법률구성요건의 형식만을 비교해서는 판단할 수 없고 행위자가 피해자를 칼로 찔러 살해하면서 칼이 피해자의 옷을 관통해 들어간 경우라는 구체적인 사실관계를 통해서만 손괴죄를 살인죄의 불가벌적 수반행위로 인정할 수 있기 때문이다. 79

(3) 법조경합의 효과

1) 원칙 법조경합은 한 개의 형벌법규만 적용되고, 적용되는 형벌법규는 다른 형벌 80

53) 김성돈, "법조경합의 유형과 그 판단방법", 법조 제54권 제1호, 2005.1, 52면 이하; 반대로 모든 법조경합 유형의 경우 구체화단계에서 실질적 판단방법에 따라야 한다는 입장으로는 송주용, 『법조경합에 관한 연구』, 성균관대학교 일반대학원 박사학위 청구논문, 2023, 42~45면.

법규의 적용을 배척하기 때문에 그 다른 형벌법규에 의해서 행위자는 처벌되지 않는다. 따라서 배척된 형벌법규는 판결주문과 판결이유에 기재조차 되지 않는다.[54)]

81 **2) 법조경합의 법적 효과의 특수성** 법조경합의 경우 그 적용이 배척된 법률구성요건이 형법상 그 의미를 상실하지 않고 실체법적으로나 소송법적으로 일정한 영향력을 발휘할 경우가 있는지가 문제된다. 이 문제는 적용이 배척되는 범죄구성요건은 처음부터 충족되지도 않기 때문에 배척되는 것인지 아니면 그 구성요건의 충족은 인정되지만 단순히 적용만 배척되는 것인지에 따라 그 결론이 달라진다.

82 ① 배척되는 구성요건이 충족되지 않은 것으로 보는 견해 법조경합의 경우에는 하나의 구성요건에서 모든 위법성의 요소가 발견될 수 있기 때문에 그 적용이 배척되는 구성요건은 현실적으로 충족되지도 않았다는 견해이다.[55)] 이 견해에 따르면 법조경합에 따라 적용이 배척되는 구성요건은 실체법적으로나 소송법적으로 아무런 효과도 발휘하지 않게 된다.

83 ② 배척되는 구성요건이 단순히 적용만 되지 않는다는 견해 배척되는 구성요건도 일단은 충족되었다는 견해이다.[56)] 이 견해는 법조경합의 특수성이 실제로 배척하는 법률의 적용을 사실상 인정하려는 입법자의 의사에 있기 때문에 배척하는 구성요건과 나란히 배척된 구성요건도 원칙적으로는 충족된 것이라고 한다. 이 견해에 따르면, 법조경합에 따라 배척된 구성요건은 실체법적 혹은 소송법적으로 일정한 영향력을 발휘할 수 있게 된다.

③ 결론

84 (i) 구성요건의 충족과 형벌적용의 구분 법조경합의 경우 배척되어야 할 구성요건에 의거하여 행위자에 대해 재차 형사책임을 묻게 되면 정의의 감정에 반하는 측면이 생기게 된다. 정의의 감정에 반하지 않도록 구성요건을 해석할 수 있게 하는 이론적 기초는 바로 동일한 불법을 '이중적으로 평가할 수 없다는 원칙'이다. 그러나 이중평가금지원칙은 법조경합의 경우 유죄판결을 내리면서 배척된 구성요건의 '법효과'가 행위자에게 부과되지 않도록 하는 것이지 배척된 구성요건의 충족까지 부정하지는 않는다.[57)] 그러나 다른 한편 행위자가 이중평가금지원칙 때문에 유리한 취급을 받는 것 역시 정의의 감정에 반하게 된다. 이러한 관점에서 보면 이중평가금지원칙 때문에 행위자가 일방적으로 혜택을 얻지 않도록 하기 위해서는 적용이 배척된 형벌법규도 다음과 같은 점에서 일정한 실체법적·소송법적 효과를 가질 수 있다고 보아야 한다.

---

54) 이에 반해 상상적 경합의 경우는 경합관계가 인정되는 모든 법률구성요건상의 범죄가 독자적으로 성립하므로 과형상 적용이 배제되는 경한 범죄를 규정하고 있는 법률구성요건도 판결이유 및 적용법조란에 등장시켜야 한다.

55) Friedrich Geerds, Zur Lehre von der Konkurrenz im Strafrecht, 1961, S. 166.

56) Hans-Jüren Bruns, Strafzumessungsrecht, 2. Aufl., 1974, S. 465ff; Günter Warda, Grundfragen der straf-rechtslichen Konkurrenzlehre, JuS 1964, S. 89.

57) 물론 법조경합의 경우에는 상상적 경합의 경우와는 달리 배척된 법률규정이-적용법조로서-유죄판결이유에 기재되지는 않고, 누범가중사유의 근거가 될 수도 없다.

(ii) 적용이 배척되는 구성요건의 효과 이중평가금지원칙 때문에 행위자를 유리하게 만들지 않기 위해서는 적용만 배척된 형벌법규가 양형단계에서도 일정한 의미를 가지는 경우를 인정해야 한다. 예컨대 배척된 형벌법규가 부가형이나 기타 처분을 규정하고 있으면 그 부가형이나 처분을 부과할 수도 있고, 배척된 형벌법규의 법정형의 하한형에 차단효를 발휘시켜 그 하한형을 하회하는 양형을 허용해서도 안 된다('경한 법률의 차단효'). 85

배척되는 형벌법규의 불법은 적용되는 형벌법규의 불법 속에 포함(흡수)되지만 그 일부를 구성한다. 따라서 제3자는 배척되는 형벌법규를 실현하는 행위자의 행위에 공범으로 가담할 수 있다. 특히 제3자가 가중구성요건을 인식하지 못한 때에는 기본구성요건에 대하여 고의가 있는 한 그 범위 내에서 배척되는 기본구성요건에 대한 공범이 인정될 수도 있다.[58] 배척된 법률규정이 중지미수 사례에서 효력을 발휘하는 경우도 있다. 예컨대 행위자가 특수절도의 범행을 중지하였다면 그의 중지행위는 절도죄(형법 제329조)와 특수절도죄(동법 제331조 제1항), 중지미수범(동법 제26조)과의 관계에서만 형감면의 효과가 발생하며, 손괴죄(동법 제366조)나 주거침입죄(동법 제319조 제1항)에 기한 처벌은 여전히 가능하다.[59] 86

Ⅲ. 포괄일죄

1. 포괄일죄의 의의

(1) 의의

포괄일죄란 수 개의 자연적 행위들이 동일한 구성요건을 반복적으로 실현한 경우 일정한 요건이 구비되면 각 행위들을 포괄적으로 평가하여 한 개의 범죄를 성립시킨 것으로 인정되는 경우를 말한다. 그러나 포괄일죄의 개념을 어디까지 인정할 것인지에 따라 포괄일죄로 인정되는 종류가 달라진다. 이 때문에 포괄일죄라는 총괄 개념보다는 어떤 법형상을 그 범주 속에 포함시켜 일죄로 인정할 것인지가 관건이다. 87

(2) 구별개념

포괄일죄는 수 개의 자연적인 행위들이 있어도 한 개의 범죄만 성립하는 경우를 말하는 것이기 때문에 수 개의 행위에 의해 수 개의 범죄성립이 인정되는 실체적 경합의 경우와 다를 뿐 아니라, 한 개의 행위에 의해 수 개의 범죄성립이 인정되는 상상적 경합과도 다르다. 상상적 경합은 실체법상 수죄이지만, 과형상으로만 일죄로 취급되기 때문이다. 88

포괄일죄는 하나의 형벌법규만 적용하고 다른 형벌법규의 적용을 배척하여 결국 일죄 유형으로 분류하는 법조경합과도 그 본질적 속성이 다르다. 법조경합의 경우 행위가 한 개 89

---

58) 이재상/장영민/강동범, §38/21

59) 신동운, 사례입문, 239면.

인 경우와 수 개의 경우도 문제삼지 않지만, 형벌법규간의 논리적 목적론적 관계를 평가하여 적용의 우선관계(즉 적용과 배척여부)의 판단 결과물이기 때문이다. 물론 후술하듯이 판례는 법조경합도 포괄일죄의 개념 범주 속에 넣고 있긴 하다(아래 ① 참조).

90 앞에서 본 법조경합의 유형화에 대한 견해 대립, 및 포괄일죄의 개념범주에 관한 견해 차이 때문에 죄수론과 경합론은 형법이론학 내부에서 그리고 이론과 실무에서 통일적 용어사용이 가장 확보되어 있지 않은 분야에 해당한다.

2. 포괄일죄 개념의 사용례

(1) 판례상의 포괄일죄 개념

91 대법원은 포괄일죄라는 개념을 매우 다의적으로 사용하여 "단순히 하나의 죄를 구성하는 것"(단순일죄[60])으로서 "본래적으로 일죄"(본래적 일죄)이기 때문에[61] 별개의 죄가 따로 성립하는 "과형상의 일죄"와 구별되는 개념으로 설명하고 있다.[62]

92 判 대법원이 인정하고 있는 포괄일죄의 범주에 해당하는 사례유형을 분석하여 이를 차례로 정리해 보면 다음과 같다. ① 수 개의 행위가 흡수되거나 혹은 불가벌적 사후행위가 되는 경우, ② 수 개의 행위를 통해 위법상태가 상당 정도 시간적으로 경과하는 경우, ③ 수 개의 행위가 결합하여 하나의 범죄를 구성하는 경우, ④ 수 개의 동종의 행위가 동일한 의사에 의하여 반복되는 경우, ⑤ 수 개의 행위가 하나의 동일한 법익에 대하여 불가분적으로 접속, 연속하여 행하여지는 경우, ⑥ 수 개의 행위태양이 한 개의 구성요건 중에 규정되어 있으나 그것이 동일법익의 침해를 목적으로 하는 행위의 구체적인 태양을 세분화하여 둔 데 불과한 경우, ⑦ 구성요건의 성질상 동종행위의 반복이 예상되어 있는 경우, ⑧ 한 개의 범죄완성을 위한 수 개의 행위가 있는 경우 등.

(2) 학설상의 포괄일죄 개념

93 대법원이 포괄일죄라는 개념하에 포섭하고 있는 일죄유형(①~⑧)을 학설의 다수가 일죄유형으로 분류하면서 사용하는 용어들로 바꾸면 다음과 같다. 위 ①은 법조경합중 흡수관계 또는 불가벌적 사후행위, ②는 계속범, ③은 결합범, ④와 ⑤는 접속범 ⑥은 협의의 포괄일죄, ⑦은 집합범(영업범, 직업범, 상습범), ⑧은 법조경합 중 보충관계를 지칭한다.

94 계속범에 해당하는 ②와 결합범에 해당하는 ③을 애당초 '포괄일죄'의 개념에서 제외되어야 한다고 보는 견해,[63]도 있고, 협의의 포괄일죄를 지칭하는 ⑥을 결합범인 ③에 속하는 일죄유형이라고 하면서 '협의의 포괄일죄'라는 용어 자체도 거부하는 견해 등 나름의

---

60) 여기서 '단순' 또는 '본래적'이라는 표현은 실체법상 동일 구성요건을 일회 충족한 것이라는 의미로 사용되고 있는 듯하다.

61) 대법원 1985.9.24. 85도1686.

62) 대법원 1982.11.23. 82도2201. "포괄일죄란 일반적으로 각기 따로 존재하는 수 개의 행위가 당해 구성요건을 한번 충족하여 본래적으로 일죄라는 것으로 이 수 개의 행위가 혹은 흡수되고 혹은 사후행위가 되고 혹은 위법상태가 상당 정도 시간적으로 경과하는 등으로 본래적으로 일죄의 관계가 이루어지는 것이므로 별개의 죄가 따로 성립하지 않음은 물론 과형상의 일죄와도 이 점에서 그 개념 등을 달리하는 것이다."

63) 신동운, 682면; 이재상/장영민/강동범, §38/25; 임웅, 578면.

기준을 가지고 제각기 다른 용어사용을 주장하는 견해들이 분파되어 있다.

특히 위 ④의 경우 "수 개의 동종의 행위가 동일한 의사에 의하여 반복된 경우"를 연속범의 인정근거로 삼으려는 견해[64]도 있다. 하지만 후술하듯이 대법원은 연속범을 (포괄)일죄성을 부정하는 태도를 분명히 하고 있으므로 수용하기 어렵다. 같은 맥락에서 ⑤에서 "수 개의 행위가 (중략) 불가분적으로 접속, 연속"이라는 문구로부터도 대법원이 접속범과 구별되는 연속범을 포괄일죄의 독자적 하위유형으로 인정하고 있다고 평가하는 것은 대법원의 태도에 대한 오해에 기인한 것으로 보인다. 95

(3) 결론

법조경합이나 포괄일죄나 모두 일죄인 것은 공통되지만, 포괄일죄를 일죄로 보아야 할 이유(소송경제 또는 양형)와 법조경합이 일죄인 이유(서로 다른 구성요건들의 내적체계 형성에 중복성을 가질 수밖에 없는 입법기술상의 한계)는 근본적으로 다르다. 따라서 대법원이 인정하는 포괄일죄의 하위유형들 가운데 ①과 ⑧에 해당하는 법조경합의 사례유형은 포괄일죄의 개념범주에서 제외시키는 것이 타당하다. 96

이 뿐만 아니라 ②와 ③ 그리고 ⑥도 포괄일죄의 개념 범주에서 제외하는 것이 타당하다. 왜냐하면 포괄일죄는 구성요건 자체의 성격상 수 개의 잇따른 행위가 예정되어 있거나 수 개의 행위 상호 간의 관계를 '관찰자의 자연스런 평가'에 따를 때 그 수 개의 행위들이 포괄적으로 한 개의 구성요건을 1회 충족하여 일죄를 구성하는 것으로 평가되는 경우인 반면, 계속범이나 결합범 또는 협의의 포괄일죄의 경우에는 그 자체 독자적으로 구성요건적 행위에 해당하는 수 개의 행위를 통합하는 이른바 행위통합적 구성요건을 1회 충족하기 때문이다. 97

判 그러나 대법원은 다른 판결에서 법조경합의 경우와 연속범의 경우는 포괄일죄의 하위유형에서 제외하고 있지만, 나머지는 여전히 포괄일죄의 범주속에 포함시키고 있다. "소위 포괄적 1죄라는 것은 각기 존재하는 복수의 행위가 그 구성요건을 한번만 충족하는 것이라고 포괄적으로 평가되는 것을 말하며 협의의 포괄1죄, 결합범, 집합범, 접속범, 계속범 등이 이에 해당하여 본래적으로 1죄라고 하는 것"[65]이다. 생각건대, 일죄 인정의 실익이라는 관점에서 볼 때 접속범과 외의 다른 일죄유형은 접속범을 일죄로 인정할 실익(이에 관해서는 후술함)과 근본적 차이가 있어 굳이 포괄일죄로 분류할 이유가 없을 듯하다. 98

3. 포괄일죄의 종류

앞에서 분류한 바에 따르면 포괄일죄는 ① '잇따라 반복적으로 행해진 수 개의 자연적 행위를 자연스럽게 관찰한 결과 동일한 구성요건 일회 충족한 것으로 평가될 경우'와 ② '구성요건의 성질상 동종 행위의 반복이 예상되어 있는 경우'로 정의할 수 있다. 이에 따르면 포괄일죄의 범주 속에 들어오는 일죄유형으로는 접속범(또는 연속범), 집합범(상습범, 영업범, 직업범)의 경우로 국한된다. 각 하위유형별 일죄 인정 요건들이 각기 다르고,[66] 특히 99

64) 신동운, 판례백선, 276면.
65) 대법원 1984.8.14. 84도1139.

연속범의 경우는 일죄성 인정여부에 대해 견해 대립이 있다.

(1) 연속범

100 1) 의의 연속범이란 연속한 수 개의 행위가 동종의 범죄에 해당하는 경우를 지칭한다. '연속'이라는 수식어가 말해주듯이 수 개의 행위들간의 시간적·장소적 관련성이 '직접적'이거나 '밀접'하지 않고 연속선상에 있는 경우에도 연속범의 법형상에 포함될 수 있고, 행위자의 주관적 의사인 고의도 연속되는 행위들의 심리학적인 연장선상에 놓일 경우도(연속의 고의에 근거하고 있는 경우)도 연속범으로 인정될 수 있다.

101 연속범의 일죄성 인정이 수 개의 연속된 행위가 동일한 법익에 대해 동일한 종류의 행위태양(방법)으로, 시간적 장소적으로 연속적 관련성 속에서 연속의 고의에 기하여 행해질 것을 전제조건으로 하는 것인지 아니면 연속범은 후술할 접속범과 개념적으로 구별되는 범형상으로서 수죄로 평가될 뿐인지가 문제될 수 있다.

102 2) 연속범의 죄수 연속범은 "연속한 수 개의 행위가 동일한 죄명에 걸릴 때에는 일죄로 처벌한다"라는 일본 (구) 형법 제55조(일제시대에 대한제국에 의용됨)에 규정된 개념이다. 이 규정에 따르면 연속범은 실체법상 수죄이지만 '과형상의 일죄'로 취급되었던 것으로 볼 수 있다. 그러나 일본 신형법은 이 규정을 폐지하였고, 1953년 제정된 한국형법전에도 연속범에 관한 규정은 존치되지 않았다. 이러한 변화된 규범환경 속에서도 '연속범'이라는 개념의 인정 여부 및 그 죄수에 관한 논의는 지금도 종지부를 찍고 있지 못하다.

① 학설의 태도

103 (i) 일죄 인정설 연속범을 접속범의 경우에 비해 더 폭넓게 인정되는 법형상임을 인정하는 전제하에서 연속범을 일죄 유형으로 취급하는 견해이다(다수설). 연속범을 일죄로 인정하게 되면 각 행위의 성격을 개별적으로 판단할 필요가 없어 소송경제를 도모할 수 있고, 양형에서도 피고인을 유리하게 할 수 있기 때문이라고 한다.

104 이 견해는 연속범의 요건을 접속범의 그것과 유사하게 파악하지만, 두 가지 요건의 경우 접속범의 그것에 비해 더 완화된 요건을 요구한다. 하나는 접속범에서 요구되는 '범의의 단일성' 요건을 '연속의 고의'로 완화시키고, 다른 하나는 수 개의 접속된 행위의 시간적·장소적 접속성(또는 직접적 밀접성) 요건을 '시간적·장소적 관련성' 정도로 완화한다. 이 견해는 특히 대법원도 연속범을 일죄로 인정하는 태도로 평가한다.

105 (ii) 일죄 부인설 연속범을 접속범과는 달리 포괄일죄로 인정할 수 없다는 견해이다. 이 견해는 다시 연속범을 수죄로서 경합범으로 처리하려는 견해,[67] 고의의 단일성이 없으

66) 특히 상습범의 경우 행위자의 '상습성'만으로 일죄성을 인정하는 판례의 태도가 가진 이론적 문제점에 관해서는 후술한다.

67) 김용욱, "경합론의 체계적 구조", 東巖이형국교수화갑기념논문집, 407면; 김성돈, "연속범의 죄수", 형사정책연구 제8권 제1호, 1997, 187면 이하; 안동준, 313면; 서보학, "연속범이론에 관한 비판적 고찰", 心耕정성근

므로 단일행위에 포괄할 수는 없으나 과형상의 일죄로 다루어야 한다는 견해,[68] 종래 연속범이라 불리는 사례군 가운데 일죄로 인정될 수 있는 경우도 있고 수죄로 인정해야 할 경우도 있다고 보는 견해[69]에 이르기까지 다양한 태도가 있다.

②판례의 태도 일찍이 대법원은 연속범 규정이 삭제된 직후 내린 아래 판결에서 '연속범'은 종래와 같이 과형상의 일죄로 인정할 수 없고, 수죄로 처벌한다는 취지를 명백히 밝혔다.[70] 106

判 "신형법의 경합범에 있어서는 상상적 경합을 제외하고 '연속범'(필자강조), 견련범을 막론하고 일체 이를 인정하지 아니하고 그 행위를 수 개의 죄로 하여 경합 가중하는 것이다."[71] 107

(i) 연속범의 일죄성 부정 그 이후에도 대법원은 협의의 포괄 일죄 결합범, 집합범, 접속범, 계속범 등을 포괄일죄의 하위유형으로 포함시키면서 이를 "본래적으로 일죄"라고 하는 동시에 "현행 형법에서 연속범의 규정이 삭제됨으로써 연속범을 경합죄로 처단하게 되는 해석이 가능"하게 되었음을 재확인하고 있다.[72] 요컨대 대법원은 연속범과 구별되는 접속범 개념을 인정하면서 접속범의 경우는 일죄로 인정하고 연속범의 일죄성은 분명하게 부정하고 있다. 108

(ii) 연속범과 접속범의 개념적 구별 대법원은 더 나아가 연속범과 접속범을 개념적으로 다음과 같이 구별하고 있다. "접속범이라는 것은 서로 접속하여 동종의 행위를 반복하는 것을 말하고 이 반복된 동종의 행위는 구성요건을 한번만 충족하는 것으로 포괄적으로 평가되며 (중략) 연속범은 행위의 연속성, 즉 독립된 수 개의 행위의 존재를 전제로 하고 있다는 점 등에서 접속범과 구별되며 접속범이 일죄로 파악되는 것은 복수의 행위가 동일죄명에 해당하며 그 피해법익이 단일하고 범의에 계속성이 있는 까닭"이라고 한다.[73] 109

(iii) 접속범의 일죄 인정 요건의 문제성 문제는 대법원이 접속범의 경우 그 일죄 인정의 주관적 전제조건을 '범의의 계속성'이라고 하는데 계속된 범의와 범의의 단일성이 실제로 같은 의미인지 또 '연속의 고의'와는 어떻게 구별될 수 있는지에 있다. 또 연속범의 경우 일죄성을 부정하는 근거인 '행위의 연속성'과 접속범 경우 일죄성을 긍정하는 근거인 '행위의 접속성'을 어떻게 구별할 것인지도 문제될 수 있다. 이에 관해서는 접속범의 일죄인정 요건에서 다루기로 한다. 110

③결론 연속범에 관한 형법규정이 폐지되었고 대법원도 연속범의 폐지를 확인하고 111

교수화갑기념논문집(상), 607면 이하; 이정원, 504면.

68) 황산덕, 299면.

69) 허일태, "죄수론과 연속범", 고시연구, 1993.8, 85면.

70) 대법원 1955.8.19. 55도157.

71) 대법원 1955.8.19. 55도157.

72) 대법원 1984.8.14. 84도1139.

73) 대법원 1984.8.14. 84도1139.

있다. 그럼에도 접속범과 구별되는 연속범이라는 법형상을 인정하거나 심지도 판례의 입장이 연속범을 일죄로 인정하는 입장이라는 평가가 존재하는 이유는 다음 두 가지 중의 하나(또는 두 가지 모두) 때문인 것으로 추측된다. 하나는 판결문에 가끔씩 등장되고 있는 행위의 '연속'이라는 표현 때문이고, 다른 하나는 독일의 형법이론과 판례가 연속범(fortgesetzte Handlung)이라는 법형상을 '행위단일성'(Handlungseinheit)의 하위유형의 하나로 인정해왔던 점에 영향을 받은 것으로 보인다.

112 독일의 연방재판소의 전원재판부는 1994년 연속범이라는 법형상을 '행위단일성'(= 한국식 개념으로는 일죄)로 인정해 온 종래의 태도를 폐기하였다.[74] 반면에 한국 대법원은 1954년부터 폐지된 연속범이 수행했던 소송경제의 효과를 '접속범'의 일죄성 인정을 통해 일부 유지하고 있을 뿐이다. 하지만 대법원은 구체적 사례에 따라 행위의 '접속성'과 연속성'을 상대화하는 입장을 보여 마치 연속범이라는 법형상을 여전히 유지하고 있는 외관을 보여주기도 한다.

113 判 그러나 후술하듯이 대법원은 구체적 사례에서 수 개의 행위들 간의 관계를 지칭하기 위해 '연속' 또는 '접속'이라는 표현 그 자체에 무게중심을 두고 있는 것이 아니라 연속 또는 접속된 수 개의 행위의 시간적 격차, 즉 시간적 '근접성' 유무를 가지고 각 행위의 '독립성'을 전제하는 연속범이냐 접속범이냐를 판단하고 있다.

114 다른 한편 일부 학설은 연속범의 일죄성을 인정하면서－판례의 모호성 때문인지는 몰라도－특정 판결례들을 연속범 인정사례로 분류하면서 판례도 연속범의 일죄성을 인정하는 태도라고 평가한다. 이러한 태도의 타당 여부 및 연속범과 구별되는 접속범에 국한해서만 (포괄)일죄로 일정할 것인지에 관해서는 접속범의 (포괄)일죄 인정 요건을 검토한 후에 결론 내리기로 한다.

(2) 접속범

115 **1) 개념** 접속범이란 수 개의 행위가 '단일한 범의'(또는 계속된 범의)하에서 동일한 기회에 시간적·장소적으로 근접성을 유지한 채 동일한 법익을 침해하기 때문에 전체 행위를 포괄하여 일죄로 평가되는 경우를 말한다. 예컨대 상대방을 향하여 반복적으로 모욕적 언사를 내뱉는 경우(동일 구성요건의 반복적 실현) 또는 특정 편의점에서 컵라면 10개를 한 시간에 걸쳐 한 개씩 차례로 절취한 경우(동일 구성요건의 계속적/연속적/접속적 실현), 모욕죄 또는 절도죄의 '일죄' 성립만 인정되는 경우를 말한다.

116 **2) 의의** 접속범을 포괄일죄로 인정하게 되면 수 개의 행위를 한 행위자가 당해 구성요건에 정해진 법정형으로만 처벌되는 점에서 의미가 있지만, 소송경제적 차원의 장점도 있다. 수 개의 행위를 소송상으로도 한 개의 사건으로 취급하게 되면 '공소장의 기재도

---

74) BGHSt, 40, 138.

각 소인별에 따라 명시하여야 하고 기판력의 범위도 심판의 대상이 된 사실에만 한정'해야 할 소추 및 심판의 절차상의 불편을 해소할 수 있기 때문이다(이에 관해서는 포괄일죄의 소송법상의 효과 참조).

判 다른 한편, 대법원은 행위자가 사기죄나 횡령죄 등 일부 범죄로 인해 얻은 '이득액'의 총금액이 5억 원 이상인 경우 그 금액에 따라 가중된 법정형을 규정하고 있는 특경법의 적용은 수 개의 행위가 포괄일죄를 구성하는 경우에만 인정한다. 이 점은 겉보기에 행위자에게 불리하게 작용하는 측면도 있지만, 양형상 수 죄로 인정될 경우에 비해 행위자에게 유리하게 작용하는 측면도 있다(이에 관해서는 후술). 117

3) 접속범의 일죄인정 여부와 일죄성 요건 접속범의 일죄성은 학설과 판례가 일치하여 인정한다.[75] 그러나 일죄인정 요건에 관한 한, 학설과 판례간에 미세한-그러나 잘 부각되고 있지 않은-차이가 있다. 118

① 학설의 태도 학설은 포괄일죄의 하위유형으로 분류하는 '접속범'의 일죄 인정요건을 다음과 같이 제시한다. 첫째 범의의 단일성, 둘째, 행위태양(방법)의 동종성, 셋째 행위의 시간적·장소적 근접성(또는 밀접성), 넷째, 피해법익의 동일성. 119

② 판례의 태도 대법원도 연속범의 수죄성을 전제로 하는 입장에서 종래 연속범의 기능을 대신하는 법형상인 포괄일죄 내지 접속범이 일죄로 인정받기 위해 다음과 같은 요건을 요구한다. 첫째, 단일한 범의하의 수회의 접속된 행위, 둘째, 동일한 법익의 침해로서 '계속된 사정'으로 인하여 촉발된 행위, 셋째 '동일한 기회'를 이용한 시간적 접착 행위.[76] 120

判 대법원은 접속범의 일죄 인정 근거를 다음과 같이 판시하기도 한다. 즉 "(서로 접속하여 동종의 행위를 반복하는) 접속범이 일죄로 파악되는 것은 복수의 행위가 동일 죄명에 해당하며 그 피해법익이 단일하고 '범의에 계속성'이 인정"[77]되는 점에서 또는 "동일죄명에 해당하는 수 개의 행위(…) 상호간에 인정되는 일시·장소의 근접, 방법의 유사성, 기회의 동일, 범의의 계속 기타 밀접관계로 그 전체를 1개의 행위로 평가함이 상당하기 때문"이라고 한다.[78] 121

③ 결론

(i) 연속범과 접속범의 주관적 요건의 구별 대법원과 같이 '단일한 범의' 또는 '계속된 범의'를 접속범의 일죄 인정요건으로 인정하게 되면 대법원이 스스로 수죄로 인정한 연속범과 일죄로 인정한 접속범간의 경계선이 없어질 수 있다. '계속된 범의'가 연속범의 주관적 요건인 '전체고의'(내지 '연속의 고의')와 동일한 의미로 이해될 수 있기 때문이다. 전체고의(Gesamtvorsatz)란 행위자가 처음부터 범행계획 속에 일정한 최종 목표(즉 전체결과)를 단 122

75) 대법원 1984.6.26. 84도782. "접속범이라는 것은 서로 접속하여 동종의 행위를 반복하는 것을 말하고 이 반복된 동종의 행위는 구성요건을 한번만 충족하는 것으로 포괄적으로 평가(된다)."

76) 대법원 1960.3.9. 4292형상573. "단일한 범의하에 수회의 접속된 행위로서 동일한 법익을 침해한 경우에 있어서는 그것이 계속된 사정으로 인하여 촉발된 행위라는 점과 '동일한 기회'를 이용한 시간적 접착행위라는 점을 포괄적으로 평가하여 이를 1개의 범죄행위로 보는 것이 타당하다."

77) 대법원 1984.6.26. 84도782.

78) 대법원 1985.10.22. 85도1457.

계별로 실현할 것을 염두에 둔 고의를 의미한다. '계속된 범의' 또는 '연속의 고의'도 최초의 고의와 심리적인 연장선상에 있는 고의로서 "거의 임의적으로 채워질 수밖에 없는 빈 공식"[79]이다. 이러한 의미의 연속의 고의는 최초의 행위가 발각되지 않은 상황을 기화로 삼아 재차 범행을 반복하는 경우에도 인정되기 때문이다.

123 계속된 범의(연속의 고의)는 물론이고 전체고의를 범의의 단일성을 근거지운다고 보고 이를 일죄 인정의 요건으로 삼는다면, 수 개의 행위들 간의 시간적 격차가 아무리 커도 독립된 개별 행위들을 전체적으로 하나로 보게 되는 왜곡현상을 정당화하게 된다. 연속의 고의를 인정하는 연속범을 일죄로 인정하게 되면 수 개의 행위를 일죄를 평가함으로써 생기는 소송경제적인 이유의 차원을 넘어 연쇄살인범의 수 개의 살인죄나 조직범죄에 의해 범해진 수 개의 범죄도 모두 일죄로 인정하여 범인에게 지나친 특혜를 부여하는 결과가 될 수도 있다. 연속의 고의를 일죄인정의 근거로 삼으면 연쇄살인범이나 조직범죄로 범한 수 개의 살인죄도 일죄로 인정할 수 있게 되기 때문이다. 이러한 관점에서 보면 여러 개의 독립된 행위를 하나의 행위로 평가할 내적인 연관고리를 만드는 연속의 고의나 전체고의에 근거하여 그것을 연속범으로 칭하든 아니면 심지어 접속범으로 칭하든 – 이를 포괄일죄의 하위유형으로 인정하려는 대법원의 태도나 학설의 태도는 해석론상 수용되기 어렵다고 하겠다.

124 判 특히 아래의 판시내용들을 보면 대법원이 수 개의 행위가 장기간에 걸쳐서 행해졌거나 상당한 시간적 간격을 두고 이루진 사실이 있어 그 행위들간의 근접성 내지 연속성에서 '느슨함'이 인정되는 경우에도 각 행위들을 독립된 행위(별개의 행위)로 파악하지 않고 하나의 행위로 포괄하는 결론을 근거지움에 있어 '단일한 범의' 또는 '계속된 범의'에 의존하고 있는 것으로 보인다.

125 例 **행위의 근접성을 근거로 한 접속범 인정 판결례:** ① 수뢰죄에 있어서 단일하고 '계속된 범의' 아래 동종의 범행을 일정기간 반복하여 행하고 그 피해법익도 동일한 것이라면 돈을 받은 일자가 상당한 기간에 걸쳐 있고, 돈을 받은 일자 사이에 상당한 기간이 끼어 있다 하더라도 각 범행을 통틀어 포괄일죄로 볼 것이다(대법원 2000.1.21. 99도4940). ② 뇌물을 준 장소와 기간이 일정하지 않고 그 전체기간이 길다 해도, 그 '범의의 계속성'이나 시간적 접속성을 인정하는데 지장이 되지 아니하는 경우에는 포괄일죄로 다스림이 정당하다(대법원 1978.12.13. 78도2545). ③ 피고인은 절취한 카드로 가맹점들로부터 물품을 구입하겠다는 단일한 범의를 가지고 '그 범의가 계속'된 가운데 동종의 범행인 신용카드 부정사용행위를 동일한 방법으로 반복하여 행하였고, 또 위 신용카드의 각 부정사용의 피해법익도 모두 위 신용카드를 사용한 거래의 안전 및 이에 대한 공중의 신뢰인 것으로 동일하므로, 피고인이 동일한 신용카드를 위와 같이 부정사용한 행위는 포괄하여 일죄에 해당한다(대법원 1996.7.12. 96도1181).

126 例 **행위의 근접성이 부정되는 점을 근거로 접속범 부정 판결례:** ① 1977.12.20.부터 1979.3.29.까지 사이 충남 홍성읍에서 행한 무면허의료행위와 그보다 4년 5개월 뒤인 1982.9.초순부터 1983.3.12.까지 사이 서울 강동구에서 행한 무면허의료행위와는 앞서와 같은 일시·장소의 근접성이나 범의의 계속등을 인정할 수 없어 각각 별개의 죄를 구성하는 행위라 할 것이고 그 행위가 다같이 범죄구성요건의 성질상 동종행위의

79) Jakobs, §32/44.

반복이 예상되는 범죄라는 이유만으로 포괄일죄에 해당한다고 단정할 수 없다(대법원 1985.10.22. 85도1457).

(ii) 시간적 '근접성'을 기준으로 한 구별 이 때문에 연속범과 접속범을 구별하기 위해서는 접속범의 주관적 요건으로 '단일한 범의' 또는 '계속된 범의'라는 요건을 요구하기 보다는 그 강조점을 객관적 측면에서 두어야 할 것으로 보인다. 가장 기본적으로는 구성요건의 성질상 수 개의 행위 반복 또는 행위의 연속이 예정되어 있는 경우가 전제되어야 할 것으로 보인다. 127

다음으로 수 개의 행위들 간의 시간적 '연속성'이냐 '접속성'이냐 하는 표면적 표현의 뉘앙스보다는 수 개의 행위가 연속이든 접속이든 시간적 '간격'없이, '근접된' 것인지가 요구된다. 일정한 행위 후에 오랜 시간이 경과한 후에 이루어지는 행위는 통상적으로 갱신된 범의, 즉 새로운 범의에 기초한 행위라고 평가할 수 있기 때문이다. 이에 따르면 시간적 근접성이 부정되는 수 개의 행위는 독립된 행위로 인정되어 '연속범'을 구성하고, 시간적 간격없이 연속(또는 접속)되어 있는 수 개의 행위는 근접성이 인정되고, 이들 각 행위들이 오랜 기간에 걸쳐 있더라도 접속범(포괄일죄)을 구성하는 것으로 판단할 수 있다. 128

判 대법원도 연속범과 접속범을 구별함에 있어 개별 행위간의 '시간적 근접성' 여부를 결정적인 기준으로 삼고 있다. 이 점은 특히 구성요건의 성질상 행위의 연속성이 예정되어 있는 호별방문죄(공직선거법 제106조 제1항)에 관한 대법원의 태도에서 잘 드러나 있다. 즉 대법원은 '연속'이 반드시 각 집을 중단없이 방문하여야 하거나 동일한 일시 및 기회에 각 집을 방문하여야 하는 것은 아니라고 하면서도, 각 방문행위 사이에 시간적 '근접성'이 없다면 연속적인 것으로 인정될 수 없다는 전제하에 3개월 내지 4개월의 '시간적 간격'과 6개월 내지 7개월의 '시간적 간격'이 있는 각 행위 사이의 방문행위에 대해는 포괄일죄성을 부정한다.[80] 시간적 간격이 큰 수 개의 행위 사이에는 접속성 뿐만 아니라 연속성도 부정되고 각 행위는 독립된 행위이므로 접속범의 인정 요건인 시간적 '근접성'요건의 결격으로 일죄성이 부정된다는 판시취지에 대법원이 연속범(즉 시간적 근접성이 부정되는 행위들까지 일죄로 평가하려는 법형상)의 일죄성을 부정하려는 취지가 분명히 드러나 있는 것이다. 129

例 시간적 근접성이 인정되기만 하면 오랜 기간에 걸쳐 행해진 수 개의 행위도 접속범 내지 포괄일죄로 평가하려는 대법원의 태도는 – 일부 견해에 의해 연속범이 인정된 판례로 소개되기도 하지만 – 오랫동안 유지해왔다. ① '28회에 걸친 피고인의 뇌물수수 행위가 그 범행의 일시와 장소 및 범행의 동기와 방법 등에 비추어 볼 때 단일한 범의 아래 일정한 기간 정기적으로 계속된 범행이라면 포괄적 일죄로 판단한 조치는 정당하다'(대법원 1983.12.27. 83도2472)는 판결이나, ② 약 4년 3개월에 걸쳐 행해진 업무상 횡령행위에 대해 "그 기간 내의 횡령범행이 전 기간을 통하여 '접속'되어 있고 그 피해법익의 단일함이 인정되므로 원심이 이를 일죄로 파악한 것은 정당하다"(대법원 1984.8.14. 84도1139)는 판결이 그 예이다. 130

(iii) 접속범의 주관적 요건 시간적 근접성을 가진 수 개의 행위도 하나의 구성요건적 불법으로 평가되어 일죄로 인정되려면 주관적 요건도 갖추어야 한다. 그러나 앞서 언급했듯이 '단일한 범의' 내지 '계속된 범위' 또는 '연속의 고의'는 시간적 근접성이 없는 수 개의 행위들까지도 하나의 행위로 묶을 수 있다는 점에서 일죄 인정의 확고한 전제조건으로 삼 131

80) 대법원 2007.3.15. 2006도9042.

기 어렵다. 접속범의 일죄 인정을 위한 주관적 요건은 대법원이 연속범이 폐지된 후 소송경제적인 차원에서 일죄로 인정할 수 있는 법리를 설시한 초기 판결에서 설시한 요건, 즉 "계속된 사정으로 인하여 촉발된 행위" 내지 "동일한 기회를 이용한 행위"이라는 표지에서 발전시킬 수 있다.[81)]

132 判 대법원이 접속범의 일죄성 인정을 위해 그 주관적 요건으로서 사용하는 '범의의 단일성'을 넘어 '단일하고 계속된 범의'[82)]라는 요건은 오해를 불러일으킬 만한 모호한 용어이다. 이 요건을 '하나의 단일한 범의가 시간의 경과에 따라 갱신되거나 번복됨이 없이 계속 유지되는 경우를 지칭할 수도 있도록 하려면 그 용어를 바꿀 필요가 있다. 종래 연속범의 일죄성 인정요건으로 요구된 '연속의 고의' 내지 '계속의 고의'로 오해되지 않도록 하기 위함이다. 대법원이 의도하는 내용을 담을 수 있고 불필요한 오해를 초래하지 않으려면 '계속된 범의'라는 용어보다는 오히려 '범의의 단일성' 내지 '전체고의(=행위자가 일정기간 동안 동일한 행위태양으로 범행을 하려는 의사)'라는 용어를 사용하는 것이 바람직할 것으로 보인다. 이러한 용어를 사용하면 위 요건을 접속범의 일죄인정 요건에 관한 최초 판례에서의 요건, 즉 "계속된 사정으로 인하여 촉발된 행위," 및 "동일한 기회를 이용한 행위"라는 요건과도 더 잘 조화될 수 있을 것으로 보인다.

133 **(iv) 피해법익의 동일성 요건** 학설과 판례가 모두 인정하고 있는 포괄일죄의 하위유형인 접속범의 일죄인정의 요건들을 죄수결정을 위해 구성요건표준설을 취하는 입장에서 재평가하면, 구성요건의 객관적·주관적 요소들의 변형으로 이해할 수 있음은 앞서 살펴보았다.[83)] 포괄일죄와 그 하위유형에 속하는 접속범이 거의 동의어로 사용되고 있는 측면도 이 점에 기인한다고 볼 수 있다.

134 判 대법원은 접속범을 '동일한 구성요건'을 반복적으로 실현한 경우에만 인정하고, 구성요건을 달리하고 있는 범죄 사이에는 접속범(포괄일죄)을 인정하지 않기[84)] 때문이다.

135 이러한 전제에서 보면 접속범(내지 포괄일죄)의 인정요건 중 동일한 '피해법익의 동일성' 요건이 사실상 불필요한 요건으로 보인다. 그 이유는 다음과 같다. 첫째, 피해법익이 같아도 구성요건은 다를 수 있지만 동일한 구성요건이 문제되는 경우 '피해법익'이 다를 수는 없기 때문이다. 오히려 수 개의 행위를 일죄로 결합시키는 요소들 중 '피해법익의 동일성'

---

81) 접속범을 일죄로 인정한 대법원 최초 판결(4292형상573)의 일죄 인정 요건은 1935년 독일제국법원의 판결을 기초로 한 것으로서 일죄 인정의 유형의 하나인 '자연적 행위단일성'(natürliche Handlunseinheit)의 인정 요건에서 유래한 것으로 보인다. 즉 이 판결에서는 수 개의 동종의 개별행위들이 장소적·시간적으로 직접적 관련성을 가지고, 단일한 동기상황에서, 구성요건적 피해법익을 양적으로 증가시키고 있어서 관찰자의 입장에서 전체의 행태를 자연적으로 관찰할 경우 하나의 단일한 사상의 경과라고 인정될 경우 이를 포괄적으로 일죄로 평가될 수 있다고 보았다(RGSt 70, 26 [29]; BGHSt 43, 312 [315] 등 다수 판결). 위 요건 중 구성요건의 반복적 실현을 일죄로 결합시키는 '단일한 동기상황'은 오늘날 '단일한 의사결의', '동종류의 행위의사' 또는 '단일한 목표의 추구' 등으로 파악되고 있다(Kindhäuser, §45/7 참조).

82) 대법원 1984.6.26. 84도782.

83) 죄수결정기준과 관련하여 행위표준설이 통설인 독일에서는 이러한 요건을 자연적 "행위"단일성의 인정기준으로 보고 있다. 자연적 행위단일성이 인정되면 죄수론상 일죄로 인정된다.

84) 대법원 1988.2.9. 87도58. "포괄일죄라 함은 각기 따로 존재하는 수 개의 행위가 한 개의 구성요건을 한 번 충족하는 경우를 말하므로 구성요건을 달리하고 있는 횡령, 배임 등의 행위와 사기의 행위는 포괄일죄를 구성할 수 없다."

이라는 요건이 필요한 경우는 오히려 접속범보다는 일죄성의 인정범위를 접속범의 경우보다 더 확장될 수 있게 만드는 법형상인 종래의 '연속범'이라는 법형상에서 각별히 요구되고 있는 것[85]도 이 때문이다. 둘째, 특히 피해법익이 '일신전속적 법익'인 경우에는 보호법익이 동일하여도 '피해자별로' 구성요건의 충족횟수가 달라질 수 있으므로 죄수판단에서 일죄가 아니라 수죄로 평가되어야 하기 때문이다.

4) 피해자가 여러 명인 경우　이러한 관점에서 보면, 동일 법익에 대한 반복적 침해 136
가 있어도 피해자가 수인인 경우 포괄일죄로서의 접속범을 인정할 수 없는 경우도 있고, 피해자가 수인이라도 여전히 포괄일죄성을 인정할 수 있는 경우도 있다. 당해 피해법익의 성질상 그 피해법익의 향유자가 달라도 결과반가치적인 측면에서 단순히 불법이 양적으로 증가된 것임에 불과한 경우도 있고, 그 침해된 법익의 향유자가 달라지면 불법이 질적인 차이를 보여 각 법익주체에 대한 독자적인 불법으로 보아야 할 경우도 있기 때문이다. 전자의 경우는 비전속적 법익침해 사례의 경우에 해당하고, 후자의 경우는 전속적 법익침해 사례의 경우에 해당한다.

① 비전속적 법익이 침해된 경우　침해된 법익이 비전속적인 성질의 것이라면 피해자가 137
수인인 경우라 하더라도 불법이 단순히 양적으로 증가한 것에 불과하다. 여기서 불법의 단순한 양적 증가란 법익침해의 양적 증가를 의미하며 그 증가된 불법은 독자적인 중요성을 가지지 않는다. 예컨대 절도범이 하나의 물건만을 절취하는 것이 아니라 수 개의 물건을 절취하는 경우에는 법익보호라는 관점에서 볼 때 불법이 증대 내지 강화되고 있는 경우에 불과하고 수 개의 독자적인 불법을 구성하지 않는다. 즉 이러한 경우는 행위누적이 있고 외부적으로 보아 그 각각의 행위가 당해 독자적으로 구성요건을 충족하고 있는 것 같이 보이더라도 그것이 단순히 양적으로 증가되어 하나의 '전체결과'(Gesamterfolg)로 총합될 수 있으므로 결국 동종의 불법(homogenes Unrecht)에 해당한다. 따라서 이러한 경우는 피해자가 여러 명이더라도 결국 피해법익의 동일성은 유지되어 일죄성이 인정되어야 할 것이다.[86]

② 전속적 법익이 침해된 경우　반면에 침해된 법익이 타인에게 양도할 수 없는 일신전속 138
적인 성질의 것이라면 피해자가 수인인 경우에는 그것을 하나의 전체결과로 총합할 수 없다. 비전속적 법익과는 반대로 일신전속적 법익(생명, 신체, 자유, 명예 등)은 그 법익의 향유자 없이는 정의내릴 수 없는 법익이기 때문이다. 이때에는 다른 법익향유자들에 대한 침해에서 생기는 불법의 증가는 단순한 양적 증가가 아니기 때문에 그 불법의 효과는 침해된 법익별로 독자적으로 평가되어야 한다. 그러므로 수인을 살해하거나 상해를 입힌 경우, 수

---

85) 연속범의 일죄성을 인정하는 학설이 일죄 인정을 위해 요구하는 요건은 다음과 같다. 첫째, 수 개의 행위가 동일한 법익을 향할 것. 둘째, 범행방식(행위태양)이 동일할 것, 셋째, 수 개의 행위가 시간적·장소적 관련성이 있을 것. 넷째, 단일한 고의(전체고의 내지 연속의 고의)에 기초할 것.

86) 오영근, §39/28.

인을 모욕하거나 낙태를 여러 차례 한 경우 혹은 수인에 대해 그 성적 자기결정권을 침해한 경우에는 그 공격들이 한 사람에 대해 이루어졌다고 하더라도 일죄로 인정되지 않고 수죄로 되어야 한다.[87)]

139 ③ 전속적 법익 및 비전속적 법익이 침해된 경우 마찬가지의 이유에서 한 개의 구성요건이 일신전속적 법익과 비전속적 법익 양자를 공히 보호하고 있는 경우에도 일죄로 인정되지 않는다. 예컨대 하나의 물건을 강취하기 위해 수인에 대해 폭행을 하는 경우에는 수 개의 강도죄가 된다.

140 判 대법원의 판단은 이와 다르다. 형법상 "직권남용권리행사방해죄는 국가기능의 공정한 행사라는 국가적 법익을 보호하는 데 주된 목적이 있고, 직권남용으로 인한 국가정보원법 위반죄도 마찬가지이다. 따라서 국가정보원 직원이 동일한 사안에 관한 일련의 직무집행 과정에서 단일하고 계속된 범의로 일정 기간 계속하여 저지른 직권남용행위에 대하여는 설령 그 상대방이 수인이라고 하더라도 포괄일죄가 성립할 수 있다고 봄이 타당하다"[88)]고 하기 때문이다.

141 그러나 직권남용권리행사방해죄의 주된 법익(국가기능의 공정한 행사)은 비전속적 법익이지만, 부차적인 법익인 상대방의 개인의 의사결정의 자유는 전속적 법익이다. 따라서 위 사안의 경우 포괄일죄보다는 수죄 성립을 인정하는 것이 타당할 것으로 보인다.

142 ④ 피해법익의 동일성에 관한 판례 법리의 문제점 대법원은 전속적 법익에 대한 침해가 있는 경우와 비전속적 법익에 대한 침해가 있는 경우 피해자의 수와 피해법익의 동일성의 관계에 관한 이론적 기초 면에서 일관성이 결여된 법리를 사용하고 있다.

143 判 대법원은 '전속적 법익' 침해가 문제되는 사례에서는 포괄일죄의 인정요건을 갖추었더라도 '피해자들의 수'에 따라 수 개의 죄를 인정한다.[89)] 그러나 대법원은 예컨대 '비전속적 법익'이 문제되는 절도죄의 경우 관리인이 한 명이면 소유자가 수인이라도 일죄,[90)] 관리인이 수인이면 수죄[91)]라고 판시하기도 한다. 특히 대법원은 '비전속적 법익'의 침해가 문제되는 경우에 포괄일죄의 인정요건을 갖추었더라도 원칙적으로 피해자의 수에 따라 수 개의 죄가 성립한다는 태도를 취한다. 예컨대 "수인의 피해자를 기망하여 재물을 편취한 경우 범의가 단일하고 범행방법이 동일하더라도 각 피해자의 피해법익은 독립한 것이므로 피해자별로 독립한 사기죄가 성립한다"[92)]고 하고 있다. 다른 한편 대법원은 최근 부부가 기망의 피해자인 경우 사

---

87) 일신전속적 법익의 경우 피해자 관점이 전체결과를 개개의 독자적 결과로 해체하듯이 자수범에 타인이 가담한 경우에도 일죄로 인정되지 않는다. 예컨대 한 통의 편지로 수인이 위증죄를 범하도록 교사하는 경우에는 수 개의 위증교사죄로 인정된다(이들 간에는 동종류의 상상적 경합관계가 인정된다).

88) 대법원 2021.3.11. 2020도12583.

89) 대법원 1991.8.27. 91도1637. "피고인이 단일한 범의로 동일한 장소에서 동일한 방법으로 시간적으로 접착된 상황에서 처와 자식들을 살해하였다고 하더라도 휴대하고 있는 권총에 실탄 6발을 장전하여 처와 자식들의 머리에 각기 1발씩 순차로 발사하여 살해한 경우 피해자의 수에 따라 수 개의 살인죄가 성립한다." 대법원 1983.4.26. 83도524. "동일한 일시·장소에서 동일목적으로 저질러졌어도 피해자를 달리하면 피해자별로 별개의 상해죄를 구성한다."

90) 대법원 1970.7.21. 70도1133. "단일범의하에서 절취한 시간과 장소가 접착되어 있고 동일인의 관리하에 있는 방에서 소유자가 다른 물건을 절취한 것은 1개의 절도죄에 해당한다."

91) 대법원 1989.8.8. 89도664. "피고인이 주인집에 침입하여 절취하고 그 무렵 세입자의 방에 침입하여 절취하려다가 미수에 그친 경우 범행장소와 물품의 관리자를 달리하므로 별개의 범죄를 구성한다."

기의 피해자가 수인인 경우라도 피해법익이 동일하다고 볼 수 있는 사정(재산교부에 관한 의사결정의 공통성, 재산의 형성 및 유지과정 등을 종합하여 판단함)이 있다면 이들에 대한 사기죄를 포괄하여 1죄로 볼 수 있다고 판시(합산이득액이 5억 원 이상인 점을 근거로 삼아 특경법을 적용)하기도 한다.[93]

그러나 비전속적 법익침해가 문제되는 사례에서도 피해자가 여러 명인 경우 피해자별로 독립한 사기죄가 성립한다는 대법원의 원칙적 법리는 특경법 제3조 제1항에 따른 사기의 이득액에 따른 가중처벌에서 이득액 합산은 단순일죄 내지 포괄일죄의 경우에 한한다는 법리 때문에 행위자로 하여금 특경법 적용에 장애요소로 작용할 수 있다. 즉 피해자가 수인인 경우 사기죄는 원칙적으로 수죄가 된다는 법리와 일죄가 아닌 한, 특경법상 이득액 합산을 허용하지 않는다는 법리를 원칙적으로 고수하게 되면 최근 다중 피해자로 인해 사회적 이슈로 떠오른 전세사기범이나 보이스피싱 사기범의 경우 형법상 사기죄의 경합범 가중만 가능하고 특경법 적용이 불가능하게 될 수 있는 바, 위 부부피해자 사건의 경우는 특경법 적용을 위해 죄수판단 법리를 변형하고 있다.

例 접속범 인정 판례: 대법원은 ① '하나의 사건에 관하여 한 번 선서한 증인이 같은 기일에 여러 가지 사실에 관하여 기억에 반하는 허위진술을 한 경우'에 단일한 범의에 의하여 계속하여 허위진술하였음을 이유로 포괄하여 1개의 위증죄를 인정하고(대법원 1998.4.14. 97도3340), ② '피해자를 위협하여 항거불능케 한 후 1회 간음하고 2백미터쯤 오다가 다시 1회 간음한 경우'에도 '피고인의 의사 및 그 범행시간과 장소'를 보아 '두 번째의 간음행위는 처음 한 행위의 계속으로 볼 수 있음을 이유로' 1개의 강간죄를 인정하고 있으며(대법원 1970.9.29. 70도1516), ③ 음주상태로 운전하다가 1차 사고를 낸 후 다시 그대로 진행하여 제2차사고를 낸 후 음주측정을 받아 음주운전죄가 된 경우에도 음주운전죄의 포괄일죄로 보며(대법원 2007.7.26. 2007도4404), ④ 사행성 간주 게임물인 게임기에 경품으로 문화상품권을 넣은 후 점수에 따라 손님들에게 제공하는 제1의 위법행위로 기소된 후, 위 게임장에서 동일한 방법으로 손님들에게 문화상품권을 제공함으로써 제2의 위법행위를 한 경우 동일한 장소에서 동일한 게임물을 이용하여 게임장을 운영하는 과정에서 동일한 방법으로 상품권을 지급한 것인데다가 시간적으로도 근접하여 이루어졌으므로, 모두 단일하고 계속된 범의하에 연속적으로 이루어진 것으로 포괄일죄가 된다(대법원 2007.3.29. 2007도595.)고 한다. 144

例 접속범 부정 판례: 대법원은 ① '피해자를 1회 강간하여 상처를 입게 한 후 약 1시간 후에 장소를 옮겨 같은 피해자를 다시 1회 강간한 행위는 그 범행시간과 장소를 달리하고 있을 뿐만 아니라 각 별개의 범의에서 이루어진 행위'로서 수죄에 해당한다고 하고(대법원 1987.5.12. 87도694), ② '피고인이 수퍼마켓 사무실에서 식칼을 들고 피해자를 협박한 행위와 식칼을 들고 매장을 돌아다니며 손님을 내쫓아 그의 영업을 방해한 행위는 별개의 행위'로서 수 개의 죄에 해당한다(대법원 1991.1.29. 90도2445)고 하였으며, ③ 컴퓨터로 음란 동영상을 제공한 제1범죄행위로 서버컴퓨터가 압수된 이후 다시 장비를 갖추어 동종의 제2범죄행위를 하고 제2범죄행위로 인하여 약식명령을 받은 경우에는 범의의 갱신이 있는 경우로서 제1범죄와 제2범죄는 포괄일죄가 아니라 실체적 경합관계에 있고(대법원 2005.9.30. 2005도4051), ④ 유사석유제품을 제조한 행위(제1범죄행위)로 경찰에 단속된 후 기소중지되어 1달 이상 범행을 중단하였다가 다시 유사석유제품을 제조한 행위(제2범죄행위)를 한 경우에는 범행방법과 범행장소가 동일하지 않아서 시간적·장소적 접근성을 인정할 수 없고 범의의 갱신이 있는 경우이므로 포괄일죄가 될 수 없다(대법원 2006.9.8. 2006도3172)고 한다. 145

(3) 집합범

1) 개념 집합범은 다수의 동종행위가 동일한 의사경향에 기하여 반복될 것이 당해 146

92) 대법원 2001.12.28. 2001도6130.
93) 대법원 2023.12.21. 2023도13514 등.

구성요건에 당연히 예상되어 있는 경우를 말한다. 집합범의 종류로는 행위자의 습벽에 의해 행해지는 상습범(예컨대 상습도박죄), 행위의 반복으로 수입원을 삼는 영업범(예컨대 음화판매죄), 그리고 행위의 반복이 경제적·직업적 활동이 되는 직업범(예컨대 무허가유료직업소개행위) 등이 있다. 영업범과 직업범은 그 구성요건의 성질면이나 구별의 실익면에서 아무런 차이점이 없으므로 양자를 합하여 영업범이라는 하나의 개념을 사용해도 문제될 것이 없다.

2) 집합범의 죄수

① 학설의 태도

147 (i) 일죄설 상습범과 영업범 등 집합범은 수 개의 행위가 있더라도 그 수 개의 행위를 한 개의 행위로 통일할 수 있는 요소를 지니고 있기 때문에 일죄가 된다는 견해이다(다수설). 이 견해에서는 각각의 행위들을 통일하는 기능을 하는 요소가 바로 상습성, 영업성(직업성)이라고 한다.

148 (ii) 수죄설 집합범 자체는 수죄로서 실체적 경합범이 되어야 한다고 하는 견해이다.[94] 행위자의 생활태도 내지 내심의 의사동일성이 있다는 이유로 포괄일죄로 보게 된다면 특수한 범죄에너지를 가진 범죄인에게 부당한 특혜를 주게 될 뿐이기 때문이라고 한다. 물론 이 견해에서도 집합범이 접속범과 같이 포괄일죄의 인정요건을 갖춘 경우에는 일죄가 될 수 있다고 한다.

149 ② 판례의 태도 대법원은 영업범(직업범)의 경우에는 영업성(직업성)이 수 개의 행위를 하나의 행위로 통합하는 기능을 하는 것이 아니라 일죄 인정을 위한 다른 요건들이 충족되어야 수 개의 행위를 한 개의 행위로 평가할 수 있는 것이라고 한다.[95] 반면에 상습범의 경우에는 포괄일죄의 일죄 인정의 요건이 충족되지 않더라도 '상습성' 하나만으로 포괄일죄로 인정할 수 있다고 한다.[96]

150 ③ 결론 영업범의 경우는 물론이고 상습범의 경우에도 상습성만을 일죄 인정의 근거로 삼을 수 없고, 포괄일죄(접속범)의 일죄 인정요건을 갖추는 경우에 한하여 이를 일죄로 인정해야 한다. 왜냐하면 상습성은 행위의 속성이 아니라 행위자의 일신전속적 특성(신분)에 불과하므로[97] 상습성 그 자체가 수 개의 '개별행위'를 하나의 행위로 통합할 수 있는 연

94) 김성돈, "상습범의 죄수－상습범이 일죄가 아닌 이유", 법조 제51권 제2호, 2002.2, 137면; 박상기, 487면; 안동준, 317면; 이정원, 505면; 이재상/장영민/강동범, §38/38.

95) 대법원 1993.3.26. 92도3405. "무허가유료직업소개행위는 구성요건의 성질상 동종행위의 반복이 예상되는데, 반복된 수 개의 행위 상호 간에 일시·장소의 근접, 방법의 유사성, 기회의 동일, 범의의 계속 등 밀접한 관계가 있어 전체를 한 개의 행위로 평가함이 상당한 경우에는 포괄적으로 한 개의 범죄를 구성한다."

96) 대법원 2004.9.16. 2001도3206 전원합의체. "상습성을 갖춘 자가 여러 개의 죄를 반복하여 저지른 경우에는 각 죄를 별죄로 보아 경합범으로 처단할 것이 아니라 그 모두를 포괄하여 상습범이라고 하는 하나의 죄로 처단하는 것이 상습범의 본질 또는 상습범 가중처벌규정의 입법취지에 부합한다."

97) 대법원 2006.5.11. 2004도6176. "범죄에 있어서의 상습이란 범죄자의 어떤 버릇, 범죄의 경향을 의미하는 것

결고리가 될 수 없기 때문이다.[98)]

따라서 상습범이 일죄로 되려면 상습성이라는 요소만 긍정되는 것으로는 부족하고 판례에서 인정되고 있는 포괄일죄의 인정요건도 구비되어야 비로소 일죄로 인정될 수 있다고 평가해야 한다. 다만 현행법상 상습범의 경우에는 단순범죄의 경우에 비해 법정형의 형량을 2분의 1로 가중(하거나 상습도박, 상습강도와 같이 별도의 중한 법정형을 두는)규정을 두고 있으므로, 일죄성의 인정요건을 갖추지 못하고 상습성만 인정될 경우에 그 일죄성을 부정하여 경합범으로 처리하면 형벌이 이중으로 가중되는 불합리한 결과가 생긴다. 따라서 현행 형법체계하에서 상습성만으로 상습범의 일죄를 인정하지 않고 다른 일죄 인정요건도 갖추어야 비로소 일죄로 인정하는 법리를 채택하려면, 입법론상 상습범 가중처벌규정 삭제가 전제될 것이 요구된다. 151

例 대법원도 상습범 가중규정의 존재 때문에 현실적으로 상습범을 실체법상 일죄로 취급할 수밖에 없다는 태도를 취하는 것 같다. 그러나 대법원은 이 때문에 소송법상 기판력의 범위가 지나치게 넓어짐(면소판결의 범위가 확대되어)으로 인해 오히려 피고인을 지나치게 유리하게 만들어주는 측면을 시정하기 위한 특단의 조치로 상습범을 절차법적으로 수 죄처럼 취급하는 이중적인 태도를 취하고 있다. 즉 대법원은 상습범의 경우 기판력의 범위를 제한하기 위해 예외적 법리를 마련하고 있다. 이에 관해서는 후술할 소송법적 효과 참조. 152

4. 포괄일죄의 효과

(1) 실체법적 효과

포괄일죄는 한 개의 범죄성립이 인정되는 경우이므로 실체법상 일죄에 해당한다. 일죄인 이상 수 개의 행위가 반복적으로 행해질 경우 최초의 행위 후에 형의 변경이 있는 때에는 최후의 행위시의 법을 적용하면 된다.[99)] 153

포괄일죄의 각 행위부분의 중간에 다른 종류의 죄에 대한 확정판결이 내려진 경우에도 포괄일죄를 이루는 각 행위부분은 두 개로 분리되지 않고 확정판결 후의 최종의 행위시에 완성되는 한 개의 범죄가 된다.[100)] 그러나 상습성을 이유로 포괄일죄가 되는 경우 그 포괄일죄를 이루는 각 행위부분의 중간에 동종의 죄에 대한 확정판결이 있을 때에는 그 포괄일죄가 확정판결을 전후로 하여 2개로 분리된다.[101)] 154

으로서 행위의 본질을 이루는 성질이 아니고, 행위자의 특성을 이루는 성질을 의미하는 것이므로, 구 폭력행위 등 처벌에 관한 법률(2006.3.24. 법률 제7891호로 개정되기 전의 것) 제2조 제1항에서 정한 상습성의 유무는 피고인의 연령·성격·직업·환경·전과사실, 범행의 동기·수단·방법 및 장소, 전에 범한 범죄와의 시간적 간격, 그 범행의 내용과 유사성 등 여러 사정을 종합하여 판단하여야 한다."

98) 이에 관해 자세한 내용은 김성돈, 앞의 논문, 137면 이하.

99) 대법원 1988.2.24. 97도183. "포괄일죄로 되는 개개의 범죄행위가 법개정의 전후에 걸쳐서 행하여진 경우에는 신·구법의 법정형에 대한 경중을 비교하여 볼 필요도 없이 범죄실행 종료시의 법이라고 할 수 있는 신법을 적용하여 포괄일죄로 처단하여야 한다."

100) 대법원 2001.8.21. 2001도3312.

155 포괄일죄는 일죄에 해당하지만 각 행위부분은 그 자체로 독립성을 가지고 있으므로 그 행위부분에 대해 제3자가 가담한 경우 각 가담정도에 따라 그 행위부분에 대한 공동정범, 교사범, 방조범이 성립할 수 있다.

(2) 소송법적 효과

156 실체법상 일죄는 소송법상으로도 일죄(한 개의 사건)에 해당하므로 포괄일죄도 소송법상 일죄(한 개의 사건)에 해당한다. 따라서 공소시효의 기산점도 최후의 행위시점이 되고, 공소시효의 완성시점도 수 개의 죄를 인정할 경우와 달라진다.

157 일사부재리의 원칙에 따라 포괄일죄의 일부에 대한 공소제기의 효력과 판결의 기판력은 포괄일죄의 다른 부분에 대해서도 미친다. 이 경우 기판력이 미치는 시간적 범위는 사실심리의 가능성이 있는 항소심 판결선고시까지이므로 그때까지 범하여진 포괄일죄의 일부에 대해서 별개의 공소제기가 있으면 이중기소가 되어 면소판결을 해야 한다.[102]

158 判 대법원은 포괄일죄 유형 중 상습범의 경우에는 실체법상 일죄=소송법상 한 개의 사건이라는 등식관계를 항상 유지하지 않는 예외 법리를 인정하고 있다. 예컨대 피고인이 상습절도죄로 기소되어 유죄의 확정판결을 받은 후, 이와 상습성이 인정되는 다른 절도범행이 여죄로 드러나서 절도죄로 기소된 경우에는 상습절도죄에 대한 앞의 판결의 기판력이 새롭게 기소된 절도죄에도 미쳐서 면소판결이 선고되어야 하지만, 피고인이 단순절도죄로 기소되어 확정판결을 받은 후, 이미 범한 절도죄와 상습성이 인정되는 다른 절도범행 드러나서 상습절도죄로 기소된 경우에는 이미 받은 절도죄의 확정판결의 기판력이 상습절도죄에는 미치지 아니한다는 판례법리가 그것이다.[103]

159 위 판례 법리는 상습범의 경우 상습성을 근거로 실체법상 일죄로 인정되는 상습범 법리의 문제점(여죄에 대한 불처벌로 인해 생기는 부정의보다는 법적 안정성에 우위를 두게 되는 문제점)을 절차법적으로 해결하려는 절충방안이지만, 근원적인 해결이 못 된다. 상습성은 행위자의 일신전속적 특성에 불과하므로 수 개의 행위를 하나로 묶는 힘이 없는 이상, 포괄일죄(접속범)의 다른 일죄 인정요건을 갖추지 않으면 상습성만으로 실체법상 일죄성을 인정하

101) 대법원 2000.2.11. 99도4797.

102) 대법원 1983.4.26. 82도2829. 따라서 포괄일죄를 이루는 부분 행위들은—소송법상 한 개의 사건 내지 사건의 동일성이 인정되므로—공소장변경을 통한 공소사실의 추가 및 철회 등의 방법으로 처리되어야 한다(대법원 2022.10.27. 2022도8806).

103) 대법원 2004.9.16. 2001도3206 전원합의체. “상습범으로서 포괄적 일죄의 관계에 있는 여러 개의 범죄사실 중 일부에 대하여 유죄판결이 확정된 경우에, 그 확정판결의 사실심판결 선고 전에 저질러진 나머지 범죄에 대하여 새로이 공소가 제기되었다면 그 새로운 공소는 확정판결이 있었던 사건과 동일한 사건에 대하여 다시 제기된 데 해당하므로 이에 대하여는 판결로써 면소의 선고를 하여야 하는 것인바(형사소송법 제326조 제1호), 다만 이러한 법리가 적용되기 위해서는 전의 확정판결에서 당해 피고인이 상습범으로 기소되어 처단되었을 것을 필요로 하는 것이고, 상습범 아닌 기본 구성요건의 범죄로 처단되는 데 그친 경우에는, 가사 뒤에 기소된 사건에서 비로소 드러났거나 새로 저질러진 범죄사실과 전의 판결에서 이미 유죄로 확정된 범죄사실 등을 종합하여 비로소 그 모두가 상습범으로서의 포괄적 일죄에 해당하는 것으로 판단된다 하더라도 뒤늦게 앞서의 확정판결을 상습범의 일부에 대한 확정판결이라고 보아 그 기판력이 그 사실심판결 선고 전의 나머지 범죄에 미친다고 보아서는 아니 된다.”

지 않는 방향, 즉 실체법 영역에서 판례의 법리가 바뀌어야 하고, 그 선결과제로서 형법 및 특별법상의 상습범 가중처벌규정들이 삭제될 것이 요구된다.

제3절 수 죄

일죄가 아닌 경우는 수죄에 해당한다. 종래 연속범으로 불려오던 법형상도 일죄가 아니라 수죄에 해당하고, 집합범의 종류인 상습범이나 영업범의 경우도 포괄일죄의 요건을 갖추지 못한 경우에는 일죄가 아니라 수죄로 분류되어야 한다. 절도를 위해 타인의 주거에 침입하는 경우와 같이 목적과 수단의 관계에 있는 견련범도 (구) 형법상에서는 일죄였지만 현행 형법에서는 수죄에 해당한다. 160

전통적으로 상상적 경합과 실체적 경합이라고 인정되는 법형상도 수죄에 해당한다. 상상적 경합은 처벌에 있어서 가장 중한 죄에 정한 형으로 처벌되기 때문에 과형상의 일죄라고 하거나, 소송법상 한 개의 사건으로 처리되기 때문에 소송법상의 일죄라고 부르기도 하지만 실질적으로는 수죄이다. 이에 반해 판결이 확정되지 아니한 수 개의 죄 또는 금고 이상의 형에 처한 판결이 확정된 죄와 그 판결이 확정되기 전에 범한 죄를 경합범이라고 부르며, 이때 수 개의 죄가 실체적 경합관계에 있다고 한다. 161

§ 34

제 2 장 경 합 론

1 경합문제는 죄수확정단계에서 수죄라는 결론이 내려진 경우에만 제기되는 문제이다. 수 개의 범죄가 성립한 경우에는 성립된 각 범죄가 어떤 형태로 경합하고 있는지를 밝혀야 한다. 형법은 범죄의 경합이 상상적 경합이냐 실체적 경합이냐에 따라 양형법상의 효과(처단형)를 다르게 규정해두고 있기 때문이다(제37조~제40조). 반면에 일죄라는 결론이 내려지면 경합의 문제는 애시당초 생기지 않는다. 일죄인 경우에는 행위자의 행위가 한 개인가 수 개인가 하는 문제도 제기될 필요가 없다.

제 1 절 경합의 종류와 구별기준

Ⅰ. 진정 경합과 부진정 경합

2 수 개의 범죄성립이 전제된 상황에서 성립된 수 개의 범죄들이 실제로 서로 경합하는 경우를 '진정 경합'이라고 하고, 외견상 수 개의 법률구성요건이 충족된 것 같지만 한 개의 범죄성립이 인정되므로 실제적으로 범죄 간의 경합이 없고 외견상 구성요건상의 경합만 인정되는 경우를 '부진정 경합'이라고 한다.

3 진정 경합의 형태로는 상상적 경합과 실체적 경합이 있고, 부진정 경합의 형태로는 법조경합이 있다. 형법상 진정 경합문제가 제기되려면 반드시 수 개의 범죄성립이 전제되어야 하므로 일죄이면서 부진정 경합에 해당하는 법조경합은 경합론에서 논의될 문제가 아니다.

Ⅱ. 상상적 경합과 실체적 경합

4 상상적 경합은 성립된 수 개의 범죄가 '한 개의 행위'에 관련되어 "관념적으로" 서로 경합하고 있는 경우를 말한다. 이에 반하여 실체적 경합은 성립된 수 개의 범죄가 상호 독자적인 '수 개의 행위'와 관련되어 있으나 판결 속에서 비로소 "실체적으로" 만나는 경우를 말한다.

Ⅲ. 경합형태의 구별기준

형법상 진정 경합의 두 형태인 상상적 경합과 실체적 경합은 형식적으로 어떻게 구별할 5
수 있는가? 형법은 이 문제를 입법적으로 해결하고 있다. 즉 형법 제40조는 "한 개의 행위"가 "수 개의 죄"에 해당하는 경우를 "상상적 경합"이라고 규정하고 있다. 그리고 형법 제37조에서는 일정한 조건하의 "수 개의 죄"를 "실체적 경합(경합범)"으로 보고 있는데, 이 규정을 형법 제40조와 비교할 때에 "수 개의 행위"를 전제로 한 "수 개의 죄"가 제37조의 요건을 갖추는 경우에 실체적 경합이 된다고 해석할 수 있다. 이러한 해석방법에 따르면 수 개의 죄가 "한 개의 행위"에 기인한 경우와 "수 개의 행위"에 기인한 경우를 구별하여 전자는 상상적 경합이 되고, 후자는 실체적 경합이 된다.

경합형태의 구별문제는 언제 한 개의 행위가 존재하고 언제 수 개의 행위가 존재하는가 6
라는 문제로 환원될 수 있다. 이를 판단하기 위해서는 논리적으로 한 개의 행위인지 여부가 먼저 밝혀져야 한다. 한 개의 행위가 아닌 경우에는 수 개의 행위로 인정되기 때문이다.

1. 한 개의 행위

(1) 경합론상의 행위개념에 대한 공통의 출발점

형법 제40조에서 말하는 한 개의 행위가 언제 인정될 수 있는가라는 문제와 관련하여 7
이견없이 인정되는 점이 두 가지 있다. 첫째, 경합론상의 한 개의 행위개념의 기본단위는 하나의 의사활동에 기한 한 개의 외부행위를 의미하는 한 개의 자연적 행위(eine natürliche Handlung) 내지 자연적 의미에서의 한 개의 행위(eine Handlung im natürlichen Sinne)이다.[104] 둘째, 결과(법익침해)의 수를 기준으로 행위의 단복을 판단할 수 없다. 왜냐하면 여러 개의 결과는 일신전속적인 법익에 대한 침해라고 할지라도 오직 하나의 의사형성에 의해서도 야기될 수 있기 때문이다.

(2) 경합론상의 행위개념과 구별되어야 할 행위개념

형법상 '행위'개념은 여러 논의차원에서 등장한다. 그러나 상상적 경합과 실체적 경합의 8
구별기준이 되는 형법 제40조의 "한 개의 행위"에서 말하는 '행위'개념(이하에서는 경합론상의 행위개념이라 한다)은 아래의 행위개념과 구별되어야 한다.

1) 행위론상의 행위개념 행위론상의 행위개념은 모든 구성요건의 불법요소에 공통 9
되는 속성을 가지고 있는 전(前) 구성요건적 행위개념을 전제한다. 이에 반해 경합론상의 행위개념은 전 구성요건적 행위개념 내지 한 개의 자연적 행위일 수도 있지만 이에 국한되지 않는다. 충족된 수 개의 구성요건과도 동시에 관련성을 맺는 경우도 있기 때문이다.

---

104) 이 개념은 뒤에서 설명할 "자연적 행위단일성(natürliche Handlungseinheit)"개념과는 다름을 주의해야 한다.

예컨대 '강도가 재물의 부재로 인해 재물강취의 뜻을 이루지 못한 채 미수에 그친 다음 그 자리에서 항거불능의 상태에 빠진 피해자를 간음할 것을 결의하고 실행에 착수하였으나 역시 미수에 그쳤지만, 피해자의 반항을 억압하기 위해 행위자가 사용한 폭행으로 인해 피해자가 상해를 입은 사례'의 경우 강도치상죄 강도강간미수죄와 강도치상죄가 각각 성립하지만, 이 행위자의 폭행행위가 강도치상죄의 폭행행위에도 관계되고, 강도강간미수죄의 폭행행위에도 관계된다.[105]

10 2) 구성요건적 행위개념 경합론상의 행위개념은 구성요건(해당)적 행위와 반드시 동일한 개념이 아니다.[106] 왜냐하면 어떤 구성요건에 해당하는 행위는 항상 그 구성요건만을 충족시키는 행위인데, 어떤 행위가 수 개의 범죄구성요건을 충족시켜 수 개의 범죄가 성립하면 그 성립된 수 개의 범죄가 상상적 경합이 되기 위해서는 그 행위가 반드시 구성요건해당적 행위일 필요가 없기 때문이다. 예컨대 행위자가 한 개의 돌을 던져서, 한 사람에게 상해를 입히고 어떤 물건을 손괴하려는 두 가지 고의를 가지고 행위한 경우, 상해죄의 구성요건적 행위를 확정하는 데는 재물손괴죄의 구성요건적 행위가 전혀 필요없고, 그 반대의 경우도 마찬가지이다. 경합론상의 행위개념은 구성요건적 행위보다 더 일반적인 개념이기 때문이다.[107]

11 3) 죄수결정기준으로서 행위단일성 개념 죄수론에서 행위표준설을 취하는 일부 견해가 사용하고 있는 구성요건적 행위단일성, 법적 행위단일성 또는 자연적 행위단일성이라는 개념도 경합론상의 행위개념, 즉 형법 제40조의 한 개의 행위개념과는 무관하다.

12 위 세 가지 유형의 행위단일성개념은 독일 형법이론학에서 사용되고 있는 개념이다. 이 개념표지들이 수 개의 자연적 행위를 하나의 단일한 행위로 만드는 일정한 요건들을 함의하고는 있지만, 여기서 말하는 '행위'는 경합형태를 결정하는 기준이 아니라 일죄 인정의 기준으로 사용되고 있다. 다시 말해 구성요건적 행위단일성 혹은 법적 행위단일성은 수죄를 전제로 하는 경합문제와 접촉점을 가지지 않고, 따라서 한국 형법 제40조에서 말하는 '한 개의 행위'와는 다른 차원의 논의, 즉 한 개의 죄(일죄유형)를 다루는 논의차원을 가진다.

13 특히 독일 판례나 학설에서 사용되고 있는 자연적 행위단일성(natürliche Handlungseinheit) 개념은 '한 개의 행위=일죄 성립'이 인정되는 사례, 즉 한국 대법원의 접속범 형식의 포괄일죄에 해당하는 사례에 상응하는 사례를 지칭하는 개념이고, 구성요건적 행위 단일성(tatbesdandliche Handlungseinheit) 개념은 계속범, 결합범, 협의의 포괄일죄 등을 포괄하는 개념에 상응하며, 법적 행위단일성(rechtliche

---

105) 대법원 1988.6.28. 88도820도 부분적 행위동일성을 근거로 강도강간미수죄와 강도치상죄의 상상적 경합을 인정한다.

106) 김일수/서보학, 675면.

107) 따라서 "1개의 행위는 구성요건 행위가 하나라는 의미이다"(배종대, §167/4; 손동권, §364; 이재상/장영민/강동범, §39/6)라고 말할 수 없다.

Handlungseinheit) 개념은 폐지된 연속범(fortsetzungstat)을 지칭하는 개념이다. 이 외에 독일형법이론학이 범행다수성(Tatmehrheit)에 대치되는 개념으로 사용하는 범행단일성(Tateinheit)이라는 개념은 한국 형법의 상상적 경합에 상응하는 개념이다.

2. 경합론상의 한 개의 행위판단방법

형법 제40조의 한 개의 행위인지의 여부를 어떤 기준을 사용하여 판단할 것인지에 관해서는 이른바 '자연적 관찰방법'과 '구성요건적·법적 관찰방법'이 대립하고 있다. 14

(1) 자연적 관찰방법

자연적 관찰방법이란 자연적 의미의 수 개의 행위들이 법적인 의미에서의 한 개의 행위인지의 여부를 판단함에 있어서 법적 판단 이전에 한 개의 행위 여부가 자연적으로 선재하고 있는 것임을 출발점으로 삼는 방법을 말한다.[108] 이에 따르면 한 개의 행위 여부에 대한 판단의 준거점이 형법외적인 현상에 있는 것으로 보게 된다. 따라서 법적용자는 법률적인 심사숙고를 전혀 할 필요가 없고 오히려 법에 앞서 주어져 있는 사태를 인식하기만 하면 된다고 한다. 이러한 인식에는 오직 "생활관념"(Auffassung des Lebens)[109] 또는 "사회통념"[110]이 관건이 된다고 한다. 15

(2) 구성요건적·법적 관찰방법

이에 반해 구성요건적·법적 관찰방법은 한 개의 행위인지 여부가 법적 평가 이전에 주어져 있는 것이 아니라, 현실적 행위를 구성요건적·법적 관점에 따라 평가한 후에 비로소 판단되는 것으로 보는 방법이다.[111] 이에 따르면 한 개의 행위 여부를 판단함에 있어 전(前)법률적인 자연적인 존재론적 행위구조를 인정하지 않고 현실을 규범적으로 일정하게 분류하려는 태도를 취해야 한다고 한다. 16

(3) 판례의 태도

대법원은 한 개의 행위인지의 여부는 원칙적으로 자연적 관찰방법에 따라야 할 것임을 인정한다.[112] 17

判 대법원은 '소속 근로자가 방열판 보수 작업 중 사망한 것이 문제된 사건'에서 업무상과실치사죄, 산업안전보건법위반죄, 중대재해처벌법위반죄가 상상적 경합관계에 있다고 하면서, 형법 제40조의 한 개의 행위란 법적 평가를 떠나 사회관념상 행위가 사물자연의 상태로서 1개로 평가되는 것임을 강조하고 있다.[113] 18

다른 한편, 대법원은 사물자연의 상태에서 수 개의 행위(즉, 수 개의 자연적 행위)가 존재 19

108) 오영근, §40/11; 정성근/정준섭, 425면.
109) BGHSt 22, 76.
110) 오영근, §40/10.
111) 배종대, §167/4; 이재상/장영민/강동범, §39/6.
112) 대법원 1983.10.11. 82도402. "형법 제40조의 규정에서 1개의 행위란 … 법적 평가를 떠나 사회관념상 행위가 사물자연의 상태로서 1개로 평가되는 것을 말한다."
113) 대법원 2023.12.28. 2023도12316.

하는 경우에는 한 개의 행위 여부의 판단을 구성요건적·법적 관찰방법에 따를 것을 요구한다. 뒤에서 살펴보는 바와 같이 특히 행위자의 행위가 각 구성요건을 기준으로 해서 볼 때 공통관계가 인정되어 '부분적으로' 동일하다고 평가할 수 있는 경우 상상적 경합을 인정하기 때문이다.

20 判 대법원은 '무면허운전자가 운전 도중에 사람을 치상케 하여 업무상과실치상죄를 범한 사건'에서 두 개의 구성요건과 결부지우지 않고, 자연적으로 관찰하여 2개의 구성요건이 '동시에' 실현한 점에 착목하여 한 개의 행위에 의해 범해진 경우로 보지 않고, 구성요건을 준거로 삼아 행위자의 행위를 평가하는 방법을 취하여 무면허운전죄의 구성요건적 행위인 '무면허 운전행위'와 과실치상죄의 구성요건적 행위인 '과실운전행위'로 해체하여 성립된 두 개의 죄가 실체적 경합관계에 있음을 인정한다.[114] 이러한 대법원의 판단방법에도 구성요건적·법적 관찰방법이 동원되고 있는 것으로 보인다.

(4) 결론

21 두 가지 방법은 서로 배척관계에 있는 것이 아니다. 어느 입장에 의하더라도 경합론상 한 개의 행위개념의 출발점을 자연적 행위개념에 두고, 자연적 행위가 한 개인 경우에는 굳이 구성요건의 평가적 관점에서 행위를 각 구성요건 행위별로 분할하지 않고 한 개의 행위로 인정하기 때문이다.

22 그러나 한 개의 자연적 행위인가 수 개의 자연적 행위인가에 대해 의문이 있을 경우 혹은 수 개의 자연적 행위가 존재할 경우에는 구성요건적·법적 관찰방법이 다시 동원되어야 한다. 자연적 관찰방법에 따르면 "범인의 범행계획의 단일성이라든가 전체범행계획 하의 행위라는 이유로 너무 광범위하게 단일행위를 인정"하게 되며 "생활관념"이라는 "불확정적"인 기준을 사용하게 되기 때문이다.[115] 뿐만 아니라 "자연적 행위파악으로는 무수한 분할이 가능한 의사활동과 물리적 활동의 연속체에 통일성을 부여하는 공동체 구성원 간의 상호 주관적(객관적) 의미합치를 포착하지 못"[116] 하게 되기 때문이다.

제 2 절 상상적 경합

Ⅰ. 의의 및 본질

1. 상상적 경합의 의의

23 상상적 경합이란 한 개의 행위가 여러 개의 죄에 해당하는 경우를 말한다(형법 제40조). 한 개의

114) 대법원 1972.10.31. 72도2001.
115) 박상기, 488면.
116) 김일수/서보학, 674면.

행위로 동일한 죄를 여러 번 범한 경우에는 동(同)종류의 상상적 경합이 인정되고, 한 개의 행위로 서로 다른 죄를 범한 경우는 이(異)종류의 상상적 경합이 인정된다. 예컨대 한 개의 폭탄을 던져 10명을 살해한 경우는 한 개의 행위로 10개의 살인죄를 범한 경우로서 동종류의 상상적 경합이 되고, 한 개의 돌을 던져 한 사람에게 상해를 입히고 유리창을 손괴하면 한 개의 행위로 상해죄와 손괴죄를 범한 경우로서 이종류의 상상적 경합이 된다.

2. 상상적 경합의 죄수

(1) 일죄설

상상적 경합은 한 개의 행위에 의한 것이기 때문에 일죄라는 견해[117)]이다. 이 견해는 범죄의 본질이 행위에 있다고 하기 때문에 행위의 개수에 따라 죄수가 결정된다는 점을 출발점으로 삼는다. 이에 따르면 여러 개의 범죄구성요건이 한 개의 행위에 의해 충족되고 있다면 한 개의 범죄만 성립한다고 한다. 24

(2) 수죄설

상상적 경합은 수죄에 해당한다는 견해이다(다수설). 이 견해는 성립된 범죄의 개수는 행위의 개수에 의해 결정되는 것이 아니라 구성요건의 충족횟수나 법익에 의해 결정되는 것이라는 점을 전제로 삼는다. 이에 따르면 행위는 한 개이지만 죄수는 실현된 구성요건의 개수에 따라 결정되는 것이므로 상상적 경합은 실질적으로 수죄이나, 다만 과형상으로만 일죄라고 한다. 25

(3) 결론

형법상 서로 다른 불법유형을 기술하고 있는 것이 구성요건이라면 한 개의 동일한 행위에 대한 불법적 평가 역시 구성요건을 척도로 하여야 한다. 따라서 한 개의 행위에 의해 수 개의 구성요건이 실현된 경우에도 각 구성요건이 평가적 관점을 달리하고 있으면 수 개의 범죄가 된다. 요컨대 구성요건의 충족횟수를 죄수결정의 기준으로 삼든지 형법 제40조의 문언에 따르든지 상상적 경합은 수죄라고 해야 한다. 26

상상적 경합은 수 개의 죄가 수단과 목적의 관계에 있는 '견련범'과 구별되어야 한다. 견련범이란 범죄의 수단 또는 결과인 행위가 수 개의 죄명에 해당하는 경우로서 일본형법(형법 제54조 제1항)상 실질적으로 수 개의 죄로 인정된다. 목적과 수단의 관계에 있는 수 개의 죄가 재구속의 제한을 위해 소송법상 일죄(한 개의 사건)로 간주되는 경우 형사소송법 제208조 제2항[118)]에 따르면 한 개의 행위로 인해 과형상 일죄로 인정되는 상상적 경합과 견련범이 소송법적으로 동일하게 취급될 수도 있다. 그러나 형법 제40조의 상상적 경합은 한 개의 행위에 의해 수 개의 죄를 범한 경우로 한정되어 있기 때문에 수 개의 죄가 수단과 목적의 관계에 있다고 해서 27

117) 황산덕, 300면.

118) 형사소송법 제208조(재구속의 제한) ① 검사 또는 사법경찰관에 의하여 구속되었다가 석방된 자는 다른 중요한 증거를 발견한 경우를 제외하고는 동일한 범죄사실에 관하여 재차 구속하지 못한다. ② 전항의 경우에는 1개의 목적을 위하여 동시 또는 수단결과의 관계에서 행하여진 행위는 동일한 범죄사실로 간주한다.

이를 상상적 경합으로 인정할 수는 없다. 따라서 견련범은 언제나 실체적 경합관계에 있다고 해야 한다.

Ⅱ. 상상적 경합의 유형

1. 두 개 이상의 범죄가 '동시에' 성립하는 경우

(1) '한 개의 자연적 행위'의 인정에 의문이 없는 경우

28 한 개의 행위가 인정되는 가장 기본적인 사례는 한 개의 자연적 행위가 있는 경우이다. 한 개의 자연적 행위는 '항상' 형법 제40조의 의미에 있어서의 한 개의 행위이다. 한 개의 의사에 기하여 한 개의 외부적 거동이 있을 경우 혹은 일상적 언어관용에 의해 한 개의 행위가 있다고 할 경우에 형법적으로도 "한 개의 행위"라고 하는 것은 당연하기 때문이다. 한 개의 자연적 행위만 문제되는 경우에는 그 자연적 행위는 수 개의 구성요건 실현행위와 전적으로 일치하고, 그 자연적 행위 이외에 구성요건의 실현에 기여한 행위는 존재하지 않는다. 한 번의 폭탄투척으로 동시에 수인이 사망한 경우가 이에 해당한다.

(2) 두 개 이상의 실행행위에 '공통관계'가 있는 경우

29 1) 실행행위의 부분적 동일성개념 수 개의 자연적 행위로 수 개의 서로 다른 범죄를 실현하였는데, 이들 수 개의 자연적 행위들이 완전히는 아니지만 적어도 한 개의 행위의 일부분이 수 개의 범죄성립에 중첩적으로 작용한 경우가 있다. 이 경우에는 문제의 자연적 행위들 중의 일부가 수 개 범죄의 구성요건을 실현하는 데 공통으로 기여하였다면 수 개의 구성요건실현에 있어서 거동동일성 내지 행위동일성이 인정되는데, 이를 '실행행위의 부분적 동일성'이라고 부른다.

30 2) 부분적 동일성 여부에 대한 판단방법 실행행위의 부분적 동일성 여부를 판단하기 위해서는 법적·구성요건적 평가를 떠난 자연적 관찰방법에 의해서는 불가능하다. 부분적 동일성이란 개념은 자연적 행위에 대해서는 사용할 수 없는 개념이기 때문이다. 자연적 행위는 행위의 기본단위이자 경합론의 초석으로서 분할 불가능하며 따라서 전체적으로 동일하든지 전혀 동일하지 않은 경우가 있을 뿐이다.[119] 그러나 자연적 행위가 구성요건적 실행행위로 재평가되면 구성요건적 실행행위는 각 구성요건을 기준으로 해서 볼 때 "부분적으로" 동일하다고 말할 수 있게 된다.

31 例 부분적 행위동일성을 인정한 판례: 대법원도 이에 따라 '강도가 재물의 부재로 인해 재물강취의 뜻을 이루지 못한 채 미수에 그친 다음 그 자리에서 항거불능의 상태에 빠진 피해자를 간음할 것을 결의하고 실행에 착수하였으나 역시 미수에 그쳤고 피해자의 반항을 억압하기 위해 행위자가 사용한 폭행으로 인해 피해자가 상해를 입은 경우' 강도치상죄와 강도강간미수죄의 상상적 경합을 인정한다(대법원 1988.6.28. 88도820). 이 경우

---

119) 이러한 의미에서 우리나라의 형법교과서에서는 부분적 행위동일성을 "단일의 행위가 수 개의 구성요건에 부분적으로 포함되어 있는 경우를 의미한다"(예컨대 박상기, 493면)고 한다.

행위자의 행위를 외부적으로 보면 강도를 위한 폭행행위(상해결과), 강간시도행위 등 수 개의 자연적 행위가 존재한다. 여기서 강도치상죄와 강도강간미수죄가 동시에 성립하는 것은 분명하다. 그리고 행위자의 폭행행위가 강도치상죄의 구성요건과 강도강간미수죄의 구성요건을 실현하는 데 공동으로 기여한 것이기 때문에 이를 수 개의 죄가 한 개의 행위에 의한 것이라고 평가할 수 있다. 이와 같은 맥락에서 대법원은 "강도범인이 피해자들의 반항을 억압하는 수단인 폭행·협박행위가 사실상 공통으로 이루어졌기 때문에, 법률상 1개의 행위로 평가되어 상상적 경합으로 보아야 될 경우가 있다"(대법원 1991.6.25. 91도643)고 한다.

이러한 취지대로라면 대법원은 기망의 수단으로 위조사문서 또는 위조통화를 행사한 경우에 위조사문서 또는 위조통화의 행사행위 자체가 사기죄의 기망행위와 공통관계에 있는 것이기 때문에 상상적 경합관계를 인정해야 할 것이다. 그러나 대법원은 위조사문서행사죄 또는 위조통화행사죄와 사기죄가 실체적 경합관계에 있다고 한다(대법원 1979.7.10. 79도840).

32 3) 계속범의 도중에 다른 범죄를 범한 경우 계속범의 도중에 계속범의 일부를 실행하는 동시에 다른 범죄행위로 나아가는 경우에도 실행행위의 부분적 동일성을 인정하여 상상적 경합관계를 인정할 수 있는지가 문제될 수 있다. 예컨대 음주운전 중에 과실로 인해 사람을 치사상케 한 경우 음주운전죄와 업무상과실치사상죄(또는 특가법상의 위험운전치사상죄) 사이에 상상적 경합이 인정될 수 있는지가 문제된다.

33 문제해결의 관건은 음주운전죄와 업무상과실치사상죄(또는 위험운전치사상죄)가 '한 개의 행위'에 의해 행해졌느냐의 문제, 즉 행위자의 행위가 음주운전죄의 행위와 업무상과실치사상죄(또는 위험운전치사상죄)의 행위에 '부분적 동일성'(중첩성)을 가지는 것으로 평가될 수 있느냐에 있다. 이러한 경우 한 개의 행위 여부 판단에 '구성요건적' 평가적 관점이 결정적인 기준이 되어야 한다.[120] 실행행위의 부분적 동일성은 시간적 동시성만으로 족하지 않고 실행행위의 객관적 동일성도 인정되어야 하기 때문이다.[121]

34 **例 실체적 경합을 인정한 판례:** 대법원도 이러한 관점에서 무면허운전 중에 행위자가 업무상과실치상의 죄를 범한 경우 양자 간에 실체적 경합을 인정하고(대법원 1972.10.31. 72도2001), 음주운전죄와 업무상과실치사상죄(또는 특가법상의 위험운전치사상죄)간에도 업무상과실치사상죄가 음주운전행위로 이루어진 것이 아니라 음주운전과는 별도의 독립된 과실행위로 인해 이루어진 것이라는 전제하에서 실체적 경합을 인정한다(대법원 2008.11.13. 2008도7143). 감금행위가 단순히 강도상해 범행의 수단이 되는데 그치지 아니하고 강도상해의 범행이 끝난 뒤에도 계속된 경우에는 감금죄와 강도상해죄의 실체적 경합을 인정하고(대법원 2003.1.10. 2002도4380), 운행정지명령이 등록되었고 의무보험에도 가입되지 아니한 배우자 명의의 자동차를 운행한 경우 자동차관리법위반(운행정지명령위반)죄와 자동차손해배상보장법위반(의무보험미가입)죄가 "자동차 운행이라는 행위에서 일부 중첩"되기는 하나 실체적 경합관계에 있다고 한다(대법원 2023.4.27. 2020도17883). 이러한 판시들은 구성요건적 관점에서 두 개의 행위를 평가하여 서로 구분되는 독립적 행위가 존재한다는 점에 근거하고 있는 듯하다.

35 **例 상상적 경합을 인정한 판례:** 대법원은 '감금죄의 도중에 강간 또는 강도죄를 범한 사안에서 감금이 강간 또는 강도의 수단이 된 경우'에는 행위의 부분적 동일성이 인정될 수 있으므로 한 개의 행위로 인한 상상적 경합을 인정하고(대법원 1983.4.26. 83도323), 자동차 운전면허 없이 술에 취한 상태에서 차량을 운전하다가 전방에서

120) 김성돈, "계속범과 그 도중에 범한 다른 범죄와의 경합문제", 성균관법학 제7호, 1996, 73면 이하.
121) 이재상/장영민/강동범, §39/12.

신호대기 중이던 앞차의 뒷부분을 들이받아 그 차가 밀리면서 그 앞에 정차해 있던 다른 차를 들이받도록 함으로써 피해자에게 상해를 입게 함과 동시에 위 각 차량을 손괴한 경우 (과실행위의 부분적 동일성을 긍정하는 취지에서) 위험운전치상죄와 각 업무상과실재물손괴로 인한 도로교통법위반죄가 상상적 경합관계에 있다고 한다(대법원 2010.1.14. 2009도10845).[122)]

2. 수 개의 자연적 행위 사이에 '밀접관계'가 있는 경우

(1) 밀접관계의 의의

36 수 개의 자연적 행위가 계속적으로 행해져서 동일한 구성요건을 반복적으로 실현하는 경우에도 전체적으로 보아 한 개의 행위로 평가해야 할 경우가 있다. 대법원은 이와 관련하여 수 개의 자연적 행위가 법적으로 평가해서 '한 개의 행위'로 인정될 수 있는 요건을 "행위 상호 간에 인정되는 일시·장소의 근접, 방법의 유사성, 기회의 동일, 범의의 계속 기타 밀접관계"[123)]라고 설정하고 있다. 여기에서 수 개의 자연적 행위를 전체적으로 한 개의 행위로 평가하는 통합개념이 바로 '밀접관계'이고, 이때 밀접관계를 인정하는 기초자료는 포괄'일죄'(특히 접속범)의 인정요건과 동일하다.

(2) 전속적 법익의 피해자가 수인인 경우

37 밀접관계가 있어 일죄 인정요건을 갖춘 경우에도 포괄일죄가 부정될 경우가 있다. 피해법익이 전속적 법익이고 피해자가 수인인 경우가 그러하다. 전속적 법익이 침해된 경우에는 피해자별로 피해법익이 독자적인 의미를 가지게 되어 '피해법익의 동일성'이라는 일죄 인정요건이 결격되기 때문이다.[124)]

38 그러나 전속적 법익의 피해자가 여러 명이라는 사실은 죄수결정에만 영향을 미칠 뿐 행위의 개수를 헤아리는 문제에는 아무런 영향을 미치지 못한다. 왜냐하면 피해법익의 주체가 다르다고 하여 수 개의 '행위' 사이에 있었던 밀접관계의 인정이 달라지는 것은 아니기 때문이다. 이러한 관점에서 보면 예컨대 다섯 명의 피해자를 한꺼번에 살해하려는 의도로서 차례로 줄세워 놓고 한 명 한 명 동일한 기회에 살해한 경우에 피해자의 수에 따라 다섯 개의 살인죄가 인정되고 이들 수 개의 행위 사이에 밀접관계도 인정될 수 있다. 따라서 다섯 개의 살인죄는 한 개의 행위에 의한 상상적 경합관계로 인정될 수 있을 여지가 있다. 만약 이 경우 일죄가 인정되지 않는다는 이유만으로 다섯 개의 죄의 실체적 경합관계를 인정한다면 한 개의 폭탄으로 다섯 명을 살해한 경우에 다섯 개의 살인죄의 상상적 경합을 인정하는 결론과 현저히 균형을 잃게 된다.

---

122) 대법원은 무면허운전죄와 음주운전죄도 상상적 경합에 해당하지만, 이들 죄와 위험운전치상죄(또는 업무상과실재물손괴죄)는 (행위동일성이 부정되어) 다시 실체적 경합을 인정한다.

123) 대법원 1985.10.22. 85도1457.

124) 이 경우는 불법의 단순한 양적 증가가 아니라 질적 차이가 생기는 경우로서 이를 한 개의 전체결과로 포괄할 수 없기 때문이다.

Ⅲ. 연결효과에 의한 상상적 경합: 한 개의 행위 의제

1. 연결효과에 의한 상상적 경합의 의의

연결효과에 의한 상상적 경합이론이란 '실체적 경합관계에 있는 독자적인 2개의 범죄(A죄와 B죄)가 이들 범죄와 각각 부분적 행위동일성이 있는 제3의 범죄(C죄)에 의해 서로 상상적 경합관계로 연결될 수 있다'는 이론을 말한다. 39

사례(연결효과에 의한 상상적 경합사례): 예비군 중대장인 갑은 그 소속예비군으로부터 금품을 받고 그가 예비군훈련에 불참하였음에도 불구하고 참석한 것처럼 허위내용의 중대학급편성명부를 작성(허위공문서작성죄: A죄 성립)하고 이를 행사(동 행사죄; B죄 성립)하였다. 갑이 금품을 받고 부정한 직무수행(A죄와 B죄를 범함)을 한 점은 수뢰 후 부정처사죄(C죄)의 성립이 인정되고, C죄의 부정처사행위는 A죄와 B죄의 행위에 공통(부분적 동일성 인정)되므로 C죄는 A죄 및 B죄와 각각 상상적 경합관계로 인정되고, A죄와 B죄는 독립된 행위에 의해 성립되었으므로 실체적 경합관계가 인정된다. 실체적 경합과 상상적 경합이 얽혀 있는 경우 갑에게 어떤 형벌을 부과할 수 있는가? 40

위 사례에서 A죄의 실행행위(a행위)와 B죄의 실행행위(b행위)가 각각 C죄의 실행행위(금품수수행위)와 부분적 행위동일성이 인정된다는 사실로부터 독자적인 두 개의 행위(a행위와 b행위)를 연결시키는 효과를 인정하여 a와 b를 한 개의 행위로 평가할 수 있는지가 문제된다. 형법이론학에서는 이러한 방식의 연결효과를 인정하여 독자적인 두 개의 행위를 한 개의 행위로 평가하여 A, B죄간에 상상적 경합을 인정하는 경우를 '연결효과에 의한 상상적 경합'으로 불러왔다. 이에 따르면 A, B, C죄는 모두 상상적 경합관계로 인정될 수 있고, 갑은 이들 중 가장 무거운 C죄의 법정형을 기준으로 처벌할 수 있게 된다. 41

2. 연결효과에 의한 상상적 경합의 인정 여부

(1) 학설의 태도

1) **연결효과이론 부정론** 서로 다른 두 개의 행위가 다른 행위에 의하여 한 개가 될 수는 없기 때문에 연결효과이론을 거부하는 견해[125]이다. 연결효과에 의한 상상적 경합을 긍정하는 태도에 대해 범죄행위와 그에 관한 행위의 단일성 문제를 혼동하고 있다는 비판[126]을 가한다. 42

이 견해에 따르면 원래는 A죄와 C죄를 상상적 경합으로 놓고 또 B죄와 C죄를 상상적 경합으로 놓은 후 이 양자를 실체적 경합으로 엮어야 하지만,[127] C죄에 대한 이중평가를 피하기 위한 방안으로서 A죄와 B죄를 실체적 경합관계로 파악하여 가중한 형을 정한 후에 43

125) 김용욱, "경합론의 체계적 구조", 東巖이형국교수화갑기념논문집, 416면; 박상기, 497면; 오영근, §40/23; 이재상/장영민/강동범, §39/14.
126) 박상기, 497면.
127) 이승호, "실체적 경합과 상상적 경합이 혼합된 경우의 해결방법", 고시연구, 2002.10, 37면.

그것과 상상적 경합관계에 있는 C죄와 비교하여 중한 형으로 처벌해야 한다고 한다.[128)]

44 2) 연결효과이론 긍정론 제3의 범죄가 독립적인 다른 두 개의 범죄 중 어느 것보다 중하거나 동등한 경우에는 연결효과에 의한 상상적 경합을 인정할 수 있다는 견해[129)]이다. 이 입장은 연결효과에 의한 상상적 경합을 부정하게 되면 제3의 범죄를 이중평가하게 되거나 중한 제3의 범죄가 두 번 성립하게 되어 이 둘을 실체적 경합으로 처벌하게 되는 부당한 결론에 이른다는 이유에서 연결효과이론을 부분적으로 찬성한다. 특히 연결효과에 의한 상상적 경합을 인정하면 원래 실체적 경합관계에 있는 독자적인 두 개의 범죄행위가 "연결행위가 원인이 된 일종의 연속범에 해당하기 때문에 과형상의 일죄로 처리가능할 것"[130)]이라고 설명하기도 한다.

(2) 판례의 태도

45 대법원은 위 사례에 대해 연결효과에 의한 상상적 경합을 인정함을 근거지우고 있지는 않지만, 결론에서는 연결효과에 의한 상상적 경합관계를 인정하는 것과 동일한 태도를 취한다. 아래 판시에서와 같이 가장 중한 죄인 C죄(수뢰후 부정처사죄)의 법정형을 처단형으로 삼는 태도를 취하고 있기 때문이다.

46 判 "허위공문서작성죄와 동행사죄가 수뢰 후 부정처사죄와 각각 상상적 경합관계가 있을 때에는 허위공문서작성죄와 동행사죄는 실체적 경합관계에 있다고 할지라도 상상적 경합관계에 있는 수뢰 후 부정처사죄와 대비하여 가장 중한 형으로 처단하면 족하다."[131)]

47 이 판결을 두고 대법원이 연결효과에 의한 상상적 경합을 인정하고 있다고 평가하는 견해(적극론)도 있고, 연결효과에 의한 상상적 경합을 인정하는 것은 아니지만 결과적으로 이를 인정하는 것과 다름이 없다고 이해하는 견해(소극론)도 있다. 하지만 이 판시내용에는 결론에 이르는 논거가 생략되어 있기 때문에 연결효과이론에 관한 대법원의 입장을 속단하긴 어렵다.

(3) 결론

48 형법은 경합형태를 두 가지만 인정하고 있으므로 행위의 단복을 결정하여 두 가지 중 하나의 '경합'형태에 관한 규정의 규율에 따라 처단형을 정하는 방법 밖에 없다. 이 때문에 위 사례와 같이 두 가지 경합이 병존하는 경우는 해석론이 들어설 여지가 없고 경합론을 지배하는 형법의 원칙에 근거한 보충'이론'이 필요하다. 물론 연결효과'이론' 부정론에서도 나름의 해결방안을 제안하고 있다. 즉 두 개의 행위를 실체적 경합관계로 인정한 후 가중된 처단'형'을 정한 후에 그것과 상상적 경합관계에 있는 제3의 범죄의 법정형과 비교하여

---

128) 이재상/장영민/강동범, §39/14.

129) 이형국/김혜경, 583면; 임웅, 588면; 정성근/정준섭, 427면. 연결하는 범죄가 중한 경우에 한하여 긍정하는 견해로는 손동권, §36/10.

130) 배종대, §166/7.

131) 대법원 1983.7.26. 83도1378.

그 중에 중한 형으로 처벌하자고 한다. 하지만 이 방법은 '경합'의 대상을 '죄'와 '죄'로 보지 않고 '형'과 '죄'의 경합을 인정하는 셈이 되어 수죄간의 '경합'을 전제로 하는 형법의 기본 태도에 반한다.

연결효과'이론'을 긍정하는 태도에 따르면 두 개의 독립된 행위(a, b)를 한 개의 행위로 '의제'하는 결과가 되어 이 역시 형법 제40조의 규정취지에 반한다. 그러나 연결효과'이론'은 서로 실체적 경합관계에 있는 범죄 A·B와 각각 부분적 행위동일성이 인정되는 C죄를 이중적으로 평가하지 않는 점에서 행위자에게 처벌상의 이익과 불이익을 이중평가금지 원칙으로 조정할 수 있다. 따라서 정의와 합목적성의 관점에서 보면 연결효과'이론'을 수용하는 것이 타당하다. 49

문제는 부분적 행위동일성을 가진 C죄를 이중평가하지 않으려면 언제 연결효과를 인정할 수 있는지에 있다. 생각건대 C죄가 다른 두 개의 범죄들보다 경한 경우에도 연결효과에 의한 상상적 경합을 인정한다면 행위자에 대해 지나친 특혜를 주게 되어 정의의 감정에 반할 수 있다. 따라서 이중평가를 피하는 동시에 행위자에게 지나친 특혜도 주지 않고 행위자를 불리하게 하지도 않는 결론에 이르려면, C죄가 다른 두 개의 범죄(A, B죄)에 비해 중하거나 적어도 그들과 동가치한 경우 혹은 하나에 비해서는 더 경하지만 다른 하나에 비해서는 더 중한(혹은 동등한) 경우에 한하여 연결효과이론이 필요할 것으로 보인다.[132] 50

Ⅳ. 상상적 경합의 법적 효과

1. 실체법상의 효과

상상적 경합은 실체법상 수죄이다. 형법 제40조는 수죄 가운데 가장 무거운 죄에 대하여 정한 형으로 처벌한다고 규정하고 있다. 51

형법 제40조의 '가장 무거운 죄에 대하여 정한 형'이란 가장 중한 범죄에 정한 형, 즉 법정형을 말한다.[133] 예컨대 상해죄와 손괴죄가 상상적 경합인 때에는 손괴죄의 법정형(3년 이하의 징역, 700만원 이하의 벌금)에 비해 중한 상해죄의 법정형(7년 이하의 징역, 10년 이하의 자격정지, 1천만원 이하의 벌금)을 기초로 하여 양형을 시작하면 된다. 52

형벌의 경중을 비교함에 있어 중한 형만 비교·대조하면 족한 것인지(중점적 대조주의), 아니면 두 개 이상의 주형의 전체를 비교·대조할 것을 요하는지(전체적 대조주의)가 문제된다. 53

---

132) 독일 판례(BGHSt 2, 246)는 제3의 범죄(강도미수)가 연결대상이 되는 나머지 두 범죄(모살미수)에 비해 본질적으로 덜 중하지 않을 경우 연결효과를 인정한다.

133) 대법원 1976.1.27. 75도1543. "형의 경중은 형법 제50조(형의 경중)에 따라 정하면 족하고, 경합범의 경우에 징역과 금고를 동종의 형으로 간주하여 징역형으로 처단하게 한 형법 제38조 제2항의 규정은 상상적 경합의 경우에는 적용될 여지가 없다."

54 이 두 가지 비교방식은 특히 중한 죄의 법정형의 하한이 경한 죄의 법정형의 하한에 미치지 못하는 경우에 차이가 난다. 이 경우 중점적 대조주의에 따르면 경한 죄의 법정형의 하한을 하회하는 형으로 벌할 수 있게 되지만, 전체적 대조주의에 따르면 경한 죄의 법정형의 하한 이상으로 처벌해야 한다.

55 생각건대 상상적 경합은 본질적으로 수죄이므로 경한 범죄의 성립도 인정되기 때문에 과형에 있어서도 경한 범죄에 정한 법정형의 의미는 여전히 유지된다고 해야 한다. 따라서 경한 죄의 법정형의 하한이 중한 죄의 법정형의 하한을 상회하는 경우에는 경한 죄의 법정형의 의미도 마땅히 반영해야 한다. 이러한 의미에서 보면 중점적 대조주의보다 전체적 대조주의가 상상적 경합의 본질과 부합한다(통설·판례).[134] 따라서 "가장 무거운 죄에 대하여 정한 형으로 처벌한다"는 의미는 상한과 하한을 모두 중한 형에 의해 처단한다는 의미로 새겨야 한다.[135] 뿐만 아니라 이 경우 경한 죄에 병과형 또는 부과형이 있을 때에는 그 역시 과형상 의미를 잃지 않도록 해야 하기 때문에 병과되어야 한다.

2. 소송법상의 효과

56 상상적 경합은 한 개의 행위로 인한 것이기 때문에 실체법상 수죄이지만 소송법상으로는 일죄(한 개의 사건)로 취급된다. 따라서 상상적 경합관계에 있는 수 개의 죄 중에서 어느 죄에 대하여 확정판결이 있는 때에는 다른 죄에 대하여 기판력이 발생하므로 다른 죄에 대해서는 면소판결을 해야 하고,[136] 하나의 죄에 대해 공소의 제기가 있는 때에는 다른 죄에 대해서도 그 공소제기의 효력이 미치므로 다른 죄에 대한 재차의 공소제기는 이중기소가 되어 공소기각의 결정이 내려져야 한다. 수 개의 죄 가운데 일부분이 무죄인 때에는 판결주문에서 무죄를 선고할 필요가 없다. 상상적 경합관계에 있는 공소사실 중 일부에 대하여 공소기각해야 할 경우에 그것을 판결주문에 표시하였다 하더라도 이는 판결효과에 영향을 미친 위법사유가 아니다.[137]

3. 법조경합과의 실무취급상의 차이

57 어떤 행위에 대한 죄수가 문제될 때 이를 법조경합의 문제로 처리하느냐 아니면 상상적

134) 독일 형법은 한국 형법의 '상상적 경합'에 상응하는 범행단일성(Tateinheit)의 처벌과 관련하여 '가장 중한 법률을 적용하는 경우 적용가능한 다른 법률에서 허용하는 형의 하한을 하회할 수 없다'라고 하는 명문의 규정(법 제52조 제2항 제2문)을 두고 있다(이를 경한 법률의 차단효라고 부르기도 한다).

135) 대법원 1984.2.28. 83도3160. "형법 제40조가 규정하는 1개의 행위가 수 개의 죄에 해당하는 경우에는 가장 중한 죄에 정한 형으로 처벌한다 함은 그 수 개의 죄명 중 가장 중한 형을 규정한 법조에 의하여 처벌한다는 취지와 함께 다른 법조의 최하한의 형보다 가볍게 처벌할 수 없다는 취지, 즉 법조의 상한과 하한을 모두 중한 형의 범위 내에서 처단한다는 것을 포함하는 것으로 새겨야 할 것이다."

136) 대법원 1991.1.25. 89도252.

137) 대법원 1983.8.23. 83도1288.

경합의 문제로 처리하느냐에 따른 차이점은 다음과 같다. ① 상상적 경합은 실질적으로 수죄이기 때문에 판결이유에서 상상적 경합관계에 있는 모든 범죄사실과 그 적용법조를 기재해야 한다. 반면에 법조경합의 경우는 적용이 배척된 법조를 판결이유에 기재할 필요가 없다. ② 상상적 경합은 실질적으로 수죄이기 때문에 일부 범죄에 대해서는 무죄, 다른 일부 범죄에 대해서는 유죄를 인정해도 상관없다. 하지만 법조경합의 경우는 일죄이기 때문에 이러한 판결이 애시당초 불가능하다. ③ 상상적 경합관계에 있는 죄 가운데 한 죄는 친고죄이고 다른 죄는 비친고죄인 경우에는 친고죄에 대하여 고소가 없거나 취소되더라도 비친고죄의 처벌에는 영향을 미치지 않는다.[138] 따라서 친고죄가 중한 죄인 때에도 친고죄에 대해서 고소가 없거나 취소된 때에는 경한 비친고죄로 처벌되어야 한다.[139] ④ 상상적 경합의 경우에는 공소시효도 각 죄별로 따로 논해야 하므로, 변호사법위반죄와 사기죄가 상상적 경합관계에 있는 경우 변호사법 위반죄의 공소시효가 완성되었다고 하여 사기죄의 공소시효까지 완성되는 것은 아니다.[140]

제 3 절 실체적 경합

Ⅰ. 의의와 유형

1. 실체적 경합의 의의

실체적 경합은 수 개의 행위로 수 개의 죄를 범한 경우를 말한다. 실체적 경합의 경우 58
수 개의 범죄에 대한 처벌방법으로는 각 범죄의 법정형을 병과하는 방법이 이론상 타당할 것이다. 그러나 그와 같이 법정형을 누적적으로 병과하면 행위자가 법정형이 서로 동일한 종류의 범죄를 여러 개 범한 경우에 그 법정형의 총합이 무한대로 늘어날 수도 있고, 형벌의 효과가 그 기간에 비례하는 것만은 아니기 때문에 병과한 형이 정당한 형벌이 될 수 없는 문제점을 안고 있다.

따라서 형법은 실체적 경합범의 경우 여러 가지 처벌원칙을 별도로 마련해두고 있다. 59
문제는 이러한 처벌원칙을 적용하기 위해서는 수 개의 행위에 의해 범해진 수 개의 죄가 하나의 재판에서 판결될 가능성이 있어야 한다는 점이다. 그렇지 않으면 이러한 처벌원칙들을 적용하여 형의 양정을 할 수가 없기 때문이다.

138) 대법원 1968.3.5. 68도105.
139) 대법원 1983.4.26. 83도323.
140) 대법원 1982.12.8. 2006도6356.

2. 실체적 경합범의 종류

60 형법도 수죄를 하나의 재판에서 판결하여 형법이 마련한 처벌원칙을 적용할 수 있도록 하기 위해 실체적 경합범의 유형을 "판결이 확정되지 아니한 수 개의 죄 또는 금고 이상의 형에 처한 판결이 확정된 죄와 그 판결확정 전에 범한 죄"(제37조)로 규정하고 이를 경합범이라고 부르고 있다. 여기서 판결이 확정되지 아니한 수 개의 죄는 동시에 심판할 수 있는 경우이기 때문에 '동시적 경합범(혹은 '제37조 전단 경합범'이라고도 함)'이라고 하고, 금고 이상의 형에 처한 판결이 확정된 죄와 그 판결이 확정되기 전에 범한 죄는 동시에 심판할 가능성이 있었던 경우로서 '사후적 경합범(혹은 '제37조 후단 경합범'이라고도 함)'이라고 한다.

Ⅱ. 동시적 경합범

1. 의의

61 동시적 경합범(또는 제37조 전단 경합범)이란 판결이 확정되지 아니한 수 개의 죄를 말한다. 예컨대 행위자가 A, B, C, D, E의 다섯 개의 죄를 범하고 그 어느 것도 확정판결을 받지 아니한 경우를 말한다. 이러한 다섯 개의 범죄들은 한꺼번에 재판을 받아 동시에 판결이 내려질 수 있다.

2. 요건

(1) 수 개의 죄가 성립할 것

62 포괄일죄에 해당하는 경우에는 경합범이 처음부터 문제되지 않는다. 행위가 아무리 여러 개이더라도 동조의 구성요건이 반복적으로 실현되는 경우 포괄일죄의 인정요건을 갖추면 경합범의 문제는 생기지 않는다. 그러나 상습범이나 영업범의 경우 상습성이나 영업성을 갖추었지만 포괄일죄의 다른 일죄 인정요건을 구비하지 못한 경우에는 포괄일죄로 인정되지 않고 동시적 경합범이 인정될 수 있다. 연속범의 일죄성을 부인한다면 연속범으로 인정되는 법형상에 대해서도 동시적 경합범이 인정될 수 있다.

(2) 수 개의 죄가 수 개의 행위에 의해 행해질 것

63 한 개의 행위로 수 개의 죄를 범한 경우는 상상적 경합범이 되므로 동시적 경합범이 될 수 없다.

64 判 대법원은 사람을 살해하고 사체를 유기한 경우,[141] 강간 후에 범행을 숨기기 위하여 피해자를 살해한 경우,[142] 주거에 침입하여 강간한 경우,[143] 예금통장을 강취하고 예금청구서를 위조한 다음 이를 은행

141) 대법원 1984.11.27. 84도2263.

원에게 제출·행사하고 돈을 교부받은 경우[144] 등은 수 개의 행위에 의해 수 개의 죄가 범해진 경우이므로 동시적 경합범으로 인정하였다.

例 대법원은 ① '여관에서 금품을 강취하기 위해 종업원을 폭행하던 중 방에서 나오던 여관주인을 폭행하여 금품을 강취한 경우'에 대해 행위자의 폭행행위가 사회통념상 한 개의 행위에 해당하므로 종업원에 대한 강도죄와 여관주인에 대한 강도죄가 각각 성립한다는 전제하에 상상적 경합을 인정하였다(대법원 1991.6.25. 91도643).[145] 이러한 취지라면 예컨대 ② "절도가 체포를 면탈할 목적으로 추격해 오는 수인에게 같은 기회에 동시 또는 이시에 폭행 또는 협박하여 상해를 수반한 경우"에 대해서도 전속적 법익의 피해자가 수인이므로 일죄가 성립하지 않고 수죄가 성립하고 이 수죄가 사회통념상 한 개의 행위에 해당하는지를 판단하여 상상적 경합관계로 인정할 수 있는지 여부에 관한 판단으로 나아갔어야 한다. 하지만 대법원은 위 사례에 대해 '준강도치상죄의 포괄일죄'로 판단하였다(대법원 1996.12.6. 66도1392). ③ 대법원은 "동일한 장소에서 동일한 방법으로 시간적으로 접착된 살인행위라고 하더라도 피해법익이 다르고 각 피해자를 살해하려는 의사가 각각 성립된 것이어서 단일한 범의하의 행위라고 볼 수 없으므로 포괄일죄라고 할 수 없다"(대법원 1991.8.27. 91도1637)고 판시하였는데, 이 판시에서 대법원이 살인죄와 같이 일신전속적 법익이 문제될 경우에 피해자가 수인이라면 피해자마다 질적으로 다른 생명권이 침해된 것이기 때문에 수죄로 판단한 점에는 찬성할 수 있다. 그러나 위 사례에서도 ①의 경우와 같이 성립된 수 개의 죄가 (사회통념상) '한 개의 행위'에 의한 것인지의 여부에 관한 판단으로 나아가 수 개의 살인죄가 상상적 경합이 인정될 수 있는지까지 판단하지 않은 것은 미흡한 점이라고 할 수 있다. 65

(3) 수 개의 죄가 모두 판결이 확정되지 않았을 것

'판결의 확정'이 있다고 하기 위해서는 판결이 상소 등 통상의 불복방법에 의하여 다툴 수 없는 상태가 되어야 한다.[146] '판결의 확정'은 유죄·무죄 등의 확정판결 이외에 그것과 동일한 효력을 가진 경우를 포함한다. 따라서 실질적으로 일사부재리의 효력을 가진 재판이 확정된 것과 같은 의미라고 할 수 있다.[147] 66

원래는 동시적 경합범의 관계에 있었으나 검사가 한 개의 죄만을 먼저 기소하여 판결이 확정된 경우[148]나 경합범 중 한 개의 죄에 관한 부분만 파기환송된 때에도 다른 죄가 이미 확정된 경우[149]에는 이미 판결이 확정된 경우에 해당하므로 동시적 경합범이 되지 않는다. 67

(4) 수 개의 죄가 동시에 판결될 것

판결이 확정되지 아니한 수 개의 죄라도 그것들이 같이 판결될 상태에 있어야 동시적 68

142) 대법원 1987.1.20. 86도2360.
143) 대법원 1988.12.13. 88도1807.
144) 대법원 1991.9.10. 91도1722.
145) 다른 한편 대법원은 위 판결에서 피고인이 여관주인으로부터 금품을 강취한 후 이어서 각 방으로 들어가 투숙객들의 금품을 잇달아 강취한 행위는 앞의 강도행위와 상상적 경합이 아닌 실체적 경합관계를 인정하였다
146) 대법원 1983.7.12. 83도1200.
147) 이재상/장영민/강동범, §39/27.
148) 대법원 1966.6.7. 66도526.
149) 대법원 1974.10.8. 74도1301.

경합범이 된다. 따라서 판결이 확정되지 아니한 수 개의 죄 가운데 일부가 기소되지 아니한 때에는 그 기소되지 아니한 죄들은 경합범이 될 수 없다. 그러나 그 죄가 추가로 기소되어 병합심리의 대상이 된 때에는 동시적 경합범이 될 수 있다. 수 개의 죄 가운데 일부에 대해 판결이 있었지만 그 판결이 확정되지 않고 항소심에서 병합심리된 때에는 동시에 판결할 수 있으므로 동시적 경합범이 된다.[150] 수 개의 죄 가운데 일부의 죄들에 대해서만 형이 선고되는 경우에도 선고되는 죄들은 동시적 경합범이 된다.

3. 동시적 경합범의 처분

69 수죄가 수 개의 행위에 의해 범해진 실체적 경합의 경우 우리 형법은 다음과 같은 세 가지를 처벌의 기본원칙으로 삼고 있다.

70 1) 흡수주의 수죄 가운데 가장 중한 죄에 정한 형으로 처단하고 다른 경한 죄에 정한 형은 흡수하는 경우이다. 가장 중한 죄에 정한 형이 사형 또는 무기징역이나 무기금고인 때가 그러하다(형법 제38조 제1항 제1호). 이러한 경우에는 여기에 다른 형을 병과하거나 그 형을 가중하는 것은 무의미하고 가혹하기 때문이다. 흡수주의 중에서도 경한 죄에 정한 형의 하한이 중한 죄에 정한 형의 하한보다 높은 경우에 경한 죄의 하한 이상으로 처벌하는 방식을 결합주의라고 한다.

71 2) 가중주의 수죄의 법정형 가운데 가장 중한 죄에 정한 형을 기준으로 그 형을 가중하는 경우를 가중주의라고 한다. 형법은 각 죄에 정한 형이 사형 또는 무기징역이나 무기금고 이외의 같은 종류의 형인 경우에는 가장 무거운 죄에 정한 장기 또는 다액에 그 2분의 1까지 가중하되, 각 죄에 정한 형의 장기 또는 다액을 합산한 형기 또는 액수를 초과할 수 없다고 한다(제38조 제1항 제2호).[151] 다만 과료와 과료, 몰수와 몰수는 병과할 수 있고(동조 제1항 제2호 단서), 징역과 금고는 동종의 형으로 간주하여 징역형으로 처벌한다(동조 제2항). 이 경우에도 유기징역형을 가중하는 때에는 50년을 넘지 못하도록 하고 있다(형법 제42조 단서).

72 경합범의 각 죄에 선택형이 있는 경우에는 그 중에서 처단할 형의 종류를 선택한 후 가장 무거운 죄에 정한 선택된 형의 장기 또는 다액의 2분의 1까지를 가중해야 한다.[152]

73 3) 병과주의 각 죄에 정한 형을 모두 병과하여 처벌하는 경우를 병과주의[153]라고 한다. 형법은 각 죄에 정한 형이 무기징역이나 무기금고 이외의 다른 종류의 형인 경우에

150) 대법원 1972.5.9. 72도597.

151) 경합범으로 처단할시, 가장 중한 죄 아닌 죄에 정한 형의 단기가 가장 중한 죄에 정한 형의 단기보다 중한 경우에는 그 단기에 대하여는 명문을 두고 있지 않고 있으나 “위 본문 규정취지에 비추어 그 중한 단기를 하한으로 한다”고 새기는 것이 판례의 태도이다(대법원 1985.4.23. 84도2890).

152) 대법원 1971.11.23. 71도1834.

153) 병과주의는 수죄의 처벌에 관한 전통적인 원칙으로서 영미법은 모든 경우에 병과주의를 기본원칙으로 하고 있다. 병과주의는 같은 종류의 형벌을 병과하여 합산하면 그것이 유기징역인 경우에는 실제로 무기징역과 같은 효과를 가져오는 문제점이 있다.

만 예외적으로 병과주의를 인정한다(제38조 제1항 제3호). 여기서 서로 다른 종류의 형이란 유기자유형과 벌금 또는 과료, 벌금과 과료, 자격정지와 구류와 같은 서로 다른 종류의 형을 말한다. 각 죄에 정한 형이 다른 종류인 경우뿐 아니라 일죄에 대하여 다른 종류의 형을 병과할 것을 규정한 때에도 병과주의가 적용된다.[154)]

Ⅲ. 사후적 경합범

1. 의의

사후적 경합범(또는 제37조 후단 경합범)이란 금고 이상의 형에 처한 판결이 확정된 죄와 그 판결확정 전에 범한 죄를 말한다(형법 제37조 후단). 예컨대 행위자가 A, B, C, D죄를 순차적으로 범하였으나 C죄에 대해 먼저 금고 이상의 형이 확정되는 판결을 받았을 경우 A, B, D죄와 C죄가 사후적 경합범이 된다. 74

사후적 경합범이 되는 기준시점은 어떤 죄를 범한 시점이 아니라 어떤 죄에 대한 판결이 확정된 시점이다. 따라서 D죄도 시간적으로는 C죄 이후에 범한 범죄이지만, C죄에 대한 확정판결이 있기 전에 범한 점에서는 A, B죄와 다를 바 없이 사후적 경합범이 된다. 그러나 C죄에 대해 확정판결이 있은 후 행위자가 새롭게 E, F죄를 범한 경우에 C죄와 E, F죄는 사후적 경합범이 될 수 없다. 양죄는 동시에 재판을 받을 가능성도 없기 때문이다. 물론 E, F죄는 그 자체로 동시적 경합범이 된다. 75

이와 같이 사후적 경합범을 경합범으로 인정하는 이유는 판결확정 전에 이미 범해진 범죄(들)는 만약 그것(들)이 C죄에 대해 재판이 이루어졌을 당시에도 모두 법원에 알려졌을 경우에는 마땅히 동시에 심판되었을 것이라는 점에서 동시적 경합범과 차이가 없기 때문이다. 76

2. 요건

(1) 확정판결의 범위

확정판결은 금고 이상의 형에 처한 것이어야 한다.[155)] 따라서 벌금형을 선고한 판결이나 약식명령 또는 즉결심판이 확정된 경우에는 사후적 경합범이 되지 않는다. 금고 이상의 형에 처하는 판결이 확정된 사실 자체가 있는 이상 그에 대한 집행유예나 선고유예가 확정된 경우도 포함될 뿐 아니라 이들이 유예기간의 경과 또는 사면 등으로 형의 선고가 실효 77

---

154) 대법원 1955.6.10. 4287형상210.

155) 2004.1.20. 형법개정 전에는 확정판결의 범위를 금고 이상의 형으로 제한하고 있지 않아 벌금형을 선고한 판결 내지 약식명령이 확정된 때에도 사후적 경합범이 성립하였으나 형법개정을 통해 금고 이상의 형에 처한 판결이 확정된 경우로 제한한 것이다.

되었거나 면소된 것으로 간주되었더라도 무방하다.[156] 무죄나 면소의 판결이 있는 경우에는 위의 A, B, D죄는 물론이고 E, F죄도 동시적 경합범이 된다.

(2) 확정판결 전에 범한 죄의 의미

78 확정판결 전에 범한 죄의 의미에 관해서는 ① 항소심판결 이전에 범한 죄로 해석해야 한다는 견해[157]와 ② 판결의 확정시기를 판결선고 후 상소제기기간이 경과된 때나 대법원의 판결이 선고된 때로 보아 상소제기기간 중에 범한 죄도 확정판결 이전에 범한 죄가 된다고 해석하는 견해[158]가 대립한다.

79 후자의 견해는 이 문제가 일정한 범죄를 사후적 경합범으로 인정하여 형벌을 선고할 것인가 아니면 새로운 범죄로 형벌을 선고할 것인가의 문제와 관련된 것이라는 점을 감안한다면 판결선고 후 확정 전까지의 범죄도 사후적 경합범으로 보는 것이 합리적이라고 한다. 이에 따르면 전자의 견해보다는 사후적 경합범으로 인정되는 범위가 더 넓어질 수 있다.

80 생각건대 사후적 경합범을 인정하는 취지가 동시심판의 가능성이 있었던 사건에 대해 동시적 경합범과 같이 취급하자는 데에 있고, 판결의 기판력도 최종의 사실심인 항소심판결시를 기준으로 하는 것이므로[159] 확정판결 전에 범한 죄란 항소심판결 이전에 범한 죄로 제한하는 것이 타당하다.

(3) 죄를 범한 시기

81 죄를 범한 시기의 기준은 범죄의 기수시점이 아니라 범행의 종료시점을 기준으로 한다. 따라서 계속범의 행위가 종료되기 이전에 또는 포괄일죄의 중간에 확정판결이 있는 경우에는 아직 범행이 종료가 되지 않은 경우이므로 이러한 범죄들은 판결확정 전의 범죄가 아니라 판결확정 후에 범한 죄에 해당한다. 특히 포괄일죄의 중간에 서로 다른 종류의 범죄에 대해 확정판결이 있는 경우에는 포괄일죄가 두 개의 죄로 나누어지지 않으므로 사후적 경합범이 인정될 수 없다.[160]

82 선행범죄에 기하여 유죄의 확정판결을 받은 사람이 그 후 별개의 후행범죄를 저질렀는

---

156) 대법원 1992.11.24. 92도1417. 대법원 1996.3.8. 95도2114. "(2004.1.20. 개정 전: 필자 주) 형법 제37조 후단의 경합범에 있어서 '판결이 확정된 죄'라 함은 수 개의 독립된 죄 중의 어느 죄에 대하여 확정판결이 있었던 사실 자체를 의미하고 일반사면으로 형의 선고의 효력이 상실된 여부는 묻지 않으므로 1995.12.2. 대통령령 제14818호로 일반사면령에 의하여 제1심판시의 확정된 도로교통법위반의 죄가 사면됨으로써 사면법 제5조 제1항 제1호에 따라 형의 선고의 효력이 상실되었다고 하더라도 확정판결을 받은 죄의 존재가 이에 의하여 소멸되지 않는 이상 형법 제37조 후단의 판결이 확정된 죄에 해당한다."

157) 김일수/서보학, 709면; 배종대, §168/6; 이재상/장영민/강동범, §39/31.

158) 오영근, §40/38; 임웅, 594면.

159) 이재상/장영민/강동범, §39/31.

160) 대법원 2001.8.21. 2001도3312. "포괄일죄로 되는 개개의 범죄행위가 다른 종류의 죄의 확정판결의 전후에 걸쳐서 행하여진 경우에는 그 죄는 2죄로 분리되지 않고 확정판결 후인 최종의 범죄행위시에 완성되는 것이다."

데, 유죄의 확정판결에 대하여 다시 재심이 개시된 경우 후행범죄와 재심대상이 된 선행범죄 사이에는 사후적 경합범관계가 인정되지 않는다. 재심절차에서 재심대상이 된 선행범죄와 후행범죄를 함께 심리하여 동시에 판결할 수 없기 때문이다.[161)]

행위자가 A범죄, B범죄, C범죄를 순차로 범한 사안에서, B범죄에 대해 금고이상의 유죄판결(이하 '재심대상판결')이 확정된 다음, B범죄에 대한 재심대상판결에 관하여 재심개시가 되어 C범죄를 범한 이후의 시점에 다시 금고이상의 유죄를 선고하는 '재심판결'이 확정된 경우 각 범죄간에 사후적 경합관계가 문제된다. 이 경우 A범죄는 B범죄에 대한 '재심판결'이 확정되기 전에 범한 죄일 뿐만 아니라 '재심대상판결'이 확정되기 전까지 동시에 판결을 받아 하나의 형을 선고받을 수 있었으므로 A−B범죄는 여전히 사후적 경합범이 된다.[162)] 반면에 C범죄는 비록 '재심판결' 확정 전에 범한 것이기는 하지만 B−C범죄가 사후적 경합범이 되는 것은 아니다. 재심절차는 비상구제절차로서 재심대상판결 이후 범죄 사건을 병합하여 심리하는 것이 허용되지 않아 C범죄는 B범죄와 애초에 동시에 판결을 받아 하나의 형을 선고받을 수 없었기 때문이다. 이 경우 A−C범죄가 동시적 경합범이 되는 것도 아니다. A−B범죄는 사후적 경합범이지만, B−C범죄는 사후적 경합범의 관계에 있지 않기 때문이다. 결국, A−C범죄는 형법 제38조를 적용할 수 없는 이상 별도로 형을 정하여 선고하여야 한다. 83

다른 한편, 위 사례에서 B범죄에 대한 재심대상판결에 관하여 무죄 또는 금고 미만의 형을 선고하는 재심판결이 확정된 경우 A−C범죄는 '판결이 확정되지 아니한 수 개의 죄', 즉 동시적 경합범이 되므로 형법 제38조의 경합범 가중을 거쳐 하나의 형을 선고하여야 한다.[163)] A범죄는 더 이상 금고 이상의 형에 처한 판결의 확정 전에 범한 죄가 아니게 되므로 A−B범죄는 사후적 경합범이 아니고, B−C범죄 역시 사후적 경합범이 될 수 없기 때문이다. 84

3. 사후적 경합범의 처분

(1) 판결을 받지 아니한 죄에 대한 형의 선고

경합범 중 판결을 받지 아니한 죄가 있는 때에는 그 죄와 판결이 확정된 죄를 동시에 판결할 경우와 형평을 고려하여 그 죄에 대하여 형을 선고한다.[164)] 다만 이 경우 그 형을 85

161) 대법원 2019.6.20. 2018도20698. "선행범죄에 기하여 유죄의 확정판결을 받은 사람이 그 후 별개의 후행범죄를 저질렀는데 유죄의 확정판결에 대하여 재심이 개시된 경우, 후행범죄가 재심대상판결에 대한 재심판결 확정 전에 범하여졌다 하더라도 아직 판결을 받지 아니한 후행범죄와 재심판결이 확정된 선행범죄 사이에는 형법 제37조 후단에서 정한 경합범 관계가 성립하지 않는다."

162) 대법원 2023.11.16. 2023도10545.

163) 대법원 2023.11.16. 2023도10545.

164) 대법원 2008.9.11. 2006도8376. "형법 제39조 제1항이 형법 제37조의 후단 경합범과 전단 경합범 사이에 처벌의 불균형이 없도록 하고자 하면서도, 경합범 중 판결을 받지 아니한 죄가 있는 때에는 '그 죄와 판결이

감경 또는 면제할 수 있다(형법 제39조 제1항). 이때 판결을 받지 아니한 죄란 이미 확정판결을 받은 죄가 있는 경우에 판결확정 전에 범한 다른 죄를 의미하지만, 경합범이 따로 공소제기가 되어 동시에 판결할 수 없는 경우 따로 공소제기된 죄도 포함된다.[165]

86 종래 형법은 사후적 경합범에 관하여 그 죄에 대하여만 따로 형을 선고하도록 하였다. 그러나 판결을 받지 아니한 죄의 법정형의 하한이 높은 경우에는 동시적 경합범의 처벌방식을 따를 경우에 비해 피고인에게 불리한 결과를 초래하게 된다. 따라서 2005년 7월 29일부터 시행된 개정형법은 위와 같이 형법 제39조 제1항의 단서를 신설하여 사후적 경합범의 형을 감경·면제할 수 있도록 하는 방안을 채택하였다. 이 경우 감면사유는 임의적 감면사유이다. 따라서 판결을 받지 아니한 죄가 무기징역에 처하는 판결이 확정된 죄와 경합할 경우 그 형을 필요적으로 면제하여야 하는 것은 아니다.[166] 하지만 아직 판결을 받지 아니한 죄가 이미 판결이 확정한 죄와 동시에 판결할 수 없었던 경우에는 임의적 감면사유도 되지 않는다.[167]

(2) 확정판결 전후에 범한 죄

87 수 개의 죄 사이에 확정판결이 있는 경우 그 확정판결의 전후에 있는 죄는 경합범이 아니다. 예컨대 A, B, C죄를 범한 후, C죄에 대해 확정판결을 받고 나서 다시 D, E죄를 범한 경우, A, B죄와 C죄는 경합범이고, D, E죄도 그 자체 경합범이지만, A, B, C죄와 D, E죄는 경합범이 아니다. 이러한 경우에는 두 개의 주문에 의하여 따로 형을 선고해야 한다.[168] 그리고 이 경우에는 경합범의 처리에 관한 형법 제38조의 규정이 적용될 여지가 없으므로 두 개의 형이 단순히 병과(합산)된다.

(3) 형의 집행과 경합범

88 경합범에 의한 판결의 선고를 받은 자가 경합범 중의 어떤 죄에 대하여 사면 또는 형의

확정된 죄를 동시에 판결할 경우와 형평을 고려하여' 판결을 받지 아니한 죄에 대하여 형을 선고한다고 정한 취지는, 두 죄에 형법 제38조를 적용하여 산출한 처단형의 범위 내에서 전체형을 정한 다음 그 전체형에서 판결이 확정된 죄에 대한 형을 공제한 나머지를 판결을 받지 아니한 죄에 대한 형으로 선고하거나, 두 죄에 대한 선고형의 총합이 두 죄에 대하여 형법 제38조를 적용하여 산출한 처단형의 범위내에 속하도록 형을 선고하는 방법으로 전체형을 정하거나 처단형의 범위를 제한하게 되면, 이미 판결이 확정된 죄에 대하여 일사부재리 원칙에 반할 수 있고, 먼저 판결을 선고받는 후단 경합범에 대하여 선고할 수 있는 형의 범위가 지나치게 제한되어 책임에 상응하는 합리적이고 적절한 선고형의 결정이 불가능하거나 현저히 곤란하게 될 우려가 있음을 감안한 것이다."

165) 대법원 1969.3.15. 69도169.

166) 대법원 2008.9.11. 2006도8376. "무기징역에 처하는 판결이 확정된 죄와 형법 제37조의 후단 경합범의 관계에 있는 죄에 대하여 공소가 제기된 경우, 법원은 두 죄를 동시에 판결할 경우와 형평을 고려하여 후단 경합범에 대한 처단형의 범위 내에서 후단 경합범에 대한 선고형을 정할 수 있고, 형법 제38조 제1항 제1호가 형법 제37조의 전단 경합범 중 가장 중한 죄에 정한 처단형이 무기징역인 때에는 흡수주의를 취하였다고 하여 뒤에 공소제기된 후단 경합범에 대한 형을 필요적으로 면제하여야 하는 것은 아니다."

167) 대법원 2012.9.27. 2012도9295.

168) 대법원 1966.11.29. 66도1416; 1967.6.20. 67도701.

집행이 면제된 때에는 다른 죄에 대하여 다시 형을 정한다(형법 제39조 제3항). 이 규정은 경합범에 대하여 한 개의 형이 선고되었을 때에 적용된다. 여기서 "다시 형을 정한다"는 말은 그 죄에 대한 심판을 다시 한다는 의미가 아니라 형의 집행부분만 다시 정한다는 의미이다. 이 경우에 형의 집행에 있어서는 이미 집행한 형기를 통산한다(동법 제39조 제4항).

제4부

형사제재론

형법이 규범위반적 불법행위를 한 '행위자'에 대한 책임을 묻는 방식은 과거의 불법에 대한 응보차원의 대응수단인 '형벌'을 통하는 방식이다. 이러한 점에서 형법은 기본적으로 책임'응보'형법으로 자리매김되어 왔다. 19세기 말 실증주의적 근대학파가 '행위자'에 대한 특별예방적 차원의 '예방'목적을 앞세우면서 책임응보형법에 도전장을 내밀었다. 그와 동시에 행위자에게 나타나는 반사회적 위험성을 응보적 형벌수단을 통해서는 제거할 수 없다는 문제의식은 새로운 형사제재수단의 모색으로도 이어졌다. 20세기 초 유럽 국가의 형사입법가들은 근대학파의 주장과 책임응보사상을 결합시키는 절충적 형법모델의 구축으로 타협점을 찾았다. 이로써 형벌을 책임응보수단으로 삼는 책임형법을 유지하면서도, 행위자를 개선하고 위험한 행위자로부터 사회를 보호하기 위한 특별예방목적 달성을 위한 수단으로 고안된 보안처분의 필요성이 수용되어 이른바 이원주의 형사제재체계가 탄생했다. 제4부에서는 이원주의 형사제재체계 개관과 전망(제1편), 형벌이론과 현행형법상 형벌제도(제2편), 보안처분에 관한 이론 및 현행법상의 보안처분제도(제3편)를 살펴본다.

제1편

형사제재체계 개관과 전망

제 1 장　형법과 이원주의 형사제재체계　§ 35

Ⅰ. 형법의 제재체계 발전 개관

1. 근대 이전: 형벌과 형벌목적들

범죄를 범한 행위자에게 형사책임을 지우기 위해 '형벌'을 부과하는 방식은 동서고금을 막론하고 있어 왔다. 그러나 범죄자에게 형벌을 부과함에 있어 이유와 명분은 국가마다 시대마다 차이를 보여왔다. 서구의 중세시대에는 기독교사상의 영향으로 형벌이 응보목적을 달성하기 위한 수단으로 인정되었다. 같은 시기의 조선시대 형벌은 성리학적 이념을 실현하기 위한 정치적 수단으로 활용되었다. 범죄자를 성리학적 이념(인의예지)을 갖춘 성인군자로 거듭나게 하여, 궁극적으로는 형벌 없는 세상의 도래에 대한 기대(刑期無刑)를 실현하기 위함이었다. 오늘날의 관점에서 보면 조선시대 형벌은 범죄자의 개선·교화라는 특별예방목적에 기초한 것으로 볼 수 있다. 1

2. 근대: 응보사상과 사회방위사상의 대립

그러나 근대 이후 서구의 형법체계가 한국에 도입되면서 한국 형법은 서구 형법에 기초된 주류적 형법사상에 맞추어진 형벌관, 즉 형벌을 통해 과거의 불법에 대한 책임을 묻는 응보적 사고가 중심자리에 오게 되었다. 이러한 사고는 형벌을 과거의 잘못에 대한 반작용으로서 '응보'차원의 대응수단으로 투입하는 대신, 형벌의 특별예방목적은 형벌집행단계에서 구현되어야 할 목적으로 밀려나게 만들었다. 2

유럽, 그 중에 독일에서의 주류적 형법사상이었던 '책임응보'사상은 19세기 말 실증주의적 근대학파에 의해 강력하게 비판을 받았다. 형벌을 통해 행위자의 책임이 상쇄된다는 생각은 형이상학적 관념에 불과할 뿐, 사회속에서 발생하는 범죄 방지 및 범죄 행위자에게서 발생되는 위험성을 제거하는 등과 같은 현실적이고 필요한 목적 달성에는 아무런 기여를 하지 못한다는 인식이 비판의 원동력이 되었다. 근대학파의 실증주의 사상은 응보하기만 하는 형벌수단을 통해서는 행위자에게 나타나는 반사회적 위험성을 제거할 수 없다는 문제의식하에 형벌을 보충하거나 대체할 새로운 형사제재수단의 모색으로도 이어졌다. 3

3. 현대: 이원주의 형사제재체계의 확립

20세기 초 유럽의 형법학자들과 형사정책적 형사입법자들은 전통적인 책임응보사상을 기본으로 삼되, 형벌을 통해 행위자에게 초점이 맞추어진 특별예방목적을 실현하려는 근 4

대학파의 주장과 형벌 수단을 대체하는 형사제재수단인 보안처분을 통해 범죄자로부터 사회를 보호하려는 급진적인 주장(사회방위론)의 일부를 반영하여 절충적 형법모델로 만들었다.

5 절충적 형법모델은 형사제재체계도 이원적으로 구축하였다. 과거의 불법에 대한 책임응보사상의 구현을 위한 제재수단으로서 형벌체계를 유지하면서도, 행위자를 개선하고 위험한 행위자로부터 사회를 보호하기 위한 특별예방목적을 위해 고안된 '보안처분'이라는 새로운 형사제재 수단을 형벌 보충 또는 형벌 대체적인 수단으로 투입할 수 있게 만든 것이다. 현재 한국 형법의 형사제재체계도 독일의 그것과 같이 형벌과 보안처분으로 구성된 '이원주의 형사제재체계'로 구축되어 있다.

Ⅱ. 이원주의 형사제재체계 개관

1. 형벌과 보안처분 이원주의

6 형벌은 형법 제41조에서 사형을 위시하여 부가형인 몰수까지 포함한 9가지 형벌의 종류를 규정하고 있고 제42조에서 제86조에는 형벌의 집행방법이나 형의 시효 등을 규정하고 있다. 보안처분은 그 종류는 물론이고 집행 방법이나 집행 절차 등에 관해서는 형법전(형법률)이 아닌 「치료감호법」과 「전자장치부착등에 관한 법률」 또는 「소년법」 등 다수의 법률에 규정되어 있다.

2. 이원주의하에서의 형벌과 보안처분의 관계

7 이원주의제재체계하에서 형벌은 형법적인 의미에서의 책임을 전제조건으로 하면서 구체적으로 부과되는 형벌은 책임의 정도를 초과하지 못한다(책임원칙). 이에 반해 보안처분은 책임을 요건으로 하지 않고 행위자의 특별한 위험성을 요건으로 한다. 보안처분은 경찰법과 유사하게 장래의 위험한 행위를 예방하는 기능을 가지고 있어서 책임이 없는 경우에도 부과할 수 있다. 물론 보안처분도 항상 위법한 행위를 전제로 한다(이를 전제범죄 내지 계기범죄라고 부른다).

8 미국의 법체계는 형벌과 범주적으로 구별되는 보안처분개념이 존재하지 않기 때문을 일원주의 제재체계를 취하고 있는 것으로 평가된다. 하지만 미국형법에도 "처벌(punishment)"과 구별되는 "강제입원(commitment)"제도가 구별되고 있고, 양자가 상호대체 가능하기 때문에 사실상 이원주의체계와 유사한 측면이 있는 것으로 평가될 수 있다. 강제입원제도는 이른바 "육식동물처럼 성적으로 광폭한 자"(즉 "성적으로 폭력적인 육식동물")와 같은 일정한 성범죄자를 무제한적으로 "강제입원"시키는 제도를 말한다. 물론 강제입원제도를 뒷받침하는 이론인 무기력화(incapacitation)는 형벌이론의 일종으로 분류된다.[1] 무기력

1) Dubber, Law & History Review 16 (1998), pp. 131~132.

화는 후술하듯이 19세기 독일에서 리스트에 의해 주장된 세 가지 특별예방목적 중의 하나(무해화: Unschädlichung)에 해당한다.

3. 형벌과 보안처분의 차이와 유사성

(1) 형벌과 보안처분의 차이

1) 본질상의 차이 형벌은 행위자가 범한 과거의 불법에 대한 책임을 전제로 부과되는 반면, 보안처분은 행위자의 장래 위험성에 근거하여 범죄자의 개선을 통해 범죄를 예방하고 장래의 위험을 방지하여 사회를 보호하기 위해 형벌을 대신하여 또는 형벌을 보충하여 부과되는 처분이다. 즉 형벌은 책임의 한계 안에서 과거 불법에 대한 응보를 목적으로 하는 제재이고, 보안처분은 장래 재범 위험성을 전제로 범죄를 예방하기 위한 제재라는 점에서 차이가 난다.[2] 9

2) 법적 요건상의 차이 형벌과 보안처분의 본질 및 목적의 차이는 입법자나 법적용자가 각 제재를 부과하기 위한 법적 요건상의 차이를 만들어 낸다. 형벌은 응보를 본질로 하는 '책임'을 전제로 하는 것이므로 범죄성립요건을 모두 충족할 것이 요구되지만, 보안처분은 장래의 위험성을 예방하기 위한 차원에서 부과되는 것이므로 '책임'을 반드시 전제할 필요가 없고, 재범의 위험성을 요건으로 부과된다. 물론 보안처분의 경우 재범의 위험성 외에도 치료의 필요성(치료감호), 환경의 개선과 교육(소년보호처분) 등 해당 보안처분의 특성에 맞게 다른 요건들이 추가되거나 재범의 위험성을 대체할 수도 있다. 10

3) 사회윤리적 비난여부의 차이 형벌은 책임을 전제로 하여 부과되기 때문에 사회윤리적 차원의 비난이 뒤따른다. 그러나 보안처분은 행위자에 대한 개선 및 교육 또는 사회의 안전을 위해 행위자의 위험성 제거라는 특별예방목적을 위해 부과되는 제재로서 국가의 합리적 형사정책적 목적에 복무하는 제재이므로 원칙적으로 사회윤리적 비난을 수반하지는 않는다. 11

(2) 형벌과 보안처분의 유사성

1) 해방목적적 측면 보안처분이 지향한 개선 및 보안이라는 특별예방 목적은 오늘날 형벌의 목적으로도 널리 받아들여지고 있어 과거지향적 응보책임(형벌) vs. 미래지향적 위험성예방(보안처분)이라는 도식은 낡은 프레임이 되어 가고 있다. 보안처분과 형벌을 목적의 관점에서 구별하는 것은 관념적인 차원에서만 그 의미가 있을 뿐 예방적 형사정책적 목적달성을 위한 수단인 점에서 사실상 차이가 없다. 12

2) 자유제한적 측면 예방적 형사정책적 목적달성을 위해 보안처분의 경우에도 국가의 강제적 개입이 이루어지는 것이므로 전통적 의미의 '자유'가 제한되는 점에서 이념적으 13

---

2) 헌법재판소 2012.12.27. 2010헌가82, 2011헌바303(병합).

로 보면 형벌과 차이가 없다고 보는 시각도 늘어가고 있다. 실무에서는 실제로 일부 보안처분의 종류(특히 사회봉사명령)를 '준형벌'로 부르고 있다.

14 **3) 효과적 측면** 보안처분은 형벌과 명목상 추구하는 목적은 다르지만 집행과정에서 형벌에 상응하는 다양한 불이익을 수반한다. 이 때문에 심지어 사회내에서 집행되는 보안처분의 집행대상자들도 보안처분을 국가에 의한 특혜로 보지 않고 해악과 고통을 가하는 국가강제로 받아들인다.[3)]

15 **4) 헌법적 통제 측면** 오늘날 형벌권을 형식적으로 제한하는 죄형법정주의를 넘어서 실질적으로도 제한하는 비례성원칙이 관철되고 있는 것과 마찬가지로 보안처분의 경우에도 보안처분법정주의와 비례성원칙의 중요성이 강조되고 있다. 종래 형벌과 보안처분의 지도원칙으로 여겨져 왔던 책임원칙(형벌)과 비례성원칙(보안처분)간의 대립적 구도도 점차 상대화되어가고 있다.

16 判 자유보장이라는 헌법이념의 관점에서 볼 때 이른바 개별화설에 따라 다수의 보안처분 종류를 소급금지원칙의 적용대상에서 배제시키는 대법원과 헌법재판소의 태도는 보안처분과 형벌의 동등 취급할 것을 요구하는 헌법 정신을 충분히 반영하고 있지 못한 것으로 비판될 수 있다(죄형법정주의 소급금지원칙 참조).

---

3) 형벌은 범죄자에게 해악 내지 고통으로 느껴지는 것이고 이를 통해 현실적으로 형사정책적인 효과를 발휘하는 것으로 인정되고 있다. 반면에 보안처분 대상자에게 느껴지는 해악 내지 고통은 의도된 것이 아니라 범죄인의 개선 및 사회방위라는 보안처분의 본래의 목표달성을 위해 불가피하게 감수해야 할 희생으로 간주되고 있다

Ⅰ. 보안처분과 안전지향적 형사정책

1. 보호감호제도 폐지 후 보안처분 르네상스

1 한국에서 보안처분의 도입이 본격화된 것은 1980년 신군부의 국보위에서 제정된 「사회보호법」에 의해 보호관찰, 치료감호, 그리고 보호감호라는 세 종류의 보안처분이 신설된 때부터라고 할 수 있다. 그러나 보호감호는 본래의 취지인 특별예방목적의 추구를 벗어나 정권 유지 또는 군부독재 집권을 정당화하기 위한 수단으로 오남용되었다. 2005년 보호감호제도는 그 운용상의 문제점 때문에 이중처벌 내지 과잉처벌, 인권침해의 우려 등을 이유로 형법학계와 시민사회에 의해 집중적으로 비판을 받고 폐지되었다.

2 보호감호의 폐지가 만들어낸 '보안' 공백을 메우기 위해 사회적으로 위험한 범죄자로부터 사회의 안전 확보라는 명목으로 상습범죄자에 대해 형벌을 가중하는 새로운 입법이 생겨 중형주의가 더욱 심화되기도 했다. 이 뿐만 아니라 가중적 보안'형'만으로는 범죄예방과 사회 안전을 보장할 수 없다는 인식하에 다양한 종류의 새로운 보안처분들이 형사제재체계안에 편입되었다. 신종 보안처분 종류들에 대한 입법자의 관심도가 커지고 실무가들의 활용빈도가 높아짐에 따라 '보안처분 르네상스'라는 말도 생겨났다.

2. 보호수용제도의 도입요구와 집행 차별화 원칙

3 폐지된 '보호감호'라는 보안처분의 빈자리를 메우기 위해 위험한 범죄자에 대해 자유박탈을 내용으로 하는 '보호수용제도'를 도입하려는 시도도 중단없이 계속되고 있다.[4] 위치추적전자장치부착명령(일명 전자감독제도) 등 사회내 보안처분 제도만으로는 아동성폭력범죄 등과 같은 상습성을 가진 위험한 범죄자에 대한 시민들의 불안을 해소하기 어렵다는 인식이 팽배해있기 때문이다. 다른 한편 현실 형사정책에서는 형벌과 보안처분이 본질, 목적, 그리고 현실적 기능 등의 거의 모든 측면에서 차이가 없어져 서로 수렴되어 가고 있는 측면도 있으므로 이원주의 형사제재체계를 합리적으로 재편해야 할 요구가 높아져 가고 있다.

4 이러한 맥락에서 자유제한적 보안처분의 경우는 물론이고 장래 도입될지도 모르는 자유박탈적 보안처분의 경우에도 형벌과 집행의 방법 및 내용을 차별화를 담보하는 내용을

4) 이와는 정반대로 보안처분의 남용가능성을 우려하여 이원주의 형사제재체계를 포기하고 형벌일원주의로 돌아가자는 극단적인 주장도 있다.

입법내용 담지 않으면(집행차별화원칙). 보안처분이 이중처벌이라는 근본적인 비판에서 벗어나기 어렵다. 이와 동시에 보안처분의 이름으로 사회의 안전을 위해 희생을 요구당하고 있는 보안처분 대상자로 하여금 희생한계를 넘어서지 않도록 하기 위한 차원의 노력이 형사정책학이나 현실 형사정책 영역에서 기울여질 것이 요망된다.

Ⅱ. 피해자우호적 형사정책과 범죄 대응 패러다임의 변화

5 1990년대부터 전세계적으로 회복적 정의(Restorative Justice)라는 기치하에서 이른바 응보적 정의(Retributive Justice)를 추구해온 종래의 형사사법이 피해자의 니즈와 이익 및 관심사를 반영하고 있지 못하다는 비판적 목소리가 형사사법제도의 근본적 개혁을 요구하고 있다. 이러한 요구는 한편으로는 한편으로는 피해자 우호적 제재수단을 형사제재체계에 새롭게 편입시키려는 노력으로 이어지고 있고, 다른 한편으로는 범죄에 대한 대응 패러다임의 변화를 촉구하고 있다.

1. 피해회복 지향적 형사제재수단의 도입 노력

6 피해자 우호적 형사정책적 요구는 범죄피해자의 이익이나 요구에 눈감고 있는 형사제재체계를 개혁하여 피해자에 대한 '원상회복 내지 피해회복'을 새로운 형사제재로 편입시키려는 요구로 이어졌다. 미국은 1982년부터 피해회복명령(Restitution, compensation order)이 독자적 제재수단으로 인정되어왔고,[5] 90년대 독일에서는 형벌과 보안처분 외에 피해자에 대한 원상회복(Wiedergutmachung)을 제3의 형사제재수단으로 인정하려는 시도를 하였다.[6] 현재 독일 형법은 원상회복을 독립적 형사제재수단은 아니지만 집행유예 등의 조건으로 인정하고 있다.

7 앞서 언급했듯이 한국의 법무부는 형사법개정특별위원회가 주도하여 독일의 조건부 원상회복제도 모델에 따라 피해회복을 비독자적 제재수단으로 인정하려는 형법개정안(2011년 정부안)을 만들어 국회에 제출하였다. 하지만 국회의 무관심으로 형법개정안은 심사의 대상조차 되지 못했다. '피해자 중심주의'라는 말이 회자될 정도로 피해자 보호와 지원에 열을 올리고 있는 오늘날 한국적 현실에서 피해회복명령을 비독자적 형사제재수단으로나마 도입하려는 가시적인 움직임이나 시도는 이루어지고 있지 않다. 이러한 규범현실은 이미 100년 전 연방판사가 배상명령을 보호관찰의 조건으로 부과할 수 있게 하는 연방보호관찰법

---

5) 미국은 1982년 피해자 권리확보라는 형사정책적 동향에 맞추어 꾸려진 레이건 대통령 산하 형사피해자 TF팀은 최종 보고서에서 판사들로 하여금 기록에 반대되는 판단에 대한 강력한 논거를 언급하지 않는 한, 경제적 손실을 겪은 모든 피해자의 사건들에 대해 배상명령을 할 것을 권고했다(President's Task Force on Victims of Crime, Final Report 73(1982). 이에 따라 의회는 연방 피해자 및 증인 보호법(the federal Victim and Witness Protection Act, VWPA)를 통과시켰고, 이로써 배상명령의 시대가 열렸다. 위 법률에 따라 배상명령은 연방 형사사건 형선고에 있어 일반적인 요소가 되었다고 평가된다(Mattew Dicman, Should Crime Pay A critical assessment of the mandatory victims restitution Act of 1996, 97 Cal. L. Rev. 1967, 1688(2009).

6) 김성돈, "원상회복의 형사제재로서의 적격성과 형법의 과제", 피해자학연구 제5호(1997), 121면 이하.

(the federal Probation Act of 1925)이 존재했던 미국의 규범현실과 극심한 대조를 보인다.

2. 회복적 사법 패러다임

범죄에 대한 대응수단에서의 패러다임의 변화를 요구하는 움직임은 형벌을 통해 응보적 정의를 실현하는 전통적 형사사법인 '응보적 사법'과 회복적 정의를 실현하는 새로운 패러다임인 '회복적 사법'과 대비시키면서 형사사법전반에 걸친 개혁을 바라고 있다. 이러한 움직임은 특히 범죄자에 대한 형벌 부과만으로는 사회에 해악(고통)의 총량만 늘리는 것일 뿐 범죄문제의 진정한 해결에 이를 수 없다는 점에 인식에서 출발하여 회복적 정의구현을 위한 다양한 절차 프로그램들을 실무에 사용하기를 제안하고 있다. 피해자-가해자 조정(victim-offender mediation, Täter-Opfer Ausgleich), 가족집단협의(Family Group Conferencing), 양형서클(Sentencing Circle)이 대표적인 프로그램이다. 2006년 유엔의 마약범죄사무소(UNODC)는 회복적 정의 프로그램 핸드북을 발행하였다.[7] 8

형사사법체계를 회복적 사법 체계로 탈바꿈 시키려 중 형폐지주의와 같은 극단적 흐름도 있었다. 하지만 국내에서는 형사사법체계에서 회복주의적 철학과 원리를 최대한 반영하여 응보적 형사사법체계를 회복적 형사사법으로 체계내적인 변환을 추구하려는 중도적 흐름이 지배적이다. 9

한국의 형사법체계를 '회복적으로' 발전시키려는 노력이 일부 결실을 맺기도 했다. 피해자 보호법에 도입된 피해자-가해자 형사조정제도(2010), 소년법의 화해권고제도(2008)가 그 예이다. 그 밖에 경찰단계(2018년 '회복적 경찰 활동 도입추진계획'), 재판단계(2013년 인천지방법원 부천 지원에서 시행한 '형사재판 회복적 사법 시범'), 형집행단계(2012년 서울남부교도소에서 진행한 '회복을 위한 여정') 및 보호관찰단계(준수사항을 피해회복과 연계시킴) 등 형사사법 전반에 걸쳐 다양한 프로젝트성 프로그램들이 개발되어 실험적으로 운용되고 있다. 10

Ⅲ. 형사정책적 수단들의 다변화

1. 사회내 제재수단의 확충

범죄자의 개선 또는 재사회화라는 특별예방목적을 효과적으로 달성하기 위해서는 자유박탈적 형벌제도 대신에 사회내 제재수단을 정비하려는 움직임도 있다. 그동안 자유형에 11

---

7) 2006년 유엔의 마약범죄사무소(UNODC)는 회복적 사법 프로그램의 개요를 설명하고, 각국의 형사절차에 회복적 사법프로그램들을 도입할 것을 권고하는 것을 내용으로 하는 회복적 사법 프로그램 핸드북 초판을 발행하였다. UNODC는 또한 2017년 11월 경제사회 이사회 결의안 2016/17에 의거하여 전문가 그룹회의를 소집하여 형사 사법에 회복적 사법 프로그램 사용을 위한 기본 원칙의 사용 및 적용뿐만 아니라 회복적 사법 영역의 새로운 개발과 혁신적인 접근을 검토하였다. 이를 통해 전문가들은 형사사법에 회복적 사법을 적용하기 위한 각종 현안에 "추가적인 실무지침"을 개발할 것을 권고하였다. 이에 따라 UNODC은 2020년 회복적 사법 프로그램을 위한 핸드북 제2판을 발행하였다.

대한 변형적 형집행방법으로 활용빈도가 높았던 집행유예나 선고유예제도를 보강하여 벌금형에 대해서 집행유예제도를 도입하였고, 유예제도의 실효성을 담보하기 위한 백업제제를 마련하기도 하였다. 이 뿐만 보호관찰, 사회봉사명령, 수강명령 등을 집행유예의 조건(준수사항)으로 부과하는 것이 아니라 그 자체를 독립적 형사제재수단으로 활용하도록 할 필요가 있다는 요구도 지속적으로 생겨나고 있다.

2. 범죄특성에 맞는 맞춤형 제재수단들의 적극활용

12 현대 사회에서 범죄는 범죄단체 등에 의해 조직 범죄현상, 국가간 경계를 무색케 하는 국제화 현상, 사회적 피해규모의 대량화 현상 등으로 특징지워진다. 이 때문에 형사제재영역의 현대적 과제는 어떤 제재수단을 어떤 범죄 및 범죄자에게 어느 정도로 부과하는 것이 효과적인가 하는 점에 맞추어져가고 있다.

13 다변화되고 있는 범죄현상에 대한 효과적인 형사정책적 대응을 위해서는 다양한 형사제재수단이 준비되어 있을 것이 요구된다. 특히 불법의 내용에 따른 적절한 법효과를 부여할 필요가 있다는 차원에서 자동차관련 범죄(음주운전 등)에 대해 운전면허의 박탈이나 운전금지와 같은 제재도 형사제재의 일종으로 도입하여 범죄에 대한 대응수단을 다양화하자는 요구가 제기되고 있다.

14 최근에는 부패범죄나 조직범죄 예방차원에서 자금세탁범죄나 마약범죄 등 특정 중대범죄에 대한 몰수 및 추징제도의 형사정책적 중요성이 커짐에 따라 몰수·추징제도의 재정비에 대한 필요성이 커지고 있다. 입법론으로는 미국식 민사적 독립몰수제도의 도입방안이 거론되고 있고, 실무에서는 몇몇 특별형법 속에 들어와 있는 추징에 대한 해석을 통해 이른바 징벌적 추징이 보안처분의 일종으로 운용되고 있다.

제2편

형벌론

제 1 장 형법의 정당화와 형벌이론 §37

1 범죄에 관한 이론은 무엇(What)을 근거로 하여 처벌하는가라는 물음에 답하려는 시도로서 실질적으로 '법익론'과 형식적으로 '가벌성의 전제조건' 내지 범죄체계론으로 전개되고 있는 반면, 형벌에 관한 이론은 무엇 때문에(Why) 처벌하는가라는 물음에 답하려는 시도로서 '형벌의 정당화 근거' 내지 '형법의 정당화모델'로 나타난다. 이하에서는 형벌이론과 형벌목적의 관계에 관한 기초를 개관해 보고, 형벌과 형법을 정당화하려는 다양한 형벌이론들을 비판적으로 검토하면서 어떤 형벌이론을 형법의 기초로 삼아야 할 것인지를 논구한다.

제 1 절 형벌이론의 의의

Ⅰ. 형벌이론의 의의

2 형벌은 규범위반 내지 법익침해인 '범죄'에 대한 국가의 응답이지만 정당화를 위한 특별한 근거가 필요하다. 국가가 형벌을 통해 범죄자의 자유와 권리를 침해하기 때문이다. 형벌의 정당화 근거가 없으면 국가 역시 범죄를 범한 것이 된다. 형벌권을 가진 국가가 부과하는 형벌을 정당화하는 이론이 바로 형벌이론이다. 형벌에 관한 이론은 범죄를 범한 행위자는 왜 형벌로 대응되어야 하고 그 형벌은 어떻게 정당화될 수 있는가의 문제이다.

3 다른 법영역에서의 제재와 달리 형벌을 정당화하는 형벌'이론'은 국가가 강제적 개입을 통해 범죄자의 권리(자유)를 박탈하는 일이 당연시 되거나 자연스러운 일이 아니라는 점에 대한 인식에서 출발한다. 그리고 이러한 인식하에서 형벌을 정당화하는 이론적 기초는 18세기 정도에 와서야 이루어졌다. 형벌의 정당화를 근거지우는 형벌이론은 범죄자에게 형벌을 부과하는 '목적'이 무엇인가 하는 문제와 밀접하게 관련되어 논의되어 왔다.

4 그러나 엄밀한 의미에서 보면 형벌의 근거와 형벌의 목적은 구별된다. 형벌의 근거는 사회적으로 위험한 행위자의 행위이고, 그 행위는 그 행위자의 책임의 한계 안에서만 응보된다. 그러나 이러한 한계 안에서는 형벌이 서로 다른, 부분적으로는 서로 모순되는 목적들이 추구된다. 이하에서 후술하게 될 형벌의 다양한 목적(일반예방, 특별예방)들의 내용을 논구한다. 응보도 형벌을 통해 추구되는 목적이라고 할 수 있긴 하다.[8] 하지만 응보적 형벌이론은 형벌의 근거를 책임응보에 있다고 함으로써 형벌의 '법적 근거'에 초점을

---

8) 응보적 형벌이론도 형벌을 통해서 응보, 속죄, 정의, 혹은 책임조정(상쇄)이라는 일정한 목적을 달성하고 있기 때문에 형벌목적이론이라고 할 수 있다. 그러나 응보이론은 형벌이 외부세계에 미치는 현실적인 효과, 특히 '형벌의 사회적 효과'를 고려하고 있지 않다는 점에서 상대적 형벌이론인 예방이론과 달리 절대적 형벌

맞춘다. 무엇보다도 응보이론은 형벌의 법적 근거 뿐 아니라 현실적 근거도 책임에서 찾는다. 이에 반해 예방이론은 형벌의 현실적 근거를 예방에서 찾지만 형벌의 법적 근거는 여전히 책임에서 찾는다. 이원주의 형사제재체계 하에서는 예방의 근거가 되는 위험성을 형벌의 법적 근거가 아닌 보안처분의 법적 근거로 삼는다.

Ⅱ. 형벌목적 관련 형벌이론의 발전 개관(☆)

1. 고대 및 중세시대의 형벌사상

5 형벌이 왜 부과되는지는 일찍이 고대 그리스 시대부터 철학적 물음의 대상이 되어왔다. 특히 당시 플라톤과 세네카 등과 같은 철학자들은 '예방'사상을 강조하였지만, 중세 전성기부터는 기독교 윤리학에 기반하여 응보사상(내지 속죄사상)이 전면에 등장하였다. 중세철학(신학)을 대표하는 토마스 아퀴나스(Thomas Aquinas)는 특히 형벌에 의해 추구된 목적을 기준으로 하여 형벌개념을 응보형, 예방형, 원상회복형으로 3분화하였지만, 응보형을 '본래적 형벌'(poena ratione poenae)로 부르면서 형벌개념의 중심자리에 두었기 때문이었다.[9)]

6 신학적으로 충전된 중세의 형벌개념은 교회법을 거쳐 16세기 자연법이론에서 세속적 형법 속으로 이식되면서 형벌개념은 점차 죄책에 대한 응보 개념으로 축소되었다. 형벌은 도덕적 비난을 근거지우는 것이라는 생각도 이 시기부터 발전되었다. 반면에 형벌개념의 다른 측면, 즉 예방과 원상회복은 형법이 아닌 '다른 법영역' 속으로 자리잡아 갔다.[10)]

2. 계몽주의 시대의 형벌과 형법 - 현대 형법모델의 기초

7 형벌과 형법의 원천을 신의 의사와 자연법에 두었던 생각과 결별시킨 것은 18세기 계몽주의 사상이었다. 계몽주의는 형법을 이성을 가진 인간의 제도, 사회계약을 통해 형성된 국가의 제도로 인정하였고, 이성은 국가에게 이성적 목적을 승인하도록 요구하였다.[11)] 계몽주의 사상은 특히 형벌을 민사적 제재와 구별지우는 플러스적 측면, 즉 시민의 권리에 대한 국가의 형벌 투입이 더 이상 자연스럽거나 당연시 되는 일로 여기지 않게 만드는 성찰의 계기가 되었다.[12)] 특히 계몽주의 철학자들이나 형법학자들은 절대국가의 자의적 형벌과 과잉형벌에 한계를 설정하려는 차원에서 학문적으로 정당한 형벌 및 정당한 형법 모델을 구축하려는 노력을 집중적으로 전개하였다.

이론의 범주로 분류된다. 이러한 분류에 따르면 책임조정(상쇄)에서 그 역할을 다하는 것을 내용으로 하는 응보이론은 범죄자나 사회에게 어떤 효과를 가져오는지에 대해 관심을 가지지 않는 이론으로 형벌목적이론이 아니라고 할 수도 있다.

9) 예방목적(poena medicinalis)은 큰 틀에서 보면 오늘날 보안처분에 상응하는 것이었고, 원상회복(poena satifactoria)은 오늘날 민법적 손해배상 내지 가해자－피해자 조정과 개략적으로 비슷하였다고 한다(Seelmann, AT, 3. Aufl, S. 21).

10) 예방은 경찰법, 행정법 영역의 핵심목적이 되었고, 원상회복사상은 민법의 불법행위법영역에 들어갔다.

11) Maurach/Zipf, AT, Bd.1, 8. Aufl., §6 Ⅱ 14.

12) Seelmann, AT, S. 21.

8 형벌이론 영역에서 특히 계몽주의 사상은 '책임과 형벌간의 비례성'을 요구하였고, 이 때문에 사회계약을 위반한 범죄자에게 형벌이 부과되더라도 비례적인 형벌은 범죄자의 모든 권리를 상실로 이어지는 것을 인정하지 않았다. 예컨대 프랑스의 몽테스키외(Baron Montesquieu, 1689~1755)는 정당한 응보를 인도적인 형법의 출발점이자 중심에 두었다. 특히 몽테스키외는 정당한 응보는 그것이 형벌의 본질로 요구되기 때문이 아니라 '합목적적'이기 때문에 비례적인 것으로 보았다. 이 점은 정당한 응보가 형벌을 '사회적 유용성'이라는 목적과 결합되는 것을 가능하게 만들었다. 이탈리아의 베까리아(Cesare Beccaria, 1738년~1794년)도 인도주의적 관점에서 지나치게 잔인한 형벌을 범죄자에게 남아 있는 국가로부터 자유로운 영역의 나머지만 침해하는 것이 아니기 때문에 무용하다고 하였다. 다른 한편 베까리아는 공리주의에 입각해 있었기 때문에 단순한 비례성만으로는 효과적이고 예방적으로 위하하기에 충분하지 못하다고 함으로써 형벌의 합목적적 유용성도 간과하지 않았다.[13)]

9 그러나 인도주의, 합목적성을 통해 범행과 책임간 비례성(내지 상응성)을 요구하는 이른바 상대적 합리주의에 기초한 계몽주의 사상은 비례성(상응성)만으로는 '아직' 정당한 응보가 될 수 없다는 생각을 가진 칸트(Immanuel Kant, 1724~1804)에 의해 '절대적' 응보이론에 의해 반격을 받았다. 칸트는 응보가 예방적으로 효과적인지는 관심이 없었다. 이 때문에 칸트는 그 시대의 공리주의 사상을 극복하기 위해 형벌은 합목적적 고려 또는 유용하다는 이유로 부과되어서는 안 되고 모든 유용성을 넘어 오직 행위자가 범죄를 범했기 때문만으로 부과되어야 한다고 주장하였다. 칸트가 오직 응보적 '정의'를 위해서만 형벌이 부과되어야 한다고 한 것은 그의 '섬나라 비유'에서 극단적으로 표명되었다.[14)]

10 칸트가 목소리를 높였던 시기 독일 형사사법은 여전히 경찰국가라는 현실에 의해 둘러싸여 있었다. 계몽사상의 세례를 받은 군주들도 관습상 좋은 것과 유용한 것들을 위해 시민들에게 복지를 제공하고 교육의 기회를 제공하는 것을 국가의 과제로 삼았다. 18세기 말 독일의 주류적 형법학자들(예, 쉬티벨, 그롤만, 클라인쉬로드 등)도 범죄자의 개선 또는 사회를 범죄자로부터 안전하게 하는 것이라는 특별예방을 강조하였다. 당시 형법을 작동시키는 제1원리는 안전과 적응이었고, 이를 위한 법적 근거는 행위자와 행위자의 행위책임에 찾지 않고 행위자의 유형과 행위자의 위험성에서 찾았다. 그에 따라 형벌의 양도 행위자의 심정에 따라 결정되었다. 행위는 행위자의 심정에 대해 단지 징표적 의미만 가지는 것으로 여겨졌다.[15)]

11 형법학에서 경찰국가적 차원의 예방사상을 극복하기 위한 노력은 칸트의 열렬한 지지자였던 포이에르바흐(Ansem v. Feuerbach, 1775~ 1833)에 의해 강력하게 전개되었다. 프랑스 혁명으로 탄생한 시민적 자유주의의 시대가 열리고 있었던 당시 포이에르바하는 칸트의 영향을 받았지만, 칸트와는

13) Maurach/Zipf, §6 Ⅱ 15, 16.

14) 어떤 섬나라를 해체하면서 그 섬의 모든 거주자들이 섬을 떠나기로 합의한 경우라도 감옥에 있는 마지막 남은 살인범은 처형할 것이 요구된다고 비유적으로 말한 사례를 일컫는다. 이 비유에 피력된 칸트의 절대적 응보이론은 행위자에게 자신의 행위가 가진 반가치를 경험하도록 하기 위함에서였다고 평가되고 있다. Maurach/Zipf, §6 Ⅱ 17.

15) Maurach/Zipf, §6 Ⅱ 18.

달리 상대적 합리주의를 표방한 계몽사상에 기초하고 있었다. 이 때문에 그는 형벌이 응보에서 끝나서는 안 되고 납득가능한 목적, 즉 법률에 법정형으로 정확하게 확정되어 있는 형벌위하를 통한 일반예방목적의 실현을 추구하였다. 특히 그의 이론체계는 형법에 최초로 자유주의적 법치국가의 사상을 이식시킨 것으로 평가된다. 형법이 엄격한 법률성, 성문법률의 지배를 받도록 하였기 때문이다. 그는 법률과 그 법률의 엄격한(고정된) 문언은 개인의 국가로부터 자유로운 영역이 어디까지인지를 결정해 주고, 다른 한편으로는 형법의 작용도 법률적 위하라는 분명한 고정성에서 만들어진다고 하였다. 이러한 심리적 강제, 즉 일정한 형벌해악이 가시화되는 것이 효과가 없는 경우에는 법률을 만족시키기 위해서만 집행되어야 할 뿐, 범죄자를 교육시키기 위해서 집행되어야 하는 것은 아니라고 하였다. 도덕교육은 자유주의적 국가의 일이 아니라고 보았기 때문이다.

12 포이에르바흐는 심리적 강제를 통한 일반예방목적 실현을 위해서는 다음과 같은 이론체계가 요구된다고 하였다. 형벌의 법률적 명확성원칙과 명백한 체계화의 원칙, 오해의 여지없이 공식화된 구성요건의 원칙, 그리고 모호성 없음, 위하의 엄격함, 강력한 범죄경향성에 대해 위하를 통한 일반예방목적의 관철 등이 그것이다. 이러한 이론체계에 따라 입안된 1813년 바이에른 형법전의 가장 큰 특징이자 장점은 법치국가성을 엄격하게 유지하려는 노력이 녹아있는 것으로 평가된다. 이 때문에 포이에르바흐를 자유주의적-법치국가적 형법의 기본원칙, 즉 법률없이 형벌없다"는 죄형법정주의원칙의 기틀을 놓은 자로서 독일 형법학의 아버지로 부른다. 특히 포이에르바흐가 입안한 1813년 바이에른 형법전 및 그의 형법이론은 독일제국의 형법전(1871년)의 형법전의 모체가 되었다는 평가를 받고 있다.[16)]

3. 19세기 절대적 형벌이론의 재부상

13 독일에서 제국주의시대가 시작하기 전 19세기 중엽까지 정치적으로 보수주의적 자유주의적 성향을 가진 시민계급이 형법과 형사정책에 대해 요구했던 것은 상부의 권력이 법에 구속되어야 할 것을 내용으로 하는 '법치국가원칙'이었다. 당시 국가로부터 자유로운 영역을 확보하였다고 믿었던 시민계급이 필요로 하였던 것은 그 본질상 혁명성을 가지고 있었던 계몽주의의 자연법 이념이 아니라 '실증적인 법률'이었다. 당시의 정치적인 의미의 자유주의가 표방한 것은 시민의 권리 유지를 위한 제도로서의 국가의 역할, 국가로부터의 자유로운 영역의 존중 및 스스로를 자율적 주체로 자각한 시민에 대한 후견이나 교육 등을 통한 국가 개입의 포기, 경찰력을 통한 공공복리에 대한 포기 등이었다. 이러한 요구를 관철시키려는 시도는 국가형벌의 근거지움에도 변화를 수반하였다. 상대적 합리주의에 기초한 계몽주의 사상가들이 목적합리성을 위한 유용성을 추구하고자 했던 형벌이론이 아닌 '절대적 형벌이론'이 다시 등장하였기 때문이다.

14 그러나 18세기 칸트의 절대주의 형벌이론과 달리 19세기 절대적 형벌이론은 헤겔(1770~1831)의 관념주의(이상주의)에 의해 형성되었다. 헤겔은 형법을 도구로 삼고 있는 국가를 자신의 존재의 실재적 사실을 통해 필연적으로 이성적인 무엇, 즉 '도덕적 이념을 실현'하는 존재로 보았다. 헤겔은 법

16) Maurach/Zipf, §4 Ⅵ 20 ff.

질서에 대해서도 이러한 생각을 변증법적으로 설명했다. 그에 의하면 '범죄는 법에 대한 자의적 부정이고, 형벌은 이러한 부정의 부정'이다. 따라서 형벌은 흔들려진 국가와 법의 권위를 회복하는 실증적인 것이고, 그를 넘어서서 형벌은 범죄자의 '권리'이기도 하다고 한다. 형벌을 부과하고 집행함을 통해 범죄자도 인격을 가진 '이성적인 자'이고, 책임을 지는 자로 행위하였음이 표현되기 때문이라는 것이다.[17)]

헤겔의 절대적 형벌이론은 독일의 형법이론가 빈딩(Karl Binding: 1841~1920)에게로 이어졌다. 빈 15
딩은 19세기말에서 20세기 초반까지 법률의 권위와 규범준수라는 실증주의에 기초하여 범죄와 형벌에 관한 이론을 전개하였다. 그는 헤겔과 유사하게 범죄를 법률에 대한 반항이고, 저항이며, 형벌은 "범죄자를 법의 지배에 복종시키는 것"으로 이해하였다.[18)] 규범을 공법적 명령으로 이해한 규범이론을 출발점으로 삼은 빈딩에 의하면 시민의 규범위반이 있을 경우 규범에 대한 시민의 일신전속적 복종의무와 시민의 규범준수에 대한 국가의 주관적 권리를 내용으로 하는 '법적관계', 즉 권리의무 관계는 시민에 대한 국가의 처벌'권'과 형벌을 수용하고 수인해야 할 시민의 '의무'로 변화된다고 한다. 이러한 의미에서 빈딩은 형벌이란 그 본질상 복종의무에 대해 '마땅히 받아야 할 고통'이고, 그로써 범죄행위자가 자행한 바가 '상쇄'되는데, 이러한 '법적 강제' 메카니즘을 '응보'라고 하였다.[19)]

그러나 빈딩의 규범이론에 기초한 절대적 형벌이론은 한계가 있었다. 19세기 중반 이후, 시민계급에 의해 환영 16
받은 새롭게 시작된 독일제국의 관점에서 법률의 권위를 인정하는 전제하에서만 그 이론이 타당성을 가질 수 있기 때문이다. 빈딩의 실증주의는 형벌이 범죄자에게 법률 앞에 무기력한 존재임을 각인시키는 일, 즉 범죄자를 '실정법의 필승적 힘' 아래 강제하는 일에서 끝나고 형벌에서 더 이상의 역할이 기대되지 않았다. 이 때문에 빈딩은 의도하지는 않았지만 피할 수 없이 '학파논쟁'에 연루되어 형벌이 가지는 사회적 공허함에 비판적인 입장을 취하는 리스트의 주된 타겟이 되었다.

4. 리스트에 의해 촉발된 혁명적 형벌이론

절대적 형벌이론이 흔들리기 시작한 것은 19세기 말, 독일제국(1871년부터 1918년까지 중부유럽 17
에 존속했던 독일인을 주축으로 한 입헌군주제 국가를 말함)이 세워진 지 십 년이 경과할 무렵부터였다. 두 가지 점에서 당시 형법과 그 형법의 절대적 정당화에 대한 회의가 생겨났기 때문이다. 그 중 한 가지는 제국창건기와 산업화 때문에 생긴 범죄의 격증, 특히 재범과 소년범죄가 심각한 사회적 문제가 된 상황에서 본질적으로 응보에 초점이 맞춰진 형법의 형벌수단은 예방적으로 효과가 없다는 점이 실증되었다는 점이다. 다른 한 가지는 사회구조가 변동됨에 따라 자유주의 국가에 대한 이

17) 헤겔의 형벌이론에 관한 소개는 Kurt Seelmann JuS 79, 687; Eduard Dreher, Strafbegründung im konkreten Rechtsverhältnis Die Aufhebung der abstrakten Straftheorie am Leitfaden der Hegelschen Rechtsphilosophie, Lackner-FS 1987, 11ff; Pawlik, Person, Subjekt, Bürger- Zur Legitimation von Strafe, 2004 참조.

18) Karl Binding, Die Normen und ihre Übertretung. Eine Untersuchung über die rechtmäige Handlung und die Arten des Delikts. In Bänden. Band 1. Neudruck der 4.Auflage, Leipzig 1922, Aalen 1991, S. 419.

19) Vg.. Frisch, Bindings Bedeutung für die heutige Strafrechtswissenschaft, in: "Eine gewatlige Erscheinung des positiven Recht"(hrsg. von M. Kubiciel unw), 2020, SS. 422-424.

해에도 변화가 생기기 시작한 점이다. '자유방임적 국가'보다는 배려(급부)와 예방 이라는 과제가 강조되기 시작하면서 개인의 사적 영역에 대한 국가의 개입권을 넓게 인정하는 '사회적 국가'의 필요성이 진지하게 고려되기 시작한 것이다.

18 사회적 문제를 해결하기 위해 방법론적으로도 새로운 모색이 이루어졌다. 당시 자연과학의 눈부신 발전으로 인해 범죄요인들(원인들)에 대한 경험적 지식을 얻을 수 있게 되었고, 이를 통해 적극적 범죄투쟁의 길을 형법에게 매개해 줄 수 있을 가능성도 커지게 되었다. 범죄에 대한 인류학적 접근과 사회학적 접근들이 생겨나기 시작하면서 새로운 형사정책적 방안들이 속출하였다. 이러한 형사정책적 과제를 실현하기 위해서는 먼저 절대적 형벌이론과는 달리 사회유용성에 기여하는 형벌이론이 필요했다.

19 범죄와 형벌에 관한 리스트(Franz von Liszt, 1851－1919)의 형법사상이 이러한 필요에 부응하기 위해 활발하게 움직였다. 리스트의 형벌이론은 1882년 그의 기념비적 논문, "형법에서의 목적사상"에서 최초로 요약되었고, 이 논문에 근거하여 이른바 "마부르크 강령"이 탄생하였다.[20] 리스트의 형사정책적 견해는 응보와 예방을 형벌이론적으로 결합(절충)을 통해서가 아니라, 응보는 과거의 역사적 의미만 있을 뿐이므로 오직 예방을 현재의 과제로 설정함으로써 형벌의 발생학적 기원을 극복하려는 시도로 자리매김되고 있다.[21]

20 리스트는 특히 형벌의 목적들은 처음부터 엄격하게 고정되어 있는 것이 아니라 범죄자의 특성과 사회적 진단에 따라 선별되고 조합되어야 한다고 하였다. 이러한 차원의 선별과 조합을 위해서는 범죄자를 분류할 것이 전제되고, 그에 따라 범죄자별로 다른 목적을 설정하는 것이었다. 다만 리스트는 이탈리아의 범죄학자 롬브로조적 의미의 인류학적(범죄생물학적) 진단에 기초하여 범죄자를 분류한 것이 아니라 '사회학적' 경험을 가지고 범죄자를 분류하였다. 이에 따라 리스트는 범죄자를 기회적 범죄자, 개선가능하고 개선필요가 있는 범죄자, 그리고 개선불가능한 범죄자로 분류하고, 유형별 형벌목적으로 위하, 교육, 그리고 장기 및 종신적 격리를 통한 무해화(무기력화: Unschädlichmachung)를 유형별 형벌목적으로 내세웠다. 이를 기초로 리스트는 일반형법과 교육적 소년형법의 분리, 단기자유형 폐지, 그리고 재사회화 또는 보안을 목적으로 하는 형벌 프레임을 만들 것을 입법론으로 주장하였다.

21 당시 독일을 넘어 유럽전역에 형법개혁 운동의 불을 붙인 자로 평가될 수 있는 형법학자로는 단연코 리스트(Franz von Liszt, 1851–1919)가 으뜸이다. 리스트는 범죄와 형벌을 현실적 현상, 즉 사회적 현상형태 및 개개인의 특징적 현상으로 해석하고 그로써 그때까지 서로 아무런 접촉점이 없었던 형법과 범죄학의 연결을 가능하게 한 최초의 학자로 평가된다.[22] 리스트는 자신이 주장하는 목적지향적 형벌시스템에 따르면 응보에 기초한 형벌 프레임

20) 이에 관해서는 심재우/윤재왕(역), 『마르부르크강령』, 2012 참조.
21) Maurach/Zipf, §6 Ⅱ/31
22) 리스트가 소극적 특별예방목적을 보안처분이 아니라 형벌의 목적으로 주장한 점은 후술한다. 특히 리스트는 당시 실증주의에 입각하여 규범학으로서의 형법학과 경험과학으로서의 범죄학을 통합적으로 연구하는 잡지로서 오늘날 독일을 넘어 국제적으로 대표적인 형법학술지인 전 형법학지(Zeitschrift für gesamte

을 뛰어넘게 된다는 점도 알고 있었다. 그러나 리스트는 '목적에 부합하는 형벌을 항상 정당한 형벌'이라는 생각에 기초하고 있었기 때문에 그 자체가 정의에 반하지 않는다고 하였다. 리스트에 의해 기초지워진 '사회학적' 형법학파의 요구는 커다란 방향을 불러일으키기도 했지만, 격렬한 반대에 부딪치기도 했다. 이러한 반대는 19세기 말 독일형법이론학에서 수 십년간 계속된 '학파논쟁'으로 이어졌다.

Ⅲ. 학파논쟁(1882~1933)과 형벌의 정당화 이론(☆)

1. 고전학파 vs. 근대학파

일반적으로 학파논쟁은 19세기 말에서 20세기 초 독일에서 근대적 사고와 실증주의적 방법으로 무장한 리스트를 필두로 한 '근대' 학파와 근대학파 진영에 속했던 이들에 의해 명명된 '고전' 학파 간의 형벌이론에 관한 논쟁을 말한다. 고전학파는 목적형에 반대하고 법적 근거에 기초한 응보형벌을 옹호하였던 반면, 리스트에 동조한 근대학파는 사회에 유용한 목적추구에 결부된 형벌을 필요하고도 정당한 형벌로 옹호하였다. 고전학파와 근대학파는 예방이론과 응보이론이라는 획일적인 양분화를 넘어서서 서로 다른 사상적 배경과 국가이념에 기초한 형법이론을 통해 형법의 모습을 설계하였다. 22

(1) 고전학파 형법이론의 사상적 배경과 국가이념

고전학파 '형법'이론의 뿌리는 유럽의 계몽사상이라고 할 수 있고, 계몽주의 사상은 18세기 인간의 이성에 기반한 개인의 자유와 권리를 봉건영주나 절대왕정의 전횡에 맞선 신흥시민세력의 투쟁에 결정적인 동력이 되었다. 형벌이론과 관련하여 계몽주의 사상은 절대왕정의 자의적 형벌권 행사를 제한하기 위해 유용성이나 필요성에 따라 국가형벌을 좌지우지 할 수 없게 하는 응보적 형벌이론을 뒷받침하였다. 23

19세기 고전학파의 형법이론의 토대를 만들어준 이탈리아의 베까리아(Cesare Beccaria, 1738~1794)의 형벌이론과 형법관[23]은 18세기 유럽 계몽주의의 세례를 받았지만, 형벌이론에서는 예방적 사상을 강조하였다. 베카리아는 자유주의적 계몽주의 사상에 기초하여 응보차원의 절대적 형벌이론을 주장하였던 칸트나 헤겔 등과는 달리 '공리주의'에 기초하였기 때문에 형벌이론에서 예방사상을 강조하였다.[24] 베까리아의 예방사상은 17세기 절대주의 국가의 자의적 형벌과 과잉적 형벌에 대한 반동 차원에서 비례성원칙이 강조된 것으로서 정당한 응보 내지 잘못에 비례하는 처벌만이 범죄예방 24

Strafrechtswissenschaft)의 최초 발간자로 유명하다. 특히 리스트는 범죄이론에서는 벨링과 함께 고전적 범죄체계를 구축한 대표적 이론가였다.

23) 1764년 '범죄와 형벌에 관하여(An Essay on Crimes and Punishment)'라는 베카리아의 저작은 당시의 법과 형사사법제도에 대한 통찰력 있는 비판을 담고 있으면서도 오늘날까지 유효한 형법과 형사사법시스템의 작동원리의 이론적 기초가 된 것으로 평가되고 있다.

24) 베까리아는 특히 범죄예방을 위해서는 모든 사람이 법률을 알도록 해야 한다고 함으로써, 최초로 근현대적 의미의 죄형법정주의를 창시하고, 독일 형법의 아버지로 불리우는 포이에르바흐의 형법이론에도 영향을 준 것으로 평가되고 있다.

에 기여할 수 있다고 한 계몽주의 철학자인 몽테스키외적 의미의 예방사상과 맞닿아 있으므로 그 뿌리는 여전히 응보이론에 두고 있다고도 볼 수 있다.

25 이 점은 포이에르바흐의 형법 및 형벌이론의 경우도 마찬가지이다. 포이에르바흐는 형법의 범죄이론에서는 엄격한 성문의 형법률의 중요성을 강조하였고, 형벌의 위하적 '일반예방'효과를 염두에 둔 그의 심리적 강제이론은 형법체계의 원활한 작동을 위한 기초로서 사상적으로는 오히려 죄형법주의의 이론적 토대가 된 것으로도 평가되고 있기 때문이다.

26 근대학파와 대립각을 세우며 학파논쟁을 이끌어갔던 빈딩은 고전학파의 리더 중 일인이면서도 응보주의자이면서도 철저한 법률실증주의자였다. 빈딩이 실증주의적 규범주의적 관점에서 범죄와 형벌의 관계를 정립하면서 응보적 형벌이론을 주장한 것은 당시 시민계급의 법적 지위가 확립된 19세기 초 국가이념상 보수적 자유주의에 기초하였기 때문이었다.

27 요컨대 고전적 형법이론은 18세기 계몽주의 사상과 19세기 근대 시민계급의 태동에 따라 국가이념으로서의 보수적 자유주의에 부합하여 상부적 국가권력이 위로부터 신의 의지에 기원을 두는 것이 아니라 법(법률)에 구속될 것으로 전제로 한 법치국가원칙에 기초함으로써, 형법의 죄형법정주의의 근간이 된 형법모델의 토대가 되었다. 다른 한편 응보적 형벌이론은 이 모델의 한 축일 뿐이고 전체는 아니다. 특히 죄형법정주의는 오히려 예방이론에서 출발하여 형벌의 남용을 방지하기 위한 장치로서 주장된 것이라고 할 수 있다.

28 응보적 형벌이론에 기초된 형법모델이 스스로의 자기결정에 의해 불법행위 대신 적법행위를 할 수 있는 인간상(비결정론)에 기초하여 구축되었지만, 오늘날 응보이론에 따른다고 해서 모두 비결정주의자도 아니고, 예방이론을 취한다고 해서 모두 결정주의에 입각하고 있는 것도 아니다. 형법학자들 중에는 의사자유에 관한 한 불가지론의 입장이 다수이다. 이 때문에 어떤 인간상을 출발점으로 삼는지는 그에 따라 형법모델이나 형법이론 자체가 달라지는 결정적인 변수라고 보기도 어렵다.

(2) 근대학파 형법이론의 사상적 배경 및 국가이념

29 근대학파의 '형벌'이론은 19세기 자연과학과 실증주의 사상에 경도된 이론가들의 정치이념인 '진보적' 자유주의를 출발점으로 삼고 있었다. 근대학파 형벌이론은 시민의 복리와 안녕(안전)을 국가의 과제로 삼는 사회적 복지국가 모델에 기초하여 범죄에 대한 대응수단으로 형벌을 과거의 잘못에 대한 책임응보적 차원이 아니라 보다 실용적이고 현실적인 형사정책적 관점에서 범죄예방과 범죄자에 대한 적절한 처우를 도모하려고 하였다. 근대학파를 이끈 리스트의 목적사상에 기초한 형벌의 전개는 형법도그마틱의 "교의론적"[25] 체계를 "보다 근대화시켜" 보다 유연한 형법 모델을 모색하기 위함에 있었다고 할 수 있다(물론 오늘날 근대적 사고에 따라 예방목적을 통해 형벌을 근거지우려는 이론을 취하더라도 리스트처럼 형벌이론에서 규범적인 결함을 가진 '위하적 예방목적'을 가지고 형벌을 근거지우려는 입장과는 거리를 두어야 한다).

30 특히 근대학파 '형법'이론은 계몽주의 철학에 기초한 인간의 의사자유를 긍정하는 비결정주의적

25) Franz v. Liszt, ZStW 3 (1883), S. 1, 36.

인간성을 출발점으로 삼아 의사자유의 남용을 범죄의 원인으로 파악하였던 고전학파 형법이론과는 달리 실증주의적 방법에 입각하여 범죄의 원인을 해명하려고 하였다. 그러나 범죄의 원인을 둘러싼 논쟁은 근대학파 진영의 내부에서도 방법론을 달리하는 다양한 이론 갈래들이 있다.

이탈리아의 롬보로조(Cesare Lombroso, 1836~1909)의 범죄생물학[26]과 가로팔로(Raffael Garofalo, 1852~1934)의 인류학적 접근법(소질론), 그리고 프랑스의 사회학적 접근법(사회환경론)이 서로 다른 주장을 펼쳤기 때문이었다. 이러한 맥락에서 보면 근대학파의 범죄원인에 관한 이론들을 '책임형벌 폐지 및 보안처분 대체론'으로 등식화하고 있는 종래 교과서의 도식적 설명은 지나친 단순화이고, 근대학파의 범죄원인에 관한 이론들이 현대 범죄학이론에 미친 영향력에 대한 과소평가이기도 하다. 31

1) 사회보호이론 보안처분 일원주의는 '모든' 근대학파의 주장이 아니라 이탈리아의 실증주의자들 가운데 이른바 사회보호(dife'sa sociale)를 실현할 목적으로 형벌 대신 순수 목적처분이라는 제재를 대체하려는 '일부' 이론가들에 의해서만 주장된 것에 불과하다. 이러한 주장은 특히 행위자의 위험성에 대해 "범죄적 행태의 징후적 의미"를 인정하는 이론에 기초하고 있었다. 이 이론은 그러나 독자적인 행위 판단으로서의 책임을 부정하였기 때문에 현실적으로 관철되지 못하였다. 페리(Enrico Ferri, 1856~1929)에 의해 기초된 1921년의 이탈리아 형법초안(이른바 페리초안)이 사회보호이론에 기초하여 책임을 행위자의 위험성으로 대체하려고 하였고,[27] 1926년 구 소련 형법도 사회보호사상 및 행위자 위험성이론과 접목하여 책임을 행위자의 사회적 위험성으로 대체하려고 시도한 적이 있었으나 어느 것도 입법화에 성공하지 못했다. 32

2) 사회방위 이론 1947년부터 이탈리아와 프랑스를 중심으로 국제적인 차원에서 새로운 방향의 형사정책을 표방한 이른바 사회방위(de'fense sociale) 학파의 이론도 근대학파로 분류될 수 있다. 이 학파 내부에서 내부적으로 그라마티카(Gramatica)로 대표되는 급진주의자들은 페리의 사회보호이론을 따르려고 하였다. 반면에 온건보수적 입장을 대표했던 앙셀(Marc Ancel), 그래뱅(Graven)등은 인간의 의사자유 내지 행위선택의 자유를 긍정하고 그로써 원칙적으로 책임과 형벌의 관계를 긍정하면서도 형벌을 책임응보 차원에서만 인정하지 않고 사회를 안전화하는 기능을 수행하도록 하려고 하였으며, 특히 행위자 인격의 개별화 및 재사회화사상을 통하여 사회 안전기능을 담당할 수 있는 것으로 여겼다. 33

3) 리스트의 절충이론 독일의 근대학파 형법이론의 대표자인 리스트는 범죄원인론에서 범죄인류학적 이론과 사회학적 이론을 절충하는 태도를 취하여 개인의 소질과 사회적 환경이 모두 범죄의 원인이라는 이원적 결정론을 주장하였다. 특히 리스트는 범죄자분류에 기초한 특별예방목적을 설정하고, 그 목적달성을 위한 현실적 형사정책적 수단들을 제안하였지만, 특별예방목적을 오늘날과 같이 보안처분의 정당화 근거로서가 아니라 '형벌'이론으로 주장하였다. 리스트는 형폐지주의나 보안 34

26) 롬보로조는 1876년『범죄인론(L'uomo delinquente)」』이라는 저서에서 범죄인의 눈, 코, 귀, 입, 혹은 두개골 모양 등에서 특별한 범죄적 인자를 찾아내었다고 주장하였다.

27) 특히 페리는 롬로로조의 제자였지만, 스승과는 달리 1884년『범죄사회학』에서 범죄의 사회(환경)적 원인을 강조하였다.

처분일원론과도 거리가 멀었고, 범죄인류학적으로 경도된 이탈리아의 근대학파의 주장과는 달리 범죄자의 위험성 또는 사회적 유해성을 기초로 형사제재를 부과하는 형법체계의 위험성을 경고하면서 국가형벌에 한계선을 그어야 할 것을 분명히 하였다(이에 관해서는 후술). '형법은 범죄자의 마그나 카르타'라는 유명한 말도 19세기 리스트에서 기원한다. 이 뿐만 아니라 리스트는 벨링과 함께 범죄이론에서도 고전적 범죄체계를 구축하는데 일조한 자로 평가되고 있다.

2. 두 학파간의 절충적 타협

35 응보냐 예방이냐를 두고 19세기 말에 불거진 학파논쟁도 점차 타협점을 찾아 이른바 절충이론으로 수렴되기 시작했다. 절충이론은 형벌의 응보적 성격을 예방적 목적들과 결합하는 형벌이론을 말한다. 물론 절충이론은 응보로서의 형벌의 성격이 예방목적을 고려함으로써 변경되지 말아야 한다는 유보하에서 주장되었다. 이러한 절충이론은 메르켈에 의해 주장된 이래 다수가 이러한 여기에 동조하였고(v. Bar, Stooss, Frank, Liepmann, v. Hippel), 특히 절대적 형벌이론에 의해 만들어진 형벌권의 한계를 고수하려고 한 점에서 '응보이론에 기초한 절충이론'이라고 할 수 있다. 고전학파의 가장 결정적인 옹호자였던 벨링(Beling)이나 나글러(Nagler)도 이러한 절충이론을 취하였고 독일의 법원도 그러했다.[28] 이에 반해 근대학파의 좌장격이었던 리스트의 절충이론은 응보보다는 예방에 무게를 둔 '실질적' 상대적 형벌이론으로 설명되고 있다(현대적 절충이론 중 응보이론을 배제한 변증법적 상대적 형벌이론에 관해서는 후술한다).

36 독일에서는 당시 형법의 전체 개혁과정이 학파논쟁 때문에 지체되기도 했지만, 종국적으로 성사된 개혁입법들은 두 진영 간의 타협의 결과물로 평가된다. 1921년 벌금형에 관한 법률은 두 진영 모두의 바람이 폭넓게 수용되었다. 1923년 소년법은 고전학파의 이론보다는 리스트의 요구가 반영되었다. 온건한 근대학파의 개혁안들의 상당수는 독일에서 1933년 이후에야 비로소 결실을 맺었다. 특히 1933년 11월 24일의 위험한 상습범죄자에 대한 법률과 보안 및 개선을 위한 처분에 관한 법률을 통해 이원주의 제재체계가 도입되었고, 그에 따라 협의의 형벌만이 행위자의 책임과 결부되어 부과되었던 반면, 보안처분의 경우는 범죄자가 (경우에 따라 또 다른) 형법적 처우를 필요로 하는지에 대한 진단심사를 거쳐 부과되도록 설계되었다. 형벌과 보안처분의 구분을 유지하는 이원주의 제재체계가 확립된 것은 독일형법에서 근대학파의 진보적인 처우사상이 거둔 절반의 승리로 평가될 수도 있다.[29] '근대적' 사고가 보안처분 영역에 미치고 있었지만, 형벌은 책임에 상응한 응보형의 양을 정함에 있어서 여전히 '고전적' 사고의 영향 하에 있었기 때문이었다. 결국 법률상의 타협에 도달하여 형법(Strafrecht)은 처벌 뿐 아니라 처우도 포함한 포괄적인 범죄법(Kriminalrecht)의 비전적 요소를 갖추게 되었다. 특히 형사제재분야에서 리스트의 개혁안은

---

28) 학파논쟁이 진행되는 동안 독일의 법원도 응보이론에 기초를 두면서 예방목적도 부수적으로 인정하는 태도를 취했다. "… 법관에 의해 형벌의 양을 정함에 있어 기초는 … 책임(잘못)의 정도에 및 범죄에 의해 침해된 법질서의 의미가 형성한다; 규준이 되는 것은 먼저 속죄의 필요성, 형벌의 응보목적이고, 그 다음에는 위하목적도 고려된다. 그 밖의 형벌목적, 즉 개선과 안전목적은 이에 반해 후순위로 밀린다."(RG 58, 109). 응보를 통해 결정된 형벌의 양의 내부에서는 "부수적" 목적들도 고려된다는 점이 여기서 간과되어서는 안 된다. 나찌시대 형법왜곡이 이루어지던 시기에도 이러한 기본적 태도는 유지되었다(vgl. RG DR 43, 138).

29) 1933년 상습범죄에 관한 법률은 두 진영 모두 충분하지 못한 것으로 여겨졌던 종합이었다. 이 법률에 의해 실현된 이원주의는 고전학파의 견해에 일치하였지만, 위험한 상습범죄자에 대한 형벌가중(구형법 제20a조)는 순수 보안형이었다.

라드부르흐 1922년 형법초안을 거쳐 '1969년 대체초안'의 형사정책적 방향에 영향을 미쳤다.

Ⅳ. 학파논쟁의 현대적 의의(☆)

1. 학파논쟁에 대한 과도한 단순화와 문제점

이와 같이 19세기 말에서 20세기 초 까지 전개된 형벌이론 분야에서의 학파논쟁은 형사정책에 대해서 뿐만 아니라 형법이론영역에서도 유용한 성과를 만들어 냈다. 이 논쟁을 통해 대립각들이 완화되었을 뿐만 아니라 상반되는 견해들이 종합적으로 절충되기도 하였다. 그러나 학파논쟁에서는 응보사상과 목적사상 간의 대립만 문제된 것이 아니었다. 특히 두 학파간의 대립배경에는 범죄원인에 대한 방법론적 접근법의 차이 및 인간상이나 국가관 등 세계관에서의 시각 차이도 있었다. 학파논쟁을―보다 큰 틀에서 말하자면―18세기 합리적 계몽사상 및 형이상학적 관념론에 기초한 고전적 형법이론과 19세기 실증주의에 기초한 자연과학적 방법론에 기초한 근대적 형법이론으로 대치시켜 볼 수도 있다. 37

종래 국내교과서는 19세기 학파논쟁을 고전학파 '형법'이론과 근대학파 '형법'이론간의 대립으로 소개하면서, '전자는 인간의 의사자유에 관한 비결정주의적 시각에서 행위자의 의사자유의 남용을 범죄의 원인으로 보는 전제하에서 책임응보를 내용으로 하는 형벌을 범죄에 대한 대응수단으로 삼는 형법이론인 반면, 후자는 의사자유에 관한 결정주의적 시각에서 행위자의 소질과 환경이 범죄의 원인으로 보는 전제하에서 행위자의 행위책임을 전제로 한 응보형벌을 폐기하고 범죄에 대한 대응수단을 예방적 보안처분만을 범죄에 대한 대응수단으로 삼는 형법이론이다.'라고 설명해 왔다. 38

그러나 이러한 도식화된 설명은 학파논쟁의 배경적 맥락을 소거한 채 형법모델적 측면만 이분적으로 대치시키면서 이를 암기적 지식 수준으로 단순화하고 있다. 물론 오늘날의 관점에서 보면 당시 학파논쟁에서 다루어진 개개의 내용들은 한국의 형법현실과 무관하게 사변적인 측면도 있고, 역사적인 의미만 가질 뿐인 것으로 치부될 수도 있다. 그러나 학파논쟁에서는 18세기 계몽주의 시대 이후 19세기 초까지 철학사조, 국가이념 등 다양한 관점이 녹아들어 있는 것이므로 일정한 사상적 패턴을 보이고 있지만, 일률적으로 묶을 수 없는 다양성이 표출되었다. 무엇보다 학파논쟁은 형벌이론 영역에서 응보이론과 예방이론의 대립에 국한되지 않았다. 특히 고전학파 vs 근대학파라는 대립구도는 19세기 일본형법학에서의 명명법인 구파 vs 신파 또는 객관주의 vs 주관주의의 대립구도와 상응된 것으로 단순화하기도 어렵다. 일본형법이론학에 유래한 위 명명법은 역사적인 시각에서 보더라도 오늘날의 다양한 형법이론들을 그에 따라 분류할 수도 없다. 39

2. 학파논쟁의 현대적 의의

(1) 국가 '형벌의 법적 근거와 '형벌의 현실적 목적'

학파논쟁은 그 역사적 관심사 차원을 넘어서 오늘날의 형법학도 시선을 놓쳐서는 안 될 중요한 이슈를 제공하였다. 그것은 국가형벌권의 한계선 설정에 관한 이슈이다. 당시 학파논쟁에서 두 진영은 서로 관심사항부터 달랐다. 근대학파 진영의 관심사, 특히 리스트의 관심사는 형벌제도의 개혁을 40

통해 '사회변혁'도 할 수 있다는 믿음에서 사회내에서 가지는 형벌의 현실적 효과에 관심을 기울였다. 반면에 고전학파 진영은 계몽주의사상에 기초되어 있으면서도 정치적으로 막 자리잡기 시작한 '보수적 자유주의 이념'을 강조하면서 국가형벌권의 남용의 한계를 긋는데 관심을 가졌다.

41 형벌이론적 차원에서 형벌의 목적과 관련하여 고전 학파와 근대 학파의 주장자들이 서로 평행선을 달렸던 것은 고전학파의 주장자들은 국가형벌의 법적 근거를 물어 이 정당화를 형벌을 통해 사실상 추구된 목적과 동일시하였던 반면, 근대학파의 주장자들은 결코 형벌의 법적인 정당화 문제에 진지한 관심을 가지지 않고 그 자체만 가지고는 시민의 영역에 대한 개입을 정당화하지 못하는 형벌의 현실목적들에만 초점을 맞추고 있었던 측면이 컸다고 할 수 있다.[30)]

42 그러나 근대학파의 주장을 변론하는 현대적 시각에서 볼 때 당시의 학파 논쟁에서 근대학파가 형벌의 현실유용성에 초점을 맞추어 예방목적을 앞세웠던 것은 형벌의 '법적 근거'와 '형벌의 현실적 목적'이 충분할 정도로 엄격하게 구분하여 논의를 전개하지 않았을 뿐, 형벌의 법적 근거 및 그 한계선의 필요성을 부정했던 것은 아니라는 점이다. 당시 근대학파의 대표자인 리스트는 예방지향적 형법도 국가형벌의 한계선을 그어야 한다는 점을 분명히 인식하고 있었다. 특히 리스트가 형법을 "범죄자의 마그나 카르타"라는 표현을 사용했던 것은 어디에서 시작되어야 할 바를 알지 못하는 국가형벌에 그 한계선이 있음을 말해주는 경고적 의미 차원을 가진 것으로 평가된다.[31)]

43 리스트는 형법체계를 제재(법효과)영역과 형법도그마틱 영역으로 양분화하였다. 제재체계는 전적으로 합목적성으로 처방된 체계로 파악하고, 형법도그마틱 체계는 가능한 한 정확한 객관적 전제조건들에 구속된 법제도들(범죄성립요건 내지 법원칙들)로 구성되어야 한다고 하였다. 제재체계에서는 법관에게 많은 결정권한이 부여되어 있지만, 가벌성의 전제조건들에 구속된 도그마틱 체계는 국가의 권한에 분명한 한계선을 긋는 작용을 한다고 하였다. 무엇보다도 리스트는 형법의 정치적 남용의 위험은 결코 형법 내적 수단만으로는 만족스럽게 대처할 수 없고, 헌법적 법치국가원칙이 얼마나 잘 작동하는지에 달려 있는 것으로 보았다. 오늘날 널리 사용되고 있는 슬로건 "형법은 형사정책이 뛰어넘을 수 없는 한계(울타리)"도 리스트에서 기원한다.

(2) 형법이론과 국가이념

44 학파논쟁에서 각 진영이 전개하였던 형법이론의 내용을 보면, 형법과 형법이론은 그 토대가 되는 국가이념과 밀접하게 결부되어 작동되는 것임을 알 수 있다. 근대학파 진영에 속했던 리스트는 예방주의자였던 동시에 실증주의자였고, 근대학파와 대립각을 세우며 학파논쟁을 이끌어갔던 빈딩은 응보주의자였던 동시에 실증주의자였다. 그러나 양 자의 형벌 및 형법이론에 기초되어 있던 국가이념은 서로 달랐다. 빈딩이 실증주의적 규범주의적 관점에서 범죄와 형벌의 관계를 정립하면서 응보적 형벌이론을 주장한 것은 당시 시민계급의 법적 지위가 확립된 19세기 초 국가이념상 보수적 자유주

30) Geerds, Einzelner und Staatsgewalt im geltenden Strafrecht, 1969. S. 16. Müller–Dietz, Strafbegriff und Strafrechtspflege, 1968, S. 109ff.
31) Maurach/Zipf, §6 Ⅱ/31.

의에 기초하였기 때문이었다. 즉 빈딩은 형벌이론으로는 철저한 응보이론의 옹호자였지만, 다른 한편 19세기 당시 국가이해에 기초하여 법실증주의자로서 형벌이 법률위반에 대한 국가의 응답으로서만 정당화된다고 주장하였던 것이다.

빈딩에게 있어 범죄란 실정적 법률규범에 있었던 것이지 넓은 의미에서의 위법한 '행위'의 수행에 있는 것이 아니었으므로. '정의'이론에 기초된 형법모델을 생각한 것도 아니었다. 법실증주의자였던 빈딩은 형법을 칸트적 의미에서의-법률이전의-도덕적 차원의 '정언명령'으로 이해하지 않았다. 오늘날의 관점에서 보면 빈딩의 형법관은 국가가 유용한 것으로 여길 때 사용할 수 있는 국가적 폭력을 관철시키기 위한 도구로 이론화되었다. 45

다른 한편 형법체계를 형사정책에 기초한 형벌체계(제재체계)와 범죄이론에 기초한 범죄체계로 분화시켜 고찰하였던 리스트는 형법체계의 경우는 국가형벌권의 한계를 긋기 위한 전제조건으로서 자유주의적 헌법적 구속을 받도록 하였던 반면, 제재체계의 경우는 진보적 과학적 실증주의적 관점을 유지하면서 동시에 사회개혁의 일환으로 제재체계의 새로운 구축을 위해 국가의 적극적 개입의 필요성을 강조하였다. 이 때문에 리스트의 근대적 사고는 보수적 자유주의적 국가이념이 아닌 국가의 적극적 개입을 표방하는 사회적 국가이념에 의해 도구화되기도 했다. 46

리스트의 범죄자 유형론은 그 진정한 의도와는 무관하게 나찌시대 행위자 형법이론의 토대로 되었다는 혐의를 받고 있다. 특히 그의 개선불가능한 범죄자의 경우 무해화(무기력화) 목적에 기초한 영구격리는 중범죄자에 대한 미국의 장기수형인 무해화 사상의 기초가 되었다. 리스트의 근대적 진보적 사고는 한국에서도 보안처분 반대론자들에 의해 거부되고 있다. 보안처분에 기초된 과학주의적 근대적 사고보다는 위험한 범죄자로부터 사회의 안전(보안)을 지키기 위한 특별예방목적 사상의 위험성에 대한 우려가 크게 작용한 것에 기인한 것으로 보인다. 47

(3) 형벌이론과 형법이론의 관계

형법이론은 형법이 수단으로 삼는 형벌이 어떤 목적을 추구하느냐에 따라 달라진다. 이 때문에 형법의 정당화모델은 어떤 형벌이론을 국가형벌의 정당성의 기초로 삼는지에 달려있다고 말할 수 있다. 학파논쟁에서도 응보적 형벌이론을 기초로 삼는 입장과 예방적 형벌이론을 주장하는 입장은 -부분적으로는 차이가 있지만- 형사제재체계를 포함한 형법의 전체를 다르게 설계하였다는 점은 앞서 살펴보았다. 48

그러나 오늘날 응보이론을 책임형법모델로 예방이론을 위험형법의 이론적 모델로 도식화하는 것도 지나친 단순화이다. 이러한 단순화는 또 다른 이분법적 주장으로 귀결된다. 과거의 불법에 대한 책임을 근거로 한 국가의 개입을 기초로 삼는 책임원칙을 고수하려면 형벌이론에서 응보이론에 기초한 책임형법모델의 유지를 고수하게 된다. 반면에 장래의 위험성에 대한 사회의 안전 확보를 위한 형법적 개입을 정당시하는 예방적 사고를 우위에 두면 예방형법, 특히 현대 후기산업사회의 특징인 위험사회에서 위험형법모델 또는 적대자형법모델의 수용을 마다하지 않게 된다. 49

1) 위험형법 모델 '위험형법'이란 이른바 위험사회에서 사회 안전을 위한 사전적인 위험예방수단으로서 50

의 형법의 역할을 강조하고 그러한 역할모형에 맞추어 그려진 형법의 모습을 일컫는다. 위험형법은 위험예방을 위해 국가형벌권의 개입단계를 앞당겨 현실적인 법익침해의 전단계의 행위에 대해서 이를 범죄화하고, 구체화되기 어려운 추상적인 사회의 안전이나 체제의 안전까지도 보호법익으로 인정한다고 한다. 이 뿐만 아니라 위험형법은 위험을 예방적으로 제한하기 위한 목적에서 다양한 수단을 통해 시민생활의 영역에 대한 국가의 개입을 허용해야 할 필요를 관철시킨다고 한다.

51 2) 적대자형법 모델 위험형법은 과거의 범죄에 대한 대응이라는 고전적인 형법의 과제 외에 위험예방을 지상과제로 삼음으로써 '적대자형법'이라는 극단적 변종모델을 낳는다고 한다. 적대자형법이란 '시민형법'과 대치되는 형법모델로서 일정한 그룹에 포함되는 자들을 사회나 국가의 '적'으로 취급하여 시민권을 인정하지 않고 그 사회에 타당한 법의 보호 바깥에 두는 형법모델을 일컫는 개념이다.

적대자형법 컨셉을 모델화하여 논의를 촉발시킨 것은 1985년 독일 형법학자 야콥스였다. 그는 "법익침해의 전단계에서의 범죄화(Kriminalisierung im Vorfeld einer Rechtsgutverletzung)"라는 논문에서 오늘날 현대 형법속에 적대자형법적 속성을 가진 형벌법규들의 특징을 다음과 같은 네 가지로 유형화하고 있다. 첫째, 가벌성이 폭넓게 전방 배치되고 있음(법익침해의 전단계에서 가벌성 인정), 둘째, 전방배치되는 정도에 비례하여 형벌이 축소되지 않음(단지 예비행위에 불과한 범죄에 대한 가혹한 형벌), 셋째, 자유박탈적 보안처분의 확대(책임이 아닌 행위자의 위험성을 지향함), 넷째, 수사절차에서 이루어지는 강제처분에 형사소송법적 보장책의 무시(절차적 기본권의 심각한 침해).

적대자형법이 '적'이 누구인지에 대해 야콥스는 세 개의 그룹을 언급하고 있다. 첫째, 자신의 태도에서 조심성 없는 정도에 그치지 않는 자(예, 성범죄자), 둘째, 영업활동을 통해 지속적으로 법위반적 행위를 하는 자(예, 경제사범이나 마약거래자), 셋째, 범죄조직과 연계하여 지속적으로 법위반적 행위를 하는 자(예, 테러리스트). 야콥스는 앞에서 언급한 특징들 때문에 시민적 상태로 들어가게 할 수 없는 이러한 그룹의 개인에 대해서는 "개인 혹은 인격"이라는 축복적인 개념이 적절할 수가 없다고 한다. 그러한 행위자는 인격체에 적절한 최소한의 인지적 보장을 보여주지 못하기 때문에 "야수"와 같이 우리의 안전을 위해 감시해야 할 "위험원"이라고 한다.

적대자형법은 범죄자에 대해 적을 퇴치할 수 있는 모든 수단들을 부과하는 것을 허용하므로, 전통적인 의미에서의 형법이 아니라 법치국가원칙에 구속되지 않는 위험방지를 위한 도구로 여겨지고 있다. 야콥스는 적대자형법이라는 개념을 사용할 때 그러한 형법적 특징에 대한 '비판적'인 견지에서 현행형법의 묘사 내지 분석적 도구로 사용하였다. 하지만 야콥스의 적대자형법 컨셉은 특히 9.11테러사건을 계기로 현행법에 대한 '묘사'차원을 넘어서서 '정당화'되고 있다는 평가도 있다.

52 위험형법 모델은 물론이고 적대자형법 모델에 대해서도 형법의 예방지향성은 결국 형법의 보충성의 원칙이나 법치국가이념을 위태롭게 한다는 비판이 지배적이다. 그러나 예방이론을 취하는 것과 형법모델을 위험형법이나 적대자형법으로 만드는 것은 별개의 문제이다. 예방이론이 반드시 책임형법을 포기하고 보안처분일원주의에로의 전환을 도모하지 않는다는 점은 이미 역사적 학파논쟁에서도 확인되었다. 형법은 다른 법적 제도 및 헌법적 보장들과 연계되어 작동한다. 특히 형법의 해석과 형사입법에 헌법의 원칙들의 구속적 역할을 인정하면서 형법적 개입의 정당화 근거 내지 법적 기초를 분명하게 자리매김한다면, 장차 형법이 '형법의 모습을 한 경찰법'으로 변질될 우려는 지나치다.

53 학파논쟁의 다양한 분파들이 당시의 시대적 과제가 던지는 도전에 어떻게 응전하려고 하였는지에 관해 살펴보았듯이, 형법모델에 관한 한 순수 응보형법과 순수 예방형법은 현실사회 속에서 관철

되기 어렵다. 18세기 계몽주의자들도 예방목적을 배제하지 않았고, 19세기 자유주의적 시민사회에 기초하여 형법이론가들도 예방목적의 현실적 필요성을 간과하지 않은 채 예방적 과잉을 막기 위해 죄형법정주의라는 법치국가적 기틀을 만들었다. 마찬가지로 현실에 존재하는 입법례 중에 순수 시민형법을 모델로 하는 형법도 없고, 순수 적대자형법을 모델로 하는 형법도 존재하지 않는다.

오늘날의 형사정책적 논의에서 개개의 형벌이론들의 의미 및 정당화 그리고 형벌이론들간의 상호관계는 여전히 논란거리가 되어 있고, 독일에서는 물론이고 한국에서도 – 후술하듯이 – 형벌의 정당화 근거를 찾음에 있어서로 다른 형벌이론들을 결합시키려는 입장이 절대적 다수를 이루고 있다. 원칙적으로 일치점을 이루고 있는 점은 형벌의 양을 정함에 있어 기초를 행위자의 '책임'에서 보고 있다는 점 뿐이다. 이에 따르면 '책임'에 상응한 형벌의 범위내에서 서로 다른 예방목적적 관점들이 고려될 수 있는 것으로 본다. 형법을 정당화함에 있어 하나의 통일된 형벌이론을 찾으려는 학문적 노력은 지금도 경주되고, 다양한 형벌이론들의 상호관계를 파악하려는 시도도 여전히 계속 중이다. 54

제2절 형벌이론들

오늘날 형법을 정당화하는 사고 모델인 '형벌이론들'은 절대적 형벌이론과 상대적 형벌이론으로 대별될 수 있다. 절대적 형벌이론은 의무론적 사고에 기초하여 형벌을 형사정책적 목적이나 사회적 유용성 및 필요성과 무관하게 절대적으로 정의를 복원하기 위한 수단으로서 정당화하려는 이론이다. 상대적 형벌이론은 결과주의적 사고 내지 공리주의적 사고에 기초하여 형벌의 사회적 유용성을 형벌의 정당화 기초로 삼으려는 이론을 말한다. 55

미국의 문헌에서도 일반적으로 형벌이론을 절대적 형벌이론과 상대적 형벌이론으로 분류한다. ① 응보(retribution) 내지 정당한 응보(just desert), ② 억제(deterrence), ③ 무기력화(incapacitation), ④ 재사회화(rehabilitation) 내지 개선(reformation)이라는 네 가지 형벌이론 중에 첫 번째를 절대적(의무론적) 형벌이론으로 분류되고, 뒤의 세 가지는 목적지향적(결과주의자)인 형벌이론으로 분류한다. 특히 상대적 형벌이론이 추구하는 목적들은 착안점 마다 약간씩 변형될 수 있지만, 종국적으로는 범죄의 저지 내지 범죄율의 감소를 공통분모로 가진다고 한다.[32] 아래의 분류는 독일식 분류 방식이다. 56

---

32) 일반론에 관해서는 Dubber, Einführung in das US–amerikanische Strafrecht, 2005, § 3 참조.
1962년 미국의 영향력있는 모범형법전은 § 1.02(2)에서 다음과 같은 형벌목적들을 언급하고 있다: (a) 개인 또는 공공의 이익에 대해 정당화될 수 없고 면책될 수 없이 실체적인 손상을 입히거나 입힐 위협을 하는 행위를 금지하고 예방하기 위함; (b) 범죄를 범할 성향을 가지고 있음을 보이는(indicate) 행위를 하는 사람들을 공공의 통제하에 두기 위함;(c) 잘못이 없는 행위를 범죄자(criminal)로 비난받는 것으로부터 보호하기 위함; (d) 범죄를 구성하는 것으로 선언된 행위의 성격(nature)에 대한 공정한 경고를 주기 위함; (e) 중한 범죄와 경한 범죄에 관한 합리적 근거들을 차별화하기 위함. 미국 뉴욕주 형법전 § 1.05.도 마찬가지이다. 법원의 판결들, 법률규정들 그리고 이차문헌들의 관련 발췌문들 그리고 그 밖의 다른 참조사항들을 광범위하게 취급하면서 전통적인 미국의 형벌이론들에 관한 상세한 설명을 하고 있는 것으로는 Dubber/Kelman, American Criminal Law: Cases, Statutes, and Comments, 2005, S. 1-87. 참조.

Ⅰ. 절대적 형벌이론

57 절대적 형벌이론의 중핵은 세네카(Seneca)에 의해 발전된 공식, 즉 죄를 범했기 때문에 처벌된다(punitur, quia peccatum est)에 요약되어 있다. 절대적 형벌이론은 속죄(화해)이론과 응보이론으로 나누어진다.

1. 속죄이론

58 형벌이 속죄의 기회를 제공함으로써 범죄자가 법질서와 화해할 가능성을 준다고 하는 이론이다. 이 이론에 대해서는 속죄는 자발성을 전제로 해야 하는데 국가에 의해 강제된 형벌의 경우는 자발성이 존재하지 않는다는 비판이 제기된다. 오늘날 절대적 형벌이론을 대표하는 이론은 종교적 의미차원에 초점을 맞춘 속죄이론보다는 응보이론이다.

2. 응보이론

59 응보이론은 형벌을 범죄자에 의해 과거에 행해진 불법에 대한 응답이라는 의미, 즉 형벌은 범죄를 원인으로 하는 결과라는 의미의 인과응보를 형벌의 정당화 근거로 삼는 이론이다. 잘못을 범했기 때문에 처벌하는 것을 내용으로 하는 응보이론은 형벌의 실재적 근거뿐 아니라 법적 근거도 과거의 불법에서 찾는다. 응보이론은 무엇 때문에 불법(법적 요건)과 정당한 형벌(법효과)이 서로 결합되어야 하는가 하는 규범적 물음을 제기한다. 이 물음에 대한 답은 크게 두 가지로 대별된다.

(1) 전통적 응보이론

60 **1) 책임상쇄(조정)적 정의에 기초한 응보이론** 형벌의 정당화 근거에 관한 고전적 대답은 이를 '조정(상쇄)적 정의'로 답하는 아리스토텔레스에 기원을 둔다.[33] 받은 선물에 대해 답례품으로 그리고 타자의 재화에 손상을 가한 데 대한 손해배상으로 조정(상쇄)하듯이 과거에 행해진 규범위반을 형벌이 조정(상쇄)하여 양자간의 균형을 맞춘다는 것이다. 조정적 정의이론과 결합된 응보이론은 오늘날 형벌을 통해 규범위반(불법)과 범죄자의 책임이 조정(상쇄)된다고 하는 책임조정(상쇄)(Schuldausgleich)사상을 공통의 기초로 삼는다. 책임상쇄사상이란 행위자의 행위로 인하여 생긴 해악(범죄)에 대해 동일한 가치 내지 동일한 정도의 해악(형벌)을 부과함으로써 행위자의 책임이 조정(상쇄)된다는 믿음을 말한다.

61 책임상쇄사상에는 형벌이 장래에 대해 미래지향적으로 어떤 효과를 가져다 줄 것이라는 막연한 기대 하에 부과됨으로써 본보기형벌과 과잉형벌이 초래되어서는 안 된다는 기대가 깔려있다.[34] 이 때문에 오늘날 응보이론은 행위자에게 부과되는 형벌의 양도 그 행위

33) 이 때문에 쉬미트호이저는 응보설을 정의설이라는 말로 대체하자고 제안하였다 Schmidhäuser, Strafrecht. AT, Studienbuch, §2/6.

자의 책임에 상응한 정도이어야지 그 이상도 그 이하도 안 된다는 것을 내용으로 하는 책임원칙과 결합되어 있다.

判 헌법재판소도 이러한 차원의 응보이론에 기초하고 있는 것으로 보인다. 형벌과 보안처분의 관계에 관한 태도 표명에서 헌법재판소는 보안처분이 장래의 '위험성'을 방지하기 위한 예방적 차원에서 고안된 수단임에 반해, 형벌은 과거의 불법에 대해 책임을 묻는 '응보'를 본질로 한다고 하거나, 법질서에 의해 부정적으로 평가된 행위에 대한 '비난'을 본질적 요소로 보고 있기 때문이다.[35] 62

철학적 관점에서 응보이론을 수립한 칸트의 응보이론은 탈리오 원칙(눈에는 눈, 이에는 이)에 정향되어 있어서 형벌이 그 종류에 있어서도 범행에 상응해야 한다고 하였다.[36] 특히 칸트는 의식적으로 그리고 명시적으로 형벌을 통한 사회적 유용성 차원의 목적 추구를 배격하면서, 오직 종교적 메타포에서 포착된 정의를 세우는 일에서 형벌의 의미를 찾았다. 이 점은 칸트의 유명한 섬나라 비유에 표현되어 있다. 이른바 정언적 응보설로 평가되고 있는 칸트의 이론이 목적적 고려에 의해서 형벌을 도출하려고 하는 모든 시도가 형벌의 정당화에 아무런 기여를 할 수 없는 것으로 본 것은 범죄자 처벌을 타인의 범죄억제 등 다른 목적을 위한 것이라면 그 범죄자가 범죄억제적 예방이라는 목적의 수단으로만 이용되는 것이기 때문이었다.[37] 63

오늘날 칸트적 의미의 절대적 형벌이론을 곧이곧대로 수용하는 응보이론의 주장자는 없는 것으로 평가되고 있다. 대부분의 응보이론자도 형벌을 통해 발휘될 것으로 기대되는 사회적으로 유용한 목적을 형벌의 정당화를 위한 전제조건에서 절대적으로 배제하고 있지는 않다. 64

2) 평가 및 문제점 책임상쇄적 응보이론에 기초한 형벌이론의 장점은 이 이론이 형벌의 정도를 범해진 범죄에 상응하게 측정할 것을 요구함으로써 '본보기 형벌'과 같은 법관의 자의를 막고 그로써 자유보장적 요구에 충실할 수 있음에 있는 것으로 평가된다. 특히 이 이론에 따르면 불법과 책임(형벌)을 조정할 경우 개인의 책임의 정도도 함께 고려될 수 있는 장점이 생긴다. 65

그러나 책임상쇄에 기초한 응보이론에는 간과될 수 없는 문제점이 있다. 형벌을 통해서 조정(상쇄)되어야 할 행위자의 '책임'의 '실체'가 실제로 실증될 수 있는지가 의문이기 때문이다. 이 이론의 더 큰 결함은 형벌에 의해 범죄자의 책임이 실제로 조정(상쇄)되는지가 경험불가능한 선험적 문제라는 점에 있다. 뿐만 아니라 현실의 형사법정에서 개별 행위자에게 부과되고 있는 형벌의 양이 행위자의 책임의 양과 정확하게 일치하고 있는 것이라고 말 66

---

34) 응보적 형벌이론도 형벌을 통해서 응보, 속죄, 평등이념의 실현, 혹은 책임상쇄라는 일정한 목적을 달성하고 있기 때문에 형벌목적이론의 범주에 넣을 수는 있다. 그러나 응보이론이 뒤에서 설명하게 될 예방이론과 다른 점은 형벌이 외부세계에 미치는 현실적인 효과, 즉 '형벌의 사회적 효과'를 고려하고 있지 않다는 점이다.

35) 헌법재판소 2010. 9. 30. 2010헌가10 등.

36) 응보이론의 또 다른 거두인 헤겔은 칸트와 달리 형벌과 범행간에 종류의 동일성이 아니라 가치동일성만을 요구하였다.

37) Kant, Metaphysik der Sitten, 1797, Ak.-Ausgabe, Bd. 6, S. 331-332.

하기도 어렵다.

67 오늘날 형식적 실질적 법치국가의 이념을 실현해야 할 책무를 지고 있는 국가는 주권자인 국민의 합의 뿐 아니라 평화로운 공동생활의 질서유지라는 사회적 목표 내지 외부효과와 무관하게 국가형벌의 정당화 논거를 찾아서는 안 된다. '악(범죄)을 또 다른 악(형벌고통)을 추가함으로써 상쇄하거나 제거한다는 생각'은 국가가 자신의 폭력(권력)을 신으로부터가 아니라 국민으로부터 도출하게 된 이래로, 누구에게도 의무지워서는 안 될 신앙에만 열려있다는 록신의 말에 동의하는 이상, 종래의 응보이론을 형벌정당화 이론으로 수용하기는 어렵다.

(2) 변형된 응보이론

68 **1) 회복적 정의에 기초한 신응보이론** 과거의 불법과 정당한 형벌이 규범적으로 결합되어야 할 이유를 '규범적 관점'에서 답하는 변형된 응보이론(이하 '신응보이론'이라 한다)은 헤겔에 기원을 두고 있다. 신응보이론은 다른 악(범죄)이 이미 존재한다는 이유만으로 어떤 악(형벌)을 원한다는 것은 '비이성적'이라는 생각에 기초하여 책임비난을 위해 단순한 해악이나 고통을 부과하는 것을 내용으로 하는 응보이론의 문제점을 보완하려고 한다. 이 때문에 신응보이론은 범죄와 형벌이라는 두 가지의 악이 나란히 등장하는데서 끝나는 것으로 보지 않는다. 오히려 범죄를 통해 손해를 야기한 자는 자신의 파괴적 행동을 건설적 행동을 통해 회복시켜야 할 의무를 지게 된다는 차원에서 '회복적 정의' 실현을 형벌의 과제로 삼는다.

69 신응보이론은 형벌이 범죄행위를 통해 손상된 법질서의 회복 내지 복구(Wiederherstellung des Rechts)에의 기여를 통해 정당화된다고 한 헤겔의 형벌이론을 토대로 삼아 조정(상쇄)사상보다는 회복사상(원상회복사상)에 강조점을 둔다.[38)]

70 최근 신응보이론의 대표적 주장자인 파블릭(Michael Pawlik)은 종래의 응보이론과 같이 구체적인 피해자의 요구를 배제하는 등 초개인적 형벌의 성격 내지 형벌의 개념적 구조를 밝히는 일보다는 형벌이라는 도구를 정당하게 투입하는 조건을 자유의 현존질서안에서 시민(범죄자와 피해자)에 대한 존중을 모든 국가형벌의 핵심내용으로 삼는다. 이로써 이 이론은 형벌을 통해서는 그 자체 개인적인 자유에 대한 침해로 이해되는 불법이 아닌, "법적으로 포착된 자유에 관한 현존질서"에 대한 공격으로 이해되는 불법을 응보 내지 비난하는 것으로 본다.[39)]

71 파블릭은 여기서 말하는 자유의 현존질서를 추상적인 규범질서로 보는 대신 구체적으

38) 이러한 헤겔의 형벌컨셉은 신응보이론의 주장자들에 의해서 뿐만 아니라 적극적 일반예방이론을 전개하는 야콥스에 의해서도 원용되고 있다. 야콥스는 형벌이 범죄와 형벌이라는 두 가지 악의 (기계적) 연속에서 끝나는 것이 아니라 규범적 차원에서 범죄와 형벌간의 커뮤니케이션으로 본다.

39) Pawlik, Person, Subjekt, Bürger – Zur Legitimation von Strafe, 2004, S. 83.

로 실재하는 가시적인 자유 내지 자유로움의 상태를 매개하는 질서로 본다. 이 때문에 개개의 시민들로 하여금 그 실재하는 자유로운 상태를 유지하는 데 대한 책임(Verantwortung)을 전제로 한다. 범죄구성요건을 실현함으로써 이러한 책임을 피하는 자는 '법을 통한 자유'라는 공동 기획에 함께 참여하는 것을 거부하는 자이고 그로써 시민의 역할을 깨뜨리는 자로 본다. 이 때문에 이 이론은 범죄를 존재하는 현존질서의 유지에 함께 참여해야 할 시민의 의무를 위반하는 것으로 정의한다.[40)]

파블릭은 자유, 의무, 책임, 범죄에 관한 이러한 컨셉에 기초하여 형벌을 순수 부정적으로－과거에 행해진 고통부과에 대해 답하는－고통부과로서가 아니라 적극적으로, 즉 행위자에 의해 침해된 법적 관계(Rechtsverhältnis)의 회복(재건)을 위한 행위자에 대한 요구로 이해할 것을 주장한다.[41)] 72

2) 평가 및 문제점 헤겔의 정치철학에 기초하여 종래의 응보이론을 발전시킨 신응보이론에 따르면 절대적 형벌이론과 예방목적 지향적 상대적 형벌이론의 관계가 화해불가능한 대척관계로 파악되지 않는다. 실제로 신응보이론의 주장자인 파블릭도 자신의 입장이 적극적 일반예방이론에 접근해 있다고 한다. 73

파블릭에 의하면 형벌을 통해 회복되는 형법은 법공동체의 구성원간의 상호승인 상태에 대해 필요불가결한 외적 안정성을 부여하는 데 기여를 한다. 범죄행위자의 자유요구와 그에 대한 존중요구가－전통적인 책임이해와 같이 형이상학적 의사자유와 같이－외부에서부터 이러한 형벌근거지움에로 운반되어 올 필요가 없다고 한다. 그러한 요구는 형벌근거지움에 처음부터 내재되어 있기 때문이라고 한다. 그러나 신응보이론도 형벌을 통한 '법의 회복'을 통한 '사회질서 유지'를 목표로 설정하고 있다는 점에서 보면, 전통적 응보이론과 차이를 보이지 않는다. 고전적 응보이론의 주장자들로서 19세기 학파논쟁에서 응보진영을 이끌어갔던 빈딩도 이미 형벌을 통해 국가의 권위 혹은 적어도 형법규범(혹은 사회규범, 도덕규범 혹은 법규범)의 타당력을 강화하려는 것을 염두에 두었기 때문이다.[42)] 74

---

40) 이와 같이 파블릭은 타인에 대한 존중요구의 침해에서 표명되는 의무위반을 범죄의 의미로 이해하기 때문에 종래의 규범위반으로서의 범죄 vs. 구체적인 타인에 대한 침해로서의 범죄라는 대립구조(Neumann in: Hassemer [Hrsg.] Kriminalpolitik, Frankfurt 1987, S. 229 f)를 거부한다. 규범위반이나 구체적인 타인에 대한 침해는 범죄가 가진 일면만을 포착하기 때문이라는 것이다. 범죄를 단순한 규범위반으로 보게 되면 정당한 형벌이 모든 규범위반에 대한 대응이 아니라 자유에 관한 현존질서의 유지에 함께 참여할 시민의 의무에 대한 위반에 대한 대응이여야 한다는 점을 간과하게 되고, 범죄를 개인간의 차원에서 파악하게 되면 범죄에 대한 대응으로서의 초개인적 차원의 대응인 '형벌'의 특수성을 포착할 수 없게 되기 때문이라고 한다.

41) Seelmann, Strafrecht AT, 3. Aufl. 2007, S. 23,

42) 대표적 응보이론가이면서도 엄밀한 의미에서의 규범주의자인 빈딩은 형벌을 통해 법률적 의무의 "신성함과 불가침성"이라는 인상을 강화하면 "많은 사람들이 자신의 더 나은 통찰을 그러한 의무들에 합치되도록 생활하고 그로써 범죄적 계획을 세우는 대신에 오히려 법률의 권위에 굴복할 것"이라는 희망을 피력하였다. Binding, Das Problem der Strafe in der heutigen Wissenschaft, in: ders., Strafrechtliche und strafprozessuale Abhandlungen I, 1915, S. 61, 85.

75 신응보이론은 적극적 일반예방이론과도 간극을 보이지 않는다. 이 점은 신응보이론의 대표적 주장자인 파블릭도 인정하고 있을 뿐 아니라, 적극적 일반예방이론의 대표적 주장자인 야콥스도 규범부정(범죄)에 부정(형벌)이라는 헤겔의 사상에 연계하여 "형법의 기능을 … 사회의 정체성을 확인하는 규범에 대한 반항(불복)에 대해 그 자체 반발하는 일"에서 찾고 있다는 점[43]에서도 나타난다.

Ⅱ. 상대적 형벌이론

1. 형법에 있어서 목적사상

76 형벌을 이미 범해진 범죄에 대한 응보로 이해하는 사고에 반대되는 사고는 형벌을 통해 장래의 범행이 저지되어야 한다는 예방적 목적사상이다. 예방적 목적사상은 "과오를 범했기 때문에 처벌되어야 하는 것이 아니라 처벌됨으로써 다른 과오가 다시 범해지지 않도록 하기 때문에 처벌되어야 한다(punitur ne peccetur)"는 플라톤(Plato)의 말에 압축적으로 표현되어 있다.[44]

77 근대에 와서 형벌의 예방목적 사상의 이론적 기초가 만들어진 것은 19세기 말 독일의 형법학자인 리스트(Franz von Liszt)에 의해서였다. 1882년 마부르크(Marburg) 대학에서 행한 "형법에 있어서 목적사상"이라는 제목의 강연에서 리스트는 충동에 사로잡힌 사적인 복수감정 및 응보는 비합리적인 수단에 불과하며 합목적적 법익보호(예방)야말로 형벌의 본래적 의미임을 강조했다.

78 19세기 말 실증주의적 사고에 기초하여 인간과 사회현실에 대해 그리고 범죄와 형벌에 대해 자연과학적 방법으로 접근하였던 일군의 학자들이 응보적 책임상쇄이론을 비판하면서 예방지향적 근대적 형법모델을 각기 다르게 설계했던 점에 관해서는 앞서 살펴보았다. 근대학파 진영 가운데 범죄자의 위험성 제거라는 예방목적을 책임형벌을 통해서가 아니라 책임형벌을 대체한 '보안처분'이라는 새로운 수단을 통해 실현하려고 했던 이탈리아의 실증주의 학파와는 달리, 리스트는 예방목적(특히 특별예방목적)을 '형벌'이라는 수단을 통해 실현할 것을 주장하면서 책임응보이론에 기반을 둔 고전학파와 학파논쟁을 이끌어갔던 점에 관해서도 앞서 살펴보았다.

79 형벌이 사회적으로 유용한 수단으로서 일정한 목적을 가져야 한다는 이론은 크게 범죄자 개인의 교육 및 범죄억제에 초점을 두는 이론적 갈래(특별예방목적)와 범죄자 이외의 사회 일반인의 범죄억제에 초점을 맞추는 맞추는 이론적 갈래(일반예방목적)로 분류될 수 있다.

---

43) Jakobs, ZStW 107 (1995), S. 843, 844.

44) 고대 그리스 철학자부터 시작되는 응보사상의 발전에 관해서는 앞서 살펴보았다. Roxin, §3/11 Fn.11. 참조.

2. 특별예방이론

(1) 소극적 특별예방이론과 적극적 특별예방이론

범죄인에게 부과되는 형벌이 장래에 미치는 효과가 사회 일반인에 대해서가 아니라 범죄자 개인에게로 향해야 한다는 내용을 가진 형벌이론을 '특별예방이론'이라고 한다. 특별예방이론은 이를 주창한 리스트 이래 세 가지 하위목적을 가지고 있는 이론으로 설명되어 왔다. 첫째, 무해화(Unschädlichmachung: 무기력화),[45] 둘째, 위하(Abschreckung), 셋째, 재사회화(Resozialisierung) 또는 개선(Besserung)이 그것이다.[46] 80

오늘날 범죄자에 대한 장기간의 자유박탈을 통해 범죄자를 무해화시킴으로써 사회의 안전을 확보하는 목적을 강조하는 특별예방이론을 '소극적' 특별예방이론으로,[47] 범죄자의 개선 및 재사회화(사회복귀)에 초점을 맞추는 특별예방이론을 '적극적' 특별예방이론으로 분류하기도 한다.[48] 81

(2) 특별예방이론의 문제점

형벌을 사회의 안전 내지 사회보호의 수단으로 활용하는 위하적 특별예방 목적 중 '무해화'(무기력화) 목적은 뒤에서 살펴볼 규범적 차원의 결함을 가진 위하적 일반예방과 마찬가지로 범죄자를 목적을 위한 도구로 삼을 수 있게 됨을 이유로 이미 19세기부터 비판의 대상이 되었다.[49] 82

특히 무해화(무기력화)하는 위하적 특별예방이론에 따르면 형벌이 책임의 양을 초과하여 가중될 수 있는 바, 형벌이 보안처분의 역할까지 떠안게 되어 '책임'형을 '보안'형(Sicherungsstrafe)으로 변질시켜 형사제재체계를 일원주의적 보안형체계로 바꾸어 버릴 수도 있다(한국의 형벌체계가 당면하고 있는 이러한 문제점에 관해서는 § 44 참조). 하지만 이는 이원주의 형사제재체계와 배치된다. 이원주의는 형벌은 행위책임에 상응하도록 제한하는 책임'형'으로 제한되 83

---

45) 독일어 Unschädlichmachung은 문자적으로 범죄자가 해를 끼치지 못하게 만든다는 의미이고, 이에 상응하는 영어의 incapacitiation은 '무능하게 만든다'는 의미이다. 따라서 일반적으로 무해화로 번역되고 있으나 무기력화가 위 의미를 더 잘 포착할 수 있는 번역어 같다.

46) Liszt, Der Zweckgedanke im Strafrecht, in: Franz v. Liszt, Aufsätze und Vorträge, Bd. Ⅰ, 1905, S. 126.

47) 개선불가능한 자에 대한 종신자유형을 통한 무기력화하는 현재의 미국 형법에서의 무기력화(incapacitation)에 상응한 것이 분명하다. 미국에서 무기력화는 60년대 이후 행해진 이른바 범죄와의 전쟁에서 지배적인 형벌이론으로 여겨져 왔고, 특히 재범자에 대해 가중적 형벌(무기징역까지, Ewing v. California, 123 S. Ct. 1179 [2003] 참조) 및 사형제도가 조치되었다(People v. Anderson, 6 Cal.3d 628, 651, 493 P.2d 880, 896 [1972]). 일반적으로 Dubber, Journal of Criminal Law & Criminology 91 (2002), p. 829 참조. 미국 연방대법원의 일관된 판례에 따르면 무기력화와 응보를 포함한 모든 전통적인 형벌목적들이 헌법합치적인 것으로 인정되고 있다. 참조 Gregg v. Georgia, 428 U.S. 153 (1976). 20세기초 특히 1962년 모범형법전에서의 미국 형법에서의 처우사상(treatmentism)에 관해서는 Dubber, Buffalo Criminal Law Review 4 (2000), S. 53 참조.

48) 형집행법 제1조가 표방하는 '사회복귀목적'이 바로 '재사회화목적'이다.

49) 위하하기만 하는 소극적 특별예방이론, 무기력화 이론은 근대 형법의 아버지라고 불리는 포이에르바흐에 의해서도 결정적으로 반박되었다.

고, 보안 및 사회방위 그리고 재사회화목적이라는 특별예방목적은 '보안처분'이라는 수단을 통해 달성해야 하는 시스템이 되어야 하기 때문이다.

84 적극적 특별예방인 '재사회화 목적'은 국가가 범죄인을 사회규범에 적응시키기 위해 강제적인 교육을 불사함으로써 헌법상의 인간존엄에 반할 수도 있고, 수형자의 정신개조(또는 사상전향)를 요구하는 치료이데올로기의 부작용과 연결될 수 있다.[50] 이 뿐만 아니라 형벌을 통한 재사회화 이념은 그 자체가 가진 이율배반성을 극복하기도 어렵다. 재사회화 목적을 위해서는 범죄인을 사회에 통합하여 준법생활을 영위하도록 하는 사회복귀교육프로그램을 운용해야 하는데, 자유란 자유 속에서만 훈련될 수 있는 것이지 자유가 박탈된 상태에서는 자유에의 교육이 이루어지기 어려운 측면이 있기 때문이다.[51] 무엇보다도 헌법적 관점에서 볼 때 국가는 성인을 강제적으로 교육시킬 권한을 가지고 있지도 않다.

85 특별예방목적이 현실적으로 달성되고 있는지에 대한 의문도 있다. 오늘날 교도소가 정교한 범죄기술을 전수받는 범죄학교로 비하되기도 하고, 교도소의 재소자들 가운데 과거 한번 이상 교도소에 수감된 자들이 전체 수형자들의 50퍼센트를 넘는다는 공식 통계자료도 있다. 특히 이와 관련하여 특히 70년대 미국에서 대규모의 실증적 분석에 대한 연구에서 범죄자에 대한 재사회화 및 처우 프로그램이 재범감소에 어떤 작용(효과)을 하는가(what works)라는 물음에 대해 "아무런 작용을 하지 않는다"(nothing works)는 주장[52]이 일종의 독트린으로 받아들여지면서 재사회화 특별예방이론에 대해 거는 기대가 급격하게 쇠퇴하였다.

86 「형의 집행 및 수용자의 처우에 관한 법률」(형집행법)은 특별예방목적 중에 재사회화목적을 형벌 집행의 목적으로 규정하고 있다. 제1조 목적조항에서 "이 법은 수형자의 교정교화와 건전한 사회복귀를 도모"하는 것을 목적으로 하고 있기 때문이다. 이 법률조항을 가지고 한국의 법체계가 특별예방목적을 형벌의 근거로 삼고 있다고 주장의 논거로 삼을 수는 없다. 형벌이론은 국가가 무엇을 근거로 형벌을 부과하는지에 관한 일반적 차원의 국가 형벌의 정당성에 관한 물음에 답하는 차원인 반면, 형법집행법상의 목적은 구체적인 범죄자에게 선고된 형벌을 현실적으로 집행함에 있어 국가 교정당국의 현실적 과제 차원의 문제이기 때문이다.

---

50) 독일의 헌법재판소는 이러한 의미에서 "국가는 시민을 강제로 교육시킬 수 있는 권리가 없으며, 자신이나 타인을 위험에 빠뜨리지 않음에도 오로지 개선목적으로 그의 자유를 빼앗은 것은 기본권의 본질을 침해하는 것이다"라고 선언하였다(BVerfGE 22, 219).

51) 이런 비판이 수용되어 오늘날에는 우리나라는 물론이고 외국에서도 교도소라는 시설 내에서 자유를 박탈하지 않고 사회 내에서 자유를 제한하면서 일정한 준수사항을 요구하는 이른바 '사회 내 처우(제재)'가 많이 도입되고 있다.

52) Martinson, Public Interest 35 (1974), S. 22. Cullen/Gendreau, The Effectiveness of Correctional Rehabilitation: Reconsidering the „Nothing Works" Debate, in: Goodstein/MacKenzie (Ed), The American Prison: Issues in Research and Policy, 1989, S. 23ff 참조.

3. 일반예방이론

(1) 소극적 일반예방이론

87 1) 의의 범죄로부터 일반 사회인을 보호하고 아울러 일반인을 위하(危嚇)시킴으로써 범죄를 예방 내지 억제할 수 있다는 이론을 말한다. 이와 같은 형벌이론은 '합리적인 행위선택'을 할 수 있다는 인간상 및 포이에르바흐의 심리강제설이 이론적 기초가 된 것으로 본다. 이 때문에 이 이론은 합리적으로 사고하는 이성적 인간은 형벌을 받게 됨으로써 받는 고통이 범죄행위로 인해 얻는 즐거움보다 더 크다는 것을 깨닫게 되면 스스로 범죄를 억제하게 될 것이라는 사고모델로 설명된다. 이 이론은 일반인에 대한 심리적 위협 내지 위하작용을 하는 형벌을 형법의 정당화모델로 삼으려고 하기 때문에 위하적 일반예방 또는—뒤에서 살펴볼 '적극적' 일반예방이론과 대비시켜—'소극적' 일반예방이라고 불린다.

88 2) 평가 및 문제점 소극적 일반예방이론은 우발범 내지 격정범의 경우 행위자가 항상 합리적, 이성적인 추론과정에 따라 이익과 손실을 따져서 범죄행위를 하는 것이 아니라는 점이 밝혀짐에 따라 그 이론적 기반을 상당부분 상실하였다. 소극적인 일반예방이론은 형벌은 일반예방적으로 작용하고 있고 또 그렇게 작용해야 한다는 막연한 인식에만 기초하고 있을 뿐 그 주장의 근거를 과학적으로 경험적 사실로 뒷받침할 수 없기 때문이다.

89 이 뿐만 아니라 위하적 일반예방이론은 이미 18세기나 19세기부터 심각한 규범적 차원의 약점을 가진 것으로 비판되었다. 위하적 일반예방이론에 따르면 어떤 개인을 다른 사람을 위하하기 위하여 처벌하는 것은 그를 범죄투쟁이라는 목적을 위해 수단으로 이용하는 것이고, 이러한 이용은 인간이 목적을 위한 수단으로 취급되는 것을 금하는 칸트의 정언명령에 반하기 때문이다. 응보이론의 또 다른 대부 격인 헤겔도 위하를 통한 예방은 위하되어야 할 자의 인간존엄을 침해하는 규범적 취약점을 가지고 있어서 정당화될 수 없다고 비판하였다. 특히 헤겔은 위하형벌을 받는 자는 비록 회초리를 통해서는 아니지만 설득 대신에 위협을 통해 규범합치적 행위가 강제되어야 하는 개로 취급되는 것이라는 주장까지 하였다.[53)]

90 더 나아가 소극적 일반예방이론은 사소한 범죄를 범한 범죄자에 대한 처벌을 다른 잠재적 범죄자를 위하하기 위한 본보기로 삼으려면 해당범죄의 중한 정도를 넘어서는 과잉 형벌을 부과하는 일을 정당화한다는 비판도 피해가기 어렵다.

91 判 그럼에도 헌법재판소는 형가중적 형사특별법의 위헌성을 부정하면서 그 형가중을 소극적 일반예방이론의 관점에서 정당화하고 있다. 한국의 헌법재판소가 이러한 일반예방이론을 형가중적 특별법 제정을 형사정책적으로 뒷받침하는 이론으로 설명하고 있음은 이 이론이 가진 규범적 차원의 문제점에 눈감고 있

---

53) Hegel, Grundlinien der Philosophie des Rechts, 1821, § 99.

거나 형벌의 정당화에 대한 충분한 성찰을 생략하고 있는 것으로 보인다.[54] 형벌이론에 대한 피상적인 접근보다는 추상적 규범통제의 책무를 수행하는 헌법재판소의 위상에 걸맞는 수준의 형벌이론에 대한 입장 표명이 요망된다.

(2) 적극적 일반예방이론

92 1) 의의 적극적 일반예방이론이란 형벌을 통해 잠재적 범죄인에 대해 위하작용을 하는 것이 아니라 형벌을 통해 법에 충실한 시민들의 내면에 '적극적으로' 긍정적인 효과를 일으키는 점에 강조점을 두고 있는 형벌이론이다. 즉 이 이론은 잠재적 범죄자를 위하함으로써 범죄를 예방하는 것이 아니라는 점에서 '특별'예방이 아니라 '일반'예방이고, 범죄자 이외의 일반인들의 법에 대한 신뢰(법준수)를 강화함으로써 범죄를 예방하려고 한다는 점에서 '적극적'이다.[55]

93 역사적으로 보면 적극적 일반예방은 '소극적 특별예방'을 형벌의 정당화에 관한 부적절한 시도로 배척하였던 종래의 합의에 기반을 두고 있는 관념적 구상물이라고 할 수 있을 것이다. 특히 적극적 일반예방이론은 적극적 일반예방 이론이 독일 형법학에서 최근에 이루어진 다른 합의, 즉 앞서 살펴보았듯이 재사회화 이론에 대한 비판("nothing works")을 기반으로 삼으면서 '적극적 특별예방'과도 거리를 둔다.

94 재사회화 처우사상이 가지고 있는 치명적 결함에 직면한 미국의 형사사법이 응보설로 회귀[56]하였던 것과는 달리, 독일에서는 정당화의 중점을 예방적 사고 그 자체 내부에 두면서 적극적 '특별예방'이 기능하지 않는다고 해서 적극적 '일반예방'까지 무용한 것은 아니라는 입장이 견지되었다. 이에 따라 형벌이 행위자를 재사회화할 수 없다면, 적어도 (재사회화에 저항적인) 행위자가 되지 않으려는 법에 충실한 시민의 규범준수 의지를 강화할 수는 있다는 주장을 하는 적극적 일반예방이론의 지지기반이 오히려 확산되었다.

95 적극적 일반예방이론은 그 이름 아래 모을 수 있는 다양한 변형이론들이 존재한다. 이 때문에 이 이론은 특정이론가의 적극적 일반예방 이론을 지칭하기 보다는 적극적 일반예방 이론'들'로 지칭되기도 하고,[57] '통합예방(Integrationsprävention)'과 동의어로 사용되기도 한다. 독일에서 적극적 일반예방이론의 확산에 일등공신인 야콥스는 최근 적극적 일반예방을 '규범의 타당성을 유지하는 일반예방(geltungserhaltende Generalprävention)'[58]으로 부르기

---

54) 헌법재판소 2004.12.16. 2003헌가12. "폭처법과 같은 형가중적 특별법은 사회 일반에서 물의를 빚고 있는 특정 범죄행위를 기존의 형량보다 중한 형으로 처벌한다. 이는 범죄로부터 일반 사회인을 보호하고 아울러 일반인을 위하(威嚇)시킴으로써 그러한 범죄를 예방하려는 소위 "소극적 일반예방"의 목적에서 비롯된 것이라고 할 수 있다. 그러므로 형가중적 특별법의 제정은 일반예방이라는 형사정책적 목적의 달성을 실현하기 위한 것이라고 할 수 있다."

55) Müller-Dietz, Integrationsprävention und Strafrecht, in: FS für Jescheck, 1985, S. 822.

56) v. Hirsch, Doing Justice: Report of the Committee for the Study of Incarceration, 1976; Allen, The Decline of the Rehabilitative Idea: Penal Policy and Public Purpose, 1981.

57) Hassemer, Variationen der positiven Generalprävention, in: Schünemann (Hrsg.), Positive Generalprävention: Kritische Analyse im deutsch-englischen Dialog, 1998, S. 29, 43.

58) Jakobs, System der strafrechtlichen Zurechnung, 2012, S. 15.

도 한다.

2) 평가 및 문제점 소극적 일반예방이론이 과잉형벌이나 본보기 형벌을 가져온다는 비판적 시각은 적극적 일반예방이론도 향한다. 일반예방관점만으로는 형벌의 한계를 정하는 것이 불가능하다는 점이 지적[59]되기도 한다. 이러한 비판은 특히 사회에 유용한 목적이 아니라 '책임'만이 형벌을 근거지울 뿐 아니라 형벌의 양도 제한할 수 있다고 주장하는 전통적 책임이론이 기초로 삼고 있는 책임원칙과 형벌에 관한 응보이론적 시각에서 가해지고 있는 비판이다. 하지만 전통적 책임이론이 기초하고 있는 책임비난의 근거가 형이상학적 의사자유이고, 이로써 인정되는 책임은 규범적 가정을 전제로 인정되는 책임이므로 그 존부는 물론이고 그 양도 측정되기 어렵다. 순수 응보는 미리 주어진 어떤 척도도 가지고 있지 못하기 때문이다.[60] 96

다른 한편 적극적 일반예방이론에 대해서는 방법론적 정당성에 회의적인 시각도 있다. 왜냐하면 준수대상이 되고 안정화되어야 할 규범에 대한 비판적 고찰이 없이 결과적으로는 맹목적 추종을 기획하는 것에 지나지 않기 때문이라고 한다.[61] 그러나 '영원한 규범' 또는 '절대적으로 정당한 규범'을 대상으로 삼는 태도를 전제로 한 이러한 비판은 실천학문인 형법이론학에 대한 비판으로 되기 어렵다. 형법이론학이든 형벌이론학이든 그 정당화 모델을 사고속에서 만들어가는 작업은 항상 사회적 합의와 절차적 정당성이라는 필터링을 거친 후에 사회 내에서 실재하는 일정한 법질서를 대상으로 삼는다는 점을 출발점으로 삼아야 하기 때문이다. 97

Ⅲ. 절충적 형벌이론

1. 절충적 형벌이론들

(1) 응보적 절충이론들

1) 응보이론을 중심에 두는 절충이론 응보, 일반예방, 특별예방 중 어느 하나만으로는 형벌의 의미와 한계를 합리적으로 규명해 줄 수 없으므로 응보이론과 예방이론을 종합해야만 형벌을 정당화할 수 있다는 견해이다.[62] 이러한 견해는 책임에 상응한 형벌만이 정당하다는 의미의 책임원칙을 고수하면서 형벌집행단계에서는 재사회화적 사회복귀사상을 강조하거나 처우의 개별 및 형벌완화를 가능케 하는 범위 내에서 적극적 특별예방이론을 수용하기도 하고, 특히 일반예방목적과 관련해서는 종래의 소극적인 의미의 일반예방목적 98

---

59) 홍영기, §2/22
60) Jakobs, System der strafrechtlichen Zurechnung, 2012, S. 15.
61) 배종대, §4/33-34.
62) 배종대, §4/61; 신동운, 8면; 이재상/장영민/강동범, §4/31; 임웅, 51면; 정성근/정준섭, 22면.

은 지양되어야 하지만 일반인의 규범의식을 강화한다는 적극적인 의미가 부각되는 방향으로 운용되도록 해야 한다고 하기도 한다.[63]

99 **2) 예방이론에 중점을 둔 절충이론** 형벌이론이 대답해야 할 물음을 "왜 처벌되는가"하는 물음과 "왜 이 행위자를 처벌하는가"하는 물음으로 구분하여 상이한 대답을 할 수 있는 여지를 제공한 하트(H.L.A. Hart)의 형벌컨셉[64]도 절충이론으로 분류할 수 있다. 이에 따르면 제도로서의 형벌 일반의 정당화와 관련해서는 목적지향적 예방이론에 동의하면서, 구체적인 사례에서의 처벌의 정당화를 위해서는 응보적 착안점에 우위를 두는 답변을 할 수 있다. 이렇게 되면 범죄를 범하지 못하도록 위하를 주기 위해 형벌을 필요로 하면서 동시에 개개의 행위자에 대해서는 그가 실제로 마땅히 받아야 할 형벌 이상의 가혹한 형벌을 받지 못하게 할 수 있게 된다.

100 **3) 단계적 절충이론** 응보적 절충이론 가운데 형벌실현의 각 단계별로 각기 다른 형벌목적이 타당하다는 견해도 있다.[65] 이에 의하면 먼저 형사입법의 단계에서 법률에 형벌을 규정하는 것은 장차 범죄를 범할지도 모르는 잠재적 범죄자인 모든 시민에 대해 경고하는 목적을 가지고 있다고 한다(일반예방목적). 다음으로 법원에 의해 형벌이 선고될 경우에는 그 법률에 정한 형벌, 즉 법정형의 범위 내에서만 형벌이 선고되어야 한다는 것은 행위자의 책임의 범위를 넘어서는 형벌이 선고되어서는 안 되는 것임을 의미하며(응보), 마지막으로 형벌이 선고되어 그것이 집행되는 단계에서는 행위자의 개선 및 교화를 지향하는 재사회화목적(특별예방목적)이 관건이 된다고 한다.

(2) 변증법적 절충이론

101 형벌실현의 각 단계에서 특별예방과 일반예방의 장점들만 나타나도록 이를 변증법적으로 합일시키려고 하는 견해이다.[66] 이 견해는 형법이 합리성을 유지하고 인간의 존엄과 자유를 보장하며 형사정책과 형벌목적론의 발전방향을 일치시키기 위해 형법에서 응보사상을 완전히 추방하면서 특별예방과 일반예방만을 형벌의 유일한 목적으로 파악하는 특징이 있다. 그리고 이 이론은 일반예방도 소극적 (위하적) 일반예방이 아니라 적극적 일반예방을 지칭한다.

2. 절충적 형벌이론의 문제점

102 절충이론은 필연적으로 한계를 가진다. 그 이론을 구성하는 각 형벌이론들이 가지고 있는 문제점들을 모두 내포하기 때문이다. 무엇보다도 절대적 응보이론과 상대적 예방이

---

63) 손동권, §2/21.
64) Hart, Prolegomenon to the Principles of Punishment, in: ders., Punishment and Responsibility, 1968, S. 1; siehe auch Rawls, Phil. Rev. 64 (1955), S. 3; Quinn, Phil. & Pub. Affairs 14 (1985), S. 327.
65) Naucke, Tendenzen in der Strafrechtsentwicklung, 1975, S. 28–31.
66) Roxin, AT 1, §3/36.

론은 하나의 이론체계로 조화롭게 결합되기도 어렵다. 이러한 차원의 결합이 최적의 절충으로 나타나지 않고 최악의 조합(예, 응보이론+소극적 일반예방이론)으로 나타날 수도 있기 때문이다.

이 뿐만 아니라 절충이론은 체계일관성을 유지하기 어렵다. 형벌이론은 형법의 정당화를 위한 사고모델이어야 하고, 또 이러한 차원의 형벌이론을 근거지우는 일과 가벌성의 전제조건인 범죄의 실체내용을 구성하는 일은 서로 독립적인 일과 무관할 수 없다는 이 책의 관점에서 보면, 형벌이론은 체계적으로나 내용적으로 범죄이론과 일관성있게 조화되어야 하기 때문이다. 응보이론의 관점에서 구성되는 범죄와 예방이론의 관점에서 구성되는 범죄가 동일한 내용을 가질 수가 없다. 이러한 시각에서 보면 형이상학적 응보이론을 배척하고 특별예방이론과 일반예방이론을 변증법적으로 결합시키는 차원의 절충이론도 체계적 일관성을 유지하기 어렵기는 마찬가지이다. 103

미국에서도 특히 이백여 년간의 논쟁을 거치면서 이제 더 이상 나올만한 새로운 형벌이론이 존재하지 않는 것으로 평가되고 있다. 특히 미국의 형벌이론가들과 입법자들 그리고 그동안에 널리 확산된 의무적인 양형지침들을 만들어내야 할 의무를 가진 양형위원회(sentencing commissions)[67]는 위 이론들을 이런 저런 변형형태로 절충하여 전적으로 서로 조화될 수 없다고 생각되는 요소들을 결합시키고 있다.[68] 104

Ⅳ. 최선의 형벌이론을 찾기 위한 평가기준

형벌의 정당성을 근거지움에 있어 어떤 형벌이론도 무흠결을 자랑하지 못한다. 특히 무엇 때문에 다른 수단이 아닌 '형벌'이어야 하는가라는 물음에 대해서까지 만족스럽게 답을 내놓고 있는 형벌이론은 없다. 무엇보다도 자연스럽게 등장한 '형벌'을 수단으로 삼고 있는 현대 헌법국가에서 '형법'의 정당화 모델을 '형벌'의 정당화이론을 통해서만 구축하기는 현실적으로 불가능할지도 모른다. 형법은 형벌만 수단으로 삼지 않고 다른 제도들과의 협업을 통해서 법익보호과제를 수행하고 있기 때문이다. 105

따라서 어떤 형벌이론이 형벌의 정당성을 만족스럽게 근거지우지 못한다고 해서 그러한 형벌을 수단으로 하고 있는 형법의 정당성까지 송두리째 부인할 수는 없다. 더욱이 2천년 이상 형벌목적을 둘러싸고 이론적 모색을 해 오는 가운데 새로운 형벌이론의 원천은 거의 고갈되었다고 해도 과언이 아니다. 이러한 상황에서 정당한 형벌을 근거지우는 형벌이 106

---

67) 미국 연방대법원은 최근 연방법의 양형가이드라인(United States Sentencing Guidelines)에 대한 헌법소원에 대해 연방법이 그것을 구속력이 없다고 선언하고 있음을 이유로 기각하였다. United States v. Booker, 125 S. Ct. 738 (2005).

68) 예컨대 연방 가이드라인 Kapitel 1, Teil A(3): 응보이론과 목적지향적 이론들 사이의 "철학적 딜레마의 해소"이지 "하나의 형벌이론이 다른 형벌이론에 대해 우위에 있음"을 근거로 하고 있지 않다고 하고 있다; 18 U.S.C. § 3553(a)(2): 위하, 보안, 응보 그리고 재사회화.

론이 없다고 해서 형법이 형벌수단을 전적으로 포기하는 형폐지주의자가 될 수도 없다.

107 모든 학문적 '이론'이 그러하듯이 형법학의 형벌이론도 형벌에 관한 절대적 진리를 찾아 이를 구속력 있는 이론을 만들어내기 어렵다. "형벌의 본질에 대해 분명히 답하는 것은 형법학 전체에서 가장 어려운 일"[69]임은 이 문제에 치열한 고민을 해 본 자의 고백일 수밖에 없다. 결국 선택의 문제로 돌아가지 않을 수 없다. 그러나 최선의 선택에 이르기 위해서는 기준과 근거에 기초한 선택이어야 한다.

108 이러한 출발점에서 필자는 다음과 같은 선택기준 내지 판단근거에 따라 최선의 형벌이론을 선택하려는 시도를 해 본다. ① 형법의 법익보호과제와 조화가능성, ② 형벌의 해악적 성격에 결부되는 규범적인 약점의 최소화 ③ 경험적인 차원의 입증곤란의 극복 ④ 형벌의 의미와 현실적 기능과 부합, ⑤ 형벌에 관한 이론(형벌목적)과 범죄에 관한 이론(범죄성립요건)의 체계일관성 및 연동가능성 유지.

1. 예방적 '형법'모델과 조화가능한 '형벌'이론

109 형법을 정당화할 경우 가치론적으로도 일관성의 요구에 따라야 한다면, 형벌이론도 형법이론학이 세우고 있는 형법의 과제설정과도 조화되어야 한다. 독일은 물론이고 한국의 형법총론 교과서에서는 형법의 과제가 '법익보호'에 있다는 점에는 이견이 없다. 여기서 형법의 법익보호과제란 형벌법규가 형벌 예고적 방법(법정형)을 통해서 일정한 행위를 금지함으로써 보호하려고 하는 법익을 보호할 수 있음을 말한다.

110 그러나 형벌예고적 방식만으로는 형법의 과제로 설정된 법익이 보호되는 데에는 한계가 있다고 말할 수도 있다. 현실적으로 형벌은 법익을 공격하는 행위, 즉 범죄행위가 범해진 과거사실을 전제로 투입되어야 하므로 법익이 침해되거나 침해될 위험이 생긴 후에야 개입되는 형법은 법익보호과제를 수행하기에 너무 늦기 때문이다. 그럼에도 범죄행위에 대한 형벌 예고적 방식이 장래의 범죄는 물론이고 또 다른 법익침해를 억제하는 역할을 할 수 있음을 부정할 수는 없다. 형벌을 수단으로 삼는 형법의 존재 그 자체가 일정한 범죄예방 또는 장차의 법익공격적 행위를 억제하는 효과를 가지기 때문이다.

111 이러한 맥락에서 보면 현존하는 일정한 법질서를 정당화하는 모델로서 '형법'이 지향하고 있는 바는 '예방'지향적이라고 할 수 있다. 물론 '형법'이 예방을 지향해야 한다는 언명으로 '형벌'도 예방을 지향해야 한다는 점까지 아직 말하고 것은 아니다. 엄밀하게 보면 19세기 독일에서 근대형법의 기초자로 불리는 포이에르바흐가 심리강제설을 이론적 기초로 삼아 금지행위를 엄격하게 법률로 정형화하고 거기에 대해 형벌을 부과하는 형법모델을 설계함으로써 죄형법정주의를 기초지우고 일반예방목적을 형벌이론으로 주장한 것도 결국은 형법의 존재 그 자체가 가진 일정한 범죄'예방'적 효과를 염두에 두고 한 것일 수도

69) 홍영기, §37.

있다.

112 물론 형법 자체가 예방지향적 형법이라면, 이 점은 형법의 수단인 '형벌'을 근거지움에 있어서도 응보적 형벌이론보다는 예방적 형벌이론을 취할 수 있는 이유로 작용할 수도 있다. 응보이론은 형벌을 근거지우는 일을 오직 범죄가 행해졌다는 과거 사실에 대해 책임비난 내지 응보를 통해 형벌을 정당화할 수 있다고 설명하고 있을 뿐이기 때문이다.

113 이러한 관점에서 보면 형법의 정당화(예방모델)와 형벌의 정당화(예방이론)간에 일관성을 유지하려면 먼저 형법의 과제가 '예방적' 법익보호과제임을 분명히 확인하는 일부터 시작되어야 한다. 이러한 출발점에서 보면 응보이론을 취하면서 형법이 이미 이루어진 법익침해 내지 범죄에 대한 응보적 차원의 형벌을 통해 법익보호과제를 수행하기를 기대하는 것은 이미 일관성을 잃은 설명이기 때문이다.

114 물론 오늘날 응보이론도 일정한 예방효과와 사회적 효과에 대한 기대를 전적으로 배제하지 않는다. 그러나 응보이론은 그러한 효과와 기대를 단순한 부수효과로만 인정하거나 다른 형법의 제도와 다른 프로그램들(예 보안처분)을 통해 얻을 수 있는 것으로 보는 점에서 한계가 있다. 요컨대 형법의 예방지향적 과제확정과 형벌을 정당화하는 이론이 마찰없이 결합되려면 형벌이론(특히 형벌목적이론)에서도 응보적 형벌이론보다는 예방적 형벌이론을 취하는 것이 바람직하다.

115 국내의 형법교과서에서는 한결같이 형법의 과제나 기능을 '법익보호'라고 하면서 형벌을 정당화하거나 형벌근거 이론으로서는 응보이론도 결합시켜 넣고 있는 이른바 절충설의 태도를 취한다. 응보에 기초한 법익보호 과제설정은 형법의 정당화 이론과 형벌이론간의 일관성 유지라는 관점에서 볼 때 취하기 어려운 태도이다. 앞서 살펴보았듯이 그 각각의 형벌이론(예방이론) 자체에 규범적 차원의 약점을 가지고 있음은 별론으로 하더라도, 법익보호과제를 '예방적' 법익보호과제로 바꾸어 부른다면 적어도 응보설에 기초한 절충설은 그 명칭에 걸맞는 형벌이론과 형법의 정당화모델간의 일관성 확보에 실패하였음을 드러내 보여준다.

2. 규범적 약점을 최소화하는 형벌이론

116 예방적 형법모델과 일관성을 유지할 수 있는 형벌이론들, 그 중에서도 '소극적 일반예방이론'과 '소극적 특별예방이론'은 18세기, 19세기부터 신랄한 공격의 대상이 되었다. 모두 범죄자를 목적달성을 위한 수단으로 도구화하고 이는 다시 인간의 존엄에 반하는 것이라는 규범적 차원의 약점을 가지기 때문이었다. 소극적 일반예방이론은 범죄자를 처벌함으로써 일반인(잠재적 범죄자)에게 위하효과를 기대하는 점에서, 그리고 소극적 특별예방이론은 사회방위 내지 사회안전을 위해 범죄자를 무기력화(무해화)시킨다는 점에서 인간을 수단으로 전락시킨다는 것이다.

117 '적극적 특별예방이론'도 그 자체만 가지고는 헌법적으로 정당화 되기 어렵다. 자유이념에 기초하여 인격적 자기실현을 하는 자율적 주체인 개인에게 일반적 행동의 자유권을 부

여하고 있는 헌법적 가치에 정면으로 충돌하기 때문이다. 이에 따르면 어떤 국가도 개인을 교육하고 개선하기 위한 목적 하나만 가지고는 강제적 형벌수단을 투입하는 일을 정당화하기 어렵다. 이 때문에 재사회적 특별예방이론이 형벌을 정당화시키려면 헌법적 법익(국가안전, 공공복리, 질서유지)을 실현하기 위한 사회적 유용성 차원의 일반예방이론이나 범죄자에 대한 책임비난을 내용으로 하는 응보이론과 결합되는 절충이론의 형식을 취해야 한다. 그러나 절충적 형벌이론은 일관성 문제 뿐 아니라 다른 예방이론이 가진 규범적 약점을 모두 가지게 되는 문제점이 있다. 무엇보다도 19세기 리스트에 의해 형벌을 통해 달성하려고 했던 소극적 특별예방과 적극적 특별예방 목적은 그 이후 고안된 형법내 다른 제재수단인 '보안처분'(정식명칭: 보안 및 개선을 위한 처분)의 정당성을 근거지우는 목적으로 그 소임이 특화되었다.

118 이와는 달리 '적극적 일반예방이론'은 위하모델(소극적 특별예방이론, 소극적 일반예방이론)이나 개선모델(적극적 특별예방이론)이 가지고 있는 규범적 약점을 모두 극복할 수 있는 것으로 평가될 수 있다. 적극적 일반예방이론은 일반인을 잠재적 범죄자로 봐서 몽둥이로 위협하지도 않고 형벌을 받는 자에게도 겁을 주지도 않고 범죄자를 개선하려고 하지도 않는다. 적극적 일반예방은 형벌을 통해 법에 충실한 시민의 법준수의사 내지 규범의식을 확립하고 강화함으로써 규범의 타당성을 유지하려는 점을 목표로 삼기 때문이다. 물론 규범의 타당성 유지를 목적으로 삼는 적극적 일반예방이론이 사회의 질서유지에 초점을 맞추고 있음은 절대적 응보이론의 근대적 변형인 신응보이론과의 차별화되기 어렵다는 점에 관해서는 앞서 언급한 바와 같다.

3. 형벌효과에 대한 경험적 입증가능성을 벗어나는 형벌이론

119 형벌을 정당화하는 이론간의 우열관계를 각 형벌이론이 추구하는 형벌효과의 실증적 차원에서의 입증가능성이라는 기준을 가지고 평가할 수는 있다. 그러나 이 기준은 오늘날 엄격한 의미에서 현실적인 의미를 발휘하지는 못한다. 어떤 형벌이론이라도 그것이 내세우는 현실적 목표달성이나 유용성의 정도를 경험적 수치로 양화하지 못하고 있기 때문이다. 가장 널리 그리고 일반적으로 받아들여지고 있는 위하적 일반예방 효과만 하더라도 범죄학적 연구결과에 따르면 실제로 막연히 예상되고 있는 것에 비해 그 효과가 훨씬 적은 것이라고 평가되고 있다. 실제로 중요한 것은 부과된 형벌의 양이나 종류보다는 형벌부과의 확실성에서 출발한다는 점만 널리 수용되고 있을 뿐이다.

120 그러나 적극적 일반예방이론은 다른 목적지향적 이론들이 봉착했던 형벌효과의 경험적 차원의 입증불가능 문제도 해결될 수 있다. 특히 적극적 일반예방은 형벌예고, 선고, 집행의 효과가 범죄자에게 나타나는 것이 아니라 범죄자의 규범위반에도 불구하고 실제 규범을 준수하는 다수의 규범준수자가 존재한다는 점에서 그리고 규범이 여전히 유지되고 있다는 점에서 나타나고 있다고 말할 수 있기 때문이다. 이 때문에 적극적 일반예방은 근본

적으로 (반증가능한 것이 아니라) "반박불가능하다"(록신)고 평가되기도 한다.

이러한 시각에서 보면 적극적 일반예방은 바로 그 효과가 경험적으로 입증되어 있지 않기 때문에 혹은 더 정확하게 말하면 경험적으로 입증불가능한 것이기 때문에 매력적인 것으로 보이는 측면이 있다. 물론 이러한 장점은 회복적 정의사상에 기초하여 범죄자에 의해 위반된 법을 법으로 복구하는데 초점을 맞춘 신응보이론의 장점이기도 하다. 응보주의적 형벌이론은 형벌을 윤리적 필연성으로 보고 국가로 하여금 윤리적 필연성을 수행해야 할 과제를 부여하고 있기 때문이다. 그러나 오늘날 기능적 국가관에 의하면 국가가 형벌을 윤리적 의무론적 관점에서 부과하고 있는지는 여전히 의문이다.[70] 121

4. 형벌의 현실적 기능에 부합하는 형벌이론

신응보이론의 최대강점은 적극적 일반예방이론의 최대약점이다. (신)응보이론은 형벌의 양을 행위의 불법에 상응하는 책임형벌을 정당한 형벌이라고 함으로써 책임형벌을 넘어서는 과잉형벌의 여지를 허용하는 적극적 일반예방이론과 차별화를 두려고 한다. 적극적 일반예방이론은 일반시민들의 규범의식에 기초하는 결과 시민들이 생각하는 처벌의 수위가 적극적 일반예방이론가들이 정당한 규범적 관점에서 생각하는 처벌의 수위보다 현저하게 높을 경우에도 그러한 과잉형벌을 따를 수밖에 없지만, 신응보이론은 시민들의 잘못된 규범의식에서 기인하는 과잉형벌은 형을 선고받는 자에게 정당한 형벌이 아니라 형벌을 통한 희생을 강요하는 것이라고 비판을 한다.[71] 122

그러나 응보이론은 물론이고 신응보이론도 책임 또는 책임형벌을 행위의 불법의 정도에 맞게 환산하기 위해 그 환율을 계산할 수 있는 미리 마련된 척도를 한 번도 제시한 적이 없다. 이 때문에 책임에 상응한 정당한 책임형벌을 담보할 수 있다는 신응보이론도 결 123
국 형이상학적 주장일 뿐이다. 이와는 달리 적극적 일반예방이론은 결국 형벌을 정하는 것 124
은 사회의 상태이고 그 사회를 구성하는 시민들의 간주관적 법의식이라는 입장을 배척하지 않기 때문에 시민들이 당대의 법의식에 기초한 형벌의 양도 그러한 형벌을 통해 유지하려는 규범의 타당성도 그 사회의 상태와 시민들의 법의식과 연동되어 있음을 인정한다.[72] 특히 적극적 일반예방이론은 그 타당성을 유지하려는 '규범'도 일반 시민의 법의식과 헌법적 가치질서를 끊임없이 '조정'하여 유지되고 있는 현존하는 질서모델을 전제로 한다.

---

70) 오늘날 헌법적 관점에서의 기능적 국가개념을 출발점으로 삼는다면, 적극적 일반예방이론에 대한 도덕적 윤리적 차원의 정당화 비판, 즉 "시민들의 규범의식을 강화시키기 위해 형벌이라는 해악수단을 이용할 도덕적 관한이 국가에게 있다고 볼 수 있는지도 의문이다"는 비판은 응보이론에 대해서와 마찬가지로 더 이상 실효적인 비판으로 보기 어려울 것으로 보인다.

71) Pawlik, Person, Subjekt, Bürger – Zur Legitimation von Strafe, 2004, 41.

72) 헌법재판소는 "법정형의 종류와 범위의 선택은 그 범죄의 죄질과 보호법익에 대한 고려뿐만이 아니라 우리의 역사와 문화, 입법 당시의 시대적 상황, 국민 일반의 가치관 내지 법감정 그리고 범죄예방을 위한 형사정책적 측면 등 여러 가지 요소를 종합적으로 고려하여 입법자가 결정할 사항으로서 광범위한 입법재량 내지 형성의 자유가 인정되어야 할 분야이다."(헌법재판소 2011.11.24. 2010헌바472)라고 하면서 '예방목적'을 중요한 고려사항으로 인정하고 있다.

125 바로 이러한 이유 때문에 형벌을 통해 규범의 타당성을 유지하려는 적극적 일반예방이론은 형벌의 목적이 아니라 형벌의 의미와 형벌의 현실기능을 '설명'하고 있을 뿐이라고 하면서 적극적 일반예방이론이 형벌을 정당화하는 이론이 아니라는 비판[73]이 가해지기도 한다.

126 그러나 형벌이론에서 그 중점을 형벌의 효과에 두면 둘수록, 무게중심은 형벌의 의미로 옮겨지게 된다. 따라서 적극적 일반예방이론은 형벌의 경우 그 '의미'가 관건이 되는 것이지 (예방과 같은) 일정한 '목적'의 달성이 중요한 것이 아니라는 점을 주장하면 할수록 그것은 형벌의 현실 '기능'에 대한 분석이라는 지적도 전적으로 타당하다. 일정 부분까지는 적극적 일반예방은 더 이상 형벌의 정당화 근거라기보다는 형벌의 현실적 기능이자 형벌의 의미다. 적극적 일반예방론자인 야콥스도 이 점을 인정한다. "형벌의 고통은 규범의 타당성에 관한 인지적(kognitive) 안정화에 기여한다. 이는 형벌의 '목적'이다. 범죄자에 의한 규범의 타당성에 대한 부정에 대한 반박(Widerspruch)은 형벌의 '의미'"[74]라고 한다.

127 다른 한편 형벌이 법공동체에 대해 법질서의 불가침성을 입증해주고 시민의 법준수를 강화한다는 점을 인정[75]한다면, 그러한 입증과 강화는 형벌의 정당성을 뒷받침해 줄 수도 있다. 특히 이러한 형벌의 현실기능은 그 기능이 순기능이라면 형벌의 정당성의 기초로 삼을 수 있는 플러스적 근거이지 형벌의 정당성을 부정할 수 있는 근거는 아니라고도 할 수 있다. 이 때문에 책임에 상응한 형벌을 부과함으로 책임이 정확하게 상쇄된다는 사고에 기초하여 '이론의 완전성'을 추구하는 응보이론보다는 '현실의 불완전성'에 주목하여 형벌을 통해 불완전한 현실을 바꾸는 것을 내용으로 하는 예방이론이 합리적인 형벌이론이라고 볼 수도 있다.[76]

5. 형벌목적과 범죄성립요건의 체계일관성 및 연동가능성

(1) 두 가지 다른 차원의 형벌이론

128 형벌의 의미가 규범의 타당성의 유지에 있다고 보는 적극적 일반예방이론이 다른 형벌이론에 비해 설명력은 큰 반면에 결함은 적다. 하지만 이는 어디까지나 법실증주의적 규범이론의 관점에서 보면 그렇다는 것이지, 규범'외적'인 관점에서도 적극적 일반예방이론이 형벌을 충분하게 '정당화'하고 있다고 말하기는 어렵다.

129 형벌을 '규범'과 관련시키는 대신 '책임'과 관련시키면서 책임형벌을 기초로 삼는 (신)응보이론이 적극적 일반예방이론을 '형법이론'으로는 받아들이지만, 형벌의 정당화이론으로는 비판적 자세를 견지하고 있음도 바로 이 때문이다.

---

73) Pawlik, Person, 앞의 책, 2004, S. 39.

74) Jakobs, Staatliche Strafe: Bedeutung und Zweck, 2004, S. 29. 이 소책자에서 야콥스는 자신의 형벌이론을 "표현적 형벌이론" 또는 "커뮤니케이션적 형벌이론"이라고 부르기도 한다.

75) Roxin, AT Ⅰ, S. 50, mit einem Zitat aus BVerfGE 45, 255f.

76) Winfried Hassemer, Einführung in die Grundlagen des Strafrechts, 2. Aufl., 1990, S. 284.

하지만 오늘날 형법의 정당화모델의 기초로 예방이론을 취하는 입장 중에 형'법'의 가벌성의 전제조건으로 '책임'의 존재를 부정하는 입장은 없다. '책임'을 형벌의 법적 근거로 인정해야 하는 이유는 차고 넘친다. '책임'은 '불법'행위로 나아간 구체적 행위자를 '형벌'로 비난하는 형식적 법적 근거이기만 한 것이 아니라 형법의 정당화를 위해서도 포기되어서는 안 될 헌법적 제도이다. 예방목적의 추구하는 형법이 자칫 국가형벌의 과잉 및 가벌성의 전제조건의 기반 와해로 이어질 수 있다는 우려를 불식시키기 위해서도 행위자에 대한 형벌부과를 위해서는 '책임'을 전제조건으로 하고 그 형벌의 양도 책임을 기초로 한다는 점에 이견이 없다. 130

(2) 범죄이론과 형벌이론의 체계적 통합에 기여하는 형벌이론

위와 같이 신응보이론과 적극적 일반예방이론은 더 이상 양자택일의 관계에 있지 않다. 신응보이론은 '책임'을 '형벌의 법적 근거'로 설명하는데 용이하고, 적극적 일반이론은 법적 근거로서의 책임이 인정되는 행위자에게 부과되는 '형벌의 사회적 의미와 기능'을 설명하는데 용이하다. 형벌체계 내에서 각기 다른 역할을 하면서도 형벌부과의 '전제조건'인 범죄체계와의 관계맺음의 방식에 관한 한, 두 형벌이론은 그 작동방식을 전적으로 달리한다. 131

먼저, 신응보이론에 따르면 '형벌'은 현실목적과 무관하게 형벌 그 자체의 정당화 근거로서 동원될 뿐이므로 목적론적으로 구축된 범죄체계와 아무런 상호작용을 하지 않는다. 즉 응보형은 행위자의 행위가 범죄성립요건의 충족을 전제조건으로 하여 그 행위자에게 인정되는 책임을 부담시키는 '방법'이므로 그 전제조건인 범죄성립요건의 하위요소(개념)들에 원칙적으로 아무런 접촉점을 가지지 않고 해석기준의 역할도 하지 못한다. 132

응보이론에 따르면 형벌은 불법을 확정한 후에만 응보차원에서 부과되는 것이므로 범죄의 성립요건, 즉 불법과 책임의 인정에 형벌목적적 관점을 고려할 수 없고, 양자는 철저하게 분리 독립된 영역으로 이해된다. '요건'으로서의 범죄에 관한 이론과 '효과'로서의 형벌에 관한 이론의 '분리독립 도그마'의 배경이론이 바로 응보적 형벌이론인 것이다. 133

그러나 '형벌'이론적 관점이 범죄성립요건의 각 체계요소들에 대한 해석문제와 아무런 관련성을 가지지 못하고 절대적으로 독립성을 유지하게 하는 응보이론의 작동방식은 납득하기 어렵다. '범죄'의 요건이 '형벌'을 근거지우는 실체'법'적 전제조건들의 총체라면 그 요건이 효과와 무관하게 만들어졌을 리 없기 때문이다. 134

判 대법원도 이미 책임의 유무와 정도를 판단함에 있어서 형벌제도의 목적적 관점을 고려에 넣어야 한다는 태도를 표명하고 있을 뿐만 아니라 위법성 판단에서도 '처벌의 필요성'을 고려하고 있음을 은연중에 드러내고 있다. 문제는 어떤 형벌목적인지 그리고 필요로 하는 처벌이 어떤 관점에서 그리고 어떠한 형벌효과를 염두에 두고 있는 것인지를 명시적으로 밝히고 있지 않다는 점에 있을 뿐이다. 135

범죄이론과 형벌이론이 서로 무관하게 독립성을 유지해야 한다는 점은 사변적으로는 가능할지 모른다. 내세우고 있는 이성적 요청(가벌성 판단에 있어서 자의금지)에 부합하는 명 136

분도 충분하다. 그러나 현실적이지 못하다. 외출을 위해 준비를 하는 자에게 외출을 위한 '준비 작업'이 그 외출 '목적'과 무관할 순 없다. 동네산책을 위한 외출준비와 상견례를 위한 외출준비는 다르기 마련이다. 외출준비는 외출목적에 종속적 일지언정 독립적일 수가 없기 때문이다. 형벌부과의 조건이 형식적인 법률로 미리 준비되어 있지만, 그 법률을 구체적 사례에 적용하기 위해 해석을 통해 그 조건을 재구성할 경우 '형벌 목적'과 무관하게 독립적으로 설정될 수 있다는 점은 비현실적 사변에 불과하다.

137 이러한 관점에서 보면 범죄이론과 형벌이론간의 분리독립적 관계 대신 상호종속적 관계를 인정하는 적극적 일반예방이론이 형벌이론의 차원을 넘어선 '형법'이론이기도 하므로 응보이론에 비하여 범죄이론과 형벌이론의 체계적 통합에 기여하는 형벌이론이라고 할 수 있다.[77] 특히 앞서 범죄체계론이나 책임이론에서 살펴보았듯이 책임의 실질적 내용에 적극적 일반예방목적을 채워 넣으려는 야콥스의 기능적 책임이해는 '책임'이라는 타이틀하에서 책임관련적 형법규정들(책임조각사유)을 해석할 경우에도 규범의 타당성유지라는 적극적 일반예방목적을 고려함으로써 형법적 '개념' 접근에 '방법'론적 전환을 도모할 수 있다.

6. 결론

138 형법이라는 법규범 안에서 뿐 아니라 사회내에서도 실재하는 형벌에 관한 '이론'의 역사는 인류의 역사만큼이나 오래되었다. 신응보이론과 적극적 일반예방이론은 모두 학문적으로 입론 가능한 이론으로서 어느 것이건 학문적으로 '주장'될 수 있는 이론이다. 하지만 어느 것도 학문의 목표인 '진리', 즉 형벌에 관한 절대적으로 구속력있고 객관적인 사실적 차원의 진실을 담고 있다고 보기는 어렵다. 상대적으로 타당성을 가진 두 이론 중에 법학의 학문성의 전제조건[78]의 하나인 '체계 일관성'이라는 기준에 부합하는 것은 적극적 일반예방이론이라고 할 수 있다. 여기서 말하는 체계 일관성은 형벌을 근거지우는 이론이 가치관계적 규범적 관점에서 보더라도 그 이론에 의해 기초된 범죄에 관한 이론과도 들어맞아야 한다는 점을 말한다. 어떤 한 지점에서의 확정은 오히려 다른 영역에서도 중요한 결론을 가져야 이론적 일관성이라는 학문적 요청에 부합하는 것이기 때문이다.[79]

139 신응보이론은 형벌체계에서의 이론과 범죄체계에서의 이론이 상호연관되어 작동시킬 가능성이 거의 제로에 가까운 반면, 적극적 일반예방이론은 책임표지 이외에 범죄의 '일반적' 표지의 하위요소(개념)들을 해석함에 있어 '규범의 타당성 유지'라는 적극적 일반예방 목적을 '규범적 평가의 기준'으로 삼는 점에서 체계일관성이라는 학문성의 요건을 더 잘 충족시킨다. 이러한 맥락에서 보면, 적극적 일반예방이론이 기초하는 형법학 방법론은 범죄성립요건의 하위요소(개념)들에 대한 해석을 통해 발견되는 법이 처음부터 객관적

---

77) Jakobs, Schuld und Prävention, 1976, S. 8 ff; Roxin, FS für Henkel, 1974, S. 181 ff; ders. in: FS für Bockelmann, 1979, S. 279 ff.

78) 이에 관해서는 김성돈, "법이해, 법발견방법 그리고 직권남용죄", 형사법연구 제33권 제4호(2021), 139면 이하.

79) 형법의 각칙구성요건과 형벌이론과의 관계에 관한 연구가 입법적 차원과 해석적 차원에서 모두 중요한 연구과제가 되어야 한다는 점에 관해서는 Kubiciel, Michael, Die Wissenschaft vom Besonderen Teil des Strafrechts, Vittorio Klostermann, 2013 참조.

으로 존재하는 고정된 '법(리)'이 아니라 외부적 현실적 요소에 의해 영향을 받아 되어가는 가소성있는 '법(리)'이라는 후성법학적 법발견 방법학과도 일맥상통한다. 범죄에 관한 이론에 영향을 미치는 외부적 현실적 요소 중에 형벌의 목적만큼 중요한 것은 없다.

사회적 체계의 일부로서 질서유지 기능을 하는 형법이 형벌을 통해 아무런 사회적 효과를 기대하지 않을 수는 없다. 그러나 응보책임은 책임이 있는 자에게 형벌이 부과되는 것만으로 그 기능을 다한다. 이러한 한 형벌은 자기목적의 실현에 불과하게 된다. 응보적 책임비난의 표현으로서의 형벌부과만으로는 그 이전단계, 즉 불법행위를 한 행위자에게 '책임'을 인정하는 단계에서 형벌의 사회적 의미와 기능을 고려하는 길이 차단되어 있기 때문이다. 하지만 책임개념도 사회적 기능을 수행하게 하려면 가벌성의 전제조건인 범죄성립의 단계에서부터 형벌목적적 관점을 개입시킬 수 있게 하는 책임이론이 전개되어야 한다. 140

적극적 일반예방이론은 형벌을 통해 '규범'의 타당성 유지라는 목적적 관점을 '책임' 판단에서 고려할 수 있을 뿐만 아니라 가벌성의 다른 전제조건에 대한 판단에도 관철시킬 수 있는 방법론적 착안점을 제공한다. 법규범을 위반한 '불법'에 대한 '책임'을 묻는 상징적 장치로서의 형벌이 가진 사회적 기능을 부정하지 않는 한, 그 형벌의 목적적 관점의 고려는 적어도 책임 판단에서는 배제되어서는 안 되기 때문이다. 141

'형벌은 왜 부과되는가'라는 일반적인 차원의 물음과 '불법행위를 한 구체적인 행위자가 어떤 조건하에서 어떻게 처벌되어야 하는가'라는 물음을 구분한다면,[80] 첫 번째 물음에 대한 답으로는 형벌의 의미와 현실기능을 제시하는 적극적 일반예방이론으로 답할 수 있지만, 두 번째 물음에 대한 답으로는 '책임' 형벌을 강조하는 신응보이론으로 답할 수 있다. 이와 같이 형벌의 현실적 의미와 형벌의 정당화 근거를 구별하는 이론 컨셉은 절대적 형벌이론과 상대적 형벌이론을 병존적 관계로 인정하는 차원의 종합적 절충컨셉이 아니다. 응보적 '방법'을 통해 규범의 타당성 유지라는 적극적 일반예방 '목적'을 추구하기 때문에 양자를 목적과 수단의 관계로 인정하는 차원의 합일적 컨셉이다. 142

이 컨셉은 형벌의 본질(응보)과 형벌의 목적(규범의 타당성 유지)을 다른 차원의 문제로 보아온 『총론』 제8판까지 필자가 취해 온 형벌이론과 연장선상에 있는 컨셉이다. 물론 여기서 말하는 '응보'는 종래 응보이론에서 말하는 책임상쇄적 의미가 아니라 법의 회복이라는 의미의 응보이다. 특히 적극적 일반예방이론에 따르더라도 '책임'원칙을 유지하는 한, 결국 형벌은 책임을 전제로 한다는 차원에서 이를 책임형벌로 표현하는 신응보이론과 적극적 일반예방이론은 동전의 양면과 같다. 형벌을 통해 질서유지과제를 수행한다는 점에서 양자는 접점을 형성하고 있기 때문이다.[81]

---

80) 앞서 확인했듯이 두 가지 문제차원을 구별한 것은 영국의 법철학자이자 법이론가인 하트(Hart)에 기원한다.
81) 형법을 정당화하는 일에 책임형법을 유지하기 위해 응보를 기반으로 하면서도 적극적 일반예방목적을 통해 형법을 현실적 기능체계적 성격을 유지하려는 이러한 컨셉은 "포기할 수 없는 형벌의 응보적 성격"과 "현실에서 형벌의 (…) 목표지향적인 역할을 도외시하지는 못한다"는 최종 평가를 하는 입장(홍영기, §3/38)과 맞닿아 있는 것으로 보인다.

§38

제 2 장 한국 형법의 형벌과 형벌 종류

제 1 절 형법상의 형벌과 다른 법률상의 제재들

Ⅰ. 형벌의 의의

1 형벌을 개념적으로 정의하려면 다양한 형벌이론적 관점에서 각기 다르게 정의내려질 수 있을 것이다. 일반적으로 "형벌을 범인에 의해 저질러진 규범침해를 이유로 그 범인에게 내려지는 공적·사회윤리적 반가치판단"[82]으로 정의내리는 점에 대해서는 이견이 있을 수 없다. 형벌을 고통부과를 목적으로 범죄자에게 부과되는 '해악', 또는 '범죄행위에 대한 사회적 불승인' 혹은 '범죄자에 대한 사회윤리적 차원의 '비난'을 속성으로 하고 있다는 점에 대해서도 전반적으로 동의가 이루어져 있다.

2 형법을 다른 법과 구별할 수 있게 하고 형법이라는 명칭을 사용하게 된 것도 바로 범죄에 대한 법효과로서 범죄자에게 부과되는 제재수단인 '형벌' 때문이고, 이러한 형벌이 가진 비난적 속성은 형법내의 다른 제재수단인 보안처분 뿐만 아니라 형법 외의 다른 제재수단들과도 본질적으로 다르게 취급하여 그 부과요건이나 그 절차도 차별화하는 근거가 된다.

Ⅱ. 다른 법영역의 법효과와의 구별

1. 범칙금

3 '범칙금'제도란 도로교통법이나 경범죄처벌법에 규정되어 있는 10만원 이하의 벌금이나 구류 또는 과료의 형으로 처벌할 경미한 범죄행위를 한 행위자에 대해 검사가 아닌 경찰서장이 통고처분이라는 형식으로 범칙금납부명령을 부과하는 제도를 말한다. 범칙금납부명령을 받은 자가 범칙금을 납부하면 그 행위는 형사사건으로 취급되지 않고 전과의 기록에도 남지 않는 특혜를 부여받는다. 그러나 범칙금납부에 불복하거나 미납하는 자에 대해서는 원래 그 행위에 대해 예정되어 있는 벌금 등 형벌이 다시 부활되어 즉결심판이라는 형사절차가 새롭게 개시된다.

4 범칙금제도는 형벌을 '비형벌화'함으로써 형식적으로 범죄를 범죄행위가 아닌 범칙행위

82) 헌법재판소 2004.12.16. 2003헌가12.

로 만들기 때문에 외관상 '비범죄화'전략을 추구한 것이라고 평가할 수 있다. 그러나 범칙금을 납부하지 아니하거나 납부하기를 거부하는 자에 대해서는 다시 형벌이 복원되어 부과되기 때문에 범칙행위의 범죄성은 여전히 인정되고 있다는 점[83)]에서 보면 진정한 의미의 비범죄화라고 할 수 없다.[84)] 따라서 보다 근본적이고 실질적인 비범죄화를 이뤄내기 위해 독일의 질서위반법 등을 참고하여 2008. 6. 22. 질서위반행위의 성립요건과 과태료 부과에 관한 일반법인 「질서위반행위규제법」이 제정되었다.

5 질서위반법이란 질서유지나 행정목적을 달성하기 위해 행정의무위반적 행위유형 또는 법익침해의 정도가 경미하여 굳이 형벌로 대응할 필요가 없는 행위유형들에 대해 형벌과 행정질서벌의 중간에 위치하는 '질서위반금'이라는 새로운 제재수단으로 대응할 것을 내용으로 하는 규범의 총체를 말한다. 현재 우리나라는 도로교통법, 경범죄처벌법 기타 형사특별법에서 형벌의 일종인 벌금이나 과료가 부과되어 있는 행위들 가운데 비범죄화되어야 할 행위들을 가려내어 이를 '과태료'로 전환시키려는 노력이 진행중이다.[85)]

2. 과태료 또는 과징금

6 과태료는 행정상의 질서를 유지하기 위해 행정의무위반자에 대해 가하는 금전적 제재를 말한다. 과태료는 금전적 불이익을 부과한다는 점에서 벌금과 동일하지만 형벌이 아닌 행정질서벌의 일종이라는 점에서 벌금과 구별된다. 과태료사건의 재판과 집행은 형사소송법상의 형사절차에 따르지 않고 비송사건절차법에 의하며 과태료처분은 형벌이 아니므로 납부자는 전과기록에도 등재되지 않는다.

7 과징금도 행정법상의 의무를 위반하거나 이행하지 않는 것에 대한 금전적 제재인 점에서 과태료와 유사하다. 그러나 과징금은 위반행위로 인한 경제적 이익환수에 초점이 맞추어진 금전부담이고, 행정행위의 형식으로 부과되며, 그에 대한 권리구제는 행정소송법상의 항고소송의 일종인 취소소송에 의한다는 점에서 과태료와 구별된다.[86)]

제2절 형법상 형벌의 종류

8 내용적으로 볼 때 형벌은 비난의 표현으로서 범죄자에 대한 법익의 박탈을 내용으로 한다. 예컨대 생명형은 생명의 박탈을, 자유형은 자유권의 부정 내지 신체의 구금을, 명예형

83) 김성돈, "도로교통법상의 범칙금과 명칭사기", 비교형사법연구(창간호), 1999, 315면.
84) 임웅, 비범죄화의 이론, 59면.
85) 한국형 질서위반법제정모델에 대해서는 김성돈, "가칭 질서위반법의 체계와 이른바 질서위반행위의 구조", 법조, 2004.10, 5면 이하 참조.
86) 장태주, 행정법개론, 현암사, 2006, 533면.

은 명예의 손상을, 재산형은 재산권의 감소를 그 형벌내용으로 하고 있다.

9 형법이 규정하고 있는 형벌에는 사형, 징역, 금고, 자격상실, 자격정지, 벌금, 구류, 과료, 몰수의 9가지가 있다. 이를 그 박탈되는 법익의 종류를 기준으로 삼으면 생명형(사형), 자유형(징역, 금고, 구류), 재산형(벌금, 과료, 몰수) 및 명예형(자격상실, 자격정지)의 4가지로 분류할 수 있다.

10 현행 형법은 형을 독립하여 선고할 수 있는 주형(主刑)과 주형에 부가해서만 선고할 수 있는 부가형(附加刑)을 별도로 구별하고 있지 않지만, 몰수형의 부가성은 인정하고 있다(형법 제49조).

11 보호관찰과 사회봉사명령 그리고 수강명령은 독자적인 형벌의 종류가 아니라 형벌 중 자유형의 집행유예 또는 선고유예를 선고하면서 '조건'부로 부과할 수 있는 비독자적 형사제재수단이다.

Ⅰ. 사형

1. 사형의 의의

(1) 사형의 개념

12 사형이란 수형자의 생명을 박탈하는 것을 내용으로 하는 형벌이다. 생명의 박탈을 내용으로 한다는 점에서 생명형이라고 하며, 형법이 규정하고 있는 형벌 가운데 가장 중한 형벌이라는 의미에서 극형이라고도 한다.

(2) 사형제도의 역사

13 사형제도는 기원전 18세기 바빌로니아의 함무라비 법전에 최초로 성문화되었다고 하고, 우리나라에서는 고조선시대 '8조 법금'에 사형제도가 있었다. 사형제도는 18세기 이후 계몽사상의 영향을 받아 인간의 존엄에 반할 수 있는 제도로 인식되기 시작했으나, 여전히 전세계 많은 국가에서 존치하고 있으며, 인권의 차원에서 그 존폐 여부의 논란을 거듭하고 있는 가장 중요한 형벌이다.

14 2018년 6월 현재 사형제도를 존속시키고 있는 국가(Retentionist)는 56개국(폐지국은 142개국)이다. 한국도 형식적으로는 사형존치국이지만, 1997년 이후 사형집행을 하지 않았기 때문에 국제 엠네스티에 의해 실질적인 사형폐지국가(Abolitionist in practice)로 분류되고 있다.[87)]

15 대법원[88)]과 헌법재판소[89)]는 사형제도가 필요악이긴 하지만 사형제도를 폐지하는 것은 시기상조라는

87) www.amnesty/en/death－penalty.

88) 대법원 1991.2.26. 90도2906. "헌법 제12조 제1항에 의하면 형사처벌에 관한 규정이 법률에 위임되어 있을 뿐 그 처벌의 종류를 제한하지 않고 있으며, 현재 우리나라의 실정과 국민의 도덕적 감정 등을 고려하여 국가의

취지에서 사형의 존치를 인정하는 입장이지만, 사회내에서 그리고 형법학계에서는 사형존폐 논쟁이 여전히 진행 중이다.

(3) 사형의 집행방법

16 지금까지 각국에서는 교수, 총살, 참수, 전기살, 가스살, 투석살 및 교살 등의 방법으로 사형을 집행하였다. 형법의 사형은 교정시설 내에서 집행하는 교수형을 채택하고 있으며(제66조) 군형법은 총살형을 인정하고 있다(제3조).

(4) 사형의 범위

17 2018년 9월 기준 형법을 비롯한 20개의 법률에서 155개의 범죄에 대하여 사형을 법정형으로 규정하고 있다.[90] 이러한 범죄 가운데 사형만을 법정형으로 규정하고 있는 범죄는 형법상 여적죄(제93조)와 군형법상 군사반란죄(제5조)뿐이며,[91] 나머지 경우는 상대적 법정형으로 되어 있기 때문에 법관의 재량에 따라 사형과 자유형을 선택하여 부과할 수 있다. 뿐만 아니라 사형만이 절대적 법정형으로 되어 있는 죄에서도 정상감경(형법 제53조)의 여지는 있으므로 반드시 사형에 처해야 하는 것은 아니다.

2. 사형존폐론

(1) 사형존치론

18 사형제도를 존속시켜야 한다는 견해[92]는 다음과 같은 논거를 제시하고 있다. ① 절대적 응보형이론에 의하면 사람의 생명을 박탈한 범죄자에 대해 생명박탈로 대응하는 것이 정의의 관념에 합치하는 것이라고 할 수 있다. ② 생명은 인간이 가장 애착을 느끼는 것이므

형사정책으로 질서유지와 공공복리를 위하여 형법 등에 사형이라는 처벌의 종류를 규정하였다 하여 이를 헌법에 위반된다고 할 수 없다."

89) 헌법재판소 1996.11.28. 95헌바1. "(가) 생명권 역시 헌법 제37조 제2항에 의한 일반적 법률유보의 대상이 될 수밖에 없는 것이나, 생명권에 대한 제한은 곧 생명권의 완전한 박탈을 의미한다 할 것이므로, 사형이 비례의 원칙에 따라서 최소한 동등한 가치가 있는 다른 생명 또는 그에 못지 아니한 공공의 이익을 보호하기 위한 불가피성이 충족되는 예외적인 경우에만 적용되는 한, 그것이 비록 생명을 빼앗는 형벌이라 하더라도 헌법 제37조 제2항 단서에 위반되는 것으로 볼 수는 없다. (나) 모든 인간의 생명은 자연적 존재로서 동등한 가치를 갖는다고 할 것이나 그 동등한 가치가 서로 충돌하게 되거나 생명의 침해에 못지 아니한 중대한 공익을 침해하는 등의 경우에는 국민의 생명·재산 등을 보호할 책임이 있는 국가는 어떠한 생명 또는 법익이 보호되어야 할 것인지 그 규준을 제시할 수 있는 것이다. 인간의 생명을 부정하는 등의 범죄행위에 대한 불법적 효과로서 지극히 한정적인 경우에만 부과되는 사형은 죽음에 대한 인간의 본능적 공포심과 범죄에 대한 응보욕구가 서로 맞물려 고안된 "필요악"으로서 불가피하게 선택된 것이며 지금도 여전히 제 기능을 하고 있다는 점에서 정당화될 수 있다. 따라서 사형은 이러한 측면에서 헌법상의 비례의 원칙에 반하지 아니한다 할 것이고, 적어도 우리의 현행 헌법이 스스로 예상하고 있는 형벌의 한 종류이기도 하므로 아직은 우리의 헌법질서에 반하는 것으로 판단되지 아니한다."

90) 국가인권위원회, "사형제도 폐지 및 대체형벌 실태조사(2018. 10.), 42면.

91) 군형법의 상관살해죄(제53조 제1항)도 여기에 해당하였으나 헌법재판소 2007.11.29. 2006헌가13에 의해 형벌과 책임간의 비례원칙에 위배된다는 이유로 위헌결정되었다.

92) 손동권, §37/12; 이재상/장영민/강동범, §40/14; 정성근/정준섭, 440면.

로 사형의 예고는 범죄에 대한 강력한 위하력을 가진다. ③ 일반인의 법감정에도 사형은 필요하고도 자명한 형벌로 인식되고 있다. ④ 사형의 폐지는 현실적인 정치적·문화적·사회적 환경과 관련하여 상대적으로 논의해야 하므로 사형의 폐지는 시기상조이다.

(2) 사형폐지론

19 이에 반해 사형을 폐지해야 한다는 견해[93]가 제시하는 논거는 다음과 같다. ① 사형은 복수심이라는 본능에 근거하는 야만적이고 잔혹한 형벌이며, 인간의 존엄과 가치의 전제가 되는 생명권을 침해하는 것이므로 헌법에 반하는 형벌이다. ② 오판에 의하여 사형이 집행된 때에는 그 잘못을 회복할 길이 없다. ③ 사형은 위하적 효과뿐 아니라 예방적 효과도 가지지 못한다. 사형에 해당하는 중죄의 발생빈도가 사형을 폐지하고 있는 국가에서 높은 것도 아니고, 사형을 존치하고 있는 국가에서 현저하게 낮은 것도 아니기 때문이다. ④ 형벌의 목적을 개선과 교육에 있다고 볼 때에는 사형은 범죄인에게서 교화를 위한 최소한의 기회조차 박탈하는 비인도적인 수단이다. ⑤ 국가가 살인행위를 비난하면서 국가 자신이 사형제도를 통해 사람의 생명권을 박탈하는 사형제도는 제도적 살인이다.

(3) 결론

20 사형제도는 이론적으로뿐만 아니라 실제적으로도 결함투성이의 제도이다. 사형이 존치되고 있는 나라에서도 중범죄가 감소되지 않을 뿐 아니라, 반대로 사형제도를 폐지하고 있는 국가에서도 중범죄가 급증하고 있는 증거도 없다. 따라서 사형제도가 가진 일반예방효과는 실증적으로 입증된 바 없다. 사형집행을 통해서 범죄인은 이 땅에서 사라지게 되므로 사형제도는 범죄인을 교화, 개선한다는 차원의 특별예방적 효과를 원천적으로 가질 수가 없다. 살인자의 생명을 빼앗는다고 해서 피해자의 생명의 상실이 상쇄되는 것도 아닌 만큼 응보이론도 현실적이거나 합리적이지 못하다.

21 특히 사형제도는 법정에서 확인된 사실이 진실이 아니라는 점이 사후적으로 드러나더라도 아무것도 되돌릴 수 없는 치명적인 결함을 가진 제도이다. 이러한 결함을 안고 있는 사형제도의 폐지를 무한히 유보하는 것은 인간의 존엄과 그 가치를 체득한 인류의 지성수준에 반하는 것이라고 할 수 있다. 게다가 사형제도의 존치는 헌법의 근본정신에도 배치된다. 생명권은 헌법 제37조 제2항의 기본권제한에 관한 일반적 유보의 대상이 될 수 없고, 사형제도는 생명권의 본질적 내용을 침해하므로 헌법 제37조 제2항 단서에도 위배되기 때문이다.

---

93) 김일수/서보학, 735면; 배종대, §169/13; 안동준, 331면; 오영근, §42/14; 이형국/김혜경, 599면; 임웅, 606면.

Ⅱ. 자유형

1. 자유형의 의의

자유형이란 수형자의 신체적 자유를 박탈하는 것을 내용으로 하는 형벌을 말한다. 형법 22
은 징역, 금고, 구류의 3가지 자유형을 인정하고 있다.

자유형집행의 주된 목적은 수형자를 격리하여 교정·교화하며 건전한 국민사상과 근로 23
정신을 함양하고 기술교육을 실시하여 사회에 복귀하게 하는 데 있다(형집행법 제1조).

2. 형법상의 자유형

(1) 징역

징역이란 수형자를 교정시설 내에 수용하여 노역에 복무하게 하는 것을 내용으로 하는 24
자유형이다(형법 제67조). 징역에는 유기징역과 무기징역이 있다. 무기징역은 종신형이지만, 20년
이 경과한 후에는 가석방이 가능하다는 점에서(동법 제72조 제1항) 자유형의 사회복귀적 기능이 유지되
고 있다. 유기징역은 1월 이상 30년 이하이나 형을 가중하는 때에는 50년까지로 한다
(동법 제42조).

(2) 금고

금고는 수형자를 교정시설 내에 수용하여 자유를 박탈하는 것을 내용으로 하는 형벌이 25
다(동법 제68조). 금고는 노역에 복무하지 않는다는 점에서 징역과 구별되지만, '형의 집행 및 수용
자의 처우에 관한 법률'은 금고 수형자에 대해서도 신청이 있으면 작업을 과할 수 있도록
하고 있어서(형집행법 제67조) 징역과 금고 간에 실질적인 차이는 없다. 그러나 금고는 과실범이나 정
치범의 명예를 존중할 필요성에 의해 부과되는 명예구금적 성격을 가진다는 점 때문에 징
역과 금고를 구별되고 선고되고 있는 것이 현실이다.

(3) 구류

구류도 수형자를 교정시설 내에 수용하는 것을 내용으로 하는 자유형이다. 다만 그 기 26
간이 1일 이상 30일 미만인 점에서 징역이나 금고와 구별된다(형법 제46조). 구류는 형법전에 아주
예외적인 경우[94]에만 규정되어 있고, 주로 경범죄처벌법이나 기타 단행법규에 규정되어
있으며, 대체로 즉결심판절차에서 부과된다.

구류는 환형처분으로서의 노역장유치와 구별하여야 한다. 즉 구류가 자유형인 반면 노역장유치는 수형 27
자가 벌금 또는 과료를 납부하지 않을 때에 일정한 기간 동안 수형자를 노역장에 유치하는 대체자유형이다.
노역장 유치기간은 벌금의 경우에는 1일 이상 3년 이하, 과료인 경우에는 1일 이상 30일 미만이다(형법 제69조 제2항).

---

94) 형법상 공연음란죄(제245조), 단순폭행죄(제260조), 과실치상죄(제266조), 단순협박죄(제283조), 자동차등불법사용죄(제331조의2), 편의시설부정이용죄(제348조의2) 규정에 구류가 규정되어 있다.

3. 자유형의 개선방안

(1) 자유형의 단일화 문제

28 징역과 금고를 구별하는 근거는 종래 사상범이나 정치범 그리고 과실범은 파렴치범이 아니므로 명예구금으로서 금고를 과할 필요가 있다는 점에 있었다. 그러나 현재 독일형법과 오스트리아형법은 단일자유형을 도입하였으며, 단일자유형의 채택은 형법의 가장 중요한 개정이고 의미 있는 형사정책의 발전이라고 평가되고 있다. 자유형의 단일화를 둘러싸고는 찬반론이 대립하고 있다.

29 1) 자유형 단일화 찬성론 먼저 자유형의 단일화를 찬성하는 입장[95]의 논거는 다음과 같다. ① 징역과 금고를 구분하는 것은 경비를 이중화하고 수용행정의 불편을 초래하며, 교정주의 행형정책을 일관성 있게 추진하는 데 지장을 준다. ② 양자의 구별기준이 되는 범죄의 파렴치성은 상대적인 것일 뿐이고, 오늘날 형법에서 파렴치성이 없는 범죄는 없다. ③ 노동부과를 가지고 명예형 여부를 결정하는 것은 노동천시의 전근대적 발상에 지나지 않는다. 노동을 신성시하는 오늘날에는 노동하는 것이 명예의 손상이 될 수 없다. ④ 징역과 금고를 구별하면 징역을 받는 자는 파렴치범이라는 낙인이 찍히고 사회복귀가 어렵게 된다. 이것은 오늘날의 행형목적에 반한다. ⑤ 행형실제에 의하면 금고수형자의 대부분이 청원작업(형집행법 제67조)에 종사하고 있으므로 양자의 구별은 더 이상 의미가 없게 되었다.

30 2) 자유형 단일화 반대론 반면 자유형의 단일화를 반대하는 입장[96]의 논거는 다음과 같다. ① 행형정책상의 불편은 양자의 구별을 부인할 근거로서 타당하지 않다. ② 파렴치범인지 여부는 다소 상대적이긴 하지만 그 구별이 불가능한 것은 아니다. ③ 노역부과는 강제성이 없을 때에는 천시될 수 없으나 강제적일 때에는 천시될 수도 있다. ④ 구금형은 교육만을 목적으로 하는 것은 아니고, 응보적 징벌로서의 의미도 있기 때문에 그 내용을 구분할 필요가 있다.

31 3) 결론 자유형에 부과되는 노역은 단지 고통에 불과하기만 한 것이 아닐 뿐 아니라 노역에 복무하는 것이 수형자의 명예를 떨어뜨리는 것도 아니다. 더 나아가 사상범 내지 정치범에 해당할 만한 범죄종류를 규정하고 있는 국가보안법의 법정형에는 금고형이 존재하지도 않아서 사실상 금고형의 존재이유가 반감되었고, 과실범의 경우에 제한적으로 남아있던 금고형의 존재의의도 과실교통사범의 수용을 위주로 하는 교도소의 등장과 함께 점차 무의미해지고 있다. 무엇보다도 행형의 목적이 사회복귀에 있으므로 교도소 내에서의 노역부과가 수형자에게 노동의 가치와 의미를 일깨우고 장차 사회복귀에 필요한 기술

---

95) 김일수/서보학, 738면; 박상기, 511면; 배종대, §170/6; 오영근, §42/24; 이재상/장영민/강동범, §40/24; 임웅, 609면; 정성근/박광민, 650면.

96) 손동권, §37/26.

과 생활력 내지 자금을 모으게 하는 역할도 한다. 이러한 점에서 보면 노역의무의 부과를 기준으로 하는 징역과 금고의 구별은 그 자체가 이율배반적이라고 할 수 있다.[97] 따라서 징역과 금고는 단일화하고, 수형자에게 노역의무를 부과할 것인지의 여부는 형집행기관이 형사정책적으로 판단함으로써 개별처우의 문제로 다루는 가운데 자유형집행방법의 개별화·다양화를 도모하는 방향으로 나아가는 것이 바람직하다.[98]

(2) 구류의 폐지문제

자유형의 단일화는 징역과 금고의 구별을 없애는 일에 국한되어서는 안 된다. 1일 이 32
상 1개월 이하의 구류형 역시 폐지되어야 한다. 그 이유는 다음과 같다. ① 구류에 대해 징역형이나 금고형에 대해서도 인정되는 집행유예나 선고유예가 인정되지 않는 것은 모순이다. ② 형벌의 경중면에서 볼 때 자유박탈형인 구류가 5만원 이하의 벌금보다 더 가벼운 형벌종류로 취급되고 있어서, 피고인의 방어권이 크게 제한되어 있는 즉결심판을 통해 구류가 선고될 수 있고 대개 경찰서의 유치장에서 집행되고 있어 행형이념과도 상치된다. 이러한 문제점을 가지고 있는 구류형도 폐지함으로써 형법상 자유형의 3종류를 하나로 통합하는 것이 바람직하다.

Ⅲ. 재산형

1. 재산형의 의의

재산형이란 범인으로부터 일정한 재산을 박탈하는 것을 내용으로 하는 형벌을 말한다. 33
형법은 벌금, 과료, 몰수의 3가지 재산형을 인정하고 있다.

2. 벌금

(1) 벌금형의 의의

벌금형은 범죄인에게 일정한 금액의 지불의무를 강제적으로 부담하게 하는 것을 내용 34
으로 하는 재산형이다. 일정한 금액의 지불의무를 부담하게 하는 데 그치며 재산권을 일방적으로 국가에 귀속시키는 효과를 가지지 않는다는 점에서 몰수와 구별된다. 오늘날 벌금형은 사실상 주형으로서의 지위를 누리고 있는 형벌종류에 해당한다.

(2) 벌금형의 내용

벌금은 5만원 이상이며 감경하는 경우에는 5만원 미만으로도 할 수 있다(형법 제45조). 형법각 35
칙에 규정되어 있는 벌금형의 상한은 최저 200만원 이하부터 최고 3천만원 이하까지이다.

97) 유엔의 수형자처우를 위한 최저기준 제71조에서도 모든 수형자는 의무관에 의해 결정된 신체적·정신적 특성에 따라 작업에 종사해야 한다고 선언하고 있다.

98) 2011년 정부가 발의한 형법 일부개정법률안(의안번호 : 1811304)서도 금고형 폐지가 포함되어 있었다.

벌금형의 양정에 관해서는 형법에 특별한 규정이 없으므로 양형에 관한 일반규정(동법 제51조)이 적용될 뿐이다.

36 벌금은 판결확정일로부터 30일 이내에 납입하여야 하며, 벌금을 납입하지 아니한 자는 1일 이상 3년 이하의 기간 동안 노역장에 유치하여 작업에 복무하게 한다(동법 제69조). 그 일부만 납입한 경우에는 벌금액과 유치기간의 일수에 비례하여 납입금액에 상당한 일수를 공제한다(동법 제71조).

(3) 벌금형의 법적 성질

37 벌금형 역시 형벌로서 일신전속성을 가진다. 따라서 범인이 아닌 제3자의 대납이 허용되지 않고, 국가에 대해 가지고 있는 채권과 상계할 수 없으며, 벌금납입에 대해 범인 이외의 자와 공동연대책임을 질 수도 없고, 원칙적으로 벌금의 상속도 허용되지 않는다.

38 예외적으로 몰수 또는 조세, 전매 또는 공과에 관한 법령에 의하여 재판한 벌금 또는 추징은 그 재판을 받은 자가 재판확정 후 사망한 경우에는 그 상속재산에 대하여 집행할 수 있다(형사소송법 제478조). 법인에 대하여 벌금, 과료 등을 명한 경우에는 법인이 그 재판확정 후 합병에 의하여 소멸한 때에도 합병 후 존속한 법인 또는 합병에 의하여 설립된 법인에 대하여 집행할 수 있다(동법 제479조).

(4) 벌금형제도의 개선방향

39 1) 일수벌금형제도의 도입 형법의 벌금형은 일정액을 총액으로 선고하는 총액벌금형제도이다. 그러나 총액벌금형제도는 ① 범죄인의 불법과 책임을 정확하게 액수로 산정할 수 없다는 문제점이 있으며, ② 벌금총액의 산정에 범죄인의 빈부차를 고려할 수 없어서 빈자에게는 대체자유형의 집행에 의하여 단기자유형으로의 전환을 강제하고 부자에게는 형벌의 목적을 달성할 수 없게 한다는 비판을 받고 있다.

40 총액벌금형제도의 문제점을 해결하기 위한 방안으로서 일수벌금형제도의 도입이 꾸준히 주장되고 있다. 일수벌금형제도란 범행의 경중에 따라 일수(日數)를 정한 뒤, 행위자의 재력에 따라 일수당 정액을 결정하여, 일수에 일수정액을 곱하여 벌금액을 산정하는 제도로서 핀란드, 스웨덴 및 덴마크가 처음 채택하였으며 독일과 오스트리아도 이를 도입하여 시행 중에 있다.

41 일수정액은 피고인의 경제적 사정을 고려할 수 있고, 일수에 의하여 행위불법이 객관적으로 확정되어 형선고의 적정성을 담보할 수 있는 장점이 있으므로 합리적이고 정당한 벌금형제도의 정착을 위해 일수벌금형제도를 도입하는 것이 바람직하다.

42 2) 벌금의 분납·연납제도 형법은 벌금의 전액을 선고 후 30일 이내에 일시납부하도록 하고 있다. 이는 경제력이 약한 범죄인에게 지나치게 짧은 기간이므로 벌금형이 대체자유형으로 전환되는 것을 방지하기 위해서는 벌금의 납입가능성을 고려하여 벌금의 분납

제도와 납입기간의 연장을 허용할 필요성이 많다. 현재 실무에서는 「재산형에 관한 검찰집행 사무규칙」을 통하여 벌금형에 대한 연납과 분납이 허용되고 있다.

3) 벌금형의 집행유예제도 종래 형법은 벌금형의 선고유예만 인정하고 벌금형에 대 43
한 집행유예는 인정하지 않고 있었다. 그러나 자유형의 집행유예는 인정하면서 그보다 더 가벼운 형벌인 벌금형에 대해서 집행유예를 인정하지 않는 것은 균형이 맞지 않고, 집행유예제도의 형사정책적 목표를 벌금형에 대하여 부정해야 할 이유는 없다는 점에서 벌금형에 대해서도 집행유예를 인정해야 한다는 학계의 요구를 반영하여 2016.1.6. 500만원 이하의 벌금형을 선고할 경우 벌금형에 대해서도 집행유예가 가능하도록 형법 제62조를 개정하였다(2018.1.7. 시행).

4) 벌금형 적용범위의 확대 및 조정 벌금형이 단기자유형의 폐해를 극복하기 위한 44
효과적인 대안이 되기 위해서는 징역형만을 법정형으로 규정하고 있는 가벼운 범죄에 벌금형을 선택형으로 규정하여 벌금형의 적용범위를 확대할 필요가 있다. 형법은 1995년 12월 29일 개정을 통해 일정한 범죄에 대해 벌금형을 선택형으로 추가하였지만,[99] 그 외에도 도주죄(제14조), 분묘발굴죄(제16조), 간통죄(제24조), 진화(방수)방해죄(제169조, 제180조), 주거·신체수색죄(제32조), 각종 예비·음모죄 등에 대해서도 벌금형을 선택형으로 추가하는 것이 바람직하다. 뿐만 아니라 징역형의 상한은 다르지만 벌금형의 상한은 같게 규정되어 있는 범죄(예컨대 강제집행면탈죄와 절도죄)의 경우에는 벌금형의 액수를 자유형의 기간과 균형에 맞도록 조정해야 할 필요가 있다.

형사특별법, 특히 이른바 행정형법 중에는 행정상의 단순 의무불이행에 대해 벌금형을 규정하고 있는 45
예가 많다. 그러나 행정상의 의무불이행은 법익침해적 성격이 없어 행위의 불법측면에서 형벌로 대응할 만한 당벌성이 없으므로 벌금형에 처해지고 있는 행정상의 의무불이행을 비범죄화하거나 과태료로 전환하는 조치가 필요하다.

3. 과료

과료는 재산형의 일종으로서 범죄인에게 일정한 금액의 지불의무를 강제적으로 부담하 46
게 한다는 점에서 벌금형과 동일하다. 다만 경미한 범죄에 대하여 부과되므로 그 금액이 2천원 이상 5만원 미만(형법 제47조)이라는 점에서 5만원 이상인 벌금과 구별된다. 한편 과료는 형법상의 형벌이므로 행정상의 제재로서 행정질서벌의 일종인 과태료와도 구별된다. 과료는 주로 경범죄처벌법이나 기타 단행법률에 많이 규정되어 있으며, 형법에는 매우 제한적으

99) 직권남용죄(제123조), 공무집행방해죄(제136조, 제137조), 무고죄(제156조), 허위공문서작성죄(제227조), 사문서위조죄(제231조), 자격모용에 의한 사문서작성죄(제232조), 존속상해죄(제257조 제2항), 존속폭행죄(제260조 제2항), 단순유기죄(제271조 제1항), 존속유기죄(제271조 제2항), 체포감금죄(제276조), 명예훼손죄(제307조 제2항).

로[100] 규정되어 있다.

47 과료는 판결확정일로부터 30일 내에 납입하여야 한다(동법 제69조 제1항). 과료를 납입하지 아니한 자는 1일 이상 30일 미만 기간의 노역장에 유치하여 작업에 복무하게 한다(동법 제69조 제2항). 과료를 선고할 때에는 납입하지 아니하는 경우의 유치기간을 정하여 동시에 선고하여야 한다(동법 제70조). 과료를 선고받은 자가 그 일부를 납입한 때에는 과료액과 유치기간의 일수에 비례하여 납입금액에 상당한 일수를 제한다(동법 제71조).

48 과료는 벌금형과 금액의 다과에만 차이가 있을 뿐, 납입기간, 집행, 미납 시 환형유치 등 절차 면에서 아무런 차이가 없어서 벌금과 별도로 존치시켜야 할 이유가 없다. 뿐만 아니라 5만원 미만이 범죄예방효과를 가지는 것인지에 대해서도 의문이고 과태료나 과징금의 액수가 오히려 과료보다 높아서 형벌로서의 위상에 걸맞지도 않다. 따라서 형법의 보충성이라는 관점에서 볼 때 과료를 폐지하고 종래의 과료부과 대상범죄를 경중에 따라 벌금형부과범죄, 과태료부과 사안으로 구분하여 정비하는 것이 바람직하다.

4. 몰수

(1) 몰수의 의의

49 몰수는 범죄의 반복을 방지하고 범죄자에게 범죄로부터 이득을 얻지 못하게 할 목적으로 범죄행위와 관련된 재산을 박탈하여 국고에 귀속시키는 것을 내용으로 하는 재산형이다.

50 형법은 몰수를 다른 형에 부가하여 과하는 부가형으로 규정하고 있다. 그러나 행위자에게 유죄의 재판을 아니할 때에도 몰수의 요건이 있는 때에는 예외적으로 몰수만을 선고할 수도 있다(형법 제49조).

51 判 그러나 대법원은 "몰수나 추징을 선고하기 위하여서는 몰수나 추징의 요건이 공소가 제기된 공소사실과 관련되어 있어야 하고, 공소사실이 인정되지 않는 경우에 이와 별개의 공소가 제기되지 아니한 범죄사실을 법원이 인정하여 그에 관하여 몰수나 추징을 선고하는 것은 불고불리의 원칙에 위반되어 불가능하며, 몰수나 추징이 공소사실과 관련이 있다 하더라도 그 공소사실에 관하여 이미 공소시효가 완성되어 유죄의 선고를 할 수 없는 경우에는 몰수나 추징도 할 수 없다."는 태도를 취한다.[101]

이 뿐만 아니라 대법원은 "주형을 선고유예하는 경우에 부가형인 몰수나 몰수에 갈음하는 부가형적 성질을 띠는 추징도 선고유예할 수 있다"고 한다.[102]

(2) 몰수의 종류

52 몰수에는 필요적 몰수와 임의적 몰수가 있다. 형법상의 몰수는 임의적 몰수가 원칙이다(형법 제48조). 따라서 몰수 여부는 원칙적으로 법관의 자유재량에 의한다. 필요적 몰수의 대상으

---

100) 공연음란죄(제245조), 단순폭행죄(제260조 제1항), 과실치상죄(제266조), 단순협박죄(제283조 제1항), 점유이탈물횡령죄(제360조), 자동차등불법사용죄(제331조의2), 편의시설부정이용죄(제348조의2) 등에 과료가 법정형으로 규정되어 있다.

101) 대법원 1992.7.28. 92도700.

102) 대법원 1980.3.11. 77도2027.

로는 뇌물에 관한 죄에서 범인 또는 정을 아는 제3자가 받은 뇌물 또는 뇌물에 공할 금품(동법 제134조), 배임수증죄의 경우 범인이 취득한 재물(동법 제357조 제3항), 아편에 관한 죄에 제공한 아편, 몰핀이나 그 화합물 또는 아편흡식기(동법 제206조) 등이 해당한다. 마약류특례법상의 몰수는 필요적 몰수가 원칙이지만, 자금세탁죄의 예비·음모에 관계된 불법수익 등에 대해서는 임의적 몰수를 인정하고 있다. 특정범죄를 전제범죄로 하는 범죄수익규제법상의 몰수는 임의적 몰수만을 인정하고 있다.

(3) 몰수의 법적 성격

1) 학설의 태도 학설상으로는 몰수가 ① 형벌의 일종으로서 재산형이라는 견해,[103] 53
② 형식적으로는 형벌이지만 실질적으로는 대물적 보안처분이라는 견해,[104] ③ 형벌과 보안처분의 중간영역에 위치한 독립된 형사제재라는 견해,[105] ④ 행위자 또는 공범의 소유에 속하는 물건의 몰수는 재산형의 성격을 갖지만 제3자 소유의 물건에 대한 몰수는 보안처분의 성격을 갖는다는 견해[106] 등이 있다.

2) 판례의 태도 몰수를 규율하고 있는 법률규정의 해석을 통해 몰수의 법적 성격을 54
다르게 파악하면서 이익박탈적 성격의 몰수와 징벌적 성격의 몰수를 구분하는 입장이다.

判 대법원은 형법이나 범죄수익규제법 등의 몰수나 추징의 경우는 원칙적으로 범죄행위로 인한 부정한 55
이익을 보유하지 못하게 하는 '이익박탈적' 성격을 인정한다.[107] 하지만 마약류관리에 관한 법률 위반행위,[108] 관세법 위반행위,[109] 특정경제범죄가중처벌 등에 관한 법률상의 재산국외도피행위[110] 및 외국환관리법 위반행위[111]의 경우의 몰수·추징은 범죄사실에 대한 징벌의 정도를 강화하는 '징벌적' 성격을 갖는다고 한다.

3) 결론 형법상 몰수가 형벌의 일종으로 규정되어 있는 이상 형식적으로는 재산형 56
의 일종으로 보는 것이 타당하다. 그러나 실질적으로 볼 때 몰수대상의 특성에 따라 몰수의 법적 성격도 달리 파악되어야 한다.

특히 형법 제48조 제1항 제1호의 '범죄제공물'은 재범의 '위험성'을 예방하고 범인에게 57
불법이득을 금지하려는 목적에서 부과되는 대물적 보안처분의 성격을 가지는 것으로 보는 것이 타당하다. 뿐만 아니라 형법의 몰수와는 그 목적과 성질을 징벌적 성격의 추징도 존재한다. 이러한 성격의 추징의 경우 대부분의 범죄제공물에 대한 추징으로서 형벌적 성격이 나타나지 않으므로 그 법적 성격을 보안처분으로 보는 것이 타당하다. 보안처분의 성격

103) 오영근, §42/46.
104) 박상기, 517면; 이형국/김혜경, 603면; 정성근/정준섭, 448면.
105) 김일수/서보학, 743면.
106) 이재상/장영민/강동범, §40/37.
107) 대법원 2002.6.14. 2002도1283; 1994.2.25. 93도3064; 1996.11.29. 96도2490; 1999.4.9. 98도4374.
108) 대법원 2001.12.28. 2001도5158; 1997.3.14. 96도3397; 2000.9.8. 2000도546.
109) 대법원 1991.9.13. 91도1192.
110) 대법원 1995.3.10. 94도1075.
111) 대법원 1998.5.21. 95도2002.

이 인정되는 징벌적 추징제도는 책임원칙의 적용이 배제되므로 관련 조항을 제한적으로 해석해야 할 필요가 있다.

(4) 몰수의 요건

58 몰수는 반드시 압수되어 있는 물건에 대해서만 하는 것이 아니므로 몰수대상이 압수되어 있는가 하는 점 및 적법한 절차에 의하여 압수되었는가 하는 점은 몰수의 요건이 아니다. 따라서 압수 자체가 위법하게 되었더라도 그것이 물건의 몰수의 효력에는 영향을 미칠 수 없다.[112)]

59 **1) 대물적 요건: 몰수의 대상** 몰수의 대상은 범죄행위와 관련된 것이어야 한다. 따라서 범죄사실과 아무런 관련이 없는 물건을 몰수할 수는 없다. 그러나 몰수의 대상은 반드시 압수되어 있는 물건에 제한되는 것이 아니다. 따라서 피고인에게 환부한 물건도 몰수할 수 있다. 형법은 몰수의 대상을 다음과 같이 규정하고 있다(제48조 제1항 제1호~제3호).

60 **① 범죄행위에 제공하였거나 제공하려고 한 물건** "범죄행위에 제공하였던 물건"이란 현실적으로 범죄수행에 사용했던 물건을 말하고, "범죄행위에 제공하려고 한 물건"이란 범죄행위에 사용하려고 준비했지만 현실적으로 사용하지 못한 물건을 의미한다. 대형할인매장에서 수회 상품을 절취하여 자신의 승용차에 싣고 간 경우 위 승용차[113)]는 범죄행위에 제공하였던 물건에 해당하지만, 관세법상 허위신고죄의 대상이 된 물건은 범죄행위에 제공된 물건이라고 할 수 없으므로 몰수할 수 없다.[114)] 외국환거래법위반으로 체포될 당시에 미처 송금하지 못하고 소지하고 있던 자기앞수표나 현금은 이미 범해진 외국환거래법위반의 '범죄행위에 제공하려고 한 물건'이 아니라 장차 실행하려고 한 외국환거래법위반의 범행에 제공하려는 물건일 뿐이므로 몰수할 수 없다.[115)]

61 例 살인에 사용하려고 준비한 흉기, 도박자금으로 대여한 금원,[116)] 피해자로 하여금 사기도박에 참여하도록 유인하기 위하여 제시한 수표,[117)] 오락실업자, 상품권업자 및 환전소 운영자가 공모하여 사행성 전자식 유기기구에서 경품으로 배출된 상품권을 현금으로 환전하면서 그 수수료를 일정한 비율로 나누어 가지는 방식으로 영업을 한 경우 환전소 운영자가 환전소에 보관하던 현금 전부[118)] 등은 범죄제공물 등으로 인정되었다.

62 **② 범죄행위로 인하여 생겼거나 취득한 물건** "범죄행위로 인하여 생긴 물건"이란 범죄행위 이전에는 없었으나 범죄행위로 인하여 비로소 생성된 물건을 말하며, 예컨대 통화위조행위로 만들어 낸 위조통화, 문서위조행위로 작성한 위조문서 등이 이에 속한다.

---

112) 대법원 2003.5.30. 2003도705.
113) 대법원 2006.9.14. 2006도4075.
114) 대법원 1969.5.27. 69도551.
115) 대법원 2008.2.14. 2007도10034.
116) 대법원 1982.9.28. 81도1669.
117) 대법원 2002.9.24. 2002도3589.
118) 대법원 2006.10.13. 2006도3302.

"범죄행위로 인하여 취득한 물건"이란 범행 당시에도 이미 존재하였으나 범죄행위를 수단으로 범인이 취득한 물건을 말하며, 예컨대 절취한 장물, 도박행위로 취득한 금품 등이 이에 해당한다. 그러나 (구) 외국환관리법 제18조에 따라 등록하지 아니한 미화는 그 행위 자체에 의하여 취득한 물건이 아니므로 몰수할 수 없다.[119] 다만 몰수대상물이 멸실, 파손 또는 부패의 염려가 있거나 보관하기 불편하여 이를 형사소송법규정(제132조)에 따라 매각하여 보관하는 현금은 몰수할 수 있다.[120] 63

③ 제1호 또는 제2호의 대가로 취득한 물건 "제1호 또는 제2호의 대가로 취득한 물건"은 위 두 가지 요건에 의해서도 몰수할 수 없을 때에 그 물건의 대가 즉 범죄로 인한 부정한 이득을 박탈하기 위한 근거가 되는 규정이다. 장물을 매각한 대금, 인신매매의 대금 등이 여기에 해당한다. 다만 장물매각대금이라도 장물피해자가 있을 때에는 범인 이외의 자의 소유에 속하는 물건이 되기 때문에 몰수하여서는 안 되고,[121] 피해자의 교부청구가 있을 때 환부해야 한다.[122] 64

2) 대인적 요건(형법 제48조 제1항)

① 범인 이외의 자의 소유에 속하지 아니할 것 범인 이외의 자의 소유에 속하는 물건은 원칙적으로 몰수할 수 없다. 예컨대 부실기재된 등기부,[123] 허위기재부분이 있는 공문서,[124] 장물,[125] 국고에 환부하여야 할 국고수표,[126] 매각위탁을 받은 엽총[127] 등은 몰수할 수 없다. 그러나 공무원범죄에 관한 몰수특례법에 의하면 피고인 이외의 제3자의 재산은 몰수할 수 있다(동법 제13조 이하). 65

여기서의 범인에는 공범자(공동정범, 교사범, 방조범, 필요적 공범관계에 있는 자)도 포함되므로 범인 이외의 자의 소유에 속하지 않는 물건에는 범인의 소유에 속하는 물건뿐만 아니라 공범의 소유에 속하는 물건,[128] 기소중지된 공범의 소유물도 포함된다. 무주물 내지 소유자 불명의 물건,[129] 누구에게도 그 소유가 금지된 금제품[130]도 포함된다. 불법원인급여에 해당되어 소유자에게 반환청구권이 없는 물건 또는 소유자가 반환청구권을 포기한 물건도 몰수할 수 있다. 범인에 해당하는 공범자는 반드시 유죄의 죄책을 지는 자에 국한된다고 66

119) 대법원 1982.3.9. 81도2930; 1991.6.11. 91도907.
120) 대법원 1996.11.12. 96도2477.
121) 대법원 1966.9.6. 66도853.
122) 대법원 1946.11.15. 4279형상84.
123) 대법원 1957.8.2. 4290형상190.
124) 대법원 1983.6.14. 83도808.
125) 대법원 1960.12.21. 4293비상1; 1966.9.6. 66도853.
126) 대법원 1961.2.24. 4293형상759.
127) 대법원 1966.1.31. 65오4.
128) 대법원 2000.5.12. 2000도745.
129) 대법원 1952.6.26. 4285형상74; 1955.8.26. 4288형상216.
130) 대법원 1960.3.16. 4292형상858.

볼 수 없고 공범에 해당하는 행위를 한 자이면 족하다.[131]

67 누구의 소유에 속하는 물건인지는 판결 선고 당시의 권리관계를 기준으로 결정한다. 따라서 범행 후 판결 선고 전에 범인의 사망에 의하여 그 물건의 소유권이 상속인에게 이전되었을 경우에는 몰수할 수 없다. 뿐만 아니라 공부상의 명의 여하에 불구하고 권리의 실질적인 귀속관계에 따라 판단하여야 한다.[132]

68 ② 범죄 후 범인 이외의 자가 정을 알면서 취득한 물건 범인 이외의 자의 소유에 속하는 물건이라 할지라도 범죄 후 범인 이외의 자가 정을 알면서 취득한 물건은 몰수할 수 있다. 정을 알면서 취득한다고 함은 취득 당시에 그 물건이 형법 제48조 제1항 각호에 해당한다는 사실을 알면서도 이를 취득하는 경우를 말한다.

(5) 몰수대상과 물건

69 형법 제48조는 몰수대상을 '물건'에 한정하고 있어서 재산상의 이익은 몰수 대상이 될 수 없다.

70 判 대법원도 형법 제48조의 몰수대상에 재산상의 이익을 포함하지 않는 취지이다.[133] 그러나 이 판례 및 같은 취지의 판례[134]를 두고 대법원이 재산상의 이익도 형법상 몰수대상에 포함되는 것으로 평가하는 입장[135]이 있지만, 이러한 평가에 동의하기 어렵다. 이 판시내용에서 금전소비대차계약에 의한 금융이익을 재산상의 이익으로 보아 몰수대상으로 삼은 것은 수뢰죄의 '뇌물'개념에 대한 확장해석의 결과로서, 재산상의 이익을 포함하는 '뇌물'은 각칙의 특별규정인 제143조 규정에 따른 몰수 대상으로 인정된 것일 뿐, 몰수대상을 '물건'으로 규정하고 있는 총칙 제48조 제1항 제2호에 따른 몰수를 인정한 것이 아니다. 대법원이 제48조 제1항의 몰수대상으로 인정한 것은 수뢰죄의 뇌물인 '금융이익'이 아니라 '대여를 받은 금원자체'이고, 대여금인 금원 자체는 '물건'이므로, 대법원이 총칙의 몰수대상을 재산상의 이익으로 확장한 것으로 평가할 수는 없다.[136]

다른 한편 대법원은 최근 음란물을 배포하거나 불법도박장으로 사용한 웹사이트는 '범죄행위에 제공된 무형의 재산'에 해당할 뿐 형법 제48조 제1항 제2호에서 정한 '범죄행위로 인하여 생(生)하였거나 이로 인하여 취득한 물건'에 해당하지 않으므로, 피고인이 위 웹사이트 매각을 통해 취득한 대가는 형법 제48조 제1항 제2호, 제2항이 규정한 추징의 대상에 해당하지 않는다고 판시하였다.[137] 이 판시에서 대법원은 형법상

131) 대법원 2006.11.23. 2006도5586.

132) 대법원 1999.12.1. 99도3478.

133) 대법원 1976.9.28. 76도2607. "수뢰의 목적이 금전소비대차계약에 의한 금융이익일 때에는 그 '금융이익'이 뇌물이라 할 것이고, 이 경우 소비대차의 목적인 금원 자체는 뇌물이 아니므로 대여를 받은 금원자체는 형법 제134조에 의해 몰수·추징할 수 없지만, 이는 범죄행위로 인하여 취득한 물건으로서 피고인 이외의 자의 소유에 속하지 아니하므로 형법 제48조제1항제2호에 의해 몰수해야 한다."

134) 대법원 2004.5.28. 2004도1442.

135) 이재상/장영민/강동범, §40/38.

136) 법무부도 앞의 일부 학설과 같이 위 판시에서 '대여금 그 자체'를 물건으로 보지 않고 '재산상의 이익'으로 보면서, 대법원의 태도가 형법 제48조의 물건을 재산상의 이익으로 확장해석하는 태도라고 오해하고 있다. "물건을 재산상의 이익을 확장해석하더라도 범죄행위로 취득한 금원과 범인의 다른 금원이 합하여 새로운 물건을 취득한 경우까지 몰수·추징할 수는 없고 또한 그 증가분도 몰수·추징의 대상이 될 수는 없다"고 하고 있기 때문이다(『공무원범죄에 관한 몰수특례법 해설』, 법무부, 1995.12, 15면).

137) 대법원 2021.10.14. 2021도7168.

몰수대상을 물건을 한정하고 있는 형법 제48조의 규정과 범죄행위에 의하여 생긴 재산 및 범죄행위의 보수로 얻은 재산을 범죄수익으로 몰수할 수 있도록 한 「범죄수익은닉의 규제 및 처벌 등에 관한 법률」이나 범죄행위로 취득한 재산상 이익의 가액을 추징할 수 있도록 한 형법 제357조 등의 규정을 엄격하게 구별하면서, '물건' 개념 자체에 대한 확장해석을 부정하는 태도를 분명히 하였다.

따라서 형법 제48조의 몰수·추징만으로는 오늘날 점증하는 경제적 이익을 추구하는 범죄에 대응하기에는 역부족이라는 문제가 생기고 있다. 이러한 형법상 몰수·추징의 한계를 극복하기 위해 우리나라는 다수의 특별법에 몰수·추징규정을 따로 규정하여 그 대상을 재산,[138] 이익,[139] 재산상 이익,[140] 경제적 이익,[141] 보수,[142] 수익금[143] 등으로 확장하고 있다.[144] 몰수추징에 관한 특별법의 일반법에 해당하는 범죄수익은닉규제법에서는 몰수 대상을 '범죄수익등'으로 규정하고 있고, 범죄수익등에는 범죄수익에 의해 유래된 재산 등을 몰수대상으로 규정하고 있다. 71

(6) 몰수의 효과

몰수는 재산권을 범인에게서 박탈하여 일방적으로 국가에 귀속시키는 효과가 있다. 몰수판결의 효력은 유죄판결을 받은 피고인에 대해서만 발생하고 피고인 이외의 자에게는 미치지 않는다. 따라서 범인 이외의 자의 소유에 속하는 물건에 대한 몰수의 선고가 있는 경우에는 피고인에 대한 관계에서 그 소지를 몰수할 뿐이고, 제3자의 소유권에는 영향을 미치지 않는다.[145] 다만 피고인 이외의 자가 기소되지 않은 공범인 경우에는 예외적으로 그에게도 몰수판결의 효력이 미친다. 72

(7) 추징

1) 의의 추징이란 몰수대상물의 전부 또는 일부를 몰수하기 불능한 때에 몰수에 갈음하여 그 가액의 납부를 명하는 부수처분이다(형법 제48조 제2항). 73

2) 본질 및 법적 성격 추징은 몰수대상물의 전부 또는 일부를 몰수하기 불능한 때에 몰수에 갈음하여 그 가액의 납부를 명령하는 사법처분으로서 형벌이 아니다. 하지만 추징은 몰수의 취지를 관철하기 위하여 인정된 제도라는 측면에서 부가형의 성질을 가진다. 따라서 1심에서 선고하지 않은 추징을 항소심에서 선고하면 불이익변경금지원칙에 위배된다.[146] 74

---

138) 「성매매알선 등 행위의 처벌에 관한 법률」 제25조, 특가법 제13조.
139) 「상법」 제633조, 「신탁법」 제145조, 「외국법자문사법」 제52조, 특정법 제10조.
140) 「병역법」 제92조, 「정치자금법」 제45조.
141) 「약사법」 제94조의2.
142) 「국가보안법」 제15조, 「밀항단속법」 제4조의2.
143) 「마약류관리에 관한 법률」 제67조.
144) 몰수제도의 문제점과 개선방안에 관해서는 홍찬기, 범죄수익 몰수·추징제도의 정비방안, 성균관대학교 대학원 박사학위논문, 2014 참조.
145) 대법원 1970.2.10. 69다2051; 1970.3.24. 70다245.
146) 대법원 1961.11.9. 4294형상572.

75 추징을 '범인이 범죄에 관하여 얻은 부정한 이익을 범인의 손에 남기지 않고, 이를 박탈하기 위한 성질을 갖는 것'으로 본다면 추징은 원칙적으로 '이익박탈적 성격'을 갖는 대상에 대해서 인정되어야 한다. 따라서 이익박탈적 성격을 가지지 않고, 위험성방지라는 보안처분적 성격을 갖는 범죄제공물건에 대해 추징을 인정하고 있는 형법 제48조 제2항의 태도는 재고되어야 한다.

76 **判** 대법원은 이익박탈적 성격을 가지지 않는 추징을 '징벌적 성격'의 추징이라고 부르면서, 관세법 제282조, 마약류관리에 관한 법률 제67조, 외국환거래법 제30조, 특정경제가중처벌 등에 관한 법률 제10조 등을 징벌적 추징규정에 해당하는 것으로 해석하고, '공동연대추징'까지 인정하고 있다. 그러나 특별법상의 몰수·추징에 관한 규정도 일반 형법상의 그것과 규정형식이 다르지 아니하고 공동연대라는 특별규정도 없기 때문에 공동연대추징이나 징벌적 추징이 가능하다고 해석하는 것은 죄형법정주의에 반할 우려가 있다. 추징도 몰수의 환형처분인 이상 특별규정이나 이론적 근거없이 피고인에게 불이익한 선고를 할 수 없기 때문이다.

77 **例 징벌적 추징이 인정된 판례:** 대법원은 '관세법상의 추징은 일반형사법상의 추징과는 달리 징벌적 성격을 띠고 있어서 여러 사람이 공모하여 관세를 포탈한 경우에 범칙자의 1인이 소유하였거나 점유하였던 물품을 몰수할 수 없을 때에는 그 물품의 소유 또는 점유 사실 유무를 불문하고 범칙자 전원으로부터 각각 추징할 수 있다'(대법원 1984.6.12. 84도397)고 한다. 대법원은 징벌적 추징의 범위에 관하여는 죄를 범한 자가 여러 사람일 때에는 각자에 대하여 그가 취급한 범위 내에서 가액 전액의 추징을 명하지만(대법원 2000.9.8. 2000도546), 그 중 한 사람이 추징금 전액을 납부하였을 때에는 다른 사람은 추징의 집행을 면하게 되지만, 그 일부라도 납부되지 아니하였을 때에는 그 범위 내에서 각 범칙자는 추징의 집행을 면할 수 없고(대법원 1998.5.21. 95도2002), 다른 공범자에 대하여 이미 추징이 선고되어 그 판결이 확정된 경우에도 후에 재판받는 다른 공범자에게 전액의 추징을 선고할 수 있다'(대법원 1976.11.23. 76도3045)고 한다. 뿐만 아니라 향정신성의약품관리법 위반죄, 외국환관리법 위반죄, 마약류관리에 관한 법률 위반죄 및 밀항단속법 위반죄 등에서도 징벌적 추징을 긍정하면서 그 범행으로 인하여 이득을 취한 바 없다 하더라도 그 가액의 추징을 명할 수 있다고 한다(대법원 1999.7.9. 99도1695; 1998.5.21. 95도2002 전원합의체 판결; 2002.12.6. 2002도5820; 2008.10.9. 2008도7034).

78 3) 요건 "몰수하기 불능할 때"라 함은 판결 당시 소비, 분실, 훼손 등의 사실상의 원인 또는 혼동, 선의취득 등의 법률상 원인으로 몰수할 수 없는 경우를 말한다. 따라서 뇌물로 받은 금원이나 자기앞수표를 소비한 후에 동액 상당을 반환한 경우[147]는 물론, 뇌물로 수표를 예금한 후 액면상당금원을 반환한 때[148]에도 몰수할 수 없는 경우이므로 그 가액을 추징하여야 한다. 다만 수뢰자가 뇌물을 그대로 보관하였다가 증뢰자에게 반환한 때에는 수뢰자로부터 추징하는 것이 아니라 증뢰자로부터 몰수·추징해야 한다.[149] 물론 처음부터 몰수가 허용되지 않는 경우에는 추징할 수 없다.

79 범죄수익규제법상의 '범죄수익'은 특정할 수 없는 경우 추징할 수 없고,[150] 수인이 공모하여 도박개장을 하여 이익을 얻은 경우 실질적으로 귀속된 이익이 없는 자에게도 추징

147) 대법원 1984.2.14. 83도2871; 1986.10.14. 86도1189.
148) 대법원 1970.4.14. 69도2461.
149) 대법원 1984.2.28. 83도2783.
150) 대법원 2007.6.14. 2007도2451.

할 수 없다.[151] 하지만 피고인이 뇌물로 받은 주식이 압수되어 있지 않고 주주명부상 피고인의 배우자 명의로 등재되어 있는 경우 위 배우자는 몰수의 선고를 받은 자가 아니어서 위 주식을 몰수함이 상당하지 아니하여 몰수 대신 그 가액을 추징할 수 있으며,[152] 변호사가 형사사건 피고인으로부터 담당판사에 대한 교제 명목으로 받은 돈의 일부를 공동변호 명목으로 다른 변호사에게 지급하였더라도 이는 변호사법 위반으로 취득한 재물의 소비방법에 불과하므로 추징대상이 된다.[153]

4) 산정기준 추징가액을 정하는 기준에 관하여는 범행 당시의 가액을 기준으로 정 80
하여야 한다는 범행시설[154]이 있었으나, 판결시를 기준으로 정해야 한다는 판결선고시설이 타당하다(통설·판례[155]).

5) 추징의 방법 수인이 공모하여 뇌물을 수수한 경우에 몰수가 불가능하여 가액을 81
추징할 때에는 실제로 분배받은 뇌물을 개별적으로 추징하여야 한다(개별추징의 원칙).[156] 개별적으로 분배받은 금원을 확정할 수 없을 때에는 평등하게 분할한 액을 추징하여야 한다.[157] 여기서의 범인에는 공동정범자 뿐만 아니라 종범 또는 교사범도 포함되고 소추 여부를 불문한다.[158] 범죄수익을 얻기 위해 범인이 지출한 비용은 그것이 범죄수익으로부터 지출되었다고 하더라도 이는 범죄수익을 소비하는 방법에 지나지 않아 추징할 범죄수익에서 공제할 것은 아니다.[159] 따라서 변호사법 위반의 범행으로 금품을 취득한 경우 그 범행과정에서 지출한 비용은 그 금품을 취득하기 위하여 지출한 부수적 비용에 불과하므로, 취득한 금품이 이미 처분되어 추징할 금원을 산정할 때 그 금품의 가액에서 위 지출 비용을 공제할 수는 없다.[160]

6) 추징대상의 확대와 미납추징금 환수를 위한 입법경과 추징은 원칙적으로 범인에 82
대해서만 가능하다. 범인에는 공동정범, 교사범, 방조범 등 공범이 포함되므로 몰수대상재산의 소유 여부와 관계없이 공범 전체로부터 추징이 가능하다.[161] 따라서 범인이 아닌 가족 등에 대한 재산에 대해서는 추징을 할 수 없다.

하지만 범인이 몰수대상인 불법수익 등을 제3자에게 은닉하였을 경우에는 몰수추징을 할 83
수 없게 되는 문제가 생긴다. 이러한 문제의식에서 2013년 공무원범죄에 관한 몰수특례법이

151) 대법원 2007.10.12. 2007도6019.
152) 대법원 2005.10.28. 2005도5822.
153) 대법원 2006.11.23. 2005도3255.
154) 정영석, 307면.
155) 대법원 1991.5.28. 91도352; 2001.11.27. 2001도4829.
156) 대법원 1993.10.12. 93도2056.
157) 대법원 1975.4.22. 73도1963; 1977.3.8. 76도1982.
158) 대법원 2001.3.9. 2000도794.
159) 대법원 2006.6.29. 2005도7146.
160) 대법원 2008.10.9. 2008도6944.
161) 법무부, 『범죄수익은닉의 규제 및 처벌등에 관한 법률해설,』 169면.

개정되어 "추징은 범인외의 자가 그 정황을 알면서도 취득한 불법재산 및 그로부터 유래한 재산에 대해서 그 범인 외의 자를 상대로 집행할 수 있다."는 제9조의2가 신설되었다.[162)]

84 그 후 공무원 범죄에 대한 몰수특례법의 적용 범위를 일반인에게까지 확대하는 차원에서 2014년 11월 19일자로 범죄수익규제법에도 공무원범죄의 몰수에 관한 특례법 제9조의3과 동일한 규정이 신설되었다. 이 뿐만 아니라 세월호 사건이 영향을 미쳐 다중인명피해사건의 경우 범인이외의 자의 소유에 속하는 재산도 몰수할 수 있게 하는 규정도 범죄수익규제법에 신설되었다.[163)]

Ⅳ. 명예형

1. 명예형의 의의

85 명예형이란 범인의 명예 또는 자격을 박탈하는 것을 내용으로 하는 형벌을 말한다. 자격형이라고도 한다. 형법이 인정하고 있는 명예형으로는 자격상실과 자격정지가 있다.

(1) 자격상실

86 자격상실이란 일정한 형의 선고가 있으면 그 형의 효력으로서 당연히 일정한 자격이 상실되는 것을 말한다. 형법상 자격이 상실되는 경우로는 사형, 무기징역 또는 무기금고의 판결을 받은 경우이며, 상실되는 자격은 ① 공무원이 되는 자격, ② 공법상 선거권과 피선거권, ③ 법률로 요건을 정한 공법상의 업무에 관한 자격, ④ 법인의 이사, 감사 또는 지배인 기타 법인의 업무에 관한 검사역이나 재산관리인이 되는 자격이다(제43조 제1항 제1호~제4호).

(2) 자격정지

87 **1) 의의** 자격정지란 일정한 기간 동안 일정한 자격의 전부 또는 일부를 정지시키는 것을 말한다. 자격정지에는 일정한 형의 판결을 받은 자의 자격이 당연히 정지되는 당연정지와 판결의 선고에 의하여 자격이 정지되는 선고정지가 있다.

88 **2) 당연정지** 유기징역 또는 유기금고의 판결을 받은 자는 그 형의 집행이 종료되거나 면제될 때까지 ① 공무원이 되는 자격, ② 공법상의 선거권과 피선거권, ③ 법률로 요건을 정한 공법상의 업무에 관한 자격이 당연히 정지된다(형법 제43조 제2항). 그러나 수형자와 집행유예자에 대하여 전면적·획일적으로 공법상의 선거권을 제한하는 있는 부분에 대해 2014년 헌법재판소에 의해 위헌결정이 내려졌다.[164)] 이에 따라 2016.1.6. 형법 제43조 제2항을 개정

162) 제316회 국회(정기회) 법제사법위원회 제1차 법안심사소위원회(2013. 6. 19) 회의록, 24~25면.

163) 세월호 사건과 직접 관련이 있는 조항은 다음과 같다. 제10조의2(추징 집행의 특례) 다중인명피해사고 발생에 형사적 책임이 있는 개인, 법인 및 경영지배·경제적 연관 또는 의사결정에의 참여 등을 통해 그 법인을 실질적으로 지배하는 자에 대한 이 법에 따른 몰수대상재산에 관한 추징은 범인 외의 자가 그 정황을 알면서 취득한 몰수대상재산 및 그로부터 유래한 재산에 대하여 그 범인 외의 자를 상대로 집행할 수 있다.

164) 헌법재판소 2014.1.28. 2012헌마429.

하여 "다만, 법률에 특별한 규정이 있는 경우에는 그 법률에 따른다"는 단서조항을 추가하였다.

3) **선고정지** 판결선고에 의해 ① 공무원이 되는 자격, ② 공법상 선거권과 피선거권, ③ 법률로 요건을 정한 공법상의 업무에 관한 자격, ④ 법인의 이사, 감사 또는 지배인 기타 법인의 업무에 관한 검사역이나 재산관리인이 되는 자격의 전부 또는 일부를 정지하는 경우를 말한다. 자격정지기간은 1년 이상 15년 이하이다(형법 제44조 제1항). 자격의 선고정지는 자격정지의 형이 다른 형과 선택형으로 되어 있는 경우(예컨대 형법 제129조의 수뢰죄의 경우)에는 단독으로 과할 수 있고, 다른 형에 병과할 수 있는 경우(예컨대 형법 제256조의 살인죄에 대한 자격정지의 병과의 경우)에는 병과형으로도 과할 수 있다. 자격정지기간은 자격정지가 선택형인 때에는 판결이 확정된 날로부터 기산하고, 유기징역 또는 유기금고에 병과한 때에는 징역 또는 금고의 집행을 종료하거나 면제된 날로부터 기산한다(동법 제44조 제2항). 89

2. 명예형 폐지론

명예형은 전과자에 대한 사회적 차별을 제도화한 것으로 범죄인의 재사회화 이념과 배치되고, 특히 자격상실의 경우에는 형의 일종으로 되어 있으나 선고될 수 있는 것이 아니고 형의 부수효과일 뿐이기 때문에 형벌의 종류에서 삭제하는 것이 바람직하다. 따라서 상실 내지 정지되는 '공무원자격, 선거권, 피선거권, 법인임원 등'의 자격은 국가공무원법, 공직선거법 등 해당되는 개별법에서 그 요건을 규정함으로써 충분하다. 1992년 형법개정법률안에는 자격상실을 형의 종류에서 삭제하고 이를 같은 법안 제38조에서 형의 부수효과로 규정한 바 있다. 90

§39

제3장 형의 양정

Ⅰ. 형의 양정의 의의

1 법관이 행위자에 대하여 구체적으로 선고할 형을 정하는 것을 형의 양정 또는 형의 적용이라고 한다. 형의 양정은 구체적인 사건에 적용될 형의 종류와 양을 정하는 것을 의미할 수도 있고(협의의 형의 양정), 그 형의 선고와 집행 여부를 결정하는 것도 포함하는 것을 의미할 수도 있다(광의의 형의 양정). 이하에서는 형의 양정을 협의의 의미로 사용한다.

2 형법은 구체적인 범죄에 대하여 선고할 수 있는 형의 범위만을 규정할 뿐이며, 개별적인 형의 양정은 법관에게 맡기고 있다. 이 범위 내에서 법관은 재량에 의하여 정당한 형벌을 발견해야 한다. 형법은 형의 양정에 있어서 정당성을 담보하여 법관의 자의나 감정이 개입되지 않도록 하기 위해서 일정한 절차와 기준을 마련하고 있다.

Ⅱ. 형의 양정의 단계

3 법률에 정해져 있는 일정한 범위의 형벌을 출발점으로 삼아 법관이 구체적인 사건에서 피고인에게 최종의 형벌을 선고하는 과정은 다음과 같다.

1. 법정형

4 법정형이란 형법각칙상의 개개의 구성요건에 규정되어 있는 형벌을 말한다. 법정형은 피고인이 범한 범죄가 무엇이냐에 따라 달라진다. 각 구성요건마다 법정형이 다른 것은 각 범죄의 불법의 차이가 반영된 것이다. 법정형은 구체적인 형의 선택을 위한 일차적인 기준이 된다는 의미에서 형의 양정에 있어서 가장 중요한 의미를 가지며 양형이론의 출발점이 된다.

5 형법은 법정형을 정함에 있어서 상한과 하한이라는 일정한 폭을 정하고 있는 상대적 법정형을 원칙으로 하고, 여적죄(제93조)에 관하여만 사형이라는 하나의 형벌을 정하고 있어 절대적 법정형을 규정하고 있다.

2. 처단형

6 법정형이 법률상·가중 또는 감경 혹은 재판상 감경되는 과정을 거쳐 일차적으로 구체화된 형을 처단형이라고 한다. 즉 처단형은 법정형에 선택할 형종이 있는 경우에는 먼저 형종을 선택하고 그 선택형을 보다 구체화해 가는 과정에서 형의 가중·감경사유를 적용하여 상

한과 하한으로 산출된 형을 말한다. 예컨대 강도죄의 법정형은 하한이 3년으로 규정되어 있으나, 유기징역 상한이 30년으로 정해져 있기 때문에, 실제의 법정형은 단기 3년, 장기 30년이 되고, 법률상 감경사유가 있는 경우에는 처단형은 법정형의 2분의 1을 감경하여, 단기 1년 6월(하한), 장기 15년 6월(상한)이 된다.

3. 선고형

(1) 의의

선고형이란 법원이 처단형의 범위 내에서 구체적으로 형을 양정하여 당해 피고인에게 선고하는 형을 말한다. 형의 가중·감경이 없을 때에는 법정형을 기준으로 선고형이 정해진다. 법정형과 처단형의 범위에서 선고형을 정하는 것이 형의 양정이다. 예컨대 위 강도죄의 경우 감경사유가 적용되어 정해진 처단형 1년 6월과 15년 6월의 범위 내에서 피고인에게 강도죄로 징역 3년을 선고하면 이것이 바로 선고형이 된다. 7

(2) 자유형 선고의 두 가지 형식

자유형의 선고형에는 정기형과 부정기형의 두 가지 형식이 있다. 부정기형에는 다시 절대적 부정기형과 상대적 부정기형이 있다. 아무런 형기를 정하지 않고 선고하는 절대적 부정기형은 죄형법정주의에 반하기 때문에 형법은 정기형에 의하며,[165] 다만 소년법에 의하여 소년범에 대하여는 상대적 부정기형을 인정하고 있다(소년법 제60조). 8

Ⅲ. 형의 가중·감경·면제 및 자수·자복

법정형에 대하여 필요한 가중·감경을 함으로써 처단형이 정해진다. 선고형의 최종적 기준이 되는 형이 처단형이므로 형의 양정을 위해서는 처단형을 정하는 데 필요한 형의 가중·감경을 먼저 검토해야 한다. 9

1. 형의 가중과 감경

(1) 형의 가중

형법은 형의 가중에 대하여는 '법률상'의 가중만을 인정하며, 이 경우 임의적 가중은 허용하지 않고 필요적 가중만 인정하고 있다. 죄형법정주의의 원칙상 재판상의 가중은 허용되지 않는다. 법률상의 가중에는 일반 가중사유와 특별 가중사유가 있다. 10

1) 일반 가중사유 형법이 모든 범죄에 대하여 일반적으로 형을 가중하는 사유를 말한다. 형법총칙은 일반적 가중사유로 ① 경합범가중(제38조), ② 누범가중(제35조) 및 ③ 특수교사· 11

165) 물론 현행 형법은 성인범에 대해서도 가석방제도(제72조 이하)를 인정하고 있어서 실질적으로는 부정기화되고 있다.

방조(제34조 제2항)의 세 가지 경우를 규정하고 있다.

12 **2) 특별 가중사유** 형법각칙의 특별구성요건에 의한 가중사유를 말한다. 여기에는 상습범가중과 특수범죄(형법 제250조 제2항의 존속살해죄, 제260조 제2항 존속폭행죄, 제261조의 특수폭행죄 등)의 가중이 있다.

(2) 형의 감경

13 형의 감경에는 법률상의 감경과 재판상의 감경(정상감경)이 있다.

14 **1) 법률상의 감경** 법률의 특별규정에 의하여 형이 감경되는 경우를 말한다. 법률상의 감경에는 일정한 사유가 있으면 당연히 감경해야 하는 필요적 감경과 법원의 재량에 의하여 감경할 수 있는 임의적 감경이 있다. 형법이 규정하고 있는 법률상의 감경에는 다음과 같은 사유가 있다.

15 **① 필요적 감경사유** 필요적 감경사유에는 i) 청각 및 언어장애인(동법 제11조), ii) 중지범(동법 제26조), iii) 종범(동법 제32조 제2항)의 세 가지가 있다.

16 **② 임의적 감경사유** 임의적 감경사유는 i) 외국에서 받은 형의 집행으로 인한 감경(동법 제7조), ii) 과잉방위(동법 제21조 제2항), iii) 과잉피난(동법 제22조 제3항), iv) 과잉자구행위(동법 제23조 제2항), v) 심신미약(형법 제10조 제2항), vi) 미수범(동법 제25조 제2항), vii) 불능미수(동법 제27조 단서), viii) 자수 또는 자복(동법 제52조), ix) 해방감경(동법 제295조의2, 제324조의6) 등이 있다.

17 **2) 재판상의 감경** 법률상의 특별한 감경사유가 없는 경우에도 법원은 범죄의 정상(情狀)에 참작할 만한 사유가 있는 때에 그 형을 감경할 수 있다(형법 제53조). 이를 '정상감경'이라고도 하는데, 정상감경은 이미 법률상 형을 가중·감경한 경우에도 가능하다. 참작할 만한 사유에 관하여는 형법 제51조가 적용되며, 정상감경도 법률상의 감경에 관한 형법 제55조의 범위에서만 허용된다.

2. 형의 가감례

18 형의 가중·감경의 방법과 정도 및 순서에 관한 준칙을 형의 가감례라고 한다.

(1) 형의 가중·감경의 순서

19 한 개의 죄에 정한 형이 수종(數種)인 때에는 먼저 적용할 형을 정하고 그 형을 감경한다(형법 제54조). 형을 가중·감경할 사유가 경합된 때에는 다음 순서에 의한다(동법 제56조). ① 각칙 본조에 의한 가중, ② 제34조 제2항의 가중, ③ 누범가중, ④ 법률상감경 ⑤ 경합범가중, ⑥ 정상감경.

(2) 형의 가중·감경의 정도와 방법

20 **1) 형의 가중정도** 유기징역이나 유기금고를 가중하는 경우에는 50년까지로 한다(형법 제42조 단서). 누범(동법 제35조), 경합범(동법 제38조) 및 특수교사·방조(동법 제34조 제2항)와 같은 일반적 가중사유의 가중정도는 각 해당 조문에 별도로 규정되어 있다.

2) 형의 감경정도와 방법

① 법률상의 감경의 정도와 방법 법률상의 감경은 다음과 같이 한다(형법 제55조 제1항). i) 사형을 감경할 때에는 무기 또는 20년 이상 50년 이하의 징역 또는 금고로 한다. ii) 무기징역 또는 무기금고를 감경할 때에는 10년 이상 50년 이하의 징역 또는 금고로 한다. iii) 유기징역 또는 유기금고를 감경할 때에는 그 형기의 2분의 1로 한다.[166] iv) 자격상실을 감경할 때에는 7년 이상의 자격정지로 한다. v) 자격정지를 감경할 때에는 그 형기의 2분의 1로 한다. vi) 벌금을 감경할 때에는 그 다액의 2분의 1로 한다. 여기서 다액이란 금액을 말하는 것이므로 벌금의 상한과 함께 하한도 2분의 1로 내려간다.[167] vii) 구류를 감경할 때에는 그 장기의 2분의 1로 한다. viii) 과료를 감경할 때에는 그 다액의 2분의 1로 한다. 이러한 법률상의 감경사유가 수 개 있는 때에는 거듭 감경할 수 있다(동조 제2항). 21

② 정상감경의 정도와 방법 정상감경의 경우도 법률상의 감경례에 준해야 한다.[168] 법률상 감경을 한 후에 다시 정상감경을 할 수는 있지만,[169] 정상감경사유가 수 개 있는 경우에도 거듭 감경할 수는 없다.[170] 징역형과 벌금형을 병과하는 경우에는 특별한 규정이 없는 한 어느 한쪽만을 작량감경할 수는 없다.[171] 22

3. 형의 면제

형의 면제란 범죄가 성립하지만 형벌을 과하지 않는 경우로서 유죄판결의 일종이다(형사소송법 제322조). 형의 면제는 확정재판 전의 사유로 인하여 형을 과하지 않는 점에서 확정재판 후의 사유로 인한 형집행면제와 구별된다. 23

형의 면제에는 필요적 면제와 임의적 면제가 있다. 그러나 양자는 모두 법률상의 면제에 한하며, 재판상의 면제는 인정되지 않는다. 형면제사유에는 형법총칙이 정하고 있는 일반적 면제사유와 형법각칙이 정하고 있는 개별적 면제사유가 있다. 24

형법총칙의 일반적 면제사유로는 ① 외국에서 받은 형의 집행으로 인한 면제(제7조), ② 중 25

---

166) 대법원 1983.11.8. 83도2370. "형법 제55조 제1항 제3호에 의하여 형기를 감경할 경우 여기서의 형기라 함은 장기와 단기를 모두 포함하는 것으로서 당해 처벌조항에 장기 또는 단기의 정함이 없을 때에는 형법 제42조에 의하여 장기는 15년, 단기는 1월이라고 볼 것이어서 형법 제250조의 소정형 중 5년 이상의 유기징역형을 선택한 이상 그 장기는 15년이므로 법률상 감경을 한다면 장기 7년 6월, 단기 2년 6월의 범위 내에서 처단형을 정하여야 한다."

167) 대법원 1978.4.25. 78도246 전원합의체.

168) 대법원 1964.10.28. 64도454.

169) 대법원 1994.3.8. 93도3608. "형법 제56조는 형을 가중·감경할 사유가 경합된 경우 가중·감경의 순서를 정하고 있고, 이에 따르면 법률상 감경을 먼저하고 마지막으로 작량감경을 하게 되어 있으므로, 법률상 감경사유가 있을 때에는 작량감경보다 우선하여야 할 것이고, 작량감경은 이와 같은 법률상 감경을 다하고도 그 처단형보다 낮은 형을 선고하고자 할 때에 하는 것이 옳다."

170) 대법원 1964.4.7. 63도410.

171) 대법원 1977.7.26. 77도1827. 하지만 한 개의 범죄가 아닌 경합범인 경우에는 어느 한 쪽을 작량감경할 수 있다(대법원 2006.3.23. 2006도1076).

지미수(제26조), ③ 불능미수(제27조 단서), ④ 과잉방위(제21조 제2항), ⑤ 과잉피난(제22조 제3항), ⑥ 과잉자구행위(제23조 제2항), ⑦ 자수·자복(제52조)이 있다. 이상의 면제사유는 모두 형의 감경과 택일적으로 규정되어 있고, 중지미수는 필요적 감면사유이나 그 이외에는 임의적 감면사유로 되어 있다.

26 형법각칙의 개별적 면제사유로는 권리행사방해죄(제323조), 절도죄(제329조), 자동차등불법사용죄(제331조의2), 상습절도죄(제332조), 사기·공갈의 죄, 횡령·배임의 죄, 장물의 죄가 직계혈족·배우자·동거친족·동거가족 또는 그 배우자 간에 범해진 경우에는 형을 면제한다는 친족상도례(제328조, 제344조, 제354조, 제361조, 제365조)에 관한 규정이 있다.

4. 자수와 자복

27 형법은 자수와 자복을 법률상의 감면사유로 규정하고 있다. 자수와 자복은 임의적 감면사유이므로 감면을 할 것인가는 법원의 재량에 속한다. 따라서 자수를 인정하고 감면하지 않았다고 하여 위법이라고 할 수 없다.

(1) 자수

28 '자수'란 범인이 죄를 범한 후 수사책임이 있는 관서에 대하여 자발적으로 자기의 범죄사실을 신고하는 경우를 말한다(형법 제52조 제1항). 자수는 자기의 범죄사실을 신고한다는 점에서 타인의 범죄사실을 신고하는 고소·고발과 구별되고 범죄사실인정에 비자발적인 자백과 구별된다.

29 **例 자수를 인정한 판례:** 대법원은 ① 범죄사실을 신고한 이상 범죄의 성립요건을 완전히 갖춘 범죄행위라고 인식할 필요는 없으며(대법원 1995.6.30. 94도1017), ② 범죄사실의 세부에 다소 차이가 있어도 자수가 인정되고(대법원 1969.4.29. 68도1780), 범죄사실을 신고하는 시기에는 제한이 없기 때문에 ③ 범죄사실이 발각된 후에 신고하거나(대법원 1965.10.5. 65도597), ④ 지명수배를 받은 후라 할지라도 체포 전에 자발적으로 신고한 이상 자수에 해당한다(대법원 1968.7.30. 68도754)고 한다. 뿐만 아니라 ⑤ 언론에 혐의사실이 보도되기 시작한 후에 수사기관에 전화를 걸어 조사를 요청한 경우도 자수가 될 수 있고(대법원 1994.9.9. 94도619), ⑥ 신고하는 방법에도 제한이 없으므로 범인 스스로 출두함을 요하지 않고 제3자를 통하여도 자수할 수 있으며(대법원 1964.8.31. 64도252), ⑦ 자수한 피고인이 법정에서 자백과 차이가 나는 진술을 하거나 이를 부인하는 경우에도 자수의 효력에는 영향이 없다(대법원 2002.8.23. 2002도46.)고 한다.

30 **例 자수를 부정한 판례:** 대법원은 ① 자수는 자발적인 범죄사실의 신고이기 때문에 수사기관에 의한 신문에 응하여 범죄사실을 인정하는 진술을 하는 것은 자백일 뿐이며 자수라고 할 수 없고(대법원 1992.8.14. 92도962), ② 수사기관에 범죄사실을 신고함을 요하므로 수사기관 아닌 자에게 자수의 의사를 전한 것만으로는 자수라고 할 수 없으며(대법원 1954.12.21. 4287형상164), ③ 범죄사실을 신고하지 않고 수사권 있는 공무원을 만나거나 주소를 알린 것도 자수가 될 수 없고(대법원 1963.10.22. 63도247), ④ 제3자에게 자수의사를 전달하여 달라고 한 것만으로는 자수라고 할 수 없다(대법원 1967.1.24. 66도1662)고 한다. 더 나아가 ⑤ 자수를 형의 감경사유로 삼은 이유는 범인이 죄를 뉘우치고 있다는 데에 있으므로 죄의 뉘우침이 없는 자수는 진정한 자수라고 할 수 없고(대법원 1994.10.14. 94도2130.), ⑥ 양벌규정에 의하여 법인이 처벌받는 경우에는 법인에게 자수감경에 관한 규정을 적용하기 위해서는 법인의 이사 기타 대표자가 수사책임이 있는 관서에 자수한 경우에 한하고, 그 위반행위를 한 직원 또는 사용인이 자수한 것만으로는 법인의 자수라고 할 수 없으며(대법원 1995.7.25. 95도391), ⑦ 수사기관에 뇌물수수의 범죄사실을 자발적으로 신고하

였으나 그 수뢰액을 실제보다 적게 신고함으로써 적용법조와 법정형이 달라지게 된 경우 자수의 성립을 부인한다(대법원 2004.6.24. 2004도2003)고 한다.

(2) 자복

‘자복’이란 피해자의 명시한 의사에 반하여 처벌할 수 없는 범죄, 즉 반의사불벌죄(해제조건부범죄)에 있어서 피해자에게 범죄를 고백하는 것을 말한다(형법 제52조 제2항). 따라서 반의사불벌죄가 아닌 범죄를 범한 자가 피해자를 찾아가서 사죄한 것은 자복이라고 할 수 없다.[172] 자복은 상대방이 수사기관이 아닌 점에서 자수와 구별되나 법적 효과에 있어서는 자수와 동일하므로 이를 ‘준자수’라고 한다. 31

Ⅳ. 양형

1. 양형의 의의

형의 양정 또는 ‘양형’이란 법정형에 법률상의 가중·감경 또는 작량감경을 한 처단형의 범위 내에서 범인과 범행 등에 관련된 ‘제반사정을 고려하여’ 구체적으로 선고할 형을 정하는 것을 말한다. 일반적으로 법관은 양형에 관하여 광범위한 재량을 가지고 있는 것으로 인정되고 있다.[173] 그러나 양형에 관한 법관의 재량은 자유재량이 아니라, 형법의 기초가 되고 있는 형사정책적 양형기준에 따라 합리적으로 판단해야 하는 법적으로 구속된 재량이다.[174] 따라서 양형부당은 형사소송법상 항소이유(형사소송법 제361조의5 제15호) 또는 상고이유가 된다(동법 제383조 제4호). 32

2. 양형의 기준

(1) 양형의 기초로서의 책임

법관이 구체적인 사건에서 최종적으로 선고형을 결정하기 전에 재량의 여지를 발휘할 수 있는 양형단계에서 무엇을 기준으로 선고형을 결정할 것인지는 재판에서 가장 중요한 사항 중의 하나이다. 그러나 양형의 기준이 무엇인가에 관한 물음에 대해 ‘양형의 기초는 행위자의 책임이다’라는 명제에 기초하여 형벌을 부과하는 목적, 특히 예방목적 때문에 책임의 범위를 초과하는 양형은 허용되지 않는다는 말만 반복되고 있을 뿐 양형의 기초인 책임이 무엇인지에 관한 논의는 전개되고 있지 않다. 33

---

172) 대법원 1968.3.5. 68도105.

173) 대법원 2003.2.20. 2001도6138 전원합의체. “형법 제51조의 사항과 개전의 정상이 현저한지 여부에 관한 사항은 널리 형의 양정에 관한 법원의 재량사항에 속한다고 해석되므로, 상고심으로서는 형사소송법 제383조 제4호에 의하여 사형·무기 또는 10년 이상의 징역·금고가 선고된 사건에서 형의 양정의 당부에 관한 상고이유를 심판하는 경우가 아닌 이상, 선고유예에 관하여 형법 제51조의 사항과 개전의 정상이 현저한지 여부에 대한 원심판단의 당부를 심판할 수 없고, 그 원심판단이 현저하게 잘못되었다고 하더라도 달리 볼 것이 아니다.”

174) 대법원 1964.10.28. 64도454.

34 양형의 기초가 되어 형벌의 한계선을 그어주는 책임은 범죄성립요건의 세 번째 요건인 '형벌근거책임'과 개념적으로 구별되면서 '양형책임'이라는 말로 표현되고 있다.

여기서 형벌근거책임은 규범적 책임개념으로서 이를 비난가능성이라는 평가 그 자체로 이해하면, 책임의 크기(양)를 결정할 수 없다. 따라서 결국 양형책임의 실체로 남는 것은 불법이라고 해야 한다. 이에 따르면 양형책임은 행위에 대한 사회윤리적 불법판단의 경중을 결정하는 모든 요소의 총체, 즉 책임 있는 불법을 의미하며, 여기서는 범죄전후의 행위자의 태도도 포함된다는 의미에서 형벌근거책임과 구별되는 개념으로 파악되어야 한다는 것이 지배적인 견해이다.

(2) 양형에 있어서 책임과 예방의 관계

35 형벌근거책임과 양형책임은 내용적으로 어떻게 다른지, 책임이 구체적으로 어떻게 형벌을 근거지우는 동시에 형벌의 양도 정해주는 두 가지 역할을 하는지 분명하지 않다.[175] 뿐만 아니라 불법 이외에 형벌의 양을 정해주는 양형책임의 실체가 무엇인지에 대한 답도 모호하다. 따라서 오늘날 양형에서는 책임 이외에 형벌목적, 특히 예방목적도 형벌의 양을 정하는 데 고려되어야 한다는 논의가 활발하게 전개되고 있다. 이것이 바로 양형에서의 책임과 예방의 관계에 관한 논의이며, 다음과 같은 이론이 있다.

36 1) 위가이론 위가이론(Stellenwerttheorie) 내지 단계이론(Stufentheorie)이란 양형의 단계에 따라 개별적인 형벌목적의 의의와 가치를 결정해야 한다는 이론이다. 즉 형의 양은 불법과 책임에 의하여 결정하고 형벌의 종류와 집행 여부는 예방을 고려하여 결정해야 한다는 것이다.

37 그러나 이 견해는 형량의 결정을 오로지 불법과 책임에 의하여 결정한다면, 양형책임의 내용적 요소로서 불법 이외에 다른 무엇이 있어야 하는지에 대해 여전히 답할 수 없는 한계를 가지고 있다.

38 2) 유일점형이론 유일점형이론(Punktstrafentheorie)은 책임은 언제나 고정된 일정한 크기를 가진 것이므로 그러한 책임을 기초로 한 형벌도 일정한 범위로 정해지는 것이 아니라 오직 하나의 점으로 표현되어야 하기 때문에 정당한 형벌은 항상 하나일 수밖에 없다는 이론이다. 이 이론에서는 책임과 일치하는 형벌은 예방목적에 의해 수정될 수는 있지만 책임을 초과할 수는 없다고 한다. 그러나 양형책임이 실제로 어떤 요소를 기초로 해서 어떻게 그렇게 정확하게 계산될 수 있는지에 대해서는 이 이론도 답하지 못한다.

39 3) 책임범위이론 책임범위이론(Spielraumtheorie)은 책임과 일치하는 정확한 형벌을 결정할 수는 없으며, 형벌은 그 하한과 상한에 있어서 책임에 적합한 범위가 있으므로, 이 범위에서 특별예방과 일반예방을 고려하여 형을 양정해야 한다는 이론이다(다수설).

40 4) 결론 세 가지 이론은 모두 정도의 차이는 있지만 형벌의 양(혹은 종류)을 정함에

175) 이에 관해서는 임상규, "형법상의 책임개념과 책임형의 구체화 모델", 心耕정성근교수화갑기념논문집(상), 539면 이하.

있어서 예방목적을 고려하고 있으면서 형벌의 양에 영향을 미치는 예방목적을 책임과는 무관한 것으로 보는 점에서 공통점을 가지고 있다. 그러나 책임비난의 전제인 타행위가능성(의사자유) 및 그에 토대를 둔 응보사상에는 극복할 수 없는 한계가 존재하기 때문에 현실적으로 책임비난의 판단척도로서 예방적 형벌목적이 다양하게 고려될 수밖에 없는 점을 고려하면 양형책임에서도 예방목적은 책임개념과 보다 밀접하게 연관되어야 함을 인정해야 한다.

그러나 예방목적을 앞세우게 되면 자칫 형벌의 양을 정함에 있어 자의적이거나 그 양이 41
과다할 위험이 있으므로 양형의 기초로서 일정한 정형화된 틀을 출발점으로 삼지 않을 수 없다. 하지만 소극적으로 파악될 수밖에 없는 배제개념으로서 실체를 가질 수 없는 책임은 양형의 기초가 될 수 없다. 양형의 기초로서 예방목적을 고려의 기초로 삼을 수 있는 정형화된 틀은 형법상 법정형(내지 처단형)이다. 이것은 행위자의 불법의 양이 반영되어 있는 것으로 이론상 행위자의 불법에 상응한 형벌범위이며 실제상으로는 규범수범자에 대한 형벌예고를 통해 정해진 약속이다. 이 범위 내에서 행위자의 개선이라는 특별예방목적 및 규범의 안정화라는 적극적 일반예방목적을 고려하여 최종적인 형의 양을 정하도록 하는 방식이 타당하다.

3. 양형의 조건

(1) 양형판단의 자료

양형의 기초는 불법의 양이 반영된 법정형이다. 양형에서는 이외에 예방의 목적을 고려 42
해야 한다. 형법이 규정하고 있는 양형의 조건은 양형책임과 예방에 관한 사유를 포함하고 있다. 개별적인 조건은 형벌의 목적에 따라 긍정적으로 작용할 수도 있고 부정적으로 작용할 수도 있다. 형법은 양형에 있어서 참작하여야 할 조건으로 다음과 같은 사항을 규정하고 있다(제51조).

1) 범인의 연령, 성행, 지능과 환경 범인의 연령, 성행, 지능, 환경은 사회복귀의 필 43
요성을 판단하는 데 중요한 의미를 가지는 특별예방적 요소임에 의문이 없다. 이러한 요소들은 통상 피고인에게 형감경의 효과를 가져오지만, 범인의 성행 가운데 전과사실은 불리하게 작용한다. 그러나 전과사실을 불리하게 고려할 때에도 그 요건을 정하는 방법 등을 통해 고려해야 하다.[176]

2) 피해자에 대한 관계 범인과 피해자 간의 친족, 가족, 고용 기타 유사한 관계를 44
말하지만 그러한 객관적 관계에만 국한되지 않는다. 피해자와의 신뢰관계를 이용하여 죄를 범하거나 피해자에 대한 보호의무를 침해하여 죄를 범한 때에는 형을 가중하는 요소가

---

176) 배종대, §177/8.

되지만, 피해자가 범행결과에 대해 공동작용한 면이 있을 경우에는 형을 감경하는 요소로도 작용할 수 있다. 이와 관련해서는 특히 사기죄 등에서와 같이 피해자의 경솔성이나 무모성도 고려사항이 될 수 있다. 결과에 대한 피해자의 태도도 양형의 자료가 될 수 있다.

45 3) 범행의 동기, 수단과 결과 범행의 동기는 행위자의 위험성뿐만 아니라 행위책임을 판단하는 중요한 요소가 된다. 범행의 수단과 결과는 행위불법과 결과불법에 속하는 순수한 객관적 불법요소이다. 하지만 구성요건요소인 범행의 특별한 범행동기, 수단, 결과를 다시 양형참작사유로 삼는 것은 이중평가가 되므로 허용될 수 없다. 이에 관해서는 후술한다.

46 4) 범행 후의 정황 범행 후의 행위자의 심리상태나 구호조치, 피해변상이나 피해회복을 위한 노력 등 범행 후의 범인의 태도는 책임과 예방의 관점에서 양형에 중요한 영향을 미친다. 그러나 피고인이 법정에서 범행을 부인하거나 진술거부권을 행사할 경우 가중적 양형조건으로 삼아서는 안 된다.[177)]

(2) 이중평가의 금지

47 양형에 있어서 이중평가금지란 법적 구성요건의 요소로 되어 있는 형의 가중·감경사유를 다시 양형의 참작사유로 삼아서는 안 된다는 원칙을 말한다. 예컨대 형법상 특수폭행죄의 경우와 같이 위험한 물건을 휴대하여 폭행죄를 범한 경우(형법 제261조) 이미 위험한 물건이라는 범행수단이 구성요건상의 가중사유로 되어 있기 때문에 형법 제51조 제3호의 범행수단이라는 양형참작사유를 다시 고려할 수 없다. 양형에서 이중평가금지는 형법에는 명문의 규정이 없지만 이론상 당연한 것으로 인정되고 있다.[178)]

4. 양형합리화 방안: 양형위원회와 양형기준표

48 양형의 편차에 대한 피고인들의 불만이 사법불신으로 이어지자, 최근 사법개혁의 일환으로 2007년 4월 법원조직법 개정을 통해 양형위원회가 설치되어 양형의 투명성과 예측가능성을 제고하기 위한 노력이 전개되고 있다.

---

177) 대법원 2001.3.9. 2001도192. "형법 제51조 제4호에서 양형의 조건의 하나로 정하고 있는 범행 후의 정황 가운데에는 형사소송절차에서의 피고인의 태도나 행위를 들 수 있는데, 모든 국민은 형사상 자기에게 불리한 진술을 강요당하지 아니할 권리가 보장되어 있으므로(헌법 제12조 제2항), 형사소송절차에서 피고인은 방어권에 기하여 범죄사실에 대하여 진술을 거부하거나 거짓진술을 할 수 있고, 이 경우 범죄사실을 단순히 부인하고 있는 것이 죄를 반성하거나 후회하고 있지 않다는 인격적인 비난요소로 보아 가중적 양형의 조건으로 삼는 것은 결과적으로 피고인에게 자백을 강요하는 것이 되어 허용될 수 없다고 보아야 할 것이나, 그러한 태도나 행위가 피고인에게 보장된 방어권 행사의 범위를 넘어 객관적이고 명백한 증거가 있음에도 진실의 발견을 적극적으로 숨기거나 법원을 오도하려는 시도에 기인한 경우에는 가중적 양형의 조건으로 참작될 수 있다."

178) 독일형법 제46조 제3항에서는 "이미 법률구성요건의 요소가 되어 있는 사실은 고려되어서는 안 된다"라는 이중평가금지에 관한 명문의 규정을 두고 있다.

양형위원회는 법관의 양형재량을 지나치게 제한하지 않으려는 복안을 가지고 미국식 ‘양형가이드라인제도’보다는 영국식 ‘양형기준모델’을 기초로 삼아 양형인자에 대한 질적 평가와 각 유형별 3단계 형량범위를 정하는 방식으로 순차적으로 개별범죄마다 양형기준을 마련하여 이를 실무에 적용하고 있다. 49

하지만 지금까지 만들어진 양형기준에는 용어사용에서 현행형법의 개념과 상치되는 부분이 있고, 벌금형이나 집행유예의 선고에 관한 구체적인 기준이 결여되어 있으며, 동일범죄에 대해 선고할 수 있는 형량범위의 폭이 여전히 넓게 설정되어 있어서 양형편차에 대한 불신을 근본적으로 완화시킬 수 있을지에 대해서는 여전히 미지수이다. 50

Ⅴ. 판결선고 전 구금과 판결의 공시

1. 판결선고 전 구금일수의 통산

판결선고 전 구금이란 미결구금(Untersuchungshaft)이라고도 하는데, 범죄의 혐의를 받는 자를 공소의 목적을 달성하기 위해 재판이 확정될 때까지 구금하는 강제처분으로서의 구속을 말한다(형사소송법 제69조 등). 미결구금은 형의 종류는 아니지만 자유를 구속한다는 점에서 자유형과 내용적으로 동일하며 실무에서는 실제로 자유형의 집행으로 운용하고 있는 경향도 있다. 51

종래 형법은 판결선고 전의 구금일수는 그 전부 또는 일부를 유기징역, 유기금고, 벌금이나 과료에 관한 유치 또는 구류에 산입하도록 하고 있었다(제57조 제1항). 미결구금일수를 본형에 산입할 경우 구금일수의 1일은 징역, 금고, 벌금이나 과료에 관한 유치 또는 구류기일의 1일로 계산한다(제57조 제2항). 본형산입의 대상이 되는 미결구금일수(재정통산일수)는 판결선고 전날까지의 구금일수이다.[179] 52

判 대법원은 종래 형법의 태도에 따라 미결구금일수를 전부산입할 것인지, 일부산입할 것인지 또는 얼마를 통산할 것인지는 법원의 재량에 속하는 것이므로 구체적인 일수를 기재하지 않고 ‘전부산입’이라고 표시함으로써 형집행기관에 이를 위임하여도 무방하다는 입장을 취해왔다.[180] 그러나 헌법재판소는 판결선고전의 구금일수 “일부”를 본형에 산입하도록 한 종래의 형법규정에 대한 위헌결정을 내렸다. 이에 따라 판결선고전 미결구금일수는 그 전부를 법률상 당연히 본형에 산입하게 되었고, 2014.12.30. 형법일부개정으로 판결선고 전의 구금일수는 ‘그 전부를’ 산입하도록 바뀌었다.[181] 53

무기형에 대해서는 미결구금일수를 산입할 수 없다는 것이 판례[182]이지만, 무기징역의 54

179) 대법원 2006.2.10. 2005도6246.

180) 대법원 1999.4.15. 99도357 전원합의체.

181) 헌법재판소 2009.6.25. 2007헌바25.

182) 대법원 1966.1.25. 65도384. 그러나 대법원 1971.9.28. 71도1289은 항소심에서 무기징역형을 선고한 1심판결을 파기하고 유기징역형을 선고할 경우에는 1심판결선고 전의 구금일수의 전부 또는 일부를 산입해야 한다고 한다.

경우에도 가석방의 요건에 차이가 있을 수 있기 때문에 입법론상 이를 포함시키는 것이 바람직하다.[183] 마찬가지의 이유에서 사형수가 무기징역으로 감형된 경우에도 행형법상 사형수는 미결수로 분류되기 때문에 사형수로서 구금된 기간을 무기징역에 산입하여 가석방의 기회를 확대하는 것이 타당하다.

55 형의 집행과 구속영장의 집행이 경합하고 있는 경우에는 미결구금을 본형에 통산하지 않는다.[184] 범행 후 미국으로 도주하였다가 미국과의 범죄인인도조약에 따라 체포되어 인도절차를 밟기 위한 절차에 해당하는 기간도 본형에 산입될 미결구금일수에 해당하지 않는다.[185] 제1심 및 원심판결에 의하여 산입된 미결구금일수만으로도 이미 본형의 형기를 초과하고 있는 경우, 상고 후의 구금일수는 별도로 산입하지 않는다.[186]

2. 판결의 공시

56 판결의 공시란 피해자의 이익이나 피고인의 명예회복을 위하여 판결의 선고와 함께 관보 또는 일간신문 등을 이용하여 판결의 전부 또는 일부를 공적으로 알리는 제도를 말한다. 형법은 다음 세 가지 경우에 임의적 또는 필요적으로 판결의 공시를 하도록 하고 있다. ① 피해자의 이익을 위하여 필요하다고 인정할 때에는 피해자의 청구가 있는 경우에 한하여 피고인의 부담으로 판결공시의 취지를 선고할 수 있다(제58조 제1항). ② 피고사건에 대하여 무죄의 판결을 선고할 때에는 피고인이 동의하지 않거나 피고인의 동의를 받을 수 없는 경우가 아닌 한 판결공시의 취지를 선고하여야 한다(제58조 제2항). ③ 피고사건에 대하여 면소의 판결을 선고하는 경우에는 면소판결공시의 취지를 선고할 수 있다(제58조 제3항).

---

183) 배종대, §178/1.

184) 대법원 2001.10.26. 2001도4583. "형의 집행과 구속영장의 집행이 경합하고 있는 경우에는 구속 여부와 관계없이 피고인 또는 피의자는 형의 집행에 의하여 구금을 당하고 있는 것이어서, 구속은 관념상은 존재하지만 사실상은 형의 집행에 의한 구금만이 존재하는 것에 불과하므로 즉, 구속에 의하여 자유를 박탈하는 것이 아니므로, 인권보호의 관점에서 이러한 미결구금 기간을 본형에 통산할 필요가 없고, 오히려 이것을 통산한다면 하나의 구금으로써 두 개의 자유형의 집행을 동시에 하는 것과 같게 되는 불합리한 결과가 되어 피고인에게 부당한 이익을 부여하게 되므로, 이러한 경우의 미결구금은 본형에 통산하여서는 아니된다."

185) 대법원 2004.4.27. 2004도482.

186) 대법원 2006.11.10. 2006도4238.

제4장 누 범 §40

Ⅰ. 누범의 의의

1. 누범의 개념

1 일반적으로 누범이란 범죄를 누적적으로 범하는 것을 말한다. 이러한 의미의 누범은 다시 광의와 협의의 두 가지 의미로 사용되는데, 먼저 광의의 누범이란 확정판결을 받은 범죄(전범) 이후에 다시 범한 죄(후범)를 가리키고, 협의의 누범이란 금고 이상의 형을 받아 그 집행이 종료되거나 면제된 후 3년 내에 금고 이상에 해당하는 죄를 범한 경우를 말한다(형법 제35조). 형법에서 누범은 협의의 누범을 의미한다.

2 누범은 수 개의 범죄가 누적적 관계인 점에서 병립적 관계인 경합범과 구별되고, 행위자의 범행습벽과 무관하다는 점에서 행위자의 범죄적 습벽에 기인하고 있는 상습범과도 구별된다.

2. 누범과 상습범의 구별

3 누범은 상습범의 징표가 된다고 할 수 있지만, 누범과 상습범은 전혀 다른 개념이다. 누범은 반복된 범죄를 의미함에 반하여, 상습범은 반복된 범죄에 징표된 범죄적 경향이 있는 범죄를 말한다는 점에서 양자는 개념상 구별된다. 따라서 누범은 전과를 요건으로 함에 반하여 상습범은 반드시 전과가 있을 것을 요하지 않고, 동일죄명 또는 동일죄질의 범죄의 반복을 요건으로 한다. 따라서 누범이라고 하여 반드시 상습범이 되는 것이 아니고, 반대로 상습범이 언제나 누범이 되는 것도 아니다.

4 누범과 상습범은 그 처벌의 근거에 있어서도 차이가 있다. 누범은 행위책임의 측면에서 초범자보다 책임이 가중된다는 점에 중점이 주어져 있음에 반하여, 상습범은 행위자의 상습성이라는 행위자 책임에 기초한다. 형법이 누범의 가중을 제35조에 규정하면서 상습범에 대하여는 각칙에 개별적인 규정을 두고 있는 이유도 여기에 있다.

5 判 대법원은 폭처법 제3조 제4항의 누범에 대하여 같은 법 제3조 제3항의 상습범과 동일한 법정형을 정하고 있어도 평등원칙에 반하지 않으며 폭처법 제3조 제4항에 해당하여 처벌하는 경우에도 형법 제35조의 누범가중규정 적용이 동일한 행위에 대한 이중처벌이 되지 않고(대법원 2007.8.23, 2007도4913), 상습범가중사유와 누범가중사유가 경합하는 경우에는 양자를 병과하여 적용할 수 있다(대법원 1982.5.25. 82도600; 2006.12.8. 2006도6886).

3. 누범규정의 법적 성격

6 형법이 누범을 수 개의 범죄가 누적적 관계에 있는 경우에 형을 가중하는 사유로 규정하고 있는 결과 ① 누범의 성질이 무엇인지에 대해서는 누범을 양형에 관한 법률상의 가중사유로 이해하는 견해[187]와 ② 누범을 수죄로 보아 죄수론으로 취급하는 견해[188]가 대립한다.

7 생각건대 누범에 있어서 전범은 그 자체가 심판의 대상이 되는 것이 아니라는 점에서 죄수론과 본질적으로 차이가 있을 뿐만 아니라 형법도 누범과 경합범을 다른 절에서 규정하고 있는 점에서 볼 때 누범을 죄수론으로 파악할 수는 없다. 누범은 단순히 법률상의 가중을 인정하고 있는 양형규정이라고 해야 할 것이다.

Ⅱ. 누범가중의 요건

1. 전범에 대해 금고 이상의 형을 받았을 것

8 여기서 금고 이상의 형이란 선고형을 의미한다. 따라서 사형 또는 무기형을 선고받은 자가 감형으로 인하여 유기징역이나 유기금고로 되거나, 특별사면 또는 형의 시효로 그 집행이 면제되는 때에도 누범의 요건을 충족할 수 있다. 금고 이상 형을 선고받은 이상 적용된 법률이 형법인가 특별법인가는 묻지 않는다.[189] 전범이 고의범인가 과실범인가도 불문한다.

9 금고 이상의 형의 선고는 유효하여야 한다. 따라서 일반사면에 의하여 형의 선고의 효력이 상실된 때에는 그 범죄는 누범의 전과가 될 수 없다.[190] 그러나 특별사면을 받아 형의 집행을 면제받은 자에 대하여는 누범가중을 할 수 있다.[191] 집행유예의 선고를 받은 자가 그 선고의 실효 또는 취소됨이 없이 유예기간을 경과한 때에도 형의 선고는 효력을 잃으므로 집행유예의 기간이 경과한 경우에 다시 죄를 범하여도 누범이 될 수 없다.[192] 다만 복권은 형의 선고로 인하여 상실 또는 정지된 자격을 회복시킴에 불과하므로 그 전과사실은 누범가중사유에 해당한다.[193] 벌금형을 선고받은 자에 대해 대체자유형인 노역장유치가 집행된 경우는 누범가중사유가 되지 않는다.

187) 김일수/서보학, 767면; 박상기, 530면; 손동권, §38/25; 이재상/장영민/강동범, §42/4.
188) 오영근, §39/44.
189) 대법원 1956.12.21. 4289형상296.
190) 대법원 1964.6.2. 64도161.
191) 대법원 1986.11.11. 86도2004.
192) 대법원 1970.9.22. 70도627.
193) 대법원 1981.4.14. 81도543.

2. 전범의 형집행 종료 또는 면제 후 3년 이내에 후범이 행해질 것

10 형의 집행을 종료하였다고 함은 형기가 만료된 경우를 말하며, 형의 집행을 면제받은 경우로는 형의 시효가 완성된 때(형법 제77조), 특별사면에 의하여 형의 집행이 면제된 때(사면법 제5조) 등을 들 수 있다.

11 전형의 집행 전이나 집행 중에 다시 죄를 범하여도 누범이 될 수 없다. 따라서 금고 이상의 형에 대한 집행유예판결을 선고받아 그 유예기간 중에 있는 자는 형의 집행 전이거나 또는 미결구금일수의 산입에 의하여 형의 일부를 집행받은 데 불과하므로 유예기간 중에 죄를 범하였다고 하여 누범이 될 수 없다.[194] 복역 중 도주하여 범한 죄나 교도소 안에서 범한 죄는 누범이라고 할 수 없다. 가석방된 자가 가석방기간 중에 다시 죄를 범한 경우도 형집행 종료 후의 범죄가 아니므로 누범이 될 수 없다.[195]

12 전범과 후범 사이의 기간을 누범시효라고 하는데, 전범의 형의 집행을 종료하거나 면제를 받은 후 3년 이내로 누범시효를 정한 것은 오랜 기간이 경과한 전과는 이미 경고기능을 상실하였다는 고려에 근거하고 있다.

13 3년이라는 기간의 기산점은 전범의 형의 집행을 종료한 날 또는 형집행의 면제를 받은 날이며, 금고 이상에 해당하는 죄를 범한 시기는 실행의 착수시를 기준으로 결정한다.[196] 다만 예비·음모를 처벌하는 범죄에 있어서 이 기간 내에 예비·음모가 있었을 때에는 누범의 요건을 충족한다. 상습범 중의 일부 행위가 누범 기간 내에 이루어진 이상 나머지 행위가 누범기간 경과 후에 행하여졌더라도 그 행위 전부가 누범관계에 있다.[197] 이에 반하여 후범이 수죄인 때에는 누범기간 내에 행하여진 범죄에 대하여만 누범가중을 할 수 있다.

3. 후범은 금고 이상에 해당하는 죄일 것

14 여기서 금고 이상에 해당하는 죄의 의미에 관하여는 법정형을 의미한다는 견해[198]도 있으나, 누범가중의 적용범위를 제한하고자 하는 취지에 비추어 볼 때 이 경우에도 선고형으로 보아야 한다.[199]

15 후범은 전범과 같은 죄명이거나 죄질을 같이 하는 동종의 범죄일 것을 요하지 않는다. 후범이 고의범인가 과실범인가도 문제되지 않는다.

---

194) 대법원 1983.8.23. 83도1600.
195) 대법원 1976.9.14. 76도2071.
196) 대법원 2006.4.7. 2005도9858 전원합의체.
197) 대법원 1982.5.25. 82도600.
198) 손해목, 514면.
199) 대법원 1982.9.14. 82도1702.

Ⅲ. 누범의 효과

1. 누범의 처벌

(1) 가중처벌

16 누범의 형은 그 죄에 정한 형의 장기의 2배까지 가중한다(형법 제35조 제2항). 다만 유기징역 또는 유기금고에 대하여 누범가중을 하는 때에는 형법 제42조 단서에 의하여 50년을 초과할 수는 없다. 누범이라 하여 형의 단기까지 가중되는 것은 아니다.[200] 누범으로 인하여 가중되는 형은 법정형을 의미하며 선고형을 뜻하는 것은 아니다. 따라서 누범가중의 경우라고 하여 반드시 그 죄의 법정형을 초과하여야 하는 것은 아니며, 법원은 단기까지의 범위에서 선고형을 정할 수 있다.

17 누범이 수죄인 경우에는 각죄에 대하여 먼저 누범가중을 한 후에 경합범으로 처벌하여야 하며, 각 죄가 상상적 경합의 경우에는 각 죄별로 누범가중을 한 후에 가장 중한 죄의 형으로 처단해야 한다.

(2) 소송법적 효과

18 누범가중의 사유가 되는 전과사실은 형벌권의 범위에 관한 중요사실이므로 엄격한 증명을 요한다.[201] 누범가중의 이유가 되는 전과를 범죄사실이라고 할 수는 없으나[202] 판결이유에 판시된 사항이므로 범죄사실에 준하여 유죄판결에 명시해야 한다. 대법원은 누범가중에 있어서는 누범의 시기를 명시할 것을 요한다고 판시하고 있다.[203]

2. 판결선고 후의 누범발각

19 판결선고 후 누범인 것이 발각된 때에는 그 선고한 형을 통산하여 다시 형을 정할 수 있다(형법 제36조). 단 선고한 형의 집행을 종료하거나 그 집행이 면제된 후에는 예외로 한다. 이는 피고인이 재판시에 그 인적 사항을 사칭하거나 기타 사술에 의하여 전과사실을 은폐하여 누범가중을 면하고 재판확정 후에 누범인 것이 발각된 경우에 대비하여, 전과사실의 확정에 재판이 집중되고 재판이 부당하게 지연되는 폐해를 막기 위한 취지에서 마련된 제도이다.

20 그러나 동일한 범죄에 대하여 새로운 사정만을 이유로 가중형을 추가하는 것은 동일한 범죄를 거듭 처벌하는 것으로서 일사부재리원칙에 정면으로 위배된다고 해야 한다. 뿐만 아니라 형법 제36조는 in dubio pro reo의 원칙에 따라 형벌권의 존부와 범위에 관한 사실

200) 대법원 1969.8.19. 69도1129.

201) 대법원 1981.6.9. 81도1353에 의하면 전과에 관한 사실은 피고인의 자백만으로도 인정할 수 있다고 한다.

202) 따라서 누범가중의 사유가 되는 전과사실은 불고불리의 원칙이 적용되지 아니하며 공소장에 기재되어 있을 것을 요하는 것도 아니다.

203) 대법원 1946.4.26. 4279형상13.

에 대해서는 검사에게 거증책임을 지우고 형사피고인에 대하여 진술거부권을 보장하고 있는 형사소송의 기본원리에도 반한다.

Ⅳ. 누범가중의 문제점과 입법론

누범가중규정은 전범에 대한 과형이 끝났음에도 불구하고 그것이 누범이라는 이유로 후범을 가중처벌하고 있으므로 헌법 제13조 제1항의 일사부재리원칙이나 헌법 제11조의 평등원칙 그리고 형법상 책임주의에 반하지 않는가 라는 의문이 있다. 이와 관련하여 대법원은 누범가중규정이 일사부재리원칙에 저촉되지 않는다[204]고 하고, 헌법재판소도 평등원칙에 위배되지 않는다는 태도를 취한 바 있다.[205] 학설상으로는 누범의 형을 무조건 가중할 것이 아니라 재범에 의해 비난이 가중된 경우에 한정해서 형을 가중하여야 책임주의와 조화를 이룰 수 있다는 견해가 다수를 이룬다. 21

생각건대 전범에 대한 행위책임이 이미 부과되었음에도 불구하고 그것이 다시 후범가중으로 연결되는 것은 후범에 대한 행위책임의 원칙에 반한다. 또 전판결에 의한 경고기능을 무시한 것이 후범에 대한 행위책임의 가중사유가 된다고 할 수 있을지에 대해서도 의문이다. 뿐만 아니라 누범에 대한 형벌을 가중함으로써 달성하고자 하는 특별예방 및 일반예방목적이 얼마나 이루어질 수 있을지도 입증되지 않았고 실무상 누범가중규정의 적용례도 거의 없는 실정이다. 따라서 입법론상 누범가중규정은 앞서 살펴본 판결 선고 후의 누범발각규정과 함께 삭제하는 것이 타당하다. 22

204) 대법원 1970.9.29. 70도1656.
205) 헌법재판소 1995.2.23. 93헌바43 전원재판부.

§41

제 5 장　형의 유예제도

1　형의 유예제도는 피고인의 사회복귀라는 형벌목적을 수형시설이 아닌 사회 내에서 달성하는 동시에 단기자유형의 집행과 결부된 폐해를 방지하는 효과를 가져올 수 있는 제도로서 현대 형법에서 가장 중요한 형사정책적 대안으로 활용되고 있는 제도이다. 종래에는 형의 유예제도가 구체적인 사회복귀프로그램과 결부되지 않아서 그 실효성에 의문이 제기되기도 하였고, 형벌의 위하력을 감퇴시키는 무기력한 수단으로 평가되기도 하였으나 최근에는 유예제도와 결부된 보호관찰 등 각종 부담부조건이 유예제도의 내실을 다지고 있어 각종 유예제도의 활용도가 더욱 높아질 전망이다. 형의 유예제도에는 집행유예와 선고유예가 있다.

제 1 절　집행유예

Ⅰ. 집행유예의 의의

1. 의의

2　집행유예란 형을 선고함에 있어서 일정한 기간 동안 형의 집행을 유예하고 그것이 취소 또는 실효됨이 없이 그 유예기간을 경과한 때에는 형의 선고의 효력을 잃게 하는 제도를 말한다.

2. 법적 성질

3　집행유예의 법적 성질에 대해서는 ① 형벌과 보안처분의 성질을 함께 가지고 있는 고유한 종류의 제재 또는 형법의 제3의 길이라고 할 수 있는 독립된 제재라고 해석하는 견해[206]와 ② 외래적 처우라는 의미에서 특수성을 가진 형집행의 변형에 지나지 않는다는 견해[207]가 대립한다.

4　생각건대 집행유예의 경우 반드시 그 전제로서 행위자에게 형벌(징역 또는 금고)이 선고되는 것이고, 집행유예를 통해 수형시설 내가 아니라 사회 내에서 피고인의 사회복귀를 돕는 작용을 하는 것이기 때문에 형벌집행의 변형에 불과한 것으로 보는 것이 타당하다.

---

206) 김일수/서보학, 780면; 손동권, §39/12.
207) 박상기, 540면; 이재상/장영민/강동범, §43/2; 이형국/김혜경, 644면; 정성근/정준섭, 477면.

Ⅱ. 집행유예의 요건

1. 3년 이하의 징역이나 금고 또는 500만원 이하의 벌금형 선고

종래 징역 또는 금고의 형을 선고할 때에만 집행유예를 할 수 있도록 규정하였으나 형법이 개정되어 '500만원 이하의 벌금형'을 선고하는 경우에도 집행유예가 가능하다. 여기서 선고할 징역 또는 금고의 형은 3년 이하일 것을 요한다. 3년 이하의 징역 또는 금고의 형은 법정형이 아니라 선고형을 의미한다.[208] 5

2. 정상에 참작할 만한 사유

집행유예를 하기 위해서는 '정상에 참작할 만한 사유'가 있어야 한다. 정상에 참작할 만한 사유란 형의 선고만으로도 피고인에게 경고기능을 다하여 형벌을 집행하지 않아도 장래에 재범의 위험성이 없다고 인정되는 경우를 말한다. 재범의 위험성 여부를 판단하기 위해서는 형법 제51조의 사항(범인의 연령·성행·지능과 환경, 피해자에 대한 관계, 범행의 동기·수단과 결과, 범행 후의 정황)을 종합하여 판단해야 한다. 판단의 시기는 판결시이다. 6

3. 집행유예의 결격요건의 부존재

형법 제62조 제1항의 단서에 의하면 위의 두 가지 요건에 해당하더라도 "금고 이상의 형을 선고한 판결이 확정된 때부터 그 집행을 종료하거나 면제된 후 3년까지의 기간에 범한 죄에 대하여 형을 선고하는 경우"에는 집행유예를 선고할 수 없다. 7

(1) "금고 이상의 형의 선고"의 의미

'금고 이상의 형의 선고'에 형의 집행유예를 선고받은 경우도 포함하는지가 문제된다. 이 문제는 결국 집행유예기간 중의 범죄행위에 대해서도 집행유예를 선고할 수 있는가라는 문제로 귀결된다. 8

1) 학설의 태도

① 부정설 집행유예기간 중에 범한 새로운 범죄에 대해서는 집행유예를 선고할 수 없다는 견해[209]이다. 이 견해는 '금고 이상의 형의 선고'에는 실형의 선고뿐 아니라 집행유예의 선고도 포함된다고 해석하는 입장이다. 9

② 긍정설 집행유예기간 중에 범한 죄에 대해서도 널리 재차의 집행유예를 선고할 수 있다는 견해(다수설)이다. 이 견해는 '금고 이상의 형의 선고'는 실형의 선고만을 의미한다고 해석한다. '집행종료 또는 집행면제 후 3년이 경과하지 아니한 자'란 실형선고를 10

---

208) 대법원 1989.11.28. 89도780.

209) 이재상/장영민/강동범, §43/8; 임웅, 648면.

받아 현실적으로 집행절차를 거쳤음을 전제로 하는 표현이기 때문이라는 점을 근거로 한다.

11 2) 판례의 태도 대법원은 종래 부정설의 입장을 취하였으나 전원합의체 판결을 통해 제한적으로 집행유예기간 중에도 집행유예를 선고할 수 있다는 태도로 변경하였다가,[210] 2005년 형법개정으로 집행유예의 결격요건으로 동시에 재판받을 가능성이 있는 경우가 결격요건 자체에 해당하지 않게 되는 등 집행유예의 결격요건이 더욱 축소됨에 따라 집행유예가 실효 또는 취소됨이 없이 유예기간이 경과한 때에는 결격요건에 해당하지 않게 되었기 때문에 집행유예 기간 중에 범한 범죄라고 할지라도 집행유예가 실효 취소됨이 없이 그 유예기간이 경과한 경우에는 이에 대해 다시 집행유예의 선고가 가능하다는 태도로 전환하였다.[211]

12 3) 결론 형법 제62조 제1항 단서의 '집행의 종료 또는 집행면제'란 실형의 선고를 전제로 하는 것으로 해석하는 것이 타당하다. 집행유예가 선고된 경우 그 선고의 실효 또는 취소됨이 없이 유예기간을 경과한 때에는 '형의 선고가 효력을 잃는다'(형법 제65조)고 되어 있기 때문이다. 따라서 집행유예기간 중에 범한 죄에 대해서도 재차 집행유예가 가능하다고 보아야 한다. 현실적으로 보더라도 집행유예제도의 본래의 취지가 단기자유형의 집행으로 인한 폐단을 방지하고 피고인의 사회복귀라는 특별예방목적을 사회 내에서 달성하려는 데 있으므로 집행유예 가능성을 확대하는 방향으로 해석하는 것이 바람직하다. 논란의 소지를 없애기 위해서는 입법론상 '금고 이상의 형의 선고'를 '금고 이상의 실형의 선고'로 바꾸는 것이 바람직하다.

(2) "3년까지의 기간에 범한 죄"의 의미

13 종래 형법은 '금고 이상의 형을 선고받아 집행을 종료하거나 면제된 후 5년이 경과될 것'을 집행유예선고의 요건으로 하고 있었다. 이에 따르면 5년이 경과되었는지 여부가 판결선고시를 기준으로 해석되기 때문에 피고인이 금고 이상의 형을 선고받고 다시 재범을 범한 경우 재범의 범행시기와 무관하게 판결선고시점에 따라 집행유예 가능여부가 결정되

---

210) 대법원 1989.9.12. 87도2365 전원합의체. "형의 집행유예를 선고받은 사람이 형법 제37조의 경합범관계에 있는 수죄에 관하여 같은 절차에서 동시에 재판을 받았더라면 한꺼번에 집행유예의 선고를 받았으리라고 여겨지는 경우에 한하여 집행유예기간 중 재판할 범죄에 대해 재차의 집행유예를 허용할 수 있다".

211) 대법원 2007.2.8. 2006도6196. "집행유예 기간 중에 범한 죄에 대하여 형을 선고할 때에, 집행유예의 결격사유를 정하는 형법 제62조 제1항 단서 소정의 요건에 해당하는 경우란, 이미 집행유예가 실효 또는 취소된 경우와 그 선고 시점에 미처 유예기간이 경과하지 아니하여 형 선고의 효력이 실효되지 아니한 채로 남아 있는 경우로 국한되고, 집행유예가 실효 또는 취소됨이 없이 유예기간을 경과한 때에는, 형의 선고가 이미 그 효력을 잃게 되어 '금고 이상의 형을 선고'한 경우에 해당한다고 보기 어려울 뿐 아니라, 집행의 가능성이 더 이상 존재하지 아니하여 집행종료나 집행면제의 개념도 상정하기 어려우므로 위 단서 소정의 요건에 해당하지 않는다고 할 것이므로, 집행유예 기간 중에 범한 범죄라고 할지라도 집행유예가 실효 취소됨이 없이 그 유예기간이 경과한 경우에는 이에 대해 다시 집행유예의 선고가 가능하다."

었다. 따라서 재범 후 조기에 체포되어 재판을 받는 자와 많은 시간이 경과된 후에 체포되어 재판을 받는 자 간의 형평성 문제가 제기되고, 집행유예결격을 면하기 위하여 도피하거나 고의로 재판을 지연시키는 폐해 등이 발생한다는 문제점이 있었다. 따라서 2005년 7월 29일 '형법 중 개정법률'에 의하여 집행유예의 결격사유를 판결선고시가 아니라 범행시를 기준으로 판단하면서 집행유예의 가능범위를 확대하기 위해 그 결격기간도 3년으로 단축하였다.

4. 형의 일부에 대한 집행유예의 가능 여부

형법 제62조 제2항에 의하면 형을 병과할 경우에는 그 형의 일부에 대하여 집행을 유예할 수 있다고 한다. 따라서 형법 제37조 후단의 경합범 관계에 있는 두 개의 범죄에 대하여 하나의 판결로 두 개의 자유형을 선고하는 경우 그 두 개의 자유형은 각각 별개의 형이므로 형법 제62조 제1항에 정한 집행유예의 요건에 해당하면 그 각 자유형에 대하여 각각 집행유예를 선고할 수 있는 것이고, 또 그 두 개의 징역형 중 하나의 징역형에 대하여는 실형을 선고하면서 다른 징역형에 대하여 집행유예를 선고하는 것도 우리 형법상 이러한 조치를 금하는 명문의 규정이 없는 이상 허용되는 것으로 보아야 한다.[212] 문제는 하나의 형의 일부에 대해서 집행유예를 할 수 있는가이다. 14

判 이에 대해 대법원은 형법 제62조 제2항을 문리적으로 해석하면 하나의 형의 일부에 대해서는 집행유예가 불가능하다고 해석태도를 취한다.[213] 이러한 해석이 타당하지만, 입법론적으로 형의 일부에 대한 집행유예제도를 도입하는 것이 바람직하다.[214] 실형과 집행유예라는 양극단의 중간에서 탄력적인 양형의 운용을 가능하게 하고, 집행유예가 곧 무죄라는 일반인의 잘못된 인식을 불식하여 일반예방효과를 거둘 수 있도록 할 필요가 있기 때문이다. 물론 일부에 대한 집행유예가 종래의 집행유예가 가능한 사안에 대해서도 적용되어 단기자유형의 확대로 이어지지 않도록 하는 방안도 동시에 마련되어야 한다. 15

Ⅲ. 집행유예와 보호관찰, 사회봉사명령 및 수강명령

법원이 집행유예를 선고하는 경우 판결주문에 1년 이상 5년 이하의 범위에서 선고된 형의 기간보다 더 장기간의 기간을 정하여 집행유예를 선고하게 되며, 집행유예기간의 시기(始期)는 집행유예를 선고한 판결의 확정일이다.[215] 형의 집행을 유예하는 경우에는 보호관찰을 받을 것을 명하거나 사회봉사 또는 수강을 명할 수 있다(형법 제62조의2 제1항). 보호관찰의 기간은 집행을 유예한 기간으로 한다. 다만 법원은 유예기간의 범위 내에서 보호관찰기간을 정할 16

212) 대법원 2001.10.12. 2001도3579.
213) 대법원 2007.2.22. 2006도8555.
214) 일본은 2013년 형법 개정을 통해 형의 일부에 대한 집행유예(형법 제27조의2)를 도입하였다(2016.6. 시행).
215) 대법원 2002.2.26. 2000도4637.

수 있다(동조 제2항). 사회봉사명령 또는 수강명령은 집행유예기간 내에 이를 집행한다(동조 제3항).

1. 보호관찰제도

17 보호관찰이란 범죄인의 재범방지와 사회복귀를 촉진하기 위하여 교정시설에 수용되지 않은 자유상태에 있는 범죄인을 지도·감독하는 제도를 말한다. 집행유예가 실형의 집행을 유예하는 제도로서 피고인의 사회복귀라는 본래의 목적을 달성하기 위해서는 사회 내 복귀프로그램과 결부되어야 한다. 형의 집행이 유예된 자를 사회 내에서 지도·감독하는 것을 내용으로 하는 대표적인 사회복귀프로그램이 바로 보호관찰이다. 집행유예시 선고될 수 있는 보호관찰의 법적 성격에 관해서는 견해가 나뉜다.

(1) 학설의 태도

18 **1) 보안처분이라는 견해** 보호관찰은 미래의 범죄행위를 막기 위한 보안(보호)의 목적으로 부과되는 것이므로 현행법상의 모든 보호관찰은 형벌이 아니라 보안처분으로 보자는 견해[216]이다. 이 견해는 더 나아가 형법상의 사회봉사명령이나 수강명령도 보안처분으로 파악하고 있다.

19 **2) 독자적 형사제재라는 견해** 형법상의 보호관찰 등과 같이 형벌을 보완하는 일체의 형사제재수단을 제3의 독자적 형사제재수단으로 이해하는 견해[217]이다. 이 견해는 보안처분을 형벌이 부과되지 않을 경우에 형벌을 보완하거나 대체하는 제재수단으로 보아야 한다면 형법상의 보호관찰은 형벌을 대체하는 수단이 아니므로 보안처분이 될 수 없고, 치료감호법상의 치료감호만이 보안처분에 해당한다고 한다.[218]

20 **3) 재판의 일종으로 보는 견해** 형법상의 보호관찰은 재판의 일종이므로 그 내용은 법관이 다양하게 형성해 나갈 수 있다고 보는 견해이다.[219] 이 견해는 보안처분은 범죄인에 대한 비관적 전망에 기초하여 부과되는 것인데 반해 형법상의 보호관찰은 형의 집행이 유예된 범죄인에 대하여 그 사회생활이 양호할 것이라는 낙관적 전망에 기초하여 범죄인의 사회복귀를 촉진하기 위해 부과되는 것이므로 때문에 보안처분이라고 하기보다는 소년법상의 보호관찰과 유사한 성격을 가진다고 한다. 그러나 이 견해도 가석방시의 보호관찰은 자유형 집행방법의 변형으로 본다.

---

216) 박상기, 556면; 배종대, §190/1; 이형국/김혜경, 646면; 임웅, 675면.

217) 손동권, §41/32.

218) 보안처분을 사회방위를 위하여 감호, 거세 등 피고인에 대한 직접적인 자유의 제한을 가하는 제재수단으로 국한시키는 견해도 형법상의 보호관찰을 형벌도 아니고 보안처분도 아닌 제3자의 독자적 형사제재수단으로 이해한다(김혜정, "법적 성질의 재고찰을 통한 보호관찰의 형사정책적 위상 정립", 형사정책 제13권 제2호, 2001, 123면).

219) 신동운, "보호관찰의 법적 성질과 소급효문제", 고시연구, 1998.6, 164면 이하.

(2) 판례의 태도

判 대법원은 집행유예시 부과되는 보호관찰을 보안처분으로 보고 있다.[220] 하지만 형법상의 보호관찰을 보안처분으로 자리매김하기는 어렵다. 집행유예의 조건부로 부과되는 보호관찰은 형벌을 대체하는 제재도 아니고, 재범의 위험성을 방지하기 위한 예방적 처분이라고 보기도 어렵기 때문이다. 형법의 보호관찰은 소년법상의 보호관찰이나 가정폭력범죄의 처벌 등에 관한 특례법상의 보호관찰과는 달리 형법의 보호관찰은 유죄판결을 선고하여 형벌을 부과하면서 그 형의 선고나 집행을 유예하거나 또는 가석방을 할 때 그 실효성을 담보하기 위해 부과되는 조건부 부담으로 이해해야 한다. 21

(3) 결론

보호관찰에 대해서는 사회 내에서 지도와 원호를 통해 대상자의 사회복귀를 돕고 감독과 감시를 통해 사회방위기능을 수행하는 독자적인 제3의 제재수단성이 인정될 수는 있다.[221] 22

이러한 관점에서 보면 유예제도 및 가석방제도와 결부된 보호관찰은 제재체계상의 지위와 관련해서는 형벌과 보안처분과 구별되는 제3의 제재적 성격을 가지지만, 그 제재수단이 형사제재체계 내에서 가지고 있는 외부적 모습은 형벌에 결부되어 있으므로 형벌집행의 변형[222]이라고 보는 것이 타당하다.[223] 아래에서 설명될 사회봉사명령이나 수강명령의 법적 성격도 마찬가지이다. 23

2. 사회봉사명령, 수강명령

사회봉사명령은 유죄가 인정된 범죄자를 일정한 기간 내에 지정된 시간 동안 무보수로 근로에 종사하도록 하는 제도이며, 수강명령은 일정한 시간 동안 지정된 장소에 출석하여 강제로 강의, 훈련 또는 상담 등을 받도록 하는 제도이다. 사회봉사명령의 내용은 자유형의 집행을 대체하기 위한 것이므로 시간단위로 부과될 수 있는 일 또는 근로활동을 의미하 24

---

220) 대법원 1997.6.13. 97도703. "위 조항(형법 제62조의2 제1항: 필자주)에서 말하는 보호관찰은 형벌이 아니라 보안처분의 성격을 갖는 것으로서, 과거의 불법에 대한 책임에 기초하고 있는 제재가 아니라 장래의 위험성으로부터 행위자를 보호하고 사회를 방위하기 위한 합목적적인 조치이므로, 그에 관하여 반드시 행위 이전에 규정되어 있어야 하는 것은 아니며, 재판시의 규정에 의하여 보호관찰을 받을 것을 명할 수 있다고 보아야 할 것이고, 이와 같은 해석이 형벌불소급의 원칙 내지 죄형법정주의에 위배되는 것이라고 볼 수 없다."

221) '독자적'인 제재수단이라고 해서 형벌 또는 보안처분과 '독립된' 제3자의 제재수단이라는 것은 아니다. 형의 선고나 집행이 유예되거나 혹은 집행도중에 가석방될 때 부과되는 보호관찰은 언제나 형벌을 전제하고 있는 것이기 때문에 독립적이지 못한 제재수단이라는 점을 염두에 두어야 한다. 반면에 영국이나 미국에서는 최근 보호관찰(probation)이 구금형 대신에 부과할 수 있는 독립된 제재수단 또는 그 자체 형벌의 일종으로 취급되고 있다. Matthew J. Merrick, "probation", Twenty－Seventh Annual Review of Criminal Procedure, Georgetown Law Journal, June, 1998, p.1795.

222) 자유형의 집행의 변형이라고 하지 않고 형벌집행의 변형이라고 해야 하는 이유는 벌금형에 대한 집행유예가 인정되고 거기에 보호관찰이 결부될 수도 있기 때문이다.

223) 이러한 점에서 보면 성폭법상의 형의 선고 및 집행유예 또는 가석방과 결부되어 있는 보호관찰도 보안처분이 아니라 독자적인 제재수단인 동시에 형벌집행의 변형이라고 할 수 있다. 그러나 가정폭력범죄의 처벌에 관한 특례법이나 성매매알선 등 행위의 처벌에 관한 법률에서 형벌 대신에 부과되는 보호처분의 일종인 보호관찰은 소년법상의 보호관찰과 마찬가지로 보안처분이라고 할 수 있다.

는 것으로 해석되어야 한다.

25 判 이러한 취지에서 대법원은 일정한 금원출연 및 그와 동일시 할 수 있는 일을 명할 수 없고, 유죄로 인정된 범죄행위를 뉘우치거나 그 범죄행위를 공개하는 취지의 말이나 글을 발표하도록 명하는 일 등은 헌법상 양심의 자유 등에 대한 심각하고 중대한 침해가능성, 사회봉사명령의 의미나 내용에 대한 다툼의 여지 등의 문제가 있어 허용될 수 없다는 태도를 취한다.[224]

26 보호관찰은 대표적인 사회복귀프로그램으로서 사회 내 제재를 받는 자에 대한 지도·감독을 내용으로 한다. 이 때문에 보호관찰기관은 사회봉사명령이나 수강명령의 집행 및 그 이행 여부를 통제하는 역할을 하기도 한다. 보호관찰과 사회봉사명령 및 수강명령을 병과하여 부과할 수 있는지가 문제된다.

27 判 대법원은 병과를 허용하는 명문의 규정은 없지만, 사회봉사명령의 등의 취지상 이들을 보호관찰과 병과하여 부과할 수 있다는 태도를 취하고 있다.[225] 입법론상 명문의 규정을 두는 것이 바람직하다. 더 나아가 사회봉사명령이나 수강명령 이외의 또 다른 사회 내 처우프로그램으로서 피해자의 이익을 위한 원상회복명령, 마약 및 알코올 중독자를 위한 치료명령, 보다 강화된 형태의 지도·감독을 내용으로 하는 집중보호관찰(가택구금, 외출제한 및 이를 담보하기 위한 전자감독 등)도 형법에 편입할 필요가 있다.

Ⅳ. 집행유예의 효과

28 집행유예의 선고를 받은 후 그 선고의 실효 또는 취소됨이 없이 유예기간을 경과한 때에는 형의 선고는 효력을 잃는다(형법 제65조). 형의 선고가 효력을 잃게 되므로, 형의 집행이 면제될 뿐만 아니라 처음부터 형의 선고가 없었던 상태로 돌아가게 된다. 다만 형의 선고가 효력을 잃는다는 것은 형의 선고의 법률적 효과가 없어진다는 것을 의미할 뿐이며, 형의 선고가 있었다는 기왕의 사실까지 없어지는 것은 아니다.[226] 따라서 형의 선고에 의하여 이미 발생한 법률효과는 그대로 남는다.

Ⅴ. 집행유예의 실효와 취소

1. 집행유예의 실효

29 집행유예의 선고를 받은 자가 유예기간 중 고의로 범한 죄로 금고 이상의 실형을 선고받아 판결이 확정된 때에는 집행유예의 선고는 효력을 잃는다(형법 제63조). 2005년 7월 29일 형법 개정 이전에는 유예기간 중 금고 이상의 형을 선고받아 그 판결이 확정되는 것을 실효사유로 보았기 때문에 피고인이 언제 무슨 죄를 범하였는지가 문제되지 않았다. 따라서 집행유

224) 대법원 2008.4.11. 2007도8373.
225) 대법원 1998.4.24. 98도98.
226) 대법원 1983.4.2. 83모8.

예선고를 받기 이전에 범한 죄에 대해서 그 죄가 고의범이든 과실범이든 사후에 판결이 확정되면 집행유예가 실효되는 불합리한 점이 있었다. 집행유예가 장래에 재범의 위험이 없을 것을 조건으로 해서 선고되었음에도 과거의 범죄에 대해 다시 실효케 하는 것은 모순이기 때문이다.

그러나 개정된 형법에 의하면 집행유예기간 중에 새로운 죄를 범한 경우로 제한되었기 30
때문에 이러한 문제점이 해소되었고, 그 범한 새로운 죄도 고의범에 국한시켜 실효되는 범위를 축소하였다. 이에 따라 처음부터 경합범 관계에 있던 범죄 중에서 그 일죄에 대해 집행유예가 선고된 이후에 여죄에 대해 다른 절차에서 금고 이상의 실형이 선고된 경우에도 기존의 집행유예는 실효되지 않는다.[227)]

문제는 개정된 형법의 태도가 여전히 집행유예기간 중에 새로운 범죄를 범했을 경우 31
'필요적으로' 집행유예의 선고의 효력을 잃도록 하는 획일성을 견지하고 있다는 점에 있다. 그러나 집행유예기간 중에 범한 새로운 범죄가 유예된 범죄에 대한 집행유예와 무관한 범죄일 수도 있으므로 입법론상 그 새로운 범죄에 대한 유죄판결이 과거의 집행유예를 무조건 실효케하기 보다는 법원의 판단에 따라 임의적으로 취소할 수 있도록 하는 탄력적인 제도로 바꾸는 것이 바람직하다.

2. 집행유예의 취소

(1) 결격사유의 발각으로 인한 필요적 취소

집행유예의 선고를 받은 후 제62조 제1항 단서의 사유, 즉 집행유예의 결격사유가 있는 32
경우에는 집행유예의 선고를 취소한다(형법 제64조 제1항). 금고 이상의 실형을 선고받고 판결이 확정된다는 의미는 집행유예의 요건에 관하여 본 바와 같다.

'집행유예의 선고를 받은 후'란 집행유예를 선고한 판결이 확정된 후를 의미한다. 결격 33
사유의 존재는 집행유예의 선고를 받은 후에 발각되어야 하므로 그 판결확정 전에 발견된 경우는 집행유예를 취소할 수 없다. 집행유예기간이 경과함으로써 형의 선고가 효력을 잃은 후에 제62조 제1항 단서의 사유가 발견된 때에도 집행유예를 취소할 수 없다.

집행유예의 결격사유의 사후적 발각을 이유로 하는 집행유예의 취소는 임의적인 것이 34
아니라 필요적이다. 이러한 필요적 취소사유는 일사부재리의 원칙과 피고인의 진술거부권을 보장하고 있는 헌법과 일치할 수 없을 뿐만 아니라, 거증책임에 대한 형사소송법의 일반원칙과도 조화될 수 없기 때문에 삭제하는 것이 바람직하다.[228)]

---

227) 손동권, §39/26.
228) 이재상/장영민/강동범, §43/13.

(2) 준수사항 등의 위반을 이유로 한 임의적 취소

35 보호관찰이나 사회봉사 또는 수강을 명한 집행유예를 받은 자가 준수사항이나 명령을 위반하고 그 정도가 무거운 때에는 집행유예의 선고를 취소할 수 있다(형법 제64조 제2항). 보호관찰 등 사회 내 처우의 실효성을 담보하기 위해 집행유예를 임의적으로 취소할 수 있도록 한 규정이다. 대법원도 '집행유예를 받은 자가 준수사항이나 명령을 위반한 경우에 그 위반사실이 범죄행위로 되더라도 그 기소나 재판의 확정 여부 등 형사절차와는 별도로 법원이 집행유예를 취소할 수 있다'고 한다.[229]

36 그러나 이미 진행되고 있는 집행유예가 준수사항 등의 위반을 이유로 전부 취소될 경우 지나치게 가혹하고 국가가 사회복귀목표를 너무나 손쉽게 포기하는 결과가 될 수 있다. 따라서 중간급 조치로서 보호관찰기간의 연장, 준수사항의 변경, 집행유예의 일부취소 등을 마련한 후 집행유예의 전부취소는 최후수단으로 남겨두는 방안을 도입하는 것이 입법론상 바람직하다.

제 2 절 선고유예

Ⅰ. 선고유예의 의의

1. 의의

37 선고유예란 경미한 범죄자에 대하여 일정한 기간 동안 형의 선고를 유예하고 그것이 실효됨이 없이 그 유예기간을 경과한 때에는 면소된 것으로 간주하는 제도를 말한다(형법 제59조). 이는 개선가능한 경미범죄자에게 형의 선고 자체를 유예하여 처벌받았다는 오점을 남기지 않음으로써 장차 피고인의 사회복귀에 도움을 주는 특별예방적 목적을 달성하기 위해 마련된 제도이다.

2. 법적 성격

38 선고유예는 집행유예와는 달리 형벌집행의 변형은 아니라는 점에 견해가 일치되어 있다. 그렇다고 해서 선고유예를 보안처분이라고 할 수도 없다. 선고유예는 유죄판결의 일종이고 선고할 형의 종류나 양도 정해두어야 하므로[230] 형법상의 형벌이 전제되어 있기 때문

---

229) 대법원 1999.3.10. 99모33.

230) 대법원 1988.1.19. 86도2654. "형법 제59조에 의하여 형의 선고를 유예하는 판결을 할 경우에도 선고가 유예된 형에 대한 판단을 하여야 하는 것이므로 선고유예판결에서도 그 판결이유에서는 선고할 형의 종류와 양, 즉 선고형을 정해놓아야 하고 그 선고를 유예하는 형이 벌금형일 경우에는 그 벌금액뿐만 아니라 환형

이다. 따라서 선고유예는 형벌도 보안처분도 아닌 제3의 형사제재 내지 형법이 규정한 고유한 제재라고 보아야 한다.

Ⅱ. 선고유예의 요건

1. 1년 이하의 징역이나 금고, 자격정지 또는 벌금의 형을 선고할 경우

형법은 벌금형뿐만 아니라 1년 이하의 징역이나 금고, 자격정지를 선고하는 경우에도 39
선고유예를 할 수 있도록 하고 있다(제59조 제1항).[231] 여기서 선고유예를 할 수 있는 형이란 주형과 부가형을 포함한 처단형 전체를 의미한다. 따라서 주형을 선고유예하는 경우에 부가형인 몰수나 추징도 선고유예할 수 있다.[232]

형을 병과하는 경우에는 형의 전부 또는 일부에 대하여 선고를 유예할 수 있다(제59조 제2항). 40
따라서 징역형과 벌금형을 병과하는 경우에 징역형에 대하여는 집행을 유예하고 벌금형의 선고만을 유예할 수도 있다. 하지만 집행유예의 경우에는 하나의 자유형 중 일부에 대해서는 실형을 선고하고 나머지에 대해서는 집행유예를 선고하는 것이 허용되지 않는다.[233]

2. 뉘우치는 정상이 뚜렷할 때

'뉘우치는 정상이 뚜렷'하다는 말의 의미는 행위자에게 형을 선고하지 않아도 재범의 위 41
험이 없다고 인정되는 것을 의미한다.[234] 판단의 기초는 집행유예의 경우와 마찬가지로 형법 제51조에 규정된 양형의 조건이고 판단의 시기는 판결시이다. 피고인이 범죄사실을 부인하는 경우에도 선고유예를 할 수 있는지가 문제된다.

判 대법원은 종래 피고인이 범죄사실을 부인하는 때에는 선고유예를 할 수 없다는 태도를 취하였으나, 전 42
원합의체 판결을 통하여 이를 변경하고 피고인이 부인하는 경우에도 선고유예를 할 수 있다고 판시하였다.[235]

유치처분까지 해두어야 한다."

231) 대법원 1993.6.22. 93오1. "구류형에 대하여는 선고를 유예할 수 없다."

232) 대법원 1988.6.21. 88도551.

233) 대법원 2007.2.22. 2006도8555.

234) 대법원 2016.12.27. 2015도14375. "형법 제51조의 사항과 개전의 정상이 현저한지에 관한 사항은 형의 양정에 관한 법원의 재량사항에 속하므로, 상고심으로서는 형사소송법 제383조 제4호에 의하여 사형·무기 또는 10년 이상의 징역·금고가 선고된 사건에서 형의 양정의 당부에 관한 상고이유를 심판하는 경우가 아닌 이상, 선고유예에 관하여 형법 제51조의 사항과 개전의 정상이 현저한지에 대한 원심판단의 당부를 심판할 수 없다."

235) 대법원 2003.2.20. 2001도6138 전원합의체. "선고유예의 요건 중 '개전의 정이 현저한 때'라고 함은 반성의 정도를 포함하여 널리 형법 제51조가 규정하고 있는 양형의 조건을 종합적으로 참작하여 볼 때 형을 선고하지 않더라도 피고인이 다시 범행을 저지르지 않으리라는 사정이 현저하게 기대되는 경우를 가리킨다고 해석할 것이고, 이와 달리 여기서의 '개전의 정이 현저한 때'가 반드시 피고인이 죄를 깊이 뉘우치는 경우만을 뜻하는 것으로 제한하여 해석하거나, 피고인이 범죄사실을 자백하지 않고 부인할 경우에는 언제나 선고유예를 할 수 없다고 해석할 것은 아니다. 이와 다른 견해에서 '개전의 정이 현저한 때'란 죄를 깊이 뉘우

3. 자격정지 이상의 형을 받은 전과가 없을 것

43 이 요건은 선고유예가 재범의 위험성이 없는 자, 특히 초범에 대해서만 인정할 수 있음을 명백히 한 것이다. 그러나 자격정지 이상의 형의 전과가 없을 것을 요건으로 하고 있기 때문에 벌금·구류·과료 등의 전과가 있는 자에 대해서는 선고유예가 가능하다.

44 형의 집행유예를 선고받은 자가 형법 제65조에 의하여 그 선고가 실효 또는 취소됨이 없이 정해진 유예기간을 무사히 경과하여 형의 선고가 효력을 잃게 되었다고 하더라도 형의 선고가 있었다는 기왕의 사실 자체까지 없어지는 것은 아니므로 선고유예가 불가능하다.[236]

45 그러나 입법론으로는 과거의 모든 자격정지 이상의 전과를 획일적으로 선고유예결격사유로 할 것이 아니라 일정한 기간을 제한하여 그 기간 이내에 형의 전과가 없을 것을 결격요건으로 하여 그 이전의 전과가 있는 자에 대해서도 선고유예가 가능하도록 하는 것이 바람직하다.

Ⅲ. 선고유예와 보호관찰

46 선고유예의 경우에도 보호관찰을 명할 수 있다. 즉 형의 선고를 유예하는 경우에 재범방지를 위하여 지도와 원호가 필요한 때에는 보호관찰을 받을 것을 명할 수 있다(형법 제59조의2 제1항). 이 경우에 보호관찰의 기간은 1년이다(제59조의2 제2항).

47 선고유예의 경우에도 집행유예의 경우와 같이 사회복귀프로그램으로서 사회봉사명령이나 수강명령, 전자감독, 치료명령 등을 동시에 부과할 수 있게 하는 것이 입법론상 바람직하다. 그러나 집중보호관찰에 해당하는 그 밖의 명령은 선고유예의 대상 범죄자에게 부합되지 않기 때문에 보호관찰과 병과하지 않도록 해야 한다.

Ⅳ. 선고유예의 효과

48 선고유예의 판결을 할 것인가는 법원의 재량에 속한다. 형의 선고유예를 받은 날로부터 2년을 경과한 때에는 면소된 것으로 간주한다(형법 제60조). 유예기간은 집행유예의 경우와 같이 법원이 정하는 것이 아니라 언제나 2년이다.

49 면소는 무죄와 구별된다. 무죄판결은 공소사실이 범죄로 되지 아니하거나 범죄사실의 증명이 없는 때에 선고되는 것임에 반하여, 면소판결은 소송추행의 이익이 없음을 이유로

치는 것을 의미하므로 범죄를 부인하는 경우에는 선고유예를 할 수 없다고 한 대법원 1999.7.9. 99도1635 판결과 대법원 1999.11.12. 99도3140 판결은 이 판결과 저촉되는 한도에서 변경하기로 한다."

236) 대법원 2003.12.26. 2003도3768.

소송을 종결시키는 형식재판을 의미하기 때문이다.

Ⅴ. 선고유예의 실효

형의 선고유예를 받은 자가 유예기간 중 자격정지 이상의 형에 처한 판결이 확정되거나 자격정지 이상의 형에 처한 전과가 발견된 때에는 유예된 형을 선고한다(형법 제61조 제1항). 유예된 형의 선고는 검사의 청구에 의하여 그 범죄사실에 대한 최종판결을 한 법원이 한다(형사소송법 제336조). 50

'형의 선고유예를 받은 자가 자격정지 이상의 형에 처한 결과가 발견된 때'란 형의 선고유예의 판결이 확정된 후에 비로소 위와 같은 전과가 발견된 경우를 말하고 그 판결확정 전에 이러한 전과가 발견된 경우에는 이를 취소할 수 없으며, 이때 판결확정 전에 발견되었다고 함은 검사가 명확하게 그 결격사유를 안 경우만을 말하는 것이 아니라 당연히 그 결격사유를 알 수 있는 객관적 상황이 존재함에도 부주의로 알지 못한 경우도 포함한다.[237] 선고유예 실효결정에 대한 상고심 진행 중에 유예기간인 2년이 경과한 경우에는 선고유예 실효결정을 할 수 없다.[238] 51

자격정지 이상의 형에 처한 전과가 발견된 때에도 형을 선고하도록 한 규정은 집행유예의 취소제도가 가지는 문제점과 동일한 문제점을 내포하고 있어 입법론상 개선을 요한다. 52

보호관찰을 명한 선고유예를 받은 자가 보호관찰의 기간 중에 준수사항을 위반하고 그 정도가 무거운 때에는 유예한 형을 선고할 수 있도록 한 규정(형법 제61조 제2항)도 집행유예의 경우와 같이 탄력성을 유지할 수 있는 중간급 단계를 거칠 수 있는 완충장치를 두는 것이 바람직하다. 53

237) 대법원 2008.2.14. 2007모845.
238) 대법원 2007.6.28. 2007모348.

§42

제6장 형의 집행

1 형벌의 집행은 형법의 실현과정의 최종단계이다. 형법의 실현은 형사입법을 통한 형벌법규의 형성작용, 형사재판을 통한 형벌선고, 그리고 형벌집행의 세 단계로 이루어져 있다. 따라서 형법의 과제와 기능은 입법과 법적용단계에서는 물론이고 형벌집행 의 단계에서도 일관되게 유지되어야 형벌의 목적이 유기적으로 실현될 수 있다. 현행 형법은 형벌집행의 단계에서 형벌목적 가운데 특별예방의 내용인 재사회화목적을 실현하기 위해 가석방제도를 두고 있다.

Ⅰ. 형집행의 의의와 주체

1. 형집행의 의의

2 형집행이란 확정판결을 통하여 선고된 형을 구체적으로 실현시키는 작용을 말한다. 재판의 집행일반에 관하여는 형사소송법 제459조 이하에 규정되어 있고, 형집행 가운데 특히 자유박탈을 수반하는 징역형, 금고형, 노역장유치와 구류형의 집행을 가리켜서 행형(行刑)이라고 하는데, 자유형의 집행에 관한 사항은 형의 집행 및 수용자의 처우에 관한 법률(형집행법)에서 규정하고 있다.

2. 형집행의 주체

3 형법의 실현과정 가운데 입법작용은 입법부가 담당하고 형벌선고는 법원이 각각 담당한다. 이에 관해서는 이견이 없고 세계 각국의 입법례에서도 차이를 보이지 않는다. 하지만 형법의 최종적 실현단계인 형벌집행의 주체가 누구인지에 대한 입법례로는 법원이 형사재판의 집행까지 지휘하는 법원주의와 형사재판의 집행지휘를 검사에게 맡기는 검사주의가 대립한다. 독일형사소송법은 검사주의와 법원주의를 병용하고 있고, 영미에서는 법원주의를 채택하고 있으며 일본은 검사주의를 채택하고 있다.

4 형사소송법 제460조에 "재판의 신속성과 가동성에 대처하기 위해" 재판을 한 법원에 대응하는 검찰청 검사가 재판집행을 지휘하도록 규정하고 있으므로 검사주의에 입각하고 있다. 이에 따라 법무부와 그 소속기관직제에 따라 자유형의 집행을 위해 법무부장관 소속하에 교도소·구치소 등을 두고, 법무부가 행형에 관한 사무를 관장한다.

5 그러나 형벌집행작용이 오직 행정작용으로만 이루어지도록 하는 검사주의가 형법체계의 유기적 연관성이나 권력분립의 차원에서 바람직한 것인지에 대해서는 제도적인 차원이나 정치·경제적인 관점에서 연구가 필요하다.[239]

Ⅱ. 형집행의 방법 및 형의 집행종료 및 집행면제

1. 형집행의 방법

형법은 형집행의 방법에 관하여 제66조에서 제69조 사이에 사형의 집행,[240] 징역의 집 6
행,[241] 금고와 구류의 집행[242] 그리고 벌금과 과료의 집행[243]에 관한 기본적인 사항을 규정
하고 있다. 이외에도 형법은 재산형을 징역형(노역장 유치)으로 환형처분할 수 있는 규정[244]
도 두고 있다.

종래 법원이 고액의 벌금형을 미납한 자에 대한 환형처분을 선고함에 있어 그 노역장 7
유치기간을 지나치게 짧게 선고함으로써 빚어지는 이른바 '황제노역'의 폐단을 없애기 위
해 2014년 5월 14일자로 형법 제70조 제2항을 신설하여 선고하는 벌금액수에 비례하여 유
치기간의 하한을 차등화하였다.[245]

2. 형기의 계산

형법은 자유형의 집행과 관련하여 형기계산의 기준에 관한 규정도 두고 있다. 이에 따 8
르면 연 또는 월로써 정한 기간은 역수에 따라 계산하고(제83조), 형기의 기산일은 판결이 확
정된 날이며(제84조 제1항), 징역, 금고, 구류와 유치에 있어서는 구속되지 아니한 일수는 형기에 산
입하지 아니하고(제84조 제2항), 형집행의 초일은 시간을 계산함이 없이 1일로 산정하며(제85조), 석방
은 형기의 종료일에 하여야 한다(제86조).

3. 형의 집행종료와 집행면제

형의 집행종료란 형이 선고된 내용에 따라 현실적으로 집행된 경우를 말한다. 형의 집 9
행력은 집행유예의 선고가 아닌 실형선고가 있은 후 그 재판이 확정되면 확정판결의 효력
에 기하여 발생하고(형사소송법 제459조 참조) 이에 따라 형집행기관인 검사가 형을 집행한다.

형의 집행면제란 집행되던 형을 도중에 중지하고 더 이상 형의 집행을 하지 않기로 하 10
는 조치를 말한다. 형의 집행면제는 형의 선고를 전제로 하면서 그 집행만을 면제하는 것
이기 때문에 형의 선고 자체를 면제하는 형의 면제와는 다르다.

---

239) 이에 관해서는 정승환, "행형에 대한 사법적 통제를 제안한다", 법과사회, 1994년 상반기, 138면 이하 참조.
240) 사형은 형무소 내에서 교수하여 집행한다.
241) 징역은 수형자를 교도소 내에 구치하여 정역에 복무하게 한다.
242) 금고와 구류는 수형자를 교도소에 구치한다.
243) 벌금과 과료는 판결확정일로부터 30일 내에 납입하여야 한다.
244) 벌금을 납입하지 아니한 자는 1일 이상 3년 이하, 과료를 납입하지 아니한 자는 1일 이상 30일 미만의 기간 노역장에 유치하여 작업에 복무하게 한다(형법 제69조 제2항).
245) 선고하는 벌금이 1억원 이상 5억원 미만인 경우에는 300일 이상, 5억원 이상 50억원 미만인 경우에는 500일 이상, 50억원 이상인 경우에는 1,000일 이상의 유치기관을 정하여야 한다(형법 제70조 제2항).

11 형법과 사면법은 형의 집행이 면제되는 경우를 세 가지로 규정하고 있다. 즉 ① 재판확정 후 법률의 변경에 의하여 그 행위가 범죄를 구성하지 아니하는 때(형법 제1조 제3항), ② 형의 선고를 받은 자의 경우 형의 시효가 완성된 때(동법 제77조), ③ 형의 선고를 받고 재판이 확정된 사람을 대상으로 하는 특별사면이 있는 때에(사면법 제5조 제1항 제2호 본문) 형의 집행이 면제된다.

Ⅲ. 가석방

1. 가석방제도의 의의

(1) 의의

12 가석방이란 자유형을 집행받고 있는 자가 행상(行狀)이 양호하여 뉘우침이 뚜렷하다고 인정되는 때에 형기만료 전에 조건부로 수형자를 석방하고 그것이 실효 또는 취소됨이 없이 일정한 기간을 경과한 때에는 형의 집행을 종료한 것으로 간주하는 제도를 말한다(형법 제72조~제76조).

13 가석방의 존재의의는 두 가지 다른 차원을 가지고 있다. 하나는 불필요한 형집행기간을 단축함에 의하여 수형자의 사회복귀를 용이하게 하고, 형집행에 있어 수형자의 사회복귀를 위한 자발적이고 적극적인 노력을 촉진한다는 특별예방목적을 달성하기 위함이다. 다른 하나는 수형자의 개선가능성을 고려하지 않고 미리 정하여진 형을 집행하는 정기형제도의 결함을 보충하여, 형집행에 있어 구체적 타당성을 살리기 위함이다.

(2) 법적 성격

14 종래에는 가석방을 교도소 내에서의 모범적인 생활에 대한 포상으로 파악하기도 하였으나 가석방이 국가의 완전재량에 의한 것이 아니므로 오늘날 이 견해를 취하는 입장은 없다. 생각건대 가석방은 법관의 판결에 의하지 않고 행정처분에 의하여 수형자를 석방하는 점에서만 집행유예와 다를 뿐 그 취지나 목표가 집행유예와 실질적으로 다르지 않다. 따라서 가석방의 법적 성격은 수형자의 사회복귀를 위한 잔여형기에 대한 집행방법의 변형으로 보는 것이 타당하다.

2. 가석방의 요건

(1) 징역 또는 금고의 집행 중에 있는 자가 무기에 있어서는 20년, 유기에 있어서는 형기의 3분의 1을 경과한 후일 것(형법 제72조)

15 위와 같은 형법 제72조의 법문에도 불구하고 자유형 이외에 벌금을 납입하지 않은 경우의 노역장유치에 대하여 가석방을 허용할 수 있는가가 문제된다. 벌금형에 대하여는 가석방을 인정할 수 없다는 이유로 이를 부정하는 견해도 있으나, 노역장유치는 대체자유형이

므로 벌금형을 선고받은 자를 자유형을 선고받은 자에 비해 불이익하게 처우해야 할 이유가 없다는 점에서 노역장유치에 대해서도 가석방을 허용할 수 있다고 보는 것이 타당하다.

'유기에 있어서는 형기의 3분의 1'에서 말하는 형기란 선고형을 의미한다. 다만 사형 등 16
에 의하여 감형된 때에는 감형된 형이 기준이 된다. 이 경우에 형기에 산입된 판결선고 전 구금일수는 집행을 경과한 기간에 산입한다(제73조 제1항). 수 개의 독립된 자유형이 선고되어 있는 경우에 형기의 3분의 1을 경과하였는가를 판단함에 있어서는 각 형의 형기가 각각 3분의 1을 경과하였는가를 판단하는 태도[246]보다는 수 개의 형을 종합하여 가석방의 요건을 판단하는 것이 수형자의 사회복귀를 앞당기려는 가석방제도의 취지에 부합하는 태도라고 생각된다. 사형집행 대기기간의 경우 무기징역을 받은 경우와 같이 형의 집행기간에 다시 산입할 수 없다.[247] 소년범의 경우에는 무기형에서는 5년, 15년의 유기형에서는 3년, 부정기형에서는 단기의 3분의 1을 경과하면 가석방을 할 수 있다(소년법 제65조).

(2) 행상이 양호하여 뉘우침이 뚜렷할 것

수형자의 수형생활이 양호하고 개전의 정이 현저하여 남은 수형생활이 무의미하고 불 17
필요하다고 판단되며, 수형자에게 재범의 위험성이 없어 남은 형기를 집행하지 않는 것이 오히려 사회복귀에 도움이 되리라는 예측을 가능하게 하는 사유를 말한다. 이러한 진단은 수형자의 특별예방적 관점이 주된 고려사항이므로 범죄의 경중을 고려사항으로 삼아 중대한 범죄라는 이유로 가석방을 불허할 수도 없다.

(3) 벌금 또는 과료의 병과가 있는 때에는 그 금액을 완납할 것

벌금 또는 과료에 관한 유치기간에 산입된 판결선고 전 구금일수는 그에 해당하는 금액 18
이 납입된 것으로 간주한다(제73조 제2항).

3. 가석방의 기간과 보호관찰

가석방 기간은 무기형에 있어서는 10년, 유기형에 있어서는 남은 형기로 하되 그 기간 19
은 10년을 초과할 수 없다(형법 제73조의2 제1항). 이는 유기형의 가석방기간이 무기형의 가석방기간보다

---

246) 헌법재판소 1995.3.23. 93헌마12. "형법 제72조 제1항에서의 '형기'라 함은 1개의 판결로 수 개의 형이 확정된 수형자의 경우에도 '각 형의 형기를 합산한 형기'나 '최종적으로 집행되는 형의 형기'를 의미하는 것이 아니라 언제나 '각 형의 형기'를 의미하고, 그 당연한 귀결로서 수 개의 형이 확정된 수형자에 대하여는 각 형의 형기를 모두 3분의 1 이상씩 경과한 후가 아니면 가석방이 불가능하게 되는 것이다."

247) 대법원 1991.3.4. 90모59. "사형집행을 위한 구금은 미결구금도 아니고 형의 집행기간도 아니며 특별감형은 형을 변경하는 효과만 있을 뿐이고 이로 인하여 형의 선고에 의한 기성의 효과는 변경되지 아니하므로 사형이 무기징역으로 특별감형된 경우 사형의 판결확정일에 소급하여 무기징역형이 확정된 것으로 보아 무기징역형의 형기 기산일을 사형의 판결확정일로 인정할 수도 없고 사형집행대기 기간이 미결구금이나 형의 집행기간으로 변경된다고 볼 여지도 없으며, 또한 특별감형은 수형 중의 행장의 하나인 사형집행대기기간까지를 참작하여 되었다고 볼 것이므로 사형집행대기기간을 처음부터 무기징역을 받은 경우와 동일하게 가석방요건 중의 하나인 형의 집행기간에 다시 산입할 수는 없다."

길어지는 경우가 발생하는 것을 방지하기 위함이다.

20 가석방된 자는 가석방기간 중 보호관찰을 받는다(동조 2항). 형법은 선고유예나 집행유예의 경우에는 보호관찰의 부과가 임의적인 것으로 규정하고 있지만 가석방의 경우에는 보호관찰의 당연개시를 규정하고 있다. 다만, 가석방을 허가한 행정관청이 필요가 없다고 인정한 때에는 재량으로 보호관찰을 하지 않을 수 있다(동항 단서).

4. 가석방의 효과

21 가석방의 처분을 받은 후 그 처분이 실효 또는 취소되지 아니하고 가석방기간을 경과한 때에는 형의 집행을 종료한 것으로 본다(형법 제76조 제1항). 그러나 이 경우 형의 집행을 종료한 것으로 보는 데 그치며, 집행유예의 경우와 같이 형의 선고가 효력이 없어지는 것은 아니다. 가석방기간 중에는 아직 형의 집행이 종료된 것이 아니기 때문에 가석방기간 중에 다시 죄를 범하여도 누범가중사유에 해당하지 않는다.[248)]

5. 가석방의 실효와 취소

(1) 가석방의 실효

22 가석방 중 금고 이상의 형의 선고를 받아 그 판결이 확정된 때에는 가석방처분은 효력을 잃는다. 다만 과실로 인한 죄로 형의 선고를 받았을 때에는 예외로 한다(형법 제74조).

(2) 가석방의 취소

23 가석방된 자는 가석방기간 중 선행을 하고 정상적인 업무에 취업하며, 기타 다른 법령에서 정하는 가석방자가 지켜야 할 사항을 준수해야 한다(형집행법 시행령 제140조). 가석방의 처분을 받은 자가 감시에 관한 규칙을 위배하거나 보호관찰의 준수사항을 위반하고 그 정도가 무거운 때에는 가석방처분을 취소할 수 있다(형법 제75조). 취소권자는 법무부장관이다.

(3) 가석방의 실효와 취소의 효과

24 가석방이 실효되거나 취소되었을 때에는 가석방 중의 일수는 형기에 산입하지 아니한다(형법 제76조 제2항). 따라서 가석방이 실효 또는 취소되면 가석방처분을 받았던 자는 가석방 당시의 잔형기간의 형을 집행받아야 한다. 즉 무기형을 선고받은 자가 가석방되었다가 실효 또는 취소되면 다시 무기수가 되어야 한다.

6. 가석방의 심사 및 허가

25 가석방의 적격 여부는 법무부장관 소속하의 가석방심사위원회가 한다(형집행법 제119조). 가석방심사위원회가 가석방결정을 한 때에는 5일 이내에 법무부장관에게 가석방허가를 신청하여야

---

248) 대법원 1976.9.14. 76도2071.

한다. 법무부장관은 심사위원회의 가석방신청이 정당하다고 인정되는 때에는 이를 허가할 수 있다(동법 제122조).

그러나 소년수형자에 대한 가석방심사 신청은 소년교도소의 장이 보호관찰심사위원회에 하도록 되어 있어서(보호관찰 등에 관한 법률 제22조 제1항) 그 대상자가 소년인가 성인인가에 따라 가석방심사 업무주체가 이원화되어 있다. 26

§ 43

제 7 장 형의 시효와 소멸

Ⅰ. 형의 시효

1. 형의 시효의 의의

1 형의 시효제도란 형의 선고를 받은 사람이 재판이 확정된 후 그 형의 집행을 받지 않고 일정한 기간이 경과한 때에 집행이 면제되는 것을 말한다(형법 제77조). 형의 시효는 확정된 형벌의 집행권이 일정한 기간의 경과로 인해 소멸되는 제도라는 점에서 미확정의 형벌권인 공소권이 소멸되는 공소시효제도(형사소송법 제249조)와 다르다.

2 형의 시효제도를 인정한 취지는 시간의 경과로 인하여 형의 선고와 집행에 대한 사회일반인의 규범의식의 요구가 감소되고, 일정한 기간 동안 계속 유지되어 온 평온한 상태를 존중할 필요가 있다는 점에 있다.

2. 시효기간

3 형의 시효는 형을 선고하는 재판이 확정된 후 그 집행을 받지 않고 일정한 기간을 경과함으로써 완성된다(형법 제78조). 그 기간은 ① 사형은 30년, ② 무기의 징역 또는 금고는 20년, ③ 10년 이상의 징역 또는 금고는 15년, ④ 3년 이상의 징역이나 금고 또는 10년 이상의 자격정지는 10년, ⑤ 3년 미만의 징역이나 금고 또는 5년 이상의 자격정지는 7년, ⑥ 5년 미만의 자격정지, 벌금, 몰수 또는 추징은 5년 ⑦ 구류 또는 과료는 1년이다. 시효의 초일은 판결이 확정된 날로부터 진행하고, 그 말일의 24시에 시효가 종료된다.

3. 시효의 효과

4 형의 선고를 받은 사람은 시효의 완성으로 인하여 그 집행이 면제된다(형법 제77조). 형의 선고 자체가 실효되는 것은 아니다. 시효의 완성으로 당연히 집행면제의 효과가 발생하며, 별도의 재판은 필요하지 않다.

4. 시효의 정지와 중단

(1) 시효의 정지

5 시효는 형의 집행의 유예나 정지 또는 가석방 기타 집행할 수 없는 기간은 진행되지 아니한다(형법 제79조 제1항). '기타 집행할 수 없는 기간'이란 천재지변 기타 사변으로 인하여 형을 집행할 수 없는 기간을 말한다. 형의 선고를 받은 자가 도주하거나 소재불명인 기간은 포함되

지 않는다. 2014.5.14.부터 신설된 규정에 따라 시효는 대상자가 형의 집행을 면할 목적으로 국외에 있는 기간 동안도 정지한다(형법 제79조 제2항). 시효의 정지는 정지사유가 소멸하면 잔여시효기간이 진행될 뿐인 점에서 그 효과가 시효개시시로 소급하는 시효의 중단과 다르다.

(2) 시효의 중단

시효는 사형, 징역, 금고와 구류에 있어서는 수형자를 체포함으로, 벌금, 과료, 몰수와 추징에 있어서는 강제처분을 개시함으로 인하여 중단된다(형법 제80조). 따라서 검사의 명령에 의하여 집행관이 벌금형의 집행에 임하였으나 압류대상물건의 평가액이 집행비용에도 미달하여 집행불능이 된 경우에도 벌금의 시효기간은 중단된다.[249] 압류물을 환가하여도 집행비용 외에 잉여가 없다는 이유로 집행불능이 되었다고 하더라도 이미 발생한 시효중단의 효력이 소멸하지는 않는다.[250] 6

수형자가 벌금의 일부를 납부한 경우에도 집행행위가 개시된 것으로 보아 벌금형의 시효가 중단되지만, 수형자 본인의 의사와 무관하게 제3자가 벌금의 일부를 납부한 경우에는 시효중단의 효과가 생기지 않는다.[251] 시효가 중단된 때에는 시효의 효과는 시효개시시로 소급하여 상실되므로 이 경우 시효가 완성되려면 시효의 전기간이 다시 경과되어야 한다. 7

Ⅱ. 형의 소멸

1. 형의 소멸의 의의

형의 소멸이란 유죄판결의 확정에 의하여 발생한 형의 집행권을 소멸시키는 제도를 말한다. 형의 소멸은 적법한 공소가 제기되어 유죄의 확정판결이 있은 후에 그 집행권을 소멸시킨다는 점에서 검사의 형벌청구권을 소멸시키는 공소시효제도와 다르다. 8

형의 집행권이 소멸되는 원인은 형의 집행의 종료, 선고유예·집행유예기간의 경과, 가석방기간의 만료, 형의 집행면제, 시효완성 또는 범인의 사망[252] 등이 있다. 특히 집행유예의 기간경과는 집행의 면제뿐만 아니라 형의 선고까지 없었던 것으로 된다. 9

형이 소멸되어도 전과사실은 그대로 남아 여러 가지 자격의 제한이나 사회생활상의 불이익을 초래하는데, 이러한 점을 고려하여 형법은 형벌집행권의 소멸 이외에도 범죄인의 갱생과 사회복귀를 용이하게 하기 위하여 형의 실효와 복권제도를 규정하고 있다. 10

249) 대법원 1979.3.29. 78도8.
250) 대법원 1992.12.28. 92모39.
251) 대법원 2001.8.23. 2001모91.
252) 범인이 사망한 경우는 일신전속성으로 인해 형의 집행권이 소멸하지만 재산형의 경우에는 상속재산에 대해서도 집행할 수 있는 특례가 있다(형사소송법 제478조).

2. 형의 실효

(1) 재판상의 실효

11 징역 또는 금고의 집행을 종료하거나 집행이 면제된 자가 피해자의 손해를 보상하고 자격정지 이상의 형을 받음이 없이 7년을 경과한 때에는 본인 또는 검사의 신청에 의하여 그 재판의 실효를 선고할 수 있다(형법 제81조).

12 재판에 의해 실효되는 형은 징역형과 금고형에 한하며, 피해를 보상하고 자격정지 이상의 형을 받음이 없이 7년을 경과하였을 것을 요한다. 형을 받음이 없이 7년을 경과하여야 하므로 형의 집행종료 후 7년 이내에 집행유예의 판결을 받고 유예기간이 경과되어도 형의 실효를 선고할 수 없다.[253] 실효의 재판이 확정되면 형의 선고에 기한 법적 효과는 장래에 향해서만 소멸될 뿐 이미 상실된 자격이 소급하여 회복되는 것은 아니다.[254]

(2) 형의 실효 등에 관한 법률상의 실효

13 형의 실효 등에 관한 법률은 벌금·구류·과료에까지 형의 실효범위를 확대하고 일정기간이 지나면 자동으로 형이 실효하도록 규정하고 있다. 이에 의하면 수형인이 자격정지 이상의 형을 받음이 없이 형의 집행을 종료하거나 그 집행이 면제된 날로부터, 3년을 초과하는 징역·금고는 10년, 3년 이하의 징역·금고는 5년, 벌금은 2년의 기간이 경과한 때에 그 형은 실효되고, 구류·과료는 형의 집행이 종료하거나 그 집행이 면제된 때에 그 형이 실효된다(동법 제7조 제1항).

14 이 규정은 하나의 판결로 수 개의 형이 선고된 경우에는 각 형의 집행을 종료하거나 그 집행이 면제된 날부터 가장 중한 형에 대한 위의 기간이 경과한 때에는 형의 선고의 효력을 잃게 하고 있다. 이 경우에 징역과 금고는 동종의 형으로 보고 각 형기를 합산한다(동조 제2항).

3. 복권

15 형법은 자격정지의 선고를 받은 자에게 자격정지의 기간이 만료하지 않아도 일정한 조건 아래 자격을 회복시켜 사회복귀의 장애를 제거하기 위해 복권제도를 인정하고 있다. 즉 자격정지의 선고를 받은 자가 피해자의 손해를 보상하고 자격정지 이상의 형을 받음이 없이 정지기간의 2분의 1을 경과한 때에는 본인 또는 검사의 신청에 의하여 자격의 회복을 선고할 수 있다(제82조). 그러나 징역형과 추징은 별개의 것으로 집행유예와 추징의 선고를 받은 자에 대하여 징역형의 복권이 있더라도 추징에 대하여는 형선고의 효력이 상실되지 않는다.[255]

---

253) 대법원 1983.4.2. 83모8.
254) 대법원 1974.5.14. 74누2.
255) 대법원 1996.5.14. 96모14; 1997.10.13. 96모33.

4. 사면

(1) 의의

사면이란 국가원수의 특권에 의하여 형벌권을 소멸시키거나 그 효력을 제한하는 제도를 말한다. 우리나라 헌법은 대통령에게 법률(사면법)이 정하는 바에 따라 사면·감형 또는 복권을 명할 수 있도록 하고 있다(헌법 제79조). 사면법에 의하면 사면에는 일반사면과 특별사면이 있다(사면법 제2조). 16

(2) 일반사면

일반사면이란 죄를 범한 자에 대하여 미리 죄 또는 형의 종류를 정하여 대통령령으로 행하는 사면을 말한다(동법 제3조 제1호, 제8조). 일반사면의 효력은 원칙적으로 형의 선고를 받은 자에 대하여는 그 선고의 효력이 상실되며, 아직 형의 선고를 받지 않은 자에 대하여는 공소권이 상실되는 것이다(동법 제5조 제1항 제1호). 일반사면이 있더라도 형의 선고가 있었다는 사실 그 자체의 모든 효과까지 소멸하는 것은 아니다(동법 제5조 제2항). 17

(3) 특별사면

특별사면이란 형의 선고를 받은 특정인에 대하여 대통령이 하는 사면을 말한다(동법 제3조 제2호, 제9조). 특별사면의 효력은 원칙적으로 형의 집행이 면제되는 것이지만 특별한 사정이 있는 경우에는 장래를 향하여 형의 선고의 효력을 상실하게 할 수도 있다(동법 제5조 제1항 제2호). 특별사면의 경우에도 일반사면의 경우와 마찬가지로 형의 선고에 의한 기존효과까지 변경되지는 않는다(동법 제5조 제2항). 18

제3편

보안처분론

제 1 장 보안처분 일반론

제 1 절 보안처분의 의의와 연혁

Ⅰ. 보안처분의 의의

1 보안처분이란 응보적 형벌을 부과할 법적 요건(책임)이 충족되어 있지 않는 경우 응보 대신 적극적 특별예방목적 실현을 위해 투입되는 형벌대체적 형사제재 또는 응보적 형벌만으로는 범죄예방이 불가능한 경우 소극적 특별예방적 예방목적 등을 추구하기 위해 사용되는 형벌보충적으로 형사제재를 말한다.[1)]

2 형벌이 과거의 불법에 대한 응보차원에서 행위자에게 책임을 묻기 위해 책임의 범위 내에서 부과되는 제재수단임에 반하여, 보안처분은 행위자의 위험성에 초점을 맞춰 특별예방목적적 관점에서 부과되는 제재수단이다. 형벌이 과거의 행위에 대한 사회윤리적 비난을 표현하는 제재임에 반하여 보안처분은 장래의 위험성에 대한 순수한 예방적 성격을 가진 제재라는 점에서도 양자는 구별된다.[2)]

3 보안처분은 정신병자나 형사미성년자 등과 같은 책임무능력자나 알코올, 마약 등의 중독자 등과 같이 형벌의 효과를 기대할 수 없는 행위자에 대한 치료나 교육을 통한 '개선' 조치 또는 재범의 위험성이 높은 중대한 범죄자의 위험성으로부터 사회를 보호하기 위해 형벌을 보충하여 부과하는 '보안' 조치를 내용으로 한다. 형벌과 나란히 보안처분을 형사제재로 인정한 이원주의 형사제재체계를 구축해 온 독일형법에서 사용된 보안처분의 본래 명칭은 "개선 및 보안을 위한 처분(Maßnahme zur Besserung und Sicherung)"이다. 보안처분 가운데 소년에 대한 보호처분과 같이 '개선'에 중점을 두고 있는 종류도 있고, 과거의 보호감호와 같이 '보안'에 초점을 맞추는 종류도 있고, 치료감호와 같이 개선과 보안을 모두 겨냥하는 종류도 있지만, 한국에서는 개선 및 보안처분을 약칭하여 '보안처분'이라고 부르고 있다.[3)]

---

1) 헌법재판소 1997.11.27. 92헌바28. "보안처분은 형벌만으로는 행위자의 장래의 재범에 대한 위험성을 제거하기에 충분하지 못한 경우에 사회방위와 행위자의 사회복귀 목적을 달성하기 위하여 고안된 특별예방적 목적처분(이다)."

2) 헌법재판소 2012.12.27. 2010헌가82, 2011헌바393(병합). "형사제재에 관한 종래의 일반론에 따르면, 형벌은 본질적으로 행위자가 저지른 과거의 불법에 대한 책임을 전제로 부과되는 제재를 뜻하는 것임에 반해, 보안처분은 행위자의 장래 위험성에 근거하여 범죄자의 개선을 통해 범죄를 예방하고 장래의 위험을 방지하여 사회를 보호하기 위해서 형벌에 대신하여 또는 형벌을 보충하여 부과되는 자유의 박탈과 제한 등의 처분을 뜻하는 것으로서 양자는 그 근거와 목적을 달리하는 형사제재이다. 연혁적으로도 보안처분은 형벌이 적용될 수 없거나 형벌의 효과를 기대할 수 없는 행위자를 개선·치료하고, 이러한 행위자의 위험성으로부터 사회를 보호하기 위한 형사정책적인 필요성에 따라 만든 제재이므로 형벌과 본질적인 차이가 있다. 즉, 형벌과 보안처분은 모두 형사제재에 해당하지만, 형벌은 책임의 한계 안에서 과거 불법에 대한 응보를 주된 목적으로 하는 제재이고, 보안처분은 장래 재범 위험성을 전제로 범죄를 예방하기 위한 제재이다."

3) 이에 반해 보안처분을 "사회방위를 위하여 감호, 거세 등 행위자에 대한 직접적인 자유의 제한을 가하는 형

Ⅱ. 보안처분의 역사(☆)

1. 19세기말 예방목적 실현을 위한 고안물: 쉬토스 예비초안(1893년)

4 보안처분을 근대 형사입법에 도입하는데 자극을 준 것은 쉬토스(Carl Stoos)가 만든 스위스 형법 예비초안(1893년)이 최초라고 할 수 있다. 19세기 말 독일을 넘어 유럽의 실증주의적 근대학파 진영의 이론적 기초를 제공했던 리스트는 자신의 목적사상(특별예방적 목적)을 '형벌'을 통해 구현하려고 했다. 리스트가 자신의 개혁적 형사정책을 입법에 반영하려는 시도를 하는 가운데 이를 저지하려는 고전학파 진영의 책임응보론자인 빈딩과 격돌하면서 '학파논쟁'이 전개되었다.

5 당시 독일의 형벌이론이 절충이론으로 타협점을 찾아가는데 그쳤던 반면, 스위스의 형법학자 쉬토스가 만든 예비초안에서는 특별예방적 목적을 형벌이 아닌 다른 예방지향적 수단에서 실현하려는 사고의 전환이 도모되었다. 쉬토스는 국가가 "범해진 불법행위에 대해 응보하는 것보다 범죄를 예방하는 일을 더 중요시해야 한다"고 하면서 "경찰적 성격을 주로 가지고 있는 몇 가지 처분을 부과할 수 있는 권한을 법관에게 인정"하려는 복안을 제시하였다.[4] 이로써 형벌컨셉을 통해서는 금지되었던 일(부정기형 및 범행의 중함과 무관한 형벌의 부과)이 보안처분컨셉을 통해 허용될 수 있는 길이 열리기 시작하였던 것이다.

6 개선불가능한 자에게 특별예방적 형벌목적에 기초하여 부정기형 및 종신형을 주장했던 리스트의 개혁안(1882)은 실패했던 반면, 쉬토스는 예비초안에서 동일한 목적을 '형벌'이라는 종래의 수단이 아니라 새롭게 고안한 제재수단인 '보안처분'을 통해 실현하려고 하였다. 특히 쉬토스는 보호감호(Verwahrung)라는 처분이 부정기로 부과될 수 있는지와 관련하여 여러 차례 태도의 변화를 보였지만, 결국은 부정기 보호감호를 인정하는 태도를 취했다.[5] 이 때문에 쉬토스의 예비초안은 그 기초에서 롬보로조와 리스트와 같이 행위자유형에 초점을 맞추는 범죄학에 상응하는 형사제재체계의 서막을 열었던 것으로 평가된다.[6]

7 쉬토스의 예비초안에서 고안된 최초의 보안처분은 책임형벌을 대체하고 형법을 순수 예방목적을 지향하도록 하기 위한 유일한 형사제재 수단으로 구상된 것이 아니었다. 오히려 보안처분은 응보적 형벌을 대체하는 수단이 아니라 보충하는 수단으로 설계되었다. 이 때문에 쉬토스의 예비초안은 오

사제재수단"만으로 국한시키는 견해(김혜정, "보호관찰과 형벌불소급의 원칙", 志松이재상교수화갑기념논문집(I) 36면)는 보안처분이 사회방위를 위해서만 부과되는 것으로 이해하여 행위자의 개선을 위한 일체의 형사제재수단을 보안처분의 범주에서 제외시키고 있다.

4) C. Stooss, Motive zu dem Vorentwurf zu einem Schweizerischen Strafgesetzbuch. Allgemeiner Teil, Basel/Genf, 1893, 쉬토스의 예비초안에 관한 개요은 U. Neumann/W. Hassemer, Vor § 1, in: Nomos Kommentar Strafgesetzbuch, Bd. 1, §§ 1-145 d 참조

5) 쉬토스의 개혁안은 1942년 스위스 연방형법전의 기초가 되었는데, 이 형법전이 발효된 때로부터 스위스는 특별예방목적을 위해 부정기 구금을 인정하게 되었다.

6) Vgl. J. Bung, Zur Einführung in das Problem der Sicherungsverwahrung, Zeitschrift für internationale Strafrechtsdogmatik 7-8 (2013). S. 359.

늘날의 관점에서 보면 이원주의 형사제재체계의 효시가 된 것으로 평가될 수 있다.[7)]

2. 일원주의와 이원주의 형사제재컨셉

(1) 유럽의 근대학파와 보안처분 일원주의 모델: 페리의 예비초안(1921년)

18세기까지 범죄에 대한 대응수단으로서 절대적 형벌이론에 기초하여 사용되어 왔던 응보형벌이 19세기의 변화된 사회현실 속에서 격증한 위험한 상습범죄, 중범죄, 소년범죄의 예방을 위해 사회적으로 아무런 유용한 효과를 거두지 못한다는 점이 드러난 시대적 상황에서 쉬토스에 의해 고안된 보안처분은 실증주의적 사고에 기초하여 사회적 공허함을 타개하기 위한 형사정책을 모색하였던 근대학파의 진영에 새로운 돌파구로 작용하였다. 8

20세기 초 근대학파 진영에 속했던 이탈리아의 페리(Enrico Ferri)는 롬보로조의 제자로서 행위자의 행위에 드러난 사회에 대한 위험한 징후에 대응하기 위한 '사회보호이론'에 기초한 형사정책을 실현하려는 예비초안(1921년)에서 사회보호라는 목적을 실현하기 위해 원상회복 처분, 통제처분, 사회부적합 박멸처분 등과 같은 목적처분을 통해 응보적 책임형벌을 대체하려는 시도를 하였다.[8)] 1926년 구 소련에서도 이러한 차원에서 법정적-개선 처분, 의학적 처분 그리고 교육적 처분 같은 처분으로 이루어진 일원적 사회보호처분 시스템을 도입하려는 시도가 있었다.[9)] 9

(2) 독일에서의 이원주의 입법모델의 등장: 라드부르흐 초안(1922년)

이와는 달리 독일에서는 응보형벌을 포기하지 않았던 쉬토스의 이원주의 형사제재컨셉을 실현하려는 방안이 바이마르 공화국 시대에 만들어진 라드부르흐의 형법초안(1922년)에서 최초로 그 모습을 드러냈다. 리스트의 제자였던 라드부르흐는 리스트의 사회학적 방법 및 그에 기초한 범죄자 유형을 따랐고, 정치활동 때문에 학파논쟁에는 직접 개입하지는 않았지만, 당시 '권위주의적 자유주의적' 법치국가 체제의 기틀로 여겨졌던 응보형을 반대하면서 목적형을 주장하였다. 라드부르흐는 예방지향적이고 인도주의적인 '사회적' 형법의 원칙을 구현하려는 정책적 목표달성을 위해 형법을 순수 처분법으로 대체하려는 페리초안과 같은 급진적인 해결방안에 관해서는 이를 시기상조라고 하면서 불수용의 태도를 취함과 동시에 당시 독일 사회가 억업적 제재(즉 형벌)도 포기하지 않을 것이라는 관측하에 이원주의적 형사제재 컨셉을 설계하였다.[10)] 10

---

7) 독일 학파논쟁을 기준으로 삼으면 쉬토스는 절충이론에 속하는 것으로 분류된다.

8) 1949년 이후 프랑스와 이탈리아의 사회방위학파 중 그라마티카(Fillippo Gramatica)는 페리의 사회보호이론에 경도되어 형벌을 폐지하고 형법을 처분법으로 대체하려는 급진적 사상을 전개하였으나, 온건파로 분류되는 마크르 앙셀(Marc Ancel), Graven, Pinatel 등은 자유의사 긍정하면서 책임과 형벌의 관계 인정하면서도 형벌을 통한 사회안전 유지 기능을 활성화하려는 방향의 형사정책 노선을 구축하려고 하였는데, 그 방법은 행위자 개별화, 및 재사회사상을 강조하는 방법이었다.

9) 그러나 이 시도는 실패했고, 1960년 구 소련형법전은 책임과 위험성을 기초한 이원주의체계를 유지하였다.

10) 정치가로서는 라드부르흐는 사형폐지, 금고형의 폐지, 간통과 단순 동성애의 비범죄화, 금지착오의 명문화 등을 추진했으나 뜻을 이루지 못했다. 이후 그가 추진한 형사정책은 독일연방공화국 수립 후 결실을 보게 되었다. 라드부르흐의 22년 초안에 관해서는 Ulfried Neumann, Gustav Radbruchs Beitrag zur Strafrechtsreform, in: Gustav Radbruch als Reichsjustizminister(1921–1923), Konferenz der Friedrich– Ebert–Stiftung/Forum Berlin

11 특히 라드부르흐는 초안 이유서에서 리스트가 분류한 세 가지 범죄자 유형을 명시적으로 언급하면서 법관의 구체적 형선고를 거기에 맞출 수 있어야 한다고 하였다. 라드부르흐는 따라서 형벌과 보안처분을 병치시키면서도 형벌까지도–'부정기' 선고제도는 포기했지만–예방목적의 지배하에 두었다(이 점은 69년 대체초안의 기초자에게 영향을 주었다). 개별 구성요건들에서 법정형의 폭을 넓게 설정함으로써 행위가 아닌 행위자에 초점을 맞춘 양형이 가능하게 만들었다. 특히 라드부르흐는 행위자의 위험성에 초점을 맞춘 보안감호의 경우에는 상한선을 없애 법관에게 폭넓은 재량을 인정하였다.[11)]

(3) 독일에서의 이원주의의 시작: 위험한 상습범죄자와 개선 및 보안 처분에 관한 법률

12 쉬토스의 이원주의 형사제재 컨셉 및 행위자 지향적 예방적 형법모델을 형벌과 보안처분 모두에 대해 실현시키려고 했던 라드부르흐의 '사회적' 형사정책 노선이 독일에서 입법화된 것은 1933년 12월 '위험한 상습범죄자와 보안 및 개선을 위한 처분에 관한 법률(Gesetz gegen gefährliche Gewohnheitsverbrecher und über Maßregeln der Sicherung und Besserung)'을 통해서였다.[12)]

13 2005년 한국에서 사회보호의 폐지와 함께 보안처분목록에서 삭제된 보안감호제도가 지금도 한국의 형법학자들이나 시민사회 단체에서 부정적인 이미지를 가지게 된 데에는 보안처분제도의 연혁에 관한 적확성이 떨어지는 정보 및 그에 기초한 추론이 크게 작용한 것으로 보인다. 즉 (상습범에 대한) 보안처분제도가 나찌시대에 도입되었고, 이 제도가 1980년 군부독재하에서 국가보호위원회에서 만들어진 사회보호법이 전체주의적 사상적 측면에서 교집합적 요소를 가지고 있다는 일말의 추론이 그것이다. 그러나 정작 1933년 보안처분제도를 인정한 위 법률에 영향을 준 것은 1922년 바이마르 공화국시기 제국의 법무부장관이었던 라드부르흐 형법초안이었다는 사실은 잘 알려져 있지 않다. 라드부르흐의 형법초안 중 보호감호제도와 관련된 컨셉은 나찌정권에서 채택되어 남용과 악용의 대상이 되기도 했지만,[13)] 기본적으로 라드부르흐가 지향점으로 삼고 있었던 것은 정치적으로 보수적인 '자유주

---

24. Mai 2004 in Berlin, 56–57 참조.

11) 물론 이 법률은 두 진영 모두 충분하지 못한 것으로 여겨졌던 종합으로 평가된다. 이 법률에 의해 실현된 이원주의는 기본적으로–위험한 상습범죄자에 대한 예방적 보안처분제도의 도입은 근대학파의 주장이 수용된 것이고 응보적 책임형벌의 유지는 고전학파의 견해에 따른 것이지만, 다른 한편 위험한 상습범죄자에 대한 형벌가중(구형법 제20a조)은 순수 보안형이었기 때문이었다(Maurach/Zipf. § 6 Ⅱ, Rn. 34).

12) 당시 이 법률을 통해 독일에 도입된 보안처분은 치료시설 및 요양시설 수용(책임무능력자: § 42b StGB), 교육시설 수용(술꾼 및 상습음주자에 대해: § 42c StGB), 강제노동시설(반사회자; § 42d StGB), 보안감호수용(상습범죄자: § 42e StGB), 위험한 성범죄자에 대한 거세(§ 42k StGB), 직업금지(§ 42l StGB), 국외추방(§ 42m StGB) 등이었다. 특히 위험한 상습범죄자에 대한 보안감호는 의무적 부정기로 선고되고, 공공의 안전 보호가 필요로 하는 한–법원이 3년마다 심사하여–연장할 수 있도록 되어 있었다. 그 이후 1945년 연합군의 관리위원회법률에 의해 '거세'가 폐지되었고, 1945년에는 미군 점령지에서의 강제노동시설에의 수용이 폐지되었으나 1948년에 다시 재도입되었고, 1945년 구소련 점령지에서의 보호감호수용 폐지, 1969년 강제노동시설 수용 폐지되었다. 국외추방은 1969년 형법전에서 삭제되었으나 외국인법(Ausländergesetz)에 규정된 이래 보안처분이 아니라 행정처분으로 취급되었다. 보호관찰(행장감독: Führungsaufsicht)은 1975년 독일신형법에서 도입되어 부분적으로 형법에 있었지만 보안처분이 아닌 경찰감독제도를 일부 대체하기도 하였다. 보호감호의 경우 1975년과 1998년 사이에 상한선을 10년으로 제한하였지만 1998년 다시 상한선이 폐지됨으로써 부정기 제도로 바뀌었다.

13) 나찌정권하에서는 라드부르흐의 개혁안이 훨씬 극단적으로 강화되어 입법화되었고, 특히 나찌정권이 표방한 인종정책을 위해서도 악용되었다. 위험한 성범죄자에 대한 거세적 처분이 가능하였을 뿐 아니라, 1941년 9월부터는 상습범죄자에 대해 사형도 선고하도록 하였다.

의' 이데올로기가 기초된 응보형법의 '사회적' 무용성을 극복하고자 했던 진보적인 '사회적' 법치국가 이념에 기초한 형법모델이었다. 특히 라드부르흐는 과학적 실증주의적 사고에 토대를 둔 사회학적 접근법을 통해 범죄자 개인의 특성에 따른 처우의 개별화 내지 과학화를 추구하고자 하는 형사정책적 방향성을 그의 형법초안에 반영하였다. 같은 길을 걷는다고 모두가 같은 마음일 수는 없다. 형벌목적에 관한 특정 이론을 출발점으로 삼지는 않았지만 정치적으로 민족'사회주의적' 이데올로기를 표방하였던 나찌정권은 자유주의적 컨셉을 극복하기 위한 형사정책적 과제 실현의 일환으로 위험한 상습범죄자에 관한 법률을 구상함에 있어 – 특히 위험성 예방 차원의 보안처분제도의 도입과 관련하여 – 자유주의적 이데올로기가 기초된 응보형법의 '사회적' 무용성을 극복하기 위해 진보적인 '사회적' 법치국가 이념에 기초한 형법을 구상하였던 라드부르흐 형사제재체계 컨셉을 차용하였다. 하지만 정작 라드부르흐는 나찌정권시절 교수직에서 해임당하는 운명을 겪었다.

(4) 이원주의 형사제재체계의 확립

2차대전이 끝난 이후에도 독일에서 상습범죄자법의 내용이 몇 가지 바뀌었지만 기본 골격은 그대로 유지되었고, 1969년 형법개정을 위한 제1차 법률에 의해 보안감호의 형식적 실질적 전제조건들이 보다 강화됨으로써 독일에서 오늘날까지 유지되는 이원주의 제재체계가 형법전에 도입되었다. 14

특히 독일에서 2차대전 후 진행된 형법개정 작업에서 형사정책적 방향성을 주도한 것은 '62년 정부초안'과 '69년 대체초안'이었다. 62년 정부초안에서는 이원주의 형사제재체계를 형법전에의 편입을 시도하면서도 나찌시대의 반작용으로 자유주의적 법치국가성을 강조하면서 책임과 위험성을 엄격하게 구분하는 안정적 형법모델을 구축하는 일에 지향점을 두었다. 형벌에 관해서는 책임에 상응한 형벌, 즉 법적 요건인 책임의 정도에 따라 응보하는 태도를 유지하였고, 보안처분은 전적으로 위험에 대한 예방을 향하게 하였다. 이로써 예방목적은 책임을 넘어서지 않는 범위내에서만 고려될 수 있도록 설계하려고 하였다. 15

69년 대체초안도 책임원칙을 유지하면서 이원주의 제재체계를 구축하려는 점에서는 62년 정부초안과 같은 방향성을 가졌으나, 예방적 형사정책적 가능성을 보다 현실적으로 평가하여 이원주의 제재체계를 탄력성 있게 설계하였다. 보안처분체계내에서 활용할 사회 치료시설(Sozial－therapeutische Anstalt)의 도입을 주장한 것외에도 형벌체계내에서의 형사정책적 방향 설정에 관한 한, 리스트의 주장을 반영하려고 했던 라드부르흐의 22년 형법초안을 모범으로 삼았다. 즉 대체초안의 기초자들은 책임에 상응하지 않는 형벌을 예방의 필요성이 있는 경우에도 허용하는 것을 금지하는 책임의 형벌제한기능에서 한걸음 더 나아가 리스트의 목적사상을 실현하려고 하였다. 즉 특별예방적 이유가 있는 경우에는 책임범위내에서 형벌수단만 배타적으로 이용하는 것을 포기함으로써 형벌과 보안처분이－이원주의를 유지하면서－서로 대체가능한 제재수단으로 될 수 있도록 수정하려고 하였다. 16

1975년부터 시행된 독일신형법은 – 두 가지 초안을 절충하면서도 – 형벌목적들 간의 관계에서도 절충이론적 입장에 기반하고 있는 것으로 평가된다. 특별예방의 중요성은 간과될 수 없이 확인되어 있고(제46조 제1항 제2문). 책임과 일반예방에 관한 기본공식은 제46조 제1항 제1문에 선언되어 있고, 일반예방은 법질서의 방어라는 개념(제47조, 제56조 제3항, 제63조, 제97조 등)에서 언명되어 있다. 이 때문에 독일에서는 법률규정에 등장하는 책임, 특별예방 및 일반예방에 관한 진술은 형벌이론에 관한 폭넓은 논의의 장을 만들어 주고 있다. 17

18 오늘날 독일형법의 영향권 하에 있는 많은 국가들이 형벌과 보안처분 중 어느 한 쪽의 배타적 독점적 지위를 포기하고 이원주의 형사제재체계를 구축하는 방향으로 나아갔다. 이원주의 형사제재체계는 범죄에 대한 대응방식으로서 행위'책임'을 전제로 삼아 형벌을 원칙적인 대응수단으로 하면서도, 특정한 행위자에 대한 (소극적) 특별예방목적을 위해 '행위자의 위험성'을 전제로 한 보안처분제도를 가미함으로써 이 두 가지 제재수단 모두를 범죄에 대한 대응수단으로 삼는 체계를 말한다. 오늘날 보안처분만을 형사제재로 인정하는 형태의 일원주의 제재체계를 취하는 국가는 없고, 보안처분을 도입한 국가들 대부분은 보안처분을 형벌 대체적 또는 형벌 보충적 수단으로 활용하는 이원주의 제재체계를 유지하고 있다.[14)]

제2절 보안처분의 정당화 이론과 정당화조건

19 이원주의 형사제재체계 컨셉은 범죄에 대해 개인에게 책임을 묻는 것은 원칙적으로 형벌수단을 통하고, 책임판단이 이루어질 수 없는 경우 또는 책임형벌을 통하기만 해서는 행위자의 위험성이 제거하기에 충분하지 않은 경우에는 적절한 (보안)처분적 수단을 투입하는 것을 기본 프레임으로 삼고 있다.

20 형벌의 정당화의 토대는 형벌이 범죄구성요건을 실현하는 과거의 책임있는 행위에 대해 부과되고, 이 경우 책임은 형벌을 통해 상쇄된다는 점을 이론적 기초로 삼는다. 하지만 보안처분은 과거의 책임있는 행위를 근거로 부과되는 것이 아니라 행위자의 장래의 위험성을 근거로 부과된다. 이 경우 미래 예측을 근거로 개인의 기본권을 제약하는 보안처분은 행위자의 특별예방과 사회방위를 추구하기 위한 수단이라는 합목적성을 기초로 삼는다. 하지만 보안처분은 형벌에 못지않게 행위자의 자유박탈 또는 자유제한을 초래하므로 목적사상을 넘어서는 정당화근거가 필요하다. 형벌의 정당화근거와는 달리 보안처분을 정당화하는 정당화사유가 무엇인지에 대해서는 논의가 활발하지도 않고 견해가 일치되어 있지도 않다.

Ⅰ. 보안처분의 정당화 근거

1. 정당화근거의 필요성

21 보안처분은 장래에 범죄를 범할 '위험성'이 있는 자에 대한 특별예방목적을 지향한다.

14) 이에 반해 커먼로의 전통을 이어받은 영미법계 국가에서는 예방목적은 보안처분을 통해 실현하고 응보는 형벌을 통해 실현한다는 식의 이원주의 사고는 전개되지 않고, 형사제재수단으로서 형벌만을 인정하는 형벌일원주의 형사제재체계를 취하고 있다.

한편으로는 교육개선을 통한 위험성 제거 및 재사회화 목적(적극적 특별예방목적)을 다른 한편으로는 위험한 범죄자로부터 사회보호 내지 일반시민의 안전확보라는 보안목적(소극적 특별예방목적)을 겨냥한다. 그러나 보안처분으로 달성하려는 목적(들)은 보안처분이 형사정책적으로 예방의 필요성에 근거하는 합목적적인 형사제재라는 점만을 말해주고 있을 뿐, 보안처분을 정당화하는 근거에 대해서는 아무 것도 말해주고 있지 않다.

22 보안처분의 경우 정당화 기초에 관한 논의가 부진한 현재 상태는 '형벌'의 경우 이미 2천년 전부터 그 정당화를 근거지우려는 다양한 이론적 시도가 있었던 것과는 대비된다. 형벌은 책임을 근거로 부과되는 만큼 분명한 법적 근거를 요할 뿐 아니라 '책임'을 인정하기 위해서 행위자의 '행위'에 초점을 맞추어 형법상 요구되는 가벌성의 전제조건(범죄성립요건)을 모두 충족시킬 것이 요구된다. 이와는 달리 보안처분의 경우 '범죄'는 보안처분 부과를 위한 단서 내지 계기에 불과하고, 그 법적 근거로 삼는 행위자의 '위험성'도 그 진단 과정에서 개입되는 오류가능성을 수반한 장래의 예측에 기초할 수 있을 뿐이다. 위험성 진단에서 거짓양성(false positives)반응에 오류가능성이 높다는 우려를 제거할 과학적 방법이 정착되었다고 보기 어려운 상황을 고려하면 보안처분의 정당성을 근거지울 필요성은 더욱 커진다.

23 그럼에도 보안처분은 효과적인 범죄투쟁이라는 이름으로 국가의 폭넓은 개입권한을 인정하고 형벌에 비해 본질적으로 완화된 요건만으로 부과되고 있으면서도 형법학에서 그 정당성을 근거지울 수 있는 이론을 찾으려는 노력은 그 필요성이 큰 만큼 이루어지지 않았다.

2. 보안처분 정당화를 위한 이론적 논구가 미진한 이유

24 보안처분의 정당화 근거에 관한 논의의 부재 상태는 형법학의 책임 방기에 가깝다. 보안처분도 당사자의 기본권에 대한 국가에 의한 강제적 개입이라는 측면에서 형벌과 본질적으로 다르지 않고, 특히 보안처분의 경우 장래의 위험성 제거라는 목적컨셉의 본질상 '정기'가 아닌 '부정기'적 개입이 적합하기 때문이다.[15] 형벌의 경우에 비해 특히 '자유박탈적' 보안처분의 경우 그 정당화를 근거지우는 이론적 토대가 충분히 논의되고 있지 않고 있음은 몇 가지 잘못된 생각에 기초하고 있는 것 같다.

25 첫째, 형벌수단을 통한 국가개입은 특별한 정당화가 필요하지만 보안처분의 경우는 위험한 범죄자로부터 사회(일반인)을 보호하고 범죄자의 위험성 제거를 위한 과학적 처우와 치료 목적을 위해 국가가 개입하는 일은 그 목적의 선명성과 사회적 유용성 때문에 근거지

15) 물론 한국의 보안처분은 치료감호를 통한 자유박탈도 부정기가 아니라 10년을 제한하고 있고, 위치추적전자장치부착 명령등의 경우도 그 부착기간이 장기간이긴 하지만 상한이 제한되어 있기는 하다.

움의 필요성이 상대적으로 크지 않다는 생각이 자리잡고 있는 듯하다. 이러한 생각은 형벌이 국가 법질서의 가장 날카로운 칼이라는 종래의 만연한 인식에 기초한 생각이다. 하지만 헌법적 기본권에 대한 침해라는 관점에서 볼 때 오늘날 형벌과 보안처분의 날카로움의 차이를 감안할 때 후자의 정당화 근거가 전자의 그것에 비해 절실하지 않다고 말할 수 있는 정도인지는 의문이다. 벌금형과 위치추적 전자부착장치명령의 경우 어느 것이 날카로운가?

26 둘째, 형벌은 사회윤리적 '비난'적 성격을 가지지만, 위험방지라는 보안처분의 경우에는 이러한 차원의 사회윤리적 비난이 가해지지 않는다고 생각도 널리 퍼져 있다. 형벌의 경우 공개적인 유죄판결과 그 판결의 공표를 통해 범죄자에게 가해지는 형벌이 법적인 차원에서의 규칙위반성을 넘어 사회윤리적 차원에서도 그의 행태가－공동생활의 기본규칙에 반하는 것임을 근거로－능히 비난받을 만한 것으로 볼 수 있다.[16] 그러나 보안처분도 행위자에 대한 비난과 무관하지 않다. 보안처분의 부과요건인 '위험성'은 그 대상자가 사회적으로 '위험한' 자라는 말이 꼬리표처럼 따라 붙는다. 이는 도덕적 차원의 비난 뿐 아니라 그와 결부된 사회적 비인(불승인)을 의미하므로 결국 보안처분 부과도 책임(귀책)을 전제로 한 유죄판결에 근접해 있다고 볼 수 있다.[17]

27 보안처분을 부과받은 행위자에 대한 사회적 시선은 '인격적으로 동질의 시민이 아니라 공동생활을 함께 영위하기에 부적합한 '위험'인물로서 격리되어 마땅하다는 낙인효과를 수반하기 때문이다. 이러한 낙인효과를 가져오는 위험성 판단에 기초한 보안처분은 그 정당화 근거가 형벌의 경우에 비해 더 견고할 필요가 있는 것이지 결코 소홀히 되어서는 안 된다.

28 마지막으로 보안처분 정당화 이론의 발달이 형벌이론의 그것에 비해 뒤쳐진 이유가 보안처분의 경우 그 대상자에게 미치는 해악이 형벌의 그것에 비해 상대적으로 덜 무거운 것이라는－일반적으로 실무가들의－ 인식도 한 몫하는 것 같다. 이러한 인식은 보안처분의 경우 해악적 측면이 있다면 그것은 형벌과는 달리 국가가 의도적으로 부과한 해악이 아니라 부수적인 해악에 불과한 것으로 당사자가 감내해야 할 것이라는 생각과도 무관하지 않다. 형벌해악은 직접적으로 의욕된 것이고, 그 중에 고통은 국가행위의 목표이지만, 반대로 위험한 자에게 부과되는 보안처분의 경우는 기능적인 것이고, 국가행위의 주된 행위목적은 시민들의 보호나 사회의 안전 또는 치료가 필요한 행위자에 대한 치료 처우라는 것이다.[18]

29 위와 같은 논증에 기초되어 있는 이론은 "행위의 이중효과 이론(doctrine of double effect)"[19]이라고

---

16) 이러한 관점에서 '형벌'이라는 제재가 그의 법적인 차원을 넘어서는 윤리적－도덕적 차원을 가지게 되고, 따라서 형벌은 다른 제재와 구별된다는 점을 강조하는 설명으로는 K. Kühl, Freiheitliche Rechtsphilosophie, Baden－ Baden, 2008, 377.

17) J. Kaspar, Die Zukunft der Zweispurigkeit nach den Urteilen von Bundesverfassungsgericht und EGMR, ZStW(2015), 659 f.

18) J. Gardner, Introduction to Herbert L. A Hart, Punishment and responsibility, Oxford, 2009, xviii.

19) Vgl. W.S. Quinn, Actions, Intentions, and Consequences, The Doctrine of Double Effect, Philosophy and Public Affairs, 18, 4, 1989, pp. 334 ff. Die Theorie «Handlung mit Doppelwirkung» wird gemeinhin der

할 수 있다. 이 이론은 어떤 해악이 직접적으로 의도된 것인가 아니면 주된 목적의 부수적 현상에 불과한 것인가는 범주적으로 다른 것이라는 도덕적 직관에 기초한다. 이 이론에 따르면 강제처분의 정당화를 행위하는 자, 즉 처분하는 주체의 주관적 영역에서 찾게 된다.

그러나 주체의 주관에 기초한 정당화는 도덕이론에서는 의미를 가질 수 있지만, 국가에 의한 중한 기본권개입을 정당화는 것이 문제될 경우에 대해서까지 이 이론을 원용하기는 어렵다. 처분 당사자의 관점에서 볼 때 국가가 어떤 목적을 가지고 행위했는지는 그 해악의 본질에 결정적인 변경을 가져오지 않기 때문이다. 30

3. 보안처분을 정당화하려는 이론적 시도들

(1) 보안 또는 재사회적 특별예방이론 등

19세기 말 보안처분을 고안하거나 보안처분제도의 필요성을 역설함에 있어 기초로 삼았던 이론 내지 사상은 책임응보형의 사회적 공허함을 목적합리성으로 채우려고 했던 근대학파 사상, 특히 리스트의 특별예방이론이었다. 범죄에 대한 대응수단으로 '형벌'만 존재하였던 당시 형벌의 정당화 근거로 제안되었으나 수용되지 못했던 특별예방목적을 보안처분을 근거지우는 이론적 기초로 자리잡게 된 것이었다. 31

그러나 형벌이론으로서 정당화되는데 문제점을 가지고 있었던 특별예방이론을 보안처분의 정당화 근거로 수용하기는 어렵다. 특별예방이론 자체가 가진 규범적 약점 때문이다. 특히 보안에 방향 맞춰진 특별예방목적이 범죄자를 사회보호 목적을 위한 수단으로 취급한다는 점은 보안처분에 대해서도 동일한 규범적인 약점이 된다. 재사회화적 개선에 방향 맞춰진 보안처분의 경우에도 그것만으로 국가가 자율적 개인에 대한 강제적 개입을 정당화하기 어렵다는 점도 재사회화 형벌이론에 대한 문제점 지적에서 이미 확인한 바 있다(형벌이론들 참조). 결국 특별예방목적은 보안처분을 정당화하기 보다는 보안처분을 통해 기대되는 현실적 기능 정도로 인정될 수 있을 뿐이다. 32

(2) 그 밖의 이론들

20세기에 와서 독일에서 보안처분의 정당화근거와 관련하여 다양한 이론이 등장하였다. 보안처분을 사회에게 부여하는 정당방위권으로 자리매김하려는 이론, 사회보호목적을 위한 위험성 제거를 보안처분 대상자의 기본권 박탈(상실)을 통해 기초지우려는 이론, 보안처분 대상자에게 자기결정권이 제한된다는 이론,[20] 위험야기자가 스스로 감수해야 할 자유권적 기본권의 제한보다 더 중한 심각한 범죄를 범하게 될 경우에는 자유에 비해 사회의 안전 33

katholischen Moralphilosophie von Thomas von Aquin, teilweise auch bereits Augustinus zugeschrieben, vgl. A. Coninx, Das Solidaritätsprinzip im Lebensnotstand, Zufall, rationale Entscheidung und Verteilungsgerechtigkeit, Bern/ Baden-Baden, 2012, 216 ff 등.

20) 이재상, 『보안처분의 연구』, 1978, 30면에서는 자기결정권 제한이론과 유사하게 사회보호를 위한 기본권의 자기구속성을 통해 보안처분을 정당화하려고 한다.

에 대한 이익이 우위에 있다고 하는 우월한 이익이론 등 다양한 이론들이 등장하였다.[21)]

34 그러나 사회나 국가에게 정당방위권을 인정하려면 침해의 현재성 등 그 자체요건 및 또 다른 이론적 근거지움이 요구된다. 사회의 보호나 개인의 위험성 제거가 그 개인의 기본권 박탈 또는 자기결정권의 정당한 제한의 이유가 된다고 말하기도 어렵다. 특히 우월한 이익이론은 공리주의에서 출발하는 합목적성적 사고에 기초하고 있어서 이 이론에 따르면 개인이 사회안전이라는 목적을 위한 수단으로 취급되고 따라서 인간의 존엄과 가치에 반할 수 있다는 반론을 피해가기 어렵다.

(3) 보안처분의 정당화 조건

35 보안처분의 정당화를 근거지우려는 시도 중 어느 것도 만족스럽지 못한 것은 보안처분의 탄생 자체가 사회의 현실적 필요에 부응하려는 합목적적 사고에 의해 고안된 수단이기 때문일 수도 있다. 이러한 관점에서 보면 보안처분의 정당화 근거를 찾아내기 보다는 현실적으로 목적합리성을 추구하는 수단으로 기능하고 있는 보안처분의 헌법적 정당화를 위한 규범적 조건들에 초점을 맞추는 것이 올바른 접근일 수 있다.

36 이 경우 규범적인 고려의 중핵을 이루는 것은 개인에 대한 헌법적 기본권 보장과 함께 현대 기능적 국가에게 요구된 책무, 즉 개인의 자유권과 사회의 안전에 대한 이익 사이에 존재하는 긴장관계를 조정해야 할 책무이다. 특히 국가는 이러한 책무를 다함에 있어 사회가 개인의 희생을 요구하는 대신에 사회는 넘어서는 안 될 한계선을 지켜야 한다.[22)] 특히 개인에 대한 특별한 희생요구와 국가의 희생한계준수라는 관점은 국가의 개입 권한에 대한 제한근거로 작용하여, 특별희생은 가능한 필요 최소한으로 유지될 것을 조건으로 하여야 한다.

37 이와 같은 차원에서 보면 이원주의 제재체계하에서 보안처분을 형법의 제2원으로 인정하기 위해서는 그 부과요건이나 절차 등에 있어서 형법의 제1원에 해당하는 형벌의 부과요건이나 절차와 동등한 수준을－혹은 그 이상의 수준을－유지하도록 하여 헌법상의 법치국가원칙의 제한을 받도록 해야 한다. 그 현실목적의 합리성을 가지고 있는 보안처분이 정당화되기 위해서는 법치국가적으로 형벌에 대해 제공되는 정당화 조건 수준으로 그 정당화 조건을 강화하여야 할 필요가 있다.[23)]

---

21) Radtke, in: Muenchener Kommentar zum StGB, Bd. 1, 1. Aufl., 2003, Vor §§ 38 ff. Rn. 68 참조.

22) Frister, Schuldprinzip, Verbot der Verdachtsstrafe, S. 32.

23) 배종대, 형법총론, §4/5에서는 비례성원칙에 기반을 둔 법치국가적 정형화를 "보안처분의 통일적 정당화"라고 한다. 하지만 후술하듯이 비례성원칙이나 법치국가적 정형화논거도 보안처분 자체를 정당화하기 위한 이론적 근거라고 하기 보다는 보안처분을 정당화하는 조건 내지 제한원리로 보아야 한다

Ⅱ. 헌법이 요구하는 보안처분의 정당화조건

1. 보안처분법정주의

보안처분도 형벌과 마찬가지로 국가가 대상자의 자유를 박탈하거나 제한하는 것을 그 내용으로 하고 있기 때문에 국가 강제력의 명확한 한계를 긋기 위해서는 법치국가적 정형화를 정당성의 기초로 삼아야 한다.[24] 우리 헌법 제12조 제1항도 바로 이 때문에 "누구든지 … 법률과 적법한 절차에 의하지 않고는 … 보안처분 … 을 받지 아니한다"고 규정하여 보안처분에 대한 헌법적 근거를 마련하면서 보안처분의 법률적 근거와 절차의 적법성을 요구하고 있다(보안처분법정주의). 38

형벌의 근거와 부과절차는 형법과 형사소송법에 규정되어 있지만, 보안처분의 근거와 부과절차 및 집행방법은 치료감호법, 보호관찰 등에 관한 법률, 소년법 등에 규정되어 있다. 이러한 관점에서 보면 '보안처분법정주의'라는 헌법적 요구를 보안처분의 정당화 조건으로 삼아 보안처분에 대한 헌법적 통제를 강화하기 위해서는 보안처분에 대한 최소한의 법적 요건과 기본적인 부과절차를 기본법에 해당하는 형법전과 형사소송법에 명문화함으로써 보안처분이 형벌과 마찬가지로 헌법적 통제하에 있어야 함을 확인해야 할 필요가 있다. 39

이러한 시각에서 보면 보안처분이 그 본질이나 목적, 절차 등에서 형벌과 구별되는 형사제재임을 전제로 소급금지원칙을 형벌불소급의 원칙으로 축소하면서 보안처분의 경우에는 준형벌적 성격을 가진 보안처분의 종류에 대해서만 소급금지원칙이 타당하다고 하는 대법원과 헌법재판소의 시각도 교정되어야 할 것으로 보인다. 형벌불소급원칙이 헌법상 죄형법정주의의 내용이듯이 헌법상 보안처분법정주의의 내용으로서 보안처분불소급의 원칙이 확립되어야 하기 때문이다. 형벌이나 보안처분은 제재의 법적 요건과 절차 등 분류상의 차이가 있지만 다같이 국가의 강제적 개입을 통한 기본권 제한을 내용으로 하는 것이라는 점에서는 차이가 없기 때문이다. 40

2. 비례성의 원칙

형벌은 책임을 전제로 하고 보안처분은 행위자의 위험성에 초점을 맞추기 때문에 보안처분은 형벌과 같이 행위책임에 상응하지 않게 부과될 수도 있다. 그러나 보안처분을 부과함에 있어서도 국가공권력 발동의 일반원칙인 비례성의 원칙[25]에 따라야 한다. 비례성원칙은 국민의 기본권제한의 헌법적 한계를 정하는 일반적 제한원리로서 특히 형벌법규의 41

---

24) 배종대, §5/9.

25) 독일 형법 제62조에는 보안처분의 비례성원칙이 명문으로 규정되어 있다. 한국의 현행 형법에는 보안처분에 관한 총칙규정도 없고 비례성원칙에 관한 명문의 규정도 없지만, 2011년 정부가 발의한 총칙개정안에는 보안처분의 정당화 조건을 규범화하는 차원에서 보안처분에 관한 총칙규정을 두면서 비례성원칙도 명문화한 바 있다.

경우 행위규범과 제재규범의 실질적 내용을 통제하기 위해 타당한 헌법적 지침이기 때문이다.

42 이에 따르면 보안처분은 특별예방목적에 적합한 수단으로 투입되어야 하고(수단의 적합성), 그 대상자에게 최소침해를 야기하는 수단이 사용되어야 하며(최소침해성), 보안처분적 수단을 통해 달성하려는 공익적 목적이 보안처분적 수단이 제한하는 대상자의 기본권을 과도하게 제한하지 않아야 한다(균형성).

43 보안처분을 부과함에 있어 비례성원칙을 관철시키기 위해서는 보안처분 종류별로 중점적으로 추구하는 목적에 부합하도록 그 대상범죄의 종류나 중함 등을 고려하여 선별적으로 부과되도록 할 필요가 있다. 이 뿐만 아니라 행위자의 개인적 인격에 대한 침해가 행위자의 재범의 위험성과 적절한 비례관계에 있는 경우에 한하여 보안처분을 부과할 수 있도록 해야 한다. 이러한 관점에서 보면 보안처분에 관한 기본적 내용을 '형법' 등에 규범화 경우 비례성원칙은 필수적인 규정사항이 되어야 할 것으로 보인다. 더 나아가 보안처분의 부과가 비례성원칙에 부합한다고 하더라도 보안처분을 통해 기본권의 본질적인 내용을 침해할 수는 없고(헌법 제37조 제2항), 따라서 인간의 존엄과 가치를 침해하는 보안처분은 그 정당성을 유지할 수 없다.

44 위치추적부착장치명령의 경우 범죄의 종류나 범죄자의 위험성 등과 무관하게 획일적으로 장기간(50년)의 부착기간을 규정하고 있었던 종래의 규정은 비례성원칙에 반하는 것으로 헌법재판소에 의해 위헌결정되었다. 성충동약물치료명령의 경우 대상자의 의사에 반하는 강제주사의 경우 신체에 대한 강제적 침습을 내용으로 하므로 인간존엄과 가치와의 충돌문제가 제기될 수 있고, 특히 이에 따라 주입되는 주사약의 성분이 치료적 효과는 없고 오직 주사약의 성분이 존재하는 기간에만 성충동을 억제하는 것이라면, 수형시설에 수용되어 있는 동안에는 재범의 위험성과 무관하게 주사약의 투입이 이루어지는 셈이 된다. 이에 따르면 성충동약물치료 명령은 아무런 특별예방효과도 없고 대상자에 대한 무해화(무기력화)하는 목적만 가지고 있으므로 비례성원칙에 반할 수도 있다.

3. 전제조건으로서의 단서범죄

45 보안처분은 형사제재의 일종이기 때문에 형법상 정형화된 법적 요건인 일정한 범죄행위(이를 단서범죄 내지 계기범죄라고 한다)를 전제로 하여야 한다. 아무런 범죄행위를 하지 않은 잠재적 범죄자에 대해서는 보안처분을 가할 수 없다. 뿐만 아니라 심지어 책임무능력자에 대해서도 보안처분을 선고하기 위해서는 적어도 행위자의 행위가 구성요건에 해당하고 위법성이 조각되지 않아야 한다. 사회의 객관적 기본가치질서에 의할 때 용인되는 위법성 조각적 행위에 대해서는 사회방위를 위해 보안처분을 할 수 없기 때문이다. 이에 따라 치료감호법은 적어도 그 행위의 위법성은 인정되는 책임무능력자 또는 한정책임능력자를 치료감호의 부과대상자로 규정하고 있다(치료감호법 제2조 제1항 제1호 참조).

46 소년법은 위법행위를 할 우려가 있는 우범소년에 대해서도 보안처분의 일종인 보호처분을 부과할 수 있

도록 규정하고 있지만(소년법 제4조 제1항 제3호), 위법행위를 할 '우려'만으로는 형사제재의 일종인 보안처분을 부과하는 것은 죄형법정주의에 위배되므로 이 규정은 삭제되어야 할 것으로 보인다. 이에 관해서는 후술한다.

4. 재범의 위험성

형벌이 과거의 범죄에 대한 책임을 상쇄하는 것을 본질적 내용으로 하는 것이지만, 보안처분은 재범의 위험성이 있는 범죄자로부터 장차 사회를 방위하기 위한 특별예방목적을 추구하는 수단이다. 이와 같이 보안처분이 행위자의 재범의 위험성을 제거하기 위해 부과되는 것이라면 보안처분을 부과하기 위해서는 행위자에게 재범의 위험성이 있다는 점이 확인되어야 한다.[26] 47

재범의 위험성은 판결시를 기준으로 삼아 행위자의 출신, 가족관계, 교육정도, 초범연령, 행위유형, 범죄를 범하기 이전의 사회생활, 지능과 성격, 전과의 유무와 횟수, 재범의 빈도 등 행위자의 전인격을 종합적으로 고려하여 판단해야 한다.[27] 이 판단은 반드시 심리학, 의학, 정신분석학 등 과학적 판단자료를 통해 이루어져야 하고, 재범의 위험성에 대한 단순한 가능성만으로 긍정되어서는 안 된다. 48

재범의 위험성은 개연성 정도로 입증되어야 하는데,[28] 이는 미래에 대한 예측에 기초를 두고 있기 때문에 현실적으로 인간의 인식능력을 넘어서는 일이다. 예측의 정확성을 담보하기 위해서는 예측에 필요한 모든 자료를 통해 과학적으로 입증되어야 하고 불확실에 대한 부담이 피고인에게 돌아가서는 안 되기 때문에 '의심스러울 때에는 피고인의 이익으로'라는 원칙이 철저하게 지켜져야 한다. 49

5. 사법처분성

보안처분은 국가의 행정기관에 의해 부과되어서는 안 된다. 보안처분은 형벌과는 본질면에서 다르지만 대상자의 자유를 박탈하거나 제한하는 국가강제력을 수반하기 때문에 법치국가적 인권보장의 측면에서는 형벌과 대등할 정도의 장치가 마련되어 있어야 한다. 따라서 보안처분의 부과, 집행에 관한 결정을 행정기관이 하는 것은 삼권분립의 원칙에 어긋 50

---

26) 헌법재판소 1989.7.14. 88헌가5,8, 89헌가44(병합). "행위자의 재범의 위험성은 보안처분의 핵심이며, 헌법 제12조 제1항이 규정한 "누구든지……법률과 적법한 절차에 의하지 아니하고는 처벌·보안처분 또는 강제노역을 받지 아니한다"라는 조항에서 구현된 죄형법정주의의 보안처분적 요청은 "재범의 위험성이 없으면 보안처분은 없다"는 뜻을 내포한다고 하겠다."

27) 대법원 2010.12.9. 2010도7410. "성폭력범죄의 재범의 위험성 유무는 피부착명령청구자의 직업과 환경, 당해 범행 이전의 행적, 그 범행의 동기, 수단, 범행 후의 정황, 개전의 정 등 여러 사정을 종합적으로 평가하여 객관적으로 판단하여야 하고, 이러한 판단은 장래에 대한 가정적 판단이므로 판결시를 기준으로 하여야 한다."

28) 대법원 2012.5.10. 2012도2289. "특정 범죄자에 대한 위치추적 전자장치 부착 등에 관한 법률 제5조 제3항에 규정된 '살인범죄를 다시 범할 위험성'이라 함은 재범할 가능성만으로는 부족하고 피부착명령청구자가 장래에 다시 살인범죄를 범하여 법적 평온을 깨뜨릴 상당한 개연성이 있음을 의미한다."

날 뿐 아니라 신뢰성과 통제가능성이 없어 대상자의 사법절차적 기본권을 침해하는 일이 된다. 따라서 보안처분은 행정기관으로부터 독립된 사법부의 법관에 의한 사법처분이어야 한다.[29]

51 국가보안법 위반사범에 대한 보안관찰제도는 이러한 차원에서 볼 때 사법처분이 아니라 법무부의 보호관찰처분심의위원회가 결정하는 행정처분의 일종이므로 정당화되기 어렵다. 이 뿐만 아니라 치료감호법상의 보호관찰도 행정처분의 일환이다. 치료감호가 종료된 경우에는 치료감호심의위원회에 의해 결정되기 때문이다.

제 3 절 보안처분 유형화와 집행방법

Ⅰ. 보안처분의 유형

1. 대인적 보안처분과 대물적 보안처분

52 보안처분은 형식적 기준에 의하여 대인적 보안처분과 대물적 보안처분으로 분류될 수 있다. 대물적 보안처분이란 범죄의 방지를 목적으로 하는 물건에 대한 국가적 예방수단을 의미한다. 범죄제공물의 몰수, 영업소 폐쇄, 법인의 해산명령 등이 여기에 해당한다.

53 대인적 보안처분은 사람에 의한 장래의 범죄행위를 방지하기 위하여 특정인에게 선고되는 보안처분을 말한다. 보안감호, 치료감호와 치료명령, 취업제한(직업금지), 위치추적전자장치부착명령, 형집행종료후 보호관찰, 취업제한, 신상정보공개, 성충동 약물치료, 디엔에이신원확인정보의 수집·이용 등이 여기에 속한다.

2. 자유박탈보안처분과 자유제한보안처분

54 대인적 보안처분을 자유침해의 정도에 따라 실질적으로 분류할 때에는 자유박탈보안처분과 자유제한보안처분으로 나눌 수 있다. 자유박탈보안처분은 일정한 시설에 격리수용하는 것을 내용으로 하는 보안처분을 말한다. 반면에 자유제한보안처분은 자유박탈이 아니라 사회 내에서 집행하는 보안처분을 말한다. 전자의 예로는 보안감호, 치료감호 등이 있고, 후자의 예로는 치료감호법의 치료명령, 형집행 종료후 보호관찰, 신상정보공개 등이 있다.[30]

---

29) 배종대, §191/24.

30) 구금여부를 기준으로 한 전통적인 분류가 타당하지 않다고 보는 견해로는 정지훈, "재범의 위험성과 보안처분의 정당화 과제", 형사법연구 제28권 제2호(2016), 5면의 각주3.

3. 형벌대체적 보안처분과 형벌보충적 보안처분

보안처분은 형벌을 부과할 수 없는 경우에 형벌을 대신하여 부과되는 형벌대체적 보안처분과 형벌을 부과하는 동시에 형벌부과를 통해서는 얻을 수 없는 특별예방목적을 달성하기 위해 부과되는 형벌보충적 보안처분으로 나눌 수 있다. 55

형벌대체적 보안처분은 심신장애 등으로 인한 책임무능력자나 형사미성년자와 같이 범죄성립요건의 하나인 책임이 없는 자에 대해 부과된다. 치료감호법의 치료감호나 소년법의 보호처분이 여기에 속한다. 56

형벌보충적 보안처분은 한정책임능력자에게 형벌과 함께 선고되는 치료감호도 여기에 해당하지만, 완전한 책임능력자에 대해 부과되는 독일형법의 보안감호(한국의 (구) 사회보호법상의 보호감호), 형집행 종료 후의 보호관찰, 신상정보공개, 디엔에이신원확인정보의 수집·이용명령, 성충동약물치료명령 등도 여기에 해당한다. 뿐만 아니라 형법상 책임무능력자나 한정책임능력자에 해당하지는 않지만, 소아성기호증 등 정신성적 장애자 또는 알코올 중독자나 마약류 중독자에게 부과되는 치료감호(치료감호법 제2조 제1항 제2호, 제3호)도 형벌보충적 보안처분에 해당한다. 57

Ⅱ. 형벌과 보안처분의 집행에 관한 입법태도

형벌보충적 보안처분 가운데 자유제한적 보안처분이 형벌과 함께 선고된 경우에는 선고된 형기를 종료한 후, 해당 보안처분이 집행된다는 점에 이견이 없다. 그러나 자유박탈적 보안처분이 형벌과 병과하여 선고될 경우(예, 한정책임능력자에 대한 치료감호)이 형벌과 해당 보안처분 중 어느 것이 먼저 집행되어야 할 것인지가 문제된다. 양자의 집행순서와 관련해서는 두 가지 입법태도가 있다. 58

1. 병과주의

형벌과 보안처분을 모두 집행하되 책임응보를 위한 형벌을 먼저 집행한 후에 보안처분을 집행하는 입법방식을 말한다. 형벌이 책임상쇄를 위해 부과되고 보안처분은 장래의 위험성제거를 위해 부과되는 등 두 가지 제재수단은 그 본질과 목적을 달리하는 것이므로 서로 대체될 수 없음을 근거로 한다. 특히 이러한 입법례는 형벌은 정기형으로서 그 기간이 특정되어 있음에 반하여 보안처분은 본질상 부정기로 선고되는 점을 고려한 것일 수도 있다. 이탈리아, 프랑스, 네덜란드 형법이 채택하고 있는 태도이며, 독일형법상의 보안감호와 과거 한국 (구) 사회보호법의 보호감호과 같은 자유박탈적 보안처분도 이러한 입법방식에 따랐다. 59

2. 대체주의

60 형벌의 집행에 앞서 보안처분을 먼저 집행하도록 하는 입법방식을 말한다. 대체주의는 ① 형벌에 대한 보안처분의 우선집행, ② 보안처분 집행기간의 형기에의 산입, ③ 보안처분 집행 후의 형벌집행의 유예가능성을 내용으로 한다. 이는 행위자의 사회복귀를 위해서는 보안처분의 선집행이 보다 합리적이고 보안처분은 행위자나 사회에 대해 사실상 형벌과 동일한 해악적 성질을 가지며, 형벌의 예방적 목적은 보안처분에 의하여도 달성될 수 있다는 것을 이유로 한다. 스위스 형법이 채택하고 있는 제도이며, 한정책임능력자에 대한 치료감호와 관련하여 치료감호법이 취하고 있는 입장이다. 특히 한정책임능력자에 대한 치료감호는 치료감호를 우선 집행한 후 치료감호기간을 형기에 산입하고 있는 점(치료감호법 제18조)에서 제①+②유형의 대체주의에 해당한다.

3. 이원주의 제재체계하에서의 집행방법 및 집행순서의 다양화

61 자유박탈적 보안처분의 경우 보안처분의 종류에 따라 부과목적 및 효과가 서로 다르기 때문에 그 집행순서에도 차이가 있을 수밖에 없다.

(1) 치료목적을 위한 자유박탈 처분의 경우

62 책임무능력자에 대해 부과되는 형벌대체적인 보안처분인 치료감호의 경우에는 본래 형벌을 대체하기 위해 만들어진 것이므로 대체주의 집행방법이 타당한 방법이다.

(2) 치료목적 외의 자유박탈적 처분의 경우

63 책임능력자에게 부과되는 형벌보충적 보안처분인 보호감호(독일형법의 보안감호 또는 (구) 사회보호법상의 보호감호) 경우에는 병과주의가 원칙적으로 타당하다고 할 수 있다. 형벌의 본질과 기능은 책임응보(상쇄)에 있고, 보안처분의 본질과 기능은 위험성 제거에 있으므로 응보차원의 형벌이 집행되더라도 재범의 위험성제거를 위한 보안처분의 독자적 존재의의는 사라지지 않기 때문이다.

64 그러나 이와 같은 형벌보충적 차원에서 부과되는 자유박탈적 보안처분이 형벌과 본질이나 목적면에서 차이가 있는지는 여전히 논란거리가 되고 있다. 이처럼 양자간의 경계가 분명하지 않는 현실을 고려하면 보안처분 대상자에 대한 희생한계를 축소하는 차원에서 그 집행순서에도 엄격한 병과주의를 완화하는 것이 합리적인 방책일 수 있다.

65 완화된 병과주의는 보안처분에 앞서 형벌을 먼저 집행한 후 그 형벌집행기간 동안의 개선교화를 통해 범죄자의 재범의 위험성이 제거되었거나 완화된 것으로 인정된다면 형벌집행기간을 보안처분의 집행기간에 산입하거나 보안처분의 집행유예가능성을 허용하는 것을 내용으로 한다. 대체주의를 도치시킨 방식이라고 할 수 있다.

66 물론 완화된 방법이든 아니든 자유박탈적 보안처분과 형벌(특히 자유형)이 그 본질이나

목적면에서 서로 다른 제재수단으로 인정받기 위해서는 특히 자유박탈적 보안처분의 경우 그 집행내용면에서 자유형의 그것과 분명한 차이를 가지도록 집행상의 차이를 확보할 것이 전제되어야 할 것이다.

Ⅲ. 보론: 자유박탈적 보안처분과 형벌(자유형)의 구별문제

1. 문제의 제기

이원주의 형사제재체계하에서 형벌(자유형)과 자유박탈적 보안처분(독일형법의 보안감호, 한국의 (구) 사회보호법상의 보호감호)의 본질상의 차이가 있는지에 관해서는 오래전부터 논란이 있어왔고, 양자 간에 본질상의 차이를 부정하는 시각에 의해 자유박탈적 보안처분은—그 명칭이 무엇으로 불리우든[31]—'명칭사기'라는 비판이 있어왔다. 67

양자 간의 본질상 차이에 관한 논의는 지금도 여전히 유효하다. 최근 한국에서는 위험한 성폭력범죄자 등 특정범죄자군의 경우 그 범죄자의 위험성으로부터 사회보호차원에서 형벌보충적 보안처분으로서 자유박탈적 보안처분을 재도입하려는 입법적 움직임이 있기 때문이다. 자유박탈적 보안처분을 보안처분의 목록 속에 새롭게 편입시킬 것인지에 관한 찬반논의에서 최근 유럽인권재판소가 취한 입장을 참고할 만하다. 자유박탈적 보안처분이 자유형과 본질면에서 차이가 있는지의 문제는 이 제재수단의 필요성과 불필요성을 둘러싼 논의에 시사점을 제공해 줄 수 있기 때문이다. 68

2. 자유박탈적 보안처분과 형벌의 관계에 관한 유럽인권재판소의 입장

유럽인권재판소는 독일의 보안감호가 소급금지원칙의 적용대상인지를 판결[32]해야 할 계기에 보안처분의 일종인 보안감호가 유럽인권협약 제7조의 의미에서의 형벌인가라는 선결문제와 관련하여 형벌과 자유박탈적 보안처분의 구별문제를 쟁점화시켰다. 69

피고가 된 독일정부는 이원주의 컨셉이 독일형법에 기본적으로 확립되어 있고, 보안처분은 부과조건(위험성)과 관련해서뿐 아니라, 그 집행과 관련해서도 구별된다고 주장하면서—독일연방헌법재판소의 종전 판결을 원용하면서까지—보안감호의 경우 그 개입의 중 70

31) 독일 형법은 보안감호라는 명칭을 사용하고 있고, 한국의 (구)보호감호법에서는 보호감호라는 명칭을 사용하고 있으며, 최근 폐지된 보호감호제도를 대폭 수정하면서 재도입하려고 했던 법무부의 개정안에서는 '보호수용'으로 바꾸어 부르고 있으며 최근, 유럽인권재판소에서는 독일의 보안감호를 예방구금(preventive detention)이라고 개칭하고 있다.

32) 독일의 보안감호제도는 1975년에서 1998년까지 최대 10년으로 제한되어 있었다가 1998년 다시 시간적 상한선이 폐지되었다. 기간이 정해졌던 시기에 판결되었던 많은 사례들의 경우 피감호자가 감호기간이 종료된 후에 중한 폭력범죄나 성범죄를 범할 위험성이 있을 경우 석방하지 않고 다시 감호기간을 부정기로 연장하는 판결이 선고되었다. 이에 구법에 따라 수용된 자들이 신법에 따라 감호의 연장에 불복하면서 이것이 소급금지(유럽인권협약 제7조)에 위배된다고 주장하였던 사건에 대한 판결이다(M v Germany 2009).

함(잠재적으로 종신적 자유박탈)만으로는 형벌과 동일한 정도의 헌법적 보호를 받을 수 없다는 의견을 제시하였다.

71 하지만 유럽인권재판소는 독일정부와 다른 입장을 표방했다. 즉 재사회화와 보안이라는 특별예방목적은 형벌 뿐 아니라 보안처분의 목적이기도 하므로 목적 면에서 형벌과 보안처분은 다르지 않다고 하였다. 보안감호의 경우는 '부정기'이기 때문에 기본권 개입의 정도면에서도 형벌과 다르지 않은 것임을 확인하였다. 형벌과 보안감호는 집행주체면(독일의 경우 법원)에서 뿐만 아니라 실제 집행내용에서도 서로 구별될 수 없다고 하였다. 이러한 논거를 바탕으로 유럽인권재판소는 헌법상의 소급금지원칙은 보안감호에 대해서도 타당해야 한다고 하였다.

72 이러한 태도는 유럽인권재판소의 최근 판결인 Bergman v Germany 판결에서도 유지되었다. 재판소는 특히 형벌과 보호감호간에 집행차별화 요구(Abstandsgebot)가 엄격히 준수된다고 하더라도 자유박탈적 보호감호제도는 형벌과 범주적으로 구별될 수 없으므로 항상 소급금지원칙이 적용되어야 한다고 하였다.[33]

73 이러한 점에서 보면 유럽인권재판소는 자유박탈적 보안처분 중 독일의 보안감호(독일의 보호감호는 부정기, 사후적 보호감호까지 인정함)에 관한 한 이원주의를 부정한 취지의 판결을 한 것으로 볼 수 있다. 그러나 유럽인권재판소도 정신적 장애를 이유로 한 자유박탈[34]적 보안처분인 치료수용은 형벌과 구별될 수 있다고 함으로써 이원주의를 인정하고 있다. 형벌집행에 관여하는 법원은 특별한 경험에 기초하여 정신병원 수용이 필요한지에 대해 판단할 수 있다는 독일정부의 주장을 수용하였기 때문이다.[35] 물론 강제적 수용의 요건인 위험성 판단의 오류가능성과 결부된 신뢰도 문제는 쟁점화하지 않았다.

3. 국가의 강제수단의 형벌적 성격에 관한 엔젤원칙(Engel–Doktrine)

74 이외에도 유럽인권재판소는 국가의 강제적 개입수단들이 형벌적 성격을 가지고 있는지를 판단함에 있어 이른바 '엔젤원칙'이라는 제목하에서 종래의 여러 판결들을 통해 발전시킨 척도들을 적용하고 있다.[36] 이러한 척도들은 한편으로는 유럽인권협약 제6조에 포함된 형법적 기소라는 개념과 관련되어 있고, 다른 한편으로는 관련하여, 유럽인권협약 제7조에 정의되어 있는 형벌 개념과 관련되어 있다. 특히 제7조의 형벌개념에 포함되는지를 심사함에 있어서는 첫째, 문제의 처분이 범죄행위를 이유로 한 유죄선고와 결부되어 부과되는가,

---

33) Bergmann v Germany, App. No. 23279/14 (7 January 2016), § 180.

34) 독일의 치료수용은 치료적 수용에 관한 법률(ThUG)에 기초하여 중한 성범죄와 중한 폭력범죄를 범할 고도의 위험성과 정신적 장애를 요건으로 한 부정기 수용제도로서 민사법원에 의해 선고되는 반면, 한국의 치료감호제도는 치료감호법상 치료의 필요성과 재범의 위험성을 요건으로 정신적 장애를 가진 책임무능력자에 대해서 뿐 아니라 책임능력있는 한정책임능력자 및 소아기호증과 같은 정신성적 장애인, 알코올 또는 마약중독자 등에 대해 최대 10년간의 치료감호를 형사법원에서 선고되고 있다.

35) Bergmann v Germany, App. No. 23279/14 (7 January 2016), §§ 146, 178.

36) 이 개념은 Engel and others v The Netherlands 판결(1976)에 기원한다. 이에 관해서는 B. Emmerson/A. Ashworth/ A. Macdonald, Human rights and criminal justice, 3. Aufl., London, 2012, 211ff. 참조.

둘째, 그 제재가 해당 국내법에서 어떤 지위를 차지하는가. 셋째, 그 제재의 본질, 목적, 중함 및 그 제재를 선고하는 절차가 어떠한지를 심사한다.

유럽인권재판소는 Bergmann v Germany 판결에서 독일의 치료수용제도의 경우 엔젤원칙을 적용하여 단서범죄가 이 제재의 부과를 위한 형식적 전제조건으로 인정되고 있는 점에 근거하여 이 제재가 원래 범죄행위를 이유로 한 판결선고에 접속되어 부과되고 있는 점을 확인하였다. 또 이 제재는 정신적 장애를 처우하는 것을 목적으로 하고 치료에 방향맞춰져 있는 것이기 때문에 본질상 통상적 보안감호와 구별된다고 하였다.[37] 75

그러나 이원주의 형사제재체계하에서 보안처분제도의 정당화 문제는 해당 보안처분에 대해 형벌과 같은 수준의 헌법적 기본권 보장이 요구된다는 점과 직결되어 있다. 개입이 중하면 중할수록 그 제재에 대한 헌법적 관점에서의 기본권 보장이 필요하기 때문이다. 이러한 관점에서 보면 보안처분에 대해 적용되어야 할 기본권 보호의 수준이 결국 보안처분의 '정당화 조건'이라고 할 수 있다. 76

형벌과 보안처분은 서로 다른 헌법적 기준들에 의해 통제되고 있다. 그러나 '자유박탈적' 보안처분과 관련하여 견지해야 할 기본적인 태도는 보안처분이라는 이름으로 시설에 수용되는 자도 형벌이 부과된 수형자와 비교할 때 헌법적으로 동등한 질적 보호를 받도록 해야 한다는 점이다. 이 때문에 형법학의 현실적 과제는 보안처분의 경우 헌법의 어떤 기본권 보호가 타당해야 하는지에 대한 구체적 논의를 통해 그 정당화 조건을 설정하는 일에 있다. 77

37) Bergmann v Germany, App. No. 23279/14 (7 January 2016), § 150, §§ 155 ff, §§ 167, 176.

§45

제 2 장 현행법상의 보안처분제도

제 1 절 한국 보안처분제도의 연혁

Ⅰ. 보안'처분'의 도입 및 보안'형벌' 체계로 이행

1 #### 1. 최초의 보안처분

1953년 제정된 한국 형법률에는 보안처분에 관한 규정이 없었다.[38] 1958년에 제정된 소년법에서 형벌 대신 부과할 수 있도록 규정된 보호처분의 법적 성격을 보안처분으로 볼 수 있지만, 명시적으로 보안처분이라는 용어가 최초로 한국의 법체계에 등장한 것은 1972년 개정된 유신헌법 제10조 제1항[39]을 통해서였다.

2 1975년 (구) 사회안전법에서 특정 범죄에 대한 재범의 위험성을 예방함으로써 국가의 안전과 사회 안녕이라는 목적을 위해 도입된 보안감호 처분, 주거제한 처분, 보호관찰 처분이 법률상 보안처분으로 도입되었지만, 사법처분이 아니라 행정처분으로 규정되었다. 보호감호, 치료감호, 보호관찰 등 사법처분 형식의 보안처분은 1980년 제정된 (구) 사회보호법을 통해 도입되었다.

3 1980년대 군사정권 하에서 진행되었던 민주화 운동의 정점인 6월 민주항쟁으로 인해 정치적 자유가 확대되고, 사회 전반에 걸친 민주화의 진전 및 인권의식의 신장에 따라 보호감호제도에 대한 위헌시비 등 보호감호제도 폐지론이 확산되었다. 군사정권이 사회안전을 확보하기 위해 만든 보호감호제도가 보안처분 본래의 목적에도 부합되지 않고 남용되는 사례가 쌓여갔기 때문이었다.

2. 사회보호법 폐지 이후 보안형벌의 강화

4 2005년 8월 4일 국회가 「사회보호법폐지법률」을 제정함으로써 종래 사회보호법상의 보호감호가 보안처분의 종류에서 제외되었고, 같은 날 대체법률인 「치료감호법」이 만들어짐에 따라 치료감호 및 보호관찰만 보안처분으로 남게 되었다. 이로써 외형상 보안처분의 입

38) 1948년 '조선법제편찬위원회 형법기초요강'에 보안처분에 대한 규정을 두었지만 1949년 정부의 형법초안에서는 "새로운 입법경향에서는 보안처분에 대한 규정을 두는 것이 보통이나 우리나라의 현실에 비추어서 유보"한다는 이유로 형법전에 포함되지 않았다(신동운, 『형사법령제정자료집 (1) 형법』, 한국형사정책연구원, 1990, 7면, 91면).

39) 헌법 제10조 제1항: 모든 국민의 신체의 자유를 가진다. 누구든지 법률에 의하지 아니하고는 … 처벌·강제노역과 보안처분을 받지 아니한다.

지가 축소된 측면은 있었지만, 보호감호제도에 대해 투사되었던 사회보호 내지 보안목적을 보안처분이 아닌 형벌을 통해서라도 달성하려는 사회적 요구는 줄지 않았다.

이에 입법자는 처벌하는 사회의 집단의식에 부응하는 차원에서 보호감호제도가 폐지된 빈자리를 빈틈없이 채워넣기 위해 형법과 형사특별법에 형벌을 가중하는 규정을 신설해 나가기 시작하였다.[40] 상습범과 누범을 가중처벌하고 있는 형법의 개별규정들을 그대로 유지하면서도 「특정범죄 가중처벌 등에 관한 법률」, 「폭력행위 등 처벌에 관한 법률」, 「특정강력범죄의 처벌에 관한 법률」 등의 형사특별법을 통해 누범과 상습범의 성립범위를 매우 넓게 규정하였고, 법정형의 상한과 하한을 모두 종래의 형법에 비해 큰 폭으로 상향조정하였다. 2010.3.31. 특강법상의 위 조항은 삭제되었지만 형법에 상습강간죄와 상습강제추행죄가 신설되었고, 형법의 법정형의 상한이 두 배로 상향조정되었다. 5

判 형사실무는 이러한 가중형벌체계가 강화되고 있는 상황에서 상습범과 누범은 그 근거와 개념이 다르다는 논리[41]에 기초하여 상습범이 누범의 요건을 충족하면 누범으로도 가중처벌할 수 있을 뿐만 아니라.[42] 형사특별법상 누범에 해당하더라도 형법의 누범요건에 해당한다면 형법도 당연히 적용되는 것으로 보았다.[43] 6

상습범이나 누범에 대해 이와 같이 형벌을 가중한다는 것은 결국 행위자의 재범의 위험성을 막기 위한 예방목적 내지 보안목적을 '형벌'에 반영하고 있음을 의미한다. 하지만 이러한 지향을 가진 형사정책은 '책임원칙'의 형해화로 이어질 수도 있다. 형벌이 책임응보를 넘어서서 보안목적까지 달성해야 한다면 형벌이 보안처분의 역할까지 해야 하므로 그 만큼 더 형벌의 양도 늘어나야 하기 때문이다. 7

보안목적을 형벌을 통해 달성하려는 형사정책적 경향성은 '책임형법'을 '보안형법' 내지 '예방형법'으로 그 속성을 바꾸어가게 만든다. 책임을 초과하는 형벌의 과잉부분은 형벌을 '책임'형벌이 아니라 '보안'형벌로 변질시키기 때문이다.[44] 종래 형벌과 보호감호가 그 내용이나 집행방법에서 차이가 없었기 때문에 보안처분이 사실상 형벌로서 작용한다는 차원에서 '명칭사기'라는 비판을 받았다면, 보호감호가 폐지된 후에는 형벌이라는 이름으로 부과되면서도 실제로는 책임형벌을 초과하여 보안목적으로 부과되는 형벌에 대해서도 형벌의 명칭이 사용되고 있으므로 여전히 '명칭사기'라는 비판이 가능하다.[45] 보안형벌로 인해 초래될 '형벌사칭'의 폐해는 보안처분을 앞세운 '명칭사기'보다 더 암암리에, 그리고 더 광범위하게 퍼질 수 있다. 형벌개념 속에 들어간 보안형벌은 책임형벌과 뒤섞여 있어 그 형벌 초과분을 식별하기가 어려워 문제의식 8

---

40) 예컨대 「특정강력범죄의 처벌에 관한 특례법」의 2005년 개정이유는 다음과 같다. "성폭력범죄로 2회 이상 실형을 받은 자가 다시 성폭력범죄를 범하는 경우를 이 법의 적용대상인 특정강력범죄에 추가함으로써 보호감호제도 폐지에 따른 민생치안에 대한 불안감을 해소하고 사회질서를 유지하려는 것임".

41) 헌법재판소 1995.2.23. 93헌바43; 헌법재판소 2002.10.31. 2001헌바68.

42) 대법원 1985.9.10. 85도1434. 85감도214.

43) 대법원 2007.8.23. 2007도4913.

44) 형벌이라는 이름으로 부과되지만 실제로는 행위책임의 수단이 아닌 예방의 수단으로서 책임을 초과하여 가해지는 형벌을 보안처분과 대비하여 '보안형벌'로 명명할 수 있다(김성돈, "책임형법의 위기와 예방형법의 한계", 형사법연구 제22권 제3호, 9면).

45) 김성돈, 앞의 논문, 19면.

을 만들어내지도 않기 때문이다.

Ⅱ. 보안처분 르네상스와 그 이후

1. 보안처분 르네상스

9 1997년 「가정폭력범죄의 처벌에 관한 특례법」의 '사회봉사명령' 등과 같은 보호처분이 '형벌대체적' 보안처분의 일종으로 도입되었다. 이를 계기로 사회의 이목을 집중시킨 성폭력범죄에 대한 대응수단으로서 '형벌보충적' 성격의 신종 보안처분도 속속 도입되었다. 2000년 「(구) 청소년의 성보호에 관한 법률」에서 신상정보공개라는 보안처분이 들어온 것을 필두로 2010년 「성폭력범죄자의 성충동약물치료에 관한 법률」에 약물치료(일명 화학적 거세)라는 보안처분이 도입되기까지 다양한 보안처분의 종류가 도입되었다. 오늘날 우리나라는 전통적인 형사제재수단인 형벌에 대해 거는 기대보다 보안처분의 형사정책적 효과에 거는 기대가 그 어느 때보다 높아 '보안처분 중흥기'라는 말이 나돌 정도이다.

2. 보안처분 관련 최근의 형사정책적 동향

10 형법이론상 책임원칙을 유지하면서 이원주의 형사제재체계를 그 본래적 컨셉(책임에 상응한 형벌과 위험성에 대처하는 보안처분의 상보적 관계)에 맞게 정비하기 위해서는 '형벌'과 '보안처분'에 대해 각각의 본질과 목적에 부합하는 기능과 역할을 부여해야 한다. 형벌이 책임원칙에 충실하도록 하기 위해서는 형벌의 이름으로 '보안'적 목적을 추구하는 보안형의 폐해를 축소해야 한다.

11 형법전과 형사특별법에 규정된 대표적 '보안'형벌인 상습범 및 누범 가중규정의 삭제가 급선무다. 다른 한편으로는 합목적적 보안처분의 역기능을 막기 위해서는 난립하는 보안처분들에 대한 비례성원칙 등 보안처분의 헌법적 정당화조건을 강화해야 한다. 이를 위해서는 범죄자 특성 및 범죄자유형에 기초를 두고 과학적 처우를 위한 재사회화 또는 대상자의 희생한계를 넘어서지 않는 범위내에서의 '사회안전'이라는 두 가지 특별예방목적을 균형있게 추구할 수 있는 인프라를 구축해야 한다.

12 그럼에도 불구하고 최근까지 한국의 입법자는 책임에 상응한 형벌수단과 행위자의 위험성제거를 위한 예방목적 실현 수단을 엄격하게 구분하지 않은 채, 손쉬운 가중형벌을 선호하는 강벌적 형사정책을 고수하면서도, 사회안전 내지 보안목적에 과도한 비중을 두어 위하적 일반예방목적과 위하적 특별예방목적(무해화목적) 달성을 겨냥한 '보안처분' 입법화에 대한 유혹을 떨치지 못하고 있다.

13 일정한 위험군에 해당하는 범죄자들을 장기적으로 사회로부터 격리하려는 보안처분의 종류로서 자유박탈적 보안처분을 재도입하려는 움직임이 대표적이다. 법무부는 최근까지도 위험한 아동성폭력범죄자등이 형기를 마치고 출소하는 시기에 맞추어 확산되고 있는 사회일반인의 불안감을 해소한다는 차원에서 과

거 폐지된 '보호감호'를 '보호수용'으로 명칭을 바꾸고 대상범죄 및 요건을 재설계하는 등 '최후의 보안처분'을 형사제재의 무기고에 확충하려는 미련을 버리지 않고 있다.

제 2 절 현행법상의 보안처분제도

Ⅰ. 소년법상의 보호처분

1. 의의 및 내용

보호처분이란 반사회성이 있는 소년(19세 미만자)에 대하여 형사처벌 대신에 그 환경의 조정과 품행의 교정을 내용으로 하는 특별조치를 말한다(소년법 제1조). 14

소년법상의 보호처분에는 ① 보호자 또는 보호자를 대신하여 소년을 보호할 수 있는 자에게 감호 위탁, ② 수강명령, ③ 사회봉사명령, ④ 보호관찰관의 단기(短期) 보호관찰, ⑤ 보호관찰관의 장기長期 보호관찰, ⑥ 「아동복지법」에 따른 아동복지시설이나 그 밖의 소년보호시설에 감호 위탁 ⑦ 병원, 요양소 또는 「보호소년 등의 처우에 관한 법률」에 따른 소년의료보호시설에 위탁, ⑧ 1개월 이내에 소년원 송치, ⑨ 단기 소년원 송치, ⑩ 장기 소년원 송치가 있으며, 처분 상호 간에는 그 전부 또는 일부를 병합할 수 있다(소년법 제32조 제1항 제1호~제10호, 제32조 제2항).[46] 15

보호처분은 소년에 대한 형벌선고 및 형벌집행의 폐해를 방지하기 위한 것이므로 형사제재로서의 보안처분으로 분류할 수 없다는 견해[47]가 있다. 그러나 보호처분은 정신적으로나 신체적으로 미숙하고 사려가 부족하여 범죄적 충동에 빠지기 쉽지만, 성인범죄자보다 교화·개선의 가능성은 훨씬 큰 소년의 특성을 고려하여 형벌을 대체하는 재사화적 개선목적 차원의 보안처분의 성격을 가지고 있음을 부정하기 어렵다.[48] 16

2. 문제점 및 개선방안

소년법은 제4조 제1항 제3호에서 위법행위를 하지 않았지만 범죄행위를 할 우려가 있는 이른바 '우범소년'(그의 성격 또는 환경에 비추어 장래 형벌법령에 저촉되는 행위를 할 우려가 있는 10세 이상의 소년)에 대해서도[49] 보호처분을 부과할 수 있도록 하고 있다. 그러나 보호처분 17

46) 보호관찰처분에 따른 부가처분으로는 3개월 이내의 기간을 정하여 대안교육 또는 상담·교육이 있으며, 1년 이내의 기간을 정하여 야간 등 특정 시간대의 외출을 제한하는 명령을 보호관찰대상자의 준수 사항으로 부과할 수도 있다(소년법 제32조의2).

47) 손동권, §41/33.

48) 소년법은 보호처분조차 부과할 필요도 없을 경우에는 심리불개시 결정이나 불처분 결정을 할 수 있도록 되어 있으므로 보호처분의 부과요건으로 '요보호성'만 아니라 보안처분의 요건인 '재범의 위험성'도 암묵리에 고려하고 있는 것이라고 할 수 있다.

49) 소년법상 우범소년이란 ① 집단적으로 몰려다니며 주위사람들에게 불안감을 조성하는 성벽性癖이 있거나, ② 정당한 이유없이 가출하거나, ③ 술을 마시고 소란을 피우거나 유해환경에 접하는 성벽이 있는 자를 말한다.

도 형벌 이외의 형사제재수단으로서의 보안처분인 이상 그 법적 요건을 갖추어야 하기 때문에 우범소년에 관한 소년법의 규정은 삭제되어야 한다.

18 이 뿐만 아니라 소년법상의 보호처분은 그 종류가 극히 제한되어 있어 소년의 다양한 특성에 맞는 처우를 할 수 없다는 문제점이 있다. 이를 보완하기 위해서는 가족집단협의(Family Group Conferencing)제도[50]와 같이 회복적 사법이념을 구현할 수 있는 내용들도 도입되어야 하고, 보호관찰의 준수사항도 더욱 풍부하게 마련될 필요가 있다.

Ⅱ. 보안관찰법상의 보안관찰

1. 의의 및 내용

19 보안관찰이란 반국가적 행위를 내용으로 하는 특수한 범죄(형법상의 내란목적살인죄, 국가보안법상의 목적수행죄[51]나 금품수수, 잠입·탈출죄, 허위사실유포죄 등) 또는 이와 경합된 범죄로 금고 이상의 형의 선고를 받고 그 형기합계가 3년 이상인 자로서 형의 전부 또는 일부의 집행을 받은 사실이 있는 자를 대상으로 하여 그러한 범죄를 다시 범할 위험성이 있다고 인정할 충분한 이유가 있어 재범의 방지를 위한 관찰이 필요한 자에게 부과하는 처분을 말한다(보안관찰법 제2조, 제3조, 제4조).

20 보안관찰법상의 보안관찰은 새로운 범죄를 요건으로 하지 않고 행정기관에 의한 행정처분으로 부과(즉 검사의 청구에 의하여 보안관찰처분심의위원회의 의결을 거쳐 법무부장관이 행하는 행정처분) 되는 것이기 때문에 범죄에 대한 형법상의 제재인 보안처분이라고 볼 수 없다는 견해[52]도 있다. 그러나 보안관찰이 사법처분이 아니라 행정처분이라고 해서 그 제재가 가진 보안처분적 성격을 전적으로 부정하여 형법의 통제바깥에 둘 수는 없다. 비사법처분성은 보안처분의 정당화 조건을 충족시키지 못하는 위헌성을 지적하기 위한 준거점으로 될 수는 있지만,[53] 그 자체 보안처분성으로서의 법적 성격을 부정하는 이유가 되는 것은 아니기 때문이다.

21 따라서 재범의 위험성을 예방하고 건전한 사회복귀를 촉진하는 동시에 국가의 안전과 사회의 안녕을 유지함을 목적(동법 제1조)으로 하는 보안관찰도 특별예방목적을 가진 국가의 제재수단이라는 점에서 보안처분의 본질적 요소를 가지고 있다고 보아야 한다. 특히 보안관찰은 형벌집행 후 부과되므로 '형벌보충적' 보안처분으로 분류되어야 한다.[54]

---

50) 이에 관해서는 김성돈, "우리나라 소년법상 회복적 사법이념의 도입방안, -특히 가족집단협의제도를 중심으로-", 피해자학연구 제2호, 2005, 139면 이하.

51) 반국가단체의 구성원이나 그로부터 지령 받은 자가 형법에 규정된 55개 조항, 100여 종류의 범죄행위(외환관련죄, 살인관련죄, 간첩, 소요, 폭발물사용, 도주원조, 간수자 도주원조, 방화관련, 일수관련, 식용수관련죄, 통화위조관련죄, 강도, 유가증권관련죄, 상해, 폭행 등)를 한 경우 중형을 선고하도록 하고 있다.

52) 손동권, §41/31; 이재상/장영민/강동범, §45/6.

53) 비사법처분성을 이유로 보안처분으로 볼 수 없다는 견해 중 정곡을 찌르는 내용도 있다. 즉 법률의 개정을 통해 사법처분화하기만 하면 보안관찰법이 지니고 있는 보다 중요한 위헌적 문제들을 우회할 수 있는 수단으로 이용될 위험이 있다는 것이다(이승호, "보안관찰법 폐지론", 법과 사회 제5권 제1호, 1992, 208면 참조).

22 피보안관찰자는 교우관계, 본인 및 가족의 재산상황, 종교 및 가입한 단체 등을 보안관찰처분결정통지를 받은 날부터 7일 이내에 관할경찰서장에게 신고해야 하는 것은 물론 매 3개월마다 관할경찰서장에게 3개월간의 주요 활동사항, 통신회합한 다른 피보안관찰자의 인적 사항과 그 일시, 장소 및 내용, 여행에 관한 사항 등까지 보고[55]하여야 한다(동법 제18조 제1항 및 제2항). 보안관찰처분기간은 2년이지만 법무부장관은 검사의 청구가 있는 때에는 보안관찰처분심의위원회의 의결을 거쳐 횟수나 총 기간에 상관없이 그 기간을 갱신할 수 있다(동법 제5조).

2. 문제점 및 개선방안

23 보안관찰법은 사상범죄를 통제하는 역할을 했던 (구) 사회안전법의 대체 법률로서 과잉금지원칙에 위반된다. 재범의 예방보다는 헌법상의 양심의 자유, 집회·결사의 자유 등 여러 기본권에 대한 중대한 침해를 가능하게 하는 내용으로 이루어져 있기 때문이다. 특히 이 법률이 보안관찰 면제요건으로 규정되어 있는 "준법정신의 확립"(보안관찰법 제11조 제1항 제1호)은 실제로 국가강제에 의한 사상의 전향을 의미하는 것이므로,[56] 재사회화목적에도 부합하지 않을 뿐 아니라 재사회화목적을 이데올로기화하고 있는 측면도 드러내고 있다.

24 이 뿐만 아니라 보안관찰을 행정처분에 의해 부과하도록 규정되어 있다는 점에서, 더 나아가 기간 갱신의 이유가 피보안관찰자에게 통지되지도 않고 갱신과정에서 피보안관찰자의 의견진술을 비롯한 참여권도 마련되어 있지 않은 점에서 보안처분도 적법절차에 의할 것을 규정하고 있는 헌법 제12조 제1항과 제27조 제1항에도 위배된다. 그 밖에도 한 번의 범죄에 의해서도 보안관찰을 부과할 수 있다는 점(제3조), 보안관찰이 결정되지도 않은 자(보안관찰 대상자)에게도 각종 의무를 부과하고 이를 위반할 경우 형벌로 처벌하고 있다는 점(제6조), 기간이 무제한 갱신되는 절대적 부정기처분이라는 점(제5조), 이미 폐지된 전시(戰時) 법률을 위반한 자들에 대해서까지 부칙에 의해 소급적용이 인정되는 점 등 수많은 위헌적 요소를 가지고 있다. 따라서 보안관찰법은 해당범죄에 대한 보안처분 자체를 폐지하거나 반인권적·위헌적 내용을 제거한 후 필요한 부분이 있으면 보호관찰의 일종으로 재편되어야 한다.

25 **判** 헌법재판소는 과거 보호관찰 대상자에 대한 이러한 의무부과조치 조항에 대해 합헌결정을 내렸지만,[57] 최근에는 관련조항('변동신고조항 및 위반시 처벌조항')에 대해 4인의 위헌의견에 2인의 헌법불합치

---

54) 헌법재판소 1997.11.27. 92헌바28.

55) 이러한 보고 이외에도 피보안관찰자의 주거지를 관할하는 경찰서장은 피보안관찰자의 동태를 관찰하여 그 결과를 매월 1회 이상 보호관찰부를 작성하여야 한다(보안관찰법 시행령 제4조).

56) 보안관찰법 시행령 제8조에 의하면 보안관찰대상자가 출소한 때에는 지체 없이 "사상전향 여부" 등이 포함된 사항을 거주예정지 관할경찰서장에게 통보하여야 하고, 동 시행령 14조에서는 면제결정을 신청하기 위해서는 준법서약서를 관찰경찰서장에게 제출하여야 한다고 규정되어 있다.

57) 헌법재판소 2001.7.19. 2000헌바22.

의견이 있어서 위헌 정족수를 충족시켰기에 헌법불합치판결을 내리는 동시에 2023. 6. 30. 이전까지 개선 입법을 촉구한 바 있다.[58)]

Ⅲ. 치료감호 등에 관한 법률의 보안처분

26 치료감호법은 심신장애 또는 마약류·알코올 그 밖의 약물중독상태, 정신성적(精神性的) 장애가 있는 상태 등에서 범죄행위를 한 자로서 재범의 위험성이 있고, 특수한 교육·개선 및 치료가 필요하다고 인정되는 자에 대하여 적절한 보호와 치료를 함으로써 재범을 방지하고 사회복귀를 촉진하는 것을 목적으로 한다(제1조). 이 법에 의하여 도입된 보안처분으로는 치료감호, 치료명령, 그리고 보호관찰이 있다.

1. 치료감호

27 **1) 의의 및 내용** 치료감호는 치료감호의 선고를 받은 자를 치료감호시설에 수용하여 치료를 위한 조치를 취하는 것을 내용으로 하는 보안처분이다(치료감호법 제16조). 치료감호대상자는 치료의 필요성과 재범의 위험성이라는 요건을 갖춘 자로서 다음의 하나에 해당해야 한다. ① 심신장애인으로서 형법 제10조 제1항의 규정에 의하여 벌할 수 없거나 동조 제2항의 규정에 의하여 형이 감경되는 자가 금고 이상의 형에 해당하는 죄를 범한 때, ② 마약·향정신성의약품·대마 그 밖에 남용되거나 해독작용을 일으킬 우려가 있는 물질이나 알코올을 식음·섭취·흡입·흡연 또는 주입받는 습벽이 있거나 그에 중독된 자가 금고 이상의 형에 해당하는 죄를 범한 때, ③ 소아성기호증, 성적가학증 등 성적 성벽이 있는 정신성적장애인으로서 금고 이상의 형에 해당하는 성폭력범죄를 지은 자 등이다.

28 치료감호시설에서의 수용은 15년을 초과할 수 없다. 다만 약물중독의 피치료감호자를 치료감호시설에 수용하는 때에는 2년을 초과할 수 없다(동조 제2항). 치료감호와 형이 병과된 경우에는 치료감호를 먼저 집행하고 치료감호의 집행기간은 형기에 산입함으로써 형벌을 보안처분으로 대체할 수 있다는 대체주의 입장을 취하고 있다(동법 제18조).

29 **2) 문제점과 개선방안** 치료감호법은 그 성질이 서로 다른 심신장애자와 중독자, 그리고 정신성적장애자를 - 비록 구분하여 수용하도록 하고 있긴 하지만[59)] - 함께 치료감호소에 수용하고 있는 점에서 여전히 문제점을 안고 있다. 정신성적 장애자의 경우에는 책임무능력이나 한정책임능력의 전제조건인 심신장애(내지 정신장애)사유로 분류되지 않으면서도 치료감호의 대상으로 삼고 있는데, 정신성적 장애자이면서 아동성폭력범죄자에 대한 자유

58) 헌법재판소 2021.6.24. 2017헌바479.

59) 심신장애로 인한 치료감호대상자(동법 제2조 제1항 제1호)와 중독으로 인한 치료감호대상자(동항 제2호), 정신성적 장애로 인한 치료감호대상자(동항 제3호)는 특별한 사정이 없는 한 구분·수용하여야 한다(동법 제19조).

박탈적 치료감호가 대상자를 사회방위를 위한 단순한 도구가 되지 않도록 하기 위해서는 재사회적 치료프로그램들이 개발될 것이 요구된다.

2. 보호관찰

1) 의의 및 내용 보호관찰은 치료감호가 가종료된 자 또는 치료위탁된 피치료감호 30
자 또는 치료감호기간 만료 후 출소자를 감호시설 외에서 지도·감독하는 것을 내용으로 하는 보안처분이다. 치료감호심의위원회가 보호관찰이 필요하다고 결정한 때에 개시된다(치료감호법 제32조 제1항).

보호관찰기간은 3년이며(동법 제32조 제2항), 피보호관찰자는 "보호관찰 등에 관한 법률 제32조 제2 31
항"의 준수사항[60]을 성실히 이행하여야 한다(동법 제33조).

2) 문제점 및 개선방안 원처분인 치료감호 결정은 법원이 하지만, 그에 따른 보호관 32
찰의 개시 및 종료 결정은 법원이 아닌 치료감호심의위원회가 한다는 점에서 보호관찰은 일종의 행정처분적 성격을 가진다. 보호관찰도 준수사항을 이해할 의무가 있는 점에서 기본권에 대한 제한을 내용으로 하는 보안처분인 이상 그 집행기관이 행정기관인 것과는 별개로 사법처분이 되도록 바꾸어야 한다.

3. 치료명령

1) 의의 및 내용 치료명령은 알코올중독자·심신장애인 등이 금고 이상의 형에 해당 33
하는 죄를 범한 경우 통원치료의 필요가 있고 재범의 위험성이 있을 것으로 요건으로 하여 일정한 치료기간을 정하여 사회 내에서 치료를 받을 것을 내용으로 하는 보안처분이다(치료감호법 제2조의3). 주취·정신장애인이 경미범죄를 저지른 경우에는 대부분 벌금형이 부과되고 치료받을 기회가 없어 재범을 하는 악순환을 막을 수가 없었던 종래 치료감호제도의 한계를 보완하기 위해 2015년 새롭게 도입된 제도이다.

법원은 형의 선고 또는 집행을 유예하면서 선고유예시 1년, 집행유예의 경우에는 유예 34
기간 범위 안에서 치료기간을 정하여 치료를 받을 것을 명하고 보호관찰을 병과하여야 한다(법 제44조의2). 치료명령은 검사의 지휘에 따라 보호관찰관이 집행하고 의사의 진단에 따른 약물치료나 정신보건전문요원 등 전문가에 의한 인지행동 치료 등 심리치료 프로그램을 이수하여야 한다(법 제44조의5, 6). 이러한 준수사항을 위반시 선고유예 또는 집행유예의 선고는 취소될 수 있다(법 제44조의8). 치료명령은 대상자의 자비부담이 원칙이다(법 제44조의9).

2) 문제점 및 개선방안 치료명령에 따라 치료필요성이나 위험성 등의 상태가 호전 35

---

60) ① 주거지에 상주하고 생업에 종사할 것, ② 범죄로 이어지기 쉬운 나쁜 습관을 버리고 선행을 하며 범죄를 행할 우려가 있는 자들과 교제하거나 어울리지 말 것, ③ 보호관찰관의 지도·감독 및 방문에 순응할 것, ④ 주거를 이전하거나 1월 이상의 국내외 여행을 할 때에는 미리 보호관찰관에게 신고할 것.

된 자에 대한 정지나 중단 등을 결정할 중간심사제도 등이 전혀 마련되어 있지 않아 보완될 필요가 있다.

Ⅳ. 신상정보 공개제도

1. 의의와 내용

36 신상정보 공개제도는 일정한 성범죄를 저지른 자의 신상정보를 '등록'하고 이를 인터넷을 통해 '공개'하거나 우편으로 '고지'하는 형사제재를 말한다.[61] 2000년 (구) 청소년 성보호에 관한 법률의 제정과 함께 청소년 성매매 문제를 예방하기 위해 도입된 후, 여러 차례 개정을 거쳐 성폭력범죄 전반에 걸친 재범방지수단으로 확대되었다.

37 判 헌법재판소는 (구) 청소년의 성보호에 관한 법률상 신상공개제도에 대해서는 "형벌이나 보안처분이 아닌 새로운 형태의 범죄를 예방하기 위한 수단"으로 보았고,[62] 아동·청소년의 성보호에 관한 법률 제38조 제1항의 신상공개에 대해서는"범죄예방조치"로 설시하였다.[63] 하지만 대법원은 신상정보 공개제도의 법적 성격을 보안처분으로 보고 있다.[64]

(1) 신상정보 등록

38 신상정보 등록대상자는 일정한 성범죄(제2조 제1항 제3호와 제4호, 제2항 및 제3조로부터 제15조까지 범죄) 및 아동·청소년대상 성범죄(아청법 제2조 제2호 가목과 자목)로 유죄판결이나 약식명령이 확정된 자 또는 위 범죄를 저질렀으나 책임무능력자로서 재범의 위험성이 있다고 인정되어 신상정보 공개명령이 확정된 자이다(성폭법 제42조). 등록기간은 신상정보 등록의 원인이 된 성범죄로 인해 선고받은 형의 종류 및 기간에 따라, 30년/20년/15년/10년(벌금형의 경우)으로 차등화되어 있다. 교정시설 또는 치료감호시설에 수용된 기간은 포함되지 않는다(성폭법 제45조 제5항).

39 2016년 도입된 신상정보 등록면제제도(이른바 '클린레코드')는 ① 등록 원인이 된 성범죄로 형의 선고를 유예 받은 자가 그 날로부터 2년을 경과하여 면소된 것으로 간주되면 등록을 면제하는 자동면제와 ② 청구면제로 나뉘어져 있다.

(2) 신상정보 공개

40 공개되는 신상정보는 소유 차량의 등록번호를 제외한 등록정보 모두와 등록대상 성범죄 요지(판결일자, 죄명, 선고형량을 포함), 성폭력 전과사실(죄명 및 횟수), 위치추적 전자장치 부착여부이다(아청법 제49조 제3항). 공개된 내용은 '인터넷 성범죄자 알림e 사이트'(www.sexoffender.go.kr)에서 열람가능하다. 공개기간도 선고받은 형의 기간 및 형종에 따라 10년/5년/2년이하로

61) 신상정보의 등록과 공개, 고지의 대상자와 이를 규율한 법률은 각각 다르지만 서술의 편의를 위해 이를 통틀어 신상정보 공개제도라고 부르기로 한다.

62) 헌법재판소 2003.6.26. 2002헌가14.

63) 헌법재판소 2013.10.14. 2011헌바106, 107(병합).

64) 대법원 2011.3.24. 2010도14393.

(벌금형의 경우)으로 차등화되어 있다(아청법 제49조 제2항).

(3) 신상정보 고지

고지는 법원이 공개대상자 중 아청법 제49조 제1항 제3호를 제외한 나머지 자에 대하여는 성범죄 사건의 판결과 동시에 선고한다(아청법 제50조 제1항). 고지정보는 공개정보와 그 대상자의 전출정보이며, 고지대상자가 거주하는 읍·면·동의 아동·청소년의 친권자 또는 법정대리인이 있는 가구 등에 우편으로 송부하거나 주민자치센터 게시판에 20일간 게시한다(아청법 제50조 제4항, 제5항, 제51조 제4항). 41

2. 문제점과 개선방안

신상정보공개제도는 수치심이라는 해악을 부과하는 명예형과 같은 성격을 가지고 있다. 따라서 대상자의 사회복귀를 원천봉쇄하는 배제적 예방처분으로서 사회의 안전목적에 치중되어 있을 뿐 재사회화적 특별예방목적의 실현과 거리가 먼 제재수단이다. 공개대상자의 재사회화를 가능하게 할 수 있는 개선·교화를 위한 지도·감독이나 원호에 관한 내용을 전혀 가지고 있지 않기 때문이다. 이 뿐만 아니라 신상정보의 공개가 과연 성범죄의 효과적인 억지수단이 될 수 있는지에 대해서도 입증된 바 없다. 42

현행 신상등록과 공개 및 고지 모두 재범의 위험성을 요구하고 있지 않고,[65] 이를 조사할 만한 어떠한 절차도 마련되어 있지 않다. 이는 "재범의 위험성이 없으면 보안처분은 없다"는 1989년 헌법재판소의 위헌결정[66]에 명백히 배치된다. 뿐만 아니라 재범의 위험성을 판단하지 않고 법률조항에 의하여 자동적으로 부과된다는 점에서 피등록자의 재판청구권을 침해하고 있다. 이러한 위헌성은 2016년 개정법률에서도 개선되지 않았다.[67] 43

신상공개제도가 가지고 있는 문제점을 최소화하기 위해서는 등록기간이 10-20년에 이르고 공개기간 역시 최대 10년에 이르는 장기임을 감안하여 선고시 기간이 정해지더라도 중간심사를 통해 대상자의 재사회화 정도에 따라 그 기간을 변경할 수 있도록 해야 할 필요가 있다. 재범의 위험성에 대한 정도에 따라 정보등록 및 공개를 차등화하는 방안[68]을 마련할 필요도 있다. 44

---

65) 아동·청소년의 성보호에 관한 법률 제49조 제1항 제3호에 의한 공개대상자와 동법 제50조 제1항 제3호의 고지대상자만이 재범의 위험성을 요건으로 규정하고 있을 뿐이다.

66) 헌법재판소 1989.7.14. 88헌가5, 8, 89헌가44(병합).

67) 개정 전과 후 신상정보 등록제도의 위헌성과 헌법재판소 결정의 문제점에 대한 자세한 분석은 정지훈, "성범죄자 등록제도의 위헌성과 무용성", 저스티스 제155호, 124면 이하 참조.

68) 미국의 경우 성범죄자를 등록할 때 위험성을 기준으로 등급을 나누어 공개 여부를 결정하며, 단계별로 등록(1단계) → 제한적 공개(2단계) → 일반공개(3단계)의 형태로 운영하고 있다.

Ⅴ. 취업제한, 직업금지 등

1. 의의와 내용

45 아동·청소년이 주로 생활하고 활동하는 관련 교육기관이나 시설 등에 성범죄자를 일정 기간 취업(사실상의 노무제공 포함)할 수 없도록 하거나(취업제한), 그러한 시설이나 기관을 운영할 수 없도록 한(직업금지) 제도이다(아청법 제56조 제1항). 2006년 6월부터 성범죄자 신상정보 등록 및 열람제도와 함께 시행된 이래 그 제한 및 금지의 범위가 확대되고 있다.

46 아동·청소년대상 성범죄자 또는 성인대상 성범죄자에 대해 형(벌금형 제외) 또는 치료감호를 선고하는 경우(벌금형을 선고받은 사람은 제외)에 부과되고, 아동청소년 관련기관 등을 운영하거나 아동청소년관련기관 등에 취업 또는 사실상 노무제공을 할 수 없도록 하는 것을 명령의 내용으로 하며, 성범죄 사건의 판결과 동시에 선고(약식명령의 경우에는 고지)하고, 취업제한 기간은 10년을 초과하지 못하도록 되어 있다.

2. 문제점과 개선방안

47 취업제한제도의 문제점은 헌법재판소가 2016년 3월 종래의 취업제한제도가 "10년 동안 일률적인 취업제한을 부과하고 있는 것은 침해의 최소성원칙과 법익의 균형성 원칙에 위배된다"는 점을 들어 내린 위헌결정[69] 및 취업제한 명령의 관련조항들에 대한 그 밖의 위헌결정에서 드러났다.

48 判 취업제한 명령의 관련조항들에 대해 그동안 헌법재판소가 위헌결정한 부부은 다음과 같다: ① 아동·청소년대상 성범죄로 형 또는 치료감호를 선고받아 확정된 자에 대한 아동·청소년 관련기관에 대한 취업제한(헌법재판소 2016.4.28. 2015헌마98), ②성인대상 성범죄로 형을 확정받은 자에 대한 아동·청소년대상 관련 학원의 취업제한(헌법재판소 2016.7.28. 2015헌마359), ③ 성인대상 성범죄자에 대한 아동복지시설 취업제한(헌법재판소 2016.7.28. 2013헌바389), ④ 카메라등이용촬영죄로 형이 확정된 자에 대한 아동·청소년대상 관련 학원의 취업제한(헌법재판소 2016.7.28. 2015헌마914), ⑤ 성적목적공공장소침입죄로 형을 선고받아 확정된 자에 대한 취업제한(헌법재판소 2016.10.27. 2014헌마709) 등.

49 이에 따라 아동청소년 성보호법의 개정(2017. 12)을 통해 취업제한기간을 10년내에서 법원이 합리적으로 정할 수 있게 되었다. 이 뿐만 아니라 제56조 제1항의 개정을 통하여 "재범의 위험성이 현저히 낮은 경우, 그 밖에 취업을 제한하여서는 아니되는 특별한 사정이 있다고 판단하는 경우에는 법원이 취업제한 명령선고를 하지 않을 수 있도록 하는 단서조항도 신설하였다.

50 취업제한의 기간의 불확정성에 관해서는 죄질이나 범죄의 경중을 고려하여 법원이 결

---

69) 성인대상 성범죄로 형을 선고받아 확정된 자로 하여금 그 형의 집행을 종료한 날부터 10년 동안 의료기관을 개설하거나 의료기관에 취업할 수 없도록 한 취업제한 조항이 직업선택의 자유를 침해하였다고 본 결정이다. 헌법재판소 2016.3.31. 2013헌마585·786, 2013헌바394, 2015헌마199·1034·1107(병합).

정하는 판결례를 쌓아감으로써 어느 정도 해소될 수 있다. 그러나 예외사유에 해당하는 '재범의 위험성이 현저하게 낮은 경우'는 어떻게 판단할 수 있는지, 더 나아가 '그 밖에 특별한 사정'들로는 어떤 사정들이 있을 수 있는지와 관련하여 법원에게 너무 큰 판단재량을 허용하고 있어 명확성과 예측가능성의 재고라는 관점에서의 입법개선이 요망된다.

Ⅵ. 전자장치 부착명령(이른바 전자감독제도)

1. 의의 및 내용

전자장치 부착명령은 특정범죄를 범한 자의 신체에 위치추적 전자장치[70]를 부착하여 24시간 중단없이 위치를 확인하고 이동경로를 탐지·기록하도록 하는 제도이다. 2007년 특정성폭력범죄자에 대한 위치추적 전자장치 부착에 관한 법률(법률 제8394호)의 제정을 통해 도입된 이래, 2012년 법률의 명칭이 특정 범죄자에 대한 보호관찰 및 전자장치 부착에 관한 법률(법률 제11558호)로 변경되었다가 다시 2020년「전자장치 부착등에 관한 법률」(전자장치 부착법: 2020.8.5. 시행)로 그 명칭이 바뀌는 동시에 제도의 내용에도 많은 변화를 거쳤다. 51

이 제도는 형사절차의 다양한 단계에서 활용될 수 있어 그때그때 그 법적성격이 다르게 평가될 수 있는데, 특히 형집행종료 후 개시되는 전자장치 부착명령은 대상자의 재범의 위험성 억제라는 보안목적을 중점을 둔 보안처분에 해당하지만, 신설된 피고인에 대한 보석조건으로 명할 수 있는 전자장치부착명령 등은 독자적인 제재가 아니라 석방 '조건'의 하나에 불과하다. 52

부착명령의 대상범죄는 성폭력, 살인, 미성년자유괴, 강도로 특정되어 있다. 만 19세 미만의 자에 대하여 부착명령을 선고한 때에는 19세에 이르기까지 이 법에 따른 전자장치를 부착할 수 없다. 53

전자장치부착법은 ① 대상범죄에 대한 재범의 위험성을 조건으로 부과되는 '형집행종료 후'의 부착명령,[71] ② 가석방 및 치료감호등 가종료시 보호관찰을 받게 되는 자에게 부과되어 가석방 내지 가종료 기간 동안 유지되는 전자장치 부착명령, ③ 형의 집행유예시 보호관찰기간의 범위 내에서 기간을 정하여 준수사항의 이행여부 확인 등을 위해 부과되는 부착명령, ④「형사소송법」제98조 제9호에 따른 보석조건으로 피고인에게 부과되어 보석기간 동안 보호관찰을 통해 그 이행여부가 확인되는 부착명령 등 네 가지 종류의 부착명령을 두고 있다. 54

위 네 가지 부착명령 중 첫 번째 종류의 부착명령만 형벌보충적 보안처분의 성격을 가지는 것으로 볼 수 55

70) 전자장치는 부착장치와 휴대용 추적장치 및 재택 감독장치로 이루어진다(법 시행령 제2조).

71) 부착기간은 대상범죄의 법정형에 따라, 10년 이상 30년 이하, 3년 이상 20년 이하, 1년 이상 10년 이하 등으로 구분된다. 이 명령은 전자장치 부착기간 동안「보호관찰 등에 관한 법률」에 따른 보호관찰을 반드시 받도록 함으로써 보호관찰 프로그램으로서의 성격을 갖게 되었다.

있고, 두 번째, 세 번째 종류의 부착명령은 보호관찰의 준수사항 이행의 확인 등으로 부과되는 것이고, 네 번째 종류의 부착명령은 단순한 보석조건에 해당하므로 보안처분적 성격을 가진다고 보기 어렵다.

56 전자장치 부착명령제도는 피처분자의 신체에 전자장치를 부착하여 위치를 추적하는 기술적인 '전자감시'(Electronic Monitoring)적 기능이 주된 기능이지만, 첫 번째 종류의 부착명령은 피처분자의 위치정보 등의 확인을 위한 전자 기술적 측면에 중점을 두는 '감시'에 머물지 않고 고위험군 범죄자들에 대한 재사회화 처우의 내용까지 담은 '전자감독'(Electronic Supervision)의 기능까지 한다.

2. 문제점 및 개선방안

57 법제도적으로 전자장치 부착명령 제도의 기능변화가 이루어지고 있음은 실제로 이 명령을 통해 기대된 효과가 제도로 발휘되고 있지 않은 현실적 측면이 크게 작용한 것으로 보인다. 특히 기대된 역할을 현실적으로 수행할 수 있는 실무적 기반을 갖추기 어려운 사정도 크게 작용하고 있다. 피처분자들을 효율적으로 감독하는 보호관찰관의 수가 턱없이 모자랄 뿐 아니라 최장 30년까지의 부착명령기간은 재사회화목적보다는 감시 내지 보안목적에 치중되어 있음을 간접적으로 말해주고 있다. 전자감독제도는 재사회화효과도 담보할 수 없는 장기간의 감시와 억압적 기능을 하기 보다는 외출제한 등과 같은 다른 사회내처우의 실효성을 확보하기 위한 연성 제재수단(특히 보석조건부 부착명령)으로 전환하는 것이 바람직할 것이다.

Ⅶ. 성충동 약물치료 명령

1. 의의와 내용

58 성충동 약물치료란 비정상적인 성적 충동이나 욕구를 억제하기 위한 조치로서 성도착증 환자[72]에게 약물 투여 및 심리치료 등의 방법으로 도착적인 성기능을 일정기간 동안 약화 또는 정상화하는 치료를 말한다(성충동 약물치료법 제2조 제3호). 2010년부터 도입된 이래 16세 미만의 피해자에 대해 성폭력범죄를 저지른 재범의 위험성이 있는 성도착증 환자에 대해서만 가능했던 것이 2012년 개정을 통해 피해자의 연령에 상관없이 부과할 수 있게 되었다.

59 치료명령에는 ① 피고인에 대한 법원의 '판결'에 의한 치료명령(동법 제4조 내지 제12조), ② 사람에 대하여 성폭력범죄를 저질러 징역형 이상의 형이 확정되었으나 제8조 제1항에 따른 치료명령이 선고되지 아니한 수형자에 대한 법원의 '결정'에 의한 치료명령(동법 제22조 내지 제24조), ③ 성폭력범죄

72) "성도착증 환자"란 치료감호법 제2조 제1항 제3호에 해당하는 사람 및 정신건강의학과 전문의의 감정에 의하여 성적 이상 습벽으로 인하여 자신의 행위를 스스로 통제할 수 없다고 판명된 사람을 말한다(동법 제2조 제1호).

자 중 성도착증 환자로서 치료감호의 집행 중 가종료 또는 치료위탁되는 피치료감호자나 보호감호의 집행 중 가출소되는 피보호감호자에 대한 치료감호심의위원회에 의한 치료명령(동법 제25조 내지 제29조)의 3가지 형태가 있다. 어느 것이든 그 목적과 본질에 비추어 볼 때 그 법적 성격은 보안처분에 해당한다.[73)]

법원의 결정으로 수형자에게 행해지는 치료명령의 경우에는 대상자의 동의를 요건으로 하고 있음에 반하여 판결에 의한 치료명령은 동의가 필요없이 '강제적'으로 집행할 수 있다. 치료감호심의위원회의 치료명령의 경우에도 당사자의 동의 없이 보호관찰기간의 범위에서 치료명령을 부과할 수 있다(동법 제25조 제1항). 60

2. 문제점 및 개선방안

성충동약물치료법에 의하면 약물치료는 도착적인 성기능을 '일정기간 동안만' 약화 또는 정상화하는 치료로서 일정기간 대상자를 성적으로 무기력화(무해화)시키는 것에 불과하므로 치료나 개선을 목적으로 하는 보안처분의 취지에 부합하지 아니한다. 이 뿐만 아니라 약물치료가 '과도한 신체적 부작용을 초래하지 않을 것'이라는 요건에는 신체에 대한 침습을 통하여 어느 정도 신체적 부작용을 수반하는 것임이 인정되고 있기 때문에 약물치료가 '신체형'의 부활이라는 비판을 받을 소지도 다분하다. 당사자의 동의도 없는 강제적 약물치료의 경우에는 헌법상 보장된 자기결정권이나 신체를 훼손당하지 아니할 권리 등을 침해하며 인간의 존엄에 반할 수도 있다. 61

이와 같이 신체형과 다를 바 없는 치료명령제도는 검증되지 않은 약물치료의 방법으로 수용자의 자기결정권과 인간의 존엄성 및 신체를 훼손당하지 않을 권리를 침해함으로써 위헌성의 시비에서 벗어날 수 없으므로 폐지되는 것이 바람직하다. 성폭력범죄의 재범방지를 위한 교정프로그램이나 치료감호기간 동안 성범죄자의 성격장애 등을 완화하거나 제거하기 위한 전문적 교육 및 치료프로그램을 개발하고 이를 수형기간이나 보호관찰기간동안 실시하도록 하는 것이 보다 효과적이며 정당화될 수 있는 형사정책적 대응일 것이다. 62

判 헌법재판소는 2015년 결정을 통해 성충동 약물치료명령의 선고 시점과 집행 시점의 시간적 간극으로 인하여 불필요한 치료가 이루어질 가능성을 막을 수 있는 절차가 마련되어 있지 않음에도 일률적으로 그 선고 시점에서 치료명령의 요건이 충족된다는 판단만으로 치료명령을 선고하도록 한 부분이 최소침해성 및 법익균형성이 인정되지 않는다는 이유로 위헌이라고 결정하였다.[74)] 대법원 역시 재범의 위험성이 가변적일 수 있으므로 집행개시 시점에 개별적으로 입증되어야 한다는 입장을 취하고 있다.[75)] 63

73) 헌법재판소 2015.12.23. 2013헌가9.
74) 헌법재판소 2015.12.23. 2013헌가9.
75) 대법원 2012.5.10. 2012도2289; 2014.12.11. 2014도6930.

Ⅷ. 디엔에이(DNA)신원확인정보 수집·이용

1. 의의 및 내용

64 디엔에이신원확인정보의 수집·이용은 범죄수사 및 예방을 위하여 특정범죄의 수형인 등으로부터 디엔에이감식시료(사람의 혈액, 타액, 모발, 구강점막 등)를 채취하여 그 대상자가 사망할 때까지 관리하는 제도를 말한다. 이 제도의 법적 성격을 보안처분으로 보는 것은 재범의 위험성이 높은 범죄를 범한 수형인 등은 생존하는 동안 재범의 가능성이 있으므로 수형인 등에게 심리적 압박으로 인한 범죄예방효과를 가진다는 점에 근거한다.[76]

65 디엔에이신원확인정보의 이용 및 보호에 관한 법률은 디엔에이감식시료 채취 대상범죄를 별도로 정하고 있고, 이러한 대상범죄에 대하여 ① 검사가 형의 선고를 받아 확정된 사람 등(수형인 등)으로부터, ② 검사 또는 사법경찰관이 구속피의자등, 또는 ③ 범죄현장 등에서 디엔에이감식시료를 채취할 수 있도록 규정하고 있다.

66 감식시료의 채취는 채취대상자가 동의하지 아니한 경우에는 영장에 의하여 이루어져야 하는 반면, 동의가 있는 경우에는 영장은 필요없지만 미리 채취대상자에게 채취를 거부할 수 있음을 고지하고 동의도 서면으로 받아야 한다.

2. 문제점 및 개선방안

67 위 법률의 채취조항들은 다음과 같은 점에서 헌법상의 비례성원칙에 반할 소지가 있다. 첫째, 재범의 위험성에 대하여 전혀 규정하지 않고, 특정 범죄를 범한 수형인 등에 대하여 획일적으로 디엔에이감식시료를 채취할 수 있게 하여 최소침해원칙에 어긋난다. 둘째, 대상자가 사망할 때까지 디엔에이신원확인정보를 보관하도록 하고 있음은 채취대상자가 재범을 하지 않고 상당 기간을 경과하는 경우 재범의 위험성이 그만큼 줄어들 수 있음을 고려하지 않은 과도한 제한이다. 셋째, 대상 범죄의 경중〔예, (상습)폭행·상해, (상습)주거침입, (상습)퇴거불응이나 집단폭행 등도 포함〕 및 그에 따른 재범의 위험성에 따라 관리기간을 세분화 하는 등 충분히 가능하고 덜 침해적인 수단을 채택하고 있지 않은 것은 개인의 자기결정권에 대한 과도한 제한일 수 있다.[77] 넷째, 위 법률의 부칙조항에서 위 법률 시행 당시 디엔에이감식시료 채취 대상범죄로 채취 대상범죄로 실형이 확정되어 수용 중인 사람들에게 위 법률을 적용하고 있음은 소급입법금지원칙에 위배되는 측면이 있다.

68 判 헌법재판소는 디엔에이신원확인정보의 수집·이용을 처벌적인 효과가 없는 비형벌적 보안처분으로 보기 때문에 형벌불소급의 원칙 적용대상으로도 보지 않고, 소급적용을 허용하는 부칙조항이 이미 출소한 자에게는 적용되지 않고, 수용 중인 자에 대해 대해서만 소급적용하는 것도 평등권을 침해하는 것이 아니라

76) 헌법재판소 2014.8.28. 2011헌마28·106·141·156·326, 2013헌마215·360(병합).
77) 재판관 김이수, 재판관 이진성, 재판관 강일원, 재판관 서기석의 이 사건 채취조항들에 대한 반대의견.

는 태도를 취하고 있다.[78)]

하지만 소급입법금지원칙의 근본취지가 모든 형태의 국가의 공권력에 의한 침해에 대해 국민들의 예측가능성과 신뢰를 보호하는데 있으므로 보안처분도 범죄에 대한 국가의 형사제재수단임은 형벌과 다름이 없는 이상, 디엔에이신원확인정보의 수집·이용을 소급입법금지원칙이 적용되지 않는 예외로 취급할 수는 없다. 뿐만 아니라 수용 중인 자가 출소한 자에 비해 항상 재범의 위험성이 높다고 할 수도 없다. 수용 중인 자만 대상자로 인정하는 부칙조항이 평등권을 침해할 수도 있다. 69

디엔에이신원확인정보의 수집·이용을 통해 야기될 수 있는 국민의 기본권 제한을 최소화하기 위해서는 기간경과로 인한 재범의 위험성 감소, 정보의 장기간 보관에 따른 유출, 오용 등 보관상의 문제점, 장기간 재범하지 않는 대상자의 침해되는 사익의 증대 등의 문제점을 고려하여 일정기간 재범하지 않은 적절한 범위의 대상자의 경우에는 디엔에이신원확인정보를 삭제할 수 있도록 하는 입법개선이 필요하다.[79)] 70

判 채취대상자의 동의가 없는 경우에 인정되고 있는 영장절차 조항은 이미 헌법재판소에 의해 헌법불합치결정이 내려진 상태이다. 영장불복기회의 부여 및 채취행위의 위법성 확인을 청구할 수 있는 구제절차가 마련되어 있지 않아 최소침해원칙에 반하고 채취대상자가 범죄 수사 및 범죄예방의 객체로만 취급되는 점에서 법익균형성 원칙에 반한다는 점을 근거로 한다.[80)] 71

Ⅸ. 보호관찰

1. 의의 및 내용

보호관찰은 형집행시설 내에서의 자유박탈을 수단으로 하지 않고 사회내에서 그 대상자에 대한 원호 및 감독을 통해 사회복귀를 용이하게 돕는 사회내 제재 또는 처우를 말한다. 현행법상 보호관찰은 형벌대체적 보호관찰, 형집행 종료 후에 부과되는 형벌보충적 보호관찰, 그리고 형벌의 집행 등을 유예하는 조건으로 이루어지는 보호관찰 등으로 분류될 수 있다. 그 내용과 목적이 서로 달라 법적 성격을 일의적으로 보안처분으로 보기 어렵다. 72

(1) 형벌 대체적 보호관찰

① 소년에 대한 보호관찰 소년법상 소년에 대한 '형벌대체적' 보호처분의 하나로서 소년의 건전한 육성 및 정상적인 사회복귀를 목표로 하여 소년이 현재 자신이 처한 성격적 또는 환경적 요인을 극복하고 나아가 재비행을 저지르지 않도록 하기 위하여 취하는 필요한 73

78) 헌법재판소 2014.8.28. 2011헌마28등.
79) 재판관 이정미, 재판관 이진성, 재판관 김창종, 재판관 서기석의 이 사건 삭제조항에 대한 보충의견.
80) 헌법재판소 2018.8.30. 2016헌바334에 의한 헌법불합치결정은 입법개선시까지 영장절차조항을 계속적용할 수 있도록 하고 있다.

조치를 말한다. 단기 보호관찰(1년)과 장기 보호관찰(2년+1년 연장)이 있다. 보호관찰 처분을 할 경우 3개월 이내의 범위에서 대안교육 또는 상담·교육을 받을 것을 동시에 명할 수 있고, 1년 이내의 범위에서 특정시간대의 외출제한을 준수사항으로 부과할 수 있으며, 필요한 경우에는 보호관찰소 등에서 실시하는 소년의 보호를 위한 특별교육을 받을 것을 명할 수 있다.

74 ② 성인에 대한 보호관찰 가폭법 제40조와 성매매알선 등 행위의 처벌에 관한 법률 제14조에서 규정하고 있는 '보호처분'의 일종으로서의 보호관찰을 말한다. 해당 범죄의 특성을 고려하여 다이버젼(Diversion)과 유사한 취지에서 형벌선고나 집행의 폐해를 방지하기 위해 도입된 제도로서, 6개월을 초과할 수 없도록 단기간으로 되어 있는 형벌대체적 보안처분이다.[81] 검사가 행위자에 대하여 사건의 성격·동기, 성행(性行), 습벽 등을 고려하여 이 법에 따른 보호처분을 하는 것이 적절하다고 인정할 때 또는 판사의 결정으로 관할 '가정법원'에 송치하여 그곳에서 부과된다.

75 判 대법원은 특히 가정폭력행위자에게 형벌대체적으로 부과되는 사회명령의 법적 성격을 보안처분으로 보면서, 이 명령은 대상자에게 여가시간을 박탈하고 있어 자유제한을 그 내용으로 하고 있음에 근거하여 준형벌적 보안처분으로 보고 있고, 그에 따라 다른 보안처분종류와는 달리 형벌불소급원칙의 적용대상이 된다고 한다.

(2) 형집행 종료 후 부과되는 보호관찰

76 현행법상 법원이 검사의 청구에 의해 형의 집행이 종료된 자에게도 보호관찰 등에 관한 법률에 의한 보호관찰과 그 준수사항을 부과할 수 있는 경우는 다음과 같다. ① 아동·청소년 대상 성범죄[82]를 범하고 재범의 위험성이 인정되는 사람에게 2년 이상 5년 이하의 범위에서 부과되는 보호관찰(아청법 제61조), ② 성충동 약물치료를 선고받은 자에게 15년 이내의 치료기간 동안 필요적으로 부과되는 보호관찰(성충동약물치료법 제8조, 제2항). ③ 살인·강도·성폭력범죄·유괴범죄를 저지른 사람으로서 해당 범죄를 다시 범할 위험성이 있다고 인정되는 자에게 부과되는 2년 이상 5년 이하의 범위에서 부과되는 보호관찰(전자장치부착법 제21조 2, 3).

77 형집행 종료 후 부과되는 보호관찰은 책임형벌의 한계를 극복하기 위한 제재로서 피보호관찰자의 재사회화와 사회방위를 목적으로 하고, '재범의 위험성'을 요건으로 한다. 따라서 이러한 보호관찰은 그 본질과 목적면에서 볼 때 법적 성격이 보안처분에 해당한다.

(3) 형의 유예제도 및 가석방과 결부된 보호관찰

78 현행법상 인정되고 있는 보호관찰은 형벌을 대신하는 것이 아니라 형벌을 선고한 후 집행을 유예하거나 선고 자체를 유예하거나 또는 가석방을 하면서 조건 내지 부담으로 부과

---

81) 가폭법상의 사회봉사·수강명령의 경우에도 200시간(후자의 경우 100시간)을 초과할 수 없도록 비교적 단기간으로 제한되어 있다.

82) 아동·청소년의 성보호에 관한 법률 제2조 제2호 참조.

하는 보호관찰도 있다. 이러한 보호관찰은 형벌을 대체하거나 보충하는 제재수단이 아니라 형집행의 폐단을 방지하기 위해 단순한 형집행 변형수단으로서 기능한다. 따라서 그 법적 성격을 보안처분으로 보기 어렵다. 형법상의 보호관찰과 특별법상의 보호관찰로 구분하여 보기로 한다.

① 형법상의 보호관찰 　형법상 선고유예, 집행유예, 가석방 등의 조건으로 보호관찰을 79
부과할 수 있게 되어 있다. 이러한 유예조건부 보호관찰의 법적 성격과 관련해서는 다양한 견해가 대립한다.

> 判 대법원은 이러한 보호관찰도 보안처분으로 보고 있다. 그러나 형법상의 보호관찰은 형벌대체적인 80
> 것도 아니고 형벌보충적인 것도 아니며, 형집행을 시설 외에서 이루어지게 하는 형집행 변형적 성격으로 이해되어야 한다. 이러한 보호관찰의 경우 준수사항의 위반이 중대한 경우에는 유예된 형벌이 복원될 수 있다는 점에서 보더라도 형법상 유예조건부 보호관찰을 보안처분으로 보기는 어렵다.

② 특별법상의 보호관찰 　형벌의 부작용을 회피하기 위한 유예제도와 결합된 '형집행 변 81
형'으로서의 보호관찰은 형법 외에도 다양한 법률에 도입되어 있다: ① 법원이 성폭력범죄자에게 형의 선고를 유예하면서 부과하는 보호관찰(성폭법 제16조 제1항),② 형의 집행을 유예하면서 부과해야 하는 보호관찰(성폭법 제16조 제4항),[83] ③ 법원이 아동·청소년 대상 성범죄를 범한 소년에 대하여 형의 선고를 유예하는 경우에 부과해야하는 필요적 보호관찰(아청법 제21조),[84] ④ 위치추적 전자장치 부착명령 판결을 선고받지 '아니한' 특정 범죄자가 가석방되면서 가석방 기간동안 전자장치를 '필요적'으로 부착되는 조건으로 받게 되는 보호관찰(전자장치부착법 제28조) 등[85]이 있다.

2. 문제점 및 개선방안

현행법상의 보호관찰들은 서로 다른 성격과 목적에 따라 도입되었음에도 불구하고 실 82
질적인 내용은 대동소이하며, 그 수단들이 합목적성을 띨 수 있게 차별화되어 있지도 못하다. 예컨대, 유예부 보호관찰과 형집행종료 후 보호관찰 등이 모두 「보호관찰등에 관한 법률」을 광범위하게 준용하고 있다.

보호관찰실무 역시 각각의 보호관찰제도가 추구하는 목적에 부합되게 운용되고 있지도 않 83
고 합목적적인 운용 기반도 마련되어 있지 않다. 특히 위치추적 전자장치 부착명령은 '장치의 부착' 그 자체에만 의미를 둘 뿐 실질적인 보호관찰프로그램과 연계되어 있지도 못하다. 따라서 각각의 보호관찰제도들이 추구하는 목적에 맞게 운용될 수 있도록 법적 성격을 분명히 하여 그 법적 성격에 맞는 내용을 가진 보호관찰제도로 정비될 것이 요구된다.

---

83) 수강명령이나 이수명령 등(동법 제16조 제2항)의 경우도 마찬가지이다.

84) 집행을 유예할 경우 필요적으로 병과되는 수강명령·성폭력 치료프로그램의 이수명령 등(동법 제21조 제3항)도 마찬가지이다.

85) 집행유예대상자(동법 제38조)나 가석방자(동법 제22조)에 대한 위치추적 전자장치 부착명령도 마찬가지이다.

사항색인

[ㅎ]

저자 약력

김성돈金成敦

경북대학교 법과대학 졸업
성균관대학교 대학원에서 법학석사 및 법학박사학위 취득
독일 프라이부르크(Freiburg) 대학에서 박사과정 수학
경북대학교 법과대학 전임강사·조교수·부교수 역임
사법시험·변호사시험 출제위원
법무부 형사법개정특별자문위원회 위원 역임
현재 성균관대학교 법학전문대학원 교수

주요 저·역서

1. 사례연구 형법총론(1998)
2. 미국형사소송법(역, 1999)
3. 로스쿨의 영화들(2007)
4. 독일형사소송법(역, 2012)
5. 도덕의 두 얼굴(역, 2015)
6. 기업 처벌과 미래의 형법: 기업은 형법의 주체가 될 수 있는가(2018)
7. 법의 이름으로(역, 2020) 등

제10판
형법총론

초판발행 2008년 3월 15일
제10판발행 2025년 9월 1일

지은이 김성돈
펴낸이 안종만·안상준

편 집 이승현
기획/마케팅 조성호
표지디자인 이영경
제 작 고철민·김원표

펴낸곳 (주) 박영사
서울특별시 금천구 가산디지털2로 53, 210호(가산동, 한라시그마밸리)
등록 1959. 3. 11. 제300-1959-1호(倫)
전 화 02)733-6771
f a x 02)736-4818
e-mail pys@pybook.co.kr
homepage www.pybook.co.kr
ISBN 979-11-303-2425-8 93360

정 가 54,000원